A REFORMA DA JUSTIÇA CRIMINAL EM PORTUGAL E NA EUROPA

PAULO PINTO DE ALBUQUERQUE

A REFORMA DA JUSTIÇA CRIMINAL EM PORTUGAL E NA EUROPA

ALMEDINA

TÍTULO:	A REFORMA DA JUSTIÇA CRIMINAL EM PORTUGAL E NA EUROPA
AUTOR:	PAULO PINTO DE ALBUQUERQUE
EDITOR:	LIVRARIA ALMEDINA – COIMBRA www.almedina.net
LIVRARIAS:	LIVRARIA ALMEDINA ARCO DE ALMEDINA, 15 TELEF. 239 851900 FAX 239 851901 3004-509 COIMBRA – PORTUGAL livraria@almedina.net LIVRARIA ALMEDINA ARRÁBIDA SHOPPING, LOJA 158 PRACETA HENRIQUE MOREIRA AFURADA 4400-475 V. N. GAIA – PORTUGAL arrabida@almedina.net LIVRARIA ALMEDINA – PORTO R. DE CEUTA, 79 TELEF. 22 2059773 FAX 22 2039497 4050-191 PORTO – PORTUGAL porto@almedina.net EDIÇÕES GLOBO, LDA. R. S. FILIPE NERY, 37-A (AO RATO) TELEF. 21 3857619 FAX 21 3844661 1250-225 LISBOA – PORTUGAL globo@almedina.net LIVRARIA ALMEDINA ATRIUM SALDANHA LOJAS 71 A 74 PRAÇA DUQUE DE SALDANHA, 1 TELEF. 213712690 1050-094 LISBOA atrium@almedina.net LIVRARIA ALMEDINA – BRAGA CAMPUS DE GUALTAR, UNIVERSIDADE DO MINHO, 4700-320 BRAGA TELEF. 253678822 braga@almedina.net
EXECUÇÃO GRÁFICA:	G.C. – GRÁFICA DE COIMBRA, LDA. PALHEIRA – ASSAFARGE 3001-453 COIMBRA E-mail: producao@graficadecoimbra.pt OUTUBRO, 2003
DEPÓSITO LEGAL:	201221/03
	Toda a reprodução desta obra, por fotocópia ou outro qualquer processo, sem prévia autorização escrita do Editor, é ilícita e passível de procedimento judicial contra o infractor.

"Si vous examinez les formalités de la justice par rapport à la peine qu'a un citoyen à se faire rendre son bien, ou à obtenir satisfaction de quelque outrage, vous en trouverez sans doute trop. Si vous les regardez dans le rapport qu'elles ont avec la liberté et la sûreté des citoyens, vous en trouverez souvent trop peu; et vous verrez que les peines, les dépenses, les longuers, les dangers même de la justice, sont le prix que chaque citoyen donne pour sa liberté" – Montesquieu, De l'Esprit des Lois, in Oeuvres, 1964, p. 557.

AGRADECIMENTOS

O autor tem uma dívida incomensurável de gratidão para com as seguintes instituições e as pessoas que nelas trabalham, cumprindo aqui um dever de consciência ao reconhecer penhoradamente o seu auxílio: a Biblioteca da Universidade Católica Portuguesa, a Biblioteca da Faculdade de Direito de Lisboa, a Biblioteca da Faculdade de Direito de Coimbra, a Biblioteca Geral da Universidade de Coimbra, a Biblioteca da Procuradoria-Geral da República, a Biblioteca da Ordem dos Advogados em Lisboa, a Biblioteca do Tribunal da Relação de Lisboa, o Arquivo Histórico e a Biblioteca da Assembleia da República, a Biblioteca da Academia Militar de Lisboa, a Biblioteca do Exército (polo do antigo Ministério da Guerra ou "polo dos paulistas"), o Arquivo Histórico Ultramarino, a Biblioteca da Sociedade de Geografia de Lisboa, a Biblioteca do Supremo Tribunal de Justiça, a Biblioteca do Tribunal Constitucional, a Biblioteca do Centro de Estudos Judiciários, a Biblioteca Nacional, o Max-Planck-Institut für ausländische Strafrecht em Freiburg-im-Breisgau, o Juristisches Seminar e a Biblioteca da Universidade de Freiburg-im-Breisgau, o Juristisches Seminar da Universidade de Bonn, a Biblioteca da Universidade de Trier, o Juristisches Seminar da Freie Universität de Berlin, a Juristische Bibliothek da Universidade de Bern, a Biblioteca da Faculté des Sciences Juridiques, Politiques et Sociales da Université de Lille 2, a Boots Library da Nottingham Trent University e a Hallward Library da University of Nottingham.

PLANO DA OBRA

Introdução Metodológica

1. O objecto
2. O instrumento
3. O critério

TÍTULO 1.°
A Jurisdição Penal Comum

CAPÍTULO 1.°
O Paradigma Judiciário do final do Antigo Regime

1. O município e a administração da justiça criminal: da assembleia dos homens-bons à câmara dos vereadores e do juiz ordinário
2. O senhorio e a administração da justiça criminal: os coutos e as honras e a política régia de cerceamento do âmbito da jurisdição senhorial
3. O rei e a administração periférica da justiça criminal: os meirinhos, os corregedores e os juízes de fora
4. O rei e a administração central da justiça criminal: a institucionalização dos tribunais superiores e a sedimentação do processo penal comum
5. O último fôlego do Antigo Regime: o Ensaio de Código Criminal de Pascoal José de Mello Freire (1789)

CAPÍTULO 2.º
A Emergência do Paradigma Judiciário Liberal

1. A Constituição vintista e a primeira tentativa de criação de um novo processo: o Decreto das Cortes de 2.11.1822
2. O Extracto de Projecto de Codigo de Delictos e Penas e da Ordem do Processo Criminal de José Maria Forjaz de Sampaio (1823)

CAPÍTULO 3.º
A Consagração do Paradigma Judiciário Liberal

1. A Carta Constitucional
2. A Reforma Judiciária (1832)
3. Os Projectos de Ordenações para o Reino (1831), o Projecto de Código Geral (1834) e o Projecto de Código Político (1838) de Silvestre Pinheiro Ferreira
4. O Progetto di Codice di Procedura Criminale de Giovanni Carmignani (1836)

CAPÍTULO 4.º
A Revisão do Paradigma Judiciário Liberal

1. A Nova Reforma Judiciária (1836-1837)
2. A Constituição setembrista
3. O Projecto de Código do Processo Criminal de José Homem Corrêa Telles (1840)
4. A Novíssima Reforma Judiciária (1841)
5. O Projecto de Código do Processo Civil e Criminal de José Joaquim Sant'Anna (1847)

CAPÍTULO 5.°
A Crise do Paradigma Judiciário Liberal

1. A multiplicação de novas formas de processo especiais
2. A criação da jurisdição penal da marinha mercante e da jurisdição penal aduaneira
3. A restrição da competência das magistraturas populares
4. A simplificação do processo comum: a reforma do processo preparatório e dos recursos

CAPÍTULO 6.°
A Frustração de Diversas Tentativas Doutrinárias de Recuperação do Paradigma Judiciário Liberal

1. O Projecto de Código de Processo Criminal (1874), o Projecto Definitivo de Código de Processo Criminal (1882) e o Projecto de Código de Processo Penal (1886) de José da Cunha Navarro de Paiva
2. O Projecto do Código do Processo Criminal de Alexandre Seabra (1886)
3. A Proposta de Código de Processo Penal de José de Alpoim Borges Cabral (1899)

CAPÍTULO 7.°
A Exasperação da Crise do Paradigma Judiciário Liberal com a República

1. A legislação de emergência do governo provisório e a Constituição da República (1911)
2. A reforma do processo preparatório
3. O reforço da participação popular na administração da justiça
4. O Projecto de Código de Processo Penal de Armando Marques Guedes (1916)

CAPÍTULO 8.º
O Desmantelamento do Paradigma Judiciário Liberal pela Ditadura Militar e pelo Estado Novo

1. O Estatuto Judiciário de 1927
2. O Código de Processo Penal (1929) e a legislação processual penal especial
3. A Constituição da República do Estado Novo
4. A consagração de um novo direito securitário na Reforma Prisional
5. A reforma da jurisdição penal aduaneira e da marinha mercante

CAPÍTULO 9.º
A Consagração do Paradigma Judiciário Autoritário

1. A reforma da organização judiciária e do processo penal de 1945/1948
2. O reforço interno do específico modelo consagrado
3. A tentativa de renovação do modelo consagrado: a Lei n. 2/72, de 10.5
4. O Anteprojecto de Código de Processo Penal de Vera Jardim e Maia Gonçalves (1973)

CAPÍTULO 10.º
A Revolução de 25 de Abril de 1974 e a transição para o novo CPP de 1987

1. A nova Constituição da República e a adaptação gradual do direito ordinário
2. O Anteprojecto de Código de Processo Penal de Maia Gonçalves (1983)
3. A desconstrução jurisprudencial da estrutura do processo consagrado no Código de Processo Penal de 1929

TÍTULO 2.°
A Jurisdição Penal Militar

CAPÍTULO 1.°
O Paradigma Judiciário do final do Antigo Regime

1. A instituição das bases modernas da organização judiciária militar: da criação do Conselho de Guerra (1640) à reforma do Conde de Lippe (1763)
2. A regulamentação autónoma tardia do processo penal militar: o Alvará de 4.9.1765
3. O último fôlego do Antigo Regime: o Esboço de Projecto de Código Criminal Militar de Garção Stockler (1805) e o Código Penal Militar de 1820

CAPÍTULO 2.°
A Emergência do Paradigma Judiciário Liberal

1. As Cortes Constituintes de 1820 e o problema do foro militar
2. A primeira tentativa de criação de um novo tribunal superior e de um novo processo: o Decreto da Regência dos Açores de 4.11.1830
3. A criação do Supremo Conselho de Justiça Militar do Exército e da Marinha e a unificação dos tribunais superiores

CAPÍTULO 3.°
A Consagração do Paradigma Judiciário Liberal

1. Os antecedentes doutrinários: o Projecto de Código do Processo Criminal da Armada da Comissão presidida pelo Visconde da Granja (1857) e o Projecto de Código de Justiça Militar de António Barros e Sá (1869)
2. O Código de Justiça Militar para o Exército de Terra de 1875

CAPÍTULO 4.°
A Extremação das Tendências Antagónicas Inerentes ao Específico Modelo Consagrado

1. O Projecto de Código de Justiça Militar da Comissão presidida por António Barros e Sá (1889)
2. O Código de Justiça Militar de 1895
3. O Código de Justiça da Armada de 1899

CAPÍTULO 5.°
A Renovação Fracassada do Paradigma Judiciário Liberal pela República

1. O Código de Processo Criminal Militar de 1911
2. A tentação do recurso à justiça militar extraordinária
3. O Código de Justiça Militar de 1925

CAPÍTULO 6.°
A Dupla Compressão do Paradigma Judiciário Liberal depois de 1926

1. A criação dos tribunais militares especiais
2. As revisões fundamentais de 1931 e 1965

CAPÍTULO 7.°
A Revolução de 25 de Abril de 1974 e a Transição até à Constituição de 1976

Plano da Obra 13

TÍTULO 3.º
A Jurisdição Penal Ultramarina

CAPÍTULO 1.º
A Difícil Implantação do Paradigma Judiciário Liberal

1. A pluralidade de métodos de administração ultramarina no Antigo Regime
2. As graves limitações do modelo judiciário consagrado na reforma de 1836/1837
3. Os aperfeiçoamentos das reformas legislativas da Regeneração
4. O cume do processo de evolução legislativa: o Regimento da Administração da Justiça nas Províncias Ultramarinas de 20.2.1894

CAPÍTULO 2.º
A Crise do Paradigma Judiciário Liberal

1. A premência da legislação colonial de adaptação (1892-1908)
2. A ruptura teórica com o anterior paradigma e o prenúncio de um novo paradigma

CAPÍTULO 3.º
A Consagração de um novo Paradigma Judiciário Dualista

1. A Constituição de 1911 e a ineficácia relativa da Lei n. 277, de 15.8.1914
2. O Projecto de Código do Processo Penal para a Província de Moçambique de Augusto Vasconcellos (1912)
3. A realização do novo paradigma pela Ditadura Militar
4. A redefinição do paradigma pelo Acto Colonial (1930) e pela Carta Orgânica do Império Colonial Português (1933)

CAPÍTULO 4.º
O Abandono do Paradigma Judiciário Dualista

1. O retorno à política de assimilação com a Revisão Constitucional de 1951
2. A inversão radical do legislador na reforma de 1961

TÍTULO 4.º
A Emergência do Paradigma Judiciário Social

1. O princípio da proporcionalidade das restrições dos direitos fundamentais e a eficiência da acção pública de perseguição criminal
2. O conceito material de igualdade e a concretização do Estado de Direito social no processo penal
3. A transparência do exercício da justiça penal como instrumento de aperfeiçoamento da imparcialidade do tribunal

CONCLUSÕES

INTRODUÇÃO METODOLÓGICA

1. O Objecto

O objecto desta investigação é o estudo do duplo grau de jurisdição no processo penal português, com base na crítica dos fundamentos dogmáticos do novo paradigma judiciário penal concretizado em 1987.[1]

O Código de Processo Penal de 1987 concretizou um paradigma judiciário novo, cujos fundamentos dogmáticos se encontram no constitucionalismo liberal. A compreensão das principais soluções inovadoras daquele Código só se alcança com o conhecimento destes fundamentos.

A delimitação material do objecto da investigação partiu do pressuposto da existência de sub-ramos específicos do direito processual penal, com regulamentações próprias, distintas da regulamentação do processo penal comum. A idiossincrasia de cada uma destas regulamentações exigiu a análise em separado das mesmas, constituindo o estudo de cada um destes sub-ramos um título autónomo da obra.

A delimitação temporal do objecto da investigação obedeceu à circunstância, há muito constatada pela doutrina, de o processo penal ser um dos ramos do direito cuja evolução mais intimamente se liga às contingências da vida da *polis* e à mundividência subjacente à constituição política de cada sociedade.[2]

O constitucionalismo liberal marcou o início de um novo período da vida política da nação, com repercussões profundas na administração da justiça criminal. Na discussão que teve lugar nas cortes constituintes foram aprovados os

---

[1] Esta obra corresponde, com algumas considerações adicionais, à minha dissertação de doutoramento em ciências jurídicas apresentada à Universidade Católica Portuguesa, sob o título "O Duplo Grau de Jurisdição em Processo Penal, Os Fundamentos Dogmáticos do Novo Paradigma Judiciário", mas a amplitude do seu objecto, o carácter multifacetado dos instrumentos utilizados para a investigação e a abrangência dos critérios que orientaram a investigação justificam o título com que sai agora à estampa.

[2] A título exemplificativo, Ernst Loshing, 1912: 6, Hermann Mannheim, 1925: 14, Franz Exner, 1935: 4, Heinrich Henkel, 1968: 86, e, entre nós, Abel de Andrade, 1925 a: 14, e Figueiredo Dias, 1976 b: 99.

princípios de uma nova organização judiciária e de um novo processo penal. Assim, a investigação inicia-se com um confronto entre os novos princípios do direito comum, militar e ultramarino consagrados pelos constituintes e os princípios que os antecederam.

A compreensão do direito processual penal português do século XIX e do início do século XX está estreitamente dependente da análise das suas fontes estrangeiras. Deste modo, a influência marcante do direito francês sobre o direito nacional obrigou ao estudo das fontes francesas e, em especial, do *Code d'Instruction Criminelle*, de 1808, do *Code de Justice Militaire pour les Armées de Terre*, de 1857, e do *Code de Justice Militaire pour l'Armée de Mer*, de 1858. O estudo destas fontes foi orientado pelo propósito de delimitar rigorosamente o âmbito das inovações importadas do âmbito das especificidades do direito nacional.

Por outro lado, tornou-se necessário o confronto do direito português com os direitos estrangeiros mais avançados mesmo quando não tivessem sido fonte do direito nacional, sendo de particular importância os primeiros diplomas reformadores publicados nos dois mais importantes Estados alemães, a *Verordnung über die Einführung des mündlichen und öffentlichen Verfahrens mit Geschworenen in Untersuchungssachen*, decretada por Friedrich Wilhelm, rei da Prússia, a 3.1.1849, e a *Strafprozessordnung* austríaca, aprovada por Franz Joseph, o primeiro, imperador da Áustria, a 17.1.1850. O propósito deste estudo comparado foi o de determinar as vantagens e as deficiências do direito português em face das legislações europeias mais significativas. Só conjugando os resultados deste estudo comparado com o estudo das fontes, de acordo com a lição de Hans-Heinrich Jescheck, se conseguiu obter uma perspectiva objectiva da evolução da produção legislativa nacional.[3]

A partir de 1926 a orientação da reforma do direito processual penal português sofreu uma inflexão clara, afastando-se o legislador da influência do direito francês. Com efeito, as grandes reformas verificadas no processo penal comum nos anos de 1929 e 1945 e no processo penal militar nos anos de 1911, 1925, 1931 e 1965 em nada foram influenciadas pelos novos códigos franceses dos anos de 1928, 1938, 1956 e 1965. Em contrapartida, a influência do direito alemão na reforma do processo penal comum exigiu o estudo comparado daquele direito a partir da famosa reforma Emminger, aprovada pela *Notverordnung über die Gerichtsverfassung*, de 4.1.1924. O processo penal militar e o processo penal ultramarino portugueses do século XX foram profundamente condicionados pela evolução da situação política, quer interna quer externa, não

---

[3] Hans-Heinrich Jescheck, 1975 a: 10 a 17.

Introdução Metodológica 17

sendo tão evidente a influência do direito estrangeiro. A investigação conclui-se, no que respeita ao direito comum, com a crítica do processo de desconstrução jurisprudencial da estrutura do Código de 1929 e de concretização de um programa de reforma do processo penal propugnado pela doutrina desde o início do século XX e, no que toca ao direito militar e ao direito ultramarino, com a apreciação das opções dos legisladores revolucionário e constituinte para a jurisdição militar e para a jurisdição ultramarina. A análise da produção legislativa no domínio militar desde 25.4.1974 até à aprovação do novo Código de Justiça Militar em 1977 e, designadamente, da criação de várias jurisdições militares extraordinárias naquele período, constituiu o último momento da investigação sobre a jurisdição penal militar.

A necessidade de uma investigação com o objecto definido resulta desde logo da inexistência de um estudo sobre os fundamentos dogmáticos do direito vigente.

A reforma do direito sancionatório deve ser sustentada, tal como ensinou Karl Peters, em uma análise empírica do funcionamento da organização judiciária penal e em um estudo dos fundamentos dogmáticos do direito vigente.[4] A funcionalidade das soluções consagradas pelo legislador em 1987 já foi por mim testada, com base em uma análise estatística dos dados oficiais do Ministério da Justiça disponíveis, que permitiu concluir pela perfeita operacionalidade da fase de recursos e pela existência de um problema de inoperacionalidade na fase de inquérito e instrução e, menos acentuadamente, na fase de julgamento.[5] Esta investigação visa a realização daquele outro estudo sobre os fundamentos dogmáticos do direito vigente.

A emergência de um regime de protecção penal dos bens e interesses financeiros comunitários e a concomitante necessidade de harmonização, ao menos parcial, do direito processual penal dos Estados membros tornam ainda mais premente este estudo dos fundamentos dogmáticos do direito português, sob pena de aquela harmonização se realizar pelo mínimo denominador comum das garantias consagradas nos ordenamentos dos Estados membros, com prejuízo grave para o nível superior das consagradas no direito nacional. Do mesmo modo, a necessidade de uma reforma urgente da organização judiciária e do processo penal militares, que concretize as recentes opções constitucionais, justifica um estudo idêntico dos fundamentos dogmáticos do direito militar português, de modo a que a reforma em curso não ignore os ensinamentos retirados da evolução do direito positivo.

---

[4] Karl Peters, 1963: 8 e 10, e, depois dele, Peter Reiss, 1978 a: 13.
[5] Paulo Albuquerque, 2000: 353 a 365.

2. O Instrumento

A investigação com o âmbito temporal e material definido deparou com várias dificuldades básicas. A maior dificuldade encontrada foi a de o objecto da investigação constituir, em si mesmo, um objecto caótico, no sentido de que a produção legislativa no período definido e sobre os ramos do direito escolhidos foi imensa, desordenada e, muitas vezes, contraditória.[6]

Por esta razão, o instrumento privilegiado da investigação foi o tratamento exaustivo de todos os textos legislativos com relevância para o objecto da investigação e do respectivo processo legislativo.

O segundo instrumento da investigação foi o estudo de todos os projectos de código de processo penal ou de organização judiciária, que previssem modificações relevantes para a administração da justiça penal, ainda que não tivessem sido aprovados.

---

[6] No âmbito da jurisdição penal comum, é muito significativo o retrato feito no final do século XIX pelo responsável máximo da administração da justiça portuguesa. O ministro da justiça, José Alpoim Cabral, afirmava em 1899 que "não será sem uma quasi vertigem, que sondaremos a confusão verdadeiramente pavorosa, dia a dia crescente, e hora a hora, que reina, há já tantos anos, nos domínios do processo penal". E acrescentava: "podem contar-se por milhares – sem exagero se podem contar por milhares! – as disposições que hoje regulam entre nós o processo penal, – e mesmo assim senhores, quantas e quantas lacunas, ainda nos assuntos mais triviaes!" (José Alpoim Cabral, 1899: 1). Dias da Silva (1903: 763) julgava a proposta apresentada pelo ministro naquele ano preferível "a essa cahotica e anarchica miscellanea que ahi está em vigor". Marnoco e Souza (1907: 29) reiterava este juízo. Francisco Medeiros (1905: 31) criticava a "confusão babélica na legislação portugueza". Da "infinidade diabólica de diplomas" posterior a 1840 falava Caeiro da Matta (1912: 3). A confusão e a dúvida no âmbito da legislação processual penal agravaram-se depois da República, como denunciou Armando Marques Guedes, ministro e deputado da nova situação, no preâmbulo do seu "Projecto de Código de Processo Penal" (Armando Marques Guedes, 1916: 8). Abel de Andrade (1925 a: 116) concluia que a multiplicidade de diplomas publicados sobre processo penal transformou "este ramo de direito num verdadeiro cáos, tornando-se muito dificil saber com certeza e segurança quais são as disposições da velha Novíssima Reforma Judiciária que ainda estão em vigor". Cavaleiro de Ferreira falava da "quase impossibilidade de desvendar o sistema legal no labirinto da legislação extravagante dominada por princípios contraditórios" na fase antecedente ao CPP (Cavaleiro de Ferreira, 1986 a: 36). A situação não seria diferente depois de cinquenta anos de vigência do CPP de 1929, verificando-se "uma situação intolerável de grande complexidade e confusão" (Figueiredo Dias, 1979: 190, e Figueiredo Dias e Anabela Rodrigues, 1986: 530). No âmbito da jurisdição militar, também reinou a confusão, sobretudo até à publicação do primeiro código de justiça militar, queixando-se José Cisneiros e Faria (1847: 5) do "estado de confusão em que se acha o nosso Foro Militar, em consequencia das muitas alterações nelle introduzidas pelas sucessivas reformas do systema e Legislação judicial".

Introdução Metodológica

Tem especial interesse o estudo de projectos habitualmente não mencionados pela doutrina, recuperando-os para a discussão científica, tais como o Extracto de Projecto de Codigo de Delictos e Penas e da Ordem do Processo Criminal, de José Maria Forjaz de Sampaio, os Projectos de Ordenações para o Reino, o Projecto de Código Geral e o Projecto de Código Político, de Silvestre Pinheiro Ferreira, o *Progetto di Codice di Procedura Criminale*, de Giovanni Carmignani, o Projecto de Código do Processo Civil e Criminal, de José Joaquim Sant'Anna, o Esboço de Projecto de Código Criminal Militar, de Garção Stockler, o Projecto de Código do Processo Criminal da Armada da Comissão presidida pelo Visconde da Granja, o Projecto de Código de Justiça Militar, de António Barros e Sá, e o Projecto de Código do Processo Penal para a Província de Moçambique, de Augusto Vasconcelos.

Neste âmbito, tem ainda um relevo muito particular a descoberta de textos desconhecidos e a sua revelação à comunidade jurídica. É o caso do manuscrito de José Homem Corrêa Telles, contendo um Projecto de Código de Processo Penal, que era até ao presente desconhecido. O estudo da ciência do direito ganha assim o significado de um ministério de preservação do património dogmático nacional.

O terceiro instrumento da investigação foi o estudo da jurisprudência criada com base nos diplomas legislativos, especialmente quando esta importava uma inflexão do sentido da interpretação do direito anterior, bem como da produção parecerística da Câmara Corporativa e da Comissão Constitucional. Assim, foi objecto de uma análise detida a jurisprudência da Comissão Constitucional, do Conselho da Revolução e do Tribunal Constitucional a propósito da crítica da desconstrução jurisprudencial da estrutura do processo consagrado no Código de Processo Penal de 1929.

O quarto e último instrumento foi a análise das fichas policiais nominativas dos presos políticos cuja primeira detenção teve lugar entre 1.1.1932 e 31.12.1960, que foram publicadas pela Presidência do Conselho de Ministros. Esta análise, que assenta no ensinamento de Eberhard Schmidt no que toca à distância entre o texto da lei e a prática judiciária e policial nos regimes políticos autoritários,[7] revelou-se um contributo essencial para o esclarecimento do sentido da reforma do processo penal de 1945, em contraposição com o direito anterior.

---

[7] Eberhard Schmidt, 1947: 398, e 1965: 430, e, depois dele, muito particularmente, Albrecht Wagner, 1968: 360 a 363.

3. O Critério

O desenvolvimento da investigação obedeceu a dois critérios de natureza instrumental, que podem ser designados pelos conceitos de paradigma judiciário e de modelo judiciário.

O processo penal das ordens jurídicas democráticas contemporâneas constitui um método dialéctico de fixação da culpa jurídico-criminal do agente por um magistrado imparcial em relação às partes e independente em relação aos restantes poderes do Estado.[8]

A natureza dialéctica do processo penal tem como condições o princípio da imparcialidade do juiz face às partes[9] e os princípios da imediação e da oralidade.[10] Por sua vez, o modo de consagração do princípio da acusação e do princípio da imediação na primeira instância determina uma conformação especial do âmbito do objecto e dos poderes do tribunal de recurso.[11]

Assim, o conceito de paradigma judiciário tem uma dupla vertente, organizatória e processual. A vertente organizatória diz respeito à definição do estatuto dos magistrados, dos graus de jurisdição e da composição e competência dos tribunais em cada um desses graus e a vertente processual reporta-se à correlação entre a realização dos princípios da imediação e da acusação na primeira instância e a delimitação do objecto do recurso e dos poderes do tribunal de recurso. A fase processual do recurso é, pois, estudada, não isoladamente, mas enquanto parte do todo constituído pelo processo, assumindo uma importância fundamental a ponderação do grau de perfeição da realização daqueles princípios na primeira instância.

O conceito de modelo judiciário corresponde ao resultado da concretização de um paradigma judiciário em uma determinada sociedade e em um deter-

---

[8] A culpa é o fundamento e o limite da imputação criminal, impondo-se hoje, quer no plano político-criminal, quer no plano jus-filosófico, um entendimento minimalista e prudente das teorias preventivas, mas que tenha consciência dos benefícios dogmáticos e práticos que estas tiveram na recriação do sentido social da imputação de um juízo de culpa no direito penal. O tema foi objecto do estudo do autor e os seus trabalhos encontram-se publicados (Introdução à Actual Discussão sobre o Problema da Culpa em Direito Penal, 1994, e, com outros desenvolvimentos, Ein unausrottbares Missverständnis, Bemerkungen zum strafrechtlichen Schuldbegriff von Jakobs, 1998), constituindo o lastro filosófico e jurídico-penal desta investigação.

[9] Jürgen Meyer, 1965: 59 e 60, 90 a 93, Stefan Smid, 1989: 114 a 116, e Frauke Stamp, 1998: 144 e 145.

[10] Jürgen Meyer, 1965: 78 a 81, Bertram Schmitt, 1992: 395, e Frauke Stamp, 1998: 145.

[11] Herbert Tröndle, 1975: 90, Bund-Länder-Arbeitsgruppe, 1975: 33, Peter Riess, 1978 a: 18, e Reinhard Moos, 1987: 183.

minado tempo. A justificação deste conceito decorre do facto de um paradigma judiciário admitir múltiplas realizações históricas, constatando-se quer na evolução do processo penal comum quer na dos processos particulares investigados a concretização de um mesmo paradigma em modelos com especificidades próprias.

O estudo do processo penal comum permitiu identificar no período delimitado dois paradigmas judiciários, o liberal e o autoritário. Por contraposição com o paradigma do final do Antigo Regime, que assenta nos princípios do privilégio, da confusão de poderes e do inquisitório, o paradigma judiciário liberal caracteriza-se pela organização da administração da justiça de acordo com o princípio da igualdade formal de todos os cidadãos diante da lei e com o princípio da separação de poderes como garantia da independência do tribunal e pela consagração tendencial do princípio da acusação no processo penal como garantia da imparcialidade do juiz.

Por sua vez, o paradigma autoritário caracteriza-se pela confusão ou não separação de poderes, no sentido do exercício de poderes jurisdicionais pelas polícias ou por tribunais especiais com titulares amovíveis, da confiança do poder executivo, não sendo esse exercício sindicado judicialmente, e, tendencialmente, pela rejeição dos princípios da acusação e da imediação.

O estudo do processo penal militar português permitiu identificar apenas um paradigma ao longo de todo o período delimitado, o paradigma liberal. A introdução das bases da moderna jurisdição penal e a criação de um processo penal militar autónomo ainda no Antigo Regime também foram estudadas na medida indispensável para a compreensão do direito posterior.

O estudo do processo penal ultramarino permitiu identificar dois paradigmas judiciários distintos, o liberal e o dualista, caracterizando este último a negação do princípio fundamental do paradigma liberal da igualdade formal de todos os cidadãos diante da lei. No período delimitado da investigação prevaleceu o paradigma liberal, com um intervalo de precisamente cinquenta anos, de 1911 a 1961, em que foi tentada a consagração do paradigma judiciário dualista.

TÍTULO 1.º
A Jurisdição Penal Comum

CAPÍTULO 1.°
O Paradigma Judiciário do final do Antigo Regime

1. O município e a administração da justiça criminal: da assembleia dos homens-bons à câmara dos vereadores e do juiz ordinário

No século XIV, a divisão do país em concelhos constituía um facto consumado.[12] Na maioria dos concelhos perfeitos havia dois juízes, também designados por alcaldes ou alvazis, que eram escolhidos pelos vizinhos, normalmente pelo período de um ano, sendo em alguns casos confirmados pelo rei ou por um representante seu.[13]

---

[12] Paulo Merêa, 1929: 496.

[13] A classificação dos concelhos portugueses em perfeitos e imperfeitos foi introduzida por Alexandre Herculano (1980: 92 a 168, 183 a 199). De acordo com o foral que constituía o concelho, Alexandre Herculano atribuiu aos concelhos perfeitos duas características fundamentais: a existência em todos eles de uma magistratura duunviral e a divisão dos burgueses em cavaleiros vilãos e peões. Estes concelhos dividiam-se em quatro tipos: os daqueles cujo foral seguia o foral dado a Salamanca, que eram os concelhos mais antigos, os concelhos cujo foral seguia os forais dados aos burgos de Santarém e Lisboa, que constituíam "o verdadeiro tipo nacional", os concelhos cujo foral seguia o foral de Ávila, e ainda os de um quarto tipo, não identificável em particular com nenhum dos anteriores. Distintos dos concelhos perfeitos eram os concelhos rudimentares, que se caracterizavam por ter um magistrado fiscal, sem jurisdição cível e criminal, e os concelhos imperfeitos, em que se instituía um poder jurisdicional exercido por um juiz local, eleito pelo povo ou nomeado pelo senhor, e uma organização administrativa municipal mais ou menos incompleta. A classificação de Herculano foi posteriormente muito discutida e revista (Theophilo Braga, 1868: 44 a 47, Lino Netto, 1898: 9 a 13, Fortunato de Almeida, 1922: 437 a 443, e, sobretudo, Torquato de Souza Soares, 1931: 11 a 13, 153 a 158, e 1970: 137 a 140). É fundamental não olvidar que os forais constituem uma panóplia variadíssima, que só dificilmente e com prejuízo do pormenor permite a abstracção de tipos com características autónomas. Como Alexandre Herculano (1980: 169) o disse já, "a história dos municípios é a história das individualidades". Igual advertência, no sentido de evitar generalizações perigosas quando se estuda a administração local portuguesa nos séculos XII e XIII, fez também Marcello Caetano (1981: 215 e 223).

A partir do reinado de D. Afonso IV ocorreu uma alteração significativa da estrutura da organização municipal.

Na assembleia dos homens-bons que se reunia com os juízes para administrar justiça e decidir dos assuntos públicos do município passam a só ter assento os vereadores ou vedores, que eram funcionários permanentes e eleitos em representação do povo, restringindo-se deste modo a participação popular na gestão do município.[14]

D. Afonso IV atribuiu aos vereadores presididos pelos juízes das terras competência para conhecer dos crimes de injúrias verbais e de furto de pequena monta, sem apelação nem agravo. Tratando-se de injúrias atrozes, a competência pertencia apenas aos juízes, com recurso de apelação para os ouvidores do crime da corte.

Esta competência dos juízes da terra ou "juízes hordenairos", que foi consagrada pelas Ordenações Afonsinas, manteve-se até ao final do Antigo Regime.[15]

---

[14] A primeira menção a estes vedores surge no regimento dos corregedores de 1340, que estabeleceu a obrigação de os corregedores porem em cada vila ou lugar do seu julgado cinco ou seis homens-bons ou mais se vissem que se tratava de lugar que o merecesse, com a função de prover ao bom vereamento da vila e de decidir com os juízes de todos os feitos importantes e daqueles em que eles tivessem dúvidas. Marcello Caetano (1981: 323) considera que o texto do regimento dos corregedores recolheu uma ordenação régia prévia, sugerindo que terá sido emitida nos finais de 1338 ou começo de 1339, na sequência das reformas da justiça ocorridas no ano de 1337. Marcello Caetano dá também notícia de que o número destes funcionários foi reduzido a dois ou três logo nos anos seguintes, tendo o aparecimento dos vereadores nos concelhos começado por volta dos anos de 1342 a 1344. O direito de eleição dos juízes ordinários e dos vereadores era inalienável e ao seu exercício não se podiam opor os senhores (Mello Freire, 1967: n. 163, pp. 73 e 74). A carta régia de 12.6.1391 regulou o modo de eleição dos vereadores, consagrando o sistema da arca dos pelouros, que sobreviveu, com revisões várias, até à revolução liberal (Ordenações Afonsinas, Livro I, Título 23, §§ 43 a 46, Ordenações Manuelinas, Livro I, Título 45, Ordenações Filipinas, Livro I, Título 67). Antes dessa data a prática era a da eleição directa dos juízes e dos vereadores pela assembleia dos vizinhos, que dava lugar a irregularidades e a tumultos. O novo sistema tinha a vantagem de a nomeação dos funcionários se operar pela escolha aleatória do funcionário de entre uma lista de cidadãos idóneos, que eram por sua vez escolhidos por seis vizinhos apontados pelo corregedor e pelos homens-bons da terra.

[15] António Hespanha (1994: 259 a 267) procedeu a uma avaliação quantitativa dos oficiais ocupados na administração pública na primeira metade do século XVII. Desta investigação resulta a enorme preponderância dos funcionários da administração concelhia (80%) sobre os da administração régia central (9%) ou periférica (9%) e ainda sobre os da administração senhorial (2%). Também é muito significativo que, de entre os funcionários da administração concelhia e da administração régia periférica, mais de um quarto se ocupasse de funções jurisdicionais e quase metade tivesse funções de polícia. Destes dados quantitativos conclui-se, por um lado, que as funções jurisdicionais e de polícia tinham um grande peso na administração pública e, por outro, que o funcionalismo concelhio predominava sobre o restante funcionalismo público. Não admira, pois, que na fase final do Antigo Regime a doutrina se queixasse do excesso de magistrados e de tribunais ("os povos que padecião antes por falta de LL. e de Magist.os padecerão e padecem ainda hoje por demasiadas LL. e demasiados Magistrados", Ricardo Nogueira, 1786 a: 206, e Manoel Salvador, 1821: 4 e 38).

A Jurisdição Penal Comum

Assim, os juízes ordinários, em audiência com os vereadores, julgavam as injúrias verbais, os pequenos furtos e os recursos nas questões de almotaçaria.[16]

O processo para julgamento das injúrias verbais consistia na apresentação da petição de injúria verbal, na citação, na contestação, com eventual reconvenção restrita à matéria das injúrias, na produção da prova e na prolação da sentença. Nesta forma de processo não era admissível a réplica nem a tréplica, não se dava vista às partes para alegarem a final por escrito e não se lhes dava os nomes das testemunhas para contradita, apenas se admitindo a dedução das contraditas públicas e notórias oralmente e estando as partes presentes no julgamento.[17]

Embora a lei desse voto ao juiz em câmara com os vereadores, a praxe no final do Antigo Regime era distinta, sentenceando os vereadores em assembleia sem o juiz quando a câmara dispunha de um assessor letrado. O juiz só votava em caso de empate. A sentença era escrita pelo escrivão da câmara e assinada pelos vereadores com o nome inteiro e pelo juiz somente com o apelido. Havendo assessor, este também subscrevia a sentença com o nome inteiro, embora não tivesse voto. O juiz assinava o nome inteiro quando votasse a desempatar. A sentença devia mencionar os fundamentos da absolvição ou da condenação e não admitia recurso.[18]

Ao invés, as injúrias atrozes e todos os outros crimes que não fossem puníveis com pena capital eram, em regra, julgados pelos juízes segundo a forma do processo ordinário, admitindo as decisões proferidas nestes processos apelação e agravo para os ouvidores do crime da corte.[19]

As questões de almotaçaria, julgadas sumariamente em primeira instância pelo almotacé, eram decididas pelos juízes quando tivessem valor até seiscentos reis.[20] Nas causas de valor superior e até seis mil reis despachavam os juízes

---

[16] Ordenações Afonsinas, Livro I, Títulos 26, §§ 27 e 28, e 27, §§ 13 e 17, Ordenações Manuelinas, Livro I, Títulos 44, §§ 43, 44 e 45, e 46, § 16, e Ordenações Filipinas, Livro I, Títulos 65, §§ 23, 24 e 25, e 66, § 5.

[17] Ordenações Filipinas, Livro I, Título 65, § 25.

[18] A praxe vem descrita em Martins da Costa (1731: 79 e 80) e Caetano Gomes (1820: 236 e 237).

[19] Ordenações Afonsinas, Livro I, Título 26, § 27, *in fine*, Ordenações Manuelinas, Livro I, Título 44, § 46, e Ordenações Filipinas, Livro I, Título 65, § 26.

[20] Ordenações Filipinas, Livro I, Título 68, § 2. A origem deste magistrado municipal é vista, desde Alexandre Herculano (1980: 319 e 320), no oficial das cidades árabes, o *al muhtasib*, que tinha amplas funções de polícia. Alexandre Herculano salienta que nos concelhos da família do foral de Salamanca e nos da família de Ávila e Évora não havia almotacés e só com o tempo é que a instituição penetrou nestes concelhos. Nos forais da família de Santarém e Lisboa, os almotacés surgiram frequentemente, com funções muito amplas de polícia e, designadamente, de controlo e punição da falsificação de pesos e medidas, sendo eleitos anualmente, por doze pares, um para cada mês do ano, pelos vizinhos com o acordo do alcaide.

28 A Reforma da Justiça Criminal em Portugal e na Europa

com os vereadores em câmara, sem outro recurso. Acima do valor de seis mil reis ou quando os almotacés tivessem aplicado penas corporais os recursos subiam ao Tribunal da Relação.[21]

Além destes magistrados, nos concelhos da família do foral de Salamanca surgiam também os jurados de aldeia, umas vezes escolhidos pelos juízes do concelho e outras pelos próprios vizinhos da aldeia, tendo competência para conhecer de pequenas causas cíveis relativas a bens móveis e de contravenções de posturas e transgressões municipais, nas povoações circundantes da sede do concelho, cabendo por vezes recurso deles para a sede do concelho.[22]

2. O senhorio e a administração da justiça criminal: os coutos e as honras e a política régia de cerceamento do âmbito da jurisdição senhorial

Tal como os outros monarcas peninsulares, o rei português concedia terras aos nobres e às corporações eclesiásticas através de uma carta de couto, em que eram discriminados os respectivos poderes jurisdicionais e imunidades.[23] Cou-

---

[21] Ordenações Filipinas, Livro I, Título 65, § 23. A brevidade das causas de almotaçaria derivava da natureza de polícia das mesmas, "que pedem prompta expedição" (Ricardo Nogueira, 1786 a: 220). Os almotacés julgavam em processo sumaríssimo, "sem estrepito, nem forma alguma de Juiso", reduzindo a prova a escrito quando a decisão tivesse por objecto situações jurídicas permanentes (Pinheiro Ferreira, 1825: 40 e 41). A doutrina exigia, no entanto, a formação de um processo escrito, pelo menos sempre que fosse admissível a interposição de recurso, censurando severamente a prática das "absolutas condemnações, como quotidianamente se está vendo" (Almeida e Sousa, 1828 b: 370 e 371).

[22] Ordenações Manuelinas, Livro I, Título 44, §§ 64 e 68, e Ordenações Filipinas, Livro I, Título 65, §§ 73 e 74. Estes magistrados estão na origem dos juízes pedâneos ou de vintena, os quais nunca tiveram poder jurisdicional criminal. O aparecimento dos jurados de aldeia constituiu um meio de resolução das tensões existentes entre a sede do concelho e as povoações circundantes, mantendo, contudo, os vizinhos da sede do concelho o ascendente sobre estes magistrados, quer por via do juramento que os jurados da aldeia tinham de ir prestar à sede do concelho, quer por força do recurso que cabia destes jurados para o concelho, como, por exemplo, acontecia do jurado da aldeia de Belmonte para o concelho da Covilhã (Alexandre Herculano, 1980: 252 a 259, e António Hespanha, 1982 a: 232).

[23] Sobre a natureza jurídica destas concessões e sobre a inexistência da promessa de vassalagem pessoal do tenente nas concessões do monarca português, o que constitui característica fundamental para as distinguir das concessões feudais típicas de além-Pirineus, António Hespanha (1982 a: 155 e 156). Já Mello Freire (1967: n. 163, pp. 19 e 20) tinha sustentado esta tese, com base em quinze factos, que teriam contribuído "para diminuir ou totalmente abolir o direito feudal", entre eles se encontrando "as apelações sempre concedidas dos nobres e seus juízes para o Rei ou sua Cúria" e "a abolição integral de todos os serviços pessoais, com excepção dos serviços militares".

A *Jurisdição Penal Comum* 29

tar uma terra era, nas palavras de D. Diniz, "escusar os seus moradores da hoste e do fossado, do foro e de toda a peita".[24] O rei recompensava deste modo os esforços dos senhores que com ele faziam a guerra e, simultaneamente, prosseguia uma política de povoamento das terras.

Assim, surgiram os coutos como terras isentas concedidas pelo rei. Ao invés, as honras eram terras que eram imunes independentemente do coutamento e apenas por força de serem propriedade e local de residência de um nobre.[25]

Estas terras privilegiadas foram sendo alargadas pelos proprietários, que através de artifícios vários procuravam aumentar não só o âmbito do seu domínio territorial como o dos poderes conferidos, em prejuízo dos direitos de soberania do monarca.[26] Acresce que as doações incluíam frequentemente cláusulas gerais, muito amplas, como a de que se atribuíam "todos os seus Direitos Fiscaes, e Reais" ou a de que "o districto privilegiado ficava inteiramente alienado do Real poder, e livre para o Donatario" ou ainda a de que "nenhum homem pudesse entrar nas Terras assim privilegiadas, para exigir cousa alguma, ou exercitar acto judicial", o que propiciava o abuso por parte do donatário. Daí terem surgido as inquirições determinadas pelo rei, com vista a identificar os títulos justificativos do domínio da terra e a fixar o âmbito e os limites dos poderes exercidos pelo senhor da terra.

Assim, à medida que o país se libertava da guerra e se definiam as fronteiras a sul, o monarca foi procurando sedimentar o seu poder entre os senhores, quer controlando o âmbito das doações já feitas quer adoptando uma política de doações mais restritiva ou mesmo revogando doações anteriores.

O regime das doações, incluindo as de poderes jurisdicionais, foi fixado em definitivo pelos Título 40 do Livro II das Ordenações Afonsinas. Estas regras, que se opunham em aspectos importantes ao direito comum, permaneceram em vigor praticamente até ao final do Antigo Regime, sendo recolhidas no Título 26, do Livro II das Ordenações Manuelinas e nos Título 45, do Livro II das Ordenações Filipinas.

Os donatários não tinham jurisdição própria, mas apenas a que resultava expressamente da carta de doação, e os reis podiam limitá-la ou abrogá-la, conforme fosse do interesse público. A doação de direitos reais e, designadamente,

---

[24] Coelho da Rocha, 1861: 67.

[25] Souza e Sampaio, 1794: 139 a 141, Gama Barros, 1945: 438, Marnoco e Souza, 1910 b: 321, Paulo Merêa, 1929: 503, e Ruy de Albuquerque e Martim de Albuquerque, 1998: 579.

[26] Os excessos dos senhores das terras estão descritos numa carta régia de D. Diniz, incluída nas Ordenações Afonsinas (Livro II, Título 65). Como afirmou Paulo Merêa (1929: 504), a extensão e os limites dos direitos dos senhores e donatários resultavam da resistência que o rei podia de facto opor ao seu exercício.

30   *A Reforma da Justiça Criminal em Portugal e na Europa*

de poderes jurisdicionais tinha de ser feita por acto expresso,[27] não sendo permitidas as doações genéricas, nem sendo admitida a aquisição por prescrição destes poderes contra o rei.[28]

As doações de poderes jurisdicionais conferiam aos donatários apenas a competência para conhecer dos feitos cíveis e criminais por via de apelação,[29] através dos seus ouvidores,[30] cabendo ainda recurso para o rei.[31] O recurso das decisões dos ouvidores nas apelações crime era oficioso[32] e a denegação pelos senhores das terras de apelação das suas sentenças ou das proferidas pelos seus oficiais devolvia o feito ao corregedor ou aos desembargadores, segundo a escolha do agravado.[33]

Os senhores e os seus ouvidores não conheciam de agravos dos juízes das terras, subindo os agravos em matéria cível ao corregedor da comarca ou aos desembargadores dos agravos e os do crime ao corregedor da comarca ou ao corregedor da corte.[34] Os senhores também não conheciam das acções novas, nem dos delitos por via de querela ou devassa oficiosa.[35] Contudo, as doações concediam, por vezes, o direito de correição.[36] Usando o senhor de competências defesas ou não as tendo nas doações, era o respectivo acto de nenhum valor.[37]

---

[27] Ordenações Filipinas, Livro II, Título 45, §§ 1, 6, 9 e 11.

[28] Ordenações Filipinas, Livro II, Título 45, §§ 1,10, 55, 56.

[29] Ordenações Filipinas, Livro II, Título 45, §§ 32, 41, 47, 48 e 50.

[30] Ordenações Filipinas, Livro II, Título 45, §§ 41, 43 e 47. Em caso algum os senhores podiam substituir-se aos ouvidores e conhecer eles mesmos os recursos. A ordenação do § 47 do Título II do Livro II era interpretada no sentido de que os recursos "irão aos ouvidores dos senhores das terras quando os tiverem, e não aos mesmos senhores, salvo quando os ditos senhores de terras, não tendo ouvidores, quizerem conhecer taes appellações" (Jorge de Cabêdo, 1604: 403).

[31] Ordenações Filipinas, Livro II, Título 45, § 49, e Livro III, Título 71. O regedor da Casa da Suplicação tinha o encargo de vigiar os excessos dos donatários (Ordenações Filipinas, Livro I, Título 1, § 39), sendo estilo agravar-se para o efeito do senhor da terra ou do seu ouvidor para o regedor (Ricardo Nogueira, 1858: volume VII, p. 222). O recurso para o rei das decisões dos magistrados postos pelos senhores constituiu o instrumento fundamental da política régia de sujeição do poder jurisdicional dos senhores das terras, que teve, como se verá adiante no texto, o seu epílogo em 1790 (Lino Netto, 1898: XXVI e XXVII).

[32] Ordenações Filipinas, Livro II, Título 45, § 49.

[33] Ordenações Filipinas, Livro II, Título 45, § 28.

[34] Ordenações Filipinas, Livro II, Título 45, § 48.

[35] Ordenações Filipinas, Livro II, Título 45, § 50.

[36] Ordenações Filipinas, Livro II, Título 45, §§ 8 e 10. O direito de correição dos senhores não obstava mesmo nestes casos ao sumo império do monarca e ao direito de sindicar os abusos dos senhores e dos seus ouvidores (João Pedro Ribeiro, 1792 b: 214).

[37] Ordenações Filipinas, Livro II, Título 45, §§ 55 e 56.

A vigência deste regime cessou, no que se reporta à concessão de poderes jurisdicionais, com a publicação da Lei de 19.7.1790, que revogou em parte o disposto no § 53 do Título 58 do Livro I e o no § 9, do Título 122 do Livro V das Ordenações. "Tendo em vista, que o uso, e exercicio práctico da Justiça, e os meios de ella se conseguir sejão iguaes e uniformes", o monarca determinou a abolição de todas as isenções de correição, "sem embargo das Doações, e Concessões, que se acharem feitas, por mais claras, terminantes, e exuberantes que sejam as Clausulas, e Expressões com que se acharem concebidas", e a extinção de todas as ouvidorias concedidas aos donatários, fossem elas apenas com direito de conhecimento das apelações dos juízes de primeira instância das terras compreendidas nas suas doações ou também com isenção de correição.[38]

Com a cessação dos poderes jurisdicionais dos donatários de correição e de conhecimento dos recursos dos juízes das terras, por via da incorporação desses poderes no âmbito da jurisdição régia, os ouvidores das honras e dos coutos senhoriais foram substituídos por corregedores, nos lugares das ouvidorias que pela sua extensão pudessem formar uma comarca, e por juízes de fora, nos lugares que não tivessem extensão para tanto,[39] devendo reger-se pelo Título 58 do Livro I das Ordenações Filipinas e não mais lhes sendo aplicável o disposto no Título 71 do Livro III das Ordenações Filipinas a propósito das apelações.[40]

---

[38] Pouco tempo antes da publicação desta lei, Mello Freire concluiu o projecto do "Novo Código do Direito Público", que correspondia ao livro II das Ordenações, e nele já se previa a revogação do direito de correição e a abolição da jurisdição criminal dos donatários, mantendo apenas a competência para conhecer em segunda instância das causas cíveis (Mello Freire, 1844: 174 e 434).

[39] Antes deste diploma, já a Lei de 10 de Janeiro de 1692 tinha devassado os coutos dos homiziados. Estes coutos, que eram distintos dos coutos senhoriais, constituíam um espaço excluído da jurisdição criminal régia. Os coutos dos homiziados foram instituídos pelos monarcas desde D. Diniz. Nestas terras, geralmente localizadas em zonas fronteiriças ou de difícil povoamento, obtinham refúgio todos os criminosos, com a excepção dos acusados por crime de traição ou aleivosia, não podendo ser perseguidos criminalmente nessas terras e sendo-lhes permitido sair do couto em certo período do ano. Os homiziados que cometessem crimes durante os dois meses que andassem livremente no reino perdiam o privilégio do couto. Alguns forais garantiam também asilo aos homiziados, mas esse asilo não se impunha às justiças do rei. A Lei de 10.1.1692 aboliu apenas os coutos de homiziados e não revogou as imunidades conferidas por outros direitos (João Pedro Ribeiro, 1792 a: 177 a 179, Mello Freire, 1844: 435, e Almeida e Sousa, 1828 b: 217). Caracterizando a imunidade oferecida pelos coutos de homiziados como uma causa de "extinção, no espaço, do procedimento criminal", Eduardo Correia, 1977 a: 87 e 102.

[40] O Alvará de 7.1.1792 veio esclarecer que as ouvidorias e as isenções de correição estavam definitivamente extintas, apesar de não ter sido ainda concluída a nova demarcação das comarcas ordenada pela anterior lei de 1790, e que as causas pendentes nas ouvidorias deviam

32   A Reforma da Justiça Criminal em Portugal e na Europa

Deste modo, extinguiu-se também a competência dos senhores para conhecer das apelações, passando aquele recurso a ser interposto do juiz de fora ou do juiz ordinário para a Relação de Lisboa ou para a do Porto, conforme a que fosse territorialmente competente.[41]

3. O rei e a administração periférica da justiça criminal: os meirinhos, os corregedores e os juízes de fora

No reinado de D. Afonso IV o meirinho-mór da comarca deu lugar ao corregedor da comarca, que se diferenciava do anterior magistrado por várias ordens de razões: o novo magistrado já não era um fidalgo, mas era, em regra, um letrado, tinha funções jurisdicionais e administrativas melhor definidas e, sobretudo, constituía uma magistratura permanente.[42]

Nos vários regimentos que lhe foram dados fixaram-se múltiplas competências de polícia, de milícia, de fiscalização dos órgãos da administração pública local e jurisdicionais. Contudo, o monarca, munindo-se de cautelas para não ferir as susceptibilidades dos diferentes estados da nação, consagrou claramente o princípio da excepcionalidade da intervenção jurisdicional deste magistrado e, por isso, ordenou a este magistrado que não tomasse para si feito crime nem cível e que não conhecesse de qualquer apelação, nem de agravo de quaisquer sentenças definitivas.[43] Ao princípio consagrado, admitiam-se, no entanto, três importantes excepções.

A primeira era a do conhecimento em primeira instância, por acção nova ou por avocação, dos "feitos d' Alquaide, ou de Juiz, ou dos que forem Vogados, ou Procuradores, ou Tabelliaaes, ou doutros quaeesquer poderosos",[44] bem como dos "feitos dos Fidalgos, e dos Abades, e Priores da sua Correiçom".[45] A

---

passar de imediato para as Relações competentes. Em 1793, havia vinte e três comarcas e ainda dezoito ouvidorias segundo informava Souza e Sampaio (1793: 190).

[41] Mello Freire, 1967: n. 163, pp. 111 e 112, e o seu anotador, Almeida e Sousa, 1836: 48. A lei nova não prejudicou, contudo, a manutenção do privilégio da eleição dos juízes de primeira instância nas terras dos donatários (Caetano Pereira, 1834 a: 23).

[42] O meirinho-mór da comarca surgiu na sequência das reformas régias da administração do governo dos distritos, que tiveram lugar na segunda metade do século XIII e que determinaram a limitação da competência dos tenentes ao exercício de funções militares e a introdução destes novos magistrados régios com funções jurisdicionais ao nível local (João Pedro Ribeiro, 1792 b: 212 e 213, Gama Barros, 1954: 129,140 e 141, e Marcello Caetano, 1981: 322).

[43] Ordenações Afonsinas, Livro I, Título 23, §§ 5 a 7.

[44] Ordenações Afonsinas, Livro I, Título 23, § 5.

[45] Ordenações Afonsinas, Livro I, Título 23, § 7.

A Jurisdição Penal Comum   33

atribuição desta competência ocorria sempre que "os Juizes disserem, que nom podem por algua direita razom fazer direito, nem justiça delles, ou forem sospeitos", com a ressalva dos feitos abrangidos pelo privilégio do foro eclesiástico.[46] A segunda excepção era a do conhecimento em recurso de agravo das

---

[46] A obediência filial do rei de Portugal à Igreja de Roma e a doutrina do direito canónico da imunidade dos clérigos e da Igreja em relação à jurisdição secular constituíram os factores decisivos para o reconhecimento pelo monarca português do privilégio do foro eclesiástico, quer em matéria cível, quer em matéria criminal, tendo-se verificado uma mudança substancial da teoria da imunidade no final do Antigo Regime (Coelho da Rocha, 1861: 180 e 181, e Lopes Praça, 1881: 51 a 61). Nas causas crimes vigorava o foro privilegiado dos clérigos, com três excepções: a dos clérigos moradores na corte, a do crime de lesa-majestade e a dos cavaleiros das ordens militares que não tivessem tença ou comenda com renda bastante (Ordenações Filipinas, Livro II, Título 4, Título 12, § 2, Livro III, Título 6, § 6, Livro V, Título 1, § último, Título 88, § 16). Os clérigos que tinham o privilégio do foro eram os clérigos de ordens sacras e os de ordens menores beneficiados (Ordenações Filipinas, Livro II, Título 1, §§ 4 e 27). Estes clérigos deviam ser remetidos oficiosamente pelo juiz secular ao juiz eclesiástico, não precisando de usar a excepção declinatória do foro, salvo se houvesse dúvida sobre se o clérigo tinha aquelas qualidades ou se as havia obtido depois do delito (Livro II, Título 1, § 21). Os clérigos minoristas simples não beneficiavam senão de um privilégio declinatório nas causas crimes, pelo que podiam ser acusados e julgados perante a justiça secular se não declinassem essa jurisdição com a excepção declinatória. Só o clérigo minorista simples que andasse com hábito clerical e tonsura, bem como com uma carta de adicto a uma igreja ao tempo do crime e da prisão podia excepcionar a declinatória para o juízo eclesiástico. As disposições antinómicas das Ordenações suscitavam dúvidas sobre o âmbito do ónus da prova do clérigo minorista (Virissimo Alvares da Silva, 1780: 64 a 70, Borges Carneiro, 1826: 244 e 245, e Almeida e Sousa, 1828 b: 151 e 152). Discutia-se a situação dos clérigos que não tivessem superior ordinário no reino, como os bispos e os arcebispos, pois o recurso interposto para o Papa punha em causa a soberania do monarca (Ricardo Nogueira, 1786 b: 20 a 23, Souza e Sampaio, 1794: 4 e 5, Borges Carneiro, 1826: 245 e 248). Contudo, os crimes praticados pelos eclesiásticos podiam ainda ser punidos pela justiça secular quando os seus autores não fossem castigados pelos Bispos como por justiça o deviam fazer, actuando o monarca "não como Juiz, mas como seu Rei e Senhor, por os castigar, e evitar, que taes maleficios se não commettessem" (Ordenações Filipinas, Livro II, Título 3, na sequência já das Ordenações Manuelinas, Livro II, Título 2, e das Ordenações Afonsinas, Livro III, Título 15, §§ 21 e 27). A doutrina não poupava a distinção legal. "Distinção sofística, a que obrigava a recorrer a impossibilid. em q. se achavão de conciliar o systema q. seguião sobre o fundam. da imunid. pessoal dos Cler.os com a conservação do socego publico, perturbado m.tas vezes pelos delitos destas pessoas" era como caracterizava Ricardo Nogueira (1786 a: 147) a justificação teórica dada pelo legislador para a atribuição de competência à justiça secular. Borges Carneiro (1826: 249) informava que esta punição régia era muito praticada com os que perturbavam o sossego público e os que cometiam crimes mistos. Esta competência dos tribunais régios manteve-se como um meio de impedir os abusos da jurisdição eclesiástica (Marnoco e Souza, 1910 b: 337), tendo mesmo sido proposta por Mello Freire, no título XVII do "Novo Código do Direito Publico", a par da manutenção do privilégio do foro pessoal dos clérigos nas causas crimes comuns, a remessa obrigatória dos autos para a Relação, devendo nela ser julgados em segunda e última instância (1844: 54 a 63). Os tribunais eclesiás-

decisões interlocutórias, cartas testemunháveis e petições de agravo dos juízes das terras da respectiva comarca e em recurso de apelação dos feitos que, atento o seu valor, não tinham mais de uma instância. Por fim, a última excepção era a da competência para devassar e pronunciar certos crimes mais graves e mandar reabrir processos criminais findos quando o livramento fosse por conluio ou falsa prova.

A nomeação de juízes de fora iniciou-se no reinado de D. Diniz,[47] mas foi a Lei de 21 de Março de 1349 que mandou nomear para os concelhos "juízes de fora parte". Numa época em que grassava o mal da peste e em que se reacendiam as polémicas entre as jurisdições régia e eclesiástica sobre a competência para conhecer da abertura e execução dos testamentos, o rei providenciou com esta medida pela apresentação e execução dos testamentos a juízes por si postos. Contudo, esta ocasião foi de igual modo aproveitada pelo poder régio para intervir directamente na administração da justiça local em todos aqueles lugares e julgados em que "os juízes naturais da terra, de direito e razão hão muitos azos para não fazerem cumpridamente justiça".

D. João I determinou que, quando a alguma terra ou lugar fosse enviado um juiz de fora, "os Juizes Hordenairos cessam, e nom deve hi aver outro, salvo

---

ticos tinham também competência em relação a determinados crimes cometidos por leigos e, designadamente, os cometidos contra eclesiásticos (Ordenações Filipinas, Livro II, Título 1, § 5, Título 9, § 3) e os crimes de foro misto (Mello Freire, 1966 b: n. 161, p. 170 e 187, e Borges Carneiro, 1826: 237 e 238). Os crimes de foro misto incluíam o adultério público, a bigamia, o lenocínio, o incesto, o perjúrio, o sacrilégio, a blasfémia, a simonia, a usura e a tavolagem (Ordenações Filipinas, Livro II, Título 9), sendo neles a jurisdição determinada pelo princípio da prevenção resultante da citação, da prisão ou da denúncia. Para a análise dos diferentes casos, Ricardo Nogueira, 1786 b: 188 a 197, e Caetano Pereira, 1820: 3. Também relativamente ao conhecimento destes crimes, afirmava Mello Freire (1966 b: n. 161, p. 187) que os juízes eclesiásticos só podiam aplicar as penas canónicas, cabendo aos juízes seculares as penas civis. A tese defendida nas lições de que "era, porém de desejar que a doutrina das causas mistas, que emanou dos preconceitos dos Decretalistas, e tantos e tamanhos males e perturbações ocasionou, fosse um dia banida por lei pública" foi confirmada pelo autor no projecto do "Novo Código do Direito Público", que previa a abolição do foro misto (Mello Freire, 1844: 63 e 238). Ao invés, Almeida e Sousa (1828 b: 190) advogava *de iure condendo* a manutenção do foro misto, com a restrição de que o eclesiástico só deveria condenar em penas canónicas. No entanto, Almeida e Sousa (1828 b: 28) informava que a prática, mesmo depois da Lei de 18.8.1769, era a de que os tribunais eclesiásticos puniam os delitos mistos com penas temporais.

[47] Paulo Merêa, 1929: 500. A doutrina disputou longamente sobre a origem dos juízes de fora. A opinião comum era a de João Pinto Ribeiro (1729: 31), que atribuía a D. Manuel a instituição destes magistrados com jurisdição ordinária, sendo as nomeações verificadas em reinados anteriores de magistrados com jurisdição extraordinária e temporária. Ao invés, Anastasio de Figueiredo (1792 a: 32 e 43 a 45) e, depois dele, Fortunato de Almeida (1922: 407), atribuíram a D. Afonso IV as nomeações dos primeiros juízes de fora com competência ordinária, considerando que D. Manuel só aumentou o seu número e reviu o modo de pagamento dos seus salários.

aquelle que por Nós he enviado, e elle deve tomar conhecimento de todallas cousas, e feitos, de que tomavam conhecimento os hordenairos".[48] A competência dos juízes de fora era, pois, idêntica à dos juízes ordinários, tendo o monarca vedado expressamente a competência simultânea ou concorrencial destes seus juízes com os juízes locais numa mesma terra. O monarca atribuiu também a estes novos magistrados régios o conhecimento dos feitos crimes dos fidalgos [49] e, mais tarde, o poder de concessão da ajuda do braço secular às decisões dos tribunais eclesiásticos,[50] sendo estas competências novas exercidas em concorrência com o corregedor da comarca.[51] Quer este magistrado quer o juiz de fora iriam manter-se até ao final do Antigo Regime.[52]

---

[48] Ordenações Afonsinas, Livro I, Título 25.

[49] Ordenações Afonsinas, Livro I, Título 25, §§ 1, 3 e 13.

[50] Ordenações Filipinas, Livro II, Título 8, § 1, na sequência do § 2 da Lei de 2.3.1568.

[51] Após a conclusão do concílio de Trento, o regente português, Cardeal D. Henrique, promulgou as provisões de 12 de Setembro de 1564 e de 24 de Novembro do mesmo ano, que recebiam os decretos conciliares e regulavam a concessão da ajuda do braço secular para aplicação das sanções eclesiásticas aos barregueiros, amancebados e mancebas dos clérigos, atribuindo a competência para decidir dessa concessão ao corregedor da comarca com o acordo do juiz de fora. Informa Ricardo Nogueira (1786 b: 155) que "a aceitação indistinta" que tiveram os decretos conciliares pela lei de 1564 "fez que os Ecl.os entrassem a executar no foro externo as suas sent.as sem implorarem o auxilio do braço secular. A esta innovação e ás desordens que ella deve necessariamente causar no Estado acodio D. Sebast. com a cit. L. de 2 de M.ço de 1568". Com efeito, D. Sebastião promulgou esta lei de 1568 com o propósito expresso de "atalhar alguns inconvenientes que se podiam seguir de os dictos Prelados, por sua auctoridade e de seus Ministros, fazerem a dicta execução". O monarca determinou a ampliação da concessão da ajuda do braço secular a todos os casos da competência dos juízes eclesiásticos, bem como aos casos de foro misto, atribuindo a competência para decidir da concessão ao corregedor da comarca ou, na ausência deste, ao juiz de fora. O diploma admitia também, no seu parágrafo sexto, os juízes eclesiásticos a provar o "costume e posse immemorial, que não fosse contradita per seus officiaes, e fosse consentida pelos Reis seus antecessores" do direito de execução das suas sentenças proferidas sobre crimes de foro misto ou sobre feitos cíveis. Contudo, um ano depois, nova provisão do mesmo monarca, datada de 19.3.1569, veio introduzir uma alteração radical do sistema de execução das sentenças dos juízes eclesiásticos, que foi atribuída ao fervor religioso do monarca (Marcello Caetano, 1965: 21). No novo diploma legal, o rei conferiu aos juízes eclesiásticos a mais ampla competência para executar as sentenças proferidas em feitos da sua competência exclusiva ou em feitos de foro misto contra leigos, podendo os prelados encarcerar os leigos em certos casos e devendo as justiças seculares prestar a ajuda necessária, sem que pudessem verificar a regularidade do procedimento nos tribunais eclesiásticos. A provisão de 1569 foi parcialmente confirmada pelo § 12 da provisão de 18 de Março de 1578, mas deixou de vigorar segundo a lei introdutória das Ordenações Filipinas. Os Títulos 8 e 9 do Livro II das Ordenações Filipinas recolheram a doutrina do diploma de 1568, constituindo a faculdade de os Bispos encarcerarem os leigos, prevista no § 13, do Título 1 do Livro II e recolhida da provisão de 1578, uma das frequentes antinomias em que incorreram os compiladores filipistas. A doutrina resolvia esta "antenomia" (Mendes de

36   A Reforma da Justiça Criminal em Portugal e na Europa

4. O rei e a administração central da justiça criminal: a institucionalização dos tribunais superiores e a sedimentação do processo penal comum

Em 27 de Julho de 1582, Filipe I extinguiu a Casa do Cível de Lisboa e criou a Casa da Relação do Porto, realizando as pretensões das populações do norte do país e pondo fim "á oppressão que os moradores das ditas comarcas recebem em virem as ditas casas (da Suplicação e do Cível) com suas appellações, e aggravos, e muitas vezes por casos tam leves, e tam pequenas contias, que importam menos, que a despesa que nisso fazem".[53] O monarca determinou

---

Castro, 1725: 291), considerando que as disposições do § 13 do título 1 se encontravam subordinadas ao disposto no título 8 e, portanto, os bispos só podiam executar as suas sentenças através dos juízes seculares (Mello Freire, 1966 a: n. 155, p. 91, 1966 b: n. 161, pp. 192 a 194, e 1968: n. 175, p. 46, Ribeiro dos Santos, 1844: 87 e 88 (notas ao título III), Souza e Sampaio, 1793: 126 e 127, e 1794: 14, 33 e 40, Borges Carneiro, 1826: 216, 239 e 242, Almeida e Sousa, 1828 b: 195 e 196, e Bernardino Carneiro, 1896: 433, mas defendendo a recepção plena do concílio, Cândido Mendes de Almeida, 1866 a: CCXXII a CCXXXVIII, CCCLXVII a CCCLXXII, e Marnoco e Souza, 1909: 43, 112 e 113, e 1910 b: 338). O processo consistia em um pedido de auxílio dirigido por carta precatória ao juízo competente. A ajuda dependia da verificação pelo juiz secular da competência do juiz eclesiástico do reino (Ordenações Filipinas, Livro II, Título 8, § 6), do esgotamento dos meios de recurso contra a decisão eclesiástica, da regularidade dos autos e mesmo da injustiça notória da decisão (Ordenações Filipinas, Livro I, Título 6, § 19). O processo era decidido depois da audiência das partes, tendo o condenado o direito de vista diante do juiz secular para se opor, querendo, à concessão da ajuda. Da decisão do juiz secular cabia recurso e a proibição de apelação e agravo do § 3 do Título 8 do Livro II das Ordenações Filipinas valia apenas para a fase de execução da sentença eclesiástica em relação à qual a decisão de concessão de ajuda do braço secular já tinha transitado (Souza e Sampaio, 1794: 34, Caetano Gomes, 1820: 271, Borges Carneiro, 1826: 218, e Bernardino Carneiro, 1896: 433 e 434). Ricardo Nogueira (1786 b: 72, 164 e 165) informava, no entanto, que a praxe do seu tempo, que o autor considerava "abusiva", era a de que os Bispos mandavam executar pelos seus oficiais as seus sentenças.

[52] Ordenações Manuelinas, Livro I, Título 39, § 6, e Ordenações Filipinas, Livro I, Título 58, §§ 22 e 23, e Fortunato de Almeida, 1925: 339, e 1927: 239. O âmbito da competência do corregedor para conhecer por acção nova ou avocar causas em terras em que houvesse juiz de fora ou juiz ordinário era discutido, tendo-se firmado o entendimento de que esta competência só se verificava quando o juiz de fora fosse suspeito, ainda que as partes fossem poderosas, ou ele estivesse ausente (Almeida e Sousa, 1849: 15 e 16). Por outro lado, só os crimes graves ou cometidos por poderosos podiam ser propostos perante o corregedor ou por ele avocados ao juiz ordinário (Almeida e Sousa, 1849: 36 e 37).

[53] A primeira relação fez-se na Casa do Porto a 4.1.1583, tendo o monarca nomeado governador do novo tribunal o último governador da Casa do Cível, razão pela qual se afirma comummente que a Casa do Cível foi transferida, embora com um nova organização, para a cidade do Porto (Anastasio de Figueiredo, 1790: 202 a 207, Magalhães e Silva, 1902: 41, e Fortunato de Almeida, 1927: 241 e 242). As Ordenações Filipinas consagraram definitivamente a Casa da Relação do Porto (Livro I, Título 35).

também, na mesma data, que a Casa da Suplicação se fixasse em Lisboa e não andasse mais com a corte, como até então, "pela muita oppressão que por essa causa recebiam as partes, que na dita casa tinhão negocio, e pella muita despesa que o Regedor, Desembargadores, e mais Officiaes faziam nas mudanças della, e inquietação que recebiam, os quaes per milhor fazerem suas obrigações, convem estarem quietos, e dassento em hum lugar".[54]

A Casa da Suplicação era constituída por um chanceler, dez desembargadores dos agravos e das apelações, quinze desembargadores extravagantes, dois corregedores do crime da corte,[55] dois corregedores das causas cíveis da corte, dois juízes dos feitos da coroa e fazenda, quatro ouvidores das apelações de casos crimes e um juiz da chancelaria.[56] A Casa do Porto tinha uma composição semelhante, mas um número menor de magistrados.[57]

---

[54] O § 25 do Título I das Ordenações Filipinas confirmaria a fixação da Casa da Suplicação em Lisboa, "onde temos ordenado que a Casa sempre resida".

[55] Estes magistrados tinham competência para julgar em primeira instância certas causas privilegiadas em razão das pessoas, do lugar e da natureza dos delitos. Em razão das pessoas, conheciam dos crimes dos cortesãos e dos procuradores e escrivães da Casa da Suplicação, em razão do lugar conheciam dos crimes cometidos onde o rei estivesse e em cinco léguas em redor e em razão da natureza dos crimes conheciam de certos crimes mais graves cometidos no distrito da Casa da Suplicação e, designadamente, os referidos no § 8 do Título 7 do Livro I das Ordenações Filipinas. Cada corregedor conhecia por si só destas causas e nos crimes mais graves com adjuntos. Este magistrado tinha também competência para conhecer com adjuntos dos agravos crimes vindos do distrito da Suplicação, incluindo os agravos interpostos dos juízes do crime da cidade de Lisboa, bem como das apelações de certos crimes determinados por legislação extravagante, tais como o crime de jogos proibidos e o de uso de armas curtas (Gouvêa Pinto, 1820: 241 a 243). A competência do corregedor da corte podia ainda ser alargada às causas crimes em que fossem réus fidalgos e viúvas, se estes escolhessem como foro a corte, aplicando-se deste modo nas causas crimes o privilégio da escolha do juiz da corte pelos fidalgos e viúvas nas causas cíveis, previsto no § 3, do Título 5 do Livro III das Ordenações Filipinas (Melchior Febo, 1713 a: 346, e 1713 b: 482).

[56] Ordenações Filipinas, Livro I, Título 5. Os magistrados dos tribunais superiores exerciam as suas funções a título vitalício, ao invés dos juízes de fora e dos corregedores, sendo todos escolhidos pelo monarca. O processo de selecção para estes cargos estava subordinado a vários requisitos de idade, sexo, naturalidade, condição social e patrimonial, habilitação científica, antiguidade e experiência, devendo a escolha fazer-se entre as pessoas mais dignas, o que constituía um "limite ético, embora impreciso do ponto de vista jurídico, do direito real de proceder à nomeação dos juízes" (António Barbas Homem, 1998 b: 83, 89 a 102, 120 a 123, 471). Por outro lado, a nomeação vitalícia não obstava ao poder do monarca de livre demissão dos magistrados judiciais sempre que "Nós soubermos, e nos certificarmos em nossa consciencia, que alguns dos ditos Officiaes nos servem mal, e fazem o que não devem" (Ordenações Filipinas, Livro I, Título 99). A demissão fundada em decisão tomada *ex informata conscientia* era justificada pelo próprio monarca com a circunstância de que "ás vezes não há provas tão claras, porém há quanto basta para sermos certo, que somos delles mal servido, e elles errarem nos ditos Officios, de maneira que será mais serviço de Deos e nosso serem-lhes tirados, que deixal-os star nelles" (Ordenações Filipinas, Livro I, Título 99). Não procedendo o monarca deste modo, podia ter lugar procedi-

38 A Reforma da Justiça Criminal em Portugal e na Europa

Nestes tribunais superiores eram julgados os crimes capitais em primeira instância, sendo despachados por seis juízes, com mais dois se necessário para que a decisão se vencesse por quatro votos conformes, e as apelações interpostas das decisões dos juízes ordinários e dos juízes de fora nas causas relativas a crimes que não fossem puníveis com pena capital.[58]

A Casa da Suplicação conhecia das apelações e agravos interpostos, quer em causas crimes quer em causas cíveis, dos juízes das províncias da Estremadura, Alentejo, Algarve, da comarca de Castelo Branco e ainda das ilhas adjacentes,[59] dos agravos ordinários interpostos de certos juízes de superior graduação e ainda dos agravos interpostos em matéria cível da Casa do Porto.

A nova Relação do Porto tinha competência para decidir definitivamente as apelações e os agravos das decisões crimes proferidas pelos juízes nas províncias de Trás-os-Montes, Entre-Douro e Minho e Beira, com excepção da comarca de Castelo Branco.

A lei regulamentava a estrutura da forma de processo ordinário, distinguindo uma fase preparatória, que podia ser aberta por uma querela ou por uma devassa, e uma fase de julgamento, que era aberta por uma acusação.

---

mento judicial contra os magistrados por erros de ofício, sendo o juiz arguido suspenso quando o libelo fosse recebido e até "elle ser livre e achado por sem culpa do maleficio" (Ordenações Filipinas, Livro I, Título 100). Agravando ainda mais esta situação de dependência dos magistrados judiciais, sucederam-se já no final do Antigo Regime múltiplos episódios de intervenção directa do monarca na administração da justiça, designadamente, declarando erróneas e nulas opiniões de magistrados e ordenando-lhes mesmo a condenação em determinado sentido (António Barbas Homem, 1998 b: 415 a 418).

[57] Ordenações Filipinas, Livro I, Título 36, §3. António Hespanha (1994: 230 a 236) procedeu a uma apreciação quantitativa da prática destes dois tribunais superiores na primeira metade do século XVII, concluindo pela homogeneidade das práticas destes dois tribunais, com os recursos cíveis apresentando valores um pouco mais elevados do que os dos recursos nos feitos crimes, os quais se dividiam quase igualmente entre apelações e agravos. O Autor, reportando-se ainda ao referido período, concluiu também que cerca de 1/3 do movimento dos tribunais de primeira instância atingiria os tribunais superiores, embora esta altíssima taxa de recurso se restringisse aos tribunais onde se praticava um processo escrito.

[58] Ordenações Filipinas, Livro I, Títulos 11 e 41, e Livro III, Título 68, § 8. O regedor escolhia os juízes que "bem lhe parecer" para formar o tribunal (Ordenações Filipinas, Livro I, Título 1, §§ 6 e 35). Por estilo das Relações, quando algum dos juízes votasse pela pena de cortamento de membro, de açoites ou de degredo por mais de cinco anos também tinha lugar o julgamento por seis juízes (Melchior Febo, 1713 a: 356, e Martins da Costa, 1745: 191).

[59] No final do Antigo Regime, o legislador criou duas Juntas, uma no Algarve e outra nos Açores, com competência para julgar definitivamente as apelações nos feitos crimes, não sendo os réus eclesiásticos nem militares. Os Alvarás de 15.5.1790 e de 15.11.1810, que instituíram aquelas Juntas, facilitaram o processamento destes processos e aliviaram a sobrecarga de trabalho dos ouvidores do crime da Casa da Suplicação.

A forma de processo ordinário com base na querela estava prevista no Título 117 do Livro V das Ordenações Filipinas e consistia na apresentação da querela, na prestação de juramento de calúnia ou, no caso em que o quereloso não era o ofendido, no oferecimento de caução e na inquirição antes da citação do réu das testemunhas arroladas pelo quereloso.[60]

A forma de processo ordinário com base na devassa estava prevista no § 31 e seguintes do Título 65 do Livro I das Ordenações Filipinas e consistia na investigação oficiosa de um crime cujo cometimento era certo, mas cujo autor era incerto, que se designava por devassa especial, ou mesmo na investigação da actividade de certas pessoas, sem o conhecimento prévio da verificação de qualquer crime, denominada como devassa geral. A lei proibia as devassas gerais, com a excepção da investigação sobre a prática de certos crimes graves e, designadamente, de crimes relacionados com o mau exercício dos ofícios da justiça. As devassas especiais também só eram admitidas na investigação de certos crimes fixados pela lei.[61]

Esta forma de processo assentava, em regra, na delação, mesmo secreta, do crime sem intenção de acusar pelo denunciante, que não era, por isso, obrigado a prestar caução nem a arrolar testemunhas.[62] Após a delação, o juiz procedia à formação do corpo de delito.[63]

Findo o sumário da querela ou a devassa, o juiz proferia a pronúncia, em que se formava a culpa e se determinava a prisão do réu.[64] A prolação da pronúncia ou de não pronúncia cabia sempre ao juiz da culpa, mesmo nos processos julgados na Relação pelos corregedores. Nestes processos, o promotor da justiça das Casas da Suplicação e do Porto devia formar libelo contra o réu pronunciado quando não houvesse parte ou quando esta fosse lançada da acusação e se tivesse tomado o feito por parte da justiça.[65] Em nenhum outro tribunal do país havia promotor, sendo no resto do país o libelo dado pelo escrivão, que para o efeito oferecia o auto da queixa como libelo,[66] e promovendo o próprio juiz os termos da acusação na fase de julgamento.[67]

---

[60] Esta forma de processo ordinário teve a sua origem no costume e na lei nacionais, ao invés da forma de processo fundada na devassa, que teve a sua origem no processo canónico (Mello Freire, 1966 a: n. 156, p. 92, e Caetano Pereira, 1820: 20 e 34).

[61] Sobre os casos de devassas gerais admitidas no direito nacional, Mateus Leitão, 1745: 233 a 238, e sobre os de devassas especiais, Mateus Leitão, 1745: 249 a 272.

[62] Este era um aspecto do direito vigente que Mello Freire (1966 a: n. 156, pp. 101 a 103) criticava abertamente, restringindo a admissibilidade das denúncias ocultas.

[63] Ordenações Filipinas, Livro III, Título 62, § 1, *a contrario*.

[64] Ordenações Filipinas, Livro V, Títulos 117, § 12, e 119.

[65] Ordenações Filipinas, Livro I, Título 15.

[66] Ordenações Filipinas, Livro I, Título 15, § 6, e Livro V, Título 124, § 6. Com base nesta disposição e em outras anteriores, concluía Ferrão Mártens que a instituição do Ministério Público

Da pronúncia do juiz da culpa ou, quando o processo tivesse sido remetido ao tribunal superior, do despacho de sustentação da pronúncia proferido pelo corregedor do crime da corte, competia o agravo de injusta pronúncia.[68] No caso de agravo da decisão deste corregedor o recurso subia para a mesa dos agravos.[69]

Concluída a fase preparatória do processo, com a confirmação da pronúncia, seguia-se a fase de julgamento. Esta fase assentava na dedução de uma acusação,[70] seguindo-se-lhe, de acordo com a ordem do processo prevista no Título 124 do Livro V das Ordenações Filipinas, os articulados,[71] as dilações para produção da prova, a publicação das inquirições com vista para alegações escritas do autor e do réu, a repergunta facultativa das testemunhas pelo juiz[72] e a prolação da sentença.[73]

---

em Portugal não foi "creação de origem franceza" (Ferrão Mártens, 1871: 300), desprezando esta conclusão, contudo, as características essenciais da estrutura moderna do Ministério Público, como adiante se verá melhor.

[67] Esta duplicidade do juiz, que desempenhava simultaneamente o papel de julgador e de acusador, colocava -o em uma situação psicológica insustentável e comprometia definitivamente a sua imparcialidade, constituindo a percepção da insustentabilidade da situação psicológica do juiz a base da crítica radical da doutrina ao processo do Antigo Regime (Eberhard Schmidt, 1947: 299, e 1964: 78 e 197, Wilfried Küper, 1967: 112 a 116, e Heinrich Henkel, 1968: 94).

[68] Era a prática consagrada pelo Assento do Tribunal da Relação do Porto de 9.3.1758 (Cândido Mendes de Almeida, 1869: 246). Em caso de pronúncia ou de não pronúncia o juiz devia apelar de ofício para o tribunal superior sempre que o réu estivesse preso (Ordenações Filipinas, Livro V, Título 122, § 4, Jorge de Cabêdo, 1602: 32 dos *aresta senatus*, Melchior Febo, 1713 a: 358, Gouvêa Pinto, 1820: 57, e Caetano Pereira, 1820: 202).

[69] Ordenações Filipinas, Livro I, Título 7, § 18.

[70] Não se admitia a dedução de acusação sem prévia querela, salvo nos crimes particulares em que não fosse necessária querela e nos crimes públicos puníveis apenas com pena pecuniária. Nestes casos o processo iniciava-se com a dedução da acusação (Caetano Pereira, 1820: 99).

[71] Os articulados eram o libelo acusatório, a contrariedade, a réplica e a tréplica, não sendo admitidos quaisquer outros nem nas causas cíveis nem nas crimes, nos termos do § 27 do Título 20 do Livro III. A previsão no § 7 do mesmo Título 20 da apresentação de artigos cumulativos posteriores ao libelo, que já tinham sido abolidos pela Lei de 28.1.1578, foi uma das muitas antinomias das ordenações filipinas identificadas por Virissimo Álvares da Silva (1780: 127 a 130).

[72] A repergunta feita por iniciativa oficiosa do juiz depois das inquirições abertas não exigia a citação das partes e tinha lugar quando ocorresse um motivo suficiente para o efeito, tal como a nulidade da anterior inquirição da testemunha, a perda do seu depoimento, a ambiguidade ou a contradição do respectivo conteúdo ou a falta de razão de ciência (Caetano Pereira, 1820: 176).

[73] O Título 4 do Livro V das Ordenações Afonsinas e o Título 1 do Livro V das Manuelinas, bem como as leis de D. João III, de 5.7.1520 e 14.8.1529, que antecederam a ordenação do Título 124 do Livro V das Ordenações Filipinas, tiveram a sua origem no processo acusatório romano (Mello Freire, 1966 a: n. 156, p. 92, e Caetano Pereira, 1820: 100).

A Jurisdição Penal Comum   41

A prova produzida no sumário da querela ou na devassa devia ser de novo produzida com citação do réu para ver jurar as testemunhas[74] ou por ele ratificada no termo para contrariar, admitindo a lei duas excepções à obrigação de fazer as testemunhas judiciais: as testemunhas que estivessem fora do reino e as que tivessem entretanto falecido.[75]

---

[74] A repergunta era feita "como de novo, pondo tudo *ad extensum*, como se nunca fossem examinadas, ou perguntadas", devendo as testemunhas prestar de novo juramento. Variando no seu depoimento as testemunhas podiam ser punidas como falsárias (Manoel Lopes Ferreira, 1767: 329 e 330). Esta doutrina não era uniforme, entendendo Mateus Leitão que as testemunhas eram livres de depor diferentemente na repergunta, devendo mesmo o "Juiz cauteloso advertir e informar as testemunhas, que são repetidas para que declarem a verdade sem medo de contradição, porque se deve permanecer na segunda declaração, sem fazer referência à primeira" (Mateus Leitão, 1745: 335). De igual parecer era Mello Freire (1966 a: n. 156, p. 130), advogando que se devia permitir à testemunha retractar livremente o seu depoimento e qualificando mesmo como "injusta a lei que considera como perjúrio qualquer retractação do juramento, desde que feita de boa fé e com recta intenção". Manoel Lopes Ferreira (1767: 331) informava, também, que não se praticava a confrontação do réu com as testemunhas, depondo estas sobre os ditos daquele, ao invés do que se fazia em outras nações.

[75] Ordenações Filipinas, Livro III, Título 62, § 1, com a alteração do § 18 da Lei de 6.12.1612. Antes da publicação da lei de 1612, a repergunta das testemunhas inquiridas na devassa com citação do réu para ver jurar as testemunhas era obrigatória, porque o juramento das testemunhas inquiridas sem citação da parte era nulo e não fazia prova (Ordenações Filipinas, Livro III, Título 1, § 13). Depois da publicação da referida lei, a repergunta das testemunhas tornou-se facultativa, dependendo de o réu a requerer e suportar o seu custo. Embora a lei de 1612 só mencionasse as testemunhas ouvidas nas devassas, a doutrina sempre considerou que os depoimentos das testemunhas ouvidas nos sumários das querelas também estavam sujeitos a este regime (Tomé Valasco, 1677: 84, e Vanguerve Cabral, 1757: 160 e 161). Discutia-se se o réu podia ser notificado na pessoa do seu procurador para fazer as testemunhas judiciais, distinguindo a doutrina as seguintes situações: se o réu acusado se livrasse como seguro ou se se encontrasse preso, a notificação devia ser-lhe feita pessoalmente, mas se se livrasse por procurador por provisão do monarca, bastava que fosse notificado o seu procurador (Melchior Febo, 1713 b: 501 e 502). A prática era, contudo, muito deficiente, censurando-a Mateus Leitão nestes termos veementes: "quase sempre os Réus costumam considerar como judiciais as declarações das testemunhas, sem que se repitam, sabendo que as testemunhas quase sempre confirmam a primeira declaração; todavia, alguns Juízes, não observando esta norma, obrigam prepotentemente os Réus a fazer o termo de Judiciaes, como dizem, e alguns declaram desastrosamente, mesmo quando não precedeu a cominação, que eles próprios têm as testemunhas como judiciais" (Mateus Leitão, 1745: 335). Mello Freire (1966 a: n. 156, pp. 108 e 130) ensinava que o depoimento das testemunhas tornadas judiciais pelo réu não fazia prova perfeita nos crimes mais graves e só valia nos crimes mais leves, puníveis com pena de multa, ficando mesmo então ressalvado o direito de o réu rejeitar essas testemunhas. Além disso, as testemunhas mortas ou ausentes do reino não faziam fé nas causas crimes, mas apenas nas causas cíveis. Também Caetano Pereira (1820: 156) afastava o termo das judiciais nos crimes capitais e infamantes. No seu "Plano de Melhoramento do Processo Criminal", Caetano Pereira previa a leitura de todo o sumário ao réu, para que ele pudesse conhecer as provas em que se fundamentava a acusação (Caetano Pereira, 1820: 250).

Toda a prova no processo ordinário era produzida em audiência secreta.[76] Se no processo civil o conteúdo das inquirições permanecia em segredo, conhecendo as partes apenas os nomes das testemunhas e os respectivos depoimentos até aos costumes, nos termos do § 4, do Título 62, do Livro III das Ordenações Filipinas, a prática recusava a aplicação desta disposição no processo penal, impondo como condição da abertura das inquirições que os réus estivessem presos, afiançados ou sob fieis carcereiros.[77]

---

[76] Ordenações Filipinas, Livro III, Título 62, § 4. As testemunhas só podiam ser contraditadas pelo réu depois de findas as dilações, mas antes da publicação das inquirições, salvo tratando-se de contradita com fundamento em suborno da testemunha, que era admissível mesmo depois de abertas as inquirições (Ordenações Filipinas, Livro III, Título 58, pr. e § 2, e Livro V, Título 124, §§ 4 e 5). Mello Freire (1966 a: n. 156, pp. 128 e 144) admitia a produção de prova pela defesa e pela acusação até à sentença, uma vez que nas causas crimes os termos probatórios não eram peremptórios. Diferentemente, Costa Franco (1765: 34) e Caetano Pereira (1820: 180) só admitiam a produção de prova pela defesa depois de abertas as inquirições. O réu que apresentasse novas testemunhas depois de abertas as inquirições tinha de jurar, nos termos análogos aos do § 3, do Titulo 63 do Livro III das Ordenações, que não tinha visto as inquirições por si nem por seu procurador (Melchior Febo, 1713 b: 467). O § 8 do Título 124 do Livro V das Ordenações previa, no entanto, um caso em que o réu podia vir apresentar defesa depois de abertas as inquirições sem necessidade de juramento, isto é, em caso de "crime de morte, ou de feridas, ou outro semelhante crime", que o réu confessasse e em relação ao qual alegasse legítima defesa.

[77] Jorge de Cabêdo, 1602: 44 e 45 dos *aresta senatus*, Melchior Febo, 1713 b: 486, Caetano Pereira, 1820: 177, e Mello Freire, 1966 a: n. 156, p. 145, mas, mais restritivamente, Vanguerve Cabral, 1757: 41. No caso do réu que tivesse carta de seguro, a ordenação do § 5 do Título 124 do Livro V mandava que a vista para arrazoar fosse feita com as inquirições cerradas, o que a doutrina restringia às cartas de seguro negativas, por o receio da fuga não se justificar em relação aos réus com cartas confessativas (Mateus Leitão, 1745: 208). A jurisprudência da Casa da Suplicação era, no entanto, a de sempre se prender em abertas e publicadas as inquirições o que se livrasse seguro, principalmente em delitos graves, para segurança da pena, mas já não se o réu estivesse afiançado, mesmo que se tivesse ausentado para fora do país na pendência do processo (Melchior Febo, 1713 a: 357, e 1713 b: 477, e Martins da Costa, 1745: 211). A doutrina defendia uma posição muito favorável à liberdade do réu, nos termos da qual o réu seguro só devia ser preso nos feitos conclusos a final em que se achasse culpa (Melchior Febo, 1713 b: 498, e Mateus Leitão, 1745: 141 a 145), desaprovando deste modo "a prática segundo a qual alguns Juízes, no tempo de proferir a definitiva, ou no tempo da recepção da contrariedade, enviam imediatamente os Seguros para o cárcere, antes de examinarem os autos e deliberarem se o Seguro está em causa de absolvição ou de condenação" (Mateus Leitão, 1745: 141). A regra formulada pela doutrina era limitada, por força do § 4 da Lei de 6.12.1612, nas cartas de seguro negativas, em que os réus deviam ser encarcerados logo no momento do recebimento da contrariedade, se os delitos se encontrassem então provados para se lhes impor uma pena, mesmo arbitrária (Mateus Leitão, 1745: 149 a 151). Esta regra era ainda limitada, nos termos do § 3 da mesma lei de 1612, nas cartas confessativas que não fossem de morte, em que os réus deviam ser encarcerados logo no momento do recebimento da contrariedade se parecesse então ao juiz que a devassa lhes denegava de forma clara a defesa alegada (Mateus Leitão, 1745: 153). A conclusão é a de que o princípio favorável

A Jurisdição Penal Comum

A prova era registada por escrito e produzida, em regra, diante de um "enqueredor" e não do juiz da culpa, com a excepção de certos crimes graves.[78] Nos processos pendentes nos tribunais superiores, os corregedores do crime na corte cometiam, em regra, aos juízes criminais dos bairros a inquirição das testemunhas.[79]

Deste modo, a percepção dos meios de prova era, em regra, adquirida pelo julgador por interposta pessoa, mesmo nos processos julgados no Tribunal da Relação. O valor da imediação só era tido em conta na estrita medida em que se impunha ao "enqueredor" que registasse todas as reacções da testemunha durante o seu depoimento e o juiz podia, querendo, interrogar pessoalmente as testemunhas já ouvidas.[80]

Por outro lado, a imparcialidade do tribunal era prejudicada não só pela faculdade de o julgador condenar por factos não constantes do libelo acusatório,[81]

---

das Ordenações se restringia depois de 1612 às cartas de seguros confessativas em caso de homicídio e às cartas de seguro negativas coarctadas, isto é, às cartas cuja concessão dependia da prévia verificação dos autos da inquirição pelo juiz, vigorando as novas regras do diploma de 1612 em relação às cartas confessativas ordinárias e às cartas negativas cuja concessão não dependia daquela verificação (Mateus Leitão, 1745: 137, 138, 154 e 157).

[78] Ordenações Filipinas, Livro I, Título 86, §§ 1 e 3. O registo da prova por estes inquiridores era muito deficiente, pois "nem eles entendião o que perguntavão, nem dictavão aos Escrivaens o que a Testemunha respondia",com a consequência de que os juízes julgavam por "depoimentos, que em vez de serem dictos de Testemunhas, erão composição d' Inquiridores" (Ferreira Borges, 1826: 7 e 8). A doutrina alargava por isso o número das excepções em que a diligência era conduzida pelo juiz aos crimes de furto e de adultério (Manoel Lopes Ferreira, 1767: 339).

[79] Ordenações Filipinas, Livro I, Título 5, § 14, e Caetano Pereira, 1820: 154. De acordo com a praxe, quando a causa fosse julgada por seis juízes, deviam também ser seis os juízes a mandar vir a testemunha à corte e não apenas o corregedor (Martins da Costa, 1745: 204). Em 1828, Borges Carneiro dava conta da raridade da diligência de inquirição de testemunhas na Relação, pois não havia dinheiro para lhes pagar as deslocações (Diário da Câmara dos Deputados, I ª legislatura, 1828, p. 659). Por outro lado, as remessas dos réus para a Relação eram censuradas pela doutrina, que as consideravam como "muito prejudiciais á boa administração da Justiça, tanto a respeito dos culpados, como dos accusadores; porque a uns e a outros se difficultão os meios de conseguirem as provas necessarias; além do gravissimo incommodo que soffrem os Réos nas conduções; a inquietação que fazem aos Povos, e dispezas aos Concelhos, a que acresce o mal que resulta da accumulação de individuos nas Cadêas das relações" (Manoel Salvador, 1821: 8 e 9).

[80] Daí que uma das pretensões mais instantes da doutrina no final de Antigo Regime fosse a de que as inquirições no tribunal de primeira instância deveriam ser feitas apenas pelo juiz que instruia a culpa e no Tribunal da Relação pelo relator (Manoel Salvador, 1821: 48). Cinco anos depois, José Ferreira Borges insistiria de novo nesta questão, como se verá adiante.

[81] A doutrina e a prática consideravam que o processo penal se regia por um princípio inverso ao consagrado no § 1 do Título 66 e no Título 63 do Livro III das Ordenações Filipinas para o processo civil (Costa Franco, 1765: 50, Manoel Lopes Ferreira, 1767: 430, Cardoso Soeiro, 1788: 50, e Caetano Pereira, 1820: 184).

44 *A Reforma da Justiça Criminal em Portugal e na Europa*

como pela concentração na pessoa do mesmo magistrado de poderes de instrução e pronúncia do réu e de julgamento. Se nos processos por crimes graves o magistrado que dava a pronúncia ou a confirmava intervinha no julgamento, podendo influenciar os restantes membros do colectivo através da relação que lhes fazia do feito, nos restantes processos julgados pelo juiz ordinário e pelo juiz de fora o perigo da parcialidade do tribunal era ainda maior, pois o mesmo magistrado que dava a pronúncia proferia a decisão final.[82] Para prevenir este perigo a lei previa duas garantias fundamentais da defesa: o dever de fundamentação da decisão[83] e, nos processos julgados na Relação, o recebimento da contrariedade por acórdão de seis juízes à vista da instrução e não apenas pelo corregedor.[84]

A forma de processo sumário não se encontrava regulamentada.[85] Esta forma de processo era usada no julgamento dos crimes capitais e, especialmente, nas visitas mensais do regedor com os corregedores do crime da corte às cadeias. Estes magistrados sentenciavam as causas "principalmente dos que forem presos por casos leves" à vista dos sumários das culpas e informações dos juízes dos bairros, que preparavam as culpas.[86]

---

[82] Na sessão de 30.11.1821 das Cortes constituintes, o deputado Brito traçou um retrato do modo como estes processos eram julgados: por um lado, "as partes não allegão sua defeza com plena liberdade, temendo desagradar a quem as há de julgar" e, por outro, "o juiz ganha prevenções, ou a favor, ou contra alguma das partes conforme estas lisongeão, ou offendem o seu amor proprio" e "não adianta a conclusão dos processos, quando isso não toma interesse, ou por onerado de trabalho, ou porque receia comprometter-se com alguma pessoa poderosa, empenhada na decisão, e se o juiz toma nisso interesse, então precipita os trabalhos, e suffoca as partes com demasiada acceleração", tudo razões que levavam o deputado a concluir que "a instrução de um processo, e sua decisão são duas attribuições, que indevidamente as nossas leis tem accumulado no mesmo juiz contra a pratica das nações cultas". Para evitar este vício fundamental do direito do Antigo Regime o deputado Brito propunha que, em relação aos processos julgados nas Relações, "a instrucção dos processos pertença sómente aos corregedores do crime da Corte, e a decisão final delles aos aggravistas criminaes" (Diário das Cortes Geraes e Extraordinarias, volume IV, p. 3290).

[83] Ordenações Filipinas, Livro III, Título 66, § 7. Sobre a relevância jurídica da fundamentação da sentença, Manoel Lopes Ferreira, 1767: 163 e 432, Francisco de Almeida Bottelho, 1790: 181 a 184, e Caetano Gomes, 1756: 32.

[84] Melchior Febo, 1713 a: 356, Martins da Costa, 1745: 187, e Caetano Pereira, 1820: 121.

[85] Mello Freire, 1966 a: n. 156, p. 79, e 1967: n. 168, p. 145, e Ricardo Nogueira, 1786 a: 46. Contudo, depois do terramoto, o legislador consagrou esta forma de processo em alguns diplomas fundamentais, como se verá adiante no texto.

[86] Ordenações Filipinas, Livro I, Título 1, §§ 16 e 30. A doutrina afirmava que a forma de processo sumário tinha lugar "ou nos crimes leves que fazem objecto do conhecimento das Visitas, ou nos crimes muito graves, que se qualifição nas Relações" (Caetano Pereira, 1820: 107). No entanto, a prática era a de também nas visitas às cadeias se julgarem crimes graves, não

A Jurisdição Penal Comum   45

O terramoto de 1755 constituiu a ocasião em que o legislador regulamentou pela primeira vez, com algum pormenor, o processo sumário. O Alvará de 4.11.1755 mandou formar processos "simplezmente verbaes, pelos quaes conste de méro facto, que com effeito saõ Réos" dos crimes de roubo, devendo estes autos ser remetidos à Casa da Suplicação e nesta ser julgados "sem interrupção de tempo" com o número de juízes previsto nas Ordenações para estes crimes, sendo a sentença executada no mesmo dia em que fosse proferida.

Mais tarde, o Alvará de 25.6.1760 criou o lugar de intendente geral da polícia da corte e do reino, com ampla competência instrutória e policial, invocando como fundamento "huma longa e deciziva experiencia, que a Justiça contencioza, e a Policia da Corte, e do Reino, são entre si tão incompativeis, que cada huma dellas pela sua vastidão se faz quasi inaccessivel ás forças de hum só Magistrado".[87]

---

se realizando nelas outra diligência de prova que não fosse a do interrogatório dos réus. Uma descrição impressiva da prática foi feita por Fernandes Thomaz, no seu discurso na sessão de 3.10.1822 das Cortes constituintes (Diário das Cortes Geraes e Extraordinarias, volume VII, pp. 669 e 670).

[87] A nova lei de polícia mencionava também que os anteriores monarcas tinham promulgado desde 1603 várias leis e alvarás para "regularem a Policia da Corte, e Cidade de Lisboa", que, no entanto, não eram devidamente observadas. Com efeito, a Lei de 12.3.1603 determinou a nomeação dos quadrilheiros por três anos para cada freguesia da cidade, com competência para investigar sumariamente e deter os autores de crimes, os vadios, os homens de má fama e os estrangeiros que não justificassem a sua presença na cidade, cabendo a confirmação da prisão ao corregedor ou ao juiz do crime da cidade. Mais tarde, os Alvarás de 30.12.1605 e de 25.12.1608 organizaram a jurisdição criminal na cidade de Lisboa em dez bairros, divididos entre dois corregedores do crime da corte, quatro corregedores do crime da cidade e quatro juízes do crime da cidade, regulando de novo as suas competências, sempre com a ressalva da confirmação por estes julgadores da detenção feita pelos respectivos meirinhos, alcaides e quadrilheiros. Esta organização manteve-se até 1742, altura em que foi de novo revista em face do aumento populacional e dos limites das freguesias. Assim, o Alvará de 25.3.1742 dividiu a cidade em doze bairros, cada um com um corregedor do crime, suprimindo os juízes do crime da cidade. Os corregedores mantinham a sua anterior competência, mas não podiam despachar os processos de injúrias verbais no senado da câmara de Lisboa. O Alvará de 25.8.1753 determinou o regresso parcial à situação anterior a 1742, suprimindo sete corregedores e colocando nos seus lugares juízes do crime, que deviam ir ao senado despachar as causas de injúrias verbais. Nenhuma destas novas leis continha disposições modificando o direito relativamente à prisão sem culpa formada. Sobre a história dos quadrilheiros desde a sua instituição em 1383 até à criação da Intendência Geral da Polícia, concluindo que as reformas de 1605, 1608 e 1742 não resolveram o problema da segurança municipal, Fortunato de Almeida,1925: 317 a 320, e 1927: 215 a 218, Augusto da Silva Carvalho, 1935: 158 a 160, Eduardo de Noronha, 1940: 35, 36, 75 a 78, Albino Lapa, 1942: 93 a 112, 127 a 134, e 1953: 13 a 21, António Borges, 1980: 39 a 49, 62 a 70, 118 a 121, António Pedro dos Santos, 1999: 19 a 21, 35 a 41, 47 a 49, e Domingos Vaz Chaves, 2000: 24 a 30. Não obstante o propósito

Aos corregedores e aos juízes do crime de Lisboa foi concedida a competência para prender e autuar em processos investigatórios, sem limitação de tempo e de número de testemunhas, os suspeitos pela prática dos crimes de armas proibidas, insultos, jogos proibidos, sedição, ferimentos, latrocínios, homicídios e os que competissem por lei extravagante aos corregedores ou aos juízes do crime, observando aqueles magistrados as instruções do intendente geral da polícia. Finda a instrução sumária, eram os autos enviados ao intendente que, julgando o processo preparado para ser sentenciado, os remetia por sua vez aos corregedores do crime da corte. Estes sentenciavam os autos em relação na forma do Decreto de 4.11.1755, admitindo-se, contudo, a apresentação de embargos pelo réu condenado por uma só vez e dentro de vinte e quatro horas.[88]

---

do legislador de filiar a lei nova em uma tradição legislativa de cerca de cem anos, determinando mesmo a publicação simultânea das leis anteriores e da lei nova, existia uma diferença fundamental entre as leis de polícia anteriores a 1760 e a lei promulgada neste ano, que consistia na introdução por esta lei de amplos poderes instrutórios e de determinação da prisão dos suspeitos sem culpa formada. A verdadeira fonte da lei foi outra. A instituição do intendente geral de polícia na cidade de Lisboa constituiu uma importação para o direito nacional da iniciativa de Luís XIV, que criou por um édito de 15.3.1667 o lugar de *lieutenant général de police pour la ville de Paris*, tendo o monarca português reproduzido quase literalmente os fundamentos dados pela lei francesa para a instituição deste novo funcionário (*comme les fonctions de police et de justice sont souvent incompatibles et d' une trop grande étendue pour être exercées para un seul officier dans Paris, nous auriont résolu de les partager*). O novo funcionário encontrava-se na dependência do monarca e a sua tarefa principal era a de manter a ordem pública na cidade e a honra e os bons costumes nas famílias, sendo-lhe conferido para o efeito um poderoso meio extra-judiciário de prevenção e repressão do crime do final do Antigo Regime, as famosas *lettres de cachet*, também conhecidas por *lettres du roi*, *lettres closes* ou *lettres du petit signet*, por contraposição às *lettres patentes* (Villalobos e Vasconcellos, 1786: 12 a 17, e 1787: 30 a 36, 112 a 115, 135 a 143, Faustin Hélie, 1867 b: 17 e 18, Frantz Funck-Brentano, 1926: 43 a 50, 76 a 80, Henry Buisson, 1950: 51 a 55, 98 a 102, Marcel Le Clère, 1957: 27 e 28, Brian Chapman, 1970: 28 a 30, Philip John Stead, 1983: 30, e Jean-Jacques Gleizal, 1993: 11 a 13). A separação em 1667 das matérias de polícia da função judicial e a centralização do controlo daquelas em um funcionário directamente subordinado ao monarca contribuiram, assim, para a constituição de uma nova função estadual autónoma da função judicial, a função policial (Jean-Jacques Gleizal, 1993: 8), que em Portugal, teve, como se viu, o seu início um século depois. Não é, por isso, correcta a tese de Mascarenhas Barreto que filia a Intendência portuguesa no "sistema político-religioso instaurado, dez anos antes, por Oliver Cromwell, quando da perseguição que movia aos realistas ingleses, escoceses e irlandeses" (Mascarenhas Barreto, 1979: 88 e 89), como também não o é a tese de Patrícia Félix de que o alvará criador da Intendência foi uma transposição para o direito nacional da doutrina do *Traité de la Police* de Nicolas de Lamare, publicado em 1705 (Patrícia Félix, 1998: 147 e 160), sendo certo que a doutrina do tratado tinha sido há muito fixada pelo édito de 1667.

[88] Esta faculdade do réu condenado era, na prática, ilusória atentas as dificuldades de comunicação da época que impediam a realização de diligências de preparação da defesa (Diaman-

A aplicação desta forma de processo foi generalizada a todo o país pelo Alvará de 20.10.1763, que determinou o julgamento nos termos previstos nos diplomas de 1755 e 1760 dos culpados por "roubos e homicidios voluntarios de preposito, e caso pensado".[89] O legislador esclareceu o sentido da anterior lei de

---

tino Trindade e Manuel dos Reis de Jesus, 1998: 465). A insuficiência da regulamentação legal levou a que Mello Freire tivesse submetido a organização da polícia e da sua jurisdição a uma crítica radical nas provas ao título XLII do "Novo Código do Direito Público". O autor propunha a criação de um tribunal na corte, o Senado e Junta da Polícia, composto pelo intendente geral da polícia, por dois corregedores do crime da corte e por vários outros magistrados e funcionários, sendo todos nomeados pelo monarca ("é para admirar que em Portugal, aonde com facilidade se cria um tribunal, ou junta de homens para cousas menores, se não tenha creado para a policia, Mello Freire, 1844: 355). O Senado em todos os negócios de polícia e o intendente nos da repartição da segurança pública teriam competência para afixar editais em lugares públicos e lançar pregões, cominando pena até doze mil réis e dois meses de prisão. As decisões do intendente seriam recorríveis para o Senado e as deste apenas para a pessoa do rei. Em caso algum a detenção dos réus pela polícia podia exceder dois meses, sem ordem expressa do rei, devendo, na falta desta, ser os autos remetidos às justiças ordinárias (Mello Freire, 1844: 140, 141, 354 a 361). Em consonância com esta reforma, o § 9 do título XXIII do Ensaio de Código Criminal atribuiu ao intendente a faculdade de estabelecer providências e até de fixar penas mais graves do que as do Ensaio desde que ficassem dentro da alçada do intendente (Mello Freire, 1823: 98 e 338). Mais tarde, o seu sobrinho, Francisco Freire de Mello, também criticaria a confusão característica do final do Antigo Regime entre a regulamentação das questões de polícia e a legislação de segurança interna e externa, entre a prevenção do crime e a perseguição aos desordeiros e agitadores políticos (Francisco Freire de Mello, 1822: 30 a 37). A crítica do processo sumário e, em especial, do sumário sem limitação de tempo e sem determinado número de testemunhas, tornou-se mesmo uma das bandeiras dos liberais (Ferreira de Moira, 1826: n. II, p. 49).

[89] Do mesmo modo, a lei de 1763 ampliou a todo o reino a disposição do Alvará de 14.8.1751, que previa a competência cumulativa de todos os juízes régios e dos juízes dos donatários para perseguir na província do Alentejo, no reino do Algarve e nas comarcas de Santarém e de Setúbal os réus culpados destes crimes, respectivamente, nas terras dos donatários e nas da coroa. Multiplicando-se as ofensas aos magistrados no exercício das suas funções e porque "as primeiras obrigaçoens temporaes dos Vassallos consistem no respeito ao seu Rey, na reverencia ás suas Leys, na veneração aos seus Magistrados, na odediencia aos mandados dos seus Ministros", o monarca determinou também, pelo Alvará de 24.10.1764, o julgamento dos crimes de resistência com armas a juízes e funcionários judiciais e administrativos na forma de processo sumário, em uma só instância, na Relação do distrito competente. Além dos crimes graves, as Ordenações já previam o julgamento sumário do crime de resistência feita a oficial de justiça e de injúria feita a julgador ou oficial de justiça (Livro V, Títulos 49, § 4, e 50, § 4) e ainda dos crimes cometidos por vadios e ociosos (Livro V, Título 68, § 1). A novidade do diploma de 1763 residia não apenas na ampliação das disposições da lei de polícia a todo o país, mas também na restrição do arbítrio dos magistrados no exercício dos poderes instrutórios e na manutenção da prisão dos suspeitos à ordem dos processos instrutórios de polícia. Não obstante esta regulamentação restritiva do arbítrio, que foi ainda no governo da rainha D. Maria I prosseguida com a limitação do segredo a cinco dias pelo Alvará de 5.3.1790, a prática da polícia não respeitou estes limites legais: "a Polícia,

48   A Reforma da Justiça Criminal em Portugal e na Europa

polícia, determinando que os processos investigatórios deviam incluir necessariamente o interrogatório do réu, além da inquirição de testemunhas, sendo concluídos no prazo improrrogável de oito dias após a prisão do réu e remetidos na área de jurisdição da Casa da Suplicação ao intendente geral da polícia e na da Relação do Porto ao respectivo governador.[90]

---

que se lhe seguio (não só severa, atroz) com o pretexto da indagação da verdade, pizou sempre aos pés aqquella, comparativamente, humana legislação. Milhares de victimas tem gemido annos e annos no tenebroso silencio dos segredos, por prepotencia, e até às vezes por negligencia dos ministros" (Ferreira de Moira, 1826: n. II, p. 6).

[90] Os poderes do intendente decorrentes da regulamentação "asfixiante" do diploma de 1760 (Espinosa Gomes da Silva, 1991: 351) aumentaram ainda substancialmente com a determinação do Alvará de 5.2.1771, segundo a qual o intendente passava a ter poderes de julgamento nas visitas das cadeias. Na sequência da publicação da lei de polícia no ano de 1760, as visitas das cadeias pelo regedor da Casa de Suplicação deixaram de se fazer, o que levou o monarca a determinar que passassem a ser feitas pelo intendente, com um dos corregedores do crime da corte ou com um dos ouvidores do crime ou ainda com o promotor das justiças ou o desembargador extravagante que se encontrasse de turno. A prática severa do intendente levantou objecções ("Differentes penas tinhão então estas victimas desgraçadas; huns erão expatriados, outros voltavão para os segredos, outros ião para a inquisição, e poucos erão postos em liberdade, porem em condições tão violentas e penosas, que melhor fôra ficarem na cadea", João Baptista de Gouveia, 1835: VI). Decorridos nove anos, o monarca ponderou que as atribuições do intendente "não são as mais proporcionadas aos uteis fins, de que se necessita, para se conseguir que haja nos meus Dominios huma verdadeira Policia, como hoje se vê praticada em outros Reinos", pelo que determinou, pelo Alvará de 15.1.1780, que o regedor da Casa da Suplicação procedesse de novo ao julgamento nas visitas das cadeias, nos termos prescritos pelas Ordenações. Esta diminuição da competência do intendente era apenas aparente (Latino Coelho, 1885: 373 e 1916: 321, Oliveira Martins, 1948: 24 e 25, e Patrícia Félix, 1998: 50), pois o mesmo diploma conferiu ao intendente competência para castigar os "crimes que não necessitão de outro castigo, mais do que alguma correcção", podendo os autores destes crimes ser presos pelo tempo que o intendente julgasse "proporcionado á desordem que tiverem commetido, e lhe parecer necessario para a emenda". A única limitação destes poderes correccionais do intendente decorria da necessidade de ele dar conta previamente à secretaria de Estado dos negócios do reino do que pretendia fazer quando fosse preciso prender os autores daqueles factos "por tempo dilatado, ou entender que lhes deve impôr alguma pena maior". Deste modo, o intendente ficou investido no poder de castigar livremente quaisquer crimes que devessem ser punidos com pena correccional e com prévio conhecimento superior os crimes que devessem ser punidos com pena maior, sendo a sua alçada definida em função da pena concreta previsivelmente aplicada e não da pena abstracta prevista para o crime. A actividade da Intendência Geral gerou conflitos com os tribunais e, designadamente, com o Desembargo do Paço, tendo até ao final do Antigo Regime a Intendência procurado aumentar os seus poderes jurisdicionais. As propostas do intendente apresentadas ao secretário de Estado dos negócios do reino, que não tiveram sucesso, visavam o reforço da discricionariedade da Intendência na perseguição dos crimes violentos e políticos e a concessão de poderes para desterrar os criminosos para as colónias (Latino Coelho, 1885: 387 a 389, José Lopes Subtil, 1994: 272 a 274, e Maria Correia Biléu, 1995: 70 a 72), permanecendo o intendente em uma posição subordinada ao secretário de Estado

A Jurisdição Penal Comum 49

Assim, em face destas disposições dispersas e da jurisprudência sobre elas firmada, a forma de processo sumário continha cinco actos substanciais: o corpo de delito, o sumário de testemunhas, o interrogatório do réu, a vista dos autos ao réu para que dentro de cinco dias dissesse "de Direyto, & de feyto, pela atrocidade do crime, & qualidade delle", não se fazendo judiciais as testemunhas, e a sentença.[91]

---

dos negócios do reino (Mello Freire, 1844: 354, e, de um ponto de vista retrospectivo, Patrícia Félix, 1998: 59 a 61 e 68). Não obstante esta subordinação do intendente, que resultava até expressamente do § 4 da Lei de 15.1.1780, os poderes do intendente eram, de um ponto vista do direito constituído, mais amplos do que os do seu congénere francês. É certo que o intendente francês podia emitir as *lettres de cachet*, com base nas quais qualquer indivíduo podia ser detido preventivamente por um período indefinido, sem necessidade de ser presente a um juiz, mas sempre sob o controlo directo ou indirecto do rei. A requerimento dos interessados, o intendente francês procedia previamente a uma investigação secreta e sumária sobre o assunto que suscitava o pedido de detenção e, considerando-a oportuna, emitia a ordem, que não era fundamentada, nem dada a conhecer a terceiros (Frantz Funck-Brentano, 1926: 59 a 75). Embora de início as *lettres de cachet* fossem previamente assinadas pelo ministro da *maison du roi* ou pelo próprio rei, no reinado de Luís XV prescindiu-se desta exigência, sendo criadas as *lettres d' anticipation*, que eram logo cumpridas e só posteriormente submetidas à chancela real. Estas ordens de detenção podiam ser aplicadas quer em questões de natureza política quer em questões de natureza criminal, militar, religiosa e até familiar, podendo inclusivamente ser impostas a pessoas que tivessem sido absolvidas pelos tribunais (Frantz Funck-Brentano, 1926: 51 a 58, 83 a 94, Henry Buisson, 1950: 102 a 111, e Leon Radzinowicz, 1956: 549 e 550). Mas se em França a separação dos poderes policiais e jurisdicionais soçobrou diante da amplitude dos poderes do intendente de detenção preventiva por período ilimitado, em Portugal o legislador admitiu em 1771 e mais abertamente em 1780 a inconveniência do propósito organizativo de 1760 e a necessidade da concessão de poderes de natureza jurisdicional ao intendente, fundindo de forma explícita em um mesmo agente do Estado poderes de polícia e jurisdicionais. Em França manteve-se, pois, a aparência da distinção entre os poderes policiais e os jurisdicionais, não obstante o exercício quotidiano pelo intendente de um poder de detenção por período ilimitado sempre sob controlo directo ou indirecto do rei, enquanto em Portugal se pôs de parte aquela distinção teórica, sujeitando o exercício dos poderes do intendente de natureza jurisdicional a um controlo político somente nos casos que o intendente considerasse mais graves.

[91] A prática dos tribunais sempre foi a de mandar ouvir o réu em cinco dias à vista dos autos, mas não se fazerem judiciais as testemunhas no processo sumário, ao que a maioria da doutrina dava o seu assentimento (Melchior Febo, 1713 b: 508 e 513, Costa Franco, 1765: 47, Cardoso Soeiro, 1788: 52 a 54, e Caetano Pereira, 1820: 234). Ao invés, Mello Freire criticava o legislador e não poupava a praxe, censurando aquele por não definir, "contra o que era de desejar", os elementos necessários e os dispensáveis do processo e a praxe por não assegurar a defesa do réu. O autor identificava o processo sumário com o "processo do direito natural", onde eram dispensadas as solenidades do processo ordinário, mas não as partes substanciais do processo. Entre estas, o autor contava as excepções ao juiz e a contradita às testemunhas, para o que as testemunhas oferecidas na inquirição deviam ser reexaminadas diante do réu, ainda que ele não quisesse ou mesmo a tal se opusesse. A praxe era criticada precisamente porque "a razão natural e civil, e a recta

50   *A Reforma da Justiça Criminal em Portugal e na Europa*

A terceira forma de processo prevista pela lei nacional era a de processo para julgamento de réus ausentes. Esta forma de processo só era aplicável no julgamento de réus pronunciados pela prática de crimes puníveis com pena de morte natural ou civil ou, a requerimento do ofendido, pela prática de outros crimes, sendo desconhecido o local onde o réu se encontrava[92] ou acolhendo-se o réu na casa de um grande ou procurando asilo em uma igreja.[93]

---

ordem dos juízos, que rigorosamente se deve observar, sobretudo nas causas capitais, parecem exigir ao máximo este reexame das testemunhas" (Mello Freire, 1966 a: n. 156, pp. 80 e 109, e 1967: n. 168, pp. 138 e 145). Se as garantias dos réus julgados em processo sumário se mostravam, pois, diminuídas, elas eram ainda menores no Tribunal da Inconfidência criado pelo Decreto de 9.12.1758, para julgar os implicados no atentado contra a pessoa do monarca de 3.9.1758. No processo sumário e verbal do qual constasse apenas a verdade das culpas, com dispensa das formalidades e nulidades provenientes do direito comum e do direito pátrio, deviam ser observados apenas "os termos do Direito Natural e Divino", sendo a sentença executada no próprio dia da sua leitura. A utilização dos tormentos, há muito afastados da prática judicial e autorizados de novo pelo Decreto de 20.12.1758, e a punição com penas não previstas na lei ao tempo dos factos, que foi sancionada retroactivamente pelo Alvará de 17.1.1759, constituíram o sinal indelével de uma instrumentalização política do processo penal (Rui Marcos, 1990: 104 a 114).

[92] O processo de ausentes também tinha lugar sendo conhecido o paradeiro do réu em um outro reino, mas não sendo admitidas naquele reino as citações para causas crimes acontecidas em território português (Melchior Febo, 1713 a: 350).

[93] Ordenações Filipinas, Livro V, Título 126. Sobre a fundamentação teórica e o desenvolvimento dogmático do instituto do direito de asilo, Ricardo Nogueira, 1786 b: 111 a 121, e Almeida e Sousa, 1828 b: 209 a 223. O direito de asilo foi regulamentado pelo Título 8 do Livro II das Ordenações Afonsinas, pelo Título 4 do Livro II das Ordenações Manuelinas, e pelo Título 5 do Livro II das Ordenações Filipinas, tendo-se fixado o princípio de que a igreja só protegia criminosos incursos em pena de morte ou civil, cortamento de membro ou qualquer outra pena de sangue. Contudo, o direito de asilo não valia para o agente que actuasse de propósito ou insidiosamente (Ordenações Filipinas, Livro II, Título 5, § 4), embora a mesma ordenação também o admitisse para o ladrão, o adúltero e o forçador de mulher virgem. A doutrina interpretava estes preceitos contraditórios, no sentido de que a imunidade beneficiava apenas os réus de crimes cometidos por infortúnio, por acaso ou fatalidade (Ricardo Nogueira, 1786 b: 127 e 128, Mello Freire, 1967: n. 162, pp. 45 e 46, Souza e Sampaio, 1794: 25 e 26, e Almeida e Sousa, 1828 b: 224). O processo do incidente da imunidade consagrado nas Ordenações Filipinas era o seguinte: refugiando-se um criminoso em igreja ou no seu adro, o juiz secular, depois de ter feito uma inquirição sumária sobre as circunstâncias do crime e do asilo, reunia com o juiz eclesiástico e juntos decidiam sobre a verificação dos pressupostos da imunidade, sem ouvir o réu. No caso de diversidade de votos entre o juiz eclesiástico e o secular, iam os autos ao corregedor da corte ou da comarca que estivesse mais perto dentro das cinco léguas ou um traslado se estivesse já fora delas. Entretanto, tirava-se o criminoso do lugar de asilo e guardava-se na prisão civil. Para a análise detalhada deste processo, Ricardo Nogueira, 1786 b: 135 a 151, e Caetano Pereira, 1820: 68 a 71. O réu a que não fosse concedida imunidade podia, depois de tirado da igreja, apresentar artigos de imunidade diante do juiz secular. A faculdade de apresentação dos artigos de imunidade devia-se à circunstância de o réu não ter sido ainda ouvido no sumário, "pois que neste se tratou principalm. do privil.

A Jurisdição Penal Comum   51

O processo consistia na citação edital do ausente, com a cominação de que, não comparecendo dentro de dois meses, seria julgado como revel e punido com a pena ordinária. Não comparecendo o ausente, não se procedia à repergunta das testemunhas do sumário, que se haviam por judiciais "em odio do contumaz", nos termos do § 1, do Título 62 do Livro III das Ordenações Filipinas,[94] e, nos feitos de crime capital ou punível com confiscação e perda de bens, eram os seus bens anotados se houvesse parte querelosa e esta tivesse acusado para anotação dos bens ou se fosse caso de anotação dos bens por parte da justiça. Se a parte querelosa tinha a liberdade de acusar para anotação ou para condenação, quando se tratasse de uma acção penal oficiosa procedia-se, em regra, apenas à condenação do réu ausente na pena aplicável ao crime.[95]

---

da Igr. e não do interesse do refugiado" (Ricardo Nogueira, 1786 b: 142). Contudo, o culpado por dois crimes, valendo o asilo apenas para um deles, era primeiro punido pelo crime em que não valia a imunidade, antes de poder fazer valer a imunidade (Martins da Costa, 1745: 193). O efeito da concessão da imunidade não estava previsto nas Ordenações, considerando a doutrina que a concessão do asilo não tinha o efeito da isenção do procedimento criminal, mas apenas o de uma causa de atenuação da pena "de maneira que o culpado fique livre de pena de sangue" (Ricardo Nogueira, 1786 b: 151, e Mello Freire, 1844: 200), constituindo a concessão do direito de asilo, afinal, uma forma de compensar "a severidade da penalidade antiga" (Theophilo Braga, 1868: 66 e 67). No título VI do projecto do "Novo Código do Direito Público" de Mello Freire propunha-se uma regulamentação do direito de asilo diferente, exaustiva e mais liberal do que a do direito vigente, prevendo-se, designadamente, que ela também beneficiasse os réus judeus (Mello Freire, 1844: 19 a 23, 196 a 201). António Ribeiro dos Santos submeteu a proposta de Mello Freire a uma crítica cerrada, acusando expressamente Mello Freire de, não obstante estar persuadido de que o asilo devia ser abolido, não ter tido a coragem de romper com o direito vigente, alargando mesmo a imunidade e propondo regras contraditórias (António Ribeiro dos Santos, 1844: 136 a 171 (notas ao título VI). Este autor advogava a abolição imediata do asilo (António Ribeiro dos Santos, 1844: 131 a 134).

[94] A doutrina desta disposição do processo civil era aplicável no processo criminal (Tomé Valasco, 1677: 83, Costa Franco, 1765: 47, Caetano Pereira, 1820: 226, e Caetano Gomes, 1820: 256). A doutrina deste parágrafo resultou, aliás, do assento de 26.2.1563, proferido sobre o Título 44 do Livro V das Ordenações Manuelinas (Anastasio de Figueiredo, 1790: 85). A praxe decidia que o contumaz ficto, que mandava procurador bastante aos autos, também não devia ser citado na sua pessoa para ver jurar as testemunhas, tal como previa o § 13 do Título I do Livro III das Ordenações para o contumaz verdadeiro, que nunca por si nem por outrem comparecia em juízo (Martins da Costa, 1745: 227). Em feito crime o réu só podia apresentar procurador para por ele responder em juízo se o crime fosse leve, isto é, não fosse punível com pena maior do que a de degredo para fora de certo lugar ou comarca, salvo se o réu estivesse afiançado ou seguro ou preso sob menagem, porque nestes casos era obrigado a comparecer pessoalmente mesmo tratando-se de crime leve (Ordenações Filipinas, Livro III, Título 7, § 2).

[95] A conjugação entre o processo para condenação em pena corporal e o processo para anotação de bens realizava-se do seguinte modo: se tivesse primeiro lugar aquele, já não podia

A anotação de bens era decidida pelo corregedor da corte do crime ou da Casa do Porto em relação com adjuntos e publicitada por éditos.[96] Decorrido um ano do dia em que os éditos tivessem sido postos, não vindo o ausente defender-se do crime, eram os bens declarados perdidos para a coroa, salvo se se provasse que o ausente matou ou mandou matar de propósito, caso em que os seus bens eram entregues à mulher e aos filhos do falecido que tivessem deduzido acusação.

Não se admitindo defensor nem procurador em juízo, salvo para escusar a ausência ou alegar impedimento,[97] a verdadeira garantia de defesa do ausente era a de que ele podia ainda ser ouvido com a sua contrariedade no tocante à pena corporal se se apresentasse voluntariamente dentro de um ano após a prolação da sentença da primeira instância.[98] No entanto, mesmo comparecendo o condenado neste prazo não se procedia à repergunta das testemunhas da fase preparatória.[99] A maior celeridade do processo e a inexistência de qualquer discussão contraditória na instrução da causa justificavam a particularidade da imposição do recurso oficioso de apelação da sentença, para o seguimento da qual se intimava de novo o réu ausente por éditos. O ausente condenado pelo tribunal de recurso em pena de morte era considerado banido, podendo qualquer um do povo matá-lo impunemente.[100]

---

proceder-se a anotação de bens contra o réu, independentemente do resultado do processo relativo à pena corporal, mas se se procedesse primeiro à anotação de bens podia ainda ser aplicada a pena corporal posteriormente. Mello Freire informava que ao seu tempo já não estava em uso esta anotação (Mello Freire, 1966 a: n. 156, p. 164).

[96] Ordenações Filipinas, Livro V, Título 127, § 1.

[97] Ordenações Filipinas, Livro III, Título 7, § 3, e Alvará de 6.12.1612, § 21.

[98] Ordenações Filipinas, Livro V, Título 126, § 7. Ao invés, as condenações pecuniárias tornavam-se inimpugnáveis mesmo para os que se apresentassem ou fossem presos dentro do ano após a notificação edital da decisão.

[99] Tomé Valasco, 1677: 83, e Costa Franco, 1765: 47.

[100] Mello Freire (1966 a: n. 156, pp. 163 e 164) considerava esta faculdade ilícita, afirmando mesmo que a ordenação do § 7, do Título 126 do Livro V, na parte em que dispunha sobre o limite de um ano para a audiência do ausente, "não foi recebida no foro; ou pelo menos deve ser entendida por forma tal que não proíba se ouça o réu sumariamente, pois seria desumano, mas apenas que se ouça solenemente, isto é, pelo modo ordinário", podendo o banido em qualquer momento opor as excepções de nulidades, a suspeição do juiz e outras. Por seu turno, Caetano Pereira (1820: 228) informava que esta ordenação tinha caído em desuso e que o ausente devia ser admitido a deduzir sumariamente embargos, mesmo depois de um ano, com prévia provisão régia ou por via de restituição. A praxe admitia o banido a alegar sumariamente nulidade ou incompetência, mesmo depois de passado o tempo fixado pela ordenação (Martins da Costa, 1745: 186). Sobre o estatuto civil do ausente definitivamente condenado em pena de morte, Borges Carneiro, 1828: 217 e 218, e Paulo Merêa, 1960: 62 e 63.

A Jurisdição Penal Comum 53

O regime dos recursos procurava compensar as deficiências do processo na primeira instância. Os embargos eram admitidos das decisões proferidas em primeira e segunda instâncias, constituindo a forma de impugnação ordinária das causas julgadas em primeira instância no Tribunal da Relação.[101]

Os embargos eram deduzidos em três dias para o juiz que tivesse proferido a decisão embargada,[102] ou diante da mesa da chancelaria, se fosse extraída sentença dos autos,[103] e tinham efeito suspensivo.[104] Não se admi-

---

[101] Havia causas de deferimento da execução da sentença, como o favor devido ao país, por exemplo, no caso de os réus serem poderosos e haver perigo iminente na execução da sentença, o favor da nobreza, o favor do parto e da doença grave, o excesso da pena imposta pelo monarca e a necessidade do réu para a investigação de outros crimes (Mello Freire, 1966 a: n. 156, pp. 149 e 150, e Caetano Pereira, 1820: 213 e 214). Assim, a pena de morte também não seria executada no lugar onde o monarca se encontrasse sem que fosse levada ao conhecimento deste (§ 1, do Título 137, do Livro V das Ordenações Filipinas) ou em certos casos, independentemente do lugar onde este se encontrasse, como os de bigamia, adultério de nobre com plebeia ou de homicídio cometido por nobre (§ 16 do Título 1 do Livro I, § 4, do Título 18, § 1 do Título 19, Título 25, § 1 do Título 35, § 1 do Título 137, todos do Livro V). O Desembargo do Paço pronunciava-se em face da sentença da Casa da Suplicação, dando parecer, na qualidade de tribunal gracioso ("não por força de Jurisdicção, porque o Tribunal da Casa da Supplicação he o Supremo da Justiça, mas como Tribunal de Graça", advertia Caetano Pereira,1820: 213, e, também assim, Mello Freire, 1966 a: n. 156, p. 149), sobre a confirmação da pena ou a sua substituição por outra mais benéfica para o réu.

[102] Este regime das Ordenações foi alterado pelo § 17 da Lei de 6.12.1612, que impôs a formação dos embargos em um dia "para mais breve despacho das causas, e principalmente das criminais, e melhor execução da justiça". A pessoa que pedisse vista para embargos dispunha assim de apenas um dia para os formar e vir com eles aos autos, salvo se a pessoa que pedisse vista fosse daquelas que beneficiasse de restituição, caso em que a doutrina entendia que se lhe concedia outro dia (Tomé Valasco, 1677: 78). Mais tarde, para não atrasar a execução dos réus condenados em pena de capital, o monarca mandou mesmo, pelo Decreto de 6.7.1752, que se tratasse do recurso imediato à pessoa do rei ao mesmo tempo em que se procedia à conferência dos embargos. Não havendo alteração da decisão recorrida por qualquer daqueles dois meios devia ser ela executada no dia seguinte, ainda que fosse feriado, não sendo Domingo nem dia Santo, porque, nestes casos, era a decisão executada no dia posterior a estes.

[103] Os embargos no trânsito pela chancelaria verificavam-se nos processos crimes em que houvesse parte que extraísse sentença dos autos (Caetano Pereira, 1820: 197). O controlo da legalidade das decisões proferidas nos tribunais superiores era também feito por intermédio de um outro instrumento jurídico, a aposição de uma glosa pelo chanceler, antes de selada e publicada a decisão, em que se apreciava a nulidade da decisão, mas não o merecimento dos autos (Ordenações Filipinas, Livro I, Título 4, § 1, e Título 36, § 1, e Martins da Costa, 1745: 201, e Caetano Gomes, 1756: 34). O chanceler podia glosar a sentença, com base em nulidade já apreciada em embargos postos pela parte na chancelaria e não atendidos. A glosa era decidida, segundo o estilo, por três desembargadores se fosse aposta a despacho proferido por um só desembargador e por cinco se fosse aposta a acórdão. Se se aprovasse a glosa, admitia-se ainda o adversário a embargar

54 *A Reforma da Justiça Criminal em Portugal e na Europa*

tiam segundos embargos à mesma sentença, salvo de suspeição ou de restituição.[105]

Os embargos eram ofensivos, impugnando directamente a justiça intrínseca da decisão,[106] ou modificativos, atacando vícios da decisão ou do processo, incluindo nestes os embargos de nulidade.[107] No entanto, os embargos modifi-

---

a sentença reformada (Jorge de Cabêdo , 1604: 426, e Martins da Costa, 1745: 220). O estilo foi consagrado pelo § 3 da Lei de 18.8.1769.

[104] Caetano Pereira, 1820: 197.

[105] Ordenações Filipinas, Livro III, Título 88, Livro V, Título 137, §§ 2 e 4, e Jorge de Cabêdo , 1602: 10 dos *aresta senatus*. A restituição fazia tornar tudo ao estado em que estava antes da sentença (Ordenações Filipinas, Livro III, Título 41). Do benefício da restituição integral gozavam regularmente os menores, as pessoas miseráveis e os presos. Sobre a delimitação do âmbito do benefício destas classes de pessoas, Borges Carneiro, 1828: 67 e 193. Caetano Pereira (1820: 198) estendia o privilégio da restituição do preso aos réus sob homenagem ou afiançados. Caetano Gomes criticava a praxe por ter deturpado o sentido da ordenação do Título 88 do Livro III, que era o de só permitir embargos com respeito a matéria de restituição, entendendo a praxe, inversamente, a ordenação como pemitindo a apresentação de segundos e mais embargos por restituição, ou seja, a repetição dos segundos embargos em todas as instâncias, "sem se pedir a restituição contra actos do processo, pelo omisso ou comisso nelle, mas só impugnando, e arguindo a sentença, como da primeira vez, na fórma da praxe" (Caetano Gomes, 1756: 100). Tendo este remédio natureza extraordinária (§ 2 do Título 41 do mesmo Livro III), a pessoa privilegiada não podia pedir a restituição contra uma sentença injusta proferida na primeira instância, pois esta era passível de agravo e de apelação, que eram meios ordinários de impugnação da sentença injusta. Contudo, o autor considerava "desculpável" que fossem postos embargos de notória injustiça, com toda a amplitude, contra as sentenças em que se impusesse pena corporal "por ser irretractavel a pena corporal" (Caetano Gomes, 1756: 106).

[106] A discussão do mérito nos embargos à sentença definitiva foi o resultado da "imitação dos embargos aos despachos ou sentenças interlocutórias, que se embargaõ, mostrando que foraõ menos bem proferidas, e que se devem revogar" (Caetano Gomes, 1756: 67). Esta praxe caracterizava-se por os embargos se fundarem em "huma mera impugnação da sentença, por serem menos legitimos, e idoneos os fundamentos, que se tomáraõ, e porque se naõ ponderáraõ outros, que concluem a justiça do Embargante" (Caetano Gomes, 1756: 33). A praxe confundia os embargos com os artigos de nova razão de que tratavam o § 28 do Título 20 e o Título 83 do Livro III e, abusando do uso dos embargos, quase aboliu os artigos de nova razão, embargando sempre a decisão final, ainda que invocando apenas a discordância com os fundamentos da decisão e a necessidade da ponderação de novas razões (Caetano Gomes, 1756: 72, 74 e 219). O autor perfilhava o entendimento de que os embargos fundados na "cessação dos fundamentos" ou na "falsa causa" da sentença não eram admissíveis genericamente, mas apenas quando o vício induzisse a nulidade da decisão e constasse dos autos "tão notoriamente que impeça o effeito da cousa julgada". Não sendo esse o caso, devia o agravado interpor recurso de apelação e, se necessário, nela vir com artigos de novas razões.

[107] Distintos destes eram os embargos de obrepção ou subrepção, que se opunham às provisões régias, rescriptos, ordens ou alvarás. Os embargos por obrepção, fundados na viciação positiva da decisão através da sua fundamentação em provas falsas, e os embargos por subrepção,

A Jurisdição Penal Comum 55

cativos só podiam ser invocados se o não tivessem sido na causa principal, a menos que a parte jurasse que vieram ao seu conhecimento posteriormente, caso em que seriam admitidos mesmo que fossem ofensivos.[108]

Os embargos seguiam o processo das excepções: vista para embargos, que nunca se negava, salvo nos embargos a embargos, conclusão ao juiz, vista às partes, começando pela parte contra quem os embargos se ofereciam, podendo o embargante juntar documentos na sua vista, sem nova vista ao embargado.[109] Não se admitia a réplica e a tréplica nos embargos postos na chancelaria.[110] Se fossem deduzidos embargos a sentença proferida por tribunal inferior e simultaneamente o juiz tivesse apelado oficiosamente nos casos em que a apelação oficiosa devia ter lugar, os autos deviam subir ao tribunal superior para conhecimento da apelação.[111]

A apelação constituía um meio de defesa de direito natural e não se podia impedir senão nos casos em que estavam expressamente proibidas, devendo o juiz interpretar restritivamente as leis que a proibissem.[112]

Vigorava o princípio da admissibilidade de uma só apelação nos feitos crimes julgados no foro secular, salvo no caso das apelações interpostas dos feitos julgados pelos ouvidores senhoriais.[113] Contudo, as sentenças proferidas nas

---

fundados na viciação negativa da decisão através da sonegação de factos verdadeiros, podiam ser apresentados diante do chanceler ou do magistrado executor. A estes embargos era reconhecido efeito suspensivo (Melchior Febo, 1713 b: 505, que tratava um caso de embargos de subrepção e obrepção a uma provisão régia para que o réu se livrasse por procurador). Com vista a evitar a "indecencia, e perturbação, que resulta de se conhecer em quaesquer Juízos dos embargos de obrepçaõ, e subrepçaõ, ou outros similhantes, que se oppõem contra os meus Reaes Decretos, Resoluções de Consultas, e despachos dos meus Tribunaes", o monarca determinou, pelo Alvará de 30.10.1751, que só nos tribunais régios fossem conhecidos esses embargos. Sobre a relevância daqueles embargos e deste alvará, Maria da Glória Garcia, 1994: 91, 110 a 114, 231 a 234.

[108] Para se ter por matéria velha, ela devia ter sido deduzida por artigos, a que tivesse sido dada prova (Melchior Febo, 1713 b: 466). Caetano Gomes (1756: 52) admitia mesmo que na chancelaria pudessem ser alegados os embargos ofensivos que nascessem da sentença embargada, valendo a restrição do § 2 do Título 87 do Livro III das Ordenações Filipinas para os embargos que viessem à notícia depois da sentença.

[109] Caetano Gomes,1820: 23.

[110] Contra a opinião de Jorge de Cabêdo (1604: 400), foi esta doutrina fixada pelo Assento de 8.8.1658 para os embargos postos na chancelaria (Caetano Pereira, 1820: 196).

[111] Caetano Pereira, 1820: 196 e 197, mas contra Caetano Gomes, 1820: 269.

[112] Costa Franco, 1765: 56 e 59, Caetano Gomes, 1820: 55, e Gouvêa Pinto, 1820: 96. Do recebimento da apelação cabia agravo no auto e do não recebimento cabia agravo de petição ou de instrumento (Ordenações Filipinas, Livro I, Título 6, § 4, Livro III, Título 70, § 8).

[113] Ordenações Filipinas, Livro II, Título 45, § 49, e Livro III, Título 95, §§ 8 e 11. O monarca reservava-se também o último juízo sobre as causas crimes julgadas no foro eclesiástico

56 A Reforma da Justiça Criminal em Portugal e na Europa

causas crimes julgadas em primeira instância pela Casa da Suplicação não admitiam a interposição do recurso de apelação, nem do recurso de suplicação ou

através de dois instrumentos jurídicos: o processo de execução da decisão eclesiástica pelo auxílio do braço secular, como se referiu anteriormente, e o recurso à coroa. Em Portugal, como em toda a cristandade, era admitido o recurso à coroa das decisões dos juízes eclesiásticos. O fundamento dogmático do recurso era o de que "toda a oppresão injusta e abuso de auctoridade é uma offensa de um dos mais sagrados direitos da corôa e da soberania, a saber: do direito de protecção, com que o principe ampara seus subditos de todas as vexações e violencias" (Ricardo Nogueira, 1858: volume VII, p. 235). Não havia uma definição taxativa dos casos em que era admissível a interposição deste recurso, mas os casos mais frequentes eram o de usurpação da jurisdição secular (Ordenações Filipinas, Livro I, Título 12, § 5, e Livro II, Título I, § 15) e o de notória violência cometida a algum eclesiástico ou leigo por violação do direito natural, da ordem regular do processo e dos cânones recebidos na Igreja portuguesa (Ordenações Filipinas, Livro I, Título 9, § 12, e Gouvêa Pinto, 1820: 188 a 192). O recurso à coroa era admitido, em regra, de qualquer despacho, sentença ou mandado, quer o gravame fosse judicial ou extrajudicial, em causa espiritual ou temporal, em qualquer instância e a todo o tempo, com queixa da parte agravada ou oficiosamente por qualquer magistrado régio (Mello Freire, 1966 b: n. 161, pp. 197 e 198, Borges Carneiro, 1826: 268 e 269, Caetano Pereira, 1834 b: 66 e 67, Almeida e Sousa, 1828 b: 202, Castro Neto, 1845: 79, Duarte Nazareth, 1854: 299, Bernardino Carneiro, 1896: 434 a 436, e críticos, Coelho da Rocha, 1861: 111, e Cândido Mendes de Almeida, 1866 a: CCCLXXV e CCCXLVI, e 1866 b: 1263 a 1272). A regulamentação do recurso encontra-se nas Ordenações Manuelinas (Livro I, Título 11, § 4), tendo sido revista pelo artigo 11 do concórdia de 1578, cujo conteúdo foi por sua vez recolhido nos §§ 5 e 6 do Título 12 do Livro I das Ordenações Filipinas. A queixa era dirigida ao juiz da coroa da Casa da Suplicação ou da Relação do Porto, mesmo com omissão do recurso para a Relação eclesiástica (Souza e Sampaio, 1793: 113, e Almeida e Sousa, 1828 b: 205). Era estilo dar-se vista da petição ao juiz eclesiástico recorrido e só então passar carta para virem os autos ao juízo da coroa, dando-se a petição do agravado por justificada se os autos não viessem (Martins da Costa, 1745: 179 e 180, e Borges Carneiro, 1826: 272 a 283). A carta régia de 10.12.1647 mandou remeter ao juízo da coroa os próprios autos e não apenas a sentença recorrida e o assento de 22.5.1783 proibiu mesmo que ficasse traslado dos autos no juízo eclesiástico. A parte adversária no processo eclesiástico não era ouvida. Julgando-se provado o gravame, ordenava o juiz da coroa o envio por duas vezes de cartas rogatórias ao juiz eclesiástico, nas quais pedia que este desistisse da violência e o recorrente fosse reposto na situação em que se encontrava anteriormente a esta. Não obedecendo o juiz eclesiástico, iam os autos ao Desembargo do Paço, onde era de novo apreciada a questão, determinando-se ou não o cumprimento da ordem do juiz da coroa (Ordenações Filipinas, Livro I, Título 12, § 6). Em princípio, o assento do Desembargo do Paço decidia definitivamente a questão, mas excepcionalmente, "quando o caso por mui grave o pedir", era admitida a revisão do assento do Desembargo por mais juízes, a requerimento do procurador da coroa, quer a decisão fosse confirmativa ou não da decisão do juiz da coroa, bem como a apresentação de embargos pelo procurador da coroa, quando a decisão do Desembargo não fosse confirmativa da do juiz da coroa. Não se admitia o juiz eclesiástico recorrido a interpor recurso nem a deduzir embargos contra o assento (Borges Carneiro, 1826: 279 e 280) e contra o juiz eclesiástico que desobedecesse à decisão do Desembargo do Paço procedia-se com as temporalidades. Estas eram praticadas por estilo da Casa da Suplicação, mas foram reduzidas a direito escrito pela cartas régias de 21.6.1617 e de 10.7.1617, nelas se incluindo o sequestro das rendas e dos móveis existen-

A Jurisdição Penal Comum

agravo ordinário.[114] Estes recursos foram, contudo, concedidos por vezes a alguns réus condenados.[115]

---

tes fora da casa do juiz eclesiástico, a prisão dos seus escravos, o embargo dos seus cavalos e a notificação dos criados do eclesiástico para que o não servissem mais, sob pena de desobediência e, por fim, se o eclesiástico persistisse, a desnaturalização e a expulsão do reino (Ricardo Nogueira, 1858: volume VII, p. 235, e Borges Carneiro, 1826: 281 e 282). O recurso imediato ao rei era ainda o derradeiro remédio contra o procedimento abusivo dos eclesiásticos, mas só podia ter lugar depois de interposto o recurso à coroa e da execução integral da decisão neste proferida (Borges Carneiro, 1826: 285). Os agravados pelos juízes eclesiásticos beneficiavam ainda, em qualquer causa cível ou crime, da faculdade de requerer ao Desembargo do Paço uma carta tuitiva apelatória, para se não executar a sentença recorrida enquanto pendesse o recurso à coroa (Ordenações Filipinas, Livro I, Título 3, § 6, e Livro II, Título 10). Este recurso consubstanciava uma verdadeira reclamação quanto ao efeito atribuído pelo juiz eclesiástico ao recurso à coroa (Almeida e Sousa, 1828 b: 200 e 202). Este autor dava notícia de que, como estas tuitivas eram impetradas ao Desembargo do Paço e dependiam de informações e certidões de processos, tornaram-se cada vez mais raras, sendo substituídas pelo recurso directo ao juiz da coroa, em que se narrava o gravame, sendo os autos avocados logo por este magistrado. Por isso, o autor apontava entre os casos de recurso à coroa o de "quando (o juiz eclesiástico) recebe só no Devolutivo a Appellação, que por Direito he receptivel em ambos os effeitos". A mais significativa excepção ao regime do recurso à coroa era a das decisões proferidas pelo tribunal da Inquisição. A pedido do rei português, foi criada a Inquisição por uma bula de Paulo III de 23.5.1536. Aos inquisidores foi concedido "foro externo judicial e criminal" para punir a prática do crime de heresia com penas civis e temporais, pela Lei de 20.11.1536, de D. João III (Mello Freire, 1968: n. 174, p. 55). A doutrina procurava limitar a competência dos juízes eclesiásticos à questão de direito, reservando a de facto ao juiz secular (Mello Freire, 1966 a: n. 155, p. 87, e Souza e Sampaio, 1793: 95), mas a prática era a de o juiz secular a quem fosse relaxado o réu condenado para execução da sentença não sindicar o mérito desta, não se mostrando sequer os processos ao juiz secular, que apenas confirmava a identidade do réu e se ele se mantinha "pertinaz em seu erro" (Martins da Costa, 1745: 241, Vanguerve Cabral, 1757: 178, Coelho da Rocha, 1861: 151, e Mello Freire, 1923: 498). O Conselho Geral foi considerado tribunal régio pela Lei de 20.5.1769, devendo ser tratado por "Majestade" e mandando o monarca expressamente que as causas e os negócios pertencentes à jurisdição temporal de que lhe foi concedido o exercício fossem expedidos no "Meu Real Nome". O tribunal obrava, pois, "em nome do principe, e por sua autoridade, quando usa de procedimentos externos, e impõe penas temporaes aos delinquentes" (Ricardo Nogueira, 1858: volume VII, p. 152), transformando-se assim "n' uma quasi temporal jurisdicção, n' uma nova intendencia da policia" (Latino Coelho, 1916: 26). Esta lei vedou definitivamente o recurso à coroa das decisões daquele tribunal (Mello Freire, 1967: n. 171, p. 167, Gouvêa Pinto, 1820: 252, e Borges Carneiro, 1826: 271), discutindo a doutrina se essa proibição não seria até anterior, remontando a um decreto régio de 1662 (Pegas, 1671: 240, e Almeida e Sousa, 1827: 266 e 267).

[114] O agravo ordinário ou suplicação, previsto no § 4 do Título 84 do Livro III das Ordenações Filipinas, era admitido em todos os casos em que não coubesse apelação, dada a preeminência do tribunal. O fundamento deste agravo era o do carácter ilegal e lesivo da decisão recorrida. A doutrina considerava que a suplicação "mal difere da apelação" (Mello Freire, 1967: n. 171, p. 159, e Caetano Gomes, 1756: 205). Para um elenco das diferenças entre a apelação e o agravo ordinário, Ricardo Nogueira, 1786 b: 407 a 409, Gouvêa Pinto, 1820: 43 a 47, Pinheiro

A apelação era, em regra, oficiosa,[116] mas também podia ser deduzida pelo réu ou por quaisquer terceiros em seu nome.[117]

O objecto do recurso de apelação e os poderes do tribunal de recurso eram muito amplos, pois a apelação aproveitava não só aos condenados que não tivessem apelado, mas também à parte recorrida, o que permitia a *reformatio in pejus* e *in melius* da decisão.[118]

O tribunal de recurso decidia com base no registo da prova produzida na primeira instância e na relação feita pelo ouvidor a quem o processo tivesse sido atribuído pelo regedor,[119] embora pudesse ser determinada a produção de nova prova ou mesmo a repergunta das testemunhas já ouvidas.

Na apelação podiam formar-se artigos de nova razão,[120] alegando neles excepções, argumentos jurídicos ou factos "não de todo estranhos à primeira ac-

---

Ferreira, 1825: 175 a 178, e Caetano Pereira, 1834 b: 83 a 86. O agravo ordinário só tinha efeito suspensivo por seis meses e subia directamente ao tribunal da Casa da Suplicação. No processo penal não era admitido (Caetano Pereira, 1820: 198).

[115] Henriques Secco, 1880: 235. Com base em um manuscrito original da biblioteca de Évora, que continha a lista das execuções capitais que tiveram lugar na cidade de Lisboa de 1693 a 1754, Henriques Secco retirou ainda uma outra conclusão fundamental sobre a administração da justiça neste período nos tribunais superiores e relativamente aos crimes mais graves: a decisão da Relação proferida em primeira instância era, em regra, sujeita a embargos deduzidos por advogado do réu ou por defensor oficioso da Misericórdia (Henriques Secco, 1880: 235). A suplicação foi ainda autorizada extraordinariamente pelos Decretos de 12.12.1801 e de 8.1.1802, em face da sobrelotação das prisões com presos condenados em pena última, com vista a proceder à comutação das referidas penas, exceptuados os réus de crimes enormíssimos (Borges Carneiro, 1826: 105).

[116] Um elenco das excepções a esta regra encontra-se em Gouvêa Pinto, 1820: 55 a 59, e Caetano Pereira, 1820: 201. A previsão do dever de apelação oficiosa nas causas criminais em que o réu fosse condenado a certas penas constituía um dos mais importantes "factores de subordinação dos juízes à lei régia" (António Barbas Homem, 1998 a: 321 a 323, e 1998 b: 466), razão pela qual se tirava devassa do juiz que despachava algum feito crime sem apelar por parte da justiça quando o devia fazer (Ordenações Filipinas, Livro I, Título 65, § 47), com vista a puní-lo com as penas de privação do ofício, de multa de vinte cruzados e ainda a pena "que aquelle, cujo feito deixou de appellar, merecia por suas culpas" (Ordenações Filipinas, Livro V, Título 122, § 10). Mendes da Castro (1725: 134) dava conta de que a sanção da não interposição da apelação oficiosa era tão temida que "esta lei deu causa a se apelar alem dos casos de que fala a ordenação".

[117] Ordenações Filipinas, Livro V, Título 122.

[118] Ordenações Filipinas, Livro III, Títulos 72 e 80.

[119] Ordenações Filipinas, Livro I, Título 11, § 1.

[120] Ordenações Filipinas, Livro III, Título 83. A prática foi descrita por Martins da Costa, 1731: 102 e 103, e Ricardo Nogueira, 1786 b: 340 a 342. O assento de 18.6.1622 determinou que não eram admissíveis os artigos de novas razões nas apelações interpostas para os ouvidores dos donatários (Cândido Mendes de Almeida, 1869: 141).

A Jurisdição Penal Comum 59

ção" e arrolando nova prova. Os artigos que a parte não tivesse deixado de alegar maliciosamente, mesmo que os não houvesse de novo, recebiam-se de igual modo na apelação[121] O recebimento de artigos de nova razão era despachado em relação e estes artigos não admitiam réplica nem tréplica.

Ao invés, os agravos constituíam a forma de impugnação dos despachos e sentenças interlocutórias que não tinham força de definitivas.[122] Os agravos admitidos em processo penal eram o agravo de petição, que subia de imediato e nos próprios autos, para o juiz ou tribunal que estivesse dentro de cinco léguas,[123] o agravo de instrumento, que também subia de imediato, mas em separado, para o juiz ou tribunal que estivesse fora das cinco léguas[124] e, ainda, o

---

[121] Ordenações Filipinas, Livro III, Título 20, § 28. A apelação caracterizava-se por nela "se poder deduzir o não deduzido, e provar o não provado", suprindo o defeito da prova da instância inferior. No entanto, nos artigos de nova razão devia conter-se matéria nova, mas dependente da que na primeira instância se alegou, não sendo "totalmente diversa e separada ... desorte que mude a acção e figura de Juízo" (Caetano Gomes, 1756: 71, 72 e 220, e Gouvêa Pinto, 1820: 122). Em regra, na segunda instância podiam ser apresentados novos meios de prova e, designadamente, novas testemunhas, mas apenas sobre os artigos novos, pois "não se admite prova testemunhal na segunda instância, por receio de suborno e corrupção, sobre os artigos anteriores, que chamam de matéria velha e sobre os quais já foram produzidas testemunhas na primeira instância" (Mello Freire, 1967: n. 171, p. 155, mas contra Gouvêa Pinto, 1820: 123, que seguia a doutrina de Silva). A doutrina enunciava os casos típicos em que era admissível a repergunta das testemunhas arroladas na primeira instância: o da nulidade da inquirição na instância, o da ausência dos réus ao tempo da dilação para produção da prova na primeira instância, o da total omissão de inquirição de testemunhas na primeira instância e o de restituição integral (Caetano Pereira, 1820: 207, e, mais amplamente,). No seu "Plano de Melhoramento", Caetano Pereira previa a faculdade de na superior instância o accusado "arrazoar novamente a sua Causa, e apresentar memorias" e de nos embargos à sentença inquirir novas testemunhas (Caetano Pereira, 1820: 252).

[122] Vasco Ferreira e Carmindo Ferreira (1948: 43 a 46). Mello Freire criticava (1967: n. 171, p. 144) a distinção entre as decisões interlocutórias mistas e as meras interlocutórias, pois "dificilmente se pode excogitar algum agravo, que não prejudique a decisão da causa principal, ou não contenha dano que não possa ser reparado pela definitiva".

[123] A prática era a de o tribunal de recurso admitir ainda embargos da decisão que proferia sobre o agravo nos autos, descendo o processo ao tribunal de primeira instância só depois da segunda decisão do tribunal de recurso. Se a decisão do juiz recorrido de primeira instância não fosse totalmente conforme com a do tribunal de recurso, era ainda admissível novo recurso (Gouvêa Pinto, 1820: 172). O agravo de petição tornou-se uma garantia importante do réu contra o juiz que lhe tinha causado gravame na primeira instância, a que os réus recorriam com muita frequência, considerando a doutrina que a cumulação dos embargos com este meio de impugnação constituía uma prática abusiva (Caetano Gomes, 1756: 135 e 136).

[124] O fundamento da distinção era este: quando o tribunal superior estivesse perto, a remessa dos próprios autos com o agravo de petição ao tribunal superior não constituía prejuízo grave, "pois, embora o decurso da causa principal se impeça por algum tempo, será, contudo,

60   A Reforma da Justiça Criminal em Portugal e na Europa

agravo no auto do processo, que tinha lugar quando não coubesse qualquer um dos anteriores[125] e devolvia o conhecimento ao tribunal superior quando os autos a ele subissem com o recurso interposto da decisão definitiva ou de uma interlocutória com força de definitiva.[126]

A amplitude do regime dos recursos no processo crime era mais aparente do que real. Por um lado, a praxe dos tribunais penais encarregava-se de limitar o abuso dos embargos, frequente no processo civil.[127] Por outro lado, no pro-

---

breve", ao invés, quando o tribunal superior estivesse longe, os autos não lhe eram enviados, mas apenas um extracto ou instrumento dos mesmos "para que não se impeça o decurso da causa" (Mateus Leitão, 1745: 96 e 97). Contudo, sendo a interposição de recurso de agravo por petição um favor concedido pela lei ao agravado, a doutrina admitia a renúncia ao mesmo pelo agravado, que podia por isso agravar por instrumento dentro das cinco léguas (Mateus Leitão, 1745: 97). Uma outra diferença fundamental entre o agravo de instrumento e os outros era a de que naquele as partes tinham vista e alegavam na instância superior (Gouvêa Pinto, 1820: 171 e 175).

[125] O agravo no auto de processo tinha sempre lugar mesmo quando nas Ordenações se dissesse "sem apelação nem agravo" (Gouvêa Pinto, 1820: 179, Caetano Gomes, 1820: 52, e Caetano Pereira, 1834 b: 72).

[126] O agravo de petição e o de instrumento podiam fundar-se em ordenação não guardada, quer a causa coubesse na alçada do tribunal quer não. O agravo de ordenação não guardada constituía uma modalidade autónoma de recurso, quando era interposto de decisão que não fosse recorrível por apelação nem por agravo, ordinário, de petição ou de instrumento (Ordenações Filipinas, Livro I, Título 5, § 6). Neste caso, o agravo era decidido pelo regedor com cinco desembargadores. Era um meio extraordinário, mas não se admitia per saltum (Gouvêa Pinto, 1820: 144 e 145, e Pinheiro Ferreira, 1825: 185).

[127] "As demandas são – doloroso é dizê-lo – quase imortais e dificilmente acabam em vida de um só homem", queixava-se Mello Freire no que toca às causas cíveis (1967: n. 168, p. 34), e o não menor dos males na fase declarativa do processo era o da concessão das reformas das dilações probatórias, tendo Ricardo Nogueira (1786 b: 305) denunciado que "na pratica he incrivel o abuso que se faz destas reformas". A situação de "escandaloso abuso" dos embargos no final do Antigo Regime era descrita por Caetano Gomes (1756: 135 e 136), como se referiu já, e por Vanguerve Cabral (1757: 181) e Verissimo Alvares da Silva (1796: 63 e 64). Não surpreende, pois, que na fase de transição do Antigo Regime para o liberalismo a doutrina exigisse a abolição de vários destes meios de impugnação e a simplificação dos restantes (os agravos "não servem de ordinario, senão de demorar as causas, e de fazer as demandas mais dispendiosas", "as vistas, os embargos e os seus arrazoados são quem fornece os maiores motivos para eternizar as causas", "Na confusão presente requerem as partes a quem querem, e quasi não há regra fixa na practica a tal respeito ... A maior parte dos litigantes desprezão os meios ordinarios, e vão solicitar nos Tribunais remedios extraordinarios: e o mais é que são attentidos, e deferidos, apezar da lei, como se os Tribunais podessem deferir sem ser conforme a lei ", Manoel Salvador, 1821: 15 a 17). No entanto, no processo penal, os tribunais adoptavam uma praxe que muito restringia a possibilidade de dilação da execução da decisão, que era a de que os segundos embargos eram oferecidos e despachados dentro dos três dias fixados pela lei para a apresentação dos primeiros embargos, como Henriques Secco (1880: 235) comprovou na lista descritiva das execuções capitais realizadas em Lisboa entre 1693 e 1754, constante do mencionado manuscrito da biblioteca de Évora. Como

A Jurisdição Penal Comum 61

cesso penal não tinha lugar o recurso de revista, salvo sendo especialmente concedida pelo monarca,[128] nem o recurso de agravo ordinário. Acresce que a inter-

---

e viu já, a legislação de polícia de 1755 e 1760, aprovada para pôr cobro ao forte aumento da criminalidade ocorrido após o terramoto, viria a restringir ainda mais esta prática no âmbito dos crimes atrozes nelas previstos.

[128] Ordenações Filipinas, Livro III, Título 95, § 11, e João Pinto Ribeiro, 1729: 75, Ricardo Nogueira, 1858: volume VII, p. 152, e Mello Freire, 1967: n. 171, p. 165. Nos feitos cíveis, eram admitidos dois tipos de revista, a revista de justiça e a de graça especial. Aquela revista tinha fundamento na viciação da sentença por falsas provas, peita ou suborno do juiz, podia ser pedida a qualquer tempo e não dependia de informação prévia dos desembargadores da Casa da Suplicação. A revista de graça especial tinha fundamento em injustiça notória, devia ser apresentada dentro de dois meses ao Desembargo do Paço e dependia da referida informação (Verissimo Alvares da Silva, 1796: 76 a 78). Nos feitos crimes e quanto às penas corporais só era admitida a revista por graça especialíssima, que não tinha quaisquer limitações de ordem material ou temporal e era decidida pelo monarca sem prévia apresentação ao Desembargo do Paço. A praxe foi objecto de uma crítica sistemática por Caetano Gomes (1756: 204 a 211, e 1820: 183 a 191), que admitia a revista contra a sentença em que houvesse "injustiça simplez ou ordinaria injustiça" e censurava os práticos por seguirem um "systema, que quasi extingue o uso" da revista. A simples injustiça exigiria, segundo Caetano Gomes, apenas o conhecimento das razões das partes pelos desembargadores do Paço, enquanto a injustiça notória implicava o conhecimento dos feitos para decisão. A simples injustiça seria decidida de acordo com as regras do direito, ao invés da injustiça notória, que não era decidida rigorosamente de acordo com estas regras, bastando que no feito se descobrissem circunstâncias que justificassem um melhor exame da causa. Por outro lado, a prática instituída no Desembargo do Paço era a de os desembargadores verem sempre o feito antes da admissão liminar da revista, o que Caetano Gomes criticava por não ter fundamento na lei, nem ser "compatível com a alta preeminência de Senadores tão illustres". Contrariamente, Caetano Gomes entendia que a admissão ou rejeição liminar da revista devia ser feita com base apenas na análise das razões das partes pelos desembargadores do Paço e, só em caso de admissão liminar, os desembargadores da Casa da Suplicação deviam dar a sua informação e os do Paço proceder então ao exame do feito. Este exame deveria ter lugar, mesmo após a informação negativa dos desembargadores da Casa, com vista a verificar se não haveria injustiça notória da sentença. Precisamente com vista a fazer cessar este "abuzo de se escrever, e julgar por alguns Praxistas e Informantes, que basta qualquer injustiça" para a interposição da revista, a Lei de 3.11.1768 extinguiu a revista de justiça, subsistindo apenas a revista por graça, interposta com fundamento em manifesta nulidade e em injustiça notória, e a revista por graça especialíssima, que podia ser interposta nas causas em que estivesse vedada a revista ou a revista por graça já não fosse tempestiva. Embora a lei identificasse os fundamentos da manifesta nulidade e da injustiça notória com os "casos literalmente expressos nos preâmbulos das ditas ordenaçoens do Livro Terceiro, Titulo setenta e cinco e Titulo noventa e cinco" e esclarecesse que "as sentenças (que) se devem julgar notoriamente injustas pelo principio de serem proferidas contra Direito expresso" eram apenas as proferidas contra o direito pátrio, a questão que logo se colocou foi a da definição da injustiça notória, tendo-se pronunciado a doutrina no sentido de que ela se reportava apenas à sentença "que se opõe à razão do direito natural e civil ou à equidade reconhecida pelo direito" (Mello Freire, 1967, n. 171: 165).Com efeito, do propósito muito restrito do legislador josefino (sobre o intuito disciplinador da lei nova, Rui Marcos, 1990: 78 a 80, e António Barbas Homem, 1998 a: 317),

posição da apelação estava associada, não só ao perigo da *reformatio in pejus*, como também ao da eternização da prisão do réu, que, fora de flagrante delito, podia ocorrer com a pronúncia ou, nos crimes capitais ou puníveis com pena de açoites ou pena superior a seis anos de degredo para o Brasil, mesmo independentemente dela,[129] e se mantinha até à decisão última do tribunal de

---

conjugado com a identificação clara da injustiça notória com o princípio da violação do direito expresso, decorre que os fundamentos de nulidade manifesta eram os previstos nos referidos títulos das Ordenações e o recurso de revista por graça especial ficou limitado à discussão destes vícios processuais e dos vícios substantivos da decisão de direito (em termos distintos, salientando que antes de 1768 a revista por graça especial admitia a discussão de questões de facto, segundo o prudente arbítrio dos julgadores, e depois de 1768 participava da natureza de cassação e de "um verdadeiro *Rechtsmittel*, uma espécie de «última apelação»", Paulo Merêa, 1948: 57, 62 e 63). A lei nova manteve também a proibição de interposição de revista nos feitos crimes quanto a penas corporais, o que foi objecto de crítica da doutrina na transição do Antigo Regime para o liberalismo ("Pelas nossa leis actuaes he inteiramente proihibida a revista em casos crimes; ao mesmo tempo que a facultão em casos cíveis ainda de pequenas quantias. He isto uma contradicção, que nem ao menos he sustentada por motivo arrazoado. Os homens não querem os seus bens senão porque estes lhes facilitão a vida, e lhe dão commodo para ella; mas quando se lhe tira a vida, de que lhe servem os bens ? ... Eis aqui as leis sucurrendo fortemente os meios, e desprezando ainda mais fortemente os fins", Manoel Salvador, 1821: 35 e 36).

[129] A questão da prisão imediata e sem culpa formada do suspeito em cartas de maldizer, libelos famosos, querelas e denúncias foi por diversas vezes colocada à consideração dos monarcas em cortes, tendo sido adoptadas várias provisões que foram inseridas no Título 58 do Livro V das Ordenações Afonsinas. A regra era a de que a querela perfeita jurada pelo quereloso e com testemunhas nomeadas dava lugar à prisão imediata do querelado. Contudo, tendo "visto por experiencia o grande dãno que se em Nossos Reynos seguia das prisões, que se faziam, por seer ordenado por qualquer querela jurada, e testemunhada, e recebida prendessem aquelles, de que assi era querelado", o monarca decidiu restringir a aplicação da regra da prisão imediata do querelado a um elenco de crimes, neles incluindo os puníveis com pena de morte ou de degredo de dez anos para São Tomé ou de cortamento de mão, fixando em simultâneo a proibição expressa de prisão imediata dos querelados em relação aos outros crimes, devendo estes querelados ser soltos "atee contra elles seer tanto provado, porque mereçam seer presos" (Ordenações Manuelinas, Livro V, Título 42, §§ 17 e 18). O rei Filipe I foi ainda mais liberal e proibiu a prisão imediata do querelado em qualquer caso, sendo necessária uma informação sumária que confirmasse a existência de provas pelas quais o querelado devesse ser preso (Ordenações Filipinas, Livro V, Título 117, § 12). Este princípio liberal não subsistiu por muito tempo, tendo o monarca retrocedido no seu propósito com a publicação da Lei de 6.12.1612. O novo diploma registava três diferenças fundamentais em relação ao regime manuelino: a prisão imediata do suspeito só tinha lugar em caso de crime punível com pena de morte natural, não era obrigatória e não dependia de querela perfeita, podendo ocorrer sendo caso de devassa. Os termos do § 14 da Lei de 6.12.1612 foram ainda ampliados pela Lei de 19.10.1754. Ponderando "a diversidade e inconstancia dos estylos, que se praticaõ nas Relações, e Juizos destes meus Reinos, e Conquistas, a respeito dos réos, que foraõ prezos antes de culpa formada nos casos, que provados naõ merecem pena de morte natural, prevalecendo muitas vezes julgarem-se injustas as prizões, e mandarem-se soltar os prezos,

A Jurisdição Penal Comum   63

recurso, mesmo que o réu tivesse sido absolvido, dado o entendimento de que a execução de qualquer decisão que determinasse a soltura do réu podia causar dano irreparável e dependia por isso da confirmação da decisão pelo tribunal de recurso.[130]

O direito português não se distinguia substancialmente do de outras nações europeias. À semelhança do que acontecia em outros reinos europeus e, designadamente, em França, a forma de processo para julgamento dos crimes mais graves era a mais célere e a que menores garantias oferecia. O segredo absoluto em torno da produção da prova, conjugado com o perigo de parcialidade do tribunal e a mediação na recolha da prova nos processos por crimes capitais, caracterizavam igualmente o direito processual da nação francesa no final do Antigo Regime.

A *Ordonnance Criminelle* de Saint-Germain-en-Laye, mandada publicar em 1670 por Louis XIV,[131] previa igualmente a direcção da fase preparatória

---

ainda quando pouco depois, que o foraõ, consta de suas culpas legitimamente, e quanto basta para serem pronunciados", o monarca determinou que a prisão sem culpa formada pelo prazo máximo de oito dias também pudesse ser aplicada no caso dos crimes puníveis com açoites ou com degredo por mais de seis anos para o Brasil. Deste modo, quase todos os crimes passaram a admitir a prisão antes da culpa formada, o que tornava ainda mais grave a "abusiva relaxação" que se verificava no cumprimento do prazo máximo de formação da culpa (Ferreira de Moira, 1826: n. II, p. 56, e, já anteriormente, Manoel Salvador, 1821: 10). Mais tarde, a acumulação dos presos nas cadeias da corte e da Casa do Porto aguardando julgamento justificou a publicação do Alvará de 5.3.1790, que mandou fazer uma audiência geral trimestral para todos os presos e, nos casos de adiamento de uma para a outra audiência "por falta de citação das Partes, ou por qualquer outra causa que seja", a remessa dos autos à Relação competente para, com seis juízes e em cinco dias, "breve, e summariamente serem a final sentenciados, ainda que as suas culpas não sejão da qualidade, em que costuma haver este procedimento" (sobre a importância deste diploma, Ferreira Borges, 1826: 19, que afirmava que esta era uma "Lei que devêra sempre e invariavelmente observar-se", Ferreira de Moira, 1826: n. II, p. 6, Henriques Secco, 1871: 580 e 581, e Latino Coelho, 1916: 323). Contudo, a doutrina salientava que a legislação de 1612 e 1754 não mandava soltar o preso se o prazo máximo dos oito dias para a formação da respectiva culpa não fosse observado (Castro Neto, 1845: 181).

[130] A prática era uniforme neste sentido (Melchior Febo, 1713 a: 340, Vanguerve Cabral, 1757: 162, Caetano Pereira, 1834 b: 60, e Castro Neto, 1845: 181 e 182).

[131] A estrutura do processo penal estabelecida nesta *Ordonnance* de Louis XIV, que vigorou até à revolução, era a mesma da *Ordonnance Criminelle* de Villers-Cotterêts, de 1539, que é considerada pela doutrina como aquela que consagrou como regra em França o processo inquisitório. A nova *Ordonnance* de 1670, se teve o mérito de sistematizar o direito anterior, caracterizava-se também pelo recurso à tortura e pelo segredo absoluto na instrução do processo, "que retiravam à lei todo o valor" (Carl Mittermaier, 1845: 127 e 128, Albéric Allard, 1868: 149 a 165, Albert Du Boys, 1874 a: 566, Esmein, 1882: 139, René Garraud, 1907: 29, e Maurice Quenet, 1997: 165).

secreta da "informação" (*information*) por um juiz, que no final ordenava o prosseguimento dos autos, dando a "decisão extraordinária" (*réglement à l' extraordinaire*), quando os factos fossem puníveis com uma pena aflitiva ou infamante, e a "decisão ordinária" (*réglement à l' ordinnaire*) nos restantes casos.[132] Se nesta forma de processo, em que se julgavam sobretudo injúrias, pequenas ofensas e furtos simples, o feito era apresentado em juízo pelo queixoso e decidido com base na produção da prova em audiência pública e contraditória, naquela outra forma toda a instrução do processo era feita em segredo e na ausência de advogado, embora a lei de 1670 registasse já algumas excepções muito significativas, nos termos das quais era permitido o contacto do arguido com o defensor depois do primeiro interrogatório judicial.[133] Por outro lado, o mesmo juiz que realizava a instrução preparatória do processo procedia posteriormente ao *récolement* da prova da instrução, isto é, à repergunta das testemunhas, e intervinha como relator no julgamento.[134] Acresce que esta repergunta também era secreta e tinha lugar na ausência do acusado, não se confundindo, portanto, com a *confrontation*, que consistia na apresentação das testemunhas da acusação ao acusado, inexistente entre nós, como se viu, e facultativa no direito de além-Pirinéus.[135] Além desta diferença, uma outra se destaca no regime probatório. A *Ordonnance* de 1670 pôs fim a uma prática generalizada de atribuição de tarefas pelo juiz a inquiridores na fase de instrução preparatória, que era mesmo proibida na fase de instrução definitiva.[136]

Não obstante a criação original do direito francês de um corpo autónomo de magistrados com funções de promoção da pretensão punitiva do

---

[132] Como salienta Faustin Hélie, estes casos em que não era aplicável qualquer pena corporal eram raros no direito penal antigo, pelo que o *réglement à l' extraordinaire* era a forma de processo comum nos feitos crimes (Faustin Hélie, 1867 b: 441).

[133] J. D. Meyer, 1819 b: 247 a 249, Albéric Allard, 1868: 177, 183 a 185, Albert Du Boys, 1874 a: 576, 577 e 582, Esmein, 1882: 223, 224 e 231, e, em face da lei de 1539, pp. 140 e 142, René Garraud, 1907: 55, e André Laingui e Arlette Lebigre, 1979: 94. Ao que parece, a prática era menos rigorosa do que a norma e admitia a intervenção oral do advogado nas causas crime depois da *confrontation* (Jean-Pierre Royer, 1996: 153, 154 e 166).

[134] Se a doutrina disputava sobre o problema da participação do juiz instrutor na fase da instrução definitiva e do julgamento da causa, a prática resolvia-o de modo uniforme no sentido referido no texto (Albert Du Boys, 1874 a: 597, Esmein, 1882: 237 e 238, e André Laingui e Arlette Lebigre, 1979: 98 e 100).

[135] No entanto, esta confrontação não visava um verdadeiro debate contraditório da prova, mas a dedução oral pelo réu de excepções à admissibilidade do depoimento das testemunhas e a sugestão pelo réu ao juiz da colocação de questões às testemunhas (Faustin Hélie, 1866 a: 410 e 411, Albéric Allard, 1868: 235 a 241, Albert Du Boys, 1874 a: 591 e 592, Esmein, 1882: 235 a 237, e, em face da lei de 1539, pp. 145 e 146, e André Laingui e Arlette Lebigre, 1979: 98 e 99).

[136] Albéric Allard, 1868: 181, e André Laingui e Arlette Lebigre, 1979: 91.

A Jurisdição Penal Comum 65

Estado,[137] subsistia naquele direito, como no português, uma sobreposição de competências judicativas e persecutórias na pessoa do juiz. O procurador do rei desempenhava um papel subalterno, preponderando a parte civil e mesmo o juiz de julgamento no desencadeamento da acção pública, pois o procurador não tinha um direito de iniciativa pessoal do processo e o juiz podia proceder oficiosamente. Por outro lado, no desenrolar do processo, o juiz actuava como um "magistrado do Ministério Público", promovendo efectivamente os termos da acção pública, sendo muito limitada a influência do procurador do rei.[138] Por fim, o juiz dominava plenamente a fase de instrução definitiva e julgamento da causa.[139]

A decisão de mérito fundava-se em um sistema legal positivo de provas e de penas extraordinárias. A teoria dos indícios próximos e das "semi-provas" (*semi-preuves*) permitiu o desenvolvimento de uma distinção das sentenças de absolvição em três modalidades: a absolvição pura e simples, que era, em regra, acompanhada por uma condenação da parte civil nas despesas e em uma indemnização, a absolvição da instância, que livrava o acusado da acusação, mas não lhe permitia pedir uma indemnização ao denunciante por subsistirem suspeitas, e a decisão de "mais amplamente informado" (*plus amplement informé*), que constituía uma suspensão do processo por tempo determinado ou indeterminado, em que o acusado permanecia sob suspeita e com certas restrições à sua liberdade. Apesar do artigo 4 do título XX da *Ordonnance* de 1670 ter excluído esta última modalidade, a sua prática manteve-se até ao final do Antigo Regime. No entanto, nos tribunais franceses nunca terá tido aplicação a doutrina da suficiência dos indícios leves nos crimes atrocíssimos.[140]

---

[137] A origem do Ministério Público no direito francês ainda não está definitivamente esclarecida. A doutrina francesa divide-se entre três teses: a tese judiciária clássica, que defende que esta magistratura terá sido criada a partir do recrutamento pelo rei de profissionais do foro ajuramentados para defesa dos seus interesses e da coroa, a tese intermédia, advogada, entre outros, por Michèle-Laure Rassat, que reconhece uma origem judiciária aos representantes do rei em processo civil, os *advocats du roi*, mas atribui aos seus representantes em processo criminal, os *procureurs du roi*, uma origem administrativa e dominial, e a tese política, que relaciona a criação desta magistratura com a nomeação de comissários pelo rei para os tribunais senhoriais, eclesiásticos e municipais (Faustin Hélie, 1866 a: 298 a 306, Marcel Rousselet, 1948: 38 e 39, Michèle-Laure Rassat, 1967: 13 a 21, e Jean-Pierre Royer, 1996: 55 a 58).

[138] J. D. Meyer, 1819 b: 262 a 264, 273 a 275, Michèle-Laure Rassat, 1967: 26 a 30, e Jean Pradel, 1990: 19.

[139] "Todo o juiz é um procurador-geral" (*Tout juge est procureur général*), era o adágio que orientava a actividade do juiz (Maurice Quenet, 1997: 163).

[140] Albéric Allard, 1868: 265 a 268, 327 e 328, Albert Du Boys, 1874 a: 599, 600, 611 e 612, Esmein, 1882: 244, 245, 275 a 283, Julius Glaser, 1883: 148, René Garraud, 1907: 58, 482 e 483, e André Laingui e Arlette Lebigre, 1979: 102 a 104, 111 a 116.

Da sentença condenatória em pena capital ou corporal competia recurso de apelação obrigatório para o tribunal superior, o *Parlement*, e das restantes sentenças recurso facultativo para o *Bailliage* ou *Sénéchaussée* ou ainda para o *Parlement*.[141] Se neste ponto específico do duplo grau de jurisdição nas causas mais graves o direito francês era mais favorável ao réu do que o direito nacional, a obrigação de o réu depor sob juramento e a não motivação da sentença na primeira instância constituíam duas particularidades daquele direito, que muito prejudicavam o réu, [142] sem paralelo no direito nacional.

Ao invés, o direito francês tratava o réu ausente mais favoravelmente do que o direito nacional. O direito francês também conhecia a citação edital e a anotação de bens no processo de contumácia, mas previa a repergunta das testemunhas antes da prolação da sentença e a supressão de pleno direito da sentença condenatória do réu ausente quando ele comparecesse ou fosse preso, ressalvando as condenações pecuniárias, que eram consideradas inimpugnáveis depois de decorrido um prazo de cinco anos desde a notificação edital da sentença condenatória. Comparecendo o réu ou sendo preso, procedia-se por expressa imposição da lei à confrontação das testemunhas com o réu, com a excepção das que fossem falecidas ou não fossem encontradas.[143]

5. O último fôlego do Antigo Regime: o Ensaio de Código Criminal de Pascoal José de Mello Freire (1789)

Depois da rainha D. Maria I ter, por Decreto de 31.3.1778, mandado proceder à elaboração de um novo código e para o efeito ter estabelecido uma comissão, não produzindo esta obra alguma, foi Mello Freire nomeado, por carta

---

[141] Os tribunais que compunham a justiça régia comum no final do Antigo Regime distribuíam-se por três graus de jurisdição: no primeiro, os *Prévôtés*, no segundo, os *Bailliages*, também designados por *Sénéchaussées* e de que os *Présidiaux* foram no século XVI destacados, e ainda, no terceiro grau, os *Parlements*, que em certas regiões eram substituídos pelos *Conseils Provinciaux*. A "jurisdição régia de atribuição" era muito vasta, destacando-se os severíssimos *prévôts des maréchaux*, que constituía uma jurisdição militar com competência para julgar em primeira e única instância os atentados à ordem pública e os crimes cometidos por vagabundos e reincidentes. Sobre a composição e a competência destes tribunais, Faustin Hélie, 1866 a: 377 a 385, Joseph Hudault, 1990: 159 a 161, 166 a 171, Pierre-Clément Timbal e André Castaldo, 1993: 360 a 364, e Jean-Pierre Royer, 1996: 42 a 55.

[142] Albéric Allard, 1868: 220, 221, 326 e 370, Esmein, 1882: 244, Albert Du Boys, 1874 a: 609 e 610, René Garraud, 1907: 54, 59, 509, e 517, André Laingui e Arlette Lebigre, 1979: 93, 104 a 107, e Maurice Quenet, 1997: 164.

[143] Albéric Allard, 1868: 345 a 350, e Esmein, 1882: 252 e 253.

de 22.3.1783, para que apresentasse o projecto de um código de direito público e de um código criminal, correspondendo aquele ao livro segundo e este ao livro quinto das Ordenações. Das duas tarefas se desempenhou o lente em cinco anos, como informa o seu editor de 1823.

Mello Freire alicerçou o seu projecto de código criminal em uma crítica dos fundamentos das disposições substantivas e da estrutura do processo do livro quinto das Ordenações.

Profundamente influenciado pelo pensamento penal iluminista,[144] o autor do "Ensaio" apontava três "defeitos" fundamentais do direito substantivo vigente: a indeterminação dos crimes e das penas,[145] a desproporcionalidade e a crueldade das penas [146] e o tratamento penal desigual consoante o estatuto

---

[144] Montesquieu, Beccaria e Voltaire foram os expoentes máximos do pensamento penal iluminista, como é reconhecido pela doutrina (Esmein, 1882: 362, Eberhard Schmidt, 1947: 189 a 192, Jean Pradel, 1990: 20, Mário Almeida Costa, 1996: 362, Jean-Pierre Royer, 1996: 178, e Maurice Quenet, 1997: 169). Foram as obras fundamentais destes autores que se tomaram como termo de referência para a análise do pensamento de Mello Freire.

[145] Esta era uma crítica fundamental dos pensadores do iluminismo penal à legislação criminal, lançando a sua argumentação os fundamentos dogmáticos da compreensão moderna do princípio da legalidade penal (Montesquieu, 1964: 557, e Beccaria, 1823: 17, 27 e 28). Mello Freire não deixou, contudo, de consagrar pontualmente a pena arbitrária (§ 2 do Título 7 do Ensaio).

[146] Também neste ponto fundamental Mello Freire reproduzia a doutrina iluminista dos efeitos perversos das penas cruéis e desproporcionais e da maior importância relativa da certeza da punição em relação à severidade da pena: "Examine-se a causa de todos os relaxamentos, ver--se-á que ela provém da impunidade dos crimes e não da moderação das penas" (*Qu' on examine la cause de tous les rélachements, on verrà qu' elle vient de l' impunité des crimes, et non pas de la moderation des peines*, Montesquieu, 1964: 561), "Não é o rigor do suplício que previne mais seguramente os crimes, é a certeza do castigo" (*Ce n' est pas la rigueur du supplice qui prévient plus sûrement les crimes, c' est la certitude du châtiment*, Beccaria, 1823: 220). Mello Freire defendia mesmo a abrogação de muitas ordenações do Livro quinto que continham penas excessivamente severas, "ou pela vontade e conivência dos próprios Imperantes, visto que não exigem a sua execução, ou pelo desuso" (Mello Freire, 1966 a: n. 155, p. 81). Contudo, o autor mantinha a pena de morte e as penas infamantes como uma garantia indispensável da segurança pública (Mello Freire, 1844: 12). Ao invés, o censor de Mello Freire considerava estas penas desnecessárias à República, invocando em seu favor a doutrina estrangeira (António Ribeiro dos Santos, 1844: 178 a 182, notas ao título III). Mais tarde, Francisco Freire de Mello faria uma crítica sistemática do sistema de penas do direito antigo, concluindo, como o tio, que as leis antigas não guardavam a proporção entre o delito e a pena e que devia ser mantida a pena de morte (Francisco Freire de Mello, 1822: 88). O sistema punitivo do projecto de Mello Freire não se distinguia das Ordenações Filipinas apenas na atenuação do rigor das penas (Peter Hünerfeld, 1971: 41 e 42, e Eduardo Correia, 1977 a: 108 a 113), revelando a técnica de incriminação das condutas também uma nova concepção das relações sociais e dos poderes do Estado (António Hespanha, 1984: 197 a 199, 203, 210, 213 , 214, 219, 222 e 225).

social do réu.[147] No tocante ao processo penal, a crítica do autor subia de tom, enunciando quatro "defeitos" fundamentais das Ordenações: a omissão de regras gerais sobre a prova,[148] as violências do regime extraordinário da perseguição dos crimes morais e atrozes,[149] a manutenção lado a lado do processo

---

[147] O autor censurava a "escandalosa differença entre o fidalgo, desembargador, e outros homens, como se todos não tivessem o mesmo e igual direito á sua honra" (Mello Freire, 1823: 5). No entanto, o § 13 do Título IV do Ensaio ressalvava ainda as excepções previstas na lei, isto é, no título 138 do Livro V das Ordenações, "de que se fará o uso que parecer conveniente" como se afirmava na nota justificativa daquele parágrafo (Mello Freire, 1823: 242). Já em uma outra obra, Mello Freire tinha advogado, opondo-se expressamente a Beccaria, a desigualdade das penas consoante a condição social e de sangue dos réus (Mello Freire, 1966 a: n. 155, p. 96). Não é, pois, correcta a tese de Vítor Faveiro (1968: 44), segundo a qual Mello Freire "suprimia radicalmente as discriminações e colocava todos os homens ao nível comum da humanidade", tese recentemente retomada por António Barbas Homem (2001: 230), ao incluir entre os princípios dogmáticos do direito penal de Mello Freire o "princípio da igualdade de todos os indivíduos em matéria de penas".

[148] Mello Freire estava mais próximo de Montesquieu do que de Beccaria neste ponto. Se Montesquieu ainda defendia a vinculação do juiz às regras da prova legal (Montesquieu, 1964: 599), Beccaria propunha como único critério de apreciação da prova o bom senso, pois "esse guia é menos enganador do que todo o saber de um juiz, acostumado a não procurar senão culpados em todo o lado" (*ce guide est moins trompeur que tout le savoir d' un juge, accoutumé à ne chercher partout que des coupables*, Beccaria, 1823: 45). O autor milanês foi o primeiro teórico da aplicação plena do princípio da livre convicção no processo penal (Armando de Marchi, 1929: 53, 85 e 88, Ali Rached, 1942: 107, e Mario Pisani, 1990: 116). A obra renovadora de Beccaria teve o seu prenúncio em uma outra, o terceiro livro da *Scienza della Legislazione*, de Gaetano Filangieri, publicado no ano anterior ao da primeira edição dos *Dei Delliti*. No livro que tinha por objecto a reforma do processo criminal, Gaetano Filangieri propunha já um sistema misto que combinava o novo princípio da certeza moral do juiz com um conjunto de vinte e duas regras com a força de prova legal e implicava a condenação ou a absolvição do réu quando a certeza moral e a legal coincidissem no mesmo resultado e a "suspensão do julgamento" sempre que a certeza legal ou a moral fosse favorável ao réu. Encontrando-se suspenso o julgamento, o réu era libertado e afastado temporariamente do gozo de algumas das prerrogativas da cidadania, podendo o julgamento ser reaberto pelo acusador ou pelo réu perante novas provas de culpa ou de inocência (Gaetano Filangieri, 1840: 349 a 359 e 414).

[149] A crítica da máxima, segundo a qual "nos delitos mais atrozes, isto é, nos menos prováveis, são suficientes as circunstâncias mais ligeiras", já tinha sido feita por Beccaria (*dans les délits les plus atroces, c'est-à-dire, les moins probables, les plus légères circonstances suffisent*, Beccaria, 1823: 65). Foi precisamente em relação aos crimes morais que o autor milanês se pronunciou, criticando a doutrina comum que admitia nos crimes difíceis de provar, como o adultério, "as presunções, as conjecturas, as meias-provas, como se um homem pudesse ser meio-inocente ou meio-culpado, e merecer ser meio-absolvido ou meio-punido" (*les présomptions, les conjectures, les demi-preuves, comme si un homme pouvait être demi-innocent ou demi-coupable, et mériter d' être demi-absous ou demi-puni*, Beccaria, 1823: 125). Esta mesma crítica foi retomada por Voltaire (1822: 556) e Benjamin Constant (1822: 201 a 206). Sobre o funda-

A Jurisdição Penal Comum 69

acusatório no título 117 e do processo inquisitório no título 122, tendo o processo penal na fase judicial a mesma estrutura complexa e longa do processo civil, e a inexistência de uma regulamentação do processo sumário e verbal.[150]

A propósito de cada um destes defeitos o autor formulou "pequenas reflexões", nas quais estabelecia os princípios orientadores da proposta de reforma que apresentava, "a summa do plano e systema geral".

No que respeitava às críticas de natureza processual, o autor propunha-se formular um corpo de regras sobre o direito probatório, assente na rejeição dos dois princípios fundamentais da doutrina clássica, segundo os quais "nos grandes crimes bastão menores provas" e "a simples confissão do réo, sem outra prova, basta para a condemnação",[151] abolir as violências do regime processual dos crimes morais e, sobretudo, as denúncias em segredo[152] e os tormentos,[153] simplificar e reduzir a ordem processual ordinária e criar uma forma de processo sumário. Para o efeito o autor munia-se do seu conhecimento da doutrina sua coeva, mas sobretudo da iluminação da razão natural.[154]

---

mento dogmático da doutrina da pena extraordinária e a sua íntima conexão com os conceitos do direito penal substantivo da negligência, da tentativa e da participação em facto de outrem, por um lado, e por outro, com a teoria da prova legal e com as dificuldades da prova em determinados delitos, Julius Glaser, 1879: 12 e 13, e 1883: 126 a 129, Eberhard Schmidt, 1947: 143 e 144, 149 a 154, Friedrich Schaffstein, 1989: 501 a 503, e Andrea Schmidt, 1994: 35 a 37. A abolição da tortura, não acompanhada da supressão da teoria da prova legal, criou dificuldades consideráveis à praxe, das quais a doutrina saiu recorrendo à ampliação das teorias das penas de desobediência, da pena extraordinária e da absolvição da instância. A imposição de penas extraordinárias constituiu precisamente a solução privilegiada pela doutrina para evitar as dificuldades de prova decorrentes da abolição da tortura (Peter Holtappels, 1965: 65 e 66, Bertram Schmitt, 1992: 144, e Andrea Schmidt, 1994: 44 e 45).

[150] Mello Freire, 1823: 6.

[151] Mello Freire, 1823: 15 e 16.

[152] Este era outro dos pontos fundamentais do pensamento penal iluminista (Montesquieu, 1964: 606, Beccaria, 1823: 75 a 80, e Voltaire, 1822: 326 e 327). Em 1820, ainda Caetano Pereira clamava no seu "Plano de Melhoramento do Processo Criminal" pela proibição da delação oculta ou entre familiares (Caetano Pereira, 1820: 248).

[153] A abolição da tortura reflectia uma visão diferente do homem como sujeito do processo e não como objecto (Montesquieu, 1964: 560 e 561, Beccaria, 1823: 91 a 110, e Voltaire, 1822: 317 a 319). A posição processual do réu como objecto do processo estava intimamente conexa com a filosofia do Estado de Polícia (*Polizeistaat*), de tal modo que o domínio total do juiz sobre a instrução da causa correspondia simbolicamente ao poder absoluto do monarca sobre os seus súbditos (Julius Glaser, 1879: 15, Eberhard Schmidt, 1947: 170, 183, 194 e 324, e Wolfgang Wohlers, 1994: 51), tendo a evolução constitucional para a forma do Estado de Direito (*Rechtsstaat*) tido como principal repercussão no processo penal o reconhecimento do arguido como sujeito do processo com um direito de audiência diante do tribunal (Hinrich Rüping, 1991: 84).

[154] "Consultarei principalmente a razão natural, e civil das penas, o fim das sociedades, a segurança publica, o estado, genio e caracter actual da nação, e sobre tudo a lei da humanidade,

O autor do "Ensaio" propunha a revogação do foro privilegiado nas causas crimes e, designadamente, do privilégio concedido na primeira instância aos moradores nas terras da rainha, do príncipe e do infante e dos privilégios dos oficiais e soldados nos delitos comuns cometidos fora dos seus quartéis e alojamentos, com a excepção do privilégios dos estrangeiros, dos eclesiásticos seculares e regulares e dos cavaleiros professos nas três ordens militares do reino e na ordem de São João de Malta, que, no entanto, eram restringidos.[155]

A definição do tribunal competente e da forma de processo aplicável dependiam da natureza grave ou leve do crime, sendo a competência do Tribunal da Relação e a dos juízes singulares definidas em termos idênticos aos do direito vigente. Os "crimes sociaes"[156] e todos aqueles puníveis com as penas de morte, corporal, de degredo perpétuo no reino ou para fora por mais de cinco anos, de confisco na maior parte dos bens ou com quaisquer penas infamantes só podiam ser julgados no Tribunal da Relação, devendo o juiz ordinário ou o juiz de fora, depois da instrução do processo, remetê-lo para aquele tribunal.[157]

---

entendida e combinada sempre com a lei da justiça e da pública segurança", dizia Mello Freire (1823: 18).

[155] Mello Freire, 1823: 217, e 1844: 54 a 56. A lição do lente era a de que "nada de mais funesto se pode conceber para a república que este privilégio do foro, pois além de as demandas se tornarem imortais, difíceis e complicadas, por se costumarem pôr infinitas dúvidas sobre a competência de tal privilégio, que coisa há, pergunto, mais alheia às razões da justiça e humanidade do que fazer vir de longe à Corte os agricultores, artífices, etc.? E sobretudo a requerimento dos mais poderosos que aí moram, e aí disfrutam de muita autoridade e abundam em muitas riquezas?", concluindo no sentido de que "devem, por isso, ser suprimidos os foros privilegiados, mormente os pessoais" (Mello Freire, 1967: n. 168, p. 159). Esta pretensão correspondia a um princípio fundamental do pensamento filosófico iluminista, embora formulado pelos diferentes autores com algumas concessões. Montesquieu considerava os juízos comissários como a causa da decadência das monarquias (Montesquieu, 1964: 605), propondo que todos os cidadãos fossem julgados por tribunais colectivos formados pelos seus pares (1964: 587) e, designadamente, que os nobres fossem julgados pelos seus representantes na assembleia legislativa (1964: 607). Também Jeremias Bentham rejeitava peremptoriamente a existência de tribunais especiais com competência criminal, com a excepção dos tribunais militares e dos da marinha mercante, admitindo ainda tribunais eclesiásticos mas apenas com competência em matéria espiritual (Jeremias Bentham, 1830: 6 e 7).

[156] Os crimes sociais, também designados por crimes públicos, eram os que perturbavam e ofendiam a "sociedade e interesse publico" e incluíam os crimes religiosos, os morais e os políticos (§ 7 do Título I). Sobre as especialidades muito gravosas do regime penal e processual dos crimes de lesa majestade de primeira e de segunda cabeça no direito das Ordenações, Taipa da Carvalho, 1981: 125 a 140.

[157] No projecto do "Novo Código do Direito Público", Mello Freire apresentou uma justificação teórica da atribuição aos tribunais superiores da competência para conhecer destes ilícitos, argumentando que as penas de morte, infâmia e degredo eram necessárias para garantir

A Jurisdição Penal Comum 71

Os crimes leves eram julgados por estes juízes, cabendo recurso, em certos casos obrigatório, para o tribunal superior.

O processo tinha duas fases, uma primeira "extrajudicial" e uma segunda "judicial".

Aquela primeira fase processual designava-se por "informação da justiça", era comum aos processos para julgamento de crimes graves e leves e consistia na investigação do facto criminoso imputado ao acusado e em "tudo o que a justiça fizer em segredo sem a sua audiência e citação" (Título LIX).[158]

O processo começava com a querela ou a devassa, geral ou especial, tirada oficiosamente pelo juiz, ficando abolida a denúncia anónima (Título LIV, § 4).[159] Seguia-se a formação do corpo de delito e da culpa, que findava com o despacho de pronúncia e a ordem de prisão do réu. A prova produzida na culpa não era suficiente para a condenação do réu, mas apenas para a pronúncia do mesmo ("as testemunhas que o juiz perguntar para sua informação particular sem citação da parte, para formar o corpo de delicto, ou a culpa ao accusado, não tem fé judicial, nem bastão para a sua condemnação, postoque bastem para a pronuncia", § 3 do Título L).[160] Ao monarca ficava sempre reservado o direito majestático de ordenar que não se tomasse conhecimento de algum crime, mas que se fazia depender da verificação de uma "justa causa" (Título LXVI, § 4).[161]

O processo "judicial" seguia duas formas totalmente diversas consoante dissesse respeito a crimes graves ou a crimes leves. O processo para julgamento de crimes graves começava com um interrogatório obrigatório do réu pelo corregedor do crime da corte a quem tivesse sido distribuído o processo, em que o réu podia deduzir toda a sua defesa e alegar nulidades e defeitos do processo formado pelo juiz da culpa.

Após a apresentação da defesa, seguia-se a inquirição das testemunhas quando ao corregedor parecesse "necessário a bem da justiça, ou do mesmo réo" (Título LXIII, § 1),[162] sendo, no entanto, obrigatória nas causas relativas a crimes puníveis com pena corporal ou infamante ou com a pena de degredo por

---

a segurança pública, pelo que somente deviam ser impostas pelas Relações (Mello Freire, 1844: 12). O censor de Mello Freire salientou, com razão, a "falta de raciocínio, que se contêm neste §, porque não acho nexo entre os principios, que o compilador aqui propõe, e a consequencia, que delles tira" (António Ribeiro dos Santos, 1844: 177, notas ao título III).

[158] Mello Freire, 1823: 208.

[159] Mello Freire, 1823: 197.

[160] Mello Freire, 1823: 190. O autor consagrava a doutrina que ensinava nas Instituições do Direito Criminal (Mello Freire, 1966 a: n. 156, p. 107).

[161] Mello Freire, 1823: 225.

[162] Mello Freire, 1823: 219.

mais de cinco anos para fora do reino a repergunta diante do réu das testemunhas ouvidas em segredo na culpa, podendo ele "nessa ocasião fazer as perguntas que lhe parecer" (Título L, § 6).[163]

Se o princípio da imediação não ficava integralmente assegurado, pois a repergunta não era feita diante de todos os julgadores e os depoimentos das testemunhas recolhidos na "informação de justiça" e feitos judiciais pelo réu eram lidos na audiência de julgamento, o "Ensaio" respeitava, no entanto, o contraditório, admitindo a confrontação do réu com as testemunhas de acusação e mesmo a presença do réu ou do seu procurador na audiência de julgamento na Relação.[164] O réu conhecia sempre a prova da acusação nos crimes mais graves, independentemente da medida de coacção a que se encontrasse sujeito, e um magistrado distinto do juiz instrutor podia sindicar a veracidade da prova registada na "informação da justiça". A garantia desta sindicância era até reforçada pela permissão de as testemunhas inquiridas em segredo pelo juiz da culpa mudarem o seu depoimento "sem perigo" para elas (§ 9 do Título L), conferindo-se assim uma liberdade à testemunha que a praxe dos tribunais lhe recusava e só parte da doutrina nacional lhe reconhecia.

Preparado o processo, a relação dos autos não era feita pelo corregedor que tinha interrogado o réu e inquirido as testemunhas, mas por um magistrado distinto, o que constituía uma garantia adicional da imparcialidade do tribunal de julgamento e a mais importante inovação na forma de processo para julgamento dos crimes graves.[165] A sentença admitia embargos, a deduzir em três dias, não se admitindo quaisquer outros embargos à semelhança da alteração introduzida pela legislação extravagante do processo sumário em 1760. As condenações em pena capital podiam ainda ser submetidas à moderação régia, sob prévio parecer do Desembargo do Paço, que deveria ser proferido "à vista dos fundamentos da sentença" (Título LXV, § 6).[166]

O processo judicial para julgamento dos crimes leves começava depois da prolação da pronúncia, podendo ter duas formas distintas: uma ordinária e outra sumária. A ordinária consistia na acusação, na contrariedade do réu, na réplica e

---

[163] Mello Freire, 1823: 191.

[164] Também nas suas lições Mello Freire (1966 a: n. 156, p. 147) defendeu a doutrina de que as causas julgadas na Casa da Suplicação fossem relatadas na presença dos litigantes ou dos seus procuradores, como se admitia nas Ordenações Manuelinas, Livro I, Título 1, § 23, no julgamento das causas cíveis.

[165] Mello Freire justificava a inovação deste modo: "Havendo o Corregedor formado o processo, não o proporá em relação, porque póde ser que encubra alguns defeitos na ordem e modo de processar; mas sim o seu colega ou outro ministro que o regedor nomear" (§ 3 do Título LXIII).

[166] Mello Freire, 1823: 219.

A Jurisdição Penal Comum 73

na tréplica, seguidas da concessão da dilação ao autor e depois ao réu para a produção da prova, das alegações e da sentença. Também nesta forma de processo, as testemunhas anteriormente ouvidas na "informação de justiça" deviam ser reinquiridas diante do réu, não as fazendo o réu judiciais nos termos do § 18 do Alvará de 6.12.1612. O princípio novo era o de que a prova produzida na instrução e depois dela devia ser dada a conhecer a todos os réus, independentemente da respectiva situação processual ("não só se devem dar e publicar ao réo o nome das testemunhas, mas os seus ditos, para os poder melhor contestar", § 11 do Título L).[167]

O processo sumário era aplicável "em todos os crimes sociaes, em que a justiça for autora, ou algum particular ofendido" (Título LX, § 17).[168]

---

[167] Mello Freire, 1823: 191. A crítica veemente do processo penal fundado em uma prova recolhida e mantida até final em segredo, em que a confrontação do réu com a prova constituía uma faculdade do juiz e não um direito do réu e em que as variações de depoimentos das testemunhas durante a repergunta constituíam crime de falso testemunho ficou a dever-se a Voltaire. O filósofo francês concluiu o famoso parágrafo XXII do "Comentário" com uma pergunta simples que não mais deixou de ocupar a doutrina: "como é que uma coisa tão necessária como a confrontação pode ser arbitrária?" (*comment est-ce qu' une chose si necessaire como la confrontation peut être arbitraire?*, Voltaire, 1822: 349, 350 e 351). Mais tarde, também Benjamin Constant retomaria com palavras violentas a crítica da discricionariedade dos magistrados na direcção da produção da prova (Benjamin Constant, 1822: 208 e 209). Em 1820, Caetano Pereira apontava como "exemplo digno de ser imitado" a previsão no código criminal toscano que tornava patente ao réu todas as peças da acusação, propondo a adopção de idêntica solução no seu "Plano de Melhoramento do Processo Criminal" (Caetano Pereira, 1820: 249).

[168] Mello Freire, 1823: 212. O "Ensaio" continha vários títulos prevendo crimes "políticos", isto é, que perturbavam a ordem pública e a economia. A propósito destes crimes autorizava-se o intendente da polícia a proceder, nos termos dos seus regulamentos, a todas as diligências que julgasse necessárias para a repressão dos crimes previstos nestes títulos, incluindo a aplicação das penas dentro da sua alçada (Mello Freire, 1823: 98). Esta era uma outra forma de processo, sumaríssima, que emergia, mas que não mereceu do autor do "Ensaio" mais considerações além do que aquela já referida. No projecto de "Codigo do Direito Público", Mello Freire propôs a criação de uma outra forma de processo especial em que o monarca ou os magistrados para o efeito comissionados poderiam reprimir "extrajudicial, economica e paternalmente" toda aquela pessoa pertencente a uma família, "que pelos seus factos e acções, injuriar notavelmente e perturbar o seu decoro, reputação, conservação, augmentos e fortunas domésticas" ou "offender do mesmo modo qualquer outra corporação e sociedade ecclesiastica, ou politica do Estado". Nesta forma de processo o juiz actuaria de modo inquisitorial, não haveria contraditório nem qualquer publicidade. A decisão final não exigiria a prova necessária para o castigo na forma judicial, bastando "conjecturas e suspeitas vehementes". A pena aplicável seria arbitrária, mas a natureza correctiva da sanção era incompatível com as penas capitais e com as penas de infâmia, inabilidade ou privação perpétua de direitos (Mello Freire, 1844: 144 a 146, 365 a 370). Além desta forma de processo, o monarca poderia ainda condenar à morte ou a cortamento de membro "verbalmente e sem figura de juízo", espaçando-se a execução por vinte dias, no que Mello Freire seguia a tradição do direito

74   *A Reforma da Justiça Criminal em Portugal e na Europa*

O processo "sumário e verbal" consistia na realização de uma informação extrajudicial, que terminava com a prolação da pronúncia, e na confissão do réu em interrogatório judicial. Não confessando o réu o crime ou negando-o com coartada que lhe relevasse a pena, procedia-se à repergunta das testemunhas da "informação da justiça", prescindindo-se do libelo e dos subsequentes articulados.[169] Esta era a ordem processual "natural", que "se não poderá preterir em genero algum de crime" (Título LX, § 5).[170]

A regulamentação, toda ela nova, do processo sumário garantia em termos mais perfeitos do que o direito vigente o contraditório, já que o réu assistia à repergunta das testemunhas, tinha vista para responder no prazo alargado de oito dias e podia produzir prova de defesa, e uma melhor percepção da prova pelo julgador, uma vez que, não confessando o réu e não sendo a repergunta das testemunhas e a prova da defesa suficientes, a causa devia ser processada na forma ordinária, não se admitindo em caso algum a condenação com base no aproveitamento da prova da "informação da justiça".

---

nacional desde D. Afonso II (Mello Freire, 1844: 12). O censor do projecto de Mello Freire criticou acerrimamente esta proposta, considerando que "se há alguma parte de legislação em que convêm o Principe guarde exactamente as leis civis, é por certo a que toca ás ordenanças criminaes" e que "a lei invariavel e fundamental de toda a sociedade civil deve ser, que nenhum cidadão possa ser punido, senão por um juízo legal". António Ribeiro dos Santos propunha, ao invés de Mello Freire, a abolição do processo sumário, sobretudo no julgamento das causas capitais ("ou as formalidades do processo ordinario são necessarias e uteis para dirigir a ordem legal na averiguação da verdade, ou não: se o não são, para que é admittilas na ordem de juízo? Se o são, em que casos devem ellas ter mais logar que nos crimes capitaes?", António Ribeiro dos Santos, 1844: 154, 164 a 168, notas ao título III). Esta era uma crítica generalizada na doutrina europeia liberal. Também Benjamin Constant (1836: 97 e 98) se pronunciou contra os tribunais extraordinários e os processos especiais nestes mesmos termos, perguntando "porque haveria uma classe de factos em relação à qual se observavam lentidões supérfluas ou uma outra classe em relação à qual se decidiria com uma precipitação perigosa?" e respondendo "o dilema é claro. Se a precipitação não é perigosa, as lentidões são supérfluas, se as lentidões não são supérfluas, a precipitação é perigosa".

[169] Mello Freire afirmava que parecia resultar do § 16 do título 1, do Livro I e da rubrica geral do título 124 do Livro V das Ordenações a proibição da forma de processo sumário no julgamento das causas criminais. A novidade da sua introdução no direito nacional através de legislação extravagante levava, contudo, o autor a advertir, nas explicações ao título LX, que não devia confundir-se o processo sumário com a informação extrajudicial, como alguns faziam, pois o processo sumário era judicial, implicando o chamamento do réu a juízo, para se lhe mostrar e diante dele discutir a prova da culpa. Na estruturação desta forma de processo teve o autor do "Ensaio" em particular consideração o referido erro da doutrina, que redundava na precipitação do processo, com prejuízo para o exercício do direito "natural" à defesa pelo réu. "Os criminalistas modernos, segundo o systema de cada um, querem que o processo criminal seja ou muito lento e vagarozo, ou muito precipitado: uma e outra coisa he defeito", concluía Mello Freire (1823: 445).

[170] Mello Freire, 1823: 210.

O "Ensaio" previa também uma forma de processo de julgamento de réus não presentes, cuja conformação dependia da situação processual do réu ausente, em fuga ou contumaz. O julgamento de réus ausentes tinha lugar apenas nos crimes puníveis com as penas de morte, açoites, galés, degredo perpétuo ou temporal para fora do reino por mais de cinco anos.

Após a notificação edital do réu, a causa era processada com um advogado oficioso, "que terá tanto cuidado na defesa do ausente, como se fosse sua" (Título LXI, § 5), podendo requerer a repergunta das testemunhas e quaisquer outras diligências a bem da defesa.[171]

O ausente que comparecesse antes da prolação da sentença tomava a causa no estado em que ela se encontrasse, salvo se provasse que se tinha ausentado "por negocio e necessidade", caso em que todo o processo seria nulo (Título LXI, §§ 13 e 14).[172] Se o réu comparecesse dentro de um ano depois da prolação da sentença, seria admitido a apresentar prova, sem se anular o processo. Depois daquela data nenhuma defesa seria admissível. Contudo, vedava-se a execução por qualquer um do povo do ausente julgado e declarado banido (Título IV, § 4).[173]

Ao invés do réu ausente, ao réu que tivesse fugido depois de iniciado o processo ou ao réu contumaz, que não comparecesse em juízo depois de lhe terem sido fixados dois termos seguidos (*in non comparendo*) ou que, comparecendo, se recusasse a responder (*in non respondendo*), não se nomearia defensor oficioso, prosseguindo o processo sem outra diligência, salvo se o crime fosse punível com a pena de morte ou com pena corporal, caso em que sempre seria nomeado defensor ao réu.

Deste modo, a ausência, a fuga ou a contumácia do réu não eram suficientes para a condenação ou mesmo para o sequestro e a anotação dos bens do réu, de acordo com o princípio de que "não deve haver pena, nem genero algum de castigo sem convencimento judicial do delicto, que não há antes da sentença

---

[171] Mello Freire, 1823: 213. Conjugando as disposições do "Ensaio" com as notas explicativas, admitia-se ainda uma situação de revelia absoluta, a do réu a quem fosse imputada a prática de crimes puníveis com pena pecuniária e perda de bens, que era julgado sem advogado (Mello Freire, 1823: 447).

[172] Mello Freire, 1823: 214.

[173] A solução proposta no "Ensaio" era menos liberal do que a das lições (Mello Freire, 1966 a: n. 156, pp. 163 e 164), em que o autor, além de considerar ilícita a faculdade de qualquer um do povo executar o banido, reconhecia ao réu ausente o direito de apresentar a sua defesa em qualquer momento e independentemente do comparecimento voluntário ou não em juízo. Esta era, aliás, a doutrina defendida pelos novos pensadores. O banimento só era admissível quando o acusado por um crime atroz tivesse o direito de a qualquer tempo provar a sua inocência e de "reentrar nos seus direitos" (Beccaria, 1823: 198 e 199).

76   A Reforma da Justiça Criminal em Portugal e na Europa

condemnatoria", ou, dito de outro modo, "ninguem deve ser condenado sem ser ouvido".[174]

Entre a proposta radical de não sujeição do ausente a julgamento e as soluções "injustas" da lei vigente, o "Ensaio" optava por uma "via media", admitindo o processo de ausentes, mas introduzindo a obrigatoriedade da defesa por um advogado do ausente e, nos casos mais graves, mesmo do fugido e do contumaz e alargando efectivamente as possibilidades de apresentação da defesa até à prolação da sentença pelo ausente que não tivesse faltado "por consciencia do crime".[175]

O reforço muito considerável da posição processual do réu na primeira instância justificava o pouco interesse atribuído por Mello Freire à reforma dos recursos, concluindo o autor que a regulamentação proposta neste tocante "pouco ou nada differe da jurisprudencia actual".[176]

Assim, as características essenciais do direito vigente da obrigatoriedade da interposição do recurso "por parte da justiça" no caso de crimes "públicos e sociaes, sobre que o juiz póde, e deve inquirir e devassar de seu oficio" (Título LXIV, § 7) [177] e da faculdade de o tribunal de recurso sindicar o valor dos depoimentos das testemunhas e ordenar a repergunta das testemunhas "a bem da justiça, ou da defeza do réo" (Título L, § 12) mantinham-se inalteradas.[178]

A maior novidade do novo regime dos recursos era a da abolição da diferença entre os recursos de apelação e de agravo. No entanto, o "Ensaio" distinguia claramente entre o recurso de apelação da sentença definitiva ou interlocutória com força de definitiva e o de sentença interlocutória sobre a ordem do processo ou sobre a competência do juiz, das partes ou dos seus procuradores, aquele recurso possuindo efeito suspensivo da causa e este não.

Se o "Ensaio" de Mello Freire constituía uma reforma profunda do direito vigente, logrando afastar as deficiências mais graves do processo ordinário, do sumário e do de ausentes, fracassava, contudo, em um outro ponto essencial, que o autor se tinha igualmente proposto reformar.

---

[174] Mello Freire, 1823: 446. A crítica radical do processo crime para julgamento de réus ausentes e do sequestro de bens já tinha sido feita por Gaetano Filangieri (1840: 312 a 315) e Voltaire (1822: 343 a 347, 351 e 352) e foi retomada por Benjamin Constant (1822: 170 e 171) e Heinrich Zachariae (1868 b: 391 a 395).

[175] Mello Freire, 1823: 447.

[176] Mello Freire, 1823: 450. Ao invés, na nova doutrina iluminista dava-se a máxima relevância à actividade dos tribunais superiores como instrumento de uniformização da justiça criminal, invocando os efeitos muito gravosos das disparidades das decisões proferidas pelos tribunais criminais de primeira instância (Voltaire, 1822: 357 e 358).

[177] Mello Freire, 1823: 222.

[178] Mello Freire, 1823: 191.

O direito probatório mantinha o traço fundamental do regime anterior: a distinção entre a "prova legal e perfeita" e a prova não legal, "por indícios e presumpções" ou por "confissão voluntaria e judicial, por si só sem o concurso das provas e indicios acima ditos, nem a extrajudicial com eles", que não bastava para aplicação da pena ordinária, mas que permitia a aplicação de uma "pena extraordinária".

Embora fosse formalmente abolida a doutrina das provas privilegiadas, por se fundar em um axioma "barbaro, exterminador, e injúrioso á natureza humana",[179] as excepções a esta afirmação de princípio eram tão amplas que mantinham em termos práticos aquela mesma doutrina. Assim, o crime de alta traição (Título XIII, § 32), os crimes "que ponhão em perigo a sociedade, ou a vida e segurança de uma familia inteira, ou ainda de uma só pessoa", os crimes cometidos "por pura malignidade, crueldade e maldade de coração" (Título XLVI, §§ 12 e 13) e os "crimes occultos e de prova dificil" (Título LIII, § 6), todos eles justificavam a manutenção de uma teoria da prova distinta da válida para os crimes comuns, cuja especialidade residia precisamente no privilegiamento dos indícios recolhidos do cometimento destes tipos de crimes e na concomitante admissibilidade de penas extraordinárias.

---

[179] A afirmação de princípio era clara e indubitável: "abolimos a doutrina das provas privilegiadas; porque em todos os crimes, e nos atrozes com maior razão pela sua gravidade e enormidade, são necessarias as mesmas, ou maiores provas" (Mello Freire, 1823: 176 e 423).

CAPÍTULO 2.º
A Emergência do Paradigma Judiciário Liberal

1. A Constituição vintista e a primeira tentativa de criação de um novo processo: o Decreto das Cortes de 2.11.1822

No "Relatório ácerca do estado público de Portugal", que Fernandes Thomaz leu nas sessões das Cortes constituintes nos dias 3 e 5 de Fevereiro de 1821,[180] descrevia-se a reforma da administração da justiça como aquela que maior prontidão e cuidado exigia atenta a situação de "escândalo" em que se vivia.[181]

As Bases da Constituição vintista foram propostas em 9 de Fevereiro de 1821 e decretadas em 9 de Março de 1821.[182] Entretanto, com vista a garantir

---

[180] Diário das Cortes Geraes e Extraordinarias, volume I, pp. 26 e 32 a 40.

[181] A situação escandalosa em que se vivia resultava, sobretudo, da arbitrariedade na aplicação da lei, merecendo de alguns constituintes considerações violentas, como as do deputado Barreto Feio, que não se coibia de apelidar a magistratura judicial de "monstro" e de considerar que ela "tende sempre para a arbitrariedade; e por mais que se procura contela, toma o freio nos dentes, investe contra os mais sagrados direitos do cidadão, roubando a uns a honra, a outros a vida, a outros a propriedade" (Diário das Cortes Geraes e Extraordinarias, volume IV, p. 3641), e as do deputado Castello-Branco, que lembrava que "ha pouco que nós saimos dos ferros; devemos ter ainda muito frescas as impressões. Lembremo-nos de qual era a primeira calamidade publica, debaixo da qual gemiamos, sem recurso, nem remedio. Era o despotismo dos magistrados" (Diário das Cortes Geraes e Extraordinarias, volume V, p. 71).

[182] O projecto das Bases foi subscrito por Bento Pereira do Carmo, José Joaquim Ferreira de Moura, Manoel Borges de Carneiro, João Maria Soares Castello-Branco e Manoel Fernandes Thomaz (Diário das Cortes Geraes e Extraordinarias, volume I, pp. 60 e 61). Nos discursos de Pereira do Carmo e Castello-Branco, que abriram a discussão sobre as Bases na sessão de 12.2.1821, os subscritores invocaram o "nosso antigo direito publico" como a fonte das Bases e apontaram como objectivo fundamental das mesmas o restabelecimento das liberdades individuais e a realização da separação dos três poderes, sendo esta a "única medida indispensavel" para aquele fim. O Decreto das Bases foi assinado por todos os deputados na sessão de 9.3.1821 (Diário das Cortes

80   *A Reforma da Justiça Criminal em Portugal e na Europa*

a manutenção de toda a organização judiciária e das formas de processo vigentes, já os constituintes tinham, pelo Decreto das Cortes de 31.1.1821, determinado expressamente a manutenção das formas de processo praticadas nos tribunais.

Inspiradas na *Déclaration des droits de l' homme et du citoyen*, de 20-26.8.1789,[183] as Bases da Constituição Política da Nação consagravam o princípio da liberdade (base 2ª: "a faculdade que compete a cada hum de fazer tudo o que a lei não prohibe"),[184] o princípio da igualdade de todos os cidadãos em

---

Geraes e Extraordinarias, volume I, pp. 232 a 235) e as Bases foram juradas pelo rei D. João VI na sessão de 4.7.1821 (Diário das Cortes Geraes e Extraordinarias, volume II, p. 1434).

[183] A Declaração dos Direitos do Homem e do Cidadão foi a primeira formulação política do paradigma judiciário liberal no continente europeu, consagrando três princípios fundamentais: o da supremacia da lei, com a consequente abolição das jurisdições de privilégio e extraordinárias, o da separação dos poderes, que tinha como reflexo a independência do poder jurisdicional, e o da soberania da nação, que conduzia a uma maior intervenção popular na administração da justiça (Robert Charvin, 1968: 16 e 17).

[184] Este princípio tinha na sua origem o artigo 4 da Declaração dos Direitos do Homem e do Cidadão : "a liberdade consiste em poder fazer tudo aquilo que não prejudica outrem; assim o exercício dos direitos naturais de cada homem não tem senão os limites que asseguram aos outros membros da sociedade o gozo desses mesmos direitos. Os seus limites não podem ser estabelecidos senão pela lei" (*la liberté consiste à pouvoir faire tout ce qui ne nuit pas à autrui; ainsi l' exercice des droits naturels de chaque homme n' a de bornnes que celles qui assurent aux autres membres de la société la jouissance de ces mêmes droits. Ces bornes ne peuvent être déterminées que par la loi*) e reproduzia o ensinamento de Montesquieu, segundo o qual "a liberdade é o direito de fazer tudo o que as leis permitem. Se um cidadão pudesse fazer o que elas proibem, ele não teria mais liberdade, pois que os outros teriam do mesmo modo esse poder" (*La liberté est le droit de faire tout ce que les lois permettent. Si un citoyen pouvait faire ce qu' elles défendent, il n' aurait plus de liberté, parce que les autres auraient tout de même ce pouvoir*, Montesquieu, 1964 : 586). Os corolários deste novo princípio eram importantíssimos e incluíam a proibição da prisão sem culpa formada, com ressalva dos casos expressamente previstos na Constituição (bases 4ª e 5ª), a liberdade de expressão "sem dependencia de prévia censura" (base 8ª), tutelada por um Tribunal Especial para proteger a liberdade de imprensa (base 9ª), os princípios da legalidade penal e da subsidiariedade da lei penal e os da proporcionalidade e da pessoalidade da pena, a abolição das penas cruéis e infamantes (base 12 ª) e a inviolabilidade do correio (base 15ª). A liberdade de cada indivíduo encontrava-se a partir de então na estrita dependência da observância da lei. Por sua vez, a lei enquanto resultado da fusão de uma pluralidade de vontades individuais que se tornava delas autónoma adquiria um significado filosófico e jurídico radicalmente novo, transformando-se na garantia fundamental da liberdade de todos os homens e no instrumento primordial de protecção contra o arbítrio de um indivíduo ou de um grupo de indivíduos (Jacques Ellul, 1969 a: 222, e 1969 b: 7 e 8, e Gérard Sautel e Jean-Louis Harouel, 1997: 26 e 27). A afirmação do princípio da legalidade penal estava, por isso, intimamente ligada à legitimação democrática da pena, razão por que não parece ser exacta a tese de António Barbas Homem, segundo a qual "o programa normativo do princípio da legalidade se encontrava realizado antes do triunfo do constitucionalismo" (António Barbas Homem, 1998 a: 310, e 1998 b: 467). O autor fundamenta a sua

A Jurisdição Penal Comum 81

face da lei e a consequente extinção dos privilégios pessoais de foro nas causas cíveis e crimes e dos juízos de comissão (base 11.ª),[185] o princípio da separação dos poderes do Estado e a consequente reserva do poder jurisdicional aos juízes (bases 18.ª e 21.ª: "Cada um destes poderes será respectivamente regulado de modo que nenhum possa arrogar a si as atribuições do outro"[186] e o "poder ju-

---

tese da realização antecipada do princípio da legalidade em matéria criminal apenas na vertente garantística do princípio enquanto instrumento de controlo do arbítrio dos juízes, mas não atenta na vertente legitimista do princípio da legalidade que só com o constitucionalismo se veio a afirmar (sobre esta vertente, Castanheira Neves, 1983: 365 e 366).

[185] Na sessão de 1 de Março de 1821, depois de já terem votado todas as outras bases, os constituintes portugueses discutiram e votaram a base 11.ª, tendo aprovado a abolição do privilégio do foro eclesiástico por 60 votos contra 17 e a abolição do privilégio do foro militar nos "crimes puramente civis" por unanimidade (Diário das Cortes Geraes e Extraordinarias, volume I, pp. 189 a 194), tal como o tinham feito os constituintes franceses na noite "louca" de 4 de Agosto de 1789, em que a assembleia decidiu abolir os dois pilares do sistema judiciário do Antigo Regime, o privilégio do foro senhorial, corporativo e municipal e a venalidade dos cargos da justiça (Marcel Rousselet, 1948: 27 a 31 e 56, Jacques Ellul, 1969 a: 61 a 64, e Jean-Pierre Royer, 1996: 244 e 245). Os constituintes portugueses, como os seus congéneres franceses, acalentavam "o projecto de uma profunda revolução social que substituía a anterior sociedade de ordens por uma outra, regida pelo princípio da igualdade e, sobretudo, pelo princípio do mérito e da capacidade" (Benedicta Vieira, 1992: 60), considerando que "tudo quanto hoje se chama privilégio do foro em contemplação de causas, ou pessoas devia ser extinto como prejudicial, e funesto à boa administração da Justiça" e advogando por isso a restrição do foro militar aos "crimes puramente militares" e do foro eclesiástico às "causas puramente espirituais". Estas eram também as reclamações de Manoel Ferreira Tavares Salvador (1821: 7 e 11), apresentadas às Cortes Constituintes em uma memória anónima intitulada "Projecto de reforma para a classe da magistratura, e exercício da justiça em Portugal", atribuída, mas sem razão, a Mouzinho da Silveira (Mouzinho da Silveira, 1989 a: 764 e 765). Assim, a nova ordem jurídica civil assente no princípio da jurisdição universal não constituía apenas uma reacção contra os abusos e a perversão do princípio do privilégio do foro no final do Antigo Regime, mas também a consagração de uma consequência inelutável da novíssima máxima constitucional da igualdade jurídica de todos os cidadãos diante da lei (Gérard Sautel e Jean-Louis Harouel, 1997: 28 e 29).

[186] O princípio da separação dos três poderes do Estado, tal como Montesquieu o concebeu, não implicava tanto uma separação rígida dos poderes, mas uma distinção das funções legislativa, executiva e judicial do Estado por diferentes órgãos, podendo vários destes órgãos colaborar no exercício de uma mesma função, com a excepção da função judicial. O poder soberano, isto é, a função legislativa e a executiva, podia ser distribuído entre o parlamento e o monarca, mas em nenhuma circunstância podia ser atribuído aos tribunais e, por sua vez, apenas a estes competia o exercício da função judicial (Jacques Ellul, 1969 a: 223 e 224). A aprovação das bases 18.ª e 21.ª não impediu, no entanto, o Congresso português de se arrogar poderes jurisdicionais, reabrindo processos findos, decretando a prisão ou a manutenção da prisão de cidadãos e, sobretudo, revendo decisões condenatórias dos tribunais. O deputado Pinheiro de Azevedo afirmava mesmo que "o mesmo soberano Congresso no curto espaço de um anno tem decretado mais destas revistas, do que antes se concederião em um seculo" (Diário das Cortes Geraes e Extraordinarias, volume V, p. 48). Só com a Portaria de 5.11.1822 se determinou que fossem entregues aos

82   *A Reforma da Justiça Criminal em Portugal e na Europa*

diciario está nos juízes")[187] e o princípio da soberania nacional (base 20.ª: "a soberania reside essencialmente em a Nação").[188] As Bases constituem, pois, o

---

tribunais as pessoas que se achavam "presas, retidas ou removidas por ordem das côrtes". A crítica desta prática de concentração de poderes ao arrepio dos princípios dos próprios constituintes, feita por Thomaz Ribeiro (1891: 284 a 287), deve hoje ser revista atento o estudo entretanto feito do arquivo de petições dirigidas à comissão de justiça. Este estudo revela que, de uma maneira geral, o Congresso se abstinha de interferir na acção do poder judicial (José Subtil, 1986: 10, 58, 59, 75, 99 a 103, e Benedicta Vieira, 1992: 35 a 37).

[187] A autonomia do poder judiciário em relação ao príncipe constituía a primeira condição da liberdade, de acordo com o pensamento filosófico iluminista. Nas palavras clássicas de Montesquieu, "não há qualquer liberdade se o poder de julgar não for separado do poder legislativo e do executivo" (*"il n' y a point de liberté si la puissance de juger n' est pas séparée de la puissance législative et de l' exécutrice*, Montesquieu, 1964: 558 e 559, e, depois dele, Beccaria, 1823: 17 e 18, e Jeremias Bentham, 1830: 4 e 5). Contudo, a lição dos filósofos era contrariada pelo ensinamento da experiência das últimas décadas. A prática dos *arrêts de règlement*, fossem eles supletivos ou provisórios, o direito de *enregistrement* dos diplomas régios e o direito de *remontrances*, com base nos quais os parlamentos procederam a uma obstrução constante às reformas judiciárias ensaiadas pelo poder real no final do Antigo Regime (Marcel Rousselet, 1948: 39 a 41, Joseph Hudault, 1990: 162 a 166, e Jean-Pierre Royer, 1996: 61 a 67, 222 a 231), levaram os constituintes franceses a recear um poder judiciário forte e independente do poder político, razão pela qual procuraram dissipar o espírito corporativo da magistratura do Antigo Regime e retirar-lhe os instrumentos técnicos de interferência no exercício dos outros poderes (Jean-Pierre Royer, 1996: 262 a 265, e Gérard Sautel e Jean-Louis Harouel, 1997: 120 a 122). Para tanto, os constituintes estabeleceram, nos artigos 10 e 13 do título II do Decreto de 16.8.1790, a separação total de poderes e a não intromissão do poder judicial na actividade do poder legislativo ("os tribunais não poderão tomar directamente ou indirectamente qualquer parte no exercício do Poder legislativo, nem impedir ou suspender a execução dos Decretos do Corpo legislativo sancionados pelo Rei", *les tribunaux ne pourront prendre directment ou indirectment aucune part à l' exercice du Pouvoir législatif, ni empêcher ou suspendre l' exécution des Décrets du Corps législatif sanctionnés par le Roi*, citado artigo 10) e na do poder executivo ("as funções judiciárias são distintas e permanecerão sempre separadas das funções administrativas: os juízes não poderão, sob pena de sanção, perturbar, de qualquer modo que seja, as operações dos Corpos administrativos, nem citar diante deles os Administradores por causa das suas funções", *les fonctions judiciaires sont distinctes, & demeureront toujours séparées des fonctions administratives: les juges ne pourront, à peine de forfaiture, troubler, de quelque manière que ce soit, les opérations des Corps administratifs, ni citer davant eux les Administrateurs pour raison de leurs fonctions*, citado artigo 13). Temendo a oposição dos parlamentos à legislação nova, os constituintes franceses não se coibiram mesmo de, a 3.11.1789, suspender sem prazo aqueles órgãos.

[188] Esta fórmula reproduz textualmente a do artigo 3 da Declaração dos Direitos do Homem e do Cidadão (*toute souveraineté réside essentiellement dans la Nation*), que consumava a transferência efectiva de soberania do rei para os representantes da nação reunidos em assembleia, já desencadeada pela assunção a 9.7.1789 de poderes constituintes pela assembleia à revelia do rei. De acordo com a nova representação ideológica, a nação constituía agora um corpo orgânico, unitário e homogéneo capaz de se exprimir através da lei universal representativa do interesse geral e já não um corpo dividido, plural e heterogéneo que se manifestava através do conselho

A Jurisdição Penal Comum

primeiro texto político aprovado pelos constituintes em que ressumbra o novo paradigma judiciário, assente na abolição do privilégio do foro criminal, na separação das funções administrativa e jurisdicional e na intervenção popular na administração da justiça.[189]

Fixadas as Bases políticas, os constituintes procuraram logo vertê-las para o direito positivo, não aguardando a aprovação do texto constitucional, e para tanto desenvolveram uma importante actividade legislativa sobre a organização judiciária e o processo penal. Esta actividade tinha em vista, por um lado, o desmantelamento do aparelho judiciário e das formas do processo mais características do regime anterior e, por outro, a instituição dos fundamentos de uma nova organização judiciária.

Assim, prosseguindo o primeiro objectivo, os constituintes determinaram a abolição, por incompatibilidade com os princípios adoptados nas Bases da Constituição, do Conselho Geral do Santo Ofício e das Inquisições e a restituição do conhecimento das causas espirituais e meramente eclesiásticas à jurisdição episcopal,[190] e procederam à redefinição dos termos do recurso à coroa

---

dos diferentes estados ao rei. O principal reflexo desta nova concepção da soberania na administração da justiça foi o da exigência da introdução do júri e da reformulação do modo de designação dos juízes de carreira (Jacques Ellul, 1969 b: 8, 9 e 59, Joseph Hudault, 1990: 225 e 226, e Gérard Sautel e Jean-Louis Harouel, 1997: 19 a 21, 123 a 125). Por outro lado, a participação do povo na administração da justiça e, em particular, a instituição do júri foram associadas pelo movimento iluminista a um conjunto de importantes reformas do processo penal, de que dependia intimamente o sucesso daquela instituição. Estas reformas consistiam na consagração dos princípios da acusação, da publicidade, da oralidade e da livre valoração das provas (em síntese, Beccaria, 1823: 45 a 47, mas censurando esta associação, Anselm von Feuerbach, 1825: 405 a 419, e Julius Abegg, 1841: 168, 169, 189, 203 a 207). Na doutrina portuguesa, pronunciaram-se naquele sentido Ferreira de Moira, 1826: n. I, pp. 14 a 16 e 35, Machado Ferraz, 1834: 117, 118 e 123, e Paulo Midosi, 1867: 27. Para a crítica retrospectiva desta discussão, Julius Glaser, 1883: 259, Wilfried Küper, 1967: 170 a 176, e Giovanni Tarello, 1997: 446 a 450, 471 a 475.

[189] Não é, por isso, correcto afirmar, como faz António Barreiros (1980: 589), que "pouco se estabeleceu de novo" neste documento no que toca aos "problemas de índole geral" do direito penal e no que respeita ao problema da organização judiciária.

[190] A abolição do Santo Ofício, que constituiu a primeira deliberação concreta das Cortes no sentido do desmantelamento do aparelho judiciário do Antigo Regime, foi logo proposta pelo deputado Francisco Simões Margiochi, na sessão de 5.2.1821, depois da leitura do relatório de Fernandes Tomaz (Diário das Cortes Geraes e Extraordinarias, volume I, p. 45), tendo sido discutida e aprovada por unanimidade na sessão de 24.3.1821 (Diário das Cortes Geraes e Extraordinarias, volume I, pp. 354 a 358). Na sessão de 31.3.1821 discutiu-se o teor do preâmbulo do Decreto e, por sugestão do Arcebispo da Bahia, decidiu-se que se dissesse que a abolição se fazia por a existência da Inquisição ser "contraria ao systema constitucional" (Diário das Cortes Geraes e Extraordinarias, volume I, p. 404). O Decreto de abolição, datado de 31.3.1821, foi mandado observar por Portaria dos membros da regência de 5.4.1821. Sobre a transformação profunda das

84 *A Reforma da Justiça Criminal em Portugal e na Europa*

como os de um agravo de petição e à revogação das cartas rogatórias e dos assentos que sobre elas se tomavam.[191]

No âmbito da organização judiciária, os constituintes decidiram a extinção de todos os juízos de comissão concedidos a favor de casas nobres ou de quaisquer pessoas particulares,[192] dos privilégios pessoais no foro cível e criminal e de todos os juízos privativos concedidos a pessoas, corporações, classes ou terras, com jurisdição cível e criminal, com excepção dos juízos privativos de estrangeiros estipulados em tratados, a cessação da competência por acção nova ou avocação dos corregedores do crime da corte e da Casa do Porto e a fixação de regras especiais para a prisão de militares e eclesiásticos.[193]

Ainda com o objectivo do desmantelamento das formas do processo mais características do regime anterior em mente, os constituintes determinaram a

---

relações entre o poder jurisdicional eclesiástico e o régio na primeira metade do século XIX, para a qual contribuiu esta Portaria, Lopes Praça, 1881: 72 a 79.

[191] O Decreto de 17.5.1821 (Diário das Cortes Geraes e Extraordinarias, volume I, p. 943) foi mandado observar por Portaria dos membros da regência de 21.5.1821. Os juízes da coroa ficaram deste modo autorizados a usar nas suas sentenças de termos imperativos em relação às autoridades eclesiásticas (Cândido Mendes de Almeida, 1866 b: 1272 e 1273). Considerando que o Decreto dos constituintes apenas teve "por fim deprimir e abater as Curias Diocesanas, e mais Dignidades e Authoridades Ecclesiasticas, tirando-lhes a consideração que lhes era devida, e reduzindo todas á mesma classe de qualquer Juiz Secular da Primeira Instância", o monarca viria a revogá-lo já na fase da contra-revolução, pelo Alvará de 6.3.1824. Os termos amplos deste diploma foram objecto de uma interpretação restritiva da doutrina, que os aproximava da tradição (Borges Carneiro, 1826: 269).

[192] O Decreto de extinção dos juízos de comissão datado de 17.5.1821 foi mandado observar por Portaria da regência do reino do mesmo dia.

[193] A extinção dos privilégios de foro e a fixação das novas regras de competência criminal e de prisão de militares e eclesiásticos foi objecto do Decreto das Cortes de 9.7.1822 (Diário das Cortes Geraes e Extraordinarias, volume VI, pp. 754 e 755). Na sessão extraordinária das Cortes de 11.9.1821, foram apresentados dois projectos, um do deputado Barroso e outro da antiga comissão de legislação para regulamentação dos foros contenciosos com vista a "fazer efectiva a extinção dos Privilegios pessoaes de Foro, sanccionada no Artigo undecimo das Bases da Constituição" (Diário das Cortes Geraes e Extraordinarias, volume III, pp. 2234 a 2236). O primeiro projecto previa apenas a competência dos tribunais eclesiásticos para conhecer os crimes cometidos por eclesiásticos "em objectos de suas funcções ou obrigações ecclesiasticas" e a competência dos tribunais militares para conhecer dos crimes previstos nos artigos de guerra. O privilégio do foro militar e o do foro eclesiástico eram definidos em termos consideravelmente mais amplos no projecto da comissão, incluindo, respectivamente, "todos os delitos committidos por militares na sua profissão" e os crimes cometidos por eclesiásticos, seculares e militares em relação a objectos e espaços religiosos ou atinentes à fé. Só na sessão de 19.6.1822 se voltou ao assunto, tendo sido apresentado um terceiro projecto do deputado Guerreiro e tendo começado a discussão dos três projectos. O Decreto, que correspondia ao projecto de Guerreiro, foi mandado observar por Carta de Lei régia de 11.7.1822.

A Jurisdição Penal Comum 85

extinção das devassas gerais, incluindo as dos juízes eclesiásticos, que passariam a ser de querela para o interessado e de denúncia para qualquer pessoa,[194] e a extinção da Intendência Geral da Polícia.[195]

O segundo objectivo referido, o da instituição dos fundamentos de uma nova organização judiciária, foi prosseguido por duas vias: a primeira foi a da definição dos crimes de abuso de liberdade de imprensa, dos tribunais competentes e do processo para julgamento destes crimes[196] e a segunda via foi a da fixação dos termos da eleição directa dos juízes ordinários pelos moradores do concelho, por pluralidade relativa e escrutínio secreto.[197]

---

[194] O projecto do deputado Moraes Pessanha foi apresentado e aprovado por unanimidade na sessão extraordinária de 3.11.1821 (Diário das Cortes Geraes e Extraordinarias, volume IV, pp. 2929 a 2933). O Decreto de aprovação é datado de 10.11.1821 e foi mandado observar por Carta de Lei régia de 12.11.1821. Como denunciava Borges Carneiro, as devassas gerais constituíam no final do Antigo Regime apenas uma fonte de abuso dos magistrados, sendo conhecido o caso do corregedor "que em uma correição de uma villa pronunciou nas taes devassas mil pessoas, e despronunciando-as depois com reparo de aggravo a razão de duas moedas cada uma, levou duas mil moedas".

[195] Na sessão de 30.1.1822, foi apresentado o projecto do deputado Moraes Sarmento para extinção da Intendência, que previa a comunicação ao governo dos casos que no direito vigente o eram ao intendente. Embora admitisse que os juízes sujeitos ao intendente perdiam a sua jurisdição e se tornavam em "meros mandatários" deste, Borges Carneiro propôs, sem sucesso, a manutenção da Intendência enquanto não fosse feito um novo código de processo criminal, sob pena de, de outro modo, "se pôr em perigo a segurança pública, e a individual, principalmente em Lisboa" (Diário das Cortes, Segunda Legislatura, Tomo Segundo, 1823, p. 389). Pressionados pela própria demissão do intendente da polícia em exercício em Maio de 1822, os deputados votaram o Decreto de extinção da Intendência a 26.3.1823 (Diário das Cortes, Segunda Legislatura, Tomo Segundo, 1823, pp. 332 e 333). O Decreto, mandado publicar por Carta de Lei régia de 7.4.1823, vigoraria pouco mais de dois meses. Uma das primeiras medidas da contra-revolução foi a restituição da Intendência ao estado em que se achava antes desta lei, tendo o Decreto de 4.6.1823 revogado o Decreto das Cortes de 26 de março último. À Intendência juntou-se também a Polícia Secreta, criada em 23.7.1824, que actuava com base em um amplo sistema de informadores nos palácios reais, nos ministérios, nos tribunais, nas forças militares, no clero e no povo e em conjugação de esforços com os ministros dos bairros (João Baptista de Gouveia, 1835: 27 a 37, 125 a 127, e Albino Lapa, 1964: 263 e 264). A Polícia Secreta foi logo extinta em 15.12.1826. Ao invés, a Intendência Geral da Polícia manteve-se até ao início da década de trinta. Só com a publicação do Decreto de 8.11.1833 se exonerou o intendente geral da polícia, considerando-se que as funções de polícia, incluindo as de polícia preventiva, seriam temporariamente exercidas pelo prefeito da Estremadura "em quanto os mais Prefeitos não vão tomar conta das suas Prefeituras", nos termos do § 8 do artigo 45 do famoso Decreto, n. 23, de 16.5.1832 (sobre a reforma liberal dos corpos de polícia, quer nas grandes urbes, quer na província, António Pedro dos Santos, 1999: 107 a 110).

[196] O Decreto das Cortes de 4.7.1821, referente à questão, foi mandado observar por Carta de Lei régia de 12.7.1821.

[197] O Decreto relativo ao novo método de eleição foi votado pelas Cortes a 20.7.1822 e foi mandado observar por Carta de Lei régia de 27.7.1822.

86   *A Reforma da Justiça Criminal em Portugal e na Europa*

O Decreto de 4.7.1821 tem um particular significado, pois, além de ter abolido a censura prévia de quaisquer livros ou escritos,[198] constituiu o primeiro diploma legislativo em que os constituintes organizaram de uma forma sistemática os termos de um processo criminal,[199] consagrando neste documento os princípios fundamentais e as regras processuais que reflectiam o espírito das Bases da Constituição.[200]

[198] A liberdade de imprensa e a instituição do júri eram as "duas instituições que contraminão todas as insidias do poder, que combatem todos os abusos de authoridade, que annullão todas as distincções, e que estão em guerra aberta contra toda a casta de privilegio" (Ferreira de Moira, 1826: n. I, p. 14). A lei de 1821, que Thomaz Ribeiro (1892: 33) considerou como "uma das mais notaveis leis do soberano congresso", não subsistiu por muito tempo. A censura foi logo reintroduzida na fase da contra-revolução pelos Decretos de 12.6.1823 e de 6.3.1824, o primeiro revogando a nova lei de imprensa no que respeitava aos periódicos até três folhas de impressão, que ficavam sujeitos à censura, e o segundo atribuindo à Mesa do Desembargo do Paço os poderes de censura "de livros e todos e quaesquer escriptos que se houverem de imprimir", fixados pela Carta de Lei de 17.12.1794. Thomaz Ribeiro (1892: 258) explicava deste modo a reintrodução da censura: "a imprensa jornalística, a filha querida, a divindade sacratíssima da revolução liberal, aquela para quem os que extinguiram os juízos privativos criaram um juízo especial, tornara-se a primeira ingrata, a mais perniciosa adversária dos que a criaram, protegeram e honraram".

[199] "Nesta lei se lançaram as bases de um codigo de processo criminal; e de todos os que até hoje se têem decretado é ainda fonte essa lei", afirmava Thomaz Ribeiro,1892: 35.

[200] Logo na sessão de 5.2.1821, após a leitura do relatório de Fernandes Thomaz, o deputado Francisco Soares Franco apresentou um projecto de lei sobre a liberdade de imprensa, que o próprio autor confessava ser "em grande parte extrahido do Regulamento que em Hespanha se fez sobre este assumpto" (Diário das Cortes Geraes e Extraordinarias, volume I, pp. 40 a 45). No projecto de Soares Franco já se previam o júri de acusação e o júri de julgamento, o juízo conciliatório prévio depois da decisão daquele júri e antes do início do processo judicial, a publicidade da audiência de julgamento, a intervenção do procurador da câmara como "fiscal do publico" para sustentar a denúncia, a decisão da matéria de facto vinculada apenas ao "leal saber e entender" dos jurados, a reserva ao juiz da decisão sobre a pena, a recorribilidade desta decisão e a faculdade de o juiz sindicar o veredicto erróneo do júri de julgamento determinando a realização de novo julgamento com novos jurados. Iniciada a discussão deste projecto na sessão de 3.3.1821, foi o projecto remetido à comissão de legislação (Diário das Cortes Geraes e Extraordinarias, volume I, p. 205). Na sessão de 28.4.1821, o deputado Basílio Alberto de Sousa Pinto apresentou, em nome da comissão, uns quesitos ao congresso sobre a lei de imprensa e um segundo projecto (Diário das Cortes Geraes e Extraordinarias, volume I, pp. 713 a 716). O projecto previa apenas que o tribunal especial criado pelas Bases decidisse da necessidade da formação da culpa e dos recursos das decisões finais de primeira instância, atribuindo a competência de julgamento ao juízo criminal do domicílio do réu. A discussão reiniciou-se a 2.5.1821, precisamente com a matéria do quinto quesito, a da existência de jurados como "preliminar da Liberdade de Imprensa" (Diário das Cortes Geraes e Extraordinarias, volume II, p. 754 e 759). Na sessão de 24.5.1821, a comissão apresentou então o projecto definitivo (Diário das Cortes Geraes e Extraordinarias, volume II, pp. 1014 a 1017), que foi discutido e aprovado quase integralmente nas sessões seguintes até 18 de Junho. O novo regime sobre a liberdade de imprensa foi decretado pelas Cortes no mesmo dia em

A Jurisdição Penal Comum 87

Este diploma determinou a criação de dois Conselhos de Juízes de Facto em cada distrito, um de nove e outro de doze elementos,[201] ao lado do juiz de direito, que, nos distritos de Lisboa e Porto, era o corregedor do crime e, nos restantes distritos, o corregedor da respectiva capital.[202] O tribunal estava completo com um promotor de justiça, encarregado de promover os termos da acusação.[203]

---

que o monarca jurou as Bases da Constituição, assumiu o poder executivo e a regência do reino foi extinta, a 4.7.1821 (Diário das Cortes Geraes e Extraordinarias, volume II, pp. 1436 a 1443).

[201] A composição e a competência destes dois tribunais eram exactamente as mesmas que o Regulamento aprovado pelo Decreto das Cortes espanholas de 22.10.1820 previa (Martinez Alcubilla, 1869: 902 e 903). A unanimidade inicial dos constituintes sobre a admissibilidade dos jurados só foi quebrada pelo deputado Serpa Machado, que entendia que os jurados eram incompatíveis com o tribunal especial previsto nas Bases, pois este devia julgar os abusos da liberdade de imprensa em matéria religiosa (Diário das Cortes Geraes e Extraordinarias, volume II, p. 763). Os deputados decidiram então votar separadamente a admissibilidade dos jurados nos processos de abuso de liberdade de imprensa cujo objecto dissesse respeito a dogma e a religião e nos restantes processos. Com base no entendimento de Xavier Monteiro de que o tribunal previsto nas Bases deveria ser apenas um tribunal de apelação e no de Fernandes Thomaz de que em matéria religiosa a decisão sobre a censurabilidade do escrito competia apenas aos bispos, tendo os jurados uma competência restrita à questão de facto da participação do réu na impressão do escrito, foi aprovada por unanimidade a intervenção dos jurados nos processos que não dissessem respeito a dogma e religião (Diário das Cortes Geraes e Extraordinarias, volume II, p. 769) e por 86 votos a favor e 5 contra nos processos que lhes dissessem respeito (Diário das Cortes Geraes e Extraordinarias, volume II, p. 774). O estabelecimento dos jurados nesta forma de processo foi vista pelos deputados como uma questão de princípio, directamente relacionada com a efectivação dos princípios da publicidade do processo e da independência dos juízes, como resultava, por exemplo, do voto do deputado Soares Franco (Diário das Cortes Geraes e Extraordinarias, volume II, p. 761), constituindo simultaneamente um ensaio para a introdução do jurado no processo penal comum, como afirmou o deputado Serpa Machado. Sobre esta perspectiva dos deputados, Zília Osório de Castro, 1990: 170, e Jaime Raposo Costa, 1976: 66.

[202] O tribunal com os juízes de facto para julgar os delitos de abuso de liberdade de imprensa funcionou efectivamente, tendo a primeira sessão ocorrido no dia 4.1.1822. Machado Ferraz (1834: 65) descreveu o modo muito conturbado e pouco independente como funcionou este tribunal.

[203] A existência de uma magistratura acusatória, que deste modo ganhava consagração legal expressa no direito português, era há muito considerada pelo pensamento filosófico iluminista como uma condição essencial da reforma do processo penal. Esta magistratura, que Montesquieu apelidava de "admirável", devia proceder à instrução do processo, investigando os crimes, acusando os delinquentes e promovendo os termos do processo. Só deste modo se garantiria plenamente a independência do juiz (Montesquieu, 1964: 559, Beccaria, 1823: 79, e, sobretudo, Gaetano Filangieri, 1840: 299 a 302, e Benjamin Constant, 1822: 164 a 167). A diferença entre estes dois últimos autores residia em que Filangieri defendia a intervenção do Ministério Público nos casos em que não houvesse acusador particular, ao invés de Benjamin Constant, que advogava o monopólio da acção penal por estes magistrados.

Fixavam-se apenas duas formas de processo, uma ordinária e outra especial, para julgamento de réus ausentes.[204] A forma de processo ordinário dividia-se em uma fase investigatória e em uma fase de julgamento.

A fase investigatória iniciava-se com a denúncia do promotor, do ofendido ou mesmo de qualquer cidadão, seguida da inquirição de três testemunhas pelo juiz de direito e terminava com a decisão do primeiro Conselho, tomada com base apenas no exame da prova escrita nos autos, de verificação de motivo para se formar processo. Em conformidade com esta decisão do Conselho, o juiz proferia a sentença de que tinha lugar a acusação ou de que ficava sem efeito a denúncia, fazendo esta última caso julgado.[205]

A fase de julgamento iniciava-se com a dedução da acusação pela parte queixosa ou, não a havendo, pelo promotor e concluía-se com a realização de uma audiência pública de julgamento[206] e com a decisão do segundo Conselho

---

[204] A inovação introduzida nesta forma de processo era a da nomeação obrigatória de um defensor ao réu ausente.

[205] A doutrina que estava na base do diploma foi explicitada pelo deputado Castello Branco: "o 2.º Jury nunca he estabelecido a favor da causa Publica, he hum beneficio que se concede ao réo, quando o 1.º Jurado pronunciou contra; porque huma vez que elle absolve, huma vez que elle declare que não há delicto, o 2 º Jury não tem lugar" (Diário das Cortes Geraes e Extraordinarias, volume II, p. 1123).

[206] A lei nova concretizava uma das mais importantes pretensões de toda a doutrina europeia, impondo a publicidade do processo desde o sorteio dos membros do júri de pronúncia e a reunião deste. A publicidade "interna" e "externa" do processo, isto é, o acesso das partes a toda a prova carreada para os autos pela parte contrária ou pelo tribunal e o conhecimento de terceiros do modo como a prova que fundamenta a decisão foi produzida, constituía a "alma da justiça" (Jeremias Bentham, 1830: 28), o meio para que o processo perdesse o carácter de "duelo entre o acusado e juiz" (Beccaria, 1823: 211 a 219), "o ponto central ... através do qual tudo o resto adquire sentido e força plenos" (Anselm von Feuerbach, 1821: 96 a 98, 159 a 168), "o meio mais natural e mais eficaz para garantir a subordinação da ordem judiciária à lei e a todas as disposições que ela contém" (J. D. Meyer, 1823: 120 a 122). A esta garantia estavam estreitamente ligadas duas outras, uma de natureza funcional, que consistia na responsabilização dos magistrados pelos abusos cometidos, e a outra de natureza processual, que se identificava com a fundamentação obrigatória das decisões judiciais, ou, como ensinava Jeremais Bentham, "a publicidade e a motivação dos julgamentos explicam a boa conduta dos grandes juízes de Inglaterra. Se eles são os melhores juízes do mundo é porque eles são os melhor vigiados" (*La publicité et la motivation des jugements expliquent la bonne conduite des grands juges d' Angleterre. S' ils sont les meilleurs juges du monde, c' est parce qu' ils sont les mieux surveillés*, Jeremias Bentham, 1830: 52 e 53, e, também, Anselm von Feuerbach, 1821: 144 a 146, e 1825: 465 a 469, J. D. Meyer, 1823: 140 a 150, Armando de Marchi, 1929: 145 e 149, e Mario Pisani, 1990: 113). A posição muito favorável ao princípio da publicidade dos constituintes portugueses foi, mais tarde, refreada. Depois de aprovada a Constituição, os deputados concluíram que a publicidade prévia à pronúncia violava o artigo 201 do texto constitucional, sendo esta uma das matérias que a deputação permanente da corte pretendia ver decidida na sessão extraordinária que deveria ser aberta a 15.5.1823 (Diário

A Jurisdição Penal Comum 89

de Juízes de Facto sobre se o impresso continha abuso, se o acusado era criminoso e o grau em que o era. Atendendo somente à "voz da sua íntima convicção" (artigo 49 do Decreto de 4.7.1821),[207] os jurados decidiam do facto e da qualificação jurídica, bem como da pena,[208] e faziam-no não só com base na prova da audiência de julgamento, mas também na prova do processo preparatório. Para esse efeito as peças do processo preparatório eram lidas no início da audiência e entregues no final da mesma pelo juiz ao primeiro vogal do Conselho, devendo todos os vogais proceder em seguida, a sós, ao exame do processo.[209] O juiz elaborava a sentença, declarando a pena que competia ao grau de culpa determinado pelo júri, não dispondo de qualquer margem de discricionariedade na prolação da decisão.

Previa-se o recurso de apelação da decisão do segundo Conselho para o Tribunal Especial de Protecção da Liberdade de Imprensa,[210] composto por

---

das Cortes Geraes e Extraordinarias, Segunda Legislatura, Tomo Segundo, 1823, p. 83, e Tomo Terceiro, 1823, p. 4).

[207] Lembrando as disputas do direito antigo sobre o número de testemunhas necessárias para a pronúncia e para a condenação, o deputado Fernandes Thomaz sugeriu que se fixassem regras para a valoração da prova pelos jurados com vista a colmatar a lacuna do projecto sobre tão disputada questão, ao que Basílio de Sousa Pinto respondeu que a regra já estava fixada e era uma só, a ditada pela íntima convicção de cada jurado. A proposta da comissão fez vencimento, substituindo-se deste modo o direito das provas legais pelo novo princípio da livre valoração da prova com base na convicção do julgador (Diário das Cortes Geraes e Extraordinarias, volume II, p. 1170). O novo preceito correspondia à disposição do artigo 24 do título VI do Decreto de 16-29.9.1791, que introduziu este princípio no direito penal francês. Na assembleia constituinte francesa, confrontaram-se duas opiniões radicalmente distintas, a de Tronchet e Robespierre, defensores da limitação da convicção do julgador pela registo das provas, e a de Thouret, que advogava a livre convicção do julgador sem registo da prova. O receio de Tronchet de que o réu julgado sem registo da prova ficaria inteiramente desprotegido não impressionou os constituintes, que aprovaram a proposta radical de Thouret como único meio idóneo para suprimir definitivamente a teoria das provas legais (Esmein, 1882: 426, e Pierre Charles Ranouil, 1990: 92 a 96, e Jean-Pierre Royer, 1996: 296 a 298). Destarte, a decisão sobre a prova era totalmente confiada à percepção instintiva e irracional, à "convicção moral" (conviction moral, Wahrheitsgefühl) do jurado, que não devia observância a quaisquer regras lógicas ou de outra natureza (Erich Schwinge, 1926: 85 a 89, 134 a 139, 156 a 158, Bertram Schmitt, 1992: 149 e 155, Andrea Schmidt, 1994: 48 e 49, e Frauke Stamp, 1998: 80).

[208] Os deputados seguiam deste modo a doutrina mais avançada, que atribuía ao júri competência para determinar a pena (Gaetano Filangieri, 1840: 396 e 399).

[209] O segundo projecto da comissão previa apenas este exame do processo e omitia a leitura das peças do processo preparatório na audiência (Diário das Cortes Geraes e Extraordinarias, volume II, p. 1016). A alteração foi introduzida no Decreto aprovado, sem que tenha sido objecto de discussão.

[210] Ao invés do primeiro projecto da comissão, o segundo projecto, atendendo à discussão entretanto ocorrida no congresso, restringia a competência do tribunal especial previsto nas

cinco membros nomeados pelas Cortes, no início de cada legislatura. Os fundamentos admitidos para o recurso eram apenas dois, o da nulidade do processo por falta de algum requisito da lei e o da aplicação pelo juiz de uma pena não correspondente à decisão do júri de julgamento. O Tribunal Especial somente podia ordenar ao juiz da primeira instância a convocação de novo do conselho no primeiro caso e a reforma da sentença pelo juiz do tribunal recorrido no segundo caso.[211] O reforço substancial da independência e da imparcialidade do tribunal da primeira instância e a introdução da publicidade justificavam, pois, a restrição radical das garantias de recurso, quer no que toca ao objecto do recurso, quer no que respeita aos poderes do tribunal de recurso.

Com efeito, o respeito pelo princípio da acusação era plenamente assegurado pela constituição de dois Conselhos, um com competência para a qualificação da culpa e o outro com competência para o julgamento da causa, pela introdução do promotor de justiça, que libertava o juiz da função ambivalente da promoção dos termos da acusação, e pela soberania absoluta do júri na determinação da culpa e da pena, sem qualquer intervenção do juiz que sindicasse a decisão dos jurados, embora a pudesse modelar *a priori* através do resumo das provas produzidas pela acusação e pela defesa a que devia proceder no final da audiência. Ao invés, o princípio da imediação não obtinha idêntica consagração, atento o livre acesso dos membros do conselho de julgamento à prova da fase investigatória e o julgamento do réu na sua ausência, sem a faculdade de repetição do julgamento com o ausente que se apresentasse ou fosse detido.

A repercussão política da aprovação deste Decreto fez-se notar logo na discussão do projecto da Constituição. O projecto da Constituição foi apresentado às Cortes em 25 de Junho de 1821.[212] Nele se previa o estabelecimento de um juiz de fora em cada julgado, que presidia a um conselho de jurados eleitos de dois em dois anos, sete Tribunais da Relação no território continental e das ilhas adjacentes e três no das províncias ultramarinas e um Supremo Tribunal de Justiça, com competência para julgar as revistas das sentenças com fundamento em nulidade ou injustiça notória. Em todo e qualquer pleito as partes deviam indicar dois homens-bons, que procurariam com o juiz de fora conciliar as partes antes do início do processo judicial. Fora da organização judiciária comum, surgia um tribunal especial, composto por nove deputados, com competência para

---

Bases ao julgamento do recurso de apelação (Diário das Cortes Geraes e Extraordinarias, volume II, p. 1017).

[211] O Tribunal Especial teve um "regulamento interior" aprovado pelo Decreto das Cortes de 25.6.1822 e mandado observar pela Carta de Lei de 28.6.1822, onde, entre outras regras, se previa que todos os negócios se decidissem pela pluralidade relativa de votos.

[212] Diário das Cortes Geraes e Extraordinarias, volume V, pp. 3 a 18.

A *Jurisdição Penal Comum* 91

conhecer dos delitos cometidos por deputados, dos crimes contra a segurança do Estado e das infracções da Constituição.[213]

A discussão sobre as disposições referentes ao poder judicial, que ocorreu entre os dias 31 de Dezembro de 1821 e 4 de Março de 1822, iria alterar profundamente o teor das mesmas.[214]

---

[213] A criação pelos constituintes deste tribunal "privilegiado ou de excepção" constituiria "um acto contraditorio com todos os seus principios" e "não fazia honra áquelle congresso" (Thomaz Ribeiro, 1891: 205). Também salienta aquela dupla "incomodidade da proposta" de um tribunal de privilégio para os deputados e de excepção para os autores de crimes políticos, Benedicta Vieira, 1992: 21. Tendo presente a experiência curta e atribulada da *Haute Cour Nationale*, instituída por Decreto de 10.5.1791 e consagrada na primeira Constituição francesa (artigo 23 do capítulo V do título III) com competência para conhecer "os delitos dos ministros e dos agentes principais do Poder executivo e os crimes que atacarão a segurança geral do Estado", mas logo extinta por Decreto de 25.9.1792 (Robert Charvin, 1968: 30 a 37), os deputados portugueses não aprovaram a constituição de um tribunal político extraordinário, mas apenas a competência das Cortes para decidir sobre a continuação do processo judicial e a suspensão do exercício de fun-ções quando um deputado fosse pronunciado pela prática de algum crime e para declarar que tinha lugar a formação de culpa pelo Supremo Tribunal de Justiça quando um secretário ou conselheiro de Estado, um ministro diplomático ou um regente do reino tivesse cometido um erro de ofício (Diário das Cortes Geraes e Extraordinarias, volume V, pp. 75 a 80).

[214] Diário das Cortes Geraes e Extraordinarias, volume IV, pp. 3549 a 3854, e volume V, pp. 1 a 359. Tal como nas Cortes portuguesas, a reforma da justiça e do processo penal inquisitório constituiu um problema central do debate entre os deputados franceses. Assim, logo nos dias 8 e 9 de Agosto de 1789, a assembleia aprovou a proposta Beaumetz-Thouret, que visava a liquidação do processo inquisitório, embora mantendo a estrutura do processo da *Ordonnance Criminelle* de 1760 (Faustin Hélie, 1866 a: 397 a 438, Albert Du Boys, 1874 a: 573 a 599, 288 a 292, Esmein, 1882: 410 a 415, André Laingui e Arlette Lebigre, 1979: 134, e Roberto Martucci, 1984: 20 a 27, 92 a 121). O novo direito, que devia vigorar transitoriamente até à publicação de um novo código, previa a participação nas diligências instrutórias, ao lado do juiz instrutor, de dois adjuntos não togados, como "elementos substitutivos da opinião pública". A informação continuava a ser secreta, mas de ora em diante a actividade instrutória do juiz passava a ser controlada pelos cidadãos, que deviam mesmo fazer ao juiz "as observações, tanto a favor como contra o réu, que entenderão necessárias para a explicação dos depoimentos das testemunhas ou o esclarecimento da verdade dos factos" (*Les adjoints seront tenus en leur ame & conscience de faire au juge les observations, tant à charge qu' à décharge, qu' ils trouveront nécessaires pour l' explication des dires des témoins, ou l' éclaircissement des faits déposés*, artigo 1º, VII). O processo era necessariamente contraditório e público a partir do "decreto de prisão do corpo" (*décret de prise de corps*), que só podia ser proferido por três juízes e quando o crime fosse punível com pena corporal. O réu tinha o direito a um defensor, que lhe seria nomeado oficiosamente se ele o não tivesse constituído, e só tinha o dever de prestar juramento na caso de contradita das testemunhas de acusação (*lorsque il voudroit alléguer des reproches contre les témoins*, artigo 1º, XII). As regras da produção de prova também eram profundamente alteradas, não sendo as variações de depoimentos das testemunhas feitos na investigação e repetidos diante do arguido classificados como falso testemunho e sendo admissível a defesa dos "factos justificativos ou de atenuação" (*faits justificatifs*

A Constituição de 23 de Setembro de 1822 [215] consagrava um título autónomo para a organização do poder judicial, o título quinto.[216] Logo na discussão sobre os artigos 146 e 147 do projecto, que abriam o capítulo primeiro do título quinto, referentes à independência do poder judicial e às condições para admissão ao exercício da magistratura, se colocou a questão do estabelecimento do jurado. O projecto da Constituição previa apenas o jurado para a matéria criminal.[217] O deputado Francisco Moraes Pessanha apresentou um "Contrapro-

---

ou d' atténuation) em qualquer fase do processo (artigo 1º, XIX). A mais simbólica de todas as inovações era a que constava do n. XXII do artigo 1: a motivação da decisão final (*Toute condamnation à peine afflictive ou infamante, en première instance, ou en dernier ressort, exprimera les faits pour lesquels l' accusé sera condamné, sans qu' aucun Juge puísse jamais employer la formule pour les cas résultants du Procés*). A pena aflitiva ou infamante só podia ser determinada por dois terços dos juízes do colectivo e a pena de morte por quatro quintos dos juízes em última instância. Em face de dificuldades na aplicação deste regime, a assembleia aprovou ainda o Decreto de 22.4.1790, que regulou aspectos omissos do estatuto e das funções dos adjuntos, tais como a não obrigatoriedade e os impedimentos do cargo, e proibiu a nomeação de defensor aos réus acusados contumazes ou ausentes. As novas disposições, tal como as do Decreto de 8 e 9 de Agosto, só eram aplicáveis aos processos por crimes puníveis com penas aflitivas ou infamantes, sendo os restantes processos julgados em audiência pública e imediata (*tous les procès de petit criminel seront portés & jugés à l' audience, & ne pourront, en aucun cas, être réglés à l' extraordinaire*, artigo 1º, XIV). Este regime transitório vigorou até Janeiro de 1792, tendo os deputados da nova assembleia legislativa francesa retrocedido consideravelmente na reforma introduzida nessa data.

[215] A Constituição foi assinada pelos deputados no dia 23 de Setembro de 1822 e pelos faltosos no dia seguinte (Diário das Cortes Geraes e Extraordinarias, volume VII, pp. 539 e 543), jurada pelos mesmos deputados a 30 de Setembro (Diário das Cortes Geraes e Extraordinarias, volume VII, pp. 624 e 625) e pelo rei a 1 de Outubro de 1822 (Diário das Cortes Geraes e Extraordinarias, volume VII, pp. 626 a 629).

[216] A crítica sistemática deste título foi feita por Silvestre Pinheiro Ferreira (1837: 31), que concluía que "he forçoso que a reforma nesta parte seja ainda mais radical do que em todas as outras", já que a intentada pelos constituintes assentava "nas erradas noções que os publicistas mais illustrados do absolutismo haviam delineado atè à època d' esta constituição". O autor remetia para as suas propostas da conferência nona do "Manual do Cidadão" e dos títulos quinto, oitavo e nono do "Projecto de Código Geral". Pinheiro Ferreira criticava também outras disposições relativas ao poder judicial dispersas pelo texto constitucional, como a relativa ao direito do monarca cassar sentenças judiciais (artigo 123, § 11), por violar a independência dos poderes (Pinheiro Ferreira, 1837: 22), e a relativa ao regime da responsabilidade criminal dos ministros (artigos 159 a 161), por ser incompatível com a probição do foro privilegiado (Pinheiro Ferreira, 1837: 28 e 29).

[217] A defesa desta opção, assumida, entre outros, pelos deputados Borges Carneiro e Pereira do Carmo, é sintomática de uma concepção da aplicação da lei criminal. Aquele primeiro deputado argumentava que "para julgar no crime basta ter senso commum e probidade. Não acontece o mesmo nas causas cíveis. A decisão dellas demanda não só aquellas qualidades, mas também grande pericia das leis, e estudo da jurisprudencia." Pereira do Carmo justificava a rejeição dos

A *Jurisdição Penal Comum* 93

jecto", em que se previa a intervenção de juízes de facto tanto para o crime, como para o cível.[218]

Da discussão acesa que se seguiu resultou clara a unanimidade dos constituintes em relação à admissão do jurado no crime, tendo sido admitida por maioria no cível.[219] Não obstante, foi adoptada a formulação proposta pelo de-

---

jurados em matéria cível, "porque se não trata aqui de graduar a moralidade das acções, mas unicamente de administrar justiça às partes, dando a cada um o que he seu segundo a lei. No primeiro caso o facto he simples, e simples a sua qualificação. No segundo o facto pode ser de tal maneira complicado com as leis, que até um juiz de direito se veja embaraçado na decisão do negócio. No primeiro caso, talvez o arbítrio faça triunfar a humanidade á custa da rigorosa justiça: mas no segundo, não se pode ser arbitrario, salvo comprommettendo, e sacrificando os direitos de terceiro" (Diário das Cortes Geraes e Extraordinarias, volume IV, pp. 3566, 3588 a 3590). Esta concepção da distinta aplicação da lei criminal e cível não foi, contudo, decisiva, como se verá do teor da discussão parlamentar.

[218] Diário das Cortes Geraes e Extraordinarias, volume IV, pp. 3561 a 3563. Foi desta forma que introduziu o ilustre deputado a sua indicação: "nós, nas circunstâncias em que nos achamos, com uma regeneração que mais he uma festa nacional do que uma revolução, não devemos ser mesquinhos em reformas".

[219] Como se verifica pelas várias menções dos deputados intervenientes, a discussão decorreu sob a influência do modelo judicial inglês e da Constituição espanhola de 19.3.1812, que tinha sido anulada pelo Decreto de Fernando VII de 4.5.1814 e reposta pelo mesmo rei em vigor pelo Decreto de 9.3.1820. Fernandes Thomaz opunha ao contraprojecto que "nós não estamos fazendo leis para Inglezes, estamolas fazendo para Portuguezes; e o grande caso he aproprialas aos nossos costumes", ao que Moraes Pessanha contrapunha "aqui neste mesmo Congresso se adoptão muitas cousas da Constituição hespanhola, e não se lhe oppoz a qualidade de estrangeira" (Diário das Cortes Geraes e Extraordinarias, volume IV, p. 3564). Mais tarde, o deputado Girão assinalou que "os Hespanhoes já adoptárão os jurados, e nós para não fazermos uma Constituição menos liberal, não devemos ficar sem elles" (Diário das Cortes Geraes e Extraordinarias, volume IV, p. 3641). A reacção de Fernandes Thomaz foi, afinal, a mesma que teve o deputado Prugnon na discussão sobre o júri na assembleia constituinte francesa, ao opôr-se a esta inovação, gritando "não sejamos os copistas servis da Inglaterra e da América" (Faustin Hélie, 1867 c: 88). Os dois únicos deputados que expressaram reservas relativamente à competência dos jurados para apreciar a matéria de facto no processo criminal e, designadamente, a distinção entre os diversos tipos de dolo, foram o Bispo de Beja e Corrêa de Seabra. Contudo, o Bispo de Beja logo acrescentava que não se opunha ao jurado em matéria criminal, mas antes entendia dever esta matéria ser sujeita apenas a lei ordinária (Diário das Cortes Geraes e Extraordinarias, volume IV, p. 3612). Já o deputado Corrêa de Seabra expressou o entendimento de que se deixasse a questão omissa na Constituição, cabendo às Cortes futuras determinar o estabelecimento dos jurados. Este só deveria ter lugar depois de promulgado o novo código penal, onde se fixassem as regras do direito probatório e a moldura penal exacta de cada delito, com vista a evitar o mau uso que os jurados pudessem fazer das presunções e conjecturas (Diário das Cortes Geraes e Extraordinarias, volume IV, p. 3591). A criação do júri no processo crime não constituía uma questão incontroversa entre os que se pronunciaram fora da assembleia sobre o assunto. Muito distinto do voto dos constituintes era o de Manoel Ferreira Tavares Salvador (1821: 1, 15 a 34). No projecto por si apresentado previam-se quatro graus

94 A Reforma da Justiça Criminal em Portugal e na Europa

putado Xavier Monteiro no sentido de não consagrar a existência de jurados no cível e no crime desde a publicação da Constituição, mas apenas nos casos e pelo modo que as futuras Cortes determinassem.[220] Assim, a Constituição fixou a obrigatoriedade da existência de juízes de facto, eleitos directamente pelo povo, nas causas criminais e nas cíveis, "nos casos e pelo modo que os códigos determinarem" (artigo 177), bem como de um juiz letrado de primeira instância, que julgaria de direito nas causas em que houvesse juízes de facto, e do facto e de direito nas causas em que os não houvesse.[221]

---

de jurisdição, o dos juízes de fora, o dos corregedores, o das Relações e o do Supremo Tribunal de Justiça. Dos primeiros cabia recurso obrigatório de apelação para os corregedores e destes só subiriam as apelações que a lei previsse expressamente, não tendo as Relações qualquer competência de primeira instância ou avocatória. O Supremo Tribunal de Justiça decidia em última instância os processos em que tivesse sido proferida condenação em pena de morte ou degredo para fora do reino por mais de nove anos ou confisco de todos os bens, que a ele subiam oficiosamente. As Relações julgavam em última instância os processos em que nelas fosse proferida sentença absolutória ou condenatória em pena menor, conforme com, pelo menos, uma das sentenças dos juízes inferiores. As revistas, quer no cível quer no crime, eram proibidas, com a excepção das decisões de condenação à morte que não obtivessem a unanimidade dos votos dos magistrados.

[220] Diário das Cortes Geraes e Extraordinarias, volume IV, p. 3649. A constituinte portuguesa foi mais liberal do que a francesa e do que a espanhola. Os constituintes franceses encontravam-se profundamente divididos entre a tese moderada do deputado Thouret, que propunha a introdução apenas do júri criminal, pois o júri na jurisdição cível implicava uma revisão completa do sistema das provas, e a tese radical, dos deputados Duport e Robespierre, que propugnava a consagração do júri também nas causas cíveis, tendo feito vencimento aquela (Édouard Bonnier, 1853: 45 e 46, Faustin Hélie, 1867 c: 86 a 88, e Jean-Pierre Royer, 1996: 290 a 295). Assim, o Decreto de 30.4.1790 determinou que não haveria júri nas causas cíveis. Por seu lado, os constituintes de Cadiz consideravam a falta de juízes temporários e a inobservância do princípio da acusação "os dois grandes escolhos" que faziam perigar a administração da justiça, tendo, contudo, tomado uma decisão ainda mais conservadora do que a francesa. O artigo 307 da Constituição espanhola de 1812 apenas previa a faculdade de as Cortes virem a estabelecer no futuro uma distinção entre os juízes de facto e os de direito, por os deputados terem temido fazer "uma revolução total no ponto mais difícil, mais transcendental e mais arriscado de uma legislação" e terem preferido deixar "ao progresso natural das luzes o estabelecimento de um sistema que só poder ser útil quando seja fruto da demonstração e do convencimento" (Martinez Alcubilla, 1868: 422, 429 e 452).

[221] Tal como os jurados nos tribunais especiais de protecção da liberdade de imprensa, a introdução do júri criminal no foro comum foi considerada simultaneamente como uma garantia fundamental da segurança de pessoas e bens e como o único meio eficaz para obstar ao "furor" dos magistrados letrados, pondo-se assim cobro ao "desprezo" em que a magistratura judicial se achava (Diário das Cortes Geraes e Extraordinarias, volume IV, pp. 3641 e 3643). Ao invés, a facção absolutista considerava esta novidade muito censurável. A participação do povo na administração da justiça era precisamente o objecto da crítica mais veemente feita por Faustino Madre de Deos (1823: 98 e 103) às disposições do título sobre o poder judicial. A introdução dos jurados

A única imposição constitucional de competência dos juízes de facto nas causas crimes era a relativa ao conhecimento dos delitos de abuso de liberdade de imprensa. Esta imposição constitucional resultou da aprovação de uma indicação do deputado Borges Carneiro.[222]

O juiz letrado era nomeado pelo rei e, em caso de queixa, podia ser por ele preventivamente suspenso, precedendo em ambos os casos proposta do Conselho de Estado. O exercício das funções pelo juiz letrado era perpétuo, só se admitindo a privação do cargo por sentença proferida em razão de delito e a aposentação com causa provada e conforme à lei. O regime da transferência e da promoção dos juízes estava sujeito à reserva de lei, estabelecendo-se expressamente o princípio da transferência ordinária trienal e o princípio da promoção de todos os magistrados por antiguidade "com as restrições, e pela maneira que a lei determinar" (artigo 186). A responsabilidade dos magistrados pelos abusos de poder e pelos erros de ofício estava consagrada constitucionalmente, bem como o direito da acção popular por suborno e prevaricação dos juízes.[223]

---

constituía, pois, um imperativo para os constituintes por "razões teóricas de coerência doutrinal" com o sistema representativo, mas também por se tratar de um "esquema aliciante para assegurar a imparcialidade das decisões" (Jaime Raposo Costa, 1976: 63). Não se afigura, por isso, correcta a afirmação de António Barreiros (1980: 598, e 1981 a: 69) de que o júri não era visto pelos constituintes como "algo inerente ao sistema constitucional do Estado".

[222] Diário das Cortes Geraes e Extraordinarias, volume V, p. 354. Revelando conhecer bem a discussão na assembleia francesa, Borges Carneiro argumentou com o exemplo do partido dominante no parlamento francês, que fez aprovar o julgamento dos delitos da imprensa pelos tribunais e não por jurados. Silvestre Pinheiro Ferreira (1837: 39) censurou a opção dos constituintes, porquanto "a liberdade de manifestar os pensamentos não precisa mais de um tribunal especial do que a liberdade da industria, ou qualquer outro ramo de liberdade individual". Os constituintes não tiveram, deste modo, qualquer relutância em criar um tribunal criminal especial, desde que esta jurisdição especial se fundasse na natureza do ilícito e não em qualquer privilégio pessoal (Zília Osório de Castro, 1990: 324 e 325, e Benedicta Vieira, 1992: 27).

[223] O regime das garantias dos magistrados judiciais reproduzia quase integralmente o da Constituição espanhola, quer no que toca à nomeação e suspensão dos juízes pelo rei, precedendo parecer do Conselho de Estado (artigos 171, 4 º, e 253 da Constituição espanhola), quer no que se refere à dependência da aposentação dos juízes temporários e perpétuos de "causa legalmente provada e sentenciada" (artigo 252 da Constituição espanhola), quer ainda no que respeita ao reconhecimento da responsabilidade pelas faltas de observância das leis e da acção popular por suborno e prevaricação dos juízes (artigo 255 da Constituição espanhola). O princípio revolucionário da eleição dos juízes inspirava-se na ideia do "cidadão-juiz" (citoyen-juge), legitimado pelo sufrágio popular e cuja carta patente era expedida pelo rei sem outra formalidade que não fosse a da apresentação do processo de eleição (Jean-Pierre Royer, 1996: 310 a 315, e Romuald Szramkiewicz e Jacques Bouineau, 1998: 153), e foi consagrado pelos deputados franceses no artigo 1 º do título II do Decreto de 16.8.1790 e, posteriormente, no artigo 2 º do capítulo V do título III da Constituição de 1791, no artigo 97 da Constituição de 1793 e ainda no artigo 209 da Constituição do ano III. O princípio revolucionário foi abandonado nos artigos 41 e 68 da Constituição con-

96   *A Reforma da Justiça Criminal em Portugal e na Europa*

O juiz letrado de primeira instância decidia sem recurso as causas cíveis que não excedessem determinada quantia fixada na lei, cabendo recurso das restantes decisões para a Relação competente, bem como decidia as causas crimi-

---

sular do ano VIII, que previam a nomeação dos juízes criminais pelo primeiro cônsul, com as excepções dos juízes de paz e dos juízes de cassação, e não voltou a ser retomado pelo legislador constituinte francês. As duas excepções mantidas no ano VIII foram praticamente abandonadas pelo senatus-consulto de 16 *thermidor* desse ano, que criou um sistema de "nomeação mascarada" pelo primeiro cônsul dos juízes de paz de entre os candidatos propostos pela assembleia do cantão e dos candidatos a juízes de cassação que o senado escolhia (Robert Chabanne, 1990: 187). Por outro lado, as disposições constitucionais do ano VIII garantiam o carácter vitalício da nomeação para a magistratura, com a excepção dos juízes de paz e dos magistrados condenados por prevaricação ou dispensados das listas electivas nacionais, deste modo permitindo uma certa interferência do poder político na manutenção do magistrado na carreira (Robert Chabanne, 1990: 189). A nomeação dos juízes pelo representante do poder executivo e a sua inamovibilidade passaram a ser consideradas desde então pela doutrina como as duas garantias fundamentais da sua independência (Benjamin Constant, 1836: 21 e 22), constituindo uma solução intermédia que visava, por um lado, satisfazer o objectivo fundamental do novo regime político de controlo do poder judicial e, por outro, garantir o não afastamento arbitrário dos magistrados judiciais entretanto nomeados (Gérard Sautel e Jean-Louis Harouel, 1997: 270 a 272, e Romuald Szramkiewicz e Jacques Bouineau, 1998: 267 e 268). Contudo, um senatus-consulto de 12.10.1807 restringiu ainda mais a garantia da inamovibilidade, reservando-a aos juízes com cinco anos de exercício de funções, e, em uma disposição transitória, previu o afastamento pelo imperador dos juízes por causa da sua "incapacidade, da sua má-conduta ou dos excessos que contrariassem a dignidade das suas funções". A "depuração da magistratura", que atingiu 162 juízes nos anos de 1807 e 1808, tornou-se uma prática reiterada ao longo do século XIX e da primeira metade do século XX, repetindo-se em 1815 (294 juízes da *cour d' appel* e centenas na primeira instância), em 1830 (entre uma centena e três centenas de juízes), em 1848 (algumas centenas de juízes), em 1870 (cerca de 500 juízes), em 1883 (entre 900 e 1000 juízes), em 1940 (204 juízes) e em 1944-45 (entre 300 e 400 juízes), isto é, sempre que se verificava uma grande convulsão na vida política nacional, com o que se sedimentou o entendimento de que o princípio da inamovibilidade tinha uma "duração limitada no tempo", intimamente relacionada com o fim do regime político em que tinha sido nomeado o magistrado judicial, não se encontrando, portanto, os protagonistas de cada novo regime político vinculados pelas escolhas dos anteriores (Marcel Rousselet, 1948: 84 e 85, Jean-Pierre Royer, 1996: 468 a 470, 477 a 482, 546 a 550, 599 a 602, 610 a 614, 720 a 723, 745 e 746, Gérard Sautel e Jean-Louis Harouel, 1997: 434 e 435, e Romuald Szramkiewicz e Jacques Bouineau, 1998: 269). Os constituintes ibéricos, conhecendo a evolução inicial do direito francês, não ousaram regressar ao princípio revolucionário da eleição dos juízes, tendo limitado a reforma do estatuto da magistratura judicial às garantias da inamovibilidade dos juízes e ao respectivo regime de promoção, mantendo a competência do monarca para nomear os juízes. Este regime não deve, pois, ser visto como uma "oportunidade perdida" na construção do Estado de Direito (António Barbas Homem, 1998 b: 169), mas como uma solução de compromisso condicionada pela experiência francesa. O estudo estatístico das tomadas de posse dos magistrados locais de nomeação régia demonstra, no entanto, que o novo poder político liberal em Portugal, tal como mais tarde o contra-revolucionário, prosseguiu uma política de instrumentalização dos lugares da administração régia periférica da justiça (José Lopes Subtil, 1994: 355 a 363).

A Jurisdição Penal Comum 97

nais, cabendo nestas recurso pela forma que a lei determinasse.[224] Da decisão dos juízes de facto podia recorrer-se à competente Relação, "só para o efeito de se tomar novo conhecimento e decisão no mesmo ou em diverso conselho de juízes de facto nos casos, e pela forma que a lei expressamente declarar" (artigo 189).[225] Diante da proposta inicial do deputado Morais Sarmento de que o recurso de qualquer decisão em que interviessem jurados devia ser interposto nos casos em que a lei o previsse para um outro conselho de jurados, que julgaria de novo a questão *in totum*,[226] o deputado Ferreira Borges propôs que o recurso fosse interposto, em certos casos contados, enunciados na lei, para um tribunal superior e apenas para o efeito de se cometer novamente o conhecimento e a decisão da causa a um outro conselho de jurados.[227]

Fez vencimento a ideia da conformação do Tribunal da Relação como um tribunal de cassação das decisões dos juízes de facto, mas sem especificação dos casos de admissibilidade do recurso.[228] Mais tarde, o deputado Vasconcelos

---

[224] Diário das Cortes Geraes e Extraordinarias, volume IV, p. 3929.

[225] O debate sobre a admissibilidade do recurso nos processos com intervenção de jurados na primeira instância foi introduzido pelo deputado Castello Branco Manoel logo na sessão de 4 de Janeiro de 1822 (Diário das Cortes Geraes e Extraordinarias, volume IV, p. 3592 e 3593), argumentando em desfavor da consagração dos juízes de facto em matéria cível que "a appellação para outros jurados he de igual para igual, não podemos conceber superioridade alguma nos segundos. E se a appellação ha de ser para as relações, isto he para juizes letrados, os quaes pelo recurso de appellação podem revogar a sentença dos jurados *ad quid* ... a sentença final sempre he de juiz letrado". Tal debate foi retomado no final da sessão de 23 de Janeiro pelo deputado Araújo Silva (Diário das Cortes Geraes e Extraordinarias, volume IV, p. 3829) e foi objecto de toda a sessão do dia seguinte, 24 de Janeiro de 1822, sendo no final desta aprovado o principio da recorribilidade das decisões dos jurados (Diário das Cortes Geraes e Extraordinarias, volume IV, p. 3840).

[226] Diário das Cortes Geraes e Extraordinarias, volume IV, pp. 3834 e 3835. Esta posição veio a ser secundada pelo deputado Borges Carneiro, com a distinção de que este só admitiria o recurso para um júri reforçado, com fundamento em ilegalidade e "por via de excepção" (Diário das Cortes Geraes e Extraordinarias, volume IV, p. 3838).

[227] Diário das Cortes Geraes e Extraordinarias, volume IV, pp. 3835 e 3836.

[228] É certo que várias vozes, como as dos deputados Camello Fortes e Bastos, se fizeram ouvir no sentido de que a questão do tipo de recurso a interpor das decisões dos jurados não merecesse tratamento especificado em artigo da Constituição, tendo o último daqueles deputados, em abono da sua posição, chamado a atenção para a íntima relação entre o problema prévio, cuja regulamentação caberia ao código criminal, do modo de organização e composição do juízo dos jurados na primeira instância e a questão em discussão (Diário das Cortes Geraes e Extraordinarias, volume IV, pp. 3838 e 3839). Contudo, não vingou esta posição na assembleia. O deputado Freire propôs que o recurso da decisão dos jurados só fosse admissível no que dissesse respeito a nulidades ou ilegalidades processuais e não à decisão sobre o facto (Diário das Cortes Geraes e Extraordinarias, volume IV, p. 3837), mas os deputados não conseguiram chegar a um acordo sobre o objecto deste recurso, tendo a assembleia aprovado apenas que "haverá uma espécie de recurso

98 *A Reforma da Justiça Criminal em Portugal e na Europa*

propôs um aditamento no sentido de que não fosse admitido recurso da decisão do júri que declarasse inocente o arguido, tendo esta proposta sido rejeitada com o argumento do deputado Guerreiro de que o congresso "não se atreveu na discussão da constituição a determinar a natureza dos recursos que se poderão dar em similhantes casos", deixando o assunto em aberto para as câmaras futuras. A proposta do deputado Vasconcelos limitaria a liberdade de conformação do legislador ordinário, o que os deputados manifestamente não queriam.[229]

Nos delitos de abuso de liberdade de imprensa o recurso cabia para um tribunal especial que seria criado para aquele efeito pelas Cortes.

Em cada um dos distritos em que se dividissem os juízos de direito, existiriam juízes electivos, que o seriam nos mesmos termos por que eram eleitos os vereadores das câmaras, julgando verbalmente e "sem recurso as causas cíveis de pequena importância designadas na lei, e as criminais em que se tratar de delitos leves, que também serão declarados pela lei" (artigo 181).[230] Os juízes

---

das decisões dos juízes de facto para o tribunal superior" (Diário das Cortes Geraes e Extraordinarias, volume IV, p. 3840). Alguns deputados não identificavam este recurso com a apelação nem com a "revista na forma que nós entendemos nas leis anteriores" (Ferreira Borges, Diário das Cortes Geraes e Extraordinarias, volume IV, pp. 3835 e 3853), mas outros, como o deputado Peixoto, aproximavam-no da revista ("Que outro effeito tem a revista senão o de mandar-se examinar de novo a causa ?", Diário das Cortes Geraes e Extraordinarias, volume IV, p. 3854).

[229] Diário das Cortes Geraes e Extraordinarias, volume V, p. 742. Revela-se, pois, infundado o entendimento de Luiz Jardim sobre a competência do Tribunal da Relação na Constituição de 1822. Segundo este autor, o Tribunal da Relação devia conhecer, no sistema vintista, da iniquidade da declaração do júri e da legalidade da sentença do juiz, considerando o autor este sistema "defeituosissimo, porque temos por muito importante a theoria que manda julgar nas causas crimes o facto e o direito por juízos differentes". Acrescia que, "não assistindo os juizes da segunda instância ao inquerito das testemunhas, não vendo no processo a integra dos seus originaes depoimentos, não estão de modo algum habilitados para decidir sobre provas ou a existencia do facto" (Luiz Jardim, 1866: 145 e 146). A opinião de Luiz Jardim não atende, contudo, à discussão na constituinte e contraria a letra do texto constitucional.

[230] O projecto não previa a existência destes magistrados, tendo sido o deputado Borges Carneiro o autor da proposta de instituição de juízes electivos em cada concelho (Diário das Cortes Geraes e Extraordinarias, volume IV, p. 3662). As raízes destes juízes electivos deviam procurar-se nos antigos juízes pedâneos ou de vintena (Lopes Praça, 1879: 332), não tendo sofrido uma influência significativa da legislação francesa nem da espanhola. Os requisitos e o modo de eleição destes magistrados distinguiam-se dos fixados no título III do Decreto de 16.8.1790 pelo legislador francês para o juiz de paz (*juge de paix*), como também se diferenciava a sua competência da deste, que era mais limitada, abrangendo, além do julgamento das causas cíveis de pequena monta e da conciliação nas restantes causas cíveis, apenas as acções por "injúrias verbais, rixas e vias de facto" em relação às quais as partes não tivessem recorrido à via criminal (*des actions pour injures verbales, rixes & voies de fait pour lesquelles les parties ne se seront pas pourvues par la voie criminelle*, n. X, do artigo 1ª do título III). Por outro lado, o juiz francês não decidia sozinho, mas acompanhado por dois homens-bons, eleitos por dois anos pelo mesmo

A Jurisdição Penal Comum

electivos também exerciam as funções dos Juízos de Conciliação, previstos no artigo 195 da Constituição. [231]

A Constituição consagrava também a existência das Relações, que fossem "necessárias para comodidade dos povos, e boa administração da justiça" e que julgariam as causas em segunda e última instância (artigo 190),[232] bem como a

---

colégio que escolhia o juiz de paz. O Decreto de 14.10.1790 regulou a recusa destes juízes e o processo aplicável nas causas por eles julgadas. Contudo, o já referido senatus-consulto de 16 *thermidor* do ano VIII, que substituiu a eleição popular deste magistrado pela sua nomeação pelo primeiro cônsul, e um outro de 29 *ventôse* do ano IX, que extinguiu os assessores, modificaram profundamente o cariz desta magistratura, afastando-a de vez do ideal revolucionário do "cidadão-juiz". Os constituintes espanhois eram muito cépticos em relação à disponibilidade efectiva, capacidade técnica e idoneidade destes juízes populares (Martinez Alcubilla, 1868: 427), mas copiaram em parte o modelo francês, colocando ao lado do alcalde de cada povo dois homens-bons, nomeados um por cada parte, e atribuindo-lhes competência conciliatória em todos os pleitos cíveis (artigo 283 da Constituição espanhola). A assembleia portuguesa mostrou-se favorável à manutenção de uma magistratura não letrada, tendo-se oposto abertamente apenas três deputados. A amplitude dos poderes conferidos a esta magistratura não letrada também foi objecto de crítica fora do parlamento. "Eis aqui bastantes despotas constituidos em todos os districtos", concluía Faustino Madre de Deus (1823: 98). A crítica do autor centrava-se no julgamento verbal e sem recurso, que o autor considerava um "foco de ladroeiras", além de as pequenas quantias que constituíam o limite constitucional da competência do juiz poderem redundar em uma violação objectiva do princípio da igualdade.

[231] Foi muito viva a discussão entre os deputados em torno da previsão do projecto da constituição, nos termos da qual a conciliação tinha lugar em todos os negócios criminais em que a lei não mandasse proceder por ofício e era realizada pelo juiz de fora. Fez vencimento a proposta de Borges Carneiro, que propugnava a tentativa de conciliação obrigatória por meio de juízes eleitos, opondo-se-lhe, entre outros, o deputado Fernandes Thomaz, que entendia ser prejudicial a criação de uma nova magistratura para exercício de uma função que não era própria de juízes (Diário das Cortes Geraes e Extraordinarias, volume V, pp. 121 e 125). Faustino Madre de Deos (1823: 109) acompanhava esta crítica, acusando os constituintes de terem confundido a verdadeira função judicativa dos juízes.

[232] A criação de sete Tribunais da Relação no continente e nas ilhas adjacentes foi criticada pelo deputado Borges Carneiro (Diário das Cortes Geraes e Extraordinarias, volume IV, p. 3848), que sugeriu que não se declarasse na Constituição o número das Relações. A limitação dos tribunais e das instâncias de recurso correspondia a uma das pretensões mais veementemente feitas sentir no discurso dos constituintes. Deste modo, procuravam os constituintes livrar desses "exércitos de homens a escrevinhar" constituídos pelos juízes das várias instâncias, as gentes produtivas, que, no verbo virulento de Borges Carneiro (Diário das Cortes Geraes e Extraordinarias, volume IV, p. 3827), estavam "condemnadas não só a sustentar tanta caterva de escrevinhadores, mas a serem por elles a cada momento perseguidos, inquietados, e trapaceados". Apesar desta posição de princípio, os constituintes portugueses, tal como os franceses, não punham em causa a existência da apelação. Na assembleia nacional francesa, os constituintes aprovaram, pelo Decreto de 1.5.1790, a existência de apenas um grau de apelação nas causas cíveis, sem prejuízo de outra decisão em matéria criminal, e criaram, pelo Decreto de 16.8.1790, um sistema de "apelação

100   A Reforma da Justiça Criminal em Portugal e na Europa

de um Supremo Tribunal de Justiça, composto por juízes letrados, nomeados pelo Rei, sob proposta do Conselho de Estado.[233]

O Supremo Tribunal de Justiça concederia ou negaria a revista nas sentenças proferidas nas Relações, sobre sentenças dos juízes de direito e nunca das decisões dos juízes de facto.[234] O fundamento da revista seria o de a sen-

---

circular" (les juges de district seront juges d' appel les uns à l' egard des autres, n. I do artigo 1º do título V, do Decreto por último citado). Esta solução foi o fruto de um compromisso entre a constatação da necessidade da sindicância das decisões dos novos tribunais de primeira instância e a vontade dos constituintes de simplificação do processo e de substituição de uma estrutura hierárquica de órgãos sobrepostos por uma estrutura de órgãos justapostos (Jean-Pierre Royer, 1996: 280 e 281). A verdadeira garantia das partes residia, no entendimento dos constituintes, na previsão do n. XV do artigo 1º do título V do Decreto de 16.8.1790, que já decorria do diploma transitório de 9.8.1789 e nos termos do qual as decisões de primeira e de segunda instância eram motivadas, devendo designadamente ser expressos os factos dados como provados e os motivos que determinassem a formação da convicção (le résultat des faits reconnus ou constatés par l' instruction, & les motifs qui auront déterminé le jugement, seront exprimés). A "apelação circular" (appel circulaire) era um sistema muito complexo e não provou bem na prática. Acresce ainda que Napoleão pretendeu reforçar a autoridade dos tribunais superiores, muito enfraquecida por esta inovação revolucionária, constituindo o regresso ao sistema da hierarquização dos tribunais de primeira e de segunda instância um dos grandes objectivos da política judiciária do Consulado (Robert Chabanne, 1990: 185 e 186, e Romuald Szramkiewicz e Jacques Bouineau, 1998: 274). Por estes motivos a "apelação circular" foi suprimida pela Lei de 27 ventôse do ano VIII. Contudo, este sistema subsistiu de algum modo no recurso de apelação das decisões do tribunal de polícia correccional inicialmente consagrado no artigo 200 do Code d' Instruction (Édouard Bonnier, 1853: 54 e 55, André Pouille, 1985: 340, e Michèle-Laure Rassat, 1993: 15).

[233] A existência de um Supremo Tribunal de Justiça colocado acima dos Tribunais da Relação, prevista no projecto, foi logo de início posta em causa pelo deputado Lino Coutinho, com o argumento de que "havendo esse tribunal perguntarei eu quem há de conhecer delle quando obrar mal: iremos assim a formar uma serie infinita, e uma cadea em que nunca acharemos o ultimo anel: será portanto melhor que acabemos no segundo", isto é, no Tribunal da Relação (Diário das Cortes Geraes e Extraordinarias, volume IV, p. 3850). A aprovação da existência do Supremo Tribunal de Justiça ficou a dever-se à defesa calorosa feita pelos deputados Pinto de Magalhães e Borges Carneiro. Não obstante a influência dos artigos 259 e 261 da Constituição de Cadiz de 1812 na redacção dos artigos 192 e 193 da Constituição portuguesa, Alves de Sá (1888: 51) e Paulo Merêa (1948: 64) puseram em relevo uma diferença essencial entre os dois textos. Enquanto o Supremo Tribunal espanhol era uma delegação da assembleia parlamentar com poderes cassatórios, tendo sido estabelecido no seio das cortes, o órgão judiciário português estava plenamente integrado no poder judicial. Outra diferença essencial consistia, como se verá, no objecto do recurso.

[234] A discussão sobre este ponto começou no final da sessão do dia 25 de Janeiro e ocupou as duas sessões seguintes, de 30 e de 31 de Janeiro de 1823. Logo no início da discussão, o deputado Ferreira Borges colocou a questão da inutilidade da consagração da revista em face da admissibilidade do julgamento das causas crimes por jurados e da interposição de um recurso das

tença conter "nulidade ou injustiça notória", embora só fosse admissível nas causas cíveis quando a seu valor excedesse certa quantia determinada e nas causas crimes "nos casos de maior gravidade, que a lei também designar" (artigo 192).[235] Caberia à Relação competente julgar a revista e ao Supremo Tribunal de Justiça efectivar a responsabilidade dos juízes nos casos em que viesse a ser declarada a nulidade da sentença impugnada.[236] O Tribunal Supremo conheceria também dos erros de ofício cometidos pelos magistrados que nele

---

decisões destes (Diário das Cortes Geraes e Extraordinarias, volume IV, p. 3853). No entanto, esta questão prévia foi ultrapassada após a intervenção do deputado Camello Fortes, que, diante dos que defendiam que houvesse revista e dos que defendiam o contrário, apresentou a sua "opinião media", segundo a qual a revista devia ser admitida, mas apenas das sentenças dos juízes de direito e nunca das decisões dos juízes de facto (Diário das Cortes Geraes e Extraordinarias, volume V, p. 46). Esta concepção foi a consagrada pelos deputados no texto da Constituição. Fez também vencimento na sessão de 31 de Janeiro a proposta do deputado Vasconcellos de que a revista fosse possível de sentenças condenatórias ou absolutórias e a do deputado Castello Branco de que a revisão seria um recurso comum ao acusador e ao acusado (Diário das Cortes Geraes e Extraordinarias, volume V, pp. 56, 58 e 59).

[235] Foi de Borges Carneiro a sugestão do afastamento da proposta da Comissão que mencionava os casos de admissibilidade de revista nas matérias criminais (condenação em pena de prisão em mais de cinco anos, degredo para fora do respectivo continente ou outra pena maior), introduzindo-se esta remissão para a lei (Diário das Cortes Geraes e Extraordinarias, volume V, p. 45). Faustino Madre de Deos (1823: 106) criticou esta omissão, vendo nela a porta aberta para o arbítrio do tribunal superior.

[236] A delimitação dos poderes do Supremo no julgamento das revistas foi objecto de uma discussão intensa, destacando-se três diferentes teses: a do deputado Brito, que advogava a remessa dos autos a um Tribunal da Relação, que procederia à reforma da decisão, a do deputado Moura, que defendia a distinção obrigatória entre os juízes que concediam a revista e os que julgavam a revista, podendo estes e aqueles ser do mesmo tribunal ou não, e a do deputado Borges Carneiro, que propunha a atribuição ao Supremo Tribunal de competência para conceder a revista e julgar em seguida do fundo da causa. Esta tese foi expressamente rejeitada pelos constituintes por se ter temido o despotismo do Supremo. Dizia o deputado Brito: "Se o Desembargo do Paço, que apenas concedia as revistas sem as julgar, tem parecido um tribunal despotico, que será esse que entendemos substituir-lhe com maiores attribuições ?"(Diário das Cortes Geraes e Extraordinarias, volume V, pp. 59 a 60). Fez vencimento a tese do deputado Brito, com o aditamento de que cabia ao Supremo Tribunal efectivar a responsabilidade dos juízes do tribunal recorrido. Também a concessão desta faculdade ao Supremo Tribunal mereceu a crítica de Faustino Madre de Deos (1823: 107), que via nela um limite grave à liberdade de decisão dos magistrados inferiores. Os constituintes espanhois consagraram uma solução mais tímida, tendo o Supremo Tribunal competência apenas para conhecer dos vícios processuais cometidos na terceira instância, isto é, nos tribunais superiores de província, "para o efeito preciso de repor o processo" (artigo 261, 9º da Constituição espanhola) ou, nos termos do discurso preliminar ao texto do projecto da Constituição, "devendo abster-se de intervir no fundo da causa, que terá de remeter ao tribunal competente para que execute o que tenha lugar". Ao Supremo Tribunal espanhol estava assim vedado conhecer de recurso fundado em injustiça notória (Martinez Alcubilla, 1868: 425 e 426).

exercessem funções, pelos das Relações e pelos titulares dos mais altos órgãos do poder político.[237]

A Constituição vintista reconhecia, por fim, o juízo arbitral como mecanismo de filtro no acesso ao sistema judiciário. O projecto da Constituição previa uma intervenção muito ampla de juízes árbitros em todos os negócios penais "em que as leis não mandão proceder officiosamente contra os réos". Contudo, em face da oposição de vários deputados à intervenção destes juízes em causas criminais, o deputado Ferreira Sousa propôs a sua admissão apenas nos "negocios penaes" de que só tivesse resultado uma pretensão indemnizatória, tendo a Constituição consagrado a faculdade de as partes escolherem juízes árbitros nas causas cíveis e nas criminais civilmente intentadas.[238] Também ficou ressalvada a possibilidade de recurso de apelação das decisões dos árbitros, nos termos da emenda do deputado Borges Carneiro, suprimindo-se a menção à sujeição das partes à decisão arbitral, que constava do texto da Comissão.[239]

A regulamentação constitucional minuciosa do título do poder judicial assentava em uma construção aporética da organização judiciária e da estrutura do processo penal.[240]

---

[237] A disposição era objecto de uma crítica violentíssima por Faustino Madre de Deos (1823: 103 a 105), que imputava aos constituintes o propósito de confiar a magistrados designados pelos partidos políticos o julgamento dos políticos.

[238] Considerando a arbitragem como "o meio mais razoável de terminar as disputas entre os cidadãos", a assembleia constituinte francesa aprovou também a regra da intervenção facultativa dos juízes árbitros no artigo 1º do título I do Decreto de 16.8.1790 (*L' arbitrage étant le moyen le plus raisonable de terminer les contestations entre les Citoyens, les Législateurs ne pourront faire aucunes dispositions qui tendroient à diminuer soit la faveur, soit l' efficacité des compromis*, artigo 1º, I). Os árbitros podiam intervir em todos os casos e sobre todas as matérias que dissessem respeito aos interesses privados das partes, sendo recorríveis as suas decisões somente quando as partes o determinassem expressamente. O novo diploma previa um caso de intervenção obrigatória de árbitros, que era o de disputas entre familiares, sendo a decisão nesse caso sempre recorrível (ns. XII e XIV do artigo 1º do título X do Decreto por último citado). Os constituintes portugueses ficaram aquém dos franceses e também dos espanhois, que impuseram mesmo a intervenção de juízes árbitros em todos os negócios cíveis e nas causas de injúria (artigos 282 e 284).

[239] Diário das Cortes Geraes e Extraordinarias, volume V, p. 81. Faustino Madre de Deos (1823: 108 e 109) criticava o preceito, por não resultar dele se os juízes árbitros funcionariam como juízes de facto e em que termos era admissível o recurso das suas decisões.

[240] Com razão, Lopes Praça (1879: 330) salientava a circunstância de que esta Constituição "foi a mais minuciosa que temos tido a proposito da organização judiciaria". Também Thomaz Ribeiro (1891: 206) considerava que os constituintes deixavam "pouco arbítrio a futuros legisladores, ... fazendo já um pouco de leis especiaes na sua lei geral". Discutiu-se na doutrina aquando da segunda vigência da Constituição de 1822 a possibilidade de o legislador ordinário modificar as disposições constitucionais sobre o poder judiciário em face do artigo 28 da Consti-

A Jurisdição Penal Comum

Orientou os constituintes a ideia, expressa pelo deputado José Rodrigues de Bastos, de que "o meio de assegurar as boas decisões não he, não foi nunca o de multiplicalas".[241] O meio de assegurar esta bondade era, na perspectiva unânime dos constituintes, o da consagração do tribunal de júri como o principal tribunal de primeira instância, a par da instauração dos princípios da publicidade do processo, do contraditório e da liberdade.[242] Reconhecendo ao réu acusado a faculdade de discutir publicamente e diante de um tribunal composto pelos seus pares a prova da acusação e de carrear para os autos, em princípio em liberdade, toda a prova da defesa, julgavam os constituintes assegurar logo na primeira instância uma justiça penal que podia dispensar a consagração de sucessivos graus de recurso, com ampla jurisdição sobre o objecto do processo.

Contudo, a Constituição de 1822 consagrava o princípio do triplo grau de jurisdição em matéria de direito, admitindo a interposição não só pelo réu, mas também pelo promotor da justiça, de recurso da decisão dos juízes de direito para a Relação e da decisão da Relação para o Supremo Tribunal de Justiça. Não obstante a restrição do objecto do recurso para o Supremo Tribunal à sindicância de "nulidade ou injustiça notória" nos casos "de maior gravidade" e da limitação dos poderes deste Alto Tribunal à cassação da decisão recorrida, a lei constitucional fazia acrescer dois graus de recurso ordinário ao *iter* processual do julgamento das causas mais graves em relação ao direito do Antigo Regime e contrariava frontalmente o propósito dos constituintes, tantas vezes repetido na discussão, da simplificação e aceleração do processo penal.

---

tuição, que proibia a modificação das leis constitucionais pelas Cortes ordinárias. Silvestre Pinheiro Ferreira (1837: 10) considerava leis com natureza constitucional as que criavam ou aboliam tribunais e as que aumentavam ou diminuíam atribuições de tribunais ou organizavam e reformavam o poder judicial "não só quanto ao pessoal, mas quanto à ordem do processo", pois todas estas leis "versam sobre a constituição dos poderes executivo e judicial". No entanto, Pinheiro Ferreira censurava o referido preceito constitucional como "absono" e um "absurdo", pois os poderes das legislaturas têm "a mesma origem e igual extensão". O autor já tinha defendido opinião diferente quanto à natureza das leis de organização judiciária e do processo no comentário à Carta (Pinheiro Ferreira, 1831 a: 82).

[241] Diário das Cortes Geraes e Extraordinarias, volume IV, p. 3839.

[242] A assembleia dividiu-se entre duas teses, uma mais restritiva, do deputado Moura, que propunha a publicidade apenas da inquirição das testemunhas, e outra mais ampla, do deputado Guerreiro, que previa a publicidade de todo o processo criminal. A redacção final, que constituiu uma via intermédia, fixou a publicidade a partir da pronúncia e ficou a dever-se a Borges Carneiro ("A inquirição das testemunhas e todos os mais actos do processo cível serão públicos; os do processo criminal o serão depois da pronúncia", Diário das Cortes Geraes e Extraordinarias, volume V, pp. 268 a 271). Este foi dos poucos preceitos do título sobre o poder judicial que mereceu o louvor do anotador da Constituição Faustino Madre de Deos (1823: 112).

Por outro lado, os constituintes vintistas consagravam um grau recurso da decisão dos juízes de facto para o Tribunal da Relação, embora só tivessem conseguido pôr-se de acordo sobre a natureza cassatória dos poderes conferidos ao tribunal de recurso, mas não sobre os casos de admissibilidade desse recurso.

Deste modo, a antiga graça especialíssima da revista nas causas crimes ressurgia como um verdadeiro recurso ordinário na nova organização judiciária, definindo-se em termos inovadores a legitimidade para a interposição do recurso, o objecto e os poderes do tribunal que conhecia da revista.[243] Ao invés, o tribunal de segunda instância tinha poderes muitíssimo mais limitados do que os do Tribunal da Relação no anterior regime. O silêncio dos constituintes sobre o âmbito do objecto do recurso para o Tribunal da Relação resultava da dificuldade em conciliar a soberania dos jurados no julgamento da questão de facto com a manutenção da garantia da sindicância dos vícios da decisão sobre a matéria de facto, tendo os constituintes preferido guardar para a regulamentação ulterior do texto constitucional a resolução desta dificuldade.

As duas primeiras leis que procederam à regulamentação das previsões constitucionais relativas à organização do poder judicial foram a Lei de 30.10.1822 e a Lei de 12.11.1822, ambas tendo por objecto a regulamentação do artigo 190 da Constituição, a primeira no âmbito da justiça militar, como oportunamente se verá, e a segunda no âmbito da justiça civil.[244]

---

[243] Com razão, Alberto Xavier (1913: 11) designou este ressurgimento da graça especialíssima como o início da "transformação da revisão-graça em revisão-direito, integrando-se scientificamente como atribuição do poder judiciario". Também sobre a mudança de natureza da revista, Adelino da Palma Carlos, 1927: 89, e Paulo Merêa, 1948: 66.

[244] Na segunda legislatura foram ainda apresentados dois projectos fundamentais, o da organização do Supremo Tribunal de Justiça, na sessão de 20.12.1822 pelo deputado Carvalho e Sousa (Diário das Cortes, Segunda Legislatura, Tomo Primeiro, 1822, pp. 215 e 216), que não foi discutido, e o da punição e da organização de um processo especial para o julgamento dos crimes dos funcionários públicos, na sessão de 8.1.1823 pelo deputado Pinto de Magalhães (Diário das Cortes, Segunda Legislatura, Tomo Primeiro, 1823, pp. 372 a 386), que foi parcialmente discutido. A característica mais saliente do primeiro era a de só admitir revista nos feitos crimes e cíveis quando houvesse "nullidade manifesta" ou "injustiça notória", sendo a revista julgada por tenções, e a do segundo era a de não introduzir o júri, o que deu azo a uma viva discussão, com o voto final de aprovação do júri (Diário das Cortes, Segunda Legislatura, Tomo Primeiro, 1823, p. 453). Este projecto ainda foi reformulado de acordo com o modelo do Decreto de 4.7.1821, prevendo dois júris, um de pronúncia e outro de julgamento, este com competência para determinar o grau da pena. O projecto continha, no entanto, uma novidade muito relevante: o réu tinha vista do processo preparatório antes de ser submetido ao júri da pronúncia, podendo pronunciar-se sobre o mesmo (Diário das Cortes, Segunda Legislatura, Tomo Segundo, 1823, p. 56). Contudo, os artigos do projecto relativos à publicidade do processo preparatório regressaram à comissão, por os deputados terem entendido que violavam o artigo 201 da Constituição (Diário das Cortes, Segunda Legislatura, Tomo Segundo, 1823, p. 83).

A *Jurisdição Penal Comum* 105

O Decreto das Cortes Gerais Extraordinárias e Constituintes de 2.11.1822, que esteve na base da Lei de 12 de Novembro, é um texto fundamental, pois é o primeiro que procede à organização da estrutura judiciária e de um processo penal, com carácter genérico e à luz da nova Constituição.[245]

Este diploma determinava a criação no território metropolitano de cinco Relações, "iguaes em graduação e alçada", cujos lugares seriam providos nos juízes letrados que "maiores provas tiverem dado de virtudes, conhecimentos e adhesão ao Systema Constitucional" (artigos 2 e 13 da Lei de 12.11.1822), sob proposta do Conselho de Estado, podendo o governo rejeitar a primeira e mandar proceder a nova proposta. As Relações, com sede em Lisboa, Porto, Mirandela, Viseu e Beja, tinham competência para julgarem em segunda e última instância os feitos cíveis e crimes, ficando extintos os lugares dos corregedores do cível e do crime da corte e das cidades de Lisboa e do Porto.

A competência criminal na primeira instância dividia-se entre um juiz letrado e um juiz ordinário, com limitação da competência do juiz ordinário aos crimes puníveis com pena igual ou inferior a cinco anos de degredo para fora do continente.[246]

---

[245] Na sessão de 29.8.1821 Fernandes Thomaz apresentou ao congresso três quesitos, cuja resolução se julgava indispensável para a feitura de um projecto de organização judiciária. Dois dos quesitos reportavam-se à jurisdição crime e o terceiro à jurisdição cível, perguntando-se naqueles "se ha de qualquer crime, por mais grave que seja, ainda que o de pena capital, ser julgado pelo juiz de primeira instância, posto que seja ordinario" e "se sendo julgado em relação, e havendo appellação para outra differente, ainda nesse caso poderá ter lugar a revista: porque então deverá ir a terceira relação" (Diário das Cortes Geraes e Extraordinarias, volume VII, pp. 280 e 325). O problema fundamental colocado à resolução do congresso era o da opção pela manutenção da competência das Relações como tribunais de primeira instância para conhecer dos crimes graves ou pela conformação das Relações como tribunais de apelação, na impossibilidade de introduzir desde já os jurados na primeira instância. Os deputados decidiram no segundo sentido, mas exigindo que o juiz da primeira instância fosse sempre um letrado nos crimes graves (Diário das Cortes Geraes e Extraordinarias, volume VII, p. 331). O projecto de "creação das novas Relações" foi apresentado na sessão de 27.9.1822 pelos deputados Fernandes Thomaz, Pinto de Magalhães, Basílio de Sousa Pinto, Antonio Andrada, Moraes Sarmento e Faria de Carvalho, tendo em conta a deliberação dos deputados (Diário das Cortes Geraes e Extraordinarias, volume VII, pp. 578 a 591). Sobre o processo de apresentação e votação deste Decreto, Dionysio Leitão Coutinho (1823: 629 a 640).

[246] A fundamentação desta opção foi feita pelo deputado Moura logo na sessão de 3.9.1822, em que se discutiram os quesitos: "O que se propõe he que o juiz de primeira instância conheça, e que depois conheça o juiz da appellação, e que fique ainda lugar á revista. Parece, pois, que isto he seguir principios mais liberaes ainda, do que aquelles que tem sido seguidos. Até aqui dava-se autoridade a uma relação sómente para conhecer da vida de um homem. No sistema contrario há mais respeito á vida deste homem" (Diário das Cortes Geraes e Extraordinarias, volume VII, p. 326). Só o deputado Bastos manifestou a sua oposição de princípio a esta opção, alegando

106   A Reforma da Justiça Criminal em Portugal e na Europa

Além destes magistrados, criava-se o ofício de "promotor da justiça" para promover em todos os tribunais os termos da acusação e a execução da sentença nos feitos crimes.[247]

Procedia-se à extinção das causas privilegiadas, até então julgadas em primeira instância na Casa da Suplicação ou na Relação do Porto, e determinava-se a imediata remessa das causas privilegiadas pendentes nestes tribunais para os respectivos juízos de primeira instância.

Os termos da forma de processo ordinário consistiam no libelo, na contestação e na dilação probatória, abolindo o legislador o julgamento sumaríssimo de crimes leves realizados em audiência geral em visitas a cadeias e mandando guardar "em tudo os termos do processo summario" (artigo 56), o que tinha a consequência da proibição da réplica e da tréplica.[248] A fase de instrução do processo não era regulada, prevendo-se apenas que a pronúncia, enquanto último acto processual desta fase, constituía o momento a partir do qual o processo era público.

Procedia-se a uma equiparação dos regimes do recurso cível e do recurso criminal, com três especialidades deste último relativas à obrigatoriedade da notificação pessoal da sentença ao réu nos crimes capitais, ao prazo mais reduzido de interposição do recurso e à exigência de três votos conformes para revogar ou confirmar a sentença apelada na Relação, salvo nos casos de apelação em que o réu viesse a ser ou tivesse sido condenado em pena maior de cinco anos de degredo para fora do continente ou de revista, em que eram necessários qua-

---

que a organização do tribunal de júri devia preceder o estabelecimento das novas Relações, pois o procedimento proposto "he talvez tratar de edificar para depois demolir, e he onerar o Estado com desnecessarias, e avultadas despezas para talvez bem cedo as vêr inutilizadas" (Diário das Cortes Geraes e Extraordinarias, volume VII, p. 595).

[247] Estes magistrados eram nomeados pelo rei para cada terra e, tal como os novos "procuradores da soberania nacional e da coroa", criados junto das Relações e dos tribunais com juízes letrados, respondiam "pelo desempenho das suas obrigações ao Governo, o qual poderá demitillos quando o mereção". Deste modo, organizava-se pela primeira vez, uma nova magistratura, hierarquicamente estruturada, subordinada ao governo e com a função de "requerer e responder em juízo e fóra delle em todos os negocios judiciaes em que for parte, ou tiver interesse a soberania nacional, ou a coroa" (artigo 75, 77 e 79 do Decreto de 2.11.1822).

[248] O projecto previa a abolição dos julgamentos nas visitas a cadeias, mas a ela se opuseram os deputados Bastos, Borges Carneiro e Castello Branco, propondo a manutenção das audiências nas prisões para julgamento dos crimes leves de modo a evitar o prolongamento da prisão na pendência do processo, sobretudo atendendo à nova organização dos recursos. A proposta de manutenção das visitas a cadeias foi rejeitada e aceite o artigo do projecto depois de o deputado Fernandes Thomaz ter descrito, com palavras contundentes, a prática sumaríssima e arbitrária dos julgamentos nas visitas a cadeias (Diário das Cortes Geraes e Extraordinarias, volume VII, pp. 668 a 670).

A *Jurisdição Penal Comum* 107

tro votos, bem como a exigência de quatro votos conformes para confirmar ou para revogar a sentença sujeita a revista pela Relação.[249]

A limitação significativa dos meios de impugnação do direito anterior tinha duas vertentes, uma constituída pela restrição da admissibilidade de embargos e pela simplificação do regime processual dos embargos admissíveis e outra pela abolição de vários recursos de agravo.

No que toca aos embargos, por um lado, proibia-se a apresentação de embargos na chancelaria, de segundos embargos, ainda que fossem apenas embargos de restituição, e de embargos revogatórios à decisão do Tribunal da Relação que procedesse a uma revista, salvo se fossem de peita ou suborno, embora se admitissem embargos ao primeiro acórdão proferido pela Relação. Por outro lado, mantinha-se a proibição da réplica e da tréplica no processo de embargos.[250]

No que respeita aos recursos ordinários, admitiam-se apenas a apelação, o agravo de instrumento para os casos previstos na lei ou para quando se deixasse de guardar alguma lei acerca da ordem do processo e o agravo no auto de processo, proibindo-se expressamente os agravos de petição, os agravos de ordenação não guardada e os agravos ordinários. As decisões dos juízes de que antes se interpunha agravo ordinário subiam agora como apelação, com excepção dos agravos ordinários das decisões proferidas nas Conservatórias das nações estrangeiras, que se mantinham até à expiração dos tratados que os previam.

O recurso de apelação era interposto pelo próprio juiz em todas as causas relativas a crimes perseguidos oficiosamente, não se prevendo qualquer alçada para o juiz de primeira instância, ao invés do que acontecia para a Relação, que tinha alçada até à pena de cinco anos de degredo para fora do continente.

O objecto do recurso de apelação e os poderes do tribunal de recurso eram reduzidos, limitando-se ao controlo das nulidades processuais e da decisão de direito, devendo o tribunal de recurso ordenar a baixa dos autos para suprimento da nulidade no primeiro caso e dispondo de poderes de confirmação ou revogação da sentença no segundo caso.[251]

---

[249] A proposta de abolição de quaisquer glosas deparou com a oposição do deputado Bastos, que as achava mais rápidas e menos dispendiosas do que os embargos, tendo feito vencimento uma posição intermédia, de proibição da glosa do julgado na sentença (Diário das Cortes Geraes e Extraordinarias, volume VII, pp. 670 e 671).

[250] Os embargos eram, nos termos do artigo 91 do projecto, recebidos na Relação e remetidos para o juízo de primeira instância, onde deviam ser contestados e provados, subindo à Relação só para serem sentenciados. O recebimento da contrariedade e o restante processamento dos embargos na Relação foi proposto pelo deputado Ferreira Borges, mas não obteve vencimento (Diário das Cortes Geraes e Extraordinarias, volume VII, pp. 793, 875 e 879).

[251] Em caso algum os juízes da apelação podiam ter por supridas as nulidades processuais,

108   *A Reforma da Justiça Criminal em Portugal e na Europa*

Previam-se também o recurso de revista do acórdão da Relação para o Supremo Tribunal de Justiça, com a remessa obrigatória dos autos a um Tribunal da Relação diferente do recorrido após a concessão da revista pelo Supremo Tribunal de Justiça, e a expedição oficiosa da sentença transitada para concessão do perdão régio, em ambos os casos com efeito suspensivo nas causas em que tivesse sido proferida condenação em pena de morte.[252] O processo de concessão do perdão régio era objecto de regulamentação e o regime da revista era remetido para uma regulamentação autónoma.

A atribuição transitória de toda a competência criminal a magistrados singulares prejudicava gravemente a realização do princípio da acusação, em face da cumulação no mesmo magistrado das funções de instrutor e julgador. Este prejuízo, que nem a introdução de uma magistratura representativa "da soberania nacional e da coroa" evitava, só não se verificava nos processos preparados pelo juiz ordinário e julgados pelo juiz letrado relativos a crimes cometidos fora do lugar ou da terra do juiz letrado puníveis com pena superior a cinco anos de degredo para fora do continente. Nestes processos mantinha-se a observância do princípio da acusação, pois o processo era preparado e a pronúncia era dada por um juiz diferente do que ia julgar a causa, se bem que este último pudesse e devesse proceder a um prévio exame dos autos com vista a sindicar o cometimento de nulidades processuais e, designadamente, a falta ou a irregularidade das diligências probatórias do processo preparatório.[253]

A observância do princípio da imediação era postergada pela remissão do legislador para os termos do antigo processo sumário, o que significava o pleno aproveitamento da prova do processo preparatório na audiência de julgamento, ainda que desta feita, e ao invés de outrora, aquela prova fosse sempre revelada ao réu e pudesse por ela ser contrariada com outra prova. Acresce que nas causas graves preparadas pelo juiz ordinário e julgadas pelo juiz letra-

---

mas não sendo já possível reparar a falta ou omissão, os juízes da apelação deviam julgar segundo o merecimento dos autos.

[252] O artigo 93 do projecto previa o efeito suspensivo da revista em qualquer circunstância, tendo Borges Carneiro proposto que este efeito fosse limitado às causas com sentença em pena de morte, pois a solução do projecto dava um "grande golpe na administração da justiça" e contrariava a Constituição, que não previa a terceira instância de facto (Diário das Cortes Geraes e Extraordinarias, volume VII, p. 885). A proposta de alteração foi aprovada (Diário das Cortes Geraes e Extraordinarias, volume VII, p. 941).

[253] Esta divisão de competências entre o juiz ordinário e o juiz letrado era a prevista nos artigos 84, 85 e 86 do projecto. A ela só fez oposição o deputado Corrêa de Seabra, que propôs que o juiz ordinário não julgasse, devendo competir-lhe a preparação de todos os processos. Esta proposta de alteração, que consagrava na perfeição o princípio da acusação, separando claramente o exercício das competências instrutória e de julgamento, não foi, contudo, aprovada (Diário das Cortes Geraes e Extraordinarias, volume VII, p. 774).

A Jurisdição Penal Comum 109

do o julgador não tinha qualquer contacto directo com as testemunhas e com o réu.[254]

Nem a abolição da alçada na primeira instância, nem a apelação oficiosa, nem a admissão de embargos revogatórios à decisão da Relação garantiam a reparação dos agravos que tivessem sido cometidos ao réu na primeira instância, atento o objecto limitado do recurso e os poderes restritos do Tribunal da Relação.

Ainda que o Decreto sobre as novas Relações se destinasse a vigorar transitoriamente, ele constituía uma concretização limitada e cautelosa das opções feitas no texto constitucional, mantendo a estrutura do processo ordinário do direito antigo, com as suas deficiências fundamentais relativas ao perigo de parcialidade do julgador e ao défice de imediação na produção e valoração da prova, inovando apenas no que respeitava à publicidade e à organização dos recursos.

A abolição da Constituição de 1822, na sequência da contra-revolução absolutista, frustrou a aplicação da reforma da organização judiciária. Com efeito, após a revolta de D. Miguel em 27 de Maio de 1823, veio a ser anulada a Constituição de 1822 pelo Decreto de 18.6.1823, tendo o Decreto de 4.6.1824 declarado em vigor "a antiga, verdadeira, e única Constituição da Monarquia Portugueza" e chamado a Cortes os três estados do reino.[255]

---

[254] O juiz letrado tinha um amplo poder de controlo sobre nulidades cometidas durante o processo preparatório, mas só podia ordenar a remessa dos autos ao juiz instrutor para suprir alguma nulidade ou deficiência que neles notasse. Não sendo já possível reparar a falta, o juiz deveria sentenciar pelo merecimento dos autos. O deputado Borges Carneiro contestou vivamente esta solução dos artigos 86 e 87 do projecto, mas os referidos artigos, que continham "a doutrina a mais essencial deste projecto", nas palavras do deputado Moura (Diário das Cortes Geraes e Extraordinarias, volume VII, p. 774), foram aprovados nos termos do projecto (Diário das Cortes Geraes e Extraordinarias, volume VII, p. 776).

[255] As disposições da Lei de 12.11.1822 só começariam a vigorar quando estivessem instaladas as novas Relações, nos termos do artigo 108 da mesma lei. Assim, a referida lei não chegou a entrar em vigor (Afonso Costa, 1899: 152). D. João VI nomeou, por Decreto de 19.6.1823, uma Junta de Revisão das leis com o objectivo de estudar as leis aprovadas pelas Cortes e distinguir as que fossem compatíveis "com os verdadeiros princípios do direito público universal, com os princípios da monarquia, com os direitos e justas liberdades dos cidadãos, com os actuais usos, costumes e opiniões do povo português e com uma bem regulada administração pública em todas as suas repartições, para que sejam por mim confirmadas, revogando as demais". Entre o projecto revolucionário vintista e o projecto tradicionalista puro da facção miguelista, os membros da Junta perfilhavam uma "via média", que se caracterizava por um tradicionalismo moderado, propondo, entre outras medidas, a manutenção da abolição dos privilégios pessoais de foro, a restauração da Inquisição como tribunal disciplinar eclesiástico e a extinção do tribunal especial para os crimes de imprensa (J. Martins e outros, 1982: 162 a 164). A Junta, que também tinha o encargo de preparar um projecto de nova Constituição, foi vencida pela intriga política e acabou por ser dissolvida no dia seguinte ao da declaração da vigência da antiga Constituição do país. Neste

2. O Extracto de Projecto de Codigo de Delictos e Penas e da Ordem do Processo Criminal de José Maria Forjaz de Sampaio (1823)

O "Extracto de Projecto de Codigo de Delictos e Penas, e da Ordem do Processo Criminal", de José Maria Forjaz de Sampaio, foi publicado em 1823, quando o autor fazia parte da Comissão Especial do Projecto Comum.[256] O autor justificou a publicação com a sua dissidência da comissão "por força invencível" em relação a "alguns pontos de doutrina e methodo" e com o propósito de estimular "outros engenhos para tentarem a empreza, que a todos esta offerecida".[257]

---

mesmo dia, D. João VI declarou ainda "nullas e de nenhum effeito todas as innovações, Decretos, e leis emanadas das referidas Cortes". Se, por um lado, o tradicionalismo reformista denunciou as ilusões dos revolucionários vintistas, por outro, adoptou muitas das propostas destes, embora modeladas por uma "lógica de preservação da estrutura política tradicional" (António Hespanha, 1982 b: 78). Nas vésperas da declaração em vigor da antiga constituição do país, o monarca mandou ainda, por Decreto de 3.5.1824, julgar os autores da conspiração contra a sua pessoa, a rainha e seu filho, D. Miguel, que tinha posto este último "na indefectivel necessidade de recorrer ás armas, sem que huma crise tão arriscada Lhe permitisse que préviamente houvesse da Minha Soberania as necessarias Resoluções e Ordens para se obstar a males da mais superior ordem". O processo sumaríssimo e verbal devia ser instruído sem número determinado de testemunhas, sendo julgado nas Relações dos distritos por uma comissão de seis desembargadores. Mais tarde, o Decreto de 14 de Agosto desse ano mandou formar uma comissão extraordinária para investigar, pronunciar e julgar os autores dos crimes cometidos no dia 30.4.1824 em Lisboa e do assassínio do marquês de Loulé. Muitos dos deputados do congresso liberal foram então objecto de perseguição (Clemente José dos Santos, 1883: 849 a 851).

[256] Esta comissão foi criada pela ordem das Cortes de 23.11.1821 e dela faziam parte Guilherme Henriques Carvalho, opositor da Faculdade de Cânones, João da Cunha Neves e Carvalho, conservador da Universidade de Coimbra, João Fortunato Ramos dos Santos, lente substituto da Faculdade de Leis, José Maria Pereira Forjaz, desembargador da Relação do Porto, e Pedro Paulo de Figueiredo da Cunha e Mello, lente substituto da Faculdade de Cânones (Diário das Cortes Geraes e Extraordinarias, volume IV, p. 3204). A comissão reuniu e trabalhou efectivamente durante algum tempo, tendo elaborado um Projecto de Código Criminal, que está parcialmente publicado. Os primeiros duzentos e vinte e sete artigos deste Projecto foram publicados pelo Professor Henriques Secco, no primeiro e no segundo volumes das suas Memórias. Neles não se chegou a tratar a organização judiciária nem o processo criminal.

[257] Forjaz de Sampaio, 1823: 4. Os motivos da dissensão centravam-se no direito penal substantivo e, designadamente, no que respeitava à abolição da pena de morte natural e à manutenção de certos tipos de ilícito de tutela dos bons costumes e dos "delitos religiosos". O autor considerava também preferível a punição como "objectos correccionaes" de certas condutas em que faltava o "animo ofensivo (principal qualidade delinquente)", em vez de "endurecer a condição dos Cidadãos, augmentando a lista dos delictos com acções punidas com penas meramente civis". As propostas verdadeiramente inovadoras do autor estavam intimamente relacionadas como uma concepção pactícia e correccional da pena (Peter Hünerfeld, 1971: 48).

A *Jurisdição Penal Comum* 111

O "Extracto" estava dividido em cinco partes, tratando as três primeiras da mera enunciação das bases do código e das incriminações públicas e particulares e as duas últimas da descrição pormenorizada do "processo criminal ordinário" e do "processo verbal correccional".

As magistraturas com competência criminal eram as estabelecidas pelo recentíssimo texto da Constituição, os juízes letrados, os electivos e o júri. Os juízes letrados e os electivos tinham competência correccional, sendo a sua alçada fixada em trinta dias de prisão, dez mil réis de multa, oito dias de trabalhos para o concelho ou seis meses de expulsão do concelho.[258]

O processo ordinário tinha uma fase preparatória, que era constituída pelo corpo de delito e pela indagação dos delinquentes e devia ficar concluída em trinta dias. A primeira destas fases do processo preparatório terminava com um despacho recorrível do juiz de direito ou do juiz electivo de procedência ou de improcedência da querela ou da denúncia e a segunda com o despacho de pronúncia, que competia exclusivamente ao juiz de direito e também admitia recurso. Quer no caso de ter lugar a "prisão de segurança" do réu, prevista excepcionalmente para "alguns delictos de maior graveza" no artigo 204 da nova Constituição, quer no caso da prisão em flagrante delito, o juiz podia proferir uma "pronúncia interina", dentro de oito dias, que seria ulteriormente reformada ou mantida. Antes da pronúncia o réu tinha a faculdade de produzir prova documental em sua defesa.

O processo só se tornava público com o início da fase acusatória e de julgamento. Findo o processo preparatório, os autos iam com vista ao ofendido ou ao promotor, que apresentava a respectiva acusação e arrolava a prova, concluindo com um pedido de imposição da pena e de reparação do dano. Na vista aberta ao réu, este podia confessar ou contestar os factos e arrolar a sua prova.[259] A prova era produzida em audiência diante do juiz letrado e registada, seguindo-se as alegações escritas das partes sobre o direito. No exame final do processo, constatando o juiz contradições ou insuficiências na prova produzida, podia determinar novas diligências de prova, tal como podiam as partes requerer a junção de novos documentos e a inquirição de novas testemunhas.

Seguidamente, os autos eram submetidos ao júri para em audiência separada sentenciar sobre a matéria de facto, com base em toda a prova dos autos e,

---

[258] A competência dos juízes singulares era definida em função da natureza correccional da pena prevista para o ilícito e a alçada destes juízes resultava do regime de equiparação das magistraturas letrada e popular no julgamento dos ilícitos correccionais.

[259] Se o réu citado para o processo acusatório não comparecesse ou faltasse aos termos do processo, este continuaria à sua revelia sem qualquer outra diligência. Se o réu não tivesse sido citado pessoalmente da acusação, devia a citação fazer-se por éditos.

A Reforma da Justiça Criminal em Portugal e na Europa

designadamente, com base na prova produzida na audiência realizada diante do juiz de direito.

O objecto do processo não se encontrava delimitado pela acusação, tendo o júri inteira liberdade para julgar o réu por factos novos, distintos dos alegados, que estivessem provados nos autos. No entanto, o júri devia fundamentar a sua decisão sobre a matéria de facto ("o Jury deve relacionar os fundamentos de seu julgado, mostrando as provas do facto, ou que não existem as suppostas na pronúncia", capítulo II, do título III, da parte IV),[260] devendo os jurados para o efeito obedecer às regras da prova tarifada do direito antigo.

O juiz letrado proferia a sentença, aplicando o direito aos factos dados como provados pelo júri e determinando a pena que cabia ao caso. Quer a decisão da matéria de facto, quer a da matéria de direito, admitiam recurso para o Tribunal da Relação. Neste recurso o tribunal superior conhecia também dos agravos interpostos nos autos respeitantes a matéria de direito.

O Tribunal da Relação decidia os recursos das decisões finais por tenções de cinco juízes, sendo três concordes na decisão. O acórdão não admitia embargos, mas podia dele ser interposto o recurso extraordinário de revista.

O objecto do recurso e os poderes do Tribunal da Relação encontravam-se na estrita dependência da natureza do magistrado ou tribunal recorrido. O recurso da decisão proferida pelo juiz letrado só abrangia a questão de direito e o recurso da decisão proferida pelo júri só respeitava à questão de facto.

No tocante à decisão sobre a matéria de facto, o Tribunal da Relação procedia à sindicância do veredicto do júri, "declarando a razão de seu mal julgado" (capítulo III, título III, livro IV), e determinava a realização de julgamento por um segundo júri, cuja decisão já não era impugnável.[261]

No recurso da sentença do juiz letrado, o Tribunal da Relação tinha amplos poderes de reforma da decisão sobre a matéria de direito, não podendo pôr em causa os factos dados como provados pelo júri.

A decisão do Tribunal da Relação, fosse ela absolutória ou condenatória, admitia ainda a interposição do recurso de revista para o Supremo Tribunal de Justiça. Os fundamentos da revista eram os de injustiça notória ou nulidade patente dos autos que não se encontrasse sanada.

O Supremo Tribunal decidia com base na consulta dos autos e tinha poderes apenas para determinar a realização de novo julgamento por novos juízes no mesmo Tribunal da Relação, sendo, no entanto, estes livres no seu julgamento. Se os novos juízes encontrassem vício na anterior decisão da matéria de direito ou em qualquer outra decisão que não respeitasse à decisão dos factos pelo júri,

---

[260] Forjaz de Sampaio, 1823: 33.
[261] Forjaz de Sampaio, 1823: 34.

procediam à reforma da anterior sentença proferida pelo Tribunal da Relação. Se o vício residisse na própria decisão do júri sobre a matéria de facto, a Relação apenas podia expor o caso ao Supremo Tribunal, que mandaria apurar a responsabilidade dos autores de tal vício em uma outra Relação. Ao réu agravado por uma sentença do júri que julgasse mal o facto só restava então o recurso de agraciação, que neste caso era interposto oficiosamente.

O recurso de agraciação era interposto para o monarca, que ouvia o Supremo Tribunal de Justiça. O recurso era extraordinário e os seus fundamentos taxativamente fixados eram os seguintes: "nova materia de evidente innocencia; extraordinario prestimo e urgente necessidade de empregar o Reo no serviço publico; concludente emenda antecipada no final cumprimento da pena; e por relevantes feitos á Nação durante o exercicio da pena".[262]

Concordando os juízes na absolvição, o monarca confirmava necessariamente a consulta e, havendo divergência entre os juízes, o monarca decidia de acordo com o seu arbítrio.

O processo verbal correccional era aplicável para julgamento das "causas de justo receio criminoso, pela qual o publico, ou o particular temer ser offendido".[263] Esta forma de processo também podia ser aplicada, em alternativa com a do processo ordinário, em função do arbítrio da parte acusadora, para julgamento dos crimes públicos que, pela sua "frequencia, urgencia de repentino remedio, e inferior gravidade", fossem exceptuados no corpo do projecto do código[264] e dos crimes públicos e particulares cometidos por maiores de 14 anos e menores de 21 anos.

As causas correccionais eram processadas e julgadas, no prazo máximo de apenas três dias úteis, pelo juiz electivo ou pelo juiz letrado, salvo tratando-se de delitos públicos e de delitos cometidos por maiores de 14 anos e menores de 21 anos, que eram sentenciados apenas pelo juiz letrado, mesmo que tivessem sido preparados pelo juiz electivo.

O processo iniciava-se com a apresentação da acusação pelo ofendido ou pelo promotor junto do juiz, que determinava a notificação das partes para uma

---

[262] Forjaz de Sampaio, 1823: 36.

[263] Tratava-se dos crimes de prostituição, corrupção simples, tanto religiosa como civil, desacatos dos menores e súbditos, excessos das censuras disciplinares dos superiores aos menores e súbditos, discórdias interiores das famílias, escândalo e má vizinhança, injúrias e ameaças, venda de pão corrupto, aliciamento de menores, "desviando-os da obediencia de seus Superiores", e, genericamente, de todas as faltas negligentes (Forjaz de Sampaio, 1823: 39 e 40).

[264] Tratava-se dos crimes públicos de acoutar malfeitores, arruido, blasfémia, sacrilégio, sodomia, superstição, tavolagem, caças defesas, embriaguez e resistência (Forjaz de Sampaio, 1823: 13 a 18). O tratamento correccional de crimes de natureza religiosa constituía uma significativa inovação em relação ao direito anterior.

audiência pública de julgamento. Finda a produção da prova e proferida a decisão, as partes podiam apresentar "reflexões" e o juiz reformar a decisão em face destas. A parte agravada podia ainda recorrer da decisão final do juiz para o Tribunal da Relação, sendo o recurso obrigatório para o Ministério Público sempre que tivesse sido ele o acusador. O registo da prova, o objecto do recurso para a Relação e os poderes deste tribunal não eram especificamente regulamentados, sendo aplicáveis as regras do processo ordinário.[265]

A matriz do processo ordinário era a da *Riforma della Legislazione Criminale* da Toscânia, de 30.11.1786, que dava prioridade absoluta à instrução escrita da causa e atribuía a competência para julgamento a um magistrado distinto do juiz instrutor, mas com base naquela instrução escrita.[266]

A estruturação da audiência de julgamento em dois momentos separados, com a produção da prova diante do juiz letrado e o julgamento da matéria de facto pelo júri em sessão separada e vinculada às regras da prova tarifada,[267] constituía não só uma violação clara do princípio da imediação na forma de processo ordinário, mas também a frustração da nova garantia constitucional do júri.

A concretização do princípio da acusação sofria também um grave défice em face da inexistência de uma vinculação do objecto do processo à acusação, da coincidência do magistrado que pronunciava com o que decidia da pena e da competência do júri para conhecer dos agravos interpostos nos autos das decisões que respeitassem ao conhecimento do facto proferidas pelo juiz.

A forma de processo correccional permitia, ao invés, o respeito por aqueles princípios, com excepção dos processos que eram preparados pelo juiz electivo e sentenciados pelo juiz letrado, em que a realização do princípio da imediação era irreversivelmente prejudicada pela distinção entre o magistrado que presidia à audiência e o que elaborava a sentença.

A sindicância da decisão do júri sobre a matéria de facto pela Relação consagrava a novíssima garantia constitucional do duplo grau de jurisdição em matéria de facto de um modo muito amplo, abrangendo o mérito da própria decisão e não apenas os vícios processuais que a pudessem afectar, limitando-se os po-

---

[265] O projecto previa a aplicação subsidiária ao processo correccional das disposições do processo ordinário "que forem compativeis com a sua ordem especial" (Forjaz de Sampaio, 1823, p. 43).

[266] Sobre estas características do processo penal leopoldino, Giovanni Carmignani, 1852 b: 240 a 249.

[267] Também neste ponto fundamental o "Extracto" se aproximava do processo leopoldino, que mantinha intacta a vinculação do julgador às regras da "ciência da valoração da prova" e, por isso, admitia o valor jurídico da prova semi-plena (Giovanni Carmignani, 1852 b: 315 a 318, 434 a 441).

deres da Relação, também por força da limitação constitucional, à cassação do "mal julgado" do júri. Contudo, o recurso não constituía uma garantia eficaz de correcção dos gravames de que o réu tivesse sido objecto na instância. A Relação, fundando o seu juízo de valoração sobre a prova junta aos autos e, designadamente, sobre a prova junta na fase preparatória, não se encontrava em condições distintas das do júri, que também tinha decidido sem imediação. Por outro lado, a fundamentação da decisão cassatória da Relação, embora pudesse funcionar como um instrumento de influência do segundo júri, não prejudicava a liberdade de decisão deste, ficando ressalvada a natureza definitiva do juízo destes segundos jurados sobre a culpa.

A circunscrição rigorosa do objecto do recurso de revista aos vícios de natureza jurídica, fossem eles processuais ou substantivos, resultava da proibição constitucional do triplo grau de jurisdição em matéria de facto. Se o vício residisse na própria decisão do júri sobre a matéria de facto, à Relação estava constitucionalmente vedado proceder à reforma do anterior acórdão após a concessão da revista pelo Supremo Tribunal de Justiça. A introdução do recurso extraordinário oficioso de agraciação constituía uma forma de ladear a proibição constitucional, representando a consulta absolutória unânime dos conselheiros a última garantia jurídica intrasistemática do réu contra os gravames sofridos na instância, a que a Relação tivesse permanecido indiferente no primeiro recurso. A garantia extrasistemática da intervenção do monarca era restrita aos casos em que aquela consulta não atingisse um resultado uniforme.

Os poderes meramente consultivos do Supremo Tribunal de Justiça enfraqueciam substancialmente a tutela dos vícios processuais e substantivos por este tribunal, centrando o verdadeiro poder decisório sobre a matéria de direito no Tribunal da Relação.

Assim, o "Extracto" constituiu uma tentativa doutrinária de concretização das opções do legislador constituinte de 1822 em matéria de organização judiciária e de processo penal. No entanto, a criação de uma lei processual penal para o país conforme com a nova Constituição era prejudicada não apenas pelas aporias próprias do texto constitucional, mas também pelo comprometimento do autor com os princípios fundamentais do direito antigo, bem explícito no seu propósito de "nunca concorrer para grandes e arriscadas innovações".[268]

---

[268] Forjaz de Sampaio, 1823: 5.

CAPÍTULO 3.º
A Consagração do Paradigma Judiciário Liberal

1. A Carta Constitucional

A Carta Constitucional foi outorgada em 29 de Abril de 1826, tendo sido jurada em 31 de Julho e mandada observar pela infanta regente D. Isabel Maria em 1 de Agosto do mesmo ano.[269]

A Carta Constitucional continha um título VI dedicado ao poder judicial, completado por um título final, o oitavo, sobre os direitos civis e políticos e as garantias dos cidadãos, que mantinham os princípios fundamentais da liberdade, da igualdade e da separação de poderes e os que deles decorriam, já reconhecidos em 1822.[270] No primeiro daqueles títulos estabelecia-se que o poder judicial seria composto de juízes de direito e jurados, no cível como no crime, "nos casos, e pelo modo que os Códigos determinarem" (artigo 118), cabendo aos jurados pronunciar-se sobre o facto e aos juízes aplicar a lei,[271] mas desapare-

---

[269] O ministro da justiça de D. Pedro, o marquês José Joaquim Carneiro de Campos, terá sido o autor do texto constitucional. O texto constitucional português, tal como a constituição do império brasileiro, mandada executar em 25.3.1824, tinham como modelo a Carta outorgada por Luís XVIII à nação francesa a 4.6.1814, sendo, no entanto, mais liberais do que esta (Lopes Praça, 1894: XXIII e XXIV).

[270] A proibição dos privilégios que não estivessem ligados aos cargos por utilidade pública (artigo 145, § 15) não era facilmente conciliável com a manutenção da nobreza hereditária e das suas regalias (artigo 145, § 31), entendendo a doutrina que estas regalias eram apenas as regalias puramente honoríficas, tal como previu mais tarde o artigo 28 da Constituição de 1838 (Lopes Praça, 1878: 139, e Marnoco e Souza, 1910 a: 319).

[271] Silvestre Pinheiro Ferreira censurava o disposto no artigo 119 da Carta, por limitar a competência do tribunal de júri à apreciação da matéria de facto e não permitir o conhecimento da intenção e, portanto, do grau da pena (Pinheiro Ferreira, 1831 c: 81). Lopes Praça (1879: 322) respondeu mais tarde à crítica, considerando-a uma "subtileza" que não tinha o valor real que aparentava, uma vez que *de internis solus Deus*. A discussão doutrinária era ainda adensada pela polémica em torno da singularidade do juízo letrado, em relação à qual se opunha que "por isso mesmo que há so dois gráos de jurisdiçam jamais se hade permittir que um so homem conheça

cendo a anterior imposição constitucional de conhecimento pelos jurados dos delitos de abuso de liberdade de imprensa.

Para realizar o princípio constitucional da obrigatoriedade da conciliação prévia em qualquer forma de processo, a Carta previu a existência de juízes de paz, os quais seriam eleitos pelo mesmo tempo e modo que se elegiam os vereadores das câmaras. Contudo, já não se previa, como em 1822, que estes juízes tivessem competência para causas cíveis de pequena importância e para delitos leves. [272] Também se estabeleceu a possibilidade de existência de juízes árbitros nas acções cíveis e nas penais civilmente intentadas, admitindo-se agora que as suas sentenças pudessem não ser recorríveis se as partes assim o convencionassem.[273]

Previa-se ainda a existência das Relações que fossem necessárias para a comodidade dos povos, que julgariam em segunda e última instância,[274] e de um Supremo Tribunal de Justiça, que concederia ou denegaria a revista[275] e conheceria, não só dos erros de ofícios, como anteriormente, mas também dos delitos cometidos pelos magistrados judiciais dos tribunais superiores e pelos empregados do corpo diplomático.[276] Por sua vez, a Câmara dos Pares era instituída como tribunal com competência exclusiva para conhecer os crimes cometidos pelos membros da família real, ministros de Estado, conselheiros de

---

das causas dos cidadaos", propondo-se a constituição do tribunal de primeira instância nas cabeças de comarca com três ou cinco juízes letrados (José Pinto Rebello, 1832: 49 e 50).

[272] Destarte, a Carta foi ainda mais longe do que a Constituição de 1822, pois criou órgãos próprios e distintos para o exercício da competência conciliatória, o que mereceu a crítica cerrada da doutrina. A instituição de juízes de paz constituiu uma "desnacionalidade", uma inovação feita ao arrepio da tradição nacional, que atribuía a função conciliatória a todo o julgador (Lino Netto, 1898: 76, e Lopes Praça, 1879: 337), opinando mesmo Lopes Praça no sentido de que o artigo 128 da Carta não devia ser considerado "como artigo rigorosamente constitucional em toda a sua amplitude", sendo preferível a redacção do artigo 195 da Constituição de 1822 e do artigo 124, § único, da Constituição de 1838.

[273] Lopes Praça (1879: 337) pronunciava-se com reserva sobre o princípio constitucional da instituição destes juízes, mas concluía que da instituição de juízes árbitros voluntários não podiam resultar grandes inconvenientes.

[274] Os dois comentadores da Carta tinham opiniões distintas sobre esta opção do monarca outorgante. Silvestre Pinheiro Ferreira (1831 c: 82) criticou a existência de apenas duas instâncias, ao que Lopes Praça (1879: 341) opunha que esta opção constituía "uma precaução suficiente contra o erro e o arbitrio".

[275] A Carta omitia a designação do tribunal competente para o julgamento da revista, tendo a doutrina notado esta diferença fundamental relativamente ao texto de 1822 e proposto com base nela, como se verá adiante, uma nova regulamentação das revistas distinta do regime da lei de 1843 (Eduardo Alves e Sá, 1888: 111).

[276] Contra este privilégio, manifestava-se abertamente Lopes Praça (1879: 349), que defendia a opção contrária dos constituintes de 1838.

A *Jurisdição Penal Comum* 119

Estado e pares e pelos deputados durante o período da legislatura, cabendo à Câmara dos Deputados decretar que tinha lugar acusação contra os ministros e conselheiros de Estado.[277]

---

[277] O Conde de Lumiares apresentou, na sessão de 13.12.1826, um projecto de lei de constituição da Câmara dos Pares como "supremo jurado nacional". Uma comissão desta câmara dava parecer sobre a acusação e a câmara decidia se tinha lugar a acusação, não havendo direito de recusa dos seus membros pelo réu. Quando a acusação fosse feita pela Câmara dos Deputados, a comissão consultiva seria composta no seio daquela. Se os membros da Câmara dos Pares condenassem, os autos iam à comissão da mesma câmara para determinar a pena, não se admitindo apelação nem embargos da sentença, salvo para o rei na forma prevista no § 7 do artigo 74 da Carta. A mesa de legislação da Câmara dos Pares deu parecer sobre o projecto, no sentido de que este só devia ser adoptado depois de a lei ter regulado a responsabilidade dos ministros e dos conselheiros de Estado, tendo o parecer sido aprovado (Clemente José dos Santos, 1884: 631 a 633, e 1885 a: 100 a 104). Na sessão de 24.1.1827, o deputado Manuel Teixeira Leomil apresentou um outro projecto de lei, que já definia os ilícitos criminais em que podiam incorrer os ministros e os conselheiros de Estado, bem como o processo aplicável. A comissão de petições da Câmara dos Deputados ou o cidadão acusador apresentavam à Câmara dos Pares e nela sustentavam todas as acusações que aquela câmara tivesse aprovado. Uma comissão criminal constituída na Câmara dos Pares procedia a uma verificação dos papeis enviados e, em seguida, tinha lugar o julgamento, sem que o projecto previsse a possibilidade de indeferimento liminar da acusação com base naquela verificação da comissão criminal. Só depois da produção da prova, a comissão dava parecer sobre o mérito da acusação e os pares decidiam da culpa e da pena em duas votações separadas. Eram admitidos embargos de matéria nova, provada apenas com documentos, e de nulidade notória, que se encontrasse provada nos autos (Clemente José dos Santos, 1885 a: 125 a 131). Na Câmara dos Pares, a comissão de legislação que tinha dado parecer sobre o projecto do Conde Lumiares, elaborou um projecto alternativo, que apresentou na sessão de 9.2.1827. Neste projecto, também ele restrito à ordem do processo a observar na Câmara dos Pares quando esta se constituísse como tribunal criminal, uma comissão desta câmara dava parecer sobre se tinha lugar a acusação e a Câmara dos Pares decidia em conformidade. O réu podia recusar, sem motivo, um quinto dos pares e o acusador um oitavo. Após a produção da prova, procedia-se à leitura de todo o processo, se a câmara julgasse necessário, e, terminada esta, à votação nominal dos pares sobre a culpa do réu. Caso o réu fosse condenado, uma comissão de cinco membros, nomeados por listas e à pluralidade absoluta de entre os pares, decidia sobre a pena. A sentença admitia embargos nos termos previstos no projecto de Teixeira Leomil. Em face da necessidade de julgar um deputado, o projecto alternativo foi discutido na Câmara dos Pares, tendo sido rejeitado na sua generalidade e tendo sido aprovada uma resolução no sentido de a comissão de legislação apresentar um projecto "somente pelo que respeita á disposição e arranjo da sala da camara, quando haja de julgar o deputado eleito Manuel Christovão". A comissão elaborou então umas "instrucções provisorias redigidas em artigos para formarem um aditamento ao regimento interno, e que devem servir de norma para quando a camara se formar em supremo tribunal de justiça", em que se previam a decisão inicial da câmara de tomar ou não conhecimento da acusação e o voto separado de todos os pares sobre a culpa e a pena, podendo antes ser determinada a leitura de todo o processo. Não se admitia a recusa dos pares, nem a interposição de recurso da decisão final. Também estas instruções foram submetidas a discussão, tendo sido aprovadas (Clemente José dos Santos, 1885 a: 214 a 217, 234 a 243, 286 a 297).

120   *A Reforma da Justiça Criminal em Portugal e na Europa*

Deste modo, o monarca outorgante absteve-se de confirmar ou infirmar algumas das grandes opções políticas relativas à organização do poder judicial dos constituintes de 1822, concedendo uma maior liberdade de conformação ao legislador ordinário.

O monarca manteve apenas o princípio da existência de três graus de jurisdição, nada determinando relativamente ao objecto do conhecimento e aos poderes dos tribunais de recurso. Por outro lado, manteve também a existência de jurados na primeira instância, com competência para decidir sobre a matéria de facto. Toda a competência para julgamento de causas crimes era, aliás, concedida aos jurados e aos juízes de direito, não se prevendo qualquer outra magistratura com competência judicativa nas causas penais criminalmente intentadas.

A nomeação régia dos magistrados letrados já não dependia de consulta prévia do Conselho de Estado, mantendo-se, no entanto, o poder de suspensão dos magistrados pelo rei em caso de queixa, devendo então ser ouvido o Conselho de Estado. O exercício perpétuo das funções dos juízes de direito era garantido e a transferência permanecia sujeita à reserva de lei,[278] mas já não se fixava constitucionalmente o período mínimo do triénio para a transferência e restringia-se o princípio da promoção por antiguidade aos juízes candidatos ao Supremo Tribunal de Justiça. A perda do lugar dependia ainda de sentença, mas não se concretizava o fundamento da perda, nem se sujeitava a matéria da aposentação à reserva de lei, como anteriormente. A posição estatutária do magistrado judicial encontrava-se menos definida e, por isso, mais permeável.[279]

---

[278] A garantia constitucional da inamovibilidade era, pois, meramente formal e orgânica, identificando-se com a reserva de lei sobre estas matérias (Lopes Praça, 1879: 327, Afonso Costa, 1899: 39, Marnoco e Souza, 1910 a: 778, e Carlos Fraga, 2000: 95).

[279] Em face destas disposições da Carta foram defendidas duas concepções da independência dos juízes. A primeira, de Silvestre Pinheiro Ferreira (1831c: 80 a 82), consistia em uma concepção ampla de independência, relativa à liberdade no exercício da função jurisdicional e à autogestão do corpo de magistrados, e a outra, largamente maioritária na doutrina, restringia a independência dos juízes àquela vertente da liberdade no exercício da função jurisdicional. Pinheiro Ferreira censurou veementemente as disposições que punham em causa a independência do poder judicial e, designadamente, as disposições que previam a faculdade de nomeação e suspensão de juízes pelo rei, a constituição da câmara dos pares e do Supremo Tribunal de Justiça como um tribunal privilegiado e o poder régio de cassação de sentenças condenatórias. Já Ferreira de Moira (1826: n. I, pp. 16 e 17) tinha anteriormente criticado a faculdade de o rei demitir os juízes, devendo ela competir aos representantes do povo. A resposta a estas críticas foi dada por Lopes Praça (1879: 315 e 316), que acusou Pinheiro Ferreira de laborar com base em uma teoria sobre a independência do poder judicial estranha à divisão de poderes consagrada na Carta. Lopes Praça concluiu, ao invés, que "se compararmos a independencia do poder judicial, como é garantida pela carta, com a nossa antiga organização judiciária, ficaremos longe de a julgar inteiramente inacceitavel". Um juízo global semelhante fizeram Dias Ferreira (1892: 212), Afonso

A *Jurisdição Penal Comum* 121

No que respeitava ao processo penal, ao invés da constituição vintista, consagrava-se a prisão sem culpa formada sem a especificação dos casos da sua admissibilidade e o princípio da publicidade do processo em termos imediatamente vinculantes.[280]

A regulamentação das disposições constitucionais relativas à administração da justiça foi intentada sob a forma de vários projectos apresentados nas três sessões de funcionamento das Cortes que tiveram lugar no período de 1826 a 1828.

Na sessão da Câmara dos Deputados, de 17.11.1826, José António Guerreiro leu o parecer da comissão encarregada de indicar os artigos da Carta cuja execução estava dependente da aprovação de leis regulamentares, apontando no catálogo das "leis mais urgentes" a da divisão judicial do território, a do regimento

---

Costa (1899: 39), Marnoco e Souza (1910 a: 770 a 778) e Chaves e Castro (1910: 88), que se pronunciaram favoravelmente à fiscalização do poder judicial pelo executivo no que respeitava ao cumprimento dos seus deveres e à nomeação, promoção, transferência e aposentação dos juízes. A Carta permitia, pois, uma supremacia do poder executivo sobre o poder judicial (Jorge Campinos, 1975: 26).

[280] José Ferreira Borges, 1826: 4. Nas suas "Dissertaçoens Juridicas", Ferreira Borges procedeu a uma análise minuciosa e premonitória da repercussão deste princípio na reforma do processo penal, considerando que dele resultavam a inutilidade do ofício dos inquiridores (Ferreira Borges, 1826: 7), a concentração da produção da prova em uma audiência de julgamento com direito dos advogados fazerem instâncias "de viva voz" às testemunhas da parte contrária (1826: 8 e 9) e a supressão da fase da publicação das provas e da vista com provas cerradas ("Sendo publicos desde agora todos os actos consecutivos à pronuncia repugna, que hajão mais Inquiriçoens e Allegaçoens cerradas, e lacradas. Acabou-se a occasião de suborno dos Escrivaens para deixarem ler a prova, que a Lei mandava guardar em segredo: acabou-se a argumentação indirecta do Advogado, que vira as provas, e raciocinava, pelo preceito da Lei, como se as não vira: e terminou-se enfim um obstaculo de defeza, que seculos de barbaridade havião alevantado, e que o descuido culposo do Legislador tinha consentido", 1826: 9 a 13). O novo princípio constitucional constituía também um programa de reforma do processo na segunda instância, implicando a produção dos artigos de nova razão e a repergunta das testemunhas em uma audiência de julgamento pública e tornando desnecessário o relatório (1826: 16 a 18), do processo sumário, cujo sumário das testemunhas devia passar a ser público, dando-se termo ao réu para sua defesa e que ela seja produzida em público (1826: 20), e do processo militar aplicável nos conselhos de guerra e da marinha, no Conselho de Justiça e no do Almirantado (1826: 21). A doutrina censurou mesmo o legislador constituinte por não ter alargado o benefício da publicidade ao processo civil (Custodio Rebelo de Carvalho, 1832: 21 e 22). O efeito prático inicial da imposição da vigência imediata do novo princípio constitucional da publicidade foi contido, como resulta da circular do ministro dos negócios eclesiásticos e da justiça, José António Guerreiro, enviada, logo em Agosto de 1826, a todos os provedores, corregedores de comarca e juízes de fora, em que se fazia notar que "a publicidade da inquirição das testemunhas é a mais preciosa garantia da innocencia contra a calumnia, e em nenhum caso se póde omittir no plenario das causas criminaes" (Clemente José dos Santos, 1884: 186).

122 A Reforma da Justiça Criminal em Portugal e na Europa

dos jurados nas causas crimes, a da organização das Relações e do Supremo Tribunal de Justiça, a da repressão dos abusos da liberdade de imprensa, a da inviolabilidade da casa do cidadão, a da prisão antes da culpa formada e a da publicidade dos actos do processo criminal.[281] Só na sessão do ano seguinte foi aprovado pela Câmara dos Deputados o primeiro destes regulamentos, o da inviolabilidade da casa do cidadão.[282] Além desta, apenas duas outras providências foram votadas em matéria de processo penal na sessão ordinária de 1827, a da admissibilidade do voto de vencido[283] e a da competência transitória para a concessão da revista no processo crime enquanto não fosse aprovada a lei regulamentar do Supremo Tribunal de Justiça. Na sequência de uma petição de revista especialíssima apresentada por um condenado à Câmara, a comissão das petições manifestou-se no sentido de que essa concessão competia ao poder legislativo, tendo os deputados Camello Fortes e Guerreiro proposto emendas no sentido de que essa competência pertencia ao poder executivo. A discussão intensa, que se prolongou por várias sessões, deu lugar à propositura e aprovação de um projecto de lei, que consagrava a tese dos deputados proponentes enquanto se não regulamentasse a competência do Supremo Tribunal de Justiça.[284] Os três projectos mencionados foram sancionados por carta de lei.

Só na sessão de 1828 começaram a ser discutidas duas matérias fundamentais, a repressão dos abusos da liberdade de imprensa e a reforma provisória da ordem do juízo nos feitos crimes.[285]

---

[281] Diário da Câmara dos Deputados, Iª legislatura, 1826, pp. 84 a 86.

[282] Diário da Câmara dos Deputados, Iª legislatura, 1827, pp. 137, 163, 368, 397, 402 a 437, 447 a 455, 458 a 471, 648, 697, 698 e 736.

[283] Diário da Câmara dos Deputados, Iª legislatura, 1827, pp. 391, 541, 542, 571, 572, 582, 599 e 784.

[284] Diário da Câmara dos Deputados, Iª legislatura, 1827, pp. 229, 375, 385, 401, 503 e 784.

[285] Nesta sessão seriam ainda apresentados três outros projectos importantes, o da proibição da aplicação das penas cruéis aos réus militares, o da ordem do processo nas Relações e o da prisão sem culpa formada, tendo o primeiro sido rejeitado na segunda leitura (Diário da Câmara dos Deputados, Iª legislatura, 1828, pp. 44 e 76), não tendo chegado a ser discutido o segundo (Diário da Câmara dos Deputados, Iª legislatura, 1828, pp. 298, 299 e 382) e tendo sido aprovado na generalidade o terceiro e concluída a respectiva discussão na especialidade (Diário da Câmara dos Deputados, Iª legislatura, 1828, pp. 140 e 141, 632, 711, 733 a 748, 752 a 761, 776 a 779). Na sessão da Câmara dos Deputados, de 17.3.1827, a comissão encarregada da elaboração do regimento das Relações apresentou um projecto ainda mais radical do que o Decreto de 2.11.1822, prevendo oito Relações para o continente e as ilhas adjacentes, a interposição de recurso de apelação oficioso de todas as sentenças em que houvesse condenação que não fosse pecuniária ou esta fosse maior do que a de 12.000 réis ou absolvição em causa crime em que o delito fosse punível com a pena de prisão que excedesse seis meses ou a pena de degredo para fora do distrito por mais de dois anos, a inadmissibilidade absoluta de quaisquer outros recursos e de embargos

A *Jurisdição Penal Comum* 123

Se o projecto de regulamentação dos abusos da liberdade de imprensa não se afastava do diploma aprovado pelos deputados vintistas, consagrando os mesmos órgãos judiciais e uma estrutura do processo em tudo idêntica à anterior,[286] o projecto do deputado José António Guerreiro apresentado na sessão

---

e a irrecorribilidade das decisões da Relação nos casos de a sentença condenar em pena até cinco anos de degredo para fora do continente ou em pena pecuniária que excedesse 200.000 réis (Clemente José dos Santos, 1885 a: 469 a 476). No dia anterior ao da apresentação deste projecto, o Conde da Cunha apresentou na Câmara dos Pares um outro projecto, em que se regulamentava a ordem do processo nos tribunais de segunda instância. O propósito do par do reino era o de evitar "as trapaças, injustiças e despotismos" verificados no foro civil e eclesiástico e, em especial, nas Relações, fixando algumas regras práticas de funcionamento do tribunal e abolindo certas práticas dilatórias e dispendiosas para as partes (Clemente José dos Santos, 1885 a: 420 e 421). Nem um nem outro dos projectos mereceu a atenção dos deputados e dos pares, tendo quase um ano depois o deputado Borges Carneiro feito um diagnóstico muito crítico da situação das Relações, invocando como fundamento para uma discussão urgente de uma parte do articulado do projecto de 17.3.1821 o arbítrio dos juízes e, designadamente, do presidente da Relação na selecção dos juízes adjuntos para julgamento das causas ("cousa esta que no nome e na realidade é verdadeira comissão prohibida pela felicissima carta") e no julgamento sumário das causas sem que se encontrassem reunidos os requisitos da ordenação do Livro I, Título 1, § 16 ("Antes de se pôr algum réu em processo summario dar-se parte ao secretário de estado e suspender desde então o processo, com o que se sacrifica a justiça á falsa politica, o poder judicial ao executivo, e os réus se demoram muitos annos nas cadeias, com grande prejuizo seu ou da justiça", " Fazer summarios os processos de muitos réus sem attenção ás provas, nem a outros requisitos da ordenação", Clemente José dos Santos, 1885 b: 149 e 150).

[286] Tendo sido nomeada uma comissão para preparar um projecto de lei de repressão dos abusos da liberdade de imprensa, o deputado Manuel Pereira Coutinho, que fazia parte da mesma, apresentou na sessão de 24.1.1827 um projecto da sua lavra, prevendo apenas os tipos legais de repressão dos abusos de liberdade de imprensa. Dois dias depois surgiu o projecto da comissão, que incluía uma regulamentação substantiva mais pormenorizada. Três dos cinco membros da comissão emitiram, no entanto, um voto em separado, em que se opunham à faculdade de o juiz escolher entre o máximo e o mínimo da pena, por entenderem que "esta attribuição vem a destruir radicalmente o fim do jury" e que "a operação de marcar a pena é essencialmente connexa com a outra de examinar o facto que pelos principios constitucionaes é atribuição do jury". A proposta dos membros dissidentes era a de que a lei devia prever três graus de penas para cada crime, que o júri escolheria (Clemente José dos Santos, 1885 a: 123 a 125, 135 a 142). O projecto definitivo da comissão, entretanto alargada, foi apresentado na sessão de 14.3.1827, com dois votos de vencido. O novo projecto previa, além de uma parte substantiva, uma outra processual, que obedeceu ao modelo inglês ainda mais fielmente do que o Decreto de 4.7.1821, sendo o júri de acusação designado por "Grande Jury" e constituído no mínimo por doze e no máximo por vinte e três jurados e o júri de julgamento designado por "Pequeno Jury" e constituído por doze jurados (Diário da Câmara dos Deputados, Iª legislatura, 1828, pp. 13 a 20, 103 e 127). Mantinham-se, contudo, as deficiências já verificadas no Decreto de 1821 em relação à concretização do princípio da imediação, quer no que toca à revelia do denunciado quer no que respeita ao acesso dos jurados ao processo preparatório. Estas deficiências não eram compensadas com o recurso de apelação, interposto desta feita para o Tribunal da Relação. O objecto da apelação era precisamente o

124 A Reforma da Justiça Criminal em Portugal e na Europa

de 7.1.1828 constituiu, ao invés, uma iniciativa legislativa profundamente inovadora.[287]

O projecto tinha como principal objectivo a consagração dos princípios da acusação e da imediação no processo penal. Para tanto, o projecto separava claramente a competência do juiz da pronúncia da do juiz da fase de acusação e julgamento,[288] sendo simultaneamente abolido o julgamento em primeira instância na Relação e nas visitas a cadeias[289] e instituído um promotor da justiça em cada terra onde houvesse juiz letrado.[290]

---

mesmo do projecto de 1821, argumentando Borges Carneiro que "quando a Carta falla de segunda, e ultima instância nas Relações não tem em vista os Juízos dos Jurados. Alem disso a sua intenção em geral, he que não possa haver mais de duas Instâncias; mas não prohibir que em algumas Causas possa haver uma só" (Diário da Câmara dos Deputados, Iª legislatura, 1828, pp. 151 e 152). Ao tribunal de recurso competia no novo projecto, diferentemente do Decreto de 4.7.1821, decidir em definitivo a causa se o fundamento do recurso consistisse em o juiz de direito não ter aplicado a pena correspondente. Se o fundamento do recurso fosse a nulidade do processo por falta de alguma formalidade legal, a Relação podia ordenar, como no projecto de 1821, a remessa à instância para convocação de um novo "pequeno jury". O especial significado deste projecto, que não chegou a ser aprovado, é o de que ele concretizou o novo direito constitucional em termos muito semelhantes aos do diploma aprovado pelos constituintes de vinte sobre a repressão dos abusos de liberdade de imprensa.

[287] Diário da Câmara dos Deputados, Iª legislatura, 1828, pp. 40 a 43. Na sessão de 13.2.1827, os deputados Joaquim António de Magalhães e Alexandre Moraes Sarmento já tinham submetido à discussão umas bases sobre a organização dos jurados e a ordem de juízo na primeira instância, que, no entanto, não foram apreciadas. Estas bases previam a existência de um júri de acusação e de um júri de julgamento, sendo o tribunal de julgamento composto ainda por um colectivo de três juízes. Um juiz de paz conduzia o processo preparatório e presidia ao júri de acusação (Clemente José dos Santos, 1885 a: 231 e 232).

[288] "O Juiz, que pronuncia um Reo, fica grandemente prevenido contra a sua innocencia: o desejo, bem natural, de sustentar a sua primeira opinião torna-o parcial", afirmava o autor nos motivos da sua proposta (Diário da Câmara dos Deputados, Iª legislatura, 1828, p. 40). No entanto, nem mesmo a defesa da posição do autor pelo deputado Moraes Sarmento com a invocação da doutrina do "Tratado das Provas Judiciárias" de Jeremias Bentham e do exemplo do código francês foi capaz de suster a crítica de Borges Carneiro, fundada na denegação do preconceito do juiz da pronúncia e nos custos da deslocação das testemunhas e do réu decorrentes da proposta. Borges Carneiro levou consigo a maioria da Câmara (Diário da Câmara dos Deputados, Iª legislatura, 1828, pp. 626, 627 e 636).

[289] Mais uma vez Borges Carneiro se destacou na oposição ao projecto, invocando, entre outros argumentos, o do foro privativo da Relação para conhecimento de determinadas matérias, que a Carta não teria abolido. Contudo, o deputado contestatário só levou a melhor no que toca à competência das Relações, que se manteve a mesma, mas não no que respeita aos julgamentos sumários nas visitas às cadeias, cuja abolição foi aprovada (Diário da Câmara dos Deputados, Iª legislatura, 1828, pp. 636 e 639).

[290] Também esta inovação não foi aprovada, tendo sido sugerida a sua supressão pelo próprio Guerreiro, pois esta proposta era uma consequência das outras que a Câmara já tinha

A Jurisdição Penal Comum 125

O processo só admitia uma única forma, suprimindo-se os articulados posteriores à contestação e submetendo-se toda a prova produzida na fase de julgamento à publicidade.[291] As testemunhas inquiridas no sumário ou na devassa eram obrigatoriamente reinquiridas na fase de julgamento.[292]

Os embargos eram suprimidos, mas no recurso de apelação admitia-se a dedução de artigos de nova razão, em matéria de facto, que deveriam ser julgados nos mesmos termos da primeira instância.[293] A composição do colectivo no tribunal de recurso seria estabelecida por uma ordem de distribuição dos feitos, não dependendo do arbítrio de pessoa alguma.

A vigência da Carta Constitucional foi interrompida pelo regime legitimista de D. Miguel sem que estes dois projectos fundamentais tivessem sido aprovados na totalidade. D. Miguel dissolveu a Câmara dos Deputados através do Decreto de 13.3.1828, sem convocar novas eleições, tendo, ao invés, convocado, pelo Decreto de 3 de Maio seguinte, os três estados do reino para "reconhecerem a applicação de graves pontos de direito portuguez" e tendo-se posteriormente, por Decreto de 1 de Julho desse mesmo ano, proclamado rei de Portugal.

---

rejeitado de reorganização das competências do juiz de direito para julgar os feitos em primeira instância (Diário da Câmara dos Deputados, Iª legislatura, 1828, p. 639).

[291] O princípio novo foi aprovado, embora tivessem sido propostas muitas emendas à estrutura do processo, que não foram votadas (Diário da Câmara dos Deputados, Iª legislatura, 1828, p. 659).

[292] "A calumnia ama o segredo, a verdade quer publicidade (...), baste-nos estabelecermos por agora o grande principio de que a opinião do Juiz para a decisão final não deve ser formada senão por depoimentos, e documentos tirados, e discutidos com audiência, e assistencia do Reo, que he o legitimo, e indispensavel contradictor". Com estas palavras sustentou Guerreiro, desta feita com sucesso, a sua tese, denunciando o carácter insuficiente dessa "vã formalidade" que era o termo das judiciais (Diário da Câmara dos Deputados, Iª legislatura, 1828, p. 660). A tese adversa do deputado Caetano Alberto, que defendia a repergunta das testemunhas somente quando o réu a requeresse, ficou vencida (Diário da Câmara dos Deputados, I ª legislatura, 1828, pp. 662 e 663). Toda a discussão reflecte neste ponto a forte influência da doutrina do "Tratado das Provas Judiciárias", em que Jeremias Bentham fez a defesa teórica do princípio da imediação (Jeremias Bentham, 1829: 300 a 303).

[293] A Comissão encarregada de examinar o projecto do deputado apresentou um outro alternativo, que só se distinguia do primeiro por não impor ao juiz o dever de fundamentação da sentença, mandar processar os artigos de nova razão na primeira instância, julgar as apelações crimes por tenções e não impor a publicidade na segunda instância (Diário da Câmara dos Deputados, Iª legislatura, 1828, p. 335). Também em matéria de recursos Borges Carneiro encabeçou a oposição ao projecto, defendendo a manutenção dos embargos contra a sentença definitiva, quando fossem de facto e matéria novas, devendo os deduzidos na Relação ser remetidos à primeira instância para neles ser processada a prova. A Câmara rejeitou a proposta de Guerreiro e aprovou a emenda de Borges Carneiro (Diário da Câmara dos Deputados, Iª legislatura, 1828, pp. 696 e 697).

126   A Reforma da Justiça Criminal em Portugal e na Europa

Só na ilha Terceira se manteve em vigor a Carta Constitucional. Aí, D. Pedro IV, na qualidade de regente durante a menoridade de sua filha D. Maria II, ordenou a publicação de um diploma fundamental, o Decreto da regência dos Açores de 30.6.1830, que procedeu à introdução de várias providências sobre o processo penal em harmonia com a Carta Constitucional, estabelecidas provisoriamente, enquanto se não fizesse a reforma da justiça, com vista à realização imediata do imperativo constitucional da publicidade dos actos do processo posteriores à pronúncia.[294]

Não tendo conseguido convencer os seus pares em 1828, José António Guerreiro, que fazia parte do governo de D. Pedro IV nos Açores,[295] ganhou os outros membros da regência para a causa dos novos princípios da imediação e da acusação, conseguindo a aprovação destes com a maior amplitude possível nas circunstâncias políticas da época.[296]

O diploma da regência dos Açores atribuiu à Junta de Justiça competência para ratificar a pronúncia e julgar os réus pronunciados pela prática de crimes puníveis com as penas de morte natural ou civil, degredo por mais de cinco anos ou trabalhos públicos por mais de três anos, sendo a competência para julgamento dos restantes crimes do juiz letrado territorial.[297]

---

[294] A organização judiciária na parte restante do país, sob domínio miguelista, manteve-se de facto na situação em que se encontrava antes da revolução liberal (Afonso Costa, 1899: 179).

[295] O conselheiro foi nomeado pelo Decreto de 15.6.1829, de D. Pedro, para a regência, ao lado do Marquês de Palmela e do Conde de Vila-Flôr.

[296] Posteriormente, o governo liberal declarou, por Decreto da regência de 28.11.1831, "irritas e nulas, para por elas se não fazer mais execução alguma, antes se desfazer a que já esteja feita" todas as sentenças "proferidas pelos tribunaes, juízes, conselhos de guerra, alçadas, commissões ou quaesquer justiças dos reinos de Portugal, Algarves e seus domínios, em nome ou por auctoridade do governo usurpador, depois do dia 25 de abril de 1828, e as que de ora em diante se proferirem no mesmo nome ou pela mesma auctoridade, contra quaesquer portuguezes ou estrangeiros residentes em Portugal, de um ou de outro sexo, por motivos ou opiniões politicas, ou por factos dependentes de motivos ou opiniões politicas". Este diploma tinha, além do efeito importante de constituir os liberais na obrigação de restituir todos os bens, postos e honras injustamente confiscados e retirados e de indemnizar todos os danos causados pelo poder usurpador, um outro, ainda mais significativo, que era o de responsabilizar civil e criminalmente os magistrados que tivessem proferido ou viessem a proferir as decisões nulas e os que violassem "as solemnidades substanciaes do processo" e "as regras mais obvias da justiça".

[297] A Junta foi criada pelo Decreto de 27.3.1830, pois não era "praticavel, por agora, a instauração de huma Relação para a Provincia dos açores", tendo sido atribuída à nova Junta a competência criminal fixada pelo Alvará de 15.11.1810 para a antiga Junta Criminal das ilhas dos Açores. A competência da Junta foi alargada pelo Decreto de 2.6.1830, que a investiu com a competência de tribunal supremo por o recurso para o Desembargo do Paço se encontrar vedado. Por Decreto de 21.7.1831, a competência da Junta de Justiça foi alargada a todas as ilhas do arqui-

A Jurisdição Penal Comum 127

O Decreto estabelecia também um procurador régio e um promotor da justiça, respectivamente, na Junta da Justiça e junto de cada juiz letrado, para deduzir o libelo acusatório e seguir os termos da acusação.

A forma de processo ordinário iniciava-se com a decisão liminar de recebimento do processo preparatório pelo presidente da junta, que podia a pedido do procurador régio determinar a realização pelo juiz instrutor de diligências de prova suplementares. Não faltando na devassa ou no sumário da querela qualquer diligência ou encontrando-se realizadas as requeridas pelo procurador régio, a Junta ordenava à parte acusadora que deduzisse o libelo acusatório. Com base no exame do feito a Junta ratificava a pronúncia do réu e recebia o libelo ou, não sendo esse o caso, declarava que não tinha lugar a acusação.[298]

Ao invés dos diplomas aprovados pelos constituintes vintistas de criação dos juízos especiais de protecção da liberdade de imprensa e de reforma do processo criminal do foro comum, o Decreto de 1830 consagrava expressamente, tal como o projecto parlamentar de Janeiro de 1828, o princípio da imediação, determinando a obrigatoriedade da repergunta das testemunhas ouvidas na devassa e no sumário da querela e admitindo apenas a leitura na audiência de julgamento dos depoimentos das testemunhas prestados no processo preparatório entretanto falecidas, que se tivessem ausentado para fora de Portugal continental ou estivessem em "logares fisica ou politicamente incommunicaveis", sendo, no entanto, o réu admitido a deduzir todas as contraditas contra as testemunhas falecidas ou ausentes (artigo 28 do Decreto de 30.6.1830).[299]

Na decisão deviam ser expostos "os motivos que foram vencidos por votação" (artigo 51 do Decreto de 30.6.1830), com a particularidade de os juízes puderem exprimir o voto de vencido, tal como os deputados tinham aprovado na sessão parlamentar de 1827, quer quanto à matéria de facto quer quanto ao direito. Deste modo, com a fundamentação da decisão, a admissão do voto de vencido na decisão sobre a matéria de facto e, sobretudo, com a audição pública

---

pélago dos Açores, tendo sido extinta no ano seguinte, pelo Decreto de 20.5.1832, publicado quatro dias depois da reforma judiciária de Mouzinho da Silveira.

[298] O novo diploma omitia a regulamentação da audiência de ratificação de pronúncia, tendo o Decreto de 2.8.1830 providenciado pela sanação da omissão. A audiência da ratificação era pública, devendo os juízes conhecer da prova recolhida no processo preparatório apenas com base na leitura dos autos.

[299] A leitura dos autos da devassa ou do sumário da querela no início da audiência era limitada aos documentos que fizessem prova contra o réu, não incluindo os depoimentos das testemunhas, o que se conjugava, aliás, com o disposto no artigo 8 do Decreto de 2.6.1830, que fixava os termos do processo a que o réu devia assistir pessoalmente, neles se mencionando o juramento das testemunhas e a acareação do réu com as testemunhas, com o acusador e com outros réus.

128 *A Reforma da Justiça Criminal em Portugal e na Europa*

obrigatória da prova pelo tribunal de julgamento, o legislador procurava diminuir o efeito nefasto da ratificação da pronúncia pelo tribunal de julgamento. O efeito conjugado da repergunta pública das testemunhas do processo preparatório e da exposição pública dos motivos dos juízes que tivessem feito vencimento e dos que tivessem ficado vencidos acautelava o perigo de um julgamento da causa com base em pré-juízos do julgador.

A decisão de absolvição da Junta de Justiça era irrecorrível. Eram admitidos embargos contra a decisão condenatória da Junta de Justiça, em que podia ser apresentada prova testemunhal, e a graça especialíssima concedida pela regência enquanto não fosse instituído o Supremo Tribunal de Justiça. A decisão condenatória em pena pecuniária que coubesse na alçada do juiz letrado territorial podia ser impugnada com embargos, enquanto a decisão absolutória e a decisão condenatória em pena corporal proferidas pelo juiz letrado territorial eram por sua vez impugnáveis com o recurso de apelação para a Junta, que conhecia o feito "como se nunca tivesse sido processado" (artigo 67 do Decreto de 30.6.1830).

O diploma da regência dos Açores consagrava ainda uma forma de processo especial de julgamento de réus ausentes, que tinha lugar nos casos previstos nas Ordenações. Nela guardava-se a forma comum, com a especialidade da nomeação de um curador, "escolhido dentre os advogados, ou procuradores mais avantajados" (artigo 58 do Decreto de 30.6.1830), a quem não cabia, contudo, o direito de embargar a sentença. Mantinha-se do direito antigo a execução imediata dos bens do ausente por custas, indemnização e pena pecuniária, mas revogava-se o banimento do ausente e, em benefício do princípio da imediação, permitia-se a dedução de embargos pelo ausente em qualquer momento em que fosse preso ou se entregasse. Provando-se nos embargos a defesa do réu, nem mesmo a execução em bens do ausente por indemnização e pena pecuniária subsistia, mantendo-se apenas a realizada para satisfação das custas.

Fortemente condicionados pela guerra civil, a organização judiciária e o processo penal comum na conformação do Decreto de 1830 assentavam em bases distintas das da Carta, consagrando-se apenas um grau de jurisdição para conhecimento dos crimes mais graves, mas admitindo-se a apresentação de embargos, e de dois graus de jurisdição para conhecimento dos crimes menos graves, que eram julgados por um juiz de direito sem jurados em primeira instância e submetidos a um novo julgamento em recurso de apelação interposto para a Junta.

A restrição do número de graus de jurisdição era compensada com a circunstância de a produção da prova na primeira instância se encontrar rodeada de duas garantias muito importantes, o julgamento público e com apreensão pesso-

A Jurisdição Penal Comum 129

al e directa pelo julgador do depoimento das testemunhas. Na forma de processo para julgamento dos crimes menos graves, a estas garantias sobrepunha-se ainda a referida garantia de um recurso de apelação muito amplo.

A reforma urgente iniciada com a publicação deste diploma, que constituiu, como se viu já, a segunda tentativa de concretização do imperativo constitucional consignado no artigo 126 da Carta, foi completada com a publicação do Decreto de 29.11.1830.

Este Decreto visava dar execução imediata ao disposto no artigo 120 e no § 3 do artigo 75 da Carta. Para tanto, o governo liberal aboliu todos os lugares de juízes ordinários, atribuindo a jurisdição destes a novos juízes de fora nomeados pelo governo, e determinou o modo de substituição do juiz de fora pelo promotor de justiça e não pelo vereador mais velho, dando sem efeito o disposto no § 4 do Título 65 do Livro I das Ordenações. Se o diploma de Março procurava concretizar os princípios da imediação e da acusação no âmbito de um programa de publicização do processo penal comum, o diploma de Novembro procedia à separação definitiva dos poderes judicial e administrativo e à abolição dos magistrados de eleição popular.[300] Ambos estabeleceram as bases ideológicas fundamentais da reforma judiciária, tão almejada pelo partido liberal e levada a cabo por José Xavier Mouzinho da Silveira.[301]

2. A Reforma Judiciária (1832)

O Decreto n. 24, de 16.5.1832, assinado pelo regente D. Pedro IV, aprovou a Reforma Judiciária.

Nele se estabelecia a nova organização judiciária da metrópole, que era composta por um Supremo Tribunal de Justiça, um tribunal de segunda instância em cada círculo judicial, consagrando-se expressamente a igualdade em graduação de todos os tribunais de segunda instância, um juízo de primeira instância em cada comarca, composto por um juiz de direito e por jurados, um juiz ordinário em cada julgado, com excepção do julgado que fosse sede do juízo de primeira instância, um juiz de paz e um juiz pedâneo em cada freguesia. Estava também prevista a existência de juízes árbitros. Uma lei posterior

---

[300] Estas disposições tiveram execução nos Açores, com a excepção da que previa a extinção dos juízes ordinários (Innocencio Duarte, 1875: 15 e 16, Comissão de Legislação Civil das Cortes, 1888: 16, e Afonso Costa, 1899: 181).

[301] Outro diploma fundamental desta altura foi o Decreto de 2.6.1830, que procedeu à abolição das cartas de seguro e ao estabelecimento das fianças, em desenvolvimento da doutrina fixada no artigo 145, § 8 da Carta (Duarte Nazareth, 1853: 140 e 152).

regularia o número e a extensão dos círculos, comarcas e julgados e outra a administração da justiça nas províncias ultramarinas.[302]

Os conselheiros do Supremo Tribunal de Justiça e os juízes de primeira e segunda instância eram nomeados pelo governo, ao invés do juiz de paz, que era eleito pela assembleia geral dos chefes de família de cada freguesia por um ano, do juiz ordinário e do juiz pedâneo, que eram escolhidos pelo mesmo período pelo presidente do tribunal de segunda instância, o segundo de uma lista de três pessoas eleitas pela assembleia dos chefes de família e o primeiro de uma lista de três pessoas eleitas pelos membros da municipalidade e por dois deputados da mesma assembleia de freguesia que elegia os juízes de paz.

O estatuto e as garantias destes magistrados seriam regulamentadas em lei especial, consagrando-se apenas que os juízes letrados, os de paz e os ordinários podiam ser suspensos pelo governo por queixas feitas contra si, sendo ouvidos os juízes visados e o Conselho de Estado. Os juízes pedâneos podiam ser suspensos pelo presidente do Tribunal da Relação, depois de ouvidos, sendo processados nos termos da lei. Por outro lado, alargando o princípio consagrado na Carta para o acesso ao Supremo Tribunal, o legislador determinou que a promoção de todos os juízes letrados ficava exclusivamente dependente do critério de antiguidade.

Todo o cidadão morador na comarca, maior de vinte e cinco anos e menor de sessenta, que soubesse ler, escrever e contar e tivesse uma renda líquida de 100.000 réis por ano se vivesse na cidade e nas vilas notáveis ou de 50.000 se vivesse nas outras vilas e nas aldeias, era, em princípio, jurado, com excepção dos magistrados, militares e eclesiásticos em serviço efectivo, dos que estivessem impossibilitados fisicamente ou impedidos moralmente e dos que não se encontrassem no exercício dos seus direitos políticos e eleitorais. A lista geral dos jurados incluía todos os cidadãos apurados que não tivessem reclamado ou em relação aos quais não tivesse havido reclamações ou estas tivessem sido julgadas improcedentes e dela eram extraídas por sorteio as pautas trimestrais dos jurados de pronúncia e de julgamento.

---

[302] A Reforma Judiciária extinguiu o foro privilegiado, o foro misto, com a reserva das causas puramente espirituais para o foro eclesiástico, e todos os tribunais e ofícios de justiça que não fossem os criados ou conservados por esta lei. No ano seguinte ao da publicação da Reforma, o governo liberal atribuiu, pelo Decreto de 29.7.1833, aos juízes criminais competência para julgar os crimes civis cometidos pelos eclesiásticos seculares ou regulares de qualquer preeminência ou distinção e determinou a extinção das penas corporais na punição dos erros em matéria eclesiástica e dos cárceres e aljubes dos eclesiásticos seculares e regulares. Por fim, a Portaria de 9.7.1834 ordenou a remessa imediata de todas as causas que não fossem puramente espirituais, no estado em que se encontrassem, ao foro civil. As grandes reformas judiciárias posteriores de 1836-1837 e de 1841 não alteraram estas disposições.

A Jurisdição Penal Comum

Os juízes de direito tinham competência para preparar e julgar, com os jurados, todas as causas crimes e, sem os jurados, "todas as contravenções de lei, ou Regimentos de Polícia Geral, que não importarem um crime daquelles, em que se admitte Queréla, e cuja pena não possa exceder cinco dias de prisão, doze mil réis de multa ou outra similhante" (artigo 292 da Reforma Judiciária).

Os juízes ordinários tinham competência para os actos do processo preparatório nas causas crimes e para o julgamento das mesmas "contravenções de lei ou Regimentos de Polícia Geral" de que conheciam os juízes de direito.

Os juízes pedâneos eram oficiais de polícia judiciária, vigiavam o cumprimento dos regulamentos de polícia geral e tinham competência para o julgamento de causas de coimas e transgressões de posturas, até ao valor de 1.200 réis.

Deste modo, o legislador equiparava a competência jurisdicional dos juízes de direito e dos juízes ordinários enquanto magistrados singulares, restringindo a competência destes magistrados ao conhecimento de ilícitos de natureza contravencional puníveis com pena de prisão até cinco dias.[303] Ao júri competia não só o conhecimento de todos os crimes, mas também o das contravenções que fossem puníveis com pena superior à alçada do juiz de direito e do juiz ordinário.[304]

Para a fixação da competência jurisdicional dos magistrados singulares, o legislador recorreu ao critério da lei processual francesa de definição da competência do magistrado singular e, simultaneamente, afastou a opção dos constituintes vintistas de atribuição aos juízes singulares de competência para conhecer das "causas criminais em que se tratar de delitos leves" (artigo 181 da

---

[303] No direito novo, todos os crimes, públicos e particulares, admitiam a apresentação da querela, por força da rejeição das devassas e das denúncias, o que implicava a necessidade de uma interpretação conjugada dos artigos 167 e 292, no sentido de que só ilícitos contravencionais podiam ser julgados pelos juízes singulares e todos os crimes deviam ser julgados pelos jurados. Esta conclusão é reforçada não só pela extinção de todas as magistraturas que não estivessem previstas neste diploma, como os magistrados de polícia correccional, mas também pela própria vontade do legislador, a que se fará referência adiante, de consagrar um "júri omnipotente". As opções consagradas no Decreto de 12.12.1833 confirmam a pretensão política de abandono da orientação radical da reforma judiciária de 1832.

[304] O limite da punição das contravenções de polícia previstas em regulamento administrativo ou de polícia ou postura camarária variava muito e só com a publicação do Decreto de 12.12.1833 foram fixados os limites de vinte dias de prisão e de 20.000 réis de multa para as penas aplicáveis às infracções das posturas das câmaras. Mais tarde, o CP de 1852 estabeleceu a pena de prisão até um mês e a de multa até 20.000 réis como os limites uniformes para a punição de qualquer contravenção de polícia prevista em regulamento administrativo ou de polícia ou postura camarária (artigo 489).

132   A Reforma da Justiça Criminal em Portugal e na Europa

Constituição de 1822), doutrina cuja consagração a Carta, se não vedava, também não impunha.[305]

O diploma criava também os lugares de procurador-geral da coroa junto do Supremo Tribunal de Justiça, procurador régio junto de cada tribunal de segunda instância, delegado do procurador régio junto de cada juízo de primeira instância e subdelegado junto de cada julgado, com a função de seguirem os termos da acusação em cada um destes tribunais, garantindo deste modo a separação em todas as instâncias da função acusatória e da de julgamento.[306]

---

[305] Os artigos 137, 138 e 166 do *Code d' Instruction* atribuíam aos juízes de paz e aos presidentes de câmara competência para conhecer das contravenções de simples polícia, que eram definidas como os factos puníveis pelo livro quarto do código penal com a pena de multa até quinze francos ou a pena de prisão até cinco dias. O legislador imperial manteve deste modo as duas jurisdições de polícia criadas depois da revolução, consagrando uma solução de compromisso entre o tribunal de polícia composto por membros do órgão administrativo municipal e com competência para aplicar multas ou penas de prisão até oito dias, instituído no título XI do Decreto de 16-24.8.1790, e o tribunal de polícia do juiz de paz, criado pelo artigo 233 da Constituição do ano III e mantido pelo artigo 151 do Código de 3 *brumaire* e pela Lei de 27 *ventôse* do ano VIII. Sobre a opção compromissória do legislador imperial, Faustin Hélie, 1867 b: 21 a 27, 36 e 37, Ernest Glasson, 1883 b: 563 e 564, e René Garraud e Pierre Garraud, 1926: 667 e 668. A violação manifesta do princípio da separação de poderes pela solução legislativa de 1790, que tinha sido afastada no ano III por uma outra, mais conforme com o referido princípio, foi de novo introduzida pelo legislador de 1810 (Jean-Pierre Royer, 1996: 286 e 287, e Gérard Sautel e Jean-Louis Harouel, 1997: 130 e 277). Desde sempre a doutrina francesa criticou, não só o âmbito restrito da competência do tribunal de simples polícia, que deveria ser alargado a muitas condutas processadas em correccional, como também o processo caro, lento e ineficaz de julgamento das contravenções (D' Eyraud, 1825: 192 a 195 e 204, Faustin Hélie, 1867 b: 40 a 42, e René Garraud e Pierre Garraud, 1926: 708 e 709). Por outro lado, a atribuição da competência jurisdicional às autoridades administrativas foi também objecto da crítica firme da doutrina, não obstante o facto de estas autoridades sempre se terem abstido do exercício daquela competência. A polémica ficou definitivamente resolvida pela Lei de 27.1.1873, que aboliu a competência jurisdicional das autoridades administrativas (Ortolan, 1875: 395 e 396, e René Garraud, 1915: 396).

[306] A consagração da magistratura do Ministério Público no direito português caracterizava-se, tal como no direito francês então vigente, por dois princípios fundamentais: o da organização hierárquica e o da submissão ao poder político central. Os lugares do Ministério Público encontravam-se na "immediata dependencia do Governo", que podia livremente demitir os seus titulares (artigo 14 da Reforma). No primeiro regulamento dos "empregados do Ministério Público", de 15.12.1835, previa-se a faculdade de o governo se "corresponder" com o procurador-geral da coroa e este com os procuradores régios e estes ainda com os seus delegados sobre "os objectos do Ministerio Público" (artigo 52 do regulamento). Em França, a magistratura dos procuradores do rei tinha sofrido uma profunda reforma com a revolução, deixando de se caracterizar, como no direito do Antigo Regime, pela submissão ao poder político central e pela inexistência de uma organização hierárquica. Os constituintes decidiram, pelo Decreto de 10.8.1790, vedar a acusação pública aos comissários do rei e, pelo Decreto de 16.8.1790, procederam à organização de duas magistraturas separadas, a dos comissários do governo, que seriam designados por este e tinham

A Jurisdição Penal Comum

O diploma determinava ainda a extinção do foro privilegiado e do foro misto, com a ressalva dos casos previstos na Carta e a reserva das causas puramente espirituais para o foro eclesiástico, e a abolição de todos os tribunais e ofícios de justiça que não fossem os criados ou conservados pela presente lei.

---

apenas uma função de vigilância do cumprimento das leis pelos juízes e de promoção da execução das decisões, e os acusadores públicos, que seriam eleitos, o que garantia a independência destes. Subjacente a esta reorganização do Ministério Público estava um concepção rigorosa do princípio da separação de poderes, da qual decorria que a acusação pública não podia ser atribuída a um agente do poder executivo, mas antes a um representante da nação (Jean-Pierre Royer, 1996: 285 e 286, e Gérard Sautel e Jean-Louis Harouel, 1997: 131). Depois da Convenção ter ensaiado, através do Decreto de 13-14.19.1792, a reunificação das duas magistraturas, suprimindo os comissários do rei, o artigo 63 da Constituição consular do ano VIII, que foi regulamentado pela Lei de 7 *pluviôse* do ano IX, reunificou definitivamente aquelas magistraturas, abolindo o acusador público. O legislador do Império viria a restaurar a sujeição dos magistrados do Ministério Público ao poder político central e a consagrar o princípio da organização hierárquica desta magistratura. Com base nos artigos 27 e 274 do *Code d' Instruction*, a doutrina advogava a falta de competência do ministro da justiça para dar ordens aos magistrados no âmbito de um determinado processo ou para proibir o exercício da acção pública contra certa pessoa, reconhecendo-lhe apenas competência para mandar instaurar processos contra pessoas determinadas. A doutrina reconhecia, contudo, que a prática foi sempre muito diversa do que mandava a lei, substituindo-se mesmo por vezes a administração pública à justiça, mas que os abusos não eram tanto resultado da "falta da instituição, mas dos homens que estavam encarregados de a fazer funcionar" (Édouard Bonnier, 1853: 50, 134 a 137, Esmein, 1882: 100 a 106, 429 e 430, 451 a 453, Henri Saussier, 1910: 91 a 97 e 100, Jules Coumoul, 1911: 274 e 275, 285 e 286, e Michèle-Laure Rassat, 1967: 55 a 62, 90 a 100, 152 a 156). O modelo napoleónico de organização da magistratura de acusação alastrou por toda a Europa. Nos Estados alemães, a magistratura do Ministério Público teve como antecessora o *Fiskalat*, que desempenhava funções de vigilância e defesa dos interesses dos senhores, sendo-lhe atribuídas excepcionalmente funções instrutórias e acusatórias em certas causas crimes comissionadas, mas não intervindo na fase de julgamento devido à prática da consulta das universidades para prolação da decisão. A introdução da magistratura acusatória pública pela Lei de 28.12.1831 do Estado de Baden constituiu nos direitos dos Estados alemães uma verdadeira inovação, que teve particularmente em vista a dedução da acusação nos processos de injúrias a funcionários administrativos e de delitos de imprensa, o acompanhamento dos processos relativos a criminalidade muito violenta, a interposição de recursos e a execução das penas (J. D. Meyer, 1822: 306, 314 e 315, Carl Mittermaier, 1856: 166 a 173, Christoph Martin, 1857: 134 e 135, 529 e 530, Eberhard Schmidt, 1921: 136 a 140, 163 a 178, e 1947: 156, 301 e 302, Werner Schubert, 1981: 122 a 125, Wolfgang Wohlers, 1994: 66, 69 e 70, e Kai Drews, 1997: 18 e 19). No direito prussiano, os §§ 3 e 10 da *Verordnung* de 3.1.1849 consagraram os dois princípios já referidos, com a diferença fundamental de que o § 6 vinculava estes magistrados à observância do princípio da legalidade na prossecução da acção pública, o que a lei francesa não impunha expressamente, dando assim lugar à prática dos "arquivamentos definitivos". Também os §§ 52 a 60 da *Strafprozessordnung* austríaca de 1850 organizavam a magistratura do Ministério Público de acordo os princípios da hierarquia e de subordinação política do modelo francês, impondo, no entanto, o § 57 a observância estrita do princípio da legalidade.

A Reforma Judiciária modificava profundamente a regulamentação do processo. O diploma previa três formas de processo, uma para julgamento dos crimes e duas para julgamento das contravenções. A forma de processo para julgamento dos crimes dividia-se em duas fases, a do processo preparatório, que era secreta até à convocação do júri da pronúncia, e a de acusação e julgamento, que era pública.

Determinava-se a obrigatoriedade da conciliação prévia na acusação de crimes particulares, sob pena de nulidade,[307] e a extinção das devassas e das denúncias.

O processo preparatório começava com a elaboração do corpo de delito pelo juiz, seguido da inquirição de testemunhas. À medida que o juiz fosse achando indiciados na inquirição, lançava contra eles pronúncia nos autos, devendo ela ter lugar dentro de quinze dias se o delinquente se encontrasse preso.

Estabelecia-se um júri de pronúncia, composto por seis jurados, que ratificava o despacho de pronúncia ou de não pronúncia, proferido pelo juiz no final do processo preparatório, sendo a ratificação da pronúncia promovida oficiosamente e a da não pronúncia a pedido do Ministério Público ou da parte.[308] O júri da pronúncia decidia após a leitura das peças do processo, a repergunta das testemunhas ouvidas no processo preparatório e o interrogatório do réu, escrevendo-se nos autos apenas as respostas dadas pelo réu.

Confirmada a pronúncia e preso ou afiançado o réu, sendo caso disso,[309] o representante do Ministério Público apresentava o seu libelo contra o réu, com o qual se iniciava o processo de acusação e julgamento.

---

[307] O legislador não escondia a grande esperança que tinha na eficácia da actividade de conciliação. "Este Juízo da Conciliação é o mais importante de todos, e sendo as leis bem feitas mata quase todas as demandas" (Mouzinho da Silveira, 1989 a: 790).

[308] O júri da pronúncia constituía uma inovação cujo efeito prático e relevância dogmática eram, na perspectiva do legislador, ainda maiores do que os do júri de julgamento. Mouzinho da Silveira foi um dos deputados que na sessão de 1828 se bateu pela consagração do "grande jury", afirmando então que "o grande jury tem muito mais que fazer; ele tem a dignidade de dizer, não está delinquente; por consequência ali está depositada a maior porção de liberdade de julgar, e basta que diga, não ofende, para ter o negócio acabado" (Mouzinho da Silveira, 1989 b: 1577). A doutrina dividia-se a este propósito. Contra o júri de acusação, Teixeira de Aragão, 1824: 120 a 122, e a favor, Machado Ferraz, 1834: 87 e 182.

[309] A doutrina apontava como um defeito grave da nova lei o facto de a concessão da fiança não ser determinada, como anteriormente, em função da natureza do delito, mas do montante das penas aplicáveis, remetendo o artigo 194 deste modo para as penas das Ordenações, com o que muito se restringia a nova garantia (Machado Ferraz, 1840: 62 e 63). Este autor concluía que o disposto na lei antiga a este propósito continuava em vigor enquanto não fosse aprovada a nova lei penal substantiva. Mais tarde, Corrêa Telles (1849: 270) repetiria aquela crítica em face da Novíssima Reforma. Só com a publicação do primeiro código penal em 1852 o problema

A Jurisdição Penal Comum

O júri de julgamento, composto por doze jurados, procedia ao julgamento dos factos imputados ao réu.[310] A prova produzida em julgamento não era registada. O júri não apreciava factos sobre os quais houvesse acordo das partes nos processos relativos a crimes particulares, mas decidia as causas crimes em que a certeza moral se pudesse obter em face da prova documental ou de inspecção ocular.[311]

No início da audiência procedia-se à leitura das peças do processo, salvo do interrogatório do réu feito na ratificação da pronúncia, que só seria lido a requerimento deste. Embora não se previsse qualquer regra sobre o valor probatório da prova produzida no processo preparatório, a leitura das peças do processo na audiência de julgamento e a liberdade dos jurados de "dar uma decisão em tudo conforme aos dictames da sua consciencia" (artigo 96, em conjugação com o artigo 209, § 1, da Reforma) permitiam a formação da convicção dos jurados com base na prova produzida fora da audiência de julgamento, em claro retrocesso face ao regime do diploma da regência dos Açores de 1830.[312]

---

obteve, em parte, solução, mantendo-se, no entanto, o recurso a certas disposições das Ordenações sobre a fiança favoráveis aos réus, que não tinham paralelo na nova ordem jurídica (Silva Ferrão, 1856 b: 154).

[310] Machado Ferraz (1834: 127) propunha que o júri decidisse também dos graus de imputação, munindo-se os jurados de uma instrução escrita sobre as características dos delitos e das suas penas.

[311] O artigo 46 não deixava dúvidas no sentido da primeira afirmação, por força da sua conjugação com os artigos 7, 40 e 216. O disposto no artigo 116, dada a sua colocação sistemática, também impunha a segunda conclusão do texto.

[312] A leitura de todas as peças do processo no início da audiência justificava a inexistência de qualquer regime especial de leitura dos depoimentos das testemunhas faltosas prestados na fase preparatória. O aproveitamento integral da prova produzida na fase investigatória constituía a razão por que Corrêa Telles censurava o disposto no artigo 208 da Reforma. O artigo 208 limitava a oito o número de testemunhas de cada parte na audiência de julgamento, o que prejudicava o réu. "Era injusto, porq' seria iniquo q' se admitissem contra o réo 28 testemunhas, e q' elle só podesse dar oito" (Corrêa Telles, 1840: 59). As vinte testemunhas da acusação que já teriam sido ouvidas e que faziam prova contra o réu eram as do sumário da culpa (artigo 185). Aliás, o Código de Processo Criminal de Primeira Instância do Império do Brasil, aprovado seis meses depois da Reforma de D. Pedro, previa também, nos seus artigos 260 e 261, a leitura de todo o processo de formação da culpa pelo escrivão no início da audiência de julgamento e mesmo uma segunda leitura logo em seguida pelo advogado do acusador dos "depoimentos e respostas do processo de formação de culpa e as provas com que se acha sustentado". Contudo, os práticos reagiram a esta amplitude da lei, tendo-se criado uma praxe, que continuou mesmo em face da Nova Reforma, de retirar aos jurados a competência para decidir sobre a matéria de facto sempre que as testemunhas tivessem sido inquiridas fora da sua presença, invocando-se o princípio de que "o systema oral forma de tal sorte a essencia do jury, que na sua ausencia não tem elle competencia" (Machado Ferraz, 1840: 53 e 56, e Innocencio Duarte, 1871: 168). Machado Ferraz opunha-se a esta praxe,

Na audiência de julgamento o juiz não dispunha de quaisquer poderes de investigação de novos meios de prova, nem de conformação do objecto do processo, encontrando-se em uma posição de total inércia diante das partes processuais, às quais competia, tal como no processo civil, arrolar a prova e proceder à inquirição das testemunhas por si oferecidas.

Contudo, não se previa no julgamento das causas crimes, ao invés do processo civil, a elaboração de relatório "dos differentes factos allegados pelo Auctor em seu Libello, e dos allegados pelo Réu na contestação, comparados com as provas produzidas por uma e outra Parte, reduzindo-as a uma conclusão determinada" (artigo 110), o que, atenta a natureza pré-judicativa desta "conclusão determinada", consentia aos jurados no foro criminal maior liberdade do que aos do foro cível.[313]

A decisão dos jurados era inatacável, não se prevendo qualquer mecanismo de controlo judicial sobre a justiça das respostas aos quesitos dos jurados, nem a impugnação directa ou com prévio protesto de nulidades da decisão sobre a matéria de facto no tribunal de recurso.[314]

A faculdade de sindicância da decisão do tribunal de primeira instância foi muito restringida pelo legislador, que consagrou o princípio da taxatividade dos recursos ordinários, a proibição expressa do agravo de injusta pronúncia e a irrecorribilidade das decisões proferidas nas causas por crimes puníveis com pena igual ou inferior a seis meses de prisão ou desterro para fora da comarca.

A lei impunha, no entanto, a interposição obrigatória para o tribunal de segunda instância do recurso de apelação da sentença condenatória de primeira instância e admitia a interposição facultativa para o Supremo Tribunal de Justiça do recurso de revista da sentença absolutória da primeira instância e das sentenças proferidas pelo tribunal de segunda instância, sendo a regulamentação deste recurso remetida para uma lei especial.

---

considerando que não feria a essência do tribunal de júri o conhecimento pelo júri dos depoimentos das testemunhas prestado no sumário da culpa (Machado Ferraz, 1840: 54).

[313] O teor do procedimento previsto no artigo 212 é explícito no sentido de que o júri reuniria para decidir imediatamente após as alegações. Por essa razão, Machado Ferraz (1834: 114) propunha de iure condendo a solução inglesa do relatório assente nas notas do juiz.

[314] Machado Ferraz (1834: 147) pugnava pela adopção da solução inglesa da advertência pelo juiz aos jurados quando o veredicto absolutório fosse injusto e da representação junto do poder executivo quando o veredicto condenatório fosse injusto. Por outro lado, o comentador da Reforma rejeitava, em teoria, qualquer recurso da decisão do júri para um tribunal de letrados, pois eles viriam a ser os "verdadeiros juizes e d' esta forma a instituição do jury se tornaria illusoria e sem efeito", ou para um outro tribunal de júri, "porque não podendo atribuir-se mais confiança ao segundo do que ao primeiro, viria a ser isto uma opperação inutil e viciosa", admitindo apenas a interposição do recurso de cassação de nulidades e errada aplicação da lei (Machado Ferraz, 1834: 146 e 147).

A Jurisdição Penal Comum 137

O objecto da apelação era mais restrito do que no direito das Ordenações, pois se, por um lado, a interposição da apelação aproveitava a todos os litigantes em relação aos quais a causa fosse comum à do recorrente e ainda à parte contrária, por outro lado, o tribunal superior não conhecia da decisão sobre a matéria de facto. Em sessão pública, com a apresentação de alegações orais pelas partes e a formulação de "perguntas necessárias" pelos juízes aos advogados e por estes às partes ou entre si,[315] o tribunal procedia apenas à sindicância da decisão de direito, em face do não registo da prova produzida em audiência de julgamento. Contudo, o tribunal de recurso podia conhecer da nulidade de quaisquer actos judiciais feitos "contra a determinação da lei" (artigo 283). O eventual efeito nocivo do exercício desta faculdade era contrabalançado pela restrição dos poderes do tribunal de segunda instância no julgamento da apelação, já que este tribunal não podia reformar a decisão recorrida, mas apenas revogá-la ou confirmá-la.[316]

Além destes meios de impugnação das decisões finais de mérito, só o agravo no auto do processo "nos casos em que esta lei o admitte" era consagrado como meio de impugnação de decisões interlocutórias (artigo 124).[317]

Por outro lado, se em França o credo da infalibilidade do júri já tinha sido ultrapassado, consagrando o *Code d' Instruction Criminelle* três casos de revisão dos julgados penais transitados, a lei portuguesa omitia qualquer previsão neste sentido, prevendo apenas a remessa oficiosa ao poder moderador de todas as sentenças de condenação em pena de morte.[318]

---

[315] Estas perguntas não tinham a natureza de meio de prova, mas apenas de esclarecimentos que facilitassem a discussão jurídica, não tendo lugar em uma fase autónoma prévia às alegações orais, mas durante estas alegações e até ao início do relatório.

[316] A votação dos juízes devia "positivamente versar sobre a revogação ou confirmação directa da sentença da primeira instância" (artigo 239, § 6). À luz desta disposição nasceu uma praxe nos tribunais superiores de anular o processo "sem mais indicação do andamento, que deverião seguir", ficando os processos parados e "sem destino" (Machado Ferraz, 1840: 44, e Innocencio Duarte, 1871: 10). O problema só foi resolvido pela Nova Reforma, como se verá adiante.

[317] Mouzinho da Silveira já tinha defendido semelhante solução em um estudo teórico (Mouzinho da Silveira, 1989 a: 791).

[318] A introdução do recurso de revisão no *Code d' Instruction* estava intimamente ligada ao esmorecimento do credo na infalibilidade do júri e nas novas garantias do réu na primeira instância. A assembleia constituinte tinha suprimido o recurso de revisão, com base neste credo, mas o Decreto de 13.5.1793 admitiu de novo aquele recurso em um caso, o da contradição de julgados, depois de um erro judiciário clamoroso. O legislador imperial consagrou uma solução intermédia entre a tradição ampla do direito antigo e a solução muito restritiva do Decreto de 1793, alargando o número de casos no *Code* (Alvaro Villela, 1897: 75 a 79, Adelino da Palma Carlos, 1927: 82 e 83, e René Garraud e Pierre Garraud, 1928: 268 a 271).

138 *A Reforma da Justiça Criminal em Portugal e na Europa*

A lei nova consagrava também duas formas de processo para julgamento de ilícitos contravencionais, uma aplicável no caso de contravenções puníveis com pena até 1.200 réis e outra aplicável no caso de contravenções puníveis com pena superior àquela e igual ou inferior a cinco dias de prisão ou 12.000 réis de multa ou pena equivalente.

Esta última forma de processo iniciava-se com a citação directa do réu pelo ofendido pelo menos três dias antes do dia da audiência, para cujo efeito o juiz realizava todas as semanas duas audiências, comparecendo nesse dia as partes com as suas provas. Ao invés do processo ordinário, o réu citado podia fazer-se representar por procurador[319] e, caso não comparecesse por si ou através de representante, prosseguia a causa até decisão final.[320] Cada parte não podia apresentar mais do que cinco testemunhas e os depoimentos eram registados.[321] O juiz decidia de plano e sem recurso.[322]

---

[319] Tal como previa a lei francesa na forma de processo para julgamento das contravenções de polícia (artigo 152 do *Code d' Instruction*). O julgamento era considerado pela doutrina francesa como contraditório (Faustin Hélie, 1867 b: 394, e Francisque Goyet, 1926: 382).

[320] Também a lei francesa previa o julgamento *par défaut* do réu que tivesse sido citado (artigo 149 do *Code d' instruction*), mas, ao invés da portuguesa, consagrava o direito de oposição do réu que tivesse sido condenado dentro de três dias após a notificação do réu, independentemente do tipo de notificação (artigos 150 e 151 do *Code d' Instruction*). Acresce que a leitura dos autos de notícia constituía frequentemente "o essencial do procedimento na audiência", razão pela qual a doutrina considerava que os princípios da imediação e da oralidade vigoravam nos tribunais de polícia com "carácter ainda menos rigoroso" do que nos tribunais correccionais (René Garraud e Pierre Garraud, 1926: 691 e 692). Contudo, o primeiro destes autores já tinha advertido que a faculdade de o juiz de polícia fundamentar a sua convicção nos depoimentos das testemunhas ausentes produzidos na fase instrutória devia ser exercida "a titulo de medida isolada e excepcional destinada a completar a inquirição oral" (René Garraud, 1915: 196 e 197).

[321] Também o *Code d' Instruction* impunha o registo das "principais declarações" das testemunhas produzidas em julgamento (artigo 155). Se este registo visava na lei francesa garantir a sindicabilidade da decisão sobre a matéria de facto, a irrecorribilidade da decisão em processo contravencional julgado por um magistrado singular prevista pela lei portuguesa tornava aquele registo destituído de sentido.

[322] O legislador português não seguiu neste ponto o *Code d' Instruction*. A forma de processo consagrada neste código conferia melhores garantias ao réu, facultando o recurso de apelação para um tribunal colectivo, o tribunal correccional, das sentenças condenatórias em prisão ou em pena de multa e indemnização que excedesse a soma de cinco francos. Acresce que no tribunal de recurso a prova da instância podia ser renovada ou podia mesmo ser produzida nova prova (artigo 175 do *Code d' Instruction*). Cabia ainda recurso de cassação quer das decisões inapeláveis da primeira instância quer das decisões proferidas pelo tribunal correccional em recurso de apelação. Esta solução resultou da crítica dirigida à previsão da irrecorribilidade das decisões do tribunal de simples polícia, consagrada no artigo 233 da Constituição do ano III e

A *Jurisdição Penal Comum* 139

No julgamento das causas de coimas até ao valor de 1.200 réis, o juiz pedâneo decidia em processo verbal e de plano, com citação e audiência das partes.

A radicalidade da Reforma Judiciária aprovada pelo legislador liberal resultava desde logo da competência criminal e contravencional muito ampla atribuída ao júri, da quase irrelevância prática e teórica da competência contravencional dos magistrados singulares e da fidelidade ao ideal conciliatório na perseguição dos crimes particulares.

O júri decidia da matéria de facto em todos os processos por crimes ou contravenções puníveis com mais de cinco dias de prisão.[323] Esta latitude da competência do júri conjugava-se com a posição de inércia total do juiz de direito e com a atribuição de uma liberdade de decisão irrestrita aos jurados, que não se encontravam em momento algum sob a influência ou o escrutínio do juiz. Com efeito, a omissão de um relatório no final da produção da prova em audiência, a não participação do juiz na discussão e votação das respostas aos quesitos e a inexistência de um regime de sindicância da equidade destas respostas garantiam aos jurados uma liberdade decisória absoluta.

O legislador optava deste modo pela consagração de um modelo judiciário radicalmente diferente do do *Code d' Instruction Criminelle*,[324] caracterizado precisamente pela limitação da competência do tribunal de júri aos crimes puníveis com penas aflitivas e infamantes, pela atribuição aos juízes letrados de poderes consideráveis de fixação do objecto do processo, de investigação oficiosa de meios de prova e de influência e escrutínio da decisão dos jurados e ainda pela faculdade de impugnação dos julgados penais transitados.[325]

---

no artigo 153 do Código de 3 *brumaire* do ano IV (Le Sellyer, 1875: 19 e 20, e Faustin Hélie, 1867 b: 421).

[323] O propósito do legislador foi o de reduzir todos os juízos a um único juízo, o júri "omnipotente" (Mouzinho da Silveira, 1989 b: 1592), de acordo com o modelo judiciário inglês. A doutrina portuguesa não delimitou o âmbito da competência dos diferentes magistrados na Reforma Judiciária, criticando apenas o legislador da reforma pelo "exagero das idéas dos publicistas" e "por ter confiado demasiadamente no júri, nos juízes de paz e nos juízes árbitros" (Dias da Silva, 1903: 757, Marnoco e Souza, 1907: 22, Chaves e Castro, 1910: 20, e Ary dos Santos, 1970: 48).

[324] A doutrina portuguesa não aprofundou as fontes do direito processual penal no período liberal, mas já defendeu, sem mais desenvolvimentos, a tese contrariada no texto (Eduardo Correia, 1967: 9, e Salgado Zenha, 1968: 19 e 20). Em um texto posterior, este autor mudou de opinião, atribuindo simultaneamente ao direito napoleónico e ao direito inglês a origem das reformas de Mouzinho, sem especificar as características de um e de outro ordenamento que se encontravam no português (Salgado Zenha, 1973: 12 e 13).

[325] A análise da Nova Reforma Judiciária dará azo ao estudo paralelo destas características da lei processual penal francesa.

140 A Reforma da Justiça Criminal em Portugal e na Europa

O modelo judiciário adoptado pelo legislador aproximava-se do inglês, sem com ele se confundir.[326] O modelo judiciário inglês caracterizava-se no iní-

---

[326] No início da década de trinta do século XIX, vigoravam nos países europeus cujo direito se afastava do paradigma do Antigo Regime dois distintos modelos judiciários, o inglês e o francês. Os diferentes Estados alemães eram ainda regidos por códigos, como a *Kriminalordnung* da Prússia de 11.12.1805 e o *Strafgesetzbuch* da Baviera de 16.5.1813, consagrando um processo inquisitório, escrito e não público, dividido em duas fases, a inquisição geral para descoberta dos meios de prova do crime e eventual inquirição do suspeito como testemunha e a inquisição especial para interrogatório do suspeito como arguido e repetição formal da prova produzida sumariamente na fase anterior. O julgamento em tribunal colectivo consistia na discussão e valoração da prova recolhida nos autos com base em uma relação feita por um dos juízes do tribunal, não podendo ser relator o juiz instrutor. Os juízes encontravam-se vinculados a um sistema positivo de provas legais e tinham a faculdade de aplicar "penas de desobediência" e penas extraordinárias ou mesmo de absolver o réu da instância. A prática e a doutrina eram, no entanto, contraditórias em relação à competência do juiz instrutor ou do tribunal de julgamento para determinar a causa pronta para julgamento. O julgamento em tribunal singular era realizado pelo mesmo juiz que tinha instruído a causa. No império austríaco vigorava o *Gesetzbuch über Verbrechen und schwere Polizeiübertretungen* de 3.9.1803, também ele construído com base no paradigma judiciário do Antigo Regime, com a particularidade de só admitir a intervenção do defensor na fase de recurso e de já consagrar um sistema negativo de provas legais (J. D. Meyer, 1822: 233 a 235, 247, 248, 255 a 261, Julius Abegg, 1833: 43 e 44, 230 a 245, 263 a 281, 297 a 300, e 1841: 177 e 178, Anton Bauer, 1835: 93 a 99, 331 e 339 e 400, e 1842: 185 a 192, Joseph Kitka, 1841: 196 a 198, Carl Mittermaier, 1845: 113 a 117, 506, 507, 534 e 535, e 1846: 12 e 13, 253 e 254, 531 a 534, Christoph Martin, 1857: 258 a 261, 402 a 407, 461 a 464, Heinrich Zachariae, 1868 a: 237 e 297, Julius Glaser, 1883: 120 a 125, Fernand Daguin, 1884: XLIV a XLIX, Eberhard Schmidt, 1947: 242, 243, 250 e 251, e Andrea Schmidt, 1994: 40 a 46). Os primeiros Estados alemães que aprovaram leis processuais renovadoras foram o de Württemberg e o de Baden, tendo sido publicados, respectivamente, a 22.6.1843 e a 6.3.1845 novos códigos em cada um destes Estados, que combinavam a estrutura tradicional do processo e um sistema negativo de provas legais com uma audiência final pública, mas em que não era produzida prova, e com a abolição das penas extraordinárias. Para a crítica destas novas leis do ponto de vista dos princípios da imediação, da oralidade e da publicidade, Carl Mittermaier, 1845: 210 a 219, Andrea Schmidt, 1994: 52, e Wolfgang Wohlers, 1994: 78 a 85. A situação só se alteraria, contudo, com os movimentos revolucionários, que levaram à consagração no artigo 103 da constituição imperial austríaca de 4.8.1849 dos princípios da oralidade, da publicidade e da acusação e do julgamento dos crimes mais graves pelo júri. Em conformidade com esta nova disposição constitucional, foi publicada a primeira *Strafprozessordnung* austríaca, de 17.1.1850, inspirada no modelo judiciário francês, mas corrigida de algumas imperfeições mais significativas deste (Victor Foucher, 1833: VI a IX, Edm. Bertrand e Lyon Caen, 1875: V, Julius Glaser, 1883: 198 e 199, e Einhard Steininger, 1989: 21 a 33). Depois da aprovação pela assembleia nacional de Frankfurt da Constituição de 28.3.1849, a maioria dos Estados alemães reformou também as suas anteriores leis processuais de acordo com o modelo judiciário francês, como se verificou na Prússia com a publicação da *Verordnung über die Einführung des mündlichen und öffentlichen Verfahrens mit Geschworenen in Untersuchungssachen,* de 3.1.1849, tendo outros Estados seguido o modelo inglês e alguns outros mantido o direito anterior. Só depois da união dos Estados alemães do sul à confederação do norte e da fundação do império

A Jurisdição Penal Comum

cio do século XIX pela existência de duas formas de processo claramente distintas, o processo sumário para julgamento das infracções leves e o processo ordinário para julgamento dos crimes graves e muito graves.

No processo sumário, o denunciado era julgado nas *petty sessions* do juiz de paz,[327] verificando-se nelas uma concentração da instrução e do julgamento da causa.[328]

No tocante aos crimes graves e muito graves, a forma de processo encontrava-se dividida em uma instrução conduzida pelo juiz de paz ou, nos casos de morte, pelo *coroner* e em um julgamento por um júri. O juiz que presidia ao julgamento era, nas *quarter sessions*, um magistrado local, o *recorder*, e, nas *assizes*, um dos doze juízes dos três tribunais superiores de Westminster, a *King´s Bench Division*, o *Court of Common Pleas* e o *Court of Exchequer*.[329] Nas *assizes* procedia-se ao julgamento duas vezes por ano dos crimes mais graves (as *felonies*), puníveis com pena de morte ou de degredo, e nas *quarter sessions* ao julgamento quatro vezes por ano dos crimes menos graves (as *misdemeanors*), puníveis com pena de prisão ou de trabalho.[330]

---

alemão, em 1871, foi alcançado o objectivo da unificação das leis processuais com a publicação no dia 1.2.1877 da *Strafprozessordnung*. A preocupação fundamental do legislador foi a de se manter fiel aos princípios do direito reformado da maioria dos Estados alemães, isto é, ao modelo judiciário francês (Carl Mittermaier, 1856: 11 a 20 e 279, Adolf Dochow, 1879: 108, Fernand Daguin, 1884: L a LVIII, Eberhard Schmidt, 1947: 315 a 317, Wolfgang Wohlers, 1994: 182, 185 a 197, e Kai Drews, 1997: 49 e 50).

[327] Este magistrado era escolhido entre os possuidores de determinados rendimentos provenientes da terra pelo *Lord-Lieutenant* que representava o rei no condado e era nomeado pelo *Lord Chancellor*, podendo ser demitido das suas funções apenas quando houvesse "justa causa" (*good cause*) para tanto. O uso desta faculdade era raro (Manchester, 1980: 75 a 79, e Peter King, 2000: 117 a 122).

[328] O processo relativo aos crimes leves era "extremamente rápido" (William Blackstone, 1787: 282 e 283) e tinha como único requisito indispensável a convocação do acusado para o julgamento. O seu âmbito era excepcional e foi progressivamente alargado a partir da publicação de vários estatutos no século XVIII e, sobretudo, na primeira metade do século XIX, mas o arguido podia opor-se à sua aplicação. Só com a entrada em vigor do *Summary Jurisdiction Act*, de 1848, se formularam as primeiras regras sobre esta forma de processo, estabelecendo uma audiência pública para a qual o acusado devia ser notificado e garantindo o direito de recurso da decisão do juiz de paz para a *quarter session* e ainda da decisão desta, em questões de direito, para o *King's Bench* (Ernest Glasson, 1883 a: 308, 309, 573 a 578, e 1883 b: 572 e 573, Friedrich Stein, 1907: 12, 13 e 21, Karl Neumann, 1930: 12, Manchester, 1980: 94, 160 a 162, David Taylor, 1998: 107 a 109, e Peter King, 2000: 63 a 68 e 356).

[329] Os juízes superiores eram nomeados pelo rei, por conselho do *Lord Chancellor* e só podiam ser demitidos por "má conduta" (*misconduct*) e através de um voto das duas câmaras do parlamento (Manchester, 1980: 79 a 83).

[330] Manchester, 1980: 162 a 166, Sharpe, 1984: 23 e 24, e Beattie, 1986: 283 a 288, 309 a 313. Em virtude da proliferação de previsões legais de condenação do delinquente à morte, o juiz

A instrução era escrita e, em princípio, contraditória e findava com a prolação pelo magistrado local da indiciação (*indictment*) ou da ordem de arquivamento.[331] Aquela decisão tinha como consequência a apresentação do acusado diante do *grand jury*, composto no mínimo de doze e no máximo de vinte e três jurados, que deliberava em segredo e por maioria de pelo menos doze votos sobre se tinha lugar o julgamento do suspeito.[332] Em caso afirmativo, seguia-se o

---

de paz frequentemente manipulava a instrução no sentido de o processo em que se investigava um crime punível com pena de morte, mas em que concorria alguma circunstância atenuante, ser apresentado a uma *quarter session* e não a uma *assize* (Cottu, 1822: 26 e 27).

[331] Também eram admitidas outras duas formas de instrução da causa, o *presentment* e a *information*, que eram muito menos frequentes do que o *indictement*. O júri de acusação podia em certos casos constituir-se em júri de instrução de uma causa, com base na notícia de um crime ou na observação directa do facto, inquirindo testemunhas em segredo e proferindo a final uma decisão de remessa dos autos a julgamento, o *presentment*. Quer nos casos de *indictement* quer nos de *presentment*, a prova recolhida na instrução da causa não podia ser usada na audiência de julgamento, mas apenas para permitir o arquivamento imediato dos autos ou a verificação de indícios suficientes da culpa que justificavam a sua remessa a julgamento. A terceira modalidade era verdadeiramente excepcional, tendo por objecto crimes de média gravidade, crimes de natureza política ou crimes de imprensa, atinentes aos interesses do rei (os crimes que "tendem a perturbar ou pôr em perigo o seu governo, ou a molestá-lo ou afrontá-lo no exercício das suas funções reais"). Nestes casos, os magistrados do rei tinham o direito de apresentação imediata do réu a julgamento pelo júri competente, sem qualquer apreciação prévia por um júri de acusação. A apresentação da *information* dependia de ordem expressa da *King's Bench Division* e o acusador não só tinha de depositar uma caução, como se tornava pessoalmente responsável pelos danos causados se o réu fosse absolvido em julgamento, salvo se o juiz que tivesse presidido ao julgamento considerasse que havia indícios suficientes para deduzir a *information*. As causas crimes podiam ainda ser apresentadas a julgamento através da acusação directa do particular, designada por *appeal*, admitindo-se nelas a prova por combate judiciário. Este último procedimento foi abolido no ano de 1819, embora já tivesse caído em desuso há muito (William Blackstone, 1787: 301 a 312, J. D. Meyer, 1819 a: 228 a 232, 288 e 289, e 1822: 475 e 476, Cottu, 1822: 210 a 213, Anselm von Feuerbach, 1825: 349 e 350, 366 e 367, Carl Mittermaier, 1846: 153 a 168, Ernest Glasson, 1883 a: 579 a 582, Holdsworth, 1926: 229 a 244, e Karl Neumann, 1930: 13 e 14). A doutrina de língua portuguesa conhecia bem a organização judiciária e o processo penal ingleses (Francisco de Almeida, 1822: 18, Teixeira de Aragão, 1824: 34, Ferreira de Moira, 1826: n. II, pp. 10 e 11, e Paulo Midosi, 1867: 76). O primeiro autor criticava os poderes de arquivamento definitivo conferidos ao juiz de paz, propondo antes uma solução inédita, que viria mais tarde a ser recuperada na doutrina: a formação de um conselho de três ou cinco magistrados designados pelo poder executivo, que ficavam impedidos de intervir no julgamento e tinham competência apenas para instruir a causa e prender o suspeito (Francisco de Almeida, 1822: 75).

[332] O papel desempenhado pelo *grand jury* foi declinando ao longo do século XIX, à medida que se reforçaram os poderes de investigação do juiz de paz, se alargou a produção de prova às testemunhas da defesa e se permitiu a interferência do acusado e do seu defensor na inquirição das testemunhas de acusação, tendo o *Indictable Offences Act* de 1848 consagrado esta tendência e transformado o estatuto do juiz de paz, convertendo o anterior instrutor do caso da acusação

A *Jurisdição Penal Comum*   143

julgamento do acusado pelo *petty jury*, composto de doze jurados, que decidia sobre a culpa do acusado.[333]

O pequeno júri decidia com base na prova produzida pela acusação e pela defesa[334] na audiência e por unanimidade.[335] O juiz registava sumariamente os

---

em um juiz preliminar equidistante em relação às partes (Manchester, 1980: 230, Beattie, 1986: 319 a 326, Cornish e Clark, 1989: 612, e David Taylor, 1998: 112, 113 e 117).

[333] A característica essencial do modelo judiciário inglês residia nesta garantia do réu de que não podia ser acusado e condenado por um crime grave sem o voto unânime de pelo menos vinte e quatro dos seus iguais, que representava também a consagração do princípio da acusação (*So tender is the law of England of the lives of the subjects, that no man can be convicted at the suit of the king of any capital offence, unless by the unanimous voice of twenty-four of his equals and neighbours*, William Blackstone, 1787: 306). Na doutrina de língua portuguesa, Francisco de Almeida, 1822: 16 e 17, Teixeira de Aragão, 1824: 38, e Ferreira de Moira, 1826: n. II, pp. 38 e 39. Quer os jurados do *petty jury* quer os do *grand jury* eram escolhidos de entre os locais que tivessem determinados rendimentos provenientes da terra por um oficial da administração local nomeado anualmente pelo rei, *o sheriff* (Cottu, 1822: 44 e 45). A escolha do jurado por um representante do poder executivo constituía, aliás, a segunda crítica fundamental que Francisco de Almeida fazia à organização do júri inglês, propondo o autor a eleição dos jurados pelo povo (Francisco de Almeida, 1822: 95). Diferentemente, Ferreira de Moira (1826: n. II, pp. 47 e 48, 61 e 62) considerava que a escolha do *sheriff* devia ser substituída por um sorteio.

[334] A defesa não se encontrava, no entanto, em posição de igualdade perante a acusação, existindo desde tempos antigos quatro graves limitações da sua posição processual. O réu era sujeito à *penance forte et dure* se recusasse submeter-se ao julgamento pelo júri e não respondesse às perguntas do juiz sobre o modo como pretendia defender-se, o que acontecia com os acusados pela prática de *felonies* ou de traição, que deste modo evitavam a perda dos bens da família para a coroa no caso de condenação. Esta tortura, que o réu tinha de suportar até à morte se não cedesse, não constituía, no entanto, um meio de obtenção de prova no caso de ele aceitar o julgamento pelo júri. A prática da *penance forte et dure* foi abolida em 1772. Por sua vez, o silêncio do réu acusado de alta traição e de *misdemeanors* e, a partir de 1772, também do réu acusado de *felonies* era equiparado a uma confissão, tendo-se esta equiparação mantido até à sua proibição em 1827. A posição processual do réu era ainda agravada pela proibição da assistência de um advogado nos processos por *felonies*, com a excepção do crime de alta traição, e da possibilidade de o réu prestar depoimento ajuramentado, tendo aquela proibição sido afastada em 1836 e esta em 1898 (William Blackstone, 1787: 324 e 329, J. D. Meyer, 1819 a: 259 e 268, Gaetano Filangieri, 1840: 340, e Carl Mittermaier, 1845: 503 e 504, e 1846: 259 e 281 e 282, e Ernest Glasson, 1883 a: 583, 587, 588, 590 a 592, e 1883 b: 778 e 779, Beattie, 1986: 337 e 338, 343 a 347, 356 a 362, e Cornish e Clark, 1989: 562). Acresce que, em regra, o suspeito que devia ser julgado pelo tribunal de júri aguardava o julgamento sob prisão ordenada pelo juiz de paz, que poderia durar até três meses quando fosse julgado na próxima *quarter session* ou até seis meses quando fosse julgado na *assize* seguinte, sendo admissível a prestação de caução apenas no julgamento de *misdemeanors* (Cottu, 1822: 39, Friedrich Stein, 1907: 20, 21 e 57, Beattie, 1986: 281 a 283, 288 e 309, Corbish e Clark, 1989: 561, e Peter King, 2000: 45 e 95).

[335] Ao invés do princípio da "íntima convicção" (*intime conviction*) introduzido no direito europeu depois da revolução francesa, o princípio da livre convicção no direito inglês conjugava-se com as "regras da prova" (*rules of evidence*), que se fundavam "na caridade da religião,

144   A Reforma da Justiça Criminal em Portugal e na Europa

depoimentos das testemunhas enquanto as partes conduziam a inquirição, proferindo um resumo final sobre os factos e o direito aplicável.[336]

O veredicto dos jurados a favor do acusado era inatacável, podendo o juiz apenas convidar os jurados a reformá-lo ou representar ao rei as suas dúvidas sobre a má fé de algum dos jurados, no caso em que suspeitasse dela. O veredicto desfavorável podia ser impugnado junto da *King' s Bench Division*, que ordenava a subida dos autos com total discricionariedade.[337] Caso o *writ of error* fosse admitido, a *King' s Bench Division* podia determinar a repetição do julgamento diante de um novo júri quando o veredicto fosse contrário às provas ou pudesse ter sido influenciado por um resumo tendencioso do juiz, pela admissão

---

na filosofia da natureza, na verdade da história e na experiência da vida comum". Estas regras de valoração da prova, que se foram condensando sobretudo ao longo do século XVIII, impunham-se aos jurados apenas pela força da autoridade moral e argumentativa das indicações do magistrado. Assim, as *rules of evidence* afastavam-se do sistema de prova tarifada, mas constituíam simultaneamente um limite à arbitrariedade do juízo dos jurados, sobretudo na apreciação da prova testemunhal. A rejeição da regra *testis unus testis nullus*, salvo nos casos de traição, do valor probatório da mera opinião, da prova de "ouvir dizer" (*hearsay*), do depoimento não corroborado de um cúmplice arrependido e não acusado e da confissão pré-judicial conseguida por meios fraudulentos constituíam algumas das mais significativas regras deste direito probatório, tendo sido gradualmente suprimidas as particularidades desfavoráveis do regime probatório dos processos pelo crime de traição (William Blackstone, 1787: 356 a 360, Anselm von Feuerbach, 1825: 459 a 467, Carl Mittermaier, 1846: 549 a 551, Ernest Glasson, 1883 a: 147 a 149 e 593, e 1883 b: 787 e 788, e Holdsworth, 1926: 205 a 218, Beattie, 1986: 363 a 372, e Peter King, 2000: 223 a 228).

[336] Cottu, 1822: 92 e 94, e, entre nós, Francisco de Almeida, 1822: 25, Teixeira de Aragão, 1824: 49, e Paulo Midosi, 1867: 83. Na doutrina de língua portuguesa, Francisco de Almeida criticava a influência exercida por este meio pelo juiz sobre os jurados (Francisco de Almeida, 1822: 108), ao invés de Paulo Midosi, que a considerava uma garantia da boa decisão dos jurados ("com um bom juiz não há jurado mau", Paulo Midosi, 1867: 23, e, já anteriormente, Rebello de Carvalho, 1832: 31 e 32). Sobre as modalidades deste resumo e a sua força jurídica, Karl Binding, 1915 a: 124 a 126, que concluía que são "os grandes juízes ingleses que mantêm o júri e não ele que se mantem a si próprio". Também a doutrina anglo-saxónica sempre considerou o resumo como "a parte vital do julgamento pelo júri", reconhecendo expressamente que ele constitui uma "limitação informal" da função do jurado (Patrick Devlin, 1966: 116 e 124, e Sharpe, 1984: 37).

[337] O veredicto podia consistir apenas na declaração de culpa do acusado (o *general verdict*) ou na declaração da verificação de determinado facto, sem que se decidisse sobre se ele constituía delito (o *special verdict*). Este veredicto tinha lugar quando os jurados tinham dúvidas sobre a questão de direito e deixavam a decisão da qualificação do facto como crime ao tribunal. O júri podia ainda dar um veredicto parcial (*partial verdict*), julgando provado um crime menos grave contido no âmbito do crime acusado, o que constituía, aliás, uma táctica muito frequente para mitigar a severidade da lei penal conhecida pela *jury nullification* (William Blackstone, 1787: 362, Jacques Raiga, 1913: 9, e Patrick Devlin, 1966: 88, Beattie, 1986: 407, e Peter King, 2000: 242 e 355).

A Jurisdição Penal Comum

de provas que deviam ter sido rejeitadas ou pela rejeição de provas que deviam ter sido admitidas.

Além desta prática, o juiz que presidia ao julgamento de uma *assize* podia, quando tivesse dúvidas sobre a questão de direito, suspender a prolação ou mesmo a execução da sentença proferida de acordo com o veredicto e consultar oficiosamente o colégio dos doze juízes de Westminster. Este colégio de magistrados, mais tarde designado pelo *Court of Crown Cases Reserved*, só opinava sobre a questão de direito, mas excepcionalmente podia apresentar o caso ao rei, quando entendesse que o veredicto era contrário à prova, com vista à concessão do perdão ao réu.[338]

Na lei processual portuguesa o princípio da acusação obtinha uma realização quase perfeita, melhor do que a do direito inglês, atendendo à competência judicativa e à liberdade de decisão do júri e ao deferimento da promoção dos termos da acusação em julgamento a um novo magistrado, o agente do Ministério Público, o que libertava o juiz do exercício dessa função. A observância daquele princípio era somente prejudicada no julgado que fosse cabeça de comarca, onde o juiz de direito que tinha proferido a pronúncia elaborava a decisão de direito e determinava a pena. Nos restantes julgados, o juiz ordinário dirigia o processo preparatório, proferia a pronúncia e presidia à audiência de ratificação da pronúncia, mas não participava no julgamento das causas que competia ao júri conhecer.

---

[338] A divisão da *aula regis* pelo rei Eduardo I em três tribunais superiores, a *King's Bench Division* para as causas criminais, a *Common Pleas* para as causas cíveis e o *Court of Exchequer* para as causas fiscais, o alargamento da actividade cassatória do *King' s Bench* e dos outros tribunais superiores e a formação do colégio de magistrados no *Sergeant' s Inn* foram os frutos de uma longa evolução costumeira, que só foi reconhecida pelo legislador com a aprovação do *Crown Cases Reserved Act*, em 1848. Este diploma estabeleceu o recurso sobre questões de direito para o colégio dos magistrados dos três tribunais superiores, consagrando um meio de impugnação complementar do *writ of error* que só podia fundar-se nas formalidades registadas no processo. Só com o *Criminal Appeal Act* de 1907, que criou o *Court of Criminal Appeal*, foi definitivamente reconhecido um amplo direito de impugnação de facto das decisões condenatórias de um tribunal de júri, com fundamento em que o veredicto não era razoável (*unreasonable*), não podia ser sustentado atendendo à prova (*cannot be supported having regard to the evidence*) ou constituía um erro de apreciação (*a miscarriage of justice*). Simultaneamente, foi reconhecido o direito de impugnação da pena, embora neste caso se admitisse a *reformatio in pejus* da decisão recorrida (J. D. Meyer, 1819 a: 141 a 146, Cottu, 1822: 111 a 119, Carl Mittermaier, 1846: 558 a 561, e 1852: 646 a 648, Ernest Glasson, 1883 a: 121, 122, 300 a 302, 499 a 502, 520 e 521, Jacques Raiga, 1913: 20 a 38, Karl Neumann, 1930: 19 e 20, Patrick Devlin, 1966: 75 a 80, Manchester, 1980: 180 a 187, e Cornish e Clark, 1989: 619 a 623). A doutrina de língua portuguesa conhecia esta evolução do sistema de recursos inglês (Francisco de Almeida, 1822: 27, Teixeira de Aragão, 1824: 53, e Paulo Midosi, 1867: 86 e 87).

146 *A Reforma da Justiça Criminal em Portugal e na Europa*

O princípio da imediação, ao invés, não era imposto na nova lei nacional. Não obstante a fixação da presença obrigatória do réu em audiência de julgamento no processo ordinário, o regime de leitura das peças do processo no início da audiência permitia que o júri fundasse a sua convicção em prova produzida fora da audiência de julgamento e na fase secreta do processo. O aproveitamento desta possibilidade pelos jurados, que se reflectia em termos práticos na formação de pré-juízos sobre a prova pelos jurados, conjugava-se, por um lado, com o ideal afrancesado da liberdade "íntima" dos jurados para motivar a sua decisão como bem entendessem, inclusivamente com os elementos do processo preparatório,[339] e constituía, por outro, um instrumento poderoso de influência da valoração da prova produzida em audiência de julgamento pela actividade instrutória secreta do juiz singular. Embora este efeito perverso pudesse ser diminuído pela publicidade e plena contraditoriedade do processo depois da pronúncia, com a faculdade de o réu inquirir as testemunhas ouvidas na instrução e impugnar a sua credibilidade com conhecimento do conteúdo dos respectivos depoimentos e apresentar as suas testemunhas, a pretensão do legislador liberal de implantar o modelo judiciário inglês em Portugal não deixava de se revelar contraditória.

O legislador conferia aos jurados uma liberdade mais ampla do que a dos seus congéneres ingleses, esquecendo que estes julgavam de acordo com as *rules of evidence* e sob a tutela de um juiz, que transmitia aquelas regras aos jurados e sindicava a sua observância por estes. O legislador importava um modelo inglês, mas distorcendo-o pela adopção de um princípio afrancesado de liberdade total da convicção dos jurados.

A consagração das novas garantias do processo na primeira instância justificavam a fixação do princípio da taxatividade dos recursos e a redução muito significativa dos meios de impugnação ordinária das decisões finais e interlocutórias, proibindo-se mesmo o agravo de injusta pronúncia em face da introdução da audiência de ratificação de pronúncia e afastando-se como proscritos do foro os embargos, os agravos de instrumento e de petição e o benefício de restituição.

O legislador consagrava apenas dois graus de jurisdição quando o tribunal de primeira instância tivesse absolvido o réu e três graus quando tivesse conde-

---

[339] Este foi também desde sempre o entendimento da doutrina portuguesa. O princípio da livre convicção fixado no texto da Reforma Judiciária e nos que se lhe seguiram foi sempre interpretado com a máxima amplitude, não se encontrando sequer limitado pelo princípio da imediação. Assim, a convicção dos jurados podia resultar ou das "provas dos autos, ou das provas externas, que tenham alcançado como particulares" (Duarte Nazareth, 1886: 270, e Caeiro da Matta, 1911 b: 11), concluindo-se mesmo que "o júri não é adstrito à prova, julga por ela, contra ela, ou sem ela" (António Macieira, 1914: 58).

nado o réu, não definindo os termos em que seria admissível o recurso de revista nem os poderes do Supremo Tribunal de Justiça no julgamento das revistas.

A tutela da posição processual do réu pelo tribunal de recurso era reforçada pela obrigatoriedade do recurso de todas as sentenças condenatórias proferidas em processo ordinário fora da alçada do tribunal recorrido e pelo regime muito amplo das nulidades. Contudo, o grave défice na realização do princípio da imediação não era compensado no tribunal de segunda instância, que não sindicava a decisão sobre a matéria de facto e tinha poderes de natureza estritamente cassatória. Os amplos poderes anulatórios do tribunal de recurso, se usados com respeito pelo objecto estrito do recurso, só permitiriam o controlo da regularidade da produção da prova, mas não o da suficiência da prova.

O legislador liberal consagrava, pois, um regime de recursos, que embora compatível com os preceitos da Carta sobre os graus de jurisdição, retomava afinal a doutrina fixada na Constituição de 1822 no tocante aos poderes restritos do tribunal de segunda instância.

Na forma de processo para julgamento das contravenções mais graves, a citação directa do réu pelo ofendido assegurava a observância do princípio da acusação, enquanto a possibilidade de julgamento à revelia do réu, sem a garantia de qualquer defesa ulterior, representava uma violação do princípio da imediação. A irrecorribilidade das decisões proferidas nesta forma de processo, que podiam impor a prisão efectiva, constituía um gravame insuportável, com origem na doutrina da constituinte vintista da irrecorribilidade das sentenças proferidas pelos magistrados singulares no julgamento dos "delitos leves", mas sem paralelo no direito francês que serviu de fonte da legislação nacional neste ponto concreto e limitado da regulamentação do julgamento das contravenções mais graves.

A regulamentação da forma de processo para julgamento das contravenções menos graves teve na sua base o disposto no § 73, do Título 65 do Livro I e no Título 87 do Livro V das Ordenações Filipinas, que previam um processo verbal, sumário e contraditório para aplicação de coimas por violação de posturas municipais. O novo juiz pedâneo sucedia ao antigo juiz das vintenas, com a mesma competência para prender os delinquentes e julgar, sem recurso, as transgressões de posturas locais puníveis com coimas até determinado montante.

Esta reforma foi inicialmente aplicada apenas nos Açores. Após a tomada do Porto pelo partido liberal, D. Pedro IV criou na cidade um tribunal extraordinário, de composição mista, civil e militar, com competência criminal, que pouco tempo duraria, sendo substituído pelo recém-reconstituído Tribunal da Relação do Porto.[340] No meio da convulsão política e militar, a reforma

---

[340] No seu lugar próprio serão objecto de estudo os diplomas de criação e extinção daquele tribunal extraordinário.

148 A Reforma da Justiça Criminal em Portugal e na Europa

judiciária foi aplicada com limitações, designadamente, no que respeita aos jurados.[341]

A reforma viria a ser completada com a publicação de três diplomas fundamentais, um sobre a organização e a competência do Supremo Tribunal de Justiça,[342] o outro sobre a criação dos tribunais de polícia correccional e de uma forma de processo especial para julgamento dos crimes de polícia e o terceiro sobre a regulamentação da forma de processo especial para julgamento dos crimes de imprensa.

O Decreto de 19.5.1832 regulamentou a acção de nulidade, que restringiu aos casos de suborno, peita, peculato ou concussão dos juízes ou dos jurados,[343] e o recurso de revista, que cabia quando se verificasse a preterição de formalidade prevista nas leis do reino com essa cominação[344] ou desconformidade da sentença com a disposição literal das leis do reino, constituindo a exigência da literalidade da interpretação das leis do reino o tribunal supremo na obrigação de "com mão de ferro cassar todas as decisões, que se lhe apresentem, quando fundadas em esquivas interpretações de nossos reinicolas".[345]

O Supremo tinha o poder de anular o processo, parcial ou totalmente, consoante a fase processual em que tivesse ocorrido a nulidade processual, ou de

---

[341] Afonso Costa, 1899: 193.

[342] No âmbito da reforma da organização judiciária, o governo aboliu posteriormente o Tribunal da Casa da Suplicação pelo Decreto de 30.7.1833, o Real Conselho de Marinha pelo Decreto de 2.8.1833, o Desembargo do Paço por um Decreto do dia seguinte, o Conselho da Real Casa e Estado das Rainhas e a Junta da Sereníssima Casa de Bragança e da Sereníssima Casa do Infantado pelo Decreto de 9.8.1833, o Tribunal da Mesa da Consciência e Ordens pelo Decreto de 16.8.1833, o Tribunal da Legacia Apostólica pelo Decreto de 23.8.1833, o Tribunal do Conselho Ultramarino pelo Decreto de 30.8.1833, o Juízo da Conservatória da Universidade pela Portaria de 23.5.1834 e o Tribunal do Conselho de Guerra e o Conselho Militar de Justiça pelo Decreto de 1.7.1834. Depois desta verdadeira *revolutio* legislativa subsistiam apenas as conservatórias dos ingleses, dos espanhóis, dos franceses, dos italianos e dos alemães.

[343] O comentador das leis de organização do Supremo Tribunal de Justiça, Machado Ferraz, exprimiu opinião favorável à restrição dos fundamentos da acção de nulidade, pois "esta acção, depois que se estabeleceo o recurso de revista como meio ordinario de justiça, era inutil, e prejudicial" (Machado Ferraz, 1844: 40).

[344] A interpretação deste conceito de nulidade processual, que se afastava frontalmente do disposto no artigo 283 da Reforma Judiciária, foi feita pela jurisprudência com recurso ao direito das Ordenações Filipinas e, designadamente, aos títulos 75 e 81 do Livro III (Innocencio Duarte, 1871: 10 e 11, 268 a 271, que aponta a jurisprudência publicada desde a Reforma Judiciária).

[345] Machado Ferraz, 1840: 10. Sobre o teor restritivo da previsão legal, que vedava o controlo da desconformidade da sentença com o espírito da lei ou da aplicação manifestamente errada de lei ou do cometimento de algum defeito substancial que viciasse o julgado, Afonso Costa, 1903: 210, Alberto dos Reis, 1909: 183, Chaves e Castro, 1910: 162, e Eduardo de Sousa Monteiro, 1932: 101.

A *Jurisdição Penal Comum* 149

anular a sentença no caso de desconformidade desta com as leis do reino e, num caso como no outro, o processo era julgado de novo por um tribunal diferente do recorrido, mas com igual categoria. Não cabia segunda revista em caso algum.

A doutrina acusou esta lei de ser "errónea", "injurídica" e "inconstitucional", por esvaziar de conteúdo o poder jurisdicional do tribunal *ad quem*, permitindo que o tribunal *a quo* fizesse valer em definitivo a sua doutrina e denegasse o julgado do tribunal superior,[346] e por instituir verdadeiros juízos comissários vedados constitucionalmente.[347]

A lei nova aproximava-se quer da tradição jurídica nacional quer da legislação francesa então vigente, pois vedava ao Supremo Tribunal o conhecimento directo da causa, atribuindo a este tribunal um poder de cassação estrito, o poder de conhecer "da má applicação da lei sem se intermetter no mal julgado",[348] mas respeitando a liberdade dos juízes do tribunal inferior de julgarem como bem entendessem a causa, tal como nas Ordenações os desembargadores do Paço acatavam a informação dos desembargadores da Casa da Suplicação.[349]

Por outro lado, o legislador liberal conhecia a experiência francesa pós-revolucionária e deixou-se influenciar por ela. Se o artigo 2 do Decreto de 27.11-1.12.1790 da assembleia constituinte francesa enunciava genericamente a violação das formas processuais e a contravenção expressa ao texto da lei como os fundamentos de admissibilidade do recurso,[350] o *Code d' Instruction*, que

---

[346] O contemporâneo que mais veementemente contestou esta particularidade do diploma de 1832 foi Ferreira Borges na sua obra "Das Fontes, Especialidade e Excellencia da Administração Commercial segundo o Codigo Commercial Portuguez", de 1835, em especial a páginas 20 e 21. Mais tarde, a doutrina criticou unanimemente a inexistência de segunda revista, pois esta transformava o Supremo em uma espécie de "corpo consultivo", em uma instituição "inutil", impedida de conseguir o seu objectivo principal, que era o da uniformização da jurisprudência (Costa e Simas, 1843: 7, Eduardo Alves e Sá, 1888: 55 e 103, Afonso Costa, 1903: 210, Dias da Silva, 1903: 739, Alberto dos Reis, 1909: 183, e Chaves e Castro, 1910: 162).

[347] Ferreira Borges, 1835: 92.

[348] Machado Ferraz, 1844: 11. O paralelo entre a doutrina da lei nova e a do § 2, do Título 75 do Livro III, das Ordenações, que constituía "um exemplo da sabedoria dos nossos antigos legisladores, que em muito devemos apreciar", já tinha sido estabelecido pelo autor no comentário ao diploma de 1832 (Machado Ferraz, 1840: 17 e 18).

[349] Mello e Carvalho, 1843: 48, e Machado Ferraz, 1844: 29 e 31.

[350] O referido artigo 2.º rezava assim: "Ele anulará todos os processos nos quais as formas tenham sido violadas, todo o julgamento que contiver uma contravenção expressa ao texto da lei. Sob nenhum pretexto e em caso algum, o Tribunal de Cassação poderá conhecer do fundo dos casos" (*Il annulera toutes procédures dans lesquelles les formes auront été violées, tout jugement qui contiendra une contravention expresse au texte de le loi. Sous aucun prétexte et un aucun cas, le Tribunal de cassation ne pourra connaitre du fon des affaires*). No modo de ver dos constituintes franceses, a instituição de um tribunal de cassação constituía, não tanto um meio de

150   A Reforma da Justiça Criminal em Portugal e na Europa

previa a interposição para a *Cour de Cassation* do recurso das sentenças condenatórias proferidas em processo com intervenção de júri e das sentenças proferidas em última instância em processo de polícia ou correccional, admitia mais restritivamente como fundamentos para o *pourvoir en cassation* as nulidades expressamente previstas no *Code*, a incompetência e o excesso de poder, a omissão de pronúncia sobre as petições das partes para o exercício de uma faculdade ou de um direito fixados pela lei, ainda que a lei não cominasse com a sanção da nulidade a omissão da formalidade cuja execução tivesse sido requerida,[351] e a violação ou a aplicação incorrecta da lei.[352]

---

uniformização da jurisprudência, mas uma garantia imprescindível da divisão estrita de poderes, pois o recurso de cassação devia sancionar apenas as intromissões do poder judicial no âmbito da competência do poder legislativo. Por outro lado, o mecanismo do *référé législatif* ou *référé facultatif* visava prevenir aquelas mesmas intromissões, na medida em que permitia ao órgão legislativo resolver qualquer dúvida colocada pelos tribunais sobre a interpretação de uma lei (J. D. Meyer, 1822: 417, Piero Calamandrei, 1920: 422 a 425, 433 e 434, 442 a 448, Gabriel Marty, 1929: 59 a 62, e Wilfried Küper, 1967: 44 a 56). O sentido da previsão legal de 1790 era o de que o tribunal "não devia indagar sobre o modo de ser da relação jurídica controversa, mas apenas sobre o modo de ser da sentença pronunciada sobre essa relação" (Piero Calamandrei, 1920: 459), devendo facultar a cassação apenas com fundamento nos "erros de direito mais flagrantes e mais grosseiros, em violações da lei tão formais que impliquem quase uma rebelião do juiz contra a regra legal", razão pela qual o tribunal não podia cassar a decisão recorrida se se tratasse de uma mera interpretação inexacta da lei (Gabriel Marty, 1929: 65). A competência da *Cour de Cassation* foi posteriormente esclarecida pelo legislador constituinte. O artigo 20 do título III do capítulo V da Constituição de 1791 e, depois dele, o artigo 99 da Constituição de 1793, o artigo 255 da Constituição do ano III e o artigo 66 da do ano VIII já só mencionavam a contravenção expressa à lei, admitindo, pois, a mera violação do espírito da lei como fundamento do recurso. As Cartas de 1814 e de 1830 omitiram qualquer disposição expressa sobre a competência do tribunal de cassação, tal como as Constituições de 1848 e de 1852 e as leis constitucionais de 1875. Embora a *Cour de Cassation* não tivesse outra competência além daquela que o *Conseil des parties* dispunha no seio do *Conseil du Roi*, a supressão dos Parlamentos, a obrigação de motivação das decisões, o movimento de codificação e as novas atribuições do Ministério Público no âmbito dos recursos contribuíram para o reforço da autoridade moral da *Cour de Cassation* e para a alçar a uma posição no sistema judiciário francês que o antigo *Conseil* nunca teve (J. D. Meyer, 1822: 420 a 428, Faustin Hélie, 1867 c: 346 a 348, e Albert du Boys, 1874 a: 281). No direito prussiano, foi introduzido pelo § 4 da *Verordnung über das Rechtsmittel der Revision und der Nichtigkeitsbeschwerde* um preceito semelhante ao do artigo 66 da Constituição de 22 *frimaire* do ano VIII. Contudo, o novo recurso para defesa do direito não constituiu uma "recepção pura do direito francês", pois, ao lado da sindicância da violação do direito material pela decisão recorrida com vista à defesa do direito, admitia a sindicância de determinados vícios do processo, com vista à defesa dos interesses do recorrente (Erich Schwinge, 1960: 12 e 13). Esta distinção, que se manteve até ao presente no direito germânico, só foi introduzida no âmbito do processo penal pelas leis de 1849 e 1852, como se verá melhor adiante.

[351] A jurisprudência alargou o âmbito desta causa de nulidade, nela incluindo a omissão de quaisquer formalidades substanciais, isto é, "cuja necessidade resultasse implicitamente do fim

A *Jurisdição Penal Comum* 151

A *Cour* só tinha poderes cassatórios, anulando no todo ou em parte o processo ou o julgado. Após a primeira cassação, o segundo julgado da instância podia ainda ser impugnado nos termos do disposto na Lei de 16.9.1807, para os quais remetia o artigo 440 do *Code*.[353] Depois da publicação desta lei, ainda

---

perseguido pelo legislador ao prescrever a formalidade", e considerando verificada a nulidade se o cumprimento da formalidade não resultasse dos autos (Francisque Goyet, 1926: 347 e 348). Esta evolução da jurisprudência correspondeu a uma transformação da natureza inicial do tribunal de cassação, que gradualmente deixou de ser um órgão político de censura das ofensas do poder judicial ao princípio da separação de poderes para se tornar em um remédio judicial contra as irregularidades do processo (Piero Calamandrei, 1920: 489 a 491, e Gabriel Marty: 1929: 68 a 70).

[352] O texto dos artigos 410, 429 e 434 do *Code* só implicitamente pressupunha a incorrecta aplicação da lei como fundamento da cassação (Gabriel Marty, 1929: 76 e 77). Com base em uma jurisprudência do *Conseil du Roi*, o legislador imperial consagrou a doutrina da "pena justificada" no artigo 411 do *Code* para os processos crimes e no artigo 414 para os processos correccionais e de polícia. As disposições legais permitiam a confirmação parcial da decisão recorrida, quando se verificasse erro na citação da lei aplicada, mas a pena aplicada fosse a adequada. Esta teoria foi sendo ampliada pela *Cour de Cassation*, de acordo com o entendimento de que o preceito legal constituía apenas uma aplicação de um princípio mais amplo, o princípio segundo o qual "onde não há interesse não há acção" (*pas d' intérêt, pas d' action*). Esta tendência da jurisprudência daquele tribunal firmou-se sobretudo a partir da decisão das câmaras reunidas de 30.3.1847, que alargou o âmbito da competência do tribunal aos casos em que a decisão impugnada fosse válida por força de uma disposição da lei que o juiz tivesse ignorado. Assim, a praxe da *Cour de Cassation* passou a incluir não só os erros cometidos na qualificação da infracção imputada a um mesmo réu, na definição do título de responsabilidade pessoal e na identificação dos elementos típicos do crime, procedendo nestes casos a *Cour* a uma "substituição parcial e encoberta" dos motivos da decisão, como também incluía os erros cometidos na valoração de diversas infracções imputadas a um mesmo réu, considerando a *Cour* irrelevante o erro de qualificação cometido em relação a uma das infracções sempre que a pena aplicada fosse justificada pelas restantes infracções, mesmo quando estas infracções tivessem natureza e gravidade diversas daquela. A doutrina defendeu pareceres opostos sobre o sentido da evolução e a legitimidade desta teoria, sopesando os autores diferentemente, por um lado, as vantagens práticas decorrentes do reforço da autoridade do juízo de culpa recorrido e da circunstância de se contornarem deste modo as dificuldes da qualificação jurídica e, por outro lado, a interferência do tribunal de cassação na apreciação da questão de facto e a não ponderação do interesse do recorrente na correcta qualificação jurídica dos factos pelos quais foi condenado (Marcel Gelin, 1922: 49, 173 e 211, Faustin Hélie, 1887 d: 467 a 469, René Garraud e Pierre Garraud, 1928: 356 a 364, 380 a 386, Donnedieu de Vabres, 1947: 860 e 861, e Jacques Boré, 1985: 950 a 960, 967 a 969).

[353] A lei de 1807 foi o terceiro diploma de regulamentação desta questão publicado desde a constituinte. O artigo 21 da Lei de 27.11-1.12.1790 determinou que competia ao corpo legislativo, através da votação de um "decreto declarativo da lei", proceder à interpretação da lei depois de duas cassações, tendo um terceiro tribunal decidido no mesmo sentido dos dois primeiros. Este sistema, conhecido pela designação de *référé obligatoire*, constituía uma solução de compromisso da teoria radical da proibição da interpretação da lei pelos juízes com a realidade, reservando o controlo da interpretação concreta da lei, decorrente da aplicação errónea da mesma, ao tribunal

152 *A Reforma da Justiça Criminal em Portugal e na Europa*

veio a ser aprovada a Lei de 30.7.1828, que estabeleceu o julgamento definitivo pelas secções reunidas do segundo tribunal de reenvio, não se admitindo um terceiro recurso de cassação, mas apenas a comunicação ao rei do litígio, que devia propor na sessão seguinte uma lei interpretativa. Foi esta lei francesa de 1828 que serviu de modelo ao legislador português em 1832.[354]

A discussão em torno da questão do objecto do recurso de revista e dos poderes do Supremo Tribunal de Justiça tornou-se ainda mais acesa com a publicação no ano seguinte do Código Comercial.

O artigo 1116 do Código Comercial de 1833 previa como fundamentos para o recurso de revista, além da decisão dada "contra a determinação de lei expressa", a injustiça notória, "provando-se do ventre dos autos manifesta violação das formas substanciaes do processo". Ao Supremo Tribunal de Justiça era atribuída competência para reduzir à expressa determinação da lei o julgado dado contra a lei expressa,[355] disposição que foi julgada inconstitucional,

---

de cassação e a interpretação abstracta, decorrente de uma obscuridade da própria lei, ao corpo legislativo, presumindo-se a necessidade desta última quando se verificassem três impugnações com os mesmos fundamentos (Jean-Pierre Royer, 1996: 266 e 267). Contudo, esta solução ligava intimamente a sorte da decisão judicial ao processo legislativo, atrasava a solução dos litígios e permitia a interferência de critérios políticos na decisão das causas. Em face destes vícios graves, o sistema foi substituído pelo do artigo 18 da Lei de 27 *ventôse* do ano VIII, que previa que o tribunal de cassação decidisse da interpretação da lei com as secções reunidas se, depois de uma primeira cassação, a segunda decisão fosse impugnada com os mesmos fundamentos. A lei nada previa para o caso de o terceiro tribunal a que fosse remetida a causa não se conformar com a decisão do tribunal de cassação, na suposição de que a autoridade das secções reunidas daquele alto tribunal fosse bastante para uniformizar a jurisprudência. Esta regulamentação foi observada pelos tribunais inferiores até que em 1807 uma *cour d' appel* rejeitou a interpretação do tribunal de cassação. Na sequência deste incidente, a Lei de 16.9.1807 fez renascer o *référé législatif* e, com ele, a interferência do poder executivo no judicial, atribuindo à *Cour de Cassation* a faculdade de solicitar antes da prolação da sua segunda decisão a interpretação do Conselho de Estado e impondo mesmo o *référé* no caso de a *Cour de Cassation* não o ter solicitado e o segundo tribunal de reenvio ter mantido a opinião do tribunal de instância precedente. Os *avis* do Conselho de Estado tinham em qualquer dos dois casos força vinculativa no âmbito do processo, mas não constituíam fonte de direito em toda a ordem jurídica, nos termos do parecer daquele próprio Conselho de 27.11.1823 (Édouard Bonnier, 1853: 218 a 221, e Piero Calamandrei, 1920: 472 a 475, 520 a 522, e Gérard Sautel e Jean-Louis Harouel, 1997: 286, 287, 445 a 448).

354 Tal como em Portugal, também em França foi criticado o sistema de preponderância dos tribunais de apelação sobre o tribunal de cassação, que estabelecia uma "verdadeira anarquia" e representava a "porta aberta ao estabelecimento de jurisprudências diversas", tolhendo "toda a seriedade e qualquer eficácia ao órgão de cassação" (Édouard Bonnier, 1853: 222, Piero Calamandrei, 1920: 523, e Gabriel Marty, 1929: 72).

355 Ferreira Borges, em uma edição por si anotada do Código Comercial, que se encontra na biblioteca da Ordem dos Advogados em Lisboa, identificou as fontes de cada artigo do código, mencionando leis nacionais e os códigos de várias nações estrangeiras e, em particular, da Ingla-

A *Jurisdição Penal Comum* 153

tendo os conselheiros recusado julgar as causas em que tivessem concedido a revista.[356]

A discussão doutrinária em torno desta questão só terminou em 1835. O Decreto de 7.5.1835 esclareceu o disposto no artigo 1116 do Código Comercial em harmonia com os artigos 125 e 131 da Carta, no sentido de que, verificando--se a concessão de revista, o Supremo designaria para elaboração da nova sentença, uma das Relações, que conheceria a causa em segunda e última instância, não sendo permitido ao Supremo conhecer logo do mérito da causa.[357]

A reforma da organização judiciária e do processo penal ficou completa com a publicação do Decreto de 12.12.1833, que criou uma nova forma de processo, a de polícia correccional, e instituiu novos magistrados de polícia correccional em Lisboa e Porto, sendo nas restantes comarcas as suas competências exercidas pelo juiz de direito nos julgados cabeça de comarca e pelos juízes ordinários nos respectivos julgados.[358]

O diploma fixava a competência destes magistrados para conhecer dos crimes puníveis com pena igual ou inferior a seis meses de prisão ou desterro para fora da comarca, ou com pena que a lei deixasse ao arbítrio do juiz, que se limitaria à anteriormente referida ou à pena de multa de 40.000 réis, e dos crimes até então processados pelos almotacés, cuja pena também se limitaria à de 20.000 réis de multa e à de vinte dias de prisão, e ainda das infracções das posturas camarárias.[359]

---

terra, da Espanha e da Prússia. Os artigos referentes aos recursos e, designadamente, o artigo 1116, não tinham qualquer menção a uma lei estrangeira ou nacional, tratando-se, pois, de disposições devidas exclusivamente à reflexão do autor.

[356] Como decorre do preâmbulo do Decreto de 7.5.1835, os juízes conselheiros suspenderam "com grave prejuízo publico" o regular andamento das causas em que a revista tivesse sido concedida.

[357] Este diploma foi vivamente criticado por Ferreira Borges, que apresentou publicamente uma "Representação e Protesto". Além de lamentar o facto de não ter sido ouvido sobre a alteração do código de que era autor, o autor, salientando a natureza ordinária do recurso de revista, qualificava de absurdo "dar a um Tribunal inferior o direito de Contrajulgar a decizão d' um Tribunal superior" (Ferreira Borges, 1835: 91).

[358] Segundo Afonso Costa, estes magistrados de polícia correccional começaram o exercício das suas funções no dia 1.1.1834 e a reforma judiciária começou a ser aplicada em quase todo o país nesse ano (Afonso Costa, 1899: 200 e 202). Alguns anos depois, Corrêa Telles (1849: 269) já se queixava do abuso das funções destes magistrados, "procedendo correccionalmente por factos, que nunca forão crimes". Esta era, aliás, uma queixa que se fazia ouvir há muito e decorria da indeterminação da lei penal (Manoel Salvador, 1821: 21).

[359] O Decreto de 22.4.1834 procedeu ao alargamento da competência dos juízes de polícia correccional de Lisboa e Porto, cabendo-lhes a formação de todos os processos criminais até à pronúncia, com excepção dos processos que tivessem sido iniciados pelo juiz de direito.

Também se fixava a competência dos juízes pedâneos para conhecer, sem recurso, dos crimes de polícia correccional puníveis com pena igual ou inferior a três dias de prisão ou multa de 3.000 réis e a dos juízes ordinários para conhecer dos crimes de polícia correccional puníveis com pena superior.[360] Embora o legislador distinguisse claramente entre as causas dos crimes de polícia e as causas de coimas e transgressões, não incluindo estas na definição legal daqueles, a regulamentação das causas de polícia julgadas pelos juízes pedâneos era feita por remissão para o regime aplicável no julgamento de causas de coimas por estes magistrados.

Assim, o novo Decreto só em parte revogava as disposições de 1832, pois os juízes pedâneos continuavam a julgar as coimas e transgressões nos termos do processo previsto no artigo 27 da Reforma Judiciária, embora com uma nova alçada, bastante superior à anterior, julgando também os crimes de polícia correccional naqueles termos.

Por outro lado, os juízes ordinários e os juízes de direito julgavam, como anteriormente, as coimas e transgressões cuja pena importasse valor superior à alçada do juiz pedâneo,[361] mas nos termos previstos para o novo processo de polícia correccional e não, como faziam em face do Decreto de 1832, nos termos previstos para o julgamento das causas cíveis pelo juiz ordinário.

Como tribunal de segunda e última instância para conhecimento das sentenças condenatórias proferidas no processo de polícia correccional,[362] o legislador criou o Tribunal de Polícia Correccional,[363] com composição diferenciada

---

[360] As competências atribuídas aos juízes pedâneos e aos juízes ordinários nas freguesias dos concelhos pertencentes aos distritos judiciais de Lisboa e do Porto pelo artigo 17 eram extensíveis aos magistrados das freguesias do resto do país pelo artigo 19, § único.

[361] As transgressões e coimas só poderiam ter pena até 20.000 réis de multa ou vinte dias de prisão, por força da equiparação, estabelecida pelo legislador, entre o regime de punição das infracções de posturas e o dos crimes até então processados pelos almotacés.

[362] O legislador não tinha previsto a hipótese do recurso de decisão absolutória (Corrêa Telles, 1840: 95 verso), aproximando-se neste ponto do regime de irrecorribilidade das decisões absolutórias proferidas pelo juiz de paz no processo de polícia do *Code d' Instruction* (artigo 172). Ao invés, no processo correccional, a lei francesa previa a recorribilidade das decisões absolutórias (artigo 206).

[363] Este tribunal inspirava-se no tribunal correccional instituído pelo legislador francês. O tribunal correccional foi logo estabelecido pela Lei de 19-22.7.1791, variando a sua composição consoante as localidades. O tribunal tinha competência para julgar determinados delitos que, "sem merecer pena aflitiva ou infamante, perturbavam a sociedade e dispunham ao crime" (*sans mériter peine afflictive ou infamante, troublent la société et disposent au crime*), puníveis, alguns deles, com pena igual ou inferior a dois anos de prisão. O artigo 233 da Constituição do ano III e o código de 3 *brumaire* do ano IV alargaram o âmbito da competência deste tribunal a todos os delitos que fossem puníveis com pena superior a três dias de trabalho ou de prisão, mas inferior a

A Jurisdição Penal Comum

consoante as comarcas do país [364] e com a particularidade de, nas cidades de Lisboa e do Porto e na província quando o magistrado de polícia correccional fosse o juiz de direito, servir de relator no tribunal de polícia correccional o próprio magistrado recorrido.[365]

O diploma reforçava consideravelmente o estatuto das magistraturas singulares, fossem elas de eleição popular ou não, atribuindo aos juízes pedâneos, além de uma competência contravencional acrescida, competência criminal. Esta inovação, só por si muito significativa, tinha um impacto redobrado, atenta a fixação de uma alçada para estes juízes nas causas crimes.

Também aos juízes ordinários e aos juízes de direito se atribuía uma competência criminal muito ampla, não só porque o próprio objecto do processo de polícia correccional era indefinido, mas porque estes magistrados julgavam os crimes de polícia puníveis com pena até seis meses de prisão, o que constituía um aumento muito significativo da anterior competência fixada pelo legislador da Reforma Judiciária em cinco dias de prisão.[366]

A este aumento da competência das magistraturas singulares correspondeu também a fixação de uma regra de irrecorribilidade das decisões proferidas no julgamento dos crimes de polícia correccional distinta da vigente para os restantes crimes. Esta nova regra diferia da anterior a dois títulos, sendo fixada em função da pena concreta determinada na decisão recorrida e do estatuto do magistrado prolator da decisão. Assim, a regra violentíssima da irrecorribilidade das decisões proferidas em processo para julgamento de crimes puníveis com

---

dois anos de prisão. O legislador imperial quis manter esta opção, atribuindo ao tribunal correccional competência para julgar as apelações interpostas das decisões condenatórias proferidas pelos magistrados singulares, os juízes de paz, em causas de contravenções e para julgar em primeira instância todos os delitos cuja pena abstracta excedesse cinco dias de prisão ou quinze francos de multa e que não fosse aflitiva nem infamante (Faustin Hélie, 1867 b: 445 a 448, Ortolan, 1875: 396 e 397, e Le Sellyer, 1875: 42 a 44).

[364] O Tribunal era composto pelos três magistrados de polícia correccional na cidade de Lisboa, pelo magistrado de polícia correccional e por dois juízes de direito na cidade do Porto e, nas restantes comarcas, pelo juiz de direito e por dois aspirantes à magistratura.

[365] Esta particularidade foi objecto da crítica de Corrêa Telles (1840: 96). Deste modo, só na província e quando o juiz recorrido era um juiz pedâneo ou um juiz ordinário não fazia parte da composição do tribunal de recurso o próprio juiz recorrido. Esta particularidade era importada do direito francês (artigo 127 do *Code*), embora nele fosse consagrada no processo ordinário e em uma outra fase processual, a da indiciação e não a de julgamento.

[366] A consagração destas novas opções políticas, tão desconformes com o modelo judiciário radical consagrado na Reforma Judiciária do ano anterior, ficou a dever-se aos ensinamentos recolhidos da experiência da aplicação da Reforma nos Açores e à intervenção do ministro da fazenda do governo liberal, José da Silva Carvalho, que foi encarregado interinamente neste período da pasta dos negócios eclesiásticos e da justiça.

156   A Reforma da Justiça Criminal em Portugal e na Europa

pena de prisão até seis meses cedia agora o lugar à regra da irrecorribilidade das decisões condenatórias até três dias de prisão proferidas pelo juízes pedâneos, até dez dias de prisão proferidas pelos juízes ordinários e até um mês de prisão proferidas pelos magistrados de polícia ou pelos juízes de direito em processo de polícia correccional.

A nova forma de processo de polícia caracterizava-se pela sua rapidez.[367] O processo preparatório era reduzido ao registo da queixa ou da participação em um auto de corpo de delito, mediando entre a feitura deste e a audiência de julgamento "pelo menos" quarenta e oito horas (artigo 10, § 2).[368]

A audiência iniciava-se com a leitura do auto de corpo de delito[369] e a prova produzida em julgamento não era registada,[370] restringindo-se o objecto

---

[367] Sobre a natureza especial do processo de polícia discutiu-se na doutrina. Duarte Nazareth (1853: 251) considerava-o uma forma de processo especial, tal como o processo militar, o processo contra os ausentes e o processo por crimes de contrabando e descaminho. Ao invés, Dias da Silva (1903: 767) e Marnoco e Souza (1907: 108 e 109) dividiam o processo comum em processo ordinário ou de querela, processo sumário ou de polícia e processo de coimas. Os processos especiais seriam os previstos nos artigos 1026, 1030 e 1031, 1228 a 1249, 763 a 792 da Novíssima Reforma, no CJM, no Decreto de 18.2.1847 e em outros diplomas.

[368] A lei francesa fixava o prazo de "pelo menos" três dias entre o dia da citação do réu e o do julgamento no processo correccional (artigo 184) e o prazo de "pelo menos" 24 horas no processo de polícia (artigo 146). O legislador português escolheu o meio termo, o que se concilia, como se verá melhor adiante, com a sua opção de fundo de misturar estas formas de processo.

[369] A previsão do artigo 190 do *Code d' Instruction* da leitura no início da audiência de julgamento dos relatórios e dos autos instrutórios, que tivessem tido lugar na informação prévia, tinha um âmbito mais amplo do que o da lei portuguesa, permitindo a realização de diligências de prova na informação prévia e o seu aproveitamento integral na audiência de julgamento. A doutrina francesa reconhecia, por essa razão, que o princípio da imediação e o da oralidade tinham um "carácter menos rigoroso diante dos tribunais correccionais" do que no tribunal de júri, em face da faculdade, que a lei mesma consentia, de os juízes fundamentarem a sua convicção nos depoimentos de testemunhas faltosas prestados na fase de constatação do ilícito e informação prévia (René Garraud e Pierre Garraud, 1926: 610 e 619). As diferenças entre a legislação nacional e a francesa no que respeita à concretização daqueles princípios na forma de processo correccional residiam ainda em dois outros pontos cruciais, na faculdade de o suspeito se fazer representar sempre que o delito não fosse punível com prisão (artigo 185 do *Code*) e no julgamento *par défaut* do réu citado que não comparecesse à audiência em processo correccional, que podia deduzir a sua oposição formal ao julgado, dentro de cinco dias após a notificação da decisão na sua pessoa ou no seu domicílio, acrescidos de um dia por cada cinco miriâmetros de distância do seu domicílio à sede do tribunal (artigo 187 do *Code*). A doutrina francesa criticava as deficiências desta defesa e, sobretudo, a escassez do prazo de defesa do réu condenado em penas que podiam ir até cinco anos de prisão (Faustin Hélie, 1867 b: 712 e 713). A Lei de 27.6.1866 veio consagrar a possibilidade de o condenado pela prática de delitos deduzir oposição em qualquer momento até à prescrição da pena, quando a notificação não tivesse sido feita na sua pessoa ou resultasse dos autos que o réu não tinha tido conhecimento da notificação. Acresce que a jurisprudência da *Cour de Cassation*

A Jurisdição Penal Comum   157

do recurso para o Tribunal de Polícia Correccional à revisão da decisão de direito.[371] O tribunal conhecia em definitivo e podia apenas confirmar ou revogar

era muito favorável ao réu condenado, quer ampliando o prazo extraordinário da lei de 1866 às condenações em matéria de polícia, quer permitindo a oposição do réu que tivesse comparecido detido ou voluntariamente, mas não se tivesse defendido activamente sobre o mérito da causa durante a produção da prova e a discussão da causa na audiência de julgamento, por considerar que em qualquer um destes casos o julgamento não tinha decorrido de forma contraditória (Faustin Hélie, 1867 b: 393 a 396, 697 e 698, Francisque Goyet, 1926: 352 e 353, René Garraud e Pierre Garraud, 1928: 23 a 26, 57 a 65, mas, criticando esta jurisprudência, Donnedieu de Vabres, 1929: 120).

[370] Ao invés, na lei francesa a prova produzida neste tribunal era registada nos termos restritivos previstos para o processo de polícia e para o processo correccional (*leurs principales déclarations*, artigos 155 e 189), tendo a Lei de 13.7.1856 determinado que a prova passasse a ser registada integralmente no processo correccional. O propósito desta alteração legislativa foi o de evitar, na medida do possível, a deslocação das testemunhas ouvidas pelo tribunal correccional à *cour d' appel*, aquando da realização do julgamento da apelação correccional (René Garraud e Pierre Garraud, 1926: 622 e 623, e Joseph Depeiges, 1928: 392).

[371] Na lei francesa, o objecto do recurso e os poderes do tribunal de recurso na forma de processo correccional eram consideravelmente mais amplos. As partes podiam interpor recurso da decisão do tribunal correccional do *arrondissement* para o da capital do departamento e, nas causas pendentes neste, para o da capital do departamento vizinho e, a partir da Lei de 13.6.1856, uniformemente para a *cour d' appel*, então ainda designada por *cour impériale*. A concepção subjacente ao sistema de recursos inicial, que era uma decorrência do princípio revolucionário da igualdade, transformava os tribunais do mesmo grau em tribunais de recurso uns dos outros, tendo sido definitivamente afastada em 1856, pois, por um lado, a unidade da jurisprudência ficava seriamente prejudicada quando os mesmos factos pudessem ser julgados em última instância por um tribunal superior ao da causa, como acontecia no tribunal de *arrondissement*, ou por um tribunal do mesmo grau do tribunal da causa, como acontecia no tribunal do departamento, e, por outro, a garantia da apelação só se encontrava verdadeiramente assegurada quando o tribunal *ad quem* fosse de grau superior ao tribunal *a quo*. Acresce que as dificuldades de deslocação em 1856 já não eram as mesmas do início do século (J. D. Meyer, 1822: 396 a 400, e Faustin Hélie, 1867 b: 456 e 457). O tribunal de recurso julgava os factos de novo, podendo confirmar ou reformar a decisão recorrida (artigo 211 do *Code d' Instruction*). A doutrina e a jurisprudência entendiam que a lei não impunha a obrigatoriedade da renovação da prova pelo tribunal de recurso, mas também não vedava a produção de nova prova por este tribunal, que não podia ser indeferida com fundamento em não ter sido apresentada na primeira instância (René Garraud, 1909: 35 e 36, e 1915: 186 e 187, 458 e 459, e Bourdeaux, 1931: 144). Contudo, o receio de Faustin Hélie da frustração do fim do recurso de apelação decidido apenas com base na prova escrita (Faustin Hélie, 1867 b: 458) era justificado, tendo-se efectivamente esvaziado a garantia do duplo grau de jurisdição em matéria de facto com o novo sistema, pois o julgamento da apelação na *cour d' appel* era "quase sempre" fundado na mera leitura dos depoimentos registados na primeira instância. Deste modo, o princípio da imediação e o da oralidade foram praticamente afastados do julgamento em segunda instância das causas correccionais e de polícia, razão pela qual a doutrina concluía que "a apelação consiste em levar o caso do juiz bem informado ao juiz mal informado" (*l' appel consiste à porter une affaire du juge bien informé*

o julgado recorrido.[372] A interposição de recurso tinha o efeito de colocar o réu em custódia preventiva sempre que ele tivesse sido condenado em pena de prisão ou de degredo para fora da comarca, não podendo o réu livrar-se da custódia com a prestação de fiança nem lhe sendo imputado o tempo da custódia sofrido na pendência do recurso na pena definitiva.[373]

A estrutura sumária e verbal do processo de polícia correccional pouco tinha em comum com a do processo ordinário.

O legislador fundiu em uma nova forma processual duas formas distintas da lei francesa,[374] mantendo, contudo, a especialidade da forma de processo para julgamento de contravenções diante dos juízes pedâneos. A forma de processo de polícia correccional era um misto de processo de polícia, em que se julgavam as *contraventions de police*, e de processo correccional, em que se julgavam os *délits correctionnels*, incluindo no seu âmbito de aplicação os novos crimes correccionais e as contravenções de polícia que ultrapassassem a alçada dos juízes pedâneos.

---

au juge mal informé, René Garraud, 1909: 37, Rauol de la Grasserie, 1914: 617 e 717, Donnedieu de Vabres, 1929: 20 e 121, e Rached, 1942: 231 e 232).

[372] O artigo 14 só concedia ao tribunal de recurso a faculdade de proferir ou sentença absolutória ou sentença confirmativa da decisão recorrida. Aliás, tendo em atenção esta limitação, o legislador da Novíssima Reforma Judiciária já consagrou expressamente a possibilidade de o tribunal de recurso modificar a decisão recorrida, designadamente no tocante à pena fixada.

[373] A custódia preventiva teve nos artigos 206 e 207 do *Code d' Instruction* a sua fonte. A diferença residia em que a lei portuguesa não admitia a recorribilidade da decisão absolutória proferida em processo de polícia correccional e a francesa não só admitia a interposição de recurso das decisões absolutórias proferidas em processo correccional, como fixava o efeito suspensivo da soltura do réu nestes recursos. O efeito suspensivo da soltura do réu absolvido só foi suprimido no direito francês pela Lei de 14.7.1865, mantendo-se intocado o da custódia preventiva nos recursos de decisões condenatórias interpostos por réus que já se encontrassem detidos à data de decisão. No entanto, o artigo 24 do *Code Pénal*, depois da revisão de 1832, previa a imputação na pena definitiva da detenção sofrida desde o dia de julgamento ou da prolação da decisão no caso em que só o Ministério Público tivesse interposto recurso e no caso em que o réu tivesse recorrido e o tribunal de recurso tivesse reduzido a sua pena, sendo esta disposição interpretada pela doutrina no sentido da sua aplicabilidade quer às decisões condenatórias da *cour d' assises* quer do tribunal correccional (Adolphe Chaveau, 1832: 148). Só com a Lei de 15.11.1892 o direito francês foi modificado no sentido da imputação facultativa da detenção preventiva sofrida antes do julgamento, como melhor se verá adiante.

[374] A doutrina considera que a nova forma de processo constituía uma nova versão do antigo processo sumário (Dias da Silva, 1899: n. 1422, p. 18, e 1903: 766, Marnoco e Souza, 1907: 106 e 107, Caeiro da Matta, 1919: 32, e Eduardo Correia, 1947: 34). A tese defendida no texto é a de que esta nova forma de processo não tem raízes no direito português, tendo sido importada do direito francês. A forma de processo para julgamento das transgressões de posturas e regulamentos municipais pelo juiz pedâneo, essa sim, sucedeu à forma de processo sumário prevista nas Ordenações para julgamento das transgressões.

A Jurisdição Penal Comum   159

Esta amplitude da previsão legal gerou mesmo uma reacção crítica da doutrina e do Supremo Tribunal de Justiça, que deu lugar a uma interpretação restritiva do âmbito desta forma de processo às *contraventions de police*, considerando a doutrina que só os ilícitos que ofendessem "directamente a sociedade", "por não offenderem immediatamente nenhum individuo, mas a sociedade em geral" e, portanto, com natureza contravencional, deviam ser processados desta forma e não os crimes e os delitos.[375]

O Supremo Tribunal de Justiça reagia com razão: as garantias processuais resultantes da regulamentação desta nova forma de processo ficavam aquém das da lei francesa, quer na primeira quer na segunda instância. Se, por um lado, se mantinha a distinção entre a função de promoção dos termos da acusação e a de julgamento na audiência, em que também intervinha o agente do Ministério Público,[376] por outro, o mesmo juiz julgava sozinho depois de ter considerado o corpo de delito bastante para a abertura da fase de julgamento, bem ao contrário do processo correccional francês, que consagrava a citação directa do réu pelo ofendido ou pela autoridade pública acusadora e o julgamento da causa correccional por um tribunal colectivo.[377] Assim, o princípio da acusação

---

[375] Teixeira Guedes, 1845: 107 e 108. Este autor informava que este era ainda o entendimento do Supremo Tribunal de Justiça no ano de 1844. Contra esta doutrina se pronunciou logo Duarte Nazareth (1853: 252).

[376] A doutrina restritiva entendia que a promoção do castigo pelo Ministério Público e a sua presença obrigatória na audiência de julgamento permitiam a conclusão de que "a mente do legislador fôra, que só as infracçoens de policia sam processadas deste modo" (Teixeira Guedes, 1845: 111).

[377] Ao lado da citação directa, a lei francesa admitia uma outra forma de instauração de uma causa correccional, a do reenvio dos autos de processo preparatório para esta forma de processo determinado pelo juiz de instrução. A jurisprudência admitia ainda uma terceira forma de *saisine* do tribunal correccional, que era a da comparência voluntária das partes, com base na aplicação analógica da forma de proceder perante o tribunal de polícia prevista no artigo 147 do *Code* (Faustin Hélie, 1867 b: 526, e René Garraud, 1915: 385). Só na modalidade do reenvio podia colocar-se a questão da incompatibilidade do exercício das funções instrutória e de julgamento no mesmo processo. Este princípio, que já estava fixado pelo artigo 257 do *Code*, no âmbito dos processos julgados pelo júri, veio a ser consagrado como princípio geral do processo penal pela Lei de 8.12.1897. Embora fosse conhecida uma recomendação do ministro da justiça de 12.5.1842, no sentido de que nos tribunais com várias câmaras, o juiz de instrução devia, na medida do possível, pertencer à câmara que não julgasse as causas correccionais, e a doutrina já antes de 1897 considerasse a regra da incompatibilidade como uma "regra de conveniência", que devia levar o juiz de instrução a "abster-se" de intervir no julgamento correccional (Faustin Hélie, 1866 d: 74, Ortolan, 1875: 388 e 422, e Le Sellyer, 1875: 50), a jurisprudência decidiu uniformemente até 1897 no sentido da compatibilidade do exercício das duas funções (Bernard Bouloc, 1965: 387, e Jean Pradel, 1990: 69 e 70). Como resultava da circular do ministro da justiça francês de 10.12.1897, a lei nova visou resolver a querela, impondo definitivamente a observância do princípio da incompatibilidade nas causas correccionais (Bourdeaux, 1931: 89 e 96).

obtinha uma realização menos perfeita no diploma de 1833 quer em face da legislação portuguesa do ano anterior quer em face da legislação francesa coeva, que o tinha inspirado.

Ao invés, a realização do princípio da imediação, que beneficiava da natureza restrita do auto de corpo de delito e da coincidência da instrução da causa com o seu julgamento, bem como da presença necessária do réu, era melhor conseguida no diploma de 1833 do que na lei portuguesa do ano anterior e no código francês.

Se é certo que a lei portuguesa não permitia o recurso de decisões absolutórias, os agravos cometidos ao réu condenado em primeira instância não seriam facilmente corrigidos pelo tribunal de recurso, que procedia apenas a uma sindicância da decisão de direito, muito longe, também aqui, das garantias de uma verdadeira apelação, ampla e não limitada por qualquer alçada, e ainda de um recurso de cassação fixadas na lei francesa na forma de processo correccional. O gravíssimo prejuízo de o membro relator do tribunal de recurso ser o próprio juiz recorrido rematava um sistema deficiente de garantias de recurso.

Com o restabelecimento definitivo da ordem constitucional após a convenção de Évora-Monte, em 26 de Maio de 1834, além de ter sido reposta em vigor a Carta Constitucional em todo o país, foi D. Pedro confirmado na regência. Pouco tempo depois, a 24 de Setembro de 1834, faleceu o regente, tendo a sua filha entretanto sido declarada maior.

O reinado de D. Maria iniciou-se com a publicação de uma nova lei da imprensa, que constituiu a terceira e última das medidas legislativas do governo liberal para complemento da Reforma Judiciária.

A Lei de 22.12.1834 estabeleceu um regime substantivo especial de punição dos crimes de imprensa. O critério de selecção dos jurados era mais exigente do que o da lei comum, sendo os jurados sorteados de entre os cidadãos que tivessem uma renda líquida de 300.000 réis em Lisboa, 250.000 réis no Porto e 200.000 réis no resto do país. O processo para julgamento destes ilícitos era também especial, consistindo em uma fase preparatória de inquirição de apenas três testemunhas, que terminava com a decisão de indiciação proferida por um júri composto por vinte e três jurados. A fase de julgamento processava-se diante de um outro júri, composto na forma prevista na Reforma Judiciária, que tinha competência para decidir da culpa e da pena.[378]

A gradual implementação em todo o país da Reforma Judiciária e da legislação extravagante a partir do ano de 1834 suscitou dificuldades de vária

---

[378] Castro Neto (1845: 202) considerava até que as perguntas que o artigo 25 mandava fazer ao júri eram matéria de direito.

ordem,[379] a que o governo acorreu com a publicação de portarias de esclarecimento.[380]

As mais graves dificuldades resultavam, contudo, da própria reacção das populações às inovações legislativas. Confrontado com este dado novo, o legislador via "o cáhos a que estava reduzida a Legislação moderna, a qual, ainda que promulgada com as melhores intenções, se resentia do tempo, das circumstancias em que fora concebida, e do desejo, por ventura immoderado, que tinha havido de introduzir na Legislação Patria um systema de legislação estranha, que se não compadecia com o Direito Civil do Reino, com os nossos usos, e com os nossos costumes".[381] A constatação da "indifferença, com que o Povo ainda olha para as delicadas funcções, a que é chamado no importante ramo da administração da Justiça",[382] levou o legislador a ensaiar uma alteração da or-

---

[379] Logo na primeira sessão ordinária das Cortes depois da restauração, o próprio Mouzinho da Silveira diria que "a lei de 16 de Maio era um sistema com dificuldades, mas era um sistema regular, e bom, ou mau, mas aonde tudo estava explicado, e prevenido; principiaram a fazer-lhes alterações, e de então por diante é impossivel que alguém ali ache um sistema judiciário", concluindo por isso que "ou se há-de recomeçar a fazer um sistema novo, rejeitando a lei de 16 de maio, ou se hão-de cada vez achar maiores embaraços, isto é da natureza das cousas" (Diário da Câmara dos Senhores Deputados, Iª Legislatura depois da Restauração, 1835, p. 741). Estas declarações revelam claramente que o diploma de 1832 foi concebido e redigido como uma unidade completa, a que era estranha a nova legislação de 1833. O desencanto do autor da Reforma Judiciária não se limitava à organização dos tribunais de primeira instância, incluindo a das Relações: "a confusão que existe agora sobre a lei de 16 de Maio, e o descontentamento pelo pouco expediente não é culpa dos desembargadores, porque é impossivel dar conta de tantas demandas, e não é falta proveniente da lei de 16 de Maio, porque das demandas novas dava-se conta, mas das velhas é impossivel" (Diário da Câmara dos Senhores Deputados, Iª Legislatura depois da Restauração, 1835, pp. 733 e 734).

[380] Além da portaria de 14.1.1834, sobre a publicidade da votação e a fundamentação das decisões nos tribunais superiores, e da de 21.6.1834, sobre a cessação do direito de os juízes presidirem às câmaras, e ainda da de 9.7.1834, ordenando a remessa imediata de todas as causas que não fossem puramente espirituais, no estado em que se encontrassem, para o foro civil, o governo interveio neste período, como se referiu já, em uma matéria envolta em acesa polémica, a da competência do Supremo Tribunal de Justiça à sombra da nova lei comercial.

[381] Nestes termos se pronunciava, no preâmbulo do projecto da Nova Reforma Judiciária, a Comissão que foi nomeada para reforma do direito novo (Silva Ferrão e outros, 1836: 6). Machado Ferraz (1840: 29) não era menos incisivo na crítica dos "calamitosos tempos d' uma legislação, tão multiplicada e incoeherente". A incoerência resultava do facto de que "temos leis antigas e muitas, temos infinita legislação nova, dependente d' um novo sistema, e tão imperfeita, que além de nolo não appresentar clareza, traz referencias ao antigo, que a torna complicada infinitamente".

[382] Silva Ferrão e outros, 1836: 6. O ministro da justiça Ferraz de Vasconcellos também apontou, no relatório que antecedia a proposta de reforma apresentada à Câmara dos Deputados na sessão de 23.1.1835, como principais causas que obstavam à aplicação efectiva da reforma

ganização judiciária, mantendo, no entanto, a Reforma Judiciária em vigor. Esta iniciativa tinha o propósito político de proceder a uma redistribuição das competências entre o juiz de direito e as magistraturas populares.

Na Lei de 28.2.1835 o legislador procedeu à organização judicial do território continental, dividindo-o em dois distritos de Relações e em julgados de primeira instância, cujo número máximo poderia variar entre 120 e 130.

Na sequência daquela lei, o Decreto das Cortes Gerais de 13.4.1835,[383] procedeu a uma nova regulamentação das competências do juiz de direito "para melhor execução do Decreto de 16.5.1832", atribuindo-lhe competência para preparar os processos crimes e os cíveis, quando estes excedessem 12.000 réis em bens de raiz ou 24.000 em bens móveis, sendo as causas que não excedessem estes montantes julgadas por "arbitros nomeados directamente pelas partes, ou indirectamente e á sua revelia pelos juizes eleitos" (artigo 1).[384]

Procedia-se deste modo a uma reforma radical, a extinção dos juízes ordinários, com consequências muito significativas na estrutura do processo penal. O motivo da extinção dos juízes ordinários teria sido o aferro que ao Antigo Regime continuavam a mostrar os povos que deviam eleger os juízes ordinários,[385] optando o legislador pela substituição destes por um juízo arbitral necessário nas causas cíveis.[386]

Nas causas crimes fixava-se o princípio da competência alternativa do juiz de direito e do seu substituto, o juiz eleito, para a instrução dos pro-

---

a falta de participação popular na formação dos júris e a deficiente divisão judiciária, que tornava impraticável a deslocação do juiz de direito a todos os julgados, por vezes mais de sessenta em uma só comarca, para neles presidir às audiências gerais (Diário da Câmara dos Senhores Deputados, I ª Legislatura depois da Restauração, 1835, p. 69).

[383] O Decreto foi sancionado pela Carta de Lei régia de 30.4.1835.

[384] A proposta de Decreto foi apresentada pelo próprio ministro da justiça na já referida sessão de 23.1.1835. A respectiva discussão começou na sessão de 26.3 e terminou na de 6.4. Naquela sessão, Mouzinho da Silveira manifestou-se contra a supressão dos juízes ordinários e apoiou a criação de juízes com alçada nas pequenas causas cíveis, invocando a indignação dos povos por lhes terem tirado "os juízes do pé da porta" e temendo "que se envenene o estabelecimento dos jurados se for mal montado, e que os povos se desgostem deles" (Diário da Câmara dos Senhores Deputados, I ª Legislatura depois da Restauração, 1835, pp. 677 e 678).

[385] Afonso Costa, 1899: 205, e Alberto dos Reis, 1909: 84. Na discussão na Câmara dos deputados, o ministro da justiça justificou a medida com o argumento de que os juízes ordinários eram inconstitucionais, o que mereceu a viva contestação dos deputados Leonel Tavares e Silva Sanches (Diário da Câmara dos Senhores Deputados, I ª Legislatura depois da Restauração, 1835, pp. 738, 739 e 745). A Câmara aprovou a doutrina do ministro.

[386] A inovação não foi, contudo, bem entendida, tendo a Portaria de 11.3.1836 esclarecido o sentido da lei. Só não convindo as partes na escolha dos árbitros, podiam os juízes eleitos nomeá-los à sua revelia.

cessos,[387] bem como o princípio da exclusividade da competência do juiz de direito e dos jurados para a realização do julgamento de todas as causas crimes, mantendo-se apenas a competência conciliatória do juiz de paz e a competência contravencional do juiz eleito.[388] Entre o juiz de direito e o júri, a competência criminal dividia-se nos termos fixados pelo Decreto de 1833, cuja vigência neste ponto não tinha sido prejudicada pela iniciativa legislativa das Cortes.[389]

A abolição dos juízes ordinários colocava, no entanto, dois novos problemas resultantes da concentração no juiz de direito das competências criminais preparatórias e de julgamento atribuídas ao juiz ordinário pela Reforma Judiciária e pelo Decreto de 12.12.1833: por um lado, antevia-se desde logo uma imensa sobrecarga de trabalho para o juiz de direito e, por outro, punha-se com grande premência a questão da própria compatibilidade da estrutura do processo penal com o princípio da acusação.

Para resolver estes problemas o legislador determinou que os juízes de direito não fizessem as audiências gerais do seu julgado, de modo a que o juiz que preparava o processo não interviesse no julgamento com jurados.[390] Com o propósito de garantir eficácia plena a esta norma, fixou-se um regime de substituição do juiz de direito nos impedimentos e ausências, nos termos do qual os juízes eleitos substituiriam os juízes de direito durante a instrução dos processos e os juízes de direito do mesmo círculo se substituiriam entre si, por turno, para ir fazer as audiências gerais.

---

[387] A Portaria de 23.3.1836 veio esclarecer que o juiz substituto tinha competência para instruir quaisquer processos.

[388] O juiz pedâneo foi substituído para todos os efeitos da lei pelo juiz eleito, tendo este passado a exercer também a competência contravencional daquele, como esclareceu a Portaria de 25.1.1836. Tendo-se colocado dúvidas sobre se o Decreto de 12.12.1833 tinha revogado a competência do juiz pedâneo para conhecer das coimas, fixada na Reforma Judiciária, o governo veio esclarecer que aquele Decreto não revogou esta Reforma, mantendo-se aquela competência nos juízes eleitos, que tinham substituído o juiz pedâneo. Mais tarde, surgiram também dúvidas sobre a alçada dos juízes eleitos, tendo o governo esclarecido a questão, através da Portaria de 10.10.1836, no sentido de que os juízes eleitos tinham a alçada fixada aos juízes pedâneos pelo Decreto de 16.5.1832 e legislação posterior.

[389] A manutenção da competência do juiz de direito para julgar as causas de polícia correccional fora das audiências gerais resultava da circunstância de a lei só dispor sobre o julgamento das causas na audiência geral. Aliás, a ressalva da competência e do processo correccionais foi confirmada pelo disposto nos artigos 2 e 3, §§ 1 e 2 do Decreto de 10.12.1836, ao que acresce que já anteriormente a Portaria de 23.1.1836 tinha firmado a doutrina de que os juízes substitutos não podiam presidir às audiências de polícia correccional.

[390] A supressão dos juízes ordinários dependia inteiramente desta inovação, constituindo esta nova regra de competência um meio alternativo aos juízes ordinários para assegurar o princípio da acusação, como afirmou o deputado Leonel Tavares (Diário da Câmara dos Senhores Deputados, I ª Legislatura depois da Restauração, 1835, pp. 678 e 746).

164 *A Reforma da Justiça Criminal em Portugal e na Europa*

Destarte, realizava-se, a par de uma profunda alteração da organização judiciária, uma não menos significativa reforma do processo penal, consubstanciada na separação radical do exercício das funções de instrução e de julgamento pelo juiz de direito em todos os processos relativos a crimes com pena igual ou superior a seis meses de prisão. Ao invés, nas causas de polícia correccional a competência era concentrada no juiz de direito.

A concretização desta lei deparou, também ela, com grandes dificuldades. Por um lado, nem os jurados nem os substitutos dos juízes de direito foram eleitos em muitos círculos do país.[391] Por outro, a divisão judicial excessivamente larga resultante da reforma de 1835, conjugada com a extinção de uma magistratura judicial inferior que estava mais próxima das populações, causava graves incómodos às partes, aos jurados e às testemunhas que se tinham de deslocar à sede da comarca. As populações "não podiam acommodar-se com a longitude em que se achavam collocados os Juizes de Direito, e aos quaes todos tinham de concorrer para o despacho dos mais simplices requerimentos", sendo este incómodo ainda mais "agravante pelo habito contrario em que os Povos se achavam de terem, de seculos, a Justiça ao pé da porta".[392]

Assim, ano e meio depois da sua publicação, o governo determinou a revogação parcial da Lei de 30.4.1835. Com efeito, em face da "accumulação de Processos em alguns Julgados" e "por não ser possível dar-se à execução desde já o systema completo da Reforma Judiciaria", o Decreto de 10.12.1836 atribuiu competência aos juízes de direito para julgarem nos respectivos distritos todas as causas que não pertencessem ao tribunal de júri, sem esperarem pelas épocas de audiências gerais, e, simultaneamente, aos juízes das audiências gerais para decidir as causas que não estivessem preparadas pelos juízes dos distritos. O problema que se pretendia resolver era o das causas cíveis que se encontravam paradas por inoperância do juízo arbitral e dos juízes eleitos e o das que tinham de aguardar pela realização da audiência geral em Março, Junho e Outubro. As causas crimes que competia ao juiz de direito julgar sozinho eram-no em sessões diárias, com excepção de quintas, domingos e feriados.

Quer em face das referidas dificuldades, quer da reposição em vigor da Carta, o governo nomeou então, por Decreto de 27.11.1835, uma comissão, composta por Francisco António Fernandes da Silva Ferrão, juiz da Relação de Lisboa, José Cupertino Aguiar Ottolini, ajudante do Procurador da Coroa, e Abel Maria Jordão Paiva Manso, advogado, para a formulação de um projecto de lei de organização judiciária e de reforma do processo civil e criminal. A

---

[391] Afonso Costa, 1899: 208 e 209.

[392] Era também uma constatação da comissão revisora da Reforma Judiciária (Silva Ferrão e outros, 1836: 7).

A Jurisdição Penal Comum 165

composição da comissão foi alargada pelo Decreto de 11.12.1835 a Elias da Cunha Pessoa, juiz de direito, e Filippe Arnaud de Medeiros, advogado.

A comissão devia procurar remover os "defeitos e ommissões, que se encontram na Legislação novissima pela experiencia que da mesma se há feito assim no Archipelago dos Açores, como nesta Capital" de modo a fazer "chegar ao maior grau de perfeição possivel a reforma Judiciaria".

A comissão apresentou os seus trabalhos em 8 de Julho de 1836, tendo apenas um dos membros, José Cupertino Aguiar Ottolini, votado "vencido quanto aos juízes ordinários, amplitude na prova de testemunhas, e emolumentos dos juízes".[393] O projecto da comissão foi logo publicado sob o título de "Projecto de reforma sobre organização judiciaria e ordem do processo civil e criminal".

Dois meses depois, eclodiu a revolução setembrista. O governo revolucionário repôs em vigor, pelo Decreto de 10.9.1836, a Constituição de 1822 e promulgou dois diplomas, o Decreto de 29.11.1836 e o de 13.1.1837, [394] com base nos trabalhos publicados pela comissão referida. Estes Decretos, que dispunham sobre a divisão judicial do território e a reorganização dos tribunais, o primeiro, e sobre o processo civil e criminal, o segundo, deram lugar àquela que ficou conhecida como a Nova Reforma Judiciária.

A iniciativa legislativa do governo teve o significado muito relevante de, pela primeira vez, se ter aprovado uma reforma da organização judiciária e do processo penal comuns em coordenação com uma reforma da organização judiciária e do processo penal ultramarinos, consagrada nos Decretos de 7.12.1836 e de 16.1.1837, e com uma reforma da organização judiciária e do processo penal militares, consagrada no Decreto de 9.12.1836.

Os trabalhos da comissão não foram, contudo, os únicos, tendo nos anos trinta surgido as propostas de reforma legislativa de Silvestre Pinheiro Ferreira e Giovanni Carmignani.

---

[393] A 9.3.1836, o ministro da justiça apresentou nas Cortes umas "Synopse e Bazes do Projecto de organização judiciária, pedindo a discussão destas Bazes como aquellas de que depende o desenvolvimento regulamentar da mesma Organização". As bases já continham as opções fundamentais da comissão no que respeitava à organização dos tribunais e das magistraturas, por um lado, e à estrutura do processo, por outro. Trata-se do primeiro documento sistemático de revisão global da Reforma Judiciária, que surgiu antes ainda do projecto da comissão apresentado publicamente quatro meses depois. As bases encontram-se no Arquivo Histórico da Assembleia da República.

3. Os Projectos de Ordenações para o Reino (1831), o Projecto de Código Geral (1834) e o Projecto de Código Político (1838) de Silvestre Pinheiro Ferreira

Após ter procedido a uma crítica sistemática da Carta[395] e ter concluído que esta era inexequível por falta de leis orgânicas, Silvestre Pinheiro Ferreira, que também foi deputado às Cortes, propôs-se compor "um systema de leis organicas destinadas a crear as instituições que a mesma carta indica, e alem dessas, as que nos pareceram as mais proprias e indispensaveis para se poderem pôr immediatamente em actividade todas as disposições daquelle nosso novo pacto social".[396]

Publicado em 1831, o "Projecto de Leis Orgânicas" tinha, pois, por "principal objecto o pôr em execução aquella carta, tal qual ella se acha sancionada",[397] não sem que o autor procurasse simultaneamente "corrigir com as disposições, que propomos para a organisação, os defeitos que havemos notado na constituição".[398] No ano seguinte, o autor, confessando que "outro e mui diverso teria sido o nosso Projecto, se a primeira condição a que tinhamos de satisfazer, não fosse de subordinar o systema das leis organicas, que nos incumbîramos de redigir, ao systema semi-constitucional da carta, a cuja execução ellas eram destinadas",[399] elaborou um "Projecto de Reforma das Leis Funda-

---

[394] Os dois Decretos foram sancionados pela Lei de 27 de Abril de 1837.

[395] A crítica da Carta, que foi publicada nas "Observações sobre a Constituição do Imperio do Brasil e a Carta Constitucional do Reino de Portugal", de 1831, e reproduzida na exposição do "Projecto d' Ordenações", de 1831, fundava-se nos princípios gerais do direito constitucional publicados no *Cours de Droit Public Interne et Externe*, de 1830.

[396] Sobre a acção e o pensamento político deste autor, José Esteves Pereira, 1974: 5 a 24, 43 a 119, e Maria Nizza da Silva, 1975: 89 a 137. Esteves Pereira salienta o repúdio de Silvestre Pinheiro pelo vintismo revolucionário, mas também pelo miguelismo radical, revelando-se um "representante da moderação política". Maria Nizza aponta a concepção restritiva da teoria da soberania do povo e o princípio da representação como constituindo as duas bases essenciais do discurso doutrinário de Pinheiro Ferreira, com detrimento voluntário de uma concepção igualitária radical como base da organização social. Os princípios da independência do poder político, da eleição para todos os cargos públicos, da responsabilidade de todos os funcionários e da publicidade de todos os actos políticos representavam o desenvolvimento daquelas duas condições imanentes do discurso e os fundamentos estruturantes da nova sociedade "constitucional".

[397] Pinheiro Ferreira, 1831 c: 436.

[398] Pinheiro Ferreira, 1831 b: IV e V. Deste projecto o autor veio, mais tarde, ainda a dizer que "aquelle nosso trabalho, subordinado ao plano da carta, não era nem podia ser mais do que um systema de transição, como a mesma carta" (Pinheiro Ferreira, 1834 b: IX).

[399] Pinheiro Ferreira, 1832 a: VIII.

mentaes e Constitutivas da Monarquia", em que se propunha criar um código que correspondesse a um verdadeiro sistema constitucional, sem as limitações decorrentes da Carta, e, por isso, mais próximo das doutrinas do seu *Cours de Droit Public Interne et Externe*.

A quase total identidade dos projectos de 1831 e 1832, designadamente no que toca às disposições sobre a administração da justiça e aos processos civil e penal, permitiu a inserção de ambos em uma mesma obra intitulada "Projectos de Ordenações para o Reino de Portugal".[400]

O projecto de Pinheiro Ferreira de 1831-1832 previa a existência de seis instâncias, as Casas de Relação, os juízos de corregedoria, as ouvidorias, as conservadorias, as auditorias e os juízos de paz, correspondendo a uma divisão judiciária do país que se sobrepunha à divisão administrativa em províncias, comarcas, cantões, distritos, municípios e bairros.[401] Todo o projecto assentava, no tocante à organização judiciária, no princípio fundamental de que a justiça devia ser administrada ao cidadão "com maior promptidão, na maior proximidade da sua residência, e com o menor sacrifício do seo tempo e interesses",[402] tendo este princípio directa repercussão na teoria da competência e dos recursos.

Em cada bairro, havia um juiz de paz, com competência para tratar as causas de primeira e inferior alçada, isto é, os crimes puníveis com pena até três dias de prisão ou multa no valor de quinze dias de rendimento do réu, com recurso de apelação para a auditoria do município e agravo para a ouvidoria do cantão.[403]

O juízo de auditoria, com sede em cada município, tinha competência para conhecer das causas de primeira e inferior alçada, tanto por acção nova, como por apelação dos juízes de paz, admitindo as suas decisões apelação para as conservadorias do distrito e agravo para as ouvidorias do cantão.

O juízo de conservadoria, com sede em cada cabeça de distrito, tinha competência para conhecer das causas de segunda alçada, ou seja, os crimes puní-

---

[400] A quase total identidade dos projectos de 1831 e 1832 justifica também o seu tratamento conjunto, com menção dos artigos do articulado do primeiro deles, salvo alguma razão especial para a menção do articulado do segundo.

[401] As vantagens desta divisão judiciária são descritas com minúcia no tomo I do Manual de 1834 (Pinheiro Ferreira, 1834 a: 242 a 244), desenvolvendo-se a ideia central da "justiça à porta do cidadão".

[402] Pinheiro Ferreira, 1831 c: 449.

[403] Enquanto no projecto de 1831 o juiz de paz acumulava as funções de presidente do juízo e de julgador da causa (Pinheiro Ferreira, 1831 b: 317), já no projecto de 1832 o mesmo magistrado acumularia as atribuições de presidente do tribunal e julgador da causa, mas com o concurso de jurados, quando as partes o requeressem (Pinheiro Ferreira, 1832 a: 265).

168   *A Reforma da Justiça Criminal em Portugal e na Europa*

veis com pena até um mês de prisão ou multa no valor de dezasseis dias a três meses de rendimento do réu, e das causas que por escolha das partes ou por apelação das auditorias a ele viessem.

A ouvidoria, com sede em cada cantão, tinha competência para conhecer das causas de terceira alçada, isto é, dos crimes puníveis com pena até um ano de prisão ou suspensão dos direitos políticos, seis meses de reclusão ou multa no valor de dois anos de rendimento do réu, das causas que por escolha das partes lhe viessem, bem como das apelações e dos agravos das auditorias e das conservadorias.

O juízo de corregedoria, com sede em cada comarca, tinha competência para conhecer das causas de quarta alçada, que incluíam os crimes puníveis com pena até três anos de prisão ou suspensão dos direitos políticos, de seis meses a dois anos de reclusão ou multa no valor de mais de dois anos a cinco anos de rendimento do réu, das causas que por escolha das partes lhe viessem, bem como das apelações e dos agravos das ouvidorias.

A Casa de Relação, com sede em cada província, tinha competência para conhecer das apelações e dos agravos das corregedorias e ainda das causas de quinta alçada, que tinham por objecto todos os crimes puníveis com penas superiores às da alçada inferior, não cabendo em caso algum apelação das suas decisões, mas apenas embargos e agravos deduzidos para a mesa de desagravo da casa e, em seguida, para a mesa de desagravo do Tribunal Supremo.

A organização interna de cada um destes tribunais assentava na distinção fundamental entre o presidente do tribunal, o "juiz legista" e o "juiz árbitro" ou jurado,[404] competindo ao presidente o despacho corrente do processo e a fiscalização e direcção dos debates e ao juiz legista a elaboração do relatório sobre a matéria alegada e provada pelas partes na audiência de julgamento ("o que a cargo de um ou de outro, ou de ambos, o mesmo relator entender que se acha allegado e provado nos autos", § 889) e a informação dos jurados sobre a lei aplicável e os seus efeitos penais.

Em todos os graus de jurisdição intervinham os juízes árbitros ou jurados, embora variasse o seu número, três na primeira alçada, seis na segunda, nove na terceira, doze na quarta e dezoito na quinta. Admitia-se a existência de júris especiais para decidir de questões para as quais fossem necessários conhecimen-

---

[404] Na Exposição, Pinheiro Ferreira procedeu a um estudo teórico das "diversas funcções que concorrem a formar o processo criminal", concluindo pela necessidade da separação de funções entre o juiz presidente do tribunal e o juiz legista de modo a que aquele dirigisse a produção da prova sem "tomar parte no intrinseco das causas, como se pratica no actual systema de jurys", e controlasse o desempenho do juiz legista no esclarecimento jurídico dos jurados (Pinheiro Ferreira, 1831 c: 393 e 394).

tos específicos de certa profissão.[405] Os jurados decidiam sobre a matéria de facto e o grau da pena.[406]

A estrutura do processo penal caracterizava-se pela sua divisão em duas fases distintas, uma preparatória e outra de julgamento.

O processo iniciava-se com uma tentativa obrigatória de conciliação prévia no juízo de paz, que, fracassando, dava lugar à apresentação da querela, à nomeação dos jurados e ao exame do caso por estes em "concelho d' averiguação". Neste apenas as partes estavam presentes e alegavam, podendo ser ouvidas testemunhas se assim o entendesse algum dos jurados. Sendo produzida alguma prova, ela era registada. Esta audiência preliminar também tinha lugar nos casos em que o processo se iniciasse com devassa ou denúncia.[407]

Finda a audiência com um breve relatório do juiz legista, os juízes árbitros decidiam se tinha ou não lugar a acusação. A decisão negativa não obrigava o autor, que podia fazer seguir os autos diante dos mesmos juízes ou diante de outros, consoante requeresse ao presidente do tribunal, ficando, contudo, sujeito ao dobro da pena devida em caso de inocência do réu.

A fase de julgamento começava com a apresentação de articulados, a que se seguia a produção da prova em audiência. Toda a prova era registada. As perguntas feitas às testemunhas eram previamente dadas a conhecer a estas, com a notificação para a diligência, e às partes, com os róis, podendo a inquirição ser alargada "para remover alguma ambiguidade que se offereça nas suas respostas" (§ 854) ou para incluir "matéria nova", mas neste caso só em outra audiência e depois de se ter dado a conhecer as perguntas à parte contrária, "pondo o presidente o maior cuidado em remover todo o perigo ou apparencia de sorpresa" (§ 856). [408]

---

[405] A existência de jurados em todos os graus de jurisdição era o "primeiro e essencial ponto de reforma", que só seria completa, segundo Pinheiro Ferreira, com a introdução de um júri especial por se tratar daquele "para que he necessario possuir em certo grao conhecimentos proprios do assumpto, sobre que versa a questão que se tem de decidir" (Pinheiro Ferreira, 1831 c: 392 e 395). O tribunal de júri traria consigo o fim de duas "aberrações", que eram a nomeação dos magistrados pelo governo e a necessidade do direito da graça (Pinheiro Ferreira, 1833: 114 e 123) e, simultaneamente, realizaria o novo princípio fundamental das sociedades constitucionais de que todos os poderes, incluindo o judicial, derivam da nação (Pinheiro Ferreira, 1838 a: 108).

[406] No "Projecto de Reforma das Leis Fundamentaes", o autor atribuía dignidade constitucional à competência do júri para determinar a pena (Pinheiro Ferreira, 1832 a: 65).

[407] O conselho de averiguação era assim definido pelo autor do projecto: "a operação preliminar que conduz ao que hoje no nosso foro se chama pronúncia" (Pinheiro Ferreira, 1831 c: 454).

[408] A justificação desta inovação era a da incompatibilidade do conhecimento da verdade com a estratégia da surpresa e do embaraço das testemunhas (Pinheiro Ferreira, 1831 c: 417, e mais desenvolvidamente, 1934 a: 211 a 216). Nos artigos 243 e 244 do "Projecto de Reforma

A Reforma da Justiça Criminal em Portugal e na Europa

Os jurados não podiam suprir a prova da acusação e da defesa, mas podiam recusar a produção de prova quando se julgassem "sufficientemente informados", sendo recorrível a decisão pelas partes agravadas e pelo próprio juiz legista "com o motivo de que precisa que as testemunhas sejam ouvidas para fazer a applicação da lei" (§§ 842 e 843). Ao invés do juiz legista, o juiz presidente permanecia passivo, não tendo qualquer poder para limitar ou suprir a prova produzida na audiência.

Os jurados decidiam em todas as alçadas por maioria de dois terços, excepto na quinta, em que decidiam por três quartos. Não se conseguindo a maioria legal dos votos, deviam os jurados motivar os respectivos votos, que ficavam registados em protocolo, e votava-se de novo.[409] Não sendo possível ainda alcançar a maioria legal, chamavam-se dos jurados substitutos os que necessário fosse para esse efeito, emitindo eles opinião apenas sobre os pareceres objecto da primeira votação. Se alguns dos novos jurados se encontrassem indecisos, nomeavam-se para os seus lugares novos jurados, que decidiam com base na mera leitura dos autos. Não lhes bastando essa leitura, devia a audiência de discussão ser de novo instaurada.

Se a maioria legal dos jurados desse como provado facto distinto dos descritos no relatório do juiz legista como sendo factos alegados pelas partes ou considerados provados pelo próprio juiz legista, devia cada um dos jurados motivar o seu voto, reabrindo-se a audiência com vista à discussão pelas partes da "hypothese" colocada pelos jurados e os seus fundamentos. Finda a discussão, os jurados deliberavam de novo, caso não entendessem por unanimidade ratificar a nova hipótese.

A sentença era fundamentada com a especificação das provas relevantes para a convicção dos jurados, embora nas causas crimes os jurados pudessem "accrescentar, que alem ou independentemente do allegado pelas

---

das leis Fundamentaes", o autor conferia mesmo dignidade constitucional a esta regra processual (Pinheiro Ferreira, 1832 a: 63).

[409] No primeiro tomo do Manual de 1834, o autor expôs com minúcia o seu entendimento sobre o dever de motivação do voto dos jurados no processo penal, fundando-o na "responsabilidade moral". Esta responsabilidade resultava da necessidade de que "toda a nação em geral e especialmente as partes que se submetteram às suas decisões quando lhe conferiram o seo mandato, possam ter conhecimento dos seos motivos", apesar de também reconhecer que "nas causas crimes porem, onde só se tracta de pura convicção, os nossos motivos podem escapar à avaliação de outrem, porque as mais das vezes a convicção sente-se, mas não se pode explicar". Contudo, o autor distinguiu ainda entre os jurados gerais e os especiais, sujeitando estes à "responsabilidade judicial", decorrente da faculdade de as partes agravarem da decisão destes jurados (Pinheiro Ferreira, 1834 a: 224 e 234). A publicidade das actas foi mesmo considerada uma das quatro condições fundamentais do sistema representativo (Pinheiro Ferreira, 1841: 10 e 11).

partes, condemnam ou absolvem o rèo pela convicção de suas consciencias" (§ 909).[410]

A sentença admitia embargos muito amplos, com fundamento em artigos de nova razão, em que fossem apresentadas provas novas, que, em princípio, as partes não poderiam ter apresentado antes, ou em nulidade de sentença por ininteligibilidade, desconformidade com o libelo, violação do caso julgado, violação de confissão judicial da parte, omissão de formalidades que a lei exigisse como essenciais, incompetência do tribunal ou inabilidade de algum dos sujeitos processuais, prova falsa ou "falsa causa expressa na mesma sentença ou nos autos: e quer seja com relação a direito ou a facto" (§ 932).

Não sendo embargada a sentença, eram os autos levados à chancelaria do tribunal, onde o chanceler apreciava a conformidade do processo com a lei, pondo a sua glosa sobre os vícios que encontrasse. Também as partes podiam no trânsito da sentença pela chancelaria opor embargos à sentença, mas apenas no que respeitasse aos vícios de que o chanceler podia conhecer.

Se o tribunal fosse competente para conhecer a glosa e concordasse com ela, reformava a decisão em conformidade com a mesma. Se o tribunal não fosse competente para conhecer dela ou se não concordasse com a mesma, o chanceler ordenava a interposição de recurso de agravo da sentença glosada. Decidindo o tribunal competente para conhecer do agravo não acompanhar o teor da glosa, o chanceler deste tribunal podia ainda sustentar a glosa no tribunal de desagravo imediatamente superior. A parte embargante na chancelaria também podia agravar da decisão do chanceler sobre os embargos.

Depois de examinado o processo na chancelaria, os jurados podiam ainda reformar oficiosamente o julgado se alguma dúvida se levantasse, declarando nulos os actos decisórios desde a contestação da lide. Não ocorrendo este incidente, a sentença era ratificada pelo tribunal e mandada observar.

---

[410] A razão de ser desta especialidade era precisamente a mesma dada no Manual de 1834 e na crítica feita à regra de que "todo o julgamento é motivado"(*tout jugement est motivé*), consagrada no artigo 97 da Coinstituição da Bélgica de 1831: "a decisão pela qual o juiz declara que um arguido agiu com perversidade e com este ou aquele grau de perversidade é uma convicção que se sente, mas que não se pode demonstrar nem motivar" (*l' arrêt par lequel le juge déclare qu' un prévenu a agi avec perversité et avec tel ou tel degré de perversité, est une conviction qui se sent, mais qu' on ne peut ni démontrer ni motiver*, Pinheiro Ferreira, 1838 a: 101). No projecto de 1838 ainda se mantinha uma expressão suficientemente vaga que permitia a mera invocação da consciência como fundamento da convicção ("exposição dos factos e mais circunstancias em que a maioria tiver concordado", artigo 179), mas o projecto de 1845 já não permitia esse recurso, uma vez que o artigo 177 determinava que "será também feita menção dos factos e das provas admitidas pelo júri como fundamento da decisão" (*il sera aussi fait mention des faits et des preuves admis par le jury, comme fondement de l' arrêt*, Pinheiro Ferreira, 1838 b: 44, e 1845: 394).

As partes podiam então interpor recurso de agravo da sentença.[411]

O objecto do recurso de agravo abrangia apenas o excesso de jurisdição, a nulidade do processo, a denegação de justiça "ou qualquer outra offensa de direito, de que as partes, o procurador da coroa ou o fiscal, houverem recorrido para a superior instância" (§ 754).

O agravo podia ser interposto de qualquer decisão, independentemente do valor da alçada do tribunal recorrido e sucessivamente para duas instâncias de recurso, admitindo-se o recurso *per saltum* para a segunda instância de recurso.

O julgamento dos recursos de agravo nas acções criminais deveria ser feito por um júri especial, "porque tratando-se de convencer o reo de haver violado as leis que regûlam a ordem do processo, forçoso he que o jury se componha de homens da profissão, isto he, de jurisconsultos, que com conhecimento de causa decidam, se houve ou não offensa de direito".[412]

O tribunal de recurso tinha, em regra, um poder meramente cassatório, mas, nas causas em que o Estado fosse parte, competia-lhe a decisão da causa a final caso desse provimento ao recurso.

O projecto omitia o recurso de revista.[413] No entanto, se a pena prevista na lei parecesse excessiva ou diminuta aos jurados ou se a lei não previsse qualquer pena, estes deviam, no primeiro caso, recomendar o réu condenado à clemência real e, no segundo e terceiro casos, comunicar tal circunstância ao ministro da justiça e aguardar a promulgação de nova legislação pelas Cortes até à correição imediata,[414] julgando a causa os mesmos jurados pela legislação vi-

---

[411] O projecto só admitia o recurso de apelação nas causas cíveis, uma vez que aquele recurso só tinha lugar quando as partes prorrogassem por acordo a jurisdição de um tribunal para além da sua competência e esta prorrogação de jurisdição só era admissível nas causas cíveis. O objecto do recurso de apelação era a própria causa, tomando a instância superior conhecimento da causa "sem attender aos actos decisorios da instância inferior", mas ficando ressalvadas as diligências probatórias já realizadas, a menos que o tribunal superior entendesse o contrário (§ 752). Nos artigos 254 a 259 do "Projecto de Reforma das Leis Fundamentaes", o autor consagrou no articulado constitucional proposto os preceitos correspondentes à doutrina exposta (Pinheiro Ferreira, 1832 a: 65 e 66).

[412] Pinheiro Ferreira, 1831 c: 447.

[413] Tratava-se de uma opção que o autor justificava com base na desnecessidade deste recurso e mesmo na sua incompatibilidade com o sistema judicial consagrado no projecto (Pinheiro Ferreira, 1831 c: 488). O Desembargo do Paço, enquanto órgão superior da administração, assistia o rei na fiscalização dos restantes poderes, por intermédio dos seus cinco conselheiros áulicos, que encimavam uma hierarquia de agentes fiscalizadores em cada ramo da administração pública. A partir do projecto de 1834, o autor propôs a criação no lugar do Desembargo do Paço de um tribunal supremo com sede em Lisboa, com competência apenas para decidir as contendas que versassem sobre interesses comuns de duas ou mais províncias.

[414] Procurando antecipar a crítica óbvia de que a sua proposta violava o princípio da irretroactividade da lei penal, o autor apresentou, em outro lugar, uma interpretação restritiva do

gente se as Cortes e o rei se não tivessem pronunciado neste prazo. Esta decisão dos jurados era ainda passível de "melhoramento" pelas Cortes e pelo rei, a requerimento de alguma das partes (§ 916).[415]

No tocante às formas especiais de processo, admitia-se o julgamento de réus ausentes em duas circunstâncias.[416]

A primeira era a de o réu se encontrar representado por procurador e o tribunal concordar com a ausência do réu, caso em que a causa seguia os ulteriores termos sem mais.[417] A segunda era a de o réu não se encontrar representado ou

---

princípio, considerando que o princípio da irretroactividade da lei penal só era aplicável à definição de um facto como ilícito penal, mas não à definição da pena cometida a um determinado ilícito já previsto em lei anterior. Precisamente neste sentido, Pinheiro Ferreira, 1831 c: 434 e 456. Insistindo neste entendimento do princípio da retroactividade, Pinheiro Ferreira, 1841: 8 e 9.

[415] Reconhecendo, contudo, que "há perigo de se infringir um dos princípios mais essenciaes do systema constitucional, qual he o de nenhum individuo physico ou moral poder cumular, na sua plenitude, o exercicio de dois dos tres poderes politicos", o que aconteceria "se o governo exercesse o poder de aggravvar contra o offensor ou minorar contra o offendido a pena que o poder judicial houvesse decidido ser proporcional ao merecimento do primeiro e ao direito do segundo", o autor restringia o âmbito desta prerrogativa real prevista no artigo 74, § 7, da Carta, quer temporalmente, admitindo o seu exercício somente até à elaboração de um novo código penal, quer materialmente, advertindo que só quando a desproporção entre a pena e o delito fosse "de pouca monta" devia o rei agravar ou minorar a pena e não quando aquela desproporção fosse "de muita monta", caso em que seria necessária a promulgação de uma nova disposição legal pelas Cortes, e, mesmo tratando-se de uma desproporção de pouca monta, só admitindo a correcção do julgado na estrita medida em que o júri tivesse anteriormente considerado necessária. Nestes exactos termos, Pinheiro Ferreira, 1831 c: 435 a 439. No "Projecto de Reforma das Leis Fundamentaes", o autor omitiu completamente a referida prerrogativa régia, mantendo, contudo, o recurso ao "complemento" da decisão judicial pelo congresso nacional por via de promulgação de legislação (Pinheiro Ferreira, 1832 a: 318 e 319). Tornava-se desta feita ainda mais claro que o expediente só funcionaria em prejuízo do réu, pois o recurso só era previsto para o caso de a lei não prever qualquer pena ou o de prever uma pena "diminuta para o caso".

[416] O autor opunha-se vivamente à criação de jurisdições excepcionais ou de formas especiais de processo, tendo no seu "Projecto de Decreto sobre os Abusos da Liberdade de Imprensa" (Pinheiro Ferreira, 1832 b: 1 a 16, projecto n. II) propugnado a atribuição da competência para conhecer destes ilícitos aos juízes ordinários, com o concurso de dezoito jurados, seguindo-se os termos do processo previstos na lei geral. Mais tarde, em 1840, o autor formulou também um "Projecto de Lei Orgânica das Relações Civis do Clero da Igreja Lusitana", onde se previa além do foro especial, "não sendo contrário ás leis do Estado ou a algum princípio de moral", a manutenção do recurso à coroa das decisões da autoridade eclesiástica "contra qualquer violencia ou lesão" (Pinheiro Ferreira, 1840 b: 1 a 3, projecto).

[417] A fundamentação teórica da relevância jurídica da defesa por procurador ou por escrito do réu faltoso residia na necessária dissociação entre a sanção da falta de presença do réu e a punição penal pelos factos imputados ao réu, não devendo a defesa do réu durante o processamento do facto principal ser prejudicada em circunstância alguma pelo incidente da sua eventual desobediência à chamada do tribunal (Pinheiro Ferreira, 1831 c: 413).

de o tribunal não concordar com a ausência, não comparecendo ainda assim o réu, caso em que se procedia à citação edital do réu, dando curador ao ausente. Sendo o réu condenado em pena corporal, a todo o tempo era admissível a dedução da sua defesa diante dos mesmos jurados que julgaram a causa, sempre que isso fosse possível.

Em 1834, o autor apresentou um novo ensaio de "Projecto de Codigo Geral de Leis Fundamentaes e Constitutivas para uma Monarchia Representativa", que constituía o tomo terceiro do "Manual do Cidadão em um Governo Representativo", com o propósito de "refundir os principios da jurisprudencia constitucional, antes de tentar a reforma da constituição".[418] Este novo projecto foi ainda revisto em 1838 em face das críticas a que tinha sido submetido, tendo a nova versão sido designada por "Projecto de Código Político".[419] Em 1840, o autor completou a versão revista do Projecto com um "Projecto de Lei Orgânica e Regulamentar da Administração da Justiça", que desenvolvia o disposto naquele projecto. Nas últimas duas obras jurídicas publicadas em vida do autor, os dois volumes das "Questões de Direito Publico ...", de 1844, e o *Précis d' un Cours de Droit Public*, de 1845, o autor fez a defesa teórica do seu projecto. Nesta última obra, o autor incluiu uma versão traduzida do projecto de 1838, com a mesma designação, *Projet de Code Politique*. Esta versão continha algumas alterações importantes em relação ao projecto de 1838, sem constituir, no entanto, um projecto substancialmente diferente.

O "Projecto de Código Geral", de 1834, e o "Projecto de Código Político", de 1838, alteravam profundamente a organização judiciária e a estrutura do processo penal propostas nos anteriores projectos.

Os fundamentos desta alteração profunda encontravam-se em uma nova teoria do crime e da pena, que assentava em uma verdadeira concepção da culpa na formação da personalidade e em uma teoria pura da pena indeterminada. Esta nova teoria foi largamente explanada nos motivos do projecto de 1840 e retomada na Memória de 1841, em dois textos das "Questões de Direito Publico ...", de 1844, e no *Précis d' un Cours de Droit Public*, de 1845.

O júri decidia sobre a imputação do facto e o grau de perversidade do réu em função do modo como a personalidade deste se formou e se exteriorizou no facto.

---

[418] Pinheiro Ferreira, 1834 b: X. A motivação do novo projecto surgia no primeiro tomo do Manual, sob a forma de um inquérito, com perguntas e respostas sobre as soluções doutrinárias consagradas no projecto.

[419] O autor deu a conhecer o propósito de revisão do projecto de 1834 em face das críticas a que este tinha sido sujeito nas Cortes e fora delas na introdução do texto de 1838 (Pinheiro Ferreira, 1838 b: XXX).

Os factos que revelassem uma personalidade incorrigível teriam a natureza de crimes, os que revelassem uma personalidade viciosa ou perversa, mas corrigível, teriam a natureza de delitos, sendo aqueles e estes puníveis com a pena única indeterminada de reclusão, seguida de degredo. Os factos que revelassem uma personalidade não perversa, não habituada à prática do crime ou em que a propensão para o crime fosse ainda incipiente teriam a natureza de contravenções e seriam puníveis com as penas de multa, reclusão simples ou com trabalhos forçados, desterro simples, destituição de emprego ou suspensão de direitos civis e políticos, podendo estas penas ser aplicadas cumulativamente.[420]

As causas penais eram julgadas em tribunais de municipalidade, de cantão ou de comarca, que eram competentes para conhecer, respectivamente, de contravenções, delitos e crimes, sendo a competência destes tribunais determinada em função de um juízo concreto do acusador.[421] A composição destes tribunais também era alterada, sendo compostos os de municipalidade por três jurados, os de cantão por seis e os de comarca por doze jurados ou, excepcionalmente, quando o respectivo presidente o julgasse conveniente, por seis, nove ou dezoito jurados.[422]

A anterior exigência da habilitação universitária feita para os júris especiais foi alargada a todos os jurados, presidente e secretário do tribunal, pelo que "cessa de ter logar a distinção entre Juízes de facto e Juízes de direito".[423]

---

[420] Pinheiro Ferreira, 1840 a: 6 a 11 (exposição de motivos), 1841: 15 a 23, e 1845: 141 a 150.

[421] A formulação utilizada pelo autor no projecto de 1834 e no de 1838 correspondia claramente a uma determinação concreta da competência do tribunal ("a alçada será determinada pela pena requerida pelo autor, quer seja pelo cidadão particular, quer seja o ministerio publico", Pinheiro Ferreira, 1834 b: 74, e 1838 b: 230).

[422] Esta alteração da organização judiciária foi proposta no Projecto de Código Político de 1838, em face das críticas ao excessivo número de alçadas dos anteriores projectos, e foi mantida no Projecto de Lei Orgânica de 1840 e no segundo tomo do *Précis d' un Cours de Droit Public*, de 1846.

[423] Pinheiro Ferreira, 1840: 3 (exposição de motivos). A modificação da composição do tribunal de júri já era claramente enunciada como uma imposição lógica do princípio do júri no comentário ao artigo 99 da Constituição belga de 1831 (1838 a: 104). Esta modificação foi regulamentada em pormenor no "Projecto de Lei d' Organisação Provisoria dos Tribunais de Justiça", de 1840 e também foi consagrada no artigo 133 do *Projet de Code Politique*, de 1845. O projecto regulamentar de 1840 continha uma previsão transitória de dispensa do novo requisito para os membros do júri "em quanto a totalidade dos membros dos Jurys não puder ser composta de Bachareis nas sciencias júridicias" (artigo 5), mas a dispensa não valia para o presidente do tribunal e para o secretário. Também na Câmara dos deputados Pinheiro Ferreira se pronunciou contra o júri composto por leigos: "tendo mostrado a experiencia que a intervenção dos jurados, tanto nas causas cíveis como criminais, na fórma da actual organisação do jury, é incompativel com a boa administração da justiça", o autor propunha a suspensão do artigo 119 da Carta, bem como as dis-

176 *A Reforma da Justiça Criminal em Portugal e na Europa*

Esta alteração radical da composição do júri, que não correspondia a uma transformação deste tribunal em um tribunal colectivo permanente de letrados, mas antes a uma selecção mais elitista e restritiva dos componentes das listas do júri, encontrava a sua justificação dogmática na circunstância de que ela constituía a única medida que podia evitar a "desnaturalisação da instituição do jury", pois "então já ninguém poderá exprobar ao systema constitucional ter expulsado do templo da justiça a sciencia para o dar de posse á ignorancia".[424]

Na orgânica interna do tribunal era abolido o cargo de juiz legista, atribuindo-se as suas funções ao secretário do tribunal, que, no entanto, já não se pronunciava sobre o merecimento da causa no parecer final.

A fase inicial do processo judicial sofreu uma significativa reforma nos projectos de 1834 e 1838, sendo no primeiro suprimido o conselho de averiguação e atribuída a função instrutória do processo ao juízo de conciliação e sendo no segundo projecto abolido o próprio juízo prévio de conciliação.

No projecto de 1834, este juízo, que era constituído por jurados, decidia, em face das alegações sumárias das partes e da prova que entendesse dever ser produzida, "se a pretenção do autor lhe parece, ou não bem fundada".[425] Não se opondo as partes à decisão negativa ou aceitando a decisão positiva e as "condições da conciliação" propostas neste caso pelo júri, a decisão transitava. Discordando as partes da decisão ou dos termos da conciliação, o processo era julgado pelo mesmo júri, se nenhuma das partes requeresse a designação de novo júri.

Introduzia-se deste modo, nominalmente, a possibilidade de as partes prorrogarem a competência do juízo de conciliação para decidir a final, tal como ocorria no processo civil, mas com a limitação expressa no processo penal da necessária conformidade da composição do tribunal inferior com a exigida pela lei para o tribunal com alçada sobre a causa.[426]

---

posições da Novíssima Reforma que respeitassem ao júri, enquanto se não procedesse à sua reforma, devendo os juízes letrados conhecer, durante o período da suspensão, do facto e do direito nos termos previstos na Novíssima para as causas exceptuadas (in GT, 1844, pp. 2139 a 2141).

[424] Pinheiro Ferreira, 1841: 5 e 6. A construção dogmática do novo júri fê-la o autor em dois textos, publicados nas "Questões de Direito Público ...", de 1844, o texto XI do primeiro volume, intitulado "Da Instituição do Jury" (Pinheiro Ferreira, 1844 a: 54 a 58), e o texto X do segundo volume, intitulado "Das Condições Essenciaes do Poder Judicial nos Governos Representativos" (Pinheiro Ferreira, 1844 b: 38 a 74). No primeiro destes dois textos descreviam-se os quatro erros fundamentais do sistema comum de organização do júri e no segundo os princípios da organização do júri, fundada na nova teoria do crime e da pena.

[425] Pinheiro Ferreira, 1834 b: 81.

[426] Pinheiro Ferreira, 1834 a: 236, e 1834 b: 77. Esta necessária precaução anulava, bem vistas as coisas, a possibilidade de uma efectiva prorrogação de jurisdição no processo penal, como o autor veio a reconhecer expressamente na fundamentação do disposto no artigo 37 do Projecto de Lei Orgânica do Poder Judicial de 1840 (Pinheiro Ferreira, 1840 a: 3, exposição de motivos).

A Jurisdição Penal Comum

No projecto de 1838 foi abolido o juízo prévio de conciliação do processo penal, iniciando-se o processo judicial com a dedução do libelo e a citação do réu e não se antepondo ao libelo qualquer despacho judicial de verificação da existência de indícios suficientes para dedução de acusação. Em complemento desta inovação, os artigos 191 e 192 do "Projecto de Lei Orgânica", de 1840, procediam a uma regulamentação muito pormenorizada da fase administrativa de investigação, conduzida pelo Ministério Público, com o auxílio funcional dos administradores territoriais e das polícias.[427]

Com a abolição do juízo de conciliação desaparecia também a possibilidade legal da prorrogação de competência de um tribunal inferior, mantendo o projecto de 1838 apenas a faculdade de escolha do tribunal pelas partes no processo penal, "com tanto que sejam do predicamento correspondente á alçada da causa".[428] Tratava-se de salvaguardar, também no processo penal, o princípio fundamental da administração da justiça "perto da porta de casa", sem prejuízo, contudo, das limitações decorrentes da natureza pública específica das causas crimes.[429] Contudo, na versão francesa do projecto, de 1845, nem mesmo esta faculdade subsistiu, só se admitindo uma excepção à regra da competência territorial do tribunal, a do julgamento a requerimento do réu no tribunal da área da sua residência ou da área da prisão onde ele se encontrasse.[430]

---

[427] O autor justificava a importância desta regulamentação minuciosa das atribuições do Ministério Público na fase de investigação com as seguintes palavras: "parece incrivel que os Jurisconsultos não tenham advertido, que as funcções do Juiz, começam com a audiência das queixas do auctor e terminam com a sentença de absolvição ou de condemnação do réo, e que todos os outros actos de auctoridade que precedem e acompanham o processo ou se seguem depois delle, sam actos do Poder Executivo" (Pinheiro Ferreira, 1840 a: 13, exposição de motivos). Os desenvolvimentos teóricos da tese da exclusividade do domínio da instrução pelo Ministério Público encontram-se explanados na Memória de 1841 (Pinheiro Ferreira, 1841: 32 a 39) e nos tomos primeiro e segundo do *Précis d' un Cours de Droit Public*, respectivamente, de 1845 e de 1846 (Pinheiro Ferreira, 1845: 188 a 192, e 1846: 179 a 182).

[428] Pinheiro Ferreira, 1838 b: 234, e 1840 a: 5 (projecto).

[429] Estas limitações consistiam, segundo o autor, na circunstância de que "a nação, reconhecendo as justificadas razões, por que se proporcionou o numero e o predicamento dos Juizes á gravidade das causas, não pode desistir desta gradação, consentindo que o crime seja ventilado no juízo que reputou unicamente habil para conhecer dos simples delictos" (Pinheiro Ferreira, 1840 a: 3, exposição de motivos).

[430] Pinheiro Ferreira, 1845: 119, 120 e 126. O autor justificava a nova regra com o argumento de que "sendo todos os jurados o produto de eleição nacional, os agentes do ministério público, não sendo senão representantes do poder da nação, não podem exercer opção nem conceder preferências" (*tous les jurés étant le produit de l' élection nationale, les agents du ministère public, n' étant que des fondés de pouvoir de la nation, ne peuvent exercer d' option, ni accorder des préférences*).

Na fase processual de julgamento, os projectos posteriores a 1834 omitiam a faculdade anteriormente reconhecida de alargamento do objecto do processo por deliberação do júri, através da valoração de factos novos distintos dos alegados pelas partes, e consagravam a novidade de os jurados decidirem sob a fiscalização dos "delegados dos concelhos de inspecção e censura constitucional",[431] bem como a novidade da restrição do teor e do significado do relatório final.

Além da espécie da pena, o júri da culpa definia o montante concreto da pena aplicada no julgamento das contravenções. O júri decidia também da culpa dos acusados pela prática de crimes e delitos, mas a definição da duração concreta da pena de reclusão aplicada nestes processos relativos a crimes e a delitos competia a um outro tribunal, o júri da visita das casas de correcção. Quando este júri entendesse que o réu estava corrigido, procedia-se ao degredo, que constituía um período de prova para o réu, em que este já se encontrava na fruição plena dos seus direitos civis e políticos, com a ressalva dos que fossem incompatíveis com a residência forçada na área de um distrito.[432]

No tocante aos recursos, o "Projecto de Código Geral", tal como o "Projecto de Código Político", procediam a uma reforma radical do disposto nos anteriores projectos, restringindo significativamente a admissibilidade dos embargos, suprimindo a fiscalização das decisões judiciais pelo chanceler do tribunal, cargo que também desaparecia, e abolindo o sistema de "melhoramento" da decisão judicial pelo poder político.[433]

O novo objecto dos embargos era limitado à alegação de factos supervenientes aos debates e de equívocos evidentes sobre os factos já debatidos e que tivessem servido de fundamento à sentença ou sobre a interpretação da lei, su-

---

[431] Pinheiro Ferreira, 1834 b: 72 e 86, 1838 b: 226, e 1840: 1 (projecto). A vigilância do delegado sobre os jurados constituía mesmo uma garantia dos cidadãos de que os jurados decidiam de modo imparcial e independente (Pinheiro Ferreira, 1840: 6 (exposição de motivos). Esta vigilância não se restringia apenas à reunião do júri, mas a toda a audiência de julgamento, competindo ao delegado a observação do modo de actuação dos magistrados e a eventual denúncia ao poder executivo de abusos ou excessos de poder cometidos pelos magistrados (Pinheiro Ferreira, 1845: 366 e 367).

[432] Pinheiro Ferreira, 1834 d: 11 a 13, 1838 b: 48 e 49, 1840: 11 e 12 (projecto), e 1845: 401 e 402. Uma lei regulamentar estatuiria sobre o modo de o réu alcançar a liberdade definitiva.

[433] Na versão francesa do projecto de 1834, o autor foi ainda mais explícito, em um artigo que não se encontrava na versão portuguesa do mesmo projecto, prevendo a absolvição do réu quando a lei não previsse qualquer pena para o facto (Pinheiro Ferreira, 1834 c: 775). Curiosamente, a versão francesa do projecto de 1845, continha disposição idêntica (Pinheiro Ferreira, 1845: 139), que não se encontrava na versão portuguesa de 1838.

primindo-se, entre outros, o fundamento da falsidade dos factos dados como provados que não resultasse da descoberta de provas novas.[434]

A apelação permanecia vedada no processo penal, embora a sua admissibilidade tivesse sido alargada no processo civil, e a revista não era admitida nem no processo penal nem no civil.

Apesar de os novos projectos consagrarem nas causas cíveis em que as partes tivessem prorrogado a competência de um tribunal inferior o direito de apelação para o mesmo tribunal onde a causa já tinha sido julgada, requerendo o recorrente ao respectivo presidente a constituição do júri com o número de jurados do tribunal com alçada sobre a causa, esta faculdade só era consagrada no processo civil, uma vez que no processo penal o julgamento da causa tinha lugar ou em um tribunal com o número de jurados do tribunal com alçada sobre a causa, como no "Projecto de Código Geral" de 1834, ou em um tribunal da mesma natureza do competente, como no "Projecto de Código Político" de 1838 e no de lei orgânica de 1840, ou apenas no tribunal competente, como na versão francesa do "Projecto de Código Político", de 1845. Deste modo, o recurso de apelação, que permitia o julgamento das causas cíveis diante do tribunal com alçada sobre a causa, sempre que o primeiro julgamento tivesse decorrido em um tribunal inferior, não tinha qualquer justificação no processo penal, em que a causa era sempre julgada por um tribunal com a composição do tribunal com alçada e, por último, apenas pelo próprio tribunal com alçada.

O recurso de agravo manteve nos projectos posteriores a 1834 o seu papel central de única garantia de sindicância das decisões penais diante de uma instância superior ao tribunal competente, sendo embora este recurso restringido a uma única instância a partir de 1834.[435]

O objecto deste recurso era o mesmo no projecto de 1834, embora nele apenas se mencionasse o excesso e o abuso de jurisdição por algum dos jurados

---

[434] Pinheiro Ferreira, 1834 d: 90, 1838 b: 46, e 1840: 12 (projecto). Contudo, na versão francesa do Projecto de Código Político, de 1845, a redacção dada ao preceito permitia uma maior amplitude à petição do embargante, que não tinha de se reportar apenas aos equívocos evidentes, mas podia abranger a impugnação da interpretação dos factos (*ou les faits mal compris*, Pinheiro Ferreira, 1845: 396 e 397), como se dava a entender na motivação do projecto (Pinheiro Ferreira, 1845: 152).

[435] No projecto de 1834 só se admitia o recurso de agravo para o tribunal imediatamente superior (Pinheiro Ferreira, 1834 d: 92), ao invés dos projectos de 1838 e 1840 e da versão francesa do projecto de 1845, em que já se admitia, além daquele, a interposição de recurso de agravo para o próprio tribunal recorrido ou outro de igual categoria, constituído por um novo júri de composição idêntica à da alçada imediatamente superior (Pinheiro Ferreira, 1838 b: 47, 1840: 13 (projecto), e 1845: 153 e 398). Deste modo, o autor afastava-se da sua anterior posição crítica da Carta por esta prever precisamente apenas um grau de recurso, fosse de apelação ou de agravo (Pinheiro Ferreira, 1831 a: 82).

ou magistrados como fundamento do recurso,[436] e nos projectos de 1838 e de 1840, que, além destes fundamentos, incluíam o do erro de ofício, entendido no sentido de violação da lei por a decisão "se haver fundado em lei cujo sentido é evidentemente contrario áquelle em que ella deve ter e tem sido constantemente intendida".[437] Na versão francesa do projecto, de 1845, ao invés, o âmbito do recurso foi alargado, incluindo qualquer omissão dos magistrados.[438]

Foi em um texto do ano anterior que o autor esclareceu o sentido desta inovação: "No systema constitucional não se fórça a consciencia dos juizes do recurso, obrigando-os a acceitarem o facto como elle vier classificado do juízo recorrido. Para julgarem, qual das partes tem rasão, e se alguma d'ellas foi lesada por aquelles juizes, é forçoso que estes tomem taõ pleno conhecimento do facto e do direito, como é de seu dever não acceitarem dos autos que se achem perante elles, se não o que lhes inspirar convicção debaixo de ambos aquelles pontos de vista, pedindo supprimento de provas, repergunta de testemunhas e vestorias: se os que dos autos constarem lhes não parecerem sufficientes".[439] Deste modo, o merecimento e a suficiência da instrução probatória da causa, expressamente reservados ao recurso de apelação em 1831,[440] tornavam-se o objecto do recurso de agravo, aproximando este da apelação, sem, contudo, com ela se confundir.

Os poderes do tribunal no julgamento de agravo interposto da sentença definitiva eram, em regra, meramente cassatórios, dando lugar ao reenvio da causa para um outro tribunal, salvo acordo das partes no sentido de que a causa fosse definitivamente julgada pelo tribunal de recurso, que podia ter lugar mesmo nas causas em que o Estado fosse parte.[441]

As propostas da Pinheiro Ferreira para a reforma da administração judiciária e do processo penal mostravam, assim, desde 1831 ter como motivação primordial a garantia da independência do juiz de julgamento.[442]

---

[436] A formulação do projecto de 1834 não correspondia a uma intenção restritiva do autor, pois no tomo explicativo do Manual o objecto do agravo era identificado com os vícios processuais (Pinheiro Ferreira, 1834 a: 233 e 234).

[437] Pinheiro Ferreira, 1838 b: 47, e 1840: 13 (projecto). A explicação do sentido da expressão erro de ofício foi dada na Exposição de motivos do projecto de 1840 (Pinheiro Ferreira, 1840 a: 12, exposição de motivos).

[438] Pinheiro Ferreira, 1845: 398.

[439] Pinheiro Ferreira, 1844 b: 47.

[440] Pinheiro Ferreira, 1831 b: 442.

[441] Pinheiro Ferreira, 1834 d: 92.

[442] Segundo José Esteves Pereira (1974: 143), o programa do autor para a organização do poder judicial era uma "adaptação do sistema judiciário anglo-saxónico". A especificidade das propostas teóricas de Silvestre Pinheiro não permite, como se verá no texto, tirar semelhante conclusão.

A Jurisdição Penal Comum

A garantia do princípio da acusação resultava da separação radical entre a fase de investigação dirigida pelo Ministério Público e a fase judicial do processo, que tinha natureza contraditória. O processo judicial era contraditório *ab initio*, defendendo até o autor a inconstitucionalidade da competência judicial para a formação do corpo de delito por violação do princípio da separação de poderes. Com efeito, sendo necessário "averiguar factos em que não há contestação, não há ahi materia para o poder judicial, e nesse caso encarregar d' essas averiguações os agentes d' este poder, em vez de serem commetidas aos agentes do governo, he offender o principio constitucional da separação dos poderes".[443] Isto é, onde não houvesse investigação contraditória de factos, não devia intervir o juiz, ficando por isso reservada à magistratura do Ministério Público, coadjuvada por "autoridades administrativas encarregadas de abrir devassa", a investigação preliminar em segredo dos factos com vista à dedução da acusação.[444]

Se o conselho de averiguação e o juízo de conciliação, que substituiu aquele, ainda participavam na delimitação do objecto do processo, apreciando, se quisessem, a prova já recolhida e pronunciando o arguido, com a abolição do juízo de conciliação no projecto de 1838 deixou de se interpor qualquer apreciação judicial prévia do objecto do processo entre a dedução da acusação pelo Ministério Público e o julgamento. Aliás, mesmo no anterior projecto de 1834, a possibilidade de a parte agravada pelo juízo de conciliação requerer a intervenção de um outro júri constituía salvaguarda suficiente do princípio da acusação. Só no projecto de 1831, em que o réu se não podia opor ao julgamento pelos mesmos juízes que constituíam o conselho de averiguação e estes dispunham até da faculdade de alargar o objecto do processo em audiência de julgamento, aquela garantia não era devidamente assegurada.

Ao invés, a realização do princípio da imediação sofria de um grave défice em qualquer um dos projectos. A absoluta passividade do juiz presidente e dos jurados na audiência de julgamento, despojados de quaisquer poderes de iniciativa quanto à recolha de meios de prova,[445] era aparente, uma vez que o recurso

---

[443] Pinheiro Ferreira, 1834 a: 195. A reafirmação deste princípio e da sua repercussão na definição da competência do Ministério Público na fase de instrução criminal encontrava-se também claramente exposta na Memória de 1841 (Pinheiro Ferreira, 1841: 2 e 32).

[444] As restrições à liberdade do perseguido pela justiça, designadamente, a busca domiciliária, ordenadas nesta fase eram da competência de uma autoridade municipal ou mesmo do Ministério Público, constituindo a punição judicial dos abusos de poder a única limitação destes órgãos e a verdadeira garantia dos cidadãos. A teorização das competências do Ministério Público e da autoridade municipal encontra-se no projecto de 1840 e na Memória do ano seguinte, embora não coincidissem os pontos de vista do autor em ambos os textos.

[445] Na exposição de motivos do projecto de 1831, o autor deixava claro que "o tribunal escuta as provas do facto e suas circunstancias, mas nem as procura nem as suppre" e a razão

aos elementos de prova recolhidos na fase de investigação e mesmo a outros, de conhecimento pessoal dos magistrados, estava a coberto da legitimidade, expressamente afirmada, da convicção dos jurados fundada em quaisquer meios de prova e, designadamente, em meios de prova recolhidos na fase investigatória ou mesmo em meios de prova extrajudiciais.[446]

Este défice de realização do princípio da imediação não encontrava inicialmente compensação no sistema de recursos. Por um lado, os vícios da decisão sobre a matéria de facto eram impugnados diante do mesmo tribunal através de embargos, cujo âmbito foi drasticamente reduzido a partir de 1834, e o recurso de agravo tinha inicialmente o seu objecto restrito aos vícios de direito, fossem eles de natureza processual ou substantiva. A sindicância oficiosa no trânsito do processo na chancelaria, prevista no projecto de 1831 e posteriormente abandonada, restringia-se também aos vícios processuais.

Por outro lado, a anunciada intenção de restringir o âmbito da prerrogativa régia prevista na Carta, fazendo-a depender da prévia definição pelo júri do montante do excesso da pena prevista na lei, deu lugar a que o autor, por um imperativo de coerência, alargasse objectivamente e sem cobertura constitucional para tanto o âmbito da intervenção do poder político na fiscalização da justiça da decisão concreta proferida pelos tribunais, não só introduzindo a possibilidade de o rei agravar as penas insuficientes em que a desproporção entre o facto e a pena fosse "de pouca monta", como atribuindo às Cortes a faculdade de promulgar uma nova lei, agravando ou atenuando as penas em que aquela desproporção fosse "de muita monta". O subsequente abandono dos remédios políticos para correcção da sentença injusta, que constituíam as Cortes e o rei em uma instância normal de "melhoramento" da sentença proferida pela justiça penal, permitiu salvar o princípio da irretroactividade da lei penal e o princípio da separação de poderes de danos irreversíveis, mas suprimiu também um meio de tutela da posição da parte agravada pela instância.

---

desta limitação era a de que aos magistrados não cabia conhecer "a verdade absoluta, mas a verdade da accusação" (Pinheiro Ferreira, 1831 c: 424 e 425). De igual modo, em outro lugar, se afirmava que "a verdade judicial he a verdade entre as partes e ao juiz não compete procurar novas provas" (Pinheiro Ferreira, 1834 a: 192).

[446] "O juiz decidirá pela sua própria convicção quaesquer que sejão as provas judiciaes ou extrajudiciaes em que ella se fundar" (Pinheiro Ferreira, 1834 d: 70). Antevendo a crítica, o autor procurava sanar a manifesta contradição desta afirmação com a pretendida passividade do juiz com o argumento circular de que o verdadeiro sentido daquela afirmação era o de que ao juiz "não he licito supprir as provas judiciaes ou extrajudiciaes com outras por elle procuradas" (Pinheiro Ferreira, 1834 a: 188 e 192).

A *Jurisdição Penal Comum*

Acresce que a afirmação peremptória da desnecessidade e mesmo da irracionalidade de um tribunal supremo de cassação[447] era conjugada com a defesa da abolição dos tribunais de segunda instância enquanto tribunais de apelação, colocando no lugar dos tribunais de segunda instância verdadeiros tribunais substitutos do tribunal da cassação, que conheciam apenas de agravos atinentes a vícios de direito. O recurso de agravo, que era admissível independentemente da alçada do tribunal recorrido, assumia, pois, o papel equivalente ao do antigo recurso por ordenação não guardada,[448] sobretudo a partir do projecto de 1834, momento em que o agravo passou a ser interposto apenas para um órgão com alçada superior.

Se o alargamento posterior do objecto do recurso de agravo ao merecimento da causa e à insuficiência da instrução probatória da causa, embora desfigurando o recurso tradicional de agravo, permitia a realização do controlo da decisão sobre a matéria de facto, o verdadeiro contrapeso do défice na realização do princípio da imediação residia, não tanto nesta reformulação do sistema de recursos, mas sobretudo em uma conformação especial da audiência de julgamento.

A garantia da parte agravada pelo tribunal de julgamento na valoração da prova era, no fundo, antecipada para a própria audiência de julgamento, procurando o autor prevenir aqueles agravos através de um sistema *sui generis* de inquirição das testemunhas, que visava garantir a máxima liberdade na prestação do depoimento pelas testemunhas, e através da consagração de um complexo sistema de fiscalização da conduta dos membros do tribunal, quer com a introdução dos delegados do conselho de inspecção no seio do júri, quer, sobretudo, com a divisão de funções entre o juiz presidente e o juiz legista e a revisão dos critérios de escolha dos jurados. Colocado numa posição equidis-

---

[447] O autor não poupava esta instituição dos revolucionários franceses, caracterizando-a como "a mais tirânica, a mais inconstitucional e a mais irracional de todas as instituições sobre a qual se vieram fundar os elementos mais discordantes, desde a monarquia mais absoluta à ditadura mais ilimitada, que jamais existiram" (*la plus tyrannique, la plus inconstitutionnelle et la plus irrationnelle de toutes les institutions où sont venues se fondre les éléments les plus discordans, depuis la monarchie la plus absolue jusqu' à la dictature la plus illimitée, qui aient jamais existé*, Pinheiro Ferreira, 1838 a: 98). O autor procurava mesmo destruir os argumentos utilizados pelos constituintes franceses e pela doutrina para a instituição deste tribunal, mostrando que ela constituía um peso enorme para a bolsa dos recorrentes e não alcançava o fim da uniformidade da jurisprudência que se tinha proposto. Na organização judiciária proposta pelo autor, o tribunal supremo do país teria apenas competência para resolução de conflitos entre as províncias. O desenvolvimento desta argumentação contra um tribunal supremo que fosse dotado de competência para firmar jurisprudência e que constituiria, por isso, "um poder exorbitante no estado" encontra-se na Memória de 1841 (Pinheiro Ferreira, 1841: 7 e 8).

[448] No próprio dizer do autor nas Observações de 1831 (Pinheiro Ferreira, 1831 a: 82).

184   *A Reforma da Justiça Criminal em Portugal e na Europa*

tante relativamente a todos os restantes sujeitos processuais, o juiz presidente dirigia a produção da prova e fiscalizava a conduta das partes e dos restantes membros do tribunal. Por sua vez, o juiz legista e, mais tarde, o secretário do tribunal exerciam funções de esclarecimento dos jurados, mais amplas nos projectos de 1831 e 1834 e menos amplas no último de 1838, ano em que o autor introduziu, em um outro texto, a ideia do requisito do bacharelato em direito para a formação das pautas de jurados.

A transformação dos jurados em peritos de direito, com o concomitante aperfeiçoamento técnico da justiça produzida logo na primeira instância, fechava a cúpula do edifício construído pelo autor, conciliando-se com a restrição dos graus admissíveis de agravo. Se inicialmente o agravo era admitido de um júri constituído por leigos para dois júris sucessivos constituídos por juristas, depois de 1838 o agravo da decisão dos novos jurados bachareis em direito já só subia a uma instância de recurso, tornando-se desnecessária a sobreposição de três graus de jurisdição. A amplitude generosa por fim atribuída ao recurso de agravo devia ser vista como mais um reflexo das benesses do sistema constitucional, vertendo deste modo Silvestre Pinheiro Ferreira no velho odre do recurso de ordenação não guardada o vinho novo do ideário liberal.

4. O Progetto di Codice di Procedura Criminale de Giovanni Carmignani (1836)

Na sequência da abertura de um concurso público pelas Cortes no ano de 1835, para apresentação de um código penal e de processo penal, Giovanni Carmignani, lente da universidade de Pisa, concluiu e ofereceu às Cortes portuguesas no ano seguinte um manuscrito contendo um *Codice Penale* e um *Codice d' Istruzione Criminale*.[449]

O *Progetto* estava dividido em quatro livros, o primeiro contendo disposições gerais, o segundo sobre a autoridade judiciária, o terceiro sobre os actos judiciários e o último sobre o processo judiciário, encontrando-se este ainda subdividido em duas partes, uma sobre o processo ordinário e outra sobre o processo sumário. Ao todo contavam-se 852 artigos.

O *Progetto* assentava em uma organização judiciária específica, que não se assemelhava à instaurada pela Reforma Judiciária. Os tribunais com competência criminal eram a Corte Suprema Reguladora (*Corte Suprema Regolatrice*),

---

[449] O manuscrito enviado pelo autor às Cortes tinha a designação de *Codice d' Istruzione Criminale*, embora o autor tenha mais tarde manifestado preferência pela designação de *Codice di Procedura Criminale*, que passou a utilizar para se referir ao manuscrito.

A Jurisdição Penal Comum   185

com sede na capital do país, as Cortes de Justiça Criminal (*Corti di Giustizia Criminale*), com sede na capital de cada departamento, os Tribunais de Justiça e de Polícia Preventiva (*Tribunali di Giustizia e di Polizia Preservativa*), com sede na capital de circondário, e os Tribunais de Simples Polícia (*Tribunali di Semplice Polizia*), com sede na capital de cada cantão.[450]

A Corte Suprema tinha competência para vigiar sobre a "uniformidade da máxima de julgar" e conhecer dos recursos sobre as decisões inapeláveis, com fundamento em violação ou errónea aplicação de lei ou em manifesta injustiça.

A Corte de Justiça Criminal tinha competência para julgar, sem apelação, os crimes públicos e os recursos de apelação das decisões do Tribunal de Polícia Preventiva, sendo composta por seis juízes quando se tratasse de julgamento em primeira instância de crime punível com a pena capital ou as de trabalhos, deportação ou exílio perpétuos, por quatro juízes quando o julgamento em primeira instância se reportasse a crime punível com pena inferior e por três juízes no julgamento dos recursos de apelação.

O Tribunal de Justiça e de Polícia Preventiva era composto por três juízes e tinha competência para conhecer dos crimes particulares[451] e das transgressões que não fossem qualificadas de simples polícia.

O Tribunal de Simples Polícia era presidido, por inerência, pelo chefe administrativo do município e tinha competência para julgar, sem apelação, das transgressões de simples polícia, bem como funções de prevenção de delitos e de composição de conflitos familiares.[452]

O *Progetto* conhecia duas formas de processo comuns: o ordinário, aplicável nas Cortes de Justiça Criminal, e o sumário, aplicável nos Tribunais de Justiça e nos de Polícia. Além daquelas, previam-se a forma de processo contumacial, aplicável em qualquer tribunal, e a forma de processo para julgamento de crimes cometidos por magistrados ou contra magistrados no exercício das suas funções.[453]

---

[450] O autor, em nota explicativa ao projecto, afirmava que a quadrícula judiciária por si proposta podia sobrepor-se à divisão administrativa portuguesa, considerando que o departamento corresponderia à unidade administrativa da província, o circondário à do distrito e o cantão à do município (Giovanni Carmignani, 1852 a: 4).

[451] O elenco dos crimes particulares encontrava-se no artigo 211, sendo os restantes crimes públicos.

[452] Esta competência preventiva tinha, entre nós, paralelo na competência do juiz ordinário para ordenar as cauções e os termos de bem viver previstos no § 5 do Título 78, do Livro III, e no Título 128 do Livro V das Ordenações Filipinas (Caetano Pereira, 1820: 238 e 239).

[453] O autor admitia expressamente na nota explicativa prévia (Giovanni Carmignani, 1852 a: 9) que o projecto de código para Portugal consistia na correcção e aperfeiçoamento das instituições processuais penais da Toscânia, promulgadas pela reforma penal de 30.11.1786 pelo

186   A Reforma da Justiça Criminal em Portugal e na Europa

A estrutura do processo ordinário regia-se por dois princípios fundamentais: a separação das funções instrutória e de julgamento (*sono incompatibili le funzione di giudice-istruttore, e di giudice cognitore nella medesima causa*, artigo 117) [454] e a instrução escrita do processo (*la legge rigetta la istruzione orale della causa, ed adottata la scrita, come più confacente allo studio, che è necessario al giudice per conoscerla, e per deciderla colle regole giurisprudenziali, che ella gli assegna per guida onde limitarne l' arbitrio*, artigo 20).[455]

O processo iniciava-se por impulso do acusador público ou do acusador privado e, só excepcionalmente, por iniciativa do juiz, estabelecendo-se uma radical distinção entre os processos abertos por impulso do acusador público ou oficiosamente pelo juiz, em que não era admitido o acusador privado, e os processos instaurados pelo acusador privado, em que não era admitido o acusador público.[456] A investigação dos crimes públicos encontrava-se a cargo do juiz

---

Grão-Duque Leopoldo I. A fundamentação dogmática da doutrina do projecto encontra-se em um outro estudo fundamental do autor, o *Saggio Teorico-Pratico sulla Fede Giuridica e su i suoi vari Metodi nelle Materie Penali*, que se citará adiante para melhor esclarecimento do sentido das disposições do *Progetto*. O código leopoldino foi o primeiro código penal e processual penal moderno, tendo consagrado muitas das pretensões dos filósofos iluministas, tais como a abolição da tortura, da presunção de confissão do réu ausente e das penas de morte, de mutilação e de confisco geral de bens, por um lado, e por outro, a admissão da liberdade provisória como regra entre as medidas cautelares (Mario Pisani, 1990: 110, e Giovanni Tarello, 1997: 547 a 550). Em Portugal, a doutrina do final do Antigo Regime conhecia e recomendava a adopção da filosofia e mesmo de algumas disposições concretas da lei toscana (António Ribeiro dos Santos, 1844: 169, notas ao título III).

[454] A conciliação deste princípio com o princípio da instrução inquisitória característico do processo canónico constituía a principal novidade do processo misto introduzido por Leopoldo I. O *Progetto* de Carmignani assentava do mesmo modo neste "expediente dirigido ao acusatório" característico do processo leopoldino (*espedienti tolti all' accusatorio*, Giovanni Carmignani, 1852 b: 400).

[455] A segunda característica essencial do processo leopoldino, herdada do processo inquisitório, era a da natureza escrita da instrução da causa. A instrução escrita da causa constituía uma garantia contra o arbítrio do julgador alternativa à garantia da publicidade, pois obrigava o julgador a uma valoração "metódica" de toda a prova, para cujo efeito melhor servia o recolhimento do estudo científico dos meios de prova do que o "perorar" sobre a causa (Giovanni Carmignani, 1852 b: 241 a 244 e 384 a 388). O projecto oferecido a Portugal foi também discutido na doutrina europeia. Foi precisamente contra este predomínio da instrução escrita da causa no projecto de Carmignani que se pronunciou o lente de Heidelberg, Carl Joseph Anton Mittermaier (1856: 130).

[456] O *Progetto* dava particular importância à conformação institucional da Parte Pública, distinguindo entre os acusadores públicos e os comissários do governo e regulamentando com pormenor as relações entre ambos e com os restantes sujeitos processuais. O acusador público chefiava um corpo de milícia cívica, constituído para a execução coerciva das ordens do tribunal e o exercício de funções de polícia e de acusação de todos os delitos públicos, de acordo com um

A Jurisdição Penal Comum   187

instrutor,[457] procedendo este à produção e ao registo de toda a prova recolhida contra e a favor do denunciado (*gli atti informativi hanno l' oggetto di acquistare, o d' escludere, la prova del delitto o denunziato, o accusato in giustizia, e dell' individuo, o individui, ai quali è il delitto attribuito*, artigo 453), incluindo o interrogatório do denunciado e a inquirição das testemunhas apresentadas pelo denunciado em sua defesa.[458]

Durante a instrução, o acusador público e o denunciado podiam interpor recurso para a Corte dos despachos do juiz instrutor relativos à admissibilidade de meios de prova e à adopção de medidas de coacção.

Finda a instrução, o juiz propunha o arquivamento à Corte de Justiça, que, após recolha do parecer do comissário do governo, decidia em conferência, cabendo recurso da decisão de arquivamento apenas pelo comissário do governo para o procurador do rei junto do Tribunal Supremo. Este magistrado podia determinar o prosseguimento dos autos, tornando-se, contudo, responsável por danos e despesas no caso de o réu vir a ser absolvido, independentemente do fundamento da absolvição.[459]

Se o juiz instrutor concluísse que se verificavam indícios suficientes para aplicação de um pena ao denunciado, redigia as "conclusões de mero facto"

---

princípio estrito de legalidade. O acusador público estava sujeito às instruções do comissário do governo e este, por sua vez, estava sujeito ao procurador do rei junto do Tribunal Supremo. O comissário tinha competência para intervir directamente em qualquer fase do processo. A identificação do acusador público como um agente de polícia civil, destituído de funções de instrução, era outra das características do *Progetto* recolhidas do processo leopoldino (Giovanni Carmignani, 1852 b: 229, 409 e 440).

[457] A instituição do juiz instrutor nada tinha em comum com a do processo napoleónico, concentrando o juiz instrutor do *Progetto*, à imagem do juiz instrutor do processo leopoldino, todas as funções instrutórias e de investigação e procedendo de modo equidistante e imparcial à investigação de toda a prova a favor e contra (*a carico e a scarico*) o réu, sendo a divisão de poderes e as relações do juiz instrutor com o Ministério Público na lei francesa objecto de uma crítica contundente do autor (Giovanni Carmignani, 1852 b: 373 a 376 e 414).

[458] Esta doutrina tinha directa inspiração no artigo XXIV do Lei de 30.11.1786, que dispunha "se entretanto na pendência do informativo o réu tiver designado alguma testemunha ou alegado alguma prova tendente à sua desculpa, o juiz deverá oficiosamente fazer comparecer tal testemunha e inquiri-la e tomar-lhe depoimento para os autos do processo sobre todo e qualquer facto deduzido pelo réu para seu desagravo" (*se parimente pendente l' informativo il Reo avrà nominato alcun Testimone, o allegato qualche prova tendente alla sua discolpa, il Giudice sarà tenuto ex officio a far comparire un tal Testimone, ed esaimnarlo, ed prendere informazione per gli Atti del Processo sopra ogni altro fatto dal Reo dedotto in di lui sgravio*, Dario Zuliani, 1995: 105 e 106).

[459] A garantia da responsabilidade civil pessoal do magistrado acusador era outro "expediente acusatório" do processo leopoldino que Carmignani consagrava no *Progetto* (Giovanni Carmignani, 1852 b: 400).

188   *A Reforma da Justiça Criminal em Portugal e na Europa*

(*conclusioni di mero fatto*, artigo 595), em que imputava o facto criminoso ao denunciado e tornava públicos os autos informativos (*atti informativi*).[460] Não havendo indícios da prática de um crime punível com pena superior à de relegação,[461] o juiz instrutor devia libertar o denunciado, sob caução.

O acusado podia então, em prazo fixado pelo juiz instrutor, declarar que se opunha à instrução escrita por este realizada e requeria a abertura da fase dos "autos de defesa" (*atti di difesa*, artigo 608), em que se devia produzir toda a prova da defesa. O acusador público ou o comissário do governo podiam contraditar a prova apresentada pelo réu. Toda a prova produzida nesta fase era igualmente registada e, designadamente, a ratificação dos depoimentos das testemunhas ouvidas na fase secreta e as alterações dos depoimentos entretanto verificadas.[462]

A fase de julgamento da causa iniciava-se com o envio dos autos para o tribunal de julgamento competente depois de produzida toda a prova da defesa. O julgamento tinha por base a prova registada nos autos e as alegações escritas

---

[460] A síntese da instrução judicial constituía o verdadeiro acto de acusação (Giovanni Carmignani, 1852 b: 249).

[461] A detenção em flagrante delito só podia ter lugar quando se tratasse de delito público punível com pena superior à de relegação ou, sendo inferior, quando o autor fosse vagabundo, mendicante válido, pessoa sob vigilância policial, difamado ou forasteiro que não pudesse prestar fiança. A detenção fora de flagrante delito, através de "mandado de acompanhamento" (*mandato di accompagnatura*, artigo 424), requeria a verificação de indícios da prática de um delito público punível com pena superior à de relegação. Depois de interrogado o suspeito da prática de um delito público, era ordenada a sua custódia em segredo e preventiva quando ele não tivesse purgado os indícios da autoria criminosa. Esta custódia não tinha qualquer prazo nem era imputada na pena definitiva.

[462] O princípio fundamental do artigo XIV da reforma leopoldina, segundo o qual "a publicação dos autos ... operará, sem outra formalidade nem declaração, a legitimação do processo" (*la pubblicazione degli Atti (...) opererà, senz' altra formalità, e dichiarazione, la legittimazione del Processo*), era rodeado de três garantias essenciais: as testemunhas inquiridas no processo preparatório não prestavam juramento (artigo VII), devendo fazê-lo quando o processo fosse tornado público e o réu o exigisse, a publicação do processo consistia em dar-se ao réu ou ao seu defensor cópia de todos os depoimentos ouvidos em segredo, proibindo-se expressamente a prática de se lhe dar a conhecer apenas os nomes das testemunhas (artigo XIII), e as alterações ao depoimento da testemunha prestado em segredo feitas no depoimento prestado diante do réu ou do seu defensor eram inteiramente livres, não merecendo qualquer sanção (artigo VIII) (Dario Zuliani, 1995: 60 a 64, 71 a 83). O modo como os práticos aplicaram estas disposições revela que a reforma leopoldina ficou de certo modo prisioneira do segredo do antigo processo inquisitório. O réu só conhecia as provas recolhidas em segredo depois de o processo preparatório estar concluído e a confrontação do réu com as testemunhas da acusação não consentia "margem para manobras defensivas do réu", pois na generalidade dos casos o réu apenas contestava genericamente as asserções destas testemunhas ou negava conhecê-las (Floriana Colao, 1989: 193 e 194).

A Jurisdição Penal Comum   189

do comissário do governo e do defensor, decidindo cada juiz separadamente e em voto escrito motivado[463] sobre o tipo legal de crime cometido e a pena justa.[464] Contudo, o defensor e o comissário do governo tinham o direito de requerer a cada juiz uma audiência, onde ambos podiam alegar oralmente e o réu podia requerer que fossem ouvidas pessoas.

---

[463] A fundamentação da decisão enquanto instrumento da realização da "ciência da valoração da prova" tinha um valor essencial na estrutura do processo, ela era "a parte mais crítica e decisiva do processo leopoldino" (a *parte più critica, e decisiva del Leopoldino processo*, Giovanni Carmignani, 1852 b: 258). Assim, a reforma leopoldina de 1786 impunha a motivação da sentença com "razões sólidas e bem fundadas" (*solide e ben fondate ragioni*) como limite intrínseco ao arbítrio do juiz e da sua faculdade de aplicar penas extraordinárias quando "o querelado não seja nem confesso nem convencido, onde falte a prova plena e perfeita da sua prática ilícita, mas seja agravado com indícios suficientes" (*il Querelato non sia, o confesso, o convinto, onde manchi la prova piena, e perfetta della sua Reità, sia però aggravato da sufficienti indizj*, artigos CX e CXVI). A prática atribuiu à teoria dos indícios consagrada naqueles artigos um "papel central", sendo eles interpretados no sentido da admissão do valor probatório de meras conjecturas e permitindo a aplicação de penas arbitrárias como "uma espécie de «medida de segurança», útil não só para «punir» os culpados de determinados crimes, mas também para «vigiar» o sujeito genericamente «pouco recomendável» sob o ponto de vista da ordem pública" (Floriana Colao, 1989: 134, 135, 138, 190 e 191). Do mesmo modo, os artigos 351 a 368 do *Progetto* procediam à reabilitação da teoria da prova semi-plena e o artigo 650 consagrava a teoria das penas extraordinárias, correspondentes aos vários graus de probabilidade da decisão do julgador até ao grau de "simples verosimilhança" (*semplici verisimiglianze*). Daí que nos processos por crimes públicos só a absolvição definitiva com base na prova da inocência extinguisse o procedimento criminal, ao invés, dos processos por crimes privados ou por transgressões, em que a absolvição por falta de prova era suficiente para esse efeito (artigo 273). Os casos de absolvição por falta de prova nos crimes públicos constituíam o campo de aplicação das medidas de vigilância da polícia. Curiosamente, a fundamentação dogmática destas opções do *Progetto* tinha na sua base a adesão do autor a um princípio essencial do pensamento penal iluminista, o de que a inevitabilidade da pena tinha uma maior eficácia preventiva do que a sua dureza (Giovanni Carmignani, 1852 b: 410, 418 e 434). A multiplicação das possibilidades de censura penal do réu, com a manutenção da teoria das provas semi-plenas, garantia, na visão do autor, uma maior eficácia preventiva do que o agravamento das penas. Carl Mittermaier (1856: 129 e 130) considerava por isso, com razão, que Carmignani tinha construído o projecto para Portugal assente na necessidade imperiosa de consagração da teoria das provas legais.

[464] A atribuição da competência para decidir sobre a matéria de facto e a matéria de direito ao mesmo julgador era justificada com a invocação de uma tese fundamental de Carmignani, a da impossibilidade da distinção destas duas questões nas causas criminais, em virtude da natureza das consequências jurídicas do facto criminoso: "é por isso impossível a divisão das duas questões, pois, tendo neste sistema o cálculo jurídico da prova consequências penais, as duas inspecções de facto e de direito penetram-se mutuamente e vão companheiras inseparáveis uma da outra" (*È allora impossibile la divisione delle due questioni, perchè in questo sistema avendo il calcolo giuridico della prova consequenze penali, le due ispezioni di fatto, e di dritto, si compentrano insieme, e vanno compagne inseparabili l' una dell' altra*, Giovanni Carmignani, 1852 b: 308).

190 A Reforma da Justiça Criminal em Portugal e na Europa

O objecto do processo e os meios de prova só podiam ser alterados a impulso das partes. Se após a publicação dos "autos informativos", as partes alegassem factos novos ou arrolassem novas testemunhas, os juízes decidiam sobre a sua admissibilidade, cabendo, no caso de deferimento, a devolução dos autos ao juiz instrutor para que diante dele fosse produzida a prova nova ou se provassem os factos novos.

A sentença resultava do cômputo pelo presidente do tribunal da maioria dos votos, vencendo no caso de igualdade a opinião mais favorável ao réu.

Destarte, o *Progetto* conseguia uma realização quase perfeita do princípio da acusação no processo ordinário, com a separação de funções entre o juiz instrutor e o juiz de julgamento, que só era prejudicada pela fixação da competência do tribunal de julgamento como tribunal de recurso relativamente aos despachos do juiz instrutor. Ao invés, os princípios da imediação e da oralidade eram deliberadamente menosprezados, com base no axioma de que toda a força dos juízes "está naquilo que escrevem e é difícil a força que o homem é obrigado a conquistar para si escrevendo" (*sta in quel che scrivono, e difficile è la forza che l' uomo è obbligato ad acquistarsi scrivendo*),[465] decidindo por isso o tribunal essencialmente com base na prova registada nos autos.[466]

O mecanismo extremamente vulnerável e discricionário da audiência particular com cada juiz do tribunal de julgamento requerida pelo réu e em que este podia produzir prova não colmatava minimamente aquele défice, mas antes introduzia um factor adicional de distorção da tarefa de valoração da prova pelo juiz. Este défice podia, no entanto, ser corrigido por via de um generoso sistema de recursos concebido exclusivamente em favor do réu.[467]

---

[465] Giovanni Carmignani, 1852 b: 244.

[466] A aversão pela oralidade era o reverso da consciência muito aguda das "imperfeições irremediáveis do júri" (*imperfezioni immedicabili del jury*), que devia ser definitivamente postergado pela instituição de juízes profissionais. Esta posição do autor sobre o valor da instrução escrita do processo era determinada pelo preconceito da associação da instituição do tribunal de júri a uma oralidade pervertida e constituía a essência da justificação dogmática da preferência por juízes profissionais. É muito sintomático a este propósito que, ao descrever o espírito característico da sua reforma, o autor designasse o código penal como um "tratado anatómico difuso do delito" (*diffuso trattato anatomico del delitto*), cuja aplicação estava reservada a um "juiz jurisconsulto" (*giudice giureconsulto*, guiado pelas regras estabelecidas no código de processo (Giovanni Carmignani, 1852 a: 8 e 9).

[467] O recurso comum ao acusado e ao acusador no processo por crime privado não era uma excepção a este regime de favor do réu, pois era admissível a dedução nos mesmos autos de uma "contra-acusação" (*contro accusa*, artigo 797), que colocava o acusador na situação de acusado e, portanto, também de eventual beneficiário do amplo recurso de revisão previsto em favor do acusado.

A Jurisdição Penal Comum   191

Com efeito, as sentenças condenatórias da Corte de Justiça Criminal admitiam o recurso de revisão e o de cassação para a Corte Suprema, ao invés das sentenças absolutórias, que admitiam apenas recurso de cassação para uniformização da jurisprudência.

O recurso de revisão tinha fundamento em manifesta injustiça da sentença, enumerando o projecto os seguintes casos de manifesta injustiça: a abertura oficiosa do processo sem causa legal para tanto, a inobservância de alguma excepção peremptória, a omissão de inspecção ocular nos delitos de facto permanente, a omissão de produção de uma prova invocada pelo réu, a inobservância das regras legais sobre a produção de prova e a violação dos direitos processuais do réu de contradizer a prova da acusação.

O recurso de cassação tinha fundamento em violação da lei ou errónea interpretação da lei, aplicação errónea da lei ao facto ou errónea qualificação do facto ou ainda "para prover à uniformidade da máxima de julgar" (*per provvedere alla uniformità della massima di giudicare*, artigo 697). O comissário do governo só podia recorrer da sentença de absolvição ou daquela que tivesse condenado em pena insuficiente com este último fundamento, embora o pudesse fazer em qualquer momento, e o réu condenado não podia recorrer em caso algum com este fundamento.

A Corte Suprema julgava o recurso de revisão e o de cassação em conferência de seis juízes em causa capital e de quatro juízes nas restantes, com a presença do defensor, que podia alegar oralmente. Julgado procedente o recurso de revisão, o Supremo determinava o reenvio do processo para uma outra Corte Criminal, com vista à realização de um novo julgamento da causa no estado em que ela se encontrava, ressalvando-se a possibilidade de o réu apresentar novos meios de prova. Contra esta segunda decisão não se admitia a interposição de novo recurso de revisão, mas apenas o de cassação.

Ao invés, no recurso de cassação, a Corte Suprema reenviava o feito a uma outra Corte de Justiça Criminal, mas podia conhecê-lo directamente no caso de absolver ou diminuir a pena.[468] No recurso para uniformização da jurisprudência, o tribunal emitia instruções vinculativas para todas as Cortes, sem qualquer efeito na causa em que tinha sido interposto o recurso.

Previa-se ainda o recurso de "retratação" (*ritrattazione*), interposto para o tribunal da decisão, quando fossem descobertos novos documentos que puses-

---

[468] O tribunal de recurso podia conhecer da causa no recurso de cassação, porque a absolvição e a diminuição da pena eram "matérias conexas com a garantia da prerrogativa da lei" (*materie connesse colla garantia della prerogativa della legge*, Giovanni Carmignani, 1852 a: 397).

192   A Reforma da Justiça Criminal em Portugal e na Europa

sem em causa a culpa do condenado ou a justeza da pena.[469] Da decisão de não admissão da reabertura da instância cabia recurso para a Corte Suprema. Reaberta a instância, os autos eram continuados ao juiz instrutor para verificação da prova oferecida pelo condenado, seguindo o processo os seus termos normais.

O processo contumacial dava lugar à citação edital do denunciado e ao sequestro de bens, nomeando-se um defensor ao réu e prosseguindo o processo os termos regulares, com a excepção da comunicação das conclusões do juiz instrutor ao réu e dos "motivos escritos" (*motivi scritti*, artigo 720) dos juízes, que não se verificavam. A condenação contumacial admitia purgação pelo réu, no prazo limite de três meses contados da notificação edital da sentença no que toca à indemnização e em qualquer momento no que respeita às penas corporal e pecuniária, embora com especialidades consoante o momento em que se verificasse o comparecimento do réu. Se o réu comparecesse voluntariamente no prazo de quinze dias fixado na sentença, o processo recomeçava "como se ele tivesse comparecido à citação inicial" (*come se egli fosse alla prima citazione comparso*, artigo 725), sendo-lhe, designadamente, admitida a dedução de toda a defesa e não valendo a contumácia como indício de autoria criminosa. Se o réu comparecesse depois desse prazo, o processo recomeçava de igual modo, mas a contumácia podia ser valorada como um "indício, embora simplesmente verosímil, da autoria criminosa" (*indizio, seben semplicemente verisimile, di reità*, artigo 726).[470]

O processo sumário distinguia-se em três formas: o processo para julgamento de crimes particulares, o processo para julgamento de transgressões de

---

[469] Contudo, a sentença condenatória em pena menor do que a devida pelo delito e a sentença absolutória viciadas por prevaricação ou acordo entre o acusador público e o réu não podiam ser impugnadas, devendo apenas ser incriminado o magistrado ou o acusador público que tivesse violado os seus deveres.

[470] O modo de declaração da contumácia, os seus efeitos e o regime diferenciado da sua purgação eram rigorosamente regulamentados nos artigos XXXVII a XLIV da lei leopoldina, prevendo-se um regime mais favorável ao réu do que o do *Progetto*. Toda esta matéria estava sujeita a dois princípios fundamentais consagrados no artigo XXXVIII, nos termos do qual a contumácia podia constituir apenas "um simples indício que poderia ser conjugado com as outras provas" (*un semplice indizio da potersi congiungere com le altre prove*), e no artigo XLVIII, segundo o qual nenhum castigo devia ser infligido ao réu "mesmo por uma questão de mera polícia sem primeiro o ter confrontado com as suas faltas e ouvido as suas desculpas" (*anche per cosa di pura Polizia a veruna Persona senza prima averli contestato le sua mancanze, e sentite le sue discolpe*), tendo a garantia da mais ampla defesa e da proibição dos "processos de câmara" (*processi camerali*) constituído a motivação essencial deste regime (Dario Zuliani, 1995: 166 a 168, 196 e 197). No entanto, a prática não acolheu estes princípios. A valoração da contumácia como meio de prova da culpa do réu constituiu mesmo um "momento emblemático da falta de recepção da «Leopoldina» na prática processual" (Floriana Colao, 1989: 185 e 186).

A *Jurisdição Penal Comum* 193

polícia de segurança e o processo para julgamento de transgressões de simples polícia.[471]

O processo para julgamento de crimes particulares iniciava-se com uma tentativa de conciliação, que era facultativa, ou com a dedução de acusação pelo ofendido. Caso o réu confessasse no início do julgamento, findavam de imediato os autos com a sentença condenatória. Não confessando ou não comparecendo o réu na audiência de julgamento, produzir-se-ia a prova apresentada, decidindo o tribunal em seguida. O réu contumaz tinha oito dias para deduzir oposição decorridos sobre a notificação pessoal da sentença, mas na nova audiência não se repetiria a produção da prova da acusação, registada nos autos, produzindo-se apenas a prova da defesa.

O processo para julgamento das transgressões de polícia de segurança iniciava-se, quando não se tivesse elaborado processo verbal de verificação da transgressão, com uma instrução sumária pelo juiz instrutor, seguida da citação do réu para tomar conhecimento da imputação e da instrução, indicar testemunhas de defesa e requerer a reinquirição das testemunhas da acusação. Quando se tivesse elaborado processo verbal de verificação da transgressão, o processo iniciava-se logo com a citação do denunciado, salvo se o réu pretendesse provar por meio de testemunhas a falsidade ou o erro do processo verbal. Toda a prova da acusação e da defesa era produzida diante do juiz de instrução, sendo os autos escritos com o registo da prova enviados ao juiz presidente do tribunal competente para o julgamento, onde o defensor podia alegar oralmente. O défice na realização do princípio da imediação característico do processo leopoldino mantinha-se, pois, nos julgamentos das transgressões mais graves, ao invés dos julgamentos de crimes particulares quando os réus estivessem presentes, em que aquele princípio obtinha inteira observância.

As sentenças proferidas no Tribunal de Justiça, em processo por crime particular ou em processo de transgressão de polícia de segurança, eram recorríveis e a apelação era comum ao acusado e ao acusador. Podiam ser apresentadas novas provas, cabendo ao tribunal de apelação apenas revogar ou confirmar a sentença recorrida, dando lugar a uma manifesta desconexão entre o objecto e os poderes do tribunal de recurso.

---

[471] Também foram pelo autor incluídas na parte segunda sobre o processo sumário as diligências a que o tribunal de simples polícia procedia no sentido de obrigar certas pessoas de reputação duvidosa ou de modo de vida fora do comum à prestação de "cauções de não ofender os costumes, a paz pública e a legalidade" (*cauzione di non offendere i costumi, la pace pubblica, e la legalità*, artigo 836) e no sentido de obrigar familiares desavindos à prestação de "cauções de boa conduta no futuro" (*cauzione di buona condotta in futuro*, artigo 849) ou mesmo de propor à polícia a detenção dos flhos e filhas por períodos até seis meses.

As sentenças proferidas no Tribunal de Polícia, em processo de transgressão de simples polícia, eram inapeláveis e estavam sujeitas aos recursos de revisão, cassação e retratação.

A amplitude dos recursos de revisão e de cassação, abrangendo aquele a preterição de diligências necessárias para assegurar a defesa do arguido e este a própria valoração dos factos provados (*a erronea qualificazione del fatto*, artigo 697, 4 º, enquanto vício distinto da *applicazione erronea della legge al fatto* e do da *erronea interpretazione di legge*, artigo 697, 2º e 3º), permitia uma muito ampla garantia em favor do réu agravado pela instância. Acrescia ainda a circunstância de que esta garantia era exclusiva da defesa, por estes recursos na sua amplitude máxima estarem reservados ao réu condenado, já que o comissário do governo podia apenas recorrer da decisão absolutória ou de condenação em pena insuficiente "no interesse da lei".

O recurso de apelação, admitido nas duas principais formas de processo sumário, não constituía, afinal, uma garantia muito distinta da oferecida pelos recursos de revisão e cassação na forma de processo ordinário, atentos os objectos amplos destes recursos e os limitados poderes do tribunal que julgava a apelação. O julgamento do réu contumaz em qualquer uma das formas de processo, ordinária ou sumária, não prejudicava em definitivo o princípio do contraditório, dada a possibilidade de o réu condenado apresentar posteriormente os meios de prova da sua defesa em tribunal, mas o princípio da imediação sofria gravames ainda mais intensos do que no direito vigente, por força da presunção de culpa do ausente no processo ordinário e da intangibilidade da prova da acusação produzida na primeira audiência no processo sumário.

O legislador português mostrou-se, contudo, avesso à importação do modelo judiciário leopoldino,[472] tendo preferido orientar a reforma do direito judiciário e processual por um outro modelo.

---

[472] Não obstante a vontade generosa do lente de Pisa de contribuir para a divulgação dos ideais do pensamento penal iluminista e para o enriquecimento da discussão científica em Portugal, as Cortes nem lhe pagaram o prémio pecuniário prometido nem lhe devolveram o seu manuscrito, como ele solicitou, queixando-se o autor, já no final da vida, do "tratamento pouco justo e menos hospitaleiro que ele tinha sofrido e sofre da parte de Portugal" (*trattamento poco giusto e meno ospitale che egli ha sofferto e soffre dal Portogallo*, Giovanni Carmignani, 1852 a: XVIII).

CAPÍTULO 4.º
A Revisão do Paradigma Judiciário Liberal

1. A Nova Reforma Judiciária (1836-1837)

A Nova Reforma Judiciária foi aprovada pelo Decreto de 29.11.1836 e pelo Decreto de 13.1.1837, o primeiro tendo por objecto a organização judiciária e o segundo o processo civil e penal.[473] Não obstante ter reposto em vigor a Constituição de 1822, o legislador revolucionário acolheu quase integralmente o projecto da Comissão criada pelos Decretos de 27.11 e 11.12 de 1835, que tinha sido elaborado à luz da Carta.

Se a Reforma tinha resultado do labor do ministro do governo liberal, Mouzinho da Silveira, representando a obra legislativa de uma das facções em luta, a Nova Reforma, aprovada na ditadura saída da revolução setembrista, representou, também ela, uma obra da facção liberal, liderada pelo Visconde de Sá da Bandeira e por Passos Manuel, que se pretendia a herdeira legítima dos vintistas.

A nova divisão judicial do território continental e das ilhas atlânticas era feita em distritos das Relações, comarcas, julgados, distritos dos juízes de paz e freguesias[474] e a competência encontrava-se distribuída entre três Tribunais da Relação, os juízes de direito, com competência genérica para julgar em cada comarca, com jurados ou sem eles, em primeira instância todas as causas não exceptuadas por lei,[475] os juízes ordinários, com competência para julgar em

---

[473] A Lei de 10.4.1838 estabeleceu a divisão judiciária nas ilhas adjacentes e determinou a aplicação às ilhas da reforma judiciária de 1836-37.

[474] A comissão propunha uma quadrícula judicial semelhante, assente na divisão em círculos, comarcas, julgados, distritos e freguesias (artigo 1 do projecto). As duas diferenças fundamentais residiam na introdução da possibilidade de alargamento do âmbito territorial da competência do juiz pedâneo a uma ou mais freguesias e no maior número de comarcas proposto pela comissão.

[475] A Nova Reforma, ao invés da anterior, sofreu uma forte influência do *Code d' Instruction Criminelle* na regulamentação de variadíssimas questões. Além das questões adiante referidas, essa influência nota-se na solução legal consagrada para a competência internacional dos

cada julgado "as causas de menor valor" (artigo 5 da primeira parte)[476] e preparar os processos julgados pelo juiz de direito, um Tribunal de Polícia Correccional, também com sede em cada julgado e com a competência material já fixada na lei, e os juízes eleitos com competência para julgar em cada freguesia "as causas mínimas" (artigo 6 da primeira parte)[477] e as transgressões de posturas.[478]

A comissão omitia qualquer regulamentação das garantias dos magistrados judiciais, tendo o governo consagrado a perpetuidade dos conselheiros do Supremo Tribunal e dos juízes de direito de primeira e de segunda instância, a sua promoção por antiguidade, competindo ao Supremo Tribunal de Justiça a resolução das dúvidas neste tocante, e a garantia da tutela judicial da perda de lugar na magistratura. O governo podia também suspender preventivamente estes magistrados, sob condição de apreciação e ratificação ulteriores da suspensão pelos tribunais, e ainda aposentar estes magistrados com fundamento em causa justa e provada e após consulta do Supremo Tribunal.

Todos os "cidadãos activos", maiores de vinte e cinco anos e menores de sessenta, que soubessem ler, escrever e contar e tivessem uma renda líquida de 100.000 réis por ano se vivessem em Lisboa e no Porto ou de 50.000 se vivessem no resto do país, eram jurados, sendo, portanto, o requisito de natureza censitária menos exigente do que o fixado em 1832.[479] A lista geral dos jurados e as pautas semestrais dos jurados eram elaboradas em termos semelhantes aos da Reforma Judiciária de modo a não permitir o arbítrio dos vereadores.

Os juízes de paz, os juízes ordinários e os juízes eleitos eram eleitos pelo povo, por um ano e sem qualquer confirmação real, ao invés dos juízes dos tribunais superiores e do tribunal de polícia e dos juízes de direito, que eram no-

---

tribunais criminais portugueses. Com efeito, os artigos 9 e 10 da terceira parte da Nova Reforma constituíam a tradução dos artigos 5, 6 e 7 do *Code d' Instruction*.

[476] Estas causas eram as causas cíveis previstas no artigo 69 da 2.ª parte, cujo valor em móveis não excedia a 20.000 réis e em imóveis a 10.000 réis.

[477] Estas "causas mínimas" eram as causas relativas a danos cometidos sem dolo criminoso previstas no artigo 60 da segunda parte.

[478] Embora estes magistrados tivessem mantido a designação dos criados pela Lei de 30.4.1835, só a designação era a mesma, pois a sua competência era aproximadamente a fixada pelo Decreto de 12.12.1833 aos juízes pedâneos. A Nova Reforma também previa a existência de um juiz de paz em uma ou mais freguesias, com competência conciliatória e com uma competência orfanológica nova, e de juízes árbitros nas causas cíveis livremente disponíveis e em que o Ministério Público não devesse intervir.

[479] Contudo, as excepções profissionais eram em maior número, incluindo todos os "membros da Administração Civil, que forem nomeados pelo Governo, e os seus subalternos" (artigo 49, § 2 do Decreto de 29.11.1836). A redacção do projecto era mais restritiva, incluindo apenas os "governadores civis e mais authoridades administrativas da immediata nomeação do Governo" (artigo 69, § único, do projecto).

A Jurisdição Penal Comum

197

meados pelo rei. O governo, fiel ao ideário da constituição vintista, foi mais liberal do que a comissão, que propunha que os juízes ordinários e os juízes pedâneos fossem confirmados, aqueles por carta do governo e estes pelo juiz de direito.

A comissão discutiu e aprovou, com um voto contra, a existência dos magistrados ordinários, declarando, contudo, no preâmbulo do projecto que estava mais convencida da sua "necessidade" do que da sua "conveniência", atentos os incómodos trazidos aos povos pela distância a que se achavam colocados os juízes de direito.[480] Assim, a comissão propôs estes magistrados como "authoridades intermedias aos Povos, e aos Juizes de Direito", mas com competência restrita a "objectos de pequena monta" e com a ressalva da admissibilidade da interposição de recurso das decisões destes magistrados para o juiz de direito.[481] Neste ponto, a comissão procurou legitimar a sua proposta com a invocação dos costumes pátrios, pois sempre coube recurso do juiz ordinário para o corregedor de comarca, do qual a comissão aproximava o juiz de direito. A verdade é que foi também propósito, aliás, confessado, da comissão aliviar o tesouro das despesas com os juízes de direito, diminuindo o seu número.[482]

Em cada julgado tinha também sede um tribunal de polícia correccional, com uma nova composição e uma nova competência territorial, na sequência da proposta da comissão (artigos 35 e 36 do projecto), a que o governo deu a sua aprovação. Estes tribunais, que de ora em diante seriam tantos quantos os julgados ordinários, tinham uma competência territorial mais restrita e uma nova composição, incluindo nos julgados de província que fossem cabeça de comarca o juiz de direito e os dois vereadores mais votados do ano anterior e nos julgados que não fossem cabeça de comarca o juiz ordinário como presidente e os dois vereadores como adjuntos.[483] Destarte, a deficiência da composição do tribunal de recurso na versão do Decreto de 12.12.1833 era agravada, pois já nem mesmo no julgamento dos recursos interpostos dos julgados de província que não eram cabeça de comarca estava afastada a intervenção do juiz recorrido.

A lei nova omitia qualquer outra referência à competência deste tribunal e nada dispunha sobre a dos magistrados de polícia e sobre o processo aplicável

---

[480] Silva Ferrão e outros, 1836: 7. Corrêa Telles (1840: 93) era muito crítico desta magistratura e, sobretudo, da fixação de uma alçada nas causas crimes por ela julgadas: "Tão pouco se estimou a liberdade e a bolsa dos Cidadãos q' até a homens imperitos se confiou uma autoridade descricionária, sem recurso, e sem modo de poder fazer ver a violencia, q' lhes fizeram".

[481] Silva Ferrão e outros, 1836: 7.

[482] Silva Ferrão e outros, 1836: 8.

[483] Corrêa Telles (1840: 96) comentava a novidade deste modo: "Um Tribunal composto de um Juiz Ordinário, e de dous Vereadores seus subditos, a revêr a sentença q' o mesmo Juiz Ordinario deo, é cousa pasmosa".

pelo tribunal de polícia e pelos vários magistrados de polícia,[484] o que suscitou dúvidas atinentes ao objecto e aos poderes daquele tribunal na nova organização judiciária. Os tribunais disputavam sobre se o Tribunal de Polícia mantinha a sua competência exclusiva como segunda instância que conhecia dos recursos interpostos dos magistrados de polícia ou dos que exerciam as competências destes e, mantendo o tribunal de polícia a sua qualidade de tribunal de recurso, se lhe eram conferidos apenas os anteriores poderes de revisão da sentença recorrida ou outros. O governo esclareceu as dúvidas, fazendo publicar a Portaria de 16.9.1837, segundo a qual o Tribunal de Polícia Correccional somente conhecia em segunda instância, e a Portaria de 12.8.1839, nos termos da qual o Tribunal de Polícia procedia apenas à revisão da sentença, sem qualquer intervenção das partes ou do acusador público.

A comissão viu também com bons olhos a magistratura dos juízes pedâneos, dando-lhe uma "particular attenção" por ser "uma das autoridades que se acha mais em contacto, com os Povos",[485] propondo o aumento da sua alçada e ampliando mesmo, em certos casos, o âmbito territorial da sua competência a duas freguesias. Também a este propósito se chamou à colação um factor histórico: a existência da tradição dos juízes das aldeias. A proposta só parcialmente foi adoptada pelo governo, pois os juízes eleitos, a quem foi atribuída a competência material do juiz pedâneo, tinham competência territorial apenas em uma freguesia. A possibilidade do alargamento da respectiva competência territorial só a reconheceu o governo ao juiz de paz.

Por outro lado, o governo atribuiu aos juízes eleitos a competência genérica para julgarem todas as transgressões de posturas e, do mesmo passo, fixou uma alçada maior do que a da Reforma Judiciária, conhecendo aqueles magistrados sem recurso em Lisboa e no Porto até 2.500 réis e no resto do país até metade daquela quantia.

A comissão de reforma e o governo tiveram o propósito expresso de aumentar a alçada destes juízes nas causas de transgressões de posturas e coimas, omitindo qualquer menção à competência criminal destes magistrados. Contudo, o silêncio da lei nova sobre a competência nas causas de polícia correccional suscitou o problema, cuja resolução se arrastou durante anos, de se saber se os juízes eleitos tinham, além da competência transgressional, a competência criminal que o Decreto de 1833 tinha atribuído aos juízes pedâneos. Só com a publicação da Portaria de 17.9.1839 o governo esclareceu que o artigo 59 da se-

---

[484] O governo não seguiu a proposta da comissão, que a propósito da competência correccional dos juízes ordinários continha no artigo 179 uma remissão expressa para os termos de Decreto de 12.12.1833.

[485] Silva Ferrão e outros, 1836: 9.

A *Jurisdição Penal Comum* 199

gunda parte da Nova Reforma não excluía quaisquer outras competências do juiz eleito fixadas em lei especial e, portanto, os juízes eleitos conheciam também dos crimes de polícia correccional, puníveis com pena que não excedesse a três dias de prisão ou 3.000 réis de multa, tal como os juízes pedâneos, que tinham substituído.[486]

Destarte, após a abolição de 1835, as magistraturas populares regressavam, pela mão do legislador revolucionário, com as competências investigatórias e judicativas que já tinham tido nos termos do Decreto de 1833, sendo até aumentada a competência transgressional do juiz eleito e, simultaneamente, consagrada a recorribilidade das decisões proferidas por estes magistrados nas causas desta natureza.[487]

Se o legislador deixava assim explícito o propósito de concretização do paradigma judiciário liberal vertido na Constituição então vigente, fazia-o, contudo, revelando já uma perspectiva crítica da experiência, entretanto realizada, do modelo judiciário consagrado pela Reforma de 1832. Assim, o legislador distanciava-se deste modelo ao tomar três opções fundamentais: a abolição do

---

[486] Contra a doutrina fixada nesta portaria pronunciou-se Corrêa Telles, 1840: 97 (verso). O autor interpretava restritivamente as competências desta magistratura, considerando que a Nova Reforma tinha revogado a competência criminal destes magistrados e que só se mantinha a competência transgressional (Corrêa Telles, 1840: 93). A polémica centrava-se em um problema de sucessão de leis, encobrindo toda a questão uma disputa sobre a conveniência da atribuição de competência criminal às magistraturas populares.

[487] Esta tendência para uma maior intervenção popular na administração da justiça também se verificou na primeira grande reforma legislativa liberal espanhola. O *Reglamento provisional para la administracion de justicia en lo respectivo á la real jurisdiccion ordinaria*, publicado pelo Decreto de 26.9.1835, atribuiu ao alcalde competência concorrencial com o juiz letrado para julgar sem recurso, mas com parecer de dois homens-bons, as causas criminais de injúria e as faltas ligeiras que não merecessem outra pena além da de repreensão ou correcção ligeira. Os juízes letrados conheciam sozinhos das restantes causas. Apesar da proximidade histórica e desta coincidência das opções políticas neste ponto concreto, o *Reglamento* não influenciou a comissão portuguesa na elaboração do projecto. Com efeito, quer a regulamentação dos princípios da imediação e da acusação, quer a dos recursos eram muito distintas das do projecto da comissão. O artigo 51, 7ª, do *Reglamento* permitia o julgamento da causa criminal com base nos depoimentos do sumário quando as partes prescindissem da prova e se conformassem com eles e só no caso inverso tinha lugar a ratificação daqueles depoimentos na audiência de julgamento. O princípio da acusação também não era observado. O juiz letrado controlava totalmente a instrução dos processos que lhe competia julgar, quer eles tivessem sido investigados por si, quer pelo alcalde, como resultava do disposto no artigo 33 do *Reglamento*. Nas causas julgadas pelo alcalde, com os homens-bons, não havia praticamente instrução, pois o julgamento processava-se em juízo estritamente verbal, mas também não havia qualquer recurso. Esta regulamentação retrógada era consentânea com a fixação da subida obrigatória à segunda instância de todos os processos em que o crime fosse punível com pena corporal. Nas causas por crimes ligeiros que não fossem puníveis com esta pena era admitido o recurso de apelação.

juízo de conciliação em todos os feitos crimes,[488] a restrição da competência do júri em um maior número de causas cíveis [489] e crimes e a profunda alteração da estrutura das formas de processo e, em especial, das relações entre o juiz de direito e o júri e entre aquele e as partes.

Ao invés da Reforma, a lei nova dividia claramente o processo preparatório em duas fases, o corpo de delito, destinado ao apuramento da existência do crime, [490] e o sumário da querela, visando a identificação dos criminosos.[491] No sumário o juiz recolhia todos os meios de prova, inquirindo as testemunhas sem as partes presentes e registando os depoimentos, que eram fechados e cosidos.[492] O interrogatório do arguido era obrigatório se o arguido fosse preso no

---

[488] Ao invés, a comissão tinha proposto a manutenção da conciliação nas causas por crimes particulares (artigos 129, § 1, e 935 do projecto). A Nova Reforma introduziu também muitas excepções à obrigatoriedade da conciliação no processo civil. Alberto dos Reis (1909: 104) identificava mesmo a publicação deste diploma com o início da fase de reacção contra o rigor do princípio consagrado no artigo 128 da Constituição de 1822 e no artigo 7 da Reforma de 1832. A terceira fase teria sido marcada pela publicação do Código do Processo Civil, cujo regime representaria "a abolição disfarçada da tentativa conciliatória". A Reforma Judiciária marcaria também o início da fase de restrição do juízo arbitral depois da consagração ampla do juízo arbitral facultativo na Constituição de 1822 e na Carta e do juízo arbitral necessário na Lei de 30.4.1835 (Alberto dos Reis, 1909: 109).

[489] A emergência das causas sumárias cíveis justificava a existência de um título autónomo, o XX da segunda parte. Nestas causas o júri não intervinha e procedia-se a registo da prova produzida em julgamento, quando a causa não coubesse na alçada do juízo.

[490] Para a formação do corpo de delito era cumulativa a competência de todas as autoridades judiciais da comarca, com excepção dos crimes que não admitissem fiança cometidos na cidade ou vila onde residisse o juiz ordinário, para os quais o juiz eleito não tinha competência (artigo 46, § único, da terceira parte). Esta reserva de competência era obviamente extensível aos juízes de direito, apesar do silêncio da lei (Corrêa Telles, 1840: 9 verso).

[491] Se a extinção das devassas e das denúncias e a concomitante elevação da querela a meio privilegiado de abertura da investigação criminal constituíram objectivos fundamentais do legislador da Reforma, que prejudicaram manifestamente o tratamento autónomo da matéria atinente à formação do corpo de delito, o mesmo não aconteceu ao tempo da Nova Reforma, tendo o legislador tratado separadamente estas matérias, sob dois títulos distintos, o dos meios de participação do crime e o da formação do corpo de delito. O corpo de delito, cuja falta era sancionada com a nulidade do processo, constituía um dos pilares do pensamento penal iluminista, avesso à investigação de violações internas da lei penal, pois "as leis civis, e a Virtude tem cada huma o seu imperio separado", não sendo os juízes "obrigados a fazer com que as acções dos Cidadãos se dirijão á perfeição, que a virtude exige" e, consequentemente, "a lei penal não pode ser infringida senão por um acto externo, sensível e manifesto" (João da Cruz, 1789: 57 e 58, Basílio de Sousa Pinto, 1845: 34, 35, 151 e 152, e Duarte Nazareth, 1853: 54 e 55).

[492] A direcção do processo preparatório pelo juiz de instrução constituía uma das características mais notáveis do *Code d' Instruction*, que o legislador liberal austríaco também consagrou (§ 88 da *Strafprozessordnung* de 1850). Ao invés, a lei prussiana confiava a direcção do processo

A Jurisdição Penal Comum

processo preparatório e facultativo no caso contrário e, embora o arguido fosse interrogado em segredo e sem a assistência de defensor, o juiz procedia à diligência necessariamente na presença de dois escrivães ou, havendo apenas um, de duas testemunhas, que ficavam obrigadas a guardar segredo de justiça. Ao réu que não confessasse eram lidos os depoimentos das testemunhas da acusação e facultada a apresentação de prova documental após o seu interrogatório.[493] Logo que algum querelado aparecesse suficientemente indiciado, o juiz

---

preparatório, em parte, ao Ministério Público, intervindo o juiz de instrução apenas quando o magistrado do Ministério Público o considerasse necessário para "a fundamentação ou o aperfeiçoamento da acusação" nos processos para julgamento de crimes (*Verbrechen*) e obrigatoriamente nos processos para julgamento de crimes graves (*schwere Verbrechen*), puníveis com pena da prisão superior a três anos (§§ 42 e 75 da *Verordnung* de 3.1.1849). A doutrina clássica alemã, que interpretava estas disposições e outras da nova legislação dos Estados alemães como consagrando uma nova perspectiva do Ministério Público como principal órgão de investigação e instrução (Eberhardt Schmidt, 1947: 300 a 303), foi contestada recentemente, mas sem razão, por Wolfgang Wohlers (1994: 161 e 172). Este autor não atendeu ao facto de no novo direito prussiano o Ministério Público se encontrar munido do poder de arquivar qualquer processo, independentemente da natureza do crime, antes de ele ser introduzido em tribunal, sendo apenas admissível a interposição de uma queixa junto do *Ober-Staatsanwalt* contra estas decisões (§ 9 da mesma *Verordnung*). Por outro lado, a polícia prussiana dominava, na prática, tal como o legislador pretendeu, o processo preparatório (§ 4 da *Verordnung* de 3.1.1849), tornando-se imperioso o controlo da polícia pelo órgão acusador (Wilhelm Krug, 1940: 26). O direito francês distinguia-se também do português, do austríaco e do prussiano por uma outra circunstância, muito gravosa para o suspeito. Embora fosse nomeado por três anos, o juiz de instrução francês encontrava-se sob a supervisão permanente do procurador da República, nos termos dos artigos 57 e 279 do *Code d' Instruction*, podendo a qualquer momento ser afastado pelo procurador da direcção de um processo, devendo obedecer-lhe no que toca à realização dos actos de polícia, mas não no que respeita aos actos de instrução, e dependendo dele em termos disciplinares e de progressão na carreira. Esta regulamentação levou a doutrina a concluir pela dependência do juiz de instrução em relação ao poder executivo, tendo a crítica subido de tom sobretudo depois do reforço da competência do juiz de instrução pela Lei de 17.7.1856 (Carl Mittermaier, 1856: 427, Bertin, 1863: 3 a 5, 92 a 105, Faustin Hélie, 1866 d: 67 a 69, Zachariae, 1868 a: 201 e 202, 430 e 431, René Garraud, 1909: 548 a 554, Jules Coumoul, 1911: 286 a 288, e Abraão de Carvalho, 1913: 69, 70, 133 a 139).

[493] Deste modo, o processo preparatório era secreto até à audiência de ratificação da pronúncia e não contraditório até que o réu fosse submetido a interrogatório, com diferenças importantes em relação ao modelo do *Code d' Instruction*. O segredo na fase de instrução do processo, característica essencial deste código, resultava indirectamente das disposições que regulavam a instrução preparatória, aproximando-se esta regulamentação do direito da *Ordonnance* de 1670 e afastando-se do regime de inquirição das testemunhas na presença do réu, se este se encontrasse preso, consagrado no artigo 15 do título IV da Lei de 16-29.9.1791 e nos artigos 115 e 116 do Código de 3 *brumaire* do ano IV (Carl Mittermaier, 1846: 175 a 179, Esmein, 1882: 532, Jean Pradel, 1990: 27, e Jean-Pierre Royer, 1996: 427 e 679). Na nova lei francesa nem o suspeito nem o seu defensor assistiam às diligências de instrução, não sendo admitida a intervenção do defensor

202 A Reforma da Justiça Criminal em Portugal e na Europa

dava a pronúncia, devendo fazê-lo no prazo máximo de oito dias se o querelado se encontrasse preso.[494]

O processo preparatório terminava com a ratificação da pronúncia ou da não pronúncia, que tinha lugar em audiência pública[495] diante de um júri com-

no interrogatório do suspeito, nem a leitura dos depoimentos das testemunhas de acusação ao arguido durante o seu interrogatório e nem mesmo a apresentação de qualquer meio de prova da defesa. A doutrina criticou severamente o segredo absoluto do direito napoleónico por permitir a prática de inquirições e interrogatórios capciosos pelo juiz de instrução, concluindo mesmo que a instituição do juiz de instrução não podia ter tido origem no interesse pela salvaguarda da liberdade, mas antes no "desejo de fazer desaparecer toda a ideia de liberdade e de acostumar a nação a uma obediência servil e vergonhosa" (*désir de faire disparaître toute idée de liberté, et d' accoutumer la nation à une obéissance servile et honteuse*, J. D. Meyer, 1822: 486, e 1823: 301 a 308, Cottu, 1822: 258 a 266, D' Eyraud, 1825: 158 e 159, Anselm von Feuerbach, 1825: 367 e 368, e Anton Bauer, 1835: 443 e 44). A defesa teórica deste modelo coube a Bertin (1863: 14 a 19, 80 e 81) e a Ernest Glasson (1883 b: 764 e 765), que se pronunciaram contra a publicidade da instrução preparatória, quer de um ponto de vista teórico quer de acordo com os costumes do povo francês, com a ressalva da publicidade a partir da prolação da decisão final do juiz de instrução, de modo a permitir o conhecimento dos autos pelo defensor na *Chambre des mises en accusation* e a dar significado prático à faculdade prevista no artigo 217 do *Code*. Esta proposta reformadora não vingou, mas foi-se progressivamente afirmando uma teoria restritiva do carácter absoluto do segredo, que admitia que o juiz desse a conhecer os autos ao suspeito se e quando assim o entendesse e considerava necessária a realização de um interrogatório do suspeito no final da instrução para que ele fosse confrontado com todos os factos que lhe fossem imputados (Faustin Hélie, 1866 d: 428 a 431, 570 e 571, e 1867 a: 80 e 81). A *Cour de Cassation* seguiu esta doutrina do carácter não absoluto do segredo da instrução (Bernard Bouloc, 1965: 562 e 563). Ao invés do *Code*, o direito português manteve, pelo menos no interrogatório do arguido e em termos subsidiários, a solução inicial do Decreto da assembleia constituinte de 9.8.1789, da coadjuvação do juiz instrutor por dois "elementos substitutivos da opinião pública", além de consagrar as já referidas garantias relativas à prova testemunhal acusatória e à prova documental da defesa. Mais longe ainda foi o novo direito austríaco liberal, que consagrou uma muito ampla defesa do réu no processo preparatório, mantendo a produção da prova diante de duas testemunhas oficiosas do tribunal e introduzindo a proibição da prestação de juramento das testemunhas inquiridas nesta fase, a obrigatoriedade de realização das diligências requeridas pela defesa, com excepção das dilatórias, e a faculdade de o réu ou o seu defensor apresentarem, antes de proferida a decisão de remessa dos autos para julgamento, um requerimento de defesa, tendo acesso aos autos para o preparar (§§ 117, 177, 212 e 222 da *Strafprozessordnung* de 1850). Ao invés, o novo direito prussiano liberal seguiu o modelo de instrução do *Code* de muito perto (§§ 16, 44 a 46 da *Verordnung* de 3.1.1849).

[494] O governo seguiu a sugestão da comissão (Silva Ferrão e outros: 1836: 134), no sentido da redução do prazo de quinze dias fixado na Reforma e da soltura obrigatória no caso de não prolação da pronúncia no prazo de oito dias.

[495] Embora o réu devesse estar sempre na audiência, podia resultar da conjugação do disposto nos artigos 218 e 219 da terceira parte da Nova Reforma que a ratificação fosse feita sem a presença do réu e sem o seu interrogatório, designadamente, quando o delegado ou o querelante tivesse requerido a pronúncia de pessoas anteriormente não indiciadas (Corrêa Telles, 1840: 47).

A Jurisdição Penal Comum

posto por doze ou nove jurados, consoante a dimensão da lista geral de jurados de cada julgado,[496] mas, ao invés da Reforma, nesta audiência o júri só procedia à sindicância da prova recolhida no sumário, cabendo a sindicância do despacho de não pronúncia fundado na falta de ilicitude do facto à Relação, em recurso de apelação interposto pelo agente do Ministério Público ou pela parte querelosa. De igual modo, admitia-se a interposição pelo réu de agravo de instrumento contra o despacho de pronúncia, com fundamento apenas na falta de ilicitude da conduta, estando impedida a Relação, neste como naquele recurso, de conhecer da matéria da prova.[497]

---

[496] A comissão teve em particular atenção "a importante alteração no modo do sorteamento do Jury de pronuncia", pois o método consagrado em 1832 "destruia toda a belleza do Jury resultante da incerteza do Julgador" (Silva Ferrão e outros, 1836: 10). Com efeito, na primeira reforma apenas se previa o sorteio mensal de seis jurados de entre os vinte e quatro cidadãos que compunham a pauta trimestral do júri da pronúncia, não podendo em relação aos jurados sorteados ser deduzida recusa nem dada suspeição. Ao invés, a Nova Reforma determinava o sorteio diário dos jurados de entre os membros da pauta semestral do júri da pronúncia e previa algumas excepções à regra da proibição da recusa e da suspeição dos jurados.

[497] O sistema de sindicância da decisão do magistrado que tinha procedido à investigação criminal era, pois, muito distinto do consagrado no *Code d' Instruction*. Os constituintes franceses tinham consagrado, na Lei de 16-29.9.1791, o júri da acusação, pondo fim à legislação transitória de Outubro de 1789 e adoptando parcialmente o modelo judiciário inglês, mas com três diferenças significativas: o número de jurados franceses não era de vinte e três, mas de apenas oito, a direcção dos debates não competia a um dos jurados, mas a um membro do tribunal designado como "director do júri", e o júri francês só podia decidir se os factos deviam ser punidos com uma pena aflitiva ou infamante (Bertin, 1863: 70 e 71, 76 e 77, Faustin Hélie, 1867 a: 14 a 16, Esmein, 1882: 410, 418 a 423, Ernest Glasson, 1883 b: 759 a 761, e René Garraud, 1907: 78 e 79). A instrução sumária da causa pelo juiz de paz era submetida aos jurados, que inicialmente ouviam as testemunhas da acusação e, depois da Lei de 7 *pluviôse* do ano IX, já só tomavam conhecimento dos autos das diligências de prova da instrução. Se os jurados admitissem o feito a julgamento, o director do júri elaborava a acusação. O júri de acusação não funcionou bem em França, razão pela qual veio a ser substituído pelo legislador imperial por um sistema de fiscalização da instrução sem participação popular. Assim, o juiz de instrução conduzia a investigação e elaborava um parecer sobre a mesma, que seria apreciado pela *chambre du conseil*, composta por três juízes de direito, sendo um deles o próprio juiz de instrução. A decisão desta câmara de prosseguimento dos autos para julgamento proferida nos processos com tribunal de júri estava sujeita à confirmação necessária da *chambre des mises en accusation* do tribunal superior. Só com a publicação da Lei de 17.7.1856 o legislador do Segundo Império conferiu ao juiz de instrução o poder de decisão sobre o prosseguimento dos autos para julgamento, mantendo a subida oficiosa dos autos para a *chambre des mises en accusation*. Ao suprimir a *chambre du conseil*, a Lei de 1856 não só pôs fim a uma fase processual dominada pela "voz preponderante do juiz de instrução", que aumentava em muito a duração da prisão preventiva, como concentrou plenamente no juiz de instrução os poderes investigatório e decisório e, deste modo, reforçou o carácter jurisdicional da sua actividade (Carl Mittermaier, 1846: 182, Bonneville de Marsangy, 1855: 368 a 373, Faustin Hélie, 1867 a: 51 a 53, 64 e 65, Ortolan, 1875: 423, Adolphe Guillot, 1884: 45 e 228,

Por outro lado, a nova lei esclarecia também que nos julgados que não fossem cabeça de círculo os juízes ordinários, que tinham dirigido o processo preparatório, davam a pronúncia, mas já não presidiam à audiência de ratificação da pronúncia, devendo remeter os autos ao juiz da cabeça do círculo para o efeito.[498]

Na audiência de ratificação procedia-se ao interrogatório do réu e à repergunta das testemunhas já ouvidas no sumário, estando vedada a inquirição de outras testemunhas. Ao contrário do que dispunha a Reforma, a lei nova impunha o princípio da proibição da leitura dos interrogatórios do réu e dos depoimentos das testemunhas do sumário, salvo dos das testemunhas residentes fora da comarca, das testemunhas faltosas, das falecidas, das ausentes da comarca ou "em lugar fisica e politicamente incomunicável" (artigo 202 da terceira parte)[499]

---

e Jean Pradel, 1990: 31). A doutrina não deixou, contudo, de criticar o conhecimento limitado às peças do processo e não contraditório da *chambre des mises en accusation*, que não passava de uma "pálida e insignificante cópia" do júri de acusação de outrora (Anselm von Feuerbach, 1825: 432 a 434 , Ernest Glasson, 1883 b: 765 e 766, Raoul de La Grasserie, 1914: 495, 499 e 500, e Donnedieu de Vabres, 1929: 113 e 114). O legislador austríaco procurou evitar a crítica que a doutrina dirigia à intervenção da câmara do conselho na lei francesa e consagrou uma solução distinta (Julius Glaser, 1883: 169 e 170). O processo preparatório relativo a crimes públicos podia ser arquivado em qualquer momento com o acordo do juiz e do Ministério Público, competindo, em caso de desacordo, a decisão ao *Bezirkscollegialgericht*. A remessa dos autos a julgamento dependia da decisão da *Anklagekammer* do *Oberlandesgericht* ou do *Bezirkscollegialgericht*, consoante se tratasse de factos da competência do tribunal de júri ou não, podendo o juiz de instrução participar, mas não votar, somente na sessão deste tribunal (§§ 111, 223 e 225 da *Strafprozessordnung* de 1850). No direito austríaco liberal, tal como no francês, o princípio da acusação era, pois, integralmente respeitado nos processos julgados pelo tribunal de júri. Ao invés, o novo direito prussiano regulava o recebimento da acusação em termos distintos dos do direito francês, prevendo o § 76 da *Verordnung* de 1849 a formação no processo em que intervinha o júri de uma "deputação do tribunal", composta por três membros do tribunal de julgamento, que procedia à verificação da existência de indícios suficientes da prática do crime, sendo este juízo necessariamente submetido à confirmação do tribunal de recurso. Nas formas de processo em que não intervinha o júri, a decisão competia ao juiz de julgamento, nos termos do § 39 daquela *Verordnung*. Assim, na sequência de uma prática dos tribunais prussianos já anteriormente firmada com o acordo da doutrina (Anton Bauer, 1842: 227 a 230), o direito prussiano liberal não garantia o princípio da acusação.

[498] Tendo surgido a dúvida na jurisprudência sobre o âmbito das competências do juiz ordinário no julgado cabeça de comarca, o governo veio esclarecer a questão, pela Portaria de 1.10.1838, no sentido de que nestes julgados a lei tinha reunido no juiz de direito as competências do juiz ordinário e só no impedimento ou ausência do juiz de direito o juiz ordinário podia exercer as suas funções.

[499] A audiência era adiada por um dia se uma das partes requeresse o depoimento oral da testemunha faltosa, fosse ela residente na comarca ou não, e mesmo que estivesse impossibilitada por causa temporária legítima, devendo a testemunha ser detida e apresentada no dia seguinte.

A Jurisdição Penal Comum 205

e ainda dos depoimentos do réu falecido, do réu fugido ou impossibilitado de estar presente na audiência, quando desse depoimento do réu resultasse culpa a algum dos réus presentes. Contudo, o júri podia determinar que estivessem presentes para prestar depoimento oral as testemunhas faltosas, residentes fora da comarca ou impossibilitadas de estar presentes por causa temporária legítima. Acresce que no caso de contradições e alterações essenciais do depoimento do réu ou da testemunha com os respectivos depoimentos do sumário da querela lhes podiam ser lidos estes depoimentos.

O objecto do processo era estritamente delimitado, impondo a lei nova a conformidade necessária do libelo acusatório do Ministério Público à querela e dos quesitos formulados pelo juiz ao libelo e ainda das respostas dadas pelo júri de julgamento aos quesitos, sob cominação de nulidade nestes dois últimos casos. Admitia-se, contudo, a formulação oficiosa ou a requerimento das partes de quesitos subsidiários resultantes da discussão da causa na audiência de julgamento relativos a circunstâncias agravantes e atenuantes, à tentativa e à cumplicidade.[500]

Descobrindo-se durante a audiência de julgamento um novo crime, mais leve do que o acusado, não se instaurava outro processo, por força da regra de direito substantivo fixada no artigo 307 da terceira parte da Nova Reforma, mas sendo o crime novo mais grave, seguia o processo os seus termos ulteriores até ao trânsito em julgado da sentença final, ficando esta decisão suspensa até ao julgamento definitivo em um outro processo do crime descoberto.[501]

---

[500] A formulação oficiosa de quesitos sobre circunstâncias agravantes teve a sua fonte no artigo 338 do *Code d' Instruction* e a de quesitos sobre circunstâncias atenuantes teve a sua fonte na alteração da redacção dada ao artigo 341 do *Code d' Instruction* pela Lei 28.4.1832, que introduziu a faculdade de os jurados procederem à consideração das circunstâncias atenuantes não alegadas. A intenção inicial do legislador imperial de restringir o mais possível a complexidade das questões colocadas ao júri, assentava na desconfiança em relação à competência dos jurados (Zachariae, 1868 a: 330). A jurisprudência, contrariando frontalmente aquela intenção, investia o presidente em um poder amplo de formular questões subsidiárias sobre todos os factos resultantes dos debates (Jean Dabin, 1913: 113, 117 e 129). Os membros da comissão portuguesa, que propuseram a consagração da doutrina da nova lei de 1832 no artigo 884 do projecto, mostravam deste modo estar a par daquela recente inovação legislativa, a que o legislador revolucionário também aderiu.

[501] Quer a regra do cúmulo dos crimes, quer o regime do conhecimento superveniente de crimes na audiência foram colhidos no direito francês, constituindo o artigo 307, 311 e 312 da terceira parte da Nova Reforma a adaptação dos artigos 365 e 379 do *Code d' Instruction Criminelle*. A regra de direito substantivo, segundo a qual ao réu condenado por vários crimes só era aplicável a maior pena, só veio a ser tacitamente revogada pelo disposto no artigo 87 do Código Penal de 1852, cuja doutrina da ponderação da acumulação de crimes como circunstância agravante da pena foi conservada no artigo 102 do Código Penal de 1886. Para a crítica da redacção e da

206   *A Reforma da Justiça Criminal em Portugal e na Europa*

O juiz não tinha quaisquer poderes de investigação oficiosa de novos meios de prova,[502] mas admitia-se a produção de novos meios de prova na audiência apenas a pedido do réu, quando lhe tivesse sobrevindo o conhecimento de alguma testemunha nova.[503]

Realizada diante de um júri com o mesmo número de jurados da audiência de ratificação da pronúncia,[504] a audiência de julgamento começava com a leitura das peças que formassem o corpo de delito, da decisão do júri de pronúncia, do libelo, da contestação e dos róis de testemunhas, restringindo-se muito significativamente a leitura das peças do processo preparatório em benefício do prin-

---

filosofia do preceito de 1852, Silva Ferrão, 1856 b: 94 a 102. Os termos da discussão sobre o conhecimento de novos factos alteraram-se, então, sendo comum na doutrina e nos tribunais a opinião segundo a qual se devia formar sempre um novo processo pelo crime novo, ainda que este fosse punível com pena mais leve. No libelo do novo processo, devia fazer-se referência ao crime do primeiro processo, pedindo-se a aplicação da pena agravada, em virtude da acumulação de crimes. Esta doutrina foi defendida por Dias Ferreira (1892: 287) e, posteriormente, por J. Silva (1895: 49), Teixeira de Magalhães (1905: 187), Francisco Veiga (1908: 299 e 300) e Caeiro da Matta (1913: 404). Ao invés, Navarro de Paiva (1901: 188 e 189) propunha a formulação no mesmo processo de um segundo libelo e de uma nova contestação relativa aos factos novos, julgando o júri de todos os factos acusados e sendo o réu condenado na pena mais grave, agravada com a circunstância modificativa da acumulação. Por seu turno, a Revista de Legislação e Jurisprudência entendia que os factos novos deviam ser aditados aos do libelo já dado, articulando-se a acumulação e facultando-se ao réu a defesa em relação aos factos novos (Revista de Legislação e Jurisprudência, 1896: 195). As múltiplas opiniões minoritárias encontram-se analisadas com pormenor em José Dias (1919: 408 a 410), que também concorria para a *communis opinio*.

[502] A comissão e o legislador portugueses permaneceram neste ponto fiéis à Reforma, não adoptando a doutrina, que estava nos antípodas desta, consignada no preceito fundamental do artigo 268 do *Code* e, por influência daquele, no § 54 da *Verordnung* prussiana de 1849 e no § 264 *Strafprozessordnung* austríaca de 1850, segundo o qual o juiz dispunha de um poder discricionário na realização de diligências de prova com vista à descoberta da verdade. O legislador português não terá ignorado que o exercício daquele poder discricionário introduzia no funcionamento da instituição liberal do júri um princípio onde revivia a tradição inquisitória (D'Eyraud, 1825: 132 e 133, Faustin Hélie, 1867 c: 334 a 337, Carl Mittermaier, 1856: 454, Zachariae, 1868 a: 328 e 329, e 1868 b: 363 e 364, e Donnedieu de Vabres, 1929: 123 a 126).

[503] A Nova Reforma omitiu a fixação do número de testemunhas que cada parte podia apresentar em audiência, pondo fim à desigualdade resultante do artigo 208 da Reforma. O novo diploma omitiu também a regulamentação do efeito da apresentação de testemunhas novas no princípio da continuidade da audiência de julgamento, sendo Corrêa Telles de parecer que se devia proceder a uma nova audiência com novos jurados (Corrêa Telles, 1840: 63 e 73).

[504] O artigo 263 da terceira parte, que fixava o conteúdo do juramento prestado pelos jurados, constituía a tradução quase literal do artigo 312 do *Code d'Instruction Criminelle*. Não foi só o legislador português que assim procedeu. Também o artigo 318 da *Strafprozessordnung* austríaca de 1850 reproduzia o texto francês. A fórmula do § 97 da *Verordnung* prussiana de 1849 era mais sóbria. Não obstante a sua disseminação, a fórmula francesa foi objecto da crítica da doutrina (Carl Mittermaier, 1856: 227).

A Jurisdição Penal Comum   207

cípio da imediação.[505] No entanto, o regime de leitura dos depoimentos das testemunhas ausentes não coincidia inteiramente com o da audiência de ratificação da pronúncia, ao invés do regime de leitura dos depoimentos dos co-réus falecidos, fugidos ou ausentes, que era o mesmo em ambas as audiências. Assim, os depoimentos das testemunhas moradoras fora da comarca eram prestados em deprecada e os das testemunhas que se encontrassem impedidas por idade, doença ou outra causa perpétua eram prestados antes da audiência de julgamento em auto tomado pelo juiz do domicílio da testemunha que se juntava ao processo. Não sendo possível notificar a testemunha por se encontrar em local incerto ou já ter falecido, devia proceder-se sem outra diligência à leitura na audiência de julgamento do respectivo depoimento prestado no sumário.[506]

No caso das testemunhas notificadas e faltosas, que não se encontrassem impedidas por qualquer causa perpétua, a leitura dos respectivos depoimentos dependia de requerimento da parte que a tivesse produzido e da realização de uma diligência prévia para obrigar a testemunha a comparecer, passando-se mandado de custódia para a testemunha e adiando-se a audiência.[507] Só sendo infrutífera esta diligência, se procedia à leitura do depoimento da testemunha prestado no processo preparatório. Acresce que o júri de julgamento, tal como o júri da ratificação, podia considerar que era "absolutamente necessário para uma decisão justa" (artigo 273, da terceira parte) ouvir a testemunha faltosa cujo depoimento não se encontrasse no processo preparatório, a testemunha inquirida por carta precatória e a testemunha impossibilitada por moléstia ou outra causa temporária.[508]

---

[505] A limitação das peças do processo lidas na audiência de julgamento era inspirada no artigo 313 do *Code d' Instruction*, que tinha, contudo, um teor ainda mais restritivo.

[506] Esta regra, que seria mantida pela Novíssima Reforma Judiciária, foi, contudo, sistematicamente afastada por uma praxe muito favorável ao princípio da imediação, segundo a qual se adiava o julgamento por falta de testemunha não notificada se a parte apresentante requeresse esse adiamento ("Pesando nós estas duas opiniões, parece-nos que a mais legal é a dos que sustentam que o julgamento duma causa crime não deve ser addiado, embora falte alguma das testimunhas que não tenha sido intimada, mas a mais seguida na pratica do fôro é a opinião contraria, a qual tem demais a seu favor o principio que se deve recorrer a todos os meios necessarios para o esclarecimento e descobrimento da verdade", in Revista de Legislação e Jurisprudência, 1868: 619 e 620, 1873: 206, e 1891: 24 e 25).

[507] Por isso Corrêa Telles recomendava que "convirá q' o Juiz antes de começar o Julgamento d' uma Causa, averigue se as Partes tem as suas testemunhas promptas. Para não gastar tempo com ella, e depois ficar perdido o trabalho" (Corrêa Telles, 1840: 63 verso).

[508] O *Code d' Instruction* consagrava igualmente esta possibilidade de adiamento da audiência para fazer presente a testemunha faltosa por meios coactivos (artigos 354 e 355), mas apenas a requerimento do procurador, não permitindo a leitura do depoimento da testemunha faltosa. O juiz presidente podia determinar essa leitura, com base no exercício dos seus poderes

208 A Reforma da Justiça Criminal em Portugal e na Europa

A prova produzida na audiência de julgamento não era registada[509] e, no final da audiência, o juiz do direito elaborava um "relatório simples e claro", em

discricionários para descoberta da verdade, mas esse exercício devia ser, segundo a doutrina, "extremamente reservado", sob pena de nulidade. Assim, a leitura do depoimento da testemunha faltosa não devia ter lugar para "completar um processo incompleto", nem quando alegações novas fossem produzidas pelo Ministério Público ou pela parte civil, mas apenas quando o fossem pelas testemunhas ou pelo acusado (Faustin Hélie,1867 c: 348, e Ortolan, 1875: 467). Contudo, a doutrina reconhecia abertamente que, na prática, a instrução escrita e secreta prevalecia sobre os debates orais na audiência de julgamento, o que correspondia, aliás, à intenção do legislador de afastar o princípio de oralidade e de imediação consagrados, com carácter absoluto, pela Lei de 16-29.9.1791 e de introduzir um sistema mitigado mais próximo do artigo 366 do *Code des Délits et des Peines* e do artigo 20 da Lei de 7 *pluviôse* do ano IX (Carl Mittermaier, 1846: 178, 292 a 294, e 1856: 71 a 73, 312 e 313, Faustin Hélie, 1866 a: 448, Heinrich Zachariae, 1868 b: 368 e 369, Esmein, 1882: 430, 543 a 545, Ernest Glossan, 1883 b: 767, Covian Y Junco, 1886: 25, Jean Dabin, 1913: 50, 105 a 110, Klaus Gepeert, 1979: 66, e Denis Salas, 1992: 152 e 153). Com efeito, a jurisprudência foi muito permissiva desde o início da aplicação do código e admitia a leitura dos depoimentos de testemunhas faltosas, citadas ou não, de testemunhas cujo depoimento fosse proibido e mesmo de testemunhas já ouvidas na audiência (Faustin Hélie, 1867 c: 345 e 346, René Garraud e Pierre Garraud, 1926: 222 a 225, Joseph Depeiges, 1928: 555 e 556, e Rached, 1942: 232 e 233). Deste modo, a restrição do valor probatório dos meios de prova ordenados oficiosamente pelo juiz presidente, degradados pela lei em meros "esclarecimentos", era considerada pela doutrina não só "um anachronismo, porque se refere á theoria das provas legaes, extranha ao direito moderno", mas até uma mera "questão de etiqueta" (René Garraud, 1915: 339). O novo direito prussiano também consagrava os princípios da oralidade e da imediação e as habituais excepções (§§ 14 e 11 da *Verordnung* de 1849), mas este princípio foi praticamente afastado pelo artigo 25 da Lei de 3.5.1852, que admitia a leitura oficiosa ou a pedido das partes de quaisquer depoimentos anteriores quando fossem necessários ou convenientes para a descoberta da verdade (Heinrich Zachariae, 1868 b: 369 e 370, Wilfried Küper, 1967: 205 e 209, e Klaus Geppert, 1979: 83 a 88). Para contrabalançar esta inovação, a lei prussiana de 1852 introduziu também o "interrogatório cruzado" (*Kreuzverhör*), em termos facultativos, dependendo do acordo de todos os sujeitos processuais, mas na prática este acordo nunca se verificava (August von Kries, 1892: 551, e Wolfgang Wohlers, 1994: 144, 145 e 168). O direito austríaco estabelecia do mesmo modo aqueles princípios e as excepções relativas a testemunhas falecidas, desaparecidas e impedidas. A novidade do código austríaco de 1850 consistia na leitura dos depoimentos da instrução com base apenas no acordo do Ministério Público e do réu, sem prejuízo da determinação da leitura pelo juiz presidente, no uso dos poderes discricionários também reconhecidos neste direito (§§ 270, 281 e 287 da *Strafprozessordnung* de 1850). A prática nos tribunais austríacos era, tal como nos prussianos, muito prejudicial ao princípio da imediação (Julius Glaser, 1883: 251). O juízo severo de Anselm von Feuerbach sobre o modelo judiciário francês de prevalência da instrução escrita e secreta sobre a prova oral e imediata era, pois, plenamente justificado e aplicável aos novos direitos alemão e austríaco (Anselm von Feuerbach, 1825: 470, 471 e 487).

[509] O legislador português manteve o disposto na Reforma e não adoptou a doutrina consignada no artigo 318 do *Code d' Instruction*, que previa o registo, determinado pelo juiz presidente ou a pedido das partes, das alterações ou aditamentos que existissem entre o depoi-

A Jurisdição Penal Comum

que "com rigorosa imparcialidade" apontava as principais provas a favor e contra o réu e propunha os quesitos aos jurados (artigo 278 da terceira parte).[510] O juiz não intervinha na discussão dos jurados,[511] mas podia controlar a equidade

---

mento das testemunhas anteriormente prestado nos autos e o prestado na audiência de julgamento. Esta disposição, conjugada com a do artigo 330, permitia controlar a prova oral pela da instrução e concomitantemente atemorizar as testemunhas na audiência de julgamento (Anselm von Feuerbach, 1825: 377 a 379). A crítica fundada da doutrina levou à restrição do âmbito de aplicação daquele preceito, não sendo admitido o registo dos depoimentos das testemunhas que não tivessem sido inquiridas na instrução e sobre factos que não tivessem sido investigados na instrução, nem das modificações ocorridas nos depoimentos das testemunhas inquiridas na audiência de julgamento a título de esclarecimentos (Faustin Hélie,1867 c: 650 a 652). O novo direito prussiano foi mais longe do que o francês e previa mesmo o registo do "conteúdo essencial" dos depoimentos de todas as testemunhas ouvidas diante do tribunal de júri ou do juiz singular (§§ 37 e 99 da *Verordnung* de 1849). Nos §§ 295 e 350 da *Strafprozessordnung* austríaca de 1850, previa-se uma solução intermédia entre a francesa e a prussiana, registando-se as modificações dos depoimentos das testemunhas já anteriormente ouvidas, como na lei francesa, e os depoimentos das testemunhas inquiridas pela primeira vez na audiência de julgamento. As alterações aos depoimentos das testemunhas não eram, contudo, consideradas irrelevantes pela lei portuguesa, que previa a leitura das anteriores declarações das testemunhas "para lhes notar as contradicções em que cahiram, ou alterações essenciaes que fizeram", não se procedendo, no entanto, neste caso por perjúrio, nos termos dos artigos 199 e 203, § único, aplicáveis à audiência de julgamento por força do disposto no artigo 267, ambos da terceira parte da Nova Reforma. Estas diferenças de regime tinham uma enorme relevância dogmática e prática, como se verá no texto.

[510] A regulamentação do resumo do juiz no artigo 278 da terceira parte da Nova Reforma era mais rigorosa do que a do artigo 336 do *Code d' Instruction*, que tão vivamente tinha sido criticado por Anselm von Feuerbach (1825: 489) e Anton Bauer (1835: 449). A defesa teórica deste dever do juiz presidente foi feita mais tarde por Bertin (1863: 414 a 420). O § 100 da *Verordnung* prussiana de 1849 era menos exigente, consagrando apenas o dever de o juiz resumir "o curso e o resultado da produção da prova" (*den Hergang und das Resultat der Beweisaufnahme*) e permitindo deste modo a formulação pelo juiz de juízos de valor conclusivos sobre a prova, o que o artigo 79 da Lei de 3.5.1852 também autorizava (Heinrich Zachariae, 1868 a: 332). Ao invés, o § 322 da *Strafprozessordnung* austríaca de 1850 impunha o dever de o juiz sintetizar "as provas que fossem a favor e contra o arguido, mas sem manifestar a sua opinião pessoal sobre elas" (*die für und wider den Angeklagten sprechenden Beweise, ohne jedoch seine eigene Ansicht darüber kundzugeben*).

[511] O legislador português não admitiu a prestação de esclarecimentos pelo juiz presidente na sala de deliberações dos jurados, como era jurisprudência firme em França. A ida do juiz à sala dos jurados transformou-se em uma ocasião para os jurados negociarem a pena com o presidente, usando a ameaça da absolvição para obter do presidente o compromisso de aplicação de uma determinada pena. Só com a Lei de 10.12.1908 se proibiu a comunicação do juiz presidente com os jurados no momento da deliberação sem a presença do defensor do acusado e do Ministério Público. Esta disposição, inspirada no § 327 da StPO austríaca de 1873, foi objecto da crítica de que constituía uma "meia-medida", pois, por um lado, não proibia formalmente nem sancionava a prática da negociação sobre a pena e da emissão pelo presidente de opiniões sobre a prova e, por

A Reforma da Justiça Criminal em Portugal e na Europa

e a justiça das respostas aos quesitos[512] quando tivessem sido dadas por maioria de dois terços ou superior,[513] anulando as respostas injustas e ordenando a reali-

---

outro, não permitia a entrada do advogado da parte civil e do acusado na sala de deliberações. A medida ideal, no parecer da doutrina, teria sido a da reabertura da audiência, tal como previa o § 306 da StPO alemã (Rauol de la Grasserie, 1914: 587, 598 e 600, e René Garraud e Pierre Garraud, 1926: 393 a 397).

[512] A proposta da comissão previa expressamente a faculdade de o juiz no processo crime controlar também a irregularidade, a incompletude, a obscuridade e a contradição das respostas dos jurados aos quesitos (artigo 903 do projecto). Ao invés, a lei só previa expressamente o controlo da equidade e injustiça das respostas, resultando a faculdade de o juiz da causa controlar a desconformidade com os quesitos, a obscuridade e a confusão das respostas aos quesitos do disposto no artigo 187, § 2, da segunda parte, aplicável ao processo criminal por força do artigo 260 da terceira parte.

[513] O legislador nacional conhecia a discussão em França em torno da questão da maioria exigível para a votação dos quesitos e a recente modificação do disposto no artigo 347 do *Code d' Instruction* e, por isso, consagrou a regra da votação exclusivamente pelos jurados e por maioria de dois terços. Desde cedo, as regras de votação dos jurados suscitaram, a par da composição das listas de jurados, um debate intenso na doutrina e nos meios políticos franceses. O recrutamento do júri, previsto nos artigos 382, 386 a 388 do *Code d' Instruction*, estava inteiramente dependente dos representantes locais do poder central, atribuindo ao prefeito o poder arbitrário de escolha dos membros de uma lista de sessenta nomes de entre os membros dos colégios eleitorais, os funcionários administrativos de nomeação governamental, os notários e um conjunto de notáveis que reuniam certos requisitos de riqueza ou de instrução e ao presidente da *cour d' assises* o poder de escolha de uma lista de trinta e seis membros de entre aqueles sessenta, o que transformava o júri de doze jurados em um verdadeiro "tribunal comissionado". Depois de ter abolido o júri de acusação, Napoleão manteve o júri de julgamento, preferindo jurados escolhidos pelo prefeito a magistrados judiciais aleatórios por aqueles serem mais previsíveis do que estes (Jean-Pierre Royer, 1996: 425 e 426). Conjugando este modo de selecção dos jurados com a faculdade de somar os votos dos juízes letrados aos jurados em caso de maioria simples destes, consagrada no artigo 351 deste código, a doutrina concluía abertamente que o legislador imperial tinha "anulado" e "subvertido" a instituição do júri. Sendo a maioria simples dos jurados sete contra cinco e podendo então votar os cinco juízes letrados, a decisão final podia até resultar de uma inversão do sentido inicial do voto dos jurados por força da interferência dos juízes letrados (J. D. Meyer, 1822: 459 a 461, Benjamin Constant, 1822: 211 a 214, e 1836: 226, D' Eyraud, 1825: 126 a 127, 134 e 135, e Anselm von Feuerbach, 1825: 436 a 443, 479 a 486). A doutrina portuguesa acompanhou esta crítica da composição do júri, que o tornava uma "pura comissão do Governo" (Ferreira de Moira, 1826: n. II, pp. 8 e 9). Em consequência das críticas da doutrina, a Lei de 4.3.1831 substituiu a regra da maioria simples da maioria de oito vozes, diminuiu o número de juízes letrados de cinco para três, incluindo o presidente, e suprimiu a faculdade da soma dos votos dos juízes letrados. Ainda durante a monarquia de Julho, a Lei de 9.9.1835 consagrou de novo a regra da maioria simples, mas impôs o voto secreto dos jurados. Estas regras foram substituídas na Segunda República pelos Decretos de 4 e de 6.3.1848, que consagraram, respectivamente, a regra da maioria de nove vozes para a condenação e a do voto oral. Pouco antes de ter sido aprovada a nova Constituição republicana, o Decreto de 18.10.1848 fixou o regime compromissório da maioria de oito vozes necessária para a condenação e da maioria simples para a declaração de circunstâncias

A Jurisdição Penal Comum 211

zação de uma nova discussão da causa diante de um segundo júri, formado com jurados novos.[514] O reforço dos poderes do juiz não foi, contudo, ao ponto de alterar o modo de inquirição directa das testemunhas pela parte apresentante fixado pela Reforma.

Declarando os jurados o réu culpado, procedia-se à discussão em separado sobre a qualificação jurídica dos factos e sobre a pena aplicável, cabendo apenas ao juiz a prolação da decisão sobre estas questões.[515]

---

atenuantes. Depois do restabelecimento do império, a Lei de 9.6.1853 fixou definitivamente o voto secreto e a regra da maioria simples para todas as decisões do júri, incluindo as relativas às circunstâncias atenuantes. As disposições relativas ao recrutamento do júri foram também modificadas por três grandes reformas, como adiante se verá. A relação íntima destas reformas com a evolução dos acontecimentos da vida política francesa e com o carácter mais ou menos repressivo da política geral e criminal da facção no governo foi denunciada pela doutrina (Carl Mittermaier, 1846: 577 a 581, e 1856: 74 e 75, 214 e 215, Raoul de la Grasserie, 1914: 574 e 575, René Garraud, 1915: 322 e 326, René Garraud e Pierre Garraud, 1926: 89, 97 a 101, 401 a 403, André Toulemon, 1930: 195 e 196, e Robert Charvin, 1968: 116 e 117). O controlo político da composição do tribunal criminal era completado pela nomeação pessoal do presidente das *assises* pelo ministro da justiça. Com base em uma previsão excepcional do artigo 79 do Decreto de 6.7.1810, que os sucessivos governos interpretaram como constituindo uma regra, os presidentes das *assises* foram durante mais de noventa anos designados pessoalmente pelo ministro da justiça, mantendo-se esta prática até que uma circular do ministro da justiça de 14.12.1903 reconheceu como mais conforme à lei o exercício normal daquela competência pelo primeiro presidente da *cour d' appel* e o exercício excepcional da mesma pelo ministro. Contudo, mesmo depois dessa data, a escolha do presidente da *cour d' appel* só podia ser feita de entre uma lista de magistrados previamente aprovada pelo ministro da justiça, podendo este nomear pessoalmente o presidente das *assises* quando o julgasse conveniente. Ao invés, o ministro nunca usou do seu direito de designar os juízes assessores, dado o seu papel "muito apagado" no julgamento da causa (Jules Coumoul, 1911: 294 e 295, René Garraud e Pierre Garraud, 1926: 57 a 59, 62 a 64, e Henry Bourdeaux, 1931: 160 e 161).

[514] A comissão não seguiu a solução diferente consagrada no direito processual comercial, onde se previa que a decisão do júri que parecesse injusta ao juiz seria oficiosamente apelada por este, declarando ele os motivos da apelação e conhecendo o tribunal de comércio de segunda instância do facto e do direito e "procedendo ou não a ulteriores averiguaçoens segundo as circunstancias" (artigo 1106 do Código Comercial de 1833). A faculdade de anulação das respostas e de convocação de um novo júri foi importada do direito francês, mas com uma diferença relevantíssima. O artigo 352 do *Code d' Instruction*, quer na sua versão inicial, quer na da Lei de 9.9.1835, consagrava esta faculdade apenas nos casos em que as respostas implicassem a culpa do réu e vedava-a expressamente no caso inverso, ao invés do disposto no artigo 904 do projecto da comissão e no artigo 296 da terceira parte da Nova Reforma. O § 116 da *Verordnung* prussiana de 1849 permitia, como a lei portuguesa, a anulação do julgamento mesmo quando as respostas tivessem como consequência a absolvição do réu, mas o artigo 99 da Lei de 3.5.1852 modificou esta disposição no sentido da lei francesa (Heinrich Zachariae, 1868 b: 553 e 554, pronunciando-se favoravelmente). O § 338 da *Strafprozessordnung* austríaca de 1850 reproduzia a doutrina da lei francesa.

[515] Esta separação da discussão sobre os factos e sobre o direito e a pena foi uma novidade importada do direito francês. Os artigos 362, 363 e 364 do *Code d' Instruction Criminelle* foram

A reforma dos meios de impugnação ordinários foi profunda. Além de se consagrar o benefício da restituição como causa de dispensa do prazo de recurso,[516] admitia-se a apelação de sentenças definitivas, absolutórias ou condenatórias, ou das interlocutórias que pusessem termo à causa ou produzissem dano irreparável, embora das sentenças absolutórias só fosse admissível recurso de apelação nas causas em que não interviesse o tribunal de júri.[517]

---

transcritos pelos artigos 302, 303 e 306 da terceira parte da Nova Reforma, como o foram pelos §§ 120, 121 e 125 da *Verordnung* prussiana de 3.1.1849. Os §§ 341 e 343 da *Strafprozessordnung* austríaca de 1850 consagravam a mesma doutrina, sem transcreverem a lei francesa.

[516] A doutrina discutiu sobre se a reintrodução do benefício da restituição teria correspondido à reposição de um fundamento de ampliação dos prazos para a realização de quaisquer actos processuais na primeira instância, concluindo restritivamente que o benefício dizia respeito apenas aos prazos para interposição de recurso na primeira instância (Chaves e Castro, 1866: 164 a 167).

[517] O princípio fixado no artigo 322 da terceira parte da Nova Reforma tinha de ser conjugado com o disposto no artigo 297, tendo estes preceitos seguido a doutrina dos artigos 905 e 937 do projecto. Uma das mais significativas inovações do direito português liberal era a da admissibilidade do recurso de apelação da sentença condenatória proferida nas causas julgadas pelo júri, como foi notado pela doutrina europeia mais ilustrada (Carl Mittermaier, 1846: 643). O sistema de impugnação da decisão final no processo com intervenção do tribunal de júri no *Code d' Instruction* era diferente. A decisão de condenação, tal como a de absolvição, só admitiam o recurso de cassação, mas a decisão de absolvição dos jurados só podia ser impugnada pelo Ministério Público no interesse da lei e sem prejuízo para o réu absolvido, constituindo uma "cassação platónica cuja única consequencia é a transcripção da decisão sobre os registos da jurisprudencia" (René Garraud, 1915: 476). A decisão de absolvição pronunciada pelo colectivo de juízes com fundamento na não existência de lei penal também admitia recurso de cassação (artigos 409 e 410 do *Code*). O ministro da justiça podia ainda, por intermédio do procurador-geral junto da *Cour de Cassation*, recorrer de quaisquer decisões penais, independentemente de ter sido proferida em última instância (artigo 441 do *Code*). Depois de uma evolução conturbada, a jurisprudência e a doutrina fixaram-se no sentido de que este recurso não podia em caso algum prejudicar os direitos adquiridos pelo acusado em virtude do caso julgado absolutório nem os da parte civil em virtude do caso julgado condenatório, podendo neste caso beneficiar o acusado sempre que não houvesse parte civil (Faustin Hélie, 1866 b: 636 a 649, René Garraud, 1915: 482 e 483, Francisque Goyet, 1926: 390, René Garraud e Pierre Garraud, 1928: 540 a 545, Donnedieu de Vabres, 1947: 869 e 870, e Jacques Boré, 1985: 385 e 386). No direito prussiano novo, as decisões do júri também só admitiam impugnação para o *Obertribunal*, com fundamento em uma *Nichtigkeitsbeschwerde*, não podendo o Ministério Público recorrer das decisões de absolvição do réu (§§ 140 e 142 da *Verordnung* de 1849). O recurso tinha por base a lesão de uma lei penal ou a lesão de formalidades cujo desrespeito a lei sancionava com a nulidade, constituindo uma protecção muito restritiva dos direitos do arguido. A apelação interposta contra decisões de juízes singulares e de tribunais colectivos de juízes letrados só podia ter lugar com base em novos meios de prova ou em novos factos que fossem importantes (§ 126 da *Verordnung* de 1849). Tendo em atenção precisamente a insuficiência do regime de nulidades, o legislador alterou os fundamentos do recurso, introduzindo um sistema que foi muito criticado, mas que a StPO do império viria a consagrar mais

A Jurisdição Penal Comum 213

Ao invés do disposto na Reforma, o agravo no auto do processo era admissível de todos os despachos interlocutórios sobre a ordem do processo e do despacho que recebesse a apelação, introduzindo-se também o agravo de instrumento de todos os despachos em que uma lei fosse ofendida, mas que não versassem sobre a ordem do processo, dos que não recebessem a apelação e dos proferidos nas execuções.[518]

Os recursos para o Supremo Tribunal de Justiça eram o de revista das sentenças proferidas em grau de apelação pela Relação[519] e os novos recursos de revista do despacho de soltura proferido após a decisão do júri de pronúncia de improcedência da acusação ou após a decisão do júri de julgamento de que não estava provado o crime, se neste último caso o recorrente tivesse protestado pela nulidade antes da leitura das respostas.

A regulamentação do regime dos recursos criminais de apelação, de agravo de instrumento, de agravo no auto do processo e de revista era objecto de uma remissão genérica para os termos destes recursos no processo

---

tarde. Com efeito, o § 107 da Lei de 3.5.1852 previa um fundamento genérico para o recurso, que consistia na lesão ou aplicação incorrecta de uma lei ou de um princípio de direito e na lesão ou na aplicação incorrecta de uma disposição processual essencial ou de um princípio processual essencial, aduzindo o § 108 um catálogo exemplificativo de algumas destas disposições, sem, contudo, explicitar se a essencialidade da disposição devia ser valorada em concreto e em função da sua repercussão na decisão do caso ou em abstracto. Por outro lado, o regime do recurso de apelação foi concretizado, permitindo o § 101 da Lei de 3.5.1852 a repetição parcial ou integral da produção da prova quando existissem "dúvidas importantes" em relação à decisão sobre a matéria de facto. A prática do tribunal de apelação foi sempre mais restritiva do que a do tribunal da revista (Erich Schwinge, 1960: 16 e 17, 46, Gerhard Fezer, 1974: 15, Burkhardt Burgmüller, 1989: 61 e 62, e Wolfgang Wohlers, 1994: 129 e 131). No direito austríaco liberal consagravam-se, além das referidas regras do direito francês, a da admissibilidade do recurso "para protecção da lei" e do recurso da decisão de absolvição do colectivo de juízes do tribunal de júri (§§ 353, 355 e 357 da *Strafprozessordnung* de 1850).

[518] A comissão restringia o âmbito do agravo de instrumento aos despachos de não recebimento da apelação e aos despachos proferidos nas execuções (artigo 417 do projecto), não incluindo, como fez o governo, os despachos proferidos no processo declarativo que não versassem sobre a ordem do processo. A importante particularidade deste novo meio de impugnação era a de nele os autos não serem continuados com vista aos juízes adjuntos, mas apenas às partes, ao invés do que propunha a comissão, que previa que os autos fossem vistos por três juízes e propostos por dois. O regime deste meio de impugnação estabelecido pelo governo ganhava em rapidez ao proposto pela comissão, o que podia ter uma relevância prática considerável, como acontecia nos recursos à coroa que eram julgados como agravos de instrumento (artigo 343 da segunda parte da Nova Reforma).

[519] Não se previa alçada para a Relação no crime, embora o Governo a tivesse fixado no cível no valor de 600.000 réis (artigo 330 da segunda parte da Nova Reforma), contra o parecer da comissão.

civil,[520] mantendo-se as especialidades do direito anterior da irrecorribilidade das decisões proferidas nos processos relativos a crimes onde não fosse requerida fiança[521] e da remessa oficiosa de todas as sentenças de condenação em pena de morte ao poder real e restringindo-se a especialidade do recurso obrigatório das sentenças de condenação à de condenação em pena superior a cinco anos de degredo para África ou para a Ásia ou a três anos de trabalhos públicos.[522]

No que toca ao âmbito do objecto do recurso de apelação e aos efeitos da interposição do recurso, a lei nova fixava a regra do efeito suspensivo e, por força da remissão para o regime das apelações em matéria cível, a do aproveitamento aos não recorrentes, sendo o objecto do recurso indivisível e não tendo consentido o co-réu não recorrente, bem como ao apelado que tivesse sofrido agravo, mas não tivesse recorrido.[523]

Os poderes do Tribunal da Relação eram especificados, distinguindo-se agora esses poderes em função da verificação de nulidades no processo ou na sentença recorrida. Assim, declarando o tribunal verificada uma nulidade do processo, deveria revogar a sentença recorrida e absolver o réu da instância e, declarando a nulidade da sentença "ou por vicio de forma ou por outro qualquer motivo", julgaria a causa "como o deveria ter feito o Juiz da 1ª Instancia" (artigo 407 da segunda parte da Nova Reforma). Esta faculdade do tribunal de recurso não era admitida pelo artigo 490 do projecto da comissão, que só previa a revogação obrigatória da sentença recorrida no caso de verificação de nulidades do processo. O governo foi neste ponto além da comissão, conferindo ao Tribunal da Relação o poder de revogar ou confirmar a decisão recorrida, bem como o de a alterar e reformar, colocando o tribunal de recurso na posição em que se encontraria o da primeira instância para prolação de uma nova decisão.

Os poderes do tribunal de recurso ficavam completos com a nova regulamentação do regime das nulidades. Entre a solução radical da Reforma Judiciária da cominação com a nulidade a qualquer acto praticado contra a determinação da lei, o que deixava em aberto a conformação pela jurisprudência do elenco das nulidades, e a solução diametralmente oposta do Decreto de 19.5.1832, seguida

---

[520] O projecto da comissão só previa a remissão para o regime da revista cível (artigo 966 do projecto), regulamentando os termos dos outros recursos criminais.

[521] Esta previsão, que surgiria ainda na Novíssima Reforma, era inconciliável com a consagração da recorribilidade das decisões finais no processo de polícia correccional.

[522] A interposição do recurso obrigatório cabia ao Ministério Público e não estava limitada por qualquer prazo.

[523] Em face de preceitos idênticos da Novíssima Reforma, a jurisprudência e a doutrina concluíam deste modo, como se verá no seu lugar próprio.

A Jurisdição Penal Comum

no projecto da comissão ("não há nullidade sem que a lei expressa, e literalmente a decrete", artigo 1067 do projecto), o governo optou por uma via intermédia, facultando aos tribunais de recurso o conhecimento não só das nulidades expressamente decretadas pela lei, mas também de todos os actos praticados contra a determinação da lei, quando a parte tivesse protestado em tempo pela sua observância, de todos os actos em que faltasse alguma formalidade substancial "de modo que sem ela não se preencha o fim da lei" e ainda de todos os actos substanciais do processo cuja falta ou ilegalidade pudesse influir no exame e na decisão da causa (artigos 500, § único, e 501, § único, da segunda parte).

A audiência de julgamento no Tribunal da Relação cingia-se ao relatório da causa, incluindo neste "os principaes meios de prova, que se empregarem no Juizo inferior", e às alegações orais das partes, podendo os juízes colocar perguntas aos advogados (artigo 388 da segunda parte).[524]

A Nova Reforma não regulamentava os termos do recurso de revista, prevendo-se apenas o efeito suspensivo da pena corporal da interposição deste recurso, com a ressalva do caso de o réu condenado em pena de degredo para fora do reino ou a trabalhos públicos requerer o contrário, e o efeito suspensivo do recurso interposto da sentença absolutória do Tribunal da Relação e do despacho de soltura proferido na primeira instância.

A lei nova consagrava, pela primeira vez, casos de revisão de sentença transitada, que eram tratados pelo legislador como causas de suspensão da execução da sentença transitada. Estes casos eram o da descoberta de duas sentenças de condenação de pessoas diferentes pela prática do mesmo crime, sendo as sentenças inconciliáveis, e o da ratificação da pronúncia por perjúrio das testemunhas ou peita ou suborno de jurados, que tivessem intervindo no julgamento no processo revidendo.[525]

---

[524] Já não se previam as perguntas dos advogados às partes e entre si, mas admitiam-se as perguntas dos juízes aos advogados durante as alegações. O réu preso não era compelido a seguir o recurso, mas podia fazê-lo a seu custo.

[525] Os dois primeiros casos de suspensão da execução de uma decisão condenatória eram os que o direito francês previa. Os artigos 402, 404 e 405 da terceira parte da Nova Reforma consagravam a doutrina dos artigos 443 e 445 do *Code d' Instruction*, mas acrescentavam-lhe o caso da peita ou suborno dos jurados e não previam, como no artigo 444 do *Code* se previa, o caso da descoberta da vítima de um pretenso homicídio posteriormente à condenação. O § 151 da *Verordnung* de 1849 só previa os casos de documento falso e de depoimento falso. O direito austríaco liberal era muito inovador, prevendo o surgimento de novas provas ou o cometimento de crimes que tivessem influenciado a prova ou a decisão como fundamento da revisão quer de absolvições quer de condenações e nestes casos mesmo quando se impugnasse apenas uma pena demasiado leve ou demasiado pesada (§§ 393 a 395 da *Strafprozessordnung* de 1850). A superioridade do regime português de impugnação extraordinária foi defendida por Alvaro Villela (1897: 110), com

Ao invés da Reforma, a lei nova, na sequência das propostas da comissão, atribuiu uma maior relevância teórica e prática às formas de processo especiais,[526] consagrando duas novas formas de processo especiais e mantendo uma outra do direito anterior, a de julgamento das coimas e transgressões. As novas formas eram a do processo para julgamento dos crimes de contrabando e descaminho e a do processo para julgamento dos crimes cometidos por magistrados no exercício de funções e fora delas.

O julgamento de juízes ordinários e de direito e dos magistrados do Ministério Público junto destes efectuava-se no Tribunal da Relação sem jurados e com revista para o Supremo, havendo nulidades, e o julgamento dos magistrados dos tribunais superiores tinha lugar no Supremo Tribunal de Justiça. No processo por infracções cometidas em exercício de funções o juiz investigado beneficiava da uma verdadeira instrução contraditória, sendo-lhe facultada cópia do processo preparatório para defesa no final do processo preparatório, após o recebimento da querela, mas antes da eventual pronúncia e da subsequente prisão.

Nas causas de contrabando e descaminho previa-se um processo preparatório especial para apreciação judicial da validade e subsistência da apreensão dos objectos ou mercadorias sonegados à Fazenda Pública, seguindo posteriormente o processo os termos ordinários das causas crimes, mas com três especialidades, a da realização da audiência de ratificação da pronúncia somente quando o crime fosse punível com pena corporal e o réu estivesse preso ou afiançado, a da admissão do julgamento do réu revel apenas para aplicação das sanções cíveis, ficando ressalvado o direito de aplicação das sanções criminais em novo processo aquando da prisão do réu, e a do efeito meramente devolutivo do recurso de apelação.[527]

---

base em que no direito nacional não se previa, como no francês, a interferência do ministro da justiça no processo de revisão.

[526] A proposta da comissão previa um processo especial de constituição de um júri misto quando o réu fosse estrangeiro (artigos 926 a 930 do projecto). O Governo não introduziu na lei esta regulamentação especial do júri.

[527] O processo da tomadia ou da apreensão era instruído pela autoridade fiscal que tivesse o encargo de proceder à fiscalização no distrito da achada ou da tomadia e, não havendo autoridade fiscal no distrito, pelo juiz comum competente. A autoridade fiscal só tinha poder para julgar a apreensão como válida ou não, devendo necessariamente remeter os processos das apreensões válidas ao juiz de direito para os ulteriores termos, sob pena de sanções graves não o fazendo no prazo da lei. No caso de denúncia a causa era instruída pela autoridade denunciante e era logo presente ao magistrado do Ministério Público para dedução de libelo. Assim, não é correcta a tese de Pedro Ribeiro dos Santos (1985: 54 e 55), segundo a qual o legislador da Nova Reforma Judiciária manteve "tribunais de contencioso-tributário, cuja actividade pode supletivamente ser exercida por tribunais comuns". A Nova Reforma não criou, nem manteve uma jurisdição especial

A forma de processo especial para julgamento das causas de coimas e transgressões de posturas municipais foi profundamente alterada, impondo a lei nova a elaboração de um auto de queixa do ofendido ou do zelador municipal pelo juiz eleito[528] e a citação do réu para comparência em julgamento em dois ou três dias,[529] podendo na audiência cada parte produzir apenas três testemunhas e não intervindo nela o Ministério Público, como esclareceu a Portaria de 12.8.1839.[530] O registo da prova era obrigatório quando a transgressão fosse punível com pena superior à alçada do juiz eleito, salvo ocorrendo renúncia do recurso.[531] Nova também era a faculdade da interposição de recurso para o Tribunal de Polícia Correccional das decisões proferidas pelo juiz eleito nestas causas.

A Reforma de 1836-1837 consagrou um modelo judiciário novo, que procurava aperfeiçoar o anterior modelo com base nos ensinamentos que os práticos já tinham colhido da experiência e, sobretudo, no modelo judiciário consagrado no direito francês.[532] Esta influência doutrinária do *Code d' Ins-*

---

para o contencioso aduaneiro e tributário, que só surgirá bastante mais tarde. A competência instrutória da autoridade fiscal manter-se-ia, aliás, na Novíssima Reforma, tendo adicionalmente o Decreto de 28.6.1842, que foi esclarecido pelo Decreto de 26.1.1844, determinado que os réus do crime de contrabando e descaminho de direitos, quando não estivessem sujeitos a penas maiores e especiais e desistissem logo da contestação judicial perante os chefes das alfândegas, deviam pagar uma multa de valor correspondente ao dos bens apreendidos, a qual lhes era imposta pelo chefe de alfândega. Sendo aplicáveis penas maiores ou especiais os autos deviam ser enviados ao tribunal, mesmo quando o réu desistisse. Esta competência jurisdicional muito limitada dará lugar na década de oitenta a uma reforma mais ampla das competências da autoridade fiscal e à criação de tribunais aduaneiros.

[528] Justino de Freitas, 1860: 18 e 19.

[529] O juiz não sindicava a denúncia previamente à prolação da ordem de citação das testemunhas e do réu (Justino de Freitas, 1860: 20 e 21).

[530] Esta Portaria esclareceu dúvidas sobre a intervenção do Ministério Público no processo de transgressões, tendo firmado a doutrina de que a acusação neste processo era dada pelo escrivão do juiz eleito ou pelos zeladores camarários. Do mesmo modo, o governo esclareceu que o Ministério Público também não intervinha na segunda instância, junto do Tribunal de Polícia Correccional.

[531] Esta proposta da comissão, que o governo adoptou, foi elogiada por Corrêa Telles (1840: 98 verso) com estas palavras: "isto é mais bem pensado, q' o Processo de Polícia Correcional. Como hade o Tribunal julgar da justiça ou injustiça da sentença, não tendo as provas à vista?". Os práticos punham especial cuidado no modo de produção da prova, com vista a possibilitar a fundamentação da decisão e, consequentemente, o recurso da mesma: "haverá toda a circumspecção no inquerito das testemunhas, para se poder sem escrupulo fundamentar a Sentença" (Justino de Freitas, 1860: 28).

[532] A tese defendida no texto opõe-se ao que se afirma comummente sobre a história da organização do poder judicial no período liberal português. Nas breves linhas sobre a história do processo penal português dedicadas ao assunto nas lições de 1919, Caeiro da Matta (1919: 22)

truction Criminelle, que já se havia feito sentir, de modo muito restrito, na regulamentação da competência e da forma de processo para julgamento das contravenções mais graves e na conformação do princípio da livre convicção dos jurados na Reforma Judiciária e, depois, de modo contraditório, na criação da forma de processo de polícia correccional pelo diploma de 1833, fez-se sentir de novo, mas agora de forma inequívoca, na regulamentação da forma de processo ordinário e, sobretudo, na conformação dos poderes do juiz de direito em face dos jurados na Nova Reforma Judiciária.[533]

A fidelidade ao paradigma judiciário liberal é inquestionável, atentas as declarações de vontade dos membros da comissão redactora do projecto da reforma e o sentido das opções fundamentais deste projecto e das alterações introduzidas pelo governo revolucionário que aprovou a reforma. Contudo, o específico modelo judiciário consagrado distinguia-se manifestamente do de 1832.

Desta feita, o legislador optou claramente por diminuir o papel do júri da pronúncia, retirando-lhe a competência definitiva no que toca ao direito e mantendo-a apenas no que respeita ao facto e às provas, bem como o papel do júri de julgamento, quer repondo as magistraturas populares abolidas em 1835, quer diminuindo o número de jurados em certas circunstâncias, quer ainda, e sobre-

---

considerava que a Novíssima Reforma Judiciária se tinha, tal como o Decreto de 16.5.1832, baseado na lei francesa, mantendo a Novíssima os defeitos deste Decreto. A posição do autor não atendia ao direito da Nova Reforma e assimilava textos radicalmente distintos. Do mesmo modo, António Barreiros (1980: 610, e 1981 a: 63 e 67) defende que a Novíssima adoptou ou mesmo decalcou o sistema misto francês. Há nesta tese duas incorrecções: nem foi a Novíssima que adoptou esse sistema, mas a Nova Reforma, nem a adopção constituiu um decalque, como resulta do estudo comparado dos diplomas legais em causa. Mais recentemente, também Benedicta Vieira (1992: 35 a 37) defendeu a tese de que "as propostas vintistas de organização dos tribunais e de um poder judicial autónomo não sofrem alterações de vulto depois de retomadas pela Carta Constitucional e pela Novíssima Reforma Judiciária de 1841".

[533] A comissão, que tinha censurado o legislador de 1832 por ter introduzido "um systema de legislação estranha, que se não compadecia com o Direito Civil do reino, com os nossos usos e com os nossos costumes" (Silva Ferrão e outros, 1836: 6), adoptou, por seu lado, muitas vezes quase literalmente, disposições da lei francesa e consagrou o modelo judiciário que ela tinha na base. O governo não deixou, contudo, de manter o sentido crítico relativamente às doutrinas consagradas pelo legislador francês, como se viu já nas notas que antecedem. Foi desse sentido crítico mais um exemplo muito relevante a regulamentação da matéria da participação dos crimes. Os artigos 38 e 42 da terceira parte da Nova Reforma instituíam um regime significativamente diferente do consagrado pelos artigos 29 e 30 do *Code d' Instruction*, pois o legislador português estabeleceu um dever muito menos amplo de participação para as autoridades públicas e um regime facultativo de participação para os particulares, não obstante a comissão ter proposto a consagração, à luz do exemplo francês, de um dever de participação dos crimes públicos também para os particulares (artigo 625 do projecto).

A Jurisdição Penal Comum   219

tudo, consagrando alterações essenciais na estrutura do processo e nas relações entre os diversos intervenientes processuais na audiência de julgamento.

Assim, o défice de realização do princípio da acusação, que se verificava já na Reforma Judiciária nos julgados cabeça de comarca, foi agravado com a concessão ao juiz de direito de poderes de influência e controlo sobre os jurados e de controlo do objecto do processo. Com efeito, a faculdade de formulação oficiosa de quesitos subsidiários pelo juiz, a obrigação legal de elaboração de um resumo sobre as provas das partes finda a produção da prova e a possibilidade de anulação das respostas dadas pelos jurados aos quesitos constituíam um significativo reforço do poder de intervenção na decisão da causa do mesmo juiz que já tinha conduzido o processo preparatório e pronunciado o réu ou presidido à audiência de ratificação da pronúncia. O efeito perverso da introdução destas inovações, inspiradas todas elas no modelo judiciário do *Code d' Instruction*, resultou da circunstância de esta introdução não ter sido acompanhada pela consagração do princípio fundamental da incompatibilidade do exercício de funções instrutórias e de julgamento pelo mesmo magistrado no âmbito do mesmo processo, consignado no artigo 257 do *Code*.[534] A lei portuguesa consagrava os poderes de direcção amplos que a lei francesa atribuía a um juiz presidente distinto do da instrução, sem que simultaneamente estabelecesse a garantia da imparcialidade do tribunal de julgamento resultante da separação das funções instrutória e de julgamento. Esta solução encontrava-se intimamente relacionada com as garantias constitucionais da magistratura judicial portuguesa e a regulamentação do recrutamento e do funcionamento do tribunal de júri. Se o legislador imperial francês separou as funções de instrução e de julgamento, atribuindo aquela e esta a dois juízes distintos, mas ambos dependentes do poder político, e sujeitou o recrutamento e o funcionamento do tribunal de júri a um apertado controlo político, mantendo deste modo apenas uma aparência de independência do tribunal de julgamento, o legislador português preferiu assegurar a constituição de um tribunal de júri independente, diminuindo, no entanto, o risco de decisões arbitrárias dos jurados através da participação do juiz instrutor na audiência de julgamento no julgado cabeça de comarca, do predomínio da instrução escrita e de um amplo sistema de controlo oficioso da decisão do júri e de impugnação da sentença do tribunal.

---

[534] Acresce que a *Cour de Cassation* manteve sempre uma postura muito severa em relação a qualquer violação da imparcialidade do juiz de julgamento nos processos criminais por força da sua intervenção na fase de instrução, quer alargando o conceito de intervenção a participações acidentais e ocasionais, desde que tivessem permitido formar uma convicção sobre a culpa do acusado, quer sancionando com a nulidade absoluta e de conhecimento oficioso o julgamento em que se tivesse verificado a participação ilegal de um dos juízes (René Garraud e Pierre Garraud, 1926: 83 a 86, e Bernard Bouloc, 1965: 389 a 393).

A Reforma da Justiça Criminal em Portugal e na Europa

Ao invés do direito anterior, o princípio da imediação era indirectamente consagrado pela lei portuguesa, atentas as novas regras relativas à proibição da leitura dos autos do processo preparatório. Contudo, as excepções introduzidas pela lei portuguesa asseguravam, com menos intensidade do que no direito francês, o predomínio da instrução escrita.

Embora os artigos 324 e 341 do *Code d' Instruction* reconhecessem o princípio da imediação, as excepções muito amplas permitidas pelos artigos 268 e 318 do *Code* permitiam a frustração daquele princípio. Com efeito, o juiz presidente tinha a faculdade de determinar a leitura de quaisquer depoimentos prestados na instrução e mesmo a obrigação de fazer registar na audiência as diferenças entre os depoimentos das testemunhas prestados na audiência e os prestados na instrução.[535]

A especificidade do direito português residia na falta de discricionariedade do juiz e no controlo dos jurados sobre a suficiência da prova produzida com prejuízo do princípio da imediação. Quer no que toca à leitura dos depoimentos anteriores das testemunhas e dos réus que estivessem em contradição com os prestados na audiência, quer no que respeita à leitura dos depoimentos das testemunhas faltosas, notificadas ou não, o tribunal não agia por seu livre arbítrio, mas por iniciativa das partes quando faltasse uma testemunha notificada ou por imposição legal nos restantes casos. A soberania do júri ficava, no entanto, ressalvada pela sua competência para se pronunciar, nos casos e nos termos previstos na lei, sobre a necessidade do depoimento oral das testemunhas.

O agravamento do défice de realização do princípio da acusação e a restrição da preponderância da instrução escrita no direito novo repercutiram-se na

---

[535] A frustração efectiva do princípio da imediação era agravada por uma prática acusatória dos magistrados do Ministério Público, introduzida logo no início da aplicação do código, que consistia em que no libelo se procedia a um resumo da instrução do processo, mencionando, por vezes com pormenor, os elementos de prova recolhidos e confrontando-os. Os jurados e as testemunhas tomavam deste modo conhecimento do conteúdo das diligências de prova instrutórias ao ser lida a acusação no início da audiência (Schenck, 1813: 318 a 321, D' Eyraud, 1825: 164, Anselm von Feuerbach, 1825: 389, 487 e 488, Carl Mittermaier, 1856: 410 a 412, e Julius Glaser, 1879: 53). A crítica da doutrina manteve-se ao longo dos tempos e foi mesmo subindo de tom, tendo chegado a advogar-se a abolição da acusação escrita (René Garraud e Pierre Garraud, 1926: 248 e 249). Acresce ainda que o juiz presidente do tribunal de júri tinha o dever de interrogar o acusado antes da audiência de julgamento, o que constituía uma "instrução intermédia necessária" (Julius Glaser, 1883: 151), e também a faculdade de, ao abrigo do disposto no artigo 303 do *Code d' Instruction*, realizar um "suplemento de informação". A jurisprudência admitia que neste "suplemento" fossem inquiridas novas testemunhas, reinquiridas as anteriores e até confrontadas umas com outras e com o acusado, o que, conjugado com a natureza secreta e não contraditória destas diligências de prova, anulava completamente a eficácia da garantia consignada no segundo parágrafo do artigo 257 (René Garraud e Pierre Garraud, 1926: 279 e 280, e Henry Bourdeaux, 1931: 174).

conformação dos recursos. A consagração da liberdade de interposição do recurso de agravo no auto do processo, a introdução do agravo de instrumento e o novo regime do protesto por nulidades permitiam um controlo mais apertado pelas partes das irregularidades processuais e das omissões da instância e, designadamente, da suficiência da produção da prova, o que justificava, por outro lado, a restrição do âmbito do recurso obrigatório pelo Ministério Público. O reforço da posição de controlo do tribunal superior resultava também da nova possibilidade de alteração da decisão apelada quando o vício se verificasse nesta e não no processo.

A regulamentação do sistema de recursos confirma plenamente a lógica resultante da distribuição de poderes entre o tribunal e as partes na primeira instância. Se o legislador napoleónico modelou o tribunal de júri de acordo com as necessidades da nova ordem política e confiou ao juiz presidente os poderes necessários para controlar o resultado final do processo, diminuindo na medida do possível o efeito da intervenção dos jurados na administração da justiça e, por isso, restringindo o âmbito e os poderes do tribunal de cassação, o legislador português, possuído de uma maior confiança no tribunal de júri, libertou juízes e jurados de uma tutela política omnipresente, mas cautelosamente multiplicou as medidas de sanação das decisões proferidas na instância, sujeitando a sentença de condenação proferida nas causas julgadas pelo júri a uma apelação e a uma revista e ignorando mesmo a intangibilidade quase mística da sentença de absolvição proferida em conformidade com o veredicto do júri.

A omissão da regulamentação expressa da forma de processo correccional viria a criar graves problemas de interpretação ao aplicador, a que o governo acudiu em alguns casos com a publicação de Portarias interpretativas e, designadamente, com as já mencionadas Portarias de 16.9.1837, 28.2.1838, 12.8.1839 e 17.9.1839. Estes problemas demonstravam a necessidade de uma regulamentação conjunta e harmoniosa de todas as formas de processo especiais, sobretudo em face da solenização da forma de processo para julgamento de coimas e transgressões, onde se reconhecia agora o direito do recurso para o mesmo tribunal que conhecia das apelações das decisões proferidas em processo de polícia correccional.

Além destes problemas, a execução da reforma de 1837 deparou com a repetida indisponibilidade dos povos para eleger e exercer as novos cargos de magistrados inferiores e de jurados, quando não mesmo com o mau acolhimento dos juízes de facto.[536]

---

[536] O retrato destas dificuldades práticas foi feito por Afonso Costa (1899: 235) e Alberto dos Reis (1909: 86).

A crise na administração da justiça penal foi-se agravando, crescendo na razão directa do aumento da criminalidade mais grave. A tentação do recurso a medidas extraordinárias era forte e o legislador cedeu a ela, publicando já durante os trabalhos das Cortes constituintes, um diploma fundamental, a Lei de 17.3.1838, que foi regulamentada pela Lei de 10.4.1838.

Aquele diploma teve na sua base o projecto apresentado às Cortes por uma comissão especial de deputados, presidida por José Homem Corrêa Telles.

O "projecto de segurança pública"[537] foi apresentado na sessão de 21 de Novembro de 1837 e discutido nas sessões seguintes, tendo logrado obter aprovação com alterações várias. A pretensão da comissão era a de criar um processo especial para os crimes mais graves, cuja fase investigatória seria realizada por um juiz de direito substituto do titular da comarca, tendo a proposta da comissão "a vantagem de separar a instrucção do processo do julgamento, em conformidade com um axioma de direito".[538]

A fase investigatória terminaria com a prolação da pronúncia pelo juiz substituto, ficando suspensa a audiência de ratificação da pronúncia fora das cidades de Lisboa e do Porto. Na fase de julgamento devia formar-se um júri especial, constituído por três militares e três civis, que teria competência para decidir em definitivo sobre a matéria de facto, invocando a comissão "que o Jury, tanto de pronuncia, como de sentença, nas Provincias do Reino, têem conduzido muito para a impunidade dos criminosos, porque os Jurados são pela maior parte Lavradores tímidos, e faceis de se atterrarem com as ameaças dos culpados, e dos seus protectores. Por tanto a Comissão não hesitou em votar a suspensão do Jury de pronuncia, e a modificação do de sentença".[539]

A reacção do Congresso dos deputados foi virulenta, considerando mesmo o deputado Freitas que era "indecoroso ao Congresso depois de ter votado um Codigo liberal ao Paiz, apresentasse uma lei excepcional que forçosamente daria lugar a abusos",[540] ao que o relator da comissão, o deputado Macário de Castro, respondeu, reconhecendo que esta era "uma lei de suspensão de garantias para certos crimes".[541]

A comissão propunha também que a sentença condenatória proferida nestes processos fosse obrigatoriamente sujeita à apreciação do Tribunal da Rela-

---

[537] O projecto previa que a lei não tivesse efeito além das Cortes ordinárias de 1839, sem que por elas fosse prorrogada (Diário do Governo, 1837, pp. 1300 e 1301).

[538] Nas palavras do ministro da justiça, que fez a defesa da proposta da comissão (Diário do Governo, 1837, p. 1447).

[539] Diário do Governo, 1837, p. 1301.

[540] Diário do Governo, 1837, p. 1446.

[541] Diário do Governo, 1837, p. 1451.

ção, com remessa oficiosa dos autos pelo juiz recorrido, tendo o tribunal de recurso poderes para modificar o julgado e devendo ainda a sentença de pena capital confirmada na Relação ser levada ao conhecimento da rainha.

As Cortes só em parte seguiram a proposta da comissão, criando uma forma de processo especial transitório para certos crimes de maior gravidade, que vigoraria até à sessão ordinária das Cortes de 1839 e teria aplicação restrita ao continente.

A lei nova instituía um segundo juiz letrado em cada comarca, com a excepção de Lisboa e do Porto, para organização dos processos por crimes de um catálogo fixado pela lei, retirando a competência instrutória dos mesmos aos juízes ordinários no círculo fora da cabeça da comarca, mas mantendo a competência instrutória do juiz de direito titular no círculo da cabeça de comarca.[542] A duplicação dos magistrados judiciais nas comarcas, que correspondia afinal a uma duplicação do número de comarcas, constituía a resposta do legislador à crítica dos seus contemporâneos, que estabeleciam uma relação directa entre a exiguidade do número de comarcas e a situação de anarquia e impunidade generalizadas em que se vivia.[543]

A fase preparatória da nova forma de processo especial caracterizava-se pela suspensão da ratificação da pronúncia, com excepção das cidades de Lisboa e Porto, tendo as Cortes, contudo, admitido a interposição do recurso de agravo do despacho de pronúncia para a Relação fundado quer na falta de criminalidade do facto quer na insuficiência das provas. No tocante à constituição de um júri especial para julgamento, as Cortes aprovaram a proposta da comissão,[544] mas rejeitaram o modo de composição mista do júri, tendo feito vencimento a proposta do deputado Freitas de constituição de um júri exclusivamente civil e "tirado da propriedade", pois eram os proprietários que tinham "maior rectidão, pelo seu proprio interesse".[545] Assim, a pauta especial de jurados era constituída pelos vinte e quadro cidadãos mais colectados na décima e em impostos gerais directos, sendo o júri de sentença constituído por apenas seis membros tirados à sorte daquela pauta especial.

---

[542] O congresso votou expressamente um quesito sobre a manutenção desta competência instrutória do juiz de direito titular, dada a divergência de opiniões sobre o assunto (Diário do Governo, 1837, p. 1447).

[543] Afonso Costa, 1899: 237 e 239.

[544] Fez vencimento esta tese da comissão contra a proposta do próprio deputado relator da comissão, Macário de Castro, de formação de conselhos de guerra e a do deputado António Bernardo Costa Cabral de abolição dos jurados e atribuição exclusiva da competência aos juízes de direito nos processos referentes a estes crimes mais graves (Diário do Governo, 1837, pp. 1451 e 1452).

[545] Diário do Governo, 1838, p. 16.

224   *A Reforma da Justiça Criminal em Portugal e na Europa*

Com a suspensão do júri da pronúncia e a correspondente solenização do despacho judicial que finalizava a instrução, nos termos propostos pela comissão, por um lado, e, por outro, a manutenção da competência instrutória do juiz de direito titular da comarca no seu círculo e a atribuição de competência judicativa própria ao juiz substituto no respectivo círculo, ao invés do proposto pela comissão, era profundamente agravado o défice de realização do princípio da acusação nos processos relativos à criminalidade especialmente perigosa.

À parte as medidas extraordinárias do indeferimento tácito do agraciamento do réu condenado em pena de morte decorrido o prazo de sessenta dias após a remessa oficiosa da sentença transitada ao poder executivo e da admissibilidade das buscas domiciliárias diurnas emitidas por "uma ordem geral e sem referencia a casa certa" (artigo 10), a legislação da "segurança pública",[546] emanada das Cortes constituintes nas vésperas da aprovação da nova Constituição, iria marcar definitivamente o direito processual da monarquia constitucional, por força da directa repercussão que teria na terceira grande reforma judiciária que se anunciava.

2. A Constituição setembrista

As Cortes Gerais Extraordinárias e Constituintes concluíram em 20 de Março de 1838 a nova Constituição, que foi jurada por D. Maria II e D. Fernando II em 4 de Abril de 1838. [547] A Constituição consagrava um título, o sexto, ao Poder Judiciário, tendo os artigos que constituíam este título sido discutidos em apenas dois dias, nas sessões de 16 e 17 de Novembro de 1837.[548]

---

[546] A doutrina criticou severamente esta legislação. Basílio Sousa Pinto (1845: 142) considerava que ela continha "restos das idêas antigas", segundo as quais os crimes mais gravosos deviam ser julgados mais rapidamente, razão pela qual concluía que "não podemos porém admitir taes excepções, por que mais vale, que a Sociedade sôfra alguma coisa pela exacta observancia das formulas do processo, do que estabelecer excepções, que só servem para descredito da Legislação, e para acarretar muito maiores males". Mais tarde, também Dias da Silva (1906: 353) se referiu em termos semelhantes a esta lei.

[547] Os acontecimentos políticos em Portugal foram muito condicionados pelos sucessos do partido liberal na vizinha Espanha. Depois de ter sido anulada pela segunda vez a 1.10.1823, a Constituição de Cadiz conheceu um novo período de vigência transitória entre 13.8.1836, data em que foi ordenada a convocação de Cortes constituintes, e 18.6.1837, data em que foi promulgada a nova Constituição. O carácter compromissório desta nova Constituição espanhola influenciou os constituintes portugueses. Sobre a divisão entre os "ordeiros" e os "setembristas" na constituinte portuguesa de 1837-38 e as características das correntes de pensamento político e social destas duas facções, Júlio Rodrigues da Silva, 1992: 77 a 119.

[548] Diário do Governo, 1837, pp. 1283, 1284 e 1288. Os únicos temas que verdadeiramente mereceram uma discussão detida dos deputados foram o da perpetuidade dos juízes de

A Jurisdição Penal Comum 225

Tal como no texto constitucional de 1822, consagrou-se a existência de jurados tanto no cível como no crime, "nos casos e pelo modo que a lei determinar" (artigo 123),[549] mas omitiu-se a fixação de qualquer critério constitucional para a delimitação de competência entre o jurado e o juiz de direito. Fixou-se também, como na Constituição vintista e ao contrário da Carta, a obrigatoriedade do conhecimento por jurados dos abusos de liberdade de imprensa.

A Constituição previa ainda a faculdade de as partes nomearem juízes árbitros nas "causas cíveis, e nas criminais civilmente intentadas" (artigo 123 § 3) e a regra da obrigatoriedade da intervenção de um juiz de paz, electivo, com função conciliatória, mas já admitia a possibilidade de a lei criar excepções a esta regra.

A constituição setembrista foi, contudo, mais longe do que as anteriores no tocante ao reconhecimento das magistraturas populares, pois consagrou duas magistraturas com eleição popular, tendo-se os constituintes inspirado nas disposições da Nova Reforma Judiciária.[550] Assim, deu-se assento constitucional, ao lado dos juízes de paz, aos juízes ordinários, que também seriam eleitos pelo povo (artigo 123 § 2), tendo, aliás, esta sido a única questão que suscitou a votação nominal dos deputados. A proposta de manutenção dos juízes ordinários foi aprovada, com apenas um voto contra.[551] Os constituintes não fixaram, no entanto, qualquer critério constitucional para a delimitação da competência dos juízes ordinários.

Por fim, fez-se expressa menção à existência de Relações para "julgar as causas em segunda e última instância" (artigo 125) e a um Supremo Tribunal, "para conceder, ou negar revistas, e exercer as mais atribuições marcadas nas leis" (artigo 126), suprimindo-se a anterior previsão constitucional da competência especial para conhecer dos crimes cometidos por magistrados judiciais.

---

direito e o da sua inamovibilidade. O projecto de nova Constituição elaborado pela comissão parlamentar encarregada dessa tarefa encontra-se publicado por Lopes Praça, 1894: 251 a 272. Não se publicaram no Diário da Câmara dos Senhores Deputados muitas das sessões da assembleia, encontrando-se apenas publicadas as sessões entre 13 de Março e 19 de Maio de 1837 e entre 27 de Setembro a 14 de Outubro de 1837. A razão de ser desta omissão encontra-se na deliberação dos deputados no sentido de manter secretas algumas sessões (Júlio Rodrigues da Silva, 1992: 12). Deste modo, o conhecimento do debate constitucional e, designadamente, do debate atinente ao título sexto da Constituição, só pode ser alcançado através das resenhas das sessões das Cortes que constam da "Parte não Official" do Diário do Governo da altura.

[549] Apenas um deputado, Pereira Brandão, manifestou reservas à manutenção dos jurados, mas tão-somente "em alguns casos cíveis" (Diário do Governo, 1837, p.1283).

[550] Afonso Costa, 1899: 236 e 237, e Marnoco e Souza, 1910 a: 776. Afonso Costa chamou também a atenção para a manutenção dos juízes ordinários, apesar da oposição com que já deparavam, bem como para a omissão relativamente aos juízes eleitos.

[551] Diário do Governo, 1837, p.1283.

226 *A Reforma da Justiça Criminal em Portugal e na Europa*

Por sua vez, a Câmara dos Senadores mantinha ainda a competência prevista na Carta para a Câmara dos Pares.

No tocante à estrutura do processo penal, a Constituição regressava ao princípio programático da publicidade, mas desta feita prevendo-o genericamente para as audiências de todos os tribunais, com excepção dos casos declarados na lei, sem a especificação do momento a partir do qual as audiências seriam públicas.[552]

A dimensão muito reduzida do título sexto do novo texto constitucional, à imagem da do título décimo da Constituição espanhola de 1837, tinha, tal como esta, subjacente a experiência dos constituintes do fracasso das primeiras Constituições da península. Assim, o legislador setembrista omitiu pronunciar-se sobre as opções fundamentais da constituinte vintista, reconhecendo uma muito ampla liberdade de conformação ao legislador ordinário, com a excepção de duas opções fundamentais, que quer pela sua natureza ideológica e simbólica para os revolucionários, quer pela sua importância prática se fizeram consignar no curto título sexto da nova constituição: a consagração de duas magistraturas populares de primeira instância, além da dos jurados, e a abolição do privilégio do foro dos magistrados judiciais. Além destas duas novidades, subsistiu intocado o princípio do triplo grau de jurisdição, com a mesma formulação muito restrita do princípio da Carta.

O estatuto constitucional da magistratura judicial era, também ele, muito sucinto, com duas diferenças substanciais em relação às disposições da Carta: a suspensão de juízes já não dependia de quaisquer solenidades, o que tornava dispensável o exame previsto no artigo 386 da terceira parte da Nova Reforma, e o prazo do triénio para a transferência de juízes de direito de primeira instância, previsto na primeira Constituição do país, foi reposto. A garantia da perpetuidade dos juízes de direito resultava apenas implicitamente desta regulamentação.

Após a votação da nova Constituição, o governo pediu às Cortes autorização para reformular a organização judiciária, bem como para proceder à reforma do processo civil e criminal.

A administração da justiça e, sobretudo, da justiça criminal mantinha-se em um estado calamitoso. Os representantes da nação reconheciam-no agora abertamente: "Todos sabem que as nossas leis erão fundadas nos mais luminosos principios da razão, da moral, e da justiça... no entanto os rezultados forão

---

[552] O aditamento foi introduzido já no final da discussão sobre este título, por proposta dos deputados Moniz e Pisarro (Diário do Governo, 1837, p. 1288). Apesar do seu teor mais vago, Lopes Praça (1879: 353) manifestava a sua preferência por esta redacção em face das anteriores da Constituição de 1822 e da Carta.

A Jurisdição Penal Comum

inteiramente contrarios ás esperanças dos autores dessas mesmas reformas, porque se seguirão funestas consequencias, que pozerão no mais completa confuzão todos os ramos da Administração publica, de maneira que a segurança do Cidadão pacifico não encontrou abrigo em parte alguma, a Justiça ficou indeciza á vista da multiplicidade de leis contradictorias e ambiguas, o crime ficou impune e desenfriado, porque os seus Autores contárão com a decizão favorável dos jurados".[553]

As Cortes acederam ao pedido do governo, mas tomaram também duas outras decisões muito relevantes, que teriam consequências duradouras na configuração do processo penal. Por um lado, alargaram o âmbito das disposições extraordinárias do diploma da "segurança pública" e, por outro, procederam a alterações significativas do regime dos crimes de imprensa e da respectiva forma de processo.

Assim, a Lei de 17.7.1839 prorrogou a vigência das Leis de 17.3.1838 e de 10.4.1838 até ao fim da sessão ordinária de Cortes de 1840 e a Lei de 26.9.1840 prorrogou aquela vigência de novo até ao fim da sessão ordinária das Cortes de 1842,[554] introduzindo, no entanto, alterações importantes às leis anteriores.

A lei de 1840 alargou o catálogo de crimes abrangidos e determinou nos processos relativos a estes crimes a suspensão do júri da pronúncia em todo o território continental, incluindo as cidades de Lisboa e do Porto, antes excluídas, e também a suspensão do júri do julgamento no território continental, mas com a excepção das cidades de Lisboa e do Porto.[555] O juiz de direito, fosse ele o titular ou o substituto, julgaria de facto e de direito, com registo da prova produzida na audiência de julgamento e recurso para a Relação. Deste modo, Costa Cabral impunha a tese que dois anos antes não tinha conseguido fazer vingar na discussão do projecto de segurança pública.

A nova lei tornava uma regra uniformemente aplicável em todo o território continental a substituição da ratificação da pronúncia por um júri pela sindicância da criminalidade do facto e da suficiência das provas pelo Tribunal da Relação, em agravo interposto da pronúncia pelas partes nos processos por crimes do catálogo legal.

---

[553] Albano Pinto, 1840: 3.

[554] A Lei de 9.10.1841 revogou as Leis de 17.3 e 10.4 de 1838, de 17.7.1839 e de 26.9.1840, que vigoraram até ao final da sessão ordinária de 1842. Não seria esta, contudo, a última vez em que o legislador recorreria à medida excepcional da suspensão do júri de julgamento para conter um aumento da criminalidade comum.

[555] Nas comarcas de Lisboa e do Porto mantinha-se o júri de julgamento, mas fazia-se acrescer um novo requisito relativo à capacidade financeira dos cidadãos que podiam ser jurados, isto é, o de pagarem 10.000 réis de décima e impostos anexos.

Da abolição do júri de julgamento resultava a violação frontal do princípio da acusação, concentrando-se no juiz de direito titular a investigação e o julgamento dos crimes cometidos na cabeça da comarca e no juiz de direito substituto a investigação e o julgamento dos crimes cometidos no resto da comarca. A maior fragilidade da situação processual do réu era, contudo, compensada com a introdução do registo da prova e a impugnação da decisão sobre a matéria de facto na Relação.[556]

A nova Lei de 26.9.1840 consumava deste modo o processo de afastamento do princípio da acusação iniciado com a Lei de 17.3.1838. A terceira grande reforma judiciária, que teria lugar no ano seguinte, não iria tão longe quanto a Lei de 1840 no tocante ao júri de julgamento, mas consagraria a solução da legislação processual de emergência relativa ao júri da pronúncia.

No entanto, o júri da pronúncia sofreria ainda um outro revés. As alterações ao processo especial para julgamento dos crimes cometidos através da imprensa foram aprovadas pela Lei de 19.10.1840.[557] Este novo diploma, por um lado, introduziu um requisito adicional para a elegibilidade dos jurados, consistente no pagamento de décima ou outros impostos sobre rendimentos próprios de 20.000 réis em Lisboa e no Porto e de 15.000 réis no resto do país ou, no caso de possuidores de certos títulos académicos, de um quarto destas quantias, e, por outro, extinguiu o júri da pronúncia, cabendo agravo do despacho de indiciação ou de não indiciação.

O júri de julgamento, que mantinha a competência para decidir da culpa e da pena, tinha uma composição mais ampla do que a do júri de julgamento da nova lei geral, sendo composto por doze jurados independentemente da dimensão do julgado. Apesar da composição reforçada do júri de julgamento em face da jurisdição comum, o encurtamento dos prazos para a apresentação do libelo e para o julgamento alteravam a natureza desta forma especial de processo, aproximando-a mais das formas sumárias do que da forma ordinária.[558]

---

[556] A Relação conhecia da matéria de facto, tendo o Ministério Público a obrigação imposta hierarquicamente pela deliberação do conselho dos procuradores régios de 1.11.1840 de interpor recurso nestes processos (Castro Neto, 1841: 14 e 15).

[557] Não obstante o seu teor menos liberal, a Lei de imprensa de Outubro de 1840 viria a vigorar dez anos, sendo revogada pela Lei, ainda mais repressiva, de 3.8.1850, conhecida como a "lei das rolhas", por ter contrariado frontalmente o § 3 do artigo 145 da Carta (Augusto Maria de Castro e António Ferreira Augusto, 1895: 364, António Ferreira Augusto, 1905 a: 183, e Augusto Silva Pereira, 1901: 19 e 20). O Decreto de 22.5.1851 viria a repôr em vigor a legislação de 1840.

[558] Com este diploma e um outro, a Lei de 14.9.1840, que criou um tipo penal novo de publicação de periódico não autorizado, se inicia, no dizer de Bento Carqueija (1893: 36), uma fase de forte repressão da liberdade de imprensa, consagrando a lei de Setembro providências que

A Jurisdição Penal Comum 229

Entretanto, dois projectos surgiram com a pretensão de proceder à revisão da Nova Reforma Judiciária, tendo um sido apresentado publicamente e o outro não.

O deputado às Cortes Joaquim Celestino Albano Pinto preparou e tornou público em Junho de 1840 um "Projecto de lei supplementar ou addicional à Reforma Judiciaria, segundo o qual ficará o paiz mais bem organizado, do que se acha prezentemente, e a justiça será administrada aos povos com mais brevidade".

O projecto procedia a uma vasta reforma da organização dos tribunais e magistrados com competência civil e criminal, bem como a uma importante revisão do processo penal.

Para conhecimento das causas crimes que não requeressem a aplicação de fiança e daquelas em que ela fosse admissível, fixava-se a regra da competência do juiz de direito, que deveria observar a forma de processo ordinário, com excepção das disposições aplicáveis ao júri. O conhecimento dos outros crimes que não admitiam a prestação de fiança pertencia ao júri na forma prescrita na lei vigente e, designadamente, com a ratificação da pronúncia, ou ao Tribunal da Relação, que decidia em primeira instância dos crimes que não admitissem ratificação de pronúncia. Nestes processos procedia-se à remessa dos delinquentes com o sumário da culpa para a Relação, onde eles eram sentenciados "na forma da Legislação antiga".[559]

O projecto tinha o propósito de diminuir a intervenção do júri e de restringir o acesso ao exercício do próprio cargo de jurado e das magistraturas letradas e populares, fixando novos requisitos relativos à "limpeza de mãos" e à capacidade financeira dos titulares destes cargos.[560]

Os juízes ordinários tinham competência para preparar os crimes julgados apenas pelo juiz de direito até que os autos se encontrassem prontos para serem sentenciados e os crimes julgados com intervenção do júri até que estivesse ulti-

---

tinham um "carácter puramente anormal", instituindo como regime ordinário o que antes da revolução era regime extraordinário, e a lei de Outubro acentuando "por uma forma bem odiosa" a orientação da lei anterior, por via quer de um encurtamento tão significativo dos prazos que transformava este processo em um "verdadeiro processo summario" quer de uma alteração dos requisitos de elegibilidade dos jurados que viciava a instituição do júri.

[559] Albano Pinto, 1840: 48. Os crimes que não admitiam ratificação de pronúncia constavam de um elenco fixado no artigo 16 do título IX do projecto e incluíam os crimes de alta traição, falsificação de selos, moedas e notas, morte, roubo e furto qualificado, assuada com ferimento, resistência à justiça com ferimento e fogo posto "com dolo mau" em edifícios habitados.

[560] Albano Pinto, 1840: 18 (requisitos dos juízes de direito), 22 (os dos juízes ordinários), 33 (os dos juízes eleitos) e 48 (os dos jurados).

mada a ratificação da pronúncia, bem como para julgar os crimes puníveis com pena até seis dias de prisão ou 6.000 réis de multa.

Os juízes eleitos, cuja alçada era ligeiramente diminuída, mantinham a sua anterior competência transgressional, mas davam recurso para os juízes de direito.

Destarte, eram extintos os juízos e magistrados correccionais e os juízes de direito substitutos. Contudo, a forma de processo correccional mantinha-se para julgamento dos crimes puníveis com pena até seis dias de prisão ou 6.000 réis de multa.

No tocante aos tribunais de recurso, o projecto introduzia duas alterações ao direito vigente muito relevantes. A primeira dizia respeito ao regime de conhecimento das nulidades, que era objecto de uma remissão directa para os termos prescritos no título 5 do Livro I e nos títulos 63 e 75 do Livro III das Ordenações, e a segunda à competência do Supremo Tribunal de Justiça para conhecer em definitivo das revistas interpostas, "salvo se fôr necessario instaurar novamente o processo, ou parte do mesmo, em razão d' alguma nullidade insanavel, que não possa ser supprida".[561]

O projecto distinguia três formas de processo ordinário e uma correccional,[562] fixando como critério de distinção daquelas a admissibilidade da prestação de fiança e a natureza do crime. Nos crimes em que não era legalmente requerida a prestação de fiança e nos crimes em que ela era admissível vedava-se a ratificação da pronúncia, estabelecendo-se a recorribilidade do despacho de pronúncia com fundamento na não qualificação dos factos como crime. Nestes processos impunha-se expressamente a presença do réu e a sua assistência por curador na audiência, quando ele fosse menor, e não se admitia a leitura dos depoimentos das testemunhas faltosas prestados na fase preparatória, registando-se o depoimento das testemunhas presentes na audiência.[563]

Nos crimes em que não era admissível a prestação de fiança, os autos eram processados pela forma de processo prevista na terceira parte da Nova Reforma, quando fossem julgados pelo tribunal de júri em primeira instância, ou pela forma prevista no direito antigo, quando fossem julgados pela Relação em primeira instância.

---

[561] Albano Pinto, 1840: 52.

[562] A forma de processo correccional consistia apenas na admissão de um requerimento do ofendido e na produção da prova em audiência contraditória.

[563] A proibição de leitura e o registo dos depoimentos resultavam da conjugação do disposto no artigo 1, §§ 11 a 14, do título V com o disposto no artigo 8, §§ 2 e 3 do título I, bem como do próprio modo de processamento dos autos preparados pelo juiz ordinário até à sentença e sentenciados pelo juiz de direito.

A Jurisdição Penal Comum   231

Deste modo, nos processos em que não era legalmente requerida ou era admissível a prestação de fiança, que tivessem sido preparados pelos juízes ordinários, o princípio da acusação era respeitado, mas com o custo altíssimo de o juiz de direito não conhecer senão a prova registada nos autos quando fosse sentenciar. Nos processos desta natureza, que tivessem sido preparados pelo juiz de direito, ao invés, o princípio da imediação era inteiramente respeitado, mas com prejuízo para o princípio da acusação, pois o juiz de direito dava também a pronúncia.

Nos processos em que não era admissível a prestação de fiança julgados em primeira instância com a intervenção do tribunal de júri, a concretização dos princípios da acusação e da imediação sofria dos défices que caracterizavam as regras do direito vigente quando os autos eram preparados pelo juiz de direito, mas realizavam com perfeição o princípio da acusação quando os autos eram preparados pelo juiz ordinário. A conformação mais deficitária era, contudo, a do processo para julgamento dos crimes mais graves, sentenciados na Relação em primeira instância, em que ressurgia a forma de processo do direito antigo. A consagração do Supremo Tribunal de Justiça como um tribunal de revista com poderes para conhecer definitivamente das causas atenuava aquela conformação deficitária, uma vez que se introduzia um recurso ordinário do julgado da Relação desconhecido do direito antigo. Por sua vez, o novo regime de nulidades restringia muito consideravelmente o amplo poder dos tribunais superiores de anulação dos autos reconhecido pela solução intermédia da Nova Reforma, contribuindo para a realização do propósito de celeridade processual, mas simultaneamente diminuindo as possibilidades de defesa do réu na impugnação da decisão de mérito.

A proposta de Albano Pinto, que ansiava por repor o direito e a tranquilidade "como acontecia no tempo em que Portugal era verdadeiramente Portugal",[564] constituía uma tentativa de conciliação do modelo judiciário vigente no final do Antigo Regime com os ideais da Reforma Judiciária, a que as Cortes, no entanto, não foram sensíveis.

3. O Projecto de Código do Processo Criminal de José Homem Corrêa Telles (1840)

O outro projecto que tinha o propósito de proceder à revisão de uma parte substancial da Nova Reforma foi elaborado por José Homem Corrêa Telles. Este

---

[564] Albano Pinto, 1840: 57.

autor redigiu um "Projecto de Codigo de Processo Criminal", que não chegou a ser dado à estampa.

O manuscrito da biblioteca da Ordem dos Advogados, que não se mostra datado nem assinado, foi finalizado entre os dias 26.9.1840 e 28.11.1840. Na motivação do projecto, o autor menciona profusamente as fontes legislativas, jurisprudenciais e doutrinárias do texto proposto, tendo sempre como referência a Nova Reforma Judiciária, o que permite concluir, sem margem para dúvida, que a finalização do texto é anterior à data da publicação da lei que fixou as bases da reorganização judiciária e autorizou o governo a publicar uma nova reforma judiciária, isto é, a 28.11.1840. Por outro lado, na nota ao § 27 faz-se menção à Lei de 26.9.1840, sendo esta a lei citada pelo autor com a data mais recente, o que conduz à conclusão de que o autor terá pelo menos finalizado a obra nesta data ou em data posterior a ela. Compreende-se, assim, que o autor não tenha visto interesse em dar à estampa o seu projecto, em face da publicação de uma nova lei geral da organização judiciária e do processo penal pouco tempo depois da conclusão da sua obra.

A atribuição da autoria do projecto aqui propugnada resulta da análise do conteúdo dogmático do manuscrito e, sobretudo, da sua comparação com as posições doutrinárias assumidas por Corrêa Telles no "Manual de processo civil, Suplemento do Digesto Português". Em muitos lugares, mas muito particularmente no tocante à crítica de alguns vícios da Nova Reforma, como o da composição do tribunal correccional, e à proposta de reforma legislativa relativa à definição legal dos indícios suficientes e ao elenco dos crimes correccionais, verifica-se uma reprodução no "Manual" de opiniões expendidas pelo autor no projecto.

O projecto continha vinte e três títulos, os dois primeiros sobre a organização dos magistrados judiciais e do acusador público, os dezasseis seguintes sobre a regulamentação do processo ordinário e os restantes sobre a regulamentação das formas de processo especiais, prevendo a forma de processo para julgamento dos crimes cometidos por magistrados no exercício das suas funções e fora delas, a forma de processo contra ausentes, a forma de processo de polícia correccional e a forma de processo para julgamento de coimas e transgressões de posturas, em um total de 525 parágrafos.

O propósito fundamental do autor era, não apenas o de reunir em um diploma toda a legislação sobre a organização judiciária e o processo penal, mas também o de colmatar omissões do direito vigente e corrigir vícios e deficiências que a prática já tinha revelado. O autor teve também em consideração, além do "Ensaio" de Mello Freire, a lição dos códigos das nações civilizadas, neles incluindo o da Prússia de 1794, o do império austríaco de 1803, o de França de 1808, o das duas Sicílias de 1819 e o do Brasil de 1830.

A Jurisdição Penal Comum

O projecto previa a manutenção do foro privilegiado dos militares nas causas cíveis, com as excepções do foro dos estrangeiros, tendo as conservatórias apenas competência criminal de primeira instância, e do foro dos clérigos nos crimes de heresia, sigilismo, solicitação na confissão, sacrilégio, concubinato escandaloso, simonia e outros. Contudo, neste último caso o foro privilegiado já só se mantinha para imposição de penas espirituais, pois "quando as leis civis imponhão penas áquelles crimes o Governo deve commeter o negocio ao Poder judiciario".[565]

O autor mantinha o benefício da imunidade resultante do direito de asilo em igreja e no seu adro como limite à jurisdição civil, embora com excepções, porquanto a ordenação não teria sido revogada pela Reforma "e merecendo tanta atenção a caza particular de qualquer cidadão, incoherencia fora perder todo o respeito á Caza de Deos".[566]

O projecto atribuía competência criminal aos juízes de direito, que julgavam com os jurados ou sem eles, e aos juízes ordinários, fixando os valores da alçada destes e daqueles de acordo com os critérios já estabelecidos pelo diploma de 1833. Aos juízes eleitos retirava-se toda a competência criminal, concedendo-se-lhes apenas competência transgressional, com alçada igual à fixada pelo artigo 65 da segunda parte da Nova Reforma. Esta opção era justificada pelo autor com o entendimento de que este último preceito teria tacitamente revogado o artigo 17 do Decreto de 12.12.1833.

A estrutura do processo era a da Nova Reforma,[567] mas introduziam-se duas importantes novidades na regulamentação do processo preparatório: o modo de resolução do conflito entre o juiz e o agente do Ministério Público quando aquele, findo o corpo de delito, entendesse que devia ser dada querela e este entendesse o contrário e a especificação dos indícios suficientes para a prolação da pronúncia.

No que toca ao conflito entre o juiz e o agente do Ministério Público, o projecto previa que este magistrado justificasse a sua inércia nos autos e desse a conhecer as suas razões ao juiz. Entendendo o juiz ainda assim que o Ministério Público devia querelar, o agente do Ministério Público podia agravar de petição para o Tribunal da Relação, mas devia executar entretanto a ordem do juiz.

A avaliação dos indícios para a pronúncia, que o § 12, do título 117 do Livro V das Ordenações e o legislador liberal tinham deixado ao arbítrio do julga-

---

[565] Corrêa Telles, 1840: 5 verso.

[566] Corrêa Telles, 1840: 31 verso.

[567] No entanto, o projecto previa várias inovações importantes no tocante a medidas de coacção, ao regime das nulidades, à defesa do réu menor na audiência de julgamento, à suspensão da audiência e à condenação em custas, além das referidas no texto.

234 *A Reforma da Justiça Criminal em Portugal e na Europa*

dor, era objecto de uma regulamentação, em que se concretizavam alguns critérios para apuramento de "indícios directos" e de "indícios legais" do cometimento dos crimes (§§ 120 e 121), recorrendo para o efeito à doutrina das disposições do *Strafgesetzbuch* austríaco sobre esta questão.[568] O autor reconhecia, contudo, que "sendo tantas e tão variaveis as circunstancias, q' podem acompanhar o crime, q' é impossivel poderem ser marcadas na lei; é deixado á prudencia do juiz o dar aos indicios a consideração q' merecerem" (§ 124), o que afastava a associação desta teoria dos indícios ao antigo sistema da prova tarifada, conferindo-lhes antes o valor de indícios resultantes da experiência comum.[569]

O agravo de injusta pronúncia era admitido quando o réu entendesse que o facto não era ilícito e sempre que uma norma especial vedasse a ratificação da pronúncia. Contudo, o autor propunha que o juiz pudesse logo em face da petição de querela decidir quando fosse o caso de a julgar improcedente, admitindo este despacho apelação, de modo a evitar a continuação do processo até à prolação de despacho de não pronúncia. Propunha também que, não comparecendo a parte querelante na audiência de ratificação em caso de crime particular devia presumir-se desamparada a querela, com base em um argumento retirado do artigo 347 da terceira parte da Nova Reforma. No mesmo sentido se deveria presumir se o querelante não desse o libelo, o que o autor retirava da doutrina do § 15 do Título 124 do Livro V das Ordenações.

O reforço da defesa do réu era patente na previsão de que, após a ratificação da pronúncia, os réus soltos e afiançados deveriam ser citados para irem receber cópia do libelo que fosse deduzido pelo delegado ou pelo quere-

---

[568] As disposições dos artigos 120 a 123 do projecto são transcritas, com pequenas alterações, dos artigos 262, 263, 269 e 274 da primeira parte do código austríaco de 1803.

[569] Corrêa Telles, 1840: 23, e Joseph Kitka, 1841: 292 a 304, 414 a 419. Ao invés, na doutrina francesa contemporânea do autor, defendia-se entusiasticamente o poder discricionário e não adstrito a quaisquer regras dos jurados na valoração da prova. Benjamin Constant (1836: 94) afirmava categoricamente que o espírito da instituição do júri era o de que "o júri não seja constrangido a pronunciar um cálculo numérico, mas segundo a impressão que o todo dos documentos, testemunhos ou indícios terá produzido nele. Ora, as luzes do bom senso são suficientes para que um jurado saiba e possa declarar se, depois de ter ouvido as testemunhas, lido os documentos, comparado os indícios, está convencido ou não". No mesmo sentido de Corrêa Telles, de conciliação de um código novo com uma teoria dos indícios, pronunciaram-se vários autores, não só franceses (Charles-Frédéric Schenck, 1813: 131 a 164), como alemães (Carl Mittermaier, 1845: 631, e 1846: 442 e 443, e Christoph Martin, 1857: 298) e mesmo portugueses (Duarte Nazareth, 1853: 108). Só mais tarde se tornou um axioma nas doutrinas do continente europeu a máxima de Karl Binding (1915 a: 74), segundo a qual "nenhum processo do mundo pode prescindir inteiramente de uma teoria da prova".

lante[570] e na regulamentação da excepção da suspeição do juiz, cuja dedução não ficava prejudicada pela prévia petição de fiança, e da excepção declinatória do foro, que podia ser deduzida depois da suspeição.

Em matéria de recursos, consagrava-se a interposição obrigatória do recurso nos casos previstos no artigo 334 da terceira parte da Reforma Judiciária pelo agente do Ministério Público e mesmo pelo juiz, bem como o efeito meramente devolutivo e não suspensivo do agravo de instrumento e ainda a faculdade da parte prejudicada agravar do despacho de reparação de agravo, que era praxe reconhecida no foro.

O projecto previa também a apresentação de embargos à execução, neles incluindo, além dos previstos no direito vigente, o embargo de mulher grávida a sentença de condenação em pena de morte e o embargo fundado na existência do reputado morto.

A mais significativa inovação no âmbito dos recursos era, contudo, a previsão da ineficácia da excepção do caso julgado "se o novo accusador póder provar q' o réu se livrou por falsa prova, ou por coloio com o primeiro accusador" (§ 442), apontando o autor como fundamento, além de outros, a doutrina do Título 130 do livro V das Ordenações.

No tocante às formas de processo especiais, consagravam-se as soluções do direito vigente, mantendo inclusivamente as regras do processo especial para julgamento dos crimes graves previstos na Lei de 17.3.1838, embora não tratando esta forma de processo especial como tal, mas antes entre as disposições do processo comum.

As novidades no âmbito das formas de processo especiais consistiam na introdução de uma forma de processo para julgamento de réus ausentes e no aperfeiçoamento da forma de processo de polícia correccional.

Com base no entendimento de que a lei vigente continha uma lacuna grave, o autor do projecto gizou uma forma de processo para julgamento de réus ausentes muito distinta da prevista no Título 126 do Livro V das Ordenações. O âmbito deste processo restringia-se aos crimes puníveis com pena de morte na-

---

[570] "Desta notificação não faz menção a Reforma Judiciaria. Ref. 3. P. art. 239 § 3.1. Mas quem quer os fins quer os meios" (Corrêa Telles, 1840: 51). A fiança era fixada nos termos do artigo 134 da terceira parte da Nova Reforma, no que se refere à sua dispensa, e do artigo 194 da Reforma de 1832, no que toca aos crimes que a não admitiam. O recurso a este expediente resultava da necessidade de colmatar a lacuna deixada pela não referenda do Projecto de Código Penal de José Veiga, o que implicava o esvaziamento da referência feita pelo artigo 69 da Nova Reforma ao Código Penal. Segundo Corrêa Telles, o aplicador devia recorrer para o efeito às penas previstas nos códigos modernos e não às fixadas nas Ordenações, cujas penas estavam em desuso. O fundamento da aplicação do direito estrangeiro era ó § 9 da Lei de 18.8.1769 (Corrêa Telles, 1840: 34).

236   *A Reforma da Justiça Criminal em Portugal e na Europa*

tural ou civil cometidos por réu que se ausentasse ou se acolhesse a casa de algum poderoso. Em relação aos restantes crimes, o réu ausente só poderia ser processado por perdas e danos, aplicando-se então as regras do processo civil.

O projecto previa a notificação edital do réu ausente para vir à audiência de ratificação da pronúncia, procedendo-se a esta sem o réu presente e nomeando-se-lhe um curador. A função do curador era a de "fiscalisar a observancia das formas legaes" e "notar as contradições da accusação, e arguir os defeitos das testemunhas da culpa, ou da accusação, ou o suborno q' lhes tenha sido feito, ou para exigir as perguntas e confrontações tendentes a esclarecer a verdade" (§§ 475 e 477), inspirando-se este regime nos parágrafos §§ 4 e 6 do Título LXI do "Ensaio" de Mello Freire.

A fase de acusação e julgamento do réu ausente, na falta de disposição específica, regular-se-ia pelo disposto na forma de processo comum, julgando também aqui o juiz com os jurados.

Após a interposição de recurso da sentença, que era obrigatório para o juiz, no caso de condenação em pena maior do que a de cinco anos de degredo para África ou para a Ásia ou de três anos de trabalhos públicos, a sentença devia ser de novo publicada por éditos e, só findo o prazo dos éditos, ela era executada quanto a custas e indemnizações.

O réu podia em qualquer momento apresentar-se com vista a ser ouvido e a produzir a prova da defesa. Contudo, se se apresentasse dentro de um ano e viesse a ser absolvido, ele poderia repetir do querelante as indemnizações indevidamente recebidas e, se se apresentasse depois dessa data, já não o poderia fazer, sendo-lhe admitida apenas a prova para a "defeza tendente á pena corporal". Embora o autor do projecto se manifestasse contra a regra das Ordenações que vedava toda a defesa ao réu depois de um ano, não procedia, contudo, a uma total equiparação da posição processual dos réus que surgiam antes e depois de um ano, mantendo uma distinção entre a defesa relativa às sanções penais e a relativa às indemnizações, pois "convem q' haja differença entre o réu q' comparece dentro do anno, e o q' só aparece depois".[571]

Na regulamentação do processo de polícia correccional o projecto caracterizava-se também pelo reforço muito considerável das garantias do reú, elaborando-se um catálogo de crimes de polícia correccional, com vista a pôr cobro ao abuso que desta forma de processo vinha sendo feito,[572] e prevendo-se a en-

---

[571] Corrêa Telles, 1840: 92.

[572] Os §§ 522 e 523 do projecto previam quarenta e oito crimes contidos em variadíssimos diplomas avulsos e dez crimes das Ordenações que competiam aos almotacés conhecer. No "Manual", Corrêa Telles insistiu na necessidade da introdução de um catálogo de crimes que seriam processados correccionalmente, em vez das cláusulas gerais previstas no artigo 1250 da

A Jurisdição Penal Comum

trega de cópia da petição ao réu aquando da sua citação e a faculdade de apresentação da defesa deste por escrito, o que a lei vigente não consignava.

Na audiência de julgamento, as perguntas feitas ao réu e as suas respostas deviam ser escritas, segundo Corrêa Telles. O autor do projecto criticava violentamente a inexistência de registo escrito do depoimento das testemunhas em audiência de julgamento,[573] mas não introduzia no texto do projecto qualquer norma que colmatasse essa lacuna. O autor cingia-se à solução do direito vigente, sugerindo na motivação do projecto que a omissão poderia ser suprida com a elaboração pelo juiz na sentença de "um minucioso relatorio de tudo, e das provas, como se faz em França".[574]

O projecto introduzia também, no processo de polícia, a faculdade de julgar o réu citado que não estivesse presente, tal como previam os artigos 149 e 186 do *Code d' Instruction* francês, bem como a presunção de desistência de queixa do autor faltoso no julgamento dos crimes particulares.[575]

Na forma de processo para julgamento das coimas e das transgressões de posturas consagravam-se as regras do direito vigente e, designadamente, a doutrina da Portaria de 12.8.1839, segundo a qual o agente do Ministério Público não intervinha nestas causas nem na primeira nem na segunda instância.

Não obstante os melhoramentos introduzidos na estrutura do processo, quer na forma comum quer nas formas especiais, o projecto do autor revelava os mesmos défices na realização dos princípios da acusação e da imediação que a

---

Novíssima Reforma, correspondente ao artigo 3 do Decreto de 12.12.1833, que permitiam a extensão abusiva desta forma de processo a "factos e omissões que nunca foram crimes". Aliás, este abuso era facilitado, segundo o mesmo autor (Corrêa Telles, 1849: 269, 285 e 290), quer pela circunstância de o acusador não ter de fazer menção da lei que proibia o facto denunciado, quer pelo facto de o juiz não ter de citar a lei punitiva no texto da sentença, ao invés do que ocorria no processo ordinário. Castro Neto (1845: 206 e 215) retomou esta crítica, chamando ainda a atenção para o risco de se perseguir em processo correccional alguns crimes graves, como por exemplo todos os cometidos por menores de 25 anos, atenta a disposição das Ordenações, Livro V, Título 135. Também Duarte Nazareth (1886: 339 a 341) seguiu a sugestão de Corrêa Telles e procedeu a uma enumeração de vinte casos de penas e multas cuja aplicação deveria ser feita em processo de polícia.

[573] "Não se escrevendo os ditos das testemunhas não tem o réu garantia nenhuma contra um Juiz desafeito, ou ignorante. Como poderá arguilo de dolo, por julgar sem prova ou contra ella,se a prova se não escreve ?" (Corrêa Telles, 1840: 95).

[574] Corrêa Telles, 1840: 97. Embora o § 506 do projecto previsse a elaboração de um auto da audiência de julgamento, em que se mencionasse "tudo o q´ nella se passou á cerca da accusação até a sentença exclusivamente", deste auto não constavam os depoimentos das testemunhas, como resulta da proibição inserida no § 497.

[575] A fundamentação dada para esta inovação era a de que "se nos Crimes em q' cabe Querella, não se procede, se o Querellante não dá prova em vinte dias; muito mais nos crimes menos graves" (Corrêa Telles, 1840: 96).

238   *A Reforma da Justiça Criminal em Portugal e na Europa*

Nova Reforma já tinha mostrado, agravados pelas leis dos crimes atrozes de 1838 e de 1840.

A solução do diferendo entre o juiz e o Ministério Público no fim do corpo de delito mantinha a autonomia da magistratura do Ministério Público, remetendo a decisão do diferendo para o plano dos recursos.

A consagração de uma teoria dos indícios suficientes não resultava de um propósito de fazer renascer um sistema de prova tarifada, mas antes reflectia a preocupação constante do autor de melhoria dos direitos da defesa, por via do controlo dos espaços de discricionariedade judiciária. Contudo, a consagração desta teoria, ainda que com a força legal de uma mera presunção de facto, poderia suscitar algumas dificuldades de harmonização com o princípio fundamental da plena liberdade dos jurados que compunham o júri da ratificação da pronúncia.

A preocupação primordial do autor do projecto de garantia dos direitos da defesa não o impediu, contudo, de ser sensível aos interesses do queixoso que deparava com o caso julgado sustentado em um conluio entre um outro acusador e o réu.

A consagração de uma forma de processo para julgamento de réus ausentes, que podia redundar em um agravamento sério para a realização do princípio da imediação, revelou-se, ao invés, respeitadora deste princípio, facultando com máxima liberalidade, a todo o tempo e diante do tribunal de júri, a produção de toda a defesa do réu e também a repergunta e a impugnação das testemunhas da acusação que tivessem feito prova contra si. O prejuízo para o réu processado à revelia, resultante da imediata execução da sentença quanto a custas e indemnizações, tinha um carácter provisório, dando a esta forma de processo a natureza de um meio de tutela da indemnização devida ao lesado. A "lacuna" da Nova Reforma era, pois, colmatada com um direito mais favorável ao arguido do que o do Título 126 do Livro V das Ordenações.

No processo de polícia correccional a posição processual do réu era substancialmente melhorada com as propostas do autor do projecto, que restringiam o arbítrio judicial e facilitavam a dedução da sua defesa. A omissão da exigência do registo da prova nesta forma de processo, embora vivamente criticada, poderia ser solucionada com a fundamentação do sentença, o que permitiria ao tribunal de recurso a possibilidade de sindicar a decisão sobre a matéria de facto.

Ao invés, na forma de processo para julgamento de coimas e transgressões a consagração da doutrina da portaria governamental de Agosto de 1839 prejudicava seriamente a observância do princípio da acusação na primeira instância, sem que no tribunal de recurso a situação do réu fosse diferente.

Apesar da limitação que o próprio autor a si se colocou de respeito pelas opções fundamentais do direito vigente, a sistematização do direito processual

A Jurisdição Penal Comum

penal e a supressão de lacunas de regulamentação em um tempo de confusão legislativa e instabilidade política eram, só por si, iniciativas de natureza urgente, em que Corrêa Telles se empenhou com uma manifesta preocupação de reforço das garantias de defesa.

4. A Novíssima Reforma Judiciária (1841)

A reforma do direito positivo, almejada pela doutrina e pelos práticos, não tardou. O Decreto das Cortes Gerais de 25.11.1840 [576] procedeu à divisão judiciária do continente e das ilhas adjacentes e introduziu várias providências sobre processo penal e civil, autorizando o governo a rever os Decretos fundamentais de 18.5.1832, 12.12.1833, 29.11.1836 e 13.1.1837, com vista a "fazer nelles as alterações necessarias para a execução das disposições desta lei".

No uso da referida autorização, António Bernardo da Costa Cabral fez publicar o Decreto de 21.5.1841, que aprovava a Novíssima Reforma Judiciária.[577]

A reforma instituía, além dos tribunais superiores, três diferentes espécies de magistrados com competência para julgamento de causas crimes: o juiz de direito, que julgava ou sozinho ou com jurados[578] ou ainda presidindo a um Tribunal de Polícia Correccional, o juiz ordinário e o juiz eleito.[579]

---

[576] Este Decreto foi sancionado pela Carta de Lei régia de 28.11.1840.

[577] A doutrina criticou o novo diploma desde cedo, quer de um ponto de vista substancial, quer sistemático. Corrêa Telles (1849: 3) queixava-se de que a Novíssima "é muito defectiva, é até incommoda", pois, em vez de nela se ter concentrado as leis do processo, "temos um volume de mais a estudar, que nos não dispensa de lêr as Ordenações, as Extravagantes, e os Praxistas antigos, para supprir as lacunas da Novissima Reforma". Duarte Nazareth (1886: XII) salientava a circunstância de os actos do processo preparatório serem regulados pela legislação antiga, salvas algumas modificações. Também Dias da Silva (1903: 758) e, como ele, Chaves e Castro (1910: 26) e Marnoco e Souza (1907: 23) apontavam à Novíssima os "defeitos capitaes" de não conter um "sistema em suas disposições", de a sua redacção não ser correcta e clara, de reproduzir "bastantes restos das utopias do Decreto n. 24 de 16 de maio de 1832" e, sobretudo, de ser um código incompleto, dadas as frequentes remissões para as regras de direito anteriores àquele Decreto. Beleza dos Santos (1920: 21, e 1931: 18) e Eduardo Correia (1956: 63) censuravam à Novíssima a falta de sistematização e de método e a "ausencia de rigor na tecnica jurídica", o estabelecimento de formas processuais longas e complicadas e de outras formas demasiado simples e rápidas, como o processo de polícia. A jurisprudência considerava também as Ordenações como direito subsidiário por força das lacunas da Novíssima (Innocencio Duarte, 1871: 248).

[578] Todo o cidadão morador na comarca, que soubesse ler, escrever e contar e pagasse de décima 6.000 réis em Lisboa e no Porto e 2.400 réis no resto do país, ou, não pagando décima, tivesse de ordenado ou soldo 200.000 réis em Lisboa e no Porto e 100.000 no resto do continente, era jurado, mantendo-se a exclusão dos "membros da administração civil que forem de

240 *A Reforma da Justiça Criminal em Portugal e na Europa*

O Supremo Tribunal da Justiça julgava o recurso de revista e conhecia em primeira e última instância os erros de ofício e os crimes cometidos pelos conselheiros, pelos desembargadores, pelos magistrados do Ministério Público junto destes e pelos membros do corpo diplomático. A Relação conhecia em primeira e última instância os crimes cometidos pelos juízes de direito e pelos delegados e julgava em segunda e última instância as causas cíveis e crimes e as revistas concedidas pelos Supremo Tribunal de Justiça.[580]

O juiz de direito tinha competência em cada comarca para julgar em primeira instância todas as causas crimes não exceptuadas [581] e, designadamente, as dos crimes e erros de ofício cometidos pelos juízes eleitos, de paz, ordinários e subdelegados da sua comarca, bem como as apelações interpostas das sentenças proferidas pelos juízes ordinários e pelos juízes eleitos, que não excedessem a alçada do juiz de direito, fixada ainda no valor de dez mil réis de multa ou um mês de prisão.

O Tribunal de Polícia Correccional, ao invés da lei anterior, tinha sede em cada comarca que não fosse sede de uma Relação, era composto por um juiz de direito e por quatro vogais, eleitos anualmente pelos órgãos camarários de entre os habilitados para vereadores, e tinha competência para julgar as apelações das sentenças dos juízes ordinários em processo de polícia correccional e as apelações em causas de coimas ou transgressões, estas e aquelas quando excedessem a alçada do juiz de direito.[582] Nas comarcas de Lisboa e Porto, atribuía-se aos

---

nomeação do governo, e os seus subalternos" e a extracção por sorteio das pautas semestrais dos jurados.

[579] A Novíssima Reforma instituía ainda um juiz de paz em uma ou mais freguesias, com competência conciliatória e juízes árbitros nas causas cíveis ou crimes civilmente intentadas sobre direitos de que as partes tivessem a livre disponibilidade e com a alçada dos juízes ordinários. Nem a estes magistrados nem àqueles eram conferidos poderes jurisdicionais em causas crimes.

[580] Só nas causas cíveis as Relações tinham alçada.

[581] No início do século XIX o recurso ao asilo era já muito raro no foro (Almeida e Sousa, 1828 b: 227). No entanto, a doutrina ainda discutia sobre a manutenção deste direito. Corrêa Telles (1849: 278) atribuiu o "notável esquecimento" desta excepção à competência dos tribunais comuns à pressa com que a Novíssima tinha sido feita, considerando que a lei antiga não tinha sido revogada pela lei nova. Ao invés, Castro Neto (1845: 185) considerava a imunidade resultante do asilo abolida pelos §§ 12 e 15 do artigo 145 da Carta, entendendo, no entanto, que se um criminoso se acoutasse em uma igreja "a decencia pede que não seja dali tirado sem uma attenção previa para com a Authoridade Ecclesiastica".

[582] A reforma da composição e da competência do Tribunal de Polícia, bem como da competência dos magistrados de polícia de Lisboa e do Porto tinha por base os artigos 5 e 20 da Lei de 28.11.1840, que o Decreto do governo respeitou integralmente. A proposta de estabelecimento do tribunal de polícia em cada comarca, mas apenas com dois vogais, foi criticada pelo deputado Derramado na discussão nas Cortes (Diário do Governo, 1840, p. 1262), que sustentava que

A Jurisdição Penal Comum

magistrados de polícia correccional competência para preparar e julgar, além dos processos de polícia correccional, que já tinham, todos os restantes processos por crimes públicos ou particulares, em que até então lhes cabia apenas conduzir o processo preparatório até à ratificação da pronúncia, tendo aqueles juízes a mesma alçada dos juízes de direito.[583]

O juiz ordinário de cada julgado tinha competência para preparar e julgar os crimes de polícia correccional, com alçada até três dias de prisão ou 2.000 réis de multa,[584] conhecer os recursos interpostos das decisões proferidas pelo juiz eleito nas causas de coimas e de transgressões, quando não excedessem a referida alçada do juiz ordinário, e preparar as causas não exceptuadas que eram julgadas pelo juiz de direito.

O juiz eleito de cada freguesia tinha competência para proceder aos corpos de delito dos crimes ocorridos na área da freguesia e exercer nela funções de polícia e para julgar todas as causas sobre coimas e transgressões de posturas, ainda que excedessem a sua alçada, fixada ainda no valor de 2.500 réis em Lisboa e no Porto e metade no resto do país, mas neste caso com apelação para o juiz ordinário, o juiz de direito, o tribunal de polícia correccional ou a Relação, consoante os casos.

Os juízes ordinários e os juízes eleitos eram, tal como na Nova Reforma, eleitos pelo povo, sem confirmação régia, mas agora por um período de dois anos,[585] ao invés dos juízes dos tribunais superiores e dos juízes de direito, que eram nomeados pelo rei.

Diferentemente destes juízes também, os juízes ordinários e os eleitos podiam ser suspensos pelo governo ou pelo presidente da Relação. Os juízes de direito beneficiavam de um regime de garantias estabelecidas de modo uniforme e claro: a perda de lugar só podia ter lugar em consequência da prolação de uma sentença judicial transitada de condenação em pena de demissão ou, em certos casos muito restritos fixados na lei, de uma decisão do go-

---

"o Tribunal dos tres se reduzia ao seu Presidente" e por isso propunha que a composição do tribunal fosse alargada para quatro vogais.

583 Na discussão nas Cortes, os deputados Caldeira e Barão de Rendufe (Diário do Governo, 1840, p. 1553) discutiram as vantagens e os inconvenientes das novas competências dos juízes de polícia correccional de Lisboa e do Porto, tendo o primeiro criticado, sem êxito, a solução proposta pelo facto de que "o juiz que fórma o processo de investigação é o mesmo que julga a final".

584 A alteração da alçada dos juízes ordinários, bem como a manutenção da competência criminal destes magistrados resultava da interpretação conjugada do disposto nos artigos 5, § 1, e 7 da lei de autorização de 1840, que o governo acolheu sem desvio (Teixeira Guedes, 1845: 109).

585 A novo período para o exercício das funções destes magistrados tinha sido fixado no artigo 8 da lei de autorização de 1840.

242   A Reforma da Justiça Criminal em Portugal e na Europa

verno,[586] a aposentação pelo governo exigia justa e provada causa, precedendo voto afirmativo do Supremo Tribunal de Justiça,[587] e a promoção era determinada apenas pelo critério da antiguidade.[588]

---

[586] A pena de demissão era aplicável aos juízes autores de certos crimes e aos juízes que se encontrassem ao serviço e recusassem prestar juramento ou tomar posse, aos juízes colocados no quadro que não aceitassem outro lugar e aos juízes que no período de seis meses dessem trinta faltas seguidas não justificadas ou sessenta interpoladas. Os casos de decisão governamental independente de condenação judicial eram os de recusa de juramento legal pelos juízes que não se encontrassem ao serviço e da condenação em qualquer pena maior por sentença transitada. O exercício de advocacia, comércio ou algum cargo público electivo e o juramento como deputado pelos juízes municipais do continente também conduziam à demissão destes magistrados (Alberto dos Reis, 1909: 403 e 404, e Chaves e Castro, 1910: 469 e 470).

[587] A primeira lei reguladora da aposentação de magistrados judiciais e do Ministério Público, a Lei de 9.7.1849, previa dois fundamentos para a aposentação: a idade de sessenta anos e a inabilidade por moléstia grave e incurável. No primeiro caso a aposentação só podia ser requerida pelo magistrado e no segundo podia ser por ele requerida ou decretada pelo governo "por necessidade pública" (artigo 1, § 1, da Lei de 9.7.1849). A aposentação por inabilidade dependia, contudo, de prévia consulta do Supremo Tribunal de Justiça. Seis anos depois, o legislador reviu estas disposições, ampliando-as. Com efeito, a Lei de 21.7.1855 estabeleceu dois novos fundamentos de aposentação dos magistrados judiciais: "quando, por debilidade, ou por entorpecimento das suas faculdades, manifestadas no exercício das funcções judiciaes, não poderem, sem grave transtorno da administração da Justiça, continuar a exercer o officio de julgar" e "quando, por actos praticados no exercicio dos seus logares, tenham manifestado, que a continuação na effectividade do serviço póde causar graves transtornos á boa administração da Justiça" (artigo 1 da Lei de 21.7.1855). A aposentação dos juízes pelo governo nos casos da lei nova dependia sempre de parecer vinculativo do Supremo Tribunal de Justiça, fixando a lei nova a obrigação de todos os conselheiros que estivessem na capital, ainda que estivessem em licença ou com comissão, de concorrer às conferências do Supremo Tribunal para a deliberação destas consultas e definindo o número mínimo de seis juízes conselheiros para a votação da consulta. A Lei de 15.7.1885 restringiu os fundamentos da aposentação à completa impossibilidade do funcionário de servir, a que o Decreto n. 1, de 17.7.1886, adicionou o dos trinta anos de serviço efectivo com sessenta anos de idade completos. A aposentação podia ser pedida pelo interessado ou determinada pelo governo. Nos termos do artigo 13 do Decreto n. 3, de 29.3.1890, a aposentação dependia da consulta afirmativa do Supremo Tribunal de Justiça, salvo quando o juiz atingisse o limite de idade legal ou estivesse ausente por moléstia durante três anos consecutivos e a moléstia fosse incurável. A doutrina considerava que este regime, que se manteve até ao final da monarquia, não feria o princípio da inamovibilidade dos juízes, divergindo, contudo, de parecer sobre a questão da necessidade da reintrodução dos dois fundamentos de 1855 para afastar da magistratura os "que pelo entorpecimento ou debilidade de suas faculdades mentais estão incapazes de administrar justiça, e para expulsar della os que, embora não commettam crimes em face da lei penal, pratiquem actos pouco decorosos á boa administração da justiça, ou ainda os que commettam crimes, que legalmente se não possam provar" (assim, Chaves e Castro, 1910: 502, mas contra Alberto dos Reis, 1905: 383).

[588] Este regime, que já tinha sido fixado pelo artigo 15 da Reforma de 1832 e pelo artigo 48 da primeira parte da Nova Reforma de 1836, só foi modificado pela Lei de 21.7.1855, que procedeu à divisão dos lugares de juízes de direito de primeira instância no continente e nas ilhas

A Jurisdição Penal Comum 243

Além da suspensão em consequência de pronúncia ou de sentença condenatória proferida em processo por erros de ofício ou por crimes, a suspensão podia resultar de um decreto real, guardadas as solenidades da lei. As solenidades consistiam na audiência do juiz arguido e no parecer não vinculativo do Conselho de Estado. Neste caso, a suspensão devia ser ratificada judicialmente, apreciando o Supremo Tribunal de Justiça, as Relações ou o juiz de direito, consoante a categoria do juiz suspenso, apenas o cumprimento das formalidades legais da suspensão.[589]

A transferência dos juízes letrados de primeira instância era sujeita às disposições da recentíssima Lei de 31.10.1840. Esta lei tinha regulado a transferência obrigatória dos juízes de direito de primeira instância do continente e das ilhas adjacentes de três em três anos, competindo ao governo a designação dos lugares para onde os juízes eram transferidos "segundo convier á boa administração da justiça, e ás particularidades circumstancias delles, as quaes serão attendidas em quanto fôr compativel com ella" (artigo 1, § 3, da Lei de 31.10.1840). Contudo, o governo tinha a faculdade de transferir os juízes de direito antes do final do triénio para outra comarca do continente sem o consentimento do magistrado quando a transferência fosse "exigida pelo bem publico" (artigo 2, § 3, da mesma lei). A decisão do governo dependia neste último caso

---

adjacentes em três classes. A lei previa a organização pelo Supremo Tribunal de Justiça de listas para colocação de juízes nos lugares de cada uma das três classes e para as futuras promoções dos juízes de terceira classe para a segunda, dos da segunda para a primeira classe e dos desta para a segunda instância, "combinando, quando for possível, a antiguidade com o mérito" (artigo 4, § 1, da Lei de 21.7.1855). As promoções eram determinadas pelo governo com base na lista organizada pelo Supremo Tribunal de Justiça, podendo ser escolhido qualquer juiz que se encontrasse na lista. A introdução do critério misto de promoção das classes na primeira instância e da primeira à segunda instância deixou a progressão dos juízes na carreira muito dependente do governo, razão pela qual esse critério foi afastado pelo artigo 12 do Decreto n. 3, de 29.3.1890, que regressou ao critério da antiguidade (manifestando-se favoravelmente à reposição do critério misto, Alberto dos Reis, 1905: 284, e Abel do Valle, 1907: 4, 7 e 8). A promoção ao Supremo Tribunal de Justiça foi durante todo o período da monarquia constitucional decidida segundo um critério estrito de antiguidade. Ao invés, em França a progressão na carreira permaneceu no arbítrio completo do governo até 1906.

[589] A doutrina divergia sobre o bem fundado desta faculdade do governo. A favor, Chaves e Castro, 1910: 462, e contra, Alberto dos Reis, 1905: 368 e 369. Mais tarde foram introduzidas duas novas faculdades de suspensão de juízes, uma de natureza disciplinar e outra governamental. Os juízes podiam ainda ser suspensos pelo Conselho Disciplinar da Magistratura Judicial por comportamentos faltosos graves e podiam ser colocados no quadro em certos casos especialmente previstos na lei ou por conveniência de serviço, mas neste caso com audiência prévia do visado e parecer vinculativo do Conselho de Estado ou do Supremo Tribunal de Justiça, consoante a categoria do juiz visado (artigo 1, do Decreto n. 4, de 15.9.1892, e artigo 14 do Decreto n. 3, de 29.3.1890).

244 *A Reforma da Justiça Criminal em Portugal e na Europa*

da audiência do interessado e do parecer favorável de dois terços dos juízes conselheiros presentes no Supremo Tribunal de Justiça.[590] Sempre que o juiz de direito de primeira instância fosse transferido era sujeito a sindicância.[591]

---

[590] O regime da transferência dos juízes de primeira instância do continente foi logo modificado pela Lei de 1.7.1843, que fixou um prazo de seis anos para a transferência ordinária e previu a consulta do procurador-geral da coroa, além da audiência do juiz e da consulta do Supremo Tribunal de Justiça, no caso de transferência por interesse público anterior ao sexénio. Ponderando que do "favôr concedido aos Juizes, aos Militares, e aos Professores em varias leis esperava-se grande bem publico; o bem publico porém tem sido muitas vezes menos prezado, e aquelle fávor tem, por abuso, degenerado em principio de desmoralisação, que segundo a ultima lição da experiencia será irremediavel, senão se lhe applicar de prompto o remedio conducente para o bem do maior numero", o Decreto de 1.8.1844, que foi posteriormente confirmado pela Lei de 29 de Novembro desse mesmo ano e pelo artigo 15 da Lei de 3.5.1845, determinou que tanto os juízes de direito de primeira instância como os das Relações metropolitanas podiam ser mudados pelo governo "quando o exigir o serviço público" (artigo 1), precedendo voto afirmativo do Conselho de Estado no segundo caso e mera consulta do Conselho de Estado no primeiro. As transferências ordinárias dos juízes de direito de primeira instância tinham lugar de três em três anos. Por sua vez, os juízes substitutos dos juízes de primeira instância podiam ser demitidos pelo governo quando o exigisse o bem do serviço público, sem outra diligência. Este regime, cuja aprovação justificou o protesto dos juízes do Supremo Tribunal de Justiça por o consideraram atentatório da independência da magistratura judicial (Eduardo Soares, 1933: 18, e Barbosa de Magalhães, 1933 b: 194), manteve-se no que toca aos juízes de primeira instância até ao final da monarquia, com duas modificações: o prazo legal para a transferência ordinária foi alterado, sendo fixado em quatro anos de serviço pela Lei de 18.8.1848 e, posteriormente, em seis anos pelo artigo 4, § 5, da Lei de 21.7.1855, e a transferência do juiz de primeira instância antes do fim do sexénio passou a depender de novo do voto afirmativo do Supremo Tribunal de Justiça e não do voto do Conselho de Estado, a partir da aprovação do Decreto n. 3, de 29.3.1890. Os juízes desembargadores deixaram de poder ser transferidos por conveniência de serviço a partir da aprovação do Decreto de 29.5.1846, que revogou o Decreto de 1.8.1844. A doutrina dividiu-se na apreciação destas disposições, criticando-as Afonso Costa (1899: 371 e 372) e Chaves e Castro (1910: 438 e 440) e defendendo-as, ao menos em parte, Lopes Praça (1879: 325 e 326) e Alberto dos Reis (1905: 339). O primeiro autor entendia que a consulta vinculativa ao Supremo não constituía garantia suficiente contra os abusos do governo, o segundo autor afirmava mesmo que a consulta ao Conselho de Estado não devia ter sido substituída pela consulta ao Supremo e os outros dois autores sustentavam que o mecanismo legal era bastante para evitar os abusos. Também a transferência ordinária de seis em seis anos e a transferência extraordinária a pedido foram objecto de crítica da doutrina, devido à total discricionariedade do governo na determinação das comarcas onde eram colocados os magistrados, considerando Afonso Costa, Chaves e Castro e Alberto dos Reis que a liberdade do governo na colocação dos magistrados devia ser restringida pela ponderação da antiguidade dos magistrados transferidos (Afonso Costa, 1899: 372, Alberto dos Reis, 1905: 340, e Chaves e Castro, 1910: 441 e 442).

[591] As antigas sindicâncias ordinárias obrigatórias foram reintroduzidas pela Lei de 28.11.1840, deixadas ao arbítrio do governo pelo Decreto de 1.8.1844 e repostas pela Lei de 18.8.1848. O processo a observar na sindicância foi fixado pelo Decreto de 25.9.1844, competindo elas aos magistrados do Ministério Público em funções no Supremo Tribunal de Justiça ou

A Jurisdição Penal Comum

Não obstante a manutenção de duas magistraturas inferiores populares com competência criminal e transgressional e o reconhecimento do foro especial dos membros da família real, dos deputados,[592] ministros e conselheiros de estado, dos juízes e dos militares,[593] a organização dos tribunais com competência criminal tinha sido significativamente alterada pelo legislador.

Por um lado, o juízo de conciliação foi definitivamente suprimido nos feitos crimes[594] e, por outro, a competência criminal dos juízes eleitos foi abolida, mantendo estes apenas uma competência transgressional, com a alçada anteriormente fixada pela Nova Reforma. Aos juízes ordinários, cuja competência criminal aumentou por força da abolição da dos juízes eleitos, a lei novíssima restringiu, contudo, a alçada para os valores fixados pelo diploma de 1833 para a alçada do juiz pedâneo. Deste modo, a competência criminal passava a ser exercida apenas pela magistratura popular dos juízes ordinários, sendo o exercício desta competência submetido a um escrutínio apertado por parte da magistratura letrada titular dos tribunais e juízos de recurso.

---

nas Relações cíveis e comercial. Só com a aprovação do Decreto n. 3, de 15.9.1892, que criou o Conselho Disciplinar da Magistratura Judicial, foi atribuída a este órgão a competência para determinar a realização de sindicâncias extraordinárias, sem prejuízo de idêntica competência do governo. As sindicâncias ordinárias raramente se faziam e as extraordinárias eram ditadas pelos interesses do partido no poder, dependendo "quasi exclusivamente do governo na sua determinação e nos seus resultados" (Alberto dos Reis, 1905: 347). Por esta razão, a doutrina exigia a criação de uma "inspecção judicial permanente, que deve ser funcção exclusiva dos conselhos disciplinares" (Faro e Noronha, 1908: 131, tal como Alberto dos Reis, no texto citado por último).

[592] A Lei de 15.2.1849 estabeleceu, de acordo com o disposto no artigo 41 da Carta, os termos em que a Câmara dos Pares se podia constituir como tribunal e mandou observar o processo para o julgamento por erros de ofício em que o Supremo Tribunal de Justiça conhecia em primeira e última instância criminal. Só em 8.8.1861 se aprovou o regulamento deste tribunal, revisto por novo regulamento de 1.4.1892. A questão da legitimidade e da necessidade político-criminal do foro especial dos deputados foi objecto de uma polémica longa e notável entre António Rodrigues Sampaio e António Ferreira de Mello, propondo aquele deputado a abolição do privilégio e este advogado a manutenção do mesmo (António Rodrigues Sampaio, 1868). Discutiu-se também se a Câmara tinha competência para o processo preparatório e para o acusatório ou apenas para o segundo. A Câmara decidiu no primeiro sentido contra o entendimento da doutrina (Castro Neto, 1845: 187, e Duarte Nazareh, 1886: 56).

[593] Corrêa Telles (1849: 277 e 279) censurou veementemente a redacção do artigo 1026 da Novíssima por três razões: por causa da menção ao privilégio de foro dos conselheiros de Estado, que a Constituição de 1838, em vigor à data da publicação da Novíssima, já não previa; por se não ter especificado que o privilégio valia, em regra, apenas para o processo acusatório e não para o processo preparatório e por se ter omitido os concretos casos em que os militares beneficiavam de foro especial.

[594] O ideal conciliatório nunca mais mereceu o favor da doutrina, tendo antes sido objecto já na segunda metade do século XIX de uma dura crítica, quer de um ponto de vista teórico-processual quer da sua eficácia (Sampaio e Mello, 1868 a: 9, 13, 18 e 31).

No entanto, esta organização da magistratura judicial, que à data da entrada em vigor da Novíssima, se conformava com a Constituição de 1838, foi logo posta em causa pelo Decreto de 10.2.1842, que repôs em vigor a Carta. Com efeito, a nova vigência da Carta colocou o grave problema da compatibilidade da magistratura dos juízes ordinários e, desse modo, de toda a organização dos tribunais e das magistraturas de primeira instância com o disposto na Carta.

A doutrina encontrava-se dividida sobre o problema da inconstitucionalidade superveniente das disposições da Novíssima. Castro Neto concluía que do disposto nos artigos 75, §§ 3 e 4, e 129 da Carta decorria a inadmissibilidade de quaisquer outros juízes eleitos que não fossem os juízes de paz,[595] opinião partilhada por Dias Ferreira.[596] Lopes Praça, ao invés, entendia que a disposição que previa a nomeação régia dos magistrados, o artigo 75, § 3 da Carta, usada pelos críticos das magistraturas inferiores populares, não devia ser interpretada como estes o faziam, mas antes como o tinha feito o legislador da Reforma Judiciária.[597] O próprio autor da reforma de 1832 distinguia a letra e o espírito da Carta. Embora admitisse que "os art. 120, e 121 relativos à organização judiciária, parecem excluir geralmente todas as magistraturas de eleição", Mouzinho da Silveira concluía que era "claramente incontestável, que o sistema liberal recomenda e exige as magistraturas electivas, para os menores negócios, tanto cíveis como criminais; e consequentemente estão no espírito da Carta, ainda que na sua letra se não acham, por uma pura omissão".[598]

A reforma dos tribunais e das magistraturas de primeira instância transformou-se assim em uma constante da política criminal do legislador durante todo o período posterior de vigência da Carta, tendo o legislador ensaiado até às vésperas da queda da monarquia diversas estratégias para a prossecução daquele objectivo.

Na Novíssima Reforma manteve-se a divisão do processo preparatório em duas fases processuais, o corpo de delito e o sumário da querela, que findava com o despacho judicial de pronúncia ou não pronúncia. Os dois problemas mais

---

[595] Castro Neto, 1845: 26.

[596] Dias Ferreira, 1892: 53.

[597] Lopes Praça, 1879: 331. O autor argumentava que, não obstante o título VI da Carta não prever a existência de juízes ordinários e eleitos, o artigo 129 mencionava os juízes "electivos" e concluía o seu raciocínio com um outro argumento, segundo o qual não era de "presumir que o auctor do Decreto de 16 de Maio de 1832 quizesse contrariar tão palpavelmente o espirito attribuido ás disposições constitucionaes".

[598] Mouzinho da Silveira, 1989 a: 645. O autor propunha por isso a reforma da Carta de modo a nela se incluir expressamente a previsão das magistraturas populares, até porque os artigos 120 e 121 da Carta podiam ser alterados por lei ordinária das Cortes ("não sendo os art. Constitucionais, pode a lei da Carta declarar-se e emendar-se na forma ordinária").

A Jurisdição Penal Comum   247

prementes que a prática veio a suscitar, com directa repercussão na configuração dogmática desta fase processual, foram o do modo de resolução da divergência entre o Ministério Público e o juiz sobre o destino dos autos no final do corpo de delito e o da admissibilidade da produção de prova pelo réu no sumário da querela. No que toca a este problema, que se tornou especialmente candente a partir da última década do século XIX, a doutrina disputava sobre a admissibilidade da produção de prova testemunhal pela defesa no sumário da querela, concordando todos em que o réu produzisse prova documental da sua inocência, tal como a lei lhe permitia, "pois seria absurdo, além de contrario à liberdade individual, reservar para o plenario da accusação o julgamento de um facto, que póde ser desde logo apreciado pela simples inspecção dos documentos".[599]

A lei não regulamentava o modo de resolução da divergência entre o Ministério Público e o juiz sobre o destino dos autos no final do corpo de delito. O

---

[599] Dias Ferreira, 1982: 256, Francisco Medeiros, 1905: 43, e Francisco Veiga, 1908: 288. No que toca à prova testemunhal as opiniões destes autores divergiam, negando Dias Ferreira essa faculdade, pois "seria isso confundir o preparatorio com o plenario e transtornar completamente a ordem do processo marcada na lei", e admitindo-a Francisco Medeiros e Francisco Veiga. Segundo Medeiros, o réu podia apresentar testemunhas, que o juiz ouviria se assim o entendesse, e de acordo com Veiga, só era admissível a apresentação de prova testemunhal e documental pelo arguido depois de ele ter sido preso ou ter prestado fiança. A premência com que o problema se pôs na última década do século XIX e a liberalidade cada vez maior das soluções propugnadas na doutrina com o decorrer dos anos ficaram a dever-se a dois factores, que foram a votação da famosa lei Constans, da lavra do lente de Toulouse, o professor Constans, e o agravamento dos problemas resultantes da introdução do juízo de instrução. De ambos estes factores, se tratará adiante. Não deve, no entanto, olvidar-se que a ampla intervenção do réu preso ou afiançado e ainda do réu que residisse no distrito no processo preparatório e, sobretudo, na inquirição das testemunhas, consagrada no artigo 142 do Código do Processo Criminal de Primeira Instância do Império do Brasil, de 1832, era há muito advogada *de iure condendo* por Duarte Nazareth, mais tarde seguido por Adelino Neves e Mello. Duarte Nazareth considerava este sistema como "mais conveniente que o adoptado pelo nosso Direito", pois constituía "uma garantia em favor da innocencia, que pode n' este acto desconcertar as cabalas de seus inimigos" (Duarte Nazareth, 1853: 53), aduzindo-lhe ainda Neves e Mello um outro argumento fundamental, o de que "todos os actos do juiz seriam discutidos, todas as provas e depoimentos melhor apreciados e, n' uma palavra, a detenção preventiva nunca se apllicaria senão com a maxima cautela e em casos excepcionaes" (Adelino Neves e Mello, 1880: 35). Em relação ao processo preparatório a doutrina advertiu ainda para uma outra limitação do regime legal, que tinha natureza prévia ao problema da produção de prova no sumário da querela. Cedo se criticou a circunstância de os autos de investigação realizados pelos administradores de concelho não valerem como corpo de delito, chamando-se à colação o exemplo francês em que os magistrados do Ministério Público faziam os corpos de delito e os interrogatórios dos réus (Castro Neto, 1845: 169). A lei demasiado restritiva deu azo a que surgisse uma prática de formação do corpo de delito de facto permanente consistente na mera recolha das declarações do queixoso, que a doutrina considerava manifestamente insuficiente (Duarte Nazareth, 1886: 73).

248 *A Reforma da Justiça Criminal em Portugal e na Europa*

artigo 917 apenas previa que, findo o corpo de delito, seria o mesmo comunicado ao Ministério Público, que daria a sua querela ou as razões por que entendia não dever querelar, indo os autos ao juiz.

A doutrina encontrava-se muito dividida sobre a questão fundamental da delimitação dos poderes de controlo do juiz. Formaram-se três correntes bem definidas. Corrêa Telles,[600] Duarte Nazareth,[601] Ribeiro Perry e Furtado Galvão,[602] Adriano de Sá [603] e Francisco Maria da Veiga [604] entendiam que o juiz podia indeferir a promoção de arquivamento do Ministério Público em despacho fundamentado, de que competia recurso pelo Ministério Público. Castro Neto,[605] Dias Ferreira,[606] Silva [607] e Navarro de Paiva[608] eram de parecer que o juiz não podia dissentir do pedido de arquivamento do Ministério Público, cabendo-lhe apenas usar da faculdade prevista no artigo 1091 da Novíssima de participação ao superior hierárquico do Ministério Público quando entendesse que o magistrado do Ministério Público tinha violado algum dever profissional. Uma terceira corrente doutrinária, encabeçada por José Dias [609] e Teixeira de Magalhães [610] perfilhava o entendimento de que o juiz podia ordenar uma nova vista ao Ministério Público, de modo a que este reconsiderasse a sua posição diante dos argumentos expendidos pelo juiz, cabendo apenas o recurso à faculdade prevista no artigo 1091 da Novíssima no caso de o Ministério Público não retroceder.

Manteve-se também a fase processual da ratificação do despacho judicial de pronúncia ou da não pronúncia no tocante à prova e o recurso para a Relação do despacho com fundamento em falta de ilicitude do facto.[611] Contudo, o le-

---

[600] Corrêa Telles, 1849: 270.

[601] Duarte Nazareth, 1853: 62.

[602] José Ribeiro Perry e Luiz Furtado Galvão, 1884: 19.

[603] Abílio de Sá, 1901: 145.

[604] Francisco Veiga, 1908: 291. Parece ser esta também a posição de Caeiro da Matta, 1913: 316 e 317.

[605] Castro Neto, 1845: 178. Esta era a doutrina seguida pelos tribunais superiores.

[606] Dias Ferreira, 1892: 247 ("porque o ministerio publico é absolutamente independente da acção do juiz").

[607] Silva, 1895: 28 ("porque as duas magistraturas são independentes uma da outra").

[608] Navarro de Paiva, 1901: 178 e 179 ("o juiz carece de jurisdição para obrigar o representante de acção publica a intentar procedimento officioso").

[609] José Dias, 1919: 299, 300 e 317("findo o corpo de delito, a situação do juiz é de completa impassibilidade").

[610] Teixeira de Magalhães, 1923: 202.

[611] Discutia-se o início do segredo processual, tendo alguma jurisprudência entendido que o corpo de delito era secreto, contra o parecer da doutrina (Dias Ferreira, 1892: 236 e 237). Também se discutia o fim do segredo processual. Castro Neto (1845: 183) considerava que, em face

A Jurisdição Penal Comum

gislador determinou a suspensão do júri da pronúncia em todos os crimes [612] e do júri de julgamento nos crimes enumerados no artigo 2 da Lei de 26.9.1840 em todo o continente, com a excepção de Lisboa e Porto, até ao fim da sessão ordinária das Cortes gerais de 1842 (artigos 175, 1025, § único e 1095).[613]

Com a suspensão do júri da pronúncia colocavam-se dois problemas fundamentais, o da criação de um modo alternativo de sindicância do despacho judicial no final do sumário da querela no tocante à falta de prova recolhida no sumário e o problema da definição do momento da remessa para julgamento do processo preparatório nos julgados que não fossem cabeça de comarca.

O legislador solucionou o primeiro problema, admitindo a interposição de recurso de agravo para a Relação do despacho de não pronúncia com fundamento na existência de prova indiciária, bem como o alargamento do âmbito do agravo da pronúncia interposto pelo arguido para a Relação à falta de prova indiciária, substituindo-se em tudo a Relação ao júri da pronúncia.[614]

---

da suspensão da ratificação da pronúncia, o processo preparatório só era secreto até à prisão do réu ou prestação de fiança pelo mesmo.

[612] "Deos queira que a ratificação de pronúncia se não renove em nossos dias". Era nestes termos claros que Corrêa Telles (1849: 281 e 280) se pronunciava sobre a suspensão da ratificação de pronúncia e justificava a sua opinião: seis anos de experiência tinham mostrado que este júri "favorecia grandemente a impunidade dos maiores scelerados", uma vez que "as ameaças e o medo fazião grande impressão no animo dos Jurados, mórmente nas provincias, onde a segurança pública é quasi nenhuma". A discussão parlamentar no ano de 1837 sobre o projecto de lei de segurança da comissão presidida por Corrêa Telles também não deixa dúvidas sobre o mau funcionamento do júri da ratificação da pronúncia (Diário do Governo, 1837, pp. 1300 e 1301). Não é correcta, pois, a afirmação comum na doutrina de que as disposições do júri da ratificação da pronúncia nunca chegaram a vigorar (Beleza dos Santos, 1931: 18, Eduardo Correia, 1956: 63, Salgado Zenha, 1968: 22, António Barreiros, 1980: 601, e 1981 a: 67, e Damião da Cunha, 1993: 34). As razões que determinaram o afastamento do júri da pronúncia pelo legislador português iriam produzir o mesmo efeito do outro lado do Atlântico, tendo o primeiro conselho de jurados criado pelo Código de Processo Criminal de Primeira Instância do Império do Brasil, de 1832, sido abolido pelo artigo 95 da Lei de 3.12.1841 (Jacintho Dutra, 1842: 52, e João Almeida Junior, 1920: 220 e 221).

[613] O artigo 19 da Lei de 28.11.1840 só previa a suspensão da ratificação da pronúncia, ressalvando a legislação especial relativa aos crimes cometidos pela imprensa. A suspensão do júri do julgamento foi autorizada por um outro diploma votado pelas Cortes, a Lei de 26.9.1840.

[614] A praxe admitia que, tendo o juiz proferido despacho de não pronúncia, podia ainda o queixoso dar mais cinco testemunhas e o juiz, ouvidas estas, rever a sua posição e pronunciar. Contudo, esta praxe, que assentava em uma interpretação extensiva do artigo 939, § 3, tornou-se "menos sustentável" em face da nova disposição prevista no § 2 do artigo 10 da Lei de 18.7.1855, que só admitia a inquirição das novas cinco testemunhas se faltasse alguma das dez dadas pelo Ministério Público ou das dez dadas pelo querelante (Duarte Nazareth, 1886: 109). Por outro lado, a doutrina admitia a interposição de novo agravo, desta feita pelo réu, se a Relação viesse a revogar o despacho de não pronúncia (Castro Neto, 1845: 182). A prática era a de este recurso ser

250 *A Reforma da Justiça Criminal em Portugal e na Europa*

O segundo problema, que estava intimamente relacionado com a competência para a prolação da pronúncia, foi resolvido com a melhor solução possível para a realização do princípio da acusação. Enquanto a ratificação da pronúncia estivesse suspensa o juiz ordinário nos julgados em que tivesse lugar o processo preparatório que não fossem cabeça de círculo de jurados só remetia os autos para o juiz da cabeça de círculo para realização do julgamento.[615]

O objecto do processo era estritamente delimitado, mantendo-se a necessidade da conformidade da querela, da pronúncia, do libelo acusatório, dos quesitos e das respostas, sob a anterior cominação, e admitindo-se ainda a formulação de quesitos subsidiários resultantes da discussão da causa relativos a circunstâncias agravantes e atenuantes, à tentativa e à cumplicidade. A lei continuava a vedar, pois, a modificação no processo acusatório da qualificação jurídica dos factos feita no processo preparatório, com a ressalva da modificação decorrente do exame de sanidade.[616]

Os poderes do juiz de investigação oficiosa de novos meios de prova e o regime de leitura dos depoimentos das testemunhas prestados na fase investigatória eram os fixados na Nova Reforma, tendo-se cimentado à sombra deste regime uma prática jurisprudencial favorável ao princípio da imediação. Com efeito, a jurisprudência entendia, com o acordo da doutrina, que deveriam ser ouvidas em audiência, sob pena de nulidade, todas as testemunhas que não estivessem impedidas de comparecer. A nulidade verificava-se mesmo quando o Ministério Público e o réu concordassem com a leitura dos depoimentos.[617]

No final da audiência, o juiz de direito elaborava o relatório sobre as provas e podia anular as respostas injustas, mas diferentemente do direito anterior o exercício desta faculdade era atribuído ao juiz mesmo que as respostas aos quesitos tivessem sido dadas por unanimidade.[618] O júri decidia dos factos e,

---

interposto do despacho do juiz de primeira instância que lavrava a pronúncia em cumprimento do ordenado pela Relação, tendo o tribunal do segundo recurso a mesma latitude do anterior (Dias Ferreira, 1892: 265, e Teixeira de Magalhães, 1905: 118).

[615] Quando fosse reposta a ratificação da pronúncia e nos julgados que fossem cabeça de círculo de jurados, os juízes ordinários procederiam à ratificação e, nos julgados que o não fossem, os juízes ordinários que tinham preparado o processo remetê-lo-iam aos juízes ordinários das cabeças dos círculos para proceder à ratificação.

[616] Dias Ferreira, 1892: 290, e Teixeira de Magalhães, 1905: 119, e Caeiro da Matta, 1913: 331.

[617] Innocencio Duarte, 1871: 49, e Dias Ferreira, 1892: 293.

[618] A alteração fundava-se no artigo 24 da Lei de autorização de 1840. Era admitida pelos tribunais e pela doutrina a anulação das respostas atinentes a um réu com "interesses diferentes" dos outros, assim como a anulação das respostas relativas a um dos vários crimes imputados a um mesmo acusado. Também vingou na jurisprudência a possibilidade de anulação das respostas do júri pelo juiz em segundo julgamento quando o primeiro julgamento tivesse sido anulado pelo

A *Jurisdição Penal Comum* 251

designadamente, da intenção criminosa apenas com base nos "dictames da consciência e na intima convicção" (artigo 1130).[619] A doutrina discutia a natureza desta decisão, entendendo que esta decisão não era uma "simples decisão de facto", mas antes implicava a qualificação do dolo e da intenção criminosos.[620]

A sentença do juiz, em que ele subsumia os factos tal como resultavam das respostas aos quesitos ao direito, era fundamentada, mas ao invés do disposto na Nova Reforma, distinguia-se agora claramente entre essa fundamentação e a mera menção do texto da lei penal.[621]

Supremo Tribunal de Justiça, assim como a participação neste segundo julgamento dos mesmos jurados do primeiro julgamento (Navarro de Paiva, 1900: 491 e 492, Teixeira de Magalhães, 1905: 233 e 234, Francisco Veiga, 1908: 307 e 308, e José Dias, 1919: 494 e 495).

[619] A discutidíssima questão da competência do júri para conhecer os factos respeitantes a crime processado em polícia correccional que fosse circunstância agravante do crime de querela não ficou resolvida, sendo jurisprudência comum o conhecimento integral do objecto do processo pelo júri, salvo se o crime de querela fosse dado como não provado, caso em que o juiz decidia de facto e de direito sobre o crime de polícia. Nem mesmo em face do artigo 3, §§ 6 e 7 do Decreto n. 2, de 29.3.1890, a doutrina se uniformizou, considerando uns (Dias Ferreira, 1892: 292, Navarro de Paiva, 1900: 25 e 203, Francisco Veiga, 1908: 113) que o júri só conhecia os crimes de querela e o juiz conhecia os de polícia, enquanto outros (Dias da Silva, 1903: 800, Teixeira de Magalhães, 1905: 26, Marnoco e Souza, 1907: 138, Caeiro da Matta, 1912: 62, e Pedro de Sousa, 1915: 48) entendiam que a apensação de processos implicava a ampliação da competência do júri.

[620] Castro Neto, 1845: 202, Teixeira Guedes, 1845: 77 e 78, Duarte Nazareth, 1853: 209, e, ainda mais abertamente, Dias Ferreira, 1892: 303, e António Macieira, 1914: 58. Teixeira Guedes discutia a competência dos jurados para decidir da qualificação da intenção e para decidir dos factos nos crimes de facto transeunte, em que os peritos ajuramentados tinham maior autoridade do que os jurados. Também Dias Ferreira argumentava que "não é racional a fórmula dos quesitos prescrita na Reforma, que lhe entrega, por assim dizer, a decisão de facto e de direito", propondo antes que aos jurados fossem colocadas as questões atinentes apenas aos concretos factos sob investigação. Na doutrina francesa, a crítica do modo de elaboração dos quesitos era, como se verá na nota seguinte, orientada noutro sentido.

[621] A distinção entre o dever de fundamentação e o de mencionar a lei penal resultava explicitamente do disposto no artigo 23 da lei de autorização de 1840, que cominava a sanção da nulidade apenas para a omissão do cumprimento do primeiro daqueles deveres. A doutrina censurou a falta da motivação da decisão do júri e a denegação desta "garantia elementar devida ao acusado", argumentando que, "ao dispensar o júri de se explicar, para o dispensar de raciocinar, a lei encorajou o júri a fazer sentimento em vez de fazer justiça". Esta denegação estava intimamente relacionada com "o vício essencial do júri moderno", a separação da questão de facto e da questão da qualificação jurídica e da determinação da pena. Esta era a "a causa mais directa, a mais certa dos veredictos incoerentes ou injustos, daqueles que destroem toda a repressão útil", impondo a lei uma regra cuja observância era psicologicamente impossível, mas abrindo simultaneamente a porta à transformação do júri em juiz da pena e do direito por força do sistema de atenuantes (Rauol de la Grasserie, 1914: 578, 579, 602 e 612, Donnedieu de Vabres, 1929: 127 a 132, e André Toulemon, 1930: 110 a 127, 168 a 180, e, já anteriormente, Anselm von Feuerbach, 1825: 403 a 405, Carl Mittermaier, 1846: 567 e 568, Julius Glaser, 1879: 59, e Fernand Gineste,

252 A Reforma da Justiça Criminal em Portugal e na Europa

No tocante aos meios de impugnação ordinários admissíveis no processo penal,[622] a Novíssima Reforma incluiu apenas uma novidade em relação ao regime da lei anterior, a introdução do agravo de petição para os casos em que coubesse o de instrumento, mas o juiz fosse da comarca sede da Relação.[623]

Ao invés, no processo civil, reintroduziu-se um meio de impugnação do direito antigo. Os embargos fundados em direito ou provados por documentos podiam ser opostos às sentenças proferidas por juízes de direito em causas que coubessem na sua alçada, aos acórdãos da Relação proferidos sobre apelações e às sentenças do juiz de direito também proferidas sobre apelações, vedando-se, contudo, a prova testemunhal nos embargos e a dedução de segundos embargos pela mesma parte.[624]

A maior amplitude dos meios de impugnação no processo civil, característica do direito do Antigo Regime, ia deste modo sendo reposta. Nas causas crimes, previa-se, desde a Nova Reforma, apenas a existência dos impropriamente designados embargos de esclarecimento de obscuridades aos acórdãos da Rela-

---

1896: 162 a 172, 189, 326 e 327). O legislador português teve em atenção a lacuna há muito apontada à lei francesa, embora criasse deste modo dificuldades consideráveis à prática. Segundo Corrêa Telles (1849: 107), a fundamentação da sentença incluía um relatório do pedido do autor, da defesa do réu, das provas que havia nos autos e do direito aplicável à questão. Esta doutrina era dificilmente conciliável com a livre convicção dos jurados e a não fundamentação das suas respostas aos quesitos. A praxe dava satisfação à obrigação legal de modo muito desigual. Segundo J. Coelho (1851: 76), a fundamentação incluía a menção expressa dos depoimento das testemunhas da acusação e da defesa. Mais radical, Dias da Silva (1887: 133) viria a propor *de iure condendo* a sujeição dos jurados à obrigação da fundamentação da sua decisão quer nas causas cíveis quer nas crimes. O autor, que se questionava sobre se havia alguma "razão séria para permittir ao jury o envolver a sua decisão n' uma mysteriosa obscuridade, que o assimilha aos antigos oraculos", respondia com um lamento: "Quantos erros, quantas fraquezas, quantas recusas de responsabilidade se dissimulam sob a ausencia de motivos !".

[622] A Novíssima previa ainda três casos de revisão de sentença transitada, tal como o direito anterior. Dias Ferreira (1892: 11) dava conta do "pouco uso no foro" destas disposições.

[623] A novidade resultava do disposto no artigo 13, § 2 da lei de autorização de 1840. A diferença substancial entre o regime do novo agravo e o do agravo de instrumento residia em o agravado não ser ouvido no novo recurso. Corrêa Telles (1849: 140) entendia que a lei teria omitido a previsão da resposta do agravado no agravo de petição e que essa omissão devia ser suprida, "por paridade de razão" com igual possibilidade do agravado no agravo de instrumento.

[624] A doutrina admitia por isso a apresentação de segundos embargos pela parte vencida nos primeiros embargos (Castro Neto, 1845: 130, e Eduardo Carvalho, 1912: 108). O abuso desta faculdade levaria Castro Neto a propor, com base em um princípio retirado do artigo 385, § 3, da Novíssima, a não admissão dos embargos sempre que as duas sentenças anteriores fossem conformes (Castro Neto, 1855: 49 e 76).

A Jurisdição Penal Comum 253

ção proferidos sobre apelações, que em 1843 a lei veio também consentir nas revistas perante o Supremo Tribunal de Justiça.[625]

Por outro lado, a irrecorribilidade, fixada pelo artigo 1185, das decisões proferidas nas causas em que não fosse admissível fiança, isto é, nos crimes puníveis com pena que não excedesse a de seis meses de prisão ou a de desterro para fora da comarca, era incompatível com o disposto nos artigos 1255 e 1260, que admitiam esse recurso na forma de processo correccional, tendo a jurisprudência e a doutrina sanado a contradição com uma interpretação abrogante parcial daquele primeiro preceito.[626] Acresce que os artigos 1254 e 1255 faziam depender a recorribilidade da sentença final nas causas de polícia da pena aplicada e não da pena aplicável, o que motivou o repúdio da doutrina e iniciativas contraditórias do legislador.[627]

Na lei nova, tal como na anterior, remetia-se a regulamentação do regime dos recursos criminais de apelação, agravo de instrumento, agravo no auto do processo e de revista para os termos destes recursos no processo civil (artigo 1186, para a apelação, artigo 1190, para o agravo no auto do processo, artigo 1191, para o agravo de petição ou instrumento, artigo 1193, para a revista), com as especialidades já fixadas na lei anterior do recurso obrigatório de certas sentenças condenatórias[628] e da remessa oficiosa de todas as sentenças de condenação em pena de morte ao poder real.

---

[625] A doutrina admitia a dedução de embargos de aclaração na primeira instância nos processos crimes (Dias Ferreira, 1890: 183, Delgado de Carvalho, 1897: 150, e Eduardo Carvalho, 1912: 101).

[626] Castro Neto, 1845: 207 e 217, Corrêa Telles, 1849: 283, e Duarte Nazareth, 1886: 310. Em 1892, Dias Ferreira (1892: 318) considerava a questão resolvida em face dos Decretos de 1884 e 1890 sobre a regulamentação do recurso em processo correccional.

[627] Castro Neto (1845: 217) criticava a letra da lei, pois "produz que está no poder de qualquer juiz tolher a appellação ao accusador, ou ao réu, impondo a este uma pena dentro da alçada, por mais grave que seja o delicto". Por esta razão Corrêa Telles (1849: 291) admitia a apelação no processo de polícia correccional, ainda que a pena não excedesse a alçada do juiz recorrido. Adiante serão analisadas as medidas que o legislador adoptou para alterar estas disposições.

[628] Apesar do silêncio da lei nova, a jurisprudência e a maioria da doutrina entendiam que o recurso obrigatório era admissível a todo o tempo (Teixeira Guedes, 1845: 83, Duarte Nazareth, 1886: 310 e 312, Dias Ferreira, 1892: 30, Marnoco e Souza, 1907: 159, Francisco Veiga, 1908: 323, Eduardo Carvalho, 1912: 189, mas contra Teixeira de Magalhães, 1905: 262, e José Dias, 1919: 569). Interpretando mais amplamente a obrigação fixada na lei, Castro Neto considerava que o recurso obrigatório tinha lugar sempre que a lei previsse a punibilidade do crime com pena maior do que as referidas no artigo 1197, pois "o texto não suppõe este arbitrio no Juiz, o qual de outro modo podia fazer que qualquer processo por crime atroz ficasse sem appellação contra o espirito e lettra do mesmo texto" (Castro Neto, 1845: 209). O recurso era obrigatório até à segunda instância, não estando o procurador régio na Relação obrigado a recorrer da decisão da Relação para o Supremo Tribunal de Justiça (Dias Ferreira, 1892: 30).

O âmbito do objecto dos recursos de apelação e de revista, os efeitos da sua interposição e os poderes do tribunal de recurso eram os mesmos do direito anterior.[629]

A audiência de julgamento do Tribunal da Relação consistia no relatório da causa e nas alegações orais das partes, especificando agora a lei que só nos processos em que não tivesse intervindo o júri devia ser feita uma exposição das provas "que no juizo inferior se produziram, tanto no processo preparatorio, como no de accusação e defesa" (artigo 707). Deste modo, a sindicância da decisão sobre a matéria de facto era limitada expressamente aos processos que não tivessem a intervenção do júri, incluindo-se entre os meios de prova de que o tribunal de recurso podia conhecer para esse efeito, além dos produzidos na audiência de julgamento, os do processo preparatório.[630]

A lei novíssima procedia a uma significativa revisão das outras quatro formas de processo já consagradas no direito anterior. Relativamente aos crimes cometidos por magistrados no exercício de funções e fora delas, fixou-se o

---

[629] O princípio do aproveitamento do recurso aos co-réus não recorrentes, retirado do artigo 681, § 12, era pela doutrina aplicada em matéria crime, por força do artigo 1191 da Novíssima. O princípio do conhecimento de toda a decisão recorrida, incluindo a parte favorável ao recorrente quando este não tivesse feito qualquer restrição expressa, também era defendido pela generalidade da doutrina (Dias Ferreira, 1892: 265, Garcia de Lima, 1895: 138, Teixeira de Magalhães, 1905: 292, Francisco Veiga, 1908: 324, Eduardo Carvalho, 1912: 83 e 84, e 1919: 202, Pedro de Sousa, 1915: 163, e José Dias, 1919: 540).

[630] A Relação não podia em circunstância alguma sindicar a decisão do júri ou absolver o réu por falta de prova (acórdão do STJ, de 6.12.1878, in RLJ, ano 18 º, 1885-1886, pp. 270 e 271, e Teixeira de Magalhães, 1905: 238). Por outro lado, tendo o juiz na audiência de julgamento anulado o processo, a Relação não podia conhecer de mérito, mas apenas pronunciar-se sobre a referida anulação (acórdão do STJ, de 20.1.1885, in RLJ, 27 º ano, 1894-1895, pp. 253 e 254, e Teixeira de Magalhães, 1905: 293). Este sistema de impugnação das sentenças do tribunal de júri mereceu desde cedo a crítica da doutrina. Castro Neto sugeriu, em um projecto de reforma da organização e da competência dos tribunais superiores apresentado ao ministro da justiça, a consagração da possibilidade de o Tribunal da Relação controlar a decisão sobre a matéria de facto nos processos com intervenção do júri quando este tivesse dado uma decisão por maioria (Castro Neto, 1855: 52 e 53). O autor propunha também a reintrodução dos artigos de nova razão, que, depois de admitidos pela Relação, seriam conhecidos na primeira instância (Castro Neto, 1845: 77). Também Duarte Nazareth se manifestou favoravelmente à adopção de um verdadeiro recurso para um segundo tribunal de júri, que era "mais profícuo que o de apelação", onde apenas se conhecia do direito aplicado quando tivesse intervindo o júri na primeira instância (Duarte Nazareth, 1853: 244). Por outro lado, o regime da sindicância efectiva da decisão sobre a matéria de facto pelo juiz da primeira instância também não satisfazia, pois, como reconheciam Duarte Nazareth e Luiz Jardim, aquele regime vedava às partes a tutela dos seus interesses, que não podiam sequer requerer a referida sindicância, tirava o poder decisório ao primeiro júri e condicionava gravemente a imparcialidade do segundo júri (Duarte Nazareth, 1853: 244, e Luiz Jardim, 1866: 146 e 147).

A Jurisdição Penal Comum

regime de julgamento dos juízes de direito e dos agentes do Ministério Público perante eles no Tribunal da Relação sem jurados e com revista para o Supremo, havendo nulidades,[631] mas, inovando, determinou-se o julgamento dos juízes eleitos, de paz, ordinários e dos subdelegados do procurador pelos juízes de direito com registo da prova produzida em audiência e apelação para a Relação.[632]

No tocante às causas de coimas e transgressões de posturas municipais, manteve-se a obrigatoriedade do registo da prova quando a transgressão fosse punível com pena superior à alçada do juiz eleito, salvo renúncia do recurso.[633] Contudo, da sentença proferida pelo juiz eleito cabia agora apelação para o juiz ordinário, quando a pena imposta não excedesse a alçada deste, para o juiz de direito, quando excedesse a daquele mas não a deste, para o Tribunal de Polícia Correccional, quando excedesse a do juiz de direito, ou para a Relação, nas comarcas cabeça de comarca, sendo nas comarcas de Lisboa e Porto, a apelação interposta para o Tribunal de Polícia Correccional e, quando as penas impostas excedessem a alçada dos juízes deste tribunal, para a Relação. Os despachos interlocutórios só eram impugnáveis com o agravo no auto do processo, para os juízes e tribunais referidos, com a excepção do despacho proferido sobre a competência do tribunal, de que cabia agravo de instrumento.

O processo para julgamento das causas de contrabando e descaminho era sujeito a uma profunda reformulação, abolindo-se a ratificação da pronúncia por jurados e admitindo-se apenas a interposição de agravo de petição ou de instrumento, consoante os casos, da pronúncia e da não pronúncia para a Relação. Por outro lado, proibiu-se a intervenção de jurados no julgamento, cabendo ao juiz de direito o julgamento da causa, com registo obrigatório da prova.[634] A inter-

---

[631] Discutia-se a quem competia proferir a pronúncia nos crimes cometidos pelo magistrado fora do exercício das suas funções, se ao juiz do sumário na primeira instância, se ao juiz relator no Tribunal da Relação (Castro Neto, 1845: 149). Dias Ferreira dava conta de que na praxe se tinha resolvido a questão, dando logo a querela perante a Relação (Dias Ferreira, 1892: 208).

[632] O sistema da lei era criticado por não incluir os crimes cometidos pelos magistrados no exercício das suas funções, que fossem processados depois da demissão do magistrado, e os crimes de que os magistrados fossem vítimas (Castro Neto, 1845: 149, e Dias Ferreira, 1892: 209).

[633] A distinção entre o processo de coimas e o de polícia era prejudicada pela confusão promovida pela própria lei entre coimas, transgressões e contravenções (Delgado de Carvalho, 1897: 135 a 143). A delimitação entre as duas formas de processo era feita em função da natureza da lei violada. As transgressões ou contravenções de polícia geral eram julgadas em processo de polícia e as transgressões ou contravenções de polícia municipal eram julgadas na forma do processo de coimas previsto no artigo 241 da Novíssima.

[634] A razão de ser deste registo era a de que, não obstante o silêncio da lei nova, o Tribunal da Relação examinava a decisão proferida nesta forma de processo também no tocante à matéria de facto (Teixeira Guedes, 1845: 122).

posição do recurso quando a sentença fosse contrária à Fazenda era agora obrigatória para o Ministério Público.

Criou-se uma forma de processo especialíssima para os crimes de contrabando e descaminho que não fossem puníveis com pena corporal, a que se aplicariam os termos das causas cíveis após o oferecimento do libelo. Nesta forma eram admitidos embargos à sentença quando a causa coubesse na alçada do juiz e o recurso de apelação no caso contrário. Manteve-se ainda o julgamento à revelia apenas para aplicação das sanções cíveis, ficando ressalvado o direito de aplicação das sanções criminais em um novo processo aquando da prisão do réu.

O processo de polícia correccional também era alterado, embora o seu objecto fosse ainda definido nos termos vagos do diploma de 1833. A estrutura do processo manteve a natureza sumária do direito anterior, introduzindo-se, no entanto, a obrigatoriedade do registo da prova produzida em julgamento quando o crime fosse punível com pena superior à alçada do juiz.[635]

Da sentença proferida pelo juiz ordinário em processo de polícia cabia agora apelação para o juiz de direito ou, excedendo a alçada deste, para o Tribu-

---

[635] O registo da prova foi determinado pelo artigo 5, § 4 da lei de autorização de 1840, tal como sugeria Corrêa Telles no seu projecto. A dependência do registo da prova da moldura abstracta da pena prevista para o crime colocou, no entanto, um grave problema no caso do julgamento dos crimes puníveis com pena deixada ao arbítrio do juiz. A doutrina procurou resolver este problema, impondo ao juiz o dever de proceder a esse registo quando o juiz "assentar que deve impôr pena superior á sua alçada" (Corrêa Telles, 1849: 290, seguido por Duarte Nazareth, 1886: 346). Esta doutrina colocava o juiz em uma de duas situações: ou a de «assentar» em determinada pena no final da produção de prova e, portanto, em momento em que esta já não podia ser registada, ou a de assentar na probabilidade da aplicação de pena superior à sua alçada em face do auto de notícia, com grave prejuízo para a sua imparcialidade. Acresce a esta uma outra questão atinente à liberdade de o juiz singular julgar a matéria de facto sem vinculação a quaisquer regras legais sobre a prova nos mesmos termos que o fazia o júri. A doutrina discutiu intensamente esta questão, designadamente, a propósito da aplicabilidade do artigo 2512 do Código Civil no processo de polícia (O Direito, 1874: 516 e 517, Alexandre de Seabra, 1884: 305 e 306, Navarro de Paiva, 1895 a: 245 e 246, e 1901: 207, Teixeira de Magalhães, 1905: 194, Francisco Veiga, 1908: 317, Caeiro da Matta, 1913: 293 a 295, e José Dias, 1919: 623). Entre aqueles que advogavam a liberdade do juiz singular, alguns, como Navarro de Paiva e José Dias, salientavam, no entanto, a obrigação do juiz de fundamentar a decisão de modo a permitir a sindicância pelo tribunal de recurso da decisão sobre a matéria de facto. Em França, a *Cour de Cassation* admitia que o princípio da livre convicção previsto no artigo 312 do *Code d' Instruction* era um princípio geral de todas as formas de processo e que o tribunal correccional e o de polícia tinham o dever de motivar as suas decisões, não sendo determinada pela lei a extensão desse dever, mas podendo aquele alto tribunal controlar a legalidade do modo como foi obtida a prova (Faustin Hélie, 1866 d: 351 e 352, e 1867 b: 683 e 684, René Garraud, 1907: 517 e 519, Ali Rached, 1942: 167 e 168, e Bernard Bouloc, 1965: 411 e 427).

nal de Polícia Correccional e das sentenças proferidas pelo juiz de direito das comarcas ou pelos magistrados de polícia correccional em Lisboa e Porto cabia apelação para a Relação, suprimindo o legislador deste modo a participação do juiz recorrido na composição do tribunal de recurso. Quer no recurso para a Relação, quer no recurso para o Tribunal de Polícia Correccional as partes podiam produzir alegações orais, ampliando-se a sua intervenção na fase de recurso em relação ao disposto no diploma de 1833, mas ficando a lei portuguesa ainda muito aquém das possibilidades de defesa da lei francesa.

As garantias de defesa do réu eram ainda aumentadas em relação ao direito anterior com o reconhecimento da revista das decisões finais proferidas em processo de polícia correccional sempre que tivesse havido incompetência ou excesso de jurisdição.

Contudo, a experiência da Novíssima Reforma logo suscitou a crítica da doutrina, que lhe apontava alguns defeitos e omissões graves. Além das propostas de abolição do interrogatório judicial secreto do réu maior[636] e do juramento de calúnia,[637] a doutrina insurgiu-se contra o prazo da prisão preventiva antes da culpa formada,[638] o relatório feito pelo juiz aos jurados[639] e o modo

---

[636] Teixeira Guedes, 1845: 48 ("os interrogatorios ... sam restos das antigas torturas"), e Duarte Nazareth, 1886: 181.

[637] Dias Ferreira, 1892: 234.

[638] A doutrina criticou o prazo ordinário dos oito dias para formação da culpa nos processos com suspeitos detidos, considerando que a sua observância muitas vezes não era possível "quer por haver no juizo affazeres que tambem não podem addiar-se, quer por não se saberem, ou não se encontrarem logo as testemunhas do crime, quer ainda por serem os réos presos fora do logar onde estão as provas do crime, e ser preciso que se depreque para outro Juizo" (Castro Neto, 1845: 181). A insuficiência da lei portuguesa era tão mais evidente quanto ela fosse comparada com a sua congénere francesa. Com efeito, o código francês não só omitia qualquer prazo para a prisão preventiva, como a impunha sempre que o crime imputado fosse punível com pena aflitiva ou infamante e, quando o não fosse, aos vagabundos e aos refractários à justiça e a admitia sem restrições em matéria correccional, sem que ao detido fosse facultado qualquer meio de impugnação da decisão da *Chambre du Conseil*. Este regime, que atribuía ao juiz de instrução um poder quase discricionário na aplicação e manutenção da prisão preventiva e transformava a liberdade provisória em uma concessão verdadeiramente excepcional (Adolphe Chaveau e Faustin Hélie, 1845 a: 353, 357 e 364, Faustin Hélie, 1866 d: 50 e 51, André Lapeyre, 1936: 22, e Larocque, 1971: 121 e 122), só foi muito ligeiramente atenuado depois da *Cour de Cassation* ter decidido, em um importante *arrêt* de 15.7.1837, que a *Chambre du Conseil* não podia recusar a caução ao detido por facto que não fosse punível com pena aflitiva ou infamante. Acresce que o artigo 10 do *Code d' Instruction* atribuía aos prefeitos dos departamentos e ao prefeito da polícia de Paris a competência para proceder à detenção dos suspeitos pela prática de um crime com vista a entregá-los aos tribunais, não fixando para tanto prazo, o que constituía uma limitação grave da garantia jurisdicional em favor de uma autoridade administrativa directamente subordinada ao governo, tendo por isso sido interpretada restritivamente no sentido de se tratar de uma competência

não delegável, cujo exercício se limitava aos casos de flagrante delito em que os tribunais não tivessem ainda intervindo e tendo mesmo sido proposta a sua supressão (Adolphe Chaveau e Faustin Hélie, 1845 a: 554, Faustin Hélie, 1866 c: 127 a 129, René Garraud, 1915: 228 e 229, e Georges Burdeau, 1966: 148). Em Portugal, a prática iria recorrer a três artifícios para resolver esta questão crucial: o primeiro consistiu no entendimento generalizado de que o prazo previsto no artigo 988 da Novíssima não se aplicava aos casos excepcionais do artigo 1023 daquele mesmo diploma, podendo neles o arguido ser preso por oito dias, solto e de imediato preso por mais oito dias um número ilimitado de vezes (O Direito, 1877: 164, Adelino Neves e Mello, 1880: 33, Alexandre de Seabra, 1883: 337 e 338, Francisco Fernandes, 1896: 18 a 20, e Abílio de Sá, 1901: 60 a 63, todos criticando a prática, com a excepção deste último autor). O segundo artifício consistiu na prática dos despachos provisórios de pronúncia. Os artigos 996 e 997 da Novíssima suscitaram a dificuldade de saber se o prazo de cinco dias para interposição de agravo de injusta pronúncia se contava desde a notificação do primeiro despacho de indiciação, proferido logo que surgissem suficientemente indiciados algum ou alguns dos querelados, ou do despacho que encerrava o sumário da culpa, depois de ter sido preenchido o número legal de testemunhas. Como não se fixava expressamente prazo para o sumário, podiam os detidos indiciados ficar na cadeia indefinidamente, caso não se admitisse a impugnação da decisão de indiciação antes da conclusão do sumário. Ora, o parecer da procuradoria régia de 7.2.1841 entendeu que só podia ser interposto recurso de agravo de injusta pronúncia depois de encerrado o sumário, tese que vingou na prática (Castro Neto, 1845: 182) e foi consagrada pelo artigo 11 da Lei de 18.7.1855. A pronúncia provisória garantia assim a prisão preventiva além do prazo dos oito dias da lei, mantendo-se os autos em investigação. Para tornar realizável o controlo da pronúncia definitiva em tempo útil o legislador fixou também, na mesma lei de 1855, um prazo para a conclusão do sumário de trinta dias a contar do auto da querela, de acordo com aquela que era já a jurisprudência dos tribunais superiores, que consideravam em vigor neste ponto o direito antigo (Alexandre de Seabra, 1883: 337, e Faro e Noronha, 1905: 18). Contudo, o prazo fixado na lei de 1855 era meramente indicativo, não evitando "o abuso, tantas vezes praticado, de se apontarem, para completar o sumario, testemunhas residentes nas provincias ultramarinas ou em paiz estrangeiro, a fim de demorar a conclusão do processo preparatorio com prejuizo do réo preso e indiciado" (Dias Ferreira, 1892: 264). O terceiro artifício a que a prática recorreu para solucionar o problema da insuficiência do prazo de prisão preventiva sem culpa formada foi o da detenção policial para "averiguações" quer pelas autoridades administrativas quer pelas autoridades policiais, de que se dará conta adiante. Não obstante estes artifícios, a defesa dos réus presos continuou a invocar o prazo dos oito dias da Novíssima, que permaneceu intocado até ao final da monarquia, para pedir a libertação destes ("Raro é o processo de certa importância que em oito dias está em condições de ser lançado o despacho de pronuncia. O resultado é que passados os oito dias chovem nas Procuradorias Régias e nos respectivos tribunaes, requerimentos dos reus pedindo a sua soltura e queixando-se dos delegados e d' outros quaesquer funccionarios", António Ferreira Augusto, 1894: 35, e o acórdão do Tribunal da Relação do Porto, de 7.8.1900, in RT, ano 19º, 1900, p. 119 e 120).

[639] Duarte Nazareth (1886: 279) acusava a praxe de ter feito degenerar os relatórios em "discursos parciaes contra os accusados" e Alvaro Villela (1897: 32) concluía que a "parcialidade do juiz é quasi fatal, e esta fatalidade raras vezes é a favor dos accusados". António Macieira (1914: 55) também criticava o "abuso" resultante do modo como os relatórios eram feitos. Estas

A Jurisdição Penal Comum

de formulação dos quesitos consagrado na lei[640] e criticou três importantes omissões da lei, a de um prazo para o traslado das peças que tinham de formar o instrumento de recurso,[641] a de um elenco legal de crimes perseguidos através do processo de polícia[642] e a de um processo de ausentes.[643]

O legislador da Novíssima Reforma teve um propósito menos ambicioso do que o da reforma de 1836-1837,[644] procedendo apenas a um reforço das características mais importantes do novo modelo judiciário consagrado na Reforma Judiciária.

---

críticas doutrinárias multiplicaram-se, entre nós, na sequência da abolição do resumo em França pela Lei de 19.6.1881. O legislador francês considerou que este era o único meio de evitar o risco de a opinião do juiz presidente influenciar os membros não togados do júri e os outros membros togados da *cour*, aqueles no que respeitava à decisão da matéria de facto e estes no tocante à decisão sobre a pena (Sylvie Josserand, 1998: 380 a 383). Com a abolição do resumo ficou prejudicada a natureza do julgamento com intervenção do júri tal como ele tinha sido consagrado em Inglaterra, afastando-se ainda mais o modelo continental do modelo inglês (Julius Glaser, 1883: 153).

[640] Castro Neto, 1845: 202, Mendonça Cortez, 1861: 67 e 68, e Dias Ferreira, 1892: 303. Com grave prejuízo para o princípio da imediação, Mendonça Cortez sugeriu duas reformas do processo para obstar à dificuldade de concentração e síntese dos jurados: a formulação preliminar dos quesitos e a leitura obrigatória dos depoimentos das testemunhas no início da audiência de julgamento (Mendonça Cortez, 1861: 63 e 66).

[641] Duarte Nazareth, 1886: 315.

[642] Corrêa Telles, 1849: 285, e Castro Neto, 1845: 215.

[643] Corrêa Telles (1849: 284 e 291) censurava os reformadores por não terem consagrado uma forma de processo para julgamento de ausentes, tal como previa o *Code*, e acrescentava que, se os reformadores tivessem pretendido manter em vigor o Título 126 do Livro V das Ordenações, deveriam ter tido em conta que esta ordenação "se ressente do vício do século em que foi feita". Também Castro Neto (1845: 183 e 211) criticava a omissão da lei portuguesa, quer quanto à falta de um processo de ausentes, apontando o exemplo da lei francesa, quer quanto às graves deficiências do regime da prescrição do crime. Castro Neto (1845: 179) propunha mesmo que, não respondendo o réu presente às perguntas judiciais, fosse ele considerado confesso, julgado e condenado na pena máxima sem a intervenção do júri, ao que se opunha veementemente Duarte Nazareth (1886: 173), por aquela proposta estar em contradição com o "espirito que rege a actual legislação criminal, e porque attribue á confissão ficta effeitos que já a antiga jurisprudencia desde longos annos rejeitava". A proposta representava "uma tortura moral não menos odiosa que a corporal".

[644] O governo estava, aliás, limitado pelo teor da lei de autorização, a Lei de 28.11.1840. Afonso Costa (1899: 240 e 241) censurou o desfavor para com as magistraturas inferiores patente nesta lei quer na abolição das competências jurisdicionais dos juízes de paz, que passaram a exercer apenas uma função conciliatória, quer na diminuição da alçada dos juízes ordinários. Por outro lado, o autor chamou a atenção para a circunstância de que "cahiam pouco a pouco os sonhos architectados a proposito do jury criminal", sendo certo que "o jury civil ainda era mais rudemente ferido". Alberto dos Reis (1909: 87 e 88) e Chaves e Castro (1910: 179) reiteraram esta doutrina.

A substituição da ratificação da pronúncia pela faculdade da interposição do agravo do despacho de pronúncia ou de não pronúncia e a possibilidade de anulação das respostas dadas aos quesitos pelo juiz eram medidas já parcialmente consagradas na Nova Reforma e que o legislador em 1841 somente ampliou, quer alargando a faculdade de interposição do agravo do despacho de pronúncia ou de não pronúncia também à matéria da prova quer admitindo a anulação das respostas ainda que fosse unânime a decisão dos jurados.

Ambas as opções correspondiam a um propósito político de reforçar os poderes do juiz de direito no final da fase do processo preparatório e na fase de julgamento, em detrimento da ampla competência atribuída aos jurados no modelo judiciário consagrado na Reforma de 1832. Este reforço dos poderes do juiz letrado, que não se verificava apenas na forma de processo comum, mas também na forma de processo especial para julgamento dos crimes de contrabando e descaminho, não era, aliás, uma particularidade do processo penal, registando-se de igual modo no processo civil, onde a intervenção do júri já só tinha lugar quando qualquer das partes assim o declarasse antes de aberta a audiência geral.

A Novíssima Reforma punha também cobro à complexa sobreposição de competências entre as duas magistraturas populares inferiores, resultante da omissão do legislador da Nova Reforma no que toca à regulamentação da competência para julgamento dos crimes de polícia na primeira instância. Assim, a lei atribuía competência criminal apenas aos juízes ordinários e toda a competência transgressional de primeira instância apenas aos juízes eleitos.

Esta clara divisão de competências não obstou, contudo, a uma aproximação substancial dos processos especiais de transgressões e de polícia correccional, por intermédio do abaixamento da alçada do juiz ordinário e da consagração da obrigatoriedade do registo da prova no processo de polícia, por um lado, e, por outro, da recepção integral das inovações da Nova Reforma no sentido da solenização do processo de transgressões. Contudo, a medida que mais aproximou estas duas formas de processo especiais e que, simultaneamente, mais reforçou as garantias de defesa do réu em ambas foi uma outra, a da alteração do sistema de recursos, afastando da composição do tribunal de recurso o próprio juiz recorrido. O carácter mais grave do ilícito julgado pelos magistrados de polícia justificava, além daquela novidade, a introdução da garantia adicional da revista nos processos de polícia.

Não obstante o aperfeiçoamento das formas de processo especiais, a fragilidade da defesa era ainda patente no processo de polícia, devido quer ao carácter fragmentário e lacunoso das regras de produção de prova na audiên-

A Jurisdição Penal Comum 261

cia,[645] quer a uma prática jurisprudencial da sindicância liminar da matéria criminal participada [646] e da tomada de declarações do queixoso ou de testemunhas do cometimento do crime na fase preparatória do processo, o que redundava em um prejuízo grave para a imparcialidade do juiz de julgamento.[647]

Por outro lado, a irrecorribilidade do despacho que julgava subsistente o corpo de delito e abria a fase de julgamento [648] e da sentença final que condenasse em pena dentro da alçada do juiz e a limitação da revista aos casos de incompetência e excesso de jurisdição eram ainda agravadas pelo efeito perverso da custódia preventiva resultante da interposição de qualquer recurso pelo réu condenado em pena de prisão ou de degredo. Se o legislador da Novíssima já permitia a imputação no cumprimento da pena definitiva do tempo da custódia preventiva sofrida pelo condenado depois da prolação da sentença e antes do seu trânsito em julgado e mesmo a soltura do réu cujo tempo de custódia igualasse o da pena fixada na primeira instância, suavizando o regime duríssimo do Decreto de 12.12.1833, ele ressalvava, no entanto, o cumprimento da parte restante da pena no caso de a instância superior agravar a pena.[649] Apesar do reco-

---

[645] O direito de o réu apresentar testemunhas de fora da comarca para serem ouvidas por deprecada e a faculdade de adiamento da audiência por falta de uma testemunha não eram admitidos, mas também não eram expressamente proibidos pela lei, tendo sido, contudo, admitidos pela doutrina por analogia com o processo ordinário (Dias Ferreira, 1892: 335, Silva, 1895: 63, Delgado de Carvalho, 1897: 131, e Teixeira de Magalhães, 1905: 172).

[646] António Ferreira Augusto (1905 b: 252) censurava a prática jurisprudencial de arquivamento dos autos por inexistência de ilicitude dos factos apenas em face da participação.

[647] Era, aliás, a própria doutrina que exigia que a preparação do processo se não reduzisse a um simples auto de notícia assinado pelo denunciante ou pelo queixoso (Teixeira Guedes, 1845: 109, Duarte Nazareth, 1886: 343 e 344, Silva, 1895: 61, Dias da Silva, 1903: 821, e Marnoco e Souza, 1907: 166). Na prática, o juiz procedia a diligências várias para descobrir o agente do crime, discutindo-se mesmo se eram recorríveis os despachos proferidos no corpo de delito. A jurisprudência não admitia a interposição de qualquer recurso de despachos interlocutórios proferidos no corpo de delito, ao invés da doutrina, que se encontrava dividida sobre a admissibilidade do recurso para a Relação e até para o Supremo Tribunal de Justiça destes despachos (a favor, Trindade Coelho 1910: 63, e Eduardo Carvalho, 1912: 207, 297 e 313, e 1919: 333 e 334, e, contra, Teixeira de Magalhães, 1905: 195, e José Dias, 1919: 544.

[648] A doutrina equiparava este despacho à indiciação no processo de querela, podendo o juiz deferir em parte ou na totalidade à queixa em face do que constasse dos autos (Delgado de Carvalho, 1897: 130, Dias da Silva, 1903: 822, Emygdio da Silva, 1909: 237, Marnoco e Souza, 1907: 167, e Eduardo Carvalho, 1912: 207). Contudo, desde 1842, era procedimento obrigatório para o Ministério Público a interposição de agravo no auto de processo deste despacho quando ele mandasse julgar em correccional, devendo ser o réu julgado em ordinário, recorrendo também a final de revista pela incompetência do meio (José Ribeiro Perry e Luiz Furtado Galvão, 1884: 65).

[649] O legislador português manteve inalterado o regime da custódia preventiva até à aprovação da famosa Lei de 14.6.1884, como se verá melhor adiante, tendo o artigo 95 do Código

262 *A Reforma da Justiça Criminal em Portugal e na Europa*

nhecimento mais amplo do direito do réu de interposição de recurso, a custódia preventiva diminuía gravemente a eficácia prática desta garantia, sobretudo tendo em conta a possibilidade, expressamente consagrada pela nova lei, da *reformatio in pejus* pelo tribunal de recurso.[650] A reforma deste "juízo inquisitorial" era, por isso, exigida pela doutrina, que qualificava a legislação vigente como arbitrária.[651]

Penal de 1852 agravado ainda a situação processual do réu condenado. Com efeito, este preceito dispunha que a execução das penas temporárias começava a correr desde o dia em que passasse em julgado a sentença condenatória, com o que o legislador procurou preencher uma lacuna do direito positivo relativa à determinação do início da execução da pena nos casos frequentes de réus condenados em pena de degredo ou de trabalhos públicos que o governo mantinha nas cadeias por muitos anos sem transportar para o seu destino (Levy Jordão, 1853: 220, Silva Ferrão, 1856 b: 157, e Abílio de Sá, 1901: 110). Este preceito novo constituía a tradução literal de uma disposição introduzida trinta anos antes no direito francês, o artigo 23 do *Code* Pénal, na versão da Lei de 28.4.1832, com o qual o legislador francês visou alcançar objectivo idêntico (Adolphe Chaveau, 1832: 139 a 141, e Adolphe Chaveau e Faustin Hélie, 1845 a: 119). A questão fundamental que se colocou foi a da revogação tácita parcial da disposição do artigo 1257 da Novíssima pelo artigo 95 do Código Penal, em face da incompatibilidade entre o início da execução da pena com o trânsito da sentença condenatória e a sujeição do presumido inocente a longos e penosos períodos de custódia cautelar resultante da inadmissibilidade da fiança (no sentido da revogação, O Direito, 1874: 516, e 1876: 4 e 5, Alexandre de Seabra, 1876: n. 32, p. 497, que afirmava "Excepção contradictoria e odiosa era esta, porque no maior numero de casos tornava inutil o recurso, e não é isso indifferente em questões de liberdade individual. Por mais depressa que se ande, quando se chega a decidir o recurso na relação, tem já o reu cumprido a pena", e Henriques Secco, 1881: 39, mas contra Jornal da Jurisprudencia, 1865: 483 a 486, António Gil, 1866 a: 176, e 1866 b: 28, e Revista de Legislação e Jurisprudência, 1869: 497 e 498, e 1876: 359 e 360, concluindo esta revista que "Bem sabemmos que a lei é injusta ..., todavia, emquanto a lei não fôr revogada, incumbe ao juiz observal-a e fazel-a cumprir"). A polémica só ficaria resolvida em 1884. Acresce que o teor literal do preceito do CP de 1852 opunha-se a uma praxe muito liberal que se tinha instituído nos tribunais portugueses de ponderação de todo o tempo de prisão sofrida até ao trânsito da condenação, tendo-se generalizado depois da publicação do novo Código Penal o entendimento de que aquele preceito não permitia sequer a imputação no cumprimento da pena definitiva do tempo de custódia preventiva sofrida na pendência dos recursos (Silva Ferrão, 1856 b: 156, e Henriques Secco, 1881: 40). Também esta questão só ficaria definitivamente resolvida em 1884.

[650] A faculdade da *reformatio in pejus* não tinha paralelo no direito francês. O *Code d' Instruction* não previa a *reformatio in pejus* em recurso interposto pelo réu e a jurisprudência, fundada na doutrina do *Avis do Conseil d' État* de 12.11.1806, desde sempre considerou vedada tal possibilidade. Só muito mais tarde, a Lei de 22.4.1925 consagrou o recurso *d' appel incident* (Faustin Hélie, 1867 d: 491, René Garraud, 1915: 454 e 455, e Bourdeaux, 1931: 137 e 138).

[651] Dias Ferreira pronunciava-se nestes termos: "Vou já dizendo que o juizo correccional é, segundo a lei vigente, o arbitrio do juiz. A nossa felicidade tem sido que os juízes em geral não abusam d' esse arbitrio" (Dias Ferreira, 1884: 32 e 33). O crítico anónimo da RLJ (M. A., 1877: 27) tirava um outro balanço da prática, concluindo pela necessidade urgente de reforma do processo de polícia "por ser demasiado summario e ter produzido frequentes e graves offensas

A reforma da Novíssima foi completada, tal como a primeira, com um conjunto de iniciativas legislativas. Estas iniciativas, que diziam respeito à organização do Supremo Tribunal de Justiça, à abolição dos tribunais especiais e à introdução de uma nova forma de processo especial, teriam, no entanto, ao contrário das que completaram a reforma de Mouzinho da Silveira, uma longevidade notável.

A Lei de 19.12.1843 alterou o disposto no Decreto de 19.5.1832 e alguns preceitos do capítulo III do título XIX e do capítulo único do título XX da Novíssima sobre a competência e a ordem de serviço do Supremo Tribunal de Justiça. O âmbito da acção de nulidade ou rescisão de sentença foi alargado, incluindo, além dos casos mencionados no artigo 5 do Decreto de 19.5.1832, a sentença proferida com base em documentos falsos, o surgimento de novos documentos, que destruíssem a prova que serviu como fundamento no anterior julgamento, sem que fossem coadjuvados por prova testemunhal, e a falta ou nulidade de citação, quer para a acção declaratória quer para a executiva.[652]

Os fundamentos da revista foram consideravelmente alargados, tendo este recurso lugar quando houvesse nulidade do processo por preterição de um acto essencial ou de fórmula para ele estabelecida por lei com pena de nulidade ou quando ocorresse uma nulidade de sentença, por esta julgar directamente o contrário do que dispunha qualquer lei do reino, por fazer uma aplicação da lei manifestamente errada ou por conter algum defeito substancial ou de que resultasse

---

das garantias individuaes". Também em França, a doutrina concluiria do mesmo modo que a "nossa tradição francesa, inquisitória, encontra-se na justiça que fazem os tribunais de simples polícia e os tribunais correccionais" (Donnedieu de Vabres, 1929: 118).

[652] A doutrina encontrava-se profundamente dividida sobre a amplitude da nova previsão legal. Corrêa Telles (1849: 297) criticava o teor ainda restritivo do artigo 17 da Lei de 1843, pois esta disposição "não remedea o mal que tinha causado o art. 5 do Decr. de 19 d' Agosto de 1832", aconselhando por isso a reposição em vigor do Título 75 do Livro III das Ordenações. Ao invés, Chaves e Castro (1866: 236 e 237) entendia que o diploma de 1843 tinha sanado as deficiências do de 1832 neste tocante, não se justificando a doutrina que tinha florescido em face deste diploma, ainda defendida por Hintze Ribeiro (1872: 20), de que a lei nova só dispunha para as sentenças das causas que subiam em recurso de revista para o Supremo Tribunal de Justiça, mantendo-se em vigor as Ordenações para todas as outras. O propósito do legislador foi antes o de juntar aos fundamentos de nulidade da sentença fixados no diploma de 1832 apenas mais quatro fundamentos, excluindo os outros que a lei antiga admitia e, designadamente, o do benefício da restituição. Por sua vez, Machado Ferraz (1844: 42 e 43) considerava a faculdade de apresentação de novos documentos uma "arma poderosa que se põe á disposição d' um insidioso e perfido litigante", pois este remédio servia na lei antiga somente como fundamento dos embargos à execução e só depois de a parte ter jurado que o documento lhe tinha chegado novamente ao conhecimento (Ordenações, Livro III, Título 87, § 8) e a lei nova não adoptava semelhante cautela.

264   *A Reforma da Justiça Criminal em Portugal e na Europa*

nulidade em conformidade com o disposto no Livro III, Título 75, das Ordenações Filipinas. Estas nulidades eram de conhecimento oficioso.

O Supremo passou a julgar em definitivo sobre as nulidades processuais, cabendo no caso de nulidade do acórdão da Relação o reenvio da causa para uma Relação diferente ou a baixa à mesma Relação, se nela houvesse ainda juízes que não tivessem entrado no anterior julgamento,[653] e no caso de nulidade da sentença da primeira instância o reenvio necessário para um tribunal diverso.[654] A decisão do Supremo Tribunal de Justiça denegatória da revista admitia embargos de declaração em processo crime.

Após a concessão da revista, as Relações conheciam por sete votos conformes no crime e por cinco votos conformes no cível.[655]

Deste acórdão cabia em face da lei nova segunda revista. Se o acórdão da Relação tivesse os mesmos fundamentos do primeiro ou os mesmos e diversos conjuntamente, o Supremo Tribunal de Justiça decidia então em secções reunidas sobre o ponto de direito disputado, devendo a Relação conformar-se com essa decisão.[656]

---

[653] Inicialmente, as Relações conheciam nos processos em que era concedida revista de questões e nulidades de que o Supremo Tribunal de Justiça não tinha feito caso. Em face da oposição da doutrina, também as Relações passaram a decidir que, anulada uma sentença por ter sido proferida contra o direito, o novo julgamento só incidia sobre o ponto restrito por que tinha sido concedida a revista (Castro Neto, 1845: 156 e 161, e Eduardo Carvalho, 1919: 277).

[654] Quase cinquenta anos depois da entrada em vigor deste preceito, Dias Ferreira dava conta da raridade com que o Supremo Tribunal de Justiça remetia os autos em que tivesse julgado verificada a nulidade da sentença proferida pelo tribunal de primeira instância a um outro tribunal (Dias Ferreira, 1892: 11).

[655] A doutrina criticava a exigência dos sete votos conformes, que colocava o problema, com que os tribunais superiores já se tinham deparado, da não verificação da conformidade dos votos dos juízes que tinham visto o processo. Castro Neto (1845: 138) entendia que deveriam votar os juízes que fossem presentes à discussão da conferência, mesmo que não tivessem visto os autos, e, não se alcançando os sete votos conformes, deveria proceder-se a nova conferência com todos os juízes do Tribunal da Relação. O legislador foi sensível à crítica e alterou esta exigência, determinando a Lei de 18.7.1855 que as causas crimes por virtude de concessão de revista fossem julgadas no Tribunal da Relação por cinco votos conformes. Estas regras seriam modificadas em 1892, com a aprovação da grande reforma do sistema de recursos.

[656] A doutrina anteviu logo nesta previsão o perigo de poder haver "um sem numero de revistas" quando os fundamentos fossem absolutamente diversos, prolongando-se os processos "infinitamente", pois as revistas seriam consideradas primeiras para todos os efeitos (Machado Ferraz, 1844: 34 e 44, Castro Neto, 1845: 153, e Eduardo Alves e Sá, 1888: 89). Este perigo era, no entanto, consideravelmente maior no regime de 1832, que tinha como consequência inelutável a "quasi perpetua cassação", a repetição dos recursos de revista das decisões dos tribunais inferiores até que estes respeitassem a doutrina do tribunal superior ou a parte agravada com as despesas desistisse (Machado Ferraz, 1840: 46).

A fonte desta última previsão legal foi a lei francesa de 1.4.1837. O artigo 5 da lei portuguesa consagrava expressamente a doutrina dos números 1 e 2 do artigo único da lei francesa.[657] A alteração legislativa justificava-se pelo repetido desrespeito pelos tribunais inferiores das razões de direito que o tribunal de cassação invocava para a anulação da decisão recorrida, decidindo os tribunais inferiores como bem entendiam a causa no segundo julgamento.[658] Para evitar definitivamente este perigo o legislador português completou a lei francesa, vedando a possibilidade de a Relação apreciar diferentemente os factos depois da decisão cassatória do Supremo.[659]

---

[657] A nova lei francesa de 1837 aboliu definitivamente o procedimento do *référé* antecedente, tal como previam os diplomas de 1790 e de 1807, e o do *référé* posterior, previsto pela Lei de 1828, completando-se o processo de transformação da natureza primitiva do tribunal de cassação enquanto órgão de controlo político das violações do princípio da separação de poderes em um órgão de garantia da uniformidade da jurisprudência, que desempenhava, "no interior do ordenamento judiciário, uma função normal e, por assim dizer, fisiológica" (Édouard Bonnier, 1853: 223, Piero Calamandrei, I, 1920: 526 e 534, e Romuald Szramkiewicz e Jacques Bouineau, 1998: 278). Deve, contudo, salientar-se o facto de que a *Cour* já exercia esta função na prática desde o início do século e, sobretudo, desde 1815, afastando-se gradualmente de "um controlo mecânico de aplicação da lei escrita" (Gérard Sautel e Jean-Louis Harouel, 1997: 447). Nos Estados alemães o legislador seguiu outro caminho. O § 148 da *Verordnung* prussiana de 1849 consagrava a faculdade de o *Obertribunal* conhecer de imediato da causa quando julgasse procedente uma *Nichtigkeitsbeschwerde* fundada na aplicação errónea ou na não aplicação da lei, podendo também reenviar o processo para um novo julgamento pela instância quando houvesse necessidade de alterar a base de facto. Tratando-se de um recurso fundado em lesão de uma formalidade, o *Obertribunal* anulava a decisão recorrida e ordenava a realização de um novo julgamento diante do mesmo ou de um outro tribunal. Por sua vez, o § 372 da *Strafprozessordnung* austríaca de 1850 previa o conhecimento definitivo da causa pelo *Cassationshof* quando o segundo julgamento fosse anulado com base nos mesmos fundamentos que tinham determinado a procedência da primeira *Nichtigkeitsbeschwerde*, salvo se o tribunal superior entendesse que era necessário ouvir as partes sobre a medida da pena, caso em que ordenava o reenvio dos autos à instância, que estava vinculada ao juízo de direito do *Cassationshof*.

[658] Deste modo, a Relação a que baixasse o processo depois da anulação praticava "um acto de superioridade", encontrando-se o Supremo Tribunal de Justiça "em estado de inferioridade". As "decisões provisórias" do Supremo tinham apenas o efeito de receber ou negar a apelação de uma Relação para a outra, vigorando efectivamente "o systema absurdo das appellações reciprocas" (Costa e Simas, 1843: 6 e 7).

[659] Os deputados estavam alertados para a circunstância de alguns tribunais de apelação franceses se terem prevalecido da faculdade de modificar a qualificação jurídica dos factos depois da decisão do tribunal de cassação para deixarem de aplicar a decisão superior (Costa e Simas, 1843: 15). Este autor considerava que este melhoramento revelava que a nova lei não era uma "servil imitação" da lei francesa. Não tem, por isso, em parte, razão, Paulo Merêa (1948: 72) quando conclui que, se a primeira geração liberal teve o propósito de actualizar a antiga instituição da revista, ela converteu-se, contudo, rapidamente em um "decalque da cassação francesa".

Os críticos consideravam, contudo, que não havia nas decisões discordantes dos tribunais inferiores menoscabo para a corte suprema, pois "que aquella sempre foi obedecida, quando cassou o processo, e conferio competencia a outrem. Nisto é em que consiste sómente a sua grande attribuição".[660] Por outro lado, a instituição de "uma terceira instância", munida de um poder decisório definitivo sobre a aplicação da lei constituiria "um verdadeiro estado no estado", seria por si só "um poder terrivel sem correctivo que lhe obste substituir á vontade da lei uma vontade contraria".[661]

A questão da constitucionalidade da nova competência decisória do Supremo Tribunal de Justiça em face do disposto nos artigos 125 e 131 da Carta colocou-se de imediato.

Os críticos argumentavam que o Tribunal da Relação era despojado pela lei nova da sua competência, fixada constitucionalmente, para julgar em segunda e última instância.[662] Os defensores da lei nova respondiam que esta deixava incólume a competência do Tribunal da Relação de aplicar aos factos o

---

[660] Machado Ferraz, 1844: 16. O autor manifestava-se abertamente contra a adopção em Portugal da doutrina da lei francesa de 1837, por três tipos de razões: a doutrina da lei nova violava a teoria da cassação e a competência dos Tribunais da Relação, era desconforme com a tradição jurídica nacional, que tinha sido consagrada nas Ordenações Filipinas e no Decreto de 1832, e aumentava a duração dos processos com a admissão de duas ou mais revistas sucessivas (Machado Ferraz, 1844: 29, 31 e 34).

[661] Antonio Mello e Carvalho, 1843: 8, e José Sarmento de Queiroz, 1850: 110. A caracterização da interpretação do Supremo Tribunal de Justiça como uma interpretação autêntica, porque vinculativa, e a consequente violação do princípio da divisão de poderes constituíam os principais argumentos destes autores contra a nova lei: "teremos finalmente um tribunal de justiça, legislativo em miniatura, que fará tantas leisinhas quantos fôrem os casos que se lhe apresentarem a julgar em segunda instância" (Mello e Carvalho, 1843: 14). O autor não escondia também o temor de, na prática, o Supremo Tribunal de Justiça vir a constituir-se em uma verdadeira instância, sobretudo nas causas cíveis, onde muitas vezes era difícil separar a questão de facto da de direito (Mello e Carvalho, 1843: 47, e, do mesmo modo, José Sarmento de Queiroz, 1850: 87 e 110). O "despotismo da opinião" do Supremo Tribunal de Justiça, como reverso da obrigação "monstruosa" imposta aos juízes da Relação de se conformarem com o decidido pelo Supremo, continuou a ser invocado pela doutrina (Alberto Garrido, 1869: 152, e Eduardo Alves e Sá, 1888: 103 e 108). Ao invés, Costa e Simas argumentava que o abuso também podia provir das Relações e não apenas do Supremo e que a questão estava em saber "a qual destes Tribunaes convém mais confiar tão grande como perigoso poder". Tendo em conta que a nova lei não conferia ao Supremo "a interpretação authentica, mas só a doutrinal", o autor concluía que, "não offerecendo as Relações, apesar de offerecerem muitas e mui grandes, tantas garantias como Supremo Tribunal, segundo acabamos de ponderar, não deve nem póde haver a menor hesitação na escolha" (Costa e Simas, 1843: 18 a 20 e 25).

[662] António Mello e Carvalho, 1843: 9, Machado Ferraz, 1844: 44 e 45, Castro Neto, 1845: 87 a 90, e Antonio Garrido, 1869: 148.

direito definido pelo Supremo e, portanto, a sua competência para julgar em última instância da causa.[663]

A praxe confirmou os receios da doutrina, verificando-se com o decurso do tempo uma "irresistivel propensão para alargar o campo das nullidades com mui pouca conveniencia publica, bem como para entrar na apreciação das provas, e alterar os factos, taes como as Relações os estabelecem".[664] A "intoleravel exaggeração" com que o Supremo Tribunal de Justiça exercia a sua função, que "só consiste em destruir", pedia também uma reforma urgente do regime das nulidades.[665]

Cedo a doutrina passou a discutir outras soluções legislativas. Duas correntes se formaram, uma privilegiando a Relação como tribunal do julgamento definitivo da causa e a outra dando preferência ao Supremo Tribunal. Assim, Castro Neto propunha a abolição da segunda revista depois de a Relação ter confirmado por uma maioria de quatro votos no cível e de cinco votos no crime o acórdão cuja revista tivesse sido concedida por errada aplicação da lei ou nulidade insuprível. Para reforma do regime de nulidades o autor sugeria o suprimento da nulidade pela Relação sempre que por cinco votos conformes se decidisse que "não foi prejudicada essencialmente a defeza, ou a accusação, e que a verdade está sabida pelo processo". Nos feitos cíveis, era ainda admitida a apresentação de embargos ao acórdão da Relação revisora, que seriam definitivamente decididos, à pluralidade absoluta de votos, por um "Parlamento Judicial", composto de todos os juízes dos tribunais superiores e de primeira instância da capital.[666]

Mais longe ia a proposta de Alexandre Seabra, que nas suas "Bazes para a Reforma da Organisação e Processo Judicial" conferia ao Supremo Tribunal de Justiça o direito de "cassação absoluta" fundado em erro de apreciação de facto ou direito. O Supremo Tribunal de Justiça não conheceria, no entanto, a causa em última instância, devendo os autos baixar à Relação, que julgaria em definitivo e por maior número de juízes do que o Supremo.[667]

---

[663] Costa e Simas, 1843: 23 e 24. O autor argumentava que a disposição do artigo 125 não tinha natureza constitucional e não excluía a existência de excepções, como eram os casos dos artigos 1032 e 1033 do Código Comercial, do § 1 do artigo 118 e do § 4 do artigo 241 da Novíssima, sendo certo que a lei nova não implicava a formação de uma nova instância, uma vez que o Supremo não conhecia das provas.

[664] Castro Neto, 1855: 92.

[665] Castro Neto, 1855: 53 e 78.

[666] Castro Neto, 1855: 57 e 58.

[667] Alexandre Seabra, 1887: 18. Também assim, Trindade Coelho, 1908: 568. Esta tese opunha-se frontalmente à doutrina comum sobre os poderes de um Supremo Tribunal de Justiça, que era exposta, por exemplo, por Lopes Praça. O autor considerava que o sistema de recursos

268   *A Reforma da Justiça Criminal em Portugal e na Europa*

Ao invés, criticando abertamente o sistema de julgamento provisório pelo Supremo da nulidade da sentença contrária ao direito, Alves e Sá entendia que era indispensável que "a decisão do Supremo tribunal tenha mais authoridade do que a decisão de direito das relações e, ao mesmo tempo, que se salve a independencia d' ellas no seu julgado" [668] e propunha a concessão ao Supremo Tribunal de Justiça da competência para julgar definitivamente os feitos nas revistas por aplicação do direito manifestamente errada ou contra a lei, com base na omissão da Carta a propósito do tribunal competente para decidir o feito depois da concessão da revista.[669] A revista devia ser interposta, no crime como no cível, directamente da primeira instância para o Supremo Tribunal quando tivesse intervindo o júri, sendo dispensável a sobreposição de um duplo juízo sobre a decisão de direito proferida no tribunal de primeira instância.[670]

Também criticando o sistema vigente como "incongruente e desharmonico", por implicar "a negação da funcção judiciária do supremo tribunal", Afonso Costa advogava a prolação pelo Supremo da decisão definitiva sobre o julgado contra o direito sem remessa ao tribunal inferior para o efeito.[671] O autor alterava deste modo radicalmente a sua opinião anterior, expressa no ano de 1899, no sentido de que o tribunal supremo deveria manter apenas um poder censório, cujo exercício possibilitaria alcançar uma "uniformidade progressiva na aplicação da lei".[672] Alberto dos Reis repetiria, nos seus precisos termos, a crítica do seu mestre, acrescentando ainda que as únicas garantias razoáveis contra o despotismo do Supremo Tribunal se encontravam na censura da doutrina e na intervenção do poder legislativo para interpretação autêntica das leis obscuras.[673]

---

da lei de 1843 dava lugar à prossecução pelas partes de um interesse particular junto do tribunal supremo e, portanto, "não é verdadeiramente a traducção do pensamento do Supremo Tribunal de justiça nem determina o alcance da sua missão". O tribunal supremo podia e devia controlar a admissão ou rejeição das provas, mas não podia sindicar a apreciação que delas tinha sido feita pela instância e pela Relação (Lopes Praça, 1879: 346).

[668] Eduardo Alves e Sá, 1888: 105.

[669] Ao recuperar a tese de Ferreira Borges, Alves e Sá evitava a crítica da constituição do Supremo Tribunal de Justiça como uma terceira instância com o argumento de que o julgamento da revista não implicava a criação de uma nova instância, devendo o Supremo Tribunal de Justiça respeitar a decisão sobre a matéria de facto dos juízes inferiores (Eduardo Alves e Sá, 1888: 114 e 130).

[670] Eduardo Alves e Sá, 1888: 132.

[671] Afonso Costa, 1903: 231 a 233.

[672] Afonso Costa, 1899: 320 e 321.

[673] Alberto dos Reis, 1909: 196 a 198. Também em França se fizeram ouvir propostas neste sentido. Raoul de la Grasserie (1914: 741 e 742) criticou violentamente o sistema vigente desde 1837, qualificando como "ilógico e praticamente desastrado" e propondo que, como no

Não obstante a sucessão das propostas doutrinárias, o sistema da revista criminal permaneceu intocado até à década de oitenta.[674]

A segunda iniciativa legislativa que completou a Novíssima Reforma foi a publicação da Lei de 12.3.1845. Esta lei aboliu as conservatórias das nações estrangeiras e estabeleceu a faculdade de o réu estrangeiro requerer a participação de jurados da sua nacionalidade no júri, salvo no julgamento de certos crimes mais graves, de crimes cometidos contra outro estrangeiro, dos casos em que a nação estrangeira não reconhecesse semelhante direito aos portugueses ou quando fosse impossível formar o júri com os requisitos legais. A lei determinava ainda que competiria ao governo declarar quais as nações cujos nacionais beneficiariam de tal direito, tendo apenas um diploma, o Decreto de 27.3.1845, declarado que os ingleses beneficiavam da faculdade de constituição de júri misto.[675]

A terceira iniciativa legislativa reformadora foi a da criação de um processo especial para julgamento de réus ausentes, aprovado pelo Decreto de 18.2.1847 e confirmado pela Lei de 19.8.1848.

A exigência da consagração desta forma processual já se ouvia há muito na doutrina, devendo-se a primeira tentativa de concepção teórica de um processo para julgamento de réus ausentes após a entrada em vigor da legislação liberal a José Manuel da Veiga no seu "Código Penal da Nação Portugueza".

---

direito alemão, a questão de direito fosse logo conhecida definitivamente pelo tribunal de cassação ou que este conhecesse mesmo da causa quando não houvesse necessidade de alterar a base de facto.

[674] Entretanto, com a entrada em vigor do CPC, o Supremo passou a julgar definitivamente certas nulidades da sentença em processo civil, as previstas no artigo 1054, n. 1, § 2 do CPC. Em relação às restantes nulidades, conformando-se a Relação com a doutrina do acórdão do Supremo Tribunal de Justiça que concedesse revista, só tinha a decisão de ser votada por três votos. A segunda revista só era admitida no caso de a Relação não se ter conformado com aquela doutrina e independentemente dos fundamentos da decisão. O novo recurso era sempre julgado pelo Supremo Tribunal de Justiça em secções reunidas e a decisão de direito era definitiva se confirmasse a decisão recorrida e vinculativa para a Relação se a anulasse. A Relação podia, contudo, no terceiro julgamento alterar a decisão da matéria de facto, ao invés do que ocorria em face da lei de 1843 (Dias da Silva, 1903: 738 e 739). A doutrina considerou, no entanto, que o CPC de 1876 não alterou a natureza do Supremo Tribunal de Justiça (Eduardo Alves e Sá, 1888: 60).

[675] A Lei de 12.3.1845 foi antecedida pela celebração do tratado de 29.7.1842 com a Inglaterra, que aboliu a conservatória inglesa. Esta conservatória foi, contudo, restabelecida por Decreto de 5.5.1847, mas veio a ser de novo extinta pelo Decreto de 18.2.1848. Sobre a concessão do privilégio do juízo privativo pelos monarcas portugueses aos nacionais de vários povos, Marnoco e Souza, 1910 b: 298 e 299. Segundo Corrêa Telles (1849: 22), o foro especial dos estrangeiros a que tivessem sido atribuídos conservadores por tratado só dizia respeito às causas mercantis e só por abuso se tinha estendido a competência das conservatórias às causas cíveis e mesmo às causas crimes. As conservatórias julgavam de acordo com o direito português (Pedro Martins, 1902: 72).

Neste projecto, oferecido pelo autor ao governo em 1833, incluía-se uma regulamentação minuciosa do julgamento dos réus ausentes e contumazes.[676]

O projecto pressupunha a distinção processual entre os ausentes indiciados em algum ilícito e os contumazes e, ao invés do direito anterior, previa a suspensão do processo crime após a pronúncia dos réus ausentes. O réu ausente já indiciado era citado editalmente, com a cominação do aresto dos seus bens. A citação edital da pronúncia tinha por único efeito o arresto dos bens do réu no valor correspondente "ao montante do maximo da mulcta respeitante ao malefício, e mais metade" (artigo CCCCXLVIII). Decorrido um prazo equivalente ao da prescrição da pena da sentença condenatória, era proferida sentença fixando a multa e as custas, que eram cobradas do montante arrestado dos bens do réu.

Em qualquer altura em que comparecesse o réu ausente, prosseguiria o processo crime, com a dedução da acusação, sendo-lhe devolvido o valor da multa, mas não o das custas, se fosse absolvido no julgamento.

Ao invés, o réu verdadeiramente contumaz era processado nos termos regulares, tomando a causa no estado em que esta se encontrasse quando aparecesse em juízo. Contudo, os efeitos da condenação cessavam se o contumaz fosse preso ou aparecesse dentro de um prazo equivalente à quarta parte da prescrição da pena da sentença condenatória: "neste caso se declarará nulla a sentença, e se lhe formará nova accusaçam" (artigo CCCCLII), suportando sempre as custas do primeiro processo e os efeitos decorrentes da declaração de morte civil naquele processo.

Logo no ano a seguir ao da apresentação do projecto de Manuel da Veiga, foi ensaiada por Machado Ferraz uma outra tentativa de regulamentação do julgamento dos réus contumazes, radicalmente distinta da anterior.

A proposta deste juiz da Relação assentava no princípio de que "a contumacia merece ser castigada, como contumacia, e nada mais". O fundamento deste princípio era o de que o contumaz já era suficientemente punido com as penas da contumácia, isto é, a perda de direito civis e políticos e a devolução dos bens aos herdeiros do acusado enquanto não comparecesse em julgamento,

---

[676] O autor do projecto ofereceu-o ao governo em 1833, tendo por Portaria de 19.12.1836 sido nomeada uma comissão de revisão composta pelo subsecretário de estado para os negócios da justiça, António Fernandes Coelho, pelo juiz do tribunal comercial de segunda instância, Francisco de Paula Aguiar Ottolini, e pelo ajudante do Procurador da Fazenda, Filippe Arnaud de Medeiros. Esta comissão concluiu os seus trabalhos de revisão do projecto, nos quais participou o autor do projecto, em apenas onze dias, dando parecer favorável à aprovação do projecto. O projecto foi efectivamente mandado observar por Decreto ditatorial, datado de 4.1.1837, do governo do Visconde de Sá da Bandeira. O Decreto previa a vigência do código "em quanto as Côrtes Geraes, na sua Sabedoria, não approvam um melhor Projecto de codigo penal, para o qual se acha aberto concurso".

A Jurisdição Penal Comum 271

pelo que punir o contumaz com a pena da contumácia e com a do delito era injusto. A necessidade da repetição do julgamento do réu contumaz na sua presença depois de ter sido preso ou de se ter apresentado atestava precisamente "o ataque feito á razão e á justiça" com o julgamento do réu contumaz. Daquele princípio o autor retirava, pois, a conclusão fundamental de que o julgamento pelo crime cometido por um réu contumaz só devia ocorrer quando ele comparecesse ou fosse preso.

Os inconvenientes da solução da suspensão do processo eram devidamente acautelados pela proposta de Machado Ferraz. Para evitar que a prova se perdesse o autor previa que esta fosse registada, podendo o réu quando fosse presente impugná-la.[677]

Não tendo o projecto apresentado por Manuel da Veiga obtido a necessária ratificação parlamentar, nem o de Machado Ferraz suscitado o interesse do poder político, a doutrina entendia que, em face das disposições vigentes desde a Reforma Judiciária, o réu tinha necessariamente de estar presente no julgamento, salvo no das causas de coimas e transgressões.[678] Os tribunais não firmaram uma jurisprudência uniforme, razão pela qual o governo veio esclarecer, pela Portaria de 28.2.1838, que o novo processo criminal exigia a presença física do réu.

A Lei de 19.8.1848 fixou o âmbito de aplicação da nova forma de processo, distinguindo três tipos de ausência e estabelecendo regras diferentes para cada um deles. Assim, a lei era aplicável a todos os processos ordinários de querela em que a pronúncia obrigasse a prisão e o indiciado se tivesse ausentado e não fosse preso nos seis meses seguintes à pronúncia,[679] ou se tivesse evadido depois da condenação em primeira instância ou ainda estivesse preso em outro país, com excepção dos crimes puramente políticos e dos de abuso de liberdade de imprensa.[680]

Nos processos por crimes em que coubesse querela e a pronúncia obrigasse a prisão procedia-se a citação edital, por não menos de dois meses, do indiciado que não tivesse sido preso dentro de seis meses contados a partir da

---

[677] Machado Ferraz, 1834: 148 a 153.

[678] Castro Neto, 1845: 163 e 167, e Corrêa Telles, 1840: 92. Embora não tenha sido publicado, este projecto de Corrêa Telles constituiu a terceira tentativa de regulamentação do processo de ausentes.

[679] O processo era também aplicável ao réu estrangeiro que, vindo a Portugal cometer um crime, regressasse depois ao seu país, interpretando a doutrina o artigo 27 como referindo-se a estrangeiros residentes e aos residentes "simplesmente estantes" ou que residissem temporariamente (Duarte Nazareth, 1886: 49 e 50).

[680] Não obstante a sua colocação sistemática, as condições relativas à natureza e à gravidade do crime imputado eram condições genéricas, independentes da forma de ausência (Silva, 1895: 56).

272 *A Reforma da Justiça Criminal em Portugal e na Europa*

pronúncia ou da evasão, seguindo-se o regular andamento dos autos, com a vista ao Ministério Público nos crimes públicos e à parte querelante nos crimes particulares para dentro de oito dias formar o libelo acusatório[681] e a nomeação de um curador e defensor ao réu "d' entre os advogados mais habeis do Auditorio" (artigo 11).[682]

O julgamento era da competência exclusiva do juiz de direito da comarca,[683] procedendo-se a redução a escrito dos depoimentos prestados pelas testemunhas na audiência de julgamento e competindo recurso obrigatório de apelação da sentença absolutória pelo Ministério Público. [684] O Tribunal da Relação conhecia de facto e de direito, cabendo ainda a interposição do recurso de revista da decisão da Relação.[685] Da sentença condenatória só era admissível a interposição de recurso quando o réu fosse preso, excepto havendo nulidade insanável, caso em que se podia interpor logo agravo para a Relação e recurso de revista para o Supremo Tribunal de Justiça.

A lei nova autorizava a exequibilidade imediata da condenação apenas quanto a custas, indemnizações e restituições, ficando ressalvado quanto a elas o direito de o condenado provar em acção ordinária a sua inocência e justa causa para a ausência.[686]

---

[681] A lei nada dispunha a este propósito, mas a abertura da vista resultava da aplicação das normas gerais (Duarte Nazareth, 1886: 404).

[682] A jurisprudência era muito rigorosa no apuramento dos requisitos formais para a justificação da ausência. Por outro lado, ela admitia uma ampla actividade de defesa ao curador do réu ausente e, designadamente, a interposição do agravo do despacho de pronúncia (Navarro de Paiva, 1873: 191 e 192, e José Dias, 1919: 503), e a não intervenção do advogado do réu na segunda instância era considerada causa de nulidade do processo (António Augusto, 1905 a: 11).

[683] Também o artigo 470 do *Code* previa o julgamento apenas pelos juízes letrados e sem jurados das causas crimes contra os réus em fuga ou que não tivessem comparecido dentro de dez dias após a sua notificação. A jurisprudência francesa não admitia, no entanto, a faculdade de os juízes letrados darem como provadas circunstâncias atenuantes, como podiam fazer os jurados no julgamento dos réus presentes. A doutrina defendia opiniões divergentes (contra esta jurisprudência, Ortolan, 1875: 634, e René Garraud e Pierre Garraud, 1926: 512, e a favor dela, Francisque Goyet, 1926: 343).

[684] Neste ponto particular a nova lei afastou-se claramente da solução do *Code*, em que não se previa a inquirição das testemunhas, decidindo os juízes apenas com base na prova escrita da instrução.

[685] A lei francesa atribuía a faculdade de interposição de recurso de cassação contra o julgado de contumaz apenas ao Ministério Público e à parte civil, proibindo a intervenção de qualquer defensor ou procurador do réu contumaz na audiência de julgamento (artigos 468 e 473 do *Code*). Quer esta particularidade, quer a referida na nota anterior eram objecto da crítica da doutrina francesa (Ortolan, 1875: 633).

[686] A incapacidade civil por efeito de condenação penal, que se manteve no direito português até à reforma penal de 1884 (Paulo Merêa, 1960: 76 e 77), não era imediatamente exe-

A Jurisdição Penal Comum

O réu condenado à revelia podia em qualquer altura em que fosse preso ou se apresentasse interpor apelação ou deduzir embargos á decisão.[687] Os embargos eram tanto de direito como de facto, admitindo-se neles qualquer meio de prova, incluindo a repergunta das testemunhas anteriormente ouvidas.[688]

A prova produzida nos embargos era registada por extenso e estes eram julgados pelo juiz, sem intervenção do júri, cabendo apelação da sentença proferida sobre os embargos e revista do acórdão proferido na apelação e sendo a interposição da apelação da sentença que julgasse procedentes os embargos nos crimes públicos obrigatória para o Ministério Público. Em caso de anulação do processo, repetiam-se os actos anulados sem intervenção do júri e com aproveitamento dos depoimentos escritos válidos das testemunhas ausentes ou falecidas já prestados nos autos.

A lei nova censurava expressamente a vindicta de outros tempos, proibindo o homicídio do ausente, ainda que condenado à morte.

Nos processos em que ocorresse evasão posterior à condenação em primeira instância, os autos prosseguiam os seus termos regulares nas instâncias superiores com defensor nomeado ao réu, mas não admitindo neles o procurador

---

quível. No direito francês, o âmbito da exequibilidade imediata da condenação era bastante maior, incluindo todas as penas pecuniárias, indemnizações e incapacidades legais resultantes da decisão condenatória, ficando os bens do réu contumaz sequestrados e sob administração pública (René Garraud e Pierre Garraud, 1926: 518 a 526). A condenação em pena a que estivesse associada a morte civil do réu produzia efeitos no período que mediava entre o momento em que se completassem cinco anos desde o início da execução do julgado e o momento em que o réu comparecesse ou fosse preso. O efeito da pena da morte civil só foi abolido pela Lei de 31.5.1854. Depois dessa data, a decisão condenatória em pena corporal tinha apenas o efeito da substituição do regime da prescrição do crime pelo da prescrição da pena e a doutrina reputava todo o processo posterior à decisão da *chambre des mises en accusation* como inexistente após o comparecimento ou a prisão do réu (Francisque Goyet, 1926: 344), concluindo por isso que era mais exacto considerar "a condenação por contumácia como decidida, não sob a condição suspensiva do não comparecimento do condenado durante os prazos da prescrição, mas sob a condição resolutiva do seu comparecimento nos mesmos prazos" (René Garraud e Pierre Garraud, 1926: 515).

[687] Os embargos restringiam-se à condenação penal (Innocencio Duarte, 1863: 314). Ao invés, na lei francesa a realização de novo julgamento não dependia da iniciativa do réu contumaz, pois a anterior decisão condenatória era considerada nula de pleno direito após o comparecimento do réu ou a sua prisão (artigo 476 do *Code*). O novo julgamento era realizado pelo mesmo tribunal e na forma ordinária, independentemente da pena aplicada no primeiro julgamento. O novo julgamento tinha, contudo, uma particularidade, que era a da leitura dos depoimentos prestados na instrução prévia pelas testemunhas e pelos co-acusados que faltassem, tendo sido notificados, considerando a jurisprudência esta uma formalidade substancial cuja omissão gerava a nulidade (René Garraud e Pierre Garraud, 1926: 538).

[688] Navarro de Paiva, 1901: 201.

274 A Reforma da Justiça Criminal em Portugal e na Europa

do réu. Se os autos fossem anulados, voltavam a ser julgados nos termos gerais do regime dos ausentes.

Nos processos em que o réu se encontrasse preso em outro país, o réu era citado para constituir procurador no processo ou juntar a sua defesa, prosseguindo os autos os seus termos regulares e cabendo, em caso de crime público, recurso obrigatório de apelação do Ministério Público, quer da sentença absolutória quer da condenatória. Transitando a decisão, podia ser executada de imediato quanto às custas e indemnizações e quanto às penas corporais logo que o condenado fosse presente.

A obrigatoriedade da produção da prova na primeira audiência de julgamento, em que o réu se encontrava representado por um dos mais hábeis advogados do auditório, e o regime muito amplo de impugnação da sentença proferida à revelia e, designadamente, a faculdade de apresentação a todo o tempo de embargos sobre a matéria de facto, neles arrolando o réu os meios de prova da sua defesa e podendo contestar os da acusação sem qualquer limitação, facultavam ao réu um conjunto mínimo de garantias processuais com vista à observância dos princípios do contraditório, da publicidade e da imediação nas causas em que os réus pronunciados eram julgados à revelia. Ao invés do *Code d' Instruction*, em que o réu contumaz era julgado sem a presença de qualquer defensor e com base apenas na prova escrita da instrução, mas a execução das penas corporais dependia necessariamente da realização de um novo julgamento na presença do réu, a nova lei portuguesa defendia melhor a posição processual do réu no primeiro julgamento, deixando à discricionariedade deste a realização de um segundo julgamento na sua presença.[689] Ao invés do *Code d' Instruction*, cujas disposições sobre a contumácia eram daquelas "que mais estreitamente

---

[689] O novo direito prussiano assemelhava-se mais ao direito português do que ao francês, prevendo o julgamento sem júri dos crimes graves cometidos pelo réu ausente, mas com nomeação obrigatória de um defensor. Por outro lado, a anulação da decisão proferida na ausência do réu dependia da dedução tempestiva de um *Einspruch* por este após a notificação da decisão (§§ 16, 80 e 81 da *Verordnung* de 3.1.1849). No direito austríaco liberal, os crimes da competência do júri só eram julgados na ausência do réu quando o Ministério Público o requeresse "por causa da importância do facto ou da perturbação que provocou". O réu era obrigatoriamente representado por um defensor e julgado pelos jurados, mas o réu condenado só podia requerer um novo julgamento se fizesse prova de doença ou de outro impedimento inafastável à data da audiência de julgamento ou quando não tivesse ainda sido interrogado como denunciado na data em que se ausentou e fosse provável que só tivesse tido conhecimento da pendência da investigação contra ele depois da sua condenação ou ainda quando se verificasse algum dos fundamentos da revisão de sentença condenatória (§ 425, 428, 433 e 434 da *Strafprozessordnung* de 1850). A participação dos jurados no primeiro julgamento tornava mais difícil a realização do segundo julgamento, levando o legislador austríaco ainda mais longe a lógica de valorização da primeira audiência, partilhada pelo legislador português e pelo prussiano.

A Jurisdição Penal Comum   275

se inspiravam no direito antigo",[690] a lei portuguesa de 1848 consagrava um regime substancialmente diferente do do nosso direito antigo com um reforço considerável das garantias do acusado.

Diferentemente, nas causas em que o réu citado estivesse preso em país estrangeiro ou em que tivesse fugido depois da condenação em primeira instância, não lhe era garantida qualquer defesa deferida para o momento em que estivesse presente. Mas o mais sério gravame para o réu resultava, não da consagração desta nova forma de processo especial, [691] mas da introdução de uma disposição sobre a valorização em audiência de julgamento da prova produzida na fase preparatória.

Nos termos do artigo 19 do Decreto de 18.2.1847, a valoração dos meios de prova produzidos no corpo de delito e no sumário devia ser feita "como se fossem prestados sobre o libello" em todos os processos em que não interviesse o júri, o que colocava o regime das formas de processo em que interviesse apenas o juiz singular em directa oposição ao princípio da imediação. Atento o seu teor radical, esta disposição não teve uma vida longa, vindo a ser revogada cinco meses depois, pelo Decreto de 30.7.1847.

Uma vida breve tiveram também duas outras iniciativas do legislador relativas a formas de processo especiais, que foram fortemente condicionadas pelo contexto de aumento da criminalidade comum em que surgiram. O Decreto de 24.12.1846, que determinou a suspensão provisória do júri de julgamento nos crimes atrozes, e a Lei de 3.8.1850, que consagrou regras especialmente repressivas para o procedimento criminal pela prática do crimes de imprensa, foram rapidamente revogados, o primeiro pelo mencionado Decreto de 30.7.1847 e o segundo pelo Decreto de 22.5.1851.

A renovação da medida extraordinária da suspensão provisória do júri de julgamento nos crimes atrozes, quatro anos volvidos desde a sua revogação, teve consequências ainda mais gravosas do que as de outrora. A preparação e o julgamento destes processos passavam a ser feitos pelo juiz de direito da

---

[690] René Garraud e Pierre Garraud, 1926: 498.

[691] "Esta fórma excepcional de processo não tem a acceitação geral", afirmava Navarro de Paiva (1886: 71). Com efeito, os processos com réus ausentes paravam, sem que o Ministério Público promovesse o seu andamento e, designadamente, a captura do réu (António Ferreira Augusto, 1906: 100 a 103, e Teixeira Rebello, 1890: 151 e 152). Por outro lado, a doutrina também não nutria muita simpatia por esta forma de processo. Augusto Maria de Castro e António Ferreira Augusto (1895: 351) e António Ferreira Augusto (1905 a: 1 e 2) afirmavam que ela tinha uma "parca e limitada applicação", aconselhando "muita prudencia" no recurso a esta forma de processo sobretudo quando o prazo de prescrição do procedimento criminal estivesse a expirar, em face da jurisprudência uniforme segundo a qual a condenação do réu como ausente interrompia aquele prazo, sendo certo que na maior parte dos casos o processo findava com a absolvição do réu.

comarca onde o crime tivesse sido cometido, sendo sentenciados independentemente das audiências gerais, com registo da prova produzida em audiência de julgamento e conhecendo a Relação de facto e de direito. O efeito nocivo desta medida extraordinária era ainda maior quando conjugado com a referida disposição do Decreto de 18.2.1847 que permitia a valoração da prova da instrução como se tivesse sido produzida em julgamento e, deste modo, a perversão completa do princípio da imediação, e com a diminuição das garantias dos juízes de direito resultante da faculdade de o governo transferir juízes de primeira e até de segunda instância por conveniência de serviço, com o voto do Conselho de Estado, e determinar a realização de sindicância a qualquer juiz de direito de primeira instância, implicando a sua instauração a imediata suspensão do mesmo.[692]

A tentativa de consagração de um sistema inquisitório puro, caracterizado pela concentração da investigação, pronúncia e julgamento do réu nas mãos do mesmo magistrado, que podia recorrer à prova recolhida na fase secreta para fundamentar a condenação do réu, fez da primeira metade do ano de 1847 o momento em que o direito processual penal mais longe esteve do paradigma liberal depois da sua introdução na legislação nacional. No entanto, quer da limitação temporal da vigência desta legislação, quer da própria letra da lei resulta a sua natureza de legislação de emergência, que não correspondia, no propósito do legislador, a um regresso a um paradigma judiciário do passado, mas apenas a uma opção política transitória de combate à criminalidade mais perigosa.

O outro diploma que completou a Novíssima Reforma, mas que não teve uma vida longa, foi a Lei de 3.8.1850, que dispunha sobre o procedimento criminal pela prática de crimes de abuso de liberdade de imprensa.

Esta lei atribuía ao juiz de direito nas comarcas e aos juízes de primeira instância de Lisboa e do Porto competência para o processo preparatório dos crimes e delitos, presidindo os mesmos juízes às assentadas do júri. As condições para a selecção dos jurados eram ainda mais exigentes do que as da anterior lei de imprensa, sendo os jurados sorteados de entre os cidadãos que tivessem pago a quantia de 40.000 réis de décima predial ou industrial em Lisboa e no Porto e mais de 20.000 réis no resto do país, ou, possuindo certos títulos académicos, a terça parte daquelas quantias, e ainda entre os empregados públicos vitalícios, com ordenados líquidos superiores a 500.000 réis em Lisboa e no Porto e 350.000 réis no resto do país.

---

[692] Este regime, que resultava do Decreto de 1.8.1844, veio a ser parcialmente revogado, como se viu já, pelo Decreto de 29.5.1846 e pela Lei de 18.8.1848. No entanto, esta lei introduziu uma nova faculdade do governo, igualmente muito gravosa, que se manteve desde então: a transferência do juiz de direito de primeira instância sem que houvesse qualquer lugar vago, o que implicava a colocação do juiz no quadro sem exercício, mas com vencimento.

Os juízos correccionais tinham competência para julgar as infracções previstas nesta lei que não constituíssem crime ou delito, bem como o crime de difamação de funcionário público julgado sem a presença do réu e o de injúria a qualquer cidadão, fosse ele julgado na presença ou na ausência do réu, mas em ambos os casos depois de o réu ter sido notificado para o efeito.

O processo para julgamento com intervenção do júri era profundamente alterado, prevendo-se no final da fase preparatória a interposição de recurso do despacho de pronúncia ou de não pronúncia para o júri ou, no caso de preterição de formalidades substanciais ou de violação de lei expressa, para o Supremo Tribunal de Justiça. O júri da pronúncia, reposto nesta forma de processo, era, no entanto, descaracterizado, pois decidia com base apenas nas provas escritas no sumário, admitindo-se ainda recurso de revista da decisão do júri, fundado em nulidade do processo, mas somente quando o júri tivesse julgado improcedente a acusação.

O júri de julgamento, agora composto por nove ou por doze jurados consoante a dimensão do conselho dos jurados, decidia ainda da culpa e da pena, mas o juiz podia, também nesta forma de processo especial, sindicar a equidade das respostas do júri. Previa-se a interposição de recurso directo para o Supremo Tribunal de Justiça nos processos com intervenção de júri, com fundamento em preterição de acto substancial do processo ou violação de lei expressa.

Além das duas formas de processo correccional, introduzia-se uma forma de julgamento do réu ausente que tivesse cometido crime perseguido em processo ordinário e com querela do Ministério Público ou crime de difamação de funcionário público ou de injúria a qualquer cidadão, se o réu não pudesse ser preso ou não tivesse requerido a prestação de fiança no primeiro caso ou se achasse em parte incerta ou perigosa e não pudesse ser citado no segundo caso. A sentença proferida contra o réu ausente era irrevogável, executando-se logo nas penas não corporais e na pessoa do réu quando este aparecesse ou fosse detido.

Deste modo, as especialidades liberais da perseguição deste tipo de ilícito eram, com restrições importantes, conservadas na forma de processo para julgamento diante do júri, ao invés dos julgamentos correccionais e dos julgamentos de réus ausentes, em que não só se desrespeitava o princípio da acusação, unindo a função investigatória e promotora e a de julgador, como se violava o princípio do contraditório, vedando totalmente o direito de audiência pelo tribunal ao réu ausente depois de condenado. O gravame cometido ao réu em julgamento com intervenção do júri podia ser remediado pelo Supremo Tribunal de Justiça dado o seu poder de sindicância da suficiência da prova, tal como o cometido pelo juiz em processo julgado correccionalmente o podia ser pela Relação, que dispunha do mesmo poder. No julgamento dos réus ausentes, esses gravames não tinham qualquer reparo possível.

Por "ter sido concebida para suffocar e oprimir a Imprensa" e ter suscitado "a maior animadversão publica", foi a lei nova menos de um ano depois da sua entrada em vigor revogada pelo Decreto de 22.5.1851, que repôs em vigor a legislação anterior. Se a lei de imprensa que se seguiu à publicação da Reforma Judiciária, a Lei de 22.12.1834, se inspirava nos princípios liberais da legislação processual comum, as leis de imprensa de 1840 e de 1850 demonstravam já as reservas crescentes do legislador a esta legislação.

Contudo, a doutrina não desistia dos princípios liberais. Foi no momento em que o país estava mergulhado na fase mais retrógada da história da legislação processual penal desde 1822 que surgiu o projecto que mais longe levou a realização do paradigma judiciário liberal.

5. O Projecto de Código do Processo Civil e Criminal de José Joaquim Sant'Anna (1847)

O "Projecto de Codigo de Processo Civil e Criminal", de José Joaquim Sant'Anna[693] começou a ser elaborado no ano de 1828, quando o seu autor se encontrava exilado, e só em Abril de 1847 foi concluído.[694]

O primeiro livro do projecto dispunha sobre a organização judiciária e estava intimamente relacionado com a estrutura do processo que o autor tinha adoptado ("uma consequencia do systema de processo que adoptámos, do qual estes objectos são muitissimo dependentes").[695] A organização judiciária assentava na divisão do território em distritos judiciais, com um Tribunal da Relação em cada um, e em comarcas, com um juiz de direito, que presidia ao tribunal de júri e ao Tribunal de Polícia Correccional, um juiz electivo e dois adjuntos em cada uma.[696]

---

[693] Deste autor disse o lente de Coimbra, Duarte Nazareth (1886: 280) que ele foi "um ornamento da magistratura portugueza. Jurisconsulto e Philosopho, os seus escriptos revelam uma elevada intelligencia e genio creador, e merecem ser estudados por aquelles a quem foi encarregada a tarefa do Codigo do Processo Civil e Criminal".

[694] Em 1833, o autor já dava conta do seu propósito de elaboração do projecto, mas, não tendo conseguido ainda terminá-lo por razões de saúde, decidiu publicar apenas um "Ensaio sobre o Processo Civil por meio de Jurados e Juízes de Direito".

[695] José Joaquim Sant'Anna, 1847: 56.

[696] Embora o projecto também previsse a existência de círculos nas comarcas, compostos por uma ou mais freguesias, nenhuma destas circunscrições mais pequenas correspondia a um magistrado ou tribunal com funções judiciais autónomas. Nos círculos havia agentes do Ministério Público, com a designação de comissários, a quem competia participar quaisquer delitos cometidos na área do respectivo círculo ao procurador régio da comarca que fosse cabeça de distrito

A *Jurisdição Penal Comum* 279

O Tribunal de Polícia Correccional era composto pelo juiz de direito, pelo juiz electivo[697] e por um dos seus adjuntos e tinha competência para julgar apenas os delitos que uma junta administrativa entendesse de "pouca gravidade" e que ficariam suficientemente punidos com a pena de prisão até quinze dias ou com a pena de multa até 5.000 réis,[698] incluindo nela a indemnização da parte ofendida.[699] Dito de outro modo, a competência criminal era, em regra, atribuída ao tribunal de júri e a jurisdição do Tribunal de Polícia estava sujeita a um princípio de fixação concreta da competência, dependendo de um juízo formulado por uma junta administrativa e não sindicável pelo tribunal sobre a pena concreta previsivelmente aplicada ao réu.[700]

O processo criminal começava com uma fase de averiguações, que era conduzida pela procurador régio ou pelo delegado.[701] As informações recolhidas eram reduzidas a escrito "sem ordem nem figura de processo" (artigo 313).[702] O propósito desta fase era o de permitir ao Ministério Público coligir todas as informações que pudesse obter sobre os crimes e os seus autores "sem mais formalidades que aquellas com que procedem os particulares para se certi-

---

ou ao delegado daquela que o não fosse, procedendo estes à investigação criminal. O "Ensaio" de 1833 propunha uma diferente organização judiciária, com distritos divididos em julgados e estes em freguesias. Em cada freguesia, havia um juiz e dois adjuntos, em cada julgado um juiz de direito e duzentos jurados, que também serviam como juízes de paz, e em cada distrito um Tribunal da Relação (José Joaquim Sant'Anna, 1833: 1 a 8).

[697] Os juízes electivos tinham também competência conciliatória e preparavam as causas cíveis, procedendo às audiências para oferecimento dos articulados.

[698] O limite da pena de multa aplicada por este tribunal podia ser elevado até ao montante da contribuição directa paga pelo réu, contanto que não excedesse 50.000 réis. "Assim se mantém a igualdade da multa, que, fixada n' uma quantia certa, seria tão desigual como a fortuna dos indivíduos a quem fosse aplicada" (José Joaquim Sant'Anna, 1847: 150).

[699] Este tribunal colectivo era pelo autor designado como "um pequeno jury permanente" (José Joaquim Sant'Anna, 1847: 46).

[700] Só assim não ocorria no julgamento dos crimes cometidos por ou contra magistrados e empregados de justiça no exercício das suas funções. Estes crimes e os seus autores eram investigados pelo Ministério Público, mas, ao invés dos outros, pronunciados pelo Supremo Tribunal, acusados pelo procurador-geral e julgados pelo Supremo Tribunal. Os delitos cometidos pelos conselheiros do Supremo Tribunal de Justiça ou contra eles eram julgados por um "Jury nacional", extraído da Câmara dos Pares e da Câmara dos Deputados (José Joaquim Sant'Anna, 1847: 45).

[701] A separação clara desta fase de investigações em relação ao processo judicial e a atribuição da direcção daquela fase ao Ministério Público eram duas das condições fundamentais para a realização dos fins do processo criminal (José Joaquim Sant'Anna, 1847: 37).

[702] O Ministério Público elaborava as informações com base nas denúncias e nas participações de crimes que lhe eram dirigidas. Os agentes do Ministério Público não detinham a competência exclusiva para receber estas denúncias e participações, mas estava-lhes reservada a competência para a investigação criminal e para a acusação dos delinquentes (José Joaquim Sant' Anna, 1847: 133 e 134).

ficarem de seus direitos, e deliberarem ácerca da instauração de qualquer causa cível".[703] A fase instrutória constituía, pois, uma fase prévia ao início do processo judicial, permitindo ao Ministério Público recolher elementos para permitir a tomada de uma decisão sobre a abertura do processo judicial.

Esta decisão cabia a uma junta, presidida pela autoridade administrativa do distrito e que tinha como vogais o próprio procurador régio e o conselheiro do distrito mais votado. A junta decidia, após parecer da principal autoridade administrativa do concelho onde se tivesse cometido o delito, se se devia fazer mais diligências ou a causa podia ser submetida ao poder judicial e, neste caso, se devia ser deduzida acusação ou se era suficiente a sujeição do réu a julgamento em Tribunal de Polícia Correccional.

Destarte, o destino da instrução ficava submetido a um órgão colectivo administrativo, distinto do judicial,[704] o que o autor justificava, por um lado, com a circunstância de naquele órgão se encontrarem precisamente as autoridade encarregadas da manutenção da ordem pública e "impossível será que ellas não desejem ver punidos os delinquentes, para efeito de se conservar aquella ordem publica" e, por outro, com a vantagem de um órgão colectivo ser mais dificilmente manipulável, porquanto "se alguma das referidas authoridades não tiver, por motivos seductores, esse desejo, não é de presumir que elle falte na maioria da Junta".[705]

Simultaneamente, a decisão sobre a liberdade do arguido competia também à principal autoridade administrativa do concelho, que à vista da informação do apreensor e do que o arguido dissesse em sua defesa confirmava ou não a sua prisão, fixando uma fiança neste caso. A prisão, que exigia a verificação cumulativa de fortes indícios da prática de um crime grave e do perigo de fuga, só podia manter-se durante quinze dias, restituindo-se o arguido à liberdade se, findo este prazo, não tivesse sido chamado ao Tribunal de Polícia ou notificado do libelo acusatório. A decisão administrativa só podia ser impugnada diante do governo, respondendo também a autoridade concelhia civil e criminalmente se se tivesse verificado dolo da sua parte.[706]

---

[703] José Joaquim Sant'Anna, 1847: 39.

[704] É relevante ter em conta que o autor considerava o Ministério Público como autoridade com natureza administrativa, hierarquicamente organizada, encontrando-se o procurador-geral da coroa "debaixo das imediatas ordens do Governo" (José Joaquim Sant'Anna, 1847: 39 e 67).

[705] José Joaquim Sant'Anna, 1847: 39.

[706] O autor justificava esta proposta com o seguinte fundamento: "A prisão dos delinquentes antes da sentença condemnatoria, para assegurar a inflicção da pena, é uma medida de pura prevenção, a qual, por isso, compete mais propriamente ás authoridades administrativas que ás judiciaes. Demais disso, é este um negocio que se reveste de tantas e tão variadas circumstancias, que so as authoridades administrativas podem, pelo conhecimento que devem ter das pessoas

A Jurisdição Penal Comum

O processo judicial iniciava-se com a dedução da acusação, a que se seguia a contestação do réu e a audiência de julgamento.[707] Nesta, o juiz, tal como os jurados e as partes, dispunham dos mais amplos poderes para a descoberta da verdade, mas os depoimentos das testemunhas produzidos na fase de instrução só podiam ser lidos em um único caso, que era o de contradição daqueles depoimentos com os prestados em audiência. Ao juiz estava vedado dirigir ao júri "discursos oratorios" ou emitir a sua opinião sobre o valor das provas (artigo 186), cabendo-lhe apenas fazer uma "exposição clara e succinta dos motivos apresentados na discussão, quer contra, quer a favor do Reo" (artigo 341).

O júri era composto por quinze jurados[708] e respondia, por escrutínio secreto e maioria simples de votos, aos cinco quesitos formulados pela lei, que incidiam sobre a autoria dos factos da acusação, a constituição do réu como devedor de indemnização ao ofendido, a definição da pena ou, sendo esta última resposta negativa, a constituição do Estado como devedor para com o réu e o dolo da autoridade administrativa na prisão do réu.[709] O júri decidia, pois, separadamente sobre a questão de facto e a questão da pena, sem qualquer intervenção ou influência do juiz.

A sentença elaborada pelo juiz era recorrível apenas para o Supremo Tribunal de Justiça, com base na "preterição ou alteração de formulas legaes" (artigo 354). O Supremo Tribunal conhecia definitivamente da irregularidade e só podia mandar instaurar novo processo ou ordenar a repetição do acto anulado.

O projecto previa também uma forma de processo correccional para julgamento de crimes de "pouca gravidade", que a junta administrativa considerasse que seriam suficientemente punidos com as penas que o Tribunal de Polícia podia aplicar. O processo era sumário[710] e as sentenças absolutórias não eram recorríveis, ao invés das condenatórias, que o réu podia impugnar para o tribunal

---

e das cousas dos seus administrados, proceder nelle com a necessaria promptidão e devido acêrto" (José Joaquim Sant'Anna, 1847: 43).

[707] Todos os actos do processo judicial eram públicos, ao invés dos da fase instrutória (José Joaquim Sant'Anna, 1847: 75).

[708] É significativo que o júri no processo civil fosse composto apenas por treze jurados. O alargamento do tribunal de julgamento no processo penal revela a especial importância da imediação e a preponderância desta garantia sobre a do recurso no processo penal.

[709] A votação da pena concreta obedecia a regras especiais. Vencia a espécie de pena em que concordassem oito votos e, na falta de concordância, impunha-se a espécie de pena menos grave das oito mais graves, procedendo-se a segunda votação nestes mesmos termos para determinação da medida concreta da pena, isto é, vencia-se o tempo em que concordassem oito votos e, na falta de concordância, no tempo menor dos oito maiores.

[710] O julgamento ocorria no domingo seguinte ao da apresentação da acusação pública.

282 *A Reforma da Justiça Criminal em Portugal e na Europa*

de júri, sendo nele o processo tratado "com as regulares solemnidades do processo criminal" (artigo 377) e, designadamente, podendo nele ser-lhe aplicada pena mais grave.[711]

O projecto consagrava ainda uma forma de processo para julgamento de ausentes, prosseguindo os autos com o procurador que o réu tivesse constituído ou, não o tendo constituído, com um defensor público. Os autos eram sempre julgados com a participação de jurados, sendo a pena pecuniária aplicada ao réu logo exequível e as penas corporais somente depois de o réu ter comparecido ou ter sido preso e de ele ter sido pessoalmente ouvido com a sua defesa.

Ao invés do processo penal, o processo civil admitia um conjunto de garantias impugnatórias do réu mais amplo.

Assim, no processo civil, o projecto admitia o benefício da restituição a favor do réu sempre que este tivesse, na resposta à pretensão do autor ou na tréplica, requerido tempo para obter informações ou documentos acerca de factos essenciais e o autor lhe não tivesse concedido qualquer tempo ou tivesse concedido menos tempo do que o pedido, vindo depois o réu a apresentar a informação ou os documentos no tempo em que tinha pedido. O réu era então admitido, mesmo depois de ter sido dada a sentença, a alegar o que tinha deixado de alegar.

Admitia-se também a dedução pelo réu de embargos à sentença sempre que ele tivesse pedido tempo para apresentar testemunhas moradoras em lugares distantes e o autor lho tivesse negado ou lhe tivesse concedido menos tempo do que o requerido e, após a prolação da sentença, a nova investigação do facto parecesse ao tribunal necessária e os depoimentos das testemunhas apresentadas relevantes.

As decisões tomadas pelo juiz sobre o requerimento de restituição ou os embargos podiam ainda ser merecedoras de "reflexões" da parte que se sentisse agravada com a decisão, cabendo ao juiz confirmar ou reformar a sentença (artigos 161 e 202), decisão esta que, por sua vez, era recorrível em apelação para o Tribunal da Relação.

A sentença da segunda instância [712] admitia ainda revista para o Supremo Tribunal de Justiça quando fosse "evidentemente injusta, ou o processo contiver alguma nulidade por falta de formulas legaes, que influísse na averiguação

---

[711] A *reformatio in pejus* era justificada pelo autor com o propósito de evitar o abuso deste meio de impugnação (José Joaquim Sant'Anna, 1847: 46).

[712] No Tribunal da Relação o processo era distribuído e ia com vista a três juízes que davam parecer sobre a questão, sendo o processo decidido pelo titular, sem que estivesse vinculado aos pareceres dos colegas. A decisão da Relação era publicada pelo tribunal de primeira instância para "instrucção do juiz recorrido" (artigo 218).

A *Jurisdição Penal Comum* 283

do facto, ou na applicação da disposição das leis ao mesmo facto" (artigo 219). A revista era decidida, por pluralidade de votos, pelo plenário do tribunal, com prévio parecer do titular a quem tivesse sido distribuído o processo e de um outro juiz de uma comissão de três conselheiros. O Supremo Tribunal teria apenas poder para determinar a nova apreciação da causa pelo Tribunal da Relação, procedendo-se nesta "em tudo e por tudo como nas appelações" (artigo 227).

A disparidade gritante de regimes de recurso entre o processo penal e o processo civil encontrava explicação na diferente estrutura da processo na primeira instância, bem como na própria concepção do autor da diferença teórica específica entre o processo civil e o processo penal.

Os amplos poderes das partes e dos jurados sobre os meios de prova produzidos na audiência de julgamento em processo penal, que se encontravam a par dos do juiz e nem sequer sujeitos à apreciação última deste, permitiam às partes e aos jurados uma participação plena na escolha dos meios de prova produzidos, o que tornava dispensável a previsão do benefício da restituição e dos embargos.

Com efeito, ao invés do processo civil, em que a apresentação de meios de prova pelo réu se encontrava, em certos casos, na dependência do autor, dando lugar à tutela do réu de boa fé por via do exercício dos meios referidos, no processo penal, a total equiparação das partes entre elas e com o juiz no exercício dos poderes de investigação e recolha de meios de prova retirava a justificação material para a consagração daqueles benefícios para o réu.

Mas o cerne da disparidade dos regimes de recurso, que se consubstanciava na omissão do recurso de apelação na jurisdição penal, fundava-se na própria distinção entre o processo civil e o processo penal.

O autor do projecto fundamentava a necessidade da distinção destes dois processos no problema específico da pena.[713] A questão era colocada pelo autor, não ao nível da maior ou menor perfeição da lei penal substantiva de cada a nação, mas ao nível da inevitável incapacidade do legislador de, por um lado, "marcar todos os gráos de culpabilidade, porque são infinitos como as circumstancias attenuantes ou aggravantes de que o delito se pode revestir", e, por outro, "conhecer o gráo de sofrimento que qualquer pena vai produzir no delinquente, por este sofrimento tambem variar até ao infinito segundo as circumstancias particulares do mesmo delinquente". Esta incapacidade "natural" do legislador deixava o réu sempre exposto a "uma pena duplicadamente desproporcionada". A única solução vislumbrada era a de confiar ao júri a decisão

---

[713] José Joaquim Sant'Anna, 1847: 35.

A Reforma da Justiça Criminal em Portugal e na Europa

sobre a pena, sem qualquer outro critério que não o ditado pela livre consciência dos jurados.[714]

Se a recta decisão sobre os factos dependia de três condições cumulativas, que eram as de que a decisão devia caber a um tribunal de jurados e não a "commissarios do Governo e Agentes do Poder", que deviam votar segundo a sua consciência e não de acordo com qualquer prova tarifada, correspondendo o voto da maioria à verdade processual,[715] a realização prática destas condições exigia nas causas cíveis uma estrita separação dos factos e do direito pelo juiz no importantíssimo "acto de estabelecimento da questão" (artigo 158).[716] Ao invés, nas causas crimes, a particular natureza das sanções aplicadas na sentença implicava a sujeição de toda a causa à omnipotência do júri e, do mesmo passo, arredava a admissibilidade do recurso de apelação da decisão final em processo penal.[717]

---

[714] A fundamentação teórica da distinção entre o processo civil e o processo penal era mais elaborada no "Projecto" do que no "Ensaio". Neste, o autor apenas recorria ao preconceito de que nas causas crimes "a relação entre o facto e o direito é conhecida de todo o mundo", enquanto nas causas cíveis "o é só d' um pequeno numero de individuos que se tem applicado á sciencia do Direito", o que justificava na economia do "Ensaio" a proposta de diferentes regras relativas à presidência do tribunal de júri e à publicidade em um e em outro processo (José Joaquim Sant'Anna, 1833: 50, 51 e 59). Mais tarde, criticando expressamente a proposta de Sant' Anna de atribuição ao jurado de competência para determinar a pena, Luiz Jardim (1866: 130 a 133) invocou o argumento de que "os jurados, tirados ao acaso d' entre a multidão, não têm os conhecimentos sufficientes para legislar determinando a pena que deve appllicar-se a cada gráu de criminalidade, e por conseguinte que não podem ser os verdadeiros soberanos na sociedade, dispondo a seu sabor da honra e vida do cidadão".

[715] José Joaquim Sant'Anna, 1847: 10 e 11.

[716] Este despacho consistia em um verdadeiro despacho saneador da causa, com especificação dos factos articulados essenciais que se encontravam provados e dos não provados (José Joaquim Sant' Anna, 1847: 96). A sugestão viria a ser recuperada posteriormente por Alexandre Seabra nos artigos 230 e 335 do seu "Projecto Definitivo do Código de Processo Civil", mas a comissão revisora deste projecto não a aceitaria, tendo o autor insistido na sugestão nas suas "Bases para a Reforma", de 1887.

[717] A verdade é que o recurso de apelação no processo civil também se configurava como um recurso limitado à decisão sobre a matéria de direito, deixando intocada a decisão do júri sobre os factos provados, pelo que a garantia adicional do processo civil consistia em pouco mais do que a repetição de um juízo da instância sobre a matéria de direito. Já assim era no "Ensaio", onde se dizia expressamente que "a apelação versa somente sobre o ponto de direito" (José Joaquim Sant' Anna, 1833: 62). Contudo, no "Ensaio" formulava-se um sistema de recursos para o processo civil ainda mais amplo, sobretudo no que toca à sindicância da decisão sobre a matéria de facto. Nele se previam embargos muito amplos em primeira e segunda instância e uma ainda mais ampla "revista do facto" (artigos 166 e 167), ao lado de uma "revista do direito" (artigos 172 e 174).

A *Jurisdição Penal Comum* 285

Assim, a instituição de um tribunal de julgamento radicalmente independente e livre das peias da prova tarifada levou à realização mais perfeita dos princípios da acusação, da imediação e da oralidade, com uma libertação quase total dos membros do tribunal de qualquer contaminação pela prova da instrução e com a concepção da fase de instrução como uma fase prévia ao início do processo judicial, cuja única razão de ser era a da preparação da decisão de abertura de um processo judicial.

A radicalização do paradigma judiciário liberal, a ruptura com as soluções "retrógadas" consagradas no direito vigente, que revelava "uma bem pronunciada tendencia para o restabelecimento do antigo processo",[718] era ainda mais patente nas propostas do autor relativas á eleição popular dos jurados, que funcionaria como garantia da escolha da "parte do povo mais intelligente e moral",[719] e nas relativas ao sistema de "residência popular", que teria o importantíssimo efeito prático de fazer depender a promoção de todos os empregados públicos de nomeação governamental, incluindo a dos juízes, por intermédio de escrutínio secreto e anual sobre a aprovação ou reprovação da actividade do funcionário no exercício das suas funções.[720]

O projecto foi, contudo, vítima do princípio metódico que o orientou: "tratar o meu assumpto sem a minima prevenção, seguindo em tudo e por tudo a natureza das coisas".[721] Visando esboçar um sistema aplicável a qualquer nação,[722] o autor ignorou deliberadamente o direito constitucional do seu país.

A atribuição do controlo da instrução e da decisão sobre a prisão do réu a autoridades administrativas e a consequente abolição da pronúncia, deliberadamente assumida pelo autor,[723] contrariavam frontalmente a Carta, que impunha a existência deste despacho judicial (artigo 126) e, de igual modo, vedava a autoridades administrativas a decisão sobre a prisão do réu (artigo 145, § 7). Nem

---

[718] José Joaquim Sant' Anna, 1847: 5.

[719] José Joaquim Sant' Anna, 1847: 21 e 42, e já em 1833: 4. O quadro geral dos jurados, cujo número variava em função da dimensão da comarca, era formado por eleição popular anual, nos termos de uma lei regulamentar.

[720] A ideia do autor era a de "fazer depender o adiantamento dos ditos Empregados na carreira a que se dedicárão, da boa opinião que o Povo houver a respeito delles formado pela série de seus actos durante o tempo em que se exercerão suas funcções" (José Joaquim Sant' Anna, 1847: 158).

[721] José Joaquim Sant' Anna, 1847: 3 e 47.

[722] José Joaquim Sant' Anna, 1847: 10.

[723] José Joaquim Sant' Anna, 1847: 40 ("ficando pois em todo o vigor o disposto no § 2 art. 9 da Carta Constitucional, desaparece inteiramente o objecto do § 3 do art. 67 que por isso se deverá ter como eliminado").

as garantias de que o autor rodeava esta decisão, estabelecidas nos artigos 322 a 325 do projecto, salvavam a radical incompatibilidade do sistema com o parâmetro constitucional, uma vez que também aquelas garantias não permitiam a sindicância judicial desta decisão. Uma das bases, senão a mais importante das bases do sistema do projecto estava, pois, inquinada por este vício fundamental.

CAPÍTULO 5.º
A Crise do Paradigma Judiciário Liberal

1. A multiplicação de novas formas de processo especiais

O paradigma judiciário liberal assentava na preponderância da forma de processo com intervenção do júri. O modelo judiciário consagrado pela Nova Reforma e aprofundado pela Novíssima Reforma já tinha diminuído substancialmente a competência do tribunal de júri, sem, no entanto, afectar aquela preponderância.

Contudo, a partir da década de cinquenta o legislador adoptou sucessivamente três diferentes estratégias com o propósito de diminuir gradualmente a preponderância do júri.

A primeira destas estratégias consistiu na introdução de uma forma processual intermédia entre a de polícia correccional e a ordinária, a segunda na criação de formas de processo especiais para julgamento de determinados crimes com intervenção apenas do juiz de direito e a terceira na criação de formas de processo especiais para julgamento de determinados crimes com intervenção de um tribunal colectivo constituído apenas por juízes togados.

A primeira tentativa de consagração de uma forma de processo intermédia foi realizada pelo Decreto de 10.12.1852, na sequência da publicação do Código Penal nessa mesma data.

O novo código adoptava a tripartição francesa dos crimes, delitos e contravenções[724] e o legislador decidiu introduzir no processo penal uma forma de processo especial para julgamento dos ilícitos de gravidade intermédia, os delitos.

Assim, o legislador redefiniu o âmbito do processo correccional, nele incluindo os crimes puníveis com as penas de prisão ou desterro até seis meses, suspensão dos direitos públicos ou suspensão do emprego até dois anos, multa até um mês ou até 20.000 réis, repreensão ou censura, e criou uma nova forma

---

[724] Para a crítica desta tripartição, entre nós, Caeiro da Matta (1909: 353 a 355), concluindo pela sua natureza "puramente empirica e formal" e "arbitraria".

de processo, também designada por processo correccional, que incluía os crimes puníveis com as penas de prisão ou desterro até dois anos, suspensão dos direitos públicos até seis anos, suspensão do emprego sem mais declaração ou por mais de dois anos ou multa até dois anos ou até 200.000 réis.

Esta segunda forma de processo caracterizava-se pela maior solenidade do processo preparatório em relação ao processo de polícia correccional previsto na Novíssima, pois incluía um sumário da culpa com o interrogatório de um certo número de testemunhas, seguindo-se a pronúncia do juiz e a acusação do Ministério Público. No mais, eram aplicáveis os termos ulteriores do velho processo correccional, sendo o processo julgado pelo juiz, com recurso para a Relação.

Em face da oposição da doutrina,[725] a Lei de 18.8.1853 determinou a supressão do processo correccional criado pelo Decreto de 10.12.1852 e restringiu mesmo o âmbito do objecto do processo de polícia, eliminando deste os crimes puníveis com pena de suspensão dos direitos políticos e do emprego até dois anos.[726]

Após o fracasso desta tentativa, o poder político tentou reformar o júri, tal como tinha feito o legislador francês.

Na sequência das duras críticas da doutrina à composição do júri no código napoleónico, as disposições que lhe diziam respeito foram modificadas por três grandes reformas, a do Decreto de 7.8.1848 e as das Leis de 4.6.1853 e de 21.11.1872. Se a primeira reforma, "a mais democrática" de todas as reformas, alargou a base da lista geral, admitindo o regime do sufrágio quase universal como base daquela lista, e suprimiu a intervenção das autoridades administrativas nomeadas pelo governo, atribuindo a elaboração das listas cantonais a uma comissão mista composta por autoridades administrativas locais eleitas e por um juiz de paz, a lei imperial de 1853 abandonou o princípio da identidade da capacidade de eleitor com a capacidade de ser jurado, substituindo a lista geral por uma lista anual de serviço elaborada por uma comissão cantonal, e regressou à predominância das autoridades administrativas nomeadas pelo governo, associando-lhe membros da magistratura não inamovíveis, os juízes de paz. Este modo de selecção viria ainda a ser substituído depois da queda do Segundo Império pela Lei de 21.11.1872. A nova lei manteve, por um lado, o princípio da lei imperial do "júri inteligente" e, por outro, atribuiu a comissões mistas de juí-

---

[725] Um dos protagonistas desta oposição foi o lente de Coimbra, Duarte Nazareth (1853: 27). O autor deu mais tarde a conhecer que colaborou na feitura do projecto que foi convertido na Lei de 18.8.1853 (Duarte Nazareth, 1886: 30).

[726] O governo aceitou a iniciativa legislativa da Câmara dos Deputados como uma medida de natureza provisória (Diário do Governo, 1853, p. 1090).

A Jurisdição Penal Comum   289

zes e autoridades administrativas locais eleitas a elaboração das listas. Na prática, a lei foi desvirtuada por "o elemento electivo ter acabado por absorver
ou mesmo oprimir o elemento judiciário".[727]

A lei portuguesa de 1855 foi profundamente marcada pelo espírito da lei
francesa de 1853, tendo o legislador modificado completamente a filosofia implícita ao anterior regime do jurado, substituindo a concepção do direito de cada
cidadão a ser jurado por uma outra, a concepção do "encargo" de jurado, equiparado ao de eleitor para os cargos públicos.

Assim, a Lei de 21.7.1855 estabelecia dois requisitos positivos para o recenseamento de cento e vinte "cidadãos habeis para jurados" em cada comarca:
a capacidade de voto na eleição de deputados e a renda líquida anual, em Lisboa
e no Porto, de 400.000 réis e, no resto do país, de 200.000 réis. Em alternativa a
este segundo requisito, foi fixado o da posse de títulos académicos, em função
dos quais a legislação eleitoral dispensava da prova do censo. A lei fixava ainda
um critério subsidiário: o de que, não existindo na comarca cento e vinte cidadãos que tivessem renda líquida tão elevada, se devia escolher os que tivessem a
renda líquida mais elevada. Contudo, este critério não se sobrepunha ao critério
literário, que dispensava a prova de qualquer rendimento anual, como mais
tarde o legislador esclareceu. As pautas de jurados eram extraídas da lista de recenseamento por meio de sorteio, tal como anteriormente.

Ao invés das anteriores previsões genéricas referentes a todos os funcionários administrativos nomeados pelo governo, na lista de escusas da lei de 1855 o
legislador incluía apenas os governadores civis, os secretários gerais, os delegados do tesouro, os tesoureiros, os administradores de concelho e seus escrivães,
os escrivães de fazenda e das câmaras e os recebedores de concelho.

Esta reforma da composição do júri, que visava melhorar a qualidade dos
seus membros, era conjugada com a atribuição de uma nova competência ao
júri. Na Lei de 18 de Julho, o legislador atribuiu ao júri competência para declarar qualquer circunstância modificativa do facto principal que diminuísse a

---

[727] Fernand Gineste, 1896: 126 a 129, René Garraud e Pierre Garraud, 1926: 89, 97 a
101, 401 a 403, e Maurice Garçon, 1957: 20 e 21. Movido pelo intuito reformador do "espírito de
quarenta e oito", o legislador da Segunda República francesa procurou um "compromisso" entre a
solução radical da selecção dos jurados da sessão por sorteio entre os eleitores e a solução conservadora que mantinha a interferência do poder político local na escolha dos jurados. Ao invés, o
espírito autoritário dos primeiros anos do Segundo Império não se adequava a esta solução, tendo
por isso sido reformulado o regime de recrutamento dos jurados por Napoleão III, no sentido da
reposição do predomínio das classes que dominaram o júri de 1808 a 1848 (Fernand Gineste,
1896: 124, e Jean-Pierre Royer, 1996: 526 a 531). O Decreto de 14.10.1870 revogou a lei imperial
de 1853 e repôs em vigor a legislação de 1848, mas logo em 1872 o legislador da "República sem
republicanos" regressou ao sistema imperial (Jean-Pierre Royer, 1996: 561).

290   *A Reforma da Justiça Criminal em Portugal e na Europa*

pena, ainda que não fosse compreendida nos quesitos, consagrando deste modo a doutrina de uma outra lei francesa aprovada vinte e três anos antes, a Lei de 28.4.1832, que procedeu à modificação do disposto no artigo 341 do *Code d' Instruction Criminelle*.[728]

A reforma de 1855 não produziu os efeitos esperados[729] e doze anos depois o legislador reconhecia o facto, aprovando uma nova lei sobre a composi-

---

[728] A doutrina deste preceito foi fortemente criticada por Silvestre Pinheiro Ferreira ("esta providencia não sò he insufficiente, mas contradictoria. He insufficiente porque consistindo o vicio que se tracta de remediar em que aos juízes não era licito proporcionar a pena à gravidade do delicto, não basta abaixar de um sò grao a pena de lei para se conseguir esse fim, pela simples rasão que não basta ser a pena menos desproporcionada para sò por isso ficar em proporção. Mas alem de insufficiente he contradictoria aquella providencia, por que há manifesta contradicção em ordenar que se diminûa a pena taxada no codigo uma vez que haja algumas circunstancias attenuantes; e logo depois proihibir que se diminûa a pena que se acaba se taxar, ainda que se verifiquem a seo respeito ainda mais circunstancias attenuantes", Pinheiro Ferreira, 1834 b: 169). Tal como em França (Fernand Gineste, 1896: 183 a 185), os jurados em Portugal abusaram desta nova faculdade, condenando frequentemente o réu por crime menos grave do que o da acusação, apesar de a lei limitar esta faculdade à declaração de circunstâncias modificativas. Davam conta deste abuso ainda durante a monarquia, por exemplo, a Revista de Legislação e Jurisprudência (1906: 166) e Teixeira de Magalhães (1905: 231) e, já na República, Caeiro da Matta (1913: 434). O Conde de Paçô-Vieira (1914: 454) resumiu estas queixas: "muitas vezes o jury costuma alterar e modificar a classificação do crime, que está provado, mas que por diversas circumstancias entende não dever aplicar a pena correlativa, e quasi todos os dias o está fazendo". A doutrina disputava também sobre a possibilidade de o júri modificar o facto principal, quando a modificação tivesse o efeito de diminuir a pena (a favor, Revista de Legislação e Jurisprudência, 1875: 14 e 15, e 1906: 166, Teixeira de Magalhães, 1905: 231, Francisco Veiga, 1908: 89 e 90, e José Dias, 1919: 454 e 455, e contra, António Macieira, 1914: 59). A situação inversa, de o júri dar como provada, por exemplo, a autoria no caso em que o arguido vinha acusado como cúmplice, era pouco discutida. A Revista de Legislação e Jurisprudência apreciou a questão em uma consulta e pronunciou-se no sentido de que o juiz devia anular a resposta dos jurados ou, não o tendo ele feito, deviam os tribunais superiores em recurso interposto pelo Ministério Público ou por qualquer parte anular a resposta, nos termos do disposto no n. 11 do artigo 13 da Lei de 18.7.1855 (Revista de Legislação e Jurisprudência, 1872: 388). Navarro de Paiva (1895: 233 e 234) entendia que o Ministério Público devia interpor recurso de revista para o Supremo Tribunal de Justiça com fundamento na qualificação jurídica errada dos factos. O autor viria a modificar a sua opinião, considerando mais tarde que o Ministério Público devia interpor recurso de apelação com fundamento em falta de competência do júri, uma vez que a solução anterior dependia de protesto do Ministério Público prévio à decisão dos jurados (Navarro de Paiva, 1915 a: 133 e 134). Ao invés, José Dias era de parecer que o juiz devia advertir os jurados no sentido de corrigir as suas respostas e, se estes não acatassem a advertência, devia corrigir a decisão dos jurados, aplicando no processo comum a doutrina do artigo 259 do novo Código de Processo Criminal Militar (José Dias, 1919: 484).

[729] Muito crítico em relação à reforma manifestou-se Luiz Jardim (1866: 140 e 141), com o argumento de que, "attendendo a que a instrucção publica tem sido um pouco descurada, não

A Jurisdição Penal Comum 291

ção do júri, desta feita no sentido da diminuição do número de jurados e da restrição da faculdade de apresentar recusas sem causa justificada. A Lei de 1.7.1867 instituiu uma pauta única de trinta e seis jurados por cada comarca e determinou que o júri fosse sempre composto por nove jurados, mais um substituto, retirados daquela pauta, só podendo ser recusados sem causa justificada três jurados pela acusação e outros três pela defesa.[730] Com vista a esclarecer a legislação pouco clara de 1855, a lei nova estabeleceu expressamente a prevalência dos cidadãos com habilitações literárias sobre os titulares de rendimentos líquidos anuais iguais ou superiores a 400.000 réis para formação da lista dos cento e vinte jurados recenseados, funcionando o critério de selecção de natureza económica quando o de natureza literária não fosse suficiente.

A lei nova admitia também a formação de um júri especial composto por jurados de três comarcas, que seria convocado por determinação do Supremo Tribunal para o julgamento de crimes puníveis com penas maiores quando ocorressem circunstâncias graves de perturbação da ordem.

Contudo, a nova legislação do júri não remediou a situação de crise da instituição. Os clamores contra as absolvições generalizadas e os julgados contraditórios sucediam-se.[731]

---

podemos affirmar affoitamente que a certo censo corresponda a illustração sufficiente para ser julgador", propondo, na sequência de um projecto de Barjona de Freitas do ano anterior, a adopção explícita de um critério literário principal e de um critério censitário subsidiário, sendo o recenseamento dos jurados feito por uma comissão especial em que tomassem parte as "auctoridades mais directamente empenhadas no cumprimento das leis, e na boa instituição do jury" (Luiz Jardim, 1866: 141). Por outro lado, concordando com o projecto de lei de Moraes Carvalho, apresentado em 9.1.1861, Luiz Jardim sugeria também a restrição da faculdade de recusa de jurados sem motivação. Por fim, o autor acompanhava a proposta de Barjona de Freitas e de Moraes Carvalho de formação da pauta do júri com jurados da comarca e das duas mais próximas, autorizada pelo Supremo Tribunal de Justiça, quando em face de circunstâncias extraordinárias fosse de temer a parcialidade do júri (Luiz Jardim, 1866: 148). Contudo, o autor preferia a fórmula de Barjona de Freitas à de Moraes Carvalho, pois nesta o juiz devia realizar o julgamento e sindicar a decisão do primeiro júri antes de requerer a formação de um júri especial ao Supremo Tribunal de Justiça e naquela o juiz dirigia logo o requerimento ao Supremo Tribunal de Justiça com base na conveniência da formação uma pauta alargada de jurados. No ano seguinte ao da publicação da tese de Luiz Jardim, foi aprovada a reforma do júri, que consagrou as propostas de Barjona de Freitas, então ministro da justiça.

[730] Anteriormente, estas recusas podiam elevar-se a nove quando a pauta fosse formada de trinta e seis jurados e a doze quando contasse quarenta e oito jurados, o que permitiu o abuso. "A abusiva pratica das recusações officiosas ou de mera complacencia provocou o nimio rigor da lei na limitação do numero d'ellas" (Navarro de Paiva, 1886: 61).

[731] As penas muito graves previstas na lei substantiva constituíam o motivo das frequentes absolvições pelo júri (Alexandre de Seabra, 1884: 305, Henriques da Silva, 1906: 104, Dias da Silva, 1906: 412, e Caeiro da Matta, 1911 b: 10). A partir da concretização em Agosto de 1885 do

A Reforma da Justiça Criminal em Portugal e na Europa

Tendo no passado falhado a tentativa de criação de uma forma de processo com um âmbito de aplicação definido em função da moldura abstracta da pena, o legislador adoptou já no final da década de cinquenta uma outra estratégia, a da criação de processos especiais para julgamento de crimes de determinada natureza.

O primeiro destes processos especiais foi o previsto na Lei de 4.6.1859, que fixou a competência exclusiva dos juízes de direito para a preparação e o julgamento dos crimes de moeda falsa, com intervenção de um júri especial.

A especialidade do júri constituído para julgamento destes crimes resultava do alargamento do círculo dos jurados às duas comarcas mais próximas daquela onde tivesse sido cometido o crime e da fixação do número dos jurados em doze no primeiro julgamento e em dezasseis no caso de anulação do julgamento e formação de um segundo júri nos termos do artigo 1162 da Novíssima Reforma.

A forma de processo ordinário era aplicável a todos os crimes previstos nesta lei, independentemente da pena abstracta, e caracterizava-se pela particularidade de os depoimentos das testemunhas na audiência de julgamento serem registados, por extenso ou por extracto, consoante o registo fosse requerido pelas partes ou ordenado pelo juiz, sendo no caso de anulação das respostas aos quesitos dadas pelo júri aqueles depoimentos lidos na audiência de julgamento perante o segundo júri, após o depoimento das testemunhas.[732]

Cinco anos depois, em 1864, surgiria a segunda forma de processo especial, com uma particularidade de especial importância, que se repetiria em outras formas especiais. No regulamento dos emolumentos e salários judiciais de 30.6.1864, previa-se o julgamento em processo ordinário do crime de con-

---

sistema penitenciário da reforma penal de 1867, a ameaça do rigoroso regime filadelfiano de isolamento celular de noite e de dia que impendia sobre o réu também passou a constituir um motivo muito ponderoso para o júri forçar o seu juízo sobre a matéria de facto ("No fôro criminal é quotidiana a observação de que o jury hesita perante a comminação d' uma pena que obrigue o condemnado a um demorado tempo de isolamento celular. É um mal entendido sentimento, incompativel com a rigorosa obrigação do jury, é mesmo um abuso, concordamos, mas é infelizmente um facto", Eduardo Carvalho, 1889: 176 e 177, e, para um balanço negativo do movimento de reforma penitenciária na monarquia liberal, Eduardo Correia, 1955: 414 e 415, Maria João Vaz, 1998: 44 a 54, e Maria Moutinho Santos, 1999: 43 a 71, 352 a 357). Quer a reforma da lei penal, quer a introdução do regime penitenciário progressivo eram apontadas como medidas urgentes para desagravar a situação.

[732] Navarro de Paiva (1895: 207) criticava o registo da prova como "uma pura superfluidade", pois nenhuma influência poderia ter nos tribunais superiores em face do carácter irrevogável da decisão do júri sobre a matéria de facto. O objectivo visado pelo legislador não era esse, contudo, mas um outro, o de constituir uma garantia adicional da fidelidade da prova produzida na segunda audiência de julgamento no caso de as respostas aos quesitos serem anuladas.

A Jurisdição Penal Comum 293

cussão cometido por empregados judiciais e tabeliães, mas apenas pelo juiz de direito, sem a intervenção do júri. O juiz conhecia de facto e de direito, cabendo recurso obrigatório da sua decisão para a Relação.[733]

Esta forma de processo especial foi de novo estabelecida por três vezes, uma em 1886 e duas em 1896. Na Lei de 21.4.1886, relativa à convenção internacional para a protecção dos cabos submarinos, criou-se um processo especial para julgamento dos autores do crime de corte ou deterioração dolosos de cabo submarino, punível com multa de 50.000 a 180.000 réis e prisão correccional ou prisão maior até cinco anos. O julgamento observava a forma do processo ordinário, com três especialidades: o auto verbal era suficiente para constituir o corpo de delito, o sumário era reduzido a três testemunhas e não intervinham jurados.

Por sua vez, inspirando-se nas leis francesas de 12.12.1893 e de 28.7.1894, a Lei de 13.2.1896 determinou o julgamento dos agentes dos crimes de emprego de explosivos, com o fim de destruir pessoas ou edifícios ou cometer fogo posto, e de atentado contra as pessoas, "como meio de propaganda das doutrinas do anarchismo ou como consequencia de taes doutrinas" (artigo 3), em processo ordinário, mas sem a intervenção do júri.[734] A prova era registada e tinha lugar recurso da decisão sobre a matéria de facto para o Tribunal da Relação.[735]

Do mesmíssimo modo, a Lei de 23.4.1896, que criou um tipo legal incriminador de promoção ou favorecimento à emigração clandestina, punível com

---

[733] Discutia-se se o artigo 92 do regulamento de 1864, que previa as disposições processuais referidas no texto, permaneceu em vigor depois da publicação do novo regulamento, aprovado pela Lei de 13.5.1896, sendo afirmativo o parecer da doutrina (Francisco Veiga, 1908: 240, Trindade Coelho, 1910: 40, e Caeiro da Matta, 1912: 27).

[734] O ministro da justiça de então, Azevedo Castello Branco, justificava o afastamento do júri com a dificuldade de encontrar jurados nestes processos por causa do medo das populações de fazer parte do júri no julgamento destes crimes (Diário da Câmara dos Pares, 1896, p. 118).

[735] Não obstante o ministro da justiça ter confirmado que a intenção do legislador não era a de "incriminar nem punir os direitos imprescriptiveis de pensamento humano" (Diário da Câmara dos Pares, 1896, p. 125), a verdade é que a incriminação dos actos de defesa, aplauso, conselho ou provocação, mesmo sem publicidade, ou da simples profissão sem publicidade de doutrinas anarquistas, bem como a pena de deportação ilimitada previstas neste diploma, foram usadas com toda a dureza, tendo sido objecto até ao final do regime monárquico do repúdio da doutrina e de, pelo menos, duas tentativas frustradas de abolição em 1906 e em 1909 (Francisco de Medeiros, 1909: 177 a 186). A Lei de 21.7.1899 restringiu as incriminações da de 1896 aos que professassem o anarquismo, sendo os restantes punidos nos termos do artigo 483 do CP, "mas a verdade é que não encontramos na lei de 1899 e muito menos na de 1896 aquella precisão taxativa de que todos os legisladores honestos e escrupulosos em materia de equidade teem por dever soccorrer-se, sempre que a natureza e o alcance de uma determinada disposição porporcione o arbitrio na maneira de interpretal-a e executal-a. É isso que não se encontra n'essas leis, precisamente porque o seu fim não é bem orientado" (António Macieira, 1911: 201).

294   *A Reforma da Justiça Criminal em Portugal e na Europa*

pena de prisão celular de dois a oito anos ou degredo em alternativa, determinou o julgamento dos agentes deste crime em processo ordinário de querela, com registo da prova e sem intervenção do júri.[736]

Estas soluções, limitadas a uma criminalidade restrita, embora com grande repercussão social, não deixaram, contudo, esmorecer o propósito político do legislador de consagrar uma forma de processo intermédia, cujo objecto não fosse determinado pela natureza do crime, mas pela moldura da pena abstracta aplicável.

O ministro da justiça José Luciano de Castro apresentou, em 14.5.1870, uma nova proposta, que previa a introdução de uma forma de processo semelhante à da Lei de 1853.[737] A solução ideal vislumbrada pelo ministro não era esta, mas a da criação de tribunais colectivos que julgassem os crimes correccionais, competindo as contravenções e os delitos de pequena importância aos juízes singulares. A escassez dos recursos do tesouro impunha uma reforma mais comedida, razão pela qual o ministro Luciano de Castro propôs que os crimes puníveis com prisão correccional, desterro ou multa por mais de seis meses ou suspensão de emprego por mais de dois anos fossem julgados nos termos de uma forma de processo nova.

As três inovações desta proposta em relação à Lei de 1852 eram a de a prolação da pronúncia ser posterior à acusação, ao invés de a anteceder, como era o caso anteriormente, a da inadmissibilidade da renúncia ao recurso, devendo toda a prova produzida na audiência de julgamento ser registada, e a da consagração da faculdade de interposição do recurso de revista nos termos da lei geral. Deste modo, verificava-se uma melhoria substancial dos direitos das partes no tocante à sindicância da decisão final e uma alteração significativa das posições recíprocas do juiz e do Ministério Público na fase inicial do processo, reforçando-se a posição processual do Ministério Público, que procedia ao primeiro juízo de verificação dos indícios probatórios e de qualificação jurídica do facto criminoso.

Esta proposta não foi sequer discutida, mas foi quase integralmente copiada por uma outra, apresentada pelo ministro da justiça Lopo Vaz, em 10.3.1884, que também não teve melhor destino.[738]

---

[736] Mais tarde, diante da dureza da pena, o artigo 1 do Decreto de 27.9.1901 diminuiu a moldura penal e mandou julgar estes factos em processo correccional.

[737] Diário do Governo, 1870, pp. 697 a 703. Esta ideia já tinha sido apresentada no "Projecto do Código do Processo Civil Portuguez", de Alexandre Seabra, oferecido no ano anterior ao Ministério da Justiça. No ano seguinte ao da apresentação da proposta do governo, também Navarro de Paiva sugeriu o restabelecimento da forma de processo correccional prevista no Decreto de 1852 para os crimes puníveis com prisão até dois anos (Navarro de Paiva, 1871: 11, e, posteriormente, 1874: XL).

[738] Diário da Câmara dos Deputados, 1884, pp. 607 a 611. Henriques da Silva (1906: 106) e Dias da Silva (1906: 420) pronunciaram-se no sentido de que esta proposta restabelecia a

A Jurisdição Penal Comum   295

Em face do insucesso das tentativas de alteração do direito vigente, os tribunais recorriam crescentemente à prática da correccionalização, isto é, ao processamento em polícia correccional de crimes em que a pena máxima aplicável era superior à admissível nesta forma de processo, mas a pena concreta previsivelmente aplicada pelo juiz era inferior. O recurso a esta prática não resultava apenas da maior probabilidade de impunidade que o processo com intervenção do júri proporcionava aos delinquentes, que era um facto constatado pela doutrina, mas sobretudo de um outro facto, o da absoluta impossibilidade, por escassez de meios e de tempo, de julgar todos os crimes a que competia a forma de processo ordinário.[739]

A tal ponto esta prática se generalizou que o governo se viu na obrigação de intervir, publicando a portaria de 10.9.1883, que declarou ilegal a prática de correccionalização, ainda quando os réus nela consentissem.[740]

---

forma de processo criada em 1852, não fazendo menção das diferenças fundamentais existentes entre uma e outra.

[739] António Castello Branco, 1888: 131 a 134, Dias da Silva,1903: 769, Marnoco e Souza, 1907: 111, e Caeiro da Matta, 1919: 34. A doutrina reproduzia, afinal, os dois argumentos que já tinham sido invocados pelo ministro da justiça Luciano de Castro em 1870 para fundamentar a sua proposta de lei (Diário do Governo, 1870, p. 698).

[740] Esta prática era corrente em Lisboa e no Porto e em muitas comarcas do país, sobretudo a respeito dos crimes de furto de pouco valor e de ferimentos leves (Dias da Silva, 1903: 768, e Marnoco e Souza, 1907: 111. Innocencio Duarte (1871: 210 e 211) citava jurisprudência do Supremo Tribunal de Justiça condenando a correccionalização desde os anos cinquenta. Este movimento estava directamente relacionado com o crescente descrédito do júri: "O descredito do nosso jury está na convicção de todos. São diariamente apregoadas as suas repetidas decisões injustas, iniquas muitas vezes, irrisorias até, sobretudo nas provincias" (M. A., 1877: 29). Como reconheceu mais tarde o próprio Navarro de Paiva, "confiando aos juízes de direito o julgamento dos crimes a que correspondem penas correccionaes, converte-se em lei o arbitrio há longo tempo estabelecido em quasi todos os tribunais do paiz" (Navarro de Paiva, 1882 a: 47). Em França, a correccionalização estava há muito generalizada entre as *cours d' assises*, que condenavam por delitos os réus acusados de crimes, tendo para o efeito contribuído a faculdade da ponderação pelo júri das circunstâncias atenuantes em 1832 (Bonneville de Marsangy, 1855: 375 a 380, Ferdinand Gineste, 1896: 118 e 119, e Henri Verdun, 1922: 13 a 25). Em face desta prática generalizada a doutrina defendeu mesmo a sua extensão à câmara de acusação de modo a simplificar o processo, aliviar a sobrecarga dos tribunais de júri e reduzir o tempo de detenção preventiva (Bonneville de Marsangy, 1855: 381 a 384). Com o decurso dos anos, também entre os magistrados de instrução de primeira e de segunda instância se adoptou aquela prática, remetendo eles para julgamento em tribunal correccional factos constitutivos de crimes em função da previsível reacção dos jurados, umas vezes demasiado favorável aos acusados, como nos crimes passionais, e outras demasiado severa, como nos crimes contra a propriedade (Henri Verdun, 1922: 26 a 41, e René Garraud e Pierre Garraud, 1926: 461 e 462). Apesar da *Cour de Cassation* ter dado o seu assentimento tácito a esta prática, a doutrina censurava-a firmemente, apontando, entre outras críticas, a da privação do benefício do duplo grau de jurisdição do réu condenado pela *cour d' assises*

296   *A Reforma da Justiça Criminal em Portugal e na Europa*

Só em 1890 o propósito do legislador obteve concretização. O Decreto n. 2, de 29.3.1890, procedeu à reformulação do processo de polícia correccional, à reintrodução do processo correccional e à criação de uma forma de processo sumaríssimo.[741]

A velha forma de polícia correccional era aplicável aos crimes e contravenções a que correspondessem separada ou cumulativamente as penas de prisão correccional ou desterro até seis meses, multa até seis meses ou até 500.000 réis, suspensão do emprego ou do exercício dos direitos políticos até dois anos, repreensão ou censura, surgindo a par dela uma forma de processo sumaríssimo aplicável às infracções previstas nos artigos 177, 180, 185, 188, 256, 484 e seguintes do Código Penal, quando ocorresse prisão em flagrante delito e o arguido fosse vadio ou reincidente,[742] e uma forma de processo correccional aplicável aos crimes puníveis separada ou cumulativamente com as penas de prisão correccional ou desterro superiores a seis meses, multa superior a seis meses ou até 1.000.000 réis, suspensão do emprego ou do exercício dos direitos políticos superiores a dois anos ou sem prazo.[743]

A regulamentação da nova forma de processo correccional era objecto de uma remissão genérica para os termos do processo de polícia correccional,[744] prevendo-se, no entanto, que o Ministério Público ou o ofendido deduzissem uma acusação, a "queixa", dentro de quarenta e oito horas após a constituição do corpo de delito, que deveria ser confirmada pelo despacho de pronúncia. Deste despacho cabia agravo de petição nos termos gerais.

---

pela prática de um delito, a da desigualdade na repressão criminal e a da violação das regras de competência (Ortolan, 1875: 454, e Henri Verdun, 1922: 70 a 84). A história veio deste modo a dar razão a Anselm von Feuerbach, que já em 1825 contava as *cour d' assises* entre os tribunais de excepção, com uma competência residual, distinguindo-a desta forma dos tribunais correccionais (Anselm von Feuerbach, 1825: 333).

[741] O governo apontou, no relatório dos decretos ditatoriais, como modelo desta reforma a proposta de lei do ministro da justiça Lopo Vaz apresentada às Cortes na sessão de 1884. Na impossibilidade, afirmada pelo poder político em 1870 e reiterada em 1884, de as finanças públicas suportarem os gastos inerentes à introdução do tribunal colectivo no julgamento dos crimes puníveis com penas correccionais, o governo procurava com o regresso àquela proposta pôr cobro às percentagens superiores a 60 % de absolvições dos réus julgados pelo tribunal de júri e à "anarchia" resultante da correccionalização judicial dos processos, a que os tribunais recorriam para evitar a sujeição dos réus ao julgamento do júri, sob a máxima de que "mais vale uma pena baixa do que pena nenhuma".

[742] O governo apontava já então para a necessidade de criação de uma forma de processo sumário para todos os crimes puníveis com pena não superior a seis meses de prisão, relativos a "factos, que contendam com o socego publico ou com os regulamentos de policia" em que ocorresse prisão em flagrante delito. Só mais tarde surgiria esta outra forma de processo.

[743] Por força da aplicação das circunstâncias agravantes, podia, contudo, ser aplicada em concreto pena maior em processo correccional (Eduardo Carvalho, 1912: 198).

A Jurisdição Penal Comum 297

Na fase de julgamento, excluía-se expressamente a competência do juiz municipal, julgando apenas o juiz de direito estas causas. O registo "com a maior concisão possível" dos depoimentos das testemunhas era obrigatório e não era admissível a renúncia ao recurso. A decisão, além de impugnável para a Relação, admitia também a revista nos termos gerais.

O diploma regulava apenas os termos em que o processo correccional devia ser processado na primeira instância, mas não os termos dos recursos,[745] tendo a jurisprudência e a doutrina debatido intensamente até 1892 se eram aplicáveis os termos ordinários das apelações em matéria crime ou os termos do agravo de petição em matéria cível, como estava consagrado para o processo de polícia desde 1884.[746]

A nova forma de processo sumaríssimo, que consistia no julgamento imediato de arguidos vadios e reincidentes que fossem detidos em flagrante pela prática das infracções enunciadas na lei, servindo como processo preparatório o auto policial, foi, como era intenção do governo, ampliada pelo Decreto n.1, de 15.9.1892.[747] Este diploma criou um novo processo especial de julgamento no acto da apresentação dos detidos em flagrante pela prática de crimes e contra-

[744] O § 12 do artigo 3 remetia também para as disposições gerais da Novíssima, conciliando a doutrina os distintos mandamentos no sentido de que só na falta de disposições do processo de polícia se devia recorrer às disposições do processo ordinário (Dias Ferreira, 1892: 330, Dias da Silva, 1903: 817, Marnoco e Souza, 1907: 161, e Teixeira de Magalhães, 1905: 198).

[745] A Lei de 7.8.1890, que aprovou o *bill* de indemnidade relativo à promulgação pelo governo de providências de natureza legislativa desde 10.2.1890, introduziu algumas alterações à legislação aprovada em ditadura sobre as novas formas de processo penal, mas não resolveu este problema. A lei determinou que o despacho de pronúncia em processo correccional admitia agravo nos termos gerais e, portanto, não apenas agravo de petição, como previa o decreto de Fevereiro, mas também agravo de instrumento e consagrou a obrigatoriedade do registo dos depoimentos somente quando o depoimento das testemunhas produzido em julgamento constituísse uma alteração do depoimento anterior. A lei de Agosto omitiu também a resolução da questão da aplicabilidade do processo de ausentes de 1847 aos crimes de processo correccional, sendo maioritária a jurisprudência que admitia essa aplicação. Contra a jurisprudência maioritária encontravam-se Dias Ferreira (1892: 345), Teixeira de Magalhães (1905: 316), e Eduardo Carvalho (1912: 113), e, com ela, Navarro de Paiva (1900: 195), António Ferreira Augusto (1905: 3), Francisco Veiga (1908: 311), José Dias, (1919: 502 e 506) e Beleza dos Santos (1920: 45).

[746] A questão subsistiu mesmo depois de 1892, ano da uniformização do regime do processamento e julgamento dos recursos criminais, mas com menor intensidade, colocando-se a propósito do prazo de interposição do recurso em processo correccional. A doutrina dividia-se entre os que advogavam a aplicação do prazo de 24 horas do processo de polícia e os que defendiam o prazo de dez dias do processo ordinário. Neste sentido, Francisco Veiga, 1908: 37, e Trindade Coelho, 1897 a: 37 e 38, e 1910: 31 e 32, e naquele sentido, Dias Ferreira, 1892: 332, Eduardo Carvalho, 1912: 201, e Pedro de Sousa, 1915: 173. A jurisprudência adoptava maioritariamente a posição mais favorável ao recorrente.

venções julgadas em polícia correccional, quando não fosse preciso algum exame e o réu não desse testemunhas ou se as que desse estivessem presentes. A possibilidade de o réu evitar o julgamento de acordo com a nova forma de processo inutilizou em termos práticos a iniciativa do legislador, concluindo a doutrina que "os não vadios e os não reincidentes só respondem summariamente quando quizerem".[748] Por outro lado, a doutrina sustentava que o Decreto de 1892 não tinha revogado o de 1890, contendo este uma previsão especial em face da regra geral fixada no diploma posterior, pelo que os vadios e os reincidentes eram julgados de imediato ainda que fosse preciso algum exame ou que fossem indicadas testemunhas que não estivessem presentes, ao invés dos restantes réus, que podiam evitar o julgamento sumaríssimo e determinar a passagem da forma de processo para a de polícia dando testemunhas que não estivessem presentes ou requerendo algum exame.[749]

Além da reintrodução da forma intermédia de processo correccional, embora concebida em termos distintos dos de 1852, o legislador utilizou ainda uma terceira estratégia para prosseguir o propósito político da supressão gradual da preponderância do júri.

Assim, a Lei de 17.5.1866 determinou a observância da forma de processo ordinário com intervenção do júri no julgamento dos crimes previstos nos artigos 408, 409 e 410, § único, do Código Penal, sempre que o réu quisesse fazer a prova da verdade dos factos imputados, e a observância da forma de processo de polícia nos restantes casos. O diploma procedia a uma remissão integral do regime substantivo e processual dos crimes de imprensa para o direito comum,

---

[747] A designação desta nova forma de processo como sumaríssima foi dada por Dias da Silva (1903: 771), Marnoco e Souza (1907: 113), Caeiro da Matta (1912: 6) e Beleza dos Santos (1920: 27). Estes autores defendiam a existência de cinco formas de processo penal, a ordinária, a correccional, a de polícia, a sumaríssima e a de coimas ou transgressões. Delgado de Carvalho (1897: 7 e 135) dividia as formas de processo comum em ordinário, correccional e de polícia e esta última subdividia em polícia correccional ordinário e polícia correccional sumário. Teixeira de Magalhães (1905: 2 a 6) defendia a existência de quatro formas gerais de processo penal, unindo as formas rápidas criadas em 1890 e 1892 sob a designação de processo sumário. A questão tinha importância prática relacionada com o regime de aplicação analógica de normas que regulavam as diferentes formas de processo.

[748] Caeiro da Matta, 1913: 29. Daí que a nova forma de processo sumaríssimo fosse pouco usada no foro, sendo mais frequente o julgamento em processo de polícia com base em autos policiais com força de corpo de delito (Dias da Silva, 1903: 825, e Marnoco e Souza, 1907: 170).

[749] Este modo de conciliação dos dois diplomas foi proposto por Afonso Costa (1895 a: 35 e 36) e seguido posteriormente pela generalidade da doutrina e, designadamente, por Teixeira de Magalhães (1905: 2), Caeiro da Matta (1912: 8, e, com uma argumentação exaustiva, 1913: 27 a 29) e Pedro de Sousa (1915: 22).

A Jurisdição Penal Comum

mas diminuía significativamente o âmbito de aplicação do processo ordinário de querela e aumentava o de polícia.

Esta opção política relativa ao regime processual da perseguição e do julgamento dos crimes de imprensa foi mantida e reforçada pelo Decreto n.1, de 29.3.1890, de que resultou até a sujeição completa deste tipo de crimes ao processo de polícia correccional,[750] mas foi abandonada pela Lei de 7.7.1898. Ao invés da anterior, nesta lei regressou-se à remissão para o sistema penal comum, mas reintroduziu-se uma forma de processo especial.[751]

Este diploma de 1898 conjugava duas inovações fundamentais, que iriam vingar mais tarde no âmbito do processo ordinário.

Com efeito, a competência para julgamento dos crimes de abuso de liberdade de imprensa foi atribuída ao tribunal de júri, com a excepção dos crimes de ofensa, injúria e difamação em relação aos quais não fosse admissível prova sobre a verdade dos factos. Neste caso, o processo era julgado por um tribunal colectivo, se o procedimento criminal não dependesse de requerimento de parte, ou por um juiz singular, se o procedimento criminal dependesse de requerimento de parte.

O tribunal colectivo era composto por três magistrados, constituindo esta a sua primeira consagração legislativa como tribunal criminal de primeira instância em alternativa à estratégia que vinha sendo ensaiada de atribuição da competência de julgamento apenas ao juiz de direito.[752]

---

[750] A crítica cerrada do diploma de 1890 foi feita por Bento Carqueija (1893: 9, 23 a 29, e 39) e Augusto Silva Pereira (1901: 22 e 23), que o consideravam uma legislação *ad odium* em virtude da conformação muito ampla dos tipos de crime, conjugada com a sujeição dos mesmos ao processo de polícia correccional e as restrições do direito ao recurso consagradas no Decreto n. 2 publicado na mesma data da nova lei de imprensa. A discussão política em torno do alargamento da competência correccional nestes processos foi muito intensa. O maior paladino da defesa do júri nestes processos foi Dias Ferreira (1884: 26 e 27), que propunha a manutenção do júri comum, salvo nos casos de injúria ou difamação pessoal em que não fosse admissível prova alguma sobre a verdade dos factos imputados. Estes seriam conhecidos pelo juiz correccional e os restantes deveriam ser conhecidos por um tribunal de júri na primeira instância, com recurso para um júri especial, existente em Lisboa e no Porto.

[751] A justificação político-criminal da existência de um regime substantivo e processual especial dos crimes de imprensa não era pacífica na doutrina, que se encontrava muito dividida entre os que entendiam que estes crimes deviam beneficiar de um regime mais restritivo do que o do direito geral, como o fizera a legislação de 1890, os que advogavam que estes crimes deviam beneficiar de um regime mais liberal, como resultava da legislação de 1898 e da proposta do ministro Francisco de Medeiros (1909: 119 a 127), e os que se pronunciavam no sentido de que o regime aplicável devia ser o geral, como propunha Trindade Coelho (1897 b).

[752] Não é correcta por isso a afirmação, por vezes feita na doutrina (Luís Osório, 1932 a: 395, parecer da Câmara Corporativa n. 33/X, p. 56, e Cavaleiro de Ferreira, 1986 b: 286), de que

A Reforma da Justiça Criminal em Portugal e na Europa

O processo começava com a apresentação da petição, a constituição do corpo de delito e a dedução da acusação, a que se seguia a prolação do despacho judicial recebendo ou rejeitando a acusação. Este despacho admitia recurso com efeito suspensivo e a subir nos próprios autos. Os termos ulteriores eram os do processo ordinário, mas com as especialidades da abolição do libelo acusatório ("a accusação deduzida nos termos do artigo 29 º substituirá, para todos os effeitos, o libello accusatorio", artigo 32, § 1), do registo da prova produzida di-

o tribunal colectivo teria surgido já no século XX, com a publicação de uma lei de 1901. O surgimento do tribunal colectivo no processo penal em 1898, foi, aliás, antecedido por duas tentativas frustradas da sua consagração, uma vez como tribunal de primeira instância e outra como tribunal misto de primeira instância e de recurso. Na proposta de lei do ministro da justiça Ferrão Carvalho Mártens, de 28.2.1860, de criação de tribunais criminais de assentada, compostos por três magistrados e por um júri e com competência para julgar crimes puníveis com pena superior a três anos de prisão ou correspondente, estava já ínsito o gérmen deste novo órgão judiciário, mas a reacção inicial dos magistrados, que teriam de se deslocar de concelho para concelho "por caminhos pessimos n' aquella epoca, e com meios de transporte quasi primitivos", não foi favorável, tendo a proposta sucumbido por falta de sanção parlamentar (Comissão de Legislação Civil das Cortes, 1888: 17, e, insistindo na necessidade da reforma do tribunal de júri conjugada com a introdução do tribunal colectivo e da separação entre o juiz instrutor e o juiz de julgamento, Carvalho Mártens, 1871: 301). A doutrina também teve uma reacção inicial negativa. O primeiro estudo sobre estes novos tribunais surgiu em 1868. O autor, Lopo Sampaio e Mello, pronunciou-se sobre as vantagens comparativas da manutenção do juiz singular e da introdução do tribunal colectivo nas causas cíveis, concluindo que deveria ser mantido o juiz singular, mas tornando-se este um magistrado especializado (Sampaio e Mello, 1868 b: 54). Entre outros argumentos ponderados, o autor considerava que a introdução do tribunal colectivo era incompatível com a sobrevivência de uma "glória nacional", a fundamentação das decisões judiciais (Sampaio e Mello, 1868 b: 75 e 80). A magistratura veio mais tarde a mudar de parecer. Em um "brado a favor da magistratura" que ficou célebre, clamava-se pela introdução do tribunal colectivo na primeira instância, "que lá fora já é velho" (Autor Anónimo, 1887 a: 10). O Decreto de 2.12.1891 viria a dar satisfação, ainda que transitoriamente, a esta pretensão. Entre a comarca e o distrito da Relação surgiria uma nova divisão, o círculo judicial, funcionando em cada círculo um tribunal colectivo. Além de mencionar expressamente as experiências legislativas italiana e alemã, o legislador justificava, no preâmbulo do diploma, a introdução do tribunal colectivo com a grande vantagem de este tribunal permitir alcançar uma maior celeridade no julgamento dos recursos em causas de polícia correccional, uma vez que os recursos "divididos por dezesete tribunaes, poderão ser decididos com maior rapidez do que o são actualmente nas duas relações de Lisboa e do Porto". Por outro lado, a proximidade dos magistrados em relação às populações facilitaria a administração da justiça e o controlo dos empregados judiciais do círculo. O tribunal colectivo era composto por três juízes de direito de primeira classe, com competência para julgar em primeira instância as causas administrativas e em segunda instância os recursos das sentenças e despachos proferidos pelos juízes de direito em causas crimes a que correspondesse o processo de polícia correccional. Este Decreto, que foi publicado com base na autorização concedida ao governo pelo Decreto n. 3, de 29.3.1890, e pela Lei de 30.6.1890, não chegou por sua vez a ser sancionado pelo respectivo *bill* de indemnidade das Cortes.

A Jurisdição Penal Comum

ante do tribunal colectivo, salvo se as partes prescindissem do recurso,[753] e da remessa dos autos para novo julgamento na comarca com sede mais próxima no caso de não se alcançarem dois votos uniformes na deliberação do tribunal colectivo.

Era admissível a interposição de recurso de revista para o Supremo Tribunal de Justiça da decisão de absolvição do júri e recurso de apelação para a Relação da decisão condenatória do júri, bem como da decisão condenatória ou absolutória do tribunal colectivo. Por sua vez, as decisões da Relação proferidas em recurso de apelação admitiam revista.

Previa-se ainda uma forma especial de julgamento à revelia pelo juiz presidente, sem intervenção do júri, nem dos juízes adjuntos, quando o acusado faltasse e não justificasse a falta.

Este regime manteve-se até à queda da monarquia, tendo sido alterado pontualmente já em 1907. A Lei de 11.4.1907 manteve a remissão para o regime substantivo comum, com uma excepção relativa à substituição da pena de multa aos condenados sem cadastro neste tipo de crimes, e a forma do processo especial com a atribuição de competência para o julgamento dos crimes de imprensa ao tribunal de júri, mesmo quando a pena fosse correccional, com a excepção dos crimes de ofensa, injúria e difamação em que não fosse admissível a prova da verdade dos factos imputados e das contravenções. O primeiro grupo de excepções era julgado pelo tribunal colectivo e o segundo apenas pelo juiz de direito.

Na tramitação do processo, mantinha-se a dependência do despacho judicial de indiciação da acusação prévia do Ministério Público ou da parte, com a inovação de que o réu citado como autor do escrito incriminado que nada declarasse na contestação era tido como confesso. As regras do julgamento e dos recursos eram as mesmas da lei anterior, mas o réu ausente seria julgado pelo mesmo tribunal que o julgaria se presente.

O legislador monárquico iria ainda consagrar uma outra forma de processo especial com julgamento por um tribunal colectivo. Depois da passagem do regime da circulação metálica para o regime da circulação fiduciária, tornou-se frequente a falsificação de notas do Banco de Portugal, com a impunidade dos falsificadores "na quasi totalidade dos casos" em face da "nimia benevolencia do jury". Em face da repressão insuficiente dos ilícitos de moeda falsa pela legislação especial aprovada em 1859, a Lei de 12.6.1901 atribuiu a competência

---

[753] Ao invés do que aconteceria com a introdução do tribunal colectivo no processo civil, que estava intimamente associada à perda da garantia do registo da prova e do recurso da decisão da matéria de facto (Pessoa Vaz, 1998: 170), no processo penal o registo da prova manteve-se apesar da introdução do tribunal colectivo.

para julgar os crimes de moeda falsa previstos nos artigos 206 a 212 do Código Penal a um tribunal colectivo, seguindo-se os termos do processo ordinário. O colectivo era composto por três juízes de direito.

A forma de processo consagrada registava algumas especialidades em relação à vigente no âmbito do direito da liberdade de imprensa. Os depoimentos das testemunhas em audiência de julgamento eram registados, mas "com a maior concisão possível" (artigo 3) e, quando não houvesse dois votos conformes no tribunal colectivo, aplicava-se a pena menos grave, diferentemente da solução consagrada no julgamento dos crimes de imprensa. A terceira especialidade era a do recurso obrigatório de apelação do Ministério Público, quer da decisão absolutória, quer da condenatória.[754]

Esta "pronunciada tendencia para restringir a esphera dos jurados" do legislador da segunda metade do século dezanove e do início do século vinte era não só notada pela doutrina, mas também por ela apoiada. A doutrina reconhecia abertamente que o "jury tem provado mal entre nós"[755] e dividia-se entre os que advogavam a imediata abolição do júri nas causas criminais e cíveis e os que só o mantinham nas causas criminais. Afonso Costa advogava a abolição do tribunal de júri, excepto nos crimes de opinião, argumentando como Mortara no sentido de que o aperfeiçoamento das instituições políticas tornaria cada vez menos necessária a garantia da liberdade individual constituída pelo tribunal de júri.[756] A organização de juízos criminais especiais, que substituiriam o júri popular, representava uma das principais propostas do ideário da nova ciência penal positiva, de que o autor era um dos mais destacados defensores.[757]

---

[754] Discutia-se na doutrina como deviam ser julgados os réus ausentes nesta forma de processo e, designadamente, se o juiz de direito podia julgar sem o colectivo (Eduardo Carvalho, 1912: 113).

[755] António d' Almeida Azevedo, 1908: 46. O autor propunha, contudo, a conservação do júri, mas apenas para o julgamento de determinadas "causas em que os governos possam ter interesse", tais como os crimes contra a segurança do Estado. A natureza dos crimes e não a gravidade da pena determinaria a competência do júri. Já largos anos antes, Lopes Praça tinha reconhecido que, não obstante as sucessivas restrições à intervenção do tribunal de júri, quer no processo civil, quer no criminal, contrariarem o espírito liberal do artigo 118 da Carta, estas restrições tinham sido "recebidas como mais consentaneas com a justiça e com a experiencia da nossa civilisação" (Lopes Praça, 1879: 321).

[756] Afonso Costa, 1899: 289 e 290.

[757] Afonso Costa, 1895 b: 154. O autor revia deste modo uma opinião anterior, mais cautelosa, segundo a qual não se devia substituir o júri por um colégio de peritos, como propunha a nova teoria da "classificação dos criminosos", porquanto esta teoria ainda não tinha sido provada e "o nosso paiz não pode aceitar as reformas que não forem praticaveis e que não tiverem uma base estavel" (Afonso Costa, 1895 a: 174 e 176). Quer a "escola criminal antropológica" quer a "terceira escola" ou "escola criminal sociológica" incluíam no seu credo fundamental, a que

A Jurisdição Penal Comum 303

Em uma "cruzada contra o jury" sustentada nos ensinamentos da ciência penal moderna, também Alvaro Villela atacou o veredicto "grosseiramente empirico" do júri, reclamando a abolição do júri e a reforma do julgamento no sentido de uma arbitragem científica sobre a pena do arguido em face do conhecimento pericial da sua personalidade, sendo o contraditório desnecessário e a sentença indeterminada e sujeita a revisões posteriores. A revisão tornar-se-ia o meio ordinário de reforma do julgado penal, procedendo-se desta forma a uma completa judicialização do direito de graça.[758]

No mesmo sentido se pronunciou Alberto dos Reis, propondo abertamente a supressão do júri nas causas cíveis, quer por força da conexão íntima entre a questão de direito e a de facto nestas causas, quer ainda pela imprescindibilidade da fundamentação das decisões proferidas nas causas cíveis, "onde a boa motivação importa o bom julgamento, de sorte que uma decisão não fundamentada abalaria a confiança pública e não lograria impor-se á parte vencida". Relativa-

---

adiante se fará menção mais aprofundada, a substituição do tribunal de júri por tribunais compostos por juízes togados com formação antropológica e psiquiátrica (Raymond Garofalo, 1908: 436 a 463, e Enrico Ferri, 1905: 25, mas contra nas sociedades liberais e, em especial, nas monarquias constitucionais, Ferdinando Puglia, 1882: 263 e 264). Ficaram célebres as palavras proferidas em defesa desta nova proposta por um dos mais fervorosos arautos da "escola criminal antropológica", o Professor Júlio de Mattos: "comprehende-se que o juizo a fazer sobre a temibilidade dos delinquentes, repousando todo no conhecimento das cathegorias em que a anthropologia criminal os divide, pressupõe longos e especialisados estudos, que no jury não podem admittir-se. Não são, decerto, quatro merceeiros, cinco industriaes, dois professores de dança e um folhetinista, que a sorte pode aggregar n' um julgamento, quem saberá dizer se um réu pertence á classe dos delinquentes natos ou á dos fortuitos. Como tantas outras instituições sociaes, a do jury não passa de um mal-entendido democrativo a corrigir: acceitavel e conveniente quando se trate de delictos chamados de opinião, ela constitue um perigo em todos os outros casos, porque a caracterisa, em regra, uma completa ignorancia dos problemas que é chamada a resolver" (Julio de Mattos, 1908: XVIII). Este mesmo juízo era formulado por Fernando Emygdio da Silva nestes termos: "Nas decisões do jury, a incompetencia das pessoas é um pouco, na verdade, a do sapateiro chamado a decidir de uma operação cirurgica" (Fernando Emygdio da Silva, 1905: 142).

[758] Alvaro Villela, 1897: 25, 49 a 53, 195 a 215. Esta proposta constituía uma radicalização de um pensamento já exposto na doutrina portuguesa por Ayres de Gouvêa (1860: 55 a 57), que propugnava a criação, ao lado do júri comum, de um "jury physiologico", composto por médicos e professores de medicina e com competência para se pronunciar depois daquele sobre a questão do estado psicológico e do motivo da conduta do arguido. Uma apreciação muito crítica da possibilidade prática de instalação deste júri técnico em Portugal foi feita por Bernardo Lucas e Paulo Osório, em virtude da falta de técnicos qualificados para o efeito na província. Por isso, Bernardo Lucas defendeu a atribuição ao médico da comarca do encargo da realização de exame médico a todos os presos no dia em que entrassem na cadeia (Bernardo Lucas, 1887: 172 e 173). Por seu lado, Paulo Osório sugeria a presença de um perito psiquiatra em cada tribunal com competência oficiosa para interrogar testemunhas, promover inquéritos e até suspender a audiência com vista a proceder a uma observação do delinquente (Paulo Osório, 1906: 82, 83 e 112).

304   *A Reforma da Justiça Criminal em Portugal e na Europa*

mente ao júri criminal, o autor reiterou as considerações prospectivas de Afonso Costa sobre a futura desnecessidade do júri em face do aperfeiçoamento das instituições políticas.[759]

Por fim, também Marnoco e Souza se pronunciou claramente contra a manutenção do júri, com a excepção dos crimes políticos, em face do "vício fundamental" da incapacidade técnica dos jurados e da impossibilidade de separação da questão de facto e da direito nas causas criminais como nas cíveis.[760]

Diante do descrédito da instituição e do sentimento generalizado das populações, que consideravam as funções de jurado "como um ónus e não como um direito",[761] a contestação ao júri que grassava na doutrina desenvolvia uma força de retracção dos esforços de reforma da instituição e legitimava as tentativas, que o legislador ia ensaiando, de uma supressão gradual da preponderância do júri.[762]

---

[759] Alberto dos Reis, 1909: 219, 220, 225 e 226. Esta posição dualista já tinha sido defendida por Luiz Jardim. Este autor tinha-se pronunciado contra o júri nas causas cíveis e a favor dele nas criminais, com base no preconceito clássico do carácter diferente da questão de facto no processo civil e no criminal, "porque o conhecimento do facto cível, ou a apreciação da affirmativa ou negativa não é facilitada pela revelação da consciencia" (Luiz Jardim, 1866: 121, 138 e 139). Contudo, a questão de direito deveria ser reservada a um só juiz letrado no crime (Luiz Jardim, 1866: 150 a 156), impondo-se-lhe a obrigação de fundamentar a sua decisão, o que constituiria uma melhor garantia do que o segredo da deliberação de um tribunal colectivo. Também Chaves e Castro se manifestou abertamente contra a existência de tribunais colectivos (Chaves e Castro, 1910: 152 e 153), defendendo a abolição do júri nas causas cíveis e a sua manutenção para o julgamento dos crimes que "pela sua gravidade interessem directa e principalmente a sociedade em geral e a vida e propriedade do homem em especial". Os fundamentos invocados para esta posição eram os da falta de imparcialidade e independência dos juízes letrados, que estavam "habituados a ver criminosos em todos os accusados" e se encontravam "dependendo do poder executivo quanto ao melhoramento de sua posição e collocação", ao que acrescia a maior sensibilidade dos jurados para "as exigencias da justiça social", pelo menos no âmbito das causas criminais (Chaves e Castro, 1910: 182 a 184). Esta opinião do autor já tinha sido defendida na sua dissertação de 1866. Nela o autor concluía que "a instituição do jury, quanto mais necessaria e proveitosa é em materia criminal, tanto mais desnecessaria e prejudicial a suppomos geralmente em materia cível", justificando a distinção com a afirmação de que "homens illiterados e analphabetos, como os nossos jurados são na maior parte, por certo que não saberão apreciar as questões de facto, melindrosas e espinhosissimas, que se podem ventilar nas causas cíveis" (Chaves e Castro, 1866: 200).

[760] Marnoco e Souza, 1910 a: 780 e 781.

[761] A expressão é da Comissão de Legislação Civil das Cortes (1888: 33), censurando os críticos do júri. A situação iria ainda agravar-se até ao final da monarquia. Em 1905, em um artigo anónimo no sexto volume da "Historia da Criminologia Contemporânea", descreve-se com palavras muito duras esta "indifferença geral por tudo quanto se chama a causa publica", que se repercutia na prática habitual dos mais variados estratagemas para a fuga ao exercício das funções de jurado e no abaixamento da qualidade dos jurados (Autor Anónimo, 1905: 50 a 52).

[762] A discussão prosseguiu depois da instauração do regime republicano. Mendes Corrêa (1914: 330) exigia a substituição de "um jury quasi sempre ignorante e parcial por medicos

A Jurisdição Penal Comum

Por outro lado, a preferência do legislador pela magistratura letrada nos tempos conturbados do final do século XIX e no início do século XX estava associada à multiplicação dos instrumentos de interferência do governo no poder judicial. Não obstante o amplo regime de garantias constitucionais e legais dos juízes letrados, que fazia depender do Supremo Tribunal de Justiça ou do Conselho Disciplinar da Magistratura Judicial, eleito por aquele, o exercício do poder disciplinar, a transferência, a promoção, a confirmação da suspensão régia, a colocação no quadro e a aposentação por inabilidade de juízes letrado[763] e que

---

anthropologistas e psychiatras aos quaes pertença a incumbencia de examinar todos os criminosos sem excepção", constituindo este exame a base para a escolha das penas. Orlando Marçal apelidava os tribunais de júri de "o mais espantoso absurdo, ainda que instituido com fins altruistas, mas que representam sempre uma nodoa de ignorancia e insentatez que é preciso limpar", propondo que o tribunal fosse singular e o juiz tivesse uma formação psiquiátrica e antropológica (Orlando Marçal, 1919: 147 a 149). O mesmo apelo era feito por José de Castro, com base em que "na epoca actual em que a ciencia representa o 1º papel na apreciação do criminoso e do crime, só a duas entidades deve competir julgar o criminoso: ao medico e ao juiz" (José de Castro, 1924: 251). Por seu turno, José Menezes e Castro considerava o júri cível de facto abolido e que não subsistiam razões para a sua manutenção no foro cível nem no comercial, podendo, contudo, a sua manutenção no foro criminal ainda ser vantajosa. Para a abolição no foro cível e no comercial valeriam as razões da indissociabilidade da matéria de facto e do direito nas causas cíveis e a necessidade da fundamentação das decisões, razões que não valeriam no foro criminal, onde ainda se apresentaria a vantagem de limitar o abuso pelos juízes letrados (Menezes e Castro, 1920: 42 a 46).

[763] A primeira tentativa de criação de um órgão de jurisdição disciplinar da magistratura foi a realizada pela Lei de 10.4.1849, que não resultou na prática apesar dos esforços de Navarro de Paiva e Alexandre Seabra. Este diploma previa a existência de conselhos disciplinares nos tribunais superiores que eram compostos pelos presidentes dos respectivos tribunais e por quatro dos seus juízes, tirados à sorte. Os conselhos disciplinares tinham competência para "advertir e corrigir as faltas dos juizes, commettidas dentro ou fóra do exercicio de suas funcções, que não tendo a qualificação de crimes ou erros de officio, mostram, comtudo, esquecimento e desprezo da dignidade da Magistratura e do zeloso cumprimento de seus deveres". As penas aplicáveis eram a de censura simples ou a de censura severa, que tinha uma maior publicidade, e ainda a de suspensão de um a dois meses, sem vencimento, no caso de reincidência, tendo anteriormente sido aplicada uma censura severa. Os projectos de Navarro de Paiva (1874: 176 a 184, 1882 a: 232 a 239, e 1886: 189 a 191) e de Alexandre Seabra (1886 a: 68 e 69) continham uma regulamentação pormenorizada da jurisdição disciplinar baseada na lei de 1849, mas nenhum deles vingou. Também não vingou o já referido projecto de reorganização judiciária do ministro da justiça Veiga Beirão, que previa a criação de um Supremo Conselho da Magistratura Judicial, como uma delegação do Supremo Tribunal de Justiça, presidido pelo ministro da justiça e com competência para apresentar as propostas de promoção, consultar sobre a aposentação e decidir as sanções disciplinares de censura, repreensão ou mesmo suspensão temporária (para uma crítica vigorosa deste projecto, como atentatório da independência da magistratura judicial, António Francisco Tavares, 1887: 65 a 68: "Pois o ministro da justiça há de ir, acompanhado do seu director-geral, votar uma pena disciplinar contra um juiz, que é membro d'um poder independente, e que somente pôde ser julgado, quando commetta crimes, ou erros d'officio, pela Relação, ou pelo Supremo Tribunal

306   *A Reforma da Justiça Criminal em Portugal e na Europa*

era coroada pela garantia última da nomeação por antiguidade dos juízes do Supremo (artigo 130 da Carta),[764] a trama dos interesses políticos não deixou de se repercutir na gestão da magistratura judicial. A faculdade do governo de preterição entre os juízes constantes da lista tríplice apresentada pelo Supremo Tri-

---

de Justiça conforme a sua cathegoria ? Não póde ser"). A terceira tentativa do legislador, fruto de um governo ditatorial, teve melhor sorte, levando por diante as ideias do ministro Veiga Beirão. Assim, o Decreto n. 3, de 15.9.1892, regulamentado pelo Decreto de 13.12.1892, criou o Conselho Disciplinar da Magistratura Judicial, que era composto por três juízes do Supremo Tribunal de Justiça, eleitos por um ano e pela totalidade dos membros desse tribunal, e tinha competência para advertir e punir as mesmíssimas faltas do diploma de 1849, com as penas de censura simples, eventualmente em cumulação com a pena de multa e, em caso de reincidência, a de censura severa quando tivesse sido aplicada anteriormente a de censura simples e a de suspensão de um a três meses, com perda de vencimento, quando tivesse sido aplicada a de censura severa. Mais tarde, no ano de 1901, procedeu-se a uma reorganização da secretaria de Estado dos negócios eclesiásticos e da justiça, tendo sido constituído um Conselho Superior Judiciário junto do gabinete do ministro. Este conselho era composto por um juiz conselheiro do Supremo Tribunal de Justiça, dois juízes do Tribunal da Relação de Lisboa, um juiz de direito de primeira instância e um ajudante do procurador-geral da coroa, todos nomeados pelo rei por três anos. Contudo, este Conselho tinha competência apenas para dar parecer sobre assuntos da administração da justiça e da interpretação ou execução de leis relativas às magistraturas e aos funcionários judiciais (artigo 9 do Decreto de 21.9.1901). No final da monarquia constitucional, a doutrina insistia ainda na necessidade da criação de conselhos disciplinares diversos e graduados até a um Supremo Conselho da Magistratura, que tivessem a exclusividade do poder disciplinar e de inspecção (Faro de Noronha, 1908: 131).

[764] A promoção ao Supremo Tribunal de Justiça apenas por antiguidade constituía a garantia última da independência da magistratura e, portanto, de que a consulta afirmativa para a transferência por conveniência de serviço de um juiz de primeira instância no continente e nas ilhas, a organização das listas de promoção dos juízes, a ratificação judicial da suspensão decretada pelo rei e a consulta afirmativa para a colocação no quadro de um juiz de primeira ou de segunda instância no continente e nas ilhas não eram objecto de interferência do poder político. Por outro lado, os três membros do Conselho Disciplinar da Magistratura Judicial, a quem competia o exercício do poder disciplinar, eram juízes conselheiros, que se encontravam na mesma situação de independência face ao governo dos restantes conselheiros por quem tinham sido eleitos. Não é, por isso, correcta a tese de Carlos Fraga, segundo a qual a regulamentação do poder disciplinar de 1892 "trazia, em si, o gérmen da destruição da independência dos juízes" (Carlos Fraga, 2000: 105). Os verdadeiros perigos para esta independência eram outros. Ao governo ainda restavam dois meios de influir indirectamente no comportamento dos juízes conselheiros, que eram a faculdade de, com consulta afirmativa do Conselho de Estado, impor a colocação no quadro de qualquer juiz do Supremo Tribunal de Justiça e o poder de determinação de uma sindicância extraordinária a qualquer magistrado do Supremo, o que implicava a imediata suspensão do mesmo. Igualmente radical e, por isso mesmo, incorrecta é a tese de Luís Eloy Azevedo, segundo a qual "não existiu independência judicial em Portugal, no período de 1820 a 1974" (Luís Azevedo, 2001: 82). O autor parte de um duplo conceito de independência "externa" e "interna", que não testa diante dos sucessivos regimes legais, bastando-se com referências esparsas a atitudes pessoais de alguns magistrados e com base nelas extrapolando para a referida conclusão.

A Jurisdição Penal Comum

bunal de Justiça para a promoção, a manipulação das colocações dos magistrados nas comarcas e dos resultados das sindicâncias extraordinárias conforme a conveniência do governo, a conivência do governo com a ausência dos juízes letrados das comarcas ou a nomeação destes juízes para comissões de serviço e a sua substituição por pessoas sem qualificações e dependentes do partido do ministro e até a modificação da classificação das comarcas com vista a desalojar os magistrados titulares que não fossem do agrado do governo permitiram aos sucessivos governos exercer um controlo, umas vezes disfarçado e outras vezes ostensivo, sobre os juízes letrados.[765] A situação periclitante dos magistrados

---

[765] António Francisco Tavares, 1887: 81 e 82, Afonso Costa, 1899: 337 e 372, Alberto dos Reis, 1905: 340, e 1909: 386 e 393, Abel do Valle, 1907: 49 e 51, Trindade Coelho, 1908: 560 a 564, e Abraão de Carvalho, 1915: 24, e, já anteriormente, um juiz de segunda instância não identificado, em um escrito anónimo, resumia as queixas da magistratura nestas palavras: "de tal ordem é esta independencia, tão bem acautelada está ella nas leis, que o magistrado póde sempre ser preterido pelo governo no seu accesso de classe em classe, e ainda para a Relação, e desattendido e desconsiderado em todas as suas pretensões na escolha de logares. A independencia do poder judicial entre nós, se não é um epigramma legal, é pelo menos uma promessa fallaz da nossa constituição politica, que não encontrou execução nas leis organicas posteriores" (Autor Anónimo, 1886: 299), e que a Revista dos Tribunaes anos mais tarde secundava ("a independencia do poder judicial está longe de ser um facto real da vida prática e collectiva d' essa instituição, para ser apenas uma aspiração da classe que o representa", Revista dos Tribunaes, 1895: 369). A situação em Portugal era, ainda assim, consideravelmente melhor do que a vivida pelos magistrados judiciais franceses. Os princípios da nomeação através de concurso e da progressão na carreira de acordo com um "quadro de progressão" elaborado por uma comissão de magistrados só foram consagrados em França através do Decreto de 18.8.1906, posteriormente modificado pelo Decreto de 8.2.1908. Até então as carreiras dos juízes letrados e, designadamente, a nomeação e a progressão na carreira, encontravam-se na inteira dependência do governo. O diploma de 1906 constituiu uma nova etapa, "fundando a legitimidade do magistrado não mais na notabilidade, mas no mérito e reforçando a ligação entre o recrutamento e a progressão" (Jean-Pierre Royer, 1996: 632, e Robert Charvin, 1968: 187 e 188). No entanto, mesmo esta solução permitia uma grande discricionariedade, devido ao número elevado de juízes que constavam do quadro, agravada ainda pela circunstância de o ministro da justiça poder excluir candidatos admitidos pelo concurso e nomear juízes suplentes se os admitidos não fossem suficientes (Marcel Rousselet, 1948: 87 a 89, e Robert Charvin, 1968: 198 e 199). Por outro lado, o ministro mantinha as prerrogativas da promoção para os postos mais altos da hierarquia judiciária e da colocação onde bem entendesse dos magistrados inscritos no quadro de progressão. O regime da transferência e da aposentação dos juízes letrados era menos arbitrário, sendo exigido o parecer positivo prévio da *Cour de Cassation* constituída para o efeito em Conselho Superior da Magistratura. A atribuição à *Cour de Cassation* do poder disciplinar e de expulsão de magistrados indignos, pelo senatus-consulto de 16 *thermidor* do ano X e pela Lei de 30.8.1883, não evitou as perseguições disciplinares motivadas pelo posicionamento político dos juízes, tendo esta mesma lei previsto a suspensão por três meses da garantia da inamovibilidade, o que permitiu o afastamento de 614 magistrados (Alain Noyer, 1966: 96, e Robert Charvin, 1968: 196). O ministro da justiça manteve um poder considerável com a lei de 1883, no qual se incluiam os direitos de desencadear investigações, de repremenda e de "controlo

308   *A Reforma da Justiça Criminal em Portugal e na Europa*

judiciais, que era especialmente grave no caso dos juízes candidatos a deputados, pois "semelhante elegibilidade contamina-os, naturalmente, do virus das paixões e torna-os dependentes dos ministros",[766] não tinha paralelo no que toca aos jurados, que constituíam o verdadeiro garante prático da subsistência do paradigma judicial liberal.[767]

A reforma do júri ainda foi tentada pelos seus mais árduos defensores, o ministro Arthur Montenegro, na sua proposta de reforma judiciária, apresentada nas sessões da Câmara dos deputados de 22 e 23.8.1905, e o ministro Francisco de Medeiros, nos seus estudos de 1905 e na sua proposta legislativa de 1909.

Arthur Montenegro advertiu claramente para o perigo de que os magistrados judiciais, "costumados a julgar criminosos, se inclinem a considerar antecipadamente como culpados todos os accusados", sendo este perigo "sobretudo para recear num país cuja magistratura, pelas necessidades da sua vida profissional, tem uma educação accentuadamente civilista, antes habituada a estudar processos que a prescrutar consciencias".[768]

A proposta do ministro reformava consideravelmente os critérios e o modo de recrutamento dos jurados, por um lado, estabelecendo três classes censitárias consoante a natureza da receita dos indivíduos e diminuindo o número mínimo dos recenseados e, consequentemente também, reduzindo a sete o número de jurados em cada julgamento,[769] e por outro, atribuindo exclusivamente

---

da ortodoxia política" dos magistrados (Marcel Rousselet, 1948: 90 e 91, e Jean-Pierre Royer, 1996: 620). Acresce que a manipulação da colocação dos juízes e da progressão na carreira, a cumulação de funções judiciais e políticas e até a atribuição de condecorações eram utilizadas como "procedimentos oblíquos" de interferência do governo no poder judicial (Jean-Pierre Royer, 1996: 593). A "regra de ouro" para uma carreira na magistratura judicial era "não somente a de aderir aos ideais que propagam as pessoas da situação mas também, senão mesmo sobretudo, de poder dizer que se odeia ou que se sofreu vergonhosamente vilanias do regime precedente" (Jean-Pierre Royer, 1996: 542).

[766] Trindade Coelho, 1908: 560 e 561.

[767] Chaves e Castro, 1910: 182 e 183.

[768] Arthur Montenegro, 1905: 48. Em sentido semelhante, Caeiro da Matta, considerando que o júri criminal era um meio de "pôr termo ao divorcio que póde existir, e frequentemente existe, entre a justiça legal, secca, abstracta e formalista, administrada pelos juizes togados, e a justiça real, flexivel, progressista, continuamente variavel consoante a transformação das condições da sociedade". O autor entendia, no entanto, que o júri criminal não constituía uma garantia constitucional em face do disposto no artigo 145 da Carta (Caeiro da Matta, 1909: 175, 176 e 228, e 1911 b: 22 e 59). Já anteriormente, Henriques da Silva (1906: 157) tinha chegado a idêntica conclusão, argumentando que o artigo 145 da Carta omitia qualquer referência ao júri e "tal instituição tanto pode ser favoravel como prejudicial aos réus ... além de que a sua decisão é irrevogável, privando o réu de recurso contra a decisão de facto".

[769] A proposta da comissão nomeada pelo governo em 1890 para proceder a um projecto de lei de organização judiciária já previa a composição do júri com apenas sete jurados e um

A Jurisdição Penal Comum

ao juiz as tarefas de recenseamento dos jurados, com fiscalização pelo Ministério Público e recurso para o Supremo Tribunal de Justiça das suas decisões. A competência dos jurados era restringida, excluindo-se a quesitação dos factos provados por documentos autênticos ou autenticados e dos factos confessados, excepto se o réu se retratasse durante a audiência ou o Ministério Público requeresse a intervenção do júri para apreciação destes factos. Por sua vez, a redacção dos quesitos era simplificada, "procurando desdobrar os factos em elementos simples, onde se contenham todos os dados do crime, tal como a lei o define", mantendo-se, contudo, o relatório do juiz no final da audiência de julgamento e o controlo das respostas do júri pelo juiz.[770] A proposta não foi sequer discutida.

Com o objectivo de "dignificar o jury criminal, tão desconceituado no apreço publico", Francisco de Medeiros propôs uma reforma ainda mais ampla da instituição do júri[771] e, designadamente, a fixação para as operações de recrutamento de um critério censitário supletivo, mas muito amplo, que devia ter em conta "todas as manifestações exteriores de riqueza",[772] a intervenção de nove jurados e um suplente nos distritos criminais e nas comarcas capital de distrito e de sete jurados e um suplente nas restantes comarcas[773] e a possibilidade da escolha pelo juiz de jurados com conhecimentos especiais em caso de "objecto cuja apreciação exija conhecimentos especiais de alguma sciencia ou arte".[774]

O autor propunha também uma reformulação profunda do modo de funcionamento do júri, tendo as alterações uma repercussão directa na estrutura do processo ordinário. Assim, o relatório do juiz no final da audiência era suprimido, pois ele era o "lado fraco, por onde é costume ferir estes magistrados na

---

suplente, sendo de cinco votos conformes a maioria para a condenação em processo crime (Abel Pereira do Valle, 1907: 70). A proposta não vingou, mas a sugestão de modificação da composição do júri seria mais tarde recuperada.

[770] Arthur Montenegro, 1905: 55 e 62.

[771] O autor já há muito se tinha pronunciado criticamente sobre o funcionamento do júri (Francisco de Medeiros, 1877: 54), afirmando que, se nem todas as decisões de absolvição do júri contrariavam os princípios da justiça, a verdade é que "é tão triste e irrecusavelmente eloquente o levantado numero d' ellas perante o jury, que, se os abusos d' este não procederam de vicios na sua organisação e da fallibilidade e malevolencia dos juizos humanos, acarretariam sobre tal instituição a reprovação da consciencia publica e a justa maldição da historia". Francisco de Medeiros começou por apresentar as suas propostas doutrinárias em 1905, tendo depois, já no exercício das funções de ministro da justiça, elaborado um conjunto de projectos em 1909, que consagravam as suas teses.

[772] Francisco de Medeiros, 1909: 110 e 111.

[773] Francisco de Medeiros, 1905: 64, e 1909: 111.

[774] Francisco de Medeiros, 1909: 103 e 112.

sua imparcialidade a respeito dos julgamentos do jury",[775] a faculdade de anulação das respostas pelo juiz era restringida ao caso de decisão do júri por maioria [776] e a intervenção do júri misto reservada ao caso de segundo julgamento por anulação das respostas de um anterior júri.[777]

A reforma da composição e do modo de funcionamento do júri justificariam, segundo o ministro, a revisão da respectiva competência no sentido do seu alargamento aos crimes de moeda falsa, de anarquismo e de abuso de liberdade de imprensa, salvo quando não fosse admissível prova sobre a verdade dos factos imputados, e a todas as causas julgadas em processo correccional quando as partes estivessem de acordo,[778] tendo consequentemente o ministro proposto a extinção dos tribunais colectivos de primeira instância.[779] Por outro lado, o júri devia pronunciar-se ainda que os factos tivessem sido confessados ou estivessem provados por documentos autênticos ou autenticados e podia declarar qualquer circunstância modificativa do facto principal que tivesse por efeito a diminuição da pena, ainda que ela fosse contrária às conclusões dos peritos e às declarações ajuramentadas dos ofendidos, afastando-se assim explicitamente alguma jurisprudência contrária. Coroando esta competência muito ampla, ao júri era mesmo atribuído o direito de representação oral não vinculativa sobre a pena.[780]

---

[775] Francisco de Medeiros, 1905: 45, e 1909: 50 e 61.

[776] Francisco de Medeiros, 1905: 46 e 62, e 1909: 104 e 113. O autor revia a sua posição anterior favorável à interposição de recurso pelas partes para um segundo júri em face da possível multiplicação dos recursos nos processos mais graves.

[777] Francisco de Medeiros, 1905: 65, e 1909: 105 e 113.

[778] Francisco de Medeiros, 1905: 62, e 1909: 98, invocando o autor o precedente legal do artigo 401 do CPC e a inexistência de "motivo plausível para se exagerar o amor da correccionalização a ponto de não se consentir" a intervenção do júri quando as partes nisso estivessem de acordo.

[779] Francisco de Medeiros, 1909: 34, 60 e 76.

[780] Francisco de Medeiros, 1905: 60, e 1909: 106 e 113. Em França, a participação do júri na determinação da pena tornou-se uma questão magna da reforma do processo a partir da publicação da tese de André Bougon. Este autor advogava, por um lado, a introdução do escabinato para julgamento dos delitos e, por outro, o julgamento exclusivo pelos jurados da materialidade dos crimes, da culpa do agente e do carácter ilícito do facto e a determinação da pena pelos jurados em conjunto com os juízes letrados, o que tornava dispensável a manutenção do questionário (André Bougon, 1900: 128 a 135, 147 e 148). Mais tarde, surgiriam outras propostas, destacando-se as propostas conservadoras de René Garraud e Pierre Garraud (1926: 469 a 472, 653 a 663), que sugeriam a participação, a título consultivo, dos juízes letrados na deliberação sobre a culpa e a deliberação conjunta dos juízes letrados e dos jurados sobre a pena no julgamento de crimes, mas se opunham à participação popular na jurisdição correccional, fosse ela por intermédio de escabinos ou de jurados ou apenas de um júri correccional da pena. Mais radicais foram as propostas de Donnedieu de Vabres (1929: 133 e 134) e de André Toulemon (1930: 270 a 272), que sustentavam que os jurados e os juízes letrados deviam deliberar conjuntamente sobre a culpa e a

A Jurisdição Penal Comum

Se Francisco de Medeiros também não conseguiu fazer vingar a sua proposta de 1909, que sucumbiu com a queda da monarquia, o destino dela não foi, contudo, o esquecimento, pois o legislador republicano, imbuído do mesmo espírito de reforma da instituição do júri criminal, recuperou algumas das mais significativas inovações sugeridas pelo ministro monárquico.

2. A criação da jurisdição penal da marinha mercante e da jurisdição penal aduaneira

A outra vertente da crise do paradigma judiciário liberal foi a do surgimento de jurisdições criminais especiais. O princípio da unidade da organização judiciária criminal, pedra de toque do ideário liberal, começou a esboroar-se na década de sessenta com a criação de uma jurisdição criminal especial da marinha mercante e agravou-se com a criação vinte anos depois de uma jurisdição criminal fiscal autónoma.

A Lei de 4.7.1864 aprovou o Código Penal e Disciplinar da Marinha Mercante, que as Cortes tinham decretado na sessão de 17.6.1864, seguindo de muito perto o modelo do *Décret Disciplinaire et Pénal pour la Marine Marchande*, de 24.3.1852.

Tal como dispunham os artigos 1 e 3 daquele diploma do final da Segunda República francesa, a lei portuguesa determinava a sua aplicabilidade aos nacionais e estrangeiros empregados ou recebidos a bordo de uma embarcação portuguesa, particular ou pública, destinada à navegação ou à pesca.[781] A lei previa a existência de contravenções, que constituíam um catálogo misto de algumas condutas ilícitas concretas e de uma cláusula geral ("quaesquer factos de negligencia que constituirem apenas uma falta leve", artigo 17) e eram puníveis, entre outras penas, com prisão até oito dias, ferros até quatro dias e prisão em lugar fechado até cinco dias, de delitos, que constituíam um catálogo fechado de condutas ilícitas puníveis com prisão de oito dias até três anos, com ferros até vinte dias ou com multa até 30.000 ou 10.000 réis, consoante a patente do delinquente, e de crimes, que também constituíam um catálogo fechado de condutas

---

pena, devendo o júri actual manter-se, no parecer deste segundo autor, para o julgamento dos crimes políticos.

[781] O surgimento desta nova jurisdição especial suscitava o problema da sua compatibilização com as já existentes e, designadamente, com a militar. O militar que cometesse um delito marítimo a bordo de um navio mercante deveria ser julgado pelo conselho de guerra e não pelo tribunal marítimo, aplicando-lhe aquele as penas do Código Penal da Marinha Mercante, quando não fossem multas. Ao invés, se o militar fosse comparticipante em delito cometido por civis deveria ser julgado pelo tribunal marítimo (Delgado de Carvalho, 1898: 321).

A Reforma da Justiça Criminal em Portugal e na Europa

ilícitas puníveis com as penas da lei ordinária, salvo disposição em contrário do novo código.[782]

Os crimes eram punidos nos tribunais comuns, as contravenções pelas autoridades marítimas civis e consulares enunciadas neste diploma, não se prevendo recurso da decisão destas, e os delitos nos Tribunais Marítimos estabelecidos por este código, que consagrava deste modo a doutrina dos artigos 2 e 22 do diploma napoleónico.

O processo para conhecimento dos delitos marítimos iniciava-se, após a notícia do delito, com uma instrução sumária por um conselho de averiguação composto pelo capitão, pelo piloto e pelo contramestre, em que se procedia ao registo das diligências. Em seguida, os autos eram remetidos oficiosamente ao capitão de porto, ao comandante do navio de estado ou ao cônsul, consoante os casos, para decidir sem recurso da convocação e composição do tribunal marítimo e da designação do relator.[783]

A composição do tribunal dependia do porto onde fosse formado, mas tinha sempre cinco membros,[784] tendo nele assento o capitão do porto, o comandante do navio do estado ou o cônsul, consoante o feito fosse julgado em porto do continente, das ilhas adjacentes ou das colónias, em porto onde não houvesse capitão de porto, em porto estrangeiro ou em porto estrangeiro em que não houvesse navio de guerra português.[785]

No início da audiência de julgamento procedia-se à leitura das peças do processo "tanto contra como a favor do accusado" (artigo 77). O presidente estava investido de um poder discricionário com vista à descoberta da verdade,

---

[782] Todas as infracções previstas neste código, incluindo as que se reportavam a meras faltas de disciplina, eram, como conclui o Professor Figueiredo Dias, "na essência ilícitos de natureza penal", integrando as contravenções o ilícito criminal administrativo (parecer da Comissão Constitucional n. 1/81, p. 109, e, depois, também o parecer n. 7/82, p. 215).

[783] A doutrina aproximava este processo do de polícia correccional no foro comum e do processo militar atenta a sua celeridade (Delgado de Carvalho, 1898: 320). Contudo, a regulamentação da fase instrutória do processo transcrevia as disposições do direito francês (artigos 26 e 28 do Decreto francês de 1852). No que respeita às contravenções, a lei não estabelecia qualquer forma de processo para o respectivo julgamento, fixando apenas um princípio de instrução livre da causa e de autolimitação da autoridade disciplinar no artigo 55 (Caeiro da Matta, 1911 a: 277).

[784] Precisamente como previam os artigos 12 a 15 do Decreto francês. Sobre a composição e a competência do tribunal e a competência do cônsul, Delgado de Carvalho, 1898: 314 a 317, Alberto dos Reis, 1909: 125 a 128, e Chaves e Castro, 1910: 125. Este autor considerava estes tribunais como uma jurisdição penal de excepção.

[785] A composição destes tribunais foi alterada pelo Decreto n. 12.249, de 2.9.1926, mantendo-se o número de membros e actualizando-se apenas as designações dos funcionários que faziam parte do tribunal.

A Jurisdição Penal Comum 313

procedia à inquirição das testemunhas[786] e, no final, elaborava um "relatório claro e resumido dos factos, sem todavia expor a sua opinião pessoal sobre a culpabilidade ou innocencia do réu" (artigo 82).

O tribunal decidia, por maioria e em sentença motivada, sobre a culpa e a pena, sendo o presidente o último a votar.[787]

A participação da autoridade que decidia da indiciação do réu e da sua sujeição a julgamento na composição do órgão que julgava o feito punha em causa o princípio da acusação. A possibilidade de aquela autoridade influenciar os restantes membros do colectivo era, no entanto, restringida pelo legislador quer por via da fixação da ordem da votação dos membros do colectivo quer através da própria limitação do teor do relatório final do presidente do tribunal sobre a prova.

Mais grave era o desrespeito pelo princípio da imediação. Se, por um lado, a presença do réu na audiência de julgamento era obrigatória, por outro, o tribunal podia decidir apenas com base na prova produzida diante do conselho de averiguação.[788]

Ao invés da regulamentação do processo na primeira instância, o regime de recursos afastava-se do da lei francesa. O diploma português previa a irrecorribilidade das sentenças condenatórias em pena concreta que não excedesse um mês de prisão ou 10.000 réis de multa e a admissibilidade da interposição de recurso de sentenças condenatórias em penas superiores para o Supremo Tribunal de Justiça Militar, que decidia em "segunda e última instância" (artigo 90, § único).[789]

---

[786] Embora a lei o não previsse expressamente, o registo da prova produzida na audiência de julgamento era considerado obrigatório pela doutrina, pois de outro modo "podia ficar prejudicado o recurso de appelação" (Delgado de Carvalho, 1898: 321).

[787] As disposições respeitantes à leitura das peças do processo, ao poder discricionário do presidente, à inquirição das testemunhas, à elaboração do relatório pelo presidente, sem menção da sua opinião pessoal, e às regras de votação constituem a reprodução literal dos artigos 31, 33, 34, 35 e 36 do já referido diploma napoleónico.

[788] O código previa que a regulamentação da forma de processo fosse completada pelos formulários oficiais anexos, mas a doutrina (Dias da Silva, 1906: 396) apontava a existência de contradições importantes entre o disposto na lei e nos formulários. Com efeito, no que toca ao regime da leitura do processo preparatório na audiência de julgamento, o formulário n. 20 estipulava que aquela leitura fosse feita na ausência do réu, depreendendo-se do disposto nos artigos 70 a 82 do diploma o inverso. O recurso pelos práticos ao formulário oficial tinha, pois, um efeito ainda mais nocivo.

[789] Em face de dúvidas relativas ao prazo e ao efeito de interposição do recurso, a Portaria de 30.6.1864 esclareceu que o recurso era de apelação, "porque manda julgar o processo pelo supremo tribunal de justiça militar em segunda e ultima instancia". Em face deste esclarecimento eram aplicáveis as disposições gerais da Novíssima relativas ao prazo e ao efeito da interposição

314 A Reforma da Justiça Criminal em Portugal e na Europa

O objecto do recurso e os poderes do tribunal de recurso eram os fixados nas Leis de 1.7.1834 e 9.12.1836, que regulavam a composição, a competência e o processo aplicável no Supremo Tribunal de Justiça Militar.[790]

O amplo objecto do recurso, que incluía o controlo das nulidades insanáveis e da falta de "informações necessárias para o descobrimento da verdade", e os poderes do tribunal de recurso de determinação do reenvio dos autos para novo julgamento por um tribunal formado por membros diversos dos que tivessem composto o tribunal recorrido, no primeiro caso, e da baixa ao tribunal recorrido para junção dos esclarecimentos ordenados, no segundo caso, permitiam a sindicância da justeza da decisão sobre a matéria de facto e dos gravames cometidos ao réu pela instância. Deste modo, os efeitos das graves deficiências do decreto napoleónico na regulamentação do processo na primeira instância, repetidas quase textualmente pelo legislador português, podiam ainda ser evitados por força da única especialidade da lei portuguesa: um regime de nulidades e recursos generoso.

A jurisdição criminal aduaneira, com uma organização judiciária autónoma e um processo penal próprio, nasceu já na década de oitenta.

Ao abrigo da Lei de 31.3.1885, o governo publicou o Decreto n. 5, de 17.9.1885, que regulamentava o processo administrativo de repressão do contrabando, descaminho e transgressões fiscais.

Embora a responsabilidade civil e criminal proveniente destes ilícitos fosse objecto da legislação comum, o decreto do governo atribuiu competência às autoridades fiscais para proceder à investigação e ao julgamento dos crimes de contrabando, descaminho e transgressões fiscais com vista à aplicação da pena de multa, ficando reservada aos tribunais comuns a determinação, com base nos mesmos autos administrativos, da pena de prisão.[791]

---

do recurso, isto é, ele devia ser interposto dentro de dez dias ininterruptos contados da publicação da sentença e tinha efeito suspensivo.

[790] Neste tocante residia a única especialidade do processo aprovado pela lei portuguesa. O artigo 45 do Decreto francês previa a irrecorribilidade das decisões do tribunal marítimo, com a excepção do recurso no exclusivo interesse da lei nos casos previstos no artigo 441 do *Code d'Instruction Criminelle*.

[791] A lei nova separava radicalmente a competência para aplicação das multas da competência para aplicação das penas de prisão, atribuindo uma e outra a diferentes órgãos, de modo que o tribunal comum já não podia, como à luz da Novíssima fazia, impor multas embora não condenasse em penas corporais (Dias da Silva, 1887: 32). A questão dogmática mais importante que se colocou foi a de saber se o tribunal comum podia não aplicar a pena de prisão em vista da defesa produzida pelo réu já anteriormente condenado na jurisdição aduaneira em pena de multa, reconhecendo-lhe essa liberdade a doutrina (O Direito, 1912: 124 e 125). O Tribunal Superior do Contencioso Fiscal, em acórdão de 14.5.1911 (O Direito, tomo 44, 1912, pp. 125 e 126) julgou

A Jurisdição Penal Comum 315

O processo administrativo começava com a apreensão ou a participação, não podendo a entidade apreensora instruir nem julgar o processo. A autoridade administrativa competente proferia despacho fundamentado sobre a subsistência da apreensão, sendo admissível a contestação pela entidade apreensora do despacho que julgasse insubsistente a apreensão e a contestação pelo réu do despacho que a julgasse subsistente.[792] Não contestando o réu, deveria ele proceder ao depósito do máximo da multa e, contestando, deveria produzir prova, cabendo no final da instrução despacho do director da alfândega ou do chefe do distrito fiscal. Deste modo, a mesma autoridade fiscal que julgava subsistente a apreensão instruía o processo e aplicava a pena de multa, salvo nos casos em que a instrução tivesse decorrido diante de um chefe de delegação ou de um chefe de secção, que instruíam o processo, mas deviam remetê-lo, finda a instrução, ao director da alfândega ou ao chefe do distrito fiscal para decisão. Este despacho final admitia recurso para o ministro da fazenda quando o valor do processo excedesse a alçada da autoridade fiscal, sem prejuízo da remessa do processo à administração geral das alfândegas, mesmo quando não fosse interposto recurso, "como meio de superiormente se apreciar a administração da justiça fiscal" (artigo 37, § único).

O processo judicial começava com a remessa oficiosa de uma participação pela administração geral das alfândegas aos tribunais para aplicação da pena de prisão quando o delito fosse punível com essa pena, nos termos da legislação em vigor, isto é, dos artigos 353 e 354 da Novíssima.

---

mesmo que o tribunal comum podia absolver o réu já anteriormente condenado à revelia na jurisdição aduaneira, constituindo a sentença do tribunal comum fundamento para a revisão da decisão do tribunal aduaneiro.

[792] A contestação do réu podia visar um de três fins: ou provar a sua inocência ou provar que o crime era menos grave ou que não se tratava de crime, mas apenas de transgressão. A contestação do apreensor, participante ou denunciante tinha como objectivo a prova da existência de delito ou de transgressão ou a prova de delito ou transgressão diversos dos indiciados. A opção do apreensor, participante e denunciante entre a contestação e o recurso devia guiar-se pelo seguinte critério: "se no processo existe já prova sufficiente do delicto ou transgressão, use-se do recurso; se convém reforçar essa prova, da contestação". Esta recomendação do legislador, que constava do n. 55 do "Manual do Processo do Contencioso Fiscal para Uso das Auctoridades Instructoras e dos Apprehensores e Participantes" aprovado pelo Decreto de 8.6.1894, era raramente observada, embora a doutrina lhe reconhecesse "muito valor", pois o processo sem provas em que fosse interposto recurso findaria na segunda instância e com a contestação sempre poderiam ser juntas novas provas. A doutrina propunha também que, na dúvida, devia optar-se pela contestação e, concorrendo o recurso de uns apreensores e a contestação de outros, também devia o processo seguir os termos ulteriores à contestação (Francisco Teixeira, 1897: 133 a 135, e Seraphim Assumpção, 1904: 47 e 48). A jurisprudência do Tribunal Superior ia em sentido inverso (Seraphim Assumpção, 1899: 134).

A Reforma da Justiça Criminal em Portugal e na Europa

Depois do ensaio do legislador da Novíssima de criação de uma forma de processo especial para julgamento dos crimes que não fossem puníveis com pena corporal, o legislador experimentava agora proceder a uma administrativização total da aplicação das penas de multa.[793] Deste modo, o legislador aumentava substancialmente o âmbito da competência da autoridade fiscal em relação ao regime da Novíssima, conferindo-lhe uma competência jurisdicional para aplicação de penas de multa, e simultaneamente consagrava o princípio da competência criminal bipartida para conhecimento e julgamento dos crimes de contrabando e descaminho.

Este princípio seria reforçado pela publicação do Decreto de 29.7.1886, que organizou o contencioso fiscal.[794]

---

[793] A competência litigiosa da autoridade fiscal para julgar os crimes de contrabando e descaminho foi introduzida logo em 1849, mas em termos muito restritos. A autoridade fiscal julgava subsistente a tomadia e podia ordenar a divisão imediata do seu produto, de acordo com o disposto no Decreto de 29.12.1849, quando não houvesse réu conhecido ou este não contestasse, independentemente do valor da apreensão, ou quando houvesse contestação, mas o valor da apreensão não excedesse 60.000 réis. As instruções "para regular o serviço da fiscalisação externa das alfandegas maritimas e da raia", constantes da Portaria de 5.4.1865, mantiveram e até alargaram esta competência, prevendo que no caso de pagamento voluntário da multa ou no da falta de contestação pelo dono da mercadoria apreendida a autoridade fiscal julgava válida a tomadia, "ficando assim terminado o processo" (artigo 39 da Portaria de 5.4.1865). Se o réu tivesse abandonado a mercadoria apreendida e não tivesse feito declaração alguma após a apreensão, entendia-se que tinha renunciado à contestação e ao recurso (Francisco Gomes de Sousa, 1875: 55). O processo só era remetido à autoridade judicial, em conformidade com o disposto no artigo 352 da Novíssima, quando houvesse contestação e o valor da apreensão excedesse o da competência da autoridade fiscal. Não excedendo esta quantia, mas tendo a apreensão sido contestada, esta autoridade julgava o processo, cabendo recurso da sua decisão apenas para o ministro da fazenda.

[794] Este diploma e os que lhe seguiram, tendo por objecto as causas de tomadia ou apreensão por contrabando ou descaminho, revogaram os artigos 349 a 354 da Novíssima (Dias Ferreira, 1892: 118). Caetano Gonçalves (1906: 23) censurava a existência de "uma dupla jurisdição criminal", competindo à justiça aduaneira a aplicação da pena de multa e à justiça comum a aplicação da pena de prisão pelo mesmo delito e no mesmo processo. Já anteriormente, a legalidade e a conveniência da reforma de 1885 tinham sido objecto de uma crítica profunda pela Revista de Legislação e Jurisprudência (1885: 484 a 486), acompanhada por António Teixeira de Magalhães (1890: 248). A Revista censurava a transferência para o poder administrativo da competência jurisdicional relativa às sanções pecuniárias aplicáveis aos descaminhos e transgressões, bem como a atribuição de metade do produto da multa e do produto total das mercadorias apreendidas aos apreensores. O argumento crítico da Revista, na sua fórmula mais sintética, podia valer para a reforma legislativa ulterior: "Deste modo entregou-se aos agentes fiscaes a parte util e proveitosa para elles, que é a condemnação do cidadão em perda dos objectos apprehendidos e em pena pecuniaria, e ao poder judicial commeteu-se a parte odiosa e nada lucrativa, que é a imposição da pena de prisão !" (Revista de Legislação e Jurisprudência, 1885: 484).

A Jurisdição Penal Comum 317

Este diploma criou dois Tribunais Especiais de Contencioso Fiscal, em Lisboa e no Porto, com competência para julgar em primeira instância e apenas "na parte fiscal" os crimes de contrabando e descaminho cometidos no reino (artigo 28)[795] A competência criminal fiscal restringia-se à aplicação das penas de multa, demissão e suspensão previstas na lei para o cometimento destes crimes, sendo a aplicação das penas de prisão da competência dos tribunais comuns.[796]

O tribunal especial era composto por um director da alfândega, um auditor, com funções de relator, e um membro da associação comercial de Lisboa ou do Porto, mas funcionava desde que estivessem presentes dois dos seus membros, contanto que um deles fosse o auditor. O tribunal tinha alçada de 60.000 réis, regulando-se o valor do processo pelo valor dos objectos apreendidos e pela importância da multa aplicável e ressalvando-se que não havia alçada em questões de competência ou excesso de jurisdição.

O auditor era nomeado pelo governo pelo período de seis anos, precedendo concurso documental, sendo requisito para o exercício destas funções o serviço durante dois anos na magistratura judicial ou do Ministério Público ou na carreira administrativa. O auditor instruía os processos crimes cometidos nas zonas fiscais das alfândegas de Lisboa e do Porto, instruía e julgava os processos de transgressões cometidas nessa zona e apenas julgava os processos de transgressões cometidas fora dessa zona mas dentro da área de jurisdição do tribunal, tendo a alçada de 50.000 réis.

Além destes tribunais de primeira instância, a lei criou um Tribunal Especial de Contencioso Fiscal de Segunda Instância, junto da administração geral das alfândegas, composto pelo administrador geral das alfândegas, por um auditor e por um membro da direcção da associação comercial de Lisboa e com competência para conhecer dos recursos nos processos crimes e de transgressões. O auditor deste tribunal era, também ele, nomeado pelo governo, mas para o exercício destas funções exigia-se o serviço durante cinco anos na magistratura judicial ou do Ministério Público ou na carreira administrativa e a sua

---

[795] O diploma criou também quatro Tribunais Especiais de Contencioso Fiscal, nos quatro distritos administrativos das ilhas adjacentes, com a mesma competência dos do continente e com composição idêntica, sendo o auditor substituído pelo conservador do registo predial e exercendo o director da alfândega as funções de relator.

[796] A remessa dos autos para os tribunais comuns era muito frequente, pois o Decreto de 29.7.1886 previa a pena de prisão na maior parte dos delitos de descaminho, o que veio a ser alterado pelo Decreto de 30.12.1892, que só previa essa pena para alguns crimes de contrabando. No entanto, o Decreto n. 2, de 27.9.1894, revogou o de 1892 e repôs em vigor as penas previstas no de 1886. Só em 1911 a situação voltou a ser alterada, desta feita consagrando-se uma mudança radical do sistema sancionatório.

318   *A Reforma da Justiça Criminal em Portugal e na Europa*

suspensão ou demissão dependiam de parecer favorável do Supremo Tribunal Administrativo.

A jurisdicionalização integral do processo para punição "na parte fiscal" dos crimes de contrabando e de descaminho, que tinha constituído o objectivo do novo regime do contencioso fiscal, levou o legislador a separar as fases instrutória e de julgamento, confiando a direcção daquela fase a autoridades administrativas ou a um auditor, consoante os casos, e instituindo tribunais e magistrados especiais com competência para julgar aqueles ilícitos.

Contudo, esta jurisdicionalização era meramente nominal e não constituía uma garantia efectiva para o réu atenta a composição dos tribunais de primeira e de segunda instância, que podiam até incluir funcionários públicos da carreira administrativa como auditores relatores. A sujeição ao poder político da decisão final proferida em qualquer processo era outra limitação óbvia à jurisdicionalidade desta forma de processo.

O decreto previa três formas de processo, a comum e duas sumárias, sendo nestas julgadas no prazo de três dias pelo auditor instrutor as transgressões cometidas na zona fiscal da alfândega quando a apreensão fosse declarada subsistente e não houvesse contestação e as transgressões cometidas na área de jurisdição do tribunal, mas fora da zona fiscal da alfândega, quando a apreensão fosse declarada subsistente e não houvesse contestação. Neste segundo caso, como a autoridade instrutora não era o auditor, procedia-se a remessa imediata dos autos de investigação ao auditor para julgamento. Além destas formas sumárias de julgamento, admitia-se ainda a liquidação a pedido da pena de multa, de que cabia recurso independentemente do valor fixado.

O processo comum tinha duas fases, uma instrutória e outra de julgamento, mantendo-se na fase instrutória o disposto no diploma do ano anterior, mas prevendo-se agora a fé até prova em contrário do auto de apreensão e da participação, o registo dos depoimentos das testemunhas, excepto se houvesse renúncia ao recurso ou a entidade instrutora fosse também a competente para o julgamento, e o direito das partes de alegar por escrito depois de produzida a prova.[797]

---

[797] A doutrina atribuía ao despacho da autoridade fiscal sobre a apreensão a natureza de uma pronúncia (Dias Ferreira, 1892: 263, Francisco Teixeira, 1897: 181, e Seraphim Assumpção, 1904: 20), tal como o fez o próprio legislador no n. 29 do manual oficial aprovado pelo Decreto de 8.6.1894. A consequência fundamental desta doutrina era, nas palavras do n. 61 do referido manual oficial, a de que "desde o despacho de indiciação o processo torna-se propriamente contencioso; de onde resulta que nenhum acto deve mais praticar-se sem conhecimento dos que n' elle são partes". Assim, as partes deviam ser notificadas e podiam assistir a toda a produção de prova e a omissão destas formalidades constituía fundamento de anulação do acórdão final

A fase de julgamento do processo limitava-se, nos processos julgados pelo colectivo, à vista prévia dos autos do processo instrutório pelos membros do tribunal e à conferência dos membros do tribunal e, nos julgados apenas pelo auditor, à prolação da decisão com base apenas na prova produzida na instrução.[798]

Os défices graves na realização do princípio da acusação na primeira instância resultavam da cumulação das funções investigatória e de julgamento nas mãos do auditor no caso dos processos por transgressões cometidas nas zonas fiscais das alfândegas de Lisboa e do Porto e da intervenção do auditor que procedia à investigação, como relator, na composição do tribunal que julgava os crimes cometidos naquelas zonas fiscais. Só nos processos por crimes e transgressões cometidos fora daquelas zonas fiscais, que eram investigados por autoridades fiscais que não o auditor do tribunal especial de primeira instância, era observado aquele princípio.

A violação do princípio da imediação era ainda mais grave, decidindo o tribunal ou o magistrado competente com base apenas nos autos do processo investigatório, nunca vendo o réu e conhecendo apenas as alegações escritas por este juntas no final da fase investigatória.[799]

Além de prever que o despacho que julgasse insubsistente a apreensão ou infundada a participação era sempre recorrível para o tribunal especial de segunda instância e já não para o ministro da fazenda, o diploma admitia também a interposição do recurso de apelação das sentenças da primeira instância para o tribunal de segunda instância quando o valor da causa excedesse a alçada do tribunal ou do juiz recorridos e de quaisquer despachos interlocutórios, em separado e com efeito meramente devolutivo.

O objecto do recurso era muito amplo, incluindo a sindicância oficiosa, em qualquer forma de processo, da falta de formalidades substanciais do processo

---

(Francisco Teixeira, 1897: 517, e Seraphim Assumpção, 1904: 30 e 61). Por outro lado, até ao despacho de indiciação o processo era conservado em segredo e não eram passadas quaisquer certidões do mesmo, como esclareciam as Portarias de 29.3.1895 e de 16.11.1897.

[798] O Tribunal Especial de Segunda Instância fazia uma interpretação contida dos poderes do juiz ou do tribunal de julgamento sobre o objecto do processo. O arguido indiciado por uma transgressão não podia ser condenado por um crime de descaminho, segundo a jurisprudência do tribunal superior (Seraphim Assumpção, 1903: 175). Por outro lado, a sentença não podia condenar outros indivíduos além dos que tinham sido indiciados (Seraphim Assumpção, 1904: 72).

[799] Para obstar a esta deficiência grave do processo firmou-se uma prática na primeira instância de apresentação de testemunhas pelo arguido logo na fase instrutória inicial do processo, o que merecia, no entanto, o repúdio do tribunal de segunda instância e da doutrina (Seraphim Assumpção, 1904: 15 e 63). Com efeito, nos termos da lei, ao arguido só era admitida a produção da prova documental antes da prolação do despacho de subsistência e a produção de prova testemunhal só tinha lugar depois deste despacho.

320   *A Reforma da Justiça Criminal em Portugal e na Europa*

ou de "algum acto indispensável para a justa applicação das leis fiscais" (artigo 131).[800] Reconhecendo a verificação de um destes vícios, o tribunal de recurso podia determinar a anulação do processo no todo ou em parte ou mandar baixar os autos à autoridade recorrida a fim de o processo ser reformado ou completado.

Acrescia a estes meios de impugnação ordinários o recurso extraordinário directo para o tribunal de segunda instância nos processos em que não coubesse recurso ordinário ou, cabendo, em que não tivesse sido recebido recurso ordinário. O recurso extraordinário fundava-se em alguma violência, preterição de formalidade essencial, denegação de recurso contra a expressa determinação da lei ou qualquer injustiça grave ou notória cometida pela autoridade fiscal ou judiciária.[801] Neste caso, subiam os próprios autos e ouvia-se a autoridade recorrida, podendo o tribunal de segunda instância ordenar a realização de quaisquer diligências que entendesse por bem. O recurso era então decidido em definitivo pelo tribunal superior.[802]

A consagração de uma muito ampla faculdade de impugnação dos despachos interlocutórios e da decisão final e, sobretudo, de um meio extraordinário de recurso directo por violências e abusos, admissível a todo o tempo e sem a interposição da autoridade recorrida, constituíam os meios com que o legislador procurava prevenir e solucionar os agravos que podiam resultar para o réu dos défices graves na realização dos princípios da acusação e da imediação.

---

[800] Da colectânea de acórdãos do Tribunal Superior do Contencioso Fiscal reunida por Seraphim Assumpção e, designadamente, dos acórdãos ns. 21, 33, 45, 85, 113, e, em especial, do n. 87, resulta claramente que este tribunal procedia à valoração dos meios de prova, considerando mesmo insuficiente determinados meios de prova para a condenação (Seraphim Assumpção, 1899: 108 a 141). Esta prática foi reiterada nos anos seguintes, como resulta, entre outros, dos acórdãos ns. 234 e 256 da recolha de 1903 (Seraphim Assumpção, 1903: 169 a 179).

[801] O legislador admitiu também, no número 144 do manual oficial de 1894, que o recurso extraordinário era admissível quando o arguido no processo de apreensão tivesse renunciado aos recursos ordinários, pois "não se tendo renunciado ao recurso ordinario e interpondo-se este, basta, para se lhe dar provimento, que na sentença recorrida tenha havido qualquer injustiça embora leve, qualquer apreciação menos curial dos factos; havendo renuncia e usando-se do recurso extraordinario, não se deve dar-lhe provimento senão verificando-se a segunda condição supra, isto é, violência, preterição de formalidades essenciaes, ou qualquer injustiça grave ou notória". Esta era também a doutrina defendida pelos comentadores (Francisco Teixeira, 1897: 458 e 462, e Seraphim Assumção, 1899: 125 e 126, e 1904: 104).

[802] Na falta de disposição legal sobre o prazo, os comentadores consideravam que o recurso extraordinário podia ser interposto a todo o tempo (Francisco Teixeira, 1897: 462, mas 459, e Seraphim Assumção, 1904: 104), seguindo a doutrina estabelecida pelo número 145 do manual oficial de 1894.

A Jurisdição Penal Comum

Contudo, estes meios não conferiam ao réu a garantia de uma administração da justiça independente, uma vez que a exequibilidade das decisões do tribunal de segunda instância dependia da confirmação do ministro da fazenda, para cujo efeito o auditor no tribunal de segunda instância remetia oficiosamente os autos ao ministro após ter sido proferida decisão. Acresce que os réus detidos pela prática dos crimes de contrabando e de descaminho de direitos puníveis com multa superior a 20.000 réis ou, mesmo abaixo deste valor quando os factos tivessem sido praticados com astúcia, que não suportassem a caução no valor daquela multa e dos respectivos direitos ou não dessem fiador idóneo, tinham de aguardar detidos em custódia até ao trânsito da decisão final, impondo-se, contudo, o respeito do prazo do artigo 988 da Novíssima. A detenção no processo fiscal não era imputada nem na pena de prisão até seis meses em que a multa podia ser convertida se o réu condenado não tivesse bens para satisfazer a multa nem na pena de prisão que lhe seria aplicada no processo judicial comum. A situação de particular fragilidade do réu detido era ainda agravada pela circunstância de a prestação da caução da multa e dos direitos devidos constituir uma condição necessária para a dedução da contestação pelo arguido e para a interposição do recurso de apelação.[803]

A punição da criminalidade fiscal passou, destarte, a ter uma natureza jurisdicional bipartida, encontrando-se subordinada aos tribunais comuns ou a tribunais especiais, consoante a natureza da pena em causa. Esta solução viria ainda a deteriorar-se com a publicação do Decreto de 27.9.1894, que aprovou o regulamento dos serviços de contencioso aduaneiro.

A composição e a competência dos Tribunais Especiais de Contencioso Fiscal de primeira e de segunda instância e as dos auditores mantiveram-se as mesmas, com duas alterações significativas, a da escolha para o exercício das funções de auditor apenas de juízes de direito e a da equiparação da alçada dos tribunais de primeira instância nos processos de descaminho de contrabando com a do auditor nos processos de transgressão, fixada em 100.000 réis, regu-

---

[803] A lei era expressa no que respeitava ao condicionamento da interposição do recurso à prestação de caução (artigo 122, 3 º do Decreto de 29.7.1886), mas omissa no tocante à condição relativa à dedução da contestação, que resultava da nota ao número 37 do manual oficial de 1894 e do entendimento uniforme da doutrina e dos tribunais (Seraphim Assumpção, 1904: 46 e 47). O contrabando e o descaminho de tabacos e tecidos tinha uma especialidade, introduzida pelo Decreto de 20.9.1888. Os delinquentes encontrados em flagrante delito destes crimes eram detidos em custódia até final julgamento, qualquer que fosse o valor da multa e dos direitos devidos, mantendo-se a custódia enquanto o máximo da multa e dos direitos fixados pelo despacho de indiciação não fosse depositado ou caucionado. No caso de ser aplicável pena corporal, o arguido detido só podia ser solto pelo juiz de direito quando tivesse prestado caução nos termos da lei geral de 15.4.1886, além do depósito ou caução da multa e dos direitos devidos (O Direito, 1889 b: 170).

A Reforma da Justiça Criminal em Portugal e na Europa

lando-se esta alçada ou só pelo montante da multa aplicável ou pelo da multa adicionada ao valor dos objectos apreendidos quando houvesse lugar ao perdimento e não tendo lugar nos processos julgados nos quatro distritos administrativos das ilhas adjacentes.

Também a forma de processo comum manteve a sua estrutura anterior, quer na fase investigatória, quer na de julgamento, consistindo antes a inovação deste diploma na reforma profunda das formas de processo especiais e dos recursos.

Assim, era atribuída à autoridade instrutora competência para proceder ao julgamento sumário da causa em três circunstâncias: quando as partes renunciassem aos recursos ordinários,[804] quando não houvesse delinquente conhecido e o processo tivesse começado por uma apreensão,[805] quando, havendo delinquente conhecido e tendo o processo começado por uma apreensão, não tivesse havido contestação ao despacho de subsistência da apreensão e indiciação que tivesse sido notificado pessoalmente ao arguido residente a menos de 10 quilómetros do lugar da instrução do processo ou por meio de cópia afixada à porta da sua residência.[806]

Era também atribuída a qualquer autoridade que tivesse procedido à apreensão competência para proceder ao julgamento sumaríssimo nos processos por crimes de descaminho puníveis com multa igual ou inferior a 2.000 réis, tendo ocorrido a apreensão numa área de 10 km a contar da raia terrestre ou ma-

---

[804] A doutrina considerava a decisão como "uma verdadeira sentença absolvendo ou condenando os arguidos conforme a prova que resultar das declarações d' estes e dos agentes fiscaes" (Delgado de Carvalho, 1897: 299). Por essa razão, recomendava-se que estes processos não se resumissem ao auto de apreensão e ao despacho do instrutor, sendo indispensável que deles constassem os factos essenciais e que, por documentos autênticos, se mostrasse o destino dado às mercadorias apreendidas e às quantias realizadas (Seraphim Assumpção, 1899: 64). Em um outro lugar, o mesmo autor advertia que "muitos processos perdem-se pelo uso excessivo da renuncia aos recursos ordinarios, não podendo após a sentença recorrer a outro meio, salvo raríssimos casos do processo revellar motivos bem visiveis para o recurso extraordinário". A doutrina firmada pelo tribunal superior era também a de que as partes não deviam renunciar aos recursos ordinários quando quisessem produzir prova que não fosse exclusivamente documental (Seraphim Assumpção, 1903: 173).

[805] Esta segunda forma de processo especial não era aplicável aos casos em que o processo se iniciava com uma participação ou uma denúncia, mas apenas ao caso em que o processo se iniciava com uma apreensão, pois "havendo objectos aprehendidos, e sendo a aprehensão julgada subsistente, se ninguem vem contestar é porque ninguem se accusa como dono d' elles; e então é de direito julgal-os abandonados e applicar o seu producto ao pagamento dos direitos e multa, sem mais fórma de processo" (Francisco Teixeira, 1897: 449).

[806] O despacho de indiciação tinha nestes dois casos "os effeitos de julgamento definitivo" (Francisco Teixeira, 1897: 449, e Delgado de Carvalho, 1897: 306).

A Jurisdição Penal Comum   323

rítima, com excepção de Lisboa e Porto. Neste processo ficava reservado ao arguido o direito de requerer à autoridade competente para a instrução que procedesse a julgamento na forma comum, suportando, no entanto, as custas do processo se fosse aí condenado em montante superior ou igual ao do julgamento sumaríssimo.[807]

Acrescia ainda a estes casos a liquidação a pedido da multa e dos respectivos direitos em qualquer fase do processo, esclarecendo a lei nova que pela pena de multa e pelo pagamento de direitos respondiam solidariamente todos os interventores na infracção, independentemente do seu grau de responsabilidade pessoal.[808]

Deste modo, o legislador deixou de distinguir as formas de processo sumário como fazia anteriormente, com base nos dois critérios da natureza transgressional do ilícito e da manifestação da vontade do réu, para as distinguir agora apenas com base neste segundo critério, admitindo-se, portanto, o julgamento sumário e até sumaríssimo de crimes.[809] Privilegiando o julgamento da causa através da aceitação voluntária da sanção pelo réu e condicionando agora expressamente a contestação à caução da multa e dos direitos devidos, o legislador revelava assim que o seu propósito fundamental era o de assegurar a satisfação imediata da pretensão pecuniária do Estado, tendo na prática tido sucesso, pois a quase totalidade dos processos findavam com base no acordo das partes em se sujeitarem ao juízo da autoridade instrutora.[810] Este sucesso justificava também

---

[807] O Decreto de 6.6.1895 modificou a redacção do artigo 52 do Decreto n. 2, de 27.9.1894, no sentido de alargar a competência judicativa do apreensor a todas as apreensões realizadas dentro da zona fiscal da fronteira em localidade em que não houvesse autoridade fiscal competente para instruir o respectivo processo nem a uma distância excedente a três quilómetros. A administração geral das alfândegas emitiu a circular n. 1.361, de 15.6.1895, em que se davam instruções rigorosas para o cumprimento do novo diploma. A circular foi publicada por Seraphim Assumpção, 1899: 51 e 52. Nestes processos sumaríssimos, sempre que não se requeresse a instrução em processo ordinário, não havia despacho de indiciação (Seraphim Assumpção, 1899: 59).

[808] O tribunal superior admitia mesmo a liquidação oficiosa pela autoridade instrutora da multa e dos direitos, por analogia com o artigo 109, no caso de o despacho de indiciação não ter sido contestado. Este despacho admitia recurso ordinário independentemente do valor dos direitos e da multa (Seraphim Assumpção, 1903: 201).

[809] Esta doutrina foi confirmada pelo tribunal superior nas instruções de 19.7.1897 (Delgado de Carvalho, 1897: 300). Esta alteração legislativa já tinha sido antecedida pelo Decreto de 5.4.1888, que tinha fixado a competência de certas autoridades fiscais para instrução e julgamento dos crimes de contrabando e descaminho e transgressões de regulamentos fiscais, descobertos ou participados pelos agentes do corpo de polícia fiscal, quando as partes tivessem prescindido do recurso ou requeressem a liquidação.

[810] Com efeito, a forma de processo prevista no artigo 74 do Decreto n. 2, de 27.9.1894 era a forma da "quasi totalidade dos processos, pois que raro se dá uma contestação e o caso

324 A Reforma da Justiça Criminal em Portugal e na Europa

a melhoria substancial do regime da prisão preventiva, tendo a lei nova, por um lado, limitado a oito dias a prisão de qualquer delinquente detido em flagrante pela prática dos crimes de contrabando e descaminho de tabacos, tecidos, álcool ou aguardente, quando a multa e os direitos fossem inferiores a 20.000 réis, e de descaminho de outros produtos sem limite de valor e, por outro lado, submetido os detidos em flagrante pelos crimes de contrabando e de descaminho de tabacos, tecidos, álcool ou aguardente, quando a multa e os direitos fossem superiores a 20.000 réis, a uma custódia até decisão definitiva, que estava submetida à dupla fiscalização oficiosa do juiz da comarca e do tribunal superior do contencioso fiscal, salvo quando o processo corresse perante os auditores, e que podia cessar se fosse garantido o pagamento da quantia em dívida.[811]

No que respeita aos meios de impugnação, além da consagração de uma "revisão" obrigatória dos acórdãos ou sentenças em que fossem impostas as penas de suspensão ou demissão, ainda que nenhum recurso coubesse (artigo 111, § 1), o legislador restringiu consideravelmente a eficácia do recurso extraordinário, ao fixar um prazo de oito dias a contar da notificação da decisão para interposição do mesmo e consagrar a faculdade da *reformatio in pejus* até ao dobro da multa em que o recorrente tivesse sido condenado quando os factos alegados fossem inteiramente inexactos e falsos.[812]

Por outro lado, a lei nova definiu os poderes do ministro relativos à exequibilidade das decisões definitivas do tribunal superior. As decisões do tribunal de segunda instância proferidas quer nos recursos interpostos dos despachos que

---

do art. 109 tambem é rarissimo" (Seraphim Assumpção, 1899: 64). A situação não se alterou quatro anos depois (Seraphim Assumpção, 1903: 93, "são raras as contestações assim como os casos dos artigos 78 e 109").

[811] Além da faculdade de prestar caução, o arguido podia requerer a sua libertação e o juiz devia libertá-lo se o despacho de indiciação não fosse notificado ao arguido dentro de oito dias após a prisão, como mandava o § 3 do artigo 27 do diploma de 30.12.1892 e era expressamente relembrado pela nota ao n. 37 do manual oficial de 1894 e pela doutrina (Francisco Fernandes, 1896: 41). Sendo proferido o despacho de indiciação no prazo legal, mas não sendo prestada a caução, o suspeito detido por crimes de contrabando e descaminho de tabacos, tecidos, álcool ou aguardente, quando a multa e os direitos fossem superiores a 20.000 réis, beneficiava ainda do já referido duplo controlo judicial. A revisão pelo tribunal de segunda instância da prisão ordenada pela autoridade fiscal era justificada pelo legislador, no manual oficial, como uma fiscalização oficiosa da legalidade de uma medida detentiva do arguido que podia durar até ao final do processo. Em caso algum era permitida a detenção fora de flagrante delito às autoridades fiscais, sendo apenas admitida a detenção fora de flagrante delito pela autoridade judicial como deixava claro o n. 37 do manual oficial.

[812] Acresce que a jurisprudência do tribunal superior era muito restritiva na admissão deste recurso extraordinário quando devesse ter sido interposto recurso de outro tipo (Seraphim Assumpção, 1903: 170).

julgassem insubsistente a apreensão ou infundada a participação e dos acórdãos e sentenças proferidas na primeira instância quer nos recursos extraordinários contra violências, preterição de formalidades essenciais,[813] denegação de recurso ou injustiça notória ou grave, dependiam da confirmação do ministro da fazenda e, discordando o ministro do acórdão apresentado, podia, após deliberação do conselho de ministros, mandar submeter a novo julgamento, não cabendo nova confirmação do segundo acórdão.

O legislador procurou evitar a crítica óbvia da composição não independente dos tribunais e da sujeição do tribunal de segunda instância ao poder político, com a escolha obrigatória de magistrados judiciais como auditores e a liberdade de decisão do tribunal de segunda instância no segundo julgamento após a censura política do primeiro julgado. No entanto, quer a circunstância de os auditores da primeira e da segunda instância serem nomeados pelo governo, tal como os restantes membros destes tribunais, quer a disposição legal expressa de que o governo determinava a lei aplicável e "os termos que devem ser seguidos" no segundo julgamento (artigo 138, § 1) pouca liberdade deixariam aos julgadores.

O défice de jurisdicionalidade na instância de recurso não era sanado e era até agravado na primeira instância. O sucesso da estratégia de condicionamento do réu para uma resolução rápida da causa conduziu mesmo a um aumento da competência decisória das autoridades instrutoras, que fora das zonas fiscais das alfândegas de Lisboa e do Porto eram constituídas por funcionários da administração fiscal.

Apesar do propósito anunciado pelo legislador de consagrar na legislação contenciosa aduaneira a mais ampla garantia da defesa, sobrava ao réu apenas a opção entre a sujeição voluntária a sanções determinadas, em regra, por funcionários da administração fiscal e a contestação da pretensão punitiva do Estado diante de juízes pertencentes àquela administração ou directamente comprometidos com o seu responsável máximo, razão pela qual a doutrina concluía, com razão, que "a realidade não correspondeu ao pensamento do legislador", pois estes tribunais "estão completamente dependentes do ministro da fazenda, e o seu

---

[813] A jurisprudência do tribunal superior e a doutrina consideravam as seguintes formalidades essenciais: auto de apreensão, com as declarações das partes, despacho de indiciação ou não indiciação e sentença e respectivas notificações a todas as partes, auto de nomeação de peritos e auto de exame, juramento das testemunhas e dos peritos e assentada das respectivas declarações, termos para contestação e para recurso, intimação dos apreensores para a produção da prova testemunhal, prévio depósito ou caução da multa e do imposto para contestação (Francisco Teixeira, 1897: 185 e 517, Delgado de Carvalho, 1897: 307, e Seraphim Assumpção, 1899: 119, e 1904: 178).

326   A Reforma da Justiça Criminal em Portugal e na Europa

pessoal é tirado dos empregados fiscaes sem a necessaria independencia e imparcialidade de julgadores", não fazendo estes tribunais verdadeiramente parte do poder judicial.[814]

3. A restrição da competência das magistraturas populares

A Novíssima Reforma restringiu significativamente a competência criminal e transgressional das magistraturas populares. No entanto, a polémica em torno da constitucionalidade da atribuição de competência criminal aos juízes ordinários e o clamor público contra as magistraturas populares registado ao longo da segunda metade do século XIX mantiveram a questão da fixação daquelas competências na ordem do dia nos meios políticos e na doutrina.

Se o ano de 1852 marca o início do processo legislativo de supressão gradual da preponderância do júri, ele marca também o início das várias tentativas do legislador para aniquilar as magistraturas populares, primeiro reduzindo a competência destes magistrados, depois extinguindo alguns deles e, por fim, convertendo os magistrados que subsistiam em funcionários de nomeação governamental.

A primeira tentativa de diminuição da competência das magistraturas populares visou a competência transgressional dos juízes eleitos.

O Decreto de 3.11.1852, que procedeu à reforma do processo das causas sobre coimas e transgressões de posturas das câmaras municipais de Lisboa e Porto, atribuiu a competência para conhecer estes ilícitos aos juízos de polícia correccional, observando-se a forma do processo fixada no título X da Reforma, com recurso para o Tribunal da Relação, quando as penas impostas excedessem a alçada destes juízes ou nos casos de incompetência ou excesso de jurisdição. Os magistrados de polícia correccional, que conheciam das apelações interpostas dos juízes ordinários e dos juízes eleitos, respectivamente, nas causas crimes

---

[814] Chaves e Castro, 1910: 79 e 80, e, já anteriormente, Barbosa de Magalhães (1899: 146). Este autor considerava o tribunal do contencioso fiscal de segunda instância uma "instituição essencialmente política", que não pertencia ao poder judicial, e advertia para os "perigos do declive em que vamos já tão perto do fundo". Embora crítico da jurisdição aduaneira, Chaves e Castro era favorável aos tribunais especiais, que caracterizava quer em função da matéria sobre que incidia a sua competência, quer em função da qualidade das pessoas a que as causas respeitavam, identificando em 1910 dezanove espécies de tribunais ou magistrados com competência criminal especial (Chaves e Castro, 1910: 122 a 124, 595 e 596). Também Alberto dos Reis, embora reconhecesse a existência de uma "superabundancia de jurisdições privativas", propunha a especialização da justiça criminal em face das novas teorias sociológicas e psicológicas sobre o crime e o criminoso (Alberto dos Reis, 1909: 152 a 154).

A Jurisdição Penal Comum

e nas de transgressões, passaram a conhecer destas em primeira instância, esvaziando deste modo a competência dos juízes eleitos em Lisboa e no Porto.[815]

O legislador previa também o alargamento, por determinação do governo, desta iniciativa a outros concelhos do país, o que veio a ser concretizado três anos depois. Não tendo a iniciativa legislativa deparado com a reacção popular, a Lei de 23.7.1855 autorizou o governo a aplicar as disposições do Decreto de 3.11.1852 a todas ou a algumas paróquias de um concelho, mantendo-se nas restantes paróquias a competência dos juízes eleitos fixada na Novíssima.

Posta seriamente em causa a competência transgressional dos juízes eleitos, o legislador adoptou ainda em Julho de 1855 uma outra iniciativa legislativa com vista a restringir a competência instrutória e judicativa dos juízes ordinários nos feitos crimes.[816]

Assim, a Lei de 18.7.1855 suprimiu os juízes ordinários nos julgados cabeça de comarca, atribuiu as suas competências ao juiz de direito substituto e fixou a competência exclusiva do juiz de direito para o processo preparatório e acusatório de certos crimes graves previstos no artigo 7 cometidos em toda a comarca,[817] ficando ressalvada a competência dos juízes eleitos e ordinários apenas para a formação do corpo de delito nestes crimes.[818]

Deste modo, o legislador aboliu toda a competência criminal dos juízes ordinários por factos cometidos no julgado cabeça da comarca e a mais importante competência investigatória, a da direcção do sumário da culpa, nos

---

[815] Duarte Nazareth, 1853: 11.

[816] Um mês antes, as Cortes tinham aprovado novas medidas restritivas da competência do juiz de paz e do júri nas causas cíveis. A Lei de 16.6.1855 fixou novas excepções à intervenção dos juízes de paz, deixou de considerar a omissão da conciliação como nulidade e restringiu a relevância da falta de declaração de renúncia do júri nas causas cíveis.

[817] A letra da lei permitia concluir que os processos do elenco legal deviam ser julgados sem intervenção do júri e, com efeito, houve uma corrente jurisprudencial que defendeu esta doutrina. Contudo, ela era minoritária, dividindo-se a maioria das opiniões entre duas outras teses que se degladiaram nos anos seguintes ao da publicação da lei, a tese da manutenção da competência do júri, julgando sempre o júri do círculo da cabeça da comarca (Duarte Nazareth, 1886: 54), e a tese, defendida pelo Supremo Tribunal de Justiça, da competência do júri do círculo correspondente ao julgado onde o crime fosse cometido ou o réu preso. A consagração legal desta tese foi mesmo proposta na Câmara dos Deputados, pelo projecto de lei n. 22/D, do deputado Carvalho de Abreu, de 10.4.1860, que não foi aprovado (Diário da Câmara dos Deputados, 1860, n. 108). Não é, pois, correcta a informação de António Macieira (1914: 42), segundo a qual por este diploma de 1855 "ficaram na competência privativa dos juízes de direito a instrução e julgamento dos processos" pelos crimes do artigo 7 do diploma.

[818] Esta competência dos juízes ordinários e eleitos para a feitura dos corpos de delito não bulia com a competência exclusiva do juiz de direito, fixada na Novíssima, para formar os corpos de delito nos crimes em que não coubesse fiança cometidos na cabeça de comarca (Duarte Nazareth, 1886: 12).

processos relativos a certos crimes graves cometidos nos restantes julgados da comarca.

Nos restantes processos, ao juiz de direito era atribuído um amplo poder de controlo da actividade instrutória dos juízes ordinários, competindo-lhe determinar a confirmação ou a reforma de todos os despachos proferidos pelos juízes ordinários no final do sumário da culpa, procedendo o juiz de direito, se necessário, a diligências de prova e cabendo recurso para a Relação apenas do despacho do juiz de direito e não do do juiz ordinário.

A concentração da função instrutória no juiz de direito nos processos por crimes do catálogo constante do artigo 7, bem como a concessão dos novos poderes de controlo da actividade instrutória do juiz ordinário tinham uma directa repercussão na realização do princípio da acusação na forma de processo ordinário. Nos crimes graves do catálogo legal o juiz de direito cumulava a direcção do sumário da culpa, a competência para a prolação da pronúncia e a participação na audiência de julgamento, ao lado do júri. Nos processos por crimes não contidos no catálogo, cometidos nos julgados que não fossem cabeça de comarca, o juiz de direito não procedia ao sumário da culpa nem à prolação da pronúncia, mas devia confirmá-la e só do seu despacho era admissível recurso.

Este regime da subida obrigatória dos autos ao juiz de direito, mesmo no caso da prolação de despacho de não pronúncia pelo juiz ordinário, constituía "uma nova espécie de ratificação da pronúncia",[819] que atribuía substancialmente a competência da prolação da pronúncia ao juiz de direito, prejudicando em definitivo a realização do princípio da acusação agora também nos processos por crimes cometidos fora do julgado cabeça da comarca.

A cumulação das funções de instrutor e julgador que se verificava já na Novíssima Reforma nos processos por crimes cometidos no julgado cabeça de comarca era deste modo duplamente ampliada, quer aos processos por crimes graves constantes do catálogo da lei cometidos em qualquer lugar da comarca, quer aos restantes processos por crimes cometidos fora do julgado cabeça de comarca.

A supressão das magistraturas populares ficava deste modo intimamente associada a um prejuízo irreversível para a realização do princípio da acusação na forma de processo ordinário.

Tendo as magistraturas populares as respectivas competências muito diminuídas no final da década de cinquenta, a legislador procurou na década seguinte dar o passo final e abolir estas magistraturas.[820] Para o efeito, o legisla-

---

[819] Duarte Nazareth, 1886: 210.

[820] Na já mencionada proposta de lei de organização judiciária, apresentada pelo ministro da justiça Ferrão Carvalho Mártens em 28.2.1860, também se previa a extinção dos juízes ordi-

A *Jurisdição Penal Comum* 329

dor aprovou a Lei de 27.6.1867, que extinguiu os juízes eleitos e os ordinários, transferindo as competências daqueles para os juízes de paz e as destes para os juízes de direito. O estatuto da magistratura dos juízes de paz foi, por sua vez, profundamente alterado, tornando-se uma magistratura trienal, de nomeação pelo governo e que beneficiava do regime da suspensão, demissão e transferência vigente para os juízes de direito.

A nomeação dos juízes de paz pelo governo contrariava frontalmente o disposto no artigo 129 da Carta, tendo esta nomeação sido objecto da censura da inconstitucionalidade aquando da discussão da proposta desta lei nas Cortes. A censura foi ultrapassada com o argumento de que o artigo 129 não constituía matéria constitucional e não se encontrava, por isso, a coberto do artigo 144 da Carta, ao que se acrescentava que o artigo 129 supunha a concessão de uma função conciliatória aos juízes de paz, pelo que a atribuição de uma função judicativa alterava a natureza desta magistratura, justificando-se em face desta alteração a nomeação dos magistrados pelo poder executivo.[821]

A entrada em vigor da lei foi, contudo, suspensa pela Decreto de 27.1.1868, que, ponderando a impossibilidade da aplicação imediata daquela lei, determinou a realização de eleições dos juízes ordinários e dos eleitos.[822] A resistência dos interesses locais e as dificuldades financeiras que resultariam da extinção dos juízes ordinários e dos juízes eleitos e da implantação por todo o país da nova organização judiciária aprovada pela lei de 1867 tinham imposto uma inflexão da estratégia do governo.

Posta temporariamente de parte a ideia de suprimir os juízes ordinários, o governo considerou expressamente duas alternativas, a de reduzir a competência destes magistrados, "deixando-lhes enfim apenas o nome de juízes sem as correlativas faculdades", e a de manter aquela competência, mas transformar estes magistrados em uma magistratura letrada. Foi esta segunda alternativa a escolhida.

Assim, o Decreto de 28.12.1869 estabeleceu a nomeação régia e trienal dos juízes ordinários e fixou condições patrimoniais muito exigentes para a manutenção destes magistrados e, designadamente, a obrigação das câmaras

---

nários e dos eleitos, mas a proposta não chegou a obter sanção parlamentar pelas razões já conhecidas. Só sete anos depois foi de novo ensaiada nova tentativa, com um sucesso provisório.

[821] Diário de Lisboa, 1867, pp. 95 e 1301, e Chaves e Castro, 1910: 211.

[822] O Decreto de Janeiro de 1868 não incluía qualquer disposição concreta sobre a suspensão da lei do ano anterior, mas a doutrina e mesmo o legislador consideraram a referida lei suspensa "de facto", como resultava do preâmbulo do Decreto de 28.12.1869. Innocencio Duarte (1875: 18) descreveu as resistências populares à extinção dos juízes populares, que estiveram na origem da queda do governo e da tomada de posição do novo poder em consonância com as pretensões das populações.

330 A Reforma da Justiça Criminal em Portugal e na Europa

municipais de pagamento dos ordenados destes magistrados, sob pena de extinção dos julgados de juízes ordinários que dentro de dois anos não reunissem as ditas condições.

Ao novo regime de nomeação dos juízes ordinários, que procurava extinguir os juízes ordinários de uma forma indirecta, as populações reagiram com grandes sacrifícios financeiros com vista a manterem os juízes ordinários, conseguindo mantê-los.[823] Apesar disso, os clamores contra a magistratura ordinária subiam de tom, ouvindo-se no início da década de setenta por toda a parte e mesmo entre a magistratura letrada.[824]

Em face do insucesso prático da segunda tentativa de extinção dos juízes ordinários, o legislador mudou de novo de estratégia e aprovou a Lei de 16.4.1874, que revogou o decreto de 1869 e determinou a extinção dos juízes eleitos, atribuindo a competência transgressional destes magistrados aos juízes ordinários.[825]

Do mesmo passo, o legislador retirou a competência criminal aos juízes ordinários, embora mantendo a sua nomeação régia trienal introduzida cinco anos antes.[826]

---

[823] Luiz Jardim (1877: 9 e 21), Lino Netto (1898: 70) e Afonso Costa (1899: 248).

[824] Navarro de Paiva (1871: 23) e Lopes Branco (1873: 56 e 57). Este autor retratava a situação de muito difícil convivência entre os magistrados letrados e os populares.

[825] O "Projecto de Codigo de Processo Civil Portuguez" da Alexandre Seabra, apresentado ao ministro da justiça em 1869, já previa a extinção dos juízes ordinários e dos juízes eleitos e a atribuição de competência contenciosa sobre móveis aos juízes de paz. Em alternativa e "para a hypothese de ficarem juizes ordinarios", o autor propunha a atribuição aos juízes ordinários da competência dos juízes eleitos, prevista no artigo 145 da Novíssima, bem como de outras orfanológicas e sobre coisas móveis. A diferente regulamentação do "Projecto Definitivo de Codigo de Processo Civil Portuguez", de 1872, em que se reintroduziram os juízes ordinários e os eleitos, atribuindo-se competência contenciosa a ambos e reservando para os juízes de paz apenas o exercício da função conciliatória, não se ficou a dever a uma mudança de opinião do autor, que era ainda muito céptica em relação a estes magistrados, mas antes a uma adaptação do projecto inicial ao sentido do voto da comissão revisora que o governo tinha nomeado para proceder à revisão do dito projecto (Alexandre Seabra, 1872: 2 e 3, da exposição impressa a final).

[826] A crítica desta reforma foi feita por Luiz Jardim e Lopes Praça. O primeiro autor imputava à reforma o desvirtuamento completo da instituição dos juízes ordinários, concluindo pela necessidade imperiosa da manutenção dos juízes ordinários, com as suas antigas competências, sob pena de a sua extinção trazer "maiores distancias, maiores incommodos, e mais que dobrados emolumentos" (Luiz Jardim, 1877: 11). Lopes Praça criticava a "tendencia seguida pelas nossas leis adjectivas em clara hostilidade com os juizes ordinarios e eleitos", considerando que "a supressão e transformação dos juizes ordinarios e eleitos na nossa organização judiciaria não pode reputar-se definitiva, porque não satisfez as necessidades publicas" e que a Lei de 16.4.1874 não subsistiria por muito tempo (Lopes Praça, 1879: 331). O autor admitia, contudo, que "a nossa legislação secundaria é um protesto vivo contra a imperfeita redacção do art. 128

A *Jurisdição Penal Comum*

Nas causas sobre transgressões municipais puníveis com coimas, seguia-se a forma de processo estabelecida na Novíssima Reforma para julgamento destes ilícitos diante dos juízes eleitos, mas com a novidade de que, se as partes não renunciassem ao recurso, ele cabia agora para o juiz de direito nos casos em que o valor da causa fosse igual ou inferior à alçada do juiz de direito e para a Relação, quando excedesse aquele valor, devendo os depoimentos das testemunhas ser escritos quer num caso, quer no outro.[827]

Deste modo artificioso, os juízes ordinários eram desqualificados para o nível dos juízes eleitos, sendo estes, por sua vez, abolidos. Com a desqualificação dissimulada dos juízes ordinários, era também tacitamente abolido o Tribunal de Polícia Correccional, que conhecia das apelações interpostas dos juízes ordinários nos processos de polícia correccional que excedessem a alçada do juiz de direito e das apelações nos processos por coimas.[828]

O último passo dado pelo legislador foi o da publicação do Decreto de 29.7.1886. Neste diploma, determinou-se a extinção dos julgados ordinários no continente e nas ilhas adjacentes, passando as suas competências para os juízes de direito nos julgados ordinários que fossem cabeça de comarca, com a excepção de Lisboa e do Porto, e para os juízes de paz, nos respectivos distritos, em todos os outros julgados.

Assim, a competência para julgamento das causas de coimas e transgressões de posturas municipais passou a ser dos juízes de paz em Lisboa e no Porto e nos distritos dos julgados que não fossem cabeça de comarca e dos juízes de direito nos julgados cabeça de comarca.

Com vista a antecipar a reacção das populações prejudicadas com a iniciativa, por força dos incómodos e das despesas que tinham de suportar com a deslocação à sede da comarca, o governo ponderou a solução da criação de novas comarcas com juízes de direito, mas afastou esta alternativa, decidindo-se pela criação de julgados municipais nos concelhos que não fossem cabeça de comar-

---

da Carta" (Lopes Praça, 1879: 337). Este artigo, não constituindo "artigo rigorosamente constitucional em toda a sua amplitude", deveria ser revisto. Por outro lado, a supressão dos juízes eleitos também deparou com resistências, tendo mesmo sido proposta na Câmara dos Deputados a sua reintrodução, com a competência que tinham antes de 1874, como resultava dos artigos 20 e 21 da proposta de lei de Cardoso Machado, de 26.4.1880.

[827] A doutrina estabeleceu algumas outras especialidades do novo processo e, designadamente, as relativas à ausência do autor e do réu e à falta das testemunhas, por aplicação analógica do disposto, respectivamente, nos artigos 266 e 272 da Novíssima (Innocencio Duarte, 1875: 90 e 91). A relevância do registo minucioso da prova, com vista a possibilitar a fundamentação da decisão, já posta em evidência pela doutrina em face da Novíssima, foi-o de novo depois da lei nova de 1874 (Preto Pacheco, 1877: 139 e 175).

[828] Dias Ferreira, 1892: 38, e Luís Osório, 1920: 1.

332 *A Reforma da Justiça Criminal em Portugal e na Europa*

ca e onde a maior parte da população ficasse a mais de 15 quilómetros da sede da comarca, com excepção dos municípios das comarcas de Lisboa e Porto. A preferência por esta alternativa justificou-a o governo quer com as condições do tesouro, que não permitiam criar novos lugares de juízes de direito, quer com a desnecessidade destes novos lugares de juiz de direito para decidir das causas cujo conhecimento se encontrava anteriormente cometido ao juiz ordinário. Os velhos juízes ordinários transmudavam-se deste modo nos novos juízes municipais.[829]

Os titulares dos novos julgados municipais eram bachareis formados em direito e nomeados pelo governo pelo período de três anos,[830] beneficiando do regime de transferência dos juízes de direito, mas podendo ser suspensos em certos casos especiais pelo governo, e tinham a competência instrutória e judicativa que por lei fosse atribuída ao juiz de direito, com excepção dos crimes em que devesse intervir o tribunal de júri, cabendo sempre recurso das respectivas decisões para o juiz de direito da respectiva comarca.[831]

O diploma previa também o processo de criação dos julgados municipais por meio de requerimento das câmaras municipais, que reunissem certos requisitos logísticos e financeiros, e decreto real, referendado pelo ministro da justiça, depois de ouvido o conselho de ministros, o que tranformava os julgados municipais em uma circunscrição judiciária instável dependente da apreciação

---

[829] A ideia da criação de juízes municipais não era nova. As anteriores tentativas encetadas pelas propostas de lei dos ministros da justiça Gaspar Pereira da Silva e Adriano Machado, apresentadas, respectivamente, em 3.1.1863 e em 26.4.1880, não tinham tido sucesso. O primeiro, considerando a instituição dos juízes ordinários "um facto aberrante", "uma instituição moralmente morta", propunha a substituição destes magistrados por juízes municipais, nomeados pelo governo, que teriam apenas funções instrutórias dos processos, devendo remetê-los ao juiz de direito quando se encontrassem prontos para ser sentenciados (Diário de Lisboa, 1863, p. 185). Adriano Machado, por sua vez, propunha a extinção dos juízes ordinários e a criação de juízes municipais somente nos concelhos cuja sede distasse mais de dez quilómetros da cabeça de comarca. Para um estudo comparado do regime de criação e da competência dos juízes municipais na proposta de 1880 e no Decreto de 1886 é fundamental o parecer da Comissão de Legislação Civil das Cortes dado sobre o assunto dois anos depois deste Decreto (Comissão de Legislação Civil das Cortes, 1888: 31 a 33).

[830] O governo não temia a falta de magistrados com estes requisitos, pois não se tinha verificado semelhante falta em 1869, aquando da criação dos juízes ordinários que correspondiam aos ora introduzidos juízes municipais. Por este motivo, o governo afastou-se da proposta de 1880, que previa a nomeação de candidatos à magistratura judicial, sendo os substitutos eleitos pelo povo, e a sustentação destes magistrados pelo governo central.

[831] O juiz municipal tinha, pois, competência para julgar processos de coimas e transgressões de posturas e de polícia correccional e para preparar os processos ordinários. Também neste ponto o governo se distanciou da proposta de 1880, que atribuía aos juízes municipais competência para julgar crimes com o júri.

A Jurisdição Penal Comum 333

arbitrária da conveniência política feita por cada novo executivo e da não menos incerta capacidade dos municípios de suportar as suas despesas.[832]

Deste modo, o legislador invertia a estratégia de 1869, mantendo o mesmo objectivo. Em vez de determinar a extinção dos juízos ordinários que não reunissem as condições fixadas pela lei, a lei nova extinguia todos os juízos ordinários e determinava que só se criariam os novos juízos municipais, herdeiros daqueles, nos municípios que já tivessem reunido as condições fixadas na lei.

A manutenção de uma magistratura local com competência criminal tornava-se mais difícil, exigindo a iniciativa positiva das populações e o acordo do governo, quer quanto à existência jurídica do julgado quer quanto à nomeação do concreto magistrado que nele iria exercer funções.

O processo de esvaziamento gradual da competência dos novos juízes municipais foi logo encetado no ano seguinte. A debatidíssima proposta de uma nova lei de organização judiciária do ministro Veiga Beirão, apresentada em 9.7.1887 à Câmara dos Deputados, consagrava, na parte substancial, o direito vigente, mantendo o regime de criação dos juízos municipais e o carácter electivo dos juízes de paz, mas restringia a competência daqueles aos processos de polícia e atribuía a estes a competência exclusiva para julgar coimas e transgressões de posturas. Das decisões de uns e de outros cabia sempre recurso para o juiz de direito.

Na comissão de legislação civil das Cortes, criticou-se violentamente a manutenção das judicaturas electivas, que deixaram de ser o "baluarte protector dos direitos populares e transformaram-se n' uma verdadeira calamidade nacional", reiterando-se a doutrina de que o princípio da eleição dos juízes de paz não tinha carácter constitucional e não se justificava em face do esvaziamento da competência conciliatória e da atribuição de novas competências contenciosas a

---

[832] O governo justificava esta opção alegando a impossibilidade de suportar esta despesa: "se o estado não pode ir além de estabelecer a comarca, as camaras municipais como representantes dos povos podem, querendo, estabelecer os juizos abaixo do da comarca, correndo a colectividade com a respectiva despesa", pelo que esta despesa era um verdadeiro "prémio de seguro" que os munícipes suportariam para poderem dispor de mais um grau de jurisdição entre o juiz de paz e o juiz de direito. Foram criados, apesar destas restrições, mais de sessenta julgados municipais. Os povos suportaram os novos encargos "da melhor vontade, e com a maior expontaneidade" (Autor Anónimo, 1887 a: VI). A denúncia do carácter arbitrário do regime de criação e de extinção da nova magistratura municipal fez-se logo ouvir em 1887 (Philippe Silveira, 1887: 5, António Ferreira Augusto, 1887: 10 a 13, e João Pinto Moreira, 1889: 24 e 35). A reacção negativa a esta magistratura foi generalizada no meio judiciário (José Léone, 1888: 25 e 60, e José Virgolino Carneiro, 1892: 13). O balanço era negativo ao fim de alguns anos (Afonso Costa, 1899: 254, Abel do Valle, 1907: 6 e 7, e Alberto dos Reis, 1909: 91).

334 *A Reforma da Justiça Criminal em Portugal e na Europa*

estes magistrados, propondo-se, ao invés, que os juízes de paz fossem de nomeação régia.[833]

Por outro lado, a comissão pronunciou-se no sentido de que os recursos interpostos das decisões dos juízes municipais subissem ao Tribunal da Relação, em face da sua equiparação aos juízes de direito e da proibição constitucional da existência de mais de dois graus de jurisdição.[834]

A discussão parlamentar foi infrutífera, não tendo sequer sido votado o projecto alternativo da comissão. Dois anos depois, o governo, em ditadura, não só impôs as soluções aprovadas pela comissão de legislação civil, como foi mais longe.

Nos Decretos ns. 2 e 3 de 29.3.1890, que foram sancionados pela Lei de 7.8.1890, o legislador restringiu a regra da equiparação da competência do juiz de direito e da do juiz municipal, atribuindo a competência instrutória nos novos processos correccionais ao juiz municipal, mas reservando a competência para julgamento destes processos ao juiz de direito e admitindo a interposição de recurso para a Relação de todas as decisões criminais do juiz municipal.[835]

---

[833] Comissão de Legislação Civil das Cortes, 1888: 16, 24 e 108. Estes mesmos argumentos foram também invocados por Philippe Silveira (1887: 6), em crítica feita à proposta de Veiga Beirão, concluindo o crítico pela conformidade da nomeação dos juízes de paz com a Carta. João Pinto Moreira (1889: 33, 56, 106) propunha, de igual modo, a nomeação dos juízes de paz, que deveriam ter apenas competência não contenciosa. Vigorosamente contra a doutrina da proposta ministerial e em defesa do princípio constitucional da eleição popular dos juízes de paz, António Francisco Tavares, 1887: 769 a 772.

[834] Comissão de Legislação Civil das Cortes, 1888: 112.

[835] O Decreto de Março também atribuía competência para julgamento de transgressões de posturas aos juízes municipais, mas a lei de Agosto aboliu esta competência. A proposta de Veiga Beirão de atribuição da competência exclusiva para julgamento destas causas aos juízes de paz só em 1892 se concretizou. Com efeito, o Decreto n. 1 de 15.9.1892, uniformizou o regime de julgamento fixado em 1886 para estas causas, determinando que, em regra, o julgamento das transgressões de posturas competia aos juízes de paz, embora a requerimento das câmaras municipais o governo pudesse transferir para o juiz de direito essa competência. O novo diploma determinou também a interposição de recurso das decisões dos juízes de paz em processo de transgressões de posturas para o juiz de direito, sendo admitido este recurso independentemente do valor da causa e cabendo ainda recurso da decisão do juiz de direito para a Relação quando a transgressão excedesse a alçada do juiz e ainda do acórdão da Relação para o Supremo Tribunal de Justiça com fundamento em incompetência ou excesso de jurisdição (Delgado de Carvalho, 1897: 323 e 326). A doutrina interpretava a ressalva da competência transgressional dos juízes municipais prevista no artigo 4, § 2 do referido Decreto de 1892 como tendo origem em um equívoco (Dias da Silva, 1903: 788, Marnoco e Souza, 1907: 121, e Chaves e Castro, 1910: 602), negando com esse e outros argumentos a competência transgressional dos juízes municipais (Delgado de Carvalho, 1897: 145 e 322, Neves e Castro, 1901: 548, Francisco Veiga, 1908: 232, e Eduardo Carvalho, 1912: 51 e 206). Uma doutrina minoritária defendia que os juízes municipais mantinham a competência

Simultaneamente, o governo teve uma iniciativa inédita e proibiu a criação de mais julgados municipais. O desfavor do poder político para com os recém-introduzidos julgados municipais era evidente, imputando-lhe o agravamento das incongruências da classificação comarcã e denunciando "o arrependimento incipiente de algumas camaras municipais". A extinção de todos os julgados municipais e a sua substituição por comarcas foram mesmo ponderadas, mas esta alternativa foi logo afastada por o tesouro público a não permitir, suprimindo-se assim apenas a faculdade de criação de novos julgados municipais.[836]

Por outro lado, o governo determinou o regresso à solução de 1867 da nomeação governamental dos juízes de paz,[837] calorosamente defendida na discussão parlamentar em 1888, tendo mais tarde as Cortes sancionado este regresso e até estabelecido a competência dos juízes de paz, com excepção dos de Lisboa e do Porto, para levantar os corpos de delito de quaisquer crimes, independentemente da natureza do crime.

Como o Decreto de 29.7.1886 já tinha atribuído aos juízes de paz a competência para levantar os corpos de delito de certos crimes, com excepção dos que tivessem lugar nos julgados cabeça de comarca, a Lei de 7.8.1890 revogou a limitação material da competência instrutória dos juízes de paz e reconheceu a competência dos juízes de paz dos julgados de cabeça de comarca, com a única

---

para julgar transgressões de posturas municipais mesmo depois da Lei de 7.8.1890 e dos Decretos de 28.11.1907 e de 3.2.1915 (Caeiro da Matta, 1912: 48 e 49, e com argumentação detalhada, 1913: 87 a 89, Pedro de Sousa, 1915: 38, José Mourisca, 1924: 173, José Dias, 1919: 45, Beleza dos Santos, 1920: 138, e Luís Osório, 1920: 10 e 183). Contudo, Caeiro da Matta (1914: 64 e 65, e, contrariando a argumentação de José Mourisca, Caeiro da Matta, 1919: 93 e 94) abandonou a sua posição e juntou-se à posição maioritária. Muito justamente concluía Menezes e Castro que a regra da equiparação da competência do juiz municipal à do juiz de direito "quasi fica inutilisada" em face das numerosas excepções da lei (Menezes e Castro, 1920: 217).

[836] Mais tarde, uma comissão nomeada pelo governo para elaboração de um projecto de organização judiciária também propôs, no projecto definitivo apresentado a 31.5.1895, a extinção dos juízos municipais, concluindo que "se os antigos juizes ordinarios deixaram de si triste memoria, os juizes municipaes não teem em geral dado melhor resultado" (Abel Pereira do Valle, 1907: 4 e 49). Em 1895, havia apenas vinte e nove julgados municipais, segundo informavam Augusto Maria de Castro e António Ferreira Augusto (1895: 286). No ano seguinte, a Lei de 21.5.1896 extinguiu vinte e três julgados municipais.

[837] O governo nomeava o juiz de paz com base em proposta do presidente da Relação e este, por sua vez, indicava o candidato na sequência de proposta do juiz de direito. Trindade Coelho (1908: 567) censurou a "flagrante violação do art. 129 da Carta" de tal sistema de nomeação do juiz de paz e lamentou que a indicação feita pelo juiz de direito ao presidente da Relação fosse "em muitas comarcas" determinada pelos interesses dos partidos políticos. Assim, "a magistratura popular dos juízes de paz é, de facto, uma milicia do poder executivo. Nem para outro fim se derrogou a Carta por um Decreto".

336   *A Reforma da Justiça Criminal em Portugal e na Europa*

excepção dos de Lisboa e do Porto. O Decreto n.1, de 15.9.1892, concluiu o processo de evolução legislativa, atribuindo idêntica competência aos juízes de paz de Lisboa e do Porto.[838]

A doutrina reagiu, criticando violentamente a atribuição de uma tão ampla competência instrutória, que incluía a prolação do despacho de subsistência do corpo de delito, a magistrados não letrados, sobretudo tendo em consideração a supressão do sumário da querela.[839] Esta alteração da divisão de poderes instrutórios poderia ter consequências importantes na realização do princípio da acusação no processo de querela, uma vez que o juiz de direito era despojado de um poder efectivo de intervenção e controlo do processo preparatório. Contudo, o legislador viria a recuar, aprovando o Decreto de 22.5.1895, em que se determinava que ao juiz de direito competia exclusivamente julgar subsistente os corpos de delito levantados pelo juiz de paz, podendo reperguntar todas as testemunhas do corpo de delito e ouvir novas testemunhas.

Ainda assim, o reforço dos poderes instrutórios dos juízes de paz e a consequente sobrecarga dos mesmos conduziram a que já no final do regime monárquico muitas câmaras municipais tivessem pedido e obtido a transferência da competência para julgamento das transgressões de posturas para o juiz de direito.[840] Esta transferência de competências agravava desproporcionadamente a situação dos arguidos e das testemunhas provenientes de fora do julgado sede de comarca, razão pela qual o governo decidiu proceder finalmente à reforma da magistratura de paz, dando assim satisfação a algumas das propostas insistentes da doutrina.[841] Para o efeito, o governo aprovou dois Decretos em 28.11.1907,

---

[838] Esta competência era concorrente com a dos juízes dos distritos criminais.

[839] Navarro de Paiva, 1895 a: 31 e 32, e, de novo, 1895 b: 65 e 66.

[840] Esta faculdade foi reconhecida pelo já mencionado Decreto n. 1 de 15.9.1892 e o governo, no uso dela, foi procedendo, a pedido das câmaras municipais, à transferência da competência para julgamento das transgressões de posturas municipais dos juízes de paz para o juiz de direito, antes e depois da proclamação da República, como resulta dos Decretos ns. 514 a 517, de 27.5.1914.

[841] As magistraturas populares foram submetidas a uma crítica cerrada no estudo de Lino Netto, de 1898. O autor considerava que o município devia ser destituído de qualquer competência judicial, invocando os ensinamentos da história recente. As magistraturas populares, que tão frequentemente se tinham deixado instrumentalizar pelos poderosos locais, deviam ser substituídas por tribunais de primeira instância, com a competência dos juízes de paz, sendo os seus titulares letrados designados pelo governo (Lino Netto, 1898: 86 a 93). Afonso Costa defendia a abolição das magistraturas populares, devendo ser nomeados para os tribunais inferiores de pequenas causas criminais apenas os bachareis formados em direito que fossem aprovados em concurso público. As comarcas do reino deviam ser reduzidas em um terço, criando-se em cada concelho o lugar de juiz letrado que seria ocupado por aqueles bachareis (Afonso Costa, 1899: 352 e 353). Também Alberto dos Reis advogava abertamente a eliminação completa dos julgados

A Jurisdição Penal Comum

um sobre a reforma do processo para julgamento de transgressões de posturas e coimas [842] e o outro sobre a competência criminal do juízes de paz.[843]

Atribuindo aos juízes de paz a competência para o julgamento dos crimes que coubessem na alçada do juiz de direito, excepto nas comarcas de Lisboa e do Porto, além da competência exclusiva para o julgamento das coimas e transgressões de posturas, o propósito do governo era o de fazer do juízo de paz "o primeiro grau de jurisdição", "a primeira e mais generalizada magistratura, verdadeiramente contenciosa, com uma esfera que lhe garante serviço e utilidade".

A esta ampliação da competência dos juízes de paz o governo ligava intimamente "a elevação da capacidade" destes magistrados. Criticando a legislação vigente, que era "notavelmente deficiente, não exigindo condições sufficientes de idoneidade nem assegurando o provimento nos mais habilitados", o governo determinou que estes magistrados deveriam ser, em princípio, bachareis em direito.[844] Esta reforma, cuja entrada em vigor dependia da remodela-

---

municipais, a redução do número excessivo das comarcas e a remodelação dos distritos do juiz de paz "por forma a constituirem a circumscripção judicial primária". O número destes magistrados deveria ser reduzido e a sua competência material e territorial aumentada (Alberto dos Reis, 1905, 215 a 218, e 1909: 161, 246 a 249).

[842] As alterações ao regime da Novíssima Reforma consistiam na existência de um despacho judicial de classificação da transgressão indiciada na participação, no alargamento do prazo para pelo menos cinco dias entre a citação e o julgamento, na leitura da participação e da defesa na audiência de julgamento, no adiamento por oito dias se faltasse alguma testemunha considerada fundamental pelo juiz, no registo resumido obrigatório dos depoimentos das testemunhas, salvo renúncia do recurso por ambas as partes, e no julgamento à revelia do réu. António d'Almeida Azevedo (1908: 54) criticava sobretudo esta última alteração.

[843] Estes diplomas tinham sido antecedidos por dois outros, publicados em 29.5 e 30.8 desse mesmo ano que alargavam muito substancialmente a competência cível do juiz de paz. Já depois da reforma publicada, Chaves e Castro apoiou o aumento das competências dos juízes de paz, que se revelava necessário para aliviar os juízes de direito, impondo-se a nomeação governamental dos juízes de paz atentas as novas competências que lhe foram conferidas (Chaves e Castro, 1910: 214 e 215).

[844] Nas propostas de reforma judiciária do ministro Arthur Montenegro, apresentadas nas sessões da Câmara dos Deputados de 22 e 23.8.1905, já se consignava que os juízes de paz seriam, de preferência, bachareis formados em direito, confessando o ministro que mantinha estes magistrados "menos pelo que nelles encontro de bom, que pelas difficuldades derivadas da sua falta" (Arthur Montenegro, 1905: 10 e 23). A sua competência cível era, contudo, muito restringida nos julgados sede de comarca, mantendo-se a competência instrutória e de julgamento de coimas e transgressões prevista no direito vigente. A crítica dos requisitos para o exercício desta magistratura, conjugada com a da amplitude da sua competência, foi feita por António d'Almeida Azevedo (1908: 52 e 53). Este autor sugeria, ao invés, o restabelecimento dos juízes ordinários em cada município, só podendo exercer os formados em direito com dois anos de prática e tendo apenas competência para julgar os processos de coimas e transgressões e para preparar até à sentença os processos de polícia e até à queixa ou querela os processos correccionais e os ordiná-

338   *A Reforma da Justiça Criminal em Portugal e na Europa*

ção das circunscrições dos distritos de paz existentes, não chegou, contudo, a ser posta em execução no que toca à competência criminal dos juízes de paz.[845]

4. A simplificação do processo comum: a reforma do processo preparatório e dos recursos

Depois de na década de cinquenta ter iniciado o processo de reforma do júri e das magistraturas populares, o legislador procedeu na segunda metade da década seguinte a uma reorganização das polícias civis de Lisboa e do Porto e dos juízos criminais destas cidades, com o propósito da simplificação e aceleração do processo comum e, em particular, da fase preparatória deste processo.

A introdução de uma magistratura de instrução criminal foi a primeira reclamação da doutrina.

A criação dos juízes preparadores foi repetidamente defendida por Navarro de Paiva nos seus projectos de código de processo penal de 1872, 1882 e 1886[846] e por António Ferreira Augusto, em uma proposta de "Reformas Urgentes do Ministerio da Justiça sob o ponto de vista judiciario", de 1885, invocando-se como fundamento a sobrecarga de trabalho dos magistrados dos distritos

---

rios. Todo o processo e, designadamente, a recolha da prova, seria escrito até à remessa dos autos para o juiz de direito, podendo este intervir, a requerimento das partes, em fase processual anterior, o que teria importantes repercussões na realização dos princípios da acusação e da imediação.

[845] A circular interpretativa do Ministério da Justiça de 14.9.1911 esclareceu que o Decreto de 1907 regulador da forma de processo transgressional não estava em vigor e que estas causas deviam ser julgadas nos termos do Decreto n. 1, de 15.9.1892. Os tribunais já vinham aplicando e continuaram a aplicar o novo processo transgressional fixado no segundo diploma de 1907. Eduardo Carvalho (1912: 221) e Caeiro da Matta (1914: 33) davam conta da praxe dos tribunais contrária à circular governamental e criticavam a doutrina da circular. Eduardo Carvalho entendia que os Decretos de 1907 só não estavam em vigor no tocante à competência criminal dos juízes de paz. Caeiro da Matta já se tinha anteriormente pronunciado no sentido de que considerava a forma de processo prevista no diploma de 1907 em vigor (Caeiro da Matta, 1912: 21, e 1913: 48), mas só nas lições de 1913 apreciou expressamente a doutrina da circular ministerial. Os pareceres das revistas jurídicas também se dividiram sobre esta polémica, defendendo o Direito (1908: 65 e 66) a vigência do diploma e opondo-se-lhe a Gazeta da Relação de Lisboa (1912 b: 701). Em 1920, Menezes e Castro ainda clamava pela execução integral da reforma de 1907 e pela concretização das sugestões de Afonso Costa e Alberto dos Reis de reforma da magistratura e dos distritos de paz (Menezes e Castro, 1920: 52 e 53).

[846] Navarro de Paiva, 1874: XVII, 1882 a: 28, e 1886: 57.

criminais. Perguntava este último autor: "Como poderão os juízes dos distritos criminaes de Lisboa e do Porto assistir diariamente á formação de seis e oito corpos de delicto, a egual numero de summarios e ao julgamento de seis, oito e dez policias correccionaes, ou á discussão d' um processo de querella? Completamente impossivel !"[847]

Em 1887, o ministro da justiça Francisco Veiga Beirão, sendo sensível às reclamações da doutrina e dos tribunais, introduziu na sua proposta de reorganização judiciária a criação dos lugares de "juizes de instrução criminal e contravenções" nas cidades de Lisboa e do Porto. Estes magistrados cumulariam as funções de direcção do processo preparatório dos crimes e de julgadores das contravenções.[848]

Nova tentativa foi encetada três anos depois, desta feita com sucesso, tendo o governo publicado o Decreto n. 5, de 29.3.1890. Neste diploma, o governo determinou a criação de um lugar de juiz criminal auxiliar nas comarcas de Lisboa e Porto, com competência para formar o corpo de delito como o faziam até

---

[847] António Ferreira Augusto, 1885: 38 e 39, e de igual modo, António Francisco Tavares, 1887: ano 4, pp. 425 e 426. A queixa da doutrina era, aliás, já antiga. "É sabido o que acontece, quando os escrivães redigem os depoimentos no summario d' um crime; algumas vezes, com esperança dos emolumentos, os não redigem d' uma maneira exacta e rigorosa, para que possam auferir alguns lucros com a indiciação e condemnação do réo. Os juízes nem sempre presidem a estes actos, o que é lamentavel abuso" (Luiz Jardim, 1866: 82). A mesma reclamação e uma solução idêntica à referida no texto foram apresentadas pelo Conde de Paçô-Vieira (1914: 99 a 105, e, já antes, na Revista do Fôro Portuguez, 1886: 13 a 15, e 25). O juiz encontrava-se no dilema de cumprir a lei e fazer parar os processos ou "auctorisar a mentira autentica", deixando que os escrivães conduzissem a inquirição de testemunhas, como vinham fazendo. Do dilema só se sairia com a introdução dos juízes de instrução.

[848] Veiga Beirão, 1887: 9. Já antes, o ministro Adriano Machado, em uma proposta de lei apresentada em 26.4.1880, tinha, sem sucesso, pugnado pela criação de três lugares de juízes de instrução criminal na cidade de Lisboa. As competências para formar todo o processo preparatório e proferir a pronúncia eram-no "sem prejuizo de iguaes attribuições dos juizes dos districtos criminaes" (artigo 9, § 1 da proposta), pelo que aqueles novos magistrados não tinham o exclusivo da competência instrutória (Diário da Câmara dos Deputados, 1880, p. 7). A comissão de legislação civil das Cortes pronunciou-se, por maioria, favoravelmente à proposta, considerando que ela constituía um dos meios para obstar a que o sumário da querela fosse feito pelos escrivães, como acontecia nas cidades de Lisboa e do Porto. O outro meio seria o da criação de novos distritos criminais. A comissão perfilhava o entendimento de que o exercício das funções instrutórias e de julgamento por magistrados diferentes era indissociável da existência de tribunais colectivos e manifestava a sua preferência clara pelos juízes singulares, que concentravam o exercício daquelas funções (Comissão de Legislação Civil das Cortes, 1888: 35 e 85). Fora do parlamento, manifestaram-se a favor da inovação, António Ferreira Augusto (1887: 20), criticando, contudo, o funcionamento destes magistrados na dependência dos comissários de polícia, e João Pinto Moreira (1889: 124), que propunha o alargamento da competência destes magistrados ao julgamento dos crimes de polícia.

então os juízes do distrito, enviando-os em seguida aos juízes dos distritos criminais. A introdução destes juízes auxiliares visava apenas atacar o problema da acumulação de serviço naquelas comarcas sem que o governo tivesse qualquer pretensão inovadora no tocante à efectivação do princípio da acusação. Ao invés, o governo confessava mesmo, no relatório junto aos decretos ditatoriais, o desfavor com que via a instituição dos juízes instrutores e a própria ideia de separação das competências de instrução e julgamento, ponderando que o acompanhamento do processo preparatório pelo juiz de julgamento podia "esclarecer o seu juizo e fortificar a sua consciencia".

A atribuição ao juiz instrutor de competência para preparar e julgar os processos pelos crimes previstos nos artigos 186, § único, 187, 483 do Código Penal, os processos de polícia correccional, sumário e de transgressões de posturas municipais puníveis com coimas reforçava a conclusão de que eram efectivamente razões de oportunidade as que impunham a adopção pontual de uma iniciativa legislativa que indirectamente favorecia a efectivação do princípio da acusação e que, não se verificando aquelas razões, a instituição do juiz instrutor seria abolida. Assim veio a acontecer logo dois anos depois, tendo o governo para o efeito publicado o Decreto n.1, de 15.9.1892. Este diploma extinguiu os tribunais auxiliares de Lisboa e Porto e criou mais um distrito criminal em cada uma destas cidades, ficando os distritos criminais com a competência criminal atribuída aos tribunais auxiliares e os juízes de paz com a competência para julgamento das transgressões de posturas municipais.[849]

Contudo, menos de um ano depois, o Decreto de 28.8.1893, que foi sancionado com pequenas modificações pela Lei de 3.4.1896, criou o juízo de instrução criminal no quadro da nova organização da polícia civil de Lisboa. Este juízo era composto por apenas um magistrado judicial, nomeado pelo governo de entre os juízes de qualquer classe por seis anos, e tinha competência para ordenar a detenção fora de flagrante delito e a incomunicabilidade dos suspeitos da prática de quaisquer crimes, de qualquer pessoa que pudesse esclarecer a instrução e não se prestasse a colaborar com a polícia e até de quaisquer indivíduos que inspirassem desconfiança,[850] por prazo renovável sem limite ("A detenção não póde prolongar-se por mais de oito dias, salvo se for indispensavel absolutamente a prorrogação d'este praso, o que o juiz determinará por despacho fun-

---

[849] O governo justificou a abolição dos juízes de instrução criminal com a conveniência ao interesse público da coincidência dos magistrados julgadores e instrutores. A crítica cerrada da extinção destes magistrados e do fundamento para ela invocado foi feita por Navarro de Paiva (1895: 17 e 18).

[850] A lei de 1896 já só previa a detenção nos dois primeiros casos, mas não dos detidos por mera desconfiança.

A Jurisdição Penal Comum

damentado", artigo 27, § 1, e "O que fica determinado no paragrapho anterior é applicavel á incomunicabilidade dos detidos, sendo, porém, o praso d' ella, de quarenta e oito horas", artigo 27, § 2),[851] bem como para conduzir em segredo a

[851] A par destas disposições, o diploma de 1893 consagrava também, em uma disposição logicamente complementar das primeiras ("O praso designado no artigo 988 da novissima reforma judiciaria começará a correr desde que os culpados forem entregues ao juiz criminal", artigo 28, § 2), a praxe anterior da contagem do prazo de prisão de oito dias fixado no artigo 988 da Novíssima desde o dia da entrega do detido ao juiz criminal e não desde a sua detenção (Francisco Maria Veiga, 1888: 243, Dias Ferreira, 1892: 264, Francisco Fernandes, 1896: 17, e Dias da Silva, 1899: n. 1472, p. 276), o que gerou um protesto generalizado contra a "legalisação do mais formidavel arbitrio que jámais opprimiu um povo" (Pinheiro de Mello e outros, 1908: 11). A detenção policial para averiguações era plenamente reconhecida como complemento da detenção judicial para averiguações. O direito novo alargava ao juiz instrutor uma faculdade já reconhecida às forças policiais desde 1867, embora o exercício dessa faculdade pelo magistrado judicial fosse rodeada de uma garantia, a da fundamentação da prorrogação do prazo da detenção ou da incomunicabilidade, que não era imposta às polícias. Com efeito, o Decreto de 14.12.1867 procedeu à organização da Polícia Civil de Lisboa e do Porto. Esta polícia era composta por comissários gerais, comissários de polícia, chefes de esquadra, cabos e guardas e não previa ainda no seu quadro qualquer juízo de instrução. Só o comissário de polícia tinha funções de investigação e de polícia judicial e, designadamente, podia determinar a soltura de um suspeito detido para "averiguações policiais" (artigo 23). Deste modo, foi consagrada no direito liberal português a detenção policial sem prazo e com vista a proceder a "averiguações". Não é, pois, correcta a tese generalizada na doutrina e, designadamente, defendida por Fernando Fabião (1964: 55), Salgado Zenha (1968: 32) e António Barreiros (1978: 55), de que a detenção para averiguações teria sido introduzida pelo artigo 51, § único, do Decreto de 21.12.1876. Este Decreto, que fixou o regulamento da polícia civil para todo o país, de acordo com a Lei de 27.1.1876, foi antecedido pela publicação da primeira lei geral de polícia civil da monarquia liberal, a famosa Lei de 2.7.1867, que criou os corpos de polícia civil de Lisboa e do Porto e os corpos de guardas campestres, tendo esta lei sido regulamentada pelo já referido Decreto de 14.12.1867, no que respeita à organização da polícia civil de Lisboa e do Porto, e por um outro Decreto, também de 14.12.1867, no que respeita à organização das guardas campestres. Os corpos de polícia civil foram, pois, dotados em 1867 de uma competência para proceder a detenções substancialmente mais ampla do que a dos seus antecessores, os comissários e cabos de polícia, criados pelo Decreto de 12.12.1833, que, como oficiais de polícia correccional, podiam prender delinquentes em flagrante delito "conduzindo-os imediatamente à presença do magistrado do Districto" (artigo 7). Também não tinham tão ampla competência os corpos de polícia militarizada permanente da Guarda Municipal de Lisboa e da Guarda Municipal do Porto, criadas, respectivamente, pelos Decretos de 3.7.1834 e de 24.8.1835, incorporadas no exército pelo Decreto de 6.6.1851 e subordinadas a um comando único pelo Decreto de 24.12.1868, e as suas antecessoras, a Guarda Real da Polícia de Lisboa e a do Porto, criadas, respectivamente, pelo Decreto de 10.12.1801 e pelo Decreto de 10.9.1808, e dissolvidas a 26.5.1834 em virtude da sua lealdade à facção miguelista (sobre a natureza, a orgânica e as competências destes corpos de polícia, Joaquim Miguel de Andrade, 1824: 61 a 65, 73, 74, 78 a 119, que considerava um dos "excessos arbitrarios sempre puníveis" da Guarda Real de Polícia o "demorar alguma Pessoa sob pretexto de prizão meramente por querer" e, em termos retrospectivos, Luís Rodrigues, 1949: 21 a 26, 35 a 39, Eduardo Noronha, 1950: 35, 52, 65 e 66, António Borges,

342 A Reforma da Justiça Criminal em Portugal e na Europa

investigação nos processos por factos de que lhe fosse dado conhecimento, quando "as conveniencias de serviço" o permitissem (artigo 30, 2º), tendo os autos das diligências força de corpo de delito,[852] e julgar as transgressões de posturas municipais, seguindo-se neste julgamento o processo em vigor para as coimas. Dos despachos e sentenças proferidos nestes últimos processos e só deles cabia recurso para a Relação, sendo insindicáveis os despachos relativos à detenção e incomunicabilidade do suspeito.[853]

A nova divisão de competências instrutória e de julgamento dos magistrados da cidade de Lisboa não visava a promoção do princípio da acusação no processo ordinário. A introdução do juízo de instrução obedeceu antes a um propósito de reforço da autoridade do Estado e de combate aos inimigos do regime no final da monarquia, constituindo-se em uma "formidavel machina de guerra para defensa e fortalecimento do poder real".[854]

1980: 124 a 132, 147 e 148, e António Baptista e Silva e Octávio de Aguiar, 1980: 13 a 18, José Subtil, 1990: 33 e 34, Patrícia Félix, 1998: 62 a 65, e António Ribeiro dos Santos, 1999: 60 a 65, 108 a 110, 131 a 134). As novas regras de detenção policial não influíram na prática reiterada das detenções arbitrárias por autoridades administrativas, que era tolerada pelos tribunais superiores (acórdão do Supremo Tribunal de Justiça de 23.11.1888, in RT, 9 ° ano, p. 283, mas contra o acórdão da Relação do Porto, de 4.11.1892, in RFP, ano 7 °, 1892, p. 254, que confirmou a decisão do juiz Casimiro Lopes, 1892: 168 a 170, e o acórdão fundamental da Relação do Porto de 24.3.1893, in RT, 11 ° ano, 1892-1893, pp. 316 e 317). O artigo 252, § 2, do Código Administrativo de 1842 preceituava que o administrador do concelho participasse logo a prisão de qualquer delinquente ao juiz. Os artigos 204, n. 24, e 242, n. 22, dos Códigos de 1878 e de 1886, respectivamente, determinavam que o administrador de concelho pusesse imediatamente os indivíduos que detivesse à disposição do juiz. O artigo 278, n. 28, do Código de 1896 previa igual disposição, substituindo o advérbio imediatamente pela expressão desde logo. Contudo, tais termos sempre foram interpretados pelas autoridades administrativas sem restrições ("O logo, o imediatamente, o desde logo eram para elas o tempo que lhes aprazia. Verdadeiros capitães-móres, alguns, bastantes talvez, interpretavam aquelas expressões farisaicamente, ao sabor das suas conveniências. Da responsabilidade disciplinar sorriam desdenhosamente, porque a baixa política de compadrio e de campanário, dela os absolvia", José Mourisca, 1919: 98).

[852] Ao atribuir competência investigatória a um juiz de instrução integrado na polícia e, portanto, submetido como ela ao governador civil, o legislador português introduziu, afinal, a figura do juiz-polícia do *Code d' Instruction* na sua "feição mais particularmente odiosa e deprimente" (Fernando Emygdio da Silva, 1909: 88, e Damião da Cunha, 1993: 38).

[853] "É esta uma enorme lacuna d' aquella monstruosa lei ! O arbitrio feroz que ella respira, sanava-se facilmente, marcando um praso mais largo para a detenção perante o juiz instructor, com a faculdade concedida a este de o prolongar, por tempo egual, dando-se, porem, ao detido, recurso para as instancias superiores !" (Francisco Fernandes, 1896: 18).

[854] Eram palavras daquele que viria a ser um dos últimos ministros da justiça da monarquia (Francisco de Medeiros, 1905: 49). Também muito críticos do juiz de instrução se pronunciaram Barbosa de Magalhães e Dias da Silva, considerando o primeiro autor que o juiz de instrução não pertencia ao poder judicial (Barbosa de Magalhães, 1899: 145 e 146) e o segundo que este

A Jurisdição Penal Comum 343

Com efeito, alterada a conjuntura política, o governo veio a reconhecer que, não só as "amplissimas e perigosas faculdades" consagradas no artigo 28 da Lei de 3.4.1896 e a detenção policial para averiguações tinham dado azo a "tantas e tão intensas reclamações", como a falta de meios humanos do juízo de instrução levava a que "na maior parte dos casos se limitava a remetter para juizo criminal os presos com a respectiva parte da captura, sem poder averiguar por falta de pessoal e de tempo, se as prisões tinham sido regularmente feitas". O poder político propunha-se, pois, eliminar as graves restrições dos direitos e garantias individuais e resolver o problema da falta de meios resultantes do regime anterior.

Contudo, a nova organização da Polícia Civil de Lisboa, aprovada pelo Decreto de 20.1.1898, no uso da faculdade conferida pela Lei de 3.9.1897, não modificou significativamente aquelas restrições e agravou mesmo a relação de dependência hierárquica dos magistrados de instrução em relação ao poder político.[855] Ao lado do juiz de instrução, que era agora tirado de entre os juízes de primeira classe, foram criados os lugares de dois juízes auxiliares, que eram escolhidos de qualquer classe e tinham a mesma competência do juiz de instrução, com a excepção da competência de "polícia preventiva". Todos estes magistrados passaram a ser nomeados em comissão de serviço, sem limite de tempo, "porque sendo o governo responsável pela ordem e tranquillidade pública, não póde recusar-se-lhe a liberdade de escolher para o desempenho dos serviços destinados a assegural-as funccionarios da sua plena confiança".

---

magistrado estava dotado de "faculdades discricionarias, offensivas de princípios de processo criminal e de direitos e garantias individuaes até então reconhecidas" (Dias da Silva,1906: 458).

[855] A polícia do Porto foi reformada pelo Decreto de 22.6.1898, nos termos do qual a detenção para averiguações passou a ser limitada ao período máximo de oito dias. Contudo, uma norma remissiva final mantinha em vigor as disposições do regulamento de 21.12.1876, que deviam ser incluídas nos regulamentos necessários para a execução do Decreto de 22.6.1898. Na prática, entendeu-se que fora de Lisboa continuou a vigorar o regulamento geral de polícia de 21.12.1876, com base no qual os comissários de polícia e os administradores de concelho procediam à detenção ilimitada para a averiguações ("fóra de Lisboa, onde há lei especial, e em vista do Regul. de 21 de desembro de 1876, art. 51 e § julgam-se as auctoridades policiaes e as administrativas com o direito de deter para averiguações as pessoas suspeitas do crime ... e do silencio do regulamento, vemos a cada passo que as auctoridades incumbidas do serviço de polícia tiram argumento para conservaram detidas – detidas é um lindo euphemismo – n' uns antros imundos que no nosso paiz se chamam cadeias, e por todo o tempo que lhes apraz – 15, 20, 30 dias – pessoas que julgam suspeitas de crimes, e até pessoas que de nada são suspeitas. Não pode ser.", Henriques Goes, 1911: 226, e, já antes, Abílio de Sá, 1901: 58, e Francisco Maria Veiga, 1908: 171, e, na jurisprudência, o acórdão do Tribunal da Relação do Porto de 10.1.1908, in O Direito, ano 40°, 1908, p. 255, mas contra o acórdão da Relação de Lisboa, de 24.1.1906, confirmado pelo acórdão do Supremo Tribunal de Justiça de 20.3.1906, in GRL, ano 20°, 1906-1907, p. 707, com anotação favorável da Gazeta da Relação de Lisboa).

Com uma competência territorial alargada a toda a área da comarca de Lisboa, o juiz de instrução mantinha a faculdade de proceder à prisão fora de flagrante delito de qualquer suspeito de ter cometido ou de ir cometer um crime "pelo tempo indispensável, mas não excedente a oito dias, salvo quando seja absolutamente necessario prolongalo para concluir as investigações que se pretenderem fazer" (artigo 21, 3 º).[856] A diferença substancial entre o regime actual e o anterior consistia na revogação expressa da faculdade de o juiz instrutor determinar a detenção ilimitada de pessoa que pudesse esclarecer a instrução e não se prestasse a colaborar com a polícia e ainda da faculdade de sujeitar o suspeito a detenção por ser conveniente a sua incomunicabilidade sem limite temporal máximo.[857]

As expectativas em torno de uma reforma liberal do juízo de instrução em 1898, que pusesse cobro à prática inconstitucional da detenção policial para averiguações[858] e à detenção judicial ilimitada frustraram-se por completo, passando a doutrina, a partir daí e até à queda do regime monárquico, a clamar pela abolição dessa "instituição descaradamente absolutista e espantosamente opressora", que era o juízo de instrução criminal.[859]

---

[856] No preâmbulo justificativo do diploma, o governo pretendeu ter regulado e limitado a detenção policial para averiguações, mas apenas omitiu no diploma de 1898 uma disposição idêntica à do § 2 do artigo 28 do Decreto de 28.8.1893 e do § 2 do artigo 29 da Lei de 3.4.1896. Esta disposição continuou em vigor depois de 1898, em face da circunstância de o artigo 21, n. 7, do Decreto de 20.1.1898 só ter revogado o disposto nos artigos 25 a 28 do diploma de 1896 e o artigo 45 do decreto de 1898 ter ressalvado a vigência das normas da lei de 1896 que não tivessem sido por si alteradas. O governo não só não revogou as disposições da lei do juízo de instrução de 1896 e da lei geral de polícia de 1876 que autorizavam a detenção policial para "averiguações", como ressalvou expressamente a vigência das disposições da Lei de 3.4.1896 que não tivessem sido alteradas pelo novo diploma. Assim, a omissão do diploma de 1898 não tinha outro significado senão o de esconder o embaraço político do governo com a prática policial, que, aliás, se manteve inalterada até final da monarquia (Francisco Maria Veiga, 1908: 170, 171 e 278, e Francisco de Medeiros, 1909: 37 e 38). Daí que se tenha designado este diploma de 1898 como "sophistico" (Pinheiro de Melo e outros, 1908: 10).

[857] Não obstante a substituição expressa do artigo 28 da Lei de 3.4.1896 por uma disposição mais restritiva do diploma de 1898, o artigo 21, que não previa a incomunicabilidade do detido, a prática da sujeição dos suspeitos à incomunicabilidade sem prazo manteve-se até ao final da monarquia, defraudando a letra do preceito revogatório do artigo 21, n. 7 do diploma de 1898 (Francisco de Medeiros, 1909: 38).

[858] Dias Ferreira, 1892: 248.

[859] A expressão citada ficou famosa e é de Alberto dos Reis (1909: 152). Francisco de Medeiros (1905: 49) não era menos cáustico sobre a instituição "com intuitos tão liberticidas, com processos tão inquisitoriaes e com faculdades tão discricionarias". A contestação subiu ainda mais de tom com a publicação do Decreto de 19.9.1902 e, sobretudo, dos Decretos de 21.11.1907 e de 31.1.1908. O primeiro previa a atribuição ao juiz de instrução de Lisboa de competência exclusiva

A Jurisdição Penal Comum 345

Já no final do regime monárquico fizeram-se quatro tentativas de reforma do processo preparatório, duas mais amplas, a de Francisco de Medeiros, que também se debruçou sobre esta problemática nos seus estudos de 1905 e na sua proposta legislativa de 1909, e a de Emygdio da Silva, na sua tese coimbrã, apresentada em 1908, e duas menos amplas, a de João Franco em 1906 e a de Francisco Maria Veiga em 1910. O surgimento destas propostas ficou a dever--se, em larga medida, à aprovação em França da famosa lei Constans, a Lei de 8.12.1897, que modificou profundamente a natureza secreta e não contraditória da fase da instrução, reforçando os direitos de assistência jurídica e de intervenção do suspeito nesta fase. Assim, a lei nova impôs a assistência obrigatória de um defensor no interrogatório do arguido e nas acareações em que este participasse e a notificação ao defensor de certas decisões judiciais, as *ordonnances* respeitantes à instrução. Com vista a habilitar o defensor com os meios para assegurar uma intervenção útil no interrogatório, a lei consagrou o direito de livre comunicação entre o arguido e o seu defensor e a faculdade de o defensor conhecer os autos na véspera de cada interrogatório. A colocação do processo à disposição do defensor era obrigatória nos interrogatórios do suspeito, que não podiam começar sem que se tivesse confirmado que o defensor tinha sido notificado na antevéspera do interrogatório de que o processo se encontrava à sua dis-

---

para proceder à instrução de crimes contra a segurança do Estado, anarquismo e moeda falsa cometidos em qualquer parte do país e para formar os respectivos autos com observância do disposto no Decreto de 20.1.1898, o que mereceu da doutrina a consideração de que este Decreto era um "diploma autorisador e encobridor de toda a especie de perseguição" (Afonso Costa, 1908: 67), de uma "orientação mais retrogada e anti-constitucional do que todos os anteriores" (Dias da Silva, 1906: 459), em virtude do qual era, "mais do que inconveniente, perigoso, esbulhar os juizes de direito de 1 ª instancia, de attribuições que a lei lhes confere, fazendo pesar sobre elles uma suspeita arbitraria e infundada de falta de energia para investigar á cerca dos alludidos crimes" (Navarro de Paiva, 1902: 445). O diploma de 21.11.1907 previa a competência do juiz de instrução criminal, assistido pelos seus adjuntos, para julgar os crimes de anarquismo e outros cometidos em todo o continente, ficando os arguidos condenados ao dispor do governo para serem deportados para as possessões ultramarinas. A forma de processo era a do artigo 3 do Decreto n. 2, de 29.3.1890, havendo recurso para o Supremo Tribunal de Justiça restrito à questão da nulidade da sentença e do processo. Por último, o Decreto de 31.1.1908 habilitava o governo a expulsar do país ou deportar para as possessões ultramarinas, os arguidos pronunciados pelos crimes do Decreto de 21.11.1907 "quando os interesses superiores do Estado assim o aconselharem", sem respeito pela garantia da imunidade parlamentar, pondo a deliberação do conselho de ministros fim a qualquer processo penal pendente nos tribunais e tendo mesmo os efeitos do artigo 76 do Código Penal. O conselho de ministros era deste modo alçado a um tribunal penal com competência criminal exclusiva para julgar, com base em prova meramente indiciária, todos os suspeitos de criminalidade política, incluindo os parlamentares. Logo depois do assassinato de D. Carlos e do seu filho D. Luiz Filipe, o Decreto de 5.2.1908 declarou nulos o Decreto de 21.11.1907 e o recentíssimo Decreto de 31.1.1908.

346 *A Reforma da Justiça Criminal em Portugal e na Europa*

posição. O defensor tinha ainda a faculdade de solicitar ao juiz a colocação de questões durante o interrogatório do denunciado e requerer a inquirição de testemunhas, que o juiz admitiria se assim o entendesse.[860]

Francisco de Medeiros propunha uma reforma radical do processo preparatório, com o propósito essencial de extinguir o juízo de instrução criminal e de separar nas comarcas de Lisboa e do Porto "completamente as funcções da instrução das de julgamento", com dois juízes em cada vara, "um de instrucção,

---

[860] A reforma do processo preparatório foi objecto de uma intensa discussão nos meios parlamentares franceses no final do século XIX, tendo-se sucedido vários projectos depois do fracasso do projecto Defaure, apresentado em 1878, e do contra-projecto do Senado, de 1882 (para a crítica dos princípios destes projectos, Adolphe Guillot, 1884: 2 a 16). A proposta do Professor Constans, que constituiu a primeira grande reforma do processo penal da Terceira República, deixou, contudo, em aberto o problema da participação da parte civil na fase de instrução. Só duas décadas depois os novos direitos da defesa no processo penal francês foram também reconhecidos à parte civil pela Lei de 22.3.1921, que "decalcou os direitos oferecidos ao réu pela lei de 1897". Sobre a amplitude destes novos direitos e a modificação da natureza da instrução criminal no processo francês desde 1897, René Garraud, 1912: 10 a 13, e 1915: 268 a 275, 240 a 242, Francisque Goyet, 1926: 328 a 337, Donnedieu de Vabres, 1929: 114 e 115, e 1947: 749, 750 e 761, e Bernard Bouloc, 1965: 467 a 472, 494 a 500, 510 a 528. O efeito prático da lei de 1897 foi o surgimento, sobretudo no âmbito das causas correccionais, dos "inquéritos oficiosos", que consistiam em investigações dirigidas pelos magistrados do Ministério Público ou mesmo pela polícia à revelia do juiz de instrução e nos quais não eram aplicadas as novas garantias ("ao arbítrio do juiz de instrução substituiu-se o arbítrio dos polícias ou pior ainda", Romuald Szramkiewicz e Jacques Bouineau, 1998: 557, e René Garraud, 1915: 236 e 237, e Robert Charvin, 1968: 216, e, entre nós, Abrão de Carvalho, 1913: 142 a 146: "se o juiz de instrução criminal em França, tal como a lei o criou, é mau, a prática judiciária adoptada na instrução da maior parte dos processos ainda é pior ... A polícia a instruir e os tribunais a julgar sôbre aquelas instruções são práticas que representam uma inversão ainda mais absurda que a dum juiz arvorado em oficial de polícia judiciária e tornado senhor da perseguição criminal"). No início do século, a doutrina censurava abertamente a "confusão ilegal entre a instrução, o Ministério Público e a polícia" nas grandes cidades e criticava as insuficiências da lei nova e, designadamente, o papel limitado do advogado no interrogatório, o livre arbítrio do juiz em relação ao confronto do réu com as testemunhas de acusação e a exclusão do direito de presença nas perícias e nos exames, considerando que a lei de 1897 não passava de uma "imitação inepta" da lei inglesa, de uma "paródia da lei estrangeira" (Raoul de la Grasserie, 1914: 488 e 489, 492 a 494, e Donnedieu de Vabres, 1929: 116). A *Cour de Cassation* também se mostrou hostil à reforma, mas no sentido inverso, restringindo o âmbito de aplicação da nova lei, decidindo que as novas regras só deviam ser observadas na fase de instrução prévia ordinária e em relação a actos praticados pelo juiz de instrução nessa qualidade, estando excluídos os actos de polícia do juiz de instrução ou de outros agentes de polícia judiciária, os actos instrutórios relativos a réus ausentes, as acareações em que o réu interviesse, os suplementos de informação realizados pela *chambre des mises en accusation* ou pelo presidente da *cour d' assises*. A doutrina concluiu, mais tarde, que a lei Constans foi parcialmente esvaziada do seu objecto por força desta jurisprudência restritiva (René Garraud, 1912: 81 a 88, 432 e 433, Bernard Bouloc, 1965: 178 a 182, 296 e 515, e Denis Salas, 1992: 155).

A Jurisdição Penal Comum 347

que preparasse todos os processos respectivos á vara e nada julgasse, e outro de julgamento, que julgaria todas as causas criminaes da vara e nada preparasse".[861]

A nova regulamentação do processo preparatório incluía o estabelecimento de um limite máximo de 48 horas para apresentação de qualquer detido ao juiz e da obrigatoriedade da assistência por duas testemunhas ao interrogatório do detido que não fossem "funccionarios subalternos da autoridade interrogante", preferindo-se as indicadas pelo arguido,[862] a fixação dos poderes de intervenção do réu no processo preparatório, juntando todos os elementos de prova documentais e requerendo a inquirição das testemunhas, que o juiz atenderia se não fossem desnecessárias,[863] e a publicidade plena do processo preparatório, salvo se esta pudesse ofender a decência ou a moral pública e, no caso de crimes puníveis com alguma das penas maiores de prisão, degredo ou expulsão para fora do reino por período ilimitado, se o juiz entendesse que a publicidade era inconveniente.[864]

Se a proposta de Francisco Medeiros ainda se caracterizava por manter a estrutura do processo tal como o direito vigente a conhecia, a proposta de Emygdio da Silva inovava profundamente em relação a esta estrutura.

As bases fundamentais da proposta do autor consistiam na divisão do processo preparatório em duas fases, uma inquisitória, secreta e obrigatória e outra contraditória, pública e facultativa,[865] e na abolição do juízo prévio da acusação.[866] Embora o juiz permanecesse o centro da instrução, dirigindo a recolha da prova acusatória, o Ministério Público deveria acusar sem prévia prolação pelo juiz de um despacho valorando essa prova. Deduzida a acusação, poderia o arguido requerer a abertura da instrução contraditória, em que produziria a prova da defesa. Só no final da instrução contraditória, o juiz daria um despacho com a natureza do de pronúncia.[867]

---

[861] Francisco de Medeiros, 1905: 67, e 1909: 33, 56, 66 e 86.

[862] O propósito claro do autor era o de abolir a "detenção por suspeitas, por desconfianças e para averiguações, isto é, a prisão por nada e por tudo, para tudo e para nada" (Francisco de Medeiros, 1905: 45, e 1909: 37 e 38, 46 e 58 a 60).

[863] Francisco de Medeiros, 1905: 43, e 1909: 45 e 57. O autor considerava mesmo que, em face dos artigos 902 a 916 da Novíssima, a doutrina por si expendida "é até já da lei, se as citadas disposições da Novíssima Reforma Judiciária significam uma cousa seria e não uma burla grosseira".

[864] Francisco de Medeiros, 1905: 47, e 1909: 49 e 57.

[865] Emygdio da Silva, 1909: 186 a 189. Esta instrução era, contudo, obrigatória sempre que se tratasse de crime punível com pena maior (Emygdio da Silva, 1909: 208).

[866] Emygdio da Silva, 1909: 216 a 219 e 285.

[867] Emygdio da Silva, 1909: 220.

João Franco, apresentou a 12.10.1906 no Câmara dos Deputados uma proposta que reforçava a posição do arguido na instrução, manifestamente inspirada na lei Constans. Todo o detido devia ser presente a um juiz no prazo máximo de vinte e quatro horas, sendo-lhe explicado o fundamento da detenção e reconhecido o direito de não responder às perguntas colocadas. O suspeito podia fazer-se assistir por um defensor em qualquer tribunal e apresentar quaisquer meios de prova em sua defesa, podendo, contudo, renunciar a estas garantias ou ser delas privado nos "casos de perigo immediato e manifesto de desaparecimmento de provas" (artigo 13, § 3).[868]

A fixação dos prazos máximos de cinco e de oito dias para a detenção judicial ou policial em qualquer ponto do país de suspeitos da prática, respectivamente, de infracções puníveis com penas correccionais e de infracções puníveis com penas maiores, a possibilidade de prorrogação destes prazos apenas em Lisboa e em caso de "manifesta necessidade de se completarem no Juizo de Instrucção as diligências que ahi tenham sido começadas" (artigo 14, § 1) e a necessidade da confirmação pelo presidente do Tribunal da Relação de Lisboa do despacho de prorrogação daqueles prazos constituíam as mais importantes inovações do projecto.[869]

---

[868] Diário da Câmara dos Senhores Deputados, sessão n. 9 de 12.10.1906, p. 22. Como concluía Marnoco e Souza, os benefícios da reforma seriam "em grande parte inutilizados" pelo § 3 do artigo 13 do projecto (Marnoco e Souza, 1913: 140). Acresce que a proposta não previa os direitos do defensor de examinar os autos antes de algum interrogatório do arguido ou acareação e de contacto pessoal com o arguido, mesmo quando este estivesse incomunicável, como dispunha a nova lei francesa. A comissão de administração pública da Câmara dos Deputados, que apreciou, em relatório de 23.11.1906, a proposta de lei de João Franco, recomendou a aprovação da proposta governamental, sugerindo também a introdução destas disposições da lei francesa e a supressão do § 3 do artigo 13. Considerando que "O principio da separação dos juizos de julgamento e de investigação e instrucção constitue hoje um dos dogmas fundamentaes do direito e do processo criminal", a Comissão ponderou mesmo que o juízo de instrução criminal devia ser generalizado a todas as comarcas do reino, coibindo-se, no entanto, de formalizar esta sugestão somente por ela importar "um pesado encargo no orçamento do Estado, dadas as delicadas condições financeiras em que ainda se encontra o nosso país" (Parecer n. 26 da comissão de administração pública, de 23.11.1906, p. 1).

[869] Esta novidade era assim justificada pelo governo: "D'este modo, a detenção não pode prolongar-se pela simples vontade de um magistrado, e muito menos pela vontade d' aquelle a cuja negligencia ou errado criterio pode ser devida a demora da investigação. E assim, a garantia estabelecida fica assegurada com a intervenção de dois magistrados, sendo um de categoria elevadissima, completamente estranho ás averiguações e liberto, portanto, de qualquer prevenção contra os detidos" (Diário da Câmara dos Senhores Deputados, sessão n. 9 de 12.10.1906, p. 20). Findas as averiguações, o prazo do artigo 988 da Novíssima começaria a correr a partir do momento da entrega do suspeito ao juiz de julgamento pelo juiz de instrução ou pelas autoridades policiais e administrativas. A detenção para averiguações ficaria, deste modo, limitada temporal-

A última tentativa de reforma do juízo de instrução foi realizada por Francisco Maria Veiga, que procurava não apenas consagrar a separação total entre as funções instrutória e de julgamento, mas também assegurar a independência dos juízes instrutores em relação ao governo.

No plano processual, distinguiam-se na proposta a abertura plena da instrução ao réu, admitindo-o a apresentar toda a prova testemunhal e documental que entendesse e assistir a exames, e ao seu defensor, que podia participar nos interrogatórios do suspeito e neles requerer o que tivesse por conveniente e sobretudo aceder ao processo, com a excepção do caso em que houvesse outros suspeitos não presos, caso em que só teria acesso à parte respeitante ao preso. As garantias do detido eram coroadas com a proibição da detenção policial ilimitada para averiguações e da incomunicabilidade ilimitada, limitando-as ao período de quarenta e oito horas, e com a fixação do prazo do artigo 988 da Novíssima em vinte dias contados desde a detenção policial e do prazo para conclusão do processo preparatório com arguido preso em trinta dias.[870]

A proposta já não mereceu a atenção do poder político. A monarquia caia um mês depois da sua apresentação ao governo.

A outra vertente da reforma do processo preparatório foi melhor sucedida. Esta visava a dispensa do sumário da culpa e a ampliação do corpo de delito à investigação dos criminosos. Esta alteração profunda da estrutura da fase de instrução do processo foi aprovada pelo Decreto n. 1, de 15.9.1892. O antigo corpo de delito indirecto, que se limitava à inquirição em vinte e quatro horas das pessoas que o juiz instrutor bem entendesse, era substituído no processo de querela pela inquirição obrigatória de um mínimo de oito testemunhas e de um máximo

---

mente fora de Lisboa e a sua prorrogação em Lisboa só poderia ter lugar sob o controlo oficioso do presidente do Tribunal da Relação ("Entretanto não podiam conceder-se ás autoridades administrativas e policiaes de fora de Lisboa faculdades mais amplas ou mesmo tão amplas como as que são conferidas ao Juizo de Instrucção Criminal, que é dirigido por um magistrado judicial e cujos despachos, no exercicio de uma das suas principaes attribuições, dependem ainda assim de confirmação do presidente da relação de Lisboa. Sob este criterio acaba de vez o arbitrio existente quanto aos prazos das detenções ordenadas por essas autoridades, determinando-se que em nenhum caso possam exceder os prazos de cinco e oito dias, respectivamente", in Diário da Câmara dos Senhores Deputados, sessão n. 9 de 12.10.1906, p. 20). A comissão de administração pública, com o acordo posterior do governo, foi mesmo mais longe, propondo a limitação da faculdade judicial de prorrogação da detenção ("A proposta já consignava uma garantia importantissima, exigindo a confirmação de um tribunal superior para o despacho que prorrogue o prazo de detenção, alem dos 5 ou 8 normais. Mas para que se não diga que por esta forma pode um individuo conservar-se preso sem limitação de tempo, entenderam a comissão e o Governo que o melhor seria restringir a faculdade de prorrogação a iguaes periodos de tempo", parecer n. 26, de 23.11.1906, p. 2).

[870] Francisco Veiga, 1914: 95 a 114.

350 A Reforma da Justiça Criminal em Portugal e na Europa

de vinte, não marcando o novo diploma limite nas outras formas de processo. A querela dava-se após a conclusão do corpo de delito e o despacho judicial que julgava subsistente o mesmo, não mediando o antigo auto de querela nem qualquer outro acto ou fase processual entre a querela e a pronúncia[871] e, portanto, sendo tacitamente abolida a querela contra incertos[872] e o juramento de calúnia do queixoso.[873]

A repetição de despachos judiciais de valoração da prova recolhida no corpo de delito tornou-se óbvia. A doutrina procurou sanar este equívoco, esvaziando de conteúdo o despacho de subsistência do corpo de delito e considerando que este tinha apenas por objecto a conclusão formal do corpo de delito.[874]

Além destas consequências relativas à modificação do processo preparatório, a reforma teve uma repercussão indirecta relevantíssima na própria estru-

---

[871] Embora a ideia da supressão do sumário já tivesse sido defendida antes (Crispiniano da Fonseca, 1886: 44), a modificação legislativa foi muito criticada por Navarro de Paiva (1895: 24 a 27), Augusto Maria de Castro e António Ferreira Augusto (1895: 159, 189 e 336) e Trindade Coelho (1908: 566). A mais significativa consequência desta modificação legislativa poderia ter sido a da abolição tácita da pronúncia provisória, mas a prática opôs-se a esta interpretação literal da lei nova. Não obstante a posição assumida por Barbosa de Magalhães, no sentido de que após a entrada em vigor do artigo 15 do Decreto n. 1, de 15.9.1892, deixou de existir a pronúncia provisória, pois a querela só podia ser dada depois de concluído o corpo de delito ("Ou o corpo de delito é julgado sufficiente e n' esse caso a pronuncia é definitiva, pois que o processo preparatorio está findo, ou é insufficente e em tal caso não póde haver querella e muito menos pronuncia", Barbosa de Magalhães, 1903: 210 a 213, e 1908: 543), a subsistência da pronúncia provisória foi sustentada por Faro e Noronha (1905: 34 e 35, e 1907: 371 a 373), cuja posição era a adoptada nos tribunais. A prática judiciária da pronúncia provisória permaneceu assim intocada, permitindo contornar o prazo máximo dos oito dias da prisão preventiva para indiciação do suspeito detido.

[872] Silva, 1895: 30, Delgado de Carvalho, 1897: 50, Dias da Silva, 1903: 807, Marnoco e Souza, 1907: 147.

[873] Em face da extinção do auto de querela, que se tomava nos autos depois da dedução da mesma pelo Ministério Público ou pela parte acusadora, discutiu-se na doutrina se também o juramento de calúnia que devia ser prestado por esta teria sido abolido. A favor da manutenção pronunciavam-se a jurisprudência e J. Silva (1895: 30), Dias Ferreira (1892: 234), que, no entanto, considerava o juramento uma "formalidade inutil e impertinente", José Manuel Alvares (1899: 9), e contra, Pedro de Sousa (1915: 80).

[874] Revista de Legislação e Jurisprudência, 1898: 387 e 388, José Manuel Alvares, 1899: 6, Navarro de Paiva, 1900: 275, Trindade Coelho, 1910: 68 a 70, e Emygdio da Silva, 1909: 254. A redacção da Revista de Coimbra considerava que "Tudo nos leva á convicção de que o julgamento da subsistencia do corpo de delicto, quando organizado pelo proprio juiz, é uma inutilidade ou antes uma inconveniencia que deve ser expungida da lei; e que, quando for organizado por um juiz inferior, deveria limitar-se a affirmar a regularidade do corpo de delicto, salvo ao ministerio publico o direito de promover ainda, quando o processo lhe fosse com vista, as diligencias que lhe parecerem necesarias ou convenientes", mas alguns anos depois Emygdio da Silva apodava o despacho de subsistência do corpo de delito de um "evidente absurdo".

A Jurisdição Penal Comum 351

tura da audiência de julgamento, pois toda a prova do processo preparatório, incluindo a correspondente ao corpo de delito indirecto, passou a ser lida no início da audiência de julgamento e antes das testemunhas serem, com prejuízo muito grave para o princípio da imediação. Este prejuízo foi ainda aumentado pela circunstância de o corpo de delito se ter transformado em uma fase processual secreta, como o era o antigo sumário da querela, apesar de o corpo de delito não constituir um acto do processo preparatório, nos termos estritos do artigo 880, § único, da Novíssima.[875]

A alteração não teve apenas reflexo no processo de querela, mas também no processo de polícia. Anteriormente a ela, não havia uma acusação formal nesta forma de processo. Depois de o sumário ter sido absorvido pelo corpo de delito, a dimensão do processo preparatório cresceu também nesta forma de processo e, consequentemente, a prática introduziu um acto processual autónomo de promoção dos termos da acusação pelo Ministério Público, "tendo o processo de polícia perdido inteiramente o seu caráter de processo sumário".[876]

A nova providência legislativa acabou por vingar, tendo a jurisprudência dos tribunais superiores considerado desnecessário o sumário da querela também nos crimes especiais do artigo 771 e seguintes da Novíssima.[877] A evolu-

---

[875] Dias Silva, 1903: 808, Marnoco e Souza, 1907: 149, e 1913: 138, e Luís Osório, 1920: 76. Contra o segredo no corpo de delito pronunciou-se Navarro de Paiva (1895: 54 e 59), que, no entanto, recusava ao réu o direito à extracção de certidão do corpo de delito. O autor explicava-se de modo diferente em 1900, considerando que o corpo de delito era secreto, mas não era "clandestino" (Navarro de Paiva, 1900: 274). Uma terceira posição, mais radical, foi ainda defendida. Trindade Coelho insurgiu-se contra a nova disposição legal, considerando-a mesmo inconstitucional, pois ela "não podia tirar, ao corpo de delito, a qualidade, que lhe dera a Carta de ser publico". O autor entendia que o segredo de justiça tinha sido abolido, uma vez que o corpo de delito era público, por força da Carta, e ele tinha agora a função do antigo sumário (Trindade Coelho, 1908: 566). Esta tese foi também defendida por Pinto Osório em face da Constituição de 1911 (Pinto Osório, 1917: ano 35, pp. 52 e 53).

[876] Luís Osório, 1933 a: 624. O fundamento invocado pela praxe para este novo acto processual, que tinha a natureza de uma verdadeira acusação, foi o de que a referida promoção do Ministério Público se encontrava prevista no artigo 9 da Lei de 18.7.1855 e que este preceito era aplicável a todas as formas processuais (Delgado de Carvalho, 1897: 129 e 130). Também davam conta desta praxe e dos requisitos habitualmente exigidos para a promoção do Ministério Público, Emygdio da Silva, 1909: 236, Pedro de Sousa, 1915: 77, e José Dias, 1919: 383 a 385. Já em 1864, Innocencio Duarte (1864: 181) tinha sugerido que o queixoso devia fazer petição ao juiz, depois do corpo de delito, declarando os factos imputados ao arguido e requerendo que lhe fosse aplicada a pena prevista em determinada lei, que devia identificar. Em 1901, Adriano de Sá (1901: 153 e 154) defendia veementemente a necessidade da promoção do Ministério Público ou do requerimento do queixoso para o réu ser julgado em processo de polícia, invocando o princípio da competência do Ministério Público para a promoção do processo crime e a incompetência do juiz para aquele efeito diante do silêncio do artigo 1251 da Novíssima.

ção legislativa ulterior reforçou ainda mais a tendência para a equiparação do corpo de delito ao processo preparatório. Com efeito, nos termos dos artigos 1 e 3, da Lei de 4.5.1896, que adoptou e ampliou algumas das disposições do Decreto n. 2, de 22.5.1895, o corpo de delito deixou de ter limite de testemunhas. Esta inovação era "uma consequência lógica da supressão do summario",[878] pois, se o corpo de delito já era a base essencial de todo o procedimento criminal, mais importante se tornou ainda com a supressão do sumário da culpa.

Contudo, o legislador admitia também que o corpo de delito se concluísse sem identificação do criminoso, reintroduzindo a querela contra incertos e restabelecendo o sumário neste caso restrito.[879] Assim, após a inquirição de, pelo menos, oito testemunhas no corpo de delito no processo ordinário, tinha lugar o despacho judicial de arquivamento, se não se provasse a existência de crime, ou o despacho julgando subsistente o corpo de delito, seguido da querela do Ministério Público, se se provasse a existência de crime e se descobrisse o autor do crime.[880] No caso de se ter provado a existência de crime e não se ter descoberto o autor do crime, o Ministério Público dava uma querela contra incertos, prosseguindo a investigação criminal no sumário para identificação dos criminosos.

Deste modo, a inovação legislativa não trazia consigo uma melhoria da realização do princípio da acusação, pois a intervenção instrutória judicial era apenas antecipada para o corpo de delito, tendo a reforma, no fundo, apenas almejado e conseguido uma maior aceleração e simplificação do processo.

Ao invés, a reforma do processo de polícia correccional, iniciada pelo legislador logo em 1852 e retomada, com especial vigor, nos anos de 1884 e 1886, visou e alcançou uma melhoria significativa da posição processual do réu. A resolução do problema da inquisitoriedade intrínseca do processo de polícia, já denunciada pela doutrina, dependia primordialmente das garantias do réu de impugnação das decisões proferidas pela instância. As reformas propostas pela doutrina foram a da consagração do recurso do despacho que mandava o réu a julgamento, com efeito suspensivo, a da abolição da custódia preventiva e da alçada e a do processamento e julgamento do recurso da decisão final nos termos

---

[877] António Ferreira Augusto, 1905 b: 253 e 254. Só o sumário do processo penal militar não era incluído no âmbito da reforma.

[878] Diário das Sessões da Câmara dos Deputados, 1896, pp. 742 e 1022.

[879] O restabelecimento do sumário no caso de não identificação dos delinquentes no corpo de delito teve a consequência de não ser ele regulado pelas disposições da Novíssima, mas pelas da Lei de 4.5.1896 (Caeiro da Matta, 1912: 86).

[880] A natureza do despacho judicial de arquivamento e, designadamente, a verificação ou não de caso julgado deste despacho já então eram discutidas na doutrina (António Ferreira Augusto, 1905 a: 132 e 133).

A Jurisdição Penal Comum 353

do agravo de petição em matéria cível até ao Supremo Tribunal de Justiça.[881] Todas estas alterações do sistema de recursos vieram a ser consagradas.

A liberalização do polícia correccional processou-se gradualmente, podendo distinguir-se quatro momentos distintos deste processo. Um primeiro, em que se alargaram os termos da recorribilidade da decisão final, um segundo, em que se alteraram as regras do processamento e julgamento dos recursos nesta forma de processo, um terceiro, em que se aboliu a custódia preventiva após a prolação da decisão final e, por fim, o quarto e último momento, em que se consagrou a recorribilidade da decisão que ordenava a realização de julgamento.[882]

A questão da recorribilidade da decisão final em processo de polícia correccional punha-se em termos de saber se a interposição do recurso de apelação no processo de polícia correccional se decidia em função da pena aplicável ou da pena concreta aplicada na decisão que se pretendia impugnar. O artigo 7 da Lei de 10.12.1852 admitiu como determinante a pena aplicável, mas a famosa Lei de 14.6.1884, que introduziu a possibilidade de interposição de recurso da sentença condenatória em processo de polícia correccional com efeito suspensivo até ao Supremo Tribunal de Justiça,[883] regressou à doutrina da Novíssima. A Portaria de 2.7.1884 esclareceu, contudo, a vontade das Cortes, em sentido inverso ao da letra da lei, impondo de novo a doutrina da lei de 1852.[884]

O artigo 5 do Decreto n. 2, de 29.3.1890 voltaria à doutrina restritiva, sendo esta afastada em definitivo pelo *bill* de Agosto desse ano. O *bill* fixava a regra da inadmissibilidade da interposição de qualquer recurso das sentenças do juiz de direito por referência à punibilidade abstracta do crime com as penas de prisão ou desterro até um mês, multa até um mês ou até 60.000 réis, repreensão e censura, ao invés do Decreto de Março, que tomava a pena concreta aplicada pelo juiz de direito como termo de referência.[885]

---

[881] Dias Ferreira, 1884: 32 e 33.

[882] A sucessão destes momentos não corresponde, como se verá, a uma evolução linear da legislação publicada até à proclamação da República, mas antes à adopção de medidas contraditórias que se sucederam até que fizesse vencimento uma das teses em presença, podendo afirmar-se, pela análise da evolução legislativa, que foi pela ordem indicada no texto que o legislador foi sucessivamente abordando e resolvendo em definitivo aquelas deficiências graves que a doutrina há muito aponta ao sistema de recursos de polícia correccional.

[883] Por sua vez, o Decreto n. 2, de 15.9.1892, previu a irrecorribilidade dos acórdãos do Supremo Tribunal de Justiça proferidos em recurso, com a excepção do disposto no artigo 988 do CPC. Desta forma, os recursos admissíveis em processo de polícia correccional foram ainda alargados, incluindo também os embargos de declaração do acórdão do Supremo Tribunal de Justiça.

[884] A prática admitiu esta declaração "sem hesitação" (Garcia de Lima, 1895: 140).

[885] Na jurisprudência e na doutrina discutiu-se sobre a manutenção da possibilidade de interposição do recurso de revista da decisão do juiz de primeira instância em polícia correccional com fundamento em incompetência ou excesso de jurisdição, mesmo quando a pena aplicável

Por outro lado, a Lei de 14.6.1884, que aprovou a Nova Reforma Penal, permitiu o recurso com efeito suspensivo até ao Supremo Tribunal de Justiça de todas as sentenças condenatórias em processo de polícia correccional em que a pena aplicável excedesse a alçada do juiz de direito.

Assim, a doutrina passou a admitir no processo de polícia correccional [886] a interposição do recurso de apelação da sentença final absolutória ou condenatória, proferida em primeira instância, se a pena aplicável excedesse a alçada do juiz, e do recurso de revista para o Supremo Tribunal de Justiça do acórdão absolutório da Relação, com fundamento em incompetência ou excesso de jurisdição, e do acórdão condenatório da Relação, qualquer que fosse o fundamento.[887]

A questão da simplificação do processamento e do julgamento dos recursos das sentenças proferidas pelos juízes de direito e dos acórdãos das Relações em processo de polícia correccional foi resolvida pela Lei de 16.6.1884. Esta lei fixou a regra do processamento e julgamento destes recursos como agravos de petição em matéria cível, sendo a respectiva interposição regulada pelo disposto no artigo 1256 da Novíssima.[888]

A outra questão, mais delicada, sobre a qual o legislador se pronunciou também no ano de 1884 foi a da custódia preventiva no processo de polícia correccional. A já referida Lei de 14.6.1884 facultou ao condenado em processo de polícia livrar-se da prisão até à decisão do recurso pelo Supremo Tribunal de

---

não excedesse a alçada (em sentido negativo, Dias Ferreira, 1892: 338, e Trindade Coelho, 1897 a: 11, mas em sentido afirmativo, enunciando todos os argumentos esgrimidos de ambos os lados, Navarro de Paiva, 1901: 306 e 307).

[886] Discutia-se se este regime devia ser observado no processo correccional em face do silêncio da lei. Neste sentido, Dias Ferreira, 1892: 203. Em sentido contrário, Delgado de Carvalho (1897: 156), Trindade Coelho (1897 a: 37, e 1910: 30 e 32), Adriano de Sá (1901: 102) e Eduardo Carvalho (1912: 339, e 1919: 335), que defendiam a aplicação aos recursos correccionais das regras do processo ordinário e, designadamente, a admissibilidade da apelação e da revista sem limites.

[887] Nestes termos, Dias Ferreira, 1892: 10 e 336, Garcia de Lima, 1895: 141, Francisco Veiga, 1908: 325, Silva, 1895: 64 e 65, Trindade Coelho, 1897 a: 8 e 9, Navarro de Paiva, 1901: 354, Teixeira de Magalhães, 1905: 196, e Eduardo Carvalho, 1912: 340, e 1919: 327, Pedro de Sousa, 1915: 172, e José Dias, 1919: 561.

[888] A distinção entre o regime da interposição e o do processamento dos recursos tinha uma enorme relevância prática, pois dela dependia a aplicação do prazo de 24 horas para a interposição do recurso da decisão final em processo de polícia. A partir da entrada em vigor do Decreto de 15.9.1892, discutiu-se se este prazo não teria sido substituído pelo prazo previsto na lei civil de cinco dias (artigo 1011, § 1, do CPC). A doutrina e a jurisprudência maioritárias defendiam a solução mais restritiva (Trindade Coelho, 1897 a: 14, e 1910: 8, e Eduardo Carvalho, 1912: 212, e 1919: 326).

A Jurisdição Penal Comum 355

Justiça mediante a prestação de fiança, deste modo revogando em definitivo o princípio duro estabelecido no artigo 1257 da Novíssima e restringindo a doutrina do artigo 95 do Código Penal de 1852, bem como impôs ao juiz que, na fixação da pena de prisão correccional, levasse sempre em conta todo o tempo de prisão preventiva sofrido. Diferentemente, na fixação da pena maior a prisão preventiva era considerada como simples circunstância atenuante. A prática da custódia obrigatória do condenado em processo de polícia e da não imputação de qualquer tempo de prisão preventiva na pena definitiva, instituída desde 1852, chegava finalmente ao seu termo.[889]

---

[889] A inovação foi apresentada em uma proposta de lei de Lopo Vaz na sessão de 10.3.1884 da Câmara dos Deputados, sendo justificada pelo autor nos seguintes termos: "A prisão preventiva e a correccional causam um soffrimento aproximadamente senão completamente egual, e por isso não há razões appreciaveis de conveniencia publica que devam obstar ao justissimo preceito que manda computar na fixação d' esta o tempo que durou aquella. Não havendo a mesma razão de egualdade entre o soffrimento da prisão preventiva e o das penas maiores, é claro que n' este caso não pode fazer-se o desconto exactamente egual; mas o criminoso não deve á sociedade para punição do crime, senão o soffrimento da pena correspondente, e portanto, cumpre que na fixação d' esta lhe seja levado em conta, como attenuante, o que lhe foi causado em nome das precauções reclamadas pela tranquillidade publica. Assim o exige a justiça!" (Diário da Câmara dos Deputados, 1884, p. 611). Para a resolução do gravíssimo problema da eternização da custódia preventiva contribuiu decisivamente o discurso de Dias Ferreira, proferido na sessão de 18.4.1884 da Câmara dos Deputados (Dias Ferreira, 1884: 38 e 39). Antes desta data, já as vozes de Levy Maria Jordão (1853: 220), Francisco da Silva Ferrão (1856 b: 156), dos membros da comissão de reforma do Código Penal, quer no projecto de 1861, quer no de 1864 (Mello e Carvalho e outros, 1861 a: 94, 1861 b: 54 e 55, e 1864 a: 98), e do crítico do primeiro projecto, Luiz Felippe de Abreu (1862: 121 a 124), e ainda de Francisco Medeiros (1882: 194) se tinham feito ouvir no sentido da ponderação da prisão preventiva sofrida no cumprimento da pena. Depois da publicação da Lei de 14.6.1884, o Supremo Tribunal de Justiça decidiu, no memorável acórdão de 29.10.1889 (in RT, 9º volume, 1889, pp. 227 e 228, e RLJ, ano 31°, 1898-1899, p. 32), que mesmo o tempo de detenção policial para averiguações devia ser imputado na pena de prisão, tendo a doutrina manifestado a sua adesão a este entendimento (Francisco Fernandes: 1896: 16, Revista de Legislação e Jurisprudência 1897: 370 a 372, Francisco Maria Veiga, 1908: 281, e Luís Osório, 1923: 311). O legislador português andou desta feita a par da doutrina europeia mais avançada e à frente do legislador francês. A favor da imputação facultativa da detenção preventiva sofrida antes do julgamento no caso de inexistência de culpa do condenado no prolongamento da detenção e de ele não ser reincidente, Bonneville de Marsangy, 1855: 474 a 481, e, mais radicalmente, a favor da imputação de toda a detenção preventiva, Ernest Glasson, 1883 b: 751 e 752. Só com a Lei de 15.11.1892 foi consagrada no direito francês a imputação facultativa da detenção sofrida antes da condenação e a imputação obrigatória da detenção sofrida depois da condenação e até ao seu trânsito quando o condenado se conformasse com a sentença ou quando, tendo recorrido, lhe tivesse sido reduzida a pena pelo tribunal superior. Esta lei teve por efeito o aumento dos recursos interpostos pelos condenados, com vista a expiar a totalidade da pena no regime menos penoso da prisão preventiva (Georges Vidal, 1901: 641). Para conter este aumento a jurisprudência francesa entendia, contudo, que no caso de recurso interposto pelo arguido a expiação do tempo de deten-

356 A Reforma da Justiça Criminal em Portugal e na Europa

Dois anos depois, a Lei de 15.4.1886 fixou o princípio da caução em todos os crimes em que não fosse aplicável uma das penas fixas previstas nos artigos 49 e 50 da Nova Reforma Penal ou que não tivessem que ser processados correccionalmente,[890] cabendo nos crimes julgados em processo correccional termo de identidade e residência e nos crimes puníveis com as penas fixas previstas nos artigos 49 e 50 do CP a prisão preventiva, com o que se revogava tacitamente a exigência da prestação de caução pelo condenado na pendência de recurso em processo de polícia consagrada pela lei de Junho de 1884.[891] O efeito prático perverso da interposição de recurso para o réu condenado em processo de polícia desaparecia de vez, tornando o exercício da garantia do recurso livre de quaisquer limitações decorrentes do regime das medidas de coacção.[892]

ção preventiva correspondente ao da pena aplicada em primeira instância não permitia a imediata libertação do arguido (contra Georges Vidal, 1901: 639), só tendo esta jurisprudência sido afastada pela Lei de 13.7.1909.

[890] O legislador referia-se ao processo de polícia, pois o processo correccional *strictu sensu* só surgiria em 1890. A doutrina deste preceito seria, contudo, aplicada ao novo processo correccional, no sentido de que o réu tinha sempre o direito de prestar caução, que o juiz não lhe podia recusar, quer antes quer depois do julgamento, havendo recurso da sentença condenatória (Francisco Fernandes, 1896: 30 e 31, e Pedro de Sousa, 1915: 94).

[891] O Direito, 1889 a: 5, Dias Ferreira, 1892: 336, Silva, 1895: 65, e Pedro de Sousa, 1915: 91 e 133. Ao invés, Francisco Fernandes (1896: 33), Trindade Coelho (1897 a: 33, e 1910: 27) e Dias da Silva (1899: n. 1539, p. 258) defendiam a opinião contrária, sustentada pela primeira vez pela Revista de Legislação e Jurisprudência (1889: 328 e 329), segundo a qual se mantinha a possibilidade de, nos termos do artigo 3, § 1, da Lei de 14.6.1884, o juiz exigir ao réu apelante no processo de polícia a prestação de fiança, sem o que este ficaria detido. Só em um caso excepcional os réus julgados em processo de polícia se encontravam sujeitos a prisão preventiva obrigatória, que era o dos suspeitos da prática dos crimes de anarquismo previstos no artigo 1 da Lei de 13.2.1896, prevendo ainda a lei dois casos de prestação obrigatória de fiança, sob pena de, não a prestando, o réu ficar preso preventivamente, que eram o da falta de prova da identidade e recusa da prestação do termo de identidade e residência pelo detido em flagrante delito (Dias Ferreira, 1892: 249, e Francisco Fernandes, 1896: 33) e o da falta injustificada do réu no dia marcado para julgamento (artigo 2, § 3 da Lei de 15.4.1886). No processo sumaríssimo, a questão só se colocava em relação aos arguidos que não fossem vadios nem reincidentes e que não quisessem ser julgados de imediato, seguindo-se as regras do processo de polícia e, portanto, sendo o réu posto em liberdade se provasse a identidade e assinasse termo de identidade.

[892] Simultaneamente, o legislador aliviou na referida lei de Abril de 1886 a situação muito grave dos réus condenados em prisão maior ou degredo. Sem prejuízo da legislação especial sobre anarquismo, no processo de querela por crime punível com uma pena maior fixa da escala do CP, a prisão preventiva era obrigatória, mas cessava se fosse interposto recurso de revista da sentença absolutória, prestando o réu caução (artigo 4, segunda parte, da Lei de 15.4.1886). Se a sentença fosse condenatória, a prisão mantinha-se até decisão final, fosse qual fosse a natureza da pena imposta ao réu, segundo a jurisprudência constante do Supremo Tribunal de Justiça e alguma doutrina (Francisco Fernandes, 1896: 27, e Abílio de Sá, 1901: 346 e 347, mas contra Dias Ferreira,

A última inovação na forma de processo de polícia foi também aquela que maior oposição encontrou. A questão discutida pela doutrina era a da admissibilidade da interposição do agravo pelo réu do despacho judicial que fechava a fase instrutória do processo de polícia e determinava a realização de julgamento.[893] Só em 1886 o legislador consagrou expressamente esta faculdade.

O artigo 8 da Lei de 15.4.1886 admitiu a interposição de agravo do despacho que mandasse o réu responder em juízo no processo de polícia se o réu entendesse que o facto não era proibido nem qualificado como crime. Este preceito teve, no entanto, uma vida atribulada. Foi revogado pelo artigo 2, do Decreto n. 2, de 29.3.1890, e reposto em vigor pelo artigo 17 do Decreto n. 1, de 15.9.1892, mas em termos diferentes dos da lei de 1886, admitindo-se a interposição de agravo com efeito suspensivo do despacho que ordenasse o julgamento em polícia correccional com fundamento na falta de ilicitude criminal do facto imputado,[894] podendo o juiz mandar tomá-lo em separado se entendesse que o recurso era dilatório.[895]

1892: 249). Nos restantes crimes julgados em processo de querela o réu era admitido a prestar fiança, não sendo exigível a sua manutenção se o réu tivesse sido absolvido, porque ficava em liberdade (artigo 4, primeira parte, da Lei de 15.4.1886), nem permitida ao réu condenado em pena de prisão maior ou degredo, porque tinha de ficar preso preventivamente até ao julgamento definitivo. Aos réus que deviam ser recolhidos à cadeia depois da condenação a lei concedia o benefício de a prisão posterior à sentença ser obrigatoriamente levada em conta aos condenados pelos tribunais superiores como circunstância atenuante para a redução da pena (artigo 3, § único, da Lei de 15.4.1886). A reforma geral do direito cautelar português, realizada mais de vinte anos depois da do direito francês, mostrou-se menos liberal do que a deste. Com efeito, a Lei francesa de 14.7.1865, que vigorou praticamente intocada até 1933, consagrou a regra da liberdade provisória em matéria criminal e correccional (Faustin Hélie, 1866 d: 628, 685 e 686), sendo mesmo obrigatória a colocação em liberdade em matéria correccional cinco dias após o interrogatório do detido que estivesse domiciliado e fosse suspeito da prática de delito punível com pena até dois anos de prisão (Faustin Hélie, 1866 d: 688 a 690). Em todos os outros casos, podia ser imposta a prestação de caução ou a prisão preventiva. Embora a lei francesa não previsse quaisquer prazos para a prisão preventiva e mantivesse o poder discricionário do juiz de instrução sobre a liberdade dos suspeitos da prática dos crimes mais graves (Faustin Hélie, 1866 d: 676 a 678), ela isentava da obrigação de prestação de caução mais amplamente do que a nova lei portuguesa, admitia essa prestação em processos por quaisquer crimes e por delitos puníveis com pena de prisão superior a dois anos e só impunha a detenção do suspeito que tivesse de ser julgado pela *cour d' assises* após a decisão da *chambre des mises en accusation*, imposição esta que foi, aliás, suprimida pela Lei de 25.11.1912.

[893] Esta era uma pretensão antiga da doutrina. Já Corrêa Telles (1849: 191) admitia este recurso com fundamento na falta de ilicitude dos factos imputados pela participação.

[894] A limitação expressa do fundamento do recurso à criminalidade do facto imputado levava a doutrina a não admitir a interposição do recurso do despacho judicial fundado na impugnação do carácter transgressional dos factos imputados (Trindade Coelho, 1901: 64 e 65, mas contra Eduardo Carvalho, 1912: 209). Já no final da vigência da Novíssima, os tribunais inter-

358 A Reforma da Justiça Criminal em Portugal e na Europa

Com esta inovação estavam correlacionadas não apenas a problemática da defesa do réu na fase instrutória e de acusação do processo de polícia, mas também uma profunda alteração da natureza do processo de polícia. A consagração do direito de recurso do despacho de designação do julgamento, além de pôr directamente em causa a natureza sumária deste processo, constituía uma formalização da inquisitoriedade do processo de polícia, reconhecendo-se ao réu uma garantia acrescida contra um despacho judicial que não tinha um carácter meramente ordenador, mas antes implicava o juiz de julgamento em uma valoração jurídica preliminar dos factos participados. Deste modo, o legislador reconhecia legalmente a prática dos tribunais desta valoração preliminar, mas procurava diminuir o risco da perversão do princípio da acusação com a possibilidade da intervenção do Tribunal da Relação.

A reforma do sistema de recursos no processo de polícia correccional teve uma repercussão directa no processo ordinário e no correccional.[896]

O Decreto n.1 de 15.9.1892 fixou os termos do novo regime geral dos recursos em processo penal, consagrando, por um lado, a admissibilidade do agravo de petição e do agravo no auto do processo nos processos crimes nos mesmos termos que em matéria cível[897] e estabelecendo, por outro, que as ape-

---

pretavam muito amplamente a sua competência, nela incluindo mesmo o conhecimento dos indícios (José Mourisca, 1933: 226, e Luís Osório, 1933 a: 642 e 643). O fundamento invocado era o de que o Tribunal da Relação devia conhecer a matéria da defesa, sobretudo depois da introdução da instrução contraditória nesta forma de processo, para o que era necessário apreciar a prova (José Dias, 1919: 543).

[895] Do acórdão proferido pela Relação neste recurso não cabia recurso para o Supremo Tribunal de Justiça, conforme era entendimento da doutrina maioritária e deste tribunal superior (Augusto Maria de Castro e António Ferreira Augusto, 1895: 273, Delgado de Carvalho, 1897: 157, Trindade Coelho, 1901: 65, António Ferreira Augusto, 1905 b: 255, e Teixeira de Magalhães, 1905: 171, mas admitindo o recurso para o Supremo Tribunal de Justiça, Pedro de Sousa, 1915: 173, que citava alguma jurisprudência recente). O balanço da polémica foi feito pela Revista de Legislação e Jurisprudência em anotação a um acórdão do Supremo Tribunal de Justiça de 29.11.1927, que reiterava a doutrina maioritária (Revista de Legislação e Jurisprudência, 1927: 303 e 304), concluindo também aquela Revista a favor desta doutrina.

[896] A premência de uma reforma geral do sistema de recursos criminais era posta em relevo pela doutrina, que insistia nos gravíssimos atrasos verificados nas Relações e no Supremo Tribunal de Justiça. Estes atrasos tinham o efeito pernicioso de deixar os réus recorrentes presos a aguardar indefinidamente, por vezes anos, por uma decisão definitiva, a partir da qual começava a contar o cumprimento da pena (António Ferreira Augusto, 1885: 51).

[897] A lei processual civil só admitia a interposição do agravo no auto de processo do despacho que recebesse a apelação e declarasse os seus efeitos. Em face da inadmissibilidade deste despacho no processo penal, a doutrina interpretava a nova disposição legal no sentido de abranger apenas o agravo do despacho que mandava tomar termo de apelação (Trindade Coelho, 1897 a: 24 a 31, e 1910: 19 a 26) ou mesmo de o agravo no auto do processo não

A Jurisdição Penal Comum   359

lações e as revistas crimes fossem processadas como os agravos de petição em matéria cível e, consequentemente, ambas julgadas por três votos conformes.[898] Deste modo, o sistema de processamento e julgamento das apelações e revistas, introduzido em 1884 no processo de polícia, foi em 1892 generalizado a todas as apelações e revistas interpostas no processo ordinário e no correccional.

O referido diploma de 1892 reduziu ainda o conhecimento das nulidades nos recursos para o Supremo Tribunal de Justiça das decisões do júri às que tivessem sido objecto de protesto específico.[899] O novo sistema dos recursos em processo penal devia ser conciliado com uma alteração introduzida pela Lei de 18.7.1855 ao regime das nulidades insanáveis. Este novo regime era consideravelmente mais restritivo do que o da lei de 1843.[900] O objecto do recurso para o

---

ser exequível em qualquer das formas de processo criminal (Eduardo Carvalho, 1912: 113 e 231).

[898] O âmbito das normas do processo civil aplicáveis em processo penal era discutido na jurisprudência e na doutrina, considerando-se aplicáveis os artigos 1070 e seguintes e 1133 e seguintes, por força da remissão do artigo 1172 do CPC (Eduardo Carvalho, 1919: 332). Discutia-se a faculdade de o juiz reparar as sentenças no processo criminal. Contra essa faculdade, Teixeira de Magalhães, 1905: 197, e Eduardo Carvalho, 1912: 196 e 337, Luís Osório, 1920: 122, e a favor dela, Trindade Coelho, 1897 a: 19, Francisco Veiga, 1908: 37, e José Dias, 1919: 560. O oferecimento de documentos com os recursos regulava-se pelos artigos 1115 e 1136 do CPC (Eduardo Carvalho, 1919: 324, e José Dias, 1919: 558). Discutia-se ainda sobre a aplicabilidade em processo penal do disposto no artigo 1052 do CPC, que obrigava ao conhecimento da causa em primeira instância pela Relação quando o juiz da primeira por qualquer motivo o não tivesse feito (contra a aplicação, Dias Ferreira, 1890: 19, e Dias da Silva, 1903: 621, e a favor, José Dias, 1919: 569). Por outro lado, a jurisprudência e a doutrina entendiam que certas disposições da Novíssima ainda eram aplicáveis, tais como os artigos 1185, 1188 e 1192 da Novíssima (Dias da Silva, 1903: 817, Marnoco e Souza, 1907: 160, e Eduardo Carvalho, 1912: 181).

[899] A praxe anterior a esta lei era a do protesto "por todas as nulidades em que o processo laborasse e designadamente por esta ou aquella das mencionadas no art. 13 da Lei de 18 de julho de 1855" (Trindade Coelho, 1901: 103). Navarro de Paiva (1895: 42) logo advertiu que a nova regra constituía um "grave perigo para os direitos da innocencia", vedando o conhecimento de nulidades não deduzidas por incúria ou inadvertência do patrono. A doutrina seguiu a opinião deste autor, considerando revogado o artigo 842 da Novíssima, no que dizia respeito aos recursos interpostos para o Supremo Tribunal de Justiça. O receio do autor veio a ser confirmado por uma praxe muito restritiva do Supremo Tribunal de Justiça (Chaves e Castro, 1910: 172, Pedro de Sousa, 1915: 175, e Luís Osório, 1920: 41).

[900] As nulidades previstas pela lei nova diziam respeito quer à fase preparatória do processo quer à de acusação e julgamento em primeira instância, nelas se incluindo a falta ou deficiência do corpo de delito, a falta da notificação da pronúncia, do libelo, do rol de testemunhas, da pauta dos jurados e da sentença ao réu e da notificação da contestação e da sentença ao autor, a falta juramento dos peritos, das testemunhas, dos jurados e dos intérpretes, a falta da leitura dos quesitos e da ressalva das emendas e entrelinhas nas respostas do júri, a deficiência ou contradição entre os quesitos ou destes com as respostas ou entre as respostas e a preterição de actos substanciais que

360 A Reforma da Justiça Criminal em Portugal e na Europa

Supremo Tribunal de Justiça foi deste modo limitado, primeiro restringindo-se o âmbito das nulidades e, em seguida, tornando o respectivo conhecimento dependente da arguição da parte.

O processo de reforma do sistema de recursos ficou completo com a consagração do recurso de revisão, que constituía simultaneamente uma forma de compensar a limitação dos poderes de sindicância do Supremo Tribunal de Justiça nos recursos ordinários. O Decreto de 27.2.1895, que visava a regulamentação do artigo 126, n. 3, do Código Penal, na versão da Lei de 14.6.1884, introduziu a reabilitação como modo de extinção das penas. As modificações introduzidas pelas Leis de 29.6.1867 e de 8.7.1895 no direito francês, a primeira no sentido de permitir a revisão em benefício dos condenados correccionais e dos condenados falecidos e a segunda no sentido de consagrar um quarto fundamento de revisão das sentenças condenatórias, o do conhecimento posterior à condenação de um facto novo, foram decisivas para que em 1896 o legislador sancionasse o Decreto ditatorial do ano anterior, aprovando a Lei de 3.4.1896.[901]

A novo diploma previa a possibilidade de revisão extraordinária das sentenças condenatórias transitadas quando "tiverem ocorrido circumstâncias que

---

pudessem influir na decisão da causa. Censurando o elenco legal e, sobretudo, esta última nulidade, Francisco de Medeiros, 1905: 38, e Luís Osório, 1920: 155. Esta causa de impugnação encontrava um forte paralelo com a prática jurisprudencial da sindicância das nulidades substanciais não escritas pela *Cour de Cassation* com base no artigo 408 do *Code d' Instruction Criminelle* (J. Augier e Gustave Le Pottevin, 1915: 61 e 62).

[901] A primeira tentativa de regulamentação do recurso de revisão foi a de Navarro de Paiva, no Projecto de 1874, abandonada no projecto de 1882 e retomada no de 1886. Entretanto, outros dois projectos foram apresentados, um pelo conselheiro Julio Vilhena, na sessão de 23.12.1883 da Câmara dos Deputados, e outro pelo deputado Bernardino Pinheiro, na sessão daquela Câmara de 12.1.1892. O primeiro projecto, que reproduzia com pequenas modificações a regulamentação do projecto de Navarro de Paiva, optava pela consagração de uma cláusula aberta, limitando a admissibilidade da revisão às decisões condenatórias em pena maior. A concessão da revisão dependia apenas de prova documental e, após o seu deferimento pelo Supremo Tribunal de Justiça, procedia-se a segundo julgamento pela instância, vigorando nele a proibição da *reformatio in pejus*. A reparação do réu dependia de acção de indemnização contra o Estado. O segundo projecto admitia a revisão de todas as condenações em pena correccional maior a um ano de prisão, fundada em qualquer meio de prova. O julgamento da revisão era feito directamente pelo juiz de direito da primeira instância, com recurso oficioso para a Relação e para o Supremo Tribunal de Justiça, vigorando a proibição da *reformatio in pejus* também aqui. A reparação do réu era logo atribuída na sentença absolutória, se tivesse sido requerida. Se Julio Vilhena temia o abuso da nova faculdade, Bernardino Pinheiro afastava esse perigo, invocando a experiência pouco entusiasmante da anulação da sentença civil facultada pela disposição paralela do CPC. Nenhum dos projectos foi discutido pelas Câmaras. Para a crítica de ambos, João da Silva Mattos, 1885: 134 e 135, Alvaro Villela, 1897: 117, 118, 120 e 121, e Adelino da Palma Carlos, 1927: 90 e 91.

A Jurisdição Penal Comum

justifiquem a innocencia dos condemnados", além dos casos previstos nos artigos 1263 a 1265 e 1268 da Novíssima,[902] não se admitindo, no entanto, a revisão para modificar a pena.[903]

A competência para decidir da verificação de fundamento para revisão competia ao Supremo Tribunal de Justiça, com base apenas em prova documental, [904] e o novo julgamento cabia à primeira instância nos termos gerais, vigorando a proibição da *reformatio in pejus*.[905] Em caso de revogação da anterior decisão, a sentença revogatória era publicada e arbitrada uma indemnização, a requerimento do réu, pelo cumprimento da pena.[906] Era admissível a interposição pelo Ministério Público de um segundo recurso de revisão.

Nem o recurso de revisão alcançou o reconhecimento que se esperava,[907] nem as últimas reformas do sistema de recursos do processo penal foram plena-

---

[902] A doutrina deu a máxima amplitude à previsão legal, admitindo a revisão de processos sumaríssimos e de processos de transgressões (Alvaro Villela, 1897: 289 e 372, e Adelino da Palma Carlos, 1927: 108 e 109). Este autor admitia mesmo a revisão das sentenças condenatórias com a execução suspensa ou em pena indeterminada ou em que o réu se encontrasse já em liberdade condicional. Também não obstava ao pedido da revisão a pendência de um pedido de indulto do réu (António Ferreira Augusto, 1905 a: 91).

[903] Esta opção legislativa foi criticada por Alberto Xavier (1913: 15 a 17), Alvaro Villela (1897: 369 e 370), António Ferreira Augusto (1905 a: 90) e Marnoco e Souza (1913: 158). Alberto Xavier, Alvaro Villela e Marnoco e Souza também censuravam a inadmissibilidade da revisão *pro societate*.

[904] A restrição dos meios de prova admissíveis foi criticada por Alberto Xavier (1913: 15 a 17), Alvaro Villela (1897: 376) e Adelino da Palma Carlos (1927: 107).

[905] O novo direito português não previa a possibilidade de o próprio tribunal supremo proceder a revisão sem reenvio, que o código francês admitia no caso de homicídio falsamente suposto e a lei de 1867 alargou ao caso da impossibilidade de se proceder aos debates orais contraditórios entre todas as partes. A lei francesa de 1895 alargou ainda mais o âmbito desta revisão sem reenvio, consagrando esta modalidade para os casos em que o reenvio parecesse inútil, deixando o legislador de considerar a revisão sem reenvio um procedimento excepcional e anormal. Por fim, a Lei de 19.7.1917 admitiu ainda a revisão sem reenvio no caso de demência ou morte de um dos acusados posterior à decisão de reenvio (René Garraud e Pierre Garraud, 1928: 629 a 632).

[906] A doutrina criticou o carácter facultativo da indemnização, inspirado no artigo 446 do *Code*, na redacção que lhe foi dada pela Lei de 8.6.1895, e, mais genericamente, a imprecisão da regulamentação da indemnização (Alberto Xavier, 1913: 20, e Adelino da Palma Carlos, 1927: 117). A lei não determinou quem suportaria a indemnização, tendo a doutrina entendido que seria o participante ou, quando não houvesse participante ou este não tivesse bens, o Estado (António Ferreira Augusto, 1905 a: 92).

[907] António Ferreira Augusto, 1905 a: 77. Em 1905, o autor informava que este processo só em "raríssimos casos" tinha sido aplicado, atribuindo tal facto quer à organização peculiar do processo, com muitas garantias para o réu, quer à sucessão de amnistias e indultos, que dava remédio aos poucos erros judiciários verificados.

mente satisfatórias. Se a doutrina reconheceu a necessidade de manutenção de um grau único de apelação, que considerava característico do direito português anterior e posterior ao liberalismo,[908] ela não deixou de reclamar a reforma das deficiências mais graves do sistema de recursos e, designadamente, a abolição da alçada criminal em primeira e em segunda instância,[909] a clarificação dos poderes do Supremo Tribunal de Justiça quer em matéria de facto, quer de direito,[910] e a reforma do regime das nulidades, em face do contínuo abuso da causa da preterição de formalidades ou actos necessários para a averiguação da verdade.[911] Além destas críticas pontuais, alguns autores ensaiaram mesmo uma tentativa de reforma global do processo penal.

---

[908] Afonso Costa, 1899: 310 e 313, Alberto dos Reis, 1909: 175, Chaves e Castro, 1910: 131. Esta doutrina manteve-se durante o regime republicano (Eduardo Carvalho, 1912: 37, e Menezes e Castro, 1920: 21).

[909] Além da proposta insistente de Navarro de Paiva, nos seus projectos, também se pronunciaram nesse sentido Francisco de Medeiros (1909: 51 e 61) e Chaves e Castro (1910: 138 e 173).

[910] Navarro de Paiva, 1886: 34 e 35, Chaves e Castro, 1910: 168 a 170, 173, Trindade Coelho, 1908: 568, e Alberto dos Reis, 1909: 187. Este autor apontava a contradição de a lei prever o funcionamento do Supremo Tribunal de Justiça como um tribunal de cassação, mas ele funcionar, abusivamente, como um tribunal de terceira instância (Alberto dos Reis, 1950: 390). Esta prática abusiva estaria firmemente implantada no Supremo Tribunal de Justiça desde 1895 (Barbosa de Magalhães, 1958: 139 e 140).

[911] A primeira tentativa legislativa neste sentido foi a de Moraes Carvalho, que no artigo 15 da sua proposta de Lei de 9.1.1862, reformava o sistema de nulidades insanáveis, revogando as previstas nos ns. 3, 10 e 14 do artigo 13 da lei 18.7.1855 (Diário da Câmara dos Deputados, 1862, p. 8). Posteriormente, outras propostas neste sentido foram feitas por Alexandre Seabra, (1886 a: 1) e Francisco de Medeiros (1905: 38).

CAPÍTULO 6.º
A Frustração das Tentativas de Recuperação do Paradigma Judiciário Liberal

1. O Projecto de Código de Processo Criminal (1874), o Projecto Definitivo de Código de Processo Criminal (1882) e o Projecto de Código de Processo Penal (1886) de José da Cunha Navarro de Paiva

José da Cunha Navarro de Paiva, procurador régio junto da Relação do Porto e, mais tarde, juiz conselheiro do Tribunal Superior de Guerra e Marinha e do Supremo Tribunal de Justiça, apresentou sucessivamente quatro projectos de um código de processo penal, o "Projecto de Código de Processo Criminal", de 1874, o "Projecto Definitivo de Código de Processo Criminal", de 1882, o "Projecto de Código de Processo Penal", de 1886, e o "Novo Projecto de Código de Processo Criminal", de 1905.[912]

---

[912] Não consegui encontrar o "Novo Projecto de um Código de Processo Criminal", de Navarro de Paiva. Procurei o projecto no Ministério da Justiça, na Imprensa Nacional, na Biblioteca Nacional, na Torre do Tombo, na Biblioteca e no Arquivo Histórico da Assembleia da República, na Academia das Ciências de Lisboa, na Biblioteca Municipal de Lisboa, na antiga Biblioteca Popular de Lisboa, na Biblioteca da Academia Militar, no polo dos "paulistas" e no polo de Santa Apolónia da Biblioteca do Exército, na Biblioteca Central da Marinha, no Arquivo Histórico da Marinha, no Arquivo Histórico do Exército, no Arquivo Histórico Ultramarino, nas Bibliotecas Municipais do Porto, de Braga, de Aveiro e de Évora, na biblioteca da Misericórdia de Anadia, que recolheu parte das bibliotecas privadas de Alexandre de Seabra e José Luciano de Castro, na biblioteca da Ordem dos Advogados, na da Procuradoria-Geral da República, na do Instituto José da Cunha Navarro de Paiva, que está integrada no Instituto de Reinserção Social, nas bibliotecas dos quatro Tribunais da Relação e na do Supremo Tribunal de Justiça, nas bibliotecas de todas as Faculdades de Direito, públicas e privadas, do país e na Biblioteca Geral de Coimbra, no Max-Planck für europäische Rechtsgeschichte, de Frankfurt, no Max-Planck für ausländische Strafrecht, de Freiburg, na Biblioteca Nacional do Rio de Janeiro, no Real Gabinete Português de Leitura, na biblioteca do Congresso, na biblioteca da Pontifícia Universidade de São Paulo e em várias outras universidades brasileiras e de Goa. Procurei falar com descendentes do autor, de contemporâneos do autor ou de pessoas que se tivessem notabilizado nesta área. Consegui localizar os descendentes do autor e os de Henriques Campos, ministro da justiça na data

O primeiro projecto compreendia quatro livros, tratando o primeiro das acções criminal e civil, o segundo da polícia judiciária, o terceiro da competência e o último dos recursos, totalizando os quatro livros 1048 artigos.

O projecto previa três formas de processo comuns (o processo criminal, o processo correccional e o de polícia correccional), duas formas de processo especiais (o processo para julgamento de titulares de órgãos do poder político e agentes diplomáticos e o processo para julgamento de magistrados judiciais e do Ministério Público) e duas formas de processo excepcionais (o processo de julgamento de réus ausentes e o processo com intervenção de júri especial ou misto).

O projecto assentava na organização judiciária anterior à promulgação da Lei de 16.4.1874. A publicação desta lei tornou o projecto desconforme com a organização judiciária vigente na data da sua publicação. Ainda assim, o autor do projecto entendeu publicá-lo por se prever a revisão do mesmo por uma comissão que seria designada para o efeito. Contudo, esta comissão, constituída pelo Decreto de 1.5.1875 com nove elementos, nela se incluindo o autor do projecto, ainda reuniu, mas não produziu qualquer resultado.[913]

O projecto mantinha a estrutura do processo penal da Novíssima e, designadamente, dos meios de impugnação ordinários.

Na fase instrutória, a mais importante modificação sugerida pelo autor era a da criação de "juízes preparadores" nas cidades de Lisboa e do Porto, o que constituiria "um ensaio proficuo, separando as funcções da instrucção do processo das do julgamento final".[914] No resto do país, era atribuída competência instrutória plena aos juízes ordinários, que não era limitada à constatação do corpo de delito, mas incluía também a formação do sumário da culpa em todos os crimes, sem excepção dos especificados no artigo 7 da Lei de 18.7.1855. Esta

---

da apresentação do projecto e que o mandou imprimir na Imprensa Nacional, bem como os de Luís Osório, de José Mourisca e de Fernando Emygdio da Silva e falei com o Dr. José Beleza. Nenhum deles encontrou o projecto.

[913] Navarro de Paiva deu conta mais tarde da realização de algumas reuniões e até do sentido da discussão nelas tida (Navarro de Paiva, 1886: 8 e 21).

[914] Navarro de Paiva, 1874: XVII. Manifestando-se favoravelmente a esta inovação, Francisco de Medeiros (1877: 124). Navarro de Paiva seguia a doutrina da proposta apresentada pelo deputado Gavicho na sessão da Câmara dos Deputados de 27.4.1867. Este deputado propunha a extinção dos juízes ordinários e dos juízes eleitos e a criação de "juízes preparadores", que seriam bacharéis formados em direito e ficariam com as competências judicativas daqueles magistrados, sempre com recurso para o juiz de direito, além da competência para preparar os processos que os juízes de direito julgavam. O propósito da medida era o de "livrar os juízes de direito do peso de trabalho quasi impossivel de vencer" (Diário de Lisboa, Câmara dos Senhores Deputados, 1867, pp. 1308, 1428 e 1429).

competência instrutória dos juízes preparadores e dos juízes ordinários era, por sua vez, conjugada com uma regulamentação inovadora da intervenção pré-judicial das polícias e do Ministério Público, que permitia a equiparação ao corpo de delito dos autos verbais de verificação de infracções elaborados pelas polícias ou pelo Ministério Público, reconhecendo-se assim do mesmo passo a autonomia da investigação conduzida por estas autoridades.[915] As relações entre o juiz e o Ministério Público no processo preparatório eram, no entanto, esclarecidas no sentido de que o juiz podia rejeitar a querela com base na não criminalidade dos factos ou na impropriedade da forma de processo.

A emergência de um processo pré-judicial, conduzido pelas polícias e pelo Ministério Público, e a nova divisão de competências instrutórias tinham uma repercussão distinta na realização do princípio da acusação na forma de processo ordinário consoante a comarca onde fosse investigado o crime. Se a exclusividade da competência instrutória do juiz de direito nos processos por crimes do catálogo constante do artigo 7 da Lei de 18.7.1855 era suprimida, o projecto consagrava ainda o poder dos juízes de direito de confirmar ou reformar a pronúncia ou não pronúncia dada pelos juízes ordinários, sujeitando deste modo os crimes graves do catálogo legal ao regime vigente para os crimes não contidos no catálogo cometidos nos julgados que não fossem cabeça de comarca. Assim, a modificação proposta pelo projecto só constituía uma melhoria considerável em face do direito vigente nas comarcas de Lisboa e do Porto, pois no resto do país a posição de controlo do juiz de julgamento sobre a instrução realizada pelo juiz ordinário mantinha-se a mesma.

A natureza secreta e não contraditória da fase de instrução do processo também não sofria alteração significativa. Ao denunciado e às restantes partes admitia-se apenas a junção de exposições escritas e documentos nesta fase processual, nos termos da doutrina dos artigos 217 e 222 do *Code d' Instruction*, reconhecendo-se "a conveniencia indisputavel de não ser publica, contenciosa ou controvertida a investigação de crimes e o descobrimento dos seus agen-

---

[915] A primeira voz que se ergueu no sentido da atribuição de valor judicial aos autos de investigação das autoridades administrativas foi a de Castro Neto (1845: 169), invocando o exemplo dos magistrados do Ministério Público francês. O fundamento para esta equiparação era o de que "julgámos conveniente não obrigar os juizes á repetição das diligencias necessarias para formar os corpos de delicto, todas as vezes que a existencia do crime estivesse devidamente comprovada pelos autos feitos pelas auctoridades, agentes de policia e administração, aos quaes é permitido organisa-los" (Navarro de Paiva, 1874: IX). Se em relação aos autos policiais e das autoridades administrativas competentes o texto do projecto previa uma disposição expressa de equiparação, o mesmo não acontecia com os autos de verificação do Ministério Público, mas "era essa a nossa mente, e por involuntaria omissão deixámos de incluir uma provisão n' este sentido", confessava o autor (Navarro de Paiva, 1874: XIII).

tes".[916] Contudo, o projecto procurou salvaguardar o equilíbrio das partes nesta fase secreta, excluindo a intervenção do Ministério Público no processo preparatório e, designadamente, nas diligências de prova nele realizadas.

Na fase de julgamento, a posição de inferioridade dos jurados diante do juiz de direito não era invertida, sendo mesmo reforçada. Se, por um lado, o relatório do juiz aos jurados podia ser seguido por observações do Ministério Público relativas a alguma inexactidão e estas, por sua vez, por explicações do juiz[917] e a fórmula adoptada nos artigos 1146 e 1150 da Novíssima para os quesitos ao júri era afastada, dando-se preferência à consignada no artigo 337 do *Code d' Instruction*,[918] por outro lado, omitia-se a faculdade, prevista no artigo 13 da Lei de 18.7.1855 e também no código francês, de o júri declarar as circunstâncias modificativas que tivessem por efeito a diminuição da pena, ainda que não fossem compreendidas pelos quesitos.[919] Em contraposição o juiz tinha a faculdade de formular quesitos sobre "factos nascidos da discussão do processo, contanto que fossem da mesma natureza do facto primitivo imputado ao réu", bem como sobre "circunstâncias agravantes e atenuantes nascidas da discussão do processo" (artigo 592), e podia anular a decisão do júri, quer esta

---

[916] Navarro de Paiva, 1874: XVIII. Esta opção foi objecto da crítica de Francisco de Medeiros (1877: 49 e 50), que censurou o facto de não se ter implantado o princípio da publicidade na fase do processo preparatório ou, ao menos, admitido a apresentação de prova testemunhal pelo denunciado nesta fase. Em resposta, o autor do projecto, criticando o "excessivo liberalismo" de Medeiros, afastou a primeira proposta, com base no argumento *ad terrorem* da impraticabilidade da investigação criminal caso se admitisse a publicidade, mas omitiu qualquer opinião sobre a segunda proposta (Navarro de Paiva, 1877: 16).

[917] A manutenção do relatório final do juiz devia-se à consideração de que ele constituía "uma garantia para a sociedade e para os accusados" e de que as observações do Ministério Público seriam suficientes para obviar aos abusos da prática judicial (Navarro de Paiva, 1874: XXX).

[918] O autor preferiu esta outra fórmula por entender que ela era mais consentânea com a verdadeira natureza do tribunal de júri, "que não é mero juiz de facto para declarar se o facto existiu ou se está provado, mas juiz da responsabilidade e culpabilidade intencional do accusado" (Navarro de Paiva, 1874: XXXII).

[919] Esta omissão era censurada pelo crítico da RLJ (M. A., 1877: 15) e por Francisco de Medeiros (1877: 69). Este autor propunha até a consagração da faculdade de o júri se pronunciar sobre a pena concreta de modo a evitar as absolvições pelo júri devidas à dureza dos presidentes das audiências na aplicação da pena concreta aos réus, o que nem seria contrário à natureza do júri, pois tendo ele competência para decidir do mais, da criminalidade ou inocência do réu, também a devia ter para se pronunciar sobre o menos, sobre a pena que cabia a este. Respondendo a Medeiros, o autor do projecto considerou esta inovação como "sobre peregrina, em extremo perigosa, aberrante das attribuições dos juizes de facto e offensiva da expressa disposição do artigo 119 da Carta Constitucional" (Navarro de Paiva, 1877: 25). Na opinião do autor do projecto, a reforma da lei penal substantiva e, sobretudo, das penas draconianas nele previstas, era a única solução para o problema colocado pelo crítico.

A Jurisdição Penal Comum 367

fosse positiva, quer fosse negativa, esclarecendo-se o direito da Novíssima no sentido da maior amplitude dos poderes do juiz de direito. Tendo ponderado a possibilidade de submeter a um júri especial o julgamento da causa posterior à decisão do juiz de anulação das respostas aos quesitos com fundamento na respectiva iniquidade, o autor rejeitou tal ideia, por força da dificuldade de congregar esse júri e da "natural repugnancia que temos de juizes e tribunaes excepcionaes".[920]

No âmbito das formas de processo especiais e excepcionais, as modificações introduzidas eram mais significativas. No julgamento de réus ausentes mantinha-se a estrutura da forma de processo consignada na Lei de Fevereiro de 1847, mas consagrava-se a intervenção do tribunal de júri nos processos ordinários, bem como a possibilidade de julgamento de réus ausentes em processo de polícia correccional.[921]

---

[920] Navarro de Paiva, 1874: XXXIII. Apesar de a experiência mostrar a inutilidade do segundo julgamento, pois "o segundo jury confirma quasi sempre, cega e inconscientemente até, a primeira decisão annullada", Francisco de Medeiros (1877: 75 e 76) acompanhou a proposta do projecto, abandonando a sua posição anterior de criação de um "jury excepcional", por força dos mesmos argumentos expendidos pelo autor do projecto.

[921] Manifestou-se claramente a favor da intervenção do júri no processo de ausentes Francisco Medeiros (1877: 57 e 58), considerando-a a "mais notavel e importante" inovação do projecto. Radicalmente contrário a esta proposta era o crítico anónimo da RLJ (M. A., 1877: 28), que a entendia como repugnando "á indole, instituição e funcções do mesmo jury". O crítico contrapunha a pura e simples suspensão do processo após a notificação edital da pronúncia nos processos com réus ausentes, porque "nenhum proveito se tem colhido até hoje do julgamento destes réus mesmo sem jurados". A prolação da pronúncia publicada por editais, acompanhada da consagração de uma ampla garantia de recurso deste despacho pelos parentes do réu ausente, seriam suficientes para forçar o réu inocente a apresentar-se em juízo e o réu culpado à fuga e a um "degredo antecipado" e evitariam "a scena pouco edificante de acusar e julgar em pomposa audiencia de jurados um réu ausente" (M. A., 1877: 28 e 29). A discussão não cessou neste ponto. Modificando a opinião expressa em face do primeiro Projecto, Francisco de Medeiros desferiu uma violenta crítica, nos seus "Estudos ácerca do Projecto Definitivo", à forma de processo para julgamento de réu ausentes, apontando a falta de fundamento teórico e as desvantagens práticas desta forma de processo. O autor acrescentava que, a manter-se esta forma, não devia o julgamento ser realizado pelo júri, por incompatibilidade de princípio entre o julgamento pelo júri e a sujeição da sua decisão a embargos do réu ausente. De modo a não privar os réus condenados da faculdade de apresentar todos os meios de prova que entendessem nos embargos à sentença condenatória devia prescindir-se do julgamento dos ausentes pelo júri (Francisco de Medeiros, 1882: 178). Navarro de Paiva defendeu-se na "Resposta aos Estudos", fundamentando a necessidade imperiosa desta forma de processo e argumentando que o réu ausente estava representado em juízo pelos familiares indicados no § 1 do artigo 380 do projecto, que podiam usar dos meios de defesa e dos recursos que competiam ao réu, o que tornava inútil os embargos do réu ausente (Navarro de Paiva, 1883: 355 e 356). Três anos depois, o autor repudiaria esta sua argumentação, esclarecendo então de vez a sua posição. No terceiro projecto previa-se que a sentença proferida em processo de

368   A Reforma da Justiça Criminal em Portugal e na Europa

Embora Navarro de Paiva se manifestasse contra a atribuição a um corpo político "sujeito ao influxo de paixões partidarias" de competência para julgamento dos crimes cometidos pelos agentes do poder político referidos no artigo 732 e em favor da atribuição dessa competência ao STJ,[922] o projecto previa, em obediência ao disposto no artigo 27 da Carta, uma forma especial de processo de julgamento em primeira e única instância pela Câmara dos Pares destes crimes, resolvendo a questão muito discutida dos efeitos da recusa da autorização da Câmara dos Deputados para continuação do processo criminal no sentido da limitação desses efeitos à duração da legislatura.

A forma de processo de polícia era profundamente alterada, quer no toca ao seu objecto quer no que respeita à sua estrutura. O objecto desta forma de processo incluía, além dos crimes puníveis com penas correccionais, também as contravenções de polícia e as infracções das leis administrativas e fiscais, que não fossem puníveis com penas superiores às previstas no artigo 489 do Código Penal.

A estrutura do processo de polícia era modificada por força da previsão muito ampla de equiparação dos autos policiais ou administrativos ao corpo de delito, o que tinha a consequência de a instrução se restringir nestes processos ao controlo judicial e pelo Ministério Público da deficiência e da irregularidade dos autos policiais ou administrativos, competindo a dedução da queixa ao agente do Ministério Público e a prolação do despacho que mandava citar o réu para julgamento ao juiz de direito ou ao juiz ordinário, consoante o julgado em que tivesse sido cometida a infracção. Na audiência de julgamento, procedia-se à leitura do auto de corpo de delito e, sempre que não houvesse renúncia ao recurso de apelação, ao registo da prova, sendo suprimida a alçada do juiz. No entanto, se o réu confessasse, a causa cessava de imediato, fixando-se a "pena applicavel no seu termo médio"(artigo 801).

A criação de um tribunal de polícia correccional, composto pelo juiz de direito e pelos seus dois primeiros substitutos, com competência para julgar todas as apelações das sentenças dos juízes ordinários proferidas sobre crimes de polícia correccional, completava um regime mais favorável ao arguido do que o vigente, uniformizando-se deste modo o sistema de recursos fixado na Novíssima para conhecimento das decisões proferidas por estes magistrados, sem prejuízo

---

ausentes não passava em julgado enquanto não fosse notificada ao réu, que então podia apenas interpor os recursos comuns, o que o primeiro projecto omitia de todo e o segundo regulamentava em termos duvidosos. Só na exposição de motivos do terceiro projecto se esclareceu que os parentes do réu ausente não tinham o direito de impugnar a sentença condenatória. Os únicos meios de impugnação desta decisão, a apelação e a revista, só podiam ser exercidos pelo réu quando comparecesse, dependendo o trânsito da decisão da sua notificação nesse momento (Navarro de Paiva, 1886: 72).

[922] Navarro de Paiva, 1874: XXXVIII, reafirmada em 1882 a: 57, e 1886: 75.

A Jurisdição Penal Comum

do recurso para a Relação das sentenças condenatórias proferidas em primeira instância pelos juízes de direito.

A mais importante novidade no âmbito das formas de processo especiais consistiu, no entanto, na criação da forma de processo correccional para julgamento dos crimes puníveis com pena de prisão correccional por mais de seis meses e até dois anos.[923] Na fase preparatória, o Ministério Público deduzia a queixa e o juiz proferia a pronúncia. A fase de julgamento não incluía o libelo acusatório, sendo os autos julgados exclusivamente pelo juiz de direito, sem a intervenção do tribunal de júri, mas sempre com registo escrito da prova. Admitia-se também o julgamento em processo correccional de réus ausentes e dos que beneficiavam de foro especial.

No âmbito dos recursos, o projecto consagrava uma aspiração da doutrina liberal, o recurso de revisão das sentenças condenatórias em penas de degredo, prisão maior temporária, expulsão, perda de direitos políticos e prisão correccional superior a dois anos, com base em erro judiciário.[924] Após uma justificação prévia do pedido com testemunhas diante do juiz recorrido, o Supremo Tribunal de Justiça julgava o recurso e, no caso de deferimento, o novo julgamento era realizado por um tribunal de júri alargado, composto de jurados de três comarcas. Na sequência da proposta da comissão que redigiu o projecto do código penal de 1861, consignou-se a doutrina segundo a qual a reabilitação do réu injustamente condenado era um efeito imediato da revisão. O novíssimo recurso de revisão e a faculdade de anulação das respostas iníquas constituiriam uma garantia suficiente contra o erro judiciário, que tornava dispensável o estabelecimento de um verdadeiro recurso de apelação da decisão do júri.

---

[923] Francisco de Medeiros (1877: 54) aplaudia a opção do projecto pela correccionalização dos crimes mais levemente punidos pela lei, que eram precisamente aqueles em que as absolvições injustas se repetiam mais frequentemente. Ao invés, manifestando-se contra esta novidade, o crítico da RLJ (M. A., 1877: 27) apontava a experiência curta de seis meses de confusão no foro subsequente à publicação do diploma de Dezembro de 1852, sugerindo que se procedesse à reforma do processo de polícia correccional ou à ampliação da forma do processo correccional a todos os crimes então reservados para a forma de polícia correccional.

[924] "A reforma limitada a estes casos ... é só meia reforma e meia justiça", censurava Francisco de Medeiros (1877: 89). Também a necessidade de uma ordem do STJ para realização de um novo julgamento era criticada por este autor, sugerindo ele, ao invés, a justificação do pedido de revisão apenas diante do juiz de direito, mas com todo o tipo de provas e não somente com prova testemunhal. O autor do projecto justificou o carácter restritivo da sua proposta com o propósito de "obviar a abusos, porventura tão nocivos como o mal que se pretende evitar", mas aceitou a sugestão do alargamento da prova produzida na justificação preliminar do recurso. Contudo, esta justificação diante do juiz de direito não era suficiente, insistindo o autor na necessidade da intervenção do STJ para determinar a realização do segundo julgamento (Navarro de Paiva, 1877: 32).

370   *A Reforma da Justiça Criminal em Portugal e na Europa*

Além da introdução deste recurso extraordinário e da manutenção do objecto muito amplo do recurso de revista,[925] o favor com que o autor do projecto via a garantia processual dos recursos manifestava-se ainda no alargamento do âmbito do recurso obrigatório de apelação[926] e, indirectamente, na consagração da possibilidade de prestação de caução pelos réus condenados sempre que o crime a admitisse e, designadamente, nos crimes puníveis com expulsão do reino, perda de direitos políticos, prisão maior e degredo temporário, verificando-se circunstâncias atenuantes que pudessem fazer descer a pena abaixo do seu termo médio, e em todos os processos julgados em processo correccional.[927] Em polícia correccional, os réus não seriam sequer compelidos a prestá-la. As "delongas inevitaveis do processo", resultantes do próprio favor com que era tratada a parte recorrente, fosse ela réu, queixoso ou acusador público, não deviam em circunstância alguma prejudicar o réu atento o "estado extremamente lastimoso das cadeias de quasi todas as comarcas".[928]

Em 1882, Navarro Paiva apresentou um novo projecto, o "Projecto Definitivo de Código de Processo Criminal". A elaboração do "projecto definitivo" resultou da pretensão do autor de harmonizar o anterior projecto com a organização judiciária subsequente à publicação da Lei de 16.4.1874 e de introduzir algumas das propostas da comissão entretanto nomeada para discutir o anterior projecto.[929]

---

[925] A manutenção do amplo leque de nulidades insanáveis e até a repetição da disposição genérica do artigo 13, n. 14, da Lei de 18.7.1855, nos artigos 372 e 690 do projecto, foram veementemente censuradas pelo crítico da RLJ (M. A., 1877: 13), que descrevia o "desarranjo", a "desorganização" e as "monstruosidades na lei do processo crime" causados por esta disposição, advogando o fim do "turbilhão de nulidades".

[926] O recurso obrigatório de apelação interposto pelo Ministério Público era alargado a todas as sentenças condenatórias em pena maior. Ainda assim, Francisco de Medeiros (1877: 67) preferia um verdadeiro recurso de apelação para um segundo júri sempre que a decisão absolutória ou condenatória do primeiro não fosse unânime. O autor do projecto considerou que a revisão e a faculdade de anulação das respostas iníquas constituíam uma garantia suficiente e que a inovação proposta nos "Estudos" arrastaria o processo e perpetuaria a incerteza (Navarro de Paiva, 1877: 24).

[927] A verificação antecipada das circunstâncias atenuantes pelo juiz instrutor, que se inspirava na proposta n. 3, apresentada na Câmara dos Deputados, em 14.5.1870, podia ser objecto de uma crítica. "Póde objectar-se que o reconhecimento das circumstancias attenuantes pelo juiz instructor do processo póde ser desattendido pelo jury, que póde no seu veredictum não as julgar provadas, resultando assim um antagonismo entre a decisão dos juizes de facto e a do juiz de direito e do Tribunal da Relação, no caso de se haver interposto algum aggravo". Navarro de Paiva afastava a crítica por ele mesmo antevista com o argumento de que "não há decisões antagonicas, porque são proferidas em situações differentes e com elementos de prova diversos." (Navarro de Paiva, 1974: VIII).

[928] Navarro de Paiva, 1874: XXXIII.

[929] Navarro de Paiva, 1882 a: 11.

O projecto apresentava uma nova distribuição, inspirada na divisão de matérias da recentíssima lei processual civil e contendo quatro livros, o primeiro sobre os princípios gerais relativos à acção e à competência, o segundo sobre a forma do processo, o terceiro sobre os processos especiais e o último sobre os recursos, totalizando 543 artigos.[930]

O projecto previa cinco formas de processo comuns: o processo para julgamento dos crimes puníveis com penas maiores, o de julgamento de crimes cometidos ou descobertos na audiência, o de julgamento de réus ausentes, o de julgamento dos crimes puníveis com penas correccionais e o de julgamento de transgressões de posturas e coimas. As formas especiais eram as de julgamento dos titulares de órgãos do poder político, dos membros do corpo diplomático e dos magistrados judiciais e do Ministério Público.

Na sequência das alterações à organização dos tribunais com competência criminal decorrentes da Lei da reforma judiciária de Abril de 1874, o projecto novo previa que a competência para julgar os crimes correccionais e as transgressões de posturas fosse atribuída aos juízes substitutos dos juízes de direito nas comarcas de Lisboa, Porto e Ponta Delgada e aos juízes de direito nas demais comarcas do país, abolindo-se deste modo toda a competência judicativa criminal e transgressional dos juízes ordinários e, do mesmo passo, suprimindo-se o Tribunal de Polícia Correccional.

Na fase preparatória do processo comum, o projecto definitivo reformulava a participação do suspeito e suprimia duas formalidades dispensáveis. Temendo uma "transição rapida do systema do processo de instrucção secreta para um regimen de publicidade e debate controvertido entre o juiz e as partes", mas querendo contrariar a crítica dirigida à solução conservadora do projecto inicial, o autor optou por uma solução mitigada, próxima da consagrada no artigo 199 do código austríaco de 1873 e em um projecto do ministro da justiça francês de 27.11.1879, que admitia a faculdade de o denunciado oferecer ao juiz instrutor todas as provas que tivesse da sua inocência e, portanto, também meios de prova testemunhal, sem, contudo, permitir a produção contraditória da prova.[931]

---

[930] Navarro de Paiva diria mais tarde que a nova divisão se tinha ficado a dever à opção da comissão que em Outubro de 1877 começou a analisar o seu primeiro projecto (Navarro de Paiva, 1886: 8).

[931] Esta proposta de reforço da intervenção do denunciado na fase instrutória do processo representava, afinal, o reconhecimento da razão da censura feita nos "Estudos" de Francisco de Medeiros, de 1877. Na sequência da censura do crítico da RLJ (M. A., 1882 a: 483), Navarro de Paiva reconheceu (1882 b: n. 729, p. 2) o carácter inconciliável da possibilidade, por si excogitada numa primeira versão manuscrita do projecto definitivo, de o réu assistir à inquirição das testemunhas no processo preparatório com a doutrina fixada nos artigos 59 e 129 do projecto. O direito de assistência do réu foi por isso afastado na versão publicada do projecto definitivo. Nos seus

A Reforma da Justiça Criminal em Portugal e na Europa

Sob influência do referido projecto francês, o projecto português previa também a presença de um advogado no interrogatório do suspeito realizado durante o processo preparatório, que, faltando, seria substituído por um escrivão ou por uma testemunha. O magistrado do Ministério Público e a parte querelante, só ou com o respectivo advogado, participavam na diligência, podendo sugerir perguntas ao juiz.

Por outro lado, o projecto suprimia o sumário da querela, pondo fim à distinção entre o corpo de delito e o sumário, de molde a permitir a investigação conjunta do crime e do criminoso,[932] e, na sequência de uma sugestão feita por um crítico, abolia o auto de querela, que apenas reproduzia o requerimento da querela nos autos.[933]

A intervenção do júri na forma de processo comum mais grave foi muito valorizada, quer repondo a faculdade de o júri declarar circunstâncias atenuantes não quesitadas, quer limitando a possibilidade de o juiz formular quesitos subsidiários quando o facto pudesse ser qualificado diferentemente da acusação ao caso em que a pena correspondente não fosse superior à que tivesse sido pedida na acusação, tal como dispunha o artigo 342 do novo Código de Justiça Militar, quer ainda criando um tribunal de júri alargado para o julgamento subsequente à anulação pelo juiz das respostas aos quesitos iníquas, que seria organizado nos termos previstos para o júri misto previsto na Lei de 1.7.1867.[934] Deste modo, o autor ultrapassou as reservas anunciadas na exposição de moti-

---

"Estudos ácerca do Projecto Definitivo", Francisco de Medeiros insistiu na necessidade de ampliar a publicidade no processo preparatório, pondo fim aos depoimentos recolhidos em segredo (Francisco de Medeiros, 1882: 115). Navarro de Paiva respondeu, de novo, à crítica, impugnando um a um os argumentos teóricos de Medeiros e, sobretudo, invocando os riscos para a segurança da comunidade decorrentes da publicidade do processo preparatório e a sua ineficácia para garantir a defesa do réu contra um juiz parcial ou testemunhas tendenciosas (Navarro de Paiva, 1883: 257 a 261).

[932] O comentador do projecto, Francisco de Medeiros, pronunciou-se favoravelmente a esta inovação, pondo em destaque a vantagem da reforma, que só viria a ser consagrada em 1892, de tornar menos moroso o processo preparatório (Francisco de Medeiros, 1882: 129).

[933] "É esta uma outra formula ou antigualha a mais superflua no processo crime", assim a qualificava o crítico da versão inicial do Projecto (M. A., 1877: 604). Navarro de Paiva foi sensível à crítica e modificou a sua posição anterior.

[934] Os fundamentos teórico e prático para a criação deste tribunal de júri alargado eram estes: "A pratica diuturna convenceu-me da inanidade e inefficacia do segundo julgamento do réu por outro jury da mesma comarca, embora não fizesse parte d' elle nenhum dos jurados que intervieram no primeiro julgamento. Há em geral em todas as corporações um principio de solidariedade que predomina sobre todos os interesses sociaes, e em virtude do qual os membros d' ellas desejam a todo o transe manter ilesas as suas resoluções. Determinado por estes motivos, os jurados quasi sempre confirmam no segundo julgamento o veredictum proferido pelo primeiro jury" (Navarro de Paiva, 1883: 354).

A Jurisdição Penal Comum

vos do primeiro projecto, embora não tivesse concedido a faculdade de impugnação das respostas do júri às partes por receio de que estas "raro se conformariam com a primeira decisão do jury".[935] Como medida preventiva de respostas contraditórias, insuficientes ou mesmo iníquas foi também introduzida, à luz da doutrina do artigo 327 do código austríaco de 1873, a possibilidade de o juiz penetrar na sala dos jurados, a pedido do presidente do júri e acompanhado pelo magistrado do Ministério Público e pelos advogados das partes, com vista ao "esclarecimento ácerca da intelligencia de algum quesito ou sobre a fórma da resposta" (artigo 318, § único, n. 2), subtraindo assim a discussão das dúvidas dos jurados à publicidade da audiência.

No tocante às formas de processo para julgamento dos ilícitos menos graves, o "projecto definitivo" abolia a forma de processo de polícia e o processo especial para julgamento dos crimes de contrabando e de falsificação de moeda,[936] criava uma nova forma de processo correccional, com o objecto e a tramitação consagrados no anterior projecto de 1874, e regulamentava em termos inovadores a forma de processo para julgamento de coimas e transgressões de posturas, a que ficavam também sujeitos os crimes puníveis com pena até seis meses de prisão.

O transgressor era citado para dentro de, pelo menos, três dias comparecer em audiência de julgamento, entregando-se-lhe cópia do requerimento do Ministério Público ou do acusador municipal. Invocando o exemplo dos artigos 149, 152, 185 e 186 do *Code d' Instruction* e dos artigos 454 e 455 do código austríaco de 1873, mandava-se julgar o transgressor na ausência caso não comparecesse sem justificação e não constituísse advogado ou solicitador. Na audiência de julgamento liam-se as peças do processo que as partes requeressem e o número das testemunhas não excedia, em regra, o de três por cada parte. Admitia-se a condenação sumaríssima e de plano do réu confesso na quantia média da multa aplicável e impunha-se o registo obrigatório da prova no julgamento do não confesso.[937]

---

[935] Navarro de Paiva, 1882 a: 52, e, de novo, em 1886: 66.

[936] A justificação dada foi a de que os crimes de contrabando e de moeda falsa "não são por certo crimes de maior momento do que os que violam o direito da existencia ou de outro direito absoluto do homem" (Navarro de Paiva, 1882 a: 48, e, de novo, em 1886: 60). Crítico em relação a esta abolição, Francisco de Medeiros, 1882: 147.

[937] O crítico da RLJ (M. A., 1882 a: 498) repetiu a sua crítica contundente contra a introdução do processo correccional, já desferida no primeiro projecto, e verberou a nova forma de processo especial para julgamento das coimas e das transgressões. Navarro de Paiva (1882 b: 18) defendeu a competência dos juízes de direito para julgarem os processos correccionais e até os de coimas e transgressões, por os juízes ordinários não oferecerem garantias de acerto no julgamento destes processos.

A melhoria da posição processual do suspeito quer na fase preparatória, quer na fase de julgamento dos processos criminais comuns, conjugada com o propósito manifesto de aceleração processual e de uniformização com a lei processual civil, conduziram a uma restrição do favor anteriormente reconhecido ao direito de recurso, abolindo-se o agravo de instrumento,[938] reintroduzindo-se o limite da pena de prisão maior excedente a cinco anos para o recurso obrigatório do Ministério Público e uma alçada muito gravosa nos processos por coimas e transgressões de posturas municipais,[939] exigindo-se cinco votos concordes para se decidir que a preterição de certo acto era essencial à descoberta da verdade e tinha influência directa na decisão da causa[940] e até suprimindo-se o recurso de revisão.[941]

Dos acórdãos proferidos pelas Relações em virtude da concessão de revista em harmonia com a decisão do Supremo Tribunal de Justiça, que eram votados apenas por três votos conformes, não competia outro recurso de revista e dos que não se conformassem competia novo recurso para o Supremo Tribunal de Justiça, quaisquer que fossem os seus fundamentos. A segunda revista era decidida em sessão plena do Supremo, por maioria absoluta de votos, e, sendo proferido novo acórdão anulatório do acórdão da Relação, aquele vinculava a Relação, deste modo se consagrando a doutrina dos artigos 1163 e 1164 do CPC.

---

[938] "Foi sem duvida esta innovação a cousa peior que nos trouxe o actual Codigo de processo civil" (M. A., 1882 a: 500). Com esta afirmação peremptória censurava o crítico anónimo da RLJ a inovação da lei processual civil da supressão do agravo de instrumento, que correspondia, afinal, à transformação de todos os agravos de petição em agravos de instrumento, pois todos subiam em instrumento à Relação, viessem da sede desta ou de fora dela, com o consequente acréscimo de despesas pela extracção dos instrumentos e de perda de tempo. Por isso, o autor do projecto não devia, segundo o crítico, ter seguido, como seguiu, o exemplo da lei processual civil.

[939] A razão dada para este retrocesso relativamente à regra do anterior projecto foi a de que das penas impostas nestes processos "não resulta stygma, nem damno material apreciavel" (Navarro de Paiva, 1882 a: 63).

[940] Na luta "irreconciliavel" entre a liberdade e a ordem, Navarro de Paiva escolheu "um systema intermedio", reconhecendo a nulidade muito ampla prevista no artigo 13, n. 14 da Lei de 18.7.1855, mas exigindo uma maioria reforçada para a sua declaração. O crítico da RLJ (M. A., 1882 a: 482) censurava com aspereza uma primeira versão do "projecto definitivo", que o autor do projecto lhe tinha facultado, em que se exigiam sete votos conformes.

[941] O "projecto definitivo" previa apenas os quatro casos de suspensão da execução da pena da Novíssima e um quinto, o do aparecimento de pessoa julgada morta, inspirado no artigo 444 do código francês. A crítica deste "retrocesso notável" na regulamentação do recurso de revista foi feita por Alvaro Villela (1897: 115 e 116), que, em face da omissão de qualquer justificação do autor, apontava como motivo a força da influência da legislação francesa e o "receio de abalar a ordem social com a mutabilidade dos julgados". Também para a crítica, Adelino da Palma Carlos, 1927: 90.

A Jurisdição Penal Comum 375

O carácter restritivo da nova regulamentação dos recursos era ainda reforçado pelas novas regras relativas à prisão preventiva e à prestação de fiança, que dificultavam em termos práticos o exercício do direito ao recurso pelo réu preso, a quem não era contado o tempo de custódia na pena definitiva. Se se mantinham as propostas anteriores da possibilidade de prestação de fiança nos processos por crimes puníveis com penas maiores temporárias em que se provasse ou indiciasse a existência de circunstâncias atenuantes e no processo correccional,[942] introduzia-se, contudo, um novo regime de prisão preventiva muito gravoso, inspirado em uma lei brasileira de 20.9.1871, que previa a detenção sem culpa formada e nem sequer indiciada do réu denunciado pela prática de crimes expressamente fixados em um catálogo. A detenção, que era facultativa e dependia de requerimento do Ministério Público ou do ofendido, tinha o limite máximo de um ano contado da perpetração do crime, restringindo-se deste modo o prazo do artigo 988 da Novíssima aos crimes excluídos do catálogo.[943] Acresce que o réu condenado em pena de trabalhos públicos, prisão maior ou degredo

---

[942] O autor do projecto rejeitava a concessão ampla e sem excepção da fiança em todos os crimes puníveis com penas maiores com o seguinte fundamento: "se o estado lastimoso em que se acha a maior parte das cadeias, que mais parecem antros de feras do que prisões de homens, está naturalmente instando para que se amplie a garantia da liberdade provisória, parece-nos comtudo que ella não deve exagerar-se até ao ponto de comprometter os legitimos interesses da sociedade" (Navarro de Paiva, 1882 a: 45). A reforma sugerida por Navarro de Paiva para o regime da prestação da caução foi reproduzida por um projecto de lei, apresentado por Julio Vilhena, na Câmara dos Deputados, em 23.12.1883, que não vingou. Só três anos depois os esforços para a reforma do sistema das medidas cautelares teve sucesso.

[943] O primeiro autor que teve a ideia de subtrair à regra do artigo 988 da Novíssima os suspeitos detidos pela prática de crimes graves sem culpa formada foi Castro Neto (1845: 181), com o argumento de que de outro modo aquela disposição era "dificil de se combinar com a do dito Art. 1023, acrescendo que rompendo-se o segredo da Justiça com a prisão dos réos mandal-os soltar antes de absolvidos, não havendo hoje processo contra réos ausentes, pode dar occasião a que fiquem muitos crimes impunes". Navarro de Paiva não justificou esta inovação na exposição de motivos do projecto de 1882 e só o fez na do projecto de 1886, alegando que "a natureza dos direitos violados, o alarme social que resulta da perpetração de crimes de tanta gravidade e a necessidade de restabelecer a segurança e a tranquillidade publica pela effectiva repressão dos agentes de tais crimes, justificam a detenção preventiva effectuada com a maxima celeridade" (Navarro de Paiva, 1886: 50). Já anteriormente, em resposta à crítica de Francisco de Medeiros ao projecto definitivo, Navarro de Paiva tinha reconhecido que "O meu systema é ... mais fortemente repressivo do que a disposição do artigo 1.053 da Novíssima ... julguei conveniente auctorisar a prisão preventiva, independentemente da formação da culpa, nos crimes exceptuados de fiança. Não duvidei, porém, estabelecer uma excepção para auctorisar a prisão preventiva, sem precedencia de prova documental ou testemunhal, nos crimes de homicidio, falsificação e passagem de moeda e effeitos falsificados, levantamento de fazenda alheia, roubo e furto domestico, pela natureza especial d' estes crimes, que, atacando direitos importantes, lançam grande perturbação na sociedade", Navarro de Paiva, 1883: 308).

não podia prestar fiança depois da condenação, ficando sem efeito a que já tivesse prestado, com o que o autor do projecto se afastava da doutrina do projecto inicial e consagrava a de um projecto de lei votado na Câmara dos Deputados em 19.3.1881, mas que só cinco anos mais tarde vingaria com a publicação da "lei das fianças". Ao invés, no recurso de decisão absolutória pela prática de crime punível com prisão maior em que não fosse prestada fiança o réu só podia ser detido por trinta dias contados da interposição do recurso. De igual modo, o julgamento anulado por iniquidade das respostas do júri devia realizar-se dentro de trinta dias, findos os quais o réu era solto se não estivesse já afiançado.

Embora Navarro Paiva qualificasse o "projecto definitivo" como "um trabalho inteiramente novo",[944] o novo projecto assentava formalmente no anterior, adaptado embora às inovações resultantes da lei de organização judiciária de 1784 e da lei processual civil. Por força do circunstancialismo político e do carácter fortemente repressivo das regras relativas à prisão preventiva, que suplantava o efeito das propostas liberais relativas às fases preparatória e de julgamento no processo ordinário, o "projecto definitivo" não vingou e o prognóstico do crítico da Revista de Legislação e Jurisprudência de que esta não seria ainda a última edição do projecto veio a concretizar-se.[945]

Em 1886, Navarro de Paiva elaborou e apresentou publicamente um novo ensaio de um código de processo penal, por entender que o "projecto definitivo" precisava de ser revisto em face da publicação da nova lei penal substantiva, a Nova Reforma Penal de 14.6.1884.[946]

O novo projecto era constituído por quatro livros, o primeiro incluindo disposições gerais, o segundo regulamentando o processo criminal, o terceiro os processos especiais e o último os recursos, tendo ao todo 618 artigos. Também o projecto de 1886 foi vítima da rápida evolução legislativa. O autor reintroduziu a competência transgressional e instrutória dos juízes ordinários que, entretanto, foram extintos pelo artigo 1 do Decreto de 29 de Julho desse mesmo ano de

---

[944] Navarro de Paiva (1882 b: 577) respondia assim ao crítico anónimo da RLJ (M. A., 1882 a: 465), que considerava o novo projecto uma "2ª edição" do anterior.

[945] M. A., 1882 b: 67.

[946] A motivação para o novo empreendimento foi pelo autor explicitada na "exposição justificativa" do novo código (Navarro de Paiva, 1886: 8), onde também se esclarecia a razão de ser da alteração da designação do código. A razão apontada pelo autor foi a de que no código se regulamentava a forma de processo para conhecimento de todas as infracções e não apenas as infracções com natureza criminal. O projecto foi posteriormente submetido a uma revisão pelo Instituto da Conferência da Ordem dos Advogados, no ano de 1889, tendo nela participado o próprio autor do projecto, que fez, aliás, algumas propostas de alteração ao projecto e se opôs a outras aprovadas pelo Instituto da Conferência (Ordem dos Advogados, 1889: 12, 54, 55, 56 e 62).

A *Jurisdição Penal Comum* 377

1886. Na versão do projecto revista pela Conferência da Ordem dos Advogados, de 1889, já eram tidas em consideração as alterações resultantes da nova lei, atribuindo-se aos juízes de paz a competência dos juízes ordinários.

O projecto previa cinco formas de processo comuns: o processo ordinário, o processo para julgamento dos crimes cometidos na audiência, o de julgamento de réus ausentes, o de polícia correccional e o de julgamento de coimas e transgressões de posturas. As formas especiais de processo eram as previstas para julgamento de titulares de órgãos de soberania, membros do corpo diplomático e magistrados judiciais e do Ministério Público, ampliando-se aos vogais dos tribunais administrativos, de fazenda, guerra e marinha e aos bispos das dioceses ultramarinas o regime válido para os membros do corpo diplomático.

O projecto mantinha a estrutura do processo ordinário, com as modificações introduzidas no "projecto definitivo".[947]

A regulamentação autónoma da competência para a investigação na fase prévia ao início do processo preparatório, do valor da prova nela recolhida e do modo de fixação de medidas de coacção e, designadamente, da nova fiança provisória durante aquela fase, revelava a emergência de uma fase pré-judicial autónoma, dirigida pelas polícias e pelo Ministério Público. Concomitantemente, o prazo da "prisão preventiva" determinada fora de flagrante delito e sem qualquer indiciação de culpa foi diminuído para seis meses, mas o prazo ordinário de detenção antes da formação da culpa, previsto no artigo 988 da Novíssima, foi aumentado para quinze dias,[948] sendo o termo inicial deste prazo expressamente fixado no dia em que o preso fosse colocado à disposição do juiz instrutor.[949]

---

[947] Também o projecto de 1886 foi objecto da crítica de Francisco de Medeiros, que apontou a necessidade da sua alteração, propondo, entre outras, a consagração do mais amplo direito do arguido, mesmo quando não estivesse preso ou afiançado, de apresentar meios de prova e requerer diligências na fase preparatória, bem como de assistir a todas as diligências durante o processo preparatório (Francisco de Medeiros, 1884: n. 110, p. 210) e a supressão do relatório do juiz e da faculdade de anulação das respostas aos quesitos, devendo facultar-se à acusação e ao réu o direito de recorrer para um segundo júri (Francisco de Medeiros, 1884: n. 111, pp. 226 e 228).

[948] A justificação dada era a de que "a experiencia e as ponderações judiciosas que escutámos nos convenceram de que nem sempre era possivel colligir em tão curto espaço de tempo as provas ou indicios de culpabilidade dos agentes do crime" (Navarro de Paiva, 1886: 48 e 52).

[949] Se no projecto de 1874 não se previa sequer o termo inicial deste prazo, no projecto de 1882 Navarro de Paiva manteve o referido prazo, mas o termo inicial da sua contagem já não era o dia da prisão, como mandava a Novíssima, mas o "da entrada do preso na cadeia da comarca do juiz de direito instrutor do processo" (artigo 168), o que dava cobertura implícita à prática policial de "detenção para averiguações". A expressão utilizada no projecto de 1886 representava o reconhecimento expresso desta prática.

378   *A Reforma da Justiça Criminal em Portugal e na Europa*

As relações entre o juiz e o Ministério Público no processo preparatório eram, no entanto, esclarecidas no sentido de que aquele podia rejeitar a querela com base na não criminalidade dos factos ou na impropriedade da forma de processo, mas também podia ordenar ao Ministério Público que instaurasse procedimento criminal, quando ele se tivesse abstido de o fazer, competindo recurso de apelação daquele despacho judicial.

Nas formas alternativas de processo comum, abandonou-se o processo correccional, alargando-se o âmbito do velho processo de polícia a todos os crimes puníveis com pena de prisão correccional e às transgressões de posturas que a lei mandasse julgar nesta forma de processo. As outras transgressões eram julgadas em uma forma de processo autónoma.

O novo processo de polícia correccional diferia muito do da lei vigente. Após a constituição do corpo de delito, o Ministério Público deduzia a queixa e, se o juiz a recebesse, procedia ao processo preparatório em quinze dias nos processos por crimes. Nos processos por transgressões, o auto policial ou administrativo de verificação da transgressão constituía o processo preparatório e o juiz controlava a sua deficiência ou irregularidade.

Concluído o processo preparatório, o Ministério Público deduzia acusação, só podendo dar, em regra, oito testemunhas. O juiz mandava citar o réu, que podia recorrer de agravo do despacho e apresentar a sua defesa. Na audiência procedia-se à leitura do auto do corpo de delito, da acusação e da petição de defesa e registava-se a prova. Admitia-se a cessação do procedimento criminal pelo pagamento da multa quando o crime fosse punível somente com esta pena.

Na forma de processo para julgamento de transgressões de posturas que a lei não mandasse julgar no processo de polícia, o transgressor era citado com antecedência de, pelo menos, cinco dias para julgamento do ilícito acusado pela autoridade administrativa, podendo ser julgado à revelia se faltasse sem justificação e não constituísse mandatário que o representasse. Na audiência, liam-se as peças do processo que as partes requeressem e registava-se a prova se o réu não confessasse e as partes não prescindissem de recurso. Caso o réu confessasse, era condenado de plano no máximo da multa aplicável ou no valor da remissão da pena de prisão. Era também admissível a extinção do procedimento criminal com o pagamento da multa no acto da transgressão. A decisão final só podia ser impugnada com o recurso de apelação para o juiz de direito, que julgava definitivamente a causa.

As alterações "profundas e radicaes" introduzidas pelo novo projecto encontravam-se precisamente neste âmbito da regulamentação dos recursos,[950]

---

[950] Navarro de Paiva, 1886: 77.

A Jurisdição Penal Comum

prevendo-se de novo a regra absoluta da proibição da alçada, ressurgindo o agravo de instrumento,[951] consagrando-se a competência do Supremo Tribunal de Justiça para conhecer da matéria de prova ("decidindo se na criminalidade do facto e na prova do mesmo houve applicação da lei manifestamente errada", artigo 48, n. 1),[952] e reintroduzindo-se o recurso de revisão com o objecto restrito do primeiro projecto, mas com uma prova de justificação do pedido mais ampla.

A liberalidade das soluções propugnadas pelo terceiro projecto em matéria de recursos era reforçada pelas novas regras relativas à prestação de fiança e à imputação da prisão preventiva na pena.

Embora a libertação do réu submetido a segundo julgamento por anulação das respostas do júri do primeiro, bem como a do réu absolvido por decisão impugnada por recurso de revista dependessem sempre da prestação de fiança, mesmo no caso dos crimes que a não admitissem, não se fixando qualquer prazo máximo para a prisão do réu, o novo regime de prestação de fiança fixado pela Lei de 15.4.1886 era recebido e ampliado pela previsão de uma disposição complementar que permitia que mesmo nos crimes excluídos de fiança ela fosse prestada quando concorressem circunstâncias atenuantes que fizessem descer a pena abaixo do termo médio da sua duração, facilitando a manutenção do suspeito de crimes graves em liberdade durante a pendência do processo.[953] Nos crimes puníveis com penas correccionais, incluindo a pena de prisão até dois anos, o projecto ia mais longe do que a recentíssima lei de Abril, dispensando-se mesmo a prestação de fiança em processo por crimes puníveis com pena de pri-

---

[951] "Da supressão d' esta especie de aggravo nenhuma vantagem resulta á regularidade ou celeridade do processo penal. A experiencia tem-nos mostrado que as certidões com que são instruidos os aggravos de petição, longe de facilitarem, difficultam por extremo o exame e estudo d' elles" (Navarro de Paiva, 1886: 82). Contudo, em 1889, o autor do projecto mudou de novo de opinião, sugerindo a supressão deste recurso no Instituto da Conferência da Ordem dos Advogados (Ordem dos Advogados, 1889: 75).

[952] Navarro de Paiva, 1886: 34 e 35. O autor preveniu a censura da violação das normas constitucionais sobre organização judiciária, defendendo mesmo esta competência do Supremo Tribunal de Justiça já em face da lei positiva vigente, de que, aliás, este Alto Tribunal não se coibia de fazer uso, como concluía o autor. O Instituto da Conferência da Ordem dos Advogados (Ordem dos Advogados, 1889: 7) manifestou-se contra esta inovação, mantendo a anterior competência limitada ao conhecimento das nulidades do processo e da sentença. A mais significativa alteração ao projecto proposta pelo Instituto da Conferência da Ordem dos Advogados dizia, aliás, respeito à redução muito considerável do catálogo das nulidades insanáveis e ao regime especial da deliberação da nulidade de omissão de actos ou termos processuais essenciais à descoberta da verdade (Ordem dos Advogados, 1889: 14).

[953] As críticas dirigidas a esta proposta foram a de que era demasiado liberal e a de olvidar que a apreciação das circunstâncias atenuantes se faria com mais rigor na audiência de julgamento (Francisco Fernandes, 1896: 94).

380   *A Reforma da Justiça Criminal em Portugal e na Europa*

são até dois anos, salvo se o suspeito fosse "ratoneiro ou notoriamente considerado como vadio" (artigo 443) ou faltasse sem justificação a determinados actos processuais. A prisão preventiva sofrida pelo réu condenado em pena correccional era sempre imputada na pena que lhe fosse aplicada e a sofrida pelo réu condenado em penas maiores era ponderada como circunstância atenuante, tal como dispunha o direito positivo desde 1884. Contudo, a possibilidade da *reformatio in pejus* e a inexistência de prazos de prisão preventiva depois da condenação limitavam consideravelmente a liberdade de exercício do direito ao recurso pelo réu condenado.

O desencontro manifesto dos projectos com a evolução legislativa da segunda metade do século XIX prejudicou não apenas a organização da competência dos tribunais e juízes mas também a conformação das formas de processo.[954] O projecto de 1874 ainda previa a existência de juízes eleitos e uma ampla competência instrutória e judicativa dos juízes ordinários, embora a lei desse ano tivesse reduzido drasticamente a competência destes e abolido aqueles. Ao invés, em 1882, quando os juízes ordinários ainda mantinham competência para julgar causas de transgressões, o projecto definitivo excluía-os do exercício desta competência. Em 1886, Navarro Paiva decidiu reintroduzir a competência transgressional dos juízes ordinários e estes juízes foram suprimidos por um decreto desse mesmo ano. Deste modo, o primeiro e o terceiro projectos andaram atrás do legislador e o segundo à sua frente.

Os projectos ensaiaram com muita timidez algumas soluções favoráveis ao denunciado no tocante aos problemas fundamentais do reforço da participação do denunciado na fase de instrução e da distinção entre as funções instrutória e de julgamento. Ao invés, a regulamentação dos problemas cruciais do desacordo entre o Ministério Público e o juiz na promoção do processo e do controlo da fase pré-judicial anterior ao início do próprio processo preparatório era manifestamente instrumentalizada a um propósito de economia processual e de simplificação da actividade investigatória e instrutória do processo.

Depois das tentativas lacunosas dos dois primeiros projectos, que apenas previam a contradição entre a posição activa do Ministério Público e a posição negativa do juiz, o projecto de 1886 regulou cabalmente o desacordo entre o juiz e o Ministério na fase do processo preparatório, solucionando também o problema da contradição entre a posição negativa do Ministério Público e a posição activa do juiz e consagrando uma praxe dos tribunais que implicava o juiz instrutor e futuro juiz de julgamento ainda mais no destino dos autos. Por outro

---

[954] Já no final da vida o autor faria uma síntese das suas iniciativas doutrinárias de reforma do processo penal, lamentando com amargura a desatenção do poder político em relação aos seus esforços (Navarro de Paiva, 1913: 354 e 355).

A Jurisdição Penal Comum

lado, o reconhecimento implícito, em 1882, e expresso, em 1886, da prática policial das detenções para averiguações e a consagração de um regime especialmente gravoso da prisão preventiva fora de flagrante delito e sem qualquer indiciação de culpa, conjugados com a possibilidade de atribuição de valor judicial à prova produzida fora do processo preparatório, colocavam o suspeito em uma posição muito desfavorável logo na fase inicial das investigações e de instrução, que nem a nova fiança provisória tinha a potencialidade de evitar.

As soluções alvitradas para o problema da participação do denunciado na instrução e da publicidade nesta fase processual eram ainda muito restritivas, não admitindo o projecto de 1874 a prova testemunhal do réu nesta fase, mas apenas a documental, e os dois outros já admitindo ambas, mas vedando a assistência do denunciado e das restantes partes às diligências judiciais durante todo o período de duração da instrução, com a excepção do interrogatório do suspeito.

No tocante à distinção das funções instrutória e de julgamento, a sugestão insistentemente repetida da criação dos juízes preparadores era limitada às cidades de Lisboa e do Porto e o autor nem sequer a introduzia no articulado dos projectos, mas apenas nas respectivas motivações, revelando a consciência da dificuldade da aprovação de semelhante reforma. A realização do princípio da acusação na forma de processo ordinário para julgamento dos crimes mais graves só seria melhorada nas cidades de Lisboa e do Porto, caso se concretizasse a reforma da organização judiciária sugerida pelo autor. No resto do país, a situação não seria distinta da do direito vigente. No projecto de 1874, o alargamento da competência instrutória dos juízes ordinários no resto do país não impedia o controlo *a posteriori* pelo juiz de direito da pronúncia dada por aqueles magistrados. No projecto de 1882, a competência exclusiva do juiz de direito para a instrução e a prolação da pronúncia concentrava totalmente as funções instrutória e de julgamento. No projecto de 1886, a reintrodução da competência dos juízes ordinários para proceder aos exames para verificação do corpo de delito dos crimes cometidos no respectivo julgado que admitissem a prestação de fiança não constituía sequer um regresso à situação de 1874, mantendo-se substancialmente a situação de 1882.

A realização do princípio da imediação na forma de processo ordinário sofria, em todos os projectos, do mesmo défice que caracterizava a lei vigente.

A regulamentação das formas alternativas ao processo ordinário foi objecto de uma incessante variação de orientação doutrinária. No projecto de 1874 distinguia-se o novo processo correccional do velho processo de polícia, que absorvia o de transgressões, ao invés do de 1882, em que se distinguia o processo correccional do de transgressões, que por sua vez absorvia o de polícia. Se o regime do processo correccional no projecto de 1882 não se distinguia substan-

382 A Reforma da Justiça Criminal em Portugal e na Europa

cialmente do de 1874, o novo regime do processo de transgressões oferecia maiores garantias para o réu acusado da prática de crime punível com pena correccional, em virtude do registo obrigatório da prova, mas tratava pior o réu acusado da prática da transgressão de postura, dada a alçada fixada. Diferentemente, no projecto de 1886 distinguia-se o processo de transgressões do de polícia. Este último resultava de uma fusão das formas correccional e de polícia, que apresentava mais garantias do que o processo de polícia do direito vigente, em face da obrigatoriedade do registo da prova.[955] O motivo para esta alteração da orientação dos anteriores projectos foi o alargamento considerável da área da jurisdição correccional com a promulgação do novo Código Penal de 1886, o que exigiu uma simplificação e um abreviamento da forma "sem prejuizo das formulas, que são verdadeiras garantias da liberdade individual e da segurança da sociedade".[956]

As garantias decorrentes do sistema de recursos eram, também elas, substancialmente aumentadas em relação ao direito vigente, quer com a abolição da alçada, quer com a regulamentação do recurso de revisão, ambas as alterações introduzidas em 1874, abandonadas em 1882, mas recuperadas em 1886. O projecto de 1882 continha, no entanto, alterações muito significativas no sentido do reforço dos poderes das Relações e do Supremo Tribunal de Justiça e da celeridade processual, destacando-se o acesso da Relação a prova documental nova, o regime de nulidades e a regulamentação da segunda revista, que o projecto de 1886 manteve. Esta tendência foi até reforçada em 1886. A mais significativa modificação do sistema de recursos e aquela que abria a porta a um novo intervencionismo do STJ em matéria criminal era a da consagração do recurso fundado em aplicação de lei manifestamente errada na prova do facto.

Destarte, o projecto de 1886 conjugava, com a excepção das regras da prisão preventiva, o melhor dos dois anteriores, isto é, a regulamentação muito favorável dos recursos do primeiro e o regime mais liberal da fase preparatória e de julgamento do segundo.

---

[955] Dias da Silva, 1903: 773, e Marnoco e Souza, 1907: 115. Estes autores criticavam a proposta por produzir uma forma demasiado longa para julgar os pequenos delitos e excessivamente sumária para julgar os crimes mais consideráveis.

[956] Navarro de Paiva, 1886: 72. A revisão das molduras penais pelo Código Penal de 1886 deu azo a que se alargasse consideravelmente o âmbito do processo correccional. Por isso, o autor sugeria na exposição de motivos desse ano que "talvez conviesse fazer um ensaio de organização de tribunais correccionais nas comarcas de Lisboa e Porto, onde é avultadissimo o numero de crimes, julgados no juizo de policia correccional" (Navarro de Paiva, 1886: 73). Esta sugestão foi ampliada em um outro projecto apresentado também em 1886, da lavra de Alexandre de Seabra.

2. O Projecto do Código do Processo Criminal de Alexandre Seabra (1886)

O projecto de Alexandre Seabra foi elaborado nos meses de Agosto a Outubro de 1886 na sequência da apresentação do "Projecto de Código de Processo Penal" de Navarro Paiva ao governo e do pedido do ministro da justiça a Alexandre Seabra para que se pronunciasse sobre este projecto.

O projecto estava dividido em seis livros, o primeiro sobre o processo em geral, o segundo sobre o processo em especial, o terceiro sobre a execução da sentença, o quarto sobre os recursos, o quinto sobre o julgamento nas Relações e no Supremo Tribunal de Justiça e o sexto sobre a jurisdição disciplinar, todos somando 477 artigos.

Ao invés do projecto de Navarro Paiva, o de Alexandre Seabra já se conformava com a alteração da organização dos tribunais com competência criminal resultante da Lei de Julho de 1886, tendo atribuído a competência dos juízes ordinários para julgar as coimas e as transgressões de posturas aos juízes de paz e aos juízes municipais e, nos julgados cabeça de comarca, aos juízes de direito.

Contudo, o projecto continha duas inovações "capitaes" em relação à organização judiciária então vigente com directa repercussão na estrutura das formas de processo ordinário e de polícia, que eram o estabelecimento de um tribunal de júri mais qualificado como grau de recurso da decisão do primeiro júri nos crimes puníveis com pena maior e a introdução dos tribunais colectivos no julgamento dos processos de polícia correccional.[957]

---

[957] O autor elaborou mesmo um esboço de projecto de lei de criação dos tribunais colectivos criminais. Os tribunais seriam compostos por três juízes e o diploma designava os juízes que deviam compor o tribunal nas diferentes comarcas do país (Alexandre Seabra, 1886 a: 6). Esta proposta já tinha sido apresentada pelo autor dezassete anos antes no "Projecto do Código do Processo Civil Portuguez", que Alexandre Seabra ofereceu em 1869 ao Ministério da Justiça. Neste projecto o autor previa a intervenção de um tribunal colectivo para julgar em processo sumário as causas até 50.000 réis, sendo as causas de valor superior julgadas em processo ordinário pelo juiz de direito ou, concordando as partes, por este com o júri. O motivo da distinção entre o processo sumário e o ordinário era, "não a sua maior ou menor demora", mas a inadmissibilidade da interposição do recurso de apelação no processo sumário (Alexandre Seabra, 1869: 44 (projecto) e 14 (motivos). A proposta de introdução de um tribunal colectivo foi logo afastada na comissão nomeada pelo governo para rever o projecto de Seabra (Campos Andrada e Cancella d'Abreu, 1917: 74) e a da consagração de um processo sumário veio a ser afastada na comissão de legislação da Câmara dos Deputados que reviu o projecto (Campos Andrada e Cancella d'Abreu, 1922: 441). Não obstante este insucesso, o autor insistiu nesta sugestão no projecto do código de processo penal, de 1886, no artigo doutrinário sobre reformas processuais e judiciárias publicado no ano anterior (Alexandre de Seabra, 1885: 3), em um outro artigo sobre a reforma do processo criminal publicado nesse ano (Alexandre Seabra, 1886 b: 194 e 195) e ainda no projecto de umas bases para a reforma da organização judiciária, apresentado no ano seguinte, alargando, contudo, neste

384 A Reforma da Justiça Criminal em Portugal e na Europa

O projecto do novo código de processo penal admitia cinco formas de processo, o ordinário, o de réus ausentes, o de julgamento de crimes cometidos na audiência, o de polícia correccional e o das causas de coimas. A estas acresciam ainda duas formas de processo "no foro especial", o processo contra membros da família real, ministros da coroa, conselho de estado, pares e deputados e o processo contra membros do corpo diplomático e bispos das dioceses do ultramar.

Embora preferisse uma regulamentação conjunta do processo civil, comercial e penal, com uma parte geral comum a todos eles e uma outra específica de cada um destes processos, o autor, ponderando o facto de o Código do Processo Civil conter já a definição daquela parte geral, procurou condensar no seu projecto apenas as especialidades relativas ao processo penal, eliminando tudo quanto tocasse a matéria já regulamentada em termos gerais pela lei processual civil.

O processo preparatório destinava-se à investigação conjunta do facto criminoso e da culpa da pessoa, iniciava-se com a dedução da queixa pelo acusador público ou particular e terminava com a prolação da acusação pelo Ministério Público e pela parte queixosa, logo seguidas do despacho de pronúncia ou de não pronúncia. A querela do processo ordinário, que fechava o corpo de delito e abria a fase instrutória do sumário da querela, perdia o seu significado. A intervenção do Ministério Público de síntese dos factos imputados ao suspeito era assim postergada para o final de toda a investigação criminal, deduzindo então uma verdadeira acusação. O fundamento desta alteração era cristalino: "no fim do processo preparatório é que os autos devem ir ao ministério público, e parte para precisarem a accusação, indicando os termos da pronuncia, quando deva ter logar, ou requerendo o procedimento correccional, porque só então se podem bem avaliar as circumstancias do crime, e precisar por isso a queixa. A querella dada quando os factos estão ainda mal conhecidos não tem significação alguma. Não serve senão para crear difficuldades á accusação".[958]

A simplificação da instrução judicial era acompanhada pelo reconhecimento formal de uma fase pré-judicial de investigações, em que as polícias e os funcionários administrativos desenvolviam diligências várias com vista à recolha de meios de prova. Os actos de investigação praticados por estas autoridades policiais e administrativas tinham, em princípio, o mesmo valor dos actos ins-

---

último projecto a competência do tribunal colectivo. Esta competência incluía a decisão final das causas de polícia e o julgamento dos recursos das decisões dos juízes de paz e dos juízes municipais (Alexandre Seabra, 1887: 5).

[958] Alexandre Seabra, 1886 a: 3. Nas bases para a reforma judiciária, Alexandre Seabra (1887: 15) repetia a proposta e a justificação.

trutórios e só deviam ser repetidos pelo juiz no processo preparatório quando fosse "necessário para obter novo esclarecimento" (artigo 117). Por outro lado, o prazo ordinário de prisão preventiva sem culpa formada era alargado para quinze dias, contados do dia em que o réu fosse colocado à disposição do juiz de direito, pelo que a prática da detenção policial para "averiguações" era acolhida sem restrições. No final desta fase policial e administrativa o Ministério Público deduzia queixa ou promovia a não abertura do processo preparatório, sendo atribuídos ao juiz poderes de censura da posição do Ministério Público com a mesma amplitude do terceiro projecto de Navarro Paiva.

Deste modo, o projecto reformava profundamente a fase instrutória do processo ordinário, não só unificando o corpo de delito e o sumário da querela em uma única fase processual, mas também substituindo a querela pela queixa e reconhecendo a autonomia do processo policial de investigações em relação ao processo preparatório judicial. O projecto aproximava-se assim do novo código de processo penal alemão.

Com efeito, a nova lei alemã, de 1877, tal como a austríaca, de 1873, consagravam a distinção entre o "processo de investigações" (o *Ermittlungsverfahren*), conduzido pela polícia e pelo magistrado do Ministério Público, e a "instrução judicial prévia" (a *gerichtliche Voruntersuchung*), prevendo a obrigatoriedade desta instrução nos processos julgados, em primeira instância, pelo *Schwurgericht* e pelo *Reichsgericht*, e a dependência da realização da instrução da vontade do Ministério Público ou do arguido nos processos julgados na *Strafkammer des Landgerichts*. Contudo, ao invés da lei austríaca, que colocou o Ministério Público no final da instrução na mesma posição processual, que tinha no final da fase de investigações, de total liberdade de decisão sobre o prosseguimento dos autos (§§ 90 e 109 da StPO austríaca), sendo a acusação deduzida submetida ao controlo de um tribunal superior somente quando o acusado o requeresse (§ 208, n. 2, da StPO austríaca), a lei alemã atribuiu aos juízes togados da *Strafkammer* a decisão sobre o prosseguimento dos autos sempre que tivesse sido aberta uma instrução judicial prévia, encontrando-se impedidos de participar na audiência de julgamento mais de dois dos magistrados que tivessem concorrido para a prolação da decisão de abertura da fase de julgamento, sendo especialmente interdita a participação do relator desta decisão (§ 176 da StPO alemã, conjugado com o § 23, III).[959] Em todos os processos julgados

---

[959] A solução austríaca constituía a consagração literal da proposta feita por Julius Glaser no seu texto fundamental de 1867, *Zur Reform des Verfahrens bei der Versetzung in Anklagestand*, como meio para garantir simultaneamente a protecção do suspeito contra acusações infundadas e a imparcialidade dos membros do tribunal de julgamento (Julius Glaser, 1867: 234 a 244, 251 a 254). Ao invés, nos trabalhos preparatórios no *Reichstag* prevaleceu um outro ponto de vista. Embora tivesse sido proposta a extensão do impedimento consagrado no § 23 III

386 A Reforma da Justiça Criminal em Portugal e na Europa

pelo *Schwurgericht* e pelo *Reichsgericht* os juízes togados que intervinham no julgamento decidiam do recebimento da acusação e nos processos julgados pelo *Schöffengericht*, embora estivesse vedada a realização de uma instrução judicial prévia, o juiz que recebia a acusação sindicava, em regra, o seu mérito.[960]

Destarte, as novas leis austríaca e alemã distinguiam-se do modelo francês quer pela regulamentação da fase pré-judicial do processo preparatório, reservando a direcção da mesma ao Ministério Público e a autorização de medidas limitativas dos direitos fundamentais ao juiz,[961] quer pela manutenção de uma fase instrutória judicial obrigatória apenas nos processos relativos a infracções

---

da StPO alemã a todos os juízes que proferissem a decisão de recebimento da acusação e a todos os tribunais com competência criminal, a proposta foi rejeitada por razões de natureza económica e organizatória. No tocante ao problema da omissão da acusação pelo Ministério Público a lei austríaca e a alemã ofereciam também soluções muito distintas, admitindo aquela a dedução da acusação pública pelo acusador particular (§§ 48 e 49 da StPO austríaca) e esta a sindicância, a requerimento do queixoso, da decisão do acusador público pelo superior hierárquico, designadamente, pelo próprio ministro da justiça, e ainda, mantendo-se a decisão negativa, pelo *Oberlandesgericht* (§§ 169 a 175 da StPO alemã). A doutrina considerava que a solução da lei alemã mantinha formalmente o monopólio da acusação pelo acusador público, mas era superada pela da lei austríaca, pois "nela o exercício do direito de perseguição penal não tem de se revelar apenas na iniciativa, mas em toda a condução do processo", como resultava dos amplos poderes de que o acusador particular dispunha na lei austríaca (§ 27 da StPO de 1873) (Julius Glaser, 1883: 229, e, concordando com a superioridade das soluções austríacas, quer quanto à acusação privada supletiva quer quanto à sindicância facultativa da acusação pelo tribunal de segunda instância, James Goldschmidt, 1922: 428, 429, 432 e 433).

[960] Os §§ 29 e 75 da GVG alemã previam que o Ministério Público pudesse requerer à *Strafkammer* competente para o julgamento de certos delitos que este fosse feito pelo *Schöffengericht*, quando não fosse previsível a aplicação de pena superior à da competência deste tribunal, decidindo a *Strafkammer* definitivamente a questão. Por sua vez, os §§ 7 e 8 da StPO permitiam ao Ministério Público a escolha entre o tribunal do local do crime ou o do domicílio do acusado ao tempo da acusação, com a limitação decorrente do § 12. Estas disposições, que permitiam uma certa maleabilidade na aplicação das regras de competência material e territorial, denunciavam já uma perspectiva conformadora da competência penal pela magistratura do Ministério Público, que mais tarde viria a vingar. Acresce que o Ministério Público, embora vinculado ao princípio da legalidade, podia em um caso requerer o arquivamento do processo por questões de oportunidade, mas a decisão competia também aqui ao tribunal (§ 208 da StPO). Por outro lado, o Ministério Público não tinha a obrigação legal de acusar os crimes que podiam ser perseguidos pelo *Privatkläger* (§ 416 da StPO). Também o princípio da oportunidade viria a ter um acolhimento muito favorável na legislação alemã posterior.

[961] As várias medidas de coacção só podiam ser autorizadas pelo juiz e, em caso de "perigo no atraso", pelo Ministério Público ou pelos seus funcionários auxiliares (§§ 127, 105, 98 da StPO alemã), mas devendo então ser submetidas à confirmação posterior do juiz (§§ 98 e 128 da StPO alemã). Por outro lado, as testemunhas e o arguido não estavam obrigados a apresentar-se ao Ministério Público e, portanto, quando este pretendia sujeitá-los a inquirição ou interrogatório tinha de o requerer ao juiz (§ 160 da StPO alemã).

A Jurisdição Penal Comum 387

mais graves, ficando a acusação pela prática de infracções menos graves submetida a uma sindicância judicial facultativa. Nesta fase ulterior do processo o arguido encontrava-se em uma situação mais favorável do que na anterior dirigida pelo Ministério Público, pois podia, em princípio, estar presente e intervir nas inquirições de testemunhas e peritos (§ 191 da StPO alemã). O legislador alemão não foi, contudo, tão longe quanto o austríaco na reforma do processo preparatório e na consagração do princípio da acusação, tendo a doutrina criticado veementemente as soluções adoptadas em 1877 por violarem este princípio.[962]

As diferenças entre a regulamentação do processo preparatório no projecto português e no código alemão não eram apenas de grau, pois, se a fase de instrução judicial era, em alguns casos, facultativa ou mesmo proibida no direito alemão, no projecto de Alexandre Seabra ela era prevista para todas as formas de processo comuns, com a única excepção do processo para julgamento das causas de coimas e transgressões de posturas.

Acresce que o projecto não previa a direcção do Ministério Público sobre o processo de investigações e o seu poder decisório sobre o destino dos autos no final deste processo, colocando o Ministério Público no final da fase de investigações preliminares na mesma posição processual em que estava no final da instrução judicial, isto é, podendo o magistrado promover o seguimento do feito para juízo ou o seu arquivamento, mas não podendo proferir uma decisão.

Por outro lado, a tutela dos direitos da defesa na fase preparatória era, também ela, muito distinta da do direito alemão. No projecto, era admitida a intervenção do réu na fase prévia à prolação do despacho judicial de abertura da fase de julgamento, juntando documentos ou exposições, requerendo a inquirição de testemunhas e fornecendo todos os esclarecimentos que entendesse convenientes e mesmo, quando o juiz assim entendesse, participando em diligências probatórias (artigo 50, § 1, do projecto).[963] Esta faculdade, que a lei alemã também reconhecia (§ 147 da StPO), era completada nesta lei pela introdução da regra da prestação do juramento das testemunhas apenas na audiência de julgamento

---

[962] Emanuel Ullmann, 1879: 86 a 88, 95 e 96, Julius Glaser, 1883: 270 a 272, e 1885: 118, 408 e 409, Fernand Daguin, 1884: 21, August von Kries, 1892: 121 e 122, 279, 474 e 487, Ernst Lohsing, 1912: 412, 418 e 419, Karl Binding, 1915 b: 201, e Karl Birkmeyer, 1898: 146, 147 e 607.

[963] A fundamentação apresentada pelo autor ("O fim do processo é procurar a verdade, e os meios para lá chegar devem acceitar-se por isso, de qualquer parte que venham", Alexandre Seabra, 1886 a: 3) e a faculdade de o juiz autorizar o réu a assistir a diligências de prova e o seu advogado a fazer perguntas às testemunhas quando julgasse necessário esclarecer algum facto ou obscuridade permitiam a conclusão de que o réu também podia apresentar testemunhas no processo preparatório.

(§ 65 da StPOalemã)[964] e pelo regime de produção contraditória da prova testemunhal no processo preparatório quando fosse previsível a não comparência da testemunha na audiência de julgamento (§ 191 da StPO alemã).[965]

Se a reforma do processo preparatório apenas se aproximava do novo direito alemão, a organização do processo de acusação e julgamento no projecto revelava uma influência directa deste direito.

Com efeito, no projecto, tal como no código alemão, antecipava-se a acusação ao despacho judicial de recebimento do processo preparatório e de abertura da fase de julgamento (§ 199 da StPO alemã e artigos 122 e 125 do projecto), com a única excepção do caso de desconformidade entre a promoção do Ministério Público e este despacho. O autor do projecto procurou evitar a crítica dirigida pela doutrina à acusação posterior ao *arrêt de renvoi*, que equivalia ao despacho de pronúncia do direito nacional, e adoptou para tanto a solução da nova lei alemã, pois a elaboração do libelo acusatório posterior ao despacho judicial de recebimento do processo preparatório só tinha lugar quando o juiz de direito tivesse no final da instrução contrariado a promoção do Ministério Público (§ 206 da StPO alemã e artigo 202 do projecto).

A diferença entre a lei alemã e o projecto residia na maior amplitude do dever do Ministério Público neste último, porquanto o projecto consagrava aquele dever do acusador público não apenas quando ele promovesse o arquivamento dos autos, como previa o código alemão,[966] mas também quando a promoção de pronúncia do Ministério Público ou da parte queixosa fosse modificada.

Também na fase de julgamento da forma de processo ordinário se notava a influência do código alemão e dos respectivos trabalhos preparatórios. Assim,

---

[964] A regra, que também já se encontrava no direito austríaco (artigo 169 do código de 1873), foi consagrada com vista a prevenir a atribuição pelo tribunal de julgamento de maior importância a este depoimento (Fuchs, 1879: 70 e 71, e Karl Birkmeyer, 1898: 519). A regra admitia excepções, sendo uma delas precisamente a resultante do regime de produção antecipada de prova, em que a testemunha prestava depoimento ajuramentada.

[965] O sistema do código alemão era uma solução intermédia e de compromisso entre a instrução secreta do direito francês e a instrução contraditória do direito inglês (Fernand Daguin, 1884: 108. Emanuel Ullmann, 1879: 88 e 89, Fuchs, 1879: 57 a 59, 63 a 66, Julius Glaser, 1883: 212, 253, 447 a 454, 457, 493 a 498, August von Kries, 1892: 251 a 258, 279 a 281, 345 a 348, 374 e 415, Karl Birkmeyer, 1898: 514 e 515, 633 e 634).

[966] A doutrina considerava esta obrigação legal como constituindo um "desvio considerável do princípio da acusação, que deveria ter sido realizado no código de processo penal alemão do modo mais consequente possível, mas finalmente foi-o do modo mais inconsequente possível", em face da circunstância de que se verificava "uma troca formal entre o acusador público e o juiz competente" (Fuchs, 1879: 42 e 43, Julius Glaser, 1885: 438 a 443, e Graf zu Dohna, 1929: 156).

A Jurisdição Penal Comum 389

suprimiam-se o resumo do juiz no final do julgamento diante do tribunal de júri, tal como resultava do novo § 300 da StPO alemã,[967] e a faculdade de o juiz anular as respostas iníquas dos jurados, como tinha sido proposto nos trabalhos preparatórios do código alemão.[968] O efeito positivo do reforço da imparcialidade do magistrado judicial e da liberdade dos jurados, resultante destas inovações, era, no entanto, prejudicado no projecto pela obrigação de o juiz elaborar um "relatório do estado da causa" no início da audiência de julgamento (artigo 246) e pela faculdade de o juiz ordenar em seguida a leitura das peças do processo que reputasse necessário fazer desde logo conhecidas.[969] A garantia de que as partes podiam adicionar ou rectificar aquele relatório e requerer a leitura de outras peças do processo, se, por um lado, prevenia o influxo directo do juiz na convicção dos jurados, por outro, não evitava, antes agravava o défice de realização do princípio da imediação. Acresce que o projecto mantinha a tradição do direito positivo português da leitura do depoimento de testemunhas faltosas notificadas cujo depoimento não tivesse sido possível em segunda marcação da audiência de julgamento, ao invés do novo direito alemão, e da leitura do depoimento anterior da testemunha que comparecesse e se recusasse a depor, com ou sem motivo legal para tal, o que o direito alemão vedava expressamente.[970]

---

[967] Ao invés da disposição contida no artigo 325 do código austríaco de 1873, que ainda impunha ao juiz a feitura de "uma exposição rápida dos resultados essenciais", com indicação breve das provas a favor e contra o arguido, o legislador alemão foi neste ponto mais longe do que o austríaco, pois suprimiu o relatório do juiz, mantendo apenas uma declaração do juiz sobre os pontos de direito relevantes. A doutrina alemã admitia uma intervenção muito ampla do juiz no tocante a todas as questões jurídicas relacionadas com o caso em apreço, de modo a evitar que a exposição do juiz se tornasse uma mera dissertação teórica sobre a questão de direito incompreensível para os jurados, admitindo-se mesmo que o juiz desse a conhecer aos jurados a solução legal por si preferida para cada uma das questões jurídicas que estivessem em discussão (Hugo Meyer, 1879: 185 a 187, e August von Kries, 1892: 620).

[968] A proposta inicial dos reformadores alemães de abolição desta faculdade, que era considerada como "completamente contrária aos princípios" e "adequada apenas a prejudicar a consideração do tribunal de júri", foi afastada pela comissão revisora, mantendo o § 317 da StPO, tal como o artigo 332 da StPO austríaca, aquela faculdade do tribunal. No entanto, a experiência revelava que estas disposições eram raramente aplicadas, em virtude da dificuldade em obter a unanimidade dos juízes togados (August von Kries, 1892: 632, e Albert Hellwig, 1914: 95).

[969] A consagração da obrigação da feitura do relatório inicial pretendia substituir a leitura das peças do processo, guardando-se para esta um papel subsidiário do esclarecimento do estado da questão, pois "a leitura, como costuma fazer-se, serve quasi sempre, para provocar o somno" (Alexandre Seabra, 1886 a: 3).

[970] O projecto preferia a solução tradicional à engendrada no novo código alemão, consagrada nos seus §§ 219 e 244. O *Reichstag* rejeitou nos trabalhos preparatórios do código a discricionariedade total do juiz na admissão das provas, admitindo-a apenas nos processos em que podia haver uma segunda instância em matéria de facto, em virtude da natureza de bagatelas

390   A Reforma da Justiça Criminal em Portugal e na Europa

A forma de processo de julgamento dos réus ausentes era alargada aos réus a quem fossem imputados crimes de polícia, correndo o prazo de seis meses da

---

penais das infracções julgadas nestes processos, mas impondo a produção obrigatória dos meios de prova presentes na audiência e, designadamente, as testemunhas apresentadas pelas partes, nos processos em que só havia uma instância em matéria de facto. A produção da prova testemunhal ausente da audiência estava também na discricionariedade do tribunal, mas o *Reichsgericht* estabeleceu, na decisão fundamental do segundo senado penal de 6.2.1880, o princípio da "proibição da antecipação da valoração da prova" (*Verbot der Vorwegnahme der Beweiswürdigung*) e, do mesmo passo, reconheceu o direito das partes a co-determinar a produção da prova em toda a sua extensão, com excepção dos processos de bagatelas previstos na segunda parte do § 244 (Fernand Daguin, 1884: 134, Graf zu Dohna, 1944: 320 e 321, Karlheinz Meyer, 1983: 3 e 4, Thomas Vormbaum, 1988: 100 e 101, e Andrea Schmidt, 1994: 58 a 60). Esta jurisprudência consolidou-se com a fixação pelo *Reichsgericht* de um elenco restrito de fundamentos admissíveis para a rejeição da prova pelo tribunal de primeira instância (Graf zu Dohna, 1929: 170 a 173), que mais tarde foram recolhidos pela lei. A partir de então o princípio da livre valoração da prova não ficou apenas condicionado pelo dever oficioso de investigação do juiz, mas também pelo direito das partes de produção de toda a prova (Hermann Ortloff, 1896: 52 e 53, e Andrea Schmidt, 1994: 169 a 172). Contudo, o regime inicial de discricionariedade do tribunal no que toca às testemunhas não presentes na audiência era compensado pelas regras muito restritivas sobre a leitura de depoimentos prévios destas testemunhas, de modo que, se o tribunal podia decidir de acordo com o seu livre arbítrio se uma testemunha não presente na audiência devia ser inquirida ou não, ele não dispunha, contudo, de um poder de livre apreciação do depoimento prestado por essa testemunha na fase preparatória do processo. A regra fundamental do novo direito alemão era a da admissibilidade da leitura dos depoimentos prestados diante de um juiz por testemunhas entretanto falecidas, mentalmente incapazes ou desaparecidas, bem como dos depoimentos prestados diante de um juiz e das partes no processo preparatório quando a presença da testemunha na audiência de julgamento fosse previsivelmente impedida, durante um período longo ou indeterminado, por doença, fragilidade, grande distância ou outro impedimento não evitável (§ 250 da StPO alemã, conjugado com o § 191). Assim, os casos de impedimento absoluto da testemunha tinham uma resolução distinta dos de impedimento relativo, mas ambos dependiam da realização por um juiz de uma inquirição prévia da testemunha e nem mesmo o acordo das partes legitimava a leitura de depoimento prestado diante do Ministério Público ou das polícias. As testemunhas e os peritos podiam ser ainda confrontados com anteriores declarações suas quando dissessem não se recordar de um facto ou contradissessem anteriores afirmações, discutindo a doutrina e a jurisprudência desde então sobre a natureza desta confrontação como meio de prova documental ou como mero meio de "confronto" da testemunha ou do perito com as suas anteriores declarações. A diferença prática muito relevante entre estas duas teorias era a de que aquela teoria permitia o pleno aproveitamento das anteriores declarações das testemunhas ou do perito e a segunda só permitia o aproveitamento das declarações prestadas depois da confrontação (Bernd Kuckuck, 1977: 116 a 120, que elenca as posições). Por outro lado, as declarações anteriormente prestadas pelo arguido diante de um juiz podiam ser lidas na audiência de julgamento sempre que se tratasse de fazer prova de uma confissão ou de esclarecer contradições nos depoimentos do arguido, considerando desde sempre a doutrina e a jurisprudência maioritárias que as declarações do arguido tinham nestes casos a natureza de uma verdadeira prova documental, aproveitável na audiência em toda a sua extensão (Bernd Kuckuck, 1977: 151 e 152, que elenca as posições).

A *Jurisdição Penal Comum* 391

ausência neste caso desde a prolação do despacho que mandava citar os réus para julgamento. Se o projecto permaneceu neste tocante fiel à tradição portuguesa, não aderindo ao princípio da admissibilidade excepcional do julgamento de réus ausentes dos novos códigos alemão e austríaco,[971] inovou, contudo, ao prever que os réus ausentes a que fossem imputados crimes mais graves fossem julgados com intervenção do júri. Só o réu ausente, que fosse notificado da sentença condenatória, podia interpor recurso da mesma, não sendo admitidos embargos.

O processo de polícia mantinha o âmbito do direito vigente, mas era profundamente alterado na sua forma. Estes crimes eram julgados por um tribunal colectivo, não se registando a prova produzida na audiência, senão a requerimento de alguma das partes. O registo da prova tornava-se uma garantia residual das partes, com vista a permitir um recurso mais amplo, pois o "julgamento por tribunal collectivo dá muito melhores garantias, que por juiz singular".[972] A alteração ao direito vigente era justificada pelo autor com a necessidade de

---

[971] O novo código alemão fixou expressamente o princípio da inadmissibilidade do julgamento de ausentes (§§ 229 e 327 da StPO alemã), admitindo a excepção do julgamento dos arguidos com paradeiro desconhecido ou com residência no estrangeiro, mas cuja comparência no tribunal competente não fosse possível nem oportuna, quando se indiciasse a prática de delitos puníveis apenas com pena de multa ou de confiscação ou do crime de deserção ao serviço militar. Além destes casos, o arguido com paradeiro conhecido e notificado podia ser julgado na sua ausência quando a infracção fosse punível com pena de multa, prisão simples ou confiscação ou quando residisse longe do tribunal, requeresse o julgamento na sua ausência e o tribunal estimasse que o delito seria punido apenas com prisão até seis semanas, multa ou confiscação. O julgamento naqueles casos, como nestes, obedecia às regras comuns, sendo admissível a representação do arguido na audiência e a interposição de recurso pelo representante ou a repetição da audiência de julgamento requerida pelo arguido notificado, mas não representado ou que não tivesse requerido a dispensa da presença. A doutrina atribuiu este regime à preeminência dada pelo legislador aos princípios da imediação e da oralidade (Hugo Meyer, 1879: 221 a 223), ao princípio da acusação (Meves, 1879: 383) ou ao princípio da verdade material (Karl Birkmeyer, 1898: 104 a 107). Ao invés, no novo direito austríaco, só se admitia o julgamento de ausentes acusados da prática de delitos graves, que tivessem sido anteriormente interrogados por um juiz e notificados pessoalmente para a audiência de julgamento. O condenado podia deduzir oposição à decisão proferida na sua ausência.

[972] Alexandre Seabra, 1886 a: 2. Também no novo direito alemão o registo da prova só se verificava nos julgamentos realizados pelo juiz singular ou pelo tribunal de escabinos. A doutrina criticava a opção do legislador, advogando a consagração do registo da prova em todas as formas de processo, designadamente para garantia do processo de revisão (Fuchs, 1879: 110, August von Kries, 1892: 545, e Karl Birkmeyer, 1898: 442, e Robert von Hippel, 1941: 538). No novo direito austríaco, consagrava-se o dever de registar o conteúdo dos depoimentos quando eram prestados pela primeira vez na audiência de julgamento ou quando contrariavam o conteúdo de um anterior depoimento.

evitar a excessiva morosidade do registo por escrito da prova produzida nos julgamentos dos processos de polícia correccional. Na audiência de julgamento diante do tribunal colectivo o juiz presidente, que tinha instruído o processo, procedia à leitura das peças do processo que reputasse convenientes.

Na forma de processo para julgamento de coimas e transgressões, o réu era julgado com antecedência de, pelo menos, cinco dias, decorrendo o julgamento, se necessário, à revelia. No julgamento liam-se as peças do processo que as partes requeressem.[973]

Em face da confissão do réu, consagrava-se a solução do projecto de Navarro Paiva da omissão de prolação de sentença, pagando, contudo, o réu apenas a quantia média entre o máximo e o mínimo da moldura da multa e não o máximo desta, como previa Navarro Paiva. Não confessando o réu, as causas de coimas julgadas pelo juiz de direito ou pelo juiz municipal seriam processadas como as de polícia, com registo da prova quando as partes o requeressem,[974] ao invés das causas de coimas julgadas por juízes de paz, em que nunca se registava a prova. Neste caso, a parte recorrente requeria a repetição do julgamento com a mesma prova diante do juiz de direito ou do juiz municipal competente, consagrando-se uma garantia mais ampla do que a prevista no terceiro projecto de Navarro Paiva para as decisões dos juízes ordinários.[975]

No tocante aos recursos ordinários, à imagem da regulamentação restritiva das novas leis alemã e austríaca e contrariamente a toda a tradição liberal portuguesa, a apelação era admitida da sentença condenatória ou absolutória proferida no juízo correccional, mas não da sentença condenatória proferida pelo juiz

---

[973] O código alemão previa, ao invés, em casos muito restritos uma forma de processo mais rápida, caracterizada pela supressão da acusação escrita e do despacho judicial de abertura da fase de julgamento. Esta forma de processo só era aplicável no *Schöffengericht* quando o arguido tivesse cometido transgressões ou, no caso de outras infracções, quando se apresentasse voluntariamente a julgamento ou fosse detido provisoriamente. O juiz singular também podia aplicar esta forma de processo quando o arguido tivesse cometido uma transgressão, fosse detido e confessasse e o Ministério Público concordasse com o julgamento sem juízes leigos. Ao desfavor com que o legislador alemão viu esta forma de processo correspondeu a prática com uma aplicação muito reduzida (Robert von Hippel, 1941: 509).

[974] Da interpretação conjugada dos artigos 334 e 336, § único, do projecto verifica-se que a remissão do artigo 334 para os termos do artigo 324 se deve a mero lapso, devendo ler-se a menção como feita para o artigo 322.

[975] Esta ideia já tinha sido apresentada pelo autor no "Projecto do Codigo de Processo Civil Portuguez", de 1869, justificando o autor a repetição do julgamento diante do juiz de direito com o argumento de que "é muito preferivel este systema á ideia de fazer escrever os depoimentos, porque isso tornaria excessivamente dispendioso estes processos" (Alexandre Seabra, 1869: 72 (projecto) e 22 (motivos). Também esta proposta do autor saiu vencida na comissão governamental (Campos Andrada e Cancella d'Abreu, 1917: 126).

A Jurisdição Penal Comum 393

em julgamento com intervenção de jurados.[976] O âmbito da apelação era, em regra, restringido às questões que poderem ser apreciadas "independentemente do depoimento das testemunhas inquiridas oralmente na audiencia do julgamento" (artigo 387), só assim não acontecendo quando alguma das partes processuais tivesse requerido a redução a escrito de toda a prova de julgamento.[977] O processamento deste recurso limitava-se à discussão da causa, podendo o tribunal de recurso conhecer também de novos documentos.[978]

---

[976] Na sequência da solução radical do código austríaco, que consagrou o recurso de apelação apenas no tocante à culpa nos processos por transgressões e no tocante à pena e aos interesses cíveis nos processos por crimes e delitos, como uma decorrência lógica da consagração dos princípios da imediação e da oralidade na primeira instância (Emanuel Ullmann, 1879: 91), o legislador alemão concebeu uma solução intermédia entre os que propunham a adopção generalizada da apelação e os que, como no projecto final da comissão, a rejeitavam de todo. A solução intermédia vedava a apelação das decisões finais da *Strafkammer* e admitia-a das decisões finais do *Schöffengericht*. Os adeptos da apelação aceitaram a inadmissibilidade da interposição deste recurso das decisões finais da *Strafkammer*, com base no argumento de que ela era composta por cinco juízes togados e no de que se tinha introduzido um recurso de revisão generoso. Os críticos da apelação conformaram-se com a apelação das decisões finais do *Schöffengericht*, por considerarem que o processo sumário e sem instrução judicial prévia utilizado nestes tribunais não oferecia garantias suficientes (Friedrich von Schwarze, 1879: 262 a 266, August von Kries, 1892: 648 e 649, e Gerhard Fezer, 1974 b: 20 e 21). O compromisso foi criticado, sobretudo no tocante à admissibilidade da apelação das decisões dos *Schöffengerichte* (Adolf Dochow, 1879: 133, e Karl Birkmeyer, 1898: 519 e 520, 697 e 698). A partir da década de oitenta, sucederam-se, sob a pressão popular, as propostas de reforma do sistema de recursos, no sentido da introdução do recurso de apelação das decisões da *Strafkammer* (Michael Stumpf, 1988: 56 a 60). A restrição do objecto do recurso de apelação era compensada no direito austríaco, por duas soluções inovadoras, desconhecidas do direito alemão. Por um lado, o recurso de *Revision* era mais amplo no direito austríaco, permitindo a sindicância da "violação dos autos" (*Aktenwidrigkeit*, § 281, n. 5 da StPO austríaca) (contra, do ponto de vista teórico, Friedrich von Schwarze, 1879: 292, e Schwinge, 1960: 246 e 247, e a favor, Alsberg, 1913: 45, e 1928: 487) e, por outro, era admissível um "recurso extraordinário de revisão" (*ausserordentliche Revision*, § 362 da StPO austríaca), com base em dúvidas graves sobre a exactidão dos factos que tivessem servido de fundamento para a decisão (a favor, do ponto de vista teórico, Alsberg, 1913: 46, e Schwinge, 1960: 249 e 250), que funcionava em termos práticos como um meio de manter a pureza do recurso da *Revision* e, simultaneamente, satisfazer as necessidades de justiça no caso concreto. Acresce que a "queixa de nulidade para defesa da lei" (*Nichtigkeitsbeschwerde zur Wahrung des Gesetzes*) do direito austríaco tranformou-se em um recurso normal, pois o tribunal superior podia absolver ou aplicar uma lei mais suave (Schwinge, 1960: 218).

[977] Mais tarde, nas bases para a reforma judiciária, Alexandre Seabra propôs uma solução algo diferente. O recurso para a Relação no processo de polícia só tinha lugar "quanto á pena applicada, ou a questão, cuja decisão não dependa da apreciação dos depoimentos verbaes das testemunhas" (Alexandre Seabra, 1887: 14).

[978] A proposta de Alexandre Seabra ficava, neste particular, muito aquém do regime amplo de produção de prova do novo código alemão. A organização da audiência de julgamento

Contudo, o autor não deixou o juízo dos jurados acima de toda a sindicância, manifestando mesmo a firme convicção de que também os jurados podiam errar e de que a solução consagrada no direito vigente do controlo pelo juiz da iniquidade das respostas dos jurados era insuficiente, sendo certo que a prática se encarregava de colmatar essa insuficiência por via da manipulação do regime das nulidades, "inventando muitas vezes faltas, que, ou não existem, ou nenhuma importancia têem". A faculdade de o juiz anular as respostas iníquas dos jurados, que era "uma anomalia, que mal póde explicar-se",[979] foi por isso suprimida, dando lugar a um direito das partes de requerer a repetição do julgamento, com os meios de prova do primeiro julgamento, diante de um outro tribunal de júri mais qualificado. A decisão deste tribunal, que era composto por jurados da comarca onde se tivesse realizado o primeiro julgamento e de duas outras mais próximas e presidido por um desembargador do respectivo distrito da Relação, tendo por adjuntos o juiz de direito da comarca e o seu primeiro substituto, não admitia qualquer recurso ordinário.[980]

---

no tribunal de apelação constituiu uma das novidades mais importantes do código alemão de 1877, que previa a repetição da inquirição das testemunhas e dos peritos já ouvidos na primeira instância, salvo se ela fosse considerada desnecessária pelo tribunal ou pelas partes, e a possibilidade de produção de meios de prova novos. Além dos casos admitidos na primeira instância, a leitura dos depoimentos anteriores das testemunhas e dos peritos tinha lugar quando o tribunal tivesse prescindido das testemunhas e as não tivesse notificado para estarem presentes, quando a sua inquirição não tivesse sido atempadamente requerida pelo arguido e ainda quando o arguido e o Ministério Público prescindissem da inquirição das testemunhas notificadas. A prática era a de o tribunal de recurso se satisfazer com o registo da prova, em regra, muito deficiente, realizado no tribunal de primeira instância, procedendo-se assim na segunda instância em prejuízo manifesto dos princípios da imediação e da oralidade (Friedrich von Schwarze, 1879: 277 a 281, August von Kries, 1892: 656 e 657, Ernst Beling, 1894: 18, Karl Birkmeyer, 1898: 530 e 531, Sally Maas, 1907: 55 e 56, Johannes Nagler, 1909: 177 e 178, e e Hans Rudolphi, 1934: 12 a 14, 21 e 22). A regulamentação austríaca do julgamento no tribunal de apelação era ainda menos favorável aos princípios da imediação e da oralidade (Julius Glaser, 1883: 255 e 256), pois a lei mandava julgar, em regra, de acordo com a prova escrita dos autos. A repetição da inquirição das testemunhas e dos peritos já ouvidos só devia ocorrer quando o tribunal de recurso tivesse dúvidas graves sobre a exactidão de factos considerados como provados na decisão recorrida. A audição de novas testemunhas e peritos só era admitida quando pudessem fazer prova da falsidade de factos importantes considerados como provados pelo primeiro juiz.

[979] Alexandre Seabra, 1886 a: 1.

[980] Esta proposta tinha já sido apresentada pelo autor no "Projecto do Código de Processo Civil Portuguez", de 1869, onde se previa a interposição de recurso para um novo júri quando o juiz não tivesse anulado as respostas como iníquas. A decisão do segundo júri não podia ser impugnada nem anulada pelo juiz como iníqua. A justificação da interposição de recurso para um segundo júri mais amplo era a de que só ele permitia "evitar os erros de uma primeira decisão precipitada ou iniqua" (Alexandre Seabra, 1869: 46 (projecto) e 16 (motivos). A proposta foi recusada pela comissão governamental, depois de uma primeira votação empatada (Campos

A Jurisdição Penal Comum   395

Também a regulamentação do objecto da revista se afastava das soluções amplas do anterior projecto de Navarro Paiva, quer no que toca à competência do Supremo Tribunal de Justiça para conhecer da prova, admitindo-se apenas o controlo da aplicação errada da lei "na criminalidade do facto, e na prova do mesmo, com relação á pronúncia" (artigo 38, 1°),[981] quer no que respeita ao regime das nulidades, abolindo-se a nulidade que servia como instrumento da praxe intervencionista do Supremo Tribunal de Justiça e constituía o objecto de maior contestação da doutrina, a da omissão de actos essenciais à descoberta da verdade. Já no tocante ao processamento e aos efeitos da revista, o projecto seguia, tal como o fizera Navarro Paiva, o modelo clássico francês da cassação, com as correcções da lei portuguesa de 19.12.1843 e do recente CPC, não acolhendo o novo modelo da revista consagrado no § 394 da StPO alemã e já anteriormente no § 288, III da StPO austríaca.[982]

O carácter restritivo da regulamentação dos recursos ordinários era ainda acentuado pela previsão de um regime de prisão preventiva por seis meses sem qualquer indiciação de culpa, idêntico ao sugerido no terceiro projecto de Navarro Paiva, de um regime de prestação de caução nos processos por crimes puníveis com penas correccionais, mais gravoso do que o do terceiro projecto de

---

Andrada e Cancella d' Abreu, 1917: 78 e 210). Nas bases para a reforma da organização judiciária, Alexandre Seabra (1887: 16) insistia na proposta, expendia novos argumentos e propunha ainda a revogação do júri especial previsto no artigo 4 da Lei de 1.7.1867, uma vez que a possibilidade de repetição do julgamento tornaria inútil o pedido de formação deste júri especial.

[981] Nas bases para a reforma judiciária, Alexandre Seabra já não limitava a competência do STJ para conhecer de questões que dependessem da apreciação da prova ao recurso interposto da pronúncia (Alexandre Seabra, 1887: 18).

[982] O autor abandonava deste modo as propostas feitas no "Projecto do Código do Processo Civil Portuguez", de 1869, de julgamento definitivo pelo STJ apenas das questões relativas à competência, alargando-se o objecto do recurso à questão de facto nas causas em que não interviessem jurados e abolindo-se a segunda revista. Concedida a revista, a causa era reenviada a outra Relação, onde o vencimento definitivo por opinião contrária ao STJ exigia cinco votos conformes. A justificação para estas "mudanças radicaes" no que toca ao objecto da revista era a de que "é melhor dar francamente ao supremo tribunal de justiça o direito de cassação absoluto, ou por erro de apreciação de facto ou direito, do que estar a crear-lhe peias, de que se liberta facilmente pela porta falsa das nulidades", sendo certo que as distinções entre as questões de facto e de direito eram "metapysicas e abstrusas". No que respeita à proibição da dupla revista, não se admitia a terceira instância "porque atrás d' essa viria a quarta e a quinta" (Alexandre Seabra, 1869: 119 e 120 (projecto) e 38 (motivos)). Estas propostas foram reprovadas pela comissão governamental, que aprovou logo o novo sistema de dupla revista que a lei viria a consagrar (Campos Andrada e Cancella d' Abreu, 1917: 203 e 206). No "Projecto Definitivo do Codigo de Processo Civil", de 1872, o autor bater-se-ia ainda por elas e, sobretudo, pela extinção da distinção "toda artificial" e de "nenhuma importancia" entre a questão de facto e a de direito no julgamento da revista, mas sem êxito (Alexandre Seabra, 1872: 191 e p. 9 da exposição impressa a final).

Navarro Paiva,[983] da possibilidade da *reformatio in pejus* e da inexistência de prazos de prisão preventiva depois da condenação. Só as regras de imputação e de ponderação do tempo de prisão preventiva na pena definitiva e de prestação de fiança pelo réu julgado em processo de querela e condenado em pena correccional, que coincidiam com as previstas pelo direito positivo ou que dele se podiam extrapolar, diminuíam o efeito nocivo desta regulamentação.

Em jeito de compensação, o recurso de revisão de sentença era muito amplo, quer nos seus fundamentos quer nos meios de prova admissíveis. Ao invés do primeiro e do terceiro projectos de Navarro Paiva, o projecto admitia um recurso extraordinário de qualquer sentença condenatória, resultante da improcedência da acusação que fosse provada por meios de prova testemunhal ou documental, aproximando-se assim do disposto no § 399 da lei alemã de 1877.[984]

Se o princípio da imediação sofria do mesmo défice do direito vigente em qualquer das formas de processo do projecto, em face do regime de leitura das peças processuais e dos depoimentos das testemunhas prestados na instrução, a realização do princípio da acusação não era promovida pela competência instrutória dos juízes de paz e municipais nos julgados que não fossem cabeça de comarca, pois esta competência era limitada e provisória, restringindo-se aos processos por crimes em que fosse admissível fiança e mantendo-se somente enquanto os juízes de direito não tomassem conhecimento deles.

Contudo, a restrição de poderes do juiz de direito de orientação e de censura *a posteriori* da actividade do júri, quando conjugada com a manutenção da ampla competência do tribunal de júri do direito vigente e com a consagração da sua intervenção no julgamento dos réus ausentes, demonstravam não só o fa-

---

[983] No projecto de Alexandre Seabra, o regime da prestação excepcional de fiança por réu não detido em flagrante e julgado no processo de polícia era igual ao do direito positivo, omitindo os casos do arguido ratoneiro e do vadio propostos no terceiro projecto de Navarro de Paiva. A distinção era justificada pela circunstância de no projecto de Navarro de Paiva o processo de polícia ter, como se viu já, um objecto mais amplo, incluindo crimes puníveis com pena de prisão até dois anos. Pelo contrário, a previsão do projecto de Alexandre Seabra da prestação obrigatória de caução no caso de flagrante delito de um crime correccional ou de crime que tivesse de ser julgado em processo de polícia ficava aquém da regra ampla de dispensa estabelecida no terceiro projecto de Navarro de Paiva, que só conhecia a ressalva dos réus ratoneiros e vadios. A escolha entre a prestação de fiança e de termo de identidade e residência nos crimes puníveis com pena de prisão até dois anos ficava, pois, dependente de um critério objectivo no projecto de Alexandre Seabra, que era o do flagrante delito, e de um critério subjectivo no projecto de 1886 de Navarro de Paiva, que era o de tipo de criminoso ratoneiro ou vadio.

[984] Esta disposição era ainda mais ampla, pois permitia a interposição do recurso extraordinário pelo réu condenado ou pelo Ministério Público, no interesse daquele, com vista à absolvição do réu ou apenas à redução da pena aplicada.

vor do autor para com a instituição do júri, mas também o propósito de proceder a uma revalorização da imparcialidade dos membros letrados e não letrados deste tribunal. Simultaneamente, o autor sugeria a fixação da maioria absoluta para o vencimento da decisão do júri, o que facilitava o funcionamento deste tribunal.

Por sua vez, a intervenção do tribunal colectivo no julgamento do processo de polícia constituía uma melhoria do direito vigente, cujo impacto positivo na realização do princípio da acusação era, no entanto, diminuído pela participação no julgamento do juiz instrutor do processo como presidente do colectivo.

A garantia de dois graus de recurso em matéria de facto no processo de polícia pouco adiantava, atentas a excepcionalidade da sindicância da matéria de facto, a sua limitação à prova registada nos autos e à prova documental nova e ainda a supressão da sindicância oficiosa da suficiência das diligências de prova. Os réus julgados por jurados e por juízes de paz beneficiavam de uma garantia mais ampla, a da repetição do julgamento perante um tribunal mais qualificado.

Ao invés do que comummente se afirma, o projecto de Alexandre Seabra não foi uma mera adaptação do terceiro projecto de Navarro Paiva.[985] Embora tivesse tomado como base do seu trabalho o terceiro projecto de Navarro Paiva, com o propósito de proceder à sua revisão em face da reforma judiciária resultante da publicação da Lei de 29.7.1886, Alexandre Seabra introduziu-lhe, sob a influência do modelo da StPO alemã, modificações tão significativas que transformavam substancialmente a estrutura do processo penal vigente. Se o terceiro projecto de Navarro Paiva merecia ainda o epíteto de "pouco reformador",[986] o projecto do jurista de Anadia constituía uma verdadeira *revolutio* do direito vigente.

3. A Proposta de Código de Processo Penal de José de Alpoim Borges de Cabral (1899)

A proposta de Código de Processo Penal apresentada pelo ministro da justiça, José de Alpoim Borges de Cabral, correspondeu ao propósito político

---

[985] Dias da Silva (1903: 762), Marnoco e Souza (1907: 27) e Abel de Andrade (1925 a: 115) diziam que o projecto de Alexandre Seabra "parece moldado sobre" o terceiro de Navarro de Paiva. Caeiro da Matta (1919: 26) afirmava que o projecto de Seabra "era calcado" sobre o terceiro de Navarro de Paiva e Bessone de Abreu (1932: XXXIV) repetia até o verbo utilizado. Luís Osório (1932 a: 33) afirmava que o projecto de Seabra é "muito semelhante" ao de Navarro de Paiva e com exactamente as mesmas palavras se pronunciava António Barreiros (1981a: 65). Nenhum destes autores fundamentava a afirmação feita.

[986] Alexandre Seabra, 1886 a: 1.

de atacar a situação crítica da legislação processual penal no final do século XIX.[987] O diagnóstico feito pelo ministro no relatório da proposta era severíssimo, qualificando aquela legislação nestes termos: "a instituição, cheia de rebocos á superfície, era nos alicerces, e na sua trama geral e intima, (mas organica a despeito de tudo) completamente caduca e insustentavel – e dia a dia cada vez mais!".[988]

Embora anunciasse a intenção de "fazer tábua-raza sobre tudo quanto existia escripto e em vigor em materia de processo penal", o legislador reconhecia que a proposta se inspirava na Novíssima e "nos multiplos diplomas avulsos que, sobre direito penal adjectivo, vem pejando, há largos anos, a legislação do nosso paiz", evitando copiar e compilar estes diplomas e procurando sobretudo "a lição da prática". O legislador admitia também a influência do direito adjectivo civil, conferindo-lhe o papel de direito subsidiário e seguindo "quanto possivel o plano do codigo do processo civil".[989]

O código estava dividido em apenas dois livros, o primeiro sobre o processo em geral e o segundo sobre o processo em especial, totalizando 331 artigos.[990]

A organização dos tribunais com competência criminal era distinta da do direito vigente, atribuindo-se toda a competência instrutória e judicativa apenas a juízes letrados, os juízes de direito e os juízes municipais, sem prejuízo da competência instrutória delegada dos juízes de paz.[991]

---

[987] O projecto foi apresentado pelo ministro da justiça como proposta de lei na sessão da Câmara dos Deputados de 6.3.1899, embora não tivesse sido apreciado. Ficou conhecida como a proposta José de Alpoim pela associação ao nome do ministro que a apresentou. O projecto foi elaborado pelo juiz de direito Francisco Maria Veiga e pelo magistrado do Ministério Público Trindade Coelho (Abel de Andrade, 1925 a: 115, José Mourisca, 1931: 10, e Luís Osório, 1932 a: 33). Caeiro da Matta (1919: 26) atribuía a paternidade do projecto ao segundo autor e a um outro, Corrêa Paiva. Têm razão os primeiros autores. Francisco Maria Veiga assumiu a co-autoria do projecto com Trindade Coelho no seu conhecido manual (Francisco Maria Veiga, 1908: 90).

[988] José de Alpoim Cabral, 1899: 1.

[989] José de Alpoim Cabral, 1899: 2.

[990] A arrumação das matérias de acordo com esta divisão formal do código foi submetida a crítica por Dias da Silva (1899: n. 1420, p. 514) e Caeiro da Matta (1919: 37), que apontavam algumas incoerências, como por exemplo a colocação da matéria de incidentes, excepções e recursos no livro segundo.

[991] Os juízes municipais só tinham competência para julgar os crimes de polícia. Em uma versão prévia da proposta os autores ponderaram mesmo a restrição da competência dos juízes municipais aos crimes puníveis com pena de prisão até três meses ou pena de desterro até seis meses e a atribuição aos juízes de paz de competência instrutória criminal e de julgamento de transgressões, o que não veio a concretizar-se na proposta definitiva.

A proposta admitia três formas de processo ordinário, o de querela, o correccional e o de polícia,[992] que tinham sensivelmente o mesmo âmbito de aplicação do da lei então vigente, não obstante o critério definidor do objecto de cada forma do processo ser, em regra, o da natureza da pena aplicável e já não o da gravidade abstracta da pena aplicável.[993] As inovações mais relevantes eram a do julgamento em processo correccional com vista a aplicação de qualquer pena de suspensão de direitos políticos ou de emprego e a do julgamento de polícia para aplicação de qualquer multa. As formas de processo especiais eram a do julgamento dos factos puníveis cometidos pelos magistrados judiciais e do Ministério Público, empregados do corpo diplomático e bispos das dioceses do ultramar, a do julgamento no caso de ser admissível a prova da difamação, a do julgamento de menores de dez anos e a do julgamento de ausentes.[994]

Na fase do processo preparatório do processo ordinário, embora se mantivesse o segredo, admitia-se o réu a apresentar documentos, que seriam sempre juntos aos autos, e testemunhas, que seriam inquiridas conforme se julgasse conveniente, e a intervir em exames, quando fosse necessário, perdendo deste modo o corpo de delito "esse quasi caracter de devassa que o assinalava".[995]

---

[992] Dias da Silva (1899: n. 1422, p. 18, e 1903: 773) e Marnoco e Souza (1907: 116) criticavam esta divisão das formas de processo, por utilizar a designação de processo ordinário com um sentido distinto do que a tradição lhe conferia de processo mais solene. Dias da Silva propunha a divisão do processo comum em três formas, a ordinária, a sumária ou de polícia e a correccional ou intermédia. As formas especiais seriam aquelas que fossem criadas em atenção à posição do arguido, como era o caso da forma para julgamento dos magistrados, ou à natureza do crime, como a forma de julgamento dos crimes de anarquismo.

[993] Dias da Silva (1899: n. 1423, pp. 33 e 34) censurava o facto de a proposta se afastar do direito vigente neste ponto, sem que simultaneamente se criasse uma escala de gravidade relativa das penas.

[994] Contudo, a proposta ressalvava também a vigência dos processos especiais criados pelas Leis de 13.2.1896 e de 7.7.1898, além do processo para julgamento dos crimes de descaminho e contrabando. Toda a restante legislação processual penal relativa aos crimes comuns ficaria revogada. Dias da Silva (1899: n. 1420, pp. 530 e 531) criticou severamente esta opção por ela não salvaguardar a legislação processual militar relativa ao julgamento de crimes comuns, a legislação referente aos crimes da competência da câmara dos pares, a relativa ao julgamento de transgressões e coimas e ainda a respeitante ao julgamento dos crimes e delitos da marinha mercante.

[995] José de Alpoim Cabral, 1899: 4. Uma primeira versão da proposta previa a consagração do princípio da publicidade de todos os actos processuais da fase preparatória, com a excepção daqueles do corpo de delito que o juiz expressamente determinasse em despacho fundamentado, mas este princípio verdadeiramente revolucionário não vingou. Dias da Silva (1899: n. 1432, pp. 177 e 178) considerava "pouco defensavel" e "pouco racional" o sistema adoptado na proposta, pois punha o exercício da defesa na dependência do arbítrio do juiz, advogando, ao invés, o princípio consagrado no novo direito alemão de intervenção necessária do réu em todas as diligências probatórias do processo preparatório que não pudessem ser repetidas

400 *A Reforma da Justiça Criminal em Portugal e na Europa*

Contudo, só o Ministério Público podia assistir às inquirições das testemunhas [996] e o réu não podia ser acompanhado por um defensor no respectivo interrogatório nem na realização de exame. Acresce que a consagração de uma cláusula aberta de recepção de todos os casos de equiparação legal ou regulamentar de autos policiais e administrativos a corpos de delitos e a fixação do início do prazo para a formação de culpa do arguido detido no dia "da sua apresentação em juizo", legitimando as detenções para averiguações, favorecia a autonomia de um processo pré-judicial de investigações, em que o suspeito não tinha qualquer protecção.

Findo o corpo de delito, que abarcava a investigação do facto criminoso e dos seus autores, como mandava a Lei desde 1892, o Ministério Público em "requerimento de acusação", quando o processo fosse de polícia ou correccional (artigos 289, § 1, 290 e 296), ou em "querela", quando se tratasse de processo ordinário (artigo 297), sintetizava os factos imputados ao réu e as disposições legais violadas e arrolava a prova da acusação, ao que se seguia a pronúncia do juiz, se o processo fosse de querela ou correccional, ou o despacho de designação da data para julgamento, se o processo fosse de polícia. Deste modo, os autores da proposta acolhiam a tese já defendida treze anos antes por Alexandre Seabra e aboliam o libelo acusatório, antecipando a dedução da acusação para um momento anterior à prolação da pronúncia.[997]

Ao juiz era reconhecida a competência para ordenar a devolução ao Ministério Público dos autos para dedução de acusação, quando este tivesse promovi-

---

na audiência de julgamento. O argumento invocado pelo ministro da justiça de que o segredo do processo preparatório decorria do artigo 126 da Carta era muito justamente ultrapassado pelo crítico, com a afirmação de que aquele artigo não tinha valor constitucional, como resultava do disposto no artigo 144 da mesma Carta, e apenas impunha um mínimo e "não um máximo de publicidade".

[996] Também este favor concedido ao Ministério Público na fase preparatória era criticado por Dias da Silva ("Desde que se conserva afastado o accusado, exige a egualdade do duello judiciario que da mesma maneira se proceda a respeito dos agentes do ministerio publico", Dias da Silva, 1899: n. 1464, p. 147).

[997] Dias da Silva (1899: n. 1485, p. 483) não se opunha à eliminação do libelo acusatório desde que ficasse ressalvada a competência judicial exclusiva para encerrar a fase de instrução do processo. Mais tarde, o mesmo autor veio a reconhecer (Dias da Silva, 1899: n. 1487, pp. 514 e 515) o quão "illusorias" eram as apregoadas vantagens do despacho judicial prévio obrigatório, pois "rarissimas vezes o juiz discorda da promoção do ministerio publico". Por esta razão o autor passou a defender a implantação do sistema austríaco de intervenção judicial facultativa no final do processo preparatório, quando o réu reclamasse contra a acusação deduzida pelo Ministério Público. A reclamação seria admissível com certos fundamentos e para uma só instância superior nos crimes correccionais e com maior amplitude, quer quanto aos fundamentos, quer quanto aos graus de jurisdição admissíveis, nos crimes mais graves. Para os crimes de polícia o autor sugeria a citação directa.

A Jurisdição Penal Comum 401

do o arquivamento dos autos, e para pronunciar pessoas que se mostrassem culpadas pelo corpo de delito não incluídas na promoção do Ministério Público. O Ministério Público podia recorrer destes despachos e o recurso interposto tinha efeito suspensivo.

No início da audiência de julgamento no processo de querela, procedia-se à leitura do corpo de delito directo, da querela, da pronúncia e da contestação, sendo admitida a leitura da prova testemunhal produzida no processo preparatório não apenas nos casos já consagrados na Novíssima de morte ou impossibilidade de notificação da testemunha e da falta de testemunha notificada, mas também quando a parte apresentante tivesse prescindido do seu comparecimento pessoal. A esta regra nova, que tinha um efeito perverso para o princípio da imediação, acrescia ainda uma outra, com um efeito idêntico, a da interdição da passagem de cartas precatórias ou rogatórias para inquirição de testemunhas quando elas já tivessem deposto nos autos preparatórios. Deste modo, o regime de leitura na audiência de julgamento dos depoimentos prestados pelas testemunhas no processo preparatório ainda ficava aquém do praticado na sequência da aprovação do já mencionado Decreto n. 1, de 15.9.1892, mas era consideravelmente ampliado em relação ao direito vertido na Novíssima.

Este regime de produção da prova correspondia a um propósito claro de aceleração processual e de aproveitamento máximo dos meios de prova disponíveis, a que também obedeciam o alargamento da faculdade do réu de apresentação de novas testemunhas durante a discussão da causa às outras partes processuais e o conhecimento durante a audiência de julgamento de circunstâncias agravantes de que resultasse uma nova classificação dos factos constantes da acusação, com a limitação, já apresentada no projecto de Navarro Paiva de 1882, de que a condenação nunca poderia importar pena mais grave do que a aplicável ao facto segundo a classificação que lhe tivesse sido dada pela pronúncia ou por outro despacho equivalente.[998] A possibilidade de um segundo adiamento com base na falta da testemunha só aparentemente contrariava o referido propósito de aceleração processual, pois dependia do acordo de ambas as partes e, portanto, estava votada a ser uma disposição sem aplicação prática.

No tocante aos meios de impugnação, admitiu-se a interposição de recurso de todas as decisões, sem qualquer alçada, através dos três graus de jurisdição, mas limitou-se a obrigatoriedade de o Ministério Público interpor recurso às de-

---

[998] O disposto no § único do artigo 254 contrariava o disposto no artigo 227. A limitação da pena aplicável era inconsistente com a possibilidade de o tribunal conhecer, sem restrições, de elementos novos que fizessem variar a qualificação da pronúncia ou de facto equivalente durante o processo ou mesmo depois da condenação, seguindo-se então os termos do processo competente e, neste último caso, levando-se em conta a pena que o réu já tivesse sofrido.

cisões recorridas que impusessem pena excedente a quatro anos de prisão maior celular.

O âmbito do objecto do recurso para o Supremo Tribunal de Justiça foi ampliado, conhecendo este tribunal também de facto, quando sobre este se tivesse pronunciado em primeira instância o tribunal singular. Previu-se também o recurso da sentença proferida em harmonia com a decisão do segundo júri, quando as respostas do primeiro tivessem sido anuladas por iníquas, sendo a prova repetida e registada no segundo julgamento e abrangendo o recurso nos tribunais superiores o conhecimento da matéria de facto fixada no segundo julgamento.

Restringiu-se fortemente o âmbito das nulidades insanáveis, extinguindo--se, por um lado, a da preterição de actos e termos essenciais para a descoberta da verdade e, por outro, incluindo-se nele a da falta de quesitos sobre os elementos constitutivos do acto punível e sobre cada uma das circunstâncias agravantes, atenuantes ou dirimentes alegadas e a da manifesta contradição dos quesitos, quando dela resultasse não poder conhecer-se a intenção do júri. A nova regra do conhecimento oficioso das nulidades não consubstanciava um verdadeiro regresso ao regime de processamento das nulidades do direito positivo anterior a 1892, pois agora era exigido o voto unânime dos juízes que tivessem intervindo no recurso para decretação de qualquer nulidade.[999]

Os termos do processamento e do julgamento dos recursos eram, tal como no direito então vigente, os do agravo de petição em matéria cível, mas esclarecia-se definitivamente a questão da inadmissibilidade da reparação da sentença apelada. Se o regime de detenção preventiva do réu condenado em processo de querela por crime punível com pena maior fixa e de prestação de caução pelo réu condenado em processo correccional coincidia com o do direito vigente desde 1886, foram, no entanto, introduzidas quatro modificações muito significativas ao regime das medidas cautelares e de coacção, tendo todas em comum o agravamento da posição processual do réu na fase posterior à prolação da sentença. Com efeito, a prestação obrigatória de caução pelo réu condenado em processo de polícia, a prisão preventiva obrigatória do réu julgado em processo de querela por crime punível com pena maior temporária, ainda que tivesse sido condenado em pena correccional, a detenção preventiva obrigatória no caso do arguido absolvido em processo de querela por crime punível com pena maior

---

[999] Dias da Silva considerava "inteiramente inacceitavel" esta inovação, por ela "levar muito longe a aversão pela nullidade", aderindo o autor, ao invés, a uma solução intermédia entre a solução do artigo 13, n. 14, da Lei de 18.7.1855 e a solução restritiva da proposta de José de Alpoim de 1899, isto é, a propugnada no projecto de Navarro de Paiva de 1886 (Dias da Silva, 1899: n. 1434, p. 210).

A Jurisdição Penal Comum 403

fixa e a prestação de caução obrigatória no caso do arguido absolvido em processo de querela por crime punível com pena maior temporária dificultavam o exercício do direito ao recurso pelo réu e colocavam-no na inteira disponibilidade da parte acusadora.

A imputação da prisão preventiva no cumprimento da pena correccional e a ponderação de toda a prisão preventiva sofrida como circunstância atenuante da pena maior, que reproduziam as regras em vigor desde 1884, atenuavam, mas não supriam, aquele efeito negativo, pois não havia prazos para a prisão preventiva depois da condenação e a pena aplicada pela primeira instância podia ser agravada pelo tribunal de recurso.

O recurso de revisão era alargado em relação ao direito então vigente, admitindo-se esse recurso de todas as sentenças absolutórias e condenatórias, independentemente da gravidade objectiva do crime imputado. Optava-se por uma enunciação dos fundamentos da revisão, neles incluindo, além dos casos da Novíssima, o aparecimento da pessoa considerada morta em consequência do crime e o surgimento de documento novo que a parte não pudesse ter ao tempo em que foi proferida a sentença ou de testemunha cuja existência fosse ignorada ao tempo da decisão ou que não fosse possível ter feito comparecer até àquele momento. O Supremo Tribunal de Justiça decidia em secções reunidas se cabia revista, processando-se a novo julgamento nos termos ordinários.

O processo de polícia e o correccional eram muito aproximados, em ambos competindo a dedução da acusação ao Ministério Público em face dos autos de corpo de delito e sendo admissível a intervenção de uma parte acusadora privada. O despacho de pronúncia do juiz no processo correccional e o despacho de designação de data para julgamento no processo de polícia eram recorríveis até ao Supremo Tribunal de Justiça, conhecendo os tribunais superiores da criminalidade do facto e da correcção da qualificação jurídica, sem entrarem na apreciação da prova, ao invés do que ocorria no recurso da pronúncia no processo de querela. A produção da prova na audiência de julgamento era realizada com base no confronto constante com a prova do processo preparatório, prevendo-se o registo da prova em ambas as formas de processo de polícia e correccional apenas do que constituísse alteração ou aditamento daquela prova, salvo se as partes prescindissem do recurso.[1000]

[1000] As verdadeiras diferenças entre estas formas de processo residiam, afinal, na previsão de que a audiência de julgamento devia distar da intimação da acusação do Ministério Público ao réu pelo menos quarenta e oito horas no processo de polícia e três dias no correccional, na possibilidade de dedução de defesa escrita no processo correccional e no prazo de interposição de recurso de apelação e de revista de 24 horas no de polícia e de três dias no processo correccional.

A forma de processo para julgamento de réus ausentes era muito alterada. Pronunciado o réu por crime punível com pena maior fixa de prisão ou degredo, o processo aguardaria por dez anos a prisão do réu e, não ocorrendo esta, seria o réu intimado por éditos para que comparecesse em juízo. O réu ausente era julgado sem a intervenção do júri, devendo o Ministério Público recorrer obrigatoriamente da decisão, qualquer que fosse o seu sentido. Transitada a decisão, ela seria logo executada, não tendo o réu outro meio de defesa.

O défice de realização do princípio da acusação no direito positivo era agravado, quer por força dos poderes de censura das promoções do Ministério Público pelo juiz no final do processo preparatório e das decisões dos juízes municipais pelos juízes de direito nos processos preparados por aqueles, quer pela manifesta aversão dos autores da proposta pelo júri, culminando esta aversão em uma nova regra de competência do júri, nos termos da qual o tribunal de júri só conheceria os crimes da sua competência, cabendo ao juiz de direito julgar os restantes crimes no caso de acumulação.[1001] Acrescia a esta regra de competência, uma outra regra, de natureza probatória, que fixava a presunção da confissão do réu que se recusasse a responder, diminuindo gravemente a liberdade decisória do julgador, fosse ele juiz singular ou jurado.[1002]

Também os princípios da imediação e do contraditório eram realizados em termos mais deficientes do que no direito consagrado na Novíssima, em face da faculdade mais ampla de leitura dos depoimentos prévios das testemunhas, das regras sobre o comparecimento não obrigatório do réu na audiência de julgamento no processo por crime não punível com pena corporal ou de repreensão [1003] e ainda da nova estrutura do processo para julgamento de réus ausentes, que não permitia a apresentação de qualquer defesa pelo réu depois de interposto o recurso obrigatório da sentença pelo Ministério Público e de esta ter transitado.

[1001] Só "a aversão para com o jury" podia justificar esta disposição contrária ao direito vigente e à lógica, segundo Dias da Silva (1899: n. 1447, p. 418). A questão em face do direito vigente não era linear, mas o crítico censurava o projecto a partir da interpretação mais ampla da competência do tribunal de júri.

[1002] Esta disposição destoava do direito processual moderno e não se encaixava com o disposto no artigo 246 da proposta (Dias da Silva, 1899: n. 1479, p. 387).

[1003] Muito crítico em relação a esta opção manifestou-se Dias da Silva (1899: n. 1549, p. 419), considerando sem "fundamento plausível" a distinção feita pela proposta, pois "não se baseia na natureza da infracção, nem na gravidade da pena e na forma do processo". O autor sugeria, ao invés, que se procedesse ao julgamento dos crimes na ausência do réu sempre que ele tivesse sido para o efeito notificado pessoalmente e que se suspendessem os processos em que essa notificação não tivesse ocorrido até à prisão do réu. Nos processos por transgressões de posturas, o juiz julgaria diante do auto de transgressão, ficando ao Ministério Público e ao réu ressalvada a faculdade de oposição perante o mesmo juiz para realização de um julgamento "com todas as garantias". A inspiração para esta sugestão ia o autor buscá-la ao disposto na StPO alemã.

A abolição da alçada e a fixação da regra do duplo grau de recurso em todas as formas de processo ordinário com intervenção do juiz singular e mesmo da regra do triplo grau de recurso na forma mais solene do processo de querela visavam colmatar estes défices. Contudo, a limitação dos poderes dos tribunais de recurso, que só conheciam a prova registada nos autos e a nova prova documental junta, não permitia controlar os gravames cometidos ao réu na instância que pudessem resultar da omissão na produção de meios de prova, a que só a revisão ampla da sentença transitada podia excepcionalmente acorrer.

Esta proposta não teve melhor sorte do que os projectos anteriores,[1004] tendo sido necessário aguardar pela instauração do regime republicano para a introdução de algumas reformas profundas da organização judiciária e da estrutura do processo penal.

[1004] Sobre o mérito do projecto de 1899 se pronunciaram Beleza dos Santos e Guilherme Braga da Cruz. Aquele autor destacou de entre todos os projectos apresentados até 1916 o de José de Alpoim "pela maneira clara e correcta como foi redigido" (Beleza dos Santos, 1931 a: 20). Também Guilherme Braga da Cruz (1969: n. 3390, p. 130) considerou este projecto "bastante mais perfeito" do que os de Navarro de Paiva.

CAPÍTULO 7.º
A Exasperação da Crise do Paradigma Judiciário Liberal com a República

1. A legislação de emergência do governo provisório e a Constituição da República (1911)

O regime republicano não tinha um paradigma judiciário próprio, tendo antes procurado recuperar o paradigma judiciário liberal.

A recuperação deste paradigma processou-se em três direcções fundamentais: a da proibição dos juízos extraordinários, a da reforma do processo preparatório e a do reforço da participação popular na administração da justiça e, em especial, do tribunal do júri.

A recuperação do paradigma liberal constituiu simultaneamente uma reacção ao estado da justiça penal na fase final do regime monárquico e a concretização de várias propostas reformistas e, sobretudo, das de um dos últimos ministros da justiça do regime monárquico, Francisco de Medeiros. Com a publicação da legislação de emergência, o novo governo provisório efectuou uma parte substancial da reforma que o ministro monárquico não tinha conseguido fazer vingar nas Cortes.

As várias medidas legislativas que tornaram realidade estas opções políticas tomadas pelo governo provisório foram confirmadas pela assembleia constituinte e posteriormente desenvolvidas pelos vários executivos que se sucederam até Maio de 1926.

A reforma foi, contudo, pervertida desde muito cedo com a tomada de decisões que, ora motivadas politicamente, ora por preocupações de celeridade processual e de gestão económica do sistema, subvertiam os princípios processuais e os propósitos de política criminal inerentes ao paradigma liberal. A diminuta regulamentação constitucional da organização judiciária permitiu e facilitou até a verificação daquela perversão.

A Constituição teve na sua base um projecto de uma comissão constituída pelos deputados Francisco Correia de Lemos, José Barbosa, José de Castro, João de Menezes e Sebastião de Magalhães Lima, que foi apresentado na sessão da assembleia constituinte de 3.7.1911.[1005] O projecto era, efectivamente, muito parco em previsões sobre a organização judiciária, nele se incluindo apenas a de um Supremo Tribunal de Justiça e de "tantos juízes e tribunaes distribuidos pelo país quantos as necessidades da administração da justiça exigirem" (artigo 45), de um "Alto Tribunal da República", com competência para julgar os crimes de responsabilidade cometidos pelos titulares de órgãos políticos, e do tribunal de júri. Os juízes de direito só podiam ser suspensos e demitidos por sentença judicial. Ao invés, no que respeita às garantias fundamentais dos cidadãos no processo criminal, o projecto era muito prolixo, reproduzindo quase integralmente as disposições do projecto oferecido pelo advogado José Soares da Cunha e Costa à assembleia constituinte no dia 23.6.1911.[1006]

A discussão em torno do projecto iniciou-se na sessão de 6.7.1911 e terminou logo no dia 21.8.1911. Com esta data foi publicada a nova Constituição.

A Constituição previa no seu título terceiro uma secção terceira, designada por "Poder Judicial", em que se previa a existência de um Supremo Tribunal de Justiça e de tribunais de primeira e de segunda instância como os órgãos do poder judicial da República. Ao invés do previsto no projecto da comissão, não vingou a proposta de criação de um "Alto Tribunal da República" para julgamento dos crimes de responsabilidade, tendo-se fixado expressamente a competência dos tribunais comuns para julgar o presidente da República, os ministros, os senadores e os deputados como uma decorrência lógica da abolição dos tribunais de excepção.[1007]

[1005] Diário da Assembleia Nacional Constituinte, 12.ª Sessão, pp. 5 a 12.

[1006] Além destes dois projectos, foram apresentados ainda o de Teófilo Braga, o de José Barbosa, o de António Machado Santos, o do jornal "A Lucta", cuja direcção era composta pelos deputados à Assembleia Constituinte Brito Camacho, Duarte de Meneses e Carlos António Calixto, o projecto de João Gonçalves, o de Fernão Boto-Machado, o de Manuel Goulart de Medeiros, o de José Nunes da Mata, o de Basílio Teles, o de Tomás Cabreira e o do Grémio Montanha. Só o projecto de Boto-Machado ombreava com o de Cunha e Costa no desenvolvimento dado às disposições sobre o poder judicial, mas aquele projecto não teve, ao invés do projecto de Cunha e Costa, influência na redacção do projecto da comissão.

[1007] A alteração ao projecto no sentido do julgamento do presidente da República e dos ministros de Estado pelos tribunais ordinários foi proposta pelo ministro da justiça, Afonso Costa, que fundamentou a proposta com a doutrina do Decreto por si feito publicar a 14.10.1910, a que adiante se fará menção (Diário da Assembleia Nacional Constituinte, 47.ª Sessão, p. 4). Manteve-se, no entanto, a competência das Câmaras para decidir se os titulares de cargos políticos pronunciados deviam ser suspensos do exercício das suas funções e responder de imediato nos tribunais pelos factos que lhe eram imputados. A implantação da República e a publicação da lei da separação da Igreja e do Estado puseram também fim ao último testemunho da existência da jurisdição eclesiástica, os recursos à coroa. A Reforma Judiciária tinha simplificado o recurso à coroa, fixando os termos deste recurso em uma petição dirigida pelo agravado ao juiz de direito, seguida

A Jurisdição Penal Comum

409

O legislador constituinte manteve a instituição do júri como tribunal de primeira instância, tornando-a, contudo, facultativa em matéria civil e comercial, mas obrigatória em matéria criminal quando o crime fosse punível com pena superior à de prisão correccional ou quando se tratasse de crime "de origem ou caràter político" (artigo 59).[1008] Em relação ao estatuto dos juízes de direito, apenas se consagrou a garantia da perpetuidade e da inamovibilidade dos magistrados, conjugada com a reserva de lei em matéria de nomeação, demissão, suspensão, promoção, transferência e colocação fora do quadro.[1009]

---

da intimação deste à autoridade eclesiástica para que respondesse e da decisão. A decisão do juiz de direito era recorrível para o tribunal de segunda instância se a causa fosse sobre objecto que excedesse a alçada dos juízes ordinários. Ao invés, a Nova Reforma Judiciária procedeu a uma diferenciação do tribunal competente para conhecer do recurso à coroa consoante a dignidade da autoridade recorrida, que se manteve durante toda a monarquia constitucional. Se o recurso fosse interposto do vigário, subia ao juiz de direito e, se fosse interposto do Bispo, do Metropolitano ou dos Vigários gerais, subia ao Tribunal da Relação. Sendo a autoridade eclesiástica condenada, devia corrigir o abuso cometido, sob pena das temporalidades contra a autoridade desobediente. Os recursos na Relação eram tramitados como agravos de instrumento, consagrando deste modo o governo uma solução mais célere do que a prevista nos artigos 437 e 438 do projecto da comissão criada em 1835. O Código Penal de 1852 veio substituir as temporalidades por uma multa (artigo 138), tendo o Código de Processo Civil (art. 780 e 1078) reposto aquelas. O recurso à coroa ainda estava em vigor em 1910 (Chaves e Castro, 1910: 719) e foi tacitamente revogado pela Lei de separação da Igreja e do Estado de 20.4.1911 (Marnoco e Souza, 1913: 63 a 68, 75 e 76, Eduardo Carvalho, 1912: 20, e 1919: 13 e 114, e José Menezes e Castro, 1920: 221, e, mais amplamente, Custódio Costa, 1999: 50 a 54). Acrescente-se que na véspera da revolução de 5 de Outubro tinha sido suprimido o último monumento da jurisdição criminal eclesiástica: a dependência da punição dos crimes contra a religião do reino, previstos nos artigos 130 e 140 do Codigo Penal, de decisão prévia da autoridade eclesiástica. A Portaria de 21.3.1853 foi revogada pela Portaria de 31.8.1910, "atendendo a que o braço secular ficaria em muitos casos desarmado para o castigo de delictos, e o poder civil em situação de manifesta inferioridade".

[1008] O projecto da comissão apenas previa a manutenção do tribunal de júri, sem qualquer especificação sobre o âmbito da sua competência (artigo 54, § 40), tendo por proposta do deputado Barbosa de Magalhães sido alterada a redacção do preceito nos termos que vieram a ficar consignados na Constituição (Diário da Assembleia Nacional Constituinte, 48 ª Sessão, p. 16). Reiterando uma opinião já expressa em face da Carta, o comentador do novo texto constitucional, Marnoco e Souza (1913: 579), considerava que o júri criminal enfermava de um "vicio fundamental", o da incapacidade técnica dos jurados. Por outro lado, a diferença entre o direito e o facto levava a que o júri deformasse frequentemente a lei "pela maneira como aprecia os factos", razão pela qual o autor defendia a manutenção do júri apenas para os crimes políticos. Ao invés, António Macieira (1914: 31 e 32) entendia que a instituição do júri constituía um "princípio constitucional insofismável" e que a lei constitucional não vedava, antes admitia a sua intervenção no caso de crimes puníveis com pena correccional.

[1009] A teoria da independência do poder judicial consagrada pelos constituintes devia ser interpretada "em harmonia com a divisão dos poderes sancionada pela Constituição, onde não se chega até à separação. É por isso que se admitte a nomeação dos juízes pelo poder executivo

A Reforma da Justiça Criminal em Portugal e na Europa

Além da excepcionalidade da prisão sem culpa formada, que só era admitida em determinados crimes expressamente enumerados na Constituição,[1010] e do condicionamento da prisão preventiva fora de flagrante delito a uma ordem escrita da "autoridade competente",[1011] a Constituição consagrava três novas ga-

---

e a inamovibilidade não é absoluta", concluíam Marnoco e Souza (1913: 571) e Caetano Gonçalves (1918: 499), aderindo deste modo à opinião de Afonso Costa no pleito que este manteve sobre a questão com Barbosa de Magalhães na assembleia constituinte. Diante da previsão do artigo 47 do projecto da comissão de que as nomeações, promoções, transferências e colocações fora do quadro competiam à própria magistratura, o ministro da justiça opôs-se-lhe categoricamente na sessão de 15.8.1911, considerando que "pode estabelecer-se, como regra, a intervenção da magistratura, apenas sob o ponto de vista consultivo, para as diversas mudanças de pessoal, mas o que não se pode querer é que ella constitua um Estado dentro do Estado. De outra maneira, a Republica ficava nas mãos do poder judicial". O deputado Barbosa de Magalhães ainda argumentou que "se se deixarem continuar, como até aqui, essas promoções, nomeações e transferências dependentes do poder executivo, embora uma boa base na lei organizativa venha a ser estabelecida, o poder judicial continua a não ser independente" (Diário da Assembleia Nacional Constituinte, 48ª Sessão, p. 12), mas a proposta de Afonso Costa de supressão das palavras "pela propria magistratura" foi aprovada logo após o deputado António Macieira a ter apoiado, invocando um argumento que se afigurou decisivo, o da falta de confiança política dos constituintes no poder judicial ("o poder judicial não está por ora em condições de poder dar garantias á Republica, de que se não converta num Estado dentro do Estado. Em principio sou pela maxima autonomia do poder judicial, mas é necessário que no regime de evolução que seguimos, não se dê um passo de tal modo arriscado que colloquemos a Republica inteiramente nas mãos do poder judicial", Diário da Assembleia Nacional Constituinte, 48ª Sessão, pp. 15 e 16).

[1010] Em face do teor manifestamente insuficiente do preceito inscrito no projecto da comissão, que apenas previa a definição por lei dos casos de prisão sem culpa formada, o deputado António Macieira propôs uma emenda, correspondendo ela quase na íntegra à disposição aprovada (Diário da Assembleia Nacional Constituinte, 32ª Sessão, pp. 20 e 21). Marnoco e Souza louvou a opção dos constituintes, mas ponderou que a enumeração não era taxativa, podendo também ser preso o arguido sem culpa formada "nos casos que não são puramente criminaes e em que a Lei determina a prisão de alguma pessoa por desobedecer aos mandados da justiça ou não cumprir alguma obrigação dentro do prazo determinado", bem como nos casos de prisão disciplinar dos regulamentos do exército e da armada (Marnoco e Souza, 1913: 128 e 129).

[1011] Posta em discussão a disposição contida no n. 20 do artigo 5 do projecto da comissão, o deputado Moura Pinto notou-lhe logo a omissão de um prazo de entrega do detido por uma autoridade policial ou administrativa ao poder judicial, propondo que o detido por autoridade não judicial fosse entregue ao juiz "imediatamente" após a detenção. A proposta foi rejeitada por se considerar que a matéria estava já tratada no número seguinte. Com efeito, o n. 21 do artigo 5 do projecto da comissão previa, tal como o n. 11 do artigo 75 do projecto de Cunha e Costa, que o interrogatório de arguido detido devia ocorrer dentro de vinte e quatro horas a contar do momento da prisão. O deputado Barbosa de Magalhães ainda sugeriu o alargamento deste prazo para 48 horas, mas por proposta do deputado António Macieira foi aprovada a supressão do n. 21, com base na natureza "regulamentar" desta matéria, na impossibilidade prática de cumprir este prazo em algumas terras mais afastadas da sede da comarca e, sobretudo, na promessa do ministro da justiça de criação em todas as comarcas do país de lugares de juízes de instrução, que, "funcionando

A Jurisdição Penal Comum   411

rantias fundamentais, com directa incidência sobre a estrutura do processo penal:
a da contraditoriedade da instrução, assegurando-se aos arguidos, antes e depois
da formação da culpa, "todas as garantias de defesa",[1012] a do direito de revisão
das sentenças condenatórias exclusivamente em benefício do condenado,[1013] a

---

separadamente das entidades que realizam as funções de julgamento", fiscalizariam as detenções
policiais e administrativas. A intervenção do ministro foi, aliás, igualmente decisiva para a rejeição do n. 23 do artigo 5 do projecto da comissão, que, tal como o n. 13 do artigo 75 do projecto
de Cunha e Costa, previa o prazo máximo de oito dias "contados do momento da primitiva detenção" para a prisão preventiva sem culpa formada, pois era preciso, no entender do ministro, que
"dentro da Constituição fique acautelada a hypothese de que haja demora na instrucção dos processos em juizo para que, passados oito dias depois da prisão, não possam ter liberdade accusados
que devem ficar sob custódia até julgamento, porque d' esse modo, a Republica seria illudida com
os seus proprios principios" (Diário da Assembleia Nacional Constituinte, 33 ª Sessão, p. 15). O
lamento do deputado Joaquim Pedro Martins ("o Sr. Ministro da Justiça, não querendo que essas
garantias fiquem na Constituição, parece renegar a sua propria obra, pois não deseja que fique no
Codigo fundamental o que elle consignou nos seus decretos ..., mas não sendo eles insertos na
Constituição, não ficam perfeitamente garantidos; qualquer lei ordinaria os poderá inutilizar",
Diário da Assembleia Nacional Constituinte, 33 ª Sessão, p. 16) não evitou a supressão da garantia fundamental. Mais tarde, Marnoco e Souza repetiu exactamente esta crítica ("Não se pode considerar perfeitamente assegurados direitos individuaes que qualquer lei ordinaria pode revogar",
Marnoco e Souza, 1913: 135), defendendo a atribuição exclusiva ao juiz de competência para dar
ordem escrita de prisão e a consagração expressa das garantias do Decreto de 14.10.1910 no texto
constitucional.

[1012] Depois do discurso fundamental do ministro da justiça sobre o n. 21, em que se defendeu a consagração do princípio da instrução contraditória sem outra precisão, o n. 25 do artigo 5
do projecto da comissão, onde o princípio tinha sido vertido com a mesmíssima formulação que
lhe tinha sido dada no n. 15 do artigo 75 do projecto de Cunha e Costa, foi aprovado sem qualquer
discussão (Diário da Assembleia Nacional Constituinte, 33 ª Sessão, p. 17). A Marnoco e Souza
se ficou a dever a teorização desta nova garantia constitucional, que o autor concebia como uma
garantia do arguido contra a dedução de uma acusação injusta ("Se a defesa no período de julgamento garante o arguido contra uma condemnação injusta, no período de instrucção garante-o
contra uma accusação injusta. Não se deve deixar a accusação construir no silencio e na escuridão
o edificio das provas contra o réo, collocando-o na impossibilidade depois de o destruir no dia do
julgamento, sobretudo tractando-se de actos que se não podem repetir, como autopsias, analyses,
acessos a logares para examinar vestigios que podem desaparecer", Marnoco e Souza, 1913: 141).
A contraditoriedade da instrução não estava limitada à fase posterior à formação da culpa com a
pronúncia provisória, mas atingia mesmo a fase processual prévia à dedução da acusação. O autor
interpretava o preceito constitucional de acordo com a legislação ordinária entretanto publicada
pelo governo republicano, os Decretos de 14.10.1910 e de 18.11.1910, considerando que os termos previstos naqueles diplomas constituíam "a melhor explicação" do preceito constitucional e
que deviam ter sido consagrados expressamente no texto constitucional (Marnoco e Souza, 1913:
140 e 142).

[1013] O projecto da comissão era neste ponto particular bastante desenvolvido, prevendo,
designadamente, as entidades que teriam legitimidade para interpor este recurso e a aplicação

412 *A Reforma da Justiça Criminal em Portugal e na Europa*

de reparação pela Fazenda Nacional dos arguidos injustamente condenados e a do *habeas corpus*.[1014]

Logo na discussão do projecto, António Macieira lamentou que a regulamentação da organização judiciária entregasse "a magistratura ao acaso e os cidadãos á ventura", concluindo que "o poder judicial não foi tratado com verdadeiro carinho pelo projecto da Constituição".[1015] Mais tarde, Barbosa de Magalhães criticou asperamente a formulação das bases da reorganização judiciária na Constituição, qualificando-as como "deficientes", pois "ficou quasi tudo para ser regulado na lei orgânica do Poder Judicial", sendo certo que "dentro dessas bases cabia o que estava legislado; mas também podia caber uma profunda remodelação, menos no que respeitava ao júri criminal".[1016]

Foi precisamente esta revisão constante e até a restrição das principais medidas de reforma da organização judiciária e do processo penal que se verificou.

A primeira medida legislativa do governo provisório no âmbito do processo penal foi a da publicação do Decreto de 10.10.1910, que procedeu à abolição de todos os juízos criminais excepcionais e, designadamente, dos previstos para julgamento dos crimes de anarquismo, moeda falsa, abuso de liberdade de imprensa e do juízo de instrução criminal," o qual fica extinto para sempre".[1017]

---

desta garantia no foro militar (artigo 54, § 31). As propostas dos deputados António Macieira e Barbosa de Magalhães no sentido da admissão da revisão *pro societate* não foram acolhidas, tendo sido aprovada uma formulação simplificada do deputado Alexandre Braga, que admitia a garantia apenas em favor do réu condenado (Diário da Assembleia Nacional Constituinte, 33 ª Sessão, pp. 19 a 21). Marnoco e Souza criticou a opção dos constituintes, advogando a revisão dos julgados absolutórios (Marnoco e Souza, 1913: 157).

[1014] Também é de salientar a consagração do entendimento mais amplo do princípio da legalidade penal, que incluía a lei processual penal, previsto no projecto de Cunha e Costa já com esta amplitude e aprovado sem qualquer discussão pelos constituintes (Diário da Assembleia Nacional Constituinte, 33 ª Sessão, p. 17). A assembleia aderiu assim ao entendimento mais liberal do § 10 do artigo 145 da Carta defendido por Lopes Praça e afastou-se do de Marnoco e Souza. Em face do novo texto constitucional este autor advogou uma interpretação restritiva do mesmo, que permitisse a aplicação retroactiva da lei processual penal e em matéria de organização e competência judiciárias (Marnoco e Souza, 1913: 144 e 145).

[1015] Diário da Assembleia Nacional constituinte, 15 ª Sessão, p. 25.

[1016] Barbosa de Magalhães e José M. Godinho, 1937: X.

[1017] A abolição do juízo de instrução criminal constituía a mais premente reclamação da doutrina logo depois da instauração da República ("A detenção indefenida do supposto criminoso que essas leis permitem, a incommunicabilidade absoluta por tempo illimitado que dellas se tem concluido por errada quanto odiosa interpretação que as doutrinas do processo penal repellem, a larga esphera de acção concedida a um único magistrado que só a Deus dará conta dos seus actos, são outros tantos e poderosos motivos com que justamente é reclamada esta reforma, António Macieira, 1911: 202). Aprovada a disposição, a doutrina discutiu incessantemente o seu âmbito de aplicação e, designadamente, se ele também abrangia os júris de especialidade, como o júri

A Jurisdição Penal Comum

Esta primeira medida legislativa fundamental veio a ser repetidamente desrespeitada pelo novo poder instituído, através da criação de tribunais excepcionais com competência penal.[1018]

---

misto previsto na Lei de 1.7.1867 e o júri misto para estrangeiros previsto na Lei de 12.3.1845, e os processos em que o júri não intervinha, como acontecia nos crimes cometidos por ausentes e por magistrados e nos crimes de contencioso fiscal (Eduardo Carvalho, 1912: 182 e 183, e 1919: 145, O Direito, 1912: 124 e 125, Gazeta da Relação de Lisboa, 1912 a: 497 e 498, Faro e Noronha, 1913: 417 e 418, Pinto Osório, 1913: 146, António Macieira, 1914: 70, 73 a 76, e Navarro de Paiva, 1915 b: 308). Caeiro da Matta (1912: 24 a 29, e 1913: 52 a 55) considerava em vigor todas as previsões legais de foro especial, quer em função da qualidade do arguido quer da natureza dos crimes e, designadamente, as relativas aos crimes de salários indevidos de funcionários judiciais, aos crimes de danificação de cabos submarinos, aos de quebra culposa ou fraudulenta e aos de descaminho e contrabando. O autor alterou radicalmente a sua opinião em 1914, entendendo então que só subsistia uma forma de processo ordinário sem júri, a de julgamento dos crimes de danificação dos cabos submarinos, em face do compromisso internacional assumido pelo Estado português (Caeiro da Matta, 1914: 19 e 76). O legislador resolveu expressamente a questão no que respeita ao foro dos magistrados, tendo o artigo 38 do Decreto n. 4.172, de 27.4.1918, declarado em vigor os artigos da Novíssima que fixavam o foro especial dos magistrados. Não obstante, alguma doutrina entendeu que esta disposição era inconstitucional por mandar julgar sem jurados crimes puníveis com penas mais graves do que a de prisão correccional (Luís Osório, 1920: 131, mas contra Pinto de Osório, 1917: ano 37, pp. 54 e 69). No que toca ao processo de ausentes, a jurisprudência era unânime em considerá-lo em vigor, divergindo os autores sobre a intervenção do júri no julgamento destes processos (a favor da intervenção do júri, José Dias, 1919: 506 e 509, e Beleza dos Santos, 1920: 45, mas contra, Luís Osório, 1920: 144, 146 e 148).

[1018] Da criação de tribunais criminais excepcionais deve ser separada a instituição da nova jurisdição de menores. O Decreto de 27.5.1911, modificado por vários diplomas posteriores, criou pela primeira vez tribunais especializados e um processo especial para julgamento de crimes cometidos por menores de nove a treze anos, que podiam ser detidos por um período até sessenta dias ou internados em uma escola reformatória pública, e de crimes cometidos por menores de treze a dezasseis anos, que podiam ser detidos por um período até cinco anos em uma casa de correcção. O menor de nove anos que tivesse cometido factos considerados como crimes não incorria em qualquer pena. A criação destes tribunais correspondia a uma nova concepção do direito penal dos menores assente nos princípios da individualização e da indeterminação das sanções (Beleza dos Santos, 1925: 175 a 201, Augusto d' Oliveira, 1929: 20, 37 a 42, Arnaldo Brazão, 1931: 348 a 351, Ilídio Bordalo Soares, 1946: 250 a 261, 276 a 288, Lobo de Seabra, 1952: 216 a 221, Pedro Cluny, 1961: 153 a 156, e Eliana Gersão, 1968: 37 a 40). Embora os tribunais de infância tivessem uma composição colectiva, de que faziam parte um médico e um professor como vogais, a lei evoluiu, com o acordo da doutrina (Beleza dos Santos, 1925: 203, 204, 217 e 218), no sentido de conceder ao presidente do colectivo, que nas tutorias centrais era um juiz ou um jurista especializado em criminologia, psiquiatria forense ou psicologia infantil, o exercício das competências mais importantes do tribunal. Ao invés, nas tutorias comarcãs, em que o presidente do colectivo era o juiz do crime, mantiveram-se as competências do tribunal colectivo, pois "ponderou-se que um juiz único não especializado, acumulando as suas funções com as do juiz dos adultos, poderia ter a tendência de dar ao tribunal um carácter exageradamente repressivo". As decisões do tribunal colectivo eram recorríveis para um tribunal de segunda instância, também especializado.

414 *A Reforma da Justiça Criminal em Portugal e na Europa*

O primeiro tribunal especial criado pelo governo republicano foi o Tribunal de Honra, aprovado pelo Decreto de 31.12.1910 e regulamentado pelo Decreto de 21.3.1911. Este tribunal tinha competência para conhecer de todas as "questões de honra sobre que fosse solicitada a sua intervenção", podendo aplicar a pena de multa, sozinha ou cumulada com a de suspensão temporária de direitos políticos, e ainda a de detenção até 30 dias, na falta de pagamento da multa, e mesmo a de desterro "em casos graves" (artigos 6 e 9 do primeiro Decreto). O tribunal era composto por sete membros, representantes de vários sectores profissionais, incluindo o dos jornalistas, todos nomeados pelo governo.[1019]

O tribunal tinha sede em Lisboa e jurisdição sobre todo o território continental. A forma de processo prevista era muito simples, devendo o tribunal procurar "resolver a questão, obtendo dos interessados ou dos seus representantes as explicações necessarias" (artigo 9 do primeiro decreto). Não resolvendo a questão deste modo, o tribunal ouvia as partes e a prova por elas arrolada, sem que esta fosse registada. A decisão do tribunal era tomada pela maioria absoluta dos votos dos seus membros e não admitia recurso.

Não obstante a competência para aplicação de penas criminais previstas no Código Penal, a natureza deste tribunal era duvidosa, atenta a competência em concurso com a jurisdição criminal comum, da qual dependia, no entanto, a execução das decisões condenatórias dos tribunais de honra.[1020] Os tribunais criados nos anos seguintes, ao invés, tinham indubitavelmente a natureza de tribunais criminais especiais, a que competia o processamento e o julgamento exclusivos de certos crimes, variando o legislador na determinação da sua composição, com militares umas vezes e com civis outras, e na conformação da estrutura do processo.[1021]

[1019] A sugestão para a formação de um tribunal, precisamente com esta designação, foi feita por Delgado de Carvalho (1897: 277). O autor propunha, contudo, que este tribunal substituísse o júri em todas as questões de injúrias verbais e escritas, julgando sem apelação nem gravo sempre que as partes acordassem em se submeter a ele e sendo obrigatório nos delitos de imprensa.

[1020] A doutrina considerava que se deveria recorrer a estes tribunais antes de as partes se baterem em duelo, como condição para que se não imputasse a prática do crime de homicídio simples e se punisse com a pena mais favorável do artigo 385 do Código Penal o arguido que matasse o adversário em duelo (Caeiro da Matta, 1912: 10). No Decreto de 7.2.1911 foram nomeados os membros do novo tribunal, mas "a tradição venceu a lei" e os decretos do governo não tiveram execução prática (Alfeu Cruz, 1915: 380, do ano de 1911).

[1021] A vertiginosa sucessão de diplomas de criação, modificação e extinção destes tribunais dificulta particularmente o estudo teórico deste período. Esta dificuldade só pode ser ultrapassada separando as águas entre os tribunais que foram criados no âmbito da jurisdição militar,

A Jurisdição Penal Comum   415

O governo legislava nesta matéria, como em muitas outras, "na febre de quem precisava imediatamente de fundar o novo regime em princípios novos", como dirá Armando Marques Guedes, ministro e deputado da nova situação, no preâmbulo do seu projecto de Código de Processo Penal, apresentado em 1916 à Câmara dos Deputados.[1022]

2. A reforma do processo preparatório

A segunda medida legislativa do governo provisório foi a da reforma do processo preparatório, que foi aprovada pelo Decreto de 14.10.1910.

Neste diploma, o novo governo determinou a manutenção da estrutura e da competência dos tribunais criminais e a criação dos juízes de investigação criminal nas comarcas de Lisboa e do Porto, nomeados pelo governo, mas gozando de "plena autonomia no exercício das suas funções" e com competência para formar todos os corpos de delito e realizar todos os actos do processo preparatório até à pronúncia ou despacho equivalente.[1023]

A implantação dos juízes de investigação criminal veio a ser completada com a criação, pelo Decreto n. 5.023, de 29.11.1918, de juízes auxiliares de investigação criminal junto dos serviços médico-legais das comarcas de Lisboa e do Porto, com a função de presidir aos exames médico-legais e os mais que lhe fossem fixados, competência que foi regulamentada pelo Decreto n. 5.872, de 14.6.1919.

Realizando uma aspiração antiga da doutrina, os juízes de investigação criminal e os juízes auxiliares destes constituíam o corpo judicial a que o legislador republicano confiava a competência para a direcção da instrução dos

---

ainda que sem competência criminal estritamente militar, e os restantes tribunais. Só destes últimos trataremos neste capítulo, guardando o estudo dos tribunais militares para o título da jurisdição criminal militar.

[1022] Diário da Câmara dos Deputados, de 14.4.1916, p. 8. O ritmo frenético da actividade legislativa é patente na circunstância de em um só dia, o de 10.5.1919, terem sido publicados 360 decretos.

[1023] O decreto aprovado dispunha que o novo juiz tinha "essencialmente" a competência para formar o corpo de delito. A doutrina e a jurisprudência interpretaram o advérbio como significando a manutenção da competência dos juízes de paz de Lisboa e do Porto para formar os corpos de delito (Faro e Noronha, 1911: 609, Caeiro da Matta, 1912: 90, e 1914: 122 e 123, com uma argumentação que fazia remontar ao Decreto n. 1 de 15.9.1892 a competência cumulativa entre os juízes de paz e os juízes distritais, e Beleza dos Santos, 1920: 152). Contudo, a doutrina também acrescentava que, na prática, eram sempre os juízes de investigação que realizavam os corpos de delito, pelo menos em Lisboa.

416 A Reforma da Justiça Criminal em Portugal e na Europa

processos ordinários e correccionais com vista à separação das funções de instrução e de julgamento e ao controlo dos abusos do acusador público e das polícias nas investigações.[1024]

No plano processual, o diploma fundamental de 14.10.1910 suprimiu o despacho que julgava subsistente o corpo de delito, reforçando a tendência para a equiparação gradual do corpo de delito ao processo preparatório e instituindo definitivamente a prolação da pronúncia como o momento essencial do processo preparatório. O diploma de Outubro garantiu também o direito de assistência do denunciado por um defensor em qualquer tribunal, bem como o direito de o denunciado durante o processo preparatório juntar documentos, indicar testemunhas da comarca ou de fora desta e requerer exames e outras diligências.[1025] Completando este conjunto de garantias do arguido, o diploma procedeu a uma profunda revisão do regime das medidas de restrição da liberdade do arguido, impondo a obrigatoriedade do interrogatório do arguido detido em 24 horas improrrogáveis a contar do momento da prisão e limitando a duração máxima da prisão preventiva sem culpa formada a oito dias, "contados do momento da primitiva detenção", que só podiam ser prorrogados por mais oito dias em consequência de diligências judiciais requeridas pelo preso (artigo 10 do Decreto de 14.10.1910). A prática da detenção administrativa e policial para averiguações perdia a sua base legal.

O legislador republicano introduziu, logo no Decreto de Outubro de 1910 e em outros que lhe sucederam pouco tempo depois, limitações e distorções a estas novas soluções.

Com efeito, a magistratura dos juízes de investigação estava limitada às comarcas de Lisboa e do Porto e, mesmo nestas comarcas, aos próprios juízes

---

[1024] A atribuição ao novo juiz de investigação de "uma espécie de poder tutelar sobre a perseguição do Ministério Publico, corrigindo com a sua imparcialidade quaisquer defeitos ou excessos dessa perseguição", constituía o objectivo político da reforma (Abraão de Carvalho, 1913: 149 e 152). Contudo, este objectivo foi desde logo frustrado pela subordinação da polícia de investigação ao ministro do interior, sem qualquer ligação com os juízos de investigação ("Um Juizo de Investigação sem polícia é uma instituição condenada, como condenada é uma polícia dependente das alternativas da política e ao serviço do poder executivo", Alvaro de Castro, 1923: 122 e 123).

[1025] A introdução da instrução contraditória era outra das reformas mais reclamadas depois da instauração da República (António Macieira, 1911: 202, e Henriques Goes, 1911: 225). A discussão que logo se gerou foi sobre o âmbito desta faculdade e, designadamente, sobre o seu exercício no processo de polícia correccional e no processo de abuso de liberdade de imprensa, sendo maioritária a jurisprudência favorável ao exercício desta faculdade naquele processo e desfavorável neste (Alfeu Cruz, 1915: 129, do ano de 1910, Teixeira de Magalhães, 1923: 269 e 271, e José Mourisca, 1924: 340 e 344).

A Jurisdição Penal Comum

de investigação era também concedida competência para julgar os processos por delitos e transgressões de posturas que coubessem na alçada dos juízes de direito, com recurso para a Relação.[1026] Embora este mesmo diploma tivesse determinado a supressão da alçada em matéria criminal em todos os tribunais de primeira instância, o legislador recorria à alçada dos juízes de direito vigente à data da entrada em vigor do diploma como um limite para a fixação da competência judicativa dos juízes de investigação.[1027]

A competência judicativa dos juízes de investigação veio a ser alargada por intermédio da consagração de dois novos processos especiais. O Decreto de 18.11.1910 procedeu à atribuição aos juízes de investigação criminal de Lisboa e do Porto de competência para julgar, no próprio dia da captura ou no primeiro dia útil seguinte, os detidos em flagrante delito por crimes a que correspondesse processo de polícia correccional e que não tivessem de ser verificados por exame directo.[1028] Esta forma de processo distinguia-se, pois, da de processo sumaríssimo criada pelo diploma de 15.9.1892 por o requerimento de inquirição de testemunhas não presentes deixar de constituir um meio ao dispor do réu para obstar à realização do julgamento sumaríssimo.

A Lei de 20.7.1912 procedeu à incriminação da vadiagem, da mendicidade, da devassidão ("aquele que se entregar a vícios contra a natureza", artigo 3), da exploração de mendigos e prostitutas e da violação de ordem judicial ou governamental de expulsão e criou uma nova forma de processo sumaríssimo dos cidadãos nacionais detidos em flagrante delito por crimes previstos nesta lei e dos

---

[1026] Os juízes de paz de Lisboa e do Porto tinham competência cumulativa com os juízes de investigação quanto ao julgamento das coimas e transgressões de posturas, mas eram "de facto" estes últimos quem exercia esta competência (Caeiro da Matta, 1914: 63).

[1027] A limitação geográfica da criação dos novos juízes de investigação foi criticada pela doutrina com base na necessidade de separar as funções instrutória e judicativa ("Desejaríamos que o juiz nunca julgasse os processos que êle próprio instrui", Abraão de Carvalho 1913: 149). Contudo, a especialização ulterior dos tribunais fora de Lisboa e do Porto não seguiu um modelo diferente. Os juízos criminais de Braga, de Coimbra e de Setúbal criados, respectivamente, pelos Decretos n. 3.979, de 26.31918, n. 4.251, de 8.5.1918, e n. 5531, de 5.5.1919, também cumulavam a competência instrutória e a de julgamento.

[1028] Discutiu-se se as normas processuais deste diploma também seriam aplicáveis aos julgamentos nos outros juízos, além dos juízos de investigação criminal. Embora com dúvidas em relação ao intuito do legislador, Eduardo Carvalho (1912: 216) concluía que a nova forma de processo sumaríssimo só era aplicável nos juízos de investigação de Lisboa e do Porto. A doutrina e a prática foram neste sentido (Pedro de Sousa, 1915: 22, Alfeu Cruz, 1915: 122, do ano de 1910, e Beleza dos Santos, 1920: 38). Contudo, Luís Osório (1920: 349) e José Mourisca (1924: 555) consideravam que o Decreto de 18.11.1910 era aquele a que deveria recorrer-se para suprir as omissões de todas as outras formas de processo sumário e sumaríssimo em virtude da sua maior perfeição.

418 *A Reforma da Justiça Criminal em Portugal e na Europa*

cidadãos estrangeiros, ainda que não tivessem sido detidos em flagrante delito. A regulamentação dos termos desta nova forma processual era feita por remissão para os termos previstos no diploma de 18.11.1910, com a única especialidade da prisão preventiva obrigatória dos arguidos até julgamento.[1029] Em Lisboa e no Porto, estas novas infracções eram julgadas pelos juízes de investigação.

Mas a situação agravar-se-ia com a concessão de poderes jurisdicionais a funcionários administrativos e aos chefes dos corpos policiais. Assim, o governo criou, pelo Decreto de 27.5.1911, o lugar de chefe da repartição de investigação junto do comando da polícia cívica de Lisboa, que podia ser exercido por qualquer bacharel nomeado pelo governo. A este funcionário foi atribuída competência para dirigir os serviços de investigação criminal, tendo os autos das diligências por si mandadas efectuar fé em juízo. O exercício de funções judiciais instrutórias por um funcionário nomeado pelo governo correspondia afinal ao "juízo de instrucção criminal ressuscitado".[1030]

Mais tarde, ponderando que era "urgente providenciar quanto ao destino a dar aos inúmeros presos, que acusados de vadiagem e reincidência em delitos comuns de penas correcionais se encontram detidos nas prisões civis e militares de Lisboa" e que o "seu julgamento, cometido aos juízos de investigação criminal, agrava consideravelmente o serviço normal dêstes tribunais, já de si sobrecarregados com um excessivo movimento judicial", o governo atribuiu, através do Decreto n. 5.576, de 10.5.1919, ao director da polícia de investigação e aos seus adjuntos competência para proceder ao julgamento nos termos do novo processo sumaríssimo dos acusados da prática do crime de vadiagem e de reincidência em crimes de pena correccional cometidos na comarca de Lisboa.[1031] Sete meses depois, o congresso conferiu, através da Lei n. 922, de 30.12.1919, ao director da mesma polícia, em Lisboa, ao inspector, no Porto, aos adjuntos de ambos e aos juízes de direito, no resto do país, competência para julgar os cri-

---

[1029] O processo previsto no Decreto de 18.11.1910 era por este meio aplicável ao resto do país, mas apenas na perseguição deste tipo de crimes (Pedro de Sousa, 1915: 25).

[1030] António Macieira, 1913: 15 e 16.

[1031] A doutrina logo advertiu para a necessidade de um duplo entendimento restritivo das previsões deste diploma, porquanto, por um lado, os reincidentes seriam os delinquentes habituais equiparados a vadios nos termos do artigo 5 da Lei de 20.7.1912 e como tal declarados e não todos os condenados a duas penas maiores ou a uma pena maior e duas correccionais e, por outro lado, o diploma só se aplicaria aos julgamentos realizados em Lisboa, o que se alcançava do preâmbulo do diploma (Luís Osório, 1920: 349, e 1922: 353). O julgamento obedecia, segundo a letra do Decreto n. 5.576, à "forma sumária prevista na lei vigente", expressão que a doutrina interpretava como referindo-se ao novo processo sumaríssimo previsto no Decreto de 18.11.1910 (Beleza dos Santos, 1920: 39).

A Jurisdição Penal Comum

419

mes de alteração, adulteração ou falsificação de alimentos e de açambarcamento de géneros, devendo o processo seguir os termos estabelecidos no Decreto n. 5.576, admitindo-se apenas o recurso de revista para o Supremo Tribunal de Justiça, processado e julgado como o agravo de petição em matéria cível, fundado em nulidade do processo.[1032]

A atribuição de competência jurisdicional aos chefes dos corpos policiais de investigação criminal tomou uma dimensão ainda mais ampla com a publicação do Decreto n. 8.435, de 21.10.1922, que procedeu à reestruturação dos serviços da polícia. A circunstância de a repressão correccional e sumária de certos ilícitos por via da pena de multa constituir "um grande auxiliar dos bons costumes" justificou a atribuição aos directores da polícia de investigação criminal de Lisboa e do Porto de competência para proceder ao julgamento, em processo sumário, dos réus detidos em flagrante delito pela prática de um largo número de crimes leves, puníveis apenas com pena de multa até 200$00.[1033]

Por outro lado, as recém-consagradas garantias do arguido na instrução foram também fortemente restringidas e mesmo excluídas em alguns processos.

Com efeito, o exercício das novíssimas garantias da instrução contraditória foi logo limitado em todos os processos a um momento posterior ao do interrogatório do arguido, nos termos do artigo 14, § único, do Decreto de 18.11.1910,[1034] e posteriormente, o seu exercício foi mesmo excluído, pelo ar-

---

[1032] Deste modo, se o tribunal especial se confinava às comarcas de Lisboa e do Porto, já a forma de processo sumaríssimo era aplicável em todo o país (Luís Osório, 1920: 393). O artigo 15 do Decreto n. 12.487, de 14.10.1926 extinguiu o tribunal criado pela Lei n. 922, cuja competência já tinha sido deferida aos tribunais militares extraordinários organizados nos termos do Decreto n. 12.359, de 22.9.1926. No entanto, se as disposições da Lei n. 922 sobre organização judiciária se encontravam já revogadas à data da entrada em vigor do CPP de 1929, por força da norma revogatória prevista nas disposições transitórias do Estatuto Judiciário, as normas processuais penais só o foram pelo novo Código (Carlos Silva e Sousa, 1929: 106, e Luís Osório, 1932 a: 70).

[1033] Neste diploma manteve-se a força de corpo de delito dos autos e das investigações feitas pela polícia de investigação e pela polícia administrativa. O Decreto n. 13.465, de 18.4.1927, veio alargar a competência judicial da autoridade policial, determinando que os que propagassem boatos tendenciosos ou distribuíssem ou conservassem panfletos ou impressos tendenciosos ou de propaganda subversiva fossem julgados sumariamente nos termos do diploma de 1922 referido no texto. Do mesmo passo, foram elevadas ao dobro as multas aplicáveis pela autoridade policial ao abrigo do dito diploma. A inovação de 1922 mereceu o reparo da doutrina ("não é moral, nem proprio de uma Republica, que, com testemunhas policiais, com acusadores policiais, funcionarios da policia também fossem os julgadores", Herlandér Ribeiro, 1929: 24).

[1034] Parte da doutrina considerou que esta disposição legal era inconstitucional e tinha sido revogada pela disposição mais ampla do artigo 3, n. 20, da Constituição, que permitiria a instrução contraditória em todos os feitos crimes e desde o início (Barbosa de Magalhães, 1911: 218, Caeiro da Matta, 1913: 125 e 254, 1914: 177 e 178, 1919: 13, Francisco Veiga, 1914: 55 e 56,

420 A Reforma da Justiça Criminal em Portugal e na Europa

tigo 1 do Decreto de 23.10.1911, no processo para julgamento dos crimes de conspiração, previstos no artigo 2, ns. 1 e 3, do Decreto de 28.12.1910.[1035]

Por fim, as novas regras relativas à fixação de limites temporais para as medidas de coacção foram completamente defraudadas por outras que atribuíam, quer a membros do governo, quer às polícias, poderes verdadeiramente discricionários e sem qualquer controlo judicial neste âmbito.[1036]

A atribuição dessas competências a membros do governo verificou-se no Decreto de 15.2.1911, que conferiu ao ministro do interior a competência para determinar a remoção de qualquer detido em investigação pela prática de qualquer um dos crimes políticos previstos no Decreto de 28.12.1910 para Lisboa ou para o Porto, ainda que o detido já estivesse entregue ao poder judicial, e estabeleceu que só depois de concluída a investigação policial começava a contar o prazo a que se referiam os artigos 8 e 10 do Decreto de 14.10.1910.[1037] O le-

---

Pedro de Sousa, 1915: 51, 68 e 69, Abel Garção, 1915: 120, Abel de Andrade, 1917: 307 e 308, e José Dias, 1919: 285 e 290). Contudo, o legislador em um diploma publicado logo a 20.10.1910 ressalvou expressamente a existência do segredo de justiça. Por seu lado, a jurisprudência ia toda no sentido da manutenção do segredo do processo preparatório antes de o réu ser preso, afiançado ou interrogado e com ela estavam Marnoco e Souza (1913: 143), a Revista de Legislação e Jurisprudência (1914: 183 e 184), Alfeu Cruz (1915: 128, do ano de 1910), Beleza dos Santos (1920: 168 e 169, 196 e 197), Luís Osório (1920: 76), Teixeira de Magalhães (1923: 241 e 242) e José Mourisca (1924: 339 e 340). Não tem razão, pois, António Barreiros (1981 a: 72) quando pretende que o sistema do Decreto de 14.10.1910 foi "ampliado" pelo diploma de 18.11.1910 e dá como assente que toda a instrução dos feitos crimes era contraditória, reiterando, aliás, um juízo de Salgado Zenha (1968: 42).

[1035] O âmbito da excepção foi ainda alargado pelo artigo 1 da Lei de 29.11.1911 aos processos previstos no artigo 2, ns. 2 e 4 do diploma de 28.12.1910 e aos crimes contra a integridade do Estado previstos nos artigos 172 a 176 do CP. Também estes decretos restritivos foram considerados inconstitucionais pela doutrina (Francisco Veiga, 1914: 57, e Cunha e Costa, 1921: 34).

[1036] A situação era de tal modo grave que merecia o seguinte comentário do deputado Adriano Mendes de Vasconcelos no relatório de um projecto de lei sobre *habeas corpus* apresentado em Janeiro de 1913: " as garantias individuais e colectivas, consignadas na constituição e nas leis subsidiárias, como Código Penal, Lei Eleitoral, Código Administrativo, etc, são simplesmente letra morta, servindo quando muito para esconder a nossa miséria aos olhos do estrangeiro: são leis de exportação. E daqui resulta, naturalmente, o seguinte, a divisão de poderes não existe, porque o Poder Executivo tudo absorve, dêle dependendo todos os outros" (projecto de lei n. 4-M da Câmara dos Deputados, p. 12, incluído e aprovado no parecer n. 35 das comissões de legislação civil e comercial e de legislação criminal da referida Câmara, de 20.1.1913). O autor já tinha apresentado na sessão de 30.6.1911 da assembleia constituinte um projecto de lei sobre o mesmo objecto (sobre a relevância político-criminal deste projecto, Artur Maurício, 1974: 33 a a 35).

[1037] A doutrina não poupou este regime excepcional, considerando a remoção ministerial de um detido já entregue ao poder judicial como "atentatoria da independencia deste poder e contrária a todos os preceitos que regulam os processos penaes" (Francisco Maria Veiga, 1914: 58) e censurando "os poderes ilimitados" no que respeita ao prolongamento da prisão preventiva

A Jurisdição Penal Comum 421

gislador legitimava deste modo explícito o regresso à prática da detenção policial ilimitada para averiguações, tutelada ministerialmente desta feita, mas com a agravante de a polícia poder até retirar o arguido da jurisdição do tribunal, constituindo a remoção policial do réu uma causa de interrupção do prazo judicial para formação da culpa ao arguido preso.

A aplicabilidade destas disposições ao crime de propaganda subversiva e aos crimes de alta traição foi ainda determinada, respectivamente, pelas Leis de 12.7.1912 e pela Lei n. 453, de 21.9.1915, prescindindo, no entanto, esta última lei da remoção determinada ministerialmente e limitando o período das investigações das autoridades policiais a 60 dias, mas ampliando o prazo previsto no artigo 998 da Novíssima até quinze dias, o que fixava o prazo máximo da prisão sem culpa formada em setenta e cinco dias.[1038]

(Abraão de Carvalho, 1913: 198 e 199), tendo mesmo sido interpretada restritivamente a faculdade de prolongamento do prazo da prisão policial, que só seria admissível para os detidos fora de Lisboa e do Porto que tivessem sido removidos para estas cidades e não para os detidos nestas cidades, justificando-se a diferença de tratamento pela demora que haveria na investigação de factos passados fora de Lisboa e do Porto (Francisco Maria da Veiga, 1914: 70). Não obstante a natureza política da criminalidade envolvida, o problema jurídico que se colocava era ainda o mesmo de há muito: "A experiencia tem demonstrado mais que sobejamente que estes prazos (do Decreto de 14.10.1910), tanto o policial como o judicial, são frequentíssimas vezes insuficientes para a averiguação dos crimes, sobretudo quando êles não deixam traços ou vestígios de valor que permitam chegar com rapidez e segurança à descoberta dos seus autores. É de absoluta necessidade alterar os prazos da prisão preventiva quer na polícia, quer em juízo, porque não chegam nem para a investigação policial nem para a formação do corpo de delito. O prazo da prisão policial é tam apertado que nem é possível fazer-se dentro dêle a entrega dos presos ao poder judicial", Abraão de Carvalho, 1913: 189). Por isso, se advogava *de iure condendo* a consagração do prazo de oito dias contados desde a detenção para a entrega pela polícia dos detidos fora de flagrante delito por crime a que coubesse processo ordinário e do prazo de 48 horas para os detidos por crime a que coubesse processo correccional, bem como o alargamento do prazo da prisão preventiva em juízo (Abraão de Carvalho, 1913: 202 e 203). O diploma de 15 de Fevereiro de 1911, que constituiu o primeiro de uma série de diplomas promulgados sobre o modo de punição dos crimes políticos, "sendo nesses processos postos de parte grande número das garantias que a legislação republicana concedeu no caso de crimes comuns" (Luís Osório, 1932 a: 31), só foi revogado pelo Decreto n. 21.942, de 5.12.1932.

[1038] Se a doutrina defendeu o alargamento dos casos de prisão preventiva sem culpa formada, prisão "para averiguações", previstos n. 16 do artigo 3 da Constituição (Abraão de Carvalho, 1913: 186 e 187), os tribunais superiores anteciparam-se ao legislador (cfr. o acórdão fundamental da Relação de Lisboa, de 8.8.1916 in RJ, ano 2, 1917-1918, n. 28, p. 54, e o acórdão do STJ, de 12.1.1917, in RT, ano 36, 1917, n. 856, p. 243). No primeiro acórdão concluiu-se que o artigo 3, n. 16, da Constituição não se opunha à detenção para averiguações permitida pelo Decreto de 21.12.1876, invocando que, "se a autoridade policial não tivesse aquela faculdade, em grande número de casos nem se evitariam os crimes, nem se poderia verificar a existência, nem se poderia descobrir os culpados, nem se poderia obstar ao seu desaparecimento". No segundo

422 A Reforma da Justiça Criminal em Portugal e na Europa

Logo em 1912 o legislador prescindiu da intervenção do ministro do interior e da fixação de qualquer prazo e conferiu ao chefe da repartição de investigação no comando da polícia cívica de Lisboa e aos juízes que a esta estavam agregados uma competência discricionária relativamente à liberdade dos réus. Nos termos da Lei de 15.3.1912 a detenção para averiguações pela prática dos crimes previstos na Lei de 3.2.1912 não tinha qualquer limite, começando o prazo do artigo 10 do Decreto de 14.10.1910 a contar "da data do recebimento dos autos de investigação nos tribunais comuns".

Esta competência detentiva foi ampliada aos próprios órgãos de polícia em 1918. De acordo com o Decreto n. 4.166, de 27.4.1918, a Polícia de Investigação Criminal e a Polícia Preventiva tinham competência para proceder a investigações, tendo os autos levantados pela primeira fé em juízo e valendo como corpo de delito, e para prender os suspeitos pelo prazo de oito dias nos crimes comuns e sem qualquer prazo nos crimes de sedição, rebelião e alta traição ("pelo tempo indispensável para a conclusão das investigações", artigo 112), tendo este regime aprovado pelo governo sidonista sido mantido aquando da reorganização das polícias em 1922 pelo 36 ° governo constitucional da República, chefiado por António Maria da Silva.[1039]

---

acórdão o argumento apresentado foi o de que a prisão e a detenção eram "cousas diversas sendo a segunda uma medida meramente policial", não prevista no tipo legal do artigo 291 ns. 1 e 2 do Código Penal, que exigia a prisão e não a detenção. Em oposição frontal a esta doutrina, José Mourisca criticou a distinção entre a prisão e a detenção por violar a doutrina expressa do § 1 do artigo 291 do CP e a disposição constitucional já referida, que abrangia qualquer detenção ("Se existisse a diferença entre prisão e detenção, o referido n. 16 do art. 3 º da Constituição não passaria duma irrisória ficção. Seria um espantalho que nem aos pardais meteria susto", José Mourisca, 1919: 81 e 82, e, já anteriormente, Alexandre de Seabra, 1889: 198). Não obstante, a prática manteve-se inalterada durante a vigência do mencionado artigo da Constituição de 1911, quer nos momentos em que as liberdades constitucionais se encontravam suspensas quer quando vigoravam plenamente (o acórdão da Relação de Coimbra, de 7.4.1920, in RT, ano 38 º, 1919-1920, pp. 364 a 366, o acórdão do STJ, de 9.7.1920, in RT, ano 69 º, 1920-1921, pp. 68 e 69, e a sentença de 10.12.1931, in O Direito, ano 64, 1932, pp. 74 a 78).

[1039] "Tempo indispensavel é um euphemismo que significa aquelle tempo que ao interesse ou ao odio politico aprouver", dizia Cunha e Costa (1921: 60). Censurando igualmente o regresso ao regime de 1911 da detenção por tempo indeterminado no âmbito dos crimes políticos, Vaz de Sampaio, 1919: 274, e José Mourisca, 1919: 99 (em face do referido Decreto n. 4.166) e 1923: 198 (em face do Decreto n. 8.435, de 21.10.1922). Além da censura, a doutrina procurou também restringir o âmbito da previsão legal de 1918 no que toca aos crimes de alta traição, ponderando que a detenção policial na investigação destes crimes continuava a ser limitada pelo prazo de sessenta dias da já referida Lei n. 453, mesmo depois da publicação do Decreto n. 4.166 (Eurico de Campos, 1919: 19, 48 e 49). A Polícia Preventiva, que tinha funções de controlo político, constituía inicialmente um serviço dependente da Polícia de Investigação Criminal (Decreto n. 3.673, de 20.12.1917), tendo sido autonomizado logo em Março de 1918 (Decreto n. 3.940, de

A Jurisdição Penal Comum

3. O reforço da participação popular na administração da justiça

O terceiro objectivo fundamental da reforma legislativa republicana foi o da revalorização do júri. Esta opção reflectiu-se quer na atribuição de novas

---

16.3.1918). A competência de vigilância e prevenção de crimes políticos e sociais desta polícia foi fixada pelo Decreto n. 4.058, de 5.4.1918. Ainda nesse mês, o Decreto n. 4.166, de 27.4.1918, procedeu a uma reorganização global das Polícias de Segurança, de Investigação Criminal, Administrativa, Preventiva, de Emigração e Municipal, que ficaram subordinadas a uma direcção-geral única integrada no Ministério do Interior. A "direcção-geral da segurança pública" era chefiada por um director, que recebia ordens e instruções do ministro do interior. Em face dos inconvenientes resultantes da subordinação directa ao Ministério, o Decreto n. 5.291, de 22.3.1919, determinou que aos governadores civis coubesse a superintendência das polícias nos diferentes distritos do país, com a excepção da polícia de emigração. O diploma de 1918, com a correcção de 1919, manteve-se em vigor até 1922, tendo sofrido apenas alterações de teor formal. O Decreto n. 5.367, de 7.4.1919, alterou a designação da Polícia Preventiva para Polícia de Segurança do Estado, tendo posteriormente o Decreto n. 8.013, de 4.2.1922, substituído esta designação para Polícia de Defesa Social, mantendo-se a anterior competência, mas sendo a direcção desta polícia atribuída ao governador civil de Lisboa. O Decreto n. 8.435, de 21.10.1922, procedeu à reestruturação das polícias, criando uma Polícia Cívica, subordinada ao ministro do interior e com quatro secções, a Polícia de Segurança Pública, a Polícia de Investigação Criminal, agora dirigida exclusivamente por um juiz, a Polícia Administrativa e a nova secção da Polícia Preventiva e de Segurança do Estado, permanecendo, no entanto, uma forte influência política no recrutamento dos chefes e na direcção da actividade da polícia (Eurico de Campos, 1924: 429) e o "péssimo hábito de deter para averiguações", reforçado pela doutrina do ofício do ministro do interior de 9.10.1915, nos termos da qual os magistrados do Ministério Público não podiam quebrar a incomunicabilidade a que tivessem sido sujeitos os detidos para averiguações, e do já referido acórdão da Relação de Lisboa, de 8.8.1916 (Eurico de Campos, 1928: 168 a 170, e, já anteriormente, José Mourisca, 1923: 194 e 195, e Revista de Legislação e Jurisprudência, 1925: 389). A Secção da Polícia Preventiva, que substituiu a anterior Polícia de Defesa Social, tinha uma competência vaga, incluindo a "vigilância dos elementos sociais perniciosos ou suspeitos" e "o emprego de diligências tendentes a prevenir e evitar os seus malefícios" e, por isso, não era "uma polícia de defeza do Estado, mas uma polícia de defeza dos partidos" (Eurico de Campos, 1924: 430). Só dois anos depois da publicação do diploma geral, foi regulamentada a acção da Polícia Preventiva e de Segurança do Estado pelo Decreto n. 9.620 de 29.4.1924, que previa, de acordo com o artigo 36 do decreto regulamentado, a requisição à Polícia de Investigação da realização de "detenções, buscas, apreensões, exames e quaisquer outros actos dos quais possa resultar a aclaração ou prova dos casos submetidos à sua vigilância e prevenção" e a própria organização dos autos de investigação, bem como a requisição à Polícia de Segurança Pública, no caso de flagrante delito ou de urgência imediata, da detenção provisória de qualquer indivíduo suspeito da prática de crimes contra a segurança do Estado, podendo, contudo, o director da Polícia Preventiva libertar os detidos quando se reconhecesse não haver culpa. Se, por um lado, os poderes de actuação directa da Polícia Preventiva foram deste modo praticamente suprimidos, por outro, mantiveram-se no diploma de 1922 exactamente os mesmos poderes amplos de detenção ilimitada pela suspeita da prática de crimes políticos e de detenção por oito dias dos suspeitos da prática de quaisquer outros crimes, pelo que não procede a tese de Salgado Zenha e Abranches Ferrão, posteriormente seguida por Maria

424 A Reforma da Justiça Criminal em Portugal e na Europa

competências ao tribunal de júri, quer na consagração de importantes alterações na relação de poderes entre o juiz e o júri e no próprio funcionamento do júri.

Assim, o governo provisório determinou a proibição da leitura do corpo de delito indirecto no início da audiência de julgamento no processo de querela (artigo 7 do Decreto de 28.12.1910),[1040] a supressão do relatório do juiz de julgamento aos jurados (artigo 9 do mesmo diploma) e a limitação do controlo judicial das respostas do júri ao caso de estas importarem condenação em pena maior (artigo 6 do Decreto de 12.1.1911),[1041] visando as três medidas o reforço da autonomia decisória dos jurados.[1042]

Por outro lado, a competência do júri foi aumentada, atribuindo-se-lhe o conhecimento dos crimes de abuso de liberdade de imprensa, dos crimes políticos e contra a segurança do Estado e dos crimes de responsabilidade ministerial.

O primeiro diploma publicado foi o Decreto de 28.10.1910, que conferiu competência ao júri para julgar, segundo as regras de um processo especial, to-

---

da Conceição Ribeiro, segundo a qual "ao regime do *favor libertatis* vigente entre nós de 1834 a 1926 sucedeu o princípio do *favor politiae*", tendo só em 1918 sido introduzidos poderes "exorbitantes" para detenção pela polícia no âmbito da criminalidade política, mas sendo os poderes de detenção ilimitada retirados à polícia em 1922 (Fernando de Abranches-Ferrão e Salgado Zenha, 1971: 35, 41 a 43, e Maria da Conceição Ribeiro, 1995: 40, 44 a 51). Os poderes amplos de detenção policial ilimitada em relação aos crimes de sedição, rebelião e alta traição permaneceram em 1922, verificando-se neste aspecto uma linha de continuidade nítida entre a reorganização da polícia em 1918 e a efectuada em 1922, que encontra, aliás, a sua origem, como se viu no texto, nos primeiros diplomas publicados logo em 1911 e 1912. O Decreto de n. 8435 só viria a ser revogado pelo artigo 97 do Decreto n. 35.042, de 20.10.1945.

[1040] O significado importantíssimo desta inovação era o de a restrição da leitura das peças do processo preparatório beneficiar a realização do princípio da imediação. A doutrina alargava âmbito de aplicação da previsão ao processo de polícia, mas já não ao processo correccional (Pedro de Sousa, 1915: 131 e 134, mas contra, Luís Osório, 1920: 265).

[1041] As respostas iníquas só podiam ser anuladas quando importassem uma condenação em pena maior, independentemente da circunstância de a decisão dos jurados ter sido tomada por maioria ou por unanimidade. A medida legislativa, cuja crítica foi feita por Francisco Maria da Veiga (1914: 74) e José de Castro (1924: 247), foi afastada pela Lei n. 1652, de 25.8.1924, que repôs em vigor o artigo 1162 da Novíssima. No entanto, quer uma quer outra das disposições legais tinha uma eficácia prática muito reduzida, pois a modificação do primeiro julgado era "um caso verdadeiramente esporádico" (José Mourisca, 1929: 289).

[1042] A definição do conceito de decisão por "maioria absoluta nos tribunais portugueses de qualquer categoria" pela Lei de 13.6.1913 não implicou uma modificação do artigo 1154 da Novíssima, mantendo-se a regra da votação das respostas aos quesitos por maioria de dois terços, pois a própria lei previa a subsistência do direito em vigor "nos casos em que a Lei determinar para a decisão forma diversa da de maioria absoluta" (Francisco Veiga, 1914: 61, e Luís Osório, 1920: 115, sendo a menção a p. 286 a uma decisão do júri distinta da do artigo 1154 da Novíssima).

A Jurisdição Penal Comum

dos os crimes de abuso de liberdade de imprensa e até as contravenções previstas neste diploma.[1043]

O Decreto de 18.11.1910 atribuiu ao tribunal de júri constituído em Lisboa competência para julgar os crimes de atentado e ofensas contra o presidente da República e os de rebelião, fosse qual fosse a pena prevista para o crime.[1044] O Decreto de 28.12.1910, por sua vez, conferiu competência aos tribunais dos distritos criminais de Lisboa e do Porto para a acusação e o julgamento dos "crimes de conspiração", cometidos em qualquer parte do país, intervindo obrigatoriamente o tribunal de júri, mesmo quando o crime fosse punível com pena a que correspondesse processo correccional ou de polícia.[1045]

O último diploma publicado foi a Lei n. 266, de 27.7.1914, que determinou a instauração obrigatória do processo para investigação e julgamento dos crimes de responsabilidade ministerial nos distritos criminais da comarca de Lisboa, onde se seguiriam os termos do processo ordinário.[1046]

[1043] Este diploma estabeleceu uma forma de processo especial, dividida em duas fases distintas. A fase preparatória consistia no interrogatório do suspeito, na feitura do corpo de delito, na dedução da acusação e na apresentação da contestação e findava com o despacho judicial de recebimento ou rejeição da acusação. Este despacho admitia recurso. Quando fosse determinada a produção de prova da imputação, podia o requerente replicar e o arguido treplicar. A segunda fase, de julgamento, processava-se de acordo com as regras do processo ordinário, mas o arguido não tinha de estar presente. Esta forma de processo só foi alterada em 1926. As contravenções eram julgadas pelo júri, mas segundo a forma de processo ordinário e não segundo a forma prevista no artigo 29 do diploma, que era, pela sua natureza, especialíssimo, tendo-se pronunciado neste sentido a Direcção-Geral da Justiça e a redacção da Gazeta da Relação de Lisboa (Gazeta da Relação de Lisboa, 1911: n. 28, p. 217, e Alfeu Cruz, 1915: 54, do ano de 1910). O carácter "excessivo" da inovação foi, aliás, logo criticado pela redacção da Gazeta da Relação de Lisboa e, mais tarde, pela doutrina (Gazeta da Relação de Lisboa, 1911: n. 74, p. 585, e António Macieira, 1914: 69).

[1044] Discutiu-se nos tribunais se a previsão legal devia ser interpretada restritivamente no sentido de que os crimes puníveis com pena correccional ou de polícia previstos no Decreto de 18.11.1910 fossem julgados com intervenção do júri, mas de acordo com as formas processuais correspondentes às penas aplicáveis, ou em sentido lato, devendo estes crimes ser julgados pelo tribunal de júri e segundo as formalidades do processo ordinário, sendo esta última a doutrina do Supremo Tribunal de Justiça e de Teixeira de Magalhães (1923: 34 e 35).

[1045] O crime punível com pena de prisão correccional até três meses era processado até ao fim da instrução de acordo com a forma de processo de polícia correccional e daí em diante de acordo com a forma de processo de querela. A doutrina designava esta forma de processo por mista (Caeiro da Matta, 1919: 56). Habitualmente, a forma seguida era a de o delegado dar a querela logo que o corpo de delito indiciasse a existência de crime, após o que o juiz dava o despacho de pronúncia, designando data para interrogatório do indiciado e mandando prender ou fixando fiança (Alfeu Cruz, 1915: 229, do ano de 1910).

[1046] Os crimes comuns e os de responsabilidade política cometidos por políticos eram processados até à pronúncia nos tribunais comuns, sendo os autos remetidos ao Congresso após

426 A Reforma da Justiça Criminal em Portugal e na Europa

Estas quatro iniciativas legislativas tinham implícito o propósito do legislador republicano de salvaguarda da hegemonia política, bem patente nas reservas colocadas à intervenção das populações de fora das grandes urbes no julgamento da criminalidade com directa relevância política.[1047] A suposição de que o elemento popular era partidário da causa republicana nas grandes urbes justificava este favor do governo, que, conjugado com o controlo efectivo da gestão administrativa e disciplinar da magistratura togada, através do novo Conselho Superior Judiciário, permitia a prevenção e a repressão atempada dos desvios ao curso revolucionário no corpo judicial.[1048]

Com efeito, o novo Conselho Superior era composto por três vogais nomeados anualmente pelo governo de entre os juízes do Supremo e da Relação de Lisboa. Estes magistrados eram verdadeiros "comissários do governo", sendo substituídos ao fim de um ano no exercício das suas funções.[1049] O Conselho ti-

a pronúncia no caso dos crimes comuns e sendo a pronúncia da iniciativa da Câmara dos Deputados no caso dos crimes de responsabilidade (Abel de Andrade, 1925 a: 231 a 234).

[1047] A última medida desta natureza tomada antes do início da ditadura militar foi a consagrada no Decreto n. 10.773, de 19.5.1925, que introduziu a possibilidade de alteração, por determinação do Conselho Superior Judiciário, das regras de competência territorial para julgamento dos crimes cometidos com o fim de produzir alarme.

[1048] O exemplo mais vivo desta intenção de controlo efectivo da magistratura pelo governo foi o caso da transferência para a Relação de Goa de quatro desembargadores da Relação de Lisboa por Decreto do governo provisório de 21.12.1910, em virtude de dois acórdãos por eles proferidos a 14.12.1910, em que defenderam a irresponsabilidade criminal dos ministros monárquicos pronunciados pela prática do crime de desvio de dinheiros públicos por terem assinado o famoso decreto dos "adiantamentos ao rei". As sentenças censuradas encontram-se publicadas em Barbosa de Magalhães e Pedro de Castro (1912: 166 a 174). O caso não ficaria por aí, tendo sido transferido, por Decreto de 14.1.1911, para a Relação de Luanda um outro juiz da Relação de Lisboa por ter votado vencido em um acórdão proferido a 4.1.1911, no sentido da doutrina expressa nas decisões de 14.12.1910. A situação só ficou sanada com a mudança de ministro da justiça, tendo o Decreto de 5.6.1911 recolocado os juízes transferidos na Relação de Lisboa. Por seu turno, João Franco, o réu despronunciado pelo Tribunal da Relação de Lisboa, cujo acórdão veio a ser revogado pelo Supremo Tribunal de Justiça, ausentou-se do país (Luís Azevedo, 2001: 71 a 73).

[1049] Esta era a expressão da Lei de 12.7.1912, que criou o Conselho, e também a conclusão da doutrina em face do modo de nomeação dos membros do Conselho e da própria prática deste órgão de gestão (Pinto Osório, 1913: 190 e 191, e 1914: 18, Navarro de Paiva, 1915 b: 308, e Pinto Garção, 1928: 29 e 30). Tendo tomado o poder a 8.12.1917, a junta revolucionária presidida por Sidónio Pais, por Decreto logo de 11 de Dezembro, revogou o artigo 5 e os seus parágrafos do regulamento de 26.10.1912 e dissolveu o Conselho, constituindo um novo órgão, com três juízes do Supremo Tribunal de Justiça, eleitos por este tribunal. O sistema de eleição trienal dos membros do Conselho por todos os juízes de direito do continente e das ilhas adjacentes foi introduzido pelo Decreto n. 4.172, de 26.4.1918, tendo até sido aumentado o número de vogais efectivos de três para cinco pelo Decreto n. 4.691, de 23.7.1918, ambos publicados durante o consulado

A Jurisdição Penal Comum

427

nha competência para determinar a transferência e a suspensão até um ano e propor ou informar o governo sobre a suspensão por mais tempo, a transferência para tribunal ou comarca de inferior categoria, a aposentação ordinária ou extraordinária por impossibilidade "moral" e a demissão dos magistrados de primeira instância e dos tribunais superiores, não dependendo essa decisão de qualquer consulta necessária dos tribunais de que fizessem parte os magistrados visados,[1050] competindo ainda ao Conselho classificar os magistrados, preferen-

---

de Sidónio Pais. Após a morte de Sidónio Pais, o sistema electivo foi de novo substituído pelo Decreto n. 5.499, de 5.5.1919, que consagrou o da nomeação bienal pelo governo dos dois vogais efectivos do Conselho de entre os juízes do Supremo, não obstante a adesão que a doutrina do diploma de 1918 mereceu (Vaz de Sampaio, 1918: 534). A composição do Conselho Superior seria ainda modificada pelo Decreto n. 7.725, de 6.10.1921, que reuniu os conselhos dos magistrados judiciais e do Ministério Público e dos oficiais de justiça em um único órgão, embora a composição do Conselho só fosse alargada nos casos que dissessem respeito a magistrados do Ministério Público e a oficiais de justiça, mantendo-se a mesma quando se tratasse de casos respeitantes a magistrados judiciais. A forma de nomeação governamental dos membros do Conselho permaneceu inalterada desde 1919 até à chegada ao poder dos militares em 1926, tendo apenas o Decreto n. 10.310, de 19.11.1924, alargado o período de exercício das funções dos vogais para três anos, presumindo-se a recondução na falta de exoneração. Outra das censuras ao poder político mais ouvidas no período da primeira República foi a da "bolchevisação dos vencimentos" dos magistrados judiciais, que deixava os membros da magistratura na penúria descrita em múltiplos relatos da altura e denegava à própria magistratura "de facto e de verdade a independência que precisa e que deve ser condição *sine qua non* da sua existencia" (José Mourisca, 1922 a: 82, e 1922 b: ano 41, pp. 322 a 324).

[1050] Todos os actos da vida pública e privada que não constituíssem crimes, mas representassem "transgressão de deveres profissionais" ou fossem "incompatíveis com o decoro e a dignidade indispensáveis ao exemplar exercício da função de julgador" (artigo 1 da Lei de 12.7.1912) podiam dar lugar a uma acção disciplinar, cujo exercício dependia da decisão do Conselho ou da iniciativa do governo. A doutrina criticou acerrimamente o poder discricionário do governo no que respeitava à baixa de posto, à aposentação e à demissão. "Por tanto, um caso, como este, que importa a exauctoração, ou aplicação da pena de morte natural para um magistrado, deixa de ser julgado, como estava legislado, por quinze juízes do Supremo Tribunal, depois de ouvidos dezanove juizes de segunda instancia ! Basta o voto affirmativo do triumvirato anualmente amovivel e nomeado pelo ministro !", concluía Pinto Osório (1913: 147 e 148). De modo idêntico afirmava Navarro de Paiva: "Por este Decreto, o simples voto de tres vogaes do Conselho superior da magistratura judicial, amoviveis, pode fazer eliminar d' ella, estrangulando-a moralmente, um magistrado com o estygma da incapacidade moral" (Navarro de Paiva, 1915 b: 309). Este apertado controlo do poder político era, aliás, facilitado e até estimulado pela disposição do artigo 5 do regulamento de 26.10.1912, segundo a qual as autoridades administrativas deviam vigiar os juízes e denunciar ao conselho "todos os acontecimentos que ocorrerrem já referentes à má administração da justiça, já ao procedimento dos respectivos magistrados". Em defesa dos diplomas de 1912, saiu a terreiro Germano Martins (1918: 579 e 580), que, era director-geral do Ministério da Justiça à data da publicação dos referidos decretos. Só depois da tomada do poder por Sidónio Pais foram eliminadas as penas de suspensão por mais de um ano e de transferência para classe inferior,

428   A Reforma da Justiça Criminal em Portugal e na Europa

cialmente segundo o critério de mérito, com vista à promoção a juízes de segunda e primeira classe e a juiz desembargador.[1051]

---

tendo o Decreto n. 4.172, atribuído competência ao Conselho para aplicar a pena de demissão e a de aposentação por incapacidade moral e introduzido o recurso destas decisões para o STJ, em secções reunidas. Mais tarde, na sequência de uma insurreição monárquica, o Decreto n. 5.203, de 6.3.1919, atribuiu ao governo competência exclusiva para punir disciplinarmente, incluindo com a separação de serviço e a aposentação, os magistrados e funcionários civis e militares que tivessem cometido infracções de natureza política. O processo disciplinar era decidido em primeira instância pelo ministro, depois de o arguido ter sido ouvido, e em segunda instância pelo conselho de ministros. Considerando este regime extraordinário "insuficiente para levar a efeito, com a necessária eficácia e rapidez, o saneamento da República" e que era "manifestamente impossível expurgar o funcionalismo civil e militar dos elementos hostis à república usando dos processos ordinários", o governo modificou o Decreto de Março no mês seguinte. Assim, o Decreto n. 5.368, de 9.4.1919, autorizou a suspensão imediata de qualquer funcionário público pelo ministro que fosse seu superior hierárquico, com base na mera comunicação da infracção, podendo o arguido apresentar a sua defesa posteriormente até oito dias depois da publicação do despacho de suspensão e recorrer da decisão ministerial ulterior para o Conselho de Ministros. O Decreto n. 10.310, de 19.11.1924, que procedeu à revisão do direito disciplinar aplicável aos magistrados judiciais e do Ministério Público, sem contudo revogar expressamente o diploma relativo às infracções de natureza política, restringiu o âmbito de aplicação das penas de aposentação e demissão, tipificando os casos em que esta tinha lugar, mas limitou também a recorribilidade das decisões disciplinares. Por outro lado, introduziu-se a faculdade de o Conselho Superior Judiciário propor ao governo a transferência ou o afastamento temporário do cargo, "sem qualquer carácter de penalidade" sempre que houvesse "motivos excepcionais, referentes quer às circunstâncias peculiares de uma comarca ou cargo, quer às do magistrado" (artigo 120), que conheceria uma vida longa e conturbada no direito português. Menos de um ano depois, o Decreto n. 10.734, de 2.5.1925, estabeleceu um novo catálogo de "infracções disciplinares de carácter político" cometidas por magistrados e funcionários civis ou militares e conferiu a competência para o respectivo julgamento ao ministro. Diferentemente do diploma de 9.4.1919, o ministro determinava, logo após o recebimento da comunicação, a separação ou eliminação do magistrado ou funcionário arguido, restando a este, como naquele diploma, a dedução *a posteriori* da sua defesa e o recurso da decisão subsequente do ministro para o conselho de ministros. A principal inovação consistia na proibição expressa da revisão das decisões proferidas no âmbito destes processos. Também estas disposições seriam reintroduzidas depois da instauração da ditadura militar.

[1051] A introdução do critério do mérito suscitava muitas apreensões e críticas entre a doutrina, pois nem a lei nem o regulamento definiam, com rigor, os elementos de prova que deviam sustentar esta apreciação de mérito, o que dava azo à interferência de critérios de confiança política na decisão sobre as promoções dos juízes (Pinto Osório, 1913: 162 e 163, e José Mourisca, 1918: 531). O já mencionado Decreto n. 4.172, que visou diminuir a interferência do governo na gestão da magistratura judicial, conferiu ao Conselho, agora composto apenas por magistrados eleitos, a competência exclusiva para elaborar a lista da promoção dos magistrados, segundo um critério misto de antiguidade e de mérito, mas permitia ainda alguma arbitrariedade ao ministro quando os magistrados não tivessem requerido a colocação em qualquer uma das comarcas vagas (José Mourisca, 1918: 533). O Decreto n. 4.691, de 23.7.1918, consagrou o critério do mérito também para a nomeação dos magistrados judiciais, "concorrendo assim para uma maior selecção

A Jurisdição Penal Comum 429

No entanto, a preferência pelo elemento popular das grandes urbes na formação do júri e o controlo efectivo da gestão administrativa e disciplinar da magistratura togada não bastaram. As reservas do poder político ao tribunal de júri comum repercutiram-se na diminuição da sua competência, mesmo nas grandes cidades, tendo o legislador preferencialmente criado tribunais militares especiais ou atribuído competência penal especial aos tribunais da jurisdição militar, mas tendo também surgido em 1911 e em 1920 dois tribunais com uma composição civil e com competência criminal especial.[1052]

A Lei de 23.10.1911 criou em Lisboa um tribunal para julgamento dos "crimes de conspiração", previstos nos ns. 1 e 3 do artigo 2 do Decreto de 28.12.1910, revogando assim a competência atribuída neste diploma aos tribunais criminais comuns de Lisboa e do Porto.

O tribunal era presidido por um juiz comissionado pelo governo para tal efeito e funcionava com um júri extraído de uma pauta de jurados especial.[1053]

Na tramitação do processo, previa-se que a querela valesse como libelo e que a pronúncia fosse dada também por magistrado comissionado pelo governo para a instrução destes processos. Por contraposição, estabelecia-se a obrigatoriedade do conhecimento das nulidades insupríveis na revista, mesmo que não fossem alegadas.

Um mês depois da aprovação da lei que criou este novo tribunal, a Lei de 29.11.1911 veio ampliar a competência do tribunal, atribuindo-lhe também o

---

dos membros do Poder Judicial", como se diz no preâmbulo, e a possibilidade de o governo se afastar da proposta do Conselho, quer em relação às nomeações e às promoções, quer em relação às transferências. Nas promoções o governo só podia afastar-se da proposta para seguir o critério da antiguidade e nas transferências a rejeição da proposta implicava que o Conselho tinha de propor dois nomes novos. Por outro lado, os presidentes do STJ e das Relações deixaram de ser eleitos e passaram a ser livremente escolhidos pelo governo entre os membros daqueles tribunais. O Decreto n. 10.310, de 19.11.1924, manteve o critério do mérito de preferência ao da antiguidade.

[1052] Uma outra estratégia utilizada pelo legislador para reduzir a competência do júri foi a da diminuição das molduras penais, como aconteceu, designadamente, com a do crime de falsificação de moeda. Luís Osório não deixou de salientar o carácter paradoxal desta política criminal, em que para punir com maior severidade determinado crime o legislador baixava a moldura penal do mesmo, de modo a subtraí-lo à competência do júri, "pensando que mais valia pouco, do que nada" (Luís Osório, 1932 a: 399). Alguma doutrina também colaborou nesta invectiva contra a competência do júri, defendendo que em caso de cumulação de crime processado correccionalmente com crime julgado pelo júri este era julgado apenas pelo juiz singular se tivesse pena de menor gravidade, como era o caso do previsto no artigo 4 do Decreto de 28.12.1910 (Pedro de Sousa, 1915: 47, mas contra, Caeiro da Matta, 1919: 108).

[1053] Para a crítica cerrada deste diploma e, em especial, da intervenção do governo na administração da justiça e na restrição dos direitos da defesa, Cunha e Costa (1921: 32 a 34), que concluía que esta lei de Novembro de 1911 era "modelar e clamorosamente inconstitucional", por violação do disposto no artigo 3, ns. 20 e 21 da Constituição.

430 A Reforma da Justiça Criminal em Portugal e na Europa

conhecimento dos crimes previstos nos ns. 2 e 4 do artigo 2 do Decreto de 28.12.1910 e nos artigos 172 a 176 do Código Penal. O tribunal especial teve, contudo, uma vida curta, tendo sido extinto logo no ano seguinte ao da sua criação pela Lei de 11.3.1912, que voltou a confiar aos tribunais criminais comuns das cidades de Lisboa e do Porto a competência para conhecer destes ilícitos.[1054] Toda a criminalidade relativa ao cometimento de atentados contra os fundamentos políticos do Estado veio a ser reformulada pela Lei de 30.4.1912, que determinou o processamento dos crimes previstos nesta lei, mesmo os puníveis com penas correccionais, segundo a forma de processo ordinário e nos tribunais criminais comuns de Lisboa e do Porto.[1055]

O segundo tribunal, com composição civil e competência criminal especial, foi criado alguns anos mais tarde, pela Lei n. 969, de 11.5.1920.

O Tribunal de Defesa Social tinha sede em Lisboa e competência para o julgamento, nos termos do processo fixado no Decreto n. 5.576, de 10.5.1919, e na Lei n. 922, de 30.12.1919, dos crimes cometidos em todo o país de fabricação e detenção de explosivos, atentado por meio de explosivos e instigação a certos crimes e para a punição de certos vadios e reincidentes. Era composto por um membro da magistratura judicial ou do Ministério Público, que presidia, e dois indivíduos formados em direito, todos nomeados pelo governo.[1056]

As reservas colocadas ao reforço da intervenção do tribunal de júri dentro e fora dos grandes centros urbanos foram também acompanhadas por uma diminuição efectiva da participação das magistraturas populares na administração da justiça, através da subtracção aos juízes populares da competência para proceder ao julgamento das transgressões de posturas.

[1054] Também esta lei foi criticada, pois "tracta-se ainda de uma Lei de excepção ou circumstancia, por via da qual o accusado é desaforado de uma jurisdicção, que á politica não convem, para outro que suppõe convir-lhe" (Cunha e Costa, 1921: 35).

[1055] Como melhor se verá no seu lugar próprio, também a atribuição da competência aos tribunais comuns não subsistiu por muito tempo, tendo a Leï de 8.7.1912 conferido aos tribunais militares territoriais competência para julgar os crimes previstos na Lei de 30.4.1912.

[1056] O Tribunal de Defesa Social, cuja competência territorial se estendia por todo o continente, mesmo no tocante aos vadios e reincidentes, como decidiam os tribunais e entendia alguma doutrina (Luís Osório, 1920: 398, mas contra José Mourisca, 1921 a: 289, tendo aquele autor mudado de opinião em face da crítica deste, Luís Osório, 1922: 354), e cuja constitucionalidade foi expressamente impugnada na doutrina em virtude da sua composição (José Mourisca, 1921 a: 290 e 291), veio a ser abolido pela Lei n. 1.529, de 19.12.1924, tendo já no período da ditadura militar a competência para julgar os crimes anteriormente processados no Tribunal de Defesa Social sido atribuída primeiro aos tribunais militares territoriais, pelo Decreto n. 11.759, de 23.6.1926 e, posteriormente, a tribunais militares especiais, pelo Decreto n. 12.508, de 13.10.1926, como melhor se verá adiante.

A Jurisdição Penal Comum 431

Este movimento, que se iniciou nas cidades de Lisboa e do Porto, logo em 1910, com a atribuição aos juízes de investigação de competência para julgar estas transgressões, prosseguiu em 1915, com a criação dos Tribunais de Transgressões, também em Lisboa e no Porto, e concluiu-se em 1916, com a concessão aos juízes de direito, no resto do país, da competência para proceder ao julgamento destes ilícitos.

A Lei n. 219, de 30.6.1914, criou os Tribunais das Transgressões em Lisboa e no Porto e a Lei n. 300, de 3.2.1915, conferiu-lhes competência para instruir e julgar as transgressões de posturas e regulamentos, que foi ainda alargada, pelo Decreto n. 5.899, de 21.6.1919, aos crimes de açambarcamento, independentemente do valor da multa aplicável e da mercadoria apreendida. O diploma de 1915 fixou os termos de uma nova forma de processo, que substituiu a do processo de coimas da Novíssima, aliás já modificada pelo Decreto de 28.11.1907.

As transgressões de posturas eram julgadas de acordo com a forma de processo de polícia correccional ou com a forma de processo correccional consoante a pena aplicável, mas com especialidades referentes à atribuição de força de corpo de delito aos autos de notícia elaborados pela autoridade que tivesse verificado a ocorrência da transgressão no exercício das suas funções, à limitação do número de testemunhas admissíveis em julgamento a três por cada transgressão, à proibição da realização de deprecadas e à admissibilidade da interposição de recurso apenas da decisão final, conhecendo-se nele dos protestos lavrados nos autos contra as decisões interlocutórias.[1057]

A lei previu também o julgamento à revelia no caso em que à transgressão não correspondesse pena de prisão e o julgamento sumaríssimo no próprio dia ou no primeiro dia útil seguinte dos detidos em flagrante delito pela prática de transgressão a que correspondesse o processo de polícia correccional.[1058]

Por fim, a Lei n. 636, de 29.9.1916, atribuiu aos juízes de direito, fora de Lisboa e do Porto, a competência para julgar todas as transgressões de posturas e regulamentos de polícia e dos corpos administrativos que não dissessem respeito a impostos indirectos destes, com observância dos termos previstos nos capítulos II a V da Lei n. 300, de 3.2.1915, impondo-se por este meio a transfe-

---

[1057] A principal crítica feita ao sistema de recursos era a da irrecorribilidade do despacho que designava julgamento e do despacho de pronúncia, o que dava a este processo um carácter mais gravoso do que o processo de polícia correccional (José Mourisca, 1924: 528 e 529).

[1058] A qualificação desta última forma de processo como uma outra forma de processo sumaríssimo foi feita por José Dias (1919: 36) e Beleza dos Santos (1920: 39).

432   *A Reforma da Justiça Criminal em Portugal e na Europa*

rência da competência transgressional para o juiz de direito da comarca que vinha sendo realizada de forma casuística desde 1892.[1059]

Destarte, no final do período de vigência da Novíssima, existiam seis formas de processo sumaríssimo, tendo o legislador republicano criado o dobro das formas de processo desta natureza estabelecidas pelo legislador monárquico. Assim, os réus detidos em flagrante delito pela prática de certos crimes previstos no Código Penal, sendo reincidentes ou vadios, eram julgados, nos termos do Decreto n. 2, de 29.3.1890, no dia da captura, e os detidos em flagrante de-lito, fora de Lisboa e do Porto, pela prática de um crime punível com pena correccional até seis meses ou multa até 500.000 réis, não havendo necessidade de exame e não tendo sido apresentadas testemunhas de defesa ou tendo as testemunhas sido apresentadas na audiência, eram julgados, nos termos do Decreto n. 1, de 15.9.1892, no dia da captura.

A legislação republicana determinou que os réus detidos em Lisboa e no Porto, nas circunstâncias fixadas no Decreto de 1892, fossem julgados, nos termos do Decreto de 18.11.1910, no dia da captura, no primeiro dia útil seguinte ou dois dias depois, se necessário para apresentação de testemunhas de defesa ou da acusação. Também eram julgados nos termos do Decreto de 1910 os réus cidadãos estrangeiros detidos, mesmo fora de flagrante delito, e os réus cidadãos nacionais detidos em flagrante delito pela prática dos crimes mencionados nos artigos 1 a 4 e 26 da Lei de 20.7.1912.

Os réus detidos em flagrante delito pela prática de uma transgressão punível com alguma das penas aplicáveis em processo de polícia correccional, se não houvesse necessidade de proceder a outras diligências, eram julgados, nos termos do artigo 31 da Lei n. 300, de 3.2.1915, no dia da captura, no primeiro dia útil seguinte ou noutro de acordo com a conveniência de serviço e os réus detidos pela prática de um dos crimes previstos pelas Leis n. 922, de 30.12.1919, e n. 969, de 11.5.1920, eram julgados dentro de oito dias a contar da detenção.[1060]

Esta multiplicação das formas de processo sumaríssimo e a criação de novos tribunais revelavam, além do desvirtuamento do propósito republicano do reforço do tribunal de júri, uma intervenção descoordenada do governo na administração da justiça, permanecendo incumprido o preceito do artigo 85 da Cons-

---

[1059] Os projectos de Arthur Montenegro e da comissão de reforma nomeada pelo Decreto de 24.4.1890 ainda mantinham a possibilidade de transferência desta competência por acto individual do governo, a requerimento de cada câmara municipal (Arthur Montenegro, 1905: 25, e Abel do Valle, 1907: 65).

[1060] Este prazo era entendido, nos tribunais e pela doutrina, como meramente indicativo e o seu decurso não impedia a realização do julgamento nesta forma de processo, mantendo-se o arguido detido pelo tempo que fosse necessário (José Mourisca, 1921 b: ano 39, p. 323).

A *Jurisdição Penal Comum* 433

tituição, que determinava que o primeiro congresso deveria elaborar, entre outras, uma lei geral de organização judiciária.

Não obstante, foram apresentados quatro projectos de reorganização judiciária até ao início da ditadura militar, mas nenhum teve sucesso.

O mais importante destes projectos foi o primeiro, o "Projecto de Lei de Organisação Judiciária na República Portuguesa", do deputado Luís Mesquita Carvalho. Foi apresentado em 1912, mas não foi sequer discutido.

O projecto assentava em uma divisão do território continental e das ilhas adjacentes em distritos das Relações, círculos, em que tinham sede tribunais colectivos, comarcas, julgados municipais e juízos de paz e em uma divisão do território ultramarino em distritos, comarcas e julgados. Os juízes da mais alta instância eram nomeados exclusivamente por ordem de antiguidade de entre os das Relações do continente e todos os outros das instâncias inferiores eram escolhidos por concurso público, sendo a ordenação gradual de classificação por mérito dos candidatos imperativa para o ministro da justiça.[1061]

O tribunal colectivo era composto por três juízes de direito e tinha competência para conhecer os recursos dos processos por crimes de abuso de liberdade de imprensa e os recursos interpostos dos juízes de direito e dos juízes municipais em processos de polícia e de transgressões. Das decisões do tribunal colectivo cabia recurso para a Relação, que conhecia definitivamente do facto e do direito.

Os tribunais das comarcas de Lisboa e do Porto eram divididos em tribunais criminais, juízos de investigação criminal e juízos sumários de crimes e transgressões.

O resto do território continental dividia-se em julgados municipais. O juiz municipal, que era sempre um jurista, tinha competência para julgar transgressões e crimes a que correspondessem processo correccional ou de polícia e para preparar os corpos de delito por crimes a que correspondesse processo ordinário, que eram julgados pelo juiz de direito, com o júri. Os processos por crimes ou transgressões contra a lei eleitoral, os crimes contra a segurança do Estado e os crimes de abuso de liberdade de imprensa eram instruídos pelo juiz de direito e julgados por este, com o júri.[1062]

[1061] Quer a organização das listas de prioridade para nomeações resultantes dos concursos, quer a formação das listas para efeitos de promoção, transferência, colocação na efectividade e aposentação eram da exclusiva competência do Supremo Conselho Disciplinar judicial. Este órgão era composto por cinco juízes eleitos pelos magistrados das Relações e pelos de círculo, dois juízes nomeados pelo ministro da justiça e dois advogados ou professores eleitos pela assembleia geral da Ordem dos Advogados. Se o ministro desatendesse a deliberação do Supremo Conselho podia incorrer em responsabilidade criminal.

[1062] Os juízes de paz, além da competência conciliatória e contenciosa cível, tinham

A realização do princípio da acusação não era distinta da do direito vigente, pois nos processos preparados pelos juízes municipais os despachos interlocutórios destes eram provisórios, podendo ser alterados pelo juiz de direito, o que implicava o juiz na direcção da instrução do processo ordinário. Nas restantes formas de processo, o magistrado municipal cumulava a função de investigador e a de julgador. No processamento dos crimes eleitorais, políticos e de imprensa, o juiz de direito ocupava uma posição intermédia entre aquela e esta situações, devido à intervenção do júri. O risco de perversão do princípio da acusação era, portanto, maior no processo ordinário em que se julgassem crimes eleitorais, políticos e de imprensa do que naqueles processos ordinários em que se julgassem crimes de outra natureza e era ainda maior nos processos de polícia e correccional.

O projecto procedia ainda à reforma do júri de molde a facilitar a sua formação e a reforçar a sua autoridade. O júri criminal era constituído por sete jurados e um suplente, dependendo a decisão no sentido de considerar provado o crime do voto conforme de cinco deles. As respostas aos quesitos só podiam ser anuladas quando a decisão condenatória importasse aplicação de pena maior fixa ou quando houvesse empate no sentido da absolvição e o Ministério Público requeresse a anulação. O segundo júri era constituído por nove jurados e três suplentes e a maioria para dar como provado o crime obtinha-se com seis votos. Esta decisão não podia ser anulada.

O júri podia reclamar a presença do juiz para que prestasse esclarecimentos jurídicos, não podendo este revelar a sua opinião e sendo acompanhado pelos representantes da acusação e da defesa.

O projecto de Lei de "Reorganisação Judiciaria" do deputado Abraão Carvalho foi apresentado na sessão da Câmara de 6.12.1915, mas também não foi discutido.[1063]

Consciente das dificuldades práticas colocadas à realização de uma ampla reforma judiciária, por força dos interesses contraditórios das populações e da situação difícil do tesouro, o autor propunha uma reforma parcial, que resolvesse os problemas da caótica divisão comarcã, da independência da magistratura e da jurisprudência contraditória do Supremo Tribunal de Justiça. O recrutamento e a promoção dos juízes eram objecto de disposições muito pormenorizadas, que impunham a nomeação por concurso e a promoção dentro das classes de juízes por antiguidade e fora delas por concurso, sendo a passagem à Relação submetida a um critério misto de antiguidade e de

---

também competência para levantar autos de notícia dos crimes públicos e proceder a diligências preparatórias deprecadas.

[1063] Diário da Câmara dos Deputados, sessão n. 3, de 6.12.1915, pp. 6 e 7.

A Jurisdição Penal Comum 435

mérito e a passagem ao Supremo Tribunal de Justiça a um critério estrito de mérito.[1064]

O projecto de lei do deputado Catanho de Menezes foi apresentado em 25.4.1916 no parlamento, mas não foi discutido.[1065]

Os juízes de terceira classe deviam ser nomeados por concurso, mas a progressão na carreira até ao Supremo Tribunal de Justiça encontrava-se subordinada a um critério misto de antiguidade e de mérito e a transferência dentro de uma mesma classe a um critério exclusivo de antiguidade. A ordenação das listas de progressão e de transferência era da competência do Supremo Conselho da Magistratura Judicial, que era composto por quatro juízes do Supremo Tribunal de Justiça, eleitos por três anos. O Conselho podia excluir da promoção qualquer magistrado e mesmo obstar à transferência quando entendesse que havia "manifesto inconveniente para o serviço público".[1066] A substituição de juízes da comarca era realizada sob proposta do próprio juiz substituído, cabendo a escolha do juiz substituto ao ministro da justiça.

No tocante à organização judiciária, previa-se, além de uma regulamentação nova do recenseamento, da composição, do sorteio e das atribuições do júri, a autorização para o governo criar juízes de concelho nos concelhos que não fossem cabeça de comarca, devendo ser extintos os juízes de paz e municipais dos respectivos concelhos à medida que aqueles fossem criados.

Os novos juízes de concelho só podiam ser nomeados de entre os oficiais do registo civil, que exercessem funções no concelho e fossem bacharéis formados em direito. A competência destes novos magistrados incluía a preparação e o julgamento dos processos de transgressões de posturas e dos processos de polícia correccional, cabendo recurso para o juiz de direito das suas decisões proferidas nos processos de transgressões e para o Tribunal da Relação das proferidas nos processos de polícia correccional.

O júri criminal devia ser constituído, em princípio, apenas por cinco cidadãos, sendo as deliberações tomadas por maioria de três votos. Ao júri competia decidir das questões de facto, ainda que sobre elas houvesse confissão ou os factos estivessem provados por documentos autênticos ou autenticados, podendo

---

[1064] Abraão de Carvalho (1915: 9 a 14).

[1065] Na base deste projecto esteve o trabalho de uma comissão nomeada em 1913 pelo ministro da justiça Álvaro de Castro, da qual fez parte Barbosa de Magalhães (Barbosa de Magalhães, 1940 b: 275). O autor do projecto, que foi o redactor da comissão, reconheceu, contudo, a impossibilidade de apresentar o estudo da comissão na íntegra ao congresso, "não só porque as circunstâncias excepcionais do Tesouro o não permitem, mas também porque julguei dever introduzir-lhes algumas alterações, que me pareceram de grande vantagem" (Diário da Câmara dos Deputados, sessão n. 76, de 27.4.1916, p. 10).

[1066] Diário da Câmara dos Deputados, sessão n. 76, de 27.4.1916, p. 18.

436 *A Reforma da Justiça Criminal em Portugal e na Europa*

os jurados dar como provada qualquer circunstância modificativa do facto principal que tivesse por efeito a diminuição da pena, "ainda que tal circunstância não esteja compreendida nos quesitos ou seja contrária às conclusões dos peritos e às declarações dos ofendidos" (artigo 38, § único). As respostas dos jurados só podiam ser anuladas quando a decisão fosse condenatória.

O "Projecto de Organização Judiciaria" de Alfeu Cruz foi apresentado ao ministro da justiça em 1918 e revisto por uma comissão, mas não foi submetido à apreciação do parlamento.

Apesar da sua denominação, a proposta não continha qualquer norma inovadora sobre a organização dos tribunais com competência criminal e visava antes a regulamentação do estatuto da magistratura judicial e, sobretudo, a atribuição ao Conselho Superior da Magistratura Judicial, que mantinha a composição do Decreto n. 4.691, de competência exclusiva para organizar as nomeações, transferências, promoções, demissões, passagens à inactividade e aposentações de juízes, bem como para determinar a realização de inspecções e proceder à acção disciplinar, que merecia uma regulamentação pormenorizada. A promoção de todos os juízes era feita de acordo com um critério estrito de antiguidade e só quando houvesse "motivos especiais" podia o Conselho afastar-se deste critério (artigo 10). A substituição do juiz de direito era feita pelo presidente do Tribunal da Relação de entre os propostos pelo juiz substituto.

4. O Projecto de Código de Processo Penal de Armando Marques Guedes (1916)

Se as diversas tentativas encetadas para apresentação de uma lei geral de organização judiciária fracassaram, o único ensaio de um novo Código de Processo Penal para a metrópole elaborado durante a primeira República não teve melhor sorte.

O projecto foi apresentado pelo deputado Armando Marques Guedes na Câmara dos Deputados na sessão do dia 14.4.1916,[1067] tendo sido enviado à comissão de legislação criminal, mas não tendo sido objecto de qualquer parecer desta, nem de votação da Câmara.

O autor do projecto manifestou logo no preâmbulo do mesmo o propósito de conciliar o respeito pela tradição nacional com as "novas ideias criminais", deixando bem expresso que o projecto "não faz tábua rasa das nossas tradições judiciais e processuais".[1068] Entre as novas ideias criminais postas em relevo

---

[1067] Diário da Câmara dos Deputados, sessão n. 73, de 14.4.1916, pp. 7 a 41.

[1068] A prudência do autor é bem visível nesta afirmação: "não se faz a evolução jurídica dum jacto, e talvez pior do que ter leis um tanto antiquadas, mas prudentes e equitativas, seja

A Jurisdição Penal Comum 437

pelo autor encontravam-se "o princípio da negação de certas garantias aos reincidentes, da distinção das absolvições por falta de provas e pela convicção da
inocência e da organização de júris técnicos", bem como a instituição da reparação do dano causado pelo crime como "forma essencial, como base de todo o
sistema de repressão penal".[1069]

O projecto estava dividido em oito livros, o primeiro sobre o processo
em geral, o segundo sobre a acção penal, o terceiro sobre a instrução criminal,
o quarto sobre a acusação, o quinto sobre o julgamento, o sexto sobre a execução das sentenças, o sétimo sobre a revisão das sentenças e a reabilitação
dos condenados e o último sobre os processos especiais, todos somando
358 artigos.

O projecto assentava na organização judiciária vigente,[1070] com a única
excepção da consagração de um júri técnico, que se estabelecia facultativamente
para o julgamento "de crimes de certa natureza, como abôrto, envenenamento,
ofensas corporais seguidas de morte, que exijam especiais conhecimentos técnicos" (artigo 257) e funcionaria apenas nas comarcas de Lisboa, Porto e Coimbra, para onde o processo seria remetido. A distinção entre o tribunal de
instrução e o tribunal de julgamento era pressuposta nas comarcas de Lisboa e
Porto, como decorria da disposição sobre o julgamento no processo sumário e
da disposição final referente à área dos juízes de investigação.

O projecto previa três formas de processo ordinárias, o de querela, o correccional e o de polícia correccional, uma forma de processo sumário para julgamento dos autores detidos em flagrante delito pela prática dos crimes de
polícia correccional, cometidos em Lisboa e no Porto e que não tivessem de ser
verificados por exame directo, e três formas de processo especiais, a de julgamento dos crimes cometidos por magistrados judiciais e do Ministério Público,
a de julgamento dos crimes de difamação e injúria, onde se incluía apenas uma

---

formular em novas leis princípios novíssimos, que, por falta de adaptação às ideias e às instituições da época se destinem a uma espécie de revogação pelo desuso" (Diário da Câmara dos Deputados, sessão n. 73, de 14.4.1916, p. 9). O autor teve também a preocupação de revelar as fontes
da sua inspiração, indicando os projectos de Navarro de Paiva, a proposta de José de Alpoim e os
códigos francês e italiano, além da "jurisprudência e doutrina dos tribunais e tratadistas portugueses e estrangeiros" (Diário da Câmara dos Deputados, sessão n. 73, de 14.4.1916. p. 10).

[1069] Diário da Câmara dos Deputados, de 14.4.1916, p. 9. As duas mais significativas
repercussões práticas do novo ideário criminal eram a de que a absolvição por simples falta de
provas constituiria, no julgamento de um segundo crime, presunção de reincidência e a da obrigatoriedade de o juiz fixar oficiosamente em todas as sentenças condenatórias a indemnização do
dano causado à vítima.

[1070] A preocupação de não inserir disposições de organização judiciária no projecto foi
expressamente ressaltada no preâmbulo (Diário da Câmara dos Deputados, de 14.4.1916, p. 9).

438   *A Reforma da Justiça Criminal em Portugal e na Europa*

norma remissiva para as disposições da lei da imprensa em vigor, e a de julgamento dos réus ausentes e contumazes.

Qualquer uma das formas de processo ordinárias dividia-se em três fases distintas, a da instrução secreta, a da instrução contraditória, requerida pelo réu, e a do julgamento, tendo o autor recuperado a ideia fundamental de Fernando Emygdio da Silva da divisão da instrução em duas fases distintas, uma inquisitória e outra contraditória,[1071] modificando, embora, os contornos com que este a tinha defendido na sua tese coimbrã.

Sem prejuízo do reconhecimento da faculdade de o Ministério Público recolher indícios do crime punível com pena maior e proceder a apreensões numa fase prévia à formação do corpo de delito, que se abria quando aquele magistrado receasse o desaparecimento dos vestígios do crime, o processo judicial tinha uma fase inicial secreta, em que o juiz formava o corpo de delito, sendo o arguido assistido por um defensor em qualquer interrogatório. O Ministério Público e o arguido podiam indicar testemunhas, assistindo aquele magistrado e o defensor do arguido às respectivas inquirições, assim como o arguido assistiria a vistorias e exames, quando o juiz entendesse necessário.[1072] Só a prova documental apresentada pelo arguido era obrigatoriamente mandada juntar aos autos.

Na fase instrutória das formas do processo ordinárias, o projecto distinguia o despacho de indiciação, que era proferido quando houvesse indícios suficientes da culpa do denunciado, e o despacho de pronúncia, mantendo-se o segredo apenas até ao despacho de indiciação.

Após a prolação do despacho de indiciação, abria-se a instrução contraditória. A instrução secreta tinha natureza necessária, ao invés da contraditória,

---

[1071] Fernando Emygdio da Silva, 1909: 186 a 193. Diferentemente, Abraão de Carvalho (1913: 73 a 88) defendeu uma divisão da fase de investigação em duas, a policial e a instrutória, aquela dirigida pela polícia e visando reunir secretamente as provas do crime e esta dirigida pelo juiz e visando controlar aquelas, com a assistência do arguido por um defensor e com instrução contraditória. A acusação do MP terminaria a fase policial, só tendo a defesa direito de opôr as suas provas depois da acusação.

[1072] Assim se conciliavam os direitos de assistência do defensor com a natureza secreta do corpo de delito (artigo 73), a faculdade arbitrária de o juiz ouvir testemunhas indicadas pelo réu na fase secreta e o direito de o arguido fazer ouvir as suas testemunhas na fase contraditória, sendo a proposta menos liberal do que a tese defendida por Fernando Emygdio da Silva, nos termos da qual a defesa intervinha no corpo de delito directo, mas não no corpo de delito indirecto, com a ressalva inspirada na StPO alemã das "testemunhas que segundo todas as presumpções se não poderão repetir no debate". Não sendo este o caso, podia dar-se conhecimento à defesa dos depoimentos das testemunhas enquanto a fase das investigações não estivesse concluída se esse conhecimento não fosse prejudicial e, finda a fase de investigações, a defesa conheceria abertamente de todo o processo (Fernando Emygdio da Silva, 1909: 181 a 185).

A *Jurisdição Penal Comum* 439

que era facultativa. A indiciação provisória do réu detido tinha lugar no prazo máximo de oito dias "contados do dia da primitiva detenção" (artigo 62), sendo admissível uma prorrogação deste prazo por mais oito dias apenas quando o exigisse a realização de diligências requeridas pelo réu em instrução contraditória.

A indiciação implicava a prisão do réu solto a quem fosse imputado um crime punível com pena maior fixa e do indiciado vadio ou reincidente, sendo admissível a prestação de caução aos réus julgados em processo correccional ou querela por crime punível com pena maior temporária, que se mantinha mesmo aos réus condenados que recorressem, adoptando-se em parte a proposta feita na dissertação de Francisco Fernandes.[1073] Os réus no processo de polícia prestavam apenas um termo de identidade, mas depois de condenados podia ser-lhes exigida a prestação de caução, seguindo-se a doutrina minoritária de Francisco Fernandes e Trindade Coelho.[1074]

A instrução contraditória era "requerida e processada como os embargos" (artigo 158), podendo nela ser produzida toda a prova da defesa e serem alegadas todas as excepções admitidas pela lei. Em face desta prova, o Ministério Público apresentava a sua petição de queixa ou de querela, tratando-se de processo

---

[1073] O regime da prisão preventiva do projecto de 1916 seguia, em parte, a tese de Francisco Fernandes, de 1896, que por sua vez se inspirava fortemente na regulamentação da StPO alemã. O projecto previa, tal como Francisco Fernandes tinha proposto, a detenção facultativa do suspeito fora de flagrante delito nos mesmos casos do § 112 da StPO, mas omitia a regra liberalíssima do § 117 da StPO da admissibilidade da prestação da caução em todos os casos de detenção facultativa por perigo de fuga, cuja adopção e até alargamento Francisco Fernandes também tinha propugnado (Francisco Fernandes, 1896: 81 e 87, 98 e 99). O projecto e a dissertação de Francisco Fernandes distanciavam-se ainda um do outro na parte em que esta defendia a prisão preventiva obrigatória durante todo o processo para os réus presos em flagrante delito, para os reincidentes e os confessos quando a pena aplicável fosse privativa da liberdade e, portanto, em qualquer forma de processo, devendo os réus pronunciados em processo de querela ser também detidos obrigatoriamente. Nem o projecto nem a dissertação iam ao ponto, contudo, de impugnar o princípio da denegação da caução nos crimes mais graves, como o fez vigorosamente Joaquim Gualberto de Sá Carneiro ("todo e qualquer arguido, seja qual fôr o crime imputado, deverá poder livrar-se solto sob caução, graduada esta devidamente nos termos já indicados. Não é justo que sofra prisão preventiva quem muitas vezes está inocente e consegue proval-o no dia do julgamento", Joaquim de Sá Carneiro, 1913: 314).

[1074] Francisco Fernandes (1896: 33) e Trindade Coelho (1897: 33, e 1910: 27). Francisco Fernandes entendia que era preferível o princípio consagrado no artigo 1257 da Novíssima, que previa a prisão para o réu condenado, pois a liberdade provisória deixava "ao arbitrio do réo soffrer a pena ou subtrahir-se a ella". Quando se entendesse que esse princípio era excessivo, devia ser fixada a regra de que a condenação em pena correccional do réu julgado em processo de querela implicava a prisão preventiva do mesmo, conjugada com a possibilidade de o juiz exigir fiança ao réu condenado em qualquer outra forma de processo, incluindo na de polícia correccional (Francisco Fernandes, 1896: 91 e 92).

correccional ou de querela, ou promovia a remessa a julgamento, no caso de processo de polícia. O juiz, se não revogasse o despacho de indiciação e ordenasse o arquivamento do processo, proferia despacho de pronúncia no processo de querela e no correccional ou remetia o processo para julgamento no processo de polícia. Todos estes despachos eram passíveis de recurso, que subiam nos próprios autos. O Ministério Público podia recorrer quando o processo fosse arquivado, bem como da pronúncia ou despacho correspondente quando este não estivesse de harmonia com a petição da queixa ou de querela ou com a promoção para julgamento em processo de polícia correccional.

O projecto integrava a instrução contraditória na estrutura do processo ordinário, em qualquer uma das suas formas, dando-lhe a máxima amplitude na prossecução do interesse do réu em apresentar toda a sua defesa e jurisdicionalizando-a integralmente, por via do reconhecimento da recorribilidade dos despachos de não admissão da instrução contraditória e de indeferimento de diligências na instrução contraditória. A integração operada implicava uma duplicação de despachos judiciais finais na fase preparatória, tendo o despacho de indiciação a natureza de uma pronúncia provisória, proferida antes de o indiciado ter tido o direito de deduzir a sua defesa, e tendo a pronúncia definitiva uma natureza verdadeiramente contraditória. A instrução contraditória ganhava deste modo o significado de uma garantia do réu contra uma acusação injusta já deduzida, sem, contudo, se regressar ao segredo absoluto do processo preparatório na Novíssima. O arguido não tinha apenas uma oportunidade mais ampla de intervir no processo preparatório prévio à instrução contraditória como tinha o direito de apresentar a sua defesa após a conclusão deste, mas antes ainda da abertura da fase de julgamento.

O reforço do estatuto da defesa na fase preparatória do processo conjugava-se em termos ideais com a divisão de funções instrutória e de julgamento previstas para as comarcas de Lisboa e do Porto, mas prejudicava gravemente a imparcialidade do juiz de julgamento nas comarcas do resto do país, pois o juiz iniciava o julgamento conhecendo já a defesa do réu e tendo mesmo mantido a pronúncia provisória. Este prejuízo era tanto maior quanto se tivesse em conta a possibilidade de prolação de despacho de indiciação contra todas as pessoas que se mostrassem culpadas no corpo de delito, mesmo quando o procedimento criminal não tivesse sido promovido contra elas pelo Ministério Público, e de despacho de pronúncia distinto da petição de queixa ou de querela ou da promoção correspondente do Ministério Público em processo de polícia.

Na fase de acusação e julgamento no processo de querela, o projecto mantinha o libelo acusatório, mas abolia o relatório do juiz no final da audiência e a faculdade de o juiz controlar a justiça das respostas dos jurados e reconhecia ao júri a competência para "indicar a pena que entender mais adequada e mais

A *Jurisdição Penal Comum* 441

justa" (artigo 251, § 2), indicação que seria ainda submetida à discussão das partes e tomada em consideração pelo juiz, que decidia em definitivo "levando em conta as circunstâncias agravantes ou atenuantes dadas por provadas" (artigo 253).

Não obstante esta redução efectiva dos poderes do juiz, ele tinha um papel fundamental quer na delimitação do objecto do processo, quer na investigação de novos meios de prova, podendo quesitar oficiosamente as circunstâncias derimentes, agravantes e atenuantes que entendesse necessárias, sem o limite da pena pedida pelo acusador, e determinar, também oficiosamente, o adiamento da diligência para junção de novos meios de prova, qualquer que fosse a sua natureza.

Na forma de processo de polícia e na correccional, mantinha-se o registo da prova, facultativo na primeira e obrigatório na segunda, com a ressalva do registo apenas das alterações quando os depoimentos já se encontrassem nos autos.

No âmbito dos recursos ordinários o projecto seguia a tendência da proposta de 1899, consagrando um duplo grau de recurso, sem qualquer alçada e com recurso de apelação das sentenças condenatórias e das absolutórias, mas destas somente quando tivesse havido protesto tempestivo por nulidades. Os tribunais superiores deviam conhecer as nulidades do processo, ainda que não alegadas, omitindo-se, no entanto, do elenco da lei a preterição das formalidades essenciais à descoberta da verdade, mas acrescentando-se a sétima e a oitava nulidades sugeridas na proposta de projecto de 1899. Em face da crítica violenta de Dias da Silva a esta proposta, não se previam regras especiais de votação das nulidades.

Na forma especial de julgamento dos réus ausentes, prevista apenas para os crimes puníveis com pena maior, determinava-se a notificação edital do arguido pronunciado se durante dez anos a contar da data da pronúncia ele não fosse preso, como tinha sugerido a proposta de 1899. O julgamento realizava-se na forma prevista na lei, mas os autos seriam processados e julgados pelo mesmo juiz que tivesse dado a pronúncia.

O Ministério Público tinha o dever oficioso de interpor recurso da sentença, precisamente como previa a proposta de 1899. Contudo, o réu condenado, que fosse preso ou se apresentasse, podia apelar ou embargar a parte da sentença que o tivesse condenado em pena corporal, assegurando-se uma defesa mais ampla ao réu ausente do que a da proposta de 1899. Nos embargos o réu deduzia toda a sua defesa, de facto e de direito, que podia ser contestada pelo Ministério Público e seria valorada pelo juiz.

Ao grave prejuízo para o princípio da acusação nas comarcas fora de Lisboa e do Porto resultante da estrutura do processo preparatório, o projecto procurava obviar, na forma de processo para julgamento dos crimes mais graves, com um alargamento muito considerável da autonomia do tribunal de júri, suprimindo os meios de influência e controlo do juiz sobre a actividade decisória dos jurados e conferindo mesmo ao júri a competência para dar indicação da pena justa. Aliás, o reforço da autonomia do tribunal de júri correspondia também ao propósito, comprovado na introdução do júri técnico, de aumento da competência técnica dos seus membros e, desse modo, da credibilidade deste tribunal. O prejuízo para o princípio da acusação era particularmente crítico na forma de processo correccional e na de polícia correccional e no julgamento de réus ausentes, atentos o conhecimento prévio da defesa do réu pelo juiz de julgamento e os seus poderes amplos de delimitação do objecto do processo, o que a garantia de recurso do despacho de pronúncia ou correspondente até ao Supremo Tribunal de Justiça só aparentemente evitava.

O princípio da imediação sofria danos idênticos em todas as formas de processo ordinário. Se o aproveitamento dos depoimentos das testemunhas produzidos na fase instrutória dos processos correccional e de polícia punha em crise aquele princípio, a leitura irrestrita do corpo de delito no início da audiência de julgamento no processo de querela, estivesse o réu presente ou ausente, deixava também gravemente ferido aquele princípio, constituindo uma regressão em face do direito vigente, vertido no artigo 7 do Decreto de 28.12.1910, e agravando ainda mais a posição processual do réu na instância.

A garantia de dois graus de recurso em matéria de direito e um grau de recurso em matéria de facto nos processos correccional e de polícia e de dois graus de recurso em matéria de direito no processo de querela de pouco valia, sobretudo considerando a limitação da sindicância da matéria de facto à prova registada nos autos e à prova documental nova, não podendo o tribunal de recurso sindicar oficiosamente a suficiência das diligências de prova. Só os réus ausentes beneficiavam de uma verdadeira possibilidade de apresentar a sua defesa, defendendo-se por embargos. Ainda assim, as novas regras da admissibilidade da prestação de caução ao réu condenado em pena de prisão maior temporária e da imputação da toda a prisão preventiva na pena decretada[1075] não afastavam, mas atenuavam consideravelmente o efeito negativo da possibilidade da *reformatio in pejus,* incentivando o réu condenado a tentar a sua sorte na instância superior.

[1075] O autor do projecto ia neste ponto mais longe do que a proposta defendida na dissertação de Francisco Fernandes, no sentido da consagração de uma faculdade judicial de desconto em todas as penas privativas da liberdade de toda ou parte da prisão preventiva sofrida (Francisco Fernandes, 1896: 154).

CAPÍTULO 8.°
O Desmantelamento do Paradigma Judiciário Liberal pela Ditadura Militar e pelo Estado Novo

1. O Estatuto Judiciário de 1927

Após a destituição do chefe de Estado e do governo e a instauração da ditadura militar em 28.5.1926, o Congresso da República foi dissolvido pelo Decreto de 9.6.1926, cessando de facto a partir dessa data a vigência da Constituição de 1911.[1076]

A actividade legiferante da ditadura militar não se caracterizou pela implantação de um paradigma judiciário novo no âmbito da justiça penal, mas antes pelo desmantelamento do anterior paradigma liberal.[1077]

[1076] Marcello Caetano, 1957: 1. A verdade é que a doutrina penalista continuou a aferir a constitucionalidade das novas leis penais e processuais pelo estalão da Constituição de 1911, de que são exemplo a crítica de José Mourisca (1933: 12 a 20) ao disposto no artigo 254 do CPP de 1929, censurando "a insubordinação das leis ordinárias à fundamental", e a crítica da inconstitucionalidade dirigida por Luís Osório (1933 a: 37) ao mesmo artigo.

[1077] Os protagonistas do levantamento militar não tinham um "ideário homogéneo, caldeando no seu interior intenções ambíguas e projectos contraditórios", unindo-os "o protesto contra a partidocracia, a ineficácia parlamentar, a instabilidade governativa, o descrédito das instituições e a agitação social" (Braga da Cruz, 1988: 39). Também no âmbito da política judiciária, os insurrectos não eram movidos por um paradigma judiciário novo, revelando isso mesmo a inconstância da produção legislativa dos anos seguintes. O primeiro ministro da justiça da ditadura militar, Manuel Rodrigues, retratou o estado da justiça quando os militares tomaram o poder, descrevendo-a como dependente do governo, lenta e enredada em um processo labiríntico e caro (Manuel Rodrigues, 1933: 17 a 26). O propósito do novo poder político era o de reformar este estado de coisas de modo parcelar e "fragmentário" (Manuel Rodrigues, 1933: 49). A produção legislativa dos primeiros anos da ditadura militar revelou precisamente a ausência de uma política uniforme, como resulta da descrição sugestiva da legislação sobre organização judiciária nos anos que se seguiram até 1937 feita por Barbosa de Magalhães e Magalhães Godinho ("anda-se para deante e para traz, para traz e para deante, e nunca se está no mesmo sitio – é um *delirium tremens* funcional e organico, que dá a impressão de que se está numa casa oscilando por força d' um tremor de terra ou de um furioso vendaval", Barbosa de Magalhães e Magalhães Godinho, 1937: IV).

444 A Reforma da Justiça Criminal em Portugal e na Europa

Este desmantelamento tinha três objectivos imediatos, que foram logo postos em execução após a tomada do poder: a diminuição da participação popular na administração da justiça, a concentração das funções da instrução e do julgamento e a reforma do sistema de gestão administrativa e disciplinar da magistratura judicial.[1078]

A reforma do sistema de gestão da magistratura judicial foi a primeira medida legislativa do novo poder político, adoptada pelo Decreto n. 11.751, de 23.6.1926. O Conselho Superior Judiciário passou a ser composto pelo presidente do Supremo Tribunal de Justiça, por dois vogais nomeados pelo ministro da justiça e por dois outros vogais eleitos pelos juízes de direito do continente e ilhas adjacentes, uns e outros escolhidos de entre os juízes do Supremo. O legislador criticou a tradição republicana da nomeação arbitrária pelo poder executivo dos magistrados judiciais para os cargos da justiça e, designadamente, a faculdade de o ministro da justiça não respeitar o parecer do Conselho Superior Judiciário, motivo pelo qual o novo diploma mandava que o provimento por nomeação, promoção e transferência de todos os magistrados judiciais dependentes do Ministério da Justiça fosse feito pelo governo obrigatoriamente no juiz indicado pelo Conselho, mantendo a competência deste órgão para julgar as infracções disciplinares, com recurso para o Supremo Tribunal de Justiça, nos termos do já referido Decreto n. 10.310, de 19.11.1924.

Contudo, os "defeitos de uma sistema exclusivo que poderia ocasionar os mais graves inconvenientes" eram evitados pela circunstância de os membros do Conselho nomeados pela ministro da justiça constituirem a maioria, uma vez que o presidente do Supremo Tribunal de Justiça, que presidia também ao Conselho e tinha direito a voto em todos os processos distribuídos, era nomeado pelo ministro da justiça. A proeminência efectiva do ministro da justiça era ainda garantida pela obrigatoriedade da aceitação dos magistrados nomeados como presidente do Supremo e vogais do Conselho.[1079]

[1078] O desfavor com que o novo poder político olhava a intervenção popular na administração da justiça era patente no modo muito crítico como se pronunciava sobre o júri (Manuel Rodrigues, 1933: 44 e 45). O poder político manifestou também a intenção clara de fazer face à "comédia judiciária", com o reforço da posição processual do juiz e, designadamente, com o aumento dos seus poderes de instrução da causa (Manuel Rodrigues, 1933: 21, 52 e 53, 1934: 102 e 104). Esta posição de princípio era, aliás, consentânea com o espírito de muitos magistrados. "As alterações e inovações dos primeiros tempos da república se foram pouco a pouco perdendo, o que não admira, porque o espírito que as orientou nunca chegou a ser bem compreendido pelos tribunais" (Bessone de Abreu, 1932: XXXI).

[1079] Este domínio do ministro da justiça foi, na realidade, tão grande que se dizia mesmo que o Conselho exercia "uma sub-ditadura, significando que, se exerce ditadura, não é o titular d'ela. O titular é sempre o ministro" (Paulo Falcão, 1928: 24). Em consequência, "o juiz perdeu nos tribunais a proeminencia e prestigio que o cercava. O Conselho trava-lhe o passo. Desnorteia-o o inspector. Ambos o exautoram" (Paulo Falcão, 1928: 25).

A Jurisdição Penal Comum 445

O segundo objectivo imediato da política judiciária do governo da ditadura militar foi o da concentração das funções da instrução e do julgamento. Este objectivo foi alcançado através da extinção dos juízes de instrução criminal. Com efeito, o Decreto n. 11.991, de 30.7.1926, que reorganizou os tribunais criminais de Lisboa e do Porto, procedeu à extinção dos distritos criminais e dos juízos de investigação criminal de Lisboa e do Porto e à criação, em sua substituição, de juízos criminais competentes para a instrução e o julgamento.[1080]

No entanto, mantiveram-se os juízos auxiliares de investigação criminal de Lisboa e do Porto verificando-se a situação inaudita de os magistrados auxiliares se manterem, com a sua restritíssima competência, depois de os magistrados auxiliados terem sido suprimidos.

Por último, o objectivo da diminuição da participação popular na administração da justiça foi prosseguido com a adopção de duas medidas legislativas, uma relativa ao estatuto dos juízes de paz e a outra ao tribunal de júri. O governo procedeu, no Decreto n. 12.535, de 23.10.1926, a uma reformulação do estatuto da magistratura dos juízes de paz, limitando o acesso ao exercício desta magistratura com a introdução de novos requisitos profissionais e determinando o exercício por inerência das funções do juiz de paz pelo professor de ensino primário da área do julgado.

A segunda medida adoptada pelo novo governo foi a da modificação radical das regras sobre o recrutamento, a composição e a competência do tribunal de júri.

[1080] Não é, por isso, correcta a afirmação de Cavaleiro de Ferreira (1986 b: 110) de que os juízes de instrução criminal de Lisboa e do Porto "só foram suprimidos em 1945 com a criação da Polícia Judiciária". O Decreto n. 11.991, que aboliu os juízes de instrução criminal, constituiu uma nova publicação do Decreto n. 11.871, de 12.7.1926. No preâmbulo deste, o legislador afirmava expressamente que "uma das causas do mau funcionamento dos tribunais criminais de Lisboa e do Porto é a separação, por juízes diversos, das funções de instrução e julgamento dos processos. O juiz que instruiu é o que deve julgar. Além de ter, pelo próprio facto da instrução, um conhecimento mais perfeito das condições em que se praticaram os crimes, não perde tempo a estudar os processos quando tem de os julgar, como até aqui acontecia com os juízes de julgamento". O legislador de 1926 retomava, deste modo, os mesmíssimos argumentos expendidos no relatório aos decretos ditatoriais de 1892 para justificação de uma medida semelhante. Tal como na década de noventa do século anterior, a doutrina censurou abertamente o sentido desta opção política, advogando uma "especialização da função investigatória e acusatória e de julgamento", invocando, sobretudo, a maior liberdade intelectual do juiz de julgamento, "que não tem de julgar a sua própria obra" (Bessone de Abreu e Eurico Simões, 1930: 125 e 126, Bessone de Abreu, 1932: XXXI, Luís Osório, 1932 a: 414, e Pinto Loureiro, 1935: LXVIII e LXXI). Este último Autor propôs o envio de um desembargador para presidir aos julgamentos crimes a efectuar com intervenção do tribunal de júri ou do tribunal colectivo ou mesmo a atribuição desse encargo a um juiz de primeira instância "por forma que nenhum julgamento fôsse presidido pelo magistrado que instruíra ou preparara o processo".

446 *A Reforma da Justiça Criminal em Portugal e na Europa*

A redefinição da composição e do método de recrutamento dos jurados foi aprovada pelo Decreto n. 12.405, de 30.9.1926, que determinou a restrição do número dos membros do tribunal de júri, prevendo que o júri em causas cíveis e crimes fosse composto por apenas sete jurados e um suplente e deliberasse por maioria de cinco votos conformes e prevendo ainda a possibilidade de formação de um júri especial em processo crime a que correspondesse pena maior, quando ocorressem circunstâncias graves. A acusação e a defesa só podiam recusar sem justificação um jurado. O recenseamento incluía todos os cidadãos portugueses no gozo dos seus direitos políticos e civis, que soubessem ler e escrever, com excepção dos funcionários públicos em efectividade de funções, entre outras classes de cidadãos, "preferindo-se os de maior habilitação, suficientemente idóneos" (artigo 4) e tendo em vista "o que mais convier para a boa administração da justiça" (artigo 7). O recenseamento e o sorteio eram feitos pelo juiz de direito da comarca ou juízo criminal e as suas decisões não admitiam recurso, confiando o legislador deste modo a selecção dos jurados à total discricionariedade do juiz.[1081]

Por sua vez, a competência do tribunal de júri foi revista em dois diplomas fundamentais, um sobre os crimes de abuso de liberdade de imprensa e o outro sobre a competência para julgamento dos crimes puníveis com pena maior ou pena de demissão.

O Decreto n. 12.008, de 29.7.1926, conferiu a competência para julgamento dos crimes de abuso de liberdade de imprensa ao júri, mas com um vasto elenco de excepções, cujo julgamento competia a um tribunal colectivo, constituído por três juízes de direito,[1082] e o Decreto n. 13.255, de 9.3.1927, atribuiu,

---

[1081] Esta reforma já tinha sido anunciada pelo Decreto n. 10.809, de 29.5.1925, que apontava já neste sentido. Se, por um lado, eram recenseados como jurados criminais apenas os cidadãos com um curso superior, especial ou secundário ou, sendo eles em número insuficiente, os cidadãos com o segundo ou o primeiro grau de instrução primária e os contribuintes mais colectados, por outro lado, o tribunal de júri era composto apenas por cinco jurados e um suplente. A organização do recenseamento competia ao magistrado do Ministério Público, com reclamação apenas para o juiz de direito, mas as decisões judiciais sobre as reclamações contra o sorteio admitiam recurso para o Tribunal da Relação. Os funcionários do Estado, com excepção dos directores-gerais e chefes de repartição ministeriais, dos empregados das alfândegas, de finanças e dos correios e telégrafos e dos magistrados e oficiais dos serviços de justiça, estavam incluídos no recenseamento, mas o magistrado recenseador não dispunha de qualquer discricionariedade. "Considerando que o decreto n. 10.809, contendo disposições de aproveitar em reformas posteriores e completas, não melhora de uma maneira eficaz os serviços da justiça", o governo revogou aquele diploma logo no mesmo mês de Outubro, através do Decreto n. 11.145, de 15.10.1925.

[1082] Este diploma, que alterou o Decreto n. 11.839, de 5.7.1926, estabeleceu uma forma de processo especial, muito semelhante à prevista na anterior Lei de imprensa de 1910. O processo preparatório terminava também aqui com um despacho judicial de recebimento da acusação e

A Jurisdição Penal Comum 447

em manifesta oposição ao disposto no artigo 59 da Constituição de 1911, ao tribunal colectivo, também constituído, em regra, por três juízes de direito, a competência para o julgamento dos crimes puníveis com pena maior ou pena de demissão, com excepção dos crimes políticos, dos de imprensa e dos crimes sujeitos à jurisdição militar e ainda dos casos em que a lei estabelecesse uma composição especial do júri.[1083]

---

de admissão da prova da difamação, que admitia agravo de petição, com efeito suspensivo e subida nos próprios autos. O julgamento, fosse com o júri ou com o tribunal colectivo, seguia as regras do processo ordinário com intervenção de júri, sendo facultativa a presença do réu. A pauta de júri para o julgamento destes crimes era constituída por indivíduos tirados de certas classes profissionais, sendo o número de jurados do tribunal reduzido a sete e podendo a acusação recusar sem justificação apenas dois jurados, assim como a defesa. A inovação mais significativa era a do registo obrigatório da prova produzida diante do tribunal colectivo. A apelação era processada e julgada como os agravos de petição em matéria cível, cabendo ainda revista do acórdão do Tribunal da Relação.

[1083] Este diploma revogou o Decreto n. 13.136, de 14.12.1926, que atribuiu a competência para o julgamento dos crimes de que resultasse a morte de uma pessoa ao juiz de direito, sem intervenção do júri, mas com registo da prova, sendo condição da eficácia das sentenças proferidas nestes processos a confirmação pelo tribunal superior. O Decreto de Março de 1927 iria muito além deste diploma, procedendo a uma reforma do processo ordinário. A reforma correspondia ao ideário do ministro Manuel Rodrigues, que criticava abertamente o tribunal de júri ("Três qualidades fundamentais se exigem ao julgador: competência técnica, espírito de obediência à lei, e independência, e nenhuma delas possui o juiz estranho a uma carreira. Nem a competência, porque não estuda a ciência do Direito; nem o espírito de obediência à lei, que só se obtém quando se pertence à classe dos julgadores e perante ela e a Nação se é responsável; nem a independência, que só possuem aqueles que vivem à margem dos laços do mundo dos negócios, que enredam e prendem por hábito e necessidade. Por estas razões se suprimiu o júri", Manuel Rodrigues, 1934: 101). A criação de um tribunal colectivo de primeira instância composto exclusivamente por juízes letrados, que já tinha sido defendida na vigência da Constituição de 1911 (Vaz de Sampaio, 1921: 324), foi justificada pelo ministro Manuel Rodrigues da seguinte forma: "o julgamento colectivo é superior, em discernimento e independência, ao julgamento de um. De resto, assim sucede em tôdas as outras formas de julgamento – até no julgamento do saber – e, por isso, se estabeleceu o tribunal colectivo para as questões de maior importância" (Manuel Rodrigues, 1934: 102). A inconstitucionalidade das normas de competência deste diploma e do artigo 38 do CPP de 1929, que as reproduziu, em face do disposto nos artigos 58 e 59 da Constituição de 1911 foi logo denunciada (Adelino da Palma Carlos, 1927: 49 e 52, José Mourisca, 1931: 207, e Bessone de Abreu, 1932: LIII). Se quase toda a doutrina acolheu positivamente a supressão do tribunal do júri como "um largo passo para o aperfeiçoamento da justiça" (Adelino da Palma Carlos, 1927: 55 e 56), ela encontrava-se dividida sobre o tribunal colectivo, tendo-se mesmo afirmado que a reforma "foi demasiadamente radical; foi de um extremo ao outro ... à extrema benignidade dos representantes dos «boni homines» das passadas eras sucedeu o rigorismo perigoso dos juizes de direito" (Ferreira-Deusdado, 1931: 79, e, igualmente, anos mais tarde, Ary dos Santos, 1938: 200 a 203). Em substituição do tribunal colectivo, Adelino da Palma Carlos propunha a especialização da magistratura penal singular e Ferreira-Deusdado a formação de um "júri de homens compe-

Neste segundo diploma o governo, "no intuito de corresponder às repetidas reclamações do público, aliás sancionadas pelos ensinamentos dos modernos criminalistas, reconheceu já os inconvenientes da intervenção do júri" e introduziu profundas alterações ao processo ordinário na fase da acusação e do julgamento.

Assim, o legislador suprimiu o libelo acusatório, como tinham proposto os projectos de 1886 e de 1899, sendo deduzida uma querela provisória pelo Ministério Público logo que se descobrissem os autores e a querela definitiva após o encerramento do corpo de delito ou da instrução contraditória.[1084] Se decorridos três meses a querela provisória não tivesse sido convertida em definitiva, "por motivos não emergentes do incidente da instrução contraditória e provocados directamente pelo arguido" (artigo 7, § 3), o corpo de delito considerava-se encerrado e era admissível recurso contra a pronúncia.

O princípio da acusação era muito prejudicado por esta modificação legislativa, pois o juiz da comarca onde o processo corria dava a pronúncia no final do processo preparatório e presidia à audiência de julgamento e ao tribunal colectivo.

O princípio da imediação não tinha melhor sorte. Na audiência de julgamento, faltando uma testemunha não notificada e de que a parte não prescindisse, o tribunal decidia no final da produção da prova se devia adiar-se o julgamento. A falta da testemunha notificada e de que a parte não prescindisse implicava necessariamente o adiamento da audiência, que só podia ter lugar uma vez. O tribunal podia ainda determinar a leitura do depoimento da testemunha que não comparecesse, cobrindo a ampla autorização legal quer o caso de não comparecimento da testemunha na segunda marcação, quer o da parte ter prescindido da testemunha logo na primeira marcação. A inovação muito relevante em relação ao direito vigente residia na possibilidade de o tribunal aproveitar o depoimento das testemunhas faltosas que tivessem sido prescindidas pela parte, inspirando-se no projecto de 1899.

---

tentes, de médicos, professores e juristas, com conhecimentos de psicologia e antropologia criminal e direito criminal". Ao invés, Beleza dos Santos (1931 a: 148, e 1942: 13 e 15) manifestou-se em defesa da introdução do novo tribunal e da restrição do júri ao julgamento dos crimes políticos e, mais radicalmente, José Mourisca (1929: 290) pronunciou-se em favor da atribuição ao tribunal colectivo de toda a antiga competência do tribunal de júri, incluindo a relativa aos crimes políticos e de imprensa. Isolados ficaram Pinto Loureiro (1935: XXXV e LIII), Barbosa de Magalhães e Magalhães Godinho (1937: XXVIII e XL), que diante dos abusos do tribunal colectivo propunham o regresso ao tribunal de júri como tribunal com competência regra em matéria criminal.

[1084] Não é, por isso, correcta a afirmação de Cavaleiro de Ferreira (1986 b: 235), de que foi o CPP de 1929 que fez anteceder a acusação à pronúncia, depois da Nova Reforma ter disposto o contrário.

A Jurisdição Penal Comum

O agravamento da posição processual do réu condenado pela instância era ainda maior por força dos poderes ilimitados do tribunal colectivo sobre a matéria de facto. O tribunal colectivo julgava sem a formação de quesitos, podendo tomar em consideração todos os factos que resultassem da discussão da causa e que tivessem o efeito de diminuir a pena, bem como condenar por crime diverso do da pronúncia, contanto que fosse da mesma natureza e lhe não correspondesse pena mais grave.[1085] Quer a decisão absolutória quer a condenatória admitiam apelação para a Relação e revista para o Supremo Tribunal de Justiça, mas a sindicância do Tribunal da Relação nestes processos limitava-se, ao invés do novo regime vigente para os crimes de abuso de liberdade de imprensa, ao controlo da decisão sobre a matéria de direito.[1086] O alargamento parcial do âmbito do recurso obrigatório de apelação pelo Ministério Público das condenações em pena maior fixa não valia muito ao arguido condenado, em face dos poderes limitados da Relação e das regras vigentes sobre prisão preventiva e *reformatio in pejus*.

A legislação sobre a organização judiciária e a gestão da magistratura judicial que o governo da ditadura publicou com carácter urgente foi acolhida no primeiro Estatuto Judiciário, aprovado pelo Decreto n. 13.809, de 22.6.1927.

A composição e a competência do Conselho Superior Judiciário não sofreram alterações, sendo também atribuída ao Conselho a faculdade de propor a transferência ou o afastamento temporário sem carácter disciplinar de qualquer juiz quando o julgasse conveniente ("tendo em vista uma imperiosa e ocasional necessidade de obviar aos inconvenientes da permanência de um determinado funcionário numa determinada situação", artigo 561), a aposentação ou a substituição de juízes inaptos física ou mentalmente e a transferência de juízes excluídos da promoção à classe superior, nos mesmíssimos termos que já previa o último diploma regulador da organização disciplinar judiciária da primeira República, aduzindo ainda a faculdade de o Conselho propor a transferência da comarca dos juízes que tivessem classificação abaixo de regular. Simultaneamente, fixaram-se as regras de acesso por concurso à carreira da magistratura judicial, de substituição de juízes, de nomeação para comissões, de transferência

---

[1085] Beleza dos Santos (1927: 18 e 19) e Eduardo Correia (1948: 138 e 139) criticaram esta inovação, precisamente por causa do comprometimento dos direitos da defesa em face da possibilidade de condenação do réu com base em factos que ele não tinha previsto nem lhe era exigível que o tivesse, sem que pudesse defender-se deles.

[1086] Luís Osório (1932 a: 397) dava conta de que na vigência deste diploma se viu por vezes os tribunais superiores sindicar as provas, o que o autor qualificava como um "julgamento de palpite" em face da inexistência de qualquer registo escrito da prova produzida na audiência de julgamento.

regular após um sexénio, de procedimento disciplinar contra os juízes e de promoção até ao Supremo Tribunal de Justiça por lista graduada de acordo com um critério misto de antiguidade e mérito, em que este prevalecia.

No Estatuto dividia-se o território do continente e das ilhas adjacentes em distritos judiciais das Relações, estes em comarcas e as comarcas em julgados de paz.

A competência das Relações nas causas crimes era limitada no sentido já estabelecido no Decreto n. 13.255, conhecendo o tribunal superior apenas do direito nas causas crimes em que houvesse matéria de facto resolvida pelo júri ou pelo tribunal colectivo.[1087] O Estatuto foi, no entanto, mais longe do que o legislador da primeira República, consagrando a inexistência de alçada da Relação em matéria criminal.

A competência para julgar as causas crimes e de transgressões em primeira instância era dividida entre o tribunal colectivo, o tribunal de júri, o juiz de direito e, nas cidades de Lisboa e do Porto, o juiz das transgressões.

O tribunal colectivo era composto por três juízes de direito ou, excepcionalmente, por dois juízes de direito e um substituto legal, podendo o Conselho Superior Judiciário nomear juízes *ad hoc* na falta do número legal de efectivos, e tinha uma competência coincidente com a fixada nos Decretos ns. 12.008 e 13.255, exceptuando-se os crimes contra a segurança do Estado e contra o exercício dos direitos políticos, os de responsabilidade ministerial, os de imprensa em que fosse exigida a intervenção de júri e os que estivessem sujeitos à jurisdição militar ou a outra jurisdição especial.

O tribunal colectivo julgava a questão de facto "como júri, sem recurso, segundo a sua consciência e com plena liberdade de apreciação" e a questão de direito, com recurso para a Relação (artigos 76 e 98 do Estatuto), estando vedado o voto de vencido e sendo a decisão do colectivo fundamentada apenas com a indicação dos factos provados e da lei aplicável.[1088] O tribunal colectivo era

---

[1087] A discussão sobre a amplitude dos poderes de apreciação da Relação gerou-se logo após a publicação do Estatuto Judiciário, dividindo-se as vozes entre aqueles que entendiam que a Relação podia decidir se as provas tinham sido valoradas de acordo com a lei e aqueles que aplicavam analogicamente o disposto no artigo 65 do Decreto n. 12.353, de 22.9.1926, por a Relação funcionar neste recurso como um verdadeiro tribunal de revista, devendo, pois, manter escrupulosamente a matéria de facto decidida. Barbosa de Magalhães e Magalhães Godinho criticaram severamente esta inovação, nos termos da qual os Tribunais da Relação passaram a ser "principalmente tribunais de revista", pondo mesmo a questão "vale a pena conservar as Relações?" (Barbosa de Magalhães e Magalhães Godinho, 1937: XXVII). Os tribunais superiores continuaram, contudo, a decidir sobre os factos (Carlos Silva e Sousa, 1929: 55).

[1088] O Estatuto consagrava a ideia de que "o tribunal colectivo devia herdar não só a competência em matéria de facto do júri, mas de igual modo a presunção de infalibilidade" (Cavaleiro de Ferreira, 1986 b: 286).

A *Jurisdição Penal Comum* 451

investido no poder de consideração de factos novos que resultassem da discussão da causa e tivessem o efeito de diminuição da pena e de alteração da qualificação já consignados no Decreto n. 13.255, fazendo-se desta feita menção à exigência de que o crime diverso tivesse como elementos constitutivos os mesmos factos da pronúncia, mas não se exigindo que a alteração da qualificação não ultrapassasse a pena do crime imputado na pronúncia.

O tribunal de júri era constituído e deliberava nos termos fixados no Decreto n. 12.405 e tinha competência para julgar de facto "segundo a sua consciência e com plena liberdade de apreciação" os crimes de responsabilidade ministerial, contra a segurança do Estado e contra o exercício dos direitos políticos e certos crimes de abusos de liberdade de imprensa, consagrando-se uma sindicância irrestrita das respostas iníquas dos jurados pelo juiz de direito nas causas crimes.[1089]

O juiz auxiliar de investigação criminal e o juiz das transgressões de Lisboa e do Porto mantinham as competências restritas com que tinham sido criados e, nas restantes comarcas da país, o juiz de direito cumulava com a sua competência as daqueles magistrados.

O juiz de paz, cujo cargo cabia por inerência ao oficial de registo civil no julgado sede de concelho que não fosse sede de comarca e ao professor primário nos restantes, tinha apenas funções de conciliação no processo civil e funções de polícia e instrutórias no processo penal, lavrando auto de notícia e procedendo ao corpo de delito dos crimes cometidos na área do respectivo julgado.

Nas disposições transitórias, o legislador determinou a extinção dos julgados municipais no continente e nas ilhas adjacentes e dos tribunais criados pelo Decreto n. 12.359, de 22.9.1926, passando a competência daqueles para o juiz de direito e as destes para os juízes das transgressões em Lisboa e no Porto e para os juízes de direito nas restantes comarcas do país. Esta disposição transitória foi logo afastada na nova redacção dada ao Estatuto Judiciário pelo Decreto n. 15.344, de 10.4.1928, nela se prevendo expressamente a possibilidade da criação de julgados municipais. O recuo do governo ficou a dever-se ao protesto dos povos pela extinção de trinta e sete comarcas determinada pelo Decreto n. 13.917, de 9.7.1927. A extinção, motivada por razões orçamentais, colocou o governo na necessidade de criar novos julgados municipais para aplacar o protesto das povoações prejudicadas.

Foram então instituídos trinta e sete novos julgados municipais em directa oposição ao espírito dos artigos 81 e 212 do primeiro Estatuto, mas sem encar-

---

[1089] Nas causas cíveis, o júri só intervinha quando houvesse acordo expresso das partes e nas causas comerciais intervinha obrigatoriamente nos processos de falência ou de concordata e facultativamente nas outras causas.

452 *A Reforma da Justiça Criminal em Portugal e na Europa*

gos orçamentais para o Estado. Os povos realizavam o propósito de manter os seus juízes, ainda que para tanto tivessem que suportar os custos inerentes, e o governo também alcançava o seu objectivo de diminuir as despesas com os juízes de comarca, criando-se, contudo, uma situação inconciliável com a lei vigente. A medida governamental suscitou por isso a modificação introduzida no segundo Estatuto Judiciário.[1090]

O primeiro Estatuto Judiciário foi publicado quase três anos depois da famosa reforma Emminger, a *Verordnung über Gerichtsverfassung und Strafrechtspflege*, de 4.1.1924, que, embora mantendo a sua designação, também aboliu de facto o tribunal de júri.

A jurisdição penal comum alemã estava dividida até então entre cinco órgãos distintos: os *Schwurgerichte* e o *Reichsgericht* para julgamento dos crimes mais graves, o juiz singular e os *Schöffengerichte*, com um juiz togado e dois juízes populares, para julgamento dos delitos leves e das transgressões e as *Strafkammer* dos *Landgerichte*, com cinco juízes togados, para julgamento dos delitos e dos crimes menos graves. Estas câmaras, quando constituídas apenas com três juízes togados, funcionavam também como tribunal de recurso das decisões dos *Schöffengerichte*, sendo por sua vez as decisões da câmara proferidas em primeira instância e as do tribunal de júri recorríveis para o *Reichsgericht* e as da *Strafkammer* proferidas em segunda instância recorríveis para o *Oberlandesgericht*.[1091]

A reforma do ministro Emminger instituiu, ainda sob a designação de tribunal de júri, um tribunal com três juízes togados e apenas seis jurados, que decidiam conjuntamente sobre a culpa e a pena e julgavam nos termos do processo anteriormente estabelecido para a *Strafkammer*.[1092] Ao *Schwurgericht* competia

---

[1090] Paulo Falcão, 1928: 26 a 29, José Mourisca, 1931: 194, Ferreira-Deusdado, 1931: 121 a 123, e Luís Osório, 1932 a: 377. Esta foi, aliás, a mais significativa inovação do segundo estatuto, não se tendo verificado qualquer outra no tocante às matérias referidas no texto.

[1091] A discussão doutrinária sobre a substituição do tribunal de júri por um tribunal de escabinos alargado ocupou toda a segunda metade do século XIX, tendo tido o seu ponto culminante em 1874 quando foram apresentadas no *Reichstag* as propostas para as "leis da justiça". O equilíbrio das forças políticas no parlamento foi, contudo, favorável à manutenção do tribunal de júri nessa altura e nas décadas seguintes (Eduard Kern, 1954 a: 88 a 93, 117 e 118, e Werner Schubert, 1981: 222 a 227), razão pela qual a doutrina tem salientado desde então que a característica principal da organização dos tribunais penais alemães consistia na intervenção de juízes populares no julgamento da criminalidade muito grave e pouco grave e na sua exclusão no julgamento da criminalidade de média gravidade e que esta característica era um "produto do puro acaso" (*ein Werk des puren Zufalls*, Karl Birkmeyer, 1898: 228), fruto de um compromisso político e não de uma opção teórica fundada.

[1092] Esta reforma radical da composição e, consequentemente, da natureza do tribunal de júri só seria realizada alguns anos mais tarde em França. A Lei de 5.3.1932 associou os jurados

A Jurisdição Penal Comum

conhecer de um número de crimes inferior ao que previa a lei anterior, cabendo dessa decisão recurso de revista (*Revision*) para o *Reichsgericht*.

A competência de primeira instância da *Strafkammer* foi atribuída ao *Schöffengericht* e a um novo tribunal de escabinos alargado, composto por mais um juiz togado, não se encontrando os juízes togados que tivessem intervindo no processo intermédio impedidos de participar no julgamento. O tribunal de recurso tinha duas composições, a da *kleine Strafkammer*, com um juiz togado e dois juízes leigos, e a da *grosse Strafkammer*, com três juízes togados e dois leigos, consoante a decisão recorrida tivesse sido proferida pelo juiz singular ou pelo *Schöffengericht* pequeno ou alargado. O recurso de revista (*Revision*) podia ser interposto das decisões da *kleine Strafkammer* para o *Oberlandesgericht* e das da *grosse Strafkammer* para o *Reichsgericht*, introduzindo-se também a "revista por salto" (*Sprungrevision*) da decisão final do juiz singular e do *Schöffengericht* pequeno ou alargado e a "revista em alternativa" (*Ersatzrevision*) das decisões de absolvição ou de condenação em pena de multa nos processos de contravenção e nas "causas de acusação privada" (*Privatklagesachen*).[1093] Deste modo, ao agravamento do prejuízo na realização do princípio da acusação na primeira instância correspondeu o alargamento do recurso de apelação na larga maioria dos julgamentos dos crimes e dos delitos, cujo efeito se pretendeu reduzir pela consagração de mecanismos de aceleração processual do recurso de revista.

à *cour* para aplicação da pena, reforçando a posição do elemento popular no tribunal de júri (em termos críticos, James Goldschmidt, 1935: 79 e 81, e Wolfgang Mittermaier, 1935: 77 e 78). Mais tarde, a Lei de 25.11.1941, que foi confirmada pela 20.4.1945, inverteu o sentido da reforma do tribunal de júri, subtraindo aos jurados a decisão exclusiva da questão de facto. Assim, a lei nova confiou a determinação da culpa e da pena ao conjunto dos jurados e dos juízes da *cour*, pondo fim à separação do *Code d' Instruction* entre a competência dos jurados para decidir da culpa e a dos juízes para fixar a pena. A reforma do júri pelo legislador francês atingiu também o seu modo de recrutamento e a sua composição, tendo a Lei de 1941 reduzido a seis o número de jurados, que deviam satisfazer certos requisitos rácicos e ideológicos e eram seleccionados quer ao nível cantonal quer do *arrondissement* exclusivamente por magistrados. A doutrina acolheu favoravelmente a introdução em França do sistema de escabinos como meio de os juízes letrados exercerem um controlo directo e eficaz sobre a decisão da matéria de facto e, assim, diminuir o número de absolvições, por um lado, e, por outro, como meio de evitar as práticas de correccionalização judiciária (Rached, 1942: 248 e 300, Marcel Rousselet, 1948: 116, e Donnedieu de Vabres, 1947: 707 a 709, 820 e 821, mas decididamente contra Maurice Garçon, 1957: 25 a 27). Aliás, esta reforma correspondia a uma pretensão da doutrina depois da crítica fundamental de André Toulemon ao júri tradicional.

[1093] O balanço sobre estas duas novas modalidades do recurso de revista encontra-se em Walter Jaumann, 1926: 10 e 11, 30 a 32, e Karl Doerr, 1931: 39 a 43, 57 e 58. Contudo, Karl Doerr considerava ainda necessária a apelação das decisões do tribunal de júri, dada a participação

454 A Reforma da Justiça Criminal em Portugal e na Europa

Esta reforma resultou de uma conjugação, única até então na história alemã, de factores de natureza económica, política e doutrinária. Por um lado, desde o início do século XX a doutrina alemã vinha criticando a intervenção dos jurados, "a quem as perguntas tinham de ser colocadas como a crianças, em termos de sim ou não", e mesmo a possibilidade lógica de distinção entre as questões colocadas aos jurados e as decididas pelos juízes togados.[1094] Em consequência, a proposta de substituição do tribunal de júri pelo tribunal de escabinos foi ganhando adeptos nos meios ministeriais e em diversas comissões de reforma.[1095]

---

na decisão do juiz letrado que dirigia a audiência e ao desencanto com aquele tribunal (Karl Doerr, 1931: 46 a 53).

[1094] Karl Binding, 1915 a: 86, 87, 113 a 116, 121 e 122, e Johannes Nagler, 1909: 120. A propósito da crise da intervenção popular na administração da justiça a doutrina pronunciou-se a favor de uma de duas soluções fundamentais: a reforma do tribunal de júri, designadamente, com a introdução de juízes letrados na composição do júri e do dever de motivação das decisões do júri (Friedrich Oetker, 1905: 331, e 1906: 96, 97 e 107, e Wolfgang Mittermaier, 1906 b: 16 a 22), e, em termos mais radicais, a supressão da "charlatanice do juiz leigo" (*Kurpfuschertum der Laienrichter*), propondo a atribuição de todo o poder jurisdicional a magistrados togados, o registo obrigatório da prova e o aprofundamento do dever de motivação da decisão como garantias eficazes contra os erros judiciários (Max Alsberg, 1913: 72, e Albert Hellwig, 1914: 81, 86 e 90). No entanto, a transferência da competência da *Strafkammer* para o tribunal de júri e para o tribunal de escabinos ainda encontrava defensores (Adickes, 1907: 73 a 78).

[1095] A proposta ganhou foros de oficialidade depois de ter sido acolhida nos trabalhos da *Komission für die Reform des Strafprozesses*, iniciados em 1903 e concluídos em 1905. A comissão, que tinha sido instituída pelo Ministério da Justiça do império e de que faziam parte os professores Wach e von Calker, propunha a substituição do tribunal de júri e da *Strafkammer*, respectivamente, por um "grande tribunal de escabinos" (*grosse Schöffengericht*) e por um "tribunal de escabinos intermédio" (*mittlere Schöffengericht*) e ainda a instituição de "um grande e de um pequeno tribunal de apelação de escabinos" (*grosse und klein Schöffenberufungsgericht*) como tribunais de recurso, permitindo deste modo a apelação de todas as decisões de primeira instância e a intervenção popular na administração da justiça em todos os graus de jurisdição onde se decidisse sobre a matéria de facto, com a excepção das infracções julgadas em primeira e última instância pelo *Reichsgericht* (Aschrott, 1906 a: 3, e 1906 b: 54 e 55). Deste modo, o projecto de 1905 assegurava ao povo uma participação na administração da justiça penal "como em nenhum outro Estado civilizado existe" (*wie er in keinem Kulturstaat sonst besteht*, Johannes Nagler, 1909: 118, 127 a 136, mas críticos, Franz von Liszt, 1906: 10 a 20, 23 a 26, e Aschrott, 1908: 10 a 16, 19 a 24, quer no que toca à conformação dos tribunais de primeira instância e de segunda instância quer à delimitação do recurso de apelação). Também o projecto de um *Entwurf einer Strafprozessordnung und Novelle zum Gerichtsverfassungsgesetze*, apresentado três anos depois pelo *Reichsministerium der Justiz*, com base nos trabalhos da anterior comissão, previa a introdução de juízes leigos na *Strafkammer*, embora mantivesse o tribunal de júri com a sua composição clássica em face da oposição popular às propostas de alteração da sua composição (Reichsjustizministerium, 1908: 142 e 143, e, criticando, Wolfgang Mittermaier, 1909: 466 a 468, e Haeger, 1909: 597 e 598). Ambas as propostas de 1905 e 1908 previam a supressão do § 23, n. 3 da StPO,

A Jurisdição Penal Comum 455

Por outro lado, a incapacidade dos *Länder* para suportar os custos com a formação dos júris e "a urgência política" da consagração do recurso de apelação para a maioria dos crimes e delitos, como medida de reposição da confiança popular na justiça penal, constituíram factores poderosos no sentido da abolição do tribunal de júri e da concentração da quase totalidade da competência de primeira instância no juiz singular e nos tribunais de escabinos, com a salvaguarda de um amplo direito de apelação para a *Strafkammer*[1096] As necessidades da economia casavam-se aparentemente com a velha ambição política liberal da consagração de uma segunda instância em matéria de facto nos julgamentos das infracções mais graves. A reforma da composição e da competência do *Schwurgericht* não só permitia a resolução da incongruência intrínseca do sistema de recursos, que concedia mais garantias no recurso de decisões do *Schöffengericht* do que as consagradas nas causas sujeitas ao *Schwurgericht*,[1097] como sanava a insuficiência intrínseca do recurso de revista (*Revision*) para evitar o cometimento de erros judiciários, através da imposição indirecta do dever de motivação das decisões e do consequente controlo pelo *Reichgericht* dos vícios da motivação.[1098]

---

invocando a criação artificial de lugares de juízes nos pequenos *Landgerichte* resultante da aplicação da disposição e o carácter infundado da suposição do comprometimento do juiz que declarava aberta a fase de julgamento, sobretudo se conjugada com a proposta de abolição do controlo positivo de indícios suficientes para acusar (Reichsjustizministerium, 1908: 195). As excepções mais ilustres a esta corrente eram as do professor de Munique, Karl Birkmeyer, e do professor de Berlim, James Goldschmidt. O primeiro concluía explicitamente que o tribunal de escabinos não constituía uma melhor forma de participação popular e anulava mesmo esta participação (Karl Birkmeyer, 1898: 222 e 223). O segundo autor reiterava o juízo do primeiro noutros termos (*la preponderancia que los magistrados poseen en el escabinado, a consequencia de su posición oficial, sus conicimientos científicos y su experiencia práctica, no puede compensarse por los jueces populares*, James Goldschmidt, 1935: 78 e 79).

[1096] Eduard Kern, 1954 a: 161, e Thomas Vormbaum, 1988: 52 a 55, 97 a 99. A doutrina estava profundamente dividida sobre as várias propostas apresentadas desde o início do século para organização do novo tribunal de apelação (Hermann Ortloff, 1896: 30 e 31, e Otto Hipp, 1910, 74 a 83). Uma das mais conceituadas vozes contra a doutrina maioritária foi a de Graf zu Dohna, que criticou com severidade a proposta da organização do tribunal de apelação nos *Landgerichte*, colocando a questão fundamental da vantagem comparativa do acréscimo de mais um grau de jurisdição em relação à degradação da qualidade da justiça do primeiro grau de jurisdição ("É verdadeiramente o facto de que na mesma causa se pronuncie uma sentença duas vezes um bem tão grande que se lhe deva sacrificar a qualidade da primeira sentença?", *Ist wirklich die Tatsache, dass in derselben Sache zweimal ein Urteil ergeht, ein so grosses Gut, dass man ihm die Qualität des ersten Urteils sollte opfern dürfen ?*, Graf zu Dohna, 1911: 5 a 11).

[1097] Ernst Beling, 1894: 5 a 10, e Adolf Poppe, 1910: 28 a 32, 46 e 47, e a fundamentação do projecto de 1908 (Reichsjustizministerium, 1908: 146).

[1098] Jacob Goldschmidt, 1903: 8, Albert Hellwig, 1914: 94 a 99, Eduard Kern, 1954 a: 164, Eberhardt Schmidt, 1964: 314 e 315, Bundesministerium der Justiz, 1971: 31 e 32, Christof

456 A Reforma da Justiça Criminal em Portugal e na Europa

Tal como em Portugal se atacou a constitucionalidade das disposições do Decreto n. 13.255, também a constitucionalidade da reforma Emminger foi impugnada, devido ao afastamento pelo legislador ordinário da garantia do tribunal de júri, consagrada no artigo 104, n. 4, da Constituição de Weimar, tendo o *Reichsgericht* decidido, contra o parecer da doutrina, pela validade da nova lei.[1099] A maior eficácia das soluções consagradas, que justificou em parte este juízo, era, no entanto, muito duvidosa.

No trigésimo-quinto *Deutschen Juristentag*, em 1928, a reforma do processo penal foi objecto de discussão, tendo os dois relatores, Graf zu Dohna e Max Alsberg, criticado vivamente a reforma Emminger, pois a insuficiência do quadro de magistrados judiciais tornava impossível a formação do tribunal de escabinos alargado, com magistrados que não fizessem parte do *Landgericht*, pelo que os juízes das câmaras penais eram chamados a fazer parte dos *Schöffengerichte* recorridos, transformando o novo tribunal de escabinos alargado em uma "mentira oficial" (*offizielle Lüge*). A transferência de competência da *Strafkammer* para o tribunal de escabinos alargado redundava assim em uma troca de "uma boa instância por duas menos boas" (*eine gute Instanz gegen zwei minder gute*).[1100] Na prática, a lei nova tinha apenas alargado incomensuravelmente o âmbito da competência do juiz singular, que abrangia todas as transgressões, muitos delitos e até certos crimes puníveis com a pena de reclusão (*Zuchthaus*), com as consequências da discricionariedade do juiz na admissão dos meios de prova e da aplicabilidade do processo acelerado para julgamento destas infracções.[1101]

---

von Schledorn, 1997: 20 e 21, e Werner Sarstedt e Rainer Hamm, 1983 : 123. A verdade é que a prática dos tribunais se manteve muito deficiente, tendo mesmo sido sugerida, no projecto de revisão da StPO, apresentado por Max Alsberg, em 1930, a substituição do verbo *sollen* pelo verbo *müssen* na segunda frase do § 267 e o registo do conteúdo essencial das declarações das testemunhas também nos processos que não fossem julgados no *Amtsgericht* e no *Schöfffengericht*, com vista a obrigar o juiz à "exposição completa e exaustiva da valoração da prova" (*vollständige und erschopfende Wiedergabe der Beweiswürdigung*, Max Alsberg, 1930: 85) e a possibilitar o controlo amplo da motivação pelo *Reichsgericht* (Max Alsberg, 1930: 88, 97 e 98).

[1099] Friedrich Oetker, 1924: 342 a 344, Kronecker, 1925: 422 a 424 e 444, Robert von Hippel, 1924: 131, e, de um ponto de vista retrospectivo, Ingo Müller, 1980: 69, e Thomas Vormbaum, 1988: 76 e 77.

[1100] As expressões são de Graf zu Dohna (1928: 132 e 133), mas esta crítica era generalizada (Friedrich Oetker, 1924: 343, 385 e 386, Johannes Nagler, 1924: 429, Eugen Schiffer, 1928: 241, Max Alsberg, 1928: 457, e Hans-Joachim Simon, 1935: 27).

[1101] Com a nova competência criminal do juiz singular, a quase totalidade dos processos ficou sujeita ao princípio, anteriormente válido apenas para o *Schöffengericht*, da discricionariedade do juiz na admissão dos meios de prova presentes, mesmo naqueles processos em que, pela lei nova, não era admissível apelação (Robert von Hippel, 1924: 133 e 134, e 1941: 163, 174, 175

A *Jurisdição Penal Comum* 457

Por outro lado, a doutrina censurou a reforma por a transferência da competência entre os tribunais de primeira instância ter tido como efeito, ao nível dos tribunais superiores, uma transferência correspondente de competência do *Reichsgericht* para os *Oberlandesgerichte*, com a consequência da fragmentação da jurisprudência de última instância e o perigo para a unidade do direito.[1102]

A reforma não resistiu muito tempo. A *Dritte Verordnung des Reichspräsidenten zur Sicherung von Wirtschaft und Finanzen und zur Bekämpfung politischer Auschreitung*, de 6.10.1931, instituiu de novo a competência de primeira instância da *Strafkammer* nos "processos-monstros" (*Monstreprozesse*), isto é, em todos os que previsivelmente se prolongassem por mais de seis sessões diárias, subtraindo consequentemente estas causas ao recurso de apelação.[1103] Por outro lado, no "processo de acusação privada" (*Privatklageverfahren*) só era admitida interposição do recurso de apelação ou de revista. Estas disposições especiais foram no ano seguinte alargadas por Hindenburg a todos os crimes graves que pertenciam à competência do *Schöffengericht*, tornando dispensável a composição alargada deste tribunal. Assim, a *Verordnung des Reichspräsidenten über Massnahmen auf dem Gebiete der Rechtspflege und Verwaltung*, de 14.6.1932, aboliu o tribunal de escabinos alargado e repôs a competência de primeira instância da *Strafkammer*, com base na constatação da impraticabilidade e nos custos financeiros insuportáveis do sistema de apelação introduzido em 1924. A mais significativa inovação da reforma Emminger tinha sucumbido, com a circunstância agravante de a lei nova não ter reposto o direito anterior a 1924, mas antes ter mandado aplicar à audiência de julgamento na *grossen Strafkammer* as regras vigentes no *Schöffengericht* e ter introduzido um verdadeiro "direito de escolha" (*Wahlrecht*) entre o recurso de apelação e o de revista de todas as decisões finais do juiz singular e do *Schöffengericht*.

---

e 510, Friedrich Oetker, 1924: 350, Kronecker, 1925: 430, 431, 434 e 435, e Thomas Vormbaum, 1988: 103 e 106). Acresce que o âmbito de aplicação da forma de processo acelerado agora prevista no § 212 da StPO cresceu muito, incluindo todos os delitos e mesmo crimes graves, o que era especialmente censurável atenta a impossibilidade de o Ministério Público requerer nestes casos o julgamento por dois juízes e a faculdade de que dispunha de requerer a não participação dos juízes leigos, sem que ao juiz fossem concedidos meios de oposição à vontade do Ministério Público (Richard Honig, 1924: 140 a 142 e 152, Eduard Kern, 1924: 253, Friedrich Oetker, 1924: 351 a 353, Johannes Nagler, 1924: 420, e Graf zu Dohna, 1929: 241,).

[1102] Robert von Hippel, 1924: 137, e 1941: 165, Richard Honig, 1924: 143, Friedrich Oetker, 1924: 363 e 364, Johannes Nagler, 1924: 436, Kronecker, 1925: 436 e 437, Schorn, 1927: 615, Wilhelm Fischer, 1930: 75 e 76, Hans-Joachim Simon, 1935: 26, e Bruno Steuerlein, 1935: 59 e 60.

[1103] A doutrina criticou a inovação sem, contudo, concluir pela sua inconstitucionalidade (Nöldeke, 1932: 14 e 15).

458 *A Reforma da Justiça Criminal em Portugal e na Europa*

A reforma Emminger introduziu também duas outras inovações no direito alemão, que o direito português conheceria muitos anos mais tarde. Na sequência de anteriores projectos, o legislador alemão deu razão às vozes na doutrina que consideravam o funcionamento limitado do princípio da oportunidade como um instrumento fundamental de racionalização da perseguição penal pública, que devia ser conjugado com o alargamento do âmbito dos "delitos de acusação privada" (*Privatklagedelikte*).[1104] Acresce que a disposição, em certos casos previstos na lei, das regras de competência do tribunal pelo Ministério Público permitia a maximização daquele efeito racionalizador.[1105]

O funcionamento do tribunal de escabinos alargado dependia exclusivamente do juízo do Ministério Público sobre o âmbito e o significado do caso (*wenn die Zuziehung eines zweiten Amtsrichter, nach Umfang und Bedeutung*

[1104] A doutrina considerava que estas excepções ao princípio da legalidade só eram legítimas como meio de realização de fins de prevenção especial no sistema penal, implicando o abandono de sistemas punitivos retributivos ou assentes na prevenção geral (Drost, 1930: 165, 172 e 182), ou como meio de realização de uma justiça material, por contraste com um formalismo legal estrito, rejeitando peremptoriamente a sua legitimidade quando elas fossem instrumento de interferência da política na justiça (James Goldschmidt, 1935: 75 e 76). Contudo, a funcionalidade da justiça, a desproporção da despesa pública com a perseguição de bagatelas penais e o prejuízo decorrente da formação de "processos-monstros" foram também ponderados a favor da restrição do âmbito do princípio da legalidade (Eugen Schiffer, 1928: 216 a 224). Aschrott (1906 b: 77) e Wolfgang Mittermaier (1906 a: 158 a 160), seguindo as opiniões autorizadas de Carl Mittermaier (1856: 179) e Heinrich Zachariae (1868: 426), defendiam mesmo a consagração do princípio da oportunidade como a regra, limitada por algumas excepções fixadas pelo legislador, e o alargamento do âmbito da "acusação privada" como correctivo do funcionamento daquela regra. A restrição daquele princípio era advogada por Adickes (1908: 13 e 14).

[1105] A *Gesezt, betreffend Änderungen der GVG*, de 5.6.1905, que constituiu a primeira modificação significativa do sistema de competência dos tribunais instituído em 1877, alargou o elenco das infracções previstas no § 75 da GVG, nelas incluindo, designadamente, todos os delitos cometidos por jovens. As conclusões da comissão de 1903-1905 e o projecto de modificação da GVG de 1908, além de também alargarem o elenco dos crimes previstos no § 75 da GVG, já previam a possibilidade de determinação autónoma da competência do *Schöffengericht* pelo Ministério Público, pois a faculdade consagrada no § 75 da GVG tinha-se tornado "uma forma sem significado", tendo em conta que o *Landgericht* deferia sempre ao requerimento do Ministério Público para que a causa fosse julgada pelo *Schöffengericht* (Reichsjustizministerium, 1908: 169, Kronecker, 1925: 428, e Eduard Kern, 1927: 174). A motivação apresentada para este alargamento das possibilidades de remessa do processo da *Strafkammer* para o *Schöffengericht* foi a de se pretender sujeitar o julgamento de infracções muito frequentes e muito simples a um processo menos complexo e longo e a um tribunal mais pequeno. Nenhum dos projectos atribuía ao *Amtsrichter* a faculdade de sindicar o juízo do Ministério Público sobre a pena esperada com vista a indeferir liminarmente a acusação, mas ambos admitiam que ele aplicasse na audiência uma pena superior à esperada pelo acusador (Aschrot, 1906 a: 5 e 6, e Reichsjustizministerium, 1908: 6, 150, 168 a 171).

der Sache notwendig erscheint, § 10 da *Verordnung* de 4.1.1924), o que mereceu a crítica veemente de alguma doutrina.[1106] Do mesmo modo, o Ministério Público determinava a competência do juiz singular quando no seu entendimento os delitos não devessem ser punidos com pena superior a um ano de prisão (*wenn zu erwarten ist, dass auf eine schwerere Strafe als Gefängnis von höchtens einem Jahre, allein oder in Verbindung mit anderen Strafen oder mit Nebenfolgen, erkannt werden wird,* § 8 da *Verordnung* de 4.1.1924) e mesmo quando fossem imputados os crimes de furto qualificado e de burla e crimes que só fossem como tal qualificados devido à circunstância da reincidência.[1107] O princípio da determinação concreta da competência do tribunal foi posteriormente muito ampliado, sob o signo da "ditadura da pobreza" (*Diktatur der Armut*), na expressão conhecida de Schlegelberger,[1108] primeiro pela *Dritte Verordnung* de 6.10.1931 e depois pela *Verordnung* de 14.6.1932, que previam, respectivamente, o alargamento da competência da *grossen Strafkammer* aos crimes da competência do *Amtsgericht*, que previsivelmente fossem julgados

---

[1106] Robert von Hippel, 1924: 135, Friedrich Oetker, 1924: 358, Johannes Nagler, 1924: 416, Eduard Kern, 1927: 174, 175 e 184, Graf zu Dohna, 1928: 150, Karl Doerr, 1931: 59 e 60, Bruno Steuerlein, 1935: 59, e Ernst Beling, 1943: 43, 299 a 301.

[1107] Uma disposição semelhante foi pela primeira vez consagrada pelo § 3 da *Verordnung zur Entlastung der Strafgerichte,* de 7.10.1915 (*wenn keine schwerere Strafe als Gefägnis von sechs Monaten oder Geldstrafe von eintausendfünfhundert Mark, allein oder in Verbindung miteinander oder mit Nebenstrafen, und keine höhere Busse als eintausendfünfhundert Mark zu erwarten ist*), com duas diferenças fundamentais. A primeira diferença era a de que a faculdade de escolha do Ministério Público era em 1915 entre o *Schöffengericht* e a *Strafkammer* e em 1924 era entre o *Schöffengericht* e o *Amtsrichter* e a segunda era a de que no texto da Lei de 1915 se dispunha que este regime era transitório (mas já a favor da consagração deste regime em uma lei permanente, Beling, 1916: 264 e 265). Com a publicação da *Gesetz zur Vereinfachung der Strafrechtspflege,* de 21.10.1917, que revogou o diploma de 1915 e modificou a redacção do § 29 da GVG, foi de novo consagrada a solução de 1915, mas ainda então o legislador determinou expressamente que a nova Lei deixaria de vigorar um ano depois do fim da guerra em curso. Esta lei manteve-se em vigor até à publicação da *Gesetz zur Entlastung der Gerichte,* de 11.3.1921, que voltou a modificar o teor do § 29 da GVG. O n. 5 do artigo I da referida lei inovou, pois já não condicionava o juízo do Ministério Público de determinação concreta da competência do tribunal a qualquer previsão sobre a pena esperada. Com base neste modelo, o diploma de 1924 concedeu um poder ao Ministério Público como "nenhuma outra legislação de um povo civilizado tinha concedido", o que foi objecto da crítica da doutrina (*Eine solche Macht hat wohl nie die Gesetzgebung eines Kulturvolkes der StAschaft und damit der Justizverwaltung eingeräumt,* Kronecker, 1925: 436, Friedrich Oetker, 1924: 361 e 362, Johannes Nagler, 1924: 414 e 415, Schorn, 1927: 609 a 614, Eduard Kern, 1927: 176 e 177, Robert von Hippel, 1941: 178 e 179, 248).

[1108] Wolf-Peter Koch, 1972: 15. Esta expressão representava, como adverte este autor, um dos argumentos mais frequentemente invocados na discussão política e doutrinária em torno dos novos diplomas, o que relacionava a reforma do processo penal com a necessidade imperiosa da diminuição dos gastos públicos.

em mais do que seis sessões, e a todos os crimes da competência do *Schöffengericht* quando o Ministério Público assim o entendesse em face do âmbito e do significado do caso (§ 1 do capítulo I da parte sexta da *Dritte Verordnung* de 6.10.1931, que foi revogado precisamente pelo § 1, ns. 2 e 3 da *Verordnung* de 14.6.1932).[1109] Deste modo, da decisão do Ministério Público podia depender não apenas a atribuição de competência a um tribunal inferior para julgar casos da competência originária de um tribunal superior, como até então, mas também a atribuição de competência a um tribunal superior para julgar casos de competência originária de um tribunal inferior.

A outra inovação, também ela muito contestada, da reforma Emminger foi a da consagração de excepções ao princípio da legalidade, quer no que toca às transgressões e aos delitos praticados com culpa diminuta e com consequências insignificantes (*wenn die Schuld des Täters gering ist und die Folgen der Tat unbedeutend sind*, § 23 da *Verordnung* de 4.1.1924),[1110] quer no que respeita a factos relacionados com outros pelos quais o arguido já tivesse sido condenado ou pudesse vir a ser condenado (*wenn die Strafe, zu der die Verfolgung führen kann, neben einer Strafe, zu der der Beschuldigte wegen einer anderen Tat rechtskräftig verurteilt worden ist, oder die er wegen einer anderen Tat zu erwarten hat, nicht ins Gewicht fällt*, § 24 da *Verordnung* de 4.1.1924).[1111] Estas excepções foram ainda alargadas pela *Verordnung* de Hindenburg de 6.10.1931, que sujeitou a perseguição de transgressões à existência de um interesse público (*wenn es das öffentliche Interesse erfordert*, § 2 (1) do cap. I da sexta parte) e a de delitos à resolução das questões prejudiciais dentro de um determinado prazo fixado pelo Ministério Público.[1112]

[1109] Embora favorável à reposição da competência da *Strafkammer*, Siegert (1933: 42 e 45) criticou o alargamento pela *Verordnung* de 14.6.1932 da faculdade de determinação concreta da competência do tribunal pelo Ministério Público, bem como a aplicação das disposições do processo acelerado na audiência diante da *Strafkammer*, que resultava da remissão do regime da audiência desta para as regras da audiência no *Schöffengericht*. Em defesa da amplitude da faculdade do Ministério Público reconhecida pela referida *Verordnung* pronunciou-se Wilhelm Töwe (1935 b: 17 e 18).

[1110] A favor da inovação do regime das transgressões, Johannes Nagler, 1924: 425, mas contra, Robert von Hippel, 1924: 138, Richard Honig, 1924: 139, e Adolf Lobe, 1928: 42 e 43. Este último autor defendeu, no entanto, o novo regime dos delitos, ainda que sugerindo a abolição da concordância do juiz. Ao invés, Kronecker (1925: 446 a 448) pronunciou-se globalmente a favor do novo regime, embora defendendo uma maior protecção do ofendido através do reconhecimento de uma "acusação privada subsidiária" (*subsidiäre Privatklage*).

[1111] Esta inovação era especialmente importante para pôr cobro aos "processos-monstros" (Robert von Hippel, 1935: 244)

[1112] Acresce que, se em 1924 já se tinha admitido que o Ministério Público e o tribunal, com o acordo do Ministério Público, arquivassem os processos por delitos com culpa diminuta

A forte conflitualidade social e política e a crise grave da justiça na República de Weimar[1113] tinham finalmente levado o legislador a consagrar soluções radicalmente novas, em que se perspectivava já um novo paradigma judiciário. Contudo, a reforma Emminger ficou aquém das propostas doutrinárias e dos projectos elaborados nos últimos vinte anos.

A discussão científica sobre o problema da reforma do processo penal no início do século XX centrava-se no processo preparatório. Se os legisladores do século anterior tinham procedido a uma revisão substancial do direito aplicável na fase de julgamento, os códigos aprovados mantinham, no entanto, o carácter fortemente inquisitorial do processo preparatório, tendo-se tornado um imperativo de política criminal a modificação das disposições que regiam o processo preparatório. Os esforços dogmáticos de libertação do processo penal dos resquícios do processo inquisitorial e de realização consequente do princípio de acusação tiveram o seu ponto culminante no *Entwurf eines Gesetzes über den Rechtsgang in Strafsachen* e no *Entwurf eines Gesetzes zur Änderung des GVG*, elaborados por James Goldschmidt em 1919 e apresentados pelo ministro Eugen Schiffer no ano seguinte no *Reichstag*.[1114]

---

e consequências insignificantes, em 1931, admitiu-se também que o tribunal, sem necessidade do acordo das partes, arquivasse os processos naquelas circunstâncias quando tivesse sido deduzida acusação particular, tudo com vista à diminuição das queixas de injúria, que representavam a maior parte das "acusações particulares" e cerca de 25 a 30 % de todas as queixas (Nöldeke, 1932: 18). Contudo, o volume dos arquivamentos foi de tal modo elevado depois da entrada em vigor desta *Verordnung* que se falou mesmo de uma "denegação de justiça" (*Rechtsverweigerung*, Kohlrausch, 1938: 540, mas pronunciando-se favoravelmente, Hellmuth Mayer, 1934: 317, e Eugen Schiffer, 1949: 155). Por outro lado, com vista a diminuir a perseguição das transgressões, as administrações dos *Länder* definiram os casos de interesse público, devendo nos restantes a polícia apenas admoestar oralmente os transgressores no local do cometimento da transgressão (Robert Nebinger, 1943: 63 e 64, 99 e 100).

[1113] A crise revelava-se não apenas na produção legislativa excessiva, no crescimento descontrolado da pendência processual e na dimensão insustentável da despesa pública com a justiça, mas também no crescente descrédito da justiça e nas tentativas de restrição da independência e da inamovibilidade dos juízes (Eugen Schiffer, 1928: 89 a 97, e 1949: 9 a 13, Eduard Kern, 1954 a: 186 e 187, e Albrecht Wagner, 1959: 72 a 75). Acrescia a estas dificuldades a luta política aberta entre os partidos "conformes com o Estado" (*staatsbejahende Parteien*) e os partidos "inimigos do Estado" (*staatsfeindliche Parteien*), que se degladiavam em uma "luta extraordinariamente viva de mundividências" (*ein ausserordentlich lebhafter Weltanschauungskampf*), constituindo para estes partidos a República "apenas um cómodo campo de batalha, cujas regras eles utilizavam, porque também elas prometiam sucesso", mas com um objectivo que se encontrava "para além da República" (*ein bequemes Kampffeld, dessen Regeln sie anwandten, weil auch sie Erfolg versprachen... Das Ziel der staatsfeindlichen Parteien lag immer jenseits der Republik*, Alfred Schweder, 1937: 89 a 97 e 103).

[1114] James Goldschmidt, 1919: 4, Eduard Kern, 1954 a: 153 e 154, e Thomas Vormbaum,

462 A Reforma da Justiça Criminal em Portugal e na Europa

O reflexo principal desta nova filosofia consistiu no reforço dos poderes do Ministério Público na fase preparatória do processo penal, caracterizado, por um lado, pela direcção da instrução pelo Ministério Público [1115] e pela consequente abolição da "instrução judicial prévia" (*gerichtliche Voruntersuchung*)[1116] e restrição do "processo intermédio" (*Zwischenver-*

1988: 48. Este autor considera mesmo que o projecto de 1919 constituiu o precedente histórico da *Verordnung* de 4.1.1924.

[1115] O princípio estava consignado expressamente no § 183 do projecto de 1919 e era o "ponto forte de toda a reforma" (*Schwerpunkt der ganzen Reform*, James Goldschmidt, 1919: 12). O Ministério Público podia convocar e deter testemunhas para inquirição, mas não podia ajuramentar nem condenar em pena de prisão a testemunha faltosa ou que se recusasse a prestar declarações (§§ 74 e 77 do projecto). O Ministério Público dirigia efectivamente a polícia e não podia delegar genericamente na polícia a realização da investigação (§ 188 do projecto). O juiz praticava todos os actos atinentes à autorização das restrições de direitos fundamentais durante a fase preparatória do processo (§§ 100, 101, 102, 110, 115, 122, 124, 129 do projecto), sindicava os actos do Ministério Público impugnados pelo arguido (§ 193 do projecto) e dirigia a produção da prova somente quando ela devesse ter relevância processual na audiência de julgamento (§ 192 do projecto). Ainda assim, alguma doutrina teve dúvidas sobre a eficácia da perseguição penal nos termos do projecto, exigindo mesmo que fossem atribuídos ao Ministério Público todos os poderes do juiz de instrução, com a excepção da determinação da prisão preventiva, do internamento ou do exame físico do arguido (Preiser, 1920: 388 a 392).

[1116] Contra o parecer da comissão de 1903-1905 e o projecto de 1908, que propunham o alargamento do âmbito da instrução judicial prévia, embora sugerissem também um reforço substancial dos direitos de intervenção do arguido e a equiparação da sua posição processual à do Ministério Público nesta fase processual (Aschrott, 1906 a: 19 e 20, Reichsjustizministerium, 1908: 58, 62, 156, Karl von Lilienthal, 1906: 398 a 413, 422 a 424, e Johannes Nagler, 1909: 146 e 147, 186 a 188), o projecto de 1919 fundamentava a necessidade de abolição da instrução judicial prévia em três argumentos essenciais. A repetição inútil de diligências na instrução judicial causava um desperdício de tempo enorme aos funcionários e às testemunhas, o atraso do processo e o prolongamento da prisão preventiva. Por outro lado, o órgão acusador não interferia na produção da prova na instrução judicial, sendo certo que ela devia influenciar a sua decisão de manutenção da acusação no final da instrução. Por fim, esta prova produzida diante de um juiz tinha habitualmente uma repercussão prática ulterior considerável, não obstante a falta de imparcialidade característica do juiz instrutor e as condições em que ela tinha sido produzida (Reichsjustizministerium, 1920: 11 e 12). A proposta de abolição da instrução judicial prévia era há muito defendida pela doutrina maioritária (von Kries, 1892: 279 e 487, Hermann Ortloff, 1896: 42 a 45, Wolfgang Mittermaier, 1905: 34 a 37, abandonando a sua anterior posição, 1897: 204 a 206, 215 a 221, Franz von Liszt, 1906: 30 a 33, Aschrott, 1906 b: 90, e 1908: 50 a 53, Karl von Lilienthal, 1906: 409 e 410, Adickes, 1908: 19, e James Goldschmidt, 1919: 15 a 19, e, depois do projecto, Kronecker, 1925: 448 e 449, Max Grunhüt, 1927: 20, e Erich Berndt, 1931: 730 a 742, mas contra Robert von Hippel, 1920 a: 28 a 30, e 1920 b: 347 a 349, a resposta de James Goldschmidt, 1920: 594 a 596, e a réplica de Robert von Hippel, 1920 c: 760 e 761). Além dos argumentos invocados na fundamentação do projecto de 1919, a doutrina criticava a circunstância de na instrução judicial o juiz se assemelhar a um "mero mandatário do Ministério Público" (*blosser Mandatar des Staatsanwalts*, Graf zu Dohna, 1929: 145, 146 e 195), sendo os resultados finais da actividade

fahren)[1117] e, por outro, pela limitação do princípio da legalidade.[1118] Contudo, este reforço da posição processual do Ministério Público era contrabalançado

---

instrutória judicial submetidos a este magistrado, mantendo ele o direito de consulta dos autos e de requisição de diligências e mesmo dependendo a libertação do arguido pelo juiz de instrução do acordo do magistrado do Ministério Público (§§ 197, 196 e 124 da StPO). Por outro lado, a desigualdade material entre o Ministério Público e a defesa na instrução judicial também era objecto da crítica da doutrina, pois o Ministério Público não podia ser impedido de conhecer os autos e de participar nas diligências de prova, ao invés da defesa (§ 147 da StPO), sendo certo que nem mesmo se admitia o direito de comunicação livre entre o arguido preso e o defensor.

[1117] O projecto de 1919 foi mais longe do que as anteriores propostas legislativas da comissão de 1903-1905 e do projecto de 1908. No parecer impunha-se o controlo negativo dos indícios suficientes para acusar pelo *Amtsrichter*, pelo presidente do *Schöffengericht* ou, quando fosse deduzida oposição à acusação pelo arguido ou o juiz presidente tivesse dúvidas, pelo próprio tribunal, que decidia em audiência com as partes (Aschrott, 1906 a: 23), e no projecto de 1908 determinava-se, em regra, o controlo negativo dos indícios pelo tribunal de julgamento e, nos processos do *Reichsgericht* e do *Schwurgericht*, a realização de uma "audiência prévia" (*Vorverhandlung*) no tribunal de julgamento para esse efeito quando o arguido acusado o requeresse ou o juiz presidente ou o tribunal o determinassem e, nos processos da *Strafkammer*, somente quando o presidente ou o tribunal o ordenassem, sendo abolida a decisão sobre a verificação desses indícios quando nem o arguido nem o juiz presidente suscitassem essa questão (Reichsjustizministerium, 1908: 65, 156, 157 e 271, e, pronunciando-se favoravelmente, Karl von Lilienthal, 1906: 420, e Johannes Nagler, 1909: 192 e 193). Ao invés, o projecto de 1919 previa, nos processos do tribunal de júri e do *Reichsgericht*, a realização de uma "audiência prévia" diante do *Amtsrichter* ou do presidente do *Reichsgericht*. A audiência tinha lugar a pedido do arguido acusado ou por iniciativa do tribunal e nela o arguido deduzia as suas excepções e apresentava a sua defesa e o tribunal realizava as diligências de provas necessárias para infirmar a acusação. O controlo dos indícios pelo tribunal justificava-se nestes processos e nestes casos por não ser admissível o recurso de apelação, mas esse controlo devia ser realizado por um juiz distinto do de julgamento, de modo a evitar que o tribunal de julgamento fosse influenciado pela prova do processo preparatório (James Goldschmidt, 1919: 24 e 25). Nos restantes processos, com a excepção das "causas de acusação pessoal" (*Eigenklagesachen*), era proferida uma decisão interlocutória sobre a acusação que apreciava apenas se o facto era punível e ainda podia ser perseguido, não se justificando um controlo dos indícios pelo tribunal em face da obrigatoriedade da "audiência final" (*Schlusstermin*) no processo preparatório e da admissibilidade da apelação da decisão final. Uma terceira discussão sobre a matéria de facto seria inútil, de acordo com a fundamentação ministerial (Reichsjustizministerium, 1920:20), que acolhia teses já anteriormente defendidas na doutrina (Julius Glaser, 1867: 234 a 237 e 244, Wolfgang Mittermaier, 1905: 34, abandonando a sua anterior posição, 1897: 200 a 202, Franz von Liszt, 1906: 33 e 34, Aschrott, 1906 b: 96 a 98, e Karl von Lilienthal, 1906: 423 e 424, mas contra Robert von Hippel, 1920 a: 31 e 32, e 1920 b: 350 a 352). Nas causas particulares, o juiz tinha os mesmos poderes de controlo positivo da acusação característicos das causas do tribunal de júri, uma vez que nestas causas não havia processo preparatório e, portanto, não tinha lugar a "audiência final". Posteriormente à apresentação do projecto, o ministro Eugen Schiffer pronunciou-se mesmo pela abolição do despacho judicial de abertura da fase de julgamento, desvalorizando a sua função garantística (Eugen Schiffer, 1928: 229 a 231).

[1118] A comissão de 1903-1905 já tinha concluído pela necessidade de um alargamento do âmbito do princípio da oportunidade nos processos de transgressões e nos de delitos puníveis

464 *A Reforma da Justiça Criminal em Portugal e na Europa*

por uma maior contraditoriedade no processo preparatório e, designadamente, na sua fase final, de modo a salvaguardar efectivamente a posição processual do arguido e a impedir que o Ministério Público deduzisse acusação sem conhecer a defesa do arguido.[1119]

A conformação da competência investigatória do Ministério Público como a de uma parte processual verdadeiramente autónoma do juiz tinha como reverso um aperfeiçoamento dos princípios da acusação e da imediação na audiência de julgamento. Por um lado, a prova produzida diante do Ministério Público na fase preparatória do processo não devia contaminar, por qualquer modo que fosse, a

---

com prisão simples (*Haft*) ou multa até determinada quantia, nos processos relativos aos "delitos de acusação privada" (*Privatklagedelikten*) e em todos os processos por infracções cometidas por jovens menores de quatorze anos (Aschrott, 1906 a: 18, e, muito crítico, Aschrott, 1908: 33 a 36, 44 e 45, e Johannes Nagler, 1909: 170 a 172). O projecto de 1908 consagrava excepções de idêntica natureza e ainda três outras excepções ao princípio da legalidade, a não perseguição de facto criminoso de que resultaria um aumento insignificante da pena já aplicada ou a aplicar ao arguido em um outro processo, a prática simultânea do facto criminoso no estrangeiro e no território nacional, sem que tivessem sido violados bens jurídicos nacionais, e o impedimento inafastável em tempo útil do suspeito (Reichsjustizministerium, 1908: 54, 152, 154, 252 e 253). O projecto de 1919 foi ainda mais longe, proibindo mesmo a perseguição das transgressões quando a culpa do agente fosse pequena e as consequências do facto insignificantes, facultando, no entanto, ao *Eigenkläger* a dedução de acusação em caso de abstenção pelo Ministério Público. A fundamentação do projecto apontava esta como a única solução racional na sociedade moderna, pois nela tornava-se impossível perseguir todas as bagatelas e era necessário fixar regras para que o Ministério Público procedesse ao arquivamento sem favoritismo (Reichsjustizministerium, 1920: 17 e 18, mas contra Robert von Hippel, 1920 b: 330 e 331, e Preiser, 1920: 383 e 384, com o argumento de que o fim da prevenção geral ficava prejudicado e o direito penal das transgressões tornava-se "em boa parte ilusório"). Também se previam as excepções propostas em 1908 atinentes a factos cometidos no estrangeiro e no território nacional e a impedimentos permanentes na pessoa do arguido, mas neste caso introduziu-se a obrigatoriedade do consentimento do juiz, de modo a obviar à suspeita de favorecimento arbitrário pelo Ministério Público. Por outro lado, o projecto facilitava a tutela das decisões do Ministério Público no âmbito dos ilícitos sujeitos ao princípio da legalidade, abolindo a fase administrativa do "processo para compelir a acusação" (*Klageerzwingungsverfahren*) e atribuindo ao tribunal de julgamento competente a faculdade de sindicar o arquivamento determinado pelo Ministério Público (contra Robert von Hippel, 1920 b: 331, e Preiser, 1920: 380 e 381).

[1119] O projecto de 1919 previa um interrogatório obrigatório do arguido no final do processo de investigação do Ministério Público, em que se revelava toda a prova carreada contra o arguido e se ouvia a sua defesa, constituindo esta solução uma forma de realização do contraditório alternativa à instrução judicial prévia (James Goldschmidt, 1919: 24). Esta proposta já tinha sido feita pela comissão de 1903-1905, com o apoio da doutrina (Franz von Liszt, 1906: 35 e 36, Aschrott, 1906 a: 19, 1906 b: 89, e 1908: 67 a 70, Karl von Lilienthal, 1906: 397 e 398, e Johannes Nagler, 1909: 166 e 167), e pelo projecto de 1908 (Reichsjustizministerium, 1908: 65, 156 e 270).

A *Jurisdição Penal Comum* 465

prova da audiência[1120] e, por outro, o juiz não devia dispor da produção da prova na audiência, mas antes as partes deviam conduzi-la, reservando-se ao juiz uma função complementar e correctiva dessa actividade das partes.[1121]

[1120] A audiência de julgamento consistia, na prática corrente, "na apresentação do conteúdo dos autos realizados durante o processo preparatório inquisitório" (*in der Vorführung des in dem inquisitorischen Vorverfahren aufgenommenen Akteninhalts*, James Goldschmidt, 1919: 14), o que "transformou a audiência em uma pura comédia e transferiu o peso principal para o processo preparatório" (*So werde die Hauptverhandlung zu einer reinen Komödie gemacht und das Hauptgewicht in die Voruntersuchung verlegt*, James Goldschmidt, 1919: 14, e, já anteriormente, Stenglein e von Liszt, em termos igualmente impressivos, o primeiro censurando os "julgamentos superficiais, deficientemente motivados, previamente esboçados por uma estagiário de acordo com os autos, estes são os resultados desse trabalho de Luca fa presto" – *oberflächliche Urteile, mangelhaft motiviert, von einem Referendar im voraus nach den Akten entworfen, nach der Sitzung durchkorrigiert wie eine Schülerarbeit, das sind die Resultate jener Luca fa presto Arbeit*, Stenglein, 1894: 12 – e castigando Franz von Liszt "este contínuo recurso aos autos, esta colagem aos resultados do processo preparatório é o cancro da nossa actual audiência de julgamento" – *Dieses stete Zurückgreifen auf die Protokolle, dieses Kleben an den Ergebnissen des Vorverfahrens ist der Krebschaden unserer heutigen Hauptverhandlung*, Franz von Liszt, 1906: 36). A solução radical do § 236 do projecto, que proibia a confrontação do arguido com as suas anteriores declarações quando ele se recusasse a falar na audiência bem como a inquirição de testemunhas que tivessem procedido ao interrogatório do arguido e só permitia aquela confrontação quando o arguido tomasse a palavra na audiência e negasse factos admitidos nas anteriores declarações ou contradissesse essas declarações, contrariava frontalmente a proposta da comissão de 1903-1905 de leitura das declarações prestadas pelo arguido ao Ministério Público (Aschrott, 1906 a: 29) e concitou a rejeição da doutrina (Robert von Hippel, 1920 b: 354 a 356, Alsberg, 1928: 446, Dohna, 1928: 136, e Herbert Engelhard, 1930: 198 a 200, mas a favor de uma solução ainda mais radical, que vedava a apresentação do processo preparatório ao juiz de julgamento, ficando aqueles autos com o Ministério Público, com excepção das diligências de prova judicial antecipada, Wolfgang Mittermaier, 1905: 39, Franz von Liszt, 1906: 37, e Friedrich Stein, 1907: 82). Se esta nova regulamentação garantia plenamente o respeito pelo direito ao silêncio do arguido, as soluções dos §§ 247 e 241 relativas ao depoimento prévio de testemunhas e peritos não se afastavam do direito positivo. Em conjugação com estas soluções, o projecto resolvia dois outros problemas fundamentais relativos à concretização do princípio da imediação: por um lado, restringia a discricionariedade do tribunal na apreciação dos requerimentos de produção de meios de prova não presentes na audiência, enumerando os fundamentos de indeferimento entretanto reconhecidos na jurisprudência do *Reichsgericht*, com a ressalva das causas de transgressões e das *Eigenklagesachen*, em que se mantinha a discricionariedade do tribunal, e, por outro lado, impunha a aplicação ilimitada na audiência do tribunal de apelação das regras de produção de prova válidas no tribunal de primeira instância, suprimindo a solução muito criticada do § 325 da StPO.

[1121] Nos termos da fundamentação do *Reichsjustizministerium* (1920: 22 e 23), a solução consagrada no § 240 do projecto tinha natureza compromissória, indo além do preceito do § 238 da StPO, na medida em que não fazia depender o "interrogatório cruzado" do acordo das partes, mas ficando aquém desta disposição, pois só permitia a inquirição das testemunhas pela parte apresentante, de modo a evitar os excessos de um verdadeiro "interrogatório cruzado". O projecto rejeitava deste modo a solução conformista da comissão de 1903-1905, que apenas previa a abo-

466   A Reforma da Justiça Criminal em Portugal e na Europa

Acresce que estas propostas de reforma da audiência de julgamento se conjugavam na literatura do início do século vinte com a defesa intransigente da introdução da "assistência judiciária social" (*soziale Gerichtshilfe*), que constituía um serviço público prestado por assistentes sociais ao tribunal com vista à recolha de elementos sobre a "imagem social do acusado" (*das soziale Bild des Beschuldigten*), isto é, sobre a vida familiar e profissional e as relações sociais do arguido. Estes elementos deveriam ser submetidos ao contraditório e valorados pelo tribunal, constituindo a base de uma decisão sobre a escolha e a determinação da medida da pena mais adequada à personalidade do arguido.[1122] Deste modo, a reforma da audiência de julgamento não estava apenas associada a uma maior imparcialidade do tribunal, mas também a uma transformação social do próprio paradigma judiciário, que só mais tarde vingaria.

O novo governo nomeado por Hindenburg no final de Janeiro de 1933 iria, contudo, tirar proveito de algumas destas soluções em nome de um projecto político totalitário.[1123] Ao invés, o legislador português procurou depois de 1926

---

lição do "interrogatório cruzado" (Aschrott, 1906 a: 28). A inovação introduzida, que suscitou opiniões desencontradas na doutrina (a favor, Preiser, 1920: 393 e 394, e contra, Robert von Hippel, 1920 b: 357 e 358, Herbert Engelhardt, 1930: 200 a 206, e Georg Dahm, 1932: 598 e 599) e foi reiterada no projecto de reforma da StPO, apresentada em 1930 por Max Alsberg (1930: 75 e 76), fundava-se na convicção do autor do projecto de que a produção da prova pelo juiz dificultava e, quando conjugada com o conhecimento prévio do processo preparatório, impossibilitava mesmo um julgamento imparcial da causa (*Es ist schwer für einen Vorsitzender, der die Beweise aufnimmt, seine Unparteilichkeit zu wahren. Geschieht es auf Grund seiner Kenntnis der Akten des Vorverfahrens, so ist es unmöglich*, James Goldschmidt, 1919: 28).

[1122] A delimitação do âmbito da competência e a atribuição de direitos de coacção ao "assistente judiciário" (*Gerichtshelfer*), a sua posição processual em relação ao tribunal e ao Ministério Público, o valor da prova por ele carreada para a audiência de julgamento e a protecção da intimidade do arguido representavam alguns dos problemas dogmáticos colocados por esta inovação, que suscitaram na doutrina uma discussão intensa (Fritz Hartung, 1930: 218 a 228, Werner Gentz, 1930: 242 a 247, Charlotte Meyer, 1930: 248 e 249, Eduard Kern, 1931: 424 a 432, e Georg Dahm, 1932: 608 a 611). Embora tenham fracassado as tentativas de consagração legal da instituição a nível nacional, os ensaios locais realizados nos *Länder* de Hamburgo e Berlim tiveram sucesso (Eduard Kern, 1931: 399 a 401, e Wilfried Bottke, 1981: 63 e 77).

[1123] A doutrina antecipou claramente o perigo que representava para a democracia o constante recuo dos direitos reconhecidos pela lei ao arguido (*Für den einzelnen ist die Grundlage seiner Staatsbejahung die Achtung, die er sich und seine Rechten von dem Staat entgegen gebracht sieht. Sollte die Demokratie das vergessen, so würde sie selbst den Boden untergraben, der sie trägt*, Drost, 1930: 229). Também Eberhardt Schmidt que defendia a necessidade da reforma da justiça penal de acordo com o moto "direito penal social, direito processual liberal", advertiu para os perigos decorrentes da recusa e mesmo da obstrução da reforma pelo partido nacional-socialista (Eberhardt Schmidt, 1931: 15 a 19).

A Jurisdição Penal Comum

467

manter o modelo judiciário francês, embora com adaptações às necessidades do novo governo revolucionário.

2. O Código de Processo Penal (1929) e a legislação processual penal especial

O Código de Processo Penal de 1929 foi antecedido pela aprovação de um outro no ano anterior. Os diplomas têm a mesma estrutura e consagram as mesmas opções fundamentais, só pontualmente tendo o legislador alterado em 1929 o disposto no diploma antecedente.[1124]

Na primeira instância a competência criminal dividia-se entre os tribunais colectivos, o tribunal de júri, os juízes de direito, os juízes criminais especiais, nas comarcas em que fossem criados, e os juízes de transgressões, nas comarcas de Lisboa e do Porto, mantendo o código os termos da distribuição da competência definidos no Estatuto Judiciário.

O legislador manteve igualmente as cinco formas de processo comuns consagradas no direito anterior, mas definiu o respectivo âmbito de um modo diferente, utilizando para o efeito três critérios distintos: um critério relacionado com a gravidade da pena abstracta do crime, um outro relacionado com a natureza da infracção e ainda um terceiro, misto daqueles dois anteriores.

O primeiro critério valia para a delimitação do âmbito do processo de querela, em que se julgavam os crimes puníveis com pena maior ou com pena de demissão, do processo correccional, em que se julgavam os crimes puníveis, entre outras, com a pena de prisão correccional superior a seis meses e a pena de multa superior a 5.000$00, e do processo de polícia correccional, em que se julgavam os crimes puníveis, entre outras, com as penas de prisão correccional até seis meses ou multa até 5.000$00.

[1124] Em 1928, Manuel Rodrigues Juniór, então ministro da justiça, solicitou a elaboração de um código de processo penal a Francisco Henriques Góis, ajudante do procurador-geral da República e, mais tarde, ele também procurador-geral, que o apresentou no prazo concedido, sendo o projecto revisto por uma comissão. O ministro fez ainda publicar o diploma pelo Decreto n. 15.396, de 10.4.1928, cuja entrada em vigor foi, no entanto, adiada pelo seu sucessor, José Silva Monteiro. O novo titular da pasta nomeou uma segunda comissão, composta pelo Professor Beleza dos Santos, pelo autor do projecto e pelo juiz de direito Avelino Júlio Pereira, com vista à revisão do diploma de 1928. É o fruto do trabalho desta segunda comissão que constitui o diploma aprovado pelo Decreto n. 16.489, de 15.2.1929. No texto será feita menção de todas as disposições do diploma de 1928 relevantes para o objecto do estudo alteradas pelo código de 1929.

468   *A Reforma da Justiça Criminal em Portugal e na Europa*

O segundo critério valia para a delimitação do objecto do processo de transgressões, em que se julgavam todas as contravenções e transgressões de posturas, independentemente da medida da pena aplicável à infracção.[1125]

O terceiro critério valia para a definição do âmbito do processo sumário, em que se julgavam todos os presos em flagrante delito pela prática de infracções que pudessem ser conhecidas em processo de polícia correccional ou em processo de transgressões,[1126] com o limite de à infracção não ser aplicável pena de prisão, multa ou desterro superior a seis meses.[1127]

O legislador consagrou seis formas de processo especiais e ressalvou especificamente a vigência de quatro outras: o processo para julgamento de infracções de responsabilidade ministerial,[1128] o processo para julgamento de infracções de abuso de liberdade de imprensa,[1129] o processo para julgamento

---

[1125] A não previsão do processo de querela para julgamento das infracções puníveis com as penas de multa mais graves constituía uma ruptura de enorme repercussão prática com o direito anterior, que previa o julgamento em processo ordinário das contravenções e transgressões que fossem puníveis com multa superior a 1.000$00. José Mourisca criticou a duplicidade de critérios do legislador na determinação do âmbito do processo de transgressões, consagrando um critério ligado à natureza da infracção que desprezava a pena aplicável, ao invés do disposto no artigo 3 da Lei n. 300, o que o autor comentava deste modo: "pois o dinheiro com que se paga a multa pelas contravenções ou transgressões não vale menos que aquele com que se paga a multa pelo cometimento dos crimes. A prisão imposta nos processos de contravenções ou transgressões não é cumprida em lugar diferente" (José Mourisca, 1931: 272). Também Luís Osório (1932 b: 27) censurou a inobservância pelo legislador do critério da gravidade da pena aplicável na delimitação do âmbito do processo de transgressões. Em defesa da solução legislativa, Eduardo Correia (1956: 120 a 122) invocou a coerência da solução do código com a escolha de um critério qualitativo de contravenção pela lei penal. O problema verdadeiramente colocado pelos críticos era o da legitimidade de um critério qualitativo usado pela lei penal substantiva para a determinação do ilícito contravencional.

[1126] Questionando a constitucionalidade da prisão em flagrante transgressão em face do artigo 8, § 3, da Constituição nova de 1933, José Mourisca (1934: 176) admitia mesmo o direito de resistência à ordem de prisão em flagrante pelo cometimento de uma transgressão punível com pena de multa.

[1127] Luís Osório (1932 b: 30) notava a incoerência de no processo sumário se poder aplicar multa de qualquer valor para punição de uma transgressão, mas não se poder aplicar a de seis mil escudos para punição de um crime. Esta incoerência resultava da nova configuração do processo de transgressões.

[1128] Esta forma de processo encontrava-se regulada na Lei n. 266, de 27.7.1914, considerando a doutrina que a remissão feita no artigo 16 desta lei para o processo ordinário se devia entender como sendo feita para o processo de querela (Luis Osório, 1932 a: 72).

[1129] O diploma que dispunha ainda sobre esta matéria era o Decreto n. 12.008, de 29.7.1926. José Mourisca (1931: 29) criticou a manutenção do tribunal de júri no julgamento destes crimes, uma vez que "o júri comum foi batido, em toda a linha, no foro comercial e criminal", não encontrando qualquer razão para não atribuir o julgamento destes crimes ao tribunal colectivo, como acontecia na generalidade dos crimes em face do novo código.

A Jurisdição Penal Comum

dos crimes de quebra culposa ou fraudulenta[1130] e o processo para julgamento dos crimes de contrabando e descaminho.[1131] O legislador salvaguardou ainda genericamente a vigência de quaisquer leis relativas à jurisdição da polícia de investigação criminal,[1132] dos tribunais de infância,[1133] militares[1134] ou fiscais.[1135]

A opção legislativa foi objecto de censura. José Mourisca advogou a redução das formas de processo a apenas duas, a de querela e a de polícia correccio-

---

[1130] A doutrina considerou também aqui que a remissão feita no artigo 330 do Código de Processo Comercial para o processo ordinário se devia entender como sendo feita para o processo de querela (Luis Osório, 1932 a: 73). A competência atribuída ao tribunal de júri para julgar os crimes de quebra foi pelo Decreto n. 17.397, de 30.9.1929, deferida a um tribunal colectivo comercial, que decidia da matéria de facto sobre a qual não houvesse confissão ou acordo ou que não se encontrasse provada por documentos autênticos ou autenticados. A quebra fraudulenta e a culposa foram posteriormente reguladas no CPC de 1939. Os fundamentos deste sistema foram criticados por Palma Carlos (1954: 53 e 54) e Cavaleiro Ferreira (1955: 58), porquanto, como afirmava o primeiro autor, "estes crimes são julgados por um tribunal civil, que lhes aplica uma pena de Código Penal, segundo um processo estabelecido pelo Código de Processo Civil".

[1131] Encontrava-se ainda em vigor o Decreto de 27.9.1894, que só em 1941 seria revogado.

[1132] Assim, permaneceu em vigor a competência criminal dos funcionários da Polícia de Investigação Criminal prevista no Decreto n. 17.640, de 22.11.1929.

[1133] A competência dos tribunais de infância para julgar os crimes cometidos por menores de 16 anos e certos crimes cometidos por maiores na pessoa de um menor, prevista no Decreto de 27.5.1911 e no Decreto n. 10.767, de 15.5.1925, ficou deste modo ressalvada. Esta competência viria a ser alargada pela Lei n. 2.053, de 22.3.1952, que incriminou certas condutas de omissão de alimentos e abandono da família e conferiu a competência para conhecer destes crimes ao tribunal de menores.

[1134] O legislador ressalvou assim a competência dos tribunais militares para conhecer dos crimes cometidos por militares e dos crimes previstos na Lei n. 969, de 11.5.1920, e no Decreto n. 11.990, de 30.7.1926 (atentados contra a segurança pública e uso e porte de armas de fogo absolutamente proibidas), no artigo 110 do Decreto n. 13.740, de 21.5.1927 (importação, venda ou uso ilegal de armas e munições) e no Decreto n. 14.580, de 17.11.1927 (homicídio cometido contra titulares de órgãos de soberania ou funcionários públicos), como se verá melhor no seu lugar próprio.

[1135] Nos termos do Decreto n. 16.733, de 13.4.1929, cuja vigência ficava deste modo ressalvada, os processos de transgressões de leis tributárias eram julgados em primeira instância pelo chefe de repartição de finanças, em segunda instância por um colectivo de três juízes que funcionava junto da direcção de finanças em Lisboa e em terceira instância pelo Tribunal Superior de Contribuições e Impostos. O Decreto n. 19.323, de 9.2.1931, veio posteriormente admitir a interposição de recurso das decisões finais proferidas pelos Tribunais Superiores de Contribuições e Impostos para o Supremo Conselho da Administração Pública, com fundamento em errada interpretação da lei, quando a decisão fosse desfavorável ao recorrente em valor superior a 50.000$00. Consagrou-se, assim, uma quarta instância para julgamento das transgressões tributárias.

470 A Reforma da Justiça Criminal em Portugal e na Europa

nal, tanto mais que a lei processual nova admitia o direito de renúncia ao recurso no processo correccional, ao invés do que acontecia na vigência do diploma de 1890, "ficando assim os termos do julgamento perfeitamente equiparados aos do processo de polícia". Acrescia a este facto o de que o processo sumário e o de transgressões não constituíam senão versões do processo de polícia e neste último como nos processos que corriam na Intendência aplicavam-se muitas "pesadíssimas", tudo justificando a aproximação efectiva das duas formas processuais.[1136]

Luis Osório acompanhou esta censura, sugerindo, também ele, a supressão do processo correccional "desde que se solenizou o processo de polícia correccional, e se simplificou o correccional", criticando este autor também a manutenção de um processo autónomo de transgressões.[1137]

A estrutura das formas comuns de processo consagrada no código de 1929 era em pontos relevantes inovadora, mesmo em face do diploma que o antecedeu em 1928.

O processo de querela apresentava uma regulamentação unitária na fase instrutória e de acusação e diferenciada na fase de julgamento, consoante se tratasse de processo de querela com a intervenção de tribunal colectivo ou de tribunal de júri. O processo correccional e o de polícia eram objecto de disposições especiais relativas à fase de acusação e julgamento, sendo aplicáveis as regras sobre a produção de prova do processo de querela ao julgamento no processo correccional e as regras do julgamento em processo correccional ao julgamento no processo de polícia correccional. Ao processo de transgressões eram aplicáveis as regras do processo de polícia correccional. O processo sumário era objecto de uma regulamentação autónoma.[1138]

A instrução, composta pela fase do corpo de delito e pela instrução contraditória, era conduzida pelo juiz de direito e, com poderes mais limitados, pelo juiz municipal ou ainda pelo juiz de paz.[1139] A discordância entre o Ministério

---

[1136] José Mourisca, 1931: 261, 262 e 267.

[1137] Luís Osório, 1932 b: 13, 21 e 27.

[1138] Paulo Cunha (1937: 189 e 190) e Cavaleiro Ferreira (1940: 188) consideravam que o processo de polícia correccional era um processo geral em relação ao processo de transgressões e sumário, do que resultavam importantes conclusões para o regime destas formas de processo.

[1139] O legislador português manteve-se fiel à tradição francesa da direcção da instrução preparatória pelo juiz, não obstante as reformas processuais alemã e austríaca e a crítica dirigida àquela tradição pelo mais distinto processualista francês do início do século, René Garraud, que aponta três vícios fundamentais a este modelo: os atrasos na instrução da causa, o enfraquecimento da responsabilidade do Ministério Público e o prejuízo para o acusado resultante da introdução na audiência de julgamento de elementos de prova da fase de instrução judicial (René Garraud, 1912: 4 a 6).

A Jurisdição Penal Comum
471

Público e o juiz no final da instrução, quer no que toca ao destino dos autos, quer no que respeita aos concretos factos apurados e à respectiva qualificação jurídica, era dirimida pelo disposto nos artigos 346 e 351, nos termos propostos por uma parte da doutrina em face da Novíssima e já consagrados no terceiro projecto de Navarro Paiva, nos projectos de Alexandre Seabra e José de Alpoim e na primeira versão do código de 1928. A solução legislativa dava uma preponderância manifesta ao juiz, prosseguindo os autos quando o juiz qualificasse diferentemente os factos da acusação ou incluísse na pronúncia factos novos que não alterassem substancialmente os da acusação e encontrando-se o Ministério Público vinculado à dedução da acusação quando tivesse promovido o arquivamento e não tivesse recorrido do despacho judicial que lhe ordenasse a dedução da acusação.[1140]

A fase da instrução contraditória foi profundamente modificada.

O código, acolhendo a doutrina restritiva que considerava o disposto no Decreto de 18.11.1910 em vigor, permitia ao arguido requerer a abertura da instrução contraditória somente depois de ter sido interrogado pelo juiz e até ao trânsito do despacho de pronúncia ou equivalente.[1141] A faculdade atribuída ao arguido foi ainda mais restringida no código de 1929, sendo vedado o seu exer-

---

[1140] Deste modo, se resolvia uma querela velha entre a magistratura judicial e a do Ministério Público, que tinha elevados custos para os utentes da justiça (José Mourisca, 1931: 114 e 115). Luís Osório (1932 a: 48) entendia que o disposto no artigo 10 do CPP não constituía uma derrogação ao princípio acusatório, pois a "obrigação de promover provém, não do despacho do juiz, mas de haver prova suficiente". O carácter circular desta argumentação era posto em relevo pelo próprio Luís Osório, que, na anotação ao artigo 10 (Luís Osório, 1932 a: 188), admitia que o princípio acusatório não era absoluto: "ele sofre restrições e uma daquelas que mais se justifica é a presente".

[1141] O pouco uso da instrução contraditória foi um facto constatado pela doutrina desde cedo (José Mourisca, 1924: 345, e Bessone de Abreu, 1932: XXXI), concluindo Bessone de Abreu que a instrução contraditória se encontrava "rodeada de tantas dificuldades que o uso dessa faculdade é sempre difícil, por vezes impossível e quasí sempre ineficaz". Em contradição com estes depoimentos manifestou-se apenas Abel de Andrade (1935: 7), que defendia o sistema consagrado em 1929 por ter pretendido e conseguido "equilibrar harmonicamente os dois imperiosos interesses processuais da perseguição dos criminosos e da tutela da liberdade civil" (Abel de Andrade, 1935: 21 e 22). Um retrato fidedigno do carácter tabular conferido pela prática ao despacho de pronúncia provisória e até, por vezes, ao próprio despacho definitivo foi mais tarde feito por Fernando Abranches-Ferrão (1963: 29 a 31). Com um balanço muito negativo sobre a interesse da instrução contraditória, fase que "não conseguiu impor-se na vida judiciária como uma fase efectiva e de real interesse no processo penal", Figueiredo Dias (1974: 138, e 1983 a: 223), e António Barreiros (1983 c: 92). Este autor falava mesmo em uma "autêntica caducidade por não uso". Também Germano Marques da Silva (1988: 176) dava conta da tese "muito divulgada entre Magistrados e Advogados da «inutilidade da instrução contraditória»", embora o autor se lhe opusesse.

cício no processo de transgressões e no processo sumário, ao invés da primeira versão do código de 1928, que o admitia em qualquer forma processual.[1142] Após ter sido ordenada a abertura da instrução contraditória o arguido tinha acesso aos autos e intervenção em todas as diligências por si requeridas. No entanto, a abertura da instrução contraditória dependia também de o corpo de delito e as diligências requeridas pelo Ministério Público e pela parte acusadora estarem concluídas.[1143]

Assim, a instrução contraditória deixava de ter a natureza de uma fase do processo de audiência do réu que visava garantí-lo contra uma acusação injusta, como no direito anterior, adquirindo a natureza de um incidente, suscitado pelo arguido, com vista à apresentação da sua defesa após a conclusão do corpo de delito e a dedução da acusação pelo Ministério Público. Esta alteração relevantíssima da natureza da instrução contraditória, que se inspirava na regulamentação do projecto de código de Armando Marques Guedes e, mais exactamente, no disposto nos artigos 137 e 156 deste projecto, desrespeitava o sentido da garantia constitucional da instrução contraditória, que implicava a possibilidade de o arguido fazer valer os meios da sua defesa antes da acusação, com vista a evitar precisamente a dedução de uma acusação injusta.[1144] Como o próprio legislador reconhecerá mais tarde, a instrução contraditória ficou deste modo "desnaturada na sua função e finalidade".[1145]

[1142] O legislador resolveu de vez a polémica anterior sobre a admissibilidade da instrução contraditória no processo de polícia correccional, de acordo com aquela que era a doutrina da Revista de Legislação e Jurisprudência (1914: 182 e 183). Embora concordasse com a limitação *de iure condendo* deste direito nos processos de polícia e de transgressões, José Mourisca (1933: 122 e 123) julgava inconstitucional a restrição da lei, quer em face do disposto no artigo 3, n. 20, da Constituição de 1911, quer mesmo do artigo 8, n. 10, do projecto da nova Constituição de 1933. Também Luís Osório (1933 a: 346 e 348) considerava "muito discutível a conveniência de admitir a instrução contraditória em processos muito simples, como o de polícia correccional, vindo a instrução contraditória a ser mais complicada que o julgamento", justificando-se por isso a excepção legal.

[1143] Luís Osório, 1932 b: 47 a 49, e 1933 a: 365 a 367. Deste modo, o legislador consagrou em 1929 o princípio, tradicional entre nós, da existência de um processo preparatório secreto e não contraditório, mas, ao invés da Novíssima, o CPP previu a possibilidade de o juiz não ler os depoimentos das testemunhas acusatórias quando o arguido fosse submetido a interrogatório no processo preparatório e, diferentemente do Decreto de 18.11.1910, sujeitou, em regra, a abertura da instrução a duas condições cumulativas: o prévio interrogatório do arguido no processo preparatório e a conclusão das investigações requeridas pelos acusadores. Contudo, o CPP de 1929 também previa casos em que o arguido tinha acesso aos autos e podia requerer a instrução contraditória antes do recebimento judicial da acusação (artigo 335, § único).

[1144] Marnoco e Souza, 1913: 138, e José Dias, 1919: 290.

[1145] Diário do Governo, de 31.5.1972, p. 730.

A Jurisdição Penal Comum   473

À dedução pelo Ministério Público da querela, no processo assim designado, ou da queixa, no processo correccional, seguia-se a prolação da pronúncia. A formação da culpa era provisória não só quando a investigação continuava em relação a outros réus, como no antigo sumário, mas também quando ela continuava sobre o mesmo facto criminoso e a respeito do mesmo réu ou quando fosse requerida instrução contraditória, sendo proferido despacho de pronúncia definitivo quando estivesse finda toda a instrução. O artifício da pronúncia provisória, que consagrava em letra de lei a prática judiciária anterior,[1146] constituía uma das respostas do legislador ao problema há muito por resolver da insuficiência do prazo de oito dias de prisão sem culpa formada. A prisão preventiva obedecia assim a prazos distintos nestas duas fases: oito dias até à pronúncia provisória, prorrogáveis por despacho judicial fundamentado por mais oito ou por mais quinze, consoante o crime admitisse caução ou não, e três meses até à prolação da pronúncia definitiva, podendo este prazo ser alargado quando tivessem sido requeridas diligências pela defesa e não fosse possível proceder a elas dentro dos três meses. Deste modo, a instrução sobre o mesmo facto criminoso e em relação ao mesmo réu podia continuar sob a direcção do juiz, evitando-se a soltura do réu ao décimo sexto ou ao vigésimo terceiro dia, depois de ele ter sido presente em tribunal.[1147]

[1146] A jurisprudência e a doutrina continuaram a defender a legitimidade deste despacho, mesmo depois da publicação do Decreto de 15.2.1911, entendendo que o § 3 do artigo 6 deste Decreto, ao referir incidentes dilatórios, não incluía a conclusão do processo preparatório, pelo que nada obstava à existência de pronúncias sucessivas com carácter provisório e de um despacho final de encerramento do processo preparatório (Pedro Augusto Castro, 1911: 705). A prática manteve-se nos anos seguintes, admitindo a pronúncia provisória e remetendo o recurso da pronúncia para momento ulterior à conclusão da instrução contraditória (Abraão de Carvalho, 1913: 193 e 194, Abel Garção, 1915: 114, Cypriano da Silva, 1917: 257 e 258, e 1923: 226 e 227, e, em termos retrospectivos, Luiz da Rocha Mota, 1948: 55 e 56, e, nos tribunais, desde o acórdão da Relação do Porto, de 27.10.1911, in GRL, 25 º ano, 1911, pp. 369 e 370, ao acórdão do STJ, de 19.7.1927, in RLJ, ano 60, 1927-1928, pp. 246 a 248) e, por isso, dando azo à crítica: "não era mais justo, mais conveniente, mais liberal, mais consentáneo com os direitos individuais e com os interesses da defesa social acabar com as pronúncias provisórias, que são um péssimo expediente para suprir as deficiências da lei e dar às autoridades um prazo razoável para as averiguações indispensáveis à formação da culpa?" (Abraão de Carvalho, 1913: 195).

[1147] A questão que logo se colocou na prática foi a de saber se era admissível a prorrogação do prazo da instrução preparatória nos termos do artigo 337, § 1 do CPP quando houvesse arguidos presos no caso em que não se encontrasse ainda concluída a instrução preparatória no final do prazo legal dos três meses e não fosse por isso conveniente a conversão da pronúncia provisória em definitiva. O acórdão fundamental do Tribunal da Relação de Coimbra, de 21.11.1931 (in GRL, ano 46, p. 62), decidiu no sentido da admissibilidade daquela prorrogação, mas esta jurisprudência não era pacífica (a favor dela, José Mourisca, 1933: 144, mas contra a Gazeta da Relação de Lisboa, em anotação ao acórdão referido, e Luís Osório, 1933 a: 543, e, mais tarde, o acórdão do Tribunal da Relação de Lisboa, de 8.5.1937, in RJ, ano 22, p. 220).

A Reforma da Justiça Criminal em Portugal e na Europa

Estas regras não prejudicavam a possibilidade de a polícia proceder a detenções para averiguações, sem qualquer limitação temporal nem material, pois o termo inicial da prisão preventiva era fixado, tal como na monarquia, no momento da apresentação do detido em juízo e não no momento da sua captura.[1148] Aliás, o legislador do código procedeu mesmo a uma verdadeira processualização da detenção para averiguações, por via da contagem deste tempo de detenção para efeitos de redução da pena correccional, consagrando deste modo a jurisprudência do Supremo Tribunal de Justiça desde 1899 e contrariando o silêncio da versão do código de 1928 sobre esta questão.[1149]

Do despacho de pronúncia definitivo cabia recurso até ao Supremo Tribunal de Justiça e com efeito suspensivo do processo, vingando no código a solu-

---

[1148] A doutrina fundamentava esta opção com o argumento de que "foi necessário dar tempo para na polícia se proceder a investigações" (Luís Osório, 1933 a: 120). A conjugação deste propósito óbvio do legislador com a disposição do artigo 275, que impunha a apresentação imediata ao juiz do réu que tivesse sido capturado sem mandado do tribunal, era feita pela doutrina com o argumento subtil de que o detido não tinha de ser interrogado pelo juiz imediatamente após a detenção, mas sim imediatamente após ter sido apresentado em tribunal ("êste «imediatamente» não se deve relacionar com a prisão, mas com a apresentação do prêso em juízo. Assim, quando o arguido fica à disposição da autoridade administrativa não é conduzido «imediatamente» à presença do juiz; isso só se verifica quando o arguido é entregue ao poder judicial", Luís Osório, 1933 a: 130).

[1149] A ponderação da prisão preventiva como circunstância atenuante na fixação da pena de prisão maior e de degredo resultava ainda do disposto na Lei de 14.6.1884 (Luís Osório, 1932 a: 310, e José Mourisca, 1934: 258). Mais tarde, o Decreto-Lei n. 29.636, de 27.5.1939, veio dispor que também seria levada em conta a prisão preventiva, sofrida posteriormente à condenação na primeira ou na segunda instâncias, ao réu condenado a prisão maior ou degredo que não tivesse recorrido da decisão, de modo a evitar que a prisão do réu depois da condenação se prolongasse em consequência de recurso interposto pelo Ministério Público ou pelo assistente. Logo no ano seguinte, o Decreto-Lei n. 30.484, de 1.6.1940, determinou que fosse ainda levada em conta metade da prisão preventiva sofrida anteriormente à condenação na primeira instância ao réu condenado a prisão maior ou degredo, tendo a jurisprudência interpretado este benefício no sentido de ele ser aplicável independentemente de o réu ter interposto ou não recurso da condenação (o parecer do STM de 21.6.1940, in RJ, 25 º, 1940, p. 180, logo seguido do acórdão fundamental do Tribunal da Relação de Lisboa, de 16.11.1940, in RJ, ano 26 º, 1941, pp. 63 e 64, e in RT, ano 58 º, 1940, pp. 367 e 368, com anotação favorável), mas de o tempo de prisão preventiva posterior à condenação em primeira instância não ser descontado se o réu recorresse desta ("Condenado o réu em pena maior – se recorre, se discute ainda o caso, que sejam daí em diante por sua conta as demoras que ainda haja", acórdão do Tribunal da Relação do Porto, de 31.3.1943, in RDES, ano II, 1946, pp. 339 a 347, com anotação desfavorável de Simões Pereira, 1946: 351 a 355, e, também crítico, Manuel de Oliveira Matos, 1948: 144). Deste modo, o novo regime, que consagrava a proposta antiga da Revista dos Tribunaes (1891: 51), representava ainda um incentivo à interposição de recurso para o réu condenado nas formas de processo menos graves, mas também um factor de dissuasão prática de exercício do direito ao recurso no processo de querela, não obstante a evolução legislativa registada.

A Jurisdição Penal Comum 475

ção defendida no projecto de código de Marques Guedes e dada pela jurisprudência em face da lei anterior, não obstante o silêncio do artigo 996 da Novíssima Reforma.

Na forma de processo de polícia correccional, o código consagrou a praxe
dos tribunais de apresentação de uma promoção para julgamento, em que se
descriminavam os factos imputados ao arguido, proferindo em seguida o juiz
um despacho de recebimento da acusação. Deste despacho cabia, tal como no
direito anterior, recurso com base na não punibilidade do facto, na irresponsabilidade do agente e na extinção da acção penal[1150] e somente para a Relação, subindo de imediato e nos próprios autos se o juiz entendesse que não se tratava
de expediente dilatório. O arguido podia também nesta forma de processo requerer a abertura da instrução contraditória e opor contestação escrita antes do
julgamento, o que constituía uma novidade em face do direito anterior.

Completava-se deste modo um processo de evolução com dois sentidos
inversos, registando-se, por um lado, o esvaziamento de conteúdo da fase de
acusação e defesa nas formas de processo mais importantes, já iniciado em 1890
com a consagração da forma de processo correccional e concluído em 1929 com
a abolição da acusação do Ministério Público posterior à pronúncia no processo
de querela, e constatando-se, por outro lado, uma solenização crescente desta
mesma fase no processo de polícia correccional, iniciada em 1886 com a introdução do recurso do despacho que mandava o arguido responder em julgamento
em polícia correccional e concluída em 1929 com o novo regime de dedução,
recebimento e contestação da acusação.

Se a justificação desta segunda medida se encontrava no propósito de
aproximar substancialmente a posição processual do arguido no processo de polícia da que ele tinha nas outras formas processuais comuns e, desse modo, pôr
cobro à inquisitoriedade intrínseca da forma de processo de polícia, a evolução
verificada na forma de processo de querela era uma consequência directa da
abolição do sumário da querela e da modificação da natureza dogmática da fase
do corpo de delito a partir de 1892. Sendo, em regra, a instrução realizada no
corpo de delito suficiente e não sendo necessário o recurso ao seu prolongamento extraordinário nos termos previstos em 1896, a dedução da querela pelo
Ministério Público depois de fechado o corpo de delito era logo seguida da pronúncia pelo juiz e de uma peça processual do Ministério Público com exacta-

---

[1150] O código afastava, portanto, a carência de prova como fundamento do recurso, ao
contrário de alguma jurisprudência firmada já na fase final da vigência da Novíssima Reforma.
José Mourisca (1933: 226) considerava que o código tinha rejeitado a solução válida em face
do direito anterior. Diferentemente, Luís Osório (1933 a: 642 a 645) entendia que o preceito do
CPP consagrava aquela que já era a doutrina mais defensável em face do direito anterior.

476 A Reforma da Justiça Criminal em Portugal e na Europa

mente o mesmo teor da querela, o libelo acusatório. A sucessão da querela e do libelo acusatório contituía, pois, uma duplicação inútil de peças processuais, que o legislador quis evitar.

Na audiência de julgamento, consagrava-se, ao invés do direito anterior, um poder muito amplo de apresentação de novos meios de prova, tanto pela defesa como pela acusação, à imagem do projecto de José de Alpoim, e até de junção oficiosa de novos meios de prova pelo tribunal, como sugeria o projecto de Marques Guedes,[1151] e alterava-se profundamente o regime da leitura do depoimento de qualquer testemunha prestado na instrução, atribuindo à parte apresentante a faculdade de prescindir do depoimento da testemunha na audiência e requerer a leitura imediata do seu depoimento e ao tribunal a faculdade de indeferir o adiamento requerido pela parte apresentante da testemunha faltosa e ordenar a leitura do seu depoimento prestado nos autos.[1152] Além destas excepções à regra clássica do direito português do adiamento da audiência quando a testemunha faltosa tivesse sido notificada, duas outras regras essenciais foram aduzidas em prejuízo do princípio da imediação: a da restrição do adiamento da audiência a apenas trinta dias quando a parte requeresse o depoimento oral da testemunha, o que impossibilitava a inquirição das testemunhas cujo impedimento se prolongasse por período superior a esse,[1153] e a da falta da testemunha não notificada ou não apresentada por culpa da parte que a tivesse

---

[1151] José Mourisca, 1933: 317 e 318, e Luís Osório, 1933 b: 185. Este autor criticava a inovação, pois, "por meio dela bem pode o público passar todo para dentro da teia a depor". O autor interpretava a lei em sentido restritivo, considerando que só as partes podiam apresentar novos meios de prova, não podendo o tribunal chamar a depor novas testemunhas, mas apenas reperguntar as testemunhas já ouvidas (Luís Osório, 1933 b: 187). Mourisca defendia a opinião contrária, atendendo aos termos amplos da lei.

[1152] Quer Luís Osório (1933 b: 106 e 169), quer José Mourisca (1933: 310) resolviam deste modo a contradição entre o disposto no artigo 422 e o preceituado no artigo 439, dando prevalência a este artigo. Luís Osório considerava que a lei preferia o interesse da descoberta da verdade ao da realização do princípio da imediação e, por isso, interpretava muito amplamente a previsão legal, admitindo a leitura quer a testemunha faltosa tivesse sido notificada ou não e ainda no caso de a testemunha ter faltado à inquirição no juízo deprecado ou ter comparecido em julgamento, mas ter-se ausentado antes de ser ouvida ou ter recusado depor, com ou sem justa causa. Ao invés, José Mourisca criticava o regime legal, pois "não estão em jôgo apenas os interêsses sociais, mas também os do arguido". Por essa razão, reconhecia ao réu o mais amplo direito para deduzir contra a testemunha faltosa e mesmo contra as testemunhas falecidas "qualquer circunstância que influa na sua força probatória" (José Mourisca, 1933: 308 e 309). Também Eduardo Correia (1956: 194) considerou o artigo 439 como um desvio ao princípio da imediação.

[1153] José Mourisca sugeria mesmo que o juiz não acatasse o preceito legal quando na sua convicção o depoimento oral da testemunha faltosa fosse importante para a descoberta da verdade (José Mourisca, 1933: 280).

A Jurisdição Penal Comum

produzido ou prontificado a apresentar como causa para a leitura imediata das anteriores declarações da testemunha.[1154]

Rematando este predomínio da instrução escrita, os depoimentos prestados nesta fase podiam não só ser lidos na audiência de julgamento para esclarecer e completar os prestados durante a mesma, tal como já era admitido pela doutrina em face da Novíssima, mas também quando os jurados se reuniam para tomar a decisão sobre a matéria de facto, o que a Novíssima vedava expressamente. Deste modo, até a possibilidade de a acusação e o réu prescindirem das respectivas testemunhas faltosas, que constituía a reserva de soberania das partes sobre os meios de prova produzidos na audiência de julgamento,[1155] ficava esvaziada de sentido prático.

O objecto do processo podia ser alargado a novos factos resultantes da discussão da causa, desde que tivessem por efeito a diminuição da pena do arguido.[1156] O código continha uma solução bastante mais ampla do que a do direito anterior,[1157] pois consagrava a possibilidade do exercício em todas as formas de processo de uma faculdade fixada desde 1855 apenas em proveito do tribunal de júri e admitia o conhecimento de factos relativos à própria infracção e não apenas às circunstâncias modificativas do facto principal, afastando-se do disposto na lei de 1855, que os jurados frequentemente desrespeitavam, e aproximando-se do estatuído pelo Decreto n. 13.225.

[1154] Luís Osório, 1933 b: 107.

[1155] Luís Osório, 1933 b: 170, e José Mourisca, 1933: 309.

[1156] Beleza dos Santos, 1931 b: 19, e 1933: 170 e 171, Eduardo Correia, 1948: 145, 151 e 152, e José Fazenda Martins, 1986: 86. Beleza dos Santos restringia esta faculdade, não podendo os novos factos representar uma "acusação inteiramente diversa e sem relação alguma com a que se formulou no processo contra o réu", pois "isso seria converter uma disposição de favor em uma disposição odiosa para o réu" (Beleza dos Santos, 1931 b: 19, e 1933: 170 e 171). Um exemplo disso seria, segundo o autor, a condenação pelo crime de abuso de confiança, tendo os réus sido acusados pelo de burla (Beleza dos Santos, 1933: 175 e 176). Manifestando adesão plena a este entendimento, Eduardo Correia (1948: 145, 151 e 152), que sustentava que, afora os casos de sucessão de crimes e reincidência ou de factos alegados pela defesa, ao tribunal ficava assim vedado o conhecimento de circunstâncias agravantes ou modificativas agravantes não contidas no despacho de pronúncia ou equivalente, de delitos cuja punição consumisse totalmente o delito acusado, de factos não descritos na pronúncia ou despacho equivalente que se encontrassem numa relação de continuação com os factos acusados ou constituíssem com eles um crime habitual ou permanente e de delitos que fossem só em parte realizados pelos factos que preenchessem o tipo legal da acusação. Em face da amplitude da regulamentação do caso julgado, o autor concluia pela necessidade da integração da teoria dos poderes de cognição do juiz resultante do disposto nos artigos 446 e seguintes do CPP, recorrendo para o efeito à aplicação analógica do artigo 443 do CPP (Eduardo Correia, 1948: 168 e 169, e 1956: 25, seguido por José Fazenda Martins, 1986: 81 a 83).

[1157] Beleza dos Santos, 1931 b: 18.

478 *A Reforma da Justiça Criminal em Portugal e na Europa*

Ao tribunal era também expressamente concedida a faculdade de qualificar livremente os factos que constassem da pronúncia ou de despacho equivalente, com a única limitação da incompetência do tribunal quanto à aplicação da pena, em conformidade com a praxe anterior à luz da Novíssima e com a opção do Estatuto Judiciário, mas em desconformidade com disposição paralela mais restritiva do Decreto n. 13.255[1158] A lei nova admitiu ainda o conhecimento oficioso das circunstâncias da reincidência e da sucessão de infracções que resultassem das declarações do arguido ou do registo criminal, ao invés da primeira versão do código de 1928, que só admitia a consideração do registo criminal.[1159]

No final da produção da prova na audiência de julgamento com intervenção do júri, o juiz formulava os quesitos sobre a matéria de facto alegada e que

---

[1158] José Mourisca, 1934: 11, Cavaleiro de Ferreira, 1940: 271 e 272, e 1984: 453 e 454, e Castanheira Neves, 1968: 261 e 262. Censurando *de iure condendo* este regime e propondo a adaptação do mesmo aos "interesses da defesa", Silva e Sousa sugeriu que nos casos de convolação para infracção diversa a que correspondesse ritologia mais solene se suspendesse o julgamento e notificasse o réu para os termos do processo mais solene e que nos casos de convolação em que a nova infracção, fosse ela mais grave ou menos grave, mas pudesse ainda ser julgada na mesma forma de processo, se adoptasse uma disposição semelhante à do § 265 da StPO alemã (Silva e Sousa, 1949: 322, 324 a 326).

[1159] O conhecimento das circunstâncias que resultassem das declarações do arguido foi criticado com base na disposição do artigo 174 do CPP por Luís Osório (1933 b: 204 e 209) e José Mourisca (1934: 13). A favor daquele conhecimento pronunciou-se Beleza dos Santos (1931 b: 403), embora o autor admitisse que o tribunal poderia, mas não tinha o dever de empregar todos os meios ao seu alcance para averiguar da veracidade das declarações do réu, pois "nem ele pode queixar-se de que o tribunal acredite em que foi condenado, se é ele mesmo que o afirma ...". Também Cavaleiro de Ferreira considerava a inovação do regime legal justificada pela força da prova documental ou das próprias declarações do arguido, que estava nesta matéria sujeito a responsabilidade criminal se faltasse à verdade (Cavaleiro de Ferreira, 1940: 273). No que se refere ao conhecimento das circunstâncias com base no registo criminal, esta faculdade do tribunal foi de igual modo criticada, desta feita por ser demasiado restritiva, por José Mourisca (1934: 14 e 15), que considerava aplicável no direito comum a solução do direito militar do conhecimento das circunstâncias referidas na lei que estivessem provadas por certidão extraída de outro ou outros processos. Contra, Beleza dos Santos (1931 b: 404), em face do carácter excepcional do § 2 do artigo 447, embora o autor admitisse aquela solução de *iure condendo*. O conjunto destas regras que determinavam o âmbito dos poderes de conhecimento do objecto processual pelo tribunal mereceram o assentimento de um comentador estrangeiro, Tancredi Gatti, que concluiu, em juízo final sobre o código, que "é de reconhecer que se revela sempre presente e constante a preocupação de subordinar as formas e os actos às intenções práticas do processo penal e às garantias da substância, verdadeiro limite este, inalcançável, da perfeição da lei processual" (*É da riconescere che sempre presente e constante si rivela la preocupazione di subordinare le forme e gli atti agli intenti pratici del processo penale e alla guarentigia della sostanza, vero limite questo, irraggiungibile, di perfezione della legge processuale*, Tancredi Gatti, 1929: 477 e 481).

A Jurisdição Penal Comum 479

resultasse da discussão da causa, com excepção dos factos constantes de documentos autênticos ou autenticados. Ao invés do disposto na Novíssima, o juiz não resumia a prova produzida em audiência, mas presidia ao júri, explicando os quesitos e prestando esclarecimentos aos jurados. Embora lhe estivesse vedado apreciar as provas, o recolhimento em que eram prestados os esclarecimentos permitia a influência do magistrado sobre os jurados.[1160]

O juiz não tomava parte na votação, cabendo-lhe antes o controlo da equidade das respostas aos quesitos. A votação dos jurados era agora submetida à regra mais volátil da maioria absoluta, substituindo a anterior de dois terços do Estatuto Judiciário e do Decreto n. 12.405, de 30.9.1926. Tal como a jurisprudência e a doutrina admitiam no silêncio da lei anterior, o código consagrou a faculdade da anulação das respostas respeitantes a uma ou mais infracções imputadas a um ou mais arguidos.

A anulação das respostas aos quesitos dava lugar à realização de um segundo julgamento, mas o código regulamentava este segundo julgamento de modo muito diverso do previsto no direito anterior, prevendo a redução a escrito da prova e a admissibilidade de um recurso amplo, de facto e de direito, para a Relação e, assim, consagrando inteiramente a solução do projecto de José de Alpoim.

A audiência de julgamento com intervenção do tribunal colectivo ou de um juiz singular decorria genericamente de acordo com as regras válidas para o julgamento com intervenção do júri e, designadamente, a decisão sobre a matéria de facto não tinha de ser fundamentada.[1161] As duas grandes diferenças entre o julgamento com a intervenção do júri e o realizado com a intervenção do tribunal colectivo ou de um juiz singular residiam na inexistência da formulação de quesitos e na simultaneidade das alegações sobre a imputação dos factos e sobre a pena no processo julgado pelo tribunal colectivo ou pelo juiz singular.

[1160] José Mourisca, 1934: 127. Também, Beleza dos Santos (1931 a: 50) considerava esta inovação "do maior alcance, não só porque o juiz póde esclarecer os jurados, acêrca de algumas duvidas que surjam, mas também porque se evitam as respostas ineptas que, às vezes, os jurados davam aos quesitos".

[1161] José Mourisca, 1934: 22, invocando em contraposição com a disposição do artigo 450 do CPP, que exigia apenas a indicação dos factos provados, o artigo 1069 do CPC, na redacção do Decreto n. 21.287, que impunha o exame crítico das provas. Contudo, José Mourisca entendia que o juiz singular se encontrava obrigado a "indicar os motivos justificativos da sua convicção" (José Mourisca, 1934: 30 e 171). O autor não concordava ainda com a doutrina do artigo 471 do CPP, censurando a disparidade entre os regimes do voto de vencido na primeira instância e no Tribunal da Relação (José Mourisca, 1934: 100). Também Luís Osório (1933 b: 200) sustentava o dever do juiz singular de fundamentação da convicção, ao invés do tribunal colectivo e do tribunal de júri.

A maior discrepância entre o código de 1928 e o de 1929 no tocante à estrutura das formas de processo registava-se na do processo de transgressões. Enquanto neste último diploma o juiz designava data para julgamento, depois da promoção do Ministério Público ou da parte acusadora nesse sentido e havendo fundamentos nos autos para a acusação, no diploma de 1928 o legislador distinguia dois modos de julgamento da causa, consoante houvesse ou não audiência para o efeito.[1162] O juiz podia, havendo fundamento para tal, proceder a uma "condenação de preceito" (artigo 545 do código de 1928) logo em face da acusação e promoção para julgamento, tendo o réu direito a recorrer da decisão ou a requerer a realização de julgamento. Requerendo o réu julgamento, ficavam sem efeito os recursos eventualmente interpostos pelo Ministério Público ou pela parte acusadora e abria-se a fase de julgamento diante do mesmo juiz. Esta forma de processo, que prescindia da audiência de julgamento e prejudicava gravemente o princípio da acusação quando o réu deduzisse oposição, assemelhava-se ao *Strafbefehlverfahren* do código alemão de 1877 e já tinha sido sugerida por Dias da Silva na crítica à proposta de 1899, mas não vingou na versão do código de 1929.

O regime dos recursos no código novo era inovador. Ao invés do código de 1928, em que no processo com intervenção de júri só se admitia a interposição de recurso para a Relação da sentença condenatória, no código de 1929 previa-se igualmente o recurso da sentença absolutória proferida nos processos em que tivesse intervindo o júri para a Relação e da decisão desta para o Supremo Tribunal de Justiça, tal como nos projectos de José de Alpoim e Marques Guedes, sendo ainda obrigatório o recurso do Ministério Público das decisões condenatórias em pena maiores fixas.[1163] As decisões finais do tribunal colectivo admitiam recursos idênticos aos da decisão final do tribunal de júri, mas nem neste caso nem naquele o Tribunal da Relação conhecia da matéria de facto, equiparando-se a omnipotência do tribunal colectivo sobre a matéria de facto à do tribunal de júri e consagrando-se deste modo a solução radical do Decreto n. 13.255.

No processo correccional, não tendo as partes renunciado ao recurso, cabia recurso da decisão final para o Tribunal da Relação, que conhecia da matéria de

---

[1162] Ambos os diplomas previam também o pagamento voluntário da multa quando a transgressão fosse punível apenas com multa.

[1163] A lei nova não resolveu a querela do direito anterior da admissibilidade da interposição deste recurso a todo o tempo. O assento de 20.12.1935, seguindo a doutrina de José Mourisca (1934: 257), veio fixar a doutrina segundo a qual o recurso obrigatório do Ministério Público devia ser interposto dentro do prazo legal. Deste modo, a confirmação da sentença da primeira instância pelo tribunal de recurso não constituía uma condição do seu trânsito e da sua exequibilidade.

A *Jurisdição Penal Comum* 481

facto e da matéria de direito, e para o Supremo Tribunal de Justiça, que conhecia apenas da matéria de direito.[1164] A previsão nova da possibilidade da renúncia ao recurso visava evitar o arrastamento destes processos resultante da obrigatoriedade do registo da prova, pois anteriormente "levava, em regra, muito mais tempo, a julgar um proc. correccional, que três ou quatro querelas".[1165]

No processo de polícia correccional, contrariando o direito anterior, só era admitido recurso das decisões finais ou interlocutórias para o Tribunal da Relação. De igual modo, no processo de transgressões e no processo sumário também só era admitido um grau de recurso para sindicar a sentença e os despachos finais, com a ressalva do recurso extraordinário para o Supremo Tribunal de Justiça e do recurso obrigatório do Ministério Público das decisões proferidas contra a jurisprudência fixada pelo Supremo em tribunal pleno.[1166]

O objecto do recurso era fixado muito amplamente, conhecendo o tribunal de recurso da causa em relação a todos os arguidos, mesmo não recorrentes, nos termos em que vinha decidindo a jurisprudência em face da Novíssima, mas ao contrário do que dispunha o código de 1928.[1167] O tribunal de recurso podia alterar a qualificação jurídica dos factos nos mesmos termos admitidos na primeira instância, mas a jurisprudência maioritária não admitia nos primei-

---

[1164] No código de 1928, o artigo 536 só previa o recurso da decisão final em processo correccional para o Tribunal da Relação, ao invés do que dispunha o artigo 536 do diploma de 1929. Contudo, resultava do artigo 646, 5 º, do código de 1928, *a contrario*, que nessa forma de processo era ainda admissível o recurso para o STJ. O legislador de 1929 só esclareceu, pois, o sentido da lei anterior.

[1165] José Mourisca, 1934: 144. Contudo, alguns anos depois da entrada em vigor do código, a Circular n. 943, de 9.3.1935, da Procuradoria-Geral da República fixou a orientação de que o Ministério Público não devia prescindir, em regra, do recurso, especialmente quando no julgamento interviesse um juiz substituto (Eduardo Correia e Furtado dos Santos, 1959: 335).

[1166] Só mais tarde o Decreto n. 19.639, de 21.4.1931, consagrou a recorribilidade de acórdãos do Tribunal da Relação proferidos sobre recursos interpostos em processos de polícia correccional, de transgressões ou sumários, sempre que a multa aplicada excedesse a quantia de 5.000$00. Este montante foi depois actualizado para 20.000$00 pelo Decreto-Lei n. 36.387, de 1.7.1947, e para 40.000$00 pelo Decreto-Lei n. 40.033, de 15.1.1955. Este valor foi mantido pela Lei n. 2.138, de 14.3.1969.

[1167] A doutrina do artigo 663 do CPP foi criticada por José Mourisca (1934: 309) e Soares Carneiro (1949: 35 a 37) e defendida por Cavaleiro de Ferreira (1965: 144) e Eduardo Correia (1956: 79). Cavaleiro de Ferreira advogava mesmo que o réu ausente não podia interpor recurso no prazo mais lato de que dispunha se a decisão já tivesse sido apreciada pelo tribunal superior por força da interposição de recurso por outrem, pois "desde que o processo seja, por qualquer recurso, sujeito à apreciação do tribunal superior, este tem o dever de dar uma decisão justa quanto a todos os réus, e não pode limitar a justiça àqueles que a pedem. A natureza dos interesses, que se dirimem em processo penal, não se compadece com uma tal limitação artificial".

482   *A Reforma da Justiça Criminal em Portugal e na Europa*

ros anos de aplicação do código o agravamento da pena aplicada ao arguido recorrente.[1168]

O tribunal de recurso conhecia também da nulidade insanável do processo, com um regime consideravelmente mais restritivo do que o do direito anterior,

---

[1168] Sobre esta jurisprudência, José Mourisca, 1934: 290, 291 e 309. O autor acompanhava a jurisprudência e perfilhava até o entendimento de que o Ministério Público podia recorrer da decisão de segunda instância mesmo não tendo recorrido da decisão da primeira instância, mas que o Supremo Tribunal de Justiça não podia agravar a pena. Contra a jurisprudência estavam Luís Osório (1934: 315), Morais Sarmento (1948: 43, 63, 64 e 79), com base na estrutura inquisitória do processo e no efeito devolutivo total da apelação, Soares Carneiro (1949: 74 a 76), com fundamento na necessidade de um instrumento que evitasse a interposição injustificada de recursos pelo réu, e Agostinho de Carvalho (1950: 20 e 23), com base no conhecimento oficioso pelo tribunal de recurso dos erros de direito relativos à medida concreta ou abstracta da pena e, portanto, também nos recursos interpostos pelo réu. Como a questão não era líquida, a Procuradoria-Geral da República emitiu o ofício n. 17, de 18.1.1937, nos termos do qual era obrigatório para os agentes do Ministério Público a interposição de recurso das sentenças que o réu impugnasse. A partir de então, a jurisprudência do Supremo Tribunal de Justiça mudou de sentido, tendo o acórdão de 6.4.1937 (in RJ, ano 22 º, 1937, n. 509, p. 166, e RLJ, ano 69 º, 1936-1937, p. 414 e 415) marcado o início deste movimento de inversão. A questão ficou resolvida com o assento do Supremo de 4.5.1950, que veio consagrar a possibilidade de *reformatio in pejus*, e fez caducar a directiva da Procuradoria-Geral da República (Eduardo Correia e Furtado dos Santos, 1959: 390). O fundamento invocado pelo assento foi o do "carácter público do direito que através do processo penal se realiza", isto é, o direito de punir com uma sanção justa, que não podia depender da vontade do réu (assento de 4.5.1950, in RT, ano 68 º, 1950, pp. 139 a 141, com anotação muito crítica da Revista dos Tribunais nas pp. 146 a 151: "o assento revogou, a nosso ver, pura e simplesmente, o art. 647, n. 2 e § 3 do Código de processo penal"). Eduardo Correia (1956: 79) mostrou-se favorável à doutrina do assento, invocando a natureza unitária da decisão proferida em processo penal. Ao invés, Adriano Moreira considerou a situação do réu não recorrente nem recorrido como "clamorosamente injusta" e, diante do contra-argumento de que os tribunais são os próprios fiéis da justiça e os réus não deviam recear um novo exame da causa por estes, ainda que ele fosse imposto por um co-réu, classificou-o como um "excelente exemplo da abstracção silogística que ignora a realidade" (Adriano Moreira, 1958 b: 10 e 11). A situação era tanto mais grave quanto o réu absolvido na primeira instância e condenado na segunda com base em recurso de um co-réu nunca era ouvido pelo tribunal de recurso e também não tinha meio processual para se fazer ouvir por este, sendo-lhe negado o direito de defesa (Adriano Moreira, 1958 b: 14). Acresce que o Ministério Público encontrava-se na conferência no Supremo Tribunal de Justiça e nas Relações, mas não os representantes dos réus, o que "quebra a igualdade em que se baseia o contraditório" (Adriano Moreira, 1958 b: 15). A questão foi de novo objecto da atenção do legislador em 1969, tendo-se então consagrado a proibição da *reformatio in pejus*. Contudo, esta proibição não valia quando se verificasse uma alteração da qualificação dos factos ou o Ministério Publico no tribunal de recurso requeresse a agravação da pena, caso em que o réu era notificado deste requerimento (artigo 1 do Decreto-Lei n. 2.134, de 14.3.1969). A doutrina do novo regime foi amplamente fundamentada no parecer n. 13/IX da Câmara Corporativa e criticada, no que respeita à restrição resultante da intervenção do Ministério Público no tribunal de recurso e à exclusão das medidas de segurança, por Figueiredo Dias (1971 c: 84, e 1974: 100, 259 a 262).

A Jurisdição Penal Comum 483

não incluindo no elenco legal a contradição na decisão sobre a matéria de facto nem a omissão de pronúncia sobre factos relevantes para a decisão e considerando sanada a omissão de diligências essenciais para a descoberta da verdade anteriores à prolação do despacho de pronúncia com o respectivo trânsito.[1169]

Os recursos ordinários eram interpostos, processados e julgados como agravos de petição em matéria cível, determinando-se expressamente que o juiz não podia alterar na resposta ao recurso a sentença final dada em primeira instância.[1170]

As formas de processo especiais consistiam no processo para julgamento de réus ausentes, no processo para julgamento de crimes de difamação, calúnia e injúria, no processo para julgamento de crimes cometidos por magistrados no exercício das suas funções e fora delas e no processo de reforma de autos.

O processo de ausentes, previsto para os réus acusados ou pronunciados que faltassem a julgamento e para os réus evadidos, constituía uma modalidade das formas comuns de processo de querela e correccional, admitindo recurso da decisão final condenatória para o Tribunal da Relação, que conhecia de facto e de direito e podia agora também ordenar a realização de um segundo julgamento.[1171]

[1169] Ao invés de Luís Osório, que classificava a deficiência de quesitos, a contradição entre os mesmos ou deles com as respostas e ainda a contradição entre estas como meras irregularidades (Luís Osório, 1932 b: 209), José Mourisca resolvia o problema da contradição na matéria de facto com o recurso ao artigo 405 do CPC então vigente, por força do disposto no artigo 1, § único do CPP, e o da deficiência dos quesitos formulados ao júri ou o da omissão de pronúncia pelo tribunal colectivo, com a subsunção, "sem esfôrço", ao n. 1 do artigo 98 do CPP (José Mourisca, 1932: 19 e 20). A solução de José Mourisca acabou por vingar nos tribunais, considerando-se desde a entrada em vigor do CPC de 1939 e bem assim do CPC de 1961 aplicável no processo penal o disposto no artigo 712, n. 2 do CPC (Maia Gonçalves, 1972: 765, e Cunha Rodrigues, in Actas da Comissão Revisora do Código do Processo Penal, n. 15, p. 12). Não obstante o esforço da doutrina de importação do regime das nulidades vigente no processo civil, o efeito útil deste regime de nulidades era muito diminuído pela inexistência de um dever de motivação da decisão sobre a matéria de facto, que, aliás, se manteve na praxe dos tribunais com competência criminal mesmo depois de ter sido suprimida no processo civil.

[1170] O recurso de revisão foi alargado de modo a incluir os fundamentos *pro societate*, que a Constituição de 1911 vedava. Por outro lado, o código foi além da autorização concedida pelo artigo 8, n. 20 da Constituição de 1933, que não permitia a revisão de despachos, mas apenas de sentenças, sendo por isso as disposições dos artigos 694 e 695 consideradas inconstitucionais (José Mourisca, 1934: 326, e Soares Carneiro,1949: 92).

[1171] No processo de polícia só o réu evadido da prisão antes do julgamento podia ser julgado à revelia na versão do código de 1929, admitindo-se apenas a interposição de recurso e começando o prazo a contar da publicação da sentença na audiência de julgamento. Ao invés, no código de 1928 admitia-se também o julgamento dos réus ausentes pronunciados ou notificados para julgamento em processo de polícia e de transgressões. A omissão do legislador de 1929

484 A Reforma da Justiça Criminal em Portugal e na Europa

O réu dispunha ainda da faculdade, também ela nova, de requerer a realização de um segundo julgamento, mas apenas em processo de querela, sendo a prova reduzida a escrito e o julgamento realizado por um juiz, diferindo totalmente este sistema do do código na versão de 1928, que impunha o julgamento em processo de querela com registo da prova e diante do tribunal com a sua constituição regular e consagrava a faculdade de realização de um segundo julgamento nas outras formas de processo, com excepção da de processo sumário e dos processos em que o réu se tivesse evadido.[1172] No segundo julgamento do réu que tivesse sido julgado à revelia, valiam as provas produzidas no primeiro julgamento e somente eram produzidas as que fossem oferecidas de novo.[1173]

A sentença condenatória não transitada proferida à revelia podia ser executada quanto à multa, ao imposto de justiça e à indemnização, que eram restituídos ao réu se viesse a ser absolvido.[1174]

---

foi logo sanada pelo Decreto-lei n. 22.627, de 6.6.1933, que determinou o julgamento dos réus ausentes não notificados para julgamento em processo de polícia e de transgressões nos termos muito gravosos que a lei já previa para os réus evadidos. Censurando frontalmente a opção legislativa, José Mourisca concluía que "o grande princípio do art. 418 está sofrendo demasiadas excepções". Se o regime do código novo visava reprimir abusos, ele violava, no entanto, direitos elementares da defesa, como era o caso do preceito do artigo 573, § 2, e o do artigo 565, § 1, na redacção do referido Decreto-lei n. 22.627, que prescindiam da presença do réu mesmo que ele tivesse justa causa para estar ausente da audiência ou não tivesse sido notificado por culpa de outrem (José Mourisca, 1934: 186, 187 e 205). Ultrapassando uma anterior posição crítica da aplicação deste processo a "questões de pouca importância como as que se julgam em polícia correccional" (Eduardo Correia, 1947: 44), Eduardo Correia veio a considerar mais tarde que a previsão desta forma de processo se justificava, constituindo um "processo complementar" das restantes formas de processo (Eduardo Correia, 1956: 125 e 126).

[1172] O Ministério Público não podia recorrer da sentença que tivesse condenado o réu ausente sem este ter sido notificado, mesmo que lhe tivesse sido imposta uma pena maior (José Mourisca, 1934: 292). A prática assentou posteriormente na subida do recurso do Ministério Público apenas no caso de o réu ter requerido novo julgamento ou, não tendo o réu requerido novo julgamento, com a subida do recurso do réu ou findo o prazo que o réu tinha para recorrer, não devendo o Tribunal da Relação conhecer de recurso interposto pelo Ministério Público que tivesse subido antes (Soares Carneiro, 1949: 31, mas contra Cavaleiro de Ferreira, 1965: 144). Figueiredo Dias e Anabela Rodrigues consideravam que o sistema de recurso criado nesta forma de processo preservava "na mais ampla medida" os direitos de defesa do ausente, mas que podia conduzir a violações irreparáveis do princípio da imediação (Figueiredo Dias e Anabela Rodrigues, 1986: 541).

[1173] Criticando a disposição do artigo 576 do CPP, José Mourisca (1934: 211) entendia ser "lógico" que se procedesse à repetição da produção da prova para salvaguarda efectiva do contraditório, sendo as testemunhas instadas pelo advogado constituído pelo réu, "o que não é indiferente". O autor propunha que, ao abrigo da segunda parte do artigo 576, se chamassem sempre as testemunhas já ouvidas.

[1174] Muito crítico desta disposição do artigo 579 do CPP, José Mourisca (1934: 215 e 216) advogava mesmo a obrigação de o Estado suportar a restituição da indemnização ao réu

A Jurisdição Penal Comum 485

O novo processo por difamação, calúnia e injúria apresentava a particularidade de à acusação do Ministério Público ou do acusador particular se seguir logo a contestação, com o eventual pedido de prova da verdade das imputações.[1175] O despacho que apreciava este pedido e designava data para julgamento era susceptível de recurso, que tinha efeito suspensivo. No julgamento observavam-se os termos previstos para o processo de polícia correccional.[1176]

O processo por infracções cometidas por magistrados judiciais e do Ministério Público no exercício das suas funções e fora deles era regulamentado em termos em tudo semelhantes aos previstos no direito anterior, mantendo-se o regime clássico de uma verdadeira instrução contraditória muito favorável ao réu julgado por infracções cometidas no exercício das funções. Por outro lado, a versão do código de 1928 previa o registo da prova no Tribunal da Relação e a faculdade de o recurso para o Supremo Tribunal de Justiça abranger a matéria de facto, mas esta inovação não vingou, tendo o código de 1929 seguido, também aqui, o regime clássico de julgamento das infracções cometidas por juízes de direito.

A organização judiciária e o processo previstos no CPP foram complementados por vários diplomas que aprovaram a criação de novas formas processuais e até de novos tribunais com competência criminal.

A concessão de poderes jurisdicionais a órgãos policiais ou a órgãos administrativos e a consequente sobreposição de competências entre estes órgãos e alguns tribunais com competência criminal que tinham sido criados pelo legislador republicano constituíram a oportunidade para o novo poder político proce-

---

ausente posteriormente absolvido quando o indemnizado tivesse entretanto ficado insolvente: "entregar ao ofendido a indemnização sem a sentença transitar e sem garantia da restituição, não está certo". Também Luís Osório (1934: 95) punha reservas à doutrina subjacente ao disposto na lei.

[1175] O assento do Supremo Tribunal de Justiça de 17.5.1950 veio fixar a doutrina, segundo a qual o despacho equivalente ao da pronúncia nesta forma de processo era o despacho judicial que ordenava a notificação do réu para contestar, pois nele se encontrava o elemento característico da pronúncia, isto é, o recebimento judicial da acusação (concordando, Adriano Moreira, 1952: 53 e 54). Contudo, uma nova intervenção do Supremo foi necessária quatro anos depois para esclarecer desta feita a natureza do despacho judicial que designava data para julgamento. Neste segundo assento, com data de 30.6.1954, o Supremo Tribunal de Justiça considerou não aplicável a esta forma de processo o disposto no artigo 397 do CPP. A doutrina do primeiro assento caducou, como concluíram Eduardo Correia e Furtado dos Santos (1959: 360), em face do Decreto-Lei n. 41.075, de 17.4.1957, que, aliás, consagrou expressamente a doutrina do segundo assento.

[1176] O assento de 7.12.1943 consagrou a doutrina da irrecorribilidade para o Supremo Tribunal de Justiça das decisões do Tribunal da Relação proferidas nesta forma de processo.

486 A Reforma da Justiça Criminal em Portugal e na Europa

der a uma crescente policialização e administrativização do processo penal e, simultaneamente, à abolição gradual destes tribunais.[1177]

[1177] A reforma das polícias foi uma das primeiras preocupações do novo regime político. O Decreto n. 11.727, de 15.6.1926, suprimiu a Polícia de Segurança do Estado, sendo a sua competência atribuída à própria Polícia de Investigação Criminal. Ainda em Dezembro desse mesmo ano foi criada a Polícia Especial de Informações, em Lisboa, e em Março do ano seguinte no Porto, "com as atribuições que pelo governo lhe forem cometidas" (artigo 1 dos Decretos ns. 12.972, de 5.1.1927, e n. 13.342, de 26.3.1927). O director de cada um destes organismos estava subordinado ao governador civil da respectiva cidade. Simultaneamente, a Polícia de Investigação Criminal passou para a dependência do Ministério da Justiça (Decreto de 14.657, de 5.12.1927). Decorrido um ano de experiência de direcções separadas, o governo determinou a unificação das Polícias de Informações de Lisboa e do Porto, através do Decreto n. 15.195, de 17.3.1928, que subordinou a nova polícia directamente ao ministro do interior e alargou o âmbito da sua competência à "repressão dos crimes sociais e a coadjuvação nos assuntos policiais de carácter político internacional" (artigo 3) em todo o território continental, valendo os autos por si formados como corpo de delito. A Polícia de Informações foi, contudo, extinta pelo Decreto n. 20.033, de 3.6.1931, que no respectivo preâmbulo dava conta dos "protestos" gerados pelo seu modo de actuação, transferindo-se a sua competência para a Polícia de Segurança Pública. A concentração da função repressiva da criminalidade política em um corpo policial não especializado também não se revelou satisfatória, sendo por isso completada pela actividade fiscalizadora e de vigilância das fronteiras terrestres da Polícia Internacional (Decretos n. 15.825, de 31.7.1928, e n. 15.884, de 24.8.1928), que funcionava junto da Polícia de Informações. Por falta de meios a Polícia Internacional foi integrada na Polícia de Investigação Criminal e, portanto, submetida ao ministro da justiça, pelo Decreto n. 18.849, de 13.9.1930, mas regressou à tutela do ministério do interior, pelo Decreto n. 20.125, de 30.7.1931, com competência para vigiar a circulação de cidadãos nacionais e estrangeiros nas fronteiras e reprimir o comunismo, "designadamente no que toca às ligações entre elementos portugueses e agitadores estrangeiros" (artigo 1, ponto 9, do Decreto n. 20.125). A polícia possuía amplos poderes instrutórios para o efeito, "reconhecendo-lhe mais uma vez aquela liberdade de acção que é indispensável aos seus objectivos e aos métodos próprios da sua investigação", como se afirma no preâmbulo do diploma. Por mero ofício do ministro do interior de 2.5.1936, dirigido ao director da Polícia Internacional (Maria Conceição Ribeiro, 1995: 62), foi criada uma "secção de vigilância política e social" da Polícia Internacional, que concentrou todas as funções de prevenção e repressão de crimes políticos e absorveu a secção de informações da Polícia de Segurança Pública. A Polícia de Defesa Política e Social, que sucedeu a esta secção, foi criada pelo Decreto n. 22.151, de 23.1.1933, com a função de "prevenir e evitar os crimes de natureza politica e social", subordinada ao ministro do interior e com poderes instrutórios amplos. Em Agosto de 1933 foi determinada a fusão da Polícia Internacional Portuguesa e da Polícia de Defesa Política e Social, com a designação de Polícia de Vigilância e Defesa do Estado (PVDE), tendo uma "secção de defesa política e social", com competência para prevenir e reprimir os "crimes de natureza política e social", e uma "secção internacional", com competência para vigiar as fronteiras terrestre e marítima (Decreto-Lei n. 22.992, de 29.8.1933). Esta polícia, que se encontrava sob a dependência hierárquica do ministro do interior, tinha poderes instrutórios amplos e poderes de controlo de estabelecimentos prisionais (Decreto-lei n. 24.112, de 29.6.1934). Não obstante "certas brutalidades perfeitamente escusadas" da PVDE, que eram objecto de crítica até no seio do poder (Comissão, 1990: 208), só em 1945 o quadro legal dos poderes da polícia

A Jurisdição Penal Comum   487

Assim, o primeiro passo neste sentido foi dado pela publicação do Decreto n. 12.469, de 12.10.1926. "Ponderando que o aumento assustador dos crimes de vadiagem e dos de comércio e uso de estupefacientes impõe a aplicação de sanções severas e imediatas", o legislador conferiu aos directores e adjuntos da Polícia de Investigação Criminal competência para julgar em processo sumário os crimes de vadiagem previstos na Lei de 20.7.1912 e de comércio ilícito e uso de estupefacientes previstos no Decreto n. 12.210, de 24.8.1926, cometidos nas cidades onde tivessem sede aquelas autoridades, tendo esta competência sido logo alargada pelo Decreto n. 16.416, de 4.2.1929, aos crimes de jogos de azar e fortuna cometidos nas comarcas de Lisboa, Porto e Coimbra, e pelo Decreto n. 17.640, de 22.11.1929, aos indivíduos presos em flagrante delito nas cidades de Lisboa, Porto e Coimbra pela prática dos crimes de desobediência à polícia, tirada de presos, ofensas corporais que produzissem até cinco dias de incapacidade para o trabalho, injúrias em local público, ofensas à moral pública, ultraje ao pudor, detenção e comercialização de publicações pornográficas, ameaças, embriaguez em local público, uso de nome, uniforme ou insígnia falsos e extorsão por bruxaria e práticas semelhantes, bem como aos incursos na prática dos crimes de vadiagem, mendicidade, devassidão, exploração de mendigos e prostitutas e violação de ordem de expulsão cometidos nos concelhos de Lisboa, Porto e Coimbra e dos crimes de comércio ilícito e uso de estupefacientes cometidos nos distritos administrativos de Lisboa, Porto e Coimbra.[1178]

---

política seria modificado, revelando-se assim uma linha de continuidade entre a conformação de poderes das polícias políticas da primeira República e a PVDE. Resulta, pois, claro que Maria da Conceição Ribeiro labora em equívoco quando afirma que esta polícia tinha um poder novo em relação às polícias da primeira República, o de determinar "a prisão sem julgamento e até sem culpa formada" (Maria da Conceição Ribeiro, 1995: 209).

[1178] Simultaneamente, o legislador determinou que os lugares de director, subdirector e adjunto da Polícia de Investigação fossem providos exclusivamente em juízes de direito, nomeados em comissão de serviço por três anos e "com garantia de inamovibilidade" (artigo 5 do Decreto-lei n. 20.108, de 27.7.1931). Três anos depois, o legislador recuou nesta exigência, autorizando a nomeação como adjuntos de advogados ou diplomados em direito "de reconhecida competência", desempenhando os adjuntos as funções jurisdicionais apenas na falta ou no impedimento dos juízes de direito (artigo 29 do Decreto-Lei n. 24.090, de 29.6.1934). Por força da sua ampla competência jurisdicional e do estatuto dos seus funcionários superiores, Paulo Cunha qualificava a Polícia de Investigação Criminal como um "verdadeiro tribunal", "podendo assim dizer-se que desde que a polícia actua temos já uma verdadeira relação processual penal" (Paulo Cunha, 1937: 96). Também Barbosa de Magalhães considerava os serviços desta polícia como "tribunais, embora directamente subordinados ao Ministro da Justiça", podendo ser considerados, em função do estatuto dos seus funcionários superiores, "ao mesmo tempo, tribunais ordinários e especiais" (Barbosa de Magalhães, 1940 a: 373 e 374). A crítica radical deste "novo tribunal" foi feita por Herlandér Ribeiro, que censurou especialmente a "latitude perigosa da jurisdição" da polícia (Herlandér Ribeiro, 1929: 5), a violação do princípio da acusação ("Quem investiga tem a paixão

A *Reforma da Justiça Criminal em Portugal e na Europa*

O julgamento dos crimes cuja perseguição era restrita às cidades de Lisboa, Porto e Coimbra era sumaríssimo e realizava-se no dia da captura ou no dia útil seguinte, sendo os crimes puníveis com pena de multa até 5.000$00, convertível em prisão até ao limite máximo de seis meses. As decisões condenatórias admitiam apenas recurso directo para o Supremo Tribunal de Justiça com fundamento em incompetência, dependendo a subida do pagamento imediato da multa em que o recorrente tivesse sido condenado e em quarenta e oito horas de uma quantia adicional de 200$00.[1179]

O julgamento dos crimes cometidos nos concelhos ou nos distritos administrativos de Lisboa, Porto e Coimbra e ainda do crime de jogos de azar e fortuna era sumário e processava-se dentro de oito dias a contar da prisão, podendo este prazo ser prorrogado por igual período. As decisões condenatórias admitiam, no caso dos crimes previstos na Lei de 20.7.1912, apenas o referido recurso directo e com fundamento em incompetência para o Supremo Tribunal de Justiça, aguardando sempre o arguido preso a decisão final, e, no caso dos crimes previstos nos Decretos n. 12.210 e 16.416, além daquele recurso directo para o Supremo Tribunal de Justiça, o recurso para o Tribunal da Relação, restrito ao quantitativo da pena e ao prazo da prisão, que podia ser seguido de recurso para o Supremo, fundado em incompetência. O recorrente condenado pela prática de um dos crimes previstos nos Decretos n. 12.210 e 16.416 podia, no entanto, aguardar a decisão final do recurso em liberdade, prestando caução.

A polícia era deste modo alçada a uma instância jurisdicional comum para os detidos em flagrante pela prática de um vasto elenco de crimes puníveis com pena até seis meses de prisão e mesmo para os detidos fora de flagrante delito

---

nata de ter descoberto a verdade, embora, partindo de princípios errados, defenda a sua investigação com boa-fé e sinceridade. Quem prende verá com mágua doentia, mas meridional, que o que prendeu, seja por outro julgado inocente: há a obstinação de não errar. Há a teimosia do facto consumado, que oblitera o equilibrio da razão justa. O julgamento de todo o delito deve ser feito por quem possa estar liberto da paixão e manter – por princípio – liberto o criterio de apreciar as provas.", Herlandér Ribeiro, 1929: 18) e o sistema de recursos ineficaz, concluindo que "um Codigo de Processo Penal, e mau ou bom, temos um recente, é o termometro fiel da civilização de um povo: o decreto n. 17.640, visto sem paixão, dá-nos a impressão, que vivemos infelizmente, muito abaixo do zero!" (Herlandér Ribeiro, 1929: 6).

[1179] A doutrina censurou o recurso "platónico" previsto para as decisões da polícia ("E apertando o direito de recorrer, que deve pelos principios da nossa legislação de ampliar e não restringir, tambem o decreto cria o sistema do quero, posso e mando, que não é compatível com a época em que vivemos, seja ou não normal", Herlandér Ribeiro, 1929: 5 e 18) e, apontando mesmo o dedo à desconformidade desta norma com a previsão constitucional da existência de duas instâncias, José Mourisca perguntava: "Os julgamentos pela polícia estarão menos sujeitos a erros que os proferidos pelas justiças ordinárias ?" e respondia "parece que sim" (José Mourisca, 1931: 59).

A *Jurisdição Penal Comum*   489

pela prática de alguns crimes puníveis com penas de prisão correccional,[1180] em que não havia representante do Ministério Público,[1181] não era admissível a instrução contraditória[1182] e o direito de recurso era fortemente restringido. A este poder jurisdicional acrescia ainda uma ampla competência para investigar e decidir da acusação ou do arquivamento de quaisquer crimes comuns públicos e particulares em concorrência com os tribunais.[1183]

A outra área eleita pelo legislador para uma intervenção inovadora no sentido da administrativização do processo penal foi a da criminalidade contra a saúde pública.

O Decreto-Lei n. 17.721, de 6.12.1929, determinou, em face da frequência crescente dos crimes de falsificação dos géneros alimentícios, a adopção de um conjunto de medidas que, "com pronta energia e salutar eficácia, ponham termo a uma situação perigosa para a saúde do povo e humilhante para a dignidade nacional". Entre estas medidas previa-se o cometimento da fiscalização policial dos produtos agrícolas à intendência geral da segurança pública, tendo esta autoridade competência para punir com pena de multa os autuados pelos crimes de corrupção e falsificação de alimentos, com base em uma análise dos produtos apreendidos. Ao autuado era apenas garantido o direito de requerer segunda análise.

[1180] A letra da lei era ainda alargada pelo entendimento da polícia de que flagrante delito era todo o "acto cometido publicamente" (Herlandér Ribeiro, 1929: 25).

[1181] Com ironia comentava Herlandér Ribeiro que "não sabemos se o critério policial permite nomear um agente para delegado: se assim fôr, o quadro fica edificante!" (Herlandér Ribeiro, 1929: 26).

[1182] Também esta limitação mereceu a crítica do comentador da lei nova ("As penas graves, quando aplicadas pelos Tribunais regulares, não intranquilisam a sociedade, mas, dando-se a faculdade de as aplicar num tribunal especial sem garantias de discussão, sem possibilidade de recorrer à instrução contraditória (nova publicação § 3 do art. 34), todo o cidadão tem o dever de protestar", Herlandér Ribeiro, 1929: 31).

[1183] A competência concorrente dos tribunais e da polícia de instrução criminal não legitima a conclusão de Damião da Cunha (1993: 44) de que o juiz, a quem competia a tarefa investigatória, ficou deste modo "totalmente esbulhado desses poderes". Aliás, a doutrina coeva salientava claramente que a atribuição à Polícia de Investigação Criminal de poderes de instrução não correspondia à concessão da instrução judiciária à polícia, pois a polícia remetia os autos a juízo quando entendesse haver elementos de prova bastante e o juiz podia proceder a diligências instrutórias mesmo quando houvesse auto policial com fé em juízo, competindo-lhe encerrar definitivamente a instrução e proceder à instrução contraditória. Por outro lado, a decisão de arquivamento da polícia não impedia o prosseguimento criminal pelos mesmos factos no tribunal, razão pela qual era "inadmissível que a polícia de investigação ou a autoridade administrativa faça, por exemplo, uma investigação respeitante a um processo crime já pendente em juízo e que não foi solicitada ou consentida pelo juiz do processo" (Beleza dos Santos, 1936 b: 210).

490 *A Reforma da Justiça Criminal em Portugal e na Europa*

As decisões de condenação proferidas pela intendência eram recorríveis para um tribunal colectivo, com sede em Lisboa, constituído por três juízes, de livre nomeação do ministro da justiça. No tribunal de recurso o autuado podia apresentar até três testemunhas em sua defesa e o tribunal decidia em última instância.[1184]

Em face da natureza transitória destas disposições, reconhecida pelo próprio legislador, e da sistemática interposição de recursos, o Decreto n. 18.640, de 19.7.1930, instituiu junto da intendência geral de segurança pública a inspecção geral dos serviços de fiscalização de géneros alimentícios e atribuiu-lhe apenas competência para investigar os crimes de fabrico, expedição e venda de produtos alterados, falsificados ou corruptos destinados à alimentação humana.

O diploma criou um processo especial para julgamento destes crimes, cabendo ao pessoal da inspecção as investigações preliminares e ao intendente geral de segurança pública a prolação de despacho de indiciação, a que o réu podia opor a sua contestação. Os réus eram julgados, mesmo na sua ausência, por um tribunal colectivo, composto por dois militares, presidindo um deles, e por um juiz auditor, sendo o juiz nomeado de entre os juízes de direito de primeira classe pelo ministro da justiça e os militares designados pelo ministro do interior. No tribunal não havia nem promotor nem defensor oficioso. As decisões do tribunal só eram recorríveis quando a multa aplicada fosse superior a 50.000$00, sendo o recurso de revista para o Supremo Tribunal de Justiça "nos termos gerais do processo" (artigo 12, § 5).

O Decreto-Lei n. 20.282, de 5.9.1931, alterou a composição do tribunal de julgamento e os termos do processo. O Tribunal Colectivo de Géneros Alimentícios era composto pelo intendente geral de segurança pública, que presidia, por

---

[1184] Já anteriormente, o legislador monárquico tinha ensaiado a introdução de algumas especialidades no combate a este tipo de criminalidade. Embora devesse ser observada a forma de processo aplicável à infracção nos termos da lei, foram estabelecidas algumas especialidades para o julgamento dos crimes de alteração ou falsificação de produto agrícola alimentar logo nos Decretos de 22.7.1905 e de 3.11.1905, que previam o recurso obrigatório do despacho judicial de improcedência do corpo de delito e da sentença absolutória, salvo se neste caso o verdadeiro responsável pela infracção fosse descoberto na audiência de julgamento e o processo seguisse contra ele. Mais tarde, em face da falsificação frequente da manteiga com adição de água e até de substâncias nocivas, o Decreto n. 11.228, de 7.11.1925, determinou o julgamento dos processos relativos à falsificação de produtos alimentares instaurados pelo Ministério da Agricultura de acordo com as disposições daqueles Decretos de 22.7.1905 e de 3.11.1905, tendo o Decreto n. 11.305, de 30.11.1925, atribuído a competência para a realização do julgamento destes processos em Lisboa e no Porto ao director da polícia de investigação criminal e aos seus adjuntos e nas restantes comarcas ao juiz de direito. Contudo, quatro meses depois, o legislador arrepiou caminho e o Decreto n. 11.521, de 22.3.1926, revogou o diploma de Novembro último. Coube ao legislador da ditadura militar a criação do tribunal especial para julgar este tipo de criminalidade.

A *Jurisdição Penal Comum* 491

um oficial superior do exército ou da marinha e por um juiz de direito auditor, sendo o oficial nomeado pelo ministro do interior e o juiz pelo ministro da justiça de entre os juízes de direito de qualquer classe.

A instrução do processo cabia ao inspector geral, indo a final os autos ao Ministério Público para deduzir acusação ou promover o que tivesse por conveniente. Sendo deduzida a acusação, ela era notificada ao réu e tinha "efeito de sentença condenatória", se o réu a não contestasse (artigo 42, § único).[1185] Contestando o réu, seguia-se o julgamento definitivo pelo tribunal colectivo. As decisões do tribunal só admitiam recurso para o Tribunal da Relação quando a multa aplicada fosse superior a 50.000$00, conhecendo o tribunal superior apenas de direito, nos termos do artigo 665 do CPP.

"Tendo principalmente em vista ampliar as garantias da defesa dos acusados", o Decreto-Lei n. 21.306, de 2.6.1932, modificou a composição do tribunal, atribuindo a sua presidência a um juiz de direito de primeira classe e dando-lhe dois assessores, um oficial superior do exército ou da armada e um adjunto da direcção-geral da segurança pública. Por outro lado, o recurso das decisões finais do tribunal seria interposto directamente para o Supremo Tribunal de Justiça, restrito a matéria de direito e admissível apenas quando a multa, excluídos os adicionais, fosse superior a 6.000$00.[1186]

O Decreto-Lei n. 27.485, de 15.1.1937, fixou definitivamente a composição do tribunal com o comandante geral da Polícia de Segurança Pública, um oficial superior do exército ou da armada, nomeado pelo ministro do interior, e um juiz de direito, nomeado pelo ministro da justiça de entre os juízes de qualquer classe, e conferiu a este juiz a presidência do julgamento e a direcção da instrução do processo. O tribunal funcionaria junto do comando geral da PSP.[1187]

[1185] A contestação devia ser apresentada no prazo de cinco dias a contar da notificação do indiciado, independentemente do local onde este vivesse, pelo que se tornava um prazo "deficientíssimo" para os arguidos da província, que "ou têm de escolher advogado de lá que entregará a contestação sem ver o processo, ou advogado de Lisboa que muitas vezes tem de se cingir unicamente aos elementos do processo sem poder invocar a defesa alegada pelo arguido porque não tem tempo de trocar correspondência" (Abel dos Santos, 1938: 15 e 16). Esta era "a mais revoltante aberração consentida aos princípios básicos do processo penal" (Cavaleiro de Ferreira, 1956 b: 100 e 148), pois a decisão condenatória resultava de uma condenação de preceito baseada na instrução e da falta de defesa do arguido, fosse ela voluntária ou involuntária.

[1186] Mesmo depois desta modificação da alçada do tribunal colectivo, a matéria de recursos era "a que mais justos e ruidosos clamores tem provocado", sendo considerada a importância de 10.810$00, que correspondia ao da multa com os adicionais e imposto de justiça, como "excessivamente elevada para se não poder recorrer dela" (Abel dos Santos, 1938: 17).

[1187] Não obstante considerar a legislação que criou este tribunal como uma "verdadeira anomalia para com o nosso sistema judiciário", fruto de "uma criação de circunstância" e cuja

492 *A Reforma da Justiça Criminal em Portugal e na Europa*

Destarte, a criminalidade contra a saúde pública foi submetida a um tribunal cujos membros estavam na dependência directa do poder político e a um processo que desrespeitava frontalmente o princípio da acusação, admitia uma condenação de preceito e limitava gravemente a garantia do recurso.

Em consequência destas iniciativas legislativas verificou-se um decréscimo contínuo do número de transgressões julgadas em Lisboa, o que levou o legislador em Junho de 1933 a decretar a extinção dos lugares privativos dos juízes auxiliares de investigação criminal e dos juízes das transgressões, tornando as funções dos juízes auxiliares inerentes às dos directores das polícias de investigação criminal de Lisboa e do Porto e seus adjuntos [1188] e transferindo as competências dos juízes de transgressões para os tribunais comuns.[1189] Deste modo, o processo de policialização da criminalidade urbana e de administrativização de certa criminalidade económica concluiu-se com a elevação dos serviços das polícias das grandes

---

conservação constituía "uma simples questão de oportunidade", a Câmara Corporativa pronunciou-se no sentido da ratificação do Decreto-Lei n. 27.485 na generalidade, propondo, sem sucesso, que o tribunal passasse a funcionar junto do Ministério da Justiça e sob a disciplina do Conselho Superior Judiciário e que o juiz de direito voltasse a ser de primeira classe (Parecer n. 101/I sobre a ratificação do Decreto-Lei n. 27.485, in Diário da Câmara, 1937, p. 3). A Câmara não se coibiu ainda de ressalvar a necessidade de uma ulterior reorganização do tribunal e da revisão do processo com vista à sua aproximação das normas gerais, pois "convém não confundir energia com arbítrio". Carlos Pinto Coelho criticou vigorosamente a composição deste tribunal, considerando que "o predomínio que desta forma se deu ao elemento militar, demonstra que à organização dêste chamado Tribunal não presidiu o critério da competência profissional para exercer a função de julgar", concluindo mesmo no sentido da inconstitucionalidade superveniente das disposições que criaram este tribunal por incompatibilidade com a nova "estrutura jurídica do Estado" e por o Decreto-Lei n. 27.485 ter procedido à organização do tribunal de modo diverso da anterior à entrada em vigor da Constituição (Carlos Pinto Coelho, 1938: 38 a 40). Ao invés, Cavaleiro de Ferreira pronunciou-se pela compatibilidade do Tribunal de Géneros Alimentícios com a nova Constituição, invocando o argumento de que este tribunal tinha sido criado antes da entrada em vigor da Constituição (Cavaleiro de Ferreira, 1955: 59). Só em 1957 vingaria parcialmente a sugestão da Câmara Corporativa.

[1188] O Estatuto Judiciário de 1944 manteve a inerência das funções de juiz auxiliar de investigação criminal de Lisboa e do Porto às dos directores e adjuntos das respectivas polícias de investigação criminal (artigos 16, § único e 59). Só em 1962, com a publicação do novo Estatuto Judiciário, foram definitivamente extintos os juízes auxiliares de investigação criminal de Lisboa e do Porto e transferidas as suas competências para a Polícia Judiciária (artigo 759).

[1189] Barbosa de Magalhães e Magalhães Godinho (1937: XXIX) criticaram com vigor a extinção dos Tribunais das Transgressões pelo Decreto-lei n. 22.779, de 29.6.1933, e o regresso do julgamento destas infracções à competência dos juízes criminais, como ocorria até 1914, quer por ter sido bem sucedida a especialização jurisdicional no tratamento deste tipo de infracções, quer por razões de manifesta inoperacionalidade dos juízes criminais para este fim. O tempo viria a dar razão aos críticos, pois em 1945 foram criados os Tribunais de Polícia nas comarcas de Lisboa e do Porto com competência para o julgamento das transgressões.

A Jurisdição Penal Comum 493

cidades do país a tribunais e a criação de um novo Tribunal Colectivo de Géneros Alimentícios, de composição mista administrativa, militar e judicial. Por outro lado, a extinção dos lugares dos juízes auxiliares de investigação criminal, também criados pelo legislador republicano, constituiu uma decorrência lógica da medida já adoptada de abolição dos juízes de investigação criminal.

Tomadas as iniciativas referidas no âmbito da criminalidade urbana e económica, o legislador dedicou posteriormente a sua atenção ao problema da criação dos julgados municipais. Tendo sido extintos pelo Estatuto de 1926 e recuperados pelo Estatuto do ano seguinte, os julgados municipais aguardavam desde então a regulamentação, o que veio a ocorrer quatro anos depois através da publicação do Decreto n. 19.578, de 11.4.1931.

Este diploma criou julgados municipais em todas as sedes das comarcas extintas pelo Decreto n. 13.917, exercendo funções de juiz municipal o conservador do registo predial ou o do registo civil ou, quando o ministro da justiça o julgasse necessário, um diplomado em direito. Este magistrado exercia na área do concelho as mesmas funções judiciais que a lei previa para o juiz de direito, com a excepção dos feitos cíveis e comerciais de valor excedente a 5.000$00, dos processos correccionais e dos processos criminais da competência dos tribunais colectivos, cabendo-lhe ainda nestes processos a feitura do corpo de delito e a prolação da pronúncia provisória. Das decisões proferidas em processo crime pelo juiz municipal cabia recurso para a Relação.

Se o elevado grau de formação académica exigido para a nomeação destes magistrados já tornava impossível a nomeação em alguns municípios, a conformação muito ampla da competência do juiz municipal, que o alcandorava verdadeiramente ao nível de uma magistratura paralela à judicial, opunha-se ao sentido da evolução legislativa dos últimos sessenta anos e dificilmente poderia subsistir. O novo diploma vigorou dois meses, tendo sido revogado pelo Decreto n. 19.900, de 18.6.1931.

Neste segundo diploma, mantinham-se as disposições relativas à criação de julgados municipais e ao exercício de funções de juiz municipal pelo conservador do registo predial ou do registo civil e por diplomados em direito, mas previa-se também a nomeação interina de indivíduos que tivessem "suficientes habilitações e a indispensável idoneidade" (artigo 16).[1190] Por outro lado, a

---

[1190] O legislador visava com o provimento do conservador do registo predial ou do oficial do registo civil nestes cargos três objectivos: garantir a preparação técnica e a idoneidade moral dos juízes, assegurar-lhes a sustentação e subordiná-los ao Conselho Superior Judiciário. O insucesso desta tentativa de resolução da questão da idoneidade dos juízes municipais foi amplamente reconhecido (Parecer n. 29/I sobre o projecto de lei n. 42, da Câmara Corporativa, Diário da Câmara, 1935, pp. 3 e 4).

494   *A Reforma da Justiça Criminal em Portugal e na Europa*

competência do juiz municipal sofreu uma forte diminuição, sobretudo em matéria cível, tendo também sido restringida a sua competência instrutória nos processos julgados pelo juiz de direito e pelo tribunal colectivo aos actos anteriores à queixa ou à querela provisória, que devia ser dada já no tribunal de comarca.[1191]

Por último, também a relação de equilíbrio entre os tribunais de primeira instância e os de segunda instância no âmbito do processo comum, consagrada pelo legislador do código, sofreu uma significativa alteração, com a aprovação de duas modificações legislativas fundamentais pelo Decreto-Lei n. 20.147, de 1.8.1931.

Com vista a pôr cobro ao modo muito deficiente como os tribunais colectivos decidiam sobre a matéria de facto, iludindo a obrigação de conhecer de todos os factos alegados pela acusação e pela defesa, o legislador determinou a elaboração obrigatória de quesitos no julgamento por tribunal colectivo.[1192]

Por outro lado, os excessos cometidos logo nos primeiros tempos de actividade do tribunal colectivo justificaram a limitação da discricionariedade deste tribunal na apreciação da matéria de facto, tendo o legislador consagrado a sindicância da decisão sobre os factos nos recursos interpostos nos processos julgados pelo tribunal colectivo com base nos documentos, nas respostas aos quesitos e em "quaisquer outros elementos constantes dos autos".[1193]

A desconformidade entre a nova faculdade do tribunal de recurso e os meios da lei vigente para a sua concretização foi logo criticada pela doutrina.

[1191] José Mourisca, 1931: 197, e Luís Osório, 1932 a: 379. Assim, os juízes municipais tinham competência para praticar actos de instrução em todos os processos até à prolação da acusação provisória, o que constituía uma revogação tácita do disposto no artigo 172 do CPP (José Mourisca, 1932: 179, e Luís Osório, 1932 a: 378). A instrução contraditória nos processos cujo julgamento coubesse ao juiz de direito era feita por este se já tivesse sido deduzida a queixa ou a querela, mas no caso contrário a instrução contraditória era feita pelo juiz municipal, pelo que este magistrado podia arquivar processos cujo julgamento pertencia ao juiz de direito (Luís Osório, 1932 a: 379).

[1192] Joaquim Sá Carneiro, 1929: 178 e 79, Bessone d'Abreu e Eurico Simões, 1930: 845, e José Mourisca, 1934: 82. A praxe continuou, contudo, a ser muito deficiente, ainda que por outras razões. A quesitação dos elementos constitutivos do crime consistia muitas vezes na reprodução das respectivas disposições legais e a jurisprudência dispensava mesmo a quesitação da culpa, presumindo-se o elemento subjectivo da infracção, salvo prova em contrário a cargo do réu (Simões de Oliveira, 1953: 302 a 305, e Campos Costa, 1956 a: 126, 129 e 131).

[1193] A sindicância baseada nestes elementos foi também fixada para as decisões finais proferidas nos processos com intervenção do júri. Uma terceira, mas menos significativa, medida adoptada pelo legislador foi a do esclarecimento de que a Relação conheceria de facto e de direito no recurso interposto das sentenças absolutórias em processo de ausentes. O esclarecimento visou obstar à jurisprudência restritiva que se formou no início da vigência do código no sentido de só se admitir recurso de direito da sentença absolutória (José Mourisca, 1934: 212).

A Jurisdição Penal Comum 495

"Mas se não ficaram reduzidos a escrito os depoimentos das testemunhas no plenário", perguntava José Mourisca, "como há-de a Relação modificar a decisão do colectivo ? Dar uma faculdade e não conceder os meios para a poder exercer, o mesmo é que não a dar".[1194]

Por isso, alguma doutrina ainda pretendeu que a modificação legislativa importava concomitantemente a obrigatoriedade do registo da prova, mas esta tese não teve qualquer acolhimento no foro.[1195]

Ao invés, Luís Osório pronunciou-se abertamente pela revogação deste diploma e em favor do primitivo sistema de não sindicância do julgamento da matéria de facto. Os juízes da Relação só tinham ao seu dispor os depoimentos tirados do corpo de delito e não os produzidos na audiência de julgamento e "quando os juízes de primeira instância se não devem apoiar nesses depoimentos para julgar, mas unicamente no que for dito na audiência de julgamento, menos os juízes da Relação se podem fundar nos depoimentos aí existentes que não passaram pelo crivo do contraditório, e que foram talvez modificados ou esclarecidos na audiência de julgamento".[1196]

A jurisprudência iria, por seu turno, firmar no famoso caso *Lory* um entendimento muito restritivo dos termos em que o problema tinha sido colocado e resolvido pelo legislador. O caso que gerou a fixação de assento foi este:[1197] no Tribunal da Boa Hora julgou-se um réu acusado da prática do crime de estupro. O réu foi absolvido, por se ter dado como não provado o elemento da sedução, julgando o tribunal prejudicados os restantes quesitos. O Tribunal da Relação deu, contudo, como provada a sedução e anulou o julgamento, por falta de resposta aos restantes quesitos, tendo a decisão sido confirmada pelo Supremo Tribunal de Justiça.

No novo julgamento o tribunal colectivo chegou ao mesmíssimo resultado do primeiro julgamento. Interposto recurso, o Tribunal da Relação, desta feita, julgou como provada a sedução e respondeu aos restantes quesitos com base nos elementos de prova juntos aos autos.

O Supremo Tribunal de Justiça confirmou uma primeira vez o acórdão da Relação, mas em pleno fixou jurisprudência, pelo assento de 29.6.1934, no sentido de que estava vedado ao Tribunal da Relação conhecer dos elementos de prova dos autos que pudessem ter sido contrariados pela prova apreciada pelo tribunal colectivo na audiência de julgamento e, revogando o acórdão da Relação, absolveu o réu.

[1194] José Mourisca, 1934: 96 e 310.
[1195] Bessone d'Abreu e Simões Serra, 1930: 837 e 846.
[1196] Luís Osório, 1932 a: 400, 1933 b: 320 e 321, e 1934: 375.
[1197] O caso está relatado em José Mourisca (1934: 101), embora na data deste relato ainda não tivesse visto o seu fim.

A doutrina do Supremo Tribunal de Justiça era a de que "sem a defesa escrita dos réus em audiência ou sem documentação superveniente, ou mesmo existente no processo, que destrua formalmente as decisões dos tribunais colectivos não podem as Relações modificá-las", pois "absurdo e deshumano seria julgar um réu sem ouvir a sua defesa, postergando os mais elementares princípios de direito de que ninguém poder ser condenado sem ser ouvido".[1198]

O assento do Supremo Tribunal de Justiça transformou, em termos práticos, o Tribunal da Relação em um tribunal de revista.[1199] A doutrina do assento constituía um retrocesso efectivo à situação vigente antes do decreto de 1931 e, portanto, uma aproximação à versão inicial do código. Acresce que a jurisprudência do Supremo Tribunal de Justiça interpretou o assento em sentido ainda mais restritivo, admitindo apenas em dois casos a alteração dos factos pelos Tribunais de Relação: quando todos os elementos de prova que tivessem servido de base aos factos fixados na decisão da primeira instância tivessem sido registados nos autos, por exemplo, através da inquirição por deprecada de todas as testemunhas arroladas, ou quando se tratasse de factos que estivessem plenamente provados por documento autêntico.[1200] Esta interpretação assentava na premissa de que qualquer prova produzida perante o tribunal colectivo impedia a alteração dos factos fixados na decisão da primeira instância, uma vez que não havia registo da prova produzida diante do tribunal colectivo e esta prova podia ter sido decisiva para a formação da convicção do tribunal colectivo.

Esta evolução da lei e da jurisprudência nos anos subsequentes à publicação do código de 1929 é reveladora da natureza deste código como diploma de uma época de transição.

Com efeito, quer no que toca à organização dos diferentes órgãos jurisdicionais com competência criminal, quer no que respeita ao equilíbrio recíproco

---

[1198] RT, ano 52, 1934, p. 200.

[1199] Cavaleiro de Ferreira, 1940: 284, Soares Carneiro, 1949: 27 e 67, e Santos Silveira, 1970: 139. A duplicação inútil das instâncias de recurso foi também denunciada por Joaquim Gualberto de Sá Carneiro ("E não compreendo como, ao mesmo tempo que se fazem economias drásticas nos serviços de justiça, no nosso País existam nada menos de quatro tribunais de revista, sem falar nas Relações ultramarinas. De facto, além do Supremo Tribunal de Justiça, as nossas Relações só por grande excepção funcionam como tribunais de prova", in Diário das Sessões da Assembleia Nacional, IV Legislatura, n. 88, de 13.2.1947, p. 544), Francisco Sá Carneiro (1973: 17), Roseira Figueiredo ("teòricamente, temos dois tribunais de instância e um de revista, na prática, o que existe é um único tribunal de instância e dois de revista", 1972: 36) e Figueiredo Dias (o sistema de recursos era "bizarro, quando não mesmo absurdo, por dar como uma mão (possibilidade de recurso de facto) aquilo que tira com a outra (proibição de registo da produção oral da prova)", 1974: 230, e 1983 a: 238 e 358).

[1200] Maia Gonçalves, 1978: 694.

dos poderes dos tribunais de primeira e segunda instância, as opções realizadas em 1929 caracterizaram-se pela sua transitoriedade.

Apesar de os juízes de investigação criminal terem sido abolidos em 1926, o legislador manteve no código os juízes auxiliares de investigação criminal, que tinham sido criados em 1918 para acudir à sobrecarga de trabalho daqueles primeiros. Contudo, a manutenção dos juízes auxiliares em 1929, depois da recente abolição dos juízes de investigação auxiliados, constituiu uma decisão manifestamente transitória, tomada no âmbito de uma opção política de retorno ao sistema inquisitório, com a concentração das funções instrutória e judicativa no mesmo magistrado, que se veio a concretizar com a extinção dos lugares privativos de juízes auxiliares em 1933 e, por fim, com a extinção mesma dos juízos auxiliares em 1962.

A outra vertente desta opção pela concentração de poderes instrutórios no juiz de direito, constituída pela extinção dos julgados municipais, deparou, no entanto, com a reacção das populações. Também a este propósito, a omissão de qualquer regulamentação específica no código, não obstante a reintrodução dos julgados municipais ter sido decidida no ano de 1928, era reveladora da transitoriedade do sistema de organização judiciária nele consagrado, tendo os julgados municipais logo no ano de 1931 sido objecto de uma regulamentação autónoma muito restritiva.

Do mesmo modo, a manutenção dos juízes das transgressões pelo legislador do código constituiu uma decisão transitória, que não obstou à adopção nesse mesmo ano de 1929 de medidas de policialização da criminalidade urbana e de administrativização do processo relativo aos crimes de falsificação de géneros alimentícios, conduzindo ambas à extinção dos Tribunais das Transgressões em 1933.

Por sua vez, a forte restrição da competência do tribunal de júri, já decidida em 1927 e mantida pelo legislador do código, correspondia a uma opção política de eliminação de toda a participação popular na administração da justiça, que teria a sua consagração prática na transferência do conhecimento da quase totalidade dos crimes políticos para a jurisdição militar no ano de 1932, como se verá melhor adiante, e a sua consagração explícita e definitiva no Estatuto Judiciário de 1944, com a abolição do tribunal de júri.

A mesma precaridade se verificou também no que respeita ao equilíbrio entre os tribunais de primeira e segunda instância. A confiança absoluta da decisão sobre a matéria de facto ao tribunal colectivo, consagrada no processo comum pelo Estatuto de 1927 e mantida pelo legislador do código, foi restringida logo em 1931, embora a jurisprudência tenha posteriormente interpretado esta inovação em termos quase tão apertados como os do diploma de 1927.

498 *A Reforma da Justiça Criminal em Portugal e na Europa*

Se as opções, activas e por omissão, do legislador de 1929 relativas à organização dos diferentes órgãos jurisdicionais com competência para julgar se mostraram precárias, denunciando um propósito político de desmantelamento e transformação das instituições judiciárias vigentes, sem, contudo, ter subjacente a implementação de um novo paradigma judiciário, ao invés, no tocante à estrutura das formas de processo, a regulamentação do código não só permaneceu fiel à história do processo penal português, como constituiu mesmo o seu desenvolvimento lógico.

Assim, a legislação sobre a liberdade de imprensa publicada desde 1898 foi a fonte remota e o Decreto n. 13.255, de 9.3.1927, a fonte próxima da nova regulamentação do processo ordinário. Tendo a Lei de 7.7.1898 abolido o libelo acusatório no processo para julgamento dos crimes de abuso de liberdade de imprensa, o decreto de 1927 consagrou pela primeira vez no processo ordinário a novidade, que o código retomou.

O Decreto n. 2, de 29.3.1890 foi a fonte directa da regulamentação dos processos correccional e sumário e a fonte da regulamentação do processo de transgressões foi a Lei n. 300, de 3.2.1915. Por fim, o velho decreto de 1847 foi a fonte da regulamentação do processo de ausentes e a ainda mais antiga Novíssima Reforma Judiciária de 1941 a fonte da regulamentação do processo para julgamento de crimes cometidos por magistrados judiciais e do Ministério Público.

A nova legislação, se manteve as formas de processo já conhecidas no período liberal do processo penal português,[1201] procedeu também à sua revisão, simplificando o processo de querela, aproximando o processo correccional e o processo de polícia correccional e alargando o âmbito dos processos correccional, de transgressões e de ausentes.

A simplificação do processo de querela foi alcançada por via da abolição da acusação posterior à pronúncia. A aproximação do processo correccional e do processo de polícia correccional realizou-se através da consagração da faculdade de as partes renunciarem à interposição de recurso no processo correccional e da solenização da fase de acusação no processo de polícia, tendo esta forma de processo perdido de vez a sua natureza sumaríssima inicial.

O alargamento do âmbito dos processos correccional, de transgressões e de ausentes resultou da omissão de qualquer limite máximo para a pena de

---

[1201] A conclusão da doutrina relativamente ao carácter "predominantemente nacionalista" do código de 1929 é, pois, justificada. Beleza dos Santos (1931 a: 21) mencionava de igual modo a influência "longínqua" do Código do Processo Criminal italiano e do Código do Processo Penal brasileiro. Esta conclusão não deve, contudo, fazer olvidar as raízes, já expostas, do direito consagrado na Novíssima.

A Jurisdição Penal Comum

multa aplicável na forma de processo correccional, do tratamento processual indiferenciado das contravenções e das transgressões, independentemente da sua gravidade, e da generalização do processo de ausentes a todas as formas comuns de processo.

Não obstante este esforço reformador, a estrutura fundamental do processo consagrada no código não respeitava o princípio da acusação nem o princípio da imediação, mantendo-se e agravando-se até os vícios fundamentais da Novíssima Reforma, que o regime republicano tinha inicialmente tentado afastar.

O princípio da acusação era prejudicado pela atribuição da direcção da instrução ao juiz de julgamento e, no caso de preparação do processo pelo juiz de paz ou pelo juiz municipal, do controlo sobre a actividade destes magistrados ao juiz de julgamento. O juiz dispunha agora expressamente da faculdade de se opor ao requerimento de arquivamento dos autos do Ministério Público, bem como do poder de censura sobre a selecção e a qualificação dos factos realizadas pelo Ministério Público na acusação. Nem a reduzida competência instrutória do juiz de paz nem a do juiz municipal, que era maior e preferia à daquele magistrado, obstavam ao domínio da instrução pelo juiz de direito, que sindicava a suficiência da investigação destes magistrados, reformava e completava oficiosamente os corpos de delito e proferia as pronúncias provisória e definitiva e os despachos equivalentes.

Aberta em um momento em que o réu já se encontrava acusado, a instrução contraditória colocava-o na posição particularmente difícil de ter de se opor a uma investigação preparatória concluída, revelando-se a audiência do réu na instrução contraditória afinal como um meio de exposição prévia da sua defesa e de ainda maior comprometimento do juiz da indiciação com o objecto do processo.

No julgamento com intervenção do tribunal colectivo ou com júri, o juiz não decidia sozinho, mas, tendo pronunciado o réu e conhecendo já a prova da defesa, tinha a possibilidade de no tribunal colectivo influir directamente na opinião dos outros membros do colectivo e de no tribunal de júri influir na opinião dos jurados, de forma menos directa, é certo, mas que se podia tornar decisiva, uma vez que os esclarecimentos eram prestados durante a discussão secreta e não podiam ser disputados pelas partes processuais.

Este prejuízo era agravado pelo aumento dos poderes do juiz de investigação e de conformação do objecto do processo, que podia alargar oficiosamente o objecto do processo, pela inclusão das circunstâncias agravantes da reincidência e da sucessão de infracções, e agravar a qualificação jurídica do crime imputado ao arguido, com base nos mesmos factos da pronúncia ou do despacho equivalente. A faculdade mais ampla de consideração de factos novos que diminuíssem a responsabilidade do arguido constituía o reverso deste novo poder do juiz.

A realização do princípio da imediação sofria um golpe mais fundo do que no direito anterior, quer com a consagração de um regime mais amplo de leitura dos depoimentos das testemunhas prestados em fase prévia ao julgamento, quer com o alargamento da forma de processo de ausentes e a sua nova conformação.

Estes prejuízos graves na primeira instância não eram compensados nas instâncias de recurso. A limitação significativa do regime das nulidades e a restrição legislativa e depois jurisprudencial do objecto do recurso no Tribunal da Relação à questão de direito esvaziavam de conteúdo útil a regra do duplo grau de recurso nos processos julgados pelo tribunal de júri ou pelo tribunal colectivo, deixando o arguido julgado pelo tribunal de júri na dependência de um eventual juízo de anulação das respostas aos quesitos e o julgado pelo tribunal colectivo sem outra apreciação da prova além da do tribunal colectivo. Pelo contrário, o âmbito subjectivo alargado do recurso, conjugado com a prática de interposição sistemática de recurso subordinado pelo Ministério Público desde 1937 e com a consagração em 1950 por via jurisprudencial da *reformatio in pejus*, colocavam o arguido em uma posição processual de particular fragilidade. Só a previsão no código de 1929 da imputação de toda a prisão preventiva, incluindo o tempo de detenção para averiguações, na prisão correccional e o posterior reconhecimento da imputação de parte do tempo de prisão preventiva na pena maior e na de degredo atenuavam aquela fragilidade. Acresce que nos processos julgados pelo juiz singular, o registo da prova produzida de forma contraditória na audiência de julgamento colocava o arguido em melhor posição, podendo efectivamente impugnar no tribunal de recurso o agravo que lhe tivesse sido feito pelo juiz da instância.

Tal como a lei processual penal, o estatuto da magistratura judicial e, em especial, a composição e a competência do Conselho Superior Judiciário registaram nos primeiros anos de consolidação do novo regime várias alterações significativas, caracterizadas pela sua transitoriedade.

A preponderância do governo sobre o poder judicial foi aumentando ao longo dos anos, podendo distinguir-se três fases no período que mediou entre a tomada do poder e o ano de 1945. A primeira consistiu na introdução logo em 1926 do sistema misto de nomeação e eleição dos membros do Conselho, com supremacia dos três elementos nomeados pelo ministro da justiça sobre os dois eleitos, que se manteve nos Estatutos Judiciários de 1927 e 1928.[1202] A relação

---

[1202] A solução engendrada pelo novo poder foi criticada, tendo-se destacado duas vozes da magistratura judicial, Couceiro da Costa e Joaquim Crisóstomo. Embora reconhecendo que a solução anterior não oferecia quaisquer garantias de independência da magistratura judicial, estes autores notavam que a lei nova não tinha evitado a manutenção das queixas contra o Conselho ("É geral o clamor contra esse Conselho e contra os seus inspectores. Correm impressos verda-

A *Jurisdição Penal Comum* 501

de forças entre os vogais do Conselho nomeados e os eleitos foi, no entanto, alterada com a aprovação do Decreto n. 16.563, de 5.3.1929, que consagrou a faculdade de o ministro da justiça preencher as vagas que ocorressem no Conselho em razão de ter sido alcançado o limite de idade para o exercício das funções por algum dos seus membros, o que permitia, com o decurso do tempo, o domínio completo da composição do Conselho pelo governo. Não se afigurando esta solução como suficiente para garantir a preponderância efectiva do governo sobre a magistratura a curto prazo, o legislador interveio de novo menos de um ano depois.

A segunda fase iniciou-se com a publicação do Decreto n. 17.955, de 12.2.1930, que determinou a perda de toda a competência decisória do Conselho relativa à nomeação, promoção e transferência dos juízes em favor do ministro da justiça. O propósito do legislador de adoptar "uma solução mais consentânea com o princípio da autoridade do Estado" tinha como consequência fundamental a supressão do direito dos magistrados judiciais de escolha dos seus membros para o exercício de cargos judiciais, consagrado no artigo 14 do Estatuto de 1927 como uma das duas componentes essenciais da independência da magistratura judicial, e, consequentemente, a atribuição de uma competência meramente indicativa ao Conselho,[1203] o que permitiu, por outro lado, a substituição do sistema misto de nomeação governamental e de eleição dos membros do

---

deiros manifestos eleitoraes, dirigidos aos magistrados, a quem compete a escolha dos novos membros electivos do mesmo Conselho. Os inspectores são accusados de parcialidade e alvo das injurias mais torpes", Couceiro da Costa, 1929: XXIX, e, igualmente, Joaquim Crisóstomo, 1929: 18). As soluções propostas por estes autores eram radicalmente opostas, sugerindo Couceiro da Costa a reposição do Conselho disciplinar nos termos do Decreto de 19.11.1892, a suspensão temporária da inamovibilidade dos juízes, a nomeação de uma comissão de jurisconsultos encarregada de emitir parecer sobre a competência de cada juiz e a aposentação dos magistrados judiciais incompetentes (Couceiro da Costa, 1929: XXXII e XXXIII) e opondo-se-lhe vigorosamente Joaquim Crisóstomo, que propunha o reforço do carácter "democrático" do Conselho Superior Judiciário. Este órgão deveria ser composto por dois juízes do Supremo Tribunal de Justiça e dois juízes desembargadores eleitos por todos os membros da magistratura judicial, com excepção do presidente do Conselho. Das suas decisões competiria recurso para um outro órgão, composto apenas por quatro dos mais antigos juízes conselheiros do Supremo Tribunal de Justiça e presidido pelo ministro da justiça (Joaquim Crisóstomo, 1929: 20).

[1203] O Conselho manteve a competência disciplinar consagrada no Decreto n. 10.310, mas o recurso nele previsto das decisões do Conselho que aplicassem as sanções mais graves para o Supremo Tribunal de Justiça, em secções reunidas, foi logo no primeiro Estatuto Judiciário substituído por um recurso para o mesmo Conselho, em sessão conjunta dos seus membros efectivos e substitutos. Este sistema de recursos não sofreu alterações posteriores, com a ressalva de a natureza do recurso para o Conselho alargado ter deixado de ser de plena jurisdição no Estatuto Judiciário de 1944 para passar a ser de legalidade estrita, tal como acontecia nos recursos das decisões disciplinares dos restantes funcionários públicos para o Supremo Tribunal Administrativo.

502   *A Reforma da Justiça Criminal em Portugal e na Europa*

Conselho pelo sistema da eleição pelos juízes de direito do continente e das ilhas adjacentes de todos os vogais do Conselho de entre os juízes conselheiros. Contudo, esta não era ainda a solução ideal, pois não assegurava a conformidade da proposta do Conselho com o interesse do governo e, por isso, forçava o ministro que discordasse da proposta a fundamentar a discordância (artigo 449, § único do Estatuto Judiciário, na redacção do Decreto n. 17.995).

A terceira fase do processo de aumento da preponderância do governo sobre o poder judicial principiou com a publicação do Decreto n. 21.485, de 20.7.1932, da lavra do mesmo ministro que elaborou o diploma de 1926. Quinze dias depois do seu regresso ao governo, o ministro fez aprovar um diploma, que consagrou de novo o sistema da nomeação governamental de todos os vogais conjugado com a competência decisória do Conselho relativa à nomeação, promoção e transferência dos juízes.[1204] O governo manifestava deste modo a sua preferência por um sistema de gestão da magistratura judicial fundado exclusivamente na confiança política do ministro da justiça nos membros do Conselho. Esta confiança política constituía garantia suficiente do exercício das competências decisórias do Conselho em conformidade com o interesse do governo.

A aprovação de uma nova Constituição em 1933 representou o momento da consagração de um ponto de não retorno desta evolução legislativa, quer no que respeita ao estabelecimento de uma distinção fundamental entre a jurisdição criminal comum e a jurisdição criminal especial, quer no que concerne à limitação das garantias dos titulares destes tribunais e das garantias processuais dos arguidos. A restrição da independência da magistratura judicial atingiu o seu ponto culminante com a legislação aprovada no ano de 1945, concluindo-se então um processo evolutivo característico de uma época de transição e de desmantelamento gradual de um paradigma judicial.

[1204] O ministro afirmava que "eu procurei evitar tôda a ligação entre o juiz e o Poder, de modo que nem êste pudesse dispor da situação do juiz, nem aquele solicitar ao govêrno para que lha modificasse. Tantas vezes reclamada a autonomia do Poder Judicial, só em 1926 ela foi alcançada. Desde 1926, que é a magistratura, por intermédio do Conselho Superior Judiciário, quem dispõe da situação dos magistrados; mas dispõe dentro da regras cheias de garantias, como as não possuem quaisquer outros funcionários" (Manuel Rodrigues, 1934: 104 e 105). Manifestaram-se expressamente contra o novo regime de 1932 Barbosa de Magalhães (1933 a: 5, e 1933 b: 195 e 196) e Pinto Loureiro (1935: LXV), sugerindo este autor a constituição de uma secção disciplinar no Supremo Tribunal de Justiça, composta por juízes deste tribunal, um desembargador e dois juízes da primeira instância, que decidiria não só da matéria disciplinar, mas também das transferências, promoções e inspecções.

3. A Constituição da República do Estado Novo

A Constituição continha na parte II um título V, designado por "Dos Tribunais", em que se previa a existência de tribunais ordinários e de tribunais extraordinários. Os tribunais ordinários eram o Supremo Tribunal de Justiça, os tribunais de segunda instância nos distritos judicias do continente e ilhas adjacentes e das colónias e os tribunais de primeira instância nas comarcas.[1205]

No tocante às magistraturas inferiores, admitia-se a criação por via legislativa de julgados municipais, pondo a doutrina em causa a classificação dos julgados municipais como tribunais ordinários.[1206] A lei constitucional mantinha também os julgados de paz existentes, mas a doutrina recusava-lhes a natureza de verdadeiros tribunais, pois faltava-lhes o poder jurisdicional.[1207]

Além dos titulares dos julgados de paz, também os magistrados dos tribunais extraordinários não beneficiavam das garantias de independência e inamovibilidade.[1208] A Constituição assegurava apenas a inamovibilidade dos juízes

---

[1205] A Constituição mantinha a regra da competência dos tribunais comuns para conhecer dos crimes cometidos pelos ministros, deputados e procuradores, cabendo ao Supremo Tribunal de Justiça ou à Assembleia Nacional, consoante os casos, decidir se eles deviam ser imediatamente julgados. O presidente da República só respondia pelos crimes estranhos ao exercício das suas funções no final do seu mandato, respondendo politicamente diante da nação pelos actos praticados no exercício das suas funções.

[1206] Barbosa de Magalhães, 1940 a: 373, e Marcello Caetano, 1957: 143. Mais tarde, Marcello Caetano (1967 b: 604) indica o julgado municipal entre os tribunais ordinários "por estar incluído na respectiva hierarquia".

[1207] Barbosa de Magalhães, 1940 a: 370, e Marcello Caetano, 1957: 142.

[1208] O artigo 105 da Constituição de Weimar também proibia a criação de "tribunais excepcionais" (*Ausnahmegerichte*). Na doutrina alemã surgiram duas teorias interpretativas desta disposição, uma formal, que por sua vez se subdividia em quadro distintas variantes (Eduard Kern, 1927: 220 a 225 e 231), e outra material (Ernst Beling, 1928: 45). A teoria formal distinguia estes tribunais dos "tribunais especiais" (*Sondergerichte*), em função da base legal da constituição do tribunal, da sua duração, do âmbito da sua competência retroactiva ou individual e das especificidades do processo neles empregue ou ainda da sua composição com funcionários não juízes. A teoria material preferia a estes critérios um outro relativo ao carácter político da constituição do tribunal, da nomeação dos seus membros e da delimitação da sua competência. A teoria material foi sendo gradualmente preterida em favor da teoria formal (Michael Hug, 1976: 68 a 70, 82 e 83, Eberhardt Schmidt, 1964: 309 e 310, Albert Bleckmann, 1997: 1172, e Konrad Hesse, 1999: 238). A doutrina portuguesa defendia quase unanimemente um critério formal de determinação dos tribunais extraordinários ou de excepção ou, na terminologia constitucional, especiais, ponderando alguns autores como característica essencial destes tribunais o estatuto especial dos seus membros. Barbosa de Magalhães entendia que a Constituição não fixava qualquer critério orgânico, material ou relativo às características de independência e inamovibilidade dos magistrados titulares para determinação dos juízos especiais, sendo o critério constitucional meramente nominal: eram ordinários os tribunais "que a Const. como tal enumera no art. 116. Todos os outros são especiais" (Barbosa

504   A Reforma da Justiça Criminal em Portugal e na Europa

dos tribunais ordinários, constituindo reserva de lei a regulamentação do regime
de nomeação, promoção, demissão, suspensão, transferência e colocação fora

---

de Magalhães, 1940 a: 373, e 1940 b: 75 a 82). Eduardo Correia considerava como especiais ou de
excepção os tribunais criados fora da orgânica dos tribunais comuns para o julgamento de certa categoria de infracções ou em atenção à qualidade da pessoa do réu. Assim, Eduardo Correia considerava tribunais especiais os tribunais do contencioso aduaneiro, que tinham por objecto os crimes
fiscais excepcionados pela lei constitucional, os tribunais de menores e o tribunal de géneros alimentícios, que conheciam de crimes sociais, o plenário criminal, que era essencialmente um tribunal de julgamento de crimes contra a segurança do Estado, os tribunais militares e os tribunais
marítimos, que eram tribunais especiais em razão do foro pessoal (Eduardo Correia, 1947: 117 e
118, e 1956: 277 e 278). Também Cavaleiro de Ferreira defendia que os tribunais de excepção ou
extraordinários eram os tribunais "estranhos à organização comum dos tribunais", cuja competência fosse estabelecida em função de determinada categoria de crime. Contudo, entendia, diferentemente de Eduardo Correia, que o tribunal plenário e o tribunal de menores eram tribunais comuns,
tal como o tribunal de execução de penas (Cavaleiro de Ferreira, 1955: 174, 176 e 217). O entendimento de Cavaleiro de Ferreira espelhou-se, aliás, na própria redacção da lei, como se verá adiante.
Marcello Caetano considerava que os tribunais ordinários eram os "que constituem a organização
judiciária do País, estabelecida segundo a divisão judicial basilar do território", e especiais eram todos aqueles que não estivessem abrangidos pela segunda parte do artigo 116 e "cuja jurisdição não
esteja territorialmente condicionada pela divisão judicial, nem entregue aos juízes que em princípio
são competentes para conhecerem dos pleitos entre particulares" (Marcello Caetano, 1957: 141 e
144, e 1972: 668.). Marcello Caetano concordava com Cavaleiro de Ferreira no tocante à natureza
do tribunal plenário e do tribunal de menores e discordava dele no que respeitava à natureza dos
tribunais de execução de penas (Marcello Caetano, 1957: 143 e 144, 1967 b: 604 e 605, 1972: 667
e 668, e 1974: 75). Também Joaquim Gualberto de Sá Carneiro (in Diário das Sessões da Assembleia Nacional, IV Legislatura, n. 88, de 13.2.1947, p. 543), Arlindo Martins (1949: 31), Paulo
Cancella de Abreu (in Diário das Sessões da Assembleia Nacional, n. 43, de 10.3.1962, p. 995) e
Maia Gonçalves (1972: 95) consideravam o tribunal criminal de Lisboa e do Porto, funcionando
em plenário, um tribunal ordinário. Este entendimento, que correspondia à posição oficial do Ministério da Justiça durante o ministério do Professor Antunes Varela (Ministério da Justiça, 1966 a:
27 e 206), era ainda partilhado pela Câmara Corporativa, que qualificava os tribunais plenários
como "verdadeiros tribunais comuns, embora de competência especializada", justificando a circunstância anómala da presidência competir a um juiz desembargador com "o melindre das matérias da sua competência" e com a "grande área da sua jurisdição" (parecer n. 3/VIII, pp. 173 e
174). Ao invés, mais próximos da teoria material pronunciaram-se Gomes da Silva, Ricardo Lopes
e José Magalhães Godinho. O primeiro Autor considerava que o critério definidor dos "tribunais
especiais" não era apenas formal, consistindo na não pertença à orgânica geral dos tribunais e na
atribuição de uma competência especializada, mas também na amovibilidade dos juízes destes tribunais, exigindo-se em alguns deles "fidelidade política" (Gomes da Silva, 1952: 31 a 33). Ricardo
Lopes admitia que os "tribunais especiais" constituíam "em certos casos, excepções ao princípio da
autonomia, pela razão simples de que a respectiva função jurisdicional pode encontrar-se integrada
em órgãos dependentes do Poder Executivo" (Ricardo Lopes, 1959: 83). Magalhães Godinho
entendia mesmo que a Constituição fixava um comando explícito no sentido de que a função judicial fosse necessariamente exercida por verdadeiros órgãos de soberania, que deviam ter o exclusivo da aplicação das penas e das medidas de segurança (José Magalhães Godinho, 1974: 466 a 469).

A Jurisdição Penal Comum

do quadro. Como a lei básica suprimiu a garantia do juiz natural ou legal, característica do direito constitucional liberal e republicano,[1209] qualquer causa podia ser desviada dos tribunais ordinários para os especiais, constituindo aquela supressão a condição intrínseca e a garantia da eficácia da jurisdição especial.[1210]

Os tribunais extraordinários eram os existentes à data da entrada em vigor da Constituição, incluindo os que não integravam a previsão constitucional,[1211] e os que viessem a ser criados com competência exclusiva para

---

[1209] Figueiredo Dias, 1971 d: 34, e 1974: 325, e Afonso Queiró, 1973: 266 e 267. No entanto, Cavaleiro de Ferreira (1955: 171 e 172) entendia que a proibição decorrente do princípio do juiz natural de "deslocação de competência para julgamento de processos por autoridades diversas dos próprios tribunais" estava implicitamente fixada na lei constitucional portuguesa.

[1210] A restrição das garantias constitucionais aos titulares dos tribunais comuns reforçava a tendência para a atribuição de funções jurisdicionais a pessoas estranhas ao poder judicial, concluindo mesmo Barbosa de Magalhães e Magalhães Godinho (1937: XXXII) que "este exagero dos tribunais especiais já excede os limites". Além da multiplicidade de tribunais especiais, os autores censuravam muito concretamente certos "absurdos", como o de os julgamentos na Polícia de Investigação Criminal serem feitos por adjuntos dos directores e subdirectores, que não eram magistrados judiciais. Este protesto fez-se ouvir ao longo de todo o Estado Novo, acompanhando-o mesmo, por vezes, algumas vozes autorizadas da hierarquia política ("Todos os dias estamos a assistir à apropriação pelo Executivo das atribuições próprias do Poder Judicial", em violação do princípio da separação dos poderes e com prejuízo das garantias individuais, pois "quando os administradores julgam ... o interêsse do Estado esmaga os direitos, preterem-se as fórmulas processuais, atropela-se a defeza e aleija-se a justiça", Marcello Caetano, 1936: 29 e 30, Azeredo Perdigão e Mittermayer Madureira, 1937: 240, Cavaleiro de Ferreira, 1940: 76, Adriano Moreira, 1950: 156, e Vasconcelos Abreu, 1966: 11 e 12). Dezoito anos depois da sua tomada de posição explícita contra os "exageros" do Estado Novo, Barbosa de Magalhães (1955: 322 e 328) voltaria à crítica aos "falsos tribunais" constituídos por "delegados do poder executivo", salientando a insuficiência da disposição do artigo 118 da Constituição para garantir a inamovibilidade dos juízes, que ficava entregue ao arbítrio do poder legislativo e até do poder executivo, dotado desde 1945 da faculdade de aprovar decretos-leis. Do mesmo modo, Marcello Caetano considerava a redacção do artigo 111, alínea c), do Estatuto Judiciário de 1944, como não sendo "suficientemente elucidativa, pois não vai além do preceituado no artigo 119 da Constituição". A inamovibilidade exigia não apenas que a carreira do magistrado fosse regulada pela lei, mas também "que a lei não esteja à mercê do governo", razão pela qual o autor interpretava a alínea e) do artigo 93 da Constituição "como abrangendo os próprios princípios fundamentais do estatuto dos juízes" (Marcello Caetano, 1957: 149). A revisão constitucional de 1959 viria a consagrar esta doutrina na nova alínea g) do artigo 93 da Constituição.

[1211] Cavaleiro de Ferreira, 1955: 171. Ao invés, Figueiredo Dias (1974: 336) considerava que havia um "encurtamento da garantia" constitucional através do entendimento comum de que a norma constitucional não vedava a manutenção dos tribunais especiais existentes à data da entrada em vigor da Constituição, mas não contidos na previsão constitucional. Por esta razão também, Marcello Caetano defendia a tese de que a proibição constitucional se impunha nos casos, frequentes na história do país, em que uma nova competência criminal excepcional fosse atribuída a um tribunal já existente ("não existe em rigor a proibição constitucional; todavia o espírito desta

506 *A Reforma da Justiça Criminal em Portugal e na Europa*

julgamento de três categorias de crimes, os crimes fiscais, os crimes sociais e os crimes contra a segurança do estado.[1212] No entanto, a proibição constitucional implicava que, uma vez suprimidos os tribunais extraordinários, não podiam ser restabelecidos.[1213]

A lei constitucional consagrava também algumas das principais modificações feitas pelo legislador revolucionário, tais como o alargamento da admissibilidade da prisão preventiva sem culpa formada a todos os crimes contra a segurança do Estado, aos crimes de furto, burla e abuso de confiança praticados por reincidente e ao crime de fabrico, detenção e emprego de explosivos e outros engenhos semelhantes e ainda a quaisquer outros crimes por ordem escrita de autoridade competente em que, sendo permitido por lei, não fosse prestada caução nem oferecido termo de identidade, a restrição da instrução contraditória às "necessárias garantias de defesa" antes e depois da formação da culpa,[1214] a

---

é de que os cidadãos sejam julgados pelos tribunais ordinários ou especiais competentes à data em que haja sido cometida a infracção", Marcello Caetano, 1957: 146 e 147, 1967 b: 608, e 1972: 671).

[1212] Se a identificação dos crimes contra a segurança do Estado com os crimes políticos propriamente ditos não era discutida, a identificação da natureza dos crimes sociais e a delimitação do seu âmbito era objecto de divergências na doutrina, dividindo-se as opiniões entre os que identificavam estes crimes com as incriminações relativas ao direito social, como a legislação sobre trabalho (Gomes da Silva, 1952: 29), e os que os identificavam com os atentados à organização social ("todas as infracções tendo por objecto a subversão da ordem social, como por exemplo, as dos artigos 169 e 174 do Código penal", Marcello Caetano, 1957: 146, e 1972: 671, "crimes em que o fim político e o fim social se mesclam e confundem, de modo que a alteração da forma da organização política e do Governo é o meio de realização do fim social e económico, ou a luta social o meio da luta política para a alteração da forma do Estado ou do Governo", Cavaleiro de Ferreira, 1983: 103). Esta segunda tese correspondia à posição tradicional defendida na doutrina portuguesa, que distinguia os crimes sociais dos crimes políticos propriamente ditos de acordo com o critério do Instituto de Direito Internacional de Genebra e não considerava aplicável aos crimes contra as bases da organização social o regime de não extradição dos crimes políticos propriamente ditos (Angelo César, 1925: 324, e Adelino Marques e Manuel Moutinho, 1927: 16 e 17). O legislador constituinte quis assim prevenir qualquer dúvida quanto ao âmbito de competência dos tribunais extraordinários, nele incluindo não apenas os crimes políticos propriamente ditos, mas também os crimes contra as bases da organização social.

[1213] Cavaleiro de Ferreira, 1955: 59.

[1214] A diferença entre esta redacção e a do texto de 1911, que assegurava "todas as garantias de defesa", era muito significativa e o seu significado só pode ser inteiramente compreendido à luz da conformação da instrução no código aprovado em 1929. Por isso, tinha razão Salgado Zenha (1968: 49) quando interpretava esta disposição como tendo consagrado "a trindade em que se baseava o sistema dos direitos de defesa do C. P. Penal de 1929: instrução criminal judicial, assistência passiva do advogado aos interrogatórios, e possibilidade de se contraditar a acusação antes do julgamento final, mas depois da formulação desta". Aliás, a Câmara Corporativa também interpretava muito restritivamente a garantia da instrução contraditória na fase anterior à formação

A *Jurisdição Penal Comum* 507

sujeição da publicidade da audiência de julgamento aos interesses do Estado e o alargamento do direito à revisão a todas as sentenças criminais. No entanto, o princípio da legalidade penal, a proibição das penas corporais perpétuas e da pena de morte, com a excepção, quanto a esta, da aplicada no teatro de guerra e em caso de beligerância com país estrangeiro, o direito à indemnização pela Fazenda Nacional dos réus injustamente condenados e o direito ao *habeas corpus* mantinham-se intocados, distinguindo o direito português de outras experiências europeias radicais.

O repúdio pelo totalitarismo na ordem interna[1215] e pelo expansionismo

---

da culpa, considerando que "dificilmente, para aquela primeira fase, se pode pensar em mais do que na assistência de advogado constituído ou, na sua falta, de defensor oficioso, e na admissibilidade de memoriais e requerimentos a receber obrigatoriamente" (parecer da Câmara Corporativa n. 22/X, p. 95). Mais tarde, o conteúdo desta garantia constitucional veio de novo a ser discutido por iniciativa de Francisco José Velozo e de Francisco Sá Carneiro, como se verá adiante.

[1215] Os doutrinadores do Estado Novo distinguiam entre o Estado totalitário e o Estado autoritário. Os princípios da nova política eram os de que "estão subordinados aos supremos objectivos da Nação, com os seus interesses próprios, todas as pessoas singulares e colectivas que são elementos constitutivos do seu organismo, em contraposição e garantia da eficácia superior deste sacrifício afirma-se também que a Nação não se confunde com um partido, um partido não se identifica com o Estado, o Estado não é na vida internacional um súbdito mas um colaborador associado. Em palavras mais simples: temos a obrigação de sacrificar tudo por todos, não devemos sacrificar-nos todos por alguns". Para tanto devia o "Estado ser tão forte que não precise de ser violento", o que se alcançava com o "fortalecimento do Poder executivo" através de uma Constituição "em que a harmonia dos Poderes se consiga sem tirar ao Poder Legislativo competência e prestígio e ao Executivo estabilidade e força" (Oliveira Salazar, "Princípios fundamentais da revolução política", in 1935: 78 a 84). Tratava-se de um sistema que se pretendia sem igual na Europa dos anos trinta, "um sistema original", que não tinha "posto de lado os erros e vícios do falso liberalismo e da falsa democracia para abraçarmos outros que podem ainda ser maiores, mas antes para reorganizar e robustecer o País com os princípios de autoridade, de ordem, de tradição nacional, conciliados com aquelas verdades eternas que são, felizmente, património da humanidade e apanágio da civilização cristã" (Oliveira Salazar, 1935: 338). O Estado fundava-se em valores que o antecediam e que não podia pôr em causa, constituindo estes valores "as grandes certezas da revolução nacional": "Às almas dilaceradas pela dúvida e o negativismo do século procurámos restituir o confôrto das grandes certezas. Não discutimos Deus e a virtude, não discutimos a Pátria e a sua História, não discutimos a autoridade e o seu prestígio, não discutimos a família e a sua moral, não discutimos a glória do trabalho e o seu dever" (Oliveira Salazar, "As grandes certezas da revolução nacional", in 1937: 130). Este era um "Estado nacional e autoritário", mas não um Estado totalitário: "é preciso afastar de nós o impulso tendente à formação do que poderia chamar-se um Estado totalitário. O Estado que subordinasse tudo sem excepção à ideia de nação ou de raça por ela representada na moral, no direito, na política e na economia, apresentar-se-ia como omnipotente, princípio e fim de si mesmo, a que tinham de estar sujeitas todas as manifestações individuais e colectivas, e poderia envolver um absolutismo pior do que aquele que antecedera os regimes liberais, porque ao menos esse outro não se desligara do destino humano. Tal Estado seria essencialmente pagão, incompatível por natureza com o génio da nossa civilização cristã, e cedo ou tarde haveria de conduzir a revoluções semelhantes às que afrontaram os velhos regimes históricos e quem sabe se até a novas guerras religiosas, mais graves que as antigas". A nova Constituição "repele, como inconciliável com os seus objectivos, tudo o que directa e indirectamente proviesse desse sistema totalitário", quer admitindo limites exteriores à acção do Estado, quer reconhecendo às pessoas, famílias, corporações e autarquias locais garantias "derivadas da natureza" (Oliveira Salazar, "O Estado novo português na evolução política europeia", in 1935: 340 e 341). Mário de Figueiredo caracterizava o Estado "totalitário" como aquele que "julga o interesse nacional como o grande dominador a que estão submetidas todas as actividades humanas e escraviza estas à realização daquele interesse, sem nenhuma espécie de consideração pela personalidade individual ou respeito pela consciência", e o Estado "forte, mas limitado", de que era exemplo o Estado Novo, como aquele que, "aceitando o interesse nacional como um fim em si mesmo, o não reputa como fim último, mas como meio para atingir outro fim – a integração completa da personalidade moral". A doutrina do Estado Novo era, certamente, "totalitária", no sentido de que abrangia "todas as formas de actividade e até a própria concepção de vida", mas os meios e os limites de acção do Estado eram diferentes dos do Estado totalitário (Mário de Figueiredo, 1936: 21 e 23, 34 e 35). Também Manuel Rodrigues Juniór caracterizava o Estado totalitário como "aquele que se considera titular de todo o poder material ou espiritual, sem limites de carácter transcendente ou individual", pelo que "todos os direitos individuais são derivados e apenas limitações ao poder inicial do Estado, limitações temporárias, porque mais tarde ou mais cedo êle deverá tomar a direcção completa de tôda a vida social". Assim, o Estado totalitário não encontrava "nenhum limite ao seu poder, nenhuma restrição à sua actividade, nenhum campo estranho". Ao invés, o "Estado limitado, mas com uma concepção totalitária da vida", como era o Estado português, distinguia-se por dever "naturalmente considerar todos os problemas que, por qualquer forma, se reflictam na actividade exterior do homem", sem, contudo, absorver "instituições necessárias ao desenvolvimento de certos sentimentos da vida humana", nem invadir "domínios que lhe são estranhos – como o espiritual", nem transpor "os grandes limites da moral e da justiça". Contudo, o regime estabelecido pela Constituição de 1933 podia ser designado como "autoritário", pois dava "a quem estava constituido nas altas funções de mando a faculdade de aplicar os métodos de govêrno convenientes, sem ter de restringir a sua acção ou aguardar a oportunidade de tomar certas medidas em virtude da oposição política de forças políticas adversas", ao contrário dos "sistemas de liberdade", em que "a acção governativa é uma transacção de todos os dias entre correntes políticas ou divergentes" (Manuel Rodrigues, 1943: 251 a 253, 259 a 262, 271 a 273). Também Fezas Vital afirmava que o Estado português não visava tornar-se um "Estado omnipotente, que ao seu poder, à sua grandeza, aos seus interesses tudo sacrifica, mas o Estado-honesto, o Estado-moral, o Estado-justo, o Estado que não emprega, ao realizar o bem da Nação, meios e processos que condenaria, por imorais, se empregados por particulares na prossecução de interesses privados. O Estado Novo, posto que Estado-autoritário, não é Estado totalitário, criador da sua Moral e da sua Justiça, não é Estado que tudo transforma em meio de realização dos seus fins, concebidos como fins *a se*, como fins supra-humanos" (Fezas Vital, 1946: 194 e 195). Em virtude destas considerações, podia mesmo concluir-se que o "Estado português continua a ser, tecnicamente, um Estado democrático", em que se procurou "moldar um Estado de Direito, não apenas formal (sentido que aliás se compadece com o próprio conceito de Estado totalitário), mas – e neste ponto indo na tradição do liberalismo – um Estado de Direito propriamente dito" (Afonso Queiró, 1946: 58 e 65). A repercussão prática fundamental desta questão verificava-se no debate sobre o âmbito de aplicação do princípio da sujeição do Estado português à moral e ao direito na ordem interna, fixado no artigo 4 da Constituição, dividindo-se a doutrina entre os que defendiam a natureza de um princípio meramente interpretativo da lei e os que advogavam o controlo jurisdicional da lei pelos dítames do direito natural e pelos valores fundamentais da ordem moral (Jorge Miranda, 1973: 127 a 136, com a síntese exaustiva das posições e a tomada de posição em favor da segunda destas teses). De um ponto de vista histórico-crítico, também consideram o Estado Novo um regime autoritário, mas não totalitário, Manuel Braga da Cruz, 1988: 48, 56 e 255, Jaime Nogueira Pinto, 1976: 54 e 55, e 1999: 89, caracterizando o Estado Novo, pelo menos a partir de 1945, como um regime autoritário, Manuel de Lucena, 1976: 186, no que concerne ao "marcelismo", Maria da Conceição Ribeiro, 1995: 250, Diogo Freitas do Amaral, 1995: 56 a 58 e 63, e Yves Léonard, 1996: 96, 208 a 210, ambos estes autores no que respeita ao governo de Salazar, e, em termos mais mitigados, Fernando Rosas, 1992: 139 a 143, que fala em "Estado tendencialmente totalitário", e Evelyne Monteiro, 1996: 272 e 273, e 1998: 143, que, a propósito da política criminal do Estado Novo, conclui pela existência de um "modelo Estado autoritário" (*modèle État autoritaire*) com "derivações totalitárias" (*derives totalitaires*). Ao invés, o Estado nacional-socialista constituía apenas um meio, uma forma para a realização do fim da "defesa da raça" e da elevação do povo alemão a uma "posição de domínio" (Adolf Hitler, 1976: 288 a 292). Para alcançar este fim a organização do Estado assentava em três princípios fundamentais: o da concentração de poderes no *Führer* em vez da divisão clássica de poderes, reservando um papel meramente consultivo ao parlamento (Adolf Hitler, 1976: 329 e 330), o do partido único em vez do multipartidarismo (Adolf Hitler, 1976: 59 a 61, 202 e 257) e o da unidade do império em vez do federalismo (Adolf Hitler, 1976: 423 a 427). O partido nacional-socialista como único intérprete da vontade e do destino do povo alemão tinha o encargo de levar à prática esta doutrina universal, que "exigia imperiosamente o reconhecimento exclusivo e total das suas concepções, as quais devem transformar toda a vida pública" (Adolf Hitler, 1976: 260 e 333). A constituição material do novo regime não foi, porém, plasmada em um texto único e era "elástica", isto é, as leis e os diplomas normativos publicados pelo *Führer* ou pelos seus ministros não se encontravam sujeitos ao controlo judicial da sua conformidade com quaisquer outras normas ou princípios de direito, fosse qual fosse a natureza destes (Ernst Huber, 1939: 56, 160, 282 e 283, e Günther Küchenhoff, 1941: 303 e 338). Deste modo, a constituição material nacional-socialista caracterizava-se não apenas por ter conferido ao governo a competência para aprovar "leis" sem se encontrar vinculado pela Constituição (*Die von der Reichsregierung beschlossenen Gesetze können von der Reichsverfassung abweichen, soweit sie nicht die Einrichtung des Reichstags und des Reichsrats als soche zum Gegenstand haben. Die Rechte des Reichspräsidenten bleiben unberührt*, artigo 2 da *Gesetz zur Behebung der Not von Volk und Reich*, de 24.3.1933), mas também por rejeitar expressamente a neutralidade política de todas as instituições e manifestações da vida pública (Heinrich Henkel, 1934: 52, e Ernst Huber, 1939: 159). A doutrina nacional-socialista só aparentemente se encontrava dividida entre os defensores de uma concepção totalitária do Estado no sentido da subordinação aos fins da revolução de todos os poderes do Estado, incluindo o judicial, e das instituições em que o povo se auto-organizava, incluindo a Igreja enquanto organização com uma "pretensão de totalidade" (*Totalitätsanspruch*, Carl Schmitt, 1933: 17 e 33), e os que reconheciam a existência de uma "ordem popular" (*Volksordnung*) distinta e prévia à "ordem de domínio" (*Herrschaft-*

510 *A Reforma da Justiça Criminal em Portugal e na Europa*

sordnung, Ernst Forsthoff, 1933: 33, Georg Dahm, 1935 b: 6 e 7, Otto Koellreutter, 1935: 15 e 16, e Adolf Liepelt, 1938: 30), pois também estes sujeitavam as instituições em que o povo espontaneamente se organizava às limitações políticas impostas pelo Estado (Ernst Forsthoff, 1933: 41 e 46, e Otto Koellreutter, 1935: 20, e Adolf Liepelt, 1938: 31 e 35, 53 e 70). A diferença era de grau e residia na maior importância conferida por estes autores às "condições elementares do sangue e da raça" (Ernst Forsthoff, 1933: 34, e Otto Koellreutter, 1935: 13), tendo sido posteriormente superada pelo próprio Carl Schmitt, que se aproximou destes autores (Carl Schmitt, 1934: 9, 10 e 52). A consciência da igualdade da espécie actualizava-se para estes autores, como para Carl Schmitt, na capacidade para distinguir o amigo do inimigo (*Freund/Feind*) e para "neutralizar" ou "eliminar" o inimigo, que se identificava com os judeus, os comunistas e os sociais-democratas (Adolf Hitler, 1976: 39, 46, 50, 114, 225 a 247, 312 e 461, Ernst Forstoff, 1933: 42 e 43, Roland Freisler, 1938 b: 66, Hans Frank, 1939: 31), tendo este controlo lugar em todos os níveis da administração pública e das organizações profissionais, económicas e culturais e mesmo na Igreja (Ernst Huber, 1939: 459, 460, 464 e 495). A referida *Ermächtigungsgesetz*, de Março de 1933, que fixava o dia 1.4.1937 como o da cessação da sua vigência, transformou-se na Constituição do novo regime político (Carl Schmitt, 1933: 5 a 11, Heinrich Henkel, 1934: 54, e, mais amplamente, Ernst Huber, 1939: 48 e 49, 55 e 56, e Hans Frank, 1939: 47 e 48) e suprimiu em termos práticos o dualismo "tipicamente liberal" entre o poder legislativo e o executivo (Carl Schmitt, 1933: 35, e Ernst Huber, 1939: 43, e Alfons Wenzel, 1949: 79). Os limites materiais da actividade legiferante do governo, previstos na *Ermächtigungsgesetz*, foram logo superados pela *Gesetz über die Volksabstimmung*, de 14.7.1933, que autorizou o *Führer* a sujeitar a plebiscito não vinculativo qualquer questão constitucional. Nesse mesmo dia da publicação da lei sobre o plebiscito, o legislador nacional-socialista proibiu, pela *Gesetz gegen die Neubildung von Parteien*, os partidos políticos, com a excepção do partido nacional-socialista, e sujeitou a pena de prisão até três anos todo aquele que empreendesse criar ou manter outro partido político. A partir desta data, 14.7.1933, o governo ficou investido com plenos poderes legislativos e o partido nacional-socialista tornou-se o "portador do pensamento estatal alemão" (*Nach dem Sieg der nationalsozialistischen Revolution ist die Nationalsozialistische Deutsche ArbeiterPartei die Trägerin des deutschen Staatsgedankens und mit dem Staat unlöslich verbunden*, § 1 (1) da *Gesetz zur Sicherung der Einheit von Partei und Staat*, de 1.12.1933), realizando-se a "união pessoal" dos principais lugares do governo, da administração pública central e regional e das organizações profissionais e culturais com os lugares de liderança correspondentes do partido e transformando-se o Estado em um verdadeiro "Estado do movimento" nacional-socialista (*Bewegungsstaat*, Ernst Huber, 1939: 297 e 298). Por outro lado, as Leis de 30.1.1934 e de 14.2.1934 aboliram, respectivamente, a representação política nos *Länder* e o *Reichsrat*, tendo sido atribuída aos ministros do *Reich* a competência deste no processo legislativo e a comissários políticos, subordinados hierarquicamente ao ministro do interior, a competência governativa nos *Länder*. O processo de concentração de poderes ficou concluído com a aprovação da *Gesetz über das Sonderoberhaupt des deutschen Reichs*, de 1.8.1934, que unificou os cargos de presidente e de chanceler, atribuindo a competência daquele ao *Führer* Adolf Hitler. O *Führerprinzip* conduziu a que "as decisões mais importantes fossem tomadas sem o necessário conhecimento de facto e frequentemente segundo o arbítrio e o capricho" e o controlo total do Estado pelo partido transformou-se em uma "luta pelo poder entre o primeiro e o segundo escalão do partido" (Georg Dahm, 1951: 334 e 335). Três meses antes de findo o prazo máximo previsto na lei de 1933 para o exercício da função legislativa pelo governo, o *Reichstag*

A Jurisdição Penal Comum

na ordem externa[1216] era deste modo conjugado com a fixação dos meios necessários à garantia de uma "legalidade forte".[1217]

4. A consagração de um novo direito securitário na Reforma Prisional

O legislador constituinte reconheceu uma nova sanção criminal, a medida de segurança, atribuindo-lhe a função preventiva primordial de defesa da sociedade em face da perigosidade do delinquente e, "tanto quanto possível", a de readaptação deste (artigo 123 da Constituição).[1218] A concretização desta direc-

---

aprovou o *Beschluss* de 30.1.1937, prolongando aqueles poderes até 1.4.1941. A 30.1.1939, um novo *Beschluss* do *Reichstag* prolongou até 10.5.1943 aqueles poderes, que um *Führererlass* de 10.5.1943 por sua vez prolongou indefinidamente (*Die Reichsregierung hat die ihr durch das Gesetz vom 24. März 1933 übertragenen Befugnisse auch weiterhin auszuüben*).

[1216] A exclusão de uma política externa agressiva constituía um postulado do Estado Novo, consagrado no artigo 4 da Constituição de 1933, à imagem do preâmbulo da Constituição de Weimar, e no artigo 5, n. 1, do Decreto n. 21.608, de 20.8.1932, que aprovou os estatutos da União Nacional. Ao invés, o Estado nacional socialista considerava um imperativo da sua política externa não apenas a reconquista dos territórios perdidos após a primeira guerra mundial, mas também a conquista de territórios novos que permitissem alcançar uma "proporção natural entre o número e o crescimento da população, de um lado, e, do outro, a extensão e a qualidade do solo" (Adolf Hitler, 1976: 103, 293, 452, 464, 468, 476 a 478, e também Hans Frank, 1939: 55 e 56, e Ernst Huber, 1939: 157 e 158), não se distinguindo na doutrina alemã senão nominalmente entre os que entendiam a guerra como um fim em si mesmo, consubstanciando a contraposição amigo-inimigo a própria natureza do político (Carl Schmitt, 1940: 68 e 69, 245 e 246), e os que a consideravam como o meio perfeito de realização do fim último da política, que era o da comunidade de cidadãos unidos pela raça e por um "espírito de camaradagem e próprio da frente de combate" (*Front-und Kameradschaftsgeist*, Otto Koellreutter, 1935: 8 a 11 e 22).

[1217] Oliveira Salazar, 1937: 71. No discurso sobre "O momento político, grandes e pequenas questões da política portuguesa", de 1935, Salazar censurou a transformação dessa "legalidade forte" em violência e o uso da força "sem limitações da moral e sem definição de certo estado de legalidade", alegando que "à sentimentalidade do povo português – grave defeito para além de certos limites, mas defeito com que há-de contar-se – repugna a violência erigida em sistema de governo, e não tem havido maneira de resistir, em face deste povo, quer ao seu desprezo, quer à sua revolta". Acresce que, como já tinha concluído no discurso sobre "A constituição das Câmaras na evolução da política portuguesa", do ano anterior, "normalmente, toda a acção política está limitada: depende da lei, se é superior ao agente, e em qualquer caso de leis superiores ao agente (...). Todas estas limitações – irritantes desafios ao poder teoricamente ilimitado dos ditadores – permite-as a Providência e compreende-as a razão como defesas naturais da sociedade contra os possíveis desvarios da vontade humana" (Oliveira Salazar, 1935: 373). Também Marcello Caetano, em uma conferência realizada em Roma, justificou a natureza da política de Salazar precisamente com estas duas razões (Marcello Caetano, 1938: 7 e 8).

[1218] A doutrina discutiu, sem nunca chegar a uma opinião comum, o sentido desta disposição constitucional e, em particular, se os fins nela estatuídos diziam respeito apenas às medidas

512   *A Reforma da Justiça Criminal em Portugal e na Europa*

tiva constitucional teve lugar na reforma prisional de 1936, que não só regulamentou de novo o sistema das sanções criminais e o modo da sua execução, como transformou profundamente a organização penitenciária.

Em 1936 o direito português de adultos já conhecia as medidas de segurança. Elas tinham sido introduzidas na década de noventa do século XIX, apesar de já anteriormente algumas sanções incluídas na lei penal terem sido consideradas pela doutrina como tal.[1219] Ao abrigo dos artigos 6 e 10 da Lei de 21.4.1892, os réus condenados como reincidentes ou vadios ficavam à disposição do governo para serem transportados para as províncias ultramarinas depois de cumprida a pena e aí serem providos em trabalho livre, quando a sentença condenatória o determinasse. Esta lei não previa qualquer prazo máximo para a "remoção", "pois que a duração d' esse tempo depende do seu bom comportamento, nos termos do artigo 13 da citada lei", como se dizia no Ofício do ministro da marinha e do ultramar, de 12.3.1900. Concebida em termos mais favoráveis ao condenado do que o seu modelo francês, a *rélégation* da Lei de 27.5.1885, a nova medida de segurança do direito português não era obrigatória e podia ser revista passados três anos desde a chegada do réu à possessão ultramarina, justificando ele em audiência judicial contraditória com o Ministério Público o seu bom comportamento.[1220]

---

de segurança ou a estas e às penas. Em favor da tese abrangente, Joaquim Silva Cunha, 1944 a: 19 a 21, Adriano Moreira, 1946: 18, e 1949: 295, Rui Pena, 1965: 38, e, no estrangeiro, Olesa Muñido, 1951: 222. Ao invés, pronunciou-se pela tese restritiva, Eduardo Correia (1949: 77 e 78), que considerava que a disposição constitucional, fixando embora os fins das medidas de segurança, não impunha qualquer solução no tocante ao problema dos fins das penas, tendo o propósito do legislador constituinte sido apenas o de prever a existência de penas e medidas de segurança, "reacções para um facto e reacções para a perigosidade do delinquente". Já no final da vigência da Constituição de 1933, a tese abrangente assumiu um significado político reformador importante. Assim, José Magalhães Godinho (1974: 468 e 469) defendeu que as medidas de segurança obedeciam aos mesmos fins das penas e, tal como elas, só podiam ser aplicadas pelos tribunais e aos agentes de crimes e não a pessoas de quem se receasse a prática futura de crimes, concluindo daí pela inconstitucionalidade das disposições que permitiam a órgãos não jurisdicionais a aplicação de medidas de segurança a quem não tivesse praticado qualquer crime.

[1219] É o caso da vigilância especial da polícia (Levy Jordão, 1853: 161: "uma medida de segurança e uma garantia da ordem social", mas contra Silva Ferrão, 1856 a: 281: "elemento penal, indispensavel, como complemento, em geral, de toda a pena").

[1220] Sobre a filiação, o significado político-criminal e o carácter mais liberal da lei portuguesa, Beleza dos Santos, 1938: n. 2615, pp. 33 e 34, 1951: 35 a 37, e 1952: 407, Pierre Cannat, 1942: 82 a 84 e 172, e 1946: 24, Eduardo Correia, 1963 a: 70, Hans-Heinrich Jescheck, 1966: 445, José Pizarro Beleza, 1968: 672 e 673, Peter Hünerfeld, 1971: 155 e 156, João Fatela, 1989: 181 e 182, Figueiredo Dias, 1993: 416, e Eunice Relvas, 2002: 102 e 103. Já anteriormente tinha sido defendida, na dissertação inaugural para o acto das conclusões magnas de Luiz Filipe de Abreu, um "systema mixto de prisão e deportação", caracterizado pela substituição da pena

A Jurisdição Penal Comum 513

Por outro lado, a Lei de 3.4.1896 mandou colocar à disposição do governo os condenados pelos crimes de vadiagem, mendicidade e rufianismo, em seguida ao cumprimento da pena, "para os efeitos do artigo 10 da lei de 21 de abril de 1892" ou para serem internados e compelidos a trabalhar em asilo ou depósito de mendicidade pelo período de dois a cinco anos (artigo 7). Deste modo, se sanou o regime lacunoso do artigo 256 do Código Penal de 1886, transcrito do código de 1852, que apenas previa a aplicação de uma pena de prisão correccional até seis meses aos vagabundos e aos mendigos e a colocação dos condenados à disposição do governo para que este lhes desse trabalho por um período adequado de tempo e cuja reforma já tinha sido ensaiada com a criação, pela Lei de 22.6.1880, de uma escola agrícola onde menores vadios e mendigos postos à disposição do governo deveriam ser colocados, com a faculdade de o juiz não condenar os réus em pena correccional e os pôr de imediato à disposição do governo.[1221]

Em uma outra lei, também publicada em 3.4.1896, foi consagrada a primeira medida de segurança para inimputáveis, que veio de igual modo completar o sistema sancionatório insuficiente consagrado no artigo 47 do código de 1886, onde apenas se previa a entrega à família do agente inimputável que fosse doente mental ou o seu internamento em um estabelecimento de cura quando a doença fosse criminosa ou as necessidades de segurança o exigissem. Os artigos 13 e 14 da Lei de 3.4.1896, em conjugação com o artigo 5 da Lei de 4.7.1889, previam a decretação judicial do internamento em anexos psiquiátricos às penitenciárias centrais e por período indeterminado de alienados perigosos, que tivessem cometido factos puníveis com penas maiores, e a entrega à família ou, na falta desta, à autoridade administrativa com vista a admissão em hospital psiquiátrico, quando tivessem cometido factos puníveis com penas inferiores.[1222]

---

principal de deportação pela deportação como "medida puramente complementar", como "um grau especial de penalidade", em combinação com um sistema penitenciário progressivo (Luiz Filipe d Abreu, 1859: 78 a 80).

[1221] A previsão da entrega do vadio ao governo pelo tempo que este julgasse conveniente, que copiava literalmente a disposição paralela do Código Penal francês de 1810, na sua versão inicial, foi muito criticada pela doutrina, que a considerou como "exorbitante, uma vez que esse tempo não seja marcado na lei" (Levy Maria Jordão, 1854: 44) e como "injusta e que importa uma escravidão intoleravel e arbitraria" (Silva Ferrão, 1857: 320). O carácter "indefinido e vago" da sanção prevista no artigo 271 do Código Penal francês, de que resultava um poder "vicioso" da Administração (Adolphe Chaveau e Faustin Hélie, 1845 b: 11), já tinha levado o legislador francês, na reforma de 28.4.1832, a suprimir a colocação do condenado à disposição do governo e a determinar a sua sujeição, depois do cumprimento da pena, a uma vigilância policial pelo período de cinco a dez anos, mas o legislador português ignorou esta modificação da lei francesa.

[1222] Esta reforma legislativa relativa ao problema dos criminosos com perturbações mentais inspirou-se fortemente na "Escola Positiva" italiana e ficou associada à realização do primeiro congresso jurídico europeu em que foram discutidos os problemas colocados pela nova

514   *A Reforma da Justiça Criminal em Portugal e na Europa*

Além dos criminosos alienados, habituais e dos vadios, mendigos e rufiões, esta nova categoria das sanções criminais foi também aplicada aos autores de crimes políticos. A primeira medida de segurança para autores de crimes políticos só surgiu com a Lei de 13.2.1896, que mandou colocar os autores de "crime de anarquismo" à disposição do governo depois do cumprimento de uma pena de prisão correccional. A medida era cumprida nos termos dos artigos 10 e 13 da Lei de 21.4.1892, mas competia ao governo a autorização do regresso à metrópole depois de feita a justificação judicial.

Com a proclamação da República, as Leis de 21.4.1892 e de 3.4.1896, na parte em que previam o degredo por período ilimitado, e a de 13.2.1896, foram revogadas pelo Decreto de 10.10.1910, "visto não haver na República Portugueza penas perpétuas ou de duração ilimitada". Em harmonia com este pensamento, o artigo 16 do Decreto de 18.11.1910 fixou o prazo máximo da pena de deportação em dois a três anos na primeira vez e três a cinco anos em cada uma das vezes seguintes, "dependendo a prolongação além do mínimo e até o máximo do comportamento que tiver o deportado, e contando-se sempre esses prazos desde o dia em que o réu ficar efectivamente à disposição do governo". Mais tarde, a Lei de 20.7.1912 criou uma nova medida de segurança, a colocação à disposição do governo de criminosos habituais e vadios para internamento em uma colónia agrícola por período a definir pelo governo até ao máximo de seis anos,[1223] seguindo o legislador republicano aquela que era a

---

escola, o congresso de Lisboa, realizado nos meses de Abril e Maio de 1889 (Mário Maldonado, 1959: 46 a 48). A doutrina, que tanto insistiu pela inovação (António Castello Branco, 1888: 103 e 104, e 1891: 26 e 27, António Ferreira Augusto, 1894: 100 a 104, 111 a 114, 118 a 122, e Afonso Costa, 1895: 201 a 205, 239 a 241), não deixou, contudo, de censurar severamente, depois da publicação da lei nova, o "erro de legislar para crimes e não para criminosos", que se consubstanciava na detenção de alienados que tivessem cometido crimes graves no período da respectiva doença, mesmo quando fossem inofensivos passado esse período, e na libertação de alienados muito perigosos que tivessem cometido delitos de pequena gravidade (Paulo Osório, 1906: 41 e 42, 46 e 47, Julio de Mattos, 1913: 523 a 525, e Adelino Marques e Manuel Moutinho, 1927: 225). Também era muito criticada a doutrina do artigo 114 do Código Penal de 1886, que, aliás, retomava a do artigo 93 da versão de 1852, porquanto provocava o "absurdo de que um réu, entrando a cumprir pena de 4 ou 5 anos, não a tenha completado decorridos 20 ou 30 anos, como está succedendo" (Diogo Leote, 1912: 369).

[1223] A Lei de 20.7.1912 revogou expressamente os artigos 252 a 262 do CP, a Lei de 21.4.1892 e os artigos 5, 6 e 7 da Lei de 3.4.1896 sobre vadios, mendigos e rufiões. Sobre a natureza da nova sanção criminal e o significado político-criminal da Lei de 1912, Tude de Sousa, 1929: 110 a 115, e 1937: 6 a 9, 18 e 19, Arthur Morgan, 1932: 41 a 46, Adelino da Palma Carlos, 1934: 139, 178 e 289, Beleza dos Santos, 1938: n. 2612, p. 403, 1946: 3 e 4, 1951: 38 e 39, 1952: 407, e 1953: 24, Cavaleiro de Ferreira, 1943: 137 e 138, Joaquim Silva Cunha, 1944 a: 54, Vitor Faveiro, 1949 a: 343, e 1949 b: 365, Augusto Alves de Mira, 1950: 28 a 30, e Hans-Heinrich Jescheck, 1966: 448, João Fatela, 1989: 182 a 184, Guardado Lopes, 1993: 83 a 85, e Eunice

A Jurisdição Penal Comum

orientação doutrinária da "Escola Positiva" italiana e da sua congénere alemã, a "Escola Moderna".[1224]

Relvas, 2002: 36 e 37, 45 e 46. O artigo 8 da Lei de 31.5.1913, que permitiu a detenção em cadeias civis dos condenados postos à disposição do governo enquanto não fossem abertas a casa correccional e a colónia penal agrícola criadas pela Lei de 20.7.1912 teve como consequência a acumulação de delinquentes entregues ao governo nestas cadeias, "o que equivalia a converter em pena correccional, por assim dizer ilimitada, um estado de cousas que excedia os limites maximos das penas correccionais" (Tude de Sousa, 1929: 109). Só em Agosto de 1915 foi efectivamente aberta a colónia agrícola, em Sintra, mostrando-se, no entanto, o número médio de entradas por ano muito aquém das necessidades (Tude de Sousa, 1929: 114).

[1224] As doutrinas da "Escola Positiva" e, em especial, dos seus representantes máximos César Lombroso, Enrico Ferri e Raffaele Garofalo em Itália e Franz von Liszt e Aschaffenburg na Alemanha, constituíram o suporte teórico do processo de renovação do direito penal e processual penal na viragem do século em Portugal. Com efeito, a nova escola penal, que teve como ponto de partida os trabalhos de antropologia criminal de Lombroso e foi completada pela investigação sociológica de Ferri e pelas sínteses jurídicas de Garofalo e von Liszt, caracterizou-se pela defesa de seis teses fundamentais, que tiveram grande impacto na doutrina e legislação portuguesas: a fundamentação do direito público de punir na defesa social e a rejeição do postulado do livre-arbítrio (Ferdinando Puglia, 1882: 283, 290 e 291, 297 a 299, Enrico Ferri, 1905: 18 a 20, 25 e 26, e 1931: 220 a 231, Raffaele Garofalo, 1908: 304 a 334, Aschaffenburg, 1904: 223 a 230, e Franz von Liszt, 1905 a: 174 a 179, e 1905 b: 38 e 39, 48 a 52, 84 a 87), a divisão dos delinquentes em categorias antropológicas (Ferdinando Puglia, 1882: 261 e 267, Enrico Ferri, 1905: 56 a 60, e 1931: 254 a 267, 356 a 359, Raffaele Garofalo, 1908: 138 a 160, e Franz von Liszt, 1905 a: 166 a 173, e 1905 b: 208 a 213), a defesa da punição por tempo indeterminado e da indemnização do dano como sanção de direito público (Raymond Saleilles, 1898: 121 a 123, 262 a 270, Aschaffenburg, 1904: 261, 262, 270 a 274, 289 e 290, Enrico Ferri, 1905: 53 e 54, e 1931: 320 a 326, 559 a 570, Raffaele Garofalo, 1908: 485 a 487, 505 e 506, e Franz von Liszt, 1905 a: 337 a 340, 532 a 535, e 1905 b: 150 a 158, 398 e 399), a proposta dos substitutos penais como meio de realização da defesa social preventiva indirecta (Raffaele Garofalo, 1908: 224 a 231, e Enrico Ferri, 1931: 285 a 291) e da criação de manicómios para delinquentes inimputáveis perigosos e a substituição do regime de internamento celular diurno pelo internamento em colónias agrícolas, pela relegação ou pelo internamento comunitário progressivo (Enrico Ferri, 1905: 65, e 1931: 326 e 485 a 487, Raffaele Garofalo, 1908: 484 a 489 e 492, e Fanz von Liszt, 1905 a: 396). Assim, foi "pelo influxo e sob o impulso da Escola Positiva" que foram introduzidas em 1896 as medidas já mencionadas sobre os alienados criminosos, em 1911 as referentes aos menores delinquentes e em perigo moral, em 1912 as relativas aos criminosos habituais, em 1927 foi muito diminuída a competência do tribunal de júri e dois anos depois foi consagrada a fixação obrigatória da reparação por perdas e danos no CPP (José Beleza dos Santos, 1931 c: XII, e, também, Joaquim Azevedo Barbosa, 1933: 33). O debate doutrinário em Portugal foi muito intenso na viragem do século, dividindo-se as vozes entre os adeptos da escola antropológica e os críticos desta, uns próximos da "terceira escola" (*terza scuola*), outros do indeterminismo e outros ainda apresentando posições ecléticas. Entre os adeptos da escola antropológica destacaram-se Bernardo Lucas (1887: 134, 135 e 137), António Castello Branco (1888: 116 a 118, 165 a 170, 204 a 209) e Julio de Mattos (1913: 393 a 395, 474 a 484, 498 a 505), que aceitavam o tipo antropológico criminal definido por características anatómicas e perversões somáticas da sensibilidade e da capacidade motora resultantes de

516 A Reforma da Justiça Criminal em Portugal e na Europa

O novo poder político consagrou ainda duas previsões legais de degredo e de deportação, a do Decreto n. 4.506, de 29.6.1918, completado e sancionado pela Lei n. 922, de 30.12.1919, que determinou a colocação dos autores reincidentes do crime de açambarcamento à disposição do governo para os degredar para as colónias, sendo o prazo o fixado no artigo 16 do Decreto de 18.11.1910, e a da Lei n. 969, de 11.5.1920, que previu a colocação à disposição do governo dos autores de crimes de detenção e fabrico de bombas, os agentes de atentados por meio de bombas, os instigadores à prática de certos crimes, os vadios e os reincidentes para os deportar para qualquer parte do território colonial pelo prazo máximo de dez anos quando não pudessem ser internados nos estabelecimentos referidos pelo artigo 14 da Lei de 20.7.1912. Apesar da extinção dos tribunais criados pelas referidas Leis ns. 922 e 969, respectivamente, através do Decreto-Lei n. 12.487, de 14.10.1926, e da Lei n. 1.529, de 19.12.1924, as medidas de segurança mantiveram-se em vigor.

Só depois da instauração da ditadura militar regressaram as sanções criminais de duração ilimitada para os delinquentes imputáveis perigosos em razão de anomalia, os criminosos jovens de idade compreendida entre os 16 e os 21 anos, os autores de crimes políticos e os presos de difícil correcção, na sequên-

---

um processo de regressão patológica ou mesmo atávica, e Basílio da Costa Freire (1889: 253 a 255, 267 a 269), Miguel Bombarda (1896: 89 a 94), Francisco Ferraz de Macedo (1897: 43 a 47), Mendes Martins (1903 a: 29, 74 a 83, e 1903 b: 67 a 69) e Luís da Cunha Gonçalves (1913: 6, 11, 16 a 19), que também entendiam que o criminoso era um degenerado psíquico, com estigmas somáticos e psicopatológicos, e, em regra, incorrigível, mas rejeitavam o tipo antropológico criminal. Entre os críticos mais proeminentes da escola antropológica encontravam-se os indeterministas e Afonso Costa e Alvaro Villela, adeptos da "terceira escola". Estes autores aceitavam da escola antropológica o determinismo, mas rejeitavam o tipo antropológico criminal e a degenerescência física como causa predominante do crime, atribuindo-o antes a factores sociais. Por isso, os adeptos da "terceira escola" advogavam a introdução de reformas sociais como meio de profilaxia do crime e a construção de colónias penitenciárias agrícolas e industriais como instrumento privilegiado de repressão penal, rejeitando também a incorrigibilidade dos delinquentes (Afonso Costa, 1895 b: 147 a 154, 266 a 269, 322, 324 e 325, e Álvaro Villela, 1897: 146 a 148). Entre os indeterministas destacou-se Mário Ferreira-Deusdado, designadamente, pela sua participação em vários congressos internacionais, onde censurou os fundamentos da escola antropológica com base no princípio indeterminista, embora se aproximasse, em termos político-criminais, da "terceira escola", identificando a má organização social como a principal causa do crime e recusando também a incorrigibilidade dos delinquentes (Ferreira-Deusdado, 1890: 6 a 9, 15 a 19, e 1894: IX a XIII, 36 e 37). A simbiose entre os factores biológicos e os sociais do problema da criminalidade e uma pletora variada de soluções de política criminal, assistencial e educacional, de preferência à punição com penas carcerárias, foram, por fim, defendidas por Mendes Corrêa (1914: 111 a 115, 171, 172, 328 a 331, 1931: VI e VII, 280 a 288, e 1936: 4 a 7, 14 a 18, 34 e 35), João Gonçalves (1923: 51, 66 a 69, 73 e 74), Abel de Andrade (1925 c: 406 e 407, 1929: 11 a 15, e 1935: 47) e Luiz de Pina Guimarãis (1939 a: 31 e 32).

A *Jurisdição Penal Comum* 517

cia da proposta quase unanimemente defendida pela doutrina portuguesa desde meados do século passado de introdução de um pena de prisão de duração indeterminada ou de uma "detenção suplementar"[1225] e das iniciativas do legislador norueguês no ano de 1929, do italiano no ano de 1930, do polaco no ano de 1932 e do alemão no ano de 1933, que consagraram nos respectivos direitos o conceito de criminoso habitual, embora definindo-o de modos distintos, e a fa-

---

[1225] A vasta produção da doutrina portuguesa em temas penitenciários na segunda metade do século XIX e no início do século XX é unânime neste sentido (Ayres de Gouvêa, 1860: 162 e 163, João Baptista Calisto, 1860: 54 a 57, Luiz Filipe de Abreu, 1862: XIV, Alberto Morais Carvalho, 1877: 10, 13 a 16, João da Silva Mattos, 1885: 178 a 184, Bernardo Lucas, 1887: 228 a 231, António Castello Branco, 1888: 101, Manuel d' Arriaga, 1889: 29 e 30, Ferreira-Deusdado, 1891: 318 e 319, e 1931: 115 e 116, Miguel Bombarda, 1896: 99 e 416, Francisco Ferraz de Macedo, 1900: 149 e 150, Julio de Mattos, 1903: XXIII e XXIV, e 1908: IX, Mendes Martins, 1903 a: 84 e 85, 102 e 103, 123 a 125, João Chaves, 1912: 178 a 183, 191 a 197, 370 a 376, Mendes Corrêa, 1914: 324 a 326, 330 e 331, João Gonçalves, 1922: 112, João Bacelar, 1923: 2 a 6, e 1924: 6, J. Henriques da Silva, 1925: 480 e 481, Armando Simões Pereira, 1927: 53 a 61, e Adelino da Palma Carlos, 1933: 51 a 54), tendo esta opinião comum encontrado eco quer nos trabalhos de reforma do direito penal (Antonio de Azevedo Mello Carvalho e outros, 1861b: 58 e 59), quer em lições e dissertações universitárias (Álvaro Villela, 1897: 195 a 216, Henriques da Silva, 1906: 85 e 86, Dias da Silva, 1906: 385 e 386, Abel de Andrade, 1925 b: 158 e 159, Abel de Andrade Filho, 1925: 383, António Leal de Faria, 1933: 26 a 28 e 43, Adelino da Palma Carlos, 1934: 310, 348 a 350, Manuel Gomes Abreu, 1934: 44 a 46, Maria de Almeida Paiva, 1937: 132, 139, 140 e 148, sendo esta tese de 1934, António da Mota Veiga, 1939: 179 e 180, sendo esta tese de 1935, e Emídio Ferreira de Almeida, 1941: 14 e 15, 57 a 59, sendo esta tese de 1933, mas contra, do outro lado do oceano, Adherbal de Carvalho, 1915: 252 e 269). O argumento fundamental, repetido incessantemente na literatura portuguesa, já tinha sido resumido nestas duas frases de Raymond Saleilles: "já não sendo a pena uma sanção, mas uma espécie de tratamento individual, ela não pode ser fixada de início pela lei em virtude de um crime abstracto considerado unicamente na sua materialidade objectiva. Em medicina, não se sabe dizer de início quanto tempo matemático deve durar o tratamento de uma determinada doença; isso depende do doente" (*la peine n' étant plus une sanction, mais une sorte de traitement individuel, elle ne peut pas être fixée d' avance par la loi à raison d' un crime abstrait considéré uniquement dans sa matérialité objective. On ne peut pas dire à l' avance en médecine combien de temps mathématique doit durer le traitement d' une maladie déterminée; cela dépend du malade*, Raymond Saleilles, 1898: 120). Esta voz comum da doutrina portuguesa teve a primeira manifestação, contudo, logo nos anos quarenta do século XIX, na teoria pura da pena indeterminada, concretizada pelo júri da visita da casa penitenciária, apresentada por Silvestre Pinheiro Ferreira nos motivos do projecto de 1840 e retomada na Memória de 1841, em dois textos das "Questões de Direito Publico ...", de 1844, e no *Précis d' un Cours de Droit Public*, de 1845, onde até já se tinha esgrimido com o argumento da equiparação do juiz ao médico: "se (o júri) houver dito ser o réo culpado de crime ou delito, é tão impossivel determinar a qualidade ou a duração da pena destinada a produzir a emenda do réo, como seria impossivel a um medico determinar, n' uma doença grave e complicada, um remedio de tal virtude que n' um praso, tambem por ele fixado, produzisse o inteiro restabelecimento d' um infermo" (Pinheiro Ferreira: 1844 b: 55).

518 A Reforma da Justiça Criminal em Portugal e na Europa

culdade de submeter o criminoso habitual condenado em pena de prisão a um período de detenção suplementar ilimitado, determinado em função da necessidade de protecção da sociedade contra a perigosidade do agente.[1226]

[1226] Leopold Schäfer e outros, 1934: 41 a 60, 129 a 138, Franz Exner, 1934: 650 a 655, Rietzsch, 1935: 151 a 156, Sliwowski, 1939: 292 a 295, 329 a 333, 361 a 365, Pierre Cannat, 1942: 138 a 145, 151 a 158, Max Grunhüt, 1948: 389 a 403, Marc Ancel, 1956: 35 a 38, 44 a 48, e José Beleza dos Santos, 1957: 16 a 24. O n. 19 do relatório do diploma que aprovou a reforma prisional confessava a influência directa do direito italiano, muito em particular na conformação do regime do delinquente por tendência. A "Escola técnico-jurídica", protagonizada por Sabattini, Rocco e Massari, que esteve na origem do Código Penal italiano, recolheu da "Escola criminal positiva" a teoria da necessidade da individualização da pena e da imprescindibilidade das medidas de segurança, da ciência penal clássica os princípios da responsabilidade penal pessoal e da doutrina constitucional fascista o predomínio do fim preventivo-geral da defesa do Estado como fundamento do direito de punir (Donnedieu de Vabres, 1938: 22 e 23, e Pierre Papadatos, 1955: 93). O delinquente por tendência, que revelava como nenhuma outra inovação "o espírito de rigor no qual o código penal fascista foi concebido" (*rien ne manifeste mieux l' esprit de rigueur dans lequel le Code pénal fasciste a été conçu*, Donnedieu de Vabres, 1938: 40), já foi descrito como "a figura jurídica do criminoso-nato de Lombroso" (*le délinquant par tendance ... est la figure juridique du criminel-né de Lombroso*, Donnedieu de Vabres, 1938: 39 e 40, mas contra a generalidade da doutrina italiana e, designadamente, Vincenzo Manzini, 1934: 224, e Eugenio Florian, 1934: 313 e 314, 359 a 361). A doutrina portuguesa dividiu-se a este propósito, tendo José Beleza dos Santos rejeitado a equiparação e Luiz de Pina defendido a mesma. Com efeito, Beleza dos Santos entendia que o conceito da lei portuguesa, tal como o da lei italiana, pressupunha a liberdade da vontade do delinquente, excluindo que se tratasse de uma inclinação patológica irresistível ("O delinqüente por tendência não é impelido necessàriamente a delinqüir, embora haja uma forte probabilidade de que, solicitado por um estímulo do ambiente, embora pouco forte, reagirá criminosamente. A ausência dêste estímulo, a existência de condições desfavoráveis ao crime no respectivo meio social ou determinadas pela educação poderão, porém, impedi-lo de se tornar criminoso", "Isto não representa a consagração do criminoso nato de que nos fala Lombroso visto não afirmarmos haver tendências específicas para a prática do crime. Sustentamos antes, que há indivíduos que possuem certas disposições que em determinado meio ambiente, poderão constituir propensão para a prática do crime", Beleza dos Santos, 1938: n. 2609, p. 354, 1949: 106 e 107, e 1951: 9, seguido por Marcello Caetano, 1939 a: 358 e 359, Mário Simões dos Reis, 1940: 689 e 698, Cavaleiro de Ferreira, 1943: 224 e 225, Adriano Moreira, 1954 a: 212 e 213, Jacinto Duarte, 1963: 116, e Bernardo Sá Nogueira, 1977: 200 e 201, e, de um ponto-de-vista retrospectivo, Carlota Almeida, 2000 a: 106 e 107). Ao invés, Luiz de Pina sustentava que, não obstante a ciência criminológica ainda não ter provado a existência de um delinquente nato, a lei portuguesa, ao contrário da italiana, admitia como delinquente por tendência o anormal, isto é, "um indivíduo cujas explosões agressivas são devidas a certos estados patológicos mentais, tão frequentes, próprios do chamado delinqüente-nato, tal como foi apresentado" (Luiz de Pina Guimarãis, 1939 b: 29 a 31). Luiz de Pina propunha, por isso, a modificação do preceito da lei nacional de acordo com a lei italiana, de modo a reservar o conceito legal para os delinquentes não desprovidos de entendimento e de vontade e a excluir dele os anormais constitucionais e incorrigíveis (Luiz de Pina Guimarãis, 1939 b: 39). Se a influência da lei italiana na conformação da figura do delinquente por tendência é clara e foi até confessada pelo legislador português no ponto n. 19 do

A Jurisdição Penal Comum   519

Assim, nos termos dos artigos 87, 89, 96, 117 e 131 da reforma prisional de 1936, a pena aplicada aos delinquentes imputáveis perigosos, aos jovens delinquentes e aos criminosos de difícil correcção, nestes se incluindo os delinquentes habituais, os criminosos por tendência e os presos indisciplinados, podia ser prorrogada por períodos sucessivos de dois anos até que o preso se mostrasse corrigido. Destarte, os criminosos condenados como reincidentes em quaisquer crimes deixaram de ser equiparados aos vadios, procedendo o legislador a uma revogação tácita do artigo 5 da lei de 1912 pelo artigo 109 do decreto de 1936, mantendo-se, contudo, os outros casos de tutela securitária previstos na lei de 1912, através da equiparação a vadios dos reincidentes pela terceira vez nos casos de mendicidade, dos reincidentes pela segunda vez nas infracções de homosexualidade, exploração de mendicidade com menores de dezasseis anos e mendicidade com simulação de enfermidades ou emprego de ameaças ou injúrias e dos reincidentes uma vez no crime de viver a expensas de mulher prostituta.[1227]

A prorrogação ilimitada da pena de prisão "ultrapassava o âmbito da responsabilidade do direito penal da culpa" (*wird der Rahmen schuldstrafrechtlicher Haftung gesprengt*), constituindo um "direito penal de defesa pragmático"

---

preâmbulo da reforma prisional, a origem da figura do preso indisciplinado não foi esclarecida pelo legislador, encontrando-se ela na relegação ordenada pelo governo de "qualquer internado que se mostre incorrigível ou cuja presença se torne perigosa no estabelecimento" (artigo 12 da Lei de 20.7.1912, que a doutrina considerava como uma verdadeira medida de segurança, Beleza dos Santos, 1930: 162 a 164). Ressalvadas as especificidades próprias desta medida, que era proposta pelo conselho disciplinar, ordenada pelo governo e não podia ultrapassar o prazo máximo de seis anos, ela constituiu o antecedente histórico directo do regime do preso indisciplinado de 1936. O antecedente mais remoto do regime prisional dos degredados "incorrigíveis" previsto pelos artigos 122 a 124 do regulamento para o depósito de degredados de Angola, estabelecido pelo Decreto de 26.12.1907, consubstanciava apenas uma execução da pena subordinada a condições mais rigorosas, sem, contudo, se repercutir no prolongamento da pena.

[1227] A permanência em vigor dos artigos 7, 8 e 9 da Lei de 1912 não era particularmente discutida, sendo-o antes a vigência do artigo 5 da referida lei a par do artigo 109 da reforma prisional (no sentido da revogação do artigo 5, Beleza dos Santos, 1938: n. 2618, pp. 81 e 82, n. 2619, p. 98, e n. 2624, p. 178, João Arantes Rodrigues, 1950: 81 a 83, Olimpio da Fonseca, 1957: 21 a 24, Rui Pena, 1965: 58, e José Pizarro Beleza, 1968: 680 e 681, mas contra Marcello Caetano, 1939 a: 366 e 367, Cavaleiro de Ferreira, 1943: 141 e 142, Anibal de Castro, 1942: 127 a 129, e Joaquim Silva Cunha, 1944 a: 54). A jurisprudência também estava profundamente dividida (cfr. o acórdão do STJ, de 11.6.1938, in RJ, ano 23, 1938, pp. 308 e 309, argumentando que a disposição do artigo 109, n. 3, da reforma prisional e do n. 3 do artigo 5 da Lei de 20.7.1912 regiam o mesmo caso e seria "extremamente duro que ambas existissem, de forma a aplicarem-se aos condenados ambos os rigorosos tratamentos nelas preceituados para os vadios e para os delinquentes", mas contra o acórdão do STJ, de 26.4.1938, in RJ, ano 23, 1938, p. 263).

520   *A Reforma da Justiça Criminal em Portugal e na Europa*

(*pragmatischen Verteidigungsstrafrecht*)[1228] ou uma medida de segurança integrada no âmbito de um "monismo prático",[1229] em que "a culpa na direcção da vida ou modelação da personalidade não condiciona, nem mede juridicamente a prorrogação da pena, é apenas de invocar praticamente, como um meio útil de actuação penitenciária",[1230] embora também tenha sido compreendida como

---

[1228] Peter Hünerfeld, 1971: 216. Como também concluiu Hans-Heinrich Jescheck, "as prorrogações e as outras medidas de defesa social previstas por estes artigos são sem dúvida conciliáveis com uma culpabilidade relativa ao comportamento geral e com uma responsabilidade estabelecida em função da personalidade do autor no seu conjunto («culpa de autor»), mas não com a culpabilidade tal como ela surge no caso em espécie («culpa pelo facto»), no sentido que o direito alemão visa quando ele fala do princípio da culpa" (*les prorrogations et les autres mesures de défense sociale prévues par ces articles sont sans doute conciliables avec une culpabilité tenant au comportement général et avec une responsabilité établie en fonction de la personnalité d' ensemble de l' auteur («Täterschuld»), mais non avec la culpabilité telle qu' elle ressort du cas d' espèce («Tatschuld»), au sens que le droit allemand envisage quand il parle du principe de la faute*, Hans-Heinrich Jescheck, 1966: 458). O legislador português não tinha grandes ilusões sobre a corrigibilidade de certos delinquentes perigosos e o efeito positivo da prorrogação da pena. "Tratando-se de indivíduos endurecidos no crime, perigosos elementos sociais, a função da pena é quasi simplesmente eliminatória e, portanto, a acção dos estabelecimentos e a da sua regulamentação quasi se limita à guarda dos presos e à obrigação de organizar o trabalho". O legislador "não quis negar a possibilidade de delinquentes incorrigíveis, mas quis que sempre se tentasse a correcção, embora difícil" (Beleza dos Santos, 1947: 28). Na prática jurisprudencial, a prorrogação da pena representava mesmo um meio alternativo de combate à exclusão social devida à miséria económica e à desagregação da vida familiar (decisão do TEP do Porto de 6.5.1957, in BAPIC, n. 2, 1958, p. 195 e 196, e decisão do TEP de Lisboa de 10.2.1961, in BAPIC, n. 10, 1962, pp. 111 e 112), ou um instrumento de segregação social de irrecuperáveis (decisão do TEP de Lisboa, de 15.4.1957, in BAPIC, n. 2, 1958, p. 198), ou um castigo complementar da aplicação de sanções disciplinares durante a execução da pena e da má conduta familiar do recluso (decisão do TEP de Lisboa, de 5.4.1957, in BAPIC, n. 4, 1959, pp. 259 e 260, e decisão do Relação de Lisboa, de 28.1.1966, in BAPIC, n. 18, 1966, pp. 38 a 41, e acórdão do STJ de 30.10.1968, in BAPIC, n. 23, 1968, pp. 156 e 157).

[1229] Beleza dos Santos, 1955 a: IX. O autor também o designará, mais tarde, como um sistema caracterizado por um "dualismo jurídico e uma certa unidade no tratamento penitenciário que, na medida de segurança, continuará o da pena" (Beleza dos Santos, 1957: 18).

[1230] Beleza dos Santos, 1946: 23 e 61, 1938: n. 2618, p. 82, 1945: n. 2861, p. 213, 1950: 196 e 197, 1952: 406 e 407, 1954: 696 e 710, e, depois da reforma do Código Penal, 1955 b: 41, 1959: 87 e 88, e 1962 a: 13. A tese de Beleza dos Santos, que concebia a prorrogação da pena como uma medida de segurança, recebeu o acolhimento generalizado da doutrina portuguesa e da estrangeira que estudou o direito português. Cfr. G.-L. Sliwowski, 1939: 370, Marcello Caetano, 1939 a: 370, Emídio de Almeida, 1941: 84, Brito Câmara, 1941: 92, Armando de Castro e Abreu, 1943: 152 a 157, Mário Costa, 1943: 34 e 35, Joaquim Silva Cunha, 1944 a: 27, 52 a 55 e 1944 b: 200, Maria Carvalho Alves, 1945: 42, 56 e 57, Barahona Fernandes, 1946: 48, 49 e 51, Pierre Cannat, 1946: 114 a 117, Adriano Moreira, 1946: 17 e 18, e 1949: 294 e 295, e 1954 a: 246, Vitor Faveiro, 1949 b: 369, e 1952 a: 105 a 107, 154 e 155, não obstante as afirmações em 1949 a:

A Jurisdição Penal Comum

uma sanção mista de pena e de medida de segurança, uma "pena de segurança" enquadrada no contexto de uma culpa pela condução da vida, que podia revestir três modalidades, a da "pena educativa" no caso dos menores de 16 aos 21 anos, a de "pena curativa" no caso dos anormais perigosos e a de "pena eliminativa" no caso dos criminosos de difícil correcção[1231] ou mesmo como uma verdadeira pena que punia a "omissão permanente da vida do delinquente – do cumprimento do dever de orientar a formação ou a preparação da sua personalidade de modo a torná-la apta a respeitar os valores jurídico-criminais", isto é, uma sanção culposa concebida no contexto de um "sistema monista ético--retributivo".[1232]

---

333 e 334, João Arantes Rodrigues, 1950: 99 e 100 ("sem ser, no entanto, categorica e definitivamente"), Marc Ancel, 1950: 38 e 39, Maria Helena Nunes, 1951: 42 a 51, Adriano Vera Jardim, 1951: 355 a 357 (reportando-se a um texto de Beleza dos Santos), Constantino Cardoso, 1951: 92 a 100, Francisco Olesa Muñido, 1951: 225 a 227, Luís de Carvalho e Oliveira, 1958: 206 e 207, Joaquim Mendes Belo, 1963: 44, Jacinto Duarte, 1963: 112 e 113, 139 a 141, Rui Pena, 1965: 36 a 38, Figueiredo Dias, 1971 b: 18, Christian Nils Robert, 1972: 104, Anabela Rodrigues, 1983: 288, e 1988 b: 53, e Carlota Almeida, 2000 a: 112. Este entendimento foi também consagrado oficialmente, logo no despacho do ministro da justiça de 28.6.1937, que advertia os magistrados do Ministério Público para o cumprimento de certas disposições da reforma prisional (Henrique Brito Câmara, 1941: 92 e 93) e, posteriormente, no parecer da Direcção-Geral dos Serviços Prisionais, de 27.3.1942, homologado por despacho ministerial de 30.3.1942 (in BOMJ, ano II, 1942, n. 10, p. 30), que rejeitou a aplicação do disposto no artigo 196 e seus parágrafos do Código Penal aos presos classificados de difícil correcção, que se encontrassem em cumprimento de pena prorrogada, atenta a natureza de medida de segurança da prorrogação da pena que lhes tinha sido aplicada.

[1231] Cavaleiro de Ferreira, 1943: 51 a 55, 177 a 182, e 1961: 18 a 21, 33, 34 e 194.

[1232] Eduardo Correia, 1945 a: 32 a 35, 1945 b: 298 a 306, 1949: 313 a 319, 1953 a: 211 a 213, 1961 b: 366, 1963 a: 72 e 73, 1963 b: 30 a 36, 66 a 68, 1964: 330 a 332, e 1970: 23 a 26, embora acabe por reconhecer a natureza "pragmática" do monismo da reforma prisional ou o seu "monismo ligado à fase executiva das sanções", em Eduardo Correia, 1973: 17 e 18, e Eduardo Correia e outros, 1980: 103. Mas Eduardo Correia tinha dúvidas ("a doutrina que vimos defendendo ... é altamente duvidosa. Estamos longe de ter ideias seguras a este respeito", Eduardo Correia, 1949: 85). As principais dúvidas eram colocadas pelos artigos 155 e 169 da reforma prisional, que previam uma aplicação dualista de penas e medidas de segurança aos mesmos réus condenados pelo crime de vadiagem e por um outro. O autor explicava-os como sendo "excepções mal justificáveis, mas que poderiam sempre achar uma explicação na natureza fragmentária das nossas últimas reformas legislativas". Também rejeitando a natureza de medida de segurança da prorrogação das penas aplicadas aos delinquentes habituais, Olimpio da Fonseca, 1957: 57 a 63, Jorge Ribeiro de Faria, 1959: 30, e José Pizarro Beleza, 1968: 302 a 313. João Arantes Rodrigues tinha uma posição *sui generis*, defendendo *de iure condendo* a teoria da culpa na formação da personalidade, apesar do reconhecimento de que ela "parece evidenciar uma larga margem de arbítrio", mas entendendo *de iure condito* que a lei portuguesa perfilhava o "princípio dualista ou da bifurcação da sanção criminal" (João Arantes Rodrigues, 1950: 62, 67, 68, 71 e 99). A crítica, do ponto de vista da ciência médico-legal, destas teses foi feita por Barahona Fernandes

522   *A Reforma da Justiça Criminal em Portugal e na Europa*

O tratamento jurídico-penal do delinquente perigoso imputável era ainda completado pela ponderação inovadora da anomalia psíquica contemporânea do crime não privativa da capacidade do delinquente compreender a pena. Esta ponderação repercutiu-se não só na substituição de um conceito bio-psicológico

---

(1946: 51 e 52) e por Fernando Oliveira e Sá (1968: 378 a 384), concluindo o primeiro destes autores, com o acordo do segundo, que "subjectivar de tal maneira a culpabilidade, referindo-a à própria formação da personalidade, com todas as suas múltiplas tendências anímicas e instintivas, heredoconstitucionalmente radicadas, é uma doutrina que implica noções caracterológicas, em desacordo com a experiência dos psiquiatras e psicólogos" (Barahona Fernandes, 1946: 51 e 52). De um ponto de vista jurídico, além do problema do tratamento de certas inimputabilidades congénitas, a crítica fulcral dirigida a estas concepções era a de que elas compensavam "a menor culpa com a afirmação de uma maior intensidade do dever de configurar a personalidade de acordo com o tipo reconhecido idóneo pela ordem jurídica", constituindo-se em uma verdadeira "doutrina da desigualdade perante o dever, que em nenhum lado é suposta pela ordem jurídica" (Adriano Moreira, 1946: 16 a 18, e 1949: 293 e 294, e, já antes, Maria Carvalho Alves, 1945: 55), ao que se aduzia que "perante uma tão grande dificuldade de apurar com certeza, se a personalidade viciosa do delinquente foi devida à culposa orientação que ele imprimiu à sua vida, é muito fácil que haja inumeráveis enganos da parte do julgador, ao pronunciar-se sobre tão delicada questão. Logo não se deve arvorar o Estado em garante da virtude a ponto de lhe conceder o poder de punir a sua conduta interior" (Armando de Castro e Abreu, 1943: 211 a 220, e, também assim, Maria Carvalho Alves, 1945: 58, Luís de Carvalho e Oliveira, 1958: 204 e 205, e Joaquim Belo, 1963: 23 a 30). A propósito do debate sobre o "verdadeiro nó górdio do direito criminal", o tratamento penal das psicopatias, Eduardo Correia respondeu à crítica de Barahona Fernandes, fazendo assentar "na realidade social da crença" no livre-arbítrio a necessidade da punição agravada dos criminosos por tendência ou em que se verificasse culpa na formação da respectiva personalidade, com a ressalva apenas dos casos de inteira ausência da consciência do dever da correcção da personalidade, que se remetiam para o âmbito da inimputabilidade ("Assim, quanto maior é a tendência criminosa logo mais grave é objectivamente a pena que lhe deve corresponder se o seu portador não cumpre o dever de a corrigir. E se nem sempre a consciência desse dever de correcção é tanto maior quanto maior é a tendência para o crime, isso só prova que a gravidade objectiva da tendência aumenta e, portanto, logo objectivamente deve ser maior a punição. É verdade que pode a consciência de tal tendência desaparecer inteiramente. Mas então está-se no domínio da inimputabilidade", Eduardo Correia, 1953 a: 210 e 211). Mais tarde, Figueiredo Dias procedeu também a uma crítica global da teoria de Eduardo Correia, identificando "o poder ser livre" que a sustentava como "mero postulado ou pressuposto que se continua a julgar o único penhor válido da subsistência da ponte entre a culpa e a liberdade e, assim, do ingrediente ético daquela" (Figueiredo Dias, 1983 b: 114) e com base nessa crítica procurando desenvolver uma teoria da culpa na formação da personalidade que simultaneamente superasse o plano em que o problema da liberdade vinha sendo discutido na doutrina através de uma fundamentação existencialista ("ético-existencial") da liberdade humana, por um lado, e, por outro, pusesse em relevo a distinta natureza da culpa jurídica diante da culpa moral em atenção à limitação de todo o direito penal à punição de "violações do dever-ser externo-social" (Figueiredo Dias, 1971 b: 29 a 33, 47 a 49, 1983 b: 135, 136, 140 a 153, e 1987 c: 178, 181, 196 a 202, e, descrevendo o "contributo determinante" desta teoria para uma reflexão "em termos existencialistico-filosóficos" sobre o problema da "culpa de autor", desde logo Giuseppe Bettiol, 1979: 334, 336, 337 e 341).

A Jurisdição Penal Comum 523

de inimputabilidade por um outro conceito predominantemente normativo, que fazia depender a imputação penal da capacidade de o delinquente compreender a pena, mas também na aplicação de uma medida de segurança de internamento em uma prisão-asilo, prorrogável por períodos sucessivos de dois anos, ao delinquente imputável afectado de anomalia psíquica para o qual fosse prejudicial o regime das prisões comuns ou que se tornasse prejudicial aos reclusos sujeitos a este regime.[1233]

De igual modo, foram influenciados por este pensamento securitário os novos regimes da liberdade condicional e dos presos indisciplinados previstos na reforma de 1936, pois a liberdade condicional era prorrogável por períodos sucessivos de dois anos, até ao limite de dez anos, quando o libertado não merecesse confiança, não sendo em caso de infracção ocorrida antes do fim da pena ou da medida de segurança o tempo decorrido em liberdade computado para o cumprimento da pena ou da medida de segurança.[1234] No caso de infracção cometida durante o período de prolongamento da liberdade condicional após o cumprimento da pena ou da medida de segurança o internamento do arguido podia prolongar-se por mais dois anos, salvo se tivesse sido cometido um novo crime e ele fosse punido com pena superior.[1235] Tratando-se de delinquentes de

---

[1233] A aplicação desta medida de segurança devia ter lugar mesmo para os delinquentes declarados judicialmente habituais que tivessem anomalias psíquicas (José Beleza dos Santos, 1938: n. 2680, p. 243) e não estava sequer associada à prática de um facto ilícito-típico, mas antes ao "perigo de prejuízos de caracter penitenciário" decorrentes da manutenção do delinquente com anomalia psíquica em uma prisão comum (José Beleza dos Santos, 1938: n. 2686, pp. 338 a 340, e Figueiredo Dias, 1993: 600 e 601).

[1234] Além das especialidades aplicáveis aos delinquentes de difícil correcção, que são referidas no texto, o regime da liberdade condicional, introduzido pela Lei de 6.7.1893, mas raramente aplicado (criticando esse facto, Mendes Martins, 1903 a: 98, Diogo Leote, 1912: 370, João Bacelar, 1924: 7, e Adelino Marques e Manuel Moutinho, 1927: 223), foi alargado, permitindo-se a todos os condenados em penas privativas da liberdade por mais de seis meses que beneficiassem dela quando reunidos determinados requisitos.

[1235] O libertado condicionalmente que, decorrido o período de dez anos, não oferecesse ainda confiança podia ser considerado como indisciplinado, bem como o libertado condicionalmente que fosse internado por um período de mais seis meses a dois anos na sequência da revogação da liberdade condicional podia ainda ser considerado como delinquente indisciplinado (Emídio de Almeida, 1941: 83). A reprovação da conduta social e mesmo familiar do arguido constituía motivo suficiente para justificar a revogação da liberdade condicional ("tem continuado a embriagar-se, a levar vida irregular, tornando-se por vezes implicativo e provocador. Até com a própria família arranjava questões, embora quando lúcido se mostrasse sinceramente arrependido do que fizera", decisão do TEP de Lisboa, de 15.5.1957, in BAPIC, n. 1, 1957, p. 279). No entanto, a manutenção prolongada de uma boa conduta em liberdade, mesmo quando o delinquente se encontrasse na situação de evadido, justificava a concessão de liberdade definitiva, homologando-se a situação de facto irregular como se de uma liberdade condicional se tratasse (decisão

524 *A Reforma da Justiça Criminal em Portugal e na Europa*

difícil correcção, os presos não podiam ser postos em liberdade definitiva sem terem previamente, pelo menos, três anos em liberdade condicional, cujo início se verificava após o cumprimento integral da pena e, excepcionalmente, após o cumprimento de dois terços da mesma.

Por sua vez, a categoria muito ampla dos presos indisciplinados caracterizava-se pela faculdade de sujeição ao regime de pena indeterminada dos presos de difícil correcção de quaisquer delinquentes condenados a prisão correccional ou a prisão maior, quando, mostrando-se "inadaptáveis ao regime prisional comum", se revelassem "de difícil correcção e especialmente perigosos pela sua repulsa ao trabalho e pelo seu comportamento anterior e posterior à prisão" (artigos 54, 73 e 111 da reforma de 1936), podendo ser como tal classificados mesmo os reclusos que observassem integralmente o regulamento prisional.[1236]

do TEP de Lisboa, de 10.12.1956, in BAPIC, n. 5, 1959, p. 121 e 122), e o cometimento de um crime de ofensas corporais por ciúmes não implicava a revogação da liberdade condicional se o delinquente habitual no furto no período de liberdade condicional fosse trabalhador "honesto, sossegado" e trabalhasse diariamente "desde as 6 horas da madrugada até às 11 horas da noite" (decisão do TEP de Lisboa, de 16.1.1961, in BAPIC, n. 8, 1961, p. 279).

[1236] Esta foi a doutrina consagrada na Circular n. 6, da Direcção-Geral dos Serviços Prisionais, de 1.10.1937, com base em que era "preciso formar da disciplina um conceito integral, não apenas pedagógico ou carcerário, mas principalmente social" (Henrique de Brito Câmara, 1941: 95). A questão doutrinária de fundo, que estava implícita em toda a regulamentação da indisciplina do recluso, era a de saber se o preso indisciplinado constituía uma categoria autónoma de direito penitenciário ou antes uma categoria de direito penal, uma espécie do género mais amplo dos delinquentes perigosos. A tese penitenciária afirmava expressamente que os indisciplinados não se confundiam com os "socialmente indisciplinados, designação que poderia aplicar-se a todos os delinqüentes e a vários indivíduos que o não são", identificando-se antes com os "indisciplinados prisionais" (José Beleza dos Santos, 1938: n. 2609, p. 354). A tese penalista, da inclusão dos presos indisciplinados entre a categoria dos presos perigosos, fundamentava-se no próprio fim da prorrogação da pena, considerando o comportamento disciplinar um sintoma, de valor diminuto e questionável, da perigosidade do recluso ("Não é decerto para que os criminosos se subordinem aos regulamentos prisionais que se lhes prorroga a pena. O fim desta é readaptá-los à vida em sociedade, e não adaptá-los a um regime de clausura para os libertar quando a ele habituados", Cavaleiro de Ferreira, 1938 a: 165, e 1943: 225 e 226, depois seguido por Emídio de Almeida, 1941: 83, e Adriano Moreira, 1954 a: 208). Esta tese impunha uma apreciação suplementar da perigosidade do recluso indisciplinado e, em simultâneo, permitia a averiguação de casos de inadaptáveis ao regime prisional aos quais não convinha o regime dos delinquentes de difícil correcção ("Não se pode dizer que um preso é perigoso se a dificuldade de correcção provém mais dos meios empregados inadaptáveis à personalidade do preso do que dêste", Cavaleiro de Ferreira, 1938 a: 165, e "a inadaptabilidade é do regime aos presos e não dos presos ao regime. Não deve esquecer-se que o regime se estrutura para obter a recuperação social dos criminosos (Const. art 124) e portanto ele é que deve adaptar-se à maneira de ser destes", Adriano Moreira, 1954 a: 209). A querela doutrinária só seria resolvida com uma intervenção do legislador em 1954.

Esta inovação introduzida pela reforma prisional de 1936 teve também consequências teóricas muito relevantes em relação à criminalidade política, pois, embora não bulindo com o conceito de crime político da lei vigente, a reforma diminuiu substancialmente a disparidade prevista no direito português desde 1933 entre o regime das medidas de segurança válido para os delinquentes terroristas e os autores de crime de imprensa clandestina e o válido para os autores dos restantes crimes políticos.[1237]

[1237] No século XX registaram-se um agravamento do regime penal e processual penal de punição dos crimes políticos, tradicionalmente tratados com um especial favor desde o início do século anterior (no século XIX, Adolphe Chaveau e Faustin Hélie, 1845 a: 278 e 279, e, no século XX, Donnedieu de Vabres, 1938: 27 a 32, e Pierre Papadatos, 1955: 92 a 100), e uma tendência para reduzir o âmbito do conceito do crime político, isolando de entre eles os crimes de terrorismo, que foram sujeitos nas diferentes legislações europeias ao regime dos crimes comuns ou mesmo a um regime especial particularmente severo (Marcello Caetano, 1939 a: 202 e 203, e, mais tarde, Boaventura de Sousa Santos, 1967: 131, e Figueiredo Dias, 1975: 118). Em Portugal, o novo poder político fixou um conceito legal de preso político e concebeu o regime prisional especial do recluso indisciplinado como um dos principais instrumentos de combate à criminalidade política. Embora admitisse que "não pode pressupor-se que (o delinquente político) será necessariamente um mau elemento para a população prisional só pelo facto de ter revelado uma insistência particular nos crimes políticos", o mentor da reforma prisional deixava claro que "Deve acrescentar-se que os mais perigosos, aqueles para os quais mais fortemente se poderia tornar necessário um internamento prorrogável, por ser insuficiente a aplicação da uma pena ou a expulsão, vêm a cair normalmente sob a aplicação do artigo 142 º do decreto n. 26.643, porque hão-de ser, com probabilidade, elementos perniciosos para os outros reclusos" (Beleza dos Santos, 1938: n. 2626, p. 210). O conceito legal de crime político foi pela primeira vez fixado entre nós pelo parágrafo único do artigo 39 do CPP de 1929, que acolheu o critério subjectivo, limitado pelo critério objectivo, fixado na resolução de 1892 do Instituto de Direito Internacional de Genebra (Beleza dos Santos, 1936 a: 299, Marcello Caetano, 1939 a: 200, e Cavaleiro de Ferreira, 1941: 176). Depois da publicação do Decreto-Lei n. 23.203, que consagrou o critério objectivo corrigido pelo critério subjectivo da Conferência Internacional para a Unificação do Direito Penal, de 1935, a doutrina dividiu-se, defendendo Beleza dos Santos que os conceitos do código de 1929 e do decreto de 1933 se mantiveram simultaneamente em vigor, não tendo a reforma prisional definido qualquer outro conceito e contendo ainda o CPP a regra geral do direito português, uma vez que o conceito de 1933 era mais restrito do que o de 1929 por não incluir os crimes relativamente políticos e certos crimes puramente políticos compreendidos no conceito de 1929 (Beleza dos Santos, 1938: n. 2627, p. 226, seguido por Manuel Vidigal de Oliveira, 1934: 69 a 73, e António Albino Pereira, 1941: 97 a 117), e sustentando inversamente Marcello Caetano e Cavaleiro de Ferreira que o conceito de crime político do § único do artigo 39 do CPP tinha sido revogado pelo dos artigos 1 e 7 do Decreto n. 23.203, de 6.11.1933, atenta a intenção do legislador de substituir todo o regime dos crimes políticos em 1933 e de consagrar um novo conceito de crime político, de natureza predominantemente objectiva (Marcello Caetano, 1939 a: 201 e 202, afastando-se da sua anterior posição, Marcello Caetano, 1937: 135 a 138, e Cavaleiro de Ferreira, 1941: 176 e 177). O sentido da evolução legislativa ulterior e, em particular, das disposições dos §§ 1 e 2 do artigo 2 do Decreto-Lei n. 26.539, de 23.4.1936, e do artigo 145 da reforma prisional era debatido

A *Reforma da Justiça Criminal em Portugal e na Europa*

Com efeito, o Decreto-lei n. 23.203, de 6.11.1933, tinha consagrado duas formas de tratamento diferenciado dos condenados por crimes políticos, distinguindo-os quer em função do motivo da acção criminosa quer em função da especial perigosidade da acção e, deste modo, reservando aos delinquentes que não tivessem agido por motivo que revelasse indignidade ou baixeza de carácter o internamento sem isolamento e em prisões especiais ou, na sua falta, em locais separados das prisões comuns e sujeitando os condenados pela prática de crimes de terrorismo e de imprensa clandestina a uma medida de segurança, ordenada pelo tribunal, de colocação do condenado depois do cumprimento da pena à disposição do governo, no local e pelo período que este bem entendesse.

Através da classificação dos condenados pela prática de crimes políticos como presos indisciplinados ou elementos perniciosos para os outros reclusos, a reforma prisional admitiu quer a possibilidade de os delinquentes políticos que não tivessem agido por motivo que revelasse indignidade ou baixeza de carácter serem submetidos ao regime prisional dos delinquentes comuns ou mesmo dos delinquentes de difícil correcção, quer a de os delinquentes políticos que não tivessem sido condenados por crimes terroristas e de imprensa clandestina serem sujeitos a uma medida de segurança de duração indeterminada. Este regime, que aproximava em termos práticos a situação processual dos delinquentes terroristas e dos autores de crimes de imprensa clandestina e a dos outros delinquentes políticos, não as assimilava, contudo, mantendo-se as diferenças fundamentais entre uma e outra, que consistiam no carácter obrigatório da colocação à disposição do governo dos delinquentes terroristas e dos autores de crimes de imprensa clandestina e na inexistência de quaisquer garantias em relação ao local e ao controlo do modo de execução desta medida de segurança.

O regime prisional dos delinquentes políticos constituía assim uma solução de compromisso, que, por um lado, beneficiava os delinquentes que não se mostrassem refractários à disciplina dos estabelecimentos nem elementos perniciosos para os outros reclusos, internando-os em estabelecimento especial ou em secção separada de um estabelecimento comum, fazendo-os entrar logo em um regime prisional equivalente ao do terceiro período do regime dos delinquentes comuns, com vida em comum durante o dia, mesmo nas horas de refeições e descanso, permitindo-lhes a escolha de trabalho e só excepcionalmente

---

pelas duas opiniões em confronto, considerando-se ou que delas resultava que o legislador distinguia entre crimes comuns com fim político e crimes políticos e, portanto, optava por um critério objectivo ou que delas se concluia que estes artigos supunham a existência de uma lei que distinguisse entre os crimes praticados com fins políticos sujeitos ao regime prisional comum e os crimes cometidos com fins políticos que não estavam sujeitos a este regime e que essa lei era o CPP. O legislador pôs um ponto final a esta discussão em 1945, ao revogar todo o Decreto-Lei n. 23.203 sem consagrar uma norma semelhante ao referido artigo 7.

A Jurisdição Penal Comum

os sujeitando ao isolamento, e, por outro lado, mantinha as especificidades do regime muito gravoso aplicável aos delinquentes terroristas e aos autores de crimes de imprensa clandestina, sendo ainda discutida a questão do valor sintomático dos crimes políticos para a declaração de habitualidade.[1238]

Destarte, a Reforma Prisional modificou a relação intrínseca entre os diferentes fins das penas, sopesando mais o fim da prevenção especial em relação aos outros,[1239] e transformou mesmo a relação entre a autoridade judiciária e a

---

[1238] A doutrina variou muito ao longo do tempo a este propósito. O autor da reforma opinava no sentido de que só tinham esse valor sintomático os crimes políticos cometidos por motivos que revelassem indignidade ou baixeza de carácter nos termos do regime do Decreto-Lei n. 23.203 (José Beleza dos Santos, 1938: n. 2625, p. 193, n. 2626, pp. 209 e 210, n. 2627, pp. 225 a 227, e 1951: 79 a 84, seguido por António Albino Pereira, 1941: 134 a 140, João Arantes Rodrigues, 1950: 103 e 104, e Maria Helena Nunes, 1951: 12 a 17). Mais longe ainda foi Adriano Moreira, que considerava que nenhum crime político podia ser ponderado para a declaração da habitualidade, quer o delinquente tivesse cometido apenas crimes políticos quer os tivesse cometido comuns e políticos, invocando para o efeito a intenção do legislador da reforma prisional de tratar separadamente os delinquentes comuns e os políticos e limitando a sujeição dos delinquentes políticos ao regime dos presos comuns por força da regra implícita no artigo 142 da reforma prisional aos delinquentes políticos que cometessem crimes comuns com fim político e isto somente enquanto não fossem criados os estabelecimentos especiais para este tipo de delinquentes (Adriano Moreira, 1945 a: 154 a 157, e 1954 a: 223 a 225, e, com idêntica conclusão, António Manuel Pereira, 1949: 76, e Boaventura de Sousa Santos, 1967: 130). Ao invés, Marcello Caetano e Cavaleiro de Ferreira defenderam inicialmente uma posição favorável a esta ponderação, embora manifestassem reservas *de iure condendo*. Contudo, estes autores mudariam posteriormente de opinião. Assim, Marcello Caetano manifestou, nas lições de 1937, "sérias dúvidas" sobre a tradicional exclusão dos crimes políticos para a declaração da habitualidade, considerando, por um lado, que a disposição do § 3 do artigo 5 da Lei de 20.7.1912 ainda estava em vigor e, por outro, que a reforma prisional não afastava a ponderação dos móbeis políticos para a declaração da habitualidade (Marcello Caetano, 1937: 140 a 142), mas o autor decidiu-se dois anos depois pela não ponderação dos crimes políticos, com base precisamente no argumento de que o referido § 3 do artigo 5 da Lei de 1912 ainda se mantinha em vigor, o que permitia reparar a "injustiça que poderia resultar de incluir para a declaração de habitualidade os crimes políticos"(Marcello Caetano, 1939 a: 368). Também Cavaleiro de Ferreira mudou de parecer nesta questão, defendendo nas suas lições de 1941 posição próxima da de Marcello Caetano em 1937, isto é, que o artigo 109 da reforma prisional não excluía a habitualidade criminosa, embora parecesse que deveria ser seguido o critério da lei de 1912 (Cavaleiro de Ferreira, 1941: 178), mas ponderando nas lições de 1961 que a tradição favorável ao tratamento especial dos delinquentes políticos e a natureza distinta dos crimes comuns e dos crimes políticos exigiam que o legislador tivesse previsto, em disposição expressa, a habitualidade nos crimes políticos, o que o legislador não fez, do que se devia concluir pela não ponderação destes crimes para a declaração da habitualidade (Cavaleiro de Ferreira, 1961: 53).

[1239] Beleza dos Santos, 1945: n. 2854, p. 98, e 1953: 25, 38 e 52, Jacinto Duarte, 1963: 111, Antunes Varela, 1966 b: 29, António Leitão, 1967: 84, Mário Almeida Costa, 1972 a: 8 e 9, Soreto de Barros, 1984: 27, 28 e 31, António Almeida Costa, 1989: 419 e 420, e Figueiredo Dias,

528   *A Reforma da Justiça Criminal em Portugal e na Europa*

autoridade penitenciária, o novo Conselho Superior dos Serviços Criminais, que alçou a uma instituição de controlo da adequação permanente da execução da pena à personalidade do réu condenado. O modelo judiciário liberal, há muito em crise, sofreu assim mais um golpe, insistentemente exigido, aliás, pela doutrina.

A crise foi ainda agravada pelo desfasamento notório entre a prática judiciária e o novo ideário da reforma prisional. A realidade dos tribunais não correspondeu às expectativas do legislador. Desde cedo, foi criticada pela doutrina a insensibilidade dos tribunais ao ideário da reforma prisional, procedendo de uma forma superficial, rotineira e empírica à classificação dos arguidos e só muito raramente recorrendo à perícia sobre a personalidade do delinquentes antes da determinação da sanção.[1240]

Acresce que as reformas processuais e institucionais complementares da reforma prisional não foram realizadas. Nem a divisão da audiência de julgamento em dois momentos distintos, um anterior e outro posterior à declaração da culpa, de molde a permitir a individualização judicial da pena sustentada em uma "observação psico-bio-sociológica" do arguido,[1241] nem a instituição de

---

2001: 100 e 101, mas contra Augusto d'Oliveira, 1938: 7, e António Preto, 1955: 190. Esta preponderância do fim preventivo especial era particularmente notada na própria evolução da execução da pena, que ficava condicionada pela conversão interior do delinquente, mais do que pela estrita observância dos regulamentos do estabelecimento prisional (José Beleza dos Santos, 1951: 62, Adriano Moreira, 1954 a: 209, Roberto Pinto e Alberto Ferreira, 1955: 88, e Roberto Pinto, 1958: 28).

[1240] Para a crítica da prática judiciária e a necessidade da sua alteração, Cavaleiro de Ferreira, 1938 a: 137, 162 e 164, Caetâno Soares de Oliveira, 1938: 49 e 56, Ary dos Santos, 1938: 218 e 219, Vasco da Gama Fernandes, 1939: 10, 39, 40 e 52, Luiz de Pina Guimarãis, 1944: 13, Augusto d'Oliveira, 1946: 187 a 190, 200 e 201, Rodrigo Rodrigues, 1950: 37, 38, 52, 53 e 76, Maria Helena Nunes, 1951: 27 e 28, Mário Bigotte Chorão, 1960: n. 8, p. 208, Joaquim Leal de Oliveira, 1961: 90, 101 e 129, José Guardado Lopes, 1964: 42 e 43, Augusto de Seabra, 1967: n. 20, p. 78, Roberto Pinto, 1968: 260 e 261, e, em crítica directa aos Institutos de Criminologia, o próprio ministro da Justiça, Mário Júlio de Almeida Costa, 1968: 12.

[1241] A favor desta reforma do processo penal manifestaram-se Beleza dos Santos, 1953: 52 e 53, 1958: 20 e 21, e, em termos algo distintos, 1962 b: 75, Mário Bigotte Chorão, 1960: n. 8, p. 207, Joaquim Leal de Oliveira, 1961: 82 a 89 e 132, Carlos Meira, 1963: 57 a 64 e 71, e 1966: 18 a 20, Joaquim Mendes Belo, 1963: 39 a 43, Jacinto Duarte, 1963: 241 a 246, 250 a 252, 286 a 288, Eduardo Correia, 1966 b: 287, Augusto de Seabra, 1967: n. 20, pp. 98 e 99, e n. 21, p. 112, Mário Almeida Costa, 1968: 8 e 9, mas contra Jorge Ribeiro de Faria, 1959: 28 e 29. A questão foi também discutida no âmbito da comissão nomeada para estudar a extinção das prisões comarcãs e dos julgados, por iniciativa de Eduardo Correia, que defendeu de novo a *césure* do processo penal em duas partes como pressuposto de uma reforma penitenciária racional e económica (BAPIC, n. 24, 1969, pp. 126, 127 e 140). Nem mesmo o conjunto das instalações penitenciárias projectadas pela reforma foi concluído, sendo especialmente sentida a falta dos estabelecimentos para

A Jurisdição Penal Comum 529

um serviço social alargado de assistência prisional e pós-prisional foram concretizadas.[1242]

Mas a causa mais grave para aquele desfasamento foi outra. Na prática, a prisão posterior ao cumprimento da pena aplicada aos autores de crimes políticos foi prolongada indefinidamente com base em uma ordem de prisão preventiva emanada do director da PVDE ou do próprio ministro do interior, sendo conhecidos casos em que ela se manteve por mais de nove, dez e onze anos além do termo da pena judicialmente decretada [1243] ou foi aplicada depois de

---

a observação, classificação e selecção dos presos (José Beleza dos Santos, 1950: 205 a 207, e Luís Carvalho e Oliveira, 1953: 46, 50 e 51), não obstante os esforços da direcção-geral dos serviços prisionais nesse sentido (Guardado Lopes, 1994: 67). A opção política do director-geral a partir de 1955 foi a do abandono do sistema progressivo "por via administrativa, facilitada pelas exigências do trabalho prisional e pela insuficiência das instalações" (José Guardado Lopes, 1994: 67 e 83). Só aquando da extinção das prisões comarcãs e da criação dos estabelecimentos prisionais regionais em 1969 se consagrou um regime efectivo de observação dos arguidos (Mário Almeida Costa, 1969 b: 16 e 17, e 1973 b: 9 e 10).

[1242] A importância deste serviço social e a repercussão negativa da sua falta foram postas em relevo por Beleza dos Santos, 1932: 17 a 19, e 1950: 208, Augusto d' Oliveira, 1938: 15, Renato Gonçalves Pereira, 1948: 252 a 257, Eduardo Correia, 1953 b: 327 e 328, 1961 b: 350 a 359, 369 a 373, e 1966 b: 289 e 290, Amândio Anes de Azevedo, 1958: 79 a 82, Jorge Ribeiro de Faria, 1959: 47 e 48, e 1960: 61 e 62, Mário Bigotte Chorão, 1960: n. 8, pp. 210 a 217, Joaquim Leal de Oliveira, 1961: 125 e 126, Roberto Pinto, 1963: 25 a 27, Jacinto Duarte, 1963: 282 a 286, e Maria Crucho de Almeida, 1971: 20 e 21.

[1243] Cfr. a ficha de Fernando Quirino na PVDE: "mandado restituir à liberdade pelo TME por ter terminado a pena, em 25.7.35. Continua preso à disposição desta policia", transferido para Cabo Verde em 23.10.1936, solto apenas em 22.1.1946, in Comissão, 1981: 42; a ficha de José Maria Videira: "Em 6.9.939 deu entrada nesta directoria o mandado de soltura que por despacho do Exm. Director de 22.9.939, foi determinado que se mantivesse em prisão preventiva, até que seja julgada oportuna a sua restituição à liberdade, em virtude de se tratar de um elemento perigoso e indesejável", solto apenas em 15.7.1940, in Comissão, 1981: 48; a ficha de Manuel da Rosa Alpedrinha: "Foi mandado soltar em 8.6.35 pelo T.M.E. por ter terminado a pena em que foi condenado, continuando preso à ordem desta Polícia por ordem de S. Ex. o Ministro do Interior", solto apenas em 1.2.1946, in Comissão, 1981: 50; a ficha de António Carlos Castanheira: preso em 17.2.1934, condenado em 14.4.1935 na pena de cinco anos de desterro em local a fixar pelo governo, na multa de 10.000$00 e na perda de direitos políticos por 5 anos, mas solto apenas em 4.10.1945, in Comissão, 1981: 81 e 82; a ficha de Virgílio Martins: "terminou o cumprimento da pena que lhe tinha sido imposta pelo T.M.E. continuando em prisão preventiva. Of. dos S.P.S. n. 237 de 8.3.938", solto apenas em 20.2.1945, in Comissão, 1981: 149; a ficha de Armindo de Figueiredo: condenado em 15.7.1933 na pena de dois anos de degredo, preso em 22.9.1934, de novo julgado e condenado em 31.7.1936 na pena de seis meses de prisão, dada por expiada com a prisão sofrida, mas solto apenas em 9.10.1944, in Comissão, 1981: 151; a ficha de Fernando Carvalho da Cruz: "Terminou o cumprimento da pena em 5.9.938, continuando em prisão preventiva, conforme nota dos S.I.L. de 3.9.938", solto apenas em 15.7.940, in Comissão, 1981: 166; a ficha de Sérgio Vilariques: preso em 8.11.1934, condenado em 20.3.1935 na pena de 23 meses de

530 A Reforma da Justiça Criminal em Portugal e na Europa

prisão correccional, sendo-lhe levada em conta a prisão já sofrida, mas solto apenas em 15.7.1940, in Comissão, 1981: 171; a ficha de Militão Ribeiro: preso em 13.7.1934, condenado em 6.4.1935 na pena de 12 meses de prisão e solto apenas em 15.7.1940, in Comissão, 1981: 172; a ficha de Alfredo Caldeira: preso em 22.11.1933, condenado em 20.8.1934 na pena de 690 dias de prisão correccional e solto em 10.12.1935, mas "preso na mesma data pela S.P.S. recolhendo à 1ª esquadra", faleceu no dia 1.12.1938 na colónia penal de Cabo Verde, in Comissão, 1981: 197; a ficha de Pedro dos Santos Soares: "Terminou a pena imposta pelo T.M.E. em 16.10.936 continuando em prisão preventiva", solto apenas em 15.7.1940, in Comissão, 1981: 199; a ficha de José Tavares de Almeida: preso em 20.2.1935, condenado em 6.7.1935 na pena de 22 meses de prisão correccional, a que se descontou 136 dias de prisão preventiva, mas solto apenas em 20.2.1945, in Comissão, 1981: 205; a ficha de Manuel da Graça: preso em 8.2.1935, condenado em 4.3.1936 na pena de cinco anos de desterro com um ano de prisão no lugar do desterro, mas solto apenas em 20.2.1945, in Comissão, 1981: 206; a ficha de Luiz da Cunha Taborda: "terminou a pena imposta pelo T.M.E. em 24.1.37, continuando em prisão preventiva", solto apenas em 1.2.1946, in Comissão, 1981: 209; a ficha de Acácio José da Costa: "terminou a pena imposta pelo T.M.E. em 6.9.936, continuando em prisão preventiva", solto apenas em 14.10.1944, in Comissão, 1981: 210; a ficha de Jaime Francisco: "terminou a pena imposta pelo T.M.E. em 25.3.37, continuando em prisão preventiva", solto apenas em 1.2.1946, in Comissão, 1981: 213; a ficha de Luiz Martins Leitão: preso em 18.5.1935, condenado primeiro a uma pena de 90 dias e depois a outra de quatro anos de prisão, solto apenas em 20.2.1945, in Comissão, 1981: 215; a ficha de Henrique Artur Ochsemberg: "terminou a pena imposta pelo T.M.E. em 7.4.937 continuando em prisão preventiva conforme nota n. 999 da SPS de 3.7.937", solto apenas em 15.7.1940, in Comissão, 1981: 216; a ficha de Oliver Branco Bartolo: "terminou a pena imposta pelo T.M.E. em 17.4.37, continuando em prisão preventiva", solto apenas em 1.2.1946, in Comissão, 1981: 217; a ficha de Felipe José da Costa: "Logo em 15.10.940 deu entrada nesta Policia o mandado de soltura, que, por haver inconveniente, foi determinado que se mantivesse em prisão preventiva, por despacho do Exm. Director de 24.10.940", solto apenas em 30.12.1945, in Comissão, 1981: 218; a ficha de Américo Gonçalves de Sousa: "Terminou o cumprimento da pena que lhe tinha sido imposta pelo T.M.E., continuando em prisão preventiva. Of. n. 70 da S.P.S. de 24.1.938", solto apenas em 15.7.1940, in Comissão, 1981: 222; a ficha de Joaquim Faustino de Campos: preso em 18.10.1935, condenado em 23.10.1936 na pena de 540 dias de prisão correccional, mas solto apenas em 20.2.1945, in Comissão, 1981: 225; a ficha de Tomaz Ferreira Rato: preso em 1.11.1935, condenado em 23.6.1936 na pena de vinte meses de prisão correccional, mas solto apenas em 1.2.1946, in Comissão, 1981: 226; a ficha de Julio de Melo Fogaça: "Terminou a pena imposta pelo T.M.E. em 13.8.936, continuando em prisão preventiva", solto apenas em 24.6.1940, in Comissão, 1981: 232; a ficha de Antonino Francisco: "Em 19.7.941, deu entrada nesta Directoria o mandado de soltura, que, por haver inconveniente, continua em prisão preventiva, em conformidade com o despacho de S. Ex. o Director de 23 do mesmo mês", solto em 25.12.1941, in Comissão, 1982: 49 e 50; a ficha de Armando Martins de Carvalho: "Em 8.5.940, deu entrada nesta Directoria o mandado de soltura, que em conformidade com o despacho do Exm. Director de 9.5.940, não foi dado cumprimento, por presentemente haver inconveniente na sua libertação", solto apenas em 1.2.1942, in Comissão, 1982: 52; a ficha de Artílio Batista: "Tendo terminado o cumprimento da pena a que fôra condenado e por isso, fique apenas 6 meses em prisão preventiva e no regime anteriormente

A Jurisdição Penal Comum

531

citado, visto ser mal comportado e reincidente na preparação de fugas de outros presos, conforme despacho do Exm. Director de 16.1.39", solto em 16.7.1939, in Comissão, 1982: 73 e 74; a ficha de Carlos da Conceição Galau: preso em 16.10.1936, condenado em 27.1.1937 na pena de dois anos de prisão correccional, mas solto apenas em 6.1.1946, in Comissão, 1982: 146; a ficha de Saúl Gonçalves: preso em 19.12.1936, condenado em 17.2.1937 na pena de cinco anos de degredo, mas solto apenas em 12.1.1946, in Comissão, 1982: 163; a ficha de Francisco do Nascimento: preso pela segunda vez em 11.10.1937, condenado em 15.3.1939 na pena de três anos de degredo, tendo falecido na colónia penal de Cabo Verde em 15.11.1943, in Comissão, 1982: 204; a ficha de Domingos Alves de Oliveira: preso em 19.6.1937, condenado em 29.6.1938 na pena de quatro anos de degredo, mas solto apenas em 20.2.1945, in Comissão, 1982: 240; a ficha de Joaquim Marques: preso em 7.7.1937, condenado em 7.12.1938 na pena de quatro anos de degredo, mas solto apenas em 12.11.1945, in Comissão, 1982: 242; a ficha de Joaquim Pires Jorge: condenado em 17.7.1939 na pena de dois anos de prisão correccional, dada por expiada com o tempo de prisão preventiva, mas "por despacho do Exmo. Director de 27.7.1939 foi determinado que continue em prisão preventiva até ulterior resolução", solto em 24.6.1940, in Comissão, 1982: 244; a ficha de Ernesto da Graça Marques: preso em 28.10.1937, condenado em 26.4.1938 na pena de cinco anos de degredo, mas solto em 20.2.1945, in Comissão, 1982: 271; a ficha de Domingos Tavares: preso em 28.10.1937, condenado em 26.4.1938 na pena de cinco anos de degredo, mas solto em 20.2.1945, in Comissão, 1982: 272; a ficha de Alberto Emílio de Araújo: preso em 22.11.1937, condenado em 29.4.1939 na pena de 24 meses de prisão correccional, com desconto da prisão preventiva sofrida, mas solto apenas 16.11.1945, in Comissão, 1982: 281 e 282; a ficha de Francisco Rodrigues Barbas: preso em 17.8.1938, condenado em 12.4.1939 na pena de quatro anos de prisão correccional, com desconto da prisão preventiva, mas solto apenas em 20.2.1945, in Comissão, 1982: 315 e 316; a ficha de António Manuel Bugio: preso em 28.8.1938, condenado em 6.5.1939 na pena de quatro anos de prisão correccional, mas solto apenas em 31.7.1945, in Comissão, 1982: 317; a ficha de José Duarte: preso em 3.12.1938, condenado em 29.8.1939 na pena de três anos de degredo, mas solto apenas em 20.2.1945, in Comissão, 1982: 322; a ficha de Augusto Valdez: preso em 13.1.1938, condenado em 2.4.1938 na pena de quatro anos de prisão correccional, com desconto da prisão preventiva, mas solto apenas em 1.2.1946, tendo tentado duas evasões, a primeira sendo recapturado no mesmo dia e a segunda dois meses depois, in Comissão, 1982: 342 e 343; a ficha de Augusto Alves Macedo: preso em 2.12.1939, condenado em 18.5.1940 na pena de quatro anos de prisão correccional, com desconto da prisão preventiva sofrida, mas solto apenas em 20.2.1945, in Comissão, 1982: 345 e 346; a ficha de Francisco Manuel Duarte: preso em 1.12.1939, condenado em 18.5.1940 na pena de dois anos de prisão correccional, com desconto da prisão preventiva sofrida, mas solto apenas em 1.2.1946, in Comissão, 1982: 348; a ficha de Manuel Afonso: preso em 11.5.1939, condenado em 3.6.1939 na pena de dois anos de degredo, mas solto apenas em 20.2.1945, in Comissão, 1982: 367; a ficha de António Atayde e Melo: preso em 5.6.1939, condenado em 17.1.1940 na pena de dois anos e seis meses de degredo, mas solto apenas em 20.2.1945, in Comissão, 1982: 377; a ficha de Joaquim Ferreira: preso em 15.9.1939, tendo sido condenado à revelia em 2.9.1938 na pena de quatro anos de degredo, mas solto apenas em 20.2.1945, in Comissão, 1982: 380; a ficha de Ludgero Pinto Bastos: preso em 1.12.1939, condenado em 18.5.1940 na pena de vinte meses de prisão correccional, com desconto da prisão preventiva sofrida, mas solto apenas em 1.2.1943, in Comissão, 1982: 383; a

A Reforma da Justiça Criminal em Portugal e na Europa

o arguido ter sido absolvido ou despronunciado pelo tribunal.[1244] Só em 1945 se pôs fim a esta prática policial de detenção arbitrária.

5. A reforma da jurisdição penal aduaneira e da marinha mercante

A segunda grande reforma da organização judiciária e do processo penal posterior à aprovação da nova Constituição da República consistiu na reorganização do contencioso aduaneiro, a que o legislador procedeu através da aprovação do Decreto n. 31.664, de 22.11.1941, e da concomitante revogação do antigo Decreto n. 2, de 27.9.1894.

Os órgãos com poder jurisdicional de primeira instância passaram a ser o auditor fiscal e o director de alfândega, aquele no continente e este nas ilhas adjacentes, concentrando a lei nova em juizes singulares todo o poder jurisdicional de primeira instância, incluindo o de aplicar as penas legalmente previstas de prisão até um ano e de desterro até dois anos.[1245]

---

ficha de José Marques: condenado em 28.8.1940 na pena de quatro anos de degredo, mas solto apenas em 1.2.1946, in Comissão, 1984: 45; a ficha de João Pedro Leitão: condenado em 10.1.1940 na pena de três anos de degredo, mas solto apenas em 20.2.1945, in Comissão, 1984: 46; a ficha de Cândido Pólvora: condenado em 30.3.1940 na pena de três anos de degredo, mas solto apenas em 20.2.1945, in Comissão, 1984: 47; a ficha de Augusto Damas: condenado em 11.8.1940 na pena de três anos de degredo, mas solto apenas em 20.2.1945, in Comissão, 1984: 50; a ficha de Levindo da Costa: condenado em 21.8.1940 na pena de três anos de degredo, mas solto apenas em 20.2.1945, in Comissão, 1984: 57; a ficha de Manuel André Fontainhas: "Em 6.9.939 deu entrada nesta Directoria o mandado de soltura, que por despacho do Exm. Director de 22.9.939, foi determinado que se mantivesse em prisão preventiva até que seja julgada oportuna a sua restituição à liberdade, em virtude de se tratar de um elemento perigoso e indesejavel", solto apenas em 24.2.1940, in Comissão, 1984: 161; a ficha de José Costa Junior: "Terminou o cumprimento da pena em 19.12.1936, continuando preso como medida preventiva", solto apenas em 8.8.1937, in Comissão, 1987: 154). A prisão preventiva destes condenados, ordenada com base nos poderes policiais de detenção ilimitada concedidos pelo já referido Decreto n. 8.435, de 21.10.1922, constituía afinal um artifício para os manter presos depois do termo da pena nos casos em que o tribunal não tivesse ordenado a entrega do condenado ao governo após o cumprimento da pena. A políca alcançava assim o mesmo efeito da sujeição do condenado a uma sanção privativa da liberdade por período indeterminado, mas à revelia dos tribunais.

[1244] Cfr. a ficha de Rafael Pinto da Silva na PVDE: "Julgado pelo T.M.E. em 3.4.36, tendo sido absolvido, continuando preso à ordem desta Polícia", faleceu na colónia penal de Cabo Verde em 22.9.1937, in Comissão, 1981: 228; e a ficha de Albino Coelho Junior: preso em 9.12.1936, despronunciado e solto pelo T.M.E em 2.4.1937, preso em 10.4.1937 pela polícia, solto em 23.4.1937 e preso de novo pela polícia em 21.7.1937, não voltando a ser apresentado em tribunal e falecendo na colónia penal de Cabo Verde em 11.8.1940, in Comissão, 1982: 157.

[1245] A pena de prisão aplicável conjuntamente com a da multa tinha sido suprimida pela base 3 ª do Decreto n. 2, de 27.5.1911 e era agora retomada na sequência da proposta da doutrina

A Jurisdição Penal Comum 533

O auditor fiscal, que podia ser um juiz de direito ou delegado do procurador da República ou ainda, nos tribunais das alfândegas insulares, o respectivo director, preparava e julgava todas as infracções cometidas na área da cidade sede da respectiva alfândega e zona urbana circundante e julgava as infracções cometidas na área da respectiva circunscrição aduaneira. As infracções cometidas na zona das restantes estâncias aduaneiras e fora delas eram investigadas e, excepcionalmente, julgadas pelos chefes de delegações e postos extra-urbanos, pelos comandantes das secções da guarda fiscal e pelos chefes das secções de finanças.

A nova secção de contencioso aduaneiro do Supremo Tribunal Administrativo tinha competência como tribunal de segunda instância, mas a secção era composta por dois juízes tirados das outras secções do tribunal e um juiz privativo, que podia ser um "licenciado em direito de reconhecida idoneidade", de livre nomeação pelo presidente do conselho (artigo 2, § 1 do Decreto-Lei n. 31.663, de 22.11.1941).

A nova lei previa uma forma de processo comum e cinco formas de processo sumário.

O corpo de delito era feito pela autoridade fiscal instrutora, registando-se as declarações dos autuantes, dos participantes, dos arguidos e das testemunhas, e terminava com um despacho de indiciação ou não indiciação, que julgava subsistente o auto de notícia ou fundada a participação.[1246] Consagrava-se expressamente a recorribilidade do despacho de indiciação, que a lei anterior omitia, sendo o processo público desde a notificação deste despacho. Só após o trânsito do despacho de indiciação podia o arguido contestá-lo, indicando também testemunhas.[1247] A inquirição era feita pela mesma autoridade fiscal que tinha ins-

---

(Renato Lopes Cantista, 1940: 115 a 119). A pena de prisão podia elevar-se a dois anos, quando a pena prevista no artigo 17 concorresse com a prevista no artigo 151, isto é, quando à pena de multa acrescesse a de prisão até um ano por se verificarem determinadas agravantes e o arguido não pagasse a pena de multa (Rebelo Teixeira, 1942: 124). A pena de prisão prevista no artigo 17 não podia, de acordo com a jurisprudência e a doutrina, ser substituída por multa nos termos do artigo 22 do Decreto n. 1, de 15.9.1892, pois ela era imposta precisamente no caso de se verificarem as circunstâncias agravantes mais censuráveis (Lopes Cardoso, 1954: 75).

[1246] A deficiência das participações elaboradas pela guarda fiscal fronteiriça e da investigação nestes postos já tinha suscitado a proposta da doutrina de criação de um tribunal em cada posto fronteiriço, constituído por um juiz singular e pelo chefe da secção local da guarda fiscal, funcionando este como magistrado do Ministério Público (Renato Lopes Cantista, 1940: 122 e 123). Por outro lado, "sucede muitas vezes que os arguidos se conformam com o pagamento da multa e não contestam porque a constituição dum advogado no Pôrto ou Lisboa lhes acarreta muitas despesas", pelo que o novo tribunal facilitaria também o exercício dos direitos da defesa (Renato Lopes Cantista, 1940: 126).

[1247] A jurisprudência decidia, com o acordo da doutrina, que a escolha entre a contestação e o recurso do despacho de indiciação devia orientar-se pelo seguinte critério: sendo a prova

truído o processo, diante das partes e dos seus advogados, com registo escrito dos depoimentos. Finda a produção de prova, que podia ser amplamente completada pela autoridade fiscal, os autuantes e os arguidos alegavam por escrito.

Encerrada a instrução da causa, o processo devia ser remetido ao auditor para que fosse proferida sentença. O auditor controlava a regularidade do processo e a suficiência da prova produzida na instrução, podendo ordenar a baixa do processo à autoridade instrutora se o entendesse necessário. No caso contrário, o auditor dava vista ao representante da Fazenda Nacional e proferia em seguida a sentença com base na prova produzida nos autos, podendo condenar, tal como previa a lei geral, por crime diverso do da indiciação, mesmo mais grave, desde que os elementos constitutivos do facto fossem factos que constassem do despacho de indiciação.[1248]

A regulamentação das formas de processo sumário era em parte inovadora. A previsão da prolação de um despacho de indiciação, com "efeito de julgamento definitivo" (artigo 114), quando tivesse havido uma apreensão e não fosse conhecido o delinquente,[1249] ou quando a infracção não fosse punível com pena de prisão, demissão ou suspensão, os delinquentes tivessem sido notificados e não tivessem contestado ou não tivessem interposto recurso,[1250] decorria do direito anterior, tal como o julgamento imediato pelo próprio apreensor em caso de flagrante delito de apreensão a que não correspondesse multa superior a 100$00, realizada dentro da zona fiscal da fronteira terrestre, em localidade em que não houvesse autoridade fiscal competente para instruir o respectivo processo.

Ao invés, a previsão do julgamento imediato pelo auditor ou, quando a infracção não fosse punível com pena de prisão, suspensão ou demissão, pela au-

---

feita no processo deficiente, devia contestar-se, de modo a reforçar a defesa, e sendo ela suficiente, mas tendo sido mal valorada, devia recorrer-se do despacho de indiciação. No caso de processo com mais de um arguido, em que uns agravassem e outros pretendessem contestar, o prazo da contestação começava a contar desde a data da notificação do acórdão que julgasse o agravo depois da baixa do processo (Rebelo Teixeira, 1942: 129, e Guerra de Morais, 1956: 150 e 151).

[1248] A doutrina não admitia a aplicabilidade em processo penal aduaneiro do disposto no artigo 448 do CPP, argumentando que a convolação para infracção menos grave dependia de os seus elementos constitutivos constarem do despacho de indiciação, embora defendendo também que o indiciado como criminalmente responsável pudesse ser condenado apenas como civilmente responsável (Lopes Cardoso, 1954: 193 e 194).

[1249] Se não houvesse recurso no prazo de cinco dias a contar da afixação do edital, a autoridade instrutora apenas ordenava a arrematação do produto apreendido, não devendo fixar nesse despacho qualquer multa (Rebelo Teixeira, 1942: 128).

[1250] Neste caso, o despacho de indiciação tinha o efeito de julgamento definitivo quer tivesse havido ou não apreensão. Decorrido o prazo do recurso, a autoridade instrutora fixava o montante da multa, se não houvesse lugar a recurso obrigatório.

A Jurisdição Penal Comum   535

toridade fiscal instrutora, tendo as partes declarado sujeitar-se ao julgamento, com redução a escrito dos depoimentos, era inovadora, alargando consideravelmente a competência judicativa da autoridade instrutora e admitindo ou mesmo impondo em certos casos a interposição de recurso ordinário.[1251]

Também a forma de processo sumário resultante da liquidação em qualquer momento da responsabilidade do arguido, a pedido deste, foi regulamentada em termos inovadores. Ao invés do direito anterior, o pedido de liquidação correspondia a uma mera "confissão dos factos", cumprindo ao julgador decidir ainda de direito, com recurso ordinário e extraordinário dessa decisão, independentemente do valor da causa.

A lei não inovava em relação ao regime dos recursos ordinários, mantendo-se o objecto do recurso e os poderes do tribunal de recurso muito amplos, tal como no direito anterior.[1252] Diferentemente, o regime dos recursos extraordinários era substancialmente alterado, ampliando-se a antiga "revisão" oficiosa, introduzindo-se um novo meio de impugnação, também designado por revisão, e alargando-se o prazo para a interposição do recurso extraordinário fundado em violências de oito para dez dias.

Assim, a anterior "revisão" oficiosa das decisões condenatórias em que fosse aplicada pena de suspensão ou demissão foi substituída por um regime amplo de obrigatoriedade do recurso ou, caso não fosse interposto este recurso, de subida oficiosa de todas as sentenças condenatórias nas referidas penas, bem como do despacho de indiciação com efeito de julgamento definitivo notificado editalmente e do despacho de não indiciação, sempre que a multa aplicável tivesse determinado valor, das decisões condenatórias e absolutórias proferidas em pedidos de liquidação e de julgamento imediato, quando não fossem proferidas pelo auditor e a multa aplicada ou aplicável, consoante os casos, tivesse determinado valor, e ainda das decisões absolutórias proferidas pelo auditor, sempre que a multa aplicável tivesse determinado valor.

Por outro lado, o novo recurso de revisão tinha lugar quando não tivesse havido recurso ordinário ou extraordinário e tivessem ocorrido violências ou injustiça notória, preterição de formalidades essenciais ou denegação de recurso

---

[1251] No caso de alguns dos réus se sujeitarem ao julgamento imediato e os restantes se oporem ou não estarem presentes, o julgamento devia ser feito de acordo com a forma ordinária (Guerra de Morais, 1956: 199).

[1252] No entanto, firmou-se a jurisprudência de que "não é lícito, por atentatória do princípio geral da imutabilidade da acusação, a alteração da indiciação para delito mais grave, em recurso exclusivamente interposto pelos indiciados" (Guerra de Morais, 1956: 160). Por outro lado, o tribunal superior manteve a prática de sindicar a suficiência dos elementos de prova produzida nos autos com vista à condenação, mesmo em relação a arguidos condenados e não recorrentes (Guerra de Morais, 1956: 175 e 206).

536 A Reforma da Justiça Criminal em Portugal e na Europa

ou quando, sendo caso de recurso obrigatório, não tivesse sido ordenada a subida dos autos. O recurso de revisão só podia ser interposto no prazo de dois anos a contar do trânsito em julgado da decisão ou do fim do prazo para subida do recurso obrigatório e era julgado nos mesmos termos do recurso extraordinário, podendo, designadamente, ser agravada até ao dobro a pena do recorrente se os factos alegados fossem absolutamente inexactos e destituídos de verdade.

Os défices do direito anterior relativos à estrutura do processo comum eram agravados pela lei nova sempre que não houvesse acordo das partes no sentido de a autoridade instrutora proceder ao julgamento dos factos ou esse acordo não fosse legalmente admissível em virtude da punibilidade do facto com pena de prisão, suspensão ou demissão e da competência instrutória dos chefes de delegações e postos de delegações extra-urbanos e dos comandantes das secções da guarda fiscal e dos chefes das secções de finanças. Nestes casos em que a instrução do processo fosse feita nas delegações e postos de despacho extra-urbanos ou nas secções da guarda fiscal ou de finanças e não se verificasse acordo das partes, nenhuma prova se produzia diante do auditor fiscal, decidindo ele com base apenas na prova registada nos autos e depois de ter apreciado previamente a regularidade e a suficiência da instrução. Nos casos em que a instrução do processo fosse realizada na cidade sede da alfândega e nas estâncias aduaneiras urbanas e não houvesse acordo das partes, o auditor fiscal cumulava os papéis de instrutor e julgador, sendo juiz da sua investigação e do seu próprio juízo de indiciação.

Ao invés, em todos os restantes casos em que a lei admitia o acordo das partes para que a autoridade instrutora julgasse os factos e este acordo se verificasse, a natureza sumária do julgamento, que se seguia imediatamente à apreensão, não punha em causa os princípios da imediação e da acusação.

A multiplicação dos meios extraordinários de impugnação da decisão final correspondia a uma tentativa frustrada do legislador de compensar aquele agravamento da posição processual do réu. Com efeito, a reserva da iniciativa do novo recurso de revisão ao representante da Fazenda Nacional anulava completamente o efeito prático deste novo meio de impugnação, confiando apenas à administração fiscal a promoção da defesa dos interesses dos réus lesados.

O alargamento do recurso obrigatório constituía, afinal, a mais significativa inovação introduzida em matéria de recursos, mas também ela foi concebida essencialmente em benefício da administração fiscal, com vista a evitar o trânsito de despachos de não indiciação e de decisões absolutórias em causas com um certo valor económico, fossem as decisões proferidas pelas autoridades instrutoras ou mesmo pelos auditores. O recurso obrigatório do despacho de indiciação com efeito de julgamento definitivo tinha um âmbito mais restrito do que o do recurso do despacho de não indiciação, já que o recurso do despacho de indiciação só era obrigatório quando este despacho tivesse sido notificado editalmente, com base no pressuposto de que a notificação feita ao réu era sempre suficiente para que ele assumisse a sua defesa, pressuposto que não valia para o recurso do despacho de não indiciação, que se impunha mesmo tendo havido notificação do representante da Fazenda Nacional e diante da inércia deste. Por outro lado, também o recurso obrigatório das decisões condenatórias proferidas nos pedidos de liquidação e julgamento imediato tinha um âmbito mais restrito do que o das decisões absolutórias, uma vez que o recurso da decisão absolutória era obrigatório sempre que a multa aplicável fosse superior a 5.000$00 e só o era da decisão condenatória se a multa aplicada fosse superior a 5.000$00.[1253]

A situação processual do arguido só era verdadeiramente beneficiada pela autonomização da sua defesa em primeira instância em relação à prestação de caução, salvo quando esta lhe fosse arbitrada ou o respectivo reforço fosse exigido, e pela ampla faculdade de substituição da prisão preventiva pela prestação de caução pelos detidos em flagrante pela prática de delitos fiscais puníveis com pena de prisão ou multa que, acrescida dos direitos e impostos em dívida, fosse superior a 500$00, pelos indiciados como autores, participantes ou encobridores de delitos fiscais a que fosse aplicável pena de prisão e pelos detidos com domicílio no estrangeiro.[1254] Acresce que aos arguidos com termo de identidade que deixassem de comparecer perante a autoridade instrutora sem justificação da falta também podia ser imposta a prestação de caução e, caso não a prestasse, a prisão preventiva, que só podia manter-se por despacho de um juiz de direito, fosse ele o auditor fiscal de Lisboa e do Porto ou o juiz da comarca, e pelo pe-

---

[1253] Este reforço da posição processual da administração aduaneira correspondeu a um alargamento da incriminação penal, quer pela nova concepção subjacente ao delito de contrabando, quer devido à introdução dos novos crimes de fraude às garantias fiscais e de oposição a exames e verificações, quer ainda por força dos princípios da punição pessoal de cada agente da infracção e da equiparação da punição do crime consumado com a do tentado e do frustrado e da punição do autor com a do cúmplice e do encobridor, que substituíram o anterior regime de responsabilidade solidária pelo pagamento da multa de todos os comparticipantes na infracção (Rebelo Teixeira, 1942: 118, Cavalheiro Manso, 1951: 238 a 243, António José de Lima, 1952: 216 e 217, Lopes Cardoso, 1954: 38 a 40, 54, 123 a 128)

[1254] Amadeu Martins, 1956: 140. Não era exigível a prestação de caução aos que fossem presos em flagrante delito ou transgressão fiscal punível apenas com multa, acrescida dos direitos e impostos em dívida, inferior a 500$00. A estes suspeitos era apenas exigível a prestação de termo de identidade e residência. Ainda assim, a doutrina criticava a prestação da caução no caso em que a infracção fosse punível com multa superior a 500$00, mas os objectos apreendidos cuja perda não fosse de decretar garantissem a multa e as outras importâncias devidas, sugerindo que aquele valor deveria ser elevado para o máximo da multa das transgressões fiscais, isto é, 5.000$00 (Lopes Cardoso, 1954: 168).

ríodo de oito dias contados da captura até à notificação do despacho de indiciação mesmo para os arguidos não caucionados, com a única excepção dos detidos com domicílio no estrangeiro.[1255] Em perfeita conjugação com estas opções, o legislador facilitou a prestação da caução, prescindindo da anterior fixação pelo máximo da multa e dos direitos. A caução passou a ser fixada em importância que não fosse inferior a metade do máximo da multa aplicável, acrescida dos direitos ou impostos em dívida e do valor das mercadorias ou meios de transporte que não se encontrassem apreendidos, mas cuja perda a lei decretasse, sendo que aqueles direitos e impostos eram os correspondentes às mercadorias objecto da infracção se fossem regularmente desalfandegados e já não, como anteriormente, os direitos fixados pelo valor da pauta máxima, que tornavam "muitas vezes as multas incomportáveis" e, portanto, "incobráveis pelo seu exagero", como se reconhecia no preâmbulo da lei nova. O regime das medidas de coacção favorável ao arguido era ainda completado pela imputação de toda a prisão sofrida antes da condenação, quer no caso de condenação em pena de prisão quer no de conversão da multa em pena de prisão.[1256]

Dois anos depois de ter aprovado a reforma do contencioso aduaneiro, o legislador publicou o Decreto-Lei n. 33.252, de 20.11.1943, que aprovava o novo Código Penal e Disciplinar da Marinha Mercante.

O novo código realizou uma reforma importante do direito penal da marinha mercante, substituindo a distinção entre crimes, delitos e contravenções, considerada pelo legislador como uma "distinção empírica" e sem fundamento jurídico, pela distinção entre crimes marítimos e comuns, feita em função da "natureza das infracções", sendo crimes marítimos apenas aqueles que "directamente se relacionam com o exercício da função marítima", como se dizia no preâmbulo do diploma, ou que tivessem "uma íntima relação com a vida do mar", como dispunha o artigo 126.[1257]

Em consequência da referida reforma do direito penal da marinha mercante, a constituição dos tribunais marítimos foi alterada, incluindo, como anteriormente, o capitão do porto, que presidia, um oficial da marinha e um ca-

---

[1255] Esta doutrina foi fixada no despacho do subsecretário de Estado das finanças, de 7.1.1943, e era seguida pelos comentadores e pelos tribunais (Lopes Cardoso, 1954: 166, e Guerra de Morais, 1956: 162 e 166).

[1256] Nos termos da doutrina fixada pelo despacho do subsecretário de Estado das finanças, de 7.1.1943 (Amadeu Martins, 1956: 141, e Guerra de Morais, 1956: 161).

[1257] Sobre o sentido desta modificação da competência dos tribunais marítimos, Nascimento Rodrigues, 1964: 47. As faltas à disciplina da marinha mercante, que anteriormente integravam o ilícito criminal administrativo, passaram a ser objecto da tutela disciplinar dos superiores hierárquicos, convertendo o legislador o ilícito criminal administrativo em ilícito disciplinar (parecer da Comissão Constitucional n. 1/81, p. 111, e o parecer n. 7/82, p. 215).

A *Jurisdição Penal Comum*

pitão da marinha mercante, mas sendo o segundo vogal substituído pelo juiz de direito no julgamento de crimes puníveis com pena maior de prisão celular ou degredo.[1258]

A nova estrutura da forma de processo era semelhante à do CPP, embora fossem introduzidas muitas normas especiais com vista a "simplificar a marcha do processo".

Assim, o processo em primeira instância dividia-se em três fases distintas, a instrução, a dedução da acusação e da contestação e o julgamento.

A instrução do processo consistia na realização do corpo de delito pelo capitão do porto, pelo delegado marítimo ou pelo capitão do navio e terminava com a remessa dos autos pelo instrutor ao capitão do porto, quando este não tivesse instruído o processo, e a posterior remessa dos autos pelo capitão do porto ao tribunal marítimo competente. Neste o promotor deduzia a acusação ou promovia o arquivamento dos autos, pronunciando-se em seguida o presidente do tribunal sobre a promoção, recebendo ou não os autos para julgamento e podendo ordenar oficiosamente a realização prévia de diligências.[1259]

O julgamento processava-se com a presença obrigatória do réu.[1260] O âmbito da leitura inicial das peças do processo não incluia os depoimentos das testemunhas faltosas prestados na instrução, que só eram lidos se a parte apresentante não prescindisse dessa leitura e depois de terem deposto as testemunhas presentes. Depois do seu depoimento, as testemunhas presentes podiam ser confrontadas com o seu depoimento escrito nos autos a fim de o esclarecer ou completar. O tribunal mantinha o poder discricionário de recolha de novos meios de prova.

A prova produzida em julgamento não era registada e o tribunal julgava em definitivo da matéria de facto "segundo a sua consciência, com plena liberdade de apreciação" (artigo 265), podendo condenar por incriminação diversa

---

[1258] Relacionando a introdução do juiz de direito na composição do tribunal com o alargamento da sua competência criminal, o parecer da Comissão Constitucional n. 7/82, p. 216.

[1259] O arguido não dispunha, pois, de qualquer fase de instrução contraditória (Nascimento Rodrigues, 1964: 83).

[1260] No entanto, a prisão preventiva só era obrigatória no caso do arguido a quem fosse aplicável pena maior fixa de prisão ou degredo, do arguido acusado de crime punível com pena maior e que já tivesse sido condenado duas ou mais vezes por igual crime e do preso que tivesse fugido da prisão ou a quem fosse quebrada a caução, sendo admissível a prestação de caução pelos arguidos a que fosse imputada infracção punível com pena superior a seis meses de prisão correccional e impondo-se apenas termo de identidade e residência ao arguido preso em flagrante delito por infracção punível com pena até seis meses de prisão correccional ou equivalente. Acrescente-se que, à imagem do direito comum, o prazo de oito dias de prisão preventiva até ao recebimento da acusação só começava a contar a partir do momento da apresentação do arguido à autoridade marítima, mas a detenção anterior era imputada na pena aplicada a final.

540   *A Reforma da Justiça Criminal em Portugal e na Europa*

da da acusação, ainda que mais grave, desde que os seus elementos constitutivos fossem factos da acusação, e conhecer oficiosamente das circunstâncias da reincidência e da sucessão de infracções.

Eram admitidos embargos de esclarecimentos para o tribunal e recurso das decisões do juiz presidente e dos acórdãos do tribunal para o Supremo Tribunal Militar, sendo aplicável o regime de processamento dos recursos neste tribunal. Era obrigatória a interposição de recurso quando fosse imposta pena maior fixa de prisão celular ou degredo, quando o réu fosse declarado delinquente de difícil correcção ou quando o acórdão fosse igual ao que no mesmo processo tivesse sido anulado por errada classificação do crime, por falta de aplicação ou errada graduação da pena.

Se o desrespeito pelo princípio da imediação se mantinha em termos substancialmente idênticos aos do direito anterior, a prolação da pronúncia pelo presidente do tribunal, conjugada com a composição mais restrita deste, punha o princípio da acusação ainda mais gravemente em causa do que no direito anterior. Embora se mantivessem as restrições do direito anterior relativas ao teor do relatório final do presidente do tribunal e à fixação da ordem da votação dos membros do colectivo, o poder de influência do presidente do tribunal cresceu na medida inversa da diminuição do número de membros do tribunal de que fazia parte.

O objecto do recurso e os poderes do tribunal de recurso eram os fixados na lei processual penal militar, permitindo o recurso para o Supremo Tribunal Militar o conhecimento oficioso das nulidades da sentença recorrida e do processo pelo tribunal de recurso e, designadamente, a insuficiência da instrução probatória da causa e a coerência lógica da decisão sobre a matéria de facto. A delimitação subjectiva era feita de acordo com o princípio do não aproveitamento do recurso interposto pelo réu ao seu co-réu.

Os poderes do tribunal de recurso eram, em regra, limitados à cassação da decisão recorrida. Quando o recurso tinha a natureza de um recurso de substituição o tribunal estava limitado pela regra da proibição da *reformatio in pejus*.

Assim, no julgamento das nulidades da sentença relativas aos vícios da decisão de direito o tribunal superior mandava proferir nova sentença pelo mesmo tribunal, mas composto por diferentes membros, cabendo recurso obrigatório da segunda decisão no caso de este tribunal não se conformar com a decisão superior sobre a questão de direito e julgamento definitivo pelo tribunal superior em sessão plena.

No julgamento das nulidades da composição ilegal do conselho, da inobservância das regras de competência, da preterição de formalidades substanciais para a boa administração da justiça ou por qualquer outro fundamento previsto

A Jurisdição Penal Comum 541

no elenco legal, o Supremo Tribunal Militar podia mandar reformar o processo pelo mesmo tribunal marítimo, que seria composto por novos membros, ou por outro tribunal.

Este sistema de recursos garantia minimamente a sindicância dos gravames cometidos pela instância ao princípio da imediação, por força do amplo poder de controlo oficioso da insuficiência probatória conferido ao tribunal de recurso, bem como dos gravames cometidos ao princípio da acusação, por força do poder de conhecimento oficioso da alteração do objecto do processo e da coerência lógica da decisão sobre a matéria de facto. As garantias do recorrente eram ainda reforçadas pela proibição da *reformatio in pejus*, em virtude da remissão legal para as regras de julgamento em segunda instância da lei processual militar, e pelo regime da imputação da prisão preventiva, fixado nos mesmíssimos termos consagrados para o direito processual comum pelos Decretos-Leis ns. 29.636, de 27.5.1939, e 30.484, de 1.6.1940, cumulando deste modo o recorrente os benefícios das leis militar e civil.

CAPÍTULO 9.º
A Consagração do Paradigma Judiciário Autoritário

1. A reforma da organização judiciária e do processo penal de 1945/1948

O Estatuto Judiciário de 1944 constituiu um ponto de chegada do processo de reestruturação da organização judiciária dos últimos dezoito anos. O diploma, aprovado pelo Decreto-Lei n. 33.547, de 23.2.1944, consagrou as inovações introduzidas de um modo casuístico pela ditadura militar e pelo Estado Novo ao longo dos anos.

A questão mais premente com que se debateu o legislador foi a dos tribunais inferiores, que representava tradicionalmente um problema "difícil", pois, por um lado, "não pode pensar-se na criação de tantos tribunais de comarca, servidos por outros tantos magistrados de carreira, quantos os necessários para satisfazerem as necessidades da população" e, por outro lado, a comodidade dos povos exige a existência "de mais organismos julgadores do que os tribunais de comarca existentes". Contudo, o legislador concluiu que os julgados municipais "não teem correspondido inteiramente ao que se esperava deles", sobretudo devido à falta de preparação técnica dos magistrados municipais, e decidiu por isso manter os julgados nos concelhos com vias de acesso à sede de comarca morosas ou difíceis, mas também prever a possibilidade de se extinguirem os julgados "quando os interesses da justiça o aconselharem" (artigo 2, § 1) e, simultaneamente, conferir o exercício dessa magistratura ao conservador do registo civil do respectivo concelho ou "quando os interesses da aministração da justiça assim o aconselhem" ao conservador do registo predial (artigo 20, § 1).

A competência para julgar causas crimes em primeira instância dividia-se neste novo Estatuto entre o tribunal colectivo, o juiz de direito e o juízo municipal e ainda, nas comarcas de Lisboa e do Porto, o tribunal de pequenos delitos.

O tribunal colectivo era composto por dois juízes de direito no mínimo e pelo conservador do registo predial, podendo o ministro da justiça designar qualquer funcionário público idóneo licenciado em direito, quando se verificas-

544 — *A Reforma da Justiça Criminal em Portugal e na Europa*

sem circunstâncias impeditivas atendíveis relativas ao conservador,[1261] e tinha competência para o julgamento dos crimes a que correspondesse processo de querela, dos crimes de carácter político, de responsabilidade ministerial e dos abusos de liberdade de imprensa, independentemente da sua forma de processo, com a única ressalva dos crimes praticados por ausentes, que eram julgados pelo juiz da comarca.

Ao juiz de direito competia a preparação e o julgamento dos processos por infracções que não fossem da competência de um juízo especial e ao juiz dos tribunais de pequenos delitos competia julgar sumariamente os presos em flagrante delito por algum dos crimes especificados na respectiva legislação especial e a presidência, na qualidade de juízes auxiliares de investigação criminal, a exames de medicina legal.

O juiz municipal estava subordinado hierarquicamente ao juiz de direito da comarca a que pertencesse a sede do julgado e tinha competência para preparar e julgar, sem alçada, os processos sumários, de transgressões e de polícia correccional, bem como para preparar os restantes processos até à querela ou à queixa e, no caso de arguidos presos, até à pronúncia provisória.

Deste modo, o legislador criava aparentemente um novo tribunal e suprimia definitivamente um outro. Por um lado, o novo tribunal de pequenos delitos não constituía um verdadeiro órgão jurisdicional autónomo, pois as funções de titular deste tribunal e as de juiz auxiliar de investigação criminal de Lisboa e do Porto eram inerentes às de director e adjuntos da polícia de investigação criminal. Por outro, despojado de quase toda a sua competência desde 1927 e desamparado da protecção constitucional desde 1933, o tribunal de júri foi finalmente suprimido. O modelo judiciário liberal sofria o derradeiro golpe.

Foi preciso esperar pela entrada de um novo ministro para a pasta da Justiça, o Professor Manuel Cavaleiro de Ferreira, para que o legislador consagrasse em forma de lei o paradigma judiciário do Estado Novo.

[1261] O legislador reconheceu mais tarde, no preâmbulo do Decreto-Lei n. 37.047, de 7.9.1948, que esta solução para o problema da sobrecarga dos juízes das comarcas era conseguida "à custa da diminuição do próprio tribunal colectivo". Além deste inconveniente, Barbosa de Magalhães (1955: 354) temia os "abusos tremendos" decorrentes do regime de substituição do conservador predial, que permitia a nomeação pelo governo de qualquer funcionário público diplomado em direito. Por sua vez, Cláudio Olympio (1944: ano 6, p. 154) receava que as habituais relações dos conservadores com as populações e com os interesses locais prejudicassem a imparcialidade do tribunal. As críticas à intervenção dos conservadores no tribunal colectivo chegaram mesmo à Assembleia Nacional, tendo os deputados Joaquim Gualberto de Sá Carneiro e Bustorff da Silva censurado esta forma de constituição do tribunal colectivo, que se tinha revelado "sem qualquer vantagem para a justiça e com manifesto incómodo para esses funcionários" (in Diário das Sessões da Assembleia Nacional, IV Legislatura, n. 88, de 13.2.1947, pp. 543 e 548).

A Jurisdição Penal Comum 545

A consagração deste novo paradigma caracterizou-se por uma conformação do processo penal substancialmente distinta da anterior e pela introdução de uma orgânica judiciária radicalmente diferente.[1262]

A renovação da estrutura do processo incidiu particularmente na introdução do princípio da acusação e no estabelecimento de uma relação de domínio funcional do Ministério Público sobre a polícia judiciária, que substituiu a polícia de investigação criminal.[1263]

O legislador considerou que a estrutura do processo estava "demasiadamente apegada a directrizes já ultrapassadas pela doutrina", o que se tinha ficado a dever, por um lado, à preponderância do propósito do legislador do código de compilar e clarificar a legislação anterior mais do que de a reformar e, por outro, à íntima ligação dessa estrutura a instituições penais antiquadas e à organização judiciária de então.

A necessidade da reforma era justificada pela ponderação prática da "insuficiência da instrução processual" conduzida por um juiz, em face da circunstância de um terço dos crimes cometidos não ser julgado, e pela consideração teórica de que o anterior sistema processual determinara um "regresso ao tipo de processo inquisitório", devido à acumulação da instrução e do julgamento na competência do juiz e à "redução a puro formalismo da actuação do Ministério Público".[1264]

A solução consagrada pelo legislador foi a de uma nova distribuição de poderes na instrução, reservando o domínio da instrução preparatória ao Ministério Público, que se encontrava sujeito aos princípios da legalidade e da verdade material e sob fiscalização hierárquica, quer oficiosa, quer provocada pelo

---

[1262] É sintomático deste espírito de ruptura a circunstância de o legislador, desrespeitando uma previsão inserida na própria lei que aprovou o código de 1929, não ter inserido as disposições da reforma de 1945 no texto do código.

[1263] O autor material da reforma identificou três objectivos dogmáticos e de política judiciária da mesma: a restauração do princípio acusatório na promoção do processo, o impedimento da diluição da actividade de instrução por órgãos administrativos e pelas polícias, sem fiscalização superior de uma magistratura, e a ampliação da instrução contraditória (Cavaleiro Ferreira, 1986 a: 38).

[1264] O preâmbulo do diploma legal identificava, com rigor, o vício fundamental do sistema anterior: "O juiz, presentemente, é ao mesmo tempo, além de julgador, acusador público, substituindo-se nessa função ao Ministério Público, e órgão de polícia criminal, enquanto dirige a recolha das provas da infracção destinadas a fundamentar a acusação. Prescindindo do facto de ser difícil desempenhar satisfatoriamente funções, pelo menos, parcialmente antagónicas, é ainda de considerar que desta sorte se desvirtua a função judicial. Há-de revelar-se oposição entre o zelo na investigação dos crimes, na procura da verdade entre os artifícios, evasivas e dificuldades criadas pelos imputados e a serenidade e calma que tem de presidir a todo o julgamento".

546   *A Reforma da Justiça Criminal em Portugal e na Europa*

denunciante.[1265] Ao juiz cabiam nesta fase apenas "funções de quase-jurisdição" e, designadamente, a decisão sobre a determinação e a manutenção da pri-

---

[1265] O ministério do interior ensaiou nas vésperas da reforma uma tentativa de modificação das disposições que regiam o processo preparatório, propondo a atribuição à Polícia de Segurança Pública de competência para a direcção da instrução, mas o novo ministro da justiça opôs-se-lhe, considerando-a um "pequeno e limitado remédio" e argumentando que colocaria o Ministério Público em uma relação de dependência fáctica em relação à polícia, tornando aquela magistratura de facto inútil (Cavaleiro de Ferreira, 2000: 46). Ao invés, a tese defendida pelo ministro da justiça de atribuição da direcção da instrução preparatória ao Ministério Público representava uma verdadeira "carta de alforria" desta magistratura, que anteriormente não passava de uma "sombra, de uma ficção jurídica" (Francisco José Velozo, 1955: 14), por um lado, e por outro, punha fim ao "absurdo processual do juiz que prepara e julga processos" (Aquilino Ribeiro, 1946 b: 85, e também assim os deputados Armando Cândido e Joaquim Gualberto de Sá Carneiro na Assembleia Nacional, concluindo o primeiro "A calma de julgar deixa de ser perturbada pela luta de conseguir a verdade, pela veemência de investigar", e o segundo "O decreto-lei n. 35.007 contém a inovação fundamental de subtrair a instrução do processo ao juiz. Também aplaudo essa providência, pois, alheado da fase instrutória, o juiz decidirá o feito mais serenamente", in Diário das Sessões da Assembleia Nacional, IV Legislatura, n. 87, de 12.2.1947, p. 529, e n. 88, de 13.2.1947, p. 542, mas contra a amplitude dos poderes do Ministério Público na fase instrutória, que não se encontraria, aliás, na maior parte das comarcas do país em condições de assumir tal responsabilidade, o deputado Cancela de Abreu, in Diário das Sessões da Assembleia Nacional, IV Legislatura, n. 87, de 12.2.1947, pp. 524 e 525). O autor da reforma de 1945 caracterizou o novo processo penal como um processo que aceitava o princípio da acusação, na medida em que a prossecução penal cabia a uma entidade diferente do julgador, mas em que o objecto do processo e a prova não se encontravam na disponibilidade das partes, tendo o corpo de delito e a instrução contraditória uma "função orientadora no julgamento", isto é, servindo apenas como "base para um critério seguro de ordenação da prova em julgamento" (Cavaleiro Ferreira, 1955: 43, 46 e 53, e 1986 a: 38). Também assim, Gomes da Silva (1952: 15, sistema misto "embora com predomínio do princípio acusatório"). Diferentemente, Castanheira Neves (1968: 39, 40 e 133) considerava que, embora o sistema de 1945 tivesse tido "a intenção de realizar de uma forma mais pura o princípio da acusação", o regime inicial do CPP de controlo da instrução preparatória pelo juiz estaria mais de acordo com os princípios da legalidade, da acusação e da publicidade, uma vez que o Ministério Público se tinha tornado um "órgão directamente dependente do Poder Executivo". Ao invés, Eduardo Correia (1956: 23) considerava que o tipo de processo adoptado tinha uma "estrutura delineada sobre a base de um acusatório-formal, ainda que misto com uma integração do princípio inquisitório", pronunciando-se favoravelmente à consagração deste modelo, que se justificava "com particular razão" no nosso sistema, em que "intervindo o juiz instrutor, de novo, como julgador na fase final, poderia vir a ser dominado pelos prejuízos e posições tomadas na instrução" (Eduardo Correia, 1954: 13). Mais tarde, o autor criticou a atribuição de funções substancialmente judiciais ao Ministério Público como uma "solução perigosa, mas cuja eliminação implicaria revolucionar todo o processo penal" (Ministério da Justiça, 1966 b: 233). De igual modo, Figueiredo Dias sustentou que o princípio da acusação foi restaurado em 1945, "à custa, porém, de atribuir a uma magistratura dependente e hierarquicamente estruturada funções e poderes que implicam intromissões na esfera das liberdades do cidadão, sem ao mesmo tempo se ter preocupado, até ao ponto conveniente, com a concessão de formas de controlo judicial minucioso

A Jurisdição Penal Comum 547

são preventiva e de outras medidas restritivas da liberdade individual,[1266] cessando a sua competência para determinar no final da instrução preparatória que o Ministério Público deduzisse acusação ou alterasse a acusação deduzida. Deste modo, o novo diploma revogava implicitamente o disposto no corpo do artigo 351[1267] e tornava inaplicável o disposto no artigo 346 do CPP à fase de instrução preparatória.[1268]

A titularidade da instrução preparatória pelo Ministério Público era conjugada, por um lado, com a introdução da obrigatoriedade da instrução judicial contraditória no processo de querela e da faculdade de o Ministério Público requerer essa instrução no processo correccional[1269] e, por outro, com a amplia-

---

daqueles poderes e funções" (Figueiredo Dias, 1971 c: 74, e 1976 b: 106), mantendo-se por isso "a crença nos méritos do sistema dito «misto» ou «inquisitório mitigado» – doutrinalmente justificado, mas sem razão, com apelo à natureza eminentemente «publicista» do processo penal; crença que bem se revela na insuficiente protecção do direito de defesa, na acentuada «governamentalização» do ministério público, no âmbito excessivo conferido à sua competência e na recusa de fiscalização judicial da sua actividade, nomeadamente quando ela se intromete na esfera dos direitos fundamentais das pessoas" (Figueiredo Dias, 1974: 87, 124 e 263, e 1983 a: 195 e 196). Assim, o direito processual ganhou em 1945 apenas uma "aparência liberal" (Figueiredo Dias, 1988 b: 54). Também apontando no sentido desta crítica, Rui Pinheiro e Artur Maurício, 1976: 65, António Barreiros, 1981a: 82 a 87, e 1983 c: 76, Castro e Sousa, 1984 b: 182, e Anabela Rodrigues, 1988 a: 67.

[1266] O Ministério Público definiu, com a concordância do despacho ministerial de 17.1.1946, várias competências exclusivas do juiz nesta fase processual, tais como aplicar as multas e as indemnizações a que se referia o artigo 91 do CPP, determinar a prisão correccional prevista no artigo 93 do CPP, admitir o assistente e suspender o processo nos termos do artigo 3 do CPP. Para a crítica desta decisão, Carrapêto dos Santos, 1947: 27 a 30.

[1267] A Procuradoria-Geral da República tomou posição, em um parecer de 4.7.1950, homologado pelo ministro da justiça, no sentido de que o artigo 351 do CPP estava revogado. Em tal caso, o denunciado podia reclamar e o juiz devia ordenar a subida dos autos ao procurador da República, nos termos do artigo 28 do Decreto-Lei n. 35.007, aplicável por interpretação extensiva (Eduardo Correia e Furtado dos Santos, 1959: 1195 e 1196). Neste sentido opinaram também, Frederico Almeida Baptista, 1958: 420, António de Campos, 1960: 213 e 214, e Manso-Preto, 1964: 61 a 64. Contra manifestaram-se Soares Carneiro, 1949: 44 e 45, Abel de Campos, 1951: 307 e 308, e Caramona Ribeiro, 1963: 321, por contraposição com a nota ao artigo 350.

[1268] António Silva Machado, 1946: 35, Simões Correia, 1947: 211, Silva e Sousa, 1959: 96, Caramona Ribeiro, 1963: 317, Laurentino Araújo e Gelásio Rocha, 1972: 514, e Maia Gonçalves, 1972: 508.

[1269] O propósito do legislador foi o de que "nos processos de querela os eventuais defeitos de inquisitoriedade da instrução sejam ainda corrigidos na fase instrutória" (Cavaleiro Ferreira, 1956 b: 174). Logo no início da vigência do novo diploma, discutiu-se se a lei exigia a produção da prova da acusação na instrução contraditória, tendo-se afastado essa opinião e considerado que a obrigatoriedade fixada na lei era apenas a da abertura da instrução, mesmo quando nenhuma diligência houvesse para requerer (Aquilino Ribeiro, 1946 a: 24, José Osório, 1947 a: 17, e Luiz

548 *A Reforma da Justiça Criminal em Portugal e na Europa*

ção do fim da instrução com vista à "investigação completa da verdade e até a melhor organização de defesa".[1270] Contudo, as diligências de prova na instrução contraditória encontravam-se vedadas às partes processuais quando o juiz considerasse a sua assistência "incompatível com o êxito ou finalidade das diligências" (artigo 39, § único).[1271]

A renovação da estrutura do processo implicou também a fixação dos termos de uma nova relação de domínio do Ministério Público sobre a polícia, a que procedeu o Decreto-Lei n. 35.042, de 20.10.1945, estabelecendo uma relação de dependência funcional da polícia para com o Ministério Público.[1272]

Ponderando criticamente o isolamento institucional da Polícia de Investigação Criminal, que actuava até então à luz de leis substantivas e processuais próprias, o legislador extinguiu esta polícia e criou a Polícia Judiciária, com competência para a instrução preparatória nos crimes cometidos nas comarcas de Lisboa, Porto e Coimbra, bem como para a instrução de certos crimes mais graves cometidos fora destas, encontrando-se em qualquer caso o despacho final de arquivamento ou de os autos aguardarem melhor prova sob fiscalização oficiosa ou provocada do Ministério Público.[1273]

---

da Rocha Mota, 1948: 81, e, nos tribunais, o acórdão fundamental do Tribunal da Relação de Coimbra, de 16.12.1948, in RJ, ano 33, 1949, pp. 214 a 216). Também não vingou a opinião de que o Ministério Público tinha apenas a faculdade e não a obrigatoriedade de requerer a instrução contraditória nos processos de querela (Raul Davim, 1946: 30).

[1270] O fundamento dogmático da nova concepção da instrução contraditória era o da natureza "idêntica" da instrução preparatória e da contraditória, considerando-se assim ilegítima a praxe que destinava aquela "quase exclusivamente a fundamentar uma acusação" e esta "à realização de diligências favoráveis à defesa" (Cavaleiro de Ferreira, 1956 b: 149 e 150). Consequentemente, a instrução contraditória "pode ser usada pelo arguido ou em favor da defesa, mas pode ser também utilizada pela acusação para acumular as provas da culpabilidade" (José Ósório, 1947 a: 16, e, também nestes mesmos termos, Luiz da Rocha Mota, 1948: 75).

[1271] Esta disposição era ignorada pelos tribunais, que admitiam a presença das partes (Adelino da Palma Carlos, 1954: 160), e foi mesmo considerada inconstitucional por violação do disposto no artigo 8, n. 10, da Constituição de 1933, quer no que toca à proibição da participação do arguido quer no que respeita à proibição da assistência do defensor (Figueiredo Dias, 1974: 433, 434 e 489) e, posteriormente, por violação do disposto no artigo 32, n. 4 da nova Constituição da República (Maia Gonçalves, 1978: 434, e Castro e Sousa, 1985: 195).

[1272] Cavaleiro Ferreira, 1955: 113 e 114.

[1273] À fiscalização da actividade da polícia suscitada pelo denunciante que tivesse a faculdade de se constituir assistente acrescia a fiscalização oficiosa dos despachos finais de arquivamento e mandando aguardar melhor prova proferidos nos processos de querela ou correccional, através da relação trimestral enviada ao procurador da República para confirmação ou alteração das decisões. Com esta fiscalização pretendia-se integrar no regime processual comum a investigação da polícia, de modo a evitar, como acontecia antes de 1945, "uma instrução preparatória estranha aos fins do processo penal", isto é, a realização de actos de investigação e a tomada

A Jurisdição Penal Comum 549

Os presos fora de flagrante delito e sem culpa formada, cuja detenção tivesse sido ordenada por qualquer autoridade administrativa ou policial, deviam ser apresentados ao tribunal competente "dentro do prazo de quarenta e oito horas após a detenção" (artigo 254, § 2, do CPP na redacção do Decreto-Lei n. 34.564, de 2.5.1945), que só podia ser prorrogado pelo Ministério Público pelo prazo máximo de cinco dias. Deste modo, o legislador punha de vez cobro à velha prática da detenção para averiguações.[1274]

---

de decisões finais pela polícia à revelia da magistratura do Ministério Público (Cavaleiro Ferreira, 1955: 112 e 113, e Eduardo Correia, 1954: 22). Não é, pois, correcta a afirmação de António Barreiros (1981 a: 85, e 1989: 19 e 20), segundo a qual a competência da Polícia Judiciária para arquivar autos de instrução preparatória corresponderia a "uma autêntica «amnistia» por via administrativa, quanto aos crimes que não fosse oportuno investigar".

[1274] A questão colocou-se em Maio de 1946. O Grémio da Lavoura de Santo Tirso, com o apoio de vários organismos congéneres, solicitou ao ministro o esclarecimento da competência das autoridades administrativas e, designadamente, do presidente da câmara e do regedor, em matéria de investigação criminal e de detenção em face da novíssima legislação. A Direcção-Geral da Justiça emitiu uma informação a 6.5.1946, no sentido de que estas autoridades administrativas não tinham perdido a competência conferida pelo artigo 80, n. 11, do Código Administrativo, mas os presos sem culpa formada deviam agora ser presentes ao juiz no prazo máximo de 48 horas. O ministro da justiça mandou ouvir a propósito desta informação a Procuradoria-Geral da República, que, em parecer votado no Conselho Consultivo a 30.5.1946, sustentou a doutrina daquela informação, com a qual também concordou o ministro, mandando comunicar a informação e o parecer aos organismos interessados e ao ministério do interior (BOMJ, ano VI, 1946, n. 37, pp. 451 a 456). Mais tarde, o ministro da justiça determinou, por despacho de 21.1.1947, que os prazos do artigo 21 do Decreto-Lei n. 35.007, que remetiam para os fixados pela nova redacção do § 2 do artigo 254 do CPP desde 1945, não deviam ser contados em duplicado pelo facto de o detido ter sido apresentado sucessivamente a diferentes autoridades (Eduardo Correia e Furtado dos Santos, 1959: 1235). No mês seguinte, o parecer da Procuradoria-Geral da República, de 25.2.1947, que foi aprovado por despacho do ministro da justiça de 26.11.1947, esclareceu que o prazo da prisão preventiva sem culpa formada do artigo 273 do CPP se devia contar a partir do momento da apresentação do detido em juízo e que este momento coincidia com o da apresentação ao juiz para validação da prisão, que devia ocorrer no prazo máximo de cinco dias após a primitiva detenção, acrescendo portanto este prazo àquele num total de 50 dias de prisão sem culpa formada (Eduardo Correia e Furtado dos Santos, 1959: 1290 e 1291). Já depois de abandonar as suas funções ministeriais, Cavaleiro de Ferreira defendeu uma interpretação mais restritiva do prazo da prisão preventiva sem culpa formada, fixando o seu termo inicial não no momento da apresentação do detido ao juiz para validação da detenção, mas no da sua colocação pela autoridade policial à disposição do Ministério Público, com a consequência de o limite máximo da prisão sem culpa formada se fixar em 47 dias (Cavaleiro de Ferreira, 1956 a: 431, mas contra Rui Vieira Miller, 1965: 117 a 120, em defesa da posição inicial do ministro). Em 1979, Cavaleiro de Ferreira apresentou uma terceira interpretação, ainda mais restritiva, daquele mesmo preceito, considerando que ao prazo máximo da detenção policial previsto no artigo 254, § 2, na redacção do Decreto n. 34.564 devia adicionar-se o prazo da instrução preparatória com preso, totalizando a prisão preventiva sem culpa formada 45 dias (Cavaleiro de Ferreira, 1979: 301).

O prazo da prisão sem culpa formada sofria também uma redução significativa relativamente aos crimes cuja investigação não fosse da exclusiva competência da Polícia Judiciária nem lhe fosse deferida. Com a fixação de um prazo máximo para realização da instrução preparatória com o réu detido de quarenta dias no processo de querela e de vinte dias nas outras formas de processo, o prazo máximo de prisão sem culpa formada em relação aos crimes que não fossem investigados por aquela Polícia passou a ser de quarenta e cinco dias.[1275]

Simultaneamente, o legislador expurgou da competência da polícia toda a matéria de julgamento, subtraindo ao director da nova Polícia Judiciária a competência para conhecer de pequenos delitos, que o director da Polícia de Investigação Criminal tinha nos termos da legislação complementar do CPP aprovada em 1929.

A expurgação desta competência para julgamento da polícia correspondia à segunda vertente do novo paradigma judiciário. A implementação de uma nova orgânica judiciária tinha como meta fundamental a jurisdicionalização e a integração na orgânica judiciária civil dos tribunais e órgãos policiais e militares com competência penal. Além da supressão da competência jurisdicional da polícia de investigação, o legislador extinguiu igualmente, pelo Decreto-Lei n. 35.044, também de 20.10.1945, o Tribunal Militar Especial, atribuindo a sua competência a um órgão jurisdicional novo, de composição civil.

[1275] Esta foi, como se referiu já, a doutrina defendida por último por Cavaleiro de Ferreira e era a única admissível em face do disposto nos artigos 22 e 42 do Decreto-Lei n. 35.007, de 13.10.1945, mas a prática seguiu a doutrina inicialmente defendida pela Procuradoria-Geral da República e pelo ministro da justiça em 1947, isto é, a de que o prazo máximo de prisão preventiva sem culpa formada nos processos relativos a crimes cuja investigação não competisse à Polícia Judiciária era de cinquenta dias, apresentando o Ministério Público, em regra, o detido ao quinto dia subsequente ao da primitiva detenção (Adriano Moreira, 1947 a: 52 e 53, Francisco Correia das Neves, 1955: 186 e 187, Rui Vieira Miller, 1965: 120, Salgado Zenha, 1968: 59, e Salgado Zenha e Duarte Vidal, 1974: 37). No entanto, em face das dificuldades resultantes da diminuição significativa dos prazos para a conclusão da instrução preparatória com réu preso, que já anteriormente constituíam "para os juizes quase letra morta" (José Carapêto dos Santos, 1947: 38), a lei nova foi interpretada pelo Ministério Público, na circular da Procuradoria-Geral da República de 2.1.1946, como permitindo ao procurador da República prorrogar o prazo da conclusão da instrução preparatória com preso, tendo o ministro da justiça concordado com este entendimento por despacho de 17.1.1946 (Eduardo Correia e Furtado dos Santos, 1959: 1154), não implicando, contudo, esta prorrogação administrativa do prazo da instrução preparatória a prorrogação do prazo máximo de três meses fixado no § 1 do artigo 368 do CPP para a pronúncia definitiva nem um alargamento do prazo taxativo da detenção sem culpa formada (Alves Branco, 1949: 162, e Rui Vieira Miller, 1965: 114).

A *Jurisdição Penal Comum* 551

O diploma criou nas comarcas de Lisboa e Porto um tribunal criminal, um tribunal correccional e um tribunal de polícia, fixando uma forma especial de funcionamento do tribunal criminal como tribunal plenário.

Este tribunal era composto pelo desembargador presidente e pelos dois juízes mais antigos dos respectivos juízos criminais e tinha competência para julgar todos os crimes contra a segurança exterior e interior do Estado e os de responsabilidade ministerial, os crimes de imprensa, bem como os crimes de açambarcamento, especulação e contra a economia nacional e os processos de querela quando "em virtude da sua importância" a secção criminal do Supremo Tribunal de Justiça, sob proposta da Procuradoria-Geral da República, mandasse avocar o seu julgamento ao tribunal plenário.[1276]

Os crimes de imprensa cometidos nas comarcas de Lisboa e do Porto eram julgados pelo tribunal plenário e no resto do país pelos tribunais comuns.[1277] A competência territorial do tribunal plenário para conhecer dos outros crimes do elenco legal abrangia a área do respectivo distrito judicial.

[1276] Logo após a entrada em vigor do novo diploma, colocou-se a questão de saber se a competência do tribunal plenário para conhecer dos crimes de açambarcamento, especulação e contra a economia nacional dependia de proposta do procurador-geral da República e de decisão do Supremo Tribunal de Justiça, tendo este Alto Tribunal firmado jurisprudência em sentido positivo no acórdão de 26.6.1946 (in BMJ, n. 35, p. 302) e o artigo 28 do Decreto-Lei n. 35.809, de 16.8.1946, consagrado explicitamente esta jurisprudência. A organização dos tribunais criminais de Lisboa e do Porto, a criação do tribunal plenário e o âmbito da sua competência não deixaram de ser objecto de crítica na doutrina ("Cabe aqui perguntar porque razão se deve considerar mais respeitado e justo o veredictum do Plenário, do que o do Colectivo do Criminal ?" ... "Portanto, se há defeitos na organização dos tribunais de prova constituídos só com juízes togados, não traz o Plenário nem mais segurança, nem mais autoridade", "Fica o Tribunal na dependência do Procurador, da sugestão da imprensa ou de qualquer outra indicação", Cláudio Olympio, 1946: 90 e 105, e "Esta disposição verdadeiramente revolucionaria sujeita ... a um regime processual fluido e de ante-mão desconhecido... Constitui, de certo modo, uma intromissão do arbítrio judicial no nosso direito positivo criminal e processual", Pedro Veiga, 1946: 40). De outra banda, também foi criticada a circunstância de a competência do tribunal plenário não ter incluído a criminalidade prevista pelo Decreto n. 14.580, de 17.11.1927, que continuava a ser atribuída a tribunais militares especiais (Lopes Moreira, 1965: 163). Não obstante o esforço de alguma doutrina para delimitar o critério de avocação dos processos, identificando-o com a "maior dificuldade" do julgamento (Gomes da Silva, 1952: 46 e 61), a consagração desta faculdade legal permitia, como já o disse Evelyne Monteiro em termos sugestivos, uma "verdadeira «cancerização» da infracção política" (Evelyne Monteiro, 1996: 158 e 159, e 1998: 152).

[1277] No entanto, também foi defendida, sem sucesso, a tese da competência do plenário para julgar os crimes contra a segurança do Estado ou de responsabilidade ministerial, praticados através da imprensa, mesmo quando tivessem sido cometidos fora das comarcas de Lisboa e do Porto, pois "aqueles crimes não deixam de ser crimes contra a segurança do estado ou de responsabilidade ministerial pelo facto de serem cometidos pela imprensa" (Arlindo Martins, 1949: 37).

552   A Reforma da Justiça Criminal em Portugal e na Europa

A preparação dos processos de querela ou correccionais julgados pelo plenário cabia ao juízo criminal.[1278]

Das decisões finais do tribunal plenário em processo de querela e correccional cabia recurso para a secção criminal do Supremo Tribunal de Justiça[1279] e das decisões do juiz instrutor dos juízos criminais sobre liberdade provisória e sobre o despacho de pronúncia ou equivalente cabia reclamação para o próprio tribunal plenário.[1280]

O tribunal criminal, quando não funcionava em tribunal plenário, era composto pelo juiz do juízo criminal onde corria o processo e por dois juízes dos tribunais correccionais, competindo ao juiz do juízo criminal a preparação do processo de querela e ao colectivo o respectivo julgamento. O tribunal correc-

---

[1278] O artigo 14 do Decreto-Lei n. 35.044 mencionava a expressão "juízes criminais" e em torno desta expressão dividiram-se inicialmente as opiniões nos tribunais, entendendo uns que esta expressão incluía os juízes dos tribunais de comarca da área territorial de cada plenário enquanto outros defendiam que a expressão da lei apenas incluía os juízes dos juízos criminais de Lisboa e do Porto. A querela tinha uma grande relevância prática, pois da solução dada dependia a salvaguarda do princípio da acusação, na medida em que a atribuição de competência preparatória aos juízes dos tribunais das comarcas abrangidas na área do distrito judicial do plenário diminuía significativamente a possibilidade de o juiz instrutor intervir no tribunal plenário. Contudo, na prática vingou a pior solução, intervindo apenas os juízes dos juízos criminais de Lisboa e do Porto na preparação destes processos (Arlindo Martins, 1949: 33 e 34).

[1279] Nos processos de polícia correccional julgados pelo plenário, não eram admitidos quaisquer recursos, nem reclamações, embora tivesse sido também ensaiada uma interpretação *a contrario* do artigo 16 do Decreto-Lei n. 35.044, no sentido de que nas formas de processo que não fossem as previstas nessa norma eram admissíveis os recursos normais (Arlindo Martins, 1949: 40). Por outro lado, a manutenção em vigor do Decreto n. 12.008, de 29.7.1926, no tocante às regras do processo para julgamento dos crimes de imprensa, também suscitou o problema da delimitação do objecto do recurso nestes processos, defendendo uns que o objecto do recurso se restringia à matéria de direito, como nos restantes processos do plenário, e opinando outros que ele abarcava também a matéria de facto, como mandava o Decreto n. 12.008, com a consequência de que deviam ser escritos os depoimentos prestados no plenário (Arlindo Martins, 1949: 38).

[1280] O deputado Cancela de Abreu, na sua intervenção já mencionada na Assembleia Nacional, criticou esta regulamentação, considerando-a "inaceitável" e sugerindo o recurso para a Relação (in Diário das Sessões da Assembleia Nacional, IV Legislatura, n. 88, de 13.2.1947, p. 525). Por seu turno, Adelino da Palma Carlos (1954: 139) notou a "estranha anomalia" de o despacho de recebimento da acusação nos processos de crimes de imprensa admitir nas comarcas de Lisboa e do Porto apenas reclamação para o tribunal plenário e nas comarcas do resto do país admitir recurso para a Relação e para o Supremo Tribunal de Justiça. A conclusão de António Barreiros (1982 a: 826) de que a reclamação era dirigida ao mesmo tribunal que proferira a decisão não é, no entanto, exacta. A reclamação subia do juiz instrutor do juízo criminal para o tribunal plenário, que era constituído por três magistrados e do qual nem sempre fazia parte o juiz reclamado, pois só quando o juiz reclamado fosse um dos dois juízes mais antigos do juízo criminal tinha assento no tribunal que decidia a reclamação.

A Jurisdição Penal Comum 553

cional preparava e julgava os processos correccionais e de polícia correccional e o tribunal de polícia, que tinha substituído o tribunal de pequenos delitos, julgava os processos sumários e de transgressões.

A reforma da organização judiciária iniciada em 1945 ficou completa três anos depois, com a publicação do Decreto-Lei n. 37.047, de 7.9.1948, que procedeu à alteração da composição e da competência do tribunal colectivo da comarca e da competência do tribunal municipal.

Ponderando a "profunda conexão" existente entre os "princípios da oralidade, concentração e directa apreciação das provas pelo julgador" consagrados no CPP de 1929 e no CPC de 1939 e a colegialidade dos tribunais de primeira instância, que tornava "dispensável, por inútil ou contraproducente, a existência normal de uma 2ª instância em matéria de facto", o legislador considerou que, se o processo sumário não merecia a intervenção dispendiosa do tribunal colectivo, a alteração radical da primitiva redacção do artigo 791 do CPC de 1939, introduzida pelo Decreto-Lei n. 29.950, de 30.9.1939, "para dar mais lata aplicação aos novos princípios legislativos e facilitar, porventura, a sua incorporação nos costumes e prática forenses", tinha-se, no entanto, revelado prejudicial, constituindo uma causa de perturbação dos serviços judiciais. Por sua vez, a tentativa de solução ensaiada no terceiro Estatuto Judiciário, de intervenção do conservador do registo predial como terceiro membro do tribunal colectivo, tinha o custo grave da diminuição da qualidade do tribunal.

A nova solução consagrada foi a do agrupamento das comarcas, com a excepção de Lisboa e do Porto, em círculos judiciais, tendo o juiz presidente do círculo a função de presidir aos tribunais colectivos das comarcas da respectiva área. O tribunal colectivo era de novo composto exclusivamente por juízes de direito, incluindo o juiz perante o qual corresse o processo e um outro da mesma comarca ou de comarca próxima como juízes adjuntos do juiz presidente do círculo. Nas causas sujeitas a processo sumário, o juiz singular deixava de julgar definitivamente as provas, em virtude da aplicação do processo sumário a causas de valor superior à alçada do juiz singular e da reposição em vigor do sistema, previsto no texto primitivo do artigo 791 do CPC, de redução a escrito da prova produzida na audiência de julgamento quando uma das partes não prescindisse do recurso.

No tocante aos juízos municipais, o legislador, prosseguindo uma opção já anteriormente tomada, não só suprimiu vários julgados municipais, como limitou a competência destes magistrados.

Assim, os juízes municipais só tinham competência para a preparação e o julgamento dos processos sumários e de transgressões e para a preparação até final da instrução dos processos correccionais e de polícia correccional, perdendo deste modo a competência para proceder ao julgamento nos processos de polícia

554   A Reforma da Justiça Criminal em Portugal e na Europa

correccional. Previa-se também que o tribunal de comarca pudesse avocar qualquer processo da competência do juízo municipal em qualquer altura.[1281]

O modelo judiciário consagrado revelava uma natureza autoritária, quer no que toca à concentração de poderes jurisdicionais em órgãos não judiciais,[1282] quer no que respeita à restrição da independência da magistratura judicial à liberdade na aplicação da lei.[1283] Se Oliveira Salazar deu uma constituição civil ao levantamento militar de 28 de Maio,[1284] Cavaleiro de Ferreira deu-lhe um paradigma judiciário novo.

A subordinação dos demais poderes constitucionais ao poder executivo, que constituía a idiossincrasia autoritária do regime constitucional do Estado Novo, tinha o seu reverso, no plano judiciário, na subordinação completa da administração da justiça ao ministro da justiça e na concentração de poderes jurisdicionais na pessoa do ministro da justiça e em órgãos judiciários e policiais hierarquicamente subordinados ao ministro.

Assim, a Polícia Judiciária e a Polícia Internacional e de Defesa do Estado foram dotadas da faculdade de determinação e manutenção da prisão preventiva

---

[1281] A restrição da competência jurisdicional dos juízes municipais era, de certo modo, contrariada pelo alargamento do objecto da forma de processo sumário, previsto no artigo 36 do novo diploma. Com efeito, esta disposição previa que fossem julgados em processo sumário os crimes previstos nos capítulos I, II e III do título III do Livro II do CP, quando lhes não correspondesse pena mais grave do que a de prisão correccional e os infractores fossem detidos em flagrante delito, e, sob as mesmas condições, os crimes previstos no capítulo V do título IV do libro II do CP cometidos em lugar público.

[1282] A censura da atribuição de poderes jurisdicionais a órgãos administrativos e policiais, verdadeiros "delegados do poder executivo", não era nova, como se viu já, e foi reiterada depois da reorganização judiciária de 1945 por vozes autorizadas como as de Adriano Moreira (1950: 156), Barbosa de Magalhães (1955: 322 e 328), Vasconcelos Abreu (1966: 15 e 16) e Francisco Sá Carneiro (1973: 22 e 23).

[1283] A interferência directa ou indirecta do poder executivo na gestão da magistratura judicial foi severamente criticada por alguma doutrina. Barbosa de Magalhães afirmava peremptoriamente que "o Poder Judicial em Portugal está na dependência do Poder Executivo" e mesmo que "a independência política do Poder Judicial é uma verdadeira blague", encontrando-se apenas salvaguardada a liberdade de a magistratura judicial decidir sem sujeição às ordens de outras autoridades (Barbosa de Magalhães, 1955: 324, 325, 356 e 357, e já anteriormente, 1937: XXIV, e 1940 b: 18 a 30). Mais tarde, a crítica foi reiterada por Flávio Pinto Ferreira, 1972: 464 e 465, Raul d´Andrade, 1972: 507 e 508, José Magalhães Godinho, 1972: 518, e Francisco Sá Carneiro, 1973: 10 e 11. Com razão, concluiu Figueiredo Dias que "a situação que então se vivia acabava por revelar traços indisfarçáveis ... do regime político autocrático então vigente; por essa via se revivendo – assim se argumentava – os perigos de uma «justiça de gabinete» visíveis em matéria tão sensíveis como a da nomeação dos juízes pelo Ministro da Justiça e a da composição e organização do Conselho Superior Judiciário, onde se tornava decisiva, em último termo, a influência do Executivo" (Figueiredo Dias, 1994: n. 3849, p. 355).

[1284] Manuel Braga da Cruz, 1988: 55 e 254.

A Jurisdição Penal Comum

pelo prazo de três meses, estabelecendo-se um sistema de fiscalização estritamente administrativo-hierárquico,[1285] e um membro de governo tinha a faculdade de prolongar o prazo máximo de três meses de duração da prisão sem culpa formada e da instrução preparatória por dois períodos de 45 dias (ar-

---

[1285] O quadro de pessoal da Polícia Judiciária não separava o pessoal dirigente (de "direcção) e o pessoal técnico (de "investigação"), mas vigorava o princípio fundamental do artigo 8 do Decreto n. 35.042 de que só o director e os subdirectores funcionavam como juízes durante a instrução preparatória relativamente à libertação ou manutenção dos detidos e à aplicação provisória de medidas de segurança, embora este princípio pudesse sofrer excepções quando o subdirector assim o entendesse (artigo 44, al. 6) do Decreto-Lei n. 35.042, de 20.10.1945). O director e os subdirectores da Polícia Judiciária procediam à validação da prisão realizada pelos inspectores em Lisboa, Porto e Coimbra. Fora destas cidades as capturas realizadas por ordem dos inspectores da Polícia Judiciária eram validadas pelo juiz da comarca. O quadro de pessoal da Polícia Internacional era praticamente idêntico ao da Polícia Judiciária e as competências recíprocas dos funcionários de direcção e de investigação eram de início exactamente as mesmas das desta polícia. Cavaleiro de Ferreira justificou a atribuição de competência judicial ao pessoal dirigente da Polícia Judiciária com o facto de os inspectores não exercerem funções junto dos vários tribunais criminais e a validação da prisão não poder ser feita por um juiz correspondente a cada secção da Polícia Judiciária. A solução da validação judicial da prisão por juízes de turno também foi afastada, pois "seria de recear, contudo, que o exercicio da função de validação das capturas em conjunto e apressadamente a degradasse a uma vazia formalidade" (Cavaleiro de Ferreira, 1956 a: 428). Eduardo Correia reconhecia a existência de um "desvio que bem poderia ser evitado pela afectação de um magistrado a tais funções". O autor considerava, contudo, que a "importância da anomalia esbate-se largamente" pela circunstância de para directores e subdirectores da Polícia Judiciária serem, em regra, escolhidos magistrados judiciais e de os directores e subdirectores não terem intervenção directa na instrução (Eduardo Correia, 1954: 23). Criticando este regime, Adriano Moreira (1947 a: 51) afirmava que, em face do exercício de funções de juiz de instrução pelo subdirector da PJ, "é de presumir que se frustre com facilidade o fim da exigência legal da apresentação ao juiz, desde que se cumulam na mesma pessoa a superintendência da investigação e a competência de quase jurisdição", lembrando mais tarde (Adriano Moreira, 1950: 144, 148, 156 e 165) que "acima da importância de vagas garantias e direitos fundamentais escritos com maiúsculas, a intervenção judicial na privação da liberdade física, se a judicatura é independente e livre, constitui o mais sólido baluarte da liberdade dos cidadãos", razão pela qual entendia que o princípio da estrita legalidade abrangia a própria detenção como acto preparatório de uma decisão definitiva e a validação da detenção só devia competir a autoridades judiciais. Também se manifestaram criticamente neste sentido o deputado Cancela de Abreu, na sua intervenção já referida na Assembleia Nacional, in Diário das Sessões da Assembleia Nacional, IV Legislatura, n. 88, de 13.2.1947, p. 525, Francisco Salgado Zenha (1947: 124, 125, 128 e 129, e 1968: 61, 62 e 69), Adelino da Palma Carlos (1962: 287), Vasconcelos Abreu (1966: 16) e Francisco Sá Carneiro (1973: 23). Este último autor colocava a questão nos seus exactos termos quando afirmava que, "embora os inspectores e funcionários superiores da polícia judiciária, mas não da DGS, note-se, tenham formação jurídica e sejam da carreira judicial, não são juízes. O juiz é o membro dum tribunal. E as polícias não são tribunais".

556   *A Reforma da Justiça Criminal em Portugal e na Europa*

tigo 9 do Decreto-Lei n. 35.042, de 20.10.1945 e artigo 1, § 1, do Decreto-
-Lei n. 35.046, de 22.10.1945).[1286]

[1286] O alargamento pelo período máximo não era, na prática, um regime excepcional e podia repetir-se uma e mais vezes em relação ao mesmo suspeito, sendo frequentemente seguido da
soltura do suspeito pela polícia sem qualquer comunicação ao tribunal ou abertura de processo judicial (cfr. a ficha de José dos Santos Viegas, preso em 26.5.1952 e posto à disposição do tribunal
em 13.11.1952 (Comissão, 1981: 124); a ficha de Pedro dos Santos Soares, preso em 5.12.1958 e
posto à disposição do tribunal em 23.5.1959 (Comissão, 1981: 200); a ficha de Américo Gonçalves de Sousa, preso em 29.9.1955 e posto à disposição do tribunal em 23.3.1956 (Comissão,
1981: 222 e 223); a ficha de Julio Melo Fogaça, preso em 28.8.1960 e posto à disposição do tribunal em 22.2.1961 (Comissão, 1981: 233); a ficha de José Gilberto de Oliveira, preso pela terceira
vez em 22.10.1965 e solto em 19.4.1966 (Comissão, 1982: 51); a ficha de Fernando Vicente, preso pela segunda vez em 18.9.1963 e solto em 14.3.1964 (Comissão, 1982: 109); a ficha de Joaquim Pires Jorge, preso em 15.12.1961 e posto à ordem do tribunal em 8.6.1962 (Comissão, 1982:
245); as fichas de Aida da Conceição Paula e Luiza da Conceição Paula, presas em 2.12.1958 e
postas à ordem do tribunal em 20.5.1959 (Comissão, 1982: 371 e 374); a ficha de Edmundo Silva,
preso em 7.6.1958 e solto em 1.12.1958, de novo preso em 28.4.1962 e solto em 12.10.1962 e de
novo preso em 4.12.1963 e solto em 8.5.1964 (Comissão, 1984: 178 e 179); a ficha do advogado
Manuel Dias de Andrade, preso em 27.2.1953 e solto em 20.8.1953 e de novo preso em
12.12.1955 e solto em 30.5.1956 (Comissão, 1984: 216 e 217); a ficha de João Joaquim Machado,
preso em 14.5.1962 e solto em 5.11.1962 (Comissão, 1984: 278); a ficha de Fernando Piteira Santos, preso em 12.7.1945 e posto à disposição do tribunal em 5.1.1946 (Comissão, 1984: 331); a ficha do advogado Abel Dias das Neves, preso em 13.9.1954 e posto à disposição do tribunal em
9.3.1955 (Comissão, 1985: 51); a ficha do advogado Alberto Vilaça, preso em 4.12.1958 e solto
em 3.6.1959 (Comissão, 1985: 60); a ficha de Inácio Francisco das Neves, preso em 31.3.1947 e
solto em 30.9.1947 (Comissão, 1985: 168); a ficha do advogado Mário Alberto Nobre Lopes Soares, preso em 12.5.1961 e posto à disposição do tribunal em 2.11.1961 (Comissão, 1985: 68); a ficha de António Simões de Abreu, cuja sexta detenção policial durou de 30.9.1961 a 30.3.1962,
data em que foi solto (Comissão, 1985: 185); a ficha de Óscar dos Reis Figueiredo, cuja terceira
detenção policial durou de 16.7.1958 a 2.1.1959, data em que foi posto à ordem do tribunal (Comissão, 1985: 189); a ficha de João António Honrado, cuja quarta detenção durou de 26.4.1962 a
19.10.1962, data em que foi posto à ordem do tribunal (Comissão, 1985: 194); a ficha de Lucinda
Mendes, cuja segunda detenção durou de 5.12.1958 a 29.5.1959, data em que foi posta à ordem
do tribunal (Comissão, 1985: 226); a ficha de Alberto da Silva Proença, cuja terceira detenção policial durou de 14.7.1954 a 5.1.1955, data em que foi posto à disposição do tribunal (Comissão,
1985: 272 e 273); a ficha de António Campinas, cuja segunda detenção policial durou de
28.5.1948 a 5.11.1948, data em que foi posto à disposição do tribunal (Comissão, 1985: 319); a
ficha de Maria Clementina Ventura, presa em 24.5.1948 e posta à disposição do tribunal em
5.11.1948 (Comissão, 1985: 346); a ficha de Joaquim Martins, preso em 28.5.1948 e solto em
5.11.1948 (Comissão, 1985: 349); a ficha de Luís Dias Amado, cuja terceira detenção policial
durou 4.12.1963 até 21.5.1964, data em que foi posto à disposição do tribunal (Comissão, 1985:
379); a ficha de Guilherme da Costa Carvalho, preso em 20.10.1948 e posto à disposição do tribunal em 14.4.1949 (Comissão, 1985: 392); a ficha de Gilberto Coutinho, preso em 22.11.1948 e
posto à disposição do tribunal em 20.5.1949 (Comissão, 1985: 399); a ficha de Albino Sousa e
Silva, preso em 3.12.1948 e posto à disposição do tribunal em 20.5.1949 (Comissão, 1985: 400);

A Jurisdição Penal Comum

Deste modo, nos crimes cuja investigação exclusiva coubesse à Polícia Judiciária ou lhe fosse deferida, o prazo máximo da prisão sem culpa formada não

---

a ficha de Artur Faria Borda, preso em 3.12.1948 e posto à disposição do tribunal em 20.5.1949 (Comissão, 1985: 404 e 405); a ficha de Carlos Rodrigues da Costa, preso em 27.11.1948 e entregue ao tribunal em 19.4.1949 e de novo preso em 12.6.1953 e posto à disposição do tribunal em 5.12.1953 (Comissão, 1985: 407); a ficha de Álvaro Barreirrinhas Cunhal, cuja terceira detenção policial durou de 25.3.1939 a 20.9.1949, data em que foi posto à disposição do tribunal (Comissão, 1987: 41); a ficha de Mário Henriques da Cunha, cuja segunda detenção policial durou de 9.11.1949 a 22.4.1950, data em que foi posto à disposição do tribunal (Comissão, 1987: 46); a ficha de João Coentro da Silva, cuja terceira detenção policial durou de 17.2.1949 a 8.8.1949, data em que foi posto à disposição do tribunal (Comissão, 1987: 49); a ficha de Diniz Miranda, preso em 23.1.1959 e entregue ao tribunal em 15.7.1959 (Comissão, 1987: 81); a ficha de Joaquim Campino, preso em 11.3.1950 e posto à disposição do tribunal em 28.8.1950 (Comissão, 1987: 160); a ficha de José Manuel Roque, preso em 4.8.1949 e posto à disposição do tribunal em 23.1.1950 (Comissão, 1987: 53); a ficha de João Tomaz Morais, preso em 17.2.1949 e posto à disposição do tribunal em 8.8.1949 (Comissão, 1987: 63); a ficha de Sofia de Oliveira Ferreira, presa em 25.3.1949 e posta à disposição do tribunal em 21.9.1949 e de novo presa em 28.5.1959 e posta à disposição do tribunal em 13.11.1959 (Comissão, 1987: 66 a 68); a ficha de Jaime dos Santos Serra, preso em 29.3.1949 e posto à disposição do tribunal em 23.9.1949 (Comissão, 1987: 69); a ficha de Georgete de Oliveira Ferreira, presa em 28.12.1954 e solta em 17.6.1955 (Comissão, 1987: 117); a ficha de Joaquim Santos Junior, cuja quinta detenção policial durou de 16.3.1964 a 12.9.1964, tendo desta data sido solto (Comissão, 1987: 167); a ficha de Maria Augusta, presa em 14.8.1962 e posta à ordem do tribunal em 5.2.1963 (Comissão, 1987: 169); a ficha de Teófilo Alberto de Matos, preso em 6.5.1950 e posto à disposição do tribunal em 1.11.1950 (Comissão, 1987: 176); a ficha de Joaquim Farracha, preso em 15.6.1953 e solto em 11.12.1953 e de novo preso em 13.11.1958 e posto à ordem do tribunal em 7.5.1959 e ainda preso em 4.10.1965 e solto em 1.4.1966 (Comissão, 1987: 193); a ficha de Severiano Falcão, preso em 30.12.1950 e posto à disposição do tribunal em 23.6.1951 (Comissão, 1987: 198); a ficha de Salvador Amália, preso em 6.10.1951 e posto à disposição do tribunal em 31.3.1952 e de novo preso em 16.8.1962 e solto em 11.2.1963 (Comissão, 1987: 222 e 223); a ficha de Alcino de Sousa Ferreira, preso em 12.2.1951 e posto à disposição do tribunal em 6.8.1951 (Comissão, 1987: 224); a ficha de José Tavares Magro, preso em 25.1.1951 e posto à disposição dos tribunais em 21.7.1951 (Comissão, 1987: 228); a ficha de Antónia Fernandes Manuel, presa em 19.10.1952 e solta em 23.3.1953 (Comissão, 1987: 235); a ficha de Carlos Augusto Gaspar, preso em 4.10.1951 e posto à disposição do tribunal em 31.3.1952 (Comissão, 1987: 237); a ficha de Henrique Galvão, preso em 8.10.1954 e posto à disposição do tribunal em 9.3.1955 (Comissão, 1988: 29); a ficha de Agostinho Neto, preso em 17.10.1961 e solto em 9.3.1962 (Comissão, 1988: 46); a ficha de Domingos Marques Lopes, preso em 29.3.1952 e posto à disposição do tribunal em 6.9.1952 (Comissão, 1988: 56); a ficha de José de Oliveira Gouveia, preso em 5.3.1955 e posto à disposição do tribunal em 30.8.1955 (Comissão, 1988: 60); a ficha de António Correia Carvalho, preso em 29.3.1956 e solto em 17.9.1956 (Comissão, 1988: 65); a ficha de Rolando Silva Henrique, preso em 23.11.1957 e posto à ordem do tribunal em 19.5.1958 (Comissão, 1988: 73); a ficha de Marcos Rolo Antunes, preso em 19.5.1958 e posto à ordem do tribunal em 11.11.1958 (Comissão, 1988: 76); a ficha de António Santo, preso em 11.11.1952 e posto à disposição do tribunal em 11.5.1953 e de novo preso em 28.5.1959 e posto à ordem do tribunal em 13.11.1959 (Comissão, 1988: 80);

558   *A Reforma da Justiça Criminal em Portugal e na Europa*

só foi alargado em relação ao prazo máximo de três meses fixado no código de 1929, como a sua fiscalização foi retirada ao poder judicial. Por seu turno,

---

ficha de António Rodrigues Canelas, preso em 11.11.1952 e posto à ordem do tribunal em 11.5.1953 e de novo preso em 25.9.1961 e posto à ordem do tribunal em 5.2.1962 (Comissão, 1988: 83); a ficha de Daniel Faustino, preso em 24.8.1953 e posto à ordem do tribunal em 15.2.1954 (Comissão, 1988: 92); a ficha de Carlos Rodrigues da Costa, preso em 27.11.1948 e entregue ao tribunal em 19.4.1949 e de novo preso em 12.6.1953 e posto à disposição do tribunal em 5.12.1953 (Comissão, 1988: 94); a ficha de Mário Sena Lopes, preso em 18.1.1961 e posto à disposição do tribunal em 30.6.1961 (Comissão, 1988: 98); a ficha de Ilídio Dias Esteves, preso em 18.3.1953 e solto em 28.8.1953 (Comissão, 1988: 109); a ficha de Rogério Rodrigues de Carvalho, preso em 29.3.1953 e solto em 21.9.1953 e de novo preso em 29.7.1958 e posto à ordem do tribunal em 20.1.1959 (Comissão, 1988: 112 e 113); a ficha de Maria Vidal e Campos, presa em 11.6.1953 e posta à ordem do tribunal em 5.12.1953 (Comissão, 1988: 116); a ficha de Carlos Alfredo de Brito, preso em 19.10.1956 e posto à ordem do tribunal em 13.4.1957 (Comissão, 1988: 127); a ficha de António Rebelo Cabral, preso em 14.5.1951 e solto em 7.11.1951 (Comissão, 1988: 136); a ficha de Hernâni Ramalho e Silva, preso em 7.3.1953 e solto em 21.8.1953 (Comissão, 1988: 154); a ficha de Júlio Silva Marques, preso em 15.12.1961 e posto à ordem do tribunal em 1.6.1962 (Comissão, 1988: 158); a ficha de Pedro Ramos de Almeida, preso em 24.5.1952 e solto em 18.11.1952 (Comissão, 1988: 160); a ficha de Ângelo Veloso, preso em 4.2.1955 e posto à disposição do tribunal em 14.7.1955 (Comissão, 1988: 162 e 163); a ficha de Fernando Lopes Cipriano, preso em 28.6.1954 e solto em 16.12.1954 (Comissão, 1988: 168 e 169); a ficha de Hermínio de Almeida Marvão, preso em 7.2.1955 e posto à disposição do tribunal em 14.7.1955 (Comissão, 1988: 171); a ficha de Joaquim Pereira, preso em 21.3.1955 e posto à disposição em 15.9.1955 (Comissão, 1988: 173); a ficha de António Gomes do Rego, preso em 11.2.1957 e posto à ordem do tribunal em 6.8.1957 (Comissão, 1988: 175); a ficha de Adolfo Assis Ramos, preso em 12.12.1955 e posto à ordem do tribunal em 4.6.1956 (Comissão, 1988: 178); a ficha de Armando Magalhães Vieira, preso em 30.12.1956 e posto à ordem do tribunal em 25.6.1957 (Comissão, 1988: 189); a ficha de Nuno Potes Duarte, preso em 22.6.1954 e posto à ordem do tribunal em 7.12.1954 (Comissão, 1988: 190 e 191); a ficha de António Borges Coelho, preso em 3.1.1956 e posto à ordem do tribunal em 22.6.1956 (Comissão, 1988: 192); a ficha de Mário de Araújo, preso em 26.3.1956 e posto à disposição do tribunal em 18.9.1956 (Comissão, 1988: 194); a ficha de Salvador do Pomar, preso em 24.8.1956 e posto à ordem do tribunal em 16.2.1957 (Comissão, 1988: 196); a ficha de José Parente Capela, preso em 30.12.1956 e posto à ordem do tribunal em 25.6.1957 (Comissão, 1988: 198); a ficha de Francisco Lopes Cipriano, preso em 10.6.1951 e solto em 6.12.1951, preso de novo em 20.2.1953 e solto em 7.9.1953 e de novo preso em 15.7.1954 e solto em 15.1.1955 e ainda preso em 7.1.1957 e posto à ordem do tribunal em 3.7.1957 (Comissão, 1988: 208); a ficha de Fernando Blanqui Teixeira, preso em 7.1.1957 e solto em 3.7.1957 (Comissão, 1988: 211); a ficha de Lenine Sobreiro, preso em 9.3.1957 e posto à ordem do tribunal em 30.8.1957 (Comissão, 1988: 217); a ficha de Aida Loureiro Magro, presa em 27.5.1957 e solta em 19.11.1957 (Comissão, 1988: 219), a ficha de José Carlos, preso em 11.11.1957 e posto à ordem do tribunal em 12.4.1958 (Comissão, 1988: 221); a ficha de Ivone Dias Lourenço, presa em 23.11.1957 e posta à disposição do tribunal em 19.5.1958 (Comissão, 1988: 224); a ficha de José António Pombinho, preso em 28.5.1958 e posto à ordem do tribunal em 17.11.1958 (Comissão, 1988: 234); a ficha de Belchior Alves Pereira, preso em 9.4.51 e solto em 3.10.1951 e de novo preso em 9.7.1958 e posto à ordem do tribunal em 27.12.1958 (Comissão, 1988: 237); a ficha

A Jurisdição Penal Comum

em relação aos crimes cuja investigação competia à Polícia Internacional e de Defesa do Estado, o prazo máximo da prisão sem culpa formada constituía uma

---

de Joaquim Cruz Carreira, preso pela terceira vez em 26.6.1958 e posto à ordem do tribunal em 19.12.1958 (Comissão, 1988: 240); a ficha de António Terruta, preso pela segunda vez em 9.12.1958 e posto à ordem do tribunal em 1.6.1959 (Comissão, 1988: 242); a ficha de Manuel João Calado, preso pela segunda vez em 22.11.1954 e solto em 6.5.1955 e pela quarta vez em 19.12.1958 e posto à ordem do tribunal em 9.6.1959 (Comissão, 1988: 246); a ficha de António Bernardo Azevedo, preso em 27.1.1951 e solto em 18.7.1951 (Comissão, 1988: 248); a ficha de José da Conceição Gomes, preso em 29.6.1958 e posto à ordem do tribunal em 23.12.1958 (Comissão, 1988: 254); a ficha de José Gil Alves, preso em 22.12.1952 e posto à ordem do tribunal em 11.5.1953 (Comissão, 1988: 257); a ficha de Maria Costa Dias, presa em 3.12.1953 e posta à disposição do tribunal em 1.6.1954 e de novo presa em 5.12.1958 e posta à ordem do tribunal em 23.5.1959 (Comissão, 1988: 261); a ficha de Joaquim Gomes dos Santos, preso em 22.1.1954 e posto à ordem do tribunal em 10.7.1954 e de novo preso em 5.12.1958 e posto à ordem do tribunal em 2.6.1959 (Comissão, 1988: 264); a ficha de Francisco Pinto Junior, preso em 30.6.1954 e posto à ordem do tribunal em 7.12.1954 (Comissão, 1988: 266); a ficha de Alfredo Oliveira Santos, preso pela terceira vez em 21.2.1958 e entregue ao tribunal em 11.8.1958 (Comissão, 1988: 272); a ficha de Manuel da Costa, preso pela segunda vez em 22.5.1958 e posto à ordem do tribunal em 13.11.1958 (Comissão, 1988: 274); a ficha de Adélia Correia Terruta, presa em 19.11.1956 e solta em 15.5.1957 e de novo presa em 27.11.1958 e entregue ao tribunal em 19.5.1959 (Comissão, 1988: 277); as fichas de Miguel Camilo e Luis Cartaxo, presos em 1.5.1958 e postos à ordem do tribunal em 21.10.1958 (Comissão, 1988: 279 e 281); a ficha de Mário Pedroso Gonçalves, preso em 20.5.1958 e posto à ordem do tribunal em 11.11.1958 (Comissão, 1988: 283); a ficha de Guilhermino Fernandes, preso pela segunda vez em 4.10.1958 e posto à ordem do tribunal em 21.3.1959 (Comissão, 1988: 285); a ficha de Américo Marques Pereira, preso em 21.5.1958 e posto à ordem do tribunal em 12.11.1958 (Comissão, 1988: 287); a ficha de Manuel Santos Cabanas, preso pela terceira vez em 30.10.1961 e solto em 29.4.1962 (Comissão, 1988: 289); a ficha de Manuel Pedro Falcão, preso em 16.7.1958 e posto à ordem do tribunal em 6.1.1959 (Comissão, 1988: 311); a ficha de António Alves Correia e Adriano Alves Correia, presos em 27.6.1958 e postos à ordem do tribunal em 19.12.1958 (Comissão, 1988: 313 e 315); a ficha de Constantino Marques da Silveira, preso em 26.6.1958 e posto à ordem do tribunal em 19.12.1958 (Comissão, 1988: 319); a ficha de José Pinto Viegas, preso em 2.6.1958 e posto à ordem do tribunal em 25.11.1958 (Comissão, 1988: 321); a ficha de Faustino Pedro, preso em 15.7.1958 e posto à ordem do tribunal em 2.1.1959 (Comissão, 1988: 327); a ficha de Fernando Casquinha, preso em 15.7.1958 e posto à ordem do tribunal em 7.1.1959 (Comissão, 1988: 329); as fichas de Henrique de Faria e de Álvaro Pinheiro, presos em 22.8.1958 e posto à ordem do tribunal em 7.1.1959 (Comissão, 1988: 330 e 332); a ficha de Salvador Carvalho, preso em 14.8.1958 e posto à ordem do tribunal em 15.1.1959 (Comissão, 1988: 344); as fichas de João Gordo Mendes, António Carvalho Ribeiro e António Francisco de Morais, presos em 3.10.1958 e postos à ordem em 21.3.1959 (Comissão, 1988: 357, 359 e 361); a ficha de José Cabrita Sequeira, preso em 4.10.1958 e posto à ordem em 21.3.1959 (Comissão, 1988: 363); a ficha de Augusto do Carmo Gaiola, preso em 4.10.1958 e posto à ordem do tribunal em 16.3.1959 (Comissão, 1988: 365); a ficha de Abílio José de Oliveira, preso em 8.8.1958 e posto à ordem do tribunal em 28.1.1959 (Comissão, 1988: 374); a ficha de Manuel Brioso Pina, preso em 14.10.1958 e posto à ordem do tribunal em 21.3.1959 (Comissão, 1988: 379); as fichas de Raul Antunes Cordeiro e de José Alves de Al-

560 *A Reforma da Justiça Criminal em Portugal e na Europa*

meida, presos em 28.10.1958 e postos à ordem do tribunal em 20.4.1959 (Comissão, 1988: 381 e 383); a ficha de José Inácio da Cruz, preso em 7.11.1958 e posto à ordem do tribunal em 20.4.1959 (Comissão, 1988: 385); a ficha de Albertino Ferreira de Oliveira, preso em 8.11.1958 e posto à ordem do tribunal em 20.4.1959 (Comissão, 1988: 387); a ficha de Anibal Louro Bexiga, preso em 15.11.1958 e posto à ordem em 8.5.1959 (Comissão, 1988: 389); a ficha de Tomás Cardoso de Figueiredo, preso em 4.12.1958 e posto à ordem do tribunal em 30.5.1959 (Comissão, 1988: 394); a ficha de Maria Gomes dos Santos, preso em 5.12.1958 e posto à ordem do tribunal em 2.6.1959 (Comissão, 1988: 396); a ficha de Manuel Fernandes, preso em 8.12.1958 e posto à ordem do tribunal em 1.6.1959 (Comissão, 1988: 399); as fichas de Jorge do Carmo e de Augusto Guerreiro, presos em 8.12.1958 e postos à ordem do tribunal em 1.6.1959 (Comissão, 1988: 401 e 403); a ficha de Amaro Coelho Nunes, preso pela segunda vez em 3.10.1958 e posto à ordem do tribunal em 16.3.1959 (Comissão, 1988: 405); a ficha de José Fernandes, preso em 13.10.1954 e solto em 12.4.1955 (Comissão, 1988: 418); a ficha de Laurentino Machado, preso em 7.1.1959 e solto em 6.7.1959 (Comissão, 1988: 423); a ficha de Mário Franco de Sousa, preso em 19.1.1959 e posto à ordem do tribunal em 27.6.1959 (Comissão, 1988: 427); as fichas de Camilo Santos Costa e Jacinto Ramos Martins, presos em 20.1.1959 e postos à ordem do tribunal em 22.6.1959 (Comissão, 1988: 430 e 434); a ficha de Fernando Chambel, preso em 21.1.1959 e posto à ordem do tribunal em 22.6.1959 (Comissão, 1988: 436); a ficha de José Dias Junior, preso em 2.5.1959 e posto à ordem do tribunal em 21.10.1959 (Comissão, 1988: 471); a ficha de João Bembom Louceiro, preso em 31.5.1959 e posto à ordem do tribunal em 19.11.1959 (Comissão, 1988: 479); a ficha de Manuel Canejo Vitela, preso em 18.6.1959 e posto à ordem do tribunal em 24.11.1959 (Comissão, 1988: 481); a ficha de João Loureiro dos Santos, preso em 21.7.1959 e posto à ordem do tribunal em 11.1.1960 (Comissão, 1988: 483); a ficha de Abel Soares da Silva, preso em 10.4.1959 e entregue ao tribunal em 30.9.1959 (Comissão, 1988: 485); a ficha de António Diamantino Raimundo, preso em 3.8.1959 e posto à ordem do tribunal em 18.1.1960 (Comissão, 1988: 497); a ficha de António Curvacho Centeio, preso em 25.9.1959 e posto à ordem do tribunal em 19.3.1960 (Comissão, 1988: 501); as fichas de António Chamusquenho e de Olímpio Francisco de Oliveira, presos em 30.9.1959 e postos à ordem do tribunal em 17.3.1960 (Comissão, 1988: 503 e 505); a ficha de Pedro Soares dos Santos, preso em 12.10.1959 e entregue ao tribunal em 24.3.1960 (Comissão, 1988: 510); a ficha de Maria Barbosa Nogueira, presa em 15.10.1959 e entregue ao tribunal em 5.4.1960 (Comissão, 1988: 514); a ficha de Pedro Lobeiro do Norte, preso em 16.11.1959 e posto à ordem do tribunal em 5.5.1960 (Comissão, 1988: 522); a ficha de António Gervásio, preso em 14.6.1947 e solto em 20.11.1947 (Comissão, 1988: 544); a ficha de António Camilo, preso em 24.6.1958 e solto em 17.12.1958 (Comissão, 1988: 549); a ficha de José Mautempo Rolim, preso pela segunda vez em 28.1.1960 e entregue ao tribunal em 20.7.1960 (Comissão, 1988: 557); a ficha de Cândida Ventura, presa em 3.8.1960 e entregue ao tribunal em 23.1.1961 (Comissão, 1988: 566); a ficha de Júlio Verne dos Reis, preso em 10.8.1960 e solto em 22.1.1961 (Comissão, 1988: 568) e a ficha do advogado Telo de Macarenhas, preso em 14.11.1960 e posto à ordem do tribunal em 11.5.1961 (Comissão, 1988: 580). Acresce que o prazo máximo dos seis meses também foi ultrapassado, sendo alongado para oito meses através da aplicação no final do período de seis meses de uma sanção disciplinar que podia consistir em prisão até dois meses (artigo 359, 7 º, em conjugação com o artigo 385 da reforma prisional de 1936), mas sendo também conhecidos casos em que nenhum fundamento para o prolongamento da

A Jurisdição Penal Comum

limitação efectiva do arbítrio policial que reinava anteriormente neste âmbito à luz da lei processual militar.[1287]

---

detenção para além dos seis meses é invocado nas fichas policiais (cfr. a ficha de Joaquim Amáro, preso em 22.4.1963 e posto à ordem do tribunal em 8.11.1963, in Comissão, 1982: 201; a ficha de Florinda Barbosa, presa em 6.11.1946 e entregue ao tribunal em 23.10.1947, in Comissão, 1985: 65, a ficha de Mary Kuhn, presa em 3.12.1946 e solta em 3.9.1947, in Comissão, 1985: 66; as fichas de Alfredo Xisto e Júlio Pereira da Silva, presos em 25.3.1947 e soltos em 30.9.1947, in Comissão, 1985: 162 e 163; a ficha de Angelo Ministro, preso em 27.3.1947 e solto em 30.9.1947, in Comissão, 1985: 164; a ficha de Albertino Macedo, preso em 30.3.1947 e solto em 2.10.1947, in Comissão, 1985: 166; a ficha de Francisco Cipriano, cuja segunda detenção durou de 20.2.1953 a 7.9.1953, porque a 7.8.1953 foi punido com uma pena de privação de visitas de 30 dias, in Comissão, 1988: 208; e a ficha do padre Joaquim Pinto de Andrade, cuja quarta detenção policial durou de 5.1.1963 a 14.8.1963, in Comissão, 1988: 561, tendo a detenção a 5.1.1963 interrompido uma detenção iniciada em 12.7.1962, que continuou com a soltura a 5.1.1963 e a prisão à porta da cadeia, somando por isso ao todo 398 dias de detenção sem culpa formada nem acusação formal, in Alexandre Manuel e outros, 1974: 35 a 37).

[1287] O regime das medidas de coacção no âmbito da criminalidade política esteve até 1945 subordinado ao livre arbítrio da polícia. Como se verá melhor adiante, os crimes políticos eram julgados por um tribunal militar especial instituído em 1933, depois de dois ensaios anteriores, sendo subsidiariamente aplicáveis as disposições da lei processual militar. Contudo, a detenção era, por vezes, determinada pela Polícia de Vigilância e Defesa do Estado sem a abertura de um processo judicial junto do tribunal militar competente, sendo o suspeito solto também por ordem da polícia depois de nove, dez ou mais anos de detenção policial sem autorização nem ratificação judiciais (cfr. a ficha de José Luís Lebroto, que sofreu mais de seis anos de detenção policial, in Comissão, 1981: 49; a ficha de Armando dos Santos Catel, que sofreu mais de onze anos de detenção policial, in Comissão, 1981: 164; a ficha de Ariosto Mesquita, que sofreu mais de cinco anos de detenção policial, in Comissão, 1981: 165; a ficha de Carlos de Jesus Vilhena, cuja primeira detenção policial durou mais de cinco anos, in Comissão, 1981: 174; a ficha de Joaquim Luis de Machado, cuja terceira detenção policial durou mais de quatro anos, in Comissão, 1982: 55; a ficha de Franklim Ferreira Azevedo, cuja primeira detenção policial durou mais de três anos, in Comissão, 1982: 81; a ficha de António Enes Faro, que sofreu mais de quatro anos de detenção policial, in Comissão, 1982: 82; a ficha de Felecissimo António Ferreira, cuja primeira detenção policial durou mais de três anos, in Comissão, 1982: 85; a ficha de Eduardo Vieira Marques, que sofreu um ano e oito meses de detenção policial, in Comissão, 1982: 86; a ficha de João Batista Garrido, que sofreu mais de três anos de detenção policial, in Comissão, 1982: 87; a ficha de Patrício Domingues Quintas, cuja primeira detenção policial durou mais de três anos, in Comissão, 1982: 89; a ficha de Domingo Domingues Quintas, cuja primeira detenção durou mais de três anos, in Comissão, 1982: 91; a ficha de Luiz Rebelo, que sofreu mais de três anos de detenção policial, in Comissão, 1982: 96; a ficha de Artur Esteves, cuja primeira detenção policial durou mais de três anos, in Comissão, 1982: 103; a ficha de Luis Lourenço Pires, que sofreu mais de três anos de detenção policial, in Comissão, 1982: 104; a ficha de Manuel Gonçalvez Rodrigues, que sofreu mais de três anos de detenção policial, in Comissão, 1982: 105; a ficha de Manuel Batista Miranda, que sofreu mais de três anos de detenção policial, in Comissão, 1982: 106; a ficha de Izidro Felisberto Canelas, cuja primeira detenção policial durou mais de três anos, in Comissão, 1982: 141, a ficha de Sebastião de Jesus Palma, cuja segunda detenção policial durou mais de dois anos,

562   A Reforma da Justiça Criminal em Portugal e na Europa

A nova detenção policial subordinada à tutela hierárquica interna das polícias constituía um sucedâneo prático da anterior detenção policial para averiguações e assemelhava-se a uma medida de coacção do direito alemão.

---

in Comissão, 1982: 148; a ficha Eurico Pinto Mateus, que sofreu mais de sete anos de detenção policial, in Comissão, 1982: 212; a ficha de Francisco Batista, cuja segunda detenção policial durou onze meses e 26 dias, in Comissão, 1982: 225; a ficha de João Cruz Cebola, que sofreu mais de oito anos de detenção policial, in Comissão, 1982: 252; a ficha de Adelino Fonseca, que sofreu mais de sete anos de detenção policial, in Comissão, 1982: 253; a ficha de José Júlio Ferreira, que sofreu mais de sete anos de detenção policial, in Comissão, 1982: 254; a ficha de Manuel Pereira dos Santos, que foi preso em 21.5.1931, "deportado" pela polícia para Cabo Verde em 6.6.1931, "entregue" pelo governador provincial à colónia penal em 20.8.1937 e solto em 20.2.1945, in Comissão, 1982: 260; a ficha de Abilio Guimarães, que sofreu mais de oito anos de detenção policial, in Comissão, 1982: 275; a ficha de António Batista, que sofreu mais de seis anos de detenção policial, in Comissão, 1982: 344; a ficha de Jaime Augusto de Carvalho, que sofreu mais de sete anos de detenção policial, in Comissão, 1982: 354; a ficha de José Ventura, que sofreu mais de cinco anos de detenção policial, in Comissão, 1982: 369; a ficha de Alberto Grimeja: "por despacho de S. Exa. o Ministro de 10.5.940 foi determinada sua transferência para a colónia penal de Cabo Verde", onde sofreu mais de seis anos de detenção policial, sendo em seguida expulso do país, in Comissão, 1982: 379; a ficha de Luiz Pires Mendonça, que sofreu mais de seis anos de detenção policial, in Comissão, 1982: 381; a ficha Albino Rocha, que sofreu mais de seis anos de detenção policial, in Comissão, 1982: 382; a ficha de Manuel Fontes: preso em 22.12.1939, "por despacho do Exmo. Director de 10.5.940 foi determinado que deveria aguardar no colónia penal de Cabo Verde a oportunidade para ser restituído à liberdade", sendo solto em 30.12.1945, in Comissão, 1982: 384; a ficha de João Rodrigues da Silva: preso em 14.3.1940, "deverá ser transferido para a Colónia Penal de Cabo Verde, por despacho do Exm. Director, de 22.4.940", solto apenas em 16.11.1945, in Comissão, 1984: 48; a ficha de Artur João Simões, que sofreu mais de dois anos de detenção policial, in Comissão, 1984: 51; a ficha de João Paulino de Sousa, que sofreu mais de cinco anos de detenção policial, in Comissão, 1984: 54; a ficha de Pedro José da Conceição: preso em 22.7.1940, "Tendo sido notificado a abandonar o Paiz, no prazo de 30 dias, conforme despacho de S. Ex. o Ministro do Interior e tendo o mesmo declarado que não abandonaria o Paiz, conforme lhe havia sido determinado pelo Governo, foi determinado por despacho do Exm. Director de 15.2.941, que deveria ser transferido para Cabo Verde", solto apenas em 1.2.1946, in Comissão, 1984: 56; a ficha de João Coelho Tiago: preso em 17.8.1940, "Por despacho do Exm. Director de 10.3.941, foi determinado de que devia ser transferido para o deposito de Presos de Angra do Heroísmo", solto apenas em 26.11.1943, in Comissão, 1984: 60; a ficha de José de Sousa Guerreiro, que sofreu mais de quatro anos de detenção policial, in Comissão, 1984: 62; a ficha de Manuel António Bôto, que sofreu mais de cinco anos de detenção policial, in Comissão, 1984: 65; a ficha de Firmino Lopes de Matos, que sofreu mais de quatro anos de detenção policial, in Comissão, 1984: 67; a ficha de Manuel Francisco Rodrigues, que sofreu mais de quatro anos de detenção policial, in Comissão, 1984: 69; a ficha de José Rodrigues Reboredo, que sofreu mais de quatro anos de detenção policial, in Comissão, 1984: 70; a ficha de Manuel Francisco Ramos, que sofreu mais de cinco anos de detenção policial, in Comissão, 1984: 72; a ficha de Artur Inácio Bastos, cuja segunda detenção policial durou mais de quatro anos, in Comissão, 1984: 94; a ficha de Julio Mateus Farinha, que sofreu mais de quatro anos de detenção policial, in Comissão, 1984: 96; a ficha de Horácio Lopes Esteves, menor de treze anos, preso

A Jurisdição Penal Comum 563

O novo regime legal de detenção não se identificava nem com o da *Schutz-haft*, nem com o da *Vorbeugungshaft*, mas antes com o da *polizeiliche Haft*.

---

dezoito dias, in Comissão, 1984: 97; a ficha de Manuel Molina Vailó, que sofreu mais de quatro anos de detenção policial, in Comissão, 1984: 98; a ficha de Manuel Borges do Canto, que sofreu mais de três anos de detenção policial, in Comissão, 1984: 99; a ficha de Júlio de Mascarenhas, que sofreu mais de quatro anos de detenção policial, in Comissão, 1984: 100; a ficha de Artur Rodrigues Paquete, que sofreu mais de quatro anos de detenção policial, in Comissão, 1984: 101; a ficha de Mário Batista Reis, que sofreu mais de quatro anos de detenção policial, in Comissão, 1984: 102; a ficha de Manuel Batista dos Reis, cuja primeira detenção policial durou mais de quatro anos, in Comissão, 1984: 103; a ficha de Alípio dos Santos Rocha, cuja primeira detenção policial durou mais de quatro anos, in Comissão, 1984: 104; a ficha de José Agostinho Cândido, que sofreu mais de quatro anos de detenção policial, in Comissão, 1984: 106; a ficha de Antonio de Cisneiros Ferreira, que sofreu mais de três anos de detenção policial, in Comissão, 1984: 107; a ficha de António Augusto Pires, que sofreu mais de dois anos de detenção policial, in Comissão, 1984: 109; a ficha de António Almaço, que sofreu mais de três anos de detenção policial, in Comissão, 1984: 112; a ficha de Manuel Firmo, que sofreu mais de quatro anos de detenção policial, in Comissão, 1984: 113; a ficha de Carlos Pereira Ribeiro, que sofreu mais de quatro anos de detenção policial, in Comissão, 1984: 116; a ficha de António Duarte Nazaré, que sofreu mais de dois anos de detenção policial, in Comissão, 1984: 117; a ficha de Alexandrino Fernandes, que sofreu mais de quatro anos de detenção policial, in Comissão, 1984: 118; a ficha de Diniz Lopes da Cruz, que sofreu mais de quatro anos de detenção policial, in Comissão, 1984: 123; a ficha de Manuel Bettencourt, que sofreu mais de quatro anos de detenção policial, in Comissão, 1984: 132; a ficha de José Gomes, que sofreu mais de três anos de detenção policial, in Comissão, 1984: 134; a ficha de Raul Semblano, que sofreu mais de dois anos de detenção policial, in Comissão, 1984: 135; a ficha de Armando Azevedo, que sofreu mais de quatro anos de detenção policial, in Comissão, 1984: 136; a ficha de Sebastião da Encarnação Junior, cuja segunda detenção policial durou mais de dois anos, in Comissão, 1984: 159; a ficha de Gil Gonçalves, cuja segunda detenção policial durou mais de quatro anos, in Comissão, 1984: 162; a ficha de Francisco Batista da Silva, que sofreu mais de dois anos de detenção policial, in Comissão, 1984: 163; a ficha de António Ferreira da Costa, que sofreu mais de dois anos de detenção policial, in Comissão, 1984: 164; a ficha de Júlio Correia Pinto, que sofreu mais de dois anos de detenção policial, in Comissão, 1984: 166; a ficha de Pedro Foios Teixeira, que sofreu mais de dois anos de detenção policial, in Comissão, 1984: 167; a ficha de Júlio Monteiro de Macedo, que sofreu mais de um ano de detenção policial, in Comissão, 1984: 168; a ficha de Francisco Manuel Ferreira, que sofreu mais de quatro anos de detenção policial, in Comissão, 1984: 169; a ficha de Elio Amorim, que sofreu mais de dois anos de detenção policial, in Comissão, 1984: 171; a ficha de Josué Fernandes, que sofreu mais de três anos de detenção policial, in Comissão, 1984: 176; a ficha de Cândido de Oliveira, que sofreu mais de dois anos de detenção policial, in Comissão, 1984: 180; a ficha de António Correia, que sofreu mais de três anos de detenção policial, in Comissão, 1984: 185; a ficha de Clemente de Mendonça, que sofreu mais de dois anos de detenção policial, in Comissão, 1984: 208; a ficha de Eduardo Hipólito dos Santos, que sofreu mais de dois anos de detenção policial, in Comissão, 1984: 209; a ficha de Desidério de Miranda Junior, que sofreu mais de dois anos de detenção policial, in Comissão, 1984: 210; a ficha de Armando Annes, cuja segunda detenção policial durou mais de dois anos, in Comissão, 1984: 211; a ficha de Luiz dos Santos, que sofreu mais de dois anos de detenção policial, in Comissão, 1984: 212; a ficha de José de Sousa Machado, que

564
A Reforma da Justiça Criminal em Portugal e na Europa

A *Schutzhaft* tinha sido reintroduzida no direito alemão por um *Runderlass* do ministro do interior prussiano de 3.3.1933, a coberto da abolição de certas

sofreu mais de dois anos de detenção policial, in Comissão, 1984: 213; a ficha de José Gomes da Silva, que sofreu mais de dois anos de detenção policial, in Comissão, 1984: 214; a ficha de Manuel José da Silva, que sofreu mais de dois anos de detenção policial, in Comissão, 1984: 218; a ficha de Rogério Gouveia, cuja primeira detenção policial durou mais de dois anos, in Comissão, 1984: 226. O anarquista Correia Pires, detido nos finais de Outubro de 1936, transportado para o Tarrafal em Junho de 1937 e solto em 9.3.1945, fez um relato pormenorizado da vida no campo prisional e dos diversos grupos de prisioneiros políticos, os comunistas, os anarquistas e os antigos republicanos críticos da nova situação (Correia Pires, 1975: 190 a 306). A larga maioria dos presos no campo do Tarrafal em Junho de 1937 ou não tinha sido julgada ou já tinha cumprido a sua pena, desconhecendo os presos o fundamento legal da sua prisão (Correia Pires, 194). Um caso deve ser destacado, pelas consequências jurídicas que teve. Retílio Nunes Bastos, detido pela PVDE desde 24.8.1937, sem nunca ter sido apresentado em juízo ou acusado, foi o primeiro preso a beneficiar de um pedido de *habeas corpus*, tendo quase dez anos depois do início da sua detenção o STJ determinado, no acórdão de 18.6.1947 (in BMJ, n. 1, pp. 101 a 104), a sua libertação. Em certos casos particulares, a duração da prisão policial era determinada ou co-determinada pelo próprio membro do governo (a ficha de Maria Coutinho Garrido: "Por proposta de Sua Exa. o Ministro do Interior foi-lhe aplicada a pena de dois meses de prisão", in Comissão, 1982: 424; a ficha de Maria Rabaça Loureiro: "Foi restituída á liberdade por ter terminado a pena de quatro meses de prisão por proposta do Exmo. Director Geral de Segurança Pública, com a qual concordou o Exmo. Ministro do Interior, no seu despacho de 20.8.932", in Comissão, 1982: 425; as fichas de Hernâni Pinto, Américo da Cunha e João Pires, que sofreram cada um mais de um ano de detenção na colónia penal de Cabo Verde por ordem do subsecretário de Estado da guerra, in Comissão, 1984: 174, 181 e 182). A detenção policial terminava por vezes com a morte do suspeito no cárcere, o que transformava a proibição constitucional da pena de morte, nas palavras de Douglas Wheeler (1978: 252), em uma "doce fachada" (cfr. a ficha de Manuel Martins, que faleceu em 20.2.1937, seis dias depois de ter sido preso, in Comissão, 1982: 209; a ficha de Carlos Eugénio Tavares, que faleceu em 31.7.1937, depois de mais de nove meses de detenção policial, in Comissão, 1982: 167; a ficha de José Lopes da Silva, que faleceu em 23.8.1937, cinco dias depois de ter sido preso, in Comissão, 1982: 257; a ficha de Francisco Domingues Quintas, que faleceu em 22.9.1937, depois de mais de um ano de detenção policial, in Comissão, 1982: 88; a ficha de Augusto d' Almeida Martins, que faleceu em 24.9.1937, no mesmo dia em que foi detido pela polícia, in Comissão, 1982: 270; a ficha de Francisco do Nascimento Esteves, que faleceu em 21.1.1938, depois de mais de sete meses de detenção policial, in Comissão, 1982: 192; a ficha de Manuel José Barbosa, que faleceu em 22.5.1938, depois de dois meses de detenção policial, in Comissão, 1982: 309; a ficha de Porfírio Catarino, que faleceu em 17.11.1938, depois de 23 dias de detenção policial, in Comissão, 1982: 320; a ficha de António Duque, que faleceu em 30.11.1938, depois de 35 dias de detenção policial, in Comissão, 1982: 321; a ficha de António Catarino Rebelo, que faleceu em 22.1.1940, depois de sete meses de detenção policial, in Comissão, 1982: 370; a ficha de Albino Oliveira de Carvalho, que faleceu em 22.10.1941, depois de mais de quatro anos de detenção policial, in Comissão, 1982: 211; a ficha de Paulo José Dias: preso em 7.7.1939, mas "por despacho do Exmo. Director de 29.2.940, foi determinado que se mantivesse em prisão preventiva, devendo ser transferido para Cabo Verde, até se esclarecer a situação internacional", falecendo em 13.1.1943 nesta colónia penal, in Comissão, 1982: 378; a ficha

A Jurisdição Penal Comum

garantias constitucionais pelo § 1 da *Verordnung des Reichspräsidenten zum Schutz von Volk und Staat*, de 28.2.1933, e era aplicada pela *Geheime Staatspolizei* aos opositores políticos do regime, mas não tinha qualquer prazo.[1288]

de Henrique Joaquim Fernandes, que faleceu em 19.11.1945, depois de mais de seis anos de detenção policial, in Comissão, 1982: 347; a ficha de José Francisco Garcia, que faleceu em 1.9.1941, depois de mais de um ano de detenção policial, in Comissão, 1984: 61; a ficha de João Marques, que faleceu em 26.9.1942, depois de mais de três anos de detenção policial, in Comissão, 1984: 93; a ficha de João Gomes Neto, que faleceu em 5.4.1943, depois de mais de um ano e nove meses de detenção policial, in Comissão, 1984: 114 ; a ficha de Felisberto Fernandes Berto, que faleceu em 20.12.1941, depois de um mês e treze dias de detenção policial, in Comissão, 1984: 133; a ficha de Francisco Marquês, que faleceu em 13.5.1944, depois de um mês e quatro dias de detenção policial, in Comissão, 1984: 247; a ficha de Joaquim Teixeira de Magalhães, que faleceu em 20.2.1945, seis dias depois de ter sido detido pela nona vez, in Comissão, 1984: 274 e 275; a ficha de Luiz Montero Gamero, que faleceu em 14.3.1945, dois meses depois de ter sido detido pela terceira vez, in Comissão, 1984: 276; a ficha de António Patuleia, que faleceu em 21.6.1947, depois de treze dias de detenção policial, in Comissão, 1985: 228; a ficha de Antenor da Costa Cruz, que faleceu em 27.5.1948, depois de sete dias de detenção policial, in Comissão, 1985: 316; a ficha de António Lopes de Almeida, que faleceu em 21.1.1949, depois de quatro dias de detenção policial, in Comissão, 1987: 58; a ficha de Alberto Santos Silva, que faleceu em 19.12.1951 depois de ter sido detido em 15.2.1950 e ter tentado por duas vezes a fuga, in Comissão, 1987: 164).

[1288] A *Schutzhaft* foi introduzida no direito prussiano pelas *Gesetze zum Schutze der persönlichen Freiheit*, de 24.9.1848 e 12.2.1850, que previam a detenção policial de qualquer cidadão quando ela fosse necessária para sua própria protecção ou para a manutenção da segurança pública, devendo o detido ser libertado no dia seguinte ou apresentado ao juiz. Paralelamente a esta detenção policial ordinária foi também consagrada a faculdade de aplicação extraordinária da *Schutzhaft* na lei sobre o estado de sítio, a *Gesetz über den Belagerungszustand*, de 4.6.1851. Esta lei, que atribuía à polícia a faculdade de durante o estado de sítio determinar a detenção de pessoas sem os limites do parágrafo 5 da Constituição prussiana, foi posteriormente aplicada em todo o império, por força do artigo 68 da Constituição do Império. Com a declaração do estado de guerra em todo o império em Julho de 1914, foi de novo aplicada a lei de 1851, tendo, no entanto, a *Gesetz betreffend die Verhaftung und Aufenthaltsbeschränkung auf Grund des Kriegszustandes und des Belagerungszustandes*, de 4.12.1916, regulado em termos mais restritivos a *Schutzhaft* e, designadamente, imposto o controlo judicial dentro de 24 horas de qualquer detenção ordenada com base no mero perigo para a segurança do império e permitido a impugnação da decisão judicial para o *Reichsmilitärgericht* (Otto Geigenmüller, 1937: 10 e 11, Christoph Graf, 1983: 256 e 257, e Lothar Gruchmann, 1988: 545). A suspensão dos direitos fundamentais prevista na Lei de 28.2.1933 teve como objectivo essencial a consagração de uma base legal, embora indirecta e imprecisa, para a *Schutzhaft* e a revogação tácita da obrigação fixada pelo § 128 da StPO de qualquer detido ser apresentado ao tribunal e por este ouvido no dia seguinte ao da detenção (Otto Geigenmüller, 1937: 13 e 14, Werner Spohr, 1937: 11 e 12, Adolf Liepelt, 1938: 40, Helmut Schlierbach, 1938: 87, Ernst Hüber, 1939: 38, Robert von Hippel, 1941: 254, e Theodor Maunz, 1943: 49), embora a doutrina tenha mesmo prescindido deste fundamento legal e atribuído ao próprio "conceito" nacional-socialista de polícia ou à "autorização institucional" (*institutionelle Ermächtigung*) dada pelo *Führer* para a polícia desempenhar a função de um "corpo de protecção

566   *A Reforma da Justiça Criminal em Portugal e na Europa*

A *Vorbeugungshaft* também tinha sido introduzida com base na *Verordnung* de 28.2.1933, por um *Erlass* do ministro do interior prussiano, de 13.11.1933, e era aplicada pela *Kriminalpolizei* aos criminosos habituais e aos indivíduos com comportamentos asociais, não tendo um prazo limitado.[1289]

---

do Estado" (*Staatsschutzkorp*) a virtualidade de fundar as restrições policiais da liberdade dos cidadãos e, designadamente, a *Schutzhaft* e a *Vorbeugungshaft* (Alfred Schweder, 1937: 160 a 165, Helmut Schlierbach, 1938: 44 a 47, 54 a 57 e 85, Werner Best, 1941: 24 a 27, 30, 36 a 38, Robert Nebinger, 1943: 19 e 20, e Theodor Maunz, 1943: 27, 28 e 58). A iniciativa do ministro do interior prussiano de 3.3.1933, referida no texto, foi também adoptada em outros *Länder*, procedendo o *Erlass* do ministro do interior do império, de 12.4.1934, à unificação do regime da *Schutzhaft* em todo o império e determinando a sua aplicação "quando o detido, através do seu comportamento e, especialmente, através de uma atitude inimiga do Estado, pusesse directamente em perigo a ordem e a segurança públicas" (*wenn der Häftling durch sein Verhalten, insbesondere durch staatsfeindliche Betätigung die öffentliche Sicherheit und Ordnung unmittelbar gefährdet*, in *Erlass* de 12.4.1934). O texto de 1933 previa a sua vigência temporária, mas foi apenas revisto pelo *Erlass* de 25.1.1938, que se manteve em vigor até ao final da guerra. Este texto alargou a possibilidade de aplicação da *Schutzhaft*, permitindo que ela fosse ordenada, não apenas em caso de perigo iminente ou directo para a segurança do Estado, mas também contra pessoas que através do seu comportamento colocassem, directa ou indirectamente, em perigo "a existência e a segurança do povo e do Estado" (*gegen Personen angeordnet werden, die durch ihr Verhalten den Bestand und die Sicherheit des Volkes und Staates gefährden*, § 1 do *Erlass* de 25.1.1938). Quer o texto de 1934, quer o de 1938 foram mantidos em segredo, sendo comunicados pelo ministério do interior aos órgãos superiores da *Geheime Staatspolizei* (Lothar Gruchmann, 1988: 548 a 555, 561 a 563). A *Schutzhaft* transformou-se deste modo em uma reedição das *lettres de cachet* do Antigo Regime (Olga Wormser-Migot, 1968: 59).

    [1289] O regime prussiano foi aplicado em outros *Länder* até Dezembro de 1937. Após a unificação pessoal dos lugares de chefia do corpo militarizado do partido e das polícias do *Reich* com a nomeação de Heinrich Himmler como *Reichsführer Schutzstaffeln und Chef der Deutschen Polizei* pelo *Erlass* de 17.6.1936, alcançando-se deste modo a pretendida integração das polícias no corpo da *Schutzstaffeln* (Alfred Schweder, 1937: 144, 165 a 168, Helmut Schlierbach, 1938: 20, 29 a 31, 58 e 59, Werner Best, 1941: 96 a 101, 107 a 110, Theodor Maunz, 1943: 29 a 32, e Robert Nebinger, 1943: 121 e 122), procedeu-se por um novo *Erlass* do ministro do interior, do dia 26 daquele mesmo mês de Junho, à unificação de todas as polícias em dois corpos, a *Sicherheitspolizei*, que incluía a *Geheime Staatspolizei* e a *Kriminalpolizei*, com as suas anteriores competências, e a *Ordnungspolizei*, que incluía as restantes forças policiais (Werner Best, 1941: 66 a 74). O novo regulamento da *Kriminalpolizei* foi aprovado pelo *Erlass* do ministro do interior, de 14.12.1937, que regulamentou de modo uniforme para todo o império os poderes de vigilância e detenção da polícia e, simultaneamente, determinou a cessação da vigência dos diferentes regimes dos *Länder*. Esta ordem administrativa interna secreta, que vigorou até ao final do regime, com alterações em 1942 e 1943, alargou significativamente a competência da *Kriminalpolizei* para determinar a prisão sem prazo de qualquer cidadão, incluindo não apenas os criminosos habituais e profissionais e os indivíduos com comportamentos asociais, mas também qualquer pessoa que manifestasse "a vontade de prática de um facto criminoso grave através de comportamentos que ainda não preenchessem os pressupostos de um tipo penal determinado" (*die einen auf eine*

A Jurisdição Penal Comum

Ao invés, a disposição que atribuía à Polícia Judiciária e à Polícia Internacional e de Defesa do Estado os poderes de detenção amplos assemelhava-se

---

schwere Stratat abzielenden verbrecherischen Willen durch Handlungen offenbaren, welche die Voraussetzungen eines bestimmten strafbaren Tatbestandes noch nicht erfüllen), isto é, de qualquer pessoa que praticasse actos preparatórios não puníveis (Wilhelm Krug, 1940: 15, Götz Leonhard, 1952: 30 a 32 e 79, Albrecht Wagner, 1968: 301, Karl-Leo Terhorst, 1985: 136, e Lothar Gruchmann, 1988: 725 a 727). Esta *Vorbeugungshaft* tinha muitas semelhanças com a "custódia de segurança" (*Sicherungsverwahrung*), introduzida pela *Gewohnheitsverbrechergesetz*, de 24.11.1933, tendo sido criticada pela doutrina a manutenção de ambas, sendo certo que esta última só podia ser determinada judicialmente e em um número de casos mais restritos do que aquela (Franz Exner, 1936: 433 e 434, e Wilhelm Krug, 1940: 20, mas a favor do concurso de ambos os tipos de medidas, admitindo, no entanto, que só excepcionalmente a medida policial tornava desnecessária a judicial, Hans-Jürgen Bruns, 1941: 539 e 540). A *Vorbeugungshaft*, que completava e cobria as lacunas da Lei de 24.11.1933 (Wilhelm Krug, 1940: 16, Robert von Hippel, 1941: 255, Theodor Maunz, 1943: 44 a 47, Robert Nebinger, 1943: 78, Götz Leonhard, 1952: 30, 66 e 88, Karl-Leo Terhorst, 1985: 72 a 74, Lothar Gruchmann, 1988: 719, Gerhard Werle, 1989: 95 a 97, 488 e 489, e Ralph Angermund, 1991: 160 e 161), sobrepunha-se deste modo à *Sicherungsverwahrung*, revelando-se também neste âmbito do combate à criminalidade não política a prevalência efectiva e à revelia das disposições da StPO e da GVG da polícia sobre as magistraturas, do Ministério do Interior sobre o Ministério da Justiça, de Heinrich Himmler sobre Franz Gürtner (Alfons Wenzel, 1949: 75, 103 e 137, Götz Leonhard, 1952: 67 e 68, 81 a 85, Olga Wormser-Migot, 1968: 46 e 47, Karl-Leo Terhorst, 1985: 165, 170 e 171, Lothar Gruchmann, 1988: 740 a 745, e Gerhard Werle, 1989: 512 a 514). Por outro lado, o referido *Erlass* de Dezembro de 1937 transferiu o controlo administrativo sobre a aplicação da *Vorbeugungshaft* do ministério do interior para o *Reichskriminalhauptamt*, isto é, para o próprio órgão administrativo de cúpula das polícias (Ralph Angermund, 1991: 165 e 166). Assim, a *Kriminalpolizei* só formalmente manteve a natureza de um órgão auxiliar do Ministério Público, no sentido do § 152 da GVG, tirando proveito da autonomia prática conquistada especialmente nas grandes cidades desde os anos vinte, em virtude da qual conduzia as investigações sem a direcção do Ministério Público até estarem concluídas, dando-lhe a conhecer aquelas que entendia conveniente sujeitar a julgamento e subtraindo ao seu conhecimento todas as restantes, que se entendia mais oportuno solucionar de acordo com meios extra-judiciários (Schneidenbach, 1935: 50, Wilhelm Krug, 1940: 33 a 36, 38 a 45, Alfons Wenzel, 1949: 105, 106, 133 e 134, e Gerhard Riehle, 1985: 36 e 37, 114, 120). Se a *Kriminalpolizei* ainda manteve a aparência da subordinação ao Ministério Público, a *Geheime Staatspolizei* era completamente autónoma daquela magistratura e até mesmo dos tribunais, nos termos do § 7 da *Preussisches Gesetz über die Geheime Polizei*, de 10.2.1936 (*Verfügungen in Angelegenheiten der Geheimen Staatspolizei unterliegen nicht der Nachprüfung durch die Gerichte*). Este preceito foi interpretado e aplicado na prática como consagrando explicitamente um princípio de direito válido em todo o império desde a autonomização desta polícia em relação à administração pela *Preussisches Gesetz über die Geheime Polizei*, de 30.11.1933 (Otto Geigenmüller, 1937: 24 e 25, 47, 52 e 53, Adolf Liepelt, 1938: 37, Robert Nebinger, 1943: 93 a 96, 120 a 122, 125 a 133, Theodor Maunz, 1943: 39 e 40, Alfons Wenzel, 1949: 85 e 86, 98 a 101 e 107, Eduard Kern, 1954 a: 278 a 280, e 1954 b: 159, Hermann Weinkauff, 1968: 137 e 138, 143 a 145, 155 e 156, Albrecht Wagner, 1968: 195 e 196, 290, 296 a 301, Olga Wormser-Migot, 1968: 47, 96, 123, 133 e 134, Brian Chapman, 1970: 64 a 67, Jacques Delarue, 1971: 184 a 187, 236 a 243, Christoph Graf,

568 A Reforma da Justiça Criminal em Portugal e na Europa

à "prisão policial" (*polizeiliche Haft*), prevista na *Dritte Verordnung* de 6.10.1931. Esta medida de coacção consistia na aplicação pela polícia de uma

1983: 268, Diemut Majer, 1984: 127 a 130 e 133, Heinz Wagner, 1984: 162 a 167, Gerhard Riehle, 1985: 122 a 125, Lothar Gruchmann, 1988: 537, 538 e 544, Gerhard Werle, 1989: 509 a 515, 545 e 546, 569 a 572, Hannsjoachim Koch, 1989: 56 a 58, 87 e 88, 123 a 125, Robert Gellately, 1990: 28 a 30, 38 a 43, e Ralph Angermund, 1991: 158 e 159). As duas características fundamentais do regime jurídico da polícia no Estado de Direito liberal, isto é, a atribuição de competências negativas de prevenção e controlo da criminalidade à polícia e a subordinação estrita da actividade policial ao princípio da legalidade, foram suprimidas. O novo regime jurídico das polícias alemãs era caracterizado, por um lado, pela antecipação da actuação preventiva da polícia, no sentido da vigilância da atitude interior e da conformação activa do comportamento do cidadão à ordem de valores do poder político (*Schnüffelinstitution für nationalsozialistische Gesinnung*, Adolf Liepelt, 1938: 21, 45 a 49, e Wilhelm Krug, 1940: 12 e 13, ambos criticando esta prática, mas a favor Otto Geigenmüller, 1937: 37, Alfred Schweder, 1937: 172 a 174 , 180, 184 e 185, Helmut Schlierbach, 1938: 72 a 77, Werner Best, 1941: 29 e 33, e Robert Nebinger, 1943: 11 a 14 e 19), e, por outro, pela desvinculação da prática policial em relação à lei e aos direitos fundamentais dos cidadãos (Alfred Schweder, 1937: 149, Helmut Schlierbach, 1938: 18 e 19, Robert Nebinger, 1943: 17, 18, 28 a 30, 83 e 84, e Theodor Maunz, 1943: 10, 26 e 27) e a concomitante vinculação apenas a ordens internas ou mesmo pela liberdade total de meios com vista à satisfação da tarefa atribuída pelo *Führer* à polícia (*ob ein Paragraph unserem Handeln entgegensteht, ist mir völlig gleichgültig; ich tue zur Erfüllung meiner Aufgaben grundsätzlich das, was ich nach meinem Gewissen in meiner Arbeit für Führer und Volk verantworten kann und dem gesunden Menschenverstand entspricht*, Heinrich Himmler, citado por Heinrich Rüping, 1984 a: 301). Este novo regime teve o seu ponto culminante na *Dreizehnte Verordnung zum Reichsbürgergesetz*, de 1.7.1943, que conferiu às polícias competência para julgar os crimes cometidos por judeus (*Strafbare Handlungen von Juden werden durch die Polizei geahndet*, § 1), com base em um acordo secreto do ministro da justiça Otto Thierach com Heinrich Himmler, de 18.9.1942, no sentido de que os judeus, os polacos, os ciganos, os russos e os ucranianos fossem julgados pela polícia (Albrecht Wagner, 1968: 297 e 298, Olga Wormser-Migot, 1968: 179, Diemut Majer, 1984: 141 e 142, Gerhard Werle, 1989: 449, e Ralph Angermund, 1991: 186 e 187). Com este último passo dado pelo legislador nacional--socialista ultrapassou-se, em relação aos arguidos judeus, o ponto mínimo de garantias fixado pela *Polenstrafrechtsverordnung*, de 4.12.1941, que ainda reservava aos tribunais a punição, embora com a máxima discricionariedade, de judeus e polacos (*Gericht und Staatsanwalt gestalten das Verfahren auf der Grundlage des deutschen Strafverfahrensrechts nach pflichgemässem Ermessen. Sie können von Vorschriften des Gerichtsverfassungsgesetzes und des Reichsstrafverfahrensrechts abweichen, wo dies zur schnellen und nachdrücklichen Durchführung des Verfahrens zweckmässig ist*, n. XII da *Polenstrafrechtsverordnung*, de 4.12.1941, e Gerhard Werle, 1989: 377 a 382, 387 a 390, 395 a 398, 402 a 404). A solução de compromisso encontrada em Dezembro de 1941 entre Himmler, que exigia a atribuição de competência jurisdicional à polícia nos territórios anexados do Leste, e Thierack, que defendia a manutenção da jurisdição dos tribunais ordinários, transformou-se em uma cedência total deste às exigências daquele a partir do acordo secreto de Setembro de 1942 e deu mesmo lugar à consagração legal daquelas exigências no que toca aos judeus em Julho de 1943, o que só não aconteceu no plano formal com os outros grupos étnicos já referidos por causa do receio de perturbações da ordem pública, embora fosse essa a realidade desde Junho de 1933 (Albrecht Wagner, 1968: 341, Diemut Majer, 1987: 169, e

A Jurisdição Penal Comum

prisão até três meses aos suspeitos da prática de certos crimes, sem ordem judicial prévia nem ratificação posterior. A prisão podia, contudo, ser controlada hierarquicamente (*ist die Beschwerde im Dienstaufsichtswege zulässig*, § 8 (3) da parte sétima).[1290] Tal como em Portugal, esta medida de coacção correspon-

---

Ralph Angermund, 1991: 189 e 190). Em relação aos cidadãos alemães o legislador nacional-socialista preparou uma *Gesetz über die Behandlung Gemeinschaftsfremder*, que entraria em vigor em 1.1.1945, mas cuja publicação foi impedida pela evolução dos acontecimentos no plano militar. Com esta lei a polícia seria autorizada a prender por período ilimitado qualquer pessoa que, "de acordo com a sua personalidade ou modo de vida ou, em especial, por força de deficiências extraordinárias de compreensão ou de carácter, não esteja em condições de por si próprio satisfazer as exigências mínimas da comunidade popular" (*nach Persönhlichkeit und Lebensführung, insbesondere wegen aussergewönlicher Mängel des Verstandes oder des Charakters ausserstande ist, aus eingener Kraft den Mindestanforderungen der Volksgemeinschaft zu genügen*, (2) do § 2 do artigo II, conjugado com o § 1 do artigo I, do *Entwurf des Gesetzes über die Behandlung Gemeinschaftsfremder*, in Martin Hirsch e outros, 1984: 536 a 539). Por outro lado, o tribunal poderia punir com pena de prisão de duração ilimitada ou entregar à polícia qualquer pessoa que, "através de uma prática criminosa reiterada ou de acordo com o seu restante modo de vida ou a sua personalidade deixe transparecer uma tendência para actos criminosos sérios" (*durch wiederholte verbrecherische Betätigung sowie nach seiner sonstigen Lebensführung und nach seiner Persönlichkeit einen Hang zu ernsten Straftaten erkennen lässt*, (1), do § 6 do artigo III do referido projecto de lei), bem como poderia entregar à polícia qualquer pessoa que, "por preguiça ou desleixo, revele uma tendência ou inclinação para a mendicidade, a vagabundagem, a vadiagem, a gatunice, a entrujice ou outros actos criminosos não sérios ou para excessos na ingestão de bebidas alcoólicas ou com base nestas razões lese grosseiramente deveres de alimentos" (*aus Arbeitsscheu oder Liederlichkeit einen Hang oder eine Neigung zum Betteln oder Landstreichen, zu Arbeitsbummelei, Diebereien, Betrügereien oder anderen nicht ernsten Straftaten oder zu Ausschreitungen in der Trunkenheit betätigt oder aus solchen Gründen Unterhaltungspflichten gröbliche verletzt*, (1) do § 9 do artigo III) e ainda qualquer pessoa que, "por mau génio ou carácter belicoso, perturbe obstinadamente a paz geral através de insultos ou outros actos criminosos não sérios idênticos" (*aus Unverträglickeit oder Streitlust den Frieden der allgemeinheit durch Beleidigungen oder ähnliche nicht ernste Straftaten hartnäckig stört*, (2) do § 9 do artigo III). Deste modo, a nova lei consagraria definitivamente no plano jurídico as pretensões políticas e dogmáticas de reconhecimento explícito do predomínio da polícia sobre os tribunais no combate à criminalidade política e não política, de um direito penal do autor puro e da fusão total das medidas judiciais e policiais de segurança com as penas (Martin Hirsch e outros, 1984: 535, Diemut Majer, 1987: 182 a 185, e Gerhard Werle, 1989: 642, 651 a 659).

[1290] A *polizeiliche Haft* não era, pois, uma "pura prisão policial" (*reine Polizeihaft*), mas uma medida processual de coacção, com a mesma natureza da "detenção policial" (*Polizeiverwahrung*), prevista no § 128 da StPO (Otto Geigenmüller, 1937: 13, Werner Spohr, 1937: 17, Robert Nebinger, 1943: 104 a 106). O âmbito de aplicação desta prisão policial foi ainda alargado pelo § 22 da *Verordnung* de 4.2.1933 aos crimes de traição e espionagem, mantendo-se, no entanto, a sua natureza de medida processual (Walter Wagner, 1974: 43 e 44, Christoph Graf, 1983: 259, e Lothar Gruchmann, 1988: 537). Mais tarde, um *Runderlass* da *Geheime Staatspolizei*, de 9.3.1937, determinou que esta medida coactiva não fosse mais aplicada em face da introdução da

570   *A Reforma da Justiça Criminal em Portugal e na Europa*

deu afinal a um esforço do legislador no sentido da legalização de uma prática policial muito prejudicial para os detidos fundada em uma interpretação arbitrária da expressão "imediatamente" do § 128 da StPO pelas polícias,[1291] conferindo a lei alemã, como a portuguesa, poderes de detenção à polícia de que o Ministério Público não dispunha.[1292]

Schutzhaft, evitando-se deste modo qualquer controlo judicial (Walter Wagner, 1974: 44, e Karl-Leo Terhorst, 1985: 7). Contudo, posteriormente, um *Runderlass des Reichsführers Schutzstaffeln*, de 19.3.1943, atribuiu à *Kriminalpolizei* competência para determinar a prisão de qualquer pessoa durante três semanas, sem autorização nem confirmação do tribunal, não só quando houvesse perigo de fuga ou de destruição de provas, mas também quando "o objectivo de um processo de investigações da polícia criminal ficasse em perigo sem a sua determinação" (*wenn das Ziel eines kriminalpolizeilichen Ermittlungsverfahrens ohne ihre Anordnung gefährdet wäre*) ou quando "a sua determinação correspondesse ao sentimento são do povo" (*wenn ihre Anordnung dem gesunden Volksempfinden entsprach*, Götz Leonhard, 1952: 64 e 65).

[1291] Eduard Kern, 1927: 140. A semelhança do regime português com o alemão de 1931 não fica prejudicada pela menção da polícia da Scotland Yard como o modelo para a criação da PIDE no preâmbulo do Decreto-Lei n. 35.046. Com efeito, o *Special Branch*, criado em 1883 junto do *Criminal Investigation Departmnet* na Scotland Yard para a investigação de actividades insurreccionais dos movimentos nacionalistas irlandês e indiano e do movimento anarquista e separado daquele departamento da polícia londrina em 1919, foi depois da primeira guerra mundial incumbido da prevenção e repressão de quaisquer perturbações à ordem política constitucional, não dependendo directamente do ministro do interior, mas antes do comissário chefe da *Metropolitan Police of London*, de que continuou a fazer parte, recebendo apenas indicações de política geral daquele ministro (Hart, 1951: 113 a 117, Critchley, 1978: 47 a 50, 268, Rupert Allason, 1983: 1 a 15, Bernard Potter, 1987: 182 a 189, e Clive Emsley, 1996: 84, 85, 103 a 112, 260 e 261). Acresce que em 1945, encontrava-se em vigor na Grã-Bretanha o *Prevention of Violence Temporary Provisions Act*, de 1939, que vigorou até 1954. Esta legislação anti-terrorista conferiu à polícia o poder de detenção pelo período de dois dias de qualquer pessoa que estivesse relacionada com a preparação ou instigação de "actos de violência destinados e influenciar a opinião pública ou a política do governo em relação a assuntos irlandeses" (*acts of violence designed to influence public opinion or Government policy with respect to Irish affairs*, 1. (1)), que podia ser alargado pelo secretário de Estado até cinco dias, fixando assim em cinco dias o limite máximo da *lawful custody* pela polícia na Grã-Bretanha (Tony Bunyan, 1976: 102 a 111, 122 a 131, Brian Rose-Smith, 1979: 121, e Rupert Allason, 1983: 106 e 107). Por outro lado, o *Directorate of Military Intelligence*, ou M.I.5, que foi criado em 1909 como um serviço secreto de vigilância interna e externa, não dispunha sequer de poderes de detenção (Tony Bunyan, 1976: 152 a 157, 168 e 169).

[1292] Tal como em Portugal, o Ministério Público tinha no direito alemão poderes de detenção menos extensos do que as polícias, podendo fazê-lo em flagrante delito e fora dele, quando se verificassem os requisitos da detenção preventiva ordenada pelo juiz e houvesse perigo na demora. O detido devia ser imediatamente conduzido ao juiz, que procedia a interrogatório o mais tardar no dia seguinte ao da detenção. Este regime sofreu, contudo, uma alteração significativa em 1935, tendo o artigo 5 da segunda *Verordnung* de 28.6.1935 alargado consideravelmente os fundamentos da prisão preventiva com a introdução do perigo de continuação criminosa (Remig Streibl, 1938: 63 a 74) e do perigo de perturbação da ordem pública (Remig Streibl, 1938: 74

A Jurisdição Penal Comum

a 78) com vista a libertar em parte a polícia do odioso da *Schutzhaft* (Karl Bader, 1956: 5). A *Grosse Strafprozesskomission* ainda propôs a atribuição ao Ministério Público da competência para determinar a prisão preventiva enquanto o processo se encontrasse na fase preparatória, tendo o arguido o direito de impugnar hierarquicamente a decisão logo após a prisão e de solicitar a confirmação judicial da decisão do Ministério Público quinze dias depois do início da prisão. A proposta, que previa ainda o efeito suspensivo da libertação decorrente da interposição de recurso do despacho judicial de revogação da prisão pelo Ministério Público, era justificada pela comissão com os mesmos argumentos que a generalidade da doutrina utilizava para defender a atribuição de competência decisória ao Ministério Público sobre as medidas de coacção e os meios de obtenção de prova, isto é, com fundamento na eficácia do domínio exclusivo do processo preparatório pelo Ministério Público e na incompatibilidade entre a autonomia do Ministério Público na direcção das investigações e o controlo judicial imediato da prisão e das outras medidas de coacção (Franz Exner, 1935: 7 e 8, Karl Siegert, 1935: 28, Heinrich Henkel, 1935: 37, Schwarz, 1935 a: 349 e 354, mas com o direito de o arguido impugnar judicialmente a decisão do Ministério Público um mês depois da sua prisão e hierarquicamente de imediato, Karl Peters, 1937: 43 e 44, Lautz, 1938: 104 e 105, Dörffler, 1938: 271, Roland Freisler, 1938 b: 51 e 52, Eduard Kern, 1939: 20, mas com o direito de o arguido impugnar judicialmente a prisão em caso de prisão de "longa duração", Eberhard Schmidt, 1944: 306, e Niederreuther, 1939: 203 e 204, mas contra Friedrich Oetker, 1934 a: 44 e 45). Com vista à identificação de suspeitos, a comissão propôs também a introdução de uma "prisão para identificação" (*Feststellungshaft*) pelo período de quinze dias ou, excepcionalmente, de quatro semanas, que podia ser aplicada pela polícia ou pelo Ministério Público e prolongada apenas por este, não se admitindo nem num nem noutro caso qualquer intervenção judicial (Dörffler, 1938: 277). Os poderes do Ministério Público de detenção preventiva só foram alterados no final do regime nacional-socialista, tendo o legislador consagrado, em parte, a proposta da comissão através da *Verordnung* de 13.12.1944. A partir de então, o Ministério Público podia determinar a realização de apreensões e buscas e até a prisão preventiva do arguido até à dedução da acusação, tendo o arguido a faculdade de suscitar de imediato a confirmação judicial desta decisão do Ministério Público. Já anteriormente, tinham sido aprovadas duas inovações, mas de âmbito restrito, uma relativa às condições de execução da prisão preventiva e outra relativa à competência para aplicação de medidas de coacção a determinados grupos populacionais nos territórios ocupados. Assim, a *Zweite Veordnung* de 13.8.1942 tinha consagrado a competência do Ministério Público para determinar na fase preparatória as condições da execução da prisão preventiva (§ 116 StPO), em concorrência com o juiz, e a *Verordnung* de 4.12.1941 tinha concedido ao Ministério Público a faculdade de ordenar a prisão preventiva e outras medidas de coacção sem qualquer controlo judicial, mas apenas a suspeitos polacos e judeus nos territórios ocupados do leste. Em face da crescente sobreposição prática da polícia sobre o Ministério Público, designadamente, através da correcção *a posteriori* das decisões judiciais pela aplicação da *Vorbeugungshaft* e da *Schutzhaft*, a doutrina ponderou mesmo a unificação da polícia e da magistratura do Ministério Público sob a tutela do ministro do interior (Schneidenbach, 1935: 53 a 57, Klaiber, 1935: 63 a 65, Wilhelm Krug, 1940: 51 a 56, Werner Best, 1941: 27 e 28, e Theodor Maunz, 1943: 40 a 43, na sequência de reflexões do início do século de Nagler, 1909: 153, e Adolf Lobe, 1928: 24 a 26), que constituía a solução preferida por Heinrich Himmler, mas que foi combatida por Otto Thierack (Alfons Wenzel, 1949: 55 e 67, Albrecht Wagner, 1968: 292, Diemut Majer, 1984: 124, Gerhard Riehle, 1985: 28 a 35, 115 a 120, e Lothar Gruchmann, 1988: 597 e 598).

572 A Reforma da Justiça Criminal em Portugal e na Europa

A ampliação dos poderes jurisdicionais das polícias foi acompanhada por um enfraquecimento do princípio da culpa e um reforço do princípio da perigosidade como fundamento do direito sancionatório e cautelar.[1293]

[1293] A primeira iniciativa do legislador português no sentido da introdução de um "direito penal novo" teve lugar no âmbito do combate à criminalidade económica e ocorreu logo em 1939, invocando o legislador como fundamento o "carácter inadequado às circunstâncias actuais das disposições do Código Penal, e sem correspondência na complexidade diversa da nossa economia de hoje". O "direito penal novo" caracterizava-se pelos princípios fundamentais da equiparação dos actos preparatórios, da tentativa e da consumação (artigo 7 do Decreto-Lei n. 29.964, de 10.10.1939, artigo 2 do Decreto-Lei n. 31.328, de 21.6.1941, artigo 12 do Decreto-Lei n. 31.664, de 22.11.1941, artigo 2 do Decreto-Lei n. 31.962, de 7.4.1942, e artigo 2 do Decreto-Lei n. 32.105, de 25.6.1942, e artigo 12 do Decreto-Lei n. 34.816, de 4.8.1945), bem como da equiparação dos autores, dos cúmplices e dos encobridores (artigo 3 do Decreto-Lei n. 31.328, artigo 13 do Decreto-Lei n. 31.664, artigo 3 do Decreto-Lei n. 31.962, e artigo 2 do Decreto-Lei n. 32.105, já citados). Por outro lado, punia-se com base na presunção de culpa das entidades patronais (artigo 11 do Decreto-Lei n. 29.964, de 10.10.1939, artigo 5 do Decreto-Lei n. 31.328, de 21.6.1941, e artigo 12 do Decreto-Lei n. 34.816, de 4.8.1945) e impunha-se a medida de segurança de duração indeterminada de colocação à disposição do governo (artigo 3, do Decreto-Lei n. 29.964, e artigo 7 do Decreto-Lei n. 31.328, ambos na redacção do artigo 1 do Decreto-Lei n. 32.086, de 15.6.1942, artigo 2, § 2, do Decreto-Lei n. 31.867, de 24.1.1942, artigos 1, § 2, e 4, § 1, do Decreto-Lei n. 32.334, de 20.10.1942, e artigo 12 do Decreto-Lei n. 34.816, de 4.8.1945). A doutrina encontrava-se dividida sobre o carácter meramente transitório e dependente da conjuntura da guerra desta legislação (Vítor Faveiro, 1949 a: 350 a 352) ou o seu carácter duradouro e independente da referida conjuntura (Adriano Moreira, 1948: 293 e 294), procurando limitar o seu efeito de alargamento da punibilidade, designadamente restringindo os actos preparatórios com dignidade penal aos actos que revelassem um propósito criminoso sério, embora divergindo na delimitação concreta do limiar mínimo da actividade punível (Almeida e Silva, 1946: 18 a 21, José Moura, 1947: 32, Adriano Moreira, 1948: 303, e Lopes Cardoso, 1954: 38 e 42). A partir da publicação do Decreto-Lei n. 35.809, de 16.8.1946, que introduziu novas penas no combate à especulação e ao açambarcamento e uma presunção de perigosidade do reincidente para os efeitos do disposto no artigo 22, n. 9, do Decreto-Lei n. 35.042, de 20.10.1945, a doutrina passou a discutir se este diploma tinha regulado globalmente esta criminalidade e substituído os anteriores diplomas ou não (em sentido afirmativo, Adriano Moreira, 1948: 318, e, em sentido negativo, José Moura, 1947: 13). A defesa de uma radicalização do direito português moldada nos novos princípios coube a Crispiniano da Fonseca e a Mário Costa, que advogavam a assimilação do crime tentado e dos actos preparatórios, a punição da tentativa impossível por inaptidão dos meios, a delimitação subjectivista dos actos preparatórios, a equiparação e punição da autoria, da participação e do encobrimento de acordo com a perigosidade específica do delinquente e a introdução de um direito sancionatório parcial ou mesmo integralmente fundado em medidas de segurança (Crispiniano da Fonseca, 1933: 17 a 22, e Mário Costa, 1943: 15 a 19, 26 a 28). Nem estas propostas nem a modificação do direito positivo português constituíram um facto isolado na Europa. Além da reforma profunda que sofreu o direito penal alemão, a que adiante se fará menção, também o direito britânico da primeira metade do século XX revelou características em tudo idênticas às do modelo judiciário emergente no continente. Com efeito, o *Civil Authorities Special Powers Act (Northern Ireland)*, de 1922, que só foi revogado em 1973 com a publicação do *Northern*

A reforma do direito punitivo da criminalidade política realizada pelo Decreto-Lei n. 35.015, de 15.10.1945, restringiu e racionalizou o regime muito severo que vigorava desde 1933, mandando submeter os delinquentes terroristas ao regime prisional dos delinquentes de difícil correcção e prevendo a aplicabilidade das medidas de segurança da caução de boa conduta e da liberdade vigiada aos condenados em pena maior ou como reincidentes em crime doloso. Deste modo, foi uniformizado o regime prisional dos delinquentes terroristas e o dos delinquentes de difícil correcção, pondo-se fim à medida de segurança de colocação à disposição do governo dos delinquentes terroristas e eximindo-se os autores de crimes de imprensa clandestina do regime válido para os terroristas. Em simultâneo, foi suprimida a categoria dos autores de crimes políticos cometidos por motivos reveladores de indignidade ou baixeza de carácter que se encontravam directamente submetidos ao regime prisional comum, impondo-se a partir de então o regime prisional de favor para todos os delinquentes políticos não terroristas independentemente daquela valoração dos motivos determinantes do crime.[1294]

Ireland Emercency Provisions Act, não só equiparou totalmente a autoria e todas as formas de participação e encobrimento e a consumação, a tentativa e quaisquer actos preparatórios, como puniu a omissão de denúncia e previu mesmo uma cláusula geral aberta punitiva de qualquer "acto de tal natureza que possa ser concebido como prejudicial para a preservação da paz ou manutenção da ordem na Irlanda do Norte não especialmente previsto nas disposições" (*any act of such a nature as to be calculated to be prejudicial to the preservation of the peace or maintenance of order in Northern Ireland and not specially provided in the regulations*, 1. (4) do *Civil Authorities Special Powers Act (Northern Ireland)*, de 1922). Aliás, esta especialidade do direito penal britânico no âmbito da criminalidade política já tinha sido introduzida pelo famoso *Explosive Substances Act*, de 1883, que previa a equiparação total da autoria e das formas de participação.

[1294] A supressão desta categoria de delinquentes políticos resultava da revogação dos artigos 1 e 7 do Decreto n. 23.203 pelo referido Decreto-Lei n. 35.015, reiterada e alargada pela revogação integral daquele diploma pelo Decreto-Lei n. 35.044, de 20.10.1945. Uma parte da doutrina ainda fez ouvir o seu protesto, entendendo que a distinção entre os delinquentes políticos sujeitos ao regime comum e os não sujeitos ao regime comum continuava em vigor, por ela estar implícita à reforma prisional, mantendo-se a doutrina daquele preceito "como se o art. 7 do decreto n. 23.203 continuasse em vigor", não obstante a revogação "precipitada" do referido artigo (Beleza dos Santos, 1951: 82, e, já anteriormente, António Manuel Pereira, 1949: 77, seguidos por João Arantes Rodrigues, 1950: 103 e 104, e Maria Helena Nunes, 1951: 12 a 17, mas contra Olimpio da Fonseca, 1957: 114 e 115). Só anos mais tarde, o autor da reforma de 1945 se pronunciou no sentido de que depois da publicação do Decreto-Lei n. 35.015 deixou de haver uma definição legal de crime político, sem prejuízo de se ter mantido "fundamentalmente uma orientação objectiva, como se deduz da reforma prisional" (Cavaleiro de Ferreira, 1983: 98 e 99, e, já antes, Boaventura de Sousa Santos, 1967: 129, que relacionava, no entanto, essa orientação objectiva com os Decretos-Leis n. 32.832, de 7.6.1943, e n. 35.015, de 15.10.1945 e não com a reforma prisional).

574 *A Reforma da Justiça Criminal em Portugal e na Europa*

Logo em seguida, o Decreto-Lei n. 36.387, de 1.7.1947, alargou o âmbito de aplicação das novas medidas de segurança a todos os "demais condenados por crimes contra a segurança exterior ou interior do Estado" e consagrou uma medida de polícia, a da fixação pelo conselho de ministros da residência em qualquer parte do território nacional ou proibição de residência no território nacional a "indivíduos cuja actividade faça recear a perpetração de crimes contra a segurança do Estado".[1295]

Com a publicação destes dois diplomas a panóplia dos instrumentos de prevenção e repressão da criminalidade política foi adaptada à reforma prisional de 1936, sujeitando-se os delinquentes terroristas ao regime do delinquente de difícil correcção, com as garantias dele decorrentes e que a colocação à disposição do governo não conhecia, e foi reforçada com a criação de medidas de segurança restritivas da liberdade, mas não detentivas, para todos os condenados por crimes contra a segurança do Estado e com uma medida policial, também restritiva da liberdade, mas não detentiva.

[1295] A constitucionalidade desta inovação foi censurada por Adriano Moreira (1949: 301) e Magalhães Godinho (1967: 12, e 1968: 10 e 11, e 1974: 462 a 475), pois ela estabelecia, segundo o primeiro autor, "graves medidas de restrição da liberdade física, que na Inglaterra, por exemplo, são objecto do «habeas corpus», cuja aplicação não depende do cometimento prévio de qualquer crime, nem está sujeita a apreciação jurisdicional" (Adriano Moreira, 1949: 301). O segundo autor propôs mesmo, aquando da revisão constitucional em 1971, a proibição expressa "das medidas de segurança, privativas ou restritivas da liberdade pessoal, da livre circulação e da escolha de domicílio ou de qualquer outra espécie, quer em consequência da aplicação de penas, quer como prevenção ao receio da prática de crimes contra a segurança do Estado ou de simples perigosidade política" (José Magalhães Godinho, 1973: 63). No acórdão do Supremo Tribunal Administrativo, de 23.5.1969, proferido nos autos de recurso n. 7.716 interposto pelo Dr. Mário Soares da deliberação do conselho de ministros de 19.3.1967, que lhe tinha fixado residência em São Tomé por período indeterminado, aquele Tribunal rejeitou toda a argumentação então apresentada, considerando que a deliberação do conselho de ministros ao abrigo do artigo 4 do Decreto-Lei n. 36.387, se não tinha a natureza de um acto de governo de conteúdo essencialmente político, tinha, contudo, a natureza de um acto de decretação de uma "medida de segurança administrativa ou de polícia" e, por isso, não violava o conceito orgânico-formal de função judicial adoptado pela Constituição, nem a proibição constitucional da perpetuidade das penas. Por outro lado, a Constituição não exigia a prática de um crime antes da aplicação de uma medida de segurança jurisdicionalizada ou administrativa. Ao Supremo Tribunal Administrativo só competia o controlo da existência da actividade de facto condição da aplicação da medida de segurança em causa, não podendo valorar os factos que constituíssem essa actividade com vista a ajuizar do receio de perpetração de crimes contra a segurança do estado (José Magalhães Godinho, 1974: 510 a 518). O acórdão do STA confirmou, na íntegra, a decisão governamental, tendo, por proposta do próprio presidente do conselho de ministros, a duração da sanção sido fixada em um ano, embora, também com autorização de Marcello Caetano, tivesse sido antecipado o regresso do Dr. Mário Soares à metrópole (Marcello Caetano, 1974: 53 e 54).

Este conjunto de instrumentos mostrou-se, contudo, insuficiente em 1949, quer por força das molduras penais introduzidas em 1945 na punição da criminalidade política, quer em virtude da inexistência de uma medida de segurança detentiva posterior ao cumprimento da pena para os condenados por crimes contra a segurança do Estado que não fossem terroristas e de meios de repressão das actividades de membros de associações comunistas que não constituíssem crime.

Na sequência do julgamento do processo dos cento e oito arguidos implicados em actividades comunistas, o conselho de ministros pôs "de sobreaviso o ministro da justiça, quanto ao tribunal, não fosse este, por mais alheio às realidades da segurança do estado, deixar perder o benéfico trabalho da Polícia". Em face das molduras aplicáveis nos termos da recente reforma de 1945 e da possibilidade de suspensão da execução da pena, Cavaleiro de Ferreira foi incumbido pelo conselho de ministros de "obter, se possível ao caso em curso, legislação mais apropriada". A solução adoptada foi a de "lançar mão de medidas de segurança, porque grande parte da doutrina lhe não aplica o princípio da irretroactividade", sendo necessário também "incluir as disposições legais convenientes num decreto mais amplo, para não legislar com vista a um caso particular".[1296]

Contudo, não tendo o governo conseguido publicar o diploma antes do final do julgamento, os arguidos foram julgados e condenados de acordo com a lei vigente, alguns deles em pena de prisão correccional com a respectiva execução suspensa. Interpostos vários recursos pelos arguidos e pelo Ministério Público, o processo subiu ao Supremo Tribunal de Justiça em 26.11.1948, o esperado diploma foi publicado em Junho do ano seguinte e o recurso foi julgado a 19 de Outubro, decidindo o Supremo Tribunal, por maioria, que o novo diploma era imediatamente aplicável e, por isso, anulando todas as suspensões de pena que o tribunal de primeira instância concedera e impondo a nova medida de segurança.[1297]

[1296] Cavaleiro de Ferreira, 2000: 212 a 216.

[1297] O primeiro acórdão do Supremo Tribunal de Justiça em que foi aplicada a nova medida de segurança não foi este de Outubro de 1949 (in BMJ, n. 15, pp. 166 a 178), mas um outro de 13 de Julho desse ano (in BMJ, n. 14, pp. 85 a 88), cuja argumentação foi reiterada e desenvolvida no acórdão de 19 de Outubro. A argumentação do STJ fundava-se, por um lado, na inadmissibilidade da suspensão da execução da pena de suspensão de todos os direitos políticos e na incindibilidade da pena de prisão correccional em relação à pena de suspensão de todos os direitos políticos e, por outro lado, na presunção absoluta de perigosidade dos delinquentes decorrente da imposição da nova medida de segurança pelo legislador. Esta argumentação foi criticada por Adelino da Palma Carlos e Vítor Faveiro, com base na interpretação da suspensão dos direitos políticos prevista no artigo 175 do CP, na redacção de 1947, como uma pena acessória e não como uma

576 A Reforma da Justiça Criminal em Portugal e na Europa

Assim, a prática das "actividades subversivas" de associações de carácter comunista ou que tivessem por fim a prática de crimes contra a segurança exterior do Estado ou utilizassem o terrorismo como meio de actuação, passou a ser submetida pelo Decreto-Lei n. 37.447, de 13.6.1949, a uma medida de segurança de internamento de um a três anos aplicada pelo tribunal plenário ou pelos juízos criminais de Lisboa e do Porto, consoante os arguidos fossem também incriminados pela prática de crimes contra a segurança exterior do Estado ou não, assentando desde então a política criminal do Estado Novo em dois pilares fundamentais, o regime de prisão preventiva e o sistema de medidas de segurança, ambos delimitados de modo a não permitir o arbítrio das polícias.

Acresce que o director da PIDE tinha competência para aplicar provisoriamente e propor a aplicação definitiva da medida de internamento em estabelecimento prisional aos suspeitos da prática de actividades subversivas, sendo a medida cumprida em estabelecimentos dependentes do ministério do interior e estando vedada a impugnação da medida provisoriamente aplicada. Conjugando a prisão preventiva e esta medida de segurança provisória nos processos em que os arguidos fossem incriminados por crimes contra a segurança do Estado verificava-se deste modo a possibilidade teórica de manutenção da prisão sem controlo judicial por um período máximo de um ano e seis meses.[1298]

---

pena principal e na exclusão daquela do âmbito da suspensão da execução das penas (Adelino da Palma Carlos, 1950: 473 a 478, e Vítor Faveiro, 1952 b: 192 a 195).

[1298] Este limite máximo seria mais tarde reduzido a um ano, por força da diminuição do limite mínimo da medida de segurança para seis meses determinada pelo Decreto-Lei n. 40.550, de 12.3.1956. O estudo dos ficheiros policiais nominativos dos presos políticos cuja detenção teve lugar entre 1945 e 1960 revela que a PIDE não aplicava provisoriamente a medida de segurança do internamento, confirmando-se deste modo os testemunhos de dois autores coevos (Maia Gonçalves, 1963: 500, e Artur Maurício, 1974: 28). A prática policial era outra: a polícia preferia à aplicação provisória da medida de segurança a prisão até seis meses, soltando em seguida o preso e voltando a prendê-lo por um novo período inferior a seis meses e assim sucessivamente (cfr. a ficha de Carlos de Jesus Vilhena, sete vezes preso e apenas uma vez julgado e condenado, in Comissão, 1981: 174 e 175; a ficha de António Lobão Vital, seis vezes preso, julgado três vezes, sendo condenado duas e absolvido uma vez, in Comissão, 1981: 202 e 203; a ficha de Arlindo Gonçalves, nove vezes preso e apenas duas vezes julgado e condenado, in Comissão, 1981: 2111 e 212, a ficha de António Saldanha, seis vezes preso e absolvido no único julgamento a que foi submetido, in Comissão, 1981: 238 e 239; a ficha de Antenôr Barreiros Marques, cinco vezes preso e absolvido nos dois julgamentos a que foi submetido, in Comissão, 1982: 63 e 64; a ficha de Duarte Vilhena Gusmão, cinco vezes preso e nunca julgado, in Comissão, 1982: 65; a ficha de Diogo Teixeira da Cunha, seis vezes preso e nunca julgado, in Comissão, 1982: 66; a ficha de António Vicente de Carvalho, cinco vezes preso e apenas uma vez julgado e condenado, in Comissão, 1982: 67, a ficha de Artílio Batista, seis vezes preso e apenas uma vez julgado e condenado, in Comissão, 1982: 73 e 74, a ficha de António do Carmo Cabrita, cinco vezes preso no espaço de um ano e dois meses e nunca julgado, in Comissão, 1982: 76; a ficha de Agostinho Trindade, onze

A Jurisdição Penal Comum

Por outro lado, a competência do Tribunal de Execução de Penas para a declaração da perigosidade, quando essa declaração não tivesse lugar em pro-

---

vezes preso no espaço de menos de cinco anos e apenas duas vezes julgado e condenado, in Comissão, 1982: 107 e 108; a ficha de João Madeira, preso cinco vezes e nunca julgado, in Comissão, 1982: 142; a ficha de Joaquim Manuel Ferreira, preso seis vezes e nunca julgado, in Comissão, 1982: 145; a ficha de Carlos Mário Fernandes, nove vezes preso e apenas três vezes julgado, sendo duas delas condenado e uma absolvido, in Comissão, 1982: 158 e 159; a ficha de David de Carvalho, seis vezes preso e apenas uma vez julgado e condenado, in Comissão, 1982: 207 e 208; a ficha de António Perpétua Crispim, nove vezes preso e apenas uma vez julgado e condenado, in Comissão, 1982: 230 e 231; a ficha de Abel Augusto de Andrade, seis vezes preso e nunca julgado, in Comissão, 1982: 238 e 239; a ficha de Jaime Cortesão, duas vezes preso e nunca julgado, in Comissão, 1984: 53; a ficha do padre Manuel Vieitas Carvalho, seis vezes preso, mas apenas uma vez julgado e condenado, in Comissão, 1984: 121; a ficha de Edmundo Silva, seis vezes preso e nunca julgado, in Comissão, 1984: 178 e 179; a ficha do advogado Manuel Dias de Andrade, quatro vezes preso e apenas uma vez julgado e condenado, in Comissão, 1984: 216 e 217; a ficha de Joaquim da Glória, seis vezes preso mas apenas duas vezes julgado e condenado, in Comissão, 1984: 222 e 223; a ficha de Rogério Gouveia, quatro vezes preso, mas nunca julgado e condenado, in Comissão, 1984: 226; a ficha de Joaquim Teixeira de Magalhães, nove vezes preso, mas nunca julgado e condenado, tendo falecido em 20.2.1945, seis dias depois de ter sido detido pela nona vez, in Comissão, 1984: 274 e 275; a ficha do professor catedrático Ruí Luis Gomes, preso sete vezes no período de nove anos, sendo despronunciado uma vez, condenado duas outras e solto as restantes, in Comissão, 1984: 282 e 283; a ficha de Francisco Ramos da Costa, preso cinco vezes, mas apenas uma vez julgado e condenado, in Comissão, 1984: 298 e 299; a ficha do escritor António Sérgio, preso três vezes, mas nunca julgado, in Comissão, 1984: 316, a ficha do advogado Mário Cal Brandão, preso nove vezes e julgado e absolvido apenas duas vezes, in Comissão, 1984: 318 e 319; a ficha do advogado Manuel João Palma Carlos, preso duas vezes e nunca julgado, in Comissão, 1985: 37; a ficha do advogado Humberto Dinis Lopes, preso seis vezes, sendo três vezes julgado e uma delas absolvido e duas outras condenado, e as restantes sendo solto, in Comissão, 1985: 48 a 50; a ficha do advogado Antóno Ribeiro da Silva, preso cinco vezes e uma vez julgado e condenado, in Comissão, 1985: 55 e 56; a ficha do professor catedrático Bento de Jesus Caraça, preso duas vezes e nunca julgado, in Comissão, 1985: 64; a ficha do advogado Mário Alberto Nobre Lopes Soares, nove vezes preso e apenas uma vez julgado e condenado, in Comissão, 1985: 67 e 68; a ficha do professor catedrático Mário Azevedo Gomes, três vezes preso, mas nunca julgado, in Comissão, 1985: 113; a ficha do advogado Francisco Salgado Zenha, quatro vezes preso e apenas uma vez julgado e condenado, in Comissão, 1985: 172 e 173; a ficha do advogado Armando Pereira Bacelar, cinco vezes preso e apenas uma vez julgado e absolvido, in Comissão, 1985: 181 e 182; a ficha de António Simões de Abreu, seis vezes preso e apenas uma vez julgado e condenado, in Comissão, 1985: 184 e 185; a ficha de Manuel Rodrigues da Silva, seis vezes preso e nunca julgado, in Comissão, 1985: 187; a ficha de Manuel Soares Correia, cinco vezes preso e nunca julgado, in Comissão, 1985: 191; a ficha do advogado Vasco da Gama Fernandes, duas vezes preso e nunca julgado, in Comissão, 1985: 214; a ficha de Joaquim Gomes de Sá, preso sete vezes e apenas duas vezes julgado, sendo uma vez condenado e outra absolvido, in Comissão, 1985: 224 e 225; a ficha de Teófilo de Carvalho Santos, três vezes e nunca julgado, in Comissão, 1985: 229; a ficha do advogado José Barbosa de Magalhães Godinho, duas vezes preso, mas nunca julgado, in Comissão, 1985: 243; a ficha de Carlos Pinhão

578   A Reforma da Justiça Criminal em Portugal e na Europa

cesso penal, conferida pelo artigo 3 do Decreto-Lei n. 34.553, de 30.4.1945, foi-
-lhe retirada e atribuída aos juízos criminais de Lisboa e do Porto, que eram
igualmente competentes para o julgamento dos respectivos processos complementares, sendo apenas admissível reclamação das decisões dos juízos criminais
para o tribunal plenário, onde podia ter assento o juiz reclamado.

A desjudiciarização completa do controlo cautelar das actividades subversivas verificou-se com a criação das medidas de "vigilância especial" (artigo 16
do Decreto-Lei n. 37.447, de 13.6.1949), aplicáveis por um órgão administrativo de coordenação das actividades de segurança pública, o Conselho de
Segurança Pública. Este órgão tinha competência para impor a indivíduos condenados por crimes contra a segurança do Estado um regime de limitações da liberdade de deslocação, substituindo-se assim ao tribunal na aplicação de uma
medida substancialmente idêntica à medida da liberdade vigiada prevista no artigo 175 do CP.[1299] O desrespeito destas limitações era equiparado ao crime de

---

Correia, quatro vezes preso e apenas uma vez julgado e condenado, in Comissão, 1985: 254 e
255; a ficha de João Camilo Rosa, seis vezes preso e julgado duas vezes apenas, sendo uma condenado e outra absolvido, in Comissão, 1985: 262 a 264; a ficha do advogado Albano Rodrigues
da Cunha, quatro vezes preso e apenas uma vez julgado e condenado, in Comissão, 1985: 270 e
271; a ficha de Alberto Proença, preso sete vezes e apenas uma vez julgado e condenado, in Comissão, 1985: 272 e 273; a ficha do advogado Gustavo Caratão Soromenho, duas vezes preso e
nunca julgado, in Comissão, 1985: 321; a ficha de Diogo Carlos da Silva, seis vezes preso e
nunca julgado, in Comissão, 1985: 414; a ficha de Carlos Aboim Inglez, cinco vezes preso e três
vezes julgado, sendo uma absolvido e duas condenado, in Comissão, 1987: 59 a 61; a ficha da
escritora Maria da Cunha Lamas, três vezes presa e apenas uma vez julgada e condenada, in
Comissão, 1987: 123; a ficha de Virgínia de Faria Moura, nove vezes presa e sendo três vezes
condenada e uma vez absolvida, in Comissão, 1987: 124 a 126; a ficha de Joaquim Santos Junior,
seis vezes preso e nunca julgado, in Comissão, 1987: 167; a ficha de Joaquim Farracha, seis vezes
preso e apenas uma vez julgado e condenado, in Comissão, 1987: 193 e 194; a ficha de António
Lobão Vital, cinco vezes preso e apenas uma vez julgado e absolvido, in Comissão, 1987: 220 e
221; a ficha de Alcino de Sousa Ferreira, seis vezes preso e julgado e condenado apenas uma vez,
in Comissão, 1987: 224; a ficha de Agostinho Neto, quatro vezes preso e apenas uma vez julgado
e condenado, in Comissão, 1988: 45 e 46; a ficha de Mário Sena Lopes, cinco vezes preso e três
vezes julgado sendo uma absolvido e duas condenado, in Comissão, 1988: 97 e 98; a ficha de
Carlos Cal Brandão, cinco vezes preso e nunca julgado, in Comissão, 1988: 99; a ficha de Francisco Lopes Cipriano, preso cinco vezes e julgado e condenado apenas uma vez, in Comissão,
1988: 208 e 209; a ficha de Manuel dos Santos Cabanas, três vezes preso e nunca julgado, in
Comissão, 1988: 289; a ficha do advogado António Macedo, três vezes preso e nunca julgado, in
Comissão, 1988: 290; a ficha do advogado Armando Adão e Silva, duas vezes preso e nunca julgado; e a ficha do padre Joaquim Pinto de Andrade, seis vezes preso no período de dez anos e
apenas uma vez julgado e condenado, in Comissão, 1988: 561).

[1299] Esta identidade substancial dos dois regimes foi reconhecida pela doutrina (Cavaleiro
de Ferreira, 1961: 203). Adriano Moreira censurou mesmo as medidas de "vigilância especial",
estabelecidas pelo artigo 19 do decreto n. 37.447, pois elas envolviam "sérias restrições à liber-

A Jurisdição Penal Comum

desobediência, devendo o arguido aguardar o julgamento em prisão preventiva, distinguindo-se nesta medida do regime do direito alemão criado pelo *Erlass über die Nachüberwachung der aus Strafhaft wegen politischer Straftaten und aus Schutzhaft entlassenen Personen*, de 17.2.1938, que previa igualmente várias restrições à liberdade de deslocação e a outras liberdades e direitos fundamentais, aplicáveis pela polícia por um período indeterminado a indivíduos condenados por crimes políticos, mas cuja violação conduzia à aplicação da *Schutzhaft*.[1300]

Destarte, o governo modificou profundamente o direito penal e processual português, não apenas substituindo a antiga medida de segurança detentiva no âmbito da criminalidade política de duração ilimitada e determinação mista judicial e governamental por uma outra de duração limitada e determinação judicial, completada por uma "medida de polícia" de duração indeterminada e determinação governamental, mas também aumentando o prazo máximo da prisão sem culpa formada no âmbito da criminalidade comum cuja investigação competia à Polícia Judiciária.[1301]

---

dade física dos cidadãos", que não podiam ser consideradas como uma decorrência do dever profissional de vigilância das autoridades policiais e, por isso, não deviam dispensar a intervenção judicial. As medidas de segurança fixadas no capítulo IV já não mereciam reparo ao autor, por "respeitarem escrupulosamente o princípio da legalidade", na medida em que dependiam de uma validação judicial (Adriano Moreira, 1949: 305 e 306). Também Marcello Caetano criticou o regime das medidas de polícia do Decreto-Lei n. 37.447 por a lei confundir as medidas de prevenção com as sanções "ao permitir a aplicação daquelas a casos em que haja procedimento ilegal, pelo que não atingiu o que parecia ser o seu objectivo de criar, a par das sanções, outra classe de providências administrativas policiais" (Marcello Caetano, 1969: 1084).

[1300] Gerhard Werle, 1989: 555 a 559. A "vigilância especial" do direito português também podia ser ordenada em relação aos criminosos de difícil correcção quando se encontrassem em liberdade condicional, distinguindo-se do *Erlass betreffend die Planmässige Überwachung der auf freiem Fuss befindlichen Berufsverbrecher*, de 10.2.1934, do ministro do interior prussiano, que deu lugar ao *Erlass betreffend die vorbeugende Verbrechensbekämfung durch die Polizei*, de 14.12.1937, do ministro do interior do império (Gotz Leonhard, 1952: 22 a 29, e Karl-Leo Terhorst, 1985: 88 a 90, 120 a 127). Estas disposições administrativas internas do direito alemão visavam um grupo de criminosos e suspeitos mais amplo do que o dos condenados de difícil correcção em liberdade condicional e previam a aplicação administrativa da *Vorbeugungshaft* para aqueles que violassem as injunções e as restrições impostas no âmbito do plano de vigilância policial.

[1301] Cavaleiro de Ferreira justificou, depois do 25 de Abril, a promulgação desta legislação com dois argumentos: a legislação nova reduziu para metade o prazo de três meses da prisão sem culpa formada na criminalidade não política previsto no CPP de 1929 (Cavaleiro Ferreira, 1979: 301) e limitou a seis meses a prisão ilimitada sem culpa formada na criminalidade política, que vigorava, segundo o autor, desde 1919, ano da fundação da polícia política da República, a Polícia de Informações (Cavaleiro Ferreira, 1979: 310). Com efeito, o regime de 1945 era mais favorável

580   *A Reforma da Justiça Criminal em Portugal e na Europa*

A situação do arguido detido era ainda agravada pela inexistência de prazos de prisão preventiva depois da formação da culpa, confundindo-se esta com

ao arguido suspeito da prática de um crime político do que o do Decreto n. 4.166, de 27.4.1918, e toda a legislação posterior correlativa, por duas razões: porque previa um prazo máximo para a prisão policial e porque submetia a decisão policial à tutela ministerial. A restrição do regime de duração indeterminada da prisão preventiva na criminalidade política foi uma inovação considerável do direito de detenção provisória, que retomava, aliás, o precedente fixado pela Lei n. 453, de 21.9.1915. De igual modo, ao arguido suspeito da prática de um crime comum cuja investigação não fosse da competência da Polícia Judiciária a legislação de 1945 era também mais favorável, pois vedava a detenção policial ilimitada e diminuía o prazo da detenção sem culpa formada para metade. A partir de 1945 o despacho tabular da pronúncia provisória deixou de servir para prolongar o prazo da prisão preventiva até aos três meses nos processos não instruídos pela PJ e pela PIDE, podendo a prisão sem culpa formada manter-se apenas por quarenta e cinco dias. Nesta parte tinha razão o ministro de Salazar. Mas já não a tinha no que toca à prisão sem culpa formada do suspeito da prática de um crime cuja investigação competisse à Polícia Judiciária, por duas razões: o anterior prazo de três meses de prisão sem culpa formada era prorrogável por dois períodos de quarenta e cinco dias e o controlo da prisão na instrução preparatória era meramente administrativo ou político. E por aqui se vê logo que a crítica habitualmente movida à reforma de 1945 de que o prazo de prisão sem culpa formada foi alargado de oito dias para seis meses pelo Decreto n. 35.042 e de que a PIDE tinha poderes de detenção mais amplos do que a PVDE (Salgado Zenha, 1968: 51, e 1973: 24, e Salgado Zenha e Duarte Vidal, 1974: 36, António Figueiredo, 1975: 152 e 169, Alexandre Manuel e outros, 1974: 20, Jacques Georegel, 1985: 233, Braga da Cruz, 1988: 92 e Maria Conceição Ribeiro, 1995: 74, 75 e 224) não é correcta, porquanto se comparam dois objectos distintos: o prazo fixado pelo CPP, na versão inicial, para a detenção judicial até à pronúncia provisória na criminalidade não política investigada pela PIC e o prazo válido à luz do direito de 1945 para a detenção sem culpa formada na criminalidade grave investigada pela PJ e na criminalidade política investigada pela PIDE. Os críticos esquecem o prazo fixado em 1929 para a detenção judicial até à pronúncia definitiva e a inexistência de prazo para a detenção sem culpa formada na criminalidade política antes de 1945, como esquecem também a vigência do Decreto n. 8435 até 1945 e o reconhecimento da detenção para averiguações no código de 1929 e a sua repercussão na perseguição da criminalidade política e não política. Aliás, Maria da Conceição Ribeiro contraria a sua tese em um outro texto (Maria da Conceição Ribeiro, 1996: 748), no qual sustenta que a PIDE manteve "inalterados os latos poderes de prisão e de instrução processual da sua antecessora", o que também não é correcto, como se viu. Também não são correctas as afirmações de Braga da Cruz (1988: 93) de que a PIDE "podia prender indefinidamente quem quer que lhe aprouvesse" ou a de que tinha a "possibilidade de deter por quanto tempo entendesse", nem as de António Barreiros (1981a: 84) de que a PIDE tinha poderes mais latos do que a PVDE, "pois, para além de poder prender preventivamente sem culpa formada durante 180 dias poderia, quanto aos crimes políticos aplicar medidas de segurança de internamento carcerário, que se traduziam pela sua sucessiva renovação numa prisão perpétua sem culpa formada", e muito menos as de Alexandre Manuel e outros (1974: 21) de que "a PIDE, na prática, podia condenar qualquer pessoa a prisão perpétua". Estas afirmações vão-se reproduzindo na doutrina, não retratando com exactidão o quadro legal dos poderes de detenção da PIDE ("as reformas sucessivas tenderam para a detenção ilimitada dos delinquentes políticos pela PIDE através da aplicação da detenção provisória e das medidas de segurança", *les réformes sucessives ont tendu vers la*

A Jurisdição Penal Comum

a duração do próprio processo até ao trânsito da decisão,[1302] pelas limitações muito gravosas dos direitos da defesa introduzidas no regime do *habeas corpus*

---

détention illimitée des délinquants politiques par la PIDE, à travers l' application de la détention provisoire et des mesures de sûreté, Evelyne Monteiro, 1998: 159).

[1302] O arguido preso só podia requerer ao Supremo Tribunal de Justiça a marcação de julgamento ou das diligências necessárias para acelerar o andamento do processo, requerimento que também podia fazer o procurador-geral da República. Adriano Moreira criticou esta "grave deficiência" da lei processual, que "não põe à disposição do detido qualquer meio eficiente para provocar o fim da detenção preventiva quando, formada a culpa, o julgamento se protele para além de certos prazos, ... visto que por insuficiente se deve ter a simples faculdade de requerer que se marque dia para julgamento" (Adriano Moreira, 1947 a: 53, e, fazendo suas esta crítica, também Manuel de Oliveira Matos, 1948: 137, e Francisco Correia das Neves, 1955: 189). O prazo legal fixado para o arguido requerer a intervenção do STJ devia ser contado, de acordo com estes autores, desde o início da detenção, incluindo o tempo anterior à apresentação em juízo. A prática judiciária agravava ainda mais o regime legal. O artigo 6 do Decreto-Lei n. 35.046, de 22.10.1945, tal como mais tarde o artigo 18 do Decreto-Lei n. 39.749, admitiam a prestação de caução quando os crimes não fossem puníveis com pena maior fixa ou não se verificassem os perigos de fuga, continuação perigosa ou perturbação da instrução, isto é, a mera subsistência de um destes perigos podia implicar a prisão preventiva do arguido a quem fosse imputada a prática de qualquer crime investigado pela PIDE, independentemente da sua moldura abstracta. Com base na mera possibilidade teórica de aplicação ao arguido de uma medida de segurança, a jurisprudência passou a recusar a concessão da liberdade caucionada por considerar automaticamente verificados aqueles perigos (acórdão do tribunal plenário de Lisboa, de 6.11.1969, com anotação desfavorável de Robin de Andrade, 1970: 185 e 186). A posição do arguido era ainda prejudicada pelo entendimento dos tribunais plenários sobre o ónus da prova da acusação, considerando como facto notório que o Partido Comunista era uma associação secreta ilícita e subversiva e, por isso, dispensando a acusação da prova dos factos que consubstanciassem aquelas qualificações jurídicas, tendo-se pronunciado contra esta prática o Professor João de Castro Mendes (1970: 32 a 34).

[1303] A introdução da garantia do *habeas corpus* era duplamente limitada, quer no que respeita à faculdade de o governo suspender a garantia quando bem o entendesse, quer no que toca ao objecto, que só abrangia as limitações ilegais da liberdade física, não incluindo designadamente o caso da ameaça séria dessa limitação nem o da detenção ordenada, mas ainda não cumprida (Adriano Moreira, 1945 b: 230 e 232). A "odiosa restrição" da garantia administrativa em relação à autoridade administrativa responsável pela detenção ilegal e à autoridade administrativa desobediente à ordem do Supremo Tribunal de Justiça para responder à petição do *habeas corpus* condicionavam ainda mais o efeito prático da garantia (Adriano Moreira, 1945 b: 240 e 245, e Salgado Zenha, 1947: 146 e 148). Também foi muito criticada a inexistência de um direito de o arguido ser ouvido pessoalmente pelo juiz e a falta do carácter de acção popular em favor do detido (Salgado Zenha, 1947: 135, 136, 157 a 159, e 1968: 73). Por outro lado, sendo indeferido o requerimento por manifesta falta de fundamento o advogado subscritor era condenado solidariamente com o reclamante em uma sanção pecuniária e, se tivesse ou devesse ter tido conhecimento da falta de fundamento legal da petição, em suspensão do exercício da advocacia pelo período de três meses a um ano, sendo o reclamante que se mostrasse ter tido o intuito de demorar ou prejudicar o andamento dos autos condenado em prisão correccional por injúria ao tribunal, o que deu lugar a uma representação da Ordem dos Advogados ao ministro da justiça de protesto em relação a esta

A *Reforma da Justiça Criminal em Portugal e na Europa*

consagrado pelo Decreto-Lei n. 35.043, de 20.10.1945,[1303] e por uma praxe do Ministério Público e das polícias limitativa dos direitos do arguido na instrução preparatória, que restringia a assistência do defensor aos interrogatórios do arguido realizados nesta fase processual[1304] e reconhecia mesmo ao Ministério

---

"inovação que se não coaduna com a essência do mandato judicial e que se não harmoniza com os princípios que, no direito português, o regulam" (in ROA, ano 5, 1945, ns. 3 e 4, pp. 372 a 374, e depois na Assembleia Nacional, os deputados Paulo Cancela de Abreu e Joaquim Gualberto de Sá Carneiro, in Diário das Sessões da Assembleia Nacional, IV Legislatura, n. 86, de 7.2.1947, p. 507, n. 87, de 12.2.1947, pp. 527 e 528, e n. 88, de 13.2.1947, p. 545, mas em defesa da regulamentação legal, o deputado Armando Cândido, in Diário das Sessões da Assembleia Nacional, IV Legislatura, n. 87, de 12.2.1947, pp. 530 e 531). A doutrina discutiu mesmo a possibilidade de sancionar o mero desconhecimento ou conhecimento imperfeito do direito pelo advogado subscritor do requerimento, que invocasse factos verdadeiros, mas que não podiam ser enquadrados nos fundamentos da lei (a favor, Arlindo Martins, 1947: 86, e contra, Adriano Moreira, 1945 b: 247 e 248, e Salgado Zenha, 1947: 151, e, mais amplamente, criticando todas as sanções previstas, Acácio Furtado, 1945: 365 a 367, e Luso Soares, na intervenção no Instituto da Conferência da Ordem dos Advogados, de 19.5.1958, in ROA, ano 18, 1958, pp. 416 e 417, vindo mesmo o pedido de eliminação da pena de suspensão ao advogado a ser incluído nas conclusões do Instituto da Conferência, de 15.12.1958, in ROA, ano 18, 1958, p. 424). Se o Supremo Tribunal de Justiça só "raríssimas vezes" aplicou sanções aos advogados (Artur Maurício, 1974: 68 e 69), teve, contudo, uma prática muito restritiva na concessão do *habeas corpus*, designadamente, aceitando sem discussão a imputação criminal feita pela autoridade responsável pela detenção. Com efeito, desde o primeiro acórdão do STJ sobre um pedido de requerimento de *habeas corpus*, proferido a 14.5.1947 (in BOMJ, volume VII, p. 165, e RJ, ano 31, p. 140), firmou-se naquele Alto Tribunal a jurisprudência da insindicabilidade dos fundamentos da suspeita da prática do facto e do receio da reiteração futura de comportamentos ilícitos, procedendo, por isso, o STJ a uma apreciação "apenas de fachada" da causa (contra esta prática portuguesa, Adriano Moreira, 1947 b: 176, e 1947 a: 55 e 56, Salgado Zenha, 1947: 120 a 127, Manuel de Oliveira Matos, 1948: 125 e 126, Cavaleiro Ferreira, 1956 a: 483 e 484, Fernando Fabião, 1964: 196 e 197, Magalhães Godinho, 1967: 14 e 15, Armando Bacelar, 1972: 601 e 602, e Hans-Heinrich Jescheck, 1975: 13, mas a favor desta prática, Arlindo Martins, 1947: 93).

[1304] "O segredo de justiça, ora reforçado, impede a assistência de advogado às perguntas formuladas aos arguidos pelo Ministério Público" (Laurentino Araújo e Gelásio Rocha, 1972: 56). A Procuradoria-Geral da República, em um parecer de 2.9.1946, sustentou que os artigos 13 e 12 do Decreto n. 35.007 tinham revogado, respectivamente, os artigos 70 e 244 do CPP (BMJ n. 3, p. 95). A doutrina opunha-se unanimemente a esta praxe, rejeitando o entendimento de que os citados artigos do CPP tivessem sido revogados no que toca aos direitos dos advogados e ao segredo de justiça e argumentando que a intervenção do defensor garantia que o meio de prova em que consistiam as declarações do arguido não fosse desvirtuado (Eduardo Correia, 1946: 108, 169, 170, José Osório, 1947 b: 97, Simões Correia, 1953: 186, Francisco José Velozo, 1955: 32 e 33, e 1971 a: 337 a 339, Cavaleiro de Ferreira, 1955: 156 e 157, 164 e 165, Ary Elias da Costa, 1958: 123, Almeida Ribeiro, 1958: 230 a 236, Araújo de Barros, 1963: 42 e 43, Fernando Fabião, 1964: 172 a 174, que excepcionava, no entanto, os interrogatórios realizados nos processos instruídos pela PIDE, Pinheiro Farinha, 1966: 222 e 246, Artur Santos Silva, 1969: 15 a 18, Eliana Gersão,

A Jurisdição Penal Comum 583

Público e aos inspectores da Polícia Judiciária competência para determinar a soltura do suspeito detido antes da apresentação ao juiz para validação da detenção.[1305]

Por outro lado, a jurisdição criminal extraordinária tornou-se uma jurisdição-regra, sem qualquer limitação temporal expressa ou implícita ao seu funcionamento e com a faculdade de alargamento do âmbito da sua competência material dependente do Procurador-Geral da República, que se encontrava sob a dependência hierárquica do ministro da justiça, e dos conselheiros da secção criminal do Supremo Tribunal de Justiça, também escolhidos pelo mesmo ministro.[1306] Acresce que os tribunais criminais de Lisboa e do Porto eram presidi-

---

1970: 208 a 210, Figueiredo Dias, 1971 a: 172, 177 e 199, que considerava obrigatória a assistência mesmo em instrução que decorresse na DGS, Vassanta Tambá, 1972: 28 e 43, que entendia que a assistência por defensor só era obrigatória no caso de interrogatório judicial de arguido preso, J. Pires de Lima, 1972: 236 a 239, José Magalhães Godinho, 1973: 55, e Duarte Vidal e Salgado Zenha, 1974: 23). O Instituto da Conferência da Ordem dos Advogados formulou, nas conclusões apresentadas em 15.12.1958, uma relativa a este assunto, em que se estabelecia que a presença do advogado na instrução preparatória não devia ser negada todas as vezes que fosse solicitada pelo arguido (in ROA, ano 18, 1958, p. 423), e, mais tarde, o Conselho Geral da Ordem aprovou, por unanimidade, uma exposição que apresentou em Fevereiro de 1965 ao ministro da justiça, protestando contra a prática policial e requerendo a consagração expressa na lei do direito dos advogados assistirem ao interrogatório dos seus constituintes durante a instrução preparatória e do direito de com eles livremente conferenciarem (José Magalhães Godinho, 1971: 65 a 74).

[1305] Esta doutrina foi fixada no parecer da Procuradoria-Geral da República, de 25.1.1947, que foi homologado pelo ministro da justiça (Eduardo Correia e Furtado dos Santos, 1959: 1295 e 1296). Cavaleiro de Ferreira mudou de opinião posteriormente, considerando que a captura não podia ser subtraída à fiscalização judicial, sob pena de ela ter de ser julgada "injustificada" (Cavaleiro de Ferreira, 1956 a: 425). Também neste sentido, José Manso-Preto, 1963: 24 e 28, e Fernando Fabião, 1964: 175, mas no sentido inverso, Ary Elias Costa, 1958: 163 e 164.

[1306] A possibilidade de submeter qualquer processo ao tribunal extraordinário e a não limitação temporal do funcionamento do tribunal constituem as características mais salientes da jurisdição criminal autoritária (Heinrich Henkel, 1953: 78, Jean Boulier, 1962: 17, Ingo Müller, 1989: 21, 22 e 31, Stefan Braum, 1996: 185, e Kai Drews, 1998: 120 e 144). Tal como a primeira República portuguesa, também a República de Weimar criou vários tribunais de excepção, que se caracterizaram pela sua curta duração. A "bancarrota do direito escrito" diante da agudização dos conflitos sociais e da sabotagem da vida económica, por um lado, e a incapacidade manifesta dos tribunais ordinários para evitar o surgimento de movimentos de auto-justiça, por outro, deram lugar à criação de "tribunais de defesa da República", que, no entanto, não conseguiram conter os conflitos e proteger a ordem constitucional de Weimar (Hinrich Rüping, 1991: 92 e 93). Também os tribunais de excepção criados já sob o governo do partido nacional-socialista foram inicialmente instituídos para fazer face a circunstâncias extraordinárias, constituindo a diferença fundamental entre estes e os tribunais da República de Weimar o facto de aqueles tribunais terem sido gradualmente integrados na organização judiciária comum como tribunais com uma competência quase genérica e com um funcionamento sem limitação temporal, como se verá melhor adiante.

584 A Reforma da Justiça Criminal em Portugal e na Europa

dos por um desembargador nomeado pelo ministro da justiça em comissão de serviço por três anos e os juízes dos tribunais correccionais e de polícia eram nomeados livremente pelo mesmo ministro entre os juízes da primeira instância de qualquer classe (artigos 1, 6 e 10 do Decreto-Lei n. 35.044, de 20.10.1945) e, não obstante idênticas cautelas terem sido tomadas em relação aos juízes dos tribunais de execução de penas de primeira e de segunda instância, garantindo a livre nomeação pelo ministro da justiça de todos estes magistrados (artigos 5 e 16 do Decreto-Lei n. 34.553, de 30.4.1945), o controlo efectivo da execução de penas era realizado pelo próprio ministro da justiça.[1307]

[1307] Com vista a fazer cessar a interferência directa da administração na fase da execução da pena e, designadamente, a competência do Conselho Superior dos Serviços Criminais no que toca à declaração de um criminoso como preso indisciplinado e à prorrogação de penas e medidas de segurança, e a competência do ministro da justiça no que respeita à concessão da liberdade condicional, a Lei n. 2.000, de 16.5.1944, criou os Tribunais de Execução das Penas, correspondendo deste modo a uma sugestão feita por Cavaleiro de Ferreira logo em 1938 (Cavaleiro de Ferreira, 1938 a: 134). Estes tribunais teriam a competência para controlar o cumprimento das penas e das medidas de segurança e conceder a reabilitação dos condenados em quaisquer penas e dos imputáveis submetidos a medida de segurança, independentemente da revisão extraordinária da sentença, e seriam constituídos por "juízes singulares do quadro da magistratura judicial" (Base II). Os tribunais de execução de penas julgavam de facto e de direito, cabendo recurso somente das decisões de prorrogação de pena ou da medida de segurança ou da revogação da liberdade condicional. O tribunal de recurso era colectivo, tinha jurisdição em todo o país e julgava de facto e de direito. O decreto que regulamentou a lei já foi da lavra do novo ministro da justiça. Nele, além das regras relativas à nomeação ministerial do juiz de primeira instância já referidas, previa--se que o tribunal de recurso seria composto por um juiz desembargador ou um juiz conselheiro e por dois funcionários superiores dos serviços prisionais ou pessoas de reconhecido mérito, todos escolhidos livremente pelo ministro da justiça, subindo, no entanto, os recursos para o Tribunal da Relação enquanto aquele tribunal não fosse formado. O Decreto-Lei n. 38.386, de 8.8.1951, modificou estas regras, criando um tribunal colectivo constituído pelo desembargador presidente do plenário do Tribunal Criminal de Lisboa e pelos dois juízes mais antigos do tribunal de execução de penas de Lisboa, que conheceria das decisões finais em processo de segurança ou complementares, competindo ainda recurso nos processos de segurança limitado à matéria de direito da decisão do tribunal colectivo para a secção criminal do STJ. A partir do Decreto-Lei n. 40.550, de 12.3.1956, de todas as decisões finais proferidas pelo tribunal de execução de penas cabia recurso para o tribunal colectivo de recurso e ainda para a secção criminal do STJ, sendo este limitado às questões de direito. Com a publicação do terceiro Estatuto Judiciário e na sequência de uma proposta da Câmara Corporativa nesse sentido (parecer n. 3/VIII, p. 177 e 178), os recursos destes tribunais passaram a ser julgados pelo Tribunal da Relação. A amplitude das competências dos tribunais de execução de penas e o modelo português de jurisdicionalização do processo de execução das penas realizavam, enfim, as pretensões mais exigentes da doutrina penitenciária europeia, como concluía Robert Vouin no seu juízo sobre o juiz de execução de penas português ("Mais do que um processo de execução da pena, será o processo de um homem, que se abrirá diante do magistrado. Dir-se-ia quase: o processo de defesa social que alguns de nós deixam entrever no futuro do nosso processo criminal", *Plus qu' un procès d' exécution de la peine, ce sera*

A Jurisdição Penal Comum   585

O controlo da magistratura judicial pelo ministro da justiça não se limitava
à composição dos tribunais criminais mais importantes do país. O ministro da
justiça determinava também a colocação dos juízes de qualquer classe "por virtude de nomeação, transferência, promoção, cessação de comissões ou regresso
à efectividade de funções", sob parecer não vinculativo do Conselho Superior
Judiciário (artigo 27 do Decreto-Lei n. 35.388, de 22.12.1945), nomeava de entre todos os juízes desembargadores e os juízes de direito de primeira classe os
inspectores judiciais, que exerciam funções em comissão de serviço de três anos
(artigo 16 do mesmo diploma), e podia mandar inspeccionar o serviço de qualquer magistrado abrangido pela classificação extraordinária e determinar que a
sua apreciação fosse revista pelo Conselho em face dos resultados da inspecção
(artigo 43, § único, do mesmo diploma).[1308]

---

*le procès d' un homme, qui s' ouvrira devant ce magistrat. On dirait presque: le procès de défense
sociale que certains nous donnent à entrevoir dans l' avenir de notre procédure criminelle* ...,
Robert Vouin, 1954: 185). Na prática, contudo, o funcionamento do sistema penitenciário foi per-
vertido pela interferência ministerial na fase da execução das penas aplicadas a delinquentes políticos. Com efeito, a concessão da liberdade condicional a arguidos condenados por crimes
políticos era fiscalizada por via administrativa pelo próprio ministro da justiça depois de ele ter
dado ordem expressa à Procuradoria-Geral da República para que nenhuma proposta de concessão
de liberdade condicional do director da cadeia ou da PIDE tivesse andamento sem que fosse apresentada previamente ao ministro da justiça, tendo igualmente ordenado aos directores das cadeias
que nenhuma proposta de concessão de liberdade condicional em casos de criminalidade contra a
segurança interior e exterior do Estado fosse feita sem o "visto de carácter interno" do ministro
da justiça (Cavaleiro de Ferreira, 2000: 277 e 278). Acresce que o Decreto-Lei n. 35.046, de
22.10.1945 transferiu do ministério do interior para o ministério da justiça as colónias penais de
Peniche e da Cabo Verde, mas o ministro da justiça continuou a ordenar o envio de novos presos
para a colónia penal de Cabo Verde (por exemplo, a ficha de José Pinheiro Barbosa: "determinou
Sua Ex. o Ministro da Justiça por seu despacho de 10 de Agosto de 1949 que este recluso fosse
transferido para a Colónia Penal de Cabo Verde", in Comissão, 1987: 62, apesar da posição, mais
tarde, de Cavaleiro de Ferreira, 1979: 313). A situação de controlo político sobre a fase da execução da pena mantinha-se no final do regime na sua substância, concluindo Armando Bacelar
que "é inteiramente desumana a actual situação pela qual a liberdade condicional só pode ser proposta pelas próprias entidades que superintendem na reclusão ... isto choca em todos os casos,
mas principalmente no dos chamados estados de perigosidade por actividades ditas subversivas,
pois nestas a entidade prisional é órgão de poder político" (Armando Bacelar, 1972: 602 e 603).

[1308] A interferência do ministro da justiça na gestão da magistratura judicial podia até ter lugar antes de o Conselho Superior Judiciário reunir para decidir da classificação dos juízes com repercussão directa na progressão na carreira do juiz visado (Luís Azevedo, 2001: 87). Daí que o
sistema de classificação tenha sido criticado, mesmo depois da sua reforma pelo Decreto-
-Lei n. 40.916, de 20.12.1957, como um instrumento de actuação de critérios de natureza extra-
-judiciária (Cláudio Olympio, 1944: ano 8, pp. 3, 19, 43 e 59, e 1946: 106, Manuel dos Santos
Martins, 1972: 527 a 529, Francisco José Velozo, 1973: 48 e 49, e Roseira Figueiredo e Pinto Ferreira,
1974: 51, mas a favor Campos Costa, 1957: 5 a 7). O regime de 1945 previa que a classificação

586 A Reforma da Justiça Criminal em Portugal e na Europa

Os juízes presidentes dos círculos judiciais e os juízes dos juízos criminais de Lisboa e do Porto eram nomeados em comissão de serviço de três anos de entre os juízes de primeira classe designados pelo Conselho Superior Judiciário e quer os juízes presidentes dos círculos quer os juízes desembargadores presidentes dos plenários criminais tinham amplos poderes disciplinares e de ins-pecção sobre os juízes das comarcas (artigo 5, § único, e artigo 24, 4º, do Decreto-Lei n. 37.047, de 7.9.1948), o que tinha um efeito conjugado fortemente prejudicial para a independência do tribunal.[1309]

Estas disposições devem ainda ser articuladas com o novo regime de nomeação dos membros do Conselho Superior Judiciário pelo ministro da justiça, que designava por via directa o vice-presidente e o secretário e por via indirecta os restantes.[1310] A legislação nova culminava o processo de afastamento

---

extraordinária para promoção por mérito à classe imediata ou à Relação se fizesse quando o ministro da justiça a ordenasse, mas o regime resultante do Decreto-Lei n. 40.916, de 20.12.1957, previa a sua realização obrigatória pelo menos de três em três anos. De acordo com o regime de 1945, metade dos juízes eram promovidos à segunda instância por mérito e a outra metade por antiguidade, ao invés do regime de 1957, que reservava dois terços dos juízes à promoção por mérito e o restante terço à promoção por antiguidade. A terceira distinção era a de que mesmo os magistrados classificados de muito bom eram ordenados no regime de 1957 por mérito e já não por antiguidade, como anteriormente.

[1309] José Alberto dos Reis aplaudiu muito vivamente a reforma judiciária de 7.9.1948 no que toca à reentrada de um terceiro juiz de direito para o tribunal colectivo ("Por outras palavras, a Reforma de 1948 propõe-se manter as vantagens que o sistema iniciado em 1944 obteve sobre o sistema anterior e remover os inconvenientes de que padece o sistema do Estatuto actual. Mantêm-se as vantagens, porque o tribunal colectivo só obriga a deslocar o juiz duma comarca limítrofe, em vez de deslocar os juízes de duas comarcas, como sucedia antes de 1944; evitam-se os inconvenientes, porque se procura elevar o nível do tribunal colecivo, abatido em consequência da intromissão do elemento estranho à magistratura judicial", José Alberto dos Reis, 1949 b: 357), mas censurou, com igual vigor, o estatuto do juiz presidente ("Nestas circunstâncias, é legítimo o receio de que os dois vogais do tribunal colectivo olhem o presidente, não de igual para igual, mas de inferior para superior", José Alberto dos Reis, 1949 b: 387). A crítica do Autor não cessava neste ponto, impugnando também as razões que motivaram o legislador a restringir a competência do tribunal colectivo em relação às causas que excedessem a alçada do juiz de direito e a reintroduzir os depoimentos escritos na audiência de julgamento no processo sumário. Os argumentos expendidos para a crítica do estatuto do juiz presidente do círculo valiam também para o juiz desembargador presidente do plenário criminal das comarcas de Lisboa e do Porto.

[1310] A nomeação dos membros do Conselho Superior Judiciário pelo ministro da justiça foi apontada como característica de um sistema que negava a independência funcional e política do poder judicial em relação ao poder executivo, quer em Portugal (Francisco José Velozo, 1972: 257 e 277, Flávio Pinto Ferreira, 1972: 475, Manuel Salvador, 1972: 187 e 191, 308 e 309, Artur Santos Silva, 1973: 36, Olívio França, 1973: 203 e 204, José Magalhães Godinho, 1973: 220, 223 e 224, e Joaquim Roseira Figueiredo e Flávio Pinto Ferreira, 1974: 33 e 34), quer no estrangeiro (Albrecht Wagner, 1959: 92). Albrecht Wagner considerava que a nomeação ministerial dos

A Jurisdição Penal Comum

gradual da doutrina do Estatuto Judiciário de 1927, mantendo, por um lado, a composição do Conselho Superior Judiciário inteiramente dependente da vontade do ministro da justiça e, por outro, reintroduzindo a competência decisória deste ministro relativamente à nomeação, promoção e transferência dos juízes e confiando-lhe mesmo a escolha dos juízes titulares dos tribunais criminais de primeira instância mais importantes do país e dos juízes conselheiros da nova secção criminal do Supremo Tribunal de Justiça.

A concentração de poderes no ministro da justiça relativos ao estatuto dos magistrados judiciais e, em especial, dos que exerciam funções na jurisdição criminal, atingia o seu ponto máximo na história da ditadura militar e do Estado Novo. Pela primeira vez o governo não considerava suficiente o controlo da composição do Conselho Superior Judiciário, conjugando-a com a atribuição a este órgão de uma competência meramente indicativa relativa à nomeação, promoção e transferência dos juízes. Pela primeira vez também o governo reservava-se a faculdade de seleccionar os magistrados titulares de certos tribunais criminais comuns e os inspectores judiciais.[1311]

---

membros do Conselho Judiciário português significava a inexistência de uma "verdadeira auto--administração da magistratura" (*keine echte Selbsverwaltung der Richterschaft*, Albrecht Wagner, 1959: 92). Não obstante, mesmo entre os críticos se reconhecia que "a magistratura é honrada, e felizmente, pode dizer-se que o é, até porque se houver excepções – a perfeição geral é ideal inatingível – elas servirão a confirmar a regra. E, não se aponta publicamente um caso em que tenha havido pressão junto de um Tribunal para decidir desta ou daquela maneira. Isso não é razão para justificar e não modificar o sistema. É sabido que não basta que a mulher de César seja honrada, é indispensável que o pareça. E é absolutamente necessário colocar o poder judicial, no seu verdadeiro lugar de poder do Estado, de um dos órgãos de soberania, e a coberto de toda a suspeita, de toda a tentação" (José Magalhães Godinho, 1973: 228).

[1311] O direito português não conheceu, contudo, uma reforma semelhante à introduzida, três meses depois da tomada do poder pelo partido nacional-socialista, através da *Gesetz zur Wiederherstellung des Berufsbeamtentums*, de 7.4.1933. Esta lei, que vigorou transitoriamente até à nova *Beamtengesetz*, conferiu ao governo a faculdade de demitir os funcionários públicos, incluindo os juízes, que não fossem de ascendência ariana (*die nicht arischer Abstammung sind*, § 3, 1) ou que estivessem comprometidos politicamente com a oposição comunista ou social--democrata e não oferecessem a garantia de que defenderiam a todo o tempo e sem reservas o Estado nacionalista (*die nach bisheriger politischen Betätigung nicht die Gewähr dafür bieten, dass sie jederzeit rückhaltlos für die nationalen Staat eintreten*, § 4). Na sequência da publicação desta lei foram afastados com fundamentos rácicos 574 juízes e magistrados do Ministério Público (Albrecht Wagner, 1968: 225, Ulrich Schumacher, 1985: 74, Gerhard Riehle, 1985: 76, e Lothar Gruchmann, 1988: 165 a 167), cessando na prática o princípio da independência dos juízes (Eduard Kern, 1954 a: 209, e Ralph Angermund, 1991: 50). A excepção prevista na lei para os judeus veteranos da primeira guerra mundial ou cujos pais ou filhos tivessem morrido em combate, conhecida pela excepção Hindenburg, foi em larga escala anulada pelo recurso a transferências ou aposentações compulsivas com fundamento na "necessidade do serviço" (*wenn es das dienstliche*

588 A Reforma da Justiça Criminal em Portugal e na Europa

A orientação da reforma do processo penal conjugava-se com este reforço da autoridade. Se a pretendida introdução do princípio da acusação foi moldada

---

Bedürfnis erfordert) ou de "simplificação da administração" (*zur Vereinfachung der Verwaltung*), previstas nos §§ 5 e 6 da lei nova (Lothar Grunchmann, 1987: 138, Ralph Angermunnd, 1991: 50 a 54, e Richard Miller, 1997: 116). Mais tarde, a referida excepção foi suprimida pela *Erste Verordnung zum Reichsbürgergesetz*, de 14.11.1935, de cuja aplicação resultou o afastamento de mais 239 magistrados. Com a anexação da Áustria e a publicação da *Verordnung zur Neuordnung des österreichischen Berufsbeamtentums*, de 31.5.1938, foram ainda afastados mais 180 magistrados (Albrecht Wagner, 1968: 225, Ulrich Schumacher, 1985: 74, Gerhard Riehle, 1985: 76, e Lothar Gruchmann, 1988: 169 a 174). Dois meses depois da publicação da lei de Abril de 1933, o § 3 da *Gesetz zur Änderung von Vorschriften auf dem Gebiete des allgemeinen Beamten -, des Besoldungs- und des Versorgungsrechts*, de 30.6.1933, fixou os requisitos rácicos e ideológicos para o ingresso na função pública, que os §§ 3 e 25 da nova *Deutsches Beamtengesetz*, de 26.1.1937, também consagraram. Simultaneamente, a *Gesetz über die Beteiligung des Stellvertreters des Führers bei der Ernennung von Beamten*, de 24.9.1935, que atribuía ao representante de Hitler, Rudolf Hess, a competência para dar parecer sobre a fiabilidade política de qualquer candidato a funcionário público, foi aplicada à nomeação e à progressão na carreira dos magistrados, pela *Verordnung* de 21.11.1935, assegurando ao partido uma preponderância efectiva sobre o sistema organizativo da classe (Ralph Angermund, 1991: 77 e 78). Acresce que a nomeação para o estágio dependia da inscrição no NSDAP ou uma sua dependência (§ 2 da *Beamtenlaufbahnverordnung* de 28.2.1939) e os órgãos com competência disciplinar sobre os juízes eram compostos por membros escolhidos pelo ministro do interior, sob proposta do partido e em conformidade com o parecer do representante do *Führer* (§§ 36, 41 e 109 da *Reichsdienststrafordnung*, de 26.1.1937). A alteração estrutural da composição do funcionalismo judiciário constituiu, pois, o primeiro passo para a reforma nacional-socialista da administração da justiça penal, afastando-se todos aqueles que tivessem "ascendência ou atitude não alemãs" (*undeutsch nach Abstammung und Gesinnung*, Wilhelm Crohne, 1936: 154). A intensificação da guerra exterior e da oposição interior conduziu à instrumentalização total do funcionalismo público e à precarização completa do vínculo profissional com o Estado a partir da *Beschluss des Grossdeutschen Reichstags*, de 26.4.1942. Esta decisão parlamentar reconheceu o *Führer* como "senhor supremo dos tribunais", consagrando a designação que Hitler a si próprio deu a partir de 1934 e que a doutrina sancionou (Carl Schmitt, 1940: 200 e 201, e Ernst Huber, 1939: 278), e atribuiu-lhe a faculdade de castigar e demitir, independentemente de quaisquer direitos adquiridos e de forma de processo, qualquer cidadão alemão, incluindo os juízes, que tivesse violado os seus deveres. No direito alemão vigorava, pois, o princípio fundamental da vinculação directa do juiz à vontade do *Führer*, nos termos do qual a lei era uma ordem do próprio Hitler e a autoridade do *Führer* tinha de ser garantida pela obediência íntima incondicional do juiz àquela ordem (Franz Gürtner, 1936 b: 25, Karl Larenz, 1934: 36, Georg Dahm, 1935 b: 16, Carl Schmitt, 1933: 44 a 46, Franz Exner, 1935: 3, Edmund Mezger, 1936: 10, Otto Geigenmüller, 1937: 50, Ernst Huber, 1939: 278 e 279, 445 e 446, Hans Frank, 1939: 53). De acordo com a generalidade da doutrina, esta concepção da independência do juiz não era, no entanto, inconciliável com a liberdade de decisão. Com base no § 171 da *Beamtengesetz* de 26.1.1937 (*Die Versetzung eines richterlichen Beamten in den Ruhestand nach § 71 kann nicht auf den sachlichen Inhalt einer in Ausübung der richterlichen Tätigkeit getroffenen Entscheidung gestützt werden*), a doutrina considerava aquela concepção da independência como sendo compatível com a irresponsabilidade política do juiz na resolução do caso concreto (Lothar Schöne,

à imagem do modelo do código alemão de 1877 no que respeita à direcção da instrução preparatória pelo Ministério Público, à obrigatoriedade da instrução

---

1937: 149, Roland Freisler, 1938 a: 99, Eduard Kern, 1938: 130, 134 a 136, Ernst Huber, 1939: 446, Wilhelm Krug, 1940: 10 e 11, Günther Kuchenhoff, 1941: 335 a 338, e Robert von Hippel, 1941: 60, 117 a 119). Contudo, um *Rundschreiben* do chefe da chancelaria imperial, Heinrich Lammers, de 12.7.1938, determinou que, segundo a interpretação do *Führer*, o referido § 171 não excluía a aposentação compulsiva de juízes por força de uma decisão judicial concreta (Hermann Weinkauff, 1968: 70, Albrecht Wagner, 1968: 217, Heinz Boberath, 1975: XIV, Ulrich Schumacher, 1985: 75, Lothar Gruchmann, 1988: 191 a 200, e Ralph Angermund, 1991: 87 e 88). Do mesmo modo, a doutrina considerava que a garantia da inamovibilidade não tinha sido esvaziada de conteúdo depois da aprovação do § 2 da *Verordnung* de 1.9.1939, que permitia a atribuição pelo ministro da justiça ao juiz de processos determinados e mesmo de tarefas do Ministério Público (Wilhelm Töwe, 1940 a: 4 e 5, e Günther Küchenhoff, 1941: 334 e 335). Por outro lado, a prática, a partir de Maio de 1942, da "antevisão" e da "revisão" (*Vor- und Nachschau*) dos processos pelos superiores hierárquicos com o juiz titular e o envio, a partir de Outubro de 1942, de "cartas aos juízes" (*Richterbriefe*), isto é, de cartas anónimas e confidenciais dirigidas pelo Ministério da Justiça aos magistrados dos tribunais inferiores, criticando as suas decisões e, designadamente, a severidade ou a brandura das penas aplicadas, redundavam em uma interferência directa do poder executivo no exercício da administração da justiça ou, nas palavras do próprio ministro da justiça Georg Thierack, em uma "muito clara direcção dos juízes, que eu me permito executar e pela qual também acredito poder responder" (*das ist eine ganz glatte Richterlenkung, die ich mir erlaube durchzuführen und die ich auch verantworten zu können glaube*, Günther Kochenhoff, 1941: 320 a 322, Götz Leonhard, 1952: 13, Albrecht Wagner, 1959: 78 a 80, Eberhard Schmidt, 1947: 411 a 413, e 1964: 266 e 280, Eduard Kern, 1954 a: 261, mas 276, e 1954 b: 60 e 69, Hubert Schorn, 1959: 57 a 62, 86 a 88, Hermann Weinkauff, 1968: 156 a 159, 164 a 166, Albrecht Wagner, 1968: 209 a 213, Wolf-Peter Koch, 1972: 61 e 62, Heinz Boberath, 1975: XVIII a XXIV, 335 a 343, que inclui a citação de Thierack e, entre outras, uma "carta" muito significativa, em que são directamente criticadas 41 decisões de arquivamento e condenação, Klaus Marxen, 1975: 212 a 214, Ingo Müller, 1980: 80 a 82, Ulrich Eisenhardt, 1984: 365 a 367, Udo Reifner, 1983: 17 e 18, Alexander von Brünneck, 1983: 112 a 120, Heinrich Rüping, 1984 a: 298 a 300, e 1991: 106 a 108, Günter Spendel, 1985: 181, Gerhard Riehle, 1985: 136 a 138, Diemut Majer, 1987: 106 e 107, Hannsjoachim Koch, 1989: 113 a 119, 132 e 133, e Ralph Angermund, 1991: 231 a 245). O direito português conheceu limitações de natureza política, mas não rácica para o exercício da magistratura. Assim, logo em 1931 o governo, ponderando que até então tinha adoptado "contemporizações e tolerâncias", mas que estava "agora convencido de que a própria independência pátria seria comprometida se não se desse fim à crescente ousadia dos criminosos adversários", e tendo a "certeza de que os opositores do seu pensamento e da execução nacional que àquele tem dado vivem em perfeito entendimento com as forças comunistas da desordem e da anarquia", determinou o afastamento temporário, a reforma, a aposentação ou a demissão, consoante os casos, dos magistrados, funcionários e empregados civis e militares do Estado ou das autarquias locais que manifestassem a sua "oposição à política nacional, ordeira e reformadora do Govêrno da República, não dando suficientes garantias do leal cumprimento dos deveres do seu cargo" (artigo 1 do Decreto n. 20.314, de 16.9.1931). O órgão competente para a decisão era o conselho de ministros, não sendo o funcionário ouvido previamente, tal como no já referido Decreto n. 10.734, mas admitindo-se o recurso daquela decisão para o mesmo conselho de mi-

590 A Reforma da Justiça Criminal em Portugal e na Europa

judicial nos processos por crimes mais graves e sua admissibilidade nos restantes, aos fundamentos limitados para a sua rejeição, à restrição da participação das partes processuais na instrução judicial e à competência distinta do Ministério Público no final da instrução preparatória e da instrução contraditória, a influência directa do direito alemão mais recente também se fazia sentir no que concerne à solução consagrada para o problema fundamental do controlo do exercício dos poderes do Ministério Público na fase da instrução preparatória. A supressão de um controlo judicial efectivo do exercício destes poderes e, sobretudo, da abstenção de acusar, e a consagração de um controlo estritamente hierárquico das decisões processuais do Ministério Público retomavam a solução defendida quase unanimemente pela doutrina alemã e consagrada pelo legislador alemão em 1942.[1312]

---

nistros. Com a mudança de ministro na pasta da justiça procedeu-se a uma nova regulamentação das infracções disciplinares de carácter político, através do Decreto n. 21.942, de 5.12.1932, que revogou o diploma de Setembro do ano anterior. O novo processo disciplinar admitia a defesa prévia do arguido, competindo a decisão disciplinar em primeira instância ao ministro e em segunda e última instância ao conselho de ministros. Este regime do controlo por via disciplinar e *a posteriori* da dissidência política foi mantido pelo Decreto-Lei n. 23.203, de 6.11.1933, nos seus precisos termos, e completado dois anos depois pela introdução de um controlo preventivo, prevendo-se que não podiam ser nomeados ou contratados para quaisquer cargos públicos e seriam aposentados ou reformados os "que tenham revelado ou revelem espírito de oposição aos princípios fundamentais da Constituição Política, ou que não dêem garantia de cooperar na realização dos fins superiores do Estado" (artigo 1 do Decreto-Lei n. 25.317, de 13.5.1935). Simultaneamente, determinou-se o regresso ao sistema repressivo extra-disciplinar do Decreto n. 20.314, competindo a demissão, a reforma ou aposentação e a exclusão de concurso público ao conselho de ministros, para o qual eram interpostos os recursos pelos visados. No ano seguinte, passou a ser exigida para a admissão a concurso, a nomeação efectiva ou interina, o assalariamento, a recondução, a promoção, a comissão de serviço, a concessão de diuturnidades e a transferência voluntária, em relação aos lugares do Estado, dos serviços autónomos e dos corpos administrativos, incluindo os lugares das magistraturas, uma declaração de honra do candidato de integração na "ordem social estabelecida pela Constituição" e de "activo repúdio do comunismo e de todas as ideias subversivas" (artigo 1 do Decreto-Lei n. 27.003, de 14.9.1936, substituído pelo artigo 5 do Decreto-Lei n. 49.397, de 24.11.1969). Comentando criticamente estes condicionalismos de natureza política, logo em 1935, Caetano Gonçalves (1935: 322 e 323), e, bastante mais tarde, Salgado Zenha, 1968: 92, Roseira Figueiredo, 1972, 12 a 17, e Sá Carneiro, 1973, 11 a 16. Com toda a propriedade pôde, pois, concluir recentemente Figueiredo Dias que os regimes europeus que se tornaram permeáveis à ideologia autoritária mantiveram a "independência formal" dos juízes, "mas furtando-lhes a independência material, institucional e pessoal" (Figueiredo Dias, 1983 a: 200).

[1312] O legislador português não consagrou a solução do código austríaco de 1873 da dedução da acusação pública pelo acusador particular (§§ 48 e 49), mas também não consagrou integralmente a solução do código alemão de 1877, pois só admitiu a sindicância da decisão de arquivamento do acusador público pelo superior hierárquico, pondo de parte a sindicância judicial do despacho confirmativo do superior hierárquico pelo Tribunal da Relação, ao invés do que

A Jurisdição Penal Comum

O vício fundamental da regulamentação do processo preparatório no direito alemão mantinha-se e era até agravado na reforma portuguesa pelo modo de organização dos tribunais com competência criminal.

Com efeito, o juiz do juízo criminal que dava a pronúncia podia fazer parte do plenário, se fosse um dos dois mais antigos do tribunal, e, fizesse ou não parte deste, o despacho de pronúncia era recorrível apenas para o próprio tribunal plenário. Acresce que nos processos de querela que não eram julgados pelo tribunal plenário intervinha sempre o juiz que tinha dado a pronúncia, quer em Lisboa e no Porto, onde o juiz do juízo criminal presidia ao tribunal colectivo, quer no resto do país, onde o juiz titular do processo fazia parte do colectivo, não presidindo. A posição processual do réu era, contudo, menos grave em relação a estes processos, pois o despacho de pronúncia era recorrível para o Tribunal da Relação.

---

permitiam os §§ 169 a 175 da lei alemã. A solução preferida foi a do artigo 9, § 2 (3) da *Verordnung* de 13.8.1942, que aboliu o recurso judicial e manteve apenas a faculdade de impugnação da decisão de arquivamento dentro da hierarquia do Ministério Público. Sem prejuízo do que adiante se dirá em relação à nova organização judiciária, no plano da reforma processual foi neste particular aspecto da supressão do controlo judicial da abstenção de dedução de acusação pelo Ministério Público que o legislador português consagrou uma solução em tudo idêntica à dada pelo legislador nacional-socialista e defendida pela maioria da doutrina germânica. O desaparecimento do papel do lesado no processo penal era uma exigência do novo direito (Georg Dahm, 1935 b: 20), que se conjugava com as críticas tradicionais apontadas à "acusação privada" (*Privatklage*) (Graf zu Dohna, 1929: 228) e ao "processo para compelir a acusação" (*Klageerzwingungsverfahren*) (Adolf Lobe, 1928: 44 e 45). Daí que a *Grosse Straprozesskommission* tenha proposto a substituição deste procedimento pela impugnação para o superior hierárquico do magistrado do Ministério Público e a abolição da "acusação privada" (*Privatklage*) e da "acusação acessória" (*Nebenklage*) (Roland Freisler, 1938 b: 47, e Lautz, 1938: 107 e 108), com a excepção das causas relativas a crimes contra a honra, em que o ofendido teria poderes quase idênticos aos anteriormente reconhecidos na StPO, salvo no que toca a alegações sobre a pena no final da audiência (Ernst Schäfer, 1938: 494). A favor da abolição da "acusação privada" e da "acusação acessória" pronunciaram-se Heinrich Henkel, 1935: 43, e 1937: 244 a 249, Schäfer, 1937: 35, Karl Peters, 1937: 55 e 56, Georg Dahm, 1935 c: 408, e 1937: 73, Niethammer, 1937: 88, mas contra Hellmuth Mayer, 1934: 315. A divisão da doutrina em torno do futuro do *Klageerzwingungsverfahren* revelou-se mais equilibrada, pronunciando-se contra este processo, Karl Siegert, 1935: 21, Georg Dahm, 1935 c: 409, Wilhelm Töwe, 1936 d: 278, Dörffler, 1937 b: 118, Heinrich Henkel, 1937: 240 a 242, Karl Peters, 1937: 46, Niederreuther, 1939: 199 e 200, Eduard Kern, 1939: 21, e Eberhard Schmidt, 1944: 310 e 311, com a excepção do arquivamento com fundamento na falta de uma "necessidade retributiva do lesado", e a favor da sua manutenção, Hellmuth Mayer, 1934: 314, Friedrich Oetker, 1935 c: 375 a 378, com excepção do arquivamento "por consideração do bem público", e von Gemmingen, 1937: 252. Richard Busch (1939: 199) defendia a substituição deste processo por um controlo judicial facultativo suscitado pelo arguido ao tribunal de julgamento. Em 1942, o recurso a esta faculdade legal era irrelevante em termos estatísticos, pelo que a referida *Verordnung* de 13.8.1942 só consagrou uma situação de facto (Ulrich Schumacher, 1985: 131).

A *Reforma da Justiça Criminal em Portugal e na Europa*

Por sua vez, os processos correccionais e de polícia, quando não eram instruídos pelo juiz de direito que os julgava, eram-no pelo juiz municipal, que, no final da instrução, os remetia ao juiz de direito para prolação de pronúncia ou de despacho de recebimento da acusação e designação de data para julgamento.

O princípio da acusação tinha, pois, uma consagração meramente formal, que resultava não apenas do modo como os tribunais com competência criminal se encontravam organizados, mas também da manutenção expressa pelo legislador dos poderes do juiz previstos no artigo 346 do CPP no final da instrução contraditória. O efeito conjugado da consagração do exercício desta faculdade pelo juiz instrutor e da participação deste no julgamento da causa esvaziava de conteúdo a nova garantia do princípio da acusação.

Esta consagração formal do princípio da acusação ia de par com um agravamento do défice na realização do princípio da imediação. De facto, o legislador introduziu três inovações muito relevantes ao regime da prova na fase de julgamento que transformaram significativamente o modo de produção e valoração da prova.

A alteração ao artigo 422 do CPP, aprovada pelo Decreto-Lei n. 34.564, de 2.5.1945, afastava o adiamento por falta da testemunha notificada e não prescindida, tornando o adiamento unicamente dependente da apreciação pelo juiz da necessidade do depoimento oral da testemunha faltosa. A regra clássica do direito português, que já tinha sido implicitamente posta em causa em 1929, era agora claramente rejeitada, estabelecendo-se deste modo a regra diametralmente oposta da determinação judicial, oficiosa e arbitrária, da leitura do depoimento das testemunhas faltosas.

Por outro lado, a proibição da inquirição por deprecada das testemunhas já ouvidas nos autos ou de testemunhas que não tivessem sido oportunamente indicadas para serem ouvidas na instrução contraditória, quando esta tivesse sido requerida ou ordenada, prevista pelo novo § 4 do artigo 401 do CPP,[1313] e a proibição da instância directa, introduzida na nova redacção dada ao artigo 435 do CPP,[1314] agravaram ainda mais aquele défice.

[1313] A doutrina criticou abertamente esta inovação do Decreto-Lei n. 36.387, de 1.7.1947, concluindo que a nova disposição legal era "nefasta" (Adelino da Palma Carlos, 1954: 168). Mais tarde, Cavaleiro de Ferreira ainda interpretou este preceito no sentido de que os depoimentos das testemunhas prestados na instrução contraditória podiam ser lidos na audiência de julgamento (Cavaleiro de Ferreira, 1986 b: 244).

[1314] Esta nova redacção da disposição legal, que também foi introduzida pelo Decreto-Lei n. 36.387, foi igualmente objecto de crítica cerrada da doutrina. A disposição legal encontrava-se "em desacordo com os princípios enunciados no decreto n. 35.007" (Eduardo Correia, 1948: 171), tinha "os maiores inconvenientes" (Adelino da Palma Carlos (1954: 172) e constituía um "grave prejuízo" para o exercício do mandato judicial (Ângelo d'Almeida Ribeiro, 1958: 225 e 226),

A *Jurisdição Penal Comum*   593

Os recursos, cujo regime se mantinha, não resolviam estes défices. Ao invés, a não sindicância de actos jurisdicionais praticados pelo Ministério Publico e pelas polícias criou uma contradição intrínseca do sistema, pois este atribuía o exercício de poderes jurisdicionais, que afectavam a posição processual e os direitos e as liberdades do arguido e do assistente, a órgãos de cujas decisões não era admissível a interposição de recurso. A solução do controlo meramente hierárquico do exercício dos poderes jurisdicionais do Ministério Público e das polícias revelava a opção por uma solução de natureza autoritária.

Quer o problema da legitimidade do assistente para acusar em crimes públicos quando o Ministério Público se abstinha,[1315] quer o do caso julgado do despacho de arquivamento do Ministério Público,[1316] tornaram-se em dilemas

---

saliientando estes dois últimos autores, no entanto, a prática tolerante de muitos juízes, que ignoravam a nova disposição. Na sequência das conclusões do Instituto da Conferência da Ordem dos Advogados, de 15.12.1958 (in ROA, vol. 18, 1958, p. 423), e do parecer favorável da Câmara Corporativa (parecer n. 9/VII, pp. 261 a 265), a Lei n. 2.096, de 23.5.1959, viria a modificar de novo esta disposição, repondo o direito anterior, isto é, determinando que as testemunhas fossem perguntadas pelos representantes das partes que as tivessem produzido, podendo no final a parte contrária fazer directamente as perguntas que entendesse necessárias para o esclarecimento da verdade.

[1315] A jurisprudência e parte da doutrina admitiam abertamente que o controlo exclusivamente hierárquico do Ministério Público era insuficiente e, por isso, propugnavam a legitimidade da acusação do assistente por crime público quando o Ministério Público não a deduzisse (Adelino da Palma Carlos, 1954: 156, Ary Elias da Costa, 1958: 29 a 36, 180 e 183, Manuel Martins, 1959: 158 e 159, Vassanta Tambá, 1959: 10 a 18, António de Campos, 1960: 223 e 224, Castanheira Neves, 1968: 134 e 151, e Figueiredo Dias, 1971 d: 5, e 1974: 124, 125, 135 e 526), recuperando uma posição já assumida na doutrina diante da Novíssima (Luís da Cunha Gonçalves, 1913: 385 e 386). Contra, com base na natureza pública da acção penal e na existência de um sistema de reclamação dos particulares, Raúl Davim, 1946: 36, Vitor Faveiro, 1946: 9 e 13, Abel de Campos, 1951: tomo I, p. 194, tomo II, pp. 82 a 88, e 404 a 407, e tomo III, pp. 652 a 654, Manuel Falcão, 1953: 318, Eduardo Correia, 1954: 7 e 15, 1956: 216, e 1959: 308 e 309, e Cavaleiro de Ferreira, 1955: 121 e 133). Uma terceira posição, intermédia, era defendida por Campos Costa (1955: 302 a 305), que considerava que o assistente podia deduzir acusação por crimes públicos, mas o juiz não a podia receber, devendo antes mandar subir os autos ao procurador da República se concordasse com a acusação particular. O juiz só podia receber a acusação particular se o procurador mandasse o delegado acusar também. Os fundamentos teóricos desta posição assentavam no carácter público da acção penal, mesmo nos crimes particulares, e na existência de uma sistema de fiscalização do exercício da acção penal pelo Ministério Público que oferecia mais garantias aos particulares do que a própria acção penal privada (Campos Costa, 1956 c: 195 a 198, 209 e 210), aproximando-se, em termos práticos, da posição do segundo grupo de autores.

[1316] A doutrina invocava como argumento fundamental neste sentido a verificação no caso do despacho do Ministério Público de arquivamento dos mesmos "fundamentos normativos" que justificavam o caso julgado do despacho judicial de arquivamento, isto é, a liberdade e a segurança do arguido, sendo certo que os poderes decisórios de arquivamento do Ministério Público o

594   *A Reforma da Justiça Criminal em Portugal e na Europa*

momentosos para a doutrina e para os tribunais, que mereceram da jurisprudência soluções pragmáticas, visando mais a salvaguarda dos direitos das partes do
que a coerência teórica com os pressupostos dogmáticos do sistema processual
vigente.

Se ressumbra a filiação dogmática do novo direito penal português do
início da década de quarenta em um "direito penal da vontade e do perigo"
(*Willens- und Gefährdungsstrafrecht*) defendido na doutrina e concretizado pelo
legislador alemão,[1317] não pode, contudo, identificar-se o âmbito da reforma

---

alçavam a uma posição semelhante à da autoridade judicial e distinta da antiga Polícia de Investigação Criminal (Eduardo Correia, 1966 a: 50 e 68, e 1971: 37 e 38, João Alcides de Almeida,
1966: 40 a 43, Castanheira Neves, 1968: 159 e 160, e Figueiredo Dias, 1974: 411 a 418, mas
contra, Cavaleiro de Ferreira, 1956 b: 163, e Mário Fernandes Afonso, 1964: 155 a 163). Paredes
meias com este problema foi discutido um outro, o da interrupção da prescrição em virtude da
actividade instrutória do Ministério Público, nos termos do artigo 125 do Código Penal, que foi
objecto do Assento de 17.5.1961 (in BMJ, n. 107, pp. 345 a 351). A doutrina nele fixada, no sentido do reconhecimento daquela interrupção, mereceu o aplauso da doutrina (Eduardo Correia,
1962 b: 374).

[1317] O *Preussische Justizministerium*, o *Reichsrechtsamt der Nationalsozialistische Deutsche Arbeiter Partei*, a *Akademie für Deutsches Recht* e ainda a *Amtliche Strafrechtskommission für
das kommende Strafrecht*, criada pelo ministro da justiça Franz Gürtner, destacaram-se pelas suas
propostas de reforma da lei penal substantiva, que colocavam como fundamento do novo direito a
"vontade criminosa activa" (*betätigte verbrecherische Wille*) e não a verificação do resultado com
o principal argumento de que esta verificação dependia de circunstâncias sobre as quais a vontade
do agente nenhuma influência tinha. As consequências práticas mais relevantes deste pensamento
eram a da defesa de uma teoria subjectiva da tentativa, da equiparação da punição da tentativa,
mesmo inidónea, com a consumação, transformando-se a distinção entre os actos tentados e os actos preparatórios na "linha de defesa do Estado" (*Verteidigungslinie des Staates*), da irrelevância
da desistência do prosseguimento na execução do crime, relevando apenas o arrependimento
activo, da abolição da distinção entre a autoria e as diferentes formas de participação, optando-se
por um conceito extensivo de autor, do alargamento do âmbito do crime omissivo impróprio e da
fundamentação da medida da pena em um juízo total sobre a desconformidade da personalidade
do agente com as concepções do novo direito (Roland Freisler, 1934: 13 e 14, 22 e 23, e 1935: 34
a 37, 1936 a: 89, 90, 117 a 120, 137 a 140, Friedrich Schaffstein, 1934 b: 609 a 612, Georg Dahm,
1935 b: 17 e 18, mas contra em 1940: 54 a 58, Franz Gürtner, 1936 b: 26 e 27, Edmund Mezger,
1936: 11 e 12, 1938: 52 a 55, 107, 108, 118, 119, e 1942: 247 a 250, Eduard Kohlrausch, 1936:
388 a 397, e Donnedieu de Vabres, 1938: 94 a 102). A crítica não se fez esperar (August Finger,
1934: 281 a 287, 1935: 49, 54 a 56, 109, 110 e 120, Friedrich Oetker, 1934 b: 53 a 61, August
Schoetensack, 1934: 66 a 69, e, em termos globais, Johannes Nagler, 1940: 147 a 151, 222 a 224,
e 1941: 29 a 31, 34 e 41). Contudo, o legislador alemão não só introduziu um conceito geral de
crime de empreendimento, em que se equiparava a consumação e a tentativa (*Unternehmen im
Sinne des Strafgesetzbuches ist die Vollendung und der Versuch*, § 87 do StGB, na redacção do artigo 1 da *Gesetz zur Änderung von Vorschriften des Strafrechts und Strafverfahrens*, de 24.4.1934,
e Schwarz, 1934: 362 e 363), como consagrou a faculdade de punição da tentativa e da cumpli-
cidade com a mesma moldura penal prevista para o facto consumado do autor, inicialmente, na

A Jurisdição Penal Comum

do direito penal português com a do direito penal alemão, orientado para a punição de "tipos de autor" (*Tätertypen*)[1318] através de "penas de honra"

Verordnung gegen Gewaltverbrecher, de 5.12.1939, discutindo ainda a doutrina se o âmbito da inovação se restringia aos crimes nela previstos (contra esta restrição Georg Dahm, 1940: 5, e a favor dela, Johannes Nagler, 1941: 25 e 33). A concretização radical deste pensamento ocorreu com a publicação da *Verordnung über die Strafrechtspflege gegen Polen und Juden in den eingegliederten Ostgebieten*, de 4.12.1941, em que se punia com a pena de morte a mera "intenção inimiga da Alemanha" (*eine deutschefeindliche Gesinnung*) que se manifestasse por qualquer comportamento do agente (*durch ihr sonstiges Verhalten*), estabelecendo como fundamento de todo o direito penal aplicável aos polacos e aos judeus nos territórios anexados do leste o "dever de obediência" (*Gehorsamspflicht*, Gerhard Werle, 1989: 372 a 379). Mais tarde, o legislador alemão consagrou com carácter geral os novos princípios da equiparação facultativa das formas imperfeitas de realização do crime com a consumação e a autoria, através da *Verordnung zur Durchführung der Verordnung zur Angleichung des Strafrechts*, de 29.5.1943, que modificou os §§ 44 e 49 do RStGB nesse sentido (sobre esta modificação, Hermann Roeder, 1944: 304 a 306, 311 a 314).

[1318] A teoria dos "tipos de autor", que consistia fundamentalmente na substituição linguística da descrição do facto no tipo legal por uma descrição do agente, assentava na crítica da formulação legal dos tipos e da doutrina da tipicidade feita pela escola de Kiel (Georg Dahm, 1935 a: 35, e 1938 b: 256 a 266, e Friedrich Schaffstein, 1938: 333 e 334). Os críticos procuravam resolver deste modo as insuficiências do texto da lei propondo a substituição da determinação formal do bem jurídico típico pela identificação de um "padrão" (*Leitbild*) do agente, correspondendo a uma verdadeira "interiorização da valoração jurídico-penal" (*Verinnerlichung der strafrechtlichen Wertung*, Roland Freisler, 1936 a: 80 a 83, 1936 b: 508 e 510, e 1940: 24). No plano do direito constituído, a teoria foi consagrada em vários textos legais, cujos exemplos emblemáticos foram os §§ 2 e 4 da *Verordnung gegen Volksschädlinge*, de 5.9.1939, e o novo § 20 a do StGB, introduzido pela *Gesetz gegen gefährliche Gewohnheitsverbrecher und über Massregeln der Sicherung und Besserung*, de 24.11.1933 (Leopold Schäfer e outros, 1934: 58 e 59, Lothar Gruchmann, 1988: 843, 906 a 909, e Gerhard Werle, 1989: 93 a 95, 244 a 253, 258 e 259). Por outro lado, a teoria dos tipos de autor teve uma repercussão fundamental na validade da lei penal, implicando a substituição do princípio da territorialidade pelo princípio da pessoalidade. Esta substituição, a que o *Reichsgericht* procedeu mesmo sem lei expressa, mas com o aplauso da doutrina (Georg Dahm, 1935 b: 29, e Edmund Mezger, 1938: 35 e 160, e 1943: 41 a 43, mas contra Helmut von Weber, 1940: 275 a 278), foi proposta pela *Strafrechtskommission* (Reimer, 1935: 221 e 222) e formalmente consagrada pela *Verordnung über den Geltungsbereich des Strafrechts*, de 6.5.1940, que visava a punição dos alemães que no estrangeiro violassem a *Gesetz zum Schutze des deutschen Blut und der deutschen Ehre*, de 15.9.1935, bem como a ampliação da punição dos estrangeiros que no estrangeiro cometessem crimes contra os interesses do Estado alemão. A situação dos arguidos julgados por factos cometidos no estrangeiro piorou muito, porque não se previa a proibição da dupla condenação pelos mesmos factos julgados no estrangeiro nem a imputação da pena já sofrida no estrangeiro na pena aplicada internamente, fazendo depender a perseguição penal apenas de um juízo de oportunidade do Ministério Público, no caso dos crimes cometidos por alemães no estrangeiro, e de um juízo de idêntica natureza do ministro da justiça, no caso dos crimes cometidos por estrangeiros no estrangeiro. Assim, as decisões estrangeiras eram desprovidas de qualquer eficácia jurídica pré-definida, dependendo a sua eficácia apenas

596   A Reforma da Justiça Criminal em Portugal e na Europa

(*Ehrenstrafen*)[1319] tal como não pode ser identificado o novo paradigma judiciário português com o da reforma do processo penal do legislador nacional-

---

de um juízo político discricionário (Klaus Marxen, 1975: 227 e 228, Günter Spendel, 1985: 183 e 184, e Markus Mayer, 1992: 29 a 34). A evolução legislativa dividiu a própria doutrina, tendo-se formado duas correntes sobre o futuro da teoria dos tipos de autor. A corrente extremista, protagonizada por Friedrich Schaffstein (1936: 34 a 36), Roland Freisler (1936 b: 517, 530 a 532), Edmund Mezger (1936: 15 e 16, 1941: 362 e 363, e 1943: 46 a 48) e Ferdinand Kadecka (1944: 19 a 21), defendia a generalização desta teoria e, portanto, a fusão gradual do tipo normativo de autor com o tipo criminológico de autor, admitindo mesmo a criação, a título excepcional, do tipo de agente pelo legislador, independentemente do tipo criminológico. A corrente contrária, encabeçada por um dos iniciadores desta doutrina, Georg Dahm, rejeitava este direito como um "sonho horrível" (*hässlicher Traum*, Georg Dahm, 1944: 18), admitindo apenas a normativização de alguns tipos criminológicos de autor, que se encontrassem suficientemente definidos pela ciência criminológica e permitissem a sua descrição típica rigorosa. A teoria do tipo devia constituir um elemento restritivo adicional à tipicidade (Georg Dahm, 1940: 30, 37, 39, 42 a 45, mas 49). Criticando expressamente esta doutrina, Nagler, 1940: 141 a 143, Wilhelm Gallas, 1941: 391 a 397, Paul Bockelmann, 1941: 421 e 422, e von Gemmingen, 1944: 62 a 64, e, em face do direito português, Cavaleiro Ferreira, 1941: 111 a 114 ("não é contudo necessária uma tipologia do autor ao lado da tipologia dos crimes para interpretação das normas incriminadoras"), e Eduardo Correia, que depois da crítica da formulação de Dahm (1943: 13 a 20), defendia a utilidade de uma formulação do tipo nomativo de autor como uma "reunião necessária de facto e elementos caracteriológicos" com vista a excluir a imputação culposa quando o facto não se adequasse à personalidade do autor (Eduardo Correia, 1943: 22 e 23). De um ponto de vista retrospectivo, reconhecendo a esta teoria uma duplicidade característica, que suprimia o princípio da tipicidade da lei penal, mas também funcionava como instrumento de alargamento da punibilidade, Klaus Marxen, 1975: 208 a 211, e 1984 b: 80 e 81, Marlis Dürkop, 1984: 111, 116 a 118, Heinrich Rüping, 1984 b: 817, e 1991: 98, e Hans Hattenhauer, 1994: 706 e 707.

[1319] Quer no âmbito dos trabalhos da *Akademie für Deutsches Recht*, quer no dos trabalhos da *Amtliche Strafrechtskommission* se mantiveram as penas principais de reclusão (*Zuchthaus*), prisão (*Gefängnis*) e prisão simples (*Haft*), cuja distinção passou a estar relacionada "não exclusivamente com a gravidade das consequências do facto, mas também com o tipo de autor, que este permite revelar como membro mais ou menos desvalioso da comunidade" (*Dabei wird nicht ausschliesslich an die Schwere des Taterfolges angeknüft, sondern auch an den Typus des Täters, der diesen als mehr oder minder unwürdiges Glied der Gemeinschaft erscheinen lässt*, Erik Wolf, 1935: 549), associando-se sempre a "perda da honra" à aplicação da primeira daquelas penas e ocasionalmente no caso da segunda pena (Erik Wolf, 1935: 554 a 556). Acresce que o projecto preparado pela comissão oficial consagrava também, na sua segunda edição, um sistema de penas principais infamantes: a publicação da sentença, a proibição do exercício da profissão, a "declaração de desonra" (*Ehrloserklärung*) e a "proscrição" (*Ächtung*), que correspondia praticamente a uma pena de morte civil (Roland Freisler, 1934: 20 a 22, e 1936 a: 112 e 113, 142 a 146, Rietzsch, 1935: 138 a 141, e Fritz Goetze, 1936: 568 a 574). A repercussão jurídica do conceito de honra na ideologia nacional-socialista não se limitou ao sistema de penas, tendo-se verificado igualmente nas próprias sugestões de reforma da organização judiciária e do processo penal (Wolf-Peter Koch, 1972: 31 e 32, 83 e 84, Klaus Marxen, 1975: 185 a 191, Hinrich Rüping, 1976: 94 e 95), como também se verá adiante.

A Jurisdição Penal Comum 597

-socialista, que teve o seu ponto de partida na aprovação das duas famosas leis de alteração do StGB e da StPO, de 28.6.1935.[1320]

A libertação do processo penal dos "preconceitos individualistas liberais" transformou o processo penal ordinário alemão em um processo judicial relativo à honra do acusado, que constituía simultaneamente um instrumento de "limpeza da comunidade" (*Reinigung der Gemeinschaft*)[1321] e de identificação dos criminosos como "traidores" (*Verräter*) e "inimigos da comunidade popular" (*Feinde der Volksgemeinschaft*).[1322] A acção ilícita criminal era a "conduta contra a mundividência nacional-socialista alemã" (*Handeln gegen die deutsche nationalsozialistische Weltanschauung*)[1323] e a condenação penal passou a ter o

---

[1320] A tese contrária sustentam Salgado Zenha, Fernando Abranches-Ferrão e Duarte Vidal, afirmando que a reforma da instrução criminal de 1945 importou os "figurinos do III Reich alemão" (Salgado Zenha, 1968: 58, e 1973: 14, Fernando Abranches-Ferrão e Salgado Zenha, 1971: 34 e 38, e Salgado Zenha e Duarte Vidal, 1974: 24). Esta tese foi ainda concretizada nos estudos de 1968 e de 1973 de Salgado Zenha, em que se defendeu que a referida lei alemã de 28.6.1935 de alteração da StPO constituiu a fonte da reforma portuguesa de 1945. Esta tese será em seguida rebatida no texto.

[1321] Georg Dahm, 1936: 4, e Roland Freisler, 1938 b: 13.

[1322] A doutrina considerava que o traidor constituía a "imagem primordial do criminoso" (*das Urbild des Rechtsbrechers*, Georg Dahm, 1935 b: 17, e 1935 a: 46 a 49) e que o crime de traição era o pior de todos os crimes (Franz Gürtner, 1936 a: 17, Rietzsch, 1935: 123, Roland Freisler, 1936 a: 114).

[1323] Os dois princípios fundamentais da mundividência nacional-socialista consistiam, por um lado, no carácter sagrado do sangue e do espaço vital alemães como instrumentos para a formação de "uma comunidade de sangue e de destinos" (*Blut- und Shicksalsgemeinschaft*, Thierack, 1934: 25 a 27, e Adolf Hitler, 1976: 292 a 296, Carl Schmitt, 1933: 45, Ernst Huber, 1939: 153 a 156, Roland Freisler, 1936 a: 39 e 40, e 1940: 33, Karl Larenz, 1934: 16 e 17, 1942: 154 e 155) e, por outro lado, no carácter congregador do dever de fidelidade de cada alemão para com o Estado e o *Führer* (Thierack: 1934: 25 a 27, e Adolf Hitler, 1976: 303, Carl Schmitt, 1933: 36, Hans Frank, 1939: 57, Roland Freisler, 1940: 34, e Karl Larenz, 1934: 39 e 40, e 1942: 192). Por isso, o primeiro dever ético e jurídico de cada alemão era o da fidelidade ao *Führer* e ao partido (os princípios 3 a 6 da parte geral e 13 a 19 da parte especial dos *Nationalsozialistische Leitsätze für ein neues deutsches Strafrecht*, da *Reichsrechtsamt der Nationalsozialistische Deutsche Arbeiter Partei*, 1935: 20 a 25, e 1936: 41 a 52) e o segundo era o da defesa da pureza da raça (Roland Freisler, 1938 a: 57, e os princípios 20 a 26 dos referidos *Leitsätze* da *Reichsrechtsamt der Nationalsozialistische Deutsche Arbeiter Partei*, 1936: 55 a 61). Correlativamente, o primeiro escopo da política nacional-socialista era o de afastar qualquer influxo de outras raças e, sobretudo, de judeus, no povo alemão e, assim, contribuir para a elevação eugénica do povo alemão (Hans Frank, 1939: 31 e 32, e, de um ponto de vista histórico-crítico, Diemut Majer, 1987: 156 a 164). Para o efeito, o legislador publicou as famosas leis de "pureza rácica": a *Gesetz zur Verhütung erbkranken Nachwuchses*, de 14.7.1933, que previa a castração voluntária ou coerciva de pessoas portadoras de certas doenças genéticas, a *Gesetz zum Schutze des deutschen Blutes und der deutschen Ehre*, de 15.9.1935, que proibia e punia o casamento e a manutenção de relações sexuais

598 *A Reforma da Justiça Criminal em Portugal e na Europa*

significado de uma declaração do Estado sobre a posição participante do autor na vida da comunidade, justificando-se deste modo a ampliação funcional do objecto do processo penal.[1324] Assim, os novos diplomas aboliram o princípio da proibição da analogia em direito penal,[1325] consagrando o novo princípio

---

entre alemães e judeus ou o emprego de alemães em casas de judeus e da qual já se disse que constituía um "produto infeliz de uma teoria rácica totalmente desprovida de conteúdo ético" (*das traurige produkt einer ethisch völlig entseelten Rassentheorie*, Eberhard Schmidt, 1965: 434), e a *Gesetz zum Schutze der Erbgesundheitsrecht des deutschen Volkes*, de 18.10.1935, que proibia o casamento com pessoas portadoras de doenças infecciosas ou de doenças psíquicas. Sobre os antecedentes e a aplicação destas três leis, que vigoraram até ao final do regime nacional-socialista, Robert Gellately, 1990: 159 a 161, 196 a 203, e Richard Miller, 1997: 191 a 196, 208 a 213.

[1324] Thierack, 1934: 30, Edmund Mezger, 1936: 9 e 10, Albrecht Hoffmann, 1936: 36 e 37, Irmgard Sprengel, 1937: 70, Rudi Neumann, 1938: 19 e 20, Wilhelm Beese, 1938: 19 a 21. A teoria da ilicitude penal assentava na nova concepção "orgânico-concreta" do direito, isto é, na identificação ontológica do direito com a força criadora e ordenadora da própria vida da comunidade (Roland Freisler, 1943: 15, Carl Schmitt, 1931: 13 e 52, Karl Engisch, 1938: 135, e Karl Larenz, 1938: 29 a 33, e 1942: 187 a 189), tranformando-se a natureza do direito de um limite da força em um mero instrumento da força, em um meio de "abrir caminhos para as forças" (*Kräften Wege freigeben – das ist der Kern unseres organisch-konkreten Rechtsstrebens*, Roland Freisler, 1943: 20, e Carl Schmitt, 1933: 21) e as disposições da lei em "apelos à luta" (*Kampfrufe*, Roland Freisler, 1938 a: 61). Por esta razão, a ciência do direito encontrava-se, tal como todos e cada um dos alemães, estreitissimamente ligada à tarefa do *Führer*, sendo-lhe vedada, como a estes, qualquer crítica ao legislador (Hans Frank, 1939: 58, e Roland Freisler, 1938 a: 88 e 89) e ficando deste modo definitivamente superada a separação entre a esfera política e a científica (Hans Frank, 1939: 64 e 65, Friedrich Schaffstein, 1934 a: 6, 23 e 25, Heinrich Henkel, 1934: 23, e Roland Freisler, 1938 a: 92). Com a referência do direito ao espírito do povo e a identificação expressa do espírito do povo com o acto criador do *Führer* era por fim ultrapassada a querela entre o positivismo e o jusnaturalismo (Karl Larenz, 1934: 34, 36, 37 e 44, e 1942: 182 e 190), bem como a luta entre as escolas criminológicas (Edmund Mezger, 1942: 238 e 239).

[1325] Correspondendo a uma tendência para a supressão do princípio da divisão de poderes e a uma expectativa crescente em relação à capacidade de intervenção do juiz na realidade, verificadas nos anos do primeiro pós-guerra na doutrina alemã (Georg Dahm, 1933: 169 a 171), a admissão da analogia no direito penal representava a verdadeira "condição prévia da reforma do direito penal" (*Vorbedingung für eine Neugestaltung des Strafrechts*), completando a função prática da lei de mera expressão de uma ordem jurídica distinta, identificada com a própria lei vital do povo e manifestada na vontade do *Führer* (Georg Dahm, 1935 b: 13). A reforma nacional-socialista visava deste modo pôr fim à "separação artificial do crime em tipicidade e ilicitude (*die unnatürliche Aufspaltung des Verbrechens in Tatbestand und Rechtswidrigkeit*,Georg Dahm, 1935 a: 23 e 34, e Friedrich Schaffstein, 1934 b: 606 a 609, reflectido no princípio 7 da parte especial das *Leitsätzte* do *Reichsrechtsamt der Nationalsozialistische Deutsche Arbeiter Partei*, 1936: 27 e 28) e mesmo à separação entre a ilicitude e a culpa (Friedrich Schaffstein, 1936: 31 e 33, reflectido no princípio 6 da parte especial das *Leitsätzte* do *Reichsrechtsamt der Nationalsozialistische Deutsche Arbeiter Partei*, 1936: 24 e 25). A consciência popular devia também delimitar o âmbito das causas de justificação da legítima defesa e do estado de necessidade, sem dependência da pon-

A Jurisdição Penal Comum599

deração relativa do valor dos bens jurídicos em confronto (Roland Freisler, 1934: 18, e Klee, 1935: 77 e 78, 89, 90, 93 a 95), e conduzir à "interiorização e eticização da culpa penal" por via da consideração da consciência da ilicitude ética como a parte essencial do dolo (*Verinnerlichung und Versittlichung des Schuldbegriffs*, Roland Freisler, 1936 a: 70 e 71, e 1940: 20, e Franz Gürtner, 1936 b: 28, mas muito crítico neste ponto, Dohna, 1935: 99 e 100). As principais críticas dirigidas a este discurso filosófico pelos professores Erich Schwinge e Leopold Zimmerl da universidade de Marburg, que imputavam a tendência irraccionalista e casuísta dos protagonistas da escola de Kiel, Georg Dahm e Friedrich Schaffstein, à influência da filosofia fenomenológica de Husserl e ao pensamento ordinalista concreto de Carl Schmitt, consistiam precisamente na destruição da estrutura clássica da doutrina penal e, designadamente, da separação entre ilicitude e tipicidade e entre ilicitude e culpa, e na distanciação entre a teoria e a prática judiciária e mesmo entre aquela e o sentimento jurídico (Erich Schwinge e Leopold Zimmerl, 1937: 9 a 17, 27 a 32, 81 a 83, 119 a 111, e Erich Schwinge, 1938: 31 a 39, 57 a 60), críticas de que os autores visados se defenderam (Georg Dahm, 1938 b: 268 a 274, e Friedrich Sachffstein, 1938: 335 e 336, e, conciliando a manutenção das categorias penais clássicas e o pensamento ordinalista concreto, Karl Engisch, 1938: 141 a 148). A doutrina mais comedida manifestou-se no sentido da referência obrigatória da actividade criadora do juiz ao "pensamento fundamental" de uma lei penal positiva como único meio de evitar um direito livre (Franz Gürtner, 1936 a: 18), razão pela qual se falava em uma "analogia de direito limitada" (*beschränkte Rechtsanalogie*, Walter Becker, 1935: 436) ou apenas em uma "analogia da lei" (*Gesetzanalogie*, Philipp Allfeld, 1936: 309), mas a doutrina mais radical defendia que a previsão legal não consagrava, em rigor, a analogia como fonte de direito, antes o próprio "sentimento jurídico são" do povo, pois a correspondência deste "sentimento jurídico" com o pensamento fundamental da lei devia ser testada com referência à totalidade da ordem jurídica ou à totalidade das concepções jurídicas nacional-socialistas (Roland Freisler, 1936 a: 77 e 78, e Edmund Mezger, 1938: 25 e 26). O resultado do novo processo lógico de aplicação da lei era ainda agravado pela interpretação, que vingou no *Reichsgericht* e em alguma doutrina, de que a "aplicação correspondente" de uma lei penal podia mesmo afastar a subsunção do caso a uma lei positiva que o previsse expressamente (Edmund Mezger, 1938: 30, e 1943: 36 e 37, mas contra Schwarz, 1935 b: 247 e 248). O recurso à nova disposição tinha, contudo, limites, que a doutrina procurou definir, apontando como exemplos paradigmáticos o da não punição analógica do dano negligente (Wilhelm Sauer, 1935: 181) e o da não punição com penas que o tipo penal não previsse (Schwarz, 1935 b: 249, Emil Niethammer, 1936: 764, e Edmund Mezger, 1938: 27, e 1943: 33). Entre nós, na década de trinta, também Crispiniano da Fonseca, Adelino da Palma Carlos, Mário de Castro, Ary dos Santos, António da Mota Veiga e Beleza dos Santos defenderam a extensão analógica dos factos lesivos da ordem social não previstos nos tipos da parte especial (Crispiniano da Fonseca, 1933: 16, Adelino da Palma Carlos, 1934: 71 a 79, 1936: 43 a 45, e 1937: 6, 21 a 23, 31 e 32, mas contra, em 1962: 271, Ary dos Santos, 1938: 204 e 205, e, de um modo mais radical, com base na adesão a uma teoria orgânica-vital e totalitária do direito, Mário de Castro, 1937: 26, 27, 50 a 52), tendo mesmo sido ponderada a supressão completa da parte especial do Código Penal (Francisco Maia Loureiro, 1934: 294 a 296). Embora não se tenha pronunciado expressamente sobre a admissibilidade da analogia, também Cavaleiro Ferreira considerou que o direito penal tinha ganho uma "feição idónea" com a admissão de "uma super--legalidade expressa palpavelmente no sentimento são do povo, numa determinada *Weltanschauung*"

600   A Reforma da Justiça Criminal em Portugal e na Europa

nullum crimen sine poena,[1326] e atribuíram ao Ministério Público a competência para acusar e ao tribunal para condenar os actos não puníveis que fossem

e que a reforma penal alemã, em que "a separação rígida da «lex lata» e «lex ferenda» esmaece em cores difusas", constituiu uma "condigna resposta" ao "menosprezo da defesa do estado, da família, dos interesses morais, das forças económicas da nação, patente na velha legislação penal" (Cavaleiro de Ferreira, 1938 b: 260 e 261). Ao invés, Marcello Caetano rejeitou peremptoriamente a incriminação analógica *de iure condendo*, pois "deixe-se aos tribunais a faculdade de incriminar para além das normas, e ruïrá o último obstáculo oposto à desordem jurídica e à ilimitação do Poder" (Marcello Caetano, 1939 a: 136 a 138, e 1939 b: 9 e 10). Uma posição intermédia foi defendida por José Beleza dos Santos, que admitia a analogia "mesmo em matéria de incriminação e aplicação de penas", quando cercada de várias garantias e, nomeadamente, da garantia de que o facto contrariava uma "norma geral de conduta sancionada pela direito, explicita ou implicitamente," e não era praticado "no exercício de um princípio reconhecido pela lei ou pelo direito natural" e ainda da garantia de que o agente actuava com dolo directo (Beleza dos Santos, 1936 a: 174 a 177, não obstante a posição restritiva do direito positivo, Beleza dos Santos, 1929: 111, 112, 117, 122 a 125), e por António da Mota Veiga, que aceitava a incriminação analógica fundada em uma "verdadeira analogia de tipos, analogia relativa aos elementos que formam a estrutura dos tipos em particular" e na "consciência da anti-socialidade ou da imoralidade da conduta por parte do autor do facto omisso" (António da Mota Veiga, 1939: 184 e 185, 192 a 199), considerando, no entanto, que o teor da lei alemã era, no que respeita à exigência de a nova incriminação ser abrangida pela ideia fundamental da disposição legal, "insuficiente e porventura atentatória mesmo da necessária certeza das decisões", e, no que concerne à exigência de que a punição correspondesse ao "sentimento são popular", "inadmissível", equivalendo a "dar funesto golpe no ideal da certeza jurídica e da segurança dos indivíduos" (António Mota da Veiga, 1939: 211, 213 e 214). Nos anos quarenta, a defesa de uma transformação radical do direito português com base na incriminação e punição analógicas coube a Vasco da Gama Fernandes (1940: 26), Renato Gonçalves Pereira (1942: 6), e, sobretudo, a Mário Costa, que advogou a perseguição das condutas análogas às dos tipos legais e a criação jurisprudencial de novas sanções penais adequadas ao caso (Mário Costa, 1943: 21 a 26). Na universidade, verificou-se um regresso às teses clássicas na década de quarenta, rejeitando-se *de iure condendo* e *de iure condito* a analogia incriminadora e defendendo-se antes a criação de tipos mais flexíveis (Cavaleiro de Ferreira, 1941: 94 a 98, Manuel Duarte Gomes da Silva, 1947: 199 a 204, e Abel de Andrade, 1949: 66 e 67), com a excepção de Eduardo Correia, que advogou, com recurso à teoria dos "tipos normativos de agente", a incriminação por analogia na condição da "existência de uma consciência da ilicitude, pelo menos no sentido duma representação de que o facto se aproxima muito daqueles que a moral e o espírito das leis proibem e punem" e da verificação de que "o agente desse facto tenha uma personalidade que a ele se adapte, ou que se adapte, duma maneira geral, à criminalidade" (Eduardo Correia, 1949: 139). Este autor reconhecia, no entanto, que o direito positivo português vedava este entendimento (Eduardo Correia, 1949: 150). Ainda na década de cinquenta se ouviu a voz de Ricardo Lopes, pugnando pela modificação do artigo 18 do CP no sentido da consagração da punição analógica dos factos que a moral considerasse criminosos (Ricardo Lopes, 1956: 7 e 8).

[1326] Esta era a intenção expressa do ministro da justiça Franz Gürtner (1936 b: 22). Como também concluiu a *Akademie für Deutsches Recht*, "a lei penal não é mais a magna carta do indivíduo diante dos ataques ilícitos do poder penal estatal, mas antes ela protege a totalidade dos interesses populares e estatais" (*Das Strafgesetz ist nicht mehr die Magna Charta des Individuums*

A Jurisdição Penal Comum   601

contrários ao "sentimento são do povo" (*eine Tat, die nach gesundem Volksempfinden Bestrafung verdient*, artigo 1 da primeira lei e artigo 1 (1.) a) da segunda Lei de 28.6.1935).[1327]

Por outro lado, a descoberta da verdade e a realização do fim do processo penal ficavam confiados à discricionariedade do tribunal de acordo com o princípio fundamental fixado por Adolf Hitler, logo em Fevereiro de 1933 no *Reichstag*, da "elasticidade da jurisdição com vista à conservação da sociedade" (*Elastizität der Urteilsfindung zum Zweck der Erhaltung der Gesellschaft*).[1328]

---

vor regelwidrigen Angriffen der staatlichen Strafgewalt, sondern es schützt die Gesamtheit der Volks- und Staatsinteressen), razão pela qual "a norma jurídica não é apenas o direito legal, mas verdadeiramente a consciência jurídica do povo" (*Rechtsnorm ist nicht allein das gesetzte Recht, sondern das Rechtsbewusstsein des Volkes überhaupt*) (Roland Freisler, 1934: 11). Só deste modo se poderia pôr fim, segundo a doutrina, à "declaração de falência da administração judiciária" (*Bankrott-Erklärung der Rechtspflege*, August Finger, 1935: 121 a 125) diante das lacunas frequentes e incompreensíveis da lei penal. Ao invés, em clara defesa do princípio clássico ainda se ouviu a voz de Robert von Hippel, 1941: 82 e 83.

[1327] A nova redacção dada pela primeira Lei de 28.6.1935, a *Gesetz zur Änderung des StGB*, ao § 2 do StGB, que correspondia quase integralmente à do texto proposta pela *Strafrechtskommission* na segunda leitura do projecto do novo código penal, com a modificação apenas da palavra *Volksanschauung* pela palavra *Volksempfinden* (Schäfer, 1935: 213 e 214), não coincidia inteiramente com a disposição paralela introduzida pela segunda lei daquela data, a *Gesetz zur Änderung von Vorschriften des Strafverfahrens und des Gerichtsverfassungsgesetzes*, nos novos §§ 170 a e 267 a da StPO, sendo estas previsões mais restritivas do que aquela, pois faziam depender o recurso à analogia da necessidade de punição do facto omisso de acordo com o sentimento popular são e da verificação do pressuposto da correspondência do pensamento legislativo no caso em concreto e ainda da circunstância de o resultado do procedimento analógico poder contribuir "para a vitória da justiça" (*der Gerechtigkeit zum Siege verholfen werden kann*). Criticando esta disparidade das disposições substancial e processual, a *Grosse Strafprozesskommission* votou a supressão da disposição processual (Georg Dahm, 1938 a: 310), o que afastaria definitivamente a interpretação, sustentada precisamente com base na menção à justiça do caso concreto, de que a nova disposição podia ser aplicada a favor do arguido (Edmund Mezger, 1938: 28, e 1943: 35). No entanto, as disposições mantiveram-se intocadas e foram também aplicadas aos judeus e polacos dos territórios ocupados a leste, embora aí de modo expressamente instrumentalizado às necessidades políticas (*Polen und Juden werden auch bestraft, wenn sie gegen die deutschen Strafgesetze verstossen oder eine Tat begehen, die gemäss dem Grundgedanken eines deutschen Strafgesetzes nach den in den eingegliederten Ostgebieten bestehenden Staatsnotwendigkeiten Strafe verdient*, 1.II da *Verordnung* de 4.12.1941).

[1328] Wolf-Peter Koch, 1972: 51, Hinrich Rüping, 1976: 92, e Wofgang Seller, 1985: 64 e 65. Por isso, a *Grosse Strafprozesskommission*, instituída pelo ministro Franz Gürtner em 1936, tinha como pensamento orientador da reforma a elasticidade do processo penal (Roland Freisler, 1938 b: 13). A revolução política visava "ultrapassar a justiça formal, que é a inimiga da verdadeira justiça" (*wird sie zur Überwinderin der Formalgerechtigkeit, die der Feind der wahren Gerechtigkeit ist*, Roland Freisler, 1938 a: 8). Deve, contudo, ser tomada em consideração a divisão nítida existente entre os membros da referida comissão, encontrando-se uma facção

602 · A Reforma da Justiça Criminal em Portugal e na Europa

Destarte, manteve-se a faculdade discricionária do *Amtsgericht*, do *Schöffengericht* e do *Landgericht*, quando funcionasse como instância de recurso, indeferirem os requerimentos de produção de prova[1329] e consagrou-se um elenco amplo de fundamentos para o indeferimento dos requerimentos apresentados na *Strafkammer*, no *Schwurgericht*, no *Reichsgericht* e no *Volksgerichtshof* (artigo 1, n. 3 da segunda Lei de 28.6.1935) e, por fim, a abolição de qualquer limitação da faculdade de indeferimento pelo tribunal dos requerimentos de prova (§ 24 da *Verordnung* de 1.9.1939).[1330]

---

radical, identificada com o presidente do *Volksgerichtshof* Otto Thierack, o representante do partido Graf von der Goltz, o procurador-geral Lautz, o presidente do LG Vacano e o director do LG Wilhelm Töwe, e uma facção moderada, constituída, entre outros, pelo presidente da comissão, o ministro Franz Gürtner, pelo Professor Kohlrausch, pelo presidente do OLG Martin, pelo membro do *Reichsgericht* Niethammer e pelo director ministerial Schäffer. Estas facções confrontaram-se abertamente aquando da segunda leitura do projecto (Wolf-Peter Koch, 1972: 200 a 204).

[1329] Depois da modificação radical da organização judiciária alemã realizada pela reforma Emminger e da consequente aplicação do princípio da discricionariedade judicial na admissão dos meios de prova presentes na audiência, com a excepção dos processos julgados no *Reichsgericht* e no *Schwurgericht*, o n. 1 da *Gesetz zur Abänderung der StPO*, de 22.12.1925, restringiu aquela faculdade discricionária aos julgamentos de contravenções e de acusações particulares. A inovação introduzida em 1925 foi, contudo, afastada pelo n. 11 da *Gesetz zur Abänderung der StPO*, de 27.12.1926, regressando-se ao regime anterior a 1924, mas com a restrição do indeferimento dos meios de produção de prova dilatórios (criticando este regime, August Hegler, 1927: 246). A discricionariedade judicial foi reintroduzida nos processos relativos ao crime de difamação pelo § 4 do capítulo III da parte oitava da *Vierte Verordnung zur Sicherung von Wirtschaft und Finanzen und zum Schutze des inneren Friedens*, de 8.12.1931, e, já sem qualquer limitação relativa à natureza do ilícito, pelo § 1 do artigo 3, do capítulo 1, da 1ª parte da *Verordnung* de 14.6.1932 (criticando este regime, Siegert, 1933: 46, e Friedrich Oetker, 1934 a: 49). A Lei de 28.6.1935 reiterou, assim, os termos da de 14.6.1932, que eram, na sua substância, os que já resultavam do regime de 1924 (Robert von Hippel, 1941: 59), com a novidade da abolição do dever de produção dos meios de prova presentes na audiência no tribunal de júri e na *Grosse Strafkammer* (Schwarz, 1935 b: 275, e Wilhelm Töwe, 1940 a: 16).

[1330] Esta abolição, que era uma exigência da doutrina mais radical (Franz Exner, 1935: 9 e 12, Karl Siegert, 1935: 30 e 31, Heinrich Henkel, 1935: 40 e 41, Hans-Joachim Simon, 1935: 62, e Wilhelm Töwe, 1940 a: 16 e 17), correspondia a uma aplicação da regra vigente nos tribunais extraordinários, o § 13 da *Verordnung* de 6.10.1931, à jurisdição criminal ordinária, ao que se opuseram as vozes mais moderadas (Hellmuth Mayer, 1934: 329, Friedrich Oetker, 1934 a: 48, Schwarz, 1935 a: 364 e 365, Karl Peters, 1937: 51 e 52, Eduard Kern, 1939: 21, e Eberhard Schmidt, 1944: 296). A *Grosse Strafprozesskommission* já tinha proposto a equiparação do regime de produção da prova nos tribunais que julgavam as causas mais graves e nos que julgavam as restantes e a supressão do catálogo legal. O legislador consagrou esta solução em 1939, com uma diferença significativa. A comissão sugeriu também que fosse atribuída ao presidente do tribunal a competência exclusiva para decidir da admissibilidade dos requerimentos de prova, com fundamento em que o presidente do tribunal devia exercer a sua função com total liberdade

A Jurisdição Penal Comum

O tribunal podia proceder à condenação em alternativa do arguido, com o propósito expressamente fixado pelo legislador de evitar absolvições injustas (*Verhütung ungerechter Freisprechungen durch Zulassung der Wahlfeststellung*, artigo 2 da primeira lei e artigo 1, n. 2, da segunda Lei de 28.6.1935)[1331] e o tribunal de recurso podia condenar em pena mais grave do que a anteriormente aplicada, mesmo que o recurso tivesse sido interposto pelo réu condenado ou

---

(Niethammer, 1938: 149, 168 e 169), mas o legislador conferiu aquela competência a todo o tribunal. O *Reichsgericht* tentou conciliar o sentido da disposição de 1939 com a modificação do § 244, n. 2 da StPO, introduzida em 1935, tendo-se firmado a jurisprudência segundo a qual o tribunal de primeira instância tinha o dever de realizar todas as diligências que entendesse necessárias para a descoberta da verdade e por isso o tribunal superior podia controlar os fundamentos da decisão de indeferimento, mas somente quando eles fossem arbitrários (Graf zu Dohna, 1944: 332 e 333). A doutrina moderada ensaiou uma intrepetação ainda mais restritiva, considerando que a generalização da regra do § 245 em 1939 não implicava a admissibilidade do livre arbítrio em todos os tribunais, mas antes a manutenção do dever oficioso de descoberta da verdade e da obrigatoriedade da fundamentação da decisão de indeferimento de modo a permitir o controlo pelo tribunal superior da antecipação ilícita do resultado da prova (Graf zu Dohna, 1944: 334 e 336).

[1331] O texto da lei, que correspondia à proposta da *Strafrechtskomission* para o novo código penal (Karl Schäfer, 1935: 215 a 218), previa dois casos distintos, o de ter sido feita prova de que o arguido tinha violado apenas uma só lei penal, mas a determinação do facto só fosse possível em termos alternativos, e o de ter sido feita prova de que o arguido tinha violado uma de várias leis penais, mas a determinação do facto só fosse possível em termos alternativos, punindo-se neste segundo caso com a lei mais favorável. Esta lei foi publicada na sequência da decisão dos senados penais reunidos do *Reichsgericht*, de 2.5.1934, que manteve a posição restritiva clássica daquele tribunal da admissibilidade da "condenação alternativa" apenas no caso de indeterminação de duas modalidades de cometimento de um mesmo crime, punível com a mesma pena (sobre a posição clássica, Graf zu Dohna, 1929: 179 e 180, e Robert von Hippel, 1941: 83). A doutrina criticou esta tese precisamente com o fundamento de que permitia a absolvição de pessoas notoriamente culpadas e de que estava comprometida com os princípios liberais e formalistas novecentistas (Max Grunhüt, 1934: 328 e 329, e Ernst Schulze, 1936: 42 a 50). A lei nova admitia a condenação em alternativa sem quaisquer limites, não dependendo da proximidade dos tipos legais e nem mesmo da natureza acessória da participação ou sequer da identidade do facto histórico, tendo a doutrina ensaiado uma interpretação restritiva da disposição legal (Schwarz, 1935 b: 257 a 260, Graf zu Dohna, 1936: 577 e 578, Ernst Schulze, 1936: 66, 69, 70 e 85, e Edmund Mezger, 1938: 32 a 34, e 1943: 38 a 40). Os problemas colocados por esta nova faculdade legal em face dos §§ 264 e 266 da StPO eram resolvidos com o desprezo destas últimas disposições (Ernst Schulze, 1936: 90 a 93). A *Grosse Strafprozesskomission* manifestou muitas dúvidas sobre a manutenção desta disposição, mas decidiu propor uma disposição que consagrava o direito vigente (Georg Dahm, 1938 a: 339 a 341). O novo regime legal da *Wahlfeststellung*, que constituía um artifício prático para afastar o funcionamento do princípio *in dubio pro reo* (Donnedieu de Vabres, 1938: 106), não evitou a discussão teórica na doutrina sobre o abandono definitivo deste princípio (a favor, Karl Siegert, 1933: 47, e 1935: 31 e 32, e Roland Freisler, 1936 a: 78, e contra, Heinrich Henkel, 1935: 40, e Robert von Hippel, 1941: 385, 386 e 535).

604   *A Reforma da Justiça Criminal em Portugal e na Europa*

em seu benefício pelo Ministério Público (artigo 1, n. 4, a) e b) da segunda Lei de 28.6.1935).[1332]

Esta política processual teve o seu reverso no plano organizatório e judiciário, reforçando-se substancialmente os poderes do Ministério Público e rejeitando-se a participação popular na administração da justiça.[1333]

Assim, o processo preparatório passou a ser inteiramente dirigido pelo Ministério Público a partir da segunda Lei de 28.6.1935, determinando aquele magistrado quando devia ser realizada uma instrução judicial prévia e não podendo o juiz opor-se-lhe.[1334]

[1332] Esta supressão correspondia a uma exigência generalizada da doutrina, mesmo da mais liberal, desde há cerca de trinta anos. Depois de aprovado o novo código de processo penal a pretensão da doutrina foi primeiro formulada no manual sobre os recursos de Anton von Kries (1880: 112 a 118) e, depois, na dissertação de Keber (1892: 110 a 116), cuja solução consistia na admissibilidade de um recurso de adesão do Ministério Públicio até ao final da audiência no tribunal de recurso (Keber, 1892: 118 e 119). Com base nesta dissertação surgiram outros trabalhos, tendo-se-lhe seguido Karl Thode, invocando argumentos processuais (1896: 46 a 52), históricos (1896: 53 a 57) e até humanitários (1896: 58 e 59), Norden, 1909: 792, 793 e 795, propondo a manutenção da regra, mas admitindo o recurso de adesão do Ministério Público, Graf zu Dohna, 1911: 7, e 1929: 188, Rolf Lauckner, 1913: 91, Hans Gerber, 1913: 156, Kronecker, 1925: 442, e Eugen Schiffer, 1928: 240 e 241, e, depois da tomada de poder pelo partido nacional-socialista, Konrad Moser, 1933: 113 a 115, Alois Pabst, 1934: 61, Erich Fischer, 1934: 74 a 77, Alfons Haas, 1934: 81 a 84, e, ainda nas vésperas da lei nova, Otto Thierack, 1935: 5. As novas disposições deixavam toda a discricionariedade ao juiz do tribunal de recurso, fosse ele de apelação ou de revista, que decidia independentemente da limitação do âmbito do recurso pelo recorrente à questão da culpa ou à questão da pena. A única limitação decorria da satisfação dos requisitos formais da interposição do recurso pelo recorrente (Irmgard Sprengel, 1937: 72 a 74).

[1333] A magistratura do Ministério Público representava para o poder político nacional--socialista a força avançada na transformação da justiça e na realização do novo Estado alemão (Roland Freisler, 1938 b: 54). Por isso, era imperioso assegurar que nela só fossem admitidos homens fieis ao novo regime (Heinrich Henkel, 1935: 42, e Lautz, 1938: 117). Com a publicação da *Dritte Gesetz zur Überleitung der Rechtspflege auf das Reich*, de 24.1.1935, os magistrados do Ministério Público passaram a estar exclusivamente subordinados ao ministro da justiça do império e com a da nova *Deutsches Beamtengesetz*, de 26.1.1937, adquiriram um estatuto semelhante ao de um funcionário de designação política (Ulrich Schumacher, 1985: 72, e Gerhard Riehle, 1985: 41, 76 a 80), podendo ser suspensos a qualquer momento e aposentados depois de decorridos cinco anos do período de suspensão, sem processo disciplinar nem possibilidade de impugnação judicial (§§ 44 (1) e 77 da referida lei).

[1334] A *Grosse Strafprozesskommission* propôs mesmo a abolição da instrução judicial prévia (Lautz, 1938: 98), de acordo com aquele que era o voto do trigésimo quinto *Deutsche Juristentag*, em 1928, e com a doutrina maioritária (Graf zu Dohna, 1929: 149 e 150, Franz Exner, 1935: 7, Karl Siegert, 1935: 21, Heinrich Henkel, 1935: 37 e 38, Hans-Joachim Simon, 1935: 62, Schwarz, 1935 a: 33, e 1935 b: 271, Niederreuther, 1939: 204 e 205, Eduard Kern, 1939: 20, e Eberhard Schmidt, 1944: 307, mas contra Friedrich Oetker, 1934 a: 43 e 44, e Robert von Hippel, 1941: 278, 496 e 497, sendo ainda defendida uma posição intermédia de admissão da instrução

A Jurisdição Penal Comum 605

A faculdade de arquivamento do processo pelo Ministério Público foi alargada, por aquele mesmo diploma de 28.6.1935, aos crimes cometidos pela vítima do crime de extorsão, pela *Verordnung* de 6.5.1940, aos crimes cometidos por um cidadão alemão no estrangeiro ou por um cidadão estrangeiro no território nacional e aos cometidos no estrangeiro pelos quais o arguido já tivesse sido condenado no estrangeiro, e pela *Verordnung zur weiteren Vereinfachung der Strafrechtspflege*, de 13.8.1942, que suprimiu a necessidade de acordo do juiz com o arquivamento nos termos do § 153, n. 2, da StPO e admitiu o princípio da oportunidade em todos os delitos dependentes de queixa.[1335] O

---

judicial prévia em casos excepcionais por Karl Peters, 1937: 42 e 43, e Walter Becker, 1937: 179 a 181). O Ministério Público transformava-se deste modo no "senhor absoluto da causa no processo preparatório" (*unbeschränkten dominus litus im Vorverfahren*, Heinrich Henkel, 1935: 37), pondo-se fim ao "emaranhado muito elaborado de travões recíprocos" das magistraturas judicial e do Ministério Público (*ein wohldurchdachtes Geflecht gegenseitiger Hemmnisse der beiden staatlichen Funktionen*, Franz Exner, 1935: 5) e à tutela judicial dos direitos do arguido de acesso aos autos, de assistência às diligências de prova e de contacto com o defensor (Wilhelm Töwe, 1936 b: 88 a 92, 96 a 98, 102 a 104, e Niederreuther, 1939: 193 a 195). Alguma doutrina defendia mesmo a atribuição ao Ministério Público da faculdade de inquirição de testemunhas sob juramento no processo preparatório, com a aplicação das sanções pecuniárias e detentivas no caso de falta das testemunhas (Franz Exner, 1935: 7, Karl Peters, 1937: 40, e Schwarz, 1935 a: 357, 360 e 361, e, com dúvidas quanto ao juramento das testemunhas, Niederreuther, 1939: 200 e 201, mas contra Roland Freisler, 1938 b: 51, Lautz, 1938: 106 e 107, e Eduard Kern, 1939: 20). O efeito desta modificação foi perverso em face da dependência total do Ministério Público em relação às polícias, que procediam, especialmente nas grandes cidades, a todas as diligências de prova e organizavam autonomamente os autos do processo preparatório com base nos quais o Ministério Público no final decidia acusar ou arquivar, violando frontalmente o § 163 da StPO (Graf zu Dohna, 1929: 137, Schneidenbach, 1935: 50, e Alfons Wenzel, 1949: 101 e 103).

[1335] As alterações do direito positivo de 1940 e de 1942 já tinham sido propostas pela *Grosse Strafprozesskommission* (Lautz, 1938: 101, 102 e 108), que acompanhava a opinião comum na doutrina (Georg Dahm 1935 c: 404 e 405, Franz Exner, 1935: 8, Heinrich Henkel, 1935: 38 e 39, e 1937: 235 a 238, Wilhelm Töwe, 1936 c: 150 a 152, 155 e 156, Karl Peters, 1937: 46, e Niederreuther, 1939: 199 e 206, mas crítico, Robert von Hippel, 1941: 338 e 342). Uma solução compromissória era defendida por Eberhardt Schmidt, que se pronunciou a favor da manutenção do princípio da legalidade em relação aos crimes, da reposição da limitação da *Verordnung* de 6.10.1931 relativamente às transgressões e do condicionamento do arquivamento dos delitos à inexistência de interesse público na perseguição criminal e de uma necessidade retributiva do lesado. No tocante à dispensa da concordância do juiz, o autor manifestou-se também em sentido favorável, propondo mesmo que ao Ministério Público fosse nos casos de arquivamento com base no princípio da oportunidade concedida competência para aplicar sanções pecuniárias, cujo montante poderia, no entanto, ser impugnado hierarquicamente (Eberhard Schmidt, 1944: 308 e 309). Só Siegert se pronunciou abertamente no sentido radical da supressão do princípio da legalidade (Karl Siegert, 1935: 25), tendo também Friedrich Oetker (1935 c: 371 a 373 e 381) considerado o princípio da oportunidade já vigente ao abrigo de uma lei não escrita, que o autor propunha que fosse explicitada na forma de uma lei escrita. O legislador viria a secundar esta tese.

606   *A Reforma da Justiça Criminal em Portugal e na Europa*

princípio da oportunidade foi finalmente consagrado, sem quaisquer restrições, pela quarta lei de simplificação do processo penal, a *Verordnung zur weiteren Anpassung der Strafrechtspflege an die Erfordernisse des totalen Kriegs*, de 13.12.1944. Este diploma previa a possibilidade de o Ministério Público prescindir da dedução da acusação quando a perseguição penal em tempo de guerra não fosse necessária para defesa do povo (*wenn die Verfolgung im Kriege zum Schutze des Volkes nicht erforderlich ist*, § 8, n. 1, da *Verordnung* de 13.12.1944), notificando o Ministério Público a decisão de arquivamento do processo ao queixoso quando o entendesse necessário (*wenn es für geboten hält*, § 9, n. 1, da mesma *Verordnung*).[1336] O instituto do arquivamento do processo pelo Ministério Público por razões de oportunidade, inicialmente determinado pela crítica da doutrina à "punição excessiva" (*Vielstraferei*) resultante da aplicação rigorosa do princípio da legalidade, tornou-se, com a consolidação do poder do partido nacional-socialista e a intensificação da guerra, em um dos principais instrumentos de realização da política criminal do Estado nacional-socialista.[1337]

Concomitantemente, o princípio da determinação concreta da competência foi levado às suas consequências últimas pela *Verordnung über die Zuständigkeit der Strafgerichte, die Sondergerichte und sonstige Strafverfahrensrechtliche Vorschriften*, de 21.2.1940, que previa a total disponibilidade das regras da competência funcional pelo Ministério Público. Assim, o Ministério Público podia acusar diante do juiz singular quando considerasse a sua competência penal suficiente (*dessen Strafgewalt für ausreichend*) ou diante da *Strafkammer* quando entendesse adequado em face da dimensão e do significado do caso ou de outras razões (*dies mit Rücksicht auf den Umfang oder die Bedeutung der Sache oder aus anderen Gründen angezeigt ist*, § 4). (*dessen Strafgewalt für ausreichend*) ou diante da *Strafkammer* quando entendesse adequado em face da

---

[1336] O legislador abandonou deste modo as reservas da *Grosse Strafprozesskommission* em relação à total liberdade de decisão do Ministério Público. A comissão propendia para o alargamento dessa liberdade, mas ainda considerava que a discricionariedade total do Ministério Público "poderia ferir e provavelmente feriria mortalmente a igualdade jurídica e a segurança jurídica no povo e no país" (*die Rechtsgleichheit und Rechtssicherheit im Volk und Land tödlich treffen könnte und wahrscheinlich würde*, Roland Freisler, 1938 b: 49).

[1337] Karl Bader, 1956: 4 e 5, Thomas Weigend, 1978: 30 a 34, e Wolfgang Wohlers, 1994: 250 a 252. Acresce que desde a aprovação do *Erlass über das Gnadenrecht*, de 1.2.1935, em que o *Führer* se atribuiu a faculdade de subtrair à perseguição penal qualquer facto criminoso, e da *Gnadenordnung*, de 6.2.1935, que transferiu a competência para concessão de perdão dos *Länder* para o *Reich* e investiu o Ministério Público na função de fiscalização dos processos de concessão, a competência primeira e última para decidir se um crime devia ser julgado e se a pena aplicada devia ser executada ficou confiada ao poder político e à magistratura de acusação, vinculada hierarquicamente ao ministro da justiça (Alfons Wenzel, 1949: 97, e Ulrich Schumacher, 1985: 107, 117).

A *Jurisdição Penal Comum* 607

dimensão e do significado do caso ou de outras razões (*dies mit Rücksicht auf den Umfang oder die Bedeutung der Sache oder aus anderen Gründen angezeigt ist*, § 4).[1338] A nova regulamentação ressalvava, no entanto, o poder de o juiz singular recusar a abertura da fase de julgamento quando entendesse que a pena ou a medida de segurança previsivelmente aplicáveis ultrapassariam a sua competência.[1339] Este regime manteve-se mesmo depois da publicação da *Verordnung zur weiteren Vereinfachung der Strafrechtspflege* e da *Verordnung über die Beseitigung des Eröffnunfgsbeschlusses im Strafverfahren*, ambas de 13.8.1942, que suprimiram o despacho judicial de sindicância da acusação e de abertura da fase de julgamento e regulamentaram em termos novos o *Zwischenverfahren*.[1340] O novo regime previa expressamente a faculdade de o presidente

---

[1338] Esta regulamentação já tinha sido proposta pela *Grosse Strafprozesskommission* e estava intimamente relacionada com a futura supressão da divisão clássica entre crimes, delitos e contravenções e com o aumento planeado das molduras penais de modo a permitir a punição no âmbito de uma mesma moldura penal das formas imperfeitas e acessórias de realização do ilícito criminal. A uniformização das molduras penais implicava a necessidade de o juízo de competência se determinar em concreto e não em abstracto, como até então era em regra (Graf von der Goltz, 1938: 129, e Grau, 1938: 186 e 187), tendo o diploma de 1940 consagrado a tese pura da "perspectiva concreta" (*konkrete Betrachtungsweise*) e, desse modo, constituído uma verdadeira ruptura com o direito anterior, não obstante as modificações introduzidas em 1931 e 1932 já referidas (Roland Freisler e outros, 1941: 596 e 597, 608 e 609, e Wilhelm Töwe, 1941: 350 e 351, mas crítico, Eberhard Schmidt, 1944: 265). Uma disposição semelhante, de liberdade total do Ministério Público, foi consagrada no regime penal dos crimes cometidos por judeus e polacos contra interesses alemães nos territórios ocupados do leste (2. IV, da *Verordnung* de 4.12.1941).

[1339] O efeito nocivo da disponibilidade das regras de competência pelo Ministério Público não era evitado por esta faculdade do juiz, pois a *Verordnung zur Regelung der Gerichtsverfassung*, de 20.3.1935, conferiu ao presidente do *Landgericht* a anterior competência do *Präsidium* do tribunal na distribuição dos processos e na determinação da composição das *Strafkammer*, substituindo um órgão judiciário colectivo autónomo por um órgão singular subordinado a directivas do ministro da justiça, tendo mais tarde a *Gesetz über die Geschäftsverteilung*, de 24.11.1937, abolido os *Präsidien*, à imagem do que a *Verordnung* de 18.4.1936 já tinha decidido para o *Volksgerichtshof*. Deste modo, o Ministério da Justiça podia escolher, através do Ministério Público, o tribunal mais conveniente à pretensão da acusação e podia até interferir, através do presidente do tribunal, na distribuição do processo dentro do tribunal e na colocação dos magistrados judiciais nas diferentes câmaras, cessando aquela que era uma das garantias fundamentais da administração da justiça consignadas na GVG, a "auto-administração judiciária" (*gerichtliche Selbstverwaltung*, Eduard Kern, 1927: 133 e 140, 1954 a: 206, 225 e 277, e 1954 b: 102, Eberhard Schmidt, 1965: 446, Hermann Weinkauff, 1968: 70 e 124, Albrecht Wagner, 1968: 207 e 208, Walter Wagner, 1974: 20, Alexander von Brünneck, 1983: 112, e Ulrich Schumacher, 1985: 73).

[1340] A abolição do controlo judicial da acusação do Ministério Público na fase do *Zwischenverfahren* constituía, do ponto de vista da *Grosse Strafrechtskommission*, o correlato processual de um princípio ideológico, o da insindicabilidade judicial das decisões da liderança política (Graf von der Goltz, 1938: 120). Contudo, em atenção aos interesses da defesa e da protecção da honra,

608   *A Reforma da Justiça Criminal em Portugal e na Europa*

do tribunal recusar a abertura da fase de julgamento por incompetência do tribunal, bem como de suscitar a tomada de uma decisão de admissão ou rejeição da acusação pelo tribunal se tivesse dúvidas sobre a procedência da acusação em termos de facto ou de direito.[1341] Deste modo, a abertura da fase de julgamento dependia de um juízo tácito do presidente do tribunal ou de um juízo expresso de todo o tribunal sobre a admissibilidade da acusação, o que neste segundo caso deixava os membros do tribunal e não apenas o seu presidente comprometidos com a posição processual do Ministério Público.

A estrutura do processo ordinário também foi profundamente modificada pela consagração da faculdade de o tribunal proceder à leitura dos depoimentos das testemunhas, peritos e co-réus recolhidos pelas polícias e pelo Ministério Público na fase preparatória do processo, quando não fosse possível a sua inquirição judicial em tempo previsível (*kann er aus einem anderen Grund in absehbarer Zeit gerichtlich nicht vernommen werden*, artigo 4 da *Verordnung* de

---

sobretudo nos processos em que não era admitido um recurso da decisão sobre a matéria de facto, a comissão entendeu propor apenas a supressão da decisão "positiva" de abertura da fase de julgamento e a manutenção da decisão "negativa", isto é, da faculdade de o tribunal rejeitar a abertura desta fase processual quando o presidente do tribunal tivesse reservas e lhas colocasse. A *Grosse Strafprozesskommission* foi sensível "às experiências excelentes" realizadas no *Volksgerichtshof*, em que um regime semelhante já vigorava desde 1934 (Otto Thierach, 1938: 92, e Dörffler, 1937 b: 112). A favor da abolição desta fase processual e do controlo judicial prévio da acusação, Karl Siegert, 1935: 25, e Eduard Kern, 1939: 21. Ao invés, defendendo a manutenção desta fase processual como meio indispensável de defesa do arguido, Friedrich Oetker, 1934 a: 45 e 46, e 1935 e: 80 a 83, e Schwarz, 1935 a: 35 a 38. A maioria da doutrina pronunciava-se no sentido da restrição desta fase a um controlo negativo dos pressupostos formais e, para alguns também dos pressupostos materiais, da acusação, Franz Exner, 1935: 8 e 12, Heinrich Henkel, 1935: 39 e 40, Karl Peters, 1937: 45 e 46, Johannes Nagler, 1938: 355 a 360, 366 a 369, Freisler, 1937 b: 16 e 17, Niederreuther, 1939: 207 a 213, Richard Busch, 1939: 201 e 202, Robert von Hippel, 1941: 502 a 507, e Eberhard Schmidt, 1944: 312 a 314 e 317. A outra consequência muito significativa da supressão do "despacho de abertura" (*Eröffnungsbeschluss*) seria a de que o momento processual a partir do qual o arguido tinha livre acesso aos autos e ao seu defensor era pela *Grosse Strafprozesskommission* antecipado para o momento imediatamente anterior ao da dedução da acusação pelo Ministério Público (Neubert, 1938: 262 e 263). Na comissão, já tinha sido defendida a realização obrigatória do interrogatório do arguido no final do processo preparatório em alguns casos, o que, como sustentava há muito a doutrina, substituiria na prática a instrução judicial prévia (Karl Siegert, 1935: 27, Dörffler, 1937 b: 115, e Eberhard Schmidt, 1944: 304). O legislador não foi, contudo, tão longe.

[1341] Esta previsão permitia ao juiz presidente controlar o juízo do Ministério Público de determinação concreta da competência do tribunal, quer no caso de uma qualificação mais grave dos factos pelo tribunal quer no caso da expectativa de uma pena fixada no âmbito da qualificação atribuída aos factos na acusação, mas em quantidade superior à da competência do tribunal, tal como a *Grosse Strafprozesskommission* tinha sugerido (Graf von der Goltz, 1938: 130 a 132, e Grau, 1938: 191).

A Jurisdição Penal Comum 609

29.5.1943), por um lado,[1342] e dos depoimentos prévios recolhidos pelo juiz quando as partes estivessem de acordo, por outro lado. Este alargamento das excepções à realização do princípio da imediação na audiência de julgamento implicou uma transformação da estrutura do processo, no sentido da predominância prática absoluta da fase preparatória dirigida pelo Ministério Público sobre a fase de julgamento.[1343] Acresce que o Ministério Público podia a qualquer momento alargar o objecto do processo, mesmo à imputação de novos crimes (§ 7, do artigo 9 da *Verordnung* de 13.8.1942), exigindo-se apenas que o tribunal fosse o competente e o arguido estivesse presente e prescindindo o legislador da verificação do consentimento do arguido, exigida pela disposição do § 265 da StPO na sua versão inicial.

O reforço dos poderes do Ministério Público não se confinou, no entanto, à forma de processo ordinário, tendo-se alargado também às formas de processo especiais. Quer o processo para julgamento de réus ausentes, quer o processo de "ordem penal", quer ainda o "processo rápido" (*Schnellverfahren*) foram profundamente modificados.[1344]

[1342] Na sequência de uma sugestão de Schwarz (1935 a: 367), a *Grosse Strafprozesskommission* já tinha feito uma proposta neste sentido, considerando mesmo a recusa legal de depoimento da testemunha como um destes fundamentos (Niethammer, 1938: 172 a 176). O legislador preferiu deste modo a solução da comissão à proposta radical de Friedrich Oetker (1935 a: 23 a 25), especialmente concebida para os "processos-monstros", que implicava a rejeição clara dos princípios da imediação e da oralidade.

[1343] Eberhard Schmidt, 1944: 298 e 299, Klaus Geppert, 1979: 119, Gerald Grünwald, 1982: 355 e 356, Ulrich Schumacher, 1985: 167, e Stefan Braun, 1996: 192. Eberhard Schmidt criticava especialmente a segunda inovação, na medida em que ela não fosse uma medida de urgência condicionada pela guerra e permanecesse em vigor depois da guerra.

[1344] O legislador nacional-socialista não procedeu, contudo, à grande reforma dos processos relativos aos crimes contra a honra e à introdução de um novo procedimento criminal para reposição da honra, que a *Grosse Strafprozesskommission* e parte da doutrina tinham proposto. A referida reforma consistia não só na consagração do dever de investigação oficiosa da verdade da imputação feita ao ofendido nos processos por crimes contra a honra, mesmo quando o arguido devesse ser absolvido, com algumas excepções de ordem processual e política, mas também na faculdade de o ofendido requerer a determinação da falsidade da imputação (*Feststellungsantrag*) e a sua consignação na sentença. O tribunal deferia o requerimento quando houvesse um interesse legítimo do ofendido e da comunidade na determinação da falsidade e no final consignava na parte decisória da sentença a prova da falsidade da imputação ou a falta de prova da veracidade da imputação. Esta decisão não tinha apenas efeitos *inter partes*, mas podia ser impugnada por terceiros prejudicados em qualquer altura e independentemente da natureza da fórmula utilizada, com base em novos factos (Ernst Schäfer, 1937: 32 a 38, e 1938: 195 a 497, 501 a 504). As duas inovações mais significativas da comissão eram, contudo, a da introdução de uma nova forma de processo, o "processo de determinação" (*Feststellungsverfahren*), e a da transformação do juiz singular em um juiz de paz (*Friedensrichter*), dotado de uma nova competência conciliatória e

610   *A Reforma da Justiça Criminal em Portugal e na Europa*

A segunda Lei de 28.6.1935 previa a realização do julgamento imediato dos ausentes quando o "sentimento de justiça popular" exigisse a imediata condenação do ausente (*wenn das Rechtsempfinden des Volkes die alsbaldige Aburteilung der Tat verlangt*, artigo 6, n. 1, da segunda Lei de 28.6.1935),[1345] sendo o Ministério Público o único intérprete do "sentimento de justiça popular" pre-

---

admonitória. O "processo de determinação" tinha como objectivo a reposição da honra, quando o arguido já tivesse sido absolvido em um processo criminal, o processo penal tivesse sido arquivado ou não pudesse sequer ser aberto, por exemplo, por morte ou imunidade do autor das ofensas ou prescrição do procedimento criminal. Neste caso, o Ministério Público podia, a pedido do ofendido, requerer a abertura de um processo não criminal diante do *Amtsrichter*, do *Schöffengericht* ou da *Strafkammer*, quando considerasse que a determinação judicial da verdade ou falsidade da imputação feita ao ofendido era exigida por "um interesse público no esclarecimento da verdade" ou por um "interesse do ofendido considerado importante do ponto de vista da comunidade popular" (*ein vom Standpunkt der Volksgemeinschaft anzuerkennendes wichtiges Interesse des Verletzten*, Ernst Schäfer, 1938: 505 e 506, e 1937: 38 a 42, e Georg Dahm, 1937: 66 a 72). Sempre que o Ministério Público rejeitasse a apresentação do caso em um tribunal criminal, o ofendido podia ainda apresentar queixa junto do *Friedensrichter*. Este magistrado procedia, em uma audiência não pública, a uma tentativa de conciliação das partes e, fracassando esta, à regulação do conflito através de sanções não criminais, como a "multa de paz" (*Friedensbusse*) e um regime de prova. As decisões deste magistrado transitavam, em regra, de imediato, mas podiam ser revistas em face de novas provas ou ainda impugnadas por um recurso de anulação (*Nichtigkeitsbeschwerde*) interposto pelo Ministério Público para a *Strafkammer* (Niethammer, 1937: 90 a 99, Kohlrausch, 1938: 541, 546, 550 a 555, e Albrecht Hoffmann, 1936: 40 a 42, mas com reservas relativamente ao *friedenrichterliche Verfahren*, Strauss, 1936: 212 e 213, Niederreuther, 1939: 220 e 221, e Robert von Hippel, 1941: 269). Já no final do regime nacional-socialista o legislador consagrou alterações significativas do "processo de acusação privada" (*Privatklageverfahren*) inspiradas nas propostas da comissão, impondo nuns casos e permitindo em outros a suspensão do processo pelo prazo de um mês quando fosse previsível que a paz voltasse a reinar entre as partes no final desse período (*wenn es zur erwarten ist, dass während dieser Zeit unter den Beteiligten wieder Frieden eintritt*, artigo 8, § 1 (2), da *Verordnung* de 13.8.1942) e facultando a resolução dos casos que não tivessem dignidade penal (*wenn die Tat nicht so ernst ist, dass ihre strafrechtliche Ahndung unerlässlich ist*, artigo 8, § 2 (1), da *Verordnung* de 13.8.1942) através de uma "decisão de paz" (*Friedenspruch*), irrecorrível e que podia consistir na aplicação de uma admoestação ou de uma multa, na imposição de condutas ao acusado para reparação da honra do lesado ou ainda na prestação de uma caução para garantia da "cidadania de paz" (*Friedensbürgschaft*), isto é, da não repetição dos factos entre o acusado e o ofendido durante o período de vigência da caução.

[1345] A *Grosse Strafprozesskomission* reformulou a condição, considerando que o conceito do "sentimento de justiça popular" era "demasiado indeterminado" e constituía um critério de determinação da medida concreta da pena, mas não da forma de processo. No entanto, a fórmula escolhida, de que o julgamento imediato fosse "necessário do ponto de vista da comunidade popular" (*vom Standpunkt der Volksgemeineschaft aus geboten sein muss*, Rempe, 1938: 464 e 465), não se distinguia substancialmente da anterior.

A Jurisdição Penal Comum

visto pela lei.[1346] No entanto, a lei facultava, além dos meios de impugnação ordinários,[1347] dois meios extraordinários, o de revisão, nos termos gerais, e um outro de natureza semelhante, que tinha lugar quando não se verificassem os pressupostos do primeiro, mas o réu ausente condenado justificasse a sua ausência com motivos procedentes ou outras circunstâncias tornassem necessária a renovação do julgamento (*sonstige Umstände vorliegen, die eine Erneuerung der Hauptverhandlung als notwendig erscheinen lassen*, artigo 6, n. 1, da lei por último referida).[1348]

O processo de "ordem penal" foi alargado aos delitos que pudessem ser punidos com seis meses de prisão pela *Verordnung* de 1.9.1939 e mesmo aos crimes que pudessem ser punidos com seis meses de prisão pela *Verordnung* de 13.8.1942,[1349] em clara dissonância sistemática com as opções do legislador de

---

[1346] A decisão do Ministério Público vinculava inteiramente o juiz, que não podia sequer proceder a diligências com vista a confirmar a própria ausência física do arguido. Uma das inovações mais significativas propostas pela *Grosse Strafprozesskomission* era precisamente a da introdução do controlo judicial da ausência física do arguido, mantendo-se, no entanto, a exclusividade da competência do Ministério Público para interpretar o "ponto de vista da comunidade popular" por força da necessidade da ponderação centralizada e hierarquicamente difundida dos "especiais interesses do Estado" na realização do julgamento em cada um destes processos (Rempe, 1938: 465 e 466).

[1347] Tal como a doutrina tinha proposto (Thierack, 1935: 3, Oetker, 1936: 34, e Schwarz, 1936: 319 a 325, mas contra Strauss, 1936: 220 e 221), também a *Grosse Strafprozesskomission* se pronunciou no sentido da manutenção dos recursos de apelação e de revista do direito então vigente, rejeitando a introdução de um recurso unificado (Stolzenburg, 1938: 359).

[1348] A comissão manteve e ampliou mesmo o âmbito de aplicação destes meios de impugnação, tendo, por um lado, afastado expressamente a proposta de supressão da cláusula geral referente às "outras circunstâncias" justificativas da impugnação pelo ausente, com base no sucesso do recurso extraordinário previsto pelo § 16 da *Verordnung* de 21.3.1933 contra as decisões transitadas dos *Sondergerichte* e tendo, por outro lado, introduzido a faculdade de o ausente interpor posteriormente à sua notificação pessoal da decisão e no prazo da revisão os recursos ordinários quando eles não tivessem ainda sido interpostos na sua ausência (Rempe, 1938: 472 a 474, e Doerner, 1938: 449 e 450).

[1349] Depois do ensaio das Leis de 21.10.1917 e de 11.3.1921, que previam a aplicação transitória do *Strafbefehl* em processos de transgressão e de delito sem limite quanto à pena de multa, a grande reforma de 4.1.1924 admitiu esta forma de processo para julgamento de delitos a que fosse aplicável pena até três meses de prisão, alargando a anterior previsão de prisão até seis semanas, o que já tinha merecido a oposição da doutrina (Johannes Nagler, 1924: 427 e 428, e Eduard Kern, 1924: 254). Não obstante considerar esta forma de processo como indispensável para evitar a ruptura da administração da justiça penal, a *Grosse Strafprozesskomission* recusou peremptoriamente o alargamento do seu âmbito aos crimes que fossem punidos com seis meses de prisão, bem como a exclusão do juiz desta forma de processo, invocando a desnecessidade comprovada estatisticamente daquele alargamento e, no que respeita a esta exclusão, a perturbação resultante da confusão de funções jurisdicionais e acusatórias no magistrado do Ministério Público

1877, quer do ponto de vista da complexidade dos factos que podiam ser sujeitos a esta forma de processo especial, quer da gravidade da pena aplicável.[1350]

A mesma *Verordnung* de 1.9.1939 revogou a condição da apresentação voluntária do suspeito ou da sua prisão em flagrante delito para julgamento do arguido nos termos do "processo rápido" e sujeitou a aplicabilidade desta forma de processo para julgamento de delitos apenas à dupla condição de o caso ser simples e ser necessário o julgamento imediato por razões especiais (*der Sachverhalt einfach und die sofortige Aburteilung aus besonderen Gründen geboten ist*, § 22), competindo este juízo exclusivamente ao Ministério Público.[1351] O

(Crohne, 1938: 457 e 458). O legislador de 1942 respeitou este limite, mas ultrapassou aquele (a favor, mas apenas para o tempo da guerra, Wilhelm Töwe, 1940 a: 15, de acordo com a sua posição crítica anterior, Wilhelm Töwe, 1936 a: 62).

[1350] Joachim Erbe, 1979: 77. Ao invés do processo de "ordem penal", o processo de transgressões sofreu uma transformação gradual no sentido da sua policialização. A competência das autoridades policiais e administrativas para conhecer de determinadas transgressões e impor coimas foi sendo sucessivamente alargada, sobretudo a partir de 1933 e no âmbito das infracções económicas. A cominação de coimas para condutas também censuradas criminalmente e a possibilidade discricionária conferida a estas autoridades de processarem, elas mesmo, as infracções ou de as encaminharem para o tribunal permitiram o desvio do conhecimento de uma parte substancial desta criminalidade pelas autoridades policiais e administrativas, sendo os suspeitos julgados sem forma de processo e punidos com as coimas e as penas acessórias previstas na lei, na maioria dos casos sem a garantia da sindicância judicial ulterior (Heinrich Henkel, 1953: 85).

[1351] A reforma Emminger, se procedeu a um alargamento extraordinário do âmbito de aplicação desta forma de processo, manteve, no entanto, a apresentação voluntária ou a detenção provisória do arguido como condição da utilização desta forma de processo. Ao invés, a *Verordnung* de 1.9.1939 correspondeu ao momento culminante de um processo legislativo iniciado com base no artigo 48, n. 2 da Constituição de Weimar e cujo objectivo essencial foi o de não condicionar a aplicação do processo previsto no § 212 da StPO à verificação da condição de apresentação voluntária ou de detenção provisória do arguido. A *Verordnung*, de 28.3.1931, alargou a aplicabilidade desta forma de processo a certos crimes políticos e a todos os crimes da competência do *Amtsgericht* que tivessem sido cometidos em lugares públicos e em reuniões ou através de publicações sem aquelas condições (*wenn der Beschuldigte sich weder freiwillig stellt noch infolge einer vorläufigen Festnahme dem Gericht vorgeführt wird*, § 14, da *Verordnung* de 28.3.1931), tal como o fez a *Vierte Verordnung*, de 8.12.1931, aos crimes de difamação, que o Ministério Público decidisse perseguir (*wenn der Beschuldigte sich weder freiwillig stellt noch infolge einer vorläufigen Festnahme dem Gericht vorgeführt wird*, o § 5 do capítulo III da parte oitava da *Vierte Verordnung*, de 8.12.1931). Um mês depois da tomada do poder pelo partido nacional-socialista, o presidente von Hindenburg aprovou de novo um diploma, a *Verordnung des Reichspräsidenten zum Schutze des deutschen Volkes*, de 4.2.1933, em que repunha em vigor e agravava as disposições da primeira *Verordnung* de 1931. Tendo constatado o aumento da utilização desta forma de processo e a diminuição dos recursos interpostos das decisões nela proferidas, a *Grosse Strafprozesskommission* fez uma apreciação muito positiva da aplicação das referidas modificações do direito positivo, propondo uma solução semelhante à que viria a ser consagrada em Setembro de 1939

A Jurisdição Penal Comum

alargamento da competência do juiz singular aos crimes puníveis com dois anos de reclusão (*Zuchthaus*) e cinco anos de prisão (*Gefängnis*) ou prisão simples (*Haft*), determinado pela *Verordnung* de 21.2.1940, e, posteriormente, a cinco anos de reclusão, determinado pela *Verordnung* de 13.8.1942, implicou um aumento muito considerável do âmbito de aplicação desta forma de processo,[1352] que foi, contudo, compensado pela possibilidade prevista no § 30 da *Verordnung* de 21.2.1940 de o juiz recusar a sua competência em qualquer momento até à prolação da decisão e reenviar o processo para o processo ordinário.

Em conformidade com este reforço crescente dos poderes do Ministério Público, o legislador prescindiu, seis anos depois da tomada do poder pelo partido nacional-socialista, da participação popular na administração da justiça penal. A *Verordnung über Massnahmen auf dem Gebiete der Gerichtsverfassung und der Rechtspflege*, de 1.9.1939 viria pôr fim à intervenção dos juízes leigos, sendo a competência do tribunal de escabinos integralmente atribuída ao juiz singular e a do tribunal de júri à *Strafkammer*, agora composta apenas por três juízes togados,[1353] e cabendo das decisões finais do primeiro apenas o recurso

---

(Crohne, 1938: 453 a 455), com a distinção fundamental, que já tinha sido sugerida na doutrina (Wilhelm Töwe, 1936 a: 56), de o juiz poder rejeitar a abertura da audiência de julgamento quando entendesse que o processo especial não se adequava à natureza do ilícito penal em causa.

[1352] Quer o aumento excepcional da competência do juiz singular quer a ampliação do âmbito de aplicação do processo de "ordem penal" surgiram na sequência de uma ordem expressa dada pelo *Führer* em 21.3.1942. A intensificação das dificuldades nas frentes da guerra exigia um "trabalho rápido e sem fricções da admnistração da justiça" (*reibungslose und schnelle Arbeit der Rechtspflege*), razão pela qual foi publicado o *Erlass des Führers über die Vereinfachung der Rechtspflege*, em que se determinavam aquelas alterações. O aumento da competência do juiz singular representou um "corte radical" com a tradição, que a doutrina censurou com veemência (Robert von Hippel, 1941: 174, 175 e 711, e Eberhard Schmidt, 1944: 302).

[1353] Deste modo se abandonou um pressuposto fundamental da reforma do processo penal proposta pela *Grosse Strafprozesskommission* e do ideário do partido nacional-socialista, que era o da participação na administração da justiça de juízes leigos fiéis ao regime, em cuja escolha o partido tivesse uma influência fáctica e jurídica (Wilhelm Töwe, 1935 b: 15 e 16, e 1937: 114 e 115, Hans-Joachim Simon, 1935: 63, Strauss, 1936: 14, Creifelds, 1937: 186 e 187, Lautz, 1937: 54, e Roland Freisler, 1937 a: 35 a 37, e 1938 b: 45 e 46). A reforma do método de selecção dos juízes leigos chegou a ser efectuada pela *Gesetz zur Änderung des Gerichtsverfassungsgesetzes*, de 13.12.1934. Em reacção a uma decisão do *Reichsgericht*, nos termos da qual a interferência de um representante ministerial na escolha dos juízes leigos constituía fundamento de anulação da decisão, esta lei de 1934 modificou a composição do órgão que escolhia os juízes leigos, que passou a ser composto pelos presidentes das comunidades e das associações do círculo ou pelos seus representantes e pelo chefe do círculo do NSDAP ou pelo seu representante, garantindo uma influência directa do partido na escolha dos juízes leigos (Robert von Hippel, 1941: 141, e Eduard Kern, 1954 a: 205, e 1954 b: 78). A doutrina discutiu mesmo a adopção pelos tribunais criminais do método de selecção dos juízes leigos do *Volksgerichtshof* (contra, Wilhelm Töwe, 1937: 115, e a

614　A Reforma da Justiça Criminal em Portugal e na Europa

de apelação para a *Strafkammer* e das decisões desta apenas o recurso de revista para o *Reichsgericht*.[1354]

Também a reforma da organização judiciária realizada pelo legislador português não pode ser identificada com a nova jurisdição criminal alemã, não obstante os elementos que as aproximam.

O tribunal plenário não pode ser equiparado aos dois tribunais extraordinários com competência criminal instituídos pelo nacional-socialismo, o *Sondergericht*, criado pela *Verordnung* de 21.3.1933,[1355] e o *Volksgerichtshof*, criado

---

favor, Schaffheutle, 1937: 125, tendo Walter Becker, 1938: 204, defendido uma posição intermédia de adopção daquele método nos futuros tribunais ordinários com competência política), embora também se tenha ouvido a defesa das regras clássicas de escolha dos jurados (Robert von Hippel, 1941: 162) e mesmo da instituição do júri, com as distinções características do direito anterior a 1924 entre a decisão sobre a culpa e a decisão sobre a pena e entre a direcção da audiência e a decisão sobre a culpa (Friedrich Oetker, 1934 a: 37 a 40, e, posteriormente em conjugação com o *Führerprinzip*, em 1935 b: 345 e 346, e 1935 d: 24 a 29, mas contra Wilhelm Töwe, 1935 a: 384, 389 e 390, e 1935 b: 16 e 19, Schwarz, 1935 a: 47, e Strauss, 1936: 216). Contudo, o legislador foi nesta matéria muito além da *Grosse Strafprozesskomission*, pois esta ainda propunha a manutenção do *Schöffengericht* e dos juízes leigos na *Strafkammer* (Grau, 1938: 188 e 189). A necessidade da dispensa do "elemento popular", já sentida durante a fase final do regime de Weimar, acentuou-se com o início da segunda guerra mundial, tendo, afinal, o legislador nacional-socialista generalizado a solução da *Verordnung* de 9.8.1932 do governo von Papen.

[1354] Contudo, o § 1 do artigo 7 da *Verordnung* de 13.8.1942, e o § 13 da *Vierte Verordnung* de 13.12.1944, impuseram, respectivamente, nos recursos de *Berufung* e de *Beschwerde* e no da *Revision* uma admissão preliminar do recurso pelo tribunal recorrido, cuja decisão, por sua vez, não admitia impugnação. Só os recursos interpostos pelo Ministério Público não estavam sujeitos a estas limitações.

[1355] Este tribunal surgiu na sequência de vários outros criados depois da primeira guerra mundial, não constituindo uma particularidade do regime nacional-socialista. A sucessão destes tribunais durante a República de Weimar não só transformou o processo penal em instrumento de luta política, como teve "uma certa eficácia imunizadora" em relação às posteriores iniciativas do legislador nacional-socialista (Heinrich Henkel, 1953: 77 e 78, Wolf-Peter Koch, 1972: 14, Michael Hug, 1976: 124 a 127, Ingo Müller, 1980: 67 e 68, e Wolfgang Sellert, 1985: 72 e 73). A *Verordnung über Sondergerichte gegen Schleichhandel und Preistreiberei*, de 27.11.1919, criou o primeiro tribunal extraordinário da República de Weimar, o *Wuchergericht*, instituído junto de cada *Landgericht* e composto por três juízes togados, designados pela administração judiciária do *Land* ou pelo presidente do *Oberlandesgericht* ou do *Landgericht* por delegação daquela, e dois jurados, escolhidos um de entre os consumidores e o outro de entre os produtores e os vendedores. O tribunal tinha competência para julgar determinados crimes económicos. O artigo V desta *Verordnung* consagrava o carácter provisório deste tribunal, que funcionou até 1.4.1924. A doutrina discutiu a conformidade da instituição deste tribunal com a Constituição de Weimar (Eduard Kern, 1927: 198 a 201, 258 a 260). Na sequência das tentativas do partido nacional-socialista de incitação das forças armadas à desobediência e à participação em organizações paramilitares, a *Verordnung betreffend die zur Wiederherstellung der öffentlichen Ordnung und Sicherheit nötigen Massnahmen*, de 30.5.1920, criou um tribunal composto por três membros civis com capacidade

A Jurisdição Penal Comum 615

para o exercício de funções judiciais e dois membros militares, todos nomeados pela autoridade militar e com competência para julgar actos de desobediência, insurreicção e participação em organizações paramilitares e parapoliciais. Este tribunal foi substituído por um outro, com um composição exclusivamente civil e uma competência mais ampla, pela *Verordnung des Reichspräsidenten über die Bildung ausserordentlicher Gerichte*, de 29.3.1921, que constituiu o modelo de todos os posteriores diplomas sobre tribunais criminais extraordinários criados até 1933 (Michael Hug, 1976: 26 e 37). O novo tribunal extraordinário era composto por um juiz togado e dois outros membros, que deveriam reunir os requisitos para o exercício da magistratura judicial, sendo todos designados pelo presidente do *Landgericht*. O tribunal tinha competência para julgar, mesmo retroactivamente, determinados crimes e delitos e, designadamente, os de utilização de explosivos e armas. O § 21 desta *Verordnung* previa ainda o carácter transitório deste tribunal, tendo este diploma sido revogado pela *Verordnung* de 23.7.1922. Na sequência da declaração do estado de excepção em todo o império a 26.9.1923, foi publicada nesta mesma data a *Verordnung des Reichspräsidenten, betreffend die zur Wiederherstellung der öffentlichen Sicherheit und Ordnung für das Reichsgebiet nötigen Massnahmen*, que suspendeu algumas liberdades e garantias constitucionais e determinou a criação de novos tribunais criminais extraordinários, com a competência para julgar os crimes previstos na Lei de 29.3.1921 e outros. A doutrina discutiu a constitucionalidade da criação dos tribunais extraordinários, uma vez que a proibição do artigo 105 da Constituição de Weimar não se encontrava no elenco das normas que o presidente podia suspender (Carl Schmitt, 1924: 64 e 65). Não obstante, o ministro da justiça determinou, por força daquela *Verordnung* do presidente, a criação dos referidos tribunais extraordinários em Cottbus, Hamburg e Berlin, prevendo as respectivas *Verordnungen* de 2.10.1923, 23.10.1923 e de 13.11.1923, que os tribunais fossem compostos por um juiz togado, que presidia, e dois membros que deviam reunir os requisitos para o exercício da função judicial, sendo designados pela administração da justiça do *Land*. Quer o § 20 da primeira *Verordnung*, quer o § 3 da segunda e da terceira previam o carácter provisório destes tribunais, que só foram extintos em 29.12.1929. Por outro lado, a *Verordnung des Reichspräsidenten über die beschleunigte Aburteilung von Straftaten*, de 17.12.1923, conferiu à *Strafkammer* competência para julgar determinados crimes graves de acordo com uma forma de processo especial, ressalvando a competência dos *Sondergerichte*. O § 9 desta *Verordnung* previa o carácter temporário desta *Verordnung*. A oposição a este diploma fê-lo sucumbir menos de dois meses depois, tendo sido revogado pela *Verordnung* de 13.1.1924. Mais tarde, já nas vésperas da tomada do poder pelo *Nationalsozialistische Deutsche Arbeiter-Partei*, o presidente von Hindenburg autorizou, pela *Verordnung* de 6.10.1931, o governo a criar tribunais criminais extraordinários e o governo von Papen, de que já fazia parte o ministro da justiça Franz Gürtner, aprovou a *Verordnung* de 9.8.1932, que criou sete *Sondergerichte*, prevendo o § 19 deste diploma o carácter provisório dos mesmos. A inteira disposição da competência destes tribunais pelo Ministério Público transformava-os em instrumentos de combate político (Siegert, 1933: 43, e Ulrich Schumacher, 1985: 50), de tal modo tendo sido a oposição que lhes foi feita que o diploma foi revogado quatro meses depois pelo governo Schleicher através da *Verordnung* de 19.12.1932. A *Verordnung* de 21.3.1933, referida no texto, foi, tal como a de Agosto de 1932, publicada pelo ministro Franz Gürtner com base no capítulo II da sexta parte da terceira *Verordnung* de von Hindenburg, de 6.10.1931, e ainda previa expressamente o carácter temporário deste tribunal (§ 18 da *Verordnung* de 21.3.1933).

616 A Reforma da Justiça Criminal em Portugal e na Europa

pela *Gesetz zur Änderung von Vorschriften des Strafrechts und des Strafverfahrens*, de 24.4.1934.[1356]

O *Sondergericht* foi instituído inicialmente em cada círculo de um *Oberlandesgericht*[1357] e era composto por apenas três juízes togados,[1358] escolhidos pelo órgão colectivo que presidia ao *Landgericht*, em cujo círculo o tribunal tivesse sede.[1359] O tribunal tinha competência para conhecer das actividades de organizações e pessoas de orientação ideológica comunista, crimes de propaganda contra o governo e de subversão do regime, crimes de incêndio,

---

[1356] Este tribunal também teve o seu antecedente em um tribunal extraordinário criado durante a República de Weimar. O *Staatsgerichtshof zum Schutze der Republik*, criado pela *Verordnung zum Schutze der Republik*, de 26.6.1922, era composto por sete membros, sendo três juízes do *Reichsgericht* e quatro juízes leigos, todos escolhidos pelo presidente da República, e tinha competência para julgar, mesmo retroactivamente, certos crimes políticos, incluindo o de alta traição, sendo aplicáveis as disposições válidas para o julgamento pela *Strafkammer*. O diploma aprovado pelo governo com base no artigo 48 da Constituição foi sujeito ao *Reichstag*, que deliberou aprovar uma lei sobre o mesmo objecto com alterações. A *Gesetz zum Schutze der Republik*, de 21.7.1922, modificou a composição do tribunal para nove juízes, sendo três juízes do *Reichsgericht* e os restantes juízes leigos. O § 27 desta lei previa a vigência por cinco anos da mesma, tendo o tribunal sido extinto pela *Gesetz zur Abänderung des Gesetzes zum Schutz der Republik*, de 31.3.1926. A escolha dos membros do tribunal por critérios políticos, a competência retroactiva do tribunal e a disposição das regras de competência pelo Ministério Público mereceram a crítica da doutrina e permitiram a instrumentalização política do *Staatsgerichtshof*, tendo o legislador nacional-socialista mais tarde tirado proveito da experiência desta instituição da República de Weimar (Eduard Kern, 1927: 315 a 324, 330 a 332, e 1954 a: 178 e 179, Ulrich Schumacher, 1985: 41 e 42, e Klaus Marxen, 1994: 81).

[1357] Se em 1933 o legislador se manteve fiel à tradição descrita da transitoriedade dos tribunais criminais extraordinários, a reforma dos tribunais extraordinários, realizada já durante a segunda guerra mundial pela *Verordnung* de 21.2.1940, revelava uma natureza muito distinta das anteriores, pois já não se baseou no diploma de Hindenburg e não previa o carácter provisório destes tribunais. Esta modificação radical da natureza dos tribunais extraordinários conjugava-se com a reforma dos tribunais comuns de 1.9.1939, que aboliu a participação do povo na administração da justiça e determinou o aumento do número dos tribunais extraordinários, que já podiam ser instituídos em cada *Landgericht* e não apenas, como até então, junto dos OLG.

[1358] Em regra, o presidente do tribunal era um *Landgerichtsdirektor* (Albrecht Wagner, 1968: 245). Na sequência de uma ordem directa do *Führer* expressa no ponto III do *Erlass über die Vereinfachung der Rechtspflege*, de 21.3.1942, a *Verordnung* de 13.8.1942, previa, contudo, que o presidente deste tribunal, tal como o da *Strafkammer* e do *Strafsenat* do *Oberlandesgericht*, podiam decidir sozinhos quando a participação dos outros juízes fosse desnecessária em face da simplicidade da questão de facto e da questão de direito e o Ministério Público concordasse (*wenn er wegen der einfachen Sach- und Rechtslage die Mitwirkung der Beisitzer für entbehrlich hält und der Staatsanwalt zustimmt*, art. 4).

[1359] Mais tarde, a *Verordnung* de 21.2.1840 previu a designação dos juízes pelo presidente do *Oberlandesgericht*, a quem competia também a distribuição dos processos.

A Jurisdição Penal Comum 617

envenenamento ou explosão, certos crimes económicos e certos crimes de imprensa.[1360]

No processo aplicável neste tribunal não se procedia a qualquer instrução judicial, mas apenas a uma instrução preparatória conduzida pelas polícias e

---

[1360] O propósito inicial da criação dos *Sondergerichte* foi o de reprimir os actos de violência alegadamente cometidos por membros de organizações comunistas. A *Verordnung* de 28.2.1933, que estabelecia os principais ilícitos criminais da competência do novo tribunal, previa expressamente, no seu intróito, que as disposições nela contidas se destinavam à "defesa contra actos de violência comunista perigosos para o Estado" (*zur Abwehr kommunistischer staatsgefährdender Gewaltakte*). Contudo, esta competência limitada foi mais tarde ampliada a todos os opositores do regime e perturbadores da ordem pública com base no entendimento de que a menção aos actos de membros ou pessoas ligadas ao partido comunista não fazia parte integrante da disposição legal e constituía apenas a motivação da decisão do legislador (Otto Geigenmüller, 1937: 27 e 28, Werner Spohr, 1937: 14, Adolf Liepelt, 1938: 39, Helmut Schlierbach, 1938: 42 e 43, Robert von Hippel, 1941: 254, e Theodor Maunz, 1943: 59). A partir da aprovação da *Verordnung über die Erweiterung der Zuständigkeit der Sondergerichte*, de 20.11.1938, quaisquer crimes podiam ser da competência do tribunal especial, bastando para tanto que o Ministério Público entendesse que o julgamento imediato pelo tribunal especial era necessário em face da gravidade e da censurabilidade do facto ou da perturbação da ordem pública causada, tendo este diploma suprimido definitivamente o princípio do juiz legal (a favor da inovação, Ernst Huber, 1939: 280, mas contra Eduard Kern, 1939: 15 a 17, e Eberhard Schmidt, 1944: 264 e 265). Conjugando esta faculdade do Ministério Público com a outra, já referida, de co-determinar a composição do tribunal, o legislador transformou este tribunal em um meio poderoso de instrumentalização política do processo penal (Alfons Wenzel, 1949: 95, 126 e 127, e Hubert Schorn, 1959: 110 e 111), razão pela qual o Ministério da Justiça dava indicação de que, sendo possível, se devia dar preferência à dedução da acusação nestes tribunais (Ulrich Schumacher, 1985: 136 e 137) e o Ministério Público deduzia preferencialmente acusação neles (Gerhard Riehle, 1985: 134). Contudo, a restrição da lei aos crimes impedia o pleno aproveitamento deste tribunal. Assim, a *Verordnung* de 1.9.1939 alargou esta faculdade do Ministério Público aos delitos, prevendo que estes podiam ser julgados pelo *Sondergericht* quando o Ministério Público considerasse que o facto punha em perigo grave a ordem pública e a segurança (*wenn sie der Auffassung ist, dass durch die Tat die öffentliche Ordnung und Sicherheit besonders schwer gefährdet wurde*, § 19). Estas previsões legais foram ainda alargadas no ano seguinte pela *Verordnung* de 21.2.1940, que admitia a sujeição a julgamento de quaisquer crimes e delitos pelo *Sondergericht* quando fosse necessário em face da gravidade e da censurabilidade do facto, da perturbação causada na comunidade ou do perigo sério para a ordem pública ou segurança (*mit Rücksicht auf die Schwere oder die Verwerflichkeit der Tat, wegen der in der Öffentlichkeit hervorgerufenen Erregung oder wegen ernster Gefährdung der öffentlichen Ordnung oder Sicherheit geboten ist*, § 14 da *Verordnung* de 21.2.1940). O legislador foi-se deste modo afastando da proposta da *Grosse Strafprozesskommission* de eliminação dos *Sondergerichte* e de atribuição da sua competência aos senados dos *Oberlandesgerichte* (Otto Thierach, 1938: 82), tendo a oposição interna e a guerra externa tornado indispensável a manutenção de uma jurisdição criminal extraordinária para punição de crimes que pusessem em causa a ordem pública e o regime político.

618   *A Reforma da Justiça Criminal em Portugal e na Europa*

pelo Ministério Público,[1361] e não tinha lugar a prolação da decisão judicial de sindicância dos indícios suficientes do crime e de abertura da fase de julgamento.[1362] O tribunal tinha poderes discricionários sobre a admissibilidade dos meios de prova do acusado e muito amplos sobre a modificação do objecto do processo, podendo recusar quaisquer meios de prova sempre que os considerasse desnecessários [1363] e podendo condenar por factos totalmente diferentes dos da acusação, mesmo que eles determinassem a incompetência do tribunal, salvo quando fossem competentes tribunais superiores.[1364]

As semelhanças entre o tribunal plenário e o *Sondergericht* verificavam-se na regulamentação de duas questões cruciais, além da reserva preferencial da instrução preparatória às polícias: o regime da prisão preventiva, no período de 1933 a 1940, e o regime dos recursos, no mesmo período. Por um lado, o presidente do tribunal decidia sobre a prisão preventiva do arguido e a reclamação dessa decisão era interposta para o próprio *Sondergericht* (§ 9 da *Verordnung* de 21.3.1933).[1365] Por outro, inicialmente não eram admitidos quaisquer recursos

---

[1361] Tal como já previam o § 18 da *Verordnung* de 29.3.1921, o § 17 da *Verordnung* de 2.10.1923, o § 3 da *Verordnung* de 13.11.1923, § 6 da *Verordnung* de 17.12.1923, e o § 12 da *Verordnung* de 9.8.1932. O esforço de guerra exigiu, no entanto, a aceleração do processo mesmo nos tribunais extraordinários, razão pela qual o § 5 da *Verordnung gegen Volksschädlinge*, de 5.9.1939, determinou que em todos os processos dos *Sondergerichte* se devia proceder a julgamento "imediato e sem observância de prazos quando o agente fosse detido em flagrante delito ou a sua culpa fosse de outro modo notória" (*die Aburteilung sofort ohne Einhaltung von Fristen erfolgen, wenn der Täter auf frischer Tat betroffen ist oder sonst seine Schuld offen zutage liegt*, § 5).

[1362] A restrição já tinha sido consagrada pelo § 8 da *Verordnung* de 27.11.1919 no processo aplicável nos *Wuchergericht*, pelo § 5 da Lei de 18.12.1919 no processo aplicável no *Reichsgericht* para julgamento dos criminosos de guerra, pelo § 18 da *Verordnung* de 29.3.1921, pelo § 13 da *Wuchergerichtsverordnung*, de 29.7.1923, pelo § 17 da *Verordnung* de 2.10.1923, o § 3 da *Verordnung* de 13.11.1923, § 6 da *Verordnung* de 17.12.1923, e o § 13 da *Verordnung* de 9.8.1932. A *Verordnung* de 21.2.1940, que consagrava estas mesmas regras, inovou, no entanto, ao prever a possibilidade de o Ministério Público retirar a acusação até ao início da audiência de julgamento.

[1363] A restrição também já tinha sido anteriormente consagrada pelo § 10 da *Verordnung* de 27.11.1919 no processo aplicável nos *Wuchergerichte*, pelo § 18 da *Verordnung* de 29.3.1921, o § 17 da *Wuchergerichtserordnung*, de 28.7.1923, o § 17 da *Verordnung* de 2.10.1923, o § 3 da *Verordnung* de 13.11.1923, § 6 da *Verordnung* de 17.12.1923, e o § 14 da *Verordnung* de 9.8.1932.

[1364] O § 11 da *Verordnung* de 27.11.1919 já previa esta possibilidade, mas condicionava-a ao acordo do Ministério Público e do acusado, tal como o fazia o § 16 da *Wuchergerichtsverordnung*, de 28.7.1923. O § 15 da *Verordnung* de 9.8.1932 reintroduziu esta faculdade do tribunal, mas sem a condição do diploma de 1919.

[1365] Uma disposição precisamente igual continham o § 13 da *Verordnung* de 27.1.1919, o § 17 da *Verordnung* de 29.3.1921, o § 20 da *Wuchergerichtsverordnung*, de 8.7.1923, o § 16

A Jurisdição Penal Comum

ordinários da decisão final,[1366] mas apenas um recurso de revisão amplo (§ 16 da *Verordnung* de 21.3.1933), que tinha uma natureza próxima do recurso ordinário de revista.[1367]

No entanto, este meio de impugnação só era permitido ao réu condenado e, a partir de 1940, concorria com dois outros recursos extraordinários, que só podiam ser interpostos pelo Ministério Público.

Com efeito, a *Gesetz zur Änderung von Vorschriften des allgemeinen Strafverfahrens, des Wehrmachtstrafverfahrens und des Strafgesetzbuchs*, de 16.9.1939, previa uns "embargos extraordinários" (*ausserordentliche Einspruch*) contra quaisquer decisões criminais transitadas em julgado, que podiam ser interpostos, dentro de um ano após o respectivo trânsito, para um senado especial do *Reichsgericht* ou, tratando-se de decisões do *Volksgerichtshof*, para um sendado especial nele constituído,[1368] quando houvesse reservas graves contra a correcção da decisão (*schwerwiegende Bedenken gegen die Richtigkeit des Urteils*, § 3). A interposição do recurso, que só tinha lugar através de requerimento do procurador-geral junto de cada um daqueles altos tribunais, implicava automaticamente a caducidade da decisão recorrida (*wird die Entscheidung, gegen die er sich richtet, hinfällig*, § 1 (2), da *Verordnung zur Durchführung des Gesetzes zur Änderung ...*, de 17.9.1939), interrompendo-se de imediato a execução das penas em curso e procedendo-se necessariamente a uma nova audiência de julgamento segundo

---

da *Verordnung* de 2.10.1923, o § 3 da *Verordnung* de 13.11.1923, e o § 10 da *Verordnung* de 9.8.1932. A *Verordnung* de 21.2.1940 suprimiu a reclamação da decisão do presidente do tribunal para o tribunal, só a mantendo quando a prisão tivesse sido ordenada por um juiz que não fosse membro do tribunal.

[1366] Esta mesma limitação já previam o § 14 da *Verordnung* de 27.1.1919, o n. III das *Ausführungsbestimmungen zu § 2 der Verordnung vom 30.5.1920*, com esta mesma data também, o § 19 da *Verordnung* de 29.3.1921, o § 20 da *Wuchergerichtsverordnung*, de 28.7.1923, o § 18 da *Verordnung* de 2.10.1923, o § 3 da *Verordnung* de 13.11.1923, § 7 da *Verordnung* de 17.12.1923, e o § 17 da *Verordnung* de 9.8.1932.

[1367] O recurso amplo de revisão era considerado pela doutrina como um meio de impugnação mais próximo do recurso de revista (*Revision*) do que do recurso extraordinário de revisão (*Wiederaufnahme*), pois permitia a anulação da decisão de direito errada e a sindicância de violações de regras processuais importantes, tais como as dos §§ 244, n. 2 e 155, n. 2 da StPO (Grebe, 1941: 48).

[1368] Os senados especiais do *Reichsgericht* e do *Volksgerichtshof* eram constituídos pelos respectivos presidentes e por quatro juízes, sendo dois destes juízes no *Reichsgericht* e três no *Volksgerichtshof* cidadãos escolhidos pelo próprio *Führer*, pelo período de dois anos e sob proposta do ministro da justiça ((3) dos §§ 4 e 5 da *Gesetz zur Änderung von Vorschriften ...*, de 16.9.1939). Contudo, na prática Hitler nomeava os membros do tribunal sem a participação do ministro da justiça (Herbert Schorn, 1959: 20).

620   *A Reforma da Justiça Criminal em Portugal e na Europa*

as disposições válidas para a primeira instância, na medida em que fosse conveniente.[1369]

Ao invés, o "recurso de nulidade" (*Nichtigkeitsbeschwerde*), criado pela *Verordnung* de 21.2.1940, só era interposto de decisões criminais transitadas do *Amtsgericht*, da *Strafkammer* e do *Sondergericht* para o *Reichsgericht*, no prazo peremptório de um ano após o respectivo trânsito e pelo procurador-geral junto deste tribunal.[1370] Além destas diferenças, os dois novos meios de impugnação

---

[1369] Este recurso extraordinário constituía "uma ordem do *Führer* na sua qualidade de senhor supremo dos tribunais do povo alemão" (*eine Anordnung des Führers in seiner Eigenschaft als obersten Gerichtsherrn des deutschen Volkes*, Roland Freisler e outros, 1941: 577). Parte da doutrina alemã considerou mesmo que a autoridade de qualquer decisão judicial decorria da confirmação tácita da mesma pelo *Führer*, sempre que no caso concreto essa confirmação expressa não lhe tivesse sido recusada através dos embargos extraordinários (Roland Freisler, 1940: 33, Albrecht Hoffmann, 1936: 48 e 49, e Ernst Huber, 1939: 278, mas contra Wilhelm Töwe, 1940 b: 237, e Günther Küchenhoff, 1941: 331 e 332). O efeito prático desta querela repercutia-se na interpretação das disposições da lei. Por força daquela argumentação, o novo meio de impugnação só formalmente se encontrava limitado pelos já referidos requisitos de natureza temporal e material, considerando a doutrina radical que o prazo era indicativo e a verificação do fundamento material não tinha sequer de ser alegada, estando o tribunal de recurso impedido de verificar a existência destes requisitos legais (Roland Freisler e outros, 1941: 579 e 581). Este meio de impugnação, que se inspirou no § 362 da StPO austríaca (Estl, 1939: 246 a 249, Wilhelm Töwe, 1940 b: 236 e 237, e Schoetensack, 1940: 259), serviu de instrumento de interferência directa na acção da justiça, em particular em processos com significado político, permitindo ao presidente do *Volksgerichtshof* alçar-se a instância de controlo dos senados a que ele não presidia (Günther Küchenhoff, 1941: 329, Eberhard Schmidt, 1947: 408, Alfons Wenzel, 1949: 129 e 130, Karl Bader, 1956: 9, Hubert Schorn, 1959: 19 e 20, Jean Boulier, 1962: 19 e 20, Hermann Weinkauff, 1968: 136, Albrecht Wagner, 1968: 270, Walter Wagner, 1974: 43, Volker Grünberg, 1977: 53 a 57, 203 e 204, Ingo Müller, 1984: 64 a 66, Diemut Majer, 1984: 125, Gerhard Riehle, 1985: 147 a 149, e Ulrich Schumacher, 1985: 173, 184 e 185).

[1370] Em face da insuficiência do regime de recursos ordinários das decisões da *Strafkammer*, foi-se firmando desde o final do século XIX no *Reichsgericht* uma jurisprudência que permitia a sindicância das violações das regras de experiência e das leis do pensamento com base no conceito de norma do § 337 da StPO (Siegfried Selke, 1961: 19 a 22 e 91, e Erich Schwinge, 1960: 161 a 165, 190 e 191, 196 a 202). Confrontada com uma sindicância cada vez mais ampla dos tribunais superiores, a doutrina seguiu um de dois caminhos: ou propunha, como fez Karl Peters, a auto-limitação da jurisprudência do *Revisionsgericht*, ou sugeria, como Mannheim, a consagração legal da nova jurisprudência. A tese de Karl Peters era a de que o *Revisionsgericht* devia controlar apenas as decisões valorativas tomadas pelo juiz independentemente da produção da prova na audiência de julgamento de acordo com os princípios da oralidade e da imediação (*Nur dort, wo der Richter seine Feststellungen losgelöst von der unmittelbar-mündlichen Verhandlung trifft, wo er sich nicht auf Aufgaben des Beschuldigten, auf Zeugenaussagen, auf Augenscheinnahme stützt, wo es also nicht auf den unmittelbaren Eindruck ankommen, ist Raum für die revisionsrichterliche Nachprüfung*, Karl Peters, 1938: 70 a 72, 81, 84 e 85, e, já antes, 1937: 64 a 66, e Fritz Hartung, 1938: 90 a 92, 99 a 191). O desrespeito deste limite implicava não só a perversão

A Jurisdição Penal Comum   621

extraordinários distinguiam-se ainda em virtude de a *Nichtigkeitsbeschwerde*
ter um objecto menos amplo, que incluía apenas a correcção da aplicação da lei
(*wegen eines Fehlers bei der Anwendung des Rechts auf die festgestellten Tatsa-*

---

dos princípios da oralidade e da imediação, como também que os tribunais superiores "só podiam prestar um pior serviço" (*nur schlechtere Arbeit leisten können*) do que o da primeira instância. A esta doutrina do "método da prestação" (*Leistungsmethode*) permaneceram indiferentes os tribunais alemães, utilizando sempre que necessário as leis do pensamento e da experiência como um meio para sindicar todos os vícios graves das decisões recorridas, sem, contudo, formular critérios gerais. O âmbito do objecto do recurso continuou sujeito às variações de um direito judiciário pragmático e de difícil percepção (*unübersichtlichen apokryphen Revisionsrichterrechts*, Gerhardt Fezer, 1975, pp. 172 e 186, e *pragmatische, am Einzelfall orientierte Handhabung der Sachrüge*, Ulrike Sassenberg-Walter, 1987: 85). Por sua vez, Mannheim advogava a introdução de uma "violação dos autos" (*Aktenwidrigkeit*), nos termos restritos previstos pelo § 281 n. 5 da StPO austríaca, como um novo fundamento da revista (*Revision*), de modo a garantir a realização da justiça material (Mannheim, 1925: 195 a 199, e, com proposta semelhante, Max Alsberg, 1930: 86 a 88, 96 a 98, e Schwarz, 1936: 329 e 330, mas contra Oetker, 1936: 40 e 41, e Karl Peters, 1938: 81 e 82). Mannheim fazia notar, contudo, que em uma outra conjuntura política e económica, que permitisse a melhoria da qualidade da justiça na primeira instância, ele preferiria um recurso de revista limitado à função de defesa da unidade do direito (Mannheim, 1925, 235 e 236). A *Grosse Strafprozesskomission* seguiu a linha de orientação de Mannheim e Alsberg e propôs a consagração de uma *Urteilsrüge* ampla, que incluía a sindicância oficiosa dos vícios graves da matéria de facto das decisões finais proferidas nos processos relativos à criminalidade grave (Lehmann, 1938: 396, e Dörffler, 1937 a: 156 a 158, e a favor Robert von Hippel, 1941: 602 e 603), invocando expressamente como fundamento a própria prática dos tribunais superiores (Lehmann, 1938: 399 e 400). Além desta faculdade o *Revisionsgericht* poderia sindicar, também oficiosamente, os vícios processuais, tal como já acontecia na prática, por exemplo, com os pressupostos processuais (Lehmann, 1938: 388 e 389), e deveria sujeitar a apreciação dos vícios substantivos a um critério mais apertado do que o da causalidade do vício para a decisão, exigindo-se, além deste, um outro critério, o da injustiça do resultado final (Lehmann, 1938: 390). No que toca às decisões finais proferidas nos processos relativos à pequena e média criminalidade, a comissão propunha a manutenção do recurso de apelação, mas interposto para a *Strafkammer*, não se admitindo, em regra, a interposição sucessiva de dois recursos pelo mesmo sujeito processual, tal como já tinha consagrado a *Verordnung* de 14.6.1932 (Stolzenburg, 1938: 361 a 365). Por fim, a comissão propunha o alargamento da revisão de sentença quer aos casos de absolvições e arquivamentos quer aos de modificação significativa da pena aplicada e de agravo causado pelos fundamentos da decisão (Doerner, 1938 : 430 a 432, 436 e 437, e a favor Adolf Lobe, 1938: 253 e 254), esconjurando o perigo de um "relaxamento demasiado forte do caso jugado" (*eine zu starke Lockerung der Rechtskraft*) com a vinculação do Ministério Público às exigências do sentimento jurídico do povo (Doerner, 1938: 433). O sucesso desta reforma global era intimamente ligado pela comissão à consagração da nova exigência da valoração dos meios de prova na fundamentação das decisões, que, por sua vez, se mostrava um imperativo em face da maior discricionariedade conferida ao juiz pelo direito substantivo (Georg Dahm, 1938 a: 331 a 335, e, já anteriormente, 1931: 16 a 21, e, Robert von Hippel, 1941: 363 a 365). Condicionado pela guerra e pela oposição interna, o legislador modificou o direito positivo no sentido da consagração parcial destas propostas, aprovando as já referidas *Verordnung*en de 16.9.1939 e de 13.8.1942.

622   *A Reforma da Justiça Criminal em Portugal e na Europa*

chen, § 34 da *Verordnung* de 21.2.1940), e a interposição do recurso não implicar a automática sucumbência da decisão recorrida, tal como a procedência do recurso não implicava necessariamente a decisão da causa pelo tribunal de recurso, admitindo-se o reenvio do processo quando a matéria de facto fixada na decisão recorrida não fosse suficiente. A ampliação do objecto da *Nichtigkeitsbeschwerde* em 1942 à correcção da decisão sobre os factos provados e à determinação da pena (*wenn erhebliche Bedenken gegen die Richtigkeit der in der Entscheidung festgestellten Tatsachen oder gegen den Strafausspruch*, artigo 7, § 2, da *Verordnung* de 13.8.1942) e a concomitante admissibilidade de produção de prova no *Reichsgericht* afastaram este meio de impugnação do recurso de revista e aproximaram-no dos "embargos extraordinários"[1371] Esta concentração de meios de impugnação extraordinários no Ministério Público, que teve o seu ponto culminante na modificação do § 359 da StPO, nos termos da qual a revisão do processo em prejuízo do arguido podia ter lugar "quando a nova perseguição fosse necessária para defesa do povo" (artigo 6 da *Dritte Verordnung* de 29.5.1943), reflectia o propósito de aumentar as possibilidades de intervenção do Estado e, do mesmo passo, anular a auto-tutela dos interesses das partes.[1372]

[1371] O fundamento muito amplo de impugnação retirou a esta modalidade de recurso a natureza de meio excepcional de quebra do caso julgado, concorrendo em parte com os "embargos extraordinários" e competindo a escolha entre cada um destes meios de impugnação apenas ao acusador público e de acordo com as circunstâncias do caso concreto (Schoetensack, 1940: 262 e 263, e Günther Kuchenhoff, 1941: 329). Embora a introdução da *Nichtigkeitsbeschwerde* se tenha ficado a dever à influência da instituição paralela vigente no direito austríaco de 1873 (Roland Freisler e outros, 1941: 599, e Estl, 1939: 234, 236 e 237), a reserva da interposição deste recurso a uma magistratura hierarquicamente subordinada ao ministro da justiça compreendia-se no modelo austríaco de 1873 em função da configuração do recurso como um meio de defesa da unidade do direito, que em caso algum podia prejudicar o condenado, mas aquela reserva não se justificava no direito alemão em face do propósito de criar um meio de correcção da decisão do caso concreto, mesmo em desfavor do condenado, tendo-se revelado como um instrumento de manipulação da justiça mais eficaz do que os "embargos extraordinários", sobretudo a partir de 1942 (Hermann Weinkauff, 1968: 137, Albrecht Wagner, 1968: 271 e 272, Reinhardt Traulsen, 1974: 178 e 179, Volker Grünberg, 1977: 192 a 194, 202, 203 e 205, e Gerhard Riehle, 1985: 154 e 155, Ulrich Schumacher, 1985: 197 a 199, e Lothar Gruchmann, 1988: 1081 a 1085, mas concluindo diferentemente, pela utilização maioritária deste recurso em benefício dos arguidos, Lengemann, 1974: 75).

[1372] Defendendo já antes esta evolução do direito positivo, embora ainda de forma restrita e cautelosa, Otto Thierack, 1935: 12, e Karl Peters, 1937: 63. Depois de consagrada em forma de lei, Georg Dahm (1944: 4 e 5) classificou esta modificação como o ponto culminante do processo de substituição do "pensamento de expiação" (*Sühnegedanke*) pelo "pensamento de protecção" (*Schutzgedanke*), censurando abertamente esta evolução e os "fanáticos da instrumentalização" (Georg Dahm, 1944: 15 e 16). Tornava-se deste modo dispensável a introdução de um "órgão de reparação de Injustiça Notória" (*Wiedergutmachungstelle für offensichtliches Unrecht*), proposta no *Denkschrift des National Sozialistischen Rechtswahrerbundes zum Entwurf einer StPO*, que

O tribunal plenário foi, tal como o *Volksgerichtshof*, declarado pelo legislador como tribunal ordinário. No artigo 41 do Decreto-Lei n. 35.004, o legislador português procedeu precisamente como fez o legislador alemão na Lei de 18.4.1936.[1373] Contudo, as diferenças entre ambos sobrelevam a este facto.

O *Volksgerichtshof* era composto, em cada uma das secções, por dois juízes togados e três juízes leigos, escolhidos pelo chanceler, sob proposta do ministro da justiça,[1374] e era competente para julgar em primeira e última instância os crimes de traição e, a partir da *Verordnung* de 21.2.1940, outros crimes políticos e económicos e ainda, a partir da *Verordnung* de 29.1.1943, outros crimes de

---

consistia em um órgão político com competência para decidir em segunda e última instância todas as impugnações das decisões judiciais que violassem notoria e gravemente o sentimento são do povo. Este documento, que foi elaborado por uma comissão composta, entre outros, pelo Professor Carl Schmitt, o procurador-geral Lautz e o director do LG Wilhelm Töwe, propugnava a abolição de todos os recursos ordinários, como consequência lógica da implementação do *Führerprinzip* na audiência de julgamento, concentrando todas as decisões interlocutórias e a decisão final no presidente do tribunal e concedendo aos restantes juízes do tribunal colectivo apenas um voto consultivo. O "órgão de reparação" funcionaria como uma válvula de escape do sistema judiciário para resolução dos casos de decisão notoriamente injusta e um outro órgão, também político, desempenharia a função de defesa da unidade do direito, sanando os conflitos de interpretação mais graves. As propostas ultra-radicais do *Denkschrift* foram quase unanimemente rejeitadas pela doutrina, que as classificou como uma "insuportável degradação da administração da justiça" (*eine unerträgliche Verschleterung der Rechtspflege*, Georg Dahm, 1935 c: 397 a 401, Roland Freisler, 1937 b: 20 e 21, e 1938 b: 36 e 37, Karl Peters, 1937: 68 e 1938: 64 e 65, Richard Busch, 1938: 88, 91 a 94, Eduard Kern, 1939: 21 e 22, e Niederreuther, 1939: 216, mas a favor Hans-Joachim Simon, 1935: 61). Igual sorte teve a proposta da *Akademie für Deutsches Recht* de a unidade do direito e a correcção da interpretação da consciência popular serem asseguradas pela intervenção, em última instância, do *Führer* da Academia, tendo a sua decisão força obrigatória geral (Roland Freisler, 1934: 10 a 12). Sobre o fracasso do *Führerprinzip* na reforma do processo penal e, designadamente, na tomada das decisões judiciais, Eduard Kern, 1954 b: 96, e Wolfgang Seller, 1985: 65 e 66.

[1373] Também o legislador alemão qualificou expressamente como tribunal ordinário o *Volksgerichthof*, não obstante a natureza extraordinária do propósito com que foi criado e das competências e faculdades de que foi munido, traduzindo-se, por isso, a nova designação legal apenas em uma "mudança de nome" (*Namensänderung*, Alfons Wenzel, 1949: 91, e Ingo Müller, 1989: 24). Guiada por este exemplo, a doutrina alemã chegou mesmo a propor a integração formal dos *Sondergerichte* na organização judiciária ordinária, sugerindo a adopção de uma outra designação, a de *Volksgerichte* ("tribunais do povo"), mas com a manutenção das especialidades organizativas e processuais destes tribunais (Walter Becker, 1938: 197 a 205).

[1374] À imagem da restrição da composição dos tribunais ordinários de primeira e de segunda instâncias e do *Sondergericht* introduzida pela *Verordnung* de 13.8.1942, a *Verordnung zur weiteren Anpassung der Strafrechtspflege an die Erfordernisse des totalen Krieges*, de 13.12.1944, previu, no entanto, a possibilidade de este tribunal funcionar com dois juízes togados e um ou dois juízes leigos quando o presidente do tribunal e o Ministério Público considerassem desnecessária a composição completa do tribunal.

624   *A Reforma da Justiça Criminal em Portugal e na Europa*

protecção de interesses militares.[1375] O processo diante deste tribunal seguia regras em tudo idênticas às aplicáveis no *Sondergericht*, com as especialidades de que a instrução judicial prévia podia ter lugar quando o acusador ou o tribunal a considerassem necessária, sendo ela realizada por um juiz de instrução nomeado pelo ministro da justiça,[1376] e de que a escolha do defensor devia ser aprovada pelo presidente do tribunal e a aprovação podia ser retirada a qualquer momento.[1377] [1378]

[1375] Este tribunal era considerado pela *Grosse Strafprozesskommission* como "o protótipo de um tribunal nacional-socialista" (*Prototyp eines nationalsozialistischen Gerichts*), tendo sido proposto por aquela comissão que os membros leigos dos senados dos *Oberlandesgerichte* fossem escolhidos do mesmo modo e fosse transferida para estes a competência dos *Sondergerichte*. A confiança política nos membros destes tribunais tornava dispensável a existência de uma segunda instância (Roland Freisler, 1938 b: 45 e 46). Não obstante a selecção dos juízes togados de acordo com critérios de eficiência técnica e a nomeação dos juízes leigos em termos representativos da sociedade e das várias regiões do *Reich* (Klaus Marxen, 1994: 58 a 61), o *Volksgerichthof* funcionou sistematicamente como um instrumento de aniquilação dos opositores políticos internos e dos separatistas checos e austríacos, faltando-lhe a independência mínima de um tribunal (Hubert Schorn, 1959: 67 e 68, Jean Boulier, 1962: 19, Albrecht Wagner, 1968: 365, Olga Wormser--Migot, 1968: 73 e 74, Ulrich Eisenhardt, 1984: 369 e 370, Heinrich Rüping, 1984 a: 304 e 305, e 1984 b: 819 e 820, Bernd-Rüdeger Sonnen, 1984: 43 e 54, Günter Spendel, 1985: 191, Hanns--Joachim Koch, 1989: 229 a 232 e 240, e Klaus Marxen, 1994: 18, 37, 38, 43, 44 e 87). Em consonância com este entendimento, o legislador alemão declarou, em sessão solene do *Bundestag*, de 25.1.1985, por voto unânime, nulos e de nenhum efeito todos os julgamentos deste tribunal.

[1376] Já a *Verordnung über den Staatsgerichtshof zum Schutze der Republik*, de 29.7.1922, que regulamentou a respectiva lei, previa a realização de uma instrução judicial conduzida por um juiz escolhido pelo ministro da justiça e a prolação do despacho judicial de abertura da fase de julgamento apenas nos casos em que o arguido tivesse requerido a instrução judicial ou a produção de prova ou se tivesse oposto à abertura desta fase processual ou quando o juiz presidente tivesse dúvidas sobre a abertura desta fase, competindo então ao tribunal proferir aquele despacho. A *Grosse Strafprozesskommission* recomendou a manutenção desta especialidade na futura organização do *Volksgerichtshof*, salientando, no entanto, que o juiz instrutor não actuaria autonomamente, como se de uma instrução judicial prévia se tratasse, mas apenas a requerimento do Ministério Público (Otto Thierach, 1938: 89).

[1377] A *Gesetz über die Zulassung zur Rechtsanwaltschaft*, de 7.4.1933, proibiu a inscrição como advogados e previu a possibilidade da revogação da autorização para o exercício da advocacia por pessoas de ascendência não ariana e a pessoas de ideologia comunista, com a excepção dos advogados admitidos antes de 1.8.1914 ou que tivessem combatido na primeira guerra mundial, tendo a *Fünfte Verordnung zum Reichsbürgergesetz*, de 27.9.1938, proibido expressamente a todos os judeus o exercício da advocacia (*Juden ist der Beruf des Rechtsanwalts verschlossen*, artigo I, § 1) e, simultaneamente, criado o lugar de "consultor judeu" (*jüdische Konsulent*, artigo III, § 8) para a representação e a consulta jurídica de judeus, ocupado exclusivamente por juristas judeus escolhidos pela administração judiciária e a ela subordinados hierarquicamente. Estes "consultores" mantiveram-se em actividade até ao final do regime, embora não fossem, em regra, admitidos em processos criminais de natureza política ou em processos atinentes à "pureza racial" (Lothar

A Jurisdição Penal Comum 625

Em conclusão, se a regulamentação inicial dos *Sondergerichte* e do *Volksgerichtshof* aprovada pelo ministro da justiça nacional-alemão Franz Gürtner não se

---

Gruchmann, 1988: 185 e 186). Por outro lado, o início, a progressão e a conclusão da formação dos advogados estagiários tornou-se totalmente dependente da aprovação do ministro da justiça, depois da publicação da *Zweites Gesetz zur Änderung der Rechtsanwaltsordnung*, de 13.12.1935, que também atribuiu a este membro do governo e ao *Reichsführer des Bundes Nationalsozialistischer Deutscher Juristen* a competência para nomear o presidente e os membros do principal órgão colectivo da *Reichs-Rechtsanwaltskammer* e para nomear o presidente e confirmar os membros do principal órgão colectivo da *Rechtsanwaltskammer* em cada círculo de um OLG, operando-se deste modo uma "quase que transformação dos advogados em funcionários públicos" (*quasi Verbeamtentung der Rechtsanwälte*, Gerhard Riehle, 1985: 162) ou mesmos em suplentes da acusação pública (Eberhard Schmidt, 1947: 410, e Hubert Schorn, 1959: 116 e 117). Não obstante a "limpeza da advocacia alemã" (Karl Siegert, 1935: 23) ter constituído por si só uma garantia de que os defensores em processo penal não sabotariam, como no passado, a actividade instrutória do tribunal (Roland Freisler, 1938 b: 66), os juízes do *Volksgerichtshof* e o próprio organismo disciplinar da classe controlavam de tal modo a conduta dos advogados admitidos a representar acusados naquele tribunal que tornavam o exercício da defesa ilusório (Walter Wagner, 1974: 32 e 37). Ainda assim, a *Grosse Strafprozesskommission* recomendou a manutenção do regime especial de escolha e afastamento do defensor na futura organização do *Volksgerichtshof*, manifestando, contudo, confiança na tutela disciplinar como meio dissuasor de práticas obstrucionistas por advogados de raça ariana (Neubert, 1938: 260 e 263). Além desta, a comissão propunha algumas especialidades, tais como a produção antecipada de prova no processo preparatório sem o arguido, mesmo estando preso, e sem o defensor, a busca domiciliária nocturna sem autorização do visado, a faculdade de o Ministério Público manter secretos os fundamentos do despacho de arquivamento e o rol de testemunhas da acusação e o afastamento discricionário do arguido da audiência de julgamento (Otto Thierach, 1938: 91 a 95, e Lautz, 1938: 116).

[1378] O tribunal plenário também não pode ser equiparado às *Sections Spéciales* junto das *Cours d' Appel*, criadas pela Lei de 14.8.1941 do governo de Vichy. Estes tribunais eram compostos por três juízes do tribunal superior e dois juízes da primeira instância, sendo os de Paris designados discricionariamente pelo ministro da justiça, e tinham competência para julgar todas as infracções "cometidas com intenção comunista ou anarquista" (*commises dans une intention d' activité communiste ou anarchiste*). As decisões das secções especiais eram irrecorríveis e imediatamente executórias. A competência territorial destes tribunais foi inicialmente limitada à zona ocupada, criando-se as secções especiais militares para a zona não ocupada. Posteriormente, a competência das secções especiais civis foi alargada pela Lei de 18.11.1942 a todo o território continental francês. O direito português também não conheceu tribunais, como o *Tribunal d' Etat*, criado pela Lei de 7.9.1941, composto por doze pessoas escolhidas pelo governo, que não eram magistrados de carreira, excepção feita ao presidente do tribunal, e com competência para julgar, sem recurso, todos os actos, "que, seja qual for a qualificação, tenham sido de natureza a perturbar a ordem, a paz interior, a tranquilidade pública, as relações internacionais ou, de uma maneira geral, a prejudicar o povo" (*tous actes qui, quelle qu' en soit la qualification, ont été de nature à troubler l' ordre, la paix intérieure, la tranquillité publique, les relations internationales, ou, d' une manière générale, à nuire au peuple français*), e muito menos tribunais, como as *Cours Martiales*, criadas já na fase final do governo de Vichy pela Lei de 20.1.1944, compostos por três juízes anónimos, cuja identidade era conhecida apenas do membro do governo que os nomeava,

626 — A Reforma da Justiça Criminal em Portugal e na Europa

diferenciou da introduzida pelo ministro do partido popular-alemão Heinze e pelo ministro social-democrata Gustav Radbruch, respectivamente, em 1922 e 1923, ela distinguiu-se substancialmente da que Cavaleiro de Ferreira publicou em Portugal.

2. O reforço interno do específico modelo consagrado

A introdução de um novo paradigma judiciário, mantendo-se em vigor o código publicado à luz de um outro paradigma, não podia deixar de criar dificuldades. Uma década depois da reforma do processo penal comum de Cavaleiro de Ferreira, o legislador repudiava abertamente o modelo consagrado no CPP, considerando que este código "não serve hoje suficientemente o direito substantivo".[1379] A estratégia seguida pelo governo não foi, contudo, a de substituir o modelo judiciário consagrado em 1945, mas antes a de procurar reforçar os contornos próprios deste modelo judiciário.

A necessidade de proceder à "integração de facto da própria Polícia Judiciária no espírito e disciplina do Ministério Público" justificou a aprovação do Decreto-Lei n. 39.351, de 7.9.1953, nos termos do qual a Polícia Judiciária foi convertida em "organismo auxiliar do Ministério Público, dependente do Ministro da Justiça e sujeito à orientação e fiscalização directas da Procuradoria-Geral da República" (artigo 24), devendo "obediência, nos mesmos termos que todos os serviços do Ministério Público, à Procuradoria-Geral da República em todo o país". A subordinação hierárquica desta polícia ao Ministério Público,[1380] que se caracterizava também pela extensão ao director, ao subdirector e aos inspectores da polícia dos deveres e das incompatibilidades do Ministério Público e pelo exercício do cargo de director por um ajudante do procurador-geral da República, concluía um processo de integração da polícia com competência de investigação criminal no processo comum, reforçando a posição processual do Ministério Público no controlo da instrução preparatória.

Este reforço da posição de domínio do Ministério Público sobre a polícia não se estendeu, contudo, à Polícia Internacional e de Defesa do Estado. O Decreto-Lei n. 39.749, de 9.8.1954, que procedeu à reforma desta polícia e ao alar-

---

e com competência para julgar, sem recurso, os detidos "em flagrante delito de actividade terrorista homicída, por meio de armas ou explosivos" (*flagrant délit d' activité terroriste meurtriére, au moyen d' armes ou d' explosifs*). Sobre a natureza e as características destes tribunais, Donnedieu de Vabres, 1947: 665 a 668, Yves-Frédéric Jaffré, 1963: 38 a 47, 62 a 64, Alain Noyer, 1966: 114 a 118, Robert Charvin, 1968: 376 a 379 e 482, Iga-Iga Eric, 1991: 80 e 81, e Jean-Pierre Royer, 1996: 735 a 744.

[1379] O preâmbulo do Decreto-Lei n. 40.033, de 15.1.1955.

[1380] Cavaleiro de Ferreira, 1955: 106 e 111.

A Jurisdição Penal Comum

gamento da esfera de acção desta polícia ao ultramar, definiu a relação hierárquica da PIDE para com o ministro do interior, no continente, ou para com o ministro do ultramar, na acção da PIDE nas províncias, como exactamente equiparada à existente entre a Polícia Judiciária e o Ministério Público.

O ministro da justiça opôs-se à "evolução diferenciada" da PIDE relativamente à PJ, defendida pelo ministro do interior e consagrada no novo diploma.[1381] Cavaleiro de Ferreira considerava que a instrução preparatória nos processos da PIDE assumia uma forma puramente administrativa, não havendo qualquer relação funcional da PIDE com o Ministério Público. A criação de uma verdadeira "instrução preparatória não pertencente à estrutura do processo penal" foi censurada pelo ministro da justiça, que propunha, ao invés, a subordinação hierárquica expressa da PIDE ao Ministério Público.[1382] O confronto das duas opiniões sobre a evolução do direito processual, que reflectiam duas perspectivas distintas sobre a evolução política do regime, agudizou-se, tendo o ministro da justiça sido exonerado a seu pedido no dia 7.8.1954.[1383] O Professor Antunes Varela, que sucedeu ao Professor Cavaleiro de Ferreira, não assinou o decreto contestado e foi o presidente do Conselho que assumiu a pasta da justiça interinamente do dia 7.8.1954 até ao dia 14 do mesmo mês e assinou o decreto de reforma da PIDE.

O novo diploma mantinha e ampliava até os poderes jurisdicionais da polícia, designadamente atribuindo ao director, ao subdirector e ao inspector superior da PIDE, bem como ao inspector adjunto, ao inspector, ao subinspector e ao chefe de brigada, quando exercessem funções de chefia ou se encontrassem fora da sede, as competências do juiz durante a instrução preparatória relativas à liberdade ou manutenção da prisão preventiva e à aplicação provisória das medidas de segurança nos processos em que a PIDE procedesse à instrução.[1384]

[1381] Cavaleiro de Ferreira, 1979: 309 e 311, e 2000: 339.

[1382] Cavaleiro de Ferreira, 1955: 117, e 2000: 341.

[1383] O pedido de exoneração já tinha sido dirigido ao presidente do conselho no dia 10.7.1954 (Cavaleiro de Ferreira, 2000: 397), tendo sido aceite a 19.7.1954, embora sem data prevista para a sua efectivação. A recusa expressa e por escrito de Cavaleiro de Ferreira em 7.8.1954 em assinar o novo diploma da PIDE precipitou a exoneração, que teve lugar nesse mesmo dia (Cavaleiro de Ferreira, 2000: 403 e 404).

[1384] É, pois, incorrecta a tese defendida por Braga da Cruz, segundo a qual com a publicação do Decreto-Lei n. 39.749, de 9.8.1954, a PIDE ganhou competência para determinar e não apenas para propor, como anteriormente, a aplicação de medida de segurança até 180 dias (Braga da Cruz, 1988: 91 e 92). Contudo, a tese ganhou novos defensores, tendo sido posteriormente reiterada por Fernando Rosas (1992: 127), Maria da Conceição Ribeiro (1995: 75) e Evelyne Monteiro (1998: 159), chegando-se mesmo a afirmar que esta medida de segurança era "aplicável de maneira discricionária pela PIDE" (*applicable de manière discrétionnaire para la PIDE*, Evelynne Monteiro, 1998: 160).

628   *A Reforma da Justiça Criminal em Portugal e na Europa*

Deste modo, desaparecia na PIDE a divisão de poderes entre o funcionário subalterno, que procedia à captura, e o funcionário superior, que validava a captura.[1385]

Acresce que a confirmação da prisão pelo director da PIDE dentro de 48 horas, no caso de ela ter sido decretada por inspector adjunto, inspector, subinspector ou chefe de brigada, não implicava a realização prévia de interrogatório do detido, pelo que não constituía uma verdadeira validação, mas uma mera "fiscalização interna de serviço",[1386] introduzida com vista a evitar a necessidade da validação pelo juiz da comarca da prisão realizada fora de Lisboa, Porto e Coimbra.[1387]

[1385] No parecer dado sobre o projecto do ministério do interior, o ministro da justiça afirmou mesmo que a competência para determinar a prisão preventiva fora de flagrante delito era concedida com tal magnanimidade às autoridades administrativas "que mais fácil se antolha fazer a enumeração dos que não são autoridade" (Cavaleiro de Ferreira, 2000: 342). Esta argumentação do ministro da justiça foi acompanhada por um parecer da Procuradoria-Geral da República, elaborado pelo ajudante do procurador-geral Eduardo Arala Chaves e votado pelo Conselho Consultivo da Procuradoria no dia 11.2.1954 (Cavaleiro de Ferreira, 2000: 364 e 365), e por um parecer do Professor Eduardo Correia (Cavaleiro de Ferreira, 2000: 380 a 382). Ambos os pareceres notavam criticamente a autonomia da PIDE em relação ao Ministério Público e sublinhavam a necessidade de consagrar abertamente o princípio da subordinação daquela polícia a esta magistratura. O ministro do interior Trigo de Negreiros justificou a novidade com o argumento de que ela já decorria do disposto no artigo 1 do Decreto-Lei n. 35.380, de 27.8.1946, que atribuiu competência igual à dos funcionários superiores aos subinspectores e chefes de brigada em serviço fora da sede e aos funcionários que chefiassem delegações ou postos (Cavaleiro de Ferreira, 2000: 344). Mas esta leitura "desprevenida" do artigo devia ser repudiada, pois a competência referida no artigo 1 dizia manifestamente respeito ao disposto no artigo 7 do Decreto-Lei n. 35.042, isto é, à competência instrutória da polícia, e não ao disposto no artigo 8 do mesmo diploma, ou seja, à competência jurisdicional da polícia, que, era, aliás objecto de uma disposição específica, o artigo 2 do Decreto-Lei n. 35.380 (Cavaleiro de Ferreira, 2000: 383). Abandonado o ministério, Cavaleiro de Ferreira criticou publicamente a nova competência dos subinspectores e dos chefes de brigada, por entender que era "mais do que duvidosa a sua inclusão naquele conceito de «autoridade» que constitui limite constitucional à possibilidade de atribuição legal de competência para ordenar capturas" (Cavaleiro de Ferreira, 1956 a: 407, cuja crítica foi reiterada por Adelino da Palma Carlos, 1962: 288, Maria Leonor da Palma Carlos, 1964: 369 e 376, Fernando Fabião, 1964: 148, Eliana Gersão, 1970: 194 e 200, e Salgado Zenha e Duarte Vidal, 1974: 29).

[1386] Cavaleiro de Ferreira, 1956 a: 430.

[1387] A situação foi ainda agravada pelo Decreto-Lei n. 43.582, de 4.4.1961, que alargou consideravelmente o âmbito da competência própria dos inspectores adjuntos e inspectores que dirigissem delegações e subdelegações na metrópole ou no ultramar, dos inspectores adjuntos e inspectores do ultramar quando em diligência fora das sedes das respectivas delegações e dos subinspectores e chefes de brigada que no ultramar tivessem funções de chefia, pois todos estes funcionários já não tinham sequer a obrigação de submeter à apreciação do director as decisões que tivessem tomado. Esta obrigação só se mantinha para os inspectores adjuntos e inspectores da

A *Jurisdição Penal Comum*   629

Por outro lado, a fiscalização administrativa exclusiva do não exercício da acção penal nos processos da PIDE converteu o princípio da legalidade em um verdadeiro princípio da oportunidade. Em face da atribuição ao ministro do interior e ao ministro do ultramar dos poderes do procurador-geral da República de orientação geral e concreta relativamente à investigação criminal na fase da instrução preparatória, por força do disposto no artigo 2 do novo diploma, os órgãos superiores do Ministério Público deixaram de poder sindicar o não exercício da acção penal.[1388] Se a solução do controlo do não exercício da acção penal pelas polícias realizado pelo Ministério Público já denotava a opção por uma solução de cariz autoritário, o afastamento de ambas as magistraturas, a judicial e a do Ministério Público, do controlo do exercício dos poderes jurisdicionais pela PIDE significava um reforço muito considerável da natureza autoritária do modelo judiciário consagrado.

O ministro da justiça de Salazar fracassou na sua oposição ao acréscimo dos poderes jurisdicionais das polícias, como também já tinha falhado na sua tentativa de abolir a medida de segurança aplicada aos membros de associações comunistas,[1389] mas foi bem sucedido na tentativa de limitação dos efeitos dos

---

metrópole quando se encontrassem em diligência fora da sede da direcção, os subinspectores e os chefes de brigada da metrópole e do ultramar que se achassem nas mesmas condições e os subinspectores e os chefes de brigada da metrópole que exercessem funções de chefia.

[1388] Cavaleiro de Ferreira, 1955: 118 ("O não exercício da acção penal só é fiscalizável administrativamente, deixando por isso de obedecer ao princípio da legalidade, para se orientar segundo o princípio da oportunidade, sendo inaplicáveis todas as disposições de direito comum relativas à fiscalização pelos órgãos superiores do Ministério Público").

[1389] A execução desta nova medida de segurança constituiu um fracasso do ponto de vista do ministro da justiça. Em uma informação ao conselho de ministros datada de 19.7.1952, o ministro da justiça considerava que "os objectivos que se propunha o Dec-Lei 37.447, pelos seus artigos 20, 21 e 22, se encontram inteiramente falseados", pois "sem aquisição ou construção dum estabelecimento prisional adequado, sem organização dum sistema prisional reeducativo, a medida de segurança nivelou pelo pior todos os indivíduos sujeitos a medida de segurança". Depois de "reconhecer o fracasso da tentativa feita", o ministro sugeriu mesmo a abolição da medida de segurança, uma vez que, "em vez de diminuir a atracção do comunismo, acresce-a, porque facilita ao partido a melhor maneira de organizar o ensino e de exercitar a disciplina. Indivíduos que normalmente, e sem condenação em medida de segurança, se manteriam relativamente inócuos, tornam-se verdadeiros chefes ou condutores" (Cavaleiro de Ferreira, 2000: 220 e 221). Este "equívoco fundamental", que resultava da inexistência de estabelecimentos próprios adequados para a execução das medidas de segurança de internamento de delinquentes políticos, foi, aliás, claramente identificado pela doutrina (Raúl Castro, 1970: 3), revelando-se a medida de segurança do internamento destes delinquentes como uma verdadeira "segunda pena" que até era cumprida no mesmo estabelecimento prisional em que tinha sido cumprida a primeira e ao lado dos presos comuns.

630   *A Reforma da Justiça Criminal em Portugal e na Europa*

dois instrumentos fundamentais da política criminal do Estado Novo, as medidas de segurança privativas da liberdade e a prisão preventiva.

Dois meses antes de se ter demitido, Cavaleiro de Ferreira fez publicar uma reforma extensa do Código Penal, através do Decreto-Lei n. 39.688, de 5.6.1954, com o propósito expresso de clarificar o sistema das penas e integrar no texto do código o regime das medidas de segurança.

Contudo, o diploma inovava ao fixar o limite máximo de três anos para a medida de segurança do internamento em casa de trabalho ou colónia agrícola e considerar este regime extensível a "quaisquer medidas de internamento previstas em legislação especial" (artigo 70, § 2, do Código Penal, na redacção do Decreto n. 39.688, de 5.6.1954). Assim, se a prorrogação ilimitada da pena de prisão aplicada aos delinquentes imputáveis perigosos em razão de anomalia mental, aos delinquentes de difícil correcção, aos presos indisciplinados e aos delinquentes menores se mantinha intocada, o limite máximo do internamento dos vadios e equiparados era diminuído para metade e a anterior prorrogação do respectivo internamento proibida,[1390] sendo também proibida a prorrogação do

---

[1390] As medidas de segurança aplicáveis a vadios e equiparados tinham sido estabelecidas em 1945. Com efeito, o Decreto-Lei n. 35.042, de 20.10.1945, criou, na esteira do que já vinha sendo defendido por alguma doutrina portuguesa (Alfredo Ary dos Santos, 1931: 326 e 327, e 1938: 55 e 56, Adelino da Palma Carlos, 1933: 63, e Mário Costa, 1943: 38 a 42, mas contra Joaquim de Azevedo Barbosa, 1933: 86 e 87), "um direito pré-delitual de medidas de segurança" (Peter Hünerfeld, 1971: 204, e, já antes, Augusto Alves de Mira, 1950: 33 e 34, e Vitor Faveiro, 1952 a: 31 e 173) ou, como também foi designado, uma forma sancionatória de certos "tipos normativos de agente" (Eduardo Correia, 1949: 153 e 154). A inovação em 1945 consistiu não só na substituição da tutela criminal dos vadios e equiparados por uma tutela securitária, mas também no alargamento do âmbito tradicional dos indivíduos equiparados a vadios às prostitutas que fossem causa de escândalo social ou desobedecessem continuadamente às prescrições policiais, aos que mantivessem casas de prostitutas quando desobedecessem repetidamente às prescrições regulamentares e policiais, aos suspeitos de serem receptadores que violassem as determinações legais e policiais, aos suspeitos de favorecimento de corrupção de menores ou de aliciamento de prostitutas, aos condenados por crimes de associação de malfeitores ou por crime cometido através dela e aos condenados como reincidentes cujo modo de vida fizesse temer o cometimento de novos crimes, sendo os seus comportamentos sancionados com as medidas de segurança de caução de boa conduta pelo prazo de dois a cinco anos, liberdade vigiada por igual prazo ou internamento em casa de trabalho ou colónia agrícola por um período de um a seis anos, prorrogável por períodos de dois anos. A restrição ao período do internamento introduzida pela revisão do CP em 1954, que foi justificada pelo autor da reforma com o argumento de que "uma duração maior do internamento faria suspeitar que a medida de internamento seria utilizada como meio de eliminação, e não de efectiva resocialização durante o seu decurso" (Cavaleiro de Ferreira, 1961: 196), suscitou também o problema da alteração do estado de perigosidade de vadio para delinquente de difícil correcção. Embora o novo diploma admitisse essa alteração expressamente no artigo 72, n. 1, ela foi considerada "uma faculdade legal de difícil justificação teórica, e de que não é por isso aconselhável

internamento dos suspeitos de actividades subversivas. Cumulando esta tendência manifesta para a restrição do âmbito do direito securitário o novo diploma fixava um conceito mais restrito de preso habitual *ope legis*, fazendo depender a relevância da reiteração criminosa da prática de crimes da mesma natureza, e um conceito mais limitado de preso indisciplinado, cuja perigosidade dependia não apenas da sua conduta prisional, mas também do seu comportamento anterior e posterior à prisão, resolvendo assim o legislador a anterior querela doutrinária sobre a legitimidade do preso indisciplinado como categoria autónoma de direito penitenciário.

Paralelamente, o novo diploma previa o desconto de metade de toda a prisão preventiva sofrida pelo réu no cumprimento da pena de prisão maior, sendo a prisão contada "desde a primitiva detenção, seja qual for a autoridade que a tenha ordenado" (artigo 99 do Código Penal, na nova redacção).[1391]

Este sucesso não iria, contudo, subsistir por muito tempo, pois, já com um novo ministro na pasta da justiça, o governo aprovou o Decreto-Lei n. 40.550,

---

a normal utilização" (Cavaleiro de Ferreira, 1961: 89) e a jurisprudência discutia a sua admissibilidade com base no § único do artigo 164 e no artigo 400 e § 2 da reforma prisional (cfr. o acórdão do STJ de 29.1.1964, in BMJ, n. 132, p. 302, mas contra o acórdão do STJ de 30.10.1968, in BAPIC, n. 23, 1968, pp. 156 e 157). Mais tarde, Eduardo Correia, ponderando que a acção criminosa, enquanto negação de valores, "pode indiferentemente operar-se através de uma conduta isolada ou através de uma forma de vida" (Eduardo Correia, 1963 a: 75 e 76), propôs, no projecto de Código Penal, a incriminação da "associalidade perigosa" e, designadamente, da vadiagem, de acordo com um tipo mais restrito do que o da lei vigente, que "constitui, por demasiado amplo, um atentado contra a liberdade das pessoas" (Ministério da Justiça, 1979: 323, com o acordo de Figueiredo Dias, 1976 a: 87, 88 e 93). O regime legal das medidas de segurança foi ainda objecto de uma crítica radical por Faria Costa, em virtude de ele não fixar um limite máximo para o montante da quantia da caução de boa conduta e não admitir as modalidades de hipoteca ou de fiança, o que podia tornar-se mesmo em uma "forma hábil" de submeter o delinquente sempre a liberdade vigiada e esvaziava o instituto "por completo do ténue sentido de ajuda que ainda se poderia descortinar na admissão da caução mediante «fideiussione solidale» para se cingir à fria rigidez de poder económico". Por outro lado, o prazo mínimo exagerado da caução de boa conduta poderia ser "contraproducente face à ressocialização e reequilíbrio do delinquente" e a sua substituição de modo automático pela liberdade vigiada poderia implicar "uma total inadequação em face do delinquente", não se justificando "um salto tão gravoso tanto mais que a não prestação de caução pode resultar de manifesta incapacidade económica" (Faria Costa, 1980: 141 a 143).

[1391] Não obstante o teor claro da lei nova, ainda foi defendida nos tribunais uma tese, segundo a qual o artigo 99 do Código Penal na sua nova redacção não tinha revogado o disposto no artigo 628, § 1 do CPP, que não foi, no entanto, acolhida pelo Supremo Tribunal de Justiça (cfr. acórdão do STJ de 2.1.1966, in BAPIC, n. 18, 1966, pp. 21 a 24). Outra questão, que já se colocava antes da reforma de 1954 e se continuou a colocar depois dela, foi a da ponderação como atenuante da metade do tempo da prisão preventiva não descontado na pena de prisão maior (sobre a querela na jurisprudência e com posição favorável à ponderação, Manuel de Oliveira Matos, 1948: 146 e 147, mas contra Francisco Correia das Neves, 1955: 219 a 221).

632 A Reforma da Justiça Criminal em Portugal e na Europa

de 12.3.1956, que restringiu expressamente aos vadios e equiparados o limite máximo de três anos da medida de segurança do internamento, ampliou a todos os processos de segurança a faculdade de aplicação provisória da medida de segurança de internamento e mesmo de conversão da liberdade vigiada e da caução de boa conduta em internamento provisório e agravou o regime da medida de segurança aplicável aos suspeitos da prática de actividades subversivas.[1392]

A fixação de um limite temporal para esta medida de segurança era genericamente considerada pelo governo como uma garantia injustificada, pois "não devem conceder-se garantias individuais aos elementos socialmente perigosos por forma e com extensão excessiva, em termos de poderem constituir uma ameaça para os cidadãos honestos, que devem ser eficazmente defendidos contra os anti-sociais ou a-sociais". A excepção aberta para os vadios e equiparados, que o legislador estava pronto a reconhecer, era justificada pela conveniência em aguardar os resultados da experiência iniciada em 1954, remetendo um juízo final para os estudos do futuro Código Penal.

Ao invés, no tocante aos suspeitos de actividades subversivas, o governo estabeleceu expressamente a faculdade de aplicação da medida de segurança de internamento por período indeterminado, de seis meses a três anos, prorrogável por períodos sucessivos de três anos, ainda que a acusação deduzida em processo penal contra o suspeito tivesse sido julgada improcedente, aproximando o regime desta medida de segurança do regime da *Schutzhaft* do direito alemão.[1393]

[1392] Não é, por isso, correcta a afirmação de Evelyne Monteiro (1996: 148 e 162, e 1998: 145), segundo a qual "neste decreto-lei, o opositor político veio completar a longa lista dos aparentados aos vadios, podendo, no entanto, a medida de segurança que lhe dizia respeito ser ilimitada" (*dans ce décret-loi, l' opposant politique est venu compléter la longue liste des apparentés aux vadios, la mesure de sûreté qui le concernait pouvant être, au contraire, illimitée*), pois a sujeição a medidas de segurança dos suspeitos da prática de actividades subversivas não foi então introduzida, mas sete anos antes. Menos sustentável ainda é a tese defendida por esta autora, segundo a qual a aplicação sistemática desta medida de segurança pelos tribunais aos detidos durante o processo e aos condenados constituiu "um exemplo de raciocínio por analogia em matéria de penalidade" (*un exemple de raisonnment par analogie en matière de pénalité*), tal como aquele que permitiu a já referida lei alemã de 28.6.1935. Com efeito, quer a aplicação provisória da medida de segurança quer a sua aplicação na decisão final do juízo estavam legalmente previstas, dependendo da verificação de requisitos expressamente fixados pela lei. Acresce que, como já se disse, não se verificou na prática uma aplicação sistemática da medida de segurança provisória, ao invés do que afirma a Autora.

[1393] A nova disposição legal consagrou aquela que já era a prática judiciária, como se comprova pela ficha policial de António Domingos Jubileu, que foi julgado pelo tribunal plenário de Lisboa no dia 6.11.1949, "tendo sido absolvido, mas declarado sujeito à medida de segurança estabelecida no art. 20 do Decreto-Lei n. 37.447, de 13.6.949" (Comissão, 1981: 72). A crítica radical desta inovação foi feita por Adelino da Palma Carlos, na sua lição proferida no concurso

A Jurisdição Penal Comum

Tal como o internamento no novo direito português, a *Schutzhaft* não tinha qualquer limitação temporal e podia ser determinada independentemente da existência de um processo criminal e da verificação dos pressupostos da prisão preventiva. Tal como o internamento no direito português, a medida preventiva do direito alemão podia ser ordenada posteriormente a uma condenação ou mesmo a uma absolvição judicial. Tal como o internamento, a *Schutzhaft* sofrida durante a pendência de um processo judicial era imputada no cumprimento da sanção decretada pela sentença judicial.[1394]

Embora tivessem o mesmo objectivo de prevenção e combate aos inimigos políticos dos respectivos regimes políticos e os mesmos efeitos práticos e dependessem do mesmo pressuposto da verificação da perigosidade em relação ao agente de actividades políticas subversivas, o internamento e a *Schutzhaft*

---

para professor extraordinário da Faculdade de Direito de Lisboa, em 22.10.1956, censurando a "flutuação dos conceitos enunciados" na lei e o agravamento da desjurisdicionalização das medidas de segurança, a possibilidade da sua eternização e da sua aplicação mesmo quando a culpa do agente não tivesse ficado provada (Adelino da Palma Carlos, 1962: 289 e 290). Em um escrito anónimo publicado no n. 126 do BMJ, o então procurador-adjunto no STJ, Maia Gonçalves, saiu em defesa dos preceitos do diploma legislativo de 1956, quer justificando a aplicação perpétua da medida de segurança e no caso de absolvição com a possibilidade da manutenção da perigosidade do agente nesses casos, quer invocando a natureza provisória das medidas de segurança decretadas pelas polícias e o número "reduzidíssimo ou mesmo nulo" de casos em que estes poderes tinham sido usados pelas polícias (Maia Gonçalves, 1963: 500 a 503), ao que o Professor Palma Carlos respondeu que "não sabe se elas têm sido aplicadas em pequeno ou em grande número, nem isso o preocupa. Sabe que podem sê-lo – e é isto que lhe repugna" (Adelino da Palma Carlos, 1964: 12). Também muito críticos Cavaleiro de Ferreira, 1961: 203, por referência à p. 196, Salgado Zenha, 1964: 6, 15 e 16, e 1969: 146, e José Magalhães Godinho, 1973: 59 a 63, e um grupo de setenta e cinco advogados, que logo em 1956 apontava a inconstitucionalidade da introdução "subreptícia e camuflada, entre nós, de verdadeiras penas corporais perpétuas para os não adeptos dum regime" (ROA, ano 24, p. 200). Contudo, os acórdãos do STJ de 23.1.1957 e de 4.3.1964 (in respectivamente, BMJ n. 63, pp. 434 a 446, e n. 135, pp. 251 a 258), que apreciaram a questão, afirmaram expressamente a constitucionalidade dos artigos 7 e 8 do Decreto-Lei n. 40.550. Em 1961, o legislador apagou em definitivo quaisquer traços do antigo regime de favor para com o criminoso político, modificando o artigo 141 da reforma prisional e pondo assim fim ao regime de vida em comum durante o dia, mesmo nas horas das refeições e do descanso. A conformação concreta do regime penitenciário aplicado a estes presos passou a ficar totalmente dependente da cada director dos estabelecimentos prisionais e das características do preso e do estabelecimento prisional ("com as adaptações impostas pela personalidade dos delinquentes e pelas especiais exigências de disciplina ou segurança de cada estabelecimento", artigo 4 do Decreto-lei n. 43.960, de 12.10.1961).

[1394] Sobre a natureza da *Schutzhaft* e as características do seu regime referidas no texto, Otto Geigenmüller, 1937: 41 a 43, 56 e 57, Werner Spohr, 1937: 19 a 22, 34 a 36, Wilhelm Krug, 1940: 71 e 72, 84 e 85, Robert Nebinger, 1943: 79, Theodor Maunz, 1943: 50 e 51, e, depois do fim da guerra, Alfons Wenzel, 1949: 105, Eduard Kern, 1954 a: 278, Hermann Weinkauff, 1968:

634 A Reforma da Justiça Criminal em Portugal e na Europa

possuíam, no entanto, naturezas distintas. Ao invés da sindicância estritamente administrativa da *Schutzhaft*,[1395] o internamento dos suspeitos de actividades subversivas no direito português era sempre subordinado a uma fiscalização judicial, o que lhe conferia uma natureza judiciária distinta da natureza administrativa da *Schutzhaft*.[1396]

137, 138, 143 a 145, Albrecht Wagner, 1968: 303 a 305, Ingo Müller, 1980: 81, Diemut Majer, 1984: 132, Karl-Leo Terhorst, 1985: 6, Lothar Gruchmann, 1988: 584 a 587, 599 a 604, 612 a 626, Gerhard Werle, 1989: 569 a 572, Hannsjoachim Koch, 1989: 58, 87, 88 e 236, Robert Gellately, 1990: 28, 39, 40, 182, 230 e 259, Hinrich Rüping, 1991: 106, Ralph Angermund, 1991: 182 e 183, e Kai Drews, 1998: 146 e 147.

[1395] Esta sindicância tinha um significado prático muito limitado devido ao funcionamento das regras de confirmação oficiosa da ordem de prisão. A doutrina não admitia sequer a proposititura de uma acção de indemnização ou a participação criminal com fundamento na detenção ilegal pela polícia e nem mesmo o controlo judicial da competência da polícia para considerar verificados os pressupostos da sua intervenção e, designadamente, a natureza política da prisão (Otto Geigenmüller, 1937: 45 e 46, Werner Spohr, 1937: 22 a 31, Helmut Schlierbach, 1938: 89 a 93, Eduard Kern, 1939: 6 a 13, e Robert Nebinger, 1943: 88, mas contra Günther Kuchenhoff, 1941: 316 a 318).

[1396] A adopção de medidas de internamento de opositores políticos não foi, aliás, uma particularidade dos direitos português e alemão, tendo-se verificado também desde o início da década de vinte na Grã-Bretanha e desde o final da de trinta em França. Em 1922, na sequência do reconhecimento do Estado livre da Irlanda e da separação dos seis condados da província setentrional do Ulster, que permaneceram no seio do Reino Unido, foi aprovado o *Civil Authorities Special Powers Act (Northern Ireland)*, que vigorou até 1973 naquela província e com base no qual foi aprovada nos anos de 1956 e 1957 legislação conferindo às polícias, forças militares e aos membros do governo da Irlanda do Norte competência para determinar restrições à liberdade individual. Em 1956, foram aprovadas as *Regulations* ns. 11 (1) (*arrest and remand in custody*), 11 (2) (*detention of an arrested person*), e 12 (1) (*internment*) e em 1957 a *Regulation* n. 10 (*arrest for interrogation purposes during 48 hours*). Esta *Regulation* permitia a detenção por qualquer oficial da RUC por quarenta e oito horas de qualquer indivíduo para interrogatório quando essa detenção fosse "necessária para a salvaguarda da paz a manutenção da ordem" (*for the perservation of the peace and the maintenance of order*). A *Regulation* n. 11 (1) autorizava qualquer polícia, membro das forças armadas ou pessoa habilitada pela "autoridade civil", isto é, pelo ministro do interior da Irlanda do Norte ou pelos seus delegados, a deter por período indeterminado qualquer pessoa que tivesse agido ou se encontrasse a agir de maneira prejudicial à salvaguarda da paz e à manutenção da ordem. Na prática, esta detenção durava, em regra, cerca de 12 horas. A *Regulation* n. 11 (2) previa que qualquer pessoa detida ao abrigo da *Regulation* n. 11 (1) podia ser mantida sob detenção por tempo indeterminado em uma prisão ou em outro local por ordem da própria autoridade civil. Na prática, esta detenção durava, em regra, até vinte e oito dias e era ordenada com vista a permitir à polícia a conclusão do seu inquérito. A *Regulation* n. 12 (1) atribuía ao ministro do interior da Irlanda do Norte o poder de ordenar limitações da liberdade de movimentos e o internamento por período indeterminado de qualquer pessoa, com o mesmo fundamento da *Regulation* n. 11 (1).Na prática, a duração deste internamento durava vários anos. Cada ordem do ministro devia prever a existência de um *committee* ("comissão"), composto por um juiz e dois assessores não

A Jurisdição Penal Comum

Ainda assim, a adopção destas medidas legislativas não evitou a insatisfação do poder político com a lei processual penal. O modelo consagrado no código vigente não satisfazia já os propósitos da política criminal e, nomeadamente, não assegurava a realização atempada da justiça penal.

---

togados, que apreciavam as queixas do detido e podiam recomendar a sua libertação. O detido não tinha o direito de comparecer diante da "comissão", nem de questionar as testemunhas de acusação nem de apresentar testemunhas de defesa. Toda a prova, mesmo a produzida anonimamente, era admissível diante da "comissão". Esta faculdade de internamento por período indeterminado e por ordem ministerial foi, de novo, utilizada no início da década de setenta, embora sob outra designação (Brian Rose-Smith, 1979: 108, 110 e 112), como se verá adiante. Em França, mais de oitenta anos depois da promulgação da última lei de segurança geral que tinha previsto medida semelhante, o Decreto-Lei de 18.11.1939 reintroduziu o internamento administrativo das "pessoas perigosas para a defesa nacional e a segurança pública" (*individus dangereux pour la défense nationale ou la sécurité publique*), tendo esta medida sido também aplicada pelo governo de Vichy aos judeus, aos autores de crimes antieconómicos, aos resistentes e aos ouvintes da rádio-Londres através das Leis de 3.9.1940, 2.6.1941, 18.7.1941 e 28.10.1941 (Alain Noyer, 1966: 101 e 113, e Robert Charvin, 1968: 224). Após o início da guerra na Argélia em Novembro de 1954, a Lei sobre o estado de urgência de 3.4.1955, que só vigorou até Dezembro desse ano, atribuiu ao ministro do interior e, na Argélia, ao governador geral competência para fixar a residência em determinado local aos indivíduos cuja actividade fosse considerada perigosa para a ordem pública, prevendo, no entanto, que essa fixação não podia conduzir à criação de campos de internamento. Logo após, a Lei n. 56-258, de 16.3.1956, que constituiu a base de toda a regulamentação ulterior dos poderes especiais das forças militares e civis na Argélia (Alain Noyer, 1966: 136), e um decreto do dia seguinte conferiram ao governador geral e, por delegação deste, aos prefeitos e às autoridades militares daquela colónia o poder de fixar residência vigiada ou não a "toda a pessoa cuja actividade se considere perigosa para a segurança ou a ordem públicas" (*toute personne dont l' activité s' avère dangereuse pour la sécurité ou l' ordre public*). Em face da escalada da violência e da contestação no território metropolitano, a Lei n. 57-832, de 26.7.1957, previu também a faculdade de o ministro do interior fixar residência a qualquer pessoa que fosse condenada pela prática de certos crimes violentos ou contra a segurança do estado. Contudo, esta medida não se revelou ainda suficientemente eficaz. Três dias depois da promulgação da Constituição gaullista, a *Ordonnance* n. 58-916, de 7.10.1958, consagrou expressamente a medida do internamento administrativo de "toda a pessoa perigosa para a segurança pública, em razão da ajuda que dê aos rebeldes argelinos" (*toute personne dangereuse pour la securité publique en raison de l' aide qu' elle porte aux rebelles algériens*), que podia ser determinada pelo ministro do interior ou pelos prefeitos, no primeiro caso por período indeterminado e no segundo pelo período má-ximo de quinze dias. O diploma de 1958, que revogou tacitamente o anterior, consagrou, deste modo, aquela que já era a interpretação do *Conseil d' État*, em face dos diplomas de 1956 e 1957, nos termos da qual a faculdade de ordenar o internamento em estabelecimento designado pela administração estava incluída na de fixar a residência ao suspeito (Georges Burdeau, 1966: 158, e Robert Charvin, 1968: 226). A partir desse ano de 1958, quer na metrópole quer na Argélia, todos os suspeitos, mesmo que tivessem sido absolvidos em processo judicial, podiam ser internados por decisão política ou administrativa. A vigência da medida do internamento administrativo só cessou em 31.5.1963.

O legislador identificou claramente as matérias necessitadas de revisão como sendo as respeitantes à responsabilidade civil conexa com a criminal, às notificações, ao processo de ausentes e aos recursos.[1397] Embora se previsse para breve a aprovação de um novo Código Penal e se fizesse depender deste a elaboração de uma nova lei processual, o legislador decidiu intervir de imediato, em face da urgência da correcção do "formalismo exagerado na tramitação de certas formas de processo, especialmente do correccional".

A forma de processo correccional foi a elegida para se proceder a uma revisão que respondesse ao estrangulamento crescente da justiça penal. De entre as hipóteses alternativas de simplificação dos termos do processo correccional ou de diminuição do âmbito deste, o governo optou pela segunda, com dois fundamentos: o de que "nos quadros do processo correccional pode ter lugar a aplicação de penas relativamente graves" e o de que a divisão das formas do processo tinha carácter "meramente convencional" e assentava em "considerações pragmáticas".

Assim, o Decreto-Lei n. 40.033, de 15.1.1955, fixou a forma do processo de polícia correccional para os crimes puníveis com pena de prisão, de desterro ou de multa até um ano ou até 40.000$00, exceptuando, no entanto, da forma de processo sumário os crimes puníveis com pena superior a seis meses de prisão, multa ou desterro.[1398]

A adopção desta medida mostrou-se, no entanto, insuficiente e dois anos depois o legislador insistia na "necessidade urgente de simplificar os termos de algumas formas de processo criminal e de acelerar o andamento da justiça penal" e no propósito de "provocar algumas experiências práticas" antes de proceder à reforma de conjunto do processo penal. Desta feita, o legislador optou por alterar os termos do processo correccional e do de difamação ou injúria, aprovando o Decreto-Lei n. 41.075, de 17.4.1957.

[1397] Cfr. o preâmbulo do Decreto-Lei n. 40.033, de 15.1.1955.

[1398] A publicação do diploma de 1955, se, por um lado, se repercutiu positivamente na normalização do serviço e na diminuição da pendência acumulada nos juízos correccionais de Lisboa e do Porto (Antunes Varela, 1960: 15 e 16), veio, por outro lado, suscitar um problema novo atinente ao âmbito da prisão preventiva, considerando a maioria da doutrina que a ampliação do processo de polícia teve como consequência indirecta a diminuição do âmbito da prisão preventiva fora de flagrante delito, só sendo esta admitida nos processos por infracções puníveis com pena superior a um ano de prisão (Cavaleiro de Ferreira, 1956 a: 398, Ary Elias da Costa, 1958: 137, Fernando Fabião, 1964: 65, Eliana Gersão, 1970: 190, e Eduardo Correia, 1971: 14 a 16, mas contra, com dúvidas, Diogo Fernandes, 1970: 26). A prática ia, contudo, noutro sentido, seguindo o parecer do Conselho Superior da Procuradoria-Geral da República, de 23.5.1955, que sustentava a manutenção do âmbito da prisão preventiva de acordo com o teor literal do artigo 254, § 1, n. 2, do CPP, devendo o arguido ser restituído à liberdade sem dependência de caução no prazo do § 2 do artigo 254 do CPP (BMJ, n. 50, p. 235).

A alteração do processo de difamação consistiu na assimilação quase integral ao processo de polícia correccional, na consagração da doutrina do assento de 30.6.1954, no sentido da não aplicação nesta forma de processo do disposto no artigo 397 do CPP, e na introdução da possibilidade de arquivamento do processo com a aceitação pelo acusador particular das explicações do arguido.

A alteração do processo correccional restringiu-se afinal à previsão da possibilidade de o despacho de pronúncia remeter para os factos descritos na queixa, "praticamente o assimilando formalmente ao despacho equivalente ao de pronúncia no processo de polícia correccional, no qual o juiz normalmente se limita a designar dia para julgamento".[1399]

Embora não constituíssem a reforma da lei processual penal repetidamente anunciada pelo legislador, as medidas aprovadas em 1955 e 1957 apontavam já o sentido da opção do legislador para esta reforma. Com efeito, quer a simplificação do formalismo da pronúncia no processo correccional operada pelo diploma de 1957, quer o alargamento do âmbito do processo de polícia consagrado pelo decreto de 1955 representavam um indicador seguro de que "a evolução natural do processo parece ser a fusão do processo correccional com o processo de polícia correccional".[1400]

Contudo, em vez da almejada reforma do processo penal, o legislador concentrou a sua atenção no processo civil e procedeu à publicação de uma nova versão do Código de Processo civil, aprovada pelo Decreto-Lei n. 44.129, de 28.12.1961, que viria a ter uma repercussão considerável na reforma da organização judiciária criminal onze anos depois.[1401]

[1399] Parecer da Câmara Corporativa n. 18/IX, p. 84.

[1400] Como concluiu a Câmara Corporativa anos mais tarde em relação ao sentido da reforma legislativa do processo penal (parecer n. 18/IX, p. 84). A aproximação entre estas duas formas de processo foi ainda promovida pela Lei n. 2.138, de 14.3.1969, que aboliu o recurso para o Supremo Tribunal de Justiça dos acórdãos das Relações proferidos sobre recursos interpostos em processo correccional que não fossem condenatórios, vedando assim no processo correccional os recursos para o STJ dos acórdãos das Relações que versassem sobre recursos interpostos de despacho de pronúncia ou não pronúncia e os recursos dos acórdãos absolutórios das Relações. Seguindo o parecer da Câmara Corporativa, o legislador autorizou os recursos de todos os acórdãos condenatórios das Relações no processo correccional e não apenas, como pretendia o governo, dos acórdãos que condenassem em pena de prisão superior a seis meses não convertida em multa (parecer da Câmara Corporativa n. 18/IX, pp. 82 a 85).

[1401] Por outro lado, a importante reforma do direito penal relativo às infracções antieconómicas e contra a saúde pública realizada pelo Decreto-Lei n. 41.204, de 24.7.1957, pôs fim à tentativa de introdução de um "direito penal novo" no início dos anos quarenta, mas não foi acompanhada por uma reforma do Tribunal dos Géneros Alimentícios, que fracassou. Em face do parecer da Câmara Corporativa n. 46/VI, favorável à extinção deste tribunal, o legislador ponderou esta possibilidade, mas acabou por afastá-la. Embora considerasse a solução da extinção como

638 A Reforma da Justiça Criminal em Portugal e na Europa

A alteração da lei do processo civil visou, entre outros objectivos, resolver as graves deficiências apontadas ao funcionamento do tribunal colectivo, isto é, a perversão das respostas aos quesitos em função de uma solução de direito préconcebida, a posição de supremacia do corregedor presidente do tribunal sobre os adjuntos que afectava a liberdade de decisão destes e a falta de controlo da decisão sobre a matéria de facto.[1402]

a mais conforme com "o espírito do próprio texto constitucional vigente", o legislador optou em sentido contrário, por razões de "oportunidade" mais do que de "razoabilidade", uma vez que a manutenção de um tribunal especial "constitui ainda, como a experiência demonstra, o processo mais eficaz de garantir a severidade com que devem ser punidos os respectivos infractores", sendo certo que essa severidade de julgamento não podia abrandar em face da frequência desta prática criminosa. A permanência do Tribunal dos Géneros Alimentícios suscitou, no entanto, dúvidas sobre a manutenção da sua competência para julgar infracções contra a economia e a aquisição de competência para julgar os delitos de matança clandestina e outras infracções contra a saúde pública que anteriormente eram julgadas pelos tribunais comuns, discutindo a doutrina também a aplicabilidade da forma de processo prevista no Decreto-Lei n. 20.282, de 5.9.1931, completado pelo Decreto-Lei n. 27.485, de 15.1.1937, no julgamento das infracções contra a saúde pública. Se a manutenção da competência do juiz presidente do tribunal para a instrução do processo, a não obrigatoriedade da presença do arguido na audiência de julgamento e a admissibilidade do recurso directo das decisões finais restrito a matéria de direito para o Supremo Tribunal de Justiça quando a multa fosse superior a 6.000$00, excluídos os adicionais, eram geralmente aceites pela doutrina, á a subsistência da condenação de preceito do arguido era discutida (Cavaleiro de Ferreira, 1956 b: 100, Artur Santos Vicente, 1957: 31, Antero Cabral e Abel dos Santos, 1958: 52, 53, 88, 90 e 92, Eduardo Arala Chaves, 1961: 104, 105 e 113, e Pinheiro Farinha, 1963: 49 e 51), embora também fosse defendida a tese da abolição total da antiga forma de processo para todas as infracções previstas no Decreto-Lei n. 41.204 (Flamino Santos Martins, 1959: 43). Ao invés, as infracções antieconómicas eram, em regra, de conhecimento dos tribunais comuns e os termos do processo aplicável passaram a ser depois da publicação do Decreto-Lei n. 35.044, de 20.10.1945, os previstos no CPP e na legislação complementar (Abel dos Santos, 1946: 30, e Eduardo Manso, 1946: 14, mas contra, defendendo uma interpretação restritiva da disposição do artigo 41 do Decreto-Lei n. 35.044, Pedro Veiga, 1947: 172 a 174, 189 a 196). O artigo 41 do Decreto-Lei n. 37.047, de 7.9.1948, que conferiu ao Tribunal da Relação competência para julgar em última instância os recursos em processos de açambarcamento, especulação e contra a economia nacional, quando o valor da mercadoria objecto da infracção ou o preço da transacção ilícita não fosse superior a 2.000$00, foi também expressamente revogado pelo Decreto-Lei n. 41.204, pelo que a competência dos tribunais de recurso, nos processos por crimes antieconómicos, passou a ser regulada pela alçada prevista pela lei geral para os delitos julgados em processo de polícia correccional (Antero Cabral e Abel dos Santos, 1958: 59, e Fernando Santos e Benedito Santos, 1974: 101). Com razão, em 1973, os autores do Anteprojecto do novo CPP punham em dúvida a constitucionalidade do Tribunal dos Géneros Alimentícios, afirmando mesmo que "não é o facto de existir anteriormente à promulgação da Constituição" que o punha a salvo da crítica, sendo "difícil de compreender a forma por que é constituído o mesmo tribunal, e menos se compreende o processo ali aplicável e muito especialmente o regime do recurso das suas decisões" (nota ao artigo 47).

[1402] Estas três "deficiências" foram apontadas pelo próprio ministro da justiça, o Professor Antunes Varela (1957: 9). Sobre elas também, Carlos Pinto Coelho, 1938: 77, e 1941: 281 a 283,

A Jurisdição Penal Comum

Para obstar à primeira destas três deficiências, que constituíam "as questões centrais do processo de declaração",[1403] o governo decidiu separar as alegações sobre a matéria de facto da discussão sobre a resolução da questão jurídica, diferindo as alegações sobre o direito para momento posterior à definição dos factos provados, e alterar a redacção do artigo 655 do CPC na parte em que mandava o tribunal colectivo apreciar as provas "de modo a chegar à decisão que lhe parecer justa", que permitia o entendimento "falso e perigoso" de que o tribunal colectivo devia responder aos quesitos, não de harmonia com a prova produzida, mas com a solução jurídica que os membros do colectivo considerassem justa.[1404]

Para resolver o segundo problema pensou-se na fixação de dois juízes ambulantes em cada círculo judicial, o sistema da dupla corregedoria, cabendo a elaboração da decisão final por sorteio a qualquer um deles ou ao juiz da comarca, que com eles compunha o tribunal colectivo,[1405] mas as dificuldades do tesouro impediram a introdução da reforma.[1406]

---

288 a 291, Carlos Pires, 1940: 237, Barbosa de Magalhães, 1940 c: 330 e 331, e 1955: 354, Alberto dos Reis, 1949 a: 245, 1949 b: 369, 370, 387 e 388, e 1951: 569 a 571, Campos Costa, 1956 b: 131, Tito Arantes, 1957: 279 a 284, Lopes Cardoso, 1958: 224, Vasco da Gama Fernandes, 1958: 22, Avelino de Faria, 1958: 167 a 169, e Soares da Veiga, 1961: 116 e 117.

[1403] Antunes Varela, 1961 b: 20.

[1404] Antunes Varela, 1957: 10, e 1961 b: 21. Na revisão ministerial do projecto da comissão, apontava-se também esta motivação para a modificação legislativa (BMJ, n. 123, pp. 111 e 116).

[1405] Antunes Varela, 1957: 12. Já em 1940 Barbosa de Magalhães (1940 c: 330 e 331) considerava a introdução do tribunal colectivo uma garantia aparente, pois quem julgava verdadeiramente era o presidente do colectivo, mantendo-se a crítica actual quinze anos depois (Barbosa de Magalhães, 1955: 354) e mesmo trinta anos depois (Ary dos Santos, 1970: 200 a 206). A solução ponderada em 1961 já tinha sido considerada em 1944 e inspirou de algum modo o Decreto-Lei n. 41.337, de 28.10.1957, que regulamentou a composição e o funcionamento dos tribunais colectivos cíveis nas comarcas de Lisboa e Porto. O legislador tentou neste diploma evitar o "duplo mal" causado pela composição do tribunal colectivo, isto é, a carga excessiva de trabalho para os juízes que são adjuntos no colectivo e a falta de colaboração activa destes, e, do mesmo passo, realizar uma "experiência cuja lição pode ser altamente proveitosa, quer em relação à jurisdição criminal de Lisboa e Porto, quer em relação aos tribunais de província". Entre a opção de colocar os corregedores das varas como adjuntos uns dos outros nos julgamentos do colectivo e a opção de criar novos juízes com a tarefa exclusiva de ser adjuntos do corregedor no colectivo, o governo optou por esta segunda, de modo a garantir uma "intervenção mais activa e interessada" dos adjuntos na audiência. A solução da introdução de novos juízes exclusivamente afectos ao serviço dos tribunais colectivos, com a possibilidade da decisão final de direito caber por sorteio a estes membros do colectivo, tendo embora permitido alcançar os objectivos do governo (Antunes Varela, 1960: 19), não foi, no entanto, alargada, como inicialmente se pretendia, pelas razões que constam do texto.

A Reforma da Justiça Criminal em Portugal e na Europa

Para solucionar o terceiro vício considerou-se a solução da admissão do voto de vencido e a da motivação das respostas aos quesitos,[1407] tendo sido expressamente afastadas a solução da gravação dos depoimentos, por representar "uma incoerência dentro das ideias justificadamente aceites pela nossa legislação processual" e por "falta manifesta de viabilidade prática", a solução da repetição da produção da prova no Tribunal da Relação, por carência de quadros nos tribunais de segunda instância, e ainda a solução do registo escrito dos depoimentos, por prejudicar a celeridade processual e constituir uma "incoerência" a possibilidade de o tribunal superior alterar a apreciação da prova oral feita directamente por três juízes com base apenas em simples depoimentos escritos.[1408]

[1406] Antunes Varela, 1961 b: 22.

[1407] Antunes Varela, 1957: 13.

[1408] Antunes Varela, 1961 b: 23 e 24. A possibilidade do uso de gravadores nos tribunais foi ponderada a partir de vários ensaios e experiências feitos na década anterior em vários tribunais do Porto e de Luanda e de um relatório apresentado pelo Professor Pessoa Vaz ao ministro da justiça (Pessoa Vaz, 1973: 179 e 180). Contudo, a introdução do sistema de gravação da prova produzida na audiência foi considerada pelo próprio ministro como uma "simples aventura condenada a malogro certo". Uma ponderação dos vários problemas organizatórios e humanos que traria o registo da prova foi feita com parecer favorável por Carlos Pires (1940: 238) e Fernando Mouga (1955: 5 e 6), mas com prognóstico negativo por Campos Costa (1956 b: 140 a 142), Pedro Pitta (1957: 296), e Lopes Cardoso (1958: 217 a 223). Campos Costa propunha, em substituição da garantia irrealista do registo integral da prova, a fixação de um dever de fundamentação da decisão do tribunal sobre a matéria de facto, "com a obrigação de narrar todos e quaisquer pontos, fundamentais ou não, que tenham concorrido para a formação do seu livre convencimento" e ainda de proceder ao relato por extracto dos próprios depoimentos das testemunhas "nos pontos em que estes concorreram para a formação da sua convicção". Lopes Cardoso, embora admitisse como "solução excepcional" a gravação da prova quando ela não pudesse ser prestada na presença do tribunal colectivo, entendia que a solução legal vigente do registo da prova no processo sumário "punha na mão do réu a arma mais segura e a maneira mais fácil de diferir a condenação, eternizando a demanda", devendo por isso ser alargada a intervenção do tribunal colectivo aos processos sumários em que o valor da causa excedesse a alçada e uma das partes não quisesse o julgamento definitivo da matéria de facto pelo juiz singular. Para evitar os abusos resultantes da irrecorribilidade da decisão do tribunal colectivo em matéria de facto o autor propunha ainda a alteração da redacção do artigo 665 do CPC, a separação do julgamento das provas e da discussão de direito e a introdução da publicidade do vencimento nos tribunais de primeira instância (Lopes Cardoso, 1958: 220, 224 e 225). Ao invés, Pedro Pitta (1957: 296 a 298), que também reconhecia a impossibilidade da introdução do registo da gravação da prova por falta de recursos, insistia na necessidade de manter o resumo dos depoimentos como a garantia essencial das partes, o que tornava dispensável o tribunal colectivo e permitia o recurso integral da decisão sobre a matéria de facto. As soluções propostas por Campos Costa e Lopes Cardoso foram parcialmente acolhidas pelo governo.

A Jurisdição Penal Comum 641

Seguindo em parte o parecer da comissão, o governo decidiu manter o sistema vigente da prova oral não registada apreciada por um tribunal colectivo, mas quis pôr termo ao "ilogismo" constituído pela redução a escrito dos depoimentos prestados nas acções de processo sumário em que o valor da acção excedesse a alçada do juiz de direito.[1409] Assim, o novo artigo 791 do CPC mandou julgar a matéria de facto nas acções com processo sumário com valor excedente à alçada dos juízes de direito por um tribunal colectivo de três juízes, excepto quando ambas as partes declarassem expressamente que o dispensavam.

A opção pelo alargamento do sistema vigente, que era justificada com um voto de fé do governo nas qualidades dos membros da magistratura judicial, foi, no entanto, acompanhada pela introdução de duas medidas de cautela, o dever de fundamentação das respostas aos quesitos, que visava evitar "as tentações do puro arbítrio individual",[1410] e o voto de vencido nos acórdãos do colectivo,

---

[1409] A redução a escrito dos depoimentos prestados nestas acções foi mesmo considerada, na revisão ministerial do projecto da comissão, como "um desvio flagrante ao regime da oralidade, que não invalidava o princípio da imediação (visto que se mantinha o contacto directo do julgador com os meios ou instrumentos probatórios), mas que prejudicava em larga medida o princípio da concentração" (BMJ, n. 123, pp. 209 e 210). A maioria da comissão revisora votou que o tribunal colectivo interviesse sempre que a causa admitisse recurso ordinário, mas na revisão ministerial foi consagrada a faculdade de as partes prescindirem do colectivo.

[1410] A Faculdade de Direito da Universidade de Coimbra tinha dado um parecer sobre o artigo 653 do projecto de alteração do CPC, no qual sugeria a aplicação desse preceito mesmo a decisões não colegiais e a decisões não recorríveis, a fixação de um dever mais alargado de exposição concisa dos motivos de facto em que a decisão se fundava, quer no que respeitava aos factos provados quer aos factos não provados, e a atribuição às partes da faculdade de reclamação da motivação (Eduardo Correia, 1961 a: 184 e 185, e 1962 a: 79 e 80). A comissão de revisão do código rejeitou por unanimidade a inovação, por "inutilidade da motivação, uma vez que à Relação está praticamente interdita a censura da decisão do Colectivo" (BMJ, n. 123, p. 113). O governo decidiu consagrar o dever de motivação, embora com uma amplitude menor do que a proposta pela Universidade de Coimbra, invocando em abono da inovação legislativa as vantagens da consagração de um dever de motivação, independente da garantia do recurso ("O verdadeiro escopo da lei é antes o de obrigar indirectamente os juízes: primeiro, a um exame atento e a uma anotação cuidadosa de toda a prova produzida; depois, a uma recapitulação mental de toda a actividade instrutória no momento da resposta a cada quesito; e, por fim, a um apuramento dos raciocínios ou dos puros juízos intuitivos que estão na base das suas conclusões", Antunes Varela, 1962: 9, e 1961 b: 29). A solução enfrentou, contudo, dificuldades práticas na sua efectivação, que já tinham sido antevistas pela doutrina (Barbosa de Magalhães, 1958: 72 e 73). Os tribunais seguiram uma prática restritiva do dever de motivação, acolhendo a sugestão que constava do texto da revisão ministerial do projecto de indicação sucinta dos meios de prova (BMJ, n. 123, p. 114), mas dividindo-se os autores entre o apoio (Santos Silveira, 1970: 84, 85, 216 e 217) e a censura às fórmulas muito genéricas utilizadas nos tribunais (Francisco Velozo, 1961: 295, 296 e 305, e Gonçalves Salvador, 1962: 88 e 90), considerando os críticos exigível a indicação das razões determinantes da escolha dos meios de prova e das máximas de experiência em que se fundamentou a apre-

642   *A Reforma da Justiça Criminal em Portugal e na Europa*

que defendia o julgador contra o perigo "da comodidade assente no anonimato das decisões".[1411]

O governo ponderou que a abolição dos depoimentos escritos nas acções sumárias e a concomitante extensão da intervenção do tribunal colectivo às acções sumárias de valor superior à alçada do tribunal de comarca não podia conciliar-se com a divisão judicial do país, em face da sobrecarga de serviço dos corregedores e do novo esforço que a fundamentação das respostas aos quesitos iria exigir aos magistrados,[1412] pelo que se impunha a remodelação dos círculos judiciais existentes, com vista ao aumento do número de juízes.

---

ciação da prova, embora se afastasse a obrigação de o magistrado escrever o próprio depoimento da testemunha e de justificar a exclusão dos meios de prova não decisivos. Mais recentemente, Teixeira de Sousa (1984: 144 a 147) criticou a concepção restritiva do dever de motivação, pois "assim não se assegura a racionalidade da fundamentação, a qual deve ser perceptível por uma demonstração lógica e por uma argumentação consensual", propondo uma solução de compromisso, em que se impunha "a indicação do conteúdo da fonte probatória" quando a prova não tivesse sido registada e se admitia a mera remissão para os meios de prova quando esta tivesse sido registada. Não obstante a discussão doutrinária e as divergências práticas em torno do novo preceito, o artigo 653 do CPC foi utilizado pela doutrina penalista para colmatar uma lacuna do CPP. O Supremo Tribunal de Justiça tomou posição em sentido contrário a este entendimento pela primeira vez no acórdão de 24.7.1963 (in BMJ, n. 129, pp. 334 a 346), afastando a existência de uma lacuna no regime das respostas aos quesitos do CPP e invocando a proibição no CPP do voto de vencido no tocante à matéria de facto. Os argumentos foram refutados unanimemente pela doutrina (Eduardo Correia, 1967: 31 e 32, Castanheira Neves, 1968: 51 e 54, 106 a 109, Figueiredo Dias, 1974: 205 e 206, Rodrigo Santiago, 1983: 498 e 505, Castro e Sousa, 1985: 286, Cavaleiro de Ferreira, 1986 b: 265, e Figueiredo Dias e Anabela Rodrigues, 1986: 549). A motivação da decisão sobre a matéria de facto era imprescindível, pois evitava a sentença "suicida", favorecia o autocontrolo do juiz e a discussão nos tribunais colectivos, estimulava a recolha jurisprudencial de regras de experiência e o respeito das regras da lógica e realizava a função essencial de possibilitar o seu controlo pelo particular por ela visado e pelo público (Eduardo Correia, 1961 a: 185 e 186). Se o cumprimento do dever de motivação não permitia o reexame da causa pelo tribunal de recurso, o seu incumprimento ou cumprimento defeituoso e, designadamente, a violação das regras da lógica e da experiência, permitiam, contudo, a anulação da decisão recorrida (Eduardo Correia, 1967: 29, Castanheira Neves, 1968: 51, e Figueiredo Dias, 1974: 203). Por fim, a motivação apresentava a grande vantagem prática de "travar" condenações com base exclusiva nas declarações prestadas na fase de instrução (Rodrigo Santiago, 1983: 507).

[1411] Antunes Varela, 1961 b: 29 e 30. A verdade é que esta solução proposta pela comissão foi aceite "sem grande convicção", como se confessava na revisão ministerial do projecto da comissão (BMJ, n. 123, p. 115).

[1412] Com efeito, esperava-se que a reforma tivesse como consequência, por um lado, uma sobrecarga do trabalho dos magistrados judiciais da primeira instância (parecer da Câmara Corporativa n. 3/VIII, p. 159), e por outro, um alívio do trabalho das Relações, pois a reforma teria "o efeito indirecto de evitar a interposição de numerosos recursos, já que o julgamento oral tornará praticamente imodificável a decisão da matéria de facto tomada em 1 ª instância" (mesmo parecer n. 3/VIII, p. 178).

A Jurisdição Penal Comum 643

Para o efeito, o governo procedeu à elaboração de um novo Estatuto Judiciário, uma vez que a organização dos círculos judiciais tinha assento nos mapas anexos ao Estatuto. Contudo, tendo as Leis n. 2.048, de 11.5.1951, e n. 2.100, de 29.8.1959, convertido, respectivamente, a organização dos tribunais e o estatuto dos juízes dos tribunais ordinários em matéria da reserva da Assembleia Nacional, houve necessidade de submeter à Assembleia as bases gerais do novo diploma. Assim, a Assembleia aprovou a Lei n. 2113, de 11.4.1962 e, na sequência desta, o governo publicou o Decreto-Lei n. 44.278, de 14.4.1962, que integrava o novo Estatuto Judiciário.

A lei pouco tinha de inovadora, considerando a Câmara Corporativa que "a maior parte dos preceitos expressos nas suas bases constitui direito vigente" e que o governo apenas tinha pretendido "uma espécie de ratificação política" do direito vigente.[1413]

Os três problemas fundamentais, que foram objecto de discussão parlamentar, a manutenção da magistratura municipal, a composição e a competência do tribunal plenário e a independência da magistratura judicial, não obtiveram qualquer solução.

O problema dos julgados municipais persistiu sem solução, mantendo o legislador, embora contrafeito com a má qualidade da justiça concelhia, estes tribunais "nos concelhos onde o serviço judicial não justifique a existência de uma comarca própria, mas a comodidade dos povos exija um órgão judiciário" (Base I, 1 e 2).[1414]

Entre a alternativa da extinção imediata dos 44 julgados existentes e a da substituição de todos eles por tribunais de comarcas, o governo rejeitou ambas em face dos inconvenientes para as populações e dos custos para o erário público de cada uma delas e decidiu prosseguir a opção política anteriormente tomada da eliminação gradual dos julgados, por um lado extinguindo desde já os

---

[1413] Parecer da Câmara Corporativa n. 3/VIII, pp. 160 e 161.

[1414] O governo diria mesmo, no preâmbulo do novo Estatuto Judiciário, que tinha perfeita consciência de que esta não era "uma forma perfeita e muito menos ideal de administração da justiça", reiterando a crítica da não preparação dos magistrados titulares destes tribunais e concluindo mesmo que "muitos julgados são pràticamente dirigidos pelo chefe da secção". A posição de reserva do governo foi, aliás, secundada pela Câmara Corporativa em face das deficiências de estrutura e funcionamento destes tribunais (parecer n. 3/VIII, pp. 164, 165 e 172) e por vários deputados nas duas sessões de 8 e 9.3.1962 da Assembleia Nacional, em que decorreu a discussão da proposta de lei relativa à organização judiciária (Diário das Sessões da Assembleia Nacional, n. 42, de 9.3.1962, pp. 953 a 965, e n. 43, de 10.3.1962, pp. 990 a 994). Mais tarde, também Adelino da Palma Carlos (1972: 16 e 17) viria a desferir violento ataque à magistratura municipal, que, segundo o autor, abria as portas aos incompetentes, propondo a transformação destes tribunais em tribunais de comarca.

julgados que registassem movimento reduzido e, por outro, convertendo alguns julgados integrados em comarcas de muito movimento em tribunais de comarca. Com a supressão de dez julgados municipais e a criação de oito novas comarcas procurou-se aliviar o movimento das comarcas em que se integravam os julgados extintos. Esta multiplicação do número de comarcas e as novas exigências decorrentes da reforma do processo civil implicaram, por seu lado, a criação de seis novos círculos judiciais, embora com o custo do adiamento mais uma vez da introdução da dupla corregedoria, "quer pelo encargo incomportável que a medida constituiria para o Tesouro, quer principalmente porque os quadros da magistratura se haveriam de ressentir em larga escala das promoções prematuras que a inovação arrastaria consigo".

Também a composição do tribunal plenário se manteve nos termos do direito vigente. A proposta do governo de alteração dos vogais deste tribunal, passando a sê-lo o juiz mais antigo da comarca e o juiz a que tivesse sido distribuído o processo da instrução preparatória, que agravaria ainda mais o défice do princípio da acusação nos processos julgados neste tribunal, foi rejeitada. Por sua vez, a proposta da Câmara Corporativa de que as reclamações em matéria de liberdade e pronúncia fossem julgadas por juízes distintos do juiz reclamado não foi acolhida.[1415] A redacção final do Estatuto previa apenas que os juízes vogais fossem os juízes presidentes mais antigos, segundo a escala de antiguidade da classe, dos juízos criminais da comarca sede do tribunal.

A competência do tribunal plenário foi alargada aos crimes de imprensa cometidos fora da comarca de Lisboa e do Porto, na sequência do parecer da Câmara Corporativa, tendo-se esclarecido, também por iniciativa desta Câmara, que o conhecimento dos crimes antieconómicos pelo tribunal plenário dependia de avocação determinada pelo Supremo Tribunal de Justiça.[1416] O critério orientador do Supremo Tribunal de Justiça para determinação da avocação dos processos ao tribunal plenário era agora mais amplo, uma vez que acrescentava a "conveniência da justiça" ao anterior critério da "importância" da causa (Bases XIII e XIV da Lei n. 2.113, de 11.4.1962, e artigo 37, al. c) do novo Estatuto).

A faculdade de avocação para o plenário do tribunal criminal de Lisboa do julgamento dos processos relativos a crimes referidos nos ns. 1 e 3 do artigo 13 do Decreto-Lei n. 35.044 cometidos no ultramar correspondia

---

[1415] Parecer da Câmara Corporativa n. 3/VIII, p. 174 ("De facto, esta reclamação tem a natureza intrínseca de um verdadeiro recurso, e é contra o princípio geral da estrutura dos recursos que tome parte na decisão deles precisamente a entidade de quem se recorreu").

[1416] Parecer da Câmara Corporativa, n. 3/VIII, pp. 175 e 176.

A Jurisdição Penal Comum

a uma disposição já consagrada no artigo 7 do Decreto-Lei n. 37.732, de 13.1.1950.[1417]

O problema da independência e da inamovibilidade da magistratura judicial foi a questão mais discutida. Se o conceito legal de independência judicial retomava os termos restritivos do segundo Estatuto, na redacção do Decreto-Lei n. 17.955, de 12.2.1930, abandonando os termos do artigo 241 do Estatuto de 1944 de sujeição dos juízes às ordens de "quaisquer autoridades" quando a lei o previsse, tal como tinha proposto a Câmara Corporativa,[1418] a composição dos tribunais com competencia criminal de Lisboa e do Porto manteve-se a mesma dos artigos 2 e 3 do Decreto-Lei n. 40.916, de 20.12.1956, de acordo com os quais os juízes dos tribunais correccionais, de polícia e de execução de penas passaram a ser nomeados pelo ministro da justiça de entre os juízes de primeira classe designados pelo Conselho Superior Judiciário e os juízes presidentes dos tribunais criminais de Lisboa e do Porto de entre os juízes da Relação que o Conselho indicasse, sendo-o estes últimos em comissão de serviço obrigatória e prorrogável de três anos.[1419]

[1417] Os procuradores Castro Mendes e Adelino da Palma Carlos votaram vencidos pela supressão do tribunal plenário, admitindo o primeiro que, a manter-se aquele tribunal, a possibilidade de deslocação do julgamento dos crimes contra a economia nacional e dos crimes de querela devia depender da anuência do arguido (parecer da Câmara Corporativa n. 3/VIII, pp. 194 e 196). Em um outro lugar, Palma Carlos resumiu a questão nestes termos: "ou nós confiamos nos juizes e consideramos que todos são igualmente capazes para o julgamento de todas as infracções; ou constituimos tribunais com uma certa composição e passamos aos outros juízes, que não fazem parte desses tribunais, um verdadeiro atestado de desconfiança" (Adelino da Palma Carlos, 1972: 25). Na sessão de 9.3.1962 da Assembleia Nacional, em que o teor da Base XII da proposta de lei governamental e a questão da subsistência do tribunal plenário foram discutidos, os fundamentos dos votos de vencidos dos dois procuradores foram repudiados pelos deputados Paulo Cancella de Abreu, Martins da Cruz e Armando Cândido, com base na natureza comum do tribunal plenário e na independência dos juízes desembargadores nomeados para os presidir (in Diário das Sessões da Assembleia Nacional, n. 43, de 10.3.1962, pp. 995 e 996).

[1418] Parecer da Câmara Corporativa n. 3/VIII, p. 181 ("Na verdade, se em casos expressamente consignados na lei os magistrados têm de exercer a função de julgar com sujeição a ordens de outros juízes ou tribunais ou de quaisquer autoridades, ipso facto deixam de ser independentes"). Sá Carneiro caracterizava a recorrência deste problema no parecer da Câmara Corporativa "como que o aflorar dum inconsciente irreprimível" (Sá Carneiro, 1973: 7).

[1419] O anterior sistema de nomeação ministerial de quaisquer magistrados foi mesmo considerado "defeituoso", embora fosse justificado pelo ministro que sucedeu na pasta ao autor da reforma de 1945 com a "necessidade de chamar aos tribunais criminais os licenciados cuja iniciação nos domínios do direito penal se fizera já dentro dos novos moldes em que a ciência e as disciplinas jurídicas afins passaram a ser leccionadas nas nossas Universidades" (Antunes Varela, 1963: 11).

646   *A Reforma da Justiça Criminal em Portugal e na Europa*

A única modificação significativa do direito vigente neste tocante consistiu na uniformização do regime de escolha dos juízes de todas as secções do Supremo Tribunal de Justiça, pois os poderes do ministro da justiça de escolha dos juízes da secção criminal do Supremo podiam "até sugerir um sentido atentatório da independência do tribunal, que certamente não esteve na intenção do legislador".[1420] Assim, o Conselho Superior Judiciário passou a designar a secção a que se destinavam os juízes nomeados para o Supremo Tribunal de Justiça, competindo, no entanto, ao ministro da justiça a designação de metade das vagas de juízes do Supremo por escolha de entre os juízes das Relações.[1421]

O problema das previsões de afastamento excepcional de magistrados também não teve solução, mantendo-se integralmente as soluções do direito vigente. A aprovação das Bases XXI, XXII e XXIII, que consagravam a limitação do sexénio, salvo autorização do Conselho Superior Judiciário em atenção aos merecimentos do magistrado ou à conveniência de serviço, a competência do Conselho para propor a transferência ou a nomeação em comissão de serviço para outro cargo, sem carácter disciplinar, de um magistrado judicial "quando haja motivos excepcionais, relativos a circunstâncias peculiares a determinada comarca ou ao magistrado que nela servir", e dos magistrados classificados com nota inferior à de regular, e a faculdade do governo de requisitar magistrados judiciais para comissão de serviço, teve apenas o efeito de legitimar no parlamento as regras fundamentais da organização disciplinar e administrativa da magistratura judicial.[1422]

[1420] Parecer da Câmara Corporativa n. 3/VIII, p. 167.

[1421] Esta solução, que no entender do Ministério da Justiça representava "uma ingerência muito fraca do governo na nomeação dos juízes" (*une très faible ingérence du Gouvernment dans la nomination des juges*, Ministério da Justiça, 1966 a: 211), mereceu ainda a crítica da doutrina. Exprimindo aquele que já tinha sido o voto do director da Justiça Portuguesa, António Pires de Miranda (1962: 34), aquando da discussão da lei, Adelino da Palma Carlos advogou, mesmo depois da aprovação da lei, a supressão da faculdade de escolha do ministro "a bem da Justiça e da confiança que ela deve inspirar, que ela tem de inspirar", pois ninguém podia "assegurar que um dia não venha a fazer-se mau uso desta faculdade, que ainda tem o inconveniente de permitir supor-se favoritismo no que vem sendo simples consagração de mérito mas, em contrapartida, porventura afirmação de demérito para os que, estando mais avançados na escala, se veem ultrapassados no acesso" (Adelino da Palma Carlos, 1966: 42 e 43). Também Francisco José Velozo, Joaquim Roseira Figueiredo e Flávio Ferreira censuraram esta "intromissão do poder executivo no campo da justiça", que "não corresponde à separação dos poderes" (Francisco José Velozo, 1972: 257), e que "não prefigura, no plano legal, reiteração do respeito e preocupação de consolidação pela apontada garantia constitucional da independência dos juízes" (Joaquim Roseira Figueiredo e Flávio Ferreira, 1974: 40 1 41).

[1422] A Câmara Corporativa teve "muitas dúvidas" sobre a Base XXII, mas acabou por aceitá-la, "limitada à transferência ou à nomeação para comissão de serviço" (parecer da Câmara

A Jurisdição Penal Comum

3. A tentativa de renovação do modelo consagrado: a Lei n. 2/72, de 10.5

Na sequência da revisão constitucional, aprovada pela Lei n. 3/71, de 16.8, foram consagradas algumas inovações importantes relativamente aos dois pilares do sistema de prevenção e repressão da criminalidade do modelo judiciário vigente, a prisão preventiva e as medidas de segurança, mantendo-se intactos os fundamentos da organização judiciária existente.[1423]

Corporativa n. 3/VIII, pp. 185 e 186), tal como a versão final do Estatuto previu. Castro Mendes censurou veementemente a "pseudogarantia" prevista na base XVII, alínea b), em face da qual "mais valia declarar que os juízes são responsáveis pelos seus julgamentos; assim como em face da base XXII mais valia estabelecer que os juízes são livremente amovíveis" (parecer da Câmara Corporativa n. 3/VIII, pp. 194 e 195). Palma Carlos votou igualmente vencido na parte relativa à transferência dos magistrados com nota inferior à de regular (parecer n. 3/VIII, p. 197). Na Assembleia Nacional, as bases XVII e XXII não foram sequer objecto de discussão, tendo sido aprovadas com um único "comentário" do deputado Quirino Mealha, o de que esperava que o Conselho Superior Judiciário viesse no futuro a ser constituído "em bases electivas" (in Diário das Sessões da Assembleia Nacional, n. 43, de 10.3.1962, p. 1000). Fora do meio parlamentar, também Marcello Caetano censurou o Estatuto de 1962 por o artigo 123 não ter reproduzido "nos mesmos termos" a doutrina do artigo 246 do Estatuto de 1944, o que permitia "a dúvida sobre a possibilidade da transferência do juiz por conveniência do serviço antes do sexénio, faculdade que atentaria decisivamente contra a inamovibilidade da magistratura". O autor criticou de igual modo a frequência das comissões de serviço de magistrados judiciais para funções administrativas "por prejudicarem a formação do juiz e poderem constituir instrumento de favor do governo", propondo que as mesmas fossem "em absoluto proibidas" (Marcello Caetano, 1967 b: 611). Igualmente crítico, Pedro Soares Martinez pôs em destaque "os termos tão pouco rígidos" com que se definia a garantia da inamovibilidade dos juízes (Soares Martinez, 1971: 68). Foram ainda objecto da crítica de Manuel Salvador, Artur Santos Silva, Joaquim Roseira Figueiredo e Flávio Pinto Ferreira, além da possibilidade de transferência excepcional do juiz, as comissões de serviço para funções não judiciais, as classificações extraordinárias por mérito, as nomeações de juízes, obrigatórias para os designados, para certos cargos judiciários e a composição do Supremo Conselho Disciplinar (Manuel Salvador, 1972: 183, 295 a 303, Artur Santos Silva, 1973: 38 e 39, Roseira Figueiredo, 1972: 16 e 17, e Roseira Figueiredo e Flávio Ferreira, 1974: 42 e 43, 54 a 57, 72 e 73).

[1423] Apesar da amplitude das alterações propostas pelo governo, a revisão manteve, como concluiu a Câmara Corporativa, "intacta a lei fundamental no que ela tem de mais característico e identificante" (parecer da Câmara Corporativa n. 22/X, p. 49) e, designadamente, no que toca aos tribunais especiais com competência criminal. A Câmara Corporativa não recomendou a aprovação do projecto de lei n. 6/X, apresentado pelos deputados Francisco Sá Carneiro, Mota Amaral e Pinto Balsemão, entre outros, que previa a abolição dos tribunais criminais especiais, por a Câmara entender que não era necessária "uma medida tão drástica" já que havia dois "limites práticos e actuantes à proliferação" destes tribunais. Por um lado, a criação ou manutenção deste tipo de tribunais causava "danos políticos" aos regimes quando eles fossem criados ou mantidos sem que circunstâncias "muito particulares" os justificassem. Por outro, a Assembleia Nacional tinha competência sobre a matéria de organização judiciária, permitindo que os deputados estabelecessem

648   *A Reforma da Justiça Criminal em Portugal e na Europa*

O novo texto constitucional, que correspondia na sua substância à proposta de lei n. 14/X, apresentada pelo governo,[1424] procedeu à revisão do regime da prisão preventiva em obediência a uma política criminal compromissória, que visava a liberalização do regime vigente, sem prejuízo da manutenção de um regime de detenção policial especial vigente para a criminalidade investigada por autoridades não judiciais.

Com efeito, o legislador constituinte não só consagrou mais abertamente o princípio da subsidiariedade da prisão preventiva, que não deveria ser ordenada nem mantida quando pudesse "ser substituída por quaisquer medidas de liberdade provisória legalmente admitidas", como restringiu o âmbito da admissibilidade da prisão preventiva fora de flagrante delito aos crimes dolosos puníveis com pena de prisão superior a um ano, em que se verificasse uma "forte suspeita da prática do crime", consagrando o entendimento de Cavaleiro de Ferreira em face da publicação do Decreto-Lei n. 40.033, de 15.1.1955.[1425]

---

um regime para aqueles tribunais "que os aproximam, tanto quanto possível e necessário, do ordenamento judiciário comum" (parecer da Câmara Corporativa n. 23/X, p. 306). Na mesma ocasião, a Câmara também manifestou a sua oposição a que fosse retirada a competência dos tribunais militares para conhecer dos crimes acidentalmente militares e à alteração das regras sobre a publicidade do processo. Votaram vencidos a não aprovação do projecto na generalidade os procuradores Maria de Lourdes Pintasilgo, Diogo Freitas do Amaral e André Gonçalves Pereira.

[1424] Actas da Câmara Corporativa, n. 61, de 3.12.1970.

[1425] Diário das Sessões da Assembleia Nacional, n. 101, de 16.6.1971, pp. 2332 a 2335. O relator do parecer da Câmara Corporativa, o Professor Afonso Queiró, sugeriu uma restrição mais significativa da prisão preventiva sem culpa formada, prevendo-a apenas para os casos de crime doloso punível com pena maior e de crime punível com pena de prisão superior a um ano quando fosse praticado por pessoa judicialmente declarada como perigosa ou no período de execução de qualquer medida penal ou ainda quando a conduta do suspeito posterior ao facto revelasse perigo de fuga (Afonso Queiró, 1973: 276 a 278). Deste modo, a prisão preventiva sem culpa formada dos suspeitos da prática de crimes puníveis com pena superior a um ano de prisão em relação aos quais se verificasse perigo de continuação criminosa ou perigo de perturbação da instrução, a prisão preventiva de delinquentes perigosos sem a suspeita da prática de crimes puníveis com pena superior a um ano de prisão e a prisão preventiva de vadios e equiparados sem a suspeita da prática de crimes, que o direito vigente previa, ficariam desprovidas de fundamento constitucional. A Câmara não acompanhou o relator, omitindo no parecer final esta sugestão e recomendando a adopção do texto governamental (parecer n. 22/X, p. 106). Radicalmente distintos da proposta do governo eram o projecto de lei n. 6/X, que restringia a prisão preventiva aos casos de flagrante delito ou crime doloso punível com pena maior, sendo a duração máxima da prisão sem culpa formada de setenta e duas horas, improrrogáveis (Actas da Câmara Corporativa, n. 62, de 19.12.1970), e a proposta de modificação do artigo 8 da CRP apresentada por José Magalhães Godinho, que completava o texto do projecto de lei n. 6/X com a proibição expressa da prisão para averiguações ordenada por agentes da autoridade fora do âmbito do disposto no artigo 254 do CPP (José Magalhães Godinho, 1973: 53 e 54)

A Jurisdição Penal Comum

A aplicação de medidas cautelares alternativas à prisão preventiva estava associada a uma nova forma de responsabilização do arguido, nos termos da qual a violação das condições a que se encontrava subordinada a liberdade provisória poderia ter como consequência a prisão preventiva do mesmo, independentemente da natureza e da moldura da pena prevista para o crime indiciado.[1426] Por outro lado, a autorização para prisão fora de flagrante delito ainda podia ser levada a efeito "mediante ordem por escrito da autoridade judicial ou de outras autoridades expressamente indicadas na lei", dando cobertura constitucional à previsão legal da competência de quaisquer órgãos policiais,

---

[1426] A versão final do texto constitucional ficou a dever-se à adopção da sugestão da Câmara Corporativa, que era mais ampla do que a da proposta do governo. Enquanto esta ligava directamente a não manutenção da prisão preventiva à sujeição do arguido às condições a que ficasse subordinada a liberdade provisória e, portanto, a aplicação da prisão preventiva depois da violação daquelas condições só tinha lugar nos casos que admitiam a prisão preventiva, o parecer da Câmara separava as duas questões, de modo que o não cumprimento das condições a que ficasse subordinada a liberdade provisória podia determinar a prisão preventiva do arguido em qualquer caso e, portanto, também no caso de inadmissibilidade da prisão preventiva (parecer n. 22/X, p. 110). O legislador constituinte foi manifestamente influenciado pelas recentes reformas introduzidas no direito alemão pela Lei de reforma da StPO e da GVG, a *Gesetz zur Änderung der Strafprozessordnung und des Gerichtsverfassungsgesetzes*, de 19.12.1964, e, em especial, no direito francês pela Lei de reforma do CPP, a *Loi tendant à renforcer la garantie des droits individuels des citoyens*, n. 70-643, de 17.7.1970. Embora ambas tenham consagrado novas medidas de controlo judiciário em alternativa à prisão preventiva, a lei alemã previa apenas que a suspensão da execução da decisão que ordenasse a prisão preventiva fosse condicionada à aplicação de certas medidas restritivas da liberdade de movimentação e que a prisão preventiva fosse executada no caso de o arguido violar grosseiramente aquelas limitações ou de proceder de modo a não merecer a confiança nele depositada, ao invés da lei francesa, que previa a sujeição do arguido a prisão preventiva quando ele se subtraísse voluntariamente às obrigações do controlo judiciário, independentemente da pena de prisão aplicável ao crime imputado ao arguido. Os novos poderes "exorbitantes", a "omnipotência" do juiz de instrução francês, cuja decisão não era motivada nem recorrível e podia submeter a uma medida de controlo não aplicável na sentença quaisquer arguidos, mesmo domiciliados e sem antecedentes criminais, foram censurados na doutrina (Couvrat, 1971: 112 e 113, e Larocque, 1971: 140, e Jean Pradel, 1971: 171 e 172), que, por outro lado, louvou o fim do "dogma da separação entre a instrução e o julgamento" resultante da "transposição por vezes quase-absoluta da suspensão da pena, da liberdade condicional e de certas interdições pronunciadas a título principal" para o regime do controlo judiciário. Aquela transposição permitiria ao juiz encontrar soluções mais adequadas à personalidade do delinquente logo na fase instrutória do processo, que não prejudicassem, antes favorecessem a aplicação futura de sanções não detentivas (Jean Pradel, 1971: 170, e Raymond Charles, 1972: 187 e 188). Apesar das dificuldades e limitações inerentes a cada um destes regimes, a ideia da prevalência dos substitutos legais da detenção preventiva e, designadamente, do controlo judiciário, mereceu também a adesão do autor do relatório geral do VIII congresso internacional de direito comparado sobre a "detenção antes de julgamento", o Professor Eduardo Correia (1971: 46 e 47).

650 *A Reforma da Justiça Criminal em Portugal e na Europa*

mesmo subalternos, para determinar a prisão preventiva fora de flagrante delito. Simultaneamente, a nova garantia constitucional de revalidação da prisão preventiva sem culpa formada e do controlo subsequente da manutenção da prisão, com prévia audiência do detido em ambos os casos, não era ligada à reserva judicial do exercício desta competência, podendo a revalidação e a manutenção da prisão ser determinadas por autoridade policial ou administrativa legalmente competentes.[1427]

Ao invés, a reforma do regime das medidas de segurança obedecia a um desígnio liberal uniforme do legislador constituinte no sentido de equiparar, tanto quanto possível, as garantias do cidadão a quem fosse aplicável uma medida de segurança com as que a lei constitucional previa para o cidadão a quem fosse aplicável uma pena. Assim, as medidas de segurança foram submetidas ao princípio da legalidade, de acordo com a proposta da Câmara Corporativa, e o processo de segurança subordinado à garantia da instrução contraditória.[1428] Coroando o referido esforço de equiparação das medidas de segurança e das penas, o legislador constituinte proibiu "as medidas de segurança privativas ou

---

[1427] Com efeito, a Câmara Corporativa reconheceu expressamente que "tanto vale dizer-se que a prisão poderá ser ordenada pela «autoridade competente» (segundo a lei ordinária) como dizer-se que o poderá ser «por ordem de autoridade judicial ou de autoridades expressamente indicadas na lei». A necessidade de admitir que outras, que não apenas a autoridade judicial, possam ordenar a prisão preventiva resulta especialmente de se não preverem providências sucedâneas dessa que dispensem o mandato judicial, especialmente no domínio dos delitos que atentem contra a segurança e a ordem pública." Contudo, esta atribuição de poderes jurisdicionais a autoridades não judiciais seria compensada pela consagração de um sistema de "contrôle tanto quanto possível exercido por autoridades independentes e distintas das que podem decretar a prisão", mas não necessariamente por tribunais, admitindo mesmo a Câmara a verificação de "desvios de uma tal directriz" que só podiam conceber-se "como excepcionais ante muito sérias razões, todas referidas a impretíveis exigências processuais, no específico domínio de segurança e de ordem pública" (parecer n. 22/X, p. 107). Não foi este, no entanto, o texto apresentado pelo relator do parecer, que afirmava expressamente a necessidade de "um contrôle por autoridades independentes e distintas das que podem decretar a prisão", pelo que o novo preceito constitucional devia prever a sujeição obrigatória da manutenção da prisão preventiva sem culpa formada a decisão judicial no prazo máximo de setenta e duas horas (Afonso Queiró, 1973: 279 e 282). O projecto de lei n. 6/X ia ainda mais longe, vedando a determinação por autoridade não judicial da prisão preventiva fora de flagrante delito e prevendo que a decretação de todas as medidas restritivas da liberdade, incluindo a prisão preventiva, dependia de ordem judicial e que toda a prisão podia ser substituída por caução (Actas da Câmara Corporativa, n. 62, de 19.12.1970).

[1428] De acordo com a Câmara Corporativa, o princípio da legalidade tinha no âmbito das medidas de segurança a função de assegurar, "pelo menos, a anterioridade da lei que fixa os pressupostos da aplicação da medida de segurança e, portanto, os índices da perigosidade" (parecer da Câmara Corporativa n. 22/X, p. 94, em conformidade com a versão inicial do parecer de Afonso Queiró, 1973: 269).

A Jurisdição Penal Comum

651

restritivas da liberdade pessoal com carácter perpétuo, com duração ilimitada ou estabelecidas por períodos indefinidamente prorrogáveis", com a ressalva das que se fundassem em anomalia psíquica e tivessem fim terapêutico.[1429]

[1429] A fundamentação apresentada na proposta governamental para esta proibição foi a de que "é e será sempre difícil averiguar com um mínimo de garantias, perante alguém que se encontre segregado das formas normais da vida comunitária, se a perigosidade continua ou não. E tal dificuldade agravar-se-á, até se transformar em verdadeira impossibilidade, à medida que aquela segregação for durando. O respeito devido ao valor das pessoas não autoriza que se mantenham medidas privativas ou restritivas da liberdade quando não possa formar-se convicção séria de que a manutenção das mesmas se justifica. E a prática, aliás, tem mostrado o bem fundado destas razões e também a pouca utilidade de um sistema da prorrogabilidade ilimitada das medidas de segurança" (Actas da Câmara Corporativa, n. 61, de 3.12.1970). O governo mostrava-se, pois, determinado a promover a alteração constitucional por força da ineficácia prática e do efeito contraproducente do sistema de medidas de segurança de duração ilimitada. Além da crítica doutrinária à categoria teórica do preso indisciplinado, a que adiante se fará menção, a proposta do governo foi também incentivada pelas conclusões dos trabalhos sobre delinquentes habituais do Grupo Consultivo Europeu para a prevenção do crime e tratamento dos delinquentes (José Guardado Lopes, 1957: 83, e 1959: 86) e pela apresentação no início da década de sessenta do Projecto de Código Penal, do Professor Eduardo Correia, em que se defendia a pena relativamente indeterminada como uma sanção ao abrigo da censura da inconstitucionalidade da pena absolutamente indeterminada (Eduardo Correia, 1963 a: 74), sendo aquela mais conforme com a concepção ético-retributiva da culpa referida à personalidade e com a "vantagem de não fortalecer a administração penitenciária numa atitude de passiva indiferença (se o delinquente não se corrige tanto pior para ele)" (Eduardo Correia, 1963 b: 46 e 47, e, de novo, em 1964: 343 e 344, e 1970: 32, e a favor José Pizarro Beleza, 1968: 309 a 315, Figueiredo Dias, 1971 b: 37 e 38, e 1983 b: 213, e 1983 c: 37 a 39, Anabela Rodrigues, 1983: 291 a 293, e Costa Andrade, 1983: 211, mas já com reservas no que toca à legitimidade da pena que ultrapassasse o máximo da moldura penal abstractamente fixada para o facto, Figueiredo Dias, 1984: 794, e 1993: 560 a 563, António Almeida Costa, 1989: 443, e Carlota Almeida, 2000 a: 122 a 124 e 152, e abertamente contra David Augusto Fernandes, 1968: 132 a 136, o voto de vencido de Manuel Gomes da Silva, junto ao parecer n. 54/X, da Câmara Corporativa, in Actas da Câmara Corporativa, 1973, p. 2709, e Teresa Beleza, 1983: 11, 16 e 27, e, já antes do projecto, João Arantes Rodrigues, 1958: 182). Acresce que a indeterminação absoluta das penas se tornou também objecto da censura da doutrina médico-legal ("a pena indeterminada (numa administração penitenciária fatalmente contaminada pelos defeitos dos homens, mesmo que teoricamente perfeita) é altamente perigosa para o próprio homem, e naturalmente também, nessa medida, para a sociedade", Fernando Oliveira Sá, 1968: 387). A solução restritiva já tinha, aliás, merecido o acordo de princípio do próprio ministro da justiça, Professor Antunes Varela, que, no entanto, salientava que o ponto crucial da reforma era "o da firmeza com que ela necessita de ser aplicada, em dois ou mais momentos sucessivos: primeiro, na fixação do limite máximo da pena, por parte do tribunal que aprecia a infracção; depois, nas propostas de prorrogação que, até ser atingido esse limite, teriam de ser elaboradas pelos serviços prisionais, relativamente a reclusos muitas vezes perigosos, cuja presença pode ser incómoda no estabelecimento em que se encontram internados" (Antunes Varela, 1966 a: 17). A reserva ministerial tinha, contudo, mais do que uma natureza teórico-dogmática, verdadeira natureza política, pois a defesa de uma pena relativamente indeterminada no âmbito de um sistema monista visava, além do tratamento

652 — *A Reforma da Justiça Criminal em Portugal e na Europa*

A revisão constitucional desencadeou um processo de renovação do direito ordinário, tendo a Assembleia Nacional iniciado este processo com a aprovação de uma lei de bases da organização judiciária, a Lei n. 2/72, de 10.5, que foi seguida pela publicação de vários decretos pelo governo concretizando aquelas bases tanto no âmbito do direito penal substantivo e processual como no da organização judiciária.[1430]

---

positivo da criminalidade especialmente perigosa, um efeito negativo muito relevante, que era o da rejeição por princípio da aplicação de medidas de segurança a delinquentes políticos, uma vez que se tratava de delinquentes imputáveis. Esta mesma vertente negativa da opção monista ficou bem patente logo na primeira sessão de discussão do projecto de Eduardo Correia de 1963, quando foi colocada por Guardado Lopes e Maia Gonçalves a questão da necessidade de um desvio ao sistema monista para os delinquentes políticos ou mesmo da manutenção da solução da prorrogação da pena aplicada a estes delinquentes e aos vadios e equiparados. Eduardo Correia defendeu que "não parece que se tenha de modificar a estrutura monista sobre a qual assenta o Projecto, em homenagem a um caso particularíssimo como é o dos crimes políticos". A afirmação do princípio monista implicaria, segundo Eduardo Correia, a remissão para a parte especial do código de qualquer solução especial que o governo pretendesse consagrar para os delinquentes políticos (Ministério da Justiça, 1965: 24). As reservas de natureza política terão constituído a razão por que o projecto não encontrou aceitação oficial, como já foi notado por Figueiredo Dias (2001: 125).

[1430] A proposta de lei n. 17/X do governo, que este na base desta lei, foi apresentada na sessão de 23.2.1972, tendo sido discutida na generalidade nas sessões seguintes. Na sessão do dia 26, o presidente da Assembleia interrompeu a discussão para pedir à Câmara Corporativa um parecer "urgente" sobre a proposta de alteração à proposta do governo apresentada pelo deputado Sá Carneiro nesse dia na mesa da assembleia (Diário das Sessões da Assembleia Nacional, 1972, pp. 3262 e 3263). A Câmara Corporativa pronunciou-se no sentido da rejeição da proposta de alteração na sua generalidade, com base em "violação da Constituição no aspecto processual", abstendo-se deste modo de apreciar as propostas na especialidade. Na sessão de 17.3.1972, foi reaberta a discussão na generalidade e o deputado relator da comissão de administração e política geral e local colocou a questão prévia da não admissão à discussão e votação na especialidade das propostas de alteração apresentadas por Sá Carneiro. Depois de um debate aceso, a questão prévia foi aprovada por 65 votos a favor e 20 contra, tendo faltado à chamada para a votação 36 deputados (Diário das Sessões da Assembleia Nacional, 1972, p. 3400). Na sessão do dia seguinte, foram ainda enviadas à mesa duas propostas de emenda e aditamento dos deputados Mota Amaral e Sá Carneiro aquando do início da discussão na especialidade das bases da proposta do governo. A discussão restringiu-se à primeira proposta sobre a sujeição dos processos dirigidos pela Direcção-Geral de Segurança aos futuros juízes de instrução criminal, tendo ela sido rejeitada. A partir desta votação, a discussão findou praticamente, sendo as restantes propostas de emenda dos deputados da oposição rejeitadas uma após outra e aprovadas as bases do governo, com uma pequena emenda sugerida pela Câmara Corporativa. A mais emblemática medida defendida por Sá Carneiro foi a da extinção dos tribunais plenários, passando a sua competência, que já tinha sido restringida pela base XXXVIII da Lei n. 5/71, de 5.11, no que toca aos crimes de imprensa, para os tribunais colectivos de Lisboa e do Porto. Só o deputado Pinto Balsemão se pronunciou em defesa desta proposta na votação na especialidade, embora com a "convicção de que pouco adiantará ser breve ou não o ser" (Diário das Sessões da Assembleia Nacional, 1972, p. 3422). A proposta de

A Jurisdição Penal Comum   653

As duas opções fundamentais do legislador consagradas na nova lei foram a da criação de juízes de instrução criminal, com competência para exercer as "funções jurisdicionais" durante a instrução preparatória, conduzir a instrução contraditória e dar a pronúncia nos feitos instruídos pela Polícia Judiciária, e a da possibilidade de instituição de tribunais colectivos nos juízos correccionais e de polícia nas comarcas de Lisboa e do Porto. A primeira opção, que consubstanciava a reintrodução de uma magistratura já conhecida no processo penal português, tinha um carácter restritivo, quer no que toca às competências jurisdicionais atribuídas ao novo magistrado,[1431] quer no que respeita ao âmbito territorial da solução, que se restringia às comarcas de maior movimento processual. A justificação desta última restrição era a de que nessas comarcas se concentrava a investigação da Polícia Judiciária, que interessava especialmente controlar, atenta a atribuição de poderes jurisdicionais àquela polícia.[1432] Contudo, admitia-se que o sistema evoluiria para uma generalização desta magistratura.[1433]

Sá Carneiro previa ainda a escolha pela magistratura judicial dos seus membros para os diversos cargos judiciais e a eleição dos presidentes do Supremo Tribunal de Justiça e das Relações de entre os juízes que compunham estes tribunais e por estes juízes, determinava a formação do Conselho Superior Judiciário com uma maioria de membros eleita pelos juízes, proibia as comissões de serviço para cargos judiciais e a transferência do magistrado judicial sem o seu acordo e restringia a admissibilidade da suspensão, da colocação na inactividade, da aposentação e da demissão de juízes às decretadas no âmbito de um processo disciplinar, com a ressalva das normas relativas a promoções e a limites de idade e incapacidade física (Bases XI e XII da proposta de alteração à proposta de lei n. 17/X, in Diário das Sessões da Assembleia Nacional, 1972, p. 3263). Ao invés, a proposta do governo nada mudava a propósito da independência do poder judicial (Francisco Sá Carneiro, 1973: 16).

[1431] O regulamento dos juízos de instrução criminal, aprovado pelo Decreto-Lei n. 343/72, de 30.8, estabeleceu que as "funções jurisdicionais" dos juízes de instrução compreendiam a validação e a manutenção das capturas, a decisão sobre a liberdade provisória, a aplicação provisória de medidas de segurança, a admissão do assistente e a condenação em multa e imposto de justiça. Em conformidade com o disposto na lei de bases, o Decreto-Lei n. 414/73, de 21.8, alterou o Estatuto Judiciário, incluindo nele esta regulamentação das funções desempenhadas pelos juízes de instrução criminal.

[1432] Por esta razão, a Portaria de 14.9.1972 criou juízes de instrução em Lisboa, Porto, Coimbra e Funchal, que substituiriam as subdirectorias da PJ de Lisboa e do Porto, a inspectoria de Coimbra e a brigada do Funchal nas funções jurisdicionais por elas exercidas.

[1433] Assim se pronunciou a Câmara Corporativa (parecer n. 33/X, p. 82), como também o fizeram alguns deputados da maioria e, designadamente, o deputado Cotta Dias (Diário das Sessões da Assembleia Nacional, 1972, p. 3417). Os procuradores Adelino da Palma Carlos e Arala Chaves votaram vencidos o parecer da Câmara, porque entendiam que os juízes de instrução se justificavam não só para os feitos instruídos pela PJ, mas também para os instruídos pela DGS e outros organismos com competência instrutória especializada. Esta opinião foi reiterada pouco tempo depois por Palma Carlos nestes termos: "não há, estou certo disso, um jurista solvável que

654 A Reforma da Justiça Criminal em Portugal e na Europa

Deste modo, a instrução preparatória dos processos da competência da Direcção-Geral de Segurança, criada pela Decreto n. 49.401, de 19.11.1969, e regulamentada pelo Decreto-Lei n. 368/72, de 30.9, permanecia à revelia do controlo jurisdicional e mesmo do Ministério Público, com a circunstância agravante de que a assistência de advogado constituído aos interrogatórios do arguido podia ser interdita quando houvesse "inconveniente para a investigação ou a natureza do crime" o justificasse, devendo o advogado constituído ser substituído por um defensor nomeado oficiosamente ou por duas testemunhas

---

compreenda por que se dão aos arguidos de certos crimes garantias que não são concedidas aos arguidos doutros crimes" (Adelino da Palma Carlos, 1972: 27). Na discussão na Assembleia Nacional, esta questão foi debatida até à exaustão, tendo-se destacado na defesa das propostas de Sá Carneiro e Mota Amaral os deputados Homem Ferreira, Pinto Balsemão e Pinto Machado, e na oposição a elas os deputados Ramiro Queirós e Duarte de Oliveira. Segundo Sá Carneiro, o propósito do governo era o de cobrir a "lacuna de constitucionalidade" que constituía a concessão do exercício de poderes jurisdicionais às polícias, mas a solução dada apresentava-se como uma "incongruência" por não prever o controlo dos processos instruídos pela DGS e mesmo por "não cobrirem todas as autoridades instrutórias, designadamente o Ministério Público" (Sá Carneiro, 1973: 19), razão pela qual o deputado tinha, na sua proposta de alteração à proposta n. 17/X, sugerido a criação de juízos de instrução para a realização da instrução "de todos e quaisquer processos criminais", incluindo a prolação do despacho de pronúncia ou equivalente, sendo a instrução contraditória em "todas as suas fases" (Base I, ns. 1 e 2, in Diário das Sessões da Assembleia Nacional, 1972, p. 3262). Também o deputado Mota Amaral apresentou, sem sucesso, uma emenda à proposta do governo no sentido de os processos da DGS serem submetidos ao controlo do juiz de instrução (Diário das Sessões da Assembleia Nacional, 1972, p. 3409). A ideia subjacente a estas duas propostas já tinha, aliás, sido defendida no artigo 8, n. 10, do fracassado projecto de lei n. 6/X, sobre a revisão da Constituição, que previa uma "instrução judiciária escrita, preparatória e contraditória", com o direito de assistência de um defensor (in Actas da Câmara Corporativa, n. 62, de 19.12.1970), e tinha sido advogada por Francisco José Velozo, com base na revogação das disposições inquisitórias do Decreto-Lei n. 35.007 e do CPP pela revisão constitucional de 1951, que teria tornado a instrução contraditória obrigatória em todos os processos e toda a instrução contraditória (Francisco José Velozo, 1971 a: 343 a 349, e, em termos algo distintos, 1986: 396). Os deputados da maioria invocaram a natureza especial dos crimes investigados pela DGS para justificar a manutenção do regime em vigor e a circunstância de esta reforma parcial ir mesmo além da Constituição, que não exigia a legalização da prisão pelo poder jurisdicional, sendo "inexigível o óptimo, a perfeição total" por falta de possibilidades materiais e humanas "de resolver o problema integralmente dentro do Ministério da Justiça" (Diário das Sessões da Assembleia Nacional, 1972, pp. 3261, 3411 e 3413), ao que o deputado Mota Amaral opunha que "o facto de se prescindir da intervenção de um órgão com as garantias de imparcialidade e independência, como é a do juiz do tribunal comum, vem deixar um instrumento que é possível utilizar de uma forma opressiva das próprias consciências totalmente nas mãos do Executivo" (Diário das Sessões da Assembleia Nacional, 1972, p. 3411). Concluindo também que a nova regulamentação dos juízes de instrução era "insuficiente para lograr uma verdadeira democratização do processo penal – quer, sobretudo, do respeitante a crimes políticos, quer mesmo do relativo a crimes comuns", Figueiredo Dias, 1974: 265 e 266, e 1983 a: 196.

A *Jurisdição Penal Comum* 655

"qualificadas" e obrigadas a segredo de justiça (artigo 10 do Decreto-Lei n. 368/72).[1434]

Assim, o ministro do interior no continente e o ministro do ultramar nas províncias ultramarinas mantinham, em relação à Direcção-Geral de Segurança, os poderes que a lei conferia ao ministro da justiça e ao procurador-geral da República relativamente à Polícia Judiciária, por um lado,[1435] e por outro, as funções jurisdicionais que a lei comum atribuía ao juiz durante a instrução preparatória no tocante ao interrogatório de arguidos presos, à validação e manutenção de capturas e à decisão sobre a liberdade provisória eram desempenhadas

---

[1434] As duas testemunhas escolhidas eram "sempre, sistematicamente sempre" dois agentes da DGS (Luso Soares, 1974: 45).Este regime especial foi repudiado em uma exposição dirigida por quatrocentos e cinco advogados ao presidente do conselho de ministros, em 11.11.1972, tendo a exposição sido despachada "no sentido de que o assunto seria estudado oportunamente" (Moitinho de Almeida, 1972: 109). No exílio, Marcello Caetano justificou a manutenção de certas especialidades do regime processual da instrução dirigida pela DGS em relação ao novo regime processual comum com as reservas colocadas pela polícia ("A polícia, porém, levantou objecções a que se aplicassem certos preceitos, como o da faculdade de assistência de advogado aos interrogatórios dos detidos. E fundamentava-se na prática em todo o mundo quanto a crimes de traição e contra a segurança do Estado, agora particularmente necessária por serem, por via de regra, correligionários dos arguidos, militantes ou simpatizantes do partido os advogados convocados pelos terroristas ou comunistas detidos, de tal modo que nunca mais um destes abriria a boca para dizer fosse o que fosse. Aceitaram-se as razões e ficou sendo facultativa a presença do advogado mas sempre obrigatória a de testemunhas", Marcello Caetano, 1974: 77). A inconstitucionalidade ou a "constitucionalidade mais do que duvidosa" desta disposição foi logo salientada por Caldeira Marques (1973: 513 e 516), Azevedo e Silva (1973: 518, 519 e 522), Augusto Rocha (1973: 525 e 526), Figueiredo Dias (1974: 493) e Luso Soares (1974: 84). Figueiredo Dias dirá mais tarde que as reformas introduzidas no final do anterior regime representavam "algumas conquistas no sentido da liberalização", mas que, no tocante às "especialidades relativas aos julgamentos políticos, o combate fracassou" (Figueiredo Dias, 1979: 164).

[1435] Deve, contudo, ser realçado o facto de que, no âmbito do Ministério da Justiça, o controlo por via ministerial da actividade com relevância processual do Ministério Público estava vedado em face do entendimento do titular da pasta à data da publicação dos diplomas reformadores, o Professor Mário Júlio de Almeida Costa, segundo o qual "a superintendência do Ministro da justiça não assume – não deve assumir – um carácter casuístico de instruções relativas a processos concretos. Pelo contrário, efectiva-se – e somente se deve efectivar – sob a forma de directrizes genéricas quanto ao modo de actuar em matéria de prevenção e repressão criminal e de interpretação abstracta de normas legais" (Mário Almeida Costa, 1969 a: 13), reiterando, aliás, o entendimento já expresso por Cavaleiro de Ferreira nas suas lições (1955: 84). Embora notando--se que o regime de comissão de serviço dos quadros superiores do Ministério Público "não favorecia o sentimento de independência, antes se integrava na ideia-mestra de assegurar a hierarquização real", já se disse retrospectivamente "que na prática os comandos superiores se mostravam bem ténues e de nenhum modo com atropelo da liberdade de consciência dos magistrados" (Eduardo Arala Chaves, 1980: 82).

656 A Reforma da Justiça Criminal em Portugal e na Europa

indistintamente pelo director-geral, pelo subdirector-geral, pelos inspectores superiores, pelos directores de serviço e pelos inspectores-adjuntos.

Se os poderes do ministro do interior eram os mesmos que o diploma regulador da PIDE de 1954 tinha fixado e o de 1961 tinha mantido, a relação entre os órgãos dirigentes da DGS e os funcionários subalternos dirigentes da instrução preparatória era distinta da estabelecida naqueles diplomas, regressando ao modelo inicial de 1945. Com efeito, a divisão clara de tarefas entre os órgãos dirigentes da DGS, aos quais incumbia a validação e a manutenção da captura, e os inspectores, aos quais competia a direcção da instrução preparatória, permitia de novo a realização do pensamento originário do autor da reforma de 1945, atribuindo o exercício das funções jurisdicionais a autoridades distintas da entidade instrutória.[1436]

A segunda opção fundamental consagrada na nova lei de bases de alargamento do tribunal colectivo aos juízos correccionais e de polícia correspondia ao aproveitamento para o processo penal dos resultados da experiência da última reforma do processo civil, com base no entendimento de que "a organização judiciária do sector criminal e o próprio processo penal estão atrasados relativamente à evolução da organização judiciária destinada a servir a jurisdição cível e o processo cível".[1437] Esta opção estratégica de aproximação entre o processo

---

[1436] Além da separação nítida no quadro de funcionários entre o pessoal dirigente e o pessoal técnico de investigação, nenhum membro do quadro de investigação tinha competência para proceder à validação da prisão preventiva ou da aplicação provisória de uma medida de segurança, por isso se omitindo a ratificação anteriormente prevista pelo director-geral do acto jurisdicional dos funcionários técnicos, prevendo-se, ao invés, expressamente que os inspectores, que eram os mais importantes agentes do quadro técnico de investigação, desempenhassem as "funções do Ministério Público durante a instrução preparatória" (artigo 9 do Decreto-Lei n. 368/72, de 30.9), precisamente à imagem do que que ditava o preceito do artigo 53 do diploma que organizou a PJ em 1945. Assim, quer pelo que vai dito no texto, quer pelo que adiante ainda se dirá no que toca à restrição do prazo máximo da prisão preventiva na instrução preparatória, não é correcta a tese comum na doutrina, segundo a qual a reforma consubstanciada na substituição da PIDE pela DGS teve uma natureza "meramente semântica" ou constituiu uma "modificação puramente aparente" (Alexandre Manuel e outros, 1974: 21, Luso Soares, 1974: 77 e 78, António Barreiros, 1982 a: 828, Maria Carrilho, 1985: 436, Manuel Braga da Cruz, 1988: 47, e Damião Cunha, 1993: 54). Aliás, a tendência do legislador para a reposição do modelo de organização das polícias de 1945 já se tinha feito sentir seis meses antes com a concretização da reforma da Polícia Judiciária. No Decreto-Lei n. 82/72, de 11.3, também se verificou uma separação nítida entre pessoal dirigente (director e subdirectores) e pessoal técnico de investigação criminal (inspectores, subinspectores e agentes) e restringiu-se a função judicial ao director, pois os subdirectores e os inspectores passaram a ser considerados magistrados do Ministério Público (artigo 13 do Decreto-Lei n. 82/72). A competência judicial do director da Polícia Judiciária só cessou com a publicação do Decreto-Lei n. 389/74, de 26.8.

[1437] Parecer da Câmara Corporativa n. 33/X, pp. 86 a 88.

A *Jurisdição Penal Comum* 657

civil e o penal era motivada, por um lado, por uma associação do princípio da oralidade a um juízo definitivo do tribunal de primeira instância sobre a matéria de facto e, por outro lado, por uma apreciação muito crítica das possibilidades técnicas e organizativas de implementação das alternativas ao tribunal colectivo e, designadamente, do registo da prova na primeira instância ou da repetição da prova na segunda instância.[1438]

Assim, o tribunal colectivo dos juízes criminais era constituído pelo juiz corregedor do juízo criminal por onde corria o processo, que presidia, e por dois juízes adjuntos, que fossem titulares de outros juízos criminais, dos juízos correccionais ou do tribunal de polícia e, à semelhança do que ocorria nos juízos dos tribunais cíveis de Lisboa e do Porto, o tribunal colectivo dos juízos correccionais e do tribunal de polícia era constituído pelo juiz do juízo por onde corria o processo, que presidia, e por dois titulares de outros juízos correccionais ou de polícia. No entanto, ao invés da jurisdição cível, o julgamento da matéria de fac-

---

[1438] Parecer da Câmara Corporativa n. 33/X, pp. 55 e 56. A Câmara Corporativa procedeu a uma crítica muito severa do tribunal colectivo, imputando-lhe uma "tendência para a autocracia no domínio das provas", a "frustração da colegialidade", "a perturbação no serviço das comarcas" e a "antecipação do julgamento das questões de direito", mas concluiu que "a experiência dos corregedores-adjuntos que não são titulares de qualquer tribunal resultou numa melhoria da qualidade do serviço" e, portanto, também na jurisdição criminal, "a intervenção do tribunal colectivo, acrescida da imposição de justificar as respostas aos quesitos em termos de representar breve extracto da prova ouvida e da sua identificação," constituía a escolha "mais consentânea com as realidades" (parecer n. 33/X, pp. 57, 85, 88 e 89). A proposta do governo de alargamento do âmbito de intervenção do tribunal colectivo foi criticada quer pelo seu carácter vago (Sá Carneiro, 1973: 18), quer pela "verdadeira omnipotência dos tribunais em matéria de apreciação da prova" resultante de os Tribunais de Relação estarem "praticamente inibidos" de sindicar a decisão sobre a matéria de facto da primeira instância, em processo penal tal como em processo civil (os votos de vencido dos procuradores Adelino da Palma Carlos e Trigo Negreiros no parecer n. 33/X, pp. 97 e 98, reiterando o primeiro os votos de vencido nos pareceres ns. 51/VI, pp. 433 e 434, e 3/VIII, p. 196, com a concordância do deputado Pinto de Mesquita na sessão de 9.3.1962 da Assembleia Nacional, in Diário das Sessões da Assembleia Nacional, n. 43, de 10.3.1962, p. 988). Por outro lado, a ineficácia da obrigatoriedade da fundamentação das respostas aos quesitos, já experimentada no processo civil, em face da própria insuficiência das fórmulas utilizadas e da impossibilidade de a Relação alterar as respostas com base na motivação, não oferecia "nenhuma espécie de garantia", sugerindo alguns que se procedesse ao registo da prova de modo a permitir a sua ampla sindicância pelo tribunal de recurso ou mesmo à repetição do julgamento (o voto de Palma Carlos no parecer da Câmara Corporativa n. 33/X, p. 98, Roseira Figueiredo, 1972: 36 a 38, e Sá Carneiro, 1973: 17 e 18). Já em 1957 Palma Carlos tinha votado vencido na admissão dos tribunais colectivos na jurisdição do trabalho, por a experiência na jurisdição civil ter mostrado que estes tribunais, munidos do poder de decidir da matéria de facto "praticamente sem recurso", decidiam "sem prova e até contra a prova", sendo "gerais os clamores contra o sistema" nessa altura (parecer da Câmara Corporativa n. 51/VI, p. 433).

658   *A Reforma da Justiça Criminal em Portugal e na Europa*

to e de direito competia sempre ao tribunal colectivo e o encargo da elaboração do acórdão ao presidente do tribunal.[1439]

A concretização das alterações constitucionais ficou concluída com a publicação dos diplomas que procederam à reforma do direito penal substantivo e processual, o Decreto-Lei n. 184/72, e o n. 185/72, ambos de 31.5.1972, e o Decreto-Lei n. 450/72, de 14.11.[1440]

[1439] Em conformidade com o disposto na lei de bases, o Decreto-Lei n. 202/73, de 4.5, e o n. 414/73, de 21.8, alteraram o Estatuto Judiciário e os mapas a ele anexos, regulamentando a composição dos tribunais colectivos dos juízos criminais, dos juízos correccionais e dos juízos de polícia das comarcas de Lisboa e do Porto, sendo os juízes dos juízos correccionais vogais nos colectivos dos juízos criminais de Lisboa e do Porto, os juízes dos juízos correccionais e do Tribunal de Execução de Penas vogais nos colectivos dos juízos correccionais de Lisboa, os juízes dos juízos correccionais e do Tribunal de Recurso das Avaliações vogais nos colectivos dos juízos correccionais do Porto, os juízes dos juízos de polícia vogais nos colectivos destes juízos de Lisboa e os juízes dos juízos de polícia e os juízes do Tribunal de Execução de Penas vogais nos colectivos dos juízos de polícia do Porto. Simultaneamente, o primeiro daqueles diplomas criou seis novas comarcas, reclassificou várias comarcas, restaurou dois julgados municipais, reorganizou os círculos judiciais e criou alguns outros novos, com os objectivos de "descongestionar os tribunais comarcãos" e de corresponder "a imperativos de progresso local". O diploma criou também um novo Tribunal da Relação em Évora e ampliou os quadros das restantes Relações, associando esse facto não apenas à publicação do Código Civil de 1966 e a reformas legislativas posteriores a esta data, mas também a reformas "próximas de promulgação", que tornavam necessário dotar os tribunais superiores do número de magistrados adequado às novas realidades e criar uma nova Relação. O ministro da justiça, Professor Mário Júlio de Almeida Costa, voltou a referir-se aos trabalhos em curso de reforma da "legislação processual" ainda nesse ano, na ocasião do acto de posse dos magistrados do novo Tribunal da Relação de Évora (Almeida Costa, 1973 a: 6). A criação de um novo Tribunal da Relação e a ampliação dos quadros das restantes Relações facilitaria a provável introdução de um segundo grau de jurisdição em matéria de facto, defendida no âmbito destes trabalhos de reforma. Com efeito, o referido ministro tinha constituído uma comissão para proceder ao estudo das principais e mais urgentes alterações a introduzir no Código de Processo Civil, da qual faziam parte os Professores Adelino da Palma Carlos, Castro Mendes e Pessoa Vaz. Segundo este último Professor, o governo mostrava o "maior interesse" na ideia da necessidade da consagração de um segundo grau de jurisdição em matéria de facto (Pessoa Vaz, 1973: 168 e 169, e 1986: 724).

[1440] Estes diplomas foram publicados sem prejuízo da continuação dos trabalhos de reforma do direito penal iniciados com a apresentação do Projecto de Código Penal do Professor Eduardo Correia. Com efeito, o governo tinha a intenção de apresentar na Assembleia Nacional uma proposta de lei das "bases gerais sobre a definição das penas criminais e das medidas de segurança", como efectivamente veio a fazê-lo (BAPIC, n. 29, pp. 155 a 171). A referida iniciativa não contendia, no entanto, com a necessidade de "complementar, ao nível da legislação ordinária, as recentes alterações constitucionais com reflexos na lei penal substantiva e adjectiva", atendendo também a que "é sentida a oportunidade de certas actualizações imediatas de tais ramos do direito, sem prejuízo da incentivação e do desejo daquela reforma mais ampla" (Mário Almeida Costa, 1972 a: 7). A motivação fundamental de ambos os trabalhos de reforma penal era a da "acen-

A opção do legislador constituinte de limitação da duração das sanções criminais teve consequências no direito das medidas de segurança e das penas criminais. No tocante a estas, a liberdade condicional deixou de poder exceder a duração da pena imposta e, quando revogada, o condenado tinha apenas de completar o cumprimento da pena, não se descontando o tempo que passou em liberdade.[1441] No que respeita àquelas sanções, todas as medidas de segurança privativas da liberdade como tal consideradas pelo Código Penal e por legislação especial foram submetidas a prazos máximos improrrogáveis, regressando-se à regra da limitação temporal do internamento introduzida pelo Decreto-Lei n. 39.688 e parcialmente abandonada pelo Decreto-Lei n. 40.550. A aplicação provisória de medidas de segurança privativas de liberdade foi proibida, com excepção do internamento em manicómio criminal, repondo em vigor

---

tuação do princípio do respeito da pessoa humana e do valor educativo do tratamento penal, com o objectivo precípuo de recuperação dos sentenciados" (Mário Almeida Costa, 1972 a: 11).

[1441] Não obstante o regime da liberdade condicional ter sido concebido na reforma prisional de 1936 como o segundo pilar do sistema de repressão da criminalidade, a par da prorrogação da pena de prisão, convertendo-se a liberdade condicional, ao menos no que toca aos delinquentes de difícil correcção, em um modo de cumprimento da pena com a finalidade específica da readaptação do delinquente à vida em liberdade (Cavaleiro de Ferreira, 1938 a: 134, Sliwowski, 1939: 375 e 376, José Beleza dos Santos, 1952: 405 e 407, e 1953: 33, e António Almeida Costa, 1989: 418 e 419), os tribunais mantiveram uma prática muito restritiva (Álvaro Lopes-Cardoso, 1963: 76 a 80). Com a reforma de 1972 a liberdade condicional passou a ser considerada "uma última fase da execução da pena de prisão, pelo que a respectiva aplicação se alargou necessariamente, permitindo mais perfeita individualização do tratamento penitenciário, em regime de cura livre" (Mário Almeida Costa, 1973 b: 8), perdendo deste modo a sua anterior natureza de medida de segurança, que lhe era reconhecida pela doutrina (Joaquim Silva Cunha, 1944 b: 200, Vitor Faveiro, 1949: 369, José Beleza dos Santos, 1952: 403, e 1955 a: X e XI, Robert Vouin, 1954: 185 e 186, Roberto Pinto e Alberto Ferreira, 1955: 231, Cabral Moncada, 1957: 52, 56 a 58, Rui Pena, 1965: 34, e Raúl Castro, 1970: 6) e também pelo próprio legislador no preâmbulo do diploma reformador do Código Penal de Maio de 1972 (também assim, de um ponto de vista retrospectivo, António Almeida Costa, 1989: 420 a 423, 427, 430 e 431, Figueiredo Dias, 1993: 532, e Anabela Rodrigues, 2000: 133 e 134). Simultaneamente, a liberdade condicional perdeu também a natureza de gravame para o recluso, que levava mesmo a que "alguns reclusos temiam ser postos em liberdade condicional, por mais graciosa que ela fosse, porque nunca mais os largavam" (Cabral Moncada, 1957: 70). Destarte, a jurisprudência dos tribunais superiores fixou-se depois de 1972 no sentido de que tinham sido revogados tacitamente pelo Decreto-Lei n. 184/72 os preceitos contidos nos artigos 119, 120, 132, 162 e 394, que impediam a concessão de liberdade definitiva a reclusos sem primeiramente terem sido submetidos à liberdade condicional (acórdão do Tribunal da Relação de Lisboa, de 11.12.1972, in BAPIC, n. 30, 1973, pp. 63 a 69, e acórdão do Tribunal da Relação de Lisboa, de 20.12.1972, in BAPIC, n. 30, 1973, pp. 75 a 78), e de que os reclusos que estivessem prestes a atingir o termo da segunda prorrogação da pena por três anos já não podiam ser submetidos nem a liberdade vigiada, nem a liberdade condicional (acórdão do Tribunal da Relação de Lisboa, de 11.12.1972, in BAPIC, n. 30, 1973, pp. 70 a 74).

660   *A Reforma da Justiça Criminal em Portugal e na Europa*

o princípio consagrado pelo Decreto-Lei n. 35.007 e abandonado em parte pelo Decreto-Lei n. 37.447 e inteiramente pelo Decreto-Lei n. 40.550.

A prorrogação ilimitada da pena de prisão foi abolida, tal como o foram as medidas de segurança privativas da liberdade aplicáveis a delinquentes políticos, limitando-se a prorrogação da pena a dois períodos sucessivos de três anos e tornando-a aplicável apenas aos delinquentes habituais e por tendência e aos delinquentes imputáveis perigosos em razão de anomalia mental, com o consequente desaparecimento da categoria dos presos indisciplinados e da possibilidade de aplicação de uma pena indeterminada a qualquer condenado em pena de prisão ou prisão maior.[1442] Contudo, aos delinquentes imputáveis perigosos em

---

[1442] Esta inovação resultou da verificação a partir da década de cinquenta de uma situação de ruptura manifesta do sistema prisional, decorrente da proliferação dos delinquentes de difícil correcção e da manutenção de taxas elevadas de reincidência, e da constatação de dificuldades práticas no funcionamento do regime progressivo de correcção destes delinquentes (Luís Carvalho e Oliveira, 1953: 51 e 52, José Guardado Lopes, 1956: n. 57, pp. 110 a 113, e 1961: 29, o que motivou as sugestões apresentadas pelo autor em um outro texto, José Guardado Lopes, 1964: 42, e 43, Roberto Pinto, 1958: 34 a 37, António Leitão, 1960: 44 a 46, e 1967: 94 e 95, Cavaleiro de Ferreira, 1961: 60, Joaquim Leal de Oliveira, 1961: 100, 101, 105, 124, 125, 128 a 131, Augusto de Seabra, 1967: n. 20, pp. 88 e 89, e Eduardo Correia e outros, 1980: 23), mas também da crítica explícita dirigida à categoria dos delinquentes indisciplinados pela doutrina e, em especial, por Adriano Moreira ("Positivamente não pode afirmar-se senão que abrange os delinquentes por tendência e habituais, cuja individualização judicial não tenha sido possível. Mas não há dúvida que aos organismos prisionais fica uma grande margem de arbítrio", Adriano Moreira, 1954 a: 211) e por Cavaleiro Ferreira ("A extensão da categoria legal de presos indisciplinados, a que por sua vez se equiparam ainda diversos tipos legais de delinquentes (menores, anormais, asociais), torna bastante complicado o sistema legal, e parece conduzir-nos em linha recta, à admissão da pena indeterminada quanto à generalidade das penas de prisão; ao mesmo tempo que diminui o relevo duma classificação de delinquentes, porquanto afinal, praticamente todos, e não só certos tipos (habituais e por tendência), podem vir a ser sujeitos a idêntico regime", Cavaleiro de Ferreira, 1961: 43; "Com esta categoria entra no direito positivo a pena indeterminada, com a aplicação genérica aos delinquentes que, independentemente do seu enquadramento em qualquer tipo específico de delinquentes perigosos, como perigosos podem, a posteriori, ser classificados", Cavaleiro de Ferreira, 1961: 73; "Esta possibilidade de modificação da pena determinada em pena indeterminada ou de segurança pelo reconhecimento judicial, durante a execução da pena, da perigosidade do condenado, tem enorme extensão. Destrói naturalmente o benefício da delimitação dos tipos legais de delinquente perigosos, e não nos parece por isso defensável", Cavaleiro de Ferreira, 1961: 75). Esta particularidade do direito penitenciário português mereceu mesmo o reparo de autores estrangeiros (Hans-Heinrich Jescheck, 1966: 455 e 456, Paul Cornil, 1966: 219, e Peter Hünerfeld, 1971: 216). Após a modificação legislativa de 1972, a discussão sobre a natureza da prorrogação da pena no caso dos delinquentes habituais e por tendência continuou, inclinando-se a jurisprudência, desde o acórdão fundamental do Tribunal da Relação, de 11.12.1972 (in BAPIC, n. 30, 1973, pp. 63 a 69), para a consideração de que se tratava de uma pena e de que o sistema penal era monista, em face da nova redacção do artigo 67 do Código Penal e da limitação a seis

A Jurisdição Penal Comum 661

razão de anomalia mental podia ser ainda aplicada uma medida de segurança, de duração ilimitada, se se mantivesse a sua perigosidade após as duas prorrogações de pena por três anos, consagrando-se deste modo um sistema dualista de reacções criminais.[1443] A abolição das medidas de segurança de internamento de delinquentes políticos foi, por sua vez, acompanhada pela incriminação das actividades antes tipificadas como pressuposto da aplicação das medidas de segurança.[1444]

A nova directriz constitucional da liberdade provisória como regra e não como sucedâneo da prisão preventiva foi concretizada desde logo no plano sistemático, sendo a organização das matérias da prisão, do interrogatório do arguido, da caução e do termo de identidade modificada no sentido de a lei tratar primeiramente o interrogatório do arguido e a liberdade provisória e só depois a prisão preventiva.[1445] No plano substantivo, o direito novo modificou quer

---

anos da prorrogação de pena (na doutrina, também assim, Maia Gonçalves, 1980: 71 e 192, e, mais tarde, Maria João Antunes, 1993: 30, mas contra, Bernardo Sá Nogueira, 1977: 178, 179, 213 e 214, invocando a substituição da prorrogação da pena por uma de duas medidas de segurança prevista no n. 3 do artigo 72 do Código Penal e a tramitação em processo complementar diante do TEP).

[1443] O problema voltaria a colocar-se a propósito da disposição do artigo 124, § 2, do projecto de Código Penal de Eduardo Correia. Logo na primeira sessão da comissão revisora, a 5.12.1963, foi por José Guardado Lopes notado que ela representava um "desvio" em relação ao sistema monista das reacções criminais do projecto (Ministério da Justiça, 1965: 9), tendo Eduardo Correia mais tarde, na sessão de 12.5.1964, justificado o desvio com o argumento de que "não encontrou outra maneira de dar resposta a exigências de defesa social, legítimas na medida em que são determinadas pela existência de uma anomalia psíquica" (Ministério da Justiça, 1966 b: 274). Não obstante a "incompatibilidade absoluta entre o disposto no § 2 e o sistema pretendidamente monista que o projecto consagra", os membros da comissão aprovaram, com a abstenção do Professor Gomes da Silva, a referida disposição. Como concluía Figueiredo Dias, "aqui, o projecto renuncia à sua convicção fundamental de um direito penal da culpa em favor de considerações pragmáticas que de outro modo não poderiam ser atendidas" (*Aquí, el proyecto renuncia a su convicción fundamental de un derecho penal de culpa, en favor de consideraciones pragmáticas que de outro modo no podrían ser atendidas,* Figueiredo Dias, 1971 b: 37, e, também assim, Peter Hünerfeld, 1971: 266 a 270, e Lopes Rocha, 1983 b: 15 e 16).

[1444] Contudo, o governo manteve as "medidas administrativas de segurança" aplicáveis no ultramar, como se verá adiante.

[1445] O ministro da justiça, Professor Mário Júlio de Almeida Costa, justificou a alteração nestes termos: "A nova sistematização acabada de referir assenta nos seguintes postulados: logo que, com base na denúncia ou no resultado de diligências probatórias, a instrução preparatória seja dirigida contra pessoa determinada, é obrigatório, em princípio, interrogá-la como arguido; este deve ficar sujeito, desde o primeiro interrogatório, a determinadas obrigações; a prisão preventiva só deve ser mantida em casos restritos e, mesmo em tais casos, quando a sua finalidade – que é a de garantir o cumprimento pelo arguido daquelas obrigações – não possa ser assegurada pela liberdade provisória mediante termo de identidade ou caução" (Mário Almeida Costa, 1972 b: 16).

os pressupostos das medidas cautelares quer os limites temporais da prisão preventiva.

A caução devia ser ordenada para o arguido a quem fosse imputada a prática de crime punível com pena de prisão por mais de seis meses, quando detido em flagrante, com a consequência indirecta do alargamento do âmbito da prisão preventiva, sempre que fossem violadas as condições da caução.[1446]

Com efeito, a prisão preventiva fora de flagrante delito dependia ou da forte suspeita da prática de um crime punível com pena de prisão superior a um ano, conjugada com o perigo de fuga, o perigo de perturbação da instrução ou da ordem pública ou o perigo de continuação da actividade criminosa, ou da violação pelo arguido das condições a que se encontrasse subordinada a liberdade provisória, podendo mesmo neste último caso ser aplicada a prisão preventiva ao arguido que fosse punível com pena de prisão igual ou inferior a um ano,[1447] o que correspondeu a uma equiparação substancial da situação processual dos arguidos que tivessem violado as condições da liberdade provisória à dos arguidos que desobedecessem aos mandados da justiça.

No entanto, o regime muito gravoso vigente desde 1945 no âmbito dos crimes contra a segurança do Estado da determinação da prisão preventiva independentemente da moldura da pena, com base apenas na subsistência do perigo de fuga, de continuação da actividade criminosa ou de perturbação da instrução, foi suprimido. Por outro lado, o regime geral da inadmissibilidade da liberdade provisória foi restringido aos casos de o crime imputado ao arguido ser punível

---

[1446] Assim se conjugava o disposto no artigo 271 com a estatuição do artigo 269, § 4, de modo que o detido em flagrante por crime punível com prisão superior a seis meses e inferior a um ano devia prestar caução e não apenas termo de identidade e residência (Alfredo José de Sousa, 1973: 166, e Messias Bento, 1973: 625).

[1447] Alfredo José de Sousa, 1973: 166 a 168, Messias Bento, 1973: 609, 610, 626, e 627, Allen Gomes, 1973: 17, 25, 26, e 40, e Armindo Costa, 1975: 148 e 149. Eram os casos do arguido suspeito da prática de um crime punível com pena igual ou inferior a seis meses de prisão sujeito a termo de identidade e residência que não cumprisse as obrigações dos ns. 1 e 2 do artigo 269 do CPP (Alfredo José de Sousa, 1973: 166, e Messias Bento, 1973: 626 e 627), do arguido detido em flagrante pela prática de um crime punível com pena igual ou inferior a um ano de prisão, mas superior a seis meses de prisão, em relação ao qual houvesse perigo de continuação de uma actividade criminosa pela qual ele já tivesse sido constituído arguido e colocado na situação de liberdade provisória com caução (Alfredo José de Sousa, 1973: 167, e Messias Bento, 1973: 626) e do arguido detido por crime punível com prisão por mais de seis meses e menos de um ano, em que o juiz julgasse indispensável a prestação de caução e esta não fosse prestada ou em que o juiz julgasse insuficiente a prestação de caução e indispensável a prisão por perigo de fuga, perturbação do processo ou da ordem pública ou perigo de continuação criminosa (Alfredo José de Sousa, 1973: 166, e Allen Gomes, 1973: 17, 25, 26, e 40, mas contra Messias Bento, 1973: 626, e Armindo Costa, 1975: 149).

com pena superior a oito anos de prisão maior ou, sendo o arguido reincidente, vadio ou equiparado, de o crime doloso ser punível com pena de prisão superior a um ano, aliviando o regime vigente desde 1945 da obrigatoriedade da prisão preventiva quando ao arguido fosse imputada a prática de um crime punível com pena maior temporária de dois a oito anos de prisão ou quando o arguido fosse um delinquente de difícil correcção ou um vadio ou equiparado.

A regulamentação dos prazos da prisão preventiva constituiu o momento de chegada de um processo evolutivo de reconhecimento da acusação do Ministério Público como o momento central da fase instrutória. Se em 1945 o despacho tabular da pronúncia provisória tinha deixado de servir para prolongar o prazo da prisão preventiva até aos três meses nos processos não instruídos pela PJ e pela PIDE, em 1972 o legislador prescindiu abertamente da pronúncia provisória e conferiu à notificação ao arguido da acusação ou do pedido de instrução contraditória pelo Ministério Público a função anteriormente desempenhada por aquele despacho, com a consequência inelutável de o decurso do prazo de vinte dias desde a captura nos processos por crimes puníveis com pena correccional de prisão superior a um ano e de quarenta dias nos processos por crimes puníveis com pena de prisão maior implicar a libertação do arguido, caso não fosse deduzida a acusação nem requerida a abertura da instrução contraditória.

Assim, quer o prazo da prisão preventiva até à notificação do arguido no processo por crime punível com pena correccional, quer o prazo da prisão no processo por crime punível com pena maior, quer ainda os prazos da prisão nos processos cuja investigação fosse da competência exclusiva da PJ ou a ela fosse deferida ou da competência da DGS eram mais curtos do que os previstos pelo direito anterior até à pronúncia provisória, ficando o arguido menos tempo detido sem ter visto fixada a sua culpa pelo Ministério Público e, portanto, diminuindo também o período da disponibilidade das polícias sobre a liberdade do arguido. Com a fixação da culpa pelo Ministério Público no final da instrução preparatória e a transferência da direcção da instrução para um juiz terminava também a disponibilidade do Ministério Público sobre a liberdade do arguido. Esta inovação era particularmente significativa no caso dos processos da Direcção-Geral de Segurança, que, tal como a Polícia Judiciária, tinha agora apenas três meses para ultimar a instrução preparatória com o arguido preso, ou seja, metade do tempo que a lei anteriormente conferia.[1448]

[1448] Este regime não era mais grave do que os de outros países europeus que estavam ou tinham estado envolvidos em conflitos armados internos. Em França, a prática desde o início do século XX da *garde à vue* pela polícia por vinte e quatro horas, prolongadas por mais vinte e quatro horas pelo magistrado do Ministério Público, que foi consagrada legalmente no novo código de processo de 1958, sofreu uma evolução muito sinuosa em matéria de crimes contra a segurança

664   *A Reforma da Justiça Criminal em Portugal e na Europa*

O novo prazo da prisão preventiva criado pela lei para o período que mediava entre a notificação ao arguido da acusação ou do pedido de instrução con-

---

do Estado. Com efeito, ela foi alargada para cinco dias pela *Ordonnance* n. 60-121, de 13.2.1960, e para quinze dias pela *Ordonnance* n. 62-429, de 14.4.1962, e posteriormente modificada para dez dias fora de estado de urgência e quinze dias em estado de urgência pela *Ordonnance* n. 63--23, de 15.1.1963, e para seis dias fora de estado de urgência e doze dias em estado de urgência pela Lei n. 70-643, de 17.7.1970, tendo esta última revisão do limite máximo do prazo obedecido à opção política clara de não redução significativa dos poderes policiais nos momentos de excepção constitucional e de melhoria substancial da situação do detido nos momentos de normalidade constitucional (Raymond Charles, 1972: 149). O conflito na Argélia suscitou, no entanto, medidas excepcionais aplicáveis apenas a suspeitos argelinos. A *Ordonnance* n. 60-118, de 12.2.1960, criou o lugar de "procurador militar", nomeado pelo ministro do exército entre os funcionários das colectividades públicas licenciados em direito e com competência para determinar a prisão preventiva do arguido argelino por um mês, sem o apresentar a um juiz, sendo este prazo, nos termos do Decreto n. 60-505, de 30.5.1960, prorrogável por mais um mês pelo general comandante da zona se ocorressem "circunstâncias excepcionais". Acresce que, como o início do prazo de prisão não estava claramente fixado naqueles diplomas, a prática era a de o contar, não do dia da detenção, mas do dia da apresentação do detido ao procurador militar, admitindo-se também a renovação do prazo se fosse aduzido um novo *chef d' inculpation* (Robert Charvin, 1968: 464 e 465). A vigência dos diplomas de 1960 relativos ao "procurador militar" só cessou a 30.6.1962, data do referendo argelino dos acordos de Evian, celebrados a 19.3.1962. No Reino Unido, o agravamento do conflito armado na Irlanda do Norte no início dos anos setenta suscitou um reforço das disposições excepcionais de detenção policial e o afastamento, primeiro nos seis condados da Irlanda do Norte e depois na Grã-Bretanha, do regime geral de apresentação em 48 horas de qualquer detido à autoridade judiciária, fixado pela *section* 38 do *Magistrate' s Courts Act*, de 1952, pela *section* 20 do *Summary Jurisdiction (Scotland) Act*, de 1954, e pela *section* 132 do *Magistrate' s Court Act (Northern Ireland)*, de 1964. A 9.8.1971 foram postas de novo em vigor as já mencionadas *Regulations* n. 10, 11 (1), 11 (2) e 12 (1) de 1956 e 1957, tendo sido feitas até 7.11.1972 mais de 1250 detenções sob a *Regulation* n. 11 (2) e ordenado o internamento indeterminado de 796 pessoas. Os tribunais comuns não controlavam o mérito de nenhuma destas decisões de detenção ou de internamento, mas apenas a existência de excesso de poder, decorrente da verificação de má-fé ou de motivo ilícito para a detenção ou internamento e da ausência de suspeita sincera e ainda de desrespeito pelas formalidades prescritas. A 7.11.1972 começou a vigorar a *Detention of Terrorists Northern Ireland Order*, de 1972, que revogou as *Regulations* n. 11 (2) e 12 (1) e instituiu um novo sistema de "custódia provisória" (*interim custody*) e "detenção" (*detention*). No ano seguinte, o *Northern Ireland Emercency Provisions Act*, de 1973, revogou a *Civil Authorities Special Powers Act (Northern Ireland)*, de 1922, as respectivas *Regulations* n. 10 e n. 11 (1), e a *Detention of Terrorists Order*, de 1972, consagrando, no entanto, as disposições essenciais desta. Assim, o novo diploma não só autorizou a polícia a deter pelo período máximo de 72 horas, como conferiu ao secretário de Estado para a Irlanda do Norte a faculdade de proferir uma "ordem de custódia provisória" (*interim custody order*), por um período máximo de 28 dias, de qualquer suspeito da prática de actividades terroristas (*comission or attempted comission of any act of terrorism or in the direction, organisation or training of persons for the purpose of terrorism*, Sch. I, 11. (1) do referido *Act*), e criou o lugar de "comissário" (*comissioner*), que era um magistrado ou um *barrister*, *advocate* ou *solicitor* com dez anos de prática nomeado pelo secre-

A Jurisdição Penal Comum

traditória do Ministério Público e o despacho de pronúncia correspondia, por seu turno, a uma protelação do momento do controlo jurisdicional obrigatório

---

tário de Estado para a Irlanda do Norte com competência para prolongar aquela detenção. Em audiência, que podia ser ou não aberta ao suspeito e ao seu advogado, mas que era sempre fechada ao público, o "comissário" procedia à verificação sumária dos indícios dos factos imputados, designadamente à inquirição de testemunhas e ao interrogatório compulsivo e sob juramento do arguido, e decidia o prolongamento da detenção pelo período que entendesse necessário à protecção do público (*his detention is necessary for the protection of the public*, Sch. I, 12 (b) e 24 do referido *Act*). A decisão admitia impugnação diante de um tribunal especialmente criado para o efeito, o *Detention Appeal Tribunal*, composto no mínimo por três membros, todos eles escolhidos pelo secretário de Estado, devendo estes membros ter as mesmas qualificações que os "comissários". O procedimento no tribunal de recurso obedecia às mesmas disposições da audiência do "comissário". O secretário de Estado podia solicitar ao "comissário" que procedesse à "revisão" (*reference for review*) do caso de qualquer arguido detido e devia fazê-lo em relação aos detidos há mais de um ano desde a ordem de detenção inicial ou há mais de seis meses desde a última revisão, mas também podia determinar, com ou sem condições, a libertação de qualquer detido sob ordem do "comissário" e voltar a detê-lo sob a ordem de detenção inicial, pelo que esta detenção constituía, em termos práticos, um substituto legal do internamento administrativo por período indefinido introduzido ao abrigo do *Civil Authorities Special Powers Act (Northern Ireland)* em 1922 (Brian Rose-Smith, 1979: 112). A par do agravamento do regime da detenção policial vigente na Irlanda do Norte verificou-se também um agravamento do regime vigente no resto do Reino Unido. O *Prevention of Terrorism Temporary Provisions Act*, de 1974, alargou na Grã-Bretanha o poder da polícia de detenção de qualquer suspeito pela prática de actos de terrorismo ou de pertencer ou de qualquer modo colaborar com associações proibidas pela polícia para sete dias, sendo a prorrogação posterior às 48 horas ordenada pelo secretário de Estado. Este regime só foi modificado em 1989 com a introdução de uma revisão interna da detenção policial de doze em doze horas a realizar por um inspector ou por um superintendente "que não tenha estado directamente envolvido no assunto em ligação com o qual a pessoa em questão foi detida" (*an officier who has not been directly involved in the matter in connection with which the person in question is detained*, Sch. 3, 4 (a) e (b) do *Prevention of Terrorism Temporary Provisions Act*, de 1989). Deste modo, passaram a vigorar em todo o Reino Unido três regimes de detenção policial muito distintos, um para a generalidade dos crimes, outro para a criminalidade terrorista aplicado na Inglaterra, na Escócia e no País de Gales e outro ainda para a criminalidade terrorista aplicado na Irlanda do Norte, constituindo mesmo uma prática policial a detenção ao abrigo das disposições de 1973 com vista a recolha de meios de prova (Brian Rose-Smith, 1979: 108 a 113, 133 e 134). A natureza híbrida do magistrado e do tribunal criados pela legislação em vigor na Irlanda do Norte não se mostrou ainda suficiente para conter a criminalidade, tendo o *Northern Ireland Emercency Provisions Amendment Act*, de 1975, suprimido o *Detention Appeal Tribunal* e substituído o "comissário" por um "conselheiro" (*adviser*), com as mesmas qualificações do "comissário", mas sem a sua competência decisória. A partir de então, ao secretário de Estado para a Irlanda do Norte competia a prolação quer da *interim custody order* quer da *detention order*, devendo ser ouvido o "conselheiro" no período máximo de 14 dias após a primeira daquelas decisões, sob pena de cessação da detenção. O "conselheiro" já não procedia necessariamente a uma audiência oral, nem o suspeito tinha o direito de apresentar testemunhas, devendo apenas o "conselheiro" informar o secretário de Estado sobre se "em sua opinião a pessoa detida está relacionada com actividades terroristas e a detenção

da prisão preventiva sem culpa formada. Deste modo, a mera dedução da acusação provisória e a sua notificação ao arguido permitiam ao Ministério Público alargar *ope legis* o prazo da prisão sem culpa formada. Acresce que os dois prazos fixados de três meses para os crimes julgados em processo correccional e quatro meses para os crimes julgados em processo de querela, somados aos prazos já decorridos desde a captura até à notificação do arguido, elevavam consideravelmente a duração máxima da prisão preventiva sem culpa formada pelo tribunal, mesmo em relação aos crimes investigados pela Polícia Judiciária e pela Direcção-Geral de Segurança, cujo prazo máximo da prisão sem culpa formada subia de 180 para 210 dias, nos casos de admissibilidade de liberdade provisória, e para 270 dias, nos casos de inadmissibilidade de liberdade provisória, dependendo, em qualquer caso, a prorrogação da prisão de despacho fundamentado do juiz instrutor e de audiência das partes.

---

daquela pessoa é necessária para a protecção do público" *(whether or nor in his opinion the person detained has been concerned in terrorist activities and the detention of that person is necessary for the protection of the public*, Sch. I, 7 (1), do referido *Act* de 1975), com base em "qualquer informação seja oral ou escrita que lhe seja posta à disposição ou que seja por ele obtida e em quaisquer requerimentos sejam orais ou escritos feitos pela pessoa detida" *(any information whether oral or in writing which is made available to, or obtained by, him and to any representations whether oral or in writing made by the person detained*, Sch I, 7 (2) do *Act* de 1975). Após a elaboração de um relatório pelo "conselheiro" o secretário de Estado proferia a ordem de detenção *(order of detention)*, que não tinha limite máximo de duração. Contudo, esta decisão tinha de ser proferida no prazo máximo de dez semanas desde a prolação da *interim custody order*, sob pena de cessação da mesma. A revisão da ordem de detenção só podia ser requerida pelo detido um ano depois da ordem de detenção ou seis meses depois da última audiência do "conselheiro" pelo secretário de Estado. Este regime de internamento só foi revogado pelo *Northern Ireland Emergency Provisions Act*, de 1998. Simultaneamente, o *Criminal Justice (Terrorism and Conspiracy) Act*, desse ano, sujeitou os detidos por actos terroristas na Irlanda do Norte ao regime válido para os detidos por actos terroristas na Grã-Bretanha, uniformizando assim o regime da detenção policial válido para a criminalidade terrorista em todo o Reino Unido. Só com a aprovação do *Terrorism Act*, de 2000, se estabeleceu o limite máximo das 48 horas para a detenção policial, tendo sido mantida a revisão interna da detenção policial e consagrada a obrigatoriedade de a prorrogação da detenção ser determinada, se necessário com limitações graves ao direito do suspeito ao contraditório, por uma "autoridade judicial" *(judicial authority*, Sch. 8, 29 (4) do *Act* de 2000), que é um juiz escolhido pelo *Lord Chancellor* na Inglaterra, no País de Gales e na Irlanda do Norte e um *Sheriff* na Escócia. Contudo, admite-se uma prorrogação tácita da detenção policial, que deverá terminar no prazo máximo de sete dias contados desde a prisão inicial, dentro do qual compete à "autoridade judicial" decidir sobre a manutenção da detenção. Na sequência do ataque terrorista de 11.9.2001 na cidade de New York veio a ser aprovado o novo *Anti-Terrorism, Crime and Security Act* de 2001, que reintroduziu uma forma de detenção não judicial ilimitada de suspeitos de terrorismo, mas desta feita aplicável apenas a cidadãos estrangeiros (sobre as fontes, os resultados práticos e as críticas feitas a este novo regime, Clive Walker, 2002: 7 a 11, 223, 224, 235 e 236).

A *Jurisdição Penal Comum* 667

Este agravamento efectivo dos prazos máximos da prisão preventiva sem culpa formada era compensado pela disposição, segundo a qual os prazos da prisão preventiva no caso de incumprimento das obrigações inerentes à liberdade provisória eram os prazos mínimos estabelecidos quando a infracção cometida não admitisse a prisão preventiva e pelo desconto obrigatório e integral da prisão preventiva sofrida na duração das penas de prisão, prisão maior ou desterro e da medida de segurança privativa da liberdade.[1449]

A nova regulamentação da prisão preventiva e o reforço do controlo da magistratura do Ministério Público sobre a Polícia Judiciária e a Direcção-Geral de Segurança conjugavam-se, aliás, com a abertura da instrução preparatória ao arguido, facultando-lhe o acesso aos autos quando não houvesse nisso inconveniente e equiparando assim o arguido e o assistente, com a obrigatoriedade do interrogatório do arguido antes da dedução da acusação, sob pena de nulidade desta, com a obrigatoriedade da assistência do defensor a todos os interrogatórios do arguido preso, sob pena de nulidade do mesmo, e a faculdade de o arguido não preso se fazer assistir de advogado nos respectivos interrogatórios e ainda com o direito do defensor de conhecer as declarações prestadas pelos arguidos e pelos assistentes e os autos das diligências de prova a que pudesse assistir e de incidentes em que devesse intervir na instrução preparatória.[1450]

[1449] A alteração correspondeu à pretensão há muito feita sentir por alguma doutrina (Flamino dos Santos Martins, 1959: 157, Salgado Zenha, 1969: 44 a 47, e José Guardado Lopes, 1969: XXVII e XXVIII) e já tinha sido ensaiada no perdão concedido aquando da visita de Sua Santidade o Papa Paulo VI à Cova da Iria em 13.5.1967, prevendo o Decreto-Lei n. 47.702, de 15.5.1967, o desconto por inteiro no cumprimento da prisão maior de toda a prisão preventiva sofrida pelos réus condenados por decisões já proferidas à data da publicação deste diploma. Ao converter esta disposição excepcional em regra em 1972, o legislador português foi influenciado pelo novo direito francês, pois a recentíssima Lei n. 70-643, de 17.7.1970, previa igualmente a imputação integral e obrigatória de toda a prisão preventiva no cumprimento da pena, pondo fim à "violação indirecta do princípio da legalidade" consubstanciada na sujeição do detido a períodos de detenção mais longos do que o correspondente ao limite máximo da pena aplicável pelo facto que lhe era imputado que podia resultar da soma da pena aplicada com a detenção sofrida (Martial Larocque, 1971: 144 e 145). Mas o sistema português era ainda lacunoso, pois, embora determinasse a imputação da medida de segurança provisória na execução da medida definitiva, não previa o desconto da prisão preventiva na medida de segurança de internamento, que podia ser aplicada independentemente da condenação do réu, nem o desconto da medida de segurança provisoriamente aplicada na pena de prisão. No entanto, a jurisprudência dos tribunais superiores já admitia, por força "dos mais elementares critérios de justiça", a imputação da medida de segurança provisória na pena de prisão, considerando aquele tempo como prisão preventiva para efeitos do cumprimento da pena (cfr. o acórdão do STJ de 6.7.1966, in BAPIC, n. 21, 1967, pp. 151 e 152).

[1450] A inovação fundamental da obrigatoriedade do interrogatório do arguido antes de dedução da acusação foi inspirada no *Schlussgehör* do direito alemão, consagrado no novo § 169 b da StPO, na redacção do artigo 2, n. 1, da *Gesetz zur Änderung der StPO und des GVG*, de

568   *A Reforma da Justiça Criminal em Portugal e na Europa*

A reintrodução expressa do artigo 351 do CPP, que colocou o problema da vigência integral do artigo 346 e até a dúvida sobre o eventual abandono pelo legislador da estrutura do processo introduzida em 1945, devia, pois, ser conjugada quer com o propósito claro de retomar "o sentido da evolução iniciada" em 1945, como se dizia no preâmbulo do Decreto-Lei n. 185/72, quer com a abolição da pronúncia provisória e o reforço substancial da posição processual do Ministério Público na instrução preparatória.[1451]

19.12.1964, e no diálogo entre o juiz de instrução e o arguido, timidamente introduzido no direito francês (Martial Larocque, 1971: 143, e Raymond Charles, 1972: 188), através da notificação verbal ao detido das razões especiais que determinaram a detenção e da recolha das "observações" do detido pelo juiz (artigo 145, §§ 3 e 4, da Lei n. 70-643, de 17.7.1970). Se esta inovação do direito português foi considerada um "óptimo legislativo" (Figueiredo Dias, 1974: 493) e o direito de conhecimento de certos autos de diligências de prova logo que a instrução preparatória fosse dirigida contra pessoa determinada uma solução "muito mais satisfatória" do que a da lei anterior (Figueiredo Dias, 1974: 498), a restrição do direito de presença do arguido e do seu defensor em actos da instrução preparatória foi muito censurada. A conjugação da ausência do arguido com a possível relevância da prova anteriormente recolhida na audiência de julgamento era "insuportável e de legitimidade constitucional mais do que duvidosa", embora o vício resultasse essencialmente do valor processual conferido àquela prova. Por seu turno, a ausência do defensor nas diligências da instrução preparatória que não contendessem com direitos e liberdades fundamentais do arguido, não podendo deixar de ter-se por "legítima à luz das exigências jurídico-constitucionais do direito de defesa", tornava-se "de duvidosa conveniência processual" pelo facto de aquelas provas poderem ser valoradas ulteriormente (Figueiredo Dias, 1974: 432, 433 e 491). Quanto às diligências de prova da instrução preparatória que pudessem contender com liberdades fundamentais do arguido, qualquer restrição do direito de assistência do defensor redundava em um "ataque frontal ao núcleo essencial das «necessárias garantias de defesa», asseguradas pelo art. 8 n. 10 da ConstP" (Figueiredo Dias, 1974: 491), razão pela qual se defendeu que em quaisquer exames ao arguido e em quaisquer diligências de busca e apreensão em coisas do arguido ele tinha o direito de se fazer acompanhar de defensor (Armando Bacelar, 1972: 600, Figueiredo Dias, 1974: 492, e Castro e Sousa, 1985: 196 e 197). A deficiente regulamentação do direito do defensor de comunicar com o arguido preso, que constava do artigo 274 do CPP e foi reiterada em 1972, foi também objecto da crítica da inconstitucionalidade, em virtude de a incomunicabilidade total do arguido preso com o seu defensor antes do primeiro interrogatório frustrar na prática o direito de o arguido ser assistido por um defensor (Armando Bacelar, 1972: 600, Figueiredo Dias, 1974: 502, e Hans-Heinrich Jescheck, 1975 b: 9 e 10).

[1451] Defenderam que o artigo 346 se encontrava "em pleno vigor" Laurentino Silva Araújo e Gelásio Rocha, 1972: 514. Ao invés, Figueiredo Dias considerava que o legislador tinha tido o propósito limitado de reformar o CPP de acordo com as novas previsões constitucionais e não o de introduzir uma nova estrutura de processo, como resultava da manutenção da competência do Ministério Público para arquivar sem controlo do juiz, e, por isso, concluía que os artigos 346 e 351 do CPP continuavam a valer só para a fase da instrução contraditória, mas agora com o sentido de que a opinião do juiz nunca seria vinculante para o Ministério Público (Figueiredo Dias, 1974: 88, 141, 142, 256 e 526). A solução do controlo da abstenção pelo juiz de instrução só seria possível "à custa de uma alteração do próprio espírito do sistema" (Figueiredo Dias, 1974:

A Jurisdição Penal Comum

O pomo da discórdia na doutrina residia precisamente nesta questão. Enquanto Adelino da Palma Carlos, Francisco Sá Carneiro, Brochado Brandão, Salgado Zenha, Abranches Ferrão e Duarte Vidal advogavam uma "rejudicialização" integral da instrução criminal, como única alternativa para resgatar o sistema vigente à censura da inconstitucionalidade e, simultaneamente, dar cumprimento às garantias constitucionais da reserva da função judicial aos tribunais e da contraditoriedade da instrução,[1452] Figueiredo Dias considerava que o modelo judiciário vigente "não corresponde já à realidade da vida jurídica portuguesa actual", que o tinha ultrapassado com soluções pragmáticas mais justas,[1453] mas que a censura da inconstitucionalidade ainda podia ser evitada encontrando-se reunidas duas condições fundamentais: a da recorribilidade dos actos praticados por entidades instrutórias não jurisdicionais relativos "ao direito de defesa do arguido e à tutela das suas liberdades fundamentais"[1454] e a do poder de direcção do Ministério Público sobre toda a actividade policial da Direcção-Geral de Segurança processualmente relevante.[1455]

No entanto, a realização plena do princípio da acusação exigia mais. Os princípios fundamentais de uma nova estrutura do processo, que iriam mais tarde inspirar o código de processo do regime democrático, foram então claramente expostos por Figueiredo Dias na crítica dirigida em 1971 ao direito então vigente, consistindo eles na necessidade de uma fase de investigação do Ministério Público, dotado de um poder de direcção sobre todas as polícias, com vista

---

266). Também defenderam, depois da reforma de 1972, a vigência do artigo 346 apenas no âmbito da instrução contraditória, Pinheiro Farinha e outros (1972: 368) e Maia Gonçalves (1972: 508).

[1452] Salgado Zenha, 1968: 62, 64, 70 e 93, e 1973: 9 e 16, Abranches Ferrão e Salgado Zenha, 1971: 40 e 41, Adelino da Palma Carlos, 1972: 26 e 27, Francisco Sá Carneiro, 1973: 19 a 21, Brochado Brandão, 1973: 19, 27 e 29, e Duarte Vidal e Salgado Zenha, 1974: 24, 25 e 30.

[1453] Figueiredo Dias, 1971 a: 164, e 1974: 385. Era o caso das soluções jurisprudenciais dadas a partir do memorável acórdão da Relação do Porto de 16.10.1970 (in ROA, ano 32, pp. 392 a 401) aos problemas da tomada de declarações ao arguido sem a assistência de defensor na instrução preparatória realizada pela Polícia Judiciária e da recorribilidade dos despachos do director e dos subdirectores da Polícia Judiciária sobre a validação das capturas em instrução preparatória. As peças principais do processo em que foi proferido o referido acórdão, desde o despacho do subdirector da Polícia Judiciária do Porto de 10.3.1969 ao acórdão do STJ de 9.12.1971, que confirmou em definitivo a doutrina do Tribunal da Relação, encontram-se publicadas na ROA, ano 32, pp. 331 a 483. Da solução da jurisprudência diria Hans-Heinrich Jescheck que ela constituiu "uma abertura decisiva aos princípios do Estado de Direito vinculativos segundo o direito internacional" (*ein entscheidender Durchbruch zu den nach internationalen Recht verbindlichen Grundsätzen des Rechtsstaats*, Hans-Heinrich Jescheck, 1975 b: 9).

[1454] Figueiredo Dias, 1971 a: 221, e 1974: 265, 387. Esta foi também a posição defendida por Pires de Lima (1972: 227 e 228) em um parecer junto ao aludido processo da Relação do Porto.

[1455] Figueiredo Dias, 1971 a: 178, e 1974: 402.

670   *A Reforma da Justiça Criminal em Portugal e na Europa*

apenas à recolha de elementos de prova para a tomada de decisão de acusação ou de arquivamento dos autos, no controlo pelo juiz de instrução dos actos realizados naquela fase pré-processual que dissessem respeito a direitos e liberdades fundamentais do arguido e na irrelevância da prova produzida diante do Ministério Público e das polícias para o julgamento da causa.[1456]

4. O Anteprojecto de Código de Processo Penal de Adriano Vera Jardim e Manuel Maia Gonçalves (1973)

Nem a proposta da rejudicialização da instrução, nem a construção de Figueiredo Dias sobre a instrução foram acolhidas pelo poder político, tendo, contudo, surgido um estudo, o "Anteprojecto de Código de Processo Penal", que consagrava, com limitações, aquela doutrina. O anteprojecto foi elaborado em 1973 pelo conselheiro Adriano Vera Jardim e pelo ajudante do procurador-geral Manuel Maia Gonçalves, a solicitação do então ministro da justiça, Professor Mário Júlio Brito de Almeida Costa.[1457]

O texto estava dividido em três livros, um primeiro com disposições gerais sobre a acusação e a defesa, um segundo, com as regras sobre a fixação da competência do tribunal e um terceiro livro com a regulamentação das várias formas de processo comum e dos processos especiais, da execução das penas, dos recursos, da revisão e do *habeas corpus*, totalizando 619 artigos.

Os tribunais com competência penal eram os mesmos da lei vigente, mas as respectivas competências eram alteradas. Os tribunais colectivos na província e os juízos criminais de Lisboa e do Porto tinham competência para julgar os crimes a que correspondesse processo de querela e os recursos interpostos das decisões dos juízes dos tribunais de comarca proferidas em processos de transgressões e sumários.[1458] Os tribunais criminais de Lisboa e do Porto podiam ainda funcionar em plenário, mas a sua competência era reduzida, competindo-lhes julgar apenas os crimes contra a segurança do Estado, os crimes de responsabilidade ministerial e as infracções contra a segurança e o

---

[1456] Figueiredo Dias, 1971 a: 190 e 191, e 1971 d: 30 e 31.

[1457] Figueiredo Dias foi convidado em 1972, depois da publicação dos decretos de Maio, para participar nos trabalhos de uma reforma limitada do processo penal, mas recusou, porque "entendia que reformas limitadas só poderiam piorar a situação das coisas" (Figueiredo Dias, 1981: 89).

[1458] Previa-se, contudo, a nomeação pelo Conselho Superior Judiciário de um juiz distinto do recorrido para integrar o colectivo no caso de recurso interposto da sentença do juiz do tribunal de comarca.

A Jurisdição Penal Comum   671

crédito do Estado cometidas em país estrangeiro a que fosse aplicável a lei portuguesa.[1459]

Os juízos correccionais em Lisboa e no Porto tinham competência para julgar os crimes a que coubesse a forma de processo correccional e os tribunais de polícia as infracções a que correspondesse o processo de transgressões e o processo sumário. O juiz da comarca tinha competência para julgar as infracções a que correspondessem as formas de processo correccional, de transgressões e sumário. Contudo, o julgamento em processo correccional era sempre efectuado por um tribunal colectivo, se fosse deduzido pedido de indemnização que excedesse a alçada do tribunal da comarca em matéria civil.[1460]

Previam-se as formas comuns do processo de querela, do correccional, do de transgressões e do sumário, extinguindo-se, tal como já se prenunciava desde 1955, a forma de processo de polícia correccional e incluindo-se no âmbito do processo sumário as infracções referidas pelo artigo 36 do Decreto--Lei n. 37.047, de 7.9.1948.[1461]

As formas especiais eram as do processo de ausentes, com a regulamentação do CPP e do Decreto-Lei n. 42.756, de 23.12.1959,[1462] do processo por di-

---

[1459] Os autores afirmavam, em uma nota explicativa ao artigo 36, que a disposição do artigo 37, al c) do Estatuto Judiciário "não nos parece de manter e cremos que a mesma nunca foi aplicada" e justificavam a proposta por a referida disposição permitir "um tratamento processual diferenciado para as infracções que refere, dado que o regime de recurso é diferente, subtraindo-se a 2.ª instância", por ela poder "conduzir a reparos quanto à imparcialidade do tribunal e não se vê – e isto é fundamental, que o plenário (...) possa estar melhor preparado para o julgamento do feito e em que é que possa haver, pela atribuição da competência ao mesmo Tribunal «conveniência da justiça»". Os autores concluíam que era "duvidoso" que o tribunal plenário devesse ser mantido, sugerindo que a respectiva competência fosse conferida aos juízes criminais de Lisboa e do Porto, com repetição do julgamento no Tribunal da Relação nos casos de aplicação de pena maior fixa ou de decisão não unânime sobre a matéria de facto e com recurso para o STJ nos restantes casos.

[1460] A inovação correspondia a uma concretização, minimalista e instrumentalizada a fins extra-penais, da segunda grande opção da nova lei de bases da organização judiciária de instituição de tribunais colectivos nos juízos correccionais e de polícia, como, aliás, resultava da fundamentação apresentada pelos autores nas notas aos artigos 27 e 352: a introdução do tribunal colectivo constituía uma "generalização do que a lei actual – Dec-lei n. 46.327, de 10 de Maio de 1965, já estabelece nos casos de acidente de viação".

[1461] Os autores julgaram "conveniente e oportuno fundir os processos correccionais e de polícia em um só", invocando razões de simplificação do processo e optando pela designação de processo correccional para a nova forma de processo apenas por "melhor evidenciar o fim da pena" (nota ao artigo 60). No entanto, o novo processo correccional aproximava-se mais do processo de polícia da lei vigente do que do correccional, pois o número de testemunhas e o prazo para a notificação do despacho que designasse dia para julgamento eram os do processo de polícia.

[1462] O legislador publicou o Decreto-Lei n. 42.756, de 23.12.1959, com vista a obviar à perda do "carácter intimidativo" do processo de ausentes, mas sem alterar os princípios fun-

famação, calúnia e injúria, também com a mesma regulamentação do CPP e do já referido Decreto-Lei n. 41.075, de 17.4.1957, e dos processos por infracções cometidas por magistrados no exercício das suas funções ou estranhas a estas e de reforma de autos, que foram adaptados às alterações introduzidas nas formas comuns.

Apesar de invocar o ensinamento de Figueiredo Dias relativamente ao princípio da acusação como princípio estruturante do processo penal, o anteprojecto afastou-se da opção política consagrada na Lei n. 2/72 e da doutrina de Figueiredo Dias, reintroduzindo a magistratura da instrução com uma conformação próxima daquela que ela tinha tido entre 1911 e 1926. A rejudicialização da instrução não era, no entanto, integral, pois o juiz de instrução partilhava com o Ministério Público e com as polícias a titularidade da instrução preparatória, competindo esta titularidade ao juiz de instrução em todos os processos por infracções puníveis com uma das penas previstas no artigo 55, ns. 1 a 4 do Código Penal, à polícia judiciária nos casos em que por lei lhe fosse deferida e, nos restantes casos, ao Ministério Público.[1463] Contudo, consagrava-se, em adesão à doutrina de Figueiredo Dias, "o poder de direcção e fiscalização das actividades processuais" das polícias pelo Ministério Público, não só quando lhe competisse a instrução preparatória, mas sempre que lhe coubesse a dedução da acusação (artigo 12). Nos processos em que não interviesse o juiz de instrução, o juiz da comarca procedia ao primeiro interrogatório do arguido preso, decidia sobre a legalidade da prisão, pronunciava-se sobre a acusação deduzida e presidia à instrução contraditória.[1464]

---

damentais deste. Assim, procedeu-se apenas ao encurtamento de prazos e à redução da "injustificada" multiplicidade de formas processuais de julgamento de réus ausentes.

[1463] Esta "alteração substancial" ao direito vigente foi justificada pelos autores, na nota ao artigo 35, com a necessidade de consagrar maiores garantias no processamento dos crimes mais graves: "se o sistema do dec-lei n. 35007 nos parece perfeitamente aceitável, entendemos que, relativamente àqueles crimes que impõem maiores garantias, a própria instrução preparatória deve ser feita pelo juiz (de instrução, não o de julgamento)".

[1464] Os autores entendiam que deveria vir a ser instalado um juiz de instrução junto de cada tribunal de círculo, com vista a que a instrução contraditória nos processos de querela nunca fosse presidida pelo juiz que interviria no julgamento, e reconheciam que seria "óptimo" que o mesmo ocorresse nas outras formas de processo, mas consideravam a solução, "pelo menos, de momento impraticável" (nota ao artigo 35). Os autores faziam também o voto de que "a desejável eficiência na luta contra a criminalidade deve vir a impor a criação de juízes de instrução ou de organismos afins (inspecções da Polícia Judiciária) em cada distrito ou em distritos federados, com competência para a instrução em crimes mais graves ou praticados por associação de criminosos e quanto a determinadas classes de infracções (moeda falsa, estupefacientes, etc), dotados de rápidos meios de acção e podendo praticar diligências em todo o território nacional" (nota ao artigo 178).

A Jurisdição Penal Comum 673

O carácter secreto da instrução era restringido por força do aumento dos poderes de consulta e intervenção do defensor na instrução preparatória, sendo integralmente adoptadas as soluções do Decreto-Lei n. 185/72, de 31.5. A regulamentação dos pressupostos da liberdade provisória e da prisão preventiva e dos prazos desta obedecia do mesmo modo ao referido diploma de Maio de 1972. A liberalização da instrução preparatória era acompanhada por um reforço do controlo do não exercício da acção penal pelo Ministério Público e por uma restrição do âmbito da instrução contraditória.

No final da instrução preparatória, o controlo do não exercício da acção penal nos crimes públicos e semi-públicos competia ao ofendido constituído assistente que deduzia acusação, sendo esta submetida ao juiz de instrução ou de comarca e havendo lugar a recurso da decisão deste magistrado para o Tribunal da Relação.[1465] Não se tendo constituído assistente, o ofendido podia reclamar para o procurador da República. Por outro lado, reforçava-se o controlo hierárquico oficioso através do envio ao procurador da República de cópias de todos os despachos de abstenção de acusar, embora se vedasse a impugnação hierárquica da decisão do procurador da República de mandar acusar ou continuar as averiguações.[1466]

A instrução contraditória continuava a ser obrigatória no processo de querela, sendo a faculdade de requerer a instrução contraditória nas restantes formas de processo restringida. Nos processos relativos a crimes puníveis com pena até um ano de prisão, o direito de o acusado requerer a abertura da instrução foi suprimido, restando neste caso apenas a possibilidade de o juiz determinar a realização de diligências complementares de prova quando as julgasse necessárias para receber ou rejeitar a acusação.

O problema da divergência entre o juiz e o Ministério Público sobre o destino dos autos no final da instrução contraditória, sobre os factos considerados provados ou sobre a qualificação destes, merecia a solução consagrada no ar-

---

[1465] Aderindo expressamente à doutrina de Figueiredo Dias da legitimidade do assistente para deduzir acusação por crime público desacompanhado do Ministério Público, os autores justificaram, em nota ao artigo 15, o afastamento da solução de submeter o próprio despacho do Ministério Público de omissão de acusar a recurso com as seguintes considerações: "Entende-se porém que não deve ser admitido recurso do próprio despacho do MP, por não ser entidade judicial. Pareceu melhor sistema submeter o caso a decisão judicial, com recurso para a Relação e solução vinculativa para o MP". O artigo 309, n. 4 previa, é certo, uma "reclamação" para o juiz de instrução, mas esta não era distinta da acusação deduzida pelo denunciante que se tivesse constituído assistente.

[1466] Os autores justificavam a necessidade deste reforço do controlo hierárquico oficioso com o propósito de que fosse revogado o artigo 28 do Decreto-Lei n. 35.007, "que é objecto de críticas vivas e pouco aplicado na prática" (nota ao artigo 308).

674   *A Reforma da Justiça Criminal em Portugal e na Europa*

tigo 351 do CPP, de acordo com a reposição do teor deste preceito feita pelo Decreto-Lei n. 185/72, de 31.5, esclarecendo o anteprojecto que a solução do artigo 346 do CPP só valia para o encerramento da instrução contraditória.[1467]

Deste modo, a intervenção obrigatória do juiz de instrução nos processos de querela mais graves, presidindo a toda a instrução e dando a pronúncia, se não bulia directamente com o princípio da acusação, em face da sua não participação no julgamento, relegava, contudo, o Ministério Público para o papel de um mero auxiliar do juiz de instrução, a quem cabia a dedução da acusação e a promoção dos autos, e diminuía o conteúdo útil da instrução contraditória feita sobre o processo preparatório organizado, não pelo Ministério Público, mas pelo próprio juiz sindicante.

Ao invés, nos processos em que não intervinha o juiz de instrução, a concessão ao juiz da comarca da competência para conhecer a acusação-reclamação do assistente contra o arquivamento total ou parcial do Ministério Público no final da instrução preparatória, a presidência da instrução contraditória por um magistrado que participava no julgamento da causa e os amplos poderes deste magistrado de determinação do conteúdo da acusação no final da instrução contraditória agravavam ainda mais o défice de realização do princípio da acusação, criando uma disparidade gritante entre os processos onde a actividade do juiz de instrução garantia a salvaguarda do princípio da acusação, embora com os custos já referidos, e os restantes onde aquela actividade era desenvolvida pelo juiz da comarca em prejuízo do princípio da acusação.[1468]

O regime de leitura do depoimento das testemunhas faltosas na audiência de julgamento, bem como a proibição legal de envio de deprecadas para inquirição de testemunhas já ouvidas na instrução preparatória mantinham-se nos precisos termos consagrados na reforma de 1945, com a particularidade de já nem sequer se prever a possibilidade de o apresentante da testemunha faltosa requerer a leitura do seu anterior depoimento, competindo apenas ao tribunal o exercício da faculdade discricionária de determinar essa leitura. O artigo 385 do

---

[1467] Os autores ponderaram a possibilidade de "solucionar a divergência entre o juiz e o Ministério Público fazendo intervir sempre o tribunal superior, através de um recurso obrigatório", mas desistiram da ideia, porque "o sistema seria complicado e moroso" (nota ao artigo 325).

[1468] Os autores afastaram a solução da citação directa no processo correccional, no de transgressões e no processo sumário, atribuindo expressamente ao juiz da comarca o poder de se pronunciar sobre a acusação, porque a citação directa não estava "na nossa tradição" e "não dá garantias ao arguido". Em nota ao artigo 33 reconheciam a violação do princípio da acusação, que justificaram com um argumento de ordem organizatória: "é certo que, em princípio o juiz deve ser apenas juiz de julgamento e, assim, a função de receber ou rejeitar a acusação poderia caber sempre ao juiz de instrução, mas a nossa organização não consente esta solução".

A Jurisdição Penal Comum 675

anteprojecto concluía o processo de afastamento da regra clássica do direito português iniciado em 1927, reduzindo à sua expressão mais simples e linear o pensamento do legislador da reforma de 1945.[1469]

No que respeita ao comparecimento do réu, não se verificavam alterações substanciais ao regime previsto na lei vigente, mas afastava-se a aplicação do regime da ausência em relação aos réus evadidos antes e durante o julgamento.[1470] Contudo, a nova regra do julgamento do réu ausente pelo tribunal que o julgaria caso o réu não fosse revel impunha a realização do julgamento do réu ausente pelo tribunal colectivo quando lhe fosse imputado facto sujeito a processo de querela.

O novo regime da condenação por factos novos era consideravelmente mais flexível do que o fixado no direito vigente, agravando ainda mais, quando conjugado com o amplo poder de instrução oficiosa do processo com novas provas, o défice de realização do princípio da acusação nos processos em que não intervinha o juiz instrutor.

No caso de descoberta de factos que constituíssem circunstâncias agravantes que não constassem da pronúncia ou ainda de novos factos que revelassem a existência de uma continuação criminosa com os referidos na acusação, em relação à qual a lei vigente era omissa, a audiência de julgamento era suspensa e os factos novos eram incluídos na acusação, podendo o réu apresentar novas provas quanto a esses factos.[1471] Também se admitia a consideração de todas as circunstâncias agravantes que resultassem de documento com força probatória plena, além das circunstâncias da reincidência e da sucessão de crimes quando

---

[1469] O entendimento de que o tribunal exercia neste âmbito uma faculdade discricionária, que não estava dependente de qualquer requerimento das partes, resulta claramente da justificação dada pelos autores para a eliminação da expressão final do artigo 439 do CPP, considerando-a até "manifestamente desnecessária" (nota ao artigo 385).

[1470] A fundamentação dada pelos autores para esta inovação era a de que "o caso de evasão antes ou durante o julgamento é o de mais flagrante ausência injustificada. O réu não ignora que contra ele está ou vai correr o julgamento; não comparece porque não quer e está a desrespeitar comandos que lhe impõem determinados deveres processuais. A notificação edital afigura-se, assim, formalidade desnecessária, pois ir-se-ia dar conhecimento ao réu daquilo que ele, afinal, já sabe. Também se não justifica a possibilidade de requerer novo julgamento, pois que não compareceu porque não quis e teve a faculdade de produzir toda a prova que lhe poderia aproveitar" (nota ao artigo 449).

[1471] A "estreita conexão com os factos que constam da pronúncia" justificava a inclusão destes factos no objecto do processo, sem que houvesse diminuição de garantias para o acusado, em virtude da sua possibilidade de contrariar esses factos com novas provas recolhidas após a suspensão da audiência de julgamento (nota ao artigo 392). Tratava-se de solução idêntica à proposta por Eduardo Correia de aplicação analógica do artigo 443 do CPP a estes casos (Eduardo Correia, 1948: 168 e 169).

resultassem das declarações do réu.[1472] Ao invés, o tribunal só podia considerar factos resultantes da discussão, não alegados, que tivessem o efeito de dirimir a responsabilidade desde que não representassem modificação substancial dos factos da pronúncia.[1473]

Supletivamente, a acusação pública ou a do assistente podiam ainda ser supridas quando se mostrasse que o réu tinha praticado alguma infracção cujos elementos constitutivos só em parte constassem da pronúncia ou despacho equivalente, não se revelando a nova infracção diversa, mas em parte coincidente e mais grave. A acusação defeituosa por imperfeita descrição dos elementos constitutivos do crime imputado tornava-se deste modo passível de aperfeiçoamento até final da audiência de julgamento, sendo reformada a acusação e seguindo-se depois os termos correspondentes à nova infracção.[1474]

A prova era registada "por forma sucinta" no processo de querela e de ausentes e, quando as partes não prescindissem do recurso, no processo correccional julgado pelo juiz singular, no processo de transgressões e no processo sumário. Ao invés, a prova produzida no julgamento diante do tribunal colectivo em processo correccional nunca era registada.

As respostas aos quesitos formulados em processo de querela eram fundamentadas ("declarando com precisão e sucintamente os motivos do seu voto", artigo 417), mas já não o eram as decisões sobre a matéria de facto do tribunal colectivo e do juiz singular em processo correccional.[1475]

[1472] Em nota ao artigo 395 os autores advogavam o entendimento de que o § 2 do artigo 447 do CPP já devia ser assim interpretado "de harmonia com as disposições gerais de direito e com o preceito do art. 544 do Cód. de Proc. Penal". Tratava-se da doutrina firmada por José Mourisca (1934: 14 e 15).

[1473] A restrição correspondia à interpretação que vinha sendo feita de modo uniforme pelo Supremo Tribunal de Justiça e consagrava a doutrina, já exposta, de Beleza dos Santos e de Eduardo Correia.

[1474] Os autores justificavam este alargamento substancial dos poderes do tribunal com um princípio geral que entendiam estar subjacente ao § único do artigo 338 do CPP, considerando que as garantias da defesa se encontravam satisfeitas porque "se faz regressar o processo à fase anterior à pronúncia" (nota ao artigo 391). A solução engendrada pelos autores era distinta da concebida por Eduardo Correia, que também tinha concluído que o regime dos artigos 446 e seguintes não permitia o conhecimento dos "delitos que sejam só em parte simultaneamente realizados pelos elementos de facto que preenchem o tipo legal por que se acusou o arguido" (Eduardo Correia, 1948: 402), opinando que a apreciação esgotante do objecto processual podia ainda ser alcançada por via da aplicação analógica do artigo 443 do CPP, com um mero adiamento por tempo indispensável da audiência de julgamento, caso fosse necessário.

[1475] A fundamentação das respostas aos quesitos devia, na perspectiva dos autores, "individualizar as fontes dessas respostas" (nota ao artigo 410), isto é, os depoimentos que sustentavam a convicção dos julgadores: "pretende-se assim que o tribunal tenha de referir, uma por uma,

A Jurisdição Penal Comum 677

O incremento das garantias ao nível da primeira instância era contrabalançado por um regime de recursos restritivo, resultante da admissibilidade expressa da limitação do âmbito do recurso, da supressão dos recursos obrigatórios e da diminuição dos graus de recurso. Assim, o anteprojecto previa apenas um grau de recurso no processo de transgressões e no processo sumário para o tribunal colectivo da comarca ou, nas comarcas de Lisboa e do Porto, para os juízos criminais. O tribunal de recurso procedia nestes casos a um novo julgamento da causa, mas só podia conhecer das provas já apreciadas em primeira instância.[1476]

Do mesmo modo, estabelecia-se um só grau de recurso no processo correccional, para o Tribunal da Relação, quer o tribunal recorrido fosse constituído por um colectivo de juízes quer por um juiz singular.[1477] A diferença entre um e outro caso consistia em que o recurso da decisão do juiz singular admitia, querendo alguma das partes, impugnação da matéria de facto e o recurso da decisão do tribunal colectivo se limitava estritamente à questão de direito.

No processo de querela consagrava-se um duplo grau de recurso, conhecendo o Tribunal da Relação, de direito e de facto, do acórdão final da primeira instância e conhecendo o Supremo Tribunal de Justiça, apenas de direito, do acórdão final da Relação.

Além de sindicar a deficiência, a obscuridade ou a contradição das respostas dadas pelo tribunal colectivo aos quesitos e a suficiência dos quesitos por este formulados, anulando a decisão recorrida, o Tribunal da Relação podia modificar as respostas do tribunal colectivo quando constassem do processo todos os elementos de prova que tivessem servido de base às respostas aos quesitos, quando os elementos fornecidos pelo processo impusessem uma resposta diversa insusceptível de ser destruída por qualquer outra prova ou quando um documento novo superveniente destruísse a prova em que a resposta assentava.

A decisão sobre a matéria de facto podia ainda ser alterada pelo Tribunal da Relação quando se procedesse nele a novo julgamento, que tinha lugar sempre que o réu condenado em qualquer uma das penas dos ns. 1 a 4 do artigo 55 do Código Penal impugnasse aquela decisão relativamente a elementos essen-

---

as provas em que alicerça a decisão de facto, evitando-se a forma genérica, quase sem significado, que os tribunais vêm empregando em processo civil" (nota ao artigo 417).

[1476] As vantagens desta inovação eram de uma dupla natureza: "evita-se o sistema da prova escrita em tais processos" e "evita-se a subida de tais recursos às Relações, o que alivia o trabalho imenso que pesa sobre estas" (nota ao artigo 533).

[1477] Contudo, os acórdãos da Relação que em qualquer forma de processo aplicassem medida de segurança, decretassem amnistia, perdão ou comutação de pena, constituíssem ofensa de caso julgado ou fossem contrários aos assentos do Supremo Tribunal de Justiça eram recorríveis para este Alto Tribunal.

ciais da infracção ou a qualquer circunstância qualificativa ou quando o réu tivesse sido condenado na pena do n. 5 do artigo 55 do Código Penal e a decisão do tribunal de primeira instância em matéria de facto não tivesse sido tomada por unanimidade em relação a algum elemento do crime ou sua circunstância qualificativa.[1478]

No julgamento observavam-se as regras aplicáveis em primeira instância, mas só se procedia à inquirição das testemunhas já produzidas em primeira instância e através do presidente e não se admitiam alegações orais. A matéria de facto dada como provada não era objecto de despacho interlocutório, mas apenas relatada no acórdão.[1479]

Deste modo, acentuava-se na instância de recurso a disparidade entre os arguidos julgados em processo de querela e os julgados pelas outras formas de processo. Além da reserva ao réu condenado em processo de querela da faculdade de impugnação da matéria de facto e da realização de um segundo julgamento da matéria de facto no Tribunal da Relação, ao réu querelado eram ainda concedidas duas outras garantias adicionais relevantes para o recurso, também elas novas face ao direito vigente, consubstanciadas no registo da prova produzida em julgamento e na fundamentação das respostas aos quesitos.

[1478] A norma do artigo 38, al. b), era contraditória com a do artigo 538, n. 1, al. a), pois nesta previa-se a livre interposição de recurso de decisões finais em processo de querela para a Relação e naquela admitia-se a existência de restrições à recorribilidade para a Relação no processo de querela. A nota explicativa ao artigo 38 parecia esclarecer a contradição no sentido de que não haveria recurso para a Relação sempre que se tivesse verificado unanimidade na instância quanto à matéria de facto, sendo então o recurso para o Supremo Tribunal de Justiça o único recurso admissível. Com efeito, na nota ao artigo 538 afirmava-se que na querela "deve haver sempre recurso" para a Relação, isto é, deve haver sempre a possibilidade da interposição desse recurso, o que não contrariava o que também se afirmava na nota ao artigo 38, ou seja, que na querela só haveria recurso para o STJ, salvo se decisão de facto da instância não fosse unânime, caso em que o recurso subiria para a Relação. Contudo, a proibição expressa de voto de vencido na decisão sobre a matéria de facto vedava, afinal, este entendimento e inutilizava a regulamentação especial do recurso do réu condenado na pena do n. 5 do artigo 55 do Código Penal.

[1479] Os autores admitiam que a faculdade de proceder a novo julgamento provocaria "grande perturbação" nas Relações, mas entendiam que o aumento do número de juízes desembargadores e a criação de secções criminais nas Relações resolveriam o problema. A ideia inicialmente ponderada de alargar esta faculdade da realização de um novo julgamento ao processo correccional quando interviesse o tribunal singular, prevendo um recurso amplo deste tribunal para o tribunal colectivo, foi afastada, "não só porque acarretaria um enorme aumento de serviço para os Tribunais Colectivos, como porque, nesse caso, da decisão destes não devia haver recurso e pode ser chocante deixar de sujeitar uma decisão em processo penal a um tribunal superior, salvo, é claro, tratando-se de processo sumário ou de transgressões" (notas aos artigos 556 a 557).

A *Jurisdição Penal Comum* 679

Ao invés, no processo correccional com intervenção do tribunal colectivo falhavam todas estas garantias e no processo correccional com intervenção do juiz singular subsistiam a garantia do registo da prova, quando uma das partes o pedisse, e, subsequentemente, o recurso da decisão sobre a matéria de facto. No processo de transgressões e no processo sumário o réu podia socorrer-se da garantia da repetição do julgamento da matéria de facto diante do tribunal da comarca. No processo de réu ausente o julgamento pelo tribunal colectivo, quando fosse o competente, o registo da prova e, em certos casos, a repetição da audiência de julgamento constituíam as garantias do réu.

Os benefícios decorrentes destas garantias eram ainda reforçados pela recente revisão do regime de imputação da prisão preventiva, mas eram contrariados, no processo de querela, no porreccional e no processo de ausentes, pela possibilidade da *reformatio in pejus*, despoletada em termos idênticos aos consagrados desde 1969, ou no visto inicial ao Ministério Público no tribunal de recurso ou mesmo oficiosamente, pelo tribunal, alterando a qualificação dos factos da pronúncia e agravando a pena em conformidade, ficando excepcionados apenas o processo de transgressão e o processo sumário, atenta a circunstância de o tribunal de recurso não ser de grau superior ao tribunal recorrido.[1480]

A repetição do julgamento da matéria de facto no tribunal de recurso, que permitia a sindicância ampla dos gravames resultantes de uma muito débil realização do princípio da imediação no primeiro julgamento, ficava, pois, reservada aos réus julgados em processo de querela e condenados em qualquer uma das penas dos ns. 1 a 4 do artigo 55 do Código Penal e aos julgados em processo de transgressões e em processo sumário, encontrando-se o réu condenado na pena do n. 5 do artigo 55 do Código Penal impossibilitado de fazer uso da faculdade prevista no artigo 563, por força da proibição expressa do voto de vencido em relação à decisão sobre os quesitos, e o réu julgado na forma de processo correccional em uma posição cuja fragilidade só era diminuída pela intervenção do tribunal colectivo quando fosse simultaneamente julgado com a causa crime um pedido cível de valor superior ao da alçada cível do tribunal de comarca. O condicionamento da intervenção do tribunal colectivo pela vontade do lesado revelava, afinal, que a composição reforçada deste tribunal não constituía uma garantia especificamente concebida em benefício dos réus julgados em processo correccional.

[1480] Aliás, os autores preferiam a introdução do recurso subordinado em matéria penal à manutenção da solução da Lei n. 2139, conservando no articulado a solução desta lei por ser "uma posição recente da Assembleia Nacional" (nota ao artigo 530).

CAPÍTULO 10.º
A Revolução de 25 de Abril de 1974
e a transição para o novo CPP de 1987

1. A nova Constituição da República e a adaptação gradual do direito ordinário

Na sequência da aprovação da Lei Constitucional n. 3/74, de 14.5, sobre a estrutura constitucional provisória, que previa o exercício exclusivo da função jurisdicional por "tribunais integrados no Poder Judicial" e proibia a existência de tribunais com competência específica para o julgamento de crimes contra a segurança do estado (artigo 18 da Lei n. 3/74, de 14.5),[1481] da publicação do programa do governo provisório no Decreto-Lei n. 203/74, de 15.5, em que se fixava o princípio da "reforma do sistema judicial, conducente à independência e dignificação do poder judicial", e da elaboração do plano de acção do ministério da justiça aprovado em conselho de ministros de 20.9.1974, que considerava como objectivos prioritários para a dignificação do processo penal a simplificação do processo, a fusão dos processos correccional e de polícia, a instituição do

---

[1481] Na assembleia constituinte, o artigo 18 da Lei n. 3/74 foi interpretado como tendo fixado um conceito material da função jurisdicional, "um nexo indissolúvel entre tribunais e função judicial; os tribunais existem para exercê-la e ela apenas pode ser exercida através deles; a função jurisdicional, por natureza exige órgãos com características precisas, os tribunais. Vai-se, pois, do elemento material – a função jurisdicional – para o elemento orgânico – os tribunais". Por outro lado, a integração dos tribunais no "Poder Judicial" tinha "uma importante consequência", que era a de que "todos os tribunais devem encontrar-se, pelo menos, nas mesmas condições em que se encontravam os tribunais ordinários, os tribunais comuns de jurisdição ordinária, na Constituição de 1933; que os seus juízes devem ter a plenitude das garantias da magistratura; e que devem estar ligados administrativamente a um único ministério, o Ministério da Justiça" (o deputado Jorge Miranda na sessão de 16.12.1975 da assembleia constituinte, in Diário da Assembleia Constituinte, n. 96, 17.12.1975, p. 3097). Em consonância com este entendimento, a publicação da Lei n. 3/74 implicou a inconstitucionalidade superveniente dos tribunais plenários (parecer da Procuradoria-Geral da República, n. 124/76, de 25.11.1976, in BMJ, n. 270, p. 26) ou a sua "extinção ou supressão" (Joaquim Roseira Figueiredo e Flávio Pinto Ferreira: 1974: 88).

682   *A Reforma da Justiça Criminal em Portugal e na Europa*

júri nos crimes mais graves e a possibilidade de condenação em indemnização civil do réu apesar da absolvição da acusação, o governo provisório procedeu a uma reorganização do Conselho Superior Judiciário e a uma revisão do processo penal comum.

Assim, logo em 18 de Junho de 1974 teve lugar aquela reorganização, seguida a 3 de Novembro de 1975 da revisão do processo penal.

O Conselho Superior Judiciário, na nova composição fixada pelo Decreto-Lei n. 261/74, de 18.6, regressou ao sistema misto de nomeação e eleição dos seus membros, sendo a maioria dos membros eleita pelos juízes. Simultaneamente, as promoções de juízes por mérito e as classificações extraordinárias foram abolidas e determinou-se a cessação de todas as comissões de serviço iniciadas antes de 25.4.1974, mantendo-se, contudo, os magistrados nos seus lugares até nova nomeação.[1482]

O novo tribunal de júri, criado pelo Decreto-Lei n. 605/75, de 3.11, era composto por três juízes e oito jurados e intervinha apenas a requerimento da acusação ou da defesa nos processos de querela, tendo competência para declarar provados os factos mesmo que não estivessem compreendidos entre os da acusação, desde que tivessem por efeito diminuir a pena, e determinar a pena concreta.[1483] A decisão do júri sobre a matéria de facto era recorrível apenas para o Supremo Tribunal de Justiça com fundamento nos vícios previstos no artigo 712, ns. 1 e 2 do CPC, não intervindo nenhum dos membros do júri no novo julgamento.

[1482] A doutrina não deixou de criticar o facto de a base dos eleitores na eleição dos membros do Conselho ser mais restrita do que a estabelecida pelo próprio Decreto n. 11.751, o que constituía uma "restrição injustificada e incoerente" (Roseira Figueiredo e Flávio Ferreira, 1974: 94 e 95). Do mesmo modo, a manutenção da competência do ministro da justiça para as nomeações, promoções e colocações de juízes também foi censurada por se tratar de preceito "gravemente lesivo da independência institucional da magistratura" (Roseira Figueiredo e Flávio Ferreira, 1974: 97, 113 a 119).

[1483] A doutrina criticou a composição e o sistema de votação do júri (Martins de Almeida, 1977: 147, 148, 169 e 170), bem como a respectiva competência (Martins de Almeida, 1977: 149 e 168, e Reis Figueira, 1984: 15, 18 e 19), fazendo uma interpretação restritiva da competência dos jurados, no sentido de que a determinação da medida concreta da pena competia apenas aos juízes do colectivo se os factos impusessem a convolação para um crime punível com pena de prisão simples e a competência para qualificar juridicamente os factos e determinar os limites da indemnização era, do mesmo modo, exclusiva dos juízes togados. Antes mesmo da publicação do Decreto-lei n. 605/75 tinham-se erguido vozes desaconselhando a reintrodução do júri (Estelita Mendonça, 1975: 42) ou aconselhando-a no formato de um tribunal misto de juízes togados e leigos, tendo estes últimos competência decisória apenas em matéria de facto (Roseira Figueiredo e Flávio Ferreira, 1974: 126 e 127). A multiplicidade de pareceres encontrou reflexo nas propostas das comissões de reforma judiciária criadas pelo Decreto-Lei n. 261/74, de 18.6 (Eduardo Arala Chaves e outros, 1975: n. 248, pp. 173, 207 a 210).

A outra importante inovação do diploma de Novembro de 1975 foi a da unificação dos processos correccional e de polícia. A nova forma de processo iniciava-se com um inquérito policial, no qual se procedia a uma anotação sumária dos depoimentos do arguido e das testemunhas ouvidas, tendo o Ministério Público competência para avocar, corrigir e completar a investigação policial e para a autorização da realização de diligências que respeitassem a direitos fundamentais. O denunciante com a faculdade de se constituir assistente podia, em relação a crimes públicos e semi-públicos, reclamar hierarquicamente do despacho do Ministério Público de arquivamento dos autos ou de que estes aguardassem melhor prova ou mesmo requerer o julgamento com base na prova recolhida no inquérito.[1484]

A instrução preparatória conduzida pelo juiz só tinha lugar no novo processo correccional se o arguido tivesse sido preso e como tal ouvido em auto, não sendo caso de o julgar em processo sumário.

O juiz de julgamento procedia ao recebimento do processo, tendo a faculdade de rejeitar a acusação do Ministério Público ou do ofendido somente nos casos de não punição do facto, extinção da acção penal ou inimputabilidade do arguido. Para evitar o abuso deste novo sistema de "citação directa" previa-se não apenas o recurso do despacho que designava data para julgamento quando se tratasse de crime doloso e o Ministério Público não tivesse deduzido acusação, mas também a condenação final do acusador particular que tivesse sido litigante temerário em multa e indemnização ao réu.

A aceleração e simplificação das formas de processo menos graves não implicou, contudo, um nivelamento pelo mínimo das garantias processuais. Se o prazo da contestação do acusado era o do antigo processo de polícia, os prazos para dedução de acusação pública e particular e o número das testemunhas admitidas eram os do antigo processo correccional e o prazo de contestação do acusado podia ainda ser alargado por determinação judicial. Acresce que a proibição, em regra, da interposição de recurso do despacho de recebimento da acusação e a restrição do âmbito da sindicância da instrução pelo juiz de julgamento constituíam inovações em relação a ambas as formas de processo do direito anterior e provocavam uma verdadeira antecipação do controlo liminar

---

[1484] O artigo 387 do CPP na redacção que lhe foi dada em 1975 consagrou, portanto, a teoria da legitimidade da acusação do ofendido que pudesse constituir-se como assistente por crimes públicos no caso de abstenção do MP. O assento do Tribunal Pleno n. 8/79 (in DR, de 5.11.1979), que fixou jurisprudência obrigatória no sentido de que o ofendido não assistente que formulasse acusação nos termos do artigo 387 do CPP não tinha legitimidade para recorrer da decisão judicial que a não recebesse, foi por isso criticado, já que retirava ao ofendido não assistente o direito de sustentar a acusação que ele podia deduzir (António Barreiros, 1981a: 467 e 468, e Castro e Sousa, 1985: 246).

684   A Reforma da Justiça Criminal em Portugal e na Europa

muito restrito realizado pelo tribunal superior nos termos do artigo 397 do CPP, na anterior versão, sendo certo que o recurso da decisão final era admissível para a Relação, que conhecia da matéria de facto e de direito, e para o Supremo Tribunal de Justiça, que conhecia apenas desta, como anteriormente acontecia com o processo correccional.[1485]

O problema mais grave colocado pela nova forma de processo era outro. A restrição dos poderes de sindicância do inquérito pelo juiz de julgamento afastava, em princípio, a censura da violação do princípio da acusação nos casos em que não tivesse tido lugar a instrução preparatória, mas a manutenção do domínio do juiz sobre a instrução preparatória, nos casos em que ela ocorria, colocava o problema grave da diferenciação do juiz competente para a direcção daquela fase processual do da fase de julgamento.

O legislador encetou várias tentativas contraditórias para resolver este problema, logo após a aprovação a 2 de Abril de 1976 pela Assembleia Constituinte da nova Constituição da República.

A Constituição continha na parte II um título, o sexto, designado por "Tribunais",[1486] em que se previa a existência de tribunais de comarca, que eram,

---

[1485] O artigo 20 do novo diploma não obstava ao conhecimento da matéria de facto no Tribunal da Relação quando no processo correccional tivesse havido registo da prova na primeira instância e ulterior recurso da decisão sobre a matéria de facto (acórdão da Relação de Coimbra, de 2.2.1976, in CJ, 1976, tomo 2, p. 289), antes visando permitir a interposição em qualquer circunstância do recurso da decisão final sobre a matéria de direito. No novo processo correccional, como no anterior, o recurso da decisão sobre a matéria de direito podia ser interposto para a Relação e, condenando este tribunal, para o Supremo Tribunal de Justiça (acórdão do Supremo Tribunal de Justiça, de 9.2.1977, in BMJ, n. 264, p. 110), ao invés do que permitia a lei anteriormente no processo de polícia. Atendendo aos argumentos expendidos não procede, pois, a tese de Cavaleiro Ferreira (1986 b: 63, 144 e 147) de que o legislador de 1975 extinguiu efectivamente o processo correccional e procedeu a uma mera alteração da designação do processo de polícia correccional.

[1486] A apresentação do parecer da sexta comissão sobre o título dos tribunais ocorreu na sessão de 11.12.1975. O parecer e o articulado proposto, de que foi relator o deputado António José Sousa Pereira, estão publicados no Diário da Assembleia Constituinte, n. 95, de 13.12.1975, pp. 3079 e 3080. Segundo Cunha Rodrigues (1977: 38), verificou-se um "certo desinteresse por parte dos deputados" em relação a este título da Constituição e "o diagnóstico da situação jurídica raramente foi tentado e, quando o foi, recorreu-se preferencialmente a argumentos extraídos das características do regime deposto, em prejuízo de uma análise serena de factos e sintomas ligados à instituição". O autor considera que "três vectores sensibilizariam a maioria dos deputados à Assembleia Constituinte no que se refere à organização judiciária: os tribunais como garantes da liberdade e da democracia; a operacionalidade do sistema judicial perante as tarefas exigidas por uma sociedade em construção; a abolição das arcaicas e opressivas estruturas de paternalismo governamental em relação aos magistrados". Também Monteiro Dinis (1981: 98) conclui que este título teve um "tratamento muito ligeiro e relativamente célere", tendo sido discutidas sobretudo

A Jurisdição Penal Comum   685

em regra, os tribunais judiciais de primeira instância, de Tribunais da Relação, que eram, em regra, os tribunais de segunda instância, e de um Supremo Tribunal de Justiça, que funcionava como tribunal de instância nos casos em que a lei determinasse.[1487]

A nova lei fundamental admitia a existência de tribunais com competência específica e de tribunais especializados para o julgamento de determinadas matérias,[1488] mas proibia a existência de tribunais com competência exclusiva para o julgamento de certas categorias de crimes.[1489]

---

três questões: a unidade das magistraturas e dos tribunais, o sistema de governo da magistratura e o grau de autonomia do Ministério Público .

[1487] Na discussão na generalidade do parecer da sexta comissão, na sessão de 16.12.1975, da Assembleia Constituinte, o deputado Jorge Miranda esclareceu, como se viu já, que, na sequência da Lei Constitucional n. 3/74, o texto elaborado pela Comissão estabelecia um conceito material de tribunal, definido pelo objecto da função jurisdicional, e também o princípio da exclusividade do exercício da função jurisdicional pelos tribunais. Este entendimento foi posteriormente confirmado pelo deputado Manuel Vieira na discussão sobre o artigo 1 do parecer da comissão, que foi aprovado por unanimidade. No entanto, como decorria da intervenção dos deputados José Luís Nunes e Barbosa de Melo, o texto aprovado não excluía a atribuição pela lei de poderes jurisdicionais a órgãos que não fossem tribunais, tais como as comissões arbitrais (Diário da Assembleia Constituinte, n. 96, de 17.12.75, pp. 3097, 3109 e 3110). No que respeita aos graus de jurisdição, embora tivesse sido proposta pelos deputados Jorge Miranda e Fernando Amaral uma redacção para o artigo 6 do parecer da sexta comissão, em que não se mencionava a existência de três instâncias, mas apenas o princípio da "unidade de todos os tribunais", com a consequência da submissão de todos os tribunais, salvo os tribunais militares e o Tribunal de Contas, à disciplina dos tribunais judiciais, esta proposta não foi aprovada, tendo sido, ao invés, aprovada a proposta da comissão, que vinculava o legislador à consagração de três instâncias (Diário da Assembleia Constituinte, n. 97, de 18.12.1975, pp. 3135 e 3139). Por outro lado, a previsão do funcionamento "em regra" dos tribunais de comarca como tribunais de primeira instância ficou a dever-se à intenção de deixar em aberto a possibilidade de as decisões dos tribunais municipais e dos tribunais "populares" serem recorríveis para o tribunal de comarca (Diário da Assembleia Constituinte, n. 97, de 18.12.1975, p. 3145).

[1488] O sentido do preceito do n. 2 do artigo 6 do parecer da sexta comissão foi esclarecido na sessão de 17.12.1975, pelo deputado Manuel Vieira. Os tribunais com competência específica eram os que tinham competência para julgar "um tipo de determinadas matérias" e os tribunais especializados eram aqueles em que "o julgador deve ter conhecimentos técnicos especiais" (Diário da Assembleia Constituinte, n. 97, de 17.12.1975, p. 3138). O deputado Fernando Amaral fez ainda uma proposta de supressão da menção aos tribunais especializados, por entender que "todos os tribunais de competência específica têm de ser fatalmente tribunais especializados", mas a proposta foi rejeitada, tendo sido aprovado o texto da comissão (Diário da Assembleia Constituinte, n. 97, de 17.12.1975, pp. 3140 e 3141).

[1489] Logo na sessão de 27.8.1975, aquando da discussão do n. 7 do artigo 19 do articulado da segunda comissão, os deputados Costa Andrade e José Luís Nunes deixaram claro que o sentido da norma consagrada naquele número era o de proibir toda e qualquer jurisdição criminal de excepção e os desaforamentos fora dos casos previstos na lei (Diário da Assembleia Constituinte,

686 A Reforma da Justiça Criminal em Portugal e na Europa

A regulamentação da participação popular na administração da justiça consagrava em parte o direito ordinário já vigente. O júri era composto pelos juízes do tribunal colectivo e por jurados e tinha a competência para julgar, a pedido das partes, os crimes mais graves.[1490] O legislador constituinte previu ainda a possibilidade da criação de juízes populares e do estabelecimento de "outras formas de participação popular na administração da justiça".[1491]

Acresce que o legislador constituinte reconheceu as mesmas garantias da inamovibilidade e da irresponsabilidade e sujeitou ao mesmo estatuto todos os juízes dos tribunais judiciais, que constituiu em um corpo único da magistratura judicial. A proibição do exercício de outras funções públicas ou privadas remuneradas e da nomeação para comissões de serviço estranhas à actividade judicial sem autorização do Conselho Superior da Magistratura, por um lado,[1492] e, por

---

n. 37, pp. 1054 a 1056). Mais tarde, aquando da discussão do artigo 6 do parecer da sexta comissão, os deputados Jorge Miranda, Carlos Bacelar e Fernando Amaral propuseram que a proibição constitucional se referisse à existência e não apenas à criação, como constava do parecer, de tribunais com competência exclusiva para julgamento de crimes determinados, proposta que veio a ser aprovada (Diário da Assembleia Constituinte, n. 97, de 18.12.1975, pp. 3098, 3141 e 3142). A supressão dos tribunais com competência exclusiva para certos crimes não era, contudo, imediata, devendo ser cumprida, "pelo legislador ou pelos tribunais", logo em seguida à entrada em vigor da Constituição (parecer da Comissão Constitucional, n. 27/77, p. 240).

[1490] O texto da comissão foi votado por unanimidade, tendo o PPD retirado a sua proposta de restrição da competência do júri ao julgamento da matéria de facto e os deputados do CDS revisto a proibição expressa do tribunal de júri incluída no respectivo projecto de Constituição. Os deputados não queriam consagrar constitucionalmente a distinção "absolutamente ultrapassada" entre a matéria de facto e a matéria de direito e pretenderam deixar em aberto a possibilidade de ser conferida ao júri a competência para decidir da graduação da pena (Diário da Assembleia Constituinte, n. 97, pp. 3150 a 3154).

[1491] Foram expressamente rejeitadas quer a proposta do deputado Afonso Dias de instituição imediata de tribunais populares de bairro, de aldeia e de zona e de tribunais populares de trabalho quer a do deputado Luís Catarino de tornar imperativa a criação dos juízes populares (Diário da Assembleia Constituinte, n. 98, de 19.12.1975, pp. 3171, 3174 e 3181). A doutrina concluiria que o carácter restritivo da regulamentação constitucional ficou a dever-se ao receio dos constituintes diante de "uma concepção emocional de justiça popular" e a reservas atinentes à praticabilidade do sistema (Cunha Rodrigues, 1977: 56 e 57), resultando das disposições constitucionais "claramente o repúdio da chamada «justiça popular» e o primado de uma autêntica organização judiciária integrada, sim, por elementos populares" (José Luís Nunes, 1977: 839). A regulamentação constitucional "pouco expressiva" da justiça popular não impediu, pois, a consagração de uma "estrutura judiciária duplamente aberta" no tocante à intervenção da comunidade na actividade judicial e na gestão das magistraturas (Laborinho Lúcio, 1986: 294).

[1492] O preceito constitucional correspondia ao artigo 18 do articulado da sexta comissão, que foi aprovado por unanimidade. A proposta de eliminação do artigo 18, n. 2, do deputado Luís

A Jurisdição Penal Comum 687

outro, a atribuição exclusiva da competência no tocante à nomeação, colocação, transferência, promoção e ao exercício da acção disciplinar a este Conselho, que deveria incluir membros de entre si eleitos pelos juízes, sanaram os principais vícios da anterior organização da magistratura judicial.[1493]

No tocante à estrutura do processo penal e às garantias processuais, a nova Constituição continha algumas disposições imperativas no artigo 32, encimadas

---

Catarino, admitindo comissões de serviço sem qualquer autorização, e a dos deputados Fernando Amaral e Carlos Bacelar, vedando toda e qualquer comissão de serviço, foram retiradas em favor da "posição de equilíbrio" da comissão, cuja defesa coube ao deputado José Luís Nunes (Diário da Assembleia Constituinte, n. 98, de 19.12.1975, p. 3196).

[1493] O artigo 16 do articulado proposto pela sexta comissão previa expressamente que o Conselho Superior da Magistratura fosse eleito na proporção de dois terços por todos os juízes e nele houvesse representação dos juízes de todas as instâncias, com o que a comissão visava "abrir caminho a uma real independência dos tribunais e dos juízes, sem, por outro lado, se contribuir para a criação de uma classe fechada ou elitista" (Diário da Assembleia Constituinte, n. 94, de 12.12.1975, p. 3053). A proposta foi contrariada pelo PCP e pelo PS, que sugeriram o primeiro apenas a previsão da inclusão de juízes eleitos no Conselho Superior da Magistratura e o segundo somente a reserva de lei para determinação da composição do Conselho. Os deputados Fernando Amaral e Barbosa de Melo defenderam ainda a manutenção da maioria de juízes eleitos no seio do Conselho, mas fez vencimento, por unanimidade, a sugestão do deputado José Luís Nunes de que o Conselho deveria ter um número indeterminado de juízes, eleitos pelos juízes e de entre os juízes (Diário da Assembleia Constituinte, n. 98, de 19.12.1975, pp. 3189 e 3192). A "grande prudência nesta matéria" justificava-se pela necessidade de "permitir a correcção de soluções que se afigurem menos adequadas, sem pôr em causa a Constituição" (José Luís Nunes, 1977: 839 e 840). Fora do meio parlamentar foram apresentadas propostas de reforma integral da administração da magistratura judicial, que previam, designadamente, a organização de um Conselho Superior Judiciário apenas com juízes eleitos por três anos entre os membros do Supremo Tribunal de Justiça, das Relações e dos tribunais de primeira instância, um por cada corpo e por cada distrito judicial (Estelita Mendonça, 1975: 46 e 47, e, em termos algo semelhantes, Lúcio Teixeira, 1975: 55), ou a sua organização com juízes eleitos e nomeados, sendo o presidente do STJ eleito pelos juízes deste tribunal e os presidentes dos Tribunais da Relação eleitos por todos os juízes do respectivo distrito e devendo ter assento no Conselho, mas sem poderes disciplinares, o bastonário da Ordem dos Advogados e representantes eleitos dos juízes de primeira instância e dos funcionários judiciais (Roseira Figueiredo e Flávio Ferreira, 1974: 122 e 123). Até à primeira revisão constitucional a regulamentação do preceito constitucional evoluiu de um ensaio de autogoverno na sua "expressão máxima" pelo Decreto–Lei n. 926/76, de 31.12, com um Conselho presidido pelo presidente do STJ e composto apenas por magistrados judiciais e funcionários de justiça, para a conformação de um "autogoverno mitigado", nos termos da Lei n. 85/77, de 13.12 (Gomes Canotilho e Vital Moreira, 1978: 410), com o presidente da República a presidir ao Conselho e a introdução de seis membros estranhos à magistratura, o que, contudo, não satisfez ainda a necessidade sentida nos meios políticos de "fazer entrar os juízes em estado de graça democrática" (Mário Raposo, 1982: 324 e 329, e, no mesmo sentido, Cunha Rodrigues, 1994: 29 a 33) e justificou modificações ulteriores do preceito constitucional.

688   *A Reforma da Justiça Criminal em Portugal e na Europa*

por uma disposição programática nos termos da qual o processo criminal asseguraria todas as garantias de defesa.[1494]

Assim, o processo penal devia ter uma estrutura acusatória,[1495] competindo toda a instrução a um juiz[1496] e encontrando-se a audiência de julgamento

---

[1494] A apresentação do parecer da segunda comissão sobre o título dos direitos e deveres fundamentais ocorreu na sessão de 12.8.1875, sendo relator o deputado Manuel da Costa Andrade. O articulado proposto está publicado no Diário da Assembleia Constituinte, n. 30, de 13.8.1975, pp. 785 a 790. O artigo 19, n. 1, do articulado foi aprovado sem discussão e com apenas uma abstenção (Diário da Assembleia Constituinte, n. 37, p. 1049). A doutrina reconheceu que o preceito era "eminentemente programático", mas "sem prejuízo de um eminente conteúdo normativo imediato a que se pode recorrer directamente, em casos-limite, para inconstitucionalizar certos preceitos da lei ordinária" (Figueiredo Dias, 1981: 51 e 81, e também Rui Pinheiro e Artur Maurício, 1976: 39, e Cavaleiro de Ferreira, 1986 a: 29).

[1495] O n. 5 do artigo 19 do articulado da segunda comissão foi aprovado na Assembleia Constituinte, sem discussão e com apenas uma abstenção (Diário da Assembleia Constituinte, n. 37, p. 1054). No entanto, aquando da discussão sobre o artigo 2 do parecer da sexta comissão, os deputados José Luís Nunes e Fernando Amaral esclareceram que o texto proposto pela comissão para aquele artigo pressupunha, "em rotura com uma série de aspectos do nosso passado próximo absolutamente condenáveis", a prevalência do "princípio do impulso" na administração da justiça, cabendo a iniciativa processual às "partes", quer no processo civil quer no penal. Se ao tribunal competia a resolução do conflito, às "partes tomadas em sentido muito lato" competia a definição do objecto do conflito submetido ao tribunal, "a qualificação prévia de que existe conflito" (Diário da Assembleia Constituinte, n. 96, de 17.12.1975, p. 3113). Logo após a decisão dos constituintes, Figueiredo Dias considerou a consagração deste princípio "uma declaração de indiscutível conteúdo prático-normativo que vale por todo um programa processual penal", reconhecendo duas vertentes deste programa: por um lado, "o reconhecimento da participação constitutiva dos sujeitos processuais na declaração do direito do caso" e, por outro, "o reconhecimento do princípio da acusação, segundo o qual terá de haver uma diferenciação material (e não simplesmente formal) entre o órgão que instrui o processo e dá a acusação e o órgão que a vai julgar" (Figueiredo Dias, 1976 b: 108, e, igualmente, Rui Pinheiro e Artur Maurício, 1976: 36, 50, 68 a 70, Figueiredo Dias, 1979: 167, Figueiredo Dias e Anabela Rodrigues, 1986: 537 a 539, e Germano Marques da Silva, 1990: 62 a 65).

[1496] A redacção do artigo 19, n. 4, do articulado da segunda comissão, que correspondia ao artigo 39, n. 3, do projecto do PPD, previa que a instrução fosse da competência de um juiz ou estivesse "a ele submetida". Esta parte final foi suprimida por proposta dos deputados José Luís Nunes, Oliveira e Silva e Romero de Magalhães, por se temer que ela permitisse a manutenção do "sistema de instrução em vigor, predominantemente da competência do Ministério Público" (Diário da Assembleia Constituinte, n. 38, de 28.8.1975, p. 1049). Os deputados proponentes pretendiam "uma instrução dirigida por um juiz e não uma instrução submetida à competência do juiz", proposta com a qual o deputado Costa Andrade se mostrou inteiramente de acordo. Só os deputados Vital Moreira e Luís Catarino levantaram objecções relativas à praticabilidade da proposta, que veio a ser aprovada, com apenas quatro votos contra e dezasseis abstenções (Diário da Assembleia Constituinte, n. 38, de 28.8.1975, p. 1051). Em uma disposição constitucional transitória previu-se, contudo, que nas comarcas onde não houvesse juízos de instrução e enquanto estes não fossem criados a instrução criminal competiria ao Ministério Público "sob a direcção de um juiz",

A Jurisdição Penal Comum 689

e os actos instrutórios que a lei determinasse subordinados ao princípio do contraditório.[1497]

Simultaneamente, a prisão preventiva foi restringida aos casos de flagrante delito ou indiciação pela prática de um crime doloso punível com pena maior, de penetração irregular em território nacional e de pendência de um processo de extradição ou expulsão, ficando vedada a sua aplicação em virtude da violação pelo arguido das condições a que se encontrasse subordinada a liberdade provisória.[1498] A prisão sem culpa formada foi submetida a uma validação judicial obrigatória, que deveria ter lugar no prazo máximo impreterível de quarenta e oito horas, e a prisão depois da formação da culpa ficou vinculada a prazos máximos obrigatórios a fixar pela lei.[1499]

---

o que foi esclarecido pelo deputado Barbosa de Melo no sentido de que "os actos do Ministério Público serão passíveis sempre de controle jurisdicional, e não de controle hierárquico, como vinha acontecendo desde há muitos anos em Portugal" (Diário da Assembleia Constituinte, n. 129, de 31.3.1976, p. 4275). Esta disposição transitória foi aprovada por unanimidade.

[1497] Na Assembleia Constituinte foram defendidos dois entendimentos diferentes do princípio do contraditório: o entendimento maximalista do deputado José Luís Nunes, de que este conceito coincidia com o "oferecimento essencial das provas" pelas partes e com a "igualdade das partes nas suas relações entre si, nas suas relações recíprocas com o tribunal e nas suas relações com o Ministério Público", e o entendimento minimalista do deputado Fernando do Amaral, de que "ninguém poderá ser ferido nos seus interesses por uma decisão judicial sem primeiro ser ouvido" (Diário da Assembleia Constituinte, n. 96, de 17.12.1975, pp. 3115 e 3116). Não obstante a declaração de voto do deputado Costa Andrade, após a aprovação do artigo 19, n. 5, da proposta da comissão, de que a aprovação da sujeição da audiência de julgamento ao princípio do contraditório implicava a "sua efectiva submissão a todas as implicações decorrentes deste princípio" (Diário da Assembleia Constituinte, n. 38, 28.8.1975, p. 1054), não foi aprovado o princípio da subordinação da administração da justiça ao princípio do contraditório, previsto no artigo 4 do parecer da sexta comissão, precisamente porque se pretendeu deixar em aberto a possibilidade de o juiz carrear oficiosamente para os autos meios de prova novos (Diário da Assembleia Constituinte, n. 95, de 16.12.1975, pp. 3115 e 3117, e n. 96, de 17.12.1975, p. 3132). Assim, os constituintes distinguiram claramente a questão da definição do objecto do processo da questão da determinação dos meios de prova, tomando em relação àquela uma decisão francamente limitativa dos poderes do tribunal e deixando a resolução desta outra questão em aberto, por entenderem que ao juiz deviam ser atribuídos pelo legislador poderes de investigação de novos meios de prova.

[1498] O conceito constitucional de pena maior foi objecto de discussão, coincidindo com o da pena maior mais leve conhecida pelo direito positivo em 1976, isto é, a pena de dois a oito anos de prisão. Em síntese, sobre esta discussão e, designadamente, sobre a constitucionalidade do artigo 51 do Decreto-Lei n. 402/82, de 29.9, e da Lei n. 41/85, de 14.8, José Sousa e Brito, 1986: 30 a 34.

[1499] A Constituição não reservou, contudo, ao juiz a competência para ordenar a prisão preventiva fora de flagrante delito, como concluiu o parecer da Procuradoria-Geral da República, de 7.7.1978 (DR, II.ª série, de 24.7.1978) e parte da doutrina (Figueiredo Dias, 1976 b: 104 e 105, José Rodrigues dos Santos, 1980: 30, e António Barreiros, 1981a: 370, mas contra Gomes Cano-

690   *A Reforma da Justiça Criminal em Portugal e na Europa*

Os constituintes optaram, deste modo, pela integração plena da fase de instrução no processo, concebendo a instrução como uma fase prévia à dedução da acusação sob a direcção efectiva de um juiz, e consagraram uma estrutura do processo penal, em que a definição do objecto do processo só às "partes em sentido amplo" e, portanto, aos acusadores público e particular e ao acusado, deveria competir, admitindo, no entanto, a integração daquela estrutura por um princípio inquisitório na investigação das provas.

Com a nova regulamentação constitucional, a delimitação recíproca de competências da magistratura judicial e do Ministério Público na fase preparatória do processo tornou-se um problema instante, tendo o governo procurado resolvê-lo com a publicação do Decreto-Lei n. 321/76, de 4.5, que atribuía ao juiz julgador a direcção efectiva da instrução preparatória nas comarcas onde não houvesse juízes de instrução.[1500] Dois meses depois, o Decreto-Lei n. 618/76, de 27.7, estabeleceu uma nova solução, a de que a direcção da instrução preparatória competia, na ausência do juiz de instrução, ao juiz de uma comarca vizinha, que ficava impedido de intervir no julgamento, sendo a instrução realizada, mesmo nas comarcas onde existisse juiz de instrução, pelo Ministério Público ou pela polícia.[1501]

---

tilho e Vital Moreira, 1984: 199 e 200, e Castro e Sousa, 1985: 77, afirmando aqueles autores que a Constituição era omissa em relação à questão, mas que "dadas as exigentes condições a que está submetida, não se vê justificação para admitir que ela possa ser determinada por outrem que não um juiz"). Consequentemente, o novo regime orgânico da Polícia Judiciária, aprovado pelo Decreto-Lei n. 364/77, de 2.9, previa, no seu artigo décimo, a competência do director-geral, dos directores adjuntos, subdirectores, directores de serviço, inspectores e subinspectores que chefiassem subinspecções para ordenar a prisão sem culpa formada, devendo a prisão ser submetida a validação judicial no prazo máximo de vinte e quatro horas ou, quando este prazo terminasse em um domingo ou dia feriado, no prazo máximo de quarenta e oito horas.

[1500] A doutrina defendeu a inconstitucionalidade desta disposição, por violação da estrutura acusatória do processo, e a sua imediata revogação (Figueiredo Dias, 1976 b: 108, e, já depois da revogação, Rui Pinheiro e Artur Maurício, 1976: 68 a 70). Do mesmo modo, Gomes Canotilho e Vital Moreira (1978: 100) afirmavam que o princípio acusatório impunha que, fosse a instrução realizada por um juiz ou transitoriamente dirigida por ele, em qualquer dos casos o juiz de instrução devia ser diferente do juiz de julgamento. O entendimento destes autores era, aliás, o sancionado pela discussão tida na Assembleia Constituinte. Com efeito, aquando da discussão sobre o n. 3 do artigo 10 do articulado das disposições transitórias, o deputado Barbosa de Melo esclareceu o sentido da opção da décima primeira comissão: "entendeu-se que esta última expressão «sob a direcção de um juiz» nunca poderia, no fundo, pôr em causa o princípio da divisão de poderes que está aqui: ser um quem dirige a instrução, quem realiza a instrução, e outro aquele que julga a própria instrução" (Diário da Assembleia Constituinte, n. 129, de 31.3.1976, p. 4276).

[1501] Na sequência dos acórdãos da Comissão Constitucional ns. 4 e 5, de 19.4.1977 (in Apêndice ao Diário da República, de 6.6.1977), a resolução n. 128/77, de 13.5.77, do Conselho da Revolução (Diário da República, I ª série, de 8.6.1977), declarou a inconstitucionalidade

A Jurisdição Penal Comum   691

Por outro lado, a Comissão Constitucional decidiu que não violava a nova Constituição a existência de uma fase pré-processual com fins análogos aos da instrução judicial, dirigida pela polícia ou pelo Ministério Público, desde que respeitasse duas condições essenciais: a de que nela não houvesse qualquer interferência na esfera dos direitos fundamentais do réu, que, a ter de verificar-se, implicaria a abertura imediata da fase processual da instrução judicial, e a de que aquela fase pré-processual se destinasse apenas a criar a convicção do titular da acção penal, mas não a do julgador, não implicando o deferimento do arguido a julgamento qualquer pré-juízo de suspeição do juiz sobre o arguido. A Comissão Constitucional aderia, pois, de pleno à doutrina de Figueiredo Dias, já explanada em 1971, sobre a conformação da fase de investigação no âmbito de um processo com uma estrutura acusatória.[1502]

Assim, a regulamentação do inquérito policial não violava directamente a Constituição senão em um ponto concreto, que era o da atribuição ao Ministério Público de competência para a autorização da realização de diligências que respeitassem a direitos fundamentais. Em relação às provas produzidas no decurso do inquérito, elas não deveriam integrar os autos do processo, de modo a não influenciar o julgador, sendo esta interpretação a única conforme à Constituição.

Na sequência destas decisões, o governo publicou dois diplomas em Agosto e Novembro de 1977 com o propósito de expurgar as normas da lei ordinária que enfermavam de inconstitucionalidade. Em Agosto, o Decreto-Lei n. 354/77,

---

orgânica, com força obrigatória geral, da norma constante do artigo 1, n. 5, deste Decreto-Lei. A doutrina considerava, no entanto, que o artigo 1, n. 4, ao permitir a mera direcção da instrução por um juiz nas comarcas onde existissem juízos de instrução, padecia também de inconstitucionalidade material, por violação dos princípios da acusação e da autonomia do Ministério Público (Rui Pinheiro e Artur Maurício, 1976: 73 a 75, Rodrigues Maximiano, 1981: volume 6, p. 105, e Castro e Sousa, 1985: 185).

[1502] A doutrina da Comissão Constitucional foi fixada pela primeira vez no acórdão n. 6, de 5.5.1977 (in Apêndice do Diário da República, de 6.6.1977) e posteriormente repetida em muitos outros. Em todos eles, a Comissão ressalvou a vigência do disposto no artigo 327 do CPP, admitindo a faculdade de o arguido requerer a abertura da instrução judicial contraditória em qualquer processo correccional, mesmo quando não tivesse ocorrido a instrução preparatória. Acresce que o arguido tinha durante o decurso do inquérito policial o direito de ser assistido por um defensor, nos mesmos termos da fase processual da instrução (acórdãos n. 6, de 5.5.1977, e n. 15, de 26.5.1977, in Apêndice ao Diário da República, de 6.6.1977, e de 25.10.1977). Esta polémica manter-se-ia acesa mesmo depois da transformação do inquérito policial em inquérito preliminar. Em sentido favorável à constitucionalidade do inquérito preliminar pronunciaram-se Gomes Canotilho e Vital Moreira, 1978: 100, embora com reservas em face do artigo 32, n. 1 da CRP, Rui Pinheiro e Artur Maurício, 1976: 44 a 61, e 1983: 70 a 81, e Castro e Sousa, 1985: 164, e, em sentido contrário, com base em uma identidade material entre o inquérito e a instrução, Germano Marques da Silva, 1980: 182 a 187, e 1990: 48 a 53, António Barreiros, 1981 c: 521 e 522, Alberto de Sá e Mello, 1982: 39 e 40, e Cavaleiro de Ferreira, 1984: 453, e 1986 b: 108.

692 *A Reforma da Justiça Criminal em Portugal e na Europa*

de 30.8, atribuiu a direcção da instrução nas comarcas onde não existisse juízo de instrução criminal ao juiz titular do tribunal, ficando este impedido de intervir no julgamento e designando o Conselho Superior da Magistratura um juiz de uma comarca próxima para proceder a julgamento.

Em Novembro, o Decreto-Lei n. 377/77, de 6.9, aprovou várias alterações ao diploma de 1975, procedendo à reformulação do inquérito policial, que passou a ser designado por inquérito preliminar, e ao reforço dos poderes de controlo do juiz.

O inquérito preliminar era aberto pelo Ministério Público nos processos relativos aos crimes puníveis com as penas previstas no artigo 56 e nos ns. 2 e 3 do artigo 57 do Código Penal, salvo se o arguido estivesse preso. Tal como tinha julgado a Comissão Constitucional, a lei nova vedou ao Ministério Público a autorização durante o inquérito de diligências que respeitassem a direitos fundamentais,[1503] mas, contrariando a jurisprudência da Comissão, não proibiu

---

[1503] Simultaneamente, o legislador concretizou as inovações introduzidas pelo texto constitucional no regime das medidas de coacção, restringindo o âmbito da prisão preventiva fora de flagrante delito aos crimes puníveis com prisão maior e o da caução obrigatória aos crimes puníveis com prisão superior a um ano e fixando o prazo da prisão preventiva depois da culpa formada em metade da duração máxima da pena prevista no tipo mais grave imputado ao arguido, com o limite inultrapassável de dois anos, e no caso de recurso da decisão condenatória no período fixado na decisão recorrida. O prazo da prisão preventiva antes da formação da culpa manteve-se fraccionado em dois períodos distintos, um da detenção até à notificação da acusação ou do pedido de abertura da instrução ao arguido, que era idêntico ao fixado em 1972, e outro desde aquela notificação até ao despacho de pronúncia, que sofria um agravamento de trinta dias em relação aos crimes julgados em processo correccional puníveis com pena superior a dois anos de prisão. A doutrina discutiu, no entanto, a possibilidade de manutenção da prisão preventiva em flagrante delito por crime punível com prisão até dois anos, tendo-se o ministro da justiça pronunciado em despacho de 16.1.1979 em sentido favorável (BMJ, n. 282, pp. 5 a 8, mas contra Borges de Pinho, 1979: 29 a 40, e 1981: 31, José Rodrigues dos Santos, 1980: 17 a 19, e Castro e Sousa, 1984 a: 56, e 1985: 91). Se a resolução desta questão ainda se manteve no plano da discussão doutrinária, uma outra, mais premente, foi decidida por via legislativa, que foi a da incriminação da recusa da prestação de caução nos casos em que não era admissível a prisão preventiva, bem como da recusa da declaração da identidade e da residência pelo arguido em liberdade provisória, com ou sem caução. Com a criação do tipo penal do artigo 285-A do CPP, pelo Decreto-Lei n. 377/77, de 6.9, o governo contornou, afinal, a vontade do legislador constituinte. A partir da entrada em vigor da Lei n. 25/81, de 21.8, além da prorrogação do prazo do artigo 309, § 1 do CPP de 210 dias até 270 dias, foi acrescentada uma prorrogação do prazo da prisão preventiva durante a própria instrução preparatória de 90 para 120 dias em certos crimes investigados pela PJ, o que dava um total de 300 dias de prisão preventiva sem culpa formada, sendo 210 dias de aplicação automática e 90 de aplicação dependente de prorrogação judicial. Esta prorrogação legal do prazo da prisão durante a instrução preparatória ficou a dever-se à jurisprudência que recusava a aplicação da prorrogação do artigo 309, § 1, ao prazo da instrução preparatória fixado no artigo 308, § 1 (acórdão do Tribunal da Relação de Lisboa, de 19.2.1975, in BMJ n. 244, p. 311). A par-

A Jurisdição Penal Comum 693

totalmente o aproveitamento posterior da prova produzida no inquérito, tendo antes determinado que os depoimentos das testemunhas fossem registados em auto à parte, que acompanhava o requerimento para julgamento e era arquivado após o trânsito em julgado do despacho que designava dia para julgamento.[1504]

A realização do inquérito preliminar pelo Ministério Público tornava-se facultativa, mesmo nos casos em que era obrigatória a instrução preparatória judicial, erigindo o legislador como critério para a realização do inquérito preliminar a prossecução do objectivo limitado de "concorrer para formar a convicção das referidas autoridades sobre se o processo deve ou não ser introduzido em juízo", nos termos propostos por Figueiredo Dias e acolhidos pela Comissão Constitucional, e destarte tornando inequívoca a natureza pré-processual do inquérito preliminar e da prova nele colhida.

No que toca ao reforço dos poderes do juiz, o legislador confirmou expressamente a faculdade de o arguido requerer a instrução contraditória em processo correccional, esclarecendo que esse requerimento implicava a caducidade do despacho judicial de recebimento da acusação e a remessa dos autos ao juízo de instrução criminal, e consagrou a faculdade de o juiz de julgamento apreciar os elementos indiciários aquando do recebimento da acusação.[1505] Se a reformula-

---

tir do Decreto-Lei n. 402/82, de 23.9, também o prazo da prisão preventiva depois da culpa formada foi agravado, passando de dois anos para três, podendo até correr de novo em caso de concurso de infracções em que a infracção por último cometida o tivesse sido depois do conhecimento pelo arguido da pronúncia.

[1504] Nos tribunais surgiram duas correntes jurisprudenciais sobre o entendimento a dar ao novo preceito legal, a que defendia a permanência das diligências de prova do inquérito nos autos para julgamento, com excepção da prova pessoal, após o trânsito em julgado do despacho de designação da data para julgamento, e a tese do arquivamento total das diligências de investigação do inquérito, sem que a querela jurisprudencial tenha sido definitivamente resolvida. Para a defesa da primeira tese Borges de Pinho, 1981: 43, e Marques Borges e Proença Fouto, 1978: 32 e 33, e para a defesa da segunda, Carlos Codeço, 1979: 94 a 98, e Castro e Sousa, 1985: 170. No entanto, a prática nos tribunais afastou-se do propósito do legislador, pervertendo-o, pois o relatório final do inquérito e até a prova pessoal constante do auto à parte eram lidos e utilizados na audiência de julgamento. Carlos Codeço (1979: 132) deu logo notícia desta prática, que se manteve ao longo dos anos (Borges de Pinho, 1981: 43, e Castro e Sousa, 1984 b: 171).

[1505] Ainda que por vezes criticando de *iure condendo* a inovação, a doutrina reconheceu que a lei nova introduziu "o princípio da apreciação judicial dos resultados do inquérito preliminar" (Carlos Codeço, 1979: 52, Rui Pinheiro e Artur Maurício, 1983: 109, Cavaleiro de Ferreira, 1986 b: 217 e 218, e Marques da Silva, 1980: 182, e 1990: 50). As vozes discordantes de António Barreiros e Castro e Sousa defendiam posições contraditórias nos seus próprios termos. António Barreiros afirmava que "passou a ser possível ao juiz exercer um controlo de mérito sobre o requerimento para julgamento em processo correccional. A situação manteve-se, no entanto, distinta da que existe para o processo de querela, na medida em que o juízo de fundo ... tem apenas em vista analisar se existe prova suficiente para admissão do feito em juízo" (António Barreiros,

694 A Reforma da Justiça Criminal em Portugal e na Europa

ção do inquérito preliminar e da instrução preparatória ia no sentido do reforço do princípio da acusação, designadamente, vedando ao juiz o controlo da omissão do Ministério Público no fim do inquérito preliminar e também no fim da instrução preparatória e confiando à reclamação hierárquica do denunciante e à acusação do assistente aquele controlo,[1506] a concessão ao juiz de julgamento do poder de sindicância preliminar do mérito da acusação apontava claramente em sentido contrário, verificando-se uma orientação contraditória da reforma.

A publicação da primeira lei orgânica dos tribunais judiciais, a Lei n. 82/77, de 6.12, e do respectivo regulamento, o Decreto-Lei n. 269/78, de 1.9, veio agudizar esta contradição.[1507]

1981a: 97 e 494, e 1989: 48 e 49) e Castro e Sousa concluía que "não se trata aqui de um verdadeiro juízo do julgador sobre o mérito do requerimento acusação, mas tão-só de um despacho com a referida função saneadora, ordenadora e comprovativa da admissibilidade do requerimento por virtude de os factos nele referenciados, e indiciados pelas declarações constantes do «auto à parte», serem abstractamente subsumíveis a qualquer tipo de crime" (Castro e Sousa, 1984 b: 168 e 169).

[1506] A jurisprudência defendeu maioritariamente que, após a entrada em vigor da Constituição de 1976, competia ao juiz a decisão de arquivamento do processo ou de mandar os autos aguardar melhor prova, quer no final da instrução preparatória quer da contraditória. A doutrina estava dividida. Rodrigues Maximiano (1981: volume 6, pp. 119 e 129), Castro e Sousa (1984 b: 253 e 259) e Germano Marques da Silva (1988: 174) consideravam que só ao Ministério Público competia aquela decisão, estando revogado tacitamente o artigo 346 do CPP e só podendo o juiz convidar o Ministério Público a alterar a sua posição, sem qualquer sanção no caso de recusa. Maia Gonçalves (1978: 446), Carlos Codeço (1979: 123 e 124), António Barreiros (1981 a: 327 a 331, 1982 b: 127, e 1983 b: 177), Luso Soares (1981: 138) e Cavaleiro de Ferreira (1986 b: 201 e 218) entendiam que o artigo 346 estava ainda em vigor. Borges de Pinho (1981: 47, 53, 63 e 167, e 1983: 135) e Figueiredo Dias (1988 a: 23) defendiam que o artigo 346 se mantinha em vigor apenas no que respeitava à instrução contraditória.

[1507] Na sessão de 7.10.1977, a proposta de lei do governo foi discutida e aprovada na generalidade por 102 votos a favor, do PS, do PCP e de dois deputados independentes, com 65 votos contra, do PSD e do CDS (Diário da Assembleia da República, n. 142, de 8.10.1977, p. 5244), e, depois da discussão e aprovação na especialidade em apenas cinco dias, foi aprovada em votação final global por 115 votos a favor, do PS e do PCP, com 69 votos contra, do PSD e do CDS (Diário da Assembleia da República, n. 143, de 15.10.1977, p. 5269). A oposição às propostas do governo centrou-se em questões de oportunidade e de mérito. No tocante ás primeiras, o deputado Menéres Pimentel considerou que as cinco "modificações estruturais" da organização judiciária impostas pela Constituição, isto é, a proibição de tribunais com competência exclusiva para julgamento de certa categoria de crimes, a unidade do estatuto dos juízes dos tribunais judiciais, "um certo autogoverno das duas magistraturas", a instituição do júri no processo criminal e a jurisdicionalização da instrução criminal, já tinham sido consagradas, com a excepção da manutenção de alguns tribunais criminais especiais "de menor significado relativo" e da revisão do estatuto dos juízes, não se justificando a apresentação da lei orgânica dos tribunais judiciais e da do Ministério Público, mas apenas a da lei sobre o estatuto dos magistrados judiciais. Por outro lado, a reforma

A lei previa a existência de tribunais de instrução criminal, com competência para proceder à instrução preparatória e contraditória e para exercer as funções jurisdicionais relativas ao inquérito preliminar e ao processo de segurança, mas o regulamento instituiu um número muito restrito de juízos de instrução, abrangendo a área da sua jurisdição um círculo judicial, com excepção dos tribunais de instrução de Lisboa, Ponta Delgada e Sintra, que abrangiam várias comarcas. Realizando inteiramente o propósito dos constituintes de 1976, a lei orgânica era, pois, defraudada pelo regulamento de 1978, que criou uma situação caótica nos tribunais de instrução, incapazes de acorrer às necessidades da prática em todos os processos em que a investigação se não restringisse à fase de inquérito preliminar.[1508]

Acresce que a lei orgânica impunha expressamente que, em matéria criminal, as funções de instrução e as de julgamento pertencessem a juízes diferentes,

---

judiciária devia ser acompanhada pela definição das linhas fundamentais da reforma das leis do processo, o que não acontecia. Em relação às questões de mérito colocadas durante a discussão, destacaram-se a da integração dos tribunais administrativos, fiscais e aduaneiros nos tribunais judiciais, a da separação das duas magistraturas, a da composição do Conselho Superior da Magistratura e a da criação dos juízes sociais.

[1508] António Barreiros, 1981 b: 69, Rui Pinheiro e Artur Maurício, 1983: 114, Borges de Pinho, 1983: 136 e 137, Castro e Sousa, 1984 b: 185 e 186, Cunha Rodrigues, 1988: 22, 23, 43 e 44, e Souto Moura, 1988: 96, e, nos meios políticos, os próprios ministros da justiça, Menéres Pimentel, 1983 a: 29, e Mário Raposo, na sua intervenção na sessão plenária da Assembleia da República de 15.5.1986 (Diário da Assembleia da República, IV Legislatura, 1985-1986, I série, n. 69, pp. 2572 e 2573), a Comissão de Assuntos Constitucionais, Direitos, Liberdades e Garantias, no seu parecer aprovado por unanimidade naquela mesma sessão de 15.5.1986 (Diário da Assembleia da República, IV Legislatura, 1985-1986, I série, n. 98, pp. 3697 a 3700), e os deputados Costa Andrade, José Magalhães, Odete Santos e Armando Lopes, nas respectivas intervenções nas sessões plenárias da Assembleia de 17.7.1986 e de 21.7.1986 (Diário da Assembleia da República, IV Legislatura, 1985-1986, I série, n. 98, pp. 3715, 3716 e 3718, e n. 99, p. 3729). A situação de ruptura, que já se tinha instalado com a subtracção à Polícia Judiciária da direcção da instrução preparatória resultante da publicação do Decreto-Lei n. 364/77, de 2.9 (Marques Borges e Proença Fouto, 1978: 85 e 86), só era sustentável porque os juízes de instrução delegavam nas polícias a realização da maior parte dos actos da instrução e, por vezes, a própria instrução, de acordo, aliás, com a doutrina de um parecer do Conselho Consultivo da Procuradoria-Geral da República de 25.11.1976, homologado por despacho do ministro da justiça de 16.2.1977, em que se defendeu uma interpretação "pragmática" da Constituição, nos termos da qual a instrução preparatória devia ser dirigida e não feita pelo juiz de instrução. Mais tarde, o legislador acabou por consagrar, na Lei n. 25/81, de 21.8, aquela prática da delegação de actos instrutórios, com a excepção do interrogatório do arguido, mas proibindo a delegação genérica da instrução. A inovação suscitou a crítica da doutrina em face do perigo da transformação dos juízes de instrução em "fantasmas distantes e com a actividade predominantemente formal" e da atribuição do controlo efectivo da instrução à polícia (Adélio Pereira André, 1982: 795 a 799, Cavaleiro de Ferreira, 1986 b: 166, Ferreira Antunes, 1983: 65, e António Barreiros, 1985: 42 e 43).

696 *A Reforma da Justiça Criminal em Portugal e na Europa*

mas, contrariando a jurisprudência uniforme do Supremo Tribunal de Justiça, determinava que a prolação do despacho de pronúncia coubesse ao juiz de julgamento.

Destarte, a garantia constituída pela existência de tribunais de instrução, cuja efectivação prática tão elevados custos tinha, ficava em grande parte desprovida de conteúdo útil.[1509]

A lei orgânica também regulamentou em termos inovadores a intervenção popular na administração da justiça. Se ao tribunal de júri, composto pelo tribunal colectivo e por oito jurados, era conferida uma competência mais limitada do que a fixada em 1975, julgando todo o tribunal apenas a matéria de facto no processo de querela quando a sua intervenção tivesse sido pedida por alguma das partes e perdendo, portanto, a competência relativa à determinação da pena, a lei nova admitia, por outro lado, a criação pela assembleia de freguesia de julgados de paz, com competência territorial na respectiva freguesia. O julgado de paz, para o qual podia ser nomeado qualquer cidadão, que reunisse determinados requisitos, tinha competência para o julgamento de transgressões e contravenções às posturas da freguesia, sempre com recurso para o tribunal de comarca.[1510]

[1509] A doutrina criticou quase unanimemente a competência do juiz de julgamento para dar a pronúncia, considerando que ela violava o princípio da acusação (Rui Pinheiro e Artur Maurício, 1983: 113, e Figueiredo Dias, 1983 a: 230, Castro e Sousa, 1985: 261, Cavaleiro de Ferreira, 1986 b: 162, e Anabela Rodrigues, 1988 a: 79). Embora não abertamente, António Barreiros pronunciou-se em defesa da previsão normativa (António Barreiros, 1983 b: 176, e 1985: 42) e também a aceitou Adélio Pereira André (1982: 802 e 803). Rodrigues Maximiano (1981: volume 6, pp. 113, 114 e 119) defendeu a compatibilidade constitucional da competência do juiz de julgamento para dar a pronúncia, se conjugada com uma interpretação restritiva do artigo 351 do CPP e com a cessação da vigência do artigo 346 do CPP e do § 2, do artigo 44 do decreto n. 35.007. Ao invés, Luso Soares (1981: 138) defendia que o poder conferido pelo artigo 346 do CPP o era apenas ao juiz de instrução.

[1510] O Decreto-Lei n. 539/79, de 31.12, que estabeleceu a organização e o funcionamento dos julgados de paz, previa que o juiz de paz sindicasse o auto de notícia ou o inquérito preliminar, com base no qual era acusado o arguido. O arguido era, em princípio, julgado sem defensor oficioso, não era admitida a constituição como assistente e o representante da acusação podia ser uma pessoa idónea nomeada pelo juiz, na falta de pessoa designada pelo Conselho Superior do Ministério Público. A prova produzida não era registada. A Assembleia da República recusou a ratificação do diploma, pela resolução n. 177/80, de 22.5, com fundamento em que a institucionalização destes tribunais, além de poder resultar na atribuição de funções jurisdicionais a uma pessoa sem preparação e dependente da maioria política na assembleia de freguesia, duplicava desnecessariamente a jurisdição da comarca. A crítica da opção política do legislador de 1977, que descaracterizava o julgado de paz em uma magistratura facultativa e não electiva, com uma competência extremamente limitada e sempre sob o domínio do juiz de direito, foi feita por Gomes Canotilho e Vital Moreira (1978: 405) e Reis Figueira (1984: 24 e 39), concluindo este último

A Jurisdição Penal Comum

Por fim, a lei orgânica extinguiu os tribunais municipais e a competência criminal dos tribunais marítimos, convertendo-se os julgados municipais em comarcas e os tribunais municipais de Lisboa e do Porto nos juízos de polícia das respectivas comarcas, mantendo-se ainda expressamente as auditorias fiscais.[1511]

O processo de supressão dos tribunais com competência criminal não integrados na organização judiciária comum, que já tinha sido iniciado com a extinção do Tribunal Colectivo dos Géneros Alimentícios pelo Decreto-Lei n. 551/76, de 13.7, só ficou concluído com a publicação do Decreto-Lei n. 173-A/78, de 8.7, que suprimiu a competência das auditorias fiscais para conhecer os ilícitos criminais, mantendo apenas a competência das referidas auditorias para conhecer os ilícitos contravencionais aduaneiros.[1512]

---

autor, já depois do fracasso da tentativa de regulamentação dos julgados de paz, que "o entusiasmo dos Constituintes pela justiça popular correspondeu à fase mais exaltada do processo político e encontra-se presentemente algo esgotado".

[1511] Os tribunais marítimos deixaram de facto de funcionar logo após a entrada em vigor da Constituição, tendo sido por isso inócua a ressalva do artigo 10 do Decreto-Lei n. 678/75, de 6.12. Este diploma que tinha procedido à revisão da matéria disciplinar do Código de 1943, manteve expressamente em vigor a competência dos tribunais marítimos em matéria penal. Na discussão da proposta de lei orgânica, a extinção da competência criminal dos tribunais marítimos reuniu o consenso do governo e da oposição, ao invés do problema da manutenção da competência contravencional destes tribunais (Diário da Assembleia da República, n. 141, p. 5211, e n. 142, p. 5232). A resolução n. 34/82, de 10.2, do Conselho da Revolução (Diário da República, I ª série, de 22.4.1982), decidiu a questão, declarando inconstitucional o artigo 83, n. 3, da nova lei orgânica dos tribunais, na sequência do parecer n. 7/82, da Comissão Constitucional, com base no argumento de que os oficiais da armada não ofereciam garantias de independência para julgar as transgressões e por isso essa sua competência violava o disposto no artigo 206 da Constituição (parecer n. 7/82, pp. 238 a 248).

[1512] Este diploma de 1978 foi publicado na sequência de duas Resoluções fundamentais do Conselho de Revolução: a resolução n. 289/77, de 22.11 (Diário da República, I ª série, de 9.11.1977), que declarou a inconstitucionalidade orgânica do decreto de reestruturação dos tribunais fiscais aduaneiros, proveniente do Ministério das Finanças e registado na Presidência do Conselho de Ministros sob o n. 1271/77, e a resolução n. 188/78, de 24.5 (Diário da República, I ª série, de 13.9.1978), que declarou a inconstitucionalidade das normas constantes do n. 1 do artigo único do Decreto-Lei n. 198/77, de 17.5, e da al. a) do artigo 2 da Lei n. 16/77, de 25.2, na parte em que atribuíam aos juízes dos tribunais de primeira instância das contribuições e impostos competência para a instrução relativa aos crimes previstos no Decreto-Lei n. 619/76, de 27.7. A primeira resolução foi antecedida pelo parecer n. 27/77, da Comissão Constitucional, e a segunda pelo parecer n. 28/77. Naquele parecer concluiu-se que, em face do conceito material de tribunal fixado pelos artigos 205 e 206 da Constituição e da proibição prevista no artigo 213, n. 3, era "apodítico" não poder manter-se a competência de autoridades administrativas para instruir e julgar crimes fiscais, embora pudesse manter-se a competência dos tribunais fiscais para julgamento de infracções que não tivessem a natureza de crimes e, transitoriamente, a competência

A Reforma da Justiça Criminal em Portugal e na Europa

Em face do fracasso do propósito dos constituintes de jurisdicionalização da instrução criminal,[1513] a primeira lei de revisão da Constituição de 1976, a

---

das auditorias fiscais para o conhecimento dos crimes cometidos até à data da entrada em vigor do diploma em apreço (parecer n. 27/77, pp. 233, 234, 237 e 240). No parecer n. 28/77, reiterou-se a conclusão relativa à inconstitucionalidade da competência criminal dos tribunais fiscais, mas com uma fundamentação diferente da anterior, assente na natureza não judicial das decisões daqueles tribunais, sendo-lhes por isso vedada a aplicação de sanções privativas da liberdade, em face do artigo 27, n. 2 da Constituição. A Comissão ponderou ainda que o estatuto dos juízes dos tribunais fiscais não oferecia garantias de protecção dos direitos fundamentais, violando a competência destes juízes para a instrução relativa às infracções tributárias o disposto no artigo 32, n. 4 da CRP (parecer n. 28/77, pp. 259 e 261). A diferente linha argumentativa dos pareceres reflectia uma dissonância essencial relativamente ao sentido da reserva constitucional da função jurisdicional, com implicação directa na questão magna da admissibilidade de um direito de mera ordenação social, com sanções de natureza estritamente patrimonial aplicáveis pela autoridade administrativa e recorríveis para os tribunais, como se verificaria na discussão sobre a inconstitucionalidade das disposições do Decreto-Lei n. 232/79, de 24.7, que instituiu aquele ilícito (parecer n. 4/81, pp. 254 a 260). Nos termos da doutrina firmada pela Comissão Constitucional nos pareceres n. 27/77 e n. 28/77, o Decreto-Lei n. 173-A/78 previa a competência das auditorias apenas para os crimes cometidos até ao fim da primeira sessão legislativa. Mais tarde, a Comissão Constitucional pronunciou-se ainda, no acórdão n. 443, de 31.3.1982 (in BMJ n. 317, pp. 101 a 107), no sentido da inconstitucionalidade da norma constante do artigo 55, n. 6, do Contencioso Aduaneiro de 1941, por violação da reserva da função jurisdicional aos tribunais, na parte em que atribuía aos comandantes da guarda fiscal competência para instruir processos por delitos fiscais aduaneiros, proferir despacho de indiciação e julgar os delitos. Não obstante a jurisprudência da Comissão sobre a proibição constitucional, logo em 1983 foi ponderado o regresso de tribunais especiais para este tipo de criminalidade em face da intensificação do contrabando (Lopes Rocha, 1983 c: 130 e 131).

[1513] O propósito do legislador constituinte de 1976 de impor "um juiz de instrução" e não "um juiz da instrução" era considerado por Figueiredo Dias (1981: 54), nas vésperas da revisão constitucional de 1982, como "notoriamente excessivo", concluindo mesmo o autor que aquele propósito "corta em demasia, disso não tenho dúvidas, a liberdade do legislador ordinário na conformação da instrução processual". A solução da Constituição, que fazia temer a ruptura do sistema, deveria ser substituída, ainda segundo Figueiredo Dias, por uma outra, que atribuísse ao juiz apenas uma instrução contraditória e rápida, intermédia entre a fase de investigação do Ministério Público e o julgamento (Figueiredo Dias, 1981: 88, 92 e 93). A concepção de juiz de instrução da Constituição era tão criticável como a da lei de 1972, devendo o juiz de instrução exercer somente as funções que directamente se prendessem com as liberdades fundamentais durante a instrução preparatória (Figueiredo Dias, 1976 b: 107, e 1979: 165 e 166). Simultaneamente, o pensamento de Figueiredo Dias afastou-se das sugestões de Franco Cordero de "redução do processo ao debate" e de "restituição ao Ministério Público do seu papel de parte", dirigindo uma fase "pré-processual" de recolha de prova "sem eficácia probatória"(Franco Cordero, 1966: 157 a 160, 175 a 178, 209 a 215, e 222 a 225, e 1979: 455 e 456), e do *Progetto Preliminare* italiano, de 1978, de construção de uma fase pré-processual de investigação, por força dos seus "inevitáveis inconvenientes ao nível da sua exequibilidade prática", concebendo, ao invés, o inquérito como uma fase processual (Figueiredo Dias, 1988 a: 7 e 8). Também Anabela Rodrigues concluiu que a opção pela

A Jurisdição Penal Comum

Lei Constitucional n. 1/82, de 12.8, procedeu a uma alteração substancial do sentido da anterior opção constitucional, restringindo o conteúdo essencial do conceito constitucional de instrução à garantia da reserva ao juiz de todos os actos de investigação criminal que se prendessem directamente com os direitos fundamentais, bem como à faculdade de o arguido suscitar uma apreciação judicial sobre a decisão de o submeter a julgamento, podendo, contudo, o juiz de instrução delegar a prática de actos instrutórios que se não prendessem directamente com os direitos fundamentais.[1514]

---

integral jurisdicionalização da investigação esqueceu que não havia a concatenação legal mínima entre o juiz de instrução, o Ministério Público e o juiz de julgamento, não se verificavam condições materiais para a solução funcionar e a magistratura do Ministério Público era autónoma no novo quadro constitucional (Anabela Rodrigues, 1988 a: 64 e 67). Ainda no sentido da proposta de Figueiredo Dias, pronunciaram-se Jorge Miranda (1980: 36) e Barbosa de Melo, Cardoso da Costa e Vieira de Andrade (1981: 52). Ao invés, Francisco Sá Carneiro (1979: 38) manifestou-se de novo no sentido da jurisdicionalização de toda a instrução, nela incluindo a instrução preparatória, admitindo, no entanto, que a situação transitória prevista no n. 3 do artigo 301 do texto inicial da Constituição "está para durar".

[1514] Foram apresentadas três propostas de alteração do texto constitucional, uma da comissão eventual, outra do PCP e a terceira da AD, tendo sido aprovada a primeira por 145 votos a favor e 42 contra, rejeitada a segunda e aprovada a terceira por 94 votos a favor, com 37 votos contra e 43 abstenções. Os deputados Costa Andrade e Vital Moreira reconheceram que a proposta que fez vencimento correspondia à eliminação do princípio da jurisdicionalização integral da instrução criminal, entendendo este deputado que a solução adoptada comportava riscos e aquele que ela garantia todos os interesses em jogo e, designadamente, "o interesse da comunidade na justa e eficaz repressão da criminalidade" e "o interesse da repressão em condições de salvaguarda de todos os direitos dos arguidos" (Diário da Assembleia da República, n. 121, de 11.6.1982, pp. 4178 a 4181, e n. 125, de 23.7.1982, pp. 5285 e 5286). A Lei 1/82 foi interpretada de três formas distintas, considerando uns que ela apenas constitucionalizava a solução da Lei n. 25/81, de 21.8, sem modificar o conceito constitucional de uma instrução judicializada (António Barreiros, 1982 b: 128, Cunha Rodrigues, 1984: 36 a 38, e Cavaleiro de Ferreira, 1986 a: 151, e 1986 b: 87, 108, 122), afirmando outros que ela implicava uma revisão daquele conceito constitucional no sentido da diminuição das garantias da defesa, com o alargamento da solução da Lei n. 25/81 a qualquer polícia ou autoridade administrativa (Adélio Pereira André, 1982: 795, 814 a 817, Rui Pinheiro e Artur Maurício, 1983: 117 a 119, Borges de Pinho, 1983: 134, e Castro e Sousa, 1984 b: 188 e 189, e 1985: 189 e 190), e defendendo ainda outros que ela implicava aquela revisão, mas sem que houvesse diminuição das garantias da defesa (Figueiredo Dias, 1988 a: 24, Anabela Rodrigues, 1988 a: 68, e Germano Marques da Silva, 1990: 57 a 60). É de notar que a posição de António Barreiros não permaneceu inalterada. Este autor sustentava em 1982 que, com a excepção da validação da prática das deprecadas do juiz de instrução, tudo tinha ficado na mesma, não encontrando o legislador ordinário na Constituição uma orientação de política criminal para o novo CPP (António Barreiros, 1982 b: 128). Após a publicação do novo Código Penal, António Barreiros passou a falar de uma "incomunicação axiológica" entre a nova lei penal e a lei processual penal vigente, contrapondo o "liberalismo substantivo" à "autoridade processual" e salientando a transferência do "tónus repressivo do sistema" para fases pré-processuais, não directa-

A última modificação das formas de processo do anterior CPP foi a introduzida pelo Decreto-Lei n. 402/82, de 23.9, na sequência da revisão constitucional de 1982 e da publicação do novo Código Penal. Este diploma procedeu à eliminação da categoria da prisão maior e, consequentemente, a uma nova delimitação das formas de processo correccional e de querela. O âmbito do processo de querela foi restringido aos crimes puníveis com pena de prisão superior a três anos ou com pena de demissão e, concomitantemente, o do processo correccional e do processo sumário foi alargado aos crimes puníveis com pena até três anos de prisão, com a consequência de a prisão preventiva fora de flagrante delito poder ter lugar quer no processo de querela quer no correccional. O legislador consagrava, contra o parecer da doutrina, a prática que se tinha instalado nos tribunais.[1515]

---

mente fiscalizadas pelo poder judicial. A "revisão do estatuto epistemológico do processo penal", com base nas "grandes escolhas" do novo Código Penal e, designadamente, na retroacção dos fins das penas e do contraditório às fases iniciais do processo, foi então advogada pelo autor (António Barreiros, 1983 a: 10 a 12, e 1983 c: 86 e 90, e, de igual modo, Mário Gomes Dias, 1983: 69 a 72, 75 e 76). O instrumento técnico para realização deste objectivos seria o da rejeição da duplicidade da instrução e do inquérito e a consagração do inquérito como "forma-regra de averiguação pré-acusatória" e de uma instrução judicial facultativa, intervindo o juiz também no inquérito para autorizar diligências relativas a direitos fundamentais do arguido (António Barreiros, 1983 c: 94 e 103, e 1985: 13), com o que o autor abandonava a sua posição anterior da jurisdicionalização integral da instrução (António Barreiros, 1981b: 69 e 126). Já depois da publicação do novo CPP, o autor afirmou mesmo que, na ausência de "sinais claros de legitimação" no texto constitucional, se devia proceder à constitucionalização de uma "política criminal liberta de armaduras proteccionistas actualmente dispensáveis", de que era exemplo a reserva da instrução para o juiz, de modo a constitucionalizar o domínio do Ministério Público sobre o inquérito (António Barreiros, 1988 a: 437, 439 e 443). Diferentemente, Figueiredo Dias (1988 a: 24) e Anabela Rodrigues (1988 a: 68) consideravam que a revisão constitucional tinha consagrado um novo conceito de instrução que se identificava com a garantia da reserva judicial de todas as funções que directamente se prendessem com as liberdades fundamentais do arguido, com a consequente atribuição das funções investigatórias de natureza policial a outros órgãos. Em termos algo semelhantes, Germano Marques da Silva (1990: 57 a 59) admitia que o conceito constitucional de instrução tinha sido restringido, definindo-o por via de uma "interpretação actualista" em termos semelhantes aos propostos por Figueiredo Dias. O Tribunal Constitucional sancionou expressamente, no acórdão n. 7/87, de 9.1.1987 (in Diário da República, I Série, de 9.2.1987), o entendimento destes autores, afastando-se das considerações dos conselheiros Vital Moreira e Monteiro Diniz, que defendiam a segunda das três teses atrás referidas.

[1515] Após a entrada em vigor do Decreto-Lei n. 605/75, os tribunais continuaram a aplicar a forma de processo sumário apenas aos crimes puníveis com prisão não superior a seis meses e às transgressões, uma vez que os artigos 67 e 556 do CPP não tinham sido modificados, não obstante a abolição da forma de processo de polícia. Posteriormente, o Decreto-Lei n. 377/77 mandou aplicar o processo sumário no julgamento das infracções a que correspondesse processo correccional, sem qualquer menção à limitação prevista no artigo 67 do CPP, pelo que os tribunais e

A Jurisdição Penal Comum

2. O Anteprojecto de Código de Processo Penal de Maia Gonçalves (1983)

Logo após a publicação do novo Código Penal, o ministro da justiça, Dr. Menéres Pimentel, solicitou ao então juiz desembargador Maia Gonçalves a elaboração de um anteprojecto do novo código de processo penal. O magistrado desempenhou-se da sua tarefa, apresentando um "Anteprojecto de Código de Processo Penal" elaborado com base em uns trabalhos preparatórios realizados por uma comissão nomeada pelo segundo governo constitucional para a feitura de um novo código de processo penal e presidida pelo Professor Eduardo Correia.[1516]

O anteprojecto estava dividido em dois livros, o primeiro com disposições sobre os princípios do processo penal e o estatuto das partes processuais e o segundo com disposições sobre os meios de prova, as medidas de coacção, as formas de processo, os recursos, a execução das penas e a responsabilidade por imposto de justiça e custas, totalizando 558 artigos.

O anteprojecto previa a existência de apenas uma forma de processo comum e de onze formas especiais, incluindo-se nestas o processo sumário, o processo de ausentes, o processo por difamação e injúria, o processo por infracções

---

alguma doutrina passaram a considerar o âmbito desta forma de processo alargado a todos os crimes a que fosse aplicável o processo correccional (Marques Borges e Proença Fouto, 1978: 16, António Barreiros, 1978: 93 e 94, e 1989: 324 e 325, e Borges de Pinho, 1981: 71 e 72). O diploma de 1982 consagrou, pois, o sentido da evolução da prática jurisprudencial. A doutrina censurou esta inovação, tendo Figueiredo Dias criticado esta opção como simultaneamente excessiva, porque previa a aplicação de uma pena de prisão até três anos com um formalismo muito simplificado, que dispensava toda a investigação, e insuficiente, porque não respondia adequadamente ao problema da pequena criminalidade, sobretudo não sendo caso de aplicação de pena de prisão (Figueiredo Dias, 1983 a: 234). Também Castro e Sousa considerou que a modificação legislativa de 1982 não se harmonizava com "a ideia mestra da legislação processual penal portuguesa posterior à Revolução de 1974 que aponta para o reforço das garantias dos arguidos" (Castro e Sousa, 1985: 25, e, já antes, 1984 a: 52 e 53). Cavaleiro de Ferreira salientou que a evolução verificada não correspondia à tradição nacional, que só admitia esta processo sumário relativamente a crimes puníveis com pena até seis meses de prisão, nem à natureza e aos trâmites desta forma do processo (Cavaleiro Ferreira, 1986 b: 64 e 154).

[1516] Os estudos preparatórios elaborados no âmbito dessa comissão foram "Uma Sugestão de Plano do Futuro Código de Processo Penal" e "Livro I. Do Processo em Geral (Fundamentos do Processo Penal)", ambos de Figueiredo Dias, "Livro IV. Da Tramitação do Processo em Primeira Instância. Título I. Do Processo Preliminar", de Robin de Andrade, "Esboço Inicial para um Ante-projecto do Código de Instrução Criminal" e "Da Sessão ou Audiência de Julgamento, Recursos", ambos de Hernâni de Lencastre, "Do Processo de Ausentes", de Almeida Simões, e "Das Execuções", de Maia Gonçalves. Estes trabalhos não chegaram a ser discutidos, segundo informa Figueiredo Dias (1983 a: 193).

702 A Reforma da Justiça Criminal em Portugal e na Europa

cometidas por magistrados, o de reforma de processos perdidos e o novo processo de revisão e confirmação de sentenças estrangeiras,[1517] mas omitindo-se a forma de processo de transgressões, em harmonia com a opção política de eliminação da categoria das transgressões e de introdução do ilícito de mera ordenação social.[1518]

A forma de processo comum correspondia aos processos de querela e correccional do direito vigente, só no julgamento se distinguindo os casos em que intervinha o juiz singular, o tribunal colectivo e o júri. A justificação dada para a inovação era a de que a coexistência das duas formas de processo estava a ser fonte de frequentes conflitos de competência, especialmente após a entrada em vigor do novo Código Penal, sendo certo que as diferenças de formalismo entre estas formas de processo, que respeitavam sobretudo a prazos e ao número de testemunhas, constituíam "divergências facilmente ultrapassáveis".[1519]

O processo iniciava-se com um inquérito, cuja realização competia ao Ministério Público ou à Polícia Judiciária, mas sob a direcção do Ministério Público, visando a comprovação da existência de um crime e a determinação dos seus agentes.[1520] O juiz de instrução exercia as funções jurisdicionais durante o inquérito e, designadamente, as relativas à validação da captura, à manutenção da prisão preventiva e à aplicação provisória de medidas de segurança.[1521]

[1517] O autor do anteprojecto ponderou a criação de uma forma de processo sumário com citação directa fora de flagrante delito aplicável em todos os casos de crimes particulares. O propósito era o de "simplificar a tramitação de muitos processos, designadamente a do processo especial por difamação e injúrias". Contudo, esta inovação foi afastada por poder conduzir à "situação intolerável de alguém poder, sem mais, fazer submeter outrem a um julgamento" (Maia Gonçalves, 1983: 21). Manteve-se, pois, o processo sumário para os casos de flagrante delito, com a recente alteração do direito vigente relativa ao alargamento do âmbito do objecto desta forma de processo a crimes puníveis com pena até três anos de prisão. O processo de segurança, o processo complementar, o processo gracioso, o processo de extradição e o processo de expulsão de cidadão estrangeiro seriam objecto de lei especial.

[1518] Maia Gonçalves, 1983: 27.

[1519] Maia Gonçalves, 1983: 26.

[1520] O Anteprojecto reproduzia, no artigo 61, n. 3, os termos do artigo 36, n. 3, do projecto apresentado por Figueiredo Dias em 1977 sobre os "fundamentos do processo penal": "Sem prejuízo da competência do juiz de instrução criminal, cabe ao Ministério Público a direcção do inquérito preliminar, pertencendo-lhe igualmente o poder de direcção e de controlo das actividades exercidas em vista do processo por quaisquer entidades não judiciais, nomeadamente policiais, que devam efectuar aquele inquérito ou praticar actos a ele pertencentes".

[1521] A estrutura do processo comum no projecto de 1983 assentava, nas palavras do seu autor, em "um sistema que se aproxima do Decreto-Lei n. 35.007, de 13 de Outubro de 1945, mas em que se dá ao arguido a faculdade de, nos casos mais graves em que a sua liberdade provisória não fosse admissível ou pudesse ser posta em risco, requerer, logo que fosse ouvido, a abertura da instrução, a funcionar desde logo como contraditória", com o que se procurava "encontrar um

A Jurisdição Penal Comum

O inquérito terminava quando o juiz de instrução o avocasse ou quando o Ministério Público deduzisse acusação ou determinasse o arquivamento dos autos. Neste último caso, o denunciante podia reclamar para o procurador-geral distrital. Além deste controlo, o procurador-geral adjunto podia determinar oficiosamente a reabertura de qualquer processo arquivado, com a excepção dos da Polícia Judiciária, mantendo-se a comunicação da relação trimestral dos arquivamentos à Procuradoria-Geral Distrital, com o aperfeiçoamento proposto no anteprojecto de 1973 da junção de cópia dos despachos de abstenção.[1522]

A instrução criminal, que prosseguia o mesmo fim do inquérito e também era secreta, tinha lugar nos processos por crimes que não admitissem liberdade provisória, quando o arguido a pedisse. Requerendo o arguido a abertura da instrução até dois dias depois de ter sido ouvido como tal ou, quando não fosse ouvido como tal, até ao termo do inquérito, o inquérito em curso podia prosseguir em simultâneo com a instrução, mas considerava-se "realizado por delegação do juiz de instrução, enquanto não for por este avocado" (artigo 273). Durante a instrução o arguido podia consultar os autos, apresentar memoriais e requerer a realização de diligências de prova, mas não podia assistir a estas diligências.

A instrução findava com a prolação pelo juiz de um despacho, que verificava a existência ou não de indícios suficientes da prática do crime e da identidade dos seus autores.[1523]

---

ponto de equilíbrio entre a premência de rapidez e eficácia das investigações e a exigência, feita na Constituição da República, de que a instrução seja judicial e contraditória" (Maia Gonçalves, 1983: 20). Com a divisão da fase instrutória em duas fases, uma sob o controlo do Ministério Público e outra do juiz de instrução, e a reserva ao juiz dos actos relativos a liberdades fundamentais praticados na primeira fase processual, o autor seguia a sugestão já feita em 1977 nos articulados de Hernâni Lencastre (1977: 4) e de Robin de Andrade (1977: 6 e 7).

[1522] Deste modo, o autor afastou-se das propostas dos articulados de Figueiredo Dias e de Robin de Andrade de 1977. Figueiredo Dias sugeria que o denunciante com faculdade de se constituir assistente pudesse recorrer do despacho de abstenção, que não tivesse acusado por todos ou alguns dos factos denunciados, para o tribunal imediatamente superior ao competente para julgamento, sendo o Ministério Público obrigado a deduzir acusação se o tribunal de recurso assim o decidisse (Figueiredo Dias, 1977: 39). Diferentemente, Robin de Andrade propunha que o denunciante que se tivesse constituído como assistente pudesse requerer a abertura da instrução contraditória no processo de querela ou deduzir acusação no processo correccional caso o Ministério Público se abstivesse de acusar ou o inquérito não tivesse sido concluído dentro do prazo de noventa dias contados da notícia da infracção no processo de querela e quarenta e cinco dias no processo correccional (Robin de Andrade, 1977: 15).

[1523] O Anteprojecto afastou-se da solução proposta por Hernâni de Lencastre, nos artigos 38 e 39 do seu articulado sobre a fase de "pré-instrução" e instrução, e por Robin de Andrade, nos artigos 45 a 50 do seu articulado sobre "o processo preliminar". Ambos os articulados destes autores previam a realização de uma audiência contraditória na instrução com vista à produção da prova e à prolação do despacho de formação da culpa, sendo esta audiência obrigatória no pro-

O agente do Ministério Público junto do tribunal de julgamento deduzia acusação ou abstinha-se de acusar, podendo o assistente também acusar, independentemente da posição do Ministério Público.[1524]

O despacho de pronúncia no processo com intervenção do tribunal colectivo ou do júri e o despacho de designação de data para julgamento no processo julgado por juiz singular, que consubstanciava igualmente um despacho de sindicância e recebimento material da acusação, competiam ao magistrado que julgava a causa, podendo o juiz ordenar que o processo voltasse com vista ao Ministério Público para inclusão de factos diversos dos apontados pelo Ministério Público de que resultasse uma alteração substancial dos factos ou para dedução da acusação, quando o Ministério Público se tivesse abstido de acusar.[1525] Se é certo que o anteprojecto previa que o juiz que tivesse dirigido a instrução ou que tivesse participado nesta ou no inquérito em actividade judicial que implicasse a recolha ou apreciação da prova ficava impedido de intervir no julgamento, consagrando deste modo a doutrina do artigo 23, n. 2 do articulado de Figueiredo Dias de 1977, os poderes de sindicância da acusação pelo tribunal de julgamento frustravam aquele princípio, prejudicando gravemente a imparcialidade do tribunal de julgamento. Acresce que o Anteprojecto retomava rigorosamente as soluções muito amplas do Anteprojecto de 1973 no que respeitava ao poder do tribunal para modificar o objecto do processo e a qualificação jurídica dos factos constantes da acusação, tornando consideravelmente mais flexível este poder.[1526] A fidelidade ao princípio da acusação, afirmada pelo artigo 5, n. 3 do anteprojecto, era, pois, contrariada por uma estrutura do processo que pervertia na sua raiz aquele princípio.

---

cesso a que correspondesse pena maior e facultativa nos restantes processos no projecto de Hernâni de Lencastre e sempre facultativa no projecto de Robin de Andrade. Este último autor subdividia, aliás, a fase de instrução em uma fase preparatória e outra contraditória, tendo a primeira lugar apenas no processo de querela e sempre que o Ministério Público o pedisse ou a acusação tivesse sido deduzida pelo assistente. A abertura da instrução contraditória ocorria mediante requerimento do arguido, que no processo de querela podia ser apresentado após a dedução da acusação pelo Ministério Público ou pelo assistente ou após a prolação da pronúncia e no processo correccional somente no caso de dedução de acusação pelo assistente.

[1524] Era a posição expressamente consagrada no artigo 38, n. 2, al. a), do articulado apresentado em 1977 por Figueiredo Dias (1977: 39), que agora era reproduzida no artigo 63, n. 2, al. b), do projecto de Maia Gonçalves.

[1525] Este dado do direito positivo, que o anteprojecto acolhia, contrariava a opinião defendida anteriormente pelo autor, no artigo 35, al. c) do anteprojecto de 1973 e na sua nota justificativa, e era pelo próprio ministro da justiça considerado uma "grosseira violação da Constituição" (Menéres Pimentel, 1983 b: 15).

[1526] Germano Marques da Silva considerava, com razão, que esta regulamentação enfraquecia o princípio da acusação (Germano Marques da Silva, 1990: 369 e 370).

A *Jurisdição Penal Comum* 705

Do mesmo passo, a concretização dos objectivos expressamente enunciados da simplificação do formalismo processual e do aumento da rapidez da fase instrutória[1527] fracassava por completo em virtude da duplicação desnecessária do momento processual da indiciação do arguido, repartindo-o entre o juiz da instrução e o juiz de julgamento, com a correspondente duplicação dos meios de recurso, já que quer o despacho de encerramento da instrução quer o de recebimento da acusação admitiam recurso.[1528]

Ao invés, a observância do princípio da imediação era substancialmente melhorada no julgamento dos crimes que fossem puníveis com pena de prisão, apesar de subsistirem a limitação do direito vigente relativa à inquirição das testemunhas residentes fora da comarca já ouvidas no processo, a faculdade do confronto das testemunhas com os respectivos depoimentos prestados anteriormente nos autos e a leitura imediata dos depoimentos das testemunhas que tivessem falecido e das testemunhas que estivessem impossibilitadas de comparecer em julgamento por motivo que tivesse ocorrido depois de a testemunha ter sido oferecida. Com efeito, previa-se mais restritivamente do que no direito vigente e no anteprojecto de 1973 que a leitura do depoimento de qualquer testemunha faltosa só poderia ter lugar quando o julgamento não pudesse ser adiado ou fosse impraticável a sua comparência, o que obrigava, em regra, à verificação de um adiamento antes da leitura do depoimento no caso de testemunhas que não estivessem impossibilitadas de comparecer.[1529]

[1527] Maia Gonçalves, 1983: 19.

[1528] A outra inovação consagrada com vista à consecução daqueles objectivos era a da relevância da confissão sem reservas de todos os factos da acusação pelo arguido quando o Ministério Público e o assistente não lhe deduzissem oposição, podendo o tribunal determinar a passagem imediata à fase de alegações e considerando-se como provados os factos da acusação. Contudo, o único benefício previsto para o réu era o da redução do imposto de justiça quando os factos fossem confessados na contestação.

[1529] O Anteprojecto de 1982 ficava, no entanto, aquém do regime do articulado de Hernâni de Lencastre de 1977, que realizava melhor o princípio da imediação. Neste articulado, só se admitia a valoração em julgamento da prova produzida antecipadamente diante do juiz de instrução e com a presença dos diferentes sujeitos processuais, podendo também as testemunhas que depois de arroladas tivessem ficado impedidas de comparecer em julgamento e as testemunhas entretanto falecidas ser substituídas por novas testemunhas. Em nenhuma outra circunstância era admitida a leitura dos depoimentos das testemunhas ou das declarações do arguido prestados antes da audiência de julgamento. Esta sugestão conjugava-se, aliás, com a proibição de valoração da prova introduzida por Robin Andrade na sua proposta de articulado para a tramitação do "processo preliminar". Com efeito, as peças escritas do inquérito ficavam na posse do Ministério Público, não sendo juntas aos autos, que começavam com a dedução da acusação, e não podendo ser invocados em juízo quaisquer depoimentos das testemunhas ou declarações do suspeito produzidos no inquérito.

706 *A Reforma da Justiça Criminal em Portugal e na Europa*

No julgamento com júri, a votação dos jurados não era precedida de qualquer relatório do juiz presidente sobre a prova, omitindo-se a faculdade de os jurados consultarem o processo e prevendo-se apenas a possibilidade de eles solicitarem ao juiz presidente esclarecimentos para o "bom entendimento dos quesitos" (artigo 392, n. 2) e já não os que entendessem necessários, como permitia o direito vigente.

A observância do princípio da imediação era ainda muito incentivada pela nova regulamentação do processo de ausentes. Esta forma de processo sofria uma "remodelação total", que tinha em particular atenção a crítica recente de Eduardo Correia e o facto desta forma de processo beneficiar "os réus mais afortunados ou mais expeditos na fuga à justiça".[1530]

Diferentemente do articulado de Simões de Almeida de 1977, em que se optava pela realização ou de uma audiência para recolha de provas, com intervenção de um defensor, no caso de não ter sido possível notificar o arguido do despacho de pronúncia ou de marcação de dia para o julgamento, ou de um julgamento sem a presença do arguido e sem registo da prova, no caso de ele ter sido notificado para julgamento por um crime punível com pena de prisão e não comparecer nem justificar a falta,[1531] no Anteprojecto de 1983 restringia-se o julgamento na ausência do réu aos casos de bagatelas penais, em que o crime não fosse punível com pena de prisão e "em que o princípio do contraditório não é imperioso".[1532]

Nos restantes casos, o processo ficava suspenso até que o arguido fosse detido ou comparecesse, podendo determinar-se o arresto dos bens do acusado suficientes para garantia do pagamento da indemnização e das custas e a anulação dos actos de disposição de bens do faltoso praticados após o cometimento do crime com vista a prejudicar aquele pagamento. A prova susceptível de se perder até ao julgamento ou que só pudesse vir a produzir-se no julgamento mediante deslocação difícil ou dispendiosa da testemunha era logo registada.

A regulamentação dos recursos, embora "conjectural",[1533] era mais gene-

---

[1530] Maia Gonçalves, 1983: 28.

[1531] Neste caso, o arguido poderia recorrer da sentença, em recurso circunscrito à matéria de direito, ou requerer novo julgamento, desde que alegasse e provasse que não tinha sido por sua vontade que tinha faltado ou demonstrasse que se verificavam "outros fundamentos que tornem necessária a renovação do processo" (Simões de Almeida, 1977: 5). A proposta do autor, que confessadamente se inspirava em um trabalho cedido por Eduardo Correia, tinha uma especial preocupação em observar as limitações decorrentes da resolução de 21.5.1975 do Comité de Ministros do Conselho da Europa.

[1532] Maia Gonçalves, 1983: 28.

[1533] Esta regulamentação era "conjectural", porque considerada dependente da reforma do processo civil (Maia Gonçalves, 1983: 22).

rosa do que a do direito vigente, permitindo uma sindicância mais ampla da decisão de facto, apesar da abolição dos recursos obrigatórios.

Assim, seguindo as soluções propugnadas por Hernâni de Lencastre, nos artigos 68 e 69 do seu articulado sobre a audiência de julgamento e os recursos, o Anteprojecto previa a possibilidade de o Tribunal da Relação alterar a matéria de facto quando em processo julgado por juiz singular tivesse sido registada a produção da prova na instância e não se tivesse prescindido do recurso nesta matéria,[1534] bem como em processo julgado pelo tribunal colectivo nos termos permitidos pelo processo civil para a alteração da matéria de facto constante das respostas aos quesitos. No caso de impugnação da decisão do júri sobre a matéria de facto o recurso era interposto directamente para o Supremo Tribunal de Justiça com algum dos fundamentos previstos no artigo 712 ns. 1 e 2 do CPC, admitindo-se também recurso restrito à questão de direito do acórdão de primeira instância para aquele Alto Tribunal. No entanto, a manutenção do regime da *reformatio in pejus* pelo tribunal superior introduzido em 1969 continuava a constranger o uso pela defesa do direito ao recurso.

3. A desconstrução jurisprudencial da estrutura do processo consagrado no Código de Processo Penal de 1929

A reforma legislativa da organização judiciária característica do anterior modelo judiciário ficou concluída em Julho de 1978, com a supressão da competência das auditorias fiscais para conhecer os ilícitos criminais. Ao invés, a desconstrução da estrutura do processo consagrado no Código de 1929 prolongou-se muito para além daquela data e ficou a dever-se à actividade dos órgãos jurisdicionais máximos de fiscalização da constitucionalidade, a Comissão Constitucional, o Conselho da Revolução e o Tribunal Constitucional.

A desconstrução da estrutura do processo consagrado no Código de 1929 teve três fases distintas: uma primeira, atinente à censura pela Comissão Consti-

---

[1534] Embora se entendesse que o registo da prova durante o julgamento era matéria que devia ser revista "em face das conclusões a que se chegar no processo civil" (Maia Gonçalves, 1983: 22), mantinha-se o regime do direito vigente de registo da prova produzida na audiência com intervenção de um juiz singular, a requerimento de alguma das partes. O autor do anteprojecto fez menção de que se tinha deste modo abandonado a ideia do anteprojecto de 1973 com fundamento em que "sucede ainda que os mais perfeitos meios técnicos de gravação, mesmo de gravação integral, como por todos os quadrantes é reconhecido, não conseguem reproduzir com um mínimo de fidelidade globalmente aceitável tudo aquilo que o julgador deve levar em conta, desde a conformação da personalidade do delinquente até à situação da vítima" (Maia Gonçalves, 1983: 22).

708   *A Reforma da Justiça Criminal em Portugal e na Europa*

tucional e pelo Conselho da Revolução da violação do princípio da imediação por vários preceitos fundamentais do CPP do 1929, uma segunda, respeitante à censura pelo Tribunal Constitucional da deficiente garantia do duplo grau de jurisdição pelo CPP, e uma terceira fase, referente à censura pelo Tribunal Constitucional do regime de alteração da qualificação jurídica na primeira e na segunda instância previsto pelo CPP de 1929. No final desta fase, as características essenciais da estrutura do processo do CPP de 1929 relativas à concretização dos princípios da acusação e da imediação e da garantia do recurso tinham sido profundamente modificadas.[1535]

O início da primeira fase do referido processo de desconstrução teve lugar com a publicação da resolução n. 62/78, de 19.4, do Conselho da Revolução,[1536] que declarou, com força obrigatória geral, a inconstitucionalidade dos §§ 1, 2 e 3 do artigo 418 do CPP, por violação do artigo 32, ns. 1 e 5, da Constituição, na sequência do parecer n. 12/78, da Comissão Constitucional.[1537] O estudo do Professor Eduardo Correia sobre a necessidade de reforma do CPP relativamente a réus presentes, ausentes e contumazes, em curso de publicação na data da prolação do parecer n. 12/78, influenciou decisivamente a Comissão, da qual, aliás, o Professor Eduardo Correia fazia parte. Naquele estudo, cuja argumentação o Parecer reproduziu, o autor viria a concluir que o regime legal "esqueceu as exigências do princípio da imediação" e contrariava "frontalmente" o princípio do contraditório, razão pela qual devia ser revogado.[1538] Esta doutrina foi reforçada pelo acórdão n. 164, de 10.7.1979, também da Comissão Constitucional,[1539] tendo aquele parecer e este acórdão marcado o início da concretização judicial do princípio das garantias da defesa e da tutela constitucional do princípio da imediação em face da nova Constituição.

[1535] Os acórdãos da Comissão Constitucional e do Tribunal Constitucional que se citam foram seleccionados por terem sido os primeiros a decidir as questões em causa ou por as terem decidido com força obrigatória geral. Só quando a especial relevância do conteúdo doutrinário da decisão o justifique se citam acórdãos que tenham abordado uma questão já decidida por um outro acórdão.

[1536] Diário da República, Iª série, de 10.5.1978.

[1537] Parecer n. 12/78, pp. 79 a 84.

[1538] Eduardo Correia, 1977 b: n. 3599, p. 211, e n. 3693, pp. 365 e 366.

[1539] O acórdão n. 164, da Comissão (in BMJ, n. 291, pp. 318 a 328) declarou inconstitucional a norma constante do último período do primeiro parágrafo do artigo 61, n. 4, do Código da Estrada, que fazia equivaler à condenação o pagamento voluntário da multa feito depois de instaurado o processo, na parte em que permitia "a aplicação da inibição da faculdade de conduzir como efeito automático do pagamento". A aplicação desta sanção sem que fosse precedida de uma audiência de julgamento, a que o arguido pudesse estar presente, assistido por um defensor, e onde pudesse estabelecer-se o contraditório, violava o artigo 32 da Constituição e "o princípio constitucional de defesa".

Assim, na sequência do parecer n. 18/81, da Comissão Constitucional,[1540] o Conselho da Revolução aprovou também a resolução n. 146-A/81, de 29.6,[1541] declarando, com força obrigatória geral, a inconstitucionalidade da mais importante disposição do CPP sobre o aproveitamento em julgamento da prova anteriormente realizada, o artigo 439 do CPP. Esta disposição, "na medida em que permite a leitura em audiência de julgamento de depoimentos de testemunhas de acusação que não compareçam naquela audiência e às quais o arguido não tenha tido previamente a possibilidade jurídica de interrogar ou fazer interrogar", padecia de inconstitucionalidade, não tanto por força do princípio do contraditório, mas dos princípios da oralidade e da imediação. Estes princípios, tutelados constitucionalmente como "reflexos" das garantias da defesa consagradas no artigo 32, n. 1, da Constituição, eram violados sempre que, "sem fundamento bastante para além da falta da testemunha, e sem ter tido previamente possibilidade de a interrogar ou fazer interrogar, o arguido ouve ler depoimentos contra si dirigidos e que são validamente aceites como meios de prova".[1542] Esta decisão veio a ser esclarecida pelo acórdão n. 449, de 22.6.1982, da Comissão Constitucional,[1543] que, confrontada com a tarefa da definição dos sentidos possíveis da expressão "possibilidade jurídica de interrogar ou fazer interrogar", considerou como a "interpretação que melhor se casa com o parecer desta Comissão" a de que o depoimento da testemunha prestado na instrução preparatória só podia ser aproveitado na audiência de julgamento quando ela estivesse absolutamente impossibilitada de comparecer e essa testemunha tivesse sido reinquirida durante a instrução contraditória com a assistência do arguido ou sem ela, tendo neste caso o arguido sido devidamente notificado para o efeito. A realização da instrução contraditória só por si não

---

[1540] Parecer n. 18/81, pp. 147 a 160.

[1541] Diário da República, Iª série, de 3.7.1981.

[1542] Parecer n. 18/81, p. 157. Como já se referiu, Figueiredo Dias, que foi o relator deste parecer, já tinha censurado, em face da Constituição de 1933, a limitação do direito de presença do arguido na instrução preparatória, quando conjugada com o aproveitamento das provas aí recolhidas na audiência de julgamento (Figueiredo Dias, 1974: 432 e 433). A questão podia ser observada de outro ponto de vista. Salientando mais a incompatibilidade da limitação do direito de presença do arguido com o disposto no artigo 32, n. 1 da Constituição, Castro e Sousa, 1985: 196. A doutrina e a jurisprudência alemãs adoptam uma posição mais restritiva, considerando que a garantia da audiência judicial, prevista pelo artigo 103, I, da *Grundgesetz* não impõe o princípio da imediação nem o da oralidade (Albert Bleckmann, 1997: 1186, 1190 e 1191, e Theodor Maunz e Reinhold Zippelius, 1998: 363). No entanto, em processo penal o réu tem o direito de estar presente na audiência de julgamento e de nela se defender pessoalmente, salvo no recurso de revista (Ekkehart Stein, 1998: 429).

[1543] BMJ, n. 320, pp. 277 a 288.

710 A Reforma da Justiça Criminal em Portugal e na Europa

conferia ao réu a possibilidade de interrogar as testemunhas da acusação ouvidas na fase de instrução preparatória, pelo que também não podiam ser lidos os seus depoimentos em julgamento.[1544]

A segunda fase de desconstrução da estrutura do processo consagrada no CPP de 1929 iniciou-se com a prolação do acórdão n. 40/84, de 3.5.1984,[1545]

[1544] A jurisprudência do Tribunal Constitucional prosseguiu no sentido da firmada pela Comissão Constitucional, censurando três situações de manifesta desprotecção do réu em virtude do menosprezo pelos motivos da ausência do réu à audiência de julgamento. Depois de o acórdão n. 259/90, de 3.10.1990 (Diário da República, IIª série, de 21.1.1991), não ter julgado inconstitucional a norma constante do artigo 576 do CPP, uma vez que o princípio da acusação e o do contraditório eram salvaguardados pela possibilidade de o arguido julgado à revelia questionar em segundo julgamento toda a prova produzida no primeiro e até apresentar nova prova, o acórdão n. 212/93, de 16.3.1993 (Diário da República, IIª série, de 1.6.1993), julgou inconstitucional a norma constante do corpo do artigo 566, na medida em que permitia que o arguido fosse dispensado de comparecer no julgamento e que este se realizasse como se ele estivesse presente, apesar de o arguido ter justificação para a sua falta e de não ter manifestado vontade em não comparecer. A disposição violava as garantias de defesa e os princípios do contraditório e da imediação, este "constante no princípio do estado de direito democrático". No acórdão n. 443/95, de 6.7.1995 (Diário da República, IIª série, de 7.11.1995), o Tribunal declarou também a inconstitucionalidade do artigo 571, § 5, na medida em que permitia a realização do segundo julgamento, requerido pelo réu, à revelia do réu se ele não comparecesse em julgamento e independentemente do motivo que o réu tivesse para a nova ausência, por violação das garantias da defesa, do princípio do contraditório e dos princípios da verdade material e da imediação "que estão ínsitos no processo criminal de um Estado de direito como exigências fundamentais do respeito pela dignidade da pessoa humana". Face ao internamento hospitalar do arguido comprovado nos autos, no acórdão n. 339/97, de 23.4.1997 (Diário da República, II ª série, de 3.7. 1997), o Tribunal declarou ainda a inconstitucionalidade da norma do § 1 do artigo 566 do CPP de 1929, na dimensão em que impedia que fosse "decretado um ulterior adiamento da audiência de julgamento quando o arguido, notificado da nova data para julgamento e tendo manifestado a vontade de estar presente, venha a faltar na data marcada, por estar comprovadamente impossibilitado de comparecer por motivo justificado", considerando o Tribunal que deviam valer no caso razões idênticas às adoptadas no acórdão n. 212/93. Contudo, após a publicação da Lei Constitucional n. 1/97, de 20.9, que aprovou a quarta revisão constitucional, o Tribunal voltou a apreciar a norma constante do artigo 566, § 1, do CPP de 1929, no acórdão n. 415/99, de 29.6.1999 (Diário da República, II ª série, de 13.3.2000), tendo concluído desta feita pela sua não inconstitucionalidade, em face da alteração do parâmetro constitucional, o novo n. 6 do artigo 32 da Constituição, que visou "pôr termo ao inadmissível protelamento indefinido das audiências penais, obtido pelos arguidos à custa de sucessivas faltas, mesmo justificadas". Assim, a notificação pessoal ao arguido faltoso por impedimento temporário com a cominação da realização do julgamento à revelia depois do segundo adiamento é suficiente para garantia da sua defesa, mesmo que as faltas à primeira e à segunda audiências pudessem ser justificadas. Com esta decisão abandonou-se definitivamente a doutrina sedimentada desde 1989 da restrição do julgamento do arguido na sua ausência aos casos de "fraca ressonância social" ou puníveis com "sanções leves" ou em que houvesse conveniência pessoal do arguido (Paulo Albuquerque, 1997: 223 e 224).

do Tribunal Constitucional, em que este Alto Tribunal julgou inconstitucional por violação do artigo 32, n. 1 da Constituição a norma constante dos artigos 561 e 651, § único, do CPP de 1929, do artigo 20 do Decreto-Lei n. 605/75, de 3.11, e do assento do Supremo Tribunal de Justiça n. 4/79, de 28 de Junho, segundo a qual em processo sumário o recurso restrito à matéria de direito tinha de ser interposto logo depois da leitura da sentença.

Neste acórdão, cujo juízo de inconstitucionalidade foi mais tarde declarado com força obrigatória geral pelo acórdão n. 8/87, de 13.1.1987,[1546] o Tribunal, adoptando o entendimento de Figueiredo Dias, considerou que o artigo 32, n. 1 da Constituição era uma norma programática, mas que tinha um conteúdo normativo imediato a que se podia recorrer para declarar a inconstitucionalidade de preceitos da lei ordinária. Assim, o artigo 32, n. 1 da Constituição consagrava o princípio da defesa do arguido ao longo de todo o *iter* processual, sendo a faculdade de recorrer uma expressão directa daquele princípio.[1547] Este direito constitucional à interposição de recurso no processo penal, reconhecido pela primeira vez pelo Tribunal, tinha uma consequência imediata. O direito de recorrer implicava a possibilidade de escolher entre a interposição e a não interposição de um recurso e, portanto, um tempo mínimo para informação e reflexão do arguido, resultando por isso inconstitucional a referida norma que não concedia ao arguido qualquer tempo de reflexão.[1548]

Após esta afirmação de princípio, a primeira secção do Tribunal Constitucional voltou a abordar, no acórdão n. 55/85, de 25.3.1985,[1549] a questão do direito constitucional ao recurso em processo penal a propósito da constitucionalidade do artigo 469 do CPP de 1929, na interpretação que lhe era dada pelo Supremo Tribunal de Justiça no sentido de que aquele artigo vedava a fundamentação das respostas aos quesitos em processo penal.

[1545] Diário da República, IIª série, de 7.7.1984.

[1546] Diário da República, Iª série, de 9.2.1987.

[1547] Ao invés, no direito constitucional alemão, o direito a uma protecção jurídica efectiva, previsto pelo artigo 19, n. 4, da *Grundgesetz*, respeita apenas aos actos do poder executivo, não do poder judicial, pois trata-se de "uma garantia através dos juízes, não contra os juízes" e seria "despropositado querer mobilizar a jurisprudência contra a jurisprudência" (Konrad Hesse, 1999: 150). A sindicância da conformidade constitucional das disposições do processo penal tem, por isso, assentado essencialmente na garantia da audiência judicial, prevista pelo artigo 103, I, da *Grundgesetz*.

[1548] Também a doutrina e a jurisprudência alemãs consideram que se verifica uma violação da garantia de audiência judicial, prevista pelo artigo 103, I, da *Grundgesetz*, sempre que ao visado não é concedido um tempo de preparação razoável para a tomada de uma posição no processo (Ekkehart Stein, 1998: 429).

[1549] Diário da República, IIª série, de 28.5.1985.

712   A Reforma da Justiça Criminal em Portugal e na Europa

Após ter considerado que tal dever de fundamentação não era imposto pelo artigo 210, n. 1 da Constituição, introduzido pela Lei Constitucional 1/82,[1550] o Tribunal retomou os argumentos do acórdão n. 40/84 relativos ao conteúdo normativo imediato do princípio consagrado no artigo 32, n. 1 da Constituição, aduzindo desta feita que "no plano garantístico e no rigor dos princípios tão importante é reconhecer-se ao arguido o direito de recorrer da solução que tenha sido encontrada para a questão de facto como da solução que haja sido dada à questão de direito". Pela primeira vez afirmava-se peremptoriamente que "uma norma jurídica que materialmente impeça o arguido de submeter a tribunal de recurso a decisão sobre matéria de facto do tribunal que primeiro o julgou entra em litígio com o princípio de defesa proclamado no n. 1 do artigo 32 da Constituição".

O réu recorrente alegava que, sendo proibida a motivação, o direito ao recurso da decisão de facto ficava desprovido de sentido útil e que, por essa via, se vedava ao arguido em termos substanciais o direito de recurso. O Tribunal ponderou que num processo de tipo oral como o de querela, onde não havia registo documental da prova, "a dispensa de explanação do fio lógico explicativo das opções tomadas, ao nível da questão de facto, pelo tribunal colectivo estorva o consciente exercício, nesse plano, do direito de recurso e cria sérios entraves à acção do tribunal de recurso, quase sempre impedido de criticar a decisão de facto, e consequentemente de a alterar". Contudo, aquele Alto Tribunal concluiu que, não obstante a motivação da decisão de facto ser "um pressuposto do efectivo exercício do direito de recurso de decisão de facto", não havia "uma relação de necessidade absoluta entre a motivação e o direito de recorrer de facto", porquanto no plano dos princípios outros meios haveria, alguns até mais eficazes, como a redução a escrito da prova, capazes de assegurar o exercício do recurso em matéria de facto.

O Tribunal deu-se conta de que deste modo o recurso em processo de querela ficava praticamente limitado a um recurso de direito. No entanto, este era um problema que, no entendimento do Tribunal, não tocava ao artigo 469 do

---

[1550] Com efeito, do teor da discussão parlamentar decorre que os constituintes não pretenderam consagrar um princípio vinculante. Depois de ter sido afastada a proposta da Aliança Democrática e a do deputado Jorge Miranda, foi aprovada por unanimidade a proposta do deputado Costa Andrade, que visava a consagração de um "imperativo, dir-se-á, débil, mas que traduz uma certa exigência na plano dos princípios", deixando-se ao legislador a decisão última sobre as "possibilidades concretas de ir implementando a fundamentação" (Diário da Assembleia da República, de 22.7.1982, p. 5206). Os deputados temiam não só a paralisação dos tribunais, mas também os custos monetários da implementação da proposta, por ela estar associada, no seu entendimento, à introdução da gravação da prova (Diário da Assembleia da República, de 22.7.1982, p. 5203 a 5207).

A Jurisdição Penal Comum 713

CPP 1929, mas antes à constitucionalidade do sistema processual-penal no seu conjunto, por este não consagrar mecanismos de garantia de uma reavaliação da decisão de facto pelo tribunal de recurso, isto é, o problema colocado dizia respeito a uma omissão do legislador, que não era sindicável naquela sede. Assim, nada impunha a consideração da motivação como uma imposição constitucional decorrente das garantias de defesa consagradas no artigo 32, n. 1 da Constituição, pelo que podia concluir-se pela não inconstitucionalidade do artigo 469 do CPP de 1929, na interpretação que lhe era dada pelo Supremo Tribunal de Justiça.[1551]

O Tribunal Constitucional resolvia deste modo a polémica que dividia há muito a jurisprudência e a doutrina claramente a favor da primeira, reconhecendo, por um lado, dignidade constitucional ao princípio do duplo grau de jurisdição em processo penal e, por outro, apartando a questão da constitucionalidade do artigo 469 do CPP de 1929 da outra, mais genérica, da garantia dos mecanismos de reapreciação da matéria de facto no processo de querela, questão esta que se deixava sob a névoa de uma inconstitucionalidade anunciada. Não obstante este anúncio, as questões colocadas em seguida ao Tribunal Constitucional relativas a esta temática disseram respeito à admissibilidade constitucional de restrições ao princípio do duplo grau de jurisdição em processo penal, surgindo apenas em 1989 um processo que suscitou a apreciação da constitucio-

---

[1551] Ao invés, a doutrina e a jurisprudência alemãs consideram que da garantia constitucional de audiência judicial decorre um dever de fundamentação das decisões judiciais, que só é satisfeito quando se possa concluir que o tribunal tomou conhecimento e ponderou as alegações das partes. Não há, contudo, um dever de o tribunal se pronunciar sobre todas as alegações das partes na motivação da decisão, nem um direito do condenado à impugnação da decisão sobre a matéria de facto com base na maior probabilidade de uma outra versão dos factos. A fundamentação deve revelar que o tribunal na tomada da decisão "não perdeu de vista" a argumentação das partes (Ekkehart Stein, 1998: 429) e deve permitir a um interveniente processual cuidadoso perceber quais os pontos de vista e os factos que o tribunal considerou relevantes para a decisão, de modo a que a decisão não o atinja "como um raio vindo de um céu sereno" (Theodor Maunz e Reinhold Zippelius, 1998: 363). Assim, o controlo constitucionalmente exigível da decisão sindicada pode incluir, por um lado, os vícios absolutos de valoração, isto é, a violação de leis da lógica e de regras da experiência comum e a violação directa de princípios constitucionais, como a presunção da inocência, e, por outro, os vícios relativos, ou seja, as insuficiências e as omissões na fixação dos factos provados (Christof von Schledorn, 1997: 25 a 27, 106 a 111, 135, 141 e 142, e Bodo Pieroth e Bernhard Schlink, 1998: 275 e, diante do ordenamento belga, François Rigaux, 1966: 388 a 392, e Marc Verdussen, 1995: 444 a 451). Esta perspectiva tem o seu expoente na corrente da doutrina que considera que um erro ou contradição na valoração dos meios de prova e na motivação da decisão sobre a matéria de facto pode representar um erro de direito, constituindo a vinculação do juiz aos conhecimentos criminológicos o parâmetro constitucional para aferição daquele erro (Karl Peters, 1978: 46 e 52, e 1985: 644).

714 *A Reforma da Justiça Criminal em Portugal e na Europa*

nalidade, entre outras, da norma do artigo 665 do CPP de 1929, com a interpretação consagrada no assento do Supremo Tribunal de Justiça de 2.6.1934.

A primeira decisão que abordou o problema das restrições constitucionais ao princípio do duplo grau de jurisdição em processo penal foi o acórdão n. 199/86, de 4.6.1986.[1552] Este acórdão julgou inconstitucional as normas dos artigos 253, n. 1 e 255, n. 1 e 2 do CPC, na redacção anterior ao Decreto-Lei n. 242/85, de 9.7, em conjugação com o artigo 83, parágrafo 7, do CPP de 1929.

O Tribunal decidiu que a obrigatoriedade da notificação das decisões penais era "um elemento integrante do próprio princípio do Estado de Direito Democrático", reconhecido pelo artigo 2 da Constituição. Acrescia que a dispensa de notificação das decisões penais e a ficção de que se consideravam notificadas com o depósito na secretaria, começando a contar desde essa data o prazo para recurso, violava o direito constitucional ao recurso em processo penal, reconhecido pelo artigo 32, n. 1 da Constituição, porquanto, ao ficcionar o conhecimento da decisão pelo notificando, a lei fazia correr um prazo para recurso cujo início o arguido desconhecia. Assim, o Tribunal estabeleceu a doutrina de que a lei não podia disciplinar esta matéria de forma arbitrária ("se a lei prevê a possibilidade de recurso de certas decisões penais, não pode, depois, regular o recurso de tal forma que o retira na prática a um grande número de pessoas"), sob pena de incompatibilidade com o artigo 32, n. 1 da Constituição, como ocorria no caso das normas em apreço.

A possibilidade de restrição por via da lei ordinária do direito ao recurso em processo penal voltou a ser debatida no acórdão n. 31/87, de 28.1.1987.[1553]

Perante a recusa implícita de aplicação do comando contido no n. 2, segunda parte, do artigo 390 do CPP de 1929 pelo Tribunal da Relação de Évora, com fundamento na sua inconstitucionalidade, o Tribunal Constitucional admitiu que a faculdade constitucional de recorrer em processo penal fosse "restringida ou limitada em certas fases do processo e que, relativamente a certos actos do juiz, possa mesmo não existir, desde que, dessa forma, se não atinja o conteúdo essencial dessa mesma faculdade, ou seja, o direito de defesa do arguido". O direito de defesa impunha, segundo aquele Alto Tribunal, a faculdade de recorrer da sentença condenatória, bem como de actos judiciais que durante o processo tenham como efeito a privação ou a restrição da liberdade ou de outros direitos fundamentais do arguido. Destarte, a norma que prescrevia a irrecorribilidade do despacho que designava dia para julgamento quando o Ministério Público tivesse deduzido acusação em processo correccional não era inconsti-

---

[1552] Diário da República, IIª série, de 25.8.1986.
[1553] Diário da República, IIª série, de 1.4.1987.

A Jurisdição Penal Comum 715

tucional, pois aquele despacho não era um acto judicial dos que se inseria na garantia constitucional do artigo 32, n. 1 da Constituição, ao que o Tribunal acrescentava que a Constituição "não estabelece qualquer direito dos cidadãos a não serem submetidos a julgamento, sem que previamente tenha havido uma completa e exaustiva verificação da existência de razões que indiciem a sua presumível condenação".[1554]

Ainda a propósito da norma do artigo 469 do CPP de 1929, na interpretação que lhe era dada pela jurisprudência, a segunda secção do Tribunal Constitucional repetiu em um outro acórdão, o n. 61/88, de 9.3.1988,[1555] o juízo de não inconstitucionalidade da primeira secção, afastando a aplicação do disposto no artigo 210, n. 1 da Constituição às respostas aos quesitos, por estas não consubstanciarem uma decisão, mas um pressuposto da decisão. Mesmo quando se entendesse que elas consubstanciavam uma decisão, o Tribunal considerou que só se impunha constitucionalmente a exigência de motivação no tocante a um núcleo essencial de decisões judiciais, uma vez que, como era já doutrina aceite pelo Tribunal, o princípio consagrado no artigo 210, n. 1 da Constituição tinha natureza programática. As respostas aos quesitos em processo de querela não se incluíam naquele núcleo, uma vez que ao tempo da revisão constitucional não era essa a prática judicial e a motivação da decisão de facto não era um corolário necessário da noção de Estado de Direito.

Apesar da consagração constitucional do princípio do duplo grau de jurisdição em processo penal como uma consequência das garantias de defesa do arguido, o Tribunal reconhecia que, "tratando-se de matéria de facto, há razões de praticabilidade e outras decorrentes da exigência da imediação da prova que justificam não poder o recurso assumir aí o mesmo âmbito e a mesma dimensão que em matéria de direito". Assim, atentos os limitados poderes de cognição das Relações em processo de querela, em face do artigo 665 do CPP de 1929, e o carácter sucinto que a motivação sempre teria, o Tribunal entendia que "resulta necessariamente desvalorizada a função que tal motivação poderia desempenhar numa perspectiva de efectivação do direito ao recurso", pelo que concluía que a dispensa de motivação das respostas aos quesitos não era uma "mácula proces-

---

[1554] A doutrina deste acórdão foi retomada no acórdão 353/91, de 4.7.91, que não julgou inconstitucional a norma constante dos artigos 647, parágrafo 4, e 371, corpo, do CPP de 1929, na parte em que limitavam o direito de recurso do despacho de pronúncia às situações em que o arguido estivesse preso ou caucionado. Também aqui o Tribunal ponderou que a decisão judicial não atingia o conteúdo essencial do direito de defesa e não discriminava os cidadãos que não dispusessem de meios para prestar caução, uma vez que estes podiam recorrer do despacho de pronúncia, sendo dispensados da prestação daquela caução, ao abrigo do disposto nos artigos 272 e 274 do CPP de 1929.

[1555] Diário da República, IIª série, de 20.8.1988.

sual insanável", embora a exigência legal da motivação constituísse, a ser implementada, "melhor direito".[1556]

Na sequência deste acórdão, o Tribunal Constitucional, recorrendo aos argumentos anteriormente expendidos, veio a estabelecer expressamente, no acórdão n. 178/88, de 14.7.1988,[1557] a doutrina de que, "por maioria de razão, tem de admitir-se que, mesmo no processo penal, o legislador não está constitucionalmente obrigado a prever um triplo grau de jurisdição". O Tribunal apreciou nesse acórdão a constitucionalidade da norma constante do artigo 646, n. 6 do CPP de 1929, na redacção dada pelo Decreto-Lei n. 402/82, de 23.9, com a sobreposição interpretativa do assento do Supremo Tribunal de Justiça de 20.5.1987, na parte em que dispunha não haver recurso dos acórdãos absolutórios das Relações proferidos sobre recursos interpostos em processo correccional. Sendo constitucionalmente admissível nos termos expostos no acórdão n. 31/87 a restrição ao princípio do duplo grau de jurisdição, então, concluía o Tribunal, até por maioria de razão, não se descortinava assento constitucional para a exigência de um triplo grau de jurisdição.

Após esta fase inicial em que se procedeu ao reconhecimento do princípio do duplo grau de jurisdição em processo penal como um princípio com dignidade constitucional, assente nas garantias de defesa do arguido e com limites e restrições atinentes quer ao âmbito das decisões recorríveis, quer à legitimidade dos recorrentes, quer ainda ao regime de interposição e subida dos recursos, a primeira secção do Tribunal Constitucional foi finalmente chamada a decidir da compatibilidade do sistema de recursos consagrado pelo Código de 1929 com a Constituição.

A decisão teve por objecto o recurso da matéria de facto em processo de querela, seguindo-se-lhe outras sobre o recurso em processo correccional e em processo com intervenção do júri. O acórdão n. 219/89, de 15.2.1989,[1558] que

---

[1556] Seguiram-se ainda sobre esta mesma questão os acórdãos 207/88, de 12.10.88, e 304/88, de 14.10.88. Em todos estes acórdãos houve vários votos de vencido. Salienta-se o voto de vencido de Luís Nunes de Almeida, no acórdão 61/88, que, além de considerar que as respostas aos quesitos se incluíam entre as decisões cuja motivação o artigo 210, n. 1 da Constituição impunha, advertia para a circunstância de que a motivação, embora não permitindo um reexame da matéria de facto em sede de recurso, pelo menos permitia a anulação do julgamento pelo Tribunal da Relação, constituindo, pois, um meio "indispensável para assegurar o efectivo exercício do direito de recurso em matéria de facto". Além disso, a inconstitucionalidade de uma norma devia ser apreciada no âmbito do seu contexto legal, pelo que não podia pretender- se, como se decidiu no acórdão 55/85, que a disposição do artigo 469 do CPP não seria inconstitucional por serem concebíveis outros meios para garantir o exercício do direito de recurso em matéria de facto.

[1557] Diário da República, IIª série, de 30.11.1988.

[1558] Diário da República, IIª série, de 30.6.1989.

A Jurisdição Penal Comum 717

constitui um marco fundamental na evolução da jurisprudência constitucional relativa ao princípio do duplo grau de jurisdição em processo penal, julgou pela primeira vez inconstitucional a norma do artigo 665 do CPP de 1929, com a sobreposição interpretativa do assento de 29.6.1934.

Após ter decidido de novo pela não inconstitucionalidade da norma do artigo 469 do CPP de 1929, na interpretação que lhe era dada pela jurisprudência, sustentando tal juízo nos argumentos do acórdão n. 55/85, aquele Alto Tribunal acrescentou, em jeito de réplica aos argumentos expendidos nos votos de vencido que alguns conselheiros haviam pronunciado em anteriores decisões sobre a matéria, que para ser inconstitucional a norma do artigo 469 teria de funcionar "como causa impeditiva de reapreciação pelas relações, e no plano da matéria de facto, das decisões anteriormente proferidas pelos tribunais de primeira instância". Uma vez que tal norma não constituía "o núcleo duro deste particular capítulo do sistema processual penal, não é ela que proíbe, ao cabo e ao resto, o rejulgamento, ao nível fáctico, de feito penal em primeira mão apreciado e julgado pelos tribunais colectivos criminais", e nessa medida, "e só por isso", a norma do artigo 469 do CPP, na interpretação que vedava a fundamentação das respostas aos quesitos, não devia ser julgada inconstitucional.

Ao invés, a norma do artigo 665, com a sobreposição do assento de 1934, era inconstitucional, pois situava-se "como que no centro do sistema processual penal que impede as relações de reapreciarem ao nível da decisão de facto e por via de recurso as decisões condenatórias proferidas por tribunais colectivos", resultando a ofensa à Constituição "imediatamente" da norma do artigo 665 em virtude "do seu papel determinante na definição da capacidade cognitiva das relações". Em seguida, com vista a demonstrar a asserção feita, o Tribunal passou a relacionar o dito artigo 665 com o disposto no artigo 466 do CPP, concluindo que, se houvesse registo da prova produzida em julgamento, a norma do artigo 665 não seria inconstitucional, pois a Relação poderia realizar uma reapreciação plena da prova. Contudo, atendendo a que a prova em processo de querela não era registada e considerando as limitações decorrentes do assento de 1934, as Relações só "excepcionalmente e em casos pontuais" encontrariam nos autos elementos susceptíveis de infirmar os factos dados como provados pelo colectivo. Além disso, os poderes cognitivos das Relações em muito pouco se alargavam com a possibilidade de anulação do julgamento com base em deficiências ou contradições das respostas aos quesitos, nos termos do artigo 712, n. 2 do CPC, também aqui aplicável. Destarte, em face da insuficiente capacidade cognitiva das Relações em matéria de facto, o Tribunal julgou inconstitucional a disposição do artigo 665 do CPP.

Um ano volvido, o Tribunal, na sua segunda secção, voltou a pronunciar-se sobre a matéria, desta feita em sentido inverso ao anteriormente firmado.

718   *A Reforma da Justiça Criminal em Portugal e na Europa*

Com efeito, no acórdão n. 124/90, de 19.4.1990,[1559] aquele Alto Tribunal não julgou inconstitucional a norma constante do artigo 665, do CPP de 1929, com a sobreposição interpretativa do assento de 1934, invocando as limitações práticas e o cepticismo quanto à possibilidade de repetição da prova na Relação e a perda da imediação com o registo da prova, bem como o sistema de registo da prova no novo CPP de 1987 como argumentos que apontavam para que o recurso da matéria de facto não pudesse ser senão uma "válvula de segurança contra erros notórios na apreciação da matéria de facto ou outros vícios de idêntica gravidade e alcance". Atentas as possibilidades de anulação das decisões pela Relação e a recorribilidade do acórdão da Relação proferido em recurso de decisão do colectivo e ainda a jurisprudência que admitia que o Supremo Tribunal de Justiça pudesse mandar ampliar a matéria de facto, impunha-se concluir que a norma sob apreciação constituía uma válvula de segurança suficiente e, portanto, não era inconstitucional.

Do acórdão n. 124/90 veio o Ministério Público interpor recurso para o plenário do Tribunal, com base na contradição com anterior decisão do Tribunal, dando assim azo a nova apreciação da questão. No acórdão n. 340/90, de 19.12.1990,[1560] julgou-se então inconstitucional o artigo 665 do CPP de 1929, com a sobreposição interpretativa do assento de 1934. O Tribunal salientou desta feita que a resposta ao problema da constitucionalidade da norma do artigo 665 só podia ser encontrada conjugando este artigo com o disposto nos artigos 466 e 469 do CPP. Desta conjugação resultava que, não sendo a prova produzida perante o colectivo reduzida a escrito e não sendo as respostas aos quesitos fundamentadas, o artigo 665 não garantia, senão em casos excepcionais, uma reapreciação da matéria de facto pelas Relações, pelo que era incompatível com o artigo 32, n. 1 da Constituição. A esta declaração de inconstitucionalidade foi, no acórdão n. 401/91, de 30.10.1991,[1561] atribuída força obrigatória geral, com os argumentos expendidos no acórdão n. 340/90.[1562]

[1559] *Diário da República*, IIª série, de 8.2.1991.

[1560] *Diário da República*, IIª série, de 19.3.1991.

[1561] *Diário da República*, Iª série, de 8.1.1992.

[1562] Na reunião da comissão revisora do CPP, de 22.11.1991, ponderou-se, a pedido do Ministro da Justiça, "a influência dessa decisão no quadro geral dos processos pendentes" e "a possibilidade de uma intervenção legislativa que clarificasse as situações processuais decorrentes da declaração de inconstitucionalidade". Perante a eventualidade de se "criar um nó de difícil ultrapassagem", a comissão concordou na necessidade de uma intervenção legislativa, que deveria ter por base a doutrina expressa no artigo 410 do CPP vigente, "admitindo-se em casos contados a renovação da prova oficiosamente determinada" (Actas da Comissão Revisora do Código do Processo Penal, n. 14, pp. 2, 7 a 9). Na reunião seguinte, de 9.12.1991, foi apresentada uma proposta de nova redacção dos artigos 518 e 665 do CPP de 1929 e de adição de um novo artigo 665-A,

A *Jurisdição Penal Comum*

Na sequência da decisão relativa ao recurso em matéria de facto no processo de querela, o Tribunal debateu-se também com a questão paralela no âmbito do processo correccional e do processo com júri. No acórdão n. 161/92, de 5.5.1992,[1563] não se julgou inconstitucional a norma do artigo 665 no que dizia respeito ao processo correccional, porquanto a garantia do duplo grau de jurisdição em processo penal era compatível com o mero registo da prova produzida na audiência de julgamento, ainda que não houvesse renovação da produção da prova em segunda instância, mas no acórdão n. 261/94, de 23.3.1994,[1564] o Tribunal julgou inconstitucional o artigo 666 do CPP de 1929, na interpretação que vedava o recurso da matéria de facto interposto da primeira instância para o Supremo Tribunal de Justiça, invocando para tanto os argumentos constantes do acórdão n. 401/91.[1565]

O último passo na jurisprudência constitucional sobre o princípio do duplo grau de jurisdição consistiu no apuramento da constitucionalidade da norma do artigo 665, do CPP de 1929, sem a sobreposição normativa do assento de 1934.

Nos autos em que tinha sido proferido o acórdão n. 236/91, do Tribunal Constitucional, concedendo provimento ao recurso do arguido e anulando a decisão do Supremo Tribunal de Justiça por inconstitucionalidade do artigo 665 do CPP, na interpretação do assento de 1934, depois da remessa dos autos ao Supremo para cumprimento do acórdão do Tribunal Constitucional, o Supremo Tribunal de Justiça decidiu que o artigo 665 do CPP de 1929 sem a sobreposi-

---

pelo então procurador-geral Cunha Rodrigues, e uma proposta alternativa pelo conselheiro Manso-Preto, tendo sido aprovada, quase na íntegra, a primeira. A solução que fez vencimento previa o recurso da decisão do júri sobre matéria de facto e o recurso da decisão final do tribunal colectivo com base nos documentos, nas respostas aos quesitos e em quaisquer elementos constantes dos autos, por si sós ou conjugados com as regras da experiência comum, bem como a faculdade de o Supremo Tribunal de Justiça e o Tribunal da Relação anularem a decisão recorrida com os fundamentos do artigo 712, n. 2, do CPC e ainda de o Supremo a poder anular com fundamento em erro notório na apreciação da prova. Nos recursos interpostos das decisões finais do tribunal colectivo, as Relações podiam ainda determinar oficiosamente a renovação da prova quando tivessem razões para crer que esta poderia evitar a anulação da decisão recorrida. A comissão apenas acrescentou a esta proposta a faculdade de a Relação conhecer o erro notório na apreciação da prova, de acordo com uma sugestão do conselheiro Manso-Preto. Esta solução, que não vingou junto do governo, deveria ser aplicada aos processos regulados pelo CPP de 1929, em que ainda não tivesse sido proferida decisão pelo tribunal de recurso competente (Actas da Comissão Revisora do Código do Processo Penal, n. 15, pp. 4 a 17).

[1563] Diário da República, II.ª série, de 20.8.1992.

[1564] Diário da República, II.ª série, de 26.7.1994.

[1565] Ao invés, o *Bundesverfassungsgericht* e a doutrina alemães concluem que a limitação do recurso de revista, que é o recurso interposto das decisões dos tribunais criminais mais importantes, à questão de direito não viola a garantia do artigo 103, I da *Grundgesetz* (Bodo Pieroth e Bernhard Schlink, 1998: 275).

ção interpretativa do assento de 1934 era inconstitucional, por se manterem as limitações que condicionaram a declaração de inconstitucionalidade, isto é, a falta de registo da prova e a não fundamentação das respostas e, por isso, recusou a aplicação da dita norma por inconstitucional, criando então uma norma nova de acordo com o espírito do sistema. Esta norma, construída pelo conselheiro Manso-Preto, completava o disposto no artigo 665 do CPP de 1929 com os poderes de anulação contemplados no artigo 712, n. 2, do CPC, o poder de sindicância do erro notório na apreciação da prova, previsto no artigo 410, n. 2, al. c) do novo CPP, e a possibilidade de renovação da prova nos termos em que ela era consagrada no novo CPP, correspondendo, pois, a norma criada integralmente à aprovada pela comissão de reforma do CPP na já referida reunião de 9.12.1991.

Interposto de novo recurso para o Tribunal Constitucional, este veio a pronunciar-se, em plenário, no acórdão n. 190/94, de 23.2.1994,[1566] pela confirmação do acórdão recorrido, julgando inconstitucional a norma do artigo 665 do CPP de 1929, sem a sobreposição interpretativa do assento de 1934. Para tanto ponderou que o artigo 665, na redacção inicial, conjugado com a não fundamentação das respostas aos quesitos, enfraquecia de modo intolerável o poder das Relações, tornando-o dependente dos elementos de prova que não pudessem ser alterados pela prova produzida em audiência de julgamento, razão pela qual a disposição daquele artigo era inconstitucional. No entanto, quer neste acórdão, quer no acórdão n. 430/94, de 24.5.1994,[1567] que também se debruçou sobre a questão, o Tribunal arredou da sua apreciação a norma construída pelo Supremo Tribunal de Justiça para ocupar o vazio resultante da declaração de inconstitucionalidade do artigo 665 do CPP, sem a sobreposição do assento de 1934.

Ao invés, no acórdão n. 680/95, de 29.11.1995,[1568] o Tribunal apreciou expressamente a norma do artigo 665 do CPP, sem a sobreposição do assento de 1934, integrada pelas disposições do novo CPP que disciplinavam o recurso de decisões proferidas por juiz singular. Esta norma, nos termos em que fora construída pela Relação de Lisboa e, depois, adoptada pelo Supremo Tribunal de Justiça, admitia a renovação da prova no tribunal de recurso nos processos julgados em primeira instância por tribunal colectivo, mas condicionava esta possibilidade à existência de um pedido do réu de documentação da prova antes do seu interrogatório em primeira instância e à indicação pelo recorrente, a seguir às conclusões, das provas que ele entendia necessário renovar, com indicação

---

[1566] Diário da República, IIª, de 12.12.1995.

[1567] Este acórdão também foi proferido pelo plenário (Diário da República, IIª, de 10.1.1995).

[1568] Diário da República, IIª série, de 22.5.1996.

A Jurisdição Penal Comum 721

dos factos que elas se destinavam a esclarecer e das razões que justificavam a sua renovação. Por outro lado, a norma criada restringia os fundamentos do recurso ao erro notório na apreciação das provas que resultasse do texto da decisão ou à insuficiência dos factos provados.

Após ter salientado que não havia uma imposição constitucional de reapreciação de toda a prova por um tribunal de recurso, nem através do registo da prova produzida na primeira instância, nem por intermédio da repetição da prova em segunda instância, o Tribunal Constitucional, recorrendo à filosofia do novo CPP, invocou o "papel central que cabe ao dever de fundamentação do acórdão" dos tribunais colectivos e de júri. Contudo, a norma criada pela Relação não só estabelecia uma exigência que se traduzia em um "ónus muito gravoso", na medida em que a possibilidade do registo da prova não era legalmente admissível na data do julgamento pelo tribunal colectivo, como impossibilitava o controlo efectivo do erro notório na apreciação da prova e da insuficiência dos factos, atenta a circunstância de na data do julgamento nem as respostas aos quesitos formulados pelo tribunal colectivo nem a decisão sobre os factos provados na sentença de primeira instância serem fundamentadas. A norma criada só admitia, afinal, o recurso de "decisões de facto não fundamentadas, não admitindo, nomeadamente, a possibilidade de as relações apreciarem todos os elementos probatórios por si sós ou conjugados com as regras da experiência comum ou poderem determinar oficiosamente a renovação da prova", revelando com esta argumentação o Tribunal Constitucional a sua adesão tácita à norma criada pelo já mencionado acórdão do Supremo Tribunal de Justiça de 18.12.1991.

A posição do Tribunal ficou definitivamente esclarecida com a prolação do acórdão n. 264/98, de 5.3.1998,[1569] em que julgou nos mesmos autos em que já tinha sido proferido o acórdão n. 430/94 não inconstitucional a norma do artigo 665 do CPP de 1929, sem a sobreposição do assento de 29.6.1934, completada pela norma construída pelo conselheiro Manso-Preto, afirmando inequivocamente que "a norma enunciada vai ao encontro das mais prementes garantias de defesa constitucionalmente garantidas". Em complemento desta decisão, o acórdão n. 71/99, de 3.2.1999,[1570] concluiu igualmente pela não inconstitucionalidade da norma constante do artigo 665 quando, em recurso interposto pelo assistente de uma decisão absolutória, o tribunal de recurso só tivesse podido proceder ao apuramento da deficiência, obscuridade ou contradição entre as respostas aos quesitos, da insuficiência da matéria de facto provada e mesmo da existência de elementos de prova, constantes dos autos, que implicassem resposta diferente aos quesitos ou erro notório na apreciação da prova.

[1569] Diário da República, IIª série, de 9.11.1998.
[1570] Diário da República, IIª série, de 5.8.1999.

722   *A Reforma da Justiça Criminal em Portugal e na Europa*

A terceira e última fase de desconstrução da estrutura do processo consagrado no CPP de 1929 iniciou-se com a prolação do acórdão n. 179/97, de 5.3.1997,[1571] que declarou inconstitucional a norma do artigo 447, n. 1, do CPP de 1929, na parte em que permitia ao tribunal de primeira instância alterar a qualificação jurídica dos factos pelos quais o réu estava acusado e pronunciado para uma incriminação mais grave, sem prevenir o arguido dessa nova qualificação.[1572] Invocando a jurisprudência já fixada pelo acórdão n. 173/92, de 7.5.1992,[1573] para uma disposição semelhante do CJM, o Tribunal Constitucional ponderou que "a faculdade de alteração da incriminação constante da acusação, quando consentida sem que o arguido tenha sido oportunamente prevenido da possibilidade de tal alteração, de modo a dar-lhe a oportunidade de modificar a sua defesa tendo em conta o novo enquadramento jurídico, podia implicar um grave prejuízo para a defesa, em violação do princípio constante do artigo 32, n. 1 da Constituição". Destarte, o Tribunal consagrou expressamente a "interpretação correctiva conforme à Constituição" do artigo 447, n. 1, defendida por Mário Silva Tenreiro,[1574] com base na sugestão já antiga de Eduardo Correia e

---

[1571] Diário da República, IIª série, de 19.4.1997.

[1572] Já anteriormente o Tribunal se tinha pronunciado sobre duas questões fundamentais que buliam com a concretização do princípio do contraditório no estrutura do processo consagrada pelo CPP de 1929, a questão do visto do Ministério Público no tribunal superior e a da alteração da qualificação jurídica pelo tribunal de recurso, em ambas tendo concluído por um juízo de não inconstitucionalidade das normas sindicadas quando entendidas de modo a salvaguardar o conteúdo útil daquele princípio. Assim, no acórdão n. 150/93, de 2.2.1993 (Diário da República, IIª série, de 29.3.1993), o plenário do Tribunal resolveu em definitivo um diferendo entre a primeira (acórdão n. 150/87, de 6.5.1987, in Diário da República, IIª série, de 18.9.1987) e a segunda secções (acórdão n. 398/89, de 18.5.1989, in Diário da República, IIª série, de 14.9.1989) sobre a constitucionalidade da norma do artigo 664 do CPP de 1929, não a julgando inconstitucional quando interpretada no sentido de o réu dever ser notificado do visto do Ministério Público junto do tribunal de recurso sempre que nele o Ministério Público se pronunciasse em termos de poder agravar a posição do réu. Invocando esta doutrina, no acórdão n. 22/96, de 16.1.1996 (Diário da República, II ª série, de 17.5.1996), o Tribunal Constitucional não declarou inconstitucional a norma constante do artigo 447 do CPP de 1929, conjugada com a do artigo 667, § 1, n. 1, do mesmo código, na medida em que permitiam ao tribunal superior condenar, em um recurso interposto pelo réu, por infracção diversa da da acusação, ainda que fosse mais grave, desde que os seus elementos constitutivos constassem do despacho de pronúncia ou equivalente e atendendo a que *in casu* o tribunal superior tinha notificado os réus para se pronunciarem sobre o parecer do Ministério Público em que se propugnava a alteração da qualificação jurídica dos factos. A doutrina do acórdão n. 150/93 foi submetida de novo à apreciação do plenário, depois da alteração da composição do Tribunal, tendo sido modificada pelo acórdão n. 533/99, de 12.10.1999 (Diário da República, IIª série, de 22.11.1999), no sentido da conformidade do preceito com o estalão constitucional se o arguido tiver o direito à resposta sempre que o MP se pronuncie na vista.

[1573] Diário da República, II ª série, de 18.9.1992.

[1574] Mário Silva Tenreiro, 1987: 1035.

A *Jurisdição Penal Comum* 723

de Silva e Sousa de adopção da doutrina consignada no § 265 da StPO alemã para evitar o prejuízo resultante para o réu da modificação inesperada da qualificação jurídica.[1575]

Esta jurisprudência do Tribunal Constitucional sofreu ainda uma precisão com a prolação do acórdão n. 7/99, de 18.11.1998,[1576] em que o Tribunal não julgou inconstitucional a norma do artigo 448 do CPP de 1929, quando interpretada no sentido de permitir ao tribunal de primeira instância, sem prévia advertência do arguido, condená-lo por um crime menos grave do que o da pronúncia quando estivessem "implícitos na acusação os respectivos factos integradores do tipo". Assim, a redução da matéria de facto da acusação por supressão de algum dos elementos nela contidos não exigia a comunicação prévia ao arguido referida no acórdão n. 179/97 para satisfação do princípio do contraditório.[1577]

A posição dualista do Tribunal Constitucional, que aceita a livre alteração da qualificação jurídica dos factos da pronúncia se constituir um desagravamento da responsabilidade criminal do arguido e simultaneamente rejeita a modificação sem prévio aviso da qualificação jurídica dos factos da pronúncia que tenha o efeito de agravar a sua responsabilidade penal, não é consistente com os dois princípios do Estado de Direito em que a fundamentação das decisões judiciais penais se sustenta, porquanto a posição do Tribunal não respeita integralmente o princípio da legitimação da função estatal de dizer o direito através da vinculação exclusiva do juiz à lei (artigo 203 da Constituição), e observa apenas em parte o princípio da legitimação das restrições aos direitos do arguido atra-

---

[1575] Eduardo Correia, 1948: 111 a 114 e 147, e Silva e Sousa, 1949: 322, 324 a 326.

[1576] Diário da República, II ª série, de 10.3.1999.

[1577] Quer o acórdão n. 179/97, quer o acórdão n. 7/99, continham juízos em tudo consonantes com a jurisprudência já firmada pelo Tribunal em face dos preceitos correspondentes do novo CPP. Assim, o primeiro acórdão reitera a doutrina do acórdão n. 279/95, de 31.5.1995 (Diário da República, IIª série, de 28.7.1985), que julgou inconstitucional o artigo 1, al. f) do CPP, quando interpretado nos termos do assento n. 2/93, permitindo a condenação do arguido, sem prévia advertência, por crime mais grave com base nos factos da pronúncia, e o segundo acórdão retomou a doutrina do acórdão n. 330/97, de 17.4.1997 (Diário da República, IIª série, de 3.7.1997), que não julgou inconstitucionais as normas constantes dos artigos 358 e 359 do CPP, quando interpretadas no sentido de permitirem a condenação do réu por crime menos grave resultante da redução da matéria de facto da acusação, uma vez que "o arguido defende-se contra todos os factos constantes da acusação, não havia que reformular a defesa, foi plenamente assegurado o princípio do contraditório". Mais tarde, o assento n. 3/2000 (Diário da República, Iª série, de 11.2.2000), reformulou o anterior n. 2/93, no sentido de que, quer na vigência inicial do código quer na posterior a 1995, o tribunal podia proceder a uma alteração do enquadramento jurídico dos factos constantes da acusação ou da pronúncia, ainda que em "figura criminal mais grave" desde que tivesse dado conhecimento dessa possibilidade e, se requerido, prazo ao arguido para organizar a sua defesa.

vés da garantia do "direito de ser ouvido" (artigos 20, n. 1, e 32, ns. 1, 5 e 10 da Constituição). Dito de outro modo, a doutrina actual do Tribunal não cumpre completamente a *staatsinterne Richtigkeitsfunktion* e a *staatsexterne Richtigkeitsfunktion* da motivação das decisões judiciais.[1578]

Se o "direito de ser ouvido" implica o direito de o arguido se pronunciar, antes da prolação da decisão, sobre o objecto do processo, tanto de um ponto de vista fáctico como jurídico, a vinculação exclusiva do juiz à lei exige o esclarecimento racional da motivação do juiz e, consequentemente, a igual ponderação pelo juiz dos pontos de vista favoráveis e desfavoráveis ao arguido, constituindo-o na obrigação de também ouvir as partes sobre uma perspectiva jurídica nova mais favorável ao arguido.[1579]

A vigência deste princípio constitucional, como a de qualquer outro, não é absoluta e está submetida a limites de praticabilidade e razoabilidade. As restrições ao dever do tribunal de ouvir as partes sobre o direito devem ser definidas através do critério valorativo da inexigibilidade, assim se recuperando

---

[1578] Jürgen Brüggemann, 1971: 129, 130, 133 a 136, 145 a 147, 173 a 176, Hinrich Rüping, 1976: 162, 180 e 181, Michelle Taruffo, 1979: 31 a 37, Jörg Lücke, 1987: 45 e 46, 58 a 60, 78 a 83, e Andrea Schmidt, 1994: 197 e 198, 250 e 251.

[1579] Os fundamentos deste dever do tribunal são há muito discutidos na doutrina, que retira da garantia constitucional da audiência judicial o direito de o arguido visado por uma decisão judicial se pronunciar, antes da prolação da decisão, sobre o objecto do processo, devendo este direito ser efectivado de modo a que ele tenha tido a oportunidade de influenciar efectivamente a construção da vontade do tribunal (Albert Bleckmann, 1997: 1186 e 1191) e o tribunal não possa fundamentar a sua decisão com factos ou conclusões sobre a prova em relação aos quais o arguido não tomou posição e, designadamente, com factos notórios ou factos do conhecimento oficioso do tribunal sem que sobre estes o arguido se tenha pronunciado. A regra *iura novit curia* não obsta a este imperativo constitucional, pois o direito não está nunca pré-determinado, mas é o "resultado de um processo complexo de concretização", ao qual as partes são chamadas a participar (Eberhardt Schmidt, 1964: 195 e 196, Helmut Bröll, 1964: 56, 159 a 161, Günter Lachnitt, 1965: 183, Dahs jun., 1965: 17 a 19, 22, 31, 96, Jürgen Brüggemann, 1971: 157 a 161, Winfried Plötz, 1980: 227, 228, 272 e 273, Hans Dahs e Hans Dahs, 1987: 39 e 40, Bodo Pieroth e Bernhard Schlink, 1998: 274, e Ekkehart Stein, 1998: 429, e, entre nós, além do já mencionado texto de Silva e Sousa, Germano Marques da Silva, 1994 a: 270 a 273, e 1994 b: 109 a 113, mas contra a Revista de Legislação e Jurisprudência, 1906: 166, diante da Novíssima, e Beleza dos Santos, nos textos já referidos, Frederico Isasca, 1992: 104 e 105, 1994: 375 a 378, 382 a 385, e 1995: 241 a 245, e Mário de Brito, 1996: 45, diante dos Códigos de 1929 e 1987). O dever do tribunal de audiência do arguido é considerado como uma decorrência do princípio da igualdade de armas (Helmut Bröll, 1964: 70, 95, 144, 161) ou do direito de o arguido não ser tratado como um objecto (Hinrich Rüping, 1976: 155 e 156) ou mesmo do princípio do Estado de Direito social (Dirk Steiner: 1995: 177, e Andreas Kielwein, 1985, 134 e 135). Daí que Martin Niemöller (1988: 65 e 66) já tenha qualificado a disposição do § 265, n. 1 da StPO como uma "norma abstracta para evitar o perigo", que não se esgota na defesa do interesse da defesa.

A *Jurisdição Penal Comum*

aquele que era o sentido da proposta da doutrina e da própria fundamentação do acórdão n. 173/92 e aquele que é ainda hoje o entendimento pacífico e uniforme sobre o § 265 da StPO alemã.[1580] A delimitação entre a modificação da qualificação constitucionalmente legítima e a constitucionalmente censurável deve, pois, fazer-se, não pelo critério do agravamento da pena aplicável ao arguido, mas antes pelo critério da exigibilidade do conhecimento pelo arguido da possibilidade de o tribunal modificar a qualificação dos factos imputados. Deste modo, nem todas as modificações com a consequência de uma imputação menos grave são legítimas, exigindo a *staatsinterne Richtigkeitsfunktion* que todas as modificações cuja previsibilidade não fosse exigível ao arguido, mesmo quando possam ter uma imputação menos grave como consequência, sejam previamente comunicadas ao arguido. Por outro lado, nem todas as modificações com a consequência de uma imputação mais grave são ilegítimas, satisfazendo plenamente a *staatsexterne Richtigkeitsfunktion* que de entre aquelas só as modificações cuja previsibilidade não fosse exigível ao arguido devam ser comunicadas previamente ao arguido.

A restrição da liberdade do tribunal de julgamento decorrente da jurisprudência constitucional só se compreende se se tiver em conta que o Tribunal Constitucional sancionou a estrutura do processo resultante da primeira lei orgânica dos tribunais judiciais.

Com efeito, no mesmo acórdão em que este Alto Tribunal julgou pela primeira vez inconstitucional o sistema de recursos do processo de querela, decidiu a questão da participação no julgamento do juiz que proferiu o despacho de pronúncia no sentido da sua conformidade com a Constituição. Deste modo, o acórdão n. 219/89, de 15.2.1989, abriu a porta à intervenção em julgamento de um juiz que apreciou a prova da instrução e formulou um juízo sobre a existência de indícios suficientes para sujeição do arguido a julgamento, colocando em risco sério a imparcialidade do juiz de julgamento.[1581] A posição restritiva do Tribu-

---

[1580] Os limites do dever de ouvir as partes sobre a perspectiva jurídica do tribunal são objecto de unanimidade na doutrina. Este dever do tribunal não se verifica sempre, pois é restringido ao caso em que as partes não podiam contar com a nova perspectiva jurídica do tribunal nem isso lhes era exigível. Assim, não existe aquele dever de ouvir as partes quando lhes era exigível contar com aquela modificação da posição do tribunal, como, por exemplo, quando a decisão de modificação da qualificação jurídica se enquadra nas correntes de jurisprudência existentes à data da prolação da decisão ou quando ela corresponda a uma tese defendida pelo tribunal em anteriores decisões (Dahs jun., 1965: 33 a 35, Hinrich Rüping, 1976: 157 e 158, e Andreas Kilwein, 1985: 131 e 132).

[1581] O acórdão do Tribunal Constitucional foi confirmado por um acórdão do Tribunal Europeu dos Direitos do Homem, proferido a 22.4.1994 (in RPCC, 1994, pp. 405 a 414). O Tribunal Europeu ponderou que a decisão de rejeição parcial da acusação e de pronúncia na parte restante

726 A Reforma da Justiça Criminal em Portugal e na Europa

nal Constitucional em relação à faculdade de o juiz de julgamento modificar a qualificação jurídica dos factos compreende-se, pois, como uma medida de cautela contra um juiz que pode ter sido influenciado pela prova da instrução e que pode já ter formulado um preconceito sobre a culpa do arguido antes de o ouvir.[1582]

Deste modo, a restrição constitucional dos poderes do juiz de julgamento só se justifica materialmente porque tem implícito o sancionamento pelo próprio Tribunal Constitucional de uma deficiência fundamental da estrutura do processo na primeira instância. Idêntica aporia se verifica, aliás, com a jurisprudência sobre o duplo grau de jurisdição em face do CPP de 1929. A censura dirigida pelo Tribunal Constitucional ao sistema de recursos consagrado neste código é o resultado do sancionamento por este mesmo Tribunal de uma prática censurável de não motivação das respostas aos quesitos.

O Tribunal Constitucional sempre defendeu uma de três posições nesta questão, todas evitando concluir pela inconstitucionalidade da prática dos tribunais de não motivação das respostas aos quesitos. O Tribunal ou considerava que a fundamentação não fazia parte do "núcleo duro" da regulamentação da garantia de recurso, como se dizia no acórdão fundamental n. 219/89, ou que havia outros meios de garantia em pura teoria além do dever de motivação, deixando implícita a censura vaga de uma inconstitucionalidade por omissão do

---

com base em um exame dos indícios suficientes sobre a culpa dos arguidos apenas consistia em uma apreciação da existência de "um começo de prova suficiente para poder impor a um indivíduo o ónus de um julgamento" e não de "suspeitas particularmente reforçadas". Contudo, o Tribunal também reconheceu que, para poder proferir o despacho de pronúncia, o juiz tinha alcançado "um conhecimento aprofundado do processo", mas este conhecimento "não implicava um prejuízo que impedisse de o considerar como imparcial no momento do julgamento sobre o fundo". Defendendo a doutrina deste acórdão, Henriques Gaspar na anotação feita na RPCC, concluía que a decisão de pronúncia não dava lugar a "qualquer espécie de aparência de preconceito ou prejuízo, objectivamente fundado, em relação ao juiz do processo". Ao invés, considerando a doutrina deste acórdão "criticável", Sylvie Josserand, 1998: 153 e 154, e "algo contraditória", Pierre Crocq, 1996: 303. A doutrina do acórdão do Tribunal Europeu resulta de um equívoco sobre a natureza do despacho de pronúncia, tal como ele era regulamentado pelo código de 1929. O Tribunal Europeu introduziu uma diferença de grau no juízo indiciário que a lei portuguesa não conhecia, nem legitimava, degradando o despacho de pronúncia em um despacho de verificação superficial da culpa do arguido e, deste modo, ignorando a sua natureza de despacho de verificação de indícios sérios, seguros ou "particularmente reforçados" da culpa do arguido.

[1582] Tivesse o Tribunal Constitucional tomado uma outra posição relativamente a esta questão e também outra deveria ser a conclusão relativamente à liberdade de qualificação jurídica dos factos. A consagração da melhor doutrina, a da inadmissibilidade da intervenção em julgamento do juiz da pronúncia, teria permitido reconhecer ao juiz de julgamento o poder de modificação da qualificação jurídica dos factos, com a condição fundamental da exigibilidade do conhecimento dessa possibilidade pelas partes.

A Jurisdição Penal Comum 727

sistema, como acontecia no acórdão n. 55/85, ou desvalorizava o valor intrínseco da própria garantia do dever de fundamentação, em face do carácter sucinto que a fundamentação sempre teria, como se dizia no acórdão n. 61/88.

Com base no pressuposto, repetido em cada um destes acórdãos, de que as respostas aos quesitos não eram fundamentadas, o Tribunal concluiu pela insuficiência da sindicância do sistema de recursos. Para salvar a prática dos tribunais da não motivação das respostas aos quesitos o Tribunal Constitucional condenou, afinal, o sistema de recursos em processo de querela e com intervenção do tribunal colectivo do CPP de 1929 como incompatível com a Constituição da República.

A aporia imanente à jurisprudência do Tribunal Constitucional é ainda mais flagrante se se atentar em que desde o primeiro acórdão que apreciou a constitucionalidade do sistema de recursos do novo CPP, o acórdão n. 322/93, de 5.5.93,[1583] se deixou claro "o papel central" que cabe ao dever de fundamentação da decisão da matéria de facto, o que permitiu concluir pela constitucionalidade do sistema consagrado, como se dirá mais tarde no acórdão n. 680/95, de 29.11.1995. Naquele acórdão inicial de 1993, cujo juízo foi mantido, após a alteração da composição do Tribunal, pelo acórdão n. 573/98, de 13.10.98,[1584] o Tribunal ponderou as regras fundamentais do regime da produção de prova, a estrutura da audiência, o sistema de *césure*, as regras de deliberação do colectivo e a estruturação da sentença para concluir que a revista alargada prevista para os acórdãos proferidos pelo tribunal colectivo não violava a Constituição em face das garantias que o processo diante do colectivo já oferecia.

No entanto, para obstar à crítica feita nos votos de vencido de que o Supremo Tribunal de Justiça só muito dificilmente podia censurar os vícios de facto, por o vício ter de resultar do texto da decisão e, em regra, a fundamentação das decisões consistir apenas numa mera remissão genérica para os meios de prova,[1585] o Tribunal considerou que "a dificuldade de o Supremo Tribunal de Justiça despistar o vício invocado como fundamento do recurso, relativo ao fundamento do facto, a partir do texto da decisão recorrida, por si ou conjugada com as regras da experiência comum, tem mais propriamente a ver com a completude ou incompletude da fundamentação do acórdão recorrido do que com o facto de o vício ter de concluir-se a partir do texto da decisão". A fundamenta-

---

[1583] Diário da República, IIª Série, de 29.10.93. Este foi o primeiro acórdão que apreciou a constitucionalidade das normas conjugadas dos artigos 410 e 433 do novo CPP.

[1584] Diário da República, Iª série, de 13.11.98. Este acórdão foi votado pelo plenário, com sete votos a favor e seis contra.

[1585] Os argumentos expostos nos votos de vencido já antes tinham sido apresentados por Artur Marques (1988: 305).

ção "completa" da decisão tornava-se, pois, no efectivo sustentáculo, "o pressuposto – que se afigura inelutável – da constitucionalidade" do sistema de recursos, como se reconheceu no acórdão n. 680/98, de 2.12.98.[1586] Este último acórdão, que julgou inconstitucional o artigo 374, n. 2, do novo CPP, conjugado com o artigo 410, n. 2, quando interpretado no sentido de que a enumeração dos meios de prova utilizados na primeira instância era suficiente para a fundamentação da decisão sobre a matéria de facto, se por um lado veio repor no seu devido lugar o princípio da motivação, rejeitando uma prática minimalista dos tribunais, por outro, constitui o ponto de chegada de um processo aporético de afirmação da doutrina radicalmente contrária à introduzida pelo acórdão fundamental de 1985 e sempre sustentada pelo Tribunal em face do código de 1929. A duplicidade de critérios do Tribunal em face do CPP de 1929, em que a fundamentação da decisão sobre a matéria de facto foi degradada para um plano subalterno, e em face do CPP de 1987, em que ela desempenha um papel central no sistema das garantias de recurso, é evidente.

A conclusão impõe-se: se o Tribunal Constitucional tivesse censurado, como fazia a doutrina, a não motivação das respostas aos quesitos, atribuindo a este instrumento de garantia da defesa a importância que diante do novo CPP lhe veio a reconhecer, teria feito cessar uma prática censurável dos tribunais criminais e, do mesmo passo, salvo o sistema de recursos dos acórdãos do tribunal colectivo e do tribunal de júri estabelecido pelo código de 1929. A primeira destas conclusões tirou-a finalmente aquele Alto Tribunal, no acórdão n. 13/2000, de 11.1.2000,[1587] da segunda secção, e no acórdão n. 251/2000, de 12.4.2000,[1588] do plenário, ao abandonar a doutrina da constitucionalidade da não motivação das respostas aos quesitos.[1589]

[1586] Diário da República, IIª série, de 5.5.99.

[1587] Diário da República, IIª série, de 15.11.2000.

[1588] Diário da República, IIª série, de 7.11.2000.

[1589] A decisão da segunda secção de Janeiro de 2000 foi votada por três votos a favor e dois contra e a do plenário de Abril de 2000 foi votada favoravelmente por apenas sete conselheiros, tendo-se oposto seis. Quer à luz do texto constitucional vigente à data da prolação do acórdão sindicado, quer à luz do texto actualmente em vigor, a questão só devia ter tido a decisão que teve, como resulta claro do estudo da evolução da jurisprudência constitucional realizado.

TÍTULO 2.º
A Jurisdição Penal Militar

CAPÍTULO 1.º
O Paradigma Judiciário do final do Antigo Regime

1. A instituição das bases modernas da organização judiciária militar: da criação do Conselho de Guerra (1640) à reforma do Conde de Lippe (1763)

No final do século XIV, foram instituídos dois novos postos na hierarquia militar, o condestável e o marechal da hoste, que substituíram o alferes-mór nas suas funções como imediato do rei.[1590] Os novos dignatários desempenhavam, tal como o seu antecessor, funções jurisdicionais.

O marechal ou o seu ouvidor conheciam dos feitos crimes ocorridos na hoste ou com gente dela, com recurso para o condestável. Se o marechal aplicasse pena de sangue cabia recurso oficioso para o condestável, cabendo idêntico recurso da decisão deste de condenação à morte ou a talhamento de membro para o rei. Além dos referidos recursos, o condestável conhecia, em primeira instância, de quaisquer feitos de que primeiro tomasse conhecimento e, em especial, dos "feitos pesados de grandes pessoas" (Ordenações Afonsinas, Livro I, Títulos 51, 52 e 53).

Estas disposições foram mantidas nas Ordenações Afonsinas, mas só na medida em que tivessem entretanto sido confirmadas por diploma especial ou pelo costume (Ordenações Afonsinas, Livro I, Título 70, *in fine*).[1591] Os regi-

---

[1590] Com base em uma menção na Crónica de D. Fernando, de Fernão Lopes, é tradicionalmente apontada a vinda de um exército inglês a Portugal em 1382 como a data da criação destes novos postos na hierarquia militar (Gouvêa Pinto, 1832: 172 e 176, Gama Barros, 1946: 213, Tancredo Morais, 1940: 53, 54 e 149, Marcello Caetano, 1981: 305, e Ruy de Albuquerque e Martim de Albuquerque, 1998: 660).

[1591] As Ordenações Afonsinas compilaram toda a legislação militar anterior e, designadamente, o regimento da guerra de D. Diniz, o regimento dos coudéis e as instruções ao anadel-mór, tendo os regimentos do condestável e do marechal resultado da uma tradução das Partidas de Afonso, o Sábio (Carlos Selvagem, 1931: 209, Ferreira Martins, 1945: 91 e 92, e Marcello Caetano, 1981: 305).

732   *A Reforma da Justiça Criminal em Portugal e na Europa*

mes do almirante e do capitão-mór do mar, que constituíam as mais altas patentes da marinha, foram também inseridos nas Ordenações Afonsinas (Livro I, Títulos 54 e 55).[1592]

O direito das Ordenações veio a ser substancialmente alterado pelo "Regimento dos capitães-móres e mais capitães das companhias da gente de cavallo e de pé e da ordem que terão em se exercitar", datado de 10.12.1570, que organizou o exército das ordenanças, composto pelos homens das terras, "com tanto que não sejão pessoas Ecclesiasticas, nem fidalgos, nem outras pessoas que continuadamente tenhão cavallo, nem outras de dezoito annos pera baxo, nem de sessenta para cima" (§ 9), e dividido em esquadras, companhias e capitanias.[1593]

Neste regimento, procedeu-se a uma regulamentação do foro militar das ordenanças, prevendo-se a competência dos capitães de companhia e dos capitães-móres para julgar em matéria de natureza disciplinar ("os que são reveis em irem aos exercícios e fazerem o mais que por bem d' este regimento são obriga-

---

[1592] Há notícia da existência de uma jurisdição própria para os homens do mar desde o reinado de D. Sancho I, tendo D. Diniz criado o cargo de almirante-mór e nomeado a 1.2.1322 o primeiro almirante. D. Fernando instituiu por sua vez, o cargo de capitão-mór do mar, que devia ter, sobretudo, competência de comando militar (Tancredo Morais, 1940: 60, 75 a 78, e Ruy de Albuquerque e Martim de Albuquerque, 1998: 666 a 669, 674 e 675), tendo a criação destes cargos representado uma parte nuclear da política marítima muito progressiva destes dois monarcas (Tancredo Morais, 1940: 79 a 84). Também o título das Ordenações Afonsinas sobre o almirantado se inspirou de muito perto na já referida Lei de Afonso X (Tancredo Morais, 1940: 88 e 89).

[1593] O objectivo do monarca era o da criação de um corpo miliciano, não profissional e não pago, que tinha por base a conscrição obrigatória de todos os homens capazes, para cujo efeito determinava a realização semanal ou quinzenal, consoante a dimensão das companhias, de exercícios militares ("para a ditta gente se exercitar na ordenança, e uso das Armas, e bom tratamento, e limpeza dellas", § 18). No ano anterior, D. Sebastião tinha fixado, pela Lei de 9.12.1569, as obrigações de cada homem de ter armas e cavalo, consoante a sua condição social e a sua fazenda, ficando deste modo "constituído n' um primeiro e rude esboço o exercito nacional" e estabelecendo-se "a pautada transição entre os exercitos irregulares da edade media e a nova constituição exigida pelos methodos modernos de organisar e dirigir a força publica, e de apercebel' a para a guerra" (Latino Coelho, 1891: 8, e Mello de Mattos, 1981: 506). A Lei de 1569 "deixou armada toda a Nação", pelo que se tornou "necessario dar alguma forma a esta gente assim armada, e dar-lhes Commandantes, e Officiaes", tendo-se para o efeito publicado o regimento do ano seguinte (Gouvêa Pinto, 1832: 189, e Fortunato de Almeida, 1925: 414 e 415). A ideia de um exército permanente do rei, que se substituísse às milícias municipais e às mesnadas levantadas pelos senhores nas suas terras, teve a sua origem no regimento das companhias de ordenanças, publicado em 1445 por Carlos VII de França, e o seu primeiro ensaio em Portugal foi o regimento de 7.8.1549, de D. João III, que determinou os vassalos que deviam fazer a guerra com o rei e fixou as suas obrigações de ter armas e cavalos, constituindo este diploma "o germe da ulterior organização das Ordenanças do reino" (Carlos Selvagem, 1931: 256 e 257 e 312, e Ferreira Martins, 1945: 109 e 114).

dos", § 22), aplicando aqueles as penas de multa e de prisão e estes a pena de degredo. Não eram admitidos recursos das decisões do capitão-mór nem das dos capitães das companhias, salvo mandado do rei para o efeito. Contudo, aos réus condenados que se julgassem agravados pelas decisões dos capitães das companhias era admitido ir ao capitão-mór expor o seu agravo, determinando este sumariamente o que lhe parecesse justo.

Os restantes delitos, que se cometessem em tempo de exercícios militares, eram conhecidos pelas justiças ordinárias, com a excepção dos que fossem "de qualidade que haja n' elles offensa feita aos capitães ou a qualquer oficial da ordenança" (§ 23), que eram julgados por aquelas justiças juntamente com o capitão-mór.

A reforma de D. Sebastião começou a ser levada à prática,[1594] mas oito anos depois o desastre de Alcácer Kibir desfez o exército português. Só com a restauração e a guerra com Espanha se formou um verdadeiro exército nacional, com base no regimento das ordenanças e em uma divisão militar do território em províncias chefiadas por governadores, e do mesmo passo se procedeu à reorganização da administração da justiça nos exércitos portugueses.[1595]

A nova organização da justiça militar assentou em três diplomas fundamentais, o Decreto de 11.12.1640, que criou um conselho de guerra, o Alvará de 14.6.1642, que organizou a administração da justiça militar de primeira instância, e o Alvará de 22.12.1643, que aprovou o regimento do conselho de guerra.

Embora se tenha inicialmente estabelecido o privilégio do foro pessoal dos soldados pagos restrito às causas crimes, determinando o Alvará de 14.6.1642 que "os soldados pagos somente gosarão de privilegio de foro nos crimes commettidos depois de alistados e terem assentado praça... e não nos casos civeis",[1596] logo no ano seguinte o privilégio foi estendido a certas causas cí-

---

[1594] Gouvêa Pinto, 1832: 191 e 193, Carlos Selvagem, 1931: 324 a 326, e Ferreira Martins, 1945: 125 e 126. A aplicação do regimento de 1570 deu, aliás, lugar a dificuldades, que levaram à publicação de uma Provisão régia, de 15.5.1574, sobre "as ordenanças agora novamente feitas com algumas declarações que não estavão nos primeiros Regimentos". Nesta provisão o monarca reconheceu que "he muita opressão do povo, no Lugar em que há só uma companhia, haver Capitão-mór além do Capitão della", pelo que determinou que não houvesse capitão-mór nesse caso, subindo os agravos do capitão da companhia para o corregedor da comarca ou o juiz de fora.

[1595] Gouvêa Pinto, 1832: 194 e 195, Latino Coelho, 1891: 12 e 17, Carlos Selvagem, 1931: 383 a 387, Ferreira Martins, 1945: 143 a 145, e Mello de Mattos, 1981: 507.

[1596] O Decreto previa ainda que "o dito privilégio do foro e jurisdição dos ouvidores não se estenderá nem comprehenderá os soldados das companhias das ordenanças e seus officaes, que não têem por seu regimento tal privilégio". Deste modo, o monarca distinguia claramente o

veis, incluindo o privilégio do foro "os crimes que cometterem depois de alistados ... e assim mesmo nos casos civeis, que tiverem nascimento de contratos celebrados com elles depois de estarem alistados por soldados, o que não terá lugar nas acções civeis de partilhas, heranças e outras similhantes" (§ 23 do Alvará de 22.12.1643).[1597]

Os juízes de fora e os corregedores na cabeça de comarca, onde não houvesse juiz de fora, serviam de ouvidores da gente da guerra alistada e paga, conhecendo os juízes de fora nos casos da sua ouvidoria com a alçada dos corregedores.[1598] A justificação dada pelo monarca em 1642 para a atribuição de jurisdição militar aos juízes de fora foi a de "evitar a multiplicação e competencia dos ministros, com tanto prejuizo da justiça, e a creação de novos officiaes e formar novo juizo, podendo servir os ditos julgadores com os officiaes do seu juizo sem dilação nem molestia". Contudo, no ano seguinte, a alçada do juiz de fora foi diminuída para a própria do regimento deste magistrado.

As decisões proferidas na primeira instância eram recorríveis para o conselho de guerra, fazendo nele o promotor a sua alegação e o juiz assessor uma relação do feito ao conselho.[1599] Os crimes puníveis com pena superior a cinco anos de degredo eram julgados no tribunal de recurso pelo assessor e por mais dois conselheiros e dois outros letrados e os restantes crimes eram julgados apenas pelo assessor com dois conselheiros, mas cabendo sempre consulta ao monarca em caso de crime punível com pena de morte.

As faltas disciplinares e os crimes mais graves de carácter insurreccional eram julgados de modo distinto. A matéria de natureza disciplinar ("desobediências e culpas militares", § 25 do Alvará de 22.12.1643) competia ao capitão-mór e ao governador das armas, que julgavam sumariamente com o respectivo juiz

---

estatuto jurídico pessoal da tropa de primeira linha, os "soldados pagos e alistados para servirem nas fronteiras ou na armada e presidios do reino", e o da tropa miliciana composta pelos terços de auxiliares e pelas companhias de ordenanças, sujeitos ao regimento das ordenanças de 1570. Só em 1678 se verificaria uma aproximação substancial dos estatutos das duas componentes do exército nacional.

[1597] Tal como o Decreto do ano anterior, o diploma de 1643 previa que o privilégio do foro "não se entenderá, nem terá logar nos soldados das companhias da ordenança, porque sobre estes se cumprirá o regimento das ordenanças, como n' elle se contém" (§ 26).

[1598] Na cidade de Lisboa e termo e nos presídios dos castelos de Cascais e Setúbal, a competência era atribuída a um ouvidor geral da gente de guerra alistada, mais tarde designado por auditor geral, que dava apelação e agravo para o conselho de guerra.

[1599] A interposição facultativa de recurso foi pouco tempo depois revista. Ponderando que "a experiencia tem mostrado que os delictos e crimes que se commettem pela gente de guerra que está alistada nas fronteiras das provincias d' este reino, não são castigados com a demonstração que é necessario para se evitarem", o Alvará de 20.1.1649 determinou que o auditor devia apelar oficiosamente para o Conselho de Guerra das sentenças de primeira instância.

A Jurisdição Penal Militar 735

auditor. A competência para julgar os crimes de motim, rebelião, traição e semelhantes, que não pudessem aguardar maior dilação, era atribuída a um colectivo
composto pelo governador das armas, pelo juiz de fora e por um outro julgador
ou provedor que estivesse próximo, tendo este colectivo alçada até à pena de
morte, salvo no caso de réus fidalgos e capitães, cujos feitos iam ao conhecimento do monarca.

O novo regime não foi suficiente para conter os "abusos que a calamidade da guerra introduziu na disciplina militar", padecendo esta por causa de
"não haver n' este reino leis ou regimento com clareza e distinção da jurisdição
que lhe pertencia". Para obviar ao problema, o regente D. Pedro II, promulgou o
Decreto de 1.6.1678, estabelecendo um novo regimento dos governadores das
armas das províncias e respectivos auditores.

Os termos amplos do privilégio do foro foram mantidos na reforma, valendo para "todos os crimes commetidos pelos cabos e soldados pagos", com a
excepção de certos "crimes escandalosos" que se enunciavam,[1600] e valendo
também para as causas "que tiverem nascimento em contratos e acções com
elles celebrados depois de alistados, ou sobre os bens móveis do seu uso, vencimento de seus soldos, alugueis de casas, alojamentos e outras cousas similhantes", preterindo mesmo os privilégios das viúvas, orfãos e pessoas miseráveis
(§§ 25, 29 a 31 do Decreto de 1.6.1678).[1601]

Ao invés, a organização judiciária da primeira instância foi substancialmente alterada. A competência para julgar os crimes puníveis com as penas de
morte natural ou civil, cortamento de membro ou outra pena criminal cometidos
por soldados nas praças em que o governador das armas tivesse tomado assento
ou se encontrasse à data do cometimento do crime, competia ao governador,
com o general mestre de campo, estando presente, e o auditor geral da província, cabendo apelação e agravo para o conselho de guerra. Não estando presente
o general, o governador e o auditor provincial decidiam o feito e, ocorrendo dissensão entre ambos, chamava-se o corregedor da comarca ou, na ausência deste,
o provedor ou o juiz de fora.

[1600] Este Decreto distinguia também as tropas milicianas, que não gozavam do privilégio
de foro, dos soldados alistados e pagos. No entanto, o privilégio de foro reconhecido aos soldados
pagos era desta feita alargado aos mestres de campo, sargentos-móres, capitães e mais oficiais
da tropa miliciana, até sargentos inclusive. Este é o fundamento legal do privilégio de foro dos
oficiais milicianos, como resulta do preâmbulo do regimento de milícias de 1808 (Verissimo
Costa, 1816 b: 63).

[1601] A justificação para a fixação deste critério de preferência do privilégio do foro militar
era a de que "de outra sorte lhes seria quasi inutil o privilegio, sendo ordinariamente as viuvas
e orphãos as mais das partes nas accusações das mortes" (§ 29).

Nos restantes casos, os crimes eram julgados na praça do lugar do delito pelo respectivo governador da praça com o seu auditor particular, admitindo recurso de apelação e de agravo para o governador das armas da província e o seu auditor geral. Não havendo governador na praça, os juízes de fora auditores sentenciavam sozinhos, mas sempre com apelação e agravo para o governador das armas da província.[1602]

No tocante à forma do processo na primeira instância, o legislador determinou a observância do direito comum, com certas particularidades. Os juízes auditores, gerais e particulares, preparavam todo o processo, realizando a devassa e proferindo a pronúncia e os despachos interlocutórios necessários, relatavam o processo ao colectivo de juízes "com toda a miudeza necessaria" (§ 24 do Decreto de 1.6.1678) e votavam em primeiro lugar no colectivo. O único despacho interlocutório que era decidido pelo órgão colectivo da província era o de pôr o réu a tormentos, que era, por sua vez, recorrível para o conselho de guerra nos casos de patente elevada do réu. A apelação oficiosa da sentença também competia ao auditor. Quanto aos poderes do tribunal de recurso, consagrou-se expressamente a competência do conselho para reformar a sentença recorrida para maior ou menor condenação.

O julgamento dos crimes de motim, rebelião, transfugas, quebra de bandos e outros semelhantes, "que pela qualidade d' elles não admittem privilegio, nem excepção de pessoas, e por se seguir d' elles um prejudicialissimo exemplo e gravissima offensa da justiça", era feito com toda a brevidade e sem apelação nem agravo pelo governador das armas com o seu auditor geral e o general mestre de campo, estando este presente, sendo alargado a mais dois julgadores letrados no caso de pena de morte natural, salvo "nos bandos lançados, havendo guerra viva ou nos exercitos, porque então se guardará o estylo militar de execução prompta" (§ 5 do Decreto de 1.6.1678).

A lei nova introduzia também um processo sumaríssimo para julgamento do crime de uso de armas proibidas, de que não cabia apelação nem agravo, salvo se a pena concreta fosse a de pena corporal, e um processo para julgamento dos cabos ou soldados em fuga para fora do reino, que eram julgados de forma sumaríssima e à revelia, podendo, no entanto, deduzir a sua defesa e ser de novo sentenciados, se se apresentassem dentro de um ano após a data da prolação da

---

[1602] O Decreto de 1678 nada dizia sobre o caso de na praça não haver governador, tendo a lacuna sido sanada pela carta régia de 21.8.1683. Não obstante a letra expressa da lei, os juízes de fora auditores das praças em que existia governador procediam muito frequentemente ao julgamento dos crimes sozinhos, sem a participação do governador da praça, razão pela qual o Decreto de 22.10.1751 mandou que se observassem os preceitos do regimento dos governadores das armas "inviolavel e litteralmente no mesmo sentido em que estão escriptos".

sentença. Neste caso era admissível a interposição de recurso para o conselho de guerra.

A lei previa ainda a jurisdição disciplinar ("offensas e desobediencias militares", § 61 do Decreto de 1.6.1678) do governador das armas, que sentenciava com o general mestre de campo e o auditor geral, não cabendo das decisões destes apelação nem agravo.

A organização judiciária do exército português manteve-se inalterada na primeira metade da centúria seguinte, tendo na segunda metade do século XVIII um general alemão procedido a uma reforma profunda do direito militar português.[1603]

Sendo "manifesta a grande alteração que tem havido em quasi toda a Europa na formatura, evoluções e serviço de infantaria e governo das praças", o conde reinante de Schaumbourg Lippe, nomeado marechal general dos exércitos portugueses, elaborou um novo regimento militar para a infantaria, aprovado pelo Alvará de 18.2.1763, e um novo regimento militar para a cavalaria, aprovado pelo Alvará de 25.8.1764. A aprovação destes novos regimentos foi completada pela publicação de três outros diplomas fundamentais, o Decreto de 20.10.1763 e o Alvará de 21.10.1763, que dispunham sobre a organização judiciária militar, e o Alvará de 4.9.1765, que criava uma forma de processo autónoma para o foro militar.

O privilégio do foro pessoal foi drasticamente restringido, cento e vinte anos depois, a termos semelhantes aos consagrados pela Lei de 1642, prevendo-se apenas para os "crimes prohibidos pelas Minhas Leys Militares e Civís... sem outra alguma excepçaõ que naõ seja a dos crimes de Lesa Magestade,

---

[1603] As Novas Ordenanças, aprovadas pelo Alvará de 15.11.1707 de D. João V, introduziram uma nova organização da estrutura do exército, designadamente, suprimindo os governadores das armas, cujo lugar à cabeça das províncias passou a ser ocupado pelos generais mestres de campo. As milícias de segunda linha e a reserva territorial geral mantiveram-se sob o regimento das ordenanças de D. Sebastião, que foi confirmado pelo Alvará de 18.10.1709 (Gouvêa Pinto, 1832: 214 e 215). Não obstante a reorganização dos efectivos, "que no papel era perfeita", a situação do exército português foi-se agravando até à chegada do Conde de Lippe (Fortunato de Almeida, 1927: 285 a 288, Carlos Selvagem, 1931: 464 a 467, e Ferreira Martins, 1945: 176 e 177). O conde de Lippe chegou a Portugal à cabeça dos soldados ingleses que vieram em auxílio do exército português na campanha militar de 1762 contra Espanha. Sobre o estado do exército português antes e depois da campanha de 1762 e o contributo do general alemão para a reorganização do mesmo de acordo com os princípios que regiam o exército de Frederico, o Grande, e, nomeadamente, com a sua severa lei penal militar, Latino Coelho, 1891: 67 a 82, Carlos Selvagem, 1931: 472 a 475, 480 e 481, Pereira Sales, 1936: 49 a 70, 81 a 105, e Ferreira Martins, 1945: 184 a 187. Já anteriormente os exércitos portugueses tinham beneficiado da direcção de um outro famoso general alemão, o conde de Schönberg, que procedeu à reforma da nossa cavalaria no ano de 1664 (Christovam Sepulveda, 1898: 134 a 141, e 1902: 273 a 284).

738   A Reforma da Justiça Criminal em Portugal e na Europa

Divina ou Humana", [1604] pelo que "todas as causas Civeis dos Militares por maior graduaçaõ que tenhaõ, ou n' ellas sejaõ Authores, ou sejaõ Réos, saõ inteiramente alheias da jurisdicçaõ dos referidos Auditores, e de todos os Conselhos de Guerra" (§§ 2 e 12, do Alvará de 21.10.1763 e § 9 do capítulo XI do Alvará de 25.8.1764).[1605]

Entre os vinte e três capítulos do novo regimento da infantaria, encontravam-se os capítulos X e XI que tratavam da administração da justiça militar.[1606] No primeiro daqueles capítulos criava-se o conselho de guerra para julgamento em primeira instância dos crimes cometidos com culpa grave por oficiais e sol-

---

[1604] Não é, por isso, correcta a afirmação constante do preâmbulo do Código de Justiça Militar de 1977 de que a partir de 1763 "a jurisdição castrense só imperava em relação aos delitos específicos da disciplina militar". A incorrecção foi sendo repetida (Francisco Oliveira, 1996: 31, António Araújo, 2000: 533 e 534, e Nuno Roque, 2000: 53).

[1605] Não dispondo a lei nova de 21.10.1763 de uma disposição transitória logo foi levantada a questão de saber se ela se aplicava às causas que se encontravam já no tribunal superior, tendo por Decreto de 15.12.1763 dirigido pelo monarca ao próprio Conselho de Guerra a questão sido esclarecida no sentido de que a competência deste tribunal se mantinha para conhecer de todas as causas crimes e não se mantinha para conhecer das causas cíveis. Se a situação da tropa de primeira linha era clara, a da tropa miliciana não o era. A reforma do corpo miliciano processou-se em três momentos: com a publicação da Carta régia de 22.3.1766, que previa o alistamento nos corpos auxiliares de todas as pessoas sem excepção de nobres, plebeus, brancos ou mestiços, devendo formar terços de infantaria e de cavalaria tal como nas tropas regulares de primeira linha, com um sargento-mór tirado das tropas pagas à cabeça de cada terço, e do Decreto de 7.8.1796, que ordenou que os terços de auxiliares fossem designados para o futuro como regimentos de milícias das comarcas e os mestres de campo fossem denomidados coroneis, tendo o Alvará de 1.9.1800 fixado os privilégios dos que servissem no novo corpo de milícias. Não obstante, os incidentes relativos aos privilégios da tropa miliciana sucediam-se. Querendo "fazer cessar immediatamente o escandalo, com que diversas auctoridades, e na maior parte do reino tem quebrantado uns privilegios, que são a bem entendida recompensa dos uteis serviços que as milicias fizeram, e podem fazer ao estado", o príncipe regente esclareceu, em um aviso circular expedido em 21.10.1807, que as regras do Alvará de 1763 deviam ser também aplicáveis aos oficiais do corpo miliciano, incluindo os oficiais inferiores até sargento, que beneficiavam desde 1678 do privilégio do foro, e determinou que os cabos de esquadra e soldados das milícias beneficiassem de privilégio de foro apenas em relação aos crimes comuns que cometessem "nas occasiões em que se acharem reunidos e empregados effectivamente em serviço". Aquele esclarecimento e esta determinação foram no ano seguinte incluídos no novo regulamento de milícias aprovado pelo Alvará de 20.12.1808. Apesar da aproximação substancial do regime jurídico vigente para a tropa de linha do da tropa miliciana, a distinção entre estes corpos manteve-se nítida, não podendo, designadamente, os oficiais superiores da tropa miliciana, ainda que pagos, comandar os oficiais da tropa de linha, mesmo que de inferior patente (Domingos Barreto, 1812: 207 e 208).

[1606] Os capítulos X e XI do regimento da cavalaria reproduziam as disposições dos capítulos do regimento da infantaria.

A Jurisdição Penal Militar 739

dados,[1607] variando a composição deste conselho segundo a patente do réu e a gravidade do ilícito cometido, com duas particularidades muito significativas, a de que o número de membros do conselho era tanto maior quanto mais baixa fosse a patente do réu e a de que na composição do conselho que julgava um militar de grau superior participavam militares de graduação inferior. Os membros do conselho decidiam da culpa e da pena aplicada ao réu.[1608] As sentenças proferidas nos crimes de pena capital eram levadas ao conhecimento do rei, salvo no caso de demora prejudicial da execução da sentença.

A par da criação deste novo órgão, o Decreto de 20.10.1763 aboliu os auditores gerais e particulares e ordenou o estabelecimento de um auditor letrado em cada regimento, distinto dos juízes de fora. O auditor exercia a função de fiscal do modo de condução dos interrogatórios do réu pelo presidente do conselho, bem como a de relator, "expondo em poucas palavras o delicto e a defesa" (§ 7 do capítulo X do Alvará de 18.2.1763), e a de redactor da sentença. Aos novos auditores foi também conferida a patente, o uniforme e o soldo de capitão.[1609] Contudo, a experiência do estabelecimento de um magistrado em cada regimento militar distinto do magistrado civil não vingou, tendo o Alvará de 26.2.1789 ordenado a extinção das auditorias regimentais e atribuído de novo aos juízes de fora o exercício das funções de auditor.

2. A regulamentação autónoma tardia do processo penal militar: o Alvará de 4.9.1765

A nova legislação aprovada na década de sessenta do século XVIII regulou pela primeira vez o processo penal militar em termos autónomos do processo penal comum.[1610]

[1607] A matéria disciplinar ("culpas leves commettidas por descuido ou inadvertencia") era excluída da competência do conselho de guerra, nos termos do § 3 do capítulo XI do Alvará de 18.2.1763.

[1608] "A nativa brandura dos costumes portuguezes deixou em grande parte immobilisado em letra morta o durissimo rigor dos castigos do codigo penal", dizia Latino Coelho (1891: 77), comentando a dureza das penas previstas nos novos artigos de guerra e a aplicação que delas foi feita. A crítica sistemática e pormenorizada das lacunas de punição e das penas excessivas dos artigos foi feita nas "Reflexões" de Fraser (Palmeirim, 1873: 87 a 102).

[1609] Esta inovação introduzida pelo Alvará de 18.2.1764 visava "fazer mais firme a subordinação que (os novos auditores) devião ter aos Chefes dos Regimentos" (Domingos Barreto, 1812: 24), procurando assegurar deste modo uma integração mais fácil dos letrados na hierarquia militar.

[1610] Sobre a natureza sumária e verbal do processo penal militar do Antigo Regime, Castello Branco (1783: 24 e 61), que equiparava o processo penal militar ao processo de polícia e

O Alvará de 4.9.1765 procedeu à definição dos "termos substanciaes e impreteriveis" do processo penal militar. Embora nele se manifestasse o propósito de corrigir "os defeitos substanciaes" a que tinha dado lugar a aplicação dos novos regimentos de infantaria e de cavalaria na administração da justiça militar, este diploma procedeu efectivamente à primeira regulamentação sistemática do processo penal militar aplicável nos corpos de infantaria e de cavalaria, suprindo a omissão de regulamentação daqueles regimentos no tocante à tramitação do processo penal.[1611]

Acresce que a prática tinha introduzido os conselhos de investigação, compostos por três membros, e os conselhos de disciplina, compostos por cinco membros, aqueles para a instrução dos crimes e estes das faltas disciplinares e do crime de deserção, não sendo claros nem os pressupostos da sua convocação nem os efeitos jurídicos das suas decisões.[1612] No conselho de investigação procedia-se a inquirição de testemunhas e ao interrogatório do réu, que era admitido a produzir prova em sua defesa.[1613] Toda a prova era registada por es-

---

restringia os termos da defesa nestes processos a uma "defeza natural". A "defeza natural" devia ser em tempo de paz mais benigna do que em tempo de guerra, consistindo em o réu "ser completamente ouvido com defeza por qualquer prova das provas de Direito, em todo o caso, em toda a verbal acuzação, e em toda, e qualquer consideração criminoza". Também sobre a natureza sumária do processo militar depois da revolução liberal, Cisneiros e Faria, 1847: 42.

[1611] Também Mello Freire (1967: n. 162, p. 132) identificou este Alvará como aquele que "fixou e definiu a ordem judiciária nas causas crimes, que apenas pertencem aos juízes militares".

[1612] Assim, Barros e Sá (1869: 124), que apontava a variação da prática na consideração da decisão final do conselho de investigação umas vezes como equivalendo à fase do corpo de delito, outras vezes à fase do sumário da culpa. A doutrina, por seu turno, era uniforme na equiparação do conselho de investigação à devassa das Ordenações e à querela do novo processo comum (Cisneiros e Faria, 1847: 9, Castro Neto, 1845: 188, e Pedro Pinto, 1850 a: 279) e das respectivas decisões com o despacho de pronúncia do processo comum (Duarte Nazareth, 1853: 267, e Domingos Correia, 1887: 3).

[1613] Castello Branco, 1783,: 58, Cisneiros e Faria, 1847: 11, João Alcantara, 1861: 177 e 178, Innocencio Duarte, 1863: 317, e Domingos Correia, 1887: 3. O interrogatório do réu antes da reunião do conselho de guerra resultava implicitamente do disposto no § 8 da capítulo X do Alvará de 18.2.1763, que previa que na audiência de julgamento fosse lido ao réu o seu interrogatório e que lhe fosse perguntado "se tem alguma cousa que acrescentar á sua defesa". A inquirição de testemunhas de defesa era fruto da prática dos conselhos, que foi implicitamente reconhecida por uma Alvará de 5.3.1790, onde se previa a acareação de testemunhas como acto preparatório da culpa (Pedro Pinto, 1850 a: 82). No entanto, os conselhos mantiveram na década anterior à entrada em vigor do novo código uma praxe restritiva dos direitos da defesa, inibindo os suspeitos de presenciarem o andamento do processo preparatório e de "conhecer da sua regularidade, da imparcialidade dos juizes, contraditar os falsos depoimentos, e preparar suas defesas como lhes convier" (João Alcantara, 1861: 163 e 177).

A Jurisdição Penal Militar 741

crito.[1614] Finda a instrução, o conselho de investigação ou o conselho de disciplina julgavam o réu suspeito da prática do crime ou da falta e remetiam o processo para julgamento em conselho de guerra.

O primeiro acto substancial do processo era a formação do auto de corpo de delito pelo juiz auditor, que constituía a base de todo o processo judicial e não podia ser suprido pela confissão do réu nem de algum modo dispensado.[1615] A abertura imprescindível do processo militar com a formação daquele auto verificava-se mesmo quando o corpo de delito já tivesse sido verificado por um juiz civil ou pela Intendência Geral da Polícia.[1616]

Após o auto do corpo de delito, seguia-se a convocação do conselho de guerra, a realização dos exames necessários, a citação do queixoso para acusar, quando tivesse querelado, e a intimação do réu.

No conselho procedia-se ao segundo acto substancial do processo, a produção das provas "que necessarias forem para prova dos delictos ou defeza dos réus" (§ 4 do Alvará de 4.9.1765)[1617] e, só posteriormente, tinham lugar a chamada do réu à audiência e o seu interrogatório, que constituíam o terceiro acto substancial do processo. Os depoimentos das testemunhas e o do réu eram registados por escrito pelo auditor.[1618] Atenta a natureza sumária do processo penal

---

[1614] Castello Branco (1783: 82) criticava veementemente a omissão do registo dos depoimentos das testemunhas, por impedir o conhecimento total da prova da acusação.

[1615] Sobre a natureza do auto de corpo de delito no processo penal militar é fundamental a reflexão de Castello Branco (1783: 62 e 63). O autor equiparava o auto de corpo de delito ao libelo acusatório, censurando a prática de os fazer diminutos ou confusos ou de neles se remeter para os sumários dos magistrados civis, o que não permitia ao réu o exercício cabal do direito de resposta. Duarte Nazareth (1853: 270) e Domingos Correia (1887: 6) defenderam a mesma doutrina.

[1616] O Alvará de 21.10.1763 fixou os termos da competência da recém-criada Intendência Geral da Polícia em relação aos réu militares, admitindo a prisão de réus militares e a formação dos respectivos processos informatórios sem limite de tempo, dando-lhes "inteira fé, e credito nos Concelhos de Guerra, onde forem appresentados" (§ 8). Ainda assim, em face do disposto no Alvará de 4.9.1765, Castello Branco (1783: 38) era peremptório quanto à obrigatoriedade da formação de novo corpo de delito no foro militar. A equiparação do sumário da culpa formado pelas autoridades judiciárias comuns ao processo preparatório formado em conselho de investigação ou em conselho de disciplina, que se tornou um dado adquirido na prática, não obstava à necessidade da abertura do processo militar com a elaboração do auto de corpo de delito (Innocencio Duarte, 1863: 317).

[1617] Segundo Castello Branco (1783: 154), quando o processo preparatório tivesse sido organizado pelos magistrados civis, as partes podiam apresentar novas testemunhas, mas estas só seriam ouvidas se a parte apresentante jurasse que "que de novo lhe vieraõ á noticia".

[1618] Seguindo a doutrina de Ferreira, expendida na Pratica Criminal, Castello Branco (1783: 105) sugeria que se procedesse ao registo do modo como o réu depusesse ("se responde com medo, temor, ou tremor, se muda de côr, ou se profere mal as palavras, mostrando sobresalto ou receio em proferillas") para se lhe poder conhecer a "intenção de animo".

A Reforma da Justiça Criminal em Portugal e na Europa

militar, os membros do conselho aproveitavam todos os depoimentos das testemunhas ouvidas na instrução do processo, sem proceder à leitura dos mesmos ou à repergunta das testemunhas.[1619]

Na conferência do tribunal, o auditor lia um relatório sobre a prova e o direito aplicável e os vogais, começando pelo auditor, sentenciavam quer sobre a culpa quer sobre a pena, por tenções escritas nos casos de delito capital e oralmente nos restantes.[1620] O auditor realizava o quinto e último acto substancial do processo, a prolação da sentença de acordo com as tenções ou os votos, que era assinada por si e pelos vogais com a menção do vencimento com uniformidade de votos ou por maioria.[1621] A sentença devia ser proferida dentro de vinte

---

[1619] As queixas contra esta praxe dos tribunais foram atendidas pelo monarca. O Alvará de 17.2.1811 dava conta das "irregulares e indecorosas representações" que se faziam ao rei contra o modo de produção da prova testemunhal, especialmente frequentes no corpo da marinha. Para evitar esta situação, o monarca determinou que o réu pudesse contraditar as testemunhas perante o conselho "ou verbalmente á face das testemunhas ou por escripto, e requerer a acareação ou que se reperguntem". Em face da praxe restritiva dos conselhos de investigação na década que antecedeu a publicação do novo código, João Alcantara entendia que se devia proceder em conselho de guerra à repergunta das testemunhas que anteriormente tivessem sido inquiridas em segredo pelo conselho de investigação ou mesmo que se devia abrir as diligências probatórias realizadas durante o conselho de investigação ao réu (João Alcantara, 1861: 177). Já anteriormente, Cisneiros e Faria (1847: 20) tinha sugerido que fossem lidos no conselho de guerra os depoimentos das testemunhas inquiridas no processo preparatório quando elas não pudessem estar presentes para se proceder à sua repergunta.

[1620] As regras fundamentais do direito probatório eram ainda as das Ordenações e as que a doutrina tinha sedimentado com bases naquelas. São disto exemplo os enunciados feitos por Castello Branco, 1783: 115 a 152, Cisneiros e Faria, 1847: 57, 58 e 66, e Pedro Pinto, 1850 b: 318, 369 e 370.

[1621] Os parágrafos 7 e 8 do capítulo X do regimento de 1763 não previam a participação do auditor na votação do conselho, apenas estabelecendo a votação dos membros militares, que começava pelos de patente inferior, e do presidente do tribunal, que votava em último lugar. Contudo, logo no ano seguinte, o Alvará de 18.2.1764 esclareceu o modo de votação nos conselhos de guerra, no sentido de que o auditor também votava e em primeiro lugar. Tendo-se verificado várias irregularidades e abusos na aplicação do artigo 8 do capítulo X do regimento, o conde de Lippe decretou ainda, a 13.7.1764, que o auditor deveria "encaminhar" os membros do conselho que não tivessem observado as formalidades prescritas no regimento e, em caso de recusa por parte de algum desses membros em conformar-se com as representações do auditor, suspender o conselho e dar parte ao comandante do regimento. Mantendo-se a recusa, o comandante deveria mandar prender o membro do conselho por desobediência e substituí-lo. Palmeirim criticou violentamente esta disposição, considerando-a "irregularíssima e dispotica, além de inquisitorial". Na prática, os auditores "prevalecem em quasi todos os conselhos de guerra, e do seu capricho depende a fortuna ou a desgraça do preso militar. Alem d' isto dirigem elles os presidentes e os vogaes a seu sabor, coisas estas que teem produzido funestissimas consequencias" (Palmeirim, 1873: 65 e 103).

A Jurisdição Penal Militar 743

e quatro horas após a autuação do delito ou, havendo circunstâncias que pedissem maior dilação, dentro de oito dias.[1622]

A reforma da organização judiciária na primeira instância gerou uma acumulação de serviço no tribunal superior, pois os novos conselhos da primeira instância cedo adoptaram a praxe de fazer subir oficiosamente todos os feitos ao conselho de guerra régio.[1623] O Decreto de 20.8.1777, que pretendeu acorrer à situação de acumulação de serviço no conselho de guerra régio, autonomizou um Conselho de Justiça naquele conselho, também designado como Conselho de Guerra e Justiça, para julgar em segunda e última instância todos os processos militares,[1624] reservando um dia em cada semana para despacho destes processos, alargou a composição do conselho a mais três juristas e alterou as regras de votação, sendo, em regra, três os votos dos ministros togados que, com os conselheiros que se achassem no tribunal, confirmavam ou reformavam a pena, salvo no caso de condenação em pena de morte, em que seriam oito os vogais, com quatro togados entre estes.[1625]

[1622] Só com o Decreto de 5.10.1778 o legislador permitiu a participação de advogado do réu nos conselhos de guerra em tempo de paz, bem como a dedução de embargos à sentença proferida pelo conselho de guerra, a apresentar em quatro dias. As restrições durante o tempo de guerra e, designadamente, as relativas aos embargos às sentenças que condenassem em penas capitais, foram relembradas pela resolução régia de 13.12.1809 e pelo aviso da secretaria de Estado dos negócios estrangeiros, da guerra e da marinha de 21.2.1810 (Collecção das Ordens do Exército, 1810: 57).

[1623] Castello Branco (1783: 114 e 115) descreveu precisamente esta praxe de os conselhos de guerra mandarem subir todos os processos "sem differença alguma: e ainda que se não acha no Regulamento, e LL. Militares determinada esta generica remessa". Na sequência desta prática dos tribunais de primeira instância o legislador procedeu à reforma do tribunal de segunda instância em 1777. Castello Branco pronunciou-se favoravelmente a esta praxe e à reforma legislativa subsequente, pois "a experiencia tem mostrado, que são muito raras as sentenças dos Concelhos de Guerra, que merecem ser confirmadas sem alguma moderação, ou alteração".

[1624] Os autos eram ainda remetidos oficiosamente à presença do rei no caso de condenação na última pena e no de concorrerem algumas circunstâncias atendíveis para se minorarem as penas dos réus impostas pela lei ("quando as circumnstancias dos crimes parecer prudentemente que são dignos da minha real benignidade", Alvará de 15.7.1763).

[1625] Os Decretos de 13.8.1790 e 13.11.1790 esclareceram as regras de votação no Conselho de Justiça, no sentido de que todos os processos fossem aí sentenciados por dois juízes togados e dois conselheiros de guerra, bastando o voto de três e, havendo empate, juntando-se mais um juiz ou conselheiro para decidir, salvo nos casos de morte natural, em que o processo seria sentenciado por três juízes e por três conselheiros ou por quatro juízes e dois conselheiros e, no caso de empate, juntando-se mais dois juízes. O segundo diploma esclareceu também que o Conselho de Justiça tinha "todo o arbitrio, e faculdade para confirmar, revogar, alterar, e modificar as Sentenças dos Conselhos de Guerra". Na prática, o Conselho fez uma interpretação muito lata desta disposição legal, pois, nas palavras do par do reino Conde de Lumiares, o Conselho "chega

744 *A Reforma da Justiça Criminal em Portugal e na Europa*

Na marinha, só muito tardiamente foi realizada a reforma da administração da justiça, introduzindo o Alvará de 15.11.1783 os conselhos de guerra na marinha e remetendo a sua regulamentação para os termos fixados nos regimentos das tropas do serviço de terra.[1626] Só posteriormente foi criado, pelo Decreto de 25.4.1795, um tribunal de recurso autónomo, o Conselho do Almirantado.[1627]

O número e a qualidade do presidente e dos vogais dos conselhos de guerra na marinha dependia da indicação do Conselho do Almirantado e a decisão daqueles conselhos subia sempre à instância superior para confirmação.[1628] Os casos de "muita gravidade" eram decididos pelo plenário do tribunal de recurso, formado por cinco conselheiros e três juízes togados (§ 8 do Título III do Alvará de 26.10.1796), sendo os restantes casos decididos pelo juiz relator e dois conselheiros. A condenação em pena de morte subia ainda à presença do monarca.

A guerra com o invasor francês nos anos de 1810 e 1811 suscitou a tomada de medidas de natureza extraordinária, que não só alteraram significativamente o regime do privilégio do foro e os termos do processo, como repuseram em vigor o estatuto do auditor consagrado pelo conde de Lippe em 1763 e abandonado em 1789.[1629]

---

muitas vezes a entremetter-se na marcha dos processos, mandando-os formar de novo, sem comtudo declarar os motivos da sua nullidade, sendo para notar que é o único tribunal de justiça onde isto se pratica" (Clemente José dos Santos, 1885 b: 122).

[1626] Anteriormente a esta data, já existia um auditor da armada (Dantas Pereira, 1824: 48). Sendo presente ao monarca "que na repartição da Marinha, naõ há regimento, Regulamento, ou outra alguma Ordem Militar, que estabeleça a fórma com que se deve proceder contra as Pessoas do Corpo Militar desta repartição, que commetterem delicto", foi por ele determinado, no referido diploma de Novembro de 1783, que, na parte aplicável, fossem os militares da marinha processados e julgados de acordo com o regulamento da tropa do serviço de terra. A prática era a de que os conselhos da marinha procediam exactamente nos mesmos termos que os da infantaria e da cavalaria (Caetano Pereira, 1820: 229 e 230, e Costa Almeida, 1856: 548).

[1627] Este tribunal era composto por um presidente, que era o ministro dos negócios da marinha, e quatro conselheiros, todos oficiais generais da marinha. O monarca nomeava o juiz relator e dois adjuntos, que eram ministros da Casa da Suplicação. O Conselho do Almirantado regulava-se por toda a legislação em vigor para o Conselho de Guerra e foi, dois meses depois da sua criação, elevado à categoria de tribunal régio pelo Alvará de 20.6.1795. O Decreto de 5.11.1799 esclareceu ainda que não cabia revista ordinária das sentenças do Conselho do Almirantado, pois esta não era admitida dos tribunais supremos do país. Ficava, contudo, ressalvada a concessão de graça especialíssima pelo monarca, tal como se admitia em relação às decisões dos outros tribunais supremos do país.

[1628] Também na marinha o número e a qualidade dos vogais no conselho crescia à medida que a condição do réu era mais baixa, sendo "esta especie de jurados" composta por "homens iguaes e proximamente superiores aos reos em consideração politica" (Dantas Pereira, 1824: 50).

[1629] Durante a primeira invasão francesa, foi criado, pelo Decreto de 8.4.1808, assinado pelo Duque de Abrantes, um tribunal especial "destinado para julgar todos os Delictos, que atten-

A Jurisdição Penal Militar

Assim, com o objectivo de que as tropas das ordenanças cooperassem mais eficazmente no esforço de resistência ao invasor, os governadores do reino determinaram, em Portaria de 30.6.1810, que, "durante a guerra actual todos os officiaes e soldados das ordenanças fiquem, como os da tropa de linha, sujeitos ás mesmas leis e regulamentos para serem julgados em conselhos de guerra pelas faltas e crimes militares que commetterem".

Por outro lado, ponderando que "os Conselhos de guerra soffrem delongas consideraveis, de que resulta notavel prejuizo ao Serviço de Sua Alteza Real o Principe Regente Nosso senhor, e que tornão mais penosa a condição dos Réos, pois quando chegão a soffrer o castigo da Lei, já tem passado por aquelle huma dilatada prizão, e até mesmo fazem com que não possão ser todos os Réos julgados na conformidade das Leis", o marechal general das tropas portuguesas mandou o desembargador José António Oliveira Leite de Barros fazer uma "explicação do que é verdadeiramente conforme ás leis para se encurtar a formação dos processos nos Conselhos de Guerra".

De acordo com as "direcções" formuladas pelo referido desembargador, os termos em que eram processados os crimes capitais cometidos por soldados foram profundamente alterados, de modo que o corpo de delito era formado na própria audiência de julgamento na ausência do réu, sendo o réu confrontado com os depoimentos escritos das testemunhas posteriormente e podendo produzir prova em sua defesa. Quer os depoimentos do réu quer a prova da culpa e da defesa do réu eram registados. Os crimes militares eram julgados em vinte e quatro horas ininterruptas e os civis não podiam exceder oito dias seguidos e improrrogáveis. Só havendo "ponderosas razões para minorar o rigor das leis" o processo era levado ao monarca.[1630]

---

tarem contra a segurança publica e se commetterem em toda a extensão do Reino de Portugal". O tribunal era composto por cinco oficiais franceses, presidindo um deles, um oficial português e um juiz português "escolhido entre os mais recommendaveis". O capitão relator instruía o processo, promovia os termos da acusação e integrava o tribunal, sem voto deliberativo. Instruído o processo, os autos eram presentes ao Conselho do Governo que decidia se eles eram da competência do tribunal especial. A sentença era irrecorrível e devia ser executada dentro de vinte e quatro horas.

[1630] Estas "direcções", que modificavam o Alvará de 4.9.1765, foram publicadas em apenso à ordem do dia de 27.8.1811 (Collecção das Ordens do Exército, 1811: 157 a 160). A ordem do dia de 9.8.1812 (Collecção das Ordens do Exército, 1812: 132) lembrou a anterior, que não estava a ser devidamente observada, em especial no que se referia à notificação do arguido para indicar testemunhas e ao registo do interrogatório do arguido. Na ordem do dia de 18.1.1814 (Collecção das Ordens do Exército, 1814: 13), o marechal general das tropas portuguesas determinou que, mantendo-se a ordem de 1811, só a defesa do réu relativa à matéria da acusação se devia escrever e aceitar e não recriminações contra terceiros, que se não deveriam aceitar.

746   *A Reforma da Justiça Criminal em Portugal e na Europa*

A forma de processo para julgamento dos restantes crimes cometidos por militares também foi modificada, sendo estes crimes julgados sem qualquer instrução prévia e em audiência sumária, em que as testemunhas da acusação e da defesa eram ouvidas e logo se decidia. Só a acusação e a sentença eram escritas, não se registando a prova produzida.[1631]

Por força da necessidade crescente de tornar mais breve a expedição dos assuntos dos conselhos de guerra durante a campanha militar, foi também reintroduzido, "enquanto durar a presente guerra", o lugar de um auditor letrado em cada brigada de infantaria, cavalaria e milícias, devendo ele acompanhar nas suas marchas os diferentes corpos do exército.[1632]

Esta legislação de emergência deixou, contudo, a sua marca na reforma legislativa a que se procedeu depois de alcançada a paz. "Tendo havido consideravel alteração na organisação e disciplina de todos os exercitos da Europa, depois dos regulamentos de 18 de fevereiro de 1763 e de 25 de agosto de 1794; e mostrando a experiencia que não tem sido bastantes as ulteriores providencias dadas sobre este objecto e outros pontos concernentes ao governo do meu exercito de Portugal", o príncipe regente deu, no palácio do Rio de Janeiro, a 21.2.1816, um Alvará com um novo regulamento para os exércitos.

A lei regulava em termos amplos o privilégio do foro militar, nele incluindo todos os crimes puníveis por leis civis ou militares cometidos por militares depois do assentamento de praça, com excepção dos crimes de lesa-majestade ("o foro militar pertencerá a todos os individuos que presentemente o gosam pelas leis estabelecidas, e sómente serão exceptuados os crimes de lesa-majestade de primeira cabeça, ficando assim entendido o Alvará de 21 de outubro de 1763, e sem vigor as excepções posteriormente feitas", § 1 do artigo 30 do Alvará de 21.2.1816).[1633]

[1631] A modificação foi ordenada através da ordem do dia de 14.11.1811 (Collecção das Ordens do Exército, 1811: 206 a 208), que publicou e mandou observar umas "instrucções" que já datavam de 6.11.1809.

[1632] A reintrodução do auditor letrado foi determinada pela Portaria de 30.8.1811, que, não obstante a sua natureza temporária e condicionada pela guerra, se manteve em vigor depois do fim das campanhas militares (Verissimo Costa, 1816 a: 127 a 130).

[1633] Tal como já tinha sucedido com o Alvará de 21.10.1763, que aboliu todas as excepções a este princípio, também o Alvará de 1816 aboliu todas as excepções que a lei introduziu depois de 1763 e, designadamente, as relativas aos crimes de contrabando e descaminho de direitos reais, furtos fora dos quarteis, mas dentro de repartições da real fazenda e tráfico de carne com prejuízo da fazenda real (Alvará de 14.2.1772, Alvará de 18.9.1784, Decreto de 2.10.1792). No tocante às milícias, o novo regulamento das ordenanças, dado também na data de 21.2.1816, nunca chegou a ser executado (Gouvêa Pinto, 1832: 254). Só mais tarde o monarca decidiu alargar aos cabos de esquadra e soldados milicianos os benefícios da tropa alinhada, de que os oficiais, incluindo oficiais inferiores até sargento, já beneficiavam. O privilégio do foro militar

A Jurisdição Penal Militar 747

O novo regimento procedia a uma revisão muito importante da composição dos conselhos de guerra, determinando a composição do conselho por um oficial superior, que presidia, um auditor letrado e sem patente militar, nomeado por um período de três anos, renovável, pelo monarca, sob proposta do auditor geral junto do general em chefe, e cinco oficiais vogais, nomeados pelo chefe de brigada ou pelo general em chefe, consoante a patente do réu.

Os termos do processo e, designadamente, a fase transitória de remessa dos autos do conselho de investigação ou de disciplina para o conselho de guerra e a fase de recurso, eram profundamente alterados. Assim, o conselho de investigação relativo a oficiais era remetido pelo comandante ao general em chefe para que este decidisse se se devia proceder a conselho de guerra e os crimes cometidos por oficiais, que tivessem sido punidos com pena que não fosse a de degredo, a de baixa de patente ou outra maior, bem como os cometidos por oficiais inferiores e por soldados, que tivessem sido punidos com pena que não excedesse a de seis anos de degredo, subiam ao conhecimento do general em chefe, que os apreciava com o auditor geral, mantendo ou modificando a decisão ou ainda mandando baixar o processo sempre que tivesse ocorrido "irregularidade tal que possa entrar em duvida, se a sentença assenta em bases solidas" (§§ 10 e 11 do artigo 31 do Alvará de 21.2.1816). Só os processos relativos a crimes que tivessem sido punidos pelo conselho de guerra com penas superiores a estas eram remetidos pelo general em chefe ao Conselho de Justiça para decisão. Os processos em que oficiais fossem condenados nas penas de baixa de patente, degredo, morte civil ou natural ou de infâmia subiam ainda ao conhecimento do monarca.

O direito da organização judiciária e do processo penal militares já não sofreu alterações relevantes até 1821. Desde 1642 e com apenas dois pequenos interregnos, de 1763 a 1789 e de 1811 a 1821, o privilégio do foro da tropa de primeira linha foi definido em termos amplos em consonância com a concentração na pessoa do juiz de fora do exercício das funções de auditor,[1634] o que, se por um lado, era fruto de limitações de ordem financeira do Estado para dotar a

---

tornou-se aplicável a todos os militares milicianos nos mesmo termos em que o era à tropa de linha, de acordo com uma resolução régia de 26.8.1817 e uma ordem do dia de 10.1.1817 (Pedro Pinto, 1850 a: 390). Assim, o conselho de guerra tinha lugar para os oficiais, oficiais inferiores e soldados milicianos nos mesmos casos que para os da tropa de linha e respeitando-se para ambos as mesmas excepções (Pedro Pinto, 1850 a: 255).

[1634] É, por isso, inexacta a conclusão da resenha histórica da evolução do foro militar feita no parecer da Câmara Corporativa n. 16/VI, que segue de muito perto o estudo de Carvalho Viegas de 1953, no sentido de que o âmbito da competência, tanto quanto a pessoas como a infracções, não variou substancialmente desde 1640 até ao liberalismo (parecer da Câmara Corporativa n. 16/VI, p. 191).

748   *A Reforma da Justiça Criminal em Portugal e na Europa*

estrutura judiciária militar de magistrados judiciais exclusivos, por outro, constituía também um modo de contrabalançar aquele amplo privilégio com a intervenção na jurisdição militar de um magistrado proveniente da jurisdição comum, aproximando estas jurisdições e evitando assim o isolamento e a formação de uma casta profissional na sociedade.[1635]

O processo penal militar caracterizava-se no final do Antigo Regime pela inexistência de uma regulamentação da fase de instrução, tendo sido introduzido pela praxe um conselho de investigação, que correspondia à devassa do processo penal comum, mas que tinha três particularidades muitos relevantes em face do direito comum, sendo a primeira a própria direcção da fase instrutória por um órgão colectivo, a segunda a admissibilidade da produção de prova pelo réu logo na fase instrutória e a terceira a interposição do juízo de discricionariedade da hierarquia militar sobre a necessidade da continuação do procedimento criminal contra os oficiais. O efeito nefasto do aproveitamento irrestrito na audiência de julgamento da prova produzida na instrução, se não era evitado pela ratificação desta prova através do termo das judiciais ou da leitura dos depoimentos diante do réu, era, contudo, consideravelmente diminuído pela posição reforçada do réu na fase preparatória do processo, a que acrescia ainda o direito conferido ao réu no processo militar de produzir prova testemunhal nova na audiência diante do conselho de guerra, diferentemente do que se praticava no processo sumário no foro comum.

Por outro lado, a prolação pelo auditor do despacho de confirmação da existência do corpo de delito, que exercia uma função semelhante à do libelo acusatório no processo comum, prejudicava o princípio da acusação, mas este prejuízo era de algum modo diminuído pela atribuição a um tribunal colectivo da competência para julgar o feito, cabendo ao juiz auditor apenas o papel de relator no julgamento da causa. Esta garantia relacionada com a natureza colectiva do tribunal de julgamento foi até reforçada pela reforma do conde de Lippe, que converteu o conselho de guerra em um verdadeiro tribunal de júri composto pelos pares do réu. No entanto, as regras sobre o voto do auditor fixadas logo em 1784 e a prática judiciária muito autoritária dos auditores sobre os restantes membros do conselho não permitiram que o conselho se libertasse da influência

---

[1635] A doutrina pugnava, no entanto, pela restrição deste privilégio. Mello Freire advogou, quer no projecto de Código do Direito Público, quer no Ensaio de Código Criminal, a restrição do foro militar aos crimes militares e aos comuns cometidos pelas tropas pagas dentro dos quarteis e contra outros militares, ficando os auxiliares e as ordenanças em tudo sujeitas à justiça ordinária (Mello Freire, 1844: 148 e 376, e 1823: 217) Mello Freire propunha aquele que era o sistema tradicional do direito francês, consagrado, designadamente, na *Ordonnance* de 25.7.1665 (Faustin Hélie, 1867 a: 606 e 607).

A Jurisdição Penal Militar 749

do auditor, sobretudo depois da modificação da sua composição e da sua natureza em 1816. A possibilidade de os membros do conselho de investigação ou de disciplina pertencerem ao conselho de guerra enfraquecia ainda mais a posição do réu no julgamento da primeira instância.

Ao réu condenado só restava a garantia muito ampla do recurso, cujo objecto abrangia a decisão sobre a matéria de facto, sindicada com base na prova escrita nos autos, tendo o tribunal de recurso amplos poderes de reforma da decisão recorrida. A possibilidade da eternização da prisão do réu condenado era diminuta, atenta a natureza sumária do processo e o regime de homenagem que favorecia os réus oficiais,[1636] mas a *reformatio in pejus* constituía uma limitação prática da garantia de recurso. Ainda assim, o duplo grau de jurisdição e a admissão de embargos na primeira instância em prazo mais dilatado do que no regime comum,[1637] conjugados com a estrutura do processo preparatório, conferiam ao réu julgado no foro militar uma defesa mais ampla do que a do réu julgado em processo sumário no foro comum.

3. O último fôlego do Antigo Regime: o Esboço de Projecto de Código Criminal Militar de Garção Stockler (1805) e o Código Penal Militar de 1820

O rei D. João VI criou, pelo Decreto de 21.3.1802, uma comissão para a elaboração de uma nova lei substantiva e processual para a justiça militar.[1638]

[1636] Por culpas civis os oficiais só eram presos em corpo de guarda por crimes puníveis com pena de morte natural, por culpas militares graves a prisão dos oficiais era de homenagem em alojamento e, nos casos de maior gravidade, com uma sentinela e por culpas militares leves era de homenagem por toda a praça ou povoação onde o militar devesse ficar preso (Ordem do Exército de 10.8.1809, in Collecção das Ordens do Exército, 1809: 91 e 92). Mais tarde, Pedro Pinto (1850 a: 23 e 300, e 1850 b: 213) admitirá também a aplicação da fiança nos crimes comuns cometidos por militares, mas não nos crimes militares.

[1637] Estas garantias foram ainda alargadas pela resolução do Conselho de Justiça de 23.1.1821, que admitiu os embargos por uma só vez e dentro de quatro dias às sentenças proferidas em segunda instância (Costa Almeida, 1856: 598).

[1638] O diploma de nomeação da comissão era acompanhado de uma relação com os nomes dos membros desta, que se perdeu, conhecendo-se apenas os membros que foram apontados por Garção Stockler na anotação ao seu "Esboço" e os que o Decreto de 23.2.1804 nomeou para aquela comissão. Entre os membros encontravam-se o vice-almirante Pedro de Mendonça e Moura, o capitão de mar e guerra Ignácio da Costa Quintella e os desembargadores José Leite de Barros, Francisco Xavier Coutinho, Francisco de Carvalho e Albuquerque e António Ribeiro dos Santos. Nuno Espinosa Gomes da Silva (1991: 375) e Mário Júlio Almeida Costa (1996: 382) atribuem a feitura do código aos trabalhos desta comissão criada em 1802, com base em uma

750   *A Reforma da Justiça Criminal em Portugal e na Europa*

O primeiro projecto de reforma foi preparado por Francisco de Borja Garção Stockler, então coronel e mais tarde marechal de campo do exército, e apresentado em Junho de 1805 à comissão, de que ele também fazia parte.

O "Esboço do Plano de um Codigo" fundava-se em vinte princípios, que o autor formulou separadamente. O autor do Esboço restringia claramente o privilégio do foro aos crimes de natureza militar ("a natureza dos crimes, e não a qualidade das pessoas indiciadas de os haverem commetido, determina o Foro em que os delictos devem ser julgados", princípio 8º).[1639]

A propósito da forma do processo, o autor considerava a audiência do réu e o exame das provas como os pressupostos da legitimidade de qualquer processo e distinguia três formas de processo, ou seja, a forma sumaríssima para julgamento das faltas, a sumária e a ordinária para julgamento dos crimes graves e gravíssimos, "segundo as circunstancias exigirem maior ou menor brevidade no seu castigo" (princípio 18º). A forma sumaríssima consistia apenas no julgamento "puramente verbal, no qual nada se escreva". Na forma sumária todo o processo era verbal, com excepção da sentença, que era escrita "com miuda especificação de todos os seus fundamentos, a fim de que estes possam ser avaliados competentemente na Segunda Instancia" (princípio 19º).

---

menção na edição brasileira do código de que ele tinha sido "organisado pela comissão creada pelo Decreto de 21 de Março de 1802". Contudo, o monarca nomeou pelo Decreto de 27.5.1816 uma outra comissão, composta pelo Lord Beresford, que presidia, o Marquês de Campo Maior, o Conde de Sampaio, Martinho Dias Azedo e José Leite de Barros. A 11.2.1820, já sem o seu presidente, esta comissão concluiu e apresentou ao monarca o projecto de código. Acresce que o Alvará que aprovou o novo código o atribui expressamente ao labor da comissão nomeada pelo Decreto de 1816. Esta hipótese é confirmada por três provas inafastáveis: o original do projecto enviado ao monarca com a assinatura daqueles membros da comissão de 1816, que se encontra no Arquivo Histórico da Assembleia da República, a menção de Borges Carneiro à autoria do projecto na sessão de 6.11.1821 das Cortes (Diário das Cortes Geraes e Extraordinarias, volume IV, pp. 2955 e 2956) e o registo da oferta do texto original do código às Cortes (Diário das Cortes Geraes e Extraordinarias, volume IV, p. 3132). Pode, pois, concluir-se que o novo código penal militar de 1820 foi elaborado pelo Marquês de Campo Maior, o Conde de Sampaio, Martinho Dias Azedo e José Leite de Barros. A tese que se defenderá no texto é a de que o código se ficou a dever muito especialmente ao desembargador José Leite de Barros.

[1639] Os argumentos de Garção Stockler (1826: 242 e 243), a que aderiram outros quatro membros da comissão, foram coligidos numa anotação que o autor fez juntar ao Esboço e tinham uma dupla natureza: por um lado, os crimes comuns eram de prova mais difícil do que os militares e, por isso, exigiam uma investigação menos abreviada, o que era incompatível com a natureza dos tribunais militares, e por outro lado, os membros militares do tribunal não estavam preparados para julgar crimes comuns. Estes membros da comissão afastavam também a solução da introdução da forma civil do processo no foro militar, com o alargamento do número de juízes no conselho de guerra e a transformação deste em um tribunal permanente. Como se verá melhor adiante, a opinião destes membros da comissão ficou vencida na versão final do código.

A Jurisdição Penal Militar   751

O processo ordinário dividia-se em três fases na primeira instância. A primeira fase processual era a da formação do corpo de delito e terminava com a pronúncia do réu. Abria-se então a fase da informação posterior à pronúncia, em que se procedia ao interrogatório do réu e à ratificação das testemunhas da acusação produzidas na instrução do processo. A terceira fase processual era a da audiência de julgamento, em que o réu produzia os elementos de prova da sua defesa. O "Esboço" previa apenas um recurso de apelação para o Conselho de Justiça, sem que fossem especificados o objecto do recurso e os poderes do tribunal de recurso.

O "Esboço" previa, pois, três importantes reformas do direito vigente: a restrição do privilégio do foro militar, a regulamentação da fase instrutória e das formas sumária e sumaríssima do processo e a ratificação dos depoimentos prestados pelas testemunhas da instrução. A comissão a que foram apresentadas estas propostas não chegou, contudo, a concluir os seus trabalhos.

Ao invés, a comissão nomeada em 1816 desempenhou-se da sua tarefa e o projecto do código recebeu a confirmação real, por Alvará com data de 7.8.1820, com a determinação de que fosse publicado e tido "em exacta observância tanto nos meus Reinos de Portugal e dos Algarves, como no do Brazil". Contudo, o código não chegou a vigorar, não tendo sido publicado o referido Alvará nem no Brasil nem em Portugal.

Embora contivesse algumas disposições liberais em matéria substantiva, o código foi, tal como o estudo preparatório de Garção Stockler, elaborado à luz do paradigma judiciário do anterior regime.[1640]

O código consagrava, contra o parecer de alguns dos seus membros mais ilustres, como Garção Stockler nos deu a conhecer, um amplo privilégio de foro militar, incluindo nele todos os delitos militares ou civis cometidos, depois do assentamento de praça, por militares que pertencessem à tropa de primeira linha e só excepcionando os crimes de lesa-majestade divina e os de lesa-majestade humana de primeira cabeça e os que fossem cometidos em algum ofício civil que o militar exercitasse, que não se confundiam com o ilícito de natureza disciplinar, isto é, os "actos commettidos, ou omitidos contra o disposto nas ordens relativas ao serviço, polícia, e regimen interior dos Corpos do Exército" (artigo 1, da parte 1ª, do código de 1820).

[1640] Quer na Relatório da comissão que procedeu à elaboração do Projecto de Código Penal Militar Portuguez de 1862 (1862: V e VI), quer no Parecer n. 104, de 17.6.1862, da comissão de deputados, sobre aquele Projecto (Barros e Sá, 1869: 106), foram sublinhados os princípios que tinham estado na origem do Código de 1820 e se lamentou mesmo que este código não tivesse vigorado, pois, não obstante os seus defeitos, "era incomparavelmente menos severo" do que a lei antiga e, "marcando um termo medio entre os defeitos da legislação antiga e as necessidades do tempo actual, tornaria menos sensível a transição de um a outro extremo".

752   *A Reforma da Justiça Criminal em Portugal e na Europa*

No que concerne aos milicianos, o código previa que "em tempo de guerra ou quando estiverem reunidos por qualquer motivo, vencendo soldo e pret, serão processados em Conselhos de Guerra por todos os delictos, que perpetrarem, quer sejão militares, quer civis ou communs, como se fossem da primeira linha" (artigo 2, n. 1, da parte 1ª, do código de 1820), consagrando deste modo a doutrina do Aviso Circular de 21.10.1807 relativa aos crimes comuns cometidos pelos cabos e soldados quando estivessem reunidos e a doutrina da Portaria de 30.6.1810 respeitante aos crimes militares cometidos por qualquer oficial ou soldado das ordenanças em tempo de guerra.

A estrutura judiciária na primeira instância era organizada em conformidade com a natureza do ilícito cometido. As faltas disciplinares eram julgadas por um conselho de disciplina, composto por três ou por cinco oficiais, consoante a patente do réu, e os delitos eram julgados pelo conselho de guerra, composto por seis oficiais e um auditor letrado. O conselho de guerra tinha também competência para conhecer das faltas que o conselho de disciplina entendesse que deviam ser punidas com penas mais severas do que as que cabiam na sua competência e das faltas cometidas por incorrigíveis. As instâncias de recurso eram, tal como no direito vigente, o Conselho de Justiça e o marechal general.

O processo criminal iniciava-se com a formação da culpa pelo conselho de investigação, que no final se pronunciava sobre os indícios recolhidos.[1641] A apreciação definitiva sobre estes indícios competia, no entanto, à autoridade militar que tinha convocado o conselho de investigação. Concluindo pela verificação de indícios suficientes da prática de crime, a autoridade militar proferia a ordem para formação do conselho de guerra e nomeação dos seus membros e remetia os autos ao auditor, que, por sua vez, formulava a declaração de culpa em conformidade com aquela ordem.

Se a atribuição da instrução do processo a um corpo colectivo de três ou de cinco oficiais, em função da gravidade do crime, e a consagração de uma verdadeira sindicância dos indícios de culpa recolhidos na instrução pela autoridade militar descomprometiam o auditor em relação à sorte da instrução, esse efeito positivo era completamente anulado pelo modo de estruturação da audiência de julgamento e pela concessão de poderes muito amplos ao tribunal sobre o objecto do processo e os meios de prova, que prejudicavam seriamente o exer-

---

[1641] Devido ao império do princípio da celeridade, consagrado no artigo 47 da segunda parte, o código não estabelecia outras formas de processo menos complexas para julgamento de delitos, prevendo apenas uma outra forma de processo, para julgamento das faltas. Este processo correccional ou disciplinar constava apenas da apresentação da acusação e da defesa, seguidas da decisão, que era confirmada pelo comandante do corpo.

cício do direito de defesa e muito contribuíam para inquinar a imparcialidade do tribunal, tanto mais que ao réu estava até vedado o levantamento do incidente da suspeição.

Com efeito, após a abertura da audiência de julgamento, o auditor redigia o acto de corpo de delito com base no processo instrutório, seguindo-se-lhe a inquirição das testemunhas de acusação, na ausência do réu, e o interrogatório deste, a quem eram lidos os depoimentos de todas as testemunhas e, por fim, a inquirição das testemunhas de defesa, também na ausência do réu. Toda esta prova era reduzida a escrito. O réu podia requerer a repergunta das testemunhas ou mesmo a inquirição de testemunhas novas e contraditar as testemunhas de acusação, ficando a realização de qualquer destas diligências dependente do entendimento do tribunal.

O conselho tinha plenos poderes quer sobre os meios de prova, podendo inquirir testemunhas novas quando o julgasse indispensável, quer sobre o objecto do processo, podendo o réu ser condenado por delito diverso do da acusação, "suprindo-se primeiramente o que faltar no processo" (artigo 130 da parte 2ª do código de 1820).

A comissão, que se inspirou no regime sumaríssimo das "formalidades de que se deve usar nos processos verbaes feitos em campanha, sem faltar ás partes substanciaes, defeza dos réus e exame dos delictos", elaborado pelo desembargador José Leite de Barros e incluído na ordem de dia de 27.8.1811, procurou salvaguardar a imparcialidade do tribunal de julgamento por uma dupla via. Por um lado, foi consagrada a regra de fundamentação obrigatória da decisão da matéria de facto, especialmente exigente no caso de pena de morte. A sentença era elaborada pelo auditor que devia expor e desenvolver "os fundamentos das provas" (artigo 96 da parte 2ª do código de 1820) da condenação ou absolvição, cabendo no caso de pena de morte também aos membros do conselho a obrigação de motivar o seu voto por escrito, que se juntava aos autos. Por outro lado, facultou-se ao tribunal de recurso a sindicância oficiosa quer da decisão sobre a matéria de facto quer da suficiência dos meios de prova.

A precaridade da avaliação sumária da prova produzida na audiência e o risco da sobrevalorização da prova da instrução, toda ela feita judicial e valorada pelo conselho, justificavam aquela sindicância ampla da decisão recorrida pelo tribunal de recurso e ainda o reconhecimento, não menos amplo, da faculdade de apresentação de embargos à decisão deste tribunal, o que em certos casos redundava em um complicado regime de três sucessivas impugnações da decisão da primeira instância.

Assim, o recurso das decisões dos conselhos de guerra proferidas sobre crimes meramente civis era oficioso para o Conselho de Justiça e o das decisões proferidas sobre crimes militares ou mistos era-o para o marechal general, nos termos previstos pelo regulamento de 21.2.1816. Por seu turno, o marechal general podia também mandar subir os autos ao Conselho de Justiça quando julgasse que a pena devia ser corrigida por outra que excedia a sua alçada ou quando encontrasse "qualquer outra dificuldade" (artigo 103 da parte 2ª do código de 1820). Os processos por crimes cometidos por oficiais de patente de major para cima punidos com pena de baixa de patente, degredo ou outra mais grave subiam ainda ao rei, tal como os cometidos por quaisquer réus punidos com a pena última, quando o rei estivesse no lugar da execução.

O objecto do recurso era constituído por toda a decisão do tribunal *a quo* sobre a matéria de facto e a questão de direito, tendo o Conselho de Justiça o poder de reformar a sentença com base na prova registada nos autos. O Conselho de Justiça e o marechal general controlavam também a omissão de formalidades essenciais e, designadamente, a falta do corpo de delito, a inquirição das testemunhas e dos interrogatórios do réu ou a ocorrência de irregularidades tais "que se julgue não assentar a sentença em bazes solidas" (artigo 138 da 2ª parte do código de 1820), anulando a sentença e ordenando a baixa do processo para a sua reforma pelo mesmo conselho, que devia ouvir de novo o réu quando do suprimento da irregularidade pudesse resultar a condenação de um réu anteriormente absolvido ou o aumento da pena.

O Conselho de Justiça e o marechal general controlavam ainda a suficiência da prova produzida, ordenando a baixa do processo ao mesmo conselho de guerra para proceder às diligências omitidas sem que este pudesse proferir nova decisão, que competia apenas ao tribunal de recurso. O Conselho de Justiça podia determinar que o segundo conselho fosse formado por nove vogais.

A sentença de condenação em pena de morte proferida no Conselho de Justiça admitia embargos do réu, que seriam formados por advogado nomeado quando o réu não os quisesse formar. Os embargos eram amplos, incluindo a prova de matéria nova, mas só eram admitidos em tempo de paz.

Nos casos em que a sentença condenatória em pena de morte devia subir ainda à presença do rei, os embargos só seriam deduzidos no Conselho de Justiça depois da confirmação real, sucedendo-se deste modo ao recurso ordinário inicial para o Conselho de Justiça a apreciação régia graciosa da sentença deste tribunal e, caso o monarca não tivesse agraciado o condenado, a apresentação de embargos à decisão do Conselho.

As deficiências graves da justiça administrada na primeira instância, causadas pela sujeição do processo a um princípio de maximização da celeridade, de acordo com o qual se guardavam "somente aqueles termos, que o direito natural prescreve como impreteríveis para que a verdade seja inteiramente conhecida" (artigo 47 da parte 2ª do código de 1820), eram compensadas através da consagração da sindicância pelo tribunal de segunda instância da decisão da matéria de facto e da suficiência dos meios de prova produzidos na instância, bem como através da apresentação oficiosa de embargos à decisão do tribunal de recurso que fosse condenatória em pena capital. A proibição absoluta das cartas de seguro e dos alvarás de fiança, mesmo no tocante aos delitos civis, e a imposição da reclusão em cadeia fechada aos oficiais e cadetes a quem fosse imputada a prática de crimes puníveis com baixa com prisão em fortaleza ou outra pena maior e aos oficiais inferiores e cabos de esquadra a quem fosse imputada a prática de crimes não puníveis com pena de degredo ou outro mais grave, por um lado, e a manutenção da *reformatio in pejus*, por outro, agravavam, no entanto, a condição do recorrente.

CAPÍTULO 2.º
A Emergência do Paradigma Judiciário liberal

1. As Cortes Constituintes de 1820 e o problema do foro militar

Os deputados às Cortes constituintes debateram vivamente o problema da subsistência e da delimitação do foro militar.

Na sessão de 1.3.1821, as posições radicais inicialmente defendidas pelos deputados Gyrão e Castello Branco, que advogavam a abolição de todo e qualquer privilégio de foro como uma consequência inelutável do princípio da igualdade de todos os cidadãos diante da lei, mereceram a oposição dos deputados Macedo e Borges Carneiro, que admitiam o privilégio de foro nas causas crimes militares.[1642] Fez vencimento esta tese, votando os constituintes por unanimidade a extinção do foro militar "em quanto aos crimes puramente civis".[1643]

A aprovação da base décima primeira da nova Constituição suscitou um movimento de reacção junto dos efectivos militares liberais, onde circulou a notícia de que os deputados tinham decidido a abolição total do privilégio de foro.

[1642] Diário das Cortes Geraes e Extraordinarias, volume II, pp. 189 a 192.

[1643] Diário das Cortes Geraes e Extraordinarias, volume II, p. 194. Esta posição aproximava-se da consagrada pelos constituintes franceses no artigo 4 do Decreto de 22.9-29.10.1790, nos termos do qual os novos tribunais militares só tinham competência para conhecer de crimes cometidos "em contravenção à lei militar" (*en contravention de la loi miliaire*), e no artigo 3 do título I do Decreto de 30.9-19.10.1791, nos termos do qual "todo o delito que não ataca imediatamente o dever, a disciplina ou a subordinação militar é um delito comum, cujo conhecimento pertence aos juízes ordinários" (*tout délit que n' attaque pas immédiatement de devoir, ou la discipline, ou la subordination militaire, est um délit commun, dont la connaissane appartient aux juges ordinaires*). Por sua vez, o princípio do direito francês de que "nenhum delito é militar se ele não foi cometido por um indivíduo que pertença ao exército" (*Nul délit n' est militaire s' il n' a été commis par un individu qui fait partie de l' armée*), estabelecido pelo artigo 4 do título I deste Decreto, não foi acolhido pelos deputados portugueses, tendo-se pronunciado o deputado Gouvea Durão no sentido de que todos os civis que cometessem crimes militares deviam ser julgados no foro militar (Diário das Cortes Geraes e Extraordinarias, volume II, p. 193).

758   *A Reforma da Justiça Criminal em Portugal e na Europa*

A reacção assumiu uma tal dimensão que a regência do reino teve de esclarecer em uma ordem do exército do dia 8.4.1821 que não se tinha extinto totalmente o foro militar nas bases da Constituição, mas apenas o privilégio do foro nos crimes comuns cometidos por militares, fosse em tempo de paz ou em tempo de guerra, salientando a regência "que a medida da extinção do Foro, já adoptada em todas as nações cultas da Europa foi agora empregada em todas as classes da Nação Portugueza, ainda nas que gozavão mais subidos privilegios, e sem as excepções indicadas para os Militares, que, apesar da distincta classe a que pertencem, não devem prezar menos a qualidade de cidadão, que nasce com o homem e o faz considerar membro da grande familia do estado."

Mais tarde, na sequência da aprovação do Decreto de 9.7.1822, que declarou a extinção de todos os privilégios pessoais de foro civil e criminal e de todos os juízos privativos concedidos a pessoas, corporações, classes ou terras, com jurisdição civil e criminal, os constituintes desfizeram mais uma vez as dúvidas colocadas sobre o âmbito da nova regulamentação,[1644] determinando que a abolição do privilégio do foro relativo aos crimes comuns cometidos por militares compreendia os réus presos nos regimentos antes da publicação da lei, que não tivessem sido ainda sentenciados, devendo todos os réus militares presos por crimes comuns ser remetidos com as respectivas culpas aos juízos comuns competentes.

A outro problema fundamental da justiça militar que ocupou os deputados foi o da estrutura do exército e dos tribunais militares. A Portaria de 16.5.1821 procedeu ao licenciamento das milícias auxiliares e o Decreto das Cortes de 18.8.1821 aboliu as ordenanças,[1645] que mais tarde foram substituídas por uma guarda nacional, criada pelo Decreto das Cortes de 18.3.1823 com o objectivo de "defender a Constituição decretada pelas Cortes constituintes de 1821, e manter a segurança e tranquilidade publica" (artigo 19 do Decreto de 18.3.1823). Esta guarda era constituída pelos cidadãos entre os 25 e os 50 anos, com a ex-

---

[1644] Para o efeito os deputados aprovaram o Decreto das Cortes de 17.9.1822 (Diário das Cortes Geraes e Extraordinarias, volume VII, pp. 365 a 367 e 470), que foi mandado observar por Carta de Lei régia de 19.9.1822.

[1645] A proposta de abolição das ordenanças foi de Fernandes Thomaz e recolheu o apoio unânime dos deputados, tendo, no entanto, ficado em aberto o modo de recrutamento do exército (Diário das Cortes Geraes e Extraordinarias, volume III, pp. 1831 a 1835). O Decreto das Cortes foi mandado observar pela Carta de Lei régia de 22.8.1821. Este licenciamento correspondia, aliás, a uma tendência, que se verificou desde a intervenção militar inglesa e se prolongou durante todo o século XIX, para a supressão dos efectivos milicianos que completavam o exército profissional de primeira linha e a correspondente organização de um exército permanente e de massas, assente em uma conscrição geral (Carlos Selvagem, 1931: 577 a 581, e Maria Carrilho, 1985: 98 a 100, 104 a 107).

A Jurisdição Penal Militar

cepção dos militares de primeira e de segunda linha em serviço, os eclesiásticos regulares, os vadios e os que exerciam determinadas profissões, sendo organizada em batalhões, esquadrões, companhias e esquadras, independentes entre si e submetidos "directa e exclusivamente à autoridade civil" (artigo 1 do Decreto de 18.3.1823). Todos os postos eram electivos em escrutínio secreto e por pluralidade absoluta dos eleitores.[1646]

No que toca à reforma da organização judiciária militar, foram tomadas duas decisões muito significativas que, não só afastavam privilégios há muito adquiridos, como também procediam a uma reaproximação da justiça militar à justiça civil.

Assim, o Decreto das Cortes de 10.12.1821 determinou a extinção do lugar de auditor geral do exército e dos de auditores, ficando as competências daquele a caber ao Supremo Conselho de Justiça e as destes aos juízes do crime ou aos juízes de fora das terras onde estivessem aquartelados os regimentos.[1647] A atribuição de competência aos juízes civis para conhecerem dos processos do foro militar na primeira instância significava um regresso ao modelo joanino de

---

[1646] Sob a ameaça da contra-revolução, o projecto foi apresentado na sessão das cortes ordinárias de 10.3.1823 e discutido e aprovado nessa sessão e nas de 12 e 18 de Março (Diário das Cortes, Segunda Legislatura, Tomo II, 1823, pp. 328 a 330). O fundamento do projecto era o disposto no artigo 174 da Constituição e, no silêncio do texto constitucional, os deputados deliberaram, por sugestão do deputado Pato Moniz, que as autoridades civis a que a guarda ficava sujeita eram exclusivamente as câmaras municipais. A estas autoridades competia também o alistamento dos homens abrangidos pelas disposições legais (Diário das Cortes, Segunda Legislatura, Tomo II, 1823, pp. 101 a 103). O Decreto das Cortes foi mandado observar por Carta de Lei régia de 22.3.1823. A guarda nacional, cuja natureza correspondia ao conceito liberal de legitimidade popular do poder (José Subtil, 1986: 171 a 174), foi dissolvida depois da contra-revolução, pela Carta de Lei de 13.6.1823, que também restabeleceu o corpo das ordenanças. Depois da derrota das forças absolutistas, o Decreto de 29.3.1834 determinou de novo a organização de uma guarda nacional, que se manteve durante todo o regime monárquico, tendo oficiais e graduados electivos e sendo dirigida pela autoridade administrativa e por esta mandada reunir extraordinariamente "para manutenção ou restabelecimento da paz e da ordem publica".

[1647] Diário das Cortes Geraes e Extraordinarias, volume IV, pp. 3370 e 3371. O projecto de Decreto foi apresentado pela comissão encarregada da reforma do exército na sessão de 12.11.1821 e já previa a extinção dos auditores privados, com dois fundamentos, sendo o primeiro o de que o sistema vigente era "improprio para o pronto expediente do serviço em tempo de paz, pois sendo concedido um só auditor a cada brigada, pertencem-lhes dois, ou tres corpos, aquartelados alguns em taes distancias que se torna impraticavel a pronta e regular expedição dos conselhos de guerra", e o segundo fundamento o de que os vinte e dois auditores particulares do exército constituíam um grande encargo para a fazenda pública (Diário das Cortes Geraes e Extraordinarias, volume IV, pp. 3052 e 3053). O projecto foi discutido e aprovado na sessão de 29 de Novembro (Diário das Cortes Geraes e Extraordinarias, volume IV, pp. 3267 a 3270). O Decreto foi mandado observar por Carta de Lei régia de 12.12.1821.

760 *A Reforma da Justiça Criminal em Portugal e na Europa*

convergência na mesma pessoa dos cargos de juiz de fora e de auditor, abandonando-se a solução do conde de Lippe que tinha sido reintroduzida em 1811. Este regresso à solução tradicional foi, paradoxalmente, uma consequência dos propósitos revolucionários de diminuição do privilégio do foro militar e da progressiva assimilação das duas jurisdições penais, a comum e a militar.

A outra medida tomada pelos constituintes foi a da promulgação do Decreto das Cortes de 23.10.1822, que extinguiu o tribunal do Conselho do Almirantado e criou o Conselho da Marinha, como tribunal de segunda e última instância, de composição mista de quatro oficiais da marinha, presidindo o de maior graduação, e de três desembargadores do Tribunal da Relação, sendo os primeiros sorteados e os segundos designados por turno e admitindo-se a possibilidade de recusa de qualquer membro do Conselho pelo réu.[1648] Na primeira instância, os conselhos de guerra continuariam a julgar de acordo com o direito vigente, mas o juízo seria público até à sentença.

Deste modo, o processo de assimilação da justiça militar à justiça civil, que se verificava na primeira instância através do regresso dos juízes civis aos conselhos de guerra, alargou-se ao tribunal de segunda instância, possuindo o novo Conselho da Marinha a natureza de um verdadeiro tribunal de "júri especial".[1649] Não obstante o propósito verdadeiramente radical da reforma enceta-

---

[1648] Na sessão de 5.9.1822 foram propostos dois projectos para reforma urgente da marinha, um da comissão da marinha e outro do deputado Vasconcellos (Diário das Cortes Geraes e Extraordinarias, volume VII, pp. 356 a 358), mas o projecto da comissão foi alterado na sessão de 24.9.1822 e na sessão de 10.10.1822 (Diário das Cortes Geraes e Extraordinarias, volume VII, pp. 543 e 544, 738 e 739). A comissão visava, nas palavras do seu membro, o deputado Marino Franzini, a formação de um "um jurado de appellação", cujos membros militares e togados fossem sorteados para cada causa, podendo os juízes militares ser recusados pelo réu (Diário das Cortes Geraes e Extraordinarias, volume VII, p. 545). Ao invés, o deputado Vasconcellos organizava "uma comissão de oficiaes que podem ser amovíveis á vontade do Governo" (Diário das Cortes Geraes e Extraordinarias, volume VII, p. 359). Fizeram vencimento as teses liberais da comissão da marinha, sendo em 23.10.1822 decretada a instituição do novo tribunal de segunda instância (Diário das Cortes Geraes e Extraordinarias, volume VII, pp. 887 e 888). O Decreto foi mandado observar por Carta de Lei régia de 30.10.1822.

[1649] Diário das Cortes Geraes e Extraordinarias, volume VII, p. 358. A dificuldade com que deparou a proposta da comissão no plenário está bem patente nas críticas dogmáticas e políticas dirigidas ao novo tribunal supremo pelos deputados Trigoso, Barão de Molellos e Serpa Machado, concluindo o Barão de Molellos que este tribunal era "verdadeiramente monstruoso" (Diário das Cortes Geraes e Extraordinarias, volume VII, pp. 544 e 545). A inversão do sentido da discussão e a aprovação final da doutrina da proposta da comissão ficou a dever-se à intervenção de Ferreira Borges, que invocou a natureza híbrida do julgamento de facto e de direito por todos os membros do conselho de guerra, com vista a justificar a apelação para um tribunal colectivo que julgasse do mesmo modo (Diário das Cortes Geraes e Extraordinarias, volume VII, p. 546).

A Jurisdição Penal Militar 761

da, os constituintes anteviram a necessidade de proceder com cautela, quer restringindo a inovação legislativa à jurisdição da marinha, quer optando por uma solução de compromisso entre a composição exclusivamente civil do tribunal superior e a anterior composição do Conselho do Almirantado.[1650]

Estas duas inovações não subsistiriam por muito tempo. A reacção absolutista consubstanciou-se na publicação de três diplomas fundamentais, a Lei de 14.9.1823, o Decreto de 3.10.1823 e o Decreto de 23.6.1825.

Constatando as dificuldades que se encontravam para serem julgados os militares "quando réus de crimes civis e militares, pela complicação dos juizos em que simultaneamente são obrigados a responder por deprecadas e officios, o que occasiona consideraval demora na decisão das suas sentenças", aquela lei revogou os Decretos de 9.7.1822 e de 17.9.1822, e repôs em vigor o direito anterior à extinção do foro militar para os crimes comuns.[1651] O Decreto de 1823 revogou o disposto no artigo 4 da Lei de 30.10.1822, que "encerrando principios desorganizadores, e de mui funestas consequencias, foi huma tentativa, com que se procurou pôr em prática vãs teorias, que a experiencia de outros Paizes já tinha reprovado como inexequiveis", razão pela qual o monarca atribuiu ao Conselho da Marinha a composição e a competência previstas no regimento

---

[1650] A cautela com que procederam os constituintes portugueses é ainda mais evidente quando se compara a lei portuguesa com as que os constituintes franceses votaram para introdução do júri e do direito de recusa dos membros do tribunal na jurisdição da marinha e do exército. Com efeito, o Decreto de 21.8.1790 criou os *Conseils de Justice* para a marinha e o de 22.9.1790 as *Cours Martiales* para o exército, com duas diferenças fundamentais em relação ao novo direito português, que residiam no número dos membros que compunham o júri, sete nos conselhos da marinha e nove nos tribunais do exército, e na existência de um júri de acusação no exército. Nos conselhos da marinha deviam ser do grau do acusado três membros no caso dos soldados e dos operários e cinco no caso dos oficiais e nos tribunais do exército até um número de oito dos nove membros podiam ser do grau do acusado, consoante ele fizesse uso ou não do seu direito de recusa (Pradier-Fodéré e Amédée le Faure, 1873: XI e XII, e Louis Tripier, 1879: 17 e 18).

[1651] O destino dos Decretos de 9.7.1822 e de 17.9.1822 foi afinal o mesmo do da lei dos constituintes franceses de 19.10.1791, que foi logo revogada pela Lei de 12-16.5.1792. Esta última lei consagrou de novo o princípio geral da competência dos conselhos de guerra para conhecer de todos os crimes cometidos por militares, que foi posteriormente mantido pelas leis de 3 *pluviose* do ano II, de 22 *messidor* do ano IV, de 13 *brumaire* do ano V, pela Constituição de 22 *frimaire* do ano VIII e pelo Decreto de 21.2.1808 (Pradier-Fodéré e Amédée le Faure, 1873: 72). No entanto, a inversão do sentido da legislação foi muito criticada pela doutrina francesa, que defendia convictamente a tese, segundo a qual só os delitos cometidos por militares e referentes à disciplina militar deviam ser julgados por tribunais militares, considerando mesmo qualquer extensão desta competência como "deplorável" (Benjamin Constant, 1836: 263 a 265, e Chaveau e Hélie, 1845: 23 e 24).

762 *A Reforma da Justiça Criminal em Portugal e na Europa*

do Conselho do Almirantado de 26.10.1796.[1652] Por fim, mostrando a experiência que os juízos criminais das cidades de Lisboa, Porto e Elvas não podiam "acudir com a actividade precisa aos muitos conselhos de guerra", o Decreto de 23.6.1825 dispensou nestas cidades os juízes da jurisdição comum da participação nos conselhos de guerra e instituiu de novo o lugar de auditor, ocupado por bacharéis, com um estatuto idêntico ao criado pelo conde de Lippe, excepto na parte em que se lhes conferia patente de capitães agregados aos corpos em que servissem.[1653]

[1652] Também no direito francês o júri foi suprimido na maioria dos casos previstos na jurisdição da marinha pela Lei de 16 *nivose* do ano II, aprovada pela Convenção, e definitivamente abolido pelos Decretos imperiais de 22.7.1806 e 12.11.1806, que instituíram o *Conseil de Justice*, composto por cinco oficiais e com competência para conhecer os delitos menos graves cometidos a bordo, o *Conseil de Guerre*, composto por oito oficiais superiores e com competência para conhecer todos os crimes e os restantes delitos cometidos a bordo, e o *Tribunal Maritime*, composto por cinco oficiais, um engenheiro e dois juízes de direito e com competência para conhecer todos os crimes e delitos cometidos nos portos e arsenais. Os membros de todos estes órgãos jurisdicionais eram nomeados caso a caso. Na jurisdição do exército, só depois do golpe de 9 *termidor* e da tomada do poder pelas forças conservadoras foram definitivamente abolidas as instituições da jurisdição militar criadas pelos constituintes. A Lei do segundo dia complementar do ano III aboliu o júri na jurisdição militar e criou o *Conseil Militaire*, composto por nove militares, nomeados caso a caso. Os tribunais militares correccionais, introduzidos pela Lei da assembleia constituinte de 30.9-19.10.1791, suprimidos pela Lei da Convenção de 12-16.5.1793 e reintroduzidos pela Lei de 3 *pluviose* do ano II, constituíram um instrumento político para diminuir a participação popular na administração da justiça militar e foram também definitivamente afastados por aquela Lei do segundo dia complementar do ano III. A Lei de 13 *brumaire* do ano V, que se lhe seguiu, organizou pela primeira vez um *Conseil de Guerre Permanent*, composto por sete militares, nomeados pelo general comandante de divisão e substituídos quando este o entendesse necessário. Não obstante a natureza de verdadeiros tribunais comissionados de todos estes órgãos jurisdicionais, encontrando-se em clara oposição às proibições constitucionais das Cartas de 1814 e de 1830, a organização da jurisdição do exército subsistiu, tal como a da marinha de 1806, até à publicação dos códigos do Segundo Império (Pradier-Fodéré e Amédée le Faure, 1873: XII a XVII, Louis Tripier, 1879: 18 a 27, Augier e Le Pottevin, 1905: 2 a 5, Pierre Hugueney, 1933: 9 a 14, e Paul-Julien Doll, 1966: 21 a 23).

[1653] A contra-revolução implicou também o regresso à antiga estrutura do exército. O recrutamento das milícias foi reintroduzido pela Carta de Lei de 27.2.1823 e o corpo de ordenanças restabelecido pela Carta de Lei de 13.6.1823. Os regimentos de milícias e o sistema de ordenanças só viriam a ser extintos em todo o reino, respectivamente, pelos Decretos de 14.7.1832 e de 20.7.1832, depois de terem sido extintos nos Açores pelo Decreto de 25.4.1832. Ao invés, as disposições de 1825 relativas ao auditor do conselho de guerra mantiveram-se em vigor mesmo depois da retomada do poder pela facção liberal e da regeneração (João Alcantara, 1861: 60). A Carta de Lei de 4.6.1859 viria a fixar as condições para nomeação como auditor e o respectivo estatuto, sendo condição para aquela nomeação que o bacharel fosse juiz de direito ou, no caso de vacatura, candidato legal à magistratura judicial e sendo considerado o auditor para todos os efeitos legais juiz de direito de primeira instância do quadro da magistratura.

A afronta aos princípios da nova organização judiciária não foi, no entanto, apenas o resultado da contra-revolução miguelista. Nas vésperas desta, os deputados não se pouparam a esforços para defender a Constituição, mesmo por meios que a contrariavam, fazendo aprovar o Decreto das Cortes de 27.2.1823, que determinou a suspensão por três meses das garantias constitucionais de proibição da prisão sem culpa formada e da inviolabilidade da casa e também permitiu a remoção dos titulares de cargos públicos e a deportação de cidadãos estrangeiros e nacionais "suspeitos de favorecerem directa ou indirectamente os planos dos inimigos da liberdade publica".[1654] Não se mostrando estas determinações suficientes, uma outra medida, ainda mais violenta, foi adoptada pelo Decreto das Cortes de 20.3.1823, que previa a realização na província de Trás-os-Montes do julgamento em conselho de guerra, em primeira e única instância, com castigo até à pena de morte, de qualquer indivíduo que pegasse em armas contra o sistema constitucional, autorização que pelo Decreto de 11.4.1823 se estendeu a todo o país. Nem mesmo o princípio da proscrição dos tribunais extraordinários sobreviveu, tendo também os constituintes recorrido aos métodos draconianos que tinham merecido a sua crítica.[1655]

[1654] Este projecto da comissão especial foi apresentado e aprovado nesse mesmo dia de 27.2.1823, tendo sido fixado ao rei o prazo de 24 horas para o sancionar. A urgência do projecto era salientada pelo deputado Pereira do Carmo com estas palavras: "a guerra civil rebenta em nossa patria, e havemos de nos ir deitar mui descançados em nossas camas, sem applicarmos de prompto aquelle remedio, que a natureza do mal está indicando?", tendo as reservas do deputado Trigoso sido rapidamente afastadas pela maioria (Diário das Cortes, Segunda Legislatura, Tomo II, 1823, pp. 1029 a 1036).

[1655] Também o projecto de Decreto da comissão especial de 20.3.1823 foi aprovado no mesmo dia da sua apresentação e tinha o prazo de 24 horas para o rei sancionar o Decreto. Os deputados discutiram se o julgamento devia observar a forma de conselho de guerra, como era intenção da comissão, mas não resultava do projecto, ou se devia ficar inteiramente ao arbítrio do comandante da tropa, como decorria literalmente do projecto e advogava o deputado Pato Moniz ("nada de formulas morosas, Sr. Presidente, a grandes males, grandes remédios, e quanto mais prontos melhor"). Fez vencimento a posição moderada do deputado Derramado ("nada de formulas morosas, mas nada de iniquidades; he necessario que digamos bem isto, e que se diga claramente que há de sempre preceder um conselho de averiguação, dando-se defeza ao accusado; porque tudo o mais reputo iniquidade"), o que conduziu à alteração do texto do projecto (Diário das Cortes, Segunda Legislatura, Tomo II, 1823, pp. 240 a 243). O Decreto foi sancionado por Carta de Lei régia de 21.3.1823. Este tribunal extraordinário era, contudo, muito distinto dos primeiros tribunais criminais de excepção instituídos pelos revolucionários franceses, "o Tribunal de 17 de Agosto" e o tribunal da Convenção, o primeiro criado a 17.8.1792 e extinto a 29.11 desse ano e o segundo criado a 10.3.1793 e extinto a 31.5.1795. O "Tribunal de 17 de Agosto" era composto por oito juízes letrados escolhidos pelos deputados e quinze jurados eleitos entre os membros das secções da cidade de Paris e tinha competência para julgar, em primeira e última instância, os crimes cometidos pelas forças realistas aquando do assalto às Tulherias. O ritmo

764 A Reforma da Justiça Criminal em Portugal e na Europa

lento e a clemência do tribunal justificaram aos olhos dos deputados a sua substituição por um outro (Jean-Pierre Royer, 1996: 335). Assim, o novo "Tribunal Criminal Extraordinário" foi criado pela Convenção sob a inspiração da máxima de Danton de que "sejamos terríveis para dispensar o povo de o ser". Este tribunal era composto por cinco juízes e dezasseis jurados, todos nomeados pela assembleia, e tinha competência para julgar, em primeira e última instância, os suspeitos de qualquer actividade contrarevolucionária, independentemente da sua natureza ou gravidade. O processo aplicável neste tribunal, sobretudo na versão da Lei de 22 *prairial* do ano II, aboliu praticamente todas as garantias processuais do acusado, suprimindo o interrogatório do acusado em audiência pública, vedando a assistência do mesmo por um defensor, só permitindo a produção de prova testemunhal ao acusador público e impondo a votação pública da decisão pelos juízes. Esta forma de processo, que constituiu uma "verdadeira paródia da justiça" (Robert Chabanne, 1990: 178), foi "a base judiciária do Terror que fez cerca de 40.000 vitimas em nove meses" (Romuald Szramkiewicz e Jacques Bouineau, 1998: 160). Além da punição com a pena de morte, o legislador da Convenção consagrou, na famosa "lei dos suspeitos", de 17.9.1793, uma outra sanção, com características semelhantes às das antigas *lettres de cachet*: a medida de segurança da prisão por período indefinido até que a guerra civil cessasse, aplicável mesmo no caso de arguidos absolvidos da prática dos crimes imputados. Esta mesma sanção já tinha sido ensaiada, aliás, em relação a um grupo mais restrito de opositores do novo poder, os religiosos "refractários", que, por força do Decreto de 22.4.1793, foram internados sem julgamento, tendo os "suspeitos" e os "refractários" internados chegado a totalizar 500.000 pessoas (Frantz Funck-Brentano, 1926: 245, Alain Noyer, 1966: 69 e 72, Philip John Stead, 1983: 36 e 37, e Jean-Pierre Royer, 1996: 394 a 396). Só com o "terror branco" termidoriano foi pela primeira vez instituída, pelo Decreto de 4.5.1795, uma comissão militar, composta por cinco oficiais, que tinha inicialmente competência para julgar apenas os insurrectos do primeiro *prairial*, mas viu a sua competência alargada ao julgamento de todos os "terrorristas vermelhos" robespierristas, sendo extinta pouco tempo depois. Os revolucionários franceses tinham, como terão mais tarde os portugueses, perfeita consciência de que estas jurisdições políticas de excepção constituíam um "entorse profundo" aos princípios constitutivos do paradigma judiciário liberal, tendo progressivamente suprimido as medidas extraordinárias adoptadas (Marcel Rousselet, 1948: 66 a 69, Robert Charvin, 1968: 39 a 41, 47 a 53, Jean Imbert, 1990: 29 a 31, e Gérard Sautel e Jean-Louis Harouel, 1997: 138 a 144). Os primeiros tribunais criminais excepcionais de composição mista militar e civil e funcionamento permanente só surgiriam depois da queda do Directório e da ascensão de Bonaparte ao poder, tendo a Lei de 18 *pluviôse* do ano IX criado os "tribunais criminais especiais", com competência para julgar definitivamente certos crimes políticos. Estes tribunais eram compostos por três juízes togados, três militares com patente igual ou superior a capitão e dois cidadãos, que reunissem os requisitos legais para serem juízes, sendo estes cinco membros escolhidos pelo primeiro consul. Com a justificação de pretender salvar o júri, libertando-o do julgamento de processos para os quais ele se mostrava demasiado fraco, Napoleão fazia afinal regressar os odiados *tribunaux prévôtaux des maréchaux* do Antigo Regime. Estas comissões mistas viriam a ser consagradas no *Code d' Instruction* (artigos 538 a 599), tendo a sua competência sido alargada ao conhecimento dos crimes cometidos por vagabundos, condenados em penas infamantes ou aflictivas, e ainda dos crimes de rebelião, contrabando armado, moeda falsa e assassínio perpetrado por grupos armados. Simultaneamente, o chefe de Estado organizou e concentrou na sua pessoa o controlo de toda a actividade

A Jurisdição Penal Militar

2. A primeira tentativa de criação de um novo tribunal superior e de um novo processo: o Decreto da Regência dos Açores de 4.11.1830

A guerra civil levou os liberais aos Açores, onde teve lugar a primeira tentativa de criação de um novo tribunal superior e de um novo processo para o foro militar.

Na impossibilidade de funcionamento da Junta de Justiça criada pelo Alvará de 15.11.1810, a Junta Provisória organizou, pelo Decreto de 14.11.1828, um Supremo Conselho Militar, composto por um presidente, um juiz relator, cinco vogais ordinários e dois extraordinários para os casos de empate e com a competência para confirmar, alterar e revogar as sentenças absolutórias e condenatórias dos conselhos de guerra, mas com remessa oficiosa e secreta da sentença final à Junta Provisória da Regência para confirmação nos crimes de deserção para o inimigo, sublevação, traição e motim. A competência da Junta de Justiça relativamente aos crimes cometidos por civis foi atribuída a

---

policial de natureza política e conferiu ao seu Conselho Privado, através do Decreto de 3.3.1810, o poder de determinar a prisão pelo período de um ano indefinidamente prorrogável e insindicável pelos tribunais dos "homens perigosos que não pudessem ser postos em julgamento ou em liberdade sem comprometer os interesses do Estado", incluindo os absolvidos pelos tribunais e os condenados cujas penas fossem consideradas demasiado leves, fazendo assim renascer mais uma vez as temidas *lettres de cachet* do Antigo Regime (Frantz Funck-Brentano, 1926: 246 e 247, Henry Buisson, 1950: 182 e 183, Leon Radzinowicz, 1956: 566 a 568, Robert Charvin, 1968: 69 a 72, 94 a 96, Alain Noyer, 1966: 71, 72 e 79, Jacques Ellul, 1969 b: 162 a 164 e 175, Philip John Stead, 1983: 52, Robert Chabanne, 1990: 195, e Gérard Sautel e Jean-Louis Harouel, 1997: 282 a 284). Depois da abdicação de Napoleão, o rei da França Luís XVIII outorgou a primeira Carta Constitucional, que previa a abolição das comissões e dos tribunais extraordinários no seu artigo 63. Contudo, esta mesma disposição constitucional ressalvava as jurisdições prebostais, "quando o seu restabelecimento seja considerado necessário", o que veio a acontecer através da Lei de 20.12.1815. Os novos tribunais extraordinários eram compostos por quatro magistrados judiciais civis e um preboste militar, que exercia as funções de juiz de instrução e intervinha no julgamento com direito de voto. A sentença era definitiva e devia ser executada dentro de vinte e quatro horas. Os tribunais extraordinários eram, afinal, uma reformulação das anteriores comissões mistas, modificando o legislador da Restauração a composição dos tribunais especiais previstos pelos artigos 538 e seguintes do *Code d' Instruction*, mas mantendo a sua competência. Em 1818 estas comissões foram suprimidas, cessando o "terror branco encoberto" de que elas foram instrumento (Esmein, 1882: 470 a 480, René Garraud, 1907: 54, Robert Charvin, 1968: 119 e 120, Alain Noyer, 1966: 82, Robert Chabanne, 1990: 193, 210 e 211, Jean-Pierre Royer, 1996: 490 a 494, Romuald Szramkiewicz e Jacques Bouineau, 1998: 425 e 426). Só com a aprovação do texto constitucional da Monarquia da Julho foi proibida a criação de comissões e tribunais extraordinários (artigo 54 da Carta Constitucional de 1830). Este não foi, contudo, nem o fim das *lettres de cachet*, nem dos tribunais extraordinários.

766   *A Reforma da Justiça Criminal em Portugal e na Europa*

uma comissão militar, cujos membros eram, em parte, os do Supremo Conselho.[1656]

Após a nomeação do Conde de Vila Flor como governador e capitão general para os Açores, este determinou a organização de um Conselho de Justiça, em substituição do anterior e com uma composição distinta. O novo Conselho era composto por um presidente e três vogais militares, os dois desembargadores da Relação dos Açores e o corregedor da cidade de Angra, tendo a Regência confirmado a Portaria do governador.[1657] O governo liberal recuperava deste modo a solução aprovada pelos constituintes para a composição do Conselho da Marinha.

Por outro lado, na sequência das profundas reformas empreendidas pelo Decreto da Regência de 30.6.1830 no âmbito do processo penal comum, designadamente, no que se refere à competência, aos recursos e ao processo de ausentes, a Regência dos Açores decretou para os conselhos de guerra "uma ordem de juizo analoga, emquanto for compativel com a rapidez dos processos militares, á ordem estabelecida para os juizos criminaes nos tribunaes civis".[1658]

O diploma de 4 de Novembro de 1830 introduziu duas inovações importantes no processo penal militar: a criação de uma promotoria de justiça para seguir os termos da acusação quer na primeira quer na segunda instância, sendo o promotor na primeira instância nomeado pela mesma autoridade militar que designava os vogais do conselho e na segunda pelo governo,[1659] e a ratificação na

---

[1656] O Conselho instituído pelo Decreto de 14.11.1828 tinha cinco militares e dois civis como membros efectivos e mais dois vogais militares como membros extraordinários, enquanto a Comissão criada pelo Decreto de 15.7.1829 tinha quatro militares e três juízes como membros efectivos e mais dois militares como membros extraordinários.

[1657] A Portaria do governador é de 15.7.1829 e o Decreto de confirmação da regência é de 27.3.1830.

[1658] A reforma foi aprovada pelo Decreto de 4.11.1830 e a sua importância foi posta em relevo por Cisneiros e Faria, que se referia a este diploma como tendo criado uma nova ordem "analoga á Carta constitucional da Monarchia Portugueza, e ao que, em conformidade della, se acha estabelecido nos tribunaes Criminaes Civis" (Cisneiros e Faria, 1847: 32). Os princípios da Carta já tinham tido, aliás, repercussão ao nível do direito ordinário através da publicação do Decreto de 25.8.1827, que mandou observar o disposto no artigo 126 da Carta nos conselhos de guerra, de modo a que os actos do processo depois da pronúncia também no processo penal militar fossem públicos. O diploma de 1830 reiterou este princípio, determinando a publicidade obrigatória das audiências.

[1659] O comandante depois de ter dado parte do crime não voltava a ser ouvido, salvo se o conselho o considerasse absolutamente necessário (artigo 3 da ordem de dia de 27.6.1823). Contudo, o promotor de justiça obedecia às ordens do comandante e podia mesmo ampliar a acusação durante o conselho de guerra (Ordem do Exército n. 16, de 4.10.1841, Ordem do Exército n. 6, de 27.6.1845, e Pedro Pinto, 1850 a: 258, e 1850 b: 231).

A Jurisdição Penal Militar   767

audiência de julgamento dos depoimentos das testemunhas produzidos no processo preparatório.[1660]

Com a invasão do território continental pelas tropas liberais e a conquista da cidade do Porto por D. Pedro, instalou-se nesta cidade a sede provisória do governo liberal, tendo o Decreto de 20.5.1832 dissolvido o Conselho de Justiça da cidade de Angra para logo em seguida o Decreto de 29.7.1832 criar na cidade do Porto um Tribunal de Guerra e Justiça, composto por cinco magistrados e cinco oficiais e presidido pelo auditor geral do exército. Este tribunal tinha competência para o julgamento, em primeira e única instância, dos "delinquentes que perturbassem por qualquer modo a ordem publica", devendo nele observar--se os termos do processo estabelecido para os conselhos de guerra. O diploma ressalvava, contudo, que a constituição deste tribunal só se mantinha enquanto durasse a usurpação e não prejudicava as leis anteriores relativas ao julgamento dos crimes militares em conselho de guerra. No tocante a estes crimes militares, o governo liberal procurou, no entanto, garantir o duplo grau de jurisdição. Não obstante a situação de guerra civil, que impedia o regular funcionamento das instituições judiciárias e a manutenção de um sistema de recursos, o Decreto de 5.8.1832 tornou obrigatória a interposição de recurso das sentenças nos processos por crimes militares para o general comandante em chefe do exército, que, achando alguma ilegalidade ou injustiça notória, determinava a reforma dos autos no competente conselho de guerra, salvo nos casos de pena de morte, cuja execução continuava dependente de confirmação régia.

Ao Tribunal de Guerra e Justiça foi ainda no ano da sua criação atribuída pelo Decreto de 3.12.1832 competência para julgar os crimes políticos e os crimes militares, ficando o conhecimento dos restantes crimes repartido entre um novo tribunal de segunda instância, instalado temporariamente na cidade do Porto, e os juízes do crime da cidade do Porto. A manutenção de um tribunal extraordinário com tão ampla competência bulia, no entanto, com os princípios dos liberais e, logo no ano seguinte, o Decreto de 25.1.1833 dissolveu o Tribunal de Guerra e Justiça, atribuindo de novo o conhecimento dos crimes cometi-

---

[1660] Embora a leitura dos depoimentos das testemunhas só fosse prevista expressamente pela lei para a audiência diante do Conselho de Justiça (artigo 7), a doutrina e, ao que parece, a praxe interpretaram este preceito, por vezes conjugando-o com outros da Reforma Judiciária, como tendo reintroduzido o antigo termo das judiciais nos conselhos de guerra (Cisneiros e Faria, 1847: 20 e 23, João Alcantara, 1861: 163, Palmeirim, 1873: 68 e 69, Pedro Pinto, 1850 a: 263 e 276, e 1850 b: 40). Esta interpretação era, aliás, mais conforme com o princípio da imediação consagrado no artigo 28 do Decreto de 30.6.1830 para o processo comum. Por outro lado, sendo o sumário do processo realizado no foro civil, não se procedia a nova inquirição das testemunhas de acusação, mas apenas das de defesa e ao interrogatório do réu (Ordem do Exército n. 20, de 4.12.1840).

768 — A Reforma da Justiça Criminal em Portugal e na Europa

dos por militares aos conselhos de guerra e o dos crimes políticos cometidos por civis ao tribunal de segunda instância criado pelo Decreto de 3.12.1832.[1661]

Com vista a assegurar o duplo grau de jurisdição, o Decreto de 5.2.1833 ordenou, na sequência do que já dispunha o Decreto de 5.8.1832, a remessa oficiosa das sentenças proferidas em processos por crimes militares ao marechal general do exército para confirmação da sentença. Havendo alguma ilegalidade essencial ou injustiça notória no processo, o marechal general podia determinar a baixa do processo para reforma pelo mesmo conselho de guerra.[1662]

Dissolvido o Tribunal de Guerra e Justiça em Janeiro de 1833, as necessidades da guerra civil em curso determinaram, alguns meses depois, a instituição de dois outros tribunais extraordinários, o Conselho de Guerra Permanente anexo ao Estado-Maior General, e um conselho militar extraordinário, criados, respectivamente, pelo Decreto de 6.5.1833 e pelo Decreto de 22.8.1833.

O Conselho de Guerra Permanente anexo ao Estado-Maior General tinha competência privativa para julgar em primeira e única instância os crimes de deserção e, em ocasião de marcha, quaisquer outros crimes capitais contra a disciplina militar, a segurança dos habitantes e a ordem pública, cabendo ao marechal general a confirmação da acusação e a ordem de remessa dos autos a julgamento pelo conselho de guerra e também, depois da publicação do Decreto de 14.8.1833, a confirmação da sentença condenatória em pena de morte "quando circumnstancias extraordinarias assim o exigirem a bem da disciplina".

O conselho militar extraordinário tinha competência para em processo sumário e verbal condenar à morte os civis e os eclesiásticos detidos com armas e os militares que comandassem corpos irregulares de tropas ou que se achassem a eles reunidos, dependendo a imediata execução da sentença somente da aprovação do comandante da tropa que convocou o conselho "se este assim o julgar conveniente".

Também estes tribunais não tiveram uma vida longa, tendo sido ordenada a dissolução do conselho de guerra permanente pelo Decreto de 2.1.1834 e a do conselho militar pelo Decreto de 1.7.1834.

[1661] Este tribunal tinha sido transitoriamente estabelecido pelo Decreto de 25.8.1832, com competência para julgar as apelações e os agravos nas causas cíveis.

[1662] A vigência do duplo grau de jurisdição era tida como uma garantia fundamental do réu mesmo em tempo de guerra. Com efeito, em uma consulta ratificada pelo regente em 25.2.1834, o auditor geral esclareceu que o "princípio dos dois graus de jurisdição" tinha plena aplicação no processo penal militar, encontrando-se em vigor a forma do processo estabelecida pelo Decreto de 4.11.1830 para o tribunal de recurso. Em face da declaração de "nulidade radical do processo" pelo tribunal de recurso, o processo devia ser remetido ao conselho de guerra, como já decorria do disposto no artigo 31, § 11, do regulamento de 21.2.1816 e do Decreto de 5.2.1833, determinando ainda o aviso do regente de ratificação da consulta que este conselho fosse composto por membros diferentes para que se assegurasse inteiramente o referido princípio processual.

3. A criação do Supremo Conselho de Justiça Militar do Exército e da Marinha e a unificação dos tribunais superiores

Depois da entrada do Rei Soldado em Lisboa, o governo liberal procedeu à reorganização e à reposição em funcionamento dos tribunais ordinários, fazendo cessar a autoridade jurisdicional das chefias militares.

Assim, o Decreto de 2.9.1833 determinou a extinção do Real Conselho de Marinha[1663] e a criação do Supremo Tribunal da Marinha, tendo este, tal como o Conselho da Marinha em 1822, uma composição mista de três oficiais da marinha, presidindo um deles, e dois magistrados e competência para conhecer em última instância de todos os processos crimes intentados contra os militares da marinha.

Ao invés, o Decreto de 1.7.1834 criou um Supremo Conselho de Justiça Militar, com competência para julgar em segunda e última instância os crimes militares cometidos pelos militares de terra, composto por nove oficiais generais, presidindo o de maior patente e, na igualdade, o de maior antiguidade, e apenas um juiz relator e um ajudante deste, reunindo o tribunal com cinco membros, salvo nos casos de pena de morte, em que assistiam pelo menos seis vogais, além do presidente.[1664] Deste modo, o governo liberal fazia cessar na jurisdição do exército o processo de assimilação do foro militar ao foro civil na segunda instância "a fim de que sem demóra comecem os militares a gosar de todas as garantias, que tão heroicamente souberam restaurar para si e para a sua patria".

O tribunal de recurso sindicava a existência de nulidades insanáveis e a suficiência da prova, determinando, no primeiro caso, o reenvio para novo julgamento por um conselho de guerra formado de membros diversos dos do primeiro conselho e, no segundo caso, a baixa ao competente conselho de guerra para juntar os esclarecimentos ordenados.

A audiência no tribunal de segunda instância era pública e estava vedada a produção de nova prova testemunhal, prevendo-se ainda a remessa obrigatória

---

[1663] O Real Conselho da Marinha tinha adquirido esta designação após a elevação, pelo Alvará de 1.2.1825, do Conselho da Marinha à categoria de tribunal régio.

[1664] A redacção confusa da lei suscitou dificuldades quanto ao número mínimo de vogais militares nos casos de pena capital, que foram esclarecidas pela Portaria n. 1925, de 29.12.1845, no sentido de que nos crimes puníveis com pena de morte decidiam sempre cinco vogais, além do presidente e do relator. A doutrina salientava que os membros do tribunal eram independentes e não estavam sujeitos ao presidente nem ao relator, podendo "per si só directa ou indirectamente, verbal ou escrituralmente" procurar os esclarecimentos que entendiam necessários para deliberar (Pedro Pinto, 1850 a: 287).

dos autos à clemência do poder moderador quando o acórdão condenasse em pena que excedesse dez anos de degredo ou galés e a remessa facultativa quando ocorressem circunstâncias que justificassem a modificação do rigor da lei.[1665]

A diferença da composição entre os dois tribunais superiores do exército e da marinha não podia manter-se por muito tempo, tendo a resolução desta questão constituído um factor ponderoso para a unificação dos dois órgãos máximos da jurisdição militar. Assim, o Decreto de 9.12.1836 extinguiu o Supremo Tribunal da Marinha e o Supremo Conselho de Justiça Militar e criou o Supremo Conselho de Justiça Militar do Exército e da Marinha, com competência para julgamento em segunda e última instância dos crimes militares do exército e da marinha. Cada uma das secções em que estava dividido o tribunal, a do exército e a da marinha, tinha seis vogais militares, havendo apenas um juiz togado para ambas as secções. Por conveniência política e dificuldades com a despesa pública, o governo revolucionário setembrista repunha em vigor a composição do Conselho do Almirantado do Antigo Regime, "conservando por esta maneira a todos os militares de mar e terra o privilégio de foro e garantias, que tão heroicamente souberam restaurar para a sua patria e para si".[1666]

O regime de subida obrigatória, o objecto amplo do recurso, os poderes do tribunal de recurso e os termos do processo neste tribunal eram os mesmos do Decreto de 1.7.1834,[1667] tendo sido apenas acrescentada a obrigatoriedade de o réu preso estar presente na audiência, podendo nela alegar o que julgasse conveniente para a sua defesa, e a possibilidade de controlo da nulidade por falta de formalidades substanciais dos sumários feitos por juízes civis que tivessem ser-

---

[1665] Não eram, contudo, admitidos embargos às sentenças do Supremo Conselho de Justiça Militar (Pedro Pinto, 1850 a: 346).

[1666] Mais tarde, também por razões financeiras, o Decreto de 26.11.1868 suprimiu as duas secções do tribunal, ficando a secção única composta por sete vogais militares, quatro do exército e três da armada, e dois juízes togados, um relator e outro ajudante.

[1667] Não procede, pois a tese de Afonso Costa (1899: 229), segundo a qual o tribunal recebeu deste modo "competência de tribunal de recurso de revista". Com efeito, o Supremo Conselho tinha uma competência mais ampla do que esta, sindicando não só a legalidade mas também a suficiência dos meios de prova, e o tribunal exercia efectivamente esta competência como se constata pelo caso paradigmático relatado na Ordem do Exército n. 29, de 29.8.1836. Nela se relatou o processo verbal e sumário por insubordinação em que o conselho de guerra absolveu os réus em face da divergência no depoimento das testemunhas da culpa no conselho de investigação e no julgamento e o tribunal de recurso considerou provado o ilícito "não só pelas testemunhas do conselho de investigação, mas pelas do de guerra, que não obstante o divergirem algumas dellas em seus segundos depoimentos, se devem comtudo dar maior importancia, e valor aos primeiros depoimentos". Em consequência, o Supremo Conselho de Justiça Militar condenou os réus na pena de seis anos de trabalhos, reduzidos a quatro por força de um indulto anterior.

vido de base ao processo militar, o que implicava a baixa do processo ao juiz civil para sanação e posterior julgamento por novo conselho de guerra.

Ao invés da reforma legislativa da segunda instância, a transformação da primeira instância no processo criminal militar por via da importação gradual dos princípios e das regras dos grandes diplomas reformadores do processo penal comum, a Reforma de 1832, a Nova Reforma de 1836/37 e a Novíssima Reforma de 1841, gerou alguns problemas graves.

A omissão pelo legislador de uma delimitação clara do privilégio do foro militar teve como consequência o conflito negativo de competência entre os tribunais civis e os tribunais militares em relação aos crimes comuns cometidos por militares.[1668]

Os tribunais comuns passaram a tramitar os processos relativos a crimes comuns cometidos por militares até à fase da ratificação da pronúncia, remetendo os autos ao foro militar apenas quando a pronúncia dada pelo juiz comum fosse confirmada pelo júri da pronúncia, e mais tarde, pelo Tribunal da Relação, com base no entendimento de que a Reforma Judiciária só tinha por completa a pronúncia depois da sua ratificação.[1669]

No que respeitava aos novos crimes comuns ou mistos de polícia correccional cometidos por militares também se pôs a questão de saber quem era competente para o corpo de delito e para o julgamento. O corpo de delito era feito pelas autoridades civis e um conselho de exame distinto do conselho de guerra procedia a julgamento, com base na velha distinção entre a culpa grave punida em conselho de guerra e a culpa leve punida sem conselho de guerra, prevista nos §§ 1 a 3 do capítulo 11 do regulamento de 18.2.1763.[1670]

[1668] Em face das disposições omissas da Nova Reforma (artigos 171 e 172 da 3ª Parte) e da Novíssima Reforma (artigo 1026), o problema da delimitação prática do privilégio do foro militar foi resolvido pela doutrina e pelos tribunais com o recurso às leis antigas, cuja vigência já tinha sido ressalvada pelo regimento de 21.2.1816. No entanto, os conflitos repetiam--se e acontecia mesmo, como se relata no aviso do comandante em chefe do exército de 2.9.1857 (Ordem do Exército n. 10, de 11.9.1857), que as duas instâncias da jurisdição militar recusassem a sua competência, considerando o ilícito civil, e posteriormente as três instâncias da jurisdição civil entendessem o inverso, criando a situação de o réu se encontrar em "uma especie de interdicção, porque os tribunaes se recusam a julgá-lo", que, em regra, era solucionada com a intervenção régia, julgando apto o militar para o desempenho do seu serviço. Um dos motivos por que Corrêa Telles censurou a redacção do preceito da Novíssima foi precisamente o de nele não se ter referido os concretos casos em os militares beneficiavam de foro especial (Corrêa Telles, 1849: 279).

[1669] Esta praxe foi criticada pela doutrina (Machado Ferraz, 1840: 57 e 58, e Castro Neto, 1845: 188), mas manteve-se mesmo depois da Novíssima, sendo sustentada pelo Supremo Conselho de Justiça Militar (João Alcantara, 1861: 62) e confirmada como sendo a "pratica do reino" na Portaria de 29.1.1866, esclarecida pela Portaria de 15.5 desse ano, ambas dirigidas ao governador geral da província de Cabo Verde.

[1670] Pedro Pinto, 1850 a: 13 e 14, invocando a Ordem do Exército n. 19, de 25.8.1842.

A Reforma da Justiça Criminal em Portugal e na Europa

Por outro lado, os termos essenciais do processo penal militar passaram a ser os mesmos dos de quaisquer outros, compreendendo uma fase preparatória com o corpo de delito, o sumário e a pronúncia e uma fase de julgamento com a acusação, a defesa e a sentença,[1671] considerando-se indesejável a participação no conselho de guerra dos membros do conselho de investigação.[1672] A assimilação do processo de investigação ao sumário da querela teve uma outra consequência fundamental, a da restrição do seu âmbito, considerando-se que aquele era secreto e não admitia a produção de testemunhas pelo réu.[1673]

Por contraposição, a defesa do arguido na fase de julgamento foi substancialmente melhorada, não se admitindo o julgamento de réus ausentes,[1674] nem o de réu sem defensor.[1675] A contestação do réu em conselho de guerra devia ser feita por escrito, dando-se vista ao réu de todos os documentos.[1676]

A transposição das novas regras do processo penal comum relativas à produção da prova na audiência de julgamento produziu também uma limitação dos poderes de direcção do auditor. O auditor continuava a ler o auto de corpo de delito e as demais peças no início da audiência, confrontando o réu com elas, mas não devia ler os depoimentos das testemunhas ao réu[1677] nem às próprias testemunhas, salvo para lhes notar contradições ou alterações essenciais.[1678] Os depoimentos das testemunhas mortas, ausentes para fora da comarca ou em lugar incomunicável ou desconhecido podiam ser lidos.[1679] No interrogatório do

---

[1671] Pedro Pinto, 1850 b: 217, invocando a Portaria n. 2173, de 15.12.1848, e a Ordem do Exército n. 2, de 3.2.1849.

[1672] Pedro Pinto, 1850 a: 256, invocando o artigo 261 da terceira parte da Reforma Judiciária. Posteriormente, o ofício circular do Estado-Maior General de 28.12.1850 veio determinar que os oficiais que tivessem sido membros do conselho de investigação ou do conselho disciplinar não deviam pertencer aos conselhos de guerra (João Alcantara, 1861: 161).

[1673] Pedro Pinto, 1850 a: 279, invocando os títulos 6, 7 e 8 da parte terceira da Reforma Judiciária, a Ordem do Exército n. 34, de 2.12.1842 e a praxe.

[1674] Pedro Pinto, 1850 a: 149, invocando a Portaria de 24.1.1838 e a Ordem do Exército n. 16, de 21.12.1844, e a n. 7, de 25.6.1846.

[1675] Pedro Pinto, 1850 a: 307, invocando o artigo 242 da terceira parte da Reforma Judiciária.

[1676] Ordem do dia n. 11, de 19.9.1849.

[1677] Pedro Pinto, 1850 b: 330, invocando a Ordem do Exército n. 11, de 1.8.1850, e os artigos 264 e 273 da terceira parte da Reforma Judiciária.

[1678] Pedro Pinto, 1850 b: 377, invocando o artigo 199 da terceira parte da Reforma Judiciária. Esta melhoria substancial da posição do réu justificou a consagração de uma disposição semelhante à do artigo 1189 da Novíssima Reforma Judiciária no direito militar através da Lei de 11.1.1859. As maiores garantias na primeira instância tornavam desnecessário sujeitar o réu ao sacrifício do transporte para a prisão da sede do tribunal de recurso.

[1679] Pedro Pinto, 1850 b: 378, invocando o artigo 202 da terceira parte da Reforma Judiciária.

A Jurisdição Penal Militar 773

réu, não lhe deviam ser lidos os seus depoimentos prestados no conselho de investigação, "senão para o fim de lhe mostrar alguma contradicção, em que tenha cahido, ou alteração, que tenha feito". As declarações dos co-réus faltosos ou ausentes eram-lhe lidas.[1680]

O processo de reforma do direito militar não foi, contudo, isento de retrocessos, que resultaram, em regra, da evolução conturbada da vida política da nação. Após onze anos de guerra civil, a convenção de Évora-Monte afastou definitivamente D. Miguel do reino, sem conseguir, no entanto, a paz para o país. A revolução de Setembro de 1836 iria lançar de novo o país em uma série de pronunciamentos militares e revoltas populares.[1681] A turbulência política e militar da década seguinte deu lugar à criação de sucessivos regimes de excepção, umas vezes restritos à suspensão das garantias constitucionais e outras cumulando esta suspensão com a criação de um processo especial para julgamento sumário.

Logo no ano de 1837, a Lei de 4.3.1837 autorizou o governo a mandar prender sem culpa formada e a "exercer o poder discricionário que as circunstâncias exigirem na serra do algarve e nas suas vizinhanças", ficando o governo responsável pelos abusos cometidos e devendo dar conta mensalmente do uso da autorização ao congresso. Esta autorização foi pela Lei de 14.7.1837 alargada a todo o reino, ficando suspensas as garantias individuais, introduzindo-se de novo a licença prévia para a publicação de periódicos ou escritos e a prisão sem culpa formada por ordem do governo.[1682]

Três anos depois, a Lei de 14.8.1840 determinou a criação de um tribunal especial misto, composto por quatro militares e três juízes desembargadores, para o julgamento dos rebeldes envolvidos nos factos revoltosos de 12.8.1840 e dos que para o futuro cometessem crimes de idêntica natureza, seguindo-se nele o processo dos conselhos de guerra e cabendo recurso para o Supremo Conselho de Justiça Militar. Contudo, nove dias depois, a Lei de 25.8.1840 extinguiu aquele tribunal especial, atribuindo a competência fixada na lei anterior aos conselhos de guerra.[1683]

[1680] Pedro Pinto, 1850 b: 36, com base no artigo 207 da parte terceira da Reforma Judiciária.

[1681] Sobre esta sucessão de pronunciamentos e revoltas, Carlos Selvagem, 1931: 570 a 577, e Ferreira Martins, 1945: 376 a 383.

[1682] Esta suspensão das garantias constitucionais repetiu-se pelos Decretos de 12.12.1840, de 24.9.1842 e de 7.10.1846.

[1683] Como decorre do que já se expôs, são incorrectas as afirmações de Carvalho Viegas (1953: 560), segundo as quais a Lei de 14.8.1840 teria sido a primeira que criou tribunais militares especiais e a Lei de 25.8.1840 teria sido a primeira que submeteu civis aos tribunais militares comuns. As afirmações foram repetidas no parecer da Câmara Corporativa n. 16/VI, p. 200.

774   *A Reforma da Justiça Criminal em Portugal e na Europa*

De novo, em 1844, em face da revolta de Torres Vedras, a Lei de 6 de Fevereiro autorizou o governo a usar pelo período de vinte dias poderes discricionários em todo o reino, ficando suspensas as garantias individuais e podendo o governo mandar prender sem culpa formada, mas devendo prestar contas do uso que tivesse feito desses poderes findo o prazo concedido,[1684] tendo o Decreto de 17.4.1844 ordenado o julgamento dos militares e paisanos revoltosos em conselho de guerra, segundo as formalidades em vigor, mas devendo o processo ser concluído em oito dias na primeira instância e em mais oito na segunda.

Dois anos depois, a Lei de 21.4.1846 autorizou de novo o governo a usar, pelo período de sessenta dias, poderes discricionários em todo o reino, em face da revolta do Minho, também conhecida pela revolta da Maria da Fonte, repondo em vigor as disposições dos artigos 2, 3 e 7 da Lei de Fevereiro de 1844. Uma outra lei, datada do dia seguinte, criou um processo especial para julgamento dos crimes de rebelião e sedição em conselho de guerra. O processo era "verbal e summarissimo, praticando-se sómente os actos substanciaes, e impreteriveis, a saber: o corpo de delicto para verificar a existencia delle, e as suas circunstancias, o interrogatorio do réo, e depoimentos das testemunhas de accusação, e defeza". A punição podia ser até pena de morte, sendo a decisão condenatória do conselho revista apenas pelo poder moderador.[1685]

[1684] A Lei de 22.2.1844, o Decreto de 28.3.1844 e o Decreto de 20.4.1844 prorrogaram a vigência da referida Lei de 6 de Fevereiro.

[1685] Com a substituição do Duque da Terceira pelo Duque de Palmela na chefia do executivo, a Lei de Abril foi revogada pelo Decreto de 17.6.1846. A doutrina considerava, no entanto, que sempre que as liberdades se encontrassem suspensas, os conselhos de guerra eram os tribunais competentes para julgar os crimes de rebelião e sedição e que eles podiam ser organizados de acordo com aquela lei (João Alcantara, 1861: 163). O legislador português não voltou a criar tribunais militares extraordinários da década de quarenta até à de noventa, ao contrário do legislador francês. Logo após o golpe de Estado de Luís Napoleão em 2.12.1851 e a aprovação por plebiscito da nova Constituição de 14.1.1852, uma circular ministerial de 3.2.1852, validada posteriormente por um Decreto de 5 de março seguinte, criou em cada departamento as "comissões mistas", compostas por um general, pelo prefeito e por um procurador da República e com competência para julgar "todos os indivíduos (que) pudessem perturbar a ordem pública", podendo condenar sem forma de processo e definitivamente às penas de deportação e proscrição, entre outras. Estas comissões, que constituíam a "adaptação napoleónica das *cours prevôtales* bourbonianas" (Romuald Szramkiewicz e Jacques Bouineau, 1998: 426), foram abolidas depois do restabelecimento do Império pelo Decreto de 27.3.1852, mas voltaram a ser instituídas pela Lei de 27.2.1858 e só foram definitivamente abolidas a 31.5.1865. Acresce que as leis de Estado de sítio e, designadamente, a Lei de 4.8.1849, permitiam o alargamento da competência dos tribunais militares por decisão do poder executivo a todos os cidadãos e a todos os crimes, tendo Luís Bonaparte, quer durante a Segunda República, quer durante o Segundo Império, feito uso

A Jurisdição Penal Militar   775

abundante dessa faculdade, constituindo deste modo os tribunais militares uma jurisdição de ex-cepção "camuflada". O direito militar português também não conheceu, mesmo nos momentos mais graves de guerra civil, legislação "terrorista", como a do "Decreto de reféns", de 5.4.1871, aprovado pelos revolucionários da comuna de Paris, nos termos do qual os suspeitos de cumpli-cidade com o inimigo eram presos como reféns e executados à medida que o inimigo procedesse a uma nova execução (Robert Charvin, 1968: 157, 158, 162 e 163, e Jean-Pierre Royer, 1996: 556 e 557). Por seu lado, as *lettres de cachet*, depois de autorizadas pelas leis de segurança in-terna publicadas durante a Restauração, as Leis de 29.10.1815, de 12.2.1817 e de 26.3.1820, foram de novo recuperadas durante o segundo império por Napoleão III. Com efeito, a Lei de segurança geral de 27.2.1858 autorizou a autoridade administrativa a internar ou expulsar de França todos os indivíduos considerados perigosos para a segurança pública e os condenados por crimes políticos desde 1848. Assim, ao invés da Monarquia de Julho e da Segunda República, que, em regra, respeitaram os direitos individuais de liberdade, a Restauração e o Segundo Im-pério desrespeitaram-nos de forma repetida e sistemática (Frantz Funck-Brentano, 1926: 247, e Alain Noyer, 1966: 82, 83 e 91).

CAPÍTULO 3.º
A Consagração do
Paradigma Judiciário Liberal

1. Os antecedentes doutrinários: o Projecto de Código do Processo Criminal da Armada da Comissão presidida pelo Visconde da Granja (1857) e o Projecto de Código de Justiça Militar de António Barros e Sá (1869)

Com o propósito de proceder à reforma da legislação processual militar, que constituía "a derivação natural de uma constituição eriçada de gradações hierarchicas, cortada de privilegios e de immunidades" e, por isso, "um frisante archaismo no meio de uma sociedade remoçada em todas as suas relações pela acção de um princípio vivificante e civilisador", uma comissão presidida pelo Visconde da Granja elaborou um Projecto de Código do Processo Criminal da Armada, no ano de 1857.[1686]

[1686] A comissão foi nomeada pela Portaria de 7.10.1856, com a finalidade de elaborar um projecto de código penal e um projecto de código de processo penal da armada, e era constituída por João da Costa Carvalho, Francisco Soares Franco, Domingos Fortunato do Valle, Joaquim José Matos Correia e Augusto Carlos Sousa Azevedo, além do Visconde da Granja. A Comissão desempenhou-se de ambas as tarefas. O projecto de lei penal encontra-se publicado em Silva Antunes (1895: 256 a 266) e o projecto de lei processual penal também na mesma obra (Silva Antunes, 1895: 242 a 255). Ao invés da justiça do exército, que não conheceu qualquer outro projecto desde o código de 1820 até ao projecto de 1869, a justiça penal da marinha foi objecto neste período de dois importantes projectos, que visaram exclusivamente a reforma da lei penal substantiva. Assim, em 1836 uma comissão, de que se desconhece a Portaria de nomeação e a respectiva composição, elaborou um projecto de uns "Artigos de Guerra para uso do serviço e Disciplina dos Navios d'Armada". Este projecto foi por uma Portaria de 14.3.1848 remetido ao Supremo Conselho de Justiça Militar para revisão e parecer, tendo os conselheiros da secção da marinha do Supremo Conselho aprovado em 11.1.1850 e apresentado à rainha a 17 de Maio desse ano um projecto alternativo, o "Projecto do Código Penal para o Serviço da Armada". Este último projecto não foi assinado pelo conselheiro presidente da secção da mari-

A Reforma da Justiça Criminal em Portugal e na Europa

A comissão considerou que se lhe colocavam quatro questões de princípio que cabia resolver desde logo e de cuja resolução fazia depender a conformação ulterior de todo o projecto. A primeira era a da definição do âmbito do privilégio do foro militar, a segunda a da instrução pela jurisdição comum dos crimes comuns cometidos por militares, a terceira a da competência do foro militar para o conhecimento dos crimes cometidos por militares e civis em comparticipação e a quarta a da vigência do princípio da prova tarifada.

A comissão resolveu as três primeiras questões de princípio, mantendo o âmbito do privilégio do foro militar em relação a todos os crimes cometidos por indivíduos pertencentes à armada depois do assentamento de praça, mas salvaguardando simultaneamente a competência da justiça civil para proceder à instrução dos processos relativos a crimes comuns cometidos por militares e a crimes cometidos por civis e militares. Em face dos §§ 15 e 16 do artigo 145 da Carta, conjugados com o § 1 do artigo 41 e o § 2 do artigo 131, também da Carta, a comissão não só não encontrava qualquer "infracção constitucional" nos termos amplos em que se encontrava consagrado na lei vigente o referido privilégio e cuja manutenção se propunha, como entendia mesmo que o privilégio do foro militar, por ter atravessado os séculos, tinha a seu favor "a presumpção da verdade que só a evidencia contraria póde debellar".[1687]

A propósito da quarta questão de princípio a comissão ponderou, por um lado, a necessidade de abandonar "os acanhados limites das provas" decorrentes dos antigos preceitos do direito pátrio por força do "desenvolvimento da sociedade e as indicações hodiernas da sciencia", e, por outro, a possibilidade de introdução do tribunal de júri na jurisdição militar, decidindo separadamente os vogais militares das questões de facto e o auditor das questões de direito. A comissão optou por uma solução de compromisso entre a tradição e os ensinamen-

---

nha, António Manuel de Noronha, que, embora tivesse dirigido os trabalhos de revisão durante dois anos, discordou, em parecer que fez juntar a final ao projecto, de inúmeras soluções deste. Quer o projecto de 1836, quer o projecto alternativo de 1850, assentam na distinção entre crimes e culpas, prevendo ambos que os crimes fossem julgados pelos conselhos de guerra e as faltas fossem castigadas correccionalmente pelo comandante de navio (artigo 8º do título III, do projecto de 1836, e § 4 do artigo 26 do projecto de 1850). Nas anotações do conselheiro presidente aos artigos 32, 36 e 39 do projecto alternativo, foi o projecto vivamente criticado por não impor que os crimes julgados em conselho de guerra fossem precedidos pela realização de um sumário por um juiz civil ou um conselho de investigação. Também nas anotações aos artigos 19, 26 e 78, aquele conselheiro criticou o projecto por nele se não fazer menção expressa à obrigatoriedade do duplo grau de jurisdição para condenação em certos crimes militares. Estes dois projectos de reforma da lei penal da armada de 1836 e de 1850 encontram-se no Arquivo Histórico da Marinha.

[1687] Silva Antunes, 1895: 243.

tos da ciência moderna, não abolindo inteiramente a teoria das provas judiciais, nem consagrando a instituição do júri, mas antes mantendo a competência do conselho de guerra para decidir do direito e da pena e consagrando em um "capítulo puramente doutrinal" um corpo de regras, que se recomendava à consideração dos vogais de modo a não lhes negar "a faculdade da apreciação conscienciosa d' essas provas".[1688] Deste modo, a comissão procurava renovar a administração da justiça militar a partir do mesmo órgão judicial que a tradição lhe legara, por meio da libertação dos vogais do conselho das regras da prova tarifada.

A Comissão procedeu também à critica sistemática do direito judiciário e processual em vigor, apontando os seguintes cinco "defeitos mais salientes da legislação actual": a dependência da magistratura militar, quer dos vogais livremente nomeados pela autoridade militar, quer dos conselheiros do tribunal supremo, sujeitos à demissão arbitrária pelo governo, a falta de conselhos de guerra a bordo dos navios em viagem ou ancorados em portos coloniais ou estrangeiros, a inexistência de recurso das decisões de pronúncia ou despronúncia proferidas pelo conselho de investigação, a necessária confirmação de todas as sentenças em segunda instância e a inexistência de um processo para o julgamento da matéria de natureza disciplinar.

A todos estes defeitos a comissão procurou prover com soluções inovadoras. Assim, a composição e a competência do Supremo Conselho de Justiça Militar permaneciam as previstas no Decreto de 9.12.1836, com a novidade da garantia da demissão dos conselheiros somente por sentença do próprio tribunal supremo, nos mesmos termos em que se encontrava legislado para os conselheiros do Supremo Tribunal de Justiça. Também era introduzida a possibilidade de convocação de um Conselho de Revisão, em caso de guerra e em corpo de esquadra que se encontrasse fora do porto de Lisboa, que funcionaria como tribunal de segunda e última instância, com a mesma organização e a mesma forma de processo do Supremo Conselho, sendo os membros nomeados pelo comandante da esquadra, que não fazia parte do referido Conselho de Revisão.

A organização judiciária militar na primeira instância era profundamente renovada, regulamentando-se pela primeira vez a formação do conselho de investigação na marinha. Este conselho era composto por um presidente e três vogais, nomeados pelo comandante do navio a que pertencesse o réu, e tinha competência para preparar os processos relativos a crimes militares e a crimes comuns cometidos a bordo.

[1688] Silva Antunes, 1895: 244.

O projecto previa também um conselho de guerra permanente na cidade de Lisboa, composto por um oficial, que presidia, cinco vogais e um auditor, sendo o auditor nomeado pelo rei e os membros militares do conselho nomeados pelo período de três meses pela autoridade militar, já não segundo o seu livre arbítrio, mas de acordo com uma tabela organizada para o efeito. Para julgamento dos crimes e delitos cometidos a bordo de navios em viagem ou ancorados em portos coloniais ou estrangeiros, o projecto consagrava a possibilidade de reunião de um conselho de guerra a bordo, nos termos válidos para o conselho de guerra de Lisboa, sendo os membros nomeados pelo comandante do navio ou estação naval e exercendo as funções de auditor um oficial que o comandante nomeasse.

O projecto previa ainda a formação de um conselho disciplinar, também composto por um presidente e três vogais, nomeados pelo comandante do navio a que o réu pertencesse e com competência para julgar os crimes e as contravenções puníveis com pena até três meses de prisão ou com as penas correccionais previstas no Código Penal Militar, com a excepção das contravenções puníveis com pena até três dias de prisão, que eram julgadas apenas pelo comandante do navio.

No tocante à forma do processo criminal, a comissão procedeu a uma divisão clara entre a fase instrutória do processo e a fase de julgamento, regulamentando-se aquela primeira fase processual com maior pormenor do que o tinha sido no projecto de 1820.[1689]

O processo preparatório, que tinha natureza secreta e durante o qual o suspeito nunca podia ser preso, era constituído pelo exame do corpo de delito e pela inquirição de pelo menos oito testemunhas e o interrogatório do arguido preso e terminava com a prolação do despacho de pronúncia ou de não pronúncia, do qual competia agravo. O agravo para o conselho de guerra, que era obrigatório no caso de não pronúncia por certos crimes de maior gravidade, era julgado "em conferência particular sem precedência de formalidades", com base na apreciação das provas que instruíssem o agravo (artigo 59 do projecto de 1857).

O processo judicial, que era público, começava com a elaboração do auto de corpo de delito pelo auditor. Ao proceder ao exame dos autos o auditor devia averiguar os indícios da culpa e a regularidade do processo preparatório. No caso de ocorrência de nulidade insanável do processo preparatório, o auditor propunha o conhecimento da nulidade ao conselho de guerra, que a declarava em decisão recorrível.

[1689] O processo disciplinar ou correccional consubstanciava-se apenas na produção da prova da acusação e da defesa em audiência contraditória diante do conselho disciplinar, cabendo, contudo, à autoridade militar a faculdade de atenuar a pena imposta.

A Jurisdição Penal Militar   781

Não ocorrendo nulidade nem irregularidade, o auditor elaborava o auto do corpo de delito, em que descrevia com precisão o crime e os seus autores e o processo seguia para julgamento. A audiência de julgamento tinha uma estrutura distinta consoante se tratasse de julgar crimes militares ou comuns. Se se tratasse de crime militar, toda a prova da acusação e da defesa era produzida contraditoriamente e registada por escrito, mas se se tratasse de julgar crime comum, os depoimentos das testemunhas da acusação produzidos na fase preparatória eram lidos ao réu no início da audiência de julgamento, que as podia tornar judiciais e, só no caso de o réu as não fazer judiciais ou de o promotor exigir a sua comparência, eram essas testemunhas intimadas para serem de novo inquiridas em subsequente audiência do conselho. Declarando o réu que fazia judiciais as testemunhas da instrução e não requerendo o promotor o seu depoimento, seguia-se a produção da prova da defesa.

A conferência do conselho começava pelo relatório do auditor sobre as provas produzidas e o direito aplicável, a que se seguia o seu voto e os dos restantes membros do conselho.

As decisões do conselho eram irrecorríveis no caso dos crimes comuns e militares puníveis com pena até um ano de prisão, admitiam recurso facultativo no caso dos crimes puníveis com pena até cinco anos de degredo ou três anos de trabalhos públicos e eram obrigatoriamente remetidas pelo auditor à instância superior nos restantes casos.

O défice de realização do princípio da acusação era mais grave do que o do projecto de 1820, pois neste o juízo da autoridade militar era vinculativo para o auditor que abria a fase de julgamento com base na ordem daquela autoridade, ao invés do projecto de 1857, que previa, tal como no direito vigente, uma ampla sindicância do auditor no recebimento do processo preparatório.

Já quanto ao princípio da imediação, o projecto de 1857, distinguindo entre o julgamento dos crimes comuns e o dos crimes militares, observava integralmente aquele princípio no julgamento destes crimes, mas não no daqueles, embora concedesse ao réu e ao promotor o direito de requerer a produção directa da prova. A realização do princípio da imediação no julgamento dos crimes militares e a libertação do tribunal das regras da prova tarifada constituíam uma melhoria muito significativa em relação ao direito processual militar vigente.

O objecto muito amplo do recurso e os amplos poderes de reforma da decisão recorrida pelo tribunal de recurso, que correspondiam aos termos do direito vigente, permitiam uma sindicância muito satisfatória dos gravames cometidos pela instância ao réu, reforçada ainda pela proibição da prisão preventiva antes da formação da culpa, pelo reconhecimento da subsistência da fiança concedida no foro civil até ao trânsito da decisão e pela ponderação obrigatória de toda a prisão preventiva posterior à pronúncia como circunstância atenuante da pena. Não obstante, a possibilidade da *reformatio in pejus* e a limitação da concessão de homenagem aos réus que não incorressem em pena de perda de patente ou pena maior de dois anos de prisão prejudicavam o exercício do direito ao recurso.

Embora o texto final da comissão presidida pelo Visconde da Granja tenha sido aprovado pelos membros da comissão no dia 31.8.1857, quase três meses depois de Luís Napoleão ter promulgado o novíssimo *Code de Justice Militaire pour les Armées de Terre*, a comissão não chegou a conhecer a nova lei francesa, como resulta do relatório que antecede o seu projecto.

Ao invés, o Projecto de Código de Justiça Militar de Barros e Sá, concluído em 1869, inspirou-se no Código de Justiça Militar francês de 1857, afastando-se, no entanto, deste na regulamentação de duas questões fundamentais, o domínio da instrução do processo e a competência do tribunal de recurso.[1690]

O projecto adoptava um conceito amplo de crime militar, incluindo as infracções directas à disciplina do exército e aos deveres exclusivamente militares e "as infracções que em rasão da qualidade militar dos delinquentes, do logar e circumnstancias em que são commetidas tomam a natureza de crimes militares" (artigo 2 do projecto de 1869). Além destes crimes militares, os tribunais militares conheciam, em regra, todos os crimes comuns cometidos por mili-

---

[1690] Por Decreto de 23.7.1855 o Duque de Saldanha encarregou o então auditor da primeira divisão militar e deputado às cortes António José de Barros e Sá de redigir o projecto de um código penal militar e ordenou a formação de uma comissão que procederia à revisão dos trabalhos apresentados. A comissão era inicialmente composta pelo ministro dos negócios da guerra, que presidia, pelo conselheiro de estado Manuel Duarte Leitão, pelo marechal José Jorge Loureiro, pelo brigadeiro Visconde de Ourém, pelos deputados Augusto Xavier Palmeirim, João Baptista de Carvalho Mártens Ferrão Castello Branco e o mencionado António José de Barros e Sá, tendo posteriormente falecido os membros Manuel Duarte Leitão, José Jorge Loureiro e o Visconde de Ourém e tendo tomado os seus lugares o conselheiro José Marcelino de Sá Vargas, o marechal José de Pina Freire da Fonseca e o capitão João Pinto Carneiro. O Projecto de Código Penal Militar foi concluído a 28.5.1862, publicado pela Imprensa Nacional no mesmo ano e apresentado à câmara dos deputados em 6.6.1862, tendo obtido parecer favorável (in Barros e Sá, 1869: 106 a 109) da comissão especial nomeada para a sua apreciação em 17 do mesmo mês e ano. Foi apresentado ainda em 1865, 1868, 1871 e 1874, tendo obtido parecer favorável (in Barros e Sá, 1869: 105) em 17.8.1868 e em 17.3.1874. A promulgação da Lei de 1.7.1867, que aboliu a pena de morte e a de trabalhos públicos e estabeleceu o sistema de prisão celular, implicou a revisão do projecto, a que procedeu o autor do projecto inicial. Barros e Sá elaborou então, além de um novo projecto de lei substantiva, um projecto de código de processo criminal militar, ambos constituindo o Projecto de Código de Justiça Militar. Este Projecto estava concluído em Janeiro de 1969 e foi publicado nesse mesmo pela Imprensa Nacional. A 15.2.1875 foi apresentado o Projecto de Código de Justiça Militar, tendo sido aprovado pela Lei de 9.4.1875.

A *Jurisdição Penal Militar*

tares ou pessoas com vínculo ao exército, tal como previa o *Code de Justice Militaire*.[1691]

O conceito de crime militar consagrado no projecto de Barros e Sá, que já tinha sido enunciado no Projecto de Código Penal Militar Portuguez de 1862, seguia "um meio termo, justo e rasoavel, entre a nossa antiga legislação e o codigo de 1820".[1692]

Ao invés, a comissão que elaborou o Projecto de Código Penal Portuguez de 1861-1864 pronunciou-se no sentido de que só fossem excluídas do âmbito de aplicação da lei penal comum as infracções "que, offendendo directamente a disciplina do exercito ou da marinha, são punidas pela lei militar como violação de dever exclusivamente militar, sendo commettidas por militares ou pessoas pertencentes ao exercito ou á marinha" (artigo 10 do projecto de 1861). Esta opção radicalmente diferente da tradição legislativa nacional não vingou por força da crítica cerrada de que foi objecto por António Barros e Sá.[1693]

Também a questão mais ampla da delimitação do foro privilegiado não era pacífica na doutrina portuguesa. Se a generalidade da doutrina e, designadamente, Corrêa Telles,[1694] Alípio Freire de Figueiredo e Albino Freire de Figueiredo,[1695] Teixeira Guedes,[1696] Innocencio de Sousa Duarte,[1697] e Navarro de Paiva,[1698] advogavam um entendimento muito amplo do privilégio do foro mi-

---

[1691] A lei militar francesa não previa qualquer conceito de crime militar, mas estatuía em termos muito precisos sobre o âmbito da jurisdição militar, termos estes que foram retomados pelo projecto e pela lei portuguesa. Sobre a evolução conturbada e a discussão em torno da regulamentação desta questão magna no direito militar francês, Louis Trippier, 1857: XLV a LX, CLI a CLX, e Pradier-Fodéré, 1873: 72 a 111.

[1692] Na expressão do relatório da comissão que apresentou o projecto de 1862 (Barros e Sá, 1862: VII).

[1693] O crítico censurava os autores do projecto por quererem "excluir absolutamente do domínio da legislação e direito militar todos os factos criminosos, aindaque d'elles resulte offensa da disciplina militar, mas só indirecta; bem como todos aquelles que não importem violação de deveres única e exclusivamente militares" (Barros e Sá, 1869: 137).

[1694] Corrêa Telles entendia que o benefício do foro privilegiado não se mantinha nos crimes de lesa majestade, de resistência, de furto de fazenda nacional, de contrabando e descaminho e nos crimes cometidos antes de o militar ter assentado praça (Corrêa Telles, 1840: 3).

[1695] Estes autores consideravam afastado o foro especial nos casos de crimes de resistência, de extravio ou venda de carnes, dos crimes de lesa majestade, de furtos tocantes à fazenda nacional, de contrabando ou descaminho e em todos os crimes cometidos antes de assentar praça (Alípio Freire de Figueiredo e Albino Freire de Figueiredo, 1841: 94, 285 e 286).

[1696] Teixeira Guedes reiterava a opinião de Corrêa Telles (Teixeira Guedes, 1845: 11).

[1697] Innocencio Duarte apontava como excepções ao privilégio as que Alípio Freire de Figueiredo e Albino Freire de Figueiredo já tinham mencionado (Innocencio Duarte, 1863: 318).

[1698] No Projecto de Código do Processo Criminal, de 1874, o autor defendia a manutenção do foro especial para os crimes comuns cometidos pelos oficiais e praças do exército e

litar, Castro Neto colocava reservas de ordem constitucional a este entendimento.

Castro Neto punha em causa a manutenção do foro militar no tocante à perseguição de crimes comuns por força de dois argumentos, o de que o privilégio era de natureza pessoal e, por isso, contrariava o disposto no artigo 145, § 16 da Carta, e o de que os conselhos de guerra e o próprio Supremo Conselho de Justiça Militar eram compostos por membros amovíveis, constituindo verdadeiros juízos de comissão, também proibidos pela Carta. A censura do autor ia mais longe, considerando mesmo que a cumulação de funções de julgador e promotor pelo auditor não parecia estar "em perfeita harmonia com a divisão dos Poderes Políticos do Estado, de que é consequencia a separação das funcções d' Accusador Publico, e de Julgador".[1699] Contudo, o legislador permaneceu insensível à crítica, de que, aliás, o próprio Castro Neto não estava seguro, da inconstitucionalidade das normas que previam o referido privilégio.

Assim, o conceito amplo de crime militar e a atribuição aos conselhos de guerra do conhecimento dos crimes comuns praticados por militares e por pessoas com vínculo ao exército vieram a ser consagrados no código de 1875.

A primeira das duas principais diferenças do projecto relativamente à lei militar francesa consistia na atribuição da direcção da instrução do processo a um juiz auditor, ao invés do que ocorria em França em que esta direcção cabia a um "relator" (*rapporteur*), que era retirado de entre os oficiais superiores, os capitães, os subintendentes militares ou adjuntos, em actividade ou já retirados.

O legislador do *Code de Justice Militaire* tinha tido o propósito expresso de seguir, "por assim dizer, passo a passo" o Código de Instrução Criminal,[1700] reproduzindo as diferentes fases processuais do processo comum. Assim, o processo compreendia uma fase de investigação preliminar de policía judiciária, que findava com a "ordem para instruir", uma fase de instrução ordinária, que terminava com a "ordem de sujeição a julgamento", e a fase final do julgamento. Contudo, depois de um intenso debate parlamentar, o legislador francês introduziu na lei militar uma especialidade muito importante em relação à lei comum, que foi a da concentração na pessoa do general comandante de divisão dos poderes que na lei processual comum eram conferidos ao juiz de instrução e à *chambre des mises en accusation* (artigos 99 e 108 do Código Militar francês).

A justificação dada na exposição de motivos do código e repetida no *Corps Législatif* para esta concentração de poderes foi a de que só este oficial

---

da armada, depois de assentarem praça (artigos 217, § 3, 9º, e 432). Esta competência era mantida no projecto de 1882 (artigo 38, § 2, 9º) e no de 1886 (artigo 43, § 2, 10º).

[1699] Castro Neto, 1845: 188.

[1700] Pradier-Fodéré e Amédée le Faure, 1873: 150.

A *Jurisdição Penal Militar* 785

possuía, atenta a sua posição na hierarquia militar, as características de independência, de autoridade e de conhecimento da instituição militar necessárias para decidir sobre a conveniência da instauração do processo acusatório, a que podia estar associado um conjunto de consequências danosas para a instituição militar.[1701] Depois da "ordem para instruir" dada pelo general comandante de divisão,[1702] cabia ao "relator" proceder às diligências de prova necessárias com vista a informar o general comandante sobre a existência de indícios da prática de um crime. O militar instrutor encontrava-se, pois, colocado em uma posição de absoluta subordinação ao general comandante de divisão.

O projecto de Barros e Sá consagrava a estrutura do processo francês, na sua divisão fundamental entre a instrução preliminar e a instrução ordinária, a que se seguia a fase de acusação e julgamento, mas conformava diferentemente a fase da instrução do processo. Rejeitando expressamente a praxe da formação dos conselhos de investigação, o autor modelava todo o processo preparatório em torno da figura do juiz auditor, que no final da instrução daria parecer não só sobre os factos apurados como sobre a qualificação jurídica destes.[1703] Barros e Sá procurava deste modo temperar o poder da autoridade militar, pois o despacho do juiz relator teria "a força moral do despacho de pronuncia civil, ainda que não tenha a força legal que vae procurar á auctoridade do chefe militar, do qual deve sempre depender o soldado".[1704]

A outra diferença substancial do projecto relativamente à lei francesa residia na configuração do tribunal de recurso como um tribunal investido em poderes de reforma da decisão recorrida.

[1701] Sobre esta caraterização da posição processual do general comandante de divisão, Louis Trippier, 1857: LXIV, LXV, CLXXVIII a CLXXXI, e Pradier-Fodéré e Amédée le Faure, 1873: 167 e 197. Esta concentração de poderes no general representava "um atentado flagrante antes de mais ao princípio da separação da perseguição e do julgamento e mesmo, o que era ainda mais grave, ao princípio da separação do poder executivo e do poder judiciário" (Pierre Hugueney, 1933: 139).

[1702] O direito de dar ou não dar a ordem de informar pertencia exclusivamente ao general comandante de divisão ou ao ministro da guerra, consoante a patente do militar visado pela investigação de polícia judiciária, não se encontrando as suas decisões sujeitas a qualquer recurso. No entanto, o ministro podia fixar instruções para o exercício desta competência pelos generais (Pradier-Fodéré e Amédée le Faure, 1873: 169).

[1703] Barros e Sá, 1869: 134. O inconveniente habitualmente apontado ao sistema francês da lentidão do processo preparatório, com a repetição de decisões pelo comandante de divisão no final da instrução preliminar e no final da instrução ordinária, foi pelo autor desvalorizado exactamente com o mesmo argumento que os autores franceses usavam para afastar a crítica. O argumento era o de que o sistema fora criado pela Lei de 13 *brumaire* do ano V e tinha provado bem ao longo dos anos, tendo, pois, por si "a experiencia dos tempos" (Barros e Sá, 1869: 127).

[1704] Barros e Sá, 1869: 134.

Na lei francesa estava vedado ao *conseil de révision* conhecer do fundo da causa, podendo apenas anular os julgamentos pela ocorrência de vícios resultantes da violação de normas cujo respeito era prescrito sob pena de nulidade ou atinentes à composição e competência do tribunal de instância, à omissão de aplicação de uma pena ou à aplicação de uma pena fora dos casos previstos na lei ou ainda à omissão de pronúncia sobre requerimentos das partes, com vista a usar de um direito processual (artigos 73 e 74 do *Code de Justice Militaire*). A limitação nestes termos muito restritivos do objecto do recurso foi justificada, na exposição de motivos do código e na discussão no *Corps Législatif*, com duas razões essenciais. A primeira razão invocada foi a de que a repressão rápida do crime constituía "o nervo da disciplina militar" e a segunda foi a de que, atenta a natureza da sua composição, o conselho de guerra tinha o carácter de um tribunal de júri, pelo que a apreciação dos factos se devia reputar soberana.[1705]

Este segundo argumento esgrimido na assembleia legislativa francesa foi também decisivo para a delimitação dos poderes do tribunal de recurso, tendo a solução do artigo 181 da lei militar francesa sido motivada pelo propósito expresso do legislador de atribuir ao tribunal de recurso na jurisdição militar uma função análoga à da *Cour de Cassation*, mantendo dessa forma absolutamente intacta a separação da aplicação do direito e da do facto. Assim, o conselho de guerra, tal como o júri, decidia soberanamente sobre a culpa, competindo ao tribunal superior apenas a defesa do império da lei.[1706]

Ao invés, Barros e Sá considerava particularmente premente o outro argumento invocado na discussão sobre o objecto do recurso, o da necessidade de uma repressão rápida do crime no corpo militar. Por essa razão, enquanto a lei militar francesa impunha o reenvio do processo para um terceiro julgamento após a segunda anulação pelo tribunal de recurso, sendo nesse terceiro julgamento o direito fixado pelo tribunal de recurso obrigatório para a instância, o projecto português afastava-se radicalmente desta solução, conferindo ao tribunal de recurso a faculdade de aplicar sempre o direito ao facto julgado na primeira instância se o processo não contivesse nulidades insanáveis e de absolver da instância o arguido no caso de o processo ser anulado.

As propostas de Barros e Sá vingaram em parte. A primeira das duas propostas inovadoras do projecto, relativa à manutenção do juiz auditor na instrução, viria a ser adoptada pelo legislador, a segunda, relativa aos poderes

---

[1705] Louis Trippier, 1857: CLXVI, Pradier-Fodéré e Amédée le Faure, 1873: 113, e Augier e Le Pottevin, 1915: 17 e 18.

[1706] Louis Trippier, 1857: LIV e CLXVII, e Pradier-Fodéré e Amédée le Faure, 1873: 48 e 114.

A Jurisdição Penal Militar 787

do tribunal de recurso, já não teria a mesma sorte. De qualquer modo, a Barros e Sá se deve a introdução de um novo paradigma judiciário no direito militar, fundado no trinómio juiz auditor/comandante de divisão/conselho de guerra.

2. O Código de Justiça Militar para o Exército de Terra de 1875

Nas vésperas da aprovação do primeiro código de justiça militar português a situação legislativa era caótica. O direito aplicável na primeira instância no exército era ainda o previsto no regulamento de 21.2.1816, no Decreto de 4.11.1830 e em diversos Alvarás e, designadamente, nos de 18.2.1763, 21.10.1763 e 4.9.1765, e na segunda instância era, na sua substância, o fixado pelo Decreto de 1.7.1834. Na marinha, aplicava-se analogicamente toda a legislação prevista para a primeira instância no exército.[1707] A reforma legislativa era urgente e concretizou-se no ano de 1875.

O novo Código foi publicado pela Lei de 9.4.1875 e era aplicável ao continente, às ilhas adjacentes e a Cabo Verde,[1708] tendo o Decreto de 14.8.1892, que reorganizou os serviços da armada, determinado a aplicação das regras de competência e do processo do Código no julgamento dos crimes praticados por oficiais e praças da armada.[1709]

A lei distinguia entre os crimes essencialmente militares, que ofendiam directamente a disciplina do exército e violavam algum dever exclusivamente militar, e os crimes militares, em razão da qualidade militar dos delinquentes, do lugar e das circunstâncias em que fossem cometidos, mantendo-se, apesar da oposição que se fez sentir, a pena de morte nos crimes militares.[1710]

[1707] Cisneiros e Faria, 1847: 11.

[1708] Contudo, só a partir da publicação da Carta de Lei de 16.5.1878 se tornou aplicável a todos os indivíduos do regimento de infantaria do ultramar, que se achassem no continente do reino, nas ilhas adjacentes e no arquipélago de Cabo Verde.

[1709] No período que mediou entre 1875 e 1892 manteve-se na armada, como se dizia no preâmbulo do Decreto de 28.3.1895, "o velho processo, moroso, cahotico, cheio de absurdos e acima de tudo arbitrario, não sendo facil a ninguem saber a lei que o regia". No tocante à lei substantiva, o diploma de 1892 "tornou legal a applicação, embora subsidiariamente, da parte penal d' este codigo (do de 1875), que a pratica de julgar, por absoluta necessidade, comquanto sem base n' um texto de lei, ía introduzindo nos arestos, corrrigindo assim as deficiencias manifestas dos obsoletos artigos de guerra de 18 de setembro de 1799".

[1710] No ano anterior ao da aprovação do novo código discutiu-se acesamente a questão da manutenção da pena de morte nos crimes militares. Com base na crítica radical do efeito útil da prisão celular (António de Castro, 1874: 9, 13, 37, 39 e 49), foi repetidamente defendida a

788   *A Reforma da Justiça Criminal em Portugal e na Europa*

O âmbito da jurisdição militar incluía, em tempo de paz, os crimes de qualquer natureza cometidos por militares e pessoas com vínculo ao exército em efectividade de funções, bem como os crimes militares cometidos por militares colocados em inactividade temporária ou na reserva e por civis com vínculo ao exército, alargando-se o âmbito da jurisdição militar para julgamento do réu acusado da prática de um crime comum e de um crime militar.[1711] Os crimes de contrabando ou descaminho e os perpetrados com violação das leis de caça e de pesca, de polícia das matas nacionais e de viação pública encontravam-se excluídos do conhecimento dos tribunais militares.

Em tempo de guerra, o âmbito da jurisdição militar era alargado, incluindo todo e qualquer crime cometido nos exércitos em operações em território português por pessoas que desempenhassem qualquer função nos serviços do exército ou fizessem parte da sua comitiva e determinados crimes previstos na lei militar cometidos por quaisquer pessoas em território nacional quando o exército estivesse diante do inimigo ou cometidos quando o exército estivesse em território estrangeiro.

No tocante à organização judiciária militar a lei previa a criação de um conselho de guerra permanente em cada divisão territorial do continente,[1712]

---

manutenção da pena de morte como meio indispensável para a manutenção da disciplina militar (António de Castro, 1874: 8, 15, 22, 33 a 35, 66 a 68), sendo mesmo proposta como alternativa, no caso de aquela pena ser abolida, a consagração simultânea de uma disposição semelhante à do 17º artigo de guerra prussiano, que autorizava o oficial a matar no acto todo aquele que se revoltasse contra a sua autoridade por vias de facto e, em tempo de guerra, por palavras ou gestos (António de Castro, 1874: 54 a 56, 86 e 94).

[1711] Estas regras correspondiam às propostas no projecto Barros e Sá, com a excepção, sugerida no projecto mas rejeitada no código, da limitação do julgamento do arguido acusado de um crime comum e de um crime militar ao caso de estes crimes serem conexos, devendo o arguido, no caso inverso, ser julgado em ambas as jurisdições e em primeiro lugar pela jurisdição a que competisse o crime mais grave. Esta solução do projecto inspirava-se na lei militar francesa, que, no entanto, não previa a limitação de os crimes serem conexos, devendo sempre o réu ser julgado em ambas as jurisdições, começando por aquela a que correspondia o crime punível com a pena mais grave. A manutenção da competência *ratione personnae* dos tribunais militares pelo legislador imperial francês constituiu um "recuo" em relação aos princípios liberais da assembleia constituinte, consagrados pelos Decretos de 22.9.1790 e de 30.9-19.10.1791 e logo abandonados em 1792 (Augier, 1913: 13 a 25 e 47, Pierre Hugueney, 1933: 15, Paul-Julien Doll, 1966: 23, e Robert Charvin, 1968: 162). Não são, pois, correctas as afirmações constantes do preâmbulo do CJM de 1977 e repetidas por Francisco Oliveira (1996: 17 e 18), de que o código português de 1875 contrariava o direito napoleónico e de que este consagrava a regra do foro material.

[1712] Esta era uma inovação que rompia com a tradição portuguesa de formação de tribunais em cada regimento ou praça. Dezanove anos depois da introdução desta nova organização territorial dos tribunais militares, o legislador considerava, na exposição de motivos de um novo

A Jurisdição Penal Militar 789

composto no julgamento de réu com patente igual ou inferior à de alferes, por um presidente, com patente de tenente coronel ou coronel, e seis vogais, sendo eles um auditor, um major, dois capitães, um tenente e um alferes, todos nomeados, de quatro em quatro meses, pelo comandante da divisão, por escala, sobre uma lista formada pela ordem de patentes e antiguidades de todos os oficiais residentes na divisão, com excepção do auditor, que era juiz togado sem graduação militar, de nomeação régia por três anos.[1713] A composição do conselho alterava-se consoante a patente do acusado, mantendo-se, contudo, o número de vogais.

As normas sobre a composição e a competência do conselho de guerra correspondiam às propostas pelo projecto e afastavam-se em dois aspectos muito significativos das que em França vigoravam para o *conseil de guerre permanent*. No tribunal francês só tinham assento militares e dele não fazia parte o "relator". Ao invés, no conselho de guerra português, não só tinha assento um juiz togado, como esse juiz tinha procedido à investigação do processo.

O Tribunal Superior de Guerra e Marinha era composto por sete vogais militares, um juiz relator e um juiz adjunto deste, todos nomeados por decreto régio referendado pelos ministros da guerra e da marinha, julgando o tribunal com cinco juízes, incluindo o presidente e o juiz relator, e por maioria de votos, com voto do presidente somente em caso de empate.[1714] Ao tribunal de recurso

---

código, que "esse systema presta serviços utilissimos á administração da justiça" (Diário da Câmara dos Deputados, 1896, n. 112, p. 41).

[1713] A organização de uma escala para nomeação dos vogais militares inspirava-se na lei francesa e visava evitar o arbítrio da autoridade militar e, com ele, o carácter de tribunal comissionado do conselho de guerra. Esta constituía, aliás, uma das mais importantes melhorias do código do Segundo Império em relação ao arbítrio que caracterizava o direito anterior fixado na Lei de 13 *brumaire* ano III (Pradier-Fodéré e Amédée le Faure, 1873: 41, Pierre Hugueney, 1933: 14, e Paul-Julien Doll, 1966: 23). No direito português, a substituição dos vogais militares e do presidente só podia ocorrer quando o militar incorresse em alguma inabilidade legal, deixasse de pertencer às tropas da divisão ou ocorresse algum "impedimento temporário ou acidental" (artigo 150 do CJM de 1875), devendo a substituição observar sempre a escala. No direito francês, mais restritivo, apenas se previa expressamente os dois últimos casos.

[1714] Também em relação ao tribunal de recurso a lei militar francesa previa, ao invés do direito nacional, a composição apenas com cinco militares. Esta situação só veio a ser alterada em França com a aprovação da Lei de 17.4.1906, que suprimiu os conselhos de revisão em tempo de paz e transferiu a sua competência para a *Cour de Cassation*. Mais tarde, a Lei de 27.4.1916 introduziu uma diferente composição dos conselhos de revisão nas forças chamadas às armas, sendo estes tribunais compostos por dois magistrados da *cour d' appel* mais próxima, nomeados por despacho do ministro da justiça, e três militares, designados pelo general comandante nas mesmas condições dos da primeira instância. Esta última lei consagrou também uma nova competência muito importante do tribunal de recurso nas forças chamadas às armas, a de suspender a execução da decisão impugnada até à instauração de um processo de revisão quando, apesar de terem

competia julgar definitivamente as nulidades do processo e provisoriamente as nulidades da sentença, decidindo definitivamente a causa somente quando nela houvesse segunda anulação da sentença, bem como conhecer de conflitos de jurisdição e competência e decidir da suspensão da execução de sentenças contraditórias ou quando o réu querelasse por perjúrio contra alguma testemunha ou suborno ou peita de algum juiz.

O Supremo Tribunal de Justiça tinha competência para conhecer, quando o Tribunal Superior de Guerra e Marinha assim o entendesse, das revistas interpostas das sentenças dos tribunais militares por incompetência do foro militar e ainda para conhecer dos conflitos de jurisdição e competência entre tribunais militares e tribunais comuns e da suspensão das sentenças contraditórias proferidas por tribunais militares e comuns.[1715]

Em tempo de guerra, mantinha-se, em princípio, a organização judiciária do tempo de paz, admitindo-se, contudo, a criação de conselhos de guerra nas divisões mandadas entrar em operações, nas divisões isoladas e nas praças sitiadas, com regras especiais relativas à composição e ao modo de nomeação do presidente e dos vogais. Previa-se ainda a criação em tempo de guerra e quando o exército se achasse em território estrangeiro de uma magistratura extraordinária, o comissário de polícia, com competência correccional e de simples polícia.[1716]

A lei dividia o processo na primeira instância em duas partes distintas, o processo preparatório e o processo acusatório e de julgamento. Na primeira parte do processo qualquer militar para o efeito competente formava o corpo de delito, que terminava com a remessa dos autos ao comandante da divisão ou ao ministro da guerra, consoante a patente do acusado.[1717] Indiciando-se a prática

---

sido observadas todas as formalidades legais na primeira instância, o tribunal de recurso se tivesse convencido que foi condenado um inocente.

[1715] O projecto definia a competência do Supremo Tribunal de Justiça nestes termos, com a excepção muito relevante da não concessão ao foro militar da última palavra sobre a própria admissibilidade do recurso de revista para aquele Alto Tribunal. A lei militar francesa, além deste recurso fundado em incompetência do foro militar, sujeitava a decisão do tribunal de recurso ao *pourvoir en cassation* com base em uma ordem do ministro da justiça ou do procurador-geral junto da *Cour de Cassation*, distinguindo-se os efeitos deste recurso dos daquele pela circunstância de a anulação no recurso interposto por ordem do procurador-geral ser apenas no interesse da lei, não podendo as partes opor-se à execução da decisão com base na decisão da *Cour*, e no caso do recurso interposto com base em uma ordem ministerial aproveitar também ao condenado. A doutrina francesa criticou a incoerência deste sistema de recursos (Pradier-Fodéré e Amédée le Faure, 1873: 145 e 146).

[1716] Quer a consagração do princípio geral da manutenção em tempo de guerra da organização judiciária do tempo de paz quer a criação desta magistratura extraordinária tinham também sido previstas pelo projecto e provinham da lei militar francesa.

[1717] Ponderando "a conveniencia de na formação dos corpos de delicto serem ouvidos os accusados, não só para dar maior latitude á sua defeza, como tambem para obter maior numero

A Jurisdição Penal Militar 791

de um crime militar, o comandante de divisão ou o ministro da guerra ordenavam a feitura do sumário da culpa quando o julgassem conveniente, dando conta o comandante da divisão, sendo ele o competente, da sua deliberação ao ministro da guerra.[1718] No caso de se indiciar a prática de um crime comum, de infracções disciplinares ou de contravenções de polícia, o comandante da divisão mandava necessariamente proceder à formação da culpa quanto aos crimes e decidia logo das infracções disciplinares e das contravenções de polícia.

O sumário da culpa era limitado aos factos constantes na ordem para a formação da culpa, procedendo o auditor a todas as diligências de prova que entendesse convenientes para o esclarecimento dos factos e, obrigatoriamente, ao interrogatório do acusado, que era assistido por defensor se fosse menor de dezoito anos, reduzindo-se tudo a escrito. Se o arguido negasse a prática do crime e pretendesse provar algum facto que demonstrasse a sua inocência só podia produzir prova documental. No final do sumário, o auditor elaborava uma "exposição abreviada" (artigo 279 do código de 1875) sobre os factos, que apresentava ao comandante de divisão ou ao ministro da guerra, consoante a patente do acusado. O comandante de divisão ou o ministro da guerra decidiam da conveniência da dedução da acusação perante o conselho de guerra quando se verificassem indícios suficientes da prática de um crime militar e determinavam a dedução da acusação quando se verificassem indícios suficientes da prática de um crime comum.[1719] Com a decisão que ordenava que se procedesse a acusação devia o arguido que ainda se encontrasse em liberdade ser recluso em "prisão fechada" (artigo 288, § único, do código de 1875), com a única excepção dos oficiais a quem fosse imputada a prática de crime militar ou comum punível com pena não superior à de demissão simples, que deviam aguardar os ulterio-

---

de esclarecimentos, que habilitem os generaes comandantes das divisões militares a poderem deliberar com maior conhecimento de causa sobre o facto imputado", a circular do ministro da guerra de 14.12.1886 (in Ordem do Exército n. 33, de 18.12.1886) estabeleceu que de então em diante se procedesse logo nos autos dos corpos de delito a interrogatórios dos arguidos sobre os factos que lhe eram imputados.

[1718] A previsão do artigo 110 do projecto ("ordenará, se o julgar conveniente") era mais explícita do que a do artigo que lhe correspondia na lei, o artigo 247 ("deliberar se há de ou não formar-se culpa"). A intenção do legislador não foi a de se afastar da doutrina do projecto, pois previa precisamente o mesmo meio técnico de controlo do exercício da discricionariedade do general comandante de divisão, isto é, o controlo oficioso pela hierarquia do despacho proferido pelo comandante de divisão.

[1719] Em alguns conselhos só se dava conhecimento ao defensor oficioso da pendência do processo quando ele estava pronto para julgamento, o que levou o ministro da guerra a determinar, por circular de 21.6.1888 (in Ordem do Exército n. 16 de 4.7.1888), que o defensor oficioso fosse notificado do processo na mesma ocasião em que fosse entregue nota da culpa ao réu, para que o defensor pudesse aproveitar da disposição do artigo 304 do CJM e auxiliar a defesa.

res termos sob homenagem. Os militares detidos em prisão fechada podiam ser mantidos incomunicáveis por um período indeterminado ("emquanto assim convier para a indagação da verdade", artigo 254, 1º, do código de 1875).[1720]

O processo preparatório era, pois, um processo assente na divisão entre poderes investigatórios do juiz auditor e poderes decisórios da autoridade militar ou política, sendo certo que a autoridade militar se encontrava sob a fiscalização hierárquica ministerial quando a acção pública dissesse respeito a crimes militares e livre de qualquer fiscalização quando dissesse respeito a crimes comuns.[1721] Embora subordinando o juiz auditor no processo preparatório ao im-

---

[1720] Este regime muito duro de prisão preventiva, previsto nos artigos 288 a 290 da CJM e esclarecido no artigo 52 do Regulamento para a Execução do Código de justiça Militar, que ainda previa a reclusão obrigatória em prisão fechada do réu depois da condenação, independentemente da patente, não tinha paralelo nem no projecto nem na lei militar francesa. O projecto previa que só os réus militares a quem fosse imputada a prática de crime comum punível com uma das penas previstas no artigo 3 do Decreto de 10.12.1852 ou de um crime militar punível com pena correspondente à de demissão ou que importasse perda de posto deviam ser obrigatoriamente presos e que fora destes casos todos os réus militares se podiam livrar soltos sob homenagem. No código francês não havia qualquer caso de prisão preventiva obrigatória, tudo dependendo da ponderação que o "relator" fazia da natureza e da gravidade do crime indiciado (Pradier-Fodéré e Amédée Le faure, 1873: 181 e 182). Contrariando estes dois precedentes históricos, o legislador português rejeitou a aplicação no foro militar do princípio comum da excepcionalidade da prisão preventiva fora de flagrante delito, "por ser inteiramente incompatível com a disciplina militar", como se dizia na circular do ministro da guerra de 5.6.1888 (in Ordem do Exército n. 15, de 12.6.1888). Por esta razão, a referida circular do ministro da guerra esclareceu que os praças de pré que não fossem detidos em flagrante delito deviam sê-lo logo que se apresentassem ou fossem encontrados, independentemente da natureza e da gravidade do crime, levando-se-lhes em conta no cumprimento da pena o tempo decorrido desde a entrada na casa de reclusão da respectiva divisão militar. No final da década de oitenta do século XIX, a acumulação dos presos preventivos nas casas de reclusão militar criou um problema grave de sobrelotação das mesmas, a que procurou responder a Portaria de 27.4.1889. Assim, considerando que era "grande a percentagem dos meramente suspeitos para os verdadeiros criminosos, o que em um grande numero de casos importará a privação da liberdade por bastante tempo para os innocentes", ponderando "a inevitavel morosidade do processo ciminal preparatorio" e atendendo a "quanto convirá á disciplina, moralidade e economia reduzir o mais possivel a população das casas de reclusão", foi determinado que as praças de pré que cometessem crime ou delito não punível com pena superior a prisão militar só deviam ser reclusas depois de formada a culpa e expedida a ordem para responderem em conselho, salvo se também tivessem cometido uma falta disciplinar punível com pena de detenção.

[1721] A doutrina salientava o carácter único da posição do comandante general de divisão, sem paralelo no foro comum, dele dependendo todo o impulso processual e, designadamente, o controlo da formação do corpo de delito, a admissão da formação da culpa, a prolação da pronúncia e a execução da pena, não tendo nem o Ministério Público nem o juiz instrutor qualquer iniciativa própria (Domingos Correia, 1887: 27 e 28, e Navarro Paiva, 1901: 239). Contudo, a pronúncia por crimes comuns cometidos por pessoas sujeitas à jurisdição militar podia ser feita pelos juízes dos tribunais comuns, aproveitando-se deste modo o sumário civil para a dedução

A Jurisdição Penal Militar 793

pério da hierarquia militar, o sistema apresentava a vantagem aparente em relação ao processo comum de o juiz auditor se encontrar numa posição de maior imparcialidade em relação ao arguido, pois não lhe pertencia a responsabilidade pela ordem de remessa dos autos a julgamento.

Na audiência de julgamento a presença do réu era obrigatória, salvo recusando ele comparecer ou causando tumulto na audiência.[1722] Toda a prova era produzida oralmente, não sendo registada, mas impunha-se a leitura obrigatória dos depoimentos previamente prestados pelas testemunhas notificadas e faltosas.[1723] O conselho podia determinar o adiamento da audiência quando entendesse necessário o comparecimento de uma testemunha nova da defesa moradora na comarca ou o comparecimento, a bem da acusação ou da defesa, de uma testemunha nova moradora fora da comarca, mas já não podia determiná-lo se considerasse insuficiente a leitura do depoimento de uma testemunha notificada e faltosa constante dos autos.[1724] O juiz presidente, por seu turno, podia determinar oficiosamente a inquirição de quaisquer pessoas, mes-

---

da acusação no foro militar. Neste caso, o comandante não tinha qualquer discricionariedade, considerando a doutrina que o comandante não podia impedir a execução do despacho de pronúncia proferido no tribunal comum (Delgado de Carvalho, 1898: 239).

[1722] O projecto também só previa estas duas excepções, ao invés da lei militar francesa, que, além destas duas previsões, admitia também duas formas de processo para réus não presentes: o julgamento por contumácia (*par contumace*) do réu acusado da prática de um crime (artigos 175 a 178) e o julgamento por falta (*par défaut*) do réu acusado da prática de um delito ou de uma contravenção (artigo 179).

[1723] As graves deficiências da produção da prova nos tribunais militares, quase sempre feita por deprecada, foram descritas por Domingos Correia (1887: 141 e 142), que com grande clareza apontava o prejuízo para a realização do princípio da imediação resultante desta prática e a consequência de os juízes militares "com rarissimas excepções" seguirem "cegamente" a opinião do juiz auditor. Daí que a doutrina pusesse o maior empenho na limitação do juízo de valoração das provas do conselho às provas submetidas à discussão do acusado (Pires Soromenho, 1904: 79).

[1724] O direito positivo português distinguia-se assim consideravelmente quer do projecto quer do direito francês. No projecto, tal como no direito militar francês, também se prèvia a leitura obrigatória do depoimento da testemunha faltosa, mas no projecto português o conselho decidia se o depoimento lido era suficiente quando o Ministério Público ou o defensor solicitassem o adiamento da audiência para inquirição da testemunha e no direito francês o presidente do tribunal perguntava aos membros deste se se consideravam esclarecidos com a leitura do depoimento da testemunha faltosa. Contrariamente ao juiz presidente na *cour d' assises*, no foro militar francês eram os membros do conselho de guerra que decidiam com pleno arbítrio sobre a suficiência do depoimento escrito. Aliás, quando reunia o conselho de guerra para deliberação, os seus membros tinham "sob os olhos as peças do processo" (artigo 131 da *Code de Justice Militaire*), podendo, ao contrário do que ocorria no direito comum, confirmar os seus pontos de vista com a leitura das referidas peças.

794 *A Reforma da Justiça Criminal em Portugal e na Europa*

mo das que não pudessem depor como testemunhas, não lhes sendo deferido juramento, mas sendo ouvidas a título de "informação" (artigo 330, 1 º , do código de 1875).[1725]

A lei separava claramente o exercício dos poderes de recolha de meios de prova, que atribuía com grande amplitude ao presidente do tribunal e aos membros do conselho, dos poderes de ampliação do objecto do processo, que conferia com muita parcimónia ao auditor, proibindo a quesitação de factos que não estivessem expressamente compreendidos na acusação e admitindo apenas a elaboração de quesitos subsidiários quando o facto pudesse ser qualificado diferentemente da acusação ou quando pela discussão se mostrasse que lhe correspondia diversa qualificação, mas com a restrição de ao crime, sob a nova qualificação, não caber pena superior à que tivesse sido pedida na acusação.[1726]

A decisão sobre a matéria de facto competia a todos os membros do conselho, com a excepção do presidente, que só votaria no caso de empate, sujeitando-se as respostas aos quesitos, quando não fossem unânimes, ao controlo oficioso do presidente.[1727]

Destarte, se o princípio da imediação era melhor respeitado na jurisdição militar do que na jurisdição penal comum no que concerne ao depoimento do

---

[1725] Este poder do presidente do tribunal, que também era previsto no projecto português e no código militar francês, era um poder discricionário, não sendo sindicável o seu exercício nem a omissão do mesmo, mas a doutrina procurava estabelecer-lhe limites (Domingos Correia, 1887: 134, e Soromenho, 1904: 58 e 66). Sobre a posição de especial importância do presidente do conselho, que era simultaneamente um "moderador das partes" e intervinha activamente na busca da verdade, suprindo a inércia das partes, se necessário, Domingos Correia, 1887: 139.

[1726] Neste ponto registavam-se diferenças muito importantes entre o projecto e o código, não prevendo o n. 7 do artigo 178 do projecto a limitação do final do n. 5 do artigo 342 do código. Acresce que o projecto admitia a possibilidade de formulação de quesitos sobre circunstâncias atenuantes e agravantes que resultassem da discussão e não tivessem sido alegadas, ao invés do código, que só previa a elaboração de quesitos relativos a circunstâncias alegadas pelos acusados. Distinta quer do código quer do projecto era a lei processual militar francesa, que concedia ao conselho de guerra a faculdade de admissão de circunstâncias agravantes e atenuantes. A doutrina francesa restringiu o âmbito desta faculdade, considerando, por um lado, que era necessário que o facto novo fosse uma "degenerescência do facto principal submetido ao conselho de guerra" e que as partes processuais tivessem a oportunidade de se pronunciar sobre o quesito subsidiário e, por outro, que as circunstâncias atenuantes não respeitassem a crimes previstos em leis penais militares que constituíssem uma infracção grave da disciplina ou dos deveres militares (Pradier-Fodéré e Amédée le Faure, 1873: 265, 274 e 307, e Augier e Le Pottevin, 1905: 240, 241, 245 a 248).

[1727] No projecto português, tal como na lei militar francesa, o presidente votava com os outros membros, com a diferença fulcral de que na lei militar francesa o presidente não tinha o dever de resumir a causa, nem o poder de controlar as respostas dos restantes membros do conselho e no projecto de Barros e Sá previa-se o controlo oficioso da equidade das respostas dos membros do conselho pelo presidente, mesmo quando fossem unânimes.

A Jurisdição Penal Militar

795

réu e pior respeitado no que se relaciona com o depoimento das testemunhas, o princípio da acusação era mais gravemente desrespeitado na jurisdição militar, pois, apesar de o auditor não ter proferido a decisão de remessa dos autos para julgamento e não ter quaisquer poderes de controlo da equidade das respostas aos quesitos, a circunstância de o auditor proferir o relatório sobre a procedência dos factos com que se iniciava a discussão na conferência do conselho, de participar directamente nesta discussão e de votar em primeiro lugar dava azo a que ele influísse directamente na decisão dos outros membros.[1728]

Entre a participação directa do auditor na conferência, ainda que desprovido daqueles poderes na audiência, e a presidência da audiência no processo comum pelo juiz que pronunciava, mas não fazia parte do júri, o maior dano causado ao princípio da acusação resultava daquela participação directa do auditor. Ao invés, no direito militar francês respeitava-se rigorosamente esta separação da competência instrutória e de julgamento, uma vez que ao "relator" que conduzia as diligências da instrução estava vedado o exercício de qualquer actividade na fase de julgamento.[1729]

A consagração de um regime amplo de nulidades insanáveis, que incluía os erros cometidos na decisão quanto à qualificação dos factos e à aplicação e graduação da pena, os vícios da quesitação e a insuficiência da prova produzida,[1730] conjugado com a fixação do princípio do recurso obrigatório e a todo

---

[1728] A doutrina reconhecia, aliás, o poder de influência do auditor sobre os restantes membros do conselho de guerra (António Macieira, 1914: 71).

[1729] Deve, no entanto, acrescentar-se, em abono de uma imagem rigorosa da realidade, que os militares que compunham o tribunal francês encontravam-se muitas vezes em graves dificuldades para decidir questões jurídicas para as quais não estavam habilitados, tendo-se desenvolvido a prática ilegal de nestes casos os membros do tribunal consultarem o comissário do governo (Iga-Iga Eric, 1991: 140). Esta prática justificaria a modificação da composição do tribunal militar francês em 1928.

[1730] O projecto não previa as nulidades relativas ao controlo da legalidade da instrução, ao princípio do contraditório, à legalidade dos meios de prova e, sobretudo, as nulidades relativas à decisão de direito, que o código enunciava. O *Code de Justice Militaire* continha um catálogo de nulidades mais amplo do que o do projecto, mas mais pequeno do que o catálogo do Código de 1875. A doutrina e a jurisprudência francesas admitiam a sindicância da qualificação inexacta ou incompleta de factos e de nulidades substanciais não escritas (Augier e Le Pottevin, 1915: 51 a 58, 62 a 64), colmatando o carácter restritivo do texto da lei. A lei militar portuguesa permitia, pois, uma sindicância mais alargada do que a sua congénere francesa, por força da cláusula aberta da falta de alguma formalidade substancial para a defesa ou para a descoberta da verdade. O projecto de Barros e Sá só aparentemente garantia uma sindicância menos ampla da decisão recorrida, já que, por um lado, a qualificação errada do delito, a falta de aplicação de uma pena ou a graduação errada da pena constituíam também objecto do recurso, podendo o tribunal de recurso modificar a sentença recorrida em que estes vícios se verificassem, e, por outro lado, a nulidade da falta de alguma formalidade substancial para a defesa ou para a descoberta da verdade, que

796 *A Reforma da Justiça Criminal em Portugal e na Europa*

o tempo pelo Ministério Público destas nulidades[1731] e do princípio da liberdade de interposição de recurso de decisões com força de definitivas e de agravo nos autos do processo de quaisquer decisões que não tivessem essa força permitiam ao tribunal de recurso uma sindicância muito alargada sobre os gravames cometidos ao réu pela instância.[1732]

No tocante aos poderes do tribunal de recurso, a lei militar, se não consagrava a solução radical do projecto, previa, contudo, um sistema de recursos mais célere do que o do direito comum nacional e o do direito militar francês.

No julgamento das nulidades da sentença relativas aos vícios da decisão de direito o tribunal superior mandava proferir nova sentença pelo mesmo conselho, mas composto por diferentes membros, cabendo recurso obrigatório da segunda decisão do conselho interposto pelo Ministério Público no caso de o conselho não se conformar com a decisão superior sobre a questão de direito e julgamento definitivo pelo tribunal superior em sessão plena.[1733] No julgamento de recurso interposto da sentença absolutória do conselho o tribunal superior podia, contudo, julgar logo em definitivo se entendesse que os factos dados como provados constituíam crime. No julgamento das restantes nulidades e, designadamente, da nulidade de preterição de formalidades substanciais, o tribunal superior podia mandar reformar o processo pelo mesmo conselho, que seria composto por novos membros, ou por outro conselho.[1734]

---

o projecto também previa, podia incluir efectivamente qualquer uma das restantes nulidades que o código previa e o projecto tinha omitido.

[1731] O projecto previa, ao invés, que o recurso fosse obrigatório e admissível em qualquer momento somente em relação às sentenças proferidas em processos relativos a crimes puníveis com pena maior do Código Penal ou com pena de perda de posto ou equivalente e às sentenças em que se decidisse que os factos não eram incriminados pela lei. O direito francês não previa qualquer forma de recurso obrigatório.

[1732] É de mencionar que o projecto não foi influenciado pela jurisprudência uniforme da *Cour de Cassation* da "pena justificada", que a doutrina considerava aplicável nos recursos das decisões de mérito interpostos para os conselhos de revisão (Augier e Le Pottevin, 1915: 66 a 69).

[1733] A execução da sentença condenatória em pena de morte continuava, no entanto, a depender da confirmação do poder moderador, quer a decisão fosse proferida em tempo de paz quer o fosse em tempo de guerra.

[1734] Para o tempo de guerra estavam previstas algumas especialidades, oferecendo o código menos garantias do que a lei francesa e do que o projecto de Barros e Sá. O julgamento sumário e verbal dos crimes graves previstos no elenco do artigo 428 só tinha lugar quando o delinquente fosse detido em flagrante pela prática de certos crimes muito graves, prescindindo-se então da fase preparatória do processo, valendo a ordem da autoridade militar para reunir o conselho como acusação e não se admitindo deprecadas nem a inquirição de testemunhas residentes fora do local do crime. Findo o processo, ele era remetido ao general em chefe do exército e, nas praças investidas, sitiadas ou bloqueadas, ao respectivo governador ou comandante superior

A Jurisdição Penal Militar 797

O défice na realização do princípio da imediação não tinha qualquer compensação directa no tribunal de recurso, não podendo ser aí apresentada qualquer prova, podendo, contudo, ser indirectamente controlado por via da nulidade genérica, só prevista no direito português, da omissão de acto substancial para a defesa ou para a descoberta da verdade que pudesse influir no exame e na decisão da causa.

O efeito danoso do défice na realização do princípio da acusação era acautelado pelo regime muito restrito de alteração do objecto do processo na audiência de julgamento, sancionado até com a cominação da nulidade insanável do quesito que contivesse matéria estranha à da acusação e da ordem de proceder da autoridade militar. A admissão da *reformatio in melius* e, sobretudo, a introdução da novidade no direito nacional da proibição da *reformatio in pejus* reforçavam de algum modo a posição do réu agravado pela instância, ainda que o regime muito duro da prisão preventiva e a não imputação da prisão preventiva sofrida na pena aplicada diminuíssem a eficácia prática da nova garantia.[1735]

---

para decisão. O projecto mencionava apenas que este processo tinha lugar em "casos graves, em que a necessidade do serviço e a da manutenção da disciplina exigir prompto e exemplar castigo" (artigo 209 do projecto), mas não proibia as deprecadas nem a inquirição das testemunhas moradoras fora do local do crime. O código francês de 1857 previa também a possibilidade de citação directa e sem instrução prévia do acusado diante do conselho de guerra, quando nas divisões territoriais em estado de guerra ou nos departamentos em estado de sítio o general comandante o entendesse necessário, transformando-se deste modo a ordem de informar dada pelo general na primeira peça do processo judiciário (Pradier-Fodéré e Amédée le Faure, 1873: 327). A diferença em relação à lei portuguesa era a de que, com excepção da instrução prévia, todas as restantes garantias subsequentes à ordem de acusação se mantinham intocadas na lei francesa.

[1735] A não imputação da prisão preventiva constituiu o direito aplicável no foro militar até 1884. A partir da entrada em vigor do artigo 4, § único da Lei de 14.6.1884, que dispunha para o foro civil, a jurisprudência dos tribunais militares, com o acordo da doutrina, passou a levar em conta a prisão preventiva sofrida pelo réu militar condenado em pena de prisão correccional pela prática de um crime comum e a considerar a prisão preventiva como atenuante para o efeito da imposição de pena maior pela prática de crime desta natureza (Revista de Legislação e Jurisprudência, 1902: 429). No entanto, as penas de incorporação em depósito disciplinar e de deportação militar aplicadas pela prática de crimes puníveis pela lei penal comum não admitiam o desconto da prisão preventiva entretanto sofrida (acórdão do SCJM, de 26.6.1897, in RT, 19.º ano, 1900--1901, p. 222, e acórdão do SCJM, de 8.1.1898, in RT, 20.º ano, 1901-1902, p. 288). A prisão preventiva dos réus militares condenados pela prática de crimes militares não era considerada para qualquer efeito (Domingos Correia, 1887: 123, Francisco Fernandes, 1896: 128, Pires Soromenho, 1904: 243, e Luís Osório, 1923: 312). Tendo surgido dúvidas sobre a contagem do tempo de prisão preventiva aos réus condenados em prisão militar, a circular do ministro da guerra de 30.3.1889 (in Ordem do Exército n. 6, de 13.4.1889) determinou que ela devia ser contada desde o dia da entrada do réu na casa de reclusão até ao da sua apresentação nas companhias de correc-

Assim, em virtude do relevo dado no processo preparatório e no julgamento em primeira instância ao juiz auditor, o código português realizava menos perfeitamente do que o modelo francês o novo paradigma judiciário liberal, o que justificou uma conformação do objecto do recurso e dos poderes do tribunal de recurso consideravelmente mais favorável ao réu agravado.

ção para cumprir a parte restante da pena, salvo se tivesse sido decidido diferentemente na sentença. Em França, só em 1895 o legislador consagrou no direito militar o princípio da imputação integral, mas facultativa, da detenção preventiva na pena, que já vigorava no direito penal comum desde 1892. Fê-lo para a marinha através da Lei de 9.4.1895 e para o exército através da Lei de 2.4.1901, leis que a doutrina e a jurisprudência interpretaram o mais amplamente possível (Augier e Le Pottevin, 1905: 220 a 222).

CAPÍTULO 4.º
A Extremação das Tendências Antagónicas
Inerentes ao Modelo Consagrado

1. O Projecto de Código de Justiça Militar da Comissão presidida por António Barros e Sá (1889)

Em 1886, o governo nomeou uma comissão com vista a proceder à revisão do Código de Justiça Militar e do regulamento disciplinar, em face da publicação da reforma penal de 1884.[1736]

O Projecto de Código de Justiça Militar da comissão, datado de 21.12.1889, mantinha as grandes opções do anterior código, quer no que toca ao conceito de crime militar e ao âmbito da jurisdição militar, quer no que respeita à organização judiciária militar e à estrutura do processo.

Contudo, o projecto continha algumas modificações muito significativas do direito vigente, sendo as mais importantes as relativas à estrutura do processo.

Os conceitos de crime militar e de crime essencialmente militar eram ampliados, no sentido de este incluir também as ofensas directas à segurança do exército, além das ofensas directas à disciplina do exército e das violações de deveres exclusivamente militares, definindo-se rigorosamente os ilícitos desta

---

[1736] A Portaria de 30.6.1886 nomeou uma comissão composta pelo então já juiz relator do Tribunal Superior de Guerra e Marinha António José de Barros e Sá, que presidia, pelo auditor especial junto do ministro da guerra José Maria Borges, pelo coronel Joaquim da Cunha Pinto, pelo tenente-coronel Francisco Hygino Craveiro Lopes e pelo major promotor José Estevão de Moraes Sarmento. A Comissão perdeu posteriormente o membro José Maria Borges e os capitães José Lobo Lamare e Jeronymo Lopes Banhos, que entretanto também se lhe tinham junto, tendo sido completada com o conselheiro José Navarro de Paiva, o tenente-coronel Luiz Pimentel Pinto e o capitão Domingos José Correia. A Comissão concluiu os trabalhos apresentando um Projecto de Código de Justiça Militar datado de 21.12.1889, que foi publicado pela Imprensa Nacional com data de impressão desse ano.

800   *A Reforma da Justiça Criminal em Portugal e na Europa*

natureza, e ainda no sentido de o conceito de crime militar incluir todas as infracções que tomassem o carácter de crimes militares em virtude da verificação alternativa e já não cumulativa da "qualidade militar dos delinquentes, ou do logar ou circumnstancias em que são commettidas" as infracções.

Por seu turno, o âmbito da jurisdição militar era substancialmente aumentado, sobretudo em tempo de guerra, e sujeito a uma cláusula de aplicação discricionária em tempo de paz. Esta cláusula, prevista no artigo 299 do projecto e inspirada no artigo 4 da Lei de 1.7.1867 de reorganização do júri, introduzia a possibilidade do afastamento pelo Supremo Conselho de Justiça Militar das regras de competência dos tribunais de primeira instância em tempo de paz, quando houvesse nisso "interesse da ordem pública, da disciplina ou da boa administração da justiça", distinguindo-se, no entanto, da disposição do foro comum em virtude da natureza política da iniciativa reservada ao ministro da guerra.

O âmbito da jurisdição militar era estendido aos crimes resultantes da violação das leis de caça e de pesca, de polícia das matas nacionais e de viação pública e, em tempo de guerra, aos indivíduos acusados por quaisquer crimes essencialmente militares quando o exército estivesse diante do inimigo, a todos os indivíduos acusados da prática dos crimes previstos em leis militares quando o exército estivesse em operações em território estrangeiro e ainda a todos os indivíduos acusados da prática de crimes contra a ordem pública em praças sitiadas e nas divisões operando isoladamente.

Em relação à organização judiciária militar, o projecto previa apenas quatro alterações ao direito anterior, mas todas elas de relevo: a atribuição de competência ao Supremo Conselho para julgar em primeira e única instância os oficiais generais, a diminuição do número de membros do conselho de guerra criado nos exércitos em operações, nas praças sitiadas ou nos exércitos isolados para cinco membros, a restrição da faculdade de substituição extraordinária dos juízes militares de primeira instância, consagrando-se em vez da previsão ampla da saída das tropas da divisão uma outra, mais restrita, da promoção a posto superior, e a reserva ao Supremo Tribunal de Justiça do conhecimento do recurso de revista interposto por incompetência da jurisdição militar.

Por sua vez, a estrutura do processo era muito alterada por força do aumento muito significativo dos poderes do general comandante de divisão no processo preparatório.[1737] Este aumento dos poderes verificava-se quer no

---

[1737] Embora se tivesse mantido a regra da observação das disposições estabelecidas para o processo em tempo de paz pelos tribunais militares em tempo de guerra, foi introduzida uma modificação importante ao processo sumário de julgamento de crimes graves que perturbassem a disciplina e a segurança do exército previstos no elenco enunciativo do

A Jurisdição Penal Militar 801

que toca à faculdade de o comandante de divisão julgar como ilícito disciplinar todos os crimes comuns que não estivessem também previstos em leis militares e fossem puníveis apenas com pena de multa, quer no que respeita à possibilidade de prescindir da formação da culpa e remeter os autos sem mais para a fase de acusação e julgamento quando o facto constituísse crime previsto em lei militar punível com pena de prisão militar ou de incorporação em depósito disciplinar, quer ainda no que concerne à insindicabilidade da ordem de mandar formar a culpa e da ordem para dedução de acusação do comandante de divisão.

A mais importante inovação introduzida era, no entanto, a de que o comandante de divisão podia modificar e ampliar "todas as decisões ou qualificações pronunciadas pelo juiz instructor" (artigo 352, § 2, do projecto de 1889), pelo que os despachos proferidos por este magistrado judicial não transitavam em momento algum.

O aumento de poderes da autoridade militar era concomitante com uma forte diminuição dos poderes do juiz auditor, que ficava deste modo em uma situação de facto idêntica à do "relator" na lei militar francesa, não se opondo a esta conclusão a novidade da obrigatória sindicância ministerial de qualquer despacho de arquivamento do comandante de divisão, no final do sumário da culpa, quando o juiz auditor tivesse proposto o prosseguimento dos autos. Esta sindicância só constituía novidade no tocante aos crimes comuns e era até mais restritiva do que a lei anterior no que respeita aos crimes militares, pois na lei anterior o ministro podia sindicar todos os despachos, os de arquivamento e os de prosseguimento dos autos, no caso de crimes militares.

Dada a ordem para se instaurar a acusação o arguido, a quem já se admitia oferecer prova testemunhal no sumário da culpa, era sujeito a um regime de prisão preventiva e homenagem totalmente distinto do previsto pelo direito positivo que se caracterizava por ser bastante mais liberal e igualitário. Com efeito, nos processos referentes a crimes comuns puníveis com alguma das penas do artigo 55 do Código Penal e a crimes militares puníveis com pena superior a três anos de presídio militar, os réus militares eram sempre reclusos em prisão fechada. Fora destes casos, a concessão de homenagem podia ser feita a todos os réus militares, independentemente da patente, embora o regime da sua execução fosse distinto consoante o réu fosse oficial ou praça de pré. No entanto, mantinha-se a discricionariedade do auditor em relação à necessidade e ao período máximo da incomunicabilidade do arguido detido.

---

artigo 517 do projecto. O processo, em que a autoridade militar deduzia a acusação e não havia fase preparatória, deixava de estar dependente da detenção em flagrante delito do delinquente.

No processo acusatório e de julgamento verificavam-se apenas três alterações, consagrando-se a faculdade de o conselho de guerra adiar o julgamento para fazer comparecer uma testemunha nova da defesa, independentemente do local onde ela vivesse, bem como de uma testemunha notificada e faltosa ou de qualquer pessoa a que as testemunhas presentes se tivessem referido e cujo depoimento oral o conselho considerasse indispensável, admitindo-se a ampliação do objecto do processo a todos os factos que, embora não se encontrassem expressamente descritos na ordem da autoridade militar para instauração de sumário da culpa, fossem conexos com os nela descritos e permitindo-se o controlo das respostas aos quesitos pelo presidente mesmo no caso de as respostas aos quesitos serem unânimes.

Na fase de recurso foram introduzidas modificações na delimitação do âmbito do objecto do recurso e do recurso obrigatório e na definição dos poderes do tribunal de recurso. Assim, o regime das nulidades insanáveis era fortemente restringido, tendo o projecto omitido do catálogo das nulidades as relativas à legalidade da instrução, ao respeito pelo princípio do contraditório, à legalidade de certos meios de prova e à omissão de pronúncia sobre requerimento das partes processuais e acrescentado ao elenco legal apenas a nulidade das respostas contraditórias ou inconciliáveis aos quesitos.

O âmbito do recurso obrigatório era também muito diminuído, quer por o restringir às decisões que julgassem os factos imputados não incriminados pela lei, quer por já não se reconhecer ao Ministério Público a faculdade da interposição de recurso fora de prazo.

Quanto aos poderes do tribunal de recurso, o projecto reforçava-os em parte, atribuindo ao tribunal de recurso a faculdade de interrogar o réu, mas restringia-os também, afastando a possibilidade da realização do julgamento definitivo de recurso interposto da sentença absolutória do conselho. A execução da sentença condenatória em pena de morte continuava dependente da resolução do poder moderador, mas o projecto conferia um poder discricionário amplo às autoridades militares que funcionassem como tribunal de recurso em tempo de guerra, podendo estas autoridades mandar executar de imediato qualquer sentença condenatória ou determinar a suspensão da sua execução "até que finde a campanha, conforme lhes parecer mais conveniente para os interesses militares que lhes estiverem confiados" (artigo 523 do projecto de 1889).

Deste modo, aumentando os poderes da autoridade militar no processo preparatório e remetendo o juiz auditor para o papel de um "relator" (*rapporteur*) subordinado à fiscalização permanente daquela autoridade, o projecto punha a descoberto novas áreas de conflito entre estes sujeitos processuais na fase instrutória, que eram decididas pelo legislador em favor da autoridade militar.

A *Jurisdição Penal Militar* 803

Esta opção da comissão não só não libertava o auditor da mácula da intervenção na instrução, como o envolvia ainda mais no conflito pela direcção da instrução, sendo esta tendência ainda agravada pela circunstância de o auditor ser um juiz togado sem graduação militar e não se encontrar subordinado hierarquicamente ao comandante de divisão.[1738] Se a maior intervenção da autoridade militar era compensada por uma fiscalização ministerial mais intensa no tocante aos arquivamentos de processos relativos a crimes comuns, mantendo-se a fiscalização ministerial dos arquivamentos nos crimes militares sempre que houvesse desacordo entre o auditor e a autoridade militar, o risco do maior comprometimento do juiz auditor no destino da causa e dos consequentes gravames causados ao arguido pela parcialidade do auditor só era contrariado pelo reforço dos poderes de controlo pelo juiz presidente das respostas dadas aos quesitos, pela fixação da obrigação de o tribunal de recurso sindicar a logicidade e a plausabilidade da matéria de facto fixada pela instância e pela possibilidade da produção de prova por declarações na audiência de julgamento no tribunal de recurso.

O projecto extremava, pois, as contradições intrínsecas do modelo próprio consagrado no direito português em 1875, empolando os factores de conflito entre o magistrado judicial instrutor e a autoridade militar pelo domínio da instrução e, simultaneamente, mantendo a participação daquele magistrado na composição do tribunal de julgamento. Toda a contradição do modelo era patente num preceito central, o do artigo 346 do código de 1875, repetido no artigo 439 do projecto de 1889, em que se impunha ao auditor os deveres de arrolar "com rigorosa imparcialidade" as provas tanto a favor como contra o réu e o de "emittir a sua opinião sobre a procedencia ou improcedencia da acusação", pedindo-lhe, no fundo, que esquecesse o instrutor que fora para que se colocasse na pele do juiz que também era.

O governo transformou em lei o novo projecto, aderindo às propostas da comissão, não sem que introduzisse outras alterações que agravaram ainda mais as contradições atrás referidas.[1739]

[1738] Alberto dos Reis (1909: 136) virá a classificar esta relação entre o comandante de divisão ou o ministro da guerra e o auditor como uma relação de "superintendencia".

[1739] Estas alterações resultaram da uma revisão do projecto pela comissão, que, por determinação do governo, voltou a reunir quase cinco anos depois de ter apresentado o seu projecto inicial. O propósito que norteou a revisão do projecto foi o de "introduzir as alterações mais adequadas, no sentido de aligeirar as despesas do thesouro sem desorganisar os serviços da justiça, e bem assim as modificações que a experiencia, nossa e estranha, aconselhára", como se dizia no relatório que antecede o Decreto de 1895 (Diário da Câmara dos Deputados, 1896, n. 112, p. 41).

2. O Código de Justiça Militar de 1895

O Código de Justiça Militar foi publicado pelo Decreto n. 6, de 10.1.1895 e confirmado pela Lei de 13.5.1896.

O Decreto, tal como a lei, previam a aplicação do código aos crimes cometidos no continente e nas ilhas adjacentes por militares e pessoas com vínculo ao exército, bem como aos crimes cometidos por militares e outras pessoas pertencentes à armada, "emquanto não for publicado um codigo de justiça militar para a armada".[1740]

O legislador alargou os conceitos de crime essencialmente militar e de crime militar e o âmbito da jurisdição militar nos termos propostos pela comissão e até além destes termos, ao conferir competência ao conselho de guerra no exército em operações sobre os indivíduos acusados da prática de quaisquer crimes essencialmente militares mesmo quando o exército não estivesse diante do inimigo.[1741]

[1740] Para este efeito, o Decreto de 28.3.1895 procedeu à organização de um conselho de guerra da marinha em Lisboa em conformidade com o novo Código. No novo conselho o auditor privativo era um juiz togado sem graduação militar, nomeado pelo ministro da marinha de entre os juízes de primeira e de segunda classes, servindo apenas por três anos, como os auditores do exército. Antes desse período o auditor podia ser transferido nos casos previstos na lei geral. Os comandantes das estações navais exerciam as funções do comandante da divisão militar. Se os oficiais da marinha eram julgados em Lisboa, nos termos deste Decreto, o julgamento das praças no ultramar encontrou muitas dificuldades por falta de pessoal com as patentes necessárias, o que implicava não só a retirada dos arguidos para Lisboa e o prolongamento da prisão preventiva, mas o julgamento com base apenas no depoimento escrito das testemunhas, que se encontravam no ultramar. A estas dificuldades fez face o Decreto de 30.6.1898, que permitiu a composição dos conselhos de guerra da marinha com oficiais de qualquer patente, incluindo os guardas-marinhas, e mesmo, faltando estes, a requisição ao governador da província de oficiais do exército ou das guarnições ultramarinas.

[1741] A constitucionalidade do privilégio do foro especial para os militares continuou a ser uma questão polémica na doutrina portuguesa. Se a maioria dos autores não punha em causa a constitucionalidade do regime legal (Dias da Silva, 1903: 797, Marnoco e Souza, 1907: 134 e Alberto dos Reis, 1909: 135), Barbosa de Magalhães criticava-o explicitamente, considerando inconstitucional a disposição do artigo 291 do código de 1896 por violação do § 16 do artigo 145 da Carta ("confundiu-se assim a natureza dos crimes com a qualidade das pessoas que os commettem, para conferir a estas um privilegio, que nenhuma consideração de ordem publica explica, e que repugna ao espirito das modernas instituições", "o odioso perigo d'este e d'outros defeitos da organisação da nossa justiça militar, como são a incoherente constituição e funccionamento dos conselhos de guerra, a confusa e incompleta classificação dos delictos, e a desproporcionalidade das penas, já na prática se tem revelado com tão grande alarme, que chega a ser verdadeiro escandalo", Barbosa de Magalhães, 1907: 377).

A *Jurisdição Penal Militar*

Além desta inovação, o legislador atribuiu também competência aos conselhos de guerra para proceder a julgamentos por crimes cometidos nas circunstâncias especiais previstas no artigo 145, § 34, da Carta. O conselho de guerra seria nessa ocasião formado de acordo com as regras vigentes para a constituição do conselho de guerra em tempo de paz e teria competência sobre todas as pessoas que estivessem sujeitas à jurisdição militar em tempo de paz e ainda sobre todas as pessoas que praticassem crimes contra a segurança do Estado ou que estivessem conexos com aqueles crimes ou que praticassem os crimes de roubo, fogo posto, dano e emprego de materiais explosivos com o fim de destruir bens públicos, mesmo quando estes factos fossem anteriores à declaração da suspensão das garantias constitucionais. Com esta regulamentação, o governo pretendeu criar pela primeira vez um regime permanente para a administração da justiça penal em momentos de excepção constitucional, confiando-a à jurisdição militar, de modo a evitar o regresso à constituição de tribunais e processos *ad hoc* nestas alturas, como ocorrera sobretudo na década de quarenta.[1742]

No que respeita à organização judiciária, o legislador introduziu uma inovação muito significativa, além das propostas pela comissão. O novo código reduziu a composição do conselho de guerra a cinco membros, consagrando como regra, tanto para o tempo de paz, como para o tempo de guerra, a proposta que a

---

[1742] Este propósito do legislador transparecia, aliás, do relatório que antecedia o Decreto de 1895, em que se mencionava precisamente a legislação extraordinária dos anos de 1840 e 1844 como antecessora da que então se propunha o governo aprovar (Diário da Câmara dos Deputados, 1896, n. 112, pp. 45 e 46). A regulamentação das situações de suspensão de garantias teve, no entanto, um antecedente histórico directo mais próximo. A nova regulamentação foi uma consequência da revolta militar republicana de Janeiro de 1891, no Porto, e da subsequente legislação penal militar, isto é, o Decreto de 31.1.1891, que suspendeu no distrito do Porto pelo espaço de trinta dias todas as garantias constitucionais, o Decreto de 2.2.1891, que conferiu aos conselhos. de guerra a competência para conhecer dos crimes de rebelião, incluindo os dos processos já pendentes, e o Decreto de 6.2.1891, que mandou adoptar, com alterações, a ordem de processo dos feitos crimes em tempo de paz no julgamento dos processos instaurados pelo crime de rebelião, prevendo-se prazos mais curtos e proibindo-se a expedição de deprecadas em qualquer fase do processo. Findo o prazo de quarenta e oito horas, de que o auditor dispunha para dar cumprimento ao disposto no artigo 307 do código, o processo devia ser remetido ao presidente do conselho de guerra para marcação de julgamento. A admissão de novas testemunhas no julgamento só era permitida se elas estivessem presentes, não podendo ser adiada a audiência por motivo algum. Das decisões do tribunal superior não competia recurso, qualquer que fosse o fundamento. O âmbito de aplicação destas disposições foi ainda alargado pelo Decreto de 25.2.1891, que mandou julgar de acordo com elas os crimes previstos no CJM quando concorressem com o de rebelião. As implicações dos julgamentos dos crimes políticos então perpetrados por civis e militares conduziram a uma resolução política do problema através da concessão, pelo Decreto de 25.2.1893, de uma ampla amnistia aos autores destes crimes, com a excepção dos oficiais que dirigiram ou tomaram parte na revolta de 31.1.1891 na cidade do Porto.

806   A Reforma da Justiça Criminal em Portugal e na Europa

comissão tinha inicialmente feito só para os conselhos de guerra convocados em tempo de guerra.[1743]

Esta alteração tinha uma enorme repercussão prática no peso relativo do juiz auditor no seio do conselho, que deste modo cresceu significativamente, agravando com isso o défice de realização do princípio da acusação no processo penal militar.

No que concerne à estrutura do processo, o legislador consagrou as alterações sugeridas pela comissão e, designadamente, a nova competência do comandante de divisão relativa à conversão dos crimes comuns puníveis com pena de multa em ilícito disciplinar e à livre modificação e ampliação dos despachos do juiz auditor, tal como o modo de resolução do desacordo entre o comandante da divisão e o auditor pelo ministro da guerra, no caso de o primeiro entender que o processo devia ser arquivado. A única excepção foi a de não se ter admitido qualquer margem de discricionariedade ao comandante de divisão nos processos relativos a crimes previstos em leis militares puníveis com a pena de prisão militar ou de incorporação em depósito disciplinar, impondo-se sempre a remessa dos autos para a fase acusatória sem a prévia formação da culpa.[1744] O regime da prisão preventiva e da homenagem também era o proposto pela comissão, com a única diferença de no código a homenagem não ser concedida aos reincidentes.[1745]

[1743] A fundamentação dada para esta medida era de teor estritamente económico. O governo ponderou a possibilidade da diminuição do número de conselhos de guerra com vista a "produzir economia em benefício do thesouro", mas afastou esta solução, tendo optado pela redução do número dos membros do conselho, invocando o exemplo da Suécia, da Sérvia e da Roménia (Diário da Câmara dos deputados, 1896, n. 112, p. 41).

[1744] O legislador teve em conta a supressão do sumário no processo comum, tendo propositadamente restringido a supressão do sumário no processo militar ao caso dos crimes leves "em que o corpo de delito verifica sempre a existencia do crime e a investigação do criminoso" (Diário da Câmara dos Deputados, 1896, n. 112, p. 46). Por isso, a doutrina atribuía a esta forma de processo a natureza de um processo sumário, por contraposição com o processo ordinário, aplicável no julgamento dos crimes que não fossem puníveis com a incorporação em depósito ou a prisão militar (Delgado de Carvalho, 1898: 230).

[1745] A fundamentação da restrição da prisão preventiva dada pelo governo foi a de que, não obstante a celeridade das fórmulas do processo militar, "elas não o são ainda assim tanto que evitem ao réu o soffrer uma prisão preventiva sempre pesada, mormente quando, no julgamento final, se demonstra a sua innocencia ou não culpabilidade", o que acontecia, segundo a estatística criminal, em cerca de 30 % a 40 % dos casos (Diário da Câmara dos Deputados, 1896, n. 112, p. 45). A nova lei militar não resolveu, contudo, o problema da admissibilidade da prestação de fiança aos arguidos sujeitos ao foro militar. Também não resolveram este problema o artigo 146 do novo Regulamento para a Execução do Código de Justiça Militar, aprovado pelo Decreto de 25.4.1895, nem o artigo 171 do Regulamento do ano seguinte, aprovado pelo Decreto de 24.12.1896, que previam apenas a reclusão obrigatória do réu condenado "ainda mesmo com pena

A *Jurisdição Penal Militar* 807

As novas disposições reguladoras da instrução, conjugadas com o peso acrescido do auditor no seio do conselho, corroíam as bases do equilíbrio difícil consagrado em 1875 entre o juiz auditor e o comandante de divisão, por um lado, e, por outro, entre o juiz auditor e o conselho de guerra, cavando ainda mais fundo o fosso entre o modelo judiciário francês e o português.

A regulamentação da forma de processo no conselho de guerra criado nas circunstâncias previstas no artigo 145, § 34, da Carta, que não se confundia com a do processo para julgamento sumário e verbal de certos crimes graves em tempo de guerra para manutenção da disciplina e da segurança do exército, caracterizava-se pela prolação da ordem de acusação e pela dedução da acusação pública somente com base no corpo de delito, pela proibição de deprecadas em qualquer fase do processo, pela fixação de prazos muito curtos para o andamento dos autos, a tomada de decisões e a interposição de recursos e ainda pela inadmissibilidade de interposição de recurso para o Supremo Tribunal de Justiça fundado em incompetência do foro militar, tendo deste modo o Código novo reproduzido a regulamentação dos conselhos de guerra que julgaram os crimes de rebelião da revolta portuense de Janeiro de 1891.

3. O Código de Justiça da Armada de 1899

Dando cumprimento à norma prevista no artigo 2 da Lei que aprovou o Código de Justiça Militar, o legislador aprovou finalmente, pela Lei de 1.9.1899, um Código de Justiça da Armada, que era aplicável no continente do reino, nas ilhas adjacentes e nas províncias ultramarinas.

O legislador manteve neste diploma os conceitos de crime essencialmente militar e de crime militar da Lei de 1896, mas introduziu uma disposição rele-

---

disciplinar" ou do réu absolvido "por negação de lei proibitiva". A questão só foi esclarecida em 1900, com base em um parecer da Procuradoria-Geral da Coroa, tendo-se firmado o entendimento, segundo o qual aos réus militares podia ser concedida fiança pelos tribunais ordinários, pois "ficam, em tal caso, sujeitos á jurisdicção do fôro civil, e, portanto, gosam de todas as garantias d' esse fôro, como é a fiança" (Ofício circular do ministro da marinha e do ultramar, de 8.6.1900). A admissibilidade da fiança levantou outro problema, que era o da relação desta medida cautelar não detentiva com a homenagem, tendo o Ofício do ministro da marinha e do ultramar de 27.10.1903 esclarecido que a homenagem prevista na lei militar só podia ser concedida aos indivíduos acusados de um crime, mas ainda não condenados, não admitindo a lei a substituição da fiança prevista pelo artigo 3 da Lei de 14.6.1884 pela homenagem. O réu militar que já se encontrasse em homenagem tinha de aguardar nessa situação enquanto o recurso se não resolvesse, não lhe sendo levado em conta esse tempo no cumprimento da pena. O réu militar que se encontrasse em liberdade e fosse condenado pela prática de um crime comum podia aguardar em liberdade os ulteriores termos do processo, prestando para tanto fiança adequada.

808　A Reforma da Justiça Criminal em Portugal e na Europa

vantíssima, segundo a qual as transgressões de polícia e os crimes comuns e militares puníveis com pena de prisão correccional ou prisão militar até seis meses "quando acompanhados de circunstâncias que diminuam consideravelmente a sua gravidade ou que enfraqueçam muito a culpabilidade do agente" podiam ser equiparados a infracções disciplinares e punidos disciplinarmente (artigo 313). Esta disposição reflectia uma especialidade da jurisdição da marinha, que consistia na maior discricionariedade da autoridade militar na jurisdição penal da marinha.

Também a jurisdição da marinha conhecia de todos os crimes comuns e militares de que fossem acusados os militares e as pessoas com vínculo à marinha, excluindo-se apenas o conhecimento dos crimes de contrabando ou descaminho.[1746] Contudo, atenta a natureza específica da instituição da armada, a jurisdição era alargada em tempo de paz a quaisquer indivíduos acusados de espionagem em assunto respeitante à armada ou de tomar parte por qualquer forma em crime de sedição ou revolta em navio da armada e em tempo de guerra a estes indivíduos e a quaisquer outros que cometessem qualquer crime a bordo de navio da armada ou ao seu serviço.

Por outro lado, tal como a lei do exército português, mas ao invés da lei da armada francesa, o novo código submeteu a armada portuguesa ao princípio da unidade da jurisdição. A lei previa apenas um conselho de guerra da marinha em Lisboa, composto por quatro membros nomeados pelo major general da armada, de quatro em quatro meses, por ordem de antiguidade de entre os oficiais que menos tempo tivessem desempenhado essa função, e por um auditor, que era um juiz togado sem graduação militar, de nomeação ministerial por três anos. A composição do conselho alterava-se consoante a patente do acusado, mantendo-se, contudo, o número de membros.[1747] A faculdade conferida ao major gene-

---

[1746] O *Code de Justice Militaire pour l' Armée de Mer*, de 1858, que esteve na base da nova legislação portuguesa, previa a mesma regra, mas com excepções mais amplas, que constavam do seu artigo 372.

[1747] O legislador francês consagrou três jurisdições distintas de primeira instância da marinha: o conselho de guerra permanente, de composição exclusivamente militar, que julgava os oficiais e outros militares da marinha e os embarcados em navios da marinha, por quaisquer factos criminosos que cometessem no mar ou em terra, o tribunal da marinha permanente, de composição mista, que julgava todos os que, mesmo não sendo marinheiros nem militares, cometessem quaisquer factos criminosos em portos, arsenais e estabelecimentos da marinha, quando estes factos pudessem comprometer a segurança desses lugares ou o serviço marítimo, e o conselho de justiça, composto por cinco membros da marinha, que, como "um tribunal de família", julgava sumariamente os delitos puníveis com pena inferior a dois anos de prisão cometidos a bordo por marinheiros que não fossem oficiais. A dificuldade da justificação dogmática da manutenção do tribunal da marinha e do conselho de justiça fundados em privilégios históricos foi ultra-

A Jurisdição Penal Militar 809

ral de substituição extraordinária, antes do fim do quadrimestre, dos membros militares do tribunal era alargada em relação à lei do exército, consagrando-se também a nomeação dos juízes para embarcarem em navio em serviço fora do Tejo ou a nomeação para comissão de serviço em terra fora de Lisboa como fundamentos daquela substituição.[1748]

A lei previa também a faculdade de o major general, com autorização prévia do ministro da marinha, criar conselhos de guerra auxiliares quando o número de arguidos em um processo fosse superior a vinte, com vista ao julgamento em separado de grupos de arguidos, bem como a faculdade de o comandante da divisão naval constituir extraordinariamente um conselho de guerra da divisão naval para proceder ao julgamento de crimes cometidos no ultramar ou a bordo de navio em viagem. Estes tribunais tinham a mesma composição e competência do conselho de guerra.

A discricionariedade da autoridade militar relativamente às regras da composição e da competência do tribunal não se limitava ao exercício destas faculdades legais, prevendo-se ainda a possibilidade de o próprio major general determinar em face de "circunstâncias especiais" (artigo 216, § 1 do código) a competência do conselho de guerra de marinha de Lisboa para o conhecimento de um crime ocorrido na área da jurisdição de um comandante de divisão naval. Acresce que, mesmo não sendo determinada a avocação do processo, a lei impunha a limitação da competência do conselho da divisão naval e do comandante da divisão naval ao processo preparatório quando o arguido fosse oficial, guarda-marinha ou aspirante, devendo os factos ser sempre julgados no conselho de guerra de Lisboa.

No topo da hierarquia judiciária a lei situava o Supremo Conselho de Justiça Militar, atribuindo-lhe a composição e a competência especificadas na lei do exército e ainda a de julgar em primeira e última instância os oficiais generais da armada.[1749]

---

passada pelo legislador francês pela ponderação de que "o serviço marítimo comporta necessidades absolutas e dificuldades insuperáveis que não se encontram em outros", o que permitia a derrogação do princípio fundamental da França pós-revolucionária da unidade da jurisdição (Louis Tripier, 1879: 33 a 37).

[1748] O direito francês previa que os juízes militares dos conselhos e tribunais constituídos em terra fossem nomeados, por escala, pelo prefeito marítimo ou pelo ministro da marinha, consoante os casos, e exercendo todos os juízes as suas funções durante seis meses. A substituição extraordinária dos juízes tinha lugar quando eles deixassem de estar empregados na sede da circunscrição judicial marítima ou ocorresse um impedimento acidental.

[1749] A faculdade de impugnação das decisões deste tribunal de recurso nas causas da marinha para o Supremo Tribunal de Justiça, que era já consagrada pela Lei de 1896, resultava da remissão feita pelo artigo 434 do novo código de 1899 para o capítulo VI, título I do livro IV

810 A Reforma da Justiça Criminal em Portugal e na Europa

O processo na jurisdição da marinha tinha a mesma estrutura do da jurisdição do exército, mas revelava particularidades muito significativas. Finda a instrução preliminar, os autos eram remetidos ao major general, ao comandante da divisão naval ou ao ministro da marinha, consoante a patente do acusado, que deliberava sobre a formação da culpa, provia aos factos que constituíssem apenas infracções disciplinares e aos crimes comuns e militares que entendesse equiparar a ilícito disciplinar ou determinava que se prescindisse do sumário da culpa no tocante a crimes puníveis com pena de prisão até seis meses, com a particularidade de o despacho da autoridade militar não estar sujeito a qualquer fiscalização.[1750] Ao invés, no final da instrução ordinária, o desacordo entre a autoridade militar e o auditor era resolvido pelo ministro da guerra, no caso de a primeira entender que o processo deveria ser arquivado e o segundo se opor.

O julgamento encontrava-se sujeito rigorosamente aos mesmos princípios e regras que regiam a jurisdição do exército e, designadamente, no que toca à obrigatoriedade da presença do arguido, à atribuição ao presidente do conselho de amplos poderes de investigação de novas provas e de controlo sobre a justiça das respostas aos quesitos, à produção da prova e leitura dos depoimentos das testemunhas faltosas e aos poderes muito restritos do auditor de alteração do objecto do processo.

Também no que respeita aos recursos se impunham as mesmas regras que valiam para a jurisdição do exército, quer quanto à regra da admissibilidade dos recursos e à previsão dos casos de recurso obrigatório, quer quanto ao âmbito objectivo e subjectivo do recurso, quer ainda quanto aos poderes do tribunal de recurso.[1751] As duas únicas inovações da lei da marinha com relevo neste âmbito consistiam, por um lado, na imputação da prisão preventiva na aplicação das penas de prisão militar e de prisão correccional e na ponderação daquela

---

da código de 1896 e, portanto, também para o disposto no artigo 506 deste código, nos termos do qual aquele recurso era admitido.

[1750] O legislador português não seguiu a lei francesa na fixação da obrigatoriedade de prolação da ordem de informar e da ordem para deduzir acusação no caso dos crimes que tivessem como resultado a perda ou tomada de um navio pelo inimigo.

[1751] Também a lei processual da marinha francesa limitava a competência dos *conseils de révision* à anulação do julgamento da primeira instância por violação de lei e inobservância de formalidades, com a ressalva, contudo, da irrecorribilidade das decisões dos *conseils de justice*. Foi para temperar este rigor que o legislador francês consagrou a possibilidade de comutação da pena pela autoridade militar que tivesse convocado o conselho (Louis Tripier, 1879: 70). No relatório do *Corps Législatif* fundamentou-se a opção com o argumento de que a introdução de um amplo recurso de apelação significaria colocar a lei da marinha "em oposição com os princípios gerais da nossa legislação e pôr em causa a disciplina militar, que exige uma repressão pronta e eficaz" (Louis Tripier, 1879: 129 e 163).

A Jurisdição Penal Militar   811

prisão como circunstância atenuante das restantes penas, precisamente nos termos previstos pela Lei de 14.6.1884 para o condenado pela prática de crime comum, e, por outro lado, na restrição dos casos em que as sentenças condenatórias em pena de morte eram executadas sem resolução do poder moderador às proferidas em tempo de guerra e em frente do inimigo ou de rebeldes armados, consagrando-se destarte um regime que facilitava a interposição do recurso tanto em tempo de paz como em tempo de guerra e era mais benéfico para o arguido do que o da lei do exército.

A lei processual penal da marinha tinha, pois, na sua base o modelo judiciário consagrado na lei do exército,[1752] mas apresentava como particularidade a concessão de poderes mais amplos à autoridade militar, cuja actividade não estava sequer sujeita a fiscalização hierárquica, salvo no caso de desacordo entre o juiz e a autoridade militar sobre o arquivamento no final do sumário da culpa.

Estes poderes discricionários mais amplos diziam respeito à fixação da competência do tribunal e ao destino do processo preparatório na fase do inquérito preliminar, mas não implicavam com a direcção da instrução ordinária, uma vez que se não reconhecia à autoridade militar o poder de alterar livremente os despachos do juiz auditor. Com a preservação da natureza jurisdicional dos despachos do auditor, a lei da marinha colocava-o em uma posição distinta da posição deste magistrado na lei do exército e mais consentânea com as funções judiciais desempenhadas, atenuando assim as contradições intrínsecas do modelo judiciário liberal.[1753]

[1752] O legislador português procedeu como o legislador francês, que tomou o código de justiça militar como "ponto de partida" no tocante à divisão das matérias e no que respeita aos princípios fundamentais, tendo introduzido as alterações necessárias à instituição da marinha (Louis Tripier, 1879: 29 e 64).

[1753] Alberto dos Reis (1909: 140) considerava que também na jurisdição da marinha a instrução ordinária realizada pelo juiz auditor se encontrava sob a "superintendencia" do major general da armada, do comandante da divisão naval ou do ministro da marinha, consoante os casos. A diferença fulcral entre a posição processual do auditor na jurisdição da marinha e na jurisdição do exército referida no texto não permite, contudo, esta equiparação.

CAPÍTULO 5.º
A Renovação Fracassada do Paradigma
Judiciário Liberal pela República

1. O Código de Processo Criminal Militar de 1911

Após a queda do regime monárquico, o governo provisório procedeu de imediato a uma profunda reforma da organização judiciária e do processo penal militares, não aguardando a aprovação da nova Constituição. O Decreto de 16.3.1911 mandou aplicar um novo Código de Processo Criminal Militar para o exército e para a marinha em todo o continente, nas ilhas adjacentes e nas estações e forças navais no ultramar, mantendo em vigor o Código de Justiça Militar e o Código de Justiça da Armada na parte substantiva de cada um destes diplomas, por esta "repousar em absoluto no codigo penal commum e este estar sujeito a uma refundição profunda", como se dizia no relatório do Decreto de aprovação do código novo.[1754]

A reforma visou a realização de três objectivos fundamentais: a diminuição do carácter privilegiado da justiça militar e a sua aproximação à justiça civil, o reforço da intervenção dos membros das forças armadas na administração da justiça e o aumento das garantias dos réus no processo.[1755]

[1754] Uma das mais significativas medidas adoptadas no decreto de aprovação foi a de abolição das penas de morte, de reclusão e de exautoração. Não obstante a declaração da assembleia constituinte da proibição do restabelecimento da pena de morte, na sequência da entrada de Portugal na primeira guerra mundial procedeu-se à revisão da Constituição e o artigo 3 da Lei n. 635, de 28.9.1916, veio repôr a pena de morte em caso de guerra com país estrangeiro "e apenas no teatro da guerra". Esta pena foi de novo aplicada a 16.9.1917, na Flandres, a um soldado acusado e condenado pelo crime de traição (Nuno Roque, 2000: 266).

[1755] Esta reforma da justiça militar coadunava-se, por sua vez, com a reestruturação do exército nacional a que procederam a Lei de 2.3.1911 e o Decreto de 25.5.1911, com base no princípio de "organização miliciana e democrática" da conscrição militar e na redução da permanência do tempo de serviço militar obrigatório. O modelo em que se inspirou o legislador republicano foi o do "tipo miliciano puro" do direito militar suíço, como se reconheceu no preâmbulo do

O primeiro objectivo foi realizado através da consagração de um conceito menos amplo de privilégio do foro militar, da abolição dos tribunais criados em circunstâncias extraordinárias e da limitação da competência dos tribunais criados em tempo de guerra ao julgamento dos crimes cometidos em tempo de guerra com país estrangeiro.

O segundo objectivo foi concretizado através da introdução de um verdadeiro tribunal de júri militar, à luz do modelo criado pelo conde de Lippe, entrando todos os oficiais, sem distinção de arma, na composição do júri, e da admissibilidade da anulação da decisão de facto pelo presidente apenas quando esta importasse condenação em pena maior.

O terceiro objectivo foi alcançado através da introdução da instrução contraditória, da fixação taxativa e excepcional dos casos de incomunicabilidade e da admissibilidade de recurso no julgamento de generais, embora para este efeito se tivessem preterido "alguns preceitos hierárquicos", como reconhecia o Decreto de aprovação do código.

O âmbito da competência dos tribunais militares e da marinha foi reduzido ao conhecimento dos crimes previstos nos Códigos de Justiça Militar ou da Armada cometidos, respectivamente, por militares do exército ou da armada, independentemente da respectiva situação. Assim, relegou-se para os tribunais comuns o conhecimento de todos os crimes comuns cometidos por militares, com a ressalva dos crimes de qualquer natureza cometidos a bordo dos navios da armada ou ao serviço dela em tempo de guerra com país estrangeiro, cujo conhecimento pertencia ao foro militar.

De igual modo, foi revogada a competência da jurisdição militar para julgamento do réu acusado ao mesmo tempo da prática de um crime comum e de um crime militar, cabendo, ao invés do disposto na lei anterior, aos tribunais comuns julgar o crime comum em primeiro lugar e ao tribunal militar julgar em seguida o crime militar e realizar o cúmulo das penas.

A jurisdição militar em tempo de guerra também foi muito restringida, incluindo apenas os crimes cometidos em tempo de guerra com país ou países estrangeiros, uma vez que foi revogada a jurisdição em tempo de guerra sobre quaisquer pessoas que cometessem crimes contra a ordem pública em praças sitiadas ou isoladas ou que praticassem crimes contra a segurança do Estado,

---

Decreto n. 11.856, de 5.7.1926, prosseguindo a política de reconstituição de reservas iniciada em Portugal em 1887 sob influência, então, dos sucessos do exército alemão na década de setenta (Pires Monteiro, 1929: 139, 142 e 144). Sobre esta nova organização do exército com base na ideia, então corrente nos meios militares europeus, da "nação armada" e a sua repercussão na organização dos efectivos, Ferreira Martins, 1945: 504 e 505, Maria Carrilho, 1985: 205 a 209, e Ramires de Oliveira e Nívio Herdade, 1995: 29 a 32.

crimes de roubo, fogo posto, dano e emprego de materiais explosivos com o fim de destruir bens públicos.

O código criou um Tribunal Militar Territorial em cada divisão militar do continente e um Tribunal da Marinha, que eram compostos por um presidente, com patente de coronel ou de capitão de mar e guerra, um auditor e pelo júri.

O presidente do tribunal era nomeado por escala, mediante listas formadas por ordem de antiguidade, pelo comandante da divisão ou pelo major general da armada, e exercia funções durante quatro meses. As listas de oficiais que podiam presidir ao Tribunal Militar com sede em Lisboa ou ao Tribunal da Marinha eram formadas por ordem de antiguidade de todos os coroneis e capitães de mar e guerra, com residência em Lisboa. No caso dos tribunais militares com sede fora de Lisboa, a lista era formada pelos coroneis com residência na área de cada jurisdição. A substituição extraordinária do presidente obedecia aos mesmos requisitos do código de 1895 e do de 1899, com a excepção importante de não admitir a nomeação para comissão em terra fora de Lisboa como fundamento para a substituição antes do fim do quadrimestre.

O auditor era um juiz togado nomeado por decreto ministerial pelo período de três anos. O júri era constituído por cinco oficiais, variando a sua patente consoante a do réu, sendo extraídos por sorteio de uma lista de todos os oficiais que residissem na área da divisão. Os jurados, que também funcionavam pelo período de quatro meses, podiam ser recusados e só podiam ser substituídos antes de findo este período se ocorresse uma circunstância que impossibilitasse o exercício das funções, suprindo-se pelo sorteio a falta do jurado impossibilitado.[1756]

A lei nova previu também a constituição de um tribunal não permanente a bordo do navio chefe de uma força naval constituída fora dos portos do continente e ilhas adjacentes e em cada estação naval do ultramar ou, na impossibilidade da sua constituição, o prosseguimento do processo no Tribunal da Marinha, já não se recorrendo para aquele efeito, como anteriormente, aos oficiais de qualquer patente da armada nem aos oficiais do exército do reino ou das guarnições ultramarinas. A competência discricionária do major general da armada foi alargada, podendo ele transferir de um para outro dos tribunais da armada o julgamento de qualquer processo "sempre que a conveniência do ser-

---

[1756] António Macieira (1914: 71) considerava que a legislação nova tinha introduzido o "perfeito júri". A composição do tribunal foi alterada pelo Decreto n. 3.075, de 6.4.1917, que determinou que no quartel general de cada divisão e na majoria general da armada fosse organizada um lista, pela ordem de patentes e antiguidades, de todos os oficiais que podiam funcionar como jurados, devendo a nomeação dos jurados ser feita pelo comandante da divisão onde o tribunal tinha sede ou pelo major general da armada, por escala, sobre a referida lista.

viço e da justiça o aconselhem" (artigo 13, § único, do código de 1911), com a ressalva do julgamento obrigatório dos oficiais, guardas-marinhas e aspirantes, em tempo de paz, pelo Tribunal da Marinha, ainda que os crimes tivessem sido cometidos nas áreas de competência dos tribunais das forças navais e das estações navais do ultramar.

O Supremo Tribunal Militar tinha jurisdição no continente, nas ilhas adjacentes e nas colónias, sendo os conselheiros nomeados em comissão de serviço de dois anos por despacho ministerial. A competência deste tribunal superior era definida de modo idêntico ao da lei anterior, com a excepção do julgamento dos generais, que eram julgados em primeira instância por um júri formado de cinco oficiais generais de patente igual e mais antigos, havendo-os.

O código novo previa, tal como no direito anterior, a regra da manutenção dos tribunais militares territoriais e dos da marinha em tempo de guerra, admitindo também a criação de tribunais de guerra nos exércitos e nas forças navais em operações contra países estrangeiros, nas divisões operando isoladamente contra países estrangeiros e nas praças investidas, bem como o funcionamento de prebostes militares com jurisdição correccional e de simples polícia. Os tribunais criados em tempo de guerra eram constituídos segundo os princípios gerais, competindo ao comandante em chefe do exército, ao comandante em chefe das forças navais e aos comandantes das divisões ou forças operando isoladamente exercer a jurisdição que em tempo de paz pertencia ao Supremo Tribunal Militar.[1757]

A estrutura do processo e, designadamente, a do processo preparatório eram as mesmas da lei anterior.[1758] Contudo, no final do corpo de delito, a decisão da autoridade militar sobre a formação da culpa ou o arquivamento em relação aos crimes previstos nos códigos do exército e da marinha e o provimento sobre os factos que constituíssem apenas infracções disciplinares ou contravenções de polícia eram insindicáveis, transpondo o legislador para o exército a regra anteriormente válida apenas na jurisdição da marinha.[1759] A autoridade

---

[1757] Manteve-se a competência do Supremo Tribunal de Justiça para conhecer das revistas interpostas das sentenças dos tribunais militares por incompetência do foro militar e decidir dos conflitos de jurisdição e competência entre tribunais militares e tribunais comuns e da suspensão das sentenças contraditórias proferidas por tribunais militares e comuns.

[1758] A lei consagrou também a regra da manutenção da forma do processo em tempo de guerra. O julgamento sumário e verbal de certos crimes graves em tempo de guerra previsto no artigo 337 do código era regulado como no direito anterior, mas o elenco de casos em que tinha lugar era taxativo no código novo. O julgamento pelos prebostes militares era, tal como no direito anterior, público, sumário, com a presença necessária do acusado, não cabendo recurso da sentença.

[1759] Contudo, o poder disciplinar da autoridade militar era diminuído. Embora a lei fosse omissa, o poder disciplinar da autoridade militar era, na prática, limitado nos mesmos termos

A Jurisdição Penal Militar

817

militar mantinha ainda o poder discricionário de prescindir do sumário da culpa nos processos relativos a crime previsto em leis militares punível com prisão militar ou incorporação em depósito disciplinar.

Aberto o sumário da culpa, a qualificação do facto criminoso feita pelo comandante de divisão na ordem de formação da culpa e as decisões e qualificações pronunciadas pelo juiz instrutor eram provisórias e podiam ser ampliadas e modificadas pela autoridade militar que tivesse ordenado a formação da culpa, bem como pelo tribunal em julgamento, alargando-se, desta feita, a competência já anteriormente reconhecida à autoridade militar no âmbito da lei processual do exército às causas da marinha.

As alterações relativas aos direitos da defesa registaram-se precisamente na fase preparatória do processo, consagrando-se o limite máximo de quarenta e oito horas para o período de incomunicabilidade do arguido detido,[1760] o direito à assistência de um defensor em todos os interrogatórios, confrontações e exames directos realizados com o réu,[1761] o direito de o réu oferecer prova do-

---

que previa a Lei de 1895, admitindo-se o exercício daquele poder apenas em relação a infracções puníveis com pena de multa (Alfeu Cruz, 1915: 203, do ano de 1911). Deste modo, cessou a faculdade consagrada na Lei de 1899 de a autoridade militar castigar disciplinarmente infracções puníveis com prisão correccional ou prisão militar até seis meses.

[1760] O regime da prisão preventiva era o mesmo da Lei de 1896, tendo-se verificado alterações apenas no que toca à incomunicabilidade do arguido. Contudo, a publicação da nova Constituição da República suscitou o problema da aplicabilidade das suas disposições sobre prisão preventiva aos arguidos militares. Assim, a circular do ministério da guerra, n. 8, de 16.9.1911 (Ordem do Exército n. 20, de 20.9.1911) esclareceu que os militares só podiam ser presos sem culpa formada nos casos especificados no n. 16 do artigo 3 da Constituição de 1911, ordenando que fossem libertados todos os oficiais e praças de pré que se encontrassem presos fora destes casos. Os militares eram, pela primeira vez, totalmente equiparados aos civis para efeitos da definição dos casos em que podiam ser sujeitos a prisão preventiva sem culpa formada, mas a medida não duraria muito. Um mês depois, o governo recuou, publicando a circular n. 80, de 20.10.1911 (Ordem do Exército n. 22, de 30.10.1911), que deu sem efeito a anterior circular n. 8 e determinou que a doutrina do artigo 3 da Constituição só era aplicável aos militares que fossem incriminados por crimes comuns e cujo julgamento fosse da competência dos tribunais comuns, aplicando-se as regras especiais do foro militar aos militares cujo julgamento competisse aos tribunais militares. Os desertores, quer tivessem sido capturados quer se tivessem apresentado voluntariamente, deviam manter-se presos até ao final do processo. Mais tarde, o Supremo Tribunal Militar, em uma consulta do Ministério da Guerra, esclareceu o artigo 214 do CPCM no sentido de que o arguido a quem fosse imputado um crime punível com pena igual ou inferior à de seis meses a três anos de presídio militar devia aguardar até ao julgamento em liberdade (Ordem do Exército n. 8, de 19.3.1914). A reintrodução da homenagem, que era intenção do ministro da justiça em Dezembro de 1911, de modo a diminuir o número de presos preventivos, não vingou (Diogo Leote, 1912: 370).

[1761] Os defensores e os promotores perante os tribunais militares passaram a ser nomeados precedendo concurso público, cujo regulamento foi aprovado pelo Decreto de 27.4.1911.

cumental e testemunhal logo no interrogatório diante do agente da polícia judiciária militar e a obrigatoriedade de o auditor ouvir as testemunhas arroladas pelo réu no sumário da culpa, quando não excedessem as oferecidas pelo promotor,[1762] e, culminando este regime liberalíssimo, o direito do defensor do arguido de ter vista do processo no final do sumário da culpa, mas antes da elaboração da exposição pelo auditor, podendo o defensor requerer o que tivesse por conveniente.[1763] A garantia da aplicação efectiva deste regime resultava do reconhecimento, também novo no direito militar, da sindicabilidade de todos despachos proferidos pelo auditor que prejudicassem a defesa ou a acusação.

No final do sumário da culpa, só a decisão de arquivamento do comandante de divisão proferida em desacordo com o auditor era levada ao conhecimento do ministro da guerra, sendo insindicáveis as decisões disciplinares e as ordens de dedução de acusação criminal ou as ordens de arquivamento, quando estas tivessem o acordo do auditor.

Destarte, o processo preparatório já não se jogava apenas numa luta de forças entre o auditor e a autoridade militar, abrindo-se à intervenção conformadora do réu. A antecipação da intervenção do réu para a fase do sumário da culpa e a intenção de garantir uma efectiva tutela jurisdicional daquele direito de intervenção implicaram uma precaridade notável dos despachos do auditor, que podiam ser impugnados pelas partes dentro do prazo fixado para recurso e modificados pela autoridade militar a qualquer momento, colocando o sistema de recursos e, portanto, a hierarquia judiciária em confronto directo com a hierarquia militar.

O efeito positivo desta redistribuição do equilíbrio de forças na fase inicial do processo era anulado pela manutenção da faculdade de livre ampliação e modificação dos despachos do auditor pela autoridade militar, dando o legislador à

[1762] Em anotação ao artigo 175 do código novo, Alfeu Cruz concluía que no processo militar não era aplicável a instrução contraditória com a amplitude que lhe atribuía o artigo 7 do Decreto de 14.10.1910 e o artigo 14 do Decreto de 18.11.1910 (Alfeu Cruz, 1915: 219, do ano de 1911), mas sem razão. O arguido militar não só podia oferecer prova testemunhal e documental e requerer a realização de exames directos e outras diligências logo no interrogatório diante do agente da polícia judiciária militar, como podia impôr a inquirição de testemunhas, mesmo que fossem residentes fora da comarca. O regime legal foi ainda assim censurado por não permitir a livre assistência do arguido e do seu defensor à inquirição de testemunhas durante o corpo de delito e o sumário (Almeida Ribeiro, 1924: 306).

[1763] Também em França se verificou uma tendência gradual para o legislador reconhecer aos acusados militares as novas garantias fixadas para a instrução preparatória no direito comum (René Garraud, 1912: 88, e Pierre Hugueney, 1933: 20). Assim, a Lei de 15.6.1899 conferiu aos militares em tempo de paz a maioria das garantias da Lei de 9.12.1897 e a Lei de 13.5.1918 atribuiu-as em tempo de guerra, sendo estas leis relativas ao exército alargadas por circulares à marinha.

A Jurisdição Penal Militar

autoridade militar sempre a última palavra em caso de conflito entre o auditor e o réu ou entre algum destes sujeitos processuais e a autoridade militar ou mesmo entre aqueles dois sujeitos processuais e a autoridade militar. A posição da autoridade militar era assim duplamente reforçada, uniformizando-se em ambos os ramos das forças militares o seu poder, através da referida transposição para o exército do regime, que vigorava apenas na marinha, de total discricionariedade da autoridade militar na prolação dos despachos finais no corpo de delito, bem como da mencionada transposição para a marinha da sindicância pela autoridade militar da sindicância de todos os despachos do auditor, que vigorava anteriormente apenas na lei do exército.

A audiência de julgamento, por sua vez, também sofreu uma profunda remodelação. Se se mantiveram os poderes muito restritos do auditor no que respeita à delimitação do objecto do processo, admitindo-se a elaboração de quesitos quando o facto pudesse ser encarado sob diferente enquadramento jurídico, mas com a restrição de que ao acusado não se imporia pena superior à que tivesse sido requerida na acusação, os poderes discricionários do presidente do tribunal em relação aos meios de prova foram suprimidos, conferindo-se antes ao júri o poder exclusivo de determinar a requisição de documentos oficiais e a realização de exames e observações médico-legais e abolindo-se a faculdade de o presidente ouvir pessoas não arroladas com vista a recolher "informações".[1764]

Na conferência do júri, a votação era por maioria absoluta dos votos, mas admitia-se, em uma disposição sem paralelo no direito militar português, o voto vencido nas respostas aos quesitos, sendo finalmente atribuída ao júri a faculdade, consagrada no direito comum desde 1855, de declarar circunstâncias modificativas do facto principal que diminuíssem a pena ainda que não coubessem nos quesitos formulados.

O auditor já não participava na conferência, o que constituía um reforço muito importante do princípio da acusação e uma melhoria significativa em relação ao direito anterior apesar de lhe caber a tarefa da elaboração da decisão de direito e da fixação da pena. Após terem escutado uma mera "exposição dos factos e circumnstancias ocorridos" (artigo 266 do código de 1911), proferida pelo

---

[1764] Contra o teor expresso dos artigos 231 e 232 do código novo, Alfeu Cruz (1915: 235, do ano de 1911) invocava os artigos 408 do código anterior e 155 e 157 do Regulamento de 1896 para concluir que o presidente mantinha o poder discricionário relativamente à aquisição dos meios de prova. A manutenção em vigor do Regulamento de 1896, ordenada pelo artigo 8 do Decreto de 16.3.1911, só era admissível "na parte applicavel", contrariando frontalmente a letra e o espírito das disposições dos referidos artigos 231 e 232 a manutenção do poder discricionário do juiz presidente em relação a meios de prova cuja aquisição aqueles artigos atribuíam ao júri.

820   *A Reforma da Justiça Criminal em Portugal e na Europa*

presidente do júri no recato da conferência, os jurados decidiam sobre a matéria de facto apurada com uma liberdade quase plena, limitada apenas pelo poder do presidente do tribunal de controlar a equidade das respostas aos quesitos quando a decisão de facto importasse condenação em pena maior, tal como o novo direito comum previa.

O arguido podia ainda valer-se de um sistema de recursos muito amplo, que também mantinha a proibição da *reformatio in pejus*, impunha a imputação da prisão preventiva na aplicação das penas de prisão militar, incorporação em depósito disciplinar e presídio militar até três anos e permitia a sua ponderação como atenuante nas restantes penas, o que representava uma garantia suficiente para desagravar o réu a quem tivesse sido aplicada uma pena excessiva.[1765]

Ao invés, o regime das leituras dos depoimentos das testemunhas faltosas mantinha o défice na realização do princípio da imediação na audiência de julgamento nos mesmos termos do direito anterior, sendo a posição do réu agora agravada pela circunstância de estar afastada qualquer intervenção sua na audiência de julgamento no tribunal de recurso. Só a sindicância do vício da insuficiência da prova, que se mantinha, permitia socorrer o réu que tivesse sido prejudicado pela instância na valoração da prova.

O modelo específico consagrado na lei nova divergia, pois, do anterior, mas o paradigma judiciário do novo código era o mesmo do direito anterior, sendo as inovações introduzidas quer no processo preparatório, quer no processo de acusação e julgamento contrariadas e até anuladas pela manutenção de défices fundamentais do anterior modelo.

A renovação do paradigma liberal, ensaiada à luz das "nossas tradições jurídicas militares", como se dizia no preâmbulo do código novo, iria fracassar precisamente por não se terem ultrapassado as contradições do modelo específico consagrado na Lei de 1875, tendo mesmo os avanços do direito novo logo sido contrariados pela legislação avulsa aprovada pelo poder político.

Assim, a concepção mais restritiva do foro militar, que representava uma verdadeira *revolutio* em relação ao direito anterior, teve uma vida curta. A Lei de 6.5.1913 alterou o artigo 123 do código novo, atribuindo aos tribunais militares competência para julgar os crimes previstos na lei comum praticados por militares quando estivessem no exercício das suas funções ou em cumprimento de

---

[1765] Estas regras relativas à imputação da prisão preventiva já tinham sido antecipadas pelo Decreto de 5.12.1910. A jurisprudência interpretava muito amplamente estas disposições, tendo mesmo o Supremo Tribunal Militar esclarecido, em uma consulta, que o desconto da prisão preventiva na pena de presídio militar se devia verificar em todos os tribunais militares, incluindo os de excepção, e somente depois da operação de desconto se deveria proceder à fixação da pena em alternativa de acordo com o artigo 45 do CJM (Ordem do Exército n. 7, de 5.3.1914).

A Jurisdição Penal Militar

deveres militares e, não sendo esta alteração bastante, dois dias depois, a Lei de 8.5.1913 alargou ainda mais a competência dos tribunais militares, abrangendo os crimes de qualquer natureza, com excepção dos de descaminho e contrabando, cometidos por militares do exército e da armada em determinadas condições e por prisioneiros de guerra, reféns e emigrados quando subordinados à autoridade militar, regressando deste modo ao regime anterior ao código.[1766]

O recurso do poder político republicano à justiça militar extraordinária constituiu a outra face do recuo em relação ao propósito de renovação do paradigma judicial liberal vertido no novo código.

2. A tentação do recurso à justiça militar extraordinária

Os constituintes de 1911 ratificaram o direito promulgado pelo governo transitório, não tendo introduzido na Constituição da República qualquer disposição sobre a organização judiciária militar.

Contudo, o novo poder político cedo se viu confrontado com sucessivos movimentos violentos contra-revolucionários, a que fez face, por um lado, atribuindo aos tribunais militares ordinários competência para proceder ao julgamento dos implicados naqueles movimentos e, por outro, criando tribunais militares extraordinários para o mesmo efeito.[1767]

A primeira destas respostas foi tentada pela Lei de 3.2.1912, que conferiu aos tribunais militares territoriais de Lisboa competência para julgar os autores dos crimes previstos nos artigos 253, 263 e seu parágrafo, 483 e seu parágrafo,

---

[1766] As leis de Maio não resolviam o problema da determinação do tribunal competente aquando da prática de um crime comum simultaneamente por um militar e por um civil, resolvendo-o o Supremo Tribunal Militar, na consulta de 20.5.1913, no sentido da competência dos tribunais comuns, porquanto as leis de 1913 tinham omitido este caso, mantendo-se em vigor o artigo 323 do CJM (Ordem do exército n. 8, de 16.6.1913, com anotação favorável de Faro e Noronha, 1914: 36 e37), ao invés do Supremo Tribunal de Justiça, que, no acórdão de 24.3.1914 (in GRL, volume 28, p. 43), se decidiu pela atribuição de competência aos tribunais militares, isto é, no sentido de que o artigo 323 do CJM já tinha sido revogado pela lei que aprovou o código em 1911. Em face da posição do Supremo Tribunal de Justiça, o ministro da guerra expediu a circular n. 9, de 17.11.1914, em que ordenou que fosse acatada esta doutrina (Ordem do Exército n. 27, de 19.11.1914). A doutrina estava dividida (a favor da competência dos tribunais militares, José Dias, 1919: 51 e Beleza dos Santos, 1920: 131 e 132, mas contra José Mourisca, 1921: 65 e 66, que criticava severamente os diplomas de Maio de 1913: "Bem esfarrapado tem sido o salutar principio do dec. 10.10.910").

[1767] Já no final da vigência da Constituição de 1911, Luís Osório (1932 a: 400 e 401) censurava a precaridade da garantia constitucional do júri, dada a frequente criação de tribunais especiais e, sobretudo, de tribunais militares para julgamento de crime políticos.

822   *A Reforma da Justiça Criminal em Portugal e na Europa*

todos do Código Penal, e nos artigos 2 e 3 do Decreto de 6.12.1910, cometidos "no distrito de Lisboa, onde foram suspensas as garantias individuais por Decreto de 30 de Janeiro findo ou em qualquer outro onde venha a ser tomada a mesma providência" (artigo 1 da Lei de 3.2.1912).

Este diploma criou um processo sumário, com dispensa da fase preparatória e proibição de deprecadas e rogatórias, valendo como libelo a ordem do general comandante de sujeição a julgamento, proferida em face dos autos de investigação levantados pela polícia de investigação ou pelos juízes a ela agregados. Os arguidos suspeitos da prática dos crimes já referidos aguardavam sempre em prisão preventiva a decisão final, da qual cabia recurso para o Supremo Tribunal Militar, sendo este recurso processado e julgado pela forma estabelecida na lei processual militar.

Os termos do processo aproximavam-se do processo sumário previsto para o tempo de guerra pela lei militar desde 1875. Deste modo, o legislador contrariava duas opções fundamentais do novo Código de Processo Criminal Militar, conferindo a um tribunal militar competência para conhecer de crimes comuns cometidos por civis em tempo de paz e determinando a aplicação em tempo de paz de uma forma de processo em tudo semelhante à criada para o julgamento sumário pelos tribunais de guerra dos crimes cometidos em tempo de guerra com país estrangeiro.[1768]

Cinco meses mais tarde, o legislador voltou a conceder, pela Lei de 8.7.1912, aos tribunais militares competência para conhecer dos crimes previstos nos artigos 141 a 150 do Código Penal e na novíssima Lei de 30.4.1912, mas, abandonando qualquer prurido em relação às anteriores opções de fundo do código de 1911, determinou que para conhecer estes crimes fossem organizados tribunais nos termos dos artigos 104 e seguintes deste código e o processo neles adoptado fosse o previsto no capítulo I do título II do livro III do código de 1911, isto é, o legislador submeteu expressamente os novos tribunais criados em tempo de paz e para julgamento de civis autores de crimes comuns ao regime vigente em tempo de guerra contra país estrangeiro.[1769]

[1768] O legislador retrocedeu rapidamente em relação à competência dos tribunais militares, tendo a Lei de 15.3.1912 atribuído aos tribunais comuns a competência para julgamento destes crimes.

[1769] O Decreto de 16.7.1912 instalou três tribunais em Braga, Lisboa e Coimbra, sem prejuízo de outros tribunais "constituidos por fôrça militar de comando de oficial superior, operando isoladamente", e a Portaria de 19.7.1912 determinou que os comandantes das divisões militares destas cidades conheciam dos recursos das decisões destes tribunais como o Supremo Tribunal de Justiça em tempo de guerra. Resolvendo definitivamente as dúvidas sobre a forma de processo aplicável, o ministro da guerra determinou, pela circular n. 840, de 10.7.1912, que nestes processos se devia adoptar o disposto no artigo 337 e seus parágrafos do CPCM "visto ser neces-

Os tribunais extraordinários criados pela Lei de 8.7.1912 só foram extintos pelo Decreto n. 769, de 19.8.1914,[1770] que atribuiu a competência para conhecer destes crimes aos tribunais militares ordinários, justificando a modificação com o propósito de alcançar "uma sensível economia, sem prejuízo para a boa administração da justiça".

Contudo, uma rebelião ocorrida menos de dois meses depois da extinção daqueles tribunais levou o legislador a recuar no seu desígnio de abolir os tribunais de excepção. A partir de então, o novo poder político cedeu por inteiro à tentação do recurso à justiça militar, criando vários tribunais militares extraordinários para julgar os inimigos políticos e os desordeiros.

Depois de fazer um acto de contrição público, em que reconhecia que o regime republicano "não pode ainda dar plena satisfação às expectativas mais ardentes", o legislador deixou bem claro, no Decreto n. 963, de 22.10.1914, o firme propósito de não tolerar as actividades insurreccionais e de tudo fazer para "desarmar os inimigos do novo regime", ainda que tivesse que tomar "providências, que bem desejaria poder evitar".

A providência adoptada desta feita foi a da criação de um Tribunal Militar extraordinário, em Lisboa, organizado como em tempo de guerra com país estrangeiro e com competência para julgar os crimes previstos nas Leis de 30.4.1912 e de 8.7.1912 cometidos em qualquer ponto do território continental, cabendo recurso das sentenças deste tribunal para o Supremo Tribunal Militar. Este diploma estabeleceu também a faculdade de a autoridade militar determinar, quando assim o entendesse, a aplicação da forma de processo sumário prevista no artigo 337 do Código de Processo Criminal Militar para o tempo de guerra com país estrangeiro.

---

sário, para a manutenção da disciplina e segurança das fôrças em operações, pronto e exemplar castigo". Por outro lado, o ministro ordenou ainda, pela circular n. 1.009, de 1.8.1912, que os corpos de delito fossem instaurados nas divisões e depois enviados aos quartéis generais respectivos, correndo nos tribunais militares competentes os termos normais. No final, os processos regressavam ao comandante de divisão junto de quem funcionaria o tribunal de recurso previsto na Portaria de 19.7.1912. Não havendo recurso, competia ao comandante de divisão providenciar pela execução da decisão. Os arguidos ausentes deviam ser julgados nos termos do artigo 14 da Lei de 23.10.1911 e do artigo 7 da Lei de 29.11.1911 (Ordem do Exército n. 9, de 17.8.1912).

[1770] A tentativa da tropa monárquica rebelde chefiada por Paiva Couceiro de tomar Chaves, que esteve na origem do diploma de Julho de 1912, não foi a única, tendo-lhe sucedido vários pronunciamentos militares nos anos seguintes (Ferreira Martins, 1945: 499 e 500). Estes tribunais extraordinários foram reactivados no período sidonista pelo Decreto n. 4.726, de 15.8.1918, que repôs em vigor a Lei de 8.7.1912, e pelo Decreto n. 4.730, de 17.8.1918, que instalou cinco tribunais militares nos mesmos termos do já referido Decreto de 16.7.1912.

824 *A Reforma da Justiça Criminal em Portugal e na Europa*

Nove dias depois da publicação do anterior diploma, o legislador veio modificá-lo, publicando o Decreto n. 997, de 31.10.1914, que entrou imediatamente em vigor. O novo diploma alterava as regras de composição do tribunal militar extraordinário, sendo o presidente, o auditor, o promotor e o defensor do tribunal nomeados, com total discricionariedade, pelo ministro da guerra, e consagrava uma forma única e especial de processo sumário para julgamento destes crimes.

O novo processo era semelhante ao previsto no Decreto de Julho de 1912, valendo o despacho da autoridade militar proferido no final dos autos de investigação como libelo e sendo os réus julgados em seguida pelo conselho de guerra, sem qualquer outra diligência por carta precatória ou rogatória. O diploma apresentava, no entanto, três particularidades, todas elas estranhas ao processo penal militar, que eram a da possibilidade de o réu ser julgado na sua ausência, depois de notificado editalmente da ordem para julgamento, a da livre ampliação do objecto do processo, podendo o promotor e o defensor formular os quesitos adicionais que entendessem,[1771] e a da restrição do direito ao recurso à sindicância da sentença final com fundamento em preterição de uma formalidade essencial que houvesse influído no apuramento da verdade e erro na classificação do crime ou na aplicação da pena.[1772]

A entrada de Portugal na primeira guerra mundial constituiu a causa de uma nova intervenção legislativa na jurisdição penal militar. A Lei n. 642, de 21.12.1916, estabeleceu regras draconianas para o julgamento dos réus militares acusados pela prática de crimes de traição, espionagem, insubordinação, coligação, revolta, sedição militar e cobardia cometidos durante o estado de guerra, dentro ou fora do teatro de guerra. Os réus eram demitidos com a dedução da acusação, sendo os réus absolvidos reintegrados pelo governo "conforme as circunstâncias especiais do requerente e as necessidades da disciplina". Os autores de crimes cometidos fora do teatro de guerra podiam ser detidos até julgamento pelo tempo e no local que o governo entendesse por bem. Além destas regras, que deviam vigorar durante o estado de guerra e mesmo em relação a factos anteriores à promulgação da lei, foi também alterada a constituição, dentro e fora

---

[1771] Tão ampla era a faculdade reconhecida pela lei que o legislador pouco tempo depois restringiu-a aos casos em que os quesitos fossem pertinentes e visassem o bom julgamento da causa, conferindo o Decreto n. 1.050, de 17.11.1914, competência ao juiz para indeferir os quesitos que o não fossem.

[1772] "É a velha alçada do absolutismo, porventura com algumas garantias a menos. A única differença d' aquellas alçadas é que a alçada novíssima não poderá applicar a pena de morte, nem penas perpétuas", comentava Cunha e Costa, 1921: 37 e 38. Este tribunal extraordinário subsistiu apenas durante seis meses, tendo sido extinto pelo Decreto n. 1.492, de 10.4.1915, que também restabeleceu a competência dos tribunais militares ordinários.

A Jurisdição Penal Militar   825

do teatro de guerra, dos tribunais de guerra, que devia obedecer ao disposto no CJM de 1896 e no CJA de 1899.[1773]

Depois de em Fevereiro de 1912 ter alargado a competência dos tribunais militares de Lisboa em tempo de paz, de ainda em Julho de 1912 ter criado um tribunal militar extraordinário com composição definida como em tempo de guerra, que subsistiu até Agosto de 1914, e de logo em Outubro de 1914 ter criado um novo tribunal militar extraordinário com composição discricionária, que se manteve até 1915, o legislador republicano reagiu ao evento da primeira guerra mundial conjugando as regras de competência alargada dos tribunais militares de 1912 com a regulamentação da composição dos tribunais militares em tempo de guerra anterior a 1911.

Em 1919, acossado por uma revolta monárquica, o poder político aprovou de novo regras especiais para o julgamento dos implicados na revolta. O Decreto n. 5.188, de 28.2.1919, previa a criação de tribunais militares *ad hoc* para um "rápido julgamento" dos militares e civis implicados na revolta, com a jurisdição que o ministério da guerra lhes conferisse e os magistrados e defensores que o governo entendesse por bem nomear, sendo os membros do júri escolhidos nos termos ordinários.[1774]

Nesses tribunais observar-se-ia uma forma de processo em tudo semelhante à do Decreto n. 997, de 31.10.1914, permitindo-se, no entanto, o adiamento da audiência por mais de uma vez por outro motivo que não o de falta de testemunhas e limitando-se o total das testemunhas de cada uma das partes a nove.

[1773] A guerra com a Alemanha implicou não só o alargamento do âmbito subjectivo da jurisdição militar, como também a sujeição de todos os processos julgados pelos tribunais militares às disposições dos artigos 2 a 11 da Lei de 3.2.1912, com as especialidades dos prazos especiais ainda mais curtos para a realização de julgamento na primeira e na segunda instâncias e da proibição do adiamento da audiência na primeira instância. O âmbito deste regime especial, que foi fixado pelo Decreto n. 2.369, de 5.5.1916, sofreu uma restrição a alguns crimes enumerados pelo Decreto n. 2.533, de 29.7.1916. Após a publicação da Lei n. 642, suscitou-se a dúvida grave sobre se as disposições desta lei tinham revogado o disposto no artigo 2 da Lei de 3.2.1912, cujas disposições eram aplicáveis durante o estado de guerra a todos os processos julgados pelos tribunais militares, nos termos do artigo 9 do Decreto n. 2.369, de 5.5.1916. O ministro da guerra resolveu a dúvida através da circular n. 5, de 26.12.1916, que esclareceu que a forma de processo prevista no diploma de 1912 se mantinha em vigor, com a restrição do artigo 2 da Lei n. 642 (Ordem do Exército n. 25, de 30.12.1916). A Lei n. 708, de 21.6.1917, revogou o artigo 5 da Lei n. 642, que determinava a aplicação desta lei a factos anteriores à sua promulgação, sendo as restantes disposições revogadas a 9.9.1917.

[1774] Para além da reacção criminal, o governo atribuiu-se, pelo Decreto n. 5.203, de 6.3.1919, como se viu já, o poder exclusivo da punição disciplinar dos "magistrados e funcionários públicos civis ou militares que, durante a última insurreição monárquica, se envolveram em quaisquer factos anormais, faltando, no exercício dos seus cargos, ou fora dêle, à lialdade e subordinação devidas às Instituições e suas leis".

826 *A Reforma da Justiça Criminal em Portugal e na Europa*

Para execução deste diploma, o legislador publicou o Decreto n. 5.250, de 8.3.1919, que criou três tribunais militares especiais, em Lisboa, Porto e Viseu, com a jurisdição dos tribunais militares territoriais, e o Decreto n. 5.377, de 11.4.1919, em que, "considerando que o pais reclama uma acção enérgica contra todos os implicados neste movimento e nisso está a conveniência do Estado" e "considerando que mesmo em benefício dos acusados importa abreviar julgamentos, para que os criminosos sejam rigorosamente punidos e os inocentes ofereçam depressa a prova da sua inocência", se modificou o processo aplicável nestes tribunais, reduzindo o número admissível de testemunhas de cada uma das partes a seis, condicionando o adiamento da audiência por falta de testemunhas ao acordo de ambas as partes e o adiamento por outro motivo ao arbítrio do presidente e determinando a subida do recurso da sentença, já não para o Supremo Tribunal Militar, mas para o ministro da guerra.

Este regime extraordinário de julgamento dos implicados na revolta monárquica foi no mês seguinte mandado aplicar, pelo Decreto n. 5.614, de 10.5.1919, a qualquer outro movimento revolucionário que de futuro viesse a ocorrer.[1775]

Com efeito, o legislador extinguiu naquela data os tribunais militares criados pelo Decreto n. 5.250, criou dois outros tribunais militares extraordinários, um em Lisboa e outro no Porto, que substituiriam aqueles, e autorizou a criação de outros "que o Governo posteriormente julgar indispensáveis para o julgamento dos militares e civis implicados no último movimento monárquico e em qualquer movimento de caràter político realizado ou projetado posteriormente àquele, de que haja conhecimento enquanto os mesmos tribunais não forem extintos", cabendo ao ministro da guerra fixar a jurisdição destes tribunais e alterá-la "quando disso resulta aceleração do julgamento de militares e civis abrangidos pelas disposições deste Decreto". A composição destes tribunais era significativamente alterada, sendo todos os membros do tribunal, incluindo os do júri, nomeados livremente pelo ministro da guerra, com a única restrição de que a nomeação do auditor dependia do acordo do ministro da justiça. Os termos do processo aplicável nos novos tribunais eram os mesmos do processo previsto no diploma de Abril.[1776]

[1775] Os diplomas de 1919 foram objecto da crítica severa de Cunha e Costa: "O theor d' esses tres Decretos, de maxima excepção e maxima circumstancia, summaria tudo quanto na legislação anterior sobre a materia havia de peior, comprazendo-se em ostensivamente agravar todas aquellas disposições que maiores clamores haviam suscitado" (Cunha e Costa, 1921: 42).

[1776] Em face do número reduzido dos processos pendentes e dos encargos com o funcionamento dos tribunais criados em 1919 o legislador extinguiu-os pelo Decreto n. 7.896, de

A Jurisdição Penal Militar

Em 1922, na sequência do movimento revolucionário de 19 de Outubro de 1921, o legislador criou, através da Lei n. 1.291, de 24.7.1922, o Tribunal Misto Militar Territorial e de Marinha, ao qual cabia julgar os civis e militares implicados nesse movimento, aplicando-se as disposições do processo militar ordinário.[1777] O novo tribunal era constituído por um oficial general do exército, que presidia, e por um júri, composto por três oficiais da marinha e dois do exército, nomeados nos termos da lei vigente. O auditor, o promotor e o defensor seriam nomeados, por acordo, pelos ministros da guerra e da marinha.[1778]

A revolta militar de 18 e 19 de Abril de 1925 constituiu o causa directa da última iniciativa do governo no âmbito da justiça militar extraordinária sob a vigência plena da Constituição de 1911. Desta feita, o governo mandou, através do Decreto n. 10.761, de 14.5.1925, julgar pelos tribunais militares territoriais ou da marinha os civis e os militares que tivessem cometido os crimes previstos na Lei de 30.4.1912, de acordo com uma forma de processo especial.

Os autos de investigação eram organizados por qualquer autoridade civil ou militar e tinham força de corpo de delito, não se procedendo ao sumário da culpa e tendo a ordem da autoridade militar para realização de julgamento as características de uma acusação, que era, aliás, incluída na nota de culpa entregue ao arguido.

O julgamento, que podia ser realizado após a citação edital do réu, só podia ser adiado uma vez por falta das testemunhas. Era admitida a apresentação de testemunhas novas se se encontrassem presentes, sendo vedado o envio de deprecadas e de rogatórias.

A fixação de prazos especiais para julgamento do processo quer na primeira instância quer no Supremo Tribunal Militar e a irrecorribilidade da decisão deste Tribunal para o Supremo Tribunal de Justiça, bem como a restrição dos fundamentos do recurso a apenas duas nulidades, a da errada qualificação jurídica dos factos e a da omissão de aplicação de uma pena ou errada graduação da pena, reforçavam o carácter sumário da nova forma de processo, mas agravavam do mesmo passo a posição processual do réu, tornando-se o tribunal

---

10.12.1921, mandando julgar os indivíduos ainda com processos pendentes pelos tribunais territoriais. O processo aplicável era o da lei militar comum, com a especialidade de só se admitirem recursos depois da sentença e com fundamento nos ns. 7 e 8 do artigo 309 do CPCM.

[1777] A primeira reacção do legislador foi a de recorrer à demissão por via legislativa (Lei n. 1.244, de 23.3.1922) de todos os militares que tivessem sido condenados ou viessem a sê-lo por terem colaborado em movimentos revolucionários contrários ao regime republicano quando não lhes tivesse sido ou não lhes fosse aplicada essa pena no processo judicial.

[1778] Este tribunal misto foi extinto pela Lei n. 1.538, de 1.2.1924, encontrando-se apenas um processo nele pendente, que transitou para o tribunal da marinha.

828 A Reforma da Justiça Criminal em Portugal e na Europa

de primeira instância senhor absoluto da decisão sobre os factos e os meios de prova.[1779]

Depois da experiência radical dos tribunais militares extraordinários de 1919, cuja composição dependia integralmente da confiança política do ministro da guerra, que também tinha a última palavra sobre o recurso da decisão da primeira instância, em 1922 e em 1925 o legislador republicano revelou uma maior contenção, criando naquele ano de 1922 tribunais extraordinários em que se mantinha o regime de nomeação dos membros do júri da lei geral e se aplicava a lei processual vigente e neste ano de 1925 regressando à solução de Fevereiro de 1912 da atribuição aos tribunais territoriais e da marinha de uma competência excepcional, completada por algumas das inovações processuais introduzidas em 1914. A legislação processual penal aprovada na sequência das revoltas de 1912, 1914, 1919, 1921 e 1925 revelava, pois, a infidelidade do legislador ao paradigma liberal consagrado no novo código de processo militar. A consciência daquela infidelidade constituiu o motivo político mais relevante para a aprovação de um novo código ainda no ano de 1925.

3. O Código de Justiça Militar de 1925

Com o objectivo de actualizar o Código de Justiça Militar e o Código de Justiça da Armada e reunir em um só diploma a legislação penal e processual comum ao exército e à marinha, o legislador publicou o Decreto n. 11.292, de 26.11.1925, pelo qual aprovou um novo Código de Justiça Militar.

Dando especial relevo ao problema dos tribunais militares extraordinários, o legislador ponderou ainda que a criação em tempo de paz destes tribunais para julgamento de crimes contra a segurança do Estado era "atentatório da dignidade dum povo democrático" e que era "mais justo e prudente" a regulamentação da matéria da suspensão de garantias constitucionais e da forma de julgamento destes crimes do que "a organização quási tumultuária dos processos que devem ser submetidos a julgamento dos mesmos tribunais".

A lei nova manteve o conceito de crime essencialmente militar, mas alargou o de crime militar, nele incluindo os crimes contra a honestidade cometidos por militares do exército, uma vez que os cometidos por militares da armada já eram anteriormente punidos. O privilégio do foro militar permaneceu com a amplitude introduzida no direito nacional em 1913, com a única exclusão dos

---

[1779] Mais tarde, o novo poder político aprovou o Decreto n. 11.724, de 14.6.1926, que declarou nulo e de nenhum efeito o Decreto n. 10.761 e bem assim todas as condenações feitas ao abrigo deste Decreto.

A Jurisdição Penal Militar 829

crimes de contrabando, descaminho e abuso de liberdade de imprensa quando este não constituisse crime essencialmente militar.[1780]

A lei nova previa ainda a punição disciplinar das infracções do dever militar não compreendidas neste código e das transgressões de polícia, bem como das violações da lei geral e de qualquer lei especial quando o facto não estivesse previsto no código e fosse punível apenas com pena de multa ou de repreensão.

Ao lado da jurisdição dos tribunais militares em tempo de guerra contra país estrangeiro, fixava-se de novo, tal como em 1896, a jurisdição dos tribunais militares quando se dessem as circunstâncias de excepção constitucional, agora previstas no artigo 26, n. 16, da Constituição de 1911, incluindo no âmbito daquela jurisdição quaisquer indivíduos acusados da prática de crimes essencialmente militares e quaisquer pessoas que cometessem crimes contra a ordem pública em praças sitiadas ou isoladas e no âmbito desta todas as pessoas que praticassem crimes contra a segurança do Estado ou conexos com estes ou os crimes de roubo, fogo posto, dano e emprego de materiais explosivos com o fim de destruir bens públicos, mesmo quando estes factos fossem anteriores à suspensão das garantias.[1781]

A lei nova reintroduziu também a solução anterior a 1911 da atribuição de competência à jurisdição militar para julgamento do réu acusado da prática de um crime comum e de um crime militar[1782] e consagrou uma regra muito restri-

---

[1780] Não é, pois, correcta a afirmação de Manuel Pequito (1992: 31), segundo a qual com a aprovação do código de 1925 "volta-se ao conceito de «foro pessoal»", uma vez que o foro pessoal foi reintroduzido doze anos antes.

[1781] No direito francês também viria a ter lugar uma evolução semelhante. Perante a insuficiência dos conselhos de guerra no período da primeira guerra mundial, o legislador aprovou o Decreto de 6.9.1914, que criou conselhos de guerra especiais, compostos por apenas três juízes. Estes novos tribunais foram muito contestados e, dois anos depois da sua criação, foram suprimidos pela Lei de 27.4.1916. Mais tarde, prevenindo a necessidade do regresso a estes tribunais especiais, o legislador introduziu no novo Código de Justiça Militar de 15.3.1928 a faculdade de o ministro da guerra determinar a criação, mesmo em tempo de paz e para o território francês, de um ou mais tribunais militares quando fosse ordenado que as tropas participassem em "operações de ordem militar" (artigo 156).

[1782] Beleza dos Santos (1931a: 158) entendia que o artigo 367 do CJM tinha sido revogado pelo disposto no artigo 55 do CPP, que não exceptuava do seu preceito os crimes afectos aos tribunais especiais. Este entendimento não vingou, mas a jurisprudência fazia uma interpretação restritiva da disposição do artigo 367 no sentido de que nunca se estabelecia conexão subjectiva nos casos de crimes previstos em leis comuns mas cujo julgamento tivesse sido atribuído aos tribunais militares independentemente da qualidade do agente, como, por exemplo, no caso dos crimes contra a segurança do Estado, do crime de uso de armas proibidas e do crime de associação de malfeitores (João Cóias e Martins da Fonseca, 1967: 150). Estes autores defendiam também uma outra restrição ao teor literal do artigo, que era a de que a conexão só se estabelecia relativamente a arguidos militares e não a arguidos civis submetidos à jurisdição militar.

830   *A Reforma da Justiça Criminal em Portugal e na Europa*

tiva da competência dos tribunais militares para o julgamento conjunto de réus militares e civis pelo cometimento de crime previsto na lei geral, respondendo todos os réus nos tribunais comuns, ao invés do que se previa para o julgamento dos crimes previstos no CJM, em que os réus militares eram julgados nos tribunais militares e os civis nos tribunais comuns.[1783] As regras especiais de competência nas causas da marinha relativas à faculdade do comandante-geral da armada de alterar a competência dos tribunais da armada "sempre que a conveniência do serviço e da justiça o aconselhem" (artigo 257, § único) e à reserva da competência do Tribunal Militar da Marinha para julgamento dos crimes cometidos em tempo de paz por oficiais, guardas-marinhas e aspirantes permaneceram intocadas.

A composição e competência dos tribunais de primeira instância e do tribunal de recurso e a competência do Supremo Tribunal de Justiça em matéria militar também não sofreram qualquer alteração relativamente às consignadas no Decreto de 1911.[1784]

A estrutura do processo era a mesma do direito anterior, introduzindo-se, contudo, a competência da autoridade militar para no final do corpo de delito e do sumário da culpa punir disciplinarmente não só os crimes puníveis com pena de multa, mas também os crimes puníveis com pena de repreensão.[1785]

[1783] Contudo, esta regra foi logo alterada pelo Decreto n. 15.569, de 9.6.1928, nos termos do qual mesmo no caso dos crimes previstos em lei geral o julgamento dos autores sujeitos à jurisdição militar devia ser separado do julgamento dos sujeitos à jurisdição comum, sendo aqueles julgados sempre pelos tribunais militares. A regulamentação desta questão foi ainda objecto de um aditamento pelo Decreto n. 36.463, de 9.8.1947, que fixou a competência dos tribunais militares para o julgamento conjunto de todos os agentes de um dos crimes dos artigos 167 e 168 do Código Penal quando a organização, a direcção ou o comando da infracção fossem exercidos por indivíduos sujeitos ao foro militar ou quando fosse da classe militar o maior número de réus, isto é, de indivíduos já acusados (João Cóias e Martins da Fonseca, 1967: 157 e 158). Se o tribunal militar considerasse necessário o julgamento conjunto dos crimes conexos àqueles, também procedia ao julgamento destes crimes conexos.

[1784] O recurso da decisão judicial sobre a competência do tribunal interpunha-se para o Supremo Tribunal Militar e subia com o recurso interposto da decisão final e não directamente para o Supremo Tribunal de Justiça. Os réus militares e as pessoas designadas no artigo 402 só estavam impedidas de interpor a revista da decisão do Supremo Tribunal Militar para o Supremo Tribunal de Justiça, mas não de impugnar a decisão judicial da primeira instância para aquele tribunal (João Cóias e Martins da Fonseca, 1967: 192).

[1785] Também na nova lei se determinava a aplicação em tempo de guerra do processo estabelecido para o tempo de paz, com especialidades relativas ao regime da busca domiciliária, à competência para a prolação da ordem da formação da culpa e ao conhecimento dos recursos das decisões do conselho de guerra. O julgamento sumário e verbal de certos crimes graves em tempo de guerra previsto no artigo 586 do CJM manteve-se nos precisos termos do direito anterior. A novidade consistia na reintrodução de uma forma de processo especial para o julgamento em

A Jurisdição Penal Militar 831

No sumário da culpa, mantinha-se a faculdade de modificação das decisões do auditor pela autoridade militar, mas alargava-se a sindicância do ministro da guerra a qualquer desacordo entre o comandante da divisão e o auditor, reforçando-se deste modo a posição processual do auditor.[1786] Os direitos de intervenção da defesa na instrução introduzidos no diploma de 1911 eram até ampliados, admitindo-se as testemunhas do arguido no sumário da culpa sem a

---

circunstâncias extraordinárias, cujo regime reproduzia o de 1895. Destarte, o código novo permaneceu distante do influxo das novas escolas penais. O deputado Henrique Pires Monteiro apresentou na sessão de 11.7.1922 um projecto de Lei de criação de um "Corpo Jurídico Militar", "destinado à administração da justiça no foro militar, à direcção superior dos estabelecimentos penais militares e ao estudo dos anormais psíquicos e morais que se encontrem, acidentalmente, no serviço militar" (Pires Monteiro, 1924: 265 a 269), mas esta primeira tentativa de introdução dos princípios e dos ensinamentos da "Escola criminal positiva" no direito penal militar português, que tinha como motivo essencial a "deploravel situação" em que se encontravam os depósitos disciplinares e, designadamente, o de Elvas, não teve qualquer sucesso (Pires Monteiro, 1924: 261).

[1786] A este reforço teórico da posição do auditor não correspondeu, na prática, uma modificação da sua posição de forte dependência da autoridade militar. As posições recíprocas do auditor e da autoridade militar foram objecto de dois pareceres muito significativos do Supremo Tribunal Militar, que reconheceram à autoridade militar um espaço de discricionariedade amplo na fase preparatória do processo. Assim, no parecer de 12.6.1958 (in Ordem do Exército n. 3, de 31.7.1958), o Supremo Tribunal Militar estabeleceu a doutrina, segundo a qual o auditor podia no sumário da culpa reparar os seus despachos interlocutórios "até com mais liberdade" do que no processo civil, uma vez que todas as suas decisões tinham natureza provisória e se encontravam na dependência da autoridade militar, razão pela qual o agravo interposto dos despachos interlocutórios do auditor pelo defensor não constituía um "verdadeiro recurso", mas antes um "protesto", que representava a condição para que o Supremo Tribunal Militar no recurso a final conhecesse do vício alegado. Com uma posição muito crítica, João Cóias e Martins da Fonseca (1967: 171 e 206) consideravam a disposição do artigo 435 atentatória da independência da magistratura judicial, interpretando-a por isso restritivamente no sentido de que o despacho do auditor era provisório porque reclamável, mas o despacho que conhecesse da reclamação era definitivo e somente impugnável através dos recursos legais. Os autores reconheciam, contudo, que esta interpretação transformava o preceito em "letra morta", procurando ainda um sentido útil para o mesmo na sua conjugação com o disposto no artigo 456. Assim, o promotor poderia ainda reclamar, mesmo depois de findo o prazo para o efeito, dos despachos do auditor por determinação da autoridade militar que ordenou a formação do sumário. Mais tarde, no parecer de 19.3.1960 (in Ordem do Exército, n. 2, de 30.4.1960), o Supremo Tribunal Militar concluiu que o despacho final do corpo de delito que tivesse mandado arquivar o processo era rectificável pelo seu autor ou pelo superior hierárquico, houvesse ou não novos elementos de prova, porquanto o corpo de delito constituía uma "fase pré-processual", com "todas as características de uma actividade de natureza administrativa e nenhuma das de índole jurisdicional". Em sintonia com este entendimento, parte da doutrina defendia que só depois da dedução da acusação findava a fase "de feição fundamentalmente administrativa" do processo e começava a fase "com carácter nitidamente jurisdicional" do processo (Lopes Moreira, 1965: 212, e Silvino Villa Nova e outros, 1977: 270).

832   *A Reforma da Justiça Criminal em Portugal e na Europa*

restrição de elas não serem em número superior às da acusação. Contudo, o limite máximo da pena abstracta aplicável ao crime para que a prisão preventiva fosse obrigatória era reduzido em um ano em relação ao fixado na lei anterior, sendo também o desconto integral desta prisão restringido aos casos de aplicação das penas de prisão militar, incorporação em depósito disciplinar e presídio militar até dois anos.[1787]

O processo de acusação e julgamento regia-se pelos mesmos princípios e regras do direito anterior e, designadamente no que se refere à presença do arguido na audiência de julgamento, às limitações ao princípio da imediação na produção da prova e aos amplos poderes do júri sobre os meios de prova.[1788] No entanto, os poderes do tribunal sobre o objecto do processo foram restringidos, afastando-se a solução das Códigos de 1896 e de 1911 da admissibilidade do alargamento do objecto do processo a factos conexos com os que constassem da ordem de instauração do sumário da culpa e da acusação, embora se mantivesse a inovação, introduzida em 1911, de o júri poder declarar circunstâncias modificativas do facto que tivessem por efeito diminuir a pena, ainda que não compreendidas nos quesitos.

A conferência do júri processava-se em termos distintos dos do direito anterior, tendo a intervenção inicial do presidente do júri maior relevo, pois não se tratava já de uma mera exposição dos factos ocorridos, mas de um verdadeiro "relatório verbal simples e claro..., apontando com rigor as provas da acusação e

---

[1787] O Supremo Tribunal Militar sustentava a inexistência de quaisquer prazos ou requisitos processuais para a prisão sem culpa formada de réus militares, vigorando no direito militar "o critério da oportunidade" por força da "natureza especialíssima do processo criminal militar" e resultando as garantias do réu da própria organização hierárquica da justiça militar e do foro especial (parecer do STM de 29.4.1960, in Ordem do Exército n. 6, de 31.8.1960). Com base na mesma argumentação e na circunstância de o código omitir qualquer norma sobre o assunto, o Supremo Tribunal Militar rejeitou também, em um acórdão de 20.12.1962, a admissibilidade da prestação da caução no processo militar, mesmo a arguidos civis (João Cóias e Martins da Fonseca, 1967: 179 e 180, em que criticavam severamente esta decisão).

[1788] Também sobre a questão da aplicabilidade do processo de ausentes na jurisdição militar se pronunciou o Supremo Tribunal Militar. Em um parecer de 2.2.1961 (Ordem do Exército n. 3, de 28.2.1961), aquele Alto Tribunal consignou a doutrina, segundo a qual esta forma de processo regulada no CPP não era aplicável na jurisdição militar, por a ausência do arguido ser inconciliável com a "disciplina severa, esclarecida e intransigente" das forças armadas. Só excepcionalmente e quando o legislador o determinasse expressamente era admitido julgamento à revelia no processo penal militar (a favor desta doutrina, Lopes Moreira, 1965: 194 e 227, mas contra ela, João Cóias e Martins da Fonseca, 1967: 187, que admitiam o julgamento à revelia sempre que o militar não se encontrasse em situação de deserção, uma vez que o § 1 do artigo 123 do Regulamento de Justiça Militar de 1896, então em vigor, só vedava a continuação do processo quando o arguido estivesse nessa circunstância).

A Jurisdição Penal Militar 833

da defesa" (artigo 513 do código de 1925), o que impunha a obrigação de síntese da prova produzida, ainda que com a restrição de o presidente do júri não se pronunciar sobre a culpa do réu naquele relatório. Por outro lado, o controlo do presidente do tribunal sobre a justiça das respostas aos quesitos não estava sujeito a qualquer limitação, abandonando-se a solução restritiva do diploma de 1911.

No tocante à fase dos recursos, o código não inovava senão em um único ponto, o da proibição da *reformatio in pejus* em qualquer recurso interposto pelo réu, independentemente do fundamento do recurso.

O código novo manteve, pois, o modelo específico consagrado no direito anterior, embora compensando o domínio da autoridade militar sobre o processo preparatório com o alargamento da sindicância hierárquica do despacho final do sumário da culpa. O ministro da guerra era constituído pelo legislador em uma verdadeira terceira instância em caso de desacordo entre o magistrado judicial e a autoridade militar.

Na fase de julgamento, os perigos decorrentes do maior relevo da intervenção do presidente do júri nos trabalhos da conferência foram, por sua vez, anulados pelo mais lato poder de controlo das respostas aos quesitos pelo presidente do tribunal. Justifica-se, assim, com a maior fiscalização da autoridade militar pela hierarquia e do júri pelo presidente do tribunal, que a conformação do tribunal de recurso não tenha sofrido qualquer alteração.

CAPÍTULO 6.º
A Dupla Compressão do Paradigma
Judiciário Liberal depois de 1926

1. A criação dos tribunais militares especiais

Menos de um mês depois de instalada a ditadura, logo se determinou, pelo Decreto n. 11.749, de 22.6.1926, a aplicação dos artigos 583 a 597 do novíssimo código "enquanto durarem as actuais circunstâncias anormais e até determinação em contrário", tendo o Decreto n. 12.315, de 15.9.1926, esclarecido que os crimes a julgar sob o anterior Decreto de 22 de Junho eram os crimes de traição, espionagem, cobardia, insubordinação, sedição, rebelião, saque e devastação e que o julgamento se deveria realizar nos termos da forma de processo especial para julgamento nos tribunais militares em circunstâncias extraordinárias.

A par daquele primeiro diploma, um outro, o Decreto n. 11.759, aprovado no dia seguinte, atribuía aos tribunais militares territoriais competência para julgamento dos crimes de uso e porte de armas de fogo absolutamente proibidas e de todos os crimes a que se referiam as alíneas a), b) e c) do artigo 1 da Lei n. 969, de 11.5.1920 (fabrico e detenção de explosivos, atentados com explosivos e instigação à prática de certos crimes violentos), que se faziam punir com a duríssima pena de degredo de dois a quinze anos para as colónias.

O processo aplicável a estes crimes era sumário, com um corpo de delito realizado pelas autoridades policiais competentes em cinco dias, findo o qual se remetiam os autos ao tribunal de julgamento e o juiz auditor proferia despacho de pronúncia. Este despacho admitia recurso, que subia a final. No julgamento aplicavam-se os termos do processo penal militar, com a particularidade de se proceder ao registo da prova e de o réu poder ser julgado na sua ausência. Este diploma veio a ser modificado menos de um mês depois pelo Decreto n. 11.990, de 30.7.1926, que permaneceu em vigor até 1976.

O Decreto de Julho alargou a competência dos tribunais militares territoriais prevista no diploma de Junho, incluindo também os crimes previstos no artigo 263 do Código Penal (associação de malfeitores). A forma do processo

836 A Reforma da Justiça Criminal em Portugal e na Europa

foi aperfeiçoada, prevendo-se a dedução de uma acusação articulada pelo promotor antes da prolação da pronúncia. A regulamentação dos termos ulteriores do processo era a mesma do anterior diploma, com a única excepção de se ter suprimido o registo da prova produzida na audiência de julgamento.[1789]

O novo poder político não recorreu apenas aos tribunais militares territoriais para a perseguição e o julgamento de crimes comuns cometidos por civis,[1790] mas criou também tribunais militares extraordinários com vista a julgar certos crimes com motivação política e económica.

Com vista a proceder a uma "repressão enérgica" e a "uma punição excepcional" das práticas de açambarcamento, o novo governo criou, através do Decreto n. 12.359, de 22.9.1926, um tribunal composto pelo juiz de direito

---

[1789] O âmbito de aplicação do Decreto n. 11.990 foi ampliado logo no ano seguinte ao da sua publicação, pelos Decretos n. 13.169, de 19.2.1927, e n. 13.740, de 8.6.1927, a toda a actividade criminosa de uso, porte, comércio e emprego de armas, munições e explosivos. O Decreto n. 18.754, de 16.8.1930, que reformulou o regime desta actividade, manteve a competência dos tribunais militares. O processo aplicável nestes tribunais foi modificado pelos Decretos n. 20.660, de 23.12.1931, e n. 39.551, de 3.3.1954, que introduziram alterações importantes, no sentido de retirar ao auditor a competência para proferir a pronúncia e de lhe conferir a competência, que tinha em face do CJM, de emitir o parecer após a constituição do corpo de delito, cabendo à autoridade militar a prolação da ordem para acusação e ao promotor no tribunal militar a dedução da acusação. A admissão de novas testemunhas a que se referiam os artigos 486 e 495 do CJM só podia ser concedida estando elas presentes, não se adiando a audiência senão por caso de força maior. Deste modo, as alterações aproximaram esta forma de processo especial do processo comum nos tribunais militares em tempo de paz, distinguindo-se aquela forma de processo ainda pelo encurtamento da fase instrutória do processo, pela sua realização sem a intervenção do auditor e pela irrecorribilidade das decisões do Supremo Tribunal Militar.

[1790] O legislador da ditadura militar alargou muito consideravelmente a competência dos tribunais militares, concedendo logo em 1927 aos oficiais na situação de reserva e do quadro auxiliar, aos militares reformados, aos que estivessem com licença ilimitada ou em inactividade temporária e aos empregados em comissão não dependentes do ministério da guerra o benefício do foro privilegiado nas mesmas condições dos militares do activo (Decreto n. 14.419, de 13.10.1927), sujeitando ao foro militar os crimes comuns dos funcionários civis dos ministérios da guerra e da marinha cometidos no exercício de funções (Decreto n. 15.569, de 9.6.1928), determinando o julgamento pelos tribunais militares do crime de deserção dos arguidos que tivessem perdido a qualidade de militar por efeito de demissão ou baixa de serviço (Decreto n. 16.628, de 19.3.1929) e mandando julgar nos tribunais militares os crimes comuns cometidos por agentes da Polícia de Informações e da Polícia Internacional no exercício das suas funções (Decreto de 17.555, de 10.12.1929). Este processo foi coroado em 1930, com a publicação do Decreto n. 18.582, de 10.7.1930, que deu nova redacção à alínea e) do artigo 365 do CJM, nos termos da qual os comissários, comissários adjuntos, chefes, cabos, guardas e agentes da Polícia de Segurança Pública, da Polícia de Informações e da Polícia Internacional Portuguesa acusados de crimes comuns praticados no exercício de funções ou em virtude de leis e regulamentos policiais beneficiavam do foro privilegiado.

A Jurisdição Penal Militar 837

da comarca, que servia de auditor, e por três oficiais do exército escolhidos pela autoridade militar, que julgaria os crimes previstos na Lei n. 922, de 30.12.1919. O tribunal devia ser organizado para cada julgamento e devia proceder de acordo com os termos previstos nesta lei, sendo formulados pelo juiz auditor aos oficiais quesitos restritos ao facto de estar ou não provado o crime e a reincidência.[1791]

Na sequência da revolta de Fevereiro do ano seguinte, foi criado um novo tribunal militar extraordinário para julgamento dos "crimes de rebelião praticados no território da República durante o mês de Fevereiro do corrente ano e dos que com aqueles tenham correlação", fossem eles cometidos por militares ou por civis. Para o efeito, o Decreto n. 13.392, de 31.3.1927, determinou a constituição de um tribunal por dois juízes militares, um do exército e outro da marinha, e um juiz de direito auditor, sendo todos os magistrados escolhidos pelo governo.[1792]

[1791] Estes tribunais militares extraordinários foram regulamentados pelos Decretos n. 12.508, de 13.10.1926, e n. 12.848, de 16.12.1926, mas foram logo extintos pelo primeiro Estatuto Judiciário, que determinou a transferência da sua competência para os juízes das transgressões de Lisboa e do Porto e, no resto do país, para o juiz de direito.

[1792] A reacção do governo a este movimento revolucionário foi muito dura, tendo, além da constituição destes tribunais extraordinários, decretado a separação do serviço de todos os funcionários civis e militares que "tomaram parte na preparação ou na execução dos movimentos revolucionários" e dos militares e dos membros das polícias que tivessem mantido uma posição neutral ou que se tivessem manifestado contra o governo (artigos 1 a 6 do Decreto n. 13.137, de 15.2.1927). Estes indivíduos ficavam à disposição do governo, que lhes podia fixar residência em qualquer localidade do território da República. O resultado do procedimento judicial não tinha qualquer repercussão na decisão governamental. Por outro lado, foram dissolvidas pelo Decreto n. 13.138, também de 15.2.1927, as unidades do exército e da guarda nacional republicana que tinham tomado parte nos movimentos revolucionários, bem como todos os partidos políticos e associações de qualquer natureza que tivessem directa ou indirectamente participado na preparação ou na execução daqueles movimentos. O Decreto n. 13.139, também daquela data, dissolveu mesmo as corporações policiais de investigação criminal, administrativa e de segurança pública, competindo aos governadores civis a sua reorganização. Mais tarde, o governo decidiu que aqueles dois Decretos seriam aplicáveis não só aos envolvidos nos movimentos de Fevereiro, mas a todos aqueles que viessem a intervir em movimentos posteriores à publicação daqueles Decretos (artigo 1 do Decreto n. 14.105, de 14.8.1927). Contudo, o Decreto n. 15.150, de 9.3.1928, revogou a legislação anterior contrária e determinou a eliminação dos quadros de militares, membros das polícias e restantes funcionários públicos e a entrega destes ao governo, que "lhes dará o destino que julgar mais conveniente", quando tivessem incitado à indisciplina, apoiado ou participado em movimento revolucionário, recusado o cumprimento de ordens, abandonado as funções por motivo político ou mantido "neutralidade, declarada ou não, perante actos ofensivos da integridade e segurança do regime" e ainda quando fossem "indignos de fazerem parte do exército" (artigo 1, als. c) e e) do referido Decreto). A decisão ministerial só admitia recurso para o conselho de ministros.

838 A Reforma da Justiça Criminal em Portugal e na Europa

A forma de processo aplicável era a prevista para os tribunais militares em tempo de paz, mas com especialidades. Os autos de investigação eram organizados por qualquer autoridade civil ou militar competente ou pelo juiz auditor, podendo sempre ser completados por este. Após a formação destes autos de investigação, que tinham força de corpo de delito, o auditor elaborava um parecer de teor idêntico ao do artigo 454 do Código de Justiça Militar, ficando suprimido o sumário da culpa.

O julgamento, que podia ser realizado na ausência do arguido, não podia ser adiado, salvo caso de força maior, só se admitindo a apresentação de testemunhas novas se se encontrassem presentes e não se permitindo o envio de deprecadas e de rogatórias. O conhecimento de factos novos descobertos durante a discussão da causa tinha, no entanto, como no direito vigente, a limitação de que o réu não podia ser condenado em pena superior à requerida no libelo.

A fixação da definitividade da decisão da instância sobre a matéria de facto, com a consequente inadmissibilidade de outro recurso além do interposto da sentença com o fundamento na irregular constituição do tribunal, na ocorrência de erros de direito ou no conhecimento de factos que não constassem na ordem da autoridade militar, o estabelecimento de prazos especiais no julgamento da causa no Supremo Tribunal Militar e a proibição de recurso da decisão deste tribunal para o Supremo Tribunal de Justiça revelavam, tal como a regulamentação das anteriores fases do processo, uma forma de processo em tudo idêntica à do Decreto n. 10.761. O governo da ditadura utilizava, afinal, como modelo o diploma que o governo constitucional tinha feito aprovar para fazer face à revolta militar de Abril de 1925.[1793]

Ainda nesse mesmo ano de 1927, o governo instituiu novos tribunais militares extraordinários. O Decreto n. 14.580, de 17.11.1927, conferiu aos tribunais territoriais a competência para julgar, na forma de processo prevista no código para o tempo de paz, os autores, civis ou militares, dos crimes de homicídio voluntário, tentado ou consumado, cometidos contra membros do poder legislativo, executivo ou judicial e certos funcionários do Estado e personalidades, mas determinou que os tribunais territoriais para o julgamento destes crimes fossem constituídos por um coronel, que presidia, um tenente-coronel ou um major e um juiz auditor, sendo a nomeação dos juízes militares feita caso a caso

---

[1793] Os tribunais militares especiais criados em Março de 1927 só foram extintos pelo Decreto n. 18.252, de 26.4.1930, que determinou a transferência dos processos pendentes nos tribunais militares especiais de Lisboa e do Porto criados pelo Decreto n. 13.392 para os tribunais territoriais de Lisboa e do Porto e para o tribunal militar da marinha, onde deviam ser arquivados, com excepção dos processos referentes a crimes de deserção e comuns.

A Jurisdição Penal Militar 839

pela autoridade militar. Este diploma, que permaneceu em vigor até 1976, consagrava uma forma de processo com as mesmíssimas especialidades do Decreto de Março último.[1794]

Menos de três anos depois, a criação dos tribunais militares de composição restrita, com membros nomeados pelo governo ou pela autoridade militar para cada caso a julgar, já não se afigurava ao legislador como o meio mais eficaz para combater a criminalidade com motivação política.

Assim, para fazer face a um "largo e perigoso trabalho revolucionário", armado e "decerto de origem estrangeira e fim manifestamente antinacional", cuja actividade devia ser punida "com severidade e prontidão", o legislador criou, pelo Decreto n. 19.143, de 19.12.1930, o Tribunal Militar Especial com competência para proceder ao julgamento de certas acções de carácter revolucionário, seguindo deste modo o exemplo italiano de instituição de um tribunal militar extraordinário permanente para julgar os crimes políticos.[1795]

O diploma equiparava várias condutas "em razão do aspecto anti-social que revestem" ao crime de homicídio tentado e punia-as com a pena severíssima de dez a vinte anos de degredo para as colónias, com prisão no local de degredo,

---

[1794] Os crimes de homicídio voluntário cometidos durante o período revolucionário de 20 e 21 de Julho de 1928 foram, por determinação expressa do artigo 10 do Decreto n. 15.790, de 27.7.1928, julgados nos termos do Decreto n. 14.580. Este diploma veio ainda a ser alterado pelo Decreto n. 18.435, de 7.6.1930, que ampliou o tipo legal aos representantes diplomáticos ou consulares acreditados junto do governo português, e pelo Decreto n. 28.957, de 29.8.1938, que, no essencial, permitiu a intervenção de um brigadeiro como presidente do tribunal e simplificou a abertura do processo instrutório. Tal como o já referido Decreto n. 11.990, o Decreto n. 14.580 só foi revogado com a entrada em vigor da Constituição da República de 1976 (Silvino Villa Nova e outros, 1977: 10).

[1795] Em Itália, o legislador fascista criou o Tribunal Especial para a Defesa do Estado, através da Lei de 25.11.1926, cuja natureza mais se aproximava de um conselho de guerra do que de um tribunal criminal (Pierre Casabianca, 1936: 240). Este tribunal era composto por oficiais superiores das três armas e da milícia fascista nomeados a título permanente pelo ministro da guerra e julgava de acordo com as regras do processo militar em tempo de guerra, com várias adaptações. A mais significativa delas era a de que o recurso da decisão final podia ser interposto para um conselho superior de que faziam parte o próprio presidente do tribunal especial recorrido e dois oficiais generais ou dois oficiais da milícia escolhidos pelo ministro da guerra. Não é, pois, correcta a menção do Decreto n. 21.942, de 5.12.1932, como o diploma que criou o primeiro tribunal permanente da ditadura militar competente para julgar os crimes políticos e sociais, o Tribunal Militar Especial (Maria da Conceição Ribeiro, 1995: 65 e 211), pois o tribunal instituído em 1932 teve o seu antecedente histórico directo no Tribunal Militar Especial criado pelo Decreto n. 19.143, tendo, aliás, sido vontade expressa do legislador que o tribunal instituído em 1932 substituísse o de 1930, como resulta do preâmbulo do Decreto n. 21.942 e da norma revogatória nele inserida.

840   A Reforma da Justiça Criminal em Portugal e na Europa

sujeitando ao império da lei os factos ocorridos antes da entrada em vigor da lei.[1796]

Para aplicar esta nova lei penal o legislador estabeleceu uma forma especial de processo. Nesta, a instrução cabia a um tribunal especial, com sede em Lisboa, composto por um auditor, que era juiz de direito de primeira instância de qualquer classe, e dois oficiais superiores do exército ou da armada, presidindo um destes, sendo todos nomeados pelo conselho de ministros. Depois de organizados os autos de investigação, que tinham força de corpo de delito, iam ao juiz auditor, a quem competia a formulação da acusação e a determinação da prisão dos arguidos soltos. Recebida a acusação pelo próprio presidente do tribunal, o arguido era notificado para alegar e apresentar as testemunhas de defesa, sendo a sua prova produzida diante do presidente do tribunal ou de qualquer um dos outros vogais e do advogado constituído ou do defensor oficioso e registando-se os depoimentos das testemunhas.

Preparados deste modo as autos, remetiam-se para julgamento a um outro tribunal militar especial, constituído nos mesmos termos do anterior.[1797] Neste tribunal procedia-se à leitura das principais peças do processo, incluindo o corpo de delito e os depoimentos das testemunhas de defesa, ao interrogatório do arguido e a alegações orais da acusação e da defesa. Com a única ressalva da obrigatoriedade do recurso do acórdão de absolvição pelo promotor, os termos do recurso para o Supremo Tribunal Militar eram objecto de uma remissão para

---

[1796] Com base na constatação de que "recentes trabalhos policias revelaram uma grave desorientação em certos sectores do funcionalismo público", o governo determinou também, através do Decreto n. 19.141, de 19.12.1930, uma modificação substancial do regime disciplinar criado pelo Decreto de 22.2.1913 e aplicável ao funcionalismo público que não estivesse ao abrigo do disposto no artigo 57 da Constituição. A cooperação directa e indirecta em qualquer dos factos que constituíssem o crime previsto no Decreto n. 19.143, bem como outros comportamentos reveladores de hostilidade para com o governo foram sujeitos a sanções disciplinares de demissão e inactividade até dois anos, sendo a acção disciplinar da competência exclusiva do governo. A decisão do conselho de ministros não admitia recurso. Quatro meses depois, na sequência de uma revolta ocorrida na Madeira, o governo publicou o Decreto n. 19.567, de 7.4.1931, demitindo os funcionários civis e militares que tivessem sido ou viessem a ser investidos em funções sem nomeação do governo da República, competindo aos ministros dar execução a esta ordem genérica. Nos cinco dias posteriores à publicação desse Decreto, os visados podiam "entregar-se à legítima autoridade da República e provar que o presente Decreto não lhes é aplicável" (artigo 3). O Decreto n. 19.595, de 10.4.1931, estendeu o âmbito de aplicação destas disposições a todo o território nacional e a todos os funcionários do Estado e corpos administrativos que prestassem apoio "de qualquer espécie" à rebelião.

[1797] O Decreto n. 20.022, de 6.7.1931, extinguiu o tribunal encarregue da instrução destes processos por acarretar "despesas que não são absolutamente necessárias", uma vez que a instrução podia ser feita nos termos do CJM. Também determinou que a composição do tribunal de julgamento dependeria do livre arbítrio do governo.

o disposto no Decreto n. 14.580, pelo que o objecto do recurso era limitado ao erro de direito e à composição ilegal do tribunal.[1798]

Se os diplomas de 1926 e 1927 já consagravam especialidades relativas à composição do tribunal e à estrutura da forma de processo gravosas para a posição processual do réu, designadamente, suprimindo o sumário da culpa, admitindo o julgamento na ausência do arguido, limitando a produção da prova na fase de julgamento e restringindo consideravelmente o objecto do recurso, o diploma de 1930 representava uma ruptura clara com o paradigma judiciário liberal, não apenas atribuindo o poder de determinação da composição do tribunal ao poder político, mas deliberadamente pondo de parte os princípios da acusação, da imediação e da oralidade, sem que estas restrições fossem contrariadas pela diminuta garantia conferida pelo recurso interposto para o Supremo Tribunal Militar.

Depois da mudança na presidência do conselho de ministros e na pasta da justiça em 1932, o Tribunal Militar Especial foi no final desse ano extinto e substituído por dois tribunais militares com sede em Lisboa e no Porto.[1799] Os dois tribunais instituídos pelo Decreto n. 21.942, de 5.12.1932, eram compostos, cada um deles, por dois oficiais do exército ou da armada, um dos quais era o presidente, e por um juiz auditor, sendo aqueles oficiais nomeados pelo governo em comissão de serviço de dois anos e servindo de auditor um dos juízes auditores dos tribunais militares territoriais de Lisboa e do Porto.[1800]

[1798] A nulidade do n. 9 do artigo 560 do CJM, que o Decreto n. 14.580 mandava sindicar ao lado das nulidades dos ns. 7 e 8, não era, em face da estrutura do processo especial consagrado no diploma de 1930, passível de arguição no âmbito deste, pois nem a acusação era antecedida de qualquer despacho prévio que a ordenasse nem a prolação do despacho de indiciação do presidente do tribunal estava subordinada a uma ordem prévia de qualquer outra autoridade, ficando reservada ao juiz militar que presidia ao tribunal de instrução a última palavra sobre o destino dos autos de investigação.

[1799] Na mesma circunstância foi publicado o Decreto n. 21.943, de 5.12.1932, em que, ponderando por um lado a "necessidade de defender a Ditadura e a ordem pública de novos ataques e perturbações por parte dos seus adversários" e, por outro, "a política generosa que é um dever do Estado e que está nas aspirações dos mais estrénuos defensores da Situação" e que conduz à benevolência para com "elementos subalternos das perturbações revolucionárias", o governo determinou uma amnistia para os indivíduos que tivessem cometido algum dos crimes políticos previsto no Decreto n. 21.942, dela se excluindo um conjunto de cidadãos que se indicava em uma lista anexa ao diploma e em que se encontravam Afonso Costa, Bernardino Machado, Utra Machado, entre outros. Estes seriam julgados nos termos do novo diploma ou banidos do território nacional por dois anos se já tivessem sido julgados e o tempo de pena fosse inferior ao decorrido entre o julgamento e a publicação deste diploma.

[1800] O regime de nomeação dos membros dos tribunais foi alterado pelos Decretos n. 22.072, de 16.12.1932, e n. 22.243, de 23.2.1933, sendo nomeados pelo ministro da guerra ou

842 *A Reforma da Justiça Criminal em Portugal e na Europa*

Estes tribunais eram competentes para proceder ao julgamento dos crimes políticos, dos crimes de importação, fabrico, transporte, uso e porte de armas de guerra e de explosivos e dos crimes de atentado contra as linhas férreas. As penas previstas para os crimes políticos eram menos severas do que as do regime de 1930, sendo a mais grave a de desterro de seis a doze anos, com prisão no lugar de desterro de quatro a oito anos e multa.[1801]

A investigação destes crimes competia a oficiais do exército ou da armada ou a diplomados em direito nomeados pelo governo e a dedução da acusação ao juiz auditor. Estes autos de investigação tinham força de corpo de delito e em face deles o presidente do tribunal mandava passar nota de culpa, quando a houvesse, sendo os presos enviados para Lisboa, Porto ou para qualquer outro local que o governo determinasse.[1802]

Da decisão final só competia recurso caso fosse aplicada pena superior a dois anos de desterro e era interposto para um tribunal constituído pelos membros dos tribunais de Lisboa e do Porto, que deliberavam em sessão conjunta. O tribunal de recurso julgava da matéria de facto e de direito e podia conhecer de prova documental nova.

Logo no ano seguinte, o governo recuou de novo, instituindo apenas um Tribunal Militar Especial sediado em Lisboa, mas admitindo que o tribunal se pudesse deslocar pelo país quando fosse necessário.

---

da marinha os oficiais respectivos e pelo ministro da justiça os auditores, que eram retirados de entre os juízes de direito de qualquer classe, e servindo todos os membros em comissão de serviço por dois anos.

[1801] A medida de segurança da colocação à disposição do governo dos condenados pela prática de crimes de terrorismo e de crimes de imprensa clandestina prevista no artigo 41 do Decreto n. 23.203, de 6.11.1933, já atrás referida, teve o seu antecedente histórico imediato na medida idêntica prevista no artigo 43 do Decreto n. 21.942 para os autores de crimes de terrorismo, mas o seu antecedente mais remoto foi a Lei de 13.2.1896, que mandou colocar os autores de "crime de anarquismo" à disposição do governo depois do cumprimento de uma pena de prisão correccional. É, pois, incorrecta a tese de António Barreiros de que só em 1954 foram introduzidas no direito português as medidas de segurança contra delinquentes políticos, "fora portanto de toda a tradição jurídica nacional" (António Barreiros, 1982 a: 825 e 827). Também o legislador francês viria a afastar-se do princípio fundamental previsto no artigo 2 da Lei de 27.5.1885, que era o de que a *relégation* não podia ser imposta por quaisquer outros tribunais que não fossem os comuns. O Decreto de 29.7.1939, que procedeu à revisão de todo o regime de punição dos crimes políticos, conferiu competência para o respectivo julgamento aos tribunais militares e marítimos, em tempo de guerra e, em regra, também em tempo de paz, podendo estes tribunais determinar a relegação quando condenassem pela prática de um crime contra a segurança exterior do Estado.

[1802] Além desta forma de processo, previa-se uma outra, sumaríssima, caracterizada pela supressão total do processo preparatório, para julgamento no prazo máximo de quatro dias dos suspeitos da prática de crimes de rebelião ou dos outros crimes políticos enunciados na lei quando eles tivessem sido presos no decurso de um movimento revolucionário.

A Jurisdição Penal Militar

O Decreto-Lei n. 23.203, de 6.11.1933, que substituiu o Decreto n. 21.942, criou vários tipos penais de rebelião e atribuiu ao Tribunal Militar Especial a competência para julgar estes crimes e os crimes de importação, fabrico, transporte e guarda de explosivos e de armas proibidas, atentados contra as linhas férreas, telegráficas e telefónicas e contra edifícios destinados a serviços públicos e ainda os crimes de imprensa clandestina.[1803]

O tribunal militar especial era composto por dois oficiais do exército ou da armada, presidindo um deles, e um juiz auditor, aqueles nomeados pelo ministro da guerra ou da marinha e este pelo ministro da justiça, servindo todos eles em comissão de serviço de dois anos. Este tribunal tinha competência para todo o território nacional e reunia para julgamento onde o governo o determinasse.

O processo aplicável era distinto do estabelecido pelo Decreto n. 19.143 e aproximava-se do instituído pelo Decreto n. 21.942. A instrução do processo era feita por quaisquer autoridades civis e militares competentes e ainda por oficiais do exército ou da armada ou por diplomados em direito nomeados pelo ministro da guerra ou da marinha, contendo os autos de investigação as declarações do

---

[1803] O legislador consagrou neste diploma um conceito de crime político de natureza objectiva, com restrições subjectivas, como já foi referido. Não é, por isso, correcta a tese de João Fatela, segundo a qual os crimes cometidos por motivos que revelassem indignidade ou baixeza de carácter não perdiam a natureza política e "através da insinuação de poder tratar-se de uma acto de «malvadez», esta cláusula acaba por tornar suspeita qualquer prática política contrária à ideologia salazarista, como a greve, por exemplo, abrangida pelo Decreto" (João Fatela, 1989: 243). Além de desprezar o disposto no artigo 11 do diploma em apreço, o autor supõe que a "prática política contrária à ideologia salazarista" pudesse constituir crime por força da sua classificação como prática motivada por "malvadez", o que viola frontalmente a letra da própria lei. Por outro lado, o encerramento e a suspensão da laboração de fábricas ou indústrias "sem causa legítima" constituía uma conduta típica ilícita prevista no artigo 2 e a ponderação do motivo desta conduta apenas relevava para efeito da fixação da moldura penal e do regime prisional e não da própria ilicitude do facto. Quase todos os crimes políticos passaram a ser julgados pelos tribunais militares depois do Decreto n. 23.203, esvaziando de conteúdo a norma de atribuição de competência do artigo 39 do CPP (Barbosa de Magalhães e Magalhães Godinho, 1937: 46). Na sequência do motim ocorrido na ilha da Madeira no dia 31.7.1936, a competência deste tribunal foi ainda alargada aos "indivíduos implicados em motins ou tumultos populares, de carácter sedicioso, que afectem a ordem e a disciplina social" (artigo 1 do Decreto n. 26.981, de 5.9.1936), bem como aos autores, cúmplices e encobridores de qualquer dos crimes contra a ordem e a tranquilidade pública, previstos pelos artigos 177 e seguintes do Código Penal, "quando exista uma estreita relação entre êsses delitos e os motins ou tumultos" referidos, e ainda aos crimes de injúrias e violências contra a autoridade, resistência e desobediência cometidos no arquipélago, quando o ministro da justiça assim o entendesse. Os autores destes crimes eram postos à disposição do governo quando o tribunal o considerasse conveniente em face da "gravidade da infracção" (artigo 3 do referido Decreto). Acresce que os crimes de peculato, invasão, fogo posto ou dano em edifício público cometidos no arquipélago deviam ser julgados nos juízos criminais da comarca de Lisboa, tendo para o efeito sido ordenada a remessa imediata dos processos pendentes nos tribunais comuns do arquipélago aos juízos criminais.

844   *A Reforma da Justiça Criminal em Portugal e na Europa*

arguido, se estivesse preso, os depoimentos das testemunhas e os exames e tendo força de corpo de delito. A detenção policial para averiguações era ilimitada e fundava-se nas disposições da lei comum em vigor e a detenção ordenada ou mantida pelo Tribunal Militar Especial também o era, uma vez que na jurisdição militar não existia limite para a prisão sem culpa formada e os prazos fixados pelo Decreto-Lei n. 23.203 para o processamento dos autos não eram considerados vinculativos.[1804]

[1804] As fichas da PVDE revelam, como já se mostrou em outro lugar, a prática por esta polícia da detenção para averiguações sem conhecimento do Tribunal Militar Especial. Não é, pois, correcta a tese de Salgado Zenha e Duarte Vidal, segundo a qual "antes de 1945 a polícia política não podia legalmente prender – por si – senão durante 8 dias" (Salgado Zenha e Duarte Vidal, 1974: 36, e, já anteriormente, Salgado Zenha, 1968: 47, e ainda seguindo este entendimento, Maria da Conceição Ribeiro, 1995: 219). As fichas policiais revelam também que mesmo nos casos em que as investigações eram comunicadas ao tribunal e os processos instrutórios lhe eram enviados o arguido podia ser mantido em prisão preventiva anos a fio, acabando por ser solto pela polícia sem uma decisão judicial sobre a sua culpa ou inocência ou por morrer na cadeia (cfr. a ficha de Fernando Alcobia, que sofreu mais de quatro anos de prisão preventiva, falecendo na colónia penal de Cabo Verde em 19.12.1939, in Comissão, 1981: 237; a ficha de José Florindo de Oliveira, que sofreu mais de nove anos de prisão preventiva aquando da sua segunda detenção, in Comissão, 1982: 51; a ficha de Adolfo Pais, cuja que sofreu mais de nove anos de prisão preventiva aquando da sua segunda detenção, in Comissão, 1982: 57; a ficha do advogado Luiz da Costa Figueiredo, que sofreu mais de dois anos de prisão preventiva aquando da sua segunda detenção, sendo posteriormente expulso do país, in Comissão, 1982: 58; a ficha de Edmundo Gonçalves, que sofreu de sete anos de prisão preventiva aquando da sua segunda detenção, falecendo na colónia penal de Cabo Verde em 13.6.1944, in Comissão, 1982: 60; a ficha de António de Jesus Branco, que sofreu mais de seis anos de prisão preventiva, falecendo em 28.12.1942 na colónia penal de Cabo Verde, in Comissão, 1982: 79; a ficha de Abílio Sousa Marques, que faleceu cerca de quatro meses depois de ter sido detido, in Comissão, 1982: 83; a ficha de Manuel Silva Junior, que sofreu mais de nove anos de prisão preventiva aquando da sua primeira detenção, in Comissão, 1982: 138; a ficha de António Joaquim, que sofreu mais de oito anos de prisão preventiva, in Comissão, 1982: 149; a ficha de Américo Vicente, que sofreu mais de nove anos de prisão preventiva, in Comissão, 1982: 155; a ficha de José Alves dos Reis, que sofreu mais de seis anos de prisão preventiva, tendo falecido em 11.6.1943 na colónia penal de Cabo Verde, in Comissão, 1982: 160; a ficha de Domingos dos Santos, que sofreu mais de três anos de prisão preventiva aquando da sua segunda detenção, in Comissão, 1982: 190; a ficha de Fernando Macêdo de Sousa, que sofreu mais de oito anos de prisão preventiva aquando da sua segunda detenção, in Comissão, 1982: 191; a ficha de Joaquim Amáro, que sofreu mais de oito anos de prisão preventiva aquando da sua segunda detenção, in Comissão, 1982: 201; a ficha de Damazio Pereira, que sofreu mais de cinco anos de prisão preventiva, falecendo em 11.11.1942 na colónia penal de Cabo Verde, in Comissão, 1982: 215; a ficha de Manuel Gomes, que sofreu mais de oito anos de prisão preventiva, in Comissão, 1982: 219; a ficha de Miguel Roussell, que sofreu mais de oito anos de prisão preventiva, in Comissão, 1982: 220, a ficha de Tomaz Garcia, que sofreu mais de oito anos de prisão preventiva, in Comissão, 1982: 222; a ficha de Manuel Albino, que sofreu mais de oito anos de prisão preventiva, in Comissão, 1982: 223; a ficha de José Gomes, que sofreu mais de oito anos de

A Jurisdição Penal Militar 845

Depois de o juiz auditor ter sindicado a suficiência das diligências realizadas no processo preparatório, os autos de investigação eram feitos conclusos ao presidente do tribunal, que recebia a acusação e marcava data para julgamento, se necessário, à revelia do arguido. As decisões interlocutórias do tribunal não admitiam recurso e as decisões finais só o admitiam quando a pena aplicada fosse a de desterro ou a de degredo superior a dois anos.

Este diploma, ao invés do de 1930 e à semelhança do de 1932, instituiu um tribunal militar especial de recurso composto pelos próprios membros do tribunal recorrido, alargado a três outros oficiais do exército ou da armada nomeados, respectivamente, pelo ministro da guerra e pelo ministro da marinha, competindo ao juiz auditor do Tribunal Militar Especial as funções de relator no tribunal de recurso.[1805]

---

prisão preventiva, in Comissão, 1982: 224; a ficha de Virgilio de Sousa, que sofreu mais de oito anos de prisão preventiva, in Comissão, 1982: 227; a ficha de Alberto Sernadas, que faleceu em 15.10.1937 cento e cinco dias depois de ter sido detido, in Comissão, 1982: 241; a ficha de Alexandre Rodrigues Morgado, que faleceu em 7.1.1939 depois de mais de seis meses de prisão preventiva, in Comissão, 1982: 306; a ficha de Sebastião Viola, que sofreu mais de seis anos de prisão preventiva, in Comissão, 1982: 376; a ficha de Ernesto Poppe, que sofreu mais de cinco anos de prisão preventiva, in Comissão, 1984: 52; a ficha de Manuel Pinto Ribeiro, que faleceu em 11.6.1943 depois de mais de um ano de prisão preventiva, in Comissão, 1984: 177). Em todos estes casos, o processo foi enviado ao Tribunal Militar Especial, convertendo-se a detenção policial em prisão preventiva judicialmente consentida. Por vezes, a prisão preventiva constituía a verdadeira sanção, sendo no final do processo judicial o réu condenado a uma pena de prisão significativamente inferior à prisão preventiva sofrida (cfr. a ficha de Edmundo Pedro: condenado na pena de 22 meses de prisão correccional, dada por expiada com a prisão preventiva de nove anos e 220 dias, in Comissão, 1982: 53; a ficha de Boaventura Gonçalves: condenado na pena de 24 meses de prisão correccional, dada por expiada com a prisão preventiva de oito anos e 112 dias, in Comissão, 1982: 80; a ficha de Sebastião Salvador Rosinha: condenado na pena de dois anos de prisão correccional, dada por expiada com a prisão preventiva de oito anos e 80 dias, in Comissão, 1982: 164; a ficha de Rui Cardoso Gomes, condenado na pena de três anos de prisão correccional, dada por expiada com a prisão preventiva de sete anos e 309 dias, in Comissão, 1982: 194; a ficha de Benjamim Inacio Garcia: condenado na pena de 23 meses de prisão correccional, dada por expiada com a prisão preventiva de sete anos e 238 dias, in Comissão, 1982: 196; a ficha de José Salazar: condenado na pena de quatro anos de prisão correccional, dada por expiada com a prisão preventiva de oito anos e 16 dias, in Comissão, 1982: 199 e 200; a ficha de Anibal Bizarro: condenado na pena de 23 meses de prisão correccional, dada por expiada com a prisão preventiva de sete anos e 205 dias, in Comissão, 1982: 217; a ficha de Luiz Duarte: condenado na pena de 24 meses de prisão correccional, dada por expiada com a prisão preventiva de seis anos, sete meses e vinte e quatro dias, in Comissão, 1982: 221; a ficha de Jaime Ferreira: condenado na pena de três anos de prisão correccional, dada por expiada com a prisão preventiva de sete anos e 309 dias, in Comissão, 1982: 228).

[1805] Tal como o Decreto n. 21.942, o novo diploma previa também uma forma de processo sumaríssimo, para julgamento no prazo máximo de sete dias após a prisão e sem processo pre-

Embora os princípios da imediação e da oralidade não sofressem ataque semelhante ao desferido no diploma de 1930, o défice na concretização do princípio da acusação mantinha-se, cabendo ao próprio presidente do tribunal de julgamento a decisão material de indiciação do réu. Tão ou mais grave do que esta particularidade era a outra do esvaziamento completo da garantia do recurso.

Não obstante o alargamento da sindicância do tribunal de recurso à decisão da matéria de facto, quer por força do não registo da prova produzida em julgamento, nos termos aplicáveis do Código de Justiça Militar, quer da inadmissibilidade da produção de outra prova no tribunal de recurso que não fosse documental, os membros do tribunal de recurso que o tinham sido também do tribunal recorrido tinham um ascendente manifesto sobre os membros novos do tribunal de recurso, sendo até esse ascendente garantido pelo voto de desempate do presidente do Tribunal Militar Especial.

A competência do Tribunal Militar Especial foi muito ampliada nos anos da segunda guerra mundial, nela tendo sido incluído o conhecimento dos crimes de açambarcamento e de especulação cometidos nas comarcas de Lisboa e do Porto (Decreto-Lei n. 29.964, de 10.10.1939), de crimes contra a economia nacional sempre que o ilícito não devesse ser considerado também ilícito fiscal (Decreto n. 31.328, de 21.6.1941), de falta ou inexactidão de manifestos (Decreto-Lei n. 31.564, de 10.10.1941), de açambarcamento e de especulação cometidos fora de Lisboa e do Porto (Decreto-Lei n. 31.840, de 7.1.1942), de desenvolvimento de actividade comercial sem prévia inscrição (Decreto-Lei n. 31.867, de 24.1.1942), de furto de metais, de materiais para instalações eléctricas e de acessórios de veículos automóveis cometidos nas comarcas de Lisboa e do Porto (Decreto-Lei n. 31.962, de 7.4.1942), de compra e venda de volfrâmio e estanho fora das condições definidas pelo Ministério da Economia, bem como da circulação ilegal e da exportação clandestina destes minérios (Decreto-Lei n. 32.105, de 25.6.1942), de compra, para revenda, de bilhetes de passageiros em caminho de ferro ou em automóveis das carreiras de serviço público quando fosse cometido nas comarcas de Lisboa e do Porto (Decreto-Lei n. 32.199, de 14.8.1942), de matança clandestina e venda de carne imprópria para consumo (Decreto-Lei n. 32.334, de 20.10.1942), de infracção das regras de racionamento alimentar (Decreto-Lei n. 32.945, de 2.8.1943) e de compra e venda em mercado livre de cereais panificáveis (Decreto-Lei n. 34.816, de 4.8.1945).

---

paratório dos presos no decurso de um processo revolucionário indiciados pela prática dos crimes de rebelião e dos outros crimes políticos tipificados na lei. A diferença entre um e o outro consistia apenas nos prazos mais dilatados para formulação da acusação e apresentação da defesa fixados no segundo diploma.

A Jurisdição Penal Militar   847

O processo para julgamento dos ilícitos de natureza económica, que ficou logo estabelecido no Decreto-Lei n. 29.964, tinha uma estrutura própria, tendo os autos de notícia das autoridades instrutórias competentes força de corpo de delito e fazendo fé em juízo até prova em contrário. Os autos eram remetidos para o tribunal e o promotor, no tribunal militar, ou o delegado, no tribunal de comarca, acusava ou propunha o arquivamento, cabendo ao presidente do tribunal militar ou ao juiz da comarca, consoante os casos, receber a acusação ou, quando não concordasse com o arquivamento proposto, ordenar o prosseguimento dos autos. O réu podia contestar em apenas três dias, proibindo-se o envio de rogatórias e de precatórias para fora do continente ou da ilha onde corresse o processo e fixando-se até a duração máxima das alegações e do julgamento.[1806]

Se o défice na realização do princípio da acusação se mantinha na forma de processo para julgamento dos ilícitos de natureza económica, a grave particularidade do processo consagrado no Decreto n. 23.203 da participação dos membros do tribunal recorrido na composição do tribunal de recurso era restringida no julgamento dos crimes de açambarcamento, especulação e furto de metais, material eléctrico e acessórios de automóveis e de compra, para revenda, de bilhetes de passageiros em caminho de ferro ou em automóveis das carreiras de serviço público, tratando-se desigualmente os réus condenados pelo Tribunal Militar Especial e os condenados pelos tribunais de comarca do resto do país, pois só a estes era conferida a garantia de um tribunal de recurso composto por membros distintos dos do tribunal recorrido.[1807]

Reconhecendo que as penalidades até então estabelecidas pelos Decretos ns. 29.964 e 31.328, "se bem que caracterizadas por um certo rigor, não produziram todo o efeito preventivo e repressivo que se esperava", o governo decidiu, no Decreto-Lei n. 32.086, de 15.6.1942, "reprimir com mais severidade tais atentados contra a economia nacional", agravando o limite máximo da pena de multa e impondo a de prisão até seis meses e, no caso de reincidência, colocando os condenados à disposição do governo. Este diploma previa igualmente o alargamento da competência do Tribunal Militar Especial ao conheci-

---

[1806] O prazo para contestação era, "na maioria dos casos, excessivamente curto", pois os arguidos residentes longe de Lisboa e do Porto não tinham tempo para apresentar a sua defesa (Abel dos Santos, 1944: 16), razão pela qual este prazo foi alargado pelo Decreto n. 32.300, de 2.10.1942, para cinco dias em relação aos arguidos que residissem fora da sede do tribunal, mas somente quando a "importancia provável da multa fixada" não excedesse 6.000$00.

[1807] Com a publicação do Decreto-Lei n. 31.840, de 7.1.1942, a situação modificou-se no que toca aos crimes de açambarcamento e de especulação. Embora se tivesse sujeitado todos os réus ao mesmo regime, agravou-se a sorte dos réus anteriormente julgados pelos tribunais das comarcas fora de Lisboa e do Porto.

848 *A Reforma da Justiça Criminal em Portugal e na Europa*

mento de infracções ao regime da circulação e transporte de produtos e mercadorias.

Deste modo, a criação do Tribunal Militar Especial obedeceu, na sua conformação inicial de 1930, a um propósito de especialização horizontal integral, em que o tribunal de instrução da causa e o tribunal de julgamento não pertenciam à organização judiciária comum. Ao invés, na conformação que lhe foi dada pela legislação dos anos de 1933 e de 1939, o Tribunal Militar Especial obedeceu a um outro propósito, o de uma especialização vertical integral, em que quer o tribunal de julgamento quer o de recurso eram tribunais não pertencentes à organização judiciária comum. Se a especialização horizontal redundou em um prejuízo grave para os princípios da acusação e da imediação, a especialização vertical teve como efeito um prejuízo não menos grave para o princípio da acusação e para a garantia do recurso. Mais próximos dos termos em que se encontrava regulamentada a jurisdição militar comum estavam, ainda assim, os Decretos dos anos de 1926 e de 1927, atrás citados, implicando por isso um prejuízo menor para aqueles princípios e para esta garantia. Daí também que os diplomas de 1926 e 1927 se tivessem mantido em vigor durante todo o Estado Novo, ao invés dos diplomas de 1930, 1933 e 1939, que não tiveram semelhante sorte, sendo abolido o Tribunal Militar Especial na reforma do processo penal de 1945. [1808]

[1808] Os tribunais militares extraordinários criados entre Setembro de 1926 e Novembro de 1933 visavam essencialmente o combate à criminalidade de cariz político e económico, abrangendo a respectiva competência crimes comuns cometidos por civis. Por isso, a criação destes tribunais não deve ser considerada para o efeito de classificar como autoritário o modelo judiciário militar, uma vez que não são tribunais espefícios da jurisdição militar, antes serviram de instrumento para uma transformação autoritária do modelo judiciário vigente na jurisdição civil, que viria a ter o seu cume em 1945, com a transformação do tribunal militar especial no tribunal plenário. No direito francês, verificou-se o mesmo processo de ampliação da competência dos tribunais militares. Os Decretos de 30.10.1935, 17.6.1938 e de 29.7.1939 alargaram sucessivamente a competência daqueles tribunais a certos delitos cometidos com o fim de espionagem e a todos os crimes e delitos contra a segurança exterior do Estado, mesmo quando cometidos por civis e em tempo de paz. Neste último caso, o tribunal tinha uma composição especial de três magistrados civis e seis militares. Os tribunais militares tornaram-se deste modo uma verdadeira "jurisdição de direito comum" (Pierre Hugueney, 1940: 12, 17 e 18). A forma de processo para julgamento destes crimes era a comum, com algumas particularidades, destacando-se entre estas a do abandono do princípio da *saisine in personam*, o que colocava em causa o monopólio da acção penal pela autoridade militar, e a possibilidade de citação directa de militares em tempo de paz nas causas correccionais, com a abolição prática da instrução preparatória nestas causas. Como se referiu já, a jurisdição militar seria ainda ampliada pelo regime de Vichy ao conhecimento de todas as infracções penais cometidas na zona não ocupada realizadas com "uma intenção de actividade comunista ou anarquista" (artigo 1 da Lei de 14.8.1941). Para o conhecimento destas infracções foi constituída uma secção especial do tribunal militar ou marítimo, composta apenas

A Jurisdição Penal Militar

2. As revisões fundamentais de 1931 e 1965

O novo regime saído do movimento militar de 1926 não deixou intocado o processo penal militar comum. Se a consagração de processos especiais num momento inicial e de tribunais especiais num momento mais tardio precedeu a reforma do processo militar comum, tal facto só ficou a dever-se à novidade do Código de Justiça Militar, aprovado seis meses antes da eclosão do movimento militar.

No entanto, a publicação do Estatuto Judiciário de 1928 e do Código de Processo Penal de 1929 e o claro desfavor para com o tribunal de júri manifestado naqueles diplomas pelo novo poder político colocavam a permanência do tribunal de júri na justiça militar em contradição com a evolução do processo penal comum, pelo que se antevia a alteração da composição e da competência dos tribunais militares de primeira instância. A esta alteração procedeu o Decreto n. 19.892, de 15.6.1931,[1809] que constituiu o resultado da evolução das circunstâncias políticas nacionais, não tendo sofrido qualquer influência da

---

por militares escolhidos livremente pela autoridade militar e um comissário governamental que desempenhava as funções do Ministério Público. Embora fosse aplicável nas secções especiais a forma de processo comum da respectiva jurisdição, vedava-se expressamente a possibilidade de interposição de qualquer recurso, agravando ainda mais a situação do arguido (Iga-Iga Eric, 1991: 71 a 73).

[1809] A reforma já tinha sido anunciada pelo legislador no diploma em que foram aprovadas as bases da reorganização do exército nacional, o Decreto n. 11.856, de 5.7.1926, que substituiu o modelo suíço por um modelo misto do inglês e do francês, como se afirmava no preâmbulo do diploma (sobre este novo modelo, Pires Monteiro, 1929: 153, Maria Carrilho, 1985: 306 a 308, e Ramires de Oliveira e Vívio Herdade, 1995: 40 a 46). Embora se mantivesse a estrutura judiciária militar, o legislador deixava claro, na fundamentação da base XXII, que não a considerava "perfeita", sendo necessário "simplificar e abreviar, sobretudo em tempo de guerra, a organização dos processos e seu julgamento final". A base previa, além da alteração do número e jurisdição dos tribunais militares e da dispensa de tirocínio aos promotores e defensores, a reintrodução dos conselhos de disciplina regimentais, "tendo por fim descongestionar o serviço nos tribunais militares". De acordo com esta opção, o governo nomeou uma comissão pela Portaria de 14.10.1926, com vista a modificar o novo código. Os trabalhos encontravam-se praticamente concluídos em Junho de 1931, mas o governo decidiu converter logo parte desses trabalhos em lei. O artigo 63 do novo diploma, que ressalvou expressamente a vigência dos Decretos n. 11.990, n. 14.580 e n. 19.143, revogou os Decretos n. 13.117 e 13.118, de 10.1.1927, que tinham criado, na sequência da Lei de bases de 1926, os conselhos de disciplina regimentais para julgamento dos crimes militares puníveis com pena de incorporação em depósito disciplinar e dos crimes comuns cometidos por praças do exército puníveis com pena de prisão correccional até seis meses. O conhecimento destes crimes voltou a ser da competência dos tribunais militares.

850 *A Reforma da Justiça Criminal em Portugal e na Europa*

aprovação do novo *Code de Justice Militaire pour l' Armée de Guerre* francês, de 15.3.1928.[1810]

Assim, os tribunais militares territoriais e o tribunal militar da marinha passaram a ser constituídos apenas por dois juízes militares, presidindo o mais graduado, e por um auditor, juiz togado.[1811] Os juízes militares eram nomeados por escala, respectivamente, pelo comandante da região militar e pelo comandante-geral da armada, sobre uma lista formada por ordem de postos e antiguidades dos oficiais superiores residentes na área da respectiva região militar, no primeiro caso, e residentes em Lisboa, no segundo caso. A faculdade de substi-

---

[1810] Dez anos depois de aprovada a nova lei penal e processual do exército, o legislador francês publicou também, a 21.1.1938, um novo *Code de Justice Militaire pour l' Armée de Mer*, que representou uma actualização do direito penal da marinha de acordo com o modelo da lei do exército (Pierre Hugueney, 1933: 21). As disposições dos dois novos códigos franceses só serão tidas em conta na medida em que se distanciarem das da lei do exército de 1857 e da lei da marinha de 1858.

[1811] Em França, os novos tribunais militares, antes denominados como conselhos de guerra, passaram a ser compostos por um magistrado judicial, que presidia, e seis magistrados militares, salvo em tempo de guerra, em que a presidência continuava a ser exercida por um oficial. A mudança de designação dos órgãos jurisdicionais de primeira instância correspondia à vontade do legislador "de modelar o mais exactamente possível os tribunais militares sobre os tribunais de direito comum" (Pierre Hugueney, 1933: 28). A doutrina mostrou-se favorável a esta modificação da natureza do conselho de guerra em tempo de paz, que introduziu o escabinato na jurisdição militar, criticando "o regresso aos antigos erros" na regulamentação da composição do tribunal em tempo de guerra (Donnedieu de Vabres, 1929: 134, e Pierre Hugueney, 1933: 32 e 33, 50 e 51). Mais tarde, foi realizada uma reforma semelhante na jurisdição da marinha, com a mesmíssima excepção da lei do exército em tempo de guerra, consagrando-se deste modo o princípio da unidade de jurisdição da marinha. Por outro lado, o legislador restringiu em 1928 a competência da jurisdição militar em tempo de paz ao conhecimento de infracções de natureza militar e de todas as outras cometidas "nas casernas, quartéis, estabelecimentos militares e nos locais requisitados", mantendo-se a competência ampla dos tribunais militares para conhecimento de todos os crimes comuns em tempo de guerra (artigos 2 e 125, 2º, do *Code* de 15.3.1928). Quer a modificação da composição, quer a restrição da competência do tribunal militar de primeira instância correspondiam a uma solução de compromisso entre a manutenção do direito em vigor desde 1875 e a supressão da jurisdição militar, como previam várias propostas desde os últimos anos do século XIX e, em especial, desde o tormentoso caso do capitão Dreyfus (Pierre Hugueney, 1933: 15 a 19, e Robert Charvin, 1968: 390 e 392, e Jean-Pierre Royer, 1996: 657 a 674). A restrição da competência do tribunal militar aos crimes cometidos em um estabelecimento militar deu, contudo, lugar a uma controvérsia, que se prolongou durante dez anos, dividindo-se a doutrina entre os que interpretavam o conceito como reportando-se apenas aos lugares afectos às necessidades do exército ou da armada e os que o interpretavam como incluindo qualquer lugar onde o militar se encontrasse em serviço e sob as ordens dos seus chefes. O legislador decidiu a querela, aprovando o Decreto de 29.7.1939, que consagrou a tese mais ampla (Pierre Hugueney, 1933: 76 a 81, e 1940: 10). Esta tese prevaleceu no direito militar francês até 1981. Na marinha, a regra era a do conhecimento de todos os crimes e delitos cometidos em serviço pelos marinheiros.

A Jurisdição Penal Militar

tuição extraordinária dos membros militares do tribunal era alargada, incluindo-
-se a nomeação para expedição militar às províncias ultramarinas ou para comando de tropas destinadas à manutenção da ordem pública em qualquer ponto
do continente ou das ilhas adjacentes como um novo fundamento para a substituição antes de findo o quadrimestre. O juiz togado era escolhido, consoante os
casos, pelo ministro da guerra ou pelo ministro da armada, de uma lista tríplice
solicitada ao ministério da justiça e composta por candidatos ao lugar.

Desta forma, o legislador abandonou a solução do tribunal de júri que
durante os últimos vinte anos tinha vigorado na jurisdição militar comum, introduzindo um tribunal colectivo com uma composição muito restrita de três
membros, à imagem do que já tinha sucedido com o Decreto n. 14.580, de
17.11.1927, e, dois anos depois, com o Código de Processo Penal.

Contudo, o diploma de revisão previa, como era tradicional no foro militar, mas ao contrário do disposto no artigo 470 do Código de Processo Penal,
que a deliberação do colectivo dos juízes militares fosse antecedida por um relatório verbal do auditor sobre a prova, em que este exprimia a sua opinião sobre
a matéria de facto e de direito, votando em primeiro lugar o auditor.[1812]

O tribunal militar podia, tal como o tribunal comum, condenar em crime
diverso do imputado na acusação, ainda que mais grave, desde que os seus elementos constitutivos fossem factos que constassem do libelo, afastando o legislador deste modo a garantia firmada no direito militar desde 1875 de ao réu não
ser imposta em circunstância alguma pena mais grave do que a correspondente
ao crime imputado no libelo. Acresce que o tribunal militar podia também considerar as circunstâncias agravantes da reincidência e da sucessão de infracções
que resultassem do registo criminal ou de certidão extraída de outros processos,
mas, diferentemente do tribunal comum, não podia considerar as que resultassem das declarações do réu.[1813]

Estas disposições relativas à qualificação jurídica e à valoração de circunstâncias agravantes não alegadas constituíam previsões normativas verdadeiramente inovadoras, com directo reflexo quer no equilíbrio de poderes entre o
auditor e a autoridade militar, reforçando a posição daquele diante desta, quer
na concretização do princípio da acusação, agravando o défice já verificado
anteriormente a este respeito.

[1812] Além destas duas alterações, uma outra, menos significativa, foi introduzida: a da
condenação sumária do réu que faltasse ao respeito ao tribunal na audiência de julgamento, inspirada em solução idêntica do artigo 411 do CPP de 1929.

[1813] A doutrina procurava restringir o âmbito desta inovação, admitindo que se atendesse
às circunstâncias agravantes apenas quando "decorram da descrição dos factos" (João Cóias e
Martins da Fonseca, 1967: 197).

852   *A Reforma da Justiça Criminal em Portugal e na Europa*

Este agravamento era ainda potenciado pela circunstância, nova em face do direito dos últimos vinte anos, de o auditor voltar a fazer parte do colectivo de juízes e nele, não só votar em primeiro lugar, como poder exercer toda a sua influência através da elaboração do relatório de apreciação da matéria de facto e de direito, tendo mesmo o impacto deste poder de influência aumentado muito consideravelmente por o conselho já não ser composto por sete membros, como de 1875 a 1894, nem por cinco membros, como de 1895 a 1910, mas apenas por três membros.[1814]

A extremação das tendências contraditórias do específico modelo consagrado em 1875 atingia o seu ponto máximo, depois de um período de vinte anos de relaxamento das tensões. Despojado pela autoridade militar da soberania na condução do processo preparatório, o auditor permanecia, contudo, profundamente implicado na decisão desta fase processual, a ponto de qualquer discordância com a autoridade militar sobre esta justificar a intervenção da hierarquia.[1815] Por outro lado, o auditor, que integrava um colectivo de apenas três

---

[1814] O efeito negativo deste agravamento foi ainda aumentado, desde a aprovação do Decreto n. 25.460, de 5.6.1935, pela possibilidade de os cargos dos juízes militares, promotores e defensores serem desempenhados por militares sem qualificação jurídica, nomeados pelo ministro da guerra. Este diploma revogou o último diploma subsistente da primitiva organização judiciária republicana, o regulamento dos concursos para os lugares de promotor e defensor de 27.4.1911.

[1815] Ao invés, o legislador francês procedeu a uma reorganização profunda dos poderes do magistrado instrutor e da autoridade militar na fase de instrução ordinária no novo código de 1928. O propósito do legislador de aproximar a posição processual daquele magistrado da do juiz de instrução do processo comum manifestou-se não só na alteração da designação do relator, que passou a ser designado como juiz de instrução, mas também na constituição de um corpo de militares licenciados em direito de onde eram retirados os novos juízes de instrução militares e na atribuição a estes magistrados de competência para prolação da decisão de abertura da fase acusatória do processo, retirando essa competência ao general comandante. Esta decisão devia, em regra, ser confirmada pela *chambre des mises en accusation* quando o facto imputado fosse um crime e, nos restantes casos, podia ser impugnada pela autoridade militar e pelo magistrado do Ministério Público. Além de instância de segundo grau de instrução em matéria criminal, a *chambre des mises en accusation* era também jurisdição de recurso contra todas as *ordonnances* do juiz proferidas durante a instrução, tal como no direito comum. Em tempo de guerra, o tribunal militar de cassação só exercia a segunda daquelas competências, não lhe sendo atribuída a primeira. A reforma não foi, contudo, tão longe quanto inicialmente tinha sido sugerido. Apesar de ter sido proposta durante os trabalhos preparatórios, a supressão da competência discricionária da autoridade administrativa sobre a ordem de informar não foi aprovada (Pierre Hugueney, 1933: 117). Também no novo código da marinha foi consagrada a intervenção da *cour d' appel* no final da instrução nos termos referidos, salvo nos tribunais constituídos a bordo e no caso de perda ou tomada de barco, por ser obrigatória neste caso a sujeição do feito a julgamento. O reforço da independência do magistrado instrutor ia, pois, de par com a jurisdicionalização gradual da fase preparatória do processo e a diminuição da intervenção da autoridade hierárquica militar no processo, mantendo-se quer na lei do exército, quer na da marinha, o princípio fundamental da incompatibilidade

A *Jurisdição Penal Militar* 853

elementos, onde lhe bastava convencer um deles para fazer vencimento, podia agora intervir na tomada de decisões durante a audiência de julgamento relativas à aquisição e valoração de meios de prova[1816] e ao alargamento do objecto do processo pela ponderação de circunstâncias agravantes não alegadas[1817] e, aquando da deliberação final, fazer valer os seus pontos de vista sobre a matéria de facto e de direito, já firmados na sua intervenção na preparação do processo e, inclusivamente, na sua anterior apreciação da prova da defesa produzida no final do sumário da culpa.

Paradoxalmente, o legislador manteve a instituição do júri, com cinco membros, nos tribunais formados nos exércitos e nas forças navais em operações contra país estrangeiro, nos tribunais formados nas divisões ou forças militares operando isoladamente contra os países estrangeiros ou nas praças investidas, mas já não nos tribunais militares formados em circunstâncias extraordinárias, constituídos de acordo com o regime de organização dos conselhos de guerra em tempo de paz. A dificuldade de em tempo de guerra proceder à formação de um tribunal com um presidente, um auditor e cinco jurados, to-

---

entre o exercício das funções instrutórias e as de julgamento. Este princípio era, aliás, uma decorrência de um outro, o princípio da incompatibilidade entre o exercício das funções do juiz instrutor no processo preparatório e o das funções de comissário do governo na audiência de julgamento, consagrado no artigo 14, al. 3, do código de 15.3.1928, e do qual resultava por maioria de razão o princípio anteriormente formulado, revelando-se o direito militar ainda "mais rigoroso" do que o direito comum neste tocante (Pierre Hugueney, 1933: 123 e 124).

[1816] Precisamente porque a independência do juiz presidente estava assegurada pela incompatibilidade já referida, o legislador francês aumentou também os poderes deste magistrado no tocante à recolha de meios de prova, admitindo a depor como testemunhas todas as pessoas convocadas pelo presidente do tribunal pelo menos vinte e quatro horas antes da sua audiência quando essa convocação tivesse sido notificada ao acusado e ao Ministério Público no mesmo prazo. Em contrapartida, a lei nova restringia o exercício da faculdade de o tribunal determinar a leitura dos depoimentos das testemunhas ausentes, prevista no artigo 126 do código de 1875, condicionando-o ao pedido do acusado ou do Ministério Público (artigos 82 e 83 do *Code* de 15.3.1928), bem como proibia a leitura de peças do processo aquando da reunião de deliberação dos membros do tribunal que não tivessem sido comunicadas à defesa e ao Ministério Público (artigo 89 do *Code* de 15.3.1928), limitando deste modo o teor muito amplo da previsão do artigo 131 do código de 1875. Estas disposições encontram-se igualmente na nova lei da marinha (artigos 91, 92 e 98 do código de 21.1.1938).

[1817] Ao contrário da tendência ampliativa da lei portuguesa, o novo código francês consagrou a doutrina restritiva, que se firmou à sombra da Lei de 1857, da admissibilidade de quesitos sobre factos novos resultantes da discussão quando estes factos pudessem ser considerados como uma "degenerescência" do facto principal constante da acusação, devendo o presidente dar a oportunidade às partes processuais de se pronunciar em tempo útil sobre os quesitos subsidiários (artigo 88 do *Code* de 15.3.1928) (Pierre Hugueney, 1933: 185 a 187). A lei da marinha de 21.1.1938 era ainda mais restritiva, vedando expressamente a formulação de quesitos subsidiários que qualificassem como crime o facto introduzido em juízo como delito (artigo 97).

854 A Reforma da Justiça Criminal em Portugal e na Europa

dos oficiais de patente superior à do réu, teria como consequência quase inevitável a de, não se encontrando oficiais para formar o júri, o processo ser remetido ao tribunal territorial da divisão em que operasse o exército ou ao Tribunal da Marinha.

O princípio da acusação encontrou, pois, na solução aprovada pela ditadura militar para a jurisdição militar comum a sua pior concretização desde 1875, sendo certo que o arguido ficou totalmente indefeso perante a fixação da matéria de facto pela instância.

Com efeito, os tribunais militares passaram a julgar os factos definitivamente, "segundo a sua consciência, com plena liberdade de apreciação", e o direito, com recurso para o Supremo Tribunal Militar (artigo 46 do Decreto n. 19.892),[1818] ficando vedada a sindicância do modo de formação dos quesitos e da contradição das respostas aos quesitos.[1819] Os poderes de conhecimento do Supremo Tribunal Militar relativamente à matéria de facto foram, pois, gravemente prejudicados pela revisão de 1931.[1820]

O direito fixado nestes termos para o foro militar manteve-se até 1945, não tendo a publicação da Constituição da República, de 11.4.1933, que omitia qualquer norma sobre a organização judiciária militar, qualquer repercussão naquele direito.

O legislador de 1945 teve o propósito de manter a justiça militar afastada da reforma que se operava na jurisdição penal comum. Assim, não aplicou os

---

[1818] Discutia-se se também no âmbito do processo penal militar valia a restrição constante do § único do artigo 468 do CPP relativa à força probatória dos documentos autênticos ou autenticados (João Cóias e Martins da Fonseca, 1967: 196).

[1819] Por esta razão deixou de se formular quesitos em processo penal militar a partir da entrada em vigor deste diploma, tal como informa Lopes Moreira (1965: 236, 237 e 250).

[1820] No direito francês, a substituição em tempo de paz dos conselhos de revisão pela *Cour de Cassation* (artigos 100, 105 a 107 do código de 15.3.1928 e artigos 109, 114 a 116 do código de 21.1.1938) não modificou os poderes de conhecimento do tribunal de recurso na jurisdição militar, que já se encontravam talhados na lei anterior pelo modelo da *Cour de Cassation*. Não obstante a ideia de um verdadeiro recurso de apelação diante da *cour d'appel* na jurisdição militar ter sido vivamente defendida e mesmo acolhida aquando dos trabalhos no Senado, ela não veio a ser consagrada, por se ter entendido que semelhante recurso não era ainda admitido das decisões das *cour d'assises* e que a introdução da faculdade de interposição do recurso de apelação pelo comissário do governo podia piorar a situação do acusado (Pierre Hugueney, 1933: 202 e 203). Em tempo de guerra, mantinham-se os conselhos de revisão, agora designados como *Tribunaux Militaires de Cassation*, com a mesma competência que lhes conferia o código de 1857, mas com uma composição diferente, prevalecendo os três juízes civis sobre os dois militares quando o tribunal funcionasse nas circunscrições territoriais e sendo constituído apenas por militares quando funcionasse nas forças chamadas às armas. O código da marinha de 1938 seguiu a mesmíssima orientação da lei do exército.

A *Jurisdição Penal Militar* 855

princípios do Decreto-Lei n. 35.007, de 13.10.1945, ao processo penal militar e manteve a regra da inexistência de prazos de prisão preventiva para réus militares na jurisdição militar, razão pela qual excluiu expressamente a aplicação da nova providência do *habeas corpus* aos militares sujeitos ao foro especial.[1821]

[1821] A fundamentação dada pelo autor do diploma de Outubro de 1945 foi a de que as "garantias de legalidade da prisão no foro militar assentam na organização hierárquica autónoma e no próprio foro" (Cavaleiro de Ferreira, 1956 a: 480). Fora de flagrante delito, os militares acusados por quaisquer crimes e os civis sujeitos ao foro militar eram presos o mais tardar quando fosse dada a ordem para ser instaurada acusação. A prisão mantinha-se mesmo no caso de decisão de absolvição se fosse interposto recurso pelo promotor de imediato, como previam o artigo 58 do já mencionado Decreto n. 19.892, que reformou o código, e já anteriormente o artigo 519 do CJM, não sendo aplicáveis subsidiariamente no processo penal militar as disposições mais favoráveis do artigo 521 e 537 do CPP (parecer do STM de 15.10.1943, in Ordem do Exército, n. 7, de 30.11.1943). A situação do réu preso em processo militar era ainda agravada pela jurisprudência que sustentava que a culpa se devia considerar formada em processo militar com a ordem para se proceder a sumário e não com a ordem para dedução da acusação, com a consequência da prolação daquele despacho determinar a prisão preventiva necessária e por período de duração ilimitada do arguido (cfr. acórdão do STJ de 27.4.1960, e de 30.5.1962, in BMJ n. 96, pp. 247 a 251, e n. 117, pp. 399 a 402). Verificava-se, pois, uma antecipação do início normal da prisão preventiva no processo militar. Contra a tese da admissibilidade por período ilimitado da prisão preventiva sem culpa formada ergueram-se as vozes de Adriano Moreira, Mário de Lima Alves e Salgado Zenha, devendo, na falta de lei expressa, segundo estes autores, recorrer-se à analogia ("A não existência de prazos é, por conseguinte, algo que se não concebe hoje num Estado de Direito", Adriano Moreira, 1947 b: 178 e 179, Mário de Lima Alves, 1947: 264, e Salgado Zenha, 1947: 131 e 132, e 1969: 21). Adriano Moreira também se opunha à tese de que o despacho que ordenava a formação do sumário da culpa era equivalente à pronúncia provisória, pois o sumário da culpa servia, ele próprio, para formar a culpa, não se encontrando ela formada anteriormente, sendo certo que só depois da acusação o réu tomava conhecimento dos factos que lhe eram imputados ("Não deixa de ser curioso um despacho que forma a culpa mas que a lei não manda estruturar como despacho de acusação, que não manda notificar aos réus e que não abre a estes, sequer, a possibilidade de tomar conhecimento do processo", Adriano Moreira, 1947 b: 182 e 183), defendendo por isso a tese da formação da culpa apenas com a dedução do libelo acusatório e da entrega da nota da culpa. Por outro lado, a doutrina impugnou a restrição da garantia do *habeas corpus* aos cidadãos não militares, considerando que o conceito legal de militar se restringia ao de indivíduo sujeito à disciplina e hierarquia militares e, como tal, permanentemente adstrito em razão da sua pessoa e independentemente da natureza do crime ao foro militar (Mário de Lima Alves, 1947: 262, e Salgado Zenha, 1947: 102). Assim, o militar detido por um crime comum ou à ordem de um tribunal civil gozava do *habeas corpus* (Adriano Moreira, 1947 b: 167, e Salgado Zenha, 1947: 105). Em termos mais radicais, parte da doutrina concluía que mesmo a subtracção dos militares que estavam sujeitos ao foro militar do âmbito da garantia constitucional do *habeas corpus* violava o princípio constitucional da igualdade e esta garantia constitucional (Mário de Lima Alves, 1947: 259, Salgado Zenha, 1947: 92 a 97, e José Magalhães Godinho, 1974: 17 e 18, e, retrospectivamente, Hans-Heinrich Jescheck, 1975 b: 11, e Manuel de Magalhães e Silva, 1977: 280 e 281). A jurisprudência rejeitou este entendimento, admitindo apenas o cidadão não militar

856 *A Reforma da Justiça Criminal em Portugal e na Europa*

Contudo, se a reforma não buliu com a organização judiciária militar comum e o processo militar ordinário, ela teve uma repercussão importante na legislação processual militar especial. Com efeito, o artigo 41 do Decreto-Lei n. 35.044, de 20.10.1945, procedeu à extinção do Tribunal Militar Especial, e o artigo 42 do mesmo diploma revogou na íntegra o Decreto-Lei n. 23.203, de 6.11.1933.[1822]

Afora esta alteração relativa à jurisdição militar especial, a organização judiciária e o processo militares mantiveram-se intocados até ao início da década de sessenta, com uma excepção importante, atinente à observância do princípio da imediação na audiência de julgamento.[1823] Dois motivos iriam suscitar a intervenção do legislador nos anos sessenta.

Por um lado, a guerra no ultramar provocou a publicação de legislação avulsa de reestruturação da organização judiciária militar nas províncias ultramarinas.[1824] Por outro lado, a necessidade da reforma do Código de Justiça Militar ia-se tornando cada mais vez instante e o legislador decidiu intervir com vista à aproximação do processo militar ao processo criminal da jurisdição comum. A "reforma profunda" que se almejava para o direito criminal militar tinha de aguardar a estruturação dos "novos conceitos da reforma do direito penal em preparação", mas, em face da "injustificada disparidade" existente entre o direito comum e o direito militar em alguns pontos importantes, impunha-se solucionar alguns "problemas mais agudos". Assim, o Decreto-Lei n. 46.206, de 27.2.1965, que aprovou a segunda grande reforma do código de 1925, introduziu três novidades muito significativas, todas elas relativas ao regime de recursos.

A atribuição ao Supremo Tribunal Militar de competência para decidir definitivamente sobre a classificação do crime a fixação da pena concreta e para apreciar da "complexidade, deficiência, ambiguidade, obscuridade, inconcialia-

---

sujeito ao foro militar a socorrer-se da providência do *habeas corpus* (cfr. acórdãos do STJ de 20.4.1960, 30.5.1962 e de 4.8.1962, in BMJ n. 96, p. 247, n. 117, p. 399, e n. 119, p. 321), de acordo com a doutrina de Cavaleiro de Ferreira (1956 a: 480).

[1822] A parte substantiva do diploma objecto da norma revogatória já tinha sido revogada pelo artigo 3 do Decreto-Lei n. 35.044, de 20.10.1945, com o que os crimes de rebelião passaram a ser regulamentados pelos artigos 163 a 176 do Código Penal, isto é, sob a designação de crimes contra a segurança interior do Estado.

[1823] Tal como no processo comum, o Decreto n. 37.001, de 4.8.1948, proibiu a expedição de cartas precatórias para inquirição e tomada de declarações a pessoas já ouvidas nos autos, salvo quando o auditor o julgasse conveniente ou o promotor o requeresse. Idêntica faculdade não era prevista para o arguido.

[1824] Atenta a circunstância da quase totalidade desta legislação militar ter um âmbito de vigência territorial limitado às províncias ultramarinas, ela será analisada adiante.

A Jurisdição Penal Militar 857

bilidade ou contradição na apreciação, especificação e julgamento da matéria de facto" (artigo 560, 3.º do Decreto-Lei n. 46.206) vinha, por um lado, pôr fim a uma forma de julgamento em segunda instância afastada há muito no foro comum e, por outro, permitir um controlo mínimo da matéria de facto pelo tribunal de recurso.

Ao invés, as duas outras modificações do direito vigente eram muito gravosas para o réu. O alargamento do recurso oficioso pelo promotor às condenações em pena de prisão maior submetia o réu condenado a uma prisão preventiva, que não tinha prazo e só em parte era descontada no cumprimento da pena.

Tal como no novo regime introduzido em 1954 na lei geral, a prisão preventiva perdeu o carácter de atenuante, com a excepção do caso previsto no artigo 463, § único, do CJM. A prisão preventiva só era descontada na totalidade no cumprimento das penas de presídio militar até dois anos, de prisão militar e de incorporação em depósito disciplinar e, nas penas mais graves, era descontada em metade, tendo-se, contudo, abolido a regra da imputação da prisão sofrida por causa de infracção diferente daquela que tivesse determinado a condenação.

Por outro lado, a permissão da *reformatio in pejus* livre, que visava aproximar o direito militar da doutrina consagrada pelo Assento de 4.5.1950 para o direito comum, nivelava pela pior das soluções uma desigualdade efectiva entre os réus condenados no foro militar e os condenados no foro comum.[1825]

Ao nível da primeira instância, consagrou-se a prática, já antiga, da realização do julgamento da matéria de facto pelo colectivo sem a formulação de quesitos.

Se a revisão de 1931 incidiu sobre a organização judiciária e a estrutura do processo na primeira instância, agravando muito os défices de realização dos princípios da acusação e da imediação, o diploma de 1965, que visou sobretudo a reforma da fase dos recursos, completou o processo de revisão do Código de Justiça Militar, deixando o réu agravado pela instância ainda mais desprotegido.[1826]

[1825] Esta era também a jurisprudência dominante nos tribunais militares franceses desde a publicação do código de 1928 (Pierre Hugueney, 1940: 27 e 28).

[1826] Nesse ano de 1965 o legislador francês também reviu o código de justiça militar no sentido da simplificação da organização judiciária, substituindo três tipos de tribunais da primeira instância, os *Tribunaux permanents des forces armées*, com dois juízes letrados e três juízes militares, os *Tribunaux militaires aux armées*, com o mesmo número de membros, mas com menos profissionais do direito, e os *Tribunaux prévotaux*, aos anteriores sete tipos de tribunais e abolindo os *Tribunaux militaires de cassation* na segunda instância, com a subordinação dos recursos à *Cour de Cassation*, quer em tempo de paz quer de guerra, salvo no caso das decisões de fundo dos *Tribunaux prévotaux*. O novo código caracterizou-se por consagrar muitas das soluções que o legislador adoptou em face da guerra na Argélia que importavam um acréscimo de discricionariedade do acusador público e da autoridade militar, tais como a atribuição de verdadeiros poderes de desencadeamento da acção penal ao comissário do governo na perseguição em tempo de guerra dos crimes contra a segurança exterior do Estado (Paul-Julien Doll, 1966: 253 e 255) e o reforço da discricionariedade da autoridade militar na escolha dos membros militares do tribunal de julgamento, cessando a observância do critério da selecção de acordo com uma lista organizada segundo a ordem de antiguidade dos militares (Paul-Julien Doll, 1966: 40 e 43, e Iga-Iga Eric, 1991: 145).

CAPÍTULO 7.º
A Revolução de 25 de Abril de 1974 e a Transição até à Constituição de 1976

No período que mediou entre 25 de Abril de 1974 e a data da entrada em vigor da nova Constituição da República, o legislador interveio, em dois momentos distintos, na jurisdição militar, consagrando medidas de excepção revolucionária.

O primeiro desses momentos foi o da aprovação da Lei 8/75, de 25.7, que previa a incriminação e a definição dos termos do julgamento dos agentes e responsáveis da PIDE e da DGS e de outros indivíduos,[1827] e o segundo foi o da aprovação da Lei n. 9/75, de 7.8, que fixava os termos do julgamento dos implicados na "tentativa contra-revolucionária" de 11.3.1975. Além destas medidas de excepção, o legislador revolucionário procedeu a uma reforma profunda do processo preparatório, do regime das medidas de coacção e da garantia do *habeas corpus* na jurisdição militar.

Com fundamento em que a PIDE e a DGS constituíram "autênticas organizações de terrorismo político e social" e as suas actividades e métodos de repressão eram "factos públicos e notórios, por tal forma que a nenhum dos seus elementos, do quadro ou colaboradores, era lícito ignorar o carácter essencialmente criminoso das suas actividades", o Conselho da Revolução determinou, na Lei n. 8/75, a incriminação retroactiva e imprescritível e os termos do julgamento do presidente do conselho de ministros e do ministro do interior responsáveis por aquelas organizações, de todos os seus funcionários, até à categoria de chefe de brigada, dos médicos que nelas tivessem prestado serviço e em relação aos quais houvesse "provas de terem excedido as suas funções de assistência aos doentes, para colaborarem nas actividades criminosas daquelas organizações", dos demais funcionários da DGS e "das polícias políticas predecessoras", de pessoas que tivessem colaborado com a DGS e as "polícias políti-

---

[1827] A DGS foi extinta logo no dia 25.4.1974 pelo Decreto-Lei n. 171/74, da Junta de Salvação Nacional.

860 *A Reforma da Justiça Criminal em Portugal e na Europa*

cas que a precederam, formulando denúncias ou prestando informações sobre actividades políticas", ou que tivessem utilizado os serviços dessas polícias, "causando prejuízos morais ou materiais a qualquer pessoa física ou jurídica", e ainda dos indivíduos que exercessem "actividades visando a perturbação por meios violentos do processo revolucionário iniciado em 25 de abril de 1974" (artigos 2, n. 2, 3, 4 e 5 da Lei n. 8/75, de 25.7).

Sobre a organização dos tribunais e o processo para punir estes indivíduos a lei era muito parca, prevendo apenas a criação de um tribunal militar para julgamento destes crimes, bem como "das actividades criminosas como tal definidas pela lei penal e que igualmente tenham sido praticadas pelos mesmos indivíduos" (artigos 13, n. 3, e 6, n. 2), remetendo para lei ulterior a definição das regras de funcionamento deste tribunal. Contudo, o legislador impunha desde logo duas regras essenciais, uma relativa à presença do arguido em julgamento e outra relativa ao regime de recursos. Assim, o julgamento podia decorrer à revelia, proibindo-se a repetição do julgamento na presença do arguido após a sua condenação,[1828] e não era admissível a interposição de recurso da sentença condenatória pelos responsáveis políticos, pelos funcionários e médicos colaboradores da PIDE e da DGS, com outro fundamento que não o de erro na identidade do réu.

A criação do tribunal militar previsto na Lei n. 8/75 foi objecto de alguma hesitação do legislador revolucionário. A Lei n. 13/75, de 12.11, instituiu um tribunal especial, o Tribunal Militar Conjunto, por os tribunais militares existentes não terem capacidade para comportar o "elevado número de processos que tal julgamento envolve" e por se considerar "conveniente" introduzir na composição do tribunal elementos dos três ramos das forças armadas. A este tribunal especial atribuiu-se competência para julgar os crimes previstos na Lei n. 8/75, bem como os crimes relativos às actividades da extinta Legião Portuguesa e até os crimes do foro militar cujo julgamento lhe fosse cometido por despacho do Chefe do Estado-Maior General das Forças Armadas. O Decreto-Lei n. 673/75, de 27.11, aprovado pelo Conselho da Revolução e com entrada em vigor imediata, fixou a composição deste tribunal, que era a de três juízes militares, um por cada ramo das forças armadas, de patente igual ou superior a major, presidindo o de mais alta graduação, e um auditor, togado, sendo todos designados pelo Conselho da Revolução.

Contudo, menos de um mês depois, o mesmo órgão revolucionário recuou no seu propósito e publicou a Lei n. 16/75, de 23.12, que extinguiu o Tribunal

---

[1828] A jurisprudência do Supremo Tribunal Militar interpretou amplamente esta autorização, admitindo mesmo o julgamento conjunto dos crimes previstos na Lei 8/75 com qualquer outro crime à revelia do réu (Silvino Villa Nova e outros, 1977: 322).

A Jurisdição Penal Militar 861

Militar Conjunto, justificando a medida com a celeridade processual pretendida para os julgamentos dos agentes e responsáveis da PIDE e da DGS, que não se compadecia "com a necessária morosidade que a criação de um novo tribunal envolve". Por esta razão, o Conselho da Revolução conferiu aos tribunais militares territoriais de Lisboa competência para julgar os crimes previstos na Lei n. 8/75, bem como "outros praticados no exercício das suas funções pelos indivíduos abrangidos" por aquele diploma (artigo 2).[1829]

Antes ainda do início dos julgamentos previstos na Lei n. 8/75 pelos tribunais militares ordinários, a Lei n. 18/75, de 26.12, também aprovada pelo Con-

---

[1829] Também em França, após a libertação do território nacional pelas forças do general De Gaulle foram organizados, respectivamente, pelas *ordonnances* de 26.6.1944, de 18.11.1944 e de 26.12.1944, as *Cours de Justice*, a *Haute Cour de Justice*, as *Chambres Civiques* e os *Comités d' épuration*, com vista a julgar todos os responsáveis e colaboradores do regime de Vichy e do invasor alemão, pelas condutas que tinham tido ou deixado de ter desde 16.6.1940 e mesmo anteriormente a esta data quando tivessem o objectivo de favorecer o inimigo. A composição destes tribunais era determinada por critérios de confiança política, sendo muitos destes tribunais compostos pelos próprios membros da resistência ou de organizações a ela ligadas (Robert Charvin, 1968: 381 a 388). Embora os tribunais que procederam ao julgamento dos factos incriminados pela Lei n. 8/75 tivessem uma natureza militar, ao invés dos tribunais criados após a libertação francesa, a composição dos tribunais territoriais portugueses era menos susceptível de ser manipulável do que a dos franceses, pelo menos até à entrada em vigor do Decreto-Lei n. 319-A/77, de 5.8. Com efeito, este diploma procedeu a um alteração fundamental do novo código de 1977, abolindo o condicionamento da designação dos membros militares do tribunal pelo chefe do Estado- -Maior à existência de uma escala, segundo listas formadas por ordem de postos e antiguidades de oficiais superiores, como previa o direito anterior. A urgência da alteração legislativa, realizada quando o novo código tinha menos de quatro meses de vigência, permitiu a nomeação para os tribunais territoriais dos membros militares da confiança das novas chefias militares. A situação de dependência do juiz militar em face da autoridade militar que o nomeou foi ainda agravada pela faculdade de esta o poder afastar do exercício do cargo antes do fim do biénio com base em motivos administrativos manipuláveis (artigo 238, als. c) e d) do CJM), o que punha em crise a garantia constitucional da inamovibilidade destes magistrados. Em relação aos vogais militares do Supremo Tribunal Militar a situação era ainda mais grave, pois o código novo não previa sequer disposição semelhante à do artigo 238 para estes magistrados. A doutrina entende, no entanto, que deve considerar-se aplicável o disposto neste artigo aos vogais do Supremo Tribunal Militar, de modo a suprir a omissão do legislador (Silvino Villa Nova e outros, 1977: 237, e Álvaro Lopes- -Cardoso, 1996: 104). Acresce que, se os juízes militares podiam ser escolhidos discricionariamente pela autoridade militar, o juiz auditor, cuja designação competia ao Conselho Superior da Magistratura, exercia a função de juiz de instrução e podia intervir no julgamento, o que agravava ainda mais a dúvida sobre a independência e a imparcialidade do tribunal militar. A faculdade de intervenção do juiz de instrução no julgamento manteve-se em face do código novo até à publicação do Decreto-Lei n. 44/78, de 14.3. O estatuto actual dos magistrados dos tribunais militares suscita, pois, críticas, tendo-se já concluído, embora com base em outras considerações, que os tribunais militares não são hoje verdadeiramente independentes (Mário Paulo Tenreiro, 1986: 132).

862   *A Reforma da Justiça Criminal em Portugal e na Europa*

selho da Revolução, corrigiu a disposição da Lei n. 8/75, que impunha uma "proibição excessiva do exercício do direito de impugnação", por considerar que naquele regime predominaria "mais a natureza administrativa do que a judicial" e que a "ordem jurídica verdadeiramente democrática" exigia a garantia do exercício do direito de impugnação de todas as decisões arbitrárias, reconhecendo-se a todos os indivíduos condenados ao abrigo da Lei n. 8/75 o direito de interposição de recurso da decisão final nos termos do Código de Justiça Militar.[1830]

Na sequência dos acontecimentos de 11 de Março de 1975, a Lei n. 9/75, de 7.8, criou um Tribunal Militar Revolucionário para julgamento dos "implicados na tentativa contra-revolucionária de 11 de Março de 1975". Este tribunal era constituído por um oficial general, que presidia, dois vogais oficiais superiores, um juiz assessor e um júri de onze elementos efectivos e seis suplentes. Estes jurados eram escolhidos pela assembleia das forças armadas de entre os seus membros e aqueles oficiais e o juiz eram designados pelo Conselho da Revolução.

[1830] Os constituintes receberam na qualidade de normas constitucionais as disposições da Lei n. 8/75, com as alterações introduzidas pelas Leis ns. 16/75 e 18/75, tendo sido rejeitada a proposta de revogação da Lei n. 18/75 (Diário da Assembleia Constituinte n. 129, de 31.3.1976, p. 4314). Castanheira Neves considerava que o artigo 309 da Constituição dava cobertura a leis que "indiscutivelmente estão em contradição com princípios fundamentais que a mesma Constituição aceita e tão solenemente proclama (artigos 29 e 13), ao mesmo tempo que violam valores capitais que igualmente informam o seu substractum axiológico-político e que na própria letra se assumem (artigos 1 º, 2 º, etc.)" (Castanheira Neves, 1976: 7). Embora perfilhando a ideia de que as normas que constavam da Lei n. 8/75 tinham sido recebidas materialmente pela nova Constituição, também Jorge Miranda considerava que as mesmas contrariavam os princípios da Constituição, pelo que deviam ser interpretadas como normas excepcionais (Jorge Miranda, 1978: 206 a 211). Ao invés, Gomes Canotilho e Vital Moreira defendiam a plena compatibilidade destas leis com a Constituição (Gomes Canotilho e Vital Moreira, 1978: 538). Por sua vez, a Comissão Constitucional pronunciou-se em vários acórdãos e, designadamente, no acórdão n. 94, de 6.4.1978 (in BMJ n. 276, pp. 107 a 126), no acórdão n. 99, de 26.4.1978 (in BMJ n. 276, pp. 127 a 154), e no parecer n. 9/79 (Pareceres da Comissão Constitucional, 8º volume, pp. 3 a 43) sobre a constitucionalidade das disposições dos artigos 3, 4, 6 e 7 do Decreto-Lei n. 349/76, de 13.5, publicado ao abrigo do artigo 309, ns. 2 e 3, da nova Constituição, mas admitindo sempre a Lei n. 8/75 como parâmetro do juízo sobre a constitucionalidade das disposições do Decreto em questão e, desse modo, a conformidade constitucional da própria Lei n. 8/75. No entanto, mesmo no seio da Comissão Constitucional, havia quem não deixasse de censurar o "carácter monstruoso da Lei n. 8/75 por contrária aos mais elementares princípios de direito penal" (o voto de vencido de Costa Aroso, no Acordão n. 94, in BMJ n. 276, p. 125). A prática judicial foi, ao que parece, muito contida. Já foi notada a circunstância de que as sentenças judiciais proferidas pelos tribunais militares no julgamento dos factos abrangidos pela Lei n. 8/75 se revelaram "simbólicas em comparação com as graves penas previstas na lei" (Artur Rodrigues da Costa, 1999: 52, e, já anteriormente, Mascarenhas Barreto, 1979: 230), mas a fundamentação desta afirmação implicaria uma investigação estatística do acervo documental dos tribunais territoriais.

O Tribunal Revolucionário julgava de acordo com uma forma de processo especial. A instrução secreta cabia a uma promotoria de instrução, constituída por três oficiais assistidos por um juiz auditor, todos escolhidos pelo Conselho da Revolução, e terminava com a abertura de vista do processo ao arguido ordenada pelo presidente do tribunal, podendo o arguido requerer ainda a produção de prova complementar.

A fase de julgamento iniciava-se com a dedução da acusação pela promotoria de justiça, constituída por três oficiais licenciados e um juiz auditor, também escolhidos pelo Conselho da Revolução. Esta promotoria podia, contudo, devolver os autos à promotoria de instrução com a solicitação de realização das diligências que reputasse "essenciais a uma correcta instrução dos processos" ou das diligências requeridas pelo arguido desde que as considerasse "necessárias para a descoberta da verdade" (artigo 15 do Decreto-Lei n. 425/75, de 12.8). Caso concluísse que não havia indícios suficientes da prática de facto criminoso, a promotoria de justiça podia determinar o arquivamento dos autos.

Na audiência de julgamento, observava-se o disposto no Decreto n. 19.892, de 15.6.1931, mas ao juiz assessor estava expressamente vedada a formulação de qualquer resumo final dos debates e a votação da decisão, cabendo-lhe organizar os quesitos, dirigir a votação e verificar a existência de respostas contraditórias, caso em que as devia pôr de novo à votação. Ao presidente do tribunal competia, na sequência das reclamações das partes, fiscalizar as respostas dadas pelos jurados, quando fossem incompletas, contraditórias, equívocas ou obscuras, ordenando que o júri esclarecesse ou completasse as respostas ou votasse de novo sobre os quesitos com respostas contraditórias.

Se a estrutura da forma de processo observava o princípio da acusação, o mesmo já não se verificava com o princípio da imediação, como resultava da remissão para o disposto no diploma de 1931. Contudo, as previsões mais gravosas da Lei n. 9/75 eram as referentes ao regime de recursos. O legislador revolucionário não só proibia o exercício do direito ao recurso, vedando mesmo o recurso com base no erro na identidade do réu previsto pela Lei n. 8/75, na sua versão inicial, como previa uma espécie de revisão *pro societate*. Não obstante a prova produzida em audiência de julgamento ser registada em fita magnética, a sentença, tal como os despachos interlocutórios com efeitos definitivos, não admitiam qualquer impugnação ou revisão, salvo se no decurso de uma audiência de julgamento surgisse "qualquer elemento de prova referente a um réu julgado em audiência anterior", que seria de novo chamado a defender-se e admitido a produzir contraprova (artigo 64, n. 2, do Decreto-Lei n. 425/75, de 12.8).[1831]

[1831] Logo na sessão da assembleia constituinte de 14.8.1975 o deputado José de Lima, depois de ter censurado a criação de um tribunal extraordinário para julgar os autores dos factos

864   *A Reforma da Justiça Criminal em Portugal e na Europa*

Quatro meses depois de criado, o legislador extinguiu, pela Lei n. 15/75, de 23.12, o Tribunal Militar Revolucionário com o fundamento de que "as vantagens que daí poderiam advir, designadamente no aspecto da celeridade processual, não se concretizaram" e atribuiu aos tribunais militares a competência daquele tribunal.[1832]

Se a criação destes dois tribunais representou uma medida de excepção revolucionária, que soçobrou passado pouco tempo, o mesmo não ocorreu com a reforma do processo militar preparatório e do regime das medidas de coacção, que teve lugar no âmbito da organização do Serviço de Polícia Judiciária Militar pelo Conselho da Revolução e obedeceu ao propósito expresso de combater a morosidade dos serviços de investigação criminal militar existentes. A reforma do regime das medidas de coacção foi, no entanto, antecedida pela restrição da garantia do *habeas corpus*.

Considerando que "nas presentes condições não faz sentido que a jurisdição comum se pronuncie sobre os assuntos próprios das forças armadas, nomeadamente sobre os relativos a indivíduos sujeitos a foro militar, os quais deverão recorrer tão-só aos meios atinentes e específicos da organização e foro militares" e ponderando que o disposto no artigo 325 do CPP tinha levantado dúvidas em face da nova legislação constitucional revolucionária, o legislador aprovou o Decreto-Lei n. 398/74, de 28.8, que excluiu do âmbito da garantia do *habeas corpus* todos os que estivessem sujeitos à jurisdição militar.[1833]

---

ocorridos em 11.3.1975, criticou severamente a forma de processo estabelecida pelo Conselho da Revolução, por negar ao arguido "o direito fundamental da instrução contraditória, com base no maquiavelismo do argumento da celeridade processual", por olvidar "a consagração clara do direito dos arguidos e dos réus de se fazerem assistir por advogado nos interrogatórios a que seja sujeito, mesmo na fase da instrução", por prever a prisão imediata de testemunha ou declarante que prestasse falsas declarações, o que constituía uma "forma de coacção psicológica, moral e física", e por vedar o recurso das decisões com efeitos definitivos (Diário da Assembleia Constituinte n. 32, de 16.8.1975, pp. 833 e 834). Também o deputado Jorge Miranda se pronunciou em termos muito críticos sobre a criação deste tribunal e sobre a forma de processo nele aplicável: este tribunal tinha sido criado "contra o Programa do MFA e com regras de processo que desrespeitavam elementares garantias de defesa dos arguidos", constituindo estas normas "graves distorções" das instituições judiciárias democráticas (Diário da Assembleia Constituinte n. 95, de 16.12.1975, p. 3097). Em outro lugar, o mesmo autor afirmou que esta lei constitucional estabelecia uma forma de processo "com diminuição das garantias de defesa" (Jorge Miranda, 1978: 45).

[1832] Os actos previstos na Lei n. 9/75 foram amnistiados pela Lei n. 74/79, de 21.11. Sobre o objecto desta lei pronunciou-se Cavaleiro de Ferreira (1983: 106 a 110).

[1833] O regime legal da detenção foi ainda em 1974 alargado, tendo sido aprovado o Decreto-Lei n. 744/74, de 27.10. Nos termos deste diploma, qualquer agente da autoridade podia proceder à prisão preventiva, em flagrante delito ou fora dele e sem culpa formada, pela prática de crime doloso punível com pena superior a um ano de prisão, que deveria ser sancionada em

O novo Serviço de Polícia Judiciária Militar, criado pelo Decreto-Lei n. 520/75, de 23.9, abria um processo secreto de investigações, tendo o director, o subdirector ou mesmo o chefe de delegação da polícia competência para determinar o seu arquivamento, mas podendo o queixoso, se fosse pessoa com legitimidade para se constituir assistente, reclamar hierarquicamente desta decisão. Decidindo o director ou o subdirector que os autos deviam prosseguir, tinha lugar a instrução conduzida por um juiz de instrução colocado junto da direcção da Polícia ou da respectiva delegação. O arguido, o seu defensor e o assistente podiam requerer a realização de quaisquer diligências durante a instrução e, em caso de indeferimento, recorrer do despacho judicial. Após a prolação do despacho de indiciação pelo juiz instrutor, o defensor e o assistente tinham vista do processo e podiam ainda requerer as diligências complementares que tivessem por convenientes. Só depois de concluídas estas diligências o juiz de instrução proferia a informação prevista no artigo 454 do CJM, decidindo em seguida o chefe do Estado-Maior General das Forças Armadas ou os comandantes das regiões militares, consoante os casos, se concordavam ou não com o parecer do juiz instrutor. Não concordando, o processo era remetido ao Supremo Tribunal Militar para resolução da divergência.[1834]

---

24 horas por uma autoridade policial superior. A prisão podia durar cinco dias, findos os quais o preso devia ser apresentado à entidade competente pela instrução preparatória ou a uma autoridade militar, ficando a prisão sujeita ao regime da prisão preventiva do CJM. Assim, a apreciação judicial das detenções pela prática de crimes comuns era substituída por uma validação estritamente policial, não lhe sendo aplicável o *habeas corpus*. Mais tarde, o Decreto--Lei n. 320/76, de 4.5, que afastou duas das disposições mais censuradas do regime do *habeas corpus* vigente, os §§ únicos dos artigos 319 e 323 do CPP, determinou também que os tribunais comuns eram incompetentes para decretar a providência do *habeas corpus* em relação a "indivíduos sujeitos ao foro militar e que se encontrem detidos à ordem das autoridades militares", reiterando, pois, neste aspecto a doutrina do diploma de 28.8.1974. Desta doutrina disse Hans--Heinrich Jescheck: "é porém simplesmente incompreensível que, sob um programa político obrigatório, que se propôs como objectivo um alargamento das garantias jurídicas do cidadão passem de futuro os cidadãos, na medida em que estejam sujeitos à jurisdição militar, a perder as garantias jurídicas da providência do habeas corpus" (Hans-Heinrich Jescheck, 1975 b: 11). Cavaleiro de Ferreira pronunciou-se no sentido de que "o preceito, porém, não se encontra em vigor desde a publicação da Constituição de 1976", razão pela qual "todas as condenações pelos tribunais militares de civis são ilícitas e nulas" (Cavaleiro de Ferreira, 1986 a: 267). Esta tese não vingou nos tribunais.

[1834] Este modo de resolução da divergência entre o juiz instrutor e a autoridade militar veio a ser revisto logo no Decreto-Lei n. 795/76, de 6.11, que permitiu à autoridade militar a remessa dos autos ao Supremo Tribunal Militar ou a devolução dos mesmos ao juiz instrutor para reforma da sua opinião. No caso de esta não se verificar, os autos subiam então ao Supremo Tribunal Militar.

Em contraste com o direito anterior, a jurisdicionalização do sumário da culpa que correspondia à fase de "instrução" era, pois, promovida quer pela supressão da faculdade de modificação das decisões do auditor pela autoridade militar, quer pela subida imediata e em separado para o Supremo Tribunal Militar dos agravos interpostos dos despachos de indeferimento de diligências instrutórias, quer ainda pela intervenção deste Alto Tribunal na resolução do conflito entre a autoridade militar e o juiz instrutor no final da instrução. Ao invés, na fase do corpo de delito que correspondia à fase da "investigação" mantinha-se e reforçava-se até o domínio da hierarquia militar sobre o destino dos autos, podendo o queixoso com legitimidade para se constituir assistente suscitar o controlo da decisão final desta fase pela hierarquia.

O regime das medidas de coacção aplicáveis no âmbito da instrução conduzida pela Polícia Judiciária Militar aproximava-se consideravelmente do da lei geral, prevendo-se a aplicação subsidiária das disposições do CPP relativas a detenção, prisão preventiva e liberdade provisória, com ou sem deveres de apresentação, o interrogatório judicial de arguido detido no prazo máximo de 48 horas, salvo "justo impedimento" (artigo 31, n. 1, do regulamento aprovado pelo Decreto-Lei n. 285/76, de 21.4), a fixação de prazos máximos para a prisão preventiva até à abertura das vistas e a equiparação do tempo de detenção ao tempo da prisão preventiva para efeitos da respectiva imputação na pena aplicada.

A Polícia Judiciária Militar encontrava-se na "directa dependência do Conselho da Revolução" (artigo 1 do Decreto-Lei n. 520/75, de 23.9), o seu director era nomeado por este órgão e o seu pessoal era livremente contratado ou nomeado por despacho de um membro daquele órgão, tendo competência para dirigir a fase de instrução apenas nos processos que lhe fossem afectos pelo Conselho da Revolução. Este regime, que devia manter-se enquanto o novo serviço não dispusesse das "estruturas necessárias ao pleno exercício das suas atribuições legais", concentrava no Conselho da Revolução todos os poderes que eram cometidos ao chefe do Estado-Maior General das Forças Armadas e aos comandantes das regiões militares pelo regulamento do Serviço de Polícia Judiciária Militar (artigo 3, n. 1, do Decreto-Lei n. 285/76, de 21.4), tendo, designadamente, os processos relativos aos factos ocorridos em 11.3.1975 sido pela Lei n. 15/75, de 23.12, afectos ao director da nova polícia.[1835]

[1835] O chefe do Estado-Maior General das Forças Armadas mantinha, no entanto, a competência para "a título excepcional" autorizar o funcionamento de um tribunal territorial em localidade diferente da sede do respectivo tribunal dentro da mesma área de jurisdição ou "aforar qualquer processo a tribunal militar territorial diferente daquele que seja normalmente compe-

A abolição do foro pessoal pelo legislador constituinte[1836] e a consagração de novas garantias constitucionais do processo penal, nelas se incluindo a do

---

tente" quando "especiais circunstâncias o imponham para segurança dos arguidos ou maior celeridade processual" (artigo 6 do Decreto-Lei n. 50/76, de 21.1).

[1836] Aos tribunais militares ficou reservado o conhecimento dos crimes essencialmente militares e dos crimes dolosos que o legislador ordinário considerasse equiparáveis aos primeiros. A proposta da comissão previa o julgamento pelos tribunais militares "dos indivíduos sujeitos a jurisdição militar e dos implicados em acções armadas contra a segurança do estado", tendo sido substituída, por unanimidade, por uma proposta dos deputados José Luís Nunes e Aquilino Machado, entre outros, que continha o texto que veio a ser aprovado (Diário da Assembleia Constituinte n. 98, de 19.12.1975, pp. 3183 a 3185). Os dois fundamentos invocados para a proposta alternativa foram o da não justificação do privilégio do foro nos casos de crimes negligentes cometidos por militares e o da necessidade da atribuição de competência aos tribunais militares para julgamento de certos crimes de natureza violenta "que os juízes dos tribunais civis têm sempre certo receio físico e justificado em julgar" (Diário da Assembleia Constituinte n. 98, de 19.12.1975, p. 3184). A comissão de redacção introduziu um "critério material (a equiparabilidade de crimes)" para orientar o legislador na delimitação dos crimes dolosos que não fossem crimes essencialmente militares, que também foi aprovado (Diário da Assembleia Constituinte n. 131, 2.4.1976, p. 4373). Na véspera da entrada em vigor do novo CJM, o Decreto-Lei n. 145-B/77, de 9.4, equiparou um conjunto de crimes aos crimes essencialmente militares, neles incluindo, designadamente, todos os crimes dolosos cometidos no interior de instalações militares. A doutrina defendeu uma interpretação restritiva da autorização constitucional de competência. Cunha Rodrigues (1977: 218 e 219) e Jorge Miranda (1978: 486 e 487) entendiam que os crimes essencialmente militares eram aqueles cujos elementos constitutivos implicavam a violação de algum dever militar ou a ofensa da segurança e disciplina das forças armadas e que a expressão "por motivo relevante" apontava para um critério material de equiparabilidade dos crimes. Também Figueiredo Dias (1995: 27e 28) defendeu uma "posição estreitíssima", de acordo com a qual apenas os bens jurídicos militares, isto é, "os interesses militares da defesa nacional e aqueles outros que destes decorram como corolários indispensavelmente carecidos de tutela penal", podiam constituir objecto de incriminação, mas não as "condutas consideradas contrárias à moral militar e aos seus valores corporativos ou individuais específicos". A equiparação estabelecida na Constituição devia dizer respeito "à actuação da jurisdição militar em tempo de guerra". Ao invés, Gomes Canotilho e Vital Moreira (1993: 809, 816 e 817) entendiam que, não obstante a lei constitucional ter optado por um conceito material do foro criminal, ela não impunha qualquer conceito de crime essencialmente militar, embora o critério devesse residir na protecção da "organização militar". Por outro lado, a competência para conhecimento de outros crimes exigia "uma justificação («motivo relevante») para a exclusão dos tribunais judiciais". Esta previsão diminuía, no entanto, segundo os mesmos autores, o alcance da garantia constitucional da proibição de tribunais criminais especiais. Nas vésperas da primeira revisão constitucional foi abertamente defendida a supressão da faculdade de alargamento da competência dos tribunais militares aos crimes equiparáveis por Francisco Sá Carneiro (1979: 140, "por se entender que a faculdade nele prevista é discricionária"), Jorge Miranda (1980: 157, "por poder ser perigoso à luz dos princípios do Estado de Direito"), Monteiro Dinis (1981: 98) e Barbosa de Melo, Cardoso da Costa e Vieira de Andrade (1981: 246 e 247).

A Reforma da Justiça Criminal em Portugal e na Europa

habeas corpus na jurisdição militar,[1837] impunham a revisão urgente do direito militar, razão pela qual o legislador constituinte determinou a "caducidade" do Código e do Regimento vigentes dentro de um ano, caso não fossem "harmonizados com a Constituição" (artigo 293, n. 2 da Constituição).[1838]

[1837] O deputado Lopes de Almeida ainda propôs a proibição da "garantia do habeas corpus para os agentes, dirigentes e responsáveis políticos pelas organizações repulsivas do fascismo, nomeadamente a extinta PIDE/DGS, bem como para os acusados de crimes cujo julgamento seja competência do Tribunal Militar Revolucionário", mas a proposta foi rejeitada, com 22 votos a favor (Diário da Assembleia Constituinte n. 38, de 28.8.1975, pp. 1043 a 1048).

[1838] A regra fixada no n. 1 do artigo 293 era a de que todo o direito ordinário anterior contrário às novas normas constitucionais cessava a sua vigência por caducidade, constituindo o n. 2 uma excepção à regra, que deferia por um ano o efeito jurídico genérico previsto pela regra (Gomes Canotilho e Vital Moreira, 1978: 524 e 525).

TÍTULO 3.º
A Jurisdição Penal Ultramarina

CAPÍTULO 1.°
A Difícil Implantação
do Paradigma Judiciário Liberal

1. A pluralidade de métodos de administração ultramarina no final do Antigo Regime

O recurso a uma pluralidade de métodos de administração caracterizou a política ultramarina portuguesa desde a época inicial da expansão marítima, distinguindo-se, entre outros, a criação de feitorias, que funcionavam simultaneamente como entrepostos comerciais e instalações de domínio militar estratégico, e a doação a título hereditário do domínio das novas terras, com poderes de administração e, designadamente, jurisdicionais, também conhecido pelo sistema de capitanias.

Se nas feitorias era frequente encontrar um ouvidor que administrava a justiça, nas capitanias os poderes de administração da justiça estavam, em regra, determinados na respectiva carta de doação.[1839]

O regimento dado ao capitão-mór da praça de Ceuta, contido no Título 84 do Livro V das Ordenações Afonsinas, previa que os crimes cometidos naquela praça que não fossem puníveis com pena de morte ou corte de membros deviam ser julgados pelo capitão "segundo vos bem parecer que o devem seer os malfeitores per direito e razom, sem dando hy appelaçom nem aggravo pera nós". Os crimes puníveis com aquelas penas admitiam, com algumas excepções determinadas pelo monarca, apelação e agravo. Este regime manteve-se no Título 27 do Livro II das Ordenações Manuelinas e no Título 47 do Livro II das Ordenações Filipinas, que estabeleciam a jurisdição dos capitães-móres nas terras de

---

[1839] Rui Ulrich, 1908: 325 a 327, Chaves e Castro, 1910: 241, Manuel Rodrigues, 1919: 64, 66 e 67, Fortunato de Almeida, 1925: 451 a 456, e 1927: 310 a 323, Marcello Caetano, 1934: 21 a 23, Silva Rêgo, 1951: 111, e Silva Cunha, 1958: 7 a 23, André Gonçalves Pereira, 1971: 128 e 129.

África entretanto conquistadas, com a expressa ressalva da existência de poderes especiais conferidos por carta que fosse outorgada ao capitão-mór.[1840]

O monarca fixou também os limites da jurisdição das donatarias hereditárias nas terras do Brasil. Nas cartas das doações feitas aos capitães foi atribuída uma jurisdição criminal ampla. O capitão donatário podia nomear ouvidor, que conhecia de acções novas até dez léguas de onde se encontrasse e das apelações e agravos interpostos das decisões dos juízes das terras. O ouvidor tinha alçada até pena de morte natural nos crimes cometidos por peões, escravos e gentios e até dez anos de degredo e cem cruzados de multa para as pessoas de maior qualidade. A organização municipal era idêntica à metropolitana, tendo cada município um ou dois juízes ordinários.[1841]

Depois da criação do governo geral em 1548 o sistema de administração da justiça penal não se modificou substancialmente, tendo sido instituído o lugar de ouvidor geral, que exercia, com algumas modificações, as funções de administração superior da justiça anteriormente desempenhadas pelo ouvidor da donataria. Assim, o ouvidor geral conhecia por acção nova nos lugares onde se encontrasse e nas cinco léguas em redor das causas criminais, dando apelação para a Relação, e das apelações das sentenças dos ouvidores e dos juízes ordinários, tendo alçada nas causas de morte ou corte de membro, bem como nos crimes de traição, sodomia, furto, roubo de navio e quebra de segurança. Nos restantes devia dar apelação para a Casa da Suplicação em Lisboa.[1842]

[1840] É o caso da carta de doação da ilha de São Tomé feita pelo rei D. Manuel a Fernão de Mello em 1499, que ampliava a alçada deste capitão até à pena de morte natural, embora lhe impusesse também a obrigação de julgar com dois ouvidores (José Lopes de Lima, 1844 b: 39). O regimento dado ao capitão de Cacheu em 15.1.1650 e o dado em 20.5.1676, o regimento dado ao ouvidor do reino de Angola em 23.6.1651, o dado ao governador de Angola em 10.4.1666 e o dado em 12.2.1676, o dado ao governador de Cabo Verde em 10.5.1676, o dado ao capitão-mór de Bissau em 17.3.1696 e o dado ao ouvidor da ilha de São Tomé em 24.10.1698 também previam regras especiais.

[1841] Sobre o regime jurídico das doações no Brasil, João Mendes de Almeida, 1920: 151 e 152, e Paulo Merêa, 1924: 175 a 177, 183 e 184.

[1842] Contudo, o Alvará de 5.3.1557 determinou que, independentemente das cláusulas das doações feitas aos capitães, cabia sempre recurso das condenações de "peões Christãos" em pena de morte natural e de quaisquer réus condenados na mesma pena pela prática dos crimes de heresia, traição, sodomia e moeda falsa (Rocha Pombo, 1905: 409 e 433, e João Mendes de Almeida, 1920: 153). Em 1619, a província brasileira ficou dividida em três ouvidorias gerais, a da Baía, que até então constituía a única do Brasil, e as do Rio de Janeiro e do Maranhão, criadas pelos Alvarás de 5.6 e de 7.11.1619. Mais tarde, cada capitania teve o seu ouvidor geral. Só com a Carta régia de 4.3.1802 se declarou que as ouvidorias brasileiras não pertenciam aos donatários, mas ao domínio real, não sendo elas compreendidas pelas disposições da Carta de Lei de 19.7.1790 aprovada para as donatarias metropolitanas (João Mendes de Almeida, 1920: 158 e 159).

A Jurisdição Penal Ultramarina 873

Nas terras da Índia, o primeiro regimento de organização das justiças locais, de Afonso de Albuquerque, elaborado em 1511 e confirmado pelo monarca em 1518, criou os cargos de ouvidor da cidade de Goa, juiz ordinário, vereador e almotacé, definindo as respectivas competências e um sistema de recursos para o capitão-mór ou governador, que era assistido por um ouvidor geral.[1843]

A primeira Relação ultramarina foi a de Goa, que foi criada em 1544, com jurisdição sobre os territórios da África Oriental e da Índia, Macau e Timor.[1844] Só em 7.3.1609 foi criada a Relação de São Salvador da Baía, depois de uma primeira tentativa, sem sucesso, em 25.9.1587, tendo sido seguida pela criação em 13.10.1751 da Relação de São Sebastião do Rio de Janeiro, em 13.5.1812 da Relação de São Luiz do Maranhão e em 6.2.1821 da Relação de Pernambuco.[1845]

[1843] Carlos Gonçalves Pereira, 1964: 25. O primeiro vice-rei da Índia, D. Francisco de Almeida trouxe consigo um regimento, datado de 1511, que já continha algumas normas reguladoras do exercício da função judicial pelo vice-rei (Carlos Gonçalves Pereira, 1964: 13 a 15).

[1844] Não é pacífica na doutrina a data da criação da Relação de Goa, mas prevalece a tese referida no texto (Carlos Pinto Coelho, 1900: 4 a 6, e Carlos Gonçalves Pereira, 1964: 79). A Relação da Índia teve o seu ouvidor do crime em 1550 e a competência exclusiva para conhecer dos crimes puníveis com pena de morte em 1551 (Carlos Gonçalves Pereira, 1964: 105 e 106). Um novo regimento, de 1586, compilou as disposições relativas à administração da justiça pelos ouvidores de várias fortalezas da Índia e da África oriental, tendo no ano seguinte um outro regimento procedido a uma reforma da organização judiciária na Índia, Moçambique e Macau. O regimento de 16.2.1587 manteve-se em vigor até 1774 (Carlos Gonçalves Pereira, 1964: 153, 154, 157 a 165). Os ouvidores conheciam os recursos interpostos dos juízes de fora e ordinários e tinham uma alçada tanto mais elevada quanto mais afastados se encontrassem da Relação, tendo os ouvidores letrados das fortalezas do norte da Índia, de África e de Macau a alçada dos capitães dos lugares de África definida pelas Ordenações. Em face dos abusos que se verificavam no exercício dos altos cargos de governo do Estado da Índia, o monarca aboliu todos estes cargos por Lei de 15.1.1774, tendo somente conservado o senado da câmara da cidade de Goa. O ouvidor geral cumulou neste período as funções de chanceler, intendente geral da polícia e juiz dos feitos da coroa, sendo todas as causas crimes julgadas nos termos sumários previstos no Alvará de 25.6.1760, umas em primeira e única instância pelos juízes de fora, outras relativas a penas superiores a dez mil réis por estes juízes com recurso para o ouvidor e outras causas ainda, as relativas a penas superiores a um mês de prisão, em primeira e única instância por uma junta, composta pelo ouvidor geral, pelos juízes de fora de Goa, Bardez e Salsete e pelo governador. A certos réus era admitido recurso das decisões de condenação em pena de morte natural ou civil para a Casa da Suplicação. Este regime extraordinário cessou com a reposição em funcionamento da Relação pelo Decreto de 2.4.1778.

[1845] José Anastácio de Figueiredo, 1790: 240. Já depois de instituída em 1609, a Relação da Baía veio a ser suprimida em 5.4.1626, "pois as dificuldades de comunicações internas, mesmo pela costa, não eram menores nem menos penosas do que com a côrte, nem mesmo na Bahia os processos eram mais expeditos do que em Lisboa" (Rocha Pombo, 1905: 410). A Relação da Baía voltou a funcionar a partir de 12.9.1652.

874   *A Reforma da Justiça Criminal em Portugal e na Europa*

As Relações do Brasil e da Índia foram fundadas segundo o sistema dos tribunais superiores do reino e exerciam uma competência idêntica nos respectivos distritos.[1846] Destarte, no final do Antigo Regime, os territórios ultramarinos estavam divididos, ao nível da primeira instância, em ouvidorias, com um ouvidor em cada uma, e algumas destas em termos, com um juiz de fora ou um juiz ordinário à cabeça, encontrando-se, ao nível da segunda instância, os territórios da África oridental, do Estado da Índia, de Macau e de Timor sujeitos ao Tribunal da Relação de Goa, os da África ocidental, São Tomé e Príncipe e Cabo Verde à Casa da Suplicação e os do Brasil às várias Relações entretanto criadas na Terra de Vera Cruz. Os lugares para juízes letrados, quer de primeira, quer de segunda instância, eram providos pelo rei, após consulta do Conselho Ultramarino, sem prejuízo das disposições especiais contidas nas cartas e nos regimentos dados aos capitães-móres e governadores.[1847]

Depois do estabelecimento da casa real no Brasil, o Alvará de 10.5.1808 deu à Relação do Rio de Janeiro a categoria de Casa da Suplicação, com competência para conhecer os agravos ordinários e as apelações que viessem do Pará, Maranhão, das ilhas dos Açores e da Madeira e da Relação da Baía. Logo no ano seguinte esta competência muito ampla foi restringida, passando aquele tribunal a conhecer, por força do Alvará de 6.5.1809, apenas dos agravos e das apelações do distrito do Rio e dos agravos ordinários que saíssem da Relação da Baía e voltando a Relação de Lisboa a conhecer, como anteriormente, dos restantes recursos. A Casa da Suplicação brasileira julgava as apelações e os agravos como tribunal supremo, não competindo outro recurso que não fosse o de revista das decisões nela proferidas.[1848]

[1846] José Anastasio de Figueiredo, 1790: 237, Ricardo Nogueira, 1858: 152, e Gouvêa Pinto, 1820: 233 e 237, e Carlos Pinto Coelho, 1900: 20 a 23. Sobre a competência e o modo de funcionamento das Relações brasileiras, Rocha Pombo, 1905: 411 a 413, e Waldemar Ferreira, 1960: 84, 91 e 92. O regimento da Relação do Brasil de 1609 remetia expressamente para o da Casa da Suplicação no que toca às competências do governador, do chanceler, do ouvidor geral e do juiz dos feitos da coroa da Relação brasileira, que eram equiparadas, respectivamente, às do regedor, do chanceler, dos corregedores do crime e do cível e do juiz da coroa da Casa de Lisboa. Ao invés, os três desembargadores dos agravos brasileiros tinham competência para julgar, além das causas que os seus congéneres em Lisboa decidiam, as dos ouvidores do crime da Casa da Suplicação. O regimento da mesma Relação de 1652 também procedeu a esta equiparação.

[1847] Ao Conselho Ultramarino competiam desde a sua criação em 1642 "todas as materias e negocios, de qualquer qualidade que forem, tocantes aos ditos Estados da Índia, Brasil e Guiné, Ilhas de São Thomé e Cabo Verde, e de todas as mais partes Ultramarinas, tirando as Ilhas dos Açores e da Madeira, e Lugares de Africa" e, mais especificamente, "o provimento de todos os officios de justiça, guerra e fazenda". A doutrina filia o Conselho Ultramarino, criado por D. João IV, no Conselho da Índia, instituído em 1604 por Filipe II (Marcello Caetano, 1967 a: 41 e 42).

[1848] Gouvêa Pinto, 1820: 231 e 232.

Contudo, ainda na segunda metade do século XVIII a organização judiciária ultramarina foi profundamente modificada em face do surgimento das Juntas de Justiça. Assim, os Alvarás de 28.8 e de 20.10.1758 criaram uma Junta de Justiça em Pernambuco e outra no Pará e, mais tarde, o Alvará de 18.1.1765 determinou a criação de Juntas idênticas em todos os lugares da província brasileira onde houvesse ouvidor, com competência para conhecer em primeira e última instância dos crimes do foro militar e de certos crimes graves especificados na lei, tais como a rebelião, o homicídio, o roubo e a resistência à justiça.[1849] Também as cartas régias de 9.5.1761, de 14.11.1761 e de 26.3.1803 instituíram Juntas de Justiça, respectivamente, em Moçambique, em Angola e em Macau, compostas pelo governador, pelo ouvidor, pelo juiz de fora e por três militares, que tinham competência para julgar sumariamente certos crimes graves. As sentenças eram decididas à pluralidade de votos e podiam impor pena de morte natural, sendo executadas no próprio dia em que fossem proferidas.

Ao invés, a criação da Junta de Macau não obedeceu ao mesmo propósito, tendo antes ocorrido no âmbito de uma reforma mais ampla da organização judiciária local. Esta Junta apresentava também uma composição e uma competência distintas. A Junta era composta pelo governador da cidade, pelo ouvidor, que servia de relator, pelo comandante das tropas, o juiz ordinário do mês, os dois vereadores mais velhos e o procurador do senado e tinha competência para julgar em primeira e última instância todas as causas crimes, quer os réus fossem militares quer fossem paisanos, com ressalva do direito de recurso para a Relação de Goa no caso de crime punível com pena capital cometido por réu não chinês. O ouvidor procedia ao processo preparatório em concorrência com os demais juízes, de acordo com o disposto no Alvará de 5.3.1790, tendo competência exclusiva para tal nos casos de crimes de ferimentos graves, furtos com forçamento de casa e estupro violento. O ouvidor realizava também a visita às cadeias e nelas julgava, nos termos do assento de 17.10.1781, com os juízes ordinários e o vereador mais velho ou o procurador da cidade, os que tivessem cometido perturbações e excessos na cidade ou se tivessem travado de razões com os habitantes chineses.

Ponderando "os serios, e mui attendiveis prejuizos, que soffrem os Meus Fieis Vassallos, residentes nos Meus Dominios Ultramarinos, occasionados pelas demoras e delongas, com que se embaraça e protrahe a final decisão dos Negocios, especialmente os Forenses, em todos aquelles casos, e incidentes, em que se faz necessario recorrer a Superiores Instancias", o Alvará de 10.9.1811

[1849] "A inconveniência de apelações demoradas e a necessidade de pronta justiça aconselharam a nomeação de «juntas» que, em diversas capitanias, funcionaram como tribunal irrecorrível – na hipótese de crimes contra a «paz pública»" (Pedro Calmon, 1959: 1284).

estabeleceu finalmente em todas as capitanias dos domínios ultramarinos Juntas compostas pelo capitão general ou governador, pelo ouvidor e pelo juiz de fora e com competência, designadamente, para conceder a reforma das cartas de seguro, passar alvarás de fiança, expedir perdões e comutar as penas corporais em outras pecuniárias, salvo a pena de galés.

A revolução liberal não alterou esta organização dos tribunais ultramarinos, que se manteve até meados da década de trinta do século XIX. Com a divulgação dos ideais da revolução francesa, as doutrinas assimiladoras dos territórios ultramarinos à metrópole foram importadas pelo novo regime liberal português, contrariando a política de sujeição do Antigo Regime.[1850]

A política de assimilação caracterizava-se pela vigência da mesma legislação em todas as partes do território nacional, pela participação dos representantes das colónias no processo legislativo e pela uniformização das administrações metropolitana e ultramarina.[1851] No tocante aos indígenas, a política de assimilação visava o reconhecimento da igualdade política e jurídica entre indígenas e não indígenas.[1852]

Os propósitos assimiladores dos revolucionários, que já se reflectiam claramente no Manifesto publicado pela Junta Provisional do Governo Supremo do Reino de 31.10.1820, vieram a ser acolhidos na Base n. 21 do Projecto da Constituição liberal, que declarava que a Constituição obrigaria os portugueses residentes no Reino de Portugal e dos Algarves e os residentes nas outras três partes do mundo, logo que os seus legítimos representantes tivessem manifestado ser esta a sua vontade.[1853]

[1850] O sistema de sujeição era um dos três sistemas coloniais que a doutrina identificava. Sobre as três formas de colonização, a sujeição, a assimilação e a autonomia, Lourenço Cayolla, 1912: 283 a 304, e Silva Cunha, 1953: 11 a 15, e sobre o sistema colonial do Antigo Regime, Rui Ennes Ulrich, 1909: 101 ("regimen da sujeição excessiva"), Lourenço Cayolla, 1912: 279, 285, 371 ("sujeição, temperando-os porêm na Índia, pelo respeito aos costumes, habitos, religião e até organisação política dos naturaes"), Rocha Saraiva, 1914: 227, e Marcello Caetano, 1934: 89 e 90, 94 a 98 ("sujeição mitigada", atenta a transplantação das instituições municipais para o ultramar). As designações então utilizadas de domínios, conquistas e senhorios traduziam uma íntima dependência da política ultramarina em relação à pessoa do rei (Gonçalo Santa-Rita, 1950: 23).

[1851] Sobre o sistema colonial assimilador introduzido pelos liberais de vinte, Marnoco e Souza, 1905: 297, 308, 319, 334 e 364, Rui Ennes Ulrich, 1909: 103, Rocha Saraiva, 1914: 228, Almeida Garrett, 1919: 283, Marcello Caetano, 1934: 60, 91, 98 a 103 ("assimilação centralizadora"), e Silva Cunha, 1951: 112.

[1852] A política indígena do Antigo Regime já era uma política de assimilação (Silva Rêgo, 1951: 223, e 1963: 261 e 272) ou de "assimilação tendencial", não política, mas "espiritual" (Silva Cunha, 1952: 23, 37).

[1853] Depois de ter incitado os habitantes dos territórios ultramarinos a vir participar na assembleia constituinte, o manifesto da Junta Provisional afirmava peremptoriamente o princípio

A Jurisdição Penal Ultramarina   877

O projecto estabeleceu o número de Relações nos territórios ultramarinos, uma em cada província do Brasil, uma na Guiné e outra na Índia. O recurso de revista seria na província do Brasil conhecido pelas Relações, que teriam até competência para logo fazer executar as suas sentenças quando declarassem a nulidade ou a injustiça da sentença recorrida. Em África e na Índia, o recurso de revista seria conhecido pela Relação da província "pelo methodo que a Lei determinar" (artigo 158 do projecto).

Os constituintes foram além do projecto. A Constituição veio a prever não apenas a existência de Relações em todo o "Reino Unido", mas também um Supremo Tribunal de Justiça no Brasil, com as mesmas atribuições do tribunal com sede em Lisboa. No tocante às províncias ultramarinas de África e da Índia, a determinação do juízo e do modo de resolução dos conflitos de jurisdição entre as Relações, a concessão de revistas, a responsabilidade dos juízes nestes casos e as funções de tribunal protector da liberdade de imprensa deviam ser objecto de lei ordinária. O legislador constituinte fixou, no entanto, um critério fundamental para a lei ordinária, que era o de que as causas seriam "tratadas no mesmo território" onde se levantavam (artigo 193 da Constituição).[1854] Deste modo, os constituintes definiram claramente o princípio da uniformidade da administração da justiça em todo o território nacional e o critério para a concretização legal das especialidades da administração judiciária ultramarina.[1855]

---

da igualdade de todos os portugueses sem distinção de raças ou lugares de nascimento: "Extinto para sempre o injurioso apelido de Colónias não queremos todos outro nome que o título generoso de concidadãos da mesma pátria. Quanto nos deprimiu a uns e a outros a mesma escravidão tanto nos exaltará a comum liberdade e entre o europeu, americano, asiático, africano, não restará outra distinção que a profiada competência de nos excedermos e avantajarmos por mais entranhável fraternidade, por mais heroico patriotismo, pelos mais denodados esforços" (Gonçalo Santa-Rita, 1949: 10 e 11). Diferentemente, a assembleia nacional francesa autorizou, por Decreto de 8.3.1790, os habitantes das colónias a elaborar um projecto de constituição própria para cada colónia, que devia conformar-se com umas bases gerais feitas pela assembleia nacional e ser submetido posteriormente ao exame da mesma assembleia e à sanção do rei. Para o efeito, deviam ser formadas assembleias legislativas nas colónias onde ainda não o tivessem sido. Esta foi a solução encontrada para fazer os colonos gozar das novas liberdades, respeitando, contudo, a especificidade das conveniências locais. O fracasso desta solução conduziu à adopção clara de um sistema de assimilação desde a Constituição do ano III, com a excepção do sistema de sujeição da Constituição do ano VIII. O sistema de assimilação constituiu, pois, um "legado da revolução francesa" e um princípio constante na história constitucional francesa do século XIX (Pierre Aubry, 1909: 98, 99, 107 e 108).

[1854] Este facto é ignorado por alguma doutrina quando afirma que os constituintes teriam omitido "qualquer disposição especial para as colónias, porque se pressupunha a aplicabilidade das disposições constitucionais a todo o território nacional, sem distinguir o da metrópole do ultramarino" (Silva Cunha, 1951: 113, e 1953: 115, e Alfredo Wilensky, 1971: 22 e 23).

[1855] A ameaça do movimento separatista brasileiro marcou profundamente a discussão das disposições do projecto da constituição sobre a organização judiciária ultramarina, em especial,

A Reforma da Justiça Criminal em Portugal e na Europa

A declaração de independência do Brasil e a guerra civil impediram, contudo, a regulamentação das novas directrizes constitucionais para a administração da justiça ultramarina.

2. As graves limitações do modelo específico consagrado na reforma de 1836/1837

A tarefa da reorganização judiciária no ultramar português só foi realizada após a outorga da Carta Constitucional, reiterando com ela o monarca outorgante a anterior opção política pela uniformização da administração judiciária em todo o território nacional e pela assimilação dos portugueses indígenas aos portugueses não indígenas.[1856]

A reforma da organização judiciária ultramarina começou a ser publicada no mês seguinte ao da aprovação da Nova Reforma Judiciária, que iria vigorar

---

nas sessões de 31.1 e de 1.2.1822, em que se aprovou a existência de Relações naquela província e se fixou a sua competência para decidir das revisões, e nas sessões seguintes de 9, 11 e 13.2, em que se discutiu acerbamente a competência das Relações brasileiras para suspender juízes. Os termos violentos com que a questão foi logo de início exposta pelos deputados Borges Carneiro e Freire mantiveram-se ao longo de toda a discussão e foram mesmo acirrados pelas várias intervenções dos deputados brasileiros, tendo o congresso rejeitado esta competência das Relações (Diário das Cortes Geraes e Extraordinarias, volume V, p. 183). Gonçalo Santa-Rita sintetizou muito justamente a discussão do problema das colónias na assembleia constituinte como uma discussão centrada em torno do dilema brasileiro ("na realidade a união e igualdade de direitos visava os portugueses do Brasil; só por inevitável coerência e para disfarçar, com aspecto de generalidade, o que se queria dar a esses, se alargava aos das outras possessões", Santa-Rita, 1949: 8, 15 e 16). Também sobre esta discussão, Thomaz Ribeiro, 1891: 244 a 247, e Zília Osório de Castro, 1990: 301 a 304, salientando aquele autor "a preoccupação fatal, antipathica, inconvenientíssima do congresso" em não dar "vislumbre sequer de um poder soberano, delegado só que fosse, ao Brazil". Ao invés, a administração da justiça nas províncias africanas e asiáticas não constituiu um motivo de discordância entre os constituintes. Na sessão de 19.3.1822, foram apresentados dois relatórios da comissão do ultramar sobre as províncias de Angola e de Moçambique, em que se retratava o desenvolvimento de cada uma das províncias, merecendo a organização judiciária apenas uma menção no relatório de Moçambique no sentido de que se devia abolir o novo lugar de juiz de fora, pois o antigo ouvidor era "mais do que suficiente para as poucas demandas que havia, e que hoje ainda são menos" (Diário das Cortes Geraes e Extraordinarias, volume V, pp. 883 a 889). Na sessão de 2 de Abril desse ano foi apresentado um outro relatório sobre a província de Cabo Verde, que nenhuma menção fazia à administração da justiça (Diário das Cortes Geraes e Extraordinarias, volume VI, pp. 620 a 625).

[1856] José Lopes de Lima, 1844 a: 52, e Marnoco e Souza, 1905: 440, e, retrospectivamente, Adriano Moreira, 1951: 5 e 6, e 1960: 298, Silva Cunha, 1951: 113, e Alfredo Wilensky, 1971: 33.

A Jurisdição Penal Ultramarina 879

apenas no território da metrópole.[1857] Os dois diplomas fundamentais que realizaram aquela reforma foram o Decreto de 7.12.1836, que procedeu à organização judiciária civil e militar do território ultramarino na Ásia e na costa oriental de África, e o Decreto de 16.1.1837, que procedeu à organização judiciária em Moçambique, Angola e nas ilhas de S. Tomé e Príncipe e Cabo Verde.[1858]

A reforma tinha dois objectivos muito distintos: por um lado, a conformação da organização judiciária do distrito judicial de Goa de acordo com a da metrópole e, por outro, a modificação profunda do processo penal aplicável em todo o território ultramarino, com excepção das províncias das novas conquistas, de Solor e de Timor.

O primeiro daqueles Decretos restabeleceu a Relação de Goa, abandonada em 1822 pelos seus titulares. O distrito da Relação compreendia as ilhas de Goa e as possessões portuguesas na Ásia e na costa oriental de África, tendo aquele Tribunal superior competência para julgar em segunda e última instância todas as causas cíveis e crimes e em primeira e única instância os crimes puníveis com a pena de morte, mas exigindo a condenação nesta pena um colectivo reforçado por mais dois juízes de direito das comarcas de Goa, além dos três juízes da Relação. O legislador instituiu também um Conselho Supremo de Justiça Militar que funcionaria como tribunal de segunda e última instância na jurisdição militar no distrito de Goa.

[1857] Em face das imensas dificuldades resultantes da organização judiciária do final do Antigo Regime, em que apenas se tinha criado um distrito judicial no Estado da Índia, que incluía Macau e Timor e a África oriental, e se sujeitava todas as províncias de África ocidental ao distrito da Casa da Suplicação, o deputado às cortes António Lima Leitão apresentou em 21.2.1828 um projecto de reorganização judiciária, que não foi sequer discutido. Este projecto previa a criação de três províncias, cada qual com uma Relação: a de Cabo Verde, com sede em São Tiago, a da África ocidental, com sede em Luanda, e a da Índia, Timor e Moçambique, com sede em Nova Goa. Os termos das ouvidorias seriam substituídos por julgados, com juízes de direito. A Reforma Judiciária de 1832 não dispunha para o ultramar e o primeiro diploma reformador da administração judiciária ultramarina aprovado pelo governo liberal é do ano seguinte. Atendendo "às necessidades de simplificar a pública administração, e de a colocar em harmonia com a Carta Constitucional, a qual não reconhece a multiplicidade dos tribunais, que sem proveito das partes eram de evidente perda para o Tesouro público", o legislador aboliu o Conselho Ultramarino por Decreto de 30.8.1833.

[1858] A doutrina criticou veementemente este diploma, concluindo que "em todo aquelle Decreto se enxerga uma perigosa precipitação, e carencia de conhecimento local dos paizes, para os quaes se legislava á pressa" (José Lopes de Lima, 1846: 85). O diploma reformador aplicável na Ásia e na costa oriental de África foi também mandado aplicar, pelo Decreto de 21.4.1842, nas províncias de África ocidental e nas ilhas adjacentes "especialmente no que respeita ao tempo de serviço dos Magistrados e consideração em que devem ser tidos no seu regresso a este Reino".

880 A Reforma da Justiça Criminal em Portugal e na Europa

Os órgãos judiciais de primeira instância eram constituídos em cada uma das três comarcas das Ilhas de Goa, de Bardez e de Salsete, em que se encontrava dividido o distrito de Goa, pelo juiz de direito, que também exercia funções como auditor nos conselhos de guerra, e por um tribunal de polícia correccional, composto pelo juiz de direito e por dois advogados ou dois homens-bons, escolhidos pelo presidente da Relação, e em cada freguesia do distrito de Goa pelo juiz eleito e pelo juiz de paz, designados nos termos da lei geral.

Ao invés, nos territórios de Macau e de Moçambique e nas três comarcas da África ocidental portuguesa subsistiam a Juntas de Justiça de Macau, Moçambique e de Angola, criadas no final do Antigo Regime, sendo na comarca de Cabo Verde estabelecida uma nova Junta de Justiça. Estes órgãos julgavam os crimes cometidos por civis e militares sem recurso, por contraposição com as causas cíveis, que nas comarcas da África ocidental portuguesa admitiam recurso para a Relação de Lisboa e na comarca de Moçambique para a Relação de Goa.[1859]

Na primeira instância foi criado um lugar de juiz de direito em cada uma das novas comarcas africanas de Luanda, São Tomé e Príncipe e Cabo Verde e nos territórios de Moçambique e Macau, que substituíram os antigos ouvidores destas possessões, mantendo a competência instrutória dos processos julgados nas Juntas.

O estatuto destes magistrados, tal como o dos juízes de direito do distrito de Goa, era o mesmo do da metrópole, beneficiando das mesmas garantias até 1848.[1860] O Decreto de 1.8.1844 determinou que os juízes de direito de primeira

---

[1859] A única Junta de Justiça criada pelo legislador liberal foi a primeira a ser extinta. A Junta de Justiça de Cabo Verde foi logo extinta em 1.10.1856, tendo sido atribuída a sua competência criminal aos juízes de direito, com a excepção dos crimes praticados por militares que tivessem foro privilegiado, que eram decididos pelo conselho de guerra, com recurso para o Supremo Conselho de Justiça Militar do reino. No entanto, a prova produzida nas audiências diante do juiz de direito era reduzida a escrito e tinha lugar apelação oficiosa pelo Ministério Público das sentenças proferidas sobre crimes de penas maiores. As outras duas Juntas de Justiça mantiveram a respectiva competência, tal como era definida nos diplomas que as tinham instituído. Esta questão colocou-se expressamente a propósito da Junta de Justiça de Macau, tendo o legislador aproveitado o ensejo para esclarecer, através da Portaria de 18.1.1849, que a Relação de Goa nenhuma jurisdição tinha nas causas sujeitas à Junta de Justiça de Macau, salvo no caso de pena última, nos termos do § 5 do Alvará de 26.3.1803, que criou a dita Junta. A questão não ficou definitivamente resolvida, tendo-o sido meses mais tarde através da publicação da Lei de 4.5.1849. Nos termos desta lei, das sentenças condenatórias em pena capital proferidas pela Junta de Justiça de Macau competia ainda recurso obrigatório para a Relação de Goa, devendo a decisão final desta ser submetida à resolução do poder moderador, mesmo no caso de réu chinês.

[1860] Quer o regime administrativo instituído pela Lei de 5.4.1835, que organizou provisoriamente os domínios ultramarinos em capitanias, quer o regime administrativo fixado pelo Decreto de 28.9.1936, que dividiu os domínios africanos em três governos gerais e um particular

A Jurisdição Penal Ultramarina 881

instância das províncias ultramarinas podiam ser mudados pelo governo nos mesmos termos dos da metrópole, logo que completassem três anos de serviço ou, quando o exigisse o serviço público, mesmo antes deste prazo. Neste caso a transferência dependia apenas de prévia audiência do Conselho de Estado. Contudo, a Lei de 18.8.1848 modificou este regime de equiparação dos estatutos das magistraturas da metrópole e do ultramar, prevendo que os juízes de direito de primeira instância nas províncias ultramarinas podiam ser transferidos pelo governo dentro da mesma província, com voto afirmativo do Conselho de Estado, mas sem audiência prévia do juiz visado, ao invés do que acontecia no continente e nas ilhas adjacentes.

A estrutura do processo penal ultramarino foi profundamente modificada pela introdução do princípio da publicidade com uma amplitude maior do que a daquele princípio na legislação metropolitana. Quer a repergunta obrigatória no Tribunal da Relação e nas Juntas de Justiça das testemunhas que já tinham sido ouvidas na fase preparatória do processo, quer as audiências de julgamento diante do juiz de direito e do Tribunal de Polícia eram públicas depois da prolação da pronúncia. A consagração muito ampla da garantia da publicidade do processo constituía simultaneamente um meio de concretização do princípio da imediação e do princípio do contraditório, permitindo ao réu conhecer e discutir toda a prova da acusação em público e impondo ao tribunal que fundamentasse a sua decisão apenas na prova produzida em audiência.[1861]

A instituição da magistratura do Ministério Público, que libertava o juiz da função de promotor dos termos da acusação, e a criação de um tribunal colectivo para julgamento em primeira instância dos crimes de polícia melhoravam significativamente a posição processual do réu no julgamento dos crimes menos graves, quer em relação ao direito anterior, quer mesmo em relação ao direito da

---

e formou um governo geral nos domínios asiáticos, previam expressamente que os capitães generais e os governadores não tinham quaisquer competências jurisdicionais e não podiam interferir directa ou indirectamente nos negócios judiciais. A Portaria de 9.7.1840 fixou os termos em que seriam resolvidas as disputas entre as autoridades administrativas e judiciais das províncias. O governador tinha o dever de controlar a omissão do presidente da Relação na inspecção das faltas dos juízes, representando ao governo para se proceder contra aquele quando fosse caso disso. A Portaria de 25.2.1842 reiterou os princípios fixados em 1836 e 1840 e esclareceu que o governador não podia reter presos na cadeia à sua ordem, mesmo que se tratasse de presos em flagrante delito.

[1861] Não obstante a opção clara do legislador, suscitou-se na prática a dúvida sobre a manutenção do auto de ratificação da pronúncia nas Juntas de Justiça e a consequente possibilidade de aproveitamento da prova do processo preparatório na audiência de julgamento, tendo o legislador esclarecido a dúvida, através da Portaria de 4.5.1848, no sentido de que a obrigação de elaboração daquele auto já tinha ficado suspensa em virtude da modificação da lei geral.

metrópole. Apesar das limitações decorrentes da composição do tribunal e da estrutura sumária e inquisitória do processo de polícia correccional, a atribuição ao Tribunal de Polícia Correccional de competência para julgar em primeira instância os crimes de polícia realizava no direito ultramarino uma das características mais salientes do modelo judiciário francês, que a Nova Reforma Judiciária não tinha conseguido consagrar na metrópole.[1862]

No julgamento dos crimes mais graves, a situação era mais complexa, distinguindo-se no distrito de Goa os feitos que não tivessem a natureza de crimes de polícia e fossem puníveis com pena distinta da pena de morte, que eram julgados apenas pelo juiz de direito, com registo da prova, dos feitos puníveis com a pena de morte, que eram julgados pela Relação. Naqueles feitos, como nestes, o princípio da acusação não era observado, pois nos primeiros o juiz de direito que pronunciava o réu julgava a causa e nos segundos o juiz que dava a pronúncia podia fazer parte do colectivo reforçado que julgava o feito na Relação. A extinção dos lugares dos juízes ordinários na Índia, que foram mantidos na metrópole e nas províncias da África ocidental, agravava ainda mais a situação do réu, uma vez que o juiz de direito passou a exercer a competência instrutória dos juízes ordinários. Nas comarcas de Macau e de Moçambique e nas três comarcas da África ocidental portuguesa a situação não era distinta, pois o juiz da pronúncia intervinha na composição da Junta que julgava o feito.

A exclusão dos embargos deixava o réu condenado em primeira instância nas Juntas de Justiça e no Tribunal da Relação na impossibilidade de impugnar ordinariamente a decisão do tribunal, sobrando-lhe apenas o apelo ao monarca.[1863] Ao invés, o registo da prova nas causas conhecidas apenas pelo juiz

---

[1862] O legislador português seguiu o mesmo caminho do legislador francês da Restauração, que regulou a organização judiciária das principais colónias da coroa, a Reunião, as Antilhas e a Guiana, respectivamente, com as *ordonnances* de 30.9.1827, de 24.9.1828 e de 24.12.1828, em termos semelhantes aos da metrópole, mas com três particularidades, que iriam caracterizar o direito ultramarino francês: a unicidade do juiz de primeira instância, a atribuição da competência correccional ao tribunal de apelação da colónia e a substituição do tribunal de júri por um tribunal composto por magistrados togados e assessores. Estas características só foram suprimidas na Reunião e nas Antilhas pelas Leis de 16.8.1854 e de 27.7.1880.

[1863] Os termos da legislação nova suscitaram a questão de saber se a pena de morte devia ser executada de imediato nas províncias ultramarinas, tendo o legislador, através da Portaria de 20.9.1843, esclarecido que também os condenados em pena de morte no ultramar podiam utilizar o benefício real de perdoar e minorar as penas e que se deveriam considerar revogadas as disposições em contrário, "que se não se considerassem revogadas collocariam os subditos portugueses, residentes n' aquellas provincias, em condição menos vantajosa que a dos residentes na Europa". Mais tarde, após a aprovação da Novíssima Reforma Judiciária, a questão da irrecorribilidade das decisões das Juntas de Justiça voltou a colocar-se em face da disposição do artigo 1197 daquele diploma, tendo o legislador esclarecido, pela Portaria de 11.4.1864, que

A Jurisdição Penal Ultramarina   883

de direito no distrito de Goa permitia ao Tribunal da Relação uma sindicância ampla da decisão sobre a matéria de facto e sobre a suficiência dos meios de prova. Entre a falta de defesa do réu condenado pelo Tribunal da Relação ou pela Junta de Justiça em primeira instância e a defesa ampla do condenado pelo juiz de direito em primeira instância, encontrava-se o réu julgado e condenado pelo colectivo do Tribunal de Polícia Correccional, que podia apenas impugnar a decisão de direito no Tribunal da Relação.

3. Os aperfeiçoamentos das reformas legislativas da Regeneração

A pacificação da vida política nacional permitiu aos governantes atentar nos negócios ultramarinos. Com a entrada de António Maria Fontes Pereira de Melo para o ministério da marinha e do ultramar iniciou-se o movimento de reforma da legislação ultramarina, que também foi incentivado pela consagração ao nível constitucional do princípio da especialização da ordem jurídica ultramarina. A Constituição de 1838 tinha incluído este princípio pela primeira vez, prevendo a existência de leis especiais para cada província ultramarina e a possibilidade de o governo da metrópole ou os governadores gerais decretarem medidas urgentes para as províncias ultramarinas, não estando reunidas as Cortes.[1864] Após a reposição em vigor da Carta, a doutrina do titulo X da Constituição de 1838 foi de novo elevada ao nível constitucional pelo Acto adicional à Carta de 5.7.1852.[1865]

---

os meios ordinários de impugnação não eram aplicáveis nos processos julgados pelas Juntas de Justiça.

[1864] Já depois da aprovação da nova Constituição, tendo o governador da província de Moçambique ordenado a expulsão dos baneanes, mouros, persas e gentios residentes na província, o governo reagiu de modo claro, através da Portaria de 7.11.1838, considerando nulo o "monstruoso" Decreto do governador, pois os baneanes, mouros, persas e gentios domiciliados nas províncias ultramarinas da Ásia e de África gozavam de todos os direitos civis e políticos e estavam sujeitos a todas as obrigações consagradas pela Constituição.

[1865] O Acto limitou a doutrina da Lei de 2.5.1843, que atribuía ao governo a competência legislativa, não só em momentos de urgência, mas sempre que fosse indispensável para o bem das colónias, e retomou a doutrina restritiva da Constituição de 1838. A crítica da opção constitucional e da prática governativa que desde então se instalou de os executivos governarem os territórios ultramarinos em "permanente regime ditatorial" foi feita por Marnoco e Souza (1905: 212, 297, 308, 334 e 338), Almeida Garrett (1919: 289, 290 e 294) e Marcello Caetano (1934: 80). Em 1905, Marnoco e Souza ainda se queixava de que "as nossas colónias continuam a ser governadas do Terreiro do Paço". Três anos depois, também Rui Ulrich (1908: 361 e 362) atribuiu à prática governativa da metrópole a "nossa decadencia colonial", considerando mesmo que "o immenso imperio colonial dos portuguezes estava condemnado a um desmembramento fatal".

884 *A Reforma da Justiça Criminal em Portugal e na Europa*

Dezoito anos depois da sua extinção, o Decreto de 23.9.1851 instituiu de novo o Conselho Ultramarino, tendo o respectivo regimento sido aprovado pelo Decreto de 29.12.1852. O novo órgão da administração ultramarina era composto por sete vogais efectivos e seis extraordinários, nomeados por decreto real, e tinha competência para proceder à abertura dos concursos e classificação para lugares no ultramar e para propor o sancionamento do "mau serviço" dos funcionários ultramarinos de qualquer ordem e categoria (artigo 14, 3º, do Decreto de 23.9.1851). Simultaneamente, o Decreto de 27.12.1852 restabeleceu as sindicâncias a todos os juízes de direito de primeira e de segunda instância do ultramar, autorizando também o governo a determinar, sob consulta do Conselho Ultramarino, a realização de sindicâncias extraordinárias.[1866] [1867]

As regras para a realização dos concursos para os lugares da magistratura judicial do ultramar e para a nomeação, a transferência e a promoção dos juízes de direito no ultramar só foram, no entanto, fixadas quatro anos depois, respectivamente, pelo Decreto de 5.11.1856 e pelo Decreto de 11.12.1856.

Na sequência da Lei de 21.7.1855, que dividiu em três classes os lugares dos juízes de direito de primeira instância do reino e das ilhas adjacentes e regulou a nomeação, a promoção e a antiguidade dos juízes do reino, o governo dividiu os juízes de direito de primeira instância das províncias ultramarinas em duas classes, compreendendo a primeira os das comarcas de Goa, Bardez, Salsete, Macau e Luanda e a segunda os das comarcas do Sotavento e do Barlavento de Cabo Verde, de São Tomé, de Benguela e de Moçambique. Os juízes podiam ser transferidos para comarca da sua classe ao fim de seis anos ou antes ainda por conveniência de serviço, mas neste caso com audiência escrita prévia do juiz visado e voto afirmativo do Conselho Ultramarino. Os juízes de primeira instância eram nomeados para comarcas de segunda classe e sucessivamente promovidos por antiguidade a comarca de primeira classe e à Relação de Goa ou de Luanda, sem distinção do distrito judicial de onde provinham.

Mais tarde, em face das dificuldades que a experiência tinha revelado e, sobretudo, da falta de profissionais devidamente habilitados nos lugares da magistratura judicial ultramarina, o Decreto de 7.5.1858 reviu aquelas regras.

[1866] A Carta de Lei de 20.6.1866 aboliu as sindicâncias ordinárias no ultramar e manteve as extraordinárias, mas as comarcas ficavam abandonadas a substitutos leigos.

[1867] Não obstante as repetidas interferências do governo da metrópole nos conflitos entre autoridades locais (Portarias de 11.5.1855, 21.9, 14.10, e 9.11.1857, 7.1.1861, 18.2.1863, 8.4.1863, 4.8.1880, e 9.5.1891, Decreto de 13.11.1880, e ofício do ministro da marinha de 16.4.1894), o exercício arbitrário de funções jurisdicionais e as intromissões na independência da magistratura judicial por parte das autoridades administrativas eram frequentes, tendo sido objecto da crítica por um juiz famoso do quadro do ultramar, Augusto Pinto Osório (1876).

As províncias foram divididas em dois distritos judiciais, com sede em Goa e Angola, compreendendo o primeiro as comarcas de Goa, Bardez, Salsete, Macau e Moçambique e o segundo as comarcas de Luanda, Benguela, São Tomé, Sotavento e Barlavento de Cabo Verde, mas no que toca a estas duas últimas apenas no que respeita à nomeação, promoção e transferência de juízes, mantendo-se sujeitas ao distrito judicial de Lisboa para os demais efeitos. Os juízes podiam ser transferidos para qualquer outra comarca de três em três anos ou antes por conveniência de serviço, mas neste caso com voto afirmativo do Conselho Ultramarino, encurtando-se deste modo o período de permanência obrigatória na comarca e omitindo-se a audiência prévia do visado. Os juízes das Relações eram nomeados pelo governo de entre os juízes de primeira instância do respectivo distrito que tivessem seis anos completos de exercício e, na falta destes, de entre os juízes de primeira instância do reino ou do ultramar com qualquer tempo de serviço, abandonando-se o critério da antiguidade.

Além da regulamentação dos concursos para os lugares da magistratura judicial do ultramar e do regime de nomeação, transferência e promoção dos juízes de direito no ultramar, a reforma regeneracionista teve um outro objectivo fundamental, o da uniformização da organização judiciária em todo o território ultramarino e, muito particularmente, nos territórios da África ocidental portuguesa.[1868] Assim, o Decreto de 30.12.1852 procedeu à divisão do distrito judicial de Angola e São Tomé e Príncipe em três comarcas, com um juiz de direito em cada uma, criando a nova comarca de Benguela ao lado das comarcas de Luanda e de São Tomé. Por sua vez, as comarcas foram divididas em julgados, com um juiz ordinário e um juiz de paz em cada um, sendo extinto o lugar de juiz eleito das freguesias. Nas terras em que não se encontrassem reunidas as condições legais para a constituição como município, a autoridade militar, que chefiava a subdivisão judiciária do presídio, exercia provisoriamente as competências do juiz ordinário e do juiz de paz.

[1868] A situação da justiça era caótica na província de Angola: "um único juiz de 1ª instancia para todo o immenso continente; juizes leigos e com improprio regimento nas partes mais civilisadas da Colonia; juizes militares sem regimento algum, nos presidios do sertão; nenhum juizo commercial nas duas cidades em que o commercio é tudo; as Lei da Metropole, ora regendo absolutamente, ora excepcionalmente, segundo o arbitrio dos que mandam e dos que julgam; uma completa incerteza e vacillação de Direito e de suas fórmas; recursos illusorios para os Tribunaes da metropole, que só podem intentar os ricos e poderosos; tal é aquelle estado que as reformas legislativas de Portugal, desde a Restauração, com verdade, se póde dizer, que têem aggravado ainda mais". Nestes termos descrevia o Conselho Ultramarino a situação da justiça no parecer que antecedeu o projecto que foi posteriormente convertido no Decreto de 30.12.1852. O Decreto de 11.12.1872 mandou aplicar as disposições deste diploma na Guiné.

O distrito tinha um Tribunal da Relação em Luanda, com as mesmas competências no foro cível e no foro crime de que dispunha a Relação de Goa, com alçada no crime de dois anos de prisão, trabalhos forçados e degredo para fora do distrito judicial, sendo admitida a interposição do recurso de revista apenas para o Supremo Tribunal de Justiça.[1869]

Os juízes de direito julgavam, de facto e de direito, as causas cíveis e crimes, tendo nestas últimas alçada até um mês de prisão e 10.000 réis fortes de multa, mas cabendo recurso obrigatório do Ministério Público das sentenças condenatórias dos juízes de direito em pena que excedesse a alçada da Relação.[1870] Além desta competência, os juízes de direito eram auditores nos conselhos de guerra convocados nas cabeças das suas comarcas.[1871] Os juízes ordinários julgavam, com recurso para o juiz de direito, as causas crimes que não excedessem a alçada deste e preparavam as causas que a excedessem, tendo alçada até três dias de prisão ou 3.000 réis fortes de multa nas causas de polícia correccional.

Os juízes letrados de primeira e segunda instância eram providos nos seus lugares por concurso organizado pelo governo. Os juízes ordinários e os de paz eram nomeados por dois anos pelo governador, ouvido o conselho do governador, de uma lista tríplice de cidadãos que reunissem as condições para ser vereadores municipais, proposta pelo presidente da Relação no caso dos primeiros e pelas câmaras municipais no caso dos segundos, mas os juízes ordinários só po-

---

[1869] A nova Relação de Luanda só foi efectivamente instalada no ano de 1856, tendo-se o tribunal constituído pela primeira vez no dia 9.12.1856, segundo a Portaria de 30.3.1857.

[1870] Mais tarde, atendendo a que a doutrina do artigo 1163 da Novíssima não podia ser aplicada no ultramar, por não haver aí júri, o Decreto de 12.8.1880 determinou que as sentenças absolutórias proferidas pelo juiz de direito na província de Angola e na comarca de São Tomé em processos relativos a crimes puníveis com penas maiores fossem obrigatoriamente revistas na Relação de Luanda, impondo a obrigação de interposição de recurso oficioso ao Ministério Público. Por outro lado, a doutrina do artigo 1195 da Novíssima impunha uma prisão do réu absolvido "prolongada e vexatória", sobretudo tendo em conta a demora do Supremo Tribunal de Justiça na decisão e a distância da província à metrópole, pelo que se mandou aplicar a providência prevista no artigo 133 do regimento de 1.12.1866, salvo se o réu fosse acusado de crime punível com pena perpétua.

[1871] Seguindo o exemplo do Decreto de 3.11.1852 para as cidades de Lisboa e do Porto, a Portaria provincial de 25.7.1853, de São Tomé e Príncipe, conferiu ainda ao juiz de direito da comarca de São Tomé e Príncipe competência para julgar as causas de coimas, polícia municipal e transgressões de posturas, pois os juízes eleitos não cumpriam os seus deveres e a câmara não arrecadava as multas que ficavam por cobrar. A Portaria provincial foi confirmada por Decreto do governo de 3.5.1854. O Decreto de 4.8.1859 previu semelhante disposição para o concelho de Moçambique, sendo as causas julgadas pela forma de processo prevista no Decreto de 3.11.1852.

A Jurisdição Penal Ultramarina 887

diam ser demitidos pelo mesmo governador, com voto afirmativo daquele conselho e ouvido o presidente do Tribunal da Relação.

No que toca às formas de processo aplicáveis, o diploma de 1852 determinou a aplicação do direito previsto na Novíssima, com as especialidades do alargamento do regime de sanação das nulidades que não influíssem na decisão final e da diminuição do número das testemunhas ouvidas no sumário da culpa.[1872] No entanto, cedendo às limitações físicas e financeiras decorrentes da colonização de um território tão vasto como o de Angola, o legislador ressalvou a "antiga prática" nos presídios (artigo 48 de Decreto de 30.12.1852), reduzindo-se nestes os termos do processo preparatório ao corpo de delito, à inquirição de testemunhas e à pronúncia.

Também no foro militar se estabeleceu um novo tribunal, o Conselho Superior de Justiça Militar, em Luanda, com competência para julgar em segunda e última instância os recursos interpostos das decisões dos conselhos de guerra proferidas em processos de crimes cometidos por militares, observando-se o processo aplicável no Supremo Conselho de Justiça Militar do reino.[1873]

Não obstante a criação de dois novos tribunais superiores, a Junta de Justiça manteve-se com competência para o julgamento, em primeira e única instância, de determinados crimes graves e dos crimes de insubordinação militar com violência.[1874] A uniformização da organização judiciária ultramarina e da

---

[1872] Seis anos depois, o Decreto de 2.6.1858 mandou pôr em vigor no ultramar as disposições da Lei de 18.7.1855, com restrições. Encontrando-se em vigor nas outras províncias a Novíssima e o diploma reformador de 1855 e mantendo-se em vigor no Estado da Índia a Nova Reforma, a Portaria de 15.10.1863 mandou aplicar nesta província a Novíssima. Mas a falta de pessoas que reuníssem os requisitos legais do artigo 79 da Novíssima para serem vogais do tribunal correccional levou à publicação do Decreto de 11.10.1865, que modificou a composição daqueles tribunais em Damão e Diu. O tribunal era composto, além do juiz, por apenas dois vogais retirados de entre as pessoas elegíveis para a câmara municipal.

[1873] No foro militar era ainda aplicável o direito do Antigo Regime e, designadamente, os artigos de guerra de 1763, os Alvarás de 15.7.1763, de 21.10.1763, de 4.9.1765 e de 5.10.1778 e o regulamento do exército de 21.2.1816, tendo este direito vigorado nas províncias ultramarinas até 1894, data em que entrou em vigor o CJM de 1875 (Caetano Gonçalves, 1906: 14).

[1874] Só em 1878 foi extinta a Junta de Justiça das províncias de Angola e São Tomé e Príncipe. Com a publicação do Decreto de 14.11.1878, a competência da extinta Junta para julgamento dos crimes comuns foi atribuída às justiças ordinárias e a competência para julgamento dos crimes militares ao conselho de guerra, com recurso para o Conselho Superior de Justiça Militar daquela província. Contudo, a nova exigência de a Relação julgar sempre com quatro juízes não deu bons resultados, tendo os juízes de direito da comarca de Luanda de intervir frequentemente e por longos períodos, o que implicava a sua substituição por juízes ordinários, que, sendo embora seus substitutos legais, evitavam o encargo. Por esta razão, o Decreto de 12.8.1880 mandou a Relação de Luanda julgar com três juízes apenas e fixou uma remuneração aos juízes ordiná-

A *Reforma da Justiça Criminal em Portugal e na Europa*

metropolitana, que se iniciou em 1836 no distrito de Goa e em 1852 se alargou ao distrito de Angola e de São Tomé e Príncipe, não ficou ainda concluída em 1866, aquando da aprovação da reforma da organização judiciária de Moçambique, Macau e Timor.[1875]

Apesar da restrição substancial da competência das Juntas de Justiça de Moçambique e de Macau, o Decreto de 1.12.1866 manteve estes órgãos, sendo cada um deles composto pelo governador da respectiva província, que presidia, e por sete vogais, que eram o juiz de direito, como relator, o seu primeiro substituto legal, três oficiais superiores de primeira linha e dois membros bienais do conselho do governo, tendo assento em vez do membro mais novo do conselho do governo de Macau o procurador da cidade. As Juntas tinham competência para julgar, em primeira e única instância, apenas os processos comuns ordinários. Estes processos eram preparados pelo juiz de direito, que procedia à recolha da prova em "plenário" (artigo 46 do Decreto de 1.12.1866) e no final desta remetia os autos à Junta para julgamento do feito em audiência com a acusação, a defesa e os réus. Além destes feitos, as Juntas conheciam os agravos e as apelações crimes interpostos dos juízes da primeira instância, nos casos em que fossem permitidos para a Relação, bem como os recursos das decisões proferidas pelos conselhos de guerra, com o mesmo poder jurisdicional do Supremo Conselho de Justiça Militar em Goa. Quer os julgamentos de militares quer os de paisanos nas Juntas eram públicos, sendo os termos da acusação promovidos por um promotor militar ou por um delegado do procurador da coroa.

Aos juízes de direito das comarcas de Moçambique e Macau e da nova comarca de Quelimane e ao juiz ordinário do julgado de Timor cabia preparar o processo cujo julgamento pertencia às Juntas de Justiça, instruindo os autos com

---

rios. O mesmo problema se verificou, aliás, na Relação de Goa, tendo-lhe sido dada a mesma solução pelo Decreto de 9.12.1885.

[1875] A província de Macau e de Timor e Solor foi criada pelo Decreto de 20.9.1844, tornando-se independente do governo do Estado da Índia. O juiz de direito de Macau exercia as antigas funções do ouvidor e tinha jurisdição em toda a nova comarca, havendo em Timor e em Solor juízes ordinários. A nova comarca continuou a pertencer ao distrito da Relação de Goa, mantendo-se a competência da Junta de Justiça de Macau, na forma do Decreto de 7.12.1836. O Decreto de 25.9.1856 separou Timor e Solor do governo de Macau, constituindo aqueles territórios um julgado do Estado da Índia. O Decreto de 17.9.1863, confirmado por Carta de Lei de 28.6.1864, organizou o território de Timor como província, com um juiz de direito, mas a experiência mostrou que os negócios administrativos e judiciais eram muito reduzidos, não justificando a estrutura administrativa própria de um governo provincial nem a existência de um juiz de direito. Por esta razão, o Decreto de 26.11.1866 determinou a integração do território de Timor de novo na província de Macau, com um governo subalterno em Timor. Contudo, para efeitos judiciais, o território permaneceu integrado no distrito judicial de Goa, constituindo um julgado. O juiz do julgado tinha a mesma alçada do juiz de Damão e de Diu.

A Jurisdição Penal Ultramarina   889

os depoimentos escritos das testemunhas de acusação e de defesa, e julgar sozinhos os restantes feitos comuns. Na comarca de Quelimane e no julgado de Timor foram criados novos tribunais de polícia correccional, à semelhança do que já sucedia nas comarcas de Goa, com competência para julgar as apelações das sentenças proferidas em processos de polícia correccional pelos juízes ordinários e as apelações das sentenças proferidas em processos de transgressões pelo juiz de direito ou pelo juiz ordinário, que excedessem a alçada de 10.000 réis de multa ou trinta dias de prisão do juiz de direito e do juiz ordinário.

Deste modo, as Juntas de Justiça de Moçambique e Macau perderam a sua natureza de órgão com competência jurisdicional exclusiva no foro criminal comum e militar, consagrando-se do mesmo passo o princípio do duplo grau de jurisdição, uma vez que no processo ordinário eram admissíveis embargos fundados em matéria de direito ou de facto à decisão da Junta e recurso de revista para o Supremo Tribunal de Justiça da decisão proferida pela Junta sobre os embargos. As sentenças de condenação em pena de morte eram ainda, em qualquer caso, remetidas ao poder moderador.

Não obstante a faculdade da Junta de reperguntar as testemunhas e de interrogar os réus nos feitos que julgava em primeira instância, o princípio da imediação era muito prejudicado por força da divisão de competências entre o juiz instrutor e a Junta. O princípio da acusação no julgamento dos crimes em processo ordinário só estava assegurado na comarca de Quelimane e no julgado de Timor, pois os respectivos juízes não faziam parte, respectivamente, da Junta de Moçambique e da de Macau como relatores. Ao invés, nas comarcas de Moçambique e de Macau a pertença do juiz de direito instrutor do processo à Junta prejudicava consideravelmente este princípio. O recurso de revista dos embargos era insuficiente para colmatar estes défices, atenta a limitação dos embargos à prova documental ou às peças já existentes no processo. No entanto, o Supremo Tribunal de Justiça podia ainda controlar, nos termos em que ele se encontrava concretamente conformado, a legalidade e a suficiência dos meios de prova.

Nas causas do foro militar, a integração dos conselhos de guerra pelos delegados das comarcas de Moçambique e Macau, pelo juiz de direito na comarca de Quelimane e pelo juiz ordinário na comarca de Timor salvaguardava integralmente a imparcialidade da Junta, deixando intacto o princípio do duplo grau de jurisdição, o mesmo não acontecendo nas causas de polícia e de transgressões julgadas em segunda instância pelos novos Tribunais de Polícia Correccional de Quelimane e de Timor, em que os juízes recorridos intervinham no tribunal de recurso.

Já no final da década de sessenta do século XIX o legislador procedeu a um balanço muito negativo da primeira reforma fundamental introduzida pelo governo da Regeneração, tendo primeiro o ministro dos negócios da marinha e do ultramar José Maria Latino Coelho e, posteriormente, o ministro da mesma pasta Luiz Augusto Rebello da Silva revisto consideravelmente a obra antes feita. Ponderando a circunstância de que a competência multifacetada do Conselho Ultramarino, que reunia funções judiciais, administrativas e consultivas, tinha dado ocasião a "delongas inevitáveis no exame e solução dos negócios públicos ou na satisfação devida aos interesses particulares", tornando-se desnecessária a existência de "um tribunal demasiado numeroso e de uma dispendiosa secretaria", o governo extinguiu, através do Decreto de 23.9.1868, aquele órgão da administração e criou em seu lugar um outro, a Junta Consultiva do Ultramar. A nova Junta apenas manteve uma competência consultiva genérica, perdendo, designadamente, a competência para a organização dos concursos para lugares da justiça e para a pronúncia sobre a transferência por conveniência de serviço de magistrados judiciais.[1876]

Assim, o Decreto de 17.11.1869, que deixou intocada a divisão das províncias ultramarinas em dois distritos judiciais, com sede em Luanda e Goa, e as subdivisões em comarcas dentro de cada um destes distritos, determinou que as transferências de magistrados só podiam ter lugar dentro do respectivo distrito, por conveniência de serviço ou a requerimento do interessado e que aquela transferência devia ser precedida por voto afirmativo do Conselho de Estado. Só anos mais tarde o Decreto de 14.11.1878 criou seis novas comarcas no distrito judicial oriental e duas novas comarcas no distrito ocidental, tendo quatro anos depois o Decreto de 5.10.1882 permitido de novo a transferência de magistrados judiciais de ambas as instâncias de um para outro distrito judicial "como exige muitas vezes o bem do serviço".[1877]

Em substituição do anterior regime de provimento, o Decreto de 18.11.1869 criou um júri, composto por magistrados e nomeado pelo ministro da marinha e ultramar, que procedia à organização dos concursos e à classificação dos candidatos para os lugares do ultramar de acordo com um critério misto de antiguidade e mérito. O ministro nomeava, contudo, o candidato que considerasse

---

[1876] A transformação em um órgão puramente consultivo correspondeu a um maior burocratização da administração colonial, tendo-se imposto, no conflito de poderes então latente, a secretaria de Estado dos negócios da marinha e do ultramar sobre o antigo Conselho Ultramarino (Marcello Caetano, 1967 a: 75).

[1877] O gigantesco esforço de reorganização das comarcas ultramarinas feito em 1878 saldou-se na província de Goa na criação das comarcas de Sanquelim e Quepem e na elevação do julgado de Damão a comarca, na província de Moçambique na criação das comarcas de Inhambane e de Lourenço Marques e na província de Macau e Timor na criação da comarca de Timor. No distrito ocidental foram criadas as comarcas de Ambaca e Mossamedes na província de Angola, tendo sido mantida a comarca da Guiné recentemente criada pelo Decreto de 28.11.1876.

A Jurisdição Penal Ultramarina 891

mais idóneo. A extinção do Conselho Ultramarino deixou também uma lacuna no que dizia respeito à competência disciplinar sobre os magistrados das províncias ultramarinas. O Decreto de 21.12.1882 mandou que os juízes de direito de primeira instância a quem fosse instaurado processo de sindicância ou que fossem pronunciados criminalmente ficassem no quadro da magistratura sem exercício, podendo ser substituídos por outros juízes. Só com a publicação do Decreto de 12.2.1891 se estabeleceu de novo que o governo ouvisse previamente a Junta Consultiva do Ultramar antes de ordenar a formação de processo de sindicância extraordinária ou criminal a magistrados judiciais do ultramar, tendo-se simultaneamente ampliado a doutrina do Decreto de 21.12.1882 aos juízes de segunda instância.

4. O cume do processo de evolução legislativa: o Regimento da Administração da Justiça nas Províncias Ultramarinas, de 20.2.1894

O processo legislativo iniciado em 1836 atingiu o seu cume com a promulgação do Decreto de 20.2.1894, que previa o Regimento da administração da justiça nas províncias ultramarinas.[1878] Este diploma, subscrito pelo ministro dos negócios da marinha e do ultramar João António Brissac das Neves Ferreira, mas da lavra do seu antecessor Francisco Joaquim Ferreira do Amaral, realizou a uniformização integral da administração judiciária de todos os territórios ultramarinos e procedeu a uma profunda reforma da organização judiciária, sem paralelo no direito colonial estrangeiro.[1879] A reforma foi completada no

---

[1878] Idêntico movimento uniformizador ocorreu no âmbito da legislação penal substantiva. Os marcos fundamentais foram o Decreto de 18.12.1854, confirmado pela Lei de 10.5.1856, que determinou a aplicação ao ultramar do Código Penal de 1852, e o Decreto de 11.12.1884, que determinou a aplicação ao ultramar da nova reforma penal de 14.6.1884, excepto no que respeitava às alterações feitas à Lei de 1.7.1867, por esta não estar em vigor no ultramar. O Decreto de 18.11.1869 mandou aplicar o Código Civil nas colónias, ressalvando os usos e costumes dos indígenas nas causas entre eles, designadamente os costumes das Novas Conquistas coligidos no respectivo código de 14.10.1853. O Decreto de 16.12.1880 mandou manter e ressalvar aos hindus gentios de Goa, sem distinção de Velhas e Novas Conquistas, os seus usos e costumes nos termos revistos daquele diploma. Mais tarde, o Decreto de 2.3.1887 mandou aplicar no ultramar a importante Lei de 15.4.1886 sobre fianças, excepto na parte relativa à substituição do sistema penitenciário.

[1879] O legislador português realizou deste modo um feito sem igual no direito colonial das outras potências europeias. No direito ultramarino francês, a situação não era unitária, dividindo-se as colónias entre aquelas em que vigorava integralmente o *Code d' Instruction*, que eram

892 A Reforma da Justiça Criminal em Portugal e na Europa

ano seguinte com a criação do Conselho Superior da Magistratura Judicial Ultramarina, instituído junto do ministério dos negócios da marinha e do ultramar pelo Decreto de 10.1.1895.

As províncias ultramarinas foram divididas em três distritos judiciais, o de Luanda, compreendendo as províncias de Angola e de São Tomé e Príncipe, incluindo-se naquela a nova comarca do Congo, o distrito de Moçambique, que incluía as novas comarcas de Cabo Delgado e da Beira, e o distrito de Nova Goa, compreendendo o Estado da Índia e a província de Macau[1880] e Timor.[1881]

---

a Reunião, desde 1827, as Antilhas, desde 1828, a Guiana, desde 1829, e o Senegal, desde 1838, aquelas em que aquele código só vigorava parcialmente, sendo aplicáveis as regras do processo correccional em todas as causas, que eram as colónias da Nova-Caledónia, desde 1886, da Oceânia, desde 1868, de Madagáscar, desde 1896, da Costa da Somália, desde 1904, e dos Camarões, desde 1922, e ainda as colónias regidas por diplomas especiais, que incluíam a Indochina e a África equatorial. No entanto, as anomalias em relação ao direito da metrópole multiplicaram-se, reforçando todas os poderes do Ministério Público e, designadamente, os poderes deste sobre a liberdade provisória (Dareste, 1931: 461 a 467 e 468). Só pelo Decreto de 10.11.1903 o legislador francês iria reunir em um diploma a regulamentação sobre a administração da justiça nos territórios da África ocidental e apenas destes.

[1880] A especificidade dos hábitos e costumes da comunidade chinesa em Macau exigiram desde sempre a adopção de uma solução especial para a resolução dos diferendos entre cristãos e chineses e entre estes, tendo-se aproveitado para o efeito a procuradoria dos sínicos de Macau, criada em 1585 para representação do monarca junto das autoridades chinesas (Almada Negreiros, 1910: 299). A procuradoria foi reorganizada pelo Decreto de 20.12.1877, tendo sido atribuída ao procurador competência para julgar todas as causas crimes entre chineses que residissem em Macau e entre estes e cidadãos de outras nacionalidades, quando os réus fossem chineses residentes, com a excepção daquelas em que portugueses fossem autores ou réus, que pertenciam à jurisdição comum. Os processos por crimes puníveis com penas maiores temporárias subiam obrigatoriamente ao juiz de direito para confirmação da sentença, sem outro recurso. Os crimes puníveis com penas maiores perpétuas de trabalhos públicos, prisão ou degredo subiam à Junta de Justiça, que funcionava como tribunal de segunda e última instância, ressalvados os casos previstos na já referida Lei de 4.5.1849. O Decreto de 22.12.1881 aprovou o último regimento da procuratura dos negócios sínicos de Macau, fixando a competência desta para conhecer de todos os pleitos entre réus chineses e entre estes e indivíduos de outra nacionalidade ou o Ministério Público, sempre que os réus fossem chineses. O procurador era nomeado e demitido pelo governo da metrópole, tendo "a mesma independencia que têm os juizes de direito" (artigo 5, § 2), encontrando-se sujeito a sindicância extraordinária nos termos da legislação vigente e podendo ser suspenso pelo governador da província com voto afirmativo do conselho da província. A principal inovação consistiu na admissibilidade de interposição de recurso para a Junta de Justiça nas causas criminais excedentes à alçada do procurador, em que a pena aplicável não fosse superior a pena maior temporária, decidindo a Junta em segunda e última instância. O regimento de 20.2.1894 extinguiu a procuradoria dos negócios sínicos, passando as funções judiciais do procurador de que era admissível recurso para o juiz de direito. As funções judiciais anteriormente desempenhadas pelo procurador em primeira e única instância foram transferidas para um novo órgão, o procurador administrativo dos negócios sínicos. A competência jurisdicional do procura-

A província de Cabo Verde e o distrito militar da Guiné continuavam a pertencer ao distrito judicial de Lisboa, vigorando naquela província a legislação judiciária e processual da metrópole e no distrito militar da Guiné o disposto no importante Decreto de 21.5.1892, de que adiante se tratará com pormenor.

O legislador extinguiu as Juntas de Justiça de Moçambique e de Macau, passando a sua competência na província de Moçambique para as justiças civis quanto aos crimes sujeitos ao foro comum e para os conselhos de guerra quanto aos crimes do foro militar, com recurso, respectivamente, para dois novos tribunais superiores instituídos na província, o Tribunal da Relação e o Conselho Superior de Justiça Militar. Na província de Macau e Timor, os recursos das decisões das justiças civis e dos conselhos de guerra eram interpostos, respectivamente, para o Tribunal da Relação e para o Supremo Conselho de Justiça Militar de Goa.[1882]

---

dor administrativo manteve-se até à entrada em vigor da Carta de Lei de 17.8.1899, que conferiu definitivamente toda a competência jurisdicional ao juiz de primeira instância de Macau, mantendo embora o processo especial prescrito no diploma de 22.12.1881.

[1881] Como se viu já, o Decreto de 14.11.1878 criou a comarca de Timor. Dez anos depois, Timor tornou-se um distrito autónomo para todos os efeitos políticos e administrativos, sendo, no entanto, concedidas pelo Decreto de 15.10.1896 ao respectivo governador as competências de um governador de província e encontrando-se este directamente subordinado ao governo da metrópole. Na sequência deste diploma, o Decreto de 30.12.1897 aprovou uma nova organização judicial, determinando que os comandantes militares exercessem as funções de juiz municipal e de juiz popular previstas no regimento de 1894 enquanto estes não fossem criados, julgando os processos de polícia correccional, com recurso para o juiz de direito, excepto quando a pena aplicada não excedesse a quinze dias de prisão ou a vinte patacas de multa. Nestes casos, contudo, registava-se a queixa e a prova. O comandante militar procedia também ao corpo de delito dos restantes crimes, podendo o Ministério Público dar "como judiciaes os depoimentos das testemunhas e o juiz de direito deferir, se assim o julgar conveniente" (artigo 34, 4ª). O juiz de direito julgava os processos de polícia sumariamente. Só com a publicação do Decreto de 9.12.1909 o distrito autónomo de Timor foi de novo convertido em uma província, conferindo-se ao governador as mesmas honras e prerrogativas dos governadores das províncias de Cabo Verde, Guiné, São Tomé e Príncipe e Macau. Para efeito da administração da justiça Timor permaneceu, no entanto, uma comarca integrada no distrito judicial de Nova Goa.

[1882] A fundamentação político-criminal desta opção era clara: "Sucessivas reclamações contra as juntas de justiça e tribunaes superiores militares do ultramar aconselharam a sua extincção, o que por igual succedeu ao cargo de procurador da cidade e á repartição da procuratura dos negocios sinicos de Macau, organisando-se tudo de fórma que houvesse o menos possivel a accumulação de funcções judiciaes com as administrativas e politicas, de maneira que a independencia dos poderes, que umas e outras representam, se mantenha" (Diário da Câmara dos Deputados, 1893, p. 45). Tal como na metrópole, a organização de tribunais superiores de contencioso aduaneiro no final da década de noventa representou, contudo, um retrocesso em relação a este desígnio político. O Decreto de 4.8.1898 aprovou o regulamento do contencioso fiscal aduaneiro

894   A Reforma da Justiça Criminal em Portugal e na Europa

Na sede de cada distrito havia um Tribunal da Relação e um lugar de juiz de direito, tendo a Relação competência para conhecer os recursos interpostos do juiz de direito e alçada em causas crimes de penas correccionais ou espe-

na província de Angola, prevendo a criação de quatro tribunais especiais junto de cada uma das alfândegas de Luanda, Benguela, Moçamedes e Ambriz, compostos pelo administrador da respectiva alfândega, um negociante escolhido anualmente pelo governador da província e por um auditor, que era juiz de direito ou juiz municipal. Estes tribunais julgavam os delitos de contrabando e descaminho na parte fiscal e transgressões de regulamentos fiscais e funcionavam com, pelo menos, dois membros, desde que um fosse o auditor. Em Luanda foi ainda instituído um tribunal de segunda instância, o Tribunal Superior de Contencioso Fiscal, composto pelo inspector de fazenda da província, por um membro da direcção da associação comercial de Luanda e por um auditor, que era juiz da Relação de Luanda. A exequibilidade das decisões do Tribunal Superior dependia da aprovação das mesmas pelo governador da província. Findo o processo fiscal, se a infracção fosse punível com pena de prisão, o processo devia ser remetido ao tribunal comum competente, valendo como corpo de delito em relação ao crime aduaneiro cometido e como participação em relação a qualquer crime comum. Três anos depois, o Decreto de 29.7.1902 procedeu à reorganização dos serviços do círculo aduaneiro de Moçambique. O director de círculo e os chefes de alfândega tinham competência para julgar os crimes de contrabando e de descaminho e as transgressões fiscais em processo sumário, com audiência por escrito do acusador e do réu e inquirição das respectivas testemunhas. Os chefes de posto também podiam julgá-los sumariamente, quando o valor da multa e do objecto perdido não excedesse 20.000 réis. Os julgamentos nas alfândegas e nos postos eram sempre revistos pelo director de círculo, que, constatando uma injustiça notória apresentava os processos ao Tribunal Superior de Contencioso Fiscal. Este tribunal, criado na sede do círculo, era composto pelo inspector da fazenda provincial, que presidia, pelo delegado do procurador, que relatava, e pelo presidente da associação comercial, tendo competência, designadamente, para alterar a decisão impugnada. Junto do tribunal funcionava o director do círculo com voto consultivo. Com vista a evitar a fixação de uma "jurisprudencia menos conforme ás disposições das leis e regulamentos aduaneiros e fiscaes e em prejuizo de interesses especiaes ligados ao regimen geral administrativo e economico" e a repetição de "reclamações, que os factos consumados não permittiram attender apesar do seu manifesto e evidente fundamento", o Decreto de 6.9.1906 determinou a competência do governador da província de Moçambique para confirmar as decisões do Tribunal Superior, sem o que estas decisões não seriam exequíveis. Discordando o governador da decisão proferida, ele podia ordenar a realização de novo julgamento, "indicando a lei applicavel e os termos do processo a seguir", não sendo o novo acórdão sindicável. Também em Cabo Verde foi criado um Tribunal Superior de Contencioso Aduaneiro pelo Decreto de 28.6.1909, que aprovou a reorganização do círculo aduaneiro da província de Cabo Verde. Os processos de contrabando e descaminho eram julgados em primeira instância pelos funcionários aduaneiros, competindo recurso para o Tribunal Superior, que funcionava na sede do círculo aduaneiro. Este tribunal era composto pelo administrador do círculo, isto é, o director de alfândega da cidade do Mindelo, que era nomeado pelo governo e presidia ao tribunal, pelo conservador do registo predial de São Vicente, que servia de auditor, e por um comerciante estabelecido na cidade do Mindelo, nomeado pelo governador da província de uma lista de seis nomes propostos pelo administrador do círculo. Nos processos seguiam-se as fórmulas sumárias e não havia recurso da decisão do tribunal superior.

A Jurisdição Penal Ultramarina 895

ciais[1883] e o juiz de direito competência para conhecer os recursos interpostos das decisões dos juízes municipais e para julgar as causas crimes e as causas de coimas e transgressões de posturas municipais cometidas no julgado cabeça de comarca, com alçada até 60.000 réis fortes de multa e trinta dias de prisão correccional.[1884]

O estatuto destes magistrados letrados era muito distinto do dos seus pares da metrópole. Se os juízes de direito que faltassem aos seus deveres de ofício podiam, tal como na metrópole, ser suspensos ou punidos com outras sanções disciplinares pelo Conselho Superior da Magistratura Judicial Ultramarina, em tudo o mais se diferenciavam as disposições aplicáveis na metrópole e no ultramar.

Os juízes de primeira e de segunda instância estavam sujeitos a regras de transferência mais flexíveis do que os magistrados judiciais da metrópole. Os juízes de segunda instância podiam ser transferidos por conveniência de serviço, precedendo audiência do visado, do presidente da Relação respectiva e do Conselho Superior da Magistratura Judicial Ultramarina, e os juízes de direito de primeira instância não estavam sujeitos à transferência ordinária e quando tivessem mais de quatro anos de serviço na mesma comarca podiam mesmo ser transferidos por conveniência de serviço e sem quaisquer formalis-

---

[1883] A doutrina reagia a esta especialidade de um de dois modos: ou admitindo ainda neste caso o recurso fundado em incompetência ou excesso de jurisdição para o Supremo Tribunal de Justiça (Delgado de Carvalho, 1898: 50) ou propondo a redução da alçada de todos os tribunais criminais para metade, por ela poder constituir, quando excessiva, um "perigo gravissimo para a liberdade dos cidadãos e, por vezes, até para a sua honra" (Afonso Costa, 1899: 313).

[1884] A doutrina considerava a correccionalização legislativa imposta no ultramar como um "facto inevitável nas sociedades nascentes", em face da impossibilidade da realização do recenseamento dos jurados "em classes dotadas de superior ilustração" (Caetano Gonçalves, 1906: 12 e 13). No entanto, a mesma lei proibitiva da existência de jurados nas causas criminais admitia-os nas causas comerciais, com excepção dos processos em que as partes os dispensassem (censurando a lei, Lopo Sampaio e Mello, 1910: 174 a 176). Os jurados julgavam as questões de facto conjuntamente com o juiz de direito, com a relevantíssima particularidade, fixada pela Portaria de 24.3.1902, de que os depoimentos das testemunhas prestados perante os jurados eram escritos se as partes não tivessem prescindido de recurso. O sentido da Portaria de 1902 foi muito discutido, concluindo Caetano Gonçalves (1906: 24) que o legislador tinha pretendido que a decisão do júri sobre a matéria de facto não fosse neste caso definitiva. Estas particularidades mostram que não foram apenas "dificuldades materiais para pôr em vigor exactamente o regime da metrópole" que estiveram na origem da supressão do júri no processo penal e civil ultramarino, como pretende Adriano Moreira (1955 a: 88 e 89), mas sobretudo considerações de natureza política do legislador, até porque no foro comercial eram julgados os crimes de falência, constituindo estes crimes o único caso de intervenção do júri em um julgamento criminal no ultramar.

mos. As regras sobre promoção, colocação no quadro e demissão de juízes agravavam a situação periclitante dos magistrados do ultramar. A promoção dos juízes de direito de primeira instância era determinada por um critério misto de antiguidade e mérito. A colocação no quadro dos juízes de primeira e de segunda instância por conveniência de serviço dependia da audiência prévia do visado, do presidente da Relação respectiva e do referido Conselho Superior da Magistratura Ultramarina, mas não do voto afirmativo deste Conselho, e o governo podia ordenar uma sindicância extraordinária a qualquer magistrado judicial do ultramar, embora com consulta afirmativa do Conselho Superior da Magistratura Ultramarina, o que implicava a imediata colocação no quadro. Por fim, os casos de demissão eram mais amplos do que os dos magistrados da metrópole.[1885]

Os juízes desembargadores e os juízes de direito de primeira instância do ultramar tinham, pois, uma posição mais precária do que a dos juízes da metrópole, sobretudo se se atentar em que, ao invés do Conselho da magistratura da metrópole, a composição do Conselho da magistratura ultramarina estava directamente subordinada aos interesses do governo.

O Conselho Superior da Magistratura Judicial Ultramarina era composto pelo ministro da marinha e do ultramar, que presidia, pelo director geral do ultramar e por quatro vogais nomeados bienalmente pelo ministro de entre os conselheiros do Supremo Tribunal de Justiça, os juízes do Tribunal da Relação de Lisboa e os magistrados superiores do Ministério Público do reino. Além das competências já mencionadas, ao Conselho cabia proceder à classificação dos candidatos à magistratura judicial do ultramar, fazer a proposta de promoção dos magistrados judiciais do ultramar de acordo com um critério misto de antiguidade e mérito e dar parecer sobre a aposentação, a sindicância e a passagem ao quadro da metrópole dos magistrados judiciais do ultramar.[1886]

A governamentalização da magistratura judicial tinha o seu complemento lógico na supressão das magistraturas inferiores eleitas pelas populações.

[1885] Discutia-se na doutrina se nos casos dos artigos 123, § 2, 124, § 2, e 155, § único, do regimento novo os magistrados do ultramar podiam ser demitidos pelo governo sem sentença judicial, pronunciando-se nesse sentido Chaves e Castro (1910: 470) e contra Afonso Costa (1899: 379) e Alberto dos Reis (1905: 366).

[1886] O carácter complementar e acessório da intervenção destes magistrados no processo decisório ministerial em relação à gestão da magistratura judicial ultramarina ficou patente na afirmação do próprio ministro proponente da reforma de que os magistrados membros do Conselho "serão para o ministro um regulador do seu procedimento, que completará a auctoridade moral das suas decisões, o que não pouco contribuirá para ellas serem sem esforço acatadas e executadas" (Diário da Câmara dos Deputados, 1893, p. 46).

A Jurisdição Penal Ultramarina 897

Em cada concelho ou circunscrição administrativa, que não fosse sede de comarca, havia um juiz municipal, nomeado pelo governo da metrópole sob proposta em lista tríplice do presidente do Tribunal da Relação e informação do governador provincial, pelo período de dois anos, preferindo quem tivesse curso superior ou secundário, mas podendo o governador da província, com autorização do governo da metrópole, nomear o chefe da administração militar da localidade no caso de não haver pessoas com habilitações. O magistrado municipal podia ser livremente transferido dentro da mesma comarca pelo governador provincial, mas só podia ser demitido pelo governador precedendo audiência do visado, parecer do presidente da Relação e voto afirmativo do conselho do governo.

Em cada freguesia havia um juiz popular, nomeado pelo governador da província em conselho, sobre lista tríplice proposta pela corporação administrativa municipal e informação do juiz de direito respectivo, pelo período de um ano. Os governadores podiam demitir estes juízes, precedendo audiência dos mesmos e da corporação administrativa local e voto afirmativo do conselho do governo.[1887]

Em consequência da supressão dos juízes ordinários e de paz, a competência dos primeiros foi, em regra, transferida para os juízes municipais[1888] e a competência dos juízes de paz foi transferida para os juízes populares. Assim, o juiz municipal instruía e julgava as causas crimes com penas aplicáveis de prisão ou desterro até um mês, repreensão, censura ou multa até um mês ou até 60.000 réis fortes[1889] e preparava as restantes causas criminais que remetia pos

---

[1887] A doutrina apontava os magistrados municipais e populares do ultramar como os dois únicos casos na legislação portuguesa de excepção ao princípio da inamovibilidade dos juízes (Afonso Costa, 1899: 350 e 351, e Alberto dos Reis, 1905: 317. Este autor exigia que todas as magistraturas inferiores fossem inamovíveis de modo a evitar que fossem, como eram então, "agentes puros e simples do poder executivo".

[1888] Tal como esclareceu o próprio ministro da marinha nos motivos da proposta de lei: "Não representa isto na sua essencia uma novidade; é mais ou menos o que hoje existe com o nome de juizes dos julgados ordinarios; o que se fez foi dar-lhe nome em accordo com a divisão concelhia, onde a alçada se exerce, e definir attribuições e funcções, o que até hoje não estava regulado" (Diário da Câmara dos Deputados, 1893, p. 46). Mais tarde, a Portaria do ministro da marinha e do ultramar, de 5.6.1894, reiterou esta afirmação.

[1889] O artigo 181 do regimento conferia competência aos juízes municipais do ultramar para julgar os crimes e contravenções puníveis com prisão até seis meses, mas este artigo estava em manifesta contradição com o disposto no artigo 92, n. 2, devendo aquele artigo ser interpretado restritivamente (J. J. da Silva, 1895: 9, Delgado de Carvalho, 1898: 26 e 27, Chaves e Castro, 1910: 605, Caeiro da Matta, 1912: 48, e Marnoco e Souza, 1907: 121).

898   A Reforma da Justiça Criminal em Portugal e na Europa

teriormente ao juiz de direito para julgamento,[1890] julgava as causas de coimas e transgressões de posturas municipais cometidas no julgado e conhecia os recursos interpostos do juiz popular.[1891]

Por sua vez, o juiz popular conciliava as partes, levantava autos de notícia na freguesia, prendia os delinquentes e julgava por equidade e sumariamente as causas cíveis sobre bens mobiliários e danos até 3.000 réis fortes, só cabendo recurso das suas decisões por incompetência, excesso de jurisdição ou ofensa de lei.[1892]

No tocante à regulamentação processual, o regimento procedeu a uma uniformização total do direito vigente nas províncias ultramarinas e do direito da metrópole, mandando observar o direito processual vigente na metrópole para as causas cíveis, comerciais e criminais,[1893] com a excepção da forma de processo

---

[1890] A remessa para a sede da comarca devia ser feita depois do recebimento da contestação. Na audiência de julgamento eram ouvidas as testemunhas moradoras no julgado cabeça de comarca e lidos os depoimentos deprecados das testemunhas moradoras fora desse julgado, como esclareceu a Portaria do ministro da marinha e do ultramar de 16.8.1894. A doutrina criticou este regime, porquanto "residindo geralmente as testemunhas no lugar onde o processo é instruido, ficarão muitas vezes por esclarecer alguns pontos da accusação e da defeza que dependam de acareação do reu com as testemunhas, ou d' estas entre si" (J. J. da Silva, 1895: 53).

[1891] Em face desta competência do juiz municipal como instância normal de recurso das decisões do juiz popular, Alberto dos Reis chamava a atenção para as "differenças sensiveis" entre o juiz municipal do ultramar e o da metrópole, considerando mesmo que o primeiro constituía "um grau normal de jurisdicção interposto entre o juizo popular e o juizo de direito", ao invés do juizo municipal da metrópole, que representava "uma magistratura irregular e accidental" (Alberto dos Reis, 1909: 159). Embora a lei não fosse expressa, o autor defendia que a decisão do juiz municipal ultramarino, em que conhecesse do recurso interposto do juiz popular, não admitia outro recurso.

[1892] O legislador de 1894 introduziu ainda, no próprio regimento, uma previsão especial para a província de Moçambique, segundo a qual o governador geral podia criar, com a aprovação do governo, tribunais com organização especial para o julgamento das questões entre os gentios indígenas, devendo ser observados os usos e costumes do território na organização deste tribunais e no processo. Mas a mais relevante especialidade relativa ao julgamento das causas gentílicas foi introduzida em um diploma autónomo, o Decreto de 20.9.1894, que regulamentou a pena de trabalhos públicos aplicável aos indígenas de Timor, São Tomé e Príncipe e dos territórios das costas oriental e ocidental de África criada pelo regimento de Fevereiro. Neste diploma estabeleciam-se regras especiais para o julgamento em processo sumário, verbal e sem recurso, dos indígenas de Angola, Moçambique, Timor e São Tomé, pela prática de certos crimes e de transgressões de posturas, definindo-se o conceito de indígena como o nascido no ultramar de pai e mãe indígenas e que "se não distingam pela sua instrucção e costumes do commum da sua raça" (artigo 10). A doutrina criticou este diploma por a forma de processo nele regulada dar frequentemente azo a abuso por parte da polícia (Lopo Sampaio e Mello, 1910: 197).

[1893] Em face da expressão "legislação vigente na metropole" do artigo 183 do regimento de 1894, levantou-se a dúvida sobre a aplicabilidade directa no ultramar da futura legislação

A Jurisdição Penal Ultramarina 899

correccional e da intervenção do júri nos processos de querela, mas admitindo-
-se o registo facultativo da prova e o recurso da decisão sobre a matéria de facto
para a Relação nestes processos.[1894] Assim, no novo direito ultramarino, tal
como no da metrópole, vigorava quase plenamente o princípio do duplo grau de
jurisdição, com excepção das causas da alçada do juiz de direito, sendo a mais
notável diferença entre aqueles direitos a existência de uma alçada significativa
dos Tribunais da Relação ultramarinos.

Destarte, o modelo judiciário consagrado na legislação ultramarina do final do século era distinto do vigente na metrópole, comungando com este dos
princípios enformadores do paradigma judiciário liberal, mas dele se afastando
no que toca à forte governamentalização da magistratura judicial, à total irrelevância da participação popular na administração da justiça penal, ao estatuto e
à competência das magistraturas inferiores, por um lado, e, por outro, à observância do princípio da acusação e às possibilidades de controlo dos vícios da
valoração da prova.

Com efeito, no direito ultramarino conseguia-se uma melhor observância
do princípio da acusação nas causas puníveis com penas superiores a prisão ou
desterro até um mês, repreensão, censura ou multa até um mês ou até 60.000
réis fortes, em face da divisão de competências entre o juiz municipal e o juiz de
direito, cabendo a este apenas o julgamento da causa e àquele a instrução e a
pronúncia. Acresce que a decisão do juiz de direito ultramarino, ao invés da do
juiz de direito da metrópole, se encontrava, toda ela, sob o controlo do Tribunal
da Relação, pelo que os vícios cometidos pelo juiz na fixação dos factos provados, designadamente, com aproveitamento da prova da instrução e em prejuízo
do princípio da imediação, poderiam ser sindicados pelo tribunal de recurso. A
correccionalização do processo de querela, com a concomitante abolição da forma de processo correccional, redundava, pois, em um regime mais benéfico
para o réu do que o vigente na metrópole no julgamento, quer na primeira instância quer na segunda instância, dos crimes puníveis com penas superiores a

---

aprovada na metrópole. A Portaria de 2.10.1903 esclareceu a expressão da lei no sentido de que o
legislador se tinha referido somente às leis vigentes na data da publicação do regimento e não
também às publicadas posteriormente, cuja vigência nas províncias ultramarinas dependia de diploma do ministro da marinha e do ultramar.

[1894] Em face do teor do artigo 183 do regimento de 1894, discutiu-se se o Ministério Público podia renunciar livremente ao registo da prova e ao recurso no processo ordinário ultramarino, mas a doutrina e a jurisprudência iam no sentido de que aquele artigo do regimento de 1894
não tinha revogado o disposto nos artigos 1185 e 1197 da Novíssima (Silva, 1895: 54, e Delgado
de Carvalho, 1898: 38). Colocada expressamente a questão ao ministro da marinha e do ultramar
pelo presidente da Relação de Lourenço Marques, o ministro respondeu, pela Portaria de
31.1.1896, no sentido propugnado pela doutrina e pela jurisprudência.

900   *A Reforma da Justiça Criminal em Portugal e na Europa*

prisão ou desterro até um mês, repreensão, censura ou multa até um mês ou até 60.000 réis fortes.

O processo de uniformização da organização judiciária só ficou concluído com a publicação da Lei de 26.5.1896, que mandou observar as disposições dos livros segundo, terceiro e quarto do Código de Justiça Militar de 1895 no ultra-mar.[1895]

Contudo, o diploma de 1896 atribuiu aos governadores das províncias a competência fixada no Código de Justiça Militar para os comandantes das divisões militares, com a distinção de que lhes cabia decidir em definitivo da formação da culpa, sem dependência de ulterior decisão ministerial, salvo se o delinquente tivesse a patente de coronel ou general.

Por outro lado, a lei nova instituiu um conselho de guerra em cada província ultramarina composto por dois vogais militares, oficiais de primeira linha, presidindo o mais graduado ou o mais velho de entre estes, e um auditor, que era o conservador do registo predial ou o seu substituto legal.[1896]

[1895] O regimento de 1894 já previa a aplicação do Código de Justiça Militar de 1875 à ordem do processo nos feitos crimes julgados nas províncias ultramarinas até à acusação, tendo um Decreto publicado quatro meses depois, a 19.7.1894, abolido os conselhos de investigação e mandado dar seguimento aos processos após a formação do corpo de delito nos termos previstos no Código de Justiça Militar para o reino, ficando, pois, quase integralmente uniformizado o processo criminal militar do reino e o do ultramar, tanto para a primeira linha como para a segunda linha e irregulares. Mais tarde, a Lei de 21.7.1899 determinou que fossem aplicáveis nas províncias e nos distritos autónomos do ultramar as disposições do Código de Justiça Militar de 1896, com as modificações da referida Lei de 26.5.1896.

[1896] Em face do atraso no julgamento em muitos conselhos de guerra do ultramar e da consequente acumulação de presos nas casas de reclusão militares, o Decreto de 22.12.1900 previu regras especiais para julgamento dos crimes militares puníveis com a pena de incorporação em depósito disciplinar e dos crimes comuns cometidos por praças de pré puníveis com pena de prisão correccional até seis meses. Estes crimes deveriam passar a ser julgados pelos novos conselhos de disciplina criados pelo regulamento disciplinar das forças militares ultramarinas de 20.9.1899. O governador de distrito ou, no distrito sede da província, o chefe de Estado-Maior ou o chefe da repartição militar ou ainda o secretário do governo nomeavam os membros do conselho. O processo era o previsto no regulamento disciplinar e as decisões do conselho eram recorríveis nos termos do artigo 457 e seguintes do código de 1896 para o governador da província. Em 1901, procedeu-se à reorganização do exército do ultramar, pois "a fórma de conseguir uma occupação eficaz dos vastos territórios do ultramar consiste em escalonar do littoral para o interior unidades militares independentes, constituindo centros de que irradiem as forças destacadas para os postos militares. Nada d' isto temos. Os officiaes são empregados em commissões de serviços que não são propriamente militares, e as praças têem uma educação tão incompleta, estão em tal abandono no que respeita a condições militares, que, com raras excepções, póde dizer-se que não há forças militares no ultramar, além das enviadas do reino em expedições extraordinárias". O Decreto de 14.11.1901, que concretizou esta

A Jurisdição Penal Ultramarina

Em face da concentração de poderes jurisdicionais na fase preparatória do processo no governador da província, que também escolhia os vogais militares do conselho de guerra, o promotor e o defensor, o legislador conferiu ao Supremo Conselho de Justiça Militar do reino a jurisdição em todas as províncias ultramarinas, determinando em consequência a extinção dos Conselhos Superiores de Justiça Militar de Luanda e de Moçambique e do Supremo Conselho de Justiça Militar de Goa e evitando desta forma que o réu fosse julgado na segunda instância por magistrados nomeados pelo mesmo governador que tinha ordenado o julgamento e designado os julgadores na primeira instância.

---

reforma, modificou a composição do conselho de guerra, sendo o lugar de auditor ocupado em Angola, Moçambique e na Índia por um juiz de primeira instância, na Guiné pelo respectivo auditor e nas restantes províncias e no distrito de Timor pelo conservador da comarca onde funcionasse o conselho, mas manteve expressamente em vigor os conselhos de disciplina com a competência prevista no Decreto de 22.12.1900. O diploma de 1901 foi posteriormente mandado pôr parcialmente em execução em Angola, Moçambique e Índia, pela Portaria de 16.6.1902, em São Tomé e Príncipe pela Portaria de 14.10.1902, na Guiné pela Portaria de 21.11.1902, e em Cabo Verde pela Portaria de 13.12.1902.

CAPÍTULO 2.º
A Crise
do Paradigma Judiciário Liberal

1. A premência da legislação colonial de adaptação (1892-1908)

Ainda antes da publicação do regimento de 1894, o legislador da metrópole extinguiu a comarca da Guiné e regulamentou em termos muito inovadores a organização judiciária e o processo penal para o novo distrito militar da Guiné. Ao publicar o Decreto de 21.5.1892, que procedeu a esta reforma, o legislador dava já um sinal da crise do paradigma judiciário liberal e da necessidade premente de uma legislação colonial de adaptação.[1897]

À luz das experiências coloniais inglesa, holandesa e francesa, o legislador português pretendeu introduzir uma distinção fundamental entre as colónias "menos adeantadas em civilisação", "em que a administração é quasi rudimentar", e as restantes, simplificando e reduzindo a organização administrativa e judicial naquelas colónias a "formulas quasi embrionarias", adequadas ao estado civilizacional das populações nativas, e nelas implantando uma justiça sumária,

---

[1897] O princípio da ocupação efectiva decorrente da conferência de Berlim tornou-se no primeiro imperativo da política ultramarina depois de a Lei de 20.7.1885 ter aprovado o acto geral da conferência de Berlim, assinado em 26 de Fevereiro desse ano pelos plenipotenciários. Desde a conferência de Berlim à eclosão da primeira guerra mundial, o império alemão agiu de acordo com um programa colonial, que assentava na pretensão de suceder aos pequenos Estados, a *Kleinstaaterei*, com domínios coloniais amplos, isto é, a Bélgica e Portugal, invocando o desbaratamento por estes Estados das potencialidades de desenvolvimento daqueles territórios ("Portugal rouba ao mundo os benefícios virtuais que uma exploração racional poderia tirar de Moçambique e de Angola", Henri Hauser, 1915: 42, 44, 45 e 57, e, entre nós, Miguel de Abreu, 1927: 83 a 86). A administração pública portuguesa dos grandes territórios era diminuta, verificando-se uma "ausência de acção directa das autoridades portuguesas sobre as populações indígenas fora do raio de acção, muito limitado, dos estabelecimentos portugueses do litoral ou do interior (mais raros estes).Vivia-se num regime de facto de administração indirecta não consentido pelas leis e desprestigiante" (Silva Cunha, 1953: 118, e André Gonçalves Pereira, 1971: 140).

no pressuposto expressamente assumido de que a acção rápida e despida de incidentes e fases complexas da justiça criminal era melhor compreendida pelas populações e tinha por isso maior eficácia. Por outro lado, nas colónias "onde há todos os dias que luctar com tribus aguerridas", o exercício da função administrativa e da função judicial podia e devia ser confiado a autoridades militares, com vista a evitar a duplicação de encargos financeiros.[1898] Os eventuais efeitos nefastos desta justiça militar sumária eram, contudo, na perspectiva do legislador, evitados com a introdução do júri nos processos relativos aos crimes mais graves.[1899]

Assim, os processos de polícia correccional eram julgados verbal e sumariamente pelos comandantes militares, salvo na sede do distrito, onde eram julgados pelo juiz auditor. Os processos de querela eram preparados pelos comandantes militares e os réus civis eram julgados, sob a presidência do juiz auditor, por um júri composto por três dos dez maiores contribuintes tirados à sorte, cabendo recurso das decisões deste tribunal para a Relação de Lisboa.[1900] Se houvesse co-réus civis e militares, o tribunal incluiria também dois militares nomeados pelo governador. Ao invés, havendo apenas réus militares, eles eram julgados em conselho de guerra, com recurso para o Tribunal Superior de Guerra e Marinha em Lisboa.

Nas questões entre indígenas ou entre estes e europeus, os comandantes militares decidiam verbal e sumariamente, segundo os costumes do país e sempre com audiência do respectivo juiz do povo.[1901]

[1898] A militarização da função jurisdicional na província da Guiné era considerada uma inevitabilidade em face dos conflitos frequentes com as populações locais e da fraca densidade da ocupação da província por europeus (Almada Negreiros, 1910: 162, e Ernesto Vasconcelos, 1921: 172).

[1899] "A administração da justiça summaria, que se propõe, corrigiu-se nos seus effeitos absolutos, pela introducção de um jury nas causas crimes e pelo systema de arbitragem nas causas civeis", dizia-se no relatório do diploma. A doutrina fazia, no entanto, uma apreciação muito negativa da actividade deste júri criminal (Lopo Sampaio e Mello, 1910: 203, referindo-se a um relatório de Gonçalves Guimarães apresentado no congresso de 1900).

[1900] Na província de São Tomé, criou-se também, por um Decreto datado igualmente de 21.5.1892, um tribunal especial para julgamento de vadios, composto pelo juiz de direito e por três agricultores de entre os quarenta maiores contribuintes, escolhidos pelo governador da província. O recurso das decisões deste tribunal era interposto para o próprio governador da província. O júri do distrito militar da Guiné foi suprimido pelo Decreto n. 135, de 16.9.1913, por "deficiência dos precisos elementos da população civil", mas o júri de vadios são-tomense manteve-se.

[1901] Previa-se neste diploma a publicação de um Código Penal e de um Código de Processo Penal para a província da Guiné, "estabelecendo a pena de trabalhos publicos desde oito dias até oito anos, e respeitando quanto possível os costumes do paiz" (artigo 24 do Decreto de

A Jurisdição Penal Ultramarina   905

Este regime do distrito da Guiné foi o primeiro ensaio de uma legislação especial completa para as províncias ultramarinas, com vista à adaptação do

---

21.5.1892). A codificação dos usos e costumes indígenas já tinha sido por diversas vezes tentada nas províncias da Índia e de Moçambique desde meados do século XIX, tendo algumas destas tentativas sido bem sucedidas. "Para evitar a confusão e difficuldades com que laboram os magistrados judiciaes, nos julgamentos das causas respectivas, os quais dependiam até aqui de informações de pessoas (porque não havia escripto e tudo era tradicional sobre a materia), que umas vezes por ignorancia, e outras por má fé ou interesse, illudiam os ditos magistrados com declarações falsas e rarissimas vezes uniformes", o governador daquela província asiática aprovou um código de usos e costumes das Novas Conquistas pela Portaria provincial de 14.10.1853. Além das disposições de direito substantivo, o código e o seu regulamento fixavam regras processuais especiais. Com excepção dos crimes contra o Estado e as autoridades e dos crimes cometidos pelos habitantes das Velhas Conquistas, mesmo quando tivessem sido perpetrados no território das Novas Conquistas, todos os processos de querela eram julgados pela câmara local, com quatro quintos dos seus membros, e posteriormente submetidos a confirmação pelo juiz de direito e a apelação oficiosa para o Tribunal da Relação. Os usos e costumes dos habitantes não cristãos de Damão e dos de Diu também foram codificados, sendo os respectivos códigos aprovados pela Portaria provincial, n. 77, de 31.8.1854. Estes códigos, que só continham disposições de direito privado e sobre o juramento em juízo, foram confirmados por Portaria régia de 4.12.1865. Mais tarde, o Decreto de 16.12.1880 mandou manter aos hindus gentios de Goa, sem distinção de Velhas e Novas Conquistas, os seus usos e costumes nos termos revistos daquele diploma. A Portaria provincial n. 24, de 10.1.1894, e a Portaria provincial n. 390, de 30.6.1894, aprovaram os novos códigos de usos e costumes, respectivamente, dos habitantes não cristãos de Diu e de Damão, prevendo apenas disposições de direito privado e sobre o juramento. Contudo, as novas regras foram mal recebidas no distrito de Damão, tendo sido já depois da implantação da República revogadas pela Portaria provincial n. 146, de 19.4.1912, que repôs em vigor o código de 1854, com algumas alterações. A primeira tentativa de codificação dos usos e costumes indígenas na província de Moçambique foi a do "Regulamento para o Capitão-Mor da villa de Quelimane e seu termo", aprovado por Portaria do governador da província de 5.6.1853, em face de "várias queixas dos moradores do distrito de Quelimane contra a illegal e insolita maneira, com que o capitão-mór das terras da coroa no referido districto tem decidido as questões cafreaes" (Joaquim Cunha, 1885: XIII). Além de um conjunto de regras relativas ao trato com escravos e indígenas livres, o Regulamento criou um "Juízo Cafreal", composto pelo capitão-mór, nomeado pelo governador da província, e por dois bazos e dois chamadores, todos livres e nomeados pelo governador do distrito, sob proposta do capitão-mór. O juízo "particular e especialíssimo" só decidia de causas cíveis, sendo as causas crimes da competência das autoridades ordinárias do distrito. Já anteriormente a esta data tinha sido apresentado um projecto de Código Cafreal do distrito de Inhambane, elaborado por uma comissão, presidida por Carlos António Fornazini. Este projecto de 29.9.1852 regulava não só vários aspectos da vida civil e administrativa, mas também os crimes mais frequentes, as penas aplicáveis e o meio de prova tradicional, designado pela prova do *muavi*. O "Regulamento das Attribuições do capitão-mór e dos seus subalternos", de 29.9.1859, que em apenso continha aquele código, previa a competência do capitão-mór para julgar os referidos crimes em primeira instância, sendo admissível recurso para o governador do distrito, mas nem o código nem o regulamento chegaram a ser aprovados superiormente (Joaquim Cunha, 1885: XXXVI, e Albano Magalhães, 1907 a: 265). Considerando que este código não podia "continuar a existir pelo muito que há n'elle de

906 A Reforma da Justiça Criminal em Portugal e na Europa

modelo judiciário vigente às condições concretas de cada província. Se a influência do paradigma judiciário liberal era ainda visível na introdução, verda-

---

extravagante, de anachronico e immoral", o governador geral da província de Moçambique aprovou um novo "Código de Milandos para o distrito de Inhambane", por Portaria provincial de 11.5.1889. Em cada uma das quatro circunscrições em que se dividia o distrito de Inhambane, havia um comandante militar, nomeado pelo governador geral, exercendo simultaneamente funções administrativas, militares e judiciais. Nos milandos de polícia correccional puníveis com prisão até quinze dias e multa até seis mil réis, o comandante decidia sem recurso. Nos restantes milandos, o comandante decidia com recurso para o governador de distrito, se a pena imposta fosse inferior à alçada das autoridades administrativas, e com recurso para o juiz de direito, se a pena imposta fosse superior a essa alçada. A alçada era de desterro até três anos ou prisão até seis meses ou ainda de multa até sessenta mil réis. O exemplo da codificação inhambense não teve seguimento nos outros distritos da província de Moçambique. Não obstante a Portaria do governador geral da província de 30.11.1904 ter ordenado que os governadores das províncias informassem sobre as propostas de alteração à organização judiciária e ao processo civil e penal, pois "as instituições judiciárias carecem de variar, não só nas diversas províncias e districtos do ultramar, mas ainda na mesma província ou districto, conforme as condições especiaes dos seus habitantes", nem foi elaborado qualquer trabalho pelos governadores das províncias nem os estudos anteriores foram promovidos. Em 17.11.1896 surgiu um "Projecto de Regulamento para o Julgamento de Milandos", apresentado pela Presidência da Relação de Lourenço Marques e da lavra de Albano Magalhães. O projecto previa a competência dos juízes territoriais para conhecer das transgressões dos códigos dos usos e costumes e de certos crimes, com recurso para o juiz de direito ou, quando versasse questões políticas, para o governador de distrito. Quando o milando dissesse respeito a régulos ou populações de diferentes juízos territoriais, a decisão do milando competia do mesmo modo ao governador do distrito. No julgamento deviam ser ouvidos, sempre que possível, os chefes indígenas e dois dos seus grandes. Este projecto foi antecedido da elaboração por Albano Magalhães de umas bases para o julgamento de milandos pelos juízes territoriais da Beira, em que se previa uma forma de processo verbal e simples, com o resumo das provas produzidas e, nos casos de muita gravidade, o registo dos depoimentos das principais testemunhas e do voto dos chefes (Albano Magalhães, 1907 a: 269 a 276). A par destes estudos, que não tiveram seguimento, surgiram também vários ensaios de recolha de usos e costumes das populações indígenas com vista à elaboração de códigos criminais locais, sendo os mais famosos o de Joaquim d'Almeida da Cunha, o "Estudo ácerca dos Usos e Costumes dos Banianes, Bathiás, Parses, Mouros, Gentios e Indigenas", elaborado para a província de Moçambique, em 1885, e os "Estudos Sociologicos, Indigenas de Moçambique", de Manuel Moreira Feio, de 1900, que, embora reconhecendo a impossibilidade de elaboração de um codigo criminal único, procurava generalizar os usos e costumes relativos às condutas criminosas, às penas aplicáveis e aos modos de julgar da população *mumbrae* às restantes populações indígenas na província de Moçambique. Ainda em 1910, foi apresentado publicamente um "Projecto d'um Tribunal Privativo dos Chinas de Macau", baseado no antigo regimento da procuratura dos negócios sínicos de 22.12.1881, mas, ao invés desta, o tribunal privativo não tinha competência para as causas crimes, "porque embora seja muito de desejar que houvesse maior rapidez no julgamento d'essas causas, comtudo é certo que da morosidade no julgamento de processos crimes não resultam inconvenientes e transtornos ao commercio" (P. N. S., 1911: 9). Em suma, a situação da administração da justiça indígena era caótica, como relata Albano Magalhães (1907 a: 266 e 267): "A anarchia neste ramo importante de serviço é a lei

A Jurisdição Penal Ultramarina 907

deiramente inovadora, do tribunal de júri, surgia, contudo, uma nova concepção da administração da justiça penal assente no pressuposto teórico de que uma justiça penal diferenciada, simplificada e rápida teria uma maior adesão da comunidade local e uma maior eficácia.

Fortemente condicionado pelo esforço militar constante que exigia a presença na Guiné, o diploma de 1892 resistiu à grande reforma uniformizadora de 1894, tendo a concepção que lhe estava subjacente lançado raízes na legislação ultramarina emanada quer da metrópole, quer dos comissários régios nas províncias ultramarinas. Assim, em face dos "graves inconvenientes que para a boa administração da justiça trouxe a última organisação judicial" e, sobretudo, dos "prejuizos irremediáveis e de incalculavel alcance" causados pelas vastas competências do juiz municipal, cargo que era exercido por indivíduos sem habilitações, "por não os haver em condições melhores", o comissário régio na província de Angola, Brito Capelo, fez publicar a Portaria de 12.12.1896, que procedeu à reforma dos serviços judiciais naquela província.

A Portaria extinguiu os julgados municipais na província, com a excepção de dois, e atribuiu aos chefes dos concelhos, aos capitães-móres e aos comandantes militares, que a lei designava por juízes instrutores, a competência para a formação do corpo de delito, a prolação da pronúncia nos processos de querela e o julgamento das causas de coimas e transgressões de posturas.[1902] Além de funcionarem como tribunal de primeira instância, os juízes instrutores tinham também competência para conhecer dos recursos interpostos dos juízes populares. Por sua vez, as decisões dos juízes municipais e dos juízes instrutores eram recorríveis para o juiz de direito, salvo as proferidas nas causas de transgressões em que a multa aplicada fosse a de 5.000 réis. No tocante aos processos de querela, o diploma previa ainda a confirmação pelo juiz de direito da pronúncia do juiz instrutor e a interposição de recurso obrigatório pelo Ministério Público de todas as sentenças finais proferidas sobre crimes puníveis com penas do artigo 57 do Código Penal.[1903]

---

soberana com todo o pernicioso cortejo de invenções que cada cabeça que administra quer introduzir na decisão dos milandos". O autor reclamava, por isso, para cada região um código de milandos próprio, "com a compilação tão completa quanto possivel fôr, dos usos e costumes do país".

[1902] A reforma do comissário régio de 12 de Dezembro de 1896 só dois anos mais tarde mereceu a aprovação do governo da metrópole, pelo Decreto de 29.12.1898, que ainda previa a substituição gradual dos juízes instrutores pelos juízes municipais nas localidades onde houvesse condições financeiras e humanas para tal.

[1903] A doutrina e a jurisprudência entendiam que este recurso não obedecia a qualquer prazo (Caetano Gonçalves, 1906: 54).

908   A Reforma da Justiça Criminal em Portugal e na Europa

No ano seguinte, usando da autorização concedida ao governo pelo § 1 do artigo 15 do primeiro Acto Adicional à Carta, o legislador da metrópole procedeu, pelo Decreto de 23.12.1897, à organização judicial da comarca da Beira, na província de Moçambique, embora mantendo em vigor a reforma de 1894 em tudo o que não fosse contrariado pelo disposto no novo Decreto.

O legislador justificou a inovação legislativa com "a conveniência em fazer coincidir quanto possivel as circumscripções judiciaes com as administrativas, e de incumbir em cada uma as funcções de justiça a quem d'ellas possa desempenhar-se com promptidão e relativa competência, simplificando as formulas quanto o permitam as garantias do direito e aplicando com prudente reserva os usos e costumes dos povos".

O decreto criou o lugar de juiz territorial no território de Manica e Sofala administrado pela Companhia de Moçambique, que podia ser ocupado pelo chefe da circunscrição administrativa, pelo representante do governo ou por qualquer cidadão português, nomeado pelo governador geral da província, sob proposta do juiz de direito.[1904] O juiz territorial tinha competência para julgar, em processo de polícia correccional, os crimes cometidos por não indígenas contra não indígenas, puníveis com a pena de prisão ou de desterro até um ano ou com multa até 100.000 réis, bem como para julgar verbal e sumariamente os crimes, cometidos por ou contra indígenas, puníveis com as penas previstas no artigo 58 do Código Penal.[1905] Nestes processos com réus ou ofendidos indígenas o chefe indígena local era avisado de que podia comparecer na audiência, podendo ser nela ouvido, não cabia recurso da decisão final e, se o réu não indígena não pagasse a multa fixada, os autos eram remetidos ao juiz de direito, que

---

[1904] O governo concedeu, através do Decreto de 11.2.1891, modificado pelo Decreto de 30.7.1891, à companhia de Moçambique a administração e exploração dos territórios da província de Moçambique delimitados naquele primeiro diploma e no Decreto de 22.12.1893. Ao governo cabia organizar o serviço judiciário no território da companhia, sendo os funcionários da justiça nomeados pelo governo e as respectivas despesas suportadas pelo governo. O Decreto de 5.7.1894 aprovou o regulamento para os conselhos de guerra nos territórios da companhia de Moçambique, com competência para conhecer os crimes cometidos pelos militares ou indivíduos com graduação militar que constituíssem as forças policiais ao serviço da companhia. A partir do Decreto de 17.5.1897 as despesas com o pessoal dos serviços judiciários passaram a ser divididas entre o governo e a companhia. O mesmo regime valia nos territórios cuja administração e exploração foram concedidas à companhia do Niassa, definidos pelos Decretos de 26.9.1891, 13.11.1891 e 9.3.1893, estes por sua vez revistos pelo Decreto de 3.11.1897.

[1905] O Decreto de 26.7.1907, que aprovou o regulamento do trabalho dos indígenas no território da Companhia de Moçambique, alargou o âmbito da competência dos juízes territoriais, que passaram a julgar, mediante processo sumário e verbal as violações dos contratos pelos patrões e pelos serviçais, incluindo os maus tratos infligidos aos serviçais quando não tivessem causado impossibilidade para o trabalho.

A *Jurisdição Penal Ultramarina* 909

homologava a sentença do juiz territorial, convertendo a pena de multa em pena de prisão.

Ao invés, os crimes cometidos por ou contra indígenas puníveis com pena superior às correccionais e os crimes cometidos por não indígenas contra não indígenas puníveis com pena superior a um ano de prisão, de desterro ou 100.000 réis de multa, eram julgados pelo juiz de direito, cabendo ao juiz territorial apenas a realização do corpo de delito. O juiz de direito julgava, em processo de polícia correccional, os crimes puníveis com as penas de prisão correccional, multa até 1.000.000 réis ou suspensão de direito políticos até dois anos, sendo os restantes julgados em processo de querela, em que tinha lugar apelação oficiosa pelo Ministério Público. O juiz de direito tinha alçada nas penas de prisão até um ano, com ou sem multa, com ou sem trabalho, quando os réus fossem indígenas, de multa até 100.000 réis, de suspensão de direitos políticos ou de emprego até um ano, de desterro até um ano, de repreensão e de censura, ao invés do juiz territorial, de cujos despachos e sentenças era sempre admissível recurso de agravo para o juiz de direito, decidindo o juiz de direito em última instância.

Os "milandos cafreais" (artigo 9, § 6, do Decreto de 23.12.1897) que não envolvessem "questões políticas" e em que o réu e o ofendido fossem indígenas eram julgados conforme os usos locais pelo juiz territorial, assistido pelo chefe indígena da terra e por dois dos seus grandes ou *indunas*. Sendo também partes europeus ou pessoas de outras raças, o tribunal seria constituído da mesma forma, mas o juiz territorial, ouvido o tribunal, decidia como entendesse justo. O juiz tinha, pois, uma total liberdade de dissensão dos membros indígenas do tribunal nos crimes em que também fossem partes europeus ou outros não indígenas, por contraposição à vinculação ao voto dos membros indígenas do tribunal nos crimes em que fossem partes apenas indígenas.[1906]

Na sequência desta legislação promulgada pelo legislador da metrópole para a comarca da Beira, o governador geral interino Balthazar Freire Cabral publicou, ao abrigo do § 2, do artigo 15 do primeiro acto adicional à Carta, a Portaria n. 137, de 12.4.1898, que incluía o "Regimento da administração de justiça nos territórios continentaes da comarca de Moçambique". Em face do insucesso do regimento de justiça de 1894, a Portaria provincial procedeu a uma

---

[1906] No entanto, o juiz territorial estava sempre vinculado ao princípio fundamental da culpa, reservando-se para as autoridades policiais as punições desprovidas de culpa. O Decreto de 30.11.1905 aprovou o regulamento da guarda civil da Beira, em que se previa a aplicação de uma multa, "como medida preventiva, civilisadora e educativa", se o comissário tivesse "conhecimento de alguma subtracção praticada por indigenas, havendo elementos de credito que o convençam da existencia do facto, embora não possa recolher provas bastantes para invocar a acção repressiva do Poder judicial" (artigo 48).

910 *A Reforma da Justiça Criminal em Portugal e na Europa*

regulamentação sistemática da organização judiciária da província e do processo penal nela aplicável, inspirada por uma nova concepção da administração da justiça no ultramar e por uma verdadeira especialização da justiça indígena. Contudo, enquanto o novo regimento não fosse superiormente aprovado, os tribunais da sede das anteriores circunscrições exerceriam as competências dos respectivos juízes municipais e populares se o autor ou o réu optassem pelo anterior regime.

A inovação fundamental do regimento, posta em relevo desde logo pelo legislador da província, consistia na abolição dos julgados municipais e populares, por razões atinentes à inexistência de municípios que suportassem as despesas com os juízes municipais e de freguesias que providenciassem pela nomeação dos juízes populares. A área do julgado municipal seria definida em função da circunscrição administrativa da capitania-mór e a do julgado popular em função da circunscrição administrativa do comando militar, ambas fixadas pela Portaria n. 123, de 8.4.1898, atribuindo-se ao capitão-mór o exercício das funções de juiz territorial em toda aquela área da capitania e ao comandante militar subalterno o exercício das funções de juiz de paz na área da sua jurisdição.[1907]

O juiz territorial tinha competência para julgar os crimes e as transgressões puníveis com as penas até trinta dias de prisão, noventa dias de trabalho correccional ou sessenta réis de multa, sendo a sua decisão definitiva quando estas penas fossem aplicadas a indígenas até metade da sua duração ou importância,[1908] e o juiz de paz tinha competência para proceder aos autos de corpo de delito e julgar as transgressões até à alçada do juiz territorial.

[1907] A Portaria n. 123, de 8.4.1898, aprovou as "Instrucções para a organisação e administração dos territorios continentaes do districto de Moçambique" e previa a divisão do território continental da província de Moçambique para efeitos político-administrativos, financeiros, militares e judiciais em capitanias-móres e, dentro destas, em comandos militares. O exercício de toda a autoridade política, civil, judicial e militar concentrava-se nos capitães-móres e nos comandantes militares. Aos capitães-móres cabia muito em particular a condução da política indígena, que implicava "um estudo attento e permanente das raças, religiões e costumes dos povos" com vista à futura elaboração dos "códigos especiais do indigenato" (artigo 31). A ideia subjacente à reforma provincial de 1898 foi a de transformar a autoridade militar em uma autoridade semelhante ao *collector* inglês, que concentrava todos os poderes na área da sua jurisdição (Mouzinho de Albuquerque, 1899: 184, que considerava, aliás, o diploma provincial de 8.4.1898 como o "maior passo dado para a applicação aos povos indigenas de um systema de governo adequado ao seu estado de civilisação").

[1908] Esta regra de competência já tinha um antecedente. O Código de Milandos de Inhambane, aprovado pela Portaria provincial de 11.5.1889, já previa a atribuição de uma competência semelhante ao juiz instrutor no julgamento dos crimes de polícia cometidos por indígenas que não fossem católicos, nem adeptos de seitas indianas.

A Jurisdição Penal Ultramarina 911

Os crimes e as transgressões eram julgados segundo duas formas de processo distintas, que se diferenciavam de acordo com a pena concreta previsivelmente aplicável e não de acordo com a natureza do ilícito ou a pena abstracta aplicável. Assim, competia ao juiz territorial, quando a pena aplicável ao crime ou contravenção fosse superior ao valor da sua alçada, realizar "um primeiro exame informatorio e verbal" (artigo 28, § 1, da Portaria n. 137, de 12.4.1898), com base no qual formulava um juízo sobre a pena concreta a aplicar no caso em apreço e, em consequência, determinava a sua própria competência e a forma de processo aplicável.

Nas causas em que a pena abstracta aplicável fosse inferior à alçada do juiz territorial ou naqueles em que essa pena fosse superior ao valor da alçada, mas a pena concreta a aplicar fosse previsivelmente inferior ao valor da alçada, o processo não obedecia a quaisquer formalidades, sendo apenas registada a sentença. Nas outras causas, a forma de processo era mais complexa, incluindo, sob pena de nulidade insanável, a realização de um exame directo com peritos, quando exigido pela lei geral, e o registo de, pelo menos, dois depoimentos de testemunhas que fizessem prova do corpo de delito e de três depoimentos de testemunhas da defesa. A confissão do réu tornava dispensável qualquer um destes actos processuais.

Quando não coubessem na sua alçada, as decisões do juiz territorial eram recorríveis para o juiz de direito e, ainda naqueles processos que coubessem na sua alçada, se o recurso tivesse fundamento em incompetência. Os despachos que pusessem termo ao processo e as sentenças finais eram remetidos oficiosamente ao juiz de direito, quando, nos termos da lei geral, o procedimento criminal tivesse natureza pública, cabendo ao magistrado do Ministério Público junto do juiz de direito decidir se efectivamente recorria de alguma decisão ou se mandava baixar de imediato os autos. Caso o magistrado do Ministério Público recorresse da decisão, o juiz de direito podia proceder à reforma da decisão recorrida.

Ao invés, a forma de processo para julgamento das transgressões pelos comandantes militares exigia o registo escrito do depoimento das testemunhas e as decisões dos comandantes militares subiam sempre ao conhecimento do capitão-mór para confirmação ou alteração.

Os "milandos cafreais" eram objecto de um regime especial, quer no que toca à organização dos tribunais que conheciam destes ilícitos, quer no que respeita à estrutura do processo penal. O reconhecimento de uma questão como "milando cafreal" dependia de três condições cumulativas relativas à natureza política da contenda ("não se ventilarem questões que de algum modo envolvam os direitos de soberania, ou os interesses do Estado, nem que possam perturbar a ordem pública", artigo 42, 1ª, da Portaria n. 137, de 12.4.1898), à crueldade das sanções previstas pelos usos locais ("não se apllicar nenhuma pena cruel, nem se impor alguma obrigação ou algum encargo, que seja repugnante aos sentimentos humanitários", artigo 42, 2 ª, da Portaria n. 137, de 12.4.1898) e à natureza do crime, pois só se encontravam sujeitos ao regime das questões cafreais os crimes de dano ou de furto simples.

A Portaria atribuía ao capitão-mór e ao comandante militar competência para julgar estas questões, assistido cada um deles pelo chefe indígena da terra dos litigantes e por dois dos seus grandes, "transigindo quanto possível com os usos e costumes cafreaes, quando só houver indígenas como partes, e procurando conciliar os direitos e interesses oppostos, quando o litígio se der entre indigenas e algum europeu ou indivíduo d' outras raças, caso em que, na falta de conciliação, julgará como entender justo" (artigo 44 da Portaria n. 137, de 12.4.1898). O superior administrativo podia avocar, alterar ou revogar as decisões dos inferiores, sem prejuízo da possibilidade de interposição de recurso para o governador, que decidia definitivamente.

A transformação radical da administração da justiça bulia com princípios fundamentais da Carta, pelo que o regulamento provincial foi rejeitado liminarmente pelo governo da metrópole, por ofício do ministro da marinha e do ultramar, de 30.5.1899. Como fundamento o ministro invocava as "alterações gravissimas sob o ponto de vista da independencia do poder judicial e das garantias de defesa" resultantes do novo diploma.[1909]

O legislador da metrópole preferiu alargar o modelo já ensaiado na comarca da Beira. Em face do número exíguo de comarcas na província de Angola e da impossibilidade de o tesouro aumentar o respectivo número, o governo da metrópole procedeu a uma reforma da organização judiciária e do processo penal desta província moldada na legislação de adaptação promulgada para a comarca da Beira em 1897, pois "as exigencias de um complicado processo, que a maior parte das vezes não podem ser satisfeitas, deixam impunes a maior parte dos crimes".[1910]

[1909] Do mesmo passo, a Portaria do ministro da marinha de 6.10.1900 revogou a Portaria provincial, n. 123, de 8.4.1898, que tinha aprovado as "instrucções para a organisação e administração dos territorios continentais do districto de Moçambique", por ter criado quadros de serviço sem competência para o efeito.

[1910] Esta legislação da comarca da Beira foi, posteriormente, mandada aplicar pelo governo da metrópole à comarca de Cabo Delgado, no território sob administração da Companhia do Niassa (Decreto de 24.12.1902), e a cada uma das circunscrições do território de Manica e de Sofala, a cargo da companhia de Moçambique (Decreto de 30.10.1909), ficando na Beira, em Cabo Delgado, Manica e Sofala os chefes de circunscrição e subcircunscrição a desempenhar as funções judiciais.

O Decreto de 16.7.1902 conferiu ao juiz municipal e ao juiz instrutor competência para julgar em processo sumário, verbal e sem recurso, quaisquer crimes puníveis com pena de prisão, trabalho correccional ou desterro até seis meses, multa até seis meses ou até 200.000 réis e suspensão de direitos políticos até três anos. Estes magistrados podiam, em regra, aplicar pena de trabalho correccional ao réu indígena, mas só podiam aplicar pena de multa ao réu não indígena, cabendo ao juiz de direito a homologação da sentença e a conversão da pena de multa fixada pelo juiz municipal no número de dias de prisão correspondente se o réu não indígena não pagasse a multa.[1911]

O diploma estabeleceu também um novo regime de prisão preventiva para a província de Angola, admitindo os juízes de direito e os juízes instrutores a aplicá-la, além dos casos previstos na legislação geral, em qualquer outro caso em que as circunstâncias o exigissem, com vista a evitar o perigo de fuga, sendo o prazo de duração máxima da prisão até à pronúncia o de vinte dias, prorrogável por despacho fundamentado do juiz.[1912]

Tal como na comarca da Beira, criou-se um tribunal colectivo, constituído pelo juiz instrutor ou municipal, pelo chefe indígena local e por dois dos seus sobas e competente para julgar os crimes de dano que não envolvessem questões políticas, coubessem na alçada do juiz e em que os réus e os ofendidos fossem indígenas, sendo aplicáveis nestes processos os usos e costumes dos

---

[1911] O decreto ampliava o processo sumário a quase todos os crimes de polícia, pelo que o carácter de generalidade desta forma de processo levou a doutrina a considerá-la entre as formas de processo comum (Dias da Silva, 1903: 772). Por outro lado, se a acumulação de funções administrativas e judiciais nas províncias ultramarinas e a "maior latitude de acção" dos chefes da administração de territórios vastíssimos, como os do interior de Angola, mereceu o apoio da doutrina, que considerava mesmo que a competência dos juízes municipais e instrutores não podia ser exercida pelo juiz de direito, a irrecorribilidade das decisões daqueles magistrados foi objecto de censura, defendendo-se por isso a recorribilidade da decisão do juiz de direito que ordenasse a prisão em substituição da multa decretada pelo juiz municipal, em caso de excesso de jurisdição ou incompetência, com fundamento no artigo 42 do CPC (Caetano Gonçalves, 1906: 11, 12, 66 e 67).

[1912] Este regime foi também imposto em outras províncias ultramarinas, umas vezes por iniciativa do governo da metrópole e outras dos governos das províncias. Considerando os inconvenientes de se pôr em liberdade os presos a quem não fosse formada a culpa em oito dias, o governo da metrópole declarou extensivas ao distrito de Timor as disposições do artigo 7 e § único do Decreto de 16.7.1902 relativas à admissibilidade da prisão preventiva fora de flagrante delito e ao prazo máximo desta prisão até à pronúncia dos presos em Angola (Decreto de 30.11.1908). Já anteriormente, a importantíssima Portaria n. 671/A, de 12.9.1908, do governador geral de Moçambique, de que será fará menção em seguida, tinha incluído semelhante disposição, vindo mais tarde as disposições desta Portaria a ser reproduzidas ou mandadas aplicar em outras províncias ultramarinas.

914 A Reforma da Justiça Criminal em Portugal e na Europa

indígenas "desde que não vão de encontro aos sentimentos humanitários" (artigo 5 do Decreto de 16.7.1902). Considerando que era "da máxima conveniência ampliar o princípio consignado no artigo 5 º do Decreto de 16 de julho de 1902", o governador da província determinou, cinco anos depois, que fossem consideradas questões gentílicas "todas aquellas que, respeitantes á familia e á propriedade, segundo os usos e costumes tradicionaes dos indigenas, se resolvem e liquidam entre elles mediante restituições, pagamentos e indemnisações de caracter inteiramente civil", com a excepção dos "crimes contra a liberdade e vida das pessoas; e os que forem contra a propriedade, quando envolvam questões de caracter ou significação política" e ainda dos casos em que uma das partes não seja indígena. As "questões gentílicas" podiam ser julgadas pelos chefes de concelho, capitães-móres e comandantes militares de graduação de oficial, com parecer obrigatório, mas não vinculativo, de dois ou mais assessores indígenas, ou podiam também ser julgadas pelos chefes indígenas, segundo os seus usos e costumes, com a salvaguarda da faculdade de as referidas autoridades portuguesas intervirem, "fazendo respeitar a justiça e os sentimentos da humanidade" (artigos 1 e 3 da Portaria n. 57, de 26.1.1907).[1913]

Já no final da monarquia o governador geral da província de Moçambique aprovou, pela Portaria n. 671/A, de 12.9.1908, um "Regulamento das circumscripções civis dos districtos de Lourenço Marques e Inhambane", cujo conteúdo conjugava as inovações da legislação da Beira, do Decreto de 16.7.1902 e da Portaria provincial de Angola n. 57, de 26.1.1907, sendo ainda completado com uma regulamentação pormenorizada do estatuto do administrador da circunscrição civil. Esta Portaria provincial constituiu um diploma fundamental de síntese das inovações de toda a actividade legislativa ultramarina desde 1892 e foi um modelo repetidamente usado pelos governadores de outras províncias ultramarinas depois da implantação da República, tendo sido aprovada pelo governo da metrópole através do Decreto de 19.10.1912.

A tendência da legislação ultramarina da viragem do século para o afastamento do paradigma judiciário liberal revelava assim uma dupla vertente, relativa à organização judiciária e à forma do processo. Por um lado, o legislador atribuía às autoridades administrativas e militares competência para a instrução dos processos por crimes mais graves e o julgamento dos crimes menos graves e das transgressões, mandando processar estes últimos sumariamente, com termos e actos muito simples, como o fez em 1892 na província da Guiné, em 1897 na província de Moçambique e em 1902 na província de Angola. Este processo sumário era, em regra, estritamente oral quando a causa cabia na alçada da autori-

---

[1913] Esta Portaria provincial foi aprovada pelo governo da metrópole por Decreto de 29.5.1907.

A Jurisdição Penal Ultramarina

dade administrativa ou militar. No caso inverso, o registo da prova e o recurso da decisão final eram, em princípio, obrigatórios. Em ambos os casos, o juiz tinha uma grande liberdade de acção na descoberta da verdade, cumulando mesmo a condição de julgador e a de promotor dos termos da acusação. O problema gravíssimo da duração máxima da prisão preventiva sem culpa formada encontrava também uma solução de compromisso, que alargava o âmbito de aplicação desta medida de coacção, mas responsabilizava exclusivamente o juiz de direito e o juiz instrutor pela manutenção do suspeito sob detenção.

A outra tendência da legislação ultramarina era a da organização de um tribunal colectivo com uma composição e uma competência especiais, com vista à administração da justiça em certas causas em que fossem réus ou autores indígenas com a intervenção dos altos representantes das populações locais, como se verificou em 1897 na comarca da Beira, no ano seguinte em toda a província de Moçambique e em 1902 na província de Angola. Embora a competência criminal do tribunal indígena tivesse variado, sendo mais ampla no diploma de 1897 do que nos diplomas de 1898 e de 1902, a formação de um tribunal com competência criminal especial, em função da pertença dos réus e dos ofendidos às populações indígenas, em qualquer um daqueles diplomas, revelava um nítido afastamento do ideal assimilador.

2. A ruptura teórica com o anterior paradigma e o prenúncio de um novo paradigma

Os diplomas de adaptação publicados na década de 1892 a 1908 constituíram o fruto de uma aproximação gradual do legislador às propostas doutrinárias de administrativização e especialização da justiça penal ultramarina, abrindo-se deste modo as portas a um novo paradigma judiciário.

Na sequência da constatação da inoperacionalidade do modelo judiciário que assentava na ideia fundamental da assimilação do direito ultramarino ao direito da metrópole,[1914] surgiram no final do século XIX vários estudos de altos dignatários da administração ultramarina e de universitários, advogando a opção

---

[1914] O relatório mais incisivo do fracasso da aplicação do regimento de 1894 nas colónias foi dado por Albano de Magalhães, referindo-se à situação em Timor. O regimento supunha a existência de circunscrições administrativas regulares, a divisão em municípios e freguesias, com os respectivos órgãos de administração ocupados por pessoas habilitadas, mas tudo isto em Timor eram "puras phantasias, apenas desideratums" (Albano de Magalhães, 1907 a: 200 a 202). Adriano Moreira (1955 a: 95) considera que este quadro podia ser generalizado a todo o território ultramarino.

916   A Reforma da Justiça Criminal em Portugal e na Europa

por um novo paradigma dualista, que mantivesse o modelo judiciário vigente nas causas entre não indígenas e entre estes e os indígenas e consagrasse um modelo diferente para o julgamento das causas entre os indígenas.[1915]

Tendo constatado a necessidade prática premente de adaptação da lei penal, civil e processual à condição social e cultural dos indígenas, António Enes, comissário régio em Moçambique, propugnou a substituição do concelho por circunscrições administrativas ou comandos militares e a atribuição de funções judiciais aos responsáveis administrativos ou aos comandantes militares locais, que seriam competentes para julgar, dentro de quarenta e oito horas depois de feita a acusação ou detido o acusado, os crimes de vadiagem, embriaguez, desobediência, ofensas corporais sem impossibilidade para o trabalho, actos obscenos e as transgressões cometidos pelos indígenas.[1916] Estes crimes seriam puníveis com a pena de trabalho correccional até noventa dias, sempre remível em pena de multa.[1917]

Também comissário régio na província de Moçambique, Mouzinho de Albuquerque censurou a aplicação do Código Penal e das leis processuais da metrópole por darem "os mais ridículos e espantosos absurdos", argumentando que "evidentemente há factos que, constituindo crimes no meio de sociedades civilisadas, o não são entre tribus barbaras, e mesmo nos crimes fundamentaes a importância e gravidade varia conforme a natureza dos auctores e das vitimas".[1918] A única política judiciária plausível seria a da adaptação das leis pe-

---

[1915] António Enes, Mouzinho de Albuquerque e Eduardo Costa, na administração pública ultramarina, e Marnoco e Souza, na universidade, foram os vultos que mais se distinguiram na reflexão teórica sobre a necessidade de um novo modelo administrativo e judiciário para as províncias ultramarinas, influenciando as suas obras decisivamente toda a discussão política e legislação ulteriores ("O relatório de António Enes, o estudo admirável e decisivo de Mousinho, o esfôrço construtivo de Eduardo Costa foram indiscutivelmente as bases sôbre que assentava a formação cultural de gerações de colonialistas que se sucedem a partir de 1900", in Marcello Caetano, 1934: 105 e 106).

[1916] António Enes, 1971: 482 e 483. Entre as reformas judiciárias previstas no relatório datado de 7.9.1893 encontrava-se também a supressão da Junta da Justiça de Moçambique, devendo uma comissão rever a legislação judiciária vigente e prover à sua substituição.

[1917] António Enes, 1971: 484.

[1918] Mouzinho de Albuquerque, 1899: 182, e, depois, Chaves de Aguiar, 1891: 9. O movimento de reflexão teórica em Portugal correspondeu a uma tendência que se verificou em outros países europeus com domínios ultramarinos e, especialmente, em França. A argumentação de Mouzinho de Albuquerque podia ser encontrada em autores deste país: "a relatividade das penas não está nele (no código penal) sempre de acordo com o julgamento da consciência local; muitas das suas disposições não são utilizáveis senão por via de analogias mais ou menos longínquas, portanto arbitrárias; ao invés, certos actos particularmente repreensíveis e perigosos, tendo em vista o estado dos costumes, escapam, por falta de textos que se lhe apliquem, a qualquer repres-

A Jurisdição Penal Ultramarina

nal e processual comuns de modo diferenciado a três grupos de pessoas, os europeus, os não europeus assimilados e os não assimilados.[1919]

Os textos doutrinários de maior repercussão no tocante à reforma judiciária foram, no entanto, os de Eduardo Costa e Marnoco e Souza. No "Estudo a administração civil das nossas possessões africanas", apresentado no congresso colonial nacional de 1901, o governador de Angola Eduardo Costa criticou a "nossa terrível mania assimiladora" e o resultado nocivo da aplicação da lei da metrópole a quem não se encontrava em igualdade de condições com os cidadãos europeus, propondo a elaboração de uma lei penal, civil e processual para cada região étnica das províncias ultramarinas, mas admitindo também que pudesse ser concedido o estatuto de europeu ao indígena que se encontrasse em uma situação de igualdade de facto com o europeu.[1920]

No tocante à organização judiciária na primeira instância, o autor justificava a necessidade da concentração do poder judicial nas mãos de autoridades administrativas com a adequação de um "governo unitário e tutelar" ao espírito das sociedades indígenas e ao condicionalismo geográfico próprio das colónias, devendo, contudo, as causas entre indígenas e entre estes e europeus que excedessem a alçada dos chefes das circunscrições ser julgadas por um tribunal superior indígena em cada província, constituído por um juiz de direito e por dois funcionários administrativos.[1921] Das decisões deste tribunal caberia ainda em certos casos recurso de cassação para um tribunal supremo indígena, constituído pelo governador e por dois juízes de direito.[1922] Em qualquer grau da jurisdição

---

são" (*la relativité des peines n' y est pas toujours d' accord avec le jugement de la conscience locale; beaucoup de ses dispositions ne sont utilisables que par voie d' analogies plus ou moins lointaines, par conséquent arbitraires; par contre certains actes particulièrement répréhensibles et dangereux, eu égard à l' état de moeurs, échappent, faute de textes s' y applicant, à toute répression*, A. Billiard, 1899: 172 e 173).

[1919] Mouzinho de Albuquerque, 1899: 183.

[1920] Eduardo Costa, 1903: 164 e 165. "Antes de igualar a lei, torna-se necessário igualar os homens a quem ela tem de ser aplicada, dando-lhes os mesmos sentimentos, os mesmos hábitos e a mesma civilização. É isso possível ? Não o sei; mas se o for, só será realidade em época muito longínqua e indeterminada. Por enquanto, é preciso, nas nossas possessões, a existência de, pelo menos, dois estatutos civis e políticos: um europeu e outro indígena" (Eduardo Costa, 1903: 58).

[1921] Eduardo Costa, 1903: 60. A proposta de concentração do poder judicial nas mãos de autoridades administrativas correspondia, no fundo, a "dar legalidade ao que já hoje se faz, por necessidade, illegalmente, para corrigir a lei", reconhecia Albano de Magalhães, que descrevia o exercício na província de Timor pelos comandantes militares, a solicitação das populações mais isoladas, da justiça cível e criminal em primeira e última instância (1907 a: 202 e 203).

[1922] Ao invés, neste tribunal superior Eduardo Costa já advogava a separação de poderes ("Sem embargo da preconizada concentração de poderes, é já possível, neste grau superior de hierarquia, fazer a separação dos dois, judiciário e administrativo, visto que ela se faz longe dos olhos dos indígenas que a eles recorrem, o que atenua os inconvenientes apontados"). Para a

indígena o tribunal devia ser assessorado por indígenas, com função meramente consultiva.

Os tribunais judiciais europeus julgariam as causas entre europeus, devendo ser constituídos por colectivos de juízes em todas as causas que excedessem as alçadas correccionais dos juízes de primeira instância.[1923]

Tal como Eduardo Costa, também Marnoco e Souza era peremptório, afirmando que "as nossas leis são inteiramente improprias para o meio indigena das colonias. Umas ficarão sendo letra morta e outras produzirão resultados contra-producentes."[1924] A restrição do modelo judiciário assente na ideia fundamental da assimilação impunha-se como uma exigência impreterível do princípio da igualdade, pois "de nada vale conferir aos indígenas os mesmos direitos que aos europeus, desde o momento em que elles se não encontram em condição de os fazer valer".[1925]

Assim, a lei penal e, em particular, o sistema das penas, deviam ser especiais, atendendo à organização e aos hábitos dos indígenas.[1926] A jurisdição repressiva devia pertencer exclusivamente às autoridade europeias e, de prefe-

---

fundamentação das suas teses o autor invocava também as experiências coloniais inglesa e francesa. Também na doutrina francesa se propunha a constituição de um tribunal indígena de segunda instância, presidido pelo vice-governador da colónia e composto por altos funcionários administrativos e por magistrados europeus (A. Billiard, 1899: 169).

[1923] Eduardo Costa, 1903: 168.

[1924] Marnoco e Souza, 1905: 403 e 433. A concordância de pontos de vista com Eduardo Costa não era total: a importantíssima proposta de Eduardo Costa de substituição do regime de assimilação por um regime de autonomia, com um verdadeiro governo local, era criticada por Marnoco e Souza (1905: 310), que defendia por sua vez que "para remediar os inconvenientes da nossa exagerada centralização, não se torna necessario substituir a assimilação pela autonomia. O proprio regime de assimilação comporta a descentralização necessaria para attender á diversidade de condições e á variedade das necessidades". De acordo com a proposta da introdução de um regime de autonomia nos territórios ultramarinos estava Rui Ennes Ulrich (1909: 95 a 100 e 106), que afirmava peremptoriamente que "cedo ou tarde as colonias hão de emancipar-se da supremacia da metropole, porque o homem, seja qual fôr a sua raça, tem repugnancia pela subordinação".

[1925] O autor concluía por isso que "em logar de egualdade generosa entre europeus e indigenas, haverá uma desegualdade revoltante, proveniente da diversidade real entre a condição social do indigenas e do europeu" (Marnoco e Souza, 1905: 438).

[1926] Marnoco e Souza, 1905: 420. O autor insistia para tanto na necessidade imperiosa do estudo e compilação dos usos e costumes dos indígenas (Marnoco e Souza, 1905: 443). A especialização legislativa não se restringia aos indígenas, antes incluindo os colonos, argumentando o autor com a conveniência da adaptação das leis civis, penais e processuais aplicáveis aos colonos (Marnoco e Souza, 1905: 451). A necessidade da elaboração de códigos para os indígenas, com regras especiais relativas à incriminação e à punição, foi também salientada, entre nós, por Lopo Sampaio e Mello, 1910: 180, e Rocha Saraiva, 1914: 263 e 264, e já tinha sido afirmada com particular ênfase por Arthur Girault, 1907: 74 a 77.

A Jurisdição Penal Ultramarina

919

rência, às autoridades administrativas, uma vez que os indígenas não compreendiam a divisão de poderes de jurisdição e de administração.[1927] Em qualquer caso, a divisão de poderes legislativo e judicial devia ser salvaguardada, não podendo nem devendo, no entendimento de Marnoco e Souza, o funcionário administrativo punir além dos casos e das penas previstos na lei.

A organização dos tribunais com competência para decidir as causas entre indígenas exigia também uma solução legislativa distinta da prevista na lei que vigorava na metrópole, sendo liminarmente afastado o tribunal de juri, "porquanto se ele fôr composto de indigenas, será uma abdicação, e, se fôr composto de colonos, rivaes naturaes dos indigenas, será uma monstruosidade". O autor dava a sua preferência à formação de um tribunal colectivo, composto por três funcionários europeus e dois indígenas da mesma raça do acusado.[1928]

[1927] Ao invés, o autor era de opinião de que deviam ser conservadas as jurisdições civis indígenas, admitindo a necessidade de fiscalização destes tribunais, mas não esperando muito dos resultados de um recurso de apelação para um tribunal europeu de apelação. As causas cíveis entre indígenas e europeus deviam ser decididas por um tribunal colectivo, reunindo um juiz europeu e um juiz indígena, sob a presidência de um funcionário administrativo (Marnoco e Souza, 1905: 417 e 418, e, mais tarde, também Lopo Sampaio e Mello, 1910: 163 a 166, 176 e 177, e Rocha Saraiva, 1914: 331). A doutrina portuguesa seguia o ensinamento de Arthur Girault, que defendia que toda a condenação pronunciada por europeus contra um indígena tinha consequências políticas que não era possível ignorar, pelo que devia ser uma autoridade administrativa, mais preocupada com as "consequências indirectas" (*consequences indirectes*) do seu julgamento, a competente para reprimir os crimes cometidos por indígenas, sendo certo que aos olhos dos indígenas a divisão de poderes não era senão uma "chinesice pura" (*chinoiserie pure*), não compreendendo eles que quem comandava não pudesse reprimir (Arthur Girault, 1907: 80 e 81).

[1928] Marnoco e Souza, 1905: 422. Também nestes precisos termos, Lopo Sampaio e Mello, 1910: 185, e Rocha Saraiva, 1914: 332. Eram a mesma solução e os mesmíssimos argumentos de Arthur Girault, que já tinha defendido que o júri de indígenas era "uma abdicação, uma loucura cujos inconvenientes saltam aos olhos. Por outro lado, um júri de colonos não responde ao objectivo e constitui para o indígena o contrário de uma garantia. Sendo o colono rival natural do indígena, é simplesmente monstruoso remeter ao primeiro o cuidado de decidir sobre a sorte do segundo. Mas podia-se compor um tribunal criminal com três funcionários europeus aos quais se juntaria dois notáveis pertencendo à raça do acusado" (*Or on ne peut pas composer un jury d' indigènes: ce serait une abdication, une folie dont les inconvénients sautent aux yeux. D' un autre côté, un jury de colons ne répond pas au but et constitue pour l' indigène tout le contraire d' une garantie. Le colon étant le rival naturel de l' indigène, il est tout simplement monstrueux de remettre au premir le soin de statuer sur le sort du second. Mais on pourrait composer un tribunal criminel avec trois fonctionnaires européens auxquels on adjondrait deux notables appartenant à la même race que l' accusé*, Arthur Girault, 1907: 82 e 83). Contrariando esta doutrina, Billiard propunha a formação de dois tribunais de júri para julgar os crimes e os delitos cometidos por europeus contra indígenas ou por estes contra aqueles: um júri correccional, composto por quatro membros, e um júri criminal, composto por oito membros, devendo a metade dos jurados ser de

920   *A Reforma da Justiça Criminal em Portugal e na Europa*

No tocante à forma do processo, Marnoco e Souza entendia que este devia estar sujeito a "uma grande liberdade de acção" do juiz, deixando ao juiz a livre escolha dos meios mais eficazes para a descoberta da verdade, pois com a impotência da justiça "soffrerá um maior numero de innocentes do que o dos individuos que poderiam ser injustamente condemnados".[1929] No entanto, os recursos de apelação e de revista deviam ser preservados em qualquer forma de processo "como garantias verdadeiramente necessarias duma boa administração da justiça".[1930]

Na transição do século XIX para o século XX e, em particular, depois do congresso colonial nacional de 1901, os altos responsáveis da administração ultramarina e a doutrina eram, pois, praticamente unânimes no sentido da inadequação da lei penal substantiva e das fórmulas processuais comuns para os povos locais, impondo o estado civilizacional destes povos, a peculiaridade das condições geográficas próprias dos territórios ultramarinos e as limitações logísticas e financeiras do Estado a modificação do modelo judiciário unitário assente na ideia de uma assimilação do direito ultramarino e do direito da metrópole.[1931]

---

nacionalidade francesa e a outra metade indígena, mas sendo a presidência dos tribunais definida de modo a assegurar a supremacia do elemento administrativo europeu (A. Billiard, 1899: 166 a 168).

[1929] Marnoco e Souza, 1905: 423, e, do mesmo modo, Lopo Sampaio e Mello, 1910: 178 ("Entre povos selvagens ou barbaros, os inconvenientes de condemnar um innocent são bem inferiores, em prejuizo momentaneo e em desastrosas consequencias futuras, aos que resultariam da absolvição d' um culpado"), e Rocha Saraiva, 1914: 332. Os autores portugueses reiteravam a doutrina francesa, que concluía que "em um tal meio, a impunidade frequente dos culpados ...é infinitamente mais perniciosa do que poderia ser mesmo a condenação acidental de um culpado" (*Dans un tel milieux, l' impunité fréquente des coupables .. et infiniment plus pernicieuse que ne pourrait l' être même la condamnation accidentelle d' un innocent*, A. Billiard, 1899: 162, e Arthur Girault, 1907: 84 e 85), reconhecendo como limite "absoluto" a proibição da tortura.

[1930] Marnoco e Souza, 1905: 422, e, também neste sentido, Rocha Saraiva, 1914: 332, e Vaz de Sampaio, 1920 b: 307.

[1931] O congresso colonial nacional de 1901 teve lugar depois de em Paris ter sido realizado um congresso internacional de sociologia colonial, no qual participou Christovam Pinto, com a sua memória sobre "Les Indigènes de l ' Inde Portugaise". No congresso parisiense de 1900 foram votadas as duas seguintes conclusões, essenciais para a discussão doutrinária já referida: "A administração da justiça aos indígenas em matéria repressiva deve ser confiada às autoridades da potência civilizadora ou colonizadora, mesmo quando a vítima das infracções for indígena, tendo-se sempre em conta as restricções que podem trazer a este princípio as necessidades locais ou condições em que se estabelece o govêrno da Colónia" e "é desejável que se organize um código de processo criminal para indígenas. O processo dando aos acusados as necessárias garantias, deverá estabelecer-se em condições de rapidez suficientes para que a repressão se suceda o mais ràpidamente possivel á falta cometida. O emprego de meios violentos para obter a confissão deve ser expressamente interdicto" (Agostinho de Carvalho, 1947: 15 e 17).

A Jurisdição Penal Ultramarina 921

As soluções sugeridas pela reflexão teórica apontavam, no que toca à organização dos tribunais, para uma divisão judicial sobreposta à quadrícula administrativa e militar, com a atribuição de funções judiciais às autoridades administrativas e militares, e para uma maior participação dos indígenas na administração da justiça, ainda que desempenhando uma função de natureza meramente consultiva e limitada à primeira instância, e, no que respeita ao processo aplicável nos novos tribunais, para a fixação de um critério étnico-cultural de determinação da competência e da composição do tribunal e a introdução de uma forma de processo sumário, verbal e sem recurso.

Estavam traçadas as bases teóricas de um paradigma judiciário dualista, que se pretendia mais respeitador do princípio da igualdade, mantendo as características do modelo judiciário vigente na administração da justiça para as populações europeia e assimilada e introduzindo um modelo diferente para a administração da justiça às populações indígenas.

A maior dificuldade que este novo paradigma colocava era a da atribuição de poderes judiciais a funcionários administrativos e autoridades militares sujeitos à obediência hierárquica, em violação directa dos princípios fundamentais da separação de poderes e da independência dos tribunais.[1932]

[1932] Este problema foi logo antevisto no congresso de sociologia colonial de 1900, que votou no sentido de separar o exercício de funções judiciais e administrativas, pois "a intromissão da política na justiça era a propria negação da justiça". Contudo, a concepção segundo a qual a divisão de poderes era incompreensível para os indígenas tornou-se a pedra angular da reflexão doutrinária sobre o problema da organização judiciária e condicionou durante décadas a reforma legislativa (Lopo Sampaio e Mello, 1910: 541 e 542, Ferreira Diniz, 1918: 11, Marcello Caetano, 1934: 210, e 1951: 39 a 47, Fernando Emygdio da Silva, 1941: 45, Adriano Moreira, 1955 a: 82, Silva Cunha, 1958: 31, mas contra Armando Gonçalves Pereira, 1931: 275 e 276, Agostinho de Carvalho, 1947: 23, e António Valadas Preto, 1955: 182 e 183).

CAPÍTULO 3.º
A Consagração
do Paradigma Judiciário Dualista

1. A Constituição de 1911 e a ineficácia relativa da Lei n. 277, de 15.8.1914

A Constituição de 1911 previa, no seu título V, designado "Da Administração das Províncias Ultramarinas", a predominância de um regime de descentralização na administração das províncias ultramarinas, com leis especiais adequadas ao estado de civilização de cada uma das províncias, cabendo ao primeiro congresso elaborar as leis orgânicas das províncias ultramarinas, mas consagrando-se também a possibilidade de o governo tomar medidas urgentes para as províncias ultramarinas quando o Congresso estivesse fechado. Consagraram-se precisamente as duas maiores aspirações dos críticos da política ultramarina liberal no período final da monarquia: a especialização jurídica e a descentralização do sistema da administração ultramarina.

Além de ter procedido à extensão ao ultramar das principais reformas do processo penal[1933] e das medidas extraordinárias de defesa do novo poder político,[1934] o legislador republicano procurou assegurar uma maior influência política sobre a magistratura ultramarina, quer através da gestão administrativa

---

[1933] O Decreto de 26.5.1911 mandou aplicar, entre outros, os Decretos de 10.10.1910 e de 22.10.1910. A questão da aplicabilidade da previsão constitucional sobre a instrução contraditória no processo penal ultramarino foi discutida por Marnoco e Souza (1913: 143), considerando este autor que, embora não houvesse diploma que tornasse extensivas às colónias as disposições dos Decretos de 14.10. e 18.11.1910, estas eram aí aplicáveis por força do artigo 183 do regulamento de 20.2.1894 e não directamente por força da Constituição. A questão ficou resolvida em sentido afirmativo com a publicação do Decreto de 16.9.1913, que mandou aplicar no ultramar os artigos 11 e 13 a 17 do Decreto de 18.11.1910, os artigos 1 a 4 e 8 a 10 do Decreto de 12.1.1911 e os artigos 4 a 8 do Decreto de 15.2.1911.

[1934] O Decreto de 6.5.1911 tornou extensivos, com modificações, ao ultramar os Decretos de 28.12.1910 e de 15.2.1911. Os processos do ultramar eram julgados pelos tribunais criminais

924 *A Reforma da Justiça Criminal em Portugal e na Europa*

do quadro de magistrados do ultramar, quer através da criação de circunscrições civis, cujos administradores tinham competência jurisdicional, quer ainda por meio da modificação do estatuto dos magistrados municipais.

Assim, o Decreto de 27.5.1911, que foi regulamentado pelo Decreto de 30.6.1911, substituiu o Conselho Superior de Magistratura e a Junta Consultiva por um Conselho Colonial, composto por sete vogais nomeados pelo governo, quatro designados por inerência e oito eleitos por modo indirecto pelos vinte maiores contribuintes de cada distrito. Os dois jurisconsultos nomeados pelo governo, o consultor da secretaria das colónias e os outros membros bachareis em direito do Conselho constituíam uma secção com a competência do Conselho Superior da Magistratura, isto é, graduar os candidatos à magistratura judicial das colónias, fazer a proposta para a promoção à segunda instância, fixar a antiguidade dos magistrados, consultar sobre a aposentação e sobre sindicâncias e impor penas disciplinares.[1935]

O outro meio utilizado pelo legislador republicano para alcançar uma maior influência política na administração da justiça foi o da criação de circunscrições civis com a atribuição de funções jurisdicionais aos respectivos administradores, nos termos já adoptados nos distritos de Lourenço Marques e de Inhambane, pela Portaria n. 671-A, de 12.9.1908, do governo geral da província de Moçambique. Os administradores eram funcionários nomeados

---

de Lisboa, com enormes custos e sacrifício dos presos. Esta situação só foi alterada em 1916. O Decreto n. 2.631 de 18.9.1916, tornou extensivas ao ultramar as disposições da Lei de 30.4.1912, que tinha modificado o Decreto de 28.12.1910, e a Lei de 8.7.1912, que tinha atribuído aos tribunais militares a competência para conhecer dos crimes da Lei de 30 de Abril.

[1935] A doutrina considerou que o regime do novo Decreto de 27.5.1911 constituía um retrocesso, em virtude de a jurisdição disciplinar sobre a magistratura ultramarina ter sido entregue a simples bachareis e não a magistrados, como acontecia anteriormente (Caetano Gonçalves, 1919: 17). Mais tarde, o Decreto n. 6.189, de 30.10.1919, aprovou um novo regimento para este órgão, prevendo que ele fosse composto por sete vogais natos, que eram funcionários do ministério das colónias, seis vogais de nomeação pelo ministro e oito eleitos por cada colónia, por modo indirecto pelos vinte maiores contribuintes portugueses de cada distrito. A secção do Conselho que funcionava como Conselho Superior da Magistratura Judicial manteve, no entanto, a composição e a competência anteriores. Por sua vez , o Conselho Colonial passou a constituir-se como tribunal aduaneiro de recurso, conhecendo também dos recursos das decisões dos tribunais de contencioso provinciais em processos por delitos de contrabando e descaminho e por transgressões fiscais. Contudo, as decisões finais do Conselho nos processos do contencioso aduaneiro só eram exequíveis com a confirmação do ministro das colónias, podendo este discordar da mesma, caso em que o conselho de ministros mandava submeter a novo julgamento "indicando a lei aplicável e os termos do processo a seguir" (artigo 54, § único, do Decreto n. 6.189), devendo o novo acórdão ser proferido em conformidade com esta indicação e não se admitindo outro recurso.

A Jurisdição Penal Ultramarina 925

pelo governador geral da província, que os podia transferir sem quaisquer restrições.[1936]

[1936] "Tendo a experiencia demonstrado a vantagem da adopção das circunscrições civis na administração dos territorios do interior das nossas colonias de Africa, onde a occupação é já completa e perfeita", o Decreto de 27.5.1911 mandou aplicar na província de Angola o sistema de administração adoptado nos distritos de Lourenço Marques e de Inhambane. As circunscrições deviam ser criadas nas áreas em que não fosse necessário um regime de ocupação militar. Na sequência daquele Decreto, a Portaria provincial n. 832, de 1.8.1911, aprovou o regulamento das circunscrições civis da província de Angola. Contudo, os chefes das circunscrições civis não se confundiam com os magistrados criados pela Portaria de 12.12.1896. Dada a diferença entre os chefes de concelho e outros funcionários, de cujas decisões não competia recurso nos termos do Decreto de 16.7.1902, e os chefes das circunscrições civis, de quem competia recurso para o juiz de direito nos termos da Portaria provincial de 1.8.1911, o governo da metrópole mandou, pelo Decreto de 17.8.1912, que aos administradores ou chefes de concelho e outras autoridades que desempenhassem funções de juízes instrutores na província de Angola em virtude do Decreto de 16.7.1902 fossem aplicadas as disposições previstas na Portaria provincial de 1.8.1911. Também na província da Guiné o legislador republicano deu logo um primeiro sinal de querer modificar o direito ultramarino em 1912, determinando pelos Decretos de 12.4.1912 e de 7.9.1912 o regresso à organização das circunscrições civis. O primeiro daqueles diplomas previa, no entanto, a conversão transitória da circunscrição civil em comando militar, naquelas circunscrições em que tivessem lugar revoltas dos indígenas. Esta opção pela desmilitarização da administração da justiça foi censurada pela doutrina, não só em face das dificuldades resultantes da ocupação incompleta da província da Guiné e dos repetidos conflitos com as populações locais, mas também em virtude da instabilidade da legislação colonial (Ernesto Vasconcelos, 1921: 172 e 174). O Decreto de 7.9.1912 aprovou um regulamento das circunscrições civis da província da Guiné, considerando que, "para a mais completa ocupação dos territórios da mesma província é urgente a aplicação daquele sistema de administração, mais em harmonia com as modernas concepções do direito público colonial". Ferreira Diniz (1919: 4) considerou este regulamento "incompleto e deficientissimo", criticando a divisão territorial da província e a inexistência de requisitos mínimos para nomeação como administrador de circunscrição e sugerindo a realização de um concurso precedendo a nomeação e o alargamento da competência criminal destes funcionários ao julgamento de crimes puníveis com prisão correccional até seis meses e transgressões de posturas municipais, bem como à prolação da pronúncia nas querelas. A crítica, dirigida ao regulamento da província da Guiné, podia atingir os regulamentos semelhantes das outras províncias. Não obstante, o Decreto de 19.10.1912 aprovou o regulamento das circunscrições civis de Lourenço Marques e de Inhambane, constante da Portaria provincial n. 671-A, de 12.9.1908, com modificações para o distrito de Inhambane que podiam ser estendidas ao distrito de Lourenço Marques. Logo em seguida, o Decreto de 9.11.1912 alargou ao distrito de Tete este regime, criando nele seis circunscrições civis, e o Decreto de 2.11.1912 autorizou o governador de Angola a modificar a legislação sobre as circunscrições civis, o que a Portaria provincial n. 375, de 17.4.1913, fez, aprovando o respectivo regulamento das circunscrições civis e administrativas com a regulamentação habitual do exercício das "funções de justiça" pelo administradores das circunscrições civis e, designadamente, com a fixação da sua competência para julgar as causas criminais com pena de prisão correccional até seis meses ou equiparada e as transgressões de posturas municipais, pronunciar nos processos ordinários, mandar prender sempre que houvesse perigo de fuga e manter preso qual-

Simultaneamente, o Decreto de 7.8.1912 reconheceu que os juízes municipais criados pelo regimento de 1894 em termos análogos aos do Decreto de 29.7.1886 na metrópole não deviam gozar da prerrogativa da inamovibilidade, "visto não pertencerem a nenhum quadro judicial e nem mesmo à magistratura do Ministério Público".

Dando concretização à previsão constitucional já mencionada, o legislador determinou ainda, três anos depois da votação da Constituição, a entrada em vigor nas províncias ultramarinas do novo Código de Processo Criminal Militar, com "as convenientes modificações", e procedeu à regulamentação das Bases Orgânicas da Administração Colonial.

O Decreto n. 731, de 4.8.1914, mandou aplicar o referido Código de Processo, com as modificações das Leis de 6 e de 8.5.1913, ao ultramar e aos territórios das companhias de Moçambique e do Niassa com vista a pôr fim a uma "manifesta desigualdade, sob o ponto de vista da acção penal, entre o exército, a armada e as fôrças militares coloniais", mas ressalvando a continuação em vigor do livro primeiro do código de 1896 com as modificações do Decreto de 16.3.1911 e da Lei de 8.7.1913.

Os governadores das províncias exerciam as atribuições conferidas pelo código aos comandantes das divisões do exército da metrópole, mesmo em relação aos tribunais das companhias privilegiadas, e, quando o governo o julgasse conveniente, as conferidas ao comandante em chefe do exército em operações.

O júri era constituído apenas por três oficiais, mas era formado nos mesmos termos dos previstos para a metrópole. O auditor era o juiz do crime na Índia, o conservador do registo predial em Cabo Verde, São Tomé, Macau e Timor e um juiz de primeira instância a designar pelo governo ou mesmo um delegado promovido a juiz para o efeito em Angola e Moçambique.

A Lei n. 277, de 15.8.1914, consagrou pela primeira vez em um diploma comum para todas as províncias ultramarinas os princípios do novo paradigma judiciário ultramarino.[1937] A ideia essencial consistia, nos termos expressos

---

quer suspeito sem culpa formada pelo prazo de vinte dias a contar da data da prisão, prorrogável "quando haja necessidade de se fazerem averiguações" (§ único do artigo 94 da Portaria provincial de Angola n. 375, de 17.4.1913).

[1937] O diploma de 1914 não consagrou ainda um verdadeiro sistema colonial de autonomia, mas apenas uma "descentralização extrema", pois o governo da metrópole conservava "funções gerais de superintendência e de fiscalização" (Armindo Monteiro, 1942: 14). Marcello Caetano (1934: 105, 106 e 110) considerava que esta lei tinha consagrado um regime de "autonomia rudimentar" e representava a sequência lógica do movimento doutrinário iniciado por António Enes, Mouzinho de Albuquerque e Eduardo Costa. O governo não observou rigorosamente o que determinava a Constituição, como salienta Silva Cunha (1958: 34), pois os territórios ultramarinos eram "encarados como sendo diferentes da Metrópole e entre si e consequentemente

A Jurisdição Penal Ultramarina   927

pelo governo, na diferenciação do estatuto do indígena "que, pelo seu grau de instrução, situação económica ou pessoal, hábitos europeus e integração nas instituições gerais da colónia, pode e deve gozar utilmente de todos os direitos garantidos aos cidadãos da república na Constituição e códigos fundamentais do país" e do estatuto do "indígena ignorante, desconhecedor dos nossos usos e costumes, que vive todavia a vida rudimentar dos agrupamentos étnicos a que pertence".

O legislador retirou desta ideia básica três consequências fundamentais para a regulamentação do sistema da administração da justiça penal no ultramar, uma relativa à especialização da lei aplicável aos indígenas não assimilados, outra atinente à introdução de tribunais especiais e outra ainda referente à conformação do processo utilizado nestes tribunais.

A lei previa a promulgação pelo governo de leis orgânicas para cada província ultramarina "tendo em vista o seu grau de desenvolvimento e mais circunstâncias peculiares" (artigo 2 da Lei de 15.8.1914) e a aprovação pelo governador da colónia de um estatuto civil, político e criminal do indígena, estabelecendo-se desde logo que a definição e a punição do ilícito criminal e transgressional deveria ser feita "tendo em especial consideração os seus usos e costumes privativos e o conceito em que forem tidos os factos correspondentes" (Base 18, § 4) e admitindo-se que fossem aplicadas penas distintas, tal como a prisão com trabalho público, aos indígenas não assimilados.[1938]

---

exigindo regimes de administração diferentes apropriados às condições locais". Como resulta claramente do relatório que antecedia o diploma de 1914, imperava então a interpretação do texto constitucional, segundo a qual este exigia a aprovação de "uma espécie de Carta orgânica individual" para cada província ultramarina. Contudo, o ministro das colónias decidiu "simplificar e tornar mais rápido" o cumprimento do disposto na Constituição, aprovando as disposições comuns a todas as colónias e procedendo deste modo a "um começo de especialização, sem descer, todavia, a minúcias". Os diplomas de 1914 começaram a vigorar efectivamente muito depois da sua publicação e nunca foram integralmente aplicados. A doutrina considerou que as novas leis de 1914 só começaram efectivamente a ser aplicadas a partir de 1920 ("Sucessivas demoras e suspensões das cartas orgânicas promulgadas, o agitado periodo da guerra e sobretudo a consciência de que os preceitos constitucionais se opunham à divisão do poder legislativo pelas entidades a quem as leis de 1914 confiavam de facto a faculdade de fazer ou revogar leis, causaram hesitações e embaraços de execução, que, nessa materia, só puderam terminar quando a Constituição foi revista", Ferreira da Rocha, 1924: 1). O balanço da vigência dos diplomas de 1914 feito no congresso colonial nacional de 1930, pelo relator Lisboa de Lima, foi muito negativo, caracterizando a situação económica e administrativa das colónias como "desoladora" e propondo uma "urgente e cuidadosa revisão" daquelas leis. A superintendência e a fiscalização da metrópole sobre as províncias, quer administrativa, quer financeiramente, não existia na prática, não havendo uma verdadeira unidade económica do território nacional (Lisboa de Lima, 1934: 9, 17, 21 a 23).

[1938] O legislador previa mesmo que em cada colónia se procedesse "no mais breve espaço de tempo" à codificação dos usos e costumes dos indígenas (Base 18, § 7). Esta premência da

928   A Reforma da Justiça Criminal em Portugal e na Europa

A lei previa também a criação de tribunais especiais com competência sobre questões entre indígenas, compostos por chefes administrativos locais assistidos por indígenas conhecedores da lei local ou outros indivíduos com boa reputação no seu meio. As futuras leis processuais deveriam assegurar "uma rápida e honesta administração da justiça" e ser "simples, de fácil compreensão e adequadas às condições especiais da vida do indígena" (Base 18, § 6).

Na sequência deste diploma fundamental foram aprovadas, com base em sucessivas prorrogações do prazo fixado no § 4 do seu artigo 3, as Cartas Orgânicas das províncias de Cabo Verde, da Guiné, da Índia, de São Tomé e Príncipe, de Timor, de Macau e de Angola, publicadas nos meses de Abril a Novembro de 1917.[1939]

Após a sujeição das províncias de Angola e Moçambique ao regime do alto comissariado, respectivamente pelo Decreto n. 6.864, de 31.8.1920, e pelo Decreto n. 7.051, de 18.10.1920, foi aprovada uma nova Carta Orgânica da província de Angola, pelo Decreto n. 4, de 4.5.1921, do alto comissário Norton de

---

legislação indígena era reveladora do carácter da política ultramarina do governo republicano. Silva Cunha (1952: 55 e 56) e Héctor Wilensky (1968: 14, 72, 223 e 225) apontam o "proteccionismo com carácter marcadamente paternalista" como sendo "a linha mais definida e indubitável" da política indígena portuguesa desde a implantação do regime republicano. Também falam em "protecção paternalista dos indígenas", Mário Fernandes de Oliveira e outros, 1979: 140.

[1939] Estas Cartas Orgânicas foram aprovadas pelos Decretos ns. 3.108-B, 3.168, 3.266, 3.285, 3.309, 3.520 e 3.621, respectivamente, de 25.4, 31.5, 27.7, 11.8, 23.8, 5.11 e 28.11.1917. No governo de Sidónio Pais as cartas foram revogadas pelo Decreto n. 4.627, de 30.6.1918, com o fundamento de que as bases da Lei de 1914 eram "suficientemente numerosas e minuciosas para orientar a administração colonial" e as cartas orgânicas constituíam "o decalque das bases acrescentado de uma série de disposições regulamentares fragmentárias e incompletas dos serviços de cada colónia". As Cartas Orgânicas foram, no entanto, repostas em vigor pelo Decreto n. 5.779, de 10.5.1919, logo após a morte de Sidónio Pais. No segundo congresso colonial português, Ferreira da Rocha defendeu a tese de que as leis de 1914 e as cartas orgânicas deviam ser modificadas, restringindo-se as primeiras ao desenvolvimento dos princípios fixados pela Constituição e as segundas à regulamentação da competência e do funcionamento dos conselhos legislativo e executivo e da competência do governador (Ferreira da Rocha, 1924: 5, 20 e 21). Entretanto, a revisão constitucional, aprovada pela Lei n. 1.005, de 7.8.1920, que previa a competência legislativa dos governos coloniais, com o voto de um conselho legislativo local, e a nomeação pelo governo de altos comissários, com plenos poderes executivos, consagrou um sistema colonial de autonomia (Ernesto Vasconcelos, 1921: 88, Marcello Caetano, 1934: 110, Emygdio da Silva, 1941: 40 e 41, e Armindo Monteiro, 1942: 16). O Decreto n. 7.008, de 9.10.20, promulgou as novas bases da administração das colónias, que unificaram as bases da administração civil e da administração financeira publicadas em 1914, mantendo na sua substância o direito nelas consagrado e, designadamente, reproduzindo a base 97 ª do diploma de 1920 a doutrina da base 18ª do diploma de 1914. Nas vésperas da ditadura militar, a Lei n. 1.836, de 4.2.1926, aprovou alterações significativas às bases orgânicas, designadamente, quanto ao regime dos altos comissários.

Matos, e a Carta Orgânica da província de Moçambique, pelo Decreto n. 200, de 28.1.1922, do alto comissário Brito Camacho.

As Cartas Orgânicas não previam regras próprias sobre a administração da justiça nas províncias, mas apenas a competência dos órgãos legislativos ultramarinos para definir o estatuto dos indígenas não equiparados.[1940] O futuro estatuto criminal dos indígenas não equiparados devia ter em especial consideração os usos e costumes de cada tribo na definição e punição dos crimes, investir nas funções de julgar chefes administrativos locais, assistidos dos «grandes», de letrados conhecedores da lei especial ou de outros indivíduos que no meio indígena merecessem respeito e consideração.

No uso daquela competência, foi publicado na província da Guiné o Diploma Legislativo n. 268, de 22.1.1925, que aprovou o primeiro regulamento sobre a justiça indígena formulado à luz do novo paradigma judiciário diferenciado.[1941]

[1940] Considerando que "o emprêgo impreciso do têrmo «indígena», nas leis e regulamentos coloniais, tem dado lugar a abusos e injustiças a que importa pôr termo duma vez para sempre", o Decreto n. 7.151, de 19.11.1920, mandou que as leis reguladoras do exercício dos direitos civis dos europeus nas colónias fossem extensivas aos indígenas que "adoptem os usos e costumes públicos dos europeus e se submetam às leis e regulamentos impostos aos indivíduos europeus do mesmo nível social" (artigo 1). Só aos indígenas que "vivem e desejam continuar a viver sob os usos e costumes privativos dos agregados sociais indígenas" podiam ser aplicadas as disposições especiais que nos regulamentos se referissem a indígenas.

[1941] No período que mediou entre a publicação da Lei n. 144 e a aprovação do Diploma Legislativo n. 268, ainda foram feitas várias tentativas, todas frustradas, de concretizar a directiva daquela lei, mas o Tribunal Privativo dos Chinas de Macau, cujo regulamento foi aprovado pelo Decreto n. 3.637, de 29.11.1917, e revisto pela Portaria provincial n. 311, de 27.9.1919, não correspondia a um verdadeiro tribunal indígena, e o projecto de Ferreira Diniz, que previa uma organização judiciária complexa para os negócios indígenas na província de Angola, não vingou. O Tribunal Privativo macaense era composto por um juiz de direito, nomeado em comissão pelo governo da metrópole, e tinha competência para julgar os crimes cometidos por cidadãos chineses que fossem puníveis com penas de prisão, desterro ou multa até seis meses ou até 500$00. Das decisões proferidas nestas causas competia recurso para um tribunal colectivo, composto pelo juiz de direito da comarca, pelo conservador do registo predial e por um homem-bom, eleito anualmente pelos quarenta maiores contribuintes. Quando necessário o juiz podia recorrer a um conselho de seis cidadãos chineses, tirados à sorte anualmente de entre os quarenta maiores contribuintes residentes em Macau, para o esclarecer sobre os usos e costumes, mas as suas respostas não obrigavam o juiz. Diferentemente, o "Projecto do regimento de administração de justiça aos indígenas da província de Angola", publicado por Ferreira Diniz, no ano de 1918, previa a constituição de tribunais indígenas de primeiro grau, junto de cada posto militar ou civil, de tribunais indígenas de segundo grau, em cada concelho ou capitania-mór, e de um tribunal indígena provincial, em Luanda, e a possibilidade de instituição de tribunais indígenas excepcionais. Os tribunais de primeiro grau eram compostos pelo chefe de posto, por um ou mais chefes indígenas, pertencentes às tribos dos litigantes, e por dois assessores, escolhidos anualmente pelo adminis-

930   *A Reforma da Justiça Criminal em Portugal e na Europa*

O diploma da província da Guiné foi o único que deu cumprimento ao propósito do legislador de 1914 de introduzir em cada província uma regulamentação pormenorizada da administração judiciária e do processo penal nas causas entre indígenas, o que se justifica pela guerra de 1914 a 1918, pela instabilidade política na metrópole e pela falta de fiscalização do governo central.[1942]

---

trador de concelho. Estes tribunais tinham apenas competência cível. Os tribunais de segundo grau eram compostos pelo administrador do concelho ou da capitania-mór, pelo seu secretário, com direito a voto, pelos chefes indígenas das partes litigantes e por dois assessores e tinham toda a competência criminal, com a excepção dos crimes com motivação política ou dos de contrabando de armas e munições, que eram julgados pelos tribunais excepcionais. Os chefes gentílicos e os assessores em circunstância alguma dispunham de direito a voto. A composição dos tribunais excepcionais dependia do livre arbítrio do governador da província. O tribunal provincial era composto pelo secretário provincial dos negócios indígenas, pelo delegado do procurador da República de Luanda e por uma pessoa com conhecimentos dos assuntos indígenas, nomeada pelo governador, e julgava os recursos interpostos das decisões dos tribunais de segundo grau. Os recursos dos tribunais excepcionais eram interpostos para o governador da província. O projecto era acompanhado por um "projecto de código de justiça indígena", que continha a lei civil e penal aplicável aos indígenas e o regime do direito probatório, onde se destacava a regra da falta de fé em juízo do depoimento de uma só testemunha (Ferreira Diniz, 1918: 613 a 644). Com base nestas ideias, o autor elaborou também um esboço dos princípios que deviam reger a feitura de um regimento de administração da justiça indígena na província da Guiné (Ferreira Diniz, 1919: 10 a 12). Ao invés, o "Projecto de regulamento de justiça penal indígena" para a província de Moçambique, apresentado por António Pereira Cabral, no ano de 1925, regressava a uma solução semelhante à do regulamento do tribunal macaense, sem a participação obrigatória de indígenas na composição do tribunal. O projecto de António Augusto Cabral previa a criação de um tribunal colectivo em cada circunscrição da província, composto pelo delegado do procurador da República e por dois administradores de circunscrição. Este tribunal julgava todos os crimes cometidos por indígenas contra indígenas, que não fossem da competência do administrador de circunscrição. Um tribunal superior de apelação, composto pelo presidente do Tribunal da Relação, pelo secretário provincial dos negócios indígenas e pelo procurador da República, julgava as apelações das decisões do tribunal colectivo, podendo alterar as sentenças recorridas. As decisões dos juízes singulares só eram impugnáveis para o secretário provincial dos negócios indígenas quando o indígena declarasse não prescindir do recurso. Os crimes de motivação política eram processados administrativamente e julgados apenas pelas autoridades administrativas (António Pereira Cabral, 1925: 87 a 93).

[1942] A inovação do legislador da província da Guiné tinha sido precedida, três anos antes, por uma reorganização judiciária da província da Guiné. Ponderando que o já mencionado Decreto de 7.9.1912 não deu os resultados "que era de esperar ..., devido à falta de preparação jurídica que em geral revestem as pessoas que exercem êsses cargos", o Diploma Legislativo n. 69-C, de 19.8.1922, sancionado pelo Decreto do governo de 28.12.1922, extinguiu os julgados municipais e restringiu a competência dos administradores das circunscrições civis à formação do corpo de delito, à pronúncia provisória e ao julgamento de transgressões de posturas. O novo regulamento das circunscrições civis da província, aprovado pela Portaria provincial da Guiné n. 201,

A Jurisdição Penal Ultramarina   931

O direito penal aplicável era o da metrópole quando se tratasse de crimes de particular relevância social e política constantes de um catálogo legal. A res-

---

de 2.12.19?5, não contrariou esta opção reducionista das competências judiciais dos administradores das circunscrições civis. Ao invés, na província de Timor, a Portaria n. 118, de 1.5.1920, que aprovou o regulamento das circunscrições civis da província, consagrou os poderes amplos daqueles funcionários. A província compreendia o concelho de Dili, os comandos militares descritos no artigo 136 da respectiva Carta e as circunscrições civis de Liquiçá, Manatuto e Baucau. Cada circunscrição era dirigida por um administrador, nomeado por dois anos pelo governador da província de entre oficiais militares ou funcionários administrativos que reunissem certos requisitos, exercendo o administrador as funções que pelo regimento de 20.2.1894 e pelo Decreto de 30.12.1897 competiam ao juiz territorial e julgando as questões indígenas, que eram definidas nos mesmos termos do Decreto de 7.9.1912, assistidos pelos régulos ou por outros indígenas de consideração no seu meio. O governador da província tinha os mesmos poderes que lhe eram atribuídos no referido Decreto de 1912. Previa-se, contudo, que na "definição e punição dos crimes, delitos e contravenções dos indígenas" os administradores tivessem "em especial consideração os estilos timorenses e o conceito em que pelos indigenas fossem tidos os actos de que se tratar, respeitando-se sempre os princípios de humanidade e civilização" (artigo 80). Na província de Cabo Verde, o legislador encontrou uma solução de compromisso entre os juízes municipais e os administradores das circunscrições civis. Em face da nova divisão administrativa da província de Cabo Verde em concelhos regulares e irregulares, o legislador modificou as funções judiciais dos juízes municipais, atribuindo aos administradores dos concelhos irregulares funções judiciais, "à semelhança do que foi estabelecido para os de circunscrição nas províncias de Moçambique e de Angola, mas harmonizando-as com as funções dos juízes municipais, em conformidade com o regimento de justiça da província". Assim, a Portaria provincial n. 146, de 29.4.1921, determinou que aos juízes municipais competia preparar e julgar as causas criminais em que a pena aplicável fosse alguma das correspondentes ao processo de polícia correccional e preparar as restantes causas, que não fossem da competência do administrador do concelho irregular, até ao lançamento da pronúncia. Aos administradores dos concelhos irregulares, que não fossem da sede do julgado municipal ou da sede da comarca, competia formar o corpo de delito nos processos de polícia correccional, pronunciar em processo correccional ou de querela, julgar as transgressões de posturas municipais e as causas criminais em que fosse aplicável prisão correccional ou trabalho correccional até um mês, multa ou desterro até um mês ou censura. Das decisões dos juízes municipais e dos administradores de concelho cabia recurso para o juiz de direito, sendo obrigatória a interposição de recurso nos processos de polícia correccional, quando promovidos pelo Ministério Público. Esta Portaria n. 146 foi suspensa pela Portaria provincial n. 266, de 11.10.1921, por ordem superior, e só foi reposta em vigor pela Portaria provincial n. 48, de 5.4.1922, depois de concedida autorização superior, visto "julgarem-se necessárias nesta província as providências que ela encerra". Mas foi nas províncias de Moçambique e de Angola que se foi mais longe, ficando a dever-se aos altos comissários daquelas províncias a expansão da competência judicial dos funcionários administrativos das referidas províncias, em detrimento da competência das autoridades militares. Assim, o Decreto n. 68, de 30.6.1921, do alto comissário da província de Moçambique, extinguiu vários comandos militares e criou circunscrições civis, uma vez que "é absolutamente efectivo o domínio da autoridade em todo o distrito, cuja população indígena está completamente pacificada". A estas novas circunscrições eram aplicáveis as disposições previstas no regulamento das circunscrições aprovado por Portaria provincial n. 671-A, de 12.9.1908. Três anos depois, tendo

tante criminalidade era julgada de acordo com o sistema de penas previsto nos usos e costumes locais, com excepção dos castigos corporais ou das penas privativas da liberdade física, ou de acordo com as penas previstas em regulamentos especiais ou, na falta destes e daqueles, era punida com a pena de trabalho correccional, a de multa ou ainda a de desterro.

O diploma instituiu um Tribunal Indígena em cada circunscrição administrativa, composto pelo respectivo administrador, que presidia, e por dois assessores indígenas da tribo dos litigantes, que tinham voto consultivo. Este tribunal tinha competência exclusiva para o julgamento dos crimes e das transgressões cometidas por indígenas, não sendo esta competência do administrador delegável nos chefes indígenas locais, ao invés do que sucedia nas pequenas causas cíveis.

O processo aplicável era orientado pelo princípio, segundo o qual "na aplicação da justiça aos indígenas se deve proceder com rapidez e decisão e de harmonia com os usos e costumes das mesmas, contanto, que não ofendam os princípios da humanidade e da civilização" (artigo 41 do Diploma Legislativo n. 268, de 22.1.1925).

O processo restringia-se à ordem de citação do réu pela autoridade administrativa para a audiência de julgamento e à realização deste diante do tribunal, com produção da prova pela acusação e pela defesa, sendo as partes obrigadas a comparecer pessoalmente, com ressalva dos casos de impossibilidade. Na acta da audiência procedia-se a uma "indicação da prova produzida" (artigo 12 do Diploma Legislativo n. 268, de 22.1.1925).

Todas as decisões do Tribunal Indígena eram recorríveis para o governador, que decidia em definitivo. Em todos os recursos, interpostos pelas partes ou com subida obrigatória, o governador ouvia previamente uma Junta Consultiva da Justiça Indígena, composta por três altos funcionários administrativos e um delegado do procurador da República.[1943]

---

passado para a administração directa do Estado os prazos do distrito de Tete, arrendados à companhia da Zambézia, a Portaria provincial n. 736, de 3.5.1924, criou várias circunscrições civis no distrito de Tete, sendo de novo considerado em vigor o regulamento aprovado pela Portaria n. 617-A. Na província de Angola, o Decreto n. 80, de 14.12.1921, do alto comissário da província, transformou em circunscrições civis todas as capitanias-móres e em postos civis os postos militares da província, com o propósito de "intensificar cada vez mais a ocupação administrativa da província nos moldes e princípios estabelecidos e preconizados no regulamento das circunscrições civis, aprovado pela Portaria provincial n. 375, de 17 de Abril de 1913".

[1943] Era, contudo, absolutamente defeso repetir julgamentos nos tribunais indígenas, salvo em caso de revisão de processo determinada pelo governador com base em "provas justificativas de violência" (artigo 112, § 1, da Portaria provincial da Guiné n. 201, de 2.12.1925). O julgamento dos régulos foi objecto de disposições especiais, que foram aprovadas pelo Diploma Legis-

2. O Projecto de Código do Processo Penal para a Província de Moçambique de Augusto Vasconcellos (1912)

Antes ainda da aprovação das Bases Orgânicas da Administração Colonial foi apresentado publicamente pelo juiz de direito Augusto de Vasconcellos o "Projecto de Código do Processo Penal para a Província de Moçambique". O projecto de 1912 foi a primeira e única tentativa teórica de formulação de um código de processo penal para uma das províncias ultramarinas.

O projecto continha 635 artigos e compreendia quatro livros, o primeiro contendo disposições gerais, o segundo sobre o processo comum, o terceiro sobre os processos especiais e o último sobre o processo nos juízes inferiores.

O estudo assentava na organização judiciária introduzida pelo regimento de 1894 na província de Moçambique, extinguindo-se os juízes municipais, cujas competências seriam exercidas por juízes ordinários. Os novos juízes ordinários eram nomeados pelo governador geral para cada uma das circunscrições administrativas, sob proposta do juiz de direito, sendo estes lugares ocupados pelos chefes administrativos das circunscrições enquanto o governador geral não nomeasse aqueles juízes.

O juiz popular tinha apenas competência para levantar autos de notícia de factos puníveis e proceder a diligências no processo preparatório requeridas pelo titular do processo. O juiz ordinário preparava e julgava em processo sumário os crimes puníveis com penas não superiores às correccionais praticados por indígenas e os crimes puníveis com pena até seis meses de prisão correccional ou multa cometidos por europeus e assimilados, bem como organizava os processos preparatórios dos crimes restantes. Os juízes de direito preparavam e julgavam as causas que não fossem da competência dos juízes ordinários ou de tribunais especiais e decidiam os recursos interpostos das decisões dos juízes ordinários, podendo avocar qualquer processo pendente nos julgados ordinários da respectiva comarca, mesmo que findo, "para verificar o modo como o juiz seu subordinado procedeu" (artigo 633).

---

lativo n. 290, de 8.10.1925. Ponderando que não era conveniente que os régulos fossem julgados diante do tribunal de primeira instância do concelho ou circunscrição a que pertencessem, o legislador provincial determinou que eles fossem julgados pelo Tribunal Superior Indígena, com sede na capital da província. O tribunal era constituído pelo secretário dos negócios indígenas e por quatro assessores indígenas, com voto consultivo, escolhidos entre os grandes, régulos ou chefes da povoação, concelho ou circunscrição onde tivesse sido cometido o crime. O processo era preparado pela administração, que o apresentava ao tribunal com um relatório "contendo as conclusões finais dos factos de que o réu é acusado" (artigo 4 do Diploma Legislativo n. 290). A decisão final era obrigatoriamente sujeita ao governador para confirmação.

934 *A Reforma da Justiça Criminal em Portugal e na Europa*

Contudo, a mais relevante novidade no tocante à organização judiciária era a da admissibilidade do tribunal de júri, com competência para o julgamento da matéria de facto "que não estivesse provada por exames, documentos autênticos ou autenticados ou por confissão feita em juízo e não retratada" nos processos por crimes puníveis com pena maior ou de carácter político (artigo 31).

O projecto previa duas formas de processo comuns, uma ordinária e a outra sumária, cabendo esta última no julgamento de crimes puníveis com as penas de prisão correccional ou multa até seis meses ou equivalente ou de crimes puníveis com penas correccionais superiores, quando o arguido fosse preso em flagrante delito ou confessasse o facto e a confissão estivesse "de acordo com os elementos colhidos durante a instrução do processo" (artigo 343). Entre as formas especiais previam-se a de julgamento dos crimes cometidos pelo altos funcionários da administração civil e religiosa da província e por magistrados judiciais e do Ministério Público, a forma de julgamento de réus ausentes, a forma de julgamento dos crimes de difamação querendo o réu fazer prova dos factos imputados e o processo perante os juízes ordinários.

O processo ordinário iniciava-se com uma fase judicial preparatória, secreta, durante a qual o arguido podia consultar o processo com autorização do juiz, juntar todos os meios de prova e requerer a inquirição de testemunhas, que o juiz atenderia se assim o entendesse. Durante o seu interrogatório o arguido preso ou afiançado podia fazer-se assistir, com excepção dos casos de urgência ou perigo para a conservação da prova, por um advogado ou exigir a nomeação de um defensor oficioso, sendo certo que a prisão preventiva era prevista para os factos puníveis com pena superior a seis meses de prisão correccional ou multa superior a 500.000 réis, se o arguido fosse europeu ou assimilado, ou para factos puníveis com penas inferiores, se o arguido fosse indígena ou, sendo europeu ou assimilado, se não tivesse modo de vida conhecido, residência permanente ou bens na comarca ou estivesse para viajar. A autonomia do prazo máximo da prisão preventiva sem culpa formada em relação à prolação da pronúncia e a sua dependência de um despacho judicial de indiciação provisória que podia ter lugar antes do encerramento do processo preparatório, proferido dentro de oito dias desde a entrega do detido ao juiz e dentro de dez dias desde a detenção, resolvia o problema prático da duração da instrução preparatória em processo com presos e permitia a formulação da proibição expressa da "prisão para averiguações" (artigo 254).[1944]

[1944] A caução podia ser prestada em qualquer fase da causa e, inclusivamente, no tribunal de recurso, mas ela não era admissível para os crimes puníveis com penas maiores fixas de prisão ou degredo, salvo se estivessem provadas as circunstâncias atenuantes da provocação por pancadas e outras violências graves, privação da inteligência e embriaguez, nem para os crimes

No final da fase preparatória, o juiz competente para julgamento proferia despacho de encerramento do processo preparatório, a que se seguia o libelo acusatório do Ministério Público, ou determinava o arquivamento dos autos. No caso de o juiz e o magistrado do Ministério Público discordarem sobre o destino dos autos e, designadamente, quando o primeiro discordasse da promoção de arquivamento do segundo, ou o Ministério Público cedia e deduzia acusação ou o juiz procedia à notificação do acusador particular para apresentar libelo, mesmo nos processos em que era obrigatória a acusação do Ministério Público. Não deduzindo a parte a acusação particular, o juiz ordenava a subida dos autos ao tribunal superior, que decidia em definitivo.

O libelo recebido pelo juiz era notificado ao réu, que podia requerer na contestação que fossem repetidos quaisquer actos do processo preparatório em que não tivesse estado presente ou representado ou que se procedesse a novas diligências. Findas estas diligências, o juiz podia declarar sem efeito o libelo e ordenar o arquivamento dos autos ou o seu prosseguimento. Desempenhando a resposta do réu ao libelo simultaneamente o papel de contestação aos factos imputados e o de requerimento de instrução contraditória, a fase de acusação abria-se logo com a notificação do libelo, pelo que era suprimida a acusação depois da pronúncia.

Na audiência de julgamento o réu tinha de estar presente, salvo se o facto fosse apenas punível com pena de multa, e tinham plena validade os depoimentos das testemunhas ou peritos faltosos registados no processo preparatório, ressalvando-se a possibilidade de as partes requererem a inquirição das mesmas, caso em que o juiz, se necessário fosse, deveria fazer-se transportar à residência da testemunha ou do perito.

Ocorrendo alteração dos factos imputados ao arguido ou mesmo só agravação da qualificação jurídica dos factos imputados ao arguido, o objecto do processo podia ser alargado até começarem os debates através da apresentação de uma nova acusação pelo Ministério Público ou pelo acusador particular e, no processo com intervenção do júri, através da formulação de quesitos subsidiários relativos aos factos novos ou à qualificação mais grave, quando o réu desse o seu consentimento. Se o Ministério Público não pudesse ou não quisesse apresentar acusação nos mesmos autos, mas protestasse pelo conhecimento do facto novo, este seria conhecido em um outro processo. Este procedimento de adver-

---

puníveis com pena maior temporária, quando estivessem provadas as circunstâncias agravantes da premeditação, da reincidência, da sucessão ou da acumulação de crimes praticados em ocasiões diversas. A consagração da garantia do *habeas corpus* e da indemnização dos detidos ilegalmente, como mandava a nova Constituição, constituía o ponto culminante desta regulamentação favorável à liberdade do arguido.

936   *A Reforma da Justiça Criminal em Portugal e na Europa*

tência ao réu de qualquer mudança da acusação era obrigatório, sob pena de o réu não poder ser condenado por facto mais grave ou de natureza diversa daquele por que tivesse sido acusado.

Na audiência com intervenção do júri o juiz não proferia qualquer relatório final sobre a prova produzida, mas prestava esclarecimentos aos jurados, a pedido destes e na presença das partes. Dadas as respostas, o juiz mantinha a faculdade de anular algumas ou todas as respostas, afirmativas ou negativas, que fossem iníquas.

Os recursos de apelação da sentença ou despacho final e de agravo de quaisquer outras decisões eram processados e julgados como os de agravo de petição em matéria cível. Fixava-se o princípio do triplo grau de jurisdição, cabendo recurso de revista dos acórdãos da Relação que decidiam as apelações e recurso de agravo dos restantes acórdãos. Também se determinava o recurso obrigatório pelo Ministério Público das sentenças condenatórias em pena maior ou, na sua falta, a remessa oficiosa dos respectivos autos à Relação. Quer o Tribunal da Relação quer o Supremo Tribunal de Justiça conheciam da decisão de direito e de facto, apreciando toda a prova registada nos autos, salvo nos processos em que tivesse intervindo o júri, em que esse controlo se limitava à deficiência na formulação dos quesitos e à contradição, obscuridade ou deficiência nas respostas dadas aos mesmos.

No que respeita ao julgamento de ausentes, previam-se duas formas distintas: quando o crime fosse punível apenas com pena de multa, a causa podia correr à revelia do arguido, transitando a sentença dez dias depois da sua publicação, e quando se tratasse de outros crimes, os autos prosseguiam o seu curso normal após a notificação edital do libelo, sendo obrigatória a interposição de recurso pelo Ministério Público.

No processo perante os juízos inferiores, não era obrigatória a presença da defesa e nem mesmo da acusação, "devendo o juiz indagar imparcialmente todos os factos e circunstancias, quer sejam a favor quer contra o reu" (artigo 622). O juiz ordinário cumulava mesmo as funções de julgador e de magistrado promotor dos termos da acusação nos julgados onde não existisse magistrado do Ministério Público ou ele estivesse impedido. No entanto, a prova produzida em julgamento era obrigatoriamente registada e o processo enviado oficiosamente ao juiz de direito para confirmação da sentença quando se tratasse de julgamento de réus indígenas por factos puníveis com pena correccional superior a seis meses de prisão ou outras penas equivalentes. Sendo o crime punível com pena de prisão correccional de seis meses ou com penas equivalentes ou inferiores a esta, o julgamento dos réus, fossem eles indígenas, assimilados ou europeus, era verbal, excepto se alguma parte não prescindisse do recurso.

O projecto revelava, pois, uma preocupação genuína em aproximar a organização judiciária penal ultramarina da continental, substituindo os juízes municipais por juízes ordinários e estabelecendo o tribunal de júri, e, sobretudo, em uniformizar o estatuto processual dos réus indígenas, assimilados e europeus. A uniformização só não era perfeita em virtude do regime mais gravoso da prisão preventiva dos indígenas indiciados pela prática de crimes puníveis com prisão inferior a seis meses e da competência acrescida do juiz ordinário para julgar os crimes cometidos por indígenas puníveis com penas não superiores às correccionais quando o arguido indígena tivesse sido detido em flagrante delito ou confessasse a prática do crime.

O projecto realizava o princípio da acusação tão deficientemente como o direito vigente na metrópole, já que no processo ordinário o juiz de julgamento tinha o pleno controlo da fase de conclusão do processo preparatório e as diligências requeridas pelo arguido na contestação constituíam uma verdadeira instrução contraditória facultativa, prévia ao julgamento, que munia o juiz do conhecimento antecipado dos meios da defesa. Nos processos sumários julgados nos tribunais inferiores, o projecto consagrava a solução muito gravosa da concentração de funções judiciais e persecutórias que o direito ultramarino já conhecia.

O princípio da imediação encontrava no projecto uma realização mais deficitária do que a do direito vigente na metrópole e no ultramar, não tanto em face da previsão ampla sobre o aproveitamento da prova produzida na fase preparatória, que não se distinguia do direito vigente, mas das regras reguladoras do julgamento do réu ausente, que não asseguravam ao réu ausente condenado qualquer possibilidade de dedução ulterior da sua contestação.

Se o regime muito restritivo de alteração do objecto do processo e a fundamentação da sentença, que incluía a "apreciação da prova produzida" (artigo 396), constituíam as verdadeiras limitações aos abusos do juiz julgador-instrutor, actuando aquelas limitações do poder judicial em defesa do princípio da acusação, o registo da prova e o triplo grau de jurisdição em matéria de facto no processo ordinário e no sumário, que fossem julgados em primeira instância pelo juiz de direito, eram as únicas garantias do réu agravado pela instância na valoração da prova e, designadamente, na preterição da prova de julgamento em favor da de instrução. A intervenção dos tribunais de recurso era comedidamente favorecida, pois o desconto da prisão preventiva no cumprimento da pena de prisão correccional ou de trabalho correccional era feito de acordo com a regra da equivalência de dois dias de prisão a um dia de trabalho correccional e não tinha lugar em relação ao tempo decorrido desde a publicação da sentença condenatória até que o processo baixasse ao juízo recorrido, quando o recurso tivesse sido interposto pelo réu e o tribunal superior não tivesse diminuído a

938 A Reforma da Justiça Criminal em Portugal e na Europa

pena imposta pela instância. Por outro lado, no processo sumário o réu condenado em pena corporal que recorresse podia sempre prestar caução para se livrar solto até à decisão do recurso.

Ao invés, a decisão do júri, que por si só já constituía uma garantia inovadora, não era sindicada, senão nos limites habituais, sendo a interposição do recurso consideravelmente desfavorecida pela não imputação da prisão preventiva na pena fixada a final. Acresce que em processo ordinário ao réu condenado em pena maior não era admitida a prestação de caução, sendo-o, no entanto, se fosse condenado em pena correccional. No entanto, nem o legislador da República nem o da ditadura militar foram sensíveis às ideias liberais de Augusto de Vasconcellos.

3. A realização do novo paradigma pela Ditadura Militar

O novo regime político, prosseguindo o caminho já encetado pelos governos republicanos, não só consagrou as bases fundamentais da organização judiciária comum e reviu o direito militar ultramarino, como levou à prática o novo paradigma judiciário, regulamentando a jurisdição especial indígena.[1945]

Depois de ter determinado a cessação de funções dos tribunais fiscais,[1946] o legislador revolucionário procedeu a uma reorganização da gestão da magis-

---

[1945] Silva Cunha (1951: 140) aponta também esta data como a do início de um novo período na história da administração colonial, não tanto pela introdução de novos conceitos ou ideias, mas pela realização prática dos ideais que já floresciam no regime republicano. Peca, pois, por ser restritiva a perspectiva de Alfredo Wilensky (1971: 123), de que a ditadura teve apenas uma actividade legislativa unificadora dos diferentes regimes processuais e organizatórios vigentes nas províncias.

[1946] Considerando que havia "toda a vantagem de fundir os serviços a cargo dos Tribunais Administrativos, Fiscais e de Contas das Colónias e os Conselhos de Finanças, num só tribunal, para cada colónia, que pode figurar com o nome dêste último", o legislador determinou a cessação de funções dos Tribunais Administrativos, Fiscais e de Contas, passando a respectiva competência para os Conselhos de Finanças, referidos na 84ª base orgânica da administração civil e financeira das colónias, aprovada pelo Decreto de 9.10.1920. A composição do Conselho de Finanças era modificada, incluindo nas colónias de Angola, Moçambique e Índia o presidente da Relação, um juiz da Relação, eleito anualmente pelos seus pares, um juiz de primeira instância em serviço na capital e dois vogais, sendo um escolhido pelo Conselho Legislativo e outro pelos vinte maiores contribuintes residentes na capital da província, mas nenhum deles podendo ser funcionário da administração em serviço activo. Nas restantes colónias entravam dois juízes, onde os houvesse, ou um juiz de direito e um conservador de registo predial e dois vogais escolhidos pelo Conselho Legislativo. Os directores de fazenda e os administradores ou directores de alfândega assistiam no julgamento das causas aduaneiras. Esta primeira tentativa de reforma foi logo afastada nas novas bases da administração das colónias de 1926.

A Jurisdição Penal Ultramarina 939

tratura judicial ultramarina, com vista a exercer "uma mais ampla acção sôbre os serviços de justiça das colónias" e a "dar realização às justas aspirações da magistratura colonial, entregando aos respectivos magistrados os meios legais necessários para êsse fim". Assim, o Decreto n. 12.032, de 28.7.1926 extinguiu a secção judicial do Conselho Colonial e criou o Conselho Superior Judiciário das Colónias, composto por um juiz do Supremo Tribunal de Justiça e dois vogais juízes de segunda instância das colónias, sendo o primeiro escolhido pelo ministro e os restantes escolhidos pelos seus pares nas Relações das colónias. Ao Conselho competia conhecer da responsabilidade dos magistrados judiciais e do Ministério Público e, designadamente, determinar a realização de inspecções e sindicâncias, instaurar processos disciplinares e impor penas disciplinares, ordenar os magistrados segundo a sua antiguidade, propor e consultar sobre a promoção de acordo com o tempo de serviço e os méritos e deméritos, sobre o preenchimento de vacaturas, a aposentação ordinária e extraordinária e a passagem aos quadros da metrópole e ainda emitir voto afirmativo sobre a aposentação e a mudança de situação no quadro por conveniência de serviço. Das decisões do conselho não cabia recurso.

Logo em seguida, o Decreto n. 12.110, de 13.8.1926, extinguiu o Conselho Colonial, atenta a "feição burocrática que nêle predomina" e considerando "que na instituição a criar é indispensável que as colónias se façam representar por sufrágio directo e amplo", criou junto do ministério das colónias o Conselho Superior das Colónias, composto pelo secretário geral do ministério, o presidente e os vogais do Conselho Superior Judiciário das Colónias e ainda por seis vogais de nomeação pelo ministro e oito vogais eleitos, um por cada colónia.[1947]

O Conselho Superior das Colónias manteve a competência de Tribunal Superior do Contencioso Administrativo, Fiscal e de Contas, sendo as suas decisões definitivas.

A par da reforma dos órgãos máximos da administração ultramarina, o legislador revolucionário cuidou, através do Decreto n. 12.393, de 27.9.1926, de mandar aplicar o novo Código de Justiça Militar nas províncias ultramarinas, no distrito de Timor e nos territórios das companhias privilegiadas de Moçambique e do Niassa, mantendo-se a equiparação dos governadores das províncias e do

---

[1947] A composição deste conselho era ainda objecto da crítica, pois "a eleição directa dos representantes das colónias tenderia a transformar o Conselho num Parlamento colonial, onde disputariam os lugares para influir na escolha ou na orientação dos governadores, ou combater a política metropolitana" (Marcello Caetano, 1967 a: 87 e 88). Por essa razão foi aprovado o Decreto n. 16.108, de 5.11.1928, que suprimiu os lugares de vogais eleitos e elevou o número dos de nomeação. Criticando a orientação seguida por este decreto, que se manteve aquando da criação do Conselho do Império em 1935, Teófilo Duarte, 1935: 245.

distrito de Timor aos comandantes de divisão ou, no caso de o governo o julgar conveniente, ao comandante em chefe do exército em operações.[1948]

O júri tinha agora quatro oficiais, mas o quarto era um suplente, e as funções de auditor competiam, em princípio, apenas a juízes de direito, intervindo, em acumulação, o juiz da comarca ou o juiz do crime, nas comarcas em que houvesse este lugar, com a excepção da província de Macau, em que intervinha o juiz do tribunal privativo dos réus chineses. Contudo, nos territórios das companhias privilegiadas e nas províncias ou no distrito autónomo em que faltassem militares com os requisitos necessários, o tribunal era constituído apenas pelo presidente, o auditor e um único vogal, julgando os três a matéria de facto. O Supremo Tribunal Militar tinha jurisdição nas matérias da sua competência em todas as províncias ultramarinas e no distrito de Timor.

Ainda no ano de 1926 o ministro das colónias João Belo fez publicar as novas Bases Orgânicas da Administração Colonial, aprovadas pelo Decreto n. 12.421, de 2.10.1926, com o propósito de consagrar uma "mais eficaz superintendência e fiscalização da metrópole", mantendo, contudo, a fidelidade às disposições constitucionais de 1920. Para tanto, as bases reduziram os poderes dos altos comissários, tornando o âmbito e o modo de exercício das suas funções estritamente dependentes do governo, definiram mais rigorosamente as competências do governo da metrópole e as dos governos das colónias e substituíram a administração municipal nas regiões onde ela não se tivesse conseguido implantar por comissões urbanas, constituídas por membros nomeados pelo governador da província ou em parte nomeados e em parte eleitos. Em cada colónia havia, tal como nas bases anteriores, um Tribunal Administrativo, Fiscal e de Contas, composto por magistrados judiciais e funcionários públicos e podendo dele fazer parte vogais não funcionários públicos, eleitos pelo Conselho do Governo, sendo a composição particular de cada tribunal dependente "das condições especiais e grau de desenvolvimento de cada colónia" (base XIII). Das decisões do tribunal cabia recurso para o Conselho Superior das Colónias.[1949]

[1948] Já anteriormente, tinham sido aprovadas, pelo Decreto n. 11.746, de 16.6.1926, as bases para a reorganização do exército colonial, subordinando-as ao ministro das colónias por intermédio dos governadores e altos comissários. O quadro privativo das forças coloniais foi extinto, com vista a estabelecer a homogeneidade das tropas metropolitana e colonial, sem prejuízo do reforço da participação de indígenas. Em consequência, o Decreto n. 12.560, de 27.10.1926, determinou que a extinção do quadro privativo das forças coloniais se faria sem prejuízo dos direitos adquiridos, tendo os oficiais passagem imediata e os sargentos passagem condicionada pela prestação de provas aos quadros da metrópole correspondentes e os que preferissem continuar no ultramar podendo fazê-lo em comissão.

[1949] Para todas as províncias foram aprovadas pelo governo novas cartas orgânicas, publicadas no dia 4.10.1926 pelo Decreto n. 12.499, com as letras A a F. As bases de 1926 foram ainda par-

A Jurisdição Penal Ultramarina 941

As novas Bases Orgânicas previam a existência de um estatuto civil, político e criminal dos indígenas e a investidura de funcionários ou tribunais especiais ou administrativos locais para o julgamento de questões entre indígenas. Neste julgamento os costumes indígenas seriam aceites "desde que não ofendam os direitos de soberania ou não repugnem aos principios da humanidade" (base XII). O Estatuto Político, Civil e Criminal dos Indígenas de Angola e Moçambique, logo aprovado pelo Decreto n. 12.533, de 23.10.1926, e depois mandado aplicar à província da Guiné e aos territórios da província de Moçambique sob administração das companhias do Niassa e de Moçambique pelo Decreto n. 13.698, de 30.5.1927, previa a aplicabilidade do Código Penal, enquanto não fossem publicados em cada colónia os respectivos códigos do indigenato, dando-se, contudo, ao julgador uma directiva no sentido de que a aplicação das penas previstas na lei penal comum devia ter "na devida atenção o estado e civilização dos indígenas e os seus usos e costumes primitivos" (artigo 11) e estabelecendo-se algumas especialidades no tocante ao sistema de penas.[1950]

---

cialmente modificadas por umas outras, aprovadas pelo Decreto n. 15.241, de 24.3.1928, que mantinham no essencial a orientação das anteriores e, designadamente, a orientação restritiva dos poderes dos altos comissários (Armindo Monteiro, 1942: 22 e 23, Rui Guimarães, 1948: 2, e André Gonçalves Pereira, 1971: 164). A crítica destas bases foi feita por Armando Gonçalves Pereira (1931: 188 a 191).

[1950] O Estatuto dos Indígenas foi regulamentado pelo Diploma Legislativo n. 37, de 12.11.1927, do governo da colónia de Moçambique, depois revisto pelo Diploma Legislativo n. 162, de 1.6.1929, do mesmo governo. Na colónia da Guiné, o Estatuto foi regulamentado pelo Diploma Legislativo n. 455, de 20.4.1929, do governo da colónia, e na colónia de Angola pela Portaria n. 3.126, de 28.10.1939, depois substituída pela Portaria n. 4.304, de 17.2.1943, ambas do governo da colónia. O Estatuto dos Indígenas não previa, no entanto, disposições relativas ao processo aplicável no julgamento das causas cíveis e comerciais entre indígenas e não indígenas, tendo a matéria sido objecto do Decreto n. 16.474, de 6.2.1929. Este diploma estabeleceu um regime favorável aos indígenas, admitindo a apresentação oral da causa ou da defesa pelo indígena, proibindo o processamento da causa à revelia do réu indígena e o reconhecimento da relevância processual à confissão do réu indígena e determinando a representação do réu indígena pelo Ministério Público. Nenhuma destas regras valia para os autores e os réus não indígenas. A fundamentação teórica do regime do indigenato concretizava-se deste modo na afirmação da necessidade de uma protecção especial das populações indígenas contra "os perigos da utilização desprevenida do direito e da técnica das sociedades evoluídas" (parecer da Câmara Corporativa n. 10/V, p. 44). Os indígenas eram "súbditos portugueses, submetidos à protecção do estado português, mas sem fazerem parte da Nação, quer esta seja considerada como comunidade cultural (visto faltarem-lhe os requisitos de assimilação cultural), quer como associação política dos cidadãos (por não terem ainda conquistado a cidadania)" (Marcello Caetano, 1957: 23). Por esta razão, "logo que um indígena adquira a mentalidade e os costumes europeus, torna-se cidadão e participa da vida cívica da Nação Portuguesa" (Marcello Caetano, 1951: 30). O critério decisivo para a definição do estatuto do indígenas era, pois, um critério de natureza cultural e não rácica (Adriano Moreira, 1955 a: 29, e 1955 b: 497, Silva Cunha, 1956: 89 e 90, e 1958: 55, José Ney

Enquanto os usos e costumes locais não fossem reduzidos a escrito, eles deviam ser estabelecidos para cada caso sujeito a julgamento, na província da Guiné, pelas declarações do chefe indígena da região e de dois indígenas dos mais conceituados, designados pelo presidente do tribunal (artigos 6, § único, e 10, do regulamento da Guiné de 1929) e, nas províncias de Moçambique e Angola, pelas declarações dos dois assessores indígenas, que faziam parte do tribunal (artigos 10, § único, e 14, do regulamento de Moçambique de 1929, e artigos 6, § único, e 11 do regulamento de Angola de 1943).[1951]

O novo tribunal privativo dos indígenas, com sede em cada circunscrição administrativa, era composto pela autoridade administrativa local, que presidia, e por dois indígenas, com assento permanente, um nomeado pelo governo e outro por uma comissão de defesa dos indígenas, e tinha, na província da Guiné, competência para julgar, em processo sumário e verbal, os crimes contra a propriedade puníveis com pena correccional cometidos por indígenas, todos os crimes contra as pessoas cometidos por indígenas e os demais crimes, quando puníveis com pena maior, cometidos por indígenas e com ofendidos indígenas.[1952] Nas províncias de Moçambique e de Angola, a competência do tribunal era mais restrita, pois não abrangia todos os crimes a que correspondesse pena maior com réus e ofendidos indígenas, mas apenas, de entre estes crimes, os crimes contra a propriedade (artigo 13, 2º, do regulamento de Moçambique de 1929, e artigo 9, 2º, do regulamento de Angola de 1943).[1953]

Ferreira e Vasco Soares da Veiga, 1957: 15, e André Gonçalves Pereira, 1971: 372 e 373). No que tange à intervenção judicial de adaptação da lei penal comum aos réus indígenas ela dizia somente respeito à medida concreta da pena e não à moldura abstracta das penas do Código Penal (Caramona Ribeiro, 1944 b: 10, Gonçalves Cota, 1946: 48, e Silva Cunha, 1958: 182, mas contra Manuel Figueira, 1942: 73, que propunha a substituição da pena do direito europeu pela do direito indígena: "se ao crime segundo o nosso direito corresponder uma pena leve e segundo o direito penal indígena se aplicar a pena de morte, não deve punir-se esse indígena com a pena leve, mas sim com a pena de prisão maior, convertida em trabalhos públicos, a cumprir em lugar afastado do sítio onde foi cometido o crime, porque só assim se preencherá o fim da pena .... Ao contrário, se ao crime corresponde segundo o nosso direito uma pena grave e segundo o direito indígena uma pena leve, pena leve deve aplicar-se").

[1951] A doutrina considerava vinculativa a indicação dos assessores relativa aos usos e costumes (Caramona Ribeiro, 1944 b: 8).

[1952] Na província da Guiné, previa-se também a constituição de um Tribunal Especial de Indígenas para julgamento de crimes e de contravenções cometidos por régulos, composto por três intendentes, um da intendência a que o réu pertencesse e os outros dois nomeados *ad hoc* pelo governador, servindo de presidente o mais antigo, e com a assistência de quatro assessores indígenas, escolhidos entre os grandes, régulos ou chefes de povoação da área da intendência do réu. Os assessores tinham voto consultivo.

[1953] Na prática, a concentração de poderes jurisdicionais e administrativos na pessoa do administrador teve efeitos nocivos, pelo menos na província de Moçambique. Os "administra-

A Jurisdição Penal Ultramarina

As decisões deste tribunal de primeira instância eram recorríveis para um Tribunal Superior Privativo dos Indígenas, constituído pelo governador, que presidia, pelo juiz desembargador presidente do Tribunal da Relação do distrito e por dois outros vogais.[1954]

Quer a composição dos tribunais privativos de primeira instância quer a dos tribunais de segunda instância foram alteradas três anos depois pelo Decreto n. 16.473, de 6.2.1929, que também criou tribunais de polícia para julgamento de questões de menor gravidade nos locais de maior densidade populacional.

Com efeito, os tribunais de primeira instância passaram a ser compostos pela autoridade administrativa local, que presidia, e por dois vogais indígenas, que mantinham o voto deliberativo, mas já não tinham assento permanente, sendo antes designados pelas partes em cada causa de entre os chefes indígenas da circunscrição ou de outra limítrofe ou pelo juiz na falta de acordo das partes. A composição do tribunal foi alargada a dois assessores livremente escolhidos pelo juiz de entre os chefes e outros indígenas de reconhecido prestígio e com conhecimento dos usos e costumes locais, que prestavam informação sobre estes usos e costumes.[1955] Simultaneamente, o governador foi afastado da compo-

---

dores-juízes" não só não tinham conhecimento da realidade indígena e dos procedimentos judiciais, como subtraíam ao tribunal a larga maioria dos casos crimes, conhecendo deles discricionariamente: "a sua ignorância das coisas da justiça corre parelhas com a ignorância do meio, das instituições, dos costumes e das tradições indígenas (...) Por outro lado, nós constatamos que esses julgadores se não enquadraram no meio indígena, vêm o caso com olhos europeus, à maneira da justiça europeia ... e daí resulta que a justiça indígena não passa de uma caricatura da justiça europeia. Acresce que os nossos administradores armam em donos das terras e assim só levam ao TPI os processos que não podem subtrair-lhe" (Agostinho de Carvalho, 1947: 25). Também em An-gola, a prática dos administradores foi criticada pela doutrina ("em muitos casos aqueles tribunais não funcionam com regularidade, sendo as questões resolvidas exclusivamente pelos chefes de posto e pelos administradores, e nem sempre muito equitativamente", "tivemos pessoalmente ocasião de o verificar em Angola, onde, em circunscrições que visitámos, o sistema de resolução das questões entre indígenas, exceptuando o caso dos crimes mais graves, era a vontade soberana do administrador, sem observância das formalidades prescritas na lei", concluindo-se mesmo que "há que reconhecer que se verifica uma certa disparidade entre os princípios e a prática", Silva Cunha, 1953: 202, 212 e 237)

[1954] Este sistema de recurso não funcionou na prática, devido à composição do tribunal de recurso com funcionários de outros serviços e à crescente acumulação de serviço (Alfredo Wilensky, 1968: 93, e 1971: 135).

[1955] Na sua substância, a nova composição do tribunal consistia em um juiz, dois advogados das partes e um perito independente, apresentando a vantagem de a opinião do perito ser controlada pelos representantes das partes (Narana Coissoró, 1966 b: 23). Agostinho de Carvalho e Armando Soeiro propuseram, ao invés, o regresso à fórmula anterior, com apenas dois assessores nomeados caso a caso e com "voto de mera informação" nas causas criminais. O parecer devia ficar a constar da acta "de forma a conhecer-se com precisão a tradição jurídica e a solução que

946 *A Reforma da Justiça Criminal em Portugal e na Europa*

sição do tribunal privativo de segunda instância, sendo substituído pelo desembargador presidente do Tribunal da Relação, em Angola e Moçambique, e pelo juiz de direito, na Guiné.[1956] Contudo, em face das dificuldades na constituição deste Tribunal Superior especial, que ainda em 1932 não se encontrava "totalmente constituído" na província de Moçambique, o governo da metrópole extinguiu-o naquela província, atribuindo a sua competência ao Tribunal da Relação de Lourenço Marques (artigo 1 do Decreto n. 21.215, de 15.4.1932), o mesmo acontecendo na província de Angola aquando da publicação da Portaria n. 4.304, de 17.2.1943, que transferiu para a Relação de Luanda a competência do Tribunal Superior Privativo dos Indígenas da mesma cidade.

Os julgamentos nos tribunais indígenas de primeira instância obedeciam a uma de duas formas de processo distintas. A forma de processo para julgamento de crimes puníveis com penas correccionais consistia na província da Guiné apenas na intimação ao réu da participação e na audiência de julgamento, em que se produzia a prova da acusação e da defesa, com registo do extracto dos depoimentos, da opinião dos assessores e da informação do chefe indígena, quando este tivesse sido chamado em face da "importância da causa" (artigo 46 do regulamento da Guiné de 1929). Na província de Moçambique, o julgamento dos crimes puníveis com penas correccionais e, na província de Angola, o julgamento destes crimes, com ofendidos e réus indígenas, era da exclusiva competência do presidente do tribunal, não havendo lugar á nomeação de vogais, "podendo, porém, os mesmos presidentes acompanhar-se de assessores quando os ofendidos fossem todos indígenas" (artigo 39,§ 1, no regulamento de Moçambique de 1929 e artigo 10 no regulamento de Angola de 1943).[1957] Só no caso de as partes não terem prescindido de recurso se registavam, na província de Moçambique, os extractos dos depoimentos e a informação dos assessores e, na província de Angola, apenas os depoimentos.[1958]

---

dariam, nas condições presentes, ao pleito". O tribunal indígena devia ser "independente do poder executivo no desempenho das suas atribuições" (Agostinho de Carvalho: 1947: 48 e 49). Nas colónias francesas, o estatuto dos juízes indígenas também era, em regra, muito rudimentar, sendo os assessores designados pelo governador livremente ou, por vezes, sobre uma lista elaborada pelos chefes de circunscrição administrativa (Louis Rolland, 1933: 143).

[1956] Outro meio de controlo das decisões em que fossem réu ou autor os indígenas era o do envio obrigatório de cópias de todas as decisões finais, com ou sem trânsito, ao Conselho Superior Judiciário das Colónias, determinado pelo Decreto n. 12.452, de 9.10.1926, com o propósito de "patentear perante o mundo civilizado o respeito e atenção que aos magistrados portugueses sempre têm merecido os direitos dos indígenas".

[1957] Na província de Angola, o presidente do tribunal indígena deduzia nos processos por crimes puníveis com pena correccional uma acusação, que, notificada ao arguido, era posteriormente julgada pelo tribunal (Honório Barbosa, 1946: 141).

[1958] Nos juízos instrutores não existia sequer agente do Ministério Público e ao juiz instrutor competia ordenar oficiosamente a prática de todos os actos que o Ministério Público devia

A Jurisdição Penal Ultramarina 945

O processo para julgamento de crimes puníveis com penas maiores era, nos três regulamentos, semelhante, mas muito distinto do processo ordinário aplicável na jurisdição comum. A fase de investigação era conduzida pela autoridade judicial, que podia delegar nos seus subordinados a formação do corpo de delito. No prazo máximo de quarenta dias desde a captura, que podia ser motivada pelo mero perigo de fuga, a autoridade judicial proferia sem dependência de querela um despacho de classificação do crime. Notificado do despacho provisório de classificação do crime, o réu preso podia requerer a produção de prova, com vista à anulação daquele despacho, sendo em seguida proferido um despacho definitivo de classificação de crime, que apreciava a prova produzida pela defesa.[1959]

O efeito prejudicial da inquisitoriedade inerente a esta forma de processo era ainda agravado pelo aproveitamento pleno da prova produzida na fase preparatória do processo, procedendo-se mesmo nas províncias da Guiné e de Moçambique à leitura dos depoimentos prestados no corpo de delito pelas testemunhas faltosas por motivo justificado, o que não se verificava na província de Angola. O registo da prova produzida na audiência, que constituía a verdadeira garantia do arguido condenado, também não obedecia às mesmas regras em todas as províncias. Na província da Guiné, registavam-se os depoimentos do réu e das testemunhas de acusação, na parte em que se distinguissem das anteriormente prestadas, os depoimentos das testemunhas de defesa, estes escritos "com a maior concisão possível", as declarações do chefe indígena e dos assessores (artigo 50, § 1, do respectivo regulamento), na província de Moçambique, os de-

---

promover, não admitindo a doutrina que o juiz instrutor nomeasse um agente do Ministério Público *ad hoc*. Na prática, a nulidade da falta do Ministério Público no julgamento era frequentemente arguida, mas os tribunais superiores consideravam em vigor o § 3 do artigo 91 do regulamento das circunscrições civis, aprovado pela Portaria n. 671-A, de 12.9.1908, que dispensava o representante da acusação nos julgamentos sumários (António de Miranda, 1931: 35 e 79, e 1937: 194 e 195, e Caramona Ribeiro, 1948: 153). Outra questão muito frequente era a da legitimidade do administrador civil para se substituir ao ofendido quando este fosse indígena, promovendo o procedimento judicial, ao abrigo dos seus deveres de tutela e de curadoria dos indígenas. A questão foi colocada pelo governador da província de Moçambique ao presidente do Tribunal da Relação, que lhe deu resposta afirmativa, tendo esta sido mandada observar pelo governador por todas as autoridades administrativas com funções judiciais (Adelino Macedo, 1944: 88 a 95).

[1959] Adelino Macedo (1944: 69 a 72) designava o despacho previsto no corpo do artigo 41 do regulamento de Moçambique como despacho provisório de classificação do crime e o previsto no § 3 do artigo 41 como despacho definitivo de classificação, interpondo entre a prolação de um e de outro a inquirição de testemunhas nos termos do artigo 41, § 2, do regulamento de Moçambique, e a acareação do réu com as testemunhas, nos termos do artigo 67 do mesmo regulamento. Não se afigura correcta, portanto, a tese de António de Figueiredo, segundo a qual os indígenas podiam ser detidos indefinidamente (António de Figueiredo, 1975: 171).

poimentos das testemunhas da acusação, salvo na parte já conhecida, os depoimentos das testemunhas da defesa "com a maior concisão possível", as informações dos assessores "por forma concisa e limitada" e os "votos fundamentados dos vogais nomeados" (artigo 43, § 1, do respectivo regulamento de 1929), e na de Angola, os depoimentos das testemunhas, o "voto deliberativo dos vogais" e as declarações dos assessores (artigo 31 do respectivo regulamento de 1943).[1960]

Ao invés do regime da leitura dos depoimentos das testemunhas faltosas, as disposições relativas à convolação do crime imputado ao réu na acusação não prejudicavam o réu, sendo admitida nesta forma de processo como na mais simples, mas apenas quando o crime provado fosse da mesma natureza e menos grave ("no caso do crime acusado ser mais grave que o provado, sendo ambos da mesma natureza", artigo 66 do regulamento da Guiné de 1929, e "se o crime provado fôr da mesma natureza e menos grave", artigo 80 do regulamento de Moçambique de 1929). Contudo, no regulamento de Angola de 1943 já se remetia para o disposto nos artigos 447 e 448 do CPP.[1961]

Com a subida obrigatória dos processos por crimes puníveis com penas maiores e a faculdade de o Tribunal Superior Privativo das províncias da Guiné e de Moçambique e o Tribunal da Relação de Luanda procederem ao controlo da preterição de actos essenciais para a descoberta da verdade e a boa decisão da causa, o réu condenado nesta forma de processo tinha uma garantia mais eficaz, ainda que dependente da qualidade do registo da prova na primeira instância, do que o réu condenado na forma de processo mais simples.

Com efeito, o processo subia necessariamente ao tribunal de recurso para confirmação no caso de crimes puníveis com penas maiores, só sendo, no entanto, descontada na pena de degredo metade da prisão preventiva sofrida desde

---

[1960] A prática era decepcionante, como informavam Agostinho de Carvalho e Adelino Macedo, relativamente à província de Moçambique: o parecer dos assessores era, em regra, "uma chapa lacónica e formulária «segundo os costumes indígenas o réu seria condenado à morte» ou antes outra equivalente, quando não pior" (Agostinho de Carvalho, 1947: 22, e Adelino Macedo, 1944: 75 e 84). Em Angola, a prática não era diferente. A Repartição Central dos Negócios Indígenas, de Angola, através da circular n. 870, de 20.6.1941, insistiu na necessidade de se dar "maior amplitude à exposição do crime e das circunstâncias em que foi cometido", razão pela qual "os votos dos vogais e assessores devem ser sempre devidamente explanados, porque é nêles que reside a principal base da sentença" (Raúl de Lima, 1941: 467). Mais tarde, com base em um estudo de casos ocorridos na província de Angola, Alfredo Wilensky (1971: 139 a 141) concluiu que os usos e costumes indígenas raramente eram aplicados, tendo a ponderação do direito local alguma repercussão apenas na atenuação da pena.

[1961] Já anteriormente, a Portaria n. 3.316, de 9.2.1938, do governo geral de Moçambique, tinha mandado aplicar o disposto nos artigos 447 e 448 do CPP nos tribunais privativos e proibido o julgamento de réus ausentes nestes tribunais.

A Jurisdição Penal Ultramarina

a detenção até à condenação na primeira instância e todo o tempo até à condenação na segunda instância na província de Angola e sendo nas províncias da Guiné e de Moçambique a prisão preventiva sofrida considerada apenas como uma circunstância atenuante.[1962] Ao invés, no processo com penas correccionais, em que a prisão preventiva era integralmente descontada no cumprimento da pena em todas as províncias, a subida do recurso dependia de as partes terem requerido oportunamente o registo da prova, declarando expressamente não prescindir do recurso, e terem interposto tempestivamente o recurso.

Só depois de ter organizado a jurisdição especial indígena o legislador dedicou a sua atenção à reforma da jurisdição comum ultramarina. Quatro meses depois de ter sido promulgado o primeiro Estatuto Judiciário, o governo procedeu à revisão do "anacrónico regimento" de 20.2.1984, ressalvando expressamente que as disposições do novo diploma não prejudicariam as do estatuto especial dos indígenas. A obra legislativa do ministro das colónias João Belo foi, assim, coroada com a publicação do Decreto n. 14.453, de 20.10.1927, que aprovou a nova Organização Judicial das Colónias.

Os juízes das Relações e os juízes de direito que pertenciam ao quadro das colónias só gozavam de independência "restrita ao acto de julgar" (artigo 122, § 1, da Organização Judicial), podendo ser transferidos antes de um quinquénio de exercício efectivo de funções na mesma comarca por decisão do Conselho Superior Judiciário das Colónias, precedendo audiência deles, e depois do quinquénio sem quaisquer formalidades.[1963]

[1962] A disparidade entre as províncias resultava de não ter sido estendida a todas a doutrina do artigo 628, § único, do CPP, na redacção que lhe tinha sido dada pelo Decreto-Lei n. 30.384, de 1.6.1940 (Caramona Ribeiro, 1944 b: 23, e 1944 a: 21, e Adelino Macedo, 1944: 84).

[1963] Havia manifesta contradição entre os termos do artigo 128, que mencionavam uma proposta do Conselho Judiciário para transferência ou colocação no quadro dos juízes de direito, e os do artigo 223, que atribuíam a este órgão competência para resolver sobre a colocação no quadro e para informar sobre a conveniência da transferência de magistrados judiciais, razão pela qual o Decreto n. 14.593, de 19.11.1927, veio sanar a contradição no sentido da atribuição do poder de decisão sobre a colocação no quadro e sobre a transferência ao Conselho. A Organização Judicial das Colónias manteve a composição e o modo de nomeação dos membros do Conselho Judiciário previstos no Decreto n. 12.032. Esta composição do conselho foi modificada pelo Decreto n. 17.574, de 8.11.1929, que previa a composição do referido órgão com um juiz do Supremo Tribunal de Justiça , como presidente, e dois vogais juízes da Relação de Lisboa ou do Supremo Tribunal de Justiça , sendo todos nomeados pelo ministro das colónias. Os membros efectivos exerciam por um biénio e podiam ser reconduzidos um vez. O domínio político do Conselho Superior Judiciário Ultramarino em 1929 antecipou, deste modo, a reforma que o Decreto n. 21.485, de 20.7.1932, viria a realizar em relação ao Conselho Superior Judiciário na metrópole. A situação dos magistrados judiciais em exercício nas províncias ultramarinas portuguesas não era pior do que a dos magistrados das colónias francesas. Estes não beneficiavam da regra da

Ao invés, os juízes municipais e populares, que não pertenciam ao quadro da magistratura, eram "meros oficiais de justiça" e só gozavam das garantias dos magistrados "quando investidos dessas funções" (artigo 124, § único, da Organização Judicial). O juiz municipal e o juiz popular eram nomeados pelo governador, aquele por dois anos e sob proposta em lista tríplice do presidente da Relação ou do juiz de direito, onde não houvesse Relação, e este por um ano e sob proposta em lista tríplice do juiz de direito, preferindo-se no caso daquele quem tivesse instrução superior, secundária ou especial, mas prevendo-se, tal como no anterior regimento de 1894, a nomeação da autoridade administrativa local, como juiz instrutor, na falta de pessoa idónea para o lugar de juiz municipal. O juiz municipal e o juiz popular podiam ser livremente transferidos e eram exonerados pelo governo da província sob proposta do presidente da Relação ou, nas províncias em que não existisse este Tribunal, do juiz de direito.

A competência do juiz popular manteve-se a mesma do direito anterior, mas a do juiz municipal e do seu substituto foi muito aumentada, sendo mesmo reforçada pela concessão de alçada em matéria criminal. Quer o juiz municipal, quer o juiz instrutor tinham competência para organizar corpos de delito, julgar os crimes e as transgressões puníveis com prisão, trabalho correccional ou desterro até seis meses, dar a pronúncia provisória e determinar o arquivamento nos processos por crimes mais graves.[1964] Consagrava-se, no entanto, a possibilidade de criação de julgados municipais especiais com uma competência ainda mais lata "quando as circunstâncias sociais e económicas, sem justificarem a

---

inamovibilidade, podendo ser livremente demitidos pelo ministro das colónias e encontrando-se sujeitos à vigilância do governador da colónia, que os podia suspender provisoriamente. As penas disciplinares eram proferidas pela jurisdição de apelação da colónia e as mais graves por uma comissão permanente constituída junto do ministério das colónias, não cabendo qualquer recurso desta decisão. A dependência absoluta do poder judicial em relação ao ministro das colónias era considerada pela doutrina como "chocante" (Arthur Girault, 1907: 5), como um "estado de coisas transitório, que não pode durar senão um certo número de anos" (Leroy-Beaulieu, 1908: 670). Diferentemente dos restantes, os magistrados da Argélia gozavam da garantia da inamovibilidade desde a publicação da Lei de 21.12.1921, só podendo ser deslocados ou sujeitos a uma medida disciplinar, tal como os da metrópole, com parecer conforme da *Cour de Cassation* deliberando como conselho superior da magistratura (Dareste, 1931: 397, 399 a 403, e Louis Rolland, 1933: 134 e 168).

[1964] A doutrina defendia que os juízes instrutores e municipais tinham também competência para proceder sem delegação do juiz de direito a instrução contraditória nos processos cujo julgamento não lhes pertencia, com base no argumento de que "tendo aqueles juízes competência para mandar arquivar o processo de querela em tais condições, devemos compreender que êles podem proceder à instrução contraditória" (António de Miranda, 1931: 69). O alargamento da competência dos juízes instrutores já tinha sido defendido anteriormente (Vaz de Sampaio, 1920 b: 289 e 290).

A Jurisdição Penal Ultramarina 949

criação de comarcas, indiquem a conveniência" dessa criação (artigo 53 do Decreto n. 14.453, de 20.10.1927).[1965]

As decisões dos juízes de direito e dos juízes municipais especiais, quando não coubessem na alçada do juiz de direito, eram recorríveis para o Tribunal da Relação e as dos juízes municipais especiais, quando coubessem na alçada do juiz de direito, e as dos juízes municipais, instrutores e populares eram-no para o juiz de direito, com a limitação no caso dos juízes populares da admissão dos recursos fundados apenas em incompetência, excesso de jurisdição ou ofensa de lei. A alçada da Relação foi fixada em penas correccionais ou especiais, a dos juízes de direito em prisão correccional até trinta dias e multa pelo mesmo tempo ou até 250$00 ou 150 rupias ou patacas, separada ou cumulativamente, e a dos juízes municipais e instrutores em multa até 100$00 ou 15 rupias ou patacas aplicada em processo de transgressão de posturas municipais ou quaisquer outros regulamentos.[1966]

O novo direito português previa a aplicação de três formas de processo nas províncias ultramarinas. Os crimes e as transgressões puníveis com pena de prisão correccional, trabalho correccional, desterro ou multa até seis meses, suspensão do emprego até dois anos, suspensão dos direito políticos até dois anos, repreensão e censura eram julgados em processo sumário, observando-se em parte as disposições da Lei n. 300, de 3.2.1915. Os crimes puníveis com pena

---

[1965] A competência alargada destes juízos municipais especiais só foi regulamentada com carácter geral no artigo 1 do Decreto n. 35.915, de 24.10.1946, que lhes atribuiu competência para preparar e julgar, sem alçada, os crimes e as transgressões puníveis com qualquer das penas previstas no artigo 65 do CPP. Estes magistrados preparavam as restantes causas criminais até à pronúncia, que era provisória e devia ser confirmada pelo juiz de direito da comarca, com quem os autos prosseguiam os termos ulteriores. No ano anterior tinha sido proposta, sem êxito, a elevação a comarca dos três julgados municipais especiais entretanto criados, pois eles tinham "competência quasi igual à das comarcas; e como só há conveniência em aumentar o número de comarcas, pois mais se facilitará a passagem dos Magistrados e restantes funcionários pelas colónias, está indicado que se comece pela elevação a comarcas dos três Julgados Especiais actualmente existentes" (Antero Correia, 1945: 244).

[1966] Nas colónias francesas, era admitido, em regra, o recurso de cassação em matéria criminal, mesmo nas questões indígenas, sendo substituído nas causas correccionais e de polícia por um recurso de anulação, fundado em incompetência, excesso de poder e violação de lei, interposto para o tribunal superior da colónia. A criação deste recurso foi motivada por razões de economia e de descentralização judiciária. Nas causas com indígenas o tribunal superior era composto por juízes togados, funcionários administrativos e assessores indígenas, tendo estes em algumas colónias voto deliberativo, com a excepção dos protectorados da Tunísia e de Marrocos, em que os tribunais indígenas de segunda instância eram compostos exclusivamente por indígenas e o governo francês era representado por um comissário que desempenhava funções semelhantes às do Ministério Público (Etienne Antonelli, 1925: 210 e 212, René Garraud e Pierre Garraud, 1928: 289, Dareste, 1931: 412 a 418 e 485, e Louis Rolland e outros, 1933: 130, 141 a 143, 182 e 183).

950 A Reforma da Justiça Criminal em Portugal e na Europa

superior, mas da mesma natureza das penas de prisão correccional, trabalho correccional, desterro, multa, suspensão de emprego ou de direito políticos, eram julgados em processo de polícia correccional e os puníveis com penas de diversa natureza em processo de querela sem jurados.[1967] Em compensação, fixou-se

[1967] Contudo, este mesmo diploma previa a constituição de um tribunal de júri, com cinco jurados e um suplente, para julgamento de causas comerciais, que se formaria nos termos das disposições do Código de Processo Comercial e restabelecia o tribunal de júri de vadios na comarca de São Tomé e Príncipe, constituído pelo juiz de direito e por um júri de três agricultores propostos pela câmara municipal e escolhidos pelo governador. Só cinco anos depois de na metrópole ter sido substituído o tribunal de júri pelo tribunal colectivo nas causas comerciais se determinou que as causas comerciais, incluindo as de falência, fossem nas colónias julgadas pelo juiz (artigo 1 do Decreto n. 24.803, de 21.12.1934). Mais tarde ponderou-se a criação de tribunais colectivos, mas a hipótese foi afastada por a constituição do tribunal apenas com juízes de direito ser possível apenas em sete comarcas e não ser aconselhável a constituição do tribunal com o conservador nas restantes comarcas (Antero Correia, 1945: 251 e 252).No direito colonial francês, o tribunal de júri também foi uma excepção, existindo na Argélia desde a publicação do Decreto de 24.10.1870 e nas Antilhas e na Reunião desde a publicação da Lei de 27.7.1880. A regra era a do assessorado, organizado de múltiplos e variados modos desde a publicação das primeiras *ordonnances* sobre a administração da justiça nas colónias em 1827. O sistema mais comum nas colónias francesas foi até ao início do século XX o de associar os assessores aos magistrados na deliberação sobre a culpa, reservando a decisão sobre os incidentes processuais e a pena aos magistrados. Este era o caso da colónia da Guiana desde a *ordonnance* de 24.12.1828. O modo de escolha dos assessores por uma comissão onde estavam representantes da população e a circunstância de eles constituírem a maioria do tribunal conferia às partes "uma garantia, que sem equivaler ao júri, era no entanto séria" (Arthur Girault, 1907). Com a viragem do século, tornou-se mais frequente, pelo menos no tocante aos crimes cometidos por e contra europeus e assimilados, o sistema de atribuição aos assessores e aos magistrados de competência para deliberar sobre a culpa e a pena, reservando aos juízes apenas a decisão sobre os incidentes processuais. No entanto, em algumas colónias, como a de Madagáscar, e protectorados, como os da Tunísia e de Marrocos, os assessores tinham voto deliberativo sobre todas as questões. Em regra, a separação entre a função instrutória e a função de julgamento manteve-se, atribuindo-as a magistrados distintos. Nalgumas colónias, como nas Antilhas, na Reunião e na Guiana, logo em 1827 foram mesmo instituídas *chambres de mises en accusation*, sendo muito discutida na doutrina a vigência do impedimento do artigo 257 do *Code d' Instruction* para os tribunais com assessores. Nas colónias em que se criou um sistema de justiça próprio para os indígenas e, sobretudo, nas colónias africanas, era muito frequente a composição do tribunal com indígenas, sob a presidência de um magistrado europeu, mas também se encontrava o princípio do assessorado. As causas mais simples eram julgadas por juízes singulares, só tendo sido introduzido o tribunal correccional, com composição colegial, nas Antilhas e na Reunião pelo Decreto de 15.4.1890. A competência do juiz de paz era exercida em várias colónias por funcionários administrativos civis ou militares, sendo-lhes atribuída a partir do final do século XIX uma "competência alargada", que consistia em conhecer, em audiência sem a intervenção do Ministério Público, as contravenções e os delitos que não fossem puníveis com pena superior a seis meses de prisão (Etienne Antonelli, 1925: 213 a 231, René Garraud e Pierre Garraud, 1926: 478 a 485, Dareste, 1931: 419 a 433, 473 e 474, e Louis Rolland e outros, 1933: 131 e 132, 138 a 140, 178 e 179). Assim, no início do século XX o direito ultramarino português, se não se dis-

A Jurisdição Penal Ultramarina 951

a regra nova da inadmissibilidade da renúncia ao recurso nesta forma de processo, com as consequências do registo obrigatório da prova da audiência e do aproveitamento pleno da prova testemunhal do corpo de delito, reforçada ainda pela regra da obrigatoriedade da interposição pelo Ministério Público do recurso das sentenças condenatórias em pena superior a três anos de degredo ou trabalho públicos. Deste modo, a correccionalização do processo de querela, que teve lugar no regimento de 1894, foi envolta em maiores garantias, procedendo-se paralelamente a uma policialização do processo correccional.

4. A redefinição do paradigma judiciário pelo Acto Colonial (1930) e pela Carta Orgânica do Império Colonial Português (1933)

A administração da justiça comum e militar no ultramar sofreu uma profunda remodelação com o advento e a instauração do Estado Novo. Os princípios da organização judiciária comum e da jurisdição indígena foram objecto de três diplomas fundamentais, o Acto Colonial, a Carta Orgânica do Império Colonial Português e a Reforma da Administração Ultramarina.[1968]

---

tinguia do francês no que toca ao desrespeito pelo princípio da separação de poderes, ficava, contudo, aquém deste no que respeita à intervenção popular dos europeus na jurisdição colonial e à separação das funções instrutória e de julgamento. O funcionalismo foi, no entanto, sensível a esta deficiência, tendo proposto a criação de juízos de investigação criminal em Luanda e Lourenço Marques (Antero Correia, 1945: 245).

[1968] O Decreto n. 18.750, de 8.7.1930, consagrou o Acto Colonial, a que o artigo 132 da Constituição de 1933 veio a dar dignidade constitucional. As questões da constitucionalidade e da oportunidade do Acto Colonial foram discutidas na Congresso Colonial Nacional de 1930. A discussão iniciou-se na sessão de 13.5.1930 e terminou na de 15.5.1930, tendo sido aprovado, por maioria, o projecto de deliberação da comissão de redacção, sem discussão prévia deste projecto. A deliberação foi a de que "no presente momento internacional, a doutrina do Acto Colonial é oportuna pelo pensamento nacionalista que a dictou e deve dominar toda a política colonial portuguesa", "os territórios portugueses de Além-Mar deverão de preferência denominar-se de Províncias Ultramarinas, regressando-se deste modo á nossa tradição jurídica", e "dos termos do Acto Colonial deverá resultar iniludivelmente que Metrópole e Províncias Ultramarinas, constituem um todo unitário e indivisivel" (Sociedade de Geografia de Lisboa, 1934: CCLI). No congresso formaram-se duas correntes claramente distintas, tendo-se manifestado contra a constitucionalidade e a oportunidade do Acto Colonial as vozes de Cunha Leal, Carlos d' Alpoim, Caetano Gonçalves e Domingos Pepulim, e a favor as de Chaves d' Almeida, Garcia da Fonseca, Henrique Galvão, João Amaral, Correia da Silva, Hugo de Lacerda e Ferreira Vianna. Uma posição intermédia foi assumida por Augusto Casimiro. Fora do congresso pronunciou-se pela inconstitucionalidade do Acto, Armando Gonçalves Pereira (1931: 183, 209 a 217). O Conselho Superior das Colónias

O Acto Colonial, que estabeleceu um regime de "autonomia temperada",[1969] alterou profundamente o sentido da política colonial portuguesa, definindo uma política de contemporização com os usos e os costumes dos indígenas ("Nas colónias, atender-se há ao estado de evolução dos povos nativos, havendo estatutos especiais de indígenas que estabeleçam para estes, sob a influência do direito público e privado português, regimes jurídicos de contemporização com os seus usos e costumes individuais, domésticos e sociais, que não sejam incompatíveis com a moral e os ditames da humanidade", artigo 22 do Acto Colonial, e artigo 246 da Carta Orgânica).

A contemporização com o direito indígena já não prosseguia apenas, como anteriormente, o objectivo do respeito pelos usos e tradições locais, pelas instituições próprias dos indígenas, motivado pela procura do aperfeiçoamento das mesmas a bem de cada uma das colónias onde vivessem, mas antes visava um outro objectivo, o "de chamar as populações nativas aos usos e costumes do

---

também proferiu um parecer, o n. 331, de 29.5.1930 (in DG, n. 156, de 8.7.1930), de que foi relator o conselheiro António de Aguiar, em sentido favorável à conveniência do Acto Colonial. A atribuição de dignidade constitucional ao Acto Colonial veio tornar ainda mais premente a sua concretização no plano legislativo ordinário, tendo o Decreto n. 23.228, de 15.11.1933, que estabeleceu a Carta Orgânica do Império Colonial Português, concretizado os princípios constitucionais ao nível da lei ordinária. Na mesma data daquele Decreto foi publicada a Reforma da Administração Ultramarina, aprovada pelo Decreto n. 23.229, que fixou o quadro legislativo regulador das competências e relações recíprocas entre os órgãos governativos e administrativos e os judiciais das províncias ultramarinas.

[1969] O autor do Acto Colonial descrevia assim as suas "três grandes linhas de orientação: maior concentração de poderes, quer dos governos em relação aos organismos locais, quer do governo central em relação aos mesmos governos ultramarinos; forte reivindicação de ordem nacional em relação a interesses que no Ultramar se incrustaram com laivos de dependências políticas inconvenientes; um pensamento de coordenação e de integração das partes em um todo mais coeso" (Oliveira Salazar, 1959: 270 e 271). O regime plasmado no Acto Colonial, que se caracterizava pela concepção imperial e solidária dos territórios ultramarinos e da metrópole, pela supressão dos altos comissários e pela proibição do desempenho de prerrogativas de administração pública pelas companhias majestáticas, foi classificado como sendo o de "autonomia temperada", que visava realizar a "unidade na complexidade" (Marcello Caetano, 1934: 112, seguido por Fernando Emygdio da Silva 1941: 42 e 43, Michel Frochot, 1942: 17 a 25, Adriano Moreira, 1951: 11, e 1960: 303 e 304), tendo-se também dele dito que representava um "equilíbrio entre o objectivo de uma assimilação diferida, o respeito pelo condicionalismo especial de cada território e a manutenção da unidade do conjunto" (Silva Cunha, 1958: 39 e 40). Diferentemente, Armindo Monteiro (1942: 24 a 27) entendia que os três princípios da unidade da nação, da solidariedade de todas as suas partes e da descentralização administrativa, que caracterizavam o Acto Colonial, não cabiam na classificação doutrinária tripartida dos sistemas coloniais. Criticando a "tendência centralizadora" do Acto, Armando Gonçalves Pereira, 1931: 183, 209 a 217, que advogava, ao invés, "um regime de assimilação com ampla descentralização".

A Jurisdição Penal Ultramarina 953

povo português".[1970] O novo objectivo da política indígena era o de conseguir a integração das populações indígenas na nação portuguesa, mantendo-se a organização social e o direito nativos transitoriamente e com a protecção do Estado. Consequentemente, os administradores de circunscrição e de concelho, que representavam junto das populações indígenas a soberania portuguesa e desempenhavam as funções de juízes instrutores, deviam "fazer evolucionar, pela persuasão, os costumes e uso dos naturais, procurando adaptá-los progressivamente à nossa civilização" (artigo 51, n. 10, da Reforma Administrativa de 1933). Assim, os administradores de circunscrição e de concelho julgavam as causas gentílicas, no seio dos tribunais indígenas onde os houvesse e sozinhos onde os não houvesse, além de julgarem sozinhos os delitos e transgressões puníveis com pena de prisão correccional ou de desterro até seis meses e multa até seis meses ou até 500$00 e organizarem o processo preparatório dos processos criminais mais graves, dando a pronúncia provisória nos processos por crimes puníveis com pena maior e propondo o arquivamento dos autos ao juiz de direito nos processos por crimes puníveis com pena superior a prisão correccional por seis meses ou a esta equiparada.[1971]

Destarte, o paradigma judiciário dualista foi redefinido, afastando-se a coexistência permanente dos dois sistemas de organização judiciária comum e indígena e impondo-se uma sobreposição gradual do sistema europeu ao indígena com vista à futura abolição da ordem jurídica e dos órgãos jurisdicionais indígenas. A coexistência entre os dois sistemas assumia, pois, uma natureza instrumental e transitória, com a consequência, no plano jurídico geral, da supremacia das normas jurídicas integradas na ordem jurídica não indígena sobre as integradas na ordem jurídica indígena, em caso de conflito de normas e na falta de dis-

---

[1970] Adriano Moreira, 1955 a : 98, e, também, Marcello Caetano, 1934: 193 e 194, e 1951: 39 a 47, Armindo Monteiro, 1942: 60, Michel Frochot, 1942: 61 e 62, e Silva Cunha, 1977: 88.

[1971] A Reforma Administrativa Ultramarina de 1933 não revogou o Estatuto de 1929 na parte relativa à composição do tribunal especial e ao voto deliberativo dos indígenas, pois o administrador só julgava sozinho nos termos do artigo 44 do Regulamento da Administração Ultramarina e do artigo 77 da Organização Judiciária Ultramarina nas províncias em que não houvesse tribunais privativos (Adriano Moreira, 1955 a: 99). Ao invés, a competência muito ampla dos juízes municipais e instrutores para determinar o arquivamento dos processos por crimes puníveis com pena maior cometidos por não indígenas foi substancialmente diminuída pela Reforma Administrativa Ultramarina de 1933. Apesar do sentido da reforma, a competência de controlo do juiz de direito foi interpretada restritivamente pelos tribunais e pela doutrina, ampliando-se a competência do juiz municipal ou instrutor. Assim, este magistrado só devia mandar o processo ao juiz de direito quando houvesse prova da existência do crime, mas faltassem indícios da responsabilidade dos agentes. Os processos em que não houvesse sequer indícios da prática do crime eram decididos apenas pelo juiz municipal ou instrutor (Jaime Tomé, 1940: 351).

posição expressa em contrário,[1972] e a consequência, no plano específico da lei criminal, da vinculação das sanções do direito ultramarino aos fins da "defesa da sociedade, da unidade nacional e da soberania portuguesa e, tanto quanto possível, a readaptação social do delinqüente" (artigo 207 da Carta Orgânica de 1933) e não apenas ao primeiro e ao último, como na metrópole.

A redefinição do paradigma judiciário dualista teve também uma outra vertente, que consistiu na colocação em vigor no ultramar das principais reformas da organização judiciária comum e militar introduzidas pela ditadura militar.

O novo Código de Processo Penal foi mandado aplicar ao ultramar, através do Decreto n. 19.271, de 24.1.1931, mantendo-se a competência atribuída ao juiz municipal e ao juiz instrutor na Organização Judiciária Ultramarina e o julgamento de facto e de direito em ambas as instâncias no processo de querela.[1973] No tocante às formas de processo, o legislador também manteve as opções da Organização Judiciária do Ultramar, determinando a aplicabilidade do processo de polícia correccional para julgar os crimes enumerados nos artigos 64 e 65 do CPP, mas consagrando a inadmissibilidade do julgamento sumário dos detidos em flagrante delito pela prática dos crimes daquele primeiro preceito.

No foro militar, o legislador também inovou, ordenando pelo Decreto n. 20.905, de 18.2.1932, a aplicação no ultramar dos Decretos n. 19.892, de 15.6.1931, e n. 20.672, de 26.12.1931. Assim, os tribunais militares territoriais das colónias passaram a ser constituídos apenas por dois juízes militares, presidindo o mais graduado, e por um auditor, juiz togado. Os juízes militares eram nomeados por escala pelo quartel general ou repartição militar da respectiva colónia, sobre uma lista formada por ordem de postos e antiguidades dos oficiais superiores e capitães residentes na sede do tribunal. A faculdade de substituição extraordinária dos membros militares do tribunal era prevista, tal como na legislação que vigorava no continente, nos casos de promoção, de inabilidade legal ou exclusão e de nomeação para expedição militar ou para comando de tropas destinadas à manutenção da ordem pública em qualquer ponto da colónia ou fora dela. O juiz togado era nomeado nos termos previstos nos artigos 18 e

---

[1972] A tese, defendida por Silva Cunha (1950: 93 a 99), veio a ser consagrada mais tarde no último Estatuto dos Indígenas.

[1973] A aplicação do CPP no ultramar teve como consequência a revogação tácita, mas apenas parcial, das disposições processuais insertas nos regulamentos das circunscrições civis de Angola e de Moçambique, aprovados respectivamente pela Portaria provincial de Angola n. 375, de 17.4.1913, com as alterações posteriores já referidas, e pela Portaria provincial de Moçambique n. 671-A, de 12.9.1908 (António de Miranda, 1931: 91 e 108).

A *Jurisdição Penal Ultramarina*

19 do Decreto n. 12.393, de 27.9.1926, com a excepção do juiz auditor da colónia de Macau, que era o juiz junto do tribunal criminal.[1974]

A competência dos tribunais militares territoriais, no ultramar como na metrópole, não se limitou à fixada no Código de Justiça Militar, tendo sido alargada, pelo Decreto n. 29.351, de 31.12.1938, aos crimes políticos previstos no Decreto n. 23.203, que o Decreto n. 23.241, de 21.11.1933, já tinha mandado aplicar no ultramar. Em face dos problemas colocados desde 1933 pela deslocação dos detidos por crimes políticos praticados nas colónias para o Tribunal Militar Especial de Lisboa, a solução encontrada em 1938 foi a de os tribunais territoriais das colónias funcionarem como secções do Tribunal Militar Especial, embora os recursos continuassem a ser interpostos nos termos dos artigos 27 e 28 do Decreto n. 23.203. A competência dos tribunais territoriais ultramarinos ficou, contudo, sujeita ao desaforamento determinado pelo STM, a impulso do ministro do ultramar, de qualquer causa neles pendente "em caso extraordinário" e "no interesse da ordem pública, da disciplina ou da boa administração da justiça militar no Império Colonial" (Decreto n. 23.530, de 30.1.1934) ou mesmo pelo governo na impossibilidade de se constituir o tribunal militar para julgamento de quaisquer crimes nas colónias (Decreto n. 25.125, de 13.3.1932).[1975]

[1974] Mais tarde, a Portaria n. 9.355, de 26.10.1939, que mandou aplicar nas colónias o Decreto-Lei n. 29.964, de 10.10.1939, criou para o efeito em cada colónia um Tribunal Repressivo da Especulação e do Açambarcamento, composto por um oficial do exército, que presidia, um oficial de marinha e um funcionário administrativo, todos nomeados livremente pelo governador da colónia. O recurso da decisão final era interposto para o governador da colónia, que decidia em última instância se a pena aplicada não excedesse a 100.000$00 de multa ou se não fosse de prisão e com recurso para o Conselho do Império Colonial nos restantes casos. Quatro anos depois, o governo retrocedeu, determinando a Portaria n. 10.517, de 27.10.1943, que o Tribunal Repressivo tivesse jurisdição limitada à área da comarca da sede da colónia e que o juiz de direito conhecesse das infracções previstas no Decreto-Lei n. 29.964 cometidas nas restantes comarcas.

[1975] Depois da reforma introduzida pelo Decreto-Lei n. 35.044, de 20.10.1945, colocou-se o problema da competência dos tribunais militares territoriais para julgar os crimes contra a segurança do Estado cometidos no ultramar. O legislador atribuiu, pelo Decreto-Lei n. 36.090, de 3.1.1947, aos tribunais militares territoriais nas colónias a competência para a instrução e o julgamento dos crimes previstos nos artigos 163 a 176 do Código Penal, na redacção dada pelo Decreto-Lei n. 35.015, com os recursos facultados pelo CJM para o Supremo Tribunal Militar. O fundamento dado foi o da inaplicabilidade do Decreto-Lei n. 35.044 nas colónias, por ser "inviável a constituição dos tribunais colectivos nas colónias" e por "serem bastante movimentados os tribunais das comarcas das capitais das colónias". No tocante aos crimes contra a segurança interior do Estado, previstos nos artigos 141 a 151 do Código Penal, a competência dos tribunais territoriais do ultramar para conhecer destes crimes só ficou definitivamente esclarecida com a publicação do Decreto-Lei n. 39.299, de 30.7.1953. Contudo, a partir de 1950 o plenário do tribunal criminal de Lisboa passou a julgar os crimes referidos nos ns. 1 e 3 do artigo 13 do

956   *A Reforma da Justiça Criminal em Portugal e na Europa*

O ponto culminante da reforma da organização judiciária comum do ultramar consistiu na criação do Conselho do Império Colonial no âmbito da reorganização do ministério das colónias.[1976] O Conselho era presidido pelo ministro e tinha como vogais natos o secretário do ministério, dois militares graduados do Estado-Maior do exército e do Estado-Maior naval, os governadores das colónias, quando se encontrassem na metrópole, quatro vogais eleitos pelo Conselho e doze vogais nomeados pelo ministro, ouvido o conselho de ministros, incluindo entre estes os seis magistrados membros da secção de contencioso. Os magistrados eram juízes dos tribunais superiores que tivessem exercido funções na magistratura judicial das colónias.

Tal como o anterior Conselho Superior das Colónias, o novo órgão funcionava como Supremo Tribunal Administrativo, Fiscal ou Aduaneiro das colónias, conhecendo em definitivo dos recursos interpostos dos tribunais coloniais em matéria de contencioso aduaneiro. A secção contenciosa do Conselho ficou também com as competências do Conselho Superior Judiciário das Colónias, mas com uma diferença muito significativa. Ao invés do Conselho Judiciário da magistratura da metrópole e do anterior Conselho Superior Judiciário das Colónias, todos os acórdãos ou resoluções da secção do contencioso do Conselho do Império Colonial careciam de "homologação" ministerial, podendo o ministro divergir da proposta do Conselho (§ único do artigo 139 do Decreto n. 26.180, de 7.1.1936, repetido pelo artigo 11 do Decreto n. 32.539, de 18.12.1942, com uma restrição relativa aos acórdãos interlocutórios e instrutórios, já introduzida pelo § 3, do artigo 13 do Decreto n. 32.269, de 19.9.1942). Tal como em 1929 a nomeação de todos os membros do Conselho Superior Judiciário das Colónias pelo ministro antecipou a solução escolhida em 1932 para o Conselho da magistratura da metrópole, também a perda de poder decisório da secção contenciosa do Conselho do Império Colonial em 1936 antecipou a solução consagrada para o Conselho Superior Judiciário da metrópole em 1945.

Decreto-Lei n. 35.044 cometidos no ultramar quando a secção criminal do Supremo Tribunal de Justiça mandasse avocar o seu julgamento ao tribunal criminal (Decreto-Lei n. 37.732, de 13.1.1950).

[1976] O Conselho foi criado pela Lei n. 1.913, de 23.5.1935, cujas bases foram regulamentadas pelo Decreto n. 26.180, de 7.1.36, que procedeu a uma reorganização do ministério das colónias. O regimento do Conselho foi aprovado pelo Decreto-Lei n. 28.066, de 1.10.1937, que veio a ser revisto pelo Decreto n. 32.539, de 18.12.1942, depois de o Decreto n. 32.269, de 19.9.1942, ter introduzido modificações na Lei n. 1.193. A discricionariedade ministerial consagrada pela reforma foi criticada pela doutrina. O Conselho do Império Colonial foi "caracterizado, como os seus dois antecessores, por possuir atribuições tão vagas e tanto à mercê do critério de cada ministro, que tanto poderá vir a ser um órgão de consulta e apenas disso, sôbre assuntos transcendentes de administração pública, como de casos banais e corriqueiros" (Teófilo Duarte, 1935: 240 e 243).

CAPÍTULO 4.º
O Abandono
do Paradigma Judiciário Diferenciado

1. O retorno à política de assimilação com a Revisão Constitucional de 1951

Face a um contexto internacional cada vez mais adverso, em que se afirmava a corrente anticolonialista, a Lei de Revisão Constitucional n. 2.048, de 11.6.1951, previa um título novo, o título VII, da parte II, designado por "Do Ultramar Português", que não só introduziu na Constituição as disposições do Acto Colonial, como procedeu a uma significativa alteração da doutrina do mesmo.[1977] Embora Portugal não fizesse ainda parte da ONU, a revisão constitucional preparava a sua entrada, afirmando no plano constitucional interno a

---

[1977] A revisão constitucional de 1951 consagrou as tendências de assimilação que se manifestavam já desde o final da guerra, com a intensificação do movimento anticolonialista (Silva Cunha, 1951: 145 e 146, 1953: 144, e 1958: 43, Héctor Wilensky, 1968: 153 e 162, e 1971: 164, e Mário Fernandes de Oliveira e outros, 1979: 135). A partir do final da segunda guerra mundial os países que mantinham colónias viram-se em "enormes dificuldades", resultantes da insurreição das colónias asiáticas e da hostilidade da União Soviética, dos Estados Unidos e dos restantes Estados americanos ao colonialismo (Marcello Caetano, 1948: 208). A proibição de exportação de volfrâmio para os países do eixo e a cedência das bases nos Açores durante a guerra haviam colocado Portugal do lado vencedor, tendo esta opção estratégica sido compensada com "garantias escritas" de Franklin Roosevelt e do governo britânico relativamente à soberania portuguesa nas províncias ultramarinas (Franco Nogueira, 1970: 27). A primeira reacção do governo português ao movimento internacional foi a do "uso da doutrina da neutralidade colaborante" (Adriano Moreira, 1976: 42 e 43), que assentava no bloqueio da ONU pelas potências ocidentais. O sucesso desta doutrina permitia a Marcello Caetano formular no final da década de quarenta a conclusão de que se estava diante da "falência completa da organização das Nações Unidas", que "não passou de um momento histórico, ... sem ter chegado a ser uma instituição", e que "os princípios da Carta de S. Francisco em matéria colonial representam também, unicamente, o equilíbrio das forças internacionais desse momento histórico" (Marcello Caetano, 1948: 221, 223 e 224).

958 *A Reforma da Justiça Criminal em Portugal e na Europa*

unidade da nação de molde a evitar a consideração por aquele organismo internacional dos territórios ultramarinos como colónias.[1978]

Diante da proposta de lei do governo, a Câmara pronunciou-se no sentido de que "o Acto Colonial foi profundamente remodelado quanto ao sistema, à forma e à doutrina" pelo projecto de proposta de lei do governo, exprimindo "sérias apreensões" e chamando "muito particularmente a atenção para os perigos de uma assimilação prematura dos territórios ultramarinos à metrópole".[1979]

Não obstante a advertência céptica da Câmara Corporativa relativamente ao projecto de proposta de lei do governo, a Assembleia adoptou as opções políticas fundamentais que a Câmara criticava, introduzindo uma nova terminologia constitucional e alterando profundamente a organização administrativa e financeira ultramarina. A substituição da designação de colónias ultramarinas por províncias ultramarinas visou "apagar todos os vestígios, ainda que porventura só expressos na terminologia legislativa, e, portanto, meramente formais, de uma inactual concepção «imperialista», em que os territórios ultramarinos são ainda «colónias», isto é, territórios e populações sob domínio da metrópole", concretizando deste modo "o propósito de não deixar qualquer dúvida sobre a equiparação constitucional entre a parte europeia e a parte não europeia do território português".[1980] Por outro lado, o legislador reformulou o sistema de supe-

---

[1978] André Gonçalves Pereira, 1971: 169, e Manuel Fernandes de Oliveira e outros, 1979: 182 e 183.

[1979] Parecer da Câmara Corporativa n. 10/V, pp. 26 e 27. A esta advertência estava intimamente ligada, na lógica do relator do parecer, o Professor Marcello Caetano, a questão terminológica e política da alteração da designação dos territórios ultramarinos e do "movimento internacionalmente desejado de maior autonomia dos territórios ultramarinos" que lhe correspondia (parecer citado, p. 34). A Câmara não só se opunha ao "terramoto administrativo" decorrente da imediata substituição da designação dos territórios ultramarinos, como reiterava a necessidade de uma organização destes territórios "quase totalmente diversa da metropolitana" (parecer citado, pp. 35 e 39). A restrição da autoridade dos governadores, a multiplicidade dos órgãos da metrópole com competência legislativa para o ultramar e de direcção dos serviços ultramarinos (parecer citado, p. 48) e a integração dos serviços judiciários coloniais no ministério da justiça (parecer citado, p. 74) deviam ser rejeitadas no parecer da Câmara. Toda a carga política da discussão ficou bem patente nos votos de vencido, diametralmente opostos, dos procuradores Rafael Neves Duque e Armindo Monteiro.

[1980] Pareceres da Câmara Corporativa, n. 35/V, p. 5, e n. 17/VII, p. 198. A alteração da nomenclatura constitucional foi promovida pela publicação de um importante estudo de Gonçalo Santa-Rita (1950: 25 e 26), que, com base em uma análise constitucional do problema, concluía pela oportunidade da alteração. Apesar de a designação de província ultramarina se encontrar intimamente associada ao "nosso sistema de assimilação excessiva" e a utilização do termo colónia pelo legislador republicano ter tido o propósito de assinalar o abandono do sistema assimilador e introduzir um sistema administrativo particular para os territórios ultramarinos, a pressão interna-

A Jurisdição Penal Ultramarina 959

rintendência da metrópole em alguns sectores da administração ultramarina de modo a repartí-lo por vários ministérios distintos do ministério do ultramar e consagrou uma concepção unitária e integradora da economia nacional e de especialização da administração de cada província no quadro de um regime geral estabelecido por uma Lei Orgânica do Ultramar Português.[1981]

Esta orientação geral do legislador teve reflexos no tocante à administração da justiça ultramarina, tendo-se optado também aqui pelo retorno a uma política de assimilação, com a admissibilidade, a título excepcional, de estatutos especiais para os indígenas. Consequentemente, toda a actividade preventiva e repressiva dos crimes praticados no ultramar passou a estar submetida aos princípios constitucionais, acrescentando-lhe o legislador, muito significativamente, o princípio programático da extensão do sistema penal e prisional da metrópole ao ultramar na medida em que "se adapte ao estado social e modo de ser individual de toda ou parte da população das diversas províncias" (Base LXIX, n. II, da Lei Orgânica de 1953).[1982]

---

cional aconselhava o regresso àquela designação (Gonçalo Santa-Rita, 1950: 23 e 24). Muito lucidamente, Héctor Wilensky (1968: 67 e 112) advertiu para a inexistência de uma constante histórica e jurídica na utilização das designações de província ou colónia na legislação ultramarina portuguesa, salientando que "muitas vezes as denominações tinham como objectivo, mais do que traduzir uma realidade sociológico-jurídica, enfrentar os vaivéns da conjuntura internacional". Já anteriormente, esta conexão íntima entre a evolução legislativa ultramarina e a política internacional tinha sido sublinhada por Adriano Moreira (1951: 5).

[1981] Na sequência da revisão constitucional foi publicada a Lei n. 2.066, de 27.6.1953, que promulgou a Lei Orgânica do Ultramar Português e revogou a Carta Orgânica de 1933. Ao invés desta Carta, a base V da Lei Orgânica previa a publicação de um estatuto para cada colónia, podendo até ser instituído um regime de administração "semelhante ao das ilhas adjacentes". Por isso, a doutrina concluiu que nesta lei se acentuavam, "mais ainda do que na Constituição, os manifestos propósitos assimiladores" (Silva Cunha, 1958: 45). Esta importante inovação era, contudo, incompatível com os artigos 134, 148 e 155 da Constituição, como mais tarde entendeu a Câmara Corporativa, no parecer n. 18/VII, proferido sobre um projecto de alteração da Constituição. A Câmara entendeu por bem "tornar constitucionalmente possível" a aplicação da referida base da Lei Orgânica, recomendando a alteração do artigo 134 da Constituição, de modo a passar a ser objecto da Lei Orgânica do Ultramar e já não de um preceito constitucional a indicação dos territórios com o estatuto de províncias ultramarinas, permitindo a integração em qualquer momento de um desses territórios na administração metropolitana através da alteração do preceito da Lei Orgânica (Parecer n. 18/VII, pp. 206 a 208). A Lei de revisão constitucional n. 2.100, de 29.8.1959, consagrou esta proposta.

[1982] Embora a Câmara Corporativa tivesse ponderado que a circunstância de o sistema penal da metrópole "assentar num certo nível de civilização e estado social" tinha como consequência "condicionar a sua extensão às províncias ultramarinas pelo nível respectivo das diversas populações", a verdade é que a unidade do sistema penal e prisional era agora vista como uma decorrência natural da unidade nacional: "da unidade da Nação decorre naturalmente o princípio da unidade do sistema penal e prisional" (parecer da Câmara Corporativa n. 35/V, p. 66). A este

960 A Reforma da Justiça Criminal em Portugal e na Europa

Concretizando este princípio programático, as províncias de São Tomé e Príncipe e de Timor foram subtraídas ao regime do indigenato e a competência para julgar as questões gentílicas atribuída em exclusivo aos juízes municipais, o que correspondia à extinção dos tribunais especiais para indígenas.[1983]

A Câmara Corporativa opôs-se a esta modificação, por não haver entre a redacção proposta e o direito vigente "grande diferença".[1984] Com efeito, tendo a magistratura municipal ultramarina sido basicamente ocupada por funcionários administrativos, por inerência de cargo ou em acumulação de funções, a alteração no plano estrito da realidade de facto não era significativa. O funcionário administrativo que, em regra, estava à cabeça do julgado municipal era o mesmo que administrava o município. A alteração era, contudo, muito relevante do ponto de vista da estruturação jurídica do órgão judicial e tinha consequências teóricas e práticas importantes, pois, por um lado, a competência para julgamento das causas gentílicas passava a caber a um tribunal comum, com as garantias constitucionais inerentes, e por outro lado, os indígenas perdiam no julgado municipal os lugares como vogais com voto deliberativo que tinham no Tribunal Especial Indígena nos termos do Estatuto de 1926, revisto em 1929. A imediata revisão do regime do indigenato impunha-se, pois, tendo sido realizada pelo Decreto-Lei n. 39.666, de 20.5.1954, que aprovou o último Estatuto Político, Civil e Criminal dos Indígenas da Guiné, Angola e Moçambique, e completada pelo Decreto-Lei n. 39.817, de 15.9.1954, que estabeleceu o Estatuto dos Julgados Municipais.

No tocante à lei substantiva aplicável aos indígenas, o Estatuto dos Indígenas previa ainda a aplicação dos usos e costumes dos indígenas, mas subordinando-a a uma tarefa de harmonização "com os princípios fundamentais do direito público e privado português, procurando promover a evolução cautelosa das instituições nativas no sentido indicado por esses princípios" (ar-

---

propósito, Silva Cunha salientava que o n. II da base LXXXIV correspondia ao artigo 209 da Carta Orgânica, mas que não reproduzia a sua doutrina, pois, "embora nele se transija com a necessidade de especializar o sistema de Direito Criminal em função do estado social e modo de ser individual das populações das províncias ultramarinas, a nota dominante é a da uniformização do Direito criminal da metrópole e ultramarino pela extensão do primeiro ao Ultramar" (Silva Cunha, 1958: 184).

[1983] A restrição do regime de indigenato já tinha sido antecedida pela subtracção das províncias de Macau e de Cabo Verde e do Estado da Índia a este regime, aquando da revisão da Carta Orgânica aprovada pela Lei n. 2.016, de 29.5.1946. Mesmo antes dessa data, os naturais do Estado da Índia não eram considerados como indígenas (Jaime Tomé, 1940: 351). Não obstante, a inovação de 1953 em relação às províncias de São Tomé e Timor foi objecto de crítica (Silva Cunha, 1953: 240).

[1984] Parecer da Câmara Corporativa n. 35/V, p. 56.

tigo 3, § 1).[1985] Em matéria criminal, o novo Estatuto dos Indígenas determinava a aplicação da lei substantiva comum, na falta de leis penais destinadas aos indígenas,[1986] embora impusesse também ao juiz que, na valoração da conduta e na determinação da pena, considerasse "a influência que sobre o delinquente e os actos deste exercerem as circunstâncias da vida social dos indígenas" (artigo 25, § único, do Decreto-Lei n. 39.666, de 20.5.1954).[1987]

O exercício de funções de juiz municipal cabia a funcionários administrativos, embora para o exercício de tal cargo pudessem ser nomeados pelo ministro do ultramar magistrados de carreira, judiciais ou do Ministério Público, em

---

[1985] O diploma de 1954 procedeu ao refinamento teórico do conceito de indígenas, com vista a abranger certas situações intermédias, como a dos destribalizados e a dos indígenas em evolução (Adriano Moreira, 1955 a: 20 a 23, Silva Cunha, 1958: 56, 57 e 72, e José Ney Ferreira e Vasco Soares da Veiga, 1957: 14 e 15, mas crítico André Gonçalves Pereira, 1971: 373).

[1986] A remissão do Estatuto de 1954 para as "leis comuns" era significativamente mais ampla do que a dos diplomas de 1928 e de 1929, que se referiam apenas à aplicabilidade do Código Penal. Por outro lado, em 1928 e 1929 previa-se a elaboração de um código do indigenato, ao invés, da previsão bem mais modesta do diploma de 1954 da feitura de leis especialmente destinadas aos indígenas, tudo apontando, pois, para o afastamento da opção política de uma especialização integral da lei penal substantiva aplicável aos indígenas. A excepcionalidade conferida pela nova redacção do artigo 138 da Constituição ao estabelecimento de estatutos especiais para os indígenas tinha o seu reverso na configuração do uso das leis destinadas aos indígenas como uma excepção ao princípio da aplicação da lei penal comum.

[1987] Esta disposição do artigo 25 do Estatuto foi interpretada por parte da doutrina no sentido de aduzir à teoria das circunstâncias uma nova circunstância modificativa da gravidade do crime (Adriano Moreira, 1955 a: 134, e José Ney Ferreira e Vasco Soares da Veiga, 1957: 42). O primeiro destes autores desenvolveu mesmo uma teoria da pena exclusivamente "repressiva" ou retributiva para os delinquentes indígenas, considerando não só que o referido preceito limitava o princípio da legalidade por um arbítrio administrativo "na medida em que deste depende a extensão da transigência com os usos e costumes tradicionais", como apontava para "uma concepção psicológica, na sua forma mais radical, abstraindo de qualquer conhecimento da ilicitude da conduta ou da sua punibilidade, repudiando completamente a doutrina da culpa na formação da personalidade, atendendo apenas, em suma, à relação psicológica entre o agente e o facto". O acento era posto na necessidade de penas longas para os condenados indígenas com vista a alcançar o objectivo pedagógico de adesão à cultura europeia, mas a medida concreta da pena era dada pela "quantidade do facto" e esta, por sua vez, era identificada com o "alarme causado em relação, não à população indígena, mas à população colonizadora" (Adriano Moreira, 1955 a: 131, 132 e 136), com o que, afinal, o autor funcionalizava integralmente a culpa criminal às necessidades preventivas especiais e, sobretudo, gerais. O autor moderou, contudo, a sua posição, afirmando quatro anos depois que o regime do indigenato visava derrogar, a favor dos indígenas, a regra de que a ignorância da lei não aproveita a ninguém (Adriano Moreira, 1960: 324). Silva Cunha ia bastante mais longe, considerando que o artigo 25 tinha alargado os poderes do juiz relativamente ao disposto no Estatuto de 1929, pois, "além de se permitir, como no art. 13.º do estatuto de 1929, a

função da natureza e da quantidade de serviço do julgado.[1988] Os indígenas já só participavam na administração da justiça, quando os funcionários administrativos os designassem com vista à prestação de esclarecimentos sobre os usos e costumes locais, fixando o legislador um critério de preferência pela prova documental do direito gentílico ("a prova do direito gentílico será feita pelas compilações oficiais ou, na sua falta, por dois assessores indígenas, escolhidos pelo administrador da respectiva circunscrição ou concelho", artigo 14 do Decreto n. 39.817, de 15.9.1954).[1989]

Os juízes municipais que não fossem magistrados de carreira tinham competência para preparar e julgar todas as transgressões e os crimes puníveis com pena de prisão ou de desterro até um ano ou de multa até um ano ou até 40.000$00, bem como para preparar e julgar os crimes contra a propriedade puníveis com pena correccional cometidos por indígenas e todos os outros crimes, quando os réus e os ofendidos fossem indígenas. Os juízes municipais que fossem magistrados de carreira tinham uma competência genérica para preparar e

---

variação da medida das penas, permite-se também a qualificação das condutas, em função da influência que sobre o agente hajam exercido as circunstâncias da vida social dos indígenas. Quer dizer: ao juiz é permitido fazer variar as incriminações, em função da situação cultural dos indígenas" (Silva Cunha, 1958: 184). A concepção deste autor era, aliás, a da necessidade de um direito preventivo especial para os indígenas, a par do direito repressivo, "sempre que se verifique que da situação cultural do indígena possa resultar a prática de actos criminosos que não seja possível punir por falta de culpabilidade e que se reconduzem a causas permanentes originadas por aquela situação cultural" (Silva Cunha, 1954: 325 e 326), sendo certo que o direito repressivo indígena devia assentar no pressuposto, em benefício do indígena, da existência de "uma causa de diminuição da imputabilidade" (Silva Cunha, 1946: ano 11, pp. 39 e 40).

[1988] O legislador manteve o administrador concelhio à cabeça do julgado municipal, porque, como se confessava no preâmbulo do Decreto n. 39.817, de 15.9.1954, "só o directo representante da administração, protector dos indígenas e agente constante da cultura portuguesa, está indicado para resolver, em regra, as questões gentílicas, aproveitando do prestígio da autoridade, que assim aparece indivisa, para obter o cumprimento pacífico das decisões". Além da tradicional associação do prestígio da autoridade à concentração de poderes judiciais e administrativos, o legislador foi também movido por limitações de ordem financeira, que impediam a nomeação exclusiva de juízes de carreira para esta magistratura de base (José Ney Ferreira e Vasco Soares da Veiga, 1957: 98 e 99).

[1989] A crítica desta preferência pelas compilações do direito tradicional foi feita por Narana Coissoró (1966 b: 31 a 33).

[1990] A entrega a magistrados de carreira das competências do juiz municipal devia, por isso, ficar reservada para "regiões onde o indigenato esteja já em franco recuo", constituindo a transformação dos julgados municipais em comarcas a "solução final" (Adriano Moreira, 1955 a: 108). Como o juiz municipal era um magistrado pertencente a um tribunal comum colocou-se logo a questão da constitucionalidade da previsão da reforma que permitia o exercício de funções judiciais por funcionários administrativos, por poder pôr em causa as garantias constitucionais

A Jurisdição Penal Ultramarina 963

julgar todos os crimes a que não coubesse processo de querela.[1990]

A forma de processo aplicável nos julgados municipais pretendia-se "tão simples quanto possível", considerando o legislador, no preâmbulo do respectivo Estatuto, que "o dever de protecção dos indígenas bem justifica que se afastem as complexas formas processuais, que para estes seriam incompreensíveis, dando-se assim uma grande liberdade ao juiz para resolver problemas que exigem, pela natureza das coisas, largo recurso à equidade". Em todas as formas de processo o juiz municipal cumulava a função de instrutor e de acusador público com a de julgador, não havendo representante do Ministério Público nos julgados municipais nem sendo admitida a constituição de assistente. Na primeira instância estava proibida a intervenção de advogados e na segunda e na terceira instâncias só era facultada a constituição de mandatário a não indígenas, sendo a representação dos indígenas assegurada obrigatoriamente pelo Ministério Público e a administração da justiça inteiramente gratuita para os indígenas.

Na forma de processo para julgamento dos crimes puníveis com pena correccional, o processo iniciava-se com a realização do corpo de delito, findo o qual o juiz instrutor proferia o "despacho de classificação" definitivo e procedia a julgamento. Na forma de processo para julgamento dos crimes puníveis com pena superior, após o despacho provisório de classificação, o réu era admitido a produzir prova contraditória da pronúncia, podendo o juiz instrutor alterar o seu despacho no final do incidente da produção da prova contraditória. O réu indígena detido fora de flagrante delito, que podia ser sujeito a prisão preventiva por mero receio de fuga ou de perturbação da instrução e por período sem duração máxima, devia ser julgado em primeira instância no prazo de três meses desde a instauração do processo, salvo justo impedimento.

O julgamento tinha impreterivelmente lugar na presença do réu indígena, procedendo-se nele ao registo de toda a prova testemunhal por resumo e das in-

---

da magistratura judicial. A crítica da inconstitucionalidade foi, no entanto, afastada com o argumento de que a inexistência de alçada dos juízes municipais garantia a sindicabilidade judicial da actividade dos magistrados inferiores e, portanto, a inteira conformidade da lei com a Constituição (Adriano Moreira, 1955 a: 105). Nos meios judiciários chegou a ser preconizada depois da reforma de 1954 a solução do tratamento processual das questões gentílicas nos mesmos termos das não gentílicas, atribuindo-se a instrução do processo aos administradores e o julgamento ao juiz da comarca. Adriano Moreira opôs-se a esta tese por três razões: "o perigo para a paz pública" decorrente da divisão dos poderes de administrar e julgar, a necessidade de intervenção do administrador, que se encontrava mais próximo do meio indígena e conhecia as respectivas regras, na definição da matéria de facto e, sobretudo, a crise da segunda instância, que tornava especialmente relevante "a visão directa da produção das provas" na audiência de julgamento e o juízo avalizado do juiz da primeira instância. A falta de alçada e a subida oficiosa dos processos mais graves ao tribunal de recurso constituíam, segundo o autor, uma garantia suficiente para o réu, não se justificando a solução propugnada nos meios judiciários (Adriano Moreira, 1955 a: 138).

formações dos assessores e ainda a uma "breve descrição das restantes provas apresentadas" (artigo 16, n. 9 do Estatuto dos Julgados).

A máxima inquisitoriedade no processo na primeira instância não era compensada pela conformação do recurso.[1991] Das decisões finais do juiz de primeira instância cabia sempre recurso para o juiz de direito, subindo ainda os autos oficiosamente para o Tribunal da Relação quando o juiz municipal ou o juiz de direito condenassem em pena maior ou declarassem o delinquente perigoso. O tribunal de recurso, que sindicava a decisão sobre a matéria de facto e a suficiência das diligências probatórias, podia também reformar para pior a decisão recorrida, excepto quanto aos réus não recorrentes.[1992] Em contrapartida, a prisão preventiva sofrida pelo indígena era, em todas as formas de processo, integralmente descontada na pena fixada a final.[1993]

A par da reforma da organização judiciária municipal, o direito processual e o direito penitenciário comuns aplicáveis nas províncias ultramarinas sofreram uma modificação profunda nos anos de 1954 e 1959, concretizando-se somente neste ano o propósito uniformizador da Lei Orgânica do Ultramar Português.[1994]

[1991] Com razão, Adriano Moreira (1955 a: 112 e 113, e, 1958 b: 7 e 8) concluía que a uniformização legislativa do processo tinha uma "feição inquisitória mais vincada ainda do que aquela que podia encontrar-se nos diplomas já referidos". Salientando também a natureza inquisitória do processo, José Ney Ferreira e Vasco Soares da Veiga (1957: 107), que justificavam a opção política com razões "de ordem sociológica", atinentes à incompreensão pelos indígenas da complexidade da marcha do processo comum, e "de política indígena", pois a maior latitude de poderes do juiz permitia-lhe realizar melhor o "dever geral de protecção dos indígenas". Muito criticamente, António Preto (1955: 182) censurava a falta de objectividade e de independência do administrador de circunscrição, em quem se concentravam poderes administrativos, policiais e judiciais "verdadeiramente proconsulares".

[1992] O artigo 21 do Estatuto dos Julgados vedava a interposição de recursos ordinários dos acórdãos proferidos pelo Tribunal da Relação, pelo que a doutrina admitia ainda a interposição de recursos extraordinários, como a revisão, a oposição de terceiros e mesmo o *habeas corpus* (José Ney Ferreira e Vasco Soares da Veiga, 1957: 106).

[1993] O regime só aparentemente era mais benéfico do que o consagrado para os réus não indígenas, pois o réu indígena era logo no período da detenção sujeito a trabalho em granjas correccionais, de modo a que ele sentisse a "rapidez do castigo, que as populações apreciam" (Adriano Moreira, 1955 a: 172).

[1994] Ao invés, o restabelecimento do Conselho Ultramarino em 1954 em concretização da base XIV da Lei Orgânica não trouxe quaisquer alterações ao regime de domínio ministerial da gestão da magistratura judicial ultramarina, encontrando-se desde 1945 uniformizado o regime de gestão das magistraturas judiciais da metrópole do ultramar. O Decreto-Lei n. 39.602, de 3.4.1954, aprovou a lei do Conselho Ultramarino, cujo regulamento foi posteriormente publicado pelo Decreto-Lei n. 39.908, de 17.11.1954. Em face da sobrecarga de serviço da secção de contencioso, que acumulava as funções de Supremo Tribunal Administrativo, Fiscal e de Contas

A Jurisdição Penal Ultramarina 965

Os princípios e as regras do código de 1929 mantiveram-se em vigor até 1959, só tendo a reforma do processo penal de 1945 sido mandada observar no território ultramarino catorze anos depois da sua consagração na metrópole.[1995] Depois de o Decreto-Lei n. 37.732, de 13.1.1950, ter mandado aplicar no ultramar as providências para a defesa do Estado contra as actividades subversivas vigentes na metrópole desde Junho de 1949, e de a reorganização da PIDE em 1954 ter envolvido a extensão da sua actividade investigativa ao ultramar, tornou-se necessário munir esta polícia de instrumentos que lhe permitissem dominar a fase instrutória do processo. Assim, a Portaria n. 15.001, de 23.8.1954, determinou a aplicação no ultramar das disposições do Decreto-Lei n. 35.007 relativas aos fins da instrução preparatória, à competência dos órgãos de polícia na instrução preparatória e à aplicação provisória de medidas de segurança e as disposições do Decreto n. 35.042 referentes aos prazos de prisão preventiva, ao carácter secreto da instrução preparatória, à competência para decisão final na instrução preparatória e aos meios de controlo dessa decisão,

---

e as de Conselho Superior Judiciário do ultramar, o legislador dividiu esta secção em duas subsecções, passando a segunda subsecção do Conselho Ultramarino, que tinha três vogais, a funcionar como Conselho Superior Judiciário do ultramar, sendo os seus membros nomeados em comissão de serviço por cinco anos, renovável, pelo ministro do ultramar de entre os conselheiros do Supremo Tribunal de Justiça ou desembargadores da Relação que tivessem servido ou servissem no ultramar e dessem a sua anuência à nomeação. A segunda subsecção do Conselho manteve a competência meramente consultiva do órgão seu antecessor. Mais tarde, de modo a alcançar-se uma "acção mais lata e mais profícua do Conselho Ultramarino", os Decretos-Leis ns. 49.146, e 49.147, de 25.7.1969, aprovaram, respectivamente, a nova lei e o novo regulamento do Conselho Ultramarino, prevendo a autonomização orgânica do Conselho Superior Judiciário do Ultramar. Este passou a ser constituído por três juízes desembargadores do ultramar, nomeados pelo ministro do ultramar em comissão de serviço, renovável, de cinco anos, e pelos presidentes das Relações do ultramar e os procuradores da República junto delas, exercendo estes as funções somente quando se encontrassem na metrópole ou fossem especialmente convocados. A nova composição do Conselho Superior Judiciário mereceu o louvor da doutrina (Pinto Furtado, 1969: 17). Dois anos depois, o governo reviu o regime disciplinar e autorizou o Conselho a propor, independentemente do apuramento de responsabilidade disciplinar, mesmo dentro do período de inamovibilidade de um magistrado judicial, a sua transferência para outro distrito, comarca ou tribunal, "quando se verifiquem circunstâncias excepcionais e peculiares a determinado distrito, comarca ou tribunal ou ao magistrado que neles servir, e que conduzam à convicção de que é conveniente para o serviço ou para a defesa da própria carreira do magistrado o seu afastamento da localidade ou tribunal em que está servindo" (artigo 41 do Decreto-Lei n. 65/71, de 3.3).

[1995] A Portaria n. 12.175, de 12.11.1947, determinou apenas a aplicação no ultramar do artigo 30 da reforma de 1945, que previa as denúncias feitas com má-fé ou negligência.O Decreto n. 35.007 não foi mandado aplicar ao ultramar, porque importava "grande aumento de trabalho dos delegados, cujas funções no Ultramar são mais amplas que na Metrópole" e exigia "a organização de polícia judiciária ou equiparada em moldes mais perfeitos que os actualmente existentes no Ultramar" (Raul Ventura, citado por Cavaleiro de Ferreira, 2000: 350).

A *Reforma da Justiça Criminal em Portugal e na Europa*

alçando o governador geral ou de província a senhor absoluto da instrução dos crimes investigados pela PIDE.

Com efeito, a competência para prolongar a prisão por três meses, que na metrópole cabia ao ministro do interior e ao da justiça, era no ultramar do governador geral ou de província, a ele competindo também ordenar o prosseguimento das investigações ou a remessa dos autos a tribunal após reclamação do denunciante contra o arquivamento pela polícia, bem como o controlo trimestral oficioso dos processos arquivados ou a aguardar melhor prova.

O legislador justificou a reforma com a afirmação de que estes preceitos eram "pressupostos" pelo Decreto n. 39.749, de 9.8.1954, mas advertindo que "aos efeitos deste é restrita a extensão agora determinada". Destarte, os preceitos da reforma de 1945 que se mandavam aplicar ao ultramar só vigoravam na instrução preparatória de crimes da competência da PIDE, fazendo vencimento a tese do ministro do interior e do subsecretário de Estado do ultramar e saindo derrotada a tese do ministro da justiça. Cavaleiro de Ferreira tinha-se oposto a este alargamento do âmbito de aplicação do diploma de 1945 à criminalidade contra a segurança do Estado nas províncias ultramarinas, pois "teríamos em vez de dois, três regimes de processo penal, no território nacional".[1996]

A uniformização dos princípios fundamentais da instrução em todo o território nacional só foi consagrada pela Portaria n. 17.076, de 20.3.1959, que atribuiu ao Ministério Público no ultramar a direcção da instrução preparatória, subordinando-lhe todas as forças policiais, com excepção expressa da PIDE. O magistrado do Ministério Público podia delegar a investigação, mas sem prejuízo da sua direcção, nos juízes municipais de julgados correspondentes a circunscrições que não fossem sede de comarca, quando se tratasse de crimes puníveis com as penas previstas nos artigos 63 e 64 do CPP, e nos juízes municipais ou de paz daquelas circunscrições e nas autoridades policiais da comarca, em relação aos crimes puníveis com as penas previstas no artigo 65 do CPP.

[1996] Cavaleiro de Ferreira, 2000: 340. Também a Procuradoria-Geral da República, no parecer dado sobre o assunto pelo ajudante do procurador-geral, Eduardo Arala Chaves, secundou a crítica do ministro da Justiça (Cavaleiro de Ferreira, 2000: 361). Com efeito, a partir de 1954 passaram a vigorar no território nacional três diferentes regimes de processo penal, o da reforma de 1945, na metrópole, o da versão inicial do código de 1929, na investigação da generalidade dos crimes cometidos no ultramar, e um terceiro, que consistia no da reforma de 1945, na investigação da criminalidade contra a segurança do Estado quando realizada pela PIDE no ultramar. Acresce a esta crítica uma outra, de fundo, do Professor Eduardo Correia, no seu parecer dado sobre o projecto do ministério do interior, em que considerava que as amplas competências dos tribunais populares e municipais do ultramar não deveriam ser transferidas para os agentes do Ministério Público, que naqueles tribunais não eram magistrados de carreira e dependiam hierarquicamente dos governadores (Cavaleiro de Ferreira, 2000: 381).

A Jurisdição Penal Ultramarina 967

Os presos fora de flagrante delito e sem culpa formada, cuja detenção tivesse sido ordenada por qualquer autoridade administrativa ou policial, deviam ser apresentados ao juiz competente "no prazo de quarenta e oito horas, salvo justo impedimento" (artigo 21, 3.º do CPP na redacção da Portaria n. 17.076, de 20.3.1959), permitindo-se, tal como na lei anterior, a velha prática da detenção para averiguações.[1997]

O despacho final da instrução preparatória proferido pelo Ministério Público ficava sujeito ao controlo hierárquico oficioso ou suscitado pelo juiz de direito. Ao invés do direito da metrópole, aos assistentes não era permitida a reclamação hierárquica, mas admitia-se expressamente a dedução de acusação ainda quando o Ministério Público se tivesse abstido de acusar nos crimes públicos.[1998] Por outro lado, não havendo acusação pública, deviam os autos ser conclusos ao juiz nos processos em que não houvesse denunciante que pudesse constituir-se como assistente, de modo a que o juiz verificasse se existiam "condições suficientes para a acusação" (artigo 28 do Decreto n. 35.007, na redacção da Portaria n. 17.076, de 20.3.1959).[1999]

No ano de 1954 o legislador concretizou também a base LXIX da Lei Orgânica de 1953, na parte que previa que fosse tornado extensivo ao ultramar o regime penitenciário instituído na metrópole em 1936. Dezoito anos depois de ter sido publicado o Decreto-Lei n. 26.643, de 28.5.1936, foi este diploma mandado aplicar, com importantes modificações, ao ultramar pelo Decreto-Lei n. 39.997, de 29.12.1954, que também mandou guardar no ultramar as disposições da recente reforma penal aprovada pelo Decreto-Lei n. 39.688, de 5.6.1954.[2000]

[1997] Já anteriormente, a Portaria n. 10.989, de 12.6.1945, que mandou aplicar o Decreto-Lei n. 34.564, de 2.5.1945, ao ultramar, determinou que no preceito do § 2 do artigo 254 do CPP se considerasse eliminada a parte respeitante à dilação de cinco dias e se substituísse a dilação de 48 horas pela expressão "no mais curto prazo possível". A detenção policial ou administrativa de um suspeito sem culpa formada não tinha prazo.

[1998] A jurisprudência e a doutrina consideravam que a reclamação só era admissível nos casos em que o denunciante se não tivesse constituído assistente, pois quando se tivesse constituído como tal só podia deduzir acusação (Silva e Sousa, 1959: 75).

[1999] Também neste ponto a reforma ultramarina contrariava a doutrina firmada em face do direito da metrópole (Silva e Sousa, 1959: 77).

[2000] Já anteriormente, tinham sido mandados aplicar no ultramar os artigos 403 a 407 da reforma prisional pela Portaria n. 8.645, de 3.3.1937, e os artigos 57 a 72 daquela reforma, pelo Decreto n. 38.498, de 8.11.1951, que submeteu os indígenas da província de Moçambique às categorias de delinquentes perigosos. A Lei n. 2.000, de 16.5.1944, foi tornada extensiva ao ultramar pela Portaria n. 10.988, de 12.6.1945, mas não foi regulamentada. O fracasso da experiência realizada na província de Moçambique, onde os presos europeus e os presos indígenas declarados delinquentes habituais, por tendência ou indisciplinados cumpriam a pena na cadeia civil de Lourenço Marques, revelou a necessidade de separar indígenas de não indígenas e a inadequação

968   *A Reforma da Justiça Criminal em Portugal e na Europa*

Assim, o modo de execução das penas e das medidas de segurança aplicadas a indígenas foi rigorosamente separado do modo de execução das sanções aplicadas a não indígenas. As penas maiores e as medidas de segurança aplicadas a não indígenas podiam ser executadas em estabelecimentos da metrópole, enquanto não fossem construídos no ultramar os estabelecimentos previstos na lei, mas os tribunais deviam ordenar na sentença a execução das sanções no regime aplicável aos indígenas "sempre que o modo de ser individual do delinquente ou o teor de vida social dominante mostrem que se trata do regime mais adequado à sua personalidade" (artigo 7, do Decreto-Lei n. 39.997, de 29.12.1954).[2001]

---

do regime celular para os indígenas (Adriano Moreira, 1955 a: 169 e 170). Mais significativa do que esta experiência, contudo, para a publicação da reforma penitenciária ultramarina foi decisiva a dissertação de Adriano Moreira para concurso à vaga de professor ordinário do Instituto Superior de Estudos Ultramarinos. Depois dos estudos iniciais de Abel de Andrade e Francisco Machado, que propunham a reforma da pena de degredo no sentido da sua aplicação apenas a criminosos por hábito adquirido corrigíveis e a vadios por hábito válidos, que deviam ser integrados em "colonias de regimen severissimo aplicadas a realizar pesados trabalhos de primeira ocupação" (Abel de Andrade e Francisco Machado, 1923: 42 a 47), e de Beleza dos Santos, que colocou as questões dogmáticas e práticas fundamentais associadas à realização da pena de degredo, salientando que a mudança de ambiente era "um efeito que convém muitas vezes obter paralelamente ao da intimidação e correcção" (Beleza dos Santos, 1930: 198 a 201), Adriano Moreira defendeu, naquela dissertação, "o degredo de sinal contrário" para os delinquentes não indígenas condenados a penas maiores e medidas de segurança (Adriano Moreira, 1954 a: 278 a 283) e a construção de estabelecimentos prisionais em cada comarca para os delinquentes não indígenas condenados a penas correccionais e os detidos preventivamente (Adriano Moreira, 1954 a: 287 a 289). Para os indígenas o isolamento celular seria muito inconveniente e os trabalhos públicos, em que invariavelmente eram convertidas todas as penas, constituíam um fracasso, atenta a dispersão dos condenados e a falta de planificação dos trabalhos (Adriano Moreira, 1954 a: 311 e 314, e, também, António Preto, 1955: 183 e 184), devendo por isso as penas maiores e as penas correccionais superiores a seis meses aplicadas a indígenas ser substituídas pelo internamento em colónias penais agrícolas e as penas correccionais até seis meses pelo internamento em pequenas centrais de trabalho ou granjas correccionais. Os delinquentes indígenas perigosos deviam ser submetidos unicamente à categoria dos indisciplinados, sendo-lhes aplicável uma pena de longa duração e não indeterminada, porque as sanções indeterminadas não eram comprendidas pelos indígenas (Adriano Moreira, 1954 a: 315 a 321, e 1955 b: 499, mas contra António Preto, 1955: 194 a 197). O legislador converteu em lei as propostas de Adriano Moreira, que, por sua vez, recuperavam a ideia fundamental de Silva Telles (1903: 78 a 91) da nocividade político-criminal do degredo dos elementos indesejados pela metrópole para as províncias ultramarinas e a proposta de Mário Ferro (1935: 177 e 178) de criação de colónias penais agrícolas como elemento essencial do sistema prisional das províncias ultramarinas, embora este autor não distinguisse entre o internamento de indígenas e não indígenas e considerasse o tempo de internamento correspondente à pena de degredo complementar da prisão celular.

    [2001] O Decreto n. 20.887, de 13.2.1932, mandou cessar o envio de condenados para o ultramar e a reforma prisional de 1936 determinou que a pena de degredo fosse cumprida como

A Jurisdição Penal Ultramarina

Os indígenas podiam cumprir as penas de trabalhos públicos e de trabalho correccional em colónias penais, a pena de trabalho correccional em colónias

prisão maior nos estabelecimentos a esta destinada, reduzindo a sua duração em um terço, com a excepção dos presos de difícil correcção (criticando mais tarde a excepção, Beleza dos Santos, 1951: 67). Por outro lado, a Carta Orgânica do Império de 1933 proibiu a aplicação nas colónias de Angola, Moçambique, Estado da Índia e Timor da pena de degredo para outra colónia e autorizou os governos de São Tomé, Cabo Verde e Guiné a fazer cumprir em Angola as penas de degredo aplicadas naquelas colónias e em Timor as aplicadas na colónia de Macau. Para esse efeito, o Decreto n. 27.067, de 3.10.1936, criou no forte Roçadas um depósito penal destinado a receber todos os condenados em pena de degredo pelos tribunais de Angola, São Tomé, Cabo Verde e Guiné. Contudo, ponderando "os graves inconvenientes resultantes do facto de criminosos de grande perigosidade condenados a degredo pelos tribunais do ultramar deverem cumprir as penas, nos termos do actual § 1 do artigo 208.° da Carta Orgânica do Ultramar, em estabelecimentos prisionais que não oferecem suficientes condições de segurança", o governo modificou esta disposição da Carta pelo Decreto n. 38.720, de 8.4.1952, e admitiu nas províncias de Angola, Moçambique, Estado da Índia e Timor o degredo para qualquer província ultramarina distinta da da condenação por determinação dos governos provinciais e com prévia autorização do ministro do ultramar tratando-se de delinquentes declarados habituais, por tendência ou indisciplinados e ainda de condenados por crimes contra a segurança do Estado. Logo no ano seguinte, a Assembleia Nacional rejeitou esta opção ampla e na alínea III da Base LXIX da Lei Orgânica do Ultramar de 1953 determinou que não fosse mais ordenada nem aplicada a pena de degredo nas províncias ultramarinas, razão pela qual as penas de degredo foram substituídas pelo Decreto n. 39.321, de 17.8.1953, por penas de prisão maior de igual duração menos um terço e, no caso dos indígenas, com alternativa de igual tempo mais um terço de trabalhos públicos. À execução da pena de prisão maior eram aplicáveis os artigos 57 a 72 da reforma prisional, mas os condenados a prisão maior nas províncias de Cabo Verde, Guiné e São Tomé continuaram a cumprir as respectivas penas no depósito penal de Angola. A Lei Orgânica admitia, no entanto, a criação de estabelecimentos penais no ultramar "visando uns maior segregação e intimação, outros mais fácil correcção de criminosos primários ou de tipo exógeno" (III da Base LXIX), admitindo, pois, a solução da reforma prisional de um degredo penitenciário, isto é, do "cumprimento da pena no Ultramar mas em estabelecimento prisional" (Adriano Moreira, 1955 a: 150). A reforma penal de 1954 aboliu definitivamente a pena de degredo, suprimindo-a do elenco das penas e prevendo em seu lugar uma agravação extraordinária das penas quanto aos delinquentes habituais e por tendência (artigo 93 do Código Penal, na redacção do Decreto-Lei n. 39.688, de 5.6.1954). No entanto, subsistia ainda a possibilidade de a pena de prisão aplicada aos criminosos de difícil correção e aos delinquentes políticos se cumprir em colónias penais no ultramar, nos termos dos artigos 136 e 143 da reforma prisional de 1936. O boicote prático que o ministério do ultramar fez à concretização dos poderes do ministro da justiça e do Conselho Superior dos Serviço Criminais para designar os reclusos de difícil correcção e os delinquentes refractários à disciplina que deviam ser internados nas colónias penais do ultramar nos termos do Decreto-Lei n. 38.386, de 8.8.1951, e a experiência do "que se passou com o Tarrafal" deviam conduzir à conclusão, segundo Adriano Moreira, da inconveniência do degredo penitenciário quer no caso da delinquência política quer no caso da delinquência de difícil correcção e justificavam a crítica da opção política compromissória consagrada na Lei Orgânica (Adriano Moreira, 1955 a: 151 a 159). Inversamente, o envio dos delinquentes não indígenas do ultramar para a metrópole justificava-se pela diminuta população prisional não indígena

970   *A Reforma da Justiça Criminal em Portugal e na Europa*

correccionais e a pena de trabalho correccional até três meses em granjas correccionais, quando não fosse possível a transferência do delinquente para uma colónia penal ou correccional.[2002] Os indígenas indisciplinados, que eram apenas os declarados como delinquentes de difícil correcção, vadios ou equiparados na sentença condenatória ou, a requerimento do Ministério Público, em decisão do Tribunal da Relação, deviam ser internados em colónias penais especiais. A pena aplicada aos indígenas indisciplinados não era sujeita a um prolongamento por período indeterminado, mas antes convertida em trabalhos públicos pelo período correspondente acrescida de metade da sua duração, com um limite mínimo fixo de trabalhos públicos por dois anos e oito meses. A tendência clara da reforma penal de 1954 para a restrição do âmbito do direito securitário era, pois, prosseguida e mesmo aprofundada pela reforma prisional do ultramar.

Considerado pelo legislador como "excessivamente cruel para o seu modo de ser e ineficaz como instrumento de reabilitação", o regime celular era suprimido para os indígenas, com a excepção dos casos de castigo ou de estudo do delinquente no começo do internamento, mas sempre com a duração máxima de um mês. A classificação dos delinquentes indígenas não obedecia, contudo, a categorias abstractas, porque, como se reconhecia no preâmbulo do Decreto-Lei n. 39.997, "não o aconselha o estado actual da experiência", procedendo-se apenas a uma separação administrativa empírica dos delinquentes por grupos dentro dos estabelecimentos de modo a evitar uma acção de corrupção mútua.[2003]

---

existente nas províncias ultramarinas, ficando nestas apenas os condenados não indígenas em penas correccionais e podendo os governos provinciais concentrar os seus esforços na população prisional indígena (Adriano Moreira, 1955 a: 164 e 165). A sujeição de não indígenas ao modo de execução das penas para indígenas constituiria uma excepção justificada por a execução das penas dever adaptar-se à personalidade do delinquente e não ao estatuto de direito privado a que estivesse sujeito, permitindo evitar o envio de não indígenas "com um grau rudimentar de civilização" para os estabelecimentos prisionais da metrópole (Adriano Moreira, 1955 a: 168, 184 e 185).

[2002] As penas maiores e as penas correccionais, que tinham sido modificadas pela reforma penal de 1954, eram aplicadas aos réus indígenas de acordo com um critério de substituição fixado no artigo 16 do Estatuto dos Indígenas de 1954. As condutas asociais eram punidas como uma infracção criminal, não com uma medida de segurança, mas com uma pena de prisão fixa de trabalho correccional de dois anos e oito meses, nos termos da parte final do § 2 do artigo 16 do Decreto-Lei n. 39.997. A justificação dada pela doutrina era a da incompreensão pelos indígenas das sanções de duração indeterminada e desligadas da proporcionalidade ao facto (Adriano Moreira, 1955 a: 188 e 193, e José Ney Ferreira e Vasco Soares da Veiga, 1957: 49), razão que também valia, aliás, para o regime da pena aplicável aos delinquentes indisciplinados.

[2003] Os critérios de separação dos delinquentes deviam ser definidos em função da experiência e da observação da administração penitenciária, propondo Adriano Moreira a distinção de um grupo de delinquentes políticos, sujeitos a "absoluta segregação dos outros indígenas", um

A *Jurisdição Penal Ultramarina* 971

Consequentemente, a diferenciação entre os estabelecimentos prisionais também não era determinada em função da aplicação vinculada de categorias abstractas de delinquentes, mas por uma estrita ponderação de ordem pragmática e operacional atinente quer à capacidade de cada estabelecimento quer à proximidade do tribunal de julgamento em relação ao estabelecimento. Com a excepção das colónias penais especiais para delinquentes indígenas perigosos, todos os outros delinquentes indígenas podiam ser colocados em colónias penais, independentemente da pena aplicada, com dispensa das granjas quando a sede do tribunal se encontrasse perto da colónia penal ou correccional e dispensa das colónias correccionais quando as colónias penais pudessem ser "eficientemente utilizadas para o cumprimento de todas as penas", como afirmava inequivocamente o legislador no preâmbulo do Decreto n. 39.997.

As funções que o Decreto n. 26.643 conferiu ao ministro da justiça e ao Conselho Superior dos Serviços Criminais cabiam nas províncias ultramarinas, respectivamente, ao governador e aos conselhos dos serviços criminais, que tinham uma diferente composição consoante se tratasse de uma província de governo geral ou não. A reforma penitenciária foi completada com a criação e regulamentação dos tribunais de execução de penas de Luanda e de Lourenço Marques, através do Decreto-Lei n. 42.383, de 13.7.1959, e da Portaria n. 17.355, de 17.9.1959. Os novos tribunais tinham jurisdição nos respectivos distritos judiciais, funcionando nas províncias ultramarinas não abrangidas nas áreas dos distritos judiciais de Luanda e Lourenço Marques como tribunais de execução de penas os tribunais comuns ou, havendo mais do que um, o tribunal que tivesse a sua sede na capital da província.

2. A inversão radical do legislador na reforma de 1961

Desde meados da década de cinquenta e, sobretudo, a partir do início da década de sessenta a política colonial do Estado português foi fortemente condicionada pela pretensão da União Indiana de integração dos territórios do Estado português da Índia e, posteriormente, pela eclosão das guerras de libertação nacional nas províncias ultramarinas africanas.

Na sequência da ocupação pela União Indiana dos enclaves de Dadrá e de Nagar Aveli em 24.6.1954 e de Goa, Damão e Diu em 17.12.1961, o legislador

---

outro grupo de delinquentes destribalizados, um terceiro grupo de delinquentes que cometessem "crimes justificados pelos usos e costumes, mas não justificados pela lei comum aplicável", e um quatro e último grupo de delinquentes "cujo crime não encontra justificação nem nos usos e costumes, nem na lei comum" (Adriano Moreira, 1955 a: 187).

determinou, pelo artigo 14 do Decreto n. 44.142, de 30.12.1961, que as províncias de Macau e de Timor passavam a fazer parte, para efeitos judiciais, do distrito judicial de Lourenço Marques e ficavam afectas ao respectivo Tribunal da Relação.[2004] Menos de dois meses depois, foi aprovada a Lei n. 2.112, de 17.2.1962, que estabeleceu as bases de administração do Estado da Índia enquanto "estiver subtraído ao exercício pleno e efectivo da soberania portuguesa". Deste modo, os órgãos do governo da província e os serviços de administração provincial passaram a funcionar em Lisboa e os tribunais da comarca e da Relação de Lisboa foram investidos nas competências dos tribunais do Estado da Índia.

Por outro lado, a evolução do debate sobre a questão da descolonização na assembleia geral da ONU e a eclosão do conflito armado em Angola determinaram o abandono definitivo do regime do indigenato nas províncias ultramarinas africanas.

Após a admissão de Portugal nas Nações Unidas, o secretário-geral questionou o Estado português sobre se administrava territórios não autónomos incluídos nos termos do artigo 73 da Carta, tendo o governo respondido, por carta de 6.11.1956, em sentido negativo.[2005] Não obstante, quatro anos depois, a

---

[2004] Antes e depois dos incidentes de Junho de 1954, o presidente do conselho proferiu dois discursos na emissora nacional, um em 12 de abril e outro a 10 de agosto, em que pretendeu demostrar as razões "puramente morais" da manutenção do Estado português da Índia e a falta de fundamentação jurídica da pretensão da União Indiana, para concluir no discurso feito em 30.11.1954 na Assembleia Nacional que "o conflito não pode ser militarmente resolvido", mas que, no caso da Índia fazer a guerra, só restava aos portugueses "bater-se, lutar, não no limite das possibilidades, mas para além do impossível" (Oliveira Salazar, 1959: 186, 268 e 277). A partir de 1957, a questão do anticolonialismo passou a ser vista pelo presidente do conselho como "um dos ventos que dominantemente sopra no mundo", que devia ser travado "por uma linha de integração num Estado unitário", sendo inconvenientes a solução inglesa de concessão de independência às suas colónias, "onde a miscigenação é inexistente e a fixação da população branca bastante escassa", e a solução francesa de construção de um estado federal (Oliveira Salazar, 1959: 424 a 426). Em 1959, o diagnóstico de Salazar da situação política no continente africano tornou-se mais grave ("literalmente a África arde, arde mesmo nas adjacências das fronteiras portuguesas"), rejeitando a emergência de um genuíno movimento de libertação nacional nos territórios africanos e imputando este agravamento da situação à interferência de potências exteriores ("e porque arde a África ? Não pensemos que é por combustão interna, digamos, pela fatalidade de um movimento histórico que arrasta as suas populações para a rebeldia, a subversão, a forçada dispersão e independência; arde porque lhe deitam o fogo de fora", Oliveira Salazar, 1967: 64).

[2005] Esta resposta tinha o significado de que "as províncias portuguesas do Ultramar não tinham vocação para uma independência separada" e de que "o governo português se arroga o exclusivo direito de interpretar e aplicar a sua ordem constitucional, e que neste domínio não admite interferências alheias" (Franco Nogueira, 1985: 423). A doutrina portuguesa de há muito que interpretava o artigo 73 da Carta, por contraposição com o regime de tutela fixado no artigo 76, no

A Jurisdição Penal Ultramarina   973

assembleia geral das Nações Unidas votou a resolução n. 1514, de 14.12.1960, que proclamava o direito de todos os povos à autodeterminação e exigia a independência imediata dos territórios não autónomos e de "outros territórios que não tenham ainda alcançado a independência", e a resolução n. 1542, de 15.12.1960, que considerava as províncias ultramarinas portuguesas como territórios não autónomos em relação aos quais o Estado português devia prestar informações, nos termos do artigo 73 da Carta.

A situação política interna precipitou-se com os ataques às prisões de Luanda em 4.2.1961 e o início dos massacres na região dos Dembos e do Uíje em 15.3.1961.[2006] No dia 9.6.1961, o Conselho de Segurança da ONU votou pela primeira vez uma moção de condenação das "severas medidas de repressão em Angola", que constituíam "uma ameaça à manutenção da paz e segurança internacionais", com os votos favoráveis dos Estados Unidos e da União Soviética e as abstenções da França e do Reino Unido.[2007] Em Setembro desse ano de 1961, o governo concluiu terem desaparecido as razões históricas que justifica-

---

sentido de que a Carta não impunha a independência das colónias como objectivo final necessário da colonização, mas apenas que a potência colonizadora devia encaminhar os territórios não metropolitanos para um regime de "auto-administração" ou de "pleno exercício de direitos políticos", tendo-se esta doutrina mantido até ao final do regime (Marcello Caetano, 1948: 221, Adriano Moreira, 1951: 24 a 26, e 1957: 16, Silva Cunha, 1953: 53, Franco Nogueira, 1970: 99, 100, 231 e 232, e André Gonçalves Pereira, 1971: 332). Por outro lado, também se defendia a não aplicabilidade do artigo 73 a Estados unitários, como Portugal, e a competência exclusiva dos Estados para determinar se tinham territórios sob a alçada do artigo 73 da Carta (Adriano Moreira, 1957: 7 e 27, 1958 a: 92 e 93, e André Gonçalves Pereira, 1971: 321).

[2006] Sobre a repercussão social e militar destes acontecimentos, António Pires Nunes, 1998: 155 a 159, 173 a 197.

[2007] A inflexão da posição dos EUA no Conselho de Segurança verificou-se na reunião de 12.3.1961, de que resultou ainda a rejeição da moção sobre a situação de Angola por só terem sido obtidos cinco votos a favor e a França, o Reino Unido, a China, o Equador e a Turquia se terem abstido. Era o fracasso da "doutrina da neutralidade colaborante". Esta modificação da posição americana foi vivamente criticada pelo presidente do conselho no discurso que proferiu na Assembleia Nacional, em 30.6.1961, por ela revelar uma "contradição essencial da política americana", que consistia no enfraquecimento das potências colonizadoras e no desvio do esforço militar destas potências para África, fazendo perigar o equilíbrio europeu e abrindo o caminho ao domínio da União Soviética sobre a Europa. A tese crítica de Salazar era sintetizada nestes termos: "quando se hostiliza e enfraquece a França ou a Bélgica ou Portugal, por força da política africana, ao mesmo tempo que se atinge a confiança recíproca dos aliados na Europa, diminui-se-lhes também a capacidade. As tropas retiradas para a Argélia não combaterão no Oder ou no Reno" (Oliveira Salazar, 1967: 134 e 325). A salvaguarda da integridade do ultramar português era, pois, intimamente ligada pelo presidente do conselho à manutenção da ameaça de um conflito armado com a URSS na Europa e à possibilidade da ocorrência de uma grave alteração da ordem pública internacional (Adriano Moreira, 1999: 323).

974 *A Reforma da Justiça Criminal em Portugal e na Europa*

ram a introdução de um regime especial de protecção jurídica dos indígenas e, consequentemente, aprovou o Decreto n. 43.893, de 6.9.1961, que procedeu à revogação do último estatuto dos indígenas, confessando que com a sua publicação se pretendia deixar de dar "ocasião aos nossos adversários para sustentarem, com base no restrito conceito de cidadania antes referido, que o povo português estava submetido a duas leis políticas, e por isso dividido em duas classes pràticamente não comunicantes".[2008]

[2008] O relatório dos seis, aprovado pela assembleia geral da ONU no mesmo dia em que o foi a resolução n. 1.514, previa três formas de descolonização dos territórios não autónomos, a independência, a integração e a associação. A primeira e a última destas formas estavam afastadas pelo governo, mas a condição fundamental da integração, que consistia na homogeneidade do estatuto da população do território não autónomo e do da população do Estado independente em que aquele se integrava, também não se verificava, por se manter em vigor o estatuto dos indígenas. A prossecução desta homogeneidade foi um dos motivos da reforma realizada em 1961 (André Gonçalves Pereira, 1971: 334). O ministro do ultramar Adriano Moreira procurou encetar uma nova política ultramarina, a "política de integração", assente na sujeição de todos os portugueses a um mesmo estatuto político, no restabelecimento do funcionamento normal das instituições municipais, no alargamento da aplicação da lei escrita de direito privado e na submissão "de sectores importantíssimos da vida diária" a uma uniformidade jurídica (Adriano Moreira, 1961: 14, 15 e 27). Esta política tinha dois pressupostos fundamentais: o da manutenção de Portugal como uma "Pátria multicontinental" e o de que competia às forças armadas "ganhar tempo para implantar as soluções políticas", que satisfizessem os interesses das populações originárias das províncias ultramarinas. O marco emblemático desta nova política foi, precisamente, a revogação do Estatuto dos Indígenas, que constituiu, "na sua execução, um instrumento discriminatório e negador da igualdade dos homens" (Adriano Moreira, 1976: 43, 44 e 46, e, já anteriormente, André Gonçalves Pereira, 1971: 373, 375 e 376). Aliás, alguns anos antes desta revogação a doutrina já reconhecia o fracasso do regime do indigenato. A quantidade de assimilados em Angola e Moçambique era muito baixa e esse número diminuto ora era explicado pelo "desejo de não perder as vantagens de assistência oficial e de manter a isenção de alguns dos mais pesados encargos dos cidadãos, designadamente em matéria fiscal e militar" (Adriano Moreira, 1956: 46) ora pela interpretação "estreita e errónea" que as autoridades faziam dos requisitos legais da assimilação, "entendendo que só fala português quem se exprime em português vernáculo, que só não pratica os usos e costumes gentílicos quem vive segundo o figurino europeu e que só exerce profissão, comércio ou indústria quem deles auferir largos proventos" (António Preto, 1955: 180). O número dos assimilados não teria correspondência com "o número real dos indivíduos que poderiam considerar-se como tendendo para a assimilação pelo seu teor de vida" (Adriano Moreira, 1956: 48, e já antes, António Preto, 1955: 181). A reforma abolicionista não passou sem crítica. Um balanço muito negativo da mesma foi feito por Silva Cunha, concluindo que "assim se gerou uma situação em que milhões de pessoas ficaram, de facto, sem possibilidade de recorrer à Justiça", pois "os tribunais não tinham possibilidade de satisfazer o enorme acréscimo de trabalho que se verificaria se os antigos indígenas a eles recorressem como recorriam aos antigos tribunais". Embora apodando-a de "demagógica", o autor reconhecia, contudo, "um certo fundamento" à decisão política de abolição "à luz das circunstâncias do momento" (Silva Cunha, 1977: 132 e 133). Perante a oposição interna à evolução encetada desde 1961, o presidente do conselho demitiu o ministro

A Jurisdição Penal Ultramarina 975

Contudo, o Decreto n. 43.897, com a mesma data do anterior, salvaguardou a validade dos usos e costumes locais reguladores de relações jurídicas privadas, constituindo eles um "estatuto pessoal, que deve ser respeitado em qualquer parte do território nacional e cuja aplicação será limitada pelos princípios morais e pelas regras fundamentais e básicas do sistema jurídico português".[2009] Ao invés, em matéria criminal, o diploma determinava a aplicação, sem quaisquer excepções, da lei penal comum a todos os indivíduos, embora declarasse também que o juiz "apreciará sempre as condutas e

do ultramar, invocando mesmo que "não teria força para se manter como Chefe de Governo" se continuasse a apoiar as reformas entretanto realizadas (Adriano Moreira, 1976: 53 e 54, sendo o episódio descrito em termos algo diferentes em Freitas do Amaral, 1995: 74).

[2009] O novo diploma permitia às populações autóctones, como agora eram denominadas, domiciliadas nas regedorias tradicionais a opção pelo direito privado português ou pelo direito tradicional, tendo a opção pelo direito português carácter genérico, incondicional, irrevogável e vinculativo para os descendentes do declarante. O estatuto dos vizinhos das regedorias distinguia-se, contudo, do dos indígenas em dois aspectos fundamentais: a fixação de um critério estritamente territorial e não pessoal, pois eram vizinhos de uma regedoria todos aqueles que tinham domicílio na respectiva área, e a sujeição ao direito público português, permitindo o acesso dos vizinhos ao exercício dos direitos políticos reconhecidos aos demais cidadãos portugueses (Jorge Miranda, 1973: 101, mas muito crítico em relação à indefinição do conceito de vizinho de regedoria, André Gonçalves Pereira, 1971: 381 e 382). Por outro lado, o legislador impunha o direito privado escrito às populações domiciliadas em aglomerados que não constituíssem regedorias e, na falta de lei especial ou que tivesse sido escolhida pelas partes, nas relações entre pessoas que não tivessem o mesmo estatuto pessoal. A "necessidade de encaminhar todas as populações para um tipo normativo de cidadão português" conduziu a um reconhecimento parcial do direito tradicional, constituindo o "desiderato final" a unidade da ordem jurídica por via da adaptação do direito tradicional "por si, e sem violências, às exigências do tempo presente". A "desintegração das regedorias tradicionais sob o impulso da economia moderna" promoveria aquele desiderato (Narana Coissoró, 1966 a: 10 a 12 e 17). Na sequência dos trabalhos já iniciados pelo ministro do ultramar Adriano Moreira, a Lei n. 2.119, de 24.6.1963, alterou a Lei Orgânica do Ultramar, tendo ampliado a participação dos representantes eleitos dos territórios ultramarinos nos órgãos locais, aumentado a competência dos conselhos legislativos e introduzido a representação das províncias ultramarinas nos órgãos consultivos nacionais. À luz da nova Lei Orgânica, os Decretos ns. 45.371, 45.372, 45.373, 45.374 ,45.375, 45.377 e 45.378, todos de 22.11.1963, estabeleceram os novos Estatutos político-administrativos das províncias, respectivamente, de Cabo Verde, Guiné, São Tomé e Príncipe, Angola, Moçambique, Macau e Timor, que admitiam três cidadãos eleitos pelas autoridades das regedorias de entre os seus membros na composição dos conselhos legislativos das respectivas províncias, com excepção de São Tomé e Príncipe e Macau. A política colonial mantinha-se, no entanto, assente na rejeição peremptória de "duas graves confusões – autodeterminação igual a independência; autodeterminação igual a plebiscito" (Oliveira Salazar, 1967: 313). O Decreto n. 45.376, também de 22.11.1963, manteve em vigor o Estatuto do Estado da Índia aprovado pelo Decreto n. 40.216 e, "enquanto o território da província estiver subtraído ao exercício pleno e efectivo da soberania portuguesa", o regime administrativo transitório fixado na Lei n. 2.112.

976 *A Reforma da Justiça Criminal em Portugal e na Europa*

decretará as sanções, considerando a influência que sobre o delinquente e os actos deste exerceram a sua condição social e o estatuto de direito privado" (artigo 10).[2010]

Ainda com a data de 6.9.1961, foi publicado o Decreto-Lei n. 43.898, que introduziu uma profunda reforma nos julgados municipais e de paz.[2011] Esta reforma dos julgados municipais constituía uma decorrência directa da revogação do estatuto especial para os indígenas e visava, por um lado, a abolição da "dis-

---

[2010] Depois da abolição do indigenato e da consequente supressão das penas de trabalhos públicos e trabalho correccional (sobre estas penas e os graves problemas colocados com a aplicação retroactiva da lei nova mais favorável, José Ney Ferreira, 1975: 500 a 510), a reforma prisional ultramarina foi revista ainda pelo ministro Adriano Moreira, que fez publicar o Decreto-Lei n. 44.321, de 2.5.1962. Este diploma previa a execução da pena privativa de liberdade aplicada a arguidos de quaisquer etnias em regime de trabalho penal em colónias penais, correccionais ou granjas correccionais "sempre que o modo de ser individual do delinquentes ou o teor de vida social dominante mostre que se trata do regime mais adequado à sua personalidade". A proibição da reclusão celular, excepto para fins disciplinares ou de estudo e observação do recluso, mantinha-se como a característica essencial deste regime, devendo o julgador no momento da prolação da decisão ou os governadores das províncias ultramarinas ulteriormente ponderar da maior adequação deste regime ao modo de ser do arguido ou recluso. A doutrina mostrou-se reticente em relação ao cumprimento das penas aplicadas aos "não-evoluídos" nos termos da nova reforma prisional, em virtude, designadamente, da falta de estabelecimentos adequados para a sua concretização prática (Francisco José Velozo, 1971 b: 526), tendo sido sugerido que a solução do problema prisional ultramarino devia antes passar por uma reforma penal e processual, que colocasse a reparação do lesado como pena exclusiva para punição de todos os crimes que não fossem graves e reservasse a pena de trabalhos, com ou sem privação de liberdade, para os crimes graves (Francisco José Velozo, 1971 b: 531 e 532).

[2011] A divisão judicial do Estatuto Judiciário Ultramarino foi tacitamente revogada pelo artigo 1 do Decreto-Lei n. 43.898, de 6.9.61 (Ferreira Semedo, 1962: 14). Em Março de 1963, a Câmara Corporativa apresentou uma proposta para que fossem consagradas as bases da divisão administrativa das províncias administrativas, no sentido de "eliminar definitivamente as «circunscrições administrativas», reminiscências do período da ocupação e expressão de uma forma autoritária da administração local comum", embora não tivesse "demasiadas ilusões sobre a possibilidade de estender a vida municipal, de índole colegial e representativa, a todo o território ultramarino" (Parecer n. 9/VIII, pp. 97 a 100). Simultaneamente, a Câmara propôs a extinção das intendências nas circunscrições não urbanizadas em virtude da abolição do indigenato. A Assembleia Nacional seguiu esta proposta, mas manteve as circunscrições administrativas, transitoriamente, "nas regiões onde ainda não tenha sido atingido desenvolvimento económico e social considerado necessário" (base XLVI, n. II, da Lei n. 2.119, de 24.6.1963). Seis anos depois da sua publicação, o Decreto-Lei n. 43.898 foi revogado pelo Decreto n. 48.033, de 11.11.1967. O legislador esclareceu, no entanto, que esta revogação não correspondia a uma alteração da opção política de "implantar um sistema jurídico o mais possível coincidente com o da metrópole", mas apenas a uma tentativa de facilitar "a gradual e sistemática penetração da actividade judicial nas regiões mais afastadas das sedes das comarcas", procedendo-se nele a algumas importantes modificações do estatuto da magistratura municipal.

A *Jurisdição Penal Ultramarina*

tinção dos tribunais em razão das pessoas" e, por outro, a separação do exercício de funções administrativas e judiciais.

Em cada julgado municipal havia um tribunal, que podia ser de primeira ou de segunda classe, exercendo o tribunal de comarca na área da sua sede a jurisdição do julgado municipal. O tribunal de segunda classe era ocupado, por inerência, pelo conservador do registo civil da circunscrição ou concelho ou, na falta deste, pelo administrador do concelho ou circunscrição e tinha competência para julgar os processos de polícia correccional, sumário e de transgressão. A nomeação do funcionário administrativo devia constituir, pois, a excepção, ao invés, do que previa o Estatuto dos Julgados de 1954.[2012] O tribunal municipal de primeira classe era ocupado por um delegado do procurador ou licenciado em direito e tinha competência para julgar todos os crimes a que não coubesse processo de querela. As decisões dos tribunais de primeira e segunda classe eram recorríveis, em apelação, para o juiz de direito e, nas causas julgadas pelo tribunal de primeira classe, ainda deste, em revista, para o Tribunal da Rela-

---

[2012] O ministro do ultramar sintetizou os problemas colocados ao legislador pela reforma dos julgados municipais nestes termos: "O problema que enfrentamos agora, ao reorganizar os julgados, é o de conseguir, sempre que possível, entregar as funções de juiz a um técnico de direito, fazer intervir o representante do Ministério Público e admitir em todos os casos a constituição do mandatário judicial como elemento essencial do direito de defesa" (Adriano Moreira, 1961: 29). A reforma não foi, contudo, bem sucedida. Decorridos dois anos de execução do novo diploma legal, o retrato de "uma certa inadequação do sistema nele estabelecido face às realidades e às necessidades que impiedosamente se nos impõem", feito por José de Albuquerque Sousa (1972: 28), revelava um "mau funcionamento dos tribunais municipais" na província de Moçambique e, designadamente, "exiguidade do movimento processual dos julgados municipais", "processo irregularíssimo, imperfeito", "faltas graves, nomeadamente, quanto à observância das normas legais reguladoras da prisão" e "emprego habitual duma forma simplista de resolução de questões (salvo poucas e quase determinadas excepções), por processo oral sumaríssimo, com desprezo pelos comandos da lei processual". Como causas deste mau funcionamento eram apontadas, entre outras, a "falta de formação jurídica dos juízes municipais" e a "completa falta de preparação dos subdelegados do Procurador da República", o que levou mesmo o desembargador presidente do Tribunal da Relação de Lourenço Marques a concluir que "sob este aspecto (pessoal dos julgados), o novo sistema falhou" (José de Albuquerque Sousa, 1972: 34 e 35). Em 1966, Narana Coissoró constatava que os lugares de juízes privativos dos tribunais municipais de segunda classe ainda eram ocupados pelos administradores. Atendendo a que estes juízes deviam exercer apenas a função judicial, o autor propunha que os juízes privativos dos tribunais municipais de segunda classe fossem escolhidos em comissão de serviço entre os administradores de circunscrição, de modo a que ficassem libertos de outras tarefas (Narana Coissoró, 1966 b: 34). Em 1971, Alfredo Wilensky informava que, na prática, eram ainda os funcionários administrativos os titulares dos julgados municipais de segunda classe, por não terem sido nomeados os conservadores para os concelhos, mas apenas para as sedes das comarcas, sendo certo que nestas o juiz de direito exercia a competência do tribunal municipal (Alfredo Wilensky, 1971: 244). O segundo objectivo da reforma ficou, pois, frustrado.

ção.[2013] O tribunal comarcão podia também avocar quaisquer processos e em qualquer momento de ambos os tribunais municipais.

Em todos os julgados municipais era criado um lugar de subdelegado do procurador da República, pelo que os juízes municipais deixavam de prosseguir os termos da acusação e de organizar os corpos de delito.[2014] A lei aplicável nos julgados era a lei processual comum, admitindo-se a intervenção de advogado em qualquer causa e em qualquer fase processual, sendo a participação das populações autóctones na administração da justiça reduzida à informação sobre os usos e costumes locais, prestada como declarante, quando o juiz entendesse que a informação do administrador concelhio ou de circunscrição não era suficiente e solicitasse a este a indicação de dois indivíduos de reconhecido prestígio que conhecessem as tradições jurídicas locais.

O paradigma judiciário dualista, que na sua tríplice vertente da definição de uma lei substantiva própria e adequada aos usos e costumes das populações locais das províncias ultramarinas, da criação de uma lei processual simples e sumária para o foro indígena e da organização de tribunais especiais já há muito se encontrava em crise, foi finalmente afastado.

No plano da lei substantiva, embora a base XVIII da Lei n. 277 previsse a criação de um direito criminal especial e os Estatutos de 1926 e 1929 determinassem o carácter transitório da assimilação enquanto não fossem publicados os códigos de indigenato e o de 1954 ainda previsse a existência de leis penais especiais, mas já não de códigos, nunca se chegou a concretizar o propósito do legislador.[2015]

[2013] O objectivo de aumentar as garantias processuais e a qualidade da justiça municipal justificou a introdução pelo legislador em 1967 de duas medidas fundamentais, a da nomeação para o cargo de juiz municipal de primeira classe apenas de delegados do procurador e a da atribuição ao Tribunal da Relação de competência para conhecer do recurso interposto de decisão proferida pelo juiz municipal de segunda classe. A competência do juiz de primeira classe para conhecer do recurso interposto de decisão crime proferida pelo juiz municipal de segunda classe, prevista no artigo 58, al. f), do Decreto n. 48.033, de 11.11.1967, constituía um lapso, em que a doutrina reparou, mas que o legislador não rectificou. A menção correcta devia ser feita à decisão cível proferida pelo juiz de segunda classe (Caramona Ribeiro, 1969: 51).

[2014] A atribuição da competência instrutória ao subdelegado conciliava-se com a entrada em vigor do Decreto n. 35.007 no ultramar em 1959. Contudo, nos julgados onde não houvesse subdelegados, o juiz municipal tinha de cumular com as suas funções as de subdelegado (Caramona Ribeiro, 1969: 33 e 99). Na prática, as funções de subdelegado eram exercidas junto dos tribunais de segunda classe, em regra geral, pelos secretários ou adjuntos dos administradores de concelho ou circunscrição, como informava Héctor Wilensky (1971: 246).

[2015] A última e mais completa tentativa doutrinária de elaboração de um Código Penal indígena ficou a dever-se a José Gonçalves Cota. Com base em um estudo etnográfico dos diferentes grupos étnicos da província de Moçambique e na formulação de umas conclusões sobre

Com a ressalva da experiência de dois anos, de 1925 a 1927, da vigência do primeiro Estatuto da província da Guiné, em que se mandou observar os usos e costumes locais na punição dos crimes que não tivessem particular relevância social e política constantes de um catálogo legal, o legislador não conseguiu levar a cabo uma verdadeira especialização da lei penal ultramarina. A execução da lei penal distinguiu-se, afinal, apenas pelas especialidades relativas ao sistema das penas, quer na indicação, com natureza dogmática vaga, de um critério de valoração das condutas dos indígenas no Estatuto de 1954, quer na determinação da espécie da pena e da medida concreta da pena em todos os Estatutos. O regresso em 1961 à tradição liberal da assimilação da lei penal constituiu, pois, a consagração de uma prática que nunca foi abandonada.

Por sua vez, a diferenciação ao nível dos órgãos jurisdicionais de primeira instância, que se concretizou pela criação de tribunais especiais integrando indígenas na sua composição como vogais com voto deliberativo e assento permanente, não perdurou, tendo-se logo em 1929 afastado a prerrogativa do assento permanente dos indígenas no tribunal especial e extinguindo-se estes tribunais em 1954. Desde então e até 1961, os indígenas já só desempenharam o papel de meros assistentes técnicos sobre o direito local, a que o juiz recorria, se assim o entendesse. A incorporação das causas gentílicas na competência comum serviu, pois, para retirar aos vogais indígenas o voto deliberativo no tribunal, que continuou de facto a ser presidido pelos funcionários administrativos dos anteriores

---

o direito criminal consuetudinário (Goncalves Cota, 1944: 141 a 143), o autor apresentou uma primeira versão do projecto de código ao governador da província. Na sequência de um parecer do Tribunal da Relação de Lourenço Marques, o autor apresentou dois anos mais tarde a segunda e última versão do projecto. O projecto previa regras de aplicação da lei penal radicalmente distintas das comuns, orientando-se para uma tutela preventiva da perigosidade do delinquente indígena assente em uma compreensão extremada dos ensinamentos da escola positiva e, designadamente, previa uma regra geral de interpretação das normas do Código nos termos da qual, "tratando-se de delinquente perigoso, procurar-se-á o sentido mais favorável à defesa social" (Gonçalves Cota, 1944: 57) e fixava como fins das penas unicamente a prevenção geral e especial e como elementos de determinação do grau de responsabilidade "a gravidade do facto incriminado" e " o grau de perigo que o criminoso represente para a ordem e segurança social", além do "carácter da mentalidade atrasada da sua raça" (Gonçalves Cota, 1944: 59), praticamente identificando as penas com as medidas de segurança, o que aliás se conjugava com o reconhecimento da possibilidade de uma comissão administrativa determinar a aplicação ou não da pena de prisão decretada judicialmente e de mandar aplicar medidas alternativas não definidas na lei (Gonçalves Cota, 1946: 83). O autor juntou ao relatório e ao projecto um breve estudo sobre a organização judiciária indígena, mas não fez incluir quaisquer normas sobre este assunto no código. O projecto não foi acolhido pelo poder político da província. Com razão, Silva Cunha (1948: 231 a 237, e 1953: 203 e 207) criticou o "grave defeito" do projecto de ter pretendido estabelecer um regime aplicável a todos os grupos étnicos da província de Moçambique e ter dado predomínio quase absoluto ao direito criminal securitário.

980 *A Reforma da Justiça Criminal em Portugal e na Europa*

tribunais indígenas. A supressão dos Tribunais Superiores Privativos dos Indígenas foi ainda mais célere. Em 1961, a jurisdição especial de segunda instância há muito tinha sido abolida, tendo-o sido em 1932 na província de Moçambique, em 1943 na de Angola e em 1954 na da Guiné.

A verdadeira especificidade do foro indígena verificava-se ao nível processual. A diferenciação ao nível das formas de processo correspondeu a uma pulverização inicial dos regimes das várias províncias ultramarinas, que se caracterizavam pela sua rapidez e inquisitoriedade, de acordo, aliás, com as únicas directrizes fixadas pela lei geral ultramarina. Só quando em 1954 se abandonou a opção pela especialização da jurisdição penal, se estabeleceu uma forma de processo única para julgamento das causas gentílicas, também sumária, mas com uma conformação inquisitória ainda mais vincada do que os anteriores regimes particulares de cada província. Foi esta especificidade do processo penal aplicável às causas gentílicas a que ficou irremediavelmente prejudicada pela decisão política de 1961.

Confrontado com a guerra no início da década de sessenta, o governo interveio também no âmbito da jurisdição militar ultramarina, visando três objectivos fundamentais: a reorganização dos tribunais militares, o aumento do âmbito do foro militar e a instauração do regime do artigo 586 do CJM no julgamento dos crimes previstos na legislação penal militar. Em conjugação com a intervenção no foro militar, o governo reforçou ainda a sua capacidade de actuação preventiva através de dois instrumentos, o regime da prisão preventiva aplicável no âmbito da criminalidade política cometida no ultramar e o regime das medidas de segurança aplicável a indivíduos que residissem ou se encontrassem no ultramar.

A reorganização dos tribunais militares começou antes ainda do início da guerra em Angola. Com efeito, considerando o aumento do movimento dos tribunais militares de Angola e de Moçambique "por forma a sobrecarregar extraordinariamente os juízes das comarcas de Luanda e Lourenço Marques", o legislador determinou, pelo Decreto-Lei n. 39.319, de 17.8.1953, que aqueles tribunais passassem a ter juízes auditores privativos e permanentes. O auditor era nomeado pelo ministro do ultramar entre os juízes do ultramar em comissão de serviço judicial por quatro anos. De igual modo, o Decreto-Lei n. 43.882, de 29.8.1961, criou um lugar de juiz auditor privativo do tribunal militar de Goa. Mas foi o Decreto-Lei n. 45.783, de 30.6.1964, que procedeu à reforma da composição dos tribunais militares das províncias ultramarinas, no sentido de uniformizar os regimes da metrópole e do ultramar.

O diploma previa, além do tribunal militar da sede de cada região militar, um na sede de cada um dos comandos territoriais independentes, podendo o tribunal constituir-se em outro lugar. O tribunal era constituído por dois militares e

A Jurisdição Penal Ultramarina   981

um juiz auditor. Os juízes militares podiam ser reconduzidos, por duas vezes, findo o quadrimestre. O juiz auditor era, em regra, o juiz da comarca, salvo em Angola, Moçambique e no Estado da Índia, mantendo-se aí os auditores privativos entretanto criados. Quando o aumento do serviço o justificasse o ministro do exército podia determinar, por Portaria, que todos ou alguns dos cargos fossem exercidos por funcionários privativos, como veio a acontecer na província da Guiné, onde, por força da Portaria n. 22.833, de 17.8.1967, foi instituído "temporariamente" o lugar de juiz auditor privativo no tribunal territorial da Guiné. A acumulação de serviço justificou também que "a título temporário" e "enquanto permanecerem em Angola os efectivos actualmente presentes naquela província ultramarina", tivesse sido criado, pelo Decreto-Lei n. 44.961, de 6.4.1963, um segundo tribunal territorial em Angola, o mesmo acontecendo na província de Moçambique, onde com os mesmos fundamentos foi criado, pelo Decreto-Lei n. 47.940, de 15.9.1967, um segundo tribunal territorial.[2016]

Em complemento da decisão governamental de 30.6.1964, o Decreto-Lei n. 48.340, de 18.4.1968, mandou aplicar a doutrina do Decreto n. 25.460, de 5.6.1935, no ultramar, sendo o juiz militar, o promotor de justiça e o defensor oficioso dos tribunais militares territoriais nomeados pelo ministro do exército, mesmo de entre oficiais não diplomados. Todo o processo de reorganização culminou com a publicação do Decreto-Lei n. 241/70, de 27.5, que conferiu ao STM a faculdade de determinar o desaforamento de qualquer processo pendente em um tribunal militar quando ocorressem "motivos ponderosos", generalizando a providência prevista no Decreto n. 23.530, de 30.1.1934, a todos os tribunais territoriais de fora das províncias ultramarinas e aos tribunais da armada, com excepção dos tribunais das forças navais, fora dos portos do continente e ilhas adjacentes.

O alargamento do âmbito do foro militar foi associado à subordinação funcional de todo o funcionalismo público ultramarino e, em particular, dos membros das forças policiais aos comandos militares. A partir de Maio de 1961, os elementos das polícias, guarda fiscal, guarda rural e outras forças de natureza equivalentes e mesmo quaisquer funcionários do Estado, que prestassem serviço nas províncias ultramarinas e fossem colocados pelo governo da província sob o comando militar passaram a estar sujeitos ao foro militar "para os actos pratica-

---

[2016] O Decreto-Lei n. 45.783 procedeu à revogação do Decreto-Lei n. 12.393, de 27.9.1926, com excepção do artigo 1º, na parte que punha em vigor o CJM no ultramar, e à do Decreto-Lei n. 39.319, de 17.8.1953, mas não contrariou as disposições do Decreto-Lei n. 20.905, de 15.2.1932, que se manteve em vigor (Lopes Moreira, 1965: 132). Assim, a constituição dos tribunais militares no ultramar passou a ser regulada por estes dois diplomas, o de 15.2.1932 e o de 30.6.1964.

dos durante o período em que estiverem sob esse comando" (artigo 1 do Decreto-Lei n. 43.655, de 4.5.1961), com a diferença de que os funcionários do Estado que não pertencessem às forças policiais e equiparadas só respondiam no foro militar pelos crimes previstos na lei militar e os elementos destas forças respondiam nas mesmas condições dos militares.

O processo aplicável no julgamento dos crimes previstos na legislação penal militar foi também modificado. O Decreto n. 45.308, de 15.10.1963, impôs o julgamento "como em tempo de guerra" de todos os crimes previstos na lei penal militar praticados nas províncias ultramarinas "enquanto nelas decorram operações militares ou de polícia destinadas a combater as perturbações ou ameaças dirigidas contra a) a ordem, a segurança e a tranquilidade públicas, b) a integridade do território nacional" (artigo 1), do que resultava aparentemente a aplicação das disposições do CJM fixadas para o tempo de guerra e, designadamente, dos artigos 583 a 597. Contudo, nesse mesmo diploma determinava-se que a organização e a competência dos tribunais militares, bem como a forma do respectivo processo, seriam as dos tribunais militares em tempo de paz "sem deixar de ser aplicável, sempre que as circunstâncias o exijam, o disposto no artigo 586 º do CJM" (artigo 5). A intenção do legislador transparecia na remissão para o disposto no artigo 586 do CJM e na expressão "sempre que as circunstâncias o exijam". O legislador não considerava as províncias ultramarinas em estado de guerra, mas apenas envoltas em um clima de "perturbações" ou ameaças à ordem pública e, portanto, afastava expressamente a aplicação das regras especiais de composição e competência dos tribunais e de processo vigentes em tempo de guerra, determinando a aplicação discricionária da forma de processo prevista no artigo 586 do CJM como solução suficiente para fazer face às referidas perturbações. A aplicação deste regime dependia apenas do juízo da autoridade militar sobre a necessidade de, "para a manutenção da disciplina e segurança das forças em operações", se proceder a um "pronto e exemplar castigo". Deste modo, o legislador de 1963 admitia a aplicação do regime previsto no artigo 586 do CJM no julgamento, não apenas dos crimes nele referidos, mas de todos os crimes previstos na legislação penal militar praticados nas províncias ultramarinas.[2017]

[2017] Esta medida legislativa não era uma novidade do direito português. Com o desenvolvimento da actividade revolucionária da Frente de Libertação Nacional Argelina em meados dos anos cinquenta, o legislador da IV República aprovou os Decretos de 23.4.1955 e de 11 e 14.11.1955, que atribuíram à autoridade militar a faculdade discricionária de determinar o julgamento de certos crimes cometidos na Argélia pelos tribunais militares. Esta faculdade foi depois alargada pelo legislador da V República ao território continental francês pela *ordonnance* de 8.10.1958, em face dos atentados terroristas associados ao movimento rebelde argelino ocorridos no continente. Não obstante o facto de a França não se encontrar juridicamente em guerra, a

A Jurisdição Penal Ultramarina   983

O governo reforçou ainda a sua capacidade de actuação preventiva através do agravamento considerável do regime da prisão preventiva aplicável no âmbito da criminalidade política cometida no ultramar. Assim, o Decreto-Lei n. 43.582, de 4.4.1961, libertou os inspectores adjuntos e inspectores que dirigissem delegações e subdelegações da PIDE no ultramar, os inspectores adjuntos e inspectores do ultramar quando em diligência fora das sedes das respectivas delegações e os subinspectores e chefes de brigada que no ultramar tivessem funções de chefia da obrigação de submeter à apreciação do director as decisões que tivessem tomado em relação à aplicação de medidas de segurança e de prisão preventiva. Acresce que os subinspectores e os chefes de brigada que

---

famosa *ordonnance* n. 60-529, de 4.6.1960, modificou mesmo os artigos 699 e 700 do *Code de Procedure Pénale*, no sentido de fixar a competência dos tribunais militares em tempo de paz para julgar os crimes contra a segurança do Estado e permitir que a autoridade militar determinasse, com o acordo do procurador da República, a competência dos tribunais militares para instruir e julgar processos já pendentes nos tribunais comuns quando "a instrução ou o julgamento do caso é de natureza a provocar revelações prejudiciais à defesa nacional". Contudo, o recurso à jurisdição militar ordinária não se revelou suficiente, em face da absolvição de alguns insurrectos por estes tribunais. Por isso, foram criados dois tribunais criminais excepcionais, o *Haut Tribunal Militaire* e o *Tribunal Militaire Spécial*, pelas decisões presidenciais, respectivamente, de 27.4.1961 e de 3.5.1961, ambas tomadas ao abrigo dos poderes excepcionais previstos no artigo 16 da Constituição. Estes tribunais tinham competência concorrente para julgar, sem recurso no caso do primeiro e com recurso no caso do segundo, os crimes e delitos contra a segurança do Estado e contra a disciplina militar cometidos em relação com os acontecimentos da Argélia e a respectiva composição, que incluía membros civis e militares, dependia do arbítrio do governo. A atribuição de competência a cada um destes tribunais era determinada caso a caso por decreto do ministro da justiça, podendo este até remeter àqueles tribunais causas já pendentes na jurisdição comum. O *Haut Tribunal*, composto por nove membros, era, em regra, escolhido para os casos respeitantes aos chefes da rebelião, e o *Tribunal Militaire*, composto por três câmaras de cinco membros cada uma, era-o para os simples executantes. O decreto ministerial de atribuição de competência tinha não só força jurídica para desencadear a acção penal junto do tribunal especial, mas correspondia efectivamente à *mise en accusation*, competindo ao Ministério Público junto do tribunal especial proceder à citação directa do arguido pelos factos constantes do decreto ministerial, mesmo quando estes constituíssem crimes. Deste modo, os princípios fundamentais do direito francês processual comum e militar da separação entre as funções de desencadeamento da acção penal e de instrução e da confirmação da imputação da prática de crimes por duas instâncias judiciais instrutórias distintas foram abandonados, com a circunstância agravante de o domínio da fase de instrução ter sido retirado ao poder judicial, concluindo por isso a doutrina que o conflito argelino levou o governo francês a "curto-circuitar" o código de 1928 (Robert Charvin, 1968: 394 a 401, e Iga-Iga Eric, 1991: 50 a 52, 64, 67 e 81). Mas também esta solução não satisfez plenamente. Tendo o *Haut Tribunal* proferido uma sentença do desagrado do governo em um processo importante, em que não condenou à morte um dirigente rebelde, o governo aboliu aquele tribunal pela *ordonnance* de 26.5.1962 e criou a *Cour Militaire de Justice*, pela *ordonnance* de 1.6.1962, com a mesma competência daquele tribunal, mas com uma composição exclusivamente militar.

em diligência fora das sedes das delegações e subdelegações no ultramar tinham ainda essa obrigação podiam, com justo impedimento, substituir o prazo de quarenta e oito horas pelo prazo mais curto possível.[2018]

O outro instrumento preventivo utilizado foi o do internamento administrativo dos suspeitos da prática de actos de subversão política. O Decreto--Lei n. 43.600, de 14.4.1961, mandou construir um estabelecimento na ilha de Santo Antão para cumprimento de penas maiores e medidas de segurança aplicadas nas províncias ultramarinas a não indígenas, previstas no artigo 3 da reforma prisional ultramarina de 1954, e previu a possibilidade da instituição em cada província e conforme as necessidades de estabelecimentos provisórios para os fins do capítulo II da reforma prisional ultramarina. Na sequência deste diploma, a Portaria n. 18.539, de 17.6.1961 instituiu em Chão Bom, Cabo Verde, um campo de trabalho.[2019]

[2018] Pouco tempo antes dos acontecimentos em Angola, o ministro da justiça justificou a manutenção do sistema de prevenção e de repressão da criminalidade política com a oposição interna e externa à continuação da política ultramarina ("Se algumas dúvidas subsistissem no nosso espírito sobre o acerto da posição firme desde há muito definida no sistema jurídico nacional perante a organização comunista, que é criminalmente punida como fonte de actividade subversiva, bastaria o insólito mas significativo ataque há poucas semanas lançado em plena Assembleia Geral das Nações Unidas contra a posição dos portugueses em África e as consequências que da diatribe fatalmente advirão no plano interno, para concluirmos que nem deveria ter sido outro o rumo traçado no pretérito, nem outra poderá ser a orientação a manter no futuro ... Bastaria, de facto, a posição «oficial» do comunismo perante o problema do ultramar português – e muitas outras razões poderiam ser extraídas dos métodos de violência preconizados e postos em prática pela organização comunista contra o património material e moral da nação – para mostrar como não pode afrouxar, nos tempos mais próximos, a repressão assegurada pela legislação vigente", Antunes Varela, 1961 a: 7 a 9).

[2019] No mesmo local tinha sido criada pelo Decreto-Lei n. 26.539, de 23.4.1936, uma colónia penal para os presos políticos que devessem cumprir pena de desterro, os presos políticos, que tendo estado internados em outro estabelecimento prisional, se mostrassem refractários à disciplina desse estabelecimento ou elementos perniciosos para os outros reclusos, e, em secção separada, os condenados em penas maiores por crimes praticados com fins políticos sujeitos ao regime prisional comum e ainda para os detidos preventivamente pela prática de crimes previstos no Decreto n. 23.203 quando o governo assim o entendesse. A colónia penal foi entregue ao ministério da justiça pelo Decreto-Lei n. 35.046, de 22.10.1945, e deixou de funcionar como colónia penal para criminosos políticos a partir de 1.1.1954, por despacho do dia anterior do ministro da justiça Manuel Cavaleiro de Ferreira (Portaria n. 14.684, de 31.12.1953). Os presos políticos passaram a aguardar nas prisões privativas da PIDE em prisão preventiva, passando para a cadeia de Peniche depois do trânsito em julgado das respectivas sentenças (Guardado Lopes, 1994: 67). O campo do Tarrafal manteve-se, contudo, como colónia penal para delinquentes comuns de difícil correcção até à abertura da colónia penal de Angola. Com a publicação do Decreto-Lei n. 40.675, de 7.7.1956, foi extinta a colónia penal de Cabo Verde e criada a colónia penal do Bié, na província de Angola, destinada a delinquentes comuns de difícil correcção condenados pelos tribunais

Este campo foi utilizado como local de reclusão, não apenas para indivíduos condenados em penas de prisão nas províncias ultramarinas, mas também para indivíduos sancionados com a medida de segurança de fixação de residência fora da província, prevista no artigo 5 do Decreto n. 23.241, de 21.11.1933, modificado pelo Decreto n. 31.216, de 14.4.1941,[2020] o que mereceu mesmo a censura do Supremo Tribunal de Justiça, por exemplo, nos Acórdãos de 24.11.1971 e de 27.6.1973.[2021]

---

metropolitanos e a não indígenas condenados pelos tribunais das províncias ultramarinas de África em pena de prisão maior ou medidas de segurança privativas da liberdade e ainda aos condenados que o ministro da justiça, com o acordo do ministro do ultramar, entendessem por bem ali internar.

[2020] O Decreto de 21.11.1933 previa a aplicação pelo ministro das colónias ou pelos governadores da medida de segurança de proibição de residência em território colonial de "todos aqueles cuja presença julguem inconveniente à segurança e à ordem pública da respectiva colónia". O artigo 211 da Carta Orgânica do Império Colonial de 1933 previa também a faculdade de o ministro das colónias ou os governadores determinarem a expulsão pelo período máximo de cinco anos ou recusarem a entrada numa colónia a cidadão nacional ou estrangeiro quando a sua presença fosse inconveniente. Considerando estas medidas insuficientes face às "necessidades das circunstâncias presentes", o governo modificou o Decreto n. 23.241, através do Decreto n. 31.216, de 14.4.1941, fazendo acrescer à medida incluída naquele diploma a proibição de residência em qualquer ponto do império, a expulsão da colónia onde o suspeito se encontrasse com fixação de residência noutra colónia e a fixação de residência dentro da colónia onde se encontrasse, sendo as duas primeiras aplicáveis pelo ministro das colónias e a última pelo governador. O despacho do governador era recorrível para o ministro e o deste para o Conselho de Ministros. Estas medidas administrativas não eram novas no direito ultramarino português. Já a Lei Orgânica de Administração Civil das Províncias Ultramarinas aprovada na primeira República, a Lei n. 277, de 15.8.1914, previa a faculdade de o governador recusar a entrada e de ordenar a expulsão por período determinado de nacionais ou estrangeiros que fossem inconvenientes, condenados em penas maiores, vadios, mendigos, alienados ou portadores de doenças de fácil difusão, sendo a expulsão condicionada pelo voto afirmativo do conselho do governo. A ditadura militar manteve esta tradição, determinando as Bases Orgânicas da Administração Colonial, aprovadas pelo Decreto n. 12.421, de 2.10.1926, que podia ser recusada a entrada a nacionais e estrangeiros em qualquer colónia e ordenada a sua expulsão das mesmas quando fosse conveniente, sem concretizar, contudo, o órgão competente para o efeito.

[2021] Neste último acórdão afirmou-se que "se verifica que as pessoas requeridas estão efectivamente presas no Campo de Trabalho de Chão Bom na Ilha de Santiago, Cabo Verde" e que "às mesmas foi aplicada a medida de segurança referida no número segundo do artigo único do Decreto-lei número trinta e um mil duzentos e dezasseis, que não consente a prisão, mas apenas a fixação de residência, o que torna aquela prisão ilegal" (Fernando Abranches-Ferrão e outros, 1974: 31, 32, 105, 108, 120 e 121). A reacção do Supremo Tribunal de Justiça foi bem distinta da do *Conseil d'État*, que, como se viu já, fez uma interpretação extensiva do Decreto de 16.3.1956 e da Lei de 26.7.1957 no sentido de que a faculdade de o ministro do interior fixar residência a qualquer pessoa que fosse condenada pela prática de crimes violentos e contra a segurança do Estado incluía a possibilidade de sujeitar o suspeito a internamento.

986   *A Reforma da Justiça Criminal em Portugal e na Europa*

Em face desta posição reiterada do Supremo Tribunal de Justiça, o governo modificou o regime das medidas de segurança de aplicação administrativa, por um lado, legalizando a reclusão em estabelecimentos fechados e, por outro, fixando um limite máximo para a reclusão. Assim, invocando o propósito de estabelecer "limites à esfera de acção do Governo" e restringir a aplicação de medidas administrativas de segurança aos casos de perigosidade relacionada com a prática de actos contrários à integridade territorial da nação, o governo aprovou o Decreto-Lei n. 239/72, de 18.7. O diploma novo previa apenas a aplicação das medidas de fixação de residência em local determinado e de internamento em colónia agrícola para os autores daqueles actos, sendo a duração destas medidas não superior a três anos, prorrogável por outros três. As medidas eram aplicadas a actos cometidos no ultramar, em processo organizado pela DGS, por proposta desta e por decisão do ministro do ultramar quando implicassem deslocação para fora da província e do governador da província no caso inverso. As medidas podiam ser executadas na província ultramarina em que se encontrasse a pessoa que a ela devia ser submetida, noutra província ou na metrópole.[2022]

A modificação do regime das medidas administrativas de segurança aplicáveis no ultramar revelava, pois, uma natureza compromissória, satisfazendo a necessidade prática e operacional de legalização do confinamento dos suspeitos de subversão política a espaços fechados, mas com respeito pela proibição consagrada pela recente revisão constitucional de medidas de segurança privativas ou restritivas da liberdade pessoal com duração ilimitada ou estabelecidas por períodos indefinidamente prorrogáveis.

A última revisão da Constituição de 1933, aprovada pela Lei n. 3/71, de 16.8, que introduziu os conceitos de região autónoma e de Estado para designar os territórios ultramarinos e consagrou uma descentralização da fun-ção legislativa e um amplo conceito de autonomia político-administrativa,[2023] não teve consequências ao nível da organização do poder judicial de

---

[2022] O governo português não teve, afinal, atitude diferente da do governo francês, ao aprovar a *ordonnance* n. 58-916, de 7.10.1958, que consagrou expressamente a medida do internamento administrativo de "toda a pessoa perigosa para a segurança pública, em razão da ajuda que dê aos rebeldes argelinos", mas com a diferença importante de que em Portugal não era admitido o internamento administrativo por período indeterminado, ao contrário de França.

[2023] "Há renovação. Renovação na continuidade", concluía a Câmara Corporativa na apreciação na generalidade da proposta de lei do governo que esteve na base da revisão constitucional (parecer da Câmara Corporativa n. 22/X, p. 55). Embora sublinhando que esta tinha sido a proposta de revisão que "maior número de inovações de tomo" pretendia consagrar, a Câmara Corporativa não deixava de afirmar que não se tratava de uma "destruição da Constituição plebiscitada em 1933", mas antes de um texto "cuja aprovação deixará intacta a lei fundamental no que ela tem de mais característico e identificante", conclusão que se retirava genericamente do texto da proposta, mas que também valia para a matéria da administração ultramarina. A este propósito, a Câmara salientava que a inscrição na Constituição das normas que davam maior expressão à participação das gentes na definição do direito aplicável nos territórios ultramarinos não constituía uma porta aberta à "ruína da unidade nacional", pois a proposta previa "todo um sistema de frenagem de tendências centrífugas que porventura se gerassem" (parecer citado, pp. 48, 49 e 53). Todo o texto da proposta do governo relativo ao título sobre o ultramar foi redigido por Marcello Caetano (1974: 35) e nele transparecia claramente a doutrina por si já anteriormente defendida ("Já hoje o Estado Português é um Estado regional e já hoje as províncias ultramarinas constituem verdadeiras regiões autónomas, e não meras circunscrições administrativas", in Actas da Câmara Corporativa, n. 61, de 3.12.1970, e Marcello Caetano, 1967 b: 492 e 494, e, depois da revisão constitucional, Marcello Caetano, 1972: 537, mas depois do 25 de Abril o autor falava já em "autonomia progressiva", de modo a preparar os "novos Brasis", pois "A História diz-nos que a vocação dos antigos territórios coloniais é a independência política", Marcello Caetano, 1974: 34 a 38, e 1976: 63 a 65). A compatibilidade do Estado unitário com a descentralização da função legislativa era, aliás, a mais importante questão de direito ultramarino colocada na revisão e na sua resolução em sentido afirmativo empenhou-se a Câmara Corporativa, vincando bem que a falta de autonomia constituinte das províncias ultramarinas as mantinha como regiões autónomas (parecer citado, p. 70). Esta argumentação, conjugada com a da inexistência de um executivo local responsável perante uma assembleia legislativa e de um poder judicial próprio de cada região, valeu ainda para que a Câmara não se opusesse à designação das regiões como Estados "quando o progresso do seu meio social e a complexidade da sua administração" justificassem tal qualificação, sendo certo que essa qualificação era meramente "honorífica" e não "científica" (parecer citado, p. 228). A doutrina divergiu quanto ao sentido da reforma. Fausto Quadros concluiu que, se em 1963 já tinha, "embora muito dissimuladamente", surgido "um certo pendor para o federalismo", a revisão constitucional de 1971 introduzia "alguns laivos do princípio federalista" (Fausto Quadros, 1971: 124). Ao invés, Marques Guedes entendia que não se verificava uma verdadeira descentralização política e legislativa, com meros poderes de tutela dos órgãos nacionais sobre os ultramarinos, mas apenas uma desconcentração, em que aos primeiros ainda estavam reservados poderes hierárquicos de revogação (Marques Guedes, 1973: 18 e 19). Lucas Pires acentuava o propósito do governo de "criar as condições de evolução da política ultramarina e não de uma revolução ainda que paulatina e pacífica da mesma política", prevenindo, contudo, contra o advento de uma "auto-determinação jurídica das regiões" (Lucas Pires, 1971: 9 a 17) e mais tarde criticando severamente a redução da reforma ao reconhecimento de uma "autonomia subjectiva" (Lucas Pires, 1973: vol. XLIX, pp. 185 e 192), que era fruto da pressão internacional (Lucas Pires, 1973: vol. L, p. 116). A reforma constitucional não podia conter o devir histórico, que apontava no sentido de uma solução federalista (Lucas Pires, 1973: vol. L, p. 172), embora conferisse ao governador um espaço de discricionariedade que lhe permitia seguir este devir histórico (Lucas Pires, 1973: vol. L, p. 146). A voz mais crítica foi a de Adriano Moreira. O autor afirmava que "cansados estão os povos de as palavras serem umas e os factos serem outros (...) Todos a falarem em direitos do homem, democracia, liberalização, compartipação, e os factos a desmentirem as palavras, e as palavras a servirem para quaisquer factos. Enquanto isto, as vontades nacionais vão morrendo pelo mundo fora". Por isso, o autor opunha-se ao propósito de eliminar o título VII da Constituição e à introdução das novas expressões de regiões autónomas e de Estados *honoris causa* (Adriano Moreira, 1971: 9 a 11).

cada região autónoma ou Estado e do processo penal nelas aplicável.[2024] Na sequência da revisão constitucional, o legislador procedeu ainda a uma nova revisão da Lei Orgânica do Ultramar, através da Lei n. 5/72, de 23.6, tendo sido concedida a designação de Estado a Angola e Moçambique, por reunirem as condições constitucionais. Relativamente à organização judiciária, manteve-se a previsão da criação de julgados municipais com competência para julgar questões decorrentes da vigência de estatutos especiais de direito privado e a norma programática da extensão ao ultramar do sistema penal e prisional da metrópole.[2025]

Após a revolução de 25.4.1974, o movimento das forças armadas definiu, como princípios a que devia obedecer a política ultramarina, o "reconhecimento de que a solução das guerras no ultramar é política, e não militar", a "criação de condições para um debate franco e aberto, a nível nacional, do problema ultramarino", e o "lançamento dos fundamentos de uma política ultramarina que conduza à paz",[2026] embora na declaração da Junta de Salvação Nacional feita ao país a 26.4.1974 esta se comprometesse a "garantir a sobrevivência da Nação Soberana no seu todo pluricontinental".

A 15.5.1974, a Junta de Salvação Nacional determinou que o governo provisório actuasse "em obediência aos princípios do Programa do Movimento das Forças Armadas", mantendo as "operações defensivas no ultramar destinadas a salvaguardar a vida e os haveres dos residentes de qualquer cor ou credo, enquanto se mostrar necessário", e instituindo "um esquema destinado à consciencialização de todas as populações residentes nos respectivos territórios, para que, mediante um debate livre e franco, possam decidir o seu futuro no respeito pelo princípio da audodeterminação".[2027]

[2024] Parecer da Câmara Corporativa n. 22/X, pp. 73 e 229. A centralização da função jurisdicional foi "uma constante da nossa legislação ultramarina" e nunca sequer este problema foi suscitado a respeito das províncias ultramarinas portuguesas (Fausto de Quadros, 1971: 34 e 102).

[2025] "Quanto ao crime, a sua competência (dos tribunais municipais) não está sujeita a qualquer discriminação em função dos arguidos ou réus", afirmava peremptoriamente a Câmara Corporativa (parecer da Câmara Corporativa n. 39/X, p. 172), concluindo, em jeito de balanço sobre a concretização da norma programática, que "o que se procura e se está obtendo é a gradual e sistemática penetração e integração da actividade judicial, pois só ela dá suficiente garantia de eficiência e de independência em relação aos julgamentos".

[2026] A intenção desta afirmação política, da autoria do general António de Spínola, era a de que o problema ultramarino deveria ser resolvido "em termos de participação colectiva, ficando estabelecido que a última decisão dependeria da vontade expressa das populações dos territórios portugueses, após uma consulta à nação no seu todo geográfico e humano" (António de Spínola, 1978: 252), afirmando-se que esta era também a interpretação objectiva do texto (Manuel Fernandes de Oliveira e outros, 1979: 339 a 341).

[2027] O programa do governo provisório, publicado pelo Decreto-Lei n. 203/74, de 15.5, divergia em certa medida do programa do MFA, quer nos termos utilizados, quer na direcção

Contudo, o Conselho de Estado esclareceu, na Lei Constitucional n. 7/74, de 27.7.1974, o alcance do n. 8 da capítulo B do Programa do Movimento das Forças Armadas portuguesas, decretando que o princípio de que a solução das guerras no ultramar é política e não militar "implica, de acordo com a Carta das Nações Unidas, o reconhecimento por Portugal do direito dos povos à autodeterminação".[2028]

---

da solução propugnada para o problema ultramarino, reflectindo a heterogeneidade das facções representadas naquele governo e o carácter compromissório do próprio programa (Manuel Fernandes de Oliveira e outros, 1979: 342 a 348). Dois meses depois, o governo provisório ainda procedeu à reforma do Conselho Superior Judiciário do Ultramar e do estatuto da magistratura judicial do ultramar, através da publicação do Decreto-Lei n. 311/74, de 9.7, sendo os seus membros eleitos de entre os juízes de segunda instância e por todos os juízes de primeira e segunda instâncias na situação de actividade no quadro e tendo o Conselho competência exclusiva para nomear, colocar, promover, transferir e punir disciplinarmente os juízes. A transferência de magistrados antes do período de inamovibilidade só tinha lugar com anuência do visado ou em virtude de decisão disciplinar. Os magistrados judiciais podiam recusar a colocação em comissão de serviço, com a excepção das que a lei declarasse de serviço judicial, e só podiam ser promovidos por antiguidade, ficando abolido o critério de promoção por mérito. O diploma do governo consagrava, deste modo, todas as exigências da oposição ao anterior regime e, muito particularmente, de Francisco Sá Carneiro, que, aliás, subscreveu o Decreto de 9.7.1974.

[2028] A Lei n. 7/74, teve uma primeira publicação, a 19 de Julho, em que se dizia que a solução política do conflito "implica, de acordo com a Carta das Nações Unidas, o reconhecimento por Portugal do direito à autodeterminação dos povos". Diogo Freitas do Amaral, então conselheiro, justificou a votação da lei nos seguintes termos: "era bem evidente que, nas circunstâncias concretas do Verão de 1974, a obtenção da paz no Ultramar (ou seja, o cessar-fogo) e a busca de uma solução política, não militar, para o problema ultramarino português só eram possíveis se Portugal proclamasse, alto e bom som, que aceitava para os seus territórios ultramarinos «o princípio da auto-determinação, com todas as suas consequências, incluindo a independência»" (Freitas do Amaral, 1995: 219). A opção do Conselho de Estado representou o sucesso da linha "com projecção na composição do Movimento das Forças Armadas" e a derrota da linha de orientação seguida pelo presidente da República, António de Spínola, e pelo primeiro ministro do governo provisório, Adelino da Palma Carlos (Manuel Fernandes de Oliveira e outros, 1982: 6 a 8, e Freitas do Amaral, 1995: 220 a 222). A doutrina entendeu que esta lei foi publicada com base "não já (ou não apenas) na legitimidade revolucionária democrática, mas no estado de necessidade ou numa legitimidade de outra índole" (Jorge Miranda, 1982: 290 e 291). Em conformidade, o Estado português informou as Nações Unidas de que decidiu cooperar com estas no sentido da aplicação das disposições do capítulo XI da Carta e da Resolução n. 1514 da assembleia geral, comprometendo-se a garantir a unidade e integridade de cada território ultramarino e a iniciar negociações com os movimentos de libertação, com a participação de observadores das Nações Unidas. No entanto, por opção da comissão coordenadora do movimento das forças armadas, abandonou-se esta estratégia da cooperação com as Nações Unidas e procedeu-se a negociações directas com os movimentos de libertação (António de Spínola, 1978: 270 e 271). Assim, a 26.8.1974, foi celebrado em Argel um acordo com o Partido Africano para a Independência da Guiné e de Cabo-Verde, em que o Estado português reconheceu o direito destes povos à independência (Diário do Governo, suplemento, I série, de 30.8.1974), ao que se lhe seguiu, a 7.9.1974, em Lusaka, a celebração de um acordo idêntico com a Frente de Libertação de Moçambique

990   *A Reforma da Justiça Criminal em Portugal e na Europa*

Na sequência dos acordos celebrados com os movimentos de libertação, no dia 10.9.1974, o Presidente da República reconheceu formalmente a independência da Guiné,[2029] que já tinha sido proclamada unilateralmente pelo PAIGC em 24.9.1973. A independência de Moçambique foi proclamada em 25.6.1975 e reconhecida pelo Estado português no mesmo dia. De igual modo, a independência de Cabo Verde foi proclamada e reconhecida pelo Estado português no dia 5.7.1975 e a de São Tomé e Príncipe no dia 12.7.1975.

Após a declaração conjunta dos ministros dos negócios estrangeiros português e da União Indiana, feita em Nova Iorque em 24.9.1974, durante a XXIX sessão da assembleia geral das Nações Unidas, nos termos da qual as partes manifestaram a intenção de restabelecer relações diplomáticas, o Conselho de Estado aprovou a Lei Constitucional n. 9/74, de 15.10.1974, que autorizou o presidente da República a celebrar um tratado com a União Indiana com vista ao reconhecimento da soberania da União Indiana sobre Goa, Damão, Diu, Dadrá e Nagar-Aveli. Este tratado foi efectivamente celebrado, em 31.12.1974, em Nova Deli, tendo sido aprovado pelo Decreto n. 206/75, de 5.4.

O Conselho da Revolução, dando-se conta da inexistência de condições "para a fixação por acordo do processo e do calendário da descolonização de Timor", aprovou a Lei n. 7/75, de 17.7, em que reafirmou "o direito do povo de Timor à autodeterminação, com todas as suas consequências, incluindo a aceitação da sua independência", e estabeleceu o processo formal de transferência da soberania para uma assembleia popular representativa do povo do território no terceiro Domingo de Outubro de 1978. Na sequência do fracasso das negociações para a celebração de um acordo entre a UDT e a FRETILIN, iniciou-se uma guerra civil em Timor, tendo a FRETILIN proclamado a independência de Timor a 29.11.1975. Oito dias depois a Indonésia invadiu o território de Timor.

No dia 22.2.1976, Portugal reconhecia formalmente a independência de Angola, que já tinha sido proclamada em 11.11.1975.

A nova Constituição da República consagrou expressamente no seu preâmbulo a legitimidade do processo de descolonização.[2030]

(Diário do Governo, 2º suplemento, I série, de 9.9.1974), a 26.11.1974, de novo em Argel, um outro acordo, com semelhante conteúdo, com o Movimento de Libertação de São Tomé e Príncipe (Diário do Governo, I série, de 21.1.1975), e a 15.1.1975, em Alvor, o último acordo celebrado com a Frente Nacional de Libertação de Angola, o Movimento Popular de Libertação de Angola e a União para a Independência Total de Angola (Diário do Governo, suplemento, I série, de 28.1.1975).

[2029] Diário do Governo, suplemento, I série, de 11.9.1974.

[2030] A questão da juridicidade da descolonização e até da imputação do crime de traição à pátria foi discutida nos tribunais, tendo sido decidida pelo acórdão do Supremo Tribunal de Justiça de 20.1.1982 (in BMJ, n. 313, pp. 202 a 207) precisamente com base no reconhecimento do processo de descolonização pelo legislador constituinte.

TÍTULO 4.º
A Emergência
do Paradigma Judiciário Social

1. O princípio da proporcionalidade das restrições dos direitos fundamentais e a eficiência da acção pública de perseguição criminal

Os problemas fundamentais da reforma do processo penal e, designadamente, a delimitação recíproca dos poderes do juiz e do Ministério Público ao longo e no final da fase instrutória do processo, a necessidade de uma nova conformação da audiência de julgamento, a revisão urgente da duplicação de recursos da decisão sobre a matéria de direito e da sindicância insuficiente da decisão sobre a matéria de facto e o alargamento das formas simplificadas de processo, não encontravam no projecto de 1982 soluções novas concebidas à luz da vertente social do Estado de Direito democrático, consagrado na Constituição da República, agravando-se a situação de confusão do direito vigente de dia para dia.[2031]

Só com a aprovação do novo Código de Processo Penal, pelo Decreto-Lei n. 78/87, de 17.2, no uso da autorização conferida pela Lei n. 43/86, de 26.9,[2032] foram concretizados os princípios consubstanciadores da vertente social do Estado de Direito democrático, isto é, o princípio da proporcionalidade das restrições dos direitos fundamentais, o princípio material de igualdade e o princípio da transparência no exercício do poder do Estado. Um novo paradigma judiciário foi deste modo vertido para a lei, potenciando-se os efeitos positivos decorrentes da implantação de cada um destes princípios uns aos outros.

O novo paradigma judiciário perspectiva a eficiência do sistema como condição básica de um exercício da força pública constitucionalmente limitado

---

[2031] A situação de confusão do direito processual penal em meados da década de oitenta representava um "perigo potencial para a salvaguarda dos direitos do homem" (Figueiredo Dias e Anabela Rodrigues, 1986: 530).

[2032] O governo apresentou a proposta de lei n. 21/IV, com vista à concessão de uma autorização legislativa pelo parlamento para que o governo legislasse em matéria de processo penal, juntando-lhe logo o projecto de Código de Processo Penal, que o governo se propunha aprovar (Diário da Assembleia da República, IV Legislatura, 1985-1986, II série, Suplemento ao n. 49). Esta proposta foi discutida e aprovada nas sessões de 17.7.1986 e de 21.7.1986 (Diário da Assembleia da República, IV Legislatura, 1985-1986, I série, n. 98, pp. 3694 a 3723, e n. 99, pp. 3726 a 3741).

994 *A Reforma da Justiça Criminal em Portugal e na Europa*

e proporcional. Uma perseguição criminal ineficiente nos meios de investigação que utiliza e no tempo que dura é desproporcional. Deste modo, a "funcionalidade do sistema de direito penal" (*Funktionstüchtigkeit der Strafrechtspflege*) ganha uma imprescindível dimensão constitucional e converte-se em um dos critérios orientadores da reforma penal.[2033]

Com o propósito de promover a adequação da estrutura do processo a esta obrigação constitucional, o legislador atribuiu a direcção de todo o processo preparatório ao Ministério Público, consagrou a competência móvel do tribunal e a quebra do princípio estrito da legalidade na prossecução da acção pública e introduziu a possibilidade do alargamento do objecto do processo com base no acordo das partes. Ao invés, a preferência pela criação de espaços de consenso no tratamento da pequena criminalidade, manifestada claramente nos regimes da suspensão provisória do processo com injunções e no processo de "ordem penal", relevava já de um programa político ainda mais ambicioso de "desjudiciarização" ou de "diversão judicial" (*judicial diversion*) e não apenas da funcionalização acrescida do sistema.

A perseguição penal pelo Estado de Direito democrático obedece também a um conceito material de igualdade, com directa repercussão no estatuto dos sujeitos processuais. Esta característica distintiva do novo paradigma judiciário social exige a máxima adequação possível da pena à personalidade do arguido, bem como a participação ao mesmo nível do arguido e do ofendido na resolução do conflito e a defesa da privacidade do arguido antes da declaração de culpa por um tribunal. Com o intuito de promover estes objectivos o legislador estabeleceu uma fase autónoma para produção de prova relevante para a determinação da sanção, além da já referida quebra do princípio estrito da legalidade, e incrementou significativamente a observância do princípio da imediação.

A transparência no exercício do poder judicial como instrumento do aperfeiçoamento da imparcialidade do juiz e da socialização da decisão judicial foi, por sua vez, reforçada com três inovações fundamentais: a modificação da es-

---

[2033] Sobre a relevância do princípio do funcionamento eficiente do processo penal decorrente do Estado de Direito, Hans-Joachim Rudolphi, 1976: 169, Hans-Ludwig Schreiber, 1979: 21 e 22, Heinz Gössel, 1982: 26 e 27, Peter Riess, 1983 a: 559, Jürgen Wolter, 1991: 21 e 33, e Albin Eser, 1992: 392 e 393, e, entre nós, Figueiredo Dias, 1983 a: 205 e 206, e Frederico Isasca, 1994: 371 e 372. Nas palavras cristalinas de Schreiber, "o Estado de Direito impõe também com fundamento na Constituição a defesa das suas instituições, um sistema de direito penal funcional. Uma unilateralização somente na direcção da defesa do arguido faria perigar as raízes do Estado de Direito" (*Der Rechtsstaat gebietet aber von Verfassung wegen auch den Schutz seiner Institutionen, auch einer funktionstüchtigen Strafrechtspflege. Eine Vereinseitigung nur in Richtung auf den Schutz des Beschuldigten würde den Rechtsstaat an der Wurzel gefährden*, Hans-Ludwig Schreiber, 1979: 21).

A Emergência do Paradigma Social 995

trutura da produção da prova na audiência de julgamento, o controlo efectivo da decisão sobre a matéria de facto e a participação conjunta dos juízes populares e dos juízes togados na definição da culpa e da sanção.

A concepção do legislador português sobre a estrutura da fase preparatória foi influenciada pela primeira lei de reforma do processo penal alemã, a *Erstes Gesetz zur Reform des Strafverfahrensrechts*, de 9.12.1974, que consagrou a ideia introduzida no direito alemão logo em 1921, como já se viu, de atribuição da direcção de todo o processo preparatório ao Ministério Público, conferindo ao "juiz de instrução" (*Untersuchungsrichter*) o papel restrito de "juiz de averiguações" (*Ermittlungsrichter*), isto é, de um magistrado que procede a actos de instrução em situações de emergência, mas cuja tarefa essencial é a de controlar os actos do Ministério Público que contendam directamente com direitos e liberdades do arguido.[2034] Na fase processual do inquérito toda a actividade de

---

[2034] A fase de instrução judicial, que já na "pequena reforma" alemã de 1964 tinha sido restringida nos processos julgados no *Schöffengericht* aos casos em que existissem razões ponderosas que justificassem essa instrução (*lehnt der Amtsrichter den Antrag ab, wenn erhebliche Gründe für die Anordnung der Voruntersuchung nicht vorliegen*, § 201 (2), na redacção do artigo 7, n. 3, da *Gesetz zur Änderung der StPO*, de 19.12.1964), foi definitivamente suprimida dez anos depois, tendo razões económicas e de eficiência motivado o legislador alemão. O legislador constatou que a instrução judicial se restringia, na maioria dos casos, ao interrogatório do arguido e à repetição de algumas diligências de prova já realizadas pelo Ministério Público ou pela polícia, pelo que o poder instrutório efectivo se tinha concentrado nestes, dispondo o Ministério Público e mesmo a polícia de uma competência fáctica sobre a competência judicial (*Wer als erster zuständig ist, hat damit eine faktische Kompetenzkompetenz*, Gerard Grünwald, 1974: 30 a 33, Karl Peters, 1975: 98 e 99, Peter Riess, 1977: 69 e 71, e Michael Heghmanns, 1991: 50 e 51, mas contra Werner Schmid, 1967: 180 a 186, 240 e 241, e Hans-Joachim Rudolphi, 1976: 167 e 168). As insuficiências da instrução judicial eram ainda mais notórias nos "processos-monstros", em que toda a investigação era conduzida pelo Ministério Público e a intervenção do juiz resultava em uma perda de tempo e de eficácia (Joachim Herrmann, 1973: 268, 269 e 274). Do mesmo modo, a instrução obrigatória nos processos por crimes mais graves foi considerada pelo legislador português, no preâmbulo do novo código, como um dos principais estrangulamentos e desvios registados na praxis dos nossos tribunais e responsáveis pela frustração de uma justiça tempestiva e eficiente. Na Alemanha esta inovação correspondia, como se viu, a uma pretensão antiga da doutrina reiteradamente formulada desde o final do século XIX e renovada depois da segunda guerra mundial (Heinrich Henkel, 1953: 345 e 346, Max Hirschberg, 1960: 100 a 103, Hans-Heinrich Jescheck, 1970: 204, Max Kohlhaas, 1971: 33 e 34). Em França, já tinha sido proposta uma reforma da instrução preparatória semelhante, primeiro por René Garraud (1912: 5) e, posteriormente, no projecto de novo código elaborado pela comissão chefiada por Donnedieu de Vabres, que, no entanto, não vingou (Donnedieu de Vabres, 1949: 434 e 435, 442 a 451). Em Itália, o *Progetto Preliminare* de 1978 limitava o período da fase pré-processual das investigações preliminares do Ministério Público a trinta dias, prevendo a abertura de uma fase processual de instrução, conduzida por um juiz de instrução, nos casos em que tivesse sido impossível proceder a juízo imediato ou proferir decisão de arquivamento naquele primeiro período. Esta fase, que tinha já verdadeira

A Reforma da Justiça Criminal em Portugal e na Europa

investigação fica sujeita ao regime das garantias próprias do processo penal, de modo que podem ser conferidos ao Ministério Público e aos órgãos de polícia criminal poderes de natureza coactiva relativamente à conservação e aquisição da prova, bem como um conjunto amplo de medidas cautelares e de polícia, encontrando-se o exercício daqueles poderes estritamente ligado à sua função cautelar da prova e, por essa via, ao fim último da sua integração no processo penal.[2035] O fulcro do processo penal passa a ser o processo preparatório, de tal modo que a doutrina fala de um "princípio da reforma global centrada no processo investigatório" (*Ermittlungsverfahrenszentrierter Gesamtreformansatz*), e o juiz de instrução transforma-se em um verdadeiro bastião defensor do princípio constitucional da proporcionalidade.[2036]

O reforço dos "direitos de participação" (*Teilhaberechte*) do arguido e do seu defensor no processo preparatório, que resulta de uma rigorosa definição do estatuto processual do arguido, do seu modo de aquisição e do sancionamento da omissão ou violação das formalidades da constituição do suspeito como arguido, não chega, contudo, a transformar-se na exigência de uma "audiência pré-final" (*Vorschlussgehör*), confiando-se tão-somente ao Ministério Público a faculdade de o interrogar e de lhe dar a conhecer o conteúdo dos elementos de prova na pendência do inquérito quando fosse conveniente ao esclarecimento da

---

natureza jurisdicional, podia durar dez a treze meses. Destarte, o *Progetto* ficou "em certo sentido prisioneiro dos dois modelos de instrução tipícos do sistema vigente" (*in certo senso prigioneira dei due modelli di istruzoni tipici del sistema vigente*), revelando esta escolha uma "cultura claramente desfavorável ao Ministério Público" (*una cultura nettamente sfavorevole ao pubblico ministero*) e uma estrutura processual "desequilibrada a favor do modelo da velha instrução formal" (*sbilanciato a favore del modello della vecchia istruzione formale*, Vittorio Grevi e Neppi Modona, 1989: 111).

[2035] Na exposição de motivos da proposta de lei n. 21/IV, que o governo apresentou à Assembleia da República, justificava-se esta opção deste modo: "Assume-se o inquérito como a forma futuramente usual de preparação dos processos, com uma valia probatória homóloga à dos autos de instrução judicializada e, por isso mesmo, dotado da plenitude de meios adequados à reconstituição dos factos a sustentar na acusação" (Diário da Assembleia da República, IV Legislatura, 1985-1986, II série, suplemento ao n. 49, p. 1808 (3). Esta doutrina correspondia, como se disse já, a um desenvolvimento da tese defendida desde 1971 por Figueiredo Dias (1988 a: 7 e 8).

[2036] A formulação é de Jürgen Wolter (1991: 34 e 35) e foi retomada por Thomas Weigend (1992: 504), mas a ideia da centralidade da fase preparatória do processo penal tem vindo a ser afirmada depois da segunda guerra mundial, em particular, por Karl Peters (1967: 15 e 16, e 1975: 99), como se verá melhor adiante a propósito da investigação deste autor sobre o erro judiciário. Depois da reforma do direito alemão, português e italiano, a doutrina identificava já no início dos anos noventa a transformação do tradicional *juge d' instruction* em um *juge de l' instruction* com funções estritas de *juge des libertés* e a atribuição da direcção do processo preparatório ao Ministério Público como duas das principais tendências da reforma do processo penal na Europa continental (Thomas Weigend, 1992: 490 e 491).

A *Emergência do Paradigma Social* 997

verdade, mas garantindo-se o acesso do arguido às declarações por si prestadas, a requerimentos por si apresentados e a diligências de prova ou incidentes a que pudesse ou em que devesse intervir.[2037]

A conformação do processo preparatório nestes moldes adequa-se integralmente às exigências constitucionais, quer em face da nova caracterização do Ministério Público como uma magistratura autónoma, que não está subordinada, orgânica e funcionalmente, a qualquer poder[2038] e exerce funções judiciárias, mas não pertencentes ao poder judicial, em sentido estrito,[2039] quer em face da

---

[2037] A proposta da doutrina alemã de consagração de uma "audiência pré-final" do arguido, que já tinha sido consagrada no direito militar português, tinha em conta que o incidente da "audiência final" após a conclusão do processo preparatório (*Schlussgehör*, § 169 b da StPO, na redacção do artigo 2, n. 1, da *Gesetz zur Änderung der StPO*, de 19.12.1964) ou mesmo o aumento dos direitos de participação no "processo intermédio" (*Zwischenverfahren*) já eram tardios, devendo permitir-se a realização de um verdadeiro diálogo jurídico entre o acusador e o arguido no processo preparatório de modo a que o arguido pudesse influenciar o acusador antes da decisão de dedução da acusação (Theodor Kleinknecht, 1965: 153 e 154). O legislador alemão, ao invés, ponderou que as inovações introduzidas em 1964 não tinham vingado na prática (Joachim Herrmann, 1973: 275, Hans Ludwig Schreiber, 1979: 21, Klaus Sessar, 1980: 711, Peter Riess, 1983 a: 540, e Michael Heghmanns, 1991: 49 e 50) e abandonou-as em 1974, voltando ao direito anterior a 1964, isto é, não havia de *lege lata* qualquer obrigação de o Ministério público ouvir o arguido no final do processo preparatório. A doutrina censurou a opção por ela ter representado uma cedência à oposição tácita do Ministério Público àquelas inovações de 1964 (Gerard Grünwald, 1974: 43 e 47, Hinrich Rüping, 1976: 201 e 202, Bernd Kuckuck, 1977: 246, e Karl Peters, 1985: 171), defendendo mesmo recentemente a reposição desta fase (Jürgen Wolter, 1991: 91, e Hartmut Loritz, 1996: 144, 145 e 147).

[2038] Rui Pinheiro e Artur Maurício, 1976: 69 e 70, Cunha Rodrigues, 1977: 71 a 74, e 1984: 19 e 21, e Arala Chaves, 1980: 90 e 91. A opção constitucional assenta na consideração de que, envolvendo todas as decisões sempre uma certa margem de discricionariedade, a independência nunca está garantida quando, por via hierárquica, o ministro da justiça pudesse interferir em processos penais concretos. A única limitação ao estatuto de autonomia do Ministério Público era a resultante do critério de dependência política de nomeação do procurador-geral da República, que no âmbito do direito penal se encontrava sujeito a instruções de ordem genérica do ministro da justiça, tendo por isso a tarefa de converter em factores judiciários as decisões políticas (Cunha Rodrigues, 1984: 25, e 1995: 20 e 26, Figueiredo Dias, 1981: 94, e Figueiredo Dias e Anabela Rodrigues, 1986: 540, mas considerando esta faculdade, aliás, já suprimida pela Lei n. 23/92, de 20.8, como atentatória da autonomia do Ministério Público, Rui Pereira, 1994: 77).

[2039] Figueiredo Dias, 1988 a: 26. A actividade do Ministério Público no processo penal não pode dizer-se puramente «administrativa», mas também não é reconduzível à função judicial em sentido estrito, sendo antes uma actividade que participa directamente da intencionalidade da realização do direito, sem contudo se traduzir em uma decisão definitiva de conflitos jurídicos concretos, o que se conjuga com o facto de o Ministério Público não dispor de uma independência análoga à dos juízes (Figueiredo Dias, 1973: 173 a 175, Damião da Cunha, 1993: 94 a 96, e José Gonçalves da Costa, 1998: 204). A crítica radical de que a objectividade do Ministério Público seria uma "ficção pura", por ele se encontrar limitado por um intrínseco "comprometimento profis-

998   *A Reforma da Justiça Criminal em Portugal e na Europa*

recondução do juiz de instrução à sua dignidade constitucional consistente na prática de actos materialmente judiciais e não de actos materialmente policiais.[2040]

Com a garantia da possibilidade de o arguido ou o assistente solicitarem uma audiência oral e contraditória para comprovação da decisão do Ministério Público, à imagem da audiência preliminar do direito norte-americano,[2041] fica não só sanada a lacuna de um "processo para compelir a acusação" (*Klage-erzwingungsverfahren*) verificada no modelo judiciário português introduzido em 1945 como se resolve o problema, que permanece sem solução no direito alemão desde 1950, da falta de imparcialidade do juiz que profere a decisão de abertura da fase de julgamento no final do "processo intermédio" (*Zwischenverfahren*).[2042] A solução do legislador português salvaguarda perfeitamente a im-

---

sional" (*Berufsbefangenheit*, Max Hirschberg, 1960: 100), foi, pois,, desvalorizada pelo legislador. A nova crítica dirigida ao modelo consagrado é a da "policialização" da instrução e do próprio processo penal em virtude da incapacidade do Ministério Público para controlar efectivamente o inquérito (Blankenburg e outros, 1978: 90 a 95, Karl Heinz Gössel, 1980: 347 a 354, Heinrich Rüping, 1983: 905, 909, 912 a 916, Gerhard Riehle, 1985: 298 a 304, 354 e 355, 377 a 382, Karl Peters, 1985: 182 e 183, e, entre nós, António Barreiros, 1981 c: 525, Souto Moura, 1988: 105 a 107, Damião da Cunha, 1993: 210, 284 e 291, Faria Costa, 1994: 244 e 245, Cláudia Cruz Santos, 2001: 243 a 245, 251, 257 e 258, e Jorge Gaspar, 2001: 40 a 42), tendo o debate doutrinário em torno da conveniência da consagração legal desta "policialização da instrução" atingido um ponto de grande intensidade no sexagésimo *Deutschen Juristentag*, que teve lugar em 1994. A assembleia do *Deutschen Juristentag* rejeitou a inovação proposta na tese décima de Georg Linden (ponto 10.1 e 10.2 das conclusões), que visava precisamente o reforço dos poderes instrutórios da polícia, e votou antes no sentido de uma reforma do processo instrutório de acordo com as teses sétima e décima de Egon Müller, isto é, no sentido do aumento dos direitos de participação do arguido no processo preparatório de modo a permitir o aproveitamento da prova na audiência de julgamento (ponto 9, 11 e 12.1 das conclusões, in Ständigen Deputation des Deutschen Juristentages, 1994: 57, 83 e 88).

[2040] O sinal de modernização de um sistema processual penal não está, por isso, na exigência de que seja um juiz o senhor da fase preparatória, mas antes no grau de independência efectiva do Ministério Público no exercício da sua função acusatória (Figueiredo Dias, 1983 a: 229 e 230, 1987 a: 17, e 1988 a: 23, Figueiredo Dias e Maria Antunes, 1990: 738, e Costa Andrade, na sua intervenção na Assembleia da República na sessão de 17.7.1986, in Diário da Assembleia da República, IV Legislatura, 1985-1986, I série, n. 98, p. 3713). Também na Alemanha se invocou a desconformidade entre os poderes instrutórios do juiz e a "imagem do juiz da Lei Fundamental" (*Richterbild des Grundgesetzes*) para propor a abolição da instrução judicial prévia (Joachim Herrmann, 1973: 274).

[2041] Figueiredo Dias, 1983 a: 225 a 227, e Costa Andrade, na sua intervenção na sessão plenária da Assembleia da República, de 17.7.1986 (Diário da Assembleia da República, IV Legislatura, 1985-1986, I série, n. 98, p. 3713).

[2042] A *Vereinheitlichungsgesetz*, de 12.9.1950, determinou o regresso à versão inicial da StPO, abolindo, contudo, o impedimento da participação na audiência de julgamento do relator do

parcialidade do juiz de julgamento que, em circunstância alguma, tem de proferir uma decisão preliminar sobre a existência de indícios suficientes da prática

---

despacho de recebimento da acusação. Na sequência da crítica de parte da doutrina à obrigatoriedade de uma pronúncia positiva sobre os indícios de culpa do arguido (Wilhelm Sauer, 1951: 108 a 111, Heinrich Henkel, 1953: 364, e Eberhardt Schmidt, 1964: 106 e 107, 161, 245 e 249), a pequena reforma de 1964 ensaiou uma tentativa "meramente óptica" de solução do problema (Eberhard Schmidt, 1969: 1143, e, de novo, Arbeitskreis, 1985: 39), consagrando no § 207 da StPO que "na decisão, através da qual a fase de julgamento é aberta, o tribunal admite a acusação para a audiência de julgamento" (*In dem Beschluss, durch den das Hauptverfahren eröffnet wird, lässt das Gericht die Anklage zur Hauptverhandlung zu*, artigo 7, n. 5, da *Gesetz zur Änderung der StPO und des GVG*, de 19.12.1964), do que resultava afinal apenas uma modificação terminológica da letra da lei, sem reflexo em relação à questão de fundo da imparcialidade do juiz de julgamento. No entanto, o conhecimento do processo preparatório pelo juiz presidente e pelo juiz relator tem sido considerado pela doutrina maioritária como um imperativo em face do dever de descoberta da verdade que impende sobre os mesmos e, particularmente, do dever de direcção da audiência e de condução da produção da prova, que vincula o presidente (Karl Peters, 1972: 223, Gerard Grünwald, 1974: 48, 49 e 89, Bernd Kuckuck, 1977: 102 e 103, Klaus Marxen, 1984 a: 394 a 396, Gerhard Riehle, 1985: 389 e 390, Thomas Weigend, 1988: 738, 739 e 756, Joachim Hermann, 1988: 66 e 67, 72 e 73, e Gerd Pfeifer, 1999: 31), invocando-se mesmo que a função de controlo judicial da acusação não deve ser subestimada, porque a mera existência deste filtro leva o Ministério Público a não acusar quando a prova é fraca (Peter Riess, 1980: 210, 1987 a: 7 e 1987 b: 979, e Walter Perron, 1995: 151, 152, 299, 300 e 304), porque o juiz de julgamento propenderá mais do que um juiz distinto do de julgamento para a rejeição ou redução da acusação (Ulrich Eisenberg, 1999: 279, e Meyer-Gossner, 2000: 347) e ainda porque o juiz de julgamento pode corrigir logo a qualificação jurídica dos factos, evitando o recurso à comunicação prevista no § 265 da StPO durante a audiência de julgamento e permitindo melhores possibilidades de defesa (Peter Riess, 1987 a: 5 e 8). Por outro lado, a manutenção de um terceiro juiz togado e dos juízes leigos, além do relator e do presidente que conhecem os resultados da investigação anterior, é vista como uma garantia essencial de que o processo preparatório não determina a decisão, pois a maioria dos membros do tribunal formula a sua convicção com base apenas na prova da audiência (Vereinigung Berliner Strafverteidiger e outros, 1991: 54 e 55). Os críticos recorrem aos ensinamentos da psicologia cognitiva para atacar esta argumentação. Com fundamento nos princípios da "redundância" e da "dissonância cognitiva", a doutrina aceita como um dado científico a influência psicológica da ocupação prévia do juiz na condução ulterior dos autos (Bernd Schünemann, 1978: 170 a 172, Jochen Haisch, 1979: 161, Klaus Sessar, 1980: 702, Hansgeorg Frohn, 1989: 72 e 73, e Walter Perron, 1995: 148 e 149). O efeito nocivo desta influência é ainda agravado pelo facto de que a prova produzida no "processo intermédio" não está sujeita aos princípios da "prova rigorosa" (*Strengbeweis*), pelo que os magistrados togados que compõem o tribunal de julgamento podem formar a sua convicção para prolação deste despacho inicial com base em meios de prova, recolhidos pelo tribunal ou apresentados pelas partes sem as limitações legais válidas para a prova produzida em audiência de julgamento. Na prática, o "processo intermédio" decorre, em regra, integralmente na forma escrita com base apenas na prova já produzida nos autos (Gerd Pfeiffer e Thomas Fischer, 1995: 521 a 524, 591 e 592, e Ulrich Eisenberg, 1999: 279 e 280). As alternativas apresentadas pelos críticos são múltiplas: desde a existência de um juiz competente para a prolação do despacho de abertura da fase de julgamento distinto do juiz de julgamento (Benno

1000   *A Reforma da Justiça Criminal em Portugal e na Europa*

de um crime pelo arguido.[2043] Por outro lado, a recorribilidade das decisões finais da instrução que não confirmem, no todo ou em parte, os factos constantes da acusação pública ou que confirmem o despacho de arquivamento do Ministério Público e de todas as decisões que confirmem ou não os factos constantes da acusação particular do assistente asseguram uma defesa dos pontos de vista do arguido e do ofendido mais ampla do que a da lei alemã.

A segunda inovação fundamental introduzida pelo legislador português com vista a uma eficiência plena da acção pública de perseguição criminal foi a da determinação concreta da competência do tribunal pelo Ministério Público, introduzida no direito germânico em 1924, como já se viu, e que a *Vereinheitlichungsgesetz*, de 12.9.1950, manteve.[2044]

Ziegler, 1961: 18 a 21, 38 a 43, Hans Dahs, 1968: 20, Claus Roxin, 1975: 54, 61 e 62, e 1998: 326, Bernd Schünemann, 1978: 172, Heinz Schöch, 1979: 64, Klaus Sessar, 1980: 703, e Hartmut Loritz, 1996: 148 e 151), à sindicância judicial facultativa da acusação quando o arguido a requeresse (Joachim Herrmann, 1973: 276, e Hartmut Loritz, 1996: 144, 145, 148, 151 e 155), à admissão de uma contestação do arguido de modo a colocar o juiz de julgamento diante de duas perspectivas sobre o caso (Bernd Schünemann, 1978: 172 e Klaus Sessar, 1980: 712), à sindicância apenas da irrelevância penal dos factos da acusação ou da notória insuficiência dos meios de prova arrolados (Arbeitskreis, 1985: 8 e 43), à admissibilidade de um recurso interposto pelo arguido contra a decisão de abertura, que devia ser fundamentada sempre que tivessem sido deduzidas excepções à acusação (Michael Heghmanns, 1991: 151 a 155, 169 a 171), ou mesmo à abolição do despacho de recebimento da acusação (Jürgen Wolter, 1985: 83) ou de todo o processo intermédio (Eberhard Schmidt, 1969: 1143 e 1144, e Hans-Heinrich Jescheck, 1970: 204). O debate doutrinário atingiu o seu ponto culminante recentemente no sexagésimo *Deutschen Juristentag*, na sequência das teses defendidas por Karl Heinz Gössel (a sua tese décima), Egon Müller (a sua tese terceira) e Georg Linden (a sua tese décima-primeira). Colocada a questão da reforma e mesmo da abolição do "processo intermédio", a assembleia do *Deutschen Juristentag* rejeitou ambas e votou pela manutenção do direito vigente (ponto 14.3 das conclusões, in Ständigen Deputation des Deutschen Juristentages, 1994: 89).

[2043] A lógica da nova solução legal foi, no entanto, desrespeitada pelo assento do Supremo Tribunal de Justiça n. 4/93, de 17.2.93 (in DR, I Série, de 26.3.93), que interpretou o disposto no artigo 311, n. 2, al. a) do CPP no sentido da admissibilidade da rejeição da acusação pelo tribunal de julgamento com base na manifesta insuficiência de prova indiciária.

[2044] A lei de 1950 repôs em vigor a situação criada pela *Verordnung* de 14.6.1932. O *Bundesverfassungsgericht* tomou posição sobre a questão em duas decisões cruciais, uma de 19.3.1959 (BVerfGE, 9, pp. 223 a 231) e outra de 19.7.1967 (BVerfGE, 22, pp. 254 a 266). Na primeira decisão, o tribunal julgou a disposição do § 24 (1) n. 2 da GVG conforme com o princípio do juiz legal consagrado no artigo 101 (1) 2 da *Grundgesetz* na medida em que este princípio não implicava a determinação exclusiva do juiz pela lei e a conformação da disposição legal permitia evitar "influências alheias aos factos" (*sachfremden Einflüssen vorgebeugt wird*, BVerfGE, 9, p. 227). A interpretação conforme à Constituição da disposição legal conduzia à negação de qualquer discricionariedade do Ministério Público na interpretação do conceito legal indeterminado do "significado especial", devendo esta magistratura acusar no *Landgericht* quando concluísse

A Emergência do Paradigma Social

A solução portuguesa prescindia do critério do "especial significado do caso", utilizado pela lei alemã, consagrando exclusivamente o critério da pena concreta previsível, afigurando-se desse modo mais rigorosa. Em contraposição a este maior rigor do critério imposto ao Ministério Público, o legislador português optou por não submeter o exercício desta faculdade legal a uma sindicância judicial ampla, ao invés da previsão do § 209 StPO modificado pela *Strafverfahrensänderungsgesetz*, de 5.10.1978, precisamente com o fito de afastar as reservas sobre a constitucionalidade da "competência móvel" (*bewegliche Zuständigkeit*).[2045]

A solução inicialmente concebida de fazer depender a determinação do tribunal competente do acordo do Ministério Público, do arguido e do assistente e de conferir ao tribunal a faculdade de remeter os autos ao tribunal colectivo quando obtivesse a convicção fundada de que devia ser aplicada pena superior à da sua competência foi afastada em face da directiva contida no ponto 58 da lei de autorização legislativa, bem distinta da do ponto 55 da proposta do governo,[2046] ponderando-se que, de acordo com aquela directiva, seria preferível que o tribunal "limitasse a sua convicção pelo máximo de medida de sanção que estava na sua competência normal aplicar".[2047]

---

pela verificação deste significado. No segundo acórdão, o *Bundesverfassungsgericht* decidiu que a disposição do § 25 n. 2 c da GVG era conforme ao princípio do juiz legal, porquanto a faculdade conferida ao Ministério Público não era discricionária, mas antes limitada a casos de "pequeno significado", devendo considerar-se este conceito indeterminado implícito na previsão legal (*Sie hat demnach keinen Ermessensspielraum, sondern ist durch den unbestimmten Rechtsbegriff der «Sache von minderer Bedeutung», der in § 25 Nr. 2 c und 3 GVG zwar nicht ausdrücklich erwähnt, aber nach Sinn und zusammenhang in dieser Bestimmung enthalten ist, gebunden*, BVerfGE, 22, p. 261). Não obstante a jurisprudência constitucional, a doutrina foi até 1978 muito crítica em relação às disposições da lei de 1950 (Dietrich Oehler, 1952: 295 a 297, 304 e 305, Karl August Bettermann, 1958: 563 a 565, Eberhard Schmidt, 1957: 563 e 564, 1960: 44 e 45, e 1964: 308 e 309, e Otto Kissel, 1972: 101 a 104).

[2045] Peter Riess, 1987 a: 160, 167 e 168, Meyer-Gossner, 1995: 1378, Karl Schäffer, 1996: 18 e 28, Claus Roxin, 1998: 29 e 30, 327 e 328, e Otto Kissel, 1999: 2158 a 2160.

[2046] O ponto 55 da proposta de lei de autorização legislativa previa "a remessa dos autos para o tribunal colectivo, caso o magistrado de julgamento entenda estar em causa uma medida criminal mais severa do que aquela que ditou provisoriamente a sua competência" (Diário da Assembleia da República, IV Legislatura, 1985-1986, II série, Suplemento ao n. 49, p. 1808 (18), confiando o governo em "uma razoável cooperação entre os participantes processuais, tanto quanto à validade da prognose efectuada em matéria de pena aplicável como quanto à definição dos casos de reenvio" (Diário da Assembleia da República, IV Legislatura, 1985-1986, II série, Suplemento ao n. 49, p. 1808 (4).

[2047] Figueiredo Dias, 1988 a: 20, e Germano Marques da Silva 1990: 272 a 275, que concluem que esta limitação da competência judicial pelo Ministério Público não viola o princípio da reserva da função jurisdicional, pois o condicionamento do tribunal de julgamento decorre da lei

A solução harmonizava-se plenamente com a circunstância de que a modificação de competência operava no direito português sempre no sentido da atribuição de competência a um tribunal singular para julgar um processo que, em princípio, seria da competência do tribunal colectivo e nunca no sentido inverso, como pode ocorrer no direito alemão. A supressão da exigência do acordo dos sujeitos processuais e do controlo judicial a qualquer momento da prognose do Ministério Público em relação à pena eram compensadas pela redução da moldura abstracta da pena e pela possibilidade do controlo total da decisão sobre a matéria de facto proferida pelo tribunal singular. Assim, com a decisão acusatória do Ministério Público diante do juiz singular, o arguido perdia em definitivo a garantia do tribunal colectivo, mas ganhava a sujeição integral da decisão sobre a matéria de facto à sindicância do tribunal superior, além de ver assegurada desde logo uma redução efectiva da moldura da pena aplicável pelo juiz singular. A estas garantias do arguido julgado em tribunal singular acresciam duas vantagens da solução da lei de autorização: por um lado, a exigência do acordo dos sujeitos processuais tornaria a inovação impraticável, pelo que a sua supressão favoreceu a sua praticabilidade, e, por outro, o controlo judicial da prognose do Ministério Público em momento prévio à audiência de julgamento comprometeria seriamente o princípio da acusação, pelo que este princípio saiu reforçado pela supressão daquele controlo.

A ponderação da funcionalidade do sistema penal manifestou-se, não apenas na redefinição dos termos da preparação do exercício da acção pública e da sua introdução em juízo, mas também na própria conformação da audiência de julgamento e dos poderes das partes sobre o objecto do processo durante aquela audiência. Os dois instrumentos fundamentais escolhidos pelo legislador para prosseguir aquele objectivo na fase de audiência de julgamento foram o novo regime dos efeitos jurídico-processuais da confissão do arguido e o do conhecimento dos factos substanciais novos.

A confissão integral e sem reservas dos factos relativos aos pressupostos de punibilidade do arguido permite a passagem de imediato às alegações orais, quando não seja necessária a produção de prova para determinação das

---

e de um juízo objectivo do Ministério Público. Ao invés, pronunciando-se no sentido da inconstitucionalidade da solução legal, Costa Pimenta, 1991: 74 a 77, e António Barreiros, 1997: 75. O Tribunal Constitucional já resolveu a questão no acórdão n. 393/89, de 18.5.89 (DR, II Série, de 14.9.89), embora com votos de vencido de Nunes de Almeida e de Mário de Brito, não se tendo modificado esta jurisprudência depois da alteração da composição do Tribunal (acórdão n. 265/95, de 30.5.95, in DR, II Série, de 19.7.95, embora com o voto de vencido de Maria Fernanda Palma). A solução tem provado bem na prática, sendo muito raros os casos em que o tribunal de julgamento perfilha, finda a produção da prova, entendimento diferente da prognose realizada pelo Ministério Público.

A Emergência do Paradigma Social 1003

sanções, sendo o arguido beneficiado com a redução da taxa de justiça em metade.[2048]

Não obstante o regime de valoração da confissão ser construído com o propósito do incremento da celeridade processual, a confissão só tem relevância jurídica se for feita diante do juiz, na audiência de julgamento e sob o contraditório, de modo que o tribunal e os restantes sujeitos processuais possam controlar o carácter livre das declarações do arguido. Destarte, o legislador visou prevenir a existência, há muito constatada pela doutrina, de uma percentagem significativa de erros judiciários fundados em confissões falsas, derivadas da investigação insuficiente da personalidade do arguido, da não ponderação de mudanças no depoimento do mesmo arguido, da desconsideração de contradições entre factos que não respeitam ao tipo legal e o depoimento do arguido e da omissão da recolha de prova que consubstancie a confissão,[2049] sendo certo que, como também já se verificou, a maioria dos erros judiciários nascem por vícios e omissões do processo preparatório e só raramente são corrigidos na fase de julgamento.[2050] A admissão da relevância jurídica da confissão integral e sem reservas não constitui, no entanto, uma porta aberta à "negociação penal" (*penal bargaining*), não tendo sido acolhida na variante do negócio penal entre o acusador e o arguido, com a sanção do tribunal, nem na variante do negócio penal entre o tribunal e o arguido.[2051] Por conseguinte, o arguido mantém inteiramente o seu direito de não cooperar, sem que à não cooperação esteja associado qualquer prejuízo para a sua posição processual.[2052]

[2048] O legislador português admitiu um sistema análogo ao *guilty plea* na forma de processo comum, como propunha o Anteprojecto de Maia Gonçalves, mas já não permitiu a eliminação da produção da prova relativa à sanção, como também propunha o Anteprojecto de 1982, o que mereceu a crítica de Figueiredo Dias (1983 a: 236).

[2049] Os trabalhos empíricos de Karl Peters sobre o erro judiciário tornaram-se o marco de referência fundamental da doutrina (Karl Peters, 1972: 196 a 213, 226 a 229).

[2050] Karl Peters, 1972: 195, e, em face de outro ordenamento jurídico e mais recentemente, Michèle-Laure Rassat, 1997: 25.

[2051] A posição contida do direito português é, tal como a dos estudos de reforma da doutrina alemã, muito céptica em relação à compatibilidade de soluções amplas com os princípios fundamentais do processo penal continental (Friedrich Dencker e Rainer Hamm, 1988: 127 a 134, Bernd Schünemann, 1990: 168 a 178, Heinz Wagner e Thomas Rönnau, 1990: 398 a 403, Götz Gerlach, 1992: 214, e, sobretudo, as conclusões dos trabalhos do quinquagésimo-oitavo *Deutschen Juristentag*, in Ständigen Deputation des Deutschen Juristentages, 1990: 207 a 215, e dos trabalhos da *Hessische Komission Kriminalpolitik zur Reform des Strafrechts*, in Peter-Alexis Albrecht, 1992: 88).

[2052] Com idêntica conclusão já em face do artigo 344 do projecto do CPP, Faria Costa, 1985: 147.

1004 A Reforma da Justiça Criminal em Portugal e na Europa

A alteração substancial dos factos imputados ao arguido, com base no acordo das partes, constitui outro meio novo de contribuir para a eficiência da administração da justiça penal, introduzido à imagem da *Nachtragsanklage* do direito alemão e da solução do segundo parágrafo do artigo 491 do *Progetto preliminare*. Contudo, este alargamento do objecto do processo só pode dizer respeito aos arguidos que tenham sido acusados ou pronunciados, não prejudicando os arguidos em relação aos quais foi proferido despacho de arquivamento ou de não pronúncia e muito menos pessoas que não foram constituídas como arguidos no processo.[2053]

A ponderação dos factos novos depende do acordo do arguido sempre que esses factos possam ter como efeito a imputação de um crime diverso do da acusação ou o agravamento dos limites máximos das sanções aplicáveis e não implica qualquer pré-juízo do tribunal sobre a indiciação dos factos novos.[2054] Quando os factos novos são autónomos dos da acusação e da pronúncia, o Ministério Público iniciará uma investigação em separado relativamente a eles caso o arguido não tenha dado o seu acordo ao alargamento do objecto do processo, mas se os factos novos forem indissociáveis dos da acusação e da pronúncia o arguido não terá interesse em dar o seu consentimento e o tribunal não poderá conhecer deles.[2055]

[2053] Também assim no direito alemão, Werner Schmid, 1967: 188 e 189.

[2054] Nem antes nem depois do acordo das partes o tribunal tem de formular um juízo de indiciação suficiente em relação aos factos novos, pelo que não há naturalmente qualquer violação do princípio da acusação pela disposição do artigo 359, n. 2 do CPP (também assim Frederico Isasca, 1992: 201, mas contra, sem razão, Marques Ferreira, 1991: 239).

[2055] O problema do destino dos autos em que se verifique uma alteração substancial dos factos que tenham uma relação indissociável com os já constantes da acusação ou da pronúncia não deve ser resolvido com a extinção ou absolvição da instância por força do reconhecimento de uma excepção inominada ou a impossibilidade legal superveniente do processo (Robalo Cordeiro, 1988: 307 e 308, Germano Marques da Silva, 1994 a: 274, e Leones Dantas, 1995: 105 e 106), que são estranhas ao processo penal da modernidade, por contrárias aos princípios da presunção da inocência e do *ne bis in idem* e incompatíveis com os prazos das medidas de coacção. A admissibilidade de um "despacho reconformador da acusação" proferido pelo Ministério Público (Marques Ferreira, 1991: 237), bem como a agravação da pena concreta a aplicar ao arguido dentro da moldura penal correspondente ao objecto do processo delimitado pela acusação ou pela pronúncia (Frederico Isasca, 1992: 207), são ilegítimas *de iure condito*, porque desprovidas de fundamento legal. Inspiradas na solução do direito italiano a tese de Marques Ferreira e na solução clássica do direito militar português a tese de Frederico Isasca, elas só constituem alternativas a ponderar pelo legislador *de iure condendo*. O problema deve encontrar uma solução consentânea com a distribuição da responsabilidade processual pelos diferentes sujeitos processuais. O tribunal deve prosseguir o julgamento sem poder valorar os factos novos intimamente relacionados com os da acusação e da pronúncia, sendo esta omissão de conhecimento imputável ao acusador que não diligenciou por uma instrução cabal dos factos imputados. Só esta solução promove a realização

A Emergência do Paradigma Social 1005

A funcionalidade do processo penal não exige apenas a melhor organização possível da fase preparatória do processo e a simplificação da audiência de julgamento. Ela exige mesmo que se prescinda da audiência de julgamento em certos casos. O programa de "desjudiciarização" corresponde a uma estratégia para contrariar a diminuição da "função de advertência de uma audiência de julgamento" (*Warnfunktion einer Hauptverhandlung*). Assim, quanto maior o número de factos criminosos de pequena gravidade resolvidos sem necessidade da audiência de julgamento, maior é a disponibilidade de capacidades do aparelho judiciário para combater a criminalidade grave. Por outro lado, quanto maior o número de factos criminosos resolvidos fora da audiência de julgamento, mais importante se torna para a comunidade e para os sujeitos processuais a audiência de julgamento em relação aos factos que lhe são submetidos.[2056]

Com a publicação da *Vereinheitlichungsgesetz*, em 1950, o direito alemão regressou à regulamentação das excepções ao princípio da legalidade de 1932, salvo no que respeita às vítimas de extorsão e aos crimes cometidos no estrangeiro. O alargamento do âmbito do princípio da oportunidade depois de 1950 foi de novo motivado pela consideração das necessidades práticas de racionalização da perseguição criminal pelo Estado, desta feita enquadrada no âmbito de um movimento mais amplo que incluiu um processo de descriminalização "declaratório" em certos casos, "aparente" noutros e "real" em outros ainda.[2057]

---

de uma instrução completa e penaliza quem efectivamente deve arcar com a responsabilidade pela insuficiência da instrução do processo. O âmbito de aplicação da norma do artigo 359, n. 2 do CPP fica assim restringido, em termos práticos, aos casos em que os factos novos constituam factos autónomos dos da acusação e da pronúncia, pois só então o Ministério Público poderá iniciar uma investigação separada e o arguido poderá ter interesse em dar o seu acordo ao conhecimento imediato dos factos novos com vista a evitar aquela investigação e a sujeição a um novo período de prisão preventiva, cujos prazos correrão de novo.

[2056] Erhard Blankenburg e outros, 1978: 332 e 333, Günther Kaiser, 1978: 880, Ellen Schlüchter: 1992, p. 56, Jürgen Wolter, 1991: 17, 19 e 20, Wolfgang Schild, 1982: 42.

[2057] Wolfgang Naucke, 1984: 203 a 209, e, já antes, Erhard Blankenburg e outros, 1978: 327 a 329, Günther Kaiser, 1978: 891 a 894, Thomas Weigend, 1978: 30 a 34, Theo Vogler, 1978: 152 a 156, Wolfgang Wohlers, 1994: 250 a 252, e Frauke Stamp, 1998: 267 a 269, e, entre nós, Figueiredo Dias, 1976 a: 85 e 92, Lopes Rocha, 1983 a: 53 a 69, Eduardo Correia, 1983: 14, mas com uma forte advertência contra o princípio da oportunidade, Eduardo Correia, 1985: 355 e 356, e Faria Costa, 1985: 127 a 130, 155 e 156. Os conhecidos ensaios de um grupo de professores de direito penal alemães e suíços relativos à pequena criminalidade contra o património, o *Entwurf eines Gesetzes gegen Ladendiebstahl* (Arbeitskreis Deutscher und Schweizer Strafrechtslehrer, 1974), e à criminalidade no seio da empresa, o *Entwurf eines Gesetzes zur Regelung der Betriebsjustiz* (Arbeitskreis Deutscher und Schweizer Strafrechtslehrer, 1975), distinguiram-se neste âmbito, embora não tenham tido sucesso, soçobrando ante a crítica generalizada (em síntese, Armin Schoreit, 1976: 49 a 54, e Hans Joachim Hirsch, 1980: 239 a 241).

1006   A Reforma da Justiça Criminal em Portugal e na Europa

A introdução do § 153 a pelo artigo 21, n. 44, da *Einführungsgesetz zum Strafgesetzbuch*, de 2.3.1974, que consagrava uma prática anterior dos magistrados do Ministério Público,[2058] foi vivamente criticada por parte da doutrina, pois atribuía poderes jurisdicionais ao Ministério Público, ligava consequências jurídicas a graus de suspeita diminutos, conduzia à "comercialização da jurisdição penal" e à "introdução encapotada do princípio inquisitório" e colocava o arguido sob pressão no sentido de confessar para evitar o prosseguimento dos autos.[2059]

[2058] A nova disposição legal consagrava uma prática anterior do Ministério Público de associação do cumprimento de certos deveres ao arquivamento do processo (Hans-Jürgen Bartsch, 1969: 128 a 130, Ernst-Walter Hanack, 1973: 344 e 345, e Peter Riess, 1977: 71, e 1983 b: 93),

[2059] Arbeitskreis, 1980: 3, 6 a 8. A discussão dogmática em torno desta inovação foi riquíssima e pode considerar-se concluída em favor de uma das partes. Os argumentos referidos no texto e outros foram logo expendidos diante da proposta de modificação da lei e depois dela, com uma inusitada violência verbal (Jürgen Baumann, 1972: 274 e 275, Ernst-Walter Hanack, 1973: 347, Eberhard Schmidhäuser, 1973: 533 a 536, Friedrich Dencker, 1973: 149 e 150, Hans-Joachim Rudolphi, 1976: 168, Rudolf Schmitt, 1977: 641, Hans Joachim Hirsch, 1980: 222 a 236, 250 a 252, e Michael Walter, 1983: 54 a 58, mas a favor da inovação, por vezes com propostas de melhoramento, Gerard Grünwald, 1974: 20 a 22, Karl Peters, 1975: 101 e 102, e 1985: 173, Günther Kaiser, 1978: 902, Peter Hünerfeld, 1978: 920 a 922, Karl-Ludwig Kunz, 1980: 95, Heinz Schöch, 1980: 180 a 182, Andreas Michael, 1981: 118 e 155, Heinz Zipf, 1982: 71 a 74, Joachim Hermann, 1984: 470 a 473, Günter Blau e Einhard Franke, 1984: 498 a 500, e Jürgen Wolter, 1989: 410 a 415, 422 a 425, e, entre nós, pronunciando-se favoravelmente à solução alemã, Costa Andrade, 1983: 206, Faria Costa, 1985: 138, 139, 146 e 147, e Fernando Torrão, 2000: 169 e 170). Por força das razões expendidas no texto, um grupo de trabalho de professores de direito penal alemães e suiços apresentou, em 1980, o *Alternativ-Entwurf, Novelle zur Strafprozessordnung, Strafverfahren mit nichtöffentlicher Hauptverhandlung*, em que se propunha a abolição do § 153 a da StPO alemã e a introdução de uma nova forma de processo acelerado. Esta forma de processo tinha lugar quando o arguido confessasse no essencial os factos imputados (§ 407 da StPO - AE) e a pena concreta devesse ser inferior a um ano de prisão com a execução suspensa ou pena de multa ou, no caso de estas não serem necessárias, quando fosse suficiente uma declaração de culpa com injunções e regras de conduta. A confissão não afastava o dever de objectividade do Ministério Público nem o dever de investigação do juiz, impondo ao primeiro que investigasse no sentido da corroboração da confissão com outros meios de prova e ao segundo que verificasse a correspondência da confissão com os resultados da investigação do Ministério Público (Arbeitskreis, 1980: 20 e 21). A abertura da fase de julgamento dependia da verificação judicial dos pressupostos desta forma de processo e a audiência de julgamento decorria na presença do arguido, sem publicidade e livre das regras do direito probatório válidas no processo ordinário. A possibilidade de afastamento da publicidade no âmbito da criminalidade de média gravidade, sobrando uma percentagem mínima de 6,3% de julgamentos com publicidade obrigatória, suscitou a crítica da doutrina, que também manifestava dúvidas sobre a liberdade da confissão do arguido (Werner Beulke, 1982: 314 e 315, e Peter-Alexis Albrecht e outros, 1992: 85 e 86). O projecto foi objecto do quinquagésimo-quarto *Deutschen Juristentag*, que teve lugar em 1982. O relator convidado,

A *Emergência do Paradigma Social*

Contudo, a estratégia de resolução de conflitos subjacente ao § 153 a da StPO provou ser eficaz,[2060] considerando-a a doutrina um modo de evitar a alternativa entre a condenação e a absolvição.[2061] O legislador português seguiu os passos do alemão, tendo a inovação alcançado nos tribunais portugueses sucesso idêntico ao da prática alemã.[2062]

A solução adoptada pela lei portuguesa caracteriza-se por ter uma natureza idêntica à suspensão da execução da pena, com as vantagens político-criminais

---

Heinz Zipf, e os conferencistas Hans Dahs e Klaus Volk criticaram o projecto com base nos argumentos já referidos, entre outros, e a assembleia rejeitou-o claramente (Zipf, 1982: 75 a 82, e Ständige Deputation des Deutschen Juristentages, 1982: 27, 47, 48 e 163).

[2060] O sucesso da nova disposição processual motivou o legislador a ampliar, na *Gesetz zur Entlastung der Rechtspflege*, de 11.1.1993, o âmbito da disposição do § 153 a da StPO, permitindo a suspensão quando a ela não se oponha a "gravidade da culpa" e não apenas quando a culpa seja "pequena" (criticando este alargamento, Schoreit, 1999: 851).

[2061] Peter Riess, 1983 b: 94 a 99, e 1989: 91 e 92, 95 e 96, na anotação ao § 153 a da StPO, Friedrich Schaffstein, 1985: 940 a 943, Claus Roxin, 1987: 19, e 1998: 89, Jürgen Wolter, 1991: 60, e Vereinigung Berliner Strafverteidiger e outros, 1991: 64 e 65, mas ainda críticos, Friedrich Dencker e Rainer Hamm, 1988: 108 a 112. O ano de 1984 marca um momento decisivo da discussão, pois o *Deutschen Juristentag* realizado nesse ano reconheceu expressamente a conveniência político-criminal do instituto como instrumento de reparação dos danos do ofendido pelo arguido com significado penal autónomo da indemnização civil (conclusões IV.1 e 3. a) e b), in Ständige Deputation des Deutschen Juristentages, 1984: 192). Muito significativa foi também a mudança de opinião do *Arbeitskreis AE* em 1992. O grupo, alargado desta feita a professores de direito penal austríacos, elaborou nesse ano um *Alternativ-Entwurf Wiedergutmachung*, que visava constituir a reparação como o terceiro pilar do sistema das sanções criminais, ao lado das penas e das medidas de segurança. O projecto fundava-se não só nos bons resultados de vários trabalhos de "compensação entre autor e vítima" (*Täter-Opfer-Ausgleich*) realizados desde os meados dos anos oitenta na Alemanha e na Áustria, mas também na prossecução de dois objectivos político-constitucionais, o da realização mais perfeita do princípio da subsidiariedade da pena, de acordo com o qual a assunção de responsabilidade pelo arguido prefere à imposição de uma pena, e o da realização do "princípio social", concedendo ao lesado possibilidades de cooperação na resolução do conflito e de satisfação do seu dano e ao arguido a possibilidade de uma "reintegração activa" (Arbeitskreis, 1992: 31 e 32). No projecto, propunha-se a revogação da ordem de reparação prevista no âmbito do § 153 a (1) 1 e 3 da StPO, por força da introdução do princípio da voluntariedade da reparação. Contudo, a disposição prevista no § 153 a, "do ponto de vista do seu objectivo", já não merecia qualquer crítica aos autores (Arbeitskreis, 1992: 66 e 73).

[2062] Entre nós, a discussão em torno do sentido e dos fins de política criminal do novo instituto de direito processual revela ainda uma incompreensão notória dos mesmos, como se constata nas críticas a ele dirigidas por Costa Pimenta, 1991: 616, Carlota Pizarro de Almeida, 2000: 40 a 42 e 50, e Carlos Adérito Teixeira, 2000: 71 e 84, mas a favor Figueiredo Dias, 1988 a: 26, Costa Andrade, 1988: 344 a 346, Fernando Torrão, 2000: 137 a 144, e Cláudia Cruz Santos, 2001: 232 a 234. As questões levantadas são, como se verá, essencialmente duas: a da delimitação da competência do Ministério Público em face da reserva do poder jurisdicional ao juiz e a da posição processual do arguido.

1008 *A Reforma da Justiça Criminal em Portugal e na Europa*

desta, mas sem o custo social da atribuição pública da culpa penal e, portanto, com a vantagem adicional da manutenção da presunção da inocência.[2063] Por outro lado, o dever do Ministério Público de verificação objectiva dos pressupostos do instituto, que constituía já por si uma garantia contra o arbítrio, viria ainda a ser reforçado pela sindicância judicial daquela apreciação, imposta pelo Tribunal Constitucional.[2064]

[2063] Costa Andrade, 1988: 354, Germano Marques da Silva, 1994 a: 112, e Fernando Torrão, 2000: 237. Não obstante o "afloramento da chamada oportunidade condicionada" no artigo 281 do CPP, o arguido que concorda com as injunções e as regras de conduta mantém a sua qualidade de arguido inocente e, portanto, as referidas injunções e regras de conduta não têm a natu-reza de penas, ao invés do que foi afirmado pelo então conselheiro Vital Moreira no voto vencido junto ao acórdão do Tribunal Constitucional n. 7/87, mas de medidas consensuais da reparação simbólica da possibilidade de uma imputação feita no âmbito de um processo penal (em termos algo semelhantes, falando de um "equivalente funcional de uma pena", Costa Andrade, 1988: 353, Anabela Rodrigues, 1988 a: 75, e Fernando Torrão, 2000: 144).

[2064] O ministro da justiça Mário Raposo justificou deste modo a não intervenção do juiz na solução da proposta do governo: "por um lado, por não se tratar de uma abstenção de acusação em sentido próprio, mas de uma mera suspensão do processo; ora, assim sendo, nem se compreenderá uma retoma da velha querela sobre o controle judicial da abstenção da acusação. Por outro lado, haverá a suficiente componente consensual entre os titulares da acusação e da defesa, estando o primeiro sujeito à disciplina hierárquica e consabidamente eficaz da Procuradoria-Geral da República" (Diário da Assembleia da República, IV Legislatura, 1985-1986, n. 98, p. 3703). No entanto, o acórdão do Tribunal Constitucional n. 7/87, de 9.1.1987 (in Diário da República, I Série, de 9.2.1987), considerou inconstitucional a disposição do artigo 281 do CPP na medida em que nela não se previa a intervenção do juiz, razão pela qual a versão definitiva do Código incluiu essa condição. As previsões de funcionamento da oportunidade em um processo penal dominado pelo princípio da legalidade não constituem uma violação deste princípio se respeitarem dois objectivos essenciais: a perseguição de crimes sem distinção arbitrária em função da pessoa do arguido e a garantia da paz jurídica, como reflexo do monopólio da força pública pelo Estado. Na medida em que as previsões de funcionamento do princípio da oportunidade permitam a discriminação arbitrária e não controlável pelo juiz ou pelo ofendido impedem a realização daquelas tarefas e desviam o cidadão para um recurso crescente a um "direito do punho" (*Faustrecht*, Ellen Schlüchter, 1992: 15 a 19). As cautelas do legislador e do Tribunal Constitucional na conformação do instituto no CPP referidas no texto permitem concluir, pois, que a margem de oportunidade conferida pelos artigos 280 e 281 não conflitua com a função de defesa da legalidade democrática pelo Ministério Público (também assim, Figueiredo Dias, 1988 a: 26, Costa Andrade, 1988: 344 a 346, Ulisses Cortês, 1997: 322, Fernando Torrão, 2000: 190, 191, 239 e 275, e Fernando Fernandes, 2001: 525, 565 e 566). No entanto, a concordância quase automática do juiz com o arquivamento nestes casos, que se constata nos tribunais alemães e não está arredada dos tribunais portugueses, põe em causa, na prática, aquele equilíbrio. O mesmo acontece no processo de "ordem penal", que é na prática totalmente dominado pelo Ministério Público, tendo o juiz uma participação meramente formal de ratificação da proposta de imputação e de determinação da sanção feita pelo Ministério Público (Joachim Hermann, 1984: 473, Jürgen Wolter, 1991: 57, e Meyer-Gossner, 2000: 348 e 351).

A Emergência do Paradigma Social 1009

O repúdio inicial da doutrina pela solução legislativa consagrada no § 153 a da StPO suscitou, além da já referida proposta do *Arbeistkreis AE* de 1980, uma outra proposta. O "processo de decisão penal" (*Strafbescheidverfahren*), proposto pelo *Diskussionsentwurf für ein Gesetz über die Rechtsmittel in Strafsachen*, de 1975, tinha lugar nos casos em que não devesse ser aplicada uma pena de multa superior a 360 dias ou de prisão superior a um ano ou uma medida de segurança privativa da liberdade. Nesta nova forma de processo não havia uma decisão formal de abertura da fase de julgamento (§ 290 da StPO-*Diskussionsentwurf*)[2065] e a produção da prova na audiência não estava, em regra, sujeita ao princípio da publicidade (§ 170 a da GVG-*Diskussionsentwurf*)[2066] nem às regras de direito probatório válidas no processo ordinário (§§ 293 e 295 da StPO-*Diskussionsentwurf*).[2067] A audiência oral transformava-se em um espaço de diálogo informal, durante o qual o juiz podia fazer ver ao arguido ou ao seu representante as vantagens da resolução pacífica do conflito.[2068]

A proposta, que foi rejeitada pela assembleia do quinquagésimo-segundo *Deutschen Juristentag*,[2069] também não foi acolhida pelo legislador português, que preferiu uma modalidade original intermédia entre o clássico "processo de ordem penal" (*Strafbefehlverfahren*, *decreto penale di condanna*) e o "processo de decisão penal" (*Strafbescheidverfahren*). A solução portuguesa, consagrada na forma do processo sumaríssimo, assemelhava-se ao "processo de ordem penal" completado por uma audiência oral, em que apenas tinha lugar a manifestação de vontade do arguido e não se produzia qualquer prova.[2070] Destarte, a

---

[2065] Bund-Länder-Arbeitsgruppe, 1975: 6, 60 e 61. Embora o projecto previsse expressamente que não tinha lugar nesta forma de processo uma decisão judicial de abertura da fase de julgamento nos termos do § 203 da StPO, o juiz podia rejeitar a acusação pública se não houvesse indícios suficientes, sendo esta decisão recorrível, pelo que se mantinha nesta forma de processo o prejuízo para o princípio da acusação que caracterizava a forma de processo ordinário.

[2066] Bund-Länder-Arbeitsgruppe, 1975: 19, 121 e 122. Esta proposta só recolheu a maioria dos votos do grupo de trabalho.

[2067] Bund-Länder-Arbeitsgruppe, 1975: 7, 62 e 63.

[2068] O projecto evitava a designação de audiência de julgamento e utilizava a referida no texto, com vista a salientar o carácter informal da mesma, tendo lugar a verdadeira audiência de julgamento apenas no tribunal de escabinos se o arguido impugnasse a "decisão penal" (Bund-Länder-Arbeitsgruppe, 1975: 60 e 72). Esta nova forma de processo, que se inspirava em uma proposta de Herbert Tröndle (1975: 103 e 104), foi criticada por descaracterizar totalmente a audiência de julgamento e possibilitar um processo estritamente escrito (Heribert Benz, 1977: 61, Rudolf Schmitt, 1977: 648, Karl Peters, 1978 a: 13 e 14, 23 e 24, Peter Riess, 1979: 125 e 140, e 1983 a: 560 e 561, Hans Joachim Hirsch, 1980: 244, 245 e 253, e Karl-Ludwig Kunz, 1980: 96, mas a favor, Peter Hünerfeld, 1978: 926, e Theo Vogler, 1978: 168 a 170).

[2069] Ständigen Deputation des Deutschen Juristentages, 1978: 224.

[2070] O regime legal em nada obstava à negociação, pelo menos prévia à audiência, entre o Ministério Público e o arguido. O legislador português teve mesmo a expectativa de que a "nego-

1010   *A Reforma da Justiça Criminal em Portugal e na Europa*

solução do Código português mostrava-se mais rigorosa do que a solução muito vaga e até contraditória do *Strafbescheidverfaren*, sem padecer da insuficiência intrínseca do *Strafbefehlverfahren* da falta de audiência prévia do arguido.[2071]

2. O conceito material de igualdade e a concretização do Estado de Direito social no processo penal

O novo paradigma judiciário modela a perseguição penal de acordo com um conceito material de igualdade, que se repercute na adequação da estrutura da audiência de julgamento às concepções básicas do Estado de Direito social e da reforma do direito penal e na melhoria da comunicação entre os diversos agentes judiciários. A concretização deste novo paradigma foi o propósito fundamental do *Alternativ-Entwurf Novelle zur StPO, Reform der Hauptverhandlung*, preparado em 1985 pelo *Arbeitskreis AE*.

A reforma da estrutura da audiência de julgamento proposta pelo grupo de professores alemães e suíços consistia na reestruturação da audiência de julgamento de modo a assegurar a defesa da privacidade da vida do arguido, evitando a discussão pública sobre os antecedentes criminais, os hábitos e as relações do arguido antes de ele ter sido considerado culpado pela prática de um crime por um tribunal. Esta reestruturação da audiência não só constituía um meio de protecção da personalidade do arguido que vem a ser considerado inocente, como garantia uma decisão do julgador mais isenta, na medida em que não era influenciada pelos antecedentes criminais e pelos hábitos do arguido. Acresce que a especialização da discussão sobre a personalidade do arguido em uma fase processual própria com a intervenção de técnicos representava um importante factor para a maior adequação da pena e o sucesso da ressocialização do

---

ciação em torno do se da decisão acabe na prática por se propagar facilmente ao seu como" e, assim, o processo sumaríssimo pudesse "viabilizar para o modelo específico da pequena criminalidade, atitudes, modelos de acção e interacção e, nessa medida, resultados, muito próximos dos da experiência americana do *guilty plea*" (Costa Andrade, 1988: 357 e 358). Ao juiz ficava, contudo, sempre salvaguardada a possibilidade de não receber o requerimento do Ministério Público "por poder antever uma pena mais grave para os factos que estiverem em causa", como afirmava o governo na exposição de motivos da proposta de lei n. 21/IV (Diário da Assembleia da República, IV Legislativa, 1985-1986, II série, suplemento ao n. 49, p. 1808 (13).

[2071] Sobre esta insuficiência do processo de "ordem penal", Albin Eser, 1966: 663 a 668, e 1992: 392 e 393, Rudolf Schmitt, 1977: 642 e 645, Peter Hünerfeld, 1978: 925 e 926, Costa Andrade, 1988: 357, Giovanni Conso e outros, 1989: 1210, Anabela Rodrigues, 1996: 535 a 537, e Fernando Fernandes, 2001: 306 e 307.

A *Emergência do Paradigma Social* 1011

mesmo.[2072] Entre as quatro modalidades de divisão da audiência de julgamento habitualmente discutidas nas propostas de reforma, a *Tatinterlokut*, a *Schuldinterlokut*, a *Tatschuldinterlokut* e a *Schuldspielrauminterlokut*, o projecto alternativo optou pela primeira modalidade.

O projecto previa a divisão da audiência em duas partes, uma relativa ao comportamento factual do arguido e outra relativa às consequências jurídicas desse comportamento, procedendo o tribunal na primeira à discussão de todos os pressupostos de punibilidade, com excepção da imputabilidade, e na segunda à discussão dos factos relativos à imputabilidade, à imputabilidade diminuída e às relações sociais e pessoais do arguido.[2073] As duas fases da audiência eram separadas por um decisão interlocutória de qualificação jurídica do facto imputado ao arguido, que era irrecorrível e, em princípio, vinculativa para o tribunal na fase ulterior, não sendo admissível a partir da prolação dessa decisão a produção de prova sobre "as determinações fácticas pressupostas pela decisão interlocutória" (*dem Zwischenbescheid zugrunde liegenden tatsächlichen Fest-*

[2072] Os fundamentos da proposta do *Arbeitskreis AE* incluíam estes argumentos e ainda os conhecidos argumentos do "dilema do defensor" e do "dilema do perito" (Arbeitskreis, 1985: 4 e 5, 54 a 56), há muito invocados pela doutrina (Marc Ancel, 1954: 136 a 139, Paul Cornil, 1955 b: 134 a 139, Hans Dahs, 1968: 22, Eberhard Schmidt, 1969: 1145 e 1146, Helmuth Fischinger, 1969: 50 a 52, Wilhelm Römer, 1969: 335 a 339, Hans-Heinrich Jescheck, 1970: 206, Joachim Herrmann, 1971: 475 e 476, Hans Dahs jun., 1971: 353 a 356, Theodor Kleinknecht, 1972: 654 a 657, Wolfgang Heckner, 1973: 21 a 34, Heinz Schöch e Hans-Ludwig Schreiber, 1978: 63 e 64, Jürgen Wolter, 1980: 101, Klaus Sessar, 1980: 715 e 716, Heinz Zipf, 1982: 83 a 85, Werner Beulke, 1982: 315 e 316, e Reinhard Moos, 1985: 114 a 117). Contudo, a doutrina marca limites a esta investigação da personalidade do autor decorrentes da necessidade de uma redução da complexidade e dos custos a ela inerentes, restringindo-a aos processos em que fosse previsível a aplicação de uma pena de prisão ou medida de segurança detentiva ou aos processos relativos a crimes graves ou a criminosos reincidentes e a requerimento do arguido (sobre estas possíveis restrições, Paul Cornil, 1955 a: 106 a 108, Hans-Heinrich Jescheck, 1970: 206, Karl Peters, 1972: 308, Dieter Dölling, 1978: 252 e 253, Jürgen Wolter, 1980: 102, Heinz Müller-Dietz, 1982: 89, Egmont Foregger, 1985: 48 e 49, e Frauke Stamp, 1998: 131 e 132).

[2073] A doutrina tentou testar em termos práticos esta ideia, seguindo uma sugestão de Theodor Kleinknecht (1972: 653 e 654, 664 a 667) e de Karl Peters (1975: 170 e 171). As experiências realizadas em tribunais provaram a praticabilidade de um *Tatinterlokut* flexível realizado com base em uma conformação previamente combinada do modelo teórico do *Alternativ-Entwurf* com as disposições do direito positivo alemão, embora as audiências demorassem, em regra, mais tempo (Heinz Schöch e Hans-Ludwig Schreiber, 1978: 65 a 67, Dieter Dölling, 1978: 218 a 222, 231 a 236, 240 e 241, Heinz Schöch, 1979: 61 a 64, Karl Peters, 1979: 102 e 103, e Klaus Sessar, 1980: 714 e 715). Recentemente, Frank Riepl concluiu mesmo que a interpretação conforme à Constituição do direito positivo alemão implicava um *Tatinterlokut* informal (Frank Riepl, 1998: 170 e 171).

stellungen, § 240 n. 1, do AE).[2074] Só depois da prolação pública desta decisão a documentação existente nos autos relativa à personalidade do arguido era conhecida pelo tribunal, sendo a produção da prova nesta fase, em regra, conduzida pelo presidente do tribunal e em audiência fechada ao público.[2075]

Com vista a tirar todas as implicações da "vertente social" do Estado de Direito democrático,[2076] o legislador português introduziu a separação das fases da audiência relativas à culpabilidade e à sanção, mas consagrando uma solução original, menos rígida do que a do *Alternativ-Entwurf Novelle StPO, Reform der Hauptverhandlung*, mas mais rigorosa do que a solução do *Progetto preliminare* de 1978, que previa apenas a reabertura da audiência de julgamento a "fim de proceder a perícia criminológica" quando existissem "provas suficientes para declarar o arguido autor do facto imputado" e fosse "necessário aprofundar a investigação sobre a sua personalidade" (artigo 518).[2077]

[2074] O *Arbeitskreis AE* escolheu deste modo uma solução intermédia entre a prolação de uma decisão recorrível e a mera tomada de posição do tribunal de que o arguido era culpado (Arbeitskreis, 1985: 60), como já tinham proposto, com algumas variações, Helmuth Fischinger (1969: 55 e 56), Wilhelm Römer (1969: 344 e 345), Hans Dahs jun. (1971: 361), Claus Roxin (1975: 72), Wolfgang Heckner (1973: 78), Dieter Dölling (1978: 258 e 259), e Jürgen Wolter (1980: 102), mas a favor de uma mera declaração de culpa irrecorrível e não vinculativa ou com uma eficácia *rebus sic stantibus* Heinz Schöch (1979: 64) e Peter Riess (1980: 214 e 215). A proposta do *Arbeitskreis AE* foi submetida a uma crítica exaustiva por Peter Riess (1987 b: 972) e Reinhard Moos (1991: 574 a 583), que censuravam a fixação da responsabilidade penal em uma decisão interlocutória, em que não se definiam expressamente os factos provados e cuja eficácia processual interna não era clara, sendo certo que esta diligência se afigurava pouco plausível em processos simples. Também a *Hessische Komission Kriminalpolitik zur Reform des Strafrechts* se manifestou contra a proposta por ela deslocar o centro da audiência para a parte relativa à determinação da pena com prejuízo de um apuramento cabal da culpa do arguido (Peter-Alexis Albrecht e outros, 1992: 86 e 87).

[2075] O *Arbeitskreis AE* optou pelo "modelo de identidade", isto é, pela permanência dos membros do tribunal na segunda fase da audiência de julgamento, afastando quer o "modelo absoluto dos peritos", quer o "modelo relativo ou misto", quer ainda o "modelo da execução de penas" (Arbeitskreis, 1985: 61 e 62). O modelo de "identidade", com proibição da publicidade e regras de produção de prova mais flexíveis, já tinha sido defendido antes (Helmuth Fischinger, 1969: 57, Günter Blau, 1969: 45 e 46, e Hans-Heinrich Jescheck, 1970: 206, mas contra Joachim Herrmann, 1971: 475 e 477, e Klaus Sessar, 1980: 716, 720 e 721).

[2076] A expressão é do preâmbulo do novo Código de Processo Penal.

[2077] Embora a solução italiana constituísse uma "introdução tímida de uma espécie de processo bifásico" (Vittorio Grevi e Neppi Modona, 1989: 129), ela foi objecto de uma oposição decidida da Comissão Consultiva, que fundamentava o seu parecer em sentido negativo quer na falta de autorização da *Legge delega* quer em razões de oportunidade e celeridade (Giovanni Conso e outros, 1989: 1184 e 1185).

A *Emergência do Paradigma Social* 1013

No direito português, o tribunal pode conhecer os antecedentes criminais do arguido logo na primeira fase da audiência[2078] e a segunda fase da audiência não é obrigatória, nem depende da prolação de uma decisão interlocutória pública.[2079] Assim, a fase autónoma de produção de prova para determinação da espécie e da medida da pena, que obedece aos princípios do projecto alemão de direcção da produção da prova pelo juiz presidente e de exclusão da publicidade, é limitada aos casos em que a prova já existente nos autos seja insuficiente para aquele efeito. A consagração legal dos instrumentos para a realização de uma verdadeira "assistência judiciária a adultos" (*Gerichtshilfe für Erwachsene*), não só quando seja previsível a aplicação a arguidos jovens de uma pena de prisão efectiva ou uma medida de segurança de internamento superior a três anos ou ainda uma medida alternativa à prisão que exija o acompanhamento por técnico social, mas sempre que o tribunal entenda necessário à correcta determinação da sanção, completa aquela regulamentação, permitindo que logo na primeira fase da audiência o tribunal providencie pela recolha das informações necessárias à determinação correcta das sanções.[2080]

[2078] Não obstante o teor expresso do n. 64 da lei de autorização, o legislador português foi motivado pela ponderação de considerações de índole jurídico-material, derivadas do relevo que o direito penal substantivo português confere às condenações e à prática de crimes anteriores na determinação da pena abstractamente aplicável (Figueiredo Dias, 1988 a: 33 e 34), autorizando um conhecimento prévio dos antecedentes criminais que a doutrina também admite (Helmuth Fischinger, 1969: 54 e 55, Heinz Schöch, 1979: 61, e Reinhard Moos, 1991: 582, mas contra Fernanda Palma, 1994: 107 a 110, e Catarina Veiga, 2000: 113 a 118).

[2079] Também assim a conclusão do congresso de defesa social de 1954, na sequência da proposta de Günter Blau (1969: 48). O legislador abandonou, só em parte, as dúvidas sobre a utilidade e a praticabilidade desta solução (Figueiredo Dias, 1974: 291, e 1983 a: 217, e António Barreiros, 1988 b: 285 e 286). A opção por uma "certa cisão mitigada" resultou, como se afirmava na exposição de motivos da proposta de lei do governo n. 21/IV, da consciência de "que – se não houvesse razões de princípio a militar contra tal solução generalizada – sempre se verificariam prevenções suficientes derivadas da pequenez dos meios institucionais que o País pode presentemente alocar à modernização do seu sistema penal" (Diário da Assembleia da República, IV Legislatura, 1985-1986, II série, suplemento ao n. 49, p. 1808 (13).

[2080] A conjugação da "assistência judiciária a adultos" na fase do julgamento e da divisão da audiência de julgamento constituía uma exigência da doutrina (Eberhard Schmidt, 1969: 1145 e 1146, Hans-Heinrich Jescheck, 1970: 206, Karl Peters, 1966: 276 a 278, 1972: 308, e 1978 b: 338 e 339, Jürgen Wolter, 1980: 104, e 1985: 82, 88 a 91, Wilfried Bottke, 1981: 75 e 76, Heinz Müller-Dietz, 1982: 89, Reinhard Moos, 1985: 101, 102 e 131, e Joachim Hermann, 1988: 77). O legislador português foi, pois, mais longe do que o alemão, que nos §§ 160 III 2 e 463 d da StPO, introduzidos pela "primeira lei de reforma do processo penal" de 1974, previa apenas a possibilidade de o Ministério Público e o tribunal recorrerem na fase de investigação e na fase da execução de penas à *Gerichtshilfe* (sobre os problemas e as potencialidades desta inovação, Karl Peters, 1975: 111 a 115, e Peter Riess, 1989: 70 a 81 na anotação ao § 160 da StPO).

1014 *A Reforma da Justiça Criminal em Portugal e na Europa*

As necessidades da "permeabilização do processo a fins prospectivos"[2081] e da pesquisa da personalidade do arguido com vista à fixação de uma pena mais adequada à sua personalidade estão intimamente conexas com a melhoria da comunicação entre os diversos agentes judiciários. O paradigma judiciário social implica, consequentemente, o reforço do princípio da imediação, ou, dito de outro modo, o "processo penal do Estado social" (*sozialstaatlichen Strafverfahrens*) exige "uma conformação da audiência de julgamento amiga da comunicação" (*kommunikationsfreundlichen Gestaltung der Hauptverhandlung*).[2082]

A solução da leitura das declarações prestadas pelas testemunhas na fase preparatória do processo diante do juiz, quando as partes processuais estejam de acordo, que já tinha sido consagrada no § 251 (1) 4 da StPO, na redacção que lhe foi dada em 1943, e é admitida pelo novo direito português, coloca o princípio da imediação à disposição das partes. Contudo, o legislador português permitiu também o aproveitamento, em caso de acordo das partes, das declarações prestadas pelas testemunhas diante do Ministério Público e da polícia, como propunha o *Diskussionsentwurf* no início dos anos setenta[2083] e a *Strafverfahrensänderungsgesetz*, de 27.1.1987, veio a consagrar.[2084]

Na falta de acordo entre o Ministério Público, o arguido e o assistente, a leitura das declarações das testemunhas e peritos anteriormente prestadas perante o juiz ou o Ministério Público é admissível, no direito português como no alemão, quando se tenha verificado o falecimento, a anomalia psíquica superveniente ou uma impossibilidade duradoura da testemunha, mas já não o é no direito português nos casos previstos no § 251 (1) 1, 2 e 3 e (2) II da StPO de desconhecimento do seu paradeiro (*wenn sein Aufenthalt nicht zu ermitteln ist*) ou de paradeiro afastado da mesma (*wegen grosser Entfernung*) ou de obstáculos inafastáveis à inquirição judicial tempestiva da testemunha (por um lado, *andere nicht zu beseitigen Hindernisse* e, por outro, *aus einem anderen Grunde in absehrbarer Zeit gerichtlich nicht vernommen werden kann*). Deste modo, as causas do impedimento da prestação do depoimento pela testemunha que não residam nela mesma, na sua condição física e psíquica, mas nas possibilidades

---

[2081] Sobre esta necessidade de permeabilização do processo penal a fins prospectivos, Marc Ancel, 1954: 136 a 143, Eberhard Schmidt, 1969: 1145, Hans-Heinrich Jescheck, 1970: 206, Theodor Kleinknecht, 1972: 654 e 655, Jürgen Wolter, 1980: 84, 85 e 105, e 1991: 37, Heinz Müller-Dietz, 1982: 88 e 89, Wolfgang Schild, 1982: 37, e Heinz Zipf, 1982: 66 e 67, e, entre nós, Figueiredo Dias, 1983 a: 197 e 210.

[2082] As expressões são de Heinz Müller-Dietz (1982: 85 e 87).

[2083] Bund-Länder-Arbeitsgruppe, 1975: 7 e 63.

[2084] A doutrina alemã discutiu a legitimidade do regime da livre disponibilidade pelas partes do princípio da imediação antes da alteração de 1987 (Holle Eva Löhr, 1972: 142) e depois dela (Gollwitzer, 1989: 58 e 59).

A Emergência do Paradigma Social 1015

materiais do tribunal, não são consideradas no direito português como motivo suficiente para abrir uma excepção ao princípio da imediação. A solução portuguesa não era, no entanto, tão restritiva quanto a do *Progetto Preliminare*, que só admitia a leitura na audiência de julgamento dos depoimentos de testemunhas entretanto falecidas, com enfermidade mental superveniente ou com incapacidade absoluta de comparecer na audiência quando os depoimentos tivessem sido prestados diante do juiz de instrução.

Por outro lado, na falta de acordo entre o Ministério Público, o arguido e o assistente, em circunstância alguma pode ter lugar no direito português a leitura de declarações prestadas diante das polícias, ao invés da permissão ampla do § 251 (2) II da StPO.

Acresce que a leitura das declarações das testemunhas e peritos feitas no processo preparatório para avivamento da memória daquele ou esclarecimento de contradições entre aquelas declarações e o depoimento prestado na audiência de julgamento só tem lugar quando aquelas declarações tenham sido prestadas diante de um juiz, ao contrário da previsão muito ampla do § 253 da StPO, que admite a leitura das declarações feitas diante do Ministério Público e das polícias.[2085] O direito português é, pois, semelhante ao proposto no *Progetto preliminare*, no qual se previa que as partes podiam servir-se apenas dos depoimentos das testemunhas prestados ao juiz de instrução para as confrontar com os prestados na audiência.[2086]

O aproveitamento das anteriores declarações prestadas pelo arguido a pedido das outras partes ou por iniciativa do tribunal obedece ao princípio, fixado no § 254 da StPO e no artigo 485 do *Progetto preliminare*, de que só podem ser lidas as declarações prestadas diante de um juiz, aderindo, no entanto, o legislador português à doutrina muito restritiva do projecto italiano da inadmissibilida-

---

[2085] A doutrina alemã maioritária continua a sustentar que os §§ 253 e 254 da StPO regulam casos especiais de prova documental, pelo que o tribunal pode fundamentar a sua convicção nos depoimentos anteriores da testemunha ou do arguido em prejuízo dos depoimentos produzidos na audiência (Walter Gollwitzer, 1987: 94, 100 e 101, Thomas Fischer, 1995: 630, Meyer--Gossner, 1995: 805, e Herbert Diemer, 1999: 1312 e 1313, mas contra, sintetizando os argumentos da doutrina minoritária, Eberhard Schmidt, 1957: 710, 722 a 725 e 729, Holle Eva Löhr, 1972: 143 a 149, e Bernd Kuckuck, 1977: 225 a 231). Deste modo, a prova produzida na fase preparatória diante da polícia e do Ministério Público prevalece efectivamente sobre a da audiência de julgamento (Gerard Grünwald, 1974: 34, Bernd Kuckuck, 1977: 118, 119 e 138, e Jürgen Wolter, 1991: 83).

[2086] O depoimento da testemunha prestado anteriormente diante do juiz de instrução não passava a fazer parte da prova da audiência e, por isso, o tribunal não podia fundamentar a sua convicção nele se na audiência a testemunha o negasse ou fizesse dele uma interpretação diversa (Giovanni Conso e outros, 1989: 1113). Ficava, assim, afastado o efeito especialmente nocivo destas leituras resultante da doutrina maioritária na Alemanha.

de dessa leitura quando o arguido tivesse feito uso do seu direito ao silêncio na audiência de julgamento e, desse modo, garantindo a liberdade plena de depoimento do arguido e castigando investigações lacunosas do acusador público.[2087] Por maioria de razão, é absolutamente vedado o aproveitamento, a pedido do Ministério Público, de declarações prestadas anteriormente pelo arguido diante do Ministério Público ou das polícias ou a inquirição como testemunha da pessoa que tomou estas declarações, como também previa o terceiro parágrafo do artigo 486 do *Progetto preliminare*.

A coerência com o reforço do princípio da imediação tinha ainda como consequência, que já tinha sido tirada pela legislador alemão em 1877, o repúdio pela forma tradicional de julgamento de ausentes. O recurso a um conjunto de "medidas drásticas de compressão da capacidade patrimonial e negocial do contumaz", como eram descritas no preâmbulo do novo código, pretendia desincentivar a ausência, sem contudo incorrer nos inconvenientes do julgamento de um réu que o tribunal não vê e não ouve.

3. A transparência do exercício da justiça penal como instrumento de aperfeiçoamento da imparcialidade do tribunal

O novo paradigma judiciário social dá o maior relevo à transparência do exercício da justiça penal, com reflexo directo quer na composição e no funcionamento dos tribunais quer nos meios de controlo da decisão. Assim, a solução do problema clássico da composição do tribunal de júri espelha a preferência pela formação de um tribunal de escabinos e o desfavor pela divisão de tarefas entre os juízes togados e os juízes leigos que estava implícita na formação tradi-

---

[2087] O artigo 485 do *progetto* só previa a leitura a pedido do Ministério Público das declarações prestadas pelo imputado diante do juiz instrutor se o imputado fosse contumaz ou ausente. Estando o imputado presente na audiência de julgamento, só podia ser interrogado nos termos do artigo 475, que autorizava apenas o confronto das declarações do arguido no julgamento com as declarações prestadas antes ao juiz de instrução. Daí, a proposta de modificação da comissão consultiva, prevendo a leitura no caso de arguido presente no julgamento mas silencioso (Giovanni Conso e outros, 1989: 1140 e 1141). A comissão sugeria até a leitura a pedido do Ministério Público das declarações prestadas pelo arguido diante daquela magistratura. A tese do *progetto* italiano de 1978 e do direito protuguês corresponde exactamente à solução proposta por James Goldschmidt no início do século e consagrada no já mencionado § 236 do *Entwurf über den Rechtsgang,* de 1919. James Goldschmidt defendeu a sua solução contra a crítica generalizada da doutrina com o argumento de que esta solução consistia em uma consequência natural do reconhecimento do direito ao silêncio do arguido, tendo o argumento sido recuperado por Bernd Kuckuck (1977: 243).

A Emergência do Paradigma Social

cional do tribunal de júri. A participação popular na administração da justiça é concebida como uma participação na definição da culpa e da sanção.

A este propósito, o legislador português adoptou uma solução muito próxima da introduzida pela reforma Emminger, reposta em vigor pela *Vereinheitlichungsgesetz*, mas abandonada pela *Erstes Gesetz zur Reform des Strafverfahrensrechts*, de 9.12.1974.

Com efeito, com a publicação da *Vereinheitlichungsgesetz*, de 12.9.1950, o legislador alemão regressou ao sistema consagrado antes de 1933, com a excepção do tribunal de escabinos alargado, que só foi reintroduzido pela terceira lei de modificação do direito penal, a *Strafrechtsänderungsgesetz*, de 4.8.1953, com o objectivo de contrariar a grande sobrecarga do *Bundesgerichtshof*. A solução adoptada em 1950 de um tribunal temporário, composto apenas por seis juízes leigos e em que todos os membros do tribunal tinham competência para decisão sobre a culpa e a sanção, foi afastada pela "primeira lei de reforma do direito do processo penal", de 1974, que transformou o *Schwurgericht* em uma câmara especial do *Landgericht*, composta por três juízes togados e por dois juízes leigos, mas manteve a competência ampla destes juízes.

No novo direito português, o tribunal de júri é composto por três juízes togados e quatro jurados efectivos, todos decidindo conjuntamente da questão da culpa e da questão da sanção, com o que se alcançou uma solução de equilíbrio. Se por um lado a solução legal devolve aos jurados o poder de decisão sobre a sanção, que tinham tido de 1975 a 1977, e até lhes confere o poder amplo de decidir sobre a questão de direito da culpa do arguido, por outro, reduz a metade o número de leigos, dificultando consideravelmente a formação de uma maioria de votos de não togados. A prevalência do elemento popular é, assim, conjugada com o favorecimento do controlo interno da racionalidade da decisão do tribunal, de modo a que uma maior co-responsabilização da comunidade com a decisão penal e a consequente maior transparência desta sejam alcançadas com o menor custo de irracionalidade possível.[2088]

[2088] O legislador português teve em conta que a solução clássica do júri estava em nítida regressão a nível internacional (Figueiredo Dias, 1983 a: 232). A solução portuguesa coincidia com a proposta pelo § 18 da *Referenten-Entwurf eines Gesetzes zur Neugliederung der ordentlichen Gerichtsbarkeit*, de 1971 (Bundesministerium der Justiz, 1971: 7), e foi posteriormente retomada nos anos noventa em França no projecto de reforma da organização judiciária de Michèle-Laure Rassat, constituindo a variante 2-c para a formação de um tribunal de júri de primeira instância (Michèle-Laure Rassat, 1997: 39 a 41). O legislador francês não seguiu, contudo, a sugestão ao aprovar a recente Lei de 15.6.2000, que reformou a *cour d' assises* e instituiu o sistema de "apelação rotativa" (*appel tournant*, Jean Pradel, 2000: 1970 a 1972).

1018   *A Reforma da Justiça Criminal em Portugal e na Europa*

A reforma do modo de funcionamento do tribunal durante a audiência de julgamento constitui outra condição da realização do objectivo da maior transparência do exercício da justiça penal. Tal como a permeabilização do processo penal ao princípio da igualdade implica uma transformação da estrutura da audiência de julgamento, o objectivo da maior transparência da decisão penal repercute-se na modelação do interrogatório do arguido e da inquirição das testemunhas na audiência de julgamento. A concretização desta reforma através do "interrogatório alternativo" (*Wechselverhör*), foi tentada pelo *Alternativ-Entwurf Novelle zur StPO, Reform der Hauptverhandlung*, de 1985, de modo a libertar o juiz presidente da direcção da produção da prova e da tentação do comprometimento com o resultado da prova produzida no processo preparatório.[2089]

Assim, depois de o juiz suscitar um depoimento inicial do arguido e das testemunhas, as partes conduziam toda a produção da prova, sendo o arguido e as testemunhas questionados sucessiva e directamente pela defesa e pela acusação.[2090] O tribunal tinha a faculdade de formular questões complementares no

---

[2089] Era esta a fundamentação da proposta do *Alternativ-Entwurf* (Arbeitskreis, 1985: 7). Este objectivo tornou-se um imperativo da doutrina depois do trabalho de investigação de Karl Peters ter revelado os perigos da conjugação do princípio da livre convicção com o princípio da investigação oficiosa (Karl Peters, 1967: 20 e 21, e 1972: 230 a 240) e sofreu um forte impulso com as propostas de reforma de Hans Dahs, de 1968, Hans-Heinrich Jescheck, de 1970, e, sobretudo, da tese de habilitação de Joachim Herrmann, de 1971. Com base na situação psicologicamente insuportável do presidente do tribunal no direito alemão vigente, na necessidade da garantia exterior de uma efectiva imparcialidade do tribunal e na denúncia da falsa divisão de tarefas na produção de prova, estes autores propunham a modificação da estrutura da audiência de julgamento de acordo com o modelo anglo-saxónico, mantendo-se, contudo, o dever oficioso de o juiz diligenciar pela descoberta da verdade, designadamente através de perguntas e diligências complementares, e, consequentemente também, a faculdade de ele conhecer os autos antes da audiência, sob pena de a recepção do modelo anglo-saxónico redundar em uma "aventura indefensável" (*unvertretbares Abenteuer*, Hans Dahs, 1968: 21, Hans-Heinrich Jescheck, 1970: 205, e Joachim Herrmann, 1971: 361 a 371, 389 a 394, 401). A alternativa a esta proposta foi apresentada por Eberhard Schmidt. Este autor defendia o afastamento do juiz presidente, que conduzia a audiência e tinha conhecimento do processo preparatório, da composição do tribunal que proferia a decisão (Eberhard Schmidt, 1969: 1144). A doutrina propendeu para as teses de Dahs, Jescheck e Herrmann, tendo as sugestões subsequentes de Roxin (1975: 62) e Schöch (1979: 64 a 69) apontado neste sentido e influenciado o *Arbeitskreis*.

[2090] Os autores do Projecto Alternativo recusaram expressamente a consagração da faculdade de o Ministério Público inquirir primeiro as testemunhas por si apresentadas, com base na necessidade de restabelecer um certo desequilíbrio entre o Ministério Público e o arguido na fase de investigação e recolha de prova e na vantagem resultante da circunstância de as testemunhas da acusação não serem vistas como meio de prova de uma parte (Arbeitskreis, 1985: 71). Por outro lado, nos casos em que a defesa não fosse necessária o presidente do tribunal substituía-se ao defensor.

A Emergência do Paradigma Social 1019

final do interrogatório do arguido e da inquirição pelas partes, de modo a satisfazer o seu dever de investigação e descoberta da verdade.[2091]

O legislador português consagrou uma solução mais protectora da liberdade de expressão do arguido, dos peritos e dos consultores técnicos, não os sujeitando ao interrogatório cruzado do defensor, do mandatário do assistente e do magistrado do Ministério Público. Por sua vez, o problema da inquirição de testemunhas foi resolvido com uma solução muito próxima da novamente vigente no direito português desde 1959, que conciliava a existência de um interrogatório cruzado com a faculdade de o tribunal formular perguntas à testemunha em qualquer momento e não apenas no final da inquirição pelas partes, como previa a Lei n. 2.096, de 23.5.1959, e o projecto alemão de 1985 também sugeria.

O esforço pela maior transparência do exercício da justiça penal culminou na reforma dos meios de controlo da decisão judicial. A insindicabilidade da "contradição entre os fundamentos da decisão e a audiência" (*Verhandlungswidrigkeit der Urteilsgründe*) constituiu, na Alemanha como em Portugal, o problema crucial desta reforma.[2092] Este problema tornou-se ainda mais candente depois de ter sido afastado pela revisão de 1974 o registo dos resultados da produção da prova nas audiências realizadas no *Landgericht* e no *Oberlandesgericht*, que tinha sido introduzido pelo artigo 7, n. 15, da "pequena reforma" de 1964.[2093] Nos trabalhos preparatórios dos anos setenta formaram-se três corren-

---

[2091] A experiência empírica de Göttingen, coordenada pelos professores Schöch e Schreiber, em que o modelo do *Wechselverhör* foi proposto a um conjunto de juízes, fracassou por duas razões fundamentais: a desigualdade de armas entre a acusação e a defesa no direito processual alemão e a necessidade de intervenção do juiz para a descoberta da verdade (Klaus Sessar, 1980: 703 e 704). Independentemente destes resultados, a doutrina criticou o modelo de produção da prova do projecto alternativo de 1985, entre outros motivos, por ele não solucionar o problema da imparcialidade do juiz de julgamento, que continuava obrigado por um dever de investigação da verdade e mantinha para esse efeito o poder de conhecer os autos antes da audiência de julgamento e interrogar as testemunhas, o que era ainda agravado pela circunstância de que o juiz devia iniciar o interrogatório das testemunhas sem que fosse claro no texto do projecto quando o devia interromper para dar lugar às partes (Klaus Sessar, 1980: 709 e 710, Egmont Foregger, 1985: 44 e 45, Peter Riess, 1987 b: 975, Thomas Weigend, 1988: 738, 739 e 744, Joachim Hermann, 1988: 66 e 67, Reinhard Moos, 1991: 559 a 566, e Walter Perron, 1995: 493).

[2092] Este vício consistia em o julgador evitar questões jurídicas difíceis e indesejadas através da fixação forçada dos factos provados (Hans Dahs e Hans Dahs, 1987: 32, e Klaus-Heiner Meseke, 1973: 45, 60, 71 e 72, Reinhardt Traulsen, 1974: 232 e 233, Andrea Schmidt, 1994: 223 a 225, Bertram Schmitt, 1992: 541 a 545, Andreas Schröder, 1996: 120, 128, 131 e 132, 139 e 140). A questão estava intimamente associada a um outro problema clássico do direito dos recursos, que era o da admissibilidade de dois graus de jurisdição em matéria de facto nas causas menos graves e de apenas um grau nas causas mais graves (Karl Peters, 1975: 183).

[2093] Apesar do juízo positivo da doutrina sobre o registo da prova, quer do ponto vista da justificação teórica da solução quer do seu funcionamento prático (Dieter Ott, 1970: 247 a 250

1020   *A Reforma da Justiça Criminal em Portugal e na Europa*

tes distintas, que, sem terem conseguido fazer vingar as respectivas propostas junto do legislador alemão, influenciaram decisivamente o legislador português.

O *Referenten-Entwurf eines Gesetzes zur Neugliederung der ordentlichen Gerichtsbarkeit*, publicado pelo ministério da justiça alemão em 1971, precisamente cem anos depois de terem surgido os primeiros projectos para a StPO, previa um recurso de "apelação limitada" (*beschränkte Berufung*) das decisões do juiz singular, do tribunal de escabinos e da *Strafkammer* para o *Oberlandesgericht*. O ministério propunha uma reforma profunda da organização judiciária alemã, que passaria a ter apenas três graus de jurisdição, o *Landgericht*, o *Oberlandesgericht* e o *Bundesgerichtshof*, tendo o *Landgericht* três formações, a do juiz singular, a do *Schöffengericht* e a da *Strafkammer*, e sendo abolido o tribunal de escabinos alargado e o tribunal de júri. As decisões proferidas ao nível do *Landgericht* podiam ser impugnadas com a apelação para o *Oberlandesgericht* e com revista para o *Bundesgerichtshof*. Só as decisões proferidas nos processos por crimes relativos à defesa do Estado julgados em primeira instância no *Oberlandesgericht* não admitiam recurso de apelação, mas apenas o de revista para o *Bundesgerichtshof*.[2094]

Contudo, o recurso de apelação perdia a sua configuração habitual no direito alemão. Na motivação da proposta, o ministério considerava desejáveis a fundamentação obrigatória do recurso de apelação por um advogado, de modo a delimitar com rigor o âmbito do recurso, e a sindicância preliminar dos recursos manifestamente infundados que impugnassem a decisão sobre a matéria de facto. O tribunal de apelação deveria aproveitar toda a prova produzida na primeira instância que as partes não tivessem posto em causa. O recurso de apelação convertia-se assim de um meio de repetição do anterior julgamento em um meio de controlo da decisão ou da parte da decisão recorridas. Concomitantemente, o recurso de revista nos processos da competência do juiz singular deveria ser restringido aos casos em que o arguido fosse condenado no tribunal de apelação pela primeira vez ou em pena superior à fixada na primeira instância.[2095]

Ao invés, o *Denkschrift zur Reform des Rechtsmittles und der Wiederaufnahme des Verfahrens im Strafprozess*, preparado pela *Strafrechtsausschuss der Bundesrechtsanwaltskammer*, sob a direcção do Professor Ernst-Walter Hanack,

---

e 257), o legislador alemão quis fazer cessar o "excesso de escrita" (*Vielschreiberei*, Michalke-Detmering, 1987: 233 e 234), mas o recuo da lei não reuniu o consenso da doutrina (a favor, Karl Peters, 1975: 179, e contra Gerard Grünwald, 1974: 58).

[2094] Bundesministerium der Justiz, 1971: 7 a 9, 31 a 37.

[2095] O projecto ministerial veio posteriormente a ser reformulado em Novembro de 1973, sem alteração das suas opções fundamentais (Gerhardt Fezer, 1975: 9), tendo sido objecto da crítica da doutrina (Bernd Schünemann, 1978: 184 e 185).

A *Emergência do Paradigma Social*   1021

defendia a manutenção da organização judiciária então vigente e a estrutura dos recursos dela decorrente, desde que se procedesse a um "relaxamento da revista" (*Auflockerung der Revision*) no sentido da admissibilidade da sindicância plena dos conceitos jurídicos indeterminados, dos elementos normativos do tipo, das contradições insanáveis entre os factos provados e a acta de julgamento, dos erros notórios da valoração que decorressem dos fundamentos da decisão e dos factos notórios que fossem adequados a justificar uma revisão do processo e ainda dos factos notórios favoráveis ao arguido que fundamentassem "dúvidas graves" (*schwerviegende Bedenken*) sobre os factos dados como provados.[2096]

Com vista a fundamentar a sindicância destes vícios, o recorrente e o tribunal podiam controlar não só a motivação da decisão, mas os próprios autos. Assim, a acta de julgamento era um "auto textual" (*Wortprotokoll*) nos processos em que não era admitida a apelação e o dever de fundamentação da decisão era alargado à valoração da prova, no sentido de que o tribunal devia expor as considerações que o tinham motivado a considerar como provados os factos.[2097] Quando o recurso se fundasse em factos notórios o tribunal de recurso podia conhecer de provas sem estar obrigado aos princípios da produção da prova válidos no julgamento de primeira instância, excepto se proferisse decisão sobre o fundo da causa, caso em que devia observar aqueles princípios.[2098]

Por fim, a terceira corrente na discussão doutrinária propugnava a abolição da apelação e a introdução de um recurso único. Com base nos trabalhos de Herbert Tröndle,[2099] o já mencionado *Diskussionsentwurf für ein Gesetz über die Rechtsmittel in Strasachen*, preparado pelo *Bund-Länder-Arbeistsgruppe Strafverfahrensreform*, em 1975, previa a sindicância de todas as decisões finais proferidas pelos tribunais de primeira instância quando existissem dúvidas graves sobre a correcção de determinações relevantes relativas aos factos ou sobre a escolha e a medida das consequências jurídicas (§ 314 (2) do *Diskussionsent-*

[2096] Ernst-Walter Hanack e outros, 1971: 9, 34 a 42.

[2097] Ernst-Walter Hanack e outros, 1971: 8 e 44.

[2098] Ernst-Walter Hanack e outros, 1971: 50 a 52. A doutrina do *Strauda-Entwurf*, como ficou conhecido, foi objecto de adesão (Eberhard Kaiser, 1972: 277 e 278, que sugeria algumas correcções, Klaus-Heiner Meseke, 1973: 97, 121 a 126, e Reinhardt Traulsen, 1974: 246 e 247) e crítica (Gerhardt Fezer, 1975: 180 a 184 e 187, 195 a 197, 220 e 221, e Reinhard Moos, 1987: 180, 183 e 184).

[2099] Herbert Tröndle, 1975: 93 a 95, já antecipado pela crítica do recurso de apelação em Herbert Tröndle, 1967: 180 e 182, e, com ele, Hans Fuhrmann, 1973: 50 a 54, 72 a 75. A tese da "revisão alargada" foi defendida nas conclusões do encontro da comissão de direito penal do *Deutschen Richterbundes*, em Outubro de 1971, como informa Hans Fuhrmann, tendo estas conclusões despoletado os estudos ulteriores de Tröndle e Fuhrmann.

wurf),[2100] sem prejuízo da existência de um verdadeiro "recurso cruzado" (*Querrechtsmittel*) interposto no *Strafbescheidverfahren* da decisão do juiz singular para o *Schöffengericht*.[2101]

Constituindo o registo da produção da prova um encargo financeiro e humano insuportável, a sindicância da decisão sobre a matéria de facto só podia ter lugar através do alargamento do âmbito do dever de fundamentação à própria valoração da prova, permitindo desde modo um controlo mais amplo e eficaz pelo tribunal de recurso.[2102] Subsidiariamente, o projecto admitia também o controlo dos elementos de prova juntos aos autos, mas não de novos elementos de prova.[2103] Verificando-se algum daqueles vícios na decisão da matéria de facto, o tribunal de recurso podia produzir prova se ela permitisse a tomada de uma decisão definitiva e só quando não fosse possível decidir da causa tinha lugar o reenvio do processo.[2104]

O destino da reforma dos recursos ficou traçado no quinquagésimo-segundo *Deutschen Juristentag*, de 1978. No seu relatório apresentado sobre o projecto do *Bund-Länder-Arbeistsgruppe*, Karl Peters rejeitou a reforma proposta, porquanto qualquer erro ou contradição que ocorresse na valoração da prova e na motivação da decisão consubstanciava um erro de direito, constituindo a vinculação do juiz aos conhecimentos criminológicos o parâmetro constitucional para aferição daquele erro. Esta doutrina, que, segundo o relator, já resultava do direito positivo e tornava desnecessária a sugestão do projecto, poderia ser esclarecida com a introdução no § 261 da StPO da expressão "com base nas experiências e nos conhecimentos criminalísticos" (*aufgrund der kriminalistischen Erfahrungen und Erkentnisse*).[2105]

[2100] O preceito previa, pois, uma "impugnação dos factos" (*Tatsachenrüge*) e uma "impugnação das consequências jurídicas" (*Rechtsfolgenrüge*) (Bund-Länder-Arbeitsgruppe, 1975: 10 e 74).

[2101] A expressão "recurso cruzado" era de Gerhard Fezer (1975: 25). A conformação deste recurso como uma verdadeira apelação constituía, afinal, a prova da frustração do propósito dos autores do projecto de construção de um recurso unificado (Peter Riess, 1979: 125, e Claus Amelunxen, 1980: 85).

[2102] Bund-Länder-Arbeitsgruppe, 1975: 52, 54 a 56.

[2103] Não obstante o teor restritivo do § 323 (2) do *StPO-Diskussionsentwurf* e a rejeição do fundamento de "violação dos autos" (*Aktenwidrigkeit*) na motivação do projecto, a verdade é que esse fundamento do recurso era admitido por força do disposto no § 333 (3) 2, como reconhecia a minoria que votou contra esta disposição (Bund-Länder-Arbeitsgruppe, 1975: 11, 12, 77 e 78, 102). Este representou também um motivo para a crítica de que o projecto punha em causa os princípios da imediação e da livre convicção (Heribert Benz, 1977: 61).

[2104] O projecto visava deste modo diminuir consideravelmente o número de reenvios, considerando mesmo este propósito "um ponto forte autónomo da reforma dos recursos" (*einen selbstständigen Schwerpunkt der Rechtsmittelreform*, Bund-Länder-Arbeitsgruppe, 1975: 96).

[2105] Karl Peters, 1978 a: 46 e 52, e, já antes, 1972: 309, 1975: 172, Friedrich-Wilhelm Krause, 1974: 327 a 332, Peter Riess, 1978 b: 272 a 277, e Karl Heinz Gössel, 1979: 248. Gerhard

A Emergência do Paradigma Social 1023

Ao invés, Peter Riess defendeu, no seu relatório, que não devia ser alargado o conceito de violação de lei e que deveria ser admitida uma nova "impugnação dos factos" (*Tatsachenrüge*) no âmbito da criminalidade grave julgada pela *Strafkammer*, fundada exclusivamente no controlo da motivação da decisão recorrida e da contradição com factos notórios. O princípio da imediação exigia esta limitação dos poderes de sindicância do tribunal de recurso.[2106] A assembleia do *Deutschen Juristentag* aprovou a proposta de Karl Peters e recusou a de Peter Riess.[2107] O legislador português, pelo contrário, aderiu às propostas de Herbert Tröndle e do *Diskussionsentwurf*, com a restrição sugerida por Peter Reiss no tocante à limitação do tribunal de recurso aos fundamentos da decisão recorrida.

A construção pelo legislador português de um sistema de recurso único, cuja dificuldade levou a doutrina a apodá-la de uma "quadratura do círculo"[2108], tinha como base fundamental o controlo oficioso dos erros e vícios da decisão sobre a matéria de facto que resultassem da motivação.[2109]

O grau superior de exigência da fundamentação da decisão devia resolver definitivamente uma querela herdada do Código anterior e constituir a "garantia das garantias", concretizando-se o Estado de Direito no processo penal como

---

Fezer também se pronunciou neste sentido ao submeter o *Strauda-Denkschrift* e uma versão preliminar do trabalho do *Bund-Länder Arbeitsgruppe* a uma crítica cerrada, com base em uma censura da "ideologia da oralidade" (*Mündlichkeitsideologie*). Gerhard Fezer sublinhava a necessidade de o legislador repensar as vantagens da limitação do recurso de apelação (*beschränkte Berufung*) sobre o alargamento do âmbito do recurso de revista (*erweiterte Revision*). Céptico em relação a esta, Gerhard Fezer propunha tão-somente a obrigatoriedade da fundamentação do recurso de apelação, que constituía uma velha reivindicação da prática, e a limitação da produção da prova na audiência de julgamento do tribunal de segunda instância à matéria de facto impugnada, tal como o *Referentenentwurf* de 1971 previa (Gerhard Fezer, 1975: 289 a 292). Já anteriormente, aliás, o autor tinha, com base no estudo de todas as decisões dos senados penais do BGH proferidas em 1970, afirmado a desnecessidade da alteração da lei, porque na prática os tribunais superiores controlavam a fixação dos factos, tendo a eventual consagração desta faculdade apenas uma função legitimadora da prática e não de alargamento do âmbito do controlo pelo tribunal de recurso (Gerhard Fezer, 1974 a: 10 e 55).

[2106] Peter Riess, 1978 a: 17 e 18. O princípio já tinha sido afirmado na motivação do projecto do *Bund-Länder-Arbeitsgruppe*, com vista a afastar a proposta da criação de três graus de jurisdição do Sindicato ÖTV (Bund-Länder-Arbeitsgruppe, 1975: 33).

[2107] Ständigen Deputation des Deutschen Juristentages, 1978: 222.

[2108] Clemens Amelunxen, 1980: 84, e 1982: 123.

[2109] A posição de Figueiredo Dias era mais ampla do que a que veio a ser consagrada pela lei, admitindo, como Herbert Tröndle, a sindicância no recurso de revisão alargada das contradições insanáveis entre as comprovações constantes da sentença e a prova registada (Figueiredo Dias, 1983 a: 240). No entanto, na proposta de lei n. 21/IV já se apresentava a solução mais restritiva, que veio a vigorar.

1024 A Reforma da Justiça Criminal em Portugal e na Europa

um verdadeiro "Estado justificador" (*rechtfertigender Staat*).[2110] A relação entre o princípio do Estado de Direito e a construção de um processo transparente, compreensível (*nachvollziehbar*) pelas partes e pela comunidade alcançava o seu zénite nas exigências colocadas à motivação da decisão do tribunal.[2111]

Por outro lado, a "divisão horizontal da competência" entre o Supremo Tribunal de Justiça e as Relações aproximava-se do modelo austríaco de divisão da competência entre o *Bundesgerichthof* e os *Oberlandesgerichte*, conhecendo aquele dos recursos das decisões finais dos tribunais colectivos e estes dos recursos das decisões finais dos tribunais singulares.[2112] Esta opção fundamental em relação à organização judiciária tornou dispensável a introdução de um "direito de escolha" (*Whalrecht*) entre a apelação para o Tribunal da Relação e o recurso para o Supremo Tribunal de Justiça, que a doutrina alemã propunha.[2113] A supressão do triplo grau de jurisdição, que contribuía significativamente para a maior funcionalidade do sistema penal, não correspondia, contudo, a uma restrição das faculdades de defesa em face do dever imposto aos tribunais superiores de sindicância dos vícios fundamentais da decisão sobre a matéria de facto, com base na motivação da decisão recorrida.

A instituição de um sistema rigoroso de duplo grau de jurisdição, abolindo a anterior sobreposição de dois graus de recurso sobre a questão de direito, constituía uma decorrência lógica da melhoria substancial da qualidade da justiça realizada na primeira instância e, sobretudo, da relevância especial das garantias resultantes dos princípios da imediação e da acusação. Por isso, com toda a justeza afirmava o legislador, no preâmbulo do novo Código, que "é logo a partir da primeira instância que se começa por dar expressão à garantia ínsita na existência da dupla jurisdição".

[2110] Jürgen Brüggemann, 1971: 161.

[2111] Dirk Steiner, 1995: 173 a 176.

[2112] De "uma espécie de separação horizontal de competências" falava Costa Andrade, na sessão plenária da Assembleia da República de 17.7.1986 (Diário da Assembleia da República, IV Legislatura, 1985-1986, n. 98, p. 3713).

[2113] Claus Amelunxen, 1982: 124.

CONCLUSÕES

1. A reforma do processo penal na Europa continental apresenta três momentos fundamentais na modernidade: o Código de Instrução Criminal francês, de 1808, a *Strafprozessordnung* austríaca, de 1873, e a reforma Emminger, de 1924.

2. A reforma do processo penal foi orientada por um paradigma judiciário liberal, assente em dois princípios fundamentais conservados na tradição jurídica anglo-saxónica. Estes princípios são o do julgamento do acusado com base na produção da prova diante de um tribunal independente e popular e o da acusação ou confirmação da acusação por um tribunal distinto do de julgamento. O modelo judiciário francês consagrou o paradigma liberal no continente, mas sofreu as vicissitudes decorrentes da sua correlação íntima com a evolução da situação política interna da maior potência continental novecentista.

3. Em Portugal, os vícios e as insuficiências da organização judiciária e do processo criminal comum e militar suscitaram, já no final do Antigo Regime, a apresentação de um Ensaio de Código Criminal por Pascoal José de Mello Freire, em 1789, e de um Esboço de Projecto de Código Criminal Militar por Garção Stockler, em 1805, e a aprovação de um Código Penal Militar em 1820. Os projectos não tiveram sucesso e o Código não chegou a vigorar.

4. Depois de duas breves tentativas de implantação do modelo judiciário inglês em Portugal, primeiro com o Decreto das Cortes de 4.7.1821 e depois com a Reforma Judiciária de 1832, o legislador liberal modificou o sentido da reforma do processo penal. O processo penal comum, o processo penal da marinha mercante e o processo penal militar sofreram uma influência directa do direito francês desde a aprovação, respectivamente, da Nova Reforma Judiciária, de 1836-1837, do Código Penal e Disciplinar da Marinha Mercante, de 1864, e do primeiro Código de Justiça Militar, de 1875, apresentando, contudo, especialidades importantes derivadas umas da escassez de meios do país e outras de um tratamento mais favorável ao arguido.

5. O legislador permaneceu, assim, insensível às propostas de José Maria Forjaz de Sampaio e Giovanni Carmignani no sentido de uma filiação da reforma portuguesa no modelo judiciário leopoldino, o mesmo acontecendo em

1026 *A Reforma da Justiça Criminal em Portugal e na Europa*

relação às repetidas sugestões de Silvestre Pinheiro Ferreira, cujos projectos apontavam no sentido de um modelo inovador e autónomo dos então conhecidos no continente europeu. Na jurisdição militar, também não tiveram sucesso os esforços da comissão presidida pelo Visconde da Granja, não obstante as importantes inovações introduzidas no Projecto de Código do Processo Criminal da Armada apresentado em 1857.

6. A reforma global do direito ultramarino português, que teve o seu início na província da Índia em 1836, só foi verdadeiramente implantada com a Regeneração e teve o seu ponto culminante na legislação inovadora e sem paralelo internacional que uniformizou a organização judiciária e o regime processual aplicável nas províncias ultramarinas em 1894.

7. No continente europeu, a revisão do modelo judiciário francês foi encetada pelo legislador austríaco e, posteriormente, pelo alemão na década de setenta do século XIX. As soluções reformadoras tinham uma natureza compromissória e visavam uma maior eficácia do processo preparatório, uma maior imparcialidade do juiz de julgamento e um reforço da realização dos princípios da imediação e da oralidade.

8. A necessidade de revisão do modelo judiciário francês impulsionou José Homem Corrêa Telles e José Joaquim Sant'Anna a prepararem projectos de reforma da lei processual, mantendo o do primeiro autor o modelo judiciário vigente e revolucionando-o o projecto do segundo autor.

9. A crise do paradigma judiciário liberal em Portugal agravou-se na segunda metade do século XIX, com a multiplicação das formas de processo especiais, a criação de jurisdições penais especiais, a restrição da competência das magistraturas populares e, sobretudo, a policialização da instrução. A pronúncia provisória e a detenção para averiguações tornaram-se os dois artifícios práticos mais comuns para resolver o grave problema da insuficiência da regulamentação legal do processo preparatório, dando-lhes o legislador cobertura, respectivamente, em 1855 e em 1867.

10. À imagem do sucedido com os projectos de Silvestre Ferreira na primeira metade do século XIX, as repetidas propostas apresentadas por José da Cunha Navarro de Paiva não foram acolhidas pelo poder político. A tendência destas propostas para a conservação do modelo vigente, em desencontro com a própria evolução legislativa, só foi alterada com o projecto de 1886, que reunia o melhor dos dois anteriores de 1874 e 1882. Também à semelhança da proposta reformadora de José Joaquim Sant'Anna no final da primeira metade do século XIX, o projecto de Alexandre de Seabra apresentado já no final da segunda metade desse século distinguia-se pelo seu carácter revolucionário, não tendo merecido por isso o favor do legislador. Ao ministro da justiça José de Alpoim Cabral ficou a dever-se a preparação e a entrega no parlamento do último pro-

jecto de um código novo durante a monarquia, caracterizando-se este projecto concebido na viragem do século por Francisco Maria Veiga e Trindade Coelho pela busca de uma maior eficácia da perseguição penal, mesmo com prejuízo de garantias tradicionais do modelo liberal.

11. A reforma do direito processual comum português foi tentada depois da implantação da República, com o propósito da reestruturação e da liberalização do processo preparatório e o do reforço da participação popular na administração da justiça. A reforma fracassou por força da retracção dos sucessivos governos republicanos diante da ameaça permanente da revolta popular e do golpe militar.

12. A retracção dos governos republicanos, que também teve lugar na jurisdição militar, volveu-se, posteriormente, em um movimento de reacção quando o poder político sucumbiu à tentação do recurso à justiça militar extraordinária. O novo Código de Processo Criminal Militar de 1911 constituiu por isso uma tentativa, também ela fracassada, de renovação do paradigma judiciário liberal. A adaptação da lei à realidade foi operada com a publicação, já nas vésperas do golpe militar de Maio de 1926, de um novo Código de Justiça Militar.

13. Na vigência da primeira República goraram-se de novo os esforços da doutrina para a aprovação de uma lei processual penal na metrópole e na colónia de Moçambique, esforços desta feita desenvolvidos por Armando Marques Guedes e por Augusto Vasconcellos.

14. Com a implantação da ditadura militar o paradigma judiciário liberal foi gradualmente desmantelado, prosseguindo este desmantelamento três objectivos imediatos: a reforma do sistema de gestão administrativa e disciplinar da magistratura judicial, a diminuição da participação popular na administração da justiça e a concentração das funções da instrução e de julgamento. O Estatuto Judiciário de 1927 consagrou as principais modificações anteriormente introduzidas com carácter urgente.

15. O surgimento na Alemanha do primeiro pós-guerra dos fenómenos característicos da sociedade contemporânea de uma forte conflitualidade social e política e do aumento da criminalidade associada a deficiências da organização social e económica e a desigualdades do tecido social em detrimento da criminalidade "emotiva" tornou ainda mais evidente a insuficiência das soluções compromissórias adoptadas para a reforma do paradigma liberal. As novas soluções, que foram sintetizadas no projecto fundamental de James Goldschmidt, o *Entwurf eines Gesetzes über den Rechtsgang in Strafsachen*, de 1919, e consagradas em parte pela reforma Emminger, apontavam já o caminho para um novo paradigma judiciário social, pois visavam não apenas uma maior eficácia do processo penal, mas também uma distribuição mais justa dos meios empregues

no combate à criminalidade e a máxima individualização possível da pena aplicada ao réu.

16. O Estado nacional-socialista tirou proveito das novas propostas dogmáticas e, através do controlo político de todos os agentes judiciários e da concentração de poderes na magistratura do Ministério Público, perverteu o sentido daquelas propostas em função de uma estratégia de domínio totalitário da sociedade e de direcção de todas as energias nacionais para o esforço de guerra. Por outro lado, o governo nacional-socialista encetou uma policialização integral da administração da justiça penal, procedendo a uma verdadeira duplicação da organização judiciária penal pelas polícias, que deste modo ganharam o domínio prático efectivo da acção de combate à criminalidade política e não política.

17. O Código de 1929, aprovado em um momento político de transição, revelava uma natureza compromissória, caracterizando-se mais pela resolução de dificuldades de interpretação e de aplicação do direito positivo anterior do que pela introdução de soluções inovadoras e permanecendo, tal como os projectos de Navarro de Paiva e Alpoim Cabral, alheio à reforma realizada pelos legisladores austríaco e alemão. O seu carácter conservador implicava efectivamente a defesa de um padrão mínimo de garantias perante o novo poder político ditatorial, embora fazendo também concessões relevantes no que respeita à restrição da liberdade provisória do suspeito. A reintrodução da detenção para averiguações e a consagração explícita da prática, contestada na doutrina, da pronúncia provisória permitiam um amplo espaço de manobra quer ao investigador policial quer ao investigador judicial.

18. Simultaneamente, a jurisdição militar serviu de instrumento preferencial do novo poder para a normalização da nova situação política. A manutenção dos meios extraordinários de reacção introduzidos pela República, sobretudo através da acção dos tribunais militares especiais, desta feita utilizados contra o inimigo ideológico do novo regime, e a adaptação do processo aplicável na jurisdição militar à nova lei processual comum representaram uma dupla compressão do paradigma judiciário liberal no âmbito da jurisdição militar.

19. Por seu turno, a reforma prisional de 1936 transformou a relação entre o poder judicial e o poder executivo por intermédio da reforma individualizadora da fase da execução da pena e da criação de uma comissão mista constituída em verdadeiro órgão de controlo da adequação permanente da execução da pena à personalidade do réu condenado. A "detenção suplementar", acolhida com toda a amplitude pela lei, respondia às exigências reiteradas ao longo de mais de setenta anos pela doutrina portuguesa, mas agravava ainda mais a crise do modelo judiciário vigente.

20. No âmbito da criminalidade política, a conjugação da aplicabilidade posterior à execução da pena de uma medida de segurança de duração ilimitada

e determinação governamental e da faculdade de a polícia e outras autoridades administrativas e militares com poderes instrutórios deterem ilimitadamente para averiguações e até de o tribunal manter o suspeito em prisão preventiva por período ilimitado permitiam não só o exercício de poderes de natureza jurisdicional por órgãos que o não eram, como a perpetuação da situação de constrangimento policial ou judiciário do suspeito.

21. No âmbito da criminalidade cometida por delinquentes de difícil correcção e imputáveis perigosos, a introdução da "prorrogação da pena", também de duração ilimitada e de determinação administrativa, conjugada com idênticos poderes de detenção muito latos das polícias civis alargava à criminalidade não política o regime de excepção vigente para os suspeitos e condenados por motivos políticos, salvo no que respeita aos prazos de prisão preventiva sem culpa formada.

22. Só com o final da segunda guerra mundial e a nomeação do Professor Cavaleiro de Ferreira para a pasta da justiça se procedeu à reforma do modelo judiciário vigente, optando-se por uma estrutura processual semelhante à do Código alemão de 1877, que já tinha tido eco nos projectos de Alexandre de Seabra e de Marques Guedes. Além desta nova estrutura processual, de uma reorganização profunda dos tribunais com competência criminal e da instituição dos tribunais de execução das penas, a introdução de um novo paradigma judiciário consubstanciou-se também em uma racionalização dos dois principais instrumentos de combate à criminalidade, a detenção para averiguações e a aplicação de medidas de segurança na fase posterior ao cumprimento da pena. A natureza autoritária do regime político reflectiu-se ainda nas novas opções relativas ao sistema de controlo das medidas de coacção e do arquivamento de processos, à organização judiciária e à gestão da magistratura judiciária, importando-se neste tocante as soluções já experimentadas no direito ultramarino desde 1936. Um novo paradigma judiciário foi assim implantado, distinguindo-se, no entanto, o concreto modelo judiciário consagrado no direito português por Cavaleiro de Ferreira consideravelmente do modelo judiciário consagrado no direito alemão pelo ministro da justiça Franz Gürtner.

23. A policialização integral da administração da justiça penal, rejeitada peremptoriamente por Cavaleiro de Ferreira, marca um reforço interno do paradigma judiciário autoritário e uma opção fundamental no sentido do enclausuramento do regime político sobre si mesmo. Esta opção concretizou-se, quer na metrópole, quer nas províncias ultramarinas, no âmbito das providências consideradas necessárias para a defesa do Estado contra as actividades subversivas então adoptadas.

24. No direito processual penal militar, as reformas fundamentais de 1931 e de 1965, aproximaram-no do direito comum, nivelando pelo mínimo denominador comum as garantias do arguido.

25. O sentido da evolução do direito processual ultramarino foi sendo revisto consoante o justificava a conveniência da conjuntura política externa e da guerra nas províncias ultramarinas e não de acordo com a aplicação sistemática e uniforme de um verdadeiro modelo judiciário dualista, que nunca chegou efectivamente a ser levado à prática. A administrativização da justiça indígena e a inquisitoriedade radical da forma de processo aí aplicada agravaram a crise do modelo.

26. Influenciado pela reforma da instrução preparatória e do regime das medidas de coacção e, em especial, da prisão preventiva pela Lei alemã da reforma da StPO e da GVG, a *Gesetz zur Änderung der Strafprozessordnung und des Gerichtsverfassungsgesetzes*, de 19.12.1964, e pela Lei francesa de reforma do CPP, a *Loi tendant à renforcer la garantie des droits individuels des citoyens*, n. 70.643, de 17.7.1970, e motivado pela revisão constitucional de 1971, o legislador português ainda procurou reverter à situação anterior a 1954, procedendo a reformas importantes quer no que respeita à delimitação dos pressupostos e à fixação dos prazos da prisão preventiva, quer no que toca à restrição do âmbito das medidas de segurança, quer ainda no que se refere à situação processual do arguido e do defensor durante a instrução preparatória. Não obstante o esforço realizado, mantinham-se restrições significativas nos processos relativos a crimes contra a segurança do Estado. A tentativa fracassada do Ministério da Justiça de uma reforma unitária de todo o processo penal, cujos trabalhos preparatórios se ficaram a dever a Vera Jardim e Maia Gonçalves, não resolvia ainda as deficiências mais graves do modelo implantado.

27. Na década de setenta o legislador alemão regressou a algumas das propostas do início do século, características do novo paradigma judiciário social. Simultaneamente, o legislador italiano preparou um *Progetto Preliminare*, que também ia neste sentido. Já depois da revolução de 25 de Abril, o legislador português seguiu estes passos no âmbito do direito processual comum depois de hesitações e algumas contradições, tendo a revisão constitucional de 1982 constituído o momento crucial para a definição de uma directiva para os trabalhos de reforma do processo penal comum. O ensaio de um novo código apresentado por Maia Gonçalves no ano seguinte não sanava as aporias do processo penal português, agravando até algumas delas.

28. A reforma do processo penal militar foi sendo adiada, mas este processo foi despojado das mais graves limitações decorrentes do modelo judiciário anterior. A descolonização pôs fim a um modelo judiciário ultramarino em que se ensaiava um regresso à tradição liberal novecentista.

29. O novo parâmetro constitucional contribuiu também decisivamente para o processo de desconstrução jurisprudencial do código de 1929, cujo estudo revelou o bem fundado da censura pelo Tribunal Constitucional do regime

Conclusões 1031

do livre aproveitamento da prova da instrução pelo juiz de julgamento e da tese da inexistência de um dever de motivação das respostas e, portanto, a razão do voto maioritário no acórdão fundamental n. 251/2000. O estudo daquele processo de desconstrução também mostrou, no entanto, o carácter infundado do sancionamento pelo Tribunal Constitucional dos poderes do juiz de julgamento de apreciação liminar da acusação e a possibilidade de aperfeiçoamento da jurisprudência constitucional no que toca à admissibilidade da alteração da qualificação jurídica dos factos.

30. O código de 1987 realizou os grandes propósitos do paradigma social, já consagrados no projecto de James Goldschmidt, de 1919: a direcção da investigação criminal pelo Ministério Público, com o auxílio funcional das polícias, a abolição da instrução judicial prévia, a restrição da valoração judicial no processo intermédio, a restrição da contaminação da prova da audiência pela prova do inquérito e o domínio da produção de prova pelas partes. Estes objectivos foram completados pela divisão da audiência de julgamento em duas partes distintas, com funções diferentes, e pelo funcionamento de um serviço de "assistência judiciária a adultos". Com esta modificação do direito vigente na primeira instância se harmoniza a conformação dos recursos ordinários, quer no que toca à introdução de um sistema rigoroso de duplo grau de jurisdição, quer no que respeita à delimitação do controlo da decisão sobre a matéria de facto na Relação e no Supremo Tribunal de Justiça.

FONTES DE ARQUIVO E BIBLIOGRAFIA

As fontes de arquivo utilizadas são citadas separadamente.

A bibliografia obedece às seguintes regras:

As obras são citadas pelo método autor-data, que Umberto Eco aponta como o mais adequado para este género de obras, com vista a não sobrecarregar o texto com as menções bibliográficas e a facilitar ao leitor a localização temporal rigorosa da obra no seu contexto científico.

Os nomes dos autores são citados no texto pelo modo mais comum na literatura sua coeva, mas surgem na bibliografia pela menção do último apelido (exemplos: Luís Osório surge como "Bátista, Luís Osório da Gama e Castro de Oliveira", e Mello Freire surge como "Reis, Pascoal José de Mello Freire dos").

Respeitou-se a grafia original dos nomes e dos textos, quer na bibliografia quer nas citações feitas.

Quando um autor tem várias obras publicadas no mesmo ano, elas são diferencia-das acrescentando as letras do alfabeto à data das obras.

Quando um mesmo livro tem duas paginações ou mais, faz-se menção da página e da parte do livro em causa (exemplo: António Ribeiro dos Santos, 1844: 154, 164 a 168, notas ao título III). Quando não tem qualquer paginação, cita-se só a data (exemplo: a memória de 1876 de Augusto Pinto Osório).

As ordens do exército são citadas a partir da respectiva colecção oficial.

As portarias e os ofícios do ministério da marinha e do ultramar são citados a partir da colecção oficial de legislação ultramarina.

As portarias e os decretos dos governos das províncias ultramarinas são citados a partir dos Boletins Oficiais das respectivas províncias.

Os pareceres da Câmara Corporativa e da Comissão Constitucional são citados a partir das respectivas colectâneas.

As dissertações de licenciatura, doutoramento ou habilitação não publicadas são mencionadas com a indicação de "Diss." e da Universidade onde foram apresentadas.

As lições universitárias coligidas por alunos são mencionadas em relação ao professor que as proferiu.

Os artigos de revista publicados ao longo de vários anos são citados pelo primeiro ano da respectiva publicação, com a menção do número da revista referente à passagem em questão (exemplo: Dias da Silva, 1899: n. 1422, p. 18).

1034 A Reforma da Justiça Criminal em Portugal e na Europa

As revistas, os dicionários e os comentários são citados de acordo com as seguintes siglas, que são as habituais:

APC	– Archives de Politique Criminelle
AS	– Análise Social
BAPIC	– Boletim da Administração Penitenciária e dos Institutos de Criminologia
BFD	– Boletim da Faculdade de Direito (da Universidade de Coimbra)
BGC	– Boletim Geral das Colónias
BIC	– Boletim dos Institutos de Criminologia
BMJ	– Boletim do Ministério da Justiça
BOA	– Boletim da Ordem dos Advogados
BOMJ	– Boletim Oficial do Ministério da Justiça
BVerfGE	– Entscheidungen des Bundesverfassungsgerichts
D.	– Recueil Le Dalloz, Hebdomadaire.
DDC	– Documentação e Direito Comparado
DHEN	– Dicionário de História do Estado Novo (org. Fernando Rosas e J. Brandão de Brito)
DHP	– Dicionário da História de Portugal (org. Joel Serrão)
DJAP	– Dicionário Jurídico da Administração Pública, na sua 2ª edição (org. José Pedro Fernandes)
DJ	– Direito e Justiça
DtJ	– Deutsche Justiz, Rechtspflege und Rechtspolitik
GA	– Goltdammer's Archiv für Strafrecht
GARL	– Gazeta dos Advogados da Relação de Luanda
GerS	– Der Gerichtssaal
GRL	– Gazeta da Relação de Lisboa
GRNG	– Gazeta da Relação de Nova Goa
GT	– Gazeta dos Tribunaes
História	
JE	– Jornal do Exército
JF	– Jornal do Foro
JJ	– Jornal da Jurisprudência
JP	– Justiça Portuguesa
JR	– Juristische Rundschau
JZ	– Juristenzeitung
KK-StPO	– Karlsruher Kommentar zur Strafprozessordnung und zum Gerichtsverfassungsgesetz, na sua 4ª edição (org. Gerd Pfeiffer)
Löwe-Rosenberg- StPO	– Die Strafprozessordnung und das Gerichtsverfassungsgesetz, Grosskommentar, na sua 24ª edição (org. Peter Riess)

MedC	– A Medicina Contemporânea
MschrKrimPsych	– Monatsschrift für Kriminalpsychologie und Strafrechtsreform
Mschr. f. Kriminalbiologie	– Monatsschrift für Kriminalbiologie und Strafrechtsreform
MschrKrim	– Monatsschrift für Kriminologie und Strafrechtsreform
O Direito	
Pfeiffer/Fischer-StPO	– Strafprozessordnung Kommentar von Gerd Pfeiffer/ /Thomas Fischer, München, Beck, 1995.
RCSC	– Revista Crítica de Ciências Sociais
RDES	– Revista de Direito e Estudos Sociais
RESC	– Revista da Escola Superior Colonial
RFDUL	– Revista da Faculdade de Direito da Universidade de Lisboa
RFLUL	– Revista da Faculdade de Letras da Universidade de Lisboa
RFP	– Revista do Fôro Portuguez
RGEU	– Revista do Gabinete de Estudos Ultramarinos
RIDC	– Revue Internationale de Droit Comparé
RIFD	– Rivista Internazionale di Filosofia del Diritto
RLJ	– Revista de Legislação e Jurisprudência
RJ	– Revista de Justiça
RM	– Revista Militar
RMP	– Revista do Ministério Público
ROA	– Revista da Ordem dos Advogados
RPCC	– Revista Portuguesa de Ciência Criminal
RSC	– Revue de Science Criminelle
RSCDPC	– Revue de Science Criminelle et Droit Pénal Comparé
RT	– Revista dos Tribunais
SI	– Sciencia Iuridica
VJ	– A Vida Judiciária
ZRP	– Zeitschrift für Rechtspolitik
ZStW	– Zeitschrift für die gesamte Strafrechtswissenschaft

FONTES DE ARQUIVO

Arquivo Histórico da Assembleia da República
"Código Penal Militar", subscrito pelo Marquês de Campo Maior, o Conde de Sampaio, Martinho Dias Azedo e José Leite de Barros, de 11.2.1820.
"Synopse e Bazes do Projecto de organização judiciária, pedindo a discussão destas Bazes como aquellas de que depende o desenvolvimento regulamentar da mesma Organização", da Secretaria dos Negócios Eclesiásticos e de Justiça, de 9.3.1836.

Arquivo Histórico da Marinha
"Artigos de Guerra para uso do serviço e Disciplina dos Navios d' Armada", de 1836.
"Projecto do Código Penal para o Serviço da Armada", de 11.1.1850
"Notas ao relatório e projecto emendado dos Artigos de Guerra, agora chamados Código penal para a Armada", de António Manuel de Noronha.
Ofício do Supremo Conselho de Justiça Militar, na Secção de Marinha, de apresentação à Rainha do projecto de Código Penal para a Armada, de 17.5.1850.

Arquivo do Ministério da Justiça
Actas da Comissão Revisora do Código do Processo Penal, 1991.

Arquivo da Procuradoria-Geral da República
"Anteprojecto de Código de Processo Penal", de Adriano Vera Jardim e Manuel Maia Gonçalves, 1973.

BIBLIOGRAFIA

Abegg, Julius Friedrich Heinrich
1833: Lehrbuch des gemeinen Criminal-prozesses mit besonderer Berücksichtigung des Preussischen Rechts, Mit einer Abhandlung über die wissenschaftliche Behandlung des Criminal-Prozesses, Königsberg, Verlag der Gebrüder Bornträger.
1841: Beiträge zur Strafprocess-Gesetzgebung, Neustadt an der Orla, Verlag Karl Gottfried.

Abranches-Ferrão, Fernando de
1963: Inutilidade Prática da Instrução Contraditória, Lisboa, Jornal do Foro.

Abranches-Ferrão, Fernando de, e Francisco Salgado Zenha
1971: O Direito de Defesa e a Defesa do Direito, Contra-alegação para o STJ e algumas peças do processo, Lisboa.

Abranches-Ferrão, Fernando de, et al.
1974: Angolanos no Tarrafal, Alguns Casos de habeas corpus, Porto, Afrontamento.

Abreu, Armando de Castro e
1943: Dualismo ou Monismo dos Meios de Tutela Penal, Diss. da Faculdade de Direito de Lisboa.

Abreu, José Vasconcelos
1966: Para o Enquadramento do Instituto da Prisão Preventiva, Lisboa, Separata da ROA.

Abreu, Luiz Filipe de
1859: Dissertação Inaugural para o Acto de Conclusões Magnas: Se é justo e conveniente adoptar a deportação para pena; e, no caso affirmativo, em que termos, Coimbra, Imprensa da Universidade.
1862: Estudos sobre o Projecto de Codigo Penal Portuguez, Coimbra, Imprensa da Universidade.

Abreu, Manuel Gomes
1934: O Sistema Penitenciário Progressivo, Diss. da Faculdade de Direito de Coimbra.

Abreu, Miguel de
1927: La Politique Coloniale et Internationale du Portugal, Lisbonne.

Abreu, Raul António Bessone d'
1932: Comentário ao Código de Processo Penal, Lisboa, Empresa Juridica Editora.

1040 A Reforma da Justiça Criminal em Portugal e na Europa

Abreu, Raul António Bessone d', e Eurico Simões Serra
1930: Formulário Penal, Volume II, Lisboa, Edição dos Autores, Depositaria Livraria Moraes.

Adickes
1907: Der englische Strafprozess und die deutsche Strafprozessreform, in MschrKrim-Psych, 3 (1907), pp. 65 a 78.
1908: Zur Justizreform, in MschrKrimPsych, 4 (1908), pp. 1 a 25.

Afonso, Mário Augusto Fernandes
1964: O caso julgado e os despachos da abstenção de acusar proferidos pelo Ministério Público, in SI, tomo XIII (1964), pp. 153 a 166.

Aguiar, Chaves de
1891: A Administração Colonial, Lisboa, Typographia Lisbonense.

Albrecht, Peter-Alexis, et al.
1992: Rechtsgüterschutz durch Entkriminalisierung: Vorschläge der Hessischen Kommision »Kriminalpolitik« zur Reform des Strafrechts, Baden-Baden, Nomos.

Albuquerque, J. Mouzinho de
1899: Moçambique, 1896 – 1898, Lisboa, Manoel Gomes, Editor.

Albuquerque, José Osório da Gama e Castro Saraiva de
1947 a: Instrução Contraditória. Conceito e Função, in BMJ n. 1, pp. 9 a 19.
1947 b: Interrogatório do arguido, Incomunicabilidade, Regime de detenção, in BMJ n. 3, pp. 95 a 99.

Albuquerque, Paulo Sérgio Pinto de
1994: Introdução à Actual Discussão sobre o Problema da Culpa em Direito Penal, Coimbra, Almedina.
1997: A Ausência do Arguido na Audiência de Julgamento em Processo Comum (Proposta de Revisão do Código de Processo Penal), in DJ, volume XI, 1997, pp. 203 a 242.
1998: Ein unausrottbares Missverständnis, Bemerkungen zum strafrechtlichen Schuldbegriff von Jakobs, in ZStW, 110 (1998), pp. 640 a 657.
2000: Landesbericht Portugal, in Monika Becker und Jörg Kinzig (Hrsg.), Rechtsmittel im Strafrecht, Eine international vergleichende Untersuchung zur Rechtswirklichkeit und Effizienz von Rechtsmittel, Band 1/1, Freiburg, edition iuscrim, pp. 319 a 377.

Albuquerque, Ruy de, e Martim de Albuquerque
1998: História do Direito Português, I, 9ª edição, Lisboa.

Alcantara, João José de
1861: Legislação Militar de Execução Permanente até 31 de Dezembro de 1860, Volume I, Lisboa, Imprensa Nacional.

Allard, Albéric
1868: Histoire de la Justice Criminelle au seizième siècle, Gand, H. Hoste, Libraire-Éditeur.

Allason, Rupert
1983: The Branch, A History of the Metropolitan Police Special Branch, 1883-1983, London, Martin Secker & Warburg Ltd.

Allfeld, Philipp
1936: Zum Problem der Analogie im Strafrecht, in GerS, 107 (1936), pp. 309 a 315.

Almeida, António Lopes da Costa e
1856: Repertorio Remissivo da Legislação da Marinha e do Ultramar comprehendida nos annos de 1317 até 1856, Lisboa, Imprensa Nacional.

Almeida, Cândido Mendes de
1866 a: Direito Civil Ecclesiastico brazileiro antigo e moderno em suas relações com o Direito Canónico ou Collecção completa chronologicamente disposta desde a primeira dynastia portugueza até o presente comprehendendo, além do Sacrosanto Concilio de Trento ... missões, etc, etc. A que se addicionarão ... a jurisprudência civil ecclesiastica do Brasil, Tomo I, Primeira Parte, Rio de Janeiro, Garnier.
1866 b: Direito Civil Ecclesiastico brazileiro antigo e moderno em suas relações com o Direito Canónico ou Collecção completa chronologicamente disposta desde a primeira dynastia portugueza até o presente comprehendendo, além do Sacrosanto Concilio de Trento ... missões, etc, etc. A que se addicionarão ... a jurisprudência civil ecclesiastica do Brasil, Tomo I, Terceira Parte, Rio de Janeiro, Garnier.
1869: Auxiliar Juridico servindo de Appendice à Decima Quarta Edição do Codigo Philippino ou Ordenações do Reino de Portugal recopiladas por mandado de El-Rey D. Philippe I, Rio de Janeiro, Typographia do Instituto Philomathico.
1870: Codigo Philippino ou Ordenações e leis do reino de Portugal recopiladas por mandado d' El-Rey D. Philippe I., Decima-Quarta Edição, segundo a primeira de 1603, e a nona de Coimbra de 1824, Rio de Janeiro, Typographia do Instituto Philomathico.

Almeida, Carlota Pizarro de
2000 a: Modelos de Inimputabilidade, Da Teoria à Prática, Coimbra, Almedina.
2000 b: Despublicização do Direito Criminal, Lisboa, AAFDL.

Almeida, Dário Martins de
1977: O Livro do Jurado, Coimbra, Livraria Almedina.

Almeida, Emídio E. Ferreira de
1941: A Pena Fixa e a Pena Indeterminada, Setúbal, Tipografia Simões.

Almeida, Fortunato de
1922: História de Portugal, Tomo I, Desde os Tempos Prèistóricos até á Aclamação de D. João I (1385), Coimbra, Edição do Autor.
1925: História de Portugal, Tomo III, Instituições Políticas e Sociais de 1385 a 1580, Coimbra, Imprensa da Universidade.
1927: História de Portugal, Tomo V, Instituições Politicas e Sociais de 1580 a 1816, Coimbra, Edição do Autor.

Almeida, Francisco José de
1822: Breve Exposição da Instituição do Jurado, das suas Vantagens, e dos Defeitos e Melhoramentos, de que he susceptivel, Lisboa, Imprensa Nacional.

Almeida, João Alcides de
1966: Valor do despacho que ordena o arquivamento de processo crime, in JF, ano 30 (1966), pp. 35 a 44.

Almeida Junior, João Mendes de
1920: O Processo Criminal Brazileiro, Volume I, 3ª Edição Augmentada, Rio de Janeiro, Typ. Baptista de Souza.

Almeida, L. P. Moitinho de
1972: Os Direitos e Deveres dos Advogados, in ROA, ano 32 (1972), pp. 99 a 134.

Almeida, Maria Rosa Lemos Crucho de
1971: O intervalo de reincidência após a libertação de um estabelecimento prisional, in BAPIC, n. 26 (1971), pp. 15 a 24.

Almeida, Simões de
1977: Do Processo de Ausentes (estudo não publicado).

Alsberg, Max
1913: Justizirrtum und Wiederaufnahme, Berlin, Dr. P. Langenscheidt Verlag.
1928: Mit welchen Hauptzielen wird die Reform des Strafverfahrens in Aussicht zu nehmen sein?, in Schriftführer-Amt der ständigen Deputation, Verhandlungen des Fünfunddreissigsten Deutschen Juristentages (Salzburg), Erster Band: Gutachten, 1. Lieferung, Berlin, de Gruyter.
1930: Vorschläge zur Reform der Strafprozessordnung nebst Begründung, in ZStW, 50 (1930), pp. 73 a 103.

Alvares, José Manuel
1899: Formulário Civil, Criminal e Commercial, Parte II, Formulario Criminal, Coimbra, França Amado Editor.

Alves, Maria Manuela de Carvalho
1945: Medidas de Segurança – pressupostos, Diss. da Faculdade de Direito de Coimbra.

Alves, Mário de Lima
1947: Habeas Corpus, Anotação ao acórdão do STJ de 17.12.1947, in JF, ano 11º (1947), pp. 255 a 266.

Amaral, António Caetano do
1945: Memórias, Memória V, Para a História da Legislação e Costumes de Portugal, Edição preparada e organizada por M. Lopes de Almeida e César Pegado, Lisboa, Livraria Civilização.

Amaral, Diogo Freitas de
1995: O Antigo Regime e a Revolução: Memórias Políticas, 1941-1975, Venda Nova, Livraria Bertrand.

Fontes de Arquivo e Bibliografia

Amelunxen, Clemens
1980: Die Revision der Staatsanwaltschaft, Lübeck, Verlag Schmidt-Römhild.
1982: Die Berufung in Strafsachen, Lübeck, Verlag Schmidt-Römhild.

Ancel, Marc
1950: Les Mesures de Sureté en Matière Criminelle, Rapport présenté au nom de la Comimission spéciale d´études de la C.I.P.P., Melun, Impremierie Administrative.
1954: La Défense Sociale Nouvelle (Un Mouvement de Politique Criminelle Humaniste), Paris Éditions Cujas.
1956: Introduction Comparative aux Codes Pénaux Européens, Paris, Centre Français de Droit Comparé.

Andrada Junior, Ernesto Campos, e Paulo Cancella d'Abreu
1917: Codigo do Processo Civil, Actas da comissão revisora do projecto do Codigo do Processo Civil (1.ª Revisão) coligidas e anotadas, Publicação Auctorisada pelo Ministerio da Justiça, Lisboa, Tipografia Universal.
1922: Codigo do Processo Civil, Actas da comissão revisora do projecto do Codigo do Processo Civil (Ultimas Revisões, Projecto Definitivo e Emendas) coligidas e anotadas, Publicação Autorisada pelo Ministerio da Justiça, Lisboa, Tipografia Universal.

Andrade, Abel Pereira de
1917: Instrução Contraditória, in RFDUL, ano I, 1917, pp. 283 a 308.
1925 a: Curso de Processo Penal, Lições do Snr. Doutor Abel de Andrade na Faculdade de Direito de Lisboa, por V. J. Esteves Cardoso, Volume I, Lisboa.
1925 b: Direito Penal, Lições do Sr. Doutor Abel de Andrade na Faculdade de Direito de Lisboa, Volume II, Lisboa.
1925 c: Primeiras linhas de um curso de processo penal, in BIC, volume VII (1925), pp. 379 a 407.
1929: Crítica dos processos de diferenciação do ilícito penal, in BIC, volume X (1929), pp. 1 a 15.
1935: Processo Penal, segundo as prelecções do Professor Doutor Abel de Andrade no ano de 1934-35, Lisboa.
1949: A Eficácia Intrínseca da Lei Penal, in ROA, ano 9 (1949), ns. 3 e 4, pp. 53 a 68.

Andrade Filho, Abel de
1925: Estudos de Direito Penal, Lisboa, Tipografia Ingleza.

Andrade, Abel de, e Francisco Machado
1923: Degredo para a Província de Angola, in BIC, volumes II e III (1923), pp. 11 a 48.

Andrade, Joaquim Miguel de
1824: Memorial de Official da Guarda Real da Policia de Lisboa ou Epitome de noticias da Instituição, e Organização progressiva do Corpo. Ordem Interior. Policia, e Disciplina. Funções competentes em que se emprega Ordinarias, e as Extraordinarias. Castigos. Recompenças. Com hum Addditamento o mais proprio para o Regulamento de Tropas commissionadas no Serviço da Segurança Publica. E o Plano da Creação dos Soldados Guardas-Barreiras Aggregados ao Mesmo Corpo.

1044 *A Reforma da Justiça Criminal em Portugal e na Europa*

Extractado das leis organicas, e Compilado das Ordens do dito Corpo; e Artigos prescriptos por Auctoridades, cujas maximas derivão da reflectida experiencia, Lisboa, Typogr. de António Rodrigues Galhardo.

Andrade, José Robin de

1970: Crimes contra a segurança do Estado: liberdade caucionada, in JF, ano 34 (1970), pp. 183 a 186.

1977: Livro IV, Da Tramitação do Processo em Primeira Instância (estudo não publicado).

Andrade, Manuel da Costa

1983: O Novo Código Penal e a Moderna Criminologia, in Jornadas de Direito Criminal, O Novo Código Penal Português e Legislação Complementar, Fase I, Lisboa, Centro de Estudos Judiciários, 1983, pp. 185 a 234.

1988: Consenso e Oportunidade (Reflexões a propósito da Suspensão Provisória do Processo e do Processo Sumaríssimo), in Jornadas de Direito Processual Penal, O Novo Código de Processo Penal, Coimbra, Livraria Almedina, pp. 317 a 358.

Andrade, Raul Moreira d'

1972: Independência do Poder Judicial perante o Poder Executivo, in SI, tomo XXI, 1972, pp. 506 a 513.

André, Adélio Pereira

1982: Sobre vícios instrutórios e poderes do juiz de instrução, in ROA, ano 42 (1982), pp. 795 a 818.

1983: Manual de Processo Penal, Procedimento Introdutório, Lisboa, Livros Horizonte.

Angermund, Ralph

1991: Deutsche Richterschaft 1919-1945, Krisenerfahrung, Illusion, politische Rechtsprechung, Frankfurt, Fischer.

Anónimo

1886: A desorganisação judicial, in GRL, 2º ano, n. 36, pp. 297 a 300, n. 44, pp. 365 a 367.

1887 a: Desorganização Judicial, Brado a favor da Magistratura Judicial Portugueza, Porto, Typographia de Manoel José Pereira.

1887 b: Observações sobre a projectada organisação judiciária, in GRL, 2º ano, n. 79, pp. 657 a 660.

1905: A Instituição do Jury, in Francisco Ferraz de Macedo, Galeria de Criminosos Celebres de Portugal, Historia da Criminologia Contemporanea, Volume VI, Lisboa, Empreza do Almanach Palhares, pp. 49 a 58.

Antonelli, Etienne

1925: Manuel de Législation Coloniale, Paris, Presses Universitaires de France.

Antunes, José Ricardo da Costa Silva

1895: Compilação da Legislação Penal Militar Portugueza, desde 1446 até 30 de Junho de 1895, Lisboa, Imprensa Nacional.

Antunes, M. A. Ferreira
1983: A Polícia Judiciária e o Ministério Público, in BMJ, n. 323, pp. 51 a 76.

Antunes, Maria João
1993: O Internamento de Imputáveis em Estabelecimentos destinados a Inimputáveis (os arts. 103, 104 e 105 do Código Penal de 1982), Coimbra, Coimbra Editora.

Aragão, Francisco Alberto Teixeira de
1824: A Instituição do Jury Criminal, Rio de Janeiro, Typographia de Silva Porto e Companhia.

Arantes, Tito
1957: A oralidade e alguns problemas dela derivados, in ROA, ano 17 (1957), pp. 267 a 284.

Araújo, António de
2000: A jurisdição militar (do Conselho de Guerra à revisão constitucional de 1997), in Jorge Miranda e Carlos Blanco de Morais (org.), O Direito da Defesa Nacional e das Forças Armadas, Lisboa, Edições Cosmos, pp. 529 a 582.

Araújo, Laurentino da Silva, e Gelásio Rocha
1972: Código de Processo Penal Anotado e legislação Complementar, Coimbra, Almedina.

Arbeitskreis Deutscher und Schweizer Strafrechtslehrer
1974: Entwurf eines Gesetzes gegen Ladendiebstahl (AE-GLD), Tübingen, Mohr.
1975: Entwurf eines Gesetzes zur Regelung der Betriebsjustiz, Tübingen, Mohr.
1980: Alternativ-Entwurf Novelle zur Strafprozessordnung, Strafverfahren mit nichtöffentlicher Hauptverhandlung, Tübingen, Mohr.
1985: Alternativ-Entwurf Novelle zur Strafprozessordnung, Reform der Hauptverhandlung, Tübingen, Mohr.

Arbeitskreis Deutscher, Österreichischer und Schweizerischer Strafrechtslehrer
1992: Alternativ-Entwurf, Wiedergutmachung, München, Beck.

Arriaga, Manuel d'
1889: O systema penitenciario, quando exclusivo e único, abrangerá os phenomenos mais importantes da criminalidade, e, não os abrangendo, converter-se-há n'uma instituição contraproducente e nefasta?, Lisboa, Imprensa Nacional.

Aschaffenburg, Gustav
1904: Crime e Repressão, Psychologia Criminal para Medicos, Jurisconsultos e Sociologos, Contribuição para a Reforma da Legislação Penal, Traducção da Edição Allemã de 1903 (Heidelberg) por S. Gonçalves Lisboa, Lisboa, Livraria Clássica Editora.

Aschrott, P. F.
1906 a: Abdruck der Beschlüsse der von dem Reichs-Justizamte einberufenen Komission für die Reform des Strafprozesses, in P. F. Aschrott (hrsg.), Reform des Strafprozesses, Kritische Besprechegungen der von der Komission für die Reform des Strafprozesses gemachten Vorschläge, Berlin, J. Guttentag Verlagsbuchhandlung, pp. 1 a 43.

1906 b: Die Reform des Strafprozesses, in P. F. Aschrott (hrsg.), Reform des Strafprozesses, Kritische Besprechegungen der von der Komission für die Reform des Strafprozesses gemachten Vorschläge, Berlin, J. Guttentag Verlagsbuchhandlung, pp. 46 a 120.

1908: Der Entwurf einer StPO und Novelle zum Gerichtsverfassungsgesetz kritisch besprochen, Berlin, Berlin, J. Guttentag Verlagsbuchhandlung.

Assumpção, Seraphim de Santa Clara

1899: Contencioso Fiscal (Decreto n. 2 de 27 de setembro de 1894) Annotado com toda a legislação posteriormente publicada, contendo uma tabella para applicação de addicionaes em multas por transgressões dos regulamentos fiscaes, e sua divisão, Portalegre, Typ. Minerva Central.

1903: Codigo do Contencioso Fiscal Coordenado e Annotado, Porto, Typographia Occidental.

1904: Manual do Processo Contencioso Fiscal, 2.ª Parte, Porto, A Polytechnica – Livraria Editora.

Aubry, Pierre

1909: La Colonisation et les Colonies, Paris, Octave Doin et Fils, Éditeurs.

Augier, J.

1913: De la Compétence des Conseils de Guerre en Temps de Guerre, Paris, Librairie de la Société du Recueil Sirey.

Augier, J., e Gustave Le Poittevin

1905: Traité Théorique et Pratique de Droit Pénal Militaire, Tome Premier, Paris, Librairie de la Société du Recueil Général des Lois & des Arréts.

1915: Traité des Recours en Revision contre les Jugements des Conseils de Guerre en Temps de Guerre, Organisation, Procédure, Moyens de Cassation, Paris, Librairie du Recueil Sirey.

Augusto, António Ferreira

1885: Reformas Urgentes do Ministério da Justiça sob o Ponto de Vista Judiciário, Porto, Typographia do «Dez de Março».

1887: Breves Considerações ácerca da Proposta d' Organisação Judiciaria do Ex.mo Ministro da Justiça, o Snr. Conselheiro Francisco António de Veiga Beirão, Porto, Typ. de Arthur José de Sousa & irmão.

1894: Alienados Criminosos, Cadeias, Serviços Medico Legaes e Toxicologicos, Pessoal Judiciario dos Tribunaes Criminaes, Reforma e reorganisação d' estes e d'outros Serviços Judiciarios, Porto, Imprensa Commercial.

1905 a: Annotações á Legislação Penal mais importante e que não está codificada, Primeiro Volume, Coimbra, J. Moura Marques Editor.

1905 b: Annotações á Legislação Penal mais importante e que não está codificada, Segundo Volume, Coimbra, J. Moura Marques Editor.

1906: Annotações ás Circulares Expedidas quando Procurador Regio junto da Relação do Porto, Porto, Typographia Universal.

Azevedo, Amândio Anes de

1958: Assistência social das prisões, in BAPIC, n. 2 (1958), pp. 15 a 86.

Fontes de Arquivo e Bibliografia

Azevedo, António Emílio d' Almeida
1908: Reforma Judiciaria, Porto, Livraria Chardron, de Lello & Irmão, editores.

Azevedo, Luís Eloy
2001: Magistratura Portuguesa, Retrato de uma mentalidade colectiva, Lisboa, Edições Cosmos.

Azevedo, Luiz Carlos
1996: Origem e Introdução da Apelação no Direito Lusitano, in Moacyr Lobo da Costa e Luiz Carlos Azevedo, Estudos de História do Processo, Recursos, São Paulo, FIEO / Joen Editora, pp. 11 a 112.

Bader, Karl
1956: Die Wiederherstellung rechtsstaatlicher Garantien im deutschen Strafprozess nach 1945, in AAVV, Strafprozess und Rechtsstaat, Festschrift zum 70. Geburstag von Prof. Dr. Pfenninger, Zürich, Schulthess & CO AG, 1956, pp. 1 a 14.

Bacelar, Armando
1972: A Intervenção do Advogado no Processo Criminal, in ROA, ano 32 (1972), pp. 598 a 604.

Bacelar, João
1923: A individualisação das penas, in BIC, volumes II e III (1923), pp. 1 a 10.
1924: Repressão penal, in BIC, volume IV (1924), pp. 1 a 10.

Baptista, Frederico Carvalho de Almeida
1958: Reclamação (Art. 27º do Decreto-lei n. 35.007), in SI, tomo VII (1958), pp. 415 a 422.

Baptista, Vasco Miranda
1945: O Processo Criminal Militar na fase do Corpo de Delito, Lisboa, Sociedade Astória.

Barbosa, Honório José
1946: O Processo Criminal e Civil no Julgado Instrutor e no Tribunal Privativo dos Indígenas, Guiné, Governo da Colónia da Guiné.

Barbosa, Joaquim José de Azevedo
1933: Medidas de Segurança, Diss. da Faculdade de Direito de Coimbra.

Barreiros, José António
1978: Processo Penal, Apontamentos das lições ministradas ao 5º ano jurídico (1977/78), Lisboa, Gadjúris.
1980: As instituições criminais em Portugal no século XIX: subsídios para a sua história, in AS, vol. XVI, 1980, 3., pp. 587 a 612.
1981 a: Processo Penal 1, Coimbra, Almedina.
1981 b: Intervenções, in Sindicato dos Magistrados do Ministério Público, A Revisão Constitucional, o Processo Penal e os Tribunais, Lisboa, Livros Horizonte, 1981, pp. 66 a 70, 124 a 127.
1981 c: Polícia e Magistratura, Algumas Reflexões, in ROA, ano 41 (1981), pp. 511 a 530.

1982 a: Criminalização política e defesa do Estado, in AS, vol. XVIII, 1982, 3., 4., 5., pp. 813 a 828.

1982 b: La phase préparatoire du procès pénal au Portugal, in BMJ, n. 321, pp. 121 a 129.

1983 a: Os Novos Critérios Penais: Liberalismo Substantivo, Autoridade Processual, in BOA, ano 12, 1983, pp. 7 a 13.

1983 b: Programa para um estatuto do Ministério Público, in ROA, ano 43 (1983), pp. 157 a 178.

1983 c: O Futuro do Processo Criminal, in RMP, ano 4º (1983), volume 15, pp. 75 a 106.

1985: Processo Penal: os Anos do Fim, in BMJ, n. 343, 1985, pp. 5 a 47

1988 a: A Nova Constituição Processual Penal, in ROA, ano 48, 1988, pp. 425 a 448.

1988 b: O Julgamento no Novo Código de Processo Penal, in O Novo Código de Processo Penal, Coimbra, Almedina, 1988, pp. 271 a 287.

1989: Manual de Processo Penal, Lisboa, Universidade Lusíada.

1997: Sistema e Estrutura do Processo Penal Português, II Volume, Edição do Autor.

Barreto, Domingos Alves Branco Moniz

1812: Indice Militar de todas as Leis, Alvarás, Cartas Regias, Decretos, Resoluções, Estatutos, e Editaes promulgados desde o Anno de 1752, até o Anno de 1810 com as curiosas declarações da maior parte das Ordens, Cartas Regias, e Provisões, expedidas, particularmente para o Brasil, desde o anno de 1616 em diante, Rio de Janeiro, Impressão Regia.

1815: Indice pelas Materias, Civil, Criminal, Orphanologico, e de Finanças das Leis, Alvarás, Decretos, Cartas Regias, Avisos, Regimentos, Provisões Regias, Foraes, Editaes, Resoluções, Sentenças, Tratados de Paz, e de Commercio, e Assentos das Cazas da Supplicação, e do Porto. Offerecido á sua Alteza Real o Principe Regente Nosso Senhor com dous Appendices: Iº da Legislação promulgada na Côrte do Brazil. IIº Que contém hum Roteiro do Processo com a norma das Petições que se devem fazer, não só quando se propoem as Demandas, mas pelo decurso dellas, e com algumas notas instructivas a respeito do Fôro, Rio de Janeiro, Impressão Regia.

Barreto, Mascarenhas

1979: História da Polícia em Portugal, Polícia e Sociedade, Braga Editora.

Barros, Fernando de Araújo

1963: Uma Ilegalidade Institucionalizada ?, Separata da ROA.

Barros, Henrique da Gama

1945: História da Administração Pública em Portugal nos seculos XII a XV, 2ª edição dirigida por Torquato de Sousa Soares, tomo II, Lisboa, Livraria Sá da Costa.

1946: História da Administração Pública em Portugal nos seculos XII a XV, 2ª edição dirigida por Torquato de Sousa Soares, tomo III, Lisboa, Livraria Sá da Costa.

1954: História da Administração Pública em Portugal nos seculos XII a XV, 2ª edição

Fontes de Arquivo e Bibliografia 1049

dirigida por Torquato de Sousa Soares, tomo XI (edição póstuma), Lisboa, Livraria Sá da Costa.

Barros, Soreto de
1984: Execução da pena (O Coração do Problema Penal), in RMP, ano 5º (1984), volume 17, pp. 9 a 41, e volume 18, pp. 9 a 52.

Bartsch, Hans-Jürgen
1969: Einstellung gegen Busszahlung – Unzulässiger Freikauf von der Strafsanktion, in ZRP, 6/1969, pp. 128 a 130.

Bátista, Luís Osório da Gama e Castro de Oliveira
1920: Legislação sobre o Processo Penal com Notas, Porto, Tipografia Sequeira, Limitada.
1922: Vadios e delinquentes habituais, Competência para o seu julgamento, in RJ, ano 6º (1922), n. 143, pp. 353 e 354.
1923: Notas ao Código Penal Português, Segunda Edição, volume primeiro, Coimbra, Coimbra Editora, Limitada.
1932 a: Comentário ao Código do Processo Penal Português, 1º volume, Coimbra, Coimbra Editora, Lim.
1932 b: Comentário ao Código do Processo Penal Português, 2º volume, Coimbra, Coimbra Editora, Lim.
1932 c: Comentário ao Código do Processo Penal Português, 3º volume, Coimbra, Coimbra Editora, Lim.
1933 a: Comentário ao Código do Processo Penal Português, 4º volume, Coimbra, Coimbra Editora, Lim.
1933 b: Comentário ao Código do Processo Penal Português, 5º volume, Coimbra, Coimbra Editora, Lim.
1934: Comentário ao Código do Processo Penal Português, 6º volume, Coimbra, Coimbra Editora, Lim.

Bauer, Anton
1835: Lehrbuch des Strafprocesses, Göttingen, Dieterichschen Buchhandlung.
1842: Von der Vor- und Hauptuntersuchung, in Anton Bauer, Abhandlungen aus dem Strafrechte und dem Strafprocesse, Zweiter Band, Göttingen, Dieterichschen Buchhandlung, pp. 167 a 254.

Baumann, Jürgen
1972: Grabgesang für das Legalitätsprinzip, in ZRP, 12/1972, pp. 273 a 275.

Beattie, J. M.
1986: Crime and the Courts in England, 1660-1800, Oxford, Clarendon Press.

Beccaria
1823: Des Delits et des Peines, traduit par J. A. S. Collin de Plancy, avec des observations et des notes de divers commentateurs, Paris, Collin de Plancy, Editeur.

Becker, Walter
1935: Die entsprechende Anwendung der Strafgesetze, in GerS, 106 (1935), pp. 432 a 444.

1050 *A Reforma da Justiça Criminal em Portugal e na Europa*

1937: Die Zukunft der richterlichen Voruntersuchung, in GerS, 109 (1937), pp. 175 a 184.

1938: Die Zukunft der Sondergerichtsbarkeit, Gedanken und Vorschläge zur Strafrechtsreform, in GerS, 111 (1938), pp. 190 a 205.

Beese, Wilhelm
1938: Der Grundsatz der Öffentlichkeit im deutschen Strafprozess, Diss. München.

Beirão, Francisco António da Veiga
1887: Organisação Judicial, proposta apresentada à Camara dos Senhores Deputados em sessão de 9 de Julho de 1887, Lisboa, Imprensa Nacional.

Beleza, José Manuel Merêa Pizarro
1968: Pena Indeterminada, Diss. da Faculdade de Direito de Coimbra.

Beleza, Teresa Pizarro
1983: O Mito da Recuperação do Delinquentes no Discurso Punitivo do Código Penal de 1982, in RMP, ano 4º (1983), volume 16, pp. 9 a 42.

Beling, Ernst
1894: Die Wiedereinführung der Berufung in Strafsachen, Breslau, Schletter' sche Buchhandlung.

1916: Die Vereinfachung des Strafverfahrns durch die Bundesratsverordnung vom 7. Oktober 1915, RGBl. S. 631, in ZStW, 37 (1916), pp. 257 a 272.

1928: Deutsches Strafprozessrecht mit Einschluss des Strafgerichtsverfassungsrechts, Berlin, Walter de Gruyter.

1943: Derecho Procesal Penal, Traducción del alemán y notas por Miguel Fenech, Barcelona, Editorial Labor.

Belo, Joaquim Veludo Mendes
1963: A Personalidade do Delinquente, Importância do seu Estudo: antes, durante e depois da condenação, Separata do 11º volume do BAPIC.

Bentham, Jeremias
1829: Traité des Preuves Judiciaires, in Oeuvres, II, Bruxelles, Louis Hauman et Compagnie, Librairies, pp. 239 a 481.

1830: De l' Organisation Judiciaire, in Oeuvres, III, Bruxelles, Louis Hauman et Compagnie, Librairies, pp. 1 a 86.

Bento, José Caldeira Messias
1973: O arguido e o suspeito na instrução penal, Breves Reflexões a propósito do Dec.--Lei n. 185/72, de 31 de Maio, in SI, tomo XXII (1973), ns. 124 e 125, pp. 603 a 633.

Benz, Heribert
1977: Reform der Rechtsmittel in Strafsachen, in ZRP, 3/1977, pp. 58 a 61.

Berndt, Erich
1931: Untersuchungsrichter oder Staatsanwalt ?, in ZStW, 51 (1931), pp. 720 a 742.

Bertin
1863: Des Réformes de l' Instruction Criminelle, Observations générales, Instruction

préparatoire, Détention préventive, Secret, Mise en Liberté sous caution, Prise à partie, Juge Unique, Jury d' accusation, Conclusion, Paris, Journal de Droit.

Bertrand, Edm., e Ch. Lyon Caen
1875: Code d' Instruction Criminel Autrichien, Traduit et Annoté, Paris, Impremerie Nationale.

Best, Werner
1941: Die deutsche Polizei, Darmstadt, L. C. Wittich Verlag.

Bettermann, Karl August
1958: Die Unabhängigkeit der Gerichte und der gesetzliche Richter, in Karl August Bettermann et al., Die Grundrechte, Handbuch der Theorie und Praxis der Grundrechte, Berlin, Duncker & Humblot, pp. 523 a 642.

Bettiol, Giuseppe
1979: Colpa d' autore e certezza del diritto, in Arthur Kaufmann et al., Festschrift für Paul Bockelmann zum 70. Geburstag, München, Beck, pp. 333 a 341.

Beulke, Werner
1982: Neugestaltung der Vorschriften über die Öffentlichkeit des Strafverfahrens?, in JR, 1982, pp. 309 a 316.

Biléu, Maria Margarida Correia
1995: Diogo Inácio de Pina Manique. Intendente Geral da Polícia: inovações e persistências, Diss. da Faculdade de Ciências Sociais e Humanas da Universidade Nova de Lisboa.

Billiard, A.
1899: Politique et Organisation Coloniales (Principes Généraux), Paris, V. Giard E. Brière Librairies-Editeurs.

Binding, Karl
1915 a: Die drei Grundfragen der Organisation des Strafgerichts, in Strafrechtliche und strafprozessuale Abhandlungen, Zweiter Band, München, Duncker & Humblot, 1915, pp. 3 a 137.
1915 b: Die Strafprozessprinzipien und das Mass ihrer prozessgestaltenden Kraft, in Strafrechtliche und strafprozessuale Abhandlungen, Zweiter Band, München, Duncker & Humblot, 1915, pp. 167 a 212.

Birkmeyer, Karl
1898: Deutsches Strafprozessrecht mit eingehender Bezugnahme auf die preussischen und bayerischen Ausführungsbestimmungen und unter Berücksichtigung des österreichischen Strafprozessrechts, Berlin, Müller.

Blackstone, William
1787: Commentaries on the Law of England, Book the Fourth, The Tenth Edition, with the Last Corrections of the Author, additions by Richard Burn, LL.D. and continued to the present time by John Williams, Esq., London, A. Strahan.

1052 *A Reforma da Justiça Criminal em Portugal e na Europa*

Blankenburg, Erhard, et al.
1978: Die Staatsanwaltschaft im Prozess strafrechtlicher Sozialkontrolle, Berlin, Duncker & Humblot.

Blau, Günter
1969: Die Teilung des Strafverfahrens in zwei Abschnitte. Schuldspruch und Strafausspruch, in ZStW, 81 (1969), pp. 31 a 48.

Blau, Günter, e Einhard Franke
1984: Diversion und Schlichtung, in ZStW, 1984, pp. 485 a 501.

Bleckmann, Albert
1997: Staatsrecht II, Die Grundrechte, 4., neu bearbeitete Auflage, Köln, Carl Heymanns Verlag.

Boberach, Heinz
1975: Richterbriefe, Dokumente zur Beeinflussung der deutschen Rechtssprechung 1942-1944, Boppard am Rhein, Harald Boldt Verlag.

Bockelmann, Paul
1941: Tatstrafe und Täterstrafe, insbesondere im Kriegsstrafrecht, III, Aussprache, in ZStW, 60 (1941), pp. 417 a 423.

Bombarda, Miguel
1896: Lições sobre a Epilepsia e as Pseudo-Epilepsias, Lisboa, Livraria de António Maria Pereira – Editor.

Bonnier, Édouard
1853: Éléments d' Organisation Judiciaire précédés d' une Introduction sur la Législation Nouvelle, Paris, Librairie de Plon Frères.

Borges, António José G. G.
1980: História da Polícia do Porto, Porto, Tipografia da PSP.

Borges, José Ferreira
1826: Dissertaçoens Juridicas. Dissertação primeira ácerca do artigo 126 da Carta Constitucional da Monarchia Portugueza, Londres, L. Thompson.
1835: Das Fontes, Especialidade e Excellencia da Administração Commercial segundo o Codigo Commercial Portuguez, Porto, Typographia Commercial Portuensa.

Borges, J. Marques, e A. Proença Fouto
1978: Inquérito Policial, Inquérito Preliminar, Comentário ao Decreto-Lei 377/77 de 6 de Setembro, Amadora, Peres Artes Gráficas.

Boré, Jacques
1985: La Cassation en Matiére Pénale, Paris, Librairie Générale de Droit et de Jurisprudence.

Bottelho
1790: Discursos Juridicos em que se contém varias Materias uteis aos principiantes com os Assentos da Caza da Supplicaçoã, Lisboa, Officina da Antonio Gomes.

Bottke, Wilfried
1981: Bemerkungen zur Gerichtshilfe für Erwachsene, in MschrKrim, 63 (1981), pp. 62 a 81.

Bougon, André
1900: De la Participation du Jury a l' Application de la Peine, Paris, Librairie Nouvelle de Droit et de Jurisprudence.

Boulier, Jean
1962: Les juges nazis dans l' appareil d' Etat de la republique fédérale allemande, Bruxelles, Editions de l' Association des Juristes Démocrates.

Bouloc, Bernard
1965: L' Acte d' Instruction, Paris, Librairie Générale de Droit et de Juisprudence.

Bourdeaux, M. Henry
1931: Code d' Instruction Criminelle Annoté d' après la Doctrine et la Jurisprudence, 29 édition revue, corrigée et augmentée, Paris, Dalloz.

Boys, Albert du
1874 a: Histoire du Droit Criminel de la France depuis le XVI jusqu' au XIX siècle, comparé avec celui de l' Italie, de l' Allemagne et de l' Angleterre, Premíere et Deuxième Parties, Paris, Durand et Pédone Lauriel.
1874 b: Histoire du Droit Criminel de la France depuis le XVI jusqu' au XIX siècle, comparé avec celui de l' Italie, de l' Allemagne et de l' Angleterre, Troisième et Quatrième Parties, Paris, Durand et Pédone Lauriel.

Braga, Theophilo
1868: Historia do Direito Portuguez, Os Foraes, Coimbra, Imprensa da Universidade.

Branco, A. R. O. Lopes
1873: Relatorio da Presidencia da Relação de Lisboa do Anno de 1872, Lisboa, Lallement Fréres Typ..

Branco, Alves
1949: Conversão da pronúncia provisória em definitiva, in RJ, ano 33º (1949), pp. 145 a 147, 161 a 164.

Branco, António d' Azevedo Castello
1888: Estudos Penitenciarios e Criminaes, Lisboa, Typographia Casa Portugueza.
1891: Cadeias e Manicomios, Uma Reforma Necessaria, Lisboa, Imprensa Minerva.

Branco, Carlos de Magalhães Castello
1783: Pratica Criminal do Foro Militar, para as Auditorias, e Concelhos de Guerra, Lisboa, Officina da Academia das Sciencias.

Brandão, Fernando Brochado
1973: Os Juízes de Instrução Criminal (Um problema de organização judiciária), Porto, Conselho Distrital da Ordem dos Advogados.

Braum, Stefan
1996: Geschichte der Revision im Strafverfahren von 1877 bis zur Gegenwart, Frankfurt, Lang.

Brazão, Arnaldo
1931: Protecção aos menores delinqüentes, Marcha evolutiva da legislação portugueza, in BIC, volume XV (1931), pp. 339 a 351.

1054   *A Reforma da Justiça Criminal em Portugal e na Europa*

Brito, José Sousa e
1986: Sobre o conceito de «pena maior», in RMP, ano 7º (1986), n. 28, pp. 25 a 34.

Brito, Mário de
1996: Poderes de cognição do tribunal e garantias de defesa (Comentário a três acórdãos do Tribunal Constitucional), in RMP, ano 17º (1996), n. 65, pp. 35 a 57.

Bröll, Helmut
1964: Das Rechtliche Gehör im Strafprozess unter besonderer Berücksichtigung der verfassungsrechtlichen Einflüsse, Diss. München.

Brüggemann, Jürgen
1971: Die Richterliche Begründungspflicht – Verfassungsrechtliche Mindestanforderungen an die Begründung gerichtlicher Entscheidungen, Berlin, Duncker & Humblot.

Brünneck, Alexander von
1983: Die Justiz im deutschen Faschimus, in AAVV, Der Unrechts-Staat: Recht und Justiz im Nationalsozialismus, 2. Auflage, Baden-Baden, Nomos, 1983, pp. 108 a 122.

Bruns, Hans-Jürgen
1941: Über Häufung und Auswahl konkurrierender Sicherungsmassregeln (§ 42 n StGB.), in ZStW, 60 (1941), pp. 474 a 551.

Buisson, Henry
1950: La Police, Son Histoire, 3. édition, Vichy, Imprimerie Wallon.

Bund – Länder – Arbeitsgruppe "Strafverfahrensreform"
1975 – Diskussionsentwurf für ein Gesetz über die Rechtsmittel in Strafsachen (DE – Rechtsmittelgesetz), Im Auftrag der Konferenz der Justizminister und – senatoren, Dezember 1975.

Bundesministerium der Justiz
1971 – Referenten-Entwurf eines Gesetzes zur Neugliederung der ordentlichen Gerichtsbarkeit (Erstes Justizreformgesetz).
1983 – Referenten-Entwurf eines Gesetzes zur Änderung strafverfahrensrechtlicher Vorschriften (Strafverfahrensänderungsgesetz 1983 – StVÄG 1983), Stand: 30. September 1982.

Bunyan, Tony
1976: The History and Practice of the Political Police in Britain, London, Julian Friedmann Publishers Ltd.

Burdeau, Georges
1966: Les Libertés Publiques, troisième édition, Paris, Librairie Générale de Droit et de Jurisprudence.

Burgmüller, Burkhard
1989: Das Beruhen des Urteils auf der Gesetzesverletzung als Regulativ im Revisionsrecht, Diss. Berlin.

Fontes de Arquivo e Bibliografia

Busch, Richard
1938: Zur Neuordnung des Strafverfahrensrechts, in Mschr. f. Kriminalbiologie, 29 (1938), pp. 88 a 94.
1939: Wesenszüge des kommenden Strafverfahrens, in Mschr. f. Kriminalbiologie, 30 (1939), pp. 193 a 203, 235 a 241.

Cabêdo, Jorge de
1602: Prima Pars Decisionum Senatus Regni Lusitanae, Olisipone, Officina Georgii Rodriguez.
1604: Secunda Pars Decisionum Senatus Regni Lusitanae, in Qua de Donationibus regijs circa iurisdictionalia, & iura regalis tractatur, Olisipone, Officina Petri Crasbeeck.

Cabral, Antero, e Abel dos Santos
1958: Legislação sobre Géneros Alimentícios e Infracções Antieconómicas actualizada e anotada, Lisboa, Tip. Das Escolas Profissionais Salesianas.

Cabral, António Augusto Pereira
1925: Raças, Usos e Costumes dos Indígenas da Província de Moçambique, Lourenço Marques, Imprensa Nacional.

Cabral, António Vanguerve
1757: Pratica Judicial, Muyto Util, E Necessaria Para os que principiaõ os officios de julgar, e advogar, e para todos os que solicitaõ causas nos Auditorios de hum, e outro foro, Tirada de Varios Authores Praticos e dos estylos mais praticados nos Auditorios. Com a Nova reformaçam da Justiça e nesta Ultima Impressam Correcta, Emendada, E Accrescentada com todas as sete partes hum novissimo Index geral alphabetico de toda a obra, Coimbra, Officina de Francisco de Oliveira.

Cabral, José de Alpoim Borges
1899: Projecto de Código de Processo Penal (não publicado)

Caetano, Marcello
1934: Direito Público Colonial Português, segundo as lições do Professor Doutor Marcelo Caetano, coligidas por Mário Neves, Lisboa.
1936: Perspectivas da política, da economia e da vida colonial, Lisboa, Livraria Morais.
1937: Lições de Direito Penal, Lisboa.
1938: La Dottrina Politico-Sociale di Salazar e lo Spirito del Nuovo Stato Portoghese, Estratto della RIFD, anno XVIII, Fasc. IV-V, Roma.
1939 a: Lições de Direito Penal, Súmula das prelecções feitas ao cuso do 4º ano jurídico no ano lectivo de 1938-39, Lisboa, Empresa de O Jornal do Comércio e das Colónias.
1939 b: A analogia em direito penal, in O Direito, 71º ano (1939), pp. 3 a 10.
1948: Portugal e o Direito Colonial Internacional, Lisboa, Edição do Autor.
1949: Estatuto dos Funcionários Civis, Legislação cooordenada, anotada e revista, 3ª edição actualizada e muito melhorada, Coimbra, Coimbra Editora.

1951: Tradições, Princípios e Métodos da Colonização Portuguesa, Lisboa, Agência Geral do Ultramar.

1957: A Constituição de 1933, Estudo de Direito Político, 2ª Edição contendo o Texto da Constituição, Coimbra, Coimbra Editora, Limitada.

1965: Recepção e Execução dos Decretos do Concílio de Trento em Portugal, in RFDUL, volume XIX (1965), p. 7 a 52.

1967 a: O Conselho Ultramarino, Esboço da sua história, Lisboa, Agência Geral do Ultramar, 1967.

1967 b: Manual de Ciência Política e Direito Constitucional, 5ª edição revista e ampliada, Lisboa, Coimbra Editores.

1972: Manual de Ciência Política e Direito Constitucional, 6ª edição revista e ampliada por Miguel Galvão Telles, tomo II, Direito Constitucional Português, Lisboa, Coimbra Editora.

1974: Depoimento, Rio de Janeiro, Distribuidora Record.

1976: O 25 de Abril e o Ultramar, Três Entrevistas e Alguns Documentos, Lisboa, Verbo.

1981: Historia do Direito Português, Fontes – Direito Público (1140-1495), Lisboa, Verbo.

1985: Minhas Memórias de Salazar, 3ª edição, Lisboa, Verbo.

Calamandrei, Piero
1920: La Cassazione Civile, Volume I, Storia e legislazione, Milano, Fratelli Boca Editori.

Calisto, João Maria Baptista
1860: Algumas Palavras sobre o Estado Actual das Prisões em Geral e sua Refórma, Coimbra, Imprensa da Universidade.

Calmon, Pedro
1959: História do Brasil, Século XVIII – Conclusão, Riquezas e Vicissitudes, Século XIX, O Império e a Ordem Liberal, Volume IV, Rio de Janeiro, Livraria José Olympio Editôra.

Câmara, Henrique de Brito
1941: Organização Prisional (Decreto-Lei n. 26.643, de 28 de Maio de 1936) com: Legislação, Doutrina, Jurisprudência, Circulares, Notas e Índices auxiliares de consulta, Coimbra, Livraria Gonçalves.

Campinos, Jorge
1975: A Carta Constitucional de 1826, Lisboa, Decibel.

Campos, Abel de
1948: Trabalhos Forenses, Coimbra, Coimbra Editora.

1951: Notas sobre Processo Penal (Generalidades), in SI, tomo I (1951), n. 1, pp. 92 a 98, n. 2, pp. 193 a 197, n. 3, pp. 302 a 309, e tomo II (1952), n. 5, pp. 82 a 88, e n. 8, pp. 404 a 407, e tomo III (1953-1954), n. 14, pp. 651 a 654.

Campos, António de
1960: Posição processual e dever funcional que ficará reservado ao M.P., no caso de ter

Fontes de Arquivo e Bibliografia

sido recebida por decisão com trânsito em julgado acusação por crime público tão sòmente deduzida pelo assistente, in RDES, ano XI, 1960, pp. 189 a 224.

Campos, Eurico de
1919: Código Policial (Anotações), 2.ª Edição, Coimbra, F. França Amado, Editor.
1924: A Reorganisação da Polícia, in BIC, volume V (1924), pp. 427 a 430.
1928: Manual de Investigação Criminal, Coimbra, Atlântida Livraria Editora.

Cannat, Pierre
1942: Nos Frères Les Récidivistes, Esquisse d' une politique criminelle fondée sur le reclassement ou l' élimination des délinquants, Paris, Librairie du Recueil Sirey.
1946: Droit Pénal et Politique Pénitenciaire au Portugal, Paris, Librairie du Recueil Sirey.

Canotilho, J. J. Gomes, e Vital Moreira
1978: Constituição da República Portuguesa Anotada, Coimbra, Coimbra Editora.
1984: Constituição da República Portuguesa Anotada, 2ª edição revista e ampliada, 1º volume, Coimbra, Coimbra Editora.
1993: Constituição da República Portuguesa Anotada, 3ª edição revista, Coimbra, Coimbra Editora.

Cantista, Renato Teixeira Lopes
1940: Posição de Alguns problemas sobre os Crimes de Contrabando e Descaminho, Diss. da Faculdade de Direito de Coimbra.

Cardoso, Constantino de Menezes
1951: A Repressão Penal e o Pensamento Filosófico Contemporâneo (Ensaio), Lousã, Gráfica da Lousã.

Cardoso, Eurico Lopes
1958: A oralidade e a apelação no nosso processo civil, in BMJ, n. 80, 1958, pp. 203 a 226.

Cardoso, Júlio Lopes
1954: Manual Teórico e Prático de Contencioso Fiscal, Porto, Tipografia A Desportiva Lda.

Carlos, Adelino Hermitério da Palma
1927: Do Êrro Judiciário, Lisboa, J. Rodrigues & C.ª.
1933: A Luta contra o crime, Lisboa, Editorial Ática.
1934: Os novos aspectos do Direito Penal (Ensaio sôbre a organização dum Código de Defesa Social), Lisboa, Tip. Torres.
1936: A dinâmica da lei, Criação, interpretação e aplicação da norma jurídica, Lisboa, Tip. Torres.
1937: Maintien ou abandon de la règle "nulla poena sine lege", rapport présenté au II Congès de l' Académie de Droit International, Lisbonne.
1943: Despachos Interlocutórios e Recursos, em Processos da Competência do Tribunal Colectivo de Géneros Alimentícios, in ROA, ano 3 (1943), ns. 3 e 4, pp. 60 a 63.

1950: A suspensão da pena nos crimes contra a segurança do Estado, in ROA, ano 10 (1950), ns. 1 e 2, pp. 472 a 478.

1954: Direito Processual Penal, Apontamentos das magistrais lições do Prof. Palma Carlos ao 5. ano da FDL no ano lectivo de 1953-1954, coligidas por António Pedroso Pimenta e B. Sá Nogueira com revisão do Mestre, Lisboa, Edição da AAFDL.

1962: Medidas de Segurança, in JF, n. 141 (1962), pp. 265 a 290.

1964: Resposta à crítica (Anónima) do Boletim do Ministério da Justiça, Lisboa, Jornal do Foro.

1966: Um tema eterno: A Justiça, Lisboa, Albano Tomás dos Anjos, Lda.

1972: Alguns Problemas de Organização Judiciária, Lisboa, Ordem dos Advogados Portugueses.

Carlos, Maria Leonor da Palma
1964: Entidades competentes para ordenar prisão preventiva sem culpa formada e medidas provisórias de segurança, in ROA, ano 24, 1964, pp. 356 a 378.

Carmignani, Giovanni
1852 a: Codice di Procedura Criminale, in Scritti Inediti, Volume Quinto, Lucca, Tipografia di Giuseppe Giusti, pp. 249 a 431.

1852 b: Saggio Teorico-Pratico sulla Fede Giuridica e su i suoi Vari Metodi nelle Materie Penali, Lavoro per la Riforma dell' Ordine Giudiciario Toscano (1826), in Scritti Inediti, Volume Sesto, Lucca, Tipografia di Giuseppe Giusti, pp. 199 a 461.

Carneiro, Bernardino Joaquim da Silva
1896: Elementos de Direito Ecclesiastico Portuguez e seu respectivo Processo, Quinta edição revista e correcta pelo Dr. José Pereira de Paiva Pitta, Coimbra, Imprensa da Universidade, 1896.

Carneiro, Celestino da Silva Osório Soares
1949: Sôbre os Recursos em Processo Criminal, Diss. da Faculdade de Direito de Coimbra.

Carneiro, Francisco Sá
1973: A Proposta de Lei sobre Organização Judiciária, Porto, Ordem dos Advogados.

1979: Uma Constituição para os Anos 80, Contributo para um Projecto de Revisão, Lisboa, Publicações Dom Quixote.

Carneiro, Joaquim Gualberto de Sá
1913: Reformas reclamadas e urgentes na nossa legislação, in GRL, 27º ano (1913), pp. 313 e 314.

1929: O tribunal colectivo no processo comercial e no penal, in GRL, ano 43 (1929), n. 12, pp. 178 e 179.

Carneiro, José Virgolino
1892: Proposta de Reforma Judiciaria, Beja, Typ. do «Bejense».

Carneiro, Manuel Borges
1826: Direito Civil de Portugal contendo tres livros, I. Das Pessoas: II. Das Cousas: III. Das Obrigações e acções, Lisboa, Impressão Nacional.

Fontes de Arquivo e Bibliografia 1059

1828: Direito Civil de Portugal contendo tres livros, I. Das Pessoas: II. Das Cousas: III. Das Obrigações e acções, Tomo III, Continuação do Livro I., Lisboa, Impressão Nacional.

Carqueja, Bento
1893: A Liberdade de Imprensa, Porto, Typographia do «Commercio do Porto».

Carrilho, Maria
1985: Forças Armadas e Mudança Política em Portugal no Séc. XX, Para uma explicação sociológica do papel dos militares, Lisboa, Imprensa Nacional.

Carvalho, Abraão de
1913: Função da polícia judiciária, do ministério público e do juiz de instrução, Polícia judiciária de Lisboa, Lisboa, Imprensa Nacional.
1915: Relatorio e Proposta de Lei sobre Reorganisação Judiciaria, Pombal, Tipografia Cunha.

Carvalho, Adherbal de
1915: Syntese das Preleçõis de Direito Penal feitas ao terceiro ano da Faculdade de Direito, 1ª parte (O Crime, a Pena e o Criminozo), 2ª edição emendada, Lisboa, Livraria Clássica Editora.

Carvalho, Agostinho de
1947: Justiça Colonial, Lourenço Marques, Edição do Autor, Pap. e Tipografia Colonial Lda.
1950: Processo Contencioso, Reclamações e Recursos no Direito Positivo Português Criminal, Cível, Contribuições e Impostos, Fiscal, Aduaneiro, Administrativo e Disciplinar, Bolama, Imprensa Nacional da Guiné.

Carvalho Junior, Alberto António de Morais
1877: Instituições Complementares do Systema Penitenciario, Da Libertação Antecipada e da Detenção Supplementar, Lisboa, Typographia Universal.

Carvalho, Américo Alexandrino Taipa de
1981: Traição e Aleivosia na Idade Média, Diss. da Faculdade de Direito de Coimbra.
1982: Condicionalidade Sócio-Cultural do Direito Penal, in Estudos em Homenagem aos Profs. Doutores M. Paulo Merêa e G. Braga da Cruz, II, BFD, volume LVIII (1982), pp. 1039 a 1141.

Carvalho, António de Azevedo Mello e
1843: A Revista, Lisboa, Imprensa Nacional.

Carvalho, António de Azevedo Mello e, et al.
1861 a: Codigo Penal Portuguez, Tomo I, Relatorio da Comissão, Lisboa, Imprensa Nacional.
1861 b: Codigo Penal Portuguez, Tomo II, Projecto da Comissão, Lisboa, Imprensa Nacional.
1864 a: Codigo Penal Portuguez, Tomo I, Relatorio, Lisboa, Imprensa Nacional.
1864 b: Codigo Penal Portuguez, Tomo II, Projecto, Lisboa, Imprensa Nacional.

Carvalho, Augusto da Silva
1935: Pina Manique, O ditador sanitário, in ACM, 8º volume (1935), pp. 157 a 250.

Carvalho, Custódio Rebello de

1832: Bases de todo o Governo Representativo ou Condições Essenciaes para que a Carta Constitucional da Monarchia Portugueza seja Hûa Realidade, Londres, Richard Taylor.

Carvalho, Eduardo José da Silva

1889: Notas sobre a Penalidade, Instituição e Regimen Prisional, Santo Tirso, Typ. do Jornal de Santo Tirso.

1912: Manual dos Recursos Judiciais em I.ª Instância (civeis, comerciais e criminais), Coimbra, Editores França e Arménio.

1919: Dos Recursos nas Relações e no Supremo Tribunal de Justiça (cíveis, comerciais e criminais), Com Apêndice, Adições e Índices, Porto, Livraria Chardron, de Lélo & Irmão, Editores.

Carvalho, J. I. Delgado de

1897: Manual do Processo Criminal Moderno, Volume I, Coimbra, Imprensa da Universidade.

1898: Manual do Processo Criminal Moderno, Volume II, Coimbra, Imprensa da Universidade.

Carvalho, Luiz Augusto Pinto de Mesquita

1912: Organisação Judiciaria na Republica Portugueza, Projecto de Lei apresentado á Camara dos Deputados, Porto, Typographia Santos.

Casabianca, Pierre de

1936: Tribunaux d' Exception des États Totalitaires, in RIDP, 13. année (1936), pp. 235 a 247.

Castro, Álvaro de

1923: Tentativas de Reforma, in BIC, volumes II e III (1923), pp. 109 a 123.

Castro, Aníbal de

1942: Da Aplicação e da Execução das Penas, Lisboa, Edições Sírius.

Castro, António G. F. de

1874: Algumas Reflexões ácerca da Pena de Morte e da Indisciplina Militar, Lisboa, Typographia Lisbonense.

Castro, Augusto Maria de, e António Ferreira Augusto

1895: Annotações à Legislação Judiciária, Penal e do Processo Criminal mais importante e que não está codificada, Porto, Typographia Morgado.

Castro, Francisco Augusto das Neves e

1901: Manual do Processo Civil Ordinario em Primeira Instancia, segunda edição, consideravelmente melhorada e augmentada, Coimbra, Imprensa Académica.

Castro, José de

1924: Defeza social, in BIC, volume V (1924), pp. 241 a 253.

Castro, José de Souza Henriques de Mello Menezes e

1920: Organisação Judicial e Processo Ordinário Civil e Comercial, Coimbra, Tip. F. França Amado, Suc.

Castro, Manuel Mendes de

1725: Repertorio das ordenaçoes do reyno de Portugal novamente recopiladas com as Remissoens dos doutores do reyno, que as declarão, & concordia das Leis de Partida de Castella, e agora novamente acrescentado, e addicionado nesta sexta impressão pelo Licenciado Martim Alveres de Castro, Coimbra, Officina da Viuva de Antonio Simoens Impressora da Universidade.

Castro, Manuel de Oliveira Chaves e

1866: Estudos sobre a Reforma do Processo Civil Ordinario Portuguez desde a Proposição da Acção até à Sentença de Primeira Instância, Coimbra, Imprensa da Universidade.

1910: A Organização e Competência dos Tribunais de Justiça Portuguêses, F. França Amado – Editor, Coimbra.

Castro, Mário de

1937: Ensaio de ensaio sôbre a ética do Arbítrio Judicial como função coadjuvante da Lei na creação do Direito, Lisboa, Jornal do Foro.

Castro, Pedro Augusto

1911: Conspiradores, in GRL, 24º ano (1911), pp. 705 e 706.

Castro, Raúl

1970: Medidas de Segurança, Liberdade Condicional, Dois Pareceres em Processo Penal de Natureza Política, Porto, Imprensa Social.

Castro, Zília Osório de

1990: Cultura e Política, Manuel Borges Carneiro e o Vintismo, Volume I, Lisboa, INIC.

Cayolla, Lourenço

1912: Sciencia de Colonisação, II volume, Lisboa, Typographia da Cooperativa Militar.

César, Angelo

1925: Crimes políticos, in RT, ano 43º (1925), pp. 305 a 308, 321 a 325.

Chabanne, Robert

1990: Les Institutions de la France de la fin de l' ancien régime à l' avènement de la III ème République (1789-1875), 2 ème édition, Paris, L' Hermès.

Chapman, Brian

1970: Police State, London, Pall Mall Press Ltd.

Charles, Raymond

1972: Liberté et Détention, Commentaire de la Loi du 17 Juillet 1970, Première et Deuxième Parties, Paris, Librairie du Journal des Notaires et des Avocats.

Charvin, Robert

1968: Justice et Politique (Evolution de leurs rapports), Paris, Librairie Générale de Droit et de Jurisprudence.

Chaveau, Adolphe

1832: Code Pénal Progressif; Commentaire sur la Loi Modificative du Code Pénal, contenant: 1º L' examen des discussions législatives qui l' ont préparée et des principes qui ont presidé à sa rédaction; 2º le texte des motifs et des discussions placé sous chacun des articles, avec l' examen des difficultés qui naissent de la loi; 3º le nouveau Code d' instruction criminelle, et le nouveau Code pénal, avec l' ancien texte en regard; 4º une table analytique des matières, Paris, L' Éditeur.

Chaveau, Adolphe, e Faustin Hélie

1845 a: Théorie du Code Pénal, Édition augmentée en Belgique par J. S. G. Nypels, Tome Deuxième (Articles 1 a 262 du Code Pénal), Bruxelles, Meline, Cans Et Compagnie.

1845 b: Théorie du Code Pénal, Édition augmentée en Belgique par J. S. G. Nypels, Tome Deuxième (Articles 263 a 484 du Code Pénal), Bruxelles, Meline, Cans Et Compagnie.

Chaves, Domingos Vaz

2000: História da Polícia em Portugal (Formas de Justiça e Policiamento), Vila Franca de Xira, Tipografia Simão.

Chaves, Eduardo Arala

1961: Delitos contra a saúde pública e contra a economia nacional, Legislação, Trabalhos Preparatórios, Anotações e Comentários, Coimbra, Coimbra Editora Limitada.

1980: O Ministério Público, o seu Passado e o seu Presente, in BFD, Volume LVI (1980), pp. 75 a 105.

Chaves, Eduardo Arala, et al.

1975: Relatório Geral sobre todos os Trabalhos produzidos pelas Comissões de Reforma Judiciária, in BMJ, n. 248 (1975), pp. 5 a 337, e n. 250 (1975), pp. 11 a 107.

Chaves, João Baptista de Vasconcellos

1912: Sciencia Penitenciaria, Lisboa, Livraria Clássica de A. M. Teixeira & Co.

Chorão, Mário Bigotte

1960: Probation, Alguns Aspectos jurídicos, criminológicos e sociais, in BAPIC, n. 7 (1960), pp. 109 a 243 e n. 8 (1961), pp. 141 a 230.

Cluny, Pedro Augusto Lisboa de Lima

1961: O Direito Tutelar dos Menores e o Problema da sua Autonomia, in SI, Tomo X (1961), pp. 148 a 163.

Codeço, Carlos Emílio

1979: Dos Inquéritos Preliminares, Porto, Athena Editora.

Coelho, Carlos Zeferino Pinto

1900: Apontamentos para o Estudo da Historia da Relação de Goa, Coimbra, Typographia França Amado.

1938: Diplomas legislativos que desviam dos tribunais a função de julgar, in O Direito, ano 70º, 1938, pp. 34 a 43, 66 a 82.

1941: Julgamento da Matéria de Facto em Processo Civil, in ROA, ano 1 (1941), n. 2, pp. 261 a 299.

Coelho, José Maria Latino

1885: Historia Militar e Politica de Portugal desde os fins do seculo XVIII seculo até 1814, Tomo II, Lisboa, Imprensa Nacional.

Fontes de Arquivo e Bibliografia

1891: Historia Militar e Politica de Portugal desde os fins do seculo XVIII seculo até 1814, Tomo III, Lisboa, Imprensa Nacional.

1916: Historia Militar e Politica de Portugal desde os fins do seculo XVIII seculo até 1814, Tomo I, 2ª edição, Lisboa, Imprensa Nacional.

Coelho, J. M. P.

1851: Formulario do Processo criminal coordenado e regularisado em vista da N. R. Judiciaria e todas as mais Leis em vigor, Lisboa.

Coelho, Trindade

1897 a: Recursos Finaes em Processo Criminal, Lisboa, Imprensa de Libanio da Silva.

1897 b:Liberdade de Imprensa, Proposições apresentadas ao Congresso da União Internacional de Direito Penal, Lisboa, Antiga Casa Bertrand – José Bastos.

1901: Recursos em Processo Criminal das Decisões Finaes e das Interlocutorias, Segunda Edição, Augmentada do Livro «Recursos Finaes em Processo Criminal», Coimbra, F. França Amado – Editor.

1908: Manual Politico do Cidadão Portuguez, 2ª edição actualisada e muito augmentada, Porto, Empresa Litteraria e Typo graphica.

1910: Recursos em Processo Criminal das Decisões Finaes e das Interlocutorias, Terceira Edição, Augmentada do Livro «Recursos Finaes em Processo Criminal», Coimbra, F. França Amado – Editor.

Cóias, João, e José Martins da Fonseca

1967: Código da Justiça Militar Anotado, Lourenço Marques, Imprensa Nacional de Moçambique.

Coissoró, Narana

1966 a: Os Princípios Fundamentais do Direito Ultramarino Português, Lisboa, Instituto Superior de Ciências Sociais e Política Ultramarina.

1966 b: O Julgamento das Questões Gentílicas, Lisboa, Instituto Superior de Ciências Sociais e Política Ultramarina.

Colao, Floriana

1989: «Post tenebras spero lucem», La Giustizia Criminale Senese nell' Età delle Riforme Leopoldine, Milano, Giuffrè.

Comissão de Legislação Civil das Cortes

1888: Reorganisação Judiciária, Parecer, Lisboa, Imprensa Nacional.

Comissão do Livro Negro sobre o Regime Fascista

1981: Presos políticos no regime fascista, 1932-1935, Mem Martins, Gráfica Europam Lda.

1982: Presos políticos no regime fascista II, 1936-1939, Mem Martins, Gráfica Europam Lda.

1984: Presos políticos no regime fascista III, 1940-1945, Mem Martins, Gráfica Europam Lda.

1985: Presos políticos no regime fascista IV, 1946-1948, Mem Martins, Gráfica Europam Lda.

1987: Presos políticos no regime fascista V, 1949-1951, Mem Martins, Gráfica Europam Lda.

1988: Presos políticos no regime fascista VI, 1952-1960, Mem Martins, Gráfica Europam Lda.

1990: Correspondência de Pedro Teotónio Pereira para Oliveira Salazar, vol. III (1942), Mem Martins, Gráfica Europam Lda.

Conso, Giovanni, et al.

1989: Il Nuovo Codice di Procedura Penale dalle leggi delega ai decreti delegati, Volume I, La Legge Delega del 1974 e Il Progetto Preliminare del 1978, Padova, CEDAM.

Constant, M. Benjamin

1822: Commentaire sur l' Ouvrage de Filangieri, Paris, P. Dufart, Libraire.

1836: Cours de Politique Constitutionnelle, Nouvelle edition mise en ordre et précédée d' une introduction par M. J.-P. Pagés (de l' Arriége), Tome Premier, Première Partie, Paris, Didier, Librairie-Éditeur.

Cordeiro, Robalo

1988: Audiência de julgamento, in Jornadas de Direito Processual Penal, O Novo Código de Processo penal, Coimbra, Almedina, pp. 291 a 316.

Cordero, Franco

1966: Ideologie del Processo Penale, Milano, Giuffrè.

1979: Procedura Penale, Quinta Edizione, Milano, Giuffrè.

Cornil, Paul

1955 a: La Césure entre la Condamnation & le Prononcé de la Peine, in BFD, volume XXXI (1955), pp. 96 a 116.

1955 b: Observation des Délinquants, in BFD, volume XXXI (1955), pp. 117 a 140.

1966: Declin de la Césure dans le Proces Pénal, in Estudos in Memoriam do Prof. Doutor José Beleza dos Santos, I, Suplemento XVI do BFD, 1966, pp. 215 a 227.

Cornish, W. R., e G. de N. Clark

1989: Law and Society in England, 1750-1950, London, Sweet & Maxwell.

Corrêa, Mendes

1914: Os Criminosos Portuguêses, Estudos de Anthropologia Criminal, Segunda edição, Coimbra, F. França Amado Editor.

1931: A Nova Antropologia Criminal, Porto, Imprensa Portuguesa.

1936: La Nuova Antropologia Criminale, Estratto dalla Giustizia Penale Parte Iª – I pressuposti del diritto e della procedura penale, Anno XLII, 1936 (II della 5ª serie) Fasc. I, Città di Castello, Societè Anonima Tip. «Leonardo Da Vinci».

Correia, António Simões

1947: Código de Processo Penal Actualizado e Legislação Complementar, Lisboa, Livraria Ferin.

1953: Código de Processo Penal Actualizado e Legislação Complementar com apostilas marginais e indice alfabético, 2. Edição actualizada e ampliada, Lisboa, Livraria Ferin.

Fontes de Arquivo e Bibliografia

Correia, Domingos José
1887: Elementos do Processo Criminal Militar, Segunda Edição, Revista e Augmentada, Porto, Typographia de Arthur José de Sousa & Irmão.

Correia, Eduardo Henriques da Silva
1943: A Teoria do Tipo Normativo de Agente, in BFD, volume XIX (1943), pp. 11 a 25.
1945 a: A doutrina da culpa na formação da personalidade, in RDES, ano I (1945), pp. 24 a 35.
1945 b: A Teoria do Concurso em Direito Criminal, Unidade e Pluralidade de Infracções, Coimbra, Livraria Atlântida.
1946: Pena conjunta e pena unitária no sistema punitivo do concurso de infracções, in RDES, ano II (1946), pp. 380 a 396, e ano III (1947), pp. 95 a 118, e 139 a 163.
1947: Lições de Processo Penal, conforme as prelecções do Prof. Dr. Eduardo Correia ao 4. ano jurídico de 1946-1947, por Rodrigues Pereira, Coimbra.
1948: A Teoria do Concurso em Direito Criminal, Caso Julgado e Poderes de Cognição do Juiz, Coimbra, Livraria Atlântida.
1949: Direito Criminal, Lições do Prof. Dr. Eduardo Correia ao Curso do IV Ano Jurídico, coligidas por Francisco Pereira Coelho e Manuel Rosado Coutinho, volume I, Coimbra, Atlântida.
1950: Para quem devem ser "novos" os factos ou elementos de prova que fundamentam a revisão das decisões penais?, in RDES, ano VI (1950), pp. 394 a 410.
1953 a: Direito Criminal, I – Tentativa e Frustração. II – Comparticipação Criminosa. III – Pena Conjunta e Pena Unitária, Coimbra, Arménio Amado Editor.
1953 b: Apontamentos sobre as penas e a sua graduação no direito criminal português (Evolução e estado actual), segundo as prelecções do Prof. Doutor Eduardo Henriques da Silva Correia ao curso do 5º ano jurídico de 1953-54, Coimbra.
1954: A Instrução Preparatória em Processo Penal (Alguns Problemas), in BMJ, n. 42, pp. 5 a 24.
1955: Prof. Dr. José Beleza dos Santos, in BFD, volume XXXI (1955), pp. 411 a 422.
1956: Processo Criminal, segundo as prelecções do Prof. Doutor Eduardo Henriques da Silva Correia ao curso do 5.º Ano Jurídico de 1954-1955, Coimbra, Livraria Almedina.
1959: Terão os assistentes legitimidade para deduzir acusação por crimes públicos, quando o Ministério Público se tenha abstido de a formular?, in RLJ, ano 91 (1959), n. 3136, pp. 301 a 309.
1961 a: Parecer da Faculdade de Direito da Universidade de Coimbra sobre o artigo 653 do Projecto, em 1.ª Revisão ministerial, de alteração do Código de Processo Civil, in BFD, Vol. XXXVII, 1961, pp. 181 a 186.
1961 b: Assistência Prisional e Post-Prisional, in BFD, Suplemento XV, pp. 337 a 376.
1962 a: Parecer de 7.11.1962, in Damas Mora, Mais um Erro judiciário ... Porquê? (Um parecer do Senhor Professor Eduardo Correia, mestre de direito criminal da Universidade de Coimbra) ... e o relato, taquigrafado, das audiências, Lisboa, Edição do autor, pp. 73 a 80.
1962 b: Actos processuais que interrompem a prescrição do procedimento criminal

(a propósito do Assento do Supremo Tribunal de Justiça de 17 de Maio de 1961), in RLJ, ano 94º (1962), pp. 353 a 357, 369 a 374.

1963 a: Direito Criminal (com a colaboração de Figueiredo Dias), 1º volume, Coimbra, Almedina.

1963 b: Código Penal, Projecto da Parte Geral, in BMJ, n. 127 (1963), pp. 17 a 143.

1964: Grundgedanken der portugiesischen Strafrechtsreform, in ZStW, 76 (1964), pp. 323 a 346.

1966 a: Despacho de arquivamento e caso julgado, in RLJ, ano 99 (1966), n. 3312, pp. 33 a 36, n. 3313, pp. 49 a 52, n. 3314, pp. 65 a 68.

1966 b: La Prison, les Mesures Non-Institutionnelles et le Projet du Code Penal Portugais de 1963, in Estudos in Memoriam do Prof. Doutor José Beleza dos Santos, I, Suplemento XVI do BFD, 1966, pp. 229 a 295.

1967: Les Preuves en Droit Pénal Portugais, in RDES, ano XIV (1967), pp. 1 a 52.

1970: A Influência de Franz von Liszt sobre a Reforma Penal Portuguesa, in BFD, volume XLVI, 1970, pp. 1 a 34.

1971: La Détention avant jugement, Rapport général présenté au VIII ème Congrès Inernational de Droit Comparé (Pescara, 29 Août – 5 Septembre 1970), Coimbra, Centro de Direito Comparado da Faculdade de Direito de Coimbra.

1973: Prof. Dr. José Beleza dos Santos, Coimbra, Coimbra Editora Lda.

1977 a: A evolução histórica das penas, in BFD, volume LIII, 1977, pp. 51 a 310.

1977 b: Breves reflexões sobre a necessidade de reforma do Código de processo penal relativamente a réus presentes, ausentes e contumazes, in RLJ, ano 110, n. 3592, pp. 99 a 101, n. 3594, pp. 131 a 133, n. 3596, pp. 162 e 163, n. 3597, pp. 178 e 179, n. 3598, p. 195, n. 3599, pp. 210 e 211, ano 114, n. 3685, pp. 104 e 105, n. 3693, pp. 364 a 367, e ano 115, n. 3703, pp. 293 a 295.

1983: As grandes linhas da reforma penal, in Ciclo de Conferências no Conselho Distrital do Porto da Ordem dos Advogados, Para uma Nova Justiça Penal, Coimbra, Almedina, pp. 9 a 29.

1985: Estudos sobre a reforma do Direito Penal depois de 1974, in RLJ, ano 118º (1985--1986), pp. 354 a 356, e ano 119º (1986-1987), pp. 5 a 8.

Correia, Eduardo Henriques da Silva, e António Furtado dos Santos
1959: Código de Processo Penal Actualizado com Notas de jurisprudência obrigatória, legislativa e remissivas, circulares, despachos, pareceres, rubricas marginais e índices e Legislação Complementar, 2. Edição, Coimbra, Atlântida.

Correia, Eduardo, et al.
1980: Direito Criminal III (1), Coimbra, João Abrantes.

Correia, Raúl Antero
1945: Organização Judiciária das Colónias, in BGC, ano 21 (1945), n. 235, pp. 230 a 256.

Cortês, António Ulisses
1997: A fundamentação das decisões no processo penal, in DJ, 1997, tomo 1, p. 283 a 333.

Fontes de Arquivo e Bibliografia

Cortez, João de Mendonça

1861: Dissertação Inaugural para o Acto de Conclusões Magnas na Faculdade de Direito: Se a organização do jury entre nós precisa d'algumas reformas, e no caso affirmativo quaes devam ser?, Coimbra, Imprensa da Universidade.

Costa, Afonso

1895 a: Os Peritos no Processo Criminal, Legislação Portugueza – Critica – Reformas, Coimbra, Manuel de Almeida Cabral Editor.

1895 b: Commentario ao Codigo Penal Portuguez, Volume 1, Introdução, Escolas e Princípios de Criminologia Moderna, Coimbra, Manuel de Almeida Cabral Editor.

1899: Lições de Organisação Judiciaria, Coimbra, Typographia França Amado.

1903: Organisação Judiciaria, Lições ao Anno 1902-1903, Coimbra.

1908: Discursos proferidos nas sessões de 13 e 19 de maio de 1908 na Camara dos Deputados, Attitude do partido republicano perante o novo reinado e Necessidade da extinção do juizo de intrucção criminal, Lisboa, Livraria Clássica Editora.

Costa, Américo Campos

1955: Fiscalização do exercício da acção penal, in RDES, ano VIII, 1955, pp. 275 a 305.

1956 a: A quesitação no processo penal, in RDES, ano IX, 1956, pp. 125 a 137.

1956 b: Para uma melhor organização da oralidade em Portugal, in RT, ano 74, n. 1697, pp. 130 a 143.

1956 c: O carácter público da acção penal, in SI, tomo V (1956), n. 22, pp. 192 a 210.

1957: Do recrutamento dos juízes para os tribunais superiores, in RT, ano 75º (1957), pp. 3 a 7.

Costa, António Manuel de Almeida

1985: O Registo Criminal, História. Direito Comparado. Análise político-criminal do instituto, Coimbra, Separata do volume XXVII do Suplemento ao BFD.

1989: Passado, Presente e Futuro da Liberdade Condicional no Direito Português, in BFD, Volume LXV, 1989, pp. 401 a 456.

Costa, Armindo

1975: Sistema da prisão preventiva na lei vigente, in SI, tomo XXV (1975), ns. 138 e 139, pp. 144 a 169.

Costa, Artur Rodrigues da

1999: O julgamento da PIDE/DGS e o direito (transitório) à memória, in RMP, ano 20º (1999), n. 78, pp. 37 a 53.

Costa, Ary de Almeida Elias da

1958: Linhas Gerais da Instrução Preparatória em Processo Penal, Porto, Edição do Autor, Tip. Baltar.

Costa, Cunha e

1921: O Perfeito Advogado e as Leis de Excepção e Circunstancia da Republica Portugueza, Coimbra, Coimbra Editora.

A Reforma da Justiça Criminal em Portugal e na Europa

Costa, Custódio Matos
1999: Liberdade Religiosa em Portugal, Do Estado Confessional ao Estado Laico, Diss. da Facultad de Derecho Canonico da Universidad Pontificia de Salamanca.

Costa, Eduardo da
1903: Estudo sobre a Administração Civil das nossas Possessões Africanas, Lisboa, Imprensa Nacional.

Costa, Jaime Raposo
1976: A Teoria da Liberdade, Período de 1820 a 1823, Coimbra, Universidade de Coimbra.

Costa, João Martins da
1731: Tratado da Forma dos Libellos, das Allegações Judiciaes, do processo do Juizo Secular, e Ecclesiastico, e dos Contratos, com suas Glosas, do Licenciado Gregorio Martins Caminha, Reformado de novo com Addiçoens, e Annotaçoens copiosas das Ordenaçoens novas do Reyno, Leys de Castela, e modernos, e outras formas de Lebellos, Petições, e Allegações Judiciaes, com o Processo do Tribunal da Legacia, e das Revistas, Coimbra, Real Collegio das Artes da Companhia de Jesus.
1745: Domus Supplicationis Curiae Lusitanae Ulissiponensis Magistratus Styli, Supremique Senatus Consulta, Coimbra, Emanuel Pedroso.

Costa, Jorge Couceiro da
1929: Reminiscencias Judiciaes (Decisões Varias sobre Commercio, com um Prefacio), Lisboa, Livraira Clássica Editora.

Costa, José de Faria
1980: A Caução de Bem Viver, Um Subsídio para o Estudo da Evolução da Prevenção Criminal, Coimbra, Separata do volume XXI do Suplemento ao BFD.
1985: Diversão (Desjudiciarização) e Mediação: Que Rumos?, in BFD, volume LXI (1985), pp. 91 a 159.
1994: As Relações entre o Ministério Público e a Polícia: a Experiência Portuguesa, in BFD, volume 70 (1994), pp. 221 a 246.

Costa, José Gonçalves da
1998: O Sistema Judiciário Português, in BFD, volume 74 (1998), pp. 173 a 239.

Costa, Mário Júlio de Almeida
1968: Reforma dos Institutos de Criminologia, in BAPIC, n. 22 (1968), pp. 5 a 12.
1969 a: O Ministério Público, in BMJ n. 182, pp. 5 a 16.
1969 b: Cadeias Regionais, in BMJ, n. 187 (1969), pp. 5 a 20.
1972 a: Reforma do Direito Penal, in BAPIC, n. 29 (1972), pp. 5 a 12.
1972 b: Reforma do Processo Penal, in BAPIC, n. 29 (1972), pp. 13 a 20.
1973 a: Ao serviço da Justiça, in BMJ n. 229, pp. 5 a 10.
1973 b: Considerações sobre os Serviços Prisionais, in BAPIC, n. 30 (1973), pp. 5 a 11.
1996: História do Direito Português, 3ª edição, Coimbra, Livraria Almedina.

Costa, Mário
1943: O Direito Penal Português e as modernas orientações da filosofia do crime, Coimbra, Edição do Autor.

Costa, Verissimo António Ferreira da
1816 a: Collecção Systematica das Leis Militares de Portugal dedicada ao Principe Regente N. S. e publicada por ordem do mesmo Senhor, Primeira Parte, Leis pertencentes á Tropa de Linha, Tomo II, Lisboa, Impressão Regia.
1816 b: Collecção Systematica das Leis Militares de Portugal dedicada ao Principe Regente N. S. e publicada por ordem do mesmo Senhor, Segunda Parte, Leis pertencentes aos Milicianos, Tomo III, Lisboa, Impressão Regia.

Cota, José Gonçalves
1944: Mitologia e Direito Consuetudinário dos Indígenas de Moçambique, Estudo de Etnologia mandado elaborar pelo Govêrno Geral da Colónia de Moçambique, Lourenço Marques, Imprensa Nacional de Moçambique.
1946: Projecto Definitivo do Código Penal dos Indígenas da Colónia de Moçambique, acompanhado de um relatório e de um estudo sobre direito criminal indígena pelo autor, Lourenço Marques, Imprensa Nacional de Moçambique.

Cottu, M.
1822: De l' Administration de la Justice Criminelle en Angleterre, et de l' Esprit du Gouvernment Anglais, Seconde Édition, revue et corrigée, Paris, Librairie de Charles Gosselin.

Coumoul, Jules
1911: Traité du Pouvoir Judiciaire, de son Rôle Constitutionnel et de sa Réforme Organique, Deuxième Édition, Paris, Librairie du Recueil Sirey.

Coutinho, Dionysio Miguel Leitão
1823: Collecção dos Decretos, Resoluções e Ordens das Extinctas Cortes Geraes, Extraordinarias e Constituintes, que houve em Portugal nos Annos de 1821 e 1822. Com os Repertorios respectivos ao Diario das mesmas Côrtes e Governo, Parte III, e ultima, que se encontrava já em impressão, em consequencia da Portaria de 10 de Janeiro de 1823, no dia de 30 de Maio do mesmo anno, Coimbra, Real Imprensa da Universidade.

Couvrat
1971: Le Controle Judiciaire, in AAVV, Détention Provisoire, contrôle judiciaire et garde à vue, Les Problèmes soulevés par le controle juridictionnel, XII Journées Franco-Belgo-Luxembourgeoises de Droit Pénal sous la présidence de M. Rolland, Paris, Publications Universitaires de France, pp. 105 a 118.

Covian y Junco, Victor
1886: Codigos de Procedimiento penal, Traduccion, Notas y Concordancias, Tomo Primeiro, Sistema Mixto, Francia, Bélgica e Italia, Madrid, Imprenta de los Hijos de J. A. García.

Creifelds
1937: Der Volksrichter in der Gesetzgebung des Dritten Reichs, in Dörffler (hrsg.), Der

1070 *A Reforma da Justiça Criminal em Portugal e na Europa*

Volksrichter in der neuen deutschen Strafrechtsplege, Berlin, Decker's Verlag, pp. 182 a 193.

Crisóstomo, Joaquim

1929: Questões Judiciais e seu Julgamento, Segundo Volume, Lisboa, Imprensa Lucas & Ca.

Critchley, T. A.

1978: A History of Police in England and Wales, London, Constable and Company Ltd.

Crocq, Pierre

1996: Le Droit à un Tribunal Impartial, in Rémy Cabrillac et al., Droits et Libertés Fondamentaux, 3 éme édition, revue et augmentée, Paris, Dalloz, 1996, pp. 287 a 308.

Crohne, Wilhelm

1936: Vorbereitung der Strafrechtspflege auf das deutsche Strafgesetzbuch, in Franz Gürtner e Roland Freisler, Das Neue Strafrecht, Grundsätzliche Gedanken zum Geleit, Berlin, R. v. Decker's Verlag, G. Schenk, pp. 153 a 162.

1938: Vereinfachte Verfahrensarten, Schnellverfahren und Strafbefehl, in Franz Gürtner (hrsg.), Das kommende deutsche Strafverfahren, Bericht der amtlichen Strafprozesskommission, Berlin, R. v. Decker's Verlag, G. Schenck, pp. 453 a 459.

Cruz, Alfeu

1915: Colecção Annotada de Legislação da República Portuguesa, Lisboa, Tipografia Universal.

1918: Projecto de Organização Judiciária apresentado pelo juiz Alfeu Cruz, com as modificações que lhe foram inrtoduzidas pela comissão revisora, in RJ, ano 3º, 1918, n. 62, pp. 611 a 614, n. 63, pp. 627 a 630.

Cruz, Guilherme Braga da Cruz

1969: A Revista de Legislação e de Jurisprudência (Esboço da sua História), in RLJ, ano 102, n. 3386, pp. 65 a 69, n. 3387, pp. 81 a 84, n. 3388, pp. 97 a 99, n. 3390, pp. 129 a 131.

Cruz, João Filipe da

1798: Dissertação sobre os Deveres dos Juizes com Hum Compendioso Tratado das Violencias Públicas, e Particulares, Lisboa, Offic. de Simão Thaddeo Ferreira.

Cruz, Manuel Braga da

1988: O Partido e o Estado no Salazarismo, Lisboa, Editorial Presença.

Cunha, Joaquim d' Almeida da

1885: Estudos ácerca dos Usos e Costumes dos Banianes, Bathias, Parsos, Mouros, Gentios e Indigenas, Imprensa Nacional, Moçambique.

Cunha, Joaquim M. da Silva

1944 a: A Personalidade do Criminoso e a Graduação Judicial da Pena, Princípios Gerais, Lisboa.

1944 b: Serão imprescritíveis as medidas de segurança?, in JF, ano 8 (1944), pp. 197 a 202.

1946: Algumas notas sobre direito penal colonial, in JF, ano 10 (1946), pp. 284 a 289, e ano 11 (1947), pp. 37 a 41.

Fontes de Arquivo e Bibliografia

1948: A apreciação crítica do Projecto do Código Penal dos Indígenas da Colónia de Moçambique, in RFDUL, ano V (1948), pp. 231 a 250.

1950: O Conflito Colonial de leis. Seu regime no Direito Português, in O Direito, ano 82º (1950), pp. 80 a 99.

1951: O Sistema Português de Política Indígena do Direito Positivo desde 1820 à Última Revisão da Constituição, in RFDUL, volume VIII (1951), pp. 110 a 148.

1952: O Sistema Português de Política Indígena, Princípios Gerais, Lisboa, Agência Geral do Ultramar.

1953: O Sistema Português de Política Indígena (Subsídios para o seu Estudo), Lisboa, Coimbra Editora.

1954: O Problema Prisional do Ultramar, in BMJ, n. 45 (1954), pp. 317 a 327.

1956: Questões de indigenato, Autoridade gentílica, Parecer prestado ao Ministério do Ultramar, in O Direito, ano 88º (1956), pp. 88 a 90.

1958: Administração e Direito Colonial, Apontamentos das Lições ao 3º ano jurídico de 1957/58, organizadas pelo aluno Nuno Cabral Bastos, volume IV, Lisboa, AAFDL.

1977: O Ultramar, a Nação e o «25 de Abril», Coimbra, Atlântica Editora.

Cunha, José Manuel Damião da

1993: O Ministério Público e os Orgãos de Polícia Criminal no Novo Código de Processo Penal, Porto, Universidade Católica.

Cunha, Paulo

1937: Apontamentos de Processo Penal, Lisboa, AAFDL.

Dabin, Jean

1913: Le Pouvoir d'Appréciation du Jury et les nouvelles poursuites en correctionelle après acquittement en Assises, Étude Historique et Critique, Bruxelles, Pierre Van Fleteren Éditeur.

Daguin, Fernand

1884: Code de Procédure Pénale Allemand (1. Février 1877), traduit et annoté, Paris, Imprimerie Nationale.

Dahm, Georg

1931: Die Zunahme der Richtermacht im modernen Strafrecht, Tübingen, Mohr.

1932: Die Grenzen des Parteiprozesses, in ZStW, 52 (1932), pp. 587 a 611.

1933: Autoritäres Strafrecht, in MschrKrimPsych, 24 (1933), pp. 162 a 180.

1935 a: Verbrechen und Tatbestand, Berlin, Junker und Dünnhaupt Verlag.

1935 b: Nationalsozialistisches und Faschistisches Strafrecht, Berlin, Junker und Dünnhaupt Verlag.

1935 c: Bemerkungen zur Reform des Strafverfahrens, in ZStW, 54 (1935), pp. 394 a 409.

1936: Das freisprechende Urteil im Strafverfahren, Berlin, Deutsche Rechts- und Wirtschaftswissenschaftsverlag.

1937: Das Feststellungsverfahren zum Schutze der Ehre, in Roland Freisler (hrsg.), Der Ehrenschutz im neuen deutschen Strafverfahren, Berlin, R. v. Decker's Verlag, pp. 43 a 87.

1938 a: Das Urteil, in Franz Gürtner (hrsg.), Das kommende deutsche Strafverfahren, Bericht der amtlichen Strafprozesskomission, Berlin, R. v. Decker's Verlag, G. Schenck, pp. 306 a 348.

1938 b: Der Methodenstreit in der heutigen Strafrechtswissenschaft, in ZStW, 57 (1938), pp. 225 a 294.

1940: Der Tätertyp im Strafrecht, Leipzig, Verlag von Theodor Weicher.

1944: Gerechtigkeit und Zweckmässigkeit im Strafrecht der Gegenwart, in AAVV, Probleme der Strafrechtserneuerung, Berlin, de Gruyter, pp. 1 a 23.

1951: Deutsches Recht, Die geschichtlichen und dogmatischen Grundlagen des geltenden Rechts, Stuttgart, W. Kohlhammer Verlag.

Dahs, Hans

1968: Verteidigung im Strafverfahren, heute und morgen, in ZRP, 1/1968, pp. 17 a 22.

Dahs, Hans, e Hans Dahs jun.

1987: Die Revision im Strafprozess, Bedeutung für die Praxis der Tatsacheninstanz, 4. Neubearbeitete Auflage, München, Beck.

Dahs jun., Hans

1965: Das Rechtliche Gehör im Strafprozess, München, Beck.

1971: Praktische Problem des Schuldinterlokuts, in GA, 1971, pp. 353 a 362.

Dantas, António Leones

1995: A definição e evolução do objecto do processo no processo penal, in RMP, ano 16º (1995), n. 63, pp. 89 a 107.

Dareste, P.

1931: Traité de Droit Colonial, Tome I, Paris, S. Edit..

Davim, Raúl

1946: Reforma do Processo Penal Anotada (Dec. – Lei n. 35007, de 13 de Outubro de 1945) (Dec.-Lei n. 35809, de 16 de Agosto de 1946), Coimbra, Coimbra Editora Limitada.

Debbasch, Charles, e Jean-Marie Pontier

1983: Les Constitutions de la France, Paris, Dalloz.

Delarue, Jacques

1971: História da Gestapo, Lisboa, Publicações Europa América

Dencker, Friedrich

1973: Die Bagatelldelikte im Entwurf eines EGStGB, in JZ, 1973, pp. 144 a 151.

Dencker, Friedrich, e Rainer Hamm

1988: Der Vergleich im Strafprozess, Frankfurt am Main, Metzner.

Deos, Faustino José da Madre de

1823: A Constituição de 1822 commentada e desenvolvida na Pratica, Lisboa, Typografia Maigrense.

Depeiges, Joseph

1928: Pratique Criminelle des Cours et Tribunaux, Première Partie, 4. édition, complète-

Fontes de Arquivo e Bibliografia 1073

ment refondue et mise au courant de la législation et de la jurisprudence, Paris, Henri Plon.

Devlin, Patrick
1966: Trial by Jury, Third Impression with Addendum, London, Stevens & Sons Limited.

Dias, Jorge de Figueiredo
1970: Crime preterintencional, causalidade adequada e questão-de-facto, in RDES, ano XVII, 1970, pp. 253 a 285.

1971 a: O Defensor e as declarações do Arguido em Instrução Preparatória, in RDES, Ano XVIII (1971), pp. 159 a 226.

1971 b: La Reforma del Derecho Penal Portugues: Principios y Orientaciones Fundamentales, Madrid, Real Academia de Jurisprudencia y Legislacion.

1971 c: Processo Criminal, Lições ao 5º ano da Faculdade de Direito de 1970-1971, Universidade de Coimbra, João Abrantes.

1971 d: Sumários do Curso de Processo Criminal, 1970-1971, Coimbra, João Abrantes.

1972: Ónus de Alegar e de Provar em Processo Penal, in RLJ, ano 105, n. 3473, pp. 125 a 128, e n. 3474, pp. 139 a 143.

1973: O dever de obediência hierárquica e a posição do Ministério Público no Processo Penal, in RLJ, ano 106, n. 3500, pp. 171 a 176.

1974: Direito Processual Penal, Primeiro Volume, Coimbra, Coimbra Editora.

1975: Direito Penal, Sumário das Lições do Prof. Doutor Jorge Figueiredo Dias à 2ª turma do 2º ano da Faculdade de Direito, com indicações bibliográficas e textos de apoio, Coimbra, João Abrantes.

1976 a: Lei Criminal e Controlo da Criminalidade, O Processo Legal-Social de Criminalização e de Descriminalização, in ROA, ano 36 (1976), pp. 69 a 98.

1976 b: A Nova Constituição da República e o Processo Penal, in ROA, ano 36 (1976), pp. 99 a 109.

1977: Plano do Código de Processo Penal (uma sugestão) e Código do Processo Penal, Livro I, Do Processo em Geral, Título I, Disposições Preliminares (não publicado).

1978: Sobre o sentido do Princípio Jurídico-Constitucional do «Juiz-Natural», in RLJ, ano 111, n. 3615, pp. 83 a 88.

1979: La Protection des Droits de l' Homme dans la Procedure Penale Portugaise, in BMJ n. 291, pp. 163 a 191.

1981: A Revisão Constitucional e o Processo Penal, in Sindicato dos Magistrados do Ministério Público, A Revisão Constitucional, o Processo Penal e os Tribunais, Livros Horizonte.

1983 a: Para uma Reforma Global do Processo Penal Português, Da sua necessidade e de algumas orientações fundamentais, in Ciclo de Conferências no Conselho Distrital do Porto da Ordem dos Advogados, Para uma Nova Justiça Penal, Coimbra, Livraria Almedina, pp. 184 a 242.

1983 b: Liberdade, Culpa e Direito Penal, 2ª edição, Coimbra, Coimbra Editora.

1983 c: Os Novos Rumos da Política Criminal e o Direito Penal Português do Futuro, in ROA, ano 43 (1983), pp. 5 a 40.

1984: O Sistema Sancionatório do Direito Penal Português no Contexto dos Modelos da Política Criminal, in Estudos em homenagem ao Professor Eduardo Correia, Coimbra, Universidade de Coimbra, volume I, pp. 783 a 825.

1987 a: O Novo Código de Processo Penal, in BMJ, n. 369, pp. 5 a 23.

1987 b: Projecto de Código de Processo Penal (estudo não publicado).

1987 c: O Problema da Consciência da Ilicitude em Direito Penal, 3ª edição, Coimbra, Coimbra Editora.

1988 a: Sobre os Sujeitos Processuais no Novo Código de Processo Penal, in Jornadas de Direito Processual Penal, O Novo Código de Processo Penal, Coimbra, Almedina, pp. 3 a 34.

1988 b: Direito Processual Penal, Coimbra, Secção de Textos da Faculdade de Direito da Universidade de Coimbra, 1988.

1992: Die Reform des Strafverfahrens in Portugal, in ZStW, 104 (1992), pp. 448 a 471.

1993: Direito Penal Português, Parte Geral, II, As Consequências Jurídicas do Crime, Lisboa, Aequitas.

1994: Nótulas sobre Temas de Direito Judiciário (Penal), I, O problema fundamental do «governo da justiça», in RLJ, ano 127 (1994-1995), n. 3849, pp. 354 a 359, e ano 128 (1995-1996), n. 3850, pp. 8 a 13.

1995: Intervenção, in Comissão de Defesa Nacional da Assembleia da República, Justiça Militar, Colóquio Parlamentar, Lisboa, Assembleia da República, pp. 20 a 30, 63 e 64.

1996: Do princípio da «objectividade» ao princípio da «lealdade» do comportamento do ministério público no processo penal, in RLJ, ano 128, n. 3860, pp. 332 a 352.

1998: Os princípios estruturantes do processo e a revisão de 1998 do Código de Processo Penal, in RPPC, 8 (1998), pp. 199 a 213.

2001: Temas Básicos da Doutrina Penal, Coimbra, Coimbra Editora.

Dias, Jorge de Figueiredo, e Anabela de Miranda Rodrigues
1986: La phase décisoire du jugement dans la procedure penale portugaise, in Revue Internationale de Droit Penal, ano 57, 1986, pp. 528 a 555.

1995: Segredo de deliberação e votação em processo penal, Proibição de declaração de voto, Anotação, in RPCC, 5 (1995), pp. 501 a 527.

Dias, Jorge de Figueiredo, e Maria João Antunes
1990: La notion européenne de tribunal indépendent et imparcial, Une approche à partir du droit portugais de procedure pénale, in RSC, 1990, (4), pp. 733 a 741.

Dias, José
1919: Anotações ao Processo Criminal, Porto, Imprensa Civilização.

Dias, Mário Gomes
1983: Algumas Implicações da Entrada em Vigor do Novo Código Penal no Sistema Processual Penal, in RMP, ano 4º (1983), volume 13, pp. 61 a 86.

Diemer, Herbert
1999: Anotações aos §§ 253 e 254 da StPO in KK-StPO.

Dinis, Antero Monteiro
1981: A revisão constitucional, as magistraturas e os tribunais, in SMMP, A Revisão

Constitucional, o Processso Penal e os Tribunais, Lisboa, Livros Horizonte, pp. 97 a 109.

Diniz, Ferreira
1918: Populações Indígenas de Angola, Coimbra, Imprensa da Universidade.
1919: Província da Guiné, Negocios Indigenas, Guiné, Secretaria dos Negócios Indígenas.

Dochow, Adolf
1879: Die deutsche Strafprozessordnung vom 1. Februar 1877, in Franz von Holtzendorff (hrsg.), Handbuch des deutschen Strafprozessrechts, Erster Band, Berlin, Verlag von Carl Habel, pp. 103 a 137.

Doerr, Karl
1931: Über die Beschränkung der Rechtsmittel gegen Strafurteile, Diss. Gieen.

Doerner
1938: Die Wiederaufnahme des Verfahrens, in Franz Gürtner (hrsg.), Das kommende deutsche Strafverfahren, Bericht der amtlichen Strafprozesskomission, Berlin, R. v. Decker's Verlag, G. Schenck, pp. 429 a 452.

Dohna, Alexander Graf zu
1911: Berufung in Strafsachen?, Heildelberg, Carl Winter.
1928: Mit welchen Hauptzielen wird die Reform des Strafverfahrens in Aussicht zu nehmen sein?, in Schriftführer-Amt der ständigen Deputation, Verhandlungen des Fünfunddreissigsten Deutschen Juristentages (Salzburg), Erster Band: Gutachten, 1. Lieferung, Berlin, de Gruyter.
1929: Das Strafprozessrecht, Dritte, neubearbeitete Auflage, Berlin, Carl Heymanns Verlag.
1935: Bemerkungen zum kommenden deutschen Strafrecht, in MschrKrimPsych, 26 (1935), pp. 97 a 103.
1936: Das alternative Strafurteil, in ZStW, 55 (1936), pp. 576 a 590.
1944: Das Problem der vorweggenommenen Beweiswürdigung im Strafverfahren, in AAVV, Probleme der Strafrechtserneuerung, Berlin, de Gruyter, pp. 319 a 338.

Doll, Paul-Julien
1966: Analyse et Commentaire du Code de Justice Militaire, Paris, Librairie Générale de Droit et de Jurisprudence.

Dölling, Dieter
1978: Die Zweiteilung der Hauptverhandlung – Eine Erprobung vor Einzelrichtern und Schöffengerichten, Göttingen, Verlag Otto Schwarz.

Dörffler
1937 a: Die Urteilsrüge, in Dörffler (hrsg.), Der Volksrichter in der neuen deutschen Strafrechtsplege, Berlin, Decker's Verlag, pp. 156 a 165.
1937 b: Wie kann das Vorverfahren dem Ehrenschutz des Beschuldigten dienen?, in Roland Freisler (hrsg.), Der Ehrenschutz im neuen deutschen Strafverfahren, Berlin, R. v. Decker' s Verlag, pp. 110 a 122.

1076 *A Reforma da Justiça Criminal em Portugal e na Europa*

1938: Die Zwansgmittel, Die Untersuchungshaft, in Franz Gürtner (hrsg.), Das kommende deutsche Strafverfahren, Bericht der amtlichen Strafprozesskommission, Berlin, R. v. Decker's Verlag, G. Schenck, pp. 265 a 279.

Drews, Kai Holger

1998: Die historische Entwicklung der Berufung im Strafverfahren, Göttingen, Cuvillier Verlag.

Drost, H.

1930: Das Ermessen des Strafrichters, Zugleich ein Beitrag zu dem allgemeinen Problem Gesetz und Richteramt, Berlin, Carl Heymanns Verlag, 1930.

Duarte, Innocencio de Sousa

1863: Novissima Pratica Judicial ou Regimento dos Escrivães de Primeira Instancia, Porto, Casa de Cruz Coutinho Editor.

1864: Manual dos Procuradores, Porto, Casa de Cruz Coutinho Editor.

1871: Arestos, 1.º Parte, As Nullidades do Processo, Repertorio Manual dos Juizes, Delegados, Advogados e Empregados Judiciaes contendo a Doutrina e Decisões do Supremo Tribunal de Justiça e Legislação Patria ácerca das Nullidades do Processo até ao fim de 1870, Lisboa, Imprensa Nacional.

1875: Manual Pratico dos Novos Juizes Ordinarios e seus Escrivães segundo a Lei de 16 de Abril de 1874, com Formulario Geral e Tabellas, Lisboa, Imprensa Nacional.

Duarte, Jacinto

1963: Os Tribunais de Execução das Penas, Lisboa, in BMJ, n. 130 (1963), pp. 89 a 289.

Duarte, Teófilo

1935: Evolução Histórica do Conselho do Império Colonial, in Estudos Coloniais, Lisboa, Agência Geral das Colónias, 1942, pp. 235 a 248.

Dürkop, Marlis

1984: Zur Funktion der Kriminologie im Nationalsozialismus, in Udo Reifner e Bernd-Rüdeger Sonnen, Strafjustiz und Polizei im Dritten Reich, Frankfurt, Campus Verlag, pp. 97 a 121.

Dutra, Jacintho José da Silva Pereira

1842: Codigo do Processo Criminal de Primeira Instancia do Imperio do Brasil, com a Disposição Provisoria acerca da Administração da Justiça Civil, seguido da Lei de 3 de Dezembro de 1841, e Regulamentos para sua execução de 31 de Janeiro, e de 15 de Março de 1842; com Notas nas quaes se mostrão as alterações que pela citada lei tiverão muitos artigos do mesmo codigo, e se transcreve a summa das leis e decisões do Governo declarando como se devem entender muitas de suas disposições, Segunda edição mais correcta e augmentada, Rio de Janeiro, Livraria de Agostinho de Freitas e Companhia.

Eisenberg, Ulrich

1999: Beweisrecht der StPO, Spezialkommentar, 3. Auflage, München, Beck.

Eisenhardt, Ulrich

1984: Deutsche Rechtsgeschichte, München, Beck.

Ellul, Jacques
1969 a: Histoire des Institutions, 4 / XVI – XVIII siècles, Paris, Presses Universitaires de France.
1969 b: Histoire des Institutions, 5 / Le XIX siècle, Paris, Presses Universitaires de France.

Emsley, Clive
1996: The English police, a political and social history, Second Edition, New York, Addison Wesley Longman Ltd.

Enes, António
1971: Moçambique, Relatório apresentado ao Governo, 4ª edição fac-similada pela de 1946, Lisboa, Imprensa Nacional.

Engelhard, Herbert
1930: Vorakten und Vernehmungen in der Hauptverhandlung, in ZStW, 50 (1930), pp. 197 a 208.

Engisch, Karl
1938: Wesenschau und konkretes Ordnungsdenken im Strafrecht, in Mschr. f. Kriminalbiologie, 29 (1938), pp. 133 a 148.

Erbe, Joachim
1979: Zum Wesen des Strafbefehls, Diss. Berlin.

Eric, Iga-Iga
1991: Le Particularisme de la Procedure Penale Militaire, Diss. da Université de Toulon et du Var.

Eser, Albin
1966: Das rechtliche Gehör im Strafbefehls- und Strafverfügungsverfahren, in JZ, 1966, pp. 660 a 669.
1992: Funktionswandel strafrechtlicher Prozessmaximen: Auf dem Weg zur "Reprivatisierung" des Strafverfahrens?, in ZStW, 104 (1992), pp. 361 a 397.

Esmein, A.
1882: Histoire de la Procedure Criminelle en France et spécialement de la Procédure Inquisitoire depuis le XIII siécle jusqu' a nos jours, Paris, L. Larose et Forcel.

Estl
1939: Österreichische Rechtsmittel zur Wahrung der Gesetzmässigkeit und der materiellen Wahrheit, in GerS, 112 (1939), pp. 222 a 250.

Exner, Franz
1934: Das System der sichernden und bessernden Massregeln nach dem Gesetz v. 24. November 1933, in ZStW, 53 (1934), pp. 629 a 655.
1935: Richter, Staatsanwalt und Beschuldigter im Strafprozess des neuen Staates, I, in ZStW, 54 (1935), pp. 1 a 14.
1936: "Nationalsozialistischer Kampf gegen das Verbrechertum", in MschrKrimPsych, 27 (1936), pp. 432 a 434.

1944: Sinnwandel in der neuesten Entwicklung der Strafe, in AAVV, Probleme der Strafrechtserneuerung, Berlin, de Gruyter, pp. 24 a 43.

Eyraud, M. D'
1825: De l' Administration de la Justice, et de l'Ordre Judiciaire en France, Seconde Édition, entièrement complétée, Tome deuxième, Législation Criminelle et Civile, Paris, Fanjat Ainé Libraire-Éditeur.

Fabião, Fernando
1964: A Prisão Preventiva, Braga, Livraria Cruz.

Falcão, Manuel de Jesus Meneses
1953: Limites da intervenção judicial na instrução preparatória, in SI, tomo III (1953--1954), n. 11, pp. 313 a 319.

Falcão, Paulo J.
1928: O Cataclismo Judiciário, Agravo de um inocente para a Deusa da Justiça, Porto, edição do autor.

Faria, António Alfredo de Castro Ribeiro de Magalhães Leal de
1933: Meios Repressivos do Criminoso Habitual, Diss. da Faculdade de Direito de Coimbra.

Faria, Avelino de
1958: Algumas considerações acerca de advogados, juízes e tribunais, in ROA, ano 18 (1958), pp. 153 a 171.

Faria, Jorge Ribeiro de
1959: Classificação de delinquentes, alguns problemas conexos, considerações muito breves, in BAPIC, n. 5 (1959), pp. 21 a 56.
1960: Liberdade condicional, Breves Notas, in BAPIC, n. 6 (1960), pp. 55 a 62.

Faria, José Alemão de Mendonça Cisneiros e
1847: Praxe do Foro Militar seguida de um repertorio de leis, alvarás, decretos, e regulamentos, Lisboa, Imprensa Nacional.

Farinha, João de Deus Pinheiro
1963: Infracções contra a Saúde Pública e Contra a Economia Nacional, Legislação Anotada, Lisboa, Livraria Morais Editora.
1966: Código de Processo penal Português: notas de legislação, jurisprudência e doutrina, Lisboa, Livraria Morais.

Farinha, João de Deus Pinheiro, et al.
1972: Código de Processo Penal Português (Notas de Legislação, Jurisprudência e Doutrina), 3ª edição, Lisboa, Moraes.

Farinha, Luís
2000: O sistema prisional salazarista, in História, Ano 22 (2000), pp. 42 a 51.

Fatela, João
1989: O Sangue e a Rua, Elementos para uma antropologia da violência em Portugal (1926-1946), Lisboa, Publicações Dom Quixote.

Fontes de Arquivo e Bibliografia

Faveiro, Vítor António Duarte
1946: A intervenção dos particulares no exercício da acção penal, segundo o Decreto--lei n. 35.007, in RDES, ano II (1946-1947), pp. 3 a 17.
1949 a: Aspectos do direito criminal português na moderna política de defesa social, in RDES, ano V (1949-1950), pp. 308 a 353.
1949 b: A Organização Prisional Portuguesa, in BMJ, n. 10, pp. 363 a 371.
1952 a: Prevenção Criminal, Medidas de Segurança, Coimbra, Coimbra Editora.
1952 b: A suspensão da pena nos crimes contra a segurança exterior ou interior do Estado, in ROA, ano 12 (1952), ns. 1 e 2, pp. 190 a 195.
1968: Melo Freire e a Formação do Direito Público Nacional, Lisboa, CTF, ns. 109 e 110.

Febo, Melchior
1713 a: Decisiones Senatus Lusitaniae, Tomus Primus, Editio Ultima, Ulyssipone, Josephus Lopes Ferreyra.
1713 b: Decisiones Senatus Lusitaniae, Tomus Secundus, Editio Ultima, Ulyssipone, Josephus Lopes Ferreyra.

Feio, Manuel Moreira
1900: Estudos Sociologicos, Indigenas de Moçambique, Lisboa, Typographia do Commercio.

Félix, Patricia
1998: Diogo Inácio de Pina Manique, Intendant Général de la Police de la Cour et du Royaume de Portugal (1780-1805): Pouvoir et Actions face à la Criminalité, Diss. da Université de Marne la Valée.

Fernandes, David Augusto
1968: A liberdade condicional (obrigatória, facultativa e na pena indeterminada), sua regulamentação, in BAPIC, n. 23 (1968), pp. 119 a 136.

Fernandes, Fernando
2001: O Processo Penal como Instrumento de Política Criminal, Coimbra, Livraria Almedina.

Fernandes, Francisco
1896: A Prisão Preventiva, Coimbra, F. França Amado Editor.

Fernandes, F. Diogo
1970: Prisões Preventivas, Porto, Guarda Nacional Republicana.

Fernandes, Henrique Barahona
1946: Imputabilidade Penal dos Doentes e Anormais Mentais, Separata do ano LXIV, n. 1, da MedC.

Fernandes, Vasco da Gama
1939: Nova Ciência de Punir, Lisboa, Editorial do Foro Limitada.
1940: No Limiar do Novo Ano Judicial, Leiria, Sociedade Astória Lda.
1958: Advocacia, Claros-Escuros duma profissão, Lisboa, Gráfica Santelmo, Lda.

Ferrão, Francisco António Fernandes da Silva
1856 a: Theoria do Direito Penal aplicada ao Codigo Penal Portuguez comparado com o

Codigo do Brazil, Leis Patrias, Codigos e Leis Criminaes dos Povos Antigos e Modernos, Volume II, Lisboa, Typographia Universal.

1856 b: Theoria do Direito Penal aplicada ao Codigo Penal Portuguez comparado com o Codigo do Brazil, Leis Patrias, Codigos e Leis Criminaes dos Povos Antigos e Modernos, Volume III, Lisboa, Typographia Universal.

1857: Theoria do Direito Penal aplicada ao Codigo Penal Portuguez comparado com o Codigo do Brazil, Leis Patrias, Codigos e Leis Criminaes dos Povos Antigos e Modernos, Volume V, Lisboa, Imprensa Nacional.

Ferrão, Francisco António Fernandes da Silva, et al.

1836: Projecto de Reforma sobre a Organisação Judiciaria, e Ordem do Processo Civil e Criminal redigido pela Comissão creada pelos Decretos de 27 de Novembro, e 11 de Dezembro de 1835. Acompanhado destes Decretos e do Relatorio apresentado pela Comissão a sua Majestade A Rainha, Lisboa, Imprensa Nacional.

Ferraz, J. D. Machado

1834: Exame sobre o Jury em que se analysa a Historia e Theoria d' esta Instituição, Pariz, Rey e Gravier.

1840: Commentarios á Lei de 19 de Maio de 1832 sobre a Competencia do Supremo Tribunal de Justiça, Lisboa, Typographia de José Baptista Morando.

1844: Commentarios á Lei de 19 de Dezembro de 1843 que trata das novas attribuições, concedidas ao Supremo Tribunal de Justiça, Lisboa, Typographia de José Baptista Morando.

Ferreira, Flávio Pinto

1972: Uma abordagem sociológica da Magistratura Judicial, in SI, tomo XXI, 1972, pp. 452 a 482.

Ferreira, José Carlos Ney

1975: Retroactividade da lei penal em substituição de penas (Moçambique), in SI, tomo XXV (1975), ns. 142 e 143, pp. 498 e 511.

Ferreira, José Carlos Ney, e Vasco Soares da Veiga

1957: Estatuto dos Indígenas Portugueses das Províncias da Guiné, Angola e Moçambique Anotado e Legislação Complementar, 2ª edição, Lisboa, Tipografia-Escola da Cadeia Penitenciária de Lisboa.

Ferreira, José Dias

1884: Discurso sobre a Reforma Penal proferido na Sessão de 18 de Abril de 1884, Lisboa, Imprensa Nacional.

1890: Código de Processo Civil Annotado, Tomo III, Imprensa da Universidade, Coimbra.

1892: Novissima Reforma Judiciaria Anotada, Coimbra, Imprensa da Universidade.

Ferreira, Manoel Lopes

1767: Pratica Criminal, Expendida na Forma da praxe observada neste nosso reyno de Portugal, e ilustrada com muitas Ordenaçoens, Leys Extravagantes, Regimentos, e Doutores, e em quatro Tomos destribuida. E nesta ultima impresaõ accrescentada

Fontes de Arquivo e Bibliografia

com as Leys Criminaes Extravagantes, e hum novissimo, e correctissimo Index alphabetico de toda a obra, Porto, Officina de Antonio Alves Ribeyro Guimaraens.

Ferreira, Manuel Cavaleiro de

1938 a: Os criminosos de difícil correcção no dec. 26.643 (Reforma Prisional de 1936), in O Direito, ano 70 (1938), pp. 130 a 137, 162 a 166.

1938 b: A Reforma do Direito Penal Alemão, in O Direito, ano 70 (1938), pp. 258 a 266.

1940: Processo Penal, Lições feitas ao Curso do 4. Ano Jurídico de 1939-40 pelo Ex.mo Prof. Doutor Cavaleiro de Ferreira, por António Magro Araújo e Orlando Soares Gomes da Costa, Lisboa.

1941: Lições de Direito Penal de harmonia com as prelecções do Ex. mo Professor Doutor Cavaleiro de Ferreira ao curso do IV ano jurídico, por Carmindo Rodrigues Ferreira e Henrique Vaz Lacerda, Lisboa, Faculdade de Direito da Universidade de Lisboa.

1943: A Personalidade do Delinqüente na Repressão e na Prevenção, Lisboa, Portugal Editora.

1955: Curso de Processo Penal, Lições proferidas no ano lectivo 1954-1955, I, Lisboa.

1956 a: Curso de Processo Penal, Lições proferidas no ano lectivo 1954-1955, II, Lisboa.

1956 b: Curso de Processo Penal, Lições proferidas no ano lectivo 1954-1955, III, Lisboa.

1961: Direito Penal, II, Lisboa, Gomes & Rodrigues Lda.

1965: Direitos do réu condenado como ausente, in SI, tomo XIV, 1965, pp. 137 a 144.

1979: Direito de Defesa, A jurisdição militar é especial, Evolução da prisão preventiva (Alegações), in SI, tomo XXVIII, ns. 160/162, 1979, pp. 293 a 317.

1982: Direito Penal Português, Parte Geral, II, Lisboa, Verbo.

1983: Parecer, O objecto da lei de amnistia de 1979: as infracções criminais e disciplinares de natureza política, in Silvino Marques et al., Os «Descolonizadores» e o Crime de Traição à Pátria, Lisboa, Ulisseia, pp. 97 a 110.

1984: A Pronúncia, in SI, tomo XXXIII, ns. 191-192, 1984, pp. 433 a 454.

1986 a: Curso de Processo Penal, 1.º volume, Lisboa, Editora Danubio, Lda..

1986 b: Curso de Processo Penal, 2.º volume, Lisboa, Editora Danubio, Lda..

2000: 10 Anos na pasta da Justiça, Documentos e correspondência com Salazar, 6 de Setembro de 1944 a 7 de Agosto de 1954, Organização e edição por Manuel Cavaleiro de Ferreira, Lisboa.

Ferreira, M. Marques

1991: Da Alteração dos Factos Objecto do Processo, in RPPC 2 (1991), pp. 221 a 239.

Ferreira, Silvestre Pinheiro

1825: Synopse do Codigo do Processo Civil conforme as Leys e Estilos Actuaes do Foro Portuguez, Paris, Typographia de Firmin Didot.

1831 a: Observações sobre a Carta Constitucional do Reino de Portugal e a Constituição do Império do Brasil, Paris, Officina Typographica de Casimir.

1082   *A Reforma da Justiça Criminal em Portugal e na Europa*

1831 b: Projectos de Ordenações para o Reino de Portugal, Tomo I, Carta Constitucional e Projecto de Leis Organicas, Paris, Officina Typographica de Casimir.

1831 c: Projectos de Ordenações para o Reino de Portugal, Tomo II, Exposição do Projecto d' Ordenações para o reino de Portugal, Paris, Officina Typographica de Casimir.

1832 a: Projectos de Ordenações para o Reino de Portugal, Tomo III, Projecto de Reforma das Leis Fundamentaes e Constitutivas da Monarchia, Paris, Officina Typographica de Casimir.

1832 b: Projecto d' um Systema de Providencias para a Convocação das Cortes Geraes e Restabelecimento da Carta Constitucional, Appendice ao Parecer de dois concelheiros da coroa constitucional sobre os meios de se restaurar o governo representativo em Portugal, Paris, Officina Typographica de Casimir.

1833: Observations sur la Charte Constitutionnelle de la France extraites du Cours de Droit Public, Paris, Rey et Gravier.

1834 a: Manual do Cidadão em um Governo Representativo, ou Principios de Direito Constitucional, Administrativo e das Gentes, Tomo I, Direito Constitucional, Paris, Rey et Gravier.

1834 b: Manual do Cidadão em um Governo Representativo, ou Principios de Direito Constitucional, Administrativo e das Gentes, Tomo III, Projecto de Codigo Geral, Paris, Rey et Gravier.

1834 c: Principes du Droit Public, Constitucionel, Administratif, et des Gens, ou Manuel du Citoyen sous un Gouvernement Représentatif, Tome Troisiéme, Paris, Rey et Gravier.

1834 d: Projecto de Codigo Geral de Leis Fundamentais e Constitucional d' uma Monarchia Representativa, Paris, Officina Typographica de Casimir.

1837: Breves Considerações sobre a Constituição Politica da Monarchia portugueza decretada pelas Cortes Geraes Extraordinarias e Constituintes, reunidas em Lisboa no anno de 1821, Paris, Rey et Gravier.

1838 a: Observations sur la Constitution de la Belgique, décrété par le Congrès National le 7 Février 1831 extraites du Cours de Droit Public, Paris, Rey et Gravier.

1838 b: Projecto de Codigo Politico para a Nação Portugueza, Paris, Casa de Rey et Gravier.

1840 a: Projecto de Lei Organica e Regulamentar da Administração da Justiça, com Exposição de Motivos, Lisboa, Imprensa Nacional.

1840 b: Projecto de Lei Organica das Relações Civis do Clero da Igreja Lusitana, com Exposição de Motivos, Lisboa, Imprensa Nacional.

1841: Memória sobre a Administração da Justiça Criminal, segundo os Princípios do Direito Constitucional, Lisboa, Typ. Lusitana.

1844 a: Questões de Direito Publico e Administrativo, Philosophia e Litteratura, Parte I, Lisboa, Typographia Lusitana.

1844 b: Questões de Direito Publico e Administrativo, Philosophia e Litteratura, Parte II, Lisboa, Typographia Lusitana.

Fontes de Arquivo e Bibliografia

1845: Précis d' un Cours de Droit Public, Administratif et des Gens, Tome Premier, Lisbonne, Imprimerie Nationale.

1846: Précis d' un Cours de Droit Public, Administratif et des Gens, Tome Second, Lisbonne, Imprimerie Nationale.

Ferreira, Vasco Taborda, e Carmindo Ferreira
1948: O Recurso de Agravo, Algumas Notas para a sua historia, algumas considerações sobre a sua finalidade e objecto, in BMJ n. 5, pp. 36 a 75.

Ferreira, Waldemar
1960: O Direito Público Colonial do Estado do Brasil sob o signo Pombalino, Rio de Janeiro, Editora Nacional de Direito.

Ferreira-Deusdado, Mário
1890: Essays de Psychologie Criminelle, Rapport du IV. Congrès Pénitentiaire International, Limoges.

1891: O Ensino Carcerário e o Congresso Penitenciario Internacional de S. Petesburgo, Lisboa, Imprensa Nacional.

1894: A Anthropologia Criminal e o Congresso de Bruxellas, Lisboa, Imprensa Nacional.

1931: A Onda do Crime, Lisboa, Imprensa Lucas & Ca.

Ferri, Enrico
1905: La Giustizia Penale, Sua Evoluzione, Suoi Difetti, Suo Avvenire, Riassunto del Corso di sociologia criminale tenuto all' Istituto di Alti Studi dll' Université Nouvelle di Bruxelles, Mantova, Tipografia della «Università Populare».

1931: Principios de Direito Criminal, O Criminoso e o Crime, traduzido do italiano por Luiz de Lemos d' Oliveira, com um prefacio do Prof. Beleza dos Santos, Coimbra, Armenio Amado Editor.

Ferro, Mário
1935: O regime prisional das colónias, in GRL, ano 49º (1935), pp. 177 e 178.

Feuerbach, Paul Johann Anselm von
1821: Betrachtungen über die Öffentlichkeit und Mündlichkeit der Gerechtigkeitspflege, Band I, Von der Öffentlichkeit der Gericht, Von der Mündlichkeit der Rechtsverwaltung, Giessen.

1825: Betrachtungen über die Öffentlichkeit und Mündlichkeit der Gerechtigkeitspflege, Band II, Über die Gerichtsverfassung und das gerichtliche Verfahren Frankreichs, in besonderer Beziehung auf die Öffentlichkeit und Mündlichkeit der Gerechtigkeitspflege, Giessen.

Fezer, Gerhard
1974 a: Die erweiterte Revision – Legitimierung der Rechtswirklichkeit? – Inhaltsanalyse eines Jahrgangs unveröffentlichter Entscheidungen des Bundesgerichtshofs in Strafsachen, Tübingen, Mohr.

1974 b: Reform der Rechtsmittel in Strafsachen. Bericht über die Entstehung der gegenwärtigen Rechtsmittelvorschriften und die Bemühungen um ihre Reform, Bundesministerium der Justiz.

1975: Möglichkeiten einer Reform der Revision in Strafsachen, Eine Untersuchung unter besonderer Berücksichtigung der gegenwärtigen Vorschläge zur Rechtsmittelreform, Tübingen, Mohr.

Figueira, Álvaro Reis
1984: Formas de participação popular na administração da justiça em Portugal, Braga, Livraria Cruz.

Figueira, Manuel
1942: Direito Penal Indígena, in GARL, ano VII, 1942, n. 5, pp. 72 e 73.

Figueiredo, Alípio Freire, e Albino Freire de Figueiredo
1841: Repertorio ou Indice Alphabetico da Novissima Reforma Juidiciaria que contem a Carta de Lei de 28 de Novembro de 1840 e o Decreto de 21 de Maio de 1841, Neste Indice se apontam em notas os artigos de legislação que serviram de fonte e assento, e servem de interpretação a cada um dos artigpos da novisssima Lei, Lisboa, Typografia de Barbosa.

Figeiredo, António
1975: Portugal: Cinquenta Anos de Ditadura, Lisboa, Publicações Dom Quixote.

Figueiredo, Joaquim Augusto Roseira
1972: Organização Judiciária, Porto, Conselho Distrital da Ordem dos Advogados.

Figueiredo, Joaquim Roseira, e Flávio Pinto Ferreira
1974: O Poder Judicial e a sua Independência, Lisboa, Moraes Editores.

Figueiredo, Jozé Anastasio de
1790: Synopsis Chronologica de Subsidios ainda os Mais Raros para a Historia e Estudo Critico da Legislação Portugueza, Tomo II (1550-1603), Lisboa, Officina da Academia das Sciencias.
1792 a: Sobre a origem dos nossos juízes de fora, in AAVV, Memorias da Litteratura Portugueza, publicadas pela Academia Real das Sciencias de Lisboa, Tomo I, Lisboa, na Officina da mesma Academia, pp. 31 a 60.
1792 b: Para dar uma ideia justa do que eraõ as Behetrías, e em que differiaõ dos Coutos, e Honras, in AAVV, Memorias da Litteratura Portugueza, publicadas pela Academia Real das Sciencias de Lisboa, Tomo I, Lisboa, na Officina da mesma Academia, pp. 98 a 257.

Figueiredo, Mário de
1936: Princípios Essenciais do Estado Novo Corporativo, Coimbra, Coimbra Editora.

Filangieri, Gaetano
1840: Oeuvres, traduites de l' Italien, nouvelle édition accompagnée d' un commentaire par Benjamin Constant et de l' eloge de Filangieri par M. Salfi, Tome Premier, Paris, Librairie de J. P. Aillaud.

Finger, August
1934: Einige Gedanken zur Denkschrift des Preussischen Justizministers "Nationalsozialistisches Strafrecht", in GerS, 104 (1934), pp. 265 a 291.

Fontes de Arquivo e Bibliografia 1085

1935: Gedanken zur Denkschrift des Preussischen Justizministers "Nationalsozialistisches Strafrecht", in GerS, 105 (1935), pp. 26 a 58, 97 a 125, 198 a 240.

Fischer, Erich
1934: Das Verbot der reformatio in peius in der Reichstrafprozessordnung, Diss. Halle--Wittenberg.

Fischer, Thomas
1995: Anotações aos §§ 253 e 254 da StPO, in Gerd Pfeiffer/Thomas Fischer- StPO

Fischer, Wilhelm
1930: Berufungsausschluss, Ersatzrevision und Sprungrevision gegen Urteile des Amtsgerichts, Breslau, Schletter' sche Buchhandlung.

Fischinger, Helmuth
1969: Die Teilung des Strafverfahrens in zwei Abschnitte. Schuldspruch und Strafausspruch, in ZStW, 81 (1969), pp. 49 a 60.

Florian, Eugenio
1934: Parte Generale del Diritto Penale, Quarta Edizione, I, Introduzione, Le norme penali e la loro applicazione, Il deliquente, Il reato, Milano, Casa Editrice Francesco Vallardi.

Fonseca, Crispiniano da
1886: Legislação Criminal Portugueza, Processo, in RFP, ano 2º (1886), pp. 44, 45, 57 a 59.
1933: A Reforma da Lei Penal Portuguesa (Parte Geral), Lisboa, Tip. da Papelaria Progresso.

Fonseca, Olimpio da
1957: Delinquentes Habituais, Diss. da Faculdade de Direito de Coimbra.

Foregger, Egmont
1985: In welche Richtung soll die Reform der Strafprozessordnung weitergeführt werden?, in Vorstand des Österreichischen Juristentages, Verhandlungen des Neunten Österreichischen Juristentages Wien 1985, Band I, 3. Teil, Gutachten, Wien, Manzsche Verlags- und Universitätsbuchhandlung.

Forsthoff, Ernst
1933: Der Totale Staat, Hamburg, Hanseatische Verlagsanstalt.

Foucher, M. Victor
1833: Code Pénal Général de l' Empire d' Autriche, avec des appendices contenant les règlements généraux les plus récents, traduit sur la dernière édition officielle, Paris, Imprimerie Royale.

Fraga, Carlos Alberto Conde da Silva
2000: Subsídios para a Independência dos Juízes, O caso Português, Lisboa, Edições Cosmos.

França, Olívio
1973: O Advogado e o Juiz nas Estruturas dos Códigos de Processo Civil e de Processo Penal, in ROA, ano 33 (1973), pp. 197 a 208.

1086   *A Reforma da Justiça Criminal em Portugal e na Europa*

Franco, Manoel António Monteiro de Campos Coelho da Costa
1765: Tractado Practico Juridico Civel, E Criminal. Dividido em Tres Partes: Na Primeira, Se tracta de todo o processo judicial até à revista da sentença. Na segunda, sobre a matéria Crime com as Leys novissimas a elle pertencente. Na terceira sobre o juizo dos Orfaõs até a sua final conclusaõ. Ornado finalmente com hum Epilogo Juridico sobre a matéria dos Compromissos, e Cessoens de bens dos Devedores, e Fallidos com as Reaes Leys a elles pertencentes. Fundado em As leys do Reino, Direito Commum, Canonico, Civel, e com as mais solidas doutrinas dos Doutores: Obra Utilissima, e Necessaria para todos os que principiaõ os Officios de Julgar, e Advogar, e para as pessoas, que litigaõ em Auditorios deste Reino, Lisboa, Officina de Joam Antonio da Costa.

Frank, Hans
1939: Fondamento Giuridico dello Stato Nazionalsocialista, Traduzione del Dott. L. L. Palermo, Milano, Giuffrè.

Freire, Basílio Augusto Soares da Costa
1889: Os Criminosos, Coimbra, Imprensa da Universidade.

Freire, Mello
Ver Reis, Pascoal José de Mello Freire dos

Freisler, Roland
1934: Ergebnisse der Beratungen des Zentralausschusses der Strafrechtsabteilung der Akademie für deutsches Recht, in Hans Frank (hrsg.), Denkschrift des Zentralausschusses der Strafrechtsabteilung der Akademie für Deutsches Recht über die Grundzüge eines Allgemeinen Deutschen Strafrechts, Berlin, Decker's Verlag, pp. 7 a 24.
1935: Willenstrafrecht, Versuch und Vollendung, in Franz Gürtner (hrsg.), Das kommende deutsche Strafrecht, Allgemeiner Teil, Bericht über die Arbeit der amtlichen Strafprozesskomission, Berlin, Verlag Franz Wahlen, 2. Auflage, nach den Ergebnissen der zweiten Lesung neu bearbeitet, pp. 11 a 48.
1935: Richter und Gesetz, Von der neutralen zur kämpferischen Rechtspflege, in DtJ, 97 (1935), pp. 241 e 242.
1936 a: Das neue Strafrecht als nationalsozialistisches Bekenntnis, in Franz Gürtner e Roland Freisler, Das neue Strafrecht, Grundsätzliche Gedanken zum Geleit, 2. Auflage, Berlin, Decker's Verlag, pp. 33 a 162.
1936 b: Gedanken zur Technik des werdenden Strafrechts und seiner Tatbestände, in ZStW, 55 (1936), pp. 503 a 532.
1937 a: Volksrichter und Berufsrichter als Hüter des Volksgewissens, Grundsätzliche Stellungnahme zur Volksrichterbeteiligung, in Dörffler (hrsg.), Der Volksrichter in der neuen deutschen Strafrechtsplege, Berlin, Decker's Verlag, pp. 34 a 52.
1937 b: Allgemeines zur Ehrenwahrung im Strafverfahren, in Roland Freisler, Der Ehrenschutz im neuen deutschen Strafverfahren, Berlin, R. v. Decker' s Verlag, pp. 9 a 25.
1938 a: Nationalsozialistisches Recht und Rechtsdenken, Berlin, Industrieverlag Spaeth & Linde.

Fontes de Arquivo e Bibliografia

1938 b: Grundsätzliches zur Strafverfahrenserneuerung, in Franz Gürtner (hrsg.), Das kommende deutsche Strafverfahren, Bericht der amtlichen Strafprozesskomission, Berlin, R. v. Decker's Verlag, G. Schenck, pp. 11 a 77.
1940: Wiedergeburt strafrechtlichen Denkens, Berlin, R. v. Decker's Verlag.
1943: Das Rechtsdenken des Jungen Europas, Berlin, Albert Limbach Verlag.

Freisler, Roland, et al.
1941: Deutsches Strafrecht, Band 1, Erläuterungen zu den seit dem 1.9.1939 ergangenen strafrechtlichen und strafverfahrensrechtlichen Vorschriften, Berlin, Decker.

Freitas, Justino António de
1860: Manual dos Juizes Eleitos e seus Escrivães contendo o processo de damno, do movel e dinheiro de transgressões de Posturas e de Fazenda, Setima Edição Correcta e augmentada segundo a novissima Reforma Judicial e legislação posterior, Coimbra, Livraria de J. Augusto Orcel.

Frochot, Michel
1942: L'Empire Colonial Portugais, Organisation Constitutionelle, Politique et Administrative, Lisboa, Editions SPN.

Frohn, Hansgeorg
1989: Rechtliches Gehör und richterliche Entscheidung: Studie zur Verfassungsdimension des gerichtlichen Erkenntnisverfahrens; zugleich ein Beitrag zur verfassungsrechtlichen Problematik des Postulats effektiven Rechtsschutzes, Berlin, Duncker & Humblot.

Fuchs
1879: Das Hauptverfahren in erster Instanz, in Franz von Holtzendorff (hrsg.), Handbuch des deutschen Strafprozessrechts in Einzelbeiträgen, Zweiter Band, Berlin, Verlag von Carl Habel, pp. 1 a 111.

Fuhrmann, Hans
1973: Die Appellation als Rechtsmittel für eine beschränkte Tatsachennachprüfung in einem dreistufigen Gerichtsbau, in ZStW, 85 (1973), pp. 45 a 75.

Funck-Brentano, Frantz
1926: Les Lettres de Cachet, Paris, Librairie Hachette.

Furtado, Acácio
1945: Dos Direitos e Deveres dos Advogados, I, O Habeas Corpus e o Advogado, in ROA, ano 5, ns. 3 e 4, 1945, pp. 364 a 367.

Furtado, Jorge Pinto Furtado
1969: Conselho Ultramarino, decreto-lei n. 49.146 (lei orgânica), decreto-lei n. 49.197 (regimento) e portarias n. 24.204 (tabelas das custas) de 25 de Julho de 1969, anotadas, Lisboa, Agência-Geral do Ultramar.

Gallas, Wilhelm
1941: Tatstrafe und Täterstrafe, insbesondere im Kriegsstrafrecht, II, in ZStW, 60 (1941), pp. 374 a 417.

1088 *A Reforma da Justiça Criminal em Portugal e na Europa*

Garção, Abel
1915: Legislação Anotada da República, Colecção anotada dos diplomas publicados pelo Ministério da Justiça desde a proclamação da República Portuguesa, e dos publicados pelos outros ministérios que interessam aos Tribunais e Repartições Públicas, seguida de Adições, 1º Volume, Porto, João Fernando Amaral.

Garção, Amandio Pinto
1928: A Disciplina dos Funcionários, Leis, Opiniões e Comentários com regulamento disciplinar dos funcionários civis e índice alfabético e remissivo, Coimbra, Coimbra Editora.

Garcia, Maria da Glória Ferreira Pinto Dias
1994: Da Justiça Administrativa em Portugal, Sua origem e evolução, Lisboa, Universidade Católica Editora.

Garçon, Maurice
1957: Histoire de la justice sous la III République, III, La Fin du Régime, Paris, Librairie Arthème Fayard.

Garofalo, Raffaele
1908: Criminologia, Estudo sobre o Delicto e a Repressão Penal seguido de um appendice sobre os Termos do Problema Penal por L. Carelli, Versão portugueza com um prefácio original por Julio de Mattos, 2ª edição, Lisboa, Livraria Classica Editora.

Garraud, René
1907: Traité Théorique et Pratique d' Instruction Criminelle et de Procédure Pénale, Tome Premier, Paris, Recueil Sirey.
1909: Traité Théorique et Pratique d' Instruction Criminelle et de Procédure Pénale, Tome Deuxième, Paris, Recueil Sirey.
1912: Traité Théorique et Pratique d' Instruction Criminelle et de Procédure Pénale, Tome Troisième, Paris, Recueil Sirey.
1915: Compendio de Direito Criminal contendo a explicação elementar da parte geral do Codigo Penal Francez, do Codigo d' Instrução Criminal e das leis que os teem modificado, Tradução de A. T. de Menezes, Volume II, Lisboa, Livraria Clássica Editora, 1915.

Garraud, René, e Pierre Garraud
1926: Traité Théorique et Pratique d' Instruction Criminelle et de Procédure Pénale, Tome Quatrième, Paris, Recueil Sirey.
1928: Traité Théorique et Pratique d' Instruction Criminelle et de Procédure Pénale, Tome Cinquième, Paris, Recueil Sirey.

Garrett, Thomaz de Almeida
1919: Questões Coloniaes (Licções feitas aos alunos da 5ª cadeira da Escola Colonial), Lisboa, Centro Typographico Colonial.

Garrido, António
1869: O Supremo Tribunal de Justiça, in GT, 1869, pp. 140, 144, 148, 152, 156, 160 e 164.

Gaspar, Jorge
2001: Titularidade da Investigação Criminal e Posição Jurídica do Arguido, in RMP, ano 22º (2001), volume n. 87, pp. 7 a 62, e volume n. 88, pp. 101 a 136.

Gatti, Tancredi
1929: Il Nuovo Codice di Procedura Penale Portoghese, in BIC, volume X (1929), pp. 469 a 482.

Gazeta da Relação de Lisboa
1911: Liberdade de Imprensa, in GRL, 24º ano, 1910-1911, n. 38, pp. 297, 298, n. 41, pp. 321, 322, n. 42, pp. 329, 330, n. 45, pp. 353, 354, n. 47, pp. 369, 370, n. 57, pp. 449, 450, n. 65, pp. 513, 514, n. 74, pp. 585, 586, n. 84, pp. 665 e 666, e 25º ano, 1911-1912, n. 28, pp. 217 e 218.

1912 a: Juizos d' excepção, in GRL, ano 25º, 1912, pp. 497 e 498.

1912 b: O Dec. de 28 de novembro de 1907, que estabelece novo processo para o julgamento das transgressões de posturas, não está em vigor, in GRL, 25º ano, 1912, p. 701.

Geigenmüller, Otto
1937: Die politische Schutzhaft im nationalsozialistischen Deutschland, Diss. Leipzig.

Gelin, Marcel
1922: La Peine Justifiée, Trévoux, Imprimerie Jules Jeannin.

Gellately, Robert
1990: The Gestapo and German Society, Enforcing Racial Policy, 1933-1945, Oxford, Clarendon Press.

Gemmingen, H. D. Frhr. von
1937: Die Beteiligung des Verletzten am künftigen Strafverfahren, II Aussprache, in ZStW, 56 (1937), pp. 250 a 254.

1944: Zum Täterproblem, Denknotwendigkeiten, taktische Bedürfnisse, Gefahren, in ZStW, 62 (1944), pp. 28 a 64.

Gentz, Werner
1930: Aufgaben und Aufbau der Gerichtshilfe, in ZStW, 50 (1930), pp. 235 a 247.

Georgel, Jacques
1985: O Salazarismo, Lisboa, Publicações Dom Quixote.

Geppert, Klaus
1979: Der Grundsatz der Unmittelbarkeit im deutschen Strafverfahren, Berlin, de Gruyter.

Gerber, Hans
1913: Das Verbot der reformatio in peius im Reichsstrafprozess, Breslau, Schletter' sche Buchhandlung.

Gerlach, Götz
1992: Absprachen im Strafverfahren. Ein Beitrag zu den Rechtsfolgen fehlgeschlagener Absprachen im Strafverfahren, Frankfurt, Lang.

1090 *A Reforma da Justiça Criminal em Portugal e na Europa*

Gersão, Eliana
1968: Tratamento Criminal de Jovens Delinquentes, Coimbra, Centro de Direito Comparado da Faculdade de Direito de Coimbra.
1970: A detenção antes do julgamento em Portugal, in RDES, ano XVII, 1970, pp. 187 a 224.

Gil, António
1866 a: Condenado um réo a prisão em crime de policia correccional, deverá, no caso de ter appelado, ser conservado em custodia até à decisão d' este recurso? Sim, in GT,1866, n. 3664, p. 176.
1866 b: Se nos crimes em que se admitte a fiança e prestada ella, o recurso de apellação suspende a execução da pena corporal e das custas ? Sim, e o réo livra se solto., in GT, 1866, n. 3783, p. 28.

Gineste, Fernand
1896: Essai sur l' Histoire et l' Organisation du Jury Criminel en France et dans les États Modernes, Castres, Imprimerie Abeilhou.

Girault, Arthur
1907: Principes de Colonisation et de Législation Coloniale, Troisième Édition revue et augmentée, Tome II, Paris, Librairie de la Société du Recueil Sirey.

Glaser, Julius
1867: Zur Reform des Verfahrens bei der Versetzung in Anklagestand, in GerS, 19 (1867), pp. 118 a 155, 212 a 254.
1879: Die geschichtlichen Grundlagen des neuen deutschen Strafprozessrechts, in Franz von Holtzendorf (hrsg.), Handbuch des deutschen Strafprozessrechts, Erster Band, Berlin, Carl Habel, pp. 5 a 79.
1883: Handbuch des Strafprozesses, Erster Band, Leipzig, Duncker & Humblot.
1885: Handbuch des Strafprozesses, Zweiter Band, Leipzig, Duncker & Humblot.

Glasson, Ernest
1883 a: Histoire du Droit et des Institutions Politiques, Civiles et Judiciaires de l'Angleterre comparés au Droit et aux Institutions de la France depuis leur origine jusqu' a nos jours, Tome Cinquième, La Réforme Religieuse, La Monarchie absolue et la Révolution politique, Le Gouvernement parlementaire, Paris, A. Durand et Pedone-Lauriel, Éditeurs.
1883 b: Histoire du Droit et des Institutions Politiques, Civiles et Judiciaires de l'Angleterre comparés au Droit et aux Institutions de la France depuis leur origine jusqu' a nos jours, Tome Sixième, Le Droit Actuel, Paris, A. Durand et Pedone-Lauriel, Éditeurs.

Gleizal, Jean-Jacques
1993: La Police en France, Paris, Presses Universitaires de France.

Godinho, José Magalhães
1971: Ordem dos Advogados, Advocacia (Alguns Problemas), Lisboa, Prelo Editora.
1967: Interpretação do Artigo 149 do Código Penal, Requerimento de Habeas Corpus

Fontes de Arquivo e Bibliografia

dirigido ao Conselheiro Presidente do Supremo Tribunal de Justiça, Lisboa, Tipografia Freitas Brito.

1968: Requerimento de Interposição de Recurso, Lisboa, Tipografia Freitas Brito.

1972: A Independência do Poder Judicial, in SI, tomo XXI, 1972, pp. 514 a 523.

1973: Direitos, Liberdades e Garantias Individuais, 2ª edição, Lisboa, Seara Nova.

1974: Causas que foram Casos, Lisboa, Seara Nova.

Goes, F. Henriques
1911: Reformas do Processo Penal, in GRL, 24º ano, 1910-1911, n. 29, pp. 225 e 226.

Goetze, Fritz
1936: Die Ächtung als Ehrenstrafe, in ZStW, 55 (1936), pp. 533 a 575.

Goldschmidt, Jacob
1903: Die Revision gegen Schwurgerichtsurteile nach der deutschen Strafprozessordnung, Diss. Würzburg.

Goldschmidt, James
1919: Zur Reform des Strafverfahrens, Tübingen, Mohr.

1920: Die Kritiker der Strafprozessentwürfe, in ZStW, 41 (1920), pp. 569 a 761.

1922: Das deutsche und das österreichische Strafverfahren und die Aussichten für eine Vereinheitlichung, in ZStW, 43 (1922), pp. 409 a 444.

1935: Problemas jurídicos y Políticos del Proceso Penal, Conferencias dadas en la Universidad de Madrid en los meses de diciembre de 1934 y de enero, febrero y marzo de 1935, Barcelona, Bosch.

Gollwitzer, Walter
1987: Anotações aos §§ 253 e 254 da StPO, in Löwe-Rosenberg – StPO.

1989: Anotação ao § 251 da StPO, Nachtrag, in Löwe-Rosenberg – StPO.

Goltz, Rüdiger Graf von der
1938: Die Befassung des Gerichts mit der Anklage und die Anberaumung der Hauptverhandlung, in Franz Gürtner (hrsg.), Das kommende deutsche Strafverfahren, Bericht der amtlichen Strafprozesskommission, Berlin, R. v. Decker's Verlag, G. Schenck, pp. 118 a 140.

Gomes, A. Allen
1973: Liberdade Provisória e Prisão Preventiva sem Culpa Formada (Breves Notas), Lisboa, Editorial Império Lda.

Gomes, Alexandre Caetano
1756: Dissertações juridicas, sobre a Intelligencia de algumas Ordenações do Reyno, Lisboa, na Officina de Domingos Gonçalves.

1820: Manual Pratico Judicial, Civil, e Criminal, em que se Descrevem Recopiladamente os Modos de Processar em Hum e Outro Juizo: Acções summarias, ordinarias, Execuções, Aggravos, e Appellações; a que accrescem Acções de Embargos á primeira, Arrematações de real por real, Acções in factum, e huma observação sobre as Revistas das sentenças finaes; Obra muito util, e necessaria para os Juizes no Foro Ecclesiastico, e Secular. Accrescentado com a pratica do Juizo dos Orfãos, e

1092 *A Reforma da Justiça Criminal em Portugal e na Europa*

com o Regimento dos Tabelliães de Notas, e dos Escrivães do Judicial, e do Crime, Lisboa, Impressão Regia.

Gonçalves, Caetano

1906: Peculio de Legislação Criminal Annotada e Precedida de um Breve Estudo sobre a Jurisdição Repressiva na Provincia de Angola, Loanda, Imprensa Nacional.

1918: A independência do poder judicial, in RJ, ano 3º (1918), n. 55, pp. 499 e 500

1919: A função da Secretaria das Colónias, do Conselho Colonial e da Magistratura Judicial Ultramarina, Lisboa, Empresa Diário de Notícias.

1935: A independência dos juízes, in GRL, ano 48 (1935), n. 21, pp. 321 a 323.

Gonçalves, João

1922: Subsídios para a Reforma do Regime Prisional, in BIC, volume I (2º semestre de 1922), pp. 111 a 125.

1923: Crime, degenerescência e atavismo, in BIC, volume II e III (1923), pp. 49 a 75)

Gonçalves, Luís da Cunha

1911: A accusação particular nos crimes publicos, in GRL, 24º ano, 1910-1911, n. 48, pp. 377, 378, 385 e 386.

1913: As Causas da Criminalidade segundo a Nova Escola Psico-Patológica, Coimbra, Imprensa da Universidade.

Gonçalves, Manuel Maia

1963: Medidas de Segurança, in BMJ, n. 126, pp. 495 a 502.

1972: Código de Processo Penal Anotado e Comentado, 1ª edição, Coimbra, Livraria Almedina.

1977: Código de Processo Penal, Das Execuções (estudo não publicado).

1978: Código de Processo Penal Anotado e Comentado, 2ª edição, Coimbra, Livraria Almedina.

1980: Código Penal Português na Doutrina e na Jurisprudência, 5ª edição actualizada, Coimbra, Coimbra Editora.

1983: Código de Processo Penal (Anteprojecto), in BMJ n. 329, pp. 18 a 253.

Gössel, Karl Heinz

1979: Überlegungen zur Beschleunigung des Strafverfahrens, in GA, 1979, pp. 241 a 251.

1980: Überlegungen über die Stellung der Staatsanwaltschaft im rechtsstaatlichen Strafverfahren und über ihr Verhältnis zur Polizei, in GA, 1980, pp. 325 a 354.

1982 a: Die Stellung des Verteidigers im rechtsstaatlichen Strafverfahren, in ZStW, 94 (1982), pp. 5 a 36.

1994: Empfehlen sich Änderungen des Strafverfahrensrechts mit dem Ziel, ohne Preisgabe rechtsstaalicher Grundsätze den Strafprozess, insbesondere die Hauptverhandlung, zu beschleunigen?, in Ständigen Deputation des Deutschen Juristentages, Verhandlungen des Sechzigsten Deutschen Juristentages, Band I (Gutachten), Teil C, München, Beck.

Gouvêa, A. Ayres de

1860: A Reforma das Cadeias em Portugal, Resposta ao ponto proposto pela Faculdade

Fontes de Arquivo e Bibliografia

1093

de Direito da Universidade de Coimbra «Como devem ser entre nós reformadas as cadeias?», Coimbra, Imprensa da Universidade.

Gouveia, Acácio de, et al.
1964: Medidas de Segurança, Exposição acerca do Dec-Lei 40.550, in ROA, ano 24 (1964), pp. 197 a 202.

Gouveia, João Cândido Baptista de
1835: Policia Secreta dos Ultimos Tempos do Reinado do Senhor D. João VI; e sua Continuação até Dezembro de 1826, Lisboa, Imprensa de Candido Antonio da Silva Carvalho.

Goyet, Francisque
1926: Le Ministère Public en Matière Civile et en Matière Répressive et l' Exercice de l'Action Publique, Paris, Recueil Sirey.

Graf, Christoph
1983: Politische Polizei zwischen Demokratie und Diktatur: die Entwicklung der preussischen Politische Polizei vom Staatsschutzorgan der Weimarer Republik zum Geheimen Staatspolizeiamt des Dritten Reiches, Berlin, Colloquim- -Verlag.

Grasserie, Raoul de la
1914: De la Justice en France et a l' Etranger au XX Siècle (Evolution, Comparaison, Critique, Réforme), en trois volumes, Tome Deuxième, Paris, Librairie du Recueil Sirey.

Grau, Fritz
1938: Die sachliche und örtliche Zuständigkeit, in Franz Gürtner (hrsg.), Das kommen- de deutsche Strafverfahren, Bericht der amtlichen Strafprozesskomission, Berlin, R. v. Decker's Verlag, G. Schenck, pp. 184 a 205.

Grebe
1941: Die erleichterte Wiederaufnahme des Verfahrens gegen sondergerichtliche Urteile, in GerS, 115 (1941), pp. 43 a 64.

Grevi, Vittorio, e Neppi Modona
1989: Introduzione al Progetto de 1978, in Giovanni Conso et al., Il Nuovo Codice di Procedura Penale dalle leggi delega ai decreti delegati, Volume I, La Legge Delega del 1974 e Il Progetto Preliminare del 1978, Padova, CEDAM, pp. 91 a 143.

Gruchmann, Lothar
1988: Justiz im Dritten Reich 1933-1940, Anpassung und Unterwerfung in der Ära Gürtner, München, R. Oldenbourg Verlag.

Grünberg, Volker
1977: Nichtigskeitsbeschwerde gegen offensichtliche Rechtsmängel bei Rechtskräftigen Strafurteilen, Ein Beitrag zur Reform des Strafverfahrensrechts auf der Grundlage systematischer und vergleichender Untersuchungen deutschsprachiger Gesetze, Diss. Tübingen.

1094   *A Reforma da Justiça Criminal em Portugal e na Europa*

Grünhut, Max

1927: Die Stellung des Richters im künftigen deutschen Strafrecht, in MschrKrimPsych, 18 (1927), pp. 13 a 22.

1934: Alternative Tatsachenfeststellung im Strafprozess, in MschrKrimPsych, 25 (1934), pp. 327 a 340.

1948: Penal Reform, A Comparative Study, Oxford, Clarendon Press.

Grünwald, Gerard

1974: Empfiehlt es sich, besondere strafprozessuale Vorschriften für Grossverfahren einzuführen?, Verhandlungen des Fünfzigsten Deutschen Juristentages Hamburg 1974, Band I (Gutachten), Teil C, München, Beck.

1982: Der Niedergang des Prinzips der unmittelbaren Zeugenvernehmung, in Ernst--Walter Hanack et al. (hrsg.), Festschrift für Hans Dünnebier zum 75. Geburstag am 12. Juni 1982, Berlin, de Gruyter, pp. 347 a 364.

Guedes, Armando Marques

1916: Projecto de um Código de Processo Penal, datado de 10 de Abril de 1916, in Diário da Câmara dos Deputados, de 11 de Abril de 1916.

Guedes, Armando Marques

1973: A Unidade Política Nacional e a Autonomia das Províncias Ultramarinas, Lisboa, Edições Ática.

Guedes, João Hygino Teixeira

1845: Processo Criminal, organisado segundo a actual reforma de 21 de Maio de 1841, contendo alem disso as formulas para todos os autos e termos, que podem ter logar n' um processo crime, Lisboa, Typ. de Mathias José Marques da Silva.

Guillot, Adolphe

1884: Des Principes du Nouveau Code d' Instruction Criminelle (Discussion du projet et commentaire de la loi), Paris, L. Larose et Forcel.

Guimarães, Rui de Azevedo

1948: Comentário à Carta Orgânica do Império, Vol. I, Coimbra, Edição do Autor.

Guimarãis, Luiz de Pina

1939 a: A Observação dos Delinquentes e a nova Reforma das Prisões em Portugal, Separata do BIC.

1939 b: O «delinqüente por tendência» na Reforma Prisional Portuguesa, in BIC, ano de 1939, pp. 1 a 44.

1944: Comentários e casuística sôbre liberdade condicional, in BIC, anos de 1941-1944, pp. 11 a 65.

1966: Doutrinas Criminológias e Sistemas Carcerários em Portugal – Aspectos Histórico--Críticos, in BAPIC, n. 19 (1966), pp. 39 a 107.

Gürtner, Franz

1936 a: Von der Entstehung des nationalsozialistischen Strafrechts, Ein Rückblick, in Franz Gürtner e Roland Freisler, Das neue Strafrecht, Grundsätzliche Gedanken zum Geleit, 2. Auflage, Berlin, Decker's Verlag, pp. 15 a 19.

Fontes de Arquivo e Bibliografia

1936 b: Der Gedanke der Gerechtigkeit in der deutschen Strafrechtserneuerung, in Franz Gürtner e Roland Freisler, Das neue Strafrecht, Grundsätzliche Gedanken zum Geleit, 2. Auflage, Berlin, Decker's Verlag, pp. 19 a 31.

Haas, Alfons
1934: Das Verbot der reformatio in peius im geltenden Strafprozessrecht (einschl. Militärstrafgerichtsordnung) und die Frage seiner Beibehaltung im künftigen Strafprozess, Diss. Tübingen.

Haeger
1909: Die Stellung der Laienrichter in der Strafprozessnovelle, in MschrKrimPsych, 5 (1909), pp. 593 a 602.

Haisch, Jochen
1979: Urteilspersevanz in simulierten Strafverfahren, in Mschrkrim, 62 (1979), pp. 157 a 161.

Hanack, Ernst-Walter
1973: Das Legalitätsprinzip und die Strafrechtsreform, Bemerkungen zu § 153 a des Entwurfs für ein Erstes Gesetz zur Reform des Strafverfahrensrechts vom 13.4.1972, in Karl Lackner et al. (hrsg.), Festschrift für Wilhelm Gallas zum 70. Geburstag am 12. Juli 1973, Berlin, de Gruyter, pp. 339 a 364.

Hanack, Ernst-Walter, et al.
1971: Denkschrift zur Reform des Rechtsmittelrechts und der Wiederaufnahme des Verfahrens im Strafprozess, Tübingen, Mohr.

Hart, J. M.
1951: The British Police, London, George Allen & Unwin Ltd.

Hartung, Fritz
1930: Soziale Gerichtshilfe, Entwicklungslinien und Probleme, in ZStW, 50 (1930), pp. 208 a 230.
1938: Die Rechtsmittel nach dem Vorentwurf einer neuen Strafverfahrensordnung, in ZStW, 57 (1938), pp. 89 a 106.

Hattenhauer, Hans
1994: Europäische Rechtsgeschichte, 2. Verbesserte Auflage, Heidelberg, Müller.

Hauser, Henri
1915: La Guerre Européenne & le Problème Colonial, 2. édition, Paris, Librairie Chapelot.

Heckner, Wolfgang
1973: Die Zweiteilung der Hauptverhandkung nach Schuld- und Reaktionsfrage (Schuldinterlokut), Vorschlag einer Gesetzesnovelle zum Strafverfahrensrecht, Diss. München.

Heghmanns, Michael
1991: Das Zwischenverfahren im Strafprozess, Entwicklung, Zustand und Voschläge zu einer Reform, München, VVF.

1096   *A Reforma da Justiça Criminal em Portugal e na Europa*

Hegler, August

1927: Die Strafprozessnovelle vom 27. Dezember 1926, in GerS, XCIV (1927), pp. 229 a 248.

Hélie, M. Faustin

1866 a: Traité de l' Instruction Criminelle ou Théorie du Code d' Instruction Criminelle, Deuxième Édition entièrement revue et considérablement augmentée, Tome Premier, Paris, Henri Plon.

1866 b: Traité de l' Instruction Criminelle ou Théorie du Code d' Instruction Criminelle, Deuxième Édition entièrement revue et considérablement augmentée, Tome Deuxième, De l' Action Publique et de l' Action Civile, Paris, Henri Plon.

1866 c: Traité de l' Instruction Criminelle ou Théorie du Code d' Instruction Criminelle, Deuxième Édition entièrement revue et considérablement augmentée, Tome Troisième, De la Police Judiciaire, Paris, Henri Plon.

1866 d: Traité de l' Instruction Criminelle ou Théorie du Code d' Instruction Criminelle, Deuxième Édition entièrement revue et considérablement augmentée, Tome Quatrième, De l' Instruction Écrite, Paris, Henri Plon.

1867 a: Traité de l' Instruction Criminelle ou Théorie du Code d' Instruction Criminelle, Deuxième Édition entièrement revue et considérablement augmentée, Tome Cinquième, De la Mise en Prévention, De la Mise en Accusation et du Règlement de la Compétence, Paris, Henri Plon.

1867 b: Traité de l' Instruction Criminelle ou Théorie du Code d' Instruction Criminelle, Deuxième Édition entièrement revue et considérablement augmentée, Tome Sixième, Organisation, Compétence et Procédure des Tribunaux de Police et des Tribunaux Correctionnels, Paris, Henri Plon.

1867 c: Traité de l' Instruction Criminelle ou Théorie du Code d' Instruction Criminelle, Deuxième Édition entièrement revue et considérablement augmentée, Tome Septième, Organisation, Compétence et Procédure des Cours d' Assisses, Paris, Henri Plon.

1867 d: Traité de l' Instruction Criminelle ou Théorie du Code d' Instruction Criminelle, Deuxième Édition entièrement revue et considérablement augmentée, Tome Huitième, Déclarations du Jury, Arrêts des Cours d' Assises, Voies de Recours contre les Jugements et Arrêts, Exécution des Condamnations, Paris, Henri Plon.

Hellwig, Albert

1914: Justizirrtümer, Minden, Verlag von J. C. C. Bruns.

Henkel, Heinrich

1934: Strafrichter und Gesetz im neuen Staat, Die geistigen Grundlagen, Hamburg, Hanseatische Verlagsanstalt.

1935: Richter, Staatsanwalt und Beschuldigter im Strafprozess des neuen Staates, III, Aussprache, in ZStW, 54 (1935), pp. 35 a 44.

1936: Die materielle Rechtswidrigkeit im kommenden Strafrecht, III, Aussprache, in ZStW, 55 (1936), pp. 36 a 43.

1937: Die Beteiligung des Verletzten am künftigen Strafverfahren, I, in ZStW, 56 (1937), pp. 227 a 250.

Fontes de Arquivo e Bibliografia

1953: Strafverfahrensrecht, Ein Lehrbuch, Stuttgart, Kohlhammer.

1968: Strafverfahrensrecht, Ein Lehrbuch, Zweite, neubearbeitete Auflage, Stuttgart, Kohlhammer.

Herculano, Alexandre

1980: História de Portugal desde o começo da monarquia até ao reinado de D. Afonso III, Tomo IV, Prefácio e notas críticas de José Mattoso, Verificação do Texto por Ayala Monteiro, Lisboa, Bertrand Editora.

Herrmann, Joachim

1971: Die Reform der deutschen Hauptverhandlung nach dem Vorbild des anglo-americanischen Strafverfahrens, Bonn, Ludwig Röhrscheid Verlag.

1973: Das Versagen des überlieferten Strafprozessrechts in Monstreverfahren, in ZStW, 85 (1973), pp. 255 a 287.

1984: Diversion und Schlichtung in der Bundesrepublik Deutschland, in ZStW, 96 (1984), pp. 455 a 501.

1988: Ein neues Haupverhandlunsmodell, Zum Alternativ-Entwurf, Novelle zur Strafprozessordnung, Reform der Hauptverhandlung, herausgegeben von einem Arbeitskreis deutscher und schweizerischer Strafrechtslehrer, in ZStW, 100 (1988), pp. 41 a 80.

Hespanha, António

1982 a: Historia das Instituições, Épocas medieval e moderna, Coimbra, Almedina.

1982 b: O projecto institucional do tradicionalismo reformista: um projecto de Constituição de Francisco Manuel Trigoso de Aragão Morato, in Miriam Halpern Pereira et al. (org.), O Liberalismo na Península Ibérica na primeira metade do século XIX, 1º volume, Lisboa, Sá da Costa, pp. 63 a 90.

1984: Da «Iustitia» à «Disciplina», Textos, Poder e Politica Penal no Antigo Regime, in Estudos em Homenagem ao Prof. Doutor Eduardo Correia, BFD, Número Especial, II, pp. 139 a 232.

1994: As Vésperas do Leviathan, Instituições e Poder Político, Portugal, Séc. XVII, Coimbra, Almedina.

Hesse, Konrad

1999: Grundzüge des Verfassungsrechts der Bundesrepublik Deutschland, Neudruck der 20. Auflage, Heidelberg, Müller.

Hildebrandt, Horst

1992: Die deutschen Verfassungen des 19. und 20. Jahrhunderts, 14., aktualisierte und erweiterte Auflage, Paderborn, Schöningh.

Hipp, Otto

1910: Berufung und Revision im Strafproze, Diss. Heidelberg.

Hippel, Robert von

1920 a: Vorläufiger Entwurf eines Gesetzes zur Änderung des Gerichtsverfassungsgesetzes, in ZStW, 41 (1920), pp. 2 a 34.

1920 b: Der Entwurf eines Gesetzes über den Rechtsgang in Strafsachen, in ZStW, 41 (1920), pp. 325 a 372.

1098   A Reforma da Justiça Criminal em Portugal e na Europa

1920 c: Zur Kritik der Strafprozessentwürfe, in ZStW, 41 (1920), pp. 755 a 761.

1924: Die Strafprozessordnung vom 4. Januar 1924, in MschrKrimPsych, 15 (1924), pp. 129 a 138.

1935: Abschaffung der Monstreprozesse, in MschrKrimPsych, 26 (1935), pp. 241 a 246.

1941: Der Deutsche Strafprozess, Lehrbuch, Marburg, N. G. Elwertsche Verlagsbuchhandlung.

Hirsch, Hans Joachim

1980: Zur Behandlung der Bagatellkriminalität in der Bundesrepublik Deutschland, in ZStW, 1980, pp. 219 a 254.

Hirsch, Martin, et al.

1984: Recht, Verwaltung und Justiz im Nationalsozialismus: ausgewählte Schriften, Gesetze und Gerichtsentscheidungen von 1933-1945, Köln, Bund-Verlag.

Hirschberg, Max

1960: Das Fehlurteil im Strafprozess, Zur Pathologie der Rechtsprechung, Stuttgart, W. Kohlhammer.

Hitler, Adolf

1976: A Minha Luta, comentários de Oliveira Marques, Martins Garcia, Rolão Preto, Sanches Osório, Lisboa, Edições Afrodite.

Hoffmann, Albrecht

1936: Die Beschwer im Rechtsmittelwesen des Strafverfahrens, Diss. Halle-Wittenberg.

Holdsworth, W. S.

1926: A History of English Law, Volume IX, London, Methuen & Co. Ltd..

Holtappels, Peter

1965: Die Entwicklungsgeschichte des Grundsatzes «in dubio pro reo», Hamburg, Cram, de Gruyter & Co..

Homem, António Pedro Barbas

1998 a: Judex Perfectus, Função Jurisdicional e Estatuto Judicial em Portugal (1640--1820), Tomo I, Diss. da Faculdade de Direito de Lisboa.

1998 b: Judex Perfectus, Função Jurisdicional e Estatuto Judicial em Portugal (1640--1820), Tomo II, Diss. da Faculdade de Direito de Lisboa.

2001: A Lei da Liberdade, Volume 1, Introdução Histórica ao Pensamento Jurídico, Épocas Medieval e Moderna, Lisboa, Principia.

Honig, Richard

1924: Das summarische Verfahren im neuen Deutschen Strafprozess, in MschrKrimPsych, 15 (1924), pp. 138 a 154.

Huber, Ernst Rudolf

1939: Verfassungsrecht des Grossdeutschen Reiches, Zweite stark erweiterte Auflage der "Verfassung", Hamburg, Hanseatische Verlagsanstalt.

Hudault, Joseph

1990: Histoire du Droit et des Institutions, Ancien Régime, Révolution, Empire, Paris, Éditions Loysel.

Fontes de Arquivo e Bibliografia

Hug, Michael
1976: Strafrechtliche Sondergerichtsbarkeiten in Deutschland, 1918-1932, Diss. Heidelberg.

Hugueney, Pierre
1933: Traité Théorique et Pratique de Droit Pénal et de Procédure Pénale Militaires, suivi d' un formulaire et des principaux textes relatifs a la justice militaire, Paris, Recueil Sirey.
1940: Deuxième Supplément au Traité Théorique et Pratique de Droit Pénal et de Procédure Pénale Militaires, Paris, Recueil Sirey.

Hünerfeld, Peter
1971: Die Entwicklung der Kriminalpolitik in Portugal, Bonn, Ludwig Röhrscheid Verlag.
1978: Kleinkriminalität und Strafverfahren, in ZStW, 90 (1978), pp. 905 a 926.

Imbert, Jean
1990: Les Jurys Criminels sous la Terreur, in Renée Martinage e Jean-Pierre Royer, Les destinées de Jury Criminel, Paris, l' Espace Juridique, pp. 29 a 38.

Isasca, Frederico
1992: Alteração Substancial dos Factos e sua Relevância no Processo Penal Português, Coimbra, Livraria Almedina.
1994: Sobre a alteração da Qualificação jurídica em Processo Penal, in RPCC, 4 (1994), pp. 369 a 399.
1995: Alteração da qualificação jurídica e objecto do processo, in Luis Vaz das Neves et al., Estudos Comemorativos do 150º Aniversário do Tribunal da Boa-Hora, Lisboa, Ministério da Justiça, pp. 235 a 246.

Jaffré, Yves-Frédéric
1963: Les Tribunaux d' Exception 1940-1962, Paris, Nouvelles Editions Latines.

Jardim, Adriano
1951: Delinquentes Habituais, in BMJ, n. 27 (1951), pp. 343 a 357.

Jardim, Luiz
1866: Dissertação Inaugural para o acto de conclusões magnas, Estudos sobre organisação Judiciária, Generalisação da Historia do Processo – Organisação judiciaria nos povos livres – Discussão do juizo collectivo, Coimbra, Imprensa da Universidade.
1877: As Magistraturas Populares, I, Os Juizes Ordinarios, Lisboa, Typ. de Christovão Augusto Rodrigues.

Jaumann, Walter
1926: Die Sprungrevision und die Ersatzrevision des neuen Strafprozessrechtes, Diss. Freiburg in Baden.

Jescheck, Hans-Heinrich
1966: Principes et solutions de la politique criminelle dans la réforme pénale allemande

1100   *A Reforma da Justiça Criminal em Portugal e na Europa*

et portugaise, in Estudos in Memoriam do Prof. Doutor José Beleza dos Santos, I, Suplemento XVI do BFD, 1966, pp. 433 a 467.

1970: Der Strafprozess – Aktuelles und Zeitloses, in JZ, 1970, pp. 201 a 207.

1975 a: Rechtsvergleichung als Grundlage der Strafprozessreform, in Hans Lüttger, Probleme der Strafprozessreform, Berlin, de Gruyter, pp. 7 a 28.

1975 b: Gutachten zur rechtlichen Beurteilung der am 11. und 20. März 1975 in Portugal erfolgten und bislang andauernden Verhaftung von Dr. Manuel Ricardo Pinheiro Espírito Santo e Silva und anderen Persönlichkeiten, sämtlich in Lissabon, de 10.4.1975 (não publicado).

Jordão, Levy Maria

1853: Commentario ao Codigo Penal Portuguez, Tomo I, Lisboa, Typographia de José Baptista Morando.

1854: Commentario ao Codigo Penal Portuguez, Tomo III, Lisboa, Typographia de José Baptista Morando.

Jornal da Jurisprudência

1865: Em vista das disposições do art. 95 do codigo penal, terão as appellações interpostas nos processos de policia correccional effeito suspensivo?, in JJ, 1º ano (1865), pp. 483 a 486.

Josserand, Sylvie

1998: L' Impartialité du Magistrat en Procédure Penale, Paris, Librairie Générale de Droit et de Jurisprudence.

Kadecka, Ferdinand

1944: Gesundes Volksempfinden und gesetzlicher Grundgedanke, in ZStW, 62 (1944), pp. 1 a 27.

Kaiser, Eberhard

1972: Zur Reform der Rechtsmittel im Strafverfahren, in ZRP, 12/1972, pp. 275 a 278.

Kaiser, Günther

1978: Möglichkeiten der Bekämpfung von Bagatellkriminalität in der Bundesrepublik Deutschland, in ZStW, 90 (1978), pp. 877 a 904.

Keber, Hermann

1892: Gegen das Verbot der reformatio in peius, ein Symptom des Zurückweichens der staatlichen Strafgewalt vor dem Verbrecher, Spandau, Verlag der Neugebaner' schen.

Kern, Eduard

1924: Die Raschheit der Strafjustiz, in MschrKrimPsych, 15 (1924), pp. 237 a 263.

1927: Der gesetzliche Richter, Berlin, Verlag Otto Liebmann.

1931: Die soziale Gerichtshilfe, in GerS, 100 (1931), pp. 389 a 432.

1938: Die beamtenrechtliche Stellung des Richters nach dem DBG und der RDStO, in GerS, 110 (1938), pp. 118 a 137.

1939: Die Aufgabenkreis des Richters, Tübingen, J. C. B. Mohr (Paul Siebeck).

1954 a: Geschichte des Gerichtsverfassungsrechts, Münschen, Beck.

1954 b: Gerichtsverfassungsrecht: Ein Studienbuch, 2. Auflage, München, Beck.

Kielwein, Andreas

1985: Die Prozessuale Fürsorgepflicht im Strafverfahren, Beitrag zur inhaltlichen und systematischen Erfassung eines umstrittenen Rechtsbegriffs, Konstanz, Hartung- -Gorre Verlag.

King, Peter

2000: Crime, Justice and Discretion in England, 1740-1820, Oxford, University Press.

Kissel, Otto Rudolf

1972: Der dreistufige Aufbau in der ordentlichen Gerichtsbarkeit, Ein Beitrag zur Grossen Justizreform, Frankfurt, Athenäum Verlag.

1999: Anotações aos §§ 24 e 25 da GVG, in KK-StPO.

Kitka, Joseph

1841: Die Beweislehre im österreichischen Criminal-Strafprocesse, Wien, Braumüller & Seidel.

Klaiber

1935: Staatsanwaltschaft und Kriminalpolizei, in GerS, 106 (1935), pp. 58 a 65.

Klee

1935: Rechtfertigungs- und Entschuldigunggründe, in Franz Gürtner (hrsg.), Das kommende deutsche Strafrecht, Allgemeiner Teil, Bericht über die Arbeit der amtlichen Strafprozeskomission, Berlin, Verlag Franz Wahlen, 2. Auflage, nach den Ergebnissen der zweiten Lesung neu bearbeitet, pp. 73 a 96.

Kleinknecht, Theodor

1965: Gesetz zur Änderung der Strafprozessordnung und des Gerichtsverfassungsgesetzes, Entstehung und Hauptinhalt, in JZ, 1965, pp. 113 a 120, 153 a 163.

1972: «Informelles Schuldinterlokut» im Strafprozess nach geltendem Recht, Zur modernen Gestaltung der Hauptverhandlung, in Hans Lüttger (hrsg.), Festschrift für Ernst Heinitz zum 70. Geburstag am 1. Januar 1972, Berlin, de Gruyter, pp. 651 a 667.

Koch, Hannsjoachim

1989: In the Name of the Volk, Political Justice in Hitler' s Germany, London, I. B. Tauris Publishers.

Koch, Wolf-Peter

1972: Die Reform des Strafverfahrensrechts im Dritten Reich unter besonderer Berücksichtigung des StVO-Entwurfs 1939, Ein Beitrag zur Strafrechtsgeschichte, Diss. Erlangen-Nürnberg.

Koellreutter, Otto

1935: Volk und Staat in der Weltanschauung des Nationalsozialismus, Berlin, Pan- -Verlagsgesellschaft.

Kohlhass, Max

1971: Passt die Voruntersuchung in den Anklageprozess?, in ZRP, 2/1971, pp. 32 a 34.

1102 *A Reforma da Justiça Criminal em Portugal e na Europa*

Kohlrausch, Eduard

1936: Das kommende Deutsche Strafrecht, in ZStW, 55 (1936), pp. 384 a 398.

1938: Friedensrichter- und Schiedsmannsordnung, in Franz Gürtner (hrsg.), Das kommende deutsche Strafverfahren, Bericht der amtlichen Strafprozesskomission, Berlin, R. v. Decker's Verlag, G. Schenck, pp. 538 a 558.

Krause, Friedrich-Wilhelm

1974: Grenzen richterliche Beweiswürdigung im Strafprozess, in Jürgen Baumann e Klaus Tiedemann, Einheit und Vielfalt, Festschrift für Karl Peters zum 70. Geburstag, Tübingen, J. C. B. Mohr (Paul Siebeck), 1974, pp. 323 a 332.

Kries, August von

1880: Die Rechtsmittel des Zivilprozesses und des Strafprozesses, Breslau, Verlag von Wilhelm Roebner, 1880.

1892: Lehrbuch des deutschen Strafprozessrechts, Freiburg, Mohr.

Kronecker

1925: Zur Beurteilung der Verordnung vom 4. Januar 1924, in ZStW, 45 (1925), pp. 421 a 451.

Krug, Wilhelm

1940: Die Abgrenzung der polizeilichen Befugnisse gegenüber den staatsanwaltlichen und richterlichen im Strafverfahren, Diss. Berlin.

Küchenhoff, Günther

1941: Richterliche Unabhängigkeit und beamtenrechtliche Stellung des Richters im Dritten Reich, in GerS, 115 (1941), pp. 297 a 339.

Kuckuck, Bernd

1977: Zur Zulässigkeit von Vorhalten aus Schriftstücken in der Hauptverhandlung des Strafverfahrens, Berlin, Duncker & Humblot.

Kunz, Karl-Ludwig

1980: Die Einstellung wegen Geringfügigkeit durch die Staatsanwaltschaft (§§ 153 Abs. 1, 153 a Abs. 1 StPO), Eine empirische Untersuchung in kriminalpolitischer Absicht, Athenäum.

Küper, Wilfried

1967: Die Richteridee der Strafprozessordnung und ihre geschichtlichen Grundlagen, Berlin, de Gruyter.

Lachnit, Günter

1965: Voraussetzungen und Umfang der Pflicht zum Hinweis auf die Veränderung des rechtlichen Gesichtspunktes nach § 265 StPO, Diss. München.

Laingui, André e Arlette Lebigre

1979: Histoire du Droit Penal, II, La procédure criminelle, Paris, Cujas.

Albino

istória da Polícia de Lisboa, 1º volume, Lisboa, Bertrand (Irmãos), Lda.

Fontes de Arquivo e Bibliografia 1103

1953: História da Polícia de Segurança Pública (Subsídios), Lisboa, Separata dos "Vinte e Cinco Anos ao Serviço da Nação – Polícias".

1964: História da Polícia de Lisboa, 2º volume, Lisboa, Gráfica Santelmo.

Lapeyre, André
1936: La Détention Préventive et la Liberté Provisoire au cours du Procès Pénal, Toulouse, Imprimerie Moderne.

Larenz, Karl
1934: Deutsche Rechtserneuerung und Rechtsphilosophie, Tübingen, Mohr.
1938: Über Gegenstand und Methode des völkischen Rechtsdenkens, Berlin, Junker und Dünnhaupt Verlag.
1942: La Filosofía Contemporànea del Derecho y del Estado, Traduccion española de la edición alemana y escrito preliminar por E. Galán Guttiérrez y A . Truyol Serra com un prólogo del Prof. L. Lega Lacambra, Madrid, Editorial Revista de Derecho Privado.

Larocque, Martial
1971: Le contrôle juridictionnel de la detention preventive, in AAVV, Détention Provisoire, contrôle judiciaire et garde à vue, Les Problèmes soulevés par le controle juridiction-nel, XII Journées Franco-Belgo-Luxembourgeoises de Droit Pénal sous la prési-dence de M. Rolland, Paris, Publications Universitaires de France, pp. 119 a 154.

Lauckner, Rolf
1913: Zur Geschichte und Dogmatik der reformatio in peius, Breslau, Schletter' sche Buchhandlung, 1913.

Lautz
1937: Umfang der Beteiligung der Volksrichter im ersten und im Berufungsrechtszug, in Dörffler, (hrsg.), Der Volksrichter in der neuen deutschen Strafrechtspflege, Berlin, R. v. Decker' s Verlag, G. Schank, pp. 52 a 63.
1938: Das staatsanwaltschaftliche Vorverfahren, in Franz Gürtner (hrsg.), Das kommen-de deutsche Strafverfahren, Bericht der amtlichen Strafprozesskomission, Berlin, R. v. Decker's Verlag, G. Schenck, pp. 96 a 117.

Le Clère, Marcel
1957: Histoire de la Police, Paris, Publications Universitaires de France.

Le Sellyer, Achille-François
1875: Traité de la Compétence et de l' Organisation des Tribunaux chargés de la Répres-sion soit Pénale, soit Civile, des Contraventions, des Délits et des Crimes, Tome Premier, Paris, A. Durand et Pedone-Lauriel, Éditeurs.

Lehmann, Rudolf
1938: Die Urteilrüge, in Franz Gürtner (hrsg.), Das kommende deutsche Strafverfahren, Bericht der amtlichen Strafprozesskomission, Berlin, R. v. Decker's Verlag, G. Schenck, pp. 385 a 413.

Leitão, António
1960: A Observação e Classificação dos Delinquentes para Efeitos Penitenciários, A Di-versificação dos Estabelecimentos, in BAPIC, n. 6 (1960), pp. 37 a 54.

1104   *A Reforma da Justiça Criminal em Portugal e na Europa*

1967: A Pena de Prisão "Contínua e Determinada", Prazos Mínimo e Máximo, Princípios Fundamentais da Execução, in BAPIC, n. 21 (1967), pp. 77 a 106.

Leitão, Mateus Homem
1745: De Jure Lusitano, Tomus Primus, In Tres Tractatus Divisus, I. De Gravaminibus, II. De Securitatibus, III. De Inquisitionibus, Conimbricae, Typ. In Regio Artium Collegio Societatis Jesu.

Lencastre, Hernâni de
1977: Esboço Inicial para um Ante-projecto do Código de Instrução Criminal (subordinado à Constituição da República Portuguesa de 1976, conforme o despacho ministerial publicado no Diário da República, IIª Série, n. 102, de 30.4.76) e Da Sessão ou Audiência de Julgamento, Recursos (estudo não publicado).

Lengemann, Rolf
1974: Höchstrichterliche Strafgerichtsbarkeit unter der Herrschaft des Nationalsozialismus, Diss. Marburg.

Léonard, Yves
1996: Salazarisme & Fascisme, Paris, Editions Chandeigne.

Léone, José Theophilo de Miranda
1887: Observações Praticas sobre a Proposta de Reforma Judiciária do Ill. mo e Ex.mo Sr. Ministro da Justiça, Lisboa, Typographia Mattos Moreira.
1888: Primeiro Additamento ás Observações Praticas sobre a Proposta de Reforma Judiciária do Ill.mo e Ex.mo Sr. Ministro da Justiça, Lisboa, Typographia Mattos Moreira.

Leonhard, Götz
1952: Die vorbeugende Verbrechensbekämpfung im nationalsozialistischen Staat und ihre Lehren für die Zukunft, Diss. Mainz.

Leote, Diogo
1912: Homenagem. As prizões de Lisboa e as dos prezos politicos, in RT, ano 30º (1912), pp. 369 a 372.

Leroy-Beaulieu, Paul
1908: De la Colonisation chez les Peuples Modernes, Sixième Édition complètement remaniée et considérablement augmentée, Tome deuxième, Paris, Félix Alcan Éditeur.

Liepelt, Adolf
1938: Über den Umfang und die Bedeutung der Polizeigewalt im nationalsozialistischen Staat, Würzburg, Konrad Triltsch Verlag.

Lilienthal, Karl von
1906: Voruntersuchung und Entscheidung über die Eröffnung des Hauptverfahrens, in P. F. Aschrott (hrsg.), Reform des Strafprozesses, Kritische Besprechegungen der von der Komission für die Reform des Strafprozesses gemachten Vorschläge, Berlin, J. Guttentag Verlagsbuchhandlung, pp. 388 a 424.

Fontes de Arquivo e Bibliografia

Lima, A. A. Lisboa de
1934: A autonomia administrativa e financeira das Colonias Portuguesas sob a superintendencia e fiscalisação do Governo Central, in Sociedade de Geografia de Lisboa, Congresso Colonial Nacional de 8 a 15 de Maio de 1930, Actas das Sessões e Teses, Lisboa, Tip. e Pap. Carmona, pp. 1 a 23.

Lima, António José de
1952: Subsídios para uma Teoria do Contencioso Aduaneiro (Da génese do Contencioso Aduaneiro ao concurso de infracções), in ROA, ano 12, ns. 1 e 2, pp. 209 a 226.

Lima, J. A. Pires de
1972: O Direito de Defesa na Instrução Preparatória do Processo Criminal, in ROA, ano 32 (1972), pp. 211 a 242.

Lima, J. Garcia de
1895: Dos Aggravos em todos os Foros e em todas as Instancias. Legislação e Jurisprudencia, Commentarios dos jurisconsultos mais abalisados. Lisboa, Lucas & Filho--Editores.

Lima, José Joaquim Lopes de
1844 a: Ensaios sobre a Statistica das Possessões Portuguezas na Africa Occidental e Oriental; na Asia Occidental; na China, e na Occeania: Escriptos de Ordem do Governo de sua Magestade Fidelissima a Senhora D. Maria II, Lisboa, Imprensa Nacional.
1844 b: Ensaios sobre a Statistica das Possessões Portuguezas no Ultramar, Livro II, Das Ilhas de S. Thomé e Principe e sua dependencia, Lisboa, Imprensa Nacional.
1846: Ensaios sobre a Statistica das Possessões Portuguezas no Ultramar, Livro III, De Angola e Benguella, Lisboa, Imprensa Nacional.

Lima, Raúl de
1941: Manual das Administrações dos Concelhos e Circunscrições da Colónia de Angola, volume I, Luanda, Imprensa Nacional.

Liszt, Franz von
1905 a: Strafrechtliche Aufsätze und Vorträge, Erster Band, 1875 bis 1891, Berlin, J. Guttentag Verlagsbuchhandlung.
1905 b: Strafrechtliche Aufsätze und Vorträge, Zweiter Band, 1892 bis 1904, Berlin, J. Guttentag Verlagsbuchhandlung.
1906: Die Reform des Strafverfahrens, Berlin, J. Guttentag Verlagsbuchhandlung.

Lobe, Adolf
1928: Zur Reform des Strafprozesses, in GerS, XCVI (1928), pp. 37 a 48, XCVII (1928), pp. 20 a 26.
1938: Die Wiederaufnahme im Strafverfahren, in GerS, 110 (1938), pp. 239 a 261.

Löhr, Holle Eva
1972: Der Grundsatz der Unmittelbarkeit im deutschen Strafprozessrecht, Berlin, Duncker & Humblot.

Lohsing, Ernst
1912: Österreichisches Strafprozessrecht in systematischer Darstellung, Wien, Moser.

Lopes, Casimiro Augusto Pereira

1892: Comette crime contra o exercicio dos direitos politicos e d' abuso de auctoridade o administrador do concelho, que por meio de prizão arbitraria, evita que alguem tome parte em eleição em que tem direito de votar, in RFP, ano 7º (1892-1893), pp. 168 a 172.

Lopes, José Guardado

1956: Aspectos de Política Criminal em Alguns Países da Europa, in BMJ, n. 56 (1956), pp. 27 a 151, e n. 57 (1956), pp. 5 a 137.

1957: Relatório da III secção do Grupo regional consultivo europeu para a prevenção do crime e tratamento dos delinquentes, in BAPIC, n. 1 (1957), pp. 77 a 90.

1959: IV Secção do Grupo Consultivo Europeu para a prevenção do crime e tratamento dos delinquentes, in BAPIC, n. 5 (1959), pp. 69 a 94.

1961: Bases Jurídicas dos Regimes Penitenciários, in BAPIC, n. 8 (1961), pp. 25 a 32.

1964: Problemas suscitados pelos regimes jurídicos aplicáveis aos delinquentes colocados em Prisão-Escola, declarados vadios ou de difícil correcção, in BAPIC, n. 15 (1964), pp. 21 a 44.

1969: Anteprojectos, Decreto-Lei de Execução das Penas e Medidas de Segurança, Diploma necessário à sua aplicação" (estudo não publicado, arquivado na biblioteca da Direcção Geral dos Serviços Prisionais)

1993: Achegas para a História do Direito Penitenciário Português, in BMJ, n. 430 (1993), pp. 5 a 173.

1994: Recordações de um Burocrata, Ministério da Justiça, 1933-1974.

Lopes, Ricardo

1956: Erros Judiciários, in SI, tomo V (1956), n. 21, pp. 1 a 10.

1959: A Magistratura é uma Corporação ?, in SI, tomo VIII (1959), pp. 80 a 90.

Lopes-Cardoso, Álvaro

1963: Aspectos da Liberdade Condicional, in ROA, ano 23 (1963), pp. 65 a 82.

1996: Código de Justiça Militar actualizado, anotado e comentado; jurisprudência do STM – dez anos, Porto, Legis.

Loritz, Hartmut

1996: Kritische Betrachtungen zum Wert des strafprozessualen Zwischenverfahrens, Frankfurt, Peter Lang.

Loureiro, Francisco Maia de

1934: O princípio da periculosidade em direito penal, in O Direito, ano 66º (1934), pp. 290 a 296.

Loureiro, J. Pinto

1935: Prefácio, in Pierre Bouchardon, O Magistrado, Tradução e Prefácio de J. Pinto Loureiro, Coimbra, Arménio Amado – Editor.

Lucas, Bernardo

1887: A Loucura perante a Lei Penal, Estudo Medico-Legal dos Delinquentes a proposito do Crime de Marinho da Cruz, Porto, Barros & Filha, Editores.

Fontes de Arquivo e Bibliografia

Lucena, Manuel de
1976: A evolução do sistema corporativo português, Volume II, O marcelismo, Lisboa, Perspectivas e Realidades.

Lücke, Jörg
1987: Begründungszwang und Verfassung: zur Begründungspflicht der Gerichte, Behörde und Parlamente, Tübingen, Mohr.

M. A.
1877: Algumas palavras ao vento ácerca do Projecto do Codigo do processo criminal a discutir-se perante a respectiva commisão, em supplemento aos varios assumptos, que tractámos, desde o n. 438 desta Revista sobre o processo crime, chamando para elles a especial attenção da mesma commisão, in RLJ, n. 454, pp. 600 a 605, n. 469, pp. 11 a 16, n. 470, pp. 26 a 31, n. 471, pp. 41 e 42.
1882 a: Algumas Observações sobre a 2.ª edição do Projecto do Codigo do processo crimnal, feitas depois de uma rapida leitura do mesmo Projecto, in RLJ, n. 706, pp. 465 a 468, n. 707, pp. 481 a 484, n. 708, pp. 497 a 500, n. 709, pp. 513 a 516, n. 710, pp. 529 a 532, n. 711, pp. 545 a 548, e n. 712, pp. 561 a 564.
1882 b: Resposta do auctor das Observações, feitas ao Projecto do Codigo do processo criminal, dada ao exordio, que antecedeu a refutação das mesmas Observações, in RLJ, n. 733, p. 65 a 69.

Maas, Sally
1907: Der Grundsatz der Unmittelbarkeit in der Reichsstrafprozessordnung, Breslau, Schletter'sche Buchhandlung.

Macedo, Adelino José
1944: Noções de Direito Consuetudinário Indígena e Formulário Geral de Processos dos Tribunais Privativos dos Indígenas para uso dos funcionários administrativos da colónia de Moçambique na sua qualidade de autoridades judiciais indígenas, Lourenço Marques, Imprensa Nacional de Moçambique.

Macedo, Francisco Ferraz de
1897: Anthropologia, in Francisco Ferraz de Macedo e José Joyce, Galeria de Criminosos Celebres de Portugal, Historia da Criminologia Contemporanea, Volume I, Lisboa, Empreza do Almanach Palhares, pp. 36 a 47.
1900: Os criminosos evadidos da Cadeia Central do Limoeiro a 29 de Abril de 1847, in Francisco Ferraz de Macedo e José Joyce, Galeria de Criminosos Celebres de Portugal, Historia da Criminologia Contemporanea, Volume IV, Lisboa, Empreza do Almanach Palhares, pp. 103 a 157.

Machado, António Pires da Silva
1946: Reforma do processo penal, Notas ao decreto-lei n. 35.007, in JP, ano 13 (1946), n. 139, pp. 33 a 35.

Macieira, António
1911: Do problema jurídico nacional, Leis d' excepção, Liberdade de imprensa, Juízo de Instrucção Criminal, in GRL, 24º ano, 1910-1911, n. 26, pp. 200 e 201.

1913: Organização e competência da polícia de investigação criminal de Lisboa, Interpelação ao Ministro do Interior pelo Senador António Macieira (Diário do Senado da República Portuguesa, Sessão de 29 de Novembro de 1912), Lisboa, Imprensa Nacional.

1914: Do Júri Criminal, Lisboa, Imprensa Nacional.

Magalhães, Albano

1907 a: Estudos Coloniaes, I, Legislação Colonial, Seu Espirito, Sua Formação e seus Defeitos, Coimbra, F. França Amado, Editor.

1907 b: Projecto de Regulamento para o Julgamento de «Milandos», Imprensa Nacional, Lourenço Marques.

Magalhães, António de Assis Teixeira de

1890: Collecção de Legislação Fiscal relativa ao Real d' Agua coordenada pelo Dr. António de Assis Teixeira de Magalhães, 2ª edição muito melhorada, Coimbra, Imprensa da Universidade.

Magalhães, Barbosa de

1899: O poder judicial, in O Direito, ano 31º (1899), pp. 145 e 146.

1903: Pronuncia provisoria, Arbitramento de fiança, in O Direito, ano 35º (1903), pp. 210 a 213.

1907: Justiça Militar, in GRL, ano 20º (1907), p. 377.

1908: Anotação ao Acórdão do STJ de 20.12.1907, in GRL, ano 21º (1908), p. 543.

1911: Anotação ao Acórdão do Tribunal da Relação de Lisboa de 8.11.1911, in GRL, ano 25º (1911-1912), pp. 217 e 218.

Magalhães, J. M. Vilhena Barbosa de

1933 a: Novo ano, in GRL, ano 47 (1933), n. 1, pp. 1 a 9.

1933 b: Centenário do Supremo Tribunal de Justiça, in GRL, ano 47 (1933), n. 13, pp. 193 a 198.

1940 a: Tribunais, in GRL, ano 53 (1940), n. 24, pp. 369 a 374.

1940 b: Processo Civil e Comercial, lições do Prof. Barbosa de Magalhães, recolhidas por Jorge Santos Vieira e António Folgado da Silveira, Lisboa.

1940 c: Estudos sôbre o novo Código de Processo Civil, I, Lisboa.

1955: Reforma do Código de Processo Civil e Reorganização Judiciária, in RT, ano 73 (1955), n. 1691, pp. 322 a 328, e n. 1692, pp. 354 a 362.

1958: A Distinção entre Matéria de Facto e de Direito em Processo Civil, a Interpretação dos Negócios Jurídicos e a Competência do Supremo Tribunal de Justiça, Lisboa, Jornal do Fôro.

Magalhães, J. M. Vilhena Barbosa de, e Pedro de Castro

1912: Collecção da Legislação promulgada pelo Ministerio da Justiça durante o Governo Provisorio da Republica, contendo outros diplomas que com ella se relacionam, despachos, circulares e portarias ineditas; e indicação de muitas decisões dos tribunaes e artigos das Revistas de Direito, Lisboa, Empresa Lusitana Editora.

Magalhães, J. M. Vilhena Barbosa de, e José de Magalhães Godinho

1937: Estatuto Judiciário, Lisboa, Emprêsa Universidade Editora.

Fontes de Arquivo e Bibliografia

Magalhães, Luiz Gonzaga de Assis Teixeira de
1905: Manual do Processo Penal, Coimbra, França Amado.
1923: Manual do Processo Penal, Coimbra, Coimbra Editora, Lda..

Majer, Diemut
1984: Zum Verhältnis von Staatsanwaltschaft und Polizei im Nationalsozialismus, in Udo Reifner e Bernd-Rüdeger Sonnen (hrsg.), Strafjustiz und Polizei im Dritten Reich, Frankfurt, Campus Verlag, 1984, pp. 121 a 160.
1987: Grundlagen des nationalsozialistischen Rechtssystems: Führerprinzip, Sonderrecht, Einheistpartei, Stuttgart, Kohlhammer.

Maldonado, Mário Artur da Silva
1959: Alguns Aspectos da História da Criminologia em Portugal, Diss. da Faculdade de Direito de Coimbra.

Manchester, A. H.
1980: A Modern Legal History of England and Wales, 1750-1950, London, Butterworths.

Mannheim, Hermann
1925: Beiträge zur Lehre von der Revision wegen materiellrechtlicher Verschtösse im Strafverfahren, Berlin, Verlag Von Julius Springer.

Manso, Amilcar Carvalheiro
1951: Contrabando e Descaminho, in ROA, ano 11 (1951), ns. 3 e 4, pp. 233 a 244.

Manso, Eduardo
1946: Crimes de Açambarcamento, Especulação e contra a Economia Nacional, Colecção de Legislação publicada desde Setembro de 1939 até Outubro de 1946, com anotações. Contém ainda as Portarias que mandam aplicar às colónias, com alterações, os Decretos-Leis números 29.904, 29.964, 31.564 e 32.086, Coimbra, Casa do Castelo Editora.

Manso-Preto, José Alfredo Soares
1963: Regime Legal da Detenção (contendo a legislação aplicável, actualizada e anotada) Coimbra, Coimbra Editora.
1964: Pareceres do Ministério Público (Trabalhos Forenses), Coimbra, Almedina.

Manuel, Alexandre, et al.
1974: PIDE, A História da repressão, Fundão, Jornal do Fundão Editora.

Manzini, Vincenzo
1934: Trattato de Diritto Penale Italiano secondo il Codice del 1930, Volume Terzo, Pene, Misure di sicurezza, Cause estintive del reato o della pena, Fine della Parte Generale, Torino, Unione Tipografico-Editrice Torinese.

Marçal, Orlando
1919: Da Imputabilidade Criminal, sob os pontos de vista antropolojico, psicolojico e sociolojico, Lisboa, Livraria Clássica Editora.

Marchi, Armando de
1929: Cesare Beccaria e il Processo Penale, Torino, Fratelli Bocca Editori.

A Reforma da Justiça Criminal em Portugal e na Europa

Marcos, Rui Manuel de Figueiredo
1990: A Legislação Pombalina, in BFD, Suplemento XXXIII, pp. 1 a 314.

Marques, Adelino, e Manuel Moutinho
1927: Elementos de Direito Penal, Coimbra, Livraria Neves Editora.

Marques, António Caldeira
1973: Os Advogados perante o Processo Penal, in ROA, ano 33 (1973), pp. 509 a 516.

Marques, Artur
1988: Algumas Notas sobre os Recursos no novo Código de Processo Penal, in SI, tomo XXXVII, pp. 305 a 323.

Marsangy, Bonneville de
1855: De l' Amériolation de la Loi Criminelle en vue d' une Justice plus prompte, plus efficace, plus généreuse et plus moralisante, Première Partie, Paris, Cotillon, Librairie du Conseil d' État.

Mártens, João Baptista Ferrão de Carvalho
1871: Relatório do ex.mo sr. conselheiro procurador geral da corôa e fazenda, in RLJ, ano 4º (1871-1872), pp. 292 a 304.

Martin, Christoph Reinhard Dietrich
1857: Lehrbuch des teutschen gemeinen Criminalprocesses mit besonderer Rücksicht auf die neueren in Deutschland geltenden Strafprozessgesetze, Fünfte Ausgabe ergänzt und beendigt von Professor Dr. J. Temme, Leipzig, Winter.

Martinez, Pedro Soares
1971: As liberdades fundamentais e a revisão constitucional, in ROA, ano 31 (1971), pp. 43 a 71.

Martinez Alcubilla, Marcelo
1868: Diccionario de la Administracion Española, Peninsular y Ultramarina: compilacion ilustrada de la novissima legislacion de España en todos los ramos de la administracion pública, Segunda Edicion, Tomo III, Madrid.
1869: Diccionario de la Administracion Española, Peninsular y Ultramarina: compilacion ilustrada de la novissima legislacion de España en todos los ramos de la administracion pública, Segunda Edicion com dos apéndices legislativos de 1868 e 1869, Tomo VIII, Madrid.

Martins, Amadeu Mário Marcos
1956: Contencioso Aduaneiro e Legislação Coordenada sobre açambarcamento, especulação, delitos contra a economia nacional e matança clandestina, 1ª edição, Beja, Minerva Comercial.

Martins, Arlindo
1947: Habeas Corpus, in BMJ, n. 2 (1947), pp. 77 a 95.
1949: Plenário do Tribunal Criminal, in BMJ n. 11 (1949), pp. 31 a 41.

Martins, Ferreira
1945: História do Exército Português, Lisboa, Editorial Inquérito Limitada.

Martins, Francisco A. d' Oliveira
1948: Pina Manique, O Político, O Amigo de Lisboa, Lisboa, Sociedade Industrial de Tipografia, Lda.

Martins, Germano
1918: Independência do poder judicial, in RJ, ano 3º, n. 60, pp. 579 e 580.

Martins, J., et al.
1982: Projecto institucional do tradicionalismo reformista: a crítica da legislação vintista pela Junta de Revisão das Leis, in Miriam Halpern Pereira et al. (org.), O Liberalismo a Península Ibérica na primeira metade do século XIX, 1º volume, Lisboa, Sá da Costa Editora, pp. 155 a 170.

Martins, J. Mendes
1903 a: Sociologia Criminal (Estudos) com prefacio do Ex. mo Sr. Dr. Julio de Mattos, Lisboa, Tavares Cardoso & Irmão Editores.
1903 b: Justa defêsa, Ácerca da «Sociologia Criminal» (com um estudo polémico do Exm. Sr. Dr. Julio de Mattos), Lisboa, Livraria Editora Tavares Cardoso & Irmão.

Martins, Joaquim Pedro
1902: Da Competência Penal Internacional segundo a Lei Portugueza, Coimbra, Imprensa da Universidade.

Martins, José Pedro Fazenda
1986: Os Poderes de Convolação em Processo Penal, Lisboa, AAFDL.

Martins, Manuel Flamino dos Santos
1959: Diário de um Juiz (Trabalhos Judiciais), volume I, Coimbra, Oficina da Gráfica de Coimbra.
1972: Considerações sobre o Estatuto dos Juízes e sobre o Questionário, in SI, tomo XXI, 1972, pp. 524 a 539.

Martucci, Roberto
1984: La Costituente ed il Problema penale in Francia (1789-1791), I, Alle Origini del Processo Accusatorio: I Decreti Beaumetz, Milano, Giuffrè.

Marty, Gabriel
1929: La Distinction du Fait et du Droit, Essai sur le pouvoir de contrôle de la Cour de Cassation sur les Juges du fait, Paris, Librairie du Recueil Sirey.

Marxen, Klaus
1975: Der Kampf gegen das liberale Strafrecht, Eine Studie zum Antiliberalismus in der Strafrechtswissenschaft der zwanziger und dreissiger Jahre, Berlin, Duncker & Humblot.
1984 a: Straftatsystem und Strafprozess, Berlin, Duncker & Humblot.
1984 b: Zum Verhältnis von Strafrechtsdogmatik und Strafrechtspraxis im Nationalsozialismus, in Udo Reifner e Bernd-Rüdeger Sonnen, Strafjustiz und Polizei im Dritten Reich, Frankfurt, Campus Verlag, pp. 77 a 85.
1994: Das Volk und sein Gerichtshof: eine Studie zum nationalsozialistischen Volksgerichtshof, Frankfurt am Main, Klostermann.

1112 A Reforma da Justiça Criminal em Portugal e na Europa

Matos, Manuel de Oliveira
1948: Da Prisão Preventiva, Diss. da Faculdade de Direito de Coimbra.

Matta, Caeiro da
1909: Sociologia Criminal e Direito Penal, Coimbra, Imprensa da Universidade.
1911 a: Direito Criminal Português, Volume I, Coimbra, F. França Amado, Editor.
1911 b: Direito Criminal Português, Volume II, Coimbra, F. França Amado, Editor.
1912: Lições de Processo Criminal Feitas em harmonia com as prelecções do ilustre professor dr. Caeiro da Matta por Manuel Serras Pereira, 1911-12, Coimbra, Editores França & Arménio.
1913: Licções de Processo criminal, Feitas de harmonia com as prelecções do ilustre professor Dr. Caeiro da Matta por J. A. Alves, 1912-1913, Coimbra, Typ. de Alberto Vianna.
1914: Apontamentos de Processo Criminal, Coligidos de harmonia com as prelecções do Ex. mo Dr. Caeiro da Matta ao curso de 1913-1914 por Coelho de Carvalho e Manuel de Barros, Coimbra, Livraria Neves – Editora.
1919: Apontamentos de Processo Criminal, Coligidos de harmonia com as prelecções do Ex. mo Dr. Caeiro da Matta ao curso de 1913-1914, por Coelho de Carvalho e Manuel de Barros, 2. edição, actualizada por Ruy da Cunha e Costa, Coimbra, Livraria Neves – Editora.

Mattos, João da Silva
1885: Reforma Penitenciaria Passado e Presente, Lisboa, Typographia da Viuva Sousa Neves.

Mattos, Julio de
1903: Prefacio, in J. Mendes Martins, Sociologia Criminal (Estudos) com prefacio do Ex.mo Sr. Dr. Julio de Mattos, Lisboa, Tavares Cardoso & Irmão Editores, pp. IX a XXVI.
1908: Prefacio, in R. Garofalo, Criminologia, Estudo sobre o Delicto e a Repressão Penal seguido de um appendice sobre os Termos do Problema Penal por L. Carelli, Versão portugueza com um prefácio original por Julio de Mattos, 2ª edição, Lisboa, Livraria Classica Editora, pp. V a XXIV.
1913: A Loucura, Estudos Clinicos e Medico-Legais, 2ª edição, revista e ampliada, Lisboa, Livraria Classica Editora.

Mattos, Mello de
1981: Exército, in DHP, volume II.

Maunz, Theodor
1943: Gestalt und Recht der Polizei, Hamburg, Hanseatische Verlagsanstalt.

Maunz, Theodor, e Reinhold Zippelius
1998: Deutsches Staatsrecht, Ein Studienbuch, 30. Auflage, München, Beck.

Maurício, Artur
1974: Crimes Políticos e Habeas Corpus, Lisboa, Portugália Editora.

Maximiano, Rodrigues
1981: A Constituição e o Processo Penal, Competência e Estatuto do Ministério Público, do Juiz de Instrução Criminal e do Juiz Julgador, A Decisão sobre o destino dos

Fontes de Arquivo e Bibliografia

autos e os artigos 346º e 351º do Código de Processo Penal, in RMP, ano 2º (1981), volume 5, pp. 119 a 138, e volume 6, pp. 91 a 130.

Mayer, Hellmuth
1934: Zum Ausbau des Strafprozesses, in GerS, 104 (1934), pp. 302 a 342.

Mayer, Markus
1992: Ne-bis-in-idem-Wirkung europäischer Strafentscheidungen, Frankfurt, Lang.

Medeiros, Francisco José de
1877: Estudos Juridicos ácerca do Projecto de Codigo do Processo Criminal do Sr. Conselheiro José da Cunha Navarro de Paiva, Coimbra, Imprensa da Universidade.
1882: Estudos ácerca do Projecto Definitivo de Codigo do Processo Criminal, in RT, 1º ano, 1882, pp. 81 a 83, 97 a 99, 113 a 116, 129 a 132, 145 a 147, 161 a 163, 177 a 180, e 193 a 197.
1884: Estudos sobre Processo Criminal, in RT, 2º ano, 1884, n. 47, pp. 361 a 363, n. 48, pp. 377 e 378, 3º ano, 1884, n. 49, pp. 1 a 3, n. 50, pp. 18 a 20, 5º ano, 1886, n. 110, pp. 209 a 211, n. 111, pp. 226 a 228, 7º ano, 1888, n. 147, pp. 33 e 34, n. 148, pp. 49 e 50, n. 149, pp. 65 a 67.
1905: Sentenças (Direito e Processo Civil), segunda edição muito ampliada, Lisboa, M. Gomes Editor.
1909: Reformas Judiciarias, Responsabilidade ministerial, Processo penal, Organização judiciária, Jury criminal, Liberdade de imprensa, Correcção de menores delinquentes, Anarchismo, Lisboa, Imprensa Nacional.

Meira, Carlos
1963: Valor que deve atribuir-se à personalidade e ao comportamento do delinquente (anterior, simultâneo e posterior ao delito), in BAPIC n. 12 (1963), pp. 35 a 73.
1966: A Justiça Penal e a Criminologia, Separata do 17º volume do BAPIC.

Mello, Adelino António das Neves e
1880: Estudos sobre o Regimen Penitenciario e a sua Applicação em Portugal, Coimbra, Imprensa da Universidade.

Mello, Alberto de Sá e
1982: O Objecto do Processo penal – Sua Determinação, Lisboa, Ordem dos Advogados.

Mello, Francisco Freire de
1822: Discurso sobre Delictos e Penas, e qual foi a sua Proporção nas Differentes Épocas da nossa Jurisprudencia, principalmente nos Tres Seculos Primeiros da Monarchia Portugueza, Segunda Edição correcta e annotada pelo seu Autor, Lisboa, Typographia de Simão Thaddeo Ferreira.

Mello, José Pinheiro de, et al.
1908: Representação dirigida às Camaras dos Dignos Pares do Reino e dos Senhores Deputados da Nação para que sejam revogadas as leis e decretos sobre a organisação e competencia do Juizo de Instrucção criminal e a lei de 13 de Fevereiro de 1896 que originaram o caso Heitor Ferreira e outros, Lisboa, Typographia do Commercio.

A Reforma da Justiça Criminal em Portugal e na Europa

Mello, Lopo Vaz de Sampaio e
1868 a: Estudos sobre a Organisação Judiciaria, I, Refutação do juizo conciliatorio, Coimbra, Imprensa da Universidade.
1868 b: Estudos sobre a Organisação Judiciaria, II, Tribunaes collectivos e singulares, Coimbra, Imprensa da Universidade.
1910: Questões Coloniaes, Politica Indigena, Porto, Magalhães & Moniz Lda. Editora.

Melo, A. Barbosa de, et al.
1981: Estudo e Projecto de Revisão da Constituição da República Portuguesa de 1976, Coimbra, Coimbra Editora.

Mendes, João de Castro
1970: Boato, Facto Notório e Preconceito do Tribunal, in JF, ano 34º (1970), pp. 29 a 34.

Mendonça, António Estelita
1975: Rápidas sugestões sobre o Estatuto Judiciário e a Orgânica Judiciária, in SI, tomo XXIV, 1975, pp. 38 a 48.

Merêa, Manuel Paulo
1924: A Solução Tradicional da Colonização do Brasil, in Carlos Malheiro Dias et al. (dir.), História da Colonização Portuguesa do Brasil, Edição Monumental Comemorativa do Primeiro Centenário da Independência do Brasil, Porto, Litografia Nacional, 1924, pp. 165 a 188.
1929: Organização Social e Administração Pública, in Damião Peres (dir.), História de Portugal, Edição Monumental Comemorativa do 8º Centenário da Fundação da Nacionalidade, volume II, Barcelos, Portucalense Editora Lda., pp. 446 a 524.
1948: Bosquejo Histórico do Recurso de Revista, in BMJ n. 7, 1948, pp. 43 a 72.
1960: Da Minha Gaveta, Sinopse Histórica da Morte Civil no Direito Português, in BFD, volume XXXVI (1960), pp. 55 a 77.

Meseke, Klaus-Heiner
1973: Die Aktenwidrigkeit als Revisionsgrund in Strafsachen, Diss. Göttingen.

Meves
1879: Besondere Arten des Verfahrens, in Franz von Holtzendorff (hrsg.), Handbuch des deutschen Strafprozessrechts in Einzelbeiträgen, Zweiter Band, Berlin, Verlag von Carl Habel, pp. 375 a 466.

Meyer, Charlotte
1930: Aus der Praxis der sozialen Gerichtshilfe, in ZStW, 50 (1930), pp. 248 a 265.

Meyer, Hugo
1879: Die Hauptverhandlung vor den Schwurgerichten, in Franz von Holtzendorff (hrsg.), Handbuch des deutschen Strafprozessrechts in Einzelbeiträgen, Zweiter Band, Berlin, Verlag von Carl Habel, pp. 113 a 218.

Meyer, J. D.
1819 a: Esprit, Origine et Progrès des Institutions Judiciaires des principaux pays de l'Europe, Tom. II, (Partie Moderne – Angleterre), La Haye, Imprimerie Belge.

Fontes de Arquivo e Bibliografia

1819 b: Esprit, Origine et Progrès des Institutions Judiciaires des principaux pays de l'Europe, Tom. III (Partie Moderne – France, avant da Révolution), La Haye, Imprimerie Belge.

1822: Esprit, Origine et Progrès des Institutions Judiciaires des principaux pays de l'Europe, Tom. V Partie Moderne – Allemagne et France depuis la Révolution, Amsterdam, G. Dufour et C. Libraires.

1823: Esprit, Origine et Progrès des Institutions Judiciaires des principaux pays de l'Europe, Tom. VI, Résultats, Amesterdam, G. Dufour et C. Libraires.

Meyer, Jürgen

1965: Dialetik im Strafprozess, Eine Untersuchung der Spannungen im Strafprozess unter besonderer Berücksichtigung der dialetischen Gewinnung der Strafurteile im Kräftefeld der Schuldanträge, Tübingen, Mohr.

Meyer, Karlheinz

1983: Der Beweisantrag im Strafprozess, begründet von Prof. Dr. Max Alsberg, fortgeführt von Dr. Karl-Heinz Nüse, 5., völlig neubearbeitete und erweiterte Auflage von Karlheinz Meyer, Köln, Heymanns.

Meyer-Gossner, Lutz

1995: Strafprozessordnung, Gerichtsverfassungsgesetz, Nebengesetze und ergänzenden Bestimmungen erläutert von Dr. Theodor Kleinknecht (22. – 35. Auflage) und Karlheinz Meyer (36. – 39. Auflage), fortgeführt von Dr. Lutz Meyer-Gossner, 42. Neubearbeitete Auflage des von Otto Schwarz begründeten Werkes, München, Beck.

2000: Theorie ohne Praxis und Praxis ohne Theorie im Strafverfahren, in ZRP, 33 (2000), pp. 345 a 351.

Mezger, Edmund

1936: Die materielle Rechtswidrigkeit im kommenden Strafrecht, I, in ZStW, 55 (1936), pp. 1 a 17.

1938: Deutsches Strafrecht, Ein Grundriss, Berlin, Junker und Dünnhaupt Verlag.

1941: Tatstrafe und Täterstrafe, insbesondere im Kriegsstrafrecht,I, in ZStW, 60 (1941), pp. 353 a 374.

1942: Kriminalpolitik auf kriminologischer Grundlage, Zweite wesentlich umgearbeitete Auflage, Stuttgart, Ferdinand Enke.

1943: Deutsches Strafrecht, Ein Grundriss, 3. Auflage, Berlin, Junker und Dünnhaupt Verlag.

Michael, Andreas

1981: Der Grundsatz in dubio pro reo im Strafverfahrensrecht, Zugleich ein Beitrag über das Verhältnis von materiellen Recht und Prozessrecht, Frankfurt, Lang.

Michalke-Detmering, Astrid

1987: Die Mindestanforderungen an die rechtliche Begründung des erstinstanzlichen Strafurteils: zur Auslegung d. § 267 StPO, Frankfurt, Lang.

Midosi, Paulo

1867: Guia do Jurado, Lisboa, Typographia Universal de Thomaz Quintino Antunes.

1116   *A Reforma da Justiça Criminal em Portugal e na Europa*

Miller, Richard Lawrence
1997: Justiça Nazi, a Lei do holocausto, Lisboa, Editorial Notícias.

Miller, Rui Vieira
1965: Prazos da detenção sem culpa formada, in JP, ano 32 (1965), n. 334, pp. 113 a 120.

Ministério da Justiça
1965: Actas das Sessões da Comissão Revisora do Código Penal, Parte Geral, I volume, Lisboa, Ministério da Justiça.
1966 a: Aspects Fondamentaux des Systèmes Pénal et Pénitentiaire et de l' Organisation Judiciaire au Portugal, Lisboa, Edition du Ministère de Justice.
1966 b: Actas das Sessões da Comissão Revisora do Código Penal, Parte Geral, II volume, Lisboa, Ministério da Justiça.
1979: Actas da Comissão Revisora do Código Penal, Parte Especial, Lisboa, Ministério da Justiça.

Mira, Augusto Marcolino Alves de
1950: Rufianaria, Diss. da Faculdade de Direito de Coimbra.

Miranda, António Augusto Pires de
1931: Manual Teórico e Prático dos Juízes Municipais, Instrutores e Populares, II volume (Direito e Processo Penal e Tribunais Privativos dos Indígenas e um Apêndice ao 1º volume sôbre matéria cível e comercial), Coimbra, Edição do Autor.
1937: Juízos instrutores das Colónias, in RJ, ano 22º (1937), n. 511, pp. 193 a 195.
1962: Supremo Tribunal de Justiça, in JP, ano 29 (1962), n. 299, pp. 33 e 34.

Miranda, Jorge
1973: Ciência Política e Direito Constitucional, II, Lisboa, Faculdade de Direito da Universidade de Lisboa.
1978: A Constituição de 1976, Formação, Estrutura, Princípios Fundamentais, Lisboa, Livraria Petrony.
1980: Um Projecto de Revisão Constitucional, contendo um Apêndice com Intervenções várias sobre a Constituição e a primeira Revisão Constitucional, Coimbra, Coimbra Editora, Lda.
1982: Manual de Direito Constitucional, tomo I, Preliminares, A Experiência Constitucional, 2ª edição revista, Coimbra, Coimbra Editora.

Mittermaier, Carl Joseph Anton
1845: Deutsche Strafverfahren in der Fortbildung durch Gerichtsgebrauch und Landesgesetzbücher und in genauer Vergleichung mit dem englischen und französischen Strafverfahren, Erster Theil, Vierte völlig umgearbeitete und sehr vermehrte Auflage, Heidelberg, Mohr.
1846: Deutsche Strafverfahren in der Fortbildung durch Gerichtsgebrauch und Landesgesetzbücher und in genauer Vergleichung mit dem englischen und französischen Strafverfahren, Zweiter Theil, Vierte völlig umgearbeitete und sehr vermehrte Auflage, Heidelberg, Mohr.
1856: Gesetzgebung und Rechtsübung über Strafverfahren nach ihrer neuesten Fortbildung, Erlangen, Verlag von Ferdinand Enke.

Mittermaier, Wolfgang

1905: Die Reform des Vorverfahrens im Strafprozess, Halle, Verlag von Carl Marhold.

1906 a: Legalitätsprinzip und Ausdehnung der Privatklage, in P. F. Aschrott (hrsg.), Reform des Strafprozesses, Kritische Besprechegungen der von der Komission für die Reform des Strafprozesses gemachten Vorschläge, Berlin, J. Guttentag Verlagsbuchhandlung, pp. 148 a 161.

1906 b: Zur Frage der Schwurgerichte, in MschrKrimPsych, 2 (1906), pp. 1 a 24.

1909: Die Nichtberufsrichter im Entwurf einer Strafprozessordnung, in MschrKrimPsych, 5 (1909), pp. 465 a 471.

1935: Die Entwicklung im Strafrecht und Strafprozessrecht Frankreichs seit dem Krieg, in ZStW, 54 (1935), pp. 66 a 84.

Moira, José Joaquim Ferreira de

1826: Reflexões Criticas sobre a administração da Justiça em Inglaterra tanto no Civel como no Crime, e sobre o Jury n' uma Serie de Cartas a um Amigo, Lisboa, Typographia Lacerdina, 1826.

Moncada, António Cabral de

1957: A Liberdade Condicional, Coimbra, Coimbra Editora.

Monteiro, Armindo

1942: As grandes directrizes da governação ultramarina no período que decorreu entre as duas guerras mundiais, 1919-1939, Separata do BGC, ns. 206 e 207, de 1942.

Monteiro, Eduardo Augusto de Sousa

1932: Supremo Tribunal de Justiça em Portugal, in O Direito, ano 64º (1932), pp. 98 a 105.

1933: Evolução histórica das instituições judiciárias antecessoras do Supremo Tribunal de Justiça, in AAVV, Comemorando o primeiro centenário do Supremo Tribunal de Justiça, Lisboa, Tipografia Couto Martins, pp. 53 a 102.

Monteiro, Evelyne

1998: La Politique Criminelle sous Salazar, Approche Comparative du Modèle État Autoritaire, in APC, n. 20, 1998, pp. 141 a 160.

Monteiro, Henrique Pires

1924: Criminalidade Militar, in BIC, volume V (1924), pp. 257 a 269.

1929: Evolução Orgânica do Exército Português, in RM, ano 81 (1929), pp. 136 a 153.

Montenegro, Arthur

1905: Reformas de Justiça. Propostas de Lei apresentadas á Camara dos Senhores Deputados nas Sessões de 22 e 23 de Agosto de 1905, Lisboa, Imprensa Nacional.

Montesquieu

1964: Oeuvres Complètes, preparation para Daniel Oster, Paris, Édition du Seuil.

Moos, Reinhard

1985: Grundstrukturen einer neuen Strafprozessordnung, in Verhandlungen des Neunten Österreichischen Juristentages, Wien, 1985, II / 3 Abteilung Strafrecht, Wien, Manzsche Verlags- und Universitätsbuchhandlung, pp. 53 a 149.

1987: Die Reform der Rechtsmittel im Strafprozess, in Hans-Ludwig Schreiber e Rudolf Wassermann, Gesamtreform des Strafverfahrens, Internationales Christian-Broda--Symposion, Bad Homburg v. d. H. 1986, Darmstadt, Luchterhand, pp. 177 a 191.

1991: Ausgewogenere Kommunikationsstruktur der Haupverhandlung durch Wechselverhör und Teilung in zwei Abschnitte, in ZStW, 103 (1991), pp. 553 a 583.

Morais, José Xavier Guerra de

1956: Anotações ao Contencioso Aduaneiro Fiscal e Delito Anti-Económico, Espinho, Tipografia Moreira.

Morais, Tancredo Octávio Faria de

1940: História da Marinha Portuguesa, I, Da Nacionalidade a Aljubarrota, Lisboa, Editorial Ática, Lda.

Moreira, Adriano

1945 a: Crimes políticos e habitualidade, in JF, ano IX (1945), pp. 151 a 157.

1945 b: Sobre o habeas corpus, in JF, ano IX (1945), pp.225 a 249.

1946: Conceito e valor da reincidência, in JF, ano X (1946), pp. 7 a 20.

1947 a: Regime jurídico das detenções, in RDES, ano III (1947-1948), pp. 33 a 60.

1947 b: A Jurisprudência do Supremo Tribunal de Justiça sobre Habeas Corpus, in RDES, ano III (1947-1948), pp. 164 a 183.

1948: Aspectos da tutela penal da economia, in RDES, ano IV (1948-1949), pp. 285 a 322.

1949: Critério das medidas de segurança, in RDES, ano V (1949-1950), pp. 272 a 307.

1950: A intervenção judicial na privação da liberdade física, in ROA, ano 10 (1950), ns. 3 e 4, pp. 143 a 169.

1951: A Revogação do Acto Colonial, Separata do n. 3 da RGEU.

1952: Anotação ao assento do STJ de 19.5.1950, in O Direito, ano 84º (1952), pp. 53 a 55.

1954 a: O Problema Prisional do Ultramar, Coimbra, Coimbra Editora.

1954 b: A Reforma do Código Penal, in O Direito, 86º ano (1954), pp. 263 a 290.

1955 a: Administração da Justiça aos Indígenas, Lisboa, Agência Geral do Ultramar.

1955 b: Direito Penal aplicável aos Indígenas, in BMJ, n. 46 (1955), pp. 495 a 499.

1956: As Élites das Províncias Ultramarinas de Indigenato (Guiné, Angola, Moçambique), in Ensaios, Lisboa, Junta de Investigações do Ultramar, 1960, pp. 35 a 62.

1957: Portugal e o Artigo 73 da Carta das Nações Unidas, Separata do n. 15 da RGEU.

1958 a: A posição de Portugal perante as Nações Unidas, in Ensaios, Lisboa, Junta de Investigações do Ultramar, 1960, pp. 79 a 101.

1958 b: Tendência Inquisitória do Processo Penal, in O Direito, ano 90 (1958), pp. 7 a 16.

1960: Política Ultramarina, 3ª edição, Lisboa, Agência Geral do Ultramar.

1961: Política de Integração, Lisboa, Agência Geral do Ultramar.

1971: Revisão Constitucional, Lisboa, Tip. Silvas.

1976: Saneamento Nacional, Lisboa, Torres e Abreu Lda. Editores.

1999: Um homem só num mundo em mudança: Salazar, in Aniceto Afonso e Carlos Gomes, Guerra Colonial, Angola-Guiné-Moçambique, Lisboa, Editorial Notícias, pp. 318 a 323.

Fontes de Arquivo e Bibliografia

Moreira, João Pinto
1889: Considerações ácerca do Projecto de Lei sobre Organisação Judiciaria em que foi convertida a Proposta de Lei apresentada em 9 de Julho de 1887 á Camara dos Snrs. Deputados pelo Ex.mo Ministro da Justiça Conselheiro Francisco António da Veiga Beirão, Porto, Typographia Central.

Moreira, Lopes
1965: Notas ao Código de Justiça Militar, I Parte – Código de Justiça Militar, II Parte – Regulamento para a sua Execução, III Parte – Diplomas Avulsos, 1ª edição, Lisboa, edição do autor.

Morgan, Arthur E.
1932: Uma prisão moderna em Portugal, in BIC, volume XVI (1932), pp. 39 a 46.

Moser, Konrad
1933: »In Dubio Pro Reo«, Die geschichtliche Entwicklung dieses Satzes und seine Bedeutung im heutigen deutschen Strafrecht, Diss. München.

Mota, Luiz Guilherme da Rocha
1948: Algumas Considerações sobre a Instrução Contraditória adentro do Direito Português, Diss. da Faculdade de Direito de Coimbra.

Mouga, Fernando
1955: A falibilidade do julgador e a gravação das audiências, in SI, tomo IV (1955), n. 15, pp. 3 a 6.

Moura, José Ilharco Álvares de
1947: Delitos Anti-Económicos, Legislação Actualizada e anotada: Infracções. Processo. Aplicação da lei no tempo. Providências para assegurar o abastecimento do país. Condicionamento económico de vários géneros e produtos. – Índice remissivo, Coimbra, Coimbra Editora.

Moura, José Souto de
1988: Inquérito e Instrução, in Jornadas de Direito Processual Penal, O Novo Código de Processo Penal, Coimbra, Almedina, pp. 81 a 145.

Mourisca Júnior, José Pinheiro
1918: A independência do poder judicial, in RJ, ano 3º, 1918, n. 56, pp. 515 a 517, n. 57, pp. 531 a 533, n. 58, pp. 547 a 549, n. 59, pp. 563 a 565, ano 4º, 1919, pp. 161 a 164.
1919: Detenções, in RJ, ano 4º, 1919, n. 1, pp. 2 a 5, n. 78, pp. 81 a 83, n. 79, pp. 97 a 99, e n. 80, pp. 113 e 114.
1921 a: A Guarda Nacional Republicana no campo da Justiça, in RJ, ano 6º, 1921-1922, n. 125, pp. 65 e 66, n. 126, pp. 81 e 82, n. 127, pp. 97 e 98, n. 128, pp. 113 e 114, n. 139, pp. 289 a 291.
1921 b: Processos sumarios, nos crimes e contravenções, in RT, ano 39º (1921), pp. 321 a 323, 353 a 356, e ano 40º (1921), pp. 82 a 84.
1922 a: Magistraturofobia?, in RT, ano 41º (1922), pp. 81 a 83, 129 a 133.
1922 b: Reorganisação judiciaria. Reclamações da magistratura, in RT, ano 41º (1922), pp. 209 a 211, 321 a 324, ano 42º (1923), pp. 177 a 179.

1923: Serviços Policiais, in O Direito, tomo 55 (1923), pp. 130 a 132, 194 a 198.
1924: Transgressões, Notas á Lei 300 e á Legislação Correlativa e Complementar, 2. Edição, Lisboa, Empresa Internacional Editora.
1929: Tribunais colectivos, in RJ, ano 14 (1929), n. 331, pp. 289 e 290.
1931: Código de Processo Penal (Anotado), Volume I, Vila Nova de Famalicão, Tip. «Minerva».
1932: Código de Processo Penal (Anotado), Volume II, Vila Nova de Famalicão, Tip. «Minerva».
1933: Código de Processo Penal (Anotado), Volume III, Albergaria-a-Velha, Tipografia Vouga.
1934: Código de Processo Penal (Anotado), Volume IV, Albergaria-a-Velha, Tipografia Vouga.

Moutinho, José Lobo
2000: Arguido e Imputado no Processo Penal Português, Lisboa,Universidade Católica Editora.

Müller, Ingo
1980: Rechtstaat und Strafverfahren, Frankfurt am Main, Europäische Verlagsanstalt.
1984: Das Strafprozessrecht des Dritten Reiches, in Udo Reifner e Bernd-Rüdeger Sonnen (hrsg.), Strafjustiz und Polizei im Dritten Reich, Frankfurt, Campus Verlag, 1984, pp. 59 a 76.
1989: Nationalsozialistische Sondergerichte, Ihre Stellung im System des deutschen Strafverfahrens, in Martin Bennhold (hrsg.), Spuren des Unrechts, Recht und Nationalsozialismus, Beiträge zur historischen Kontinuität, Köln, Pahl-Rugenstein, 1989, pp. 17 a 33.

Müller-Dietz, Heinz
1982: Sozialstaatsprinzip und Strafverfahren, in Ernst-Walter Hanack et al. (hrsg.), Festschrift für Hans Dünnebier zum 75. Geburstag am 12. Juni 1982, Berlin, de Gruyter, pp. 75 a 99.

Nagler, Johannes
1909: Die Protokolle des Strafprozesskomissions unter Berücksichtigung ihres Einflusses auf den Entwurf zur Strafprozessordnung und die geplante Novelle zum Gerichtsverfassungsgesetz, in GerS, LXXIII (1909), pp. 97 a 237.
1924: Zur Einschätzung der Verordnung über Gerichtsverfassung und Strafrechtspflege vom 4. Januar 1924, in GerS, XC (1924), pp. 398 a 440.
1938: Das Zwischenverfahren, in GerS, 111 (1938), pp. 342 a 371.
1940: Kriegstrafrecht, in GerS, 114 (1940), pp. 133 a 233.
1941: Die Neuordnung der Strafbarkeit von Versuch und Beihilfe, in GerS, 115 (1941), pp. 24 a 42.

Naucke, Wolfgang
1984: Über deklaratorische, scheinbare und wirkliche Entkriminalisierung, in GA, 1984, pp. 199 a 217.

Nazareth, Duarte

1853: Elementos do Processo Criminal, 3.ª Edição correcta e muito augmentada, Coimbra, Imprensa da Universidade.

1854: Elementos do Processo Civil, 2.ª edição, correcta e augmentada, Coimbra, Imprensa da Universidade.

1886: Elementos do Processo Criminal, Setima Edição Additada com algumas leis reletivas ao direito e processo criminal, Coimbra, Imprensa da Universidade.

Nebinger, Robert

1943: Reichspolizeirecht, 4. durchgesehene und ergäntzte Auflage, Leipzig, Verlag W. Kohlhammer.

Negreiros, A.-L. de Almada

1910: Colonies Portugaises, Les Organismes Politiques Indigènes, Paris, Librairie Maritime & Coloniale.

Neto, Castro

Ver Vasconcellos, José Maximo de Castro Neto Leite e

Netto, A. Lino

1898: Historia dos Juizes Ordinarios e de Paz, Coimbra, Typographia França Amado.

Neubert

1938: Der Verteidiger, in Franz Gürtner (hrsg.), Das kommende deutsche Strafverfahren, Bericht der amtlichen Strafprozesskomission, Berlin, R. v. Decker's Verlag, G. Schenck, pp. 255 a 264.

Neumann, Karl

1930: Der englische Strafprozess im Lichte der deutschen Justiz-Reform, in ZStW, 50 (1930), pp. 1 a 30.

Neumann, Rudi

1938: Die Beschwer als Rechtsmittelvoraussetzung im Strafprozess (Zugleich ein Ausblick auf das kommende Recht), Diss. Könisberg (Pr.).

Neves, Castanheira

1968: Sumários de Processo Criminal, Coimbra.

1976: A Revolução e o Direito: a situação de crise e o sentido do direito no actual processo revolucionário, Lisboa, Separata da ROA.

1983: O Princípio da Legalidade Criminal. O seu problema jurídico e o seu critério dogmático, in Estudos em Homenagem ao Prof. Doutor Eduardo Correia, I, número especial do BFD, pp. 307 a 469.

Neves, Francisco Correia das

1955: A Prisão Preventiva, Diss. da Faculdade de Direito de Coimbra.

Niederreuther

1939: Zur Strafverfahrenserneuerung, in GerS, 112 (1939), pp. 169 a 221.

Niemöller, Martin

1988: Die Hinweispflicht des Strafrichters bei Abweichungen vom Tatbild der Anklage, Frankfurt, Metzner.

1122 A Reforma da Justiça Criminal em Portugal e na Europa

Niethammer, Emil
1926: Umgeschriebenes Strafrecht, in ZStW, 55 (1936), pp. 745 a 767.
1937: Das friedensrichterliche Verfahren, in Roland Freisler (hrsg.), Der Ehrenschutz im neuen deutschen Strafverfahren, Berlin, R. v. Decker's Verlag, pp. 88 a 99.
1938: Die Hauptverhandlung bis zum Urteil, in Franz Gürtner (hrsg.), Das kommende deutsche Strafverfahren, Bericht der amtlichen Strafprozesskomission, Berlin, R. v. Decker's Verlag, G. Schenck, pp. 141 a 183.

Nogueira, Bernardo Fischer de Sá
1977: O Art. 67º do Código Penal, in ROA, ano 37 (1977), pp. 175 a 218.

Nogueira, Franco
1970: Debate Singular, Lisboa, Ática.
1985: Salazar, Volume IV, O Ataque (1945-1958), 2ª edição, Porto, Livraria Civilização Editora.

Nogueira, Ricardo Raymundo
1786 a: Prelecçoens de Direito Pátrio recitadas no anno de 1785 para 1786, Tomo I (manuscrito da biblioteca da Faculdade de Direito de Lisboa).
1786 b: Prelecçoens de Direito Pátrio recitadas no anno de 1785 para 1786, Tomo III (manuscrito da biblioteca da Faculdade de Direito de Lisboa).
1858: Prelecções de Direito Publico Interno de Portugal, in O Instituto, Volume VI, pp. 233 a 235, 248 a 250, 256 a 260, 277 a 279, Volume VII, pp. 37 a 39, 75 a 78, 88 a 91, 99 a 102, 114 a 116, 122 a 126, 136 a 138, 151 a 154, 157 a 160, 172 a 176, 184 a 186, 194 a 197, 208 e 209, 222 e 223, 231 a 235, 247 a 250, 257 a 259, 273 a 275, 287 a 290, Volume VIII, pp. 4 e 5, 22 a 24, 39 e 40, 173 a 176, 188 a 190, 206 a 208, 228 a 231, 255 e 256, 286 a 288, 313 a 323.

Nöldeke, D.
1932: Die dritte Notverordnung des Reichspräsidenten vom 6. Oktober 1931, der Entwurf eines Einführungsgesetzes zum Algemeinen Deutschen Strafgesetzbuch und zum Strafvollzugsgesetz und das Strafverfahren, in MschrKrimPsych, 23 (1932), pp. 12 a 22.

Noronha, José Eduardo da Vasa Alves de
1940: Pina Manique, O Intendente de antes quebrar ... (Costumes, banditismo e polícia no fim do século XVIII, princípios do século XIX), Lisboa, Livraria Civilização Editora.
1950: Origens da Guarda Nacional Republicana, II Parte, A Guarda Municipal, Lisboa, Tipografia da GNR.

Noronha, José de Menezes Tovar Faro e
1905: Processo Penal, in RT, ano 24, 1905, n. 553, pp. 2 a 4, n. 554, pp. 17 e 18, n. 555, pp. 33 a 35, n. 556, pp. 49 e 50, n. 557, pp. 65 a 67.
1907: Pode haver despacho, ou despachos, de pronuncia provisoria, e deve haver despacho de pronuncia definitiva. Só d' este se pode interpôr o aggravo de injusta pronuncia, in RT, ano 26, 1907, n. 624, pp. 371 a 373.

Fontes de Arquivo e Bibliografia 1123

1908: Reforma da organisação judiciaria, in RT, ano 27º (1908), pp. 130 a 133.

1911: Reforma Judicial, in GRL, 24º ano (1911), pp. 609, 617, 625, 626

1913: O decreto de 10 de outubro de 1910 revogou as leis "excepcionais", mas não as "especiaes" reguladoras do processo penal – Interpretação d' aquelle decreto combinado com o decreto de 12 de janeiro de 1911 e art. 3, n. 18 da Constituição, in GRL, 27º ano, 1913, n. 53, pp. 417 e 418.

1914: São competentes os tribunais ordinários para julgarem os crimes comuns cometidos por militares conjuntamente com paisanos na hipotese prevista no art. 323 do Cd. de Just. Militar, in GRL, ano 28º (1914-1915), pp. 36 e 37.

Nova, Silvino Alberto Villa, et al.

1977: Código de Justiça Militar Actualizado e Anotado, Coimbra, Almedina.

Noyer, Alain

1966: La Sureté de l' État (1789-1965), Paris, Librairie Générale de Droit et de Jurisprudence.

Nunes, António Lopes Pires

1998: Resenha Histórico-Militar das Campanhas de África, 6º volume, Aspectos da Actividade Operacional, Tomo I, Angola, Livro 1, 1ª edição, Lisboa, Estado-Maior do Exército.

Nunes, José Luís

1977: Justiça – Organização Judiciária e Advocacia, in ROA, ano 37 (1977), pp. 829 a 849.

Nunes, Maria Helena

1951: Dos Delinquentes Habituais, Diss. da Faculdade de Direito de Coimbra.

O Direito

1874: Pode a condemnação em policia correccional fundar-se em depoimento de testemunha singular, havendo alguma outra prova. N' este juizo o reu condemnado, que appella deve ser logo posto em liberdade; e se o juiz indefere compete aggravo de petição, ou appellação segundo as circumnstancias, in O Direito, 5º ano (1874), pp. 515 e 516.

1876: Dos effeitos da appellação da sentença condemnatoria no juizo de policia correccional, in O Direito, 9º ano (1876), pp. 3 a 5.

1877: O reu que sendo preso antes da culpa formada teve de ser solto, por se lhe não formar a nova culpa no praso de oito dias, só pode ser novamente preso pelo mesmo crime depois da pronuncia, in O Direito, 9º ano (1877), p. 164.

1889 a: O reu condemnado a pena de prisão no juizo de policia correccional não é obrigado a prestar caução, se interpozer recurso, in O Direito, ano 21º (1889), p. 5.

1889 b: Nos casos de contrabando e descaminho de tabacos ou tecidos os arguidos, presos em flagrante, continuam em custodia até ao despacho de indiciação, e depois, sendo elle confirmado, até ao julgamento pelo juiz de direito. Esta prisão só pode ser dispensada no caso de o arguido depositar ou caucionar o maximo da multa e direito devidos, quando a pena fôr só de multa, e cabendo pena corporal tem mais

1124 — A Reforma da Justiça Criminal em Portugal e na Europa

de prestar fiança arbitrada pelo juiz de direito. Também pode cessar se o despacho de indiciação não foi intimado, e decorreu o praso de oito dias contados da data da prisão, in O Direito, ano 21º (1889), pp. 169 e 170.

1908: Nos processos a que se refere o decreto de 28 de novembro de 1907, quando terminam antes do julgamento, por o réo vir pagar voluntariamente a multa, só o official de deligencias do juiz de paz, se fez quaesquer citações ou intimações, tem direito a receber salarios, in O Direito, ano 40 (1908), pp. 65 e 66.

1912: Competencia dos tribunaes do Contencioso fiscal para instrucção e julgamento dos processos por delictos de contrabando. O julgamento para a applicação da pena de prisão é da competencia do juiz de direito na respectiva comarca ou districto criminal. Analyse do decreto n. 2 de 27 de setembro de 1894, in O Direito, ano 44º (1912), pp. 124 a 126.

Oehler, Dietrich
1952: Der gesetzliche Richter und die Zuständigkeit in Strafsachen, in ZStW, 64 (1952), pp. 292 a 305.

Oetker, Friedrich
1905: Ein Vorschlag zur Besserung des Schwurgerichts, in GerS, 65 (1905), pp. 345 a 337.
1906: Reform des Schwurgerichts, in GerS, 68 (1906), pp. 81 a 107.
1924: Die Strafgerichtsverfassung nach der Verordnung vom 4. Jannuar 1924, in GerS, 90 (1924), pp. 341 a 397.
1934 a: Gedanken zur Reform des deutschen Strafrechts und Strafprozessrechts, in GerS, 104 (1934), pp. 1 a 51.
1934 b: Gefährdungs- oder Verletzungsstrafrecht, in Hans Frank (hrsg.), Denkschrift des Zentralausschusses der Strafrechtsabteilung der Akademie für Deutsches Recht über die Grundzüge eines Allgemeinen Deutschen Strafrechts, Berlin, Decker's Verlag, pp. 46 a 61.
1935 a: Mündlichkeit und Unmittelbarkeit im Strafverfahren unter besonderer Berücksichtigung der Monsterprozesse, in GerS, 105 (1935), pp. 1 a 25.
1935 b: Ein modernes Schwurgericht, in GerS, 105 (1935), pp. 337 a 347.
1935 c: Legalität, Opportunität, Klageerzwingung, in GerS, 105 (1935), pp. 370 a 382.
1935 d: Der Führergrundsatz und seine Ausgestaltung im schwurgerichtlichen Verfahren, in GerS, 106 (1935), pp. 21 a 32.
1935 e: Der Wert des Eröffnungsbeschlusses, in GerS, 106 (1935), pp. 66 a 84.
1936: Die Revision im künftigen Strafverfahren, in GerS, 107 (1936), pp. 32 a 47.

Olesa Muñido, Francisco Felipe
1951: Las Medidas de Seguridad, Barcelona, Bosch.

Oliveira, A. J. Simões de
1953: Ónus de prova do elemento subjectivo da infracção, in SI, tomo II (1953), n. 7, pp. 299 a 306.

Oliveira, Arménio Nuno Ramires de, e Nívio Ramos Herdade
1995: A Política Militar, in Grupo de Trabalho para o Estudo da História do Exército

Fontes de Arquivo e Bibliografia 1125

(coord. pelo General Arménio Nuno Ramires de Oliveira), História do Exército Português (1910-1945), Lisboa, Estado-Maior do Exército, pp. 11 a 108.

Oliveira, Augusto d'
1929: Protecção Moral e Jurídica à Infância, Lisboa, Tip. do Reformatório Central de Lisboa.
1938: A Personalidade do Delinquente na Reforma Prisional Portuguesa, separata do BIC, Lisboa, Tip. da Cadeia Penitenciária.
1946: Da Missão do Advogado em face da Nova Legislação Penal, in ROA, ano 6 (1946), ns. 1 e 2, pp. 181 a 213.

Oliveira, Caetâno Marques Soares de
1938: As Possibilidades da Assistência Prisional em Portugal, in BIC, ano de 1938, pp. 39 a 56.

Oliveira, Francisco Carlos Pereira da Costa
1996: O Direito Penal Militar: questões de legitimidade, Lisboa, AAFDL.

Oliveira, Joaquim Brito Leal de
1961: A Observação e Classificação dos Delinquentes, in BAPIC, n. 8 (1961), pp. 73 a 140.

Oliveira, Luís de Carvalho e
1953: Introdução à Criminologia, Coimbra, Coimbra Editora Limitada.
1958: A doutrina da culpa na formação da personalidade, in ROA, ano 18 (1958), pp. 201 a 207.

Oliveira, Manuel A. Vidigal de
1934: O Crime Politico no Direito Penal Portugues, Diss. da Faculdade de Direito de Coimbra.

Oliveira, Mário António Fernandes de, et al.
1979: A Descolonização Portuguesa – Aproximação de um Estudo, Lisboa, Instituto Democracia e Liberdade.
1982: A Descolonização Portuguesa 2 – Aproximação de um Estudo, Lisboa, Instituto Democracia e Liberdade.

Olympio, Cláudio
1944: Estatuto Judiciário, in VJ, ano 6, 1944, pp. 133, 134, 153, 154, 168 a 170, 205 e 206, ano 7, 1945, pp. 17 e 18, e ano 8, pp. 2, 3, 13, 14, 19, 20, 43, 44, 59, 60, 76, 77, 92, 93, 107, 108, 124 e 125.
1946: Reformas Penais, in VJ, ano 8, 1946, pp. 57, 58, 73, 74, 89, 90, 105, 106.

Ordem dos Advogados
1889: Projecto de Alterações ao Código de Processo Penal de José Navarro Paiva (não publicado).

Ortloff, Hermann
1896: Für und Wider die Berufung in Strafsachen ? Zur Erwägung im hohen Reichstage, München, J. Schweitzer Verlag.

Ortolan, J.
1875: Éléments de Droit Pénal, Pénalité – Juridictions – Procédure, suivant la science rationelle, la législation positive et la jurisprudence avec les données de nos statis-

1126 *A Reforma da Justiça Criminal em Portugal e na Europa*

tiques criminelles, Quatrième Édition mise au courant de la législation Française et Étrangère par M. E. Bonnier, Tome Deuxième, Paris, E. Plon et c. Éditeurs.

Osório, Augusto Carlos Cardoso Pinto

1876: Da Organisação da Justiça no Ultramar, Memoria em resposta ao questionario da commissão parlamentar, Lisboa, Typographia Universal.

1913: Conselho Superior da Magistratura, in RT, ano 32º, 1913, n. 753, pp. 129 a 132, n. 754, pp. 145 a 150, n. 755, pp. 161 a 166, n. 756, pp. 177 a 184, n. 757, pp. 193 a 196, n. 758, pp. 209 a 213.

1914: No Campo da Justiça, Porto, Martins & Irmão Imprensa Comercial.

1917: Jurisdições Excepcionaes, in RT, ano 35º (1917), pp. 337 a 341, 353 a 357, ano 37º (1918), pp. 50 a 54, 65 a 71.

Osório, Luís
Ver Bátista, Luís Osório da Gama e Castro de Oliveira

Osório, José
Ver Albuquerque, José Osório da Gama e Castro Saraiva de

Osório, Paulo

1906: Criminosos loucos, A Criminologia Moderna, A Medicina Legal Portuguêsa, As Bases d' uma Reforma, Porto, Empreza Litteraria e Typographica Editora.

Ott, Dieter

1970: Die Berichtigung des Hauptverhandlungsprotokolls im Strafverfahren und das Verbot der Rügeverkümmerung, Diss. Göttingen.

Pabst, Alois

1934: Das Verbot der reformatio in peius in der deutschen Strafprozessordnung, Diss. Würzburg.

Pacheco, J. C. Preto

1877: Novo Manual dos Juizes Ordinarios e seus Escrivães segundo o Codigo de Processo Civil, Volume I, Porto, Cruz Coutinho Editor.

Paçô-Vieira, Conde de
1914: Escriptos Juridicos, Porto, Imprensa Portuguesa.

Paiva, Maria Luiza Val do Rio de Almeida

1937: Os Institutos Penitenciários e a Personalidade do Delinqüente, in BIC, ano de 1937, pp. 85 a 148.

Paiva, José da Cunha Navarro de

1871: Relatórios dirigidos ao Conselheiro Procurador Geral da Coroa e Fazenda sobre a Reforma do Código Penal e sobre differentes Assumptos de Organisação Judiciaria e do Ministério Publico, Porto, Typ. da Livraria Nacional.

1873: Circulares dirigidas aos Delegados do Procurador Regio junto da Relação dos Açores pelo Procurador Regio que serviu na mesma Relação, Coimbra, Imprensa da Universidade.

1874: Projecto de Código do Processo Criminal, Lisboa, Imprensa Nacional.

Fontes de Arquivo e Bibliografia 1127

1877: Breve Resposta aos Estudos Juridicos do Ex. mo sr. Francisco José Medeiros ácerca do Projecto de Código do Processo Criminal pelo Conselheiro José da Cunha Navarro de Paiva, Coimbra, Imprensa da Universidade.

1882 a: Projecto Definitivo de Código do Processo Criminal, Lisboa, Imprensa Nacional.

1882 b: Resposta do auctor do Projecto definitivo do Codigo do processo criminal ás «Observações» feitas ao mesmo Projecto, in RLJ, ano 14 (1882), n. 713, p. 577 a 580, n. 714, p. 593 a 596, e ano 15 (1883), n. 729, p. 1 a 4, n. 730, p. 17 a 20, n. 731, p. 33 a 35, e n. 732, p. 49 a 51.

1883: Resposta aos Estudos ácerca do Projecto Definitivo de Codigo do Processo Criminal, in RT, 1º ano (1883), pp. 225 a 231, 257 a 261, 273 a 276, 305 a 308, 321 a 326, e 353 a 357.

1886: Projecto de Código do Processo Penal, Lisboa, Imprensa Nacional.

1892: A Reorganização ou Desorganização Judiciaria, Apreciação critica dos decretos de 15 de setembro de 1892, Coimbra, Livraria Portugueza e Estrangeira.

1895 a: Tratado Theorico e Pratico das Provas no Processo Penal, Coimbra, Livraria Portugueza e Estrangeira.

1895 b: Analyse do decreto n. 1 de 22 de maio de 1895, in RLJ, ano 28º (1895), pp. 65 a 67.

1900: Manual do Ministério Público, Terceira edição refundida e muito augmentada, Tomo I, Porto, Typografia de Antonio José da Silva Teixeira.

1901: Manual do Ministério Público, Terceira edição refundida e muito augmentada, Tomo II, Porto, Typografia de Antonio José da Silva Teixeira.

1902: Juizo de instrucção, in RLJ, ano 35 (1902-1903), n. 1550, pp. 444 a 446.

1913: Reforma do Processo Penal, in RT, 31º ano, 1913, pp. 273 a 275, 321 a 323, e 353 a 355.

1915 a: Estudos de Direito Penal, Lisboa, Livrarias Aillaud e Bertrand.

1915 b: Organisação Judiciaria, in RT, 10 33º (1915), pp. 273 a 275, 305 a 309, 353 a 356.

Palma, Maria Fernanda
1994: A Constitucionalidade do artigo 342 do Código de Processo Penal, O Direito ao Silêncio do Arguido, in RMP, ano 15º (1994), n. 60, pp. 101 a 111.

Palmeirim, A. X.
1873: Alguns factos militares portuguezes no seculo XVIII, Lisboa, Typographia Universal.

Papadatos, Pierre
1955: Le Délit Politique, Contribution a l' Étude des Crimes contre l' État, Genève, Librairie E. Droz.

Pegas, Manoel Alvares
1671: Commentaria ad Ordinationes, Tomus Tertius, Ulyssipone, Typographia Ioannis a Costa.

Pena, Rui
1965: Concorrência de medidas de segurança, in ROA, ano 25 (1965), pp. 25 a 64, e ano 26 (1966), pp. 55 a 91.

1128 A Reforma da Justiça Criminal em Portugal e na Europa

Pequito, Manuel
1992: A Justiça Militar, in JE, ano 33 (1992), ns. 393/394, pp. 30 e 31.

Perdigão, Azeredo, e F. Mittermaier Madureira
1937: Tribunais e ... Tribunecas, in RJ, ano 22º (1937), n. 513, pp. 238 a 240.

Pereira, André Gonçalves
1971: Administração e Direito Ultramarino, Lisboa, Associação Académica da Faculdade de Direito de Lisboa.

Pereira, António Albino
1941: Estudo Histórico-Jurídico do Crime Político, Diss. da Faculdade de Direito de Coimbra.

Pereira, António Manuel
1949: Elementos de Direito Penal, Crimes Políticos, de Imprensa e de Abuso de Autoridade, o Habeas Corpus, Porto, Livraria Fernando Machado & Co. Lda.

Pereira, Armando Simões
1927: Em defesa das Sentenças Indeterminadas, Um Aspecto da política criminal, Coimbra, Coimbra Editora.
1946: Apontamentos para a interpretação da última parte do artigo 628 do Código de Processo Penal, in RDES, ano II (1946), pp. 339 a 355.

Pereira, Armando Gonçalves
1931: As Novas Tendências da Administração Colonial, Lisboa, Edição de J. Rodrigues & C..

Pereira, Augusto Xavier da Silva
1901: As Leis de Imprensa, Coimbra, Imprensa da Universidade.

Pereira, Caetano
Ver Sousa, Joaquim José Caetano Pereira e

Pereira, Carlos Renato Gonçalves
1942: As Novas Directrizes do Direito Português, in ROA, ano 2 (1942), ns. 3 e 4, pp. 1 a 14.
1948: Assistência Post-Prisional, in BIC, anos de 1945-1948, pp. 227 a 246.
1964: História da Administração da Justiça no Estado da Índia (Século XVI), I Volume, Lisboa, Agência – Geral do Ultramar.

Pereira, José Maria Dantas
1824: Noções da Legislação naval portuguesa até ao anno 1820, dispostas chronologico-
-systematicamente; e addicionadas com algumas da historia respectiva, e dos nossos escritos maritimos, Lisboa, Impressão Regia.

Pereira, José Esteves
1974: Silvestre Pinheiro Ferreira, O seu Pensamento Político, Coimbra, Universidade de Coimbra.

Pereira, Rui
1994: Ministério Público: hierarquia e autonomia, in RMP, Cadernos n. 6, 1994, pp. 73 a 77.

Fontes de Arquivo e Bibliografia   1129

Perron, Walter

1995: Das Beweisantragsrecht der Beschuldigten im deutschen Strafprozess, Eine Untersuchung der verfassungsrechtlichen und verfahrensstrukturellen Grundlagen, gesetzlichen Regelungen und rechtstatsächlichen Auswirkungen sowie eine Erörterung der Reformperspektiven unter rechtsvergleichender Berücksichtigung des adversatorischen Prozessmodells, Berlin, Duncker & Humblot.

Perry, José Ribeiro, e Luiz Guilherme Peres Furtado Galvão

1884: Peculio do Processo Criminal colligido por José Ribeiro Perry e Luiz Guilherme Peres Furtado Galvão seguido de um Appendice contendo a Synopse dos Accordãos do Supremo Tribunal de Justiça desde 1863 até 1882 sobre a Materia Crime e um Formulário do Processo Criminal por Gaspar Loureiro d' Almeida Cardoso Paúl, Lisboa, A. G. Vieira Paiva Editor.

Peters, Karl

1937: Zur Neuordnung des Strafverfahrens, Eine kritische Stellungnahme zu den Vorschlägen der Abhandlungen über das kommende Strafverfahren im "Deutschen Strafrecht" 1935, Heft 8-11, in ZStW, 1937, pp. 34 a 68.

1938: Tat-, Rechts- und Ermessensfragen in der Revisionsinstanz, in ZStW, 57 (1938), pp. 53 a 85.

1963: Die strafrechtsgestaltende Kraft des Strafprozesses, Tübingen, Mohr.

1966: Aufgabe und Gestalt der Gerichtshilfe, in Strafrechtspflege und Menschlichkeit, Ausgewählte Schriften, Heidelberg, Müller, 1988, pp. 267 a 278.

1967: Untersuchungen zum Fehlurteil im Strafprozess, Berlin, Walter de Gruyter & Co.

1972: Fehlerquellen im Strafprozess, 2. Band (Systematische Untersuchungen und Folgerungen), Karlsruhe, Mühler.

1975: Der neue Strafprozess, Darstellung und Würdigung, Karlsruhe, Müller.

1978 a: Empfiehlt es sich, das Rechtsmittelsystem in Strafsachen, insbesondere durch Einführung eines Einheitsrechtsmittels, grundlegend zu ändern ?, in Ständigen Deputation des Deutschen Juristentages, Verhandlungen des Zweiundfünfzigsten Deutschen Juristentages, Band I, Teil C, Gutachten, München, Beck.

1978 b: Die Persönlichkeitserforschung im Strafverfahren, in Strafrechtspflege und Menschlichkeit, Ausgewählte Schriften, Heidelberg, Müller, 1988, pp. 329 a 339.

1979: Die Beschleunigung des Strafverfahrens und die Grenzen der Verfahrensbeschleunigung, in Hans-Ludwig Schreiber, Strafproze und Reform, Eine kritische Bestandaufnahme, Luchterhand, pp. 82 a 112.

1985: Strafprozess, Ein Lehrbuch, 4., neubearbeitete und erweiterte Auflage, Heidelberg, C. F. Müller Juristischer Verlag.

Pfeiffer, Gerd

1999: Anotação introdutória à StPO, in KK-StPO

Pieroth, Bodo, e Bernhard Schlink

1998: Grundrechte, Staatsrechte II, 14. überarbeitete Auflage, Heidelberg, Müller.

Pimenta, José Costa

1991: Código de Processo Penal Anotado, 2ª edição, Lisboa, Rei dos Livros.

A Reforma da Justiça Criminal em Portugal e na Europa

Pimentel, José Menéres

1983 a: Discurso proferido na inauguração do Palácio da Justiça da Lousã, in BMJ, n. 324 (1983), pp. 15 a 37.

1983 b: Código de Processo Penal (Anteprojecto), Nota Preambular, in BMJ, n. 329, 1983, pp. 5 a 17.

Pinheiro, Rui, e Artur Maurício

1976: A Constituição e o Processo Penal, Lisboa, Diabril.

1983: A Constituição e o Processo Penal, Coimbra, Rei dos Livros.

Pinho, David Borges de

1979: O Ministério Público e o Poder judicial, Breves considerandos sobre as posições a assumir no termo do inquérito preliminar e da instrução preparatória, e comentários a dois recentes acordãos do S. T. J., Braga, Barbosa & Xavier, Limitada, 1979.

1981: Da Acção Penal e sua Tramitação Processual, Breves Notas sobre Investigação Criminal (Inquérito Preliminar e Instrução), Liberdade Provisória e Prisão Preventiva, Julgamento e Recursos, 4.ª edição (revista), Braga, Barbosa & Xavier.

1983: A Investigação ou Averiguação Criminal, A realidade dum presente numa perspectiva de futuro, in Ciclo de Conferências no Conselho Distrital do Porto da Ordem dos Advogados, Para uma Nova Justiça Penal, Coimbra, Livraria Almedina, pp. 127 a 140.

Pinto, António Joaquim Gouvêa

1820: Manual de Appelações e Aggravo ou Dedução Systematica dos principios mais sólidos e necessarios á sua materia, fundamentada nas Leis deste Reino, Segunda Edição, Duplicadamente augmentada, Lisboa, Impressão Regia.

1832: Memoria Estatistico-Historico-Militar, em que resumidamente se dá noticia da força militar terrestre, que nos primeiros tempos da Monarquia portugueza se chamava Hoste, e depois se veio a chamar Exercito, para o fim de se conhecer, debaixo de um golpe de vista, o modo por que naquelles primeiros tempos se fazia a guerra, a gente que a ella hia, a despeza que com esta ordinariamentese fazia, e faz, e as reformas que se fizerão no mesmo Exercito, em differentes Epocas da Monarquia, até hoje, á vista de Documentos Legislativos, que as ordenárão, e poder servir de algum fundamento a Historia Militar do Reino de Portugal, Lisboa, Typografia da Academia de Sciencias de Lisboa.

Pinto, Basílio de Sousa

1845: Lições de Direito Criminal, redigidas por Francisco d' Albuquerque e Couto e Lopo José Dias de Carvalho segundo as prelecções oraes do ilustríssimo Senhor Basílio Alberto de Sousa Pinto, feitas no anno lectivo de 1844 a 1845, e adaptadas ás Instituições de Direito Criminal Portuguez do Senhor Pascoal José de Mello Freire, Coimbra, Imprensa da Universidade. 1845.

1861: Lições de Direito Criminal Portuguez, Redigidas por A. M. Seabra d'Albuquerque, segundo as Prelecções Oraes do Excelentíssimo Senhor Basílio Alberto de Sousa Pinto, impressas com a sua permissão, Coimbra, Imprensa da Universidade.

Fontes de Arquivo e Bibliografia

Pinto, Christovam

1906: Les Indigènes de l' Inde Portugaise, Mémoire presenté au Congrès International de la Sociologie Coloniale tenu à Paris en 1900, Lisboa, Tipographia Universal.

Pinto, Jaime Nogueira

1976: Portugal, Os Anos do Fim, A Revolução que veio de dentro, Lisboa, Sociedade Portuguesa Economia Finanças, Lda..

1995: Portugal – Os Anos do Fim, O Fim do Estado Novo e as Origens do 25 de Abril, 3ª edição, Algés, Difel.

Pinto, Joaquim Celestino Albano

1840: Projecto de Lei Supplementar, ou Addicional a Reforma Judiciaria, segundo o qual ficará o Paiz mais bem organizado, do que se acha prezentemente, e a Justiça será administrada aos Povos com mais Brevidade, Lisboa, Typografia de A. S. Coelho.

Pinto, José Roberto

1958: Os Problemas da Classificação dos Delinquentes e da Especialização dos Estabelecimentos, Separata do 7º volume do BAPIC.

1963: Reflexões sobre o Tratamento Penitenciário, Separata do 11º volume do BAPIC.

1968: Pena suspensa e regime de prova no projecto de Código Penal, in BAPIC, n. 22 (1968), pp. 203 a 285.

Pinto, José Roberto, e Alberto A. Ferreira

1955: Organização Prisional (Decreto-Lei n. 26.643, de 28 de Maio de 1936) Actualizada e Anotada, Prefácio do Professor Doutor Beleza dos Santos, Coimbra, Coimbra Editors, Limitada.

Pinto, Pedro Paulo

1850 a: Repertorio Militar do que há estabelecido e em vigor, concernente á Organisação, Uniforme, Armamento, Economia, Disciplina, Policia, Serviço, Saúde, Justiça Criminal, Privilegios, e Recompensas; extrahido da Legislação, e mais disposições até o anno de 1850, e acompanhado da integra de muitas disposições e varios formularios, coordenado para uso especial do Exercito do Estado da India e suas Repartições Civis, Tomo I, A-G, Nova Goa, Imprensa Nacional.

1850 b: Repertorio Militar do que há estabelecido e em vigor, concernente á Organisação, Uniforme, Armamento, Economia, Disciplina, Policia, Serviço, Saúde, Justiça Criminal, Privilegios, e Recompensas; extrahido da Legislação, e mais disposições até o anno de 1850, e acompanhado da integra de muitas disposições e varios formularios, coordenado para uso especial do Exercito do Estado da India e suas Repartições Civis, Tomo II, H-V, Nova Goa, Imprensa Nacional.

Pires, Carlos

1940: Discurso do Presidente do Conselho Geral da Ordem dos Advogados, in O Direito, 72º ano (1940), pp. 233 a 240.

Pires, Correia

1975: Memórias de um Prisioneiro do Tarrafal, Lisboa, edições dêagâ.

Pires, Francisco Lucas

1971: O Ultramar e a Revisão Constitucional, Coimbra, Sociedade Cooperativa Cidadela de Coimbra.

1973: Soberania e Autonomia, in BFD, volume XLIX (1973), pp. 135 a 200, e volume L (1974), pp. 107 a 174.

Pisani, Mario

1990: Beccaria e il processo penale, in Centro Nazionale di Prevenzione e difesa Sociale, Cesare Beccaria and Modern Criminal Policy, Milano, Giuffrè, pp. 109 a 120.

Pitta, Pedro

1957: Intervenção no Instituto da Conferência, in ROA, ano 17, pp. 287 a 298.

Plötz, Winfried

1980: Die Gerichtliche Fürsorgepflicht im Strafverfahren, Lübeck, Schmidt Römhild.

P.N.S.

1911: Projecto d' um Tribunal Privativo para os Chinas em Macau, Macau.

Pombo, José Francisco da Rocha

1905: História do Brazil, volume V, Rio de Janeiro, Benjamin de Aguiar Editor.

Poppe, Adolf

1910: Der Kampf um die Berufung in Strafkammersachen seit Einführung der R. Str. P. O. bis zur Gegenwart, Diss. Göttingen.

Porter, Bernard

1987: The London Metropolitan Police Special Branch before the First World War, London, Weidenfeld and Nicholson.

Pouille, André

1985: Le Pouvoir Judiciaire et les Tribunaux, Paris, Masson.

Praça, José Joaquim Lopes

1878: Direito Constitucional Portuguez, Estudos sobre a Carta Constitucional de 1826 e Acto Addicional de 1852, Coimbra, Imprensa Litteraria.

1879: Direito Constitucional Portuguez, Estudos sobre a Carta Constitucional de 1826 e Acto Addicional de 1852, 2ª Parte, Vol. I, Coimbra, Manuel de Almeida Cabral Editor.

1881: O Catholicismo e as Nações Catholicas, Das Liberdades da Egreja Portugueza, Coimbra, Imprensa Litteraria.

1894: Collecção de Leis e Subsidios para o Estudo do Direito Constitucional Portuguez, Volume II, Constituições Politicas de Portugal, Coimbra, Imprensa da Universidade.

Pradel, Jean

1971: Une nouvelle mesure de surete à la disposition du juge d' instruction: le contrôle judiciaire, in AAVV, Détention Provisoire, contrôle judiciaire et garde à vue, Les Problèmes soulevés par le controle juridictionnel, XII Journées Franco-Belgo-Luxembourgeoises de Droit Pénal sous la présidence de M. Rolland, Paris, Publications Universitaires de France, pp. 165 a 174.

Fontes de Arquivo e Bibliografia

1990: L' Instruction Préparatoire, Paris, Cujas.

2000: «L' appel» contre les arrêts d' assises: un apport heureux de la loi du 15 juin 2000, in D. 28.6.2001, n. 25/7034, pp. 1964 a 1972.

Pradier-Fodéré, M. P., e M. Amédée le Faure

1873: Commentaire sur le Code de Justice Militaire précédé d' une introduction historique comprenant l' explication juridique de chaque article du code, l' analyse des questions de droit international qui s' y rattachent, un exposé des legislations étrangéres, des citations empruntées auz principaux auteurs militaires, de nombreux exemples historiques, etc, tenu au courant de la législation et de la jurisprudence, accompagné de modèles de formules et suivi d' une table analytique des matières, Paris, Librairie Militaire de J. Dumaine.

Preiser, Friedrich

1920: Die Stellung der Staatsanwaltschaft in den Entwürfen zur Neuordnung unseres Strafverfahrens, in GerS, 41 (1920), pp. 373 a 394.

Preto, António Martinez Valadas

1955: Extensão ao Ultramar da Reforma Prisional, in BMJ, n. 46 (1955), pp. 179 a 202.

Puglia, Ferdinando

1882: L' Evoluzione Storica e Scientifica del Diritto e della Procedura Penale, Messina, Tip. Fratelli.

Quadros, Fausto

1971: A descentralização das funções do Estado nas Províncias Ultramarinas Portuguesas, Estudo de Direito Constitucional e Direito Administrativo, Braga, Livraria Cruz.

Queiró, Afonso Rodrigues

1946: O Novo Direito Constitucional Português (Algumas Ideias Fundamentais), in BFD, volume XXII (1946), pp. 44 a 66.

1973: Sobre algumas garantias individuais, in RDES, ano XX (1973), pp. 261 a 282.

Queiroz, José Peixoto Sarmento de

1850: A Infancia do Supremo Tribunal de Justiça ou a Alliança da Justiça com a Politica, Porto, Typographia Commercial.

Quenet, Maurice

1997: Histoire des Institutions Judiciaires, Paris, Les Cours de Droit.

Rached, Aly A.

1942: De l' Intime Conviction du Juge, Vers une Théorie Scientifique de la Preuve en Matiére Criminelle, Paris, Éditions A. Pedone.

Radzinowicz, Leon

1956: A History of the English Criminal Law and its Administration from 1750, Volume 3, Cross-Currents in the Movement for the Reform of the Police, London, Stevens & Sons Ltd.

1134 *A Reforma da Justiça Criminal em Portugal e na Europa*

Raiga, Jacques

1913: La Cour d' Appel Criminel en Angleterre, Paris, Librairie du Recueil Sirey.

Ranouil, Pierre Charles

1990: L' Intime Conviction, in Renée Martinage e Jean-Pierre Royer, Les destinées du Jury criminel, Paris, l' Espace Juridique, pp. 85 a 101.

Raposo, Mário

1982: A Revisão Constitucional e a Independência dos Juízes, in ROA, ano 42 (1982), pp. 321 a 358.

Rassat, Michèle-Laure

1967: Le Ministère Public entre son Passé et son Avenir, Paris, Librairie Générale de Droit et de Jurisprudence.

1993: Institutions Judiciaires, Paris, Presses Universitaires de France.

1997: Propositions de Réforme du Code de Procédure Pénale, Paris, Dalloz.

Rebello, João M. Pacheco Teixeira

1890: Synopse e Repertorio Alphabetico das Circulares de Execução Permanente da Procuradoria Regia da Relação do Porto, Obra publicada com auctorisação do Ministerio da Justiça, por despacho de 16 de dezembro de 1889, Porto, A. G. Vieira Paiva – Editor.

Rebello, José Pinto

1832: A Carta e as Cortes de 1826: Dissertaçam Critico-Politica, na qual esta assembleia é julgada em presença da constituiçam e se demonstra a maneira d' evitar para o futuro que os representantes da naçam faltem a seus deveres, ou atraiçoem novamente a patria, offerecida aos membros das assembleias eleitoraes, Bayonna, Typographia de Lamaignere.

Rego, António da Silva

1951: História da Colonização Moderna, Apontamentos das lições do Exmo. Rev. Sr. Prof. Dr. Pe. António da Silva Rêgo, ao 1º ano do Curso de Altos Estudos Coloniais, coligidos pelo Dr. Armando de Oliveira Hagatong, Lisboa, Gabinete de Estudos Coloniais do Centro Universitário de Lisboa da Mocidade Portuguesa.

1963: Princípios e Métodos da Colonização Portuguesa, in 1º Curso de Férias para Estudantes Ultramarinos, Lisboa, Agência-Geral do Ultramar, 1963, pp. 249 a 272.

Reichsjustizministerium

1908: Entwurf einer Strafprozessordnung und Novelle zum Gerichtsverfassungsgesetze nebst Begründung, Amtliche Ausgabe, Berlin, Verlag Otto Liebmann.

1920: Entwurf eines Gesetzes zur Änderung des Gerichtsverfassungsgesetzes und Entwurf eines Gesetzes über den Rechtsgang in Strafsachen nebst Begründung, Berlin, Beck.

Reichsrechtsamt der Nationalsozialistische Deutsche Arbeiter Partei

1935: Nationalsozialistische Leitsätze für ein neues deutsches Strafrecht, 1. Teil, 4. Auflage, Berlin, Deutscher Rechts-Verlag.

1936: Nationalsozialistische Leitsätze für ein neues deutsches Strafrecht, Besonderer (2.) Teil, Berlin, Deutscher Rechts-Verlag.

Fontes de Arquivo e Bibliografia

Reifner, Udo
1983: Juristen im Nationalsozialismus, Kritische Anmerkungen zum Stand der Vergangensheitsbewältigung, in ZRP, 1983, pp. 13 a 19.

Reimer
1935: Persönliche und räumliche Geltung der Strafgesetze, in Franz Gürtner (hrsg.), Das kommende deutsche Strafrecht, Allgemeiner Teil, Bericht über die Arbeit der amtlichen Strafprozesskomission, 2. Auflage, nach den Ergebnissen der zweiten Lesung neu bearbeitet, Berlin, Verlag Franz Wahlen, pp. 219 a 225.

Reis, José Alberto dos
1905: Organização Judicial, Lições feitas ao curso do 4.º anno juridico de 1904 a 1905, Coimbra, Imprensa Académica.
1909: Organização Judicial, Lições feitas ao curso do 4.º anno juridico de 1908 a 1909, Coimbra, Imprensa Académica.
1949 a: Código de Processo Civil Anotado, volume III, 3ª edição, Coimbra, Coimbra Editora.
1949 b: Sobre o Decreto-Lei n. 37.047, de 7 de Setembro de 1948 (Reforma Judiciária), in RLJ, ano 81º (1949-1950), pp. 353 a 357, 369 a 373, 385 a 393, 401 a 407.
1950: A Função do Supremo Tribunal de Justiça segundo o Codigo de Processo Civil Português, Estratto da studi in Onore di Enrico Redenti, Volume I, Milano, Giuffrè.

Reis, Mário Simões dos
1940: A Vadiagem e a Mendicidade em Portugal (Estudo preventivo e repressivo, etiológico, sociológico, psicopatológico, político e jurídico, fundado em dados estatísticos oficiais, muitos inéditos, e elaborado, por incumbência do Ministério da Justiça e dos Cultos e do Instituto de Criminologia de Lisboa, de harmonia com o determinado no artigo 3º e outros do Decreto-Lei n. 27.306, de 8 de Dezembro de 1936), Lisboa, Imprensa Libanio da Silva.

Reis, Pascoal José de Mello Freire dos
1823: Ensaio do Codigo Criminal, a que mandou proceder a Rainha Fidelissima D. Maria I, Lisboa, Typographia Maigrense.
1844: O Novo Codigo de Direito Publico de Portugal, com as Provas, Coimbra, Imprensa da Universidade.
1923: Projecto de hum novo Regimento para o Santo Officio, in BFD, Ano VII (1921--1923), pp. 162 a 188, 495 a 541.
1966 a: Instituições do Direito Criminal Português, tradução de Miguel Pinto de Menezes, in BMJ, n. 155, pp. 5 a 202, e n. 156, pp. 69 a 168.
1966 b: Instituições de Direito Civil Português – Tanto Público como Particular, tradução de Miguel Pinto de Menezes, in BMJ, n. 161, pp. 89 a 200.
1967: Instituições de Direito Civil Português – Tanto Público como Particular, tradução de Miguel Pinto de Menezes, in BMJ, n. 162, pp. 31 a 139, n. 163, pp. 5 a 123, n. 164, pp. 17 a 147, n. 165, pp. 35 a 156, n. 166, pp. 45 a 180, n. 168, pp. 27 a 165, n. 170, pp. 89 a 134, e n. 171, pp. 69 a 168.

1968: História do Direito Civil Português, tradução de Miguel Pinto de Menezes, in BMJ, n. 173, pp. 45 a 108, n. 174, pp. 5 a 60, e n. 175, pp. 45 a 109.

Relvas, Eunice
2002: Esmola e Degredo, Mendigos e Vadios em Lisboa (1835-1910), Lisboa, Livros Horizonte.

Rempe
1938: Verfahren gegen Flüchtige und Abwesende, in Franz Gürtner (hrsg.), Das kommende deutsche Strafverfahren, Bericht der amtlichen Strafprozesskomission, Berlin, R. v. Decker's Verlag, G. Schenck, pp. 460 a 477.

Revista de Legislação e Jurisprudência
1868: Poderá addiar-se o julgamento dum réo por falta de alguma testimunha, que não foi citada em tempo competente, declarando o ministerio publico que o seu depoimento é indispensavel para a indagação da verdade?, in RLJ, ano 1º (1868-1869), pp. 617 a 620.

1869: Tendo sido condemando um réo em seis mezes de prisão correccional, e tendo-se conservado na cadeia, apesar de estar afiançado, poderá ser solto, findos seis mezes, não obstante pender ainda a appellação da sentença condemnatória, ou devem contar-se os seis mezes só desde que esta sentença passe em julgado? – E do despacho do juiz que se recusou, sendo requerido, a mandar prender de novo o réo, cabe o recurso de appellação, ou o de aggravo de petição ou de instrumento, qual no caso couber?, in RLJ, ano 2º (1869-1870), pp. 497 e 498.

1872: Sendo um réo accusado como cumplice de um crime, e sendo neste sentido propostos os quesitos ao jury, se este declarar em suas respostas que o réo é autor do crime, como há de proceder o juiz para se emendar tal resposta do jury?, in RLJ, ano 5º (1872-1873), pp. 386 a 388.

1873: Tendo faltado em audiencia geral de discussão e julgamento de uma causa crime uma testimunha, e tendo sido adiada aquella audiencia para outro dia; e se neste dia faltar a mesma testimunha que não foi intimada, poderá o juiz adiar novamente a discussão e julgamento da causa, assignando a seu arbitrio novo dia já pertencente ao outro semestre, devendo ser os jurados os mesmos do semestre anterior ?, in RLJ, ano 6º (1873-1874), pp. 205 a 207.

1875: Interpretação do artigo 1163 da Nov. Ref. Jud. Na parte em que manda suspender a soltura dos réos aboslvidos, e do § único do artigo 13 da lei de 18 de julho de 1855, in RLJ, ano 8º (1875-1876), pp. 8 a 15.

1876: Em vista das disposições dos artigos 51º e 95º do Codigo penal está em vigor a disposição do artigo 1257 da Nov. Ref. Jud., que determina que, apesar da appelação, se conserve preso o réo condemnado no juizo de policia correccional?, in RLJ, ano 9º (1876-1877), pp. 358 a 360.

1885: O governo excedeu a auctorisação que lhe foi concedida pela lei de 31 de março de 1885, commettendo às auctoridades fiscaes a instrucção e o julgamento das causas de transgressão das leis e regulamentos do imposto do real d'agua, e dos descaminhos dos generos sujeitos a este imposto. E no processo que estabeleceu, para aquellas auctoridades seguirem na instrucção e julgamento das dictas causas,

Fontes de Arquivo e Bibliografia

não deu ás partes as necessarias garantias de boa administração, in RLJ, ano 18º (1885-1886), pp. 482 a 486.

1889: Deverá considerar-se vigente o disposto no § 1 do artigo 3º da lei de 14 de junho de 1884, depois de promulgada a lei de 15 de abril de 1886 sobre fiança crime?, in RLJ, ano 22º (1889-1890), pp. 326 a 329.

1891: Será legal o adiamento de uma audiência de polícia correccional, depois de aberta, a rquerimento do ministerio publico, para nomeação e intimação de uma testimunha em substituição de outra anteriormente nomeada, mas fallecida?, in RLJ, ano 24º (1891-1892), pp. 24 a 27.

1896: Estando já feito o libello em um processo de querela, como deverá proceder o delegado, se for enviado ao respectivo juizo pelo de outra comarca um processo de policia correccional relativo ao mesmo réo ? deverá annullar-se o libello e fazer-se outro, ou julgar-se o réo só pelo crime da querela, e remettel-o depois para a outra comarca, para hi ser julgado pelo de policia correccional?, in RLJ, ano 29º (1896--1897), pp. 194 e 195.

1897: Desde quando deverá contar-se a prisão preventiva para o effeito de ser levada em conta na imposição da pena de prisão correccional?, in RLJ, ano 30º (1897-1898), pp. 370 a 372.

1898: A competencia atribuida ao juiz de direito no artigo 4º da lei de 4 de maio de 1896, para julgar subsistentes os corpos de delicto levantados pelos juizes de paz, é relativa a todos e quaesquer crimes, ou só áquelles a que corresponda processo de querela? Qual é o sentido da phrase «julgar subsistente o corpo de delicto», empregada naquelle artigo e no anterior?, in RLJ, ano 31º (1898-1899), pp. 386 a 388.

1902: A detenção que no seu quartel soffrem os soldados por estarem pronunciados com outros co-réos nos tribunais ordinarios, deverá ser condiderada prisão preventiva para a applicação da pena, ou para lhe ser levada em conta no seu cumprimento, como ordena o artigo 4 da lei de 14 de Junho de 1884?, in RLJ, ano 35º (1902-1903), p. 429.

1906: Accusado um réo pelo crime de offensas corporaes contra um magistrado administrativo no exercicio de suas funcções e absolvido por se provar que o magistrado não estava no exercicio de taes funcções quando foi aggredido, poderá ser accusado novamente pelo crime previsto no artigo 359 de Codigo penal?, in RLJ, ano 39º (1906-1907), pp. 165 a 167.

1914: A instrução contraditória tambêm seria estabelecida para os processos de polícia correccional? – Em caso afirmativo, quando poderá o arguido usar dessa faculdade ?, in RLJ, ano 47º (1914-1915), pp. 182 a 185.

1925: Podem as autoridades policiais ou administrativas prender, fora de flagrante delito e sem culpa formada, qualquer pessoa, seja qual fôr a infracção que se lhe atribua?, in RLJ, ano 58º (1925-1926), pp. 387 a 391.

1927: Anotação ao Acórdão do STJ de 29.11.1927, in RLJ, ano 60º (1927-1928), pp. 303 e 304.

Revista do Fôro Portuguez

1885: Os individuos que não poderem provar a sua identidade e houverem praticado crime a que corresponde pena correccional, poderão estar presos até serem julgados, embora esse tempo seja superior a oito dias?, in RFP, ano 1º (1885-1886), pp. 130 a 132.

1886: Os nossos tribunaes criminaes, in RFP, ano 2º (1886-1887), pp. 13 a 15, 25 e 26, 49 e 50.

Revista dos Tribunais

1891: Prisão preventiva, in RT, ano 10º (1891), p. 51.

1895: O Poder Judicial, in RT, 13º ano (1895), pp. 369 e 370.

1940: Anotação ao acórdão do STJ de 16.11.1940, in RT, 58º ano (1940), pp. 366 e 367.

1950: Reformatio in pejus, in RT, ano 68º (1950), pp. 130 a 133, 139, a 141, 146 a 151.

Ribeiro, Almeida

1924: Instrução Contraditória em processo criminal militar, in GRL, ano 37º (1924), pp. 305 a 308.

Ribeiro, Ângelo Vidal d' Almeida

1958: Direitos dos Advogados, sua independência e relações com a Magistratura, in ROA, ano 18 (1958), pp. 217 a 271.

Ribeiro, Anibal Aquilino

1946 a: Primeiras impressões da reforma do processo penal, in JP, ano 13 (1946), pp. 21 a 24.

1946 b: Os sistemas processuais-penais e o decreto n. 35.007, in JP, ano 13 (1946), pp. 83 a 86.

Ribeiro, Ernesto Rodolpho Hintze

1872: O Caso Julgado, Coimbra, Imprensa da Universidade.

Ribeiro, Herlandér

1929: Polícia de Investigação Criminal, O Decreto n. 17.640, Lisboa, A Casa dos Graficos.

Ribeiro, João Pedro

1792 a: Sobre as Behetrias, Honras, e Coutos, e sua differença, in AAVV, Memorias da Litteratura Portugueza, publicadas pela Academia Real das Sciencias de Lisboa, Tomo II, Lisboa, na Officina da mesma Academia, 1792, pp. 171 a 183.

1792 b: Sobre o Direito de Correição usado nos antigos tempos, e nos modernos, e qual seja a sua natureza, in AAVV, Memorias da Litteratura Portugueza, publicadas pela Academia Real das Sciencias de Lisboa, Tomo II, Lisboa, na Officina da mesma Academia, 1792, pp. 184 a 226.

Ribeiro, João Pinto

1729: Obras Varias Sobre Varios Casos Com Tres Relaçoens De Direito, E Lustre ao Dezembargo do Paço, às Eleyções, & Pertenças de sua Jurisdicção, Coimbra, Officina de Joseph Antunes da Silva.

Ribeiro, José Caramona

1944 a: Regulamento do Fôro Privativo dos Indígenas de Angola, Crítica e Formulário, Lisboa, Imprensa Nacional.

1944 b: Regulamento do Fôro Privativo dos Indígenas de Moçambique, Crítica e Formulário, Lisboa, Imprensa Nacional.

Fontes de Arquivo e Bibliografia

1948: Manual dos Julgados Instrutores nas Colónias, Legislação, Crítica e Formulário, Luanda, Imprensa Nacional.

1963: Codigo de Processo Penal Prático, Luanda, Livraria Lello & Companhia.

1969: Manual dos Julgados Municipais do Ultramar, Legislação, Crítica e Formulário, 2ª edição, Braga, Edição de Barbosa e Xavier Lda.

Ribeiro, Maria da Conceição
1995: A Polícia Política no Estado Novo, 1926-1945, Lisboa, Editorial Estampa.

1996: Polícias Políticas, in DHEN, volume II, M-Z.

Ribeiro, Thomaz
1891: Historia da Legislação Liberal Portugueza, Tomo I, Lisboa, Imprensa Nacional.

1892: Historia da Legislação Liberal Portugueza, Tomo II, Lisboa, Imprensa Nacional.

Riehle, Gerhard
1985: Die rechtstaatliche Bedeutung der Staatsanwaltschaft unter besonderer Berücksichtigung ihrer Rolle in der nationalsozialistischen Zeit, Diss. Frankfurt am Main.

Riepl, Frank
1998: Informationelle Selbsbestimmung im Strafverfahren, Tübingen, Mohr Siebeck.

Riess, Peter
1977: Gesamtreform des Strafverfahrensrechts – eine lösbare Aufgabe?, in ZRP, 3/1977, pp. 67 a 77.

1978 a: Referat, in Verhandlungen des Zweiundfünfzigsten Deutschen Juristentages Wiesbaden 1978, Empfiehlt es sich, das Rechtsmittelsystem in Strafsachen, insbesondere durch Einführung eines Einheitsrechtsmittels, grundlegend zu ändern?, Band II (Sitzungsberichte), Teil L, München, Beck, pp. 8 a 34.

1978 b: Zur Revisibilität der freien tatrichterlichen Überzeugung, in GA 1978, pp. 257 a 277.

1979: Vereinfachte Verfahrensarten für die kleinere Kriminalität, in Hans-Ludwig Schreiber, Strafprozess und Reform, Eine kritische Bestandaufnahme, Luchterhand, pp. 113 a 149.

1980: Prolegomena zu einer Gesamtreform des Strafverfahrensrechts, in Helwig Hassenpflug (hrsg.), Festschrift für Karl Schäfer zum 80. Geburstag am 11. Dezember 1979, Berlin, de Gruyter, pp. 155 a 221.

1983 a: Über die Beziehungen zwischen Rechtswissenschaft und Gesetzgebung im heutigen Strafprozessrecht, in ZStW, 95 (1983), pp. 529 a 564.

1983 b: Entwicklung und Bedeutung der Einstellung nach § 153 a StPO, in ZRP 1983, pp. 93 a 99.

1987 a: Anotação prévia ao §198 e anotação ao § 209 da StPO, in Löwe-Rosenberg – StPO.

1987 b: Hauptverhandlungsreform – Reform des Strafverfahrens?, Bemerkungen zum Alternativentwurf einer Novelle zur Strafprozessordnung – Reform der Hauptverhandlung, in Wilfried Küper (hrsg.), Festschrift für Karl Lackner zumm 70. Geburstag am 18. Februar 1987, Berlin, de Gruyter, pp. 965 a 989.

1989: Anotações aos §§ 153, 153 a e 160 da StPO, in Löwe-Rosenberg-StPO.

Rietzsch

1935: Die Strafen und Massregeln der Sicherung, Besserung und Heilung, in Franz Gürtner, Das kommende deutsche Strafrecht, Allgemeiner Teil, Bericht über die Arbeit der amtlichen Strafrechtskommission, 2. Auflage, nach den Ergebnissen der zweiten Lesung neu bearbeitet, Berlin, Verlag Franz Wahlen, pp. 118 a 162.

Rigaux, François

1966: La nature du contrôle de la Cour de Cassation, Bruxelles, Bruylant.

Robert, Christian Nils

1972: La Participation du Juge a l'Application des Sanctions Pénales, Genève, Librairie de l'Université.

Rocha, José Augusto

1973: O Critério e Estrutura do Direito Processual Penal Político, em face do Decreto--Lei n. 368/72, de 30 de Setembro de 1972, in ROA, ano 33 (1973), pp. 525 a 527.

Rocha, M. A. Coelho da

1861: Ensaio sôbre a Historia do Governo e da Legislação de Portugal para servir de Introdução ao Estudo do Direito Patrio, Quarta edição, Coimbra, Imprensa da Universidade.

Rocha, Manuel António Lopes

1983 a: O Novo Código Penal Português, Algumas Questões de Política Criminal, in BMJ, n. 322 (1983), pp. 37 a 77.

1983 b: O Novo Código Penal Português, Algumas considerações sobre o sistema monista das reacções criminais, in BMJ, n. 323 (1983), pp. 9 a 50.

1983 c: Sobre a Revisão do Contencioso Aduaneiro e sobre o Contrabando de Gado, in BMJ, n. 328 (1983), pp. 121 a 148.

1998: A Motivação da Sentença, in DDC, ns. 75/76, 1998, pp. 97 a 114.

Rocha, Manuel Ferreira da

1924: Bases Orgânicas da administração colonial adequadas a cada colónia, in Congresso Colonial Nacional de 6 a 10 de Maio de 1924, Teses e Actas das Sessões, Lisboa, Tipo. e Papel. América, pp. 1 a 22.

Rodrigues, Anabela Miranda

1982: A Posição Jurídica do Recluso na Execução da Pena Privativa de Liberdade, Seu Fundamento e Âmbito, Coimbra, Separata do volume XXIII do Suplemento do BFD.

1983: A Pena Relativamente Indeterminada na Perspectiva da Reinserção Social do Recluso, in Jornadas de Direito Criminal, O Novo Código Penal Português e Legislação Complementar, Fase I, Lisboa, Centro de Estudos Judiciários, 1983, pp. 285 a 314.

1988 a: O Inquérito no Novo Código de Processo Penal, in Jornadas de Direito Processual Penal, O Novo Código de Processo Penal, Coimbra, Almedina, pp. 59 a 79.

1988 b: A Fase de Execução das Penas e Medidas de Segurança no Direito Português, in BMJ, n. 380 (1988), pp. 5 a 58.

Fontes de Arquivo e Bibliografia 1141

1996: Os Processos Sumário e Sumaríssimo ou a Celeridade e o Consenso no Código de Processo Penal, in RPCC 6 (1996), pp. 525 a 544.

2000: Novo Olhar sobre a Questão Penitenciária, Estatuto jurídico do recluso e socialização, Jurisdicionalização, Consensualismo e prisão, Coimbra, Coimbra Editora.

Rodrigues, João Arantes
1950: Medidas de Segurança, Diss. da Faculdade de Direito de Coimbra.
1958: Origem e causas do aparecimento das medidas de segurança, in SI, tomo VII (1958), pp. 174 a 182.

Rodrigues, José Narciso da Cunha
1977: A Constituição e os Tribunais, Lisboa, Diabril.
1984: A posição institucional e as atribuições do Ministério Público e das polícias na investigação criminal, in BMJ n. 337 (1984), pp. 15 a 43.
1987: Recursos, in Jornadas de Direito Processual Penal, O Novo Código de Processo Penal, Coimbra, Almedina, pp. 381 a 400.
1988: Direito Processual Penal – Tendências de Reforma na Europa Continental – o Caso Português, in BFD, volume 64 (1988), pp. 21 a 55.
1994: Modelos de governo do poder judicial: alternativas, in RMP, ano 15º (1994), n. 58, pp. 11 a 44.
1995: Sobre o modelo de hierarquia na organização do Ministério Público, in RMP, ano 16º (1995), n. 62, pp. 11, a 31.

Rodrigues, José Nascimento
1964: Código Penal e Disciplinar da Marinha Mercante, Coimbra, Gráfica de Coimbra.

Rodrigues, Luís Alberto Filipe
1949: A Guarda Real da Polícia, Esboço Histórico, Lisboa, Tipografia da Liga dos Combatentes da Grande Guerra.

Rodrigues Juniór, Manuel
1919: Administração Colonial, em harmonia com as prelecções do Exmo. Snr. Doutor Manuel Rodrigues ao curso do III ano jurídico de 1919-1920, por Mello e Castro, Tondela, Tip. de A. Figueiredo.
1933: A Justiça no Estado Novo, Lisboa, Empreza Juridica Editora.
1934: Política, Direito e Justiça, Lisboa, Emprêsa Juridica Editora.
1943: Problemas Sociais (Questões Políticas), Lisboa, Edições Ática.

Rodrigues, Rodrigo
1950: O Problema Penal e Prisional Português, Subsídios Complementares do Estudo n. 13 do Instituto Nacional de Estatística, Vila Nova de Famalicão, Grandes Oficinas Gráficas «Minerva».

Roeder, Hermann
1944: Versuch und Teilnahme nach der "Strafrechtsangleichungsverordnung", in ZStW, 62 (1944), pp. 303 a 319.

Rolland, Louis, et al.
1933: Législation et Finances Coloniales, Paris, Librairie du Recueil Sirey.

1142

A Reforma da Justiça Criminal em Portugal e na Europa

Römer, Wilhelm
1969: Das Schuldinterlokut, in GA 1969, pp. 333 a 347.

Roque, Nuno
2000: A Justiça Penal Militar em Portugal, Lisboa, Edições Atena.

Rosas, Fernando
1992: As Grandes Linhas da Evolução Institucional, in Joel Serrão e A. Oliveira Marques, Nova História de Portugal, Portugal e o Estado Novo (1930-1960), Lisboa, Presença, pp. 86 a 143.

Rose-Smith, Brian
1979: Police Powers and terrorism Legislation, in Peter Hain (ed.), Policing the Police, I, London, John Calder, pp. 105 a 165.

Rousselet, Marcel
1948: Histoire de la Justice, Paris, Presses Universitaires de France.

Roxin, Claus
1975: Die Reform der Hauptverhandlung im deutschen Strafprozess, in Hans Lüttger, Probleme der Strafprozessreform, Berlin, de Gruyter, pp. 52 a 72.
1987: Welches Gesamtkonzept sollte der Strafprozessreform zugrundegelegt werden? in Hans-Ludwig Schreiber e Rudolf Wassermann, Gesamtreform des Strafverfahrens, Internationales Christian-Broda-Symposion, Bad Homburg v. d. H. 1986, Darmstadt, Luchterhand, pp. 16 a 23.
1998: Strafverfahrensrecht, Ein Studienbuch, 25., völlig neu bearbeitete Auflage des von Eduard Kern begründeten und bis zur 8. Auf. (1967) fortgeführten Werkes, München, Beck.

Royer, Jean-Pierre
1996: Histoire de la Justice en France de la monarchie absolue à la République, deuxième édition revue et mise à jour, Paris, Presses Universitaires de France.

Rudolph, Hans Kurt
1934: Die Verlesung von Schriftstücken in der Berufungsverhandlung nach § 325 Strafprozessordnung, Diss. Würzburg.

Rudolphi, Hans-Joachim
1976: Strafprozess im Umbruch, Eine Bilanz der strafverfahrensrechtlichen Reformen seit Kriegsende, in ZRP, 7/1976, pp. 165 a 173.

Rüping, Hinrich
1976: Der Grundsatz des rechtlichen Gehörs und seine Bedeutung im Strafverfahren, Berlin, Duncker & Humblot, 1976.
1983: Das Verhältnis von Staatsanwaltschaft und Polizei, Zum Problem der Einheit der Strafverfolgung, in ZStW, 95 (1983), pp. 894 a 917.
1984 a: Strafjustiz im Führerstaat, in GA, 1984, pp. 297 a 307.
1984 b: "Streng, aber gerecht. Schutz der Staatssicherheit durch den Volksgerichtshof", in JZ, 1984, pp. 815 a 821.
1991: Grundriss der Strafrechtsgeschichte, 2. Völlig überarbeitete Auflage, München, Beck.

Fontes de Arquivo e Bibliografia

Sá, Abílio Adriano de
1901: Prisões, Fianças e Registo Criminal, contendo no fim de cada capitulo a legislação que rege ou estreitamente se prende com estes assumptos, Porto, Livraria Lousada – Editora.

Sá, António José Barros e
1862: Projecto de Código Penal Militar Portuguez, Lisboa, Imprensa Nacional.
1869: Projecto de Codigo de Justiça Militar, Lisboa, Imprensa Nacional.
1889: Projecto de Código de Justiça Militar elaborado pela Commissão encarregada da sua revisão e da do Regulamento Disciplinar do Exército, Lisboa, Imprensa Nacional.

Sá, Eduardo Dally Alves e
1888: Supremo Tribunal de Justiça, Evolução Historica d' esta Instituição e Apreciação de sua Essencia e Modo de Ser Actual, Estudo sobre a cassação e o tribunal das revistas em Portugal, 2.ª edição, posta a par da Legislação Actual e precedida de uma Introdução, Lisboa, Typ. de Christovão Augusto Rodrigues.

Sá, Fernando Manuel Oliveira
1968: No momento actual, e sob o ponto de vista médico-legal prático, justifica-se a separação entre psicopatas inimputáveis e «não inimputáveis», in RDES, ano XV (1968), pp. 273 a 306, e 370 a 416.

Salas, Denis
1992: Du procès pénal, Éléments pour une Théorie Interdisciplinaire du Procès, Paris, Presses Universitaires de France.

Salazar, António de Oliveira
1935: Discursos, 1928-1934, Coimbra, Coimbra Editora.
1937: Discursos e Notas Políticas, II, 1935-1937, Coimbra, Coimbra Editora.
1943: Discursos e Notas Políticas, III, 1938-1943, Coimbra, Coimbra Editora.
1959: Discursos e Notas Políticas, V, 1951-1958, Coimbra, Coimbra Editora.
1967: Discursos e Notas Políticas, VI, 1959-1966, Coimbra, Coimbra Editora.

Saleilles, Raymond
1898: L' Individualisation de la Peine, Étude de Criminalité Sociale, précédé d' une préface de M. G. Tarde, Paris, Félix Alcan Éditeur.

Sales, Ernesto Augusto Pereira
1936: O Conde de Lippe em Portugal, Vila Nova de Famalicão, Comissão de História Militar.

Salvador, Manoel Ferreira Tavares
1821: Projecto de Reforma para a Classe da Magistratura, e Exercicio da Justiça em Portugal, Lisboa, Typografia Lacerdina.

Salvador, Manuel Júlio Gonçalves
1962: Motivação, in BMJ n. 121 (1962), pp. 85 a 117.
1972: Temas de organização judiciária, in O Direito, ano 104 (1972), pp. 20 a 31, 181 a 196, 294 a 311.

1144 *A Reforma da Justiça Criminal em Portugal e na Europa*

Sampaio, António Rodrigues

1868: Direito publico Constitucional, Se nos Crimes dos Deputados é indispensável Foro Especial e Privilegiado ou se pode estabelecer-se o Processo Commum, Polemica de António Rodrigues Sampaio e António Augusto Ferreira de Mello, Porto, Typographia Lusitana.

Sampaio, Francisco Coelho de Souza e

1793: Prelecções de Direito Patrio Publico, e Particular, Primeira e Segunda Parte, em que se trata das Noções preliminares, e do Direito Publico Portuguez, Coimbra, Imprensa da Universidade.

1794: Prelecções de Direito Patrio Particular, Terceira Parte, Coimbra, Imprensa da Universidade.

Sampaio, José Maria Pereira de Forjaz

1823: Extracto de Projecto de Codigo de Delictos e Penas, e da Ordem do Processo Criminal, offerecido á censura da opinião publica para emenda e redacção do original, e em particular á de seus companheiros na Comissão Especial do Projecto Comum, Coimbra, Imprensa da Universidade.

Sampaio, Vaz de

1918: Magistratura, in RJ, ano 3º, n. 57, pp. 533 a 535.

1919: O processo, in RJ, ano 4º, n. 90, pp. 273 e 274.

1920 a: Instructores nas colónias, in RJ, ano 5º (1920), n. 115, pp. 289 e 290.

1920 b: A justiça indigena, in O Direito, tomo LII (1920), pp. 306 e 307.

1921: Organisação judiciaria, in O Direito, tomo LIII (1921), pp. 323 e 324.

Sant´Anna, José Joaquim

1833: Ensaio sobre o Processo Civil por meio de Jurados e Juizes de Direito, Porto, Tip. de Víuva Alvares Ribeiro e Filho, 1833.

1847: Apontamentos para o Código de Processo Civil e Criminal, Porto, Typographia Constitucional.

Santa-Rita, José Gonçalo

1949: As Questões Coloniais nas Cortes Constituintes e na Segunda Legislatura (1821- -1823), Separata da RFLUL.

1950: As Parcelas do Portugal Ultramarino na Nomenclatura Constitucional, Separata da RESC.

Santiago, Rodrigo

1983: Sobre o dever de motivação das respostas aos quesitos em processo penal, in ROA, ano 43 (1983), pp. 481 a 507.

Santos, Abel dos

1938: Legislação Processual do Tribunal de Géneros actualizada e anotada, Lisboa, Soc. Tipográfica Lda.

1944: Legislação sôbre Assambarcamento, Especulação e Defesa da Economia Nacional, 2ª edição actualizada até 31.1.944 e anotada, Lisboa, Soc. Tipográfica.

1946: Legislação sobre Assambarcamento e Especulação, 3ª edição actualizada até 15-5-946 e anotada, Lisboa, Soc. Tipográfica.

Fontes de Arquivo e Bibliografia

Santos, António Ribeiro dos
1844: Notas ao Plano do Novo Codigo de Direito Publico de Portugal do D.or Paschoal José de Mello feitas e apresentadas na Junta de Censura e Revisão, Coimbra, Imprensa da Universidade.

Santos, António Pedro Ribeiro dos
1985: Génese e Estrutura da Guarda Fiscal (Ensaio Histórico), Lisboa, Imprensa Nacional.
1999: O Estado e a Ordem Pública, As Instituições Militares Portuguesas, Lisboa, Instituto Superior de Ciências Sociais e Políticas.

Santos, Ary dos
1931: Pretextos para discussão em redor do Código Penal Português, in BIC, volumes XIV e XV (1931), pp. 315 a 336.
1938: Como nascem, como vivem e como morrem os criminosos, Lisboa, Livraria Clássica Editora.
1970: A Crise da Justiça em Portugal, Lisboa, Livraria Clássica Editora.

Santos, Boaventura de Sousa
1967: Os Crimes Políticos e a Pena de Morte, in Faculdade de Direito da Universidade de Coimbra, Pena de Morte, Colóquio Internacional Comemorativo do Centenário da Abolição da pena de Morte em Portugal, II, Comunicações, Coimbra, Gráfica de Coimbra, pp. 123 a 147.

Santos, Cláudia Maria Cruz
2001: O Crime de Colarinho Branco (Da Origem do Conceito e sua Relevância Criminológica à Questão da Desigualdade na Administração da Justiça Penal), Coimbra, Coimbra Editora.

Santos, Clemente José dos
1883: Documentos para a Historia das Cortes Geraes da Nação Portugeza, Coordenação auctorisada pela Camara dos Senhores Deputados, Tomo I, 1820-1825, Lisboa, Imprensa Nacional.
1884: Documentos para a Historia das Cortes Geraes da Nação Portugeza, Coordenação auctorisada pela Camara dos Senhores Deputados, Tomo II, 1826, Lisboa, Imprensa Nacional.
1885 a: Documentos para a Historia das Cortes Geraes da Nação Portugeza, Coordenação auctorisada pela Camara dos Senhores Deputados, Tomo III, 1827, Lisboa, Imprensa Nacional.
1885 b: Documentos para a Historia das Cortes Geraes da Nação Portugeza, Coordenação auctorisada pela Camara dos Senhores Deputados, Tomo IV, Anno de 1828, Lisboa, Imprensa Nacional.

Santos, Fernando M. Heleno C., e Benedito C. Santos
1974: Legislação sobre Infracções Antieconómicas e contra a Saúde Pública – Metrópole e Ultramar, Coimbra, Livraira Almedina.

Santos, José António Carapêto dos
1947: 3 Decretos-Leis Anotados e Comentados, Tipografia Portuguesa Lda., 1947.

1146 A Reforma da Justiça Criminal em Portugal e na Europa

Santos, José Beleza dos

1920: Processo Penal, Segundo as lições do Ex. mo Sr. Dr. Beleza dos Santos ao 5.º ano jurídico de 1919-1920, por Carlos Moreira, Coimbra, Tip. Popular de J. Bizarro.

1925: Regime Jurídico dos Menores Delinquentes em Portugal, in BFD, Ano VIII, Ns. 71 – 80 (1923-1925), pp. 142 a 244.

1927: Os tribunais colectivos criminais e os seus poderes de alterar a incriminação da pronúncia, in RLJ, ano 60º (1927), n. 2326, pp. 2 a 4, n. 2327, pp. 17 a 19.

1929: Interpretação e Integração das Lacunas da Lei em Direito e Processo Penal, in BFD, Ano XI (1929), pp. 102 a 131.

1930: O Degrêdo e a sua Execução em Angola, in BFD, Ano XII (1930-1931), pp. 161 a 201.

1931 a: Apontamentos do Curso de Processo Penal, Código de Processo Penal (Decreto n.º 16.489) – De harmonia com as prelecções feitas pelo Ex. mo Sr. Doutor José Beleza dos Santos ao 5.º ano jurídico de 1930-31, por Belmiro Pereira, Universidade de Coimbra.

1931 b: A sentença condenatória e a pronúncia em processo criminal, in RLJ, ano 63 (1931-1932), pp. 385 a 387, 401 a 404, e ano 64 (1932-1933), pp. 17 a 20.

1931 c: Prefácio, in Henrique Ferri, Principios de Direito Criminal, O Criminoso e o Crime, traduzido do italiano por Luiz de Lemos d' Oliveira, com um prefacio do Prof. Beleza dos Santos, Coimbra, Armenio Amado Editor, pp. V a XVI.

1932: Algumas Considerações sobre o Serviço Social, Coimbra, Coimbra Editora.

1933: Anotação ao Acórdão do STJ, de 6.1.1933, in RLJ, ano 66º (1933-1934), n. 2493, pp. 169 a 176.

1936 a: Direito Criminal, de harmonia com as prelecções do Ex. mo Senhor Doutor José Beleza dos Santos, aos cursos do 4º e 5º ano jurídico de 1935-1936, coligidas por Hernâni Marques, Coimbra, Coimbra Editora Lda.

1936 b: Limites aos Poderes de Investigação Criminal da Polícia, in RLJ, ano 69º (1936), pp. 209 a 212.

1938: Delinqüentes habituais, vadios e equiparados no direito português, in RLJ, ano 70, n. 2608, pp. 337 a 339, n. 2609, pp. 353 a 355, n. 2611, pp. 385 a 387, n. 2612, pp. 401 a 403, ano 71, n. 2613, pp. 3 e 4, n. 2614, pp. 17 e 18, n. 2615, pp. 33 a 35, n. 2616, pp. 49 a 51, n. 2618, pp. 81 e 82, n. 2619, pp. 97 e 98, n. 2624, pp. 177 a 179, n. 2625, pp. 193 e 194, n. 2626, pp. 209 a 211, n. 2627, pp. 225 a 228, n. 2628, pp. 241 a 243, n. 2629, pp. 257 a 259, n. 2630, pp. 275, n. 2631, pp. 289 a 291, n. 2632, pp. 305 a 307, n. 2633, pp. 321 a 323, n. 2634, pp. 337 a 339, n. 2635, pp. 353 a 355, n. 2636, pp. 369 a 372, n. 2637, pp. 385 a 389, ano 72, n. 2645, pp. 102 a 105, n. 2651, pp. 196 a 198, n. 2657, pp. 289 a 291, n. 2658, pp. 305 a 307, n. 2659, pp. 321 a 323, n. 2661, pp. 355 a 358, ano 73, n. 2678, pp. 209 a 212, n. 2679, pp. 225 a 228, n. 2680, pp. 241 a 244, n. 2686, pp. 337 a 340, n. 2688, pp. 369 a 371.

1942: O Professor Doutor Manuel Rodrigues, Antigo Ministro da Justiça e Fundador da Ordem dos Advogados, Separata da ROA.

1945: Medidas de Segurança e Prescrição, in RLJ, ano 77 (1945), n. 2790, pp. 321 a 325, ano 78, n. 2796, pp. 4 a 6, n. 2801, pp. 85 a 91, ano 80, n. 2854, pp. 97 a 101,

n. 2857, pp. 145 a 147, n. 2859, pp. 177 a 182, n. 2860, pp. 193 a 198, n. 2861, pp. 209 a 214.

1946: Nova Organização Prisional Portuguesa (Alguns Princípios e Realizações), Coimbra, Coimbra Editora.

1949: Imputabilidade penal, Noções Jurídicas Sumárias, in RDES, ano V (1949-1950), pp. 86 a 111.

1950: Rapport Portugal, in Marc Ancel, Les Mesures de Sureté en Matière Criminelle, Rapport présenté au nom de la Comimission spéciale d'études de la C.I.P.P., Melun, Imprimerie Administrative, pp. 193 a 214.

1951: Direito Criminal (Delinquentes Perigosos), Lições proferidas pelo Ex. Sr. Prof. Dr. Beleza dos Santos aos alunos do 6º ano de Direito, coligidas por António Archer Leite, Américo Simão Tomaz de Almeida e Luís Gonzaga Roque Jerónimo, revistas pelo Ex. Professor da Cadeira, Coimbra.

1952: Le Juge d' Exécution des Peines au Portugal, in RIDC, 1952, pp. 401 a 418.

1953: Os Tribunais de Execução de Penas em Portugal (Razões determinantes da sua criação – Estrutura – Resultados e Sugestões), Separata do volume de estudos, em publicação, do BFDC, em honra do Prof. Dr. José Alberto dos Reis.

1954: Récidivistes et délinquants d' habitude, in RSCDPC, 1954, pp. 687 a 712.

1955 a: Prefácio, in Roberto Pinto e Alberto Ferreira, Organização Prisional (Decreto--Lei n. 26.643, de 28 de Maio de 1936) Actualizada e Anotada, Prefácio do Professor Doutor Beleza dos Santos, Coimbra, Coimbra Editores, Limitada, pp. V a XVIII.

1955 b: Lições de Direito Criminal, segundo as prelecções do Ex.mo Prof. Doutor Beleza dos Santos ao Curso Complementar de Ciências Jurídicas de 1954/1955, coligidas por J. Seabra Magalhães e F. Correia Neves, Universidade de Coimbra.

1956: Introdução, in António Leitão, A Prisão-Escola de Leiria, Características Fundamentais do seu Regime, Breves Notas sobre os Resultados, com uma Introdução do Professor Doutor José Beleza dos Santos, Lisboa, Ministério da Justiça, pp. VII a XXVI.

1957: Tratamento e Libertação de Delinquentes Habituais, Separata do 1º volume do BAPIC.

1958: O Fim da Prevenção Especial das Sanções Criminais – Valor e Limites, in BMJ, n. 73 (1958), pp. 5 a 29.

1959: A Prevenção Especial – Os Delinquentes Habituais e os Multi-Ocasionais, Valor e Limites, in BMJ, n. 87 (1959), pp. 69 a 94.

1962 a: Enleitung, in Dierk Basedau, Das Portugiesische Strafgesetzbuch vom 16. September 1886 übersetzt und mit Anmerkungen versehen, Berlin, de Gruyter, pp. 1 a 14.

1962 b: O conceito ético-jurídico da responsabilidade penal – Valor dêste conceito – Deverá manter-se ou pôr-se de parte ?, in AAVV, Estudos em homenagem a Nelson Hungria, Rio, Forense, pp. 63 a 84.

Santos, José Rodrigues dos

1980: Prisão Preventiva e seu Regime Legal, contendo, em apéndice, os principais textos legais aplicáveis, Lisboa, Rei dos Livros.

1148   A Reforma da Justiça Criminal em Portugal e na Europa

Santos, Maria José Moutinho
1999: A Sombra e a Luz, As prisões do Liberalismo, Lisboa, Edições Afronta-mento.

Saraiva, Rocha
1914: Curso de Administração Colonial segundo as prelecções do Exmo. Sr. Dr. Rocha Saraiva ao curso jurídico de 1913-1914, por José Fortes, Martinho Simões e Ambrósio Neto, Coimbra, Livraria Neves, Editora.

Sarmento, Frederico Augusto de Azevedo Morais
1948: A Reformatio in Pejus no Direito Português, Diss. da Faculdade de Direito de Coimbra.

Sarstedt, Werner, e Rainer Hamm
1983: Die Revision in Strafsachen, 5. Auflage, Berlin, de Gruyter.

Sassenberg-Walter, Ulrike
1987: Die Urteilsgründe im Strafverfahren, Frankfurt, Lang.

Sauer, Wilhelm
1935: Rechtsprechung und Regierung, Zur Frage der Unabhängigkeit des Richters, in DZ, 97 (1935), pp. 181 a 183.
1951: Allgemeine Prozessrechtslehre, Zugleich eine systematische Schulung der zivilis-tischen und der kriminalistischen Praxis, Berlin, Carl Heymanns.

Saussier, Henri
1910: Le Ministère Public et le Pouvoir Central, Paris, Librairie Nouvelle de Droit et de Jurisprudence.

Sautel, Gérard, e Jean-Louis Harouel
1997: Histoire des institutions publiques depuis la Révolution française, 8ª édition, Paris, Dalloz.

Schäfer, Ernst
1937: Die Wiederherstellung der Ehre des Verletzten im künftigen Strafverfahren und friedensrichterlichen Verfahren. Das Problem eines selbständigen Feststellungs-verfahrens, in Roland Freisler (hrsg.), Der Ehrenschutz im neuen deutschen Straf-verfahren, Berlin, R. v. Decker's Verlag, pp. 26 a 42.
1938: Der Ehrenschutz des Verletzten im Verfahrensrecht, in Franz Gürtner (hrsg.), Das kommende deutsche Strafverfahren, Bericht der amtlichen Strafprozesskommission, Berlin, R. v. Decker's Verlag, G. Schenck, pp. 488 a 508.

Schäfer, Karl
1935: Nullum crimen sine poena (Das Recht als Grundlage der Bestrafung, Zeitliche Geltung der Strafgesetze), in Franz Gürtner, Das kommende deutsche Strafrecht, Allgemeiner Teil, Bericht über die Arbeit der amtlichen Strafrechtskommission, 2. Auflage, nach den Ergebnissen der zweiten Lesung neu bearbeitet, Berlin, Verlag Franz Wahlen, pp. 200 a 218.

Schäfer, Karl
1996: Anotações aos §§ 24 e 25 da GVG, in Löwe-Rosenberg-StPO.

Schäffer, Leopold, et al.
1934: Gesetz gegen gefährliche Gewohnheitsverbrecher und über Massregeln der Sicherung und Besserung mit dem dazu gehörigen Ausführungsgesetz erläutert, Berlin, Verlag Franz Wahlen.

Schaffstein, Friedrich
1934 a: Politische Strafrechtswissenschaft, Hamburg, Hanseatische Verlagsanstalt.
1934 b: Nationalsozialistisches Strafrecht, in ZStW, 53 (1934), pp. 603 a 628.
1936: Die materielle Rechtswidrigkeit im kommenden Strafrecht, II, in ZStW, 55 (1936), pp. 18 a 36.
1938: Rechtswidrigkeit und Schuld im Aufbau des neuen Strafrechtssystems, in ZStW, 57 (1938), pp. 295 a 336.
1985: Überlegungen zur Diversion, in Theo Vogler, Festschrift für Hans-Heinrich Jescheck zum 70. Geburstag, II, Berlin, Duncker & Humblot, pp. 937 a 954.
1989: Verdachsstrafe, ausserordentliche Strafe und Sicherungsmittel im Inquisitionsprozess des 17. und 18. Jahrhunderts, in ZStW, 101 (1989), pp. 493 a 515.

Schafheutle
1937: Die Auslese der Volksrichter, in Dörffler, (hrsg.), Der Volksrichter in der neuen deutschen Strafrechtspflege, Berlin, R. v. Decker's Verlag, G. Schank, pp. 115 a 133.

Schenck, Charles-Frédéric
1813: Traité sur le Ministère Public, et ses Fonctions dans les Affaires Civiles, Criminelles, Correctionnelles et de Simple Police, Tome Second, Paris, Librairie Fournier.

Schiffer, Eugen
1928: Die Deutsche Justiz, Grundzüge einer durchgreifenden Reform, Berlin, Verlag von Otto Liebmann.
1949: Die Deutsche Justiz, Grundzüge einer durchgreifenden Reform, Zweite, völlig neubearbeitete Auflage, München, Biederstein Verlag.

Schild, Wolfgang
1982: Der Richter in der Haupverhandlung, Thesen, in ZStW, 92 (1982), pp. 37 a 45.
1983: Der Strafrichter in der Hauptverhandlung, Heidelberg, R. v. Decker's Verlag.

Schledorn, Christof von
1997: Die Darlegungs- und Beweiswürdigungspflicht des Tatrichters im Falle der Verurteilung, Regensburg, S. Roderer Verlag.

Schlierbach, Helmut
1938: Die politische Polizei in Preussen, Emsdetten, Verlagsanstalt Heinr. & J. Lechte.

Schlüchter, Ellen
1992: Weniger ist mehr: Aspekte zum Rechtspflegeentlastungsgesetz, Baden-Baden, Nomos.

Schmid, Werner
1967: Die »Verwirkung« von Verfahrensrügen im Strafprozess, Frankfurt, Vittorio Klostermann.

1150 A Reforma da Justiça Criminal em Portugal e na Europa

1973: Der Revisionsrichter als Tatrichter, in ZStW, 85 (1973), pp. 360 a 389.

Schmidhäuser, Eberhard

1973: Freikaufverfahren mit Strafcharakter im Strafprozess ?, in JZ, 1973, pp. 529 a 536.

Schmidt, Andrea

1994: Grundsätze der freien richterlichen Beweiswürdigung im Strafprozessrecht, Frankfurt, Lang.

Schmidt, Eberhard

1921: Fiskalat und Strafprozess, Archivalische Studien zur Geschichte der behördenorganisation und des Strafprozessrechts in Brandenburg-Preussen, München, Verlag von R. Oldenbourg.

1931: Strafrechtsreform und Kulturkrise, Tübingen, Verlag J. C. B. Mohr (Paul Siebeck).

1944: Staatsanwalt und Gericht, Betrachtungen zur Verfahrensstruktur auf Grund der Novellengesetzgebung zur Reichsstrafprozessordnung und der Reformvorschläge, in AAVV, Probleme der Strarechtserneuerung, Berlin, de Gruyter, pp. 263 a 318.

1947: Einführung in die Geschichte der deutschen Strafrechtspflege, Göttingen, Vandenhoeck & Ruprecht.

1957: Lehrkommentar zur Strafprozessordnung und zum Gerichtsverfassungsgesetz, Teil II: Erläuterungen zur Strafprozessordnung und zum Einführungsgesestz zur Strafprozessordnung, Göttingen, Vandenhoeck & Ruprecht.

1960: Lehrkommentar zur Strafprozessordnung und zum Gerichtsverfassungsgesetz, Teil III: Erläuterungen zum Gerichtsverfassungsgesestz und zum Einfürungsgesetz zum Gerichtsverfassungsgesestz, Göttingen, Vandenhoeck & Ruprecht.

1964: Lehrkommentar zur Strafprozessordnung und zum Gerichtsverfassungsgesetz, Teil I: Die rechtsteoretischer und die rechtspolitischen Grundlagen des Strafverfahrensrechts. 2. Auflage, Göttingen, Vandenhoeck & Ruprecht.

1965: Einführung in die Geschichte der deutschen Strafrechtspflege, Dritte, völlig durchgearbeitete und veränderte Auflage, Göttingen, Vandenhoeck & Ruprecht.

1967: Deutsches Strafprozessrecht, Ein Kolleg, Göttingen, Vandenhoeck & Ruprecht.

1969: Der Strafprozess, Aktuelles und Zeitloses, in NJW, 22 (1969), pp. 1137 a 1146.

Schmitt, Bertram

1992: Die richterliche Beweiswürdigung im Strafprozess: eine Studie zu Wesen und Funktion des strafprozessualen Grundsatzes der "freien Beweiswürdigung" sowie zu den Möglichkeiten und Grenzen einer Revision in Strafsachen, zugleich ein Beitrag zum Verhältnis von Kriminalistik und staatlicher Strafrechtspflege, Lübeck, Römhild.

Schmitt, Carl

1924: Die Diktatur des Reichspräsidenten nach Art. 48. der Reichsverfassung, in AAVV, Veröffentlichungen der Vereinigung der Deutschen Staatsrechtslehrer, Heft 1, Der Deutsche Föderalismus. Die Diktatur des Reichspräsidenten, Berlin, Walter de Gruyter, pp. 63 a 104.

1926: Unabhängigkeit der Richter, Gleichheit vor dem Gesetz und Gewährleistung des Privateigentums nach der Weimarer Verfassung, Ein Rechtsgutachten zu den Gesetzentwürfen über die Vermögensauseinandersetzung mit den früher regierenden Fürsten häusern, Berlin, Walter de Gruyter.

1931: Der Hüter der Verfassung, Tübingen, Mohr.

1933: Staat, Bewegung, Volk, Hamburg, Hanseatische Verlagsanstalt.

1934: Über die drei Arten des Rechtswissenschaftlichen Denkens, Hamburg, Hanseatische Verlagsanstalt.

1940: Positionen und Begriffe im Kampf mit Weimar-Genf-Versailles, Hamburg, Hanseatische Verlagsanstalt.

Schmitt, Rudolf
1977: Das Strafverfahren zweiter Klasse, Eine Abschiedsgabe für die Kollegen vom Alternativkreis, in ZStW, 89 (1977), pp. 639 a 648.

Schneidenbach
1935: Staatsanwaltschaft und Kriminalpolizei, in GerS, 106 (1935), pp. 50 a 57.

Schöch, Heinz
1979: Die Reform der Hauptverhandlung, in Hans-Ludwig Schreiber, Strafprozess und Reform, Eine kritische Bestandaufnahme, Neuwied, Luchterhand, pp. 52 a 81.

1980: Kriminologie und Sanktionsgesetzgebung, in ZStW, 1980, pp. 143 a 184.

Schöch, Heinz, e Hans-Ludwig Schreiber
1978: Ist die Zweiteilung der Hauptverhandlung praktikabel ? Erfahrungen mit der Erprobung eines informellen Tatinterlokuts, in ZRP, 3/1978, pp. 63 a 67.

Schoetensack, August
1934: Verbrechensversuch, in Hans Frank (hrsg.), Denkschrift des Zentralausschusses der Strafrechtsabteilung der Akademie für Deutsches Recht über die Grundzüge eines Allgemeinen Deutschen Strafrechts, Berlin, Decker's Verlag, pp. 62 a 69.

1940: Die Nichtigsbeschwerde des Österreichsanwalts, in GerS, 114 (1940), pp. 259 a 266.

Schöne, Lothar
1937: Über Führerprinzip und Rechtspflege, in Dörffler, (hrsg.), Der Volksrichter in der neuen deutschen Strafrechtspflege, Berlin, R. v. Decker's Verlag, G. Schank, pp.144 a 151.

Schoreit, Armin
1976: Der in Zusammenhang mit dem Alternativentwurf eines Strafgesetzbuches vorgelegte Entwurf eines Gesetzes gegen Ladendiebstahl (AE-GLD) im Lichte der Kriminalstatistik 1974 und moderner Opferforschung, in JZ 1976, pp. 49 a 54.

1999: Anotação ao § 153 a da StPO, in KK-StPO.

Schorn, H.
1927: Die Verteilung der Strafsachen auf die erstinstanzlichen Strafgerichte (Amtsrichter und Schöffengericht), in MschrKrimPsych, 18 (1927), pp. 609 a 616.

Schorn, Hubert
1959: Der Richter im Dritten Reich, Geschichte und Dokumente, Franfurt, Vittorio Klostermann.

1152 · A Reforma da Justiça Criminal em Portugal e na Europa

Schreiber, Hans-Ludwig

1979: Tendenzen der Strafprozessreform, in Hans-Ludwig Schreiber (hrsg.), Strafprozess und Reform, Eine kritische Bestandaufnahme, Neuwied, Luchterhand, pp. 15 a 29.

Schriftführer-Amt der ständigen Deputation

1928: Verhandlungen des Fünfunddreissigsten Deutschen Juristentages, Zweiter Band (Stenographischer Bericht), 1. Lieferung, Zweite Sitzung der dritten Abteilung für Strafrecht, Mit welchen Hauptzielen wird die Reform des Strafverfahrens in Aussicht zu nehmen sein ?, Berlin, de Gruyter.

Schröder, Andreas

1996: Das Wortlautprotokoll als revisionsrechtlicher Nachweis eines Widerspruches zwischen tatrichterlichen Strafurteil und dem Inbegriff der mündlicher Hauptverhandlung, Diss. Würzburg.

Schubert, Werner

1981: Die deutsche Gerichtsverfassung (1869-1877) – Entstehung und Quellen, Frankfurt, Vittorio Klostermann.

1991: Quellen zur Reform des Straf-und Strafprozessrechts, Abteilung 3, Nationalsozialistische-Zeit (1933-1939) – Strafverfahrensrecht, Berlin, de Gruyter.

Schulze, Ernst

1936: Die sogennante Wahlfeststellung im Strafrecht früher und heute, Diss. München.

Schumacher, Ulrich

1985: Staatsanwaltschaft und Gericht im Dritten Reich, Diss. Bremen.

Schünemann, Bernd

1978: Zur Reform der Hauptverhandlung im Strafprozess, in GA, 1978, pp. 161 a 185.

1990: Absprachen im Strafverfahren ? Grundlagen, Gegenstände und Grenzen, in Ständigen Deputation des Deutschen Juristentages, Verhandlungen des Achundfünfzigsten Deutschen Juristentages, Band I (Gutachten), Teil B, München, Beck.

Schwarz

1934: Die jüngste Strafrechtsnovele, in GerS, 104 (1934), pp. 360 a 379.

1935 a: Bausteine zum Strafprozess im nationalsozialistischen Staat, in GerS, 105 (1935), pp. 348 a 369, e 106 (1935), pp. 33 a 49.

1935 b: Die Strafrechtsnovellen vom 28.6.1935, in GerS, 106 (1935), pp. 243 a 278.

1936: Bausteine zum Strafprozess im nationalsozialistischen Staat, in GerS, 108 (1936), pp. 318 a 337.

Schwarze, Friedrich von

1879: Die Rechtsmittel, in Franz von Holtzendorff (hrsg.), Handbuch des deutschen Strafprozessrechts in Einzelbeiträgen, Zweiter Band, Berlin, Verlag von Carl Habel, pp. 239 a 322.

Schweder, Alfred

1937: Politische Polizei, Wesen und Begriff der politischen Polizei im Metternischschen System, in der Weimarer Republik und im nationalsozialistischen Staate, Berlin, Heymann.

Fontes de Arquivo e Bibliografia 1153

Schwinge, Erich

1926: Der Kampf um die Schwurgerichte bis zur Frankfurter Nationalversammlung, Breslau.

1938: Irrationalismus und Ganzheitsbetrachtung in der deutschen Rechtswissenschaft, Bonn, Verlag Ludwig Röhrscheid.

1960: Grundlagen des Revisionsrechts, 2. neubearbeitete Auflage, Bonn, Emil Semmel Verlag.

Schwinge, Erich, e Leopold Zimmerl

1937: Wesensschau und konkretes Ordnungsdenken im Strafrecht, Bonn, Verlag Ludwig Röhrscheid.

Seabra, Alexandre de

1869: Projecto do Codigo do Processo Civil Portuguez, Lisboa, Imprensa Nacional.

1872: Projecto Definitivo de Codigo do Processo Civil Portuguez, Lisboa, Imprensa Nacional.

1876: Dos effeitos da appellação da sentença condemnatoria no juizo de polícia correccional, in O Direito, 8º ano (1876), n. 32, pp. 497 a 499, n. 36, 561 e 562, e ano 9º (1876), n. 1, pp. 1 a 5.

1883: Qualquer que seja o crime imputado ao reu preso, deve ser solto, se não fôr pronunciado no praso de oito dias, a contar da sua entrada na cadeia, in O Direito, 15º ano (1883), n. 22, pp. 337 e 338.

1884: Na apreciação das provas dos crimes de alçada da policia correccional tem os juizes de regular-se pelos principios estabelecidos para regular a importancia relativa das mesmas provas. Só aos jurados é que as leis permittem a livre apreciação conforme a sua consciencia e intima convicção, in O Direito, 16º anno (1884), n. 20, pp. 305 e 306.

1885: Reformas, in RFP, ano 1º (1885-1886), pp. 3 a 5.

1886 a: Codigo de Processo Criminal- Projecto, Anadia.

1886 b: Reforma do processo criminal, in O Direito, 18º ano (1886), pp. 177, 178, 193 a 195.

1887: Bazes para a Reforma da Organisação e Processo Judicial, Coimbra, Imprensa Academica.

1889: A detenção ou custodia significa prisão sempre que a pessoa a que se applica é retida e guardada de tal maneira, que não esteja em toda a sua liberdade, in O Direito, 21º ano (1889), pp. 197 e 198.

Seabra, Augusto César Alberto de

1967: Evolução da sanção criminal, A sanção no projecto de Código Penal Português, in BAPIC, n. 20 (1967), pp. 29 a 126, e n. 21 (1967), pp. 107 a 123.

Seabra, Júlio Cláudio Corrêa Mendes Lobo de

1952: Breve Estudo da Delinquência dos Menores na Legislação Portugusa, in ROA, ano 12 (1952), ns. 3 e 4, pp. 198 a 221.

Secco, António Luiz de Sousa Henriques

1871: Da historia do direito criminal portuguez desde os mais remotos tempos, in RLJ,

1154   *A Reforma da Justiça Criminal em Portugal e na Europa*

ano 4º (1871-1872), pp. 450 a 453, 482 a 486, 499 a 502, 530 a 533, 547 a 550, 579 a 584, 594 a 596.

1880: Memorias do Tempo Passado e Presente para Lição dos Vindouros, Tomo I, Coimbra, Imprensa da Universidade.

1881: Codigo Penal Portuguez precedido pelo Decreto com força de Lei de 10 de Dezembro de 1852 seguido de um Appendice e Annotado, Sexta Edição, Coimbra, Imprensa da Universidade.

1889: Memorias do Tempo Passado e Presente para Lição dos Vindouros, Tomo II, Coimbra, Imprensa da Universidade.

Selke, Siegfried
1961: Die Revisibilität der Denkgesetze, Diss. Marburg.

Sellert, Wolfgang
1985: Nationalsozialistische Ideologie und der Versuch zu einer Reform der Strafprozessrechts im Dritten Reich, in Gotthard Jasper et al., Justiz und Nationalsozialismus, Rosdorf, Niedersächsischen Landeszentrale für politische Bildung, 1985, pp. 61 a 96.

Selvagem, Carlos
1931: Portugal Militar, Compêndio de História Militar e Naval de Portugal desde as origens do Estado Portucalense até ao fim da Dinastia de Bragança, Lisboa, Imprensa Nacional.

Semedo, João Ferreira
1962: Notas à Organização Judiciária do Ultramar e Legislação Complementar (actualizada), Coimbra, Coimbra Editora.

Sepulveda, Christovam Ayres de Magalhães
1898: Historia Organica e Politica do Exercito Português, II, Origens, Preliminar – Um capitulo da guerra da restauração. I. Estradas militares romanas em Portugal. II. Origens Militares Visigodas, vol. II, Lisboa, Imprensa Nacional.

1902: Historia Organica e Politica do Exercito Português, Provas, Volume I, Guerra da Restauração de Portugal, 1661 a 1668, I. Providencias e operações de guerra, II. Officiaes estrangeiros ao nosso serviço, Lisboa, Imprensa Nacional.

Sessar, Klaus
1980: Wege zu einer Neugestaltung der Hauptverhandlung, in ZStW, 92 (1980), pp. 698 a 722.

Sharpe, J. A.
1984: Crime in Early Modern England, 1550-1750, London, Longman.

Siegert, Karl
1933: Vereinfachung und Beschleunigung in der heutigen Strafrechtspflege, in Mschr-KrimPsych, 24 (1933), pp. 40 a 47.

1935: Richter, Staatsanwalt und Beschuldigter im Strafprozess des neuen Staates, II, in ZStW, 54 (1935), pp. 14 a 34.

Silva, A. A. Magalhães e
1902: A Relação de Lisboa na sua Origem e Evolução, Apontamentos para o estudo d' esse tribunal, Lisboa, Imprensa Africana.

Silva, António d' Oliveira e, e Octávio Alfredo Pinto de Aguiar
1980: A Guarda Nacional Republicana, 2ª edição, Lisboa, CI da GNR.

Silva, Artur Santos
1969: Os Direitos do Detido e a Intervenção do Advogado na fase da Instrução Preparatória em Processo Criminal, Porto, Livraria Escolar Infante.
1973: A Constituição e a Independência do Poder Judicial, in SI, tomo XXII (1973), ns. 120 e 121, pp. 29 a 45.

Silva, Augusto Paes de Almeida e
1946: Da Interpretação da Lei Penal. Uma Hipótese Discutível nos Actos de Execução. O Juiz e o Direito Criminal, in ROA, ano 6 (1946), ns. 3 e 4, pp. 7 a 25.

Silva, Fernando Emygdio da
1905: O Jury Criminal, in Francisco Ferraz de Macedo, Galeira de Criminosos Celebres de Portugal, Historia da Criminologia Contemporanea, Volume VI, Lisboa, Empreza do Almanach Palhares, pp. 141 a 143.
1909: Investigação Criminal, Intervenção das Auctoridades, Queixosos e Arguidos no Processo Penal Preparatorio, Lisboa, Edição do Auctor.
1941: L' Essor Colonial Portugais, Liboa, Editions SPN.

Silva, Germano Marques da
1980: Da Inconstitucionalidade do Inquérito Preliminar, in DJ, volume I, 1980, pp. 179 a 188.
1988: Princípios gerais do processo penal e Constituição da República Portuguesa, in DJ, volume III, 1987-1988, pp. 163 a 177.
1990: Do Processo Penal Preliminar, Lisboa, Editorial Minerva.
1994 a: Curso de Processo Penal, III, Lisboa, Verbo.
1994 b: Objecto do Processo Penal: a Qualificação Jurídica dos Factos, Comentário ao "Assento" n. 2/93, de 21.1.93, in DJ, volume VIII, 1994, tomo I, pp. 91 a 116.

Silva, Henriques da
1905: Elementos de Sociologia Criminal e Direito Penal. Lições do anno lectivo de 1905-1906 na 14.º cadeira da Faculdade de Direito na Universidade de Coimbra, Coimbra, Imprensa da Universidade.
1906: Elementos de Sociologia Criminal e Direito Penal. Lições do anno lectivo de 1905-1906 na 14.º cadeira da Faculdade de Direito na Universidade de Coimbra, Fascículo II (Apontamentos), Coimbra, Imprensa da Universidade.

Silva, J. Cypriano P. da
1917: Corpo de delicto – Pronuncia – Encerramento do processo preparatorio, in RT, ano 35º (1917), pp. 257 e 258.
1923: Corpo de delito. Instrução contraditoria. Pronuncia provisoria, in RT, ano 41º (1923), pp. 225 a 227.

Silva, J. J. Henriques da
1925: IX Congresso Penitenciario Internacional de Londres, Relatório do delegado do Governo Português, in BIC, volume VII (2º semestre de 1925), pp. 475 a 498.

1156   *A Reforma da Justiça Criminal em Portugal e na Europa*

Silva, J. J. da
1895: Manual de Processo Criminal com algumas noções de Processo Civil, Loanda, Imprensa Nacional.

Silva, Joaquim de Azevedo e
1973: A Intervenção de Advogados em Processo-Crime, in ROA, ano 33 (1973), pp. 517 a 523.

Silva, José Virissimo Alvares da
1780: Introdução ao Novo Codigo, ou Dissertação Crítica sobre a principal Causa da Obscuridade do nosso Codigo Authentico, Lisboa, Regia Officina Typografica, 1780.
1796: Sobre a forma dos juizos nos primeiros seculos da Monarquia Portugueza, in AAVV, Memorias da Litteratura Portugueza, publicadas pela Academia Real das Sciencias de Lisboa, Tomo VI, Lisboa, na Officina da mesma Academia, pp. 35 a 100.

Silva, Júlio Joaquim da Costa Rodrigues da
1992: As Cortes Constituintes de 1837-1838, Liberais em Confronto, Lisboa, INIC.

Silva, Manuel de Magalhães e
1977: «Habeas Corpus», Sabotagem económica? Suposição de foro militar, in SI, tomo XXVI, 1977, pp. 275 a 330.

Silva, Manuel Dias da
1886: Estudo sobre a Responsabilidade Civil conexa com a Criminal, I, Coimbra, Imprensa da Universidade.
1887: Estudo sobre a Responsabilidade Civil conexa com a Criminal, II, Coimbra, Imprensa da Universidade.
1899: Observações sobre a Proposta do Codigo de Processo Penal, apresentada á Camara dos Deputados na Sessão de 6 de Março de 1889, in RLJ, n. 1418, pp. 497 a 503, n. 1419, pp. 513 a 515, n. 1420, pp. 529 a 533, n. 1421, pp. 2 a 5, n. 1422, pp.17 a 19, n. 1423, pp. 33 a 36, n. 1425, pp. 65 a 68, n. 1427, pp. 97 a 99, n. 1429, pp. 129 a 132, n. 1432, pp. 177 a 180, n. 1434, pp. 209 a 212, n. 1436, pp. 241 a 243, n. 1439, pp. 289 a 292, n. 1441, pp. 321 a 324, n. 1443, pp. 353 a 356, n. 1445, pp. 385 a 387, n. 1447, pp. 417 a 420, n. 1449, pp. 449 a 452, n. 1451, pp. 481 a 484, n. 1453, pp. 513 a 516, n. 1455, pp. 2 a 5, n. 1457, pp. 33 a 36, n. 1459, pp. 65 a 67, n. 1461, pp. 97 a 99, n. 1464, pp. 145 a 148, n. 1466, pp. 177 a 180, n. 1468, pp. 209 a 211, n. 1470, pp. 241 a 244, n. 1472, pp. 273 a 276, n. 1474, pp. 305 a 308, n. 1477, pp. 353 a 355, n. 1479, pp. 385 a 387, n. 1481, pp. 417 a 419, n. 1483, pp. 449 a 451, n. 1485, pp. 481 a 483, n. 1487, pp. 513 a 515, n. 1488, pp. 529 e 530, n. 1523, pp. 2 a 5, n. 1524, pp. 17 a 20, n. 1528, pp. 81 a 83, n. 1529, pp. 97 a 100, n. 1539, pp. 257 a 259, n. 1540, pp. 273 a 275, n. 1541, pp. 289 a 291, n. 1542, pp. 305 a 307, n. 1543, pp. 321 a 323, n. 1544, pp. 337 a 340, n. 1546, pp. 369 a 371, n. 1547, pp. 385 a 388, n. 1548, pp. 401 a 403, n. 1549, pp. 417 a 419, n. 1550, pp. 433 a 436, n. 1551, pp. 449 a 451, n. 1553, pp. 481 a 483.

Fontes de Arquivo e Bibliografia

1903: Processos Especiaes, Civis e Commerciaes. Processo Criminal. Prelecções feitas ao curso do 5º anno juridico no Anno de 1903-1904. Coimbra, Imprensa da Universidade.

1906: Elementos de Sociologia Criminal e Direito Penal, Lições do anno lectivo de 1906-1907 na 14º cadeira da Faculdade de Direito na Universidade de Coimbra, Coimbra, Imprensa da Universidade.

Silva, Manuel Duarte Gomes da

1947: Lições de Direito Penal, Parte I, Introdução e Teoria da Lei Criminal, segundo as prelecções feitas ao 4º ano jurídico de 1946-47 pelo Prof. Dr. Gomes da Silva, coligidas por António Maria Pereira, Edição revista pelo mestre, Lisboa.

1952: Direito Processual Criminal, segundo os apontamentos das Lições magistrais do Ex. mo Senhor Professor Doutor Gomes da Silva coligidos pelo aluno Vítor Hugo Fortes Rocha, Lisboa, Faculdade de Direito de Lisboa.

Silva, Maria Beatriz Nizza da

1975: Silvestre Pinheiro Ferreira: Ideologia e Teoria, Lisboa, Livraria Sá da Costa Editora.

Silva, Nuno J. Espinosa Gomes da

1991: História do Direito Português, Fontes de Direito, 2ª edição, Lisboa, Fundação Calouste Gulbenkian.

Silveira, José dos Santos

1970: Impugnação das Decisões em Processo Civil (Reclamações e Recursos), Coimbra, Coimbra Editora.

Silveira, José Mouzinho da

1989 a: Obras, volume I, Estudos e manuscritos, Lisboa, Fundação Calouste Gulben kian.

1989 b: Obras, volume II, Manuscritos e impressos, Lisboa, Fundação Calouste Gulbenkian.

Silveira, Philippe Carlos da

1887: Breves Considerações sobre o Projecto da Nova Organisação Judicial, Lisboa, Empreza Litteraria de Lisboa, sem data (mas de 1887).

Simas, Joaquim José da Costa e

1843: Observações sobre a Revista do Senhor deputado Antonio de Azevedo Mello e Carvalho, Lisboa, Imprensa Nacional.

Simões, Almeida

1977: Do Processo de Ausentes (estudo não publicado).

Simon, Hans-Joachim

1935: Die Rechtsmittel in der Deutschen Strafprozessordnung seit 1877 unter besonderer Berücksichtigung ihrer Einschränkungen, Diss. Freiburg im Breisgau.

Sliwowski, G.L.

1939: Les Pouvoirs du Juge dans l' exécution des peines et des mesures de sûreté privatives de liberté, Paris, Livrairie du Recueil Sirey.

Smid, Stefan
1989: Richterliche Rechtserkenntnis: zum Zusammenhang von Recht, richtigem Urteil und Urteilsfolgen im pluralistischen Staat, Berlin, Duncker & Humblot.

Soares, Eduardo de Campos de Castro de Azevedo
1933: Supremo Tribunal de Justiça, Seu Estabelecimento, Presidentes e demais Juízes Conselheiros, Procuradores Geraes da Corôa e Fazenda (hoje da República), Secretarios – Directores Geraes, Edição do autor, Typ. do Reformatorio de Vila do Conde.

Soares, Fernando Luso
1974: PIDE/DGS, um Estado dentro do Estado, Lisboa, Portugália Editora.
1981: O Processo Penal como Jurisdição Voluntária, Uma Introdução Crítica ao Estudo do Processo Penal, Coimbra, Livraria Almedina.

Soares, Ilídio Bordalo
1946: Da Menoridade Criminal, in ROA, ano 6 (1946), ns. 1 e 2, pp. 235 a 313.

Soares, Torquato Brochado de Souza
1931: Apontamentos para o Estudo da Origem das Instituições Municipais Portuguesas, Diss. da Faculdade de Letras de Lisboa.
1970: Concelhos, in DHP, volume II.

Sociedade de Geografia de Lisboa
1902: Congresso Colonial Nacional, inaugurado no dia 2 de Dezembro de 1901, Actas das Sessões, Lisboa, A Liberal Officina Typographica.
1924: Congresso Colonial Nacional de 6 a 10 de Maio de 1924, Teses e Actas das Sessões, Lisboa, Tipo. e Papel. América.
1934: Congresso Colonial Nacional de 8 a 15 de Maio de 1930, Actas das Sessões e Teses, Lisboa, Tip. e Pap. Carmona.

Soeiro, José Cardoso
1788: Compêndio da Jurisprudência Criminal acomodado ao Foro Luzitano (manuscrito da Biblioteca Nacional)

Sonnen, Bernd-Rüdeger
1984: Strafgerichtsbarkeit – Unrechtsurteile als Regel oder Ausnahme ?, in Udo Reifner e Bernd-Rüdeger Sonnen (hrsg.), Strafjustiz und Polizei im Dritten Reich, Frankfurt, Campus Verlag, 1984, pp. 41 a 58.

Soromenho, Augusto Cesar Pires
1904: Manual de Justiça Militar para Uso dos Agentes da Policia Judiciaria Militar e dos Conselhos de Disciplina Regimentaes, Lisboa, Imprensa Lucas.

Sousa, A. Silva e
1949: Condenações penais de surpresa, in RT, 67º ano (1949), pp. 306 a 309, 322 a 326.
1959: Decreto-Lei N. 35.007 na Metrópole e no Ultramar Anotado, Lourenço Marques, Tip. Académica Lda..

Sousa, Alfredo José de
1973: Prisão preventiva e liberdade provisória, in SI, tomo XXII (1973), ns. 120 e 121, pp. 165 a 171.

Sousa, Carlos Henrique da Silva e
1929: Minutas e promoções, Direito e Processo Criminal e Civil. Organisação Judiciaria, Lisboa, Tip. Mauricio & Monteiro.

Sousa, Francisco Maria Gomes de
1875: Codigo das Alfandegas ou Recopilação Alphabetica da Legislação Moderna Aduaneira acompanhada da pauta Geral das Alfandegas do continente de Portugal e ilhas adjacentes, com as pautas dos tratados de Commercio intercalladas no texto; seguidas tambem da legislação e pautas das provincias ultramarinas e da pauta da Alfandega Municipal de Lisboa, Lisboa, Livraria de Ferreira, Lisboa & C..

Sousa, Joaquim José Caetano Pereira e
1820: Primeiras Linhas Sobre o Processo Criminal, Terceira Edição Emendada e Accrescentada. Lisboa, Typographia Rollandiana.
1834 a: Primeiras Linhas Sobre o Processo Civil, Quarta Edição, emendada e accrescentada, Tomo I, Lisboa, Imprensa Nacional.
1834 b: Primeiras Linhas Sobre o Processo Civil, Quarta Edição, emendada e accrescentada, Tomo II, Lisboa, Imprensa Nacional.

Sousa, João Castro e
1984 a: A Prisão Preventiva e outros Meios de Coacção (a sua Relação com a Investigação criminal), in BMJ, n. 337, pp. 45 a 71.
1984 b: Curso de Processo Penal – Aditamentos, Lisboa, FDL.
1985: A Tramitação do Processo Penal, Coimbra, Coimbra Editora.

Sousa, João Pedro de
1915: Noções de Processo Penal, Lisboa, Tipografia de Francisco Luís Gonçalves.

Sousa, José de Albuquerque
1972: Julgados Municipais em Moçambique (Revisão da orgânica estabelecida pelo Decreto n. 43.898, de 6.9.61), in SI, tomo XXI (1972), ns. 114 e 115, pp. 28 a 69.

Sousa (de Lobão), Manoel de Almeida e
1827 : Segundas Linhas sobre o Processo Civil, Parte II, Lisboa, Impressão Regia.
1828 a: Collecção de Dissertações e Tractados Varios em supplemento ás Segundas Linhas sobre o Processo Civil e ás Notas a elles relativas, Lisboa, Impressão Regia.
1828 b: Notas de Uso Pratico, e Criticas; Addições, Illustrações, e Remissões (Á Imitação das de Muler a Struvio) sobre todos os Titulos, e todos os §§ do Livro primeiro das Instituições do Direito Civil Lusitano do Doutor Paschoal José de Mello Freire, Parte I, Lisboa, Impressão Regia.
1836: Notas de Uso Pratico, e Criticas; Addições, Illustrações, e Remissões (Á Imitação das de Muler a Struvio) sobre todos os Titulos, e todos os §§ do Livro 2º das Instituições do Direito Civil Lusitano do Doutor Paschoal José de Mello Freire, Parte II, Lisboa, Imprensa Nacional.
1849: Fascículo de Dissertações Juridico-praticas, Tomo II, Lisboa, Imprensa Nacional.

Sousa, Miguel Teixeira de
1984: A livre apreciação da prova em processo civil, in SI, tomo XXXIII (1984), ns. 187-188, pp. 115 a 146.

1160 *A Reforma da Justiça Criminal em Portugal e na Europa*

Sousa, Tude M. de
1929: Colónias Penais Agricolas, in BIC, volume X (1929), pp. 105 a 130.
1937: Colónia Penal Agrícola de Sintra, Notas para um Estudo, in BIC, volume XVIII (1937), pp. 1 a 20.

Souza, José Marnoco e
1905: Administração Colonial, Licções feitas na Universidade de Coimbra ao curso do 4º anno juridico de 1905-1906, Coimbra, Typographia França Amado.
1907: Processo Penal (Apontamentos das lições), sem local e sem data de edição.
1909: Direito Ecclesiastico, Prelecções feitas ao Curso do 3º Anno Juridico do Anno de 1908-1909, Coimbra, Typographia França Amado.
1910 a: Direito Politico, Poderes do Estado, Sua Organização segundo a Sciencia Politica e o Direito Constitucional Português, Coimbra, França Amado, Editor.
1910 b: Historia das Instituições do Direito Romano, Peninsular e Português, Prelecções feitas ao Curso do 2º Anno Juridico do Anno de 1904 a 1905, Terceira Edição, Coimbra, França Amado, Editor.
1913: Constituição Politica da Republica Portuguêsa, Commentario, Coimbra, F. França Amado, Editor.

Spendel, Günter
1985: Unrechtsurteile der NS-Zeit, in Theo Vogler, Festschrift für Hans-Heinrich Jescheck zum 70. Geburstag, I, Berlin, Duncker & Humblot, pp. 179 a 198.

Spínola, António de
1978: País sem Rumo, Contributo para a História de uma Revolução, Lisboa, SCIRE.

Spohr, Werner
1937: Das Recht der Schutzhaft, Berlin, Stilke.

Sprengel, Irmgard
1937: Die reformatio in peius im Strafverfahren in Geschichte und Gegenwart, Diss. Göttingen.

Stamp, Frauke
1998: Die Wahrheit im Strafverfahren, Eine Untersuchung zur prozessualen Wahrheit unter besonderer Berücksichtigung der Perspektive des erkennenden Gerichts in der Hauptverhandlung, Baden-Baden, Nomos.

Ständigen Deputation des Deutschen Juristentages
1974: Verhandlungen des Fünfzigsten Deutschen Juristentages Hamburg 1974, Empfiehlt es sich, besondere strafprozessuale Vorschriften für Groverfahren einzuführen?, Band II (Sitzungsberichte), Teil K, München, Beck.
1978: Verhandlungen des Zweiundfünfzigsten Deutschen Juristentages Wiesbaden 1978, Empfiehlt es sich, das Rechtsmittelsystem in Strafsachen, insbesondere durch Einführung eines Einheitsrechtsmittels, grundlegend zu ändern?, Band II (Sitzungsberichte), Teil L, München, Beck.
1982: Verhandlungen des Vierundfünfzigsten Deutschen Juristentages Nürnberg 1982, Empfiehlt es sich, die Vorschriften über die Öffentlichkeit des Strafverfahrens neu zu gestalten, insbesondere zur Verbesserung der Rechtsstellung des Beschuldigten

weitere nicht-öffentliche Verfahrensgänge zu entwickeln?, Band II (Sitzungsberichte), Teil K, München, Beck.

1984: Verhandlungen des Fünfundfünzigsten Deutschen Juristentages Hamburg 1984, Die Rechtsstellung des Verletzen im Strafverfahren, Band II (Sitzungsberichte), Teil L, München, Beck.

1990: Verhandlungen des Achtundfünzigsten Deutschen Juristentages München 1990, Absprachen im Strafverfahren ? Grundlagen, Gegenstände und Grenzen, Band II (Sitzungsberichte), Teil L, München, Beck.

1994: Verhandlungen des Sechzigsten Deutschen Juristentages Münster 1994, Empfehlen sich Änderungen des Strafverfahrensrechts mit dem Ziel, ohne Preisgabe rechtsstaalicher Grundsätze den Strafprozess, insbesondere die Hauptverhandlung, zu beschleunigen ?, Band II/1 (Sitzungsberichte – Referate und Beschlüsse), Teil M, München, Beck.

Stead, Philip John
1983: The Police of France, New York, Macmillan Publishing Company.

Stein, Ekkehart
1998: Staatsrecht, 16., neu bearbeitete Auflage, Tübingen, Mohr Siebeck.

Stein, Friedrich
1907: Zur Justizreform, Sechs Vorträge, Tübingen, Mohr.

Steiner, Dirk
1995: Das Fairnessprinzip im Strafprozess, Frankfurt, Lang.

Steininger, Einhard
1989: Die Kontrolle der Tatfrage im schöffengerichtlichen Verfahren, Geschichte, Gesetz, Praxis, Reform, Verlag der Österreichischen Staatsdruckerei.

Stenglein, W.
1894: Wider die Berufung, Ein Mahnwort zur Novelle der Strafprozessordnung, Berlin, Verlag von Otto Liebmann.

Steuerlein, Bruno
1935: Die strafprozessuale Revision, Diss. Tübingen.

Stockler, Francisco de Borja Garção
1826: Esboço do Plano de um Codigo Criminal Militar, in Obras, Tomo II, Lisboa, pp. 209 a 249.

Stolzenburg
1938: Die Berufung, in Franz Gürtner (hrsg.), Das kommende deutsche Strafverfahren, Bericht der amtlichen Strafprozesskommission, Berlin, R. v. Decker's Verlag, G. Schenck, pp. 357 a 384.

Strauss
1936: Die Organisation der Strafgerichtsbarkeit, in GerS, 107 (1936), pp. 209 a 221.

Streibl, Remig
1938: Die Voraussetzungen der gerichtlichen Verhaftung im neuen Strafprozessrecht, Diss. München.

1162   *A Reforma da Justiça Criminal em Portugal e na Europa*

Stumpf, Michael
1988: Die Berufung im deutschen Strafprozess (Geschichte, gegenwärtiger Stand, Reformvorschläge), Diss. Würzburg.

Subtil, José Manuel Louzada Lopes
1986: O Vintismo e a Criminalidade (1820/1823), Diss. da Universidade Nova de Lisboa.
1990: Forças de segurança e modos de repressão (1760-1823), in Fernando Marques da Costa et al., Do Antigo Regime ao Liberalismo 1750-1850, Lisboa, Vega, pp. 32 a 43.
1994: O Desembargo do Paço (1750-1833), volume I, Lisboa, Diss. da Universidade Nova de Lisboa.

Szramkiewicz, Romuald, e Jacques Bouineau
1998: Histoire des Institutions, 1750-1914, Droit et Société en France de la fin de l'Ancien Régime à la Première Guerre Mondiale, quatrième édition, Paris, Litec.

Tambá, Vassanta Porobo
1959: O Problema da Legitimidade dos «assistentes» para acusar por crimes públicos desacompanhados do Ministério Público, Albergaria-a-Velha, Tipografia Vouga.
1972: Sobre a assistência de Advogado às declarações do arguido na Instrução Preparatória, Reflexões críticas sobre os Acs. do STJ de 24.2.65 e de 30.6.71, Lisboa, Livraria Petrony.

Tarello, Giovanni
1997: Storia della cultura giuridica moderna, Assolutismo e codificazione del diritto, Bologna, il Mulino.

Taruffo, Michele
1979: Note sulla Garanzia Costituzionalle della Motivazione, in BFD, volume LV (1979), pp. 29 a 38.

Tavares, António Francisco
1887: Reorganisação judicial, in GRL, 3º ano (1887), pp. 65 a 68, 81 a 83, 89 e 90, 681 a 684, 769 a 772, e 4º ano (1890), pp. 393 a 396, 401 a 403, e 425 a 427.

Taylor, David
1998: Crime, Policing and Punishment in England, 1750-1914, London, Macmillan Press Ltd.

Teixeira, Francisco Xavier
1897: Codigo Aduaneiro Portuguez, comprehendendo os serviços administrativos das alfandegas, das contribuições indirectas, da guarda fiscal, contencioso fiscal, e differentes disposições em relação com estes serviços, etc., desde 1833-1896, Publicação auctorizada por despacho de s. Exa. o Ministro da Fazenda de 8 de Maio de 1897, Lisboa, Imprensa Nacional.

Teixeira, Lúcio
1975: Reforma Judiciária, in SI, tomo XXIV (1975), pp. 49 a 54.

Teixeira, Luís Alberto Rebelo
1942: O Contencioso Aduaneiro, Lisboa, Editora Gráfica Portuguesa, Limitada.

Teixeira, Carlos Adérito
2000: Princípio da Oportunidade, Manifestações em sede processual penal e sua conformação jurídico-constitucional, Coimbra, Almedina.

Teixeira, Manuel Fernando Braz
1940: Medidas de Segurança (Ensaio de uma teoria jurídica), Lisboa, Tip. da Cadeia Penitenciária.

Telles, José Homem Corrêa
1840: Projecto do Codigo do Processo Criminal (manuscrito da biblioteca da Ordem dos Advogados).
1849: Manual do Processo Civil, Supplemento do Digesto Portuguez, Terceira Edição, Coimbra, Imprensa da Universidade.

Telles, Silva
1903: A Transportação Penal e a Colonisação, Lisboa, Typ. da Livraria Ferin.

Tenreiro, Mário Paulo da Silva
1986: O Direito na Instituição Militar, in RCCS, n. 21, 1986, pp. 121 a 137.
1987: Considerações sobre o Objecto do Processo Penal, in ROA, Ano 47, pp. 997 a 1044.

Terhorst, Karl-Leo
1985: Polizeiliche planmässige Überwachung und polizeiliche Vorbeugungshaft im Dritten Reich, Heidelberg, Müller.

Thierack, Georg Otto
1934: Sinn und Bedeutung der Richtlinien für die Strafrechtsreform, in Hans Frank (hrsg.), Denkschrift des Zentralausschusses der Strafrechtsabteilung der Akademie für Deutsches Recht über die Grundzüge eines Allgemeinen Deutschen Strafrechts, Berlin, Decker's Verlag, pp. 25 a 30.
1935: Rechtsmittel und Wiederaufnahme des Verfahrens im künftigen Strafprozessrecht, in GerS, 106 (1935), pp. 1 a 13.
1937: Die Teilnahme von Volksrichtern an dem Urteilsrügeverfahren und an dem Verfahren zur Sicherung der Einheit der Rechtsanwandung und Rechtsentwicklung, in Dörffler (hrsg.), Der Volksrichter in der neuen deutschen Strafrechtsplege, Berlin, Decker's Verlag, pp. 63 a 72.
1938: Die einziginstanzlichen Gerichte, in Franz Gürtner (hrsg.), Das kommende deutsche Strafverfahren, Bericht der amtlichen Strafprozesskommission, Berlin, R. v. Decker's Verlag, G. Schenck, pp. 78 a 95.

Thode, Karl
1896: Das Verbot der reformatio in peius im Reichsstrafprozess, Diss. Göttingen.

Timbal, Pierre-Clément, e André Castaldo
1993: Histoire des Institutions Publiques et des Faits Sociaux, 9. édition, Paris Dalloz.

1164   *A Reforma da Justiça Criminal em Portugal e na Europa*

Tomé, Jaime

1940: Notas às Leis Fundamentais do Império Colonial Português, Porto, Edição da «Gazeta dos Advogados da Relação de Luanda».

Torrão, Fernando José dos Santos Pinto

2000: A Relevância Político-Criminal da Suspensão Provisória do Processo, Coimbra, Almedina.

Toulemon, André

1930: La Question du Jury, Paris, Librairie du Recueil Sirey, 1930.

Töwe, Wilhelm

1935 a: Das Schwurgericht, in GerS, 105 (1935), pp. 383 a 390.

1935 b: Aufbau der Strafgerichte, in GerS 106 (1935), pp. 14 a 20.

1936 a: Die Neugestaltung der besonderen Verfahrensarten (Schnellverfahren, Strafbefehl, Strafverfügung), in GerS, 107 (1936), pp. 48 a 76.

1936 b: Die Verteidigung im Vorverfahren und beim Übergang zum Hauptverfahren im neuen Strafprozess, in GerS, 107 (1936), pp. 77 a 107.

1936 c: Legalität und Opportunität, in GerS, 108 (1936), pp. 146 a 159.

1936 d: Das Klageerzwingungsverfahren, in GerS, 108 (1936), pp. 262 a 279.

1937: Die Auslese der Volksrichter, in Dörffler (hrsg.), Der Volksrichter in der neuen deutschen Strafrechtspflege, Berlin, R. v. Decker' s Verlag, G. Schank, pp. 111 a 115.

1940 a: Das Strafverfahren im Kriege (Verordnung über Massnahmen auf dem Gebiet der Gerichtsverfassung und der Rechtspflege vom 1. September 1939), in GerS, 114 (1940), pp. 1 a 19.

1940 b: Die besonderen Strafsenate, in GerS, 114 (1940), pp. 234 a 258.

1941: Der Gerichtsbahn, in GerS, 115 (1941), pp. 340 a 361.

Traulsen, Reinhart

1974: Die Aufklärungsrüge des Verteigers – Voraussetzungen, Praktische Durchführung, Kritik an der herrschenden Meinung, Reformvorschläge, Diss. Kiel.

Trindade, Diamantino Sanches, e Manuel dos Reis de Jesus

1998: Subsídios para a História da Polícia Portuguesa, I Volume, Lisboa, Escola Superior de Polícia.

Tripier, Louis

1857: Code de Justice Militaire pour l' Armée de Terre expliqué par l' Exposé des Motifs, le Rapport et la Discussion au Corps Législatif, suivi 1º du Code d' Instruction Criminelle, du Code Pénal Ordinaire annotés de tous les textes du Droit ancien, intermédiaire et nouveau, indispensables a connaitre pour leur intelligence; 2º des lois organiques de l' armmée et des lois complementaires du Code de justice Militaire, Paris, Librairie de Madame Mayer-Odin.

1879: Code de Justice Militaire pour l' Armée de Mer expliqué par l' Exposé des Motifs, le Rapport et la Discussion au Corps Législatif, Deuxième Édition augmentée d'un supplément et mise en rapport avec la législation actuelle para A. Champoudry, Paris, L. Larose Librairie-Éditeur.

Tröndle, Herbert
1967: Zur Frage der Berufung in Strafsachen – Rückschau und Ausblick, in GA, 1967, pp. 161 a 182.
1975: Zur Reform des Rechtsmittelsystems in Strafsachen, in Hans Lüttger, Probleme der Strafprozessreform, Berlin, de Gruyter, pp. 73 a 106.

Ullmann, Emanuell
1879: Die österreischische Strafprozessordnung vom 1. Februar 1877, in Franz von Holtzendorff (hrsg.), Handbuch des deutschen Strafprozessrechts in Einzelbeiträgen, Erster Band, Berlin, Verlag von Carl Habel, pp. 80 a 104.

Ulrich, Ruy Ennes
1908: Sciencia e Administração Colonial, Volume I, Introducção, Licções feitas ao curso do 4º anno juridico no anno de 1907-1908, Coimbra, Imprensa da Universidade.
1909: Politica Colonial, Lições feitas ao curso do 4º anno juridico no anno de 1908--1909, Coimbra, Imprensa da Universidade.

Vabres, H. Donnedieu de
1929: La Justice Pénale d'aujourd'hui, Paris, Librairie Armand Colin.
1938: La Crise Moderne du Droit Pénal, La Politique Criminale des États Autoritaires, Paris, Librairie du Recueil Sirey.
1947: Traité de Droit Criminel et de Legislation Penale Comparée, Troisième Édition, Paris, Librairie du Recueil Sirey.
1949: Project de Code d'Instruction Criminelle, in RSCDPC, 1949, pp. 433 a 454, 617 a 650, 796 a 810.

Valasco, Tomé
1677: Locupletissimae, et Utilissimae Explanationes in Novam Iustitiae Reformationem, Coimbra: na Officina de Manoel Dias, Impressor da Universidade.

Valle, Abel Pereira do
1907: A Organização Judiciaria, Trabalhos da Comissão nomeada por Decreto de 24 de Maio de 1890 e Observações apresentadas pelo dr. Abel Pereira do Valle, Lisboa, Imprensa Nacional.

Varela, João de Matos Antunes
1957: Revisão da Legislação Processual Civil e Problemas Afins, in BMJ n. 65, pp. 5 a 18.
1960: Discurso proferido na inauguração do Tribunal Judicial do Montijo, in BAPIC, n. 6 (1960), pp. 13 a 23.
1961 a: Discurso proferido na inauguração do Palácio da Justiça de Angra do Heroísmo, in BAPIC, n. 8 (1961), pp. 5 a 12.
1961 b: Conferência proferida no Palácio de Justiça do Porto, no dia 30.10.1961, in BMJ n. 110 (1961), pp. 13 a 32.
1962: Discurso proferido na cerimónia da posse do novo vice-presidente do Conselho

Superior judiciário e dos novos presidentes das Relações do Porto e de Coimbra, no dia 17.10.1962, in BMJ, n. 120 (1962), pp. 5 a 15.

1963: Discurso proferido na cerimónia da posse dos Conselheiros Presidente e Vice--Presidente do STJ, no dia 10.10.1963, in BMJ, n. 130, pp. 5 a 19.

1966 a: Anadia e os grandes vultos da política e da legislação nacional, in BAPIC, n. 19 (1966), pp. 5 a 18.

1966 b: Evolução das Instituições Penais e Penitenciárias nos ultimos Quarenta Anos, in BAPIC, n. 19 (1966), pp. 19 a 36.

Vasconcellos, Augusto

1912: Projecto de Codigo do Processo Penal para a Província de Moçambique, Nova--Goa, Typ. da Minerva Indiana.

Vasconcellos, João Rosado de Villalobos e

1786: Elementos da Policial Geral de Hum Estado traduzidos do Francez, Tomo I, Lisboa, Officina Patr. de Francisco Luiz Ameno.

1787: Elementos da Policial Geral de Hum Estado traduzidos do Francez, Tomo II, Lisboa, Officina Patr. de Francisco Luiz Ameno.

Vasconcellos, José Maximo de Castro Neto Leite e

1841: Peculio do Procurador Regio ou Resumpta e Promptuario Alphabetico de todas as Leis, Decretos, Regulamentos, Instrucções, Portarias do Governo, do Thesouro, e da Junta do Credito Publico, assim como das Decisões, e Officios do Conselheiro Procurador Geral da Corôa, Deliberações dos Conselhos dos Procuradores Regios, e Officios Circulares dos Procuradores Regios, em que desde o Anno de 1832 até ao Fim do Anno de 1840 se tem expedido Ordens de Execução Permanente para o serviço do Ministério publico: seguido de uma Taboada Chronologica das mesmas Leis, Decretos, Portarias, Officios, e mais Regulações mencionadas, referindo-se cada Número da Taboada aos Artigos da Resumpta, em que se acham substanciadas as Regulações indicadas na mesma Taboada, Lisboa, Imprensa Nacional.

1845: Reforma Judicial Novissima decretada em 21 de Maio de 1841 segundo a authorisação concedida ao Governo pela Carta de lei de 28 de Novemvro de 1840, Segunda Edição accuradamente correcta, seguida da Tabella dos Salarios, que se mandou observar por Decreto de 12 de Março de 1845; e acompanhada de Breves Notas a muitos Artigos da mesma Reforma, indicando a Legislação de que elles foram deduzidos, ou as Regulações e Modificações que já lhes teem feito as diversas Leis, Decretos, e Portarias do Governo, designadas na Taboa Chronologica que vae no Fim, Lisboa, Imprensa Nacional.

1855: A Syndicancia da Relação do Porto ou Primeiros Traços de Algumas Reformas na Organisação, Competencia, Serviço e Processo dos Tribunaes Judiciarios Superiores, Lisboa, Imprensa Nacional.

Vasconcelos, Ernesto J. de C.

1921: As Colónias Portuguesas, Geografia Física, Económica e Política, 3ª edição melhorada, Lisboa, Livraria Clássica Editora.

Vaz, Alexandre Mário Pessoa
1973: O Tríplice Ideal da Justiça Célere, Económica e Segura ao Alcance do Legislador Processual Moderno (Sugestões para uma reforma judiciária que elimine a curto prazo o nosso actual e vicioso sistema de oralidade pura), in ROA, ano 33 (1973), pp. 167 a 196.
1976: Poderes e Deveres do Juiz na Conciliação Judicial, Volume I, Tomo I, Coimbra, Coimbra Editora, 1976.
1986: Da Crise da Justiça em Portugal, Os grandes paradoxos da Política Judiciária nos últimos cinquenta anos, in ROA, ano 46, 1986, pp. 625 a 731.
1998: Direito Processual Civil, Do Antigo ao Novo Código, Coimbra, Almedina, 1998.

Vaz, Maria João
1998: Crime e Sociedade, Portugal na Segunda Metade do Século XIX, Oeiras, Celta Editora.

Veiga, António da Mota
1939: A Lei Alemã de 28 de Junho de 1935 e a Analogia em direito Penal, in BIC, ano de 1939, pp. 85 a 214.

Veiga, Catarina
2000: Considerações sobre a Relevância dos Antecedentes Criminais do Arguido no Processo Penal, Coimbra, Almedina.

Veiga, Francisco Maria
1888: O Ministério Público na Primeira Instância, Coimbra, Livraria Portugueza e Estrangeira.
1908: O Ministério Público na Primeira Instância, Terceira Edição, Coimbra, F. França Amado Editor.
1914: Adições a o Ministério Público na Primeira Instância, Coimbra, F. França Amado Editor.

Veiga, José Manuel da
1837: Codigo Penal da Nação Portuguesa, Lisboa, Imprensa Nacional.

Veiga, Pedro
1946: Novo Regime Penal Repressivo do Mercado Negro, Decreto-Lei n. 35.809, de 16 de Agosto de 1946 Anotado, Porto, Edições ao Serviço do Direito.
1947: Código Penal do Mercado Negro na Metrópole e nas Colónias, Condicionalismo Económico, Delitos Anti-económicos, Regome Penal e Processual, Anotações e Comentários, Porto, Edições ao Serviço do Direito.

Veiga, Vasco Soares da
1961: Da Oralidade (Estudo a propósito da revisão do Código de Processo Civil), Coimbra, Coimbra Editora.

Velozo, Francisco José
1955: A intervenção do advogado na instrução preparatória, Separata do Tomo IV da SI.
1961: Fundamentação das respostas do Colectivo, in SI, tomo X (1961), pp. 292 a 304.
1971 a: Defesa dos arguidos e processo penal instrutório, in SI, tomo XX (1971), ns. 110 e 111, pp. 336 a 353.

1168   A Reforma da Justiça Criminal em Portugal e na Europa

1971 b: O problema duma lei penal comum visto à luz das realidades ultramarinas, in SI, tomo XX (1971), ns. 112 e 113, pp. 514 a 533.

1972: No Campo da Justiça: Intromissões do Poder Executivo (Apontamentos), in SI, tomo XXI (1972), ns. 116 e 117, pp. 252 a 291.

1973: Promoções por mérito à Segunda Instância, in SI, tomo XXII (1973), ns. 120 e 121, pp. 46 a 49.

1986: Nas Vésperas de um novo Código de Processo Penal, in SI, tomo XXXV (1986), pp. 391 a 406.

Verdun, Henri
1922: Des Pratiques Judiciaires de Correctionnalisation, Étude Synthétique et Critique, Aix-en-Provence, Éditions Paul Roubaud.

Verdussen, Marc
1995: Contours et Enjeux du Droit Constitutionnel Pénal, Bruxelles, Bruylant.

Vereinigung Berliner Strafverteidiger et al.
1991: Stellungnahme der Strafverteidiger-vereinigungen zu dem Entwurf eines Gesetzes zur Entlastung der Rechtspflege (BR – Drucksache 314/91), Köln.

Vicente, Artur dos Santos
1957: Infracções contra a Saúde Pública e Antieconómicas, Decreto-Lei n. 41.204, de 24 de Julho de 1957 comentado e anotado com referência aos diplomas anteriormente publicados e que lhe dizem respeito, Lisboa, Sociedade Editora de «O Comércio dos Víveres», Lda.

Vidal, A. Lúcio
1990: Conselho Superior Judiciário, in DJAP, VI.

Vidal, Duarte, e Salgado Zenha
1974: Justiça e Polícia, Separata da ROA.

Vidal, Georges
1901: Cours de Droit Criminel et de Science Pénitentiaire, Deuxième Édition entièrement refondue et considérablement augmentée, Paris, Arthur Rousseau, Éditeur.

Viegas, Luiz António de Carvalho
1953: Justiça Militar – Considerações – O Foro Militar e os Reformados, in RM, 1953, pp. 553 a 575, e 719 a 740, e 1954, pp. 93 a 98.

Vieira, Benedicta Maria Duque
1992: A Justiça Civil na Transicão para o Estado Liberal, Estudo e Documentos, Lisboa, Edições Sá da Costa.

Villela, Alvaro
1897: A Revisão no Processo Criminal, Coimbra, Imprensa da Universidade.

Vital, Fézàs
1946: Direito Constitucional, Lições publicadas, com autorização, por Maurício Canelas e Marinho Simões, Lisboa, Imprensa Baroeth.

Vogler, Theo
1978: Möglichkeiten und Wege einer Entkriminalisierung, in ZStW, 1978, pp. 132 a 172.

Voltaire
1822: Commentaire sur le livre Des Délits et des Peines (1766), in C.-Y., Des Délits et des peines, para Beccaria, Traduction nouvelle avec le commentaire de Voltaire, la réponse de Beccaria aux Notes et Observations de Facchinei, les observations de Hautefort, les Lettres relativas à l' ouvrage, les considérations de M. Roederer sur la peine de mort, les Notes (dont quelquesunes inédites) de Diderot, de Morellet, de Brissot de Varwille, de Mirabeau, de Servan, de Rizzi, de M. Berenger, etc, précédée d' une notice sur Beccaria, Paris, Brière Librairie.

Vormbaum, Thomas
1988: Die Lex Emminger vom 4. Januar 1924: Vorgeschichte, Inhalt und Auswirkungen, Ein Beitrag zur deutschen Strafrechtsgeschichte des 20. Jahrhunderts, Berlin, Duncker & Hunblot.

Vouin, Robert
1954: La division du Procès pénal em deux phases, in Marc Ancel (direction), L' Individualisation des Mesures prises a l' égard du Délinquant, Paris, Cujas, 1954, pp. 165 a 186.

Wagner, Albrecht
1959: Der Richter, Geschichte, Aktuelle Fragen, Reformprobleme, Karlsruhe, Verlag C. F. Müller.
1968: Die Umgestaltung der Gerichtsverfassung und des Verfahrens- und Richterrechts im nationalsozialistischen Staat, in Quellen und Darstellungen zur Zeitgeschichte, Band 16/1, Die Deutsche Justiz und der Nationalsozialismus, Stuttgart, Deutsche Verlags-Anstalt, pp. 191 a 366.

Wagner, Heins, e Rönnau, Thomas
1990: Die Absprachen im Strafprozess, Ein Beitrag zur Gesamtreform des Strafverfahrens mit Gesetzvorschlägen, in GA, 1990, pp. 387 a 406.

Wagner, Heinz
1984: Die Polizei im Faschismus, in Udo Reifner e Bernd-Rüdeger Sonnen (hrsg.), Strafjustiz und Polizei im Dritten Reich, Frankfurt, Campus Verlag, 1984, pp. 161 a 172.

Wagner, Walter
1974: Der Volksgerichtshof im nationalsozialistischen Staat, in Quellen und Darstellungen zur Zeitgeschichte, Band 16/III, Die Deutsche Justiz und der Nationalsozialismus, Stuttgart, Deutsche Verlagsanstalt.

Walker, Clive
2002: Blackstone' s Guide to the Anti-Terrorism Legislation, Oxford, Oxford University Press.

Walter, Michael
1983: Wandlungen in der Reaktion auf Kriminalität, Zur kriminologischen, kriminalpolitischen und insbesondere dogmatischen Bedeutung von Diversion, in ZStW, 1983, pp. 32 a 68.

Weber, Helmut von

1940: Die Strafbarkeit der zur Umgehung des Gesetzes im Ausland begangenen Tat, in GerS, 114 (1940), pp. 267 a 278.

Weigend, Thomas

1978: Anklagepflicht und Ermessen, Die Stellung des Staatsanwalts zwischen Legalitäts- und Opportunitätsprinzip nach deutschem und amerikanischen Recht, Baden-Baden.

1988: Wechselverhör in der Hauptverhandlung?, in ZStW, 100 (1988), pp. 732 a 757.

1990: Absprachen in ausländischen Strafverfahren, Eine rechtsvergleichende Untersuchung zu konsensualen Elementen im Strafprozess, Freiburg, MPI.

1992: Die Reform des Strafverfahrens, Europäische und deutsche Tendenzen und Probleme, in ZStW, 104 (1992), pp. 486 a 512.

Weinkauff, Hermann

1968: Die deutsche Justiz und der Nationalsozialismus, Ein Überblick, in Quellen und Darstellungen zur Zeitgeschichte, Band 16/1, Die Deutsche Justiz und der Nationalsozialismus, Stuttgart, Deutsche Verlags-Anstalt, pp. 19 a 190.

Wenzel, Alfons

1949: Die Machterweiterung und Machtverminderung der Staatsanwaltschaft in der Zeit von 1933 bis 1945, Diss. Tübingen.

Werle, Gerhard

1989: Strafrecht und polizeiliche Verbrechensbekämpfung im Dritten Reich, Berlin, de Gruyter.

Wheeler, Douglas

1978: Republican Portugal, A Political History, 1910-1926, Wisconsin, The University of Wisconsin Press.

Wilensky, Alfredo Héctor

1968: Tendencias de la Legislación Ultramarina Portuguesa en África, Braga, Editora Pax.

1969: Linha Evolutiva da Legislação Ultramarina Portuguesa, in SI, Tomo XVIII (1969), pp. 25 a 42.

1971: La Administración de Justicia en África Continental Portuguesa (Contribución para su Estudio), Lisboa, Junta de Investigações do Ultramar.

Wohlers, Wolfgang

1994: Entstehung und Funktion der Staatsanwaltschaft, Ein Beitrag zu den rechtshistorischen und strukturellen Grundlagen des reformierten Strafverfahrens, Berlin, Duncker & Humblot.

Wolf, Erik

1935: Das Künftige Strafensystem und die Zumessungsgrundsätze, in ZStW, 54 (1935), pp. 544 a 574.

Wolter, Jürgen

1980: Schuldinterlokut und Strafzumessung, Rechts- und Sozialstaat, Rechts- und Sozialwissenschaften im Strafprozess, in GA, 1980, pp. 81 a 106.

Fontes de Arquivo e Bibliografia

1985: Strafverfahrensrecht und Strafprozessreform, in GA, 1985, pp. 49 a 92.

1989: Informationelle Erledigungsarten und summarische Verfahren bei geringfügiger und minderschwerer Kriminalität – Ein Beitrag zur Gesamtreform des Strafverfahrens mit Gesetzvorschlägen, in GA, 1989, pp. 397 a 429.

1991: Aspekte einer Strafprozessreform bis 2007, München, Beck.

1995: Zur Theorie und Systematik des Strafprozessrechts, Nachschau und Ausblick, in Jürgen Wolter (hrsg.), Zur Theorie und Systematik des Strafprozessrechts, Neuwied, Luchterhand, 1995, pp. 267 a 281.

Wormser-Migot, Olga
1968: Le Système Concentrationnaire Nazi (1933-1945), Paris, Presses Universitaires de France.

Xavier, Alberto
1913: Erros Judiciários, Sua Descoberta, Sua Reparação, Esboço jurídico sobre o problema da revisão dos processos crimes, Lisboa, Imprensa Nacional.

Zachariae, Heinrich Albert
1868: Handbuch des deutschen Strafprozesses, Systematische Darstellung des auf den Quellen des gemeinen Rechts- und der neuern deutschen Gesetzgebung beruhenden Criminalverfahrens, in wissenschaftlicher Begründung und Verbindung, Zweiter Band, welcher die das Strafverfahren selbst betreffenden Lehren enthält, Göttingen, Verlag der Dieterichschen Buchhandlung.

Zenha, Francisco Salgado
1947: Do Habeas Corpus, Diss. da Faculdade de Direito de Coimbra.

1964: As Medidas de Segurança do Dec.-Lei 40.550, Um Caso de Medida de Segurança sem Crime, Alegação para o STJ, Montijo, Gráfica Montijense.

1968: Notas sobre a Instrução Criminal, Braga, Centro Gráfico de Famalicão.

1969: Quatro Causas, Lisboa, Livraria Morais Editora.

1973: A Constituição, o Juiz e a Liberdade Individual, Lisboa, Separata da ROA.

Ziegler, Benno
1961: Bestehen Moglichkeiten zur Beseitigung der inquisitorischen Stellung des erkennenden Gerichts de lege ferenda ?, Diss. München.

Zipf, Heinz
1982: Empfiehlt es sich, die Vorschriften über die Öffentlichkeit des Strafverfahrens neu zu gestalten, insbesondere zur Verbesserung der Rechtsstellung des Beschuldigten weitere nicht-öffentliche Verfahrensgänge zu entwickeln ?, in Ständigen Deputation des Deutschen Juristentages, Verhandlungen des Vierundfünfzigsten Deutschen Juristentages, Band I (Gutachten), Teil C, München, Beck.

Zuliani, Dario
1995: La Riforma Penale di Pietro Leopoldo, 2º volume, Milano, Giuffrè.

ÍNDICE

Plano da Obra	7
Introdução Metodológica	15
1. O objecto	15
2. O instrumento	18
3. O critério	20

TÍTULO 1.º
A Jurisdição Penal Comum

Capítulo 1.º – O Paradigma Judiciário do final do Antigo Regime 25

1. O município e a administração da justiça criminal: da assembleia dos homens-bons à câmara dos vereadores e do juiz ordinário 25
2. O senhorio e a administração da justiça criminal: os coutos e as honras e a política régia de cerceamento do âmbito da jurisdição senhorial 28
3. O rei e a administração periférica da justiça criminal: os meirinhos, os corregedores e os juízes de fora 32
4. O rei e a administração central da justiça criminal: a institucionalização dos tribunais superiores e a sedimentação do processo penal comum 36
5. O último fôlego do Antigo Regime: o Ensaio de Código Criminal de Pascoal José de Mello Freire (1789) 66

Capítulo 2.º – A Emergência do Paradigma Judiciário Liberal 79

1. A Constituição vintista e a primeira tentativa de criação de um novo processo: o Decreto das Cortes de 2.11.1822 79
2. O Extracto de Projecto de Codigo de Delictos e Penas, e da Ordem do Processo Criminal de José Maria Forjaz de Sampaio (1823) 110

Capítulo 3.º – A Consagração do Paradigma Judiciário Liberal 117

1. A Carta Constitucional 117
2. A Reforma Judiciária (1832) 129
3. Os Projectos de Ordenações para o Reino (1831), o Projecto de Código Geral (1834) e o Projecto de Código Político (1838) de Silvestre Pinheiro Ferreira 166
4. O Progetto di Codice di Procedura Criminale de Giovanni Carmignani (1836) 184

Capítulo 4.º – A Revisão do Paradigma Judiciário Liberal 195

1. A Nova Reforma Judiciária (1836-1837) 195
2. A Constituição setembrista 224

1174 A Reforma da Justiça Criminal em Portugal e na Europa

3. O Projecto de Codigo do Processo Criminal de José Homem Corrêa Telles (1840) . 231
4. A Novíssima Reforma Judiciária (1841) 239
5. O Projecto de Código do Processo Civil e Criminal de José Joaquim Sant' Anna (1847) 278

Capítulo 5.º – A Crise do Paradigma Judiciário Liberal 287
1. A multiplicação de novas formas de processo especiais 287
2. A criação da jurisdição penal da marinha mercante e da jurisdição penal aduaneira . 311
3. A restrição da competência das magistraturas populares 326
4. A simplificação do processo comum: a reforma do processo preparatório e dos recursos 338

Capítulo 6.º – A Frustração de Diversas Tentativas Doutrinárias de Recuperação do Paradigma Judiciário Liberal 363
1. O Projecto de Código de Processo Criminal (1874), o Projecto Definitivo de Código de Processo Criminal (1882) e o Projecto de Código de Processo Penal (1886) de José da Cunha Navarro Paiva 363
2. O Projecto de Código do Processo Criminal de Alexandre de Seabra (1886) 383
3. A Proposta de Código de Processo Penal de José de Alpoim Borges Cabral (1899) . 397

Capítulo 7.º – A Exasperação da Crise do Paradigma Judiciário Liberal com a República 407
1. A legislação de emergência do governo provisório e a Constituição da República (1911) 407
2. A reforma do processo preparatório 415
3. O reforço da participação popular na administração da justiça 423
4. O Projecto de Código de Processo Penal de Armando Marques Guedes (1916) 436

Capítulo 8.º – O Desmantelamento do Paradigma Judiciário Liberal pela Ditadura Militar e pelo Estado Novo 443
1. O Estatuto Judiciário de 1927 443
2. O Código de Processo Penal (1929) e a legislação processual penal especial 467
3. A Constituição da República do Estado Novo 503
4. A consagração de um novo direito securitário na Reforma Prisional 511
5. A reforma da jurisdição penal aduaneira e da marinha mercante 532

Capítulo 9.º – A Consagração do Paradigma Judiciário Autoritário 543
1. A reforma da organização judiciária e do processo penal de 1945/1948 543
2. O reforço interno do específico modelo consagrado 626
3. A tentativa de renovação do modelo consagrado: a Lei n. 2/72, de 10.5 647
4. O Anteprojecto de Código de Processo Penal de Vera Jardim e Maia Gonçalves (1973) 670

Capítulo 10.º – A Revolução de 25 de Abril de 1974 e a transição para o novo CPP de 1987 681
1. A nova Constituição da República e a adaptação gradual do direito ordinário 681
2. O Anteprojecto de Código de Processo Penal de Maia Gonçalves (1983) 701
3. A desconstrução jurisprudencial da estrutura do processo consagrado no Código de Processo Penal de 1929 707

Índice 1175

TÍTULO 2.º
A Jurisdição Penal Militar

Capítulo 1.º – O Paradigma Judiciário do final do Antigo Regime 731
   1. A instituição das bases modernas da organização judiciária militar: da criação do
   Conselho de Guerra (1640) à reforma do Conde de Lippe (1763) 731
   2. A regulamentação autónoma tardia do processo penal militar: o Alvará de 4.9.1765 . 739
   3. O último fôlego do Antigo Regime: o Esboço de Projecto de Código Criminal Militar
   de Garção Stockler (1805) e o Código Penal Militar de 1820 749

Capítulo 2.º – A Emergência do Paradigma Judiciário Liberal 757
   1. As Cortes Constituintes de 1820 e o problema do foro militar 757
   2. A primeira tentativa de criação de um novo tribunal superior e de um novo processo:
   o Decreto da Regência dos Açores de 4.11.1830 765
   3. A criação do Supremo Conselho de Justiça Militar do Exército e da Marinha e a unificação dos tribunais superiores 769

Capítulo 3.º – A Consagração do Paradigma Judiciário Liberal 777
   1. Os antecedentes doutrinários: o Projecto de Código do Processo Criminal da Armada
   da Comissão presidida pelo Visconde da Granja (1857) e o Projecto de Código de Justiça Militar de António Barros e Sá (1869) 777
   2. O Código de Justiça Militar para o Exército de Terra de 1875 787

**Capítulo 4.º – A Extremação das Tendências Antagónicas Inerentes ao Específico Mo-
delo Consagrado** 799
   1. O Projecto de Código de Justiça Militar da Comissão presidida por António Barros e
   Sá (1889) 799
   2. O Código de Justiça Militar de 1895 804
   3. O Código de Justiça da Armada de 1899 807

Capítulo 5.º – A Renovação Fracassada do Paradigma Judiciário Liberal pela República 813
   1. O Código de Processo Criminal Militar de 1911 813
   2. A tentação do recurso à justiça militar extraordinária 821
   3. O Código de Justiça Militar de 1925 828

Capítulo 6.º – A Compressão do Paradigma Judiciário Liberal 835
   1. A criação dos tribunais militares especiais 835
   2. As revisões fundamentais de 1931 e 1965 849

**Capítulo 7.º – A Revolução de 25 de Abril de 1974 e a transição até à Constituição de
1976** 859

TÍTULO 3.º
A Jurisdição Penal Ultramarina

Capítulo 1.º – A Difícil Implantação do Paradigma Judiciário Liberal 871
   1. A pluralidade de métodos de administração ultramarina no Antigo Regime 871

1176   A Reforma da Justiça Criminal em Portugal e na Europa

2. As graves limitações do modelo judiciário consagrado na reforma de 1836/1837 ...   878
3. Os aperfeiçoamentos das reformas legislativas da Regeneração   883
4. O cume do processo de evolução legislativa: o Regimento da Administração da Justiça nas Províncias Ultramarinas, de 20.2.1894   891

Capítulo 2.º – A Crise do Paradigma Judiciário Liberal   903
1. A premência da legislação colonial de adaptação (1892-1908)   903
2. A ruptura teórica com o anterior paradigma e o prenúncio de um novo paradigma ..   915

Capítulo 3.º – A Consagração de um novo Paradigma Judiciário Dualista   923
1. A Constituição de 1911 e a ineficácia relativa da Lei n. 277, de 15.8.1914   923
2. O Projecto de Código do Processo Penal para a Província de Moçambique de Augusto Vasconcelos (1912)   933
3. A realização do novo paradigma pela Ditadura Militar   938
4. A redefinição do paradigma pelo Acto Colonial (1930) e pela Carta Orgânica do Império Colonial Português (1933)   951

Capítulo 4.º – O Abandono do Paradigma Judiciário Dualista   957
1. O retorno à política de assimilação com a Revisão Constitucional de 1951   957
2. A inversão radical do legislador na reforma de 1961   957

TÍTULO 4.º
A Emergência do Paradigma Judiciário Social

1. O princípio da proporcionalidade das restrições dos direitos fundamentais e a eficiência da acção pública de perseguição criminal   993
2. O conceito material de igualdade e a concretização do Estado de Direito democrático no processo penal   1010
3. A transparência do exercício da justiça penal como instrumento de aperfeiçoamento da imparcialidade do tribunal   1016

Conclusões   1025
Fontes de Arquivo e Bibliografia   1033
Índice   1173